谨以此书纪念我的父母

光明社科文库

生活哲学视野中的"论语"研判
（上）

杨　楹◎著

光明日报出版社

图书在版编目（CIP）数据

生活哲学视野中的"论语"研判：上中下 ／ 杨楹著
. -- 北京：光明日报出版社，2022.10
ISBN 978 - 7 - 5194 - 6853 - 8

Ⅰ.①生… Ⅱ.①杨… Ⅲ.①儒家②《论语》—研究
Ⅳ.①B222.25

中国版本图书馆 CIP 数据核字（2022）第 191044 号

生活哲学视野中的"论语"研判：上中下

SHENGHUO ZHEXUE SHIYE ZHONG DE "LUNYU" YANPAN：SHANG ZHONG XIA

著　者：杨　楹

责任编辑：郭玫君　　　　　　　责任校对：房　蓉　乔宇佳
封面设计：中联华文　　　　　　责任印制：曹　净

出版发行：光明日报出版社

地　　址：北京市西城区永安路 106 号，100050

电　　话：010 - 63169890（咨询），010 - 63131930（邮购）

传　　真：010 - 63131930

网　　址：http：//book.gmw.cn

E - mail：gmrbcbs@ gmw.cn

法律顾问：北京市兰台律师事务所龚柳方律师

印　　刷：三河市华东印刷有限公司

装　　订：三河市华东印刷有限公司

本书如有破损、缺页、装订错误，请与本社联系调换，电话：010 - 63131930

开　　本：170mm×240mm

字　　数：2038 千字　　　　　　印　　张：113

版　　次：2024 年 4 月第 1 版　　印　　次：2024 年 4 月第 1 次印刷

书　　号：ISBN 978 - 7 - 5194 - 6853 - 8

定　　价：480.00 元（全 3 卷）

目 录
CONTENTS

自 序

一

"传统文化"，正是通过"文化传统"而成为"我们的"文化。如此，通过"文化传统"，不仅使"传统文化"具有鲜明的主体性，而且正是以此与时代生活相互作用，呈现出文化之"史"。这样，"文化传统"构成"传统文化"与"我们"之间跨越时空的桥梁，成为文化占有我们、我们占有文化，进而成为我们与传统文化由外在性关系转化为内在性关系的纽带与机制。

进而言之，"传统文化"，无论就其具体的观点、思想和学说，还是就其文化理念、文化价值原则与尺度、文化思维方式，抑或文化情感与心理，要对之加以甄别，判断其是"活的"或"死的"，进而审断其是"精华"或"糟粕"，唯有与"我们的"生活相观照，方可做出恰当的判断。从这一意义而言，审断、切割、解析"传统文化"并构造"文化传统"，当以自觉我们的时代、我们的生活为前提，当以着力解决我们所遭遇的问题为根本。如此，"古为今用"，本质上则是立足于自己的时代和生活，如何鉴"古"、如何用"古"而作用、影响我们的现实，从而生成新的现实生活。如此，"传统文化"才实际地向我们敞开，其中所蕴含的理念、思想和思维方式，才成为我们重构"传统"之可能性资源，"传统文化"才与"我们的"时代与生活真正照面，才得以出场而在场，并实际地导引、规训与塑型生活。由此内在支撑着"传统文化"研究的合法性、必要性。

简言之，"传统文化"，正是通过"文化传统"而与不同时代的现实生活内在相切，从而使传统文化所负载、所蕴含的文化基因，不断向生活世界敞开，不断得以激活与再生，由此不仅生成具有鲜活而真切的时代性内涵、民族主体性特征的文化形态，而且以生活的不断建构，从而彰显传统文化与生活之间的互动与共生。

"传统文化"是一个大范畴，也是一个容易虚化的整体性范畴。在此，须密切注意，"传统"，即"传"与"统"之间，呈现出的"手段"与"目的"之关系。"传"无疑是从时间性和空间性维度，具体表征"文化"之传承与传播，构成其存在与变迁之纵横历史；"统"则是一种文化之内在规定与特质，是"传"所须贯通的一脉相承之"脉"、之"本"。"统"，其雏形在历史的生活中生成，但传统之"统"，本质上是面向未来生活的"现在进行时"。如此，若"传"只着力于一些边缘化、次生性、枝节性的内容，或只关注一些外在形式性、表象性要素，从而弱化、丢失，甚至丧失其根本之"统"，那么，所"传"不仅是该种文化深度的扭曲、品质的丧失，而且必导致该种文化的弥散、偏离与衰落。如此，对传统文化的弘扬，不仅要着力于"传"，更要强调和突出传中之"统"。唯有如此，"传统文化"的赓续，才不停驻于"表"，才能以"传"而弘其"统"，从而促"传统"之光华、"文化"之勃兴与再生。

如此，为就"实"避"虚"，以"传"扬"统"，就不能疏离、脱离经典文本而抽象地讨论"传统文化"，而是需要着力于具体的"文本"、聚焦具体的问题、追究具体的理念、澄明具体的学说与思想，在此基础上，融会贯通，钩沉其思想、学说之精神主旨和价值内蕴，揭示其独特的思维方式，判定其文化性征，呈现其文化规模与整体面貌。在此基础上，以重构我们的"文化传统"而重塑我们的生活。

二

对《论语》的研究，无论是版本学之历史呈现，还是对其文本之辞章考究、义理注疏；无论是"全解"，还是专题研究；无论是国内辨析，还是域外探索，从著述的规模来看，可谓是全景式的研究，蔚为壮观。

从著述史的维度来看，无论是为了发掘"原儒"的思想深度，还是为了揭示"原儒"与"新儒家"内生性的历史逻辑；无论是伦理学、政治学或政治哲学，抑或教育学等维度的深究，还是从历史学、文辞学层面的探幽，施与"知识考古学"的方法，则是其共同点。然其所缺失的重要维度，恰是对变动不居的生活世界本身应有的深度观照。

"熟知并非真知"，于《论语》尤为如此。

为解蔽对《论语》重重叠叠之误读，有限地还原其思想之"真"，真切体

生活哲学视野中的"论语"研判

味孔门忧道、谋道、弘道之艰难、艰辛，以及艰难、艰辛中依然笃定、挺立之"志"、澎湃不衰之情，以及深邃的智慧之思，必须将凝铸于文本、跃动与涌流于字里行间的思想与精神，置于其具体的历史处境、文本语境与话语语境之中，明晰孔子所处的时代语境，直面孔子及其弟子所遭遇、所要解决的"大问题"与"小问题"，深究其"独白""问答""对话"中所潜含的"思"与"想"，知其"言"、明其"理"、悟其"道"。此乃"生活哲学视野中《论语》研判"的初衷和主旨。

三

何谓《论语》，《论语》之"论"，世人常读作"lún"，而不读"lùn"，蕴含着何种不同的语义，抑或具有什么样不同的文化意味；进而言之，何谓《论语》之"语"，亦须厘定其语义，从而确认《论语》的确切内涵。

对于将《论语》之"论"，读作"lún"，班固在《汉书·艺文志》中说道："《论语》者，孔子应答弟子、时人及弟子相与言而接闻于夫子之语也。当时弟子各有所记。夫子既卒，门人相与辑而论纂，故谓之《论语》。"由此可见，《论语》类似于后世之祖录、语录、问答录之类的书籍。

东汉经学家刘熙在《释名·释艺典》中说："《论语》，记孔子与弟子所语之言也。论，伦也，有伦理也。语，叙也，叙己所欲说也。"

北宋刑昺在为曹魏的何晏《论语集解》所做的注疏中说："论者，纶也、轮也、理也、次也、撰也。"他从五个方面阐释"论"字，表"以此书可以经纶世务，故曰纶也；圆转无穷，故曰轮也；蕴含万里，故曰理也；篇章有序，故曰次也；群贤集定，故曰撰也"。

对于将《论语》之"论"，读作"lùn"，日本汉学家石川竹屋（1794—1844）说："'论'是议论、论说的意思，即演绎讨论。'语'即午、言、交午，即反复答辩。《论语》之名，主要取自'语'这一含义。所有以语言施教者皆称作'语'。这是由于孔子平生对门人弟子皆讲述先王之道，所以取名论语。"[①]

杨伯峻则认为："论语"这一书名是当日的编纂者给它命名的，意义是语言的论纂。

钱穆则认为《论语》之"论"，有"讨论""经纶"和"抡选"三义。他

---

① 涩泽荣一. 日本人读《论语》［M］. 李均洋，译. 北京：中国工人出版社，2010：1.

说："故孔子乃是吾民族文化累积两千五百年以后之一结晶。使非有民族文化两千五百年以上之累积，则何得出生有孔子！而自孔子以后，迄今又逾两千五百年。此一结晶，乃光辉灿烂，色泽鲜润，历久而弥新，屡化而益厚。故吾中华民族五千年之文化传统，实惟孔子一人，承前启后，可以作为其代表。关心孔子，则必连带关心及于《论语》之一书。'语'者，孔子语。大抵自孔子三十年以后，迄于其死，前后四十余年，因时因地，因人因事，而有所语。其具有主要意义者，皆载此书。'论'者，'讨论'义。孔子四十年间所语何限。凡所记载于此书者，皆其门人弟子及其再传、三传以下之弟子，日常所讨论，而所拳拳服膺以终者。'论'又有'经纶'义。孔子语，经其一传、再传以下之弟子常所讨论，而会合编制，成此一书。'论'又有'抡选'义。凡孔子语，经讨论制成此一书外，尚有余语，未经录入，今尚散见于《孟子》《中庸》《易大传》，以及《春秋》三传，及《孔子家语》，乃及其他书中者，又何限。故《论语》者，乃孔子语，经其后世所讨论，所经纶编制，由抡选而成之一书也。"①

至于《论语》之"语"，究竟为何意？刑昺引郑玄在《周礼注疏》中所说："答述曰语。""以此书所载皆仲尼答弟子及时人之辞，故曰语。"即"应答之言。""而在'论'下者，必经论撰，然后载之，以示非妄谬也。"

按宋儒陈祥道之释："言理则谓之论，言义则谓之议。"以此观之，《论语》则是一部言"理"之著。《论语》之"语"，非仅仅指表述意义上的"问答""说话"或"讨论"等具体的表达形式或方式，而应还有"话题"或"论题"之意。如此，《论语》则是孔子及其弟子围绕一个一个的"话题"或"论题"而展开的论述、论辩，由此阐明其主张，构成其理论和学说。

既然《论语》记载的是孔子及其弟子们针对一定的"问题"，围绕诸"论题"而展开的或"独白"，或"问答""对答"，因此，《论语》之"论"，乃是对"问题"或"论题"之求解之思，故其论乃为"实论"，而非"虚论""妄论"，其所论之"理"，则为"实理""真理"，而不是"虚理""假理"。

同时因其"独白"，抑或以"问答""对答"之形式，不仅使《论语》之"论"颇具场景性，而且更为重要的是使其所讨论的"问题"，向听者乃至后世阅读者敞开，具有公开性、公共性和可参与性，生成更为广阔的"对话空间"，终使孔子所遭遇、所面临的问题绝不仅仅囿于当世之讨论者，而同时成为"我

---

① 钱穆. 劝读论语和论语读法 [M]. 北京：商务印书馆，2014：89-90.

们的"问题。

依据钱穆所释，《论语》共计四百九十八节，所论大大小小之问题，从直接性来看，则有四百九十八个。如此，剥离对话、问答和独白之具象，围绕这些大大小小的问题所展开的讨论，所形成的观点、思想和学说，其规模可谓是庞大的。但从《论语》通过"问孝""问仁""问礼"以及"问政"，呈现出所论之主题，主要关涉"为人""为学"和"为政"几大类型，以现代学科规制来看，则主要涉及伦理学或道德哲学、政治学或政治哲学。由此可见，《论语》立足于礼崩乐坏、霸道猖行之世，以"君子""士"为主体，以"修身"为始点，以"先王之道"为价值原点，以"家庭伦理"为原型、为依托，以"忧道""谋道""弘道"为价值主轴，以"克己复礼"、救世弘道为目的，从而呈现出以"孝""仁""礼"为主干的生活伦理、政治伦理而救世之强烈的现实面向。

《大学》有言："故君子不出家而成教于国。孝者，所以事君也；悌者，所以事长也；慈者，所以使众也。"进而道："一家仁，一国兴仁；一家让，一国兴让；一人贪戾，一国作乱。此谓一言偾事，一人定国。"如此，"所谓平天下在治其国者，上老老而民兴孝；上长长而民兴弟；上恤孤而民不倍。是以君子有絜矩之道也。所恶于上，毋以使下；所恶于下，毋以事上；所恶于前，毋以先后；所恶于后，毋以从前；所恶于右，毋以交于左；所恶于左，毋以交于右。此之谓絜矩之道。"以此反观，孔学在《论语》中，劳神苦思以求"拨乱反治之道"，从实践维度具体地展开了修齐治平之"贤人政治"理想，从而具体表征家国一体的伦理旨趣与价值逻辑。恰如林语堂所言："孔子的思想是代表一个理性的社会秩序，以伦理为法，以个人修养为本，以道德为施政之基础，以个人正心修身为政治修明之根柢。"①

四

研读《论语》，不难发现，其"论"常以"曰"而述。如"子曰""曾子曰""子贡曰"。在此，"曰"表话语权。如此，从孔门众人出场"曰"的次序与出场的次数，可观《论语》围绕着话语权而生成的微观政治特征。

譬如《论语》开篇之《学而篇》中，首先是"子曰"，其次是"有子曰"，

---

① 林语堂著：《孔子的智慧》，武汉：长江文艺出版社，2015年，第3页。

再次是"子曰"，然后再是"曾子曰"，再是"子曰"，接后是"子夏曰""子曰""曾子曰""子贡曰""子曰""有子曰""有子曰""子曰""子贡曰"。依此可鲜明地看到《论语》之论题展开，以孔子为言说的主角，围绕着"子曰"，依次出场的顺序是有子、曾子、子夏、子贡。其中"子曰"7次，"有子曰"3次，"曾子曰"2次，"子贡曰"2次，"子夏曰"1次。从所"曰"之出场顺序与所"曰"之次数，恰是以"话语权"而表征他们各自在孔学权力系谱中的地位，并以此呈现其思想之重要程度。同时，正是这些获得出场机会而能"曰"的弟子，与孔子一道完成"原儒"思想、理论、学说景观的构造。

又犹如第十九《子张篇》，能出场"曰"的顺序，依次是子张、子夏、子游、曾子和子贡；而能"曰"的次数，"子张曰"3次，"子夏曰"10次，"子游曰"3次，"曾子曰"3次，"子贡曰"6次。这样的出场顺序与出场所"曰"的次数，恰表征出后孔子时代，孔门思想分化之境况，以及彼此思想权重之面貌。

如此而言，《论语》中所"曰"之出场顺序和所"曰"之次数，既体现了《论语》内容之内在逻辑，同时亦呈现孔门之话语权的安排，体现《论语》内蕴的尊卑有序的话语秩序与价值逻辑。

如此，孔门弟子三千，贤人七十有二人，更有"十哲"鹤立。然而，并非每一个弟子皆有能力、机会或资质分享"话语权"，在《论语》中留下"曰"而彰其主张与思想。以能"曰"而得以出场，享有话语权，阐述其主张和观点为视角，可以透析《论语》话语脉络中所潜含的权力逻辑。如此，对《论语》之话语权的研究，从而呈现出《论语》的话语权谱系，有待进一步深化与细究。

五

据考古发掘，新出土的《齐论语》，比《古文论语》多了《知道篇》和《问王篇》。这一考古新发现，对于重构"原儒"的思想、理论之架构，凸显"原儒"思想之轴心，彰显"原儒"思想之主旨，进而深化与拓展《论语》研究，无疑具有很重要的学术价值。

"生活哲学视野中的《论语》研判"，所依据的《论语》版本依然是《古文论语》。为了更为细致而深入地进入该文本语境，更缜密地确认其论断之义理，确证其论说之真谛，"研判"按照该版本的《论语》之篇章，并循此结构，逐节进行解读，以图解开文辞所承载的深度意蕴。

逐节加以解读，容易造成思想碎片化与结构松散之外观，如同《论语》本身所呈现的思想面貌一样。然，每一节本身所蕴含的"小问题"，并非无根，彼此之间亦非凌乱而无序，而是始终围绕着"孝""仁""礼""义""信""忠恕"等思想，从为人、为学、为政等多维度展开，由此，无数篇中之"节"，如是构成《论语》思想大厦的"砖"。如此，构成《论语》章节思想局部与整体、微观与宏观之张力。如此，唯着力于"微观"、细致研究局部之章"节"，思想之恢宏整体才扎实牢固；反之，唯有以思想整体之观照为前提，每一节的研究，才不至于陷入偏狭而碎片化，才使每一节的研判，具有逻辑依托与价值归属，才使《论语》具有其思想整体之内在自洽与融通。

同时，《论语》研究旷日持久，已有文献可谓汗牛充栋，构成《论语》研究的多元路径与多种范式，亦可谓真伪掺杂、良莠不齐。如此，"研判"力图掸去附着在《论语》研究上的"尘埃"，解蔽已有的"前见"，哪怕是"合理的偏见"，回到《论语》之原初语境，具体追究每一"问"生成之缘由、每一"论"所针对的问题、每一"说"所彰显的价值取向与思想走向，从而在语境还原的设构中，澄明《论语》之思想主旨与精神脉络，真切呈现《论语》之思想、主张与价值逻辑。

学术研究的推进，恰如冯友兰先生所言，当是"接着说"。如此，借鉴已有的研究成果，构成"研判"的逻辑起点。为此，"研判"在充分汲取传统研究成果，尤其是借助于陈祥道、朱熹、戴望、刘宝楠、杨伯峻和钱穆等诸位先生的研究之基础，力避囿于文字学、文辞学之注，着力以"生活哲学"为研究视角和研究范式，具体诊断与甄别每一节所蕴含的深刻义理，将《论语》之"论"、之"说"、之"思"、之"想"置于"生活"之地基上，解开《论语》丰富而深邃的思想密码，确证其具有鲜活现实性的思想与文化基因，确认具有鲜明个性和独特精神风采的孔子、颜回、子路、子贡、曾子、子张、子夏，其思想与精神一直未退场，一直活在中华民族精神的疆域中，从而成为我们不倦追寻精神母体之路标，成为我们建构精神家园之思想先导。

如此，"研判"并非是满足于小我的思想、精神成长之内需，亦不是满足于已有研究之修辞学的完善，更不是满足于自我精神消遣之乐趣。在否定私人意义的偏狭性、单薄性和唯一性之后，"研判"丰厚的意义，更是向着民族复兴之主题敞扬，因为一个民族的复兴，从最为根本的意义上而言，乃是持续涵养民族之文化，砥砺民族之意志，陶冶民族之心性，开掘民族之心智，重构民族之思想，觉醒民族之精神，重建民族之精神家园，重塑民族之气象。这一切都离不开直面复杂多变的现代生活之矛盾与困境，自觉转身回溯、清理、探寻我们的"传统文化"，从而构造出我们的"文化传统"，润泽我们的心智，滋养我们的生命，催生我们的文化理想，证成我们的文化自信。

如此，"研判"成为自觉的文化责任和使命，成为"我"于现代生活在场的方式。

是为序。

异之

2022 年 2 月于邕江岸

2022 年 5 月于蓉城学府尚郡

第一 学而篇

1. 人生三境，因时进退

学而1.1

【原文】子曰："学而时习之，不亦说乎？有朋自远方来，不亦乐乎？人不知而不愠，不亦君子乎？"

【译文】孔子说："有治国救世之学识，又恰生逢其时，其学识能得以践习、践行，这不是很令人欢欣、幸福的事情吗？有志同道合的人从远方来，不也是一件很快乐的事情吗？当权者不重用我，亦不怨天尤人，不就是一个有德的君子吗？"

———————

作为《论语》开篇之"语"，孔子所"论"并非在日常生活意义上教导人如何去"学习""交往"和"做人"，而是在训导其弟子，如何经营与安放其人生于世，促其弟子能审时度势，确定自己收放之人生，从而直呈孔子人生"三境界说"，表达孔子对弟子"人生观"的教导。

孔子之论，其内在结构可以简化为：（1）指明人生三种不同状态：①"学而时"；②"有朋"；③"人不知"。（2）指证人生三种不同结果：①"习之"，立功（外王）；②"自远方来"，立言；③"不知"而"不愠"：立德（内圣）。（3）构成人生三条不同路向或三重境界：①"悦"而至乐；②"乐"而共乐；③自守而自乐。

———————

蔡元培先生释："故孔子具殷人质实豪健之性质，而又集历代礼乐文章之大成。孔子尝以其道遍于列国诸侯而不见用，晚年，乃删诗书，定礼乐，赞易象，修春秋，以授弟子。"① 孔子兴私学、授弟子，其目的就是要培养和造就在乱世中才德兼备的"君子"，即培养救世之实践主体。如此，孔子所授非"小学"，而是"大学"；其内容不是"小六艺"，而是"大六艺"；其培养的目标亦不是达"小成"的"常人"，而是达"大成"之"君子"。

孔子教导弟子们以"学而时"为人生契机，努力"习之"而立功于世。既有追求造福于世的共乐至乐之境，也有"人不知，而不愠"的自守自乐之境。即能根据时势之不同而进退，收放自我之人生，拥有"进则兼善天下，退则独善其身"的人生格局。

简言之，孔子以"学"为始端，以"时"为枢机，以"习"为旨趣，以"说""乐""不愠"为受用、体验，构成君子"内圣外王"之生命价值逻辑。如此，孔子之论，不可从"日常"之意域，而应该在"为人""为学"和"为政"三者统一的前提下来定位《论语》诸论之思想，这是把握《论语》丰富内涵须遵守的基本格调。

具体而言

第一，孔子此论，作为《论语》的开篇之语，可谓至关重要。朱熹对此节评价极高，他说："此为书之首篇，故所记多务本之意，乃入道之门、积德之基、学者之先务也。"其之所以至关重要，就在于孔子以言"学"为表、为始，以"时"为枢机，以"习"为旨趣，以"说""乐""不愠"为受用，从而确认或构建出君子生存的三种样态或三重境界。这三种生存样态或三重生存境界，呈现出自"上"而"下"的人生收敛逻辑，即从最幸运、最理想、最佳的状态至次之，再至人生之"底线"，回到人生"原点"，这是从"外王"至"内圣"的逆向展开过程。如此，可以说孔子之论，切入人之生存境遇，建构起人生理想和追求的三重境界，表征面对乱世，君子对自我生命价值的高度自觉。

第二，孔子此论的受众是其众弟子。按照"仕而优则学，学而优则仕"的基本原则，孔子所言，给其弟子们指出面对"礼崩乐坏"之乱世，宜根据时局和具体的境遇，对自己的未来人生做一个清楚的动态定位。如此，孔子之论，其着力点在于要求学生审时度势、珍惜时机，秉持自我理想，肩负救世之使命，担负起救世之责任，实现其人生价值。

第三，孔子在此论中，以"说""乐"和"不愠"，表人生三重境遇相应的心境或情感，映衬着人生之三境界。与"说""乐"和"不愠"相对应的则是

---

① 蔡元培. 中国伦理学史 [M]. 北京：北京联合出版公司，2014：9.

生活哲学视野中的"论语"研判

三种生存事实状态，即"学而时习之""有朋自远方来"和"人不知"。如此，孔子之论很清晰地将君子的三重生存境遇及其情感状态紧密关联起来而得以落实，勾勒了人生因"学而时""习之"而"立功"成"悦"，"学而（不时），有朋自远方来"而"立言"而"乐"，最后到"人不知，而不愠"而"立德"（"自守"）的人生情态与境界。

（1）"学而时习之，不亦说乎？"在此，"学而时"，然后"习之"，至"悦"。"学而时"，道出了一切饱学之士最为幸运的人生境遇。它表征学有所成、对救世治世有宏图之思的学人，"生逢其时"，正当其"时"，故而受到重用、给予其施展"才智"与"施政策略"之"时机"或"平台"。简言之，"学而时"，即是学而出仕成功，得位掌握了"权力"而"当政"。如此，下一步的任务就是去"习之"，即将己之所学，己之治世、救世之思，付之于为政，落实于己之施政之中而得以实现，让天下因之而有治、有道，乱世而太平，让天下苍生免受乱世之苦，尽享治世之福祉。如此，己之学识、才智得以施展，理想抱负得以实现，此乃人生最大之"悦"。"悦在心，乐则见于外。"（钱穆）于此，"悦"正是个体的学识、才华，生命之理想、抱负得以实现而展现出可见的社会价值，即个体的才干、理想得以实现所带来的生命成就感使然，这是个人价值得以实现而内生的生命满足感、欣喜感、幸福感，也是人生所要追求和实现的最高境界。

（2）"有朋自远方来，不亦乐乎？"人生最好的境遇是"学而时"，退一步则是"学而不'时'"，表己之学识、主张、治世方略不被君主或诸侯认同、采纳，己出仕不成。此种境况，作为不当权、不为政之"旁观者"，却依然还有同道之人从远方来，与我一起"坐而论道"，对世事之"病"进行诊断，对治世之"策"进行探讨，以尽一己之责，对"当权者"治国安邦"建言""献策"，希冀对治世有裨益，这也是"我"存在的价值之明证，由此体现"我"对社会、对世道所肩负的一种道义或担待，此亦不失为人生之一"乐"。这表明孔子教导弟子即使未曾被重用、未能入仕直接施展己之才干，践行己之理想，亦不做"天下之事"的"旁观者"，因为作为"天下人"的"我"，须对"天下"之治尽己之"天职"。此等自觉的生命责任，构成了中国传统文化视域中君子的"人格基因"。如此，此"乐"，乃因有"朋"自远方而来论道、而建言献策。简言之，"乐"，则是因"立言"而有助于、有益于当政者治国安邦所生的一种快慰。

在此，还需明确，君子，乃心怀天下，志在治国、平天下，这也正是孔子开启私学而实施"有教无类"，培养君子之根本的目的与主旨所在。如此，在

"天下乃是天下人之天下"的意识观照下，君子不管身居何处，处于何种生存状态，对社会、世事都需内具不可推卸的为"天下"而思虑、谋划的自觉意识与责任担当。故而，当不能"学而时，习之"时，依然心怀天下，为天下从霸道之现实向"王道"之理想而共商计策，共谋方略。这便开启了中国古代文士"清谈"而"立言"之路向。

（3）"人不知而不愠，不亦君子乎？"所谓"人不知，（即）不我用也"（钱穆）。即"我的"才德、治世之主张、方略均未被当权者或诸侯识得其精要，未被接纳而受冷落，一句话，"我"不被重用，不为仕，不当权，不能直接践行己之治国治世之方略，不能直接"立功"；同时也无同道之人愿意不弃遥途前来与"我"切磋、研讨治世之道，通过建言献策，即"立言"来彰显己之价值。如此，"我"的学识、主张以及我心怀天下的仁爱之心，救世、治世之志，完全处于无人识知、无人理解、无人搭理或器重之状态，但作为君子，并未因此而心生怨恨，并未因此而抱怨社会和他人，这也是孔子一贯主张的"不怨天、不尤人"的自觉功夫。因为，既然"人不知"，无用武之地，但君子自觉其生命价值在其心性、道德和学识的自足、敦厚与圆融，自我对社会的那份心还在，改变乱世的理想和抱负还在，己与道共存，那么，就无须假借"人"知而确证己之价值。这种自觉而自足式的生命价值，是君子生命之"原点"，亦是君子可以吸引"朋"自远方来的前提，更是其"学"可能、可以被"习之"的可靠支点和起点。

"人不知"，并非日常生活中的不被人了解、理解，而是不得当权者器重、任用。在此种境遇下，能"不愠"，即不怨天、不尤人，表明当怀道、明道之君子"生不逢时"，君子能自持、自守、自牧，只需等待时机即可。这是"潜龙勿用"之境遇。君子自当不必"愠"，唯有"自信"与"从容"、宠辱不惊、独立自处。孔子在此强调和突出了君子"守得住"自己的重要性，因为这正是君子最后的尊严之所在。

"于理有所见，于物有所通，宜为人知而不知，宜愠而不愠，然后谓之君子。"如果说"悦、乐"表"智之事也"，那么，"不愠"，则表"仁之事也"。（陈祥道）如此，"人不知，而不愠"，表明别人不重己之德行、学问与见识、主张，君子当反求诸己，反察己可否堪受别人之敬重与重用，从反面表征君子依然是自得其乐，岂"不亦说乎？"。

从人生收放、进退、用舍、显藏之逻辑来看，孔子之所以强调"人不知"，更为深层的意义在于表达：一个人"收"时的状态，决定了其可能"放"的高度。换句话说，一个连自己都"守不住"的"人"，是不可能有真正的"放"的，因为"收"是坚定志向、积蓄力量、沉炼心智、等待时机的"过程"，恰好是一个人以"旁观者"的姿态审视世态和自我的契机。这正是君子"自牧""自养""韬光养晦"之实质和价值。

孔子之论,展示了中国君子人生三种不同的际遇,同时也构成中国古典君子人生进退的上、中、下三条路径:"上"者,"学而时""习之"。基于此,当奉献自己于天下,以成就天下而实现自我,此乃人生之进可天下的刚健有为,达人生之"至乐"而无憾,此为当世"立功";"中"者,"学而不'时'",然有同道之人共偕而不孤,且以天下人之身份来共谋救世治世之方略,通过建言献策,即以"立言"而观照天下,此为人生与朋友之"共乐";"下"者,乃是"人不知,而不愠",此乃生命之自觉、自足而自在,依然怀道而坚守自己的梦想与抱负,待机而发,此为人生"立德"自守之"自乐"。如此,孔子以"立功""立言""立德"相互链接,不断退守、不断内敛的路线,为人生开启了"进""退"之路。

第四,孔子所论人生进退三重境界、三条路径,无疑构成可供中国古代文人选择的、最为经典的生存模式,从而也给中国古代文人提供了尤为广阔的自由生存空间,表"下学上达,君子之事"(戴望)。

第五,但是,孔子此论,一般地很容易将"为学"解读为"如何来学",而不是理解为"为何"而"学"。恰如蕅益所述:"此章以'学'字为宗主,以'时习'二字为旨趣,以'悦'字为血脉。'朋来'及'人不知',皆是时习之时;'乐'及'不愠',皆是'说'之血脉无间断处。盖人人本有灵觉之性,本无物累,本无不说,由其迷此本体,生出许多恐惧忧患。今学,即是始觉之智,念念觉于本觉,无不觉时,故名'时习'。无时不觉,斯无时不说矣。此觉原是人所同然,故朋来而乐;此觉原无人我对待,故不知不愠。夫能历朋来,人不知时,而无不习、无不说者,斯为君子之学。若以知不知二其心,岂孔子之所谓'学'哉?"亦如钱穆先生所说:"本章乃叙述一理想学者之毕生经历,实亦孔子毕生为学之自述。学而时习,乃初学事,孔子十五志学以后当之。有朋远来,则中年成学后事,孔子三十而立后当之。苟非学邃行尊,达于最高境界,不宜轻言人不我知,孔子五十知命后当之。学者惟当牢守学而时习之一境,斯可有远方朋来之乐。最后一境,本非学者所望。学求深造日进,至于人不能知,乃属无可奈何。圣人深造之已极,自知弥深,自信弥笃,乃曰:'知我者其天乎',然非浅学所当骤企也。孔子一生重在教,孔子之教重在学。孔子之教人以学,重在学为人之道。"如此,一般将"学"与"习"对应起来加以解读,将"学""习"置于知识论的平台上来确定其语义。

然而,此节中之"学",绝不仅仅是指一般的"学",应还有另一层含义,即学说、主张，治世方略，简言之，"学"，表学识、见识；同样，"习"，一般解说是"温习""复习""练习"，还可以解读为"使用""（被）接纳、被采用、被实施、被推广""践习""践行"。同时，"学"与"习"所指有别。"学"，从一般意义上来看，解决的是从"无知"到"知"，直至知"道"；而"习"则突出从"知"到"行"，指示走出"知"的领域而"见于行"。其"时"，并非是指"时常""经常"，而是指于学者之"时运""时机"。如此，"学而时习之"，当为"'学而时''习之'"，如此，"学而时，习之"是否表达了孔子一开始就倡导、追求"学以致用""经世致用"的取向呢？是否潜存着王阳明之"知行合一"的思想端倪呢？这一取向是否就确立了君子"为学"之价值的最高旨归呢？答案是肯定的。如此，才有君子人生之"悦"！

进而言之，"有朋自远方来"，钱穆解为："志同道合者，知慕于我，自远来也。"并说："《孟子》曰：'乐得天下英才而教育之。'慕我者自远方来，教学相长，我道日广，故可乐也。"

何谓"朋"？何谓"友"？

"朋"，同志者；"友"，同窗者。此处，孔子强调的是同志之"朋"，道相同的，即志趣相投的君子才会寻路问道，自远方来。在此，问题之关键是，"朋"自远方来之目的是什么？难道"朋"不舍长途跋涉，仅仅是前来探访、嘘寒问暖？或仅是谈论抽象的学问？绝非！"朋"之来访，不仅是"问学""论道"，而且更重要的是共同诊断世道，言志谋世而救世。如此，因志同道合而探讨、切磋，探寻救世弘道之策，进而提出治世之方案。此策、此方案，即便不为当权者认知、认同与接纳、采用，因为"有朋自远方来"，能通过"建言献策"，履行己之社会责任，完成自我"拯救"，夫复何求？如此，"不亦乐乎？"

总之，本节通过反观"悦""乐"和"不愠"的精神、情感状态而确立生存的三重境界、三条路径和三种人生价值指向与尺度，即"学而时，习之"而"至乐"、"有朋自远方来"之"共乐"与"人不知，而不愠"之"自乐"，真切地表征人生志趣之不同层次，为人生展示了"进可天下、退可自守"的多元生存模式。

通过孔子开篇之论，不难发现，《论语》之立意绝非是抽象玄虚之论，而是为治乱世、平天下。如此，孔子及其弟子之语，绝非"无的放矢"，而是针对他们遭遇的"问题"而问答、而论辩。他们遭遇的"问题"并非仅仅是具体的、特殊的，而是承载着共同性和普遍性。如此，可以说，《论语》正是为救世治世而生，其价值绝不局限于当世，具有超历史之智慧，服膺后世。

2. 为人孝弟，君子务本

学而 1.2

【原文】有子曰："其为人也孝弟，而好犯上者，鲜矣；不好犯上，而好作乱者，未之有也。君子务本，本立而道生。孝弟也者，其为仁之本与？"

【译文】有子说："假如一个人奉行孝悌之道，还会存心冒犯尊长，这样的人是很少见的。不冒犯尊长，而又喜好作乱的人，是从来没有过的。君子专心致力于本，本确立了，治国做人之道也就生根了。孝悌，应该是仁（道）之根本吧？"

有子：

何许人也，其所言可置于孔子之后，成为《论语》第二个出场的人。可见其论的重要性仅次于孔子。

首先，"其人"。有子（前505年或518年—？），名叫有若，字子有，春秋末年鲁国人。据《史记·仲尼弟子列传》记载，有子少孔子四十三岁，是孔子晚年的弟子，因其博闻强识，喜爱古代文化，熟习礼乐，能较全面深刻地理解、把握孔子的学说，且"状似孔子"，在孔子死后，曾一度被孔门弟子推举为"师"（据说，在孔子的众弟子中，唯有曾子有异议），可见他在孔子弟子们心中有着特殊的地位。

其次，"其说"。如果说曾子所论突出走出家庭、家族，进入社会之后，其行为应遵循的伦理规范；那么，有子在此所言则是强调在家庭、家族中所应养就的为人之基本伦理："孝悌"，此乃"君子"成"仁"之"本"。

最后，有子的主要思想概括起来主要是：倡导"孝悌为本""礼之用，和为贵"。

有子之论，从家庭伦理秩序与社会政治伦理秩序的关系入手，以否定式强调家庭、家族伦理的修为与遵循于"君子"之仁德的基础性和根本性地位，并着力于"规范性"要求。如此，从人伦生活的道德规范入手，强调把"儿子"做好、把"兄弟"做好，在家庭、家族内部遵循"孝悌"的重要性。其重要性就在于止"犯上""作乱"之"妄为"。如此，有子凸显了君子须从

"孝悌"入手，在"孝悌"上下功夫，以此彰显有子家国伦理同质性、一致性的价值原则与思维逻辑。

"孝悌"与"仁"之关系，从修德来讲，孝悌乃"仁"之基础；论"性"，"仁"是孝悌之"体"；论修，孝悌是"仁"之"用"。进而言之，"仁心"在人伦关系中，表征为不同的德行：对父母，为"孝"，对儿子，为"慈"，于是"父慈子孝"；对兄长，恭敬，对弟弟，友爱，于是"兄友弟恭"；对上忠心，对下仁爱，于是"君仁臣忠"；丈夫对妻义，妻子对丈夫从，于是"夫义妇从"；推而广之，"长惠幼顺"，由此构成社会伦理秩序。

具体而言

第一，《中庸》有言："修身以道，修道以仁。"《大学》有言："一家仁，一国兴仁。"在中国古代家国同构的历史语境里，家与国之伦理规则、伦理特质，具有高度的一致性。家庭伦理构成一切伦理之原始雏形、胚胎、发源地，由此，家庭伦理在社会伦理体系中，成为最为基本的层次。如此，一个人在家庭伦理的规范训导下所形成的伦理意识、伦理情感、伦理品格，成为审视一个人在处理非家庭伦理关系，包括政治伦理关系之可能具有的伦理特征之基点。一个人在家庭中的道德品行向非家庭关系的道德行为的过渡与迁移，被确认具有内在的决定性关系。一个人在家庭中，如果行孝悌，是一个好儿子、好兄弟，那么，走出家庭、家族，在社会上亦就是一个"好下属""好同仁""好朋友"；在邦国里，也就必然是忠臣义士。这种从"家庭""家族"到"邦国"的伦理过渡被视为具有其必然性，由此生成中国传统道德系统之独特的道德信仰、道德信从，进而构筑起中国传统社会以家庭伦理为基础、为原点的伦理关系系统。

第二，"孝弟，顺德也，故不好犯上，岂复有逆理乱常之事。德有本，本立则其道充大。孝弟行于家，而后仁爱及于物，所谓亲亲而仁民也。故为仁以孝弟为本。论性，则以仁为孝弟之本。"（朱熹引程子）于此，程子强调：孝弟，是顺德。钱穆则简言道："善事父母曰孝。善事兄长曰弟。"如此，"孝""悌"即是家庭内部成员之间彼此所必须遵循的尊卑长幼之伦理原则，是家庭关系达到和谐必须遵循的伦理规范。如此，它也就成了一切非家庭、家族血缘伦理、道德之"根"、之"本"。这样，可以很清楚地表征出"孝、悌"在儒家伦理体系中的源头和始点之地位。正因为"孝""悌"之基点地位，一切伦理关系均发端、依托于此，以此凸显"孝""悌"作为"仁"之根、之本的重要性。

第三，有子要求君子致力于"本"，即强调自身"孝悌"之德修；有了孝悌之心、遵循"孝悌"之行为规范，即表一个人有了"仁心"。"孝悌出于性，而道又出于孝悌。人莫不有孝悌之良心，而道常不存者，以其务末不务本也。"（陈祥道）故，因"孝悌"而"道生"，由"小"至"大"，由"直接"到"间接"，由"我"及"他"，形成伦理秩序的外推逻辑。如此，将社会的、天下的和谐与稳定之支点寄托于个人孝悌德性的修养上，极大地突出个体家庭伦理品质的地位和功能。

第四，有子之论将伦理"规矩"、规范下降到家庭之中，凸显了个体道德修为于"家教"的重要性。如此，彰显家庭伦理乃个体道德人格之始端，同时表明家庭的秩序与稳定，不仅构成社会稳定与和谐的一个基本维度，而且亦是社会和谐与稳定之基本前提。

如果一个人在家中能做到对父母尽孝、对兄长顺服，遵循"家庭伦理"，维护家庭伦理秩序，那么，此人入世于社会，就相应地会明确自己的"身份""角色"，进而遵循与自己的"身份""角色"相匹配的伦理规范，对邦国"尽忠"，从而维护社会的伦理秩序。因为"忠"以"孝""悌"为前提，"孝""悌"以"忠"为目的。从"孝悌"的社会功能来看，在家庭关系中落实了孝悌，就不会发生"犯上作乱"，既有的政治等级秩序之从根本上亦得以维护，国家和社会的安定也得到保障。如此，有子以个体之"孝悌"，消解了"犯上""作乱"之根源。对此，陈祥道说道："犯上者，常始于不顺；作乱者，常始于犯上。孝悌，则顺矣，故好犯上者鲜。不好犯上，则顺之至。……犯上在心，心之所不好，则迹之所不为。"蕅益亦释曰："为仁，正是为人；不仁，便不可为人矣。作乱之本，由于好犯上；犯上之本，由于不孝弟；不孝弟，由于甘心为禽兽。若不肯做衣冠禽兽，必孝弟以为人；为人，即仁义礼智自皆具足。故孝弟，是仁义礼智之本。盖孝弟，是良知良能；良知良能，是万事万物之本源也。"

第五，有子以"孝""悌"与社会安定之间的直接关系，构成其思想、主张之出发点与着力点。自春秋战国以后的历代统治者和文人，都继承了此"孝悌说"，进而主张"以孝治天下"，形成中国传统道德谱系中的"孝道"。统治者将道德教化作为实行治理的重要手段，把老百姓禁锢在纲常名教、伦理道德的桎梏之中，对民众的道德观念和道德行为产生了极大影响，也对整个中国传统文化性格及民众的道德心性产生深刻影响。

第六，中国古代"家庭生活"或"家族生活"中所遵循的伦理原则，构成古代生活展开之后的伦理原型，也成为非家庭生活伦理原则得以维系和巩固以及行之有效的保障。在"私人生活"和"公共生活"未曾分野的中国古典时代，自然也就无"私德"与"公德"之别，正是在这一意义上，家庭伦理与社会伦理之间具有"同构性"和"同质性"。

总之，有子强调君子以"孝悌"为基点，加强"个体"之家庭伦理原则的修为与内化，实现其道德意识和道德行为之自觉。如此，既可处理好家庭内部的伦理关系，达成良好的家庭伦理秩序；同时，依此亦可遵守社会伦理原则，达到社会的和谐与稳定。如此，有子确定家庭伦理中"孝悌"的基础地位和基本功能，表征出"孝悌"与"仁"的内在关系，进而依此设构出一幅和谐的社会伦理图景。

3. 巧言令色，鲜矣仁哉

学而 1.3

【原文】子曰："巧言令色，鲜矣仁。"

【译文】孔子说："以花言巧语迷惑人，以和颜悦色巴结人，这样的人，很少有仁心。"

孔子聚焦于人之交往，尤其政治域上下之交，以自信之口吻剥掉巧言令色者迷人、惑人之"言""表"，直指其道德人格之"实"："鲜矣仁"，揭穿"巧言""令色"与"仁"相悖。孔子从言行、表里之关系视角，对一个人之"本质"做出准确的判断，具有方法论的价值。更为重要的是孔子以"仁"为尺度和标准，对"一个人"之"言辞"和"情态"加以反向审视和判断，对"表里不一"、以"媚"示人、以"表"掩"里"、以"善"藏"恶"等肆意逢迎、巴结"人"之行、之心予以"指证"或"勘定"，从而在大概率上对此等"宵小之徒"做出否定性、批判性判定，突出孔子对"人"之道德人格做出的最为基本的要求：内外统一、言行一致、表里如一。如此，孔子在此判断中，为世人提供了一个简要的"视角"，提出了一条明确的要求，指出了做人的基本言行"标准"，同时还告诫世人，在"交往"中，必须确立或具备"陷阱意识"，具有识别、抗拒"伪善"之能力。

蕅益曰："巧言，口为仁者之言也。令色，色取仁也。""言"，嘴上的功夫，"仁"，"心上的工夫"。巧言令色，心口不一。"若向言色处下手，则愈似而愈非。""知巧言令色之非仁，则知仁矣。"如此，孔子批巧言令色者，而倡"诚于中而形于外"。

具体而言

第一，孔子为世人提供一个基本的判断，即对"巧言令色"者，该如何加以甄别，从而揭穿其内在"鲜矣仁"之本质与真相。该命题正是基于交往实践，"阅人无数"之经验总结和智慧的升华，直刺与穿透"巧言令色"者之"虚华"与"伪善""示好"的外在言辞、情态，揭开其与外在相悖的内在心性品质："鲜矣仁"。如此，孔子为世人开出基于交往的生活智慧："识人""鉴人"。

孔子从一个人的言容之显象，对其道德本性予以识别和定性。此处侧重从消极、否定方面来规定和阐释"仁"，强调"仁"绝非表征为某种外在华丽的言辞、和善之容色，更不是以虚假好听的言辞和以媚态、逢迎、巴结与讨好的容色予以修饰、雕琢和包装的"伪善"，从而凸显"仁"，乃是人内在心性的真实、质朴或拙朴之情感。如此，孔子对真假之"仁"予以厘清，对假"仁"予以批判，并希望增强世人对此等人之甄别能力，警示世人对此等人必须加以提防。

第二，关于"巧言令色"，其状态最为形象的表达，即是花言巧语、满脸堆笑、低头哈腰、恭恭敬敬，一副示好、讨好人的"奴才相"。朱熹对之释曰："好其言，善其色，致饰于外，务以悦人，则人欲肆而本心之德亡矣。"戴望释曰："巧言，诤言。"即"造作巧饰之言"。"令色，象恭。""犹言貌似恭敬，后多以喻巨奸大恶。"

其实，"巧"和"令"都具美好之意。"巧"，是"好"；"令"，"善也"。如此，言语优美、优雅、好听，表情温和、和颜悦色，自然是很好的。但是，孔子深刻地意识到"巧言令色"与"仁"之相悖性关系，呈现出"表"与"里"之间的不一致，甚至"颠倒"，那么，其"巧言"、其"令色"，就成了一种具有道德意味的遮蔽或掩饰，通过此等言、色之美好表象，包裹、掩藏着其真实的"不美好"甚至险恶之心，即"不仁"。如此，"巧言令色"者，专"务以言色亲人，情疏而貌亲"（戴望）。

第三，然而，人恰有认同、偏好"巧言令色"之自然取向。如此，就容易导致"听者""看者"对"巧言令色"者的误判，进而导致"陷阱"生成，从而使得"言者""色者"之"伎俩"有可乘之机。为此，孔子提出"非礼勿言、非礼勿听"之道德训诫。

第四，孔子以此教世人当如何"识人"、甄别"人"。识人最为基本的两条途径即是"言"与"色"，即通过其所表征出来的"言"与"色"之样态来加以甄别。"讷者，无巧言；木者，无令色。木与讷，务本者也，故近仁。巧言令色，务末者也，故鲜矣仁。"（陈祥道）在本论中，孔子以"仁"为旨归和终极标准，对（虚、伪、谎）"言"之"巧"、（媚）"色"之"令"，予以否定性判决，从而提倡其"言"之平实、真实，其"色"之坦实、切实。因为"仁者爱由情出也"（戴望）。

第五，上节有子所言表孔学之核心是"仁"，"仁"之本是"孝"与"悌"。这是从正面阐述"仁"。此处，孔子从"仁"的反面，即花言巧语，工于辞令，与"仁"相悖而似"仁"之形式成"恶"，再次揭示"善""恶"关系及其表征的复杂性。

第六，孔子崇尚真切、质朴，讲究内外统一与一致，反对"巧言令色""花言巧语"之假仁假义；同时主张说话应谨慎小心，说到做到，先做后说，反对说话办事随心所欲，只说不做，停留在口头的表白与允诺上。这表明，孔子和儒家注重人的实际行动，特别强调人应当言行一致，力戒空谈浮言，心口不一，抑或媚态盈盈。这种踏实态度和质朴精神长期影响着中国人的道德人格修造。

第七，孔子之论断警示世人在交往中必须具备"陷阱意识"。"巧言令色"，恰是当世"礼崩乐坏"、霸道日盛而"仁道"式微之"世态""世境"下，对"人心不古"所造成的"危险""险恶"之生存、交往境遇的真实写照。

通过"言"之"巧"、"色"之"令"所生成的"鲜矣仁"之"陷阱"，恰是善于察言观色、见风使舵、卑躬屈膝、阿谀奉迎的"小人"或"说客"惯用的"伎俩"，更是"大奸似忠""大伪似真""大恶似仁"者之狡黠，以图可乘之机。

"巧言令色"者，一般是指在不平等交往关系中的"弱势者"或有所图谋者等，因为唯有此类"弱势者"，方可有"伪装"之必要。《礼记·缁衣》有言："上有所好，下必甚焉"，对"巧言令色"之猖行予以了较为清楚的交代，指示出官场文化的伪善、人格的卑劣与言行的龌龊之所以盛行。

同时"巧言令色"者，往往能以其低廉的"道德成本"达到其"目的"（从"走捷径""占便宜"到"居心叵测""图谋不轨"……）；如此屡试不爽，就会历史地积淀为一种以"伪装""伪善"出场的"交往范式"，成为众人容易效仿的行径，衍生出具有一定迷惑性、欺骗性的虚假伪善人格与言行方式，进而沉淀为一种"集体无意识"！

第八，孔子要求弟子们在"立志"而自觉选择人生之"路"，尤其是在入仕为"官"之后，须对"官场上"屡屡"巧言令色"之"徒"予以提防，以杜绝"小人得志"，更不可让自己堕落，成为喜好"巧言令色"之"人"。如此，孔子要求其弟子们不仅必须具备甄别"巧言令色"者之能力，而且更为重要的必须具有防范他人之"巧言令色"和自戒"巧言令色"之偏好，从而凸显孔子教导弟子们须根除伪善轻薄之弊，持守厚重木讷之德。

总之，孔子以"仁"为尺度，对"巧言令色"者做出否定性判断，从反面进一步规定"仁"，拓展了对伪"仁"进行甄别的视野与空间。

事实上，孔子此语，从言辞与声色表象与"仁"的关系，为识人、断人提供甄别的基本标准，进而批判了言行、表里分裂和不一致的"虚假"道德人格。

4. 每日三省，善守其身

学而 1.4

【原文】曾子曰：“吾日三省吾身。为人谋而不忠乎？与朋友交而不信乎？传不习乎？”

【译文】曾子说：“我每日多次反省自己的行为。比如，为别人谋（做）事，是否尽心竭力了呢？同朋友交往，是否做到诚实可信了呢？对于所接受的思想、方法和道理或要求、指令，是否已得以践行了呢？”

曾子：

（1）（前505—前435年），姒姓，曾氏，名参，字子舆，鲁国生人，鄫国贵族后裔，世人尊称为“曾子”。

（2）其思想以“孝、恕、忠、信”为核心，影响甚广的是其修齐治平的“政治观”，内省、慎独的“修养观”和以孝为本的“孝道观”等。

（3）曾子与其父曾点，同师于孔子。因曾子勤学好问，对孔子学说之“要”能做到领会贯通，在孔子众弟子中颇得“真传”，即可谓“独得其宗”，故而，被后世尊称为“宗圣”，列升为孔门“十哲”之一，其地位仅次于“复圣”颜回。

（4）孔子的孙子孔伋（子思）师从参公，又传授给孟子。因之，曾参上承孔子之道，下启思孟学派。

（5）其有“曾子烹彘”“曾子避席”“不受君邑”以及“曾子啮指痛心”的鲜活故事传于世，为世人乐道。

如果说孔子言“克己”，为“君子”人生修为提供了一条“自律”之“道”，通过“克己”而“成己”；那么，曾子在此所言的“日三省”，则是在孔子“自律”总原则基础上，更为具体地启动了以“吾身”为“对象”，以“为人谋”“与朋友交”“传”“三事”为具体内容，以“忠”“信”“习”为“德”之标尺，以反观、反视、反究、内察为操作方式，以自我防范、自我矫正为手段，以促进和提升“官德”、君子道德人格为目的，推进“君子”道德之自觉生成，从而达到“善守其身”之效果为主旨，为“世人”和“为

官"之人修德建业指出了一条自我成长的智慧之路。

简言之,孔子所言的"人""自律"要得以"落地",其关键之前提就在于曾子所论"吾"之"自省"。在"自省"之基础上,强调"谋,贵忠。言,贵信。传,贵习",从而生成与确立良好的"官德"。

具体而言

第一,孔子言人生"三境界",凿出自觉进退之"道",进而训诫弟子们在"为官"时须警惕"巧言令色"之"陷阱";有子言"君子"须务"孝悌"之"本";曾子提出"自省"之法,以达自我防范、自我矫正错误之效,从而开出为官之人不断自觉地提升自我修为,增强"官德"之建设方案。其意义,恰如陈祥道所释:"曾子三省其身,可谓善守身矣!"亦如满益所言:"三事,只是己躬下一大事耳。倘有人我二相可得,便不忠信;倘非见过于师,便不能习。此是既唯'一以贯之'之后,方有此真实切近功夫。"

如此,在此处最为要紧的是:曾子为为官之人,进而亦为世人展开了一条修行、提智之甬道。以此印证《大学》之所言:"君子有大道,必忠信以得之,骄泰以失之。"

第二,曾子言"吾日三省吾身"。在此,曾子提出主格之"吾"对"其身"之"省"(察),潜存一个基本的前提:唯有以不断修善、提升"自我"德性、德行为人生使命和责任的人,方可自觉启动其反"省",这是"省"之前提和动力,表"省"之自主性、主动性。换言之,唯有自觉"善守其身"之人,方可自觉自愿地检视己之所作所为,善于从中发现己之"不足",敢于确认己之"偏离",从而不断修己之不足而突破与超越"旧我",促成自我新生。此等发端于"心"、落实于"行"的"日三省",绝非外力、外因所迫使然。如此,曾子揭开了"吾""省""吾身"之内察的心理、情感基础,以及自我进取、自我完善和自我超越维度。如此,曾子以"理想的""自我"之道德范型为牵引,发动无止尽的"吾""日三省"之自我甄别、自我检讨、自我清理的道德审查。

第三,曾子言"三省吾身"。究其"三省"所指,钱穆认为有两解,即"一、三次省察。一、省察三事"。钱穆持后者。曾子所言"三省吾身",其"三省"之"三",非具体的"三次",而是指多次、反复、不断推进,以达反察之"全面"与深刻彻底。其所"省""反察"的对象,总体说来是"吾身",即"吾"之所作所为。具体而言,即是曾子提及的"三事":"为人谋""与朋友交""传"。由此,曾子所言"省",并非无指向、无目的地精神漫游,更不是闭目"静修"之"冥"状,而是对自己所为之"事",反复地、不厌其烦地、不断深入地予以回溯、"过滤",加以再审视、再审查。因为此乃关涉切己之"事",须谨慎、缜密,不可疏忽、马虎而疏漏,故而"三省"。如此"不放过"自己的苛严与审慎,恰如阳明所言,通过"事",在不断擦拭、矫正自己的"心性",不断内化和强化其规范,即下一番"磨镜子"的狠功夫。

第四,曾子言"吾"之"日三省",折射出其所倡导的对"自我"道德生命之建设意识和责任意识,此为"慎独"之具体落实。从此意义而言,人生进取与境界提升之最可靠、最切近的"导"师,乃是"自己",而非"外求"于"他人"!简言之,己之德进正是在"日三省"之中。

第五,"省",从文字解析来看,即"少目",突出"内观",侧重由"内"而"外"的体认。从静态和具体的操作来看,"省"即是"比照"。其中所涉:

"比照"之前提,必是以既有的或理想的道德规范、道德原则首先内化于吾之心中,并得以确立、认可、认同为前提。在此,"吾"之内在的道德范型、道德标尺就成为"日三省"之先验依据。

"比照"之进程,则是以既定的或理想的规范性道德原则为标准和尺度,来反察"吾身"之诸"事",并以此做出自我判断,得出一个翔实的"道德体检表"来。

"比照"之原则,持"诚",即"毋自欺也"!

通过"比照"的前提、进程和原则与结果,构成"日三省"之后"吾"之"道德实然"境况。

从动态来看,"日三省",乃彰显出生命成长、开放的姿态。

通过"比照",自觉"吾"之状况,针对其"结果",对"吾身"之中"具备的""肯定的",则必须加以累积与巩固;对"吾身"之中所存在的"否定的""错误的""欠缺的""不完善的"方面,予"吾"以"命令",对之必须加以矫正、修补,从而得以完善。如此,使"吾"之修行不止,这是自我扬弃、自我蜕变、自我成长意义上的超越性"自由"。

通过"比照","吾心"反察"吾身",推进"吾身"不断完善。这是"吾"所应持有的开放、进取姿态与自重之立场。

第六,就"省"的具体"对象"而言,"吾身",乃具体显现为"为人谋""与朋友交"和"传"这"三事"之上。曾子在此以"反诘"的语气自问、自查、自证:"不忠乎?""不信乎?""不习乎?"如此突出、强化与具体化相应的"标准":"忠""信"和"习"。

曾子为何要按照"忠""信""习"的秩序而立"省""三事"之"准则"呢?对此,北宋陈祥道予以了较为合理的诠释:"谋,贵忠。言,贵信。传,贵习。谋交传者，施诸人。忠信习者，存诸己。先忠信而后习，《易》言忠信、进德，继之以修辞，立其诚。"如此看来，"谋"而"忠"，"交"而"信"，"传"而"习"，乃关涉到一个人"进德""立诚"之要害。

细言之：

（1）"为人谋"。"为人谋"，简言之就是"替人谋事"。直言之，就是替人筹划、操持、操办"事情"。对此，就必须遵循其基本原则："忠"。

何谓"忠"？钱穆先生说："尽己之谓忠"。"忠"的特点就在一个"尽"字，即指替人办事须做到尽心尽力，不遗余力，把"人之事"视如"己之事"而为之。如此，秉持以"忠"为准绳而"为人谋"，从主观上即牢固确立起全心、全情付出做事之原则。这是一种（职业）操守。同时，曾子以"不忠乎？"来反省，其深意在于对在"为人谋"中之一切偷奸耍滑、省心省事等"敷衍塞责"状态进行自我批判，由此，曾子倡"忠"，表"尽己"之自我评断、自我要求和自我监督。

（2）"与朋友交"。与"吾"之"交"的"朋"与"友"，无非是"志同道合"与"同窗""同室"者耳；而与之"交"，亦无非在"说"和"做"两个方面。如此，曾子提出"交"所应持守的原则即是"信"。

何谓"信"？简要地说，"信"有两层含义：其一，为"信任"；其二，为"信用"。钱穆先生解之："以实之谓信。"表真诚相待，无虚伪狡诈，更无欺骗。其基本的精神就是真实可靠、诚实不欺，其"言"非妄言诳语，"所指"有"实"，"所论"有"稽"；其"为"有据可循、有理可依。直言之即是"说话可信，做事靠谱"，就是"实事求是"。

（3）"传不习乎？"在此，"传"需要予以澄清。就"传"之"指向"而言，作为时间维度中的"传"，其所示为从古至今的"传递""传承"，表"连续性"；作为空间维度中的"传"，其所表为由近而远、从"己"及"人"之"传开""传播"，即扩散、扩展。而"传"（chuán）则是"传"（zhuàn）之积极的、经典的"效果"使然。由此，"传"（chuán）与"传"（zhuàn）之间，生成"动"与"静"之关系。

对于"传不习"，钱穆释曰："传字亦有两解。一，师傅之于己。一，己传之于人。依上文为人谋与朋友交推之，当谓己之传于人。素不讲习而传之，此亦不忠不信，然亦惟反己省察始知。人道本于人心，人心之尽与实以否，有他人所不能知，亦非他人所能强使之者，故必贵于有反己省察之功。"

结合钱穆之释，进而言之，在曾子此论中，"传"（chuán）之所指，似乎可以从三个层面来加以剥离：其一，是（从先贤、师长、朋友等处）通过"传"

"授"于我而获取的（某种思想、观念和主张、心法）；其二，是"我所传授于人的"之意；其三，乃"吾"从"人"处接收、接受的委托、愿望与要求、"指令"等。如此，"传不习乎?"，就以"习"来贯彻和落实"传"，这样，就形成了多维理解空间。

针对"其一"，"吾"是否去反复揣摩并践习之？即将"传"之得来的转化为"自己的"，将"间接的"转化为"切己的"，并且是否已从"思想"转换为"行动"？以"习"即践行来体现对"师"之"传"的尊崇，以及对自己学业修造的尽心尽力。在此，一方面表征了"学以致用"的一贯主张，开启了王阳明"传习"之中的"知行合一"思想源头。

针对"其二"，"我所传授于人的"，是否是自己日常所讲习的，突出所传为己有所体悟之传，乃真传。

针对"其三"，"人"之"传"，"吾"是否已加以落实。

第七，再进一步而言，"为人谋""与朋友交"和"传"这"三事"的话语语境，所指并非是"日常生活"，而是更为突出地指向"职业生活"，直言之，即是"政治生活"，其所言乃是"为官"之"事"。

细言之，吾"为人谋"，此处的"人"，指"当权者"，或"诸侯"或"天子"或"君王"，唯有此等"人"之"事"，方可需要"吾"为之"谋"。"吾"的"角色"乃为臣子、下属、门客等，如此，形成了"人"与"吾"之间"主"与"从"之关系。

"与朋友交"之"朋友"，非日常生活意义上的"朋友"，而是在"为人谋"之"场域"中的"朋""友"，简言之即是官场中的上下级或同级的"同僚"（"同僚"可以是政治抱负、政见相一致的"朋"，亦可是彼此相左的"友"）；其"交"非泛化意义上的"交往"，而是就在共同"为人谋"之相关"事务"中彼此的"交流""交代""交接"等必要的沟通与衔接。曾子在此所言"信"，是在检讨"吾"与"同僚"之关系中，是否具有譬如相互隐瞒、相互欺诈、钩心斗角等系列"不信"之"举"。

"传不习乎?"，在此语境中，就其应然之意，所言即是反察"吾"之"执行力"。于"传"，是否于己处得以真切地落实。

如此，曾子在"为人谋""与朋友交""传"这"三事"中，反察其"不忠乎""不信乎""不习乎"，从而确立了"忠""信"与"习"之"德"。在此，曾子指明为官之人当对自身的德行实况予以自我检讨和自我判断。

第八，曾子以"反诘"的语气自问、自查、自证："不忠乎""不信乎""不习乎"，表为官之人，于反察、反视、反判己所为中所持有的谦卑与虔敬之心，因为"己心之尽不尽，惟反己省察始知"（钱穆）。如此，曾子从根本上消解了"为官之人"骄横跋扈、不可一世，不思反察之"心"。进而言之，曾子在"显"与"隐"两个层面，警示为官之人应自觉反省己之行为是否符合"官德"之规范要求。

第九，曾子以"反诘"的语气自问、自查、自证："不忠乎？""不信乎？""不习乎？"从"手段"和"目的"的关系视角，展现了其论的价值：即为"官"之人进行自我教育、自我提升的方法论；同时也表明为官之人加强其自身的"官德"建设，是社会伦理建构，世人道德水准得以提升的一个基本前提。此处曾子已意识到官德乃是民德、世风之"源"、之"型"。

第十，溢出"原初""官德"之政治伦理之边界，曾子之"论"及其所提出的"忠""信""习"等道德原则，对于任何一个自觉加强己之修养、敬德保身者又具有普适价值，突出勿欺上、欺友、欺师。

第十一，需要注意的是，儒家始终将社会的伦理、道德之支点置于"个体"的修为和理想人格的塑造上。但是，"个体道德"修为和提升的自觉性的动力又何在呢？同时，"个体道德"与"社会道德"之间的张力，最后多聚焦、落脚于"个体"的道德境况上。如斯，每一个人都似乎可以成君子、成圣人，但整个社会却陷入了伦理、道德的困境。由此导致"道德的个人"和"不道德的社会"、个体的"善"与整体的"恶"之悖论。如此，开启和加强"官德"建设更具必要性和急迫性。这样，须在一如既往加强"官德"教育与建设之同时，着力于制度创设与建构，走向"个体道德"与"制度之德"互动互生之良性政治伦理生态。

总之，曾子笃信"人道本于人心"，如此，判断"吾""为人谋""与朋友交"和"传"是否符合"忠""信""习"之要求、之标准，即在吾省"之中"，因为"人心之尽与实以否，有他人所不能知，亦非他人所能强使之者，故必贵于有反己省察之功。"钱穆之论道出了"官德"的完善与提升，关键在一个"吾日三省"上自觉和用功。

5. 施政纲领，仁政五要

学而 1.5

【原文】 子曰："道千乘之国，敬事而信，节用而爱人，使民以时。"

【译文】 孔子说："治理一个拥有一千辆兵车（规模）的国家，要严谨认真地办理国家大事且恪守信用、诚实无欺，要节约财政开支且爱护百姓，役使百姓要遵循农时，不误农事。"

（1）何谓"乘"？古代用四匹马拉的战车，一辆为"一乘（shèng）"。

（2）"千乘之国"是什么样的国？中国古代春秋时期，打仗多用战车，战车的数量决定与标志着一个国家的大小、强弱。"千乘之国"，从战车之数量和规模来看，是一个比较强的大国。

（3）"时"：指"农时"，即从事农业生产之"节令"。古民以遵循此"时"而春播秋收。

孔子倡治国者若行"仁道"、施"仁政"，须具体落实与体现为"敬事而信，节用而爱人，使民以时"。孔子在此从治国施政之理念、原则、具体行为等诸方面对治国者施政提出了基本要求，此乃孔子"仁政"伦理思想的具体展现。简言之，此为孔子行"仁政"之具体"施政纲要"。

孔子所言，主要是"就在上者之心地"，其目的在于教导、告诫治国者须遵循"善治"原则，从而体现治国者之"群伦"："敬则无所苟。信则无所诞。节用则不伤财。爱人则不害民。使民以时，则不夺其力。盖不能敬事，则不能立信。不能节用，则无以爱人，故言敬事，而继之以信。言节用，而继之以爱人。"（陈祥道）这是孔子之政治伦理化或伦理政治化的"施政"要领。如此，孔子的"仁政"思想，对"霸道"盛行之世仅重政治伎俩、施"权谋之术"的治国者，不仅具有直接的批判性，而且具有教范、劝导价值，从而成为中国传统政治伦理思想之经典表达。

于孔子之论，朱熹引程子评述道："此言至浅，然当时诸侯果能此，亦足以治其国矣。圣人言虽至近，上下皆通。此三言者，若推其极，尧、舜之治亦不过此。"

具体而言

第一，孔子告诫或劝导执政者治国必须高度重视与应遵循的基本原则，此乃治国安邦之"道"。此基本原则主要有三个方面。

（1）"敬事而信"。一个"敬"字，将关涉天下苍生祸福、国之兴衰存亡的"政事"之重要性予以充分凸显，以此警示、告诫治国者，在治国施政行事之时，在思想、观念、精神和情感上，绝不可轻慢、苟且草率，更不可亵渎而荒芜"政事"，切切要求治国者具有敬畏之心、虔诚之情，且须谨慎专一地敬政勤业，严肃认真地办理国家各方面事务。如此，孔子以一个"敬"字，确立了"为政"之"神圣性"。

"敬事"之"事"，包括两个维度，一是施政之"俗事"，二是"神事"（包括各种祭祀），如此则有"敬事而信，所谓敬典也"之说。这样，"事"使"敬"得以外显与张扬。以"敬事"而生成、积淀、定格为政治伦理品质，集中体现为"信"。"信"，既是"敬事"之具体表征，亦是其结果。就其表征而言，凡"敬事"之"治国者"，其心持信念，其施政必笃定信心、遵循信条、恪守信用、讲求信誉，从而保证其施政措施的一贯性、一致性，绝非随性而为、肆意妄为、朝令夕改，如此，"信"才从"敬事"中"生"；就其结果而言，凡"敬事"治国者，皆为有信者，其所治之民众无不信任之、信从之，其信誉亦必如芳香清醇弥散。

"敬事而信"，既确立了治国者施政之必须遵循的原则，对治国者施政提出了要求与劝导，更呈现出"敬事"与"信"二者之间的内在关系。对于"敬""事""信"三者之间的内在张力，陈祥道先生一语直抵："盖不能敬事，则不能立信"。如此，"敬事而信"之"信"即充分表明，"信"不外于"敬事"，却恰在"之中"，亦即治国者之信誉、施政之信用，绝非在于治国者之自诩、自我标榜，而是通过对一件一件政"事"之"敬"而生成、积累与沉淀下来的。舍"敬事"之途，施政之"信"则成为"无源之水""无本之木"，同时民众对治国者的信任、信从，以及治国者欲获得"信誉"，也就无从谈起。

孔子将"敬"置于治国者所必须遵循的首德。为何？因为，"上不敬则下慢；不信则下疑。下慢而疑，事不立矣。敬事而信，以身先之也。"（朱熹引杨氏）如此，国，因治者之"敬"而昌，因治者"敬事"有"信"而盛；民，因治国者"敬事"而"信"，因"信"而"从"。同时，治国者，因"敬"事而立"信"，因有"信"而可堪"国事"！如此，孔子将"敬事而信"作为对治国者的首要要求，确定治国者应具有最为重要的伦理品质，其要害在于要求治国者必须在施政中以"敬事",增强德信、提升公信、树立威信,赢得信誉,继而增进统治者的号召力、整合力、治理力。

(2)"节用而爱人"。《易经》有言:"节以制度,不伤财,不害民"。陈祥道释曰:"节用,则不伤财。爱人,则不害民。"这是治国者必须持守的"底线伦理"。

"节用而爱人",即是指为政者要节约用度,持爱人之心而爱人;"节约用度",从直接性而言,警示为官之人,须控制自身的欲望,减少或杜绝不必要的施政开支,过简朴而不铺张、不浪费、不奢靡的生活,降低民众养官以及施政之"成本"。从本质上而言,则是为了减轻民众的负担,体恤黎民的疾苦,防范官民利益冲突,缓和官民之紧张关系,巩固其统治。孔子之论已经蕴含着治国之"民本"思想,是其"仁"通过"仁政"而得以最直观的表呈。

孔子要求治国者须遵循"节用而爱人"的原则,将"爱人"具体落实于节用"之中,因为"不能节用,则无以爱人"。此处的"爱人",一般而言,是"仁者,爱人"体现在"治国者"的施政之中。这实质上是要求"治国者"必须持"仁心"、施"仁政",这是从"治理者"与"被治理者"的关系视角,强调君对臣、上位者对下位者、对普通民众都必须遵循的伦理原则。于此处,孔子"言人、又言民者,人有十等,民则特其贱者而已,爱则兼乎贵贱,故言人。使之,则特其贱者,故言民"(陈祥道)。

但是,在孔子此论语境中,"爱人"之"人",其所指是与后面的"使民"之"民"相对应的"官"(权贵),或具体治理国家的官员系列。如此,孔子强调治国者为了治理之顺利实施,须持爱人之心,须给予官吏一定的爱护和基本的尊重,以保证官吏体系的稳定,如此体现治国者最为基本的人道观照与人文情怀,凸显出治国者必须具有相应的人文素养。

(3)"使民以时",即"不夺其力",这就要求治国者在役使百姓时,不能任性而随心所欲,必须注意不误农时等,"使民当于农隙,不妨其作业。"(钱穆)"然使之不以其时,则力本者不获自尽,虽有爱人之心,而人不被其泽矣。"(朱熹引杨氏)如此,顺天道、应天时而使民,才不至于扰民之生产,强使于民而令民生怨恨,方可顺民意而得民心,从而保持其仓廪实,此为"裕民"之举,同时,让民安心守其本分。

通观孔子之论,表明孔子对治国者的"要求":治国者必须遵循"敬"而"信","节用""爱人"以及"使民以时"的原则。孔子以"敬事""信""节用""爱人""使民以时"之顺序来加以强调,更深地揭示治国当正确处理它们之间的内在关系。其内在关系,如是陈祥道所言:若"不能敬事,则不能立信;

不能节用，则无以爱人，故言敬事而继之以信，言节用而继之以爱人"。相应地，治国者在施政中"示之以敬，则民不慢；示之以信，则民不疑；示之以爱，则民不离，然后从而使之"。朱熹亦指出，五者之关系，"反复相因，各有次第。"蕅益释曰："五者，以敬事为主；敬事，又从敬止功夫得来。"

历史过往已明证，治国者，不敬"天"，则必遭"天谴"；不敬"神"，则必遭神之责罚；不敬"民"，则民必怨、必恨、必弃，导致天怒人怨、分崩离析，终致其基业破败、江山不续、社稷不固。

第二，孔子之"论"，乃是贯彻其"仁政"思想之"施政之纲"。一方面对"霸道""暴政"予以批判；另一方面，又针对暴政之"实然"，开出遵循"仁政"而治国的"应然"之方。直言之，这是孔子在教导治国者如何遵循仁道而行"仁政"。

第三，孔子之"论"，通过对治国者施政诸多环节的具体要求，既落实为治国之策，又成为检验治国之德的准绳，从而构成政治德性的重要标杆，成为中国古代"仁政"之传统。

从以上的分析可见，孔子在此所言的是治国之要求和原则，是对治理者提出的劝导与训诫，此乃"帝王之学"。恰如钱穆先生所解："孔子论政，就在上者之心地言。敬于事，不骄肆，不欺诈，自守以信。不奢侈，节财用，存心爱人。遇有使于民，亦求不妨其生业。所言虽浅近，然政治不外于仁道，故惟具此仁心，乃可在上位，领导群伦。此亦通义，古今不殊。若昧忽于此，而专言法理权术，则非治道。"如此，孔子之论突出地表达了孔子之"国家治理观"，深刻地体现了孔子"仁政"之伦理取向。这一系列主张无疑是孔子所倡导的"德治"之具体表达。

总之，治国，上诉天道，中关江山社稷，下及黎庶百姓。如此，孔子高度重视之，于是，从"敬事""信""节用""爱人"以及"使民"等维度，揭示了为政必须以处理好多重关系为依点，确立、持守应有的伦理原则，并具体指出了治国者必须遵循的施政行事之基本要求，构成中国古代政治伦理的具体内容。如此，孔子将治国之目的与手段、方式与效果之间的张力关系加以清晰的勾勒，对当世与后世之治国者，不仅具有重要的引导、警示作用，而且确立了中国传统政治文化的行动与价值向标。

6. 行弟子规，人生七事

学而1.6

【原文】子曰："弟子入则孝，出则弟，谨而信，泛爱众，而亲仁。行有余力，则以学文。"

【译文】孔子说："弟子、晚辈和人子们在父母身边，就得孝顺父母；出父母之门，须敬爱兄长，做事言行要谨慎，要诚实可信，要广泛地去爱众人，亲近那些有仁德的人。这样躬行实践之后，尚有余力的话，就再去学习诗、书、礼、乐等文化知识。"

————————

孔子以"出""入"为界，对"弟子"在不同的关系场景中所遵循的行为规范、角色伦理做出了相应的规定与要求，突出了"孝""悌""信""爱""亲"等伦理规范对"弟子"的塑型功能。进而在"行"与"知"的关系上，强调从生活伦理入手，将其伦理要求体现在其行中，突出"行"先、"行"重之取向，从而在"行"基础上"学文"，促弟子"知其所以然"，体现孔子所强调的"德见于行""明鉴于心"之基本原则，由此遵循"行"先"知"后的成长逻辑，最终实现道德内化，达成其道德自觉、自主。

孔子举"七事"，勾勒出人生德修递进的两个阶段：从"行"至"知"，从"知其然"至"知其所以然"，呈现出德修之秩序，明示德修之"重"须落实与体现于"行"的取向，由此，彰显弟子"修身""立德"，由"孝"至"仁"之升华，张扬"个体"于"弘道"、重塑世道的责任与使命。

简言之，孔子之论，表行七事之"弟子规"，遵循尊德性道问学相统一的原则。

————————

具体而言

第一，人生即在"出""入"之间。如此，孔子以"弟子"之生活"界域"及不同关系场景中不同角色的确认为始，要求其遵循相应的行为规范与道德准则，开启弟子道德成长之历程，呈现从"近"至"远"，从血亲至疏众，从"孝"至"仁"的递进与推演逻辑，并依此建构自我生活的伦理世界。由此表明我们生活于其中的伦理环境，并不是依赖他人来建立的，而是以"自我"之行动为始，彰显生活环境伦理建设的个体主体性特征，预示着"弘道"之责任、使命的个体落实。

第二，孔子以"弟子"二字切入，明确其启蒙、教化、训导的"对象"与"主体"，彰显其目的。

"弟子"，乃是从父子、师徒、长幼，抑或尊卑之关系来加以确认的角色。如此表明，任何人伦道德，均指向彼此的实然关系，并根据其在此关系中的角色而予以相应的品性与行为之规范与要求。其关键在于德行自塑，使之成为符合社会伦理道德应然要求的"人"，以此催生相应的生活伦理，共同打造出"适宜人居"的伦理世界来。

孔子以"弟子"为对象，着力从道德主体德行的发生学视角，勾勒出"弟子"应该如何践行道德生活所应遵循的原则，其深意在于孔子对基本定型了的、无可救药的"成人世界"之道德境况从堪忧到失望、绝望，这是孔子面道德价值体系大崩溃、大沦丧之惨淡时代，探寻到的一条"救世"之"路"，于是，把再造世道之希望寄托于这些尚未被世道浸染或污染、尚可雕塑的"弟子"身上，用现在的话说，就是把希望寄托在"年轻人"身上；同时，也展示了孔子通过训导弟子，再造仁道之信念，此表孔子之伦理愿景在倡导应有的伦理道德之中，潜含着对现世道德伦理景象之批判，并在批判中建构，从而展现其所具有的未来指向性，这大凡也就是孔子开"私学"之初心。此乃孔子于"绝望"中之"希望"！由此，也才有即使窘困末路，"明知不可为而为之"之一生的笃定与执着。如此胸怀天下、心有大爱、情系苍生的孔子，才成为引导黑暗世道中世人的"精神之光"。

如此，孔子教导"弟子"，则是希冀通过"弟子"以自觉"修身"为起点、为原点，循"礼"而"行"，修成内具"仁心"、外彰"仁行"之君子，终"霸道"之恶世，促"仁道"之"星火"成"燎原之势"！

第三，孔子此论，以"入"与"出"将弟子之德修分为两个"界域"，突出立德过程中相应所须遵循的伦理要求和所应着力下的功夫。这样，清晰地指证了"弟子"修身立德的行动路线，具体落实于日常生活的人伦关系处理之中，不仅具有直接性和可操作性，而且具有明确的尺度与指向。如此，孔子之论，突出养蒙开智。对此，陈祥道释曰："入，则孝于父兄。出，则弟子于长上，庸行之谨，庸言之信。泛爱众而有容，亲仁而有择，凡此尊德性者也。尊德性而后可以道问学，故曰，'行有余力则以学文'。"蕅益亦释曰："养蒙，莫若学问；学问，不过求放心；求放心，莫若格物致知。孝弟、谨信乃至学文，皆格物致知之功也。"

第四，孔子以"入"与"出"为"界"，以个体生命活动为空间和轨迹，将"个体伦理"与"世道伦理"紧密关联起来，并以"个体伦理"为原点、依据，进而要求在"世道伦理"建设中，遵循其相应的行为准则。这样，在"行"与"知"两个维度上，孔子打通了个体与整体、个体与家国、个体与世道的德性通道，全程、全景式地勾勒与呈现了个体活动之伦理原则。

依此表明，孔子向其"弟子"、向世人敞开一条"世道"建设之路：修身、修己，即是修世道；"仁道"之成，不外于己之修身立德。这是孔子训导、要求其"弟子"与世人所应持守的个体德修之积极姿态。

第五，孔子对"弟子"修身立德的具体要求，就落实在几个关键性的伦理原则上。

（1）"孝"。前有有子从"孝"所具的"社会效果"视角，将其定位为"君子"修德须务之"本"，确立为成"仁道"之"道德阀门"，并与"悌"一道成为修身之基本伦理要求。孔子在此处，则是将"孝"置于"个体"完备的道德景象中，确定其基础地位。

《孝经》曰："居则致其敬，养则致其乐。""孝"，从直接性上来看，是以人伦为依托对"个体"的道德要求。事实上，以"血缘"为纽带，以"血亲"为边界，以"代际"关系为内涵的"孝"，于"个体"而言，乃是指向"生命"之起源、人生之来路，是对自我生命源起的尊崇。进而"孝"渐渐溢出血缘、血亲边界，泛化为对"长辈"之遵从，生成"孝道"。这是有别于西方宗教信仰的独特信仰系统。直言之，"孝"，乃中国人独特之道德"信仰"！

（2）"悌"。这是孔子要求"弟子"须厘清的第二层伦理关系，强调"修身"所应确立与遵循的第二重道德原则。"悌"之本义"长上"，即敬重兄长、善事兄长。此处，"兄"与"长"，就从具有血亲关系的家庭、家族中之"胞兄"，延引至非血亲关系的"长"，其伦理链条也就溢出了家庭、家族之血缘而"入世"。

（3）"谨而信"。何谓"谨"、何谓"信"？陈祥道直言："庸言之信，庸行之谨。"以"礼"为准，其言、其行，须审问之，慎思之，明辨之，既无激进、莽撞之弊，又无瞻前顾后、胆小如鼠之怠，进退有度。故，其言，非"虚妄"而"实"；其行，须"再思"而动。此乃做事、做人之准则。这就突出了对己之"言行"予以自我规训与约束。

（4）"泛爱众"。其"泛"，非浅泛，也非简单的外在空间和数目的无限广泛，亦非关照、帮助、提携等义。在孔子此语中，其所指乃"有容"，即自觉使自己的心量扩大，胸襟开阔，不嫉他人之优、不妒他人之长、不嫌他人之短、不记他人之过，有"容人之心"，直言之，须有"雅量"而容众，有爱众人之"仁"。

关于"爱人"之心和行，前有老子所譬"利万物"之"水"，同时有墨子所张之"兼爱"，后有孟子所言"恻隐之心"及"独善其身"而"达济天下"；外有基督所倡之"博爱"等。孔子有别于前述诸种"爱"之处，恰好在于他针对人际关系之"常态"，教导弟子须撑开自己的胸怀，持"爱人"之心，存"容人"为量，从而开启德修内在之"道"。

（5）"亲仁"。这是在"泛爱众"之基础上，强调"有择"。其"择"之指向，即为"仁者"之"仁德"。如是，孔子教导弟子之德修，以尊崇、亲近有仁德之人为方法，"择其善者而从之""见贤思齐"，而非避之、诽之。如此，以"仁者"为"楷模"，即可适时加以比照，反省自己，从而修正自己，提升自己的德行，此乃尊德性之具体化落实。

在生活中，在世俗的交往里，能做到"孝""悌""谨而信""泛爱众"和"亲仁"，也就在行动上成为一个尊德性者。"尊德性"，而后则可以"道问学"。故孔子说："行有余力则以学文。"

（6）"行有余力，则以学文"。孔子教导弟子自我判断，自己在努力做到"孝""悌""谨而信""泛爱众"和"亲仁"之后，即在行为上做到了尊德性之后，还有精力，那就再进一步"学文"。在此，孔子再次强调与凸显出修身立德重在"行"。

孔子教导弟子，在修身立德上，"尊德性"乃是"必要条件"，而"道问学"即"学文"，乃"充分条件"。具体而言，"尊德性"重在"知其然"，落实在行动上"如何做"；"道问学"则重在"知其所以然"，即明了"为何如此做"，这样，从"尊德性"，推进到"道问学"，则是一个人德修摆脱、超越单纯的经验所限，使之视野和心境更为博广与悠远，从"自发"而"自觉"，再到"自主"的飞跃，从而使其德性、德行愈加巩固。对此，钱穆诠释道："言弟子为学，当重德行……但专重德行，不学于文求多闻博识，则心胸不开，志趣不高，仅一乡里自好之士，无以达深大之境。"如此，可以看出，孔子培养弟子之"德"，是分为两个层次来要求和进行的。

《礼》有言："忠信之人，可以学礼。"这就表明在修身立德之行为层面，未达"忠信之人"，尚未具备"学文"之资格，也无"学文"之必要。诚如陈祥道所言："盖弓调，然后可以求中；马服，然后可以求良；士信慤，然后可以求智能。"德修之关键在于"行"，即做出来。倘若颠倒了"行"与"学"的秩序，"以学义为先，此古人所以讥其圣读庸行风鸣鹙翰也。"朱熹引程子曰："为弟子之职，力有余则学文，不修其职而先文，非为己之学也。"进而引尹彦明先生曰："德行，本也。文艺，末也。穷其本末，知所先后，可以入德矣。"朱熹又说："力行而不学文，则无以考圣贤之成法，识事理之当然，而所行或出于私意，非但失之于野而已。"钱穆曰："若一意于书籍文字，则有文灭其质之弊。"

"学文"之"文"，即表明"学"之内容。"文"，非泛言之"文化"或"典籍"，而是具体所指为《诗》《书》《礼》《乐》等文典。这就为弟子们开具了"书单"，使"学文"具有明确规定性。

第六，孔子对弟子的教导，就其本质而言，秉持"道德教育中心论"，其直接目的是促弟子"成人（成仁）"，充分体现道德实践理性的根本原则和要求。但是，如果由此就范导出"做人"先于"做事"的道德逻辑，则是很成问题的。因为离开了"做事"或具体的关系处理，来言说个体修身、立德，那其道德势必就被架空或悬空了，这与孔子所倡导的德修方式是相悖的。如此，必须明确"做人"正是落实于"做事""之中"。简言之，离开"做事"，没有具体的"人事"的处理，"做人""成人"皆无源起。如此，正是通过不断"做事"，方可完成"做人"。

第七，人的生活历程，就是一个不断完成道德蜕变的过程。在孔子看来，离开践行相关的道德原则，只学习相关的德性知识，不构成德修之主线。这种以道德践行为主导性的生活，构成道德生命的底色与本质。然而，现代生活的伦理和道德，不再简化为、压缩为"本体伦理"，而是更为明晰地具体化、分化为角色伦理、角色道德，从而使道德的多元性谱系成为现代生活的德性景观。如此，对一个人的道德判断，更具多维性和复杂性。各种角色伦理和道德尺度，亦常常会出现错位，抑或冲突。

第八，孔子乃至儒家文化，强调和凸显"个体"之德性，尤其是对社会规则的"内化"而实现自觉规范，强化道德整体主义的优越感。这种伦理和道德优位的思维方式，引发道德至上之走向，给现代社会带来原生的"集体无意识"。如此，有人主张，传统"做人"的道德，在现代社会，是否应该归属于"私人生活"中的"德性"即"私德"，且还需要视具体的情况和关系属性而定。

总之，孔子无疑为弟子们提供了一条修身立德的"导航图"，强调"弟子"应重在德之践行，但在行之后，还必须学文，切不可重德行而轻"学文"，更不能只"学文"而无亲身践行。如此，孔子通过对弟子之生命、生活的"伦理规划"，范导出在孔子眼中规范而应然的生活模式与良性的生活样态：德行优先，辅之以"德性知识"。如此，德性、德行主导论的生活模式之确立与建构，构成中国古典道德人格生成的基本图式。

透过孔子为弟子所提供的进德之路，孔子希望"弟子"皆能修成内蕴"仁德"之"君子"，担负起扬仁抑霸之时代责任与使命，这是孔子毕生之追求，也是其论之主旨。

7. 德于行中，必谓之学

学而 1.7

【原文】子夏曰："贤贤易色；事父母，能竭其力；事君，能致其身；与朋友交，言而有信。虽曰未学，吾必谓之学矣。"

【译文】子夏说："一个人能够看重其妻之贤德而不是其姿色；服侍父母，能够竭尽全力；侍奉君主，能做到舍其身；同朋友交往，说话诚实恪守信用。这样的人，即使他自己说未曾学过（"礼"），我也一定说他已经学习过了。"

―――――――――――

子夏：

（1）（前507—前420年），姓卜名商，子夏，即卜子夏，春秋时晋国人，孔子晚年之弟子，少孔子四十四岁，以文学著称，是"孔门十哲"之一，"七十二贤"之一。

（2）子夏才思敏捷，常有独到见地，得孔子赞许。但孔子认为子夏在遵循"仁"与"礼"方面有所"不及"，曾告诫子夏曰："女为君子儒，无为小人儒。"（《论语·雍也》）

（3）孔子死后，子夏到魏国的西河（今山西河津）讲学，授徒三百，连魏文侯都"问乐于子夏"，尊他为师，留下"西河设教"之美谈。

（4）子夏少时家贫，苦学而入仕，曾做过鲁国太宰；晚年，因丧子而哭至失明，离群索居。

（5）子夏才气过人，在《论语》中录存他许多著名格言。

譬如："博学而笃志，切问而近思，仁在其中矣。"

"百工居其肆以成其事，君子学以致其道。"

"日知其所亡，月无忘其所能，可谓好学也已矣。"

"仕而优则学，学而优则仕。"

―――――――――――

子夏承孔子"行有余力则以学文"之论，并将此论推向极致，不仅否定脱离"行"而"学"之意义，而且从其根本而言，子夏明确地提出：人之"德"，就落实与体现在"行"上。如此，可见其过分重实践理性之取向。

子夏以"人性善"为出发点，以人性"质美"为前提，从"德行"与

"学（文）"之关系视角，强调"德行"不仅承载、彰显"道学"，而且从根本上肯定"尊德性"即"道问学"，行与知"不二"（"行"即"知"），以此赋予"行"于"德"之根本性、彻底性和完备性，指明人应在"行"德上、而非在"学"上下功夫，从而体现子夏以"行"证成其"德"之取向。同时，子夏以"行"彰"知"，提出一条标准和原则，即判断一个人之"德"，关键在于其"行"，而非其"学"，如是对只"学"不"践"、知而不行者，即对将道德仅仅停于口头、停留在心头、悬存于主观观念而不能付诸实际行动之人予以否定。

子夏从夫妻、父子、君臣和朋友四伦关系入手，强调只要在处理这四重关系时做到了"贤贤易色""竭其力""致其身"和"言而有信"，事实上就已遵循、贯彻和彰显了夫之"智"、子之"孝"、臣之"忠"和友之"信""四德"。如此，也就证明其已熟谙"道学"之真谛了，这本质上已是"学"了。恰如陈祥道所释："有是四者，则其质美矣。故虽曰未学，吾必谓之学矣。"由此，子夏将"道问学"聚焦、归结于"行"，突出德行本身的意义。

具体而言

第一，子夏针对将修德悬于心、停于口，唯不"行"，导致"学"与"行"分离、脱节之时弊，在修身进德问题上，鲜明地否定"坐而论道"，力主"起而行之"，强调"德"即在"行"中，遵循以"行"践"德"、显"德"、进"德"、达"德"和成"德"的原则，由此，子夏指出修德的根本之法即是"行"。同时，子夏对只"学"不行、知而不行者予以了批判，突出道德重行，强调修德从理论理性向实践理性的根本性转向。

第二，修德之行，具体落实于如何处理"夫妇、父子、君臣、朋友"四伦关系上，看能否做到："贤贤易色；事父母，能竭其力；事君，能致其身；与朋友交，言而有信。"并依此而确立判断一个人是否有"德"、"学"或"未学"，由此，子夏具体而鲜明地表达"德"不外于"行"的德修主张。

第三，关于"贤贤易色"。

（1）此言表在夫妇关系中，丈夫应持何种原则来看待、对待其"妇"。对此，子夏主张"贤贤易色"。

从"妇"之属性来看，任何"妇"均具有"贤"与"色"两个方面。"贤"所指其贤德、贤惠和贤能，即其内在的品性与素质；"色"则是其容颜、相貌、姿色等外显于"形"的特征。

从"夫"对待其妇之"贤"与"色"的态度上来看，一种是重其"贤"而轻其"色",进而以"重贤"代替"重色",最终"贤"妇之"贤",即尊敬、恭敬妇之贤。如是陈祥道所解:"彼善而我善之,谓之善善,彼贤而我贤之,谓之贤贤。"相反,另一种则是以"色""易""贤"。

(2) 子夏为何要主张"贤贤易色"呢?究其根本在于夫妇造"道"使然。这也是子夏将夫妇之"伦"置于四伦关系中德之首的原因。

当然在此还需进一步明晰"夫妇"之伦理关系,在人伦关系系统中所具有的特殊地位。"夫妇"之伦理关系,就其特殊性之根本,并非在于其非血缘性,而是在于它是家庭伦理关系的"发源地",家庭命运的"策源地",家族德行与精神气象的"母体";同时,作为家庭之主要架构的夫妇之伦理关系,亦是国家伦理关系的原初形态。如此,"夫妇"之伦理关系,不仅成为家族成员伦理品质之"胚胎",亦是社会伦理之"源头"或雏形。

正是基于它的重要性,子夏在此首先提出"夫"择"妻"、选"妇"所倚重的标准和所坚持的原则;其次,指出在实际生活中处理夫妇之间的关系,"夫"待"妇"所应遵循的原则和立场。

"贤贤易色",简明而言,即"谓为夫者能敬妻之贤德而略其色貌",要求夫应"以尊贤心改好色心"。(钱穆)如此,在夫妇关系中,要求夫在妇之"贤"与"貌"(或姿色)上,取其"贤"而非其"色",并且要以"贤"易"色",以此令夫断绝或摈弃"好色之心"。从这一意义上看,子夏强调君子在"夫"的角色上务必"正心"从德。

(3) 夫能做到"贤贤易色",必是其智德使然,最终使其家庭和美,家业兴旺。《易传·文言传·坤文言》中早已有警言:"积善之家,必有余庆,积不善之家,必有余殃",此处正是在谈及"坤"德时突出妻子是否具有"贤德",于家庭、家族命运之关键性作用。因为"妻"之"贤",事关家业、家风、家道中兴衰败之大事。"家有贤妻,夫不遭横祸",这既是"妻"之"贤德"使然,亦是"夫"在选择和家庭生活中能"贤贤"之结果。反之,若"夫"不能"贤贤易色",致使其妻非良善贤达,而是品性刁蛮乖张,如此,即使其妻貌若天仙,也只是一时之光鲜,多少家庭因之"祸起萧墙"而破败,从而反向证明"贤贤易色"于"夫"、于家庭、家族的重要性。

第四,"事父母,能竭其力;事君,能致其身;与朋友交,言而有信"。有了"贤贤易色"之良好的德性基础,在"事父母""事君"和"与朋友交"中,还须能做到"竭其力""致其身"和"言有信"。

(1) "事父母"之"孝",君子仁德之"本",此为人子不可推卸的责任与义务,非强加于子的负担;对此,子夏认为作为人子只要据其"力",尽其所能、尽心尽力，即是"能竭其力"，就是"孝"，并非提出超过子之能力之上的要求。此处，言"力"而重点恰好不在"力"，而在其"心"。

（2）"事君，能致其身"。"事君"有了比"事父母"更高的标准，要求"能致其身"，这就从"尽心尽力"到"不余遗力"，甚至达"舍生忘死"的程度。如此，子夏从"孝"至"忠"推进到了"舍生"之"勇"。

（3）"与朋友交，言而有信"。子夏强调在与朋友交往时，其所言必须实而不虚、诚而不欺，确实可信。切忌有言无实、有言无行、言而无信。

"彼善而我善之，谓之善善。彼贤而我贤之，谓之贤贤。易色，智也。事父母能竭其力，孝也。事君能致其身，忠也。与朋友交，言而有信，信也。"（陈祥道）如此，子夏从夫德入手，首先确立"夫"之"智"，进而确立子之"孝"、臣之"忠"和友之"信"，以此构成德之四维。

第五，子夏认为，在实际生活中，只要能做到"智""孝""忠""信"之四德，表明"其质美矣"。如此表明，一个人事实上已深刻地领会到生活德行之要义，把握了生活中道学之真学问、大学问了。如此，"故虽曰未学，吾必谓之学矣。"（陈祥道）"贤贤，不但是好贤，乃步步趋趋之意。盖自置其身于圣贤之列，此即学之本也。事亲、事君、交友皆躬行实践，克到圣贤自期待处，所以名为实学。"（蕅益）

第六，子夏以"曰未学"和"谓之学矣"，将行德主体与"吾"对"以行践德"的"评价"呈现出来，再现了行德主体之谦恭之态。行德主体之自谦，更表明其"质美"，其行德乃浑然天成，"行者"之德，内生而自发。这是行德者之德性境界的又一次升华。

第七，结合前一章孔子所讲"行有余力，则以学文"，在坚持"尊德性而后可以道问学"之基础上，子夏在此所论，实际是对孔子思想的承接和进一步发挥。这样，在子夏看来，一个人有没有学问，他的学问的高度、优劣，并不在于看他所具有或掌握关于"诗书礼乐"此等文化知识，而是要看他在实际的生活中，在处理"夫妇""父子""君臣"和"朋友"之关系中，是否真正践行了"智""孝""忠"和"信"等相应的道德原则。只要在这四伦关系中，恪守与践行这四德，即使他说自己没有学习过，他也已经是有学之人了。如此表明，在生活世界里，以实际行动来将己之德性书写于生活这本"无字之书"上，才是德修之根本、才是修进之正途。所以，将上一节孔子所言与此节子夏之论关联起来，则可以更清晰地看到：孔儒强调以行显学、以行彰德的基本特点。

第八，通过"学"而达到对道德知识、道德观念的了解、认知和掌握，从而促进行之主体之道德自觉，与通过道德实践而实现的道德成长相比较，子夏更倾向直接通过道德实践而实现道德规范之内化进而彰显德在行，"学"在"行中"。简言之，因为道德之"知"与"行"不具有对等性和同时性，子夏强调道德之"行"重于、先于、优于道德之"知"，表明子夏洞彻世人并非思想、观念上没有道德原则，不懂道德规范，而是"知之"后，无"行"之弊。这种道德之"知"与"行"的分裂、脱节，带来诸多道德困境。如此，子夏之论，正是为了改变与矫正道德之"学"或"知"与"行"之间出现的错位与断裂。其背后的思想逻辑孕育着"知行合一""徒法不足以自行"的思想萌芽。

总之，子夏之论突出了道德践行之首要性与根本性，强调一个人之"学"，集中体现在以行贯彻、落实"德"之规范、要求与原则，突出"学"就在以行践德、成德之中。子夏之论，承接"孔子言学，先德行，次及文"的精神，超越有"学"而无"行"之割裂、断裂状态，彰显儒家道德重践行的总体原则和整体特质。

然子夏之论又将重行德推向更为极端，恰如钱穆先生所指出的："此章语气轻重太过，其弊将至于废学。然孔门论学，本以成德为重，后人分德行与学问而二之，则失此二章之义矣。"

8. 君子之重，不重不威

学而 1.8

【原文】子曰："君子，不重则不威；学则不固。主忠信。无友不如己者；过，则勿惮改。"

【译文】孔子说："君子，不持重、不自重就没有威严，即使向学，亦不会牢固。做事当以持忠信之心而为。我的每一个友人身上都有比我优长之处；有了过失，也不要惧怕改正。"

孔子以批判现世中"人"之"不重""不威"与"不固"，"忠信"丧失，以及有"过"予以粉饰而"不改"的"通病"入手，以"礼"为主线，以君子"自重"之"心"为始，成"威"，进而使其"学固"。在此基础上，孔子强调内持自重之心的君子，必否定或摒弃世兴的以"利"为主导的为人处世原则，遵循"忠信"之根本原则，交友向善，思齐于"贤者"，以成"善学"之人。在为人、为学中，若有过失，则须有勇气直面而不惧改之。对此，陈祥道释曰："中无主则不正，外无正则不行。主忠信，则有主于内，无友不如己，则有正于外也。重以固其学，友以辅其德，可谓善学矣。然过而惮改，则不足以成君子之道，故终之以过则勿惮改也。易之要终于补过之无咎。孔子之忧终于不善不能改，与此意同。"

如此，孔子从"正""反"两个方面陈述了君子人格塑造、锤成之"五事"，呈现出孔子对世德批判中的建设之思。

具体而言

第一，孔子此论，开语直道"君子"，为后面所言"五事"明确了"主体"，以此展开其"君子"之标范，或训导欲成"君子"之人施力于德性、德行修造所应着力下的功夫之处，以此开示其弟子们。一方面表呈孔子对"君子"急切期待之心，从而给弟子们塑型自我而成"君子"确立了明确的路标；另一方面为自诩"君子"之人提供自检其德性、德行之参标，以促成其"自省"而自觉。孔子之论，不仅呈表对世人德性、德行实况的深切之忧，而且表达孔子以改造、完善"个体"，进而弘道救世之宏愿。如此，孔子为弟子们提供了成

"君子"之德的范型，确立起塑造君子理想人格的践行路线。

第二，孔子以"不"，即否定式切入，突出以"不重"为"因"，导致"不威""不固"之"果"。如此，孔子一方面对当世"不重""不威"与"不固"之"君子"予以指证与批判；另一方面则从"重"与"威"和"学"的内在否定性关系入手，揭示了"德（心）性"与"德行"之内在张力，强调和突出要求君子之"重"的根本性意义，从而在批判中"正心""正行"，促君子明"礼"成"仁"。对此，薄益言道："期心于大圣大贤，名为自重；戒慎恐惧，名为威；始觉之功，有进无退，名为学固。倘自待稍轻，便不能念念兢业惕厉，而暂觉还迷矣，此直以不重，为根本病也。"江谦补注曰："真实修行，须从心性悟入，从忠信立身，从忏悔起行。知自性无量无边，不生不灭，则誓成正觉，誓度众生，横遍十方故重，竖穷三际故威。知人道不修，他道难修，一失人身，万劫难复，则当戒慎恐惧，精进不退，故学日固。"

（1）"重"与"威"之关系

何谓"重"？何谓"威"？对此，陈祥道释曰："言重，则有法；行重，则有德；貌重，则有威。盖重足以畏人，而不诎于人；足以役物，而不役于物。"陈祥道之释，可谓切入要害。钱穆则认为"重"，即是"厚重"，而"威"，则是指威严。如此，"不重则不威"，即是指"人不厚重，则失威严，不为人敬"。钱穆之解，则止于外，略显浅泛。

孔子在此所言的"不重"之"重"，直指人的心性。孔子以"不重"开说，直指当世之君子，多是心性不沉静而心浮气躁，不安稳而心猿意马，不笃定而三心二意，不持重而轻薄，不稳重而轻佻。一言以蔽之，"不重"，即是指心空而无礼乐法度，精虚而无气、神衰而无根、灵散而无安、魂失而无定，始终被"外物"所牵绊而处"役于物"之状。

由此，孔子此论中的"重"，以表"君子"之心性、德性，"厚"而不单薄，"沉"而不浮躁，"稳"而不动摇，"定"而不漂移，"礼"根植于其心而有节、有度，能自持、自控、自定与自主，即能始终将"自己"的思想、言语、行为纳入并符合"礼"之规范，在道德原则的轨道上言行，严格遵循"礼"，能真正做到"自持"。恰如"昔颜氏子，视听言动无非礼，则重矣"（陈祥道）。如此，君子之"重"，乃德性饱满，遵礼行有度而"自重"！

因"重"而"威"。"威"因"重"而生。君子有"重"，而"重足以畏人，而不诎于人"。故君子则"不诎于人"。如此，"威"乃因"重"而自成张弛有度、不卑不亢之独立人格。简言之，"自重"，即"自威"。

在此，需注意，切不可将"威"，视为外于"形"之"行"、之"势"，于他人前居高临下、趾高气扬，颐指气使、耍尽威风之粗鄙蛮横、欺凌与压迫。如此，由"重"而"威"，应有一个内在环节，即生"敬"，由此构成"重"→"敬"→"威"之逻辑。在这里，并不是外在的"威"，而是因"重"而成的内在之"威"，即自重之自威。

（2）"学则不固"。孔子在此所言的"学"，非知识论意义上的启智增识之"学识"，而是指君子道德修为上的明理，即修"礼"所得。"固"，从过程上来看，则是"得一善，则拳拳服膺而弗失之"，即不断沉淀而得以巩固、强化；就其实质而言，对其所学能固守而不失；就其结果而言，则是通过从生活中、典籍而"学"，将外于己之"礼"，真正内化、落定于己心，从而以此为准则矫正己之心性与行为，使己之言行皆适"礼"，最终达"从心所欲而不逾矩"之境界。

孔子以"学而不固"之否定式，指出君子"学而固"之前提：唯有"持重"之人，在"学"上才秉承一贯"重"而绝轻薄浮泛无根之弊，破除陋见而使己之所学愈加深透与稳固。一句话，君子因"重"而"威"，因"威"、因不断"学"而"固"，最终固礼达仁。如此，"威而不役于物，不诎于人，故学固。"

通过对"学而不固"的警示，孔子不仅提出了"学而固"的前提，而且指出了"学而固"之路。孔子之论，自"重"→"威"→"固"，指出君子之"品"与"学"的内在一致性。

第三，"主忠信"。孔子针对乱世之众，崇尚"强力"，追逐"利益"，颠倒"忠信"与"利益"之主次、本末、边缘化、淡漠化，甚至遗弃"忠信"，无视于"礼"，致使社会道德秩序大错乱之时弊而发，强调"忠信"原则之正当性和不可或缺性，并力图通过"君子"之塑德，再次将"忠信"落根于"君子"之德性、德行上，确认、确立"忠信"于"为人处世"之主导性、根本性原则，从而突出"忠信"于当世所具有的道德改造价值。此乃孔子挽救"忠信"于危难之主张。

第四，"无友不如己者"。君子因"重"而"威"，因"威"而"学""固"。那么，向谁学？孔子的回答是首先向"友"学，于此，就有了"无友不如己者"。

"无友不如己者"，非言君子"如何去交友"，立"君子"择友之"标准"，抑或与"友"比长论短、争其高下优劣之分，而是指导君子首先承认友有其长于己处，应该向友学习。如此，孔子所言"无友不如己者"，指明了增学进德之方式。

"无友不如己者",内涵丰富,需加以精细剥离,方知其中之精妙。

(1)"无友不如己者",是君子应具有的自谦、自逊之心态。它以"自重"之心为依托,以放低自己、高看"友人"为内涵,以"友"之"长"为关注"点",以进德成长为目的的进德"朋友观",呈现出君子总是能看到友人之优长、自明己之不足的谦逊,从而从根本上有别于以盲目自大、刚愎自用为特点的庸俗狭隘"朋友观"。

(2)"无友不如己者",是"自重"之君子所应具有的见识。此种见识,以"君子之"自重""自知"而"自信"为前提。如此,则能恰当地审度其"友",发现友人之长。如此,"无友不如己者"表君子智慧之心。

(3)"无友不如己者",是"自重"之君子所应具有的格局。孔子在言"泛爱众",君子需有"容人之仁"之后,将"容人"落在实处,即落在容友人之短上。如此,以容友之"短"为始,以学友之"长"为目的,择其善者而从之,从而有利于君子修身进德,不断提升己之修养与境界。

(4)"无友不如己者",是"自重"之君子应有的生命姿态。以开放、向善、自谦之心为前提,以仰观其友为基本立场,以"不耻下问"得其友之长、补己之短为手段,以"择其善者而从之"为原则,以进德完善自我为目的,由此生成君子坦荡、敞亮之独特风范,成君子生命之成长、进取姿态。

《礼记·学记》中有言:"独学而无友,则孤陋而寡闻。"如此,孔子"无友不如己者",表君子能从其友处受益,实为君子之"善学"。

孔子之语,告诉世人,不能正确定位自己的人,也不可能恰当定位好别人;不能正确对待自己的人,绝不可能正确看待、对待他人。如此,以"自重""自威"而"学固"的"君子",从不以否定、贬损、矮化、丑化其"友"而成自满、浅薄无知的"小人"。因为褒"友"即是扬"己"。如此,"无友不如己者"于"君子"修身进德,不仅具有方法论意义,更具有价值指导性,体现着己与友德性共进之深刻内蕴。

第五,"过则勿惮改"。何谓"过"?简要地说,即是指言行不符合"礼"之规定,与"不及"相对,实为不符合"中道"。"过"易导致"失"而"错",因此,必须"改",以此防微杜渐。

"勿惮",即要解除"改"过之惰性和畏难之情,落实改过之内在动力。"勿惮"内蕴着有"知"过之"智"、"改"过之"勇"。

然而,在"过"与"改"之间,尚有很大的空间。孔子首先提出和强调的是君子对待己之"过"应持有的主观态度:"勿惮"。此表君子面对己之过须有"勇气",此为能改过之前提。如此突出"勿惮",乃是不回避、不遮掩而直面己之"过"，此表君子之"诚"。

按照一致性逻辑思考，"知""过"，方可"改""过"。但是从"知"过到"改"过，还必须有"承认"其"过"这一关键性环节，即需要具有正视、直面而不是掩饰、回避"过"之"勇气"、之诚心。

如此，从"不知"过至"知"过，再至"认"过，最后"改"过。在这个过程中，孔子特别强调"勿惮"，即强调直面己之"过"，须除畏难之心。

对于君子"主忠信。无友不如己者。过，则勿惮改。"蕅益释曰："忠则直心、正念、真如，信则的确知得自己可为圣贤，正是自重之处。既能自重，更须亲师取友，勇于改过。此三，皆对症妙药也。故知今之悦不若己、惮于改过者，皆是自轻者耳。又主忠信，是良药；友不如，惮改过，是药忌。"江谦补注曰："知自性无邪故忠，知自性无妄故信。知善恶净染，皆由缘生，故当友下之善士，又尚友古之人，而无友不如己者。无友者，见不贤而内自省也。知多生罪暗，忏炬能消，故过则勿惮改，以期障云尽而慧日明。"

综观孔子所提出的这四个方面、四条原则，具有内在的统一性，均是以君子之"重"为首要前提。这样"学则不固"以及后面的"效果"，都是因之而生的，即以"不重"的前提而来的。

孔子以"礼"为红线，以君子之"重"为始，从德性与德行、"思"与"行"两个维度上，以否定的程式，从正反两个方面，从"威""学""友"和"过"等诸环节，指出君子修德、进德之要件，强调"君子"须以"礼"为内核，塑造其理想的道德人格，从而将"礼"下降，具体化、内在化于个体的修德之中。

9. 慎终追远，重塑民德

学而 1.9

【原文】曾子曰："慎终追远，民德归厚矣。"

【译文】曾子说："慎重地对待父母的去世，追念久远的先祖，民德世风将日趋敦厚朴实。"

曾子聚焦"终"与"远"，即"丧礼"和"祭礼"与"民德"之关系，强调若对"终"持"慎"、对"远"予"追"，民德则可渐以归淳厚，以此直陈"慎终追远"对"民德"所具的塑造功力，从而再次敞开儒家笃信与推崇的从"家庭伦理"至"社会伦理"的内在通道，于是，在慎终追远与民德世风之间架设了一座"伦理桥梁"。

曾子直面当世"民德"不"厚"之"病"，诊断出当世"民德"、世风之"症结"，乃在民对"终"之不慎、"远"之不追，于此，曾子提出建设民德之方案，以此落实厚民德、兴世风之"入手处"和着力点，探寻出民德"归厚"之法。于此，民德"归厚"，即使民性复归。如是蕅益所释曰："厚，是本性之德。复其本性，故似归家。"

曾子通过强调"慎终追远"，以"孝"为切入点，以"孝道"为根本，以激活民众之生命道德意识、生命感恩意识为中介，突出从"家庭伦理""个体伦理"出发建构社会伦理之逻辑，再次强化仁爱之心所具有的社会伦理价值，提出遵循孔子"仁道"理想的实践方案。

具体而言

第一，观民德失厚，曾子以"终"示"生"、自"远"及"近"，高度压缩生命的过程与生活的时空，进而抽空生命之繁复细节和历史过往，令人直面生命之"终"与生命之"远"。如此，曾子试图以"生"观"终"，以"近"呈"远"的剧烈反差与冲突，来激活"民"反观、反察其生命之"活"的"事实"，追溯生命之缘起与来路，启动其生命价值意识、生命历史意识，从而以"孝"为契机，开掘生命伦理意识、生命感恩意识，以达成民德归厚、重塑民德之效。恰如陈祥道所释："于终慎之，则生可知。于远追之，则近可知，此民德，所以归厚矣。"

第二，曾子提出面"终"须"慎"、对"远"必"追"，以"道德命令"之方式，从道德心理、道德情感和道德行为等多层面对"民"提出所须遵循的应然要求，并寄希望于"民"践行"孝道"、落实"孝"，最终使"民德""归厚"，由此呈现出道德手段与道德目标之关系逻辑。

第三，江谦从佛禅视角补注曰："知真性无量无边，不生不灭，则知民德本厚；流于薄者，习为之也。教民慎终追远，其事甚多，不但丧尽其礼，祭尽其诚而已。言其小者，如一粥一饭，当思来之不易，便是追远；饭食已讫，一箸一器，必安放整齐，便是慎终。言其大者，如弘扬净土法门，教人临命终时，一心念佛，求生净土，是真慎终；发弘誓愿，普度众生，以报多生多劫父母养育之恩，是真追远。"

在曾子的论断中，"终"与"远"，即是"丧礼"与"祭礼"。既是"礼"，就有与之相应的"心"与"行"之严格规范和要求，使"礼"具象化而呈于相应的程序和"仪式"；其程序之"烦琐"、仪式之庄重和讲究，对民之"心性"、言谈举止、着装色彩样式、情态，抑或餐饮、就寝等诸多方面都有相应之要求；这些要求，就是"规矩"。在行"丧礼"与"祭礼"时，必须严格遵循，绝不可马虎、草率胡为，甚至破坏，这就不仅对民众具有规约、规制之功，而且丧、祭之"仪式"，对其德性、德行或予以矫正，或予以触发而上"道"，终以成"礼"之文化勃兴景象，促民德"归厚矣"。

第四，对"终"与"远"，报以"慎"与"追"，须落实于"行"，成于"性"。如此，曾子展示与勾勒出"民德归厚"的生成逻辑：以"德行"促"德性"之生发、之深固、之示范、之召唤、之传承。简言之，即慎终追远之"行"，必厚民之"性"，进而以性"化"性、以行"导"行，"齐"民之行，终使"民德归厚矣"。简言之，民之行厚，彰民性，体民德。民之齐行，以性化性，民德归厚。如是陈祥道所释："《孝经》曰：'擗踊哭泣，哀以送之。'卜其宅兆，而安厝之，慎终者也。为之宗庙，以鬼享之。春秋祭祀以时，思之追远者也。于终慎之，则生可知于远；追之，则近可知此民德所以归厚矣！"《诗·序》有云："民德归厚，一者一者民之行厚者，民之性则民性，即民德。归厚一者，以行齐行也。民德归厚者，以性化性也。慎终追远，民德归厚，岂非以性化性哉？"如此，曾子道德愿景之现实化，依然遵循、贯彻着儒家重"行"的道德主张。

第五，曾子以"终"与"远"，将"民"之个体生命，置于家族之历史进路中，从牛命之直接性与间接性、当下性与历史性绵延的链条上，解开"民"

之个体的生命肉体与精神之基因和密码，并直呈于"民"。如此，生命之始初、人生之归所、生命之安顿等问题在生命的世俗性与神圣性的两个维度上，令"民"直面之，以此开启民德系统中生命之"根"、之"本"的意识，进而升华生命神圣意识，以成民之"敬畏之心"，民德归厚矣。

第六，曾子要求"民"在心、行两个方面，以"慎"与"追"之态度，对待"终"与"远"，以破解当世民归于利益而纠缠、纠结之"时弊"，成重孝尚仁之"民德"。

就曾子所言"终""远"之所指"对象"而言，乃是"父母"与"先辈"。已"终"之"父母"、已远逝之先祖，于"民"之当下或未来，从直接性上来看，已再无回馈、回报可言。用钱穆的话说："生人相处，易杂功利计较心，而人与人间所应有之深情厚意，常掩抑不易见。惟对死者，始是仅有情意，更无报酬，乃益见其情意之深厚。"如此，"故丧祭之礼能尽其哀与诚，可以激发人心，使人道民德日趋于敦厚。"

葬祭，即是"行孝"。对死者，能尽人之真情，于死者，无实利可得，于生者，亦无酬报可期，其事超于功利计较之外，更见其情之真、意之切。明知其人已死，而不忍以死人待之，此即所谓"不忍之心"。于死者尚所不忍，于生人亦可知。故儒者虽不肯定人死有鬼，然从人之心情深处立教。如此，只要有"孝"的活动展开，"孝"的思想、观念在延续，在实际的生活中显示出它的规范性功能，那么，民众也就会遵守"礼"之规范，彰显"仁道"之情，民德就必会回归敦厚，民风亦就趋于淳朴。

第七，曾子以"民"为主体，要求"民"在"终"和"远"二事上持"慎"与"追"之立场和态度，最后"民德"得以"归厚矣"。如此，曾子明确道德主体之道德意识、道德行为和道德结果的一致性，突出"慎终追远"之道德功能，实质上是揭示了"民"循"孝"、行"孝"所产生的道德效应。如此，"慎终追远"乃成为"民"有效进行道德反省、道德矫正、道德净化、道德培育和道德建构的重要方式，由此表民德之内生性而非外加性的特质。

"慎终追远"，既是"民"之"孝"德意识尚未泯灭之显现，亦是此道德意识得以进一步"归厚"之动力。从这一意义上来看，"孝"非自外强加于"民"，更无绑架之实。由此可见，曾子为挽救道德沦丧的世风留下了道德火种，仍然对"民德归厚矣"持有坚定的信念与希望。

第八，"孝"是忠的基础，"忠"是孝的外化与延伸。"民"若不能对其父母"慎终"、对其先辈"追远"，"民"则是不可能为国尽忠的。儒家十分重视忠、孝等伦理道德观念，希望把世人塑造成忠孝两全的君子。这是与春秋时代宗法制度相互适应的。只要能做到孝与忠，那么，"民德"亦"归厚矣"，其家与国自然也就可以得到和谐安定。

当然，还须注意：先秦宗法社会，大宗为宗族之首，统系全族；天子为天下大宗，统领天下。其之所以有这样的权威，是因为在血缘构造上，大宗被视为祖先万世一系的正体，此正所谓"尊祖故敬宗"。因此，"慎终追远"，表面突出的是"孝"，着力于"民德"，实际上是为其政治统治所做的道德辩护与道德维护。如此，"民德归厚矣"，其效果则可置换为"天下归治矣"！

第九，将"慎终追远"置于当代生活语境中，当应如何加以定位？曾子思想内蕴的精神传统，要求我们不仅要追具有直接血源性之"远"，还须"追"非血源性的、非肉体性的德性、精神之"远"，如此，追远，乃具有更为广博深厚的历史价值。

让"慎终追远"的丰厚意义和广阔的精神空间向当代人敞开，润泽我们的心智，矫正我们的行为，让我们遵循生活之仁道，秉承生命之"神圣"，不扭曲、不偏执、不亵渎。如此，生命有"根"、生存有"依"、生活有"路"，"民"如此安顿"自我"，岂非仅是"民德归厚矣"，实乃"民"之福祉！

总之，曾子承孔子之"仁道"，强调与突出"孝"的社会功能，其核心是落实于"慎终追远"。于是，曾子以"慎终追远"显"孝"载"道"，将世之"仁道"置于民之心、之情、之性、之行，即置于"民"德的生成、养就之中，强调并指出"慎终追远"对"民德"所具有的道德缘起性，以及致民德"归厚矣"之功能，揭示了"慎终追远"与"民德归厚矣"之间的必然逻辑。这本质上是儒家一直笃信与遵从的以家庭伦理为基点，延引与构造社会和生活伦理的路线。

10. 闻政之道，与之非求

学而 1.10

【原文】子禽问于子贡曰："夫子至于是邦也，必闻其政，求之与，抑与之与？"

子贡曰："夫子温、良、恭、俭、让以得之。夫子之求之也，其诸异乎人之求之与？"

【译文】子禽问子贡说："老师每到一个国家，总能听闻、知晓这个国家的政事。这是他自己去求得的呢，还是这些国君主动告诉他的呢？"

子贡说："老师是依其温、良、恭、俭、让之德而得知的。这或许就是老师得知的方式，与别人求知的方式之不同吧？"

子禽：

（约前 508—前 430 年）即陈亢，字子禽，又字子元，春秋时顿子国（今项城市南顿镇）人。他十八岁入孔门，后随孔子到卫国，以儒士身份留在卫国做了官。

郑玄所注《论语》说子禽是孔子的学生，但《史记·仲尼弟子列传》未载此人，故有人认为子禽非孔子学生；也有人认为他是子贡的弟子。总之，子禽是孔门之弟子。若他是子贡之弟子，则弟子善问其师而解其惑，乃正途。

子贡：

（1）（前 520 年—？），姓端木，名赐，字子贡，春秋时卫国人。

（2）"孔门十哲"之一，出生于商人之家，集官、商、文于一身，是孔子弟子中最富有之人。

（3）子贡"巧口利辞"、能言善辩，属孔学言科高足，卓越的社会活动家和外交家。

（4）孔子非常器重子贡，经常面授之。《论语》中经常出现孔子与子贡的"对话"。

（5）子贡是与孔子关系最亲密的弟子之一，也是对孔子最孝敬的弟子。据说孔子长逝后，众弟子皆服丧三年，相诀而去，独有子贡结庐墓旁，守墓六年。

此为"子贡圣门言语之选，不但赞孔子入妙，其论因果亦甚精"（江谦）。具体通过子禽与子贡之间的"一问""一答"，不仅解了子禽之"惑"，而且直陈"闻政"与"问政"之别，进而呈现了两种迥异的"知政"方式："不求自得"和"求之不得"。由此，通过子贡之答，不仅表明孔子因其心性淳厚而"重"、品德崇高而"威"、人格丰满而"卓"、成"不求自得"而"闻政"，而且凸显了一个人之道德修养、德性境界、人格风采，是决定其在"知政"上，或"礼遇"或"冷遇"之关键。

孔子以身示范，令弟子们渐悟，不断修身成良善品德、塑人格而成不群之"仁者"，乃是其得"礼遇"而"闻政"，成"孔子之道"之真谛。

具体而言

第一，于孔子流转诸国之途，弟子们见孔子常能"不求自得"而"闻政"，令子禽生此"问"，欲明白其究理。子贡在回答子禽之时，通过剥离"知政"的两种方式，解开孔子能"闻政"之真正"奥妙"。这不仅释了子禽之"惑"，而且勾勒出孔子一贯所践行的以内修为前提、以品性为基础、以"德"行于世的"孔子之道"，从而范导出德感天下、德召天下、德赢天下，以德而"闻政"之"要"。

第二，"闻政"抑或"问政"，其目标都指向"知政"。但是，一国之"政"，关乎一国兴衰存亡之"机密"，非敞开而随意示人让其获知。如此，一国之"政"，于外人则是常处于"闭合"之状，使到访者欲"知政"而难以获取。然而，孔子每到一国，却能"闻政"。孔子如此神奇的"闻政"，令子禽百思而不得其解，故在确认"事实"（"孔子至于是邦也，必闻其政"）之后，向子贡以请教式而提出其深刻之问："求之与，抑与之与?"

子禽之问，分为两个层面：其一，明确提出了"求之""与之"两种"知政"范式，并予以区别；其二，孔子之所以非"求之"，而能以"与之"而"闻政"之依凭、根据。

子禽之问的真正价值与意义，并非仅呈从"表"究"里"、循"果"追"因"的思维轨迹，剥离两种"知政"范式，表其善思；更重要的是指向为何有"求之"或"与之"而成"知政"之"闻政"抑或"问政"两种范式分野之缘起、之终因。

第三，针对子禽之"问"、子贡之"答"，可以从几个层面来加以把握。

其一，从直接性上来看，子贡指出，孔子之所以"至于是邦也，必闻其政"，乃孔子所具"温、良、恭、俭、让"五德使然也。

其二，接子禽之问，子贡对子禽以"求"而言孔子"闻政"，而不得孔子"闻政"之奥妙，予以直接否定，因为在子贡看来，孔子绝非以"求"而"闻政"，而是因"德"而"礼遇"、而"闻政"。子禽将孔子"闻政"依然停于常人之"求"的层次，其根本问题在于，尚未识得孔子"闻政"之精髓，未能体悟到孔子之德功，这无疑有矮化抑或亵渎孔子圣德之嫌。于此，子贡以"退"为"进"，沿用子禽之"求"，言孔子何以能"闻政"。

其三，子贡在"求"之方式上，区别孔子之"求"与他人之"求"，最后厘清、证成孔子因"与之"，非"求"而"闻政"。

第四，于子贡之"答"中，表明孔子因具"五德"，至于邦，则因"与之"而"闻政"，此乃孔子"五德"之直接结果。如此，子贡在"五德"和"与之"而"闻政"之间确认其内在直接性因果关系。

第五，进而言之，为何具"五德"之孔子，能不"求之"，而能"与之"达"闻政"？

《礼记》曰："温良者，仁之本。恭俭，以求役仁信；让，以求役礼。则温良恭俭让者，仁与礼而已。仁者，爱人。爱人，则人常爱之。有礼者，敬人。敬人，则人常敬之。"如此，《礼记》之辞似乎已经为孔子能"与之"而"闻政"给出了解答。

孔子克己修心性、养德性而成"五德"，其内所蕴之"仁"，使其生命自带柔润、顺和、庄重与谦雅之光，令世人无比仰之、慕之而亲之，而非"巧言令色"、专营游说之徒，如是，"孔子至于时邦"，其人君必不芥蒂、不提防、不反感孔子"知政"，反而主动、自愿地"与之"，进而向孔子讨教经国之略，治国之策，共议兴国之道。如此，正因为孔子之德，开"与之"而"闻政"之道。对此，江谦补注曰："温则人亲之，良则人信之，恭则人敬之，俭则人便之，让则人与之，故至于是邦，必闻其政。"

如此，"闻政"之两种途径，"求之"或"与之"，其关键取决于己之德修是否达"仁"之境界。

第六，然"孔子之道"，"其体无方，其用无体"，全凭自我修造进德而渐成，并无客观标准，故非言传而授弟子，须身教而示范。在此，就需其弟子切己而体悟。如此，"孔子之道"又似乎具有了几分神秘色彩，须弟子们"心领神会"而悟之、从之。

第七，子禽与子贡的对话，表明子禽勤思、善思，通俗地说，就是善于发现问题、提出问题，具有敏锐的"问题意识"。子贡于子禽而言，表子贡善于提

　　　　　　　　　　　　　生活哲学视野中的"论语"研判

炼和总结，且具有解惑传道之能力。

子禽与子贡之一"问"、一"答"，不仅解惑、除"陋"而共进，于修学进德悟道亦具有方法论的价值。

就子禽而言，则在于"敏于学""困而学之"且"不耻下问"，以达"自明"而"自觉"。就子贡而言，则在于尊师而悟道，谙德性为本之效应，且乐于分享己见而不私。

第八，子禽与子贡之问答，通过言孔子之德，证成孔子因"与之"而"闻政"，凸显孔子圣德之功，彰显了孔子之独特的"道德形象"，美誉渐播。结合《子罕》篇中弟子们对孔子的评价（"子绝四：毋意，毋必，毋固，毋我"），渐成众弟子们圣化孔子的历程。在此处，子禽与子贡的一问一答，尤其是子贡之答，无疑是开启孔门弟子造圣之滥觞。难怪乎司马迁无不感慨地说："夫使孔子名布扬于天下者，子贡先后之也。"

第九，当世各诸侯之国君虽不愿重用孔子，然却很愿意、乐意主动问政于孔子。孔子于是乎成了各诸侯国君治国之"咨询师"（哀公、季康子问之于鲁，景公问之于齐，叶公问之于楚），以此孔子达到参政、议政之"实"。在此，两弟子间的问答，彰显孔子非"求之"，达"与之"而"闻政"的要害，则在于孔子之德使然。

总之，蕅益以为："此可与'美玉章'参看。子贡以'沽'与'藏'为问，孔子再言'沽'之，只是'待价'二字，便与寻常沽法不同。今子禽以'求'并'与'为问，子贡亦言'求'之，只是说出温、良、恭、俭、让五字，便与寻常求法不同。"子禽与子贡的对话，从学生的视角探寻孔子"不求自得"而"闻政"于列国之奥秘，即修己成"五德"，以"仁""礼"成身范，达"人恒尊之"而主动"与之"之效，成孔子"闻政之道"。

11. 行孝承道，持家治国

【原文】子曰："父在，观其志；父没，观其行；三年无改于父之道，可谓孝矣。"

【译文】孔子说："父亲在世时，观察他的志向；如果父亲去世，就考察他所做的事；若在其父死三年后，他的言行仍循其父之道而未改弦更张，（若能如此）这样的人可以说是循孝、行孝而尽孝道了。"

孔子此论，可做两解：

一是：社会对"子"是否行孝道之判。针对当世子不孝、君无道之"实"，孔子明确提出在"父在""父没"两种情况下，通过"观其志""观其行"，可以判断子是否循"孝道"，此为判断"子"孝与不孝之方法论；孔子最后强调子能做到承父之道而"无改"，则是"孝"。恰如朱熹所释曰："父在，子不得自专，而志则可知。父没，然后其行可见。故观此足以知其人之善恶，然又必能三年无改于父之道，乃见其孝，不然，则所行虽善，亦不得为孝矣。"

二是：子如何行孝，遵孝道。孔子从道德体认和道德行为两个层面，既为"子行孝"提供了体认路线和行为原则，又为子之行是否循孝、践孝道提出了审断标准。就其道德体认而言，孔子提出，子应"观其志""观其行"，进而识得"父之道"；就其道德行为而言，则是能在自身的言行中笃定践行"父之道"，不轻易否定、改弦更张，将其"父之道"传承与发扬。如此，"子"可以算是尽到"孝道"了。

概言之，子通过"观"父之志、"察"父之行，"识"父之道，进而"循"父之道、"承"父之志、"传"父之业、"扬"父之德，此乃从"知"与"行"两个维度上规定子之"孝"也。此乃身为人子之道义，更是对社会道义康愈复正所应肩负的使命。

于此，"子"，若为"民"，所指则是一个家庭、家族之家规、家训、家风之传接与秉承，使"家"之"道"，不断、不终、不止，此则为子行孝，实为持家；若是"君"，则是指一国治理之规范、治国之道的秉承与持守，即为君行孝而"治国",此乃"道统"。这是孔子以"子"之"孝"为始,以"孝道"为纽带,倡"仁道"于天下之方略。如此,孔子乃彰家国天下的"治理之道"。

具体而言

第一,孔子以"父子"关系为纽带,以"子"为主体,以"父在""父没"两种情态为生活语境,以体认"父之道",促进子对"父之道"之觉悟为目标,进而以子尊"父之道"、循"父之道"、行"父之道"为目的,构成子"孝"之"知"与"行"两个环节、两个阶段。以此直指当世子不行孝、君不遵道之"实",并以此作为重塑仁道之世的着力点和切入点。诚如陈祥道之释:"父在,观其志,将以承之也。父没,观其行,将以行之也。三年无改,过乎此而改之,可也。"于此,呈现出孔子造道、弘道的行动逻辑:从"个体"到"群体"、从"家"至"国"的推进路线。

第二,"父在,观其志;父没,观其行"。

"父在",父为主,子为从;"父没",子承父为"主"。在"父在""父没"两种情况下,"子"对"父"所"观"之"对象"或重点有所不同。在此,孔子将子之"孝"含蕴于"观"之中。

(1)"父在","观其志"。于父之"志",子报之以"观",而非简单的视听,其要害在于:

从观之"对象"而言,父之"志",潜存于"心",非呈于外之"抱负"所能尽现,如是,其父之所欲、所思、所想、所求所构成的整体性"意向",客观上就要求子须从父"志"之外显为抱负、诉求,包括父之情趣等,反追、内观、捕捉、领会、确认其父之"志",唯有如此,方可不疏漏、不误解,从而完整准确地了解、把握其父之"志"。其父之"志"乃"父之道"之初始所存、所在,此为子行孝之认知基础。

从观之"主体"来看,子须对父抱以虔敬之心,存尊崇之情,呈审慎严谨恭谦之态,进而缜密求父志之"真"。如此,一个"观",既将明父志之艰难性和复杂性表达出来,又将子循"礼"从"仁"之德嵌于其中。

一个"观",将子明其父之"志"所应持的道德姿态、所应循的体认过程予以澄明,对子之所以行孝具有价值前设,并对行孝具有引导性,使行孝亦具有可行性。

(2)"父没,观其行"。言为心声,言为志呈,行以载道。父在时,可直观父之"志"表于"言",那么,"父没",则只能"观其行"。

此"行"，非仅指残存于子脑海中父之鲜活"行为"，而是指父所做过系列之"事"。父之所做过的那些"事"，于子已成"故"，须"观"（深度体察、再度研判）之，并从中知晓、了悟父道之真谛。此乃"温故而知新"之落实。

（3）此处之子"观"：

从"观"之对象上来看，则是父所为之大大小小的"事"。

从"观"之过程来看，则是从父行之结果、之原则、之过程、之初衷、之难处，一路反追，以得"父道"之真实。

从"观"之目的来看，则是得父道之真、悟父道之精，以防"数典忘祖"之心、成无本之木，以"以史为鉴"而法父之"道"，承续父之道。

当然，还可以细究子"观"之原则、之情态、之思维路径等……

"父在"观"其志"，"父没"观"其事"。其志、其事，从直接性上来看，则沉积着、内蕴着父苦心经营、探索"持家治国"之得失、之经验教训；从深层次上来看，隐含着"持家治国"之"道"。如此，子"观"之，绝非仅表对父的追崇怀念之情，实为得其"持家治国"之"道"也，展"追远"之价值，故，子须仰"观"之。

从评价子是否行孝的视角，"父在"观"其志"，"父没""观其行"，其意按照蕅益之释则为："观其志，观其事父之心也；观其行，观其居丧之事也。"

第三，"三年无改于父之道，可谓孝矣"。

子观父之"志""行"，乃是其"三年无改于父之道"的前提。通过观"父之志""父之行"而知"父之道"，重点在于解决子对父道之"知"，达到对"父之道"的充分体认，使"父之道"内化于子之"心"；而"三年无改于父之道"则从"知"而践行，具体再现与承续"父之道"，实现作为个体之"子"的道德"知行统一"。

在此，有几个"点"易误读而生歧义，需在孔子此论的语境中，加以厘清和确认。

"三年无改"，因前所言"父没"，因而易直接将此处的"三年"确认为"三年之丧"，判定为在"三年之丧"期间，子须循"父之道"而不可"改"，只要过了"三年之丧"则可以随实情修之、改之，抑或另起炉灶、改弦更张而置换之，且言，"三年无改"乃为权力过渡之稳定的权谋之技。此解，是为臆想妄断。

直言之，此处的"改"与"无改"，从"对象"来看，非持家治国之技术性的"小事"，而是"父之道"。此"道"，乃万法之"宗"。如此，岂可仅是"三年"无改，而应是长久"无改"，这是孔子坚定执守之信念，也是孔子所期许的"仁道"之世。此处的"三年",则非数字学意义上的三载,而是长久之意。

孔子言"无改",首先是针对当世不尊先辈、父辈之"道"被"改",导致世之无"道",强调以行孝而传"仁之道",秉承"仁道"之传统。如此,将现实道德之"实然"与孔子希冀之"应然"锁定于"无改"二字上,既表孔子坚定的仁道信念,又为"仁道"之光扬找到了切入点和着力点。

此处之"无改",绝非"保守"二字所能归究的。孔子所言是"父之道",而非"父之术"。因为实乃"道"之不存,"术"则无所依,而蜕变成"伎俩";同时在更深层次上,若"道"无存,个体、家族和国,皆活于无"道"上,均为无根之生,自我如何安顿、族群如何相处、国家如何兴盛,都成了无基之沙丘。

第四,从孔子之论来看,以子观"其志""其行"为始,以"无改"为落脚点,再次表达了孝德之重点不在"知",而在"行",体现了孔子道德修为重行之一贯主张。

第五,孔子之论强调子从"知"达"行",以"知"为始而明性,以"行"为终而弘道。这是孔子立足于当世以宗法血缘为内核的家国架构,确立起以父与子之代际关系为传递纽带,以血缘性之"孝"为治世之抓手,推演到非血缘性之"孝道",进而成"仁道"。如此,表呈了个体、群体、家国伦理塑造与建构的逻辑。

第六,《礼记》有言:"孝子之身终,终身也者,非终父母之身,终其身也。是故父母之所爱亦爱之。父母之所敬亦敬之,至于犬马尽然,而况于人乎。此孝子所以改父之道,不忍为也。然父之道,为可行也,虽终身无改,可也。以为不可行也,三年无改,可乎。"

孔子此论,切割出"父在""父没"之两种情景,并对"子"之行,从"观"至"无改",将"孝"从"父"之生延引到了父之没,强调了"孝"之终身性。尤其是以"无改父之道",以表子"行孝"之未来性,而非过去式。于此,孔子将"孝"之重心,从过去移位到敞开的"未来"之中,实现"孝"从直接性到间接性、从肉身性到道义性的提升,此为个体道德人格、家国道义攀爬与升华之漫漫长路。

第七,子观父志、察父行,得"父之道",进而"无改"父之道持家治国而行孝。如此,构成家庭、家族之"传统",相应扩张而成为"君"之传统。如此,孔子提出一个重要的道德使命:"家道"中兴,子之责;"仁道"中兴,君之任。同时也从"孝"的视角指示出一条兴家安邦之路。

第八，需要补充说明的是：

（1）今人常以切己之感受，反感、排斥一切言"孝"之论，以为"孝"是对自己的道德绑架、对"个性"自由的束缚、对自我生命的漠视，视"孝"为一种无形的"桎梏"而否定之、厌恶之、抗拒之。

然，"孝"，就其所指之根本，并非仅是对父辈予以物质保障、精力与情感付出，亦非放弃自性之一味顺从于父母之意志，满足父母之意愿，更不是以消解、丧失自我为代价；相反，"孝"，恰是以自我之德性为原点，以自性之善为发端，以自性为本分，从而成为自我修造的阶梯。如此，"孝"乃自我生命的完整所不可或缺之维。如此，"孝"具有生命本体意义。

（2）今世之家庭渐次个体化，家族被彻底拆解而渐次消亡。如此，个体如何涵养自性、笃定自性，早已无所依托，家规、家训、家风早已残破而无存。如此，家道何在，仁道安在？

鲁迅曾说："只要思想未遭锢蔽的人，谁也喜欢子女比自己更强，更健康，更聪明高尚，更幸福；就是超越了自己，超越了过去。超越便须改变，所以子孙对于祖先的事，应该改变，'三年无改于父之道可谓孝矣，'当然是曲说，是退婴的病根。"（《坟·我们现在怎样做父亲》）鲁迅之言，虽然高扬了对传统，尤其是对"孝"的批判性，然他似乎并未能深透地把握孔子此话语之精髓而误断。

总之，孔子针对子不"承"父之道，君不施、不传"仁道"之时弊，以子行"孝"而光扬"父之道"之微观视角，强调遵循而无改"父之道"，批判君之不行"仁道"而"改"施霸道，进而探出一条仁道复兴之路。

如此，孔子由"近"至"远"、从"实"到"虚"、从"事"至"理"、从"术"至"道"，以"观"父之"志"与"行"而悟道、明道、谙道、得道，以"无改"而笃行"父之道"。如此，以行载道、以行践道，终使家道兴、国运昌、仁道弘。

12. 礼用贵和，先王之道

学而 1.12

【原文】有子曰："礼之用，和为贵。先王之道，斯为美。小大由之，有所不行。知和而和，不以礼节之，亦不可行也。"

【译文】有子说："施行礼，以达和谐为贵。历代圣王的治国之道，正因此而成为美谈，被后世津津乐道。不论小事大事，若都依照'和为贵'的原则行事，也有行不通的情况。若只知道和谐可贵就不区分情况，一味追求和谐，而不以礼来节制，也是不可行的。"

有子逆"礼崩乐坏"之时势，力挽"礼"之式微，从体用关系的视角提出"礼之用，和为贵"的命题，并以"先王之道"为历史佐证，从"事实"和"理论"两个维度上，强力证明该命题的合理性与时代价值，以达恢复、重塑"礼"之权威，推进世人遵从"礼"，真正释放出"礼"的现实功效，从而转乱世为和融之世。

为了更清晰地澄明"礼"之规范与调节功能，避免倒置"礼"与"和"的关系，误读"礼之用"，有子反对并认为须避免"小大由之"和"知和而和"，再次强调"礼"之节制、约束作用，从而凸显遵"礼"、循"礼"的重要性。

具体而言

第一，有子倡"礼"而救世弘道，直陈"礼之用，和为贵"，凸显"礼"之造世功能，既表明有子对矛盾与冲突不竭、乱象丛生之"时弊"的诊断，又依此提出了救世之方，依"礼"而使世有序而和谐，从而达治乱世之效。

第二，有子的思维进路，可以分为如下层次。

其一，总的来说，以"先王之道"早已不存于世之"事实"为起点，从"用"追"体"，以"和"观"礼"，从而突出"礼"救"不和"之世的价值。

其二，以"先王之道"的"历史事实"为依据，以后世对"先王之道"的赞誉、传颂为佐证，强化"礼之用，和为贵"之判断的可靠性、可信性和于现世之可行性。

其三，对"小大由之"，以"不行"，从"质"上予以否决；对"知和而和"，以"不可行"，从现实可行性上予以否定。有子通过对无视"礼"而丧"礼"、弱化"礼"而失"礼"的批判，具体地表达了"礼"的规范、节制作用，再次强调遵"礼"、循"礼"于当世之必要性与重要性。

如此，有子以"礼"为"体"、以"和"为"用"的运思路线，在"礼"与"和"的张力中，突出唯有遵"礼"，才有"和"，彰显其崇尚"礼"、遵循"礼制"的深层价值逻辑。

第三，"礼之用，和为贵"。

1. 何谓"礼"

（1）从礼之"本"来看，"礼"乃是一套既成的规则、规章制度，以及具体化为世人"为人处世"所应遵循的行为准则。

据《史记·五帝本纪》记载，尧命舜摄政，"修五礼"；舜命伯夷"以汝为秩宗"，"典三礼"，且要做到"夙夜维敬，直哉维静絜"；舜还任命夔为典乐，"教稚子"，并提出了教育世子（稚子）之高标准"直而温，宽而栗，刚而毋虐，简而毋傲"，如是"诗言意，歌长言，声依永，律和声，八音能谐，毋相夺伦"，以达"神人以和"之效。

《史记·周本纪》又载："既绌殷命，袭淮夷，归在丰，作《周官》。兴正礼乐，度制于是改，而民和睦，颂声兴。"《今本竹书纪年疏证》记："武王没，成王少，周公旦摄政七年。制礼作乐。"

现在，一般将《周礼》《仪礼》和《礼记》合称"三礼"，对中国古代传统礼乐文化，尤其是对相关的礼法、礼义做出详细的记载、明确的规范性要求，并予以明晰的解析，构成中国传统之"礼"的依据。

有子此处所言之"礼"，应是先王所制定并遵循，其师孔子所一直尊崇的"周礼"。有子从孔子。

（2）从"礼"之功能上来看，《礼记·曲礼》予以了明示："夫礼者，所以定亲疏、决嫌疑、别同异、明是非也。"

（3）从"礼"之现实效应来看，则是"和"。

2. 何谓"和"

（1）此处之"和"，非仅为个体心性、性情意义上的温和、柔和，亦非与日常人际关系意义上的"明争""暗斗"、矛盾重重相对应的彼此关系融洽与和顺，更不是无"礼"、无原则地彼此"一团和气"，而是在定亲疏、决嫌疑、别同异、明是非之基础上，自觉其身份、地位、角色、事功以及应遵循、持守的原则，一句话，自明"己"之"定位"，知"己"与"人"之"别"，自觉遵循其应有的行为规范所达成的一种井然秩序。如是"乐"有五音各有其别，但又若能"声依永，律和声"，必能成"谐"乐。

（2）"和"，一般地说就是"致中和"，不偏不倚，既"不过"，亦非"不及"，一句话，"恰当""恰如其分"，符合自身的"尺度"。

（3）有子所言之"和"，乃是人伦秩序、等级秩序之间非"混乱"之状，以此表明在有子看来，只要遵循"礼"之要求而能做到"各就各位""各司其职"、各安其分，那么，僭越之事就不会发生，等级秩序就不会混乱，"和"之良序也就呼之欲出了！社会良善之秩序，即是"和"。

以今世之语，就是各个等级、角色遵循自身等级、角色所应该、所固有的伦理和道德规定而思、而行，那么，社会等级分明而不紊乱，运行就有序。再简言之，治理的邦国，只要遵循尊卑、长幼、上下的伦理规范和道德原则，不错位、不越位、不缺位，那么，其所治理的邦国就是"（谐）和"的。如此，有子再次从"礼"具体之"用"的视角，强调和凸显"礼"于治国安邦之重要性，向世人昭示：恪守"礼"，乃是成"和"之根本、之关键。

3. 在有子看来，若彼此遵礼、循礼而落实于"行"，则必报之以"敬"。如此，"父之道"贵孝，"先王之道"则"贵和"。

第四，"先王之道，斯为美"。此语，需要从三个层面加以透析。

（1）有子提请世人再次精神反刍、回望、追念和铭记早已掩映在历史深处，被世人遗忘了的"先王之道"，以使观照当下"无道"之世态。有子希望以此批判现世之无道，激活"先王之道"。

（2）"先王之道"之实质，即有子一言以蔽之的"礼之用，和为贵"。如此，"先王之道"，即是遵礼，以"礼"为"体"，循"礼"而行、而定，成用礼贵和之"道"。

（3）"斯为美"，不仅表明"先王之道"于治国平天下事实上的"成功"，且为当世赞扬、后世传颂，于此，从历史维度，肯定了"先王之道"，经先王治国所验证，被当世人及后世之人予以确认，且追崇。如此，当下霸道乱世，其"和"无存，理当遵"礼"循"先王之道"而经世止"乱"。

第五，"小大由之，有所不行"。有子所言"小大"，而不是"大小"，是何用意？事实上，这是儒家修齐治平推进路径的具体表达。有子认为，"礼之用，和为贵"，但是，"小大"之事，不能为"和"而违礼。"由之"的"之"，非"礼"也，而是"和"。如此"由之"，必搁置"礼"、违"礼"，而置换为以"和"为标准，作为行"小大"之事的原则。这样，在思想认识上，颠倒了"礼"与"和"之体用、本末，且舍本求末，"和"从"贵"下降为一种"技巧"或"权宜之计"，在实践上，则失"体"而只为"用"。因此，在有子看来，在一些或许无关宏旨的"小事"上，如此尚可勉强，而事关国家兴衰存亡、天下治乱之"大事"，则断不可行，否则后患无穷，于是有子审慎断之："有所不行。"恰如陈祥道所言："于和，则流。故小大由之，有所不行。"

如此，则可以认为，"小大由之"，因丧"礼"而不分事之小大轻重，一概为"和"，所遵循的则是"简单和谐观"。

第六，"知和而和，不以礼节之，亦不可行也"。"知和而和"是"小大由之"之错误的更进一步。如果说"小大由之"，是一种不分事之"小大"，一律为了"和"而"自发的"随世之流弊，那么，"知和而和"则是一种自觉化了的明知故犯。因为"知和而和"，本质上是一种只知道"和为贵"，对具体情况都不加区别地一味追求"和"，本质上即是"不以礼节之"。

"知和而和"的错误之关键，就在于"不以礼节之"。如此，有子以"知"，揭示此类为"和"而"和"之心性狡黠。"知和而和"在观念上和行为上皆以"和"为目的，实质上即是失"礼"、违"礼"，其所遵循的是"庸俗和谐观"。

"知和而和"，就其结果而言，有子断之"亦不可行也"。如此，有子在否定"小大由之"和"知和而和"这两种方式之后，明示唯一可通达"和"之路，则是遵礼，展"礼之用"，别无他途。

第七，"和"，以差异为基础，且从"礼"而衍生出来的一种良序状态，而不是"求"来的，这样，"和"，正是"礼"之功能使然。有子既强调礼的运用以和为贵，又指出不能"小大由之"与"知和而和"，要以礼节制之。如此，有子提倡的"和"并不是违"礼"、无"礼"之折中调和。

第八，孔子、有子心目中邦国治理最好的范型就是"先王"。先王治理天下所采取的根本原则和策略，即治世之道，乃是完美的，以成"先王之道"。这是后世帝王、君王应当效法和遵从的。简言之，"先王之道"最为精妙之处，就在于循"礼"而达"和"，这是"先王"治理国家的最高原则和目标。

儒家法"先王"，这是最为人诟病之处，尤其到了孟子，言必称尧舜，简直到无以复加之程度。后来的法家对此反感尤甚。

第九，立足于春秋之世，尚古而法古，非孔门独是，实乃一种时代之流。譬如道家老子同样向往上古之世"小国寡民"。事实上，在血缘性等级社会，个体、阶层等各等级之间的区分是非常严格的，其界限丝毫不容紊乱。上一等级的人，以自己的礼仪节文显示于世人；下一等级的人，则怀着畏惧之心而唯命是从。然春秋时代，这种等级社会的关系开始破裂，臣弑君、子弑父的现象已非个例。对此，有子提出"礼之用，和为贵"之说，其目的是缓和不同等级之间的对立，以维系、安定当时的社会秩序。

　　总之，有子立足于"不和"之世势，承"子之道，贵孝"，提出"先王之道，贵和"，确立了"礼之用，和为贵"之"礼用和谐观"，并以此批判和否定"小大由之"的"简单和谐观"、"知和而和"的"庸俗和谐观"，强调治乱世、达和谐，须法"先王之道"，遵礼而行，彰"先王之道"于治理当世之功。

13. 遵礼重义，尊严而生

【原文】有子曰："信近于义，言可复也；恭近于礼，远耻辱也；因不失其亲，亦可宗也。"

【译文】有子说："对人所做的应允，须符合'义'，方可践行兑现；待人以恭敬，只有符合'礼'，方能避免招来耻辱；遇到有所依人之时，先择（求助于）其可亲之人，也可以依其宗主。"

有子绝非一概地反对言之"信"、行之"恭"之（美）德，而是针对所谓"言必信、行必果"["言必信，行必果，硁硁然小人哉。"（《论语·子路》）]之言，及其"信"和"恭"为表而包"伪"裹"恶"之"为"，论"三事"，即以"信""言"而断于"义"，以"恭""耻辱"而衡于"礼"，以"因"而度自"亲"至"宗"，以此来表达与人交往时应遵循的原则：以"义""礼"来反究自身之"信"与"恭"，以厘清亲疏远近而择"因"，以此规范自己的言行和处事。唯此慎始，而后方可善终有尊严地活于世间。这是有子训导世人"为人处世"所应持守的节制、法度。

具体而言

第一，"信近于义，言可复也"。有子以"信"为始而论，一表有子针对世人丧信、失信而无信，进而倡"信"且假以立"信"为美德之实然；二呈以"义"为尺度，对"信"加以甄别，区别"有义之信"和"无义之信"；三立"有义之信"之恰当性与正当性，以此告诫和引导世人须遵"有义之信"，而少言"无义之信"，根除"无信"之"言"，因为唯有义之"信言"，方能"可复"。如此，有子为"言"之"信"先后确立了二重标准，一曰"礼"，一曰"可复"；前者可谓理论标准，后者则为实践、事实标准。

（1）有子在"信""言"之间加入一个"义"，作为审视"信"之准则，于是，构成"信""义""言"三者内在关系的完整链条，以此表"言"呈"信"、"信"制于"义"之关系逻辑，明"信之和义，方可言；言之和义，始可信"之理。

（2）"言可复也"。

从进路和程序上来看，有子将重点从"言"推移到"行"，呈现出从"信"→"义"→"言"→"行"的推进路线。

从实质上来看，表明此言乃"近义之信言"，"言可复也"；与前面相连，有子在此通过"只有……才能……"的逻辑图式，排除泛论"言必行"之不确定性与混杂性，从而确立"近义之信言"唯一可行之原则。

（3）从效果上来看，有子强调"近义之信言"，"可复"！一方面表唯"近义之信言"，方值得去践行、践守；另一方面则表明，唯此"近义之信言"，方可得以落实、兑现。这样，有子在明确"近义之信言"唯一可行之基础上，更进一步为其可行性确立了恰当性、正当性。

如此，有子持"言必信，则远义"之立场，以"言"之结果反观、反判"信"，进而凸显以"义"判断与矫正"信"的核心地位与主导作用（"可复"→"言"→"义"→"信"），从而对"信"提出应然性之规定与要求，以达引导世人"近义"之目的。

"言而无信"则"无德"，"假言少信"乃"伪德"，"言必信"，则智德不够。有子所主张的"信近于义，言可复也"，既与"言而无信""假言少信"剥离，确认其本质区别，又与"言必信"厘清了层次与境界之差异，从而表达君子应具有的智德之高度，从而为世人之言行予以了规定与示范。

第二，"恭近于礼，远耻辱也"。"恭"，于己乃谦卑、谦逊、谦和；示于人则"敬"。然"恭"若不符合于"礼"，势必导致"敬"而"从"、"从"而"屈"、"屈"而"辱"、"辱"而"耻"。如此，若不加区分、毫无甄别与无原则而一味地待人、示人以"谦恭"，则是耻己而辱于人之"为"，最终必是自辱而辱人。鉴于此，有子提出以"礼"为尺度，审视己之"恭"行，提出凡"近于礼"之"恭"，则持之，"非礼"之"恭"，则当除之，此乃进德彰德而免"耻辱"的处己待人之道。

在此，需注意的是：

（1）有子确立"行太巽，则远礼"之基本立场，从"耻辱"之发生，论"远耻辱"之策，强调在待人之原则上，须遵循"礼"之规定，行须与己的身份和地位相符，此乃行中道之礼。如此，有子将"礼"植入己之"恭"行中。

（2）有子解"自傲"之浅薄，绝"卑躬屈膝"之自贱，鞭"前恭后倨"之伪善，持不卑不亢之"自重"，彰恭而不"卑"、不"贱"、不"耻"、不"辱"。如此，持礼而"重"，乃"恭"之应然内蕴。

（3）"耻辱"，简而言之，即是表声誉上所受之损害。"耻"与"荣"相应，指"自耻","辱"与"尊"相应，而表"他辱"，正所谓"耻由中出，辱自外至"（陈祥道）。

从有子之语来看，因"恭不近礼"，由"耻"于己而"辱"于人。如此，"远耻辱"，须从己之"恭"行"近礼"为始。

一言以蔽之，有子以"近……"（切近、符合）、"远"（使……远，避免）之对立，更为清晰地从"恭"与"耻辱"之关系，论近礼"守己"而"侍人"之道。如此，"恭近于礼，远耻辱也"，更明确地表达"无远礼之恭，然远耻辱"（陈祥道）。

有子提出"恭近于礼，远耻辱也"，通过辨明"恭"与"礼"的关系，指向"远耻辱"，本质上强调唯遵"礼"重"义"，方可自重而有尊严地生活。从这一意义上来看，"恭近于礼，远耻辱也"，乃是有子从行德视角提出的关于个体生存论意义上的命题。

第三，"因不失其亲，亦可宗也"。有子在强调君子之言、之行，须"近于义""近于礼"而使其"言可复"和"远耻辱"之基础上，进一步将"近于义""近于礼"之原则，贯彻和体现于"因"亲宗之上，成"齐家"之事。

（1）对"因不失其亲，亦可宗也"之解，可谓歧义丛生；就其差异而言，大凡有三种具有代表性的观点。

①孔安国把"因"解为"亲"，"宗"表"敬"，如此，所亲不失其亲，亦可宗敬。其所亲的是仁义之人，是为不失其亲。能所亲不失其亲，则是有知人之明，故可宗敬。

北宋陈祥道循此解，进一步言之："不因人，而人因之，其德崇。德崇，则人之所宗也。莫之因，而因人者，其德卑。德卑，非人之所宗也。虽然因人而不失其所亲，则所闻者，正言；所见者，正行，亦可宗也。"

②程树德把"因"解为通"姻"，"宗"释作宗族之宗。程先生延汉儒"九族之说"（除直系九族外，又有父系、母系、妻系共为九族）。如此，"因不失其亲，亦可宗也"，即为"缔姻不失其亲之人，则亦可等于同宗"，传递出由于依靠的都是关系亲近的人，所以（这个人）也就可靠了。

③钱穆解为：遇有所因依之时，必先择其可亲者，亦可依若宗主了。

（2）要解开"因不失其亲，亦可宗也"之义，须注意：

①"因"，在此语境中，应是"近于义""近于礼"之"因"。

②"因"，表"因人"与"因于人"两重指向。

③在"因"的践行中，以"义"为"不失亲"之尺度，以"礼"为"亦可宗"之尺度。

④"因"之范围、始点、边界：则是自"亲"至"宗"。

如此，构成有子践行"义""礼"之"因亲宗"之论。

（3）"因亲宗"表明：

①寻依求靠，须以所寻、所求之人可依可靠为前提。如此表明"求人"当求可求之人，"靠人"当靠可靠之人。那么，谁可依、可靠？

血亲时代，唯有"亲""宗"。同理，用人，当用"亲""宗"。

②儒家之"因"所存之情、之爱，既非老子所言"天地万物，大公无私"之绝对无私、无边界之博爱，亦非杨朱言"拔一毛以利天下不为也"之绝对自利而爱己，也有别于墨子所倡的无亲疏之"兼爱"。有子所言"因亲宗"，乃只言自"亲"至"宗"，其边界为"亲宗"。如此，人因，因人，皆不向外人或外于人，而向血亲、宗亲，以此依赖、维系而巩固宗亲。这是儒家所遵循的"亲亲、仁民、爱物"之伦理逻辑在"因"上的再现而已。这是以血亲为纽带、以家族为边界之"熟人社会"之社会结构、生存事实使然。如此，"因"以"不失亲""亦可宗"，实乃"自给自足"的完成。

第四，有子将"义""礼"落实于"言""行"与"因"之中，打通了"义""礼"形上、形下之逻辑，将道德理念、道德原则推进到道德实践之中，解除"义""礼"于"君子"人格塑造的抽象悬置，具体化为日常生活的言行，并以"义""礼"对己之"言""行"进行比照、矫正，从而使"义""礼"内置于君子之心性与行为。

第五，有子之论，从效果的视角为识别"不近于义"之"言"、"不近于礼"之"行"提供了具有实践性的标准，进而为甄别真伪"君子"予以了可检视性的原则与尺度。

第六，就"因亲宗"而言，若其言"近于义"，其行"近于礼"，则善其身，让亲宗有所"因"，而不致其亲宗或流离失所或众叛亲离，从而维系家族的存在、促进家族的荣兴，亦是光耀门楣，达敬宗、光宗。这是传统社会个体的责任、使命与担当。要达此，当以己之"自立"为前提。如此，"因亲宗"之说，对于激发人之道德责任和使命，意义非小。

进而言之，"因亲宗"引出一条至真的生存之理：别轻言人情淡薄、世态炎凉，从而踏上征讨人性之幽怨长路。因为除血亲之外，世态之炎凉、人情淡薄实乃现实世界之本然。如此，有子告诫世人，切勿越亲宗之边界，以想象和愿望对冰冷的"现实世界"，且对之有过高的期许。因为"因亲宗"已掀开了"底牌"：孰才是"你"生命遭遇困境、穷困潦倒之时的最后依靠？"亲→"朋"→"友"之顺序，既表与己关系之亲疏，也是为"因"之所应遵循的秩序与原则。如此，传统中国人为何重视家庭、家族，其因亦正在于此。相反，今人人际关系、生活所依之窘态，应与此不无关联。

　　总之，有子以"近于义""近于礼"来判明与规范"言"与"行"，进而循此而"因"，勾勒了传统时代君子自塑之方寸。如此，有子所论，于个体而矫行，对世道而纠风，于生命有尊严地生活在这个世上，均具有重要的意义。

14. 君子好学，就道而正

学而 1.14

【原文】子曰："君子食无求饱，居无求安，敏于事而慎于言，就有道而正焉，可谓好学也已。"

【译文】孔子说："君子，不求饮食饱足，不求居住安逸，敏事慎言，亲近有道之人而不断匡正自己，这样可以说是好学了。"

孔子从否定和肯定两个维度，从物欲与德性两个层面，从君子之志、之言行、之向善、之正己四个环节，证实君子之"好学"，呈现出颜回般自律君子之鲜活形象。如此，孔子警示君子须以求饱食、求安居为"戒"，表有道之君子，所饱应在"德"，不在食；所安当在"仁"，不在居，进而言君子于事必"敏"、于言须"慎"，切勿以"所言"胜"所事"，最后则"就有道"以正己，成君子之德。

如此，孔子以"好学"为主题词和人生着力点，将人生修德自塑嵌于日常生活之中，开启君子"德性生活""德性生命"之维，并以此为轴心促使君子超越"日常生活"而成就其"德性生命"。

君子"好学"，就具体落实于"求""敏""慎""就有道"而"正"之行中，既突出"好"之价值取向，亦明确了"学"之内容，从而标示君子之"好学"之实质。

具体而言

第一，孔子面世人外求追逐物欲而芜德修之境况，"忧"从中生。（子曰："德之不修，学之不讲，闻义不能徙，不善不能改，是吾忧也。"）于是，立君子修德、"好学"之"标"。如此，孔子期许其弟子及世人能内省其"心"所存之"病"，扭转专于外求而失内修之取向，防坠于、役于物而疏高远之志，倡君子"好学"之风，专修君子之德，成"君子人格"，以达仁德之再显，促世风之向善。

第二，"君子食无求饱，居无求安"。

（1）"食""居"，表君子之"日常生活"，表外物，孔子以此切入并强调君子应是"无求"之。如此，孔子对"君子"之心向外物，专司于"求"外物，且仅停留、满足于"日常生活"之"饱""安"予以否定。这样，孔子以一个"求"字，从生活价值之取向上，将"君子"与"常人"区别开来，强调"无求""食""居"，乃真君子，"求"之，则为"假君子"或"常人"。

（2）孔子言君子当"无求"于"食饱""居安"，切出生活之两个空间，剥离出生活的两个层次，并指示出君子的生活类型与应有的生命样态。

其一，"君子"与"常人"共有的"日常生活"，本质上即是感性的物化生活，其内容主要是衣食住行，以满足人的基本生存需要。

其二，君子应有超越"常人"的另一类生活，即"德性生活"。依此，孔子进一步明确指出君子绝不能只满足于人之基本生存的感性物质生活，还须在"之上"有"德性生活"。

于此，孔子似以道德命令的方式，要求君子不停驻、满足于追求衣食之日常，须开启"德性生活"。如此，从感性的物质生活进到"德性生活"，君子之生命，也就从"自然生命"推进到"道德生命"的高度，这样，君子生活，其重点不再是"求""饱食""安居"而内具其超越。如此，其生命，才不受制于物，停留于低层次的感官欲望，而是完整的、高层次的道义。

其三，君子之生活、生命，不仅要有"德性生活"和"德性生命"的维度、层次，而且"德性生活""德性生命"，还须成为其生活、生命之重心、之支点、之指向，由此构建出君子生活、生命之独特的类型与样态，从而有别于"常人"的生活。直言之，孔子要求君子过一种有德行的生活，成为一个有德性之人。

（3）孔子言君子当"无求"于"食饱""居安"，即在否定"饱食""安居"为君子所求之后，指明了君子之所求、所安的自当是"道"与"仁"。由此，君子之生活、生命，当紧紧围绕着"道"与"仁"而修身进德，从而在德性生活中推进、成就君子之"德性生命"。这是君子"谋道不谋食""忧道不忧贫"之直接而具体的呈现。如此，孔子为君子提出超越"肉身之我"，成就"德性之我"的明确要求与清晰的指向。

（4）"求"呈"欲"，"追"彰"志"。一个人何所"欲"、何所"求"、何所"追"，以至于何所得、何所乐，均从"心"、从"志"。孔子以君子"无求"，而反观其"志"。如是，孔子训诫其弟子须以修心成性为本，这是正己之"源"。正行，须先正心。于此，孔子以激活生命之道德主体性为着力点而塑人救世。

（5）孔子以君子当"无求"于"食饱""居安"，开示弟子及世人，直指

"人心"，导出"安贫乐道"之君子生活范式。以今人之语表之，孔子要求君子首先树立正确的以生活观、生命观为内容的人生观，对人生做出有利于德性生命成长的价值取向。

在此，需要注意的是：

（1）孔子所言君子"无求"于"食"而"饱"、"居"而"安"，不可机械地理解为孔子主张一日三餐非不食饱、居住不舒适，而是指由饱"食"与安"居"所构成的"日常生活"并非是君子人生所"求"之重点、之终点、之目的。简言之，君子人生之志当不在于此，而应该必高于此。如此，其心之所求，不囿于、不困于、不役于"物"，从而迎来德性生命的启动，这才是君子人生之要旨所在。正所谓："空心近道"，然后"心空进道"。孔子所言，其理正在于此。

（2）孔子提出君子"无求"于"食"而"饱"、"居"而"安"，在物质普遍短缺与匮乏的时代，倡导君子不为饱食、安居而争"利"，具有道德劝诫性。如是陈祥道所释："食无求饱，居无求安，不以小体害大体。""君子以饱食安居为戒，此学者所宜知也。"

（3）孔子以君子"无求"，警示其弟子应当担负起"弘道"之使命，须以节制物欲为修身之要，从而开启孟子所倡"天将降大任于是人也，必先苦其心志"之思源。

第三，"敏于事而慎于言"。孔子从生活常态入手要求君子自修、自律之心，到此则过渡到通过"事"与"言"，要求君子自修其"言"、其"行"，进一步提升自己的涵养，以达"敏于事而慎于言"。

"敏于事而慎于言"，径直地说，即是"不以所言胜所为，此资诸己者也"（陈祥道）。最彻底地说，即"为"是最好的"言"，兑现了的"为"才是对"言"最有说服力的诠释，所"言"须以所"为"为据。这是孔子一直所强调的重"行"轻"言"、"行"主"言"次之原则落实于"事"与"言"的关系之中。

在此，需注意：

（1）孔子之所以警示君子当"敏于事而慎于言"，乃是针对世人为了推销自己，谋一己之私，"于事"夸夸其谈，轻易允诺、狂言妄语之"时弊"，倡导君子应力戒"浮夸"之陋习，必须把牢自己的"嘴"，因"事"依"为"而慎言。此乃持"自重"之君子，在"为"与"言"之关系上所应坚守与遵循的原则。如此，孔子希冀以君子朴实之风，改造浮夸虚假之世风。

（2）孔子要求君子"敏于事而慎于言"，并非一般抽象分离"事"与"言"

之关系上讲"敏"与"慎"，片面地将"敏事""慎言"理解为只埋头做事，沉默寡言、缄默无语，持"沉默是金"之原则，而是应该将"敏于事"与"慎于言"紧密关联起来，作为一个"整体"而加以解读。在此，须注意解读孔子之论的方法论，避免犯割裂、拆解之错。对此，蕅益释曰："敏事，如颜子之请事斯语，惟此一事，更非余事也。慎言，即所谓仁者其言也切，从敏事处得来，不是两橛。"

（3）"敏于事而慎于言"，表"慎于言"所凭非于"行"，而是"于事"，重点在于"为"，表明孔子不仅反对不依"事"之"实"而"虚言"，亦反对不以"为"于事而"妄言"，强调实事求是地"言"、量力而言，更主要的是要量"为"而言。如是，当言则言，则为"慎言"。

（4）不调查而知"于事"、不勤勉而行"于事"，则谈不上"敏于事"。如若不"敏于事"，其"言"，就事之"实"来说，必是不实之言，即"虚言"；就事之"为"来说，必是"妄言"。如此，"慎于言"当以"敏于事"为前提、为根据、为标准。毛泽东说"没有调查就没有发言权"，只有"调查"方可知"于事"，方可"发言"，其间所蕴含的深刻道理也正在于此。

（5）其所"言"是否"慎"，可以从"言"之对象、限度、方式等多方面加以判断、予以确认。于此，孔子将此归结为"事"。如此，孔子倡君子朴实、真实、求实之"风"，反对不依"事"而做出臆断和虚假允诺，从而要求君子之言与所为之"事"相符合。这样，孔子所期许的绝不是虚假的人格，而是内具实事求是品质的"君子人格"。

（6）"敏于事"与"敏于行"，取向之重点有别。孔子在此谈"敏于事"而非"敏于行"，侧重于要求弟子及世人进"学"，因为"敏于行"，乃"成德之君子也"，而"敏于事"，乃"务学之君子也"。如是陈祥道引《易》与《传》所释曰："易曰：君子将有为也，将有行也。行，则所行者也。事，则所为者也。言君子敏于事，又言君子欲敏于行。敏于行，成德之君子也。敏于事，务学之君子也。《传》曰：'行成而先，事成而后。'""务学之君子"，不仅在"敏于事而慎于言"中修进、磨炼，还需亲近、敬爱"有道之人"而学之。

第四，"就有道而正焉"。

（1）何谓有道？有何道？孔子所言之"道"，非老庄之"玄道"，亦非孙子所论"兵道"。在孔子看来，此乃为人应坚守之"道"，成"君子人格"之"道"，即"仁道"。

"有道"则是从"心"至"行"、从"事"达"言"之一致与完成，其主体深谙并落实于修"君子人格"之途，实现了"道"之内化而自觉，且完成

　　　　　　　　　　　　生活哲学视野中的"论语"研判

"君子人格"塑造之境界。

根据本论的语境而言，在孔子看来，只有做到"食无求饱，居无求安，敏于事而慎于言"，才是"有道"之人。钱穆释曰："有道，言有道德或道艺之人。"

（2）"就有道"之"就"，表"食无求饱，居无求安，敏于事而慎于言"之君子与"道"之关系，彰追求德性生活、塑造自我德性生命之君子对"道"所采取的积极姿态，体现君子德性修造之自觉性、主动性和积极性，从而表君子即是"近"而"进"有道之人。

（3）"而正焉"。"就有道"之目的，即"正己"。如此，有现实鲜活之标准、榜样、楷模，即有道者。于是，主动亲近"有道"之人，"闻其事非"（钱穆），关键在于比照而知己之"不足"，明己之目标与方向，进而改己之过、进己之德，从而真正"正"己。

"就有道而正焉"，表"资诸人者也"（陈祥道）。"就正有道，是慕道集义。"（蕅益）如此，"就有道而正焉"，从修身进德之"君子"的情感基础、动力与目标、目的等方面，明晰"正己"之具体的行动要求，表成君子在"就有道"而"正己"之路上。

第五，"可谓好学也已"。"好学"，非仅指君子之主观态度，亦非不关涉"行"的道德认知，进言之，非知识论意义上的"好学"，而是强调落实于诸事之行中，具体表现为"食无求饱，居无求安，敏于事而慎于言，就有道而正焉"等诸多具体的生活环节上。如此，"好学"，表君子修身之"行"。恰如钱穆所释曰："如上所行，又就有道而正之，始可谓之好学也。"在此，再次表呈君子"好学"，重点不在于道德之"知"，而在道德之"行"中。一句话，从德性生活、德性生命的自觉意识到德性生活、德性生命之践行，对其间每一件事，做好取舍、遵循好原则、明确好目标。

总之，孔子确立判定君子是否"好学"之尺度，具体地陈述与勾勒修身进德成君子之路，进而为世人的德性成长开示了明确的目标和方向，昭示君子当不拘于、不沉湎于口腹之欲，不苟安于物役而"志存高远"，自觉开出德性生活之空间，提升德性生命的境界，涵养淳厚朴素的"求是"之风，亲近德性高洁、德高望重之人，不断省己正己而进取、笃行而成长，终成好学得道之人。

15. 乐道好礼，修德之境

学而 1. 15

【原文】子贡曰："贫而无谄，富而无骄，何如？"

子曰："可也。未若贫而乐，富而好礼者也。"

子贡曰："《诗》云，'如切如磋，如琢如磨'，其斯之谓与？"

子曰："赐也，始可与言《诗》已矣，告诸往而知来者。"

【译文】子贡说："贫穷却不谄媚，富有却不骄傲自大，怎么样？"

孔子说："这也算可以了。但是还不如虽贫穷却乐于道，虽富裕却好礼之人。"

子贡说："《诗》中说，'要像对待骨、角、象牙、玉石一样，切磋它，琢磨它'，就是这个意思吧？"

孔子说："赐呀，你能从我讲过的话中领会到我没有说到的意思，做到举一反三，我可以同你谈论《诗》了。"

———————————

就人生修养，师徒二人展开两轮"对话"，子贡以求证，孔子以提引，彰二人修养之差异，呈境界之层次。子贡所言"贫而无谄，富而无骄"之"自守"，乃君子修德之"初成"，孔子所言"贫而乐，富而好礼"则成"君子之风"。

师徒对话以"贫""富"两种生存境遇为依据，既指证"素富贵，行乎富贵；素贫贱，行乎贫贱"的初始自然状态，也展示了子贡"贫而无谄，富而无骄"之否定性超越，直达孔子"贫而乐，富而好礼"之自成境界，由此展现出进德提升的否定之否定的过程与逻辑，即"自发""自觉""自主"而"自由"。

孔子与子贡，代表两类人。师徒间对话气氛轻松而温馨，对话形式简洁而明晰，对话主题严肃而庄重，对话所指由"文"而"质"，对话意蕴幽深而绵延，对话引向自省而自进，以此表明，君子当"乐无骄"而"好礼"，悟践为人之道，促德性之升华。

师徒对话向世人昭示出一条朴实的人生至理：读书究"理"，须切磋而"通透"；做人就"道"，须打磨而"通达"。

具体而言

第一，一切修养，皆逆人生存之"自然"而"为"，用孔子的话来说，就是不断"克己"，如此"反求诸己"而反"自然"，以求德进，不断"爬坡"而"止于至善"，成"另类自然"，此乃炼修，促内在德性得以提升之实质。从这一意义上来说，"克己"即是"成己"。

本节对话，子贡以"贫""富"两种生存样态之别，从"心性"至"行为"两个方面指向人之"自然状态"，即"贫而谄，富而骄"；子贡反动之，提出"贫而无谄，富而无骄"之主张，彰德修之觉悟，以此求证于师。其师以更高的超越性境界，即"贫而乐，富而好礼"，予弟子所悟以肯定并引导超越之。如此，呈一幅师徒二人虔敬切磋而探究德修之路，客观上直观于世人德进之层次、人生境界之动态攀爬图景，鲜活、生动而庄重。

第二，子贡曰："贫而无谄，富而无骄，何如？"

（1）子贡善思，睹世人群德，尤其于"官场"中"官"与"吏"之"常态"（"贫而谄，富而骄"。"贫"者常以卑微怯懦之心，呈低三下四、卑躬屈膝之软骨、无骨奴状，谄示其上、媚其主；"富"者则依仗其富而张扬跋扈、颐指气使，骄横、骄慢、骄纵、不可一世，训其下、斥于众，唯我独尊而僭礼）予以批判与否定。因为在子贡看来，"贫而谄，富而骄"虽然呈现的状态、方式有别，但是从根本上而言，存在同样的问题：均倚重于外物，尚不具有道德独立性与自主性，且在"卑"与"亢"之对峙中，未能找到"中道"，未能达"不卑不亢""而自重""自守"、自足之境界，故而"贫"而"卑"，"卑"而"谄"，反之，则"富"而"亢"，"亢"而"骄"。由此而言，子贡和孔子的对话，与其说是对世人普泛化的人生修造、境界提升之引导性教育，还不如说是直指当世之"官场"，对"官吏"是谄媚之态、骄纵之面目的揭露、批判与否定，指示"官德"当如何养成。如此，师徒二人的对话，首先应置于政治伦理的层面，直指"官德"；其次，指向普罗大众之人生德行修为，如此，才能更清晰地呈现其深意。

（2）在子贡看来，"谄"，未若"无谄"；"骄"，未若"无骄"，因为"无谄""无骄"，则能"自重"而"守己"。如此，子贡以"无谄""无骄"之"无"为"支点"，凿开并诊断世人德性、德行之"病灶"，撬动、批判与否定"贫而谄，富而骄"的合法性，凸显修己进德之初成，将"自守"植入心性之中、显于德行之上，以矫正世人之德性、德行，从而促群德之提升。

在此，子贡以"无谄"与"无骄"，而不是用"不"谄、"不"骄，对

"谄"与"骄"予以否定性超越，其用意则在于以修正群德为着力点，并非仅仅在批判和否定显于行之"谄"与"骄"，而是力图从德性至德行之内外两个维度上，绝世人之"谄"与"骄"，再造世德。

（3）"何如?"子贡试以"贫而无谄""富而无骄"，解"贫而谄，富而骄"之世弊，明群德修进之方向，引世人向"善"，好"礼"乐"道"。然，千虑所得，究竟如何? 静待师之评点。

子贡心怀忐忑陈述此论于师，问曰："何如?"静待师之提点。

"何如"二字，生动地表呈了子贡之心迹：自悟自得待确认，喜悦中呈谦恭。如此，子贡在"行"上已达不骄之"恭"、不谄之"重"。

子贡虽然在批判、否定"贫而谄，富而骄"之基础上，提出"贫而无谄，富而无骄"，于群德修进予以了明晰的指向，内具超越性和引导性。但是，子贡之论，其根本的问题则在于其所倡"无谄""无骄"，依然是基于"贫富"，依然还停滞于、役于外物，其"仁"与"礼"略显于外。正如陈祥道所释："谄失之卑，骄失之亢，二者非本于自然，而常出于或使。故贫而谄，不若无谄，富而骄，不若无骄。"如此子贡之论，虽达"自觉"，但尚停滞于"自守"，尚未达"自主"、自足与"自由"之境。

第三，子曰："可也。未若贫而乐，富而好礼者也。"

（1）爱徒自悟所得，恭请师评点。孔子首先以"可也"对子贡所悟予以肯定，同时也是对修德能达到此程度、此境界给予了肯定。如此师徒之第一轮对话就应该完成。

（2）但是，孔子以为子贡之论，于群德尚可，但是，于君子之修性进德而言，则"未若"。

在此，"未若"呈否定之态，表孔子强调"君子"修行进德不能止于子贡之要求，还应有更广阔的进取空间，因为子贡所悟，是修德之基本层次，尚具有外在性、浅泛性、消极性。如此，在孔子看来，君子修德，须更为彻底，更为主动和积极，更上一层楼，摆脱"贫""富"之制，超越"谄""骄"，进到"乐"与"好"的境域，方可获得道德生命的自主、自足而自由的境界。

（3）"贫而乐，富而好礼者"。孔子承子贡所论"修德"之已达，从"无谄""无骄"再出发，以"贫"而"乐"、"富"而"好"之反差，表君子之所"乐"、所"好"，非"贫""富"，非"贫而谄""富而骄"，亦非止于"无谄""无骄"，而在于"乐'无骄'"、乐"道"而好"礼"!

孔子所言表君子之"乐"，非"乐""富"，亦非乐"富而无骄"，实乃乐"无骄"，即"无骄之本性"，因为，本心向礼、"好"礼。如此，本性已"恭"，乐而循理，"好"而安于处善，其心亦忘己之（贫）富，以彰君子之"质"经"学"浸润后之"自明"。

在此，孔子以"乐"与"好"，直切心性之质、之内里，表达君子德性之本然，确证君子超然于"穷""富"之物役，实现对子贡之论的"否定之否定"，成不假于"贫""富"，无谓于"谄"与"骄"，不"伪"于世人的君子人格：自性于真实、平实、平淡之境。恰似《六祖坛经》所言："何其自性，本自清净；何其自性，本自具足；何其自性，本无动摇；何其自性，能生万法。"亦如陈祥道所释："无谄，则能守而已，未若乐；无骄，则能恭而已，未若好礼。此所以有其质者，不可不成之以学也。""无骄者，质也。好礼者，文也。美质者，待文而后成，故无骄，未若好礼。非美质者，待文而后治，故好礼，而后不骄。"

（4）师徒二人的第一轮对话，首先，有针对性地就各自的观点予以坦诚陈述；其次，显师徒二人之说的等差及孔子所给予的提升路线，明确君子德修之目标与进路；最后，既表弟子心之虔敬、行之恭谦，践德之为，亦表师深邃之"求是"、公允之态度，肯定、鼓励的爱徒之情。

第四，师徒二人开启第二轮对话。子贡曰："《诗》云，'如切如磋！如琢如磨'，其斯之谓与?"子曰："赐也！始可与言《诗》已矣，告诸往而知来者。"

（1）子贡引《诗经》中所言的制器之法，喻修身进德须精益求精，达至臻完美之境，一方面，承认自己所论尚需再"切磋"、再"琢磨"，此表子贡将己之论，与其师之论比照后，知己之不足，须再精进，此为其谦恭之情、践道之行内于心使然；另一方面，则是子贡巧妙地赞扬了其师所论之深邃、宏阔与高远。

（2）表子贡已可以熟谙譬喻，将己所持之论，同"制器"相比譬，说明其学已能引经据典来佐证己所得之论，表明子贡已达可以谈经论道之水平，解了总以"吾感觉""吾觉得"之陋和据一己之感性经验而偏狭、而武断之妄论。

于此，子贡一言彰其"持之有故"，方可"言之有理"之学风，表子贡已成器！

（3）面对弟子如此成长而"成器"，孔子先予"可也"而肯定。到此处则直呼其弟子之"名"："赐也！"孔子欣慰、喜悦、嘉许和重新审视爱徒而生敬重之情无以言表。

（4）孔子进而言："始可与言《诗》已矣。"这是孔子对子贡的成长而惊叹，许于弟子之最大的褒奖。

为何孔子要许以子贡"始可与言《诗》已矣"呢？简单地说，是因为"不学诗，无以言"。（孔子训其子孔鲤如是说，以表不学《诗》，不仅"言之无物"，而且"言之无法"！）进而言，学《诗》乃是"大学"之高阶课程。子贡之论表其修"学"已达"可与言《诗》"。

（5）孔子对子贡说"始可与言《诗》已矣"之后，补充道："告诸往而知来者。"这是基于对子贡引"《诗》云，'如切如磋！如琢如磨'，其斯之谓与？"所做出的回应，既回答了子贡之问，也交代了孔子赞扬而说"赐也，始可与言《诗》已矣"之"依据"，以达通过表扬子贡而激励别的弟子之效。对此，蕅益释曰："子贡之病在愿息，又在悦不若己，故因其所明而通之。告往、知来，全是策进他处。道旷无涯，那有尽极，若向乐与礼处坐定，便非知来矣。"

总之，师徒二人充满思辨、倾注浓厚情感的两轮对话，以批判为始，从一"己"之"德"至"群德"，以建构修性进德之进路、之境界而立论，呈现修行进德之超越性特征，亦表师徒二人身体力行以呈君子"好学"于世人。

师徒二人之对话，表明君子当"乐"而"无骄"、乐"道"而"好礼"，成德性生命之自觉、自主、自足而自由之主体，从而养自主、自由之自性，成孟子所称道的内具"浩然之气"的"大丈夫"。

师徒二人之对话，于今人，尤其是对官场中的"贫者""富者"德性之反省、德修之开启，对师徒之情感、之教授与问学之方式的矫正所带来的启示，就在书写生活这本"无字之书"中。

16. 不患与患，知己知人

学而 1.16

【原文】子曰："不患人之不己知，患不知人也。"

【译文】孔子说："不用担心'别人'不了解自己，你只需担心自己不了解'别人'。"

孔子以"不患"和"患"之对比，突出孔子之语的核心要旨：要求弟子们应该把自己的心思和精力，聚焦于操心"知人"与否上，而不应耗费在"人之不己知"上。

这是孔子为即将"入世"为"仕"、以治乱世而弘"仁道"为己任之君子，为了避免失察于"人"、"不知人"，而鲁莽地误闯贼门、"认贼作父"，导致为虎作伥、助纣为虐之"恶"，最终有负于治世、弘道之初衷所提出的劝诫、警示与叮嘱，从而突出孔子要求其弟子们在"为人谋"之前，切勿失察而误判其"人"，须审慎真"知"其"人"之所遵、之所循，是否与"仁道"相符而不相悖，这是弟子们应"患"的重点之所在，而不必"患""人之不己知"。

"知人者，智；自知者，明。"孔子训导弟子，无须将心思和精力耗费在担忧其"人"是否知"己"，而应该担心、用心的，是在"为人谋"之前，即必须在择（主）"人"之前，真"知"其"人"！

此乃孔学之掌门人对有志于入仕的弟子的重要训示。

孔子说，经过十五载寒窗，算是学有所成，即将入仕而为政的诸弟子，不用犯愁，也不用担心那些"（权贵）之人"，不了解自己，不起用、重用自己，在这一点上，应该自信、从容地面对。真君子，"人不知而不愠"；是君子，自当有其用武之地。

但是，在你们进入社会、谋职入仕之际，恳请切记：一定要擦亮你智慧的双眼，对你未来的"（主）人"要真正做到"知根知底"，不仅要知其心性、德性、抱负、才干等诸多方面，而且必须知其所遵、所循之"道"，审慎再审慎地选择"主人"，千万别被其假象迷惑、被伪装欺骗，导致误入贼门、上了贼船、认贼作父，切勿误入歧途，为虎作伥，铸成大错，给社会带来恶果。这才是你们应该用心和下气力之处。

至于那个"（主）人"，是否知道你、赏识你，进而重用你，非你需要过分担心、过度劳神的事！

孔子说：不愁"人"不知"己"，只担心、只忌讳"己"不"知人"；故须谨记："江湖多险恶，入行须审慎。"

最后再叮嘱一句："男怕入错行，君子怕入错邦！"

具体而言

第一，孔子先言"不患"，后言"患"，直接而鲜明地排除弟子们之不应"患"，指出弟子们之所应"患"。如此，孔子为弟子们划清了其所应"患"之界域，解了弟子们心浮气躁、散乱游思之莫名紧张，不仅促弟子们自省其所"患"（"人之不己知"），规制弟子之"患"，引导弟子们当凝思、聚思于"患""不知人"。如此，孔子之言，对弟子之"患"具有规制性和引导性。

第二，为何孔子主张要"不患'人之不己知'"？

（1）简言之，因为人"知"与"不知""己"，皆外于"己"；人之于己，知不为益，不知不为损。如此，君子当本然，"自信"而"自足"，故"不患人之不己知"。

（2）孔子以"不患"劝诫弟子们淡化甚至忘却"人"是否了解自己、赏识自己、重用自己这回事，以达"人不知，而不愠"所涵摄的从容、自守而自信之境界。

孔子以"不患"训导其弟子们：君子当知成大事者，必先有静气。如此，孔子要弟子们真正明白只有通过"勿用"之蛰伏，涵养其心性，于沉寂而韬光养晦，经"知人"审世而蓄势待发，如此"潜龙"必冲飞于天。这样，在从"人不知"、从"潜龙勿用"至"学而时，习之"的过程中，"己"所应"患不知人"。"人之不己知"，何"患"之有？

第三，"患不知人"。

（1）何谓"知人"？

其一，此处的"知人"，非指一般泛化意义上，对人之心性、德性修养、情趣偏好、智识见解、志向抱负等诸多方面深谙于心，也并非是指对某人之能力才干、做事的手段和方法等的了解、判断。一句话，并非仅指明对"一个人"之优劣长短、贤愚忠奸等的把握。

其二，此处的"知人"，则是通过其"人"，知其人之背后的"邦"之"实然"，如此"知其然"，而后"知其所以然"，即可预判其邦之"未来"。

其三，一句话，通过"知"其人、其邦之"其然"，判断其人、其邦，是否遵"礼"循"仁道"。

如此，若能"知"其人所遵、所行之"道"，方可算是真"知人"了！

（2）孔子为何主张要"患不知人"？

其一，"己"之于"人"，"知"则为"智"，"不知"则为"不智"，故孔子言"患不知人"。"知人"与否，关键自在"己"之功夫。

其二，"知人"即可知"邦"而知"世"。一言以蔽之，从反面说，"危邦不入，乱邦不居"。"入"，轻者其政治抱负难得实现，政治生命断送；重者，命休矣，如子路入卫。如是，若"不知人"而"入"，则是盲目、贸然之所为。从正面说，"知人"乃是择"志同道合"之圣君明主的关键或前提，恰如"良禽择木而栖"。这是实现救世弘道之基本前提。

第四，当然，孔子在此处也暗示一种理想化的境况，提出了两种"知"："人"知"己"与"己"知"人"。这两类"知"之间具有一种张力关系。"知人"比"人知"于己入世更为根本、更为重要。

第五，以"不患人之不己知，患不知人也"来反观、反视孔子周游列国，推行其"仁道"，四处碰壁，难道孔子不知人乎？于此，似乎构成一个"原悖论"。真是难为孔子了，其执念"周礼""仁道"于乱世，"明知不可为而为之"。其志坚如磐，其德如泰山，其行亦笃焉，着实令世人仰止！然在决绝处，孔子亦悲乎慨叹："知我者，其天乎！"（《论语·宪问》）

第六，《学而》开篇有言："人不知，而不愠。"此处之论，作为《学而》之末，再言"不患人之不己知"，首尾相顾、前后呼应，其"理"则在于：期许其弟子们能倡修性进德而成自性、自足之"君子儒"。

总之，面对置身于乱世的弟子们急于改变"人不知"之窘而使"人知"、而成"学而时"之"达"，孔子以"不患"与"患"教化弟子们须静心养静气，静气生睿智，睿智载自信，自信成从容，从容审时世……一句话，须沉而静、静而智、智而明、明而不误。如此，须"知人"而入仕。

如此，孔子指明弟子们应遵循与践行修自性而自成之路，自信而从容地面对世事。其所论，在实践逻辑上，表陈为成"己"，方成"事"；成"事"，乃成"世"。如此，"知人"，乃是成事而成世之重要的前提。所以，孔子警示弟子当"患不知人"。

第二 为政篇

1. 为政以德，众星共之

为政 2.1

【原文】子曰："为政以德，譬如北辰，居其所而众星共之。"

【译文】孔子说："治国理政以己德为主，就会像北极星那样，自己居其位，而群星都会环绕在它的周围。"

———————————

孔子诊断乱世之"病灶"，在于当政者及其为政有悖于天道、人道而丧德、无德所致。由此，孔子依天道、人道、政道之统一性原则，提出匡正无道乱世、成"仁道"之经世治国总体方略："为政以德。"

按戴望之释："政者，天、地、四时、人之政。德者，五行之德：'木神则仁，金神则义，火神则礼，水神则信，土神则智。'北辰，北极旋机也。北辰居天之中，正四时而众星共之。王者居明堂之中，顺四时播五德而天下归之。《春秋》以正次王，王次春，明王者为政，当法天也。"

孔子以天道为据，假比譬之法，提出只要能"为政以德"，国之"君"与"民"的关系，犹似"北辰"与"众星"之关系一样，众星"拱"之，凸显为政者之"德"感召、统摄和凝聚天下人心之作用。如此，孔子从为政者之"德"入手，构建了一幅各行其道、各司其能、运行和谐的"仁道"政治景观。

孔子提出"为政以德"，遵自尧舜至周诸圣君明主的治国之道，承"贤人政治"之脉，续《尚书》"德惟善政"之思，以为政者之"德"为源，强调为政者之德、施政之德于为政"有道"的突出地位和作用。如此，"为政以德"，提出德治于国、德教于民之"德感天下"的政治模式，成为儒家"伦理政治"之经典表达。

具体而言

第一，孔子以尧舜等上古诸圣君明主为"为政者"所应垂范之典范，以德冠天下的周天子为模本，以周之"礼制"为根据，提出"为政以德"的治世主张，强调当世的为政者须改其所行之"霸道"，施"仁道"，行"仁政"，凸显"政德"，聚民心、厚民德、成有道太平之世。如此而言，"为政以德"之论，则是孔子"仁政"理想、德政纲领之实践化和具体化。蒲益对此言道："为政以德，不是以德为政，须深体此语脉。盖自正正他，皆名为政。以德者，以一心三观，观于一境三谛，知是性具三德也。三德秘藏，万法之宗，不动道场，万法同会，故譬之以北辰之居所。"江谦补注曰："为政以德，则正己而物自正，不言而民信，不动而民敬，不怒而民威于钺钺。又上老老而民兴孝，上长长而民兴悌，上恤孤而民不悖，故取譬于北辰，居其所而众星拱之也。"

第二，"为政以德"。

"为政以德"，从为政之"主体"、之"道"、之原则、之手段、之效果等多层面，展开孔子仁政理想之实践逻辑。

（1）为政之"主体"

"为政"乃是为政者之"事"。如此，作为为政"主体"的"为政者"之"德"直接影响抑或直接决定其为政乃至其邦是否"有道"，因此"为政以德"，首先就须按照"德以配位"的原则来审视、要求为政者之"德"。这是"为政以德"之起点、之发端、之必要条件。

对为政者之德行于施政中的垂范作用，孔子提出："其身正，不令而行；其身不正，虽令不从。"（《论语·子路》）"子帅以正孰敢不正。"（《论语·颜渊》）"上好礼，则民莫敢不敬；上好义；则民莫敢不服；上好信，则民莫敢不用情。"（《论语·子路》）这就要求为政者加强自我德性修养、德行塑造，即加强正己的功夫，从而使己正，以促成为政者能真正成为马克斯·韦伯所说的散发着德性光辉与迷人魅力、能以德服人的"克里斯马"领袖。

按照一致性原则，为政则是为政者之"德"的实践化和具体化展开。如此，有德之为政者的为政，即是有道之为政。这并非是同义反复，而是表明为政之德对于政德具有发生学之"源"的意义。如此，孔子此论，乃是寄为政之德生成于"为政者"之德。那么，为政者须有如何之"德"，方可成为"有德"之为政者，就成为追问的落脚点。

具体而言，对于"为政者"之"德"，在《学而》篇中，已经相应地做出了明确的规范性要求。

其一，能行"孝"，即能做到"父在，观其志；父没，观其行；三年无改于父之道"。

其二，能自"重"、"主忠信""信近于义"，且"过则不惮改"。

其三，能"好学"，即"食无求饱，居无求安，敏于事而慎于言，就有道而正焉"。

其四，能"贫而乐，富而好礼"。

其五，能"患不知人"。

如此，孔子从多层面、多角度对为政主体予以审定，提出了非常详尽的规定和要求，这样，既为为政者反观其"德"提供了标准，而且为其进德提供了指向、目标，亦为我们判断其是否能真正做到"为政以德"确立了原尺度，更深刻地为为政者之"德"、亦为判断其为政是否具有合法性确定了德性坐标。

（2）为政之"道"

所谓为政之"道"，即是指为政所遵循的根本的价值路线。为政之道，从效果上来讲事关民心，从而在根本的意义上决定国家之兴衰存亡，因此，受到历代统治者的高度重视。

《尚书》在总结先王治理的经验教训之基础上，提出"天矜于民，民之所欲，天必从之。"（《尚书·泰誓》）、"民惟邦本，本固邦宁"（《尚书·五子之歌》）、"德惟善政，政在养民"（《尚书·大禹谟》）等一系列关于为政之"道"的深邃之论，以警示后世为政者，也为孔子提供了治国救世之蓝本。

孔子提出"为政以德"这一治邦、治国之命题，蕴含着其理想的"为政之道"，即"仁道"，具体化为"先王之道"。如此，在孔子看来，为政者只有遵照与贯彻"先王之道"而为政，方可从根本保证其为政不离经叛道，这就为为政者提供了价值定位与价值导航。

（3）为政之"原则"

为政之"原则"是为政之"道"在实践运行中的规范与落实，具体展现为为政于各个方面的边界确定，对为政行为予以指导，表其什么可做、什么不可做，具体落实于一系列为政过程和环节中，具有明确的规范性和可操作性。在"为政以德"之命题中，要求为政者须在为政实践中遵循"礼之用和为贵"之根本原则和"敬事而信，节用而爱人，使民以时"的具体原则。

（4）为政之"手段"

其一，"居其所"。"居其所"，表为政者须力戒浮躁而冲动，更不可慌慌张张，须自重、从容、安定泰然；进而"入位""在位"谋其政，做好自己，不荒芜其政，发挥自己定位、导向之"枢纽"、之"主心骨"、之"定盘针"的作用。这不仅表明为政者为政的总原则，而且突出了为政者须具有真正的道义担当。

其二，以德感为主的德教。孔子反对为政者以苛法严律等惩处的手段慑服于民，主张为政者施与"德政"，充分释放"德"的治国之功能。在这里，孔子指出的是为政者须有德，发挥其德于民之示范、感召作用，而且更为重要的是强调为政者须施德政于民。如此，在德政实际教化民众之基础上，再加以礼乐之教，就完成孔子之"为政以德"的理想。

（5）"为政以德"之"善治"

在孔子看来，为政者首先加强自身的德行修养，做到"德以配位"，在为政中遵循"先王之道"、践行德政之原则，施以德政、德教之手段，就必产生德治之良好的效果，达"善治"。

从直接性上来看，"为政以德"，表征为政者须以德养民，"厚民德"，民德必厚焉。

从其运行形态上而言，为政者"居其所"而施政，臣民自然受其德之感召，从而尊崇之、围绕之、拥戴之、追从之，如北极星与北斗七星的运行一般，亦如众星捧月，既各在其位，不僭越，突出了"核心"，又交相辉映协和运行。

从其治国、治世之效来看，"为政以德"，必将强为政之基、固为政之邦本。

从其终极效果而言，则是霸道退场，"仁道"畅行，天下大同。

第三，"为政以德，譬如北辰，居其所而众星共之"。这是孔子从"为政以德"的效果上来反比其应然之景象，从而突出为政之"道"如是"天道"，以此强调为政者不可随心所欲、无视于"道"，更不可丧道、失道而"无道"，而须遵道、循道。这无疑是对当世丧道、失道而"无道"的为政者予以谴责，以及在谴责的基础上，指明他们不可避免地为遵道、有道的为政所替代的趋势。如此，表明对有道为政之未来，即弘仁道而再现于世，充满着自信和乐观。"为政以德，譬如北辰，居其所而众星共之"，表"为政者，取譬焉。北者道之复于无，无者无为者也，辰者居中而正乎四时者也。无为而正乎四时，则无为而无不为矣。为政以德，亦若此也。盖政以德，然后善；以正，然后行"（陈祥道）。

"为政以德"，是孔子实现仁道、善治天下的政治实践方案，是孔子之具体"治世观"。在此，需要注意的是：

（1）"为政以德"，其"以德"表明，为政者须以"此德"为尺度来自省、反观自德、施政之德的实然，是否与孔子所倡之"德"相符。如若不符，则为

"过"，为政者须"过不惮改"，此为"正"。

（2）孔子在"为政以德"中所倡导之"德"，非泛泛而言的"德"，其本质指向的即是"先王之道"，就是周之"礼"制所规定的那套为政者的行为规范，即周之"官德"。

（3）孔子以"北辰"喻为政者，若为政者"为政以德"，亦若此也，只要"居其所"，为与地位相称的"为"，不乱为，如是天运无穷，三光迭耀，其中北辰正而不移者，成天之枢。

第四，孔子倡"为政以德"，将"先王之道"与为政之"德"两个层面剥离开来，从治理之"术"的层面，探寻恢复"仁道"之策。在此，"德"在为政中无疑是加以具体化和工具化、功效化，而非抽象玄论之。如此，对乱世的"善治"，以先王之道即仁道本体化，以德为用，由此构成了"仁"本"德"用的逻辑。

第五，孔子所言"为政以德"，主要是针对当世各诸侯。周礼之崩，天下"仁道"之丧，其因主要在于诸侯无德而有悖于周礼，为政行霸道而僭越周礼使然。如此，要善治天下，孔子从为政者之"德"入手，进而以其为政行德而"复礼"。这样，"为政以德"，表孔子将天下之德系于为政者之"德"及"德政"。同时也突出了孔子"为政者师"的取向。这一取向凝成后世"以吏为师"之传统。

第六，孔子"为政以德"之主张，无疑以道德复古、道德返祖为内涵而承接德治之传统。在尚利、尚力之当世，孔子以道德劝诫为内蕴的善治策略，事实上也难以落根，最终亦只能成为一种道德愿景。但不可否认，孔子所倡的"为政以德"，强调、肯定和张扬了"德"内在于"为政"所具有的合理性和价值，至今依然成为"为政"之重要的伦理向度。

第七，"为政以德"之主张，是"贤人政治"之善治的具体体现。"贤人政治"之根本，不是不要治理制度，也不是不依"礼法"而为政，其关键在于必须以为政者之先觉、先修、先立其己之"德"为前提。这是"为政以德"，从而达到"善治"之要害与根本。如此，基于为政者个体之德修，自觉使己成为贤人之道德自觉，构成传统政治之德生成，进而成为传统政治伦理的原始依托点。

第八，"为政以德"，因依赖于为政者之德而成为典型的"贤人政治"。而贤人政治，因为政之法、之道，不外于为政者，故常呈现为"人治"。从这一意义上来看，人治乃是善治之最高境界。

在此，绝不可简单地将"人治"与"专制"等同。如果说"人治"是"贤人政治"之"善治"，那么，"专制"则是"恶人政治"。二者之本质分野在于为政者之"善""恶"。

而"法治"一词，在此语境中，突出的是惩处之义，非现代意义上依"法"为治国之"依据"。这样，无论是主张"为政以德"，还是强调"为政以法"，其"德""法"都是治世之"手段"，均凸显工具主义、功能主义之取向。

第九，"为政以德"，强调德治，尤其是强调统治者（官僚）体系的德性，构成了中国民众对"明君"和"清官"的期待，从而积淀为民众关于官德的"集体无意识"。将政治之"德"根植于"个体道德"或以"个体道德"为支点，需要为政者道德自觉与自律，如此也就折射出为政者之德的脆弱性、可变性与不可靠性。因为离开政治制度的"政治人"的"个体道德"，一方面无法得以确认，另一方面具有不确定性。

第十，从一定意义上来看，"德治"本身似乎具有历史合理性，但是，如果没有相应的制度与规则保证，尤其是无"良法"对政治权力、政治义务和"官僚"的规范和引导，其结果必然引发为政者之政治人格的变异和扭曲，从而生发出政治领域的诸多令人错愕的怪象。这样，"善治"之初始设定与构想，最终生成的却是整个政治的"恶"，导致其不可克服的"悖论"。正因为如此，政治生活，虽然作为人生活的重要维度，任何人都无法逃避，但是，一些人因为政治之"恶"，厌恶政治的卑污与丑陋，试图抽身而远离政治，也就不难理解了。

第十一，孔子所强调的"德治"和我们今天所要求的政治之"德"，在本质属性、价值支点与依托、运行法则和判断尺度方面，都有着原则性的差异。不能将政治必须有"德"和"德治"简单等同。如此，有的学者试图从中国传统政治文化、政治思维中"开出"有利于现代民主建构的政治资源，从本质上看，错置了不同类型的政治之本质界限和不同通约的价值逻辑，这样的嫁接和过渡之"桥"，事实上已经被传统与现代不同的社会类型，尤其是政治类型切断了，因为传统"道义性社会"早已被现代"功能性社会"整体上颠覆与取代，与此相关的"政治"属性、"政治生活"之本质也发生了本质性的变革。政治生活已从家族政治转向为公共政治；政治类型，也已从传统的"臣民政治"转向了现代的"公民政治""人民政治"。由此，力图从传统中国政治包括"德治"中开出现代民主政治，必须跨越不同类型的政治之逻辑。这是"传统"与"现代"矛盾关系在政治维度的具体纠结。

第十二，政治的真正谜底是"利益"，为政之"德"亦必须是基于"利益"而言的。离开"利益"而抽象说政治之德，道德在此只是一块将私利正当化、合法化的"遮羞布"。恰如马克思所言："'思想'一旦离开'利益'，就·定会使自己出丑。"① 孔子所主张的"为政以德",强调以"德"而"善治",在"普天之下,莫非王土;率土之滨,莫非王臣"的血缘政治、家族政治体系中,包括"天下为公",本质上实现"家天下"的错位表达。如此,政治乃一"私有物""私器"耳,其所言道德必是悬空的、非现实的超越与妄想,成为家族政治之道德装饰。

第十三,孔子"为政以德"之主张中,其"德",虽以"周礼"为依据,但更近乎一种宗教般的人格追求和心灵完善,其模糊性和不确定性给了为政者即掌握话语权者极大的解释空间;如此,若不对此"德"之合法性予以现实的确定,仅仅作为一种理性化、理想化的道德,那么,由"为政以德"演化而来的"以德治国",事实上成为可以翻云覆雨的道德戏法。集权主义、法西斯主义甚至恐怖主义都未尝不可以成为或已经成为某个时代和国家的"为政"之"德"。

第十四,以道德而非以利益为纽带、为基础所构成的政治理想,强调"为政"之道德感召力,是一种难以实现的道德"乌托邦"。如此,孔子面对争雄斗志的诸侯国之间不断的利益角逐之"现实",其"德政"之理想,从其现实遭遇反观,不可否认仅是一幅美好的道德愿景。如同今日之国际,"公理"只是作为一种信仰,"尚力"构成国际关系的实质,如此难以以某种"道德原则"或尺度来加以审定与规范各国之政,从而"人类正义"也显得苍白无力、惨淡窘迫。面对此境,唯一有价值的启示就是让信仰"公理"的世人,放弃纠结,抛弃在纠结中承受着国际政治"利益"本质的"黑洞",以及在霍布斯所洞见的"丛林法则"中呻吟,而是必须遵循"放弃幻想,准备战斗"的生存原则。

总之,孔子针对当世为政之"无德",致使天下分崩离析而"仁道"无存,故而以天行之道来譬"为政之道",提出"为政以德"之治世方略,希望依此从为政者之德修正己入手,行有德之政,从而开出有道之世。

孔子提出"为政以德"之主张,以他推崇备至的"先王之道"为蓝图,以"贤人政治"为标范,以"为政者"之道德自觉为前提,将德引导、贯彻和落实于"为政"之中,从而在德政、德感和德教等诸层面,充分释放"德"之功能,以推进孔子道德愿景的现实化。

但是,孔子抽离重"利"尚"力"之当世,玄论为政之"德",与时世所畅的霸道原则相比,显得尤为苍白、乏力。

---

① 马克思恩格斯全集(第2卷). 北京:人民出版社,1957:103.

生活哲学视野中的"论语"研判

当然，孔子"为政以德"之主张，构成中国伦理政治之重要范式，其合理价值，尤其是对"为政"之合法性的道德审查与考量所展开的政治建设之思想，至今世依然需要予以充分的开掘。

2. 诗三百篇，思无邪也

为政 2.2

【原文】子曰："《诗》三百，一言以蔽之，曰：'思无邪。'"

【译文】孔子说："《诗》有三百余篇，其共同本质点，概括为一句话，即'思无邪'。"

————————————

"无邪者，天之道。思无邪者，人之道。"（陈祥道）"此指示一经宗要，令人随文入观，即闻即思即修也。若知《诗》之宗要，则知千经万论，亦同此宗要矣。"（蕅益）从根本上说，"思无邪"，并不是对原生态的《诗经》之思想特质所做出的整体性价值判断与评价，而是孔子对选择《诗经》编订成《诗三百》所坚持的尺度、原则和标准，及其对《诗三百》的思想总体特征所做的一个交代与说明。

孔子以自述的方式说明他从原有《诗经》三千多首诗歌中，以"思无邪"为总体原则或尺度来选择、确定其主题、内容，编订成一本（孔子版本的）《诗》，即《诗三百》，其目的是让世人通过阅读此《诗》本，即通过"诗教"，使世人之"思无邪"，以达到正世人之心之目的。

用一句话来概括，孔子陈述选"诗"之标准、修订《诗经》之目的，即力图通过"诗教"，让世人自觉"非礼勿思"而自律，实现正世人之心而治国理政的目的，从而"复礼"弘"仁道"。

————————————

具体而言

第一，孔子面对"人心不古"、邦国无道，礼乐文化衰败式微之现实，为了治乱世、弘仁道、"正"人心，激活与教化世人之德性，借《诗经》既有的影响，通过"诗教"而化世人之心，力图恢复与确立"礼"与"仁"于世。如此，孔子以促使世人之自省、自觉而达到"非礼勿思"之道德自律，即实现"思无邪"为始，进而恢复"礼乐"、生发"仁道"，从而使"无邪"之思扎根于"人心"。如此，可以清晰地呈现出孔子编订《诗经》成"诗三百"之动意，即从教育的视角，通过充分发挥"诗教"之功能，从而达"以文化人"之效。

第二，孔子所言非《诗经》三千，而是"诗三百"，从孔子对"诗"之数量判断上，就可清晰地表明他并不是对原生态的《诗经》之思想特质所做出的整体性判断与评价，而是孔子编订而成的"诗三百"所遵照的价值原则，以此表明经过他重新编订、呈现于世人面前的"诗三百"，从其思想性来看，有一个共同点："无邪"。

第三，孔子为何要重新编订《诗经》，而定"诗三百"？

（1）从《诗经》之原生态来看。原生态的《诗经》，无疑是源于、反映先民之生活，其内容涵括政治、经济、交往、情感（友情、爱情、亲情）等方方面面，表达与呈现了先民们之世界观、生活观、情感观，以及政治观、经济观，乃至鬼神观，丰富多彩，规模庞大，据说有三千多首。同时，《诗经》中之"诗"，遵直道，直抒衷肠，直表感受、体验与愿望，不假托、不虚伪等，充满直接性或"直观性"，直呈先民之真性情于文辞间。如此，有学者以"真""直"而言"诗"之诚挚性，且大赞以此诚挚性而不"伪"所构成的独特审美价值。如此云云，不足而论。

事实上，原生态的《诗经》，可谓人神共在、雅俗兼有、真伪并存、秽净混杂，如是"生活"之本然。如此，《诗经》中之诸诗，其表情虽真直而美，然含淫邪；其颂虽文采华章，然过于率直朴野；其兴虽勃，然亦过度；其思蕴虽悠长，然却浮表……如此，按照孔子所言，一句话，《诗经》之"诗"，可谓良莠不齐，从其思想性来看，则是"正""邪"交织杂陈。

（2）从《诗经》之民众基础和影响力来看。原生态的《诗经》，本身就活跃于民众之生活中，流传甚广，为人熟知且乐知。不可否认，《诗经》对世人之心性、思想、观念，乃至生活的影响，可谓至深至远。如此，于世人毫无陌生感的《诗经》，必须假之而治"人心"、而造世。

（3）从孔子重新编订《诗经》成"诗三百"之立意、之目的来看。在"手段"与"目的"的关系上，孔子为了达成"仁道"现世之目的，提出了一套完美的方案及其相应的"手段"，构成孔子之救世治世论。

在此处，孔子以"思无邪"为尺度重编"诗"，以实施"诗教"，则突出其治世的文化手段、文化方案。在孔子看来，世间乱象皆缘起于世人之心"邪"而"不正"。其心之"邪"，则在于其心不存"仁"、其行不遵"礼"。

如此诊断，即采用"对症下药"的疗治手段：治"心病"、除"心魔"、正"心念"、净"心性"、润"心灵"。《诗经》，乃一妙方！如此，孔子自觉地担负起此等历史与文化使命，按照"思无邪"之标准对《诗经》加以重订成"诗三百"。

（4）就《诗经》之功能而言，于"人"之自塑，于治国之理政，其具有不可替代之价值，故而，孔子必须重订《诗经》。

其一，就《诗经》塑人而言。孔子从正面和反面都突出一个人读"诗"，于其心性成长、接人待物之重要性。读"诗"的劝诫、训诫功能，就一个人之成长而言"兴于诗，立于礼，成于乐"，在交往中强调"不学诗，无以言"，以及"小子，何莫学夫诗？诗，可以兴，可以观，可以群，可以怨。迩之事父，远之事君；多识于鸟兽草木之名"。由此观之，也就不难理解孔子褒奖子贡所言"赐也！始可与言《诗》已矣"的深意了。

其二，就《诗》于人"治国理政"之理念和才干而言，孔子曾直言："诵诗三百，授之以政，不达；使于四方，不能专对。虽多，亦奚以为？"

从以上四个层面的分析可知，孔子为何必须对《诗经》的内容加以审查而重订，以新编订的"诗三百"发挥其"固正去邪"之作用。一句话，孔子删定《诗》，其目的就在于释放内蕴于"诗"中的生命自性之光，规训乱世之人心，使"人心归正"。

第四，"思无邪"。

孔子遵循着"无邪"的标准，对原生态之《诗经》加以重订，如此，修订后以"诗三百"之面貌再示于世人，使之真正体现了"思无邪"之品质。

何谓"思无邪"？

在此须注意，"思无邪"易生歧义：

其一解："思无邪"之"思"是语首助词，无实义，表强调"无邪"，并非指人之心"思"。如此，"思无邪"，即是"正"。孔子以"无邪"表"正"，一方面针对当世"邪"之普遍化；另一方面则期许世人纠"邪"、"去"邪而至"无邪"，达到"可施于礼义"之效。如此，"无邪"，就是从根本上符合"礼""义"。由此，孔子用"无邪"，彰显"诗三百"具有解蔽去邪即"正"世人之心的功能。

其二解："思无邪"，表经过孔子重订之后的"诗三百"，其思想均符合"礼""义"，或说是"礼""义"于"诗三百"得以再现。如此，"思无邪"，乃是如天道具化为"礼"，而后内化于人心，成人心之自性本然。恰是陈祥道所释"无邪者，天之道。思无邪者，人之道"，"诗言性情，而束之于法度。其言虽多，一言可以蔽之者，思无邪而已。观变风、变雅，作于王道陵夷之后，犹止乎礼义。则诗之思无邪者，于此可见矣。"（陈祥道）如此，"思无邪"，乃成立言、立信之标准。如是江谦补注所言："思，妄心也。无邪，真心也。《诗》三百篇，皆妄心所成，妄依真有，真妄不二。解此义者，全妄成真，黄花翠竹，皆是真如；纸画木雕，无非真佛。故曰'思无邪'也。"

其三解：遵"文以载道"的原则，孔子有言"乐而不淫，哀而不伤"，从对人之心性的客观效果上来讲，"诗三百""思无邪"所表，则表《诗》内蕴"中道"原则。如戴望所释："《诗》者，中声之所止，故无邪。"

与"无邪"相对应的非"不邪"，而是"有邪"。如此，孔子以"无邪"而自判"诗三百"，以表"诗三百"载"礼"蕴"义"之彻底性和完备性。

第五，孔子以"诗"为载体，将"礼""义"融注其"诗"中，让"诗"发挥其独特的教化功能，力图让世人通过"诗"这种喜闻乐见蕴"礼""义"于文的形式，促世人反省其"行"（非礼勿视、非礼勿听、非礼勿言、非礼勿动）、自观其"心"（非礼勿思），进而使其"心性"自明，以达到从"根"上拔掉"邪"、除绝"邪"，重植"礼""仁"于人心之上，这就是孔子倡导"诗教"之目的所在。实际上，在孔子的教学生活中，无论对其门生还是对其儿子，都强调学"诗"，其用意也正在于此。

第六，孔子一生"述而不作""以述为作"而传承先古文化。于此处按照"思无邪"之尺度而重新编订《诗经》，从"无邪"之标准的确定，进而纠"邪"、绝"邪"而成"正"来看，孔子从"诗"之功能视角体现其重订《诗经》成"诗三百"之原则。其原则具体为：

其一，文化现实主义原则。任何一种文化，或文化的任何一种形态或形式的价值，从其根本上而言，乃在解决现实问题时，能释放出何种精神能源，能提供何种理念、观念、思想和方法，这是任何一种文化、思想之价值、命运的最后决断。若离开现实之需要，或离开解决现实问题之需要，必丧失其存在价值。尽管在其产生之历史语境中具有其必然性和合法性，但终究会丧失其存在的必要性，成为悬空、断绝于现实之后的"死文化"，如此只能作为文化考古之"对象"。

孔子对原生态《诗经》的价值审断与改造，遵循着文化现实主义之原则，贯彻和体现为文化现实主义价值路线。如此，孔子从对现实问题的诊断和深刻洞见入手，探寻文化资源之可借鉴性与可利用性。这正是孔子以文化实践的方式彰显"古为今用"之取向，充分呈现孔子文化创造所遵循的现实性和主体性原则。

其二，坚持去伪存真、取其精华去其糟粕的原则。如前所述，原生态之《诗经》，有"正"亦有"邪"，不可"全盘"拿来，如此，就需要下一番文化甄别、选择与删定的功夫。孔子以《诗经》为"原本"，以"无邪"为标准，创造性地编订成"诗三百"的"副本"，其间，以"礼""义"为内蕴而确立的"无邪"原则，对《诗经》进行去伪存真、取其精华去其糟粕的"改造"工作，编订成以"诗三百"为内容的诗教之"文本"。

第七，原生态之《诗经》，于孔子而言，已非现世的"文本"，是"传统文化"，要承接其文化精神和理念，就需要对之进行改造与转换。如此，经过孔子编订"诗"的工作，不仅为后世留下了"诗三百"的文化"遗产"，而且更为重要的是依据解决现实问题之需要，通过将"传统文化"创造性地转换为"文化'传统'"，不仅纠人心、"正"人心于"无邪"，而且在于导人心不迷向、润人心而不荒芜，以此治世之人心而救世。

如此，孔子以"无邪"重订成"诗三百"，更为深层的意义在于，为后人创造了一个历史范本和有效模式：如何将"传统文化"，创造性地转化为我们的"文化传统"，从而让"传统文化"以"文化传统"的样态影响世人，发挥其"文化"再造"生活世界"之目的。

第八，不可回避的是，自汉之后，孔子"删诗"之说不绝。此说认为孔子破坏、篡改甚至扭曲了《诗经》之原貌。对此，史学家司马迁予以了陈述。他说："古者《诗》三千余篇，及至孔子，去其重，取可施于礼义，上采契后稷，中述殷周之盛，至幽厉之缺，始于衽席，故曰'关雎之乱以为风始，鹿鸣为小雅始，文王为大雅始，清庙为颂始'。三百五篇孔子皆弦歌之，以求合韶武雅颂之音，礼乐自此可得而述，以备王道，成六艺。"（《史记·孔子世家》）司马迁所言，构不成孔子删诗之论的依据。

就孔子所做的工作而言，以"无邪"而重定成"诗三百"，从根本上来说绝非是篡改《诗经》，更谈不上破坏《诗经》；持此论者，本质上是以文化还原主义思维方式、以文化复古主义立场而武断。孔子借《诗经》而择成"无邪"之"诗三百"的诗教（副）本，事实上是以优化的形式呈现、激活《诗经》沉睡的文化基因，使之服务于当世，这恰好是孔子重订《诗经》成"诗三百"的积极价值之所在。且经过孔子重订而存、传下来的《诗经》，亦成后世文化经典中之不可或缺的内容，亦佐证其价值。

总之，孔子以"复礼""弘道"为根本目的，以"无邪"为标准，遵循文化现实主义之价值立场，贯彻"去粗取精、去伪存真""古为今用"之原则，对原生态之《诗经》进行甄别、勘定、选择而编订为"诗三百"，成为诗教之重要"文本"，并以此创造"传统文化"如何转换、转化为我们的"文化'传统'"之经典范式，从而使传统文化服务于现实问题的解决。如此，孔子无疑在"传统'文化'"，经由"文化'传统'"，与"我们的"生活世界之间架起了一座桥梁。

3. 政刑德礼，王霸之别

为政 2.3

【原文】子曰："道之以政，齐之以刑，民免而无耻；道之以德，齐之以礼，有耻且格。"

【译文】孔子说："用政令来驾驭民众，用刑律来规制民众，其结果是民众即便免于刑，也不以犯刑受罚为'羞耻'；若用德来引导百姓，使用礼制来规范民众之言行，民众不仅会有羞耻之心，而且有错能自改、自正而归'礼'、不悖于'礼'。"

———————

孔子持"为政以德"之主张，通过对为政者"道""齐"民之方式、手段，及其相应的两种效果（"民免而无耻"和"有耻且格"）进行比较，呈现出两类品质不同的"为政"模式或类型："恶政"与"善政"之优劣，从而彰显孔子道民、齐民之治国取向及其政治理想：德化与礼治。

简言之，孔子从为政品质之高度，否定、批判无德"法治"之"恶政"，肯定、倡导"礼治"之"善政"，以期达有德之"善治"而止乱世。

———————

具体而言

第一，孔子运用对比法，从为政类型、为政方式、为政手段和为政结果等层面，揭示了"无德之政"和"有德之政"的本质区别，对"无德之政"予以否定和批判，确立了"有德之政"的正当性和合理性，从而凸显孔子之为政取向和为政理想，并以此直呈两幅为政之图景，直观而真切地警示当世为政者当自觉弃无德之为政，行有德之政，以达养民德、安民生、彰德政之善。

第二，两类品质的"为政"。

（1）孔子提出"道之以政"和"道之以德"，首先从为政之类型上对二者之差别予以事实确认，进而对二者做出了价值判断。在孔子看来，"道之以政"和"道之以德"是具有不同品质的两类政治。

"道之以政"，是"法制"而"法治"，行"霸道"之"恶政"；

"道之以德"，是"德治"，遵"仁道"之"善政"，即"德以善政"（戴望）。

恰如陈祥道所释："道之以政，则非以德；道之以德，非无政也。齐之以刑，则非有礼；齐之以礼，非无刑也。民免而无耻，《礼》所谓民有遁心也。有耻且格，《礼》所谓民有格心也。民可使觌德，不可使觌刑。觌德则纯，觌刑则乱。则道之以政，以至于民免而无耻者，觌刑则乱也。道之以德，以至于有耻且格者，觌德则纯也。"

（2）孔子以区分两种类型的为政，鲜明地表征出二者之分水岭，绝非在治理之工具、技术或策略层面，而是其为政品质之"恶""善"。

（3）孔子直抵为政之德的审定，其目的在于批判"道之以政"、循霸道之"恶政"，褒扬、倡导"道之以德"之"善政"，从而召唤"善政"以救治乱世。

第三，两种为政之"方式"。

"道之以政"和"道之以德"，不仅从"为政"类型揭示了两类不同品质的政治，还进一步挖开了与其为政品质相一致的为政方式，具体表征在为政者之德、为政者之姿态、为政之凭据或倚重三个方面。

（1）为政者之德。孔子在此预设了"道之以政"的"为政者"，必是"无德"之人；相反，"道之以德"之"为政者"，必是修性进德自成之人。按照孔子的逻辑，唯是"无德"之徒，方行无德之政，致"恶政"；有德之君，必行有德之政，成"善政"。这样，孔子将审断政德引向为政之主体，即"为政者"。如此，孔子将为政者须有德提到政治类型之首位。

孔子以"道之以政"和"道之以德"，对两类为政之"无德"与"有德"加以厘清，进而指向为政者之德性、德行。通过比较、批判、期待当世为政者，自省改"无德"而成"有德"，乃是"善政"之本源所在。这是孔子贤人政治理想的具体要求。

（2）为政者之"姿态"。因为政者之"无德""有德"之别，决定其为政姿态之不同。如此，"道之以政"之为政者，必是居高临下、傲慢无礼、颐指气使、张扬跋扈、骄奢淫逸，如此的为政者即是欺世盗名，以"天下为公"之名，行"一己之私"，其乃言行背离、人格分裂之无耻之徒，必令人生"畏"、生"恶"而"远"之，最终必是"众叛亲离"；相反，"道之以德"之为政者，则会以"礼"待人，"知人善任"、亲亲爱民、敦厚温和、俭己节制，令人生"敬"、生"爱"而"近者悦，远者来"。

（3）为政之凭据。因为政者之德性、为政者之为政姿态，必然演绎出与之相应的为政凭据或倚重，生成"道之以政"和"道之以德"两种治理范式。

所谓"道之以政"，就是以为政者自身的利益需要为出发点和落脚点，以强制性政令而治民。如此冰冷、独断而强硬的为政方式，必使民诚惶诚恐、如履

生活哲学视野中的"论语"研判

薄冰，唯恐冒犯为政者，其结果必然是导致民之身心分裂、言行错位。一句话，只有"伪"己，方可存活。如此，也埋下了为政者自取灭亡之祸根。

相反，"道之以德"，则以为政者之德，感民、召民、得民而聚民。如此，以"德"善导民，厚民德、民德必厚焉，则致江山稳固、家国安泰，民之幸，为政者之福。

如此，孔子从为政者之德、之为政姿态、之为政所据三个层面，将"道之以政""道之以德"两类不同的政治之行政差异予以了比较，揭示出恶政、善政之发生的内在逻辑。

第四，两种为政之"手段"。不同的政治类型，秉持不同的为政理念，导出不同的施政方式，具体化为不同的行政手段，形成其内在自洽的为政系统，使为政呈现从整体到局部、从抽象到具体的走向。

在孔子看来，"道之以政"，必采取"齐之以刑"的手段；因为"道之以政"，则非以德道之。如此，"齐之以刑"，实则非有礼。无"礼"之"刑"，虽惩"果"，未绝其因；罚"行"，未止于"心"，如此治标不治本之手段，为政必遵顺昌逆亡之逻辑，践行弱肉强食之强权法则，为政亦简单、粗暴，如是"道之以政"，必是苛政、暴政、恶政。

相反，"齐之以礼"，从其本质而言，是有"礼"、遵"礼"而践"礼"，当然"齐之以礼"非唯有"礼"而无刑也。如此，"齐之以礼"，则形成礼"主"刑"辅"、"礼"先"刑"后，"礼"直指于心、"刑"止于行之为政模式。

如此，"齐之以礼"则是将"礼"植入"心"，以"礼"规制其心，使其心"齐于礼"，而导其"行"，使其行"齐于礼"，"刑"只为防范偶生之"恶果"而备。这样"齐之以礼"，乃是贯彻着从"心"达"行"、由内至外、依"礼"而行之自律，"礼"将"刑"消解而使"刑"止于心之未然。如此，在孔子看来，"齐之以礼"，乃治国止乱于人心之上策。

第五，两种为政之结果。因此而为，成此之果，遵循为政之两种不同的运行逻辑，生成两种迥然相异的为政"图式"，即：

"道之以政"→"齐之以刑"→"民免而无耻"；

"道之以礼"→"齐之以礼"→"有耻且格"。

因"道之以政"，循"齐之以刑"，其结果必是"民免而无耻"。究其因，恰如《易传》所言："法出而奸生，令下而诈起。"亦如老子云："法令滋彰，盗贼多有。"民虽因畏刑惧罚而免避，但"刑"仅止于行而未至民之"心"，未能唤起民对违"刑"之"羞耻之心"，民触犯刑律之心未灭，刑之约束力和规制力将受到更大的挑战，最后必将导致"刑"之无效。

进而言之，在此种政治形态中，其为政导致"民免而无耻"，民只是消极地、被动地守而不遵"刑"，心中"无礼"，即使违反了该"刑"而受"罚"，也依然不以此为"耻"。如此，民，在其势单力薄之时，委身于刑，成伪善者，以顺民示人，但一旦其力量积蓄、壮大之时，"无耻"之"顺民"则渐成刁民、暴民，其为政、其国休矣，乱世起焉。

反之，"道"之以"德"，"齐"之以"礼"，其治理使民"有耻且格"，这就充分表明此种为政形态下的"民"，"礼"不外于"心"，其心遵"礼"、其行循"礼"，绝不会以身试法犯上作乱而受刑律惩处，也不会畏惧刑而仅为免于刑，而是因"礼"于心中。进言之，不仅自知犯刑乃羞耻，而且还能以"礼"为准绳不断矫正、修己、正己，止于至善，免于刑律之制。其"格"当是恪，"恪，敬也，谓敬听上命。"（戴望）

在此等政治治理模式和形态下，"民"心自遵礼向善，也就消解了顺民变刁民、安民成暴民之发生基础。如此，"道之以德，齐之以礼"，从心行两个维度保证为政之善得以充分地释放，如是，政之基强、邦之本固，国泰民安，好一派治世太平景象。

如此观之，孔子假以民德之镜，为为政者提供了两种类型的政治。两种不同的为政方式、模式和手段产生的不同"结果"，进而昭示着不同的政治命运，以警示当世行恶政之为政者，以达扬善政、批判恶政之目的。

第六，在孔子看来，无论是"道之以政"，还是"道之以德"中的"民"，本无"无耻"或"有耻"，亦无刁顺之分、安暴之别；民之顺安抑或刁暴，实为为政者之为政的结果，即为政之塑造使然。民德之厚薄，其根源不在民，而恰在为政者施政之德的厚薄。这正是孔子将两种为政模式的结局，最后落脚于"民"，或"免于刑而无耻"或"有耻且格"的深刻之处。如此，孔子力图以此促为政者自省、自决、自重而自全。

第七，孔子通过对政治类型的比较判断，具体对为政者之德，为政之方式、手段和结果的分析，揭示了两种不同为政模式、治世方案之不同景象，以此彰显孔子"道之以德""齐之以礼""民有耻且格"的治世取向。孔子之论所蕴含的为政理路，空间之宏阔、内容之丰富、考量环节之繁复、内在逻辑之缜密，及其效果之幽深，绝非可以简化为法治与礼治、刚性与柔性政治、他律与自律所能涵括的。

总之，"五霸虽驾言于德礼，总只政刑；帝王虽亦似用政刑，无非德礼。盖德礼，从格物诚意中来，孟子所谓'集义所生'；政刑，徒贤智安排出来，孟子所谓'义袭而取'也。"（蕅益）临乱世之恶政，孔子之论，从思维轨迹来看，以言为政之德为始，进而从"导"与"齐"两个层面，追问为政之不同方式、手段及其导致民德之后果，清晰地勾勒了两种为政模式之运作图式和价值逻辑，揭示了"道之以政"之弊端和"道之以德"之优长。尤其深刻之处在于，孔子依具体的为政运行图式，巧妙地预判了两种不同类型的政治之未来命运："恶政"必因其"恶"而被"民"颠覆；"善政"因其善治而民自正、自治而长治久安。孔子以此表呈其对"霸道"之批判、鞭挞，对"仁道"之乐观、希冀。

4. 人生长路，进阶至境

为政 2.4

【原文】子曰："吾十有五而志于学，三十而立，四十而不惑，五十而知天命，六十而耳顺，七十而从心所欲，不逾矩。"

【译文】孔子说："我从十五岁始志于修（大）学，至三十岁方修成而立，四十岁才通达世理，对仁、义、礼真正了解，从而找准人生方向而不困惑，五十岁通晓人生之一切当然之道义与职责，知何谓天命，至六十岁，则能听进一切世间话，辨其是非真假而心不违逆，到了七十岁，言行从心，皆不逾越礼乐法度。"

孔子以进学为主线，对其一生境界的历史嬗变予以自觉的反观与总结。孔子以"自然生命"为明线、为表，以"德性生命"为暗线、为里，以人生成长的诸"节点"为据，以修学、人生觉悟、使命自觉、境界提升为具体的内涵，以德性生命之自主、自足与自由为指向，勾勒出人生蜕变的阶段性，及其各阶段性的"关键"，展现了德性生命自修的渐进性、过程性及其内在超越性等诸特征，昭示人生须遵循自然生命与德性生命之一致的成长逻辑，从而笃定进学之心志，澄明人生之志向，践行人生之使命、甄别是非善恶之真谛，修成内外统一、知行合一且自明、自足、自主和自由自在的人。

孔子以己为言说对象，以自述的方式，真诚地向其弟子及后学解剖、敞开其人生成长的阶段、过程与轨迹，揭示出人生道德生命成长的内在规律，表明攀爬为学、为道的人生长路，绝非一朝一夕、一蹴而就，唯有立志而不休，探寻而不止，进取而不满，自知而不惑，自当而不懈，自明而不偏，自主而不移，如此步步为营、节节为阶，不断打磨、沉淀和提炼，方可达到至善之境。

陈祥道认为孔子自述，将其人生分为三个阶段、三重境界。他说："志学至立，为学日益，而穷理者也。不惑至耳顺，为道日损，而尽性者也。然心不逾矩，损之又损，而至于命者也。""十五志于学，兴于诗，而可与共学者也。三十而立，立于礼，而可与立者也。成于乐，而可与权者也。惟七十从心，然后能之耳然。"蕅益释曰："只一'学'字到底。学者，觉也。念念背尘合觉，谓之志；觉不被迷情所动，谓之立；觉能破微细疑网，谓之不惑；觉能透真妄关头，谓之知天命；觉六根皆如来藏，谓之耳顺；觉六识皆如来藏，谓之从心所欲不逾矩，此是得心自在。"

具体而言

第一，孔子回顾、回溯自己一生之来路，反省其心路之成长历程，鲜活而生动地描述其人生蜕变之阶梯，勾勒出其人生进学修德之自立、自为、自明至自由的行进路线，呈现人之德性生命渐变、人生境界跃升的简明图式，揭示德性生命成长与德性境界升华之内在逻辑。如此，孔子以己之真实人生为样本，佐证由此所范导出来的德性生命之成长过程、阶段与目标，具有切己性、可靠性和可学习性，以此成为其弟子们及后学人生修己之"范本"。

第二，理解孔子自述之语，为避免泛论或误读，需要对其中的关键性问题予以细致深究，明确其真意，把握其内涵。

首先，孔子说"吾十有五而志于学"。简言之，孔子自述他十五岁立志于"学"；此处的"十五者，入大学之年也。孔子以鲁襄公二十一年十月庚子生，古人以周岁行年，则十五岁，当昭公五年矣"（戴望）。其所言"学"，绝不是泛化意义上的"学习"，更不可误读为今日之"学术"之义。要把握此句中的"学"之真指，必须了解孔子时代的教育制度。

自西周时始，其教育制度规定教育层级分为"小学"和"大学"两个阶段。其中，小学是从八岁至十五岁，所学分为两部分：其一是行为层面的"洒扫、迎送和进退"与"礼仪"，其目的是从行为来规范和培育人；其二是以"小六艺"（礼、乐、射、御、书、数）为主要内容和必修技能的教育；修完"小学"知日常行为之基本规范，具备识文断句、知书达理之基础技能和基本德性，如此修成，一个人就知"小节"、有"小成"。这是初级教化的目标。

孔子所言自己"十有五而志于学"，于此，孔子立"志"所修之"学"，不再是"小学"，而是指"小学"之后的"大学"。此处的"大学"，即是在修完"小学"，有"小成"之后，进修而"大成"，即成"大人"之学问。其核心从其所修内容的目的来看，则是将来做"大人"的"学问"，即进修、掌握将来治世为人、为官、做事之道这样的学问；简言之，"大学"即是通过修大六艺（六经：《易》《书》《诗》《礼》《乐》《春秋》）而让"人"通晓做"（大）人"和做事之"道"。

这样，孔子说他十五岁，就立志于修"大学"（即是"做大人的学问"）。掌握"大学"之"道"，如是冯友兰先生之解，"'志于学'之学，并不是普通所谓学。……此所谓志于学，就是有志于学道。"（冯友兰《新原道》）如此，也就很清晰地表明了孔子所立之"志"的真切内涵：为官治世。其所"学"，为"志"服务。

其次，"三十而立"。孔子说"吾十有五而志于学，三十而立"。从十五岁至三十岁之间这十五年，孔子到底在做什么？又为何是到"三十岁"才可以"立"？这是由"大学"所学的"内容"决定的。

大学所"学"，为"大六艺"。据《汉书》记载，"三年而通一艺"。如此，学完"五经"则需要十五年，"三十而五经立也"。如此孔子所说"三十"方可"而立"，其义也就明矣。

《汉书·艺文志》有言，"大学"所修的"《乐》以和神，仁之表也；《诗》以正言，义之用也；《礼》以明体，明者著见，故无训也；《书》以广听，知之术也；《春秋》以断事，信之符也。五者，盖五常之道，相须而备，而《易》为之原"。故曰："《易》不可见，则乾坤或几乎息矣，言与天地为终始也。至于五学，世有变改，犹五行之更用事焉。古之学者耕且养，三年而通一艺，存其大体，玩经文而已，是故用日少而畜德多，三十而五经立也。"

进而言之，大学修"大六艺"，诚如孔子所言："'六艺'之于治一也。《礼》以节人，《乐》以发和，《书》以道事，《诗》以达意，《易》以神化，《春秋》以义。"（《史记·滑稽列传》）这表明修大六艺之各门课程，侧重点不同，只有将其齐修，方可说修成，修成则表明其掌握了"为大人"之"道"。

这样，"三十而立"首先是表达一个基本"事实"，即指从十五岁开始，需要专修十五年，直到三十岁，方可学完"大学"，学有所成。这样，"三十而立"的直接所指，则是修完"大学"既定的"课程"，即学完、学成"大学"，掌握了"大学之道"，其《礼》《乐》《诗》《易》和《春秋》之义理等已内化于心。如是戴望所释：三十而立，"立于礼。"也就是孔子所言的"自立""克己"而"自成"。

如此，若离开孔子的历史语境，不顾西周以来的教育制度之规定，无视孔子所言通过"大学"进学修德的具体内容，以及"大学之道"内在于心性、心智之上，从而所达到的德性生命"自立"的真实内涵，抽象且随意想象泛化地理解"三十而立"，从而将"立"外在物象化为"立业"和"立家"等诸多世俗化的内容，实乃简单化的误读。

当然，通过十五年对"大六艺"的深入学习和研讨，自然是明了和掌握如何"做大人"，应如何"为人（官）"，应如何"为政"之"道"，内在地确"立"起为人和为政之"标尺"和应遵循的治国、治世之"道"。到此，尚未实

　　　　　　　　　　　　　　　生活哲学视野中的"论语"研判

现或达到在现实生活中之"立"。简言之，"三十而立"，只是为进入"为政"治世做好了准备而已。这表明，"为官"做大人、治世成"大人"，需经过十五年的进学修德，从德性、学问上具备相应的"条件"，一句话，为官者、治世者，必先依"礼"而"自立"！

按照冯友兰之解，"三十而立。孔子说'立于礼'，又说'不知礼，无以立也。'能立即能循礼而行。能循礼而行，则可以'克己复礼'。"（冯友兰《新原道》）

最后，人生至"三十"，学有所成，只是其内在"立"，此为在现实中得以"立"的必要条件，但并不意味着在现实中就真正可以"立"起来。因为现实远比"大学"所"学"要复杂得多；"三十而立"表自我规范循礼而行，事实上只是现实人生，践行大学之道的预备阶段。

第三，"四十不惑"。"三十而立"，仅是"大学之道"之内修自成。若依然"人不知"，则仍需"不愠"而自守，直待"人知"，方可"习之"。如此，孔子以三十岁至四十岁的十年跨度，将"自立"之"己"置于当世之中。如此，经历现世生活十年风雨人生之苦苦探寻，在颠簸沉浮、是是非非、进退得失、成败悲喜之后，渐觉世道之真相，渐悟人生之真谛，知晓人生之要义、之根本，明确人生之志向，最后拨迷雾，解己困惑，落定、锁定此生之志，不再困扰而笃定，达自知、自明"智者"之境。如此，心澄澈分而开悟，志清明焉而解惑，纷扰已成身后风尘事，人生前行指向清朗、目标明确。这样，才有孔子所言人生"四十"，方至"不惑"。

当然，"四十不惑"之"不惑"，有人认为，一方面指向对外在世界所"知"，"能别似"。（戴望）一方面对自我人生之自知。若是前者，所指为对外在世界的"知"，则是不被假象、乱象迷惑，能认清、洞悉万象之本质和要害，明世间万象变化之道。然，此恰被庄子之"吾生也有涯，而知也无涯。以有涯随无涯，殆已。已而为知者，殆而已矣。"（庄子·内篇·养生主第三）所解构，自无须深究。若是后者，则有待澄清。如是，有人离开孔子所言人生语境，抽象地将"不惑"理解为把功名利禄、是是非非、恩恩怨怨想明白了、看淡泊了、看透彻了，人生好似"大彻大悟"了。恰如庄子所言"人生天地之间，若白驹之过隙，忽然而已"。于是，将"不惑"之"心"，解为对一切都无所谓了，所有的追求也都搁下了，是非原则淡化了，于是，己与世亦无争了，如此云云，此等消极之"不惑"，实非孔子之意。

孔子所言"四十不惑"，表对人生之未来的积极面向，其所指则是人生积极自修进阶之梯所应达成的自我生命自觉，由此摆脱心志在人生根本方向性的纠结、错乱与迷顿，不再糊涂地"活"、困顿地"生"，生命有了指引、生活有了方向、奋斗有了目标、人生有了抉择。如是，读懂世界，亦真正读懂自己，才使自己不迷惑、不困惑、不困顿、不彷徨、不迷茫。这是生活的洗礼与教育，促成生命主体的人生"自觉"。

就孔子四十人生之"不惑"，则是他面对霸道盛行的世事，开悟而自觉其人生之志：尽己之力，倡"礼乐"、行"德政"、弘"仁道"而复"周礼"，促有道之世再现。

老子有言："知人者，智；自知者，明"，要达到此种"智"与"明"之状，即孔子所言"不惑"之态，须至"四十"方可透彻和觉悟，这是人生成长、成熟的内在逻辑，非自己主观意愿所能决断的。

就孔子志于学，即志于道，进至不惑，按冯友兰之解，"孔子说：'智者不惑。'智，是对于仁、义、礼底了解。孔子三十而立，是其行为皆已能循礼。礼是代表义者，能循礼即能合乎义。但合乎义底行为，不必是义底行为。必至智者的地步，才对于仁义礼有完全底了解。有完全底了解所以不惑。不惑底智者才可以有真正底仁底行为，及义底行为，其境界才可以是道德境界。孔子学道至此，始得到道德境界。"（冯友兰《新原道》）

第四，"五十知天命"。孔子坦言，到了五十岁才真切地体认到"天命"，才"知天"。孔子四十不惑，即知"仁义礼"。按冯友兰之解："仁、义、礼都是社会方面底事。孔子至此又知于社会之上，尚有天，于是孔子的境界，又将超过道德境界。""所谓天命，可解释为人所遭遇底宇宙间底事变，在人力极限之外，为人力所无可奈何者。这是以后儒家所谓命的意义。所谓天命亦可解释为上帝的命令。此似乎是孔子的意思。"（冯友兰《新原道》）

然而，要完整而准确地理解孔子此言的深意，需了解孔子的"天命观"。

无疑，孔子的天命观继承了从殷至周"敬天，事鬼神"的传统思想。但在承认"敬天，事鬼神"传统思想的基础上，从孔子对"天命"所采取的"敬"和"远"两种态度上而言，可以清晰地看到孔子的主张和倾向。他主张不要过多关注"天"，而把人们的眼光从对"天""命""鬼""神"的关心上，拉到了现实社会生活中来，主张尽人事以应"天"。这是孔子天命观的一个基本的取向。在此基础上，他把古代专属于天子的"天命"（只有天子受天所命、承天之命，当然也只有天子知天命），移位于、下降为世俗中的每一个人身上。如是，当孔子说自己"五十而知天命"时，他是在以自己为示范，提示世人也同样可以知天命。

孔子还说"君子有三畏"（"君子有三畏：畏天命，畏大人，畏圣人之言。

小人不知天命而不畏也，狎大人，侮圣人之言。"《论语·季氏》）其中第一项即是"畏天命"，并且强调对天命不仅要"知"、要"畏"，当然也要"顺"。

当孔子真切地说他"五十知天命"时，虽未明确地指明"天命"的具体内涵。但如果人人皆有天命，则这种天命必定与人性有关。若非如此，则"小人不知天命而不畏也"（《论语·季氏》）一语就落空了，小人也不可能成为"畏天命"的君子了。因此，"天命"在孔子的语境中，应该有两层含义：其一是随着人性而来的天命，或称"普遍的天命"；其二是个人对此一天命的体认，或称"个别的天命"。这两种天命是相连互通的。关于普遍的天命，亦即谈到人生"应该"如何，就此孔子的相关论述甚多，概而言之则可以总结为应该"谋道""忧道""殉道"等。其次，直接表明的是个人的天命。譬如孔子两次面临生命的危险时，都把"天"抬出来，自信地认为"天之未丧斯文也""天生德于予"，因为他自觉他的天命是要扮演"木铎"而为百姓之师。

进而言之，孔子言"天命"，乃是指出此"命"为"天"对于人的各种规定。"知天命"则表领悟到自己所肩负的不可推卸、不可懈怠且必须去践行、去完成的来自上天的使命。因为这种使命源于"天"，所以称为"天命"。这样，"天命"也就不是抽象的、神秘的，而是赋予人一种使命、一种人生必须自觉去践行的使命。按钱穆之解，此"天命"则是指"人生一切当然之记义与职责"。亦如戴望所释：五十知天命，表"性与天道，故知天命。命者，天所教令，人所禀受度。命，信也。殷继夏，周继殷，孔子为素王，作法五经，以继周治百世，天所命也。"

孔子所言"五十知天命"，即是在"四十不惑"之基础上，更精进自己人生的责任和使命，突出他此生"谋道、忧道、殉道"的担当。如此，才有他"明知不可为而为之"的壮烈人生，这是孔子"四十不惑"之后人生境界的再次升华。

孔子所言"五十知天命"，是其人生的再次"觉"，将人生之"不惑"，推进到"知""天命"之自为境界，开出更具有现实性的进取、勃发之生命姿态。如此，他以个体性折射和承载着普遍性和共通性，昭示自觉己之社会责任和使命。如此，到了五十岁，孔子自知其人生使命之所在，因此才"不怨天"；明确了自己的人生定位，故而"不尤人"；清楚了自己未竟的责任，因而丝毫"不懈怠"。这样，就不能将"知天命"解读为知进退、知生死能力之限度、知"尽人事"而"听（任）天命"等所谓不强求、不为难自己的适可而止的"世俗智慧"，因为孔子的人生只有"进"、没有"退"，只有"为"、没有"休"，只有"行"、没有"止"，从而彰显孔子对"谋道、忧道、殉道"之人生担待、人生使命的自觉意识与自觉践行，而不是遁逸于无奈的世俗。

第五，"六十而耳顺"。对此，有三解。

其一，认为"六十而耳顺"，不是"耳顺"，而是"六十而顺"。按孔子自述，"四十不惑"，明了"仁义礼"，自觉人生之志，确定了努力的方向，其心自明，其行自主；"五十知天命"则进一步自觉自己人生所肩负的责任与使命；至六十之时，须顺"天命"而继续执着坚守，践履而不止，并非六十岁就终止人生的使命，停下一生的追求。如此，"六十而顺"，其所顺者乃"天命"也，别无他。这样，"六十而顺"，即以持续不断的姿态，表孔子生命矢志不渝之隽永不休，成君子刚健有为之风。

其二，认为孔子到六十岁时，"天命"之践行已有十载，人生进退成败之中该遭遇的都基本上已遭遇了，世人之肯定与否定，毁誉皆由它，一句话，宠辱不惊、淡定从容、宽容大度之心性已修成，任何是非善恶皆了然，任何针对自己的"意见"都不再"刺耳"，皆可泰然接纳和面对，不再与人计较对错，更不是只听得进美言和赞誉、肯定和奖赏的话语了，个人的名利早已看淡，因此不为环境、不被世人之言所左右而"耳顺"；更因为自己未有丝毫犹豫、摇摆的笃定"天命"感，深度自觉并践行着自己的使命，并不因为不同的意见和态度而动摇，甚至改变自己担负"天命"的责任和自主的生命主张。如此，持守"择其善者而从之，其不善者而改之"的原则，一如既往地遵"天命"而实践。对此，蕅益有释曰："返闻闻自性，初须入流亡所，名之为'逆'。逆极而顺，故名'耳顺'，即闻所闻尽，分得耳门圆照三昧也。"

这两个维度的解读，表面上来看有差异，其本质上是一致的，都指示着孔子"谋道、忧道、殉道"的生命主张与生命践行逻辑，凸显孔子对人生使命的笃定、执着，甚至有几许"顽固"的价值立场和行动原则。

其三，孔子经四十不惑、五十知天命，至六十，则达智慧之境。如此，六十"而耳顺"，表其耳已无碍而达顺，一经听闻则可洞见其本，如是"见礼则知政，闻乐则知德，听先王之法言，则知其德行。"（戴望）

第六，"七十而从心所欲，不逾矩"。

鬼谷子从"人"与"道"之关系不断深入、内化的视角，将"人生"分为：闻"道"、知"道"、见"道"和得"道"四个层次或境界。孔子的人生以"朝闻道，夕死可矣"之急切感、紧迫感和使命感贯彻着"谋道、忧道、殉道"的生命价值原则，于是，有了"四十不惑"之清明、"五十知天命"之笃定、"六十而顺"之循"道"恪守而践行，到了"七十"则已达"从心所欲，不逾矩"之天地境界。

对于孔子所言已至"七十",已达"从心所欲,不逾矩"的解读,历来差异性很大。

东汉经学家马融释曰:"从心所欲,无非法者。"① 表其所欲者,皆是法度所允许范围内的"欲",并无超越法度的滥欲与僭越。马融在此认为,经过人生几十年的修行,孔子已达到礼乐之"道"于内,化为其心性而自觉,礼乐乃至其"矩"与其心性、言行已"不二",如此,表孔子已达成的德性生命之自由境界。马融之解比较集中地代表了后儒对心之所欲和社会礼法关系的认识。

朱熹释曰:"从,如字。从,随也。矩,法度之器,所以为方者也。随其心之所欲,而自不过于法度,安而行之,不勉而中也。"朱熹将"从"解读为"随",表达了孔子其内之"心"、之"欲"与其外的"矩"之自洽。

钱穆释曰:"到七十,我只放任我心所欲,也不会有逾越规矩法度之处了。"
杨伯峻释曰:"到了七十岁,便随心所欲,任何念头不越出规矩。"

冯友兰在《新原道》中说:"知天然后能事天,然后能乐天,最后至于同天。……知天命有似于知天;顺天命有似于事天;从心所欲不逾矩,有似于乐天。……若果如此,孔子最后所得底境界,亦是有似于天地境界。"

李泽厚认为:"七十岁心想做什么便做什么,却不违反礼制规矩。"

马恒君解为:"七十岁思想进入了自由王国,不再越出规矩。"

以上具有代表性的解读,真可谓良莠不齐,仅可做参照,不可全从之。

在此,须注意:孔子所述"从心所欲",首先将"(本)心"与"欲"的关系凸显出来了。"从心所欲"并不可以离开孔子人生前面几个阶段的修造而无条件认为是"随心所欲",更不是"肆意妄为",而是突出了孔子之"心"早已将一切外于他的礼法内化,其德性生命得以不断成长,生成了他自觉的生命信念,并在人生过程中,彻底涤除不合礼法之欲望,使自己的欲念全在礼法中,礼法与心之所欲协和而不冲突。如此,孔子此言的"心"已是容载着使命感,即是他所倡导和倾力推行的仁道之"心",由此彰显出"此心"所具有的本体价值。如此,发端于此心的"欲",与"心"不"二",而是"合二为一",二者达到"圆融"之状。如此,以"心"为"本",以"欲"为"心动"之所指,二者是内在一致的。故"从心所欲",表"所欲"惟"从心",而不是从"心"之"外"的他者,在此,再次表明此"欲"之"根"、之"源"、之主导在于"心"。

(1)也正因此,由"欲"而导的"念"和"行",亦就"不逾矩";此处

---

① 引自程树德. 论语集释［M］. 程俊英,蒋见元,点校. 北京:中华书局,1990:77.

的"矩",并非抽象论之的一般社会"规则",所指则是内蕴着"仁"的礼教规范,直言之,"矩"乃为"周礼"。

在此,孔子强调遵从"心"之所指,听"心"之所令,因为此"心"已容载与通化了"仁道"。如此,其欲、其行亦"不逾矩",实现了"心""欲"和"矩"三者的归并与融通,再现了孔子所提倡的克己自律原则在自己人生中的完成。如此,孔子从内在心性德性修养与外在规范、个体自由与礼制的关系呈现统一性与一致性,这对于僭越之心、之行比比皆是的违礼世态,无疑具有示范性和批判性。

(2)以"心""欲"和"矩"与"从"和"不逾"所呈现出来的生命状态,从其直接性来看,表征孔子进学修德所达到的圆融、自由之"境",从其更为深刻的意蕴而言,则表达孔子之人生:其"心"为礼乐而在,其"欲"因礼乐而生,其"矩"为礼乐而定,一生为礼乐复兴为活。如此,孔子人生别无他求与他欲,故而其心其性、其欲其念、其行,皆为克己复礼、弘仁道而在。

对"七十而从心所欲不逾矩",戴望释曰:"从,顺也。欲立立人,欲达达人,顺事恕施,无非法者,矩以喻法也。《周髀》曰:数之法出于圆方,圆出于方,方出于矩,矩出于九九八十一。矩之为用,可以裁制万物。孔子年七十,适当哀公十四年获麟之岁,使子夏等十四人求周史记,得百二十国宝书,以作《春秋》,九月而经立。《春秋》之作,称天受命,假鲁以寓王法。备五始、三科、九旨、七等、六辅、二类之义,轻重详略、远近亲疏,人事浃,王道备,拨乱反正,功成于麟,见纯太平,皆不逾矩之效与。"

(3)孔子之一生自"志于学"为始,以"不惑"明仁义礼而定人生之志,以"知天命"而自觉地践行使命,以"而顺"一以贯之其志,以"从心"之"欲"而"不逾矩",检讨自己遵道、循道,进而"谋道""忧道""弘道",亦"殉道"的生命历程,彰显孔子不断"修己"之生命价值逻辑,终使德性生命与人生境界得以自成。

第七,对孔子自述人生之历程,凸显其德性生命之成长。就其内涵而言,陈祥道和程子予以通观性诠释。陈祥道言:"十五志于学,兴于诗,而可与共学者也。三十而立,立于礼,而可与立者也。成于乐,而可与权者也。惟七十从心,然后能之耳然。耳顺,则用耳而已,非所谓视听不用耳目;从心,则有心而已,非所谓废心而用形。孔子之言不及是者,姑以与人同也。"孔子自言"吾六十有九,未闻大道。则七十从心者,闻大道故也。"

程子曰:"孔子生而知之也,言亦由学而至,所以勉进后人也。立,能自立于斯道也。不惑,则无所疑矣。知天命,穷理尽性也。耳顺,所闻皆通也。从心所欲，不逾矩，则不勉而中矣。"

陈祥道与程子的诠释，从"而立"之本义、"不惑"之正解、"而'耳'顺"之通达、"从心"而"不逾矩"之"执中"，更为具体化呈现了孔子德性生命成长的内涵。

第八，孔子以己之自然生命与德性生命成长的一致性为前提，审断自我德性生命的攀爬，将生命的境界修炼置于漫长的人生过程之中。如此，孔子无疑为世人树立了一面德性须随自然年龄一道成长的生命之镜，有助于现世中的每一个人对自我之"自然生命"和"德性生命"状况予以反观与自省；同时对自然生命与德性生命之错位，或一生只有自然生命，其德性生命尚未真正启动，或德性生命严重滞后于自然生命的诸种生命样态，无疑予以了无声的批判。

总之，孔子以其自然生命为"明线"，反观、总结其德性生命，描述、勾勒其人生进阶与境界，彰显其人生价值取向之一致性和渐进提升性，表征孔子积极奋进和笃定使命的人生姿态，再现了孔子通达天地、顶天立地的精神锐气，昭示着在弘道之途上刚健有为、自由从容，隽永与圆融的生命追求。

孔子以自述而自检德性生命之修造，促其弟子，乃至世人之德性人生自明而自抉、自抉而自守、自守而自成、自成而自足、自足而自主、自主而自为、自为而自践、自践而自由、自由而圆融。如此，孔子之述，于后学正人生之道、定生命之志、践生命担待、解人生之昧、释人生之惑、纠糊涂人生、明使命担当、促人生自觉而自由，皆有其积极导航之功。

5. 四子问孝，秉礼释孝

为政 2.5

【原文】

1. 孟懿子问孝，子曰："无违。"樊迟御，子告之曰："孟孙问孝于我，我对曰无违。"樊迟曰："何谓也?"子曰："生，事之以礼；死，葬之以礼，祭之以礼。"

2. 孟武伯问孝，子曰："父母唯其疾之忧"。

3. 子游问孝，子曰："今之孝者，是谓能养。至于犬马，皆能有养，不敬，何以别乎?"

4. 子夏问孝，子曰："色难。有事，弟子服其劳；有酒食，先生馔，曾是以为孝乎?"

【译文】

1. 孟懿子问孔子什么是孝，孔子说："孝就是不违背礼。"后来樊迟给孔子驾车，孔子告诉他："孟孙问我什么是孝，我回答他说不要违背礼。"樊迟说："不要违背礼是什么意思呢?"孔子说："父母活着的时候，要按礼侍奉他们；父母去世后，要按礼埋葬他们、祭祀他们。"

2. 孟武伯向孔子请教孝。孔子说："让父母只为你的疾病而担忧。（这样做就可以算是尽孝了。）"

3. 子游问孔子什么是孝，孔子说："如今所谓的孝，只是说能够赡养父母便足够了。然而，就是犬马都能够得到人的饲养。如果不存心孝敬父母，那么赡养父母与饲养犬马又有什么区别呢?"

4. 子夏问孔子什么是孝，孔子说："（当子女的要尽到孝）最不容易的就是对父母和颜悦色，仅仅是有了事情，儿女需要替父母去做，有了酒饭，先让父母吃，难道做到这样就可以算是孝了吗?"

---

1. 孟懿子：鲁国大夫，三家之一，姓仲孙，名何忌。懿，是其谥，孔子早期学生。后孔子为鲁司寇，主堕三家之都，何忌首抗命。故后人不将他纳入孔门弟子之列。其父孟僖子贤而好礼，临终前嘱咐何忌向孔子学习"礼"。

2. 樊迟（前515年—?）：名须，字子迟。春秋末鲁国人（一说齐国人）。孔门七十二贤弟子中的重要人物，比孔子小三十六岁。他少时家贫，读书刻苦，还懂种田。在拜孔子为师之前，他已在季氏宰冉求处任职。孔子回鲁后拜师于门下。他求知心切，三次向孔子请教"仁"的学说，还问"知""崇德、修慝、辨惑"等。樊迟是一个有谋略，并具有勇武精神的人，且继承孔子兴办私学，于后世享有较高礼遇。

3. 孟武伯：名彘，鲁国大夫孟懿子的儿子，谥号"武"。他算是好学之人，不仅问"孝"于孔子，还问"仁"于子路。

4. 子游（公元前506—前443年）：姓言，名偃，字子游，亦称"言游""叔氏"，春秋末吴国常熟人，比孔子小四十五岁，孔子的著名弟子，位列孔门十哲文学科之首。因受排挤，创子游儒学，极力推行礼乐教化，其言行似孔子，有"南方孔子"之称。

————————————

四子同"问孝"于孔子，孔子针对问者性情之异以及在为"孝"上所存在的具体问题而告知不同；孔子对四子同问而有针对性的回答，其目的是各救其失，表孔子寄希望于他们能真正明白何谓"孝"，确立正确的"孝"之道德意识而自省、改己之"过"，进而落实"孝"于道德实践，真正在生活中践行"孝"，从而弘扬孝道，以达匡正"礼"之目的。

四子问"孝"，表四子在行孝实践中遭遇了"孝"之本质性问题：即从形上道德理性追问、审定何谓"孝"？从形下道德实践维度确认该如何做，才是"孝"。孔子之"答"，通过"孝"与"礼"、"孝"与"忧"、"孝"与"养"以及"孝"与"色"之关系，揭示了"孝"的多质规定性，展现了"孝"之丰富性，为世人自查、比照而正己，提供了具有可行性的标准。

四子之问、孔子之答，围绕着"孝"所展开的四次对话，呈现出行孝从"无违"→"不辱"→"敬亲"→"爱亲"之从低至高、由外至内、由易至难、由被动至主动不断提升的四个层次，表明行"孝"，当是心中有爱、情中有敬、色中有温、行中有礼，昭示于世人当自觉而自主，启孝之心，育孝之情，担孝之责，尽孝之义，成行孝之人。

————————————

具体而言

第一，四子同"问孝"，孔子予答。孔子指出人子之"孝"，须以"礼"为根本准则，遵循、符合"礼"之规范性要求。于实际生活中，应做到"无违"而"不失礼"、"无忧"而"不辱亲"、"养"而"敬亲"、"色温"而"爱亲"，从而体现人子之"孝"。

四子与孔子围绕着"孝"而展开的问答式对话，具体表征行"孝"的具体要求和不同的侧重点，从而揭示了"孝"的丰富性内涵，为我们提供了审视"孝"的双重视角：即"孝之心"与"孝之行"，由此，构成孔子遵礼弘孝道的具体实践路线。

第二，"孟懿子问孝"。

（1）孟懿子只此一问而不追问，表明他有思而不勤思、更不善思，与樊迟形成鲜明的对比。这说明，要解己之惑，不仅需要有"不耻下问"之内勇，而且从方法论角度来看，还要学会"问"，更需循思之路不断地"追问"，方可得其真解。此乃孟懿子之类弟子当力戒问之不具彻底性的浮浅。

（2）孟懿子为何问孝于孔子？其因有二。

其一，据刘宝楠先生的考证，孔子在鲁国为官的时候，为了帮助鲁国国君恢复其职权，削弱三家（春秋时鲁大夫孟孙氏、叔孙氏、季孙氏三家，合称"三桓"，分别是鲁桓公的三个儿子庆父、叔牙、季友的后裔）之势力，所以用巧计来堕三家的都城。因为三家自己均建都城，这不合礼制，是典型的僭越与破坏礼法。结果堕到最后，孟懿子却违抗此命令，连他老师的话都不肯听，这是违背师教，违背圣人的命令。[1] 孟懿子之所为，首先违背了弟子之"礼"，其次无视"三桓"僭礼之为，其三助"三桓"违礼乱政。如此，在孔子眼中，孟懿子本是一个"无礼"之人。

其二，孟懿子是属于孟孙氏的后代，其父叫孟僖子，贤而好礼。在春秋昭公七年，孟僖子将死的时候，把他的家臣都召来，以忧孟懿子"无礼"不谨守父之教，行"无礼"之事，于是立了遗嘱，嘱咐仲孙何忌，需师从于孔子学礼。

（3）孔子答曰："无违"。

孟懿子所问"孝"，孔子答孟懿子曰："无违"。孔子为何要以"无违"而答？

其一，从直接性来说，孔子就是要告诉孟懿子须不违背其父临终之遗嘱，不可违背其父之命、父之志。这是"三年不改父之道，可谓孝矣"的具体体现。如此，行孝之第一层含义就是"无违"父之道、父之志、父之命。

其二，孟懿子之父临终遗嘱是要他向孔子学"礼"。而"礼"之实践规范，落实于行为上就是要求必须遵循之而"无违"，即要求非礼则勿为，这是"礼"之实践本质。孔子言"无违"，是教导孟懿子首先须"知礼"。"知礼"而"无

---

[1]　刘宝楠. 论语正义［M］. 北京：商务印书馆，1933.

　　　　　　　　　　　　　　生活哲学视野中的"论语"研判

违"礼，于孟懿子即是行孝。

其三，针对孟懿子先前不遵师徒之"礼"而行违"礼"之事，进而"为虎作伥"，助"三桓"违礼乱政，双重"违"礼，其行为错误之关键，以表明孟懿子之问题的症结就在心中无"礼"。如此，孔子以"无违"，指向孟懿子之"无礼"之实，以期他先"知礼"，进而"遵礼"，以矫正其心性与行为而"行礼"。

其四，从"孝"与"礼"的关系上来看。简单地说"孝"与"礼"，互为表里，内情外行；就二者的生成逻辑而言，孝发端于人心，礼则是孝之具体外化、凝固而程式化；就二者的功能而言，孝本是事父母之礼，推于非血缘之社会，即是礼制、礼法；治理社会施行"礼法"，即是推行所谓"孝治天下"，彰"孝道"。如此，以血缘亲情关系为基础的"孝"，在家族关系中则为"亲亲"，构成社会关系之尊尊、长长，进而君君、臣臣之基础。这样，孟懿子问"孝"，孔子回答"无违"，也就直接指出了"孝"即是"无违"于"礼"。孔子随后在樊迟的追问下所言："生，事之以礼；死，葬之以礼，祭之以礼"，对"孝"内涵予以更为清晰地揭示，对其行具有直接的指导性。

其五，从孟懿子之谥号来看，世人称其为"孟懿子"，其姓为"仲孙"，其名为"何忌"，"懿"，乃是其谥。其谥"懿"，表其"温柔圣善"。"温柔圣善"的仲孙何忌，于礼而有所不立。针对此人之特点，孔子直言"无违"，教之不失礼，即践行父之遗愿，虔敬地向孔子学礼，即为行"孝"。戴望认为，孔子之所以回答孟懿子"孝"即"无违"，是因为"恐懿子不晓毋违之意，将问于樊迟，故告之。不言仲孙言孟孙者，庆父抗辀经而死，鲁人讳之，谓之孟氏。《春秋》言'齐仲孙来'，系'齐'于上，明其弑君罪重，当并诸'齐'，绝其族属，不当世也。"

第三，樊迟问"孝"何谓，孔子曰："生，事之以礼；死，葬之以礼，祭之以礼。"

如果说孔子针对孟懿子问孝，简明直指其要害而回答：孝即是"无违"，从对其行为之矫正的视角，从反面回答了"孝"即是无违于"礼"。那么，孔子在樊迟的追问下，孔子从正面清晰地阐释如何行"孝"，即依礼而行孝："生，事之以礼；死，葬之以礼，祭之以礼。"对此，蕅益释曰："克己复礼，方能以礼事亲。违礼，即非孝矣。"戴望释曰：孔子之所以告诫孟懿子以礼行孝，是为了"辟僭效也"。进而言之，"礼：葬从死者，祭从生者，所以'追养继孝'。'君子上不僭上，下不偪下。'"

在此，需注意：

其一，孔子强调"无违"、遵"礼"而"孝"父母，凸显了行"孝"的规范性，对当世之"不孝"，进而"不忠"的僭"礼"行为，予以了批判。

其二，孔子强调"无违"、遵"礼"而"孝"父母，将外在于个体生活之"礼"，具体化并落实于个体日常生活之人伦中，为倡礼导世确定了原初之"根"。换言之，孔子将社会伦理制度的巩固下降于日常人伦的践行之中。

其三，孔子强调"无违"、遵"礼"而"孝"父母，解除了对"孝"的错误理解。此处的"无违"，并非指不违背父母之意愿，认为父母的一切愿望、需要、要求，子女须无条件地顺从、遵办而予以满足，而是指是否符合或违背了"礼"。如此明确地指出按照"礼"之规定而事父母，即是行孝。简言之，行"孝"，就是无违于"礼"而事父母之"生"、葬父母之"死"、祭父母之"亡"。

其四，孔子强调"无违"、遵"礼"而"孝"父母，矫正了对"孝"的偏狭简单化的理解。"无违"表"顺"、表"从"。如此，顺"礼"、从"礼"则为真孝；反之，若有违于"礼"而顺、而从父母，则走向了"孝"之反面，是另一种形式的"忤逆"。如此，"礼"就为"孝""顺""从"确立了原则和尺度，明确了分寸和边界，一句话，"礼"赋予了"孝"之必要性、恰当性或正当性。

（5）孟懿子所问"孝"，孔子答"无违"，从直接性而言，是对"子行孝道"所提出的要求，免于为子陷己于不义。孔子具体言"无违"时，三次强调"礼"，其更深层的含义则在于指向如是孟懿子之家族的"为政者"，批判其无礼施暴政而失义，警示其须如待父母一般待民，绝不可违背"礼"而暴虐于"民"，因为民乃为政者之衣食父母。由此可见，孔子以言"子"当遵循礼法"无违"而"孝"，实则是将此引向对当世为政者之无礼乱政的批判与训导，希望为政者力戒忤逆之政，遵行"礼"而施"仁政"。如此，孔子将个体德性、家庭伦理提升到为政者的德性、政治伦理的高度。

第四，"孟武伯问孝"。孟武伯问孝于孔子，孔子答曰"父母唯其疾之忧"。孔子为何要对孟武伯做如此的回答？

（1）作为孟懿子长子的孟武伯，为人骄奢淫逸，有声色犬马之好，有诸多切身之疾，令其父母为此忧心忡忡。孔子以此回答，是借孟武伯问孝之机，委婉地对他提出批评和教育，告诫孟武伯当力戒生活中的不义之举，谨慎持身，让父母不为此担忧，也算是做到"孝"了。从这一意义上而言，珍爱自己、管理与照顾好自己，让自己身心免遭病疾，让父母不为此操心劳神、牵肠挂肚，其本身就是一种"孝"。如此"孝"则具有生命本体意义，并依此构成中国人以"孝"为内蕴的身体观。

（2）孔子以父母之"唯"忧之说，确认、排除了让父母为己之他忧，以此来体现子之孝，就其深意而言，乃教孟武伯及其人子，遵礼之行而"无违"于礼，则"不辱亲"，这就是行"孝"了。

（3）从孟武伯之谥"武"所知，他不仅为人骄奢淫逸，有声色犬马之好，且"武"。"武"乃"刚强直理"。刚强直理，于行，多有所不慎，行之不慎则易违礼、失礼，违礼、失礼则易多生事端纠纷，小则伤及身体，大者或身陷囹圄，令其父母受辱。

（4）孔子借孟武伯问孝之机，对当世为政者不顾民众生命之疾苦、死活的暴政予以批判，希望为政者能以慈父之心，如似"父母官"一般对待其治下之民众，关爱天下黎民苍生之生命疾苦，保障他们的健康。

对孟武伯问孝于孔子，孔子答曰"父母唯其疾之忧。"蒲益释曰："此等点示，能令有人心者痛哭。"江谦补注："其，谓父母也，唯父母致疾之忧，则必竭诚尽敬，和气婉容，以事其亲矣。修身立行，扬名后世，以慰其亲矣。孔子之答问孝诸章，孟子所谓'养志'，所谓'唯顺于父母'。可以解忧，皆是唯其疾之忧之心推之也。"戴望释曰："孝子于父母有疾则致其忧。《春秋》书'许世子止弑其君'，《传》曰：'乐正子春之视疾也，复加一饭则脱然愈，复损一饭则脱然愈，复加一衣则脱然愈，复损一衣则脱然愈。止进药而药杀，是以君子加弑焉尔。'"

第五，"子游问孝"。

（1）子游之问，引发了孔子对世俗流行的行孝观的甄别和否定。当世社会人们普遍将"孝"等同于"能养"，认为"能养"就完成了行"孝"。孔子将此等以仅满足父母生存之物质需求的"能养"之"孝"，视为如同家中养犬马一般，尚未提升到"人伦"层次。"能养"是相对于"不养""不能养"之"孝"的缺失，但未能达到孔子眼中符合"礼"之"孝"，还不是真正的"孝"。一言以蔽之，老有所养，不算孝。

（2）孔子在回答子游之问时强调，"能养"，仅是行"孝"之第一步，是"孝"之必要条件。以"能养"为始，判断是否是孝，其关键在于看是否"敬"。能养而"不敬"亦不能称之为"孝"。如是，孔子以反问的口吻质疑道："不敬，何以别乎？"，这就强化了"敬"作为"孝"之充分条件，不仅超越了动物式之"能养"，而且凸显了"孝"须以"敬"为要旨，即能真正做到"事父母，能竭其力"，而不是敷衍搪塞。

（3）孔子之答否定了世俗流行的"能养父母"之"孝"，指出真正的"孝"

应是"能养"父母之后对父母应是"敬"。因为"以犬马养，但养口体。能养志者，乃名为敬。"（蕅益）"父子之道具有君臣之义，故虽主恩，亦当尚敬。养，供养也。犬以守御，马以代劳，皆能养人者。子云：'小人皆能养其亲，君子不敬，何以辨。'"（戴望）

（4）孔子倡导"敬养之孝"，超越鸦有反哺、羊有跪乳等动物之本能性，在"孝"这一环节，将人之道德义务和道德情感统一起来，强调行孝不是"能养"之行为，而是须以内蕴着"敬"之道德心理、道德情感的"敬养"，由此，孔子以行"孝"之"敬亲"，突出了行孝之道德主动性、虔敬性、庄重性与神圣性。

（5）按陈祥道之释，孔子针对"子游之性，近于偷懦，则或失于不敬，故教之以敬。"

第六，"子夏问孝"。就子游所问，孔子否定失"敬"的"能养之孝"，提出"敬养之孝"；子夏之问孝，孔子以"色难"，否定了纯粹形式上行孝的肤浅性与敷衍性，突出"孝"应是对"父母"的真爱之心。简言之，以"孝心"成孝行。如此，孔子"告子夏以色难，教之以爱亲也"。

（1）孔子在回答子夏之问时，针对"子夏之性，近于悦外，则或失于不爱"（陈祥道），否认"有事，弟子服其劳；有酒食，先生馔"这类事物上的"服其劳"，或外在礼节形式性的"孝"。因为即使能做到"有事，弟子服其劳；有酒食，先生馔"，还不足以为"孝"，于是，孔子将"孝"之关键锁定于如何能做到不"色难"上。

（2）何谓"色难"。在此可以从正反两个方面来说。

其一，从反面来看，所谓"色难"，就是在"事父母"行孝之时，虽然能做到"有事，弟子服其劳；有酒食，先生馔"。然而，对父母，话难听、脸难看，表现出一副心不甘、情不愿的被迫之样，冲父母发牢骚和脾气，抱东怨西，甚至"指桑骂槐"讥讽父母，抑或给父母甩脸色，令父母甚为尴尬、难堪，如坐针毡；即使嘴咀美食，也难以下咽，通俗地说，就是在行孝之时，一张苦瓜脸，十年张不开的样子。

其二，从正面来看，所谓行孝免"色难"，就是指行孝之子女，能在父母面前不是一时、一事，而是一直要保持稳定的情绪和心境，始终能以和颜悦色、轻言细语的神情对待父母。因为"根于心而生于色，孝在心而不独在事也。"（蕅益）"根于心，见于色。"（戴望）孔子认为，在天长日久的行孝路上，能做到不"色难"，事实上的确是蛮困难的。正因为看似"简单"，能真正做到的却很是艰难的事情，若真能做到了，才是真"孝"。

（3）为何行"孝"会出现"色难"？从行孝之具体性而言，无论是对行孝之行为细节，还有心理情感等诸多方面，都有相应的一些严格的规范和要求，须人子遵循。如此，于世俗中营生的人子，天长日久难免滋生厌烦之心、埋怨之情；但从根本上而言，出现"色难"，则是心中缺少对父母之真爱、深爱和敬爱之情，恰如《礼记》所言："孝子之有深爱者必有和气，有和气者必有悦色，有悦色者必有婉容。"从这一意义上来看，行孝之"色难"，则是对父母缺乏亲爱之心。

《礼记》有言道："养可能也，敬为难。敬可能也，安为难"，能解决"色难"而行孝，其父母之安则就不难矣。如此，孔子以"色难"二字，将体现于行"孝"中"爱亲"之深刻内在性和持久性要求予以表陈。

（4）能做到"有事，弟子服其劳；有酒食，先生馔"，则为"不失礼"。"不失礼"，然不爱亲，则色难。这就表明遵礼行孝，须以相应的道德心理、道德情感为支撑，才不致使"孝"丧其内心之爱而徒有其形表。

第七，四子之问、孔子之答，围绕着"孝"所展开的四次对话，呈现出行孝从"无违"→"不辱"→"敬亲"→"爱亲"之从低至高、由外至内、由易至难、由被动至主动不断提升的四个层次。对此，陈祥道评述道："不失礼则易，而不辱亲难；不辱亲则易，而敬亲难。敬亲则易，而爱亲难。故于色，然后言难也。"

四子所问，孔子之答，虽"所问则同"，却"答之有别"，其直接之目的在于"各救其失而已"。这不仅表孔子有针对性地"因材施教"，而且更为重要的是通过四子之问，折射出世俗生活中行孝尺度的多样性与复杂性。孔子对之予以分析和剥离，指明"孝"，当是心中有爱、情中有敬、色中有温、行中有礼的"孝"。

第八，四子之问，孔子之答，不仅展现了"孝"的丰富性内涵与多样性规定，而且揭示了多样性行"孝"之中所贯穿的内在逻辑，即以礼而敬养、爱戴父母。由此，孔子以言"孝"正个体德性，弘"孝道"以匡世德，最终以达为政者遵"礼制"之目的，再次展开从个体伦理引向社会伦理、政治伦理的治世之思。

第九，"孝"，乃血缘宗法社会赖以维系之基础，按《周易·序卦传》之说："有父子然后有君臣，有君臣然后有上下，有上下然后礼仪有所错。"父子血亲关系是等级关系的基础，后者是前者的推衍，忠是孝的政治表现形式，"求忠臣于孝子之门"，"举孝廉"，"孝"甚至成为选官的手段，进而达以"孝治天下"。由此，可以说讲"孝"，即是讲"礼"，就是"讲政治"。从这一意义上而言，"孝"在传统道义社会，就具有了政治意蕴。

第十，四子与孔子围绕"孝"之对话，对今世的不孝之心、之行具有劝诫、警示与批判价值，表明在物质极大丰富、社会福利保障系统渐完备的今世，作为人子，当是如何"无违"→"不辱"→"敬亲"→"爱亲"而行孝，真正做到自觉而自主，启孝之心，育孝之情，担孝之责，尽孝之义，成行孝之人。

总之，四子与孔子紧紧围绕着何谓"孝"、如何"行孝"两个层面展开问答，不仅展示了"孝"之复杂性、丰富性内涵，而且彰显了"无违"→"不辱"→"敬亲"→"爱亲"的内在提升与超越逻辑，表达了"孝"发端于心，规之于"礼"，见之于行；进而表明"孝"于个体伦理、政治伦理和社会伦理的修造、进化与提升，都具有不可小觑的重要作用。

———————————

附补

"关于孟懿子问孝，孔子答无违"

1. 孟懿子为什么向孔子学礼呢？

缘于其父亲孟僖子作为宰相鲁公出使楚国，失礼殆尽，简单说，就是外交出使因为不懂礼，失了国格，丢了人，后悔自己没有文化，赶紧让自己两个儿子孟懿子和南宫敬叔学礼。那个时候，孔子教学生风生水起，声誉日隆，一打听，孔子居然还是圣人之后，看来师资力量不错，于是让自己家的两个孩子赶紧去学了。

要知道，那时候诸侯卿大夫出生即自带金匙，对学习和文化的认知度还不是很高。反正有士阶层的崛起嘛，士阶层，即没落的贵族为了求一口饭吃，于是努力学习，好到诸侯卿大夫家帮佣。

从这一角度来说，孟僖子的遗嘱反映出两点：一是卿大夫中终于有人意识到学习文化，即学礼的重要性了，不学礼，无以立嘛。二是孟懿子学礼的出发点，根本也就是为了自身发展与生存，与孝不孝没啥关系。他老汉为了他好，他听话学礼，也是为自己好。据此，只用说明孟僖子有战略眼光。事实也证明了，他的两个儿子因为学礼，有了文化素养后，比较团结，在孔子堕三都中证实了这一点。

2. 孟懿子为什么最后守"郕"成功了呢？

孔子堕郈、堕费都成功了，那是很大程度上得到了三桓的最初认可，孔子也有站在他们的立场上，考虑他们后代的利益。但为什么堕郕失败了呢？这是因为守郕的公敛处父，不仅在阳虎之乱中救过孟懿子，有生死情谊，更重要的一点，公敛处父的战略眼光。鲁国弱小，四面受楚、齐、晋的胁迫。

如果将郈的城墙搞掉了，按孔子的理想削低一点削短一点，那么齐人可以长驱直入。任何事情都有它的两面性。不仅如此，堕郈之后，孟懿子何存？即宗主不存，何来孝，老子传给他的地都没有了，还谈什么孝，所以，孔子说孝，在孟懿子看来，是可笑的。所以，孔子堕三都最终失败是有原因的，另外两家攻郈不力，难免有兔死狐悲之感，孔子没有从根本上动摇或触动三桓的核心价值。巩固鲁君一方的权利，必然要削弱三桓的权利，谁也不是傻子，会主动丧失掉自己的利益。

6. 颜回修学，如愚不愚

为政2.6

【原文】子曰："吾与回言，终日不违，如愚。退而省其私，亦足以发，回也不愚。"

【译文】子说："我整天给颜回讲学传道，他从来不提反对意见和疑问，像个愚钝的人。等他退下之后，我考察他私下的言论，发现他对我所讲授的内容有所发挥，可见颜回其实并不愚钝啊。"

颜回：

（前521—前481年），曹姓，颜氏，名回，字子渊，鲁国宁阳人，孔门七十二贤之一，十哲之一，德科之首；十四岁，开始问学于孔子，终生师事之，是最受孔子喜爱的得意门生。可惜，如此德才兼备的弟子，实在是短命。颜回死，孔子亦悲呼："天丧予！天丧予！"

颜回出众的才德与好学，以及孔子对他的喜爱，从《论语·雍也篇》中孔子对他频繁而集中的评价中可见。

（1）鲁哀公问："弟子孰为好学？"

孔子对曰："有颜回者好学，不迁怒，不贰过。不幸短命死矣，今也则亡，未闻好学者也。"

（2）子曰："回也，其心三月不违仁。其余则日月至焉而已矣。"

（3）子曰："贤哉，回也！一箪食，一瓢饮，在陋巷，人不堪其忧，回也不改其乐。贤哉，回也！"

孔子以"如愚"与"不愚"两个关键词，指证颜回在聆听其教诲和自修两种不同场域中所展现出来的表象特征之差异，以"如愚"而聆听、而学，以"不愚"而自思、而拓延、而发扬，凸显颜回敏而好学，先问学、后思辨的进学特点，揭开其"为学之道"与"为人之道"的奥妙与真谛。

孔子以弟子颜回为样，强调进学须先提升"听德"，听，须"如愚"而倾情专心静听，忌不得要领；自修当先近子贡之"闻一以知二"，后达"回也闻一以知十"之境；并以此劝诫其他弟子切勿倒置了"不愚"与"如愚"之关系，解听"不求甚解""一知半解"等诸弊。

孔子通过颜回不诘问于师，虔敬倾听师授课之"不违""如愚"，自修进学却"足以发"而"不愚"之比较，既表现出颜回"吾爱吾师，吾更爱真理"的心性姿态，又体现出孔子对颜回审问之慧、明辨之诚的充分肯定，进而对木讷朴拙而仁勇之人予以赞许，表明孔子对为学、为人之根本取向。

颜回"如愚"示于师，乃持弟子之"礼"使然，以彰师道之尊严。孔子透弟子"如愚"之表，究"不愚"之"质"，显师之传道求本，由此传导出世间最好的师徒关系，莫过于师欣赏弟子，弟子崇拜其师，弟子潜心追从其师之"真理"。

具体而言

第一，颜回能"不贰过"，且"其心三月不违仁"。孔子说"吾与回言"，期待着颜回做出相应的反应、回馈。这便是"教"与"学"之正常的关系状态。然颜回很是特别，谨持弟子之礼而"不违"，从不违逆而诘问、反驳或论辩于师，虔敬专注倾听师之所授，"呆若木鸡"，让人觉得好像很愚；然而，"如愚"之颜子，"实"则"知化则善述其事，穷神则善继其志，不愧屋漏为无忝，存心养性为匪懈。"（张载《西铭》）因为颜回能够随"场域"转换，呈现出不同的姿态与风格，与师相处时，能处"谦""不违如愚"；退而与学友群处时，始终处"坎"位，越坎心亨，故可"足以发"。如此，颜子之独特在于能够向内求，发明本心。所以，孔子通过观察发现颜子一直处谦位、严守势，因此说颜子事实上"不愚"。如此，孔子透过颜回"愚"之表，洞见其"不愚"之实，呈现颜回独特的人格特征和精神风貌。

第二，"吾与回言终日，不违如愚"。孔子言"吾与回言"，表师徒二人应是处于"说"与"听"、"授"与"受"、"教"与"学"之共在的互动关系中。然而，实际的情况却是：一面是教者孔子，"言传"其道，谆谆教诲、雄论滔滔而不绝于颜子；一面是学徒颜子"不违如愚"，持重而缄默静听，构成一幅动静对衬的生动画面。如是，孔子看弟子"不违如愚"。"不违者，言其听而弗问，若幼者也。如愚，容貌如愚然。"（戴望）"如愚"之弟子颜回遵"礼"而守"听德"。

"听德"，表听者对言者的尊崇与敬重，是遵"礼"的具体化和场景状态化。听德，可以从听者之"听"、之"言"和"之思"三个维度来加以审断。

（1）从听者之"听"的维度来看。形式上，"听德"表听者对言者之尊崇与顺从；内容上，表听者对言者所"言"之信从；实质上，表听者对言者所

"言"之遵从；目的上，表听者对言者之追从，故而，"听者"须以虔敬之心、谦逊之态，静默而倾听、聆听言者之所"言"、之所"授"。如此，秉"听德"之听者，不仅需安静地听、认真地听，更当完整地听、透彻地听，听出言者其"言"之所指、之要旨、之未言。

从这一意义上而言，若对"听者"之"言"，听得不完整、不全面、不正确、不深透，导致"误听"而误解甚至扭曲，本质上则是听者的"失礼"。

（2）从听者之"言"的维度来看，"听德"表听者在言者表达其思想的进程之中、之后，不轻发己之"诘问"或反斥，也无须追究，只是以一个"听"，体现听者之德性修为，呈现听者之遵听德之礼。简言之，有听德之听者，须"忍嘴"！不急于"问"、不轻易"问"，问当问之"问"，问智慧之"问"，问有仁之"问"。如此，听者更当避非礼之"言"，免粗俗刁蛮之"言"，除邪恶污秽之"言"，以问"上道"。

如此遵"听德"之"听"，从外观来看，恰如孔子所说"吾与回言终日"，而颜子"不违如愚"一般。

（3）从听者之"思"而言，循"听德"之礼，非无思无念消极被动地接纳言者之"言"。听者之听，是以听为始，进而展开与言者所言在思想中的"对话"，以及在非听之场景中，与学友讨论时，能对所听之观点予以更进一步的阐发，达言者之未达，如是颜子"足以发"而证成己之"不愚"。

第三，孔子断颜子"如愚"之"不愚"，乃是在全面考察颜子的学习生活之基础上所做出的判断，再现了孔子对人、对事的判断谨遵"毋臆"之原则。倘若孔子未曾"退而省其私"，未见颜子"亦足以发"，仅凭颜子"不违"之状，就只能做出颜子"愚"的判断，而不是"如愚"。如此，孔子认为颜子"如愚"，乃是在确认"回也不愚"之后的再判断。这表明孔子对爱徒的了解绝不停留于面对面的交流之中，而是延伸到其独处和私人生活之深处，超越认知、判断一个人的单一性和直接性。

孔子对颜子的判断，具有方法论意义：老师要对学生之品性、德性和学业做出准确的定性判断，须以全面把握弟子学习、生活的真实状况为基本前提，这就需要师者对学生在课上课下、人前人后等不同生活场景的言谈举止之不同的表现，有一个全面而通透的把握与了解，即要通观弟子在不同情境下的差异性，方可通过差异性而判断其根本。

第四，颜子为何能"不违如愚"，而后私下能"足以发"而"不愚"。据陈祥道之释，就其"不违如愚"而言，乃是因为"道相迩者，可以意会。而道相远者，必以言传也。"如此孔子认为颜回之"不违如愚"，是因为颜子之本心与孔子所传之道不远，颜子对孔子所言，能"心领神会"，无须再以言表，颜子默然聆听师之教诲即足矣；就"回也不愚"而言，乃因孔子"退而省其私"，了解颜子对其所授之道领会而贯通，"亦足以发"，"贵其不知之知，不言之言也"使然。对此，蕅益释曰："私者，人所不见之地，即慎独'独'字。惟孔子具他心道眼，能于言语动静之际，窥见其私，故曰：'回也，其心三月不违仁。'退，非颜子辞退，乃孔子退而求之于接见问答之表耳。"戴望曰："退，还也，归也。私谓与二三子群居时也。颜子明四代之礼乐，故足以发。子言'发'，明也。亦者，两相须之意。"

第五，从孔子所描述颜子的两种状态，无论是"不违如愚"，抑或"不愚"，均表明颜子乐知、乐道，浑然沉醉于其中的生命状态。

颜子面孔子之"言终日"，"不违如愚"般虔敬聆听，唯恐对孔子所言、所传之道有遗而未得其真谛；在"其私"时，还能继续心向所学，不断地揣摩、体会、自思，且能"足以发"。如此，"如愚"与"不愚"，仅是作为师长的孔子对颜子虔敬问学求道之途上两种呈现状态的评价，表颜子"好学""乐道"之本然也。

孔子根据"学"与"知"将人分为四类或四等，即生而知之、学而知之、困而学之、困而不学；并从对"学"之态度和姿态，将其分为三个层次或三重境界：即知之、好之、乐之。如此，颜子"如愚"般倾听，私下不懈怠而"亦足以发"之"不愚"，则可以表明颜子当是达乐知之境界。这是好学弟子之最好的状态。

第六，颜子以"不愚"之实、呈"不违如愚"之态，彰木讷持重之心性，别"巧言令色"之辈，符合"刚毅木讷近仁"之一贯原则。如此，"如愚"乃为颜子以具体而形象地呈其"仁德"之所在。

颜子之"如愚"，乃气定神闲、全神贯注之聆听，恰似"呆若木鸡"之宁静，而非心猿意马、魂不守舍之"真愚"，亦绝非假"大智若愚"而"伪"己的机巧之人，更不是当面不说、"不违如愚"，背后"道听途说"的宵小之徒。由此，颜子以"不违如愚"之态，领会孔子所传之道，实乃一种忠厚乐道的高贵生命之形态。

第七，作为弟子、作为听者的颜子与其师同在之时，呈敬爱"不违如愚"状，而其私下却能自觉地"足以发"，彰"不愚"之实，此乃颜子把握了为学、修德与悟道之真谛使然。

为学、修德与悟道，绝非仅在于承师之言传，亦非简单记忆性"重复"，而是通过认真地"听"、充分地"得"之后，再经己之反复的揣摩、体认，从中得到新的理解，且按照师之所授的原则，能够拓延其思之空间，循师之道而"接着说"，以达贯通明道，而不是在未获得充分获取、深透理解、全面把握为学、修德之道时，就冒然"违"之以标榜于己而失之浅薄与浮躁。

当然，从孔子对颜子"不违"予以"如愚"之评价来看，孔子并不满意从来不提问题的学生，反而孔子希望学生在接受教育的时候，要开动脑筋，思考问题，能"敏而好学""不耻下问"，对老师所讲的问题应当有所发挥。颜子似乎很"反常"。而恰好是颜子这一"反常"，蕴存着一条为学、修德与悟道更为根本的隐秘之路：即真智之弟子，绝非于师之言传时，时时、事事而"违"于师，而是在"退"而"私"之时，能充分地自思、自修而自悟。此乃颜子真"好学"，从而有别于同门众弟子。

第八，孔子于颜子，因"不违如愚"，因"足以发"而"也不愚"，一方面表呈孔子对自己先前判断的矫正，孔子乃知过而不惮改的榜样，以行而示范于弟子；另一方面，颜子以其静默踏实、不躁不急、心中有数、自守而自修的进学姿态，超越了"一说就懂，一做就懵"、人前聪明、人后真蠢的"困境"状态，成颜子自性于"仁"、箪食瓢饮而乐道的敦厚、朴拙、勤勉的典型人格，为后世学子之典范。

第九，颜子"不违"其师而"如愚"，而退后私下却"不愚"，将师之尊、弟子之避讳表呈出来，生成"师贵生荣"的学缘传统。如此，颜子此种"尊师"之取向，其深刻之处就在于尊师即是尊己，损师即是自损，如此也就不难理解子贡造圣之初意。颜子尊师之取向，更深的意义则在于，生成了与亚氏之"吾爱吾师，吾更爱真理"完全不同的价值路线，呈"吾爱吾师，吾更爱吾师之真理"的价值逻辑，如是，颜子于其师之道，当是心领神会，当是安贫而乐之、弘之。

总之，孔子借颜子"不违如愚"和"足以发"而"不愚"两种状态，赞许颜子谦虚敏学、尊重师长、仁德出众，同时，更深之意则在于以此彰颜子之为学、修德、悟道之正法，实乃"愚"而"智"、智而"慧"，警示众弟子当力戒"违"而不"智"之歧途。

颜子之为，表为学、进德和悟道，其关键不在其师，而在己。如是，为学、修道、得道而乐道，乃是自家之功夫。唯如此，方觉自性而自成。

7. 视后观察，相人三法

为政 2.7

【原文】子曰："视其所以，观其所由，察其所安，人焉廋哉？人焉廋哉？"

【译文】孔子说："看一个人的所作所为，审视其做事的缘由与依据，再通察其心安于何事，如此，那人怎么可能藏匿呢？那人又能往哪儿藏匿呢？"

孔子以"人"的多面性、复杂性为事实前提，以"视""观"与"察"为手段与途径，由"果"溯"因"，由"表"及"里"，从"所以"至"所由"，再进至"所安"，如此经"行为"到"依据"再到心之"道"，展示识"人"，从视"点"、观"面"到察"体"，渐次剥离"人"之"表"、之"伪"，以达深度、整体、全面了解、把握一个人，让"廋"己之人，逼显出其"真"。

在以藏匿"真己"而求生的历史语境，尤其是置身于乱世之官场中，孔子以寻"真人"为目的，提出由外至内、渐次深入的"识人"三步法，为官场辨才"识人"，进而为日常生活之交往中了解对方、甄别他人，提供了具有操作性的方法。

具体而言

第一，孔子曾教导弟子们，"不患人之不己知，患不知人"，向弟子指出"知人"是入仕为政、踏入官场的必要前提与不可或缺的能力。如此，孔子此论，首先应该置于为政场域，作为官场甄别、判断一个人，即识人之学来加以解读，而非溢出为政边界而泛化、下降为日常生活中人与人之间彼此审视、猜度之"识人术"。

第二，"人焉廋哉？人焉廋哉？"

（1）孔子此论中连续用了两个"人焉廋哉？"，很是值得玩味。其深意将"识人"之前提和必要性以一种非常隐蔽和巧妙的方式向世人敞开，标示着对人的存在样态进行确认，然后从中探寻其人之"真"，指示"识人"乃是"虚"中求"实"、"伪"中求"真"的艰辛辨析、甄别与确认。

（2）"人"之所以以"廋"己之方式在世，是因为唯有自觉化地"廋"己，生存于繁杂人世，方可"潜伏"而谋己之"利"，方可安全生存。如此，"庾"己，成为一种安全生存之法，一种求利而成功的必要策略，从这一意义上来看，"庾"己，渐成人于世间求生存之"本能"，同时也成为一种人格修造目标，以成"庾"己之典型人格，此乃为政生活中"防人之心"的谜底。

人为何需要培养或锻炼出这样一种"庾"己之本能，究其因，缘于人所在之世，本为"伪"、为"恶"。如是霍布斯所言在"人与人如狼"的生存境遇中，"自私"与"自保"则是人性之本能。如此，"庾"己［"庾，隐。"（戴望）］，从最深层的生存本能而言，则是为求"自保"。于是，以趋利避害、自利、自保为目的，以防人为手段、以庾己为生存样态，形成官场、人际交往之独特方式。如此，孔子通过"庾"之存在，对当世为政之"恶"与"伪善"的本质予以揭露。

这样，人"庾"己之本能，从必要性、可行性的意义上，指明其必然性。如此，人与人交往，以"虚""伪"开始，其虚后之"实"、"伪"后之"真"，当须"求"，方才具有获得之可能！

（3）孔子所用两个重叠的"人焉庾哉?"并非同义反复，既表通过"视其所以，观其所由，察其所安"，相人具有可靠性，亦表孔子以其"识人"之"法"，要不断去人之"表"、之"伪"而不断逼近人之"真"具有可行性。如此，孔子的识人之"法"，如是一把锋利的解剖刀，层层剥去"庾"己之外在因素，直抵那个"真"心性的人。如是，孔子所言"识人"之法，授众徒予"利器"，以达"真"识人，识真人之目的，将藏匿于迷惑假象中的"真人"，探寻出来，挖出来，让其无处躲藏、无所逃遁。

（4）真人与假人、善人与恶人，以及一个人身上的"真"与"假"、"善"与"恶"，并非泾渭分明，常是浑然交织，相伴而生，难以黑白分明；且善恶之则，各有其异，如是老子道："天下皆知美之为美，斯恶已；皆知善之为善，斯不善已。"而孔子之"识人"，非一般性的甄别人之真伪、善恶，而是通过对"人"之行、之心性，分真伪、别善恶，直抵其人之仁道存亡于心否。如此，孔子乃在求真善、真仁之"人"。

第三，"视其所以，观其所由，察其所安"。

（1）"视其所以，观其所由，察其所安"，是孔子为众弟子提供的让"人焉庾哉"而显其"真"的方法和策略，以达"知人"之目的。由此，构成孔子"识人""知人"的手段与目的之关系，以此表孔子要求众徒必须确立"知人"之立场，掌握"识人"之方法，具备"识人"之能力，此为入乱世为政之必须。

（2）"视其所以，观其所由，察其所安"表达了步步深入、全面识人的三个主要维度或环节。以"视""观""察"而"识人"，皆因其"对象"："其所以""其所由"和"其所安"之差异所决定。"其所以"，即其所已为、正在为的事，见之，则谓之"视"；"其所由"，即其做事之缘由、依据、或动机、目的，难知其"所以"，非"视"所能尽，故须"观"；再进一步，"其所安"，即其心安于何？此又难知于"所由"，而非"观"所能，故须细致地"察"。如此，从"其所以"至"其所由"，再至"其所安"的认知，是由外至内、由表及里，先整体把握，再具体分析，更进一步的是探究其内在主宰，由直接至间接、由易而难，这其中既有推理判断的逻辑理性，又有"以意逆志"之追究。正如陈祥道释曰："所以，其所行为者也。所由，其所趋向者也。所安，其所安止者也。见之之谓视，达视之谓观，详视之谓察。其所由难知于所以，而非视所能尽，故观。所安难知于所由，而非观所能悉，故察。"蕅益亦释曰："己之所以、所由、所安，千停百当，则人之所以、所由、所安，不难视、观、察矣。故君子但求诸己，如磨镜然。"戴望释曰：视其所以，"视犹考也。'或以德进，或以事举，或以言扬'。"观其所由，即"审其所从来之仕路，或由诸大夫国人乎，或由左右？"察其所安，即表其"行善而安之，则善日进，有过而安之，则恶日积。"

第四，人本有"显"与"隐"、"表"与"里"、"外"与"内"、"行"与"心"，或身心、灵肉之二元性。孔子在识人上，重"其所以""其所由"及"其所安"，从操作意义上看，无疑先后从行为主义、心理意志主义和道德主义三条路线切入而审断。在此，孔子以一个人的行为、心性和德性之一致性为基本前提，由外循里，对人之"所安"予以本质性把握。

第五，孔子识众弟子，行因材施教之道。识颜子"如愚""亦不愚"，及三月不违，陋巷不改，乐其所安，如此，展示孔子识人之法，在于识人之"能"、识人之"心性"、识人"所乐之道"，构成了孔子识人的完整内涵。"颜渊用之则行，舍之则藏，其所以也。愿无伐善，无施劳，其所由也。三月不违，陋巷不改，其所安也。"（陈祥道）

第六，孔子以"三法"，识别处"庋"己之人的"真"，其目的在于防患于未然，知心、知人而治心、治人。孔子教学生如何识人，其目的是让学生持"道不同，不相为谋"的基本原则而入世，进而"择其善者而从之"，避免"遇人不淑"而陷入各种窘境；同时也间接地向统治者传授了该如何识人而用人之法。这应是将孔子之如何"识人"置于"为政"篇中的基本缘由吧。

第七，读孔子的"识人之法"，切不可只视为仅是识"别人"之法，同时也是识"己"之法。如此此论，看起来是识人、相人之法，其实是更深层次的自我认知。孔子之学博观约取，跳出自身的窠臼，以超越的视野由外在反观自身，审断己内在之不足，这也正是行不得则反求诸己，躬自厚而薄责于人的意义所在。

第八，识人难，难识人，因为人难识，因此，"识人之法"构成中国传统智慧之重要组成部分。除孔子"识人三法"之外，远有鬼谷子之"识人五法"、魏人李悝的"识人五视法"、吕不韦的"识人八观六验法"、诸葛亮之"识人七法"……近有曾国藩在《冰鉴》一书中所提出的："功名看器宇，事业看精神，穷通看指甲，寿夭看脚踵，如要看条理，只在言语中"等诸法。中国古代"识人之法"谱系完备而周全，它不仅成为一份文化"遗产"、一种传统，而且构成为政者，乃至国人营生不可或缺的一项重要能力。

总之，孔子教导学生"识人之法"，本质上是为了依仁道而择人、用人，如此，懂得用人之"阳"、抑人之"阴"，转"阴"为"阳"，防范人之"阴"于未然，此乃"为政"之要义和关键。

8. 为政以故，为师知新

为政 2.8

【原文】子曰："温故而知新，可以为师矣。"

第一种解读

【译文】孔子说："能从温习旧知中开悟出新知，则可以为人师长了。"

孔子以"学"与"教"之关系为主线，以开新、知新作为"为师"之前提与要义，提出无学则无以为师，无新悟则不足以为师的基本原则，表"为学"之艰、"为师"之不易，彰师之超越性与超前性。为此，孔子提出为师者须先"温故而知新"。

"温故而知新"，亦作为一种为师者获得新知、开新悟之有效路径与方法。这一路径、方法之根本即在于"返本开新"，亦即巩固、加强与悟新、拓展的结合与统一，从而把握学习的规律，能"举一反三"。如此，方能真悟道而成己。

具体而言

第一，孔子以"可以为师"反视"为师"之必要前提，提出"为师者"之必要条件，即须先"温故而知新"。如此，孔子从"温故""知新"和"为师"三者的关系入手，以"温故"为方式、方法或路径，以"知新"为目标，从而对"可以为师"予以肯定性判断与确认。

第二，孔子为日后"可以为师矣者"提供了一条进学而达成"为师"之方法，即"温故而知新"。从孔子之语来看，要做"为师者"，唯有"温故而知新"，除此，别无他途。这就表明"温故而知新"，乃是保障"可以为师矣"的可行之道。如此，欲"为师"，须先"知新"，而欲"知新"亦须从"温故"中来。如此，"可以为师"须在"温故而知新"上下功夫。

1. 何谓"温故"

(1)"故"，是"温"之内容和对象。《庄子·天道》中的"轮扁斫轮"典故，可以旁证此处之"故"所指：即是已有、现有的知识或者技能。

（2）"温"，在此所强调的是于"故"而反复、重复、不间断的行为，一方面指再读"旧本"、温习旧知，予以巩固；另一方面则是对己之经历过的"往事"，再反省、再思、再体悟。简言之，就是对已经学习过的知识不厌其烦地再学习、再追究、再落实，对已经经历过的"事"再过滤、再琢磨，真正入脑、入心。从这一意义上来看，"温故"乃是"月无忘其所能"，体现力行"学而不厌"之自励、自策精神。

（3）"温故"，重在强调对"故"的一遍又一遍的体悟，从外于我之"知"、之"事"，达切己之悟。其中所采用的譬如归纳、譬喻、联想、推理等诸具体思维手段而举一反三、触类旁通，"以一知十"，对"故"加以提炼、总结、巩固、而提升。

2. 何谓"知新"

北宋陈祥道直言之，"知新，则日知其所亡"；张载亦说："世人之心，止于闻见之狭。圣人尽性，不以见闻梏其心，其视天下无一物非我，孟子谓尽心则知性、知天以此。天大无外，故有外之心不足以合天心。见闻之知，乃物交而知，非德性所知；德性所知，不萌于见闻。"（《大心篇》）如此，孔子在此所"知"的"新"，是"德性所知"，是对"故"体悟式的提炼、提升，如是通过"温故"而融贯"故"，而达心性、德性之开悟。

第三，"可以为师矣"。

（1）按照孔子此语之意，只有能"知新"，才具备"为师"之条件，方可"为人之师"。如此，无"知新"则不"可以为师"，"为师"之关键在于己"温故"之后有"新"得。

（2）孔子道出成人师的自修之法。按其话语逻辑，只要坚持"温故"，有"知新"，才可以成为他人之师而导于人。

（3）从一致性的逻辑来看，"温故""知新""为师"之主体，皆为"己"，如此，"可以为师矣"构成"温故""知新"之动力与目的指向。

（4）孔子此论，指出自成"人师"之法、之路，进而指出自成"人师"之"道"。"以其知类通达，故可以为师。"（戴望）

（5）孔子此论倡导自修自进，如此，每一个人都可通过"温故而知新"之径，让己成为"可以为师矣"之人，即每一个人都把自己培养成"典范"，自成君子，从而实现"仁道"在世。如此，以自修、自养"独善其身"之法而"达济天下"。

第四，孔子之论，将身教的体悟、知行合一予以完美呈现。张居正对此解读为："君子之学，不以记诵为工，而在于能明乎理，不以闻见为博，而在于善反诸心，学者不可以不勉也"。如此，"温故"重在将人生阅历、经验，皆凝成自身的领悟力，由此反过来重新审阅自己的生命来时路，内心会有更加深刻的体悟，从而达"知新"。如是，则可以为人之"师"。

总之，孔子以假言判断来构建"温故而知新"与"可以为师矣"之关系，表明"可以为师矣"的修成之路和必备条件。如此，导出为学、治学之重要方法论。

第二种解读

【译文】孔子说："不断地温习经典之'故'而知新。则可以此为师，效法之而治邦、治世。"

"温故而知新，可以为师矣。"置于《论语》之"为政"篇中，很鲜明地表明孔子此论，是一个"为政"命题，而非"为学"之劝导。简言之，这是一个政治学命题，而非学习之箴言。这是解开孔子此论之真义的架构选择与确认。

孔子针对乱世恶政之治理者，从根本上不懂得如何治邦、治国与治世之道，为此指出一条学习如何治邦、治世的可行之路。这条路就是通过"温故"而"知新"，以此"为师"而"法古"，从而达到自觉矫正霸道之恶政，依礼制而仁政，以实现治世之目的。

孔子此语警示与训导当政者须以史为鉴，"前事不忘，后事之师"，从而鉴古知今。

具体而言

第一，孔子"十有五而志于学"，至三十"而立"，四十之"不惑"，一生所为之理想，就是希冀能革除霸道恶政，救治乱世，施行"礼治"而使"仁道"再现。在此所言："温故而知新，可以为师矣。"其根本着力点在于批判当世治理邦国之诸侯，不懂得先王治理邦国所遵之道、所循之礼法，劝导与指示遵霸道、行恶政的诸侯，当以古圣先贤为师，遵"先王之道"，细心研习古之圣贤如何治国，以预判世道变化之新趋势，效圣贤治邦理国之法而为政，开出仁政、仁道之新境。

如此，孔子之论，其受众非求知之学子，而是当世之"为政者"，或即将入仕的从政者。简言之，"温故而知新，可以为师矣"，是孔子劝导为政者须以历史上治国治世之圣君明主为榜样，具体研习他们是如何治理邦国，从而行"礼治"，施"仁道"。如此，"温故而知新，可以为师矣"，乃是对为政者发出的劝学之法与施政指导。

第二，何谓"故"？

（1）从时间性上来看，一切发生在过去的、已成为历史的人与事，以及对之记载的文本或认知所形成的知识、理论等，都可以泛称之为"故"。

（2）从内涵来看，历史上曾存在的人、曾所发生的事，可以称之为"故"的，定是成为后世之人津津乐道、传扬的人与"事件"，其人、其事须具有代表性和典范性。从这一意义上，孔子所言之"故"，"古昔之事"（戴望）就具有了经典的意义，如此之"故"，则可谓"典故"。

（3）这样的"故"，或在为政、战争或其他诸方面在历史上发生或存在，或以"文本"或以口传的形式传承着，对后世之人，具有可学习性、可借鉴性、可效仿性。

（4）就"为政"而言，具有经典性，且具有可学习性、可借鉴性、可效仿性的"故"，则是指"斯为美"的"先王之道"，就是遵循"礼之用，和为贵"的周朝礼治。这是孔子以为可以作为"故"而不断温习的具体"对象"。

如此，孔子所言"故"，并非指已经学过的"旧知识"，而是指特定的为政方略所遵循的为政之道，即周天子礼治天下之政治范式。

第三，何谓"温"？

（1）"温"，指与以急火熟食之"煮"相反，而施以慢火煨食。如此，"温"之初意，乃烹食之一种精细手段。

（2）孔子借烹饪之法"温"于"故"，既表达了温故者对"故"所应持的虔敬态度，又把对"故"的虔敬态度具体落实于对"故"的研习和体悟之方式上。

其一，就温者对"故"所应持的主观态度而言，"温"表温者须对"故"心存敬重、敬畏，而不是亵渎、反感而拒斥，以今人之语言之，即是对历史之"故"报以最为基本的尊重和最为真切的向往。

其二，就温者对"故"的体悟与研习方式上，要求温故者须忌草率、浮光掠影而对待"故"，而是须静心、精心、不厌其烦于"故"，唯以"温"的方式，方可使藏于"故"中的"为政"智慧与伦理底蕴，缓缓弥放而令温者慢慢感知、渐渐体悟其中之深妙，从而得其要领与真谛。如此，当世为政者，若欲得治国之道，必先"温""故"。

第四，"故"为何值得"温"？这是一个具有事实性与价值性的反问。

就其"事实性"而言，"故"承载与内蕴着周王治天下的真实历史，其

"道之以德，齐之以礼"的治国方略，是世人所称道的成功典范，被后世奉为"先王之道"。

就其"价值性"而言，周王"道之以德，齐之以礼"而治天下，在孔子的政治理想中，被认为是最完美的为政之道。

如此，从为政之事实的比较来看，"故"之善政与当世之"恶政"，构成了两幅截然相悖的政治画像，导致迥然相异的政治生态。从"价值性"维度来看，"故"以"礼治"、行"仁政"而安天下，与当世之霸道猖行，遵循与贯彻的是不同的为政价值路线。

在孔子看来，要治理乱世，当世之"为政者"，需对"先王之道"为"故"，通过"温"而实现"为何为政""如何为政"之深刻觉悟。

第五，何谓"知新"？

（1）此处的"知新"，非指通过不断温习"旧知"而获得"新知"，因为本质上"新知"不藏于"旧知"之中，那只是个体对"知"的把握进程而言，不能算是真正意义上的"新知"。如此，所谓"知新"，则是指是以"温故"之"故"相对应的"新"。于此，有两解。

其一，通过"温故"而预见未来，知晓世态的新变化、新趋向。

其二，通过"温故"而知晓、懂得，该如何施行"新政"。"新，新王之法。"（戴望）

如此，"知新"，真正地表达了孔子之期待与寄托，这也是他周游列国游说各诸侯所希望达成的效果。因为孔子寄希望于当世为政者能通过"温故"而真正地"知新"政，从此改弦更张，弃霸道恶政，遵先王之道而行仁政。这是孔子锁定于"为政者"的觉悟与转变而实现治世的为政思维。

第六，何谓"可以为师矣"？

（1）何谓"师"？"师"，指"军队""效法""师者"。对于"师者"，《礼记·文王世子》中有言："出则有师，是以教喻而德成也。师也者，教之以事而喻诸德者也。"在孔子之此论中，显然不是作为"教之以事而喻诸德者"，而是为政者，通过"温故"中所蕴含的治世之道而"知新"，从而使为政者自己受到教育。

（2）"可以为师矣"，在此亦可以从两个维度来加以理解。

其一，通过"温故而知新"，在乱世之中，能自觉地改弦更张，回到先王之道，弃霸道而行仁道，革恶政而行善政，这本身就是一个榜样，可以成为其他为政者纷纷学习和效法之"师"。孔子希望"为政者"能自觉，先他人而为仁道，确立乱世中的典型，促使其他为政者效而法之。

其二，通过"温故"而豁然"知新"，即明白、知晓该如何"为政"了，如此遵"故"为"师"。以此观之，此乃"以史为鉴""鉴往知来"，于"故"而"温"、而"为师"，此为"法古"为政之法。

第七，对于孔子此论，传统的解读，总是置于为学的框架下，表劝导后学用功于"已学"之"旧知"，试图从"旧知"中去发掘"新知"的治学之路，这与"知识生产理论"所倡导的逻辑恰好相悖，不符合发现新事物而产生新知识的原则。如此，孔子此论，到底是指向"为政"，还是"为学"？若言为学、为政同理，那此语则是以"为政"为本，还是以"为学"为本呢？这是由孔子人生之使命而定的。

孔子的人生价值，绝非停留于、满足于以授人以知识性学问，简单明理、明道足矣；其"志"并非在于教授弟子"小学"，而是"大学"，以达安邦治世。如此，对孔子之论，从修学之方法论意义上加以解读，无疑是偏离孔子所言之"本"而随意漫游！这样，按照修学之逻辑，对此加以诠释，虽也能自圆其说，但是，这与孔子此论之主旨，无疑相去甚远！

第八，孔子之"温故而知新，可以为师矣"，为"为政者"反思、矫正和提升其"为政"，进而弃霸道、就仁道提供了最为基本的训导。其训导的价值，从一般性而言，则是"知史""法古"，实乃要求为政者必须"以史为镜"。从当世的特殊性而言，则在于孔子以此作为弘道之可行的救世策略。

总之，孔子以"温故而知新，可以为师矣"之论，教导乱世之为政者，应效先王之道，法圣君明主之仁政，不断反省、自觉修正，以绝霸道恶政；这是孔子之救世策略，聚焦并具体落实于教育为政者之上，体现孔子尚古、且依托"为政者"之权力而实行"自上而下"的治世之思。

9. 器与不器，君子不器

为政 2.9

【原文】子曰："君子不器。"

【译文】孔子说："君子不能像器具那样（只有某一方面的用途）。"

孔子以"君子不器"，对君子理想人格予以反向界定，凸显孔子对君子超拔人格的要求。孔子以"不器"，形象地表达了君子人生当以"器"为起点，须首先"成器"，尔后又不止于、不圄于、不桎于"器"，而当突破"器"，直达"道"之境界。由此，"君子不器"，乃是孔子向君子所发出的一条道德律令，指引并敦促君子从"形下"至"形上"、从"器"至"道"、从"有我"至"无我"，不断自修、自造而自进，自觉地将自己塑成循礼明道、担当道义、心怀天下之人。

"君子不器"，表孔子对君子的要求，不止于成为具有某种才能的人，如是"器"，而是要君子真正"学以成人"，完成"下学而上达"。

孔子以"君子不器"，解君子自足、自满、自封之痼，敞开君子人生进取之路，明示君子人生修造的目标。如此，孔子将"君子"所应有的人生格局、德性境界与生命风范，落实于君子人格不断自我突破、超越的行进之中。

具体而言

第一，"君子"，是孔子实现救世弘道之理想的实践主体，因此，孔子不仅对君子寄予价值期许，而且从立德、为学、交往等多视角、多维度、多层面对君子予以了规定和要求，确立其相应的标准，提供其可行路径，进而对君子之自修予以充分地指导。如此，足见孔子对"君子"的高度重视。

仅就《论语》20 篇，孔子及其弟子直接或间接地谈到关于"君子"的话题，就有 87 章；据杨伯峻先生考证，"君子"一词在《论语》中，竟出现 107 次之多，绝对是高频率词汇，由此可见，《论语》虽不是篇篇必谈"君子"，但均指向"君子"，有些章节还集中论述"君子"。

从《论语》的篇章布局与主线而言，关于"君子"之论，可谓贯穿《论语》之始终。《论语》首篇《学而》第一章，孔子以言君子之"三立"为始，强调"人不知，而不愠，不亦君子乎?"，表"君子"当以立德为先、为上；《论语》最后一篇《尧曰》之最后一章，孔子言君子"三知"，以"不知命，无以为君子"为终，表"君子"须自觉己之使命。从孔子围绕着"君子"所展开的论说，足可见其对"君子"的塑造予以高度关注与重视。

"君子"的内涵，具有历史规定性，其内涵处于不断变化中。在先秦之典籍中已是很普遍使用的语词，当时"君子"，主要是一类人的总称谓，所指包括上至天子、公侯，下达卿大夫和士等贵族一系，以别于贵族一系之外的"小人""庶人"。如此，"君子"始初仅是指身份和地位，尚无明确的道德内涵。

在《论语》中，赋予君子"智""仁""义""勇""忠""恕""信""直""刚"等德性内容与道德品质，确立起"君子"的标准，从而与同样赋予道德内涵的"小人"相区别开来。

弱化"君子"之地位和身份，倾注更鲜明而丰富的道德内涵，不仅促使曾有地位和身份的"君子"自省、自观、自觉、自察而自定（"德"与"位"配乎?），也为原有地位、身份卑下的"小人"，敞开了通过自我修造达成君子之门，从这一意义上来说，孔子不仅为"小人"、世人修造自我、提升自我而成"君子"提供了一条可行通道，而且为救世播下了希望的"种子"。

第二，形而下者，谓之器，唯"大道不器"。"器者，施物而穷，容物有限。君子得位，道备文武，兼容并包。"（戴望）因此孔子提出"君子"须"不器"。如此，孔子要求君子须遵"君子之道"，取"道"而修己，使己成"能柔、能刚、能圆、能方，流之斯为川，塞之斯为渊，升则云行，潜则雨施"之"君子"，而不"滞于一隅，适于一用"，仅"为人之所器者"。如此，"不器"之君子，方修成与其所担负的责任和使命相匹配、相一致的能力、格局与境界。从这一意义上说，"君子不器"，如是孔子为君子、为其众弟子所发出的一道律令，警示弟子们不可止于、限于"器"而囿于"器"，开示君子当将"不器"作为己自觉修行之目标。

第三，孔子主要立足于君子之心性、德性、学识、才干、人生境界与格局等诸多方面的提升，从"道"与"器"的关系视角，对成器之君子成长提出了更高的要求："不器"！并以此展示君子理想超拔人格的待完成性。人生漫漫路，惟是"上""下"求索而"不器"，真正做到"下学而上达"而成"中庸"人格。

君子成"器"而不能超越"器"、达"不器"之境，则依然处于"形下"，溺于物象之中，局限于某一功用，受制于己之狭隘，止于"器"，或是画地为牢、偏安一隅，处人生守成固化而不进。如此，"君子不器"，以无限开放的姿态，表达君子人生成长的崭新境界。

第四，孔子以"不器"喻君子，从根本上超越在"器"的层面讨论君子人格。言一个人"不成器""成器"，或言说"小器""大器"，但都依然还局限于"器"的层次，囿于"器"。孔子以"不器"对"器"予以否定与扬弃，指示着君子越"器"而入"道"。如此，君子，非为形下所拘、具象所束、被"器"所羁，更不会为"利"所囚；君子非"池中物"，亦非"器"可裁量，"器"于君子，只是其人生攀爬之途中不可或缺的一个阶梯，君子当以"不器"为人生指向，实现对"器"之超越。如是，瑚琏之子贡，器小之管仲，皆因未达"不器"而有所不足，故"圣人所以不欲琭琭如玉，珞珞如石。"（老子）因为君子只为道存，不以成"器"而足；君子的一生以忧道、谋道、弘道为责任和使命，以"乐道"而安。如此，君子必走出一条"不器"的超拔人生之途。

第五，从君子修齐治平之人生实践意义上来看，君子应该担负起治国安邦之重任。如此，君子，对内可以妥善处理各种政务，对外能够应对四方，不辱君命。所以，孔子以"君子不器"表明，君子须博学多识，具有多方面才干，不止于一叶障目，不见泰山，也不局限于某一隅而偏安，而须通观全局、统领全局，如此不器之君子，方可成为救世弘道之担负者与践行者。

第六，孔子要求"君子不器"，为君子人生提供了一种自我超越、自我完善的"精神图式"和目标，以不满足、不停步于"现状"为关键和始点，这就为君子人生确立超越目标，要求君子人生立意要更深远、品性修养要更良善、境界格局要更高大、视野见识要更宽广、综合素质要更卓越、能力才干要更全面、更精于道……如此，以这样的标准而"独善其身"，方可成能伸能屈、刚柔相济、文韬武略、俯瞰古今之人，担负起经世弘道之重任。

第七，孔子之"君子不器"，勾画出君子人生从原初之"不（成）器"→成"器"→"不器"之自我否定、自我完善、自我提升的进取逻辑，呈现出敢于否定、扬弃与超越自我的积极人生态度，在自立、自为和自成中勇往直前，实现脱胎换骨之人生蜕变，使人生之才华、修养境界、格局视野更上一层楼，如此隽永、勃发而不怠的生命姿态与生命气象，才是君子人生之应然。

第八，孔子之"君子不器"，警示今人切勿陷入"专业"之偏狭与沟壑，成"井底之蛙"，亦不可成为"工具人""单面人"而丧失人的全面性、融贯性、丰富性和发展性，更不可目无他人、心无苍生而成为一己之利的囚徒和实用、功利之奴隶。如此，现代人更应该立足于"专业"，又超越于专业之限，为生命开启更为广阔的空间，真正促使自己成为"自由而全面发展的人"。

总之，孔子以"君子不器"教导众徒，须取道修己、悟道修身，不止于、不囿于"器"，而应不断突破自我的藩篱，超越已达之状，从"器"至"不器"，使人生跨出形下物象之域，越至形上"道"之境，实现生命之自觉、自主，唯有如此，才能堪当齐家、治国、平天下的重任。

———————————

附：

孔子在此以"不器"反向界定君子，与《论语·雍也》中对君子人格的正面界定形成鲜明的对照。孔子曰："质胜文则野，文胜质则史，文质彬彬，然后君子"。由此可知，君子人格在孔子看来是"文"与"质"统一的"中庸"模式。

在《论语·八佾》中亦有"绘事后素"之说，此乃君子之遵"中道"，成"中庸"模式的又一力证。在《论语·公冶长》中亦有："子贡问曰：'赐也何如？'子曰：'女，器也'。曰：'何器也？'曰：'瑚琏也。'"若将"不器"与"器"对照来看，"器"只是属于君子人格中的"质"自然的本性（如是璞玉），"文"注重的是后天的修饰，即教化。因为"绘事后素"这种"中庸"模式正是孔子所秉持的，所以，君子人格不能只停留于"器"（璞玉），"玉不琢不成器"，还需后天的教化。《中庸》有言："自诚明谓之性，自明诚谓之教，诚则明矣，明则诚矣。"

在此，不能忽略"教化"之功用，因此，"君子不器"虽是反向证明君子人格，但有其固定指向，其关键并不是在"德与才""体与用"的对立上来讨论君子人格的，而是在"中庸"的模式下来讨论教化与成就君子人格的重要性。

"器"与"不器"、"道"与"器"、"形上"与"形下"只是分析问题的视角，这是一分为二。孔子所论之成人、君子则是重实行，用庞朴先生的观点来说，就是"一分为三"，是注重把"二"合起来切己落实于自身，这就是"三"，也就是"中庸"。

生活哲学视野中的"论语"研判

10. 先行后言，君子当践

为政 2.10

【原文】子贡问君子。子曰："先行其言而后从之。"

【译文】子贡问怎样做才算是一个君子。

孔子答曰："对于你想要说的话，先去做了，然后再按你所做的说"。

孔子从"行"与"言"之先后次序、"本"与"末"两个视角，明确地规定君子为人处世所应遵循的基本原则："行"先"言"后，从"行"而"言"，从而确立了君子言行之标准，以此既反对言行分裂、有言无行、言先行后的做事、做人之取向，又反对言过其实、夸夸其谈之做派，凸显孔子一贯重"践行"，反对空谈的修身做事之原则，从而强调君子须锻就其敏于事、敏于行而慎于言之朴实笃行的人格。

孔子提出"先行""言后从"的原则，从直接性来看，则是孔子根据子贡所存在的"问题"，为其"量身定制"，予以点拨和教化，警示子贡须革除空谈与显摆之弊。如此，孔子之言，对子贡个人之自诩、华而不实之作风，以及空谈的为政流弊都予以了批判。从这一意义上而言，孔子之答乃是纠弊与重塑君子人格、为政风尚之论。

孔子之答，表君子"说得一丈，不如行得一尺。"（蕅益）"下之于上，不从其所言，从其所行。'同言而民信，信在言前也；同令而民化，诚在令外也。'"（戴望）恰如《礼》曰："君子约言，小人先言"。

具体而言

第一，子贡此问，既是子贡之困惑，也是子贡自身所存在的"问题"。被后世称为"儒商之主"的子贡，长于"言"，擅于"外交"，是"知易行难"之人。《论语·先进篇》中有记："言语：宰我、子贡"，表子贡在孔子众弟子中以善"言语"而著称。对于子贡的这一突出特点，朱熹延引宋儒范祖禹之语释曰："子贡之患，非言之艰而行之艰，故告之以此。"如此，"子贡问君子"于孔子，呈现出双向的互动性，一方面表子贡"为学"，向孔子求教解心中之惑；另一方面孔子根据子贡自身的情况，借其问之机，解决子贡的具体问题，对子贡"有的放矢"地施予教化。如是张居正所说："孔子因子贡多言，故警之以此，其实躬行君子常少，言不顾行者常多。学者之省身固当敏于行而慎于言，人君之用人，亦当听其言观其行也。"

如此，通过师徒二人的问答，孔子提出"先行"，"言而后从之"的基本原则，以纠子贡个人之弊为始，进而延引至解世人，乃至为政者之痼疾，希望子贡改其不足或毛病，做一个以行践言、言行一致、知行合一之真君子，亦期许世人，尤其是为政者能遵循此原则而做人、为政。

第二，孔子在《论语》中所论君子之"言"与"行"的关系，无疑是继承了《周易》之基本思想。《周易》云："君子以言有物，而行有恒。"《系辞·上》云："默而成之，不言而信。"《乾文言》又云"庸言之信，庸行之谨"，等等，从"言之有物""言行一致"等方面论述了"言"与"行"之关系。对于"言""行"之关系，孔子在《学而》篇中首先表明"巧言令色"者，"鲜矣仁"，进而从"好学"要求君子"敏于事而慎于言"；在《里仁》篇中对君子提出"君子欲讷于言而敏于行"的要求。在此，孔子提出君子为人处世所应遵循的原则：即"先行"，"言而后从之"。

（1）孔子提出"先行"的原则。强调以行"显"言、以行"代"言，以"行"践言，彰"行者，知之成"，表"行"是最有说服力的"言"，凸显"行"之重。如此，唯有以身践行，才是君子为人处世之道。在此，孔子表明判断一个人是否修成君子之德，其关键或根本在于看其"行"，而非其"言"。若一个人在行动中，真正做到不僭越"礼"、践履"孝"、笃行"忠信"，进而"乐道"，那么，此人就是一个君子。孔子之论的主旨就是要求君子做一个身体力行之人。

（2）"行"先"言"后的次序原则："先"行"后"言。"先行"，即相对先"言"。孔子强调君子须"先行，其言而后从之"，即要求应该处理好"行"与"言"的关系，切莫倒置。孔子的取向是："先行"而后"言"，以"行"成"言"、以"行"引"言"，"行"具有直接性和先天的合法性与优先性，"言"因"行"而生、而在、而必要，"言"成为"行"的注脚、注释、补充和延伸，而绝不可倒置其先后次序和关系，甚至只"言"不"行"。由此强调君子须力戒言多行少、有言无行，做人、做事莫要逞一时口舌之快，轻易虚言允诺，而应遵循持重务实之风。

（3）君子应遵循行"主"与言"从"的尺度与原则。君子之"行"，是其"言"之依从、之尺度。"言"须依从、根据、服从于"行"。

于此，可以从"质"与"量"两个维度上进一步厘清"行"与"言"之

　　　　　　　　　　　生活哲学视野中的"论语"研判

关系。

其一，从"质"上看，要求"行"与"言"的一致性，"言"须有据，切勿臆断、臆说，导致无凭之"言"，同时，更须杜绝颠倒黑白、混淆善恶，行"恶"而言"善"，以善言掩饰恶行。

其二，从"量"上看，不能行"一"言"二"，吹嘘、夸大而"言过其行"。

如此，孔子之"先行，其言而后从之"，既表达了君子重"行"之根本原则，亦表明君子之"言"，须据行而言、量行而言，忌虚夸、自诩与自我标榜。

孔子之答，虽只针对子贡个人而言，却要求君子遵循首先能做到，然后再说的基本原则，防范先言而无后行抑或大言而小行等诸种言过其行之弊。

第三，孔子对子贡的回答："先行其言而后从之"，若解其义为："先行其言，而后从之"，则表明君子之言行对普通民众之影响，彰显孔子之论，通过教导弟子子贡而指向为政者应是如何施政。如此，这一命题的核心则表达：君子须率先垂范践行自己所"言"以成"事实"，而后民众自然遵循、遵从君子之言而为，以此表明为政者之言的说服力，其要害之处并不在于为政者所"言"，而在于为政者能做到其所言，以行践言。如此，君子当以"先行其言"而示范、而引导、而带动民众，民众自然也就"从之"。简言之，孔子之论重点在于强调为政者当首先以己行践己言，要求民众去做的，为政者须先遵照而行之，如此，才会提升为政者之"言"的可信度与号召力，增强而不削弱民众对之的信任，进而不致丧失民心，动摇其为政之基。

（1）"先行其言"。孔子要求为政者须以"行"践"言"，以"行"证明与增强其"言"的说服力与感召力，凸显为政者之"言"能否带动民众"从之"，主要看为政者是否"先行其言"。孔子曾有言："君子之德，风；小人之德，草；草上之风必偃。"（《论语·颜渊篇》第十九章）亦表明"政者，正也"的真正价值之所在。

（2）"而后从之"。为政能成民众"而后从之"之景象，如是"譬如北辰，居其所而众星共之"，当以"为政者"立德为先。为政者之立德，在为政实践层面则具体表现为"先行其言"。一句话，要求民众遵从的政令，为政者须先遵从；要求民众去做的，为政者当先行、先做。如此，孔子从言行的关系视角对为政者提出了自律要求。

第四，孔子之言，无论是解读为就君子个体而言的"先行，其言而后从之"，或为政者而言"先行其言，而后从之"，都表明"行"重"言"轻、"身教"重于"言传"的进德原则，唯有如此，君子才不失信于人，为政者才能取信于民。如此，君子、邦国方可"立"。

第五，孔子之论，告诫君子、为政者当忌不切其"行"之豪言、妄言、虚言。恰如《礼》所云："君子约言，小人先言。"因为"至言去言，至为去为，则凡言者，风波也；为者，实丧也。又况言浮于行者哉？"（陈祥道）这样，孔子倡导君子、为政者"先行"或"先行其言"，则"近乎仁"，是君子修德之具体表现。

第六，孔子之论，从言行关系视角，既为君子修德确立了应达成的目标，同时也确立了甄别、检验君子之标准。这一标准，从反面而言，反对"空谈"；从正面而言，强调践行。如此，孔子消解了以"言"为据的伪君子之道德幻象，以其"行"而求真君子于当世，这是孔子塑造君子的价值目的之所在。

沿孔子之思，荀子将君子之"言"与"行"置于为政之域，要求治国者根据其"言"与"行"对人才予以甄别，从而加以定性、定位，以及在此基础上应持有的立场与方法而待之。

荀子曰：

"口能言之，身能行之，国宝也。

口不能言，身能行之，国器也。

口能言之，身不能行，国用也。

口言善，身行恶，国妖也。

凡治国者，必敬其宝，爱其器，任其用，除其妖。"（《荀子·大略》）

荀子之论，更加明晰地呈现出孔子之论所关涉的君子之"言"与"行"的现实价值。

第七，孔子以"行"与"言"的关系来塑型君子，一方面对言伪而辩、言行不一、言而无信、文过饰非、夸夸其谈抑或"巧言令色"等长戚戚之小人予以批判与鞭挞；另一方面在倡导言行一致、知行合一的原则下，凸显君子以"行"为证、以"实"为证、重"行"轻"言"，以此褒扬君子厚重朴拙的人格模式与做事风格。孔子这一思想，深刻影响着中国人的文化性格与道德人格，催生了低调笃行、朴实敦厚而慎言的民族性格。

第八，孔子之论，否定言"先"行"后"，强调先行后言，既为君子人格确立了"道德标杆"，亦为君子人格的修造指明了正确之途。因为言"先"行"后"，不仅有悖于塑君子持重人格，须力戒浮泛轻薄之弊，而且在实际的生活交往中潜存着不可预测的"道德风险"。如此，一个成熟的君子，应规避其道德风险、绝除轻薄之病，于乱世，方可不仅避免各种陷阱而不使己陷入被动，而且渐成笃行之君子人格。

孔子对弟子子贡及其君子的要求，不仅注入了孔子沧桑人生之世故经历与过往历练之所得，而且将其人生理想直接具象化和个体人格化。

第九，在当今时代，话语（"言说"）已渐次凸显出它的独特力量，构成"话语"与"权力"之间的复杂关系。如此，在生活的多重视域与维度中，"话语"构成超越于"感性行为"的一个独立视域，同时，"话语权"亦成为一种尺度、一种相对独立的权利，制约、检验着一个人、一个群体、一个民族和国家的实际生存境况。

从孔子对君子人格塑造的诸论述中可见，孔子一贯强调君子以行践言、重行轻言，主张君子须"慎于言""讷于言"，以及"先行其言""敏于行"等，无疑造就勤勤恳恳、踏实肯干、埋头苦干的君子笃行之风，同时，也塑造出一个个不擅言说、忽略话语的个体人格特质，进而渐次形成不擅"言说"、不长话语思辨与论辩、沉默寡言的民族性格，形成与积淀为"言多必失""祸从口出"的集体无意识。尤其是孔子以"鲜矣仁""乱德"而否定"巧言令色"，昭示着君子须秉持以"行"显"言"、内敛老成、不苟言辞的原则。如此，重"行"轻"言"之价值取向，如是道德律令，要求世人"多做少说"或只做不说。

简言之，孔子之论，以及儒家文化"先行后言"、重"行"轻"言"之取向，导致思维的严重偏向：在反对舌绽莲花、巧舌如簧、花言巧语、巧言令色之时，忽略了对"话语"本身所具有的独立价值予以充分的重视和开发。这无疑生成了一种轻视话语力量的文化性格，由此，也带来对话语本身所具有的独特力量的否定性评价。

如此，在孔子之"言""行"关系的价值取向渐成民族心理模式与行为方式时，在具体的生活中，夫妻常是一对沉默的"老"夫妻；父与子亦常是寡言缺沟通而相背，朋友之间也难以借"言"之力量而共谋、共商而共识。

将国家、民族生活的历史语境从远古迁移到当代国际化生存的时空中，在当今国际话语权争夺事关民族存亡兴衰的时代，面对西方思想家力主"语言是存在之家"的生存话语观，西方国家政治、经济、科技文化等多重话语已成滔滔强势之时，倘若我们依然无视甚至简单地否认"言说""话语"的力量，依然坚持惜字如金、讷言、慎言，抑或面对他国肆意挑衅还三缄其口，那么，如何在"话语权"的争夺中，从根本上得以改变和扭转，则必须对"言""行"关系之价值倚重加以重新审视。如此，在当今时代，对于君子人格和民族性格中重"行"之传统，须恪守、秉承而发扬，但同时需要充分开发与学习言说的逻辑，激活沉睡的话语思维，张扬话语的力量，利用君子之"言"，以雄辩之"事实"，真正地向世界说好"中国故事"，呈现一个有深厚历史文化积淀与源远传承、有良好教养与仁善、包容、坚韧性格和大爱情怀的民族，依靠自身实干而崛起的真实的中国，向世界展示真正刚健有为、厚德载物的中国形象，输出文明中国的价值观，获得国际社会的认同，共同打造互帮互助、互利共赢的人类命运共同体，这是当代中国君子在自造之时，须再造中华民族千古春秋之势。

总之，孔子回答子贡"君子之问"，是孔子关于君子"敏于事而慎于言"的一般原则之进一步具体化，落实于"行"与"言"的关系上，强调"行"先"言"后，以"行"表"言"、以"行"证"言"、以"行"成"言"，突出君子之重行轻言的人格特征。同时，更为重要的是突出了"行"先"言"后、以"行"代言，于为政实践中能起到垂范和引领之效。

但是，重行轻言，将"言"仅视为、作为"行"之系列的"副本"或注脚，这一取向所引导的思维、文化和价值偏向所带来的对言说、话语的轻慢与质疑，以及对"行""言"互动生成的综合性效果的忽略，在"话语"交往、话语权成为主导性权利的时代，无疑必须对之加以扬弃和超越。

孔子之答，警示我们不仅要认真踏实"做事"，还需好好"说话"！

11. 君子之周，小人之比

为政 2.11

【原文】子曰："君子周而不比，小人比而不周。"

【译文】孔子说："君子团结不与人勾结，小人与人勾结而不团结。"

孔子以"周"与"比"为视点，以"关系"为视焦，依其缔结关系所遵循原则和所要达到的目的，揭示了"君子"与"小人"之根本区别：君子之"道全""周而不比"，小人之"道缺""比而不周"，从而呈现出君子与小人两种不同的人格差异与交往风格。

君子交往缔结关系，持道义、主忠信，遵"和而不同"而"团结"天下，相反，小人则因"私利"而"勾结""党同伐异"，依次显示出二者之别的根本在于缔结关系之依凭、纽带。如此，孔子从交往维度批判"小人"无道之"斯滥"，从而凸显君子践行"君子之道"，"周而不比"。孔子以此训导其弟子日后在朝堂之上，亦规劝为政者施政时，切不可以一己之"利"失道义而结党营私，须以载道义之磊落君子而周济天下。

具体而言

第一，人必"群"而非"独"，"群"之性质、品质取决于构群之纽带与原则。孔子以"周而不比"和"比而不周"两种境况，具体地表陈"君子"与"小人"结群的两种情态，揭示"君子"与"小人"之别，从而掘出"团结"与"勾结"的价值谜底，透析了"团队"与"团伙"的本质分野。

孔子依此教导众弟子，须心怀天下、海纳百川，秉持"道义"、忠信而结朋交友，修君子之德，彰君子之风，"周而不比"，切勿役于"小我"之狭隘与私利，成心胸狭窄、结党营私、蝇营狗苟、党同伐异、"比而不周"之"小人"。同时，劝导为政者须以天下道义为准则而结盟，"周而不比"，共襄盛世，放弃以"私利"为原则和尺度而施无道之权谋，结束"比而不周"之争权夺利，以绝尚"利"行霸道之恶政，成"仁道"兴昌之善治。这样，孔子以"君子"与"小人"之分，不仅强调个体修德而正交友之道，更在于教导为政者须易所行之无"道"，遵"王道"而施仁政，以此表达孔子治世之愿景。

第二，孔子之论，从"周"与"比"的取向上，将"君子"与"小人"予以剥离与区分：君子取"周"，然"不比"，相反，小人则取"比"，然"不周"，清晰地透析了君子与小人迥异的特征，表呈君子与小人两种相悖的人格与处世风格。

"周"与"比"，其共同点都在于"结"，即建立关系。二者之不同在于：

（1）从关系的性质而言："周"为"团结"，"比"则为"勾结"。

（2）判断二者之价值基础：即为"仁"。"周"遵循仁而忠信，"比"则违背"仁"而行伎俩勾当。

（3）从二者的德性特征而言："周"，"反求诸己"而关涉"身心"、而载道；"比"则缺"反求诸己"而关涉利益、权谋、地位等与"私"相关的关系，只是单纯强调外在的"利己"关系而失（仁）道、无（仁）道。

（4）从其遵循的原则而言："周"贯彻与体现"仁"，坚守的原则是"己所不欲，勿施于人"，彼此独立而"求同存异""和而不同"；相反，"比"遵照的"利"至上的价值尺度，如此，其遵循的则是"己所欲，施于人"，彼此依附而顺从之原则。如此，"周者往而还反，终而复始，若日月行度然。比，近也。周者，君子事大；比者，小人事小。"（戴望）

（5）从二者之出发点和落脚点而言：周与比皆由"我"出发，然，"周"由"小我"而成"大我"，其轨迹表现为"小我"→"人"→"众"→"大我"；"比"，同样是从"小我"出发，但因囿于"小我"，坚持"自私自利"的原则，其落脚点依然是"小我"。如此，"比"乃唯"小我"至上。其轨迹表现为"小我"→"人"→"小我"。如此，君子之"周"，表其生命成独立、开放、包容、拓展之态；相反，小人之"比"，表其生命必是封闭、排他和守固之形。

（6）从二者之目标而言："周"，因持"己所不欲，勿施于人"，其目标即以存"异"而"和"；相反，"比"则行"己所欲，施于人"的原则，其目标必是伐异而"党同"。

（7）从二者观照的范围而言："周"，循道义团结一切可团结之人，四海之内皆朋友，如是，周则不因"利"而人为划定亲疏远近，于天下而不拒，以达"仁爱"众生；相反，"比"，则以"利"为尺度，流于偏私，彼此皆为利用之关系，因此，"比"者，即背"道"而"从"者。

（8）从二者所构之群的纽带与性质而言："周"，走内在道义之路向，所成之群即能同舟共济、休戚与共，真正的"共同体"或"团队"；相反，"比"所行的是外在的利益路线，其所成群，只是"唯利是图"之帮派或"团伙"。

（9）从二者的结局来看：君子之"周"，因其仁善首先在于"己所不欲，勿施于人"而存异，进而在于"己欲立而立人，己欲达而达人"之彰"和"，简言之，"周"因存异而为"和"，才能达到1+1>2之"共赢"，从而能长久稳固；相反，小人之"比"，因以"利"为纽带与尺度，表面看上去"一团和气"，亦可一时"风光无限"，其实并没有真正地成就"我"（大我），必丧于苟且之"同"。换言之，因取向于"义"的君子自然会聚人而成群，而因"利"苟合成"伙"之人，必将利竭而离散。这样，君子因"义"而形成的"群"是内生的、实质性的，因"道""同"而成"群"，因其内在道义力量则必成"势"，因此具有稳固性和长久性；相反，小人因"利"而形成的"群"，则是外在的、形式性的，以"利"为纽带而相互利用，钩心斗角、唯利是图，如此之"比"，即使短暂得"势"，则因"失道"必利尽而散，因而只是短暂的，甚至是瞬时的。恰如王通总结所言："以势交者，势倾则绝；以利交者，利穷则散。"（王通《中说·礼乐篇》）"势利之交，难以经远。"（诸葛亮《论交》）

如此，君子为何能"周而不比""小人"为何是"比而不周"，换言之，君子之为君子、小人之为小人，其根本的原因在于"君子喻于义"，而"小人喻于利"。

第三，君子与小人，因在取舍上遵循的是泾渭分明的两条价值路线，"周"之"君子"决于"德性"，"比"之"小人"则陷于私利。如此，构成两幅不同的道德景象：君子开诚布公、光明磊落，得失坦然；小人阴险、钩心斗角，得失分寸计较；君子"周"的世界，如洁净清风、皓月幽光；小人"比"的世界，陷阱阴森、浊气充斥。这样，呈君子、小人截然不同的人格与生命气象："君子"人格完整、温润圆融，可"杀生取义"；"小人"则是残缺不全、扭曲变形，必"见利忘义"。

第四，遵"王道"、施"仁政"治国，就是"周"，其为政者胸怀"民胞物与"，视天下为一家，民众则视其为"仁君圣王"；反之，施"霸道"，行"苛政"治国，就是"比"，其为政者"横征暴敛"，视天下为一家之天下，民众则视之为独夫民贼。由此可见，孔子是借此"君子""小人"之"周""比"，劝诫当世的执政者殷忧启圣。

第五，孔子以君子"不比"，彻底否定君子之"比"，强化君子之"周"；同样，以小人之"不周"，彻底否定了小人之"周"，凸显了小人之"比"。如此，将君子之"周"与小人之"比"置于"仁"之对立的两极；二者对立的根本则在于否定"义""利"共存之可能性，于此，孔子揭示了道德价值二元论的悖论。同时，亦鲜明地表达了孔了扬君子之"周"、斥小人之"比"，由此构成儒家"义利之辨"的独特取向。

如此，孔子以此指证与批判乱世无义唯利之实，但同时确立起贬"利"褒"义"、抑"利"扬"义"的价值立场，进而形成颂扬"大我"而批"小我"之价值取向。如此取向构成"整体主义"的天然正当性，从而极度弱化抑或取消"个体主义"的道德空间，换言之，"个体主义"的利益道德观从未获得其合法性，这样，在实际道德生活中，渐渐演绎成对"个体"予以道德洁癖化的苛求，造成不同形式的假公济私之"伪君子"，当然，也造就了历史上的无数"义士"。

事实上，"集体"是由众多"个体"构成的，漠视、抨击或挤压个体利益，而强调君子的大局观、整体利益观，势必伤及个体利益，其结果必是大局利益之不保，这也就说明，"义利"即"整体"与"个体"或"公"与"私"对立的道德格局，不仅为以"天下为公"之名，行"一己之私"之实，做出了完备的道德诠释。同时不观照个体利益，抽空了个体的集体，因其"虚假共同体"之弊，必是悬空、脆弱和短命的。如此以"义利"对立的二元道德价值论为始，以道义道德"一元论"为终的取向，不可否认，为家天下之覆灭，早已作出了道德预构。

第六，将孔子关于"周""比"之主张作为尺度而审视——"没有永远的朋友，只有永远的利益"之论，无疑是遵循丛林原则的"小人"，行无道而唯利是图之借口；反之，"得道多助，失道寡助"，则是对行"义"之有"道"的历史肯定。

总之，孔子揭示"君子"与"小人"之质的差异性，其目的在于，一方面是让其弟子们能识人、鉴人，另一方面则要求或教导其弟子们努力在为政中成为"周而不比"之"君子"，培育出与"德治"相匹配的"政治人格"，切勿滑向"比而不周"之"小人"。如此，孔子之论从个体心性、德性视角确立中国传统政治，尤其是德治之前提和基础。

12. 学思统一，无罔无殆

为政 2.12

【原文】子曰："学而不思则罔。思而不学则殆。"

第一种解读：

【译文】孔子说："只学习却不思考，就会感到迷茫而无所适从。若只是空想而不学习，就会疑惑而无所得。"

孔子基于两种不同的进学修道方式，对君子提出告诫：当学思结合、先学后思、学中有思，通过不断地思，反观学之动机，关照学之得失，反省学之方向，并以此提升学之境界，调整学之策略，修正学之途径，坚定学之方向。向外之"学"，通过内部达观于"思"，由"学"，上升到"思"，再由"思"，推动"学"之提升。如此周而复始、循环往复，波浪式地渐进，远离"学而不思"的困顿迷惑，避免"思而不学"的游移空幻，防范坠入"常人"甚至"小人"之途。做一个"学而思""思而学"的君子。

具体而言

第一，"学"在孔子思想中具有特殊的地位。

（1）通观《论语》，便可知"学"是一个关键字。根据杨亮功先生的统计，整部《论语》中共有 42 处谈到"学"（共出现 63 个"学"），其中有 32 处是孔子自己谈到的。

（2）《论语》二十篇，有十五篇出现"学"（而且往往不仅一次），只有《八佾》《里仁》《乡党》《季氏》《尧曰》五篇未出现"学"（但并非未讨论此问题）。

（3）孔子生前以博学著称。《论语·子罕篇》第二章便记载了达巷党人对孔子的评语："大哉孔子！博学而无所成名。"此外，在《论语·述而篇》子曰："默而识之，学而不厌，诲人不倦，何有于我哉？"（第二章）子曰："若圣与仁，则吾岂敢？抑为之不厌，诲人不倦，则可谓云尔已矣。"公西赤曰："正唯弟子不能学也。"（第三十四章）都是孔子对自己的评价，前者是独白，后者则是对弟子公西赤而说。

《孟子·公孙丑上》第二章也有类似的记载，只是对谈的对象换成了子贡："昔者子贡问于孔子曰'孔子圣矣乎？'孔子曰：'圣则吾不能，我学不厌而教不倦也。'子贡曰：'学不厌，智也；教不倦，仁也。仁且智，孔子既圣矣。'"在三段文字中，孔子的自我评价都是"学而不厌，诲人不倦"，且将"学"与"教"联系起来说。"学而不厌，诲人不倦"看起来似乎很平常，可是按照公西赤与子贡的说法，要做到这两点却非常不容易。子贡的说明道出"学"与"教"对于儒家传统的重要意义。

（4）《雍也篇》第三十章载孔子之言："夫仁者，己欲立而立人，己欲达而达人。"套用这里的说法，"学"是立己，达己之事；"教"是立人，达人之事仁者，圣者之所为亦不外乎此。

（5）"学"对于儒家传统的重要性，从《论语》第一篇是《学而篇》，第一章便记载孔子的话，第一个字就是"学"得以体现。子曰："学而时，习之，不亦说乎？有朋自远方来，不亦乐乎？人不知而不愠，不亦君子乎？"于此，表面看来，这三句话之间似乎没有什么关联，但事实上，这三句话很巧妙地勾勒出孔子思想，乃至整个儒家传统的基本特性。

就这三句话的意涵及其间的关联，首先我们要确定此处所说的"学"究竟有什么意涵。这个问题至少包含："一，'学'的本质为何？二，'学'的对象为何？三，为何而'学'？"这三个内在相关的问题。

历来关于"学"的解释有两种：或解作"觉"，或解作"效"。解作"觉"，如邢昺疏引《白虎通·辟雍篇》云："学之为言觉也，以觉悟所不知也。"皇侃《论语义疏》也引述这段话，但引作："学，觉也，悟也。"这与《说文》的解释相符。《说文》将"学"字作「斅」："斅，觉悟也。"

解作"效"者，以朱子为代表。朱子云："学之为言效也。人性皆善，而觉有先后。后觉者必效先觉者之所为，乃可以明善而复其初也。"从表面看来，这两种解释似乎不同，甚至是冲突的。因为"觉"是觉悟或觉醒，只能求之于己；"效"是仿效或效法，必须以人为师。但细究朱子的解释，可知仿效只是手段，其目标仍在觉悟（所谓"明善而复其初"），他似乎无意将两者对立起来。尽管以上两种关于"学"的解释未必冲突，但是朱子的解释较合乎孔子对于"学"的态度。

第二，在《论语》中，孔子经常将"学"与"思"对言。除了《为政篇》中所言："学而不思则罔，思而不学则殆。"还有《卫灵公篇》第三十一章的"吾尝终日不食，终夜不寝，以思，无益，不如学也。"

（1）在第一段话中，孔子同时肯定学、思二者的重要性。但在第二段话中，他又强调"学"之优先性，"学"应作为工夫入手处。在此，"思"应是一种内向的活动，包括反省、思考、体悟等；"学"则是一种外向的活动，包括读书、观察、模仿、演练、请教等。

（2）从学、思对言看来，"学"的意义应较偏重于外向的"效"。在《述而》中孔子也曾自述："述而不作，信而好古，窃比于我老彭。"（第一章）"我非生而知之者，好古，敏以求之者也。"（第二十章）"盖有不知而作之者，我无是也。多闻，择其善者而从之，多见而识之，知之次也。"（第二十八章）以学、思对言来说所谓"述""好古""多闻""多见"，均属于"学"的范围，可见孔子对"学"的重视。

（3）确定了"学"的本质之后，"学"的对象便不难确定。在《论语》里，孔子提到"学文""博学于文""学礼""学《诗》""学《易》"和"学道"。在这些对象中，除了"道"的含义不太明确之外，其余各处均明显地涉及古代的文化遗产；甚至"道"也可能包含在古代的文化遗产之中。因此，可以肯定的是孔子所说的"学"，主要是指对于古代文化遗产的学习。《先进篇》第二十五章记载："子路使子羔为费宰，子曰：'贼夫人之子。'子路曰：'有民人焉，有社稷焉，何必读书然后为学？'子曰：'是故恶夫佞者。'"由孔子对子路的斥责看来，孔子显然将读书视为"学"的主要手段。因为既然"学"的主要对象是古代的文化遗产，读书自然是"学"的最佳途径。进而言之，孔子所说的"学"虽非直接涉及道德修养，却是道德修养的基础。《阳货篇》第八章载孔子之言："好仁不好学，其蔽也愚；好知不好学，其蔽也荡；好信不好学，其蔽也贼；好直不好学，其蔽也绞；好勇不好学，其蔽也乱；好刚不好学，其蔽也狂。"仁、知、信、直、勇、刚六者，本身都是良好的德行，若"不好学"，那么就会产生各种"蔽"，由此强调好学对于德行修成的重要性。这也足以证明"学"的直接对象并非道德修养。但既然"学"的目标是道德修养，则只要达到了道这个目标，自然也可以算是"学"了。如此，恰如子夏说："贤贤易色，事父母能竭其力，事君能致其身，与朋友交，言而有信，虽曰未学，吾必谓之学矣。"（《学而篇》）

（4）确定了"学"的本质与对象之后，接下来的问题是：为何要"时习之"呢？"时习之"为何会带来"说"（悦）呢？何晏《集解》引王肃曰："时者，学者以时诵习之。诵习以时，学无废业，所以为说怿。"朱子释曰："习，鸟数飞也。说，喜意也。既学而又时时习之，则所学者熟，而中心喜说，其进自不能已矣。"依此，"时"字王肃解作"以时"（在适当时机），朱子解作"时时"（经常），其义稍有不同。"习"字王肃解作"诵习"，朱子比作"鸟数飞"（重复练习），其义略同。但也许这两种解释都未把握住要点。因为无论将所学的东西"以时"还是"时时"诵习之，都是一种重复的活动，即使不会令人感到无聊，也很难想象会带来什么特殊的乐趣，甚至令人心悦。问题的关键在于："习"，不仅如朱子和王肃所言，有"重复练习"之意，同时还有"实践""践行"之意；它大概相当于英文中的 practice。如上所述，"学"的直接对象是古代的文化遗产，而其目标是道德实践，则"学"不仅是一种知性活动，它同时也是一种实践活动。上文曾指出："学"与"教"是相关联的。从前人那里学到古代的文化遗产，然后教给下一代，这其中就包含一种文化传承的关系。"学"必须不断地重复，文化传承才能持续下去，而这种重复同时也就是创造。孔子所感受到的"悦"即是在实践与创造中发生的，这也就是他在《述而篇》第十九章所说的"发愤忘食，乐以忘忧，不知老之将至云尔"的境界。

（5）"有朋自远方来，不亦乐乎？"这句话与前一句话的关联何在呢？这里所谓的"朋"并非一般意义的"朋友"。何晏《集解》引包咸曰："同门曰朋。"朱子《集注》曰："朋，同类也。"综而言之，志同道合之，方可称为"朋"。古代交通不便，旅途不易，志同道合的朋友会自远方来访，足以证明他们之间有一股强烈的信念将彼此联系起来，而这种信念，则建立在由文化传承所形成的共同基础上。美国学者郝大维与安乐哲解释道："'学'意谓获取和利用前人在文化传统中所赋予的意义。这样'学'为一个社会中的个人提供一个共有的世界，在其基础上，他们能够沟通与互动。"此解很扼要地说明了《论语》开头两句话的关联。文化传承一定要在群体中才能进行，单独的个体是无法展开的，因为"学"与"教"都是发生在人与人之间的。这句话中所说的"乐"是源于由共同的文化意识所形成的连属感（solidarity）。这种连属感，不但使孔子感受到"乐"，也使他"梦见周公"（《述而篇》第五章），并且发出"鸟兽不可与同群，吾非斯人之徒与而谁与？"（《微子篇》第六章）的感叹。这显示儒家传统的一项重要特色：儒家所追求的并非超越现实世界的"彼岸""天堂"或"上帝之城"，而是一个立基于现实世界凭借文化意识联起来的人文世界。

（6）"人不知而不愠，不亦君子乎？"对此，皇侃《论语义疏》提出两种解释。第一种解释是：古之学者为己。己学得先王之道，含章内映，而他人不见知而我不怒。此是君子之德也。第二种解释是：君子易事，不求备于一人，故为教诲之道，若人有钝根不能知解者，君子恕之而不愠怒之也。

第一种解释是说：我们对自己的学问要有自信，即使他人不了解我们，我们也不会愠怒。第二种解释是说：我们对他人（尤其是学生）要包容，即使他们学不会，我们也不会愠怒。在这两种解释当中，第一种解释似乎更为合理。朱熹也采取第一种解释。因为这种解释正好可以呼应《学而篇》最后一章所云："不患人之不己知，患不知人也。"

关于"愠"字，何晏《集解》解作"怒"，朱熹解作"含怒意"，又补充道："不愠，不是大故怒，但心里略有些不平底意思便是愠了。""大故"二字或作"大古"，是当时的俗语，犹今言"特别"。朱熹的说法有较深刻的意涵。因为"怒"是生气，是表现于外的态度。一个人要克制内心的怒气，不形于外，并非太难的事。如果这就算是"君子"，则"君子"的标准未免太低了。但按照朱熹的说法，"君子"的境界就高多了。当他人不了解甚至误解我们时，通常我们会试图辩驳、解释，甚至不作回应，但是要做到连心里都没有任何不平之意，其实相当不容易，需要有极强的自信才做得到。通过解释第三句话，便使得这句话与第二句话之间形成明显的对比与强烈的张力。《论语·宪问篇》第三十五章记载："子曰：莫我知也夫！"子贡曰："何为其莫知子也？"子曰："不怨天，不尤人，下学而上达，知我者其天乎！"这段文字可说是第三句话的最佳注脚。

综而言之，《学而》第一句话强调："学"必须在传统的脉络中进行；第二句话强调"学"必须在社会的脉络中进行。当孔子由下学而上达，并期望以"天"来见证其学时，他肯定了"学"对于传统脉络与社会脉络之超越；这也正是第三句话所表达的意涵。因此，这三句话完整地说明了"学"的本质，其中显示出"内在性"与"超越性"之间的张力。换言之，孔子所理解的"学"，一方面内在于传统文化与社会的脉络，另一方面又超越此脉络。诚如有学者一再申言，这种"既内在又超越"（或者说，"内在超越"）的特性是儒家思想，乃至整个中国文化的一大特色。

《论语·宪问篇》第二十四章载孔子之言："古之学者为己，今之学者为人。"在这句话里，"古"与"今"分别代表"理想"与"现实"。诚如狄百瑞所言，孔子所肯定的"学"是"为了真正的自我发展而非要赢得社会的承认或政治的进升"。换言之，我们之所以学，是要在文化传承中为自己寻求一个安身立命的位置，而这个位置具有其自身的超越性，不会完全淹没于社会网络与历史脉络之中。但在另一方面，我们又必须在社会网络与历史脉络中才能学，才能进行文化传承。孔子所说的"学"同时包含这两面，缺一不可。

第三，孔子此论，依"学"与"思"的功能差异，提出和强调在君子修学进德构成中，须秉持"学"与"思"二者的内在互动、互进性关系，体现"学"和"思"相辅相成，绝不能、也不可偏废，甚至将二者对立起来。如此，唯有遵循"学"与"思"内在结合与有机统一的原则，才可以使己成为有道德、有学识的人。

就"学"与"思"之功能不同，简言之"学以治之，思以精之"（扬雄《法言·学行》）。只有将二者予以内在结合，方可"学以思而后精""思以学而后得"，如此，"二者谓其可偏废乎哉"？（陈祥道）

第四，孔子从君子修学之具体行程中，透析若割裂"学"与"思"之关系，出现"学而不思"或"思而不学"两种境况，必然导致"罔"与"殆"之结果，从而从反向证成与强调"学"与"思"统一的必要性和重要性。

（1）"学而不思"，只是一种被动地接受，"学"之目的、动力、方式等都未得到落实，这样，"学"的效果，在孔子看来，就必然是"罔"，即必然是迷惑、迷茫或糊涂的，必然被表层知识、表象所蒙蔽而无所适从，更不可能深究，得其"学"之要领和精髓，这样，孔子就指出了"学而不思"的局限。"学而不思"之所"学"，其得到的就是"死"的"东西"，与"学者"没有内在的切合，因此也就无切己性，这样的学问，则是外在的。如此，"学而不思，则内无自得之明，故不信而罔"（陈祥道）。"罔，犹罔罔无知貌。"（戴望）

（2）若"思而不学"，那么，其"思"则无对象、无内容，必然陷入空泛，陷入纯粹抽象的主观臆想而无所归依，这样，必然导致更大的疑惑、困顿，难免对外在的事物做出妄断。如此，"思而不学，则外无多识之益，故不安而殆。"（陈祥道）"反诚为殆。徒思，不习六艺之事，则不诚无物，故殆。"（戴望）在此，孔子道出了"思而不学"的弊端。

第五，"学"，是一种接受，"思"是一种对接受的选择、再造、转换、深化与融通，"思"构成"学"的引导；同时，也正因为有"思"，有"问题意识"，有针对性，"学"才获得指向，避免被动与泛化，进而能将通过"学"而得的"间接经验"内化为自我的"直接经验"。如此，"思"构成"学"向学者转换的内在性环节，即构成内化的环节，否则，其所学依然外于学者，以此表明，若只学不思，不加咀嚼，囫囵吞枣，食而不化，难以吸收，所学的亦无法化为"己有"；同时，"学"成为"思"之内容的来源，决定着思维的规模与空间，使"思"不至于沉溺于空洞无物的状态而带来更多的疑惑或危险。

综上，只有"学"而"思"，才能将所"学"融会贯通，达举一反三、触类旁通之效。学与思的结合，是掌握知识之必须。学且思，一为融会贯通，二为触类旁通。前者将所学的驳杂整合到合理框架中，更为秩序化和结构化，如将书籍分类上架；后者举一反三、触类旁通，将已有知识经验推衍到未知领域，后者层次较前者更高。

生活哲学视野中的"论语"研判

孔子学鼓琴师襄子一事,即很好地体现了"学思"结合,呈现出"学而思""思而学"的渐进路线。学乐十日不进,乃因其"思""未得其数",有间思"未得其志",有间思"未得其为人"。其学鼓琴,不停留于"习其曲""习其数""习其志",而在于"得其为人"。孔子"学"之境界的抵达,即在于"学"中有"思","学"中时时"思",不断"思",以"思"促"学",以"思"成就"学"。

孔子身体力行示范"学而思"于弟子,进而通过"学""思"关系的理性辨析,启迪弟子当作好学好思、善学善思且乐学乐思之君子。

第六,"学"与"思",是建立道德主体性的两个维度,其作用分殊,但唯将二者整合方可实现。如此,孔子警示我们切不可偏废。对此,朱熹释道:"不求诸心,故昏而无得。不习其事,故危而不安。"

总之,"学而不思,即有闻无慧;思而不学,即有慧无闻。罔者,如人数他宝,自无半分钱也;殆者,如增上慢人,堕坑落堑也。"(蕅益)如此,"学"而"思",坚定了"学"的方向,拓宽了"学"的路径,明辨了"学"的障碍,成就了"学"的效果。故程子有曰:"博学、审问、慎思、明辨、笃行五者,废其一,非学也。"学之前、中、后必须有"思","思"之前、后则必有"学"作前提。"学而思""思而学",方可解除"罔""殆"之弊,成君子为学进学之道也。

第二种解读:

【译文】孔子说:"如果有治世之学问、学识,而无治世之思,其学亦惘然而无功;(反之)如果有治世之心、之愿,无治世之学问、学识,也白费精神而无所成。"

孔子为即将入世、治世之众弟子开示,警示须防范和力戒两个误区或陷阱:即"学而不思"和"思而不学"。"学而不思",表有学问、有见识、有治国之韬略,然没有治国、治世之志趣、抱负,如此,其所学再多的"学问"亦是惘然,也不能为救世发挥一点效用;反之,有治国、治世之志趣、抱负,然却无相应的学问、见识及治国之韬略予以支撑,必是无进退之谋划而蛮干,其结果必然是枉费心机,抑或陷入危机以待毙。如此,孔子不仅反对弟子们成空有满腹经纶、旁观乱世,成"学"而"不思"之"闲人",读了书、明了"道"却最终浪费、惘然了"学";而且反对弟子们成为修学不够、学问不深、明理不透、见识不广、韬略不精,却热情高涨、野心勃勃而治世的蛮

夫莽汉，抑或堕入霸道之泥潭，以致招来危险，最终招致失败。由此，孔子要求弟子们在治世之途上，须坚持"学""思"结合，成"学而思""思而学"之治世君子，这是"仕而优则学，学而优则仕"之内在主旨与精髓所在。

一言以蔽之，孔子之论，重点不在于谈怎么读书学习，而是在讲怎么做事，如何为政，尤其是警示弟子们当避免"学而不思"之"罔"和"思而不学"之"殆"，成"学""思"统一的为政者。

具体而言

第一，按照传统的理解，将孔子此论总是不自觉地置于"为学"的视域中，从治学方法论之视角把握其内涵，这无疑是对修学中"学""思"的分离予以否定，强调二者相容不悖的辩证关系，方可在"学"与"思"的互动互进中增进学问、提高修养，成尊德性、道问学之君子。

但是，除将孔子此论置于"为学"之语境外，若将之置于"为政"之语境和平台上，将更为清晰和明确地表呈出孔子此论之深意。如此，孔子此论之关键并非着力于个体如何增学、德修之方法论上，告诫弟子们需将二者结合才能规避"罔"与"殆"，从而达到"治学"之良好效果；而是孔子对即将入仕治世的弟子们发出的训告。如此理解，将更为深刻地展现孔子此论的现实指向。

第二，孔子此论，直接指出为政者容易出现或陷入的两大误区或两个"陷阱"：即"学而不思"和"思而不学"。在孔子看来，"学而不思"和"思而不学"必招致"罔"和"殆"之结果。如此，为了避免"罔"和"殆"之结局，孔子对为政者提出必须坚持"学"与"思"高度结合和有机统一的基本原则。

（1）"学而不思"。这是孔子警示弟子入仕需注意避免的第一个误区或陷阱。

其一，君子有"学"，表君子"明道"而"在道"，对置身于其中的无道之世，必有其体认和审断，也懂得如何去谋道、践道与弘道、让道不陨而存显于世。

其二，若有"学"而"不思"，即君子明道、有学，然面对乱世而无"思"。此处的"思"非治学意义上的"思考""思索"而求证、贯通、融通于"知"；而是面对无道之乱世，没有想法、没有忧思、没有去改变它的志趣、抱负，进而没有具体的为政之谋略。

其三，"学而不思"。从逻辑上来看，"学"与"治世"之间缺乏一个桥梁，"学"缺乏走向"现实"的动力，依然停留于抽象的玄论而不能具体化为为政实践。如此，"学而不思"，其"学"必"罔"。

生活哲学视野中的"论语"研判

从有学之人来看，此等人，仅是一个"坐而论道"的明白人，但绝不是一个"起而行之"、身体力行的弘道君子。

其四，学而不思，"则罔"。此处的"罔"，非学知悟道意义上的"迷惑"、迷惘，而是基于有学"不思"，对"学"丧失现实功效的一种价值判断，表此等有"学"而不能发挥实际的作用，体现弘道之功能，真的是惘然。用今日通俗之言，即表"书，是白读了"！空有了满腹经纶。

如此，孔子以"罔"之结果，反观"学而不思"，从而衬出孔子为什么一直强调践行，教导其弟子绝不能仅仅成为"学"而"明道"之冷观乱世之人，而是必须成为有抱负以践道、弘道之君子的真正内涵了。孔子反对"学而不思"，从"为政"视角对"学以致用"之原则予以表达。

（2）"思而不学"。这是孔子警示弟子需注意的第二个误区或陷阱。

其一，"思而不学"之"思"，一般而言则是指针对乱世有"思"（有热情、有想法、有志向、有改变乱世之愿，进而有具体的施政之方略等），但因"不学"，一方面，其"思"只是一种主观愿望与诉求，并无相应必须的学问、学识、韬略、智慧的支撑；另一方面，其"思"因"不学"，则该"思"则不为"道"而生、不因"道"而立，如此之"思"，则是"野心"。

其二，"思而不学"，表仅是有"思"而无"学"，更"不学"，其结果必是因不具备治世之智慧、见识、谋略、能力、才干，缺乏可行有效的方法、手段而失之于鲁莽、蛮干，其"思"必终归搁浅或失败。如此，孔子告诫弟子，如果有心怀天下、治乱世于太平之志，那么就应该将此志、此愿、此思，落实到可以践行的具体的主张和方案上，而不至于仅空有一腔宏志，停留于夸夸其谈而最终一事无成。这是孔子要求入仕君子须持务实、实践之精神，力戒"志大才疏"。

其三，"思而不学"，则因"不学"而"无学"、不"明道"，入世也仅是因其"野心"所蛊惑，或仅凭一时之冲动，其结果必是因不"学"、不明"道"，难以持久而归于"殆"，如此"乱世枭雄"，也只是昙花一现，于治世无补。

"思而不学"，表明其"思"、其"为"，须以"学"为基础，以"道"为根本，唯有如此，才可避免"殆"的命运与结局。

第三，孔子从"学"与"思"的关系维度，指出了为政、弘道之正途。孔子对"学"与"思"之关系予以深度地思辨，从"罔"与"殆"两种结局，反追其因，揭示了为政者"学"而"不思"之"罔"和"思"而"不学"之"殆"的必然性，强调为政、弘道，必须遵循"学而思""思而学"的基本原则，从而超越、避免因"学而不思"和"思而不学"之误区、陷阱所带来的困境。

第四，孔子之论，一方面表书不能白读、道不能白明、理不能白通，若真有学、真明道、真知理，就必须以"思"引之而践于行，如此，方是真有学、有真知，如是阳明之言：行即是真知。另一方面表明不能悖"道"而瞎干，须在"道"，循"道"而行、为"道"而行，以弘道而不懈，从而要求"学"与"志"、"学"与"行"的统一。

第五，孔子之论，于今人，可从"道"与"术"、"德"与"才"、"手段"与"目的"等多视角反视而自判，无论其"为政""为商"还是"为学"皆然。

总之，孔子以如何为政、弘道为旨趣，阐释"为政"必须高度注意且必须规避因"学""思"割裂的两个误区或困境："学而不思""思而不学"，倡导只有坚持"学而思""思而学"的根本原则，才能循有道之"学"，化己之"有道"所愿，匡扶天下，造天下苍生福祉，真正实现自己的政治抱负，此乃入仕之人必须具有的良好的政治思维、政治情怀，由此生成入仕君子超越"罔"与"殆"之政治品质。

无"思"，学而罔然；无"学"，思而殆。惟"学""思"结合，为人，则人生饱满；为学，则学可精进；为政，则可弘道而造福苍生！

13. 攻乎异端，斯害也已

为政 2.13

【原文】子曰："攻乎异端，斯害也已。"

————————————

孔子之论，存在着多重理解。

第一，一心去攻读、钻研异端，这是有害无益的。

第二，对"异端"予以批判与攻击，其害也就消停了。

第三，专向反对的一端用力，那就有害了。

第四，施功于"异端"之"术"和对"异端"予以攻击，都是有害的。

————————————

针对乱世，道家、儒家、墨家、法家等诸家不仅相互论争、相互砥砺，亦相互攻讦，进而遵循各自的治世原则，提出迥异的救世主张，体现出各自救世、治世的深切关照，形成多元化思想、学说、主张共存的文化生态。于当世的历史语境，诸家各行其道、各张其纲，不仅有遵道、循道而弘道之学，亦有离经叛道而专攻于异端之"术"；如此，孔子之论，从为学、治世两个维度上切入，对偏离"中道"坠入歧途、醉心于"术"的"异端"予以否定，以此突出孔子所强调的为学、治世之君，须以道为根本，以弘道为使命，而不应该专攻于"异端"。

在此基础上，孔子提倡超越门户之见的狭隘性和简单的排他性，矫正以己为"正"、他者为"异"、为"邪"的武断性，以开放的文化视野，尊重多元存在的差异性，彰显"和而不同"的包容性和宽容性，进而循"中道"而聚"众议"，"择其善者而从之"，丰富、提升与完善自己，使己弘道之策略，更具深厚的智慧基础和更广泛的共识。

简言之，孔子之论，既反对用"攻"（功）于偏离中道之"异端"，只重"术"、求"术"，对不入道、不行道、不走"正道"、没有道德支撑的权术家、阴谋家予以批判；又反对对"异端"予以简单的"攻"而予以否定，从而表明孔子消解了"唯我独尊"的文化傲慢与偏见，消除对立化、偏执式的"一元"文化思维，主张"叩其两端"，得其"中"的兼容并蓄、多元包容共存、互学共进的文化价值观，以此形成多元文化动态平衡的文化生态景观。

具体而言

第一，孔子之论，以"攻"为思考点和着力点，以"异端"为对象，呈现出两个维度的意义。其一，指出专"攻"（功）于、偏执于"异端"，本身是有"害"无益的；其二，对"异端"予以"攻"，同样是有害无益的。

如此，通过对"有害"之结果的揭示，一方面劝导君子、为政者在为学、为人、治世时，皆须入"正道"、行正途，切莫走旁门左道而醉心于（权谋之）"术"；另一方面，反对对"异端"采取简单粗暴的批判和攻击，应承认其存在的必然性与合理性，应予以必要的尊重。如此，孔子之论，不仅对误入"异端"之人具有纠偏归正的意义，而且秉持多元主义文化策略，反对简单否定，进而批判、攻击"异端"的原则和态度，折射其超越偏执走向综合的思维方式，表征其文化相对主义价值立场和内具包容性、共存性的多元文化观。

第二，何谓"异端"。

（1）"异"，与"同"相对，表以一个来衡量另一个所确定的类型之别，就是"异"。进而言之，"异"即是以"己"作为原始依据与尺度，对其他一切有别于己之"质"所做出的判断。如此，"异"所指则是与己之"质"有别，所强调的则是类属意义上的"质"的差异。

庄子有言："以道观之，物无贵贱；以物观之，自贵而相贱；以俗观之，贵贱不在己。以差观之，因其所大而大之，则万物莫不大；因其所小而小之，则万物莫不小。"（《庄子·秋水》）庄子道出了"观"外物所持的立足点和尺度之不同，观而所得的识见亦相应有别，"世界"所呈现的面貌也就迥异。依此为据，孔子之论，观出之"异"，则是以"己"为尺度而观，是以"己"而观他者有"别"于"己"。从这一意义上来看，言"异"，即是首先以承认"差异"为前提。

（2）"异端"。"端，头绪也。理本不异，但头绪一差，则天地悬隔。"（蕅益）"异端"不同于"两端"，"异端"涉及"两端"，没有"异"构不成"两"；但不能说"异端"就是"两端"。凡是与"己"异质，且具有独立性的"一端"，即可称为"异端"。如此，己为"一端"，与己相异的"他者"构成"另一端"。

在孔子之论中，"凡非先王之教者，皆曰异端也。"一言以蔽之，"异端"，就是不遵循仁道、不符合先王礼法之"术"。如此，"异端"则是"无道"而"术"至上。对此，戴望释曰："异端谓小道也，虽有可观而不能致远，执其一则为害。孟子曰：'生于其心，害于其政，发于其政，害于其事。'"

第三，"攻乎异端"。

（1）"攻乎异端"，表明其所攻非"道"，而是无关乎"道"的"异端"，这样，"攻乎异端"，本质上即是无视于"道"、违背"道"，潜心研习、用功于"异端"之"术"。

（2）何谓"攻"？

"攻"即"功"也，表用心力于某处，又称为"下功夫"，是术业之专"攻"。"攻"由"工"和"攵"（pū，表小击也，即手执竿轻敲）构成，其本意是指一种经过敲打、推敲、深思熟虑的（"攵"）因而不会轻易放弃的有价值的工作（"工"）。这样"攻"，就是一种去"伪"而存"真"，铲除"恶"而获取"善"的甄别、选择和提炼之工；于"伪"或"恶"，"攻"表打击、铲除、捣毁、消灭；于"善"，"攻"表获取、培植、护养、光大、实现，如此"攻"具有消除和努力实现两层含义。

（3）"攻乎异端"，不是"攻乎两端"，其方法论本身就具有其弊病。

"攻乎异端"，从方法论上讲，就是自己先把自己置于一个"端"，且置于对立面的一端；自然也就把另一个事物或方面置于对立的另一"端"，突显了两个事物的对峙性，从而导致"两"。

"攻乎"，是指为达到某种结果，将投入精力于此。"异"意味着片面，意味着某种道德的缺陷；如此必因"异"而固执为"一端"，而与另一端不可共存。如此，因"异"之方法论上的片面性，更因其道德上的缺失，因此，"异端"必是剑走偏锋，沦为尚"术"之权谋或阴谋而背离于"道"而"无道"。

（4）"攻乎异端"和"叩其两端"，不容混淆，亦不容以此代彼。如果说，"叩其两端"是积极的方法论，目的在于在差异性之基础上把握共同性；那么，"攻乎异端"则是消极的方法论，是一种过于人为地扩大差异和矛盾的方法论。"叩其两端"体现了孔子尊重现实差异和矛盾，追求中道和谐的精神；"攻乎异端"则与此精神相悖而走向偏执。

第四，孔子通过透析"攻乎异端"，揭示其方法论上则因丧失了"叩其两端"之积极方法论，而只施予"攻乎异端"之消极方法论。其方法论背后的价值之根本在于背道、无道。如此，"异端"本质上则是以伎俩为要旨的权谋之"术"、应对之"策"，表现为一定的主张、观点和学说，具象化为一套具有操作性的方案，具有其直接性和当下性。在孔子看来，因其偏离"道"，从终极的意义上而言，于弘道无任何裨益。正因为如此，孔子明确表示："攻乎异端，斯害也已。"

孔子通过确证"攻乎异端"之"害"，劝导弟子、为政者一方面须戒除

"用力"之方法论和价值论取向上偏离"正道"，切莫专司旁门左道，更不能专行歪门邪道而陷入"异端"之中，强调必须回归"道"、上"大道"、循"正道"、执"中道"、行"正途"、甄"善恶"、别"差异"，唯有如此，方可以"异"为始而达综合与超越"异"之"和"，从而防范因离道、无道而成"术"，且止于"术"而求"同"，方可终结无"道"之乱世，弘道之事业也才有真正的希望。这是孔子从方法论的视角、价值论的高度，在批判中予以确证正确的方法论和合道的价值观。

第五，孔子之论，还蕴含另一个维度的含义，"攻乎异端"即是"攻'异端'"，突出地将"异端"作为其"攻"之"对象"，"攻"作为一种批判性、否定性手段和行为，其结果是对既成的、错误的，抑或荒谬的、待消解之"异端"，予以打击、铲除、捣毁，直至消灭。

如此，将"攻乎异端"，外在化、简化为攻击"异端"的行动，而支撑该行动的价值基础则是求"同"，而非求"和"。

在孔子看来，对于离正道，因偏"攻"而不是"叩问两端"所生的"异端"，无须持"攻"之立场，采取"攻"之方法来消解它，反之，则应该予以其存在的空间，对其存在价值予以肯定。因为"异端"存在的必要性和价值，一方面通过对"异端"之弊的揭示，为行"正道"之人，提供参照和比较，以警示世人，达防范之效；另一方面，人世间本是善恶、良莠多元存在，由此有"异端"存在的思想、观念文化生态，恰好是正常的。如此，断不可对"异端"采取简单的"攻"之态，如此则标示一个时代的思想空间所应有的包容性、丰富性和容纳力。

在此，需注意区分"异端"与"邪说"，既不能无视二者之"质"的差别而简单混同，也不能忽略二者的内在相通性。

就二者之"质"的规定性而言，"异端"表"事实"属性，而"邪说"，则表其价值属性；"异"，对应"同"，而"邪"则与"正"相对；"异"是尚未具有现实的善恶性，而"邪"本身则蕴含着"恶"。进一步而言，"异"只是"正"的另一"端"，而"邪"则是不仅于"正"相对而成的另一端，而且与"正"中蕴含的"善"相对立，成了"另一极"的"恶"。

就二者之转化性而言，"异端"与"邪说"的边界就在于，是否惑众而产生有害的结果。如此，"异端"与"邪说"因偏"正"而本质上具有共同性和一致性，因此二者内具暗通性，正因于此，常将"异端邪说"并列为"恶"。

如此，孔子提倡君子"和而不同"，以"和"而存"异"，为"异端"留下了存在的空间，而对"邪说"则予以了坚决地批判与否定。这样，允许"异端"存在，表一个时代和社会应有的包容、宽容与雅量；若允许"邪说"存在且泛滥，则非宽容，而是放弃原则和价值边界的纵容。

第六，在现实生活中，常出现将与"己"相左的意见视为"异见"，进而定为"异端"，再进而审断为"异己"，并由此开始排斥、排除，甚至消解"异己"以达单质性的"同"。如此，从"异见"→"异端"→"异己"→"一同"的行进，体现了简单化、粗暴化的排他性思维与单一化的价值逻辑，带来的结果，必是千人一面、万声同音，这恰与孔子所主张的"和而不同"背道而驰。

第七，孔子此论，以"异端"为"标的"，通过对"异端"的态度，以区分君子与小人，表达了君子在面对"异端"之时，所应采取的正确立场和态度，从而表达君子须有道、在道，以达道的高度"观""异端"，实现观"异端"之自觉。

第八，孔子之论，昭示着对思想领域中的"异端"，通过批判、"攻击"等思想性手段，并不能从根本上消除异端之思想、言论和相应的"术"的存在，因为任何所谓"异端"思想的产生和存在，并不是没有其现实的根源和基础。如此，要消解思想领域的"异端"，唯一有效的方法，就是改变现实生活世界，让现实生活本身符合"道"的力量得以释放。如此，以"事实"的力量驳斥不正确的言论，才具有从根上挖掉错误言论、异端思想和学说的现实支撑和滋生土壤。因为只要现实生活中存在着"异端"产生的根源，通过"辩驳"和批判，压抑了这一种异端思想的出场，另一种形式的"异端"又必然会冒出来，通过思想的批判等手段，只能暂时弱化它的影响力而已。从这一意义上来说，孔子反对采取外在性的手段和方法"攻""异端"，因为这种简单的外在性的手段，只是治"末"，而非断"根"或治"本"。一言以蔽之，"异端"赖以产生、存在和发生作用的根本，不在"异端"本身，而是在"无道"之乱世。

总之，孔子通过对"攻乎异端"之"害"的陈表与否定性反判，从治学、为人、为政等层面，从方法论与价值观的高度，对偏"道"、失"道"、无道而专司于"异端"之"术"的取向予以否定，以希望其弟子及当世的为政者，回归"正道"而治学、治世；同时对"异端"持简单、武断地"施暴"的立场、原则和方法，同样予以否定，以表对"异端"予以应有的包容，从而表征孔子追求多元共存、互学互进的文化立场、文化原则和文化姿态。

"爱而知其恶，憎而知其善。"（《礼记·曲礼》）为学、为政均须持"中道"而行正途，免陷入"异端"而避"害"；同时，对"异端"，应持多元文化生态观，张社会的精神容量，不应报以粗暴的"攻"，因为时代为多元并存搭建了平台，为相互砥砺提供了前所未有的条件。

14. 君子自智，知之为知

为政 2.14

【原文】子曰："由，诲女知之乎？知之为知之，不知为不知，是知也。"

【译文】孔子说："由，我告诉你怎样才算是真'智'，你明白了不？你知你所知，同时又知你所不知，才算是真正智！"

仲由：

（前542—前480)，字子路，鲁国卞之野人。

（1）少孔子九岁。其性格耿直勇猛，为人爽直、粗莽，多才艺，事亲至孝，忠信义仁勇，闻过则喜，闻善则行，见义必为，见危必拯。

（2）孔子周游列国时54岁，当时年已45岁的子路毅然辞官紧随，作为孔子的护卫，开始了长达14年的征途，是弟子中侍奉孔子最久者，名列"孔门十哲""孔门七十二贤""二十四孝"。

（3）子路做过卫国大夫孔悝的蒲邑宰，以政事见称，任内开挖沟渠，救穷济贫，政绩突出，辖域大治。

（4）鲁哀公十五年（前480)，卫国发生内乱，子路不顾安危挺身入险，死于乱中，时年63岁。

据说，在卫国内乱中，子路受伤了，缨带断了，子路想起老师的教导："君子死而冠不免。"于是在重结缨带的过程中被砍作肉泥，"遂结缨而死"，践行了老师"杀身成仁"的教导。孔子听说卫国内乱而子路去了，就叹息"嗟乎，由死矣！"子路死后，孔子在中庭哭子路，有人祭奠子路，孔子倒头便拜。听说被剁成肉酱，孔子让人"覆醢"，再也不吃肉了，看都不看了。而且每次听到打雷，都感到心中不安。在最得意的弟子颜回和儿子孔鲤死后，子路就是孔子的精神支柱，他的死给了孔子巨大而沉重的打击。就在孔子最亲密的伙伴和学生子路去世的次年，孔子也去世了。

（5）孔子对子路有很多的评价。譬如：

子曰："道不行，乘桴浮于海，从我者，其由与！"子路闻之喜。子曰："由也好勇过我，无所取材。"（《论语·公冶长》）

子曰："若由也，不得其死然。"（《论语·先进》）

子曰:"由也升堂矣,未入于室也。"(《论语·先进》)

孔子针对子路"好知不好学,其蔽也荡""我行我素"等弊予以教导,不仅要求他学会"克制"自己,而且要有清晰的反思和自我确证意识,须懂得"知之为知之,不知为不知"才是"真知"的"为学"之至理。

孔子针对子路的问题而给出解决问题之方案,具有其直接性,表孔子遵循"因材施教"的一贯原则。其直接针对性的教导,体现出修学进德之一般性原则:不仅要自省、自明而诚实,以达"外不自以诬,内不自以欺"(《荀子·儒效》),而且须自谦、自躬,"好知"而"好学"。

孔子以纠子路这一个体对象之弊为始点,言"好知"须"好学",不仅突出孔子所言之"知"的二维性:即"见闻之知"和"德性之知",而且彰显了孔子之"知"所承载的"智"中之"仁",凸显"知"之后的道德主宰,实现认知与德性的贯通。在此基础上,孔子将"教"指向当世之时弊,即忽略知"之后"的道德性。这就是孔子借指导弟子子路,间接性地教导为政者须走出"异端"之穴,走进"知"背后的神圣德性。

具体而言

第一,孔子主动问询弟子子路,是否真知、真懂、真掌握了"为学"之要旨与根本这一看似平常、实则深刻的重要问题。孔子以"知之为知之,不知为不知",一方面表达通过对"知"的直接事实性予以反思性的自我评判,建立其以自省、自判而达自知、自明和自诚为基本原则的自我检视与自我评价机制,实现"知"之主体和评价主体二者的统一,呈现出言"知"而生"智"的内在逻辑;另一方面,则通过"知之""不知"正反两面的"之",既将"知"清晰地剥离出"见闻之知"与"德性之知"、认知理性与实践理性、自知与自躬等层次和维度,又要求将它们紧密地结合、统一起来,由此通过言"知"而"智",进而以"智"而彰"善"。如此,孔子之论,在"知"的直接性、事实性和反思性、自评性两个维度上,强调"为学"之自鉴、自知而自明、自诚的内在要求和基本品质。

孔子以"子路"为谈话对象,以为学之"知"为言说主题,通过自问自答,道出了为学之"知"与"学"两个重要的环节和"知"与"行"两个重要的维度,呈现出"好知"须通过"好学"而达成的有效路径,由此彰显孔子超越纯粹的见识之"知"而重自躬之实践智慧的价值取向。

第二,"由,诲女,知之乎?"

（1）孔子为何在众弟子中，没有挑选"闻一而知十"，"如愚"而"不愚"之颜回，未挑选"闻一知二"的子贡，也未挑选自觉"日三省"的曾子等人，而专挑选"由"来谈这一问题？

其一，孔子称子路为"由"，有如子贡与孔子讨论君子修养境界之层次时，孔子高兴得言不由衷地称子贡"赐"一样，表师徒关系之亲近。另一方面，子路为孔子驭车，又做侍卫，近孔子，便于谈话，别的弟子亦可兼听之而受教。

其二，子路的年龄与孔子相差只有9岁，是众弟子中比较年长的，是众弟子中的大师兄，且与孔子的关系非同一般，这样，孔子教导他，对于其他众弟子就更具示范性和教导性。

其三，子路的性情和底子比较差，常以"不知"装"知"，不懂装懂，还爱逞能抢嘴回答问题和犟嘴争论自己并不知、不明白的问题。对此，陈祥道评述道："由，于德，则鲜知；于正名，则不知；于人，未能事而欲事鬼；于生，未能知而欲知死；则其以不知为知，盖不少矣。"

其四，子路虽"好知"，但"不好学"，这就不仅显得比较浅薄和粗鄙，而且对己"不知"之浅薄尚未自觉。如此以"不知"为"知"，未意识到己"知"与"不知"之边界，此等没有自知之明者，即是缺乏自明之"智"者，子路尤其具有典型性和代表性。同时，此类毛病，非子路独有，在众人身上也有不同程度的存在，具有普遍性。如此，孔子以具有典型性和代表性的子路开说，以达训导子路改掉自己毛病之目的，同时也劝诫众弟子，须有"为学"之"智"。

（2）孔子以"诲"于"由"

其一，"诲"，一般的意义上是指教育、教导，因此常言"教诲"。"教诲"之"教"，重正面示范、引导；"诲"则侧力于从反面予以纠错、矫正，因此，"诲"着重于"训戒"。孔子针对子路所存在的问题，施训诫，而非一般的"教"。

其二，"诲"内含批评、告诫、中止之义，一表在孔子看来子路身上所存在的问题已不再是小问题，然子路尚未意识到自身问题的严重性，这双重问题同时存在于子路身上。如此，孔子"诲"之，以表孔子训导子路之庄重、郑重态度，并警示、要求子路对自身所存在的问题必须予以高度重视，不能再无视、轻视这个不小的毛病了。

其三，孔子以"诲"，一表对子路训诫之诚心、耐心，绝非仅此一次"诲"之，而是不厌其烦、苦口婆心地多次"说"同一个问题，指出同一个毛病，希望改之；同时表子路（"人是个好人，就是缺少点自省、自知"）之毛病，说了多次，似乎依然未见其有明显的改变。在孔子看来还需再次训导，不能放任而不管。

其四，孔子以"诲"于子路，不仅体现其"因材施教"的基本原则，而且以其行践其"诲人不倦"之"仁"。

（3）"知之乎？"

孔子以反问的口吻，问子路，是否真的明白了为师三番五次、不厌其烦地告诫、训导、叮嘱你不要逞口舌之快，不要再对自己不知的、不懂的东西，逞强抢嘴回答和犟嘴争辩，到底是为什么？如此，孔子以"诲"和"知之乎？"，形象而真切地表明，子路不仅缺"知"，而且对己之"无知"还缺乏清醒的自我意识，因此还缺自控，总是以"无知"而"无畏"的状态出场示人，又因其性格耿直，为人爽直、粗莽，常常说话不分场合、不得体而失"礼"。

第三，"知之为知之，不知为不知，是知也。"

当孔子"诲"子路"知之乎？"时，子路应该是一脸懵呆。因为子路并未意识到自己的问题，也未觉其师所言的深意。如此，孔子只好针对子路的问题之根本，直接明言："知之为知之，不知为不知"。

（1）"知之为知之，不知为不知"，从正反两面谈"知"，一方面训诫子路在心中须自知而"自诚"，即对己所知和不知有一个清醒的"自我意识"，其关键在于切不可以误将己本"不知"的，当成己所"知"。这是孔子要求为子路己所"知"与"不知"问题上确定清晰的边界，同时也为子路提出所应遵循的总体原则。另一方面，训诫其在行为层面，对于自己不知道的、不懂的，就别装知、装懂，应"闭嘴"，别胡乱发言、急于表态、草率提见解，亦不要抢嘴回答自己根本不懂其究理的问题，还须改掉因"不知"还爱逞强犟嘴的毛病。

（2）孔子以"知之为知之，不知为不知"，不仅为子路戒除"好知"之"病"开出了一剂良方，也提出了为学者须遵循"实事求是"之朴实学风。孔子为什么要开出这样一剂良方于子路类的"学子"？因为"以不知为知者，非诬且欺乎"，所以唯有遵循"知之为知之，不知为不知"。于外，则"不自以诬"；于内，则"不自以欺"（陈祥道）。这样，孔子从外、内两个维度，强调一个真正有"知"的君子，定是不自欺，亦不欺人。

（3）孔子训诫、批评子路之弊以"好知"为尤，其根本在于指向子路"好知"背后，没有以"好学"来支撑，以成"好知"。如此，孔子不仅指出了子路"好知"之病根或症结，而且为子路指出修学进德的有效之途："好学"！

在《论语·阳货篇》中，针对子路的所有问题，孔子下了一个集成式的救治方案，较为充分地阐述了子路"不好学"所带来的诸"问题"。

子曰："由也！女闻六言六蔽矣乎？"对曰："未也。""居，吾语女。好仁不好学，其蔽也愚；好知不好学，其蔽也荡；好信不好学，其蔽也贼；好直不好学，其蔽也绞；好勇不好学，其蔽也乱；好刚不好学，其蔽也狂。"在此处，亦指出子路"好知"而"不好学"之"蔽"。

（4）孔子让弟子所"知之"的，就其内容而言关乎两个方面的要求。

其一，就知识层面，须"知之"所涉及的内容包括礼、乐、射、御、书和数在内的"小六艺"与包括《诗》《尚书》《春秋》《易经》等在内的"大六艺"。

其二，要求弟子们透过经验、知识，要看到其背后的道德主宰，因此另一个面的"知之"是在说道德层面认知；如此，孔子所言"知之"，既表达了"见闻之知"，又表陈了"德性之知"，且要求弟子由"见闻之知"上升为"德性所知"，而德性所知所关涉的就不仅是经验知识，而是"智慧"。"智慧"是需要体悟而得的。从这一意义上而言，"知之为知之，不知为不知"不仅在观念维度上，而且需要落实和体现在行动中，唯有如此，方完整体现"是知也"的内涵。

（5）孔子以"知""不知"和"是知"之关系，不仅呈现在个体思想架构中"知"与"不知"的矛盾，而且通过超越二者对立的"智"，促成主体对此矛盾的自觉；如此，一方面，表征须实现认知主体与实践主体、知识主体与德性主体、"知"之事实主体与评价主体之统一，从而促使主体对己所"知"与"不知"超越自发而达自觉；另一方面，孔子凸显为学进德必须遵循"实事求是"的基本立场和态度，并应以此不断展开自我反思和自我批判，教导自己敞开心怀，根除"无知"式的自满，勇敢面向和承认己之"不知"，谦逊面向真知，自觉杜绝以"不知"为"知"之"妄知"，以及依此而生的"妄断"。

（6）孔子在"知之为知之，不知为不知"之基础上，提出一个"判断"："是知也"。即"言不可穿凿以为智。……知其不可知，知也。"（戴望）由此，孔子引出了转"知"成"智"、转"智"为"识"的升华之路。这条升华之路的关键，就在于持守"实事求是"的原则，从"好知"推进到"好学"，对"不知"的保持缄默，对"知之"的保持审慎、谨慎（"讷于言""慎于言"，"先行其言而后从之"），这不仅构成了君子人格的重要特征，尤其成为为政者所应具有的为政智慧，具体化为成熟老练的政治心理、政治人格等特质，由此积淀成中国人的文化性格。

第四，此章虽表面看来是孔子训导、教诲子路，从更深层次来看，则是孔子针对时弊而纠时弊之论，因为时下之流弊就是"头痛医头，脚痛医脚"，忽略知识、现象层面背后的道德主宰。忽略、丧失"知识"背后的道德支撑，其

"知"则不可能升华为"智",唯一可能的走向即是滑向重"术"之"异端"。

第五,"不知"其"知"与"不知",以及"好知而不好学"之弊,绝非"由"独有!如是,孔子"诲"子路,同时亦是在"诲"世人。由此,孔子从"知"与"不知"的矛盾切入,又跳出此矛盾,解决此矛盾,从"是知也"的高度反观"知"与"不知",真实地向世人敞开了"智慧"之最低亦是最高的原则:实事求是!在此,"实事求是",不仅蕴含着深刻的批判性,而且还蕴藏着智慧生成之秘密。

总之,"子路向能知所知上用心,意谓无所不知,方名为知,不是强不知以为知也。此则向外驰求,全昧知体,故今直向本体点示,只要认得自己真知之体,更无二知。"(蕅益)子路,是为学进德待完成之弟子!如此,孔子之"诲"的真谛,就在于"知之为知之,不知为不知,是知也"之字里行间;其所意蕴的"实事求是"精神,在漫漫历史长河中得以陶铸、沉淀为中华民族最为朴实的真理,其强大的力量一次次得以验证。同样,于当代世界,依然会释放出它朴拙而深刻的批判力和建构力。

15. 潜修天爵，自得人爵

为政 2.15

【原文】子张学干禄，子曰："多闻阙疑，慎言其余，则寡尤；多见阙殆，慎行其余，则寡悔。言寡尤，行寡悔，禄在其中矣。"

【译文】子张向孔子请教如何谋求仕禄。孔子说："要多听别人说，有疑惑之处，先放在一旁不说，有把握的，也要谨慎地说出来，这样就可以少犯错误；要多看，令人质疑处应先放在一旁，其余有把握做的，也要谨慎地去做，就能减少后悔。说话少过失，做事少后悔，官职俸禄就自然在其中了。"

子张：

（1）即颛孙师（前503—?），字子张，孔门晚年的弟子，孔门十哲之一，小孔子四十八岁，春秋末陈国阳城（今河南登封）人。子张出身微贱，且犯过罪行，经孔子教育后，成为"显士"。

（2）子张虽学干禄，但未尝从政，以教授终。

（3）孔子死后，子张受到曾子、颜路的排挤。被迫离开鲁国，独立招收弟子，宣扬儒家学说，是"子张之儒"的创始人。子张之儒列儒家八派之首，可见于当世其势之壮。

（4）子张爱憎分明、正义感很强，忠信而勇，但其性情较古怪、性格较偏激。（孔子曾在点评别的弟子时，谈到过子张的性格："柴也愚，参也鲁，师也辟，由也喭。"《论语·先进》）

（5）子张就"入仕"而问孔子，在《孔子家语》第五卷第二十一，孔子对此有更为深入的回答。

借弟子子张请教如何才能求仕入官，孔子明确地指出欲入仕为官者，其言行须具备四个基本特征，或对为官者提出相应的要求：即"多闻"与"慎言"、"多见"和"慎行"。对其言行之结果上则要求：其言"寡尤"，其行"寡悔"，由此表达孔子要求入仕为官者须多闻、多见，谨言慎行的为政之思，从具体操作层面呈现出孔子所主张的"为官之道"。

孔子借教导弟子子张之机，警示入仕为官者须戒因孤陋寡闻而言过快、过多，因见识浅陋而行事过急、过莽之弊，指明为官者应循"中庸"之道，思当深思，虑必熟虑，行当求稳求妥，以避免言之"尤"与事之"悔"，并强调以其所"为"之"誉"而赢获其所谋之"位"。如此以彰为政之善德，凸显为政之伦理，此乃孔子主张的"入官之大统"。如此，孔子将为官与为学、求官俸与问道学非常巧妙地结合起来，教导弟子入仕为官如何规避为政之陷阱，能真正做到"学而思""思而学"，实现"思""学"统一，从而在更深层次表明"入官之道"：君子只要"反求诸己"而修身，不断完善自己，"禄"即在己之言行中，而非求诸人，这样，孔子很微妙地将"反求诸己"修"天爵"而得"人爵"的逻辑向子张、向世人敞开。

具体而言

第一，据说子张因其性情较为古怪，性格外向且较偏激，为人豪爽好武又多言，做事常思虑不成熟、不周全而导致其行事莽撞，会经常说错一些话，做出一些令己后悔懊恼的事来。子张这样的性情和为人特点，按理说本就不太适合进入官场为政。然而，子张却反倒要问孔子，似乎要求证自己是否真不适合"入官"。孔子借此有针对性地教导子张。这或许是子张自省、自明之后一生并未从政之原因。孔子在回答子张之问时，从"闻""言""见"和"行"四个方面，对入仕为官者提出具体要求，按此要求而做，能达"寡尤""寡悔"之良效。如此，在孔子看来，只要在言行及其结果上能符合这样的特点，不断完善自己，即达到入仕为官之要求，那么，求禄"入仕"也就成为水到渠成之事了。

进一步说，孔子之论，其重点在于明示欲入仕者须在修己上下功夫，要能做到以"多闻""多见"之博学来决定、来引导其"慎言""慎行"；如此，欲入仕者须循"中庸之道"约束和规范自己的言行，把握好言行之分寸，说话少留口实于人，行事少留后悔于己。这既是为官之基本原则，也是欲入仕者修己所应达到的目标。这样，孔子揭示了修己之言行与入仕之因果关系。这就要求入仕者须"反求诸己"，充分发挥道德主体的自觉性、主动性而修学进德。

子张问求"干禄"，即问得"人爵"之"术"，孔子回答彰"入仕之道"：修"天爵"而"人爵"至。于此，突出君子须反求诸己以修天爵为重点，对子张求"禄"之"术"予以了训诫。

第二，"子张学干禄"。

（1）子张善思好问。在《论语》中出现"子张"，一共有23处，其中"子张问"则有11处，几乎都是记录子张向孔子求教的。譬如："子张问明""子张问崇德、辨惑""子张问政""子张问行""子张问仁"以及本章中"子张学干禄"等。

子张这一系列之"问"，表子张虔诚问学于孔子，彰善思好问，乃"为学"之本。如此，子张之问道学，乃践尊德性之行。

（2）学干禄之"学"，此"学"，即是"问学"，是弟子向孔子求教之义。在此处，子张所问学的内容是："干禄"，即求福、求禄位、求仕进。结合孔子后面之答，则可以确定是子张问学于孔子当如何求禄位、求仕进。简言之，即是求"入仕"为政之要。

第三，"多闻阙疑，慎言其余，则寡尤"。

（1）孔子从"多闻"而"慎言"、"多见"而"慎行"两个层面，勾勒出一个成熟的为官者之生动而具体之形象。如此，不仅对"为官"者"闻"之"多"、"见"之"多"，及言之"慎"、"行"之"慎"予以了确证，而且为"入仕"者之言行提出了具体的标准与要求。

孔子之语具有双重效果：一方面对弟子们于求"干禄"具有直接的指导性，以促弟子们反求诸己而不断修学进德，以达"入仕"之要求；另一方面则促当世为官者从言行上反察与纠正其为政之实。

（2）"多闻阙疑，慎言其余，则寡尤"。

其一，"多闻阙疑"表多听他人之"言"，增"见闻之知"，获得更多的"见识"，以达兼听之"明"；听闻之言论，未经己之确证，则不可信。如此，孔子强调的是"见闻之知"之后，须持怀疑态度，这是审慎而言之前提。同时，"多闻阙疑"也就为可言和不可言划定了边界。

"多闻谓所传闻世、所闻世也。"（戴望）如此，"多闻"表入仕者须以开放之心，解闭目塞听、闭门造车之陋弊，成博闻多识之人；"阙疑"则表在"多闻"之基础上，还须审问、慎思、明辨。如此，能做到"多闻阙疑"，为入仕为政者应具备的良好品质，这从"为学"角度对入仕者之内在素质提出要求。

其二，在此基础上，要求"慎言其余"。孔子直接区分了为政者之"言"，非日常生活状态中之"言"，其目的在于希望为政者首先必须清醒地意识到其言所具有其特殊功能性。孔子指出须"慎言"，将"敏于事而慎于言"更为具体化地落实于为政之中。

孔子以"慎言其余"，表达了入仕者在审问、慎思、明辨而确信之后，在表达、传达层面，唯须"慎"！此"慎"表不知则绝不言、不妄论、不臆断；未真知的则缓言；即使知，也不急于言，更不可过分地多言，一句话，就是要遵循"知之为知之，不知为不知"之原则而"慎言"，从而牢牢树立慎言意识，如此，才可"寡尤"。

其三，所谓"寡尤"，就是减少因不慎言而造成的过失、过错。因为"慎言"，则"言以宣道，故极高明"，如此"言极高明，则寡口过，故于人则寡尤。"这样，孔子揭示了"慎言"与"寡尤"之间直接的因果关系。

第四，"多见阙殆，慎行其余，则寡悔"。

（1）"多见阙殆"，表达入仕者须通过观看别人是如何行事而为政的，了解为政的基本原则和方式，知其得失与要义，懂得稳妥的为政之法。如此，"多见"即是多学习他人的为政经验，达到博学之；在多见之基础上，把有疑虑的搁置一边，做有把握的事情，即"阙殆"。如此，"多见阙殆"就为入仕者划清了可做和不可做之事的界限。

（2）"慎行其余"，这是在"多见阙殆"之后的做事原则。"慎行"，即表对凡是可做的事，亦不可偏激和冒进，而是要遵循"行道中庸"的原则，持谨慎的态度，以求稳妥，而不敢有丝毫的怠慢或草率莽撞。

（3）"则寡悔"。这是表明只有首先做到"多见阙殆"，然后"慎行其余"，才能"寡怨恶，故于己，则寡悔"。

对于"多见阙殆，慎行其余，则寡悔"，戴望释曰："多见，谓所见世也。殆，危也。于所见世，凡有君大夫过恶，不敢直陈，而托诸微辞以远危害。"

第五，孔子对入仕者的言行所提出的要求，简言之，即为官者不可乱说话，亦不可做错事。孔子为何对入仕者做出如此要求？

若为官者不"慎言"，则易失信于人、失信于民；不"慎行"，则易失误，带来损失或挫折，于个人丧失为政之善，更重要在于"为政"直接关涉到天下苍生之福祉，若不"慎行"，则关系到邦国之治乱、社稷之安危。如此，"慎言""慎行"之要求，就是要为官者在"言""行"上，绝不可任性草率而妄为，必须增进学识解孤陋寡闻之狭隘，进德修行以增强自判、自控力，以避冒失、冒进之过而成稳健之为政者。简言之，为政者切忌轻率与冒失。从这一意义上而言，孔子要求入仕者须"慎言""慎行"，正是为官者之角色规范、角色伦理之所在，由此构成了其言行之金律。

第六，"言寡尤，行寡悔，禄在其中矣"。

孔子从入仕者慎言、慎行之结果，作出一个内蕴着必然性之判断："禄在其中矣"。因为"上以讳尊隆恩，下以辟害容身，立乎人之朝，不失《春秋》之义，虽不求福，得福之道也。"（戴望）如此，孔子从入仕者言、行之"术"的层面，推进到"为政之道"的高度来对"禄"予以讨论，表达君子须修"天爵"而必得"人爵"的道德自信。

（1）"禄"，所指为"爵禄"，是爵位和俸禄的简称，指代"为官"。

（2）"天爵"与"人爵"。中国古代讲究"天爵"和"人爵"之分，孔子继承了这一传统，强调修"天爵"而得"人爵"。

所谓"天爵"，是指君子潜心修仁义忠信之德，绝恶向善、为善，不倦于乐善助人，修成大人之德行，上天必予以尊重、尊敬，这就是天爵。这就是真正的"德以配位"。

所谓"人爵"，即是指人授予之爵位、官位，如是公卿大夫等。

（3）"修天爵"而"人爵至"。修"天爵"，反求诸己；要得"人爵"，则须求诸人。孔子所言"禄在其中矣"，则表达了"修天爵"而"人爵至"的逻辑。

（4）"言寡尤，行寡悔"是修"天爵"之结果。"多闻"而"慎言"、"多见"而"慎行"则是修天爵在具体言行上的要求与表征。恰如程子所言："君子言行能谨，得禄之道也"。如此，孔子才会说："政德贯乎心，藏乎志，形乎色，发乎声。""善政行易而民不怨，言调说和则民不变"，"言之善者，在所日闻。行之善者，在所能为"。

第七，孔子在此提出"言寡尤，行寡悔，禄在其中矣。"与其在《论语·卫灵公》中所言"君子谋道不谋食。耕也，馁在其中矣；学也，禄在其中矣。君子忧道不忧贫。"具有内在一致性。子张所问"干禄"，乃是"忧贫""谋食"之举，恰好忘却了君子当以"谋道""忧道"为本，情理于"为学"，因为"学也，禄在其中矣。"在孔子看来，子张所问"干禄"，恰好颠倒本末而舍本求末，末之所得，在求诸人。

第八，子张之问"学干禄"，是"求人爵"；修"天禄"，本质上是求诸己；孔子之回答，所强调的则是如何修言行、如何求言行之善果，则是反求诸己。如此，子张之问，突出的是"人爵"，于他人如何求之，孔子之答则呈现修天爵而人爵必至之逻辑；子张之问，则是"末"，孔子之答，则修"本"。如此，孔子之论，对子张舍本求末予以批判，同时指出了修天爵之正途。正所谓命自我为，福自己修，这才是孔子教导子张之重点所在，也是孔子之论的核心所在。

在此，还需注意，孔子突出的修天爵，强调进德修，具体落实在行动上，也就落实在"干"上，表达了孔子所谓的修天爵，就在道德践行之中。如是陈祥道所言："于富，多言求；于禄，多言干；盖求富，则有通于上下；禄者，仅干于上而已；合而言之，皆干者也。"正因为如此，孔子说："行者，政之始也；说者，情之导也。""君子修身反道，察里言而服之，则身安誉至，终始在焉。"对此，蕅益释曰："何日无闻，何日无见，闻见不患不多，患不能阙疑殆，慎言行耳。禄在其中，是点破天爵天禄，乃吾人真受用处。"江谦补注："干禄谓求福也。言是口业，行是身业，慎是意业，身口意三业勤修，外则寡尤，内则寡悔，故曰'禄在其中'。多闻多见，而不能阙疑阙殆，随波逐流，随风而靡，则灾祸堕落之所由来也，可不慎与？"

第九，孔子通过回答子张之问，突出君子当以修心、修德、修行为本、为重，须在其言、其行上下功夫，应力戒心浮气躁、根除急功近利而"求人爵"之无根基的立竿见影之行为。孔子之论，无疑为求干禄之人，开出了一剂疗治之方：为学修德、规范言行、寡尤、寡悔，乃入仕之要。修好自己、做好自己是正道。如此表达为政箴言：成大事者，必因其有大德。

第十，孔子之论中，以"多闻"而"慎言"、"多见"而"慎行"，对入仕者之"言行"予以具体的规范性指导，以"寡尤""寡悔"对其为官做出了最低限度的要求。由此，孔子完成其入仕之"术"的论说；而以"言寡尤，行寡悔，禄在其中矣"则完成了孔子入仕之"道"说。

如此，孔子之论，从入仕之"术"至"道"，从形下至形上予以通透地阐释。如是君子者，当循其道而"为学"；修己之德、修天爵，"入仕"之秘密就在于"反求诸己"；相反，"小人"则重于"术"而止于"术"，以"入仕"为"求诸人"而已矣。

第十一，对孔子之论，若关注点聚在"慎言""慎行"，必认为孔子关于"入仕"之论取保守之式，由此导出一种独特的为官人格和相应的官场文化：群处守嘴、独处守心，修以清心为要、涉世以慎言为先。

若将"慎言""慎行"之论作为孔子言说的重点，那必会认为，此论深刻地影响着中国后世官僚系统的行为方式与话语规则，形成中国政治文化非常持重、保守之特征。这种"四平八稳"的为官原则和文化品质，塑造了一代又一代在"言"与"行"上畏缩和备受拘束的"无为"政治人格，并认为端肃严谨、老成持重的为官风格，不会出大错，但也缺少些锐气。"为官"之人，秉承着谨言慎行的传统，使得政治生活领域具有非常独特的保守气质。

若将孔子对子张的教导之重点搁在"术"上，并以此成为日后官员们言行之金科玉律，似乎历朝历代的多数官员所谓修己，最后都成了因循守旧、思想僵化，心思只放在算计规避个人风险上……最后都成为保自家乌纱而畏手畏尾，毫无担当之勇气的"小人"。

然而，这样理解恰好没有把握住孔子之论的精华。孔子之论的精华恰蕴含在"言寡尤，行寡悔，禄在其中矣"之中。如此孔子"入仕"之论的重点和根本并不在于"术"，而在于"道"上。如此，孔子所强调的正是：欲"入仕"者，须先"为学"，先修德、修天爵，先检视自我的言行。如此，君子之谋、之忧的价值就彰显出来了。

第十二，孔子之论，从"入仕"之维度再次彰显其一贯的原则与价值取向："德本"！并对之持鲜明的乐观主义态度。这一取向和态度之合法性，就在于对"仁道""德政"之信仰。这是孔子重塑已经失落的"官道""官德"之浓墨重笔。这一春秋笔法，其批判力和引导力超越历史长空，其精神鞭策着当今的"入仕者"！

总之，孔子就子张之"学干禄"，从"术"和"道"两个层次上阐释了"入仕"之要求。在"入仕"之"术"上，孔子从言行两个方面做出了规范性要求，在"入仕"之"道"上，突出了其"所为"是其"所位"的根据，从而在更深的为官之"道"层次上，突出了反求诸己而"为学"、修"天爵"而"人爵"至的必然性，以此批判本末倒置、舍本求末而求诸人于"干禄"的"小人"，由此表明君子当心怀道，以忧道、谋道而为学，持"学也，禄在其中矣"的坚定信念。

孔子的"入仕"之论，彰显了孔子重塑、重振"官德"，对"仁政"的深切诉求和不倦的追求。

16. 服与不服，直与不直

为政 2.16

【原文】哀公问曰："何为则民服？"

孔子对曰："举直错诸枉，则民服；举枉错诸直，则民不服。"

【译文】鲁哀公问："怎样做才能使百姓信服而服从呢？"

孔子对曰："把正直贤达之人提拔起来，放在邪恶不正之上，老百姓就会信服而服从你了；相反，若把邪恶不正的人提拔起来，置于正直贤达的人之上，老百姓就不会信服而服从你。"

───────────

哀公与孔子之问答，从表层来看，都是针对"民不服"之实情而言，其共同的目标、目的即是达到使"民服"。进一步而言，哀公之问，以"民服"而彰君权之威，孔子之答，则是为哀公治国使"民服"而重树君权威严。从更深层的本质而言，使"民服"，而不是使"民从"，则是行"霸道"之追求。孔子之答，以选人用人为主题，遵循与张扬"王道"。如此，哀公问霸道之"术"，孔子对答则彰"王道"之策。孔子如此之答，不仅针对哀公用人之"术"的失误，而且通过用人之"术"，批判哀公行"霸道"之"实"。

孔子对乡土怀深情，对哀公治国之哀衰予以深刻的诊断，委婉地以用人之原则进谏，促使哀公自省其治国致君权旁落、朝纲混乱、民怨四起，从直接性来看，则在于舍贤任奸用人之偏，从根本上乃是因行"霸道"使然。

哀公与孔子之"问""对"，本质上乃是"霸道"与"王道"之对话。孔子之答，希望哀公自觉其治国之困境，根本在于行霸道，如是，孔子寄希望于哀公行"王道"非使"民服"，而是使"民从"。如此，孔子乃通过"对"于哀公，解举人、用人之策，向哀公表达与传递"为君之道"。

───────────

具体而言

第一，鲁哀公与孔子之"问"与"对"，不是一次"平等"的对话。其不平等主要表现为两个层面。

其一，从地位上来看，鲁哀公是鲁国之国君，其位"在上"为"尊"，孔子则"在下"为"卑"，这就构成了"对话"双方地位上的不对等关系。如此，文本所记载的是"子对曰",而不是"子曰"。这一个"对"字,就直呈了问答双方所处的尊卑之位。记述者记录下"子对曰",表孔子遵礼而践礼。

其二,从道义上来看,哀哀窝囊的哀公为政所行"霸道",因失"道义"属"无德之君",其民必不服。而孔子倡"仁政",弘"王道"。如此,不仅构成了二人对话之价值取向的根本差别,而且成孔子道德之优位。

在这一场不"平等"的"问""对"中,孔子作为"对"者虽洞悉了哀公所问背后存在的问题及其本质,但孔子给哀公应有的尊重,看破不说破,于是,顺着哀公要"民服"的期望,以用人之原则、之策,非常委婉、含蓄地对哀公行"霸道"予以批判。两人"问""对"之细节,不仅彰显出孔子的"智"与"仁",而且更为重要的是孔子提出在"王道""仁政"之语境下,选人、用人之准则,从而将哀公所行"霸道"与孔子所倡"王道"剥离并区别开来。

第二,哀公治国有"疾"忧,深感其下之臣民,各行其主张,置他于不顾,故而生"问",求如何令"民服"之策,于是就有了哀公所问:"何为则民服?"

据《春秋左传》记,鲁哀公,是鲁国十二位君主中的最后一位君主,也是春秋结束时期最后一位君主;鲁哀公治国,哀衰至极!哀公虽贵为君主,但其治下,"三桓"专权,架空哀公,长期受困于朝政大权旁落,政局混乱不堪,以至于哀公二十七年,欲借赵之力讨伐"三桓",却反被"三桓"起兵所逼而出奔,最后虽被迎回国,不久即卒。

孔子针对鲁哀公与"三桓"衅隙,尖锐地指出鲁哀公为政之失的根本,在于舍贤臣而任奸佞,以致"三桓"僭越专横。其批评的意味十分明显,同时也希望能规谏哀公,举贤以服民。

第三,"举直错诸枉,则民服;举枉错诸直,则民不服。"

哀公所问,求"民服",孔子从"民服"与"民不服"两种效果,反溯而提供了两套截然相反的用人方案,即"举直错诸枉"和"举枉错诸直"。

(1)根据哀公所问,孔子只需直接回复哀公,要使"民服","举直错诸枉"即可!然,孔子进一步指出"举枉错诸直,则民不服"。从"问"与"对"的关系上来看,孔子后面所言"举枉错诸直,则民不服"似乎没有必要。孔子正面回答"民服"之策之后,却继续补充谈到"民不服",为何?

其一,指证哀公以其实际所行的"举枉错诸直"而求"民服",无异于缘木求鱼。其所求与其所行,恰南辕北辙而相悖。

其二,孔子委婉提醒哀公,他目前正遭遇和欲解决的问题是"民不服",恰是其行"举枉错诸直"之必然结果,这是哀公问题之病灶。

其三,孔子力图让哀公反省而自觉,要想使"民服",则必须对先行的"举枉错诸直"予以全盘否定,彻底颠覆而改弦更张,行"举直错诸枉"之用人准则。

其四,孔子直呈两种用人的准则和结果,仅供哀公自己选择与定夺,并不具有强迫的绑架性,如此,孔子补充之言中所蕴含的批判性,有赖于哀公的反省而自觉。

其五,孔子完整地提供两套方案必然导致的结果,遵循了对症下药的原则,体现从解决"现实问题"入手,从纠正已有的错误开始,方可达到所求之理想的逻辑。如此,从"现实"至"理想"的关键,就在于意识到问题,并着手解决问题。哀公的问题,既在用人之原则的错误,更是对己所施行的错误原则缺乏应有的反省与自觉。

其六,处于下位的孔子,并未直接指责哀公之错误,而是很巧妙委婉地予以暗示,表孔子遵上者讳,此乃孔子谦逊、宽容仁爱之圣贤风范。

（2）"举枉错诸直"与"举直错诸枉"

其一,这是截然相对立的两种用人之原则。其关键即在对"直"或"枉"之"举"或"错",从而产生两种截然相反的效果。

其二,所谓"举":即是推举、任用。

所谓"错":通"措",表废置、罢黜。

所谓"直":即指正直之人。"正直为正,能正人之曲为直。"（戴望）

所谓"枉":即指邪曲,不正直的人。

其三,孔子提出行"举直错诸枉"抑或"举枉错诸直",必产生截然不同的两种结果:"民服"与"民不服"。

其四,为何"举枉错诸直",则"民不服"?"举直错诸枉",却"民服"?陈祥道给出的解释如是:"盖民情好直而丑枉。举枉错诸直,则拂民之欲而民莫不怨;举直错诸枉,则适民之愿而民莫不服。"如此,孔子以"民服"与"民不服"反判用人政策的正误与善恶,表呈"民本"之思想。这亦是遵"王道"、行"仁政"之必然。

第四,治国者,遵什么"道",则必用什么"人"而行"道";其"用人"则是其所行之"道"的具体表征。孔子提出了"民不服"之直接原因,乃是用人不当,用人原则出了问题。用人原则出问题,则在于为政所循之"道"有问题。

哀公治国而"民不服",究其直接原因则在于"举枉错诸直";而为何哀公会在用人上行"举枉错诸直"之原则?孔子"沉默"了,然问题也就明白了,哀公乃行"霸道"遭至其下之臣民"不服"。如此,哀公遭遇"三桓"之乱政,乃至鲁国及哀公之命运,皆因哀公行霸道之咎由自取。

哀公行"霸道","举枉错诸直",其结果是"民不服"。如此,哀公之为政治国,衍生出一种异化的逻辑。这是行"霸道"之必然。

孔子通过对哀公行霸道,"举枉错诸直"之结局,从经验事实上再次确证了"霸道"的必然命运,让人看到霸道猖行之世"王道"的希望之光。

第五,哀公之"问",孔子之"对",从形式上来看,是一个错位的"问"与"对"。

哀公之"问",是驭民之"术",使"民服",因此,其问乃"为君之术"。

孔子之"对",顺哀公所问之思言"事",以"术"为始,又不止于术,而是顺"事",直抵事后之"道"。因此,孔子之"对",乃"为君之道",直指君权之权威何以可能?对此,如是陈祥道所判断的"孔子之答哀公,则事而已。"

哀公行霸道而令"民不服",希望求更有效的权谋之术而使"民服"。孔子之"对",从根本上否定了以"民服"为目的,否定遵"举枉错诸直"的用人原则而行"霸道"的错误。由此,孔子主张,遵"举直错诸枉",乃是行"王道"之法则。

第六,用人,既是"术",亦是"道",因为它直接关涉的是君子、贤才,抑或小人、邪曲之徒,即本节对话中所言之"直"或"枉",究竟重用谁,谁得势,进而决定此邦国所张、所行的治国之"道",从而决定此邦国之"民""服"或"不服",最终决定其历史命运。

从此节对话可知,哀公依然醉心于求制民之霸"术",尚未提升到"治民之道"的高度。对此,孔子曾言"有司执政者,民之表也。……故仪不正,则民失;表不端,则百姓乱;迩臣便僻,则群臣污矣"。孔子之言如是对哀公与"三桓"关系的描述一般。从这一意义上而言,哀公的最大问题,则在于未真正明白"治民之至道",而"民不服"只是其行霸道之必然结果而已。

第七,对哀公与孔子之"问""对",若以为其核心和关键就是讨论"用人"原则和标准,而不深入追究其标准之所抑与扬的价值支撑,便会止于治国之"术"的讨论,未能进入对治国之"道"的审视。如此,这场错位的对话,不仅显示了治国之"术"与"道"两个紧密联系的层次,而且蕴含着孔子对哀公及一切行霸道之政的批判。

第八,从为政之运作层面来看,"政"即在选人、用人。用人恰当与否,直接关乎国家治乱、国运否泰,因此受到历代君王高度重视。孔子之"对",以"直""枉"标示着两种德性的人,相应也就带来两种为政结果。由此,凸显对为政者之"德",即对"官德"的决定性作用予以高度重视。尽管因时代不同,"直"与"枉"的具体内涵和权衡标准有差异,但对"官德"之"直"的肯定和褒扬，对"枉"的贬斥和否定，却成为善政之恒常要求。

第九，孔子提出"举直错诸枉"，将"为政"之"合法性"或民众的认同性和归顺性（"民服"）之支点置于"官德"之上，贯彻孔子"贤人政治"德与位配的一贯逻辑，彰显德性政治范式的重要特质。

第十，孔子之"对"，把"德"作为举人之标准，在以"血亲"为基础的传统政治选人、用人"唯亲是举"的原则上，提出了非血亲关系的"唯德是举""任人唯贤"之标准，这无疑开辟了"举人"之新路径，为"王道"畅行提供了道德与人才支持，同时也为为政者提供"亲贤臣，远小人"（诸葛亮语）之警示。

第十一，在家族政治体系中，提拔、选用"有德性之人"或"邪恶不正之人"，主要是根据统治者所行之道决定的，换句话说，是根据统治者的权力意志和利益，有时候甚至是个人的兴趣、爱好使然。恰如蕅益释曰："惟格物诚意之仁人，为能举直错枉。可见民之服与不服，全由己之公私，不可求之于民也。"如此，"上位"和"下位"、官吏系统内部和民众，对同一个官吏，都会产生不同甚至截然相反的判断，如此因地位、利益、身份等差异而产生的判断上的错位，就导致官吏不同的命运，同时也使得官吏在不同的受众面前呈现出不同的道德景观。

在实际的政治生活中，"忠臣"与"奸臣"、正直之人和奸佞之徒，的确是一时难以辨识，若待时日警觉与察识，已带来不可逆转的恶果或灾难。这便是政治生活的诡异之处。

在臣民政治的架构内，一切所谓的"人才"，本质上都是"奴才"（或"家奴"），即使人格独立、刚正不阿之士，在君臣的权力关系逻辑中，"臣"之于该权力体系最大的美德就是忠诚。在此总体原则下，"正直无私"即是在"义""利"关系中，持守与遵循"取义为上"的精神与原则。如此，必须要确证，在家族政治中真正的所谓"直"，应该是不畏权、不委于权而行道义。退一步，须取其"直心"，弃"曲心"。然"直心"如何在君权至上不可动摇的权威面前得以安全地存在，并发挥其"直心"达治国、治世之善，孔子并未具体予以回答。

"直"，从"直心"显"直行"而"直谏"成"直臣"。这是为政之理论上的"善"，美若莲花。然纵观家族政治之历史，如此之"直"者，真是稀若晨星。

总之，孔子从哀公之问："服不服"？巧妙地回答成了"直不直？"在这一场不对等的"问"与"对"中，以"一致性"为起点，以"道"不同而结束。如此，以"选人用人"为主题，展现了孔子对哀公求"术"之霸道的批判，具体地张扬了王道、仁政的价值路线。

17. 使民庄敬，孝慈举善

为政 2.17

【原文】季康子问："使民敬、忠以劝，如之何？"

子曰："临之以庄，则敬；孝慈，则忠；举善而教不能，则劝。"

【译文】季康子问道："要怎样做，才能使老百姓对当政者报以恭敬、忠诚而自戒呢？"

孔子说："临之以庄重，民则恭敬你；行孝慈之道，民就会尽忠于你；你能选贤用能，对那些不能的民又施予教，那么，民自然就会自戒而老老实实。"

季康子（？—前468）

1. 即季孙肥，姬姓，季氏，名肥。谥康，史称"季康子"，季桓子之子。

2. 春秋时期鲁国的正卿。事鲁哀公，此时鲁国公室衰弱，以季氏为首的三桓强盛，季氏宗主季康子位高权重，是当时鲁国的权臣。三桓之间的关系也不是很融洽，季康子的专权，让叔孙氏、孟氏很不满。

3. 哀公十一年，季康子使公华、公宾、公林以币迎孔子。至此，被三桓逐出鲁国的孔子终于得以回国，并完成他晚年修书的事业，给后世留下了诸如《春秋》《论语》《诗三百》等儒家经典。从这一意义上可以说，季康子的行为间接地成全了孔子作为圣人的事业。

4. 季康子把持朝政，僭越不断。不过，他也算好学，不停地向孔子请教。譬如：在《论语·颜渊》中，比较集中地向孔子求教就有3次。

（1）季康子问政于孔子。孔子对曰："政者，正也。子帅以正，孰敢不正？"

（2）季康子问政于孔子，曰："如杀无道，以就有道，何如？"孔子对曰："子为政，焉用杀？子欲善而民善矣。君子之德风，小人之德草，草上之风，必偃。"

（3）季康子患盗，问于孔子。孔子曰："苟子之不欲，虽赏之不窃。"

5. 季康子作为鲁国权臣，凌驾于公室之上，专权而失三桓之心，可谓不足。然而，康子一能观鲁之国运，二能用冉有之才，三能迎孔子归故，四能应时用田赋，亦不可谓不智。

季康子与孔子的问答，围绕着"敬""忠"与"劝"何以可能而展开。在问答中，季康子向孔子求教如何才能改变民对执政者之不敬、不忠，且"不劝"之策，孔子紧扣季康子之问予以作答，提出"临之以庄""孝慈"和"举善而教不能"三项对应性措施和原则，成孔子著名的"治民三策"。

从孔子"治民三策"可以看出，民之所以对执政者不敬、不忠和不劝，乃执政者本身之不敬、不忠和不劝使然，其根源在执政者自身，而非民。民不敬、不忠和不劝之执政者，即是无道之执政者。如此，孔子通过"治民三策"表达了"政，即正也"之深刻含义，以此警示季康子须首先正己，践履与垂范"敬""忠"与"劝"，进而弃"霸道"而行"王道"，如此，民自然就会"敬""忠"和"劝"了。

孔子之答，内蕴着对季康子所行霸道之批判，并希望他能率先"正己"，遵"礼"而行"臣之道""孝子道"和"慈父道"，对"民"起一个真正的表率作用。唯有如此，"民"方可"敬、忠以劝"。

具体而言

第一，"使民敬、忠以劝，如之何？"这一问题本属国君之"问"，非"臣"所该问。哀公且问孔子"民服"之"术"，而作为鲁国权臣的季康子却比国君哀公更甚，问"如之何""使民敬，忠以劝"。这就表明季康子之"问"，本质上即是僭越的忤逆之问。如此，此"问"的提出，既暴露了季康子违"礼""不敬""不忠"与"不劝"之"心"，又实证了季康子僭礼而嚣张之"行"，其"心"、其"问"确证了季康子违礼行霸道而制民之实。

孔子之答，从形式上来看，紧扣季康子之问而应。然孔子深谙季康子之问中所藏的僭越之心和霸道逻辑，所以依其所问而答，具体指向季康子僭礼、忤逆之具体表征：不敬君、不孝父母、不慈后生、不自戒等诸多"顽疾"，并从如何行的层面具体提出加以改进的要求与方法："临之以庄""孝慈"和"举善而教不能"。

孔子之答，不仅改换了"敬""忠"与"劝"的行为主体，而且置换了治国之"道"，既批判了季康子僭礼霸道之心、之行，又指出令他从"王道"的具体之策。如此，展示了孔子以"王道""仁政"规训季康子霸道的生动画面与虔诚之仁。

第二，深度走进季康子与孔子的问答，必须超越季康子和孔子"说了什么"，重点落在探究他们"为什么这样说"。

据此，季康子之所以问一个属国君的问题，乃季康子不遵循"臣"之"礼"，根本就没有把鲁哀公放在眼里，甚至于将哀公架空和驱逐而实质上代之。僭礼、违礼而行"霸道"之为，在季康子的生活中处处皆是。譬如季康子问政于孔子，曰："如杀无道，以就有道，何如？"（《论语·颜渊》）在本节对话中，季康子所问"使民敬、忠以劝"之问题，如此等等，均表明季康子所行霸道与孔子所倡之"王道"，如是冰炭水火。

孔子之答，尽显施"王道"而"治民"，而非行霸道而"制民"。如此，这次问答本质上是一次以"治民之道"，批判、规劝和教导行霸道之季康子如何面对"民"而产生的"危机"的"对话"。孔子之答，启示与警示季康子须从自己做起，从根本上改"道"，其所求才能如愿。

第三，季康子之问："使民"，始终以一种居高临下之姿态去要求民"应该""敬、忠以劝"，从不反思民众为什么对之"不敬"、不"忠以劝"这一更深层次的问题；因此，他（们）所求，也仅是制民的权谋之"术"、驭民之"策"而已，这是行"霸道"之执政者的惯常思维和价值取向。所以，季康子所问"如之何？"

季康子之"问"、之求，暴露了"霸道"之内在逻辑与价值悖论。这也是霸道不是治世之正道，不可久长的真正原因之所在。

第四，孔子之"答"，不仅彰"王道""治民"之善，且强调为政者须以修己之德、正己之行为始点、为重点、为根本。如此，孔子提出了王道"治民之道"，对抗季康子所行"制民之术"，以促季康子反省并改其所行之策。于此，孔子教导季康子当"临之以庄，则敬；孝慈，则忠；举善而教不能，则劝。"

（1）何谓"敬""忠"和"劝"？

①"敬"：一般地说即指民遵"礼"对为政者报以"恭"而"敬"。在本对话中，其真切的意义则是："不苟"。如此，落实于民之行为上，则以"不苟"待为政者，而不是糊弄之。

②"忠"，一般地说即指民遵"自诚"的原则，以"不欺"而待为政者。

③"劝"，是在"忠"的基础上，表达无须外人予以训诫而自觉遵循自己为民之德。简言之："劝"，即是"不戒"。通俗地说，"劝"即是民众自己说服自己，遵循礼制规定，不僭越，认命，老老实实，不乱上，不作乱。如此，不仅"民服"，而且"民从"。

如此，季康子之问，"先敬忠而后劝"，而季康子对"民"的要求，从"敬""忠"而推进到"忠以劝"，从"心"到"行"、自内而外，以达对民予以"制服"至无以复加的程度。

孔子以使民"敬""忠"且"劝"何以可能为运思逻辑，贯彻着王道的价值思维，因此作出了王道之答。

（2）"临之以庄，则敬"。"庄，正。君子之临民，奉天道以行之，齐明盛服，非礼不动，所以修身。"（戴望）

①从形式上讲，君临于民，绝不可不遵循一定的礼仪，率性而苟，须以庄重之威仪而示民。如此，一方面表君之高贵与尊严，另一方面则以此抚以民心而使民信。

②从实质上来讲，为君者、为政者临事，尤其是关乎国之存亡、民之福祉等诸大事时，绝不可草率待之、处之，更不可不顾民之生死，而是须以虔敬之心、庄重严肃的态度和不敢有丝毫懈怠之情，认真地加以解决，且要照顾民之生产、生活及福祉。以此所为昭然于民，以达德化民之效，民则必回报以敬。

③从交往上来看，处于上位的人，与下位之臣民交往时，需以相应的"礼"而待之，避免狎昵，不拘礼。如是"定公问：'君使臣、臣事君，如之何？'孔子对曰：'君使臣以礼，臣事君以忠'"（《论语·八佾》）。如此，礼"上"往来，不仅最为直接地体现出为政者之德，对"民"的感召和表率作用，而且彰显了"敬人者，人敬之"的交往价值逻辑。

季康子的主要问题则是僭礼对哀公的大不敬。如此，对于君臣交往关系彼此应报以的"敬"，后世孟子予以充分地发挥。他说："君之视臣如手足，则臣视君如腹心；君之视臣如犬马，则臣视君如国人；君之视臣如土芥，则臣视君如寇仇。"

④"临之以庄"，乃孔子对为政者"自重"而"自敬"的要求。如此，只要为政者能真正做到"自敬"，则民敬之，乃自成之事，非要求而得来；反之，若为政者不自重、不自敬而"自慢"，相应地，民必慢之而不敬。

⑤孔子以此巧妙地批判季康子不自重、不自敬而僭越，还要求民对之"敬"的荒诞之求。

⑥孔子之答，透显出一条为政之真理：唯有心中有"民"的为政者，民在心中方才有为政者，民才可能对之报以"敬"。这便是霸道恶政而"制民"与王道仁政而"治民"带来的效果之本质差异。

（3）"孝慈，则忠"。

①"孝"，乃人子所须遵从之"道"。如此，"孝"，即"子道也"；"慈"，则是"父道也"。

②孔子要求季康子行"孝慈"而达民"忠"，其含义如下。

其一，在家庭中，"孝以率之，则民观而化；慈以怀之，则民感而化"，如此民则"忠"。

其二，以"孝慈"而为政，事君待民，民必"忠"，如此，"孝慈"乃"忠之道"。

"孝谓养老之事，恤人为慈。"（戴望）"孝慈"本属家庭伦理，但在王道仁政的伦理逻辑中，家庭伦理与为政伦理之间是一致和融通的。《礼》曰："孝以事君，慈以使众。"此孝慈所以使民致忠之道也。如此，孔子要求季康子行"孝慈"而为政，则表达季康子在为政中，须对君、长者、尊者应行"孝"而不可违"礼"慢待"君"，对晚生和子民应施予慈爱。这暗含对季康子施暴政之批判，警示季康子须弃刻薄之恶政，止横征暴敛之苛政。

其三，就季康子所为，专权而无视为君之哀公的存在，失"臣"之"孝"、之"忠"。如此，在孔子看来，一个对"君""不忠"的乱臣贼子，却反过来要求民"忠"。这就是行霸道的季康子之流的道德逻辑、道德悖论。

③孔子答以"孝慈，则忠"，以人伦之德言为政，令季康子易接受且留予薄面，以表孔子欲激活或唤醒季康子尚未泯灭之"善心"。

（4）"举善而教不能，则劝。"这是孔子教导季康子如何选人用人，进而如何对"不能"之"民"施以"教"，则能达到民"劝"之效果。此为"举善而教不能，所以致劝之道也"。对此，戴望释曰："不才者待化于善。《传》曰：'古者有命民。民有能敬长怜孤，取舍好让，居事力者，命于其君，然后得乘饰车骈马，此之谓举善勤勉也。'"

①"举善"，是哀公之问中"举直而错枉"之更为具体化，直接表达了选贤用能者，一方面以彰为政之"道"而感化于"民"；另一方面，"举善"而让"善者"对民予以德行之表率而范民、导民，从而"化"民。这就构成"以吏为师"之传统。

②"教不能"。

其一，"不能"，自然是指"民"之不能。此处的"不能"，非指技能、才干等能力的欠缺，而是指民不会自发地懂得对"临之以庄"报以"敬"、对"孝慈"者报以"忠"，其根本乃是"礼"外于"民"，"民"不懂"礼"，心中无"礼"，因此，必是不能道德自主、自戒、自律而随时都可能"不敬"、"不忠"。如此，对民须施予"教"。

其二，孔子强调对民以"教"，体现了孔子倡行的仁道之"仁"，从而与霸道待"民"之价值相反。孔子认为，使民，要先教民。如果不教而杀，是为虐民。"不教而杀谓之虐；不戒视成谓之暴；慢令致期谓之贼；犹之与人也，出纳之吝谓之有司"。（《论语·尧曰》）

季康子曾问政于孔子，就说："如杀无道，以就有道，何如？"孔子对曰："子为政，焉用杀？子欲善而民善矣。"如此，季康子欲以霸道的简单的"剔除法"而"制民"，而孔子提出遵循教化的"转化法"而"治民"。

孔子之"教"：

从"教"之对象上来看，则是"不能"之"民"。

从"教"之内容上来看：则是教"礼"，因此，其教又称为"礼教"。

从"教"之目的与效果上来看，使民明礼而自"劝"！

③以"举善"予"民"直观"礼"，让"民"知"礼"之然，体现于"敬"与"忠"；"教"则让民知"礼"、明"礼"，知"礼"之所以然，实现自觉而自戒，达自"劝"，从而遵从行为规范，至心戒自律，以达"治民"。如此，"举善而列之，以爵禄教不能，而引之以道艺，故劝。"（陈祥道）

孔子强调教民以"礼"，即实施"礼教"使民归化。这从表面来看，"教不能"是为政者之责任，其实是为政者使民能自"劝"之良策。

（5）孔子连续以三个"则"，将"临之以庄""孝慈"和"举善而教不能"与"敬""忠"和"劝"紧密关联起来，揭示了"行为"与"结果"之间的必然性关系。这样的句式，不仅表孔子劝导季康子的真切、急切之心，而且切断了霸道与王道可以苟合的可能性。蕅益释曰："临庄，从知及仁守发源，知及仁守，只是致知诚意耳。孝慈，举善教不能，皆是亲民之事，皆是明德之所本具。可见圣门为治，别无歧路。此节三个'则'字，上节两个'则'字，皆显示感应不忒之机，全在自己。"如此，孔子鲜明地告诉季康子，要真正达"使民敬，忠以劝"，唯弃霸道、苛政，改行王道、施仁政，以"制民"而"治民"，别无他途。从这一意义来看，孔子之"答"，与其说是在回答季康子之"问"，还不如说给季康子下了一道为政之"道德律令"。

（6）孔子自信地认为，只要能做到这"三点"，"民"无须"使"必自我感化、教化而行"敬"、"忠以劝"。因为"临之以庄，礼也；孝慈，仁也；举善而教不能，则劝，有是三者，则民不待使而化。"然"康子不知出此而欲使之化焉，岂知务哉。"（陈祥道）如此孔子之答，提出了为政之"礼""仁"与"劝"，改变季康子之强迫性地"使"而完成对民之"化"，从而达到"敬"与"忠"之效。

第五，季康子与孔子的问答，表明孔子的仁政，能以"善"引"善"、以"善"生"善"，一句话，其"善"之端倪在官、在上位，民乃居上位者、为政者所塑，民德只是官德的一面镜子而已。为政者欲求民对己有敬重、忠诚之心，行恭敬之礼，且安分守己，那么，为政者须首先具有相应的德性，这是基本的前提。官德对于民众之德，具有垂范性、先导性和德感教化性。换句话说，有什么样的为政者之德，就会生出什么样的民之德性来。

总之，孔子以"王道""仁政"的"治民"之策，应对季康子"霸道""恶政"的"制民"之问，既鲜明地彰显了"王""霸"之别，又突出了孔子欲教化季康子弃霸从王的诉求，形成了"问""答"形式上的一致，而实质上的泾渭分明。

18. 家政为政，二者合一

为政 2.18

【原文】 或谓孔子曰："子奚不为政?"

子曰："《书》云：'孝乎惟孝，友于兄弟。'施于有政，是亦为政，奚其为为政?"

【译文】 有人对孔子说："你为什么不为政呢?"

孔子回答说："《尚书》上有言，'孝，就是孝敬父母；弟，就是友爱兄弟。'把孝悌的道理施于政事，也就是为政，又要怎样才能算是为政呢?"

孔子借回答一种诘问而表达了自己的"广义政治观"。孔子引《尚书》"齐家治国"之思想传统，将"家政"与"国政"、治家与治国内在关联甚至等值起来，解构了以为"国政"才是"为政"的"狭义政治观"，突出了"为政"之本质即是教化人，而教化之实质内涵即是让人知而行"孝悌"。如此，孔子以"孝悌"为关键，以教化人为目的，并完成了从家政到国政的过渡，同时对他不为政的诘问予以回应。

孔子否定了宏观政治学之治国方算"为政"之唯一论，凸显了治家之微观政治的地位，并将"孝悌""敬"与"爱"作为经营家庭微观政治的要旨，标明家庭伦理与为政伦理之共同的价值基础：孝亲或"敬""爱"。这样，家国的同构性通过其伦理纽带而贯通，这是"仁政""为政以德"之伦理思维的具体体现。

简言之，孔子以为只要践行"孝弟"，就是为政，以此表明，为政本质上就是遵循"孝弟"，表家庭伦理的延续，如此，在孔子看来，"家政"即是"国政"，恰如戴望所言：行"孝友之道，虽不为政，与为政同。"于此，构成"孝治天下"之雏形。

具体而言

第一，孔子自述"十有五而志于学，三十而立，四十不惑"。不可否认，到了四十几岁的孔子早已熟谙"大学之道"，即"为政之道"。他不仅直接阐述"为政以德"的为政主张，厘清"道之以政"与"道之以德"的本质差异；评点"三年无改于父之道"的"孝道"政治，教导其弟子们为政须"患不知人"、要"温故而知新"、"学思"统一，"入官"须做到"言寡尤，行寡悔，禄在其中矣"，而且还提出"道千乘之国"须"敬事""节用""爱人"和"使民以时"等具体的治国之策，更有哀公、季康子等诸多君上、权臣问政于孔子……如此精通为政之孔子，理应是治国之精英，当担负起治国救世之重任，在自己的故土鲁国也就应该发挥其卓越的政治才干，让鲁国中兴。

"为政"于孔子，无论是从为政之理念，还是为政之策略，都是完整而成熟的。如此，孔子于"为政"，应是顺理成章、理所当然之事。然，事实上，孔子此时并没有入仕从政。如此，便有了一种诘问的声音："子奚不为政？"

应该说，问"子奚不为政？"于孔子，从当时之具体情势上而言，是蛮尴尬的。如是，"孔子之不为政，岂得已哉，以其难为，或人言，故告不及此。"（陈祥道）

难道是孔子没有从政之意愿？抑或此时孔子尚无从政之际遇？孔子以"家政"譬"国政"而自定为"为政"，其深意何在？构成需要追问的更深层的问题。孔子的回答，可以是一种非常无奈的自我解嘲而解惑式的回答，表明发出此问的人，只见孔子尚未为政之事，并不了解孔子当时为何如是；但是，孔子此种有理论价值的解嘲，不仅引经据典，讥讽当时鲁国的政事，而且还在纠正了问者狭隘的为政观之后，提出了一种治世的为政逻辑：孝悌，可使家庭和谐而民安，若将家庭中的敬爱推进、应用于邦国的治理，则邦国必和谐昌盛。简言之，把仁道价值植入民众，对民众做好思想的引导，民众真正践行了孝悌仁道，国家也就能够实现长治久安！

从孔子之论，可以看出孔子"虽重政治，然更重人道。苟失为人之道，又何为政可言？"（钱穆）因为人道乃为政之基础，政道乃人道的推延。

第二，按戴望释：此乃"昭公孙齐，孔子适齐。定公元年返鲁，不仕，故或人问之。"据钱穆先生所考，这一问和孔子所答，应该是发生在"鲁定公初年，定公为逐其君兄者所立，而定公不能讨其罪，是定公为不友，即不孝。孔子引书，盖亦微示讽切以晓鲁人，非泛然而已。其后孔子终事定公，则因逐君者已死，逐君者非定公，故孔子无所终怼于其君"。如此，表明"孔子在当时不愿从政之微意，而言之和婉，亦极斩截。此所以为圣人之言。"（钱穆）

可见，孔子有改变世道之强烈愿望，对己为政治国亦充满信心。从孔子后来周游列国时，与卫灵公所作的承诺即可见："子曰："苟有用我者，朞月而已可也，三年有成。"司马迁在《史记·孔子世家》记载了当时的背景。"灵公老，怠于政，不用孔子。孔子喟然叹曰：'苟有用我者，朞月而已，三年有成。'

孔子行。"

事实上，历史上的孔子，具有出众的为政能力。据《史记·孔子世家》记载："与闻国政三月，粥羔豚者弗饰贾；男女行者别于涂；涂不拾遗；四方之客至乎邑者不求有司，皆予之以归。"此即表明在孔子执政期间，政治清明，民风淳朴，孔子执政三个月，市场上卖羊和卖猪的商人都不敢乱要价，男女各行其道，掉到地上的东西也没有人拾取，四方的宾客到鲁国邑办事不用向官员求情，都能得到满意的照顾，都像回到家里一样。"定公以孔子为中都宰，一年，四方皆则之。由中都宰为司空，由司空为大司寇。"孔子在定公九年任鲁国中都宰，治理一年大见成效，四方都来效仿他。接着被提拔为小司空，由司空提拔为大司寇。定公十年，孔子以大司寇的身份摄行相事。在齐鲁"夹谷之会"上，孔子据"礼"力争，不仅捍卫了鲁国尊严，并且还使齐国归还了侵占鲁国的土地。这是孔子仕宦生涯中最重要的事情之一。这就表明，孔子绝不是一个仅仅会"纸上谈兵"的空谈家，而是有为政之理想、理论、策略，且又具有为政实践能力的实干家。

进一步而言，之所以会有"或谓孔子曰：'子奚不为政？'"之疑、之问，在陈祥道看来，其因则在于"或人知为政，而不知所以为政，是知有用之用，而不知无用之用"。

那么，在孔子看来，到底什么是"为政"呢？张居正对孔子之意予以了简明的诠释。他说："盖所谓政者，只是正人之不正而已，施之于国，使一国的人，服从教化，固是为政。修之于家，使一家之人，遵守礼法，也是为政。"按照张居正的诠释，所谓"为政"，就是教化众人，使不合乎礼教的思想行为向合乎礼教转变。将这种教化施于国家，使一国的人民都有所转变，即是从政。即使在家中传承教化，使一家人都能遵纪守法、遵从礼教，也是为政。张居正解说，符合"欲治其国者，必先齐其家"（《大学》）之论。

第三，从孔子的回答来看，他将为政之事，下降、具体化为遵循家庭内部的伦理规范、履行家庭孝悌关系。在这里他无疑将"家政"和"国政"，在功能上等同起来了。这一传统，在《尚书》中已有记载，孔子承接之，以此表达己之见解有其渊源与传统，亦表孔子认同、遵从这样的主张。关于《尚书》所言："孝乎惟孝，友于兄弟"，戴望释曰："孝乎惟孝，美孝之辞。言惟箸异也。友于兄弟，爱于兄弟。"

在"家国一体""家国同构"的血缘政治体系中，孔子以肯定的态度，以家庭内部成员之间的关系，以及此关系所具有的伦理秩序和处理应遵循的伦理原则，类推、延引至国家治理中处理各种关系的基本原则和宗旨，由此，他主张，将孝悌从家庭推延至国家和君臣之间，君臣之间也就自然有既定的规范来加以引导了，国家治理也就可以顺理成章。换句话说，血缘政治下家国一体，家族内的父子，如是为政之君臣，子于父则为孝，臣于君则为"忠"；宗族内部兄弟关系伦理为"悌"，推及社会就是"四海之内皆兄弟也"。如此，家、国伦理原则具有一致性。

以"孝"治天下，国家政治即是以孝为本。如此，只有具有孝父友兄品质的人才，才能在为政中，践行仁道原则，这具体体现了孔子一贯所主张的"德治"思想。在此，孔子亦给世人明确指示按照既定的孝悌原则处理好家庭的内政，本质上就是间接地"为政"了。

第四，亚里士多德将"政治"分为"家政"与"国政"，强调家政的基础性地位，但并未简单强调"家政"与"国政"的伦理相容性与一致性。而孔子则是以"家政"为德性之原型，认为将其"施于有政，是亦为政"。如此，孔子将"家政"纳入"为政"系统，视"家政"与"国政"，只有范围"小""大"之分，其内在本质和伦理原则具有同质性。不可否认，孔子的"广义为政观"，引导出一种泛政治的思维，深深影响后世国人。

第五，孔子对诘问的回应，具有方法论意义：即将诘问的问题置于更广泛的思维空间，围绕一个主题或核心，把对方之问题归位于一种"特殊形式"或特例，或将对方的问题特例化，以显示对方问题的狭隘性。孔子充满智慧的"论辩之术"，化尴尬为体面的主张。

总之，"或人知为政而不知所以为政，是知有用之用而不知无用之用。故孔子告以惟孝友于兄弟，是亦为政也，孝之施于政也，爱敬而已。爱敬尽于事亲，而德教刑于四海，则孝之施于政也，岂不难哉？盖爱敬立，则虽不为政而与孝同；爱敬不立，则虽为政而与不为政同。"（陈祥道）孔子以"教化人"为"为政"之目的与实质，认为按照孝悌、敬爱之伦理原则经营好家庭关系，本质上即是"为政"。因为"国政"只不过是家政的推广而已，从其功能而言，亦是教化人。如此，孔子不仅巧妙地解构了追问者的诘问，而且表达了为政形式之多样性，包括其开私学而行"有教无类"，与直接"为政"相比较，其目的是相同的，所不同只是方式和路径之别而已。如此，真正体现"爱敬立，则虽不为政而与孝同；爱敬不立，则虽为政而与不为政同"的原则，表行"孝友之道，虽不为政，与为政同。"（戴望）

19. 车之輗軏，人之信誉

为政 2.19

【原文】子曰："人而无信，不知其可也。大车无輗，小车无軏，其何以行之哉？"

【译文】孔子说："为政者若不讲信用，真不知道他能做什么。就好像大车没有輗、小车没有軏一样，它靠什么行走呢？"

————————————

孔子以"体""用"关系，聚焦于"行"，借车之輗、軏，形象而生活化地表达了为政者之"信"的极端重要性。就其重要性而言，则在于"行以立为体，立以行为用；无信不立者，体也；无信其何以行之哉，用也。"（陈祥道）

孔子此论，非就民众之日常生活交往中的"信"而泛论，而是就"为政者"之"信"立论；如此，"信"乃为政立身之本，取信于民之前提，亦是执政合理性之根基，以此构成为政者行为之一贯性的内在保障，构成为政者施政伦理的重要内涵。如此，"信"，成为考察、判断为政者，施予霸道抑或行于"仁道"的重要尺度。"善言而无信，人所恶也。"（戴望）孔子以此立论，其目的在于对当世为政者"无信""失信"的批判，同时真诚地劝导为政者放弃欺诈权谋之"术"，确立为政之"信"，树立为政者良好的道德形象，以达善治天下。

————————————

具体而言

第一，重"信"是孔子"人论""政论"之重要内容。在《论语》中，讨论"信"，即有35次；专论"为政者"之"信"，除了此处之外，在《论语·子路》篇中，孔子曰："上好信，则民莫敢不用情。"在《论语·颜渊》篇中，孔子亦有言："足食，足兵，民信之矣。"这一方面充分表明当世为政者之无信、失信，绝非个别情况，而是为政者的"通病"，成为备受世人关注的显问题，亦是孔子力图加以重塑的为政者之德；另一方面，以无信、失信为表征的为政，乃表明当世为政者行霸道之普遍，"仁道"式微之境况。正是基于此，孔子从为政之"道"、为政合法性高度，从重塑为政者之"信"入手，希望对救治乱世提出一条具有可行性的纠错归正之有效方式。

孔子所论为政者之"信",主要体现为:其一,为政者自身的信实、信誉;其二,民众对为政者的信任。二者具有前后因果性。本论中所言的"信",则是指为政者自身之信实。

第二,"人而无信,不知其可也"。

(1)孔子将"人"(为政者)与"无信"关联起来,做出"不知其可也"的判断,突出地表达了"无信"即"无道"之为政者,其所为,从形式上而言,则不具有一贯性、稳定性和长期性,只具有突发性、偶然性和善变性、随机性。由此表明,此种为政,事实上是无道可循、无据可依,随心、随性而为之"政",如此无道之政,必是为政者胡为之"乱政",其后果令人不可捉摸,难以预料。

(2)无信之人,即是无视而不遵从"礼"的为政者,只有权谋之"术"。如此,不仅翻云覆雨、朝令夕改、唯利是图、背信弃义,而且没有什么僭礼之事不可做,如是孔子谓季氏,"八佾舞于庭,是可忍也,孰不可忍也!"(《论语·八佾》)这就表明,无信之为政者,其潜在的危害,是难以预料和估量的。如是意大利之政治学家马基雅维利对"君主"从人性上予以界定为:狮子一般凶猛,狐狸一般狡猾,从根上来说,则"无信"可言。如此,为政者"无信",其为政蜕变为只是谋利,为政被纯粹工具化而无任何道义可言。

(3)"人而无信",即表明为政者手中的权力没有伦理规范,用今人之语言之,则是"权力"未关在规范伦理之笼子里,而仅作为为政者谋取利益的工具。如此,权力之"恶"必将给民众带来灾难,这正是无信之恶政内具的深度恐惧性,无疑将彻底瓦解民对之信从、敬重之心,如此,民德也不再归厚矣。

(4)孔子以"人而无信,不知其可也",表达了行"无信"之政,其本身缺乏道义正当性,民必不会信服、信从,也就丧失了其政之可行基础。如此,孔子以"人而无信,不知其可也"之言,对"无信"之为政,做出了自我消解的结论。换言之,唯有有信之为政,方可行而有道,为而畅达;无信之为政,最终必将因民众的茫然无措,难以一以贯之而归于消亡。孔子以其道德悖论而判定其必然自我消解,这是对霸道予以总体道德审判之下,对"无信"之为政命运的具体性审断。

(5)孔子从反向"无信"推定出,其为政不可"行"。如此,孔子从当世为政者"无信"之现实切入,强调其不具可行性,很隐蔽地通过批判霸道,表明唯有有信之"仁政"才具有现实可行性。

第三,"大车无輗,小车无軏,其何以行之哉?"

（1）什么是"大车无輗"和"小车无軏"？

大车之"輗"。大车，即是牛车，载笨重货物之车。"輗"即是指大车车辕前端与车衡相衔接的部分，其功能集合使车辕与车衡可以灵活转动而不滞固。

小车之"軏"。小车，又称轻车，驭四匹马，或为猎车、战车或平常坐乘之车。"軏"即是指小车上置于辕前端与车横木衔接处的销钉，其功能是驭马车、转向、车行安稳，不左右摇摆或侧翻。

（2）无论"大车""小车"，其用皆在于"行"。而要使其行稳致远，大车不可"无輗"，小车不可"无軏"。如此看来，"輗""軏"于大车、小车灵活、安稳不损而正常行驶，具有不可或缺性，由此成为正常行车之关键性要件，否则，车只是一个不能发挥其实用功能的"造型"而已。

（3）孔子借日常生活所用之器大车之"輗"、小车之"軏"于车行之"常理"，启示、警示当世"无信"之"人"，在为政中必须改"无信"为"有信"，须贵信，否则必如大车"无輗"、小车"无軏"一样，其"为政"绝不可能正常运行。如此，陈祥道诠释道："信之在人，犹輗軏之在车。人而无信，虽仁义礼智而不可行；车而无輗軏，虽轮辕辐辏而不可运。所以言车无輗軏，以贵信也。"

（4）孔子以"大车无輗，小车无軏，其何以行之哉？"将抽象深邃的治国之道、之理，化为生活世界中人人相关且简明之事，宣告"人而无信不知其可"。在此，孔子将抽象问题具体化、将为政问题日常生活化，不仅解除了为政问题的虚玄性，突出问题的实在性，而且强调大道至简、万事共理。同时，体现孔子谈问题于为政者皆有可理解性、可接受性，而且也彰显了孔子面无信之为政者而教化的仁爱真情。

第四，孔子将"无信""无輗""无軏"三者从抽象到具象紧密关联起来，落实在"其何以行之哉"这一共同性的问题上，其目的在于表达，倘若为政者缺失了"信"这一伦理支撑，即使其治国之政治制度、法律制度皆存，其结果必是导致施政不可能进行下去。由此凸显了"信"于为政的至上价值，不仅是为政之伦理规范、为政之精神和灵魂，而且决定着为政之命运。

第五，"信"，是善政必具之品质，而"无信"本质上即失德之"恶政"。"无信"之"人"，即是无德之"官"，必致其令不行、其禁不止，为政之策难以贯彻，民心不聚，最终其民必殃、其国必殇。如此，孔子追问"无信"之为政，凭什么而存在，凭什么而可行？

第六，"信"，是"忠""诚"的外化和具体功能化，能消解质疑、化解对立。如此，"信"不仅是对为政者的德性要求，而且成为为政合法性之道德保障。

总之，孔子以大车之"輗"、小车之"軏"为譬，从"其何以行之哉"之终极性，解除"无信"之人为政的道德合理性和现实可行性，从否定的视角力表"信"之于为政治国的重要性。此为孔子对"为政以德"的深切呼唤。

孔子之论，成为今人为政之"两轮说"之"原型"。其价值不仅在于对后世为政予以警示，而且对于构建与塑造执政伦理具有重要的启示价值。

20. 赓续周礼，百世可知

为政 2.20

【原文】子张问："十世可知也？"

子曰："殷因于夏礼，所损益，可知也；周因于殷礼，所损益，可知也。其或继周者，虽百世，可知也。"

【译文】子张问孔子："今后十世（的礼法制度），可以预知吗？"

孔子回答说："商朝继承了夏朝的礼法制度，其中所废除和所增加的内容是可以知道的；周朝又继承商朝的礼法制度，所废除的和所增加的内容也是可以知道的。将来若有继承周朝礼制的朝代，即便是一百世以后，也是可以预知的。"

按戴望之释：子张所问，乃是"问其制度变易若何。"如此，子张与孔子的问答，围绕着"周礼"未来命运之"可知也？"而展开。

孔子以礼制为根本，以夏、殷、周三代礼制之历史承继关系为实证依据，以"损益"为"礼制"之存续与创新机理，揭示了三代"礼制"之因袭性、延续性与发展性，以表"礼制"之稳定性与一贯性，构成了夏、殷、周三代治国之共同的制度纲领与价值主导。在此基础上，孔子凸显周在继承殷之传统，再加以"损益"，构建起具有成熟性、完备性与至美性的"周礼"。若后世能赓续周礼，必是长治久安。"周礼"之价值必是永恒的。如此，孔子鉴往知来，对"周礼"之命运、对秉承"周礼"的未来之世"可知否"的问题，做出了充满期待的肯定性回答。

置身于乱世的孔子，唯见短命的诸侯国，如是潮涨潮落，存亡变幻不定，既无稳定性、长久性，亦无承接性和创新性，纵观之，究其底，皆"无礼"而"无道"使然。如此，孔子以"史"而鞭挞当世，进而预示"礼"之"未来"，为"周礼"之治国、治世充满自信而乐观的历史预见与期许。

子张与孔子对话，所关涉的是对"礼"之未来命运的预判。孔子以朝代变迁内在的"礼制"关系为主题，挖掘与证成了"礼"以"损益"而承续与发展，从而揭示出"礼制"变化的内在规律性，凸显"礼"的永恒价值，彰显孔子以"礼"治天下，达"礼"行天下之大同的价值主张和坚定信念。

"三王之道，若循连环，周则复始，穷则反本，故虽百世可知也。"（戴望）如此，孔子所言"继周者，虽百世，可知也"，表孔子对"礼"之光明未来，充满确信与自信。

具体而言

第一，善思之子张面"无礼"之世道，进而对"礼"之命运深感忧虑，于是求教于孔子："十世可知也?"子张之问，既是对"礼"之现实价值的拷问，又是对"礼"之未来命运的追问。如此，子张的问题，立足于乱世"礼"之遭遇，直道"礼"之未来命运的不确定性和未知性。

孔子以"因"和"损益"指证三代"礼"内在一致性、稳定性和差异性与变化性之关系，凸显"周礼"对传统之"因"而"一脉相承"，以"损益"而创新、而至臻完备，并依此对"礼"之未来的可行性予以肯定性预断。对此，蕅益释曰："知来之事，圣人别有心法，与如来性具六通相同，如明镜所不照。非外道所修作意五通可比也。""子张骛外，尚未能学孔子之迹，又安可与论及本地工夫? 故直以礼之损益答之。然礼之纲要，决定不可损益，所损益者，因时制宜，随机设教之事耳。若知克己复礼为仁，则知实智；若知随时损益之致，则知权智。既知权实二智，则知来之道，不外此矣。言近指远，善哉善哉!"江谦补注："礼，有理有事。不可损益者，理也；所可损益者，事也，故虽百世可知也。"

第二，孔子究"三代""礼制"的关系，得出以"因"而稳定一致的总体原则和根据现世加以"损益"的具体方法，呈现了"礼制"的传承与发展图式。

（1）首先必须明确，商对夏的因革，周对商的因革，王国维先生利用甲骨文与传世文献所做的"殷周制度论"已得以证明。这就表明孔子所论，其可信性是基于其历史事实之真实性、可靠性，绝非臆断。

（2）孔子以"因"表达了夏商周三代对"礼"的承续，充分说明治世遵从"礼"之传统的"不变性"，从而证明"礼制"的价值。以"损益"，表"礼制"于应用当世，须作出相应的调整，废除不合时宜的形式或内容，即"损"；增添、改进新的内容或形式，即"益"，构成"礼制"的可变性。如此，"礼"于历史中呈现出"不变性"与"可变性"相统一的逻辑。

（3）以"因"为主、以"损益"为辅，将总体原则和具体方法、礼制之不变和可变的关系清晰地呈现出来；由此，治世以"因"礼而有道，以"损益"而丰富，让"礼"入当世发挥作用。如此，孔子将"礼"与治世紧密结合起来，揭示在承续与调整、增补的关系中，"礼"不断地得以丰富和发展，至周"礼"已至臻完美。

第三，孔子以夏、殷和周三代为可考之"因"礼的历史关系，表以"礼制"为内涵的治世之"道"。于此，恰如陈祥道所言："天之消息盈虚，虽不同，不过三者之相代而已。人之因革、损益虽不一，不过三者之相救而已。"从这一意义来看，孔子的历史观则是"礼制"历史观：以三代承"礼"为历史依据，以"礼"为主脉，以"因"和"损益"为方法，既强调了"礼制"的主导性，又揭示了礼制运行的机制、机理。

第四，"其或继周者，虽百世，可知也。"在孔子看来，"礼"以因袭而来，本身即具有永恒的价值；以"损益"，即依据于现实而变革，礼制日趋于完善完备；如此，孔子对于周礼赞誉有加。孔子有言："周监于二代，郁郁乎文哉！吾从周。"借此，孔子坚信只要"因""礼"而"损益"，不仅十世可知，就是百世，也是可知的。恰如戴望所释："三王之道，若循连环，周则复始，穷则反本，故虽百世可知也。孔子成《春秋》，绌夏存周，以《春秋》当新王。损周之文，益夏之忠；变周之文，从殷之质，兼三王之礼，以治百世。有王者起，取法《春秋》，拨乱致治，不于是见与？"此乃孔子"温故"而真"知新"。

第五，孔子独爱西周，以为周的制度可以百世通用，这是他的礼制历史观的局限。事实上，周的宗法制、封建制、世卿世禄制在春秋时代就受到严重挑战，礼崩乐坏主要指上述各项制度崩坏。战国开始萌芽专制主义中央集权制，到秦统一，专制主义中央集权全面铺开，郡县制、三公九卿制等一直延续到清末，达百世所通用的并非周礼、周制，而是秦制，此乃毛泽东所谓"千古尤行秦制度"之所指。如此，孔子以"礼制"为根本，以"因"和"损益"所构建的"百世可知"之有道之邦，无疑具有浓厚的道德理想主义色彩。

第六，孔子以"因"和"损益"，既呈现了历史制度承续与创新，又突出不同历史阶段制度的特殊性；既突出了"礼"之一贯性、主导性，又体现了因时代变化礼之不断创新性和现实性。孔子之"礼制"历史逻辑，凝化为"坚持与发展"的运行图式。如此可见，孔子并不是顽固的保守派、复古派，而是"坚持与发展派"。

总之，子张于"礼"以"十世可知也"而问，可谓想得够长远，而孔子则以为"继周者，虽百世，可知"，其所思、所证则是永远；无论"长远"，还是"永远"都指向一个共同的主题：礼法之未来可行否；此问答，既表达了师徒对当时"礼崩"现世的深切关注和深度忧虑，又呈现了孔子于"周礼"价值的极致肯定，以此表孔子对"周礼"之未来笃定、乐观之信心。由此，孔子自信地展望未来百世"周礼"绵延勃兴的历史画卷。

孔子透视"礼制"的历史变迁，揭示、确认以"因""损益"为"礼制"承续与变化机理，将历史发展的连续性与非连续性、稳定性与变动性紧密结合起来，构筑了以"礼制"为依托，以弘扬仁道、施行仁政为目的的"礼制"历史观或道义历史观。正因为如此，华夏礼义之邦，源远流长，声名已远播，百世亦流芳。

21. 批谄无勇，见义有为

为政 2.21

【原文】 子曰："非其鬼而祭之，谄也。见义不为，无勇也。"

【译文】 孔子说："不是你应该祭的鬼，却去祭它，这就是谄媚。见到你当做的事情，却袖手旁观不做，这就是怯懦。"

———————————

孔子以"非其鬼而祭之""见义不为"两个普遍而典型的"现象"，揭开当世民德，尤其是官德之最大的弊病："谄"与"无勇"，以表世人之心无"义"而折射出其"无礼""无仁"。

"非其鬼而祭之"，依"礼"乃不该为，却因"谄"而"为"，此为"贿祭"；"见义不为"，据"仁"乃该为，却因"无勇"而"不为"，其"为"与"不为"之错乱，以表当世之"礼""仁"之丧。孔子清晰地勾勒了当世的道德乱象，并予以批判，以强调"礼""仁"当归正，从而告诫弟子们，在谄媚和无勇盛行的当世，入官为政，须力戒"谄"与"无勇"之"病"，自觉遵"礼"尚"仁"，成为一个明"礼节"而知"仁勇"，有气节、能担当的君子。

———————————

具体而言

第一，孔子通过对"非其鬼而祭之""见义不为"两种行为的否定性评断，直指当世人心无礼、非仁之病，强调"祭"当祭"其鬼"而戒"谄"，"见义"当"勇为"而除"无勇"，让世人之心归"正"，弃世风之弊，以期重振"礼制"，弘扬"仁义"。

第二，《礼记·祭统》有言："礼有五经，莫重于祭。夫祭者，非物自外至者也，自中出生于心也。心怵而奉之以礼。"这就表明，在五礼之中，祭礼是最为重要的。祭礼，不是从外部施加之事，而是受内心驱使的行为；内心深有感念，就用祭礼来供奉，若"祭而不敬，何以为也。"这突出了祭祀乃发端于心，须持"敬"之情，这样之祭，才真情而庄重，庄重而肃穆，肃穆而神圣，神圣而对人之心具有规肃之效。一言以蔽之，"祭"，须是真情实意，不能带任何私欲之目的，这就表明，"祭"具有神圣性而不可亵渎。如此，"祭"才能达到以

"礼"而教化人之目的，此为"祭者，教之本也已"之深意所在。

第三，古之祭祀，对于什么人祭祀什么对象，是有其严格的规定与要求的，不可违之。比如，帝王可以祭祀"上帝"，诸侯最高只能祭祀"地神"，士大夫最高只能祭祀"宗祖"。对于"宗祖"，帝王可以祭七世，诸侯只可祭五世，大夫只可祭三世，而一般士族只能祭二世。不同的祭祀采用的礼制不一样，通过"祭"就把人的贵贱等级区别开来了。凡祭祀，必有主祭的人，主祭人是固定的，而且祭祀时间、地点都是相对比较固定的。这样，祭祀活动、祭祀的对象是明确的，祭礼之程序和要求也有明确的限定。

凡祭"鬼"，按礼法规定，必定是主祭者祭祀自己的"宗祖"，即祭其鬼。简言之，各家祭各家的"鬼"；因宗族关系、姻缘关系、同乡关系而参与、陪同对"鬼"的祭祀活动，亦须遵循一定规矩；凡符合礼法规定，在其允许之内的，亦可随主祭者，一并称之为"祭其鬼"。这就为祭祀明确划定了血亲边界，明确了"礼制法度"。而对于不该参与祭祀的人，若违背规矩参与祭祀活动，即是"非其鬼而祭之"。

事实上，先秦血缘社会，对于鬼的祭祀强调在血统、血亲内进行，因此有"神不歆非类，民不祀非族"之说，所以孔子所说"非其鬼而祭之，谄也"，并非孔子个人的思想，是当时人普遍的观念。

"非其鬼而祭之"，陈祥道以为："祀不贵淫，神不享谄。"戴望释曰："非其鬼，谓亲尽之鬼，非所当祭而祭之。谄，佞也。"在孔子看来，"非其鬼而祭之"，即参与他家之鬼的祭祀活动本身，从性质上来看是违"礼"的；从目的上来看，则是假他家祭祀鬼之机，借"死人"巴结、讨好活人，这本质上即是"谄"。这种"谄"，必是有所图，这样，为一己之私而"谄"，则是以违"礼"、僭"礼"为代价的，是奸佞之人所为。如此，孔子以"非其鬼而祭之"之"谄"，将世人逐利而无视"礼"的境况予以揭示，以表当世"礼崩"之"实"。

第四，"见义不为，无勇也。"

（1）将"见义不为"置于"见利忘义""见利思义""义不容辞""义无反顾""见义勇为"和"当仁不让"之系列中，很清晰地看到"见义不为"从反面映衬出世人所愿"为"的，皆"不义"之"事"；"见义"之"不为"，决然无视、断然否定"义"。孔子以此直呈世人之心为"不义"之"利"所充斥和主导。如此，诚如陈祥道所言："不见义而不为，君子恕之以不知；见义不为，君子责之以无勇。""曾子曰：'自反而不缩，虽褐宽博，吾不惴焉。'自反而缩，虽千万人，吾往矣。是见不义，不可以为；而见义，不可不为也。春秋之时，叔段有不弟之恶，郑伯可制而不制，黎侯有狄人之患，卫侯可救而不救，

　　　　　　　　　　生活哲学视野中的"论语"研判

田常有弑君之罪，鲁侯可讨而不讨。凡此见义不为，无勇也。"孔子以此"讥定公失讨季氏，亡臣子之义，故于隐如日卒，以明其为定之大夫，犹羿之于桓也。"

（2）"见义不为"说明什么？为何"见义不为"？孔子指出，其症结皆在"无勇"。如此，"见义不为"，既是"无勇"之证，亦是"无勇"之果。"无勇"，本质上是"无仁"而"无义"使然。

（3）何谓"义"？"義"，甲骨文从"羊"、从"我"，表我军威武的出征仪式。《中庸》谓："义者，宜也。"段玉裁《说文解字注》："义之本训谓礼容各得其宜。礼容得宜则善矣。从羊者，与善、美同意。"如此，"義"在字源上则与善、美同意，以表正直之行为。如此"义"，即"所宜为"，意指符合于仁、礼之要求，一个人应该做的事，即为"义"。对此，戴望释曰："行充其宜为义，持节不恐为勇。"

我们常将"义"与"道"，并称为"道义"。董仲舒对此有言："义，谓天下合宜之理；道，谓天下通行之路。"董仲舒在与"道"的区别中阐释了何谓"义"。

我们常将"义"与"仁"，并称为"仁义"，"仁"表爱人之心，"义"表爱人之行，指所尽之责、不思回报之付出和给予。"仁"是"义"之基础，"义"乃"仁"之行表。

（4）孔子曰："君子之于天下也，无适也，无莫也，义之于比。"又曰："君子喻于义，小人喻于利"（《论语·里仁》）而倡"义"，强调"君子义以为质"（《论语·卫灵公》）"君子义以为上"（《论语·阳货》）"不义而富且贵，于我如浮云。"（《论语·述而》）以表行义乃人生的价值所在，尤其是在贫富与义发生矛盾时，宁可受穷也不会放弃义。孟子承孔子之"义"说，以"大人者，言不必信，行不必果，惟义所在"而扬"义"（《孟子·离娄上》）。

（5）"见义不为，无勇也"，既表呈了世人之丧德情况，又表明孔子对世人在批判中的期望，以解孔子之"忧"（子曰："德之不修，学之不讲，闻义不能徙，不善不能改，是吾忧也。"《论语·述而》）。

第五，孔子之论，"非其鬼而祭之，谄也；见义不为，无勇也"乃是对"礼崩"之世道，人之道德境况的描述与批判。"非其鬼而祭之，谄也"表世人之违"礼"而胡为，以"见义不为，无勇也"表世人无"仁"、丧"勇"而"不为"，以此对世人，尤其是为政者，发出道德号召：须遵"礼"而为政，勇于担待而行"义"。

第六，孔子之论"非其鬼而祭之，谄也"，警示今人，在生活之交往中，尤其是官场的交际上，须防范违"礼"之事，尤其是借"鬼"而做给活人看，以讨好、巴结、谄媚"活人"，从而图谋"一己之私"，此为"贿祭"。孔子之论"见义不为，无勇"，昭示今人须心怀仁义，当铁肩担道义而见义勇为，为义而无反顾，切莫蝇营狗苟。当如是孟子所言："道之所在，虽千万人，吾往矣。"（孟子《公孙丑上》）

总之，藕益以为孔子之言"骂得痛切，激动良心。"孔子以"祭"表世人为"利"而违"礼"、乱"礼"，以"义"之"不为"呈世人之"无勇"而"无仁"，以此批判世德之衰、之丧。孔子指出世人，尤其是为政者之"病"，亦为治愈开出了一剂疗方：遵礼而祭当祭之鬼而去"谄"；行"仁"而"见义勇为"，尚"义"而"勇"。如此，"礼"因行"祭"而再现，"仁"因"勇"为而归心。

第三 八佾篇

1. 批评季氏，八佾舞庭

八佾 3.1

【原文】子谓季氏，"八佾舞于庭，是可忍也，孰不可忍也！"

【译文】孔子谈到季氏，说，"他用天子之仪在自己的庭院中奏乐舞蹈，这样的事，他都忍心去做，还有什么事情，他不可狠心做出来呢？"

天下无道而僭"礼"，最是季氏"八佾舞于庭"。

"季氏以别子为鲁宗卿而立桓公之庙，因舞八佾于其庭。"（戴望）季氏"八佾舞于庭"之妄为，就其表面而言，则是明目张胆地无视王权、蔑视君王，实乃忤逆、僭越之行，是挑战"礼制"之权威，破"礼"之规定，坏"礼乐"之纲要，其乱上、谋反之心昭然若揭。孔子对之表示极度的愤慨和斥责，并预示着季氏谋反篡权之心、之行，不彰自明。

孔子从季氏之僭"礼"乱"行"，定其"恶"已达无以复加。以此为镜像，窥其忤逆之心，其根本在于漠视、践踏"礼"使然。季氏之所为，实证了僭"礼"于当世乃常态化和普遍化，表"礼"于当世衰败之惨淡迹象，亦足见孔子复礼弘道之艰辛长路，恰如曾子所言："士不可以不弘毅，任重而道远。仁以为己任，不亦重乎？死而后已，不亦远乎？"

孔子通过批判季氏之违"礼"，突出礼制不可动摇、不可违背的刚性原则，以表孔子"以礼治国"，实现礼治而"王道"的笃定信念。

具体而言

第一，孔子以季氏忍心于"八佾舞于庭"为具象，从直接性而言，对季氏极端无礼之妄行予以谴责与批判，并以此折射出"礼"于当世形同虚设、极度式微之境："诸侯僭天子，大夫僭诸侯，陪臣僭大夫，大夫不僭诸侯而僭天子，陪臣不僭大夫而僭诸侯。大夫之僭天子，季氏之八佾是也。"（陈祥道）如此，僭礼于当世非偶发或个案，已成常态和普遍之现象。此为"天下无道"之表征。

既然，季氏如此公然而无耻地僭"礼"越"位"，挑战"礼"的权威，蔑视"礼"之规训，践踏"礼"之规制，行"无礼"之事，孔子予以当头棒喝，并指出此等离经叛道之所"为"，只是显象，从其"行"所包藏的忤逆之心，则可预判其必将肆意妄为、无恶不作。如此，孔子从季氏之"行"，洞见其无礼之祸心，进而预断其将所为的一切无礼之事，判定季氏乃是无礼之乱臣贼子，这是孔子遵循"视其所以，观其所由，察其所安"的"识人"之法于季氏，以"行"鉴"心"之结果。

季氏"八佾舞于庭"，实乃行"霸道"，"冒天下之大不韪"而乱"礼"，与孔子倡导与主张的"以礼治国"背道而驰。

第二，为何季氏不可"八佾舞于庭"？

（1）何谓"佾"？"佾"，古代乐舞的行列。"每佾人数，如其佾数"（朱熹）。事实上，八人为一行，称为"一佾"；通过"佾"，表乐舞等级、规格和规模，标示其主人之地位、身份。

（2）《周礼》对与地位相称的"佾"予以了明确而严格的规定：周天子方可享用"八佾"（8行×8列，共64人），相应地，诸侯则为"六佾"（6×8人），卿大夫为"四佾"（4×8人），士用"二佾"（2×8人）。

（3）季氏之地位是正卿，属于卿大夫。按《周礼》之规定，只能用"四佾"这样规模的乐舞。然，事实上，季氏却肆意妄为："八佾舞于庭"，用了"天子"才能用的"八佾"，这与正卿之地位、身份极不相称，超越了周礼之规定。如此，"大夫之僭天子，季氏之八佾是也"，这就说明季氏严重"僭越"与自己的地位不相符合的"佾"。用今人之语表之，就是严重"超标"了！严重"超标"，从性质上看，就是僭"礼"。

（4）天子为何可用"八佾"？有一种解释颇为有趣："乐之八音，所以拟八风也。佾舞，所以节八音而行八风也。以其节八音而行八风，故自八以下，此天子所以八佾也。"（陈祥道）从这一意义上，"八面来风""威风八面"，都是特指"天子"之"威"，非诸侯国君、卿大夫与士人所应有的。

第三，季氏"八佾舞于庭"。此处所言"季氏"，到底具体指季氏家族中的哪一位？据《左传·昭公二十五年》和《汉书·刘向传》记载，此季氏应是鲁昭公、鲁定公时的季平子。据说季平子之远祖是周文王姬昌，季友之六世孙、季文子之四世孙、季武子之孙。其父季悼子早死。公元前535年，季平子在其祖父季武子死后继任鲁国正卿。此时，距季文子开始专鲁国之政已近百年，历鲁国宣、成、襄、昭四位国君。季平子任鲁国正卿31年，认真治理鲁国，让鲁国国力得以增强，可以说算是一个比较有作为的人物。

但不可否认的是，昭公在位年间，季平子为人跋扈，摄行君位，执政专权，俨然以鲁国君主自居。定公五年，季平子卒，而后有季桓子、季康子。

按照马融的诠释，"鲁以周公故，受王者礼乐，有八佾之舞，季桓子僭于其家庙舞之，故孔子讥之。"马融将此"季氏"定为季桓子，应是有误。然他说的季氏在家庙祭祀采用了八佾之舞则不假。

然，似乎可以为季氏"八佾舞于庭"予以"辩护"？认为作为周公旦的后代，鲁国自隐公起，即使用"八佾"，这就说明季氏之行为，是有源有根的。周公旦辅佐年幼的君主，其自身的权威性，远甚于周成王。作为君主，其地位本身的合法性，与之还必须"德以配位""才以配位"，如果达不到，居上位本身就解构了其合法性，不足以威服众人。因此，季氏之为，有因、有其合法性依据。

但是，不管"八佾舞于庭"之具体所为者，是季平子，抑或季桓子，孔子以"季氏"统称而言，颇具深意，既表上溯季氏之主上季友，至孔子所亲历的季平子、季桓子，乃至季康子，此"季氏"，皆长期独揽鲁国之权，架空国君，其僭礼越位揽权非季氏某一人、某一时之事实的陈述，此乃季氏之家族传统，更表孔子谓"季氏"，不仅仅是对某一个季氏之人、某一代季氏之人，或对季平子、季桓子的谴责，而是季氏家族僭越之毛病与顽疾进行整体性批判。

事实上，周成王曾为了奖励周公对国家的贡献，特别赐他天子礼乐用来做周公庙的祭祀，其后的公爵人等都由此僭用，已经属于失礼了。季氏在家庙中祭祖，也僭用八佾之舞，罪为僭窃。季氏之"八佾舞于庭"，是为大"不敬"。不敬有二：不敬天子、诸侯国君；不敬"周礼"。进而言之，季孙氏之八佾舞，具有双重意义的违礼。其一，无视作为诸侯国君之存在；其二，以大夫之身份而行天子之乐舞，公然视天子与诸侯于无物，恃强而自大。在行事上，不以礼节制，乃乏"忠"。季氏的僭越行为，对士及庶民的社会影响深远，这就为后来季氏家臣阳虎、公孙不狃等人先后背叛季氏埋下伏笔。此为"上梁不正下梁歪"。恰如陈祥道所释："陪臣之僭诸侯，阳货之执国命是也。"

季氏之所为，与孔子为政治国之主张相冲突。在孔子看来，为政、治国须先正礼乐。而季氏所为，正是违背、破坏礼乐之祭规，卿用天子之乐舞，已是犯上作乱。如此，弑父与君，亦何有惮而不能为呢？从这一意义来看，季氏"八佾舞于庭"，其罪当诛。对此，陈祥道说："季氏之舞八佾，乐于是大坏，而民将无所措手足焉。故曰：是可忍也，孰不可忍也夫。"于孔子对季氏的批判，卓吾云："季氏要哭。"

第四，在孔子为政、治国与治世之主张中，礼、乐乃是为政、治国与治世之二要。《礼记·礼运》有道：礼"以正君臣，以笃父子，以睦兄弟，以齐上下，夫妇有所是，谓承天之祜。"又言："礼之于人也，犹酒之有蘖也。君子以厚，小人以薄。"再言："天子以德为车，以乐为御，诸侯以礼相与，大夫以法相序，士以信相考，百姓以睦相守，天下之肥也，是谓大顺。"《礼记·乐记》亦有言："礼乐不可斯须去身，致乐以治心，致礼以治躬。"以表"乐"由中出而治心，"礼"言外作而治身，"礼"制于"行"，"乐"化于"心"。如此，"乐也者，动于内者也；礼也者，动于外者也。乐极则和，礼极则顺。"以此观季氏"八佾舞于庭"，则是对礼乐"制度"的双重破坏。

第五，对"是可忍也，孰不可忍也？"戴望释曰："鲁祭周公庙得用王者礼乐，其后僭于朝庙，而季氏因之，是不可忍。忍，能也。《春秋》于庄公之篇，备书丹桓宫楹、刻桷示讥，而八佾无文，箸其小恶，讳其大恶。"如此，孔子言"是可忍也，孰不可忍也？"描述了季氏竟然做出此等违"礼"之事，还有何事不敢为？即对季氏穷凶极恶、无恶不作之必然性予以预判，以表达孔子对季氏缺乏对"礼"最为基本的遵从与敬畏的愤怒。如此，孔子不仅对季氏所为做出了事实与价值双重判断，而且更重要在于从季氏所为预判其将为。这样，以其说孔子是对季氏当下所为的义愤和斥责，还不如说对季氏僭越对礼制的践踏，及其产生难以预料之后果予以警示。

第六，"八佾舞于庭"之"违礼"背后，标示着整个社会所遵循的价值大厦的崩塌，其后果必将导致人人丧失内在精神最基本的价值支撑。在君王则陷入以"霸道"征伐天下；在臣民则陷于"礼崩乐坏"的社会，备受凌辱。孔子从诸侯大夫宗庙家庙祭祀活动的舞列中，敏感地预见其中蕴含的巨大社会危机，其远见卓识令人叹服。从社会现象看到了社会秩序因社会价值理念的颠倒而错乱。孔子据此提出为政，首在制礼成乐。孔子力主恢复周之礼乐，其根本用意也正在于以此纠当世之流弊，绝乱象而正人心。

第七，孔子批判季氏，力求以"周礼"矫世人之行，匡世人之心，提倡"为政以德"的基本原则，再"齐之以礼"，强调治国、治世须以维护"礼制"之权威，遵循礼制之规范，突出礼制的作用。

然而，周朝的社会体系已土崩瓦解，"礼崩乐坏"已成事实，违逆周礼、犯上作乱的事情不断发生，这是社会制度历史性转向之必然。换言之，社会的价值体系，包括社会的伦理规范，随着社会制度的演变，必然会发生一系列的变革，原来的道德体系遭遇冲击和不断被边缘化，渐次被新型的道德价值体系所替代。如此，形成了新旧价值体系、新旧伦理道德理念、观念的内在自我否定与自我扬弃，生成社会转向时期特有的精神、思想、伦理价值等多元并在的历史景观。具有不同利益诉求的人，坚守不同的立场，遵循不同的道德与价值尺度，对社会现实持不同的态度与判断，从而形成了价值与思想多元化的景观。

　　第八，孔子面对"乱世"，为治乱世而开出的"处方"是："克己复礼"。以"周礼"来规范世人的行为，维护礼制的权威。从这一意义来看，孔子维护与张扬"旧礼"的价值与功能，在春秋时代政权的下移已成不可更改之普遍事实的历史境遇中，事实上，也只是一种道德乡愿。直言之，孔子面对乱世，不是创制，而是回首追崇"周礼"。"周礼"于当世，其权威性早已丧失殆尽；于现实而言，已丧失其基础。如此，出现了"现实"与"理想"之断裂，也就必须造成"周礼"外于当世人们的生活，对世人的规制性严重弱化，"礼"已形同虚设。在此种境遇下，"周礼"不断被破坏、被僭越，只表明包括"周礼"在内的一切传统制度，因其丧失现实基础的支撑，难以再成为当世之主导性价值规范系统。如此，"周礼"，无论在孔子的精神架构中是何等完美，且在实践中笃定遵从，并赋予其绝对的崇高性和神圣性，然对世人却不可逆转地渐次丧失了其真正的规范与引导作用。

　　孔子所尚之"周礼"遭至如此冷遇，乃至孔子道德理想主义和道德返祖思维所生的执念与现实道德之间的冲突，深刻地表明制度的不断创新，如是"周虽旧邦，其命维新"（《诗经·大雅·文王》）才是真正的"王道"。如此，唯有在政治、道德理想主义与现实主义双重逻辑的重叠与交织之基础上，不断进行制度创新，重塑新型的道德价值，方可消解"八佾舞于庭"之僭礼。

　　简言之，孔子批判季氏"八佾舞于庭"的合法性，源于孔子赋予"周礼"的正当性。而"周礼"的正当性，绝非孔子之个人偏好所能确认与确定的；这就引发出一个更为深刻的问题：一套曾经发挥过良善规制、引导效能的制度，在变化了的生活语境中，其合法性与价值限度何在？其合法性与价值限度，应该依据什么而加以确定？制度，包括礼制，更应是以新的创制而含摄"传统"，从而对当世发挥引导作用，绝不可一味地以曾经"完美"的制度而一劳永逸地赋予其不可更改的合法性和正当性，从而成为现实生活之善恶裁定的至上标尺。孔子的问题之根本性也正在于此。如是，孔子四处碰壁的遭遇也正在于其固守旧有的礼制，且赋予它至上完美性而拒绝"变通"，没有意识到"天"变了，"道"亦应当变。面对"八佾舞于庭"之类僭"礼"之事，一件件出现，孔子除了予以道德谴责和道德批判："是可忍也，孰不可忍也"，最后孔子也只能是"忍"了！

如此表明，一套规制生活的制度，只有从生活本身的问题入手而创制而发挥其规范和引导作用，方可重塑生活世界，无论是治民、治国抑或治世；若只是一味地以一种外在于生活的先验道德规则或律令来反"制"而"治"生活，生活本身必会对其予以扬弃，从而确立生活第一权威的原则，而不可为某种既定的道德规范所规训。或许生活本身的代价会促使人转身去寻找精神资源而解困，但绝不可以丧失了现实根基的一套制度来"套"新的生活，做"削足适履"之"事"。无论是孔子，还是后世者，若如此行之，其结果必是要么"伪己"、要么破坏"制度"。

第九，孔子对季氏违"礼"行为的批判，表明一种道德原则的命运，并不仅仅取决于该种道德原则嬗变的内在逻辑，更重要在于现实生活对该种道德原则的需要状况。直言之，一种道德原则、道德准则于现实生活中是否还具有约束力、规范力和引导力，主要取决于该"道德"与现实生活之间的张力，能否真正发挥其对现实生活的规制与引导功能。现实生活是本位，道德原则等必是服务于生活的，而切不可"本""末"倒置；一切倡导道德本体主义和至上主义，以道德优先性原则来审视和评断现实生活的，都是将道德架空的无效之举。

于当今时代，生活已经开启具有相对独立性的不同维度和界面。如此，在不同的维度、界面和领域，所需要建构和遵循相应的道德规范与道德原则必是多元的，切不可简单通约为某一种过时了的"金律"。如此，道德与伦理问题也就变得更为复杂，需要更为慎密地加以厘清，而不能抽象、笼统地断言概论之。

总之，孔子对"季氏""八佾舞于庭"僭"礼"之为的否定性批判，对季氏不守本分的僭越行为的预判，以及对此表达的"愤慨"，其根本的目的则在于重塑"礼"之权威，从而强调为政者须遵"礼"而作为。

"八佾舞于庭"只是季氏僭"礼"之表象，从根本上而言，则是"礼乐"外于其心。如此，孔子对其僭礼予以诛讨，以肃正一切背"礼"之所为，表明一切"忤逆""乱礼"行为皆不可容忍和宽恕，以此突出"礼乐"等制度在"以德治国"中的地位和价值。

2. 讥讽三家，何以雍彻

八佾 3.2

【原文】三家者以《雍》彻。

子曰："'相维辟公，天子穆穆'，奚取于三家之堂？"

【译文】孟孙氏、叔孙氏、季孙氏三家在祭祖完毕撤去祭品时，命乐工唱《雍》这篇诗。

孔子说："（《雍》诗上这两句）'助祭的是诸侯，天子严肃静穆地在那里主祭。'这样的意思，怎么能用在三家的祭堂里呢？"

按钱穆之释："此两章皆孔子深斥当时鲁三家僭礼不当。三家出鲁桓公后，于季氏家立桓公庙，遇祭，三家同此一庙。前章言季氏之庭，此章言三家之堂，皆指此一庙也。"

季氏"八佾舞于庭"，公然于"舞"违"礼"，孔子予以痛斥。三家"以《雍》彻"，于"乐"而僭"礼"，孔子予以讥讽。孔子对"舞"与"乐"等具体违"礼"之为逐一加以批判，整肃违"礼"，以匡正当世社会秩序之乱，施"礼教"于世人，以矫人之为而达正其心。

季氏"八佾舞于庭""三家者以《雍》彻"，具体指证为政者的行为之违礼失范，从而表征当世"礼崩乐坏"之境况。孔子对违礼僭礼之行为的否定、批判与讥讽，其根本目的在于通过维护"礼"之权威，维系社会的良序，弃霸道而兴"王道"。

具体而言

第一，本节陈述"三家者以《雍》彻"，以及孔子对三家不可理喻的违礼之事予以批判。

三家"以《雍》彻"，自以为是本分之应然，实则却是有意行僭礼之事，公然视"礼"之规范为"无"。孔子以"礼"为标准而量判之，以"奚取于三家之堂"而论之，引诗而讥笑三家真是狂妄至极。孔子目睹这一桩桩公然僭"礼"之事，欲以一己之力扶"礼制"大厦于将倾，充分表明孔子自觉于救世之强烈使命。

第二，"三家者以《雍》彻"。

（1）"三家者"，即是指把持鲁国当政的三家权臣，即孟孙氏、叔孙氏、季孙氏。他们都是鲁桓公的后裔。鲁桓公的长子继鲁国国君之位，即鲁庄公，其余三子被封为卿、卿大夫，渐成三大家族。三大家族之间虽彼此有矛盾。但是，为了共同的利益，他们在瓜分鲁国国君的君权、架空国君方面却又是一致的。从逼走鲁昭公至齐而客死，到立鲁定公，再到逐鲁哀公，到哀公之后的鲁悼公、鲁元公，鲁国国君始终受控于三家。由此可见，三家之势，在鲁国真可谓根深蒂固。三家中，季孙氏之势力尤为强大。如此，三家虽然为卿大夫，但他们从来都将自己置于鲁国国君之上。

（2）正因为三家在鲁国实际的政治权力生态中，重权在握，国君仅是名义上或形式上的国君，于是出现君主有名无实，而作为卿大夫的三家，则实大于名的情况。

（3）按《周礼》之规定，惟有天子祭主结束祭祀活动，撤下祭品时，方可由乐师奏响、伴唱《雍》诗篇。而"三家者以《雍》彻"，表三家在祭祀自己的祖先完毕之后，在撤下祭品之时，也让乐师演奏、唱着《雍》这首诗。如此，三家祭主时，俨然将自己当成了天子在祭祖一般。对此，戴望释曰："《雍》，《诗·周颂》乐章篇名。天子禘大祖，奏《雍》而徹馔。周以后稷为大祖，鲁以文王为大祖，祭文王故亦以《雍》徹，其后三家僭于桓庙。"

"三家者以《雍》彻"之问题，就在于名实之乱，等级次第错位所致。三家自认为他们的实际权力高于鲁国国君，权倾天下，故而应"以《雍》彻"。但是，在孔子看来，本是卿大夫的三家者，却不安于卿大夫，不守卿大夫之礼而"以《雍》彻"，三家事实上已经将自己当成了天子。三家僭用天子之礼乐，这是典型的越"礼"而犯上之举。

（4）祭祀，是非常庄重之事，应严格按照"礼"之规范而行。相反，季氏"八佾舞于庭"和"三家着以《雍》彻"，总体而言，都是不守卿大夫之本分，僭用天子之"舞"、之"乐"，实乃违背"礼"而乱为；恰如陈祥道所释："礼乐之所严，在名与数。而大夫且僭之，是忍其所不可忍，则非仁也。以相维辟公，天子穆穆之辞施于三家之堂，则又非智也。"如此，季氏"违礼"在于"非仁"，三家者之"违礼"则在于"非智"。

第三，"相维辟公，天子穆穆，奚取于三家之堂？"

（1）"相维辟公，天子穆穆"。钱穆释曰："此两句在雍诗中。相，傧相，助祭者。辟，训君。指诸侯。公者，二王之后于周封公，夏之后为杞，殷之后为宋。穆穆，美而敬之形容辞。周天子行祭礼，诸侯皆来助祭，杞宋二公亦与

生活哲学视野中的"论语"研判

焉。天子则穆穆然，至美至敬。"孔子引用《雍》诗中的两句，（《雍》是《诗经·周颂》中的一篇）来描述天子祭主时的情景：四方诸侯来到庙而助祭，主祭天子仪态严肃端庄，仪容至敬至美，祭祀气氛庄严肃穆。

（2）"奚取于三家之堂？"孔子用《雍》中具体描述天子祭祀场景的诗句，比对三家者举行家祭用宫廷礼仪，亦唱着赞美天子的《雍》诗来悼祭，具体表明三家明目张胆地不守"礼"的错误行为。如此，孔子反诘卿大夫家祭，怎么能用天子国祭的《雍》诗呢？如是戴望所释："今三家陪臣何取此义而作于桓庙之堂邪！歌者象德，在堂上；舞者象功，在堂下。"

（3）季氏八佾之"非仁"，三家《雍》彻之"非智"，孔子对他们破坏"礼"的方式予以了更明晰的定位。对此，陈祥道对孔子之精微的区别予以了深邃的诠释："八佾，季氏之所独；雍彻，三家之所同，故于八佾言季氏，于雍彻言三家；歌者，贵声于上；舞者，动容于下，故于雍彻言堂，于八佾言庭。"

第四，《礼记·乐记》有言："音声之道，与政通矣。宫为君，商为臣，角为民，徵为事，羽为物。五者不乱，则无怠滞之音矣。宫乱则荒，其君骄。商乱则陂，其官坏。角乱则忧，其民怨。徵乱则哀，其事勤。羽乱则危，其财匮。五者皆乱，迭相陵，谓之慢。如此，则国之灭亡无日矣。"如是观之，"三家者以《雍》彻"，是以乱音声而乱政，表鲁国无礼之政与衰败之象。

第五，孔子对鲁国当政者公然违"礼"之为予以批判，进一步强化"礼"的不可僭越性，再次印证了"礼"在孔子"德治"中的重要地位。然，春秋时代天下大势由"礼乐征伐自天子出"，渐变为"礼乐征伐自诸侯出，自大夫出"，直至"陪臣执国命"，这一权力下移的过程非一日所成，亦非仅鲁国一国之事，而是由西周以降的宗法制、分封制、世卿世禄制几者结合所造成的下属势力坐大之必然结果。如此，孔子对僭"礼"之批评所具有的深刻道德价值，却难以释放出其现实功能。就当时鲁国之实况而言，君权已旁落于季孙、叔孙、孟孙三家，尤其是兵权在握的季孙家族，他们自然狂妄自大。孔子一生旨在恢复周礼，自然对僭越礼制的季孙愤慨不已。

孔子穷其一生为"礼治"与"王道"，即使西周盛世和礼义已成历史绝唱。如此，孔子持守"周礼"，试图通过礼教而恢复"周礼"的权威，要求世人在周礼已"时过境迁"的世态中依然遵循"周礼"，此为道德理想主义的"知其不可为而为之者。"（《论语·宪问》）如此的道德理想主义，必然蜕变为道德乌托邦。孔子这种精神气质，在孟子身上体现得更深、更重，被称为"迂远而阔于事情"。

第六，老子曰："持而盈之，不如其已；揣而锐之，不可长保。金玉满堂，

莫之能守；富贵而骄，自遗其咎；功遂身退，天之道也。"（《道德经》第九章）
季孙三家之辈，看不到"盈"之过，而孔子空揣理想，故功未成身已衰，顾四周，空悠悠。

然而，后世君王极力推崇孔子之"礼"、礼教，则在于他所倡导的"礼"和礼教，对于规训世人之心性和行为，防范以下犯上，维护既定的尊卑等级，维系社会有序运行，与统治者"长治久安"的治国诉求内在契合。

总之，孔子从"三家以《雍》彻"的微观视角，指证为政者对"礼制"的破坏与颠覆。一方面季氏"八佾舞于庭""三家以雍彻"，具体表征为政者之屡屡"失范"及"礼"之式微，客观上表明"礼"从当世生活中已渐次退场，僭礼之事，比比皆是；另一方面，表明孔子"复礼"之执着而艰辛，"复礼"之路艰难而漫长。

"季氏"和"三家"的实际所为，与孔子对之违礼予以的道德谴责与批判，直呈当世孔子治世理想与现实愈发尖锐的矛盾境况。

生活哲学视野中的"论语"研判

3. 人而不仁，如何礼乐

八佾3.3

【原文】子曰："人而不仁，如礼何？人而不仁，如乐何？"

【译文】孔子说："一个人没有仁德，他怎么能实行礼呢？一个人没有仁德，他怎么能运用乐呢？"

按戴望之释：孔子"言此以劝鲁君臣也。鲁自文公始坏礼制。经书'公子遂如齐纳币'，以丧娶；'四不视朔'，废臣礼；'作僖公主'，失礼于鬼神；'大事于大庙，跻僖公'，乱昭穆之序。无祖无天而行，以起季氏之僭，故曰'人而不仁，如礼何''如乐何'，无所施用礼乐也。"

孔子批判季氏因"非仁"和三家因"非智"而违"礼"坏"乐"之两个实例，从反面表达了孔子对"礼""乐"于治国救世之价值的高度重视。于此，他从正面讨论"仁"与"礼"、与"乐"的关系，提出"仁"之为体，"礼""乐"之为用，揭示了"仁"与"礼""乐"之内外、源流之关系，凸显孔子以塑"仁心"而绝"违礼"之思。如此，孔子从"礼"之"表"推进到"礼"之"里"，进而从礼、乐之"根"上着手，直抵人心，以激活人之"仁"，且将"礼""乐"之规训和教化世人植入人"心"。这样，孔子从道德之"形下"，回归道德之"形上"，不仅对乱"礼"予以诊断，寻得病根，而且在治世之要上，开出"治心"而"治世"的内在路线。

具体而言

第一，孔子遭遇了不"礼"、不"乐"之诸事，探究而解其问题之根源则在于人心之"不仁"，即"仁"的缺失所致。于是，从形下之"礼""乐"追寻于形上之"仁"。如此，在孔子看来，要使"礼""乐"发挥训导、教化世人之效，其关键则在于重塑人心之"仁"。鉴于此，孔子以反向性追问，指证"仁"与"礼"、"仁"与"乐"之关系，强调"仁"是根本、是发端、是源头，"礼"和"乐"都是"仁"之功能外显与表征。如此，孔子之论，蕴含着惟有正人心而有"仁"，在治民、治国和治世中，"礼""乐"方可发挥其作用，方可止乱。

第二，老子说："失道而后德，失德而后仁，失仁而后义，失义而后礼，夫礼者，忠信之薄而乱之首。"（《道德经》第三十八章）老子反对孔子所尚之"礼"，认为孔子强调"礼"乃是因为世之"失道""失仁"而"失义"所致，仅抓住问题之"末"，未能究其"本"，亦表明若无"义""仁"和"道"的支撑，"礼"也仅仅是一套无内在精神和道德内蕴的空架子，对人的行为、治世亦仅是一种外在的约束和要求。如此，在无道之时代，违"礼"之事，真是防不胜防。

孔子主张"礼"的规制作用，亦强调作为保障"礼"之规范效果的内在条件"仁"之不可或缺，于此，孔子将强化的重点从"礼"移位于"仁"，提出"仁"作为"礼""乐"之根基。从这一意义来看，"季氏八佾舞于庭"，本质上就是"非仁"；若心有"仁"，则其心之不忍僭"礼"，对"礼"当尚存一丝"敬畏"。如此，"是可忍"，即表明季氏已经突破了"仁"，即"不忍之心"的底线，才有"是可忍，孰不可忍"。

第三，"仁"，乃人心中待人之真情厚义，故孔子直言"仁者，爱人也"。"仁爱之情"，以恭敬之态而表征，即是"礼"；以平和之心态而显为声音和仪容，则是"乐"。如此，只有人心怀仁爱之德，形诸于外的"礼"才是真正的"礼"，外化之"乐"对人才有真正的感染力，才是真正的"乐"；反之，内揣不诚不敬之心，"礼"仅是虚设之形式，"乐"也就丧失了它的内在生命与价值。如此，要发挥礼乐的教化功能，发扬礼乐之精神，须反求自己内在的仁爱之心。简言之，"仁"，乃"礼""乐"之精神内核，"礼""乐"乃"仁"实现其治世、爱人之方式；"礼乐"随世事可变，而独有"仁"则不变，于是，孔子在"仁"与"礼乐"之间，确立了其源流、本末、内外、体用的关系逻辑，以及不变与变的特征。对于孔子所言"仁"与"礼"和"乐"的关系，陈祥道释道："仁之实而言礼乐，以仁为本也。盖礼者，仁之文；乐者，仁之声。有仁之实，然后能兴礼乐。苟非其仁，礼乐岂虚行哉？"为此，孔子曰："仁者制礼。"

第四，"礼"和"乐"表"仁"之不同维度："礼"主"敬"，"乐"主"和"，二者发挥着不同的功能，"乐所以修内也，礼所以修外也。"然"礼"和"乐"之共同点，皆发端于"仁"，依据于"仁"。如此，"礼乐交错于中，发形于外。"（《礼记·文王世子》）"礼乐皆得，谓之有德。"（《礼记·乐记》）由此表明"礼乐"亦不可剥离而交织在一起，如是钱穆所表"礼不兼乐，偏近于拘束。乐不兼礼，偏近于流放。二者兼融，乃可表达人心到一恰好处"。

第五，《尚书》谓"诗言志，歌咏言"，主张礼乐与内在感情的一致性，即认为礼乐是内心情感的外显与抒发，仁爱的情感抒发出仁爱的曲调。孔子之论，无疑秉承了《尚书》之基本思想而发，更清晰地揭示乱世"礼崩乐坏"之根本在于仁心、仁德之丧失使然，由此表明违礼，只是仁心、仁德丧失之具体表征而已。这样，孔子从反面确证了无"仁"之"礼""乐"，仅是徒具枯槁之形而起不到规制与化育人的行为与心性的作用。

孔子通过"仁"与"礼""乐"关系的揭示，反对割裂"仁"、丧失"仁"而使"礼""乐"外在化、形式化、过场化和虚假化，最后工具化，从而强调"礼"与"乐"之真诚、厚重的精神内蕴和仁德之根本，唯有如此，方可绝亵渎"礼""乐"之妄为，重塑"礼"之庄重与权威，成"乐"之和谐与圆融。

对于"仁"与"礼""乐"的关系，钱穆释曰："礼乐必依凭于器与动作，此皆表达在外者。人心之仁，则蕴蓄在内。若无内心之仁，礼乐都将失其意义。但无礼乐以为之表达，则吾心之仁亦无落实畅遂之所。故仁与礼，一内一外，若相反而相成。"进而言道："孔子言礼，重在礼之本，礼之本即仁。孔子之学承自周公。周公制礼，孔子明仁。礼必随时而变，仁则亘古今而一贯更无可变。"

第六，孔子将"仁"作为人之为人的"本体"规定，这是一切道德主义的基本原则。如此，孔子所倡导的"仁"之先在、先验的特质，正是他的一切"道德"主张扩展的前提，也是他的道德合法性最根本的价值与逻辑支撑。然而，正是在这一点上，显示了道德主义可爱、天真的"理想主义"底蕴，并依于此，始终坚信道德力量对病态现实的矫正力或改造力。

然而，孔子始终没能追寻到做人和治国的终极目的，不能顺应历史剧变所发生的道德变迁，以及历史与道德的变化张力，一味强调对"周礼"的遵从，以个人的道德意志去决定天下之去向，张扬道德本体决定论，其结果必然被坚硬的现实碎化。

第七，孔子剥离"礼""乐"之外在性，溯源于、落根于"仁"，突出了"正"人心，养仁爱，解"礼""乐"失效之法。如此，孔子从道德形式深入道德内容，从道德客体转向道德主体，最终落实于道德情感、道德心理，将仁爱心性置于至上地位。这无疑为后世开出"心学"提供了契机。

第八，孔子以"人而不仁"的否定语态表当世之人"不仁"的实然景况，以此连续追问"如礼何？""如乐何？"为世人提供了审视无道世德之独特视角，并以此促世人道德自觉，真正达到明心见性，塑完整的君子人格，最终实现"礼乐"从"仁"心出。故《礼》曰："惟君子为能知乐。"如是马克思评价马丁·路德将"世界圣化"而行宗教改革一样，孔子之思，则是将世界仁爱道德化而正"礼乐"、而救世。蕅益对此释曰:"世人虽甘心为不仁,未有肯甘弃礼乐者。但既弃仁,即弃礼乐,故就其不肯弃礼乐处,唤醒之也。"

总之,孔子探究违"礼"丧"乐"之因,而论"礼""乐"与"仁"之关系,发出"人而不仁","如何礼""如何乐"之反问,确认"仁"为"礼""乐"之本、之源,进而将"礼""乐"内在化、本体化,破解"礼""乐"外在化、形式化、虚假化之取向,开出重塑仁心而绝违"礼""乐"之所为,进而行"王道"之路,为后世"心学"之发轫。

4. 遵循中道，遵礼行仪

八佾 3.4

【原文】林放问礼之本。

子曰："大哉问！礼，与其奢也，宁俭；丧，与其易也，宁戚。"

【译文】林放向孔子求证，什么是礼（仪）之根本。

孔子回答说："你问的问题意义重大！讲求礼仪，与其追求形式上的奢华，不如俭朴一些好；办理丧事时，与其在仪式上面面俱到，不如发自心底真正的哀伤啊。"

林放：

（1）字子丘，春秋时期鲁国清河人，比干27世孙。（比干夫人妫氏甫孕三月，恐祸及，逃出朝歌，于长林（今河南省卫辉市狮豹头乡龙卧村）石室之中而生男，名坚（林姓始祖）。比干为林氏之太始祖，周武王封比干垄，拜为国神，赐后代林姓。

（2）位列孔子七十二贤弟子，为孔子得意门生。

（3）以"知礼"而著称。

（4）在周敬王时担任鲁国的大夫，拜为太傅。至唐朝天宝十年（公元751年），唐玄宗驾临孔庙发现林放名列孔圣，玄宗念林放出生于淇河之西，追封其"西河伯爵"，该地因而易名西河郡，后才有"东鲁家声西河世第"之誉。

（5）鲁国之季氏要僭越礼制旅（一种祭祀名）于泰山。孔子对其弟子冉有说："你不能阻止吗？"冉有回答说："不能。"孔子说："鸣呼！曾谓泰山不如林放乎！"（《论语·八佾》）。

林放惑于当世各种"礼仪"之繁文缛节日盛，请问孔子"何谓礼仪之根本？"孔子针对其问所指，从"礼"之"质"与"文"，即内容与形式、本与末之关系视角，对"礼"之"文"，提出了一个总原则："与其奢也，宁俭"，以纠当世过度重"文"轻"质"之时弊。在此基础上，孔子以"丧礼"为例，以"易"与"戚"，具体表达了丧礼，重点不在过分的"文"之"易"，

而应在其"质"之"戚"上，强调切莫本末倒置。

重"礼"之"文"，而轻其"质"，渐次将"礼"形式化、外在化而虚假化，最终必陷于"礼"之"文"而丧"礼"之"质"。如此之"礼"已是形同虚设，实际上是"礼崩"之态，印证着世风浅陋浮华，"礼"以繁复而累赘的"礼仪"而残存。

林放之问，孔子之答，突出应持"礼"之"中道"，正确处理"礼"之"质"与"文"的关系，使"礼"既有充盈而饱满之"质"，亦有得体而光彩之"文"，矫当世过重"礼"之"文"的流弊，发挥好"礼"之规制、教化作用。

具体而言

第一，以知礼而著称的林放，在当时令人眼花缭乱、繁文缛节的"礼仪"面前，也深感困惑：难道目睹的这些"礼仪"就是"礼"？诸多"礼仪"背后的那个"本"到底是什么？对于林放之问，朱熹诠释道："见世之为礼者，专事繁文，而疑其本之不在是也，故以为问。"如是，林放针对当世普遍化流于形式的礼仪而生问。林放之追问，透过"礼仪"之表，而究其本原，实为反思性的本质之问、形上之问。

此处需要注意的是：

（1）林放所问"礼之本"，不能误读林放要请教于孔子：什么是"礼"之"本"，而是问"礼仪"背后的"本"具有什么特质或规定性。从孔子之答，亦可反证林放所问即是"礼仪"之"本"的真意。简言之，林放不是对"礼"，而是对"礼仪"发问，因此，林放之问对"礼仪"之直接性、直观性而言，具有反思性、超越性和本质性特征。

（2）林放将"礼仪"与"礼"剥离开来，否定实际生活中"礼仪"与"礼"的一致性，突出当世"礼仪"对"礼"的偏离与背离，直指"礼仪"之"质"。从这一意义来看，林放之问，内蕴着对世俗生活中所流行的形式繁复、内涵空乏之"礼仪"的否定和批判。

（3）林放之问，是对流行的"礼仪"之必要性、正当性和合理性加以审查与考量，在此基础上重塑"礼仪"之规范性、文质统一性、本真性和神圣性，以期通过"仪式"而彰显"礼"，实现礼教之目的。

第二，"大哉问！"

世人皆陷于烦琐的"礼仪"之中且乐此不疲，以为这就是"礼"的全部。唯林放不止于"礼仪"而发问"礼之本"。孔子对林放之问惊诧且由衷喜悦地予以了肯定："大哉问！"。

对于此问，按照陈祥道之解："林放问礼之本，与尧之为君，孔子皆曰：'大哉！'盖礼之本，礼之大者，则天为君之大者故也"。戴望释曰："知礼之本，则能通文质之变以救世运，故大其问。"如此，孔子为何对林放之问报以由衷的喜悦并评价此问乃"大哉问！"？

（1）因林放之问，切入时弊，撕开形式烦琐与奢华的"礼仪"之神秘与虚假的面纱，击中、直指当时礼仪所存在的问题之要害，实乃破执之问、究本之问。

（2）林放之问，既然是一个根本性的问题，从正礼法的高度来看，则是无法回避与疏略的"大"问题。然而正是这一重大问题，恰又被世人回避或忽略了，由此而言，林放之问，把被隐藏的"问题"直呈，具有解蔽之功，其现实意义尤为重大。

（3）事实上，孔子对当世徒有其表之"礼仪"亦严重不满，却被林放之问掀开，说明不仅是孔子注意到"礼仪"所存在的问题。如此，孔子深觉林放之问与己之关注点高度切合，引发了孔子强烈的精神共鸣，故就其所问之及时性、针对性和深刻性尤加赞赏。

孔子言林放之问为"大哉问！"，真可谓是理性的共识和情感的共鸣达成高度的统一，由此可鉴林放之"问"，系求证而非求教于孔子。

第三，"礼，与其奢也，宁俭；丧，与其易也，宁戚。"

（1）据考林放之问与孔子所答，应是具体针对鲁文公在丧祭上失"礼"而说的。

《春秋公羊传》文公二年记载："文公乱圣人制。欲服丧三十六月，十九月作练主又不能卒竟。故以二十五月也。""文公乱圣人制，欲服丧三十六月，又不能久，而以三年之内图婚。"（戴望）这表明：

其一，按照"礼"之规定，将先父鲁僖公的神迎回宗庙（即做"练主"）的时间应是在先父埋葬的第 13 个月，而鲁公文却拖延到第 19 个月的时候才做"练主"去迎回先父之神回宗庙，迟延了 6 个月。

其二，鲁文公原本想按照"三年之丧"，为鲁僖公服丧 36 个月，但实际上却只服丧了 25 个月，服丧时间未达到"丧礼"之规定时限，提前结束了。鲁文公的行为是逆祀行为，因为失礼于祭祀鬼神的例日。

其三，鲁文公二年服丧期未满，却图谋婚娶之事，这种"不孝"之举，属公然违礼。

（2）鲁文公对其父丧期之所为，是绝对违"礼"的。此为一个基本的"事实"。这一"事实"的实质，充分表明鲁文公对其父之丧，缺乏真正的"戚"。然而，吊诡的是鲁文公却大张旗鼓地将其父之丧事操持得奢华且周到，示人以重父之"丧礼"。如此，构成了鲁文公"易"之表和"戚"之虚的强烈反差与冲突。

（3）针对鲁文公重"礼仪"而事实上却违背"礼"、不遵"礼"之行为，孔子直言："礼，与其奢也，宁俭；丧，与其易也，宁戚。"这样，孔子既指出了鲁文公违礼之错并予以批判，又指明了"丧礼"之应当"俭""礼仪"而重"戚"。对此，蕅益释曰："俭非礼之本，而近于本，故就此指点，庶可悟本。"戴望释曰："此皆为救文家之敝。礼谓挚幣也。奢，胜也。《聘礼》记曰：'多货则伤德，幣美则没礼。'易犹延也。戚谓戚容称其服也。"

（4）通过林放和孔子之问答，批判鲁文公在祭祀先父鲁僖公时，颠倒"礼"之本末，从而形成孔子的总体"礼仪观"，既回答了林放之问，也警示世人切莫舍本求末。

其一，直观而言，"礼，与其奢也，宁俭"，表达了孔子所主张的"礼仪观"；"丧，与其易也，宁戚"，则更侧重于孔子之"治丧观"。

其二，"礼，与其奢也，宁俭"，提出一切"礼仪"应遵循的总原则："俭"，与当世盛行的"奢"形成鲜明的对比与反差，从而否定"礼仪"之"奢"；"丧，与其易也，宁戚"，则是孔子强调"丧礼"须以"戚"为本，否定仅停留于"仪式"之"易"。

其三，突出表达孔子要求世人对待一切"礼仪"，须忌刻意去追求外在、虚假形式上的"奢"与"易"，应遵守"俭"而真切重"质"之"戚"的原则。

其四，结合孔子之答具体所指鲁文公之违"礼"而集中阐释"丧礼"之重，不是外在之形式，而是内在的哀伤之情。唯有如此，"礼仪"才不至于弃内涵而流于形式，强化"礼"之规制作用，从而使"民德归厚焉"。

其五，"礼仪"→"礼"→"仁"，这三者从表及里、由"文"入"质"、由"末"至"本"，不仅呈现了"礼仪"之"本"，亦落实了"礼"之本，突出源于内心之恭敬和仁爱对"礼"、"礼仪"的内在支撑和根据。如此，表明如果丧失了"仁"之内核，唯有形式性的"礼仪"，尽管"奢""易"，也仅是空乏之形，徒有其表。此等缺乏仁爱的形式主义之"礼仪"，即是"舍本求末"。

第四，礼仪，乃"礼"之"仪式"！丧失了"礼"的"仪式"，则是无"质"之"文"，而使"礼仪"沦为"史"，如是没有"戚"之"易"；反之，没有相应的必要形式，即无"仪式"之"礼"，则是"质"胜于"文"之"野"。如是陈祥道所表："俭戚出于天之性，奢易出于性之欲。天之性质而不文，性之欲薄而不厚，二者皆非中道。故圣人为礼以节之，使之归缩于中，然后无过不及矣。"这样，林放与孔子之问答，其动意则是为了矫当世过"文"之弊，即"正末以本而使之正，矫枉以直而使之中也。"

简言之，孔子并不是一概地反对"礼仪"，而是反对当世无"礼"之"仪"，强调以"中道"而衡"礼"之表与实，主张"礼"之"质"与"文"的统一性和一致性。

对于"礼"之内外、文质，钱穆予以了充分地诠释："礼有内心，有外物，有文有质。内心为质为本，外物为文为末。林放殆鉴于世之为礼者，竞务虚文，灭实质，故问礼之本。然礼贵得中，本末兼尽。若孔子径以何者为礼之本答之，又恐林放执本贱末，其敝将如后世之庄老。故孔子仍举两端以告，与彼宁此，则本之何在自见，而中之可贵亦见。抑且所告者，具体着实，可使林放自加体悟。事若偏指，义实圆通。语虽卑近，意自远到。即此可见圣人之教。"进而言："礼有文有节。……若惟知有本，不文不节，亦将无礼可言。故孔子虽大林放之问，而不径直以所为本者答之。"

第五，林放之问和孔子之答，表"周道之衰，趋末者众"。而"趋末者"多是表面上逢迎，其心相悖，本质上即是"不仁"者，如此必停留与满足于"形式主义"，因"礼"之质与文的割裂，导致重"礼仪"者身心与人格分裂。纵观历史，趋末者，非当世独有之。如此，孔子对形式主义"礼仪"所作的批判，以及对"礼"的维护，于今人，无疑具有不可小觑的价值与意义。

总之，林放之问本身就意味着对当世盛行之"礼仪"具有批判性，它促使世人反观其遵行之"礼仪"的本质和要义，弃绝无礼之"质"的"文"，以达礼之"质"与"文"的统一与协调。孔子之答，更为明确地强调了循"中道"，突出礼之"文"，"宁俭"勿"奢"；礼之"质"，当以"仁"为核、以"诚"为要，以达"礼""仪"之一致，充分发挥"礼仪"规范人之为、教化人之心、垂范世德之效。

5. 君治礼治，孰优孰劣

八佾 3.5

【原文】 子曰："夷狄之有君，不如诸夏之亡也。"
【译文】 孔子说："夷狄虽然有君主，还不如中原诸国没有君主呢。"

孔子通过"有君"而"无礼"和"有礼"而"无君"之比较，凸显"礼"于治国、治世之至善功能，进一步强化"礼"在治国中的地位，体现以"礼制"而"礼治"的德政逻辑。由此，孔子以"礼"为尺度，区别了两种不同的为政类型：即"君治"和"礼治"，将为政、治世的主体，从"君主"移位于"礼制"。这样，构建出"君治"→"礼治"→"无为而治"的治理模式。

孔子通过将"礼"推到至上地位，既暗含着对当世君主之"无礼"的批判，又希望通过劝导令为政者自觉遵礼、践礼，否则如是虽"有君"而"无礼"，陷入"霸道"无序之状。

具体而言

第一，孔子以"夷狄"为参照，将"礼"置于"君权"之上，呈现"君治"与"礼治"两种治理模式，突出"礼治"优于"君治"，彰显"礼"于治国的主导功能。更为关键的是，孔子以"礼制"而"礼治"，不仅对"无礼"之君主予以批判和劝导，而且潜含着对以礼制为依托的"无为而治"之思想的推崇，极大地凸显了"礼"的治理效能。如此，孔子无疑将礼制、礼治的地位和功能极致化。

孔子通过凸显"礼"的地位和功能，将"君"亦纳入"礼治"框架，相应地弱化和降低"君"的地位和作用。如此，孔子之论，集中表达了"礼"为治国之本，"礼义存，则虽无君而与有君同；礼义亡，则虽有君而与无君等。"（陈祥道）

第二，"夷狄之有君"。

（1）何谓"夷狄"？按照《礼记·王制》所表："中国戎夷，五方之民，皆有其性也，不可推移。东方曰夷，被发文身，有不火食者矣。南方曰蛮，雕题交趾，有不火食者矣。西方曰戎，被发衣皮，有不粒食者矣。北方曰狄，衣羽毛穴居，有不粒食者矣。中国、夷、蛮、戎、狄，皆有安居、和味、宜服、利用、备器，五方之民，言语不通，嗜欲不同。"

孔子以"夷狄"统称中原周边的各少数民族，以别于中原诸夏。如此，"夷狄"则构成中原诸夏之诸侯国治理的比较参照系统。

（2）"夷狄之有君"。这是对"夷狄"社会治理系统的事实性陈述："有君"而无"礼"。此处以"有君"映衬出无"礼"，非指夷狄之野蛮而无不遵循一定的礼数，而是没有如诸夏一般完备的"礼乐"典章制度，相应也没有形成成熟的"礼治"系统。这样，"夷狄"之"有君"更为凸显权力的自然秩序，其"君权"未能实现人文化和礼制化的规范。

（3）"夷狄之有君"，在孔子看来，其治理模式应是"君治"。这一模式的特点，就是君主的意志即是族群的集体意志，族群的命运依"君主"之志趣、才干、性情、德性而定，此为典型的"人治"。此种人治模式之要义，即遵循暴力原则。

第三，"不如诸夏之亡也。"

（1）与"夷狄之有君"而无"礼"之对应，"诸夏之亡"即表中原诸侯国，即"中国"无"君"而"有礼"。于是，孔子设构了"有君"无礼和"有礼"无君两种情景下国家的治理模式："君治"与"礼治"。

（2）孔子以"不如"，对"君治"和"礼治"两种治理模式予以事实表陈，以及在此基础上，侧重于对二者的高低优劣做出价值判断，突出孔子倾情于"礼治"的抉择。对此，戴望释曰："夷狄无礼仪，虽有君，不及中国之无君也，明不当弃夏即夷也。《春秋》之法，诸侯为夷狄行则以州举，夷为暴中国，则贬绝不称人。戎伐凡伯于楚丘，则大天子之使而不言执；郑伯髡原欲与晋，为其大夫所弑，则书'如会'以'致其意'，隐弑书卒，以痛其祸；黄池之会，吴主中国则书'公会晋侯及吴子'。若两伯然。皆以内中国而外夷狄，不与无礼义者制治有礼义。孟子曰：'吾闻用夏变夷，未闻用夷变夏者也。'"

（3）孔子通过以"夷狄之有君"与"诸夏之亡（君）"之比较，更突显诸夏之无道、无礼之"君"，形"有"而实"无"。孔子以"亡"定位形有而实无之"君"，内蕴着对此种"君"必销声匿迹于历史的深刻批判。如此，孔子以"亡"对无道、无礼之"君"，予以彻底否定。恰如蕅益所释："此痛哭流涕之言也。呜呼！可以中国而不如夷乎？"

（4）通过"有君"无礼、有礼"无君"之"有""无"冲突，道出了孔子之语的真正秘密：一国，宁可无君，亦绝不可无道、无礼。

（5）"尊君"，本质上即是遵道、维"礼"。按此理解，"无道""无礼"之君，则是名存实"亡"，不具有可尊崇性。由此形成"礼"文化之价值取向：唯尊有道、有礼之君。

第四，孔子通过两种治国模式比较，无疑将"礼"本体化而至上化了。

首先将"礼"作为人之为人的标志。诚如《礼记·礼器》有言："礼也者，犹体也，体不备，君子谓之不成人。"《礼记·曲礼》则进一步指出："今人而无礼，虽能言，不亦禽兽之心乎！……是故圣人作，为礼以教人，使人以有礼，知自别于禽兽。"孔子不仅将"礼"作为人有别于兽的本质规定，而且使人自觉意识到自己与禽兽之别。如此，孔子不仅将"礼"文化的自觉作为个体，亦作为族群文化的标识。

其次，将"礼"作为治国之根本，指明惟遵循"礼"而"治"，国才"大顺"。《孔子家语·论礼第二十七》中子贡、子张与孔子的一段对话，非常清晰地表达为政以"礼"，将"礼"置于治国之首要地位。

子贡曰："敢问礼也，领恶而全好者与？"

子曰："然"

子贡曰："何也？"

子曰："郊社之礼，所以仁鬼神也；禘尝之礼，所以仁昭穆也；馈奠之礼，所以仁死丧也；射飨之礼，所以仁乡党也；食飨之礼，所以仁宾客也。明乎郊社之义、禘尝之礼，治国其如指诸掌而已。是故居家有礼，故长幼辨；以之闺门有礼，故三族和；以之朝廷有礼，故官爵序；以之田猎有礼，故戎事闲；以之军旅有礼，故武功成。是以宫室得其度，鼎俎得其象，物得其时，乐得其节，车得其轼，鬼神得其享，丧纪得其哀，辩说得其党，百官得其体，政事得其施。加于身而措于前，凡众之动，得其宜也。"

言游退。子张进曰："敢问礼何谓也？"

子曰："礼者，即事之治也。君子有其事，必有其治。治国而无礼，譬犹瞽之无相，伥伥乎何所之？譬终夜有求于幽室之中，非烛何以见？故无礼则手足无所措，耳目无所加，进退揖让无所制。是以其居处，长幼失其别，闺门三族失其和，朝廷官爵失其序，田猎戎事失其策，军旅失其势，宫室失其度，鼎俎失其象，物失其时，乐失其节，车失其轼，鬼神失其飨，丧纪失其哀，辩说失其党，百官失其体，政事失其施。加于身而措于前，凡众之动失其宜。如此则无以祖裕四海。"

《礼记·礼运》记载孔子之言："政者，君之所有藏身也。"此言明确指出为政乃国君托身以保安定之处。为政者须遵"礼"、行"礼"，因为"礼也者，合于天时，设于地财，顺于鬼神，合于人心，理万物者也"。如此，孔子才会有"道之以德，齐之以礼，有耻且格"之论。

第五，需要指出的是，孔子所言"夷狄之有君"，"不如……"，其主旨则在于以"礼制"为尺度，对不同的族群之文明程度予以区分，表达孔子所持之论：无礼不成章，无礼无章不成国。

就诸夏之"礼制"成熟度来看，孔子以为夏之礼乐制度是完备与充分的。且不论尧舜治天下，始令人专司制礼乐，就《礼记·礼器》之言亦表明礼制之详尽周全："礼有大有小，有显有微。大者不可损，小者不可益，显者不可掩，微者不可大也。故经礼三百，曲礼三千，其致一也。"

第六，不可否认，孔子区分"夏"与"夷狄"的标准是有无"礼制"或"礼乐文化（传统）"，由此形成的文明优于野蛮、先进强于落后、中心高于边缘的文化立场、文化思维、文化取向和文化态度，无疑铸成了以华夏之礼乐文化为优势的文化优越感。如此，在此等文化自信之同时，也走向了道德、文化决定论。

至于孔子在本论中的"夷夏观"，于后世渐渐演化而成"华夷观"，则不是孔子本论之要旨。如此，倒不如将此作为孔子言诸夏无道之君如是"亡"的背景或方法论更合情合理。但是，孔子所言的"礼"于天下，自然不会外于"夷狄"。

总之，孔子跳出诸夏之君"亡"现状，以更广阔的视野囊括"夷狄之有君"，在对比中，突出孔子所希冀的以"礼制"为依托、以"礼治"为目标，实现"仁政"而弘"王道"，在霸道猖行的诸夏，是何其艰难！以此表明孔子力主"礼"行诸夏之必须，因为唯有如此，诸夏之违礼、僭礼之君，方可终止霸道乱礼之为政，遵礼乐，促礼乐之复兴。

从孔子之比较，不难看出，判断国君之"有""无"或"亡"，关键在于是否有"礼"。无"礼"，君则"亡"，反之，有"礼"，君则"存"，这是孔子以"礼"对"君"之"有""无"所做出的道德审查、道德判定。这一理路，构成了孔子"礼治"的价值根基与信念基石。

6. 违背礼者，天必诛之

八佾3.6

【原文】季氏旅于泰山。

子谓冉有曰："女弗能救与?"

对曰："不能。"

子曰："呜呼! 曾谓泰山不如林放乎?"

【译文】季孙氏去祭祀泰山。

孔子对冉有说："你难道不能劝阻他吗?"

冉有说："不能。"

孔子说："唉! 难道说泰山神还不如林放知礼吗?"

冉有:

（1）（前522年—前489），字子有，通称"冉有"，尊称"冉子"，鲁国人。

（2）周文王第十子冉季载的嫡裔，有着优良的血统。

（3）名列孔门七十二贤，孔门十哲，少孔子二十九岁，受儒教祭祀之影响，然不重礼乐教化之事。

（4）性格活泼爽朗，办事果断，多才多艺，尤擅长理财，以政事见称。"求也，千室之邑，百乘之家，可使为之宰"，这是孔子对他的评价。事实上，他亦曾担任季氏宰臣。

（5）30岁时，随孔子周游列国，季康子派使者召他回鲁，任季氏宰，帮助季氏治理田赋，聚敛财富，引起孔子的强烈不满。

（6）尤其值得一提的是:孔子在卫国，在面对卫国内乱而不得志之时，能让季康子派公华、公宾和公林三人前往，迎回鲁国，作为弟子的冉有，功不可没。

因为在鲁齐之战中，冉有表现出卓越的军事才能，且有"当仁不让"之勇。《史记·孔子世家》中有记:"冉有为季氏将师，与齐战于郎，克之"，于是，季康子向冉有问询制胜之道:

季康子问:"子之于军旅，学之乎? 性之乎?"

冉有曰："学之于孔子。"

季康子曰："孔子何如人哉?"

对曰："用之有名。播之百姓，质诸鬼神而无憾。求之至于此道，虽累千社，孔子不利也。"

季康子曰："我欲召之，可乎?"

对曰："欲召之，则毋以小人固之，则可矣。"

在《孔子家语·儒行》中也有相关记载：孔子在卫，冉求言于季孙曰："国有圣人而不能用，欲以求治，是犹却步而欲求及前人，不可得已。今孔子在卫，卫将用之。已有才而以资邻国，难以言智也，请以重币迎之。"季孙以告哀公，公从之。

———————————

面对季氏僭"礼"奢祭于泰山一事，孔子欲阻止，以维护"礼"之权威，先浅批冉有未尽家臣之责，劝谏之无力，后以泰山必会拒绝此等恭而不礼的祭拜，反对季氏违礼。于是，孔子通过责冉有和信赖于泰山之神，非常隐晦地反讥、批评季氏之僭礼妄为，让季氏明白僭礼而祭泰山于他无益，希望他停止违礼不义之举。

季氏一族从"八佾舞于庭"，到"三家者以《雍》彻"，再到"旅于泰山"，表季氏做事出格、僭位违礼已成惯常，此亦是鲁国无道之病根。孔子一路对之谴责与批判，但到了"旅于泰山"，孔子深感季氏僭上违礼已至极端，礼之规训与劝导于季氏早已是无济于事，根本无法阻止季氏一步一步地深度僭越，最后只能寄托于泰山之神灵对季氏之无礼予以拒斥。这便构成霸道与王道、强权与礼教博弈的尴尬局面。

———————————

具体而言

第一，卿大夫季氏，不守本分，自大之极，越鲁君而比肩天子，以围猎的名义，去泰山"封禅"，祭告天地，请泰山神保佑。季氏之肆意妄为，既对鲁君、天子之不恭，亦对泰山之神不敬。如此双重僭礼而奢祭泰山，忤逆、谋反之心昭然若揭，必将引来鲁国的动乱。"季氏旅于泰山"之为，"于明以渎礼，于幽以渎神。"（陈祥道）令孔子之不容、不忍。

第二，僭莫大于祭。"季氏旅于泰山"之举，是继"八佾舞于庭"和"三家者以《雍》彻"之后，公然向天下昭告以"天子"自居，这是极度不自明、不自重而明目张胆地忤逆犯上。

《礼记·王制》云："天子祭天地，诸侯祭社稷，大夫祭五祀。天子祭天下名山大川：五岳视三公，四渎视诸侯。诸侯祭名山大川之在其地者。天子诸侯祭因国之在其地而无主后者。"以此可见，《礼记》根据地位和身份对祭祀的对象予以了明确的规定。

作为卿大夫的季氏，按其地位和身份，从祭拜对象来说，只能"祭五祀"，即门神、户神、井神、灶神、中溜（土地神和宅神），是没有资格祭拜"泰山"的。如此，"季氏旅于泰山"，则是卿大夫以"天子"之名，行天子之"祭"，这是季氏僭越违礼最猖狂之举了，其反君欲取而代之已公开化且付诸于行。从这一意义上而言，"季氏旅于泰山"，不仅不具有正当性，而且还具有反动性。戴望释曰："旅读如旅上帝之旅。旅，陈也，陈其祭祀以祈焉，非常祭也。季氏欲依王者因名山升中于天之事，故于泰山行旅上帝之旅。"

《礼记·礼器》有云："天地之祭，宗庙之事，父子之道，君臣之义，伦也。社稷山川之事，鬼神之祭，体也。"这表明王者祭祀天地，宗庙里祭祀祖先，父子间的道德、君臣间的大义，种种体现天理之礼事，就是礼所顺应的伦常。对社稷、山川、鬼神的祭祀，对象不同，礼也有所不同，这就叫作各得其体。如此，"季氏旅于泰山"，表明季氏本是人臣，却自比为"人主"，此乃违礼乱伦不得体之妄为。

第三，权力的任性与劝谏的无力，使霸道猖行成为必然。在孔子的为政思维中，权力与伦理、为政与仁德是内在一致的。如此，权力必须符合伦理规范，为政即是彰显仁德，行"仁政"，因此在孔子的王道价值逻辑中，任何权力运作之违礼，都必须予以纠偏而"正"。如是，他希望作为季氏家臣的冉有能劝谏其主中止、放弃如此严重的僭越行为。然，在季康子霸道的权力逻辑中，未为伦理、道德，即"礼"予以任何空间，因此，冉有之劝谏亦不具有成功之可能。如斯，孔子对冉有提出的劝谏、阻止之要求，冉有是不可能完成的。于此观之，礼教在强权面前是多么的孱弱无力。

在孔子与冉有的对话中，"子谓冉有曰：'女弗能救与？'"表征了孔子道德理想主义的礼治、礼教万能之思维，而冉有"对曰：'不能'"，表呈道德理想主义、礼教万能思维的现实遭遇。师徒二人针对"季氏旅于泰山"的对话，表礼制对季氏规训的无效。其无效之根本在于，王道之"礼"外于行霸道之季氏使然。对此，戴望曰："孔子以旅泰山合之八佾、《雍》彻，尤非常之事，知冉子之弗能救，而不能已，故迫切其辞也。"

第四，孔子言"鸣呼！"，乃孔子所发出的决绝悲叹。其悲在于强权对"礼"之践踏已达无以复加之状，对"礼"的命运之悲戚；其叹在于面对"强权"公然挑战，无视"礼"、践踏"礼"，除了予以道德谴责之外，别无任何良策予以惩治，抑或劝谏所表现出来的亦是礼教之极度无力。

如此，孔子最后只能诉诸于"泰山"本身的尊严不被凌羞而拒"季氏旅于泰山"，从这个意义上说，"曾谓泰山不如林放乎？"，突出"天地之理"高于人"礼"，并以天理反制季氏之僭越违礼，由此表达在孔子眼中：无道之强权只具有暂时性，且必被替代；而遵道、践道之礼教则具有永恒性和不可替代性。这正是孔子伤悲之怀中所持的最后信念与希冀。

第五，冉有在"季氏旅于泰山"之事中，对于孔子之问"女弗能救与？"，冉有答"不能"。于是，有人认为冉有作为家臣与季氏有"同流合污"之嫌。之所以作出此判断，乃是未能深入把握礼教中所提出的"劝谏"文化的内涵和尺度。

《礼记·曲礼》有言："为人臣之礼，不显谏，三谏而不听，则逃之。子之事亲也，三谏而不听，则号泣而随之。"

《论语·颜渊》篇："子贡问友。子曰：'忠告而善道之，不可则止，毋自辱焉'。"

无论是《礼记》中对臣劝君、子劝父，还是《论语》中之劝友，明确表达劝谏均需要注意场合、时机、方式和次数等，构成礼在"劝"上的具体表现。其重要含义在于，不能将劝导变成强行绑架，由此构成了孔门独特的"劝谏文化"。

如此观之，作为家臣的冉有，对"季氏旅于泰山"纵有"劝"，然"弗能救"，才很难为情地回答孔子之问："不能"。冉有居家臣之位，季氏霸道张狂极盛，即便冉有以礼相劝，那无疑是无力改变抑或阻止季氏之为。

第六，孔子以"泰山不如林放乎？"作为对"季氏旅于泰山"最后的交代，似乎在祈求着"泰山神"对季孙氏的祭祀越礼行为，拒绝而不接受，从而使这样的祭祀无效。从文辞中，可以看出，孔子认为泰山神应该是只指接受合乎"礼"的祭祀，从而对泰山神怀着真诚的信心。在这里，须充分注意的是孔子将"礼"从社会生活之人伦，迁移到被祭祀的对象之中，赋予它们一种相应的德性。这样，孔子也就将世界的一切都纳入其道德秩序化之中，人事与万物之道是相同的，其德是相互匹配的。

第七，孔子在"呜呼"之后，又说"曾谓泰山不如林放乎？"可谓意味深长！在孔子看来，霸道强势的季氏，公然肆意僭越，张扬跋扈竟与"天子"比肩，似乎是人伦之"礼"，已是奈何不了季氏，难道"天理"还奈何不了你吗？！恰如戴望所释："泰山之神不如林放知礼之有本，而顺季氏奢僭之意，为升中于天乎？"《尚书·太甲中》有云："欲败度，纵败礼，以速戾于厥躬。天作孽，犹可违；自作孽，不可逭。"这就暗示失道僭礼之季氏家族必将自食其果，自取灭亡。果不其然，季氏家族专权鲁国一百多年，不可一世，最终被无道、无礼、无德之家臣覆灭。

总之，孔子以"人道"与"天道"双重规定而言"礼"，铸"礼"之庄重与神圣，且以"人道"之"礼"审查"季氏旅于泰山"之奢祭的双重亵渎：亵礼与亵神，预判张狂之季氏，僭越人伦之"礼"，不可一世，必遭至天谴，灭于"天道"，从而为礼教之正道谱写一曲悲婉的壮歌。

7. 君子争否，皆必依礼

八佾 3.7

【原文】子曰："君子无所争，必也射乎！揖让而升，下而饮，其争也君子。"

【译文】孔子说："君子没有什么可与人争之事。如果有的话，那就是射箭比赛了。比赛时，先相互作揖谦让，然后上场。射完后，又相互作揖再退下来，然后登堂喝酒。这就是君子之争。"

关于"射"与"射礼"：

（1）"射"是先秦以来中国"小学"必修的六艺（礼、乐、射、御、书、数）之一，以"射"使"礼"内化于君子之心，以塑君子之行、立君子之德、成君子之格。

（2）"射礼"，是中国古代重要的传统礼仪，从先秦至宋明，无论是对"大射礼""乡射礼"一直都高度重视，且生生不息，延续不绝。《礼记·射义》有载，"故男子生，桑弧蓬矢六，以射天地四方，天地四方者，男子之所有事也。故必先有志于其所有事，然后敢用谷也。"

（3）古之射礼，有四种，其各自目的、具体内容和要求均有差别，但都规定了一定的礼仪程序。其中：

"大射礼"：是天子、诸侯祭祀前选择参加祭祀人而举行的礼仪；当世的贵族阶层用以选择其治下善射之士而升进使用的礼。大射礼主要作为评选合乎礼乐的人才，参与祭祀。故而以和乐射为主。

"宾射"：诸侯朝见天子或诸侯贵族间相会时举行的射礼。

"燕射"：是平时燕息之日，为娱乐而举行的射礼。

"乡射"：是地方官为荐贤举士而举行的射礼；亦指以习射艺为目的而行于平民中。

孔子以"君子无所争"和"其争也君子"，两个看似矛盾的命题，一方面突出以"让"为根本特征的君子之无私恭谦人格，另一方面则将"君子之争"与"小人之争"区别开来，指证并批判当世行霸道而唯利是图之诸侯间

所展开的争雄斗志，乃至战争，本质即是无礼、无义的"小人之争"。如此，孔子以君子"射"之"争"而践"礼"，隐喻诸侯之争的"无礼"，从而在诸侯（小人）之争的乱世中，矗立起不可违之"礼"，进而将"礼"不可回避地推到诸侯面前，促其反省诸多违礼、僭礼之为，使其明"礼"、遵"礼"而践"礼"，真正以"礼"而止彼此之"争"，以达"礼治"。

射之"争"，非以比高下、"斗"输赢、定存亡为目的之"争"，而只是以"射"为形式和方式践礼、扬礼，彰"君子无所争"而"反求诸己"，促己之增技、进德。如此，以礼化射之"争"，表明"礼"非悬置于生活之外，而是突出"礼"于时时融于生活之中，如是将"射"作为"礼"之具体呈现，寓德于射、寓礼于射、寓教于射之中，以展"礼"对君子行为之规制与训导，以呈"礼"于君子人格之塑造。

孔子借"射"之礼，隐喻并暗批诸侯尚"争"、好"争"而唯"争"之无礼，以促行"争"之诸侯自省，启示其唯有遵礼、行礼，方可结束"不义"之"争"。

具体而言

第一，面对因"争"而起乱之世，孔子提出与世事截然对立的价值命题："君子无所争"，表达孔子相悖于乱世所行之"道"而力求重塑君子生命价值观的深刻诉求，并以此将"礼"植入人心，召唤人之"仁义"本心，行礼而"让"，置换争名逐利、争强好胜，豪强争夺之世风为尚礼淡名利之君子之风，即使"争"，亦须遵礼而"争"，以"礼"而化"争"，从而昭示天下诸侯之争，乃不义之争，非君子所应为，实为"小人之争"，以此警示诸侯当以"礼"止"争"，从而结束以"争"为手段而逐利之"不义"。如此，"君子无所争"，乃是孔子为扭转世风、重塑礼治权威的价值命题。

第二，孔子提出"君子无所争"，试图着力塑造诸侯、贵族不争的"君子人格"，切断"争"之根源，除绝因"争"而起的世间乱象，成一切皆可"让"，惟"当仁不让"的旷世德景，真正体现"君子无所逊，于仁则不逊"的人格特质。

老子亦针对乱世之"争"，为解窘困于"争"之世态，提出"不争"之大智："君子之道，为而不争"，"夫唯不争，故天下莫能与之争"。

庄子在《庄子·天地篇》中记载了孔子与老子之间的一段对话，更为明晰地表陈了老子所言"不争"之真谛：

孔子问于老聃曰："有人治道若相放，可不可，然不然。辩者有言曰：'离坚白，若县寓。'若是则可谓圣人乎？"

老聃曰："是胥易技系、劳形怵心者也。执留之狗成思，猿狙之便自山林来。丘，予告若，而所不能闻与而所不能言。凡有首有趾、无心无耳者众；有形者与无形无状而皆存者尽无。其动止也，其死生也，其废起也，此又非其所以也，有治在人。忘乎物，忘乎天，其名为忘己。忘己之人，是之谓入于天。"

从这一意义来看，孔子从老子处得到深刻的启示，提出"君子无所争"，以"无所争"更为具体地表达了老子之"不争"而指向世俗。如此，孔子通过诊断乱世之病灶，开出救世之策，即否定"争"，突出"不争""无所争"于当世的价值。

第三，孔子以"无所争"作为君子为人处世之道，进而以"射礼"为例，突出须以遵"礼"为上、依"礼"而争，从而表达"君子之争"之深意，否定了无礼之"小人之争"。

（1）孔子依礼制，具体对"射之'礼'"进行了详细的描述，勾勒出射礼的要旨，乃是依"礼"而射：比赛时，先相互作揖谦让，然后上场登堂。射毕，又相互作揖再退下来，然后登堂喝酒；这样，孔子描述出一幅遵"礼"而"争"的生动画面："争"的双方彼此都是"彬彬有礼"，友善而和气的。如此，从形式上看，这样的"争"是一种和善的演练或"表演"，而不是彼此横眉冷对、剑拔弩张、你死我活，彼此不以"输赢"而论高下，最后还要在一起把盏相互道贺。对此，陈祥道释曰："君子之射，有德以诏之，有礼以节之，有罚以戒之，定其位则有物，课其功则有算。胜者，袒决张弓而揖不胜者；不胜者，脱拾弛弓而饮于胜者。求胜者，非求服人而害之也，将以养之也。上求中者，非求中而怨之也，将以辞养也。养之则德，辞养则礼，君子之事如此。投壶之礼，当饮者跪曰：赐灌。胜者跪曰：敬养。与此同意。"

（2）"射礼"之要义在于讲求"立德正己，礼乐相和"，其目的不在外，而在内。即使发而不中，亦不怨胜己者，而是反求诸己，以激励而重塑己。这就表明在孔子的眼中，射的本意并非为争高低、论输赢，其主要是为了增进人际交往，突出周旋进退，皆有法度。对此，《礼记·射义》有云："射者，仁之道也。射求正诸己，己正然后发。发而不中，则不怨胜己者，反求诸己而已矣。"即使"争"，也是与自己争，谋求己之不断改进。从这一意义来看，"射礼"，乃是人之道德、君子人格形成的巧妙导引方式，寓德于射、寓礼于射、寓教于射。

（3）"射礼"中的"君子"之"争"，以"竞技"为表，以恭敬而处处合礼，以谦逊而处处相让，呈雍容、和蔼的高贵之气，此乃"其争也君子"。这就表明"君子之争",实际上是在德行、在学问、在技能上来提升自己,以无争之心,勉励自己上进,从而与"小人之争"如是云泥之别。对此,朱子注曰:"言君子恭逊不与人争,惟于射而后有争。然其争也,雍容揖逊乃如此,则其争也君子,而非若小人之争矣。"

第四,君子之"争","争"而不失"礼",更不能败"礼","礼"才是头等重要的。这样,孔子以"君子无所争"为主旨,表"其争也君子","胜者不耻不胜者,不胜者不怨胜者。其争也,争为君子而已。是以射可观德。"(戴望)于此凸显君子本与他人无所争,亦教导君子应不尚"争";即使有"争",也是"君子式"的"争",而不是"狼"对"狼"一样相互的"厮杀"。如此,将"君子之争"与"小人之争"之本质区别开来:君子之"争",只与己争以完善和提升自己,从而固礼;小人之"争"则是与人争,只是以高下、得失成败而论之,从而乱礼。

第五,孔子以"君子无所争"为价值原则,以"射礼"为隐喻,指示着春秋时期诸侯之间的一切"争雄斗志",都是无"礼"之"争"。如此,孔子对当世各诸侯违礼之"争"予以道德批判,以维护"礼"之权威。

"射礼",融"礼"于射中,突出了"礼"不外于"争"。如此,"争"乃应遵"礼"、循"礼"而"争"。"君子无所争,必也射乎。""正是君子无所争处。"(蕅益)孔子以小场景君子"射礼"之"争",映衬出当世诸侯间之(战)"争",表前者践"礼"而成君子,后者乃是小人行"无礼"之争。

第六,孔子为君子人生之"不争"与"争"提供道德图式,确立以"不争"而成君子人格,行君子之风,以循礼而"争",反求诸己而进取、提升,此乃君子以"仁"为本而爱,以不争之"让"而"义",成就遵礼、循礼的道德人格。如此,孔子立足于"不争",以"争"为彰礼、助己成己之手段,解惟争至上的浅薄人心与时弊,力求达正礼之效。

总之,孔子针对因"小人之争"而坏礼乱世,提出君子本"仁"而行"义"之"君子无所争"的价值命题,以"射礼"尚存,"世礼"荡然无存的鲜明对比,影射诸侯所行之争,实为"无礼",如是史家所言"春秋无义战"。如此,孔子以"射礼"之小,撬当世"无礼"之大,以塑造君子人格为型,力塑礼在世之态。

8. 绘事后素，由诗及礼

八佾 3.8

【原文】子夏问曰："'巧笑倩兮，美目盼兮，素以为绚兮'。何谓也？"

子曰："绘事后素。"

曰："礼后乎？"

子曰："起予者商也，始可与言《诗》已矣。"

【译文】子夏问道："古诗云'巧笑倩兮，美目盼兮，素以为绚兮'这三句诗说的是什么？"

孔子说："这是说先有白底然后画画。"

子夏又问："那么，是不是说礼也是后起的事呢？"

孔子说："商，你真是能启发我的人，现在可以同你讨论《诗经》了。"

师徒二人从研读《诗》，转向讨论"礼"：从《诗》之内容，至"礼"之"质"，从绘画之程序，到"礼"之发生，呈现出从"文学"至"人事"之进路，彰《诗》之真蕴，掘"礼"之内涵。于是，在"绘事后素"和"礼后"之间搭建起解释与被解释的关系逻辑，以此追"礼"之内在依据于"忠信"。

师徒二人之对话，将"礼"之"质""文"关系予以揭示，不仅表征了"忠信"乃"礼"之内依，而且表明"学礼"，须以"忠信"为本、为前提，进而以此批判当世无忠信之质，徒存"礼"之外在形式的时弊，表达子夏和孔子"正礼"须先"正心"的主张。

师徒二人的讨论起承转合，因弟子问"诗"而起，以师之答为承，再以弟子领悟而转，最后以师之应而合，表师引而有法，弟子触类旁通、举一反三，呈一幅师生互动共研的鲜明画面，如是子贡与孔子之"如切如磋，如琢如磨。"

具体而言

第一，子夏读《诗》，不明白"巧笑倩兮，美目盼兮，素以为绚兮"之意，请教于师。孔子解释为"绘事后素"；子夏将"绘"与"礼"类比，提出"礼后乎？"之问，从具象之"绘事后素"中领悟到"仁先礼后"之理，并从"质"

与"文"的关系层面，探寻各种礼节、礼仪之后的内在心性与情愫，追问"礼"之前提与基础，力图对当世畅行的各种礼节和仪式的真实内涵和可靠基础予以落实，质疑没有"素"之内在支撑的"礼"，以此批判仅存外在性的"礼仪"，表达唯有通过正人心、塑心性，方可绘出缤纷之彩"礼"。子夏论"诗"及"礼"，孔子喜而赞许，表子夏之为学已精进到可以与其师共研《诗》的水平。

第二，"巧笑倩兮，美目盼兮，素以为绚兮"。

（1）"巧笑倩兮，美目盼兮"。这是《诗·卫风》中具体描述一个美人外貌和神态的诗句。诗句以"倩"（口旁两颊）和"盼"（目之黑白分明者）来具体描述"巧笑""美目"而使美女形象生动、鲜活。诗以素描的文学手法，将"倩"与"巧笑"、"盼"与"美目"的依存性关系陈述出来，表达没有"倩"与"盼"，"巧笑"与"美目"则无以成，鲜活的美人形象也无所存。

（2）"素以为绚兮"。诗中的"素"与"绚"，不仅说明了"倩"与"巧笑"、"盼"与"美目"的关系，而且指出了以"素"粉之饰，美女的面容将会更加绚丽，将"质"与"文"的关系具体化为一个美女的生成。

（3）这三句话，从"倩"之"巧笑"、"盼"之"眉目"，再饰之以"素"而"绚"，详尽地描述了从天然之"质"的"粗坯"，如何一步步塑型成为一个绚丽之"美女"，完整地呈现了以"质"而"文"的过程，表征美好的事物须以良好的"质"为基础、为前提，否则，"绚"就无从谈起。

第三，"绘事后素。"

（1）这是孔子对子夏阅读《诗》而不解的回答，也是孔子对这三句话之内涵的概括。如此，"诗人近取诸身以明义，孔子远取诸物以明诗。"（陈祥道）

（2）"绘事后素"，按照朱熹之解，可理解为"绘事后于素"，直陈绘画的要领：先有洁白的底子，才能进行绘画。孔子以绘画比喻和含括前面诗歌中美女的塑造过程：美人，得先有了美丽的五官底子，薄施粉黛后才会更美，径直地将"素"与"绘"的前后关系予以表陈。对此，陈祥道有言："倩，盼质也。有倩盼，然后可文之以礼。素，质也。有素质，然后可文之以绘。"表"凡绘画，先布众色，然后以素分布其间，以成其文，喻美女虽有倩盼美质，亦须礼以成之。"（戴望）

（3）孔子对美女形象之生成，对绘画的过程予以剥析，形成追本溯源的方法论。此方法论即是解构还原法。以此揭示"绘"与"素"的关系："绘"起于"素"，"素"决定"绘"。如此，孔子导出复杂源于简单，内在决定外在，"质"为主、"文"为辅的思维图式。由此可见，孔子的思维轨迹，以"美女"

之"素"与"绚",引向"素"与"绘",再提升至质文之关系,呈现出以类比为法,促成思维从具体到抽象、从个别到一般的超越进路。

第四,孔子的"绘事后素",生动形象地从道德发生学的意义上强调了:

(1)只有素净未曾被玷污的心灵,才能建筑"礼"之大厦,也才能绘制出美好的道德图景。从道德维度上来看,要有礼存,人的内心就必须澄澈高洁。

(2)一切显于外的、好的礼节仪式,如同"绘画"一样,必须有良好的、可以塑造的"仁心"作为前提和底本、底蕴,才有内里支撑道德美好形态的生成。如此,孔子自觉己之道德使命就是要不断地"正人心"。"正人心",本质上就是要恢复被世俗搞乱了的人心,让"仁"之忠信等扎根于心,而不是外浮于各种花枝招展的"礼仪"之上。

第五,从"绘事后素"到"礼后乎?"

(1)子夏善思,能从孔子"绘事后素"之启发,再次从"绘"迁移至"礼",循孔子之思维格式,追问"礼后乎?"既然"绘画之事,成于素",那么,"仁义之性",自然应是"成于礼",以此落实"礼"之基础、根源和内质。简言之,孔子所言"绘事后素",子夏所思:"礼节""礼仪"之"素"为"何"?

(2)子夏之问"礼后乎?"运用的方法,是孔子概括"诗句"的方法,譬喻类比之法,这也是《诗经》常用之法:比喻或类比。由此,有人认为《诗经》即是比喻学或类比学。

(3)子夏之问,破除当世只重视表面形式的"礼节""仪式"之时弊,强调时兴的繁复"礼节"、多样"仪式",须以内在的仁义忠信为"素"质,唯有如此,"礼"才文质兼备、绚烂多彩。从具体性上来说,子夏之问,指向的是当世之人;从根本性上来说,则是指忽略心性之修养,其心无仁义忠信,如同当世之礼仪,皆乏内质。对此,蕅益释曰:"素以为绚,谓倩盼是天成之美,不假脂粉,自称绝色也。人巧终逊天工,故曰'绘事后素'。'后'者,落在第二义之谓,非素质后加五采之解。礼后乎者,直斥后进之礼为不足贵,以非先后之后。"卓吾云:"与言《诗》,非许可子夏也,正是救礼苦心处。"戴望释曰:"言礼所以后美质乎。画绘之事,成于素;仁义之性,成于礼。"

第六,子夏能从孔子的"绘事后素",深刻领悟到其所指示的"仁"与"礼"关系之真谛,悟出"礼后乎?"令孔子大为欣赏,给予了比子贡和颜回更高的评价:"起予者商也!"然后与子贡待遇相同:"始可以与言《诗》已矣"。于此,恰如陈祥道所评:"子贡因礼以明诗,子夏因诗而悟礼;孔子皆曰:始可与言诗;于赐,不言起予;于商,言之者起予之,生于不足故也;孔子以回为非助我，而以商为起予，则其贤可知矣。"子夏之贤，不仅在于追问"礼后乎"而究"仁"之本，更为重要的则在于掌握了孔子审视问题之方法论，且能触类旁通而思之。这是孔子对子夏为学所达之境界的高度肯定。

总之，师徒二人的对话，以"绘事后素"和"礼后乎？"为中心，首先批判与否定了各种形式主义的礼节、仪式，强调弘道之根本，须超越无"仁"之质的外在之文，即形式化了的"礼仪"，直抵而重塑世人"仁爱忠信"之心，回归"复礼"之正途。

9. 夏礼殷礼，赓续礼弦

【原文】子曰："夏礼吾能言之，杞不足徵也；殷礼吾能言之，宋不足徵也。文献不足故也。足，则吾能徵之矣。"

【译文】孔子说：从前大禹掌管天下的时候，他的制度文典成为夏朝的礼制，我能够大致描述这个礼制，但必须要有后人作为证明才可信。如今夏朝的后裔杞国虽然还在，但是已经不足以作为证据了。从前商汤掌管天下的时候，他的制度文章成为殷商的礼制，我也能大致描述这个礼制，但必须有后人作为证明才可信。如今殷商的后裔宋国虽然还在，但是也不足以作为证据了。礼制是由书籍记载的，是贤人来读诵实践的。如今夏朝和殷商的传习已经很久远了，杞国和宋国都已经衰微，既没有书籍用来考究，又没有贤人来参访，这让我怎么证明我所说不虚呢？假如这两个国家的古籍还存世，还能够寻访到贤人，那我们的参学考证仍然有根有据，而我就能够由此证明，让天下人信服了。

孔子之论，乃考证、确证"礼制"之历史，此为讨论一个历史文化哲学问题。孔子深入研究夏、殷之礼制的嬗变，力图借考礼制之"史"的真实性、可靠性、完整性和历史有效性，来证明周之"礼制"于当世治理之必要性、正当性、急迫性和有效性。如此，孔子以"礼制"为本，以建构和完善"礼制"为手段，借"史"论"今"，以促治世"周礼"之勃兴。

然而，从孔子之论可见，支撑"礼制"建构的典籍和贤人，都已严重缺失，恢复夏、殷"礼制"的完整面貌，已非常困难，抑或不可能了，这不仅从文献学的意义表明夏殷"礼制"本身渐成历史之残片，完备的夏殷"礼制"只是记忆中的历史景象，而且在现实生活中，客观表明夏殷之"礼"早已陨落殆尽于历史风尘中，夏殷之"礼"，事实上早已退场了！如此，"周礼"缺乏历史的厚重支撑，其权威性备受挑战。于此，孔子无不悲怆而叹息。恰如蕅益所释：于此，孔子"无限感慨。"

孔子之论，突出考证与恢复"礼制"的两个基本条件："文"与"献"，以此表明"传统"之传续方式："书写"与"口传"，从而印证了孔子"实事求是"之治学精神。

夏殷"礼制"的"文"与"献"已失传，"礼制"之脉已断，"周礼"安在？"复礼"之路，何求？然，孔子曰："足，则吾能徵之矣。"充分表达孔子恢复"礼制"之有条件的自信，由此表呈了孔子承续礼制之弦的文化志趣与文化担当。

简言之，孔子之论，以言夏礼于杞不足徵，殷礼于宋不足徵，暗讥周礼于鲁，亦不足徵，以此批判鲁国之僭礼、违礼而使礼丧。

具体而言

第一，针对周礼之崩，孔子欲以追溯夏殷"礼制"之"史"，建构完整的"礼制"之历史图景，以证成"周礼"乃夏殷礼制发展之必然，真正实现恢复周之"礼制"于现实之权威与规训功能，完成"复礼"之业，切行以"礼"治世。

孔子所为，不仅仅是一项浩大的文化重建工程，更是救世、治世之前提性工作。从这一意义来看，孔子以治夏殷"礼制"之"史"为切入点和着力点，以重构周之"礼制"为手段，以恢复已失传的"礼"为条件，以"礼"治世为目的，从而形成孔子研究夏殷"礼制"之史、证成周之"礼制"合法性的价值逻辑。由此，可以说孔子治"礼制"之"史"，乃是其从文本上和在现实生活中真正实现"复礼"的基础性、前提性工作。这一工作不仅仅具有文献学的价值，而且于治世亦有直接的现实意义。

第二，"夏礼吾能言之，杞不足徵也；殷礼吾能言之，宋不足徵也。"

（1）孔子以"吾"与"杞"、"吾"与"宋"于"礼"的关系，表呈截然相悖的两幅画面：一面是"吾能言之""夏礼""殷礼"，另一面是"夏礼"与"杞不足徵"、"殷礼"与"宋不足徵"。戴望如是释曰："吾能言夏、殷礼，顾之杞、宋之国，不足与成其事。《坤乾》之义，《夏时》之等，观之而已。《传》曰：'王者之后称公'。而《春秋》言杞子者，《春秋》王鲁而存殷、周，既绌夏，则将杞于三格，故贬称子矣。"

（2）毋庸置疑，孔子对"礼制"熟谙于心，不仅在于其自述"夏礼吾能言之""殷礼吾能言之"，而且对"礼制"之传承，他亦知晓"殷因于夏礼，周因于殷礼"，如此表明，孔子对传统夏殷之"礼制"了然于心，而且能清楚地予以"言之"。

（3）但是，孔子能"言之"的夏殷"礼制"，却在杞人和宋人那里已找不到相应的佐证。作为夏禹后裔的杞国人对"夏礼"，"不足徵"；同样，作为商汤后裔的宋国人对"殷礼"，亦"不足徵"。

其一，孔子所言夏殷之"礼"，缺乏相应的杞人和宋人的现实"文献"支持与佐证，不足以证明夏殷之礼在当世具有了现实性和普遍性，仅属孔子个人的文化偏好与文化记忆，存活于孔子的个人文化思维中。

其二，本应在夏殷之后裔的杞人和宋人之生活中得以遵循和保留的夏殷之"礼"，事实上却相反，在他们的生活中根本找不到任何可以作为孔子言辞中的对象和证据。这就说明实际上"礼"已外于杞人和宋人的生活。夏殷之"礼"已无处可寻，"礼"之传统已断裂，夏殷之"礼"被杞人、宋人遗失于动乱历史之长路上了。

（4）孔子之言，表明夏殷之"礼"，已经彻底崩丧了，在最应该遵循夏殷之"礼"的杞人和宋人那里，都无以找到"吾能言之"的"夏礼""殷礼"之"文献"而作为佐证了。如是，孔子孤独坚守着从"礼"之历史要确证的"礼"，原来只是他个人念念不忘的美好文化记忆。于此，可见春秋动乱致使夏殷"礼制"残败之惨淡景象。

第三，"文献不足故也。足，则吾能徵之矣。"

（1）何谓"文献"？"文"，即记载"礼"的各种文本、典籍，属于"礼"之书写传载；"献"，即是指贤者，特指博闻多识、熟悉掌故的人，属于"礼"之"口传"传载。如此通过"文"与"献"的相互参照互补，不仅能证成夏殷之"礼"之面貌，亦可证实"礼"之传承状况。

（2）然，"杞不足徵""夏礼"、"宋不足徵""殷礼"，如此，终因"文献不足"，难以真正对夏殷之礼予以实证。孔子对此不仅深感遗憾，且莫名悲伤、难以释怀。恰如陈祥道所言："先王之于二代，欲其人足证，故修其礼物。孔子之时，不修贤德以传之，孔子所以伤之也。"戴望亦如是说："吾不能以礼成之者，以其不足于文章贤才。……又无贤者为之请求典礼，故孔子伤之。"

（3）因"文献不足"，"吾能言之"的"夏礼"和"殷礼"的权威性必遭质疑，进而必然影响到鲁国所行的"周礼"之规训力、解释力、说服力。

（4）"文献不足"，对夏殷之礼于"吾（所）能言之"就缺乏相应的支撑，这表明孔子治学之朴实作风，遵循"实事求是"的基本原则，不离开"文献"而臆断妄论。

（5）"足，则吾能徵之矣"，表文献"足，则吾能成之，如使子夏等适周求百二十国宝书以为《春秋》也。王者存二王之后，杞、宋周皆得郊天，以天子礼乐祭其始祖受命之王，自行其正朔服色，备其典章文物。"（戴望）表明孔子并不停步于"文献不足"，而是力图作一番夏殷礼制文化的"文献"考古工作，以证成已经难以复原的夏殷礼制之真相。这是承续礼制文脉的具体作为，也是孔子对自身文化使命的自觉，以此展现孔子对建构完备的夏殷礼制文化充满信心。

（6）中国古代的"文献"本应是丰富的，然而，夏殷之礼的"文献不足"，不仅不能确证夏殷之礼的历史完备形态，而且表明夏殷之"礼"的现实命运。

为什么说中国古代文献应该是丰富而齐备的呢？可以从两个制度的设置予以证明。

其一，据说，从黄帝时期就开始设立"史官制度"；史官的职责就是专门掌管史料，记载史事和编撰史书。后来又设立了左史官和右史官，彼此具有相对明确的分工。《汉书·艺文志》载："左史记言，右史记事。"

其二，周朝设立"行人"采诗制度，即派出"行人"到各地去采集民歌民谣，尔后编辑成册，以提供给统治者作为施政的依据。《汉书·食货志》里有一被孔子称为"木铎"的，即是"行人"的出行之必备工具。

《汉书·食货志》曰："孟春之月，群居者将散，行人振木铎徇于路以采诗，献之太师，比其音律，以闻于天子，百家乐改单。故曰王者不出牖户而知天下。"

这些制度就表明，古代中国的文献理应是充足和完备的。然而孔子对夏殷之礼的考证，却是"文献不足"，足以证明夏殷之礼丧失之实况。

第四，作为鲁国人的孔子，不直接言"周礼"，而是去考证夏殷之"礼"，其考证目的是什么？这构成孔子"礼"文化追问的深层次哲学问题。恰如宋代学人郑汝谐所指出的那样："杞，夏之后；宋，商之后；鲁，周之后。杞宋亡夏商之礼，已无文献可证也。若鲁则不然，以文则有典籍，以献则有孔子。鲁之君臣，莫之考证何也？孔子意不在杞宋，托杞宋以见其意，特于鲁则微其辞尔。"

进一步而言，从考夏殷之礼来看，孔子熟知，杞宋之世人却陌然，表夏殷之礼事实上已殆。相比夏殷之杞宋，作为周之后的鲁，"周礼"虽"文献"足，然，事实上，视周礼依然为无，僭越之人，比比皆是，不仅有"八佾舞于庭""三家者以雍彻"，甚至"旅于泰山"亦大有人在……这一切都充分表明周之后的鲁国，同样是礼崩乐坏。

如此，孔子远考夏殷之礼于杞宋之实况，其目的则在于借远而言近，以夏殷之古礼而言当世之周礼，以此表达孔子以证成自己所倡导的"礼制"具有正统性、正当性，从而增加其道德的权威力和引导力，进而以重建"礼制"，施行礼法，真正实现"复礼"弘道的使命。

第五，孔子之论，表明其建构新的道德体系所采取的方法，即通过对古籍典章的开掘，来厘清和承接道德之"传统"，达到对"传统"最大限度的把握；又通过寻访贤人，提供所谓真实的佐证。这样，孔子将文本研究、文献追踪与经验实证相结合，作为重建礼制道德谱系的方法，本质上是把"礼制"本身作为一个独立而自足的规制系统凌驾于现实生活之上，作为一种先验的道德戒律来俯视现实，审查、调治无礼之现实，从而重塑现实，使现实符合"礼制"。现实生活世界在孔子的道德框架内，仅仅是"礼"之感性生活的再现。从根本上来看，孔子未能正确处理现实生活与"礼制"之关系，因此，孔子按照道德主义之一贯的应然思维而强调"礼制"的优先性和价值至上性，以及对现实生活的规范性要求。相应地，孔子力图从"礼制"之传承性，来证明自己所倡导的"礼制"天然就具有正统性、正当性和权威性。

事实上，"礼制"或传统道德体系之合法性、正当性、权威性，及其于现实生活的有效性之"根"，并不存在于古籍典章之中，即不在"文献"之中，而在现实生活的人们之选择与遵循中。如此，惟有扭转面向历史的"反动"思维，真正直面变化了的现实生活，针对现实生活世界的矛盾关系，建构与之相应的伦理道德原则，这才可以真正切入生活世界，化解矛盾，从而在重塑生活世界中，对生活主体具有规范性和引导性，真正使生活关系秩序化与正常化，发挥其道德价值体系的规范、调治功能，实现现实生活与伦理道德体系之互动互进。

不可否认，夏礼于杞人、殷礼于宋人，亦如周礼于鲁人，均已时过境迁，其合法性和正当性早已丧失了现实的支撑。如此，传统"礼制"的依托缺失之后，"礼制"事实上已被悬空，隔离与现实生活的互动性，断了现实生活之活水源头。如此，对"礼制"之坚守，即是道德乌托邦之必然。孔子亦自觉之。但是，如是门人所言，孔子真"是知其不可而为之者与!"（《论语·宪问》）孔子在"复礼"弘道上所表现出来的"舍我其谁"之文化责任与道德使命，实在是令后世仰止。

总之，夏殷之"礼"，与杞人、宋人的生活渐行渐远，消失在遥远的过去，成为"礼制"的历史样态而存于孔子的文化记忆与文化传颂之中。同样，"周礼"于"鲁"，屡遭僭越，早已名存实亡。即便如此，孔子依然怀着强烈的文化复兴之情，将复兴礼制之责，匡礼制义之为，正世人心性之举，治无礼"乱世"之行，归系于"礼制"的文化考古中，以证成基于周之礼制于当世的合法性、正当性、有效性、正统性和不可或缺性。由此，孔子践履忧道、弘道的文化使命，正是在坚定而孤独地艰难探寻之中。

10. 既灌而往，不观逆祭

八佾 3.10

【原文】子曰："禘自既灌而往者，吾不欲观之矣。"

【译文】孔子说："对于行禘礼的仪式，从第一次献酒以后，我就不愿意再看了。"

孔子自述亲历"禘"的个人感受：从"观"到"不欲观之"，表达了孔子对当世禘礼之仪式严重不满。"孔子伤其不合乎周公之典礼，故不欲观之矣。"（戴望）鲁文公逆祀之"禘"，是一次具有代表性、典型性的违礼事件，以此折射出鲁国礼乱状况之严重程度。孔子对逆祀之"禘"，以不屑一顾而鄙视，至痛心疾首，以表光复礼制之急迫。

孔子以鲁文公行"禘"之标示性违礼事件为例，以"不欲观之"而否定，表达孔子维护"礼"而不容犯的刚性原则，突出孔子人生为"礼"而在的价值取向。

具体而言

第一，"禘"，即是指古代帝王或诸侯在始祖庙里举行的对祖先的一种盛大祭祀。据周制，旧天子之丧，新天子须奉其神主入庙，必先大祭于太庙，上自始祖，下及历代之祖皆合祭，谓之"禘"。又每五年一禘祭，亦祭于太庙，同为合祭，此为常祭中之大者，有别于其他的群庙之祭和郊祭。

周代天子行禘祭，乃王室之重典，在治理国家中发挥着极其重要的作用。《尔雅·释天》里说："禘，大祭也。"《国语·鲁语》中亦强调："凡禘、郊、祖、宗、报，此五者，国之典祀也。"孔子于《礼记·中庸》中也说道："明乎郊社之礼，禘尝之义，治国其如示诸掌乎。"由此可见，禘祭是一国之最高祭祀，其地位与重要性不言而喻。

第二，行"禘祭"，须遵"禘礼"。"禘礼"，自有其严格的规制。

（1）禘祭之主持，须是天子，抑或授权的诸侯。

（2）祭主在祭祀期间，须斋戒沐浴，不回内宫，必须清心寡欲，反省自己。《易经·系辞》上亦有"洗心退藏于密"之要求。

（3）所祭的各列祖，其先后次序不可乱。

（4）须以虔敬、恭敬之心而祭，表禘祭庄严、隆重、肃穆。

（5）有一系列严格的程序与仪式。

第三，孔子此次所观的"禘礼"，应是由鲁文公所主祭的五年一次之禘祭。"此禘谓禘于大庙也。禘天于圜丘，禘地于方丘，为郊祭大禘；于明堂之大庙，时禘于昭穆之大祖庙，为庙祭也。天子三年丧毕，行大禘礼，毁庙、未毁庙、郊宗石室皆合食焉。既禘而行大祫，在大祖庙。自此而后入昭穆之次，三年祫，五年禘矣。"（戴望）当祭祀刚举行到"灌"这一环节之时，孔子就"不欲观之"。

（1）所谓"灌"，即是禘礼进行的第一个主要环节，主祭者端上一爵奉献神禘的酒，将祭酒洒于地上以降神。如是戴望所释："灌者以圭瓒酌鬱鬯罐地以降神，谓始献尸求神时也。""灌"即是禘礼中第一次献酒，以表达祭祀者心怀敬畏和祈愿，其后则是献上牺牲。如此，"灌"表示禘祭大礼刚刚开始。

（2）孔子看到第一个环节后，就"不欲观之"。孔子个人主观感受与态度，表明鲁文公之禘祭，其违礼是何等的严重，令孔子不忍观而又不便直言，只是报以内在的抵触与鄙夷，拂袖而去，以表在禘祭上不与违礼之鲁文公沆瀣一气、同流合污。

第四，孔子质疑鲁文公行禘祭的合法性，故"不欲观之"。按周制，禘祭应是隶属于天子之特权，是天子之礼。鲁文公，仅是诸侯之君，诸侯之君则不可行禘祭。如此，以诸侯国君之地位行天子之礼，此乃僭越之为。故而，此等明目张胆公然僭礼的祭祀，孔子"不欲观之"。

然，鲁文公作为诸侯国之君，为何亦可以举行禘祭，这关涉到鲁文公能行禘祭之合法性。对此，戴望释曰："既灌，然后献牲。既献，然后肆鬵。肆献所以求诸阳，灌所以求诸阴。周人贵阴，故先求诸阴也。诸侯有祫无禘，而鲁以周公故得赐禘祭，其后遂僭于群公庙。既灌而往，自迎牲以后，皆用天子之礼乐行之。"也就是说周成王曾因为周公旦对周朝有过莫大的功勋，特许他举行禘礼。以后鲁国之君都沿此惯例，"僭"用这一禘礼。

由此，孔子显然不是对鲁文公行禘祭之合法性的质疑而"不欲观之"。若是孔子对其禘祭资格予以否定，那么，孔子就根本不应该前往观之。孔子"不欲观之"是在认可鲁文公行禘祭之后，前往去观禘祭。只是对禘祭活动本身的"违礼"生了反感，因此，才有"自既灌而往者，吾不欲观之"一说。

第四，孔子"自既灌而往者，吾不欲观之"，为何？

（1）孔安国的批注是说既灌之后，列尊卑，序昭穆。而鲁逆祀，跻僖公，乱昭穆。故不欲观之矣。把僖公神主位升到闵公之上，这叫"逆祀"；把顺序搞逆过来了，这叫"乱昭穆"，这就不合礼了。孔安国讲的是逆祀。僖公的牌位放在闵公牌位之上，这叫逆祀。换言之，正常的禘礼是按照先王次序祭祀的，但是鲁文公时，跻升其父僖公于闵公之前。僖公虽为闵公之庶兄，然而承接的是闵公之君位。如今升于闵公之前，是谓逆祀，属于僭越的一种：为死人僭越。《春秋》讥之。定公八年，曾加改正。然其事出于阳货，在阳货把持下，此后仍是僖跻闵前。

简言之，鲁文公把自己父亲僖公的牌位列于闵公之前了。这与事实上的君位次第不相符合，显然违礼了。孔子发现次第先后排列上的乱礼，大为光火，遂发"不欲观之"之慨叹。

（2）对此，朱熹指出："鲁之君臣，当此之时，诚意未散，犹有可观，自此以后，则浸以懈怠而无足观矣。盖鲁祭非礼，孔子本不欲观，至此而失礼之中又失礼焉，故发此叹也。"按朱子之释，表明鲁国君臣在行禘礼之时，祭祀宗庙、祭祀周公，在行祭礼的时候还有诚意，"诚意未散"，当可"观之"。然自行用酒灌地求神这个礼的时候，这已经懈怠了，诚意已散，"礼"只存形式了。如此，诚意没了，神情懈怠了，禘礼所应有的"礼"已丧，自然就不足观之了。

（3）从鲁文公禘礼之实际情况而言，对于孔子"自既灌而往者，吾不欲观之矣"，孔安国之释强调了鲁文公乱昭穆、逆祀之客观原因，朱熹之注则突出了主观因素，正是因为客观上次第排列上的违礼，再加上祭礼行进中，"自灌"始，已丧失了禘礼应有的虔敬、诚敬之心，庄重之情，只是徒有外在的仪式和过场，有悖于"禘礼"之本质。

第五，孔子"不欲观之"，既表达对违礼的抵制与批判，亦表明遵"礼"必须循一定的规范，即"礼"存于"礼制"之中。离开了一定规范和要求，"礼"无所存焉。同时，遵"礼"之根本，不在外在形式，而在于内心之"诚敬"、之"仁"。如此，鲁文公行禘礼时"违礼"，本质上即是缺乏诚敬，内心无"仁"使然。

第六，在孔子看来，一个人的等级名分，不仅活着的时候不能改变，死后也不能改变。生时是贵者、尊者，死后其亡灵也是贵者、尊者。祭祀就是对死者的尊与敬。如果祭祀中没有发端于心的对死者的真诚之情，那就实质性地破坏和颠覆了祭祀仪式的精神，即是对"礼"的践踏与蔑视，也是对死者的亵渎。鲁文公因私而逆祀，乱祀位，乃是乱礼，是对死者的大不敬。

第七，"礼制"的各种仪式，是"礼"之精神的外显与具体形式化。孔子要求内外统一，也就是说，礼仪形式必须承载和彰显"礼"的精神气韵，如此

生活哲学视野中的"论语"研判

的祭祀对死者、先辈的敬重才是值得肯定和赞许的，否则一切都只是过场和糊弄，只是一种有名无实、有形无神的虚假祭祀。由此表明"礼"，尤其是"禘礼"具有严肃性、崇高性和神圣性。而鲁文公之辈所为，恰是缺失和颠覆了"礼"之精神要旨。

第八，孔子对"禘礼""不欲观之"，表明孔子强调"礼"之"质"为本、"文"为辅的基本原则，反对"文胜于质"之"史"，以表明"礼"之真谛，不在形式，重点在于内心的"诚""敬""仁"。如此，一切礼节仪式，若丧失了内在的敬诚、仁义忠信之心，无疑都是形式主义的。

第九，今世生活缺乏仪式感之后，人们常在呼唤仪式感。各种仪式，包括各种场景中的"宣誓"，如若缺乏内心的诚敬之情，任何仪式都将流于形式。旁观者亦会发出"禘自既灌而往者，吾不欲观之矣"相同的悲叹与抗议。

总之，鲁文公于"禘礼"中因私逆祭和缺乏诚敬之心等违礼之举，孔子以"不欲观之"表明态度，以无声的抗议和批判表达一种立场，以彰维护"礼"之神圣不可亵渎的决心；传递一种观念："礼"须"质""文"统一，切不可"文胜于质"，甚至成无"质"而"文"。孔子以"不欲观之"，反衬出"欲观之"的"礼"所应具有的品质和特征。

11. 治国知礼，如是其掌

八佾 3.11

【原文】或问禘之说。

子曰："不知也。知其说者之于天下也，其如示诸斯乎！"指其掌。

【译文】有人问孔子关于举行禘祭的规定。

孔子说："我不知道。知道这种规定的人，对治理天下的事，就会像把这东西摆在这里一样（容易）吧！"（一面说一面）指着他的手掌。

前有禘礼中上下失礼至极，孔子"不欲观之"，亦令明礼之君子都不忍直视；今又有人问孔子"禘礼"，孔子言"不知"，乃羞言身为鲁人而知礼也。然孔子却继续说，真知"礼"而治国、平天下，如是掌中之物，以此影射鲁之治国者，君臣皆不懂礼、不遵礼，不懂治国之道，如此必招乱。

孔子之言，一方面批判鲁国君子治国为政不知礼、不守礼；另一方面进一步强调"礼治"天下的价值。一言以蔽之，能通晓禘礼，于天下之事，必定是了如指掌，凸显了"礼"于治国之功能。

具体而言

第一，借有人请教"禘祭"之机，孔子简明而隐晦地表达了禘祭与治天下之间的相通性关系，指出若真正明了和尊奉了禘祭之礼，那么，治理国家和天下之"理"，如是"物"于"掌中"一般，清晰明了。孔子借此一方面批判鲁国的为政者，不明"禘礼"之真谛，不谙"禘礼"之内蕴，乱礼而乱政，乱礼而恶政，因此治理鲁国也是一笔糊涂账；另一方面则表明治国者，需懂礼、遵礼、践礼，"礼治"才得以落实，这样，看似复杂的治国理政，其主脉也就简明清朗，治国也就容易了。

第二，"或问禘之说"，即有人向孔子请教"禘礼"。这说明"禘礼"于世人已是非常陌生，不知其要义和规范，亦不知其"礼"之根本和"仪"之具体要求。这一问已表明周后之鲁人，对周礼早已是漠然不知，堪比夏礼于"杞人"、殷礼于"宋人"一般。

"祭祀"之"礼"，《中庸·第十九章》有简要的陈述："春秋，修其祖庙，陈其宗器，设其裳衣，荐其时食。宗庙之礼，所以序昭穆也。序爵，所以辨贵贱也。序事，所以辨贤也。旅酬下为上，所以逮贱也。燕毛，所以序齿也。践其位，行其礼，奏其乐，敬其所尊，爱其所亲，事死如事生，事亡如事存，孝之至也。"其意是表每年的春秋修理他们的祖庙，陈列宗庙祭器，摆设上他们的裳衣，荐献时新的食物。宗庙的礼仪，是用以序列昭穆次序的。按爵位排序，用以辨别贵贱；按事功排序，用以辨别贤不肖；旅酬礼开始前卑下者先饮酒，用以表明恩惠施及下人；让年长者坐上位，用以排列长幼次序。站到自己的位置上，进行应有礼节，奏起那音乐，恭敬那所尊重的，敬爱那所亲爱的，侍奉死者如同侍奉生者一样，侍奉亡者如同侍奉生者一样，这是最高的孝了。

对于如此繁复之禘祭前期准备，以及禘礼过程中相关的礼仪程序与配乐等，早已让一般人"蒙圈"，不解其义，不明其理。如是陈祥道所言："禘之为祭，其文烦而难行，其义多而难知。"

第三，孔子深谙周礼，对禘礼亦烂熟于心，为何针对询问者，要说"不知也"？其因主要有：

其一，对不知"礼"之询问者，孔子回曰"不知"，并非是孔子真"不知"，而是孔子被鲁文公行"禘礼"时严重违礼气得"不欲观之"后的一句暂时的推辞。

其二，在更深层次上，作为周之后的鲁国，素来以知礼乐而著称。然时至今日，君臣上下竟严重失礼到孔子"不欲观之"之程度。如今再问何谓"禘礼"，身为鲁人，孔子深感羞言知礼，故而言"不知"。如戴望所说：孔子之所以说"不知"，乃是因为"伤鲁违成王、周公之典礼。"

其三，客观上说，禘礼，如前述非常繁复，亦非一言可蔽之，需要系统学习方可从外在的仪式深透到"礼"之根本，对"礼"予以深刻的把握。故而，针对询问者想要简明了解"禘礼"，与其赘述，还不如简单拒之言"不知"。若问者欲真知"禘礼"，自然非一问一答可完成。如是陈祥道释曰："禘之为祭，其文烦而难行，其义多而难知、难行也。故自灌而往者，多失于不敬，难知也。故知其说者之于天下如指掌。此孔子所以于禘，既灌不欲观之；于禘之说，则曰：不知也。夫郊社之礼，禘尝之义，其粗虽寓于形名度数；其精则在于性命道德。明其义者，君也；能其事者，臣也。不明其义，君人不全；不能其事，为臣不全。然则鲁之君臣其不能全也，可知矣。"

第四，孔子先言"不知"，随后却言"知其说者之于天下也，其如示诸斯乎！"并伴随示以"指其掌"之行为，为何？

（1）先言"不知"，尔后又以言与行简明地表达了知"禘礼"与"治天下"

的关系。前后的言与行，一方面，非常生动地表征了孔子面对鲁国"礼"之严重丧失，急切想让世人知礼，进而渴望恢复"礼制"而礼治天下的强烈诉求；另一方面，呈现孔子对"禘礼"、周礼之精要和治世价值熟稔于心，如此，言语伴随行为，向问寻者予以解答"禘礼"之精妙所在。

（2）"'知其说者之于天下也，其如示诸斯乎'，指其掌"。孔子以话语表达，以行为确证其言，言行配合而阐明知"禘礼"与治理天下的内在相通性与一致性。

孔子为何如此判断？

蕅益引程季清曰："王者于天下大定之后，方行禘礼。尔时九州之方物，毕贡于前；历代之灵爽，尽格于庙。可谓竖穷横徧，互幽彻明，浃上洽下，无一事一物，不罗列于现前一刹那际矣。示天下如指其掌，不亦宜乎？"方外史曰："既云不知，又指其掌，所谓此地无银三十两也。"江谦补注："庄子云：'天地与我并生，而万物与我为一。'此本性一体之说也。知神人之一体，为万物而报恩，其知禘与一切祭之说矣。若杀生以祭神，行私而求福，则获罪于天，无所祷也。昔人有埋金而榜之者曰'此地无银三十两'，蕅师盖借以喻孔子不言之言也。"

在《中庸·第十九章》予以了补注：禘礼中的"郊社之礼，所以事上帝也。宗庙之礼，所以祀乎其先也。"如此，"明乎郊社之礼，禘尝之义，治国其如示诸掌乎。"这就清晰地表达了如果能够明了"郊社、禘尝"之礼的主轴、架构、目的、次序，及其影响性对人类有多深远，那就会真正明白治国不在繁，只在于那个骨干架构能不能建立。如此表达了"礼"、礼教是对民施予潜移默化影响与引导之最好的利器。这与孔子所主张的"道之以德，齐之以礼，有耻且格"之"礼治"理想具有内在契合性。

（3）简言之，"禘祭"，本质上是以"追远"而行"孝"。"禘祭"乃"孝之至"。如此，遵而践行"禘礼"，"民德归厚矣"，天下之"治"，亦在行"禘礼"之中。

第五，"禘祭"是一国之最为重要的祭祀，"禘礼"自然是一国最高、最隆重之礼。鲁国之君，若真懂、真遵"禘礼"，那么，就掌握了治理鲁国的法宝。然而，当世之鲁文公却不仅不懂禘礼之真谛，更不明白禘礼于治国的独特功能，故公然因私而僭礼、违礼，令孔子"不欲观之"。如此，面问询者，先言"不知"，尔后又配与行为径直道明"禘礼"与治理天下的一致性关系，可见孔子爱鲁之深、敬"礼"之重，如此虔敬之心，昭然于"不知"之后的言行之中。此乃忧道、谋道、弘道的孔子内在使命不灭所召唤出来的自觉责任感。

第六，"礼治"本质上即是"仁治"。钱穆释之，仁治，即本乎人心以为治。礼本乎人心，此乃周公制礼以治天下之深旨。深得周礼之真义的孔子，借答问询者之机，再次道出了周礼的奥妙所在。

第七，孔子先以"不知"而"拒"，而后又以言行解"礼"，牢牢抓住问询者之欲知。这是孔子言说之艺术。但更为重要的是孔子从"礼"之功用层面，反溯与证成知"禘礼"明"礼"，以及尊奉"礼"的价值，表孔子对无礼之鲁国君臣予以批判，以及在批判之基础上予以开示。如此，孔子将"有教无类""诲人不倦"之社会责任具体落实于鲜活的现实生活之中，突出孔子穷其一生不倦光复周礼，推进礼治，弘仁道的生命价值诉求。

总之，孔子心怀礼治天下、弘扬仁道之志，不因违礼之祭"不欲观之"而放弃对世人的教化，精辟地从"礼"之治世功用，反溯而强调知礼、遵礼和践礼的必要性和重要性，从而为包括鲁国为政者在内的一切当政者，开出一条治国救世之正途。

孔子教导我们在治理国家、重塑国家的精神纲领和道德谱系时，必须要知其"大"、得其"道"、抓其"本"、重其"效"，如此，才能实现疏导、驾驭和重建国家之功。

12. 孔子论祭，贵祭如在

八佾 3.12

【原文】祭如在，祭神如神在。

子曰："吾不与祭，如不祭。"

【译文】祭祀祖先就像祖先真在面前，祭神就像神真在（面前）一样。

孔子说："我如果不亲自参加祭祀，那如同没有举行祭祀一样。"

面对当世祭祀已被严重形式化、虚假化之时弊，孔子以身示范以虔敬之心于祭祀，表达孔子的祭祀观：祭祀须内持虔敬、诚挚之心，如是祖先与神在场，以纠当世祭祀之偏失，正祭祀之礼法，以示遵"礼"、尚"礼"而彰"礼"。在此基础上，孔子以"吾不与祭，如不祭"，进一步强调了对祭祀的态度，表祭祀须亲祭，绝不可"摄祭"。

孔子通过阐明其"祭祀观"和祭祀之态度，鲜明地表达了祭祀须怀敬诚之仁心，真心投入，亲为祭祀，切不可懈怠而亵渎神灵，表"祭如不祭，谓无诚心之人，故孔子不许之。"（蕅益）

具体而言

第一，先祖早已逝，神灵不可触，如此，在日常生活中，祖先与神亦常"隐"。然在祭祀中，祖先、诸神皆从"隐"而"显"，如是亲临而在场，于是祭祀者与被祭祀的祖先、神灵之间，于祭祀活动中，可以直接照面、对话与沟通。祭祀者在心念上视祖先与神灵如是亲临现场，表呈祭祀者与祖先、神灵对话、沟通之体验、感受的真实性，以及基于真实性的神圣性。如此，举行祭祀之礼仪，应是审慎、庄重而肃穆，祭祀者须心存虔敬而真诚之情感。正是在这一意义上，孔子强调"祭如在，祭神如神在"。

孔子以"如在"，将被祭祀之祖先、"神"从"隐"而呈"显"，从消逝之历史深处推到祭祀者面前。如此，亲祭也就成了一种必然的要求，彰显出祭祀本质上是祭祀者与先人、神灵之间，于时空断裂、阻隔之后，予以再连接和承续的一种独特方式，真正体现祭祀乃祭祀者超越时空，追生命历史之源流，彰生命承载之深厚，从而更真切地倾听先祖的教诲与神灵的启示，更完整地秉承与践履先祖和神灵的意志、要求，使当世的一切，于民更为安顺而发达，于君主治国更昌盛勃发。这便使祭祀与生命、生活具有内在的相切性，而非外在附加之累赘。于此，祭祀于生命，具有本体之意蕴，于国家具有了文化象征与生活福祉之本位价值。正因为如此，在先秦人的观念中将祭祀与保家卫国等量齐观，"国之大事，在祀与戎"（《左传·成公十三年》）。也正因为如此，祭祀之礼，才备受关注而成为诸礼之首；同样也正因为如此，孔子才对祭祀之礼高度重视，对违背祭祀之礼的行为予以严重的谴责与批判。

第二，"祭如在，祭神如神在。"这是孔子以行而具体彰显其"祭祀观"。

（1）祭祀，即是祭祀者以规范的仪式对祖先和神灵进行追念与祈愿的活动。解构此活动，则能发现祭祀活动，即是以祭祀者为主体，以被祭祀者为"客体"，以仪式为形式和载体，以"礼"为规范与程序，以"仁"为内蕴，由祭祀者发起、执行的表达其内在意愿、有求于被祭祀者的独特方式。在活动中，祭祀主体表达其内在意愿和诉求，并非是"独白"，而是指向祭祀对象。这样，祭祀对象，即祖先和神灵在祭祀活动自然就必须到位而不能缺场，否则，祭祀活动就是一场祭祀者的"独幕剧"，这便有了孔子所言"祭如在，祭神如神在。"。

（2）"祭如在，祭神如神在"，因此，孔子对祭祀活动主体之心理、情感和态度上所作出的要求，以保障在祭祀活动中祭祀客体在场，从而保障祭祀具有真诚、虔敬之饱满内蕴；而且突出了祭祀活动的奥妙与真谛所在，这正是类似宗教活动的祭祀所具有的神秘性和神圣性。而恰因其神圣性中所内涵的崇高性，才使得祭祀活动具有庄严感而不可亵渎。

（3）"祭如在，祭神如神在"，表达了无论是祭祀家族之祖先，还是祭祀"神灵"，都遵循无差别的原则："如在"！"如在，谓容貌颜色如见所祭者然。"（戴望）

在此需更细化地了解祭"家鬼"与"祭神"的差异。

其一，祭祀家族之先人，即是指祭家族之"鬼"。在对家鬼进行祭祀时，孔子曾从原则反对"非其鬼而祭之"的"媚"；而在此，与祭"神"相对应的则是祭祀家鬼（逝去的先人），需进一步明晰。

家族先人是对在时间上早于祭祀者的一切已逝者的总称。对"先人"再予以区分，在《孔子家语·庙制第三十四》中孔子有说"古者祖有功而宗有德"：即对有功的先人称为"祖"，对有德的先人称为"宗"，无功无德的家鬼，只能叫"先人"，则不能称之为"祖宗"。如此，"先人"，是血缘性的事实陈述，而"祖宗"则侧重于道德价值判断。

其二，祭家"鬼"，突出血源性、家族性而具有私人性，而祭"神"则侧重于超血源性、超家族性而更具有"公共性"；如此，言"鬼"即指自己祖宗的灵魂，祭"鬼"，须爱而孝；言"神"，则凸显的是普泛化的灵魂，亦指"天地之神"，因此，祭"神"，乃敬而忠。

（4）无论是祭家族之"鬼"，抑或"祭神"，都必须视鬼、神如在一般，如是于"鬼"真实地爱而孝，于"神"真实地敬而忠；切不可装模作样地祭，一句话，"鬼""神"皆不可虚假地糊弄。如若视为鬼神"不在"，还不如不祭。如此，孔子以"如在"，对祭祀中普遍发生和存在的形式主义、虚情假意予以批判。

（5）"祭如在，祭神如神在"，正是孔子祭祀之仁心、之礼行的具体写照，观者真实地记录下来，以表明孔子躬行而践履其所主张和倡导的"祭祀观"，以表孔子示范"礼"于行而教化世人。

在孔子眼里，祭祀活动是通过缅怀已逝祖先、敬畏神灵，一方面是自己与鬼神的对话，唤回自身的生命历史起源意识，确证自我的价值存在，如此，敬鬼神，即是敬己，重鬼神，即是自重；另一方面，则是在祭祀中，将规范和礼仪传递给世人，从而对世人的道德起到训导作用，这样，在祭祀中，虽然祖先、神灵等事实上不在，但却如祖先、神灵亲临现场（"如在"），有切己身心之感。在此，孔子将祭祀中独特的"体验"给表达出来。如此，自己虔诚地全身心投入祭祀，是一种自我与鬼神同时在场的祭祀，是一种诚心诚意的祭祀，这就要求在祭祀中须认真、严肃而心诚；这样，孔子对那种形式性的祭祀、身在心不在的祭祀、假情假意的祭祀，予以批判。从这一意义来看，孔子所言的祭祀活动主要是道德的而非宗教的。

第三，子曰"吾不与祭，如不祭。"

孔子认为"祭如在，祭神如神在"，因此"吾不与祭，如不祭"，二者之间具有内在的一致性关系。"吾不与祭，如不祭"，表明孔子反对"代祭"，强调祭祀必须亲力亲为、躬身而行，绝不可由他人替代。因为在他看来，代祭，本质上则是置换了祭祀主体，事实上就等于自己没祭，这就是典型的"摄祭"。"摄祭"，一方面不仅自己（的身心）都是缺位和缺席的，缺席与缺位，推卸祭祀之本责，实质上是祭祀者缺乏诚心；缺乏诚心，于祭祀者丧失了得感之机会而不得感；另一方面"摄祭"则是敷衍、欺骗被祭祀者，把祭祀彻底外在化、形式化、虚假化，这是对被祭祀者的亵渎。

孔子强调"吾不与祭，如不祭"，从反面突出了祭祀主体的专属性和不可替代性。"摄祭"则是典型的违礼之妄为。孔子从"祭如在，祭神如神在"，强调祭祀须内具诚敬之心，"吾不与祭，如不祭"则突出从行动践履诚敬，从而实现祭祀中心与行、形式和内容的统一，真正体现祭祀的意义。

第四，"祭如在，祭神如神在"，突出祭之心念、情感，尤其是笃信的重要性；而"吾不与祭，如不祭"则更侧重强调不可推卸、不可让渡的责任，二者之共同点则在于表明心怀敬诚、凝神聚气地专注与投入。这是孔子在"不欲观之"的"禘礼"之后，从身心两个维度强调祭祀中"人在"，对那种身在，心不在焉之不合礼的祭祀状态予以批判。

第五，祭祀，依"礼"而行，方是真祭祀。"祭如在"，则"礼如在"，进而"礼谁如谁在"，礼之"体"方在。礼之"体"在，礼之"用"才有意义。倘若缺少礼之"体"，礼之"用"便是假用、盗用，其"祭"、其"礼"也就失去其应有的意义。

第六，在孔子的治世架构中，"礼治"之根本就在于遵循"礼制"，遵循礼制则是弘仁道之制度依托。祭祀，从根本上而言，则是"仁"外化为礼而进一步仪式化。祭祀之形式传载、体现着祭祀之精神，否则，一切祭祀的必要性都将遭至质疑。

同时，也正因为祭祀在国家治理中的重要地位，故而，孔子对祭祀之礼的规定和要求尤为严格与规范，对当世进行的祭祀亦尤其关切。

换言之，孔子为何对祭祀如此高度重视呢？因为祭祀乃"礼"之不可或缺的内容和环节，孔子重礼，故而必然重祭。祭祀是当世国之大事，同时亦是家之大事、人生之大事。孔子当时任鲁国司寇，必参加朝廷一系列祭祀典礼，以此维系"礼制"和彰显"礼"的重要性。

第七，孔子以祭作为当世违礼之典型，以重塑"礼"之权威为目标。在"禘"祭三章中，孔子集中于礼之"体"的辨析上，以确立礼的根本要素，特别是礼的对象。因为确立礼的对象，即受礼者、被祭祀者，是"礼"能正常进行的第一步，亦是能保障实现"礼"之最终意义的前提。

第八，从孔子对当世的祭祀之礼，尤其是禘礼所存在的问题之揭示和批判，折射出孔子于祭祀、祭礼的立场、态度。这一立场和态度之根本不在于强调"礼"之外在形式的完美、奢华，而在于突出行祭礼之人内在情感的敬诚、忠信与仁爱。这一立场、态度，于今之为政者、民众，放弃形式主义之虚假，诚心敬业、忠于职守、身心协同地生活与工作，依然具有重要的启示意义。

总之，陈祥道释曰："祭神，如神在；事亡，如事存也。吾不与，祭如不祭。此所以禘自既灌不欲观之也。孔子于祭，则受福祭如在，祭神如神故也。"于此，孔子以祭为表，通过对祭祀的高度重视，强调祭祀中道德情感，以及对

"鬼神"的诚敬态度，深度追问"礼"之"体"。孔子不仅主张诚敬祭祀观，而且躬行践履之，对当世普遍存在的将"礼"形式化、空壳化，坏礼而渎神的错误予以批判，以图从绝礼之"用"的弊端处着手，张扬"礼"之治世功能，再造世人之仁心。

13. 孔子尚礼，遵礼拒媚

八佾3.13

【原文】王孙贾问曰："与其媚于奥，宁媚于灶，何谓也？"

子曰："不然。获罪于天，无所祷也。"

【译文】王孙贾问道："（人家都说）与其迎奉奥神，不如亲顺灶神。这话是什么意思？"

孔子说："不是这样的。如果获罪于天，那就无处可以祷告了。"

王孙贾：

（1）一位姓贾的王孙，据传本是周朝王室的贵族，因得罪了周王，只能仕于卫国，出任卫国卫灵公时的大夫，实为一权臣。

（2）对王孙贾的记载，主要有：

《战国策·齐策》中有言：

【王孙贾年十五，事闵王。王出走，失王之处。其母曰："女朝出而晚来，则吾倚门而望；女暮而不还，则吾倚闾而望。女今事王，王出走，女不知其处，女尚何归？"王孙贾乃入市中，曰："淖齿乱齐国，杀闵王，欲与我诛者，袒右！"市人从者四百人，与之诛淖齿，刺而杀之。】

《春秋左氏传·定公八年》记载：

【"卫侯欲叛晋，而患诸大夫。王孙贾使次于郊，大夫问故。公以晋诟语之，且曰："寡人辱社稷，其改卜嗣，寡人从焉。"大夫曰："是卫之祸，岂君之过也？"公曰："又有患焉，谓寡人必以而子与大夫之子为质。"大夫曰："苟有益也，公子则往。群臣之子，敢不皆负羁绁以从？"将行，王孙贾曰："苟卫国有难，工商未尝不为患，使皆行而后可。"公以告大夫，乃皆将行之。行有日，公朝国人，使贾问焉，曰："若卫叛晋，晋五伐我，病何如矣？"皆曰："五伐我，犹可以能战。"贾曰："然则如叛之，病而后质焉。何迟之有？"乃叛晋。晋人请改盟，弗许。"】其意是指：［卫灵公想要背叛晋国，但又担忧大夫们反对。王孙贾让卫灵公驻扎在郊外，大夫们询问缘故，卫灵公把受辱之事告知大夫们，且说："我使社稷蒙受耻辱，还是改卜其他人作为先君的继承人，我愿意服从。"大夫们说："这是卫国的祸患，岂是君主的过错?"卫灵公说："还有使人担忧的事，他们告诉我必须以儿子和大夫的儿子作为人质。"大夫们说："如果有益处，公子就前往。群臣的儿子，谁敢不背着行囊跟从？"将要行动，王孙贾说："如果卫国有难，工匠商人未尝不是祸患，让他们全部都走后才可以行动。"卫灵公告诉了大夫们，于是就要他们走。行期已定，卫灵公让国人朝见，派王孙贾询问说："如果卫国背叛晋国，晋国人五次征伐我们，你们担忧到什么程度？"人们都说："五次征伐我们，我们还可以战斗。"王孙贾说："然而如果背叛，担忧而后再送人质，有什么晚呢？"于是背叛晋国。晋国人请求修改盟约，卫国不允许。]

　　精于官场权谋之术的王孙贾大夫，首先误判孔子乃一前来卫国求取官禄之"小人"，于是，自喻"灶神"，自诩可直接面呈美言举荐于"奥神"卫灵公，能让孔子得到重用，故而以隐晦之语，暗示孔子求媚、亲顺和倚重于他。

　　孔子携弟子一行周游列国，乃弘周公之道而救世，非因私以谋食而求禄，其心绝"媚"，尽在"礼"上。于此，孔子巧妙地规避王孙贾利诱之陷阱，温和而遵礼地破解王孙贾之狡黠、卑污，婉拒王孙贾之劝导，彰显孔子维礼之正义，敞开弘道之至诚，呈露出圣贤心怀正气、心存诚敬、刚正温润、自觉尚礼之清朗风骨。

　　孔子以"神事"来喻"人事"，以"事神"而言"事人"。而王孙贾所言媚神，实为媚人、媚权贵。孔子，不愿借权谋小人之机巧而行礼之正途，表明圣贤坦荡荡，取法天道，行在道上，不违礼、不与斯滥之小人团团伙伙、沆瀣一气。王孙贾试图让孔子求拜而假圣贤之声誉来提高自己的名望，表明卫国官场蝇营狗苟之盛行，由此也折射出中国古代官场独特的帮派文化与求人、媚人之风。

　　王孙贾与孔子的对话，充分暴露家族政治中官场猾行趋炎附势的功利交往、虚伪的人格，以及权力私人性之恶，进而表呈孔子弘仁道、彰敬诚、扬礼法之道义为政观。

具体而言

　　第一，一个姓贾的王孙，王孙贾，卫灵公身边的权臣，一位混迹官场、擅趋炎附势的实利主义者，一位长于权术之小人，将孔子携弟子一行人周游列国至卫国误判为仅是求官为禄，于是欲令孔子媚于他而彰其之声望，满足一己之私欲。如此，他以俗语暗示、挑衅孔子，表孔子如若欲得卫灵公之重用，须应求媚、亲顺和倚重于他更为有效。如是戴望所释："古者诸侯之士不贡于王，不见徵于天子，则不可仕于王室。天子之大夫可以适诸侯，不可以仕于诸侯之国。贾自周出仕卫，故诡辞以自解于孔子，明奥尊而无事，灶卑而自求也。"

然行周公之道于天下的孔子，心持礼仁而不媚，否定了王孙贾行"媚"为表、违礼为实的为官价值观，形成与王孙贾泾渭分明的为官价值观和为官实践路线，突出以心存诚敬、行"礼"为官的原则，批判以王孙贾为代表的行"媚"之法而入官的"小人政治"，确立顺应天理、遵循周礼、施行仁政的王道正途。

第二，在王孙贾的心中，孔子欲赢得卫灵公之重用，有两条路可走：第一条即是"媚于奥"，第二条则是"媚于灶"，于是，王孙贾借俗语旁敲侧击，暗示孔子在"与其"和"宁"之间，应选择后一条更为快捷和有效之路，于是给孔子提供一条媚策：以媚王孙贾等权臣为要。

但无论是"媚于奥"抑或"媚于灶"，都遵循为官必以"媚"为主导的原则，这是当世官场普遍盛行的风气。这与孔子所遵循的"言寡尤，行寡悔，禄在其中矣"的入官原则断然相悖。

第三，王孙贾问曰："与其媚于奥，宁媚于灶，何谓也？"

（1）按照孔安国之解："王孙贾，卫大夫也。欲使孔子求昵之，微以世俗之言感动之也。"当孔子到卫国，王孙贾希望孔子能够跟他亲近而倚重于他。因为孔子是一代圣人，当时众人也是非常的崇敬。假如孔子能够亲近王孙贾，这也是帮助王孙贾提高他的声誉。所以他想使孔子"求昵之"，亲近他，求媚于他。这是假借圣人的声誉来提高自己的声誉。所以他讲"与其媚于奥，宁媚于灶"之话。

（2）王孙贾以"奥神"，表诸侯国之君侯，喻为卫灵公；以"灶神"比喻自己及卫灵公身边的权臣和能亲近君侯之人，如卫灵公之爱妃南子等，这些人都是能在"奥神"即君侯面前美言或谗言，直接影响君侯之决定的权重位高之人。

（3）久浸官场、深谙官场机巧与潜规则的王孙贾，以"与其……宁"形象地表达了入官、为官之人所应遵循的行为取向。这亦是当世官场不言自明的通则。

（4）王孙贾以官场之通则，劝导孔子须如是这般，方可得到卫灵公的重用。王孙贾对孔子的暗示、劝导，一方面企图让孔子"适应"、接纳和遵循当世流行的官场交往法则；另一方面显示自己在卫国举足轻重的地位，让孔子倚重于他。

（5）卫国，乃至别的诸侯国的为政官场，同样盛行"媚"，这本质是无道的"小人政治"。王孙贾对孔子提出"与其……宁"，构成了对孔子所倡导、所遵循的王道"君子政治"的直接挑衅。

王孙贾之所为，是卫国乃至各诸侯国权臣之缩影，构成君侯权力体系极为复杂的权力与人际关系的世俗逻辑。这一世俗逻辑之关键就在一个"媚"字。如此，为政已是毫无"礼"可言。无"礼"之政，凸显逐利之本性，大行趋炎附势之能。于是与君侯交好，求媚于上位，讨好同僚，就成为其行动之必须。这便有了王孙贾之心思和言行。

第三，子曰："不然。获罪于天，无所祷也。"

（1）面对王孙贾之"友善"的劝导，孔子对其所阐述的"理"予以否定："不然。"进而进一步表达了对"媚"的超越："获罪于天，无所祷也"，体现出孔子更深层次的指向：王孙贾所言的这些道理和官场的规则，孔子都明白，但是孔子不会去做奉承巴结权臣之事，不违礼而行"媚"。因为在孔子看来，人更重要的是人格的正直，自己做事只求顺应天理即可。

（2）对于孔子之言，北宋陈祥道说道："无咎则不媚奥，而媚灶者，非孔子之与为也。其见所不见，敬所不敬，姑以远害而已。"按朱熹之释：孔子所言的"天，即理也；其尊无对，非奥灶之可比也。逆理，则获罪于天矣，岂媚于奥灶所能祷而免乎？言但当顺理，非特不当媚灶，亦不可媚于奥也"。戴望认为，孔子所是"获罪于天"的"天""以喻王"，并引董仲舒之解"天者百神之大君也，事天不备，虽百神犹无益也。"表明孔子对"媚"的拒斥。

（3）在孔子看来，王孙贾所言的"媚"，无论是媚的对象是"奥"或"灶"，只要是"媚"，从本质上这就是获罪于天了。因为有了"媚"之心，才有求媚之行。"媚"始于人之私心；又因私心，其心必诡异而虚伪，于是心不真诚；而"不诚"则不可能"敬"，这即是违礼的。违礼本身即是获罪于天。获罪于天，则是自作孽，则无所保、无所活。

（4）孔子强调，做人要遵循天道、顺应天理，既不献媚于灶神，也不献媚于奥神。孔子之不媚，不"获罪于天"，体现了君子当自重、自助，继而天助之的深刻道义。孔子于王孙贾之"劝言"心知肚明，然不屑为之。

（5）孔子用"获罪"，而不是"得""罪于天"，以表"天道""天理"绝不可违。

其一，"获罪"与"得罪"于天，有何差别？陈祥道引《春秋传》之言："获器用曰得；得人曰获。得者获之易，获者得之难"，对"获罪"与"得罪"予以了区分："获罪"，侧重于所为者之主观意图违背天理所致，乃咎由自取；"得罪"，则是因行为不当而有悖于天理。由此，"获罪"突出其主观的动机，是有意的；"得罪"侧重于客观的行为与效果，或许是无意的。

其二，孔子之所以用"获罪"，而不是"得罪"于天，其目的就在于强调对"天道""天理"须持敬诚之心，绝不可因私心而置天理于不顾，进而违背天理而有罪于天，这样，就从人之心性上根绝违礼之发生。孔子以"获罪于天"，直指"媚"之本质即是亵渎奥、灶之"神"，事实上即是"罪于天"。如是卓吾云："媚，便获罪于天矣。"

其三，孔子所言"获罪于天"，表明孔子所提倡的礼治，乃取法天道。遵礼而政，本质上即是敬天道而为政，这样，表明为政之根本须符合而不悖于天道。如此，才能达到"所谓天下之至仁者，能合天下之至亲者也；所谓天下之至知者，能用天下之至和者也；所谓天下之至明者，能举天下之至贤者也。……是故仁者莫大乎爱人，智者莫大乎知贤，贤政者莫大乎官能"（《孔子家语·王言》）。王孙贾所言以"媚"而求得重用、获取官阶，使其人道、政道与天道相悖。如此，必获罪于天。

（6）在孔子看来，"人道，政为大"，而"古之为政，爱人为大，所以治爱人，礼为大，所以治礼，敬为大"。如此，"为政先礼。礼其政之欤与！"（《孔子家语·大婚》）在此，孔子充分表达了"政"与"礼"内在的一致性关系，突出为政必遵"礼"。

孔子否定和拒绝王孙贾所提出的"媚策"，在于"媚"无敬无诚，从而与为政以礼为本的原则相抵，冰炭不相容。由此可见，王孙贾陷于"媚"之政，与孔子所持守的"礼"之政，乃云泥之别。

第五，孔子之所以反对王孙贾之"媚"，乃因"媚"不符合君子之行。在《孔子家语·儒行》中，在回答鲁哀公"儒行"之问时，孔子从十六个方面对儒行予以了描述。其中谈到"儒有不宝金玉，而忠信以为宝""非义不合""见利不亏其义""不习其谋""儒有忠信以为甲胄，礼义以为干橹，戴仁而行，抱义而处""上答之，不敢以疑；上不答之，不敢以诌""上所不受，下所不推，谗诌之民有比党而危之者，身可危也，而志不可夺也""苟利国家，不求富贵"等，尤其是对"上儒"之行的特点之描述："不陨获于贫贱，不充诎于富贵，不愿（hùn）君王，不累长上，不闵有司"，突出了君子儒不因贫贱而灰心丧气，不因富贵而欢喜失度，不因君王的侮辱、上司的负累、官吏的干扰而违背志向。在此，孔子法天道而行人道，把《易经》乾卦关于"天行健"、君子"自强不息"的思想予以发扬。

孔子对君子儒之行的描述中，突出"非义不合""不习其谋""上答之，不敢以诌"以及"志不可夺"等品质，与行"媚"之为，实为道之不同。

第六，以"神事"来喻"人事"，以"事神"而言"事人"。王孙贾所言媚神，实为媚人、媚权贵。王孙贾所言"奥"，置于屋子的西南角，居一家主神之位，而"灶"即灶神，主管一家的饮食。当时的俗语说：奥神虽然尊贵，但是高高在上，灶神虽然不如奥神地位高，但主管饮食事物，与人的关系更密切，所以从实用、实惠的角度讲，献媚于奥神还不如献媚于全面世俗化了的灶神来得更实惠和有效些。当时的世俗见解皆然，如此具有普遍性和广泛性，也颇具浅陋性与粗鄙性的观念，投射在政治中，自然也就将官场人际关系全面世俗化。

但是，在孔子看来，尊卑本有序，人神皆亦然。王孙贾所谓"与其媚于奥，宁媚于灶"含摄的官场人际交往，属于典型的功利型人际关系，只是孔子作为序尊卑、明贵贱之礼的虔诚守卫者，以道义人际关系对功利性人际关系持批评态度。

第七，事实上，孔子周游列国十四年，仅在卫国、陈国、楚国做过事，单在卫国就待了八年。这八年间，卫灵公对他客气、敬重有加，卫灵公的宠姬南子也想利用孔子，欲借孔子之名以壮己之声势，就召见孔子。王孙贾误会孔子来卫见南子以求官，就以奥比喻南子，以灶比喻自己；以此告诉孔子：你求南子，不如求我王孙贾。孔子巧妙地回避了王孙贾认为他会南子是想借南子在卫国谋职，进而阐释自己的不媚而"敬"天的主张，指出大下的至尊只有上天而已，有人做善事就赐福于他，有人做不善事就降祸于他，感应丝毫不差。顺应天理做事，自然会获得福报，如果仅以一己之私心行事，悖逆了天理，就获罪了上天。天降灾祸，谁能躲避呢？这不是向奥神和灶神祈祷所能避免的。

然而，当"小人政治"大行其道之时，遵礼之"君子政治"，前路必然充满荆棘。"小人"得志之政治，君子被边缘化或被驱逐，是其必然之结局。如此，卫灵公虽然表面上对孔子很敬重，也偶生重用孔子之念，但因身边大臣之"劝言"，由于孔子门下弟子众多，倘有不臣之心，足以动摇灵公的统治。如此，卫灵公思之再三，终不敢用孔子。孔子不"媚"之结局，反证了"小人政治"中逆淘汰的威力与逻辑。

第八，在家族政治的官场中，"阎王好见，小鬼难缠"亦为常态。如此，充斥着"小人"和实用原则的传统家族政治，未能给"礼"留下残存的空间，相应地，这样的政治潜规则所衍生出来的政治生态，即为政客、政治掮客装神弄鬼、故弄玄虚提供了机遇和舞台，而这本质上即是权力之"恶"的张扬与循环，此乃权力家族化、私人化之必然。

孔子很机智地化解了一次尴尬的遭遇，无论从说话艺术还是从温和谦逊的态度，抑或以退为进的言理方式上，都得到充分的体现。然在这场"对话"中，这些都属于不应过多关注的枝节性的东西。

总之，孔子游居于卫国一直未受到卫灵公之重用，权臣王孙贾遂诱导孔子求媚于他，由他美言于卫灵公即可成孔子求官之事。但孔子因"媚"违礼而拒之，且反讥王孙贾以"媚"而"获罪于天"，体现孔子遵礼而弘周公之道的思想和实践路向，表呈其法于天道，追求实现人道与天道相统一的为政主张。

14. 周监夏商，孔子从周

八佾 3.14

【原文】子曰："周监于二代，郁郁乎文哉，吾从周。"

【译文】孔子说："周朝的礼仪制度兼借于夏、商二代，是多么丰富多彩啊。我遵从周朝的礼制。"

———————————

孔子在精研夏商周三朝礼制关系史的基础上，提出周礼乃"监于二代"而成，进而以"郁郁乎文哉"赞誉周礼承前代礼制而损益，至臻完备，文物亦日富之"礼乐"。既如此，孔子自抉"从周"，主张遵从周礼而治天下。

蕅益释曰："花发之茂，由于培根；礼乐之文，本于至德。至德本于身，而考于古，即是千圣心法，故从周，只是以心印心。又从周，即从夏商，即从太古也。"戴望释曰："王者必通三统。昔周公致太平，成文、武之德，制礼，视夏、殷而损益之，使去质就文，孔子因文王之法度而作《春秋》，亦兼取夏、殷，损益其礼，使改文从质，故曰'吾从周'。从周者，即监二世之义，谓将因周礼损益之也。"如此，孔子从制度演变与发展史的视角，不仅充分肯定承续夏商的周之礼制的丰富与完善，为制度创新提供了总体原则和可行模式，而且为周礼治天下之实践提供了理论依据，由此为孔子"从周"提供了支撑。由此，凸显"周礼"治世的历史合法性与必需性，证成了"古为今用"之转化价值。

孔子之论，于今人反对"历史虚无主义"、开掘传统服务于时代，亦具有重要的方法论意义。

———————————

具体而言

第一，孔子之论，陈述了一个"事实"，表达了一种赞美，从而鲜明地表陈了自己的价值选择，构成孔子对周礼生成的完整把握、对周礼特质的深刻认知以及对实践周礼的高度自觉。

正是基于对周礼之历史生成的完整把握和深刻认知，孔子自觉"从周"，不仅有了理性支持，而且有了信念支撑，在此实现了事实判断与价值判断、理论理性与实践理性的完整统一，将孔子的知情意行统一于"从周"之中。

第二，孔子陈述了一个"事实"："周监于二代"。

（1）夏商周，更迭相继的三代。就其礼制之关系，孔子曾以"殷因于夏礼""周因于殷礼"，陈述了以"因"为始，承续传统，使三代礼制具有历史的延续性、连续性，又以"损益"，表陈了后一代对前一代礼制的创造性发展而超越传统，成为新型的礼制。如此，"因"与"损益"，构建出三代礼制之继承性与发展性、连续性与非连续性相统一的生成机制与承续关系。

（2）孔子在此所言"周监于二代"。孔子以一个"监"字，表明周朝借鉴、吸纳了夏商两代千余年礼制文明的成果，通过"损益"，即改革与创新，开创了属于周朝自己独特的礼制文化体系，形成了完备的礼法制度。换言之，周礼则是对夏商之礼法制度，弃其糟粕取其精华，精进演变而来。事实上，周礼正是续"殷因于夏礼""周因于殷礼"之传延，即在"因"夏商二代礼制之基础上，再"损益"而集大成。

（3）就周礼"监"夏商之礼，具体而言，则在于"变殷之质，用夏之文"（戴望），以成周礼之"文质彬彬"。如此，此"监"，乃"临下也"（《说文》），乃"从上往下看，整体把握优劣，损益之"（《尔雅》）。采夏殷之优长而"兼"之，由此表明周礼兼蓄并存夏商之优长于一体。

（4）"天寒积而成暑，非一日。制作积小而备大，非一代也。"（陈祥道）礼制的发展与完善亦如是。如此，"周监于二代"，具体钩沉了周礼之源、之成，进而从礼制层面揭示了历史发展之内在否定与超越逻辑。

第三，"郁郁乎文哉。"

（1）周礼因"监二代"，其"文"，即周之礼乐制度，必是风采盛茂，即无论从形式之"文"，还是其内容之"质"，周礼无疑比夏商的礼制更为完善、丰富而堂皇，彰显出一种勃发的生机。如此，孔子高度赞誉周礼"郁郁乎文哉"。"郁郁，緎緎然，众多貌。"（戴望）

（2）夏殷周三代以"因"而一脉相承，而"周""监二代"，即损益夏礼和商礼而来。贯穿其中以"因"承为前提，以不断损益为内涵的精神，集中体现在周礼之中。正是这种精神才造就了周礼之"郁郁乎文哉"，以至于孔子自信地认为"或其继周者，虽百世可知也"之宏远的效果。

（3）孔子以"文"概括与标示周礼，并对周礼之"文"，以"郁郁乎"来描绘，可见孔子对周礼之"文"之高度赞赏，其沉醉之意溢于言表。

孔子从夏殷周三代礼乐文化嬗变的历史进路，侧力于剖析三种礼乐文化各自的特质，呈现出周礼重"文"的品质：诚如南怀瑾先生所言"夏尚忠、殷尚质（鬼）、周尚文"，即夏之礼乐推崇忠诚、朴实，而商之礼乐则侧重于质朴，但鬼神、宗教意识强烈，周之礼乐，则更加推崇、侧重于人文精神。

对于周代礼制之"文"，《礼记·礼器》中有言："先王之立礼也，有本有文。忠信，礼之本也。义理，礼之文也。"《史记·乐书》中亦有言："礼自外作，故文。"《注》："文犹动，礼肃人貌。貌在外，故云动。"如是，孔子以"文"将周之礼乐文化超越夏殷的人文主义价值路线予以彰显。

（4）如果说"周监二代"，侧重于陈述周礼之构成要素、生成整合态的"事实"；那么，"郁郁乎文哉"，则着重表周礼之完成态，表达孔子对周礼的肯定和赞美。由此，表征以周礼为对象，孔子将"事实性"与"价值性"予以高度结合与统一。

（5）孔子以"温"为手段，深度把握"周监二代"之"故"，进而以"知"为目的，探究超越"二代"成"郁郁乎文哉"之"新"，具体表呈了孔子法古而更古，将"周虽旧邦，其命维新"之精神发扬光大。

第四，"吾从周。"

（1）《礼记》中孔子说："吾学周礼，今用之，吾从周。""吾从周"集中表达了孔子对周朝礼乐制度的极度推崇。这种推崇，从认知、情感和践行几个维度都得以充分地体现。

（2）如此说"周监于二代，郁郁乎文哉"，从事实和价值两个维度为"吾从周"提供了认识、理论依据，由此构成了研究周礼生成、特质之目的与归宿，彰显了孔子重实践价值之主旨。由此，孔子之论从理论理性过渡到实践理性，继续周礼之精神而发扬光大，实现理论理性与实践理性的统一。这是把握孔子之论的重点所在。陈祥道对孔子"从周"诠释道："周礼，率为之制，曲为之防，上有格于皇天，下有极于狸虫，则文之郁郁可知矣，孔子所以欲从之也。"

（3）既然周礼"监二代"，即"昔周公致太平，成文、武之德，制礼，视夏殷而损益之，使去质而就文"，即"变殷之质，用夏之文"，那么，"孔子因文王、周公之法度而作《春秋》，亦兼取夏、殷，损益其礼，使改文而从质"。"孔子制《春秋》，变周之文，从殷之质，所谓从周也。乘殷之辂，从质也；服周之冕，从文也。"（戴望）如此，孔子所言"吾从周"的原初之意，则是孔子作《春秋》遵循周公制礼的原则，这就明确了孔子"从周"的最基本内涵。

（4）进一步说，孔子所言"吾从周"，即是以"周礼"为制度依托，以周之礼法为尺度而治世，即以"周礼"而实行"礼治"。在此过程中，孔子对鲁国一系列违礼事件所进行的具体批判和道德谴责，是"吾从周"而践礼之具体表征。如此，"吾从周"则成为孔子为学、为政最根本的价值准则与价值取向。

（5）孔子言"吾从周"，成为周礼之忠实拥趸，正是建立在对周礼之理性认知和价值认同基础上，表现出对周礼内蕴的人文主义价值路线，亦即对仁道路向的高度自信。唯乎如此文化自信，方可做出"或其继周者，虽百世可知也"的预断。

（6）孔子之"吾从周"，按其所揭示的礼制变化规律，并不是要"固守"周礼，而是要将"周礼"之人文精神，即"周公之道""王道"的精神发扬光大于当世与后世，这亦正是中国文化内在的文脉传承与弘扬。就其具体的现实性而言，孔子言"吾从周"，则是因为当世"弊不可以不救，变不可以不通"，故孔子有从先进即"从周"之说。

第五，孔子聚焦"周礼"，前溯其源，钩沉了礼制演变的历史，以"因""损益"和"监"，揭示了制度之内在承续与创新机制，以郁郁乎之"文"，彰显新创生的制度之精神内蕴与气象，以"吾从周"表陈了对制度的价值认同与归宿，并以践行的方式展现对新礼乐法度充分的文化自信，这构成了孔子以"礼乐"为具体言说对象的文化哲学逻辑。

第六，孔子之"幸"与"不幸"在此交汇。孔子之"幸"，乃因"周监二代"，尚有"郁郁乎文哉"之宏大而完备的礼乐制度，可学、可从，并依此构筑其道德理想国："或其继周者，虽百世可知也。"孔子之"不幸"，正是与其道德理想国全然相悖的"礼崩乐坏"之霸道现实，令"周礼"，即孔子之理想屡屡遭受现实的冷遇，难以在现实中推行与落根。正是在此等"幸"与"不幸"的人生二难之中，孔子自觉抉择"吾从周"，具有了更深层、更厚重和更久远的道德力量，再现孔子循刚健之天道于人生，践行谋道、忧道而弘道之不息精神。

第七，"八佾"言"礼"，于此节之前，着力于对"违礼"之系列批判，侧重于凸显"礼"之基本精神和基本作用；于此节之后，则主要讨论遵礼，即对于具体的礼，应该怎么做。如此，本节在"八佾"篇中，具有承前启后之地位和功能。

孔子以"周礼"之生成而肯定夏殷之礼的历史价值，以"监二代"而表新礼制之生成、之优越。如此，为今人如何面对"传统"，以及开掘传统、激活传统为"我"所用，即为如何"古为今用"提供了经典的范式和方法论。同时，从价值立场上和方法论原则上，对"历史虚无主义"和"文化复古主义"予以了批判。

第八，孔子之"吾从周"，以价值归依和实践的方式，彰显了文化自信之前提和基础：①制度完善性与先进性；②完善与先进制度之内在的人文主义价值路线。

孔子之思，对丁重建今世国人之文化自信具有重要的启示：文化自信，首先在充分吸收"传统"之基础上，着力创建具有饱满人文主义精神内涵的文化制度。这是一个直接的基本前提。

总之，孔子立于乱世，反观与深究"周"因"监二代"，成就周礼"郁郁乎文哉"之新文化样态；以"吾从周"表孔子自觉地抉择且笃行"周礼"之立场，成为"逆"当世，乃至后代之独特的文化景观。

如此，孔子言"吾从周"，如是后儒孟子所言"吾往矣"，载仁道、护"周礼"，自觉其所负的历史责任与使命，呈乐观与豪迈的生命气象，立志将"周礼"葱郁之文脉落根于当世，绵延于后代。

15. 子入太庙，问事行礼

八佾 3.15

【原文】子入太庙，每事问。

或曰："孰谓鄹人之子知礼乎？入太庙，每事问。"

子闻之，曰："是礼也。"

【译文】孔子到了太庙，每件事都要过问。

有人说："谁说这个鄹邑的年轻人懂得礼呀？他到了太庙里，什么事都要问别人"。

孔子听到此话后说："这就是礼呀！"

深谙"周礼"的孔子，入太庙观演示祭礼，遇祭祀中的"每事"必行"问"；孔子此举被旁人讥为于"礼"之全然无知，于是，便有了"孰谓鄹人之子知礼乎？"之贬抑说。此说，其错则在于不解孔子"每事问"之深意。孔子对此说的回应：此即"是礼也"。

"子入太庙，每事问"，一方面，表孔子以"问"而促人反观与自省、自判其所为是否符合"礼"之规定与要求，进而察视、细究祭礼之各个环节是否违礼，并且通过"问"而将"礼"得以规范地落实，突出孔子之问的鲜明针对性；另一方面，则表明"礼"在行中。如此，孔子之"问"，恰表孔子以一丝不苟之态度遵礼、践礼而彰礼。

具体而言

第一，孔子自述人生"十有五而志于学，三十而立"；《礼记》亦记载孔子说："吾学周礼，今用之，吾从周"，又有"周监二代，郁郁乎文哉，吾从周"之论，足见孔子对"周礼"已是熟谙于心，且针对鲁国屡次违礼之事表达愤慨之情，并予以理性审断、道德谴责与深度批判，从知、情、意、行等多层面表呈孔子笃信周礼、维护周礼、张扬周礼而弘道之取向。如此而言，孔子绝不需要假"问"于他人而"知礼"。这是一个基本的事实前提。如此，构成孔子知礼而"问"礼的悖论。这一悖论，成了质疑孔子"知"礼之表象依据。然而，正是这一悖论，以"问"而将鲁国普遍违礼之事实和孔子遵礼而反诘违礼之机智方式凸显出来，表达"礼"之实质，并非仅仅在心性与观念中，而须落实于行动中，使"礼"得以规范性地践行。一言以蔽之，以行遵礼、成礼而彰礼。这样，孔子将"礼"从形上之理论理性，具体落实于形下之实践中，实现以礼之"行"而践礼之"知"，即实现道德理性与道德实践的"合一"。

第二，具体而言，本节记述了一件"事"、记录了一种讥讽、记载了一个"回应"，其重点在于一件"事"和一个"回应"。一件"事"表征了孔子之主张：礼在行中。一个"回应"表明孔子智慧地回击对己之行礼的质疑与讥讽，更为具体地反对、批判鲁国祭祀中的各种违礼行为，以行示礼于不知礼的人，力图达教化于世人之目的。

第三，记述了一件"事"："子入太庙，每事问。"

（1）何谓"太庙"。北宋陈祥道引"《传》曰：周公称太庙，鲁公称世室，群公称宫"。"太庙"即是"其周公之庙欤"。戴望引《春秋传》曰："周公称太庙，鲁公称世室，群公称宫"，"路寝前堂为大庙，中央为大室，亦曰世室。"

此处所谓的"太庙"，即是指周公的庙。因为古代开国之君叫太祖，太祖之庙叫太庙。周公旦是鲁国的始封之君，所以鲁国的太庙就是周公的庙。

（2）"子入太庙"。

其一，孔子以何身份入太庙？此时的孔子应该是以鲁国的大司寇兼相的身份入太庙。《孔子家语·相鲁》记载，孔子在鲁国定公时初仕为地方官，即"中都宰"，后为鲁国"司空"，最后为鲁国"大司寇"。"中都宰"作为地方官，不足以入太庙，"司空"主司土木，祭祀与此职关系不太直接。如此，唯有孔子"为大司寇，摄行相事"，才与太庙祭祀直接相关。

其二，孔子入太庙做什么？按照孔子大司寇的地位和身份，是可以入太庙的。那么孔子入太庙，到底是去做什么？对此有两种看法，一种是：孔子以大司寇的身份入太庙参与祭祀活动，即助祭。另一种则是：孔子入太庙，是观祭礼之预演，即观演礼。因为正式的祭祀活动肃穆庄重，祭祀时，按礼之规定，何人居于何位，是明确的和固定的，自然也就不允许任何人，包括孔子在内，随意到处行走，也不可能处处去"问"。如此，孔子能行"每事问"，应是入太庙观看演礼之时所发生的。

（3）"每事问"。

其一，"每事"，即是与祭祀活动相关的礼节、仪式之每件事、每个方面，以及祭祀流程之每一个环节或细节。具体而言，即是祭祀所用的每一种礼器、乐器、祭文、贡品、香酒存放的位置、陈设的状态，甚至祭祀者的衣着、行为举止等，以及祭祀流程中各事的先后顺序和要求，等等。

其二，"问"，即指孔子亲自过问、询问、察问。

其三，问"谁"？一说向主祭者发"问"于"每事"；一说是对参与祭祀活动的各个环节上的诸人发问。孔子以大司寇的身份入太庙观演礼，应是巡视，既有整观，亦有细查。如此，孔子于"每事"行"问"之对象，既有主祭者，亦有参与演礼的参与者。

其四，为何孔子"每事问"？孔安国认为孔子"虽知之，当复问，慎之至也"。陈祥道释为：孔子"每事问，此所谓在宗庙便便言，唯谨尔者也"。朱子引程颐弟子尹彦明之言明晰此问："尹氏曰：礼者，敬而已矣。虽知亦问，谨之至也，其为敬莫大于此。谓之不知礼者，岂足以知孔子哉？"

据孔安国、陈祥道和朱熹之意，即表明孔子熟知各种"礼仪"，但因为第一次进入太庙参与国家重大祭祀活动，为了慎重起见，所以必须每件事、每个细节都询问清楚，预防、杜绝有丝毫差错。如此，孔子"每事问"，说明孔子对祭"礼"之高度重视，且将高度重视落实于各个方面和细节细致而严格的检查询问之中，以表孔子对"礼"的恭谨之心、一丝不苟的态度。孔子行"每事问"，正体现了他对"礼"的极致敬诚。

戴望则认为"鲁祭多非礼，子故每事必问以讽之"。如此，孔子通过"每事问"，以矫违礼之事而正之，止违礼于未然。

其五，"自入太庙，每事问"，折射出鲁国祭祀中违礼之严重程度。如若鲁国之祭祀，都符合祭礼之要求，那么，孔子也就务必要行"每事问"。

其六，"每事问"，表明孔子对祭祀中主祭者、具体操办人及其所操办的祭事，恐有不周全、不规范而违礼，表达孔子对鲁之祭祀极不放心，以"问"而对之予以提示、矫偏、警示、叮嘱，一句话，孔子不厌其烦、唠唠叨叨地察问，以求"正"礼、遵礼、行礼而祭祀，将违礼之事除绝于未然。

其七，将"子入太庙，每事问"置于当世鲁之祭礼中存在大量违礼现象这一具体的历史境况中，孔子以低姿态询问之方式，行"问"于"每事"，如是一个检视员，对太庙里祭祀大典预演仪式中的每一个环节、每一种形式都按照"礼"之规定予以周全而细致甄别、考量，将礼具体落实于如何做之上。由此表明，"礼"绝不外于祭祀活动各个具体事情的规范和要求而悬空，"礼"亦绝不是抽象的观念或内在主观的心理，而是必须通过"问'礼'"而将"礼"正确、规范地落实于实际祭祀活动之行动中。

其八，"每事问"，表征孔子之直心。孔子之直心，表呈为对"礼"不邪曲，真诚到极处，不虚伪、不掩饰自己，把自己置于正礼、行礼之道上。

第四，记录一种讥讽：或曰："孰谓鄹人之子知礼乎？入太庙，每事问。"

（1）孔子"知礼"，然"子入太庙，每事问"，于是就有人以此反讥孔子"不知礼"。事实上，按常理，知礼者，只需观，不应"每事问"。"每事问"，从形式上来看，则是因"不知"。如此，便有了"孰谓鄹人之子知礼乎?"之反讥。

（2）"孰谓鄹人之子知礼乎?"

其一，称孔子为"鄹人之子"，表事实。鄹（zōu），地名，又作陬（zōu），中国周代诸侯国名，即"邹"，是孔子的出生地或家乡。《史记·孔子世家》记载："孔子生鲁昌平乡陬邑。"鄹人，即指孔子的父亲叔梁纥。叔梁纥曾经做过鄹邑的大夫，古代经常把某地的大夫称为某人，如《左传》襄公十年称"陬人纥"；"邹，鲁下邑。治邑大夫称人，谓孔子父叔梁纥也。"（戴望）如此，"鄹人之子"，即是指称孔子。

其二，以"鄹人之子"称谓孔子，表鄙视、轻慢与轻蔑。孔子在当时已是鲁国的大司寇，是有名有姓有地位之人，即使批判也应是称之为"孔丘"。然而，有人却不仅不尊称于他，反而以其出生地指代他、以其父亲来指称他，由此可见，对孔子的反感、鄙视、轻蔑和讥讽之意溢于言表。一句话，不直称孔子，而是以"鄹人之子"来表孔子，则是对孔子之贬损。

其三，"孰谓鄹人之子知礼乎?"以反问的口吻，表对孔子"知礼"的质疑和否定。其质疑和否定的依据，正是"子入太庙，每事问"。

其四，"或曰：'孰谓鄹人之子知礼乎? 入太庙，每事问'。"正表明具体参与祭祀活动这一系鲁国之不知礼、常行违礼之事的众人，根本无法理解孔子"入太庙，每事问"之真义，于是误判孔子"每事问"为"不知礼"。如是，"或曰"者，即是被孔子每每问及之人，对孔子事无巨细地详问之人。孔子看着这里不顺眼、那里不规范，这里要重来、那里要调整，一点都不马虎，一点疏忽都不让步……于是，令"或曰者"深感不耐烦、讨嫌、反感、厌恶，觉得就是这个"鄹人之子"太较真、事太多。

其五，对于"或曰"。陈祥道诠释为："或者因以孔子为不知礼。夫又安知孔子所谓知礼者，何以易此哉。传曰：礼之数，可陈也；其义，难知也。孔子之于礼，非不知也。然而于每事问者，盖所谓信言慎也。"陈祥道之解，切中了问题的要害。

第五，记载了一个"回应"：子闻之，曰："是礼也。"

如若祭祀之人，本是懂礼、遵礼而行礼，演礼的"每事"都符合礼之规范和要求，那么，孔子"入太庙"，则无须"每事问"；反之，事实上，平常即行僭礼之事，对"礼"亦不知其究理的人，在演礼中亦不按照礼之规定而稀松、草率、敷衍地行礼。孔子认为对不规范的违礼之事，绝不可视而不见，须高度重视而过问、察问于"每事"，耳提面命而矫之。孔子对演礼相关的"每事问"，很细腻地刻画出孔子对祭礼之事近乎呆板的苛严要求，招至违礼者和不懂礼者之非议、讥讽，进而认为孔子根本上就不知、不懂"礼"。

对于此种非议、讥讽和轻慢，孔子的回答可谓端庄而有力。孔子并未直接去批评那非议者，也不是针锋相对去反唇相讥，只说"每事问"本身就是礼。在此，孔子主张，礼即在"每事问"之中，以"问"而正礼，从而突出应然之"礼"。一言以蔽之，孔子为"礼"而"每事问"，故"每事问"即是"礼"。

第六，"子入太庙，每事问"，所涉的问题之根本，并不是对祭"礼"知与不知，而是祭祀活动符合或不符合礼、遵礼与违礼。孔子以"每事问"而正礼、践礼而弘礼；评论者则依然停留于对"礼"的"知"与"不知"之层次，尚未达到孔子对"礼"的践行高度。如此，对于"子入太庙，每事问"产生截然不同于孔子的判断。

这样，孔子之"问"，并非一般"知"与"不知"意义上的"问"，而是以"问"具体而详尽地考量祭祀的人是否懂得或领会祭祀中"礼"之实质和真谛，是否符合"礼"之规范，绝不是仅仅停留于"礼"的形式性演示上。如此，孔子之问，如是苏格拉底之"问"，本质上是考问、察问、诘问、反问，以促使在祭祀中的人反思自己所施的一系列礼节仪式，是否承载着"礼"的精神要旨，是否就是真的"礼"。是形神皆备、形式与内容统一的，还是只是外在的形式性的？是规范意义上的"礼"，还是敷衍草草应付之"礼"？……从这一意义上来看，孔子之"问"，乃是他呈现真正的"礼"，进而张扬"礼"、贯彻"礼"之精神本质的独特方式，由此孔子问"礼"具有了批判和纠正功能。如此，孔子之"问"，如是卓吾云："只论礼亦非礼，哪争知与不知。"

第七，春秋时期，礼崩乐坏，在各诸侯国中，只有鲁国艰难地奉行大部分繁缛的周礼，但往往也有流于外在形式而丢失周礼之本。恰如孔子所说："礼云礼云，玉帛云乎哉？乐云乐云，钟鼓云乎哉？"（《论语·阳货》）并强调："礼，与其奢也，宁俭。丧，与其易也，宁戚。"（《论语·八佾》）由此可见，孔子对太庙里搞的祭礼不以为然，因为在他看来，他们实际上做的祭礼，只是徒具形式而不知其本之"礼"，这本质上是对礼的亵渎。

不可否认，孔子认为有名无实、有形无实，从而将"礼"形式化和虚化的行为，无疑是另一种违礼和越礼，这同样是对"礼"之大不敬。如此，孔子不放过祭礼中每一件事情而行"问"，表明他对"礼"的至上虔诚和追求；孔子考究实际行礼之品质，也表征他谨慎求实，此亦正是礼的精义所在，充分体现孔子在践行中对周礼的至上恭敬与遵从。

第八，"周礼"，无疑有其繁复的结构和分明的层次，这就表明，"礼"不仅有其外在的礼节仪式，而且更重要的在于有其内在的精神底蕴。在孔子看来，对主祭者的遵从，是行"礼"。若对主祭者或祭礼预演中存在的违礼视而不见，或不加以指出以矫正而放任之，则不仅不符合礼，而且违礼；与对君主的谦恭敬重相比，对国君之祖先遵礼而祭，则是大"礼"。如此，孔子"每事问"，不仅不违礼，反而说明孔子知礼、遵礼，且以行践礼，显"礼"之真义。

这样，孔子"每事问"，不仅反驳了对"礼"停留于外在形式的浅薄理解，而且超越了以"知"礼为标准的静态、抽象的思维，突出了孔子于"礼"之动态、行动的思维特征。

总之，针对鲁国祭祀之严重违礼，孔子观演礼而依礼行"每事问"，以矫正、规范祭祀中的每一"事"，防范、杜绝违礼之发生，确认祭祀活动符合礼之要求和规定，保障祭祀之敬诚、庄严与肃穆，从而维护礼之尊严。

孔子"入太庙，每事问"，表孔子虔敬遵礼、笃志践礼、超越知"礼"而行"礼"的高度自觉，以达行"礼"之标准化和至善化。然孔子之举，被僭礼、不知礼之观者误判，以为孔子不知礼而对之加以讥讽与轻蔑。孔子从观念上和行动上深度自觉于"礼"而"每事问"，凸显了礼不外于"事"、不外于"行"之根本原则，以此昭示世人：祭祀中的"每事"都必须严格循礼而为，不因细节疏忽、敷衍而违礼，由此表呈孔子关于祭礼无"小事"之主张和对"礼"之极致践行。

16. 射不主皮，古之道也

八佾 3.16

【原文】 子曰："射不主皮，为力不同科，古之道也。"

【译文】 孔子说："比赛射箭，不在于穿透靶的，因为各人的力气大小不同。射之古道即是如此也。"

针对当世之"射"，尚力不尚德，且屡屡失礼之弊，孔子提出主皮之射，强调以"射"立德，倡导"射"当崇尚君子无所争，遵礼、尚德、不尚力，以此恢复"射礼"之"古道"，使周礼再现于世。

射礼，既是周礼重要的组成部分，成为周礼精神之具体表征，亦是检视世人遵礼状况以及世人之德的具体标尺，更是具体规范世人的行为、塑造世人遵礼之德的手段与途径。如此，孔子以"古之道"反观当世之射，立主古之"射不主皮"，以图彰射礼的教化功能。

具体而言

第一，射礼，是周礼的重要内容，具体彰礼之精神，因此备受重视。"射"既讲"礼"，亦讲"术"；古之射，厚"礼"而薄"术"、重"德"而轻"力"。由此，凸显射以遵"礼"为要，突出射之塑德、立德之礼教功能。

然而，孔子之世时，世人之射，尚力轻德之风尤盛，射礼之乱、之丧，成为世之礼崩的重要表征。鉴于此，孔子重倡射之"古道"，力张"主皮"之射，重构、重立射礼，以正世人之射，将失礼之人心引上遵礼、行礼之途，从而从道德实践维度，在世人之具体的行为层面，释放出"礼"对世人的规范功能。

第二，在前一章"子曰：'君子无所争，必也射乎！揖让而升，下而饮，其争也君子'"，突出君子之射以彰礼为上，阐释了遵射礼的必要性和重要性。在《孔子家语·观乡射》中记载了"孔子观于乡射"，目睹"乡射"处处违礼，于是"喟然叹曰：'射之以礼乐也，何以射？何以听？循声而发，不失正鹄者，其唯贤者乎？若夫不肖之人，则将安能以求饮？'"在此，孔子具体指出礼乐内在于"射"之中，以射践礼。

《礼记·射义》篇，亦谈到射礼的意义在于"明君臣之义""明长幼之序"，即整饬等级和敦睦乡里，进而提出射礼的要求："进退周还必中礼，内志正，外体直，然后持弓矢审固。持弓矢审固，然后可以言中，此可以观德行矣。"于此表明，射的目的不在于箭的穿透力，所以说"射不主皮"。如此，孔子以否定的方式，即"不主皮"，提出主皮之射，以此诠释古之"射礼"的精神和实质，突出射之重点在于遵礼而立德。

第三，古代之射有两种：一种是军事的射箭，另一种则是习礼的射箭。前者讲究杀伤力，后者讲究践礼度。此处，孔子所讲的射，是习礼之射，即乡射；乡射礼为五礼中的嘉礼之一。

（1）"乡射之礼"是"大比"的关键环节。

西周时地方选士，通常是一年举行一次，讫至三年，则举行大考，此即所谓"三年大比"。"大比"，是由乡大夫总其下属官吏的推荐，再进行一次总的考核，从中选拔德行道艺优异者，向更上一级推荐。

《周礼·地官·司徒》记载："三年则大比，考其德行道艺，而兴贤者能者。乡老及乡大夫帅其吏，与其众寡，以礼礼宾之。厥明，乡老及乡大夫群吏，献贤能之书于王，王再拜受之，登于天府，内史贰之。退而以乡射之礼五物询众庶，一曰和，二曰容，三曰主皮，四曰和容，五曰兴舞。此谓使民兴贤，出使长之；使民兴能，入使治之。""大比"之时，要在庠学举行敬贤仪式；次日向周王呈献贤能之书。周王受拜后，即造册登记，复退而行"乡射之礼"，并询之众庶，选中者，则得拜为地方官吏。

《周官·地官·乡大夫》同样载："以乡射之礼，五物询众庶：一曰和，二曰容，三曰主皮，四曰和容，五曰兴舞。此谓使民兴贤，出使长之；使民兴能，入使治之。"据孔疏，此五者多为六艺六德之属，是乡射礼所包含的深层意义，以表射礼之功能在于培养君子人格和仁德之心。

（2）根据凌廷堪《乡射五物考》所论："乡射"分为三次。第一次射：为"和""容"，其要求是"但取其容体比于乐"；"和"为掌六乐声音之节奏的乐器，表第一次射的仪节体态要和从于乐。第二次射：为"主皮"，即《司射命》之"不鼓不释"，"盖取其中"之射，皮为兽皮制成的箭靶。第三次射：为"和容""兴舞"，即《司射命》之"不鼓不释""取其容体比于礼，其节比于乐"。

按戴望之释曰，古代的乡射分三次射。第一次射的标准是只管射中，不计数，是看人射箭时的风度；第二次射的标准是不射中靶心就不计数；第三次射的标准是要按着鼓点音乐的节拍来射，如果不按节拍射，就不能计数。如此，陈祥道亦释道："周官以主皮，在'和'与'容'之后"。

　　　　　　　　　生活哲学视野中的"论语"研判

（3）"主皮之射"，应是西周射礼中最低等级的"射"。

郑玄注《周礼》有言："主皮者，张皮射之，无侯也。"

《周礼·天官·司裘》记载："王大射，则共虎侯、熊侯、豹侯，设其鹄。诸侯则共熊侯、豹侯。卿大夫则共麋侯。皆射其鹄。"由此可见，《周礼》对不同身份、地位之人的射，从所射之"对象"上予以了明确规定与区分：王之射，以"三侯"即虎、熊、豹；诸侯射，以"二侯"即熊、豹；卿大夫射，以"一侯"即麋；士射，以犴为侯。所谓"侯"者，虽是射鹄，但实为贵族等级的标志。

乡射之礼，主皮无侯，已表明乡射礼的参加者是士以下的庶民，这就说明乡射，以庶民为对象，属地方的选士活动。如此，乡射之礼，是对于众庶的考核，以礼乐节制为主，而主皮之射则是对其技艺的考核。由此，乡选的目的不仅是选拔具有一技之长者，而且通过选拔具有一技之长者，凸显被选者的思想和道德行为规范，并以此强调社会教化的导向，这反映了西周政治制度的总要求。

第四，"射不主皮"。此处的"主"，即是"崇尚"或"重视"。如此，讲究射礼，即是以矢之中"的"为要，而不讲究射之力量大小、箭是否能贯穿皮革，这就叫"射不主皮"。"不主皮者，不待中为隽也。"（戴望）"为力不同科"，交代了"不主皮"之缘由乃各人力量之不同等。以此表明进行射之比赛的目的和重点是看谁能够射中靶心，而不是看是否射穿"皮"。

在此，孔子主要是通过射箭作为直接言说对象，并以此为喻，表达在学习"礼制"的各种规定、掌握"周礼"的精神之事上，只要方向是正确的、目标是明确的，理解得深透一些还是肤浅一点都不重要，都是对"礼"之正解，都是上"礼"之大道，从性质上来看，如是"射穿"与"中的"是一样的。在此种境况下，也就无须太在意射的力量程度差异，因为不同的主体之间力量具有差异性，这是客观的事实。如此，孔子强调的是"射"得准确、"中的"，这是第一原则。至于是否"射穿"皮，这是第二层次的问题了。

同时表明在学习、掌握、领会和实施"周礼"过程中，"周礼"是"的"，每一个人只要"心向往之"，这是懂"礼"的前提。如此，孔子在"主观态度""主体能力""目标"及"程度"这四要素之间，确立起了一种质和量的关系。

承认主体差异性，并允许差异性的存在，因为这是一种客观事实，也是道德评价的基础。孔子依此告诫世人，勿以己之标准去评价他人，要有宽容之心，只要方向是正确的，目标即可以达到，那么，对于路径、心力之差异，要区别对待，不要简单"一刀切"。

如此，孔子以"射不主皮"提倡一种精神：只要心之所向是"礼"，且尽其所能、力所能及、量力而行，以致全力以赴，就是值得肯定的。

第五，主皮之射，孔子认为是"古之道也"。据钱穆考，《乐记》中记载："武王克商，散军郊射，而贯革之射息。此谓自武王克商，示天下已平，不复尚多力能杀人，故息贯革之射。"此为射礼"古之道"的原初真义。

第六，简言之，孔子主张"射不主皮"，进而从"为力不同科"予以进一步强化这一主张。陈祥道诠释为："水有科，以容其本；斗有科，以受其所酌。凡物自为科，彼此异焉。盖射之中在巧，其至在力。然一于力，则所观在力，不在德矣。"按照戴望之释，"为力不同科，古之道也"。其射的三次，即有力的区别。第一次，讲礼仪风度，力之轻；第二次，讲射中靶心之皮，力之重；第三次，讲按鼓点射，是力要求道法。这就突出地表明孔子关注的是射礼之本质在于尚德而不重力，这才是射礼真正的道德价值之所在。

第七，孔子之所以主张恢复射礼之"古道"，正是针对于"周道之衰，射者，皆争于主皮"（陈祥道），力图以射礼之恢复进而重塑"周礼"之权威，重整世人之德行，再造礼治之昌盛。如此，"孔子以不主皮，为古之道以救其弊"。（陈祥道）"周道衰，礼射废，五物之存，主皮而已，故孔子思其盛时也。"（戴望）

第八，《射义》有言道："射者，仁之道也。射求正诸己，己正而后发，发而不中则不怨胜己者，反求诸己而已矣。"射礼之射，以"的"表射之"质"，须"有的放矢"，突出"礼"于射的根本价值，是射之"主"；"不主皮"，是表射之"度"的要求，是射之"次"，因为仅仅是"力不同科"而已。由此可见，孔子对"礼"于射予以了明确的价值定位。

总之，孔子通过强调"射不主皮"，呈显射礼古道之真谛，以救当世射礼之时弊，正世人之心，突出射礼教化世人之功能。孔子从射礼入手，以"如何做"为重点来展示礼的存在，将整体、系统的"礼"化为具体的、可操作的规范行为，将"礼"之精神和尺度生活化，从根本上将形上之"礼"，落实于、融入于形下之道德实践之中，使"礼"更为直接地发挥对世人行为的矫正、教化和引导功能。

17. 子贡爱羊，孔子爱礼

八佾 3.17

【原文】子贡欲去告朔之饩羊。

子曰："赐也！尔爱其羊，我爱其礼。"

【译文】子贡提出去掉每月初一日告祭祖庙用的活羊。

孔子说："赐，你爱惜那只羊，我却爱惜那种礼。"

鲁国，"告朔之礼"早已名存实亡，徒有形式。如是，子贡怜羊而不忍弑之，故"爱其羊"而欲"去告朔之饩羊"；孔子面对此等只有"告朔之饩羊"而礼已丧之残破景象，依然不舍形式化之"礼"，以表孔子"爱其礼"之决心和对"礼"之笃定坚守。

鉴于仅有形存的"告朔之礼"，子贡与孔子持立场与取向，表达了不同的态度。子贡无可奈何欲彻底取消之，以惜"羊"而彰"仁爱之心；孔子则以"羊"而见"礼"、重"礼"。如此，构成子贡只见羊而忘"礼"，孔子睹"羊"而见"礼"之层次差异。恰如蕅益所言："子贡见得是羊，孔子见即是礼。"亦如卓吾云："留之，则为礼；去之，则为羊。故云'其羊''其礼'。"

"礼"之废，当是其"质"之丧，其"文"之变异、空乏。"告朔"之礼于鲁，虽"质"已殆尽，然其"文""形"尚存。如此，孔子"爱其礼"，则因"'思行王政，故重告朔，欲使鲁君以文公不臣为戒，而尽臣礼以事天子。'我爱其礼，谓告朔之礼也"（戴望）。

具体而言

第一，在鲁国，"告朔之礼"已衰微，只剩下"告朔之饩羊"而敷衍应付。鉴于此，子贡以仁爱之心怜惜祭祀之"羊"而欲弃"告朔之礼"，认为不必留下这残存的无质之"礼"；孔子则认为"告朔之饩羊""聊胜于无"，因为孔子从"告朔之饩羊"看到恢复"告朔之礼"之最后的希冀。于此，孔子对弟子子贡于"礼"在鲁的彻底绝望予以训责，以示孔子保留着对"礼"的坚信与持守。

在子贡看来，"告朔"之"礼"在鲁已是强弩之末，形同虚设。然而，

"羊"于孔子却依然具有象征性意义，"告朔之饩羊"化身为孔子的一种寄托，表明"礼"于鲁并未销声匿迹，尚有"复礼"之可能，故孔子"睹羊思礼"。如此，子贡与孔子在"羊"保留与否的态度上的差异，本质上蕴含着对"礼"之存留上的绝望与希望，换言之，子贡于"礼"绝望而怜惜"羊"，孔子是从残存的"羊"，寄希望于复礼。在此展示出子贡"爱羊"止"礼"，孔子"爱礼"及"羊"的价值思维逻辑。

第二，"告朔之饩羊"。

（1）何谓"告朔"？《周礼·春官·大史》有言："颁告朔于邦国。"意指古代天子每年冬季以明年朔政，分赐诸侯，诸侯于来年月初祭庙受朔政，即是"告朔"，亦称为月令书。

（2）何谓"告朔礼"？当诸侯接受了天子所颁布的政令书之后，把它藏于太庙里。到了新年一月份，从正月初一开始（朔日就是每月初一，与每月最后一日"晦"相对），都会供一只饩羊（xì，祭祀用的活羊，杀而不烹）用来做祭品，祭告于太庙，把当月的政令书取下来，然后上朝奉行，这就叫作"告朔礼"。戴望引《礼》而释："礼，诸侯受十二月朔政于天子，藏于太祖庙，每月朔于庙，先受朔政，使大夫南面奉天子命，君北面受，是为告朔。自是而后，朝庙视朔于大朝，敬之至也。"天子每月初一朔日，亦举行告朔礼。只是天子在明堂里，诸侯则在太庙里举行。

（3）按《周礼》规定，行"告朔礼"所用祭品，天子用牛，诸侯用羊。如此，"告朔之饩羊"即是表鲁君祭祀而行"告朔礼"所用之祭品。由此可见，"告朔饩羊"为古代延续下来的一种祭礼制度。

简单地说，诸侯国君，每逢初一，便杀一只活羊祭于庙，然后回到朝廷听政。祭庙，叫作"告朔"；听政，叫作"视朔"或"听朔"。

第三，"子贡欲去告朔之饩羊"。

（1）"子贡欲去告朔之饩羊"，应是孔子在鲁国任大司寇摄相位期间发生的事。孔子任司寇代宰相之时，冉求为孔子掌管总务事宜，子贡主管祭祀事宜，子华是使节，原思是孔子的家宰，子路为季氏宰。正因为子贡主管祭祀等事宜，才有"欲去"之举，亦才有孔子"子爱其羊，我爱其礼"之说。戴望释曰："子贡非鲁人，欲去是礼，故如其意以质孔子。《春秋》不书不告朔，而书不视朔。以告朔为天子命告之，不告朔比不视朔为恶尤大，故讳俞深。"

（2）子贡为何"欲去告朔之饩羊"？据《史记》记载，周朝在幽王、厉王之时，天子和诸侯已不行告朔之礼了。当时因为周幽王、周厉王昏庸，使得天下大乱。在鲁国，据《春秋》之记载，到鲁文公六年，他每逢闰月都不行告朔礼。到了鲁文公十六年，鲁文公因为疾病，他有四次都没有去参加告朔礼。在鲁文公死后，这种告朔礼已是每况愈下，最后就被彻底废弃。于是，诸侯、鲁君，都不去行这个告朔礼了，只是到每月初一，形式上派人送一只饩羊去供奉祖庙。如此，告朔之礼，鲁君自己都不来参加，只存"告朔之饩羊"的形式了。对此，戴望释曰："周室既微，正朔不行于诸侯，鲁自文公四不视朔之后，而告朔朝庙之礼并废。每司每月供羊牲而君不以祭。"

换言之，每月初一行"告朔之礼"，鲁君不但不亲临祖庙，而且也不听政，只是杀一只活羊摆个样子。如此，在子贡看来，作为周朝的一项礼制的告朔制度，事实上已失去了它的意义，完全衰变成了一种形式。而且，其形式之主要部分也已荒废，只保留了一点踪迹：杀羊祭庙。子贡以为，"告朔之礼"既然已经毫无意义，还保留杀羊仪式干什么？不如取消这一制度，留那可怜的羊一条命。

（3）子贡遵循着"礼"之"质""文"统一的原则来审视"告朔之礼"，主张无"质"之"文"、无内容之"形式"，无保留之价值，于是，在"告朔之礼"已完全变成虚应之境况下，产生了"去告朔之饩羊"的想法。

（4）子贡"欲去告朔之饩羊"，一方面，表征子贡怀仁慈之心待"羊"，其心仁也。另一方面，在更深层的含义上，以消极悲观的方式反对"告朔之礼"完全形式化和虚假化。

第四，子曰："赐也！尔爱其羊，我爱其礼。"

（1）鲁君对"告朔之礼"只是敷衍了事，事实上表明鲁君已经不再对天子予以敬仰，对其政令亦不再予以重视。"告朔之礼"衰崩至此，非鲁人之子贡，欲存"羊"而"弃礼"。对此，孔子语重心长地指出子贡未能从残存的"羊"看到"礼"存的价值，故言"尔爱其羊，我爱其礼"。

（2）孔子所言"尔爱其羊，我爱其礼"，就其深意而言，孔子希望保留已经被形式化了的"告朔之饩羊"，是因为"告朔之饩羊"既是"告朔之礼"的具体载体，亦是"告朔之礼"依然存在的象征。对此，北宋陈祥道诠释道："礼，不在玉帛，然非玉帛无以存其文；乐，不在钟鼓，然非钟鼓无以存其声。告朔，不在饩羊，然非饩羊无以见其礼，故爱羊。非所以存其礼，而爱礼，不可以不存羊。故曰：'尔爱其羊，我爱其礼。'"朱熹释道："子贡盖惜其无实而妄费。然礼虽废，羊存，犹得以识之而可复焉。若并去其羊，则此礼遂亡矣，孔子所以惜之。"

（3）子贡和孔子所"爱"之别，表明子贡和孔子对"羊存"这一形式的不同认知和态度。子贡对"羊存"的认识，是消极的、悲观的，仅视为"礼"之残存，没有认识到若"去"羊，"礼"则完全废除而消逝；孔子对"羊存"的认识，则是积极的、乐观的，"羊存"则礼之尚存，故"告朔之饩羊"不可"去"。

（4）子贡只看到残存的"羊"，以此为"礼"之衰败；孔子则从"羊"的残存，提升为"礼"之存在，构成了子贡和孔子二人关注点之分野，表子贡于"礼"之绝望，孔子于"礼"之希望。

第五，在指责子贡"爱羊"时，表明孔子虽亦无可奈何，但对"礼"依然怀有执着的深厚情怀。"告朔之礼"早已名存实亡，子贡欲取消其残存的形式，但孔子坚持予以保留。尽管"饩羊"已是不能承载与体现"礼"之内涵和精神的虚假形式，但对持守周礼的孔子来讲，可谓"有"聊胜于"无"，且此种"形式"于世人具有昭示作用，表明"礼"依存而尚未彻底退场而消逝，同时亦表明此"形式"，存续着"复礼"之希冀。

第六，在礼的本质、精神已沦亡，礼崩乐坏不可逆转的情况下，依然保留其"形式"，于孔子多少亦是一种慰藉与希望，表征出孔子坚守中的悲怆。

事实上，任何一种道德制度的式微，往往是从外在形式的衰败开始的，渐次丧失其"仪式"的庄重与神圣，直至最终消失。"礼"之载体和显现方式的弱化过程，让人感到一种道德体系渐次崩溃，令人深切地感知"人心不古"、沧海桑田，必是充满着失落与悲催之情。在此等情景下，还能一如既往地坚守"爱礼"，真是难能可贵。孔子如是也。

第七，"礼制"，其内是精神，其外是礼仪形式，二者相辅相成，密不可分。子贡与孔子共同面对一个不争的事实是："告朔礼"之内在精神已彻底丧失。那么，该如何对待其残存之"形式"，构成子贡与孔子对"礼"的不同态度，由此表征出二人于"礼"的不同境界。于"告朔之饩羊"，子贡看到的是绝望而止，孔子看到的是复礼的希望之始。

于鲁，"告朔"之"礼"实质上虽已衰废，可尚有一个"形式"在："羊存"。祭品在，则每个月用一头羊做祭品的形式依然在。在孔子看来，只要存着这个形式，即使没有内容，仍可以留给世人，让世人知道这种传统的形式，当中一定有它的精神残存，所以还有希冀在将来得以恢复，不至于全然断绝。如果把"告朔"之"饩羊"这一形式也去了，那么，"告朔"之"礼"就真的荡然无存，想要再恢复即是妄想。如此，孔子因惜"礼"而爱"羊"，就是希望能够把礼恢复起来。如此，孔子让"告朔"之"饩羊"得以保留，其目的就是希望"告朔"之礼能得以恢复，由此可见，孔子着眼点要高于子贡。正因为如此，孔子所言："尔爱其羊，我爱其礼"所内蕴的价值旨趣，才尤其值得玩味。

总之，针对鲁国"告朔之礼"的衰败，"礼"只残存"形式"之境况，如何对待礼之"形式"，子贡与孔子表达了不同的立场和态度。子贡以消极的态度批判"礼"之式微，试图彻底弃徒存之"形式"，相反，孔子则以积极的姿态，存留其"形式"，让"礼"之传统存续，以图"复礼"之业。

　　"爱其羊"抑或"爱其礼"，此为"小爱"与"大爱"之分、"仁心"与"仁政"之别。如此，孔子以"爱礼""复礼"救世而爱羊，子贡则因"礼"废而止于"爱羊"。由此表征孔子一生尚礼、守礼而持道的坚定心志。

18. 事君尽礼，反讥为谄

八佾 3. 18

【原文】子曰："事君尽礼，人以为谄也。"

【译文】孔子说："事君能尽礼，却被人认为是谄媚。"

孔子感伤一种吊诡现象："事君尽礼，人以为谄也。"这不仅表时人已不知事君之礼，而且渐次积淀成世人之扭曲心理，形成一种错位的评价：遵礼、行礼而"事君"，本应得到肯定和赞许，反倒被贬损为"异类"而遭讥讽，似乎一切合礼之"正常"事，在时人眼里皆成为非正常的了。

按钱穆之释："此章所言，盖为鲁发。时三家强，公室弱，人皆附三家，见孔子事君尽礼，疑其为谄也。……此处上下章皆言鲁事，故知此章亦为鲁发。"

孔子不仅言礼、传礼，而且以行践礼。孔子对礼之尊崇、维护、弘扬和践履，其志坚定、其情虔敬、其行笃诚，且将施礼教于世人，作为其人生的自觉使命。然而，乱世之中的孔子之行，无疑是孤独而悲怆的，亦不可避免常遭遇无礼之人的非议和讥嘲。如是，"孔子事君尽礼，而人以为谄。疾固而人以为佞。入太庙，每事问，而人以为不知礼。击磬于卫，而人以为有心岂非。"真可谓"圣贤逆曳方，正倒植者哉。孔子行礼于君人，以为谄"。如同"孟子行礼于朝，人以为简，则方是之时，无道者，不可行礼"。这似乎表明，古来圣贤皆常被人曲解而遭嗤之以鼻之窘态，于是"有道者不得行礼，此所以进退出入无所逃，于过与不及之责也"（陈祥道）。

"古来圣贤皆寂寞"，"尽礼"却常遭遇无礼、违礼之人污化、诋毁，以考验其意坚志决，执念笃行其道。钩沉历史，"观世俗之说，以尧舜为不德，以周公为不仁智，以章子为不孝，其不见是也。非特孔子已。"（陈祥道）

具体而言

第一，此事应是发生在孔子任鲁国大司寇兼相之时。孔子心存敬诚，严格按君臣之礼而"事君"，以张"礼仪"之正，却招至旁人的讥讽，被误解为是为了一己之私而讨好、巴结、逢迎国君，即"人以为谄也"。如此，"事君尽礼，人以为谄也"构成了孔子遵礼、行礼，以及"人"对孔子遵礼、行礼的评价之严重相悖。

此"悖论"映射出当时鲁国，臣子事奉国君普遍不遵礼法，傲慢无礼之乱象。事实上，鲁国君弱臣强之状非一日，三家专权于鲁国，已有百余年之久；三家从根本上无视国君之存在，自然对国君简慢无礼，忤逆、僭礼已成家常之事：不仅有"八佾舞于庭""三家者，以雍彻"，越享天子之礼乐而祭祀，而且放肆"旅于泰山"，俨然君临天下。三家乃鲁国乱礼、无礼，导使"礼"式微之始作俑者。如此，亦带来鲁国之世人随之违礼、无礼。这样，臣、民普遍"无礼"而行事，僭礼、违礼已司空见惯，且不仅未意识到自身违礼之弊病，而且视此等病态违礼为正确之举，这样，遵礼、尚礼，且按"礼"行事，自然也就被视为异类。通俗地说：不对的大家都在做，做到最后好像不对的都变成对的了。反过来再看做得对的，人家都觉得是不对的了。

正是在此等是非颠倒、对错混淆、僭礼猖行之境况下，孔子依然严格遵循君臣之"礼"而事君，即"事君尽礼"。孔子能"事君尽礼"，乃是背鲁国事君普遍不遵礼而孤守、独行"礼"。从这一意义来看，孔子不与"三家"同流合污、沆瀣一气，特立独行，牢牢矗立"礼"而使"礼"不坍塌，充分证成孔子乃当世真正的"逆行者"，彰显孔子为"礼"而在的生命价值立场及其孤独人生刚毅的精神与不屈的风骨。

第二，孔子言事君"尽礼"，则"非有所加也，适当其宜而已"，表明孔子谨遵礼之法度，恪尽臣之本分，践行角色伦理之正当，为无礼的时代确立"礼"之实践范式。从这一意义上来看，孔子以"行"显礼、弘礼而表"礼"之"在"，彰孔子于"礼"之坚守、笃行，于"无礼"之鲁臣三家等予以无声的批判。

第三，"人以为谄也"。其"人"，首先非指一般民众，而是与孔子同事鲁君之臣，主要是指三家。其次，一般的官僚和世人。因为"时三家强，公室弱，人皆附三家"（钱穆）。无礼、僭礼之三家，当视"事君以礼"为挑衅者，故而，对此以"谄"而污之。这种讥讽、污化之手法，其目的即是孤立、丑化、打击孔子"事君尽礼"之正当行为，从而反转确立自己违礼、僭礼之正当。此等污名化、讥讽之伎俩，成为后世刁蛮无礼之徒屡试不爽的惯用之术。

第四，"事君尽礼"，从表面上是个形式，但是，此形式承载、体现"尽礼"事君者之恭敬心。然而，此等恭敬之心、之行，却被"人以为谄也"。对此，孔安国批注道："时，事君者多无礼，故以有礼者为谄也。"朱熹引程子之语释道："圣人事君尽礼，当时以为谄。若他人言之，必曰：'我事君尽礼，小人以为谄'，而孔子之言止于如此。圣人道大德宏，此亦可见。"由此，孔子之"事君尽礼"，折射出世人皆"无礼"，指证鲁国"礼"丧已经到了颠倒黑白、混淆是非之无以复加的程度。正因为如此，戴望释曰："孔子事君尽礼，人不能然，反兴讥刺，故孔子曰：'拜下，礼也，今拜乎上，泰也，虽违众，吾从下。'"

同时，须注意的是，"人"非议孔子"事君尽礼"，本质上即是非议"礼"的正当性。

第五，从孔子之述可知，世人已将应持守与践行的"礼"与个人的私心、偏好简单混同，这是将孔子"事君尽礼"判定为"谄"的思维与价值原因。在孔子看来，"事君尽礼"是遵礼、行礼之应然要求，世人却将其断为孔子徇私奸佞之法。如此，孔子感叹此等扭曲了的思维与价值观念，表"礼制"之丧已彻底失于人心。

第六，"希意导言，谓之谄；莫之顾而进之，谓之佞。"（陈祥道）孔子未因"人以为谄也"而放弃、中止"事君尽礼"，也并未因"人以为谄也"而恼怒反讥其"人"为小人哉，而是依然如故地遵礼、行礼、尽礼。

前者表孔子不因世人之非议、之妄断、之污损而犹豫、动摇抑或改变其尚礼之志、爱礼之心、行礼之为。孔子此等不向世俗低头、不媚俗、不放弃"礼"的坚挺立场与持守的态度，进而以坚定不移地践"礼"之方式，成为"礼"依然"在世"之最完美的诠释。

后者则表征了孔子之智慧，其道大德宏，品性之高尚，情怀之宽厚，心怀之豁达，心境之谦恭与温和，故而，他一如既往"事君尽礼"，不仅力图矫世人之偏狭和错误，而且更立意于以此垂范行"礼"之样式，昭示"礼"于心之敬诚、行之笃定。

第七，坚守"正道"，要经受得起世人的诽谤、世俗的贬损、荒谬的挑衅、荒诞的嘲弄、无妄的讥讽，这才是真正的不附和、不屈服、不退却、不止行，为道而在的理想主义者内在应有的精神高贵和强大的内心自持。孔子如是焉。

在一个价值观严重错位和极度扭曲的时代，孔子持"正道"、践"正礼"、行仁政、育仁心……一路坚韧、坚定而执着，一直遭遇冷落而不自挫，一生艰辛而悲怆，真可谓"人间正道是沧桑"。然孔子之所以坚守，乃因于人间有"正道"尚存，这正是绝望中之希望、惨淡中之乐观的最后信念支撑，由此无不透显出孔子既和光同尘又不同流合污的高贵之悲婉、悲婉之豪迈的独特生命气韵。由此，则可以说，孔子留给后世最为宝贵的财富，是以行践礼，弘仁道而救世，其精神在于坚守"正道"而遗世独立。

第八，从孔子之述可知，在真假、善恶、美丑、崇高与卑污、神圣与世俗等错乱的时代，大凡持正道、行正路、践"正礼"者，皆不同程度遭遇被"假""恶""丑""卑污"与"世俗"等的贬损而污名化，这便是坚守与追求"真""善""美""崇高"与"神圣"所应承受的代价。而在被污名化与自觉化持守的抉择中，顺从前者，则成为同流合污者，其结果必是被世俗湮灭、吞噬，让道义与真理连同自我的独立一并被埋葬；反之，坚持真理与担负道义，拂妄议、贬损与被污名如蛛丝，即便是伤痕累累，生命依然熠熠生辉。孔子之生命，为礼而在，如此，其卓然精神之光照，必是穿越漫漫岁月，引后人为道义而生。正因为如此，才有后人无不尊崇的感叹："天不生仲尼，万古如长夜"。

总之，孔子悲叹乱世中遵礼、行礼之正当的应然所为，却常被无礼、乱礼之人污名化、丑化，让人深感对礼的持守与践行之倍加艰难、艰辛。因为在这种境遇下，对"礼"的持守与践行，如是逆水行舟，需要对礼的深度自觉而笃定信念，需要超乎寻常的坚韧意志，更需要一种内蕴道义的文化自信。

孔子之悲叹，表"周礼"式微而远鲁人之心。然而，孔子之持守而践行，不屈于俗世而傲立，有别于随风摇摆的无根之人。从孔子之行可见，但凡理想主义者似乎都有几分"轴"，他们凭借着这种"轴"劲，坚守理想，强筑本心，与狡黠较真，与世故之卑污抗争，在与俗世格格不入之中，不为俗世之人所接纳，抑或被误解、讥讽，然而正是在此等不被俗世接纳、被世人污化之惨淡中的执着与坚毅、果敢，令人心生敬佩。千帆过后，千浪淘尽铅尘，为了"理想"而痴心不改，铸就超凡脱俗之典范人格，成那屹立于岁月长河而不朽之魂灵。孔子如是焉。

"事君尽礼"而被讥讽为"谄"，于一生重礼轻谄媚的孔子来讲，这是多大的一种曲解和侮辱，但这似乎都不足以动摇他一直秉持的"遵礼""行礼"的核心价值观。从这个意义上看孔子之"轴"，便是透着一种十头牛也拉不回的决意孤行和虔敬笃定，他对礼的坚守不因外物而动摇，对礼的理论与实践所构筑的体系不因世人的毁谤而坍塌，这便是孔子精神跨越千年历史长河仍然熠熠生辉的魅力之所在。

19. 使事遵礼，君臣之道

八佾 3.19

【原文】定公问："君使臣，臣事君，如之何？"

孔子对曰："君使臣以礼，臣事君以忠。"

【译文】鲁定公问孔子："君主应怎样对待臣下，臣子应如何侍奉君主呢？"

孔子回答说："君主应该按照礼的要求去差使臣子，臣子应该以忠来侍奉君主。"

戴望释："时臣失礼，定公患之，故以为问。"

定公与孔子围绕"君""臣"之应然伦理关系所展开的问对，突出"君之于臣，不敢慢，故使之以礼。臣之于君，不敢欺，故事之以忠"（陈祥道的道理）。于此，以"礼"和"忠"对君臣各自的角色伦理予以了总体性规定，强调君臣均应各守其道、各行其礼、各尽其己。如此，则可除君"无礼"、臣"无忠"之弊，绝君臣离心离德之窘境，促君臣关系良性互动而和谐。定公与孔子之问对，既解了定公的实际困患，亦匡正了君臣之道义关系。

从更深层次上而言，定公所求乃驭臣之"术"，而孔子以"对"，则彰为政以德之"礼治"，从而改变了"问"之价值走向，提升了对话之层次与境界，表呈孔子一贯的治世之道：仁政、礼治。

孔子以"礼"为价值基础，构设出何为道义之理想型君臣伦理关系，即"君使臣以礼，臣事君以忠"，以纠当世在霸道猖行境遇下被扭曲、变异而畸形化了的君臣关系，以此促进"礼治"架构下君臣关系之良性互动，从而废霸道，成"礼治"之世。

具体而言

第一，鲁国国君与三家之间长久以来错位、畸形的君臣关系，形成当世违礼、僭礼之典型。鲁国三家行霸无忌，长期独断专权，其国君亦常被架空、遭轻蔑而虚位化。无论在昭公、定公抑或哀公时期，都呈臣强君弱之窘态。如此，鲁国国君如何有效驾驭、钳制三家而树立君主之权威，维护君主之尊严，是鲁国国君长期以来所面临的历史问题。

鲁定公承昭公之位，依然受制于三家之操纵，对三家之专横无礼胸无应对之策，呈无可奈何之悲状，致使君臣之颠倒更为严重：君根本无法"使臣"，臣亦不敬从、不以"忠""事君"，反而以"君"自居，凌驾于定公之上。如此，憋屈至极的定公，欲求驭臣之术，挽回国君之尊，行国君之权。

孔子洞见定公之悲戚与苦楚，但并未从君臣权谋之术上予以直接回答，而是从君臣之道义高度，解定公之困患。由此，定公求制臣之功法方术，孔子以君臣之伦理关系而"对"，呈现出解决君臣矛盾关系之"术""道"之不同的价值取向。定公所问、所求的是一个政治学或行政管理学的技术性问题、手段性方法，强调怎么办才有效。孔子所"对"，则表呈一个政治伦理或行政伦理的规范性、原则性问题，突出君臣各自应是如何做。孔子所述"君臣之道"，从礼法之根本上理顺君臣之伦理关系，将困扰定公之问题，从形下之功法计谋，提升到形上为君、为臣之"道"的层次，解构了定公问题之直接性和简单操作性。同时，也暗含着对定公的批评。因为导致鲁国君臣关系倒置、错乱，三家之僭礼、违礼自不可恕，但是，之所以造成此等境况，鲁国国君，包括定公在内，在某种程度上亦是三家行霸道、乱君臣之礼的合谋者。

就定公而言，欲削弱三家之权重，起用孔子为大司寇，夹谷之会后，又提升孔子，让其"代行相事"，全面主持鲁国的行政工作；孔子主政三个月，鲁国大治：商人不再造假售假，男女老少都好学知礼，甚至出现了路不拾遗的极佳治安局面。

然定公却掉入齐国所设之美女、良马之陷阱，沉溺于声色犬马享乐之中，根本无心于国之治理，祭祀亦敷衍，尤其是举行祭祀之后又没按照规定分送给高级官员祭肉。当时，孔子没收到应得的祭肉，就知道鲁定公不想再恢复周礼，鲁国也无法再用礼乐精神来治理了。于是，孔子毅然辞职，离开鲁国。被齐国美人计俘获、醉心于女色而无心于治国理政、荒芜政事之定公，被三家架空操纵，乃是必然。因此，从这一意义上，定公与三家共谋，乱了鲁国之君臣关系。从这一意义上说，定公遭遇三家之非礼，实为定公自己违礼、不遵"为君之道"使然。

第二，定公问："君使臣，臣事君，如之何？"

（1）定公，何人也？定公，姬姓，名宋，鲁襄公之子，昭公之弟，哀公之父。定公，是其"谥"。鲁襄公之后，鲁昭公（定公之兄）继位。三家专权，鲁昭公被逼离鲁流亡至齐国达七年之久，最后客死齐国。三家立昭公之弟宋为国君，是为鲁定公。

（2）定公为何生此问？定公，乃三家所立，三家专权于鲁如故，定公比昭公更无实权。作为国君之定公，处处受三家挟制，深感自己为君，却不像君，如是变成了"臣"，成了一个傀儡、一个摆设；而为臣之三家亦不像臣，反倒成了拥有实权之国"君"，颐指气使，凌驾于定公之上。如此颠倒了的君臣关系，令作为国君之定公深觉压抑、窝囊、悲叹与困患。于是，询问孔子当如何扭转当下畸形化、颠倒了的君臣关系，于是便有了"君使臣，臣事君，如之何？"之问。对此，孔安国曾注曰："时臣失礼，定公患之，故问之。"戴望亦释曰："时臣失礼，定公患之，故以为问。"孔安国与戴望之注释，道出了定公之问的起因与背景。

（3）事实上，鲁定公所遭遇的君臣角色倒置的关系，即其根本而言，则在于乱了"礼制"。置身于非正常君臣关系中的鲁定公，欲摆脱三家之挟制，能真正驾驭三家，成为名副其实的鲁国之君。换言之，鲁定公不甘心大权旁落，他一面当着傀儡国君，一面在等待机会，设法、求法改变"三桓专权"的局面。由此可见，定公所问、所求，乃是驭人之术、驭臣之法。这便是定公所问之要义。

（4）定公所问，在乱世又具有普遍性。其普遍性则在于一方面君臣等级秩序已错乱，礼法已废，僭礼非个案，实为常态；另一方面，国君多欲求权谋，得驭人之术，从这一意义上来看，臣之无礼，其君乃是其同盟者，表明君臣彼此都未在"道"上，严格地说，君，是无道之君；臣，亦是无道之臣。如此，君臣关系之错位、倒置，因君臣皆行无道之必然。

第三，孔子对曰："君使臣以礼。"

（1）定公向孔子所求驭臣之术。定公所问"君使臣，臣事君，如之何？"实质上是求君如何驾驭、领导群臣之权术问题。孔子并未循定公之问予以直接对应性回答，而是将定公的问题转换、提升为君臣之德这一更为根本性的问题。因为霸道盛行之世，急功近利，为了取得短暂的事功，重"术"轻"德"，已是普遍性之取向，定公亦然。

（2）孔子批评当时普遍重"术"轻"德"的社会现象，劝诫鲁定公要注重德政的建立。孔子强调"君使臣以礼"，乃是委婉地提醒定公，当从反省、规范自己，确立己之德行为要、为始。具体而言，作为一国之君，不要总想着驭人，总想着用什么可行的方法才能驾驭群臣，使之尽忠于己，此非在道、载道而彰道的长久之计。如此，孔子解定公所问之狭隘性和直接性，倡导国君须先依礼正己之德而行德政，以符合"礼法"之真心待群臣，真正能做到以德服人，唯如此，群臣方被德感而敬佩君之德行，进而以"忠"事之，此乃行正道之上策。

（3）孔子所言"君使臣以礼"，本质上是要求君以"礼"为依据而"使

　　　　　　　　　　　　生活哲学视野中的"论语"研判

臣"，以此促使定公自反而自察自己作为国君，对下臣是否予以应有的尊重，是否真诚地"以礼相待"。而是否"以礼相待"，本质上为是否遵从"礼治"。如此，定公是否以君臣之礼而待三家，相应地也就决定了三家等下臣是否以"礼"而事君。孔子之对，巧妙而真诚地提醒定公反思，造成鲁国君臣关系的非礼困境，难道作为国君的定公自己没有责任吗？病根在何处？君子当反求诸己也。是否与自己不遵"礼治"直接相关？如此，鲁国三家之臣，不把定公视为"君"，是定公不推行"礼治"之直接结果，对此，定公自当是难辞其咎。

（4）"君使臣以礼"，表居于上位之"君"，当率先遵礼、行礼，以"礼"而"使臣"，绝不可以一己之好恶而无视"礼"，更不可不依礼而轻慢下臣，而是必须给予群臣相应的礼遇，更深刻地说，作为国君，当是推行"礼治"。如此，君臣关系也才可能顺"礼"而符合道义。这一思想与孔子所言"道千乘之国，敬事而信，节用而爱人，使民以时"之"爱人"主张，是内在一致的。如是，后儒孟子将此思想进一步明晰为"爱人者，人恒爱之；敬人者，人恒敬之"（《孟子·离娄章句下》）。

（5）"君使臣以礼"，亦表明国君对于臣子之差使也必须符合"礼"，以"礼"使之，不可简单轻慢之。倘任命其为大臣，就要视之如肱股；若任命其为言官，就要看待他同耳目；假任命其为将帅，就要有推毂命将的礼仪；如任命其为使臣，就要有派遣使臣的礼仪……这一切都表明为君者，务必要以礼为上、为先，君须至诚以待臣。此为"使臣以礼"之真谛。如是宋儒吕大临所言：君"使臣不患其不忠，患礼之不至"。

第四，"臣事君以忠"。

（1）"臣事君以忠"，表礼制对"臣"的伦理规范。所谓"忠"，乃指"臣事君"须内尽其心、外尽其力，即尽己也。在实际行政中则要求臣做到，如果担任辅助国君的职责，就要尽心启发国君，而没有丝毫的隐讳；如果肩负言官的职责，就要尽心谏言，不敢有丝毫的欺瞒……若遇难做之事，须不辞辛苦、鞠躬尽瘁，遇到患难之时节，则须不惜以生命为代价。此为"为臣之道"。

（2）君臣之关系是相对的。"君使臣"或"以礼"、或非礼，相应地亦带来"臣事君"，或遵礼而行"忠"，或违礼而"不忠"。"臣事君以忠"，正是"君使臣以礼"之积极效应。在此表征君臣之德主动与被动之关系，君之礼须于先，臣之德方成于后。

（3）孔子之"对"，从君臣关系之主动与被动、上位与下位之关系，从"臣事君以忠"的先在前提"君使臣以礼"入手，内蕴着孔子之判断：鲁之三家之所以屡屡僭礼、违礼君上，甚至无视于君上之实存，乃是君上无礼之所致。

如此，孔子从"臣事君以忠"的反向，再次警示定公"使臣以礼"的必要性与重要性。因为只有君做到使臣不患其不忠，而患礼之不至，才有臣"事君不患其无礼，患忠之不足"的善果。

（4）孔子以"臣事君以忠"的道德应然要求，亦对三家不遵"为臣之道"的违礼所为予以了批判。

第五，"君使臣以礼，臣事君以忠"。

（1）孔子以"礼制"为依托，以"礼治"的至善之道为价值基础，设构出理想型君臣伦理关系："君使臣以礼，臣事君以忠"，以图解决鲁国乃至当世普遍扭曲、畸形化了的君臣关系，最终促遵礼仁政行于天下之目的。

（2）"君使臣以礼，臣事君以忠"所呈的君臣应然伦理关系，如是宋儒尹彦明所揭示的："君臣以义合者也。故君使臣以礼，则臣事君以忠。"其合"义"之根本就在于君臣须各遵其礼、各守其道、各尽其分，方可达成道义之合。简言之，君遵君之道、行君之礼、尽君之分，相应地，臣守臣之道、行臣之礼、尽臣之分，其结果必是君对臣以礼敬，以礼相待，臣事君亦必是以"忠"而"诚"。

（3）孔子以"君使臣以礼，臣事君以忠"，直接解蔽了定公基于求"术"所"问"之偏狭性与简单性，指证当世君臣之实际关系状态：傲下谄上之"非礼"，以及贱下犯上之"违礼"，以期以"礼"矫正非礼之畸形化了的君臣关系，从而实现废霸道行仁道、施仁政、成礼治之善。

对于孔子之"对"："君使臣以礼，臣事君以忠。"钱穆释曰："礼虽有上下之分，然双方各有节限，同须遵守，君能以礼待臣，臣亦自能尽忠遇君。或曰，此言双方贵于各尽其己。君不患臣之不忠，患我礼之不至。臣不患君之无礼，患我忠之不尽。此义亦儒家所常言，然孔子对君子问，则主要在所为君者，故采第一说。"

第六，在"君臣"这一对矛盾关系中，"君"始终是处于主导性地位，君以礼待于臣，那么，"臣"则应该是报之以"忠"来与君之礼相匹配。在这里，"君使臣以礼"是前提，"臣事君以忠"是"君使臣以礼"之逻辑后果。如此，孔子首先对"君"提出了以"礼"待臣的要求，这就内在地迫使为君者须先行觉醒，须先遵礼、行礼，践"为君之道"为先、为上。对此，如是贾谊所言："遇之有礼，故群臣自喜婴以耻，故人矜节行君臣之道，施报而已，故先言君使臣以礼，后言臣事君以忠。"

孔子所言虽是"君臣之礼"，但是可以清楚地看到，在孔子眼里，君臣关系并非是决然的主仆关系，而应该是有一定道德契约的上下级关系。君对臣，不可任意驱遣，须讲道义、予以尊严，即君须遵礼而"使臣"，臣回应君之礼，报之以"忠"。

孔子以"礼""忠"来规范与重塑君臣伦理关系之思想和主张，到了孟子，进一步发展为"（孟子告齐宣王曰：）君之视臣如手足，则臣视君如腹心；君之视臣如犬马，则臣视君如国人；君之视臣如土芥，则臣视君如寇雠"（《孟子·离娄下》）。如此表明，古代的君主，绝非可以任性地为所欲为，他们依然须要遵循"为君之道"，要受"礼制"之制约。

在中国这样一个自古就幅员辽阔的国家，君主对于臣子的依赖性更强，君王必须依赖臣子才能将统治达于四海，再好的政令也必须依赖臣子才能贯彻。而臣子一旦背"为臣之道"而失"忠"，或反抗，或包藏祸心而坐大，那君主的地位就岌岌可危。

如此，孔子"对"定公："君使臣以礼，臣事君以忠"，乃是教导如是定公这般之君主当行真正的"为君之道""治国之道"。

第七，定公行"问"，孔子以"对曰"。其"对曰"表孔子以己之行践"礼"而彰"为臣之道"。

（1）定公重用孔子，任命他为鲁国大司寇，不久又委以重任："代行相事"，给了孔子施展政治抱负之舞台，从这一意义上而言，孔子深谙其为臣之责，谨遵"为臣之道"，故而，定公"问"之，孔子回应而"对曰"，而非一般性地"答曰"或"曰"。这与《为政》篇中哀公问曰"何为则民服？"，孔子"对曰"是一致的。这说明孔子谨行"为臣之道"非一时之权宜，而是一直如此，此乃得道之孔子本心使然也。

（2）从《论语》或《孔子家语》等文献中可见，每逢国君向孔子行"问"时，孔子总以"对曰"而应；而与其弟子或其他人之问答，只是"孔子曰"，或者"子曰"，并非"对"。孔子回复国君以"对曰"，充分体现了孔子在回答国君之问时，持虔敬之心，行恭敬之礼。由此表明，孔子以行而为"为臣"之人树立了标范：不仅遵礼，而且行礼，具体表现为"为臣"须尊"君"。

（3）孔子回应定公之"问"以"对曰"表明，"礼"之精神并不存于"礼制"繁复的典章之中，亦不存于其完备的制度之内，更不彰于礼仪形式之上，而是具体体现和呈现于真切的践行之中。如此，遵礼、尚礼、维礼，皆须落实于"行"礼。除此之外，"礼"必被悬置而形式化、虚无化。

第八，君臣关系，是"五伦"之重要维度，它不仅关涉到国之兴衰、邦之定乱、社稷之存亡、民众之福祉，而且关系到世风民德之良莠。如斯，孔子以"君使臣以礼，臣事君以忠"，纠君臣各自之"过"，以"正"君臣之关系，其功大哉。因为，无礼法而紊乱的君臣关系，必是各自心怀鬼胎、不仅乱了礼序，而且败了基业，坏了民德世风。

第九，孔子所"对"："君使臣以礼，臣事君以忠"，于当代官场、商场抑或其他场景中所蕴含的丰厚意义之开发，自待当事者自悟而践行之。孔子所"对"，其积极价值正在于上下各守其道、各行其礼、各尽其力。上位者，当率先垂范，正己而以礼待下位者，相应地，下位者，当遵其礼、厚其德、行其职、尽其责。如此，上下同心，其利断金。

总之，定公因困于三家操纵鲁国之政，自己被架空成傀儡之患而行"问"，以求解患之策。孔子"对"之以"礼"与"忠"，清晰地指明了君臣关系中各自所应持守和践行的伦理原则，突出"为君之道"与"为臣之道"于纠正、正常化当时错乱的君臣关系之重要性。

孔子之论，设构了君臣伦理关系之应然形态，其价值不仅在于除君臣关系之时弊，正君臣关系于礼法，而且为"礼治天下"开掘出一条充满道义的现实之途。

　　　　　　　　　　　　　　生活哲学视野中的"论语"研判

20. 节制哀乐，中和之美

八佾 3.20

【原文】子曰：“《关雎》，乐而不淫，哀而不伤。”

【译文】孔子说：“《关雎》一诗，表达的情感欢乐，但不流于放荡；有哀愁，但不陷于伤损。”

戴望引《尚书大传》而释：“及康王时，佩玉晏鸣，应门失朝，则毕公陈《关雎》以为刺。”孔子引《关雎》中的“乐而不淫，哀而不伤”，其意在于警示鲁之君臣勿要过度沉溺于声色享乐，当遵礼而有节欲。

孔子引《诗经》之语，表达两种相反的情感：“乐”与“哀”，皆不可任其泛滥越度而趋向两极，均须受“礼”之节制，于是，强调在“乐”与“淫”、“哀”与“伤”之间，寻求中道，得其正而持守中道，真正做到“乐”而“不淫”，“哀”而“不伤”，呈中和之美，超越情感之自然而进入情感之道德自觉与自控，达成情感之善性品质。

孔子从每一个人都具有的“乐”“哀”入手，在其中注入“礼”之规范，进而防范其“过”，由此，孔子强调在情感之自然与规范、纵欲与禁欲之间，把握其最为恰当的“度”而不逾越，彰不偏不倚之中道。

孔子假“传统”而赋予其新内蕴，从而开发“传统”之新意，延引传统于当下，成激活“传统”、服务于当下的可行之策，这便构成孔子“述而不作”之独特的文化承续范式，与发挥“传统”积极影响现实生活的实践模式。

具体而言

第一，经孔子重新整理编纂而成的“诗三百，一言以蔽之，曰：‘思无邪’”，既表明《诗经》三百篇之思，皆归“正”而“无邪”，亦表明《诗经》于当世和后世具有积极的价值引导功能，能使天下一切思者同归于无邪。如此，孔子屡屡延引世人广泛熟知的《诗经》之“思”，深度开掘其文化内蕴，并赋予新的含义，服务于当世，架起“传统”与现实之桥，探寻出“传统”影响后世的可行之路，成为传统转换而再生的经典范式。

不可否认，挖掘《诗经》所承载的合理价值，激活、释放《诗经》所具的影响力，利用《诗经》源于生活、为世人广泛熟知等诸多特点服务于当下之现实，不仅承载着文化使命，亦显示其智慧方法。如此，孔子假《诗经》，为自己所提出的治世主张，所阐释的礼法、道义诸原则，从文化之根脉上予以支撑，从价值合法性予以保障，从而在根源性上彰显其主张之思想承续性、正统性与正当性，以此标示孔子智慧的文化策略。

第二，《关雎》，《国风》之首篇，戴望说此诗系"周公所作"，是一首赞颂文王及夫人太姒之诗。其内容主要是写文王思得淑女，以为后妃。求得之后，钟鼓乐之。求之未得时，寤寐思服，以致辗转反侧。文王"乐"时，只是敲击钟鼓来表达内心的欢愉，"哀"时也只是辗转反侧而已。其快乐和哀伤皆不过度，都符合中和之美。

孔子对文王在"得"与"未得"时表现出来的"乐""哀"之状所蕴含的深刻意味予以揭示，总结为"乐而不淫，哀而不伤"之一般原则。简言之，孔子评论《关雎》一诗，抓住文王所抒哀乐之情，不淫不伤，强调"哀乐"皆得其正，不可过度而滑向极端。

如此，孔子通过对《诗经》中《关雎》之篇中男女情欢的领会、揣摩和批判性反思，尤其是对文王于其"哀""乐"之情的自持予以提炼，提出了他的"中庸"思想，成孔子以"礼"节制情感的理性情感观。

第三，"乐而不淫，哀而不伤"。据北宋陈祥道之解，"关雎"本亦有记"友之以琴瑟，乐之以钟鼓，乐而不淫也；求之以寤寐，思之以反侧，哀而不伤也"。孔子将其中最为主要的精神予以提炼，明确地陈述为具有深刻哲理的命题："乐而不淫，哀而不伤。"

（1）为何"乐""哀"？简要地说："既得，则致其乐。未得，则致其哀。"（陈祥道）以此表明，"得"之则"乐"，"未得"之则"哀"，"哀""乐"乃是"未得"与"得"最为直接的情感反应，表征"未得"与"得"之事实性，与"哀""乐"之情感性或价值性之关系。

（2）"哀"与"乐"指向的"未得"与"得"，实指"为后妃之德"，以此表征淑女即后妃之贤德，是为君子所求，由此决定君子之"哀"与"乐"。薄益释此乃"后妃不嫉妒，多求淑女，以事西伯，使广继嗣之道，故乐不淫，哀不伤"。

（3）"乐而不淫，哀而不伤。"

其一，按照朱熹之解："淫者，乐之过而失其正也。伤者，哀之过而害于和者也。"戴望认为："淫犹贪，哀犹爱也。伤，损也。"如此，"乐而不淫，哀而不伤"，内蕴着中和之美。

　　　　　　　　　　　　　生活哲学视野中的"论语"研判

其二，孔子以"不淫""不伤"作为"乐"与"哀"的限度，指明唯有"不淫"之"乐"、"不伤"之"哀"，才是真正受"礼"节制之情感。在此意义上，充分表明"乐者，乐也；不淫色，礼也。哀者，仁也；不伤性，义也。乐而节之以礼，仁而成之以义"（陈祥道）。

其三，进而言之，"乐而不淫"，所指为"窈窕淑女，君子好逑"；"哀而不伤"，所言"求之不得，寤寐思服。悠哉悠哉，辗转反侧"。"乐"与"哀"皆"发乎情"，应和自然；而"不淫""不伤"乃"止乎礼"。如此，方使"乐"与"哀"不过度，有节制，不以情而害事。恰如戴望所释曰："古者后夫人将侍于君，前息烛，后举烛，至于房中，释朝服，袭燕服，然后入御于君。鸡鸣，大师奏《鸡鸣》于阶下，夫人鸣佩玉于房中，告去也。然后应门击柝，告辟也。然后少师奏质明于阶下，然后夫人入入庭立，君出朝。此之谓不淫其色。"由此可见，孔子反对随心、随性、随欲之自然主义情感原则，倡导"快乐而不放纵，忧愁而不哀伤"的理性情感原则，以此切实告诫世人，一切都要保持适当的"度"，既不可冷若冰霜、无动于衷；亦不可放纵、沉溺、沉迷于情之中而不能自拔。这样，在对由"乐"至"淫"、"哀"至"伤"的情感之度的把握中，孔子提出了总体性原则："乐"而"不淫"，"哀"而"不伤"。

第四，"乐"与"哀"，既是情感变化的两个阶段，也是情感系统中两个最为基本的取向。"乐"，表肯定性情感，可以分为不同的程度与等级，包括心之愉悦达至乐而"淫"；同理，"哀"表否定性情感，达"伤"则是"哀"之极致。孔子将"乐"与"哀"之极端状态规定为"淫"和"伤"，这就划定了人的情感之合法边界，从而为人们情感生活的正当性提供了一个尺度。如此，孔子以"礼"抑情、制情，力图在纵欲与禁欲两极之间，确定最为恰当的中道路线，始终将人的情感限定在规范的、正常的秩序和程度之中。

在孔子看来，人的情感不仅要纯洁，还应受"礼"之节制，讲究适度、平和。因此，他主张在对立的两端中采取不偏不倚的"中道"，反对走向极端，"过犹不及"，警示世人不能任由情感泛滥而极端化。

第五，陈祥道更缜密地注意到"诗，先哀思而后乐"，而"论语与诗序先乐而后哀思；先哀思者，事之序；先乐者，得后妃之心。作诗者叙其事；说诗者，逆其心。其理然也"。陈祥道对"先乐"或"先哀"予以了细腻的区分，更清晰地从情感之发生的视角把握孔子从《关雎》一诗中关注"乐而不淫，哀而不伤"的真意，明了孔子"先乐"而"后哀"所指，以凸显孔子对《诗经》中《关雎》一诗的借用与改造。如此，孔子所言"乐而不淫，哀而不伤"，以"先乐"而"后哀"的顺序，逆事之序而彰情之理，重"得后妃之心"。

第六，戴望认为"《关雎》乐得淑女以配君子，忧在进贤，不淫其色。哀窈窕，思贤才，而无伤善之心焉"。如此表明，《关雎》之诗，直言男欢女爱，表君子对淑女之追求中情感的变化及其特质，却内蕴更为深刻之意：孔子以此喻圣君明主对贤人之渴求，认为圣明的君主应该与贤达的人才相匹配，如是君子与淑女，天造地设的完美结合，才能够治理好国家、平治好天下，实现圣人之政治理想。

第七，孔子编"诗"，将《关雎》作为诗之始，并在《周易·序卦》当中阐发"有天地然后有万物，有万物然后有男女，有男女然后有夫妇，有夫妇然后有父子，有父子然后有君臣，有君臣然后有上下，有上下然后礼仪有所错"。如此，孔子遵循传统之夫妇乃具有造道之功的观念，视婚姻夫妇关系为其他一切社会关系的基础。这样，孔子引男女之情而强调其"度"，从一切社会关系之"元"关系上予以规范，突出中道原则。

第八，"乐而不淫，哀而不伤"彰显了"中和"之美。"中和"，由此成为儒家重要的审美原则，具体表征为美之"和谐""适度"。如果超过了其适当的度，就不能达到其应有的善果，相反则是有害的。孔子所主张的"中和"思想，使得中国艺术和情感的表现，无不保持着理性与情感之张力，防范堕入粗野的情欲发泄或狂热的情绪冲动之中，以达圆融之境为其艺术之追求。

总之，孔子以《诗经》之《关雎》一诗所记君子与淑女之爱情故事为蓝本，延引其中君子"哀乐"情思之特征，提炼出情感所应遵循的根本原则："乐而不淫，哀而不伤"，凸显"礼"对情的节制而达"中和"之美，以此表达孔子对文王之道的敬崇与遵循。

孔子主张"乐而不淫，哀而不伤"，其深意正在于将"礼"置入情感之中，对情感予以规范，以使情有"度"，防范"哀乐"极端化，削弱情感越"度"之负面效果。一言以蔽之，孔子主张"哀乐"有"度"而"不伤""不淫"，其目的不是否定、消解情感，而是对情感施以自我管理、自我协调、自我控制，超越情感之自然、自在而达成情感之自主、自由，摆脱情感奴隶之状，促使人成为自我情感的主人。如此，从情感之维度，孔子表达了"礼"内化于心，促成自我规范、自我管理而自成的生命超越与提升的价值主张。

孔子借《关雎》之"乐而不淫，哀而不伤"，为世人于"乐""哀"提供了遵礼、循中道，管理己之情感、情欲之尺度："不淫""不伤"。但孔子此言的真正现实指向，则是警示与劝诫鲁之为政者，当节欲、节制而不可"淫""乐"。

21. 哀公问社，既往不咎

八佾 3. 21

【原文】哀公问社于宰我，宰我对曰："夏后氏以松，殷人以柏，周人以栗，曰：使民战栗。"

子闻之，曰："成事不说，遂事不谏，既往不咎。"

【译文】鲁哀公宰我，造土地神的神主应该用什么树木，宰我回答："夏朝用松树，商朝用柏树，周朝用栗子树。用栗子树的意思是说：使老百姓战栗。"

孔子听到后说："哀公失政之事，不用再提了；三家专断于鲁之事，不用再去劝谏了；宰我示哀公以'使民以栗'，已是往事，就不必再去追究了。"

宰我：

1. （前522—前458），姬姓，宰氏，名予，字子我，春秋末期鲁国人，孔子早年弟子，小孔子二十九岁，随孔子周游列国。

2. 其思想活跃，好学深思，善于提问，口齿伶俐，擅长辞辩，列"言"科之首，"孔门十哲"，曾受命出使齐国、楚国。

3. 曾以"井有仁焉"刁难孔子。宰我问曰："仁者，虽告之曰：'井有仁焉。'其从之也？"子曰："何为其然也？君子可逝也，不可陷也；可欺也，不可罔也。"（见《论语·雍也》）

4. 曾公开质疑孔子的"三年之丧"的制度不可取，说："三年之丧，期已久矣。君子三年不为礼，礼必坏；三年不为乐，乐必崩"，因此认为可改为"一年之丧"，被孔子批评为"不仁"。（见《论语·阳货》）

5. 宰我大白天上课时酣睡，于是被孔子严加斥责他为"朽木""粪土"："宰予昼寝。子曰：'朽木不可雕也，粪土之墙不可圬也。'"（《论语·公冶长》）宰我似乎就这样成为千古以来的负面典型。然，宰我"昼寝"，则可以视为以消极方式、以个体对抗无道时代之典型。

6. 因宰我之言行特质，改变了孔子人之言行统一观，提出了"听其言观其行"之思想。子曰："始吾于人也，听其言而信其行；今吾于人也，听其言而观其行。于予与改是。"（见《论语·公冶长》

三家专横于鲁，呈臣强君弱之势，时日已久，鲁之昭公、定公和哀公等诸君皆受三家严重挟持。至哀公，动了诛三家之念，然怯弱不定，乃以问"社"暗喻而求问于宰我，试探可行否？宰我心领神会地通过谈"社"，在讥讽中以隐语鼓动哀公肃政而逐三家，以正君臣之位，解哀公之困患，肃清鲁之政弊。对此，蔼益释曰："哀公患三家之强暴，问于有若，有若对曰：'惟礼可御暴乱，此端本澄源之论也。'今云战栗以敬神明，似则似矣。然未能事人，焉能事鬼？未知敬止工夫，安能大畏民志哉？"卓吾云："实是说他、谏他、咎他，亦是说哀公、谏哀公、咎哀公。"

孔子深知"鲁失礼宗庙，始于文公，无祖无天而行，以启篡逐之祸，至哀公时，民不为所使久矣"。如此，孔子判断哀公与宰我"对话"所欲行之事，不合时宜，故认为"说之、谏之、咎之，何益乎？"。（戴望）

孔子亦曾谏言于鲁定公，以孟孙氏等三家的都城超于礼法之度，下令堕三家之都；而今为何不许宰我言"使民战栗"？原因是孔子堕三都，乃适时之举；而宰我之言，不适时宜。如是，孔子以"成事不说，遂事不谏"之警语，告诫哀公与宰我之"谋"，切不可为，否则必将给鲁国带来更大的动荡和灾祸，同时批评宰我不能审时度势而谏言，以此表征孔子因时而进退有度的政治智慧。

具体而言

第一，长期受制于三家的哀公欲诛杀三家，以正君臣之位、树君威，却只能以"问社"之隐晦的方式，求问于宰我，探讨是否可行。宰我洞见哀公心之所求，以述三代之"社"，呈三代"社"之差异，以彰"社"于君之庄肃而不可或缺，暗指鲁主哀公亦须急迫立"社"。在此基础上，宰我解"周人以栗"之意为"使民战栗"，一方面"欲劝哀公用严政"，另一方面则暗含讥讽哀公的无能与懦弱。

孔子对宰我冒失地肯定与蛊惑软弱无能的哀公以立"社"为名而行诛三家之事，予以否定。因为三家于鲁，尾大不掉已成事实，相反，势单力薄的哀公，若采取诛杀之极端手段，不仅不能解决三家，反之会使哀公陷于更大的困境，致鲁乱。如此，孔子以为于三家，只能在社会环境和朝廷舆论等诸多条件成熟的情况下予以渐次削弱，绝不可贸然采取诛杀之策。于是，孔子明确提出，于哀公失政之事，不必再提；对三家专断于鲁已成事实，以其谏言，不如不谏；对于宰我对哀公所言"使民以栗"之事，就此冷却，不必再追究，以免引起新的事端，引发更大的动乱。

针对专权、越制、僭礼之强势的三家，宰我对哀公所欲，不仅予以肯定、支持甚至予以蛊惑，表明宰我政治上的幼稚与简单；相反，孔子因深透地把握哀公失政之无能、三家把持鲁国之实情，以及宰我对哀公之欲予以肯定的轻率，而能针对不同的事、不同的情态予以冷静区别和智慧地加以处理，凸显了孔子政治上的深邃与得道。

孔子听闻哀公与宰我的对话之后，提出"成事不说，遂事不谏，既往不咎"的原则，不仅解出了宰我曲解"周人以栗"而行"使民战栗"之策可能带来的更大困患，而且成为后世人们审度问题，进而形成其行事之策的总原则。

第二，"哀公问社于宰我"。

（1）何谓"社"？"社"，指有别于"稷"，即指"土地之神"，常与"稷"合称为"社稷"，表征"国家"。古代把祭土地神的庙、日子和礼，都称为"社"。

（2）哀公"问社"。哀公"问社"，其所问的"社"，是指社主。所谓"社主"，按朱熹所释："三代之社不同者，古者立社，各树其土之所宜木以为主也。"钱穆续朱熹之说，表明"古人建国必立社。……立社必树其地所宜之木为社主。亦有不为社主，而即祀其树以为神之所凭依者。"简要地说，就是在土地神庙种上当世适应的树，以标识"土地神"。在此，人们敬拜之，如是敬拜"社"一般。这样，"社主"即"树"，就成了一个具有象征性意义的标示。除此之外，在本节对话中，哀公所问的"社"，还有一说即是指用木头做的土地神的牌位，一般情况下，这个牌位摆放在祭祀土地神的庙里。

在此需要注意的是："社主"即于土地神庙前植何种树，或以何种木质作为土地神的牌位，既表天子为政之祈愿与诉求，亦表为政者为政之特质，故而，其"树"或"木"就具有特殊的内涵。一句话，其"树"或"木"，乃"社"之代表。

（3）哀公为何"问社"？从作为国君的哀公之实际处境来看，因长期遭受三家挟持，实则无"社"可言。这样，实质上无"社"之国君哀公"问社"，乃是为了真正地"立社"。而要"立社"，就意味着必须肃政而铲除"三家"。如此，哀公以"问社"之隐秘方式，求教于宰我可否废止三家而做回真正的国君。

第三，宰我对曰："夏后氏以松，殷人以柏，周人以栗，曰：使民战栗。"

宰我针对哀公之问，首先从历史维度予以回答："夏后氏以松，殷人以柏，周人以栗。"按钱穆所解：夏商周之所以以松、柏、栗而立"社"，"皆苍老坚久之材，故树以为社"；按陈祥道之释则是："观野之所宜木，则粪土所宜，畿疆所定。林木所出，出于族类，所从易见，为难乱。教民稼穑，人事不戾乎神，土性不病乎物。观其名，社与野而符之是耳。故夏后氏以松，殷人以柏，周人以栗，其意如此。非若诗之柏舟、乔松，礼之赞栗，所以托其意也。"从钱穆和陈祥道之解中可见，夏商周以松、柏、栗为"社"，其一，因其当地之土地适合种此树；其二，因其树之木质"苍老坚久"所具有的象征性意义。

宰我如果针对哀公之问"社"，只是回答"夏后氏以松，殷人以柏，周人以栗"，则完全是一个历史知识性的问答。然而，哀公问"社"，非止于了解夏商周之社的历史，而是借此指证其自身当下之"社"的缺失。如此，宰我领会哀公之意，特意在回答夏商周之"社"之后，追加了一句："使民战栗。"真正的问题，也就出在宰我所追加的"使民战栗"这一句对"周人以栗"的解说之上。

对于哀公"问社"之动意，宰我心领神会，于是，宰我解"周人以栗"之意为"使民战栗"，乃宰我特意为哀公壮胆之说。表明宰我蛊惑懦弱的哀公应强硬，不应过分宽容、放纵三家专权而应严苛为政，一句话，宰我知会哀公问社之意后，隐秘地赞同哀公废三家之动意。

然而，宰我对哀公将"周人以栗"之意解读为"使民战栗"，实乃是一种严重妄解。如是陈祥道所说："宰予对哀公以战栗解之，宰我之对，失之远矣！"这样对"周人以栗"的曲解，既违背了周"立社"之本意，又勾起或迎合了哀公整肃朝纲的杀伐之心。

宰我应哀公"问社"之诉求，一方面未能深度把握鲁国政事之弊，未根据鲁国之政的实际，因此不能审时度势而劝阻，反倒是简单地认同并蛊动哀公之欲，说明宰我于此犯下了简单和冒险之错，表宰我在政治上的幼稚与肤浅。

同时，正因为宰我未能深刻地把握鲁国政事之状况，仅仅从哀公之诉求出发，竟以妄断"周人以栗"之真义，牵强地引出"使民战栗"而为哀公诛三家予以佐证，表明宰我之草率判断而欠谨慎，随口而言而武断。

宰我解"周人以栗"为"使民战栗"，要求哀公应施以严政，这无疑是对现实中软弱、无能、丧政的哀公的一种讥讽，虽回答哀公之问依然是"对曰"，然事实上心乏恭敬。

按照哀公与宰我的"问""对"所达成的"谋"，势必会导致哀公发动一场自身根本无力完成的肃政运动，其结果于哀公必是事与愿违，于鲁则是导致不可预料的新动乱。

第四，子闻之，曰："成事不说，遂事不谏，既往不咎。"

孔子于陈国，听闻鲁哀公与宰我"问""对"之谋达成肃政而诛废三家之"事"，深感其冒险性而必将给鲁政带来难以预料的新动荡、新灾祸。如此，孔子想阻止这一场尚未发生的不合时宜、不成熟的"问社"、肃政事件，以矫正宰我之误，于是，孔子提出"成事不说，遂事不谏，既往不咎"之智慧主张，力图从主观动意与诉求上中止、停息哀公所欲、被宰我蛊惑的这一场不成熟的政治闹剧。

（1）"成事不说。""成事"所指即是三家专权于鲁、哀公失政之"事"，早已成定局。对此，恰当的立场和态度即是不再旧事重提，不予评论，不再说三道四，即"不说"。因为再说无用，故不需说，也就不必说了。

（2）"遂事不谏。""遂事"所指即是三家揽权独断于鲁遂已成事，如今宰我对哀公进谏，为时已晚。既如此，还不如"不谏"。

（3）"既往不咎。""既往"即是指宰我对哀公所说"使民战栗"之言，不仅曲解了"周人以栗"的本意，歪曲了周人"立社"之意义，而且很不合适地对哀公产生误导，其言绝不适当。然而已经说出，亦不追咎而引发新的事端，故云"不咎"。

（4）宰我"对"哀公之"问"所犯下的错误之根本，就在于违背了孔子所主张的"成事不说，遂事不谏"之原则。陈祥道对"成事不说，遂事不谏，既往不咎"予以了深透的诠释。他说："成事不说，遂事不谏，此孔子罪宰我之言也；既往不咎，此孔子恕宰我之言也。成事不说，言成哀公之事而不为之说；遂事不谏言，遂哀公之事而不为之谏。使之阙疑而有问焉，是勿成之也。使之悟非而有改焉，是非遂之也。"

第五，孔子所言"成事不说，遂事不谏，既往不咎"，虽是针对宰我于"成事"亦"说"、"遂事"依"谏"所存在的不合时宜之弊，然而却成为后世审度问题的通则，成为世人处事之智慧。它昭示着既不拘泥、不止于、不纠缠于"木已成舟"的陈年旧事，而应着眼于将来的立场，亦表征着不做背离适宜之事，不为适时条件不具的冒险之事，而当做与适时相应的"事"。同时，"既往不咎"，既表征孔子对"热问题"予以"冷处理"，从而避免"错误"扩大化的高超政治智慧，同时以"不咎"而促宰我之反思、自省而自正，以无声的批评表征孔子宽厚包容、宽容之仁心。如此，卓吾云："实是说他、谏他、咎他，亦是说哀公、谏哀公、咎哀公。"

总之，哀公欲以"问社"而谋废三家、正君位，宰我以夏商周"立社"之历史"对"哀公，并曲解、妄断"周人以栗"乃"使民以栗"而迎合、蛊惑、支持哀公肃政之冲动。孔子听闻此等不合时宜的幼稚之谋，批评宰我对"周人"

的误解和对哀公的误导，意欲阻止哀公之肃政不成反引鲁国更大的动乱与祸害，提出其智慧之警语："成事不说，遂事不谏，既往不咎。"此警语亦成世人处事之原则。

生活哲学视野中的"论语"研判

22. 管仲器小，以事为据

八佾 3.22

【原文】子曰："管仲之器小哉!"

或曰："管仲俭乎?"

曰："管氏有三归，官事不摄，焉得俭?"

"然则管仲知礼乎?"

曰："邦君树塞门，管氏亦树塞门；邦君为两君之好有反坫，管氏亦有反坫。管氏而知礼，孰不知礼?"

【译文】孔子说："管仲这个人的器量真是狭小呀!"

有人说："管仲节俭吗?"

孔子说："他有三处豪华的府第，他家里的管事也是一人一职而不兼任，怎么谈得上节俭呢?"

那人又问："那么，管仲知礼吗?"

孔子回答："国君大门口设立照壁，管仲在大门口也设立照壁。国君同别国国君举行会见时在堂上有放空酒杯的设备，管仲也有这样的设备。如果说管仲知礼，那么，还有谁不知礼呢?"

管仲：

1（前723—约前645），名夷吾，又名敬仲，字仲，颍上（今安徽颍上）人。春秋时期齐国著名的政治家、经济学家、军事家和法家代表人物，被誉为"法家先驱"。史称"管子"。

2. 管仲少时丧父，生活贫苦，为生计，与鲍叔牙合伙经商后从军，到齐国，几经曲折，经鲍叔牙力荐，被齐桓公拜为齐国上卿（丞相），管仲亦被称为"春秋第一相"。

3. 管仲于齐执政四十年，因势制宜，分设各级官吏，选拔士子，赏勤罚惰，征赋税，统一铸造、管理钱币，制定捕鱼、煮盐之法；对外采取"尊王攘夷"的外交策略，平定北戎、夷狄之乱，辅佐齐桓公成为春秋之第一个霸主。

4. 司马迁评价道："管仲，世所谓贤臣，然孔子小之。岂以为周道衰微，桓公既贤，而不勉之至王，乃称霸哉？语曰：将顺其美，匡救其恶，故上下能相亲也。岂管仲之谓乎？""晏子俭矣，夷吾则奢；齐桓以霸，景公以治。"

5. 管仲与鲍叔牙二人，经"管鲍分金""一起充军""各为其主""阵前对垒"到"举相让贤"，其交情被后世称为"管鲍之交"。

管仲，早孔子170余年纵横春秋四十载，成志于齐之旷世大才，被世人尊为"大器者"。其一生以辅佐齐桓公，"九合诸侯""一匡天下""尊王攘夷"成霸业而名满天下，被誉为"春秋第一相"。后世常有人自比管仲、乐毅之治国、将帅之才而炫其能为荣者，如是三国诸葛。孔子对此位卓尔不群、成就斐然的历史人物，自是予以了高度的赞许。然而，在孔子看来，管仲虽然助齐桓公成就了"霸业"，然却未成就"王业"。何故？在孔子看来，其根本的问题在于：管仲"器小"，且因不"俭"、"不知礼"使然。如此，孔子言"管仲之器小哉！""器小，言其易满也。"（戴望）对此，蕅益释曰："一匡天下处，是其仁。不俭，不知礼处，是其器小。孔子论人，何等公平，亦何等明白。盖大器已不至此，况不器之君子乎？"

孔子直言不讳地批评被世人赞许称道的管子："器小"，且不"俭""不知礼"。此为在充分肯定与褒扬管仲之功的基础上，有根据地指出其不足并予以否定性的评定。由此，其成为孔子客观全面评价历史人物的重要范例。孔子之所以以"器小"而断管仲，究其根本在于管仲行"霸道"而失"王道"，且不俭、不知礼。

具体而言

第一，管仲一生传奇而卓越，孔子亦曾高度褒扬："微管仲，吾其被发左衽矣。"（《论语·宪问篇》）其意表如若没有管仲，我们都会披头散发，左开衣襟，成野蛮人了，此乃对管仲于文明之功的首肯。又赞："桓公九合诸侯，不以兵车，管仲之力也，如其仁，如其仁！"（《论语·宪问篇》）然管仲所为的这一切盖世之功，丝毫不能掩其之短。如此，孔子直言不讳地评价道："管仲之器小哉！"

如此，孔子对管仲前后一扬一抑、一褒一贬，形成鲜明的差异。究其内里可见，孔子以"仁"为标准充分肯定了管仲对国家和社会的功绩，而以"礼"为标准批评管仲的德性。由此，构成孔子对管仲肯定与否定并在的双重评价，从而充分体现了"爱而知其恶，憎而知其善"（《礼记·曲礼》）之至理。

孔子拿世人敬仰和赞许的"历史名人"作为评价对象，指出其虽然一生功勋卓著，然其自身却依然存在着不足，以此昭示世人，修身进德无止境，绝不可自满而止于"器小"；同时，更为根本的在于批判管仲所行的霸道路线，止于霸业而未能心怀天下苍生，从而张扬孔子一贯所倡导与推行的"王道"之仁政于天下之主张。

第二，从本节对话语境和语义进路来看，孔子直陈对管仲的思想境界、精神格局、品性操守予以否定性的评价："管仲之器小哉！"应该说这是一个惊世骇俗的评价。因为孔子对管仲断然否定性的评价，与管仲促齐国之强大、成齐桓之霸业所做出的不可一世之历史功绩及世人对管仲的传颂相去甚远，形成了与世人心目中完美的管仲所截然不同的管仲形象，必是令世人惊愕，令世人不明其究理。于是乎，就有人进一步从管仲"节俭"和"知礼"两个方面来反诘孔子，为管仲辩护，以证管仲之德高器大。孔子循问者之思路，以"事实"来确证管仲不"俭"、不"知礼"而"器小"。

从孔子对管仲之"判断"以及同世人的两轮论辩，表征出更为深层的问题：管仲之器"小哉"与其"俭"和"知礼"之间，到底是何种关系呢？一言以蔽之，管仲之器"小"，即在其不"俭"之"奢"、不"知礼"而"犯礼"也。

第三，子曰："管仲之器小哉！"

1. 何谓"器"

此处所谓的"器"，如是陈祥道所言："盖形而上者谓之道；形而下者谓之器。老子言大方无隅而继之以大器晚成。则方者，道德之所在。器者，功业之所寓也。"如此来看，此处所言"器"，不仅表征一个人之"功业"，而且指一个人之气量、格局与精神气象。

2. 孔子为何评价"管仲之器小"

（1）在孔子看来，管仲虽然成就了齐国之强大及齐桓公之霸业，但还只是达到"贤人"之功业，尚未达到"大人"之境界。正是在这一意义上，陈祥道才有"大人之功业则大，贤人之功业则小焉而已"之说。按照朱熹所解，孔子之所以言管仲之"器小"，乃是因"其不知圣贤大学之道，故局量褊浅、规模卑狭，不能正身修德以致主于王道"。戴望承续这一理解思路，明晰直言："量小，言易盈也。"进而言："管仲相桓公，但成霸业而已，未致太平。……故孔子虽大其功，而又惜其器小。"综上可见，孔子遵循"大学之道"，按照儒家修齐治平的人生立意来审断管仲，管仲虽达到"治国"之阶，但尚未至"平天下"之境，故在孔子看来，管仲之器，依然"小哉"。

（2）再进一步具体而言，管仲据"力"而强盛齐国，助齐桓公雄霸春秋，只是行霸道、成"霸业"，而未能以"德"而兴齐，行"王道"旺齐而成天下

"王业"。如此，虽其治国之手法登峰造极，然缺乏德治，齐强之业亦终究只是昙花一现，顷刻灰飞烟灭。究其因，乃因"小器"使然。此处的小器，以程子之语来讲，乃是"奢而犯礼"。由此表明管仲之"器小"，正与"自治以治人，正而已物正者也，故谓之大器"（陈祥道）相悖。

（3）从历史功绩来看，管仲作为齐桓公之相，九合诸侯，一匡天下，当时人们都认为他立下了盖世之功。但是在孔子看来，管仲乃是出于权谋功利之私心，并不符合圣贤之大道。所以孔子说：管仲虽然有大功，但是他的为人局量浅薄、规模狭隘，没有正大光明王天下之精神气象。如此，孔子感叹"管仲之器"真是"小哉"！

第四，或曰："管仲俭乎？"曰："管氏有三归，官事不摄，焉得俭？"

孔子对管仲的否定性评价，无疑颠覆了世人对管仲的高度赞许。于是就有了第一轮论辩。

（1）或曰："管仲俭乎？"此言表对孔子于管仲之器"小哉"评价的不理解、不认同，对管仲依然抱以同情性理解而辩护，认为孔子评价管仲之器小，是因其吝啬或节俭使然。

（2）俭朴的人，凡事都吝啬，与"器小"很相似。世人以为孔子视管仲器小，或许是因他俭约。直言之，有人认为孔子评价管仲之器"小"，应该是对管仲之吝啬、节俭之误解而误判。

（3）面对世人质疑孔子对管仲的评价，以"俭乎"来替代管仲之器"小"之判断，孔子以管仲生活中的两个具体事实予以反驳。

其一，"有三归"。即表管仲拥有三处府邸。这三处虽是因其功勋为齐桓公所赐，但其受则绝非为"俭"。在孔子看来，凡是俭约的人，一定是节制用度。而管仲筑有三归之台，作为游览观光的处所，其奢靡的生活即可见一斑。此"是其富，皆非不俭"。

其二，"官事不摄"。即管仲在三处官邸皆设置了很多官署，每人负责一件事情，互相之间从不兼任，所以他的官禄十分繁冗，养了很多的家臣，这样做事，怎么能叫作俭呢？对此，诚如陈祥道所释："管仲于内则三归，于外则具官盈礼也，非所谓俭。"戴望亦解："礼，大夫不得具官，故当祭时，职兼数事。今管仲不然，失于泰奢，非为俭。"钱穆亦以为，此乃"管仲之奢侈不俭，亦即其器小易盈，乃一种自满心理之表现"。

如此，孔子消除了第一种把管仲之器"小"当作了其"俭"的误解，再次论证与坚持自己对管仲之器"小哉"的判断。

第五，"然则管仲知礼乎？"曰："邦君树塞门，管氏亦树塞门；邦君为两君之好有反坫，管氏亦有反坫。管氏而知礼，孰不知礼？"

看来孔子对管仲的否定性评价，引起了不小的反弹，世人并不是很认同。于是在第一轮论辩之后，又出现了第二轮以管仲"知礼乎"为内涵的一次讨论，以期消解孔子对管仲之器"小哉"的评价。如是朱熹所释："或人又疑不俭为知礼，屏谓之树。塞，犹蔽也。设屏于门，以蔽内外也。好，谓好会。坫，在两楹之间，献酬饮毕，则反爵于其上。此皆诸侯之礼，而管仲僭之，不知礼也。"这是说有人怀疑管仲不节俭，因为受到国君的恩赐不敢不接受，所以，管仲是不是属于知礼的？

（1）"然则管仲知礼乎？"以"然则"开始，是接续"俭乎"之论，以表当世之人依然不明白孔子的意思。于是就有人说：据说知礼的人，凡事都面面俱到，不肯轻易就简，却和奢侈的人样子很相似，孔子以为管仲不俭，或许是他知礼的原因呢？

（2）曰："邦君树塞门，管氏亦树塞门；邦君为两君之好有反坫，管氏亦有反坫。管氏而知礼，孰不知礼？"孔子再次以客观的事实对管仲"知礼"一说予以反驳。

其一，"管氏亦树塞门"，越邦君之位，是为"僭礼"。按《礼》之规定，"天子外屏，诸侯内屏，大夫以帘，士以帷。"在门口设置照壁，以隔离内外之用，只有诸侯邦君方可，不是大夫就可以照做的；然而，事实上，管仲作为上卿，如今也弄了个照壁在门口，与国君一样了，这证明他僭越了礼制，又何来"知礼"呢？而这也正是"管仲之骄僭不逊，亦其器小易盈之证"。

其二，"管氏亦有反坫"，同样是自居邦君之位，依然是"僭礼"之为。此处的"反坫"（坫，diàn，土筑的平台）表宾主互相敬酒后，把空酒杯放还在坫上，为周代诸侯宴会时的一种礼节。这就表明只有诸侯一般举行两国宴会的时候，才能设置专门用来反爵的坫台，也不是大夫就可以照做的，这是《礼》之规定。然而，管仲如今也弄了个坫台，和国君一样的，这是他不"知礼"、不守上卿之本分，僭越礼制的又一个表现。

如此，孔子列出的管仲所行的"两事"，皆为非礼，谈不上"知礼"。如是陈祥道所释，管仲"塞门以自蔽，反坫以礼宾，僭礼也，非所谓知礼。此所以为小器也"。

其三，"管氏而知礼，孰不知礼？"孔子以此种反诘的方式，将管仲"不知礼"推向了极致。在孔子看来，管仲"三归""官事不摄"，乃奢侈不节俭；而其"树塞门"与"反坫"则是典型的越礼，这就表明管仲居功而自傲，狂妄自大，管仲根本就"不识礼"，何来"知礼"之说？这是孔子对管仲"不知礼"

予以极重的批评。

在孔子看来，礼制最大的原则莫过于名分了，而名分之最大莫过于君臣，这不可以有丝毫的僭越。然，管仲"树塞门"与"反坫"等，则是不可宽恕的越礼行为，孔子对此气愤至极。

第六，究本节所述之进路，首先是孔子对管仲的精神境界和德性格局进行了定位，接着是孔子对有的人对管仲的同情性理解进行反驳和厘清，一步一步清晰地呈现对管仲僭越礼制的行为予以揭示和批评，进一步落实孔子对节俭和尊礼之举的要求。在这里，孔子层层剥开了管仲在外在形式上可能引起误解的迷障或假象，直达管仲之奢侈不俭，亦即其器小易盈的"贱丈夫"之本，厘清了一系列容易引起误判的道德现象，确证对管仲"器小"评价的周圆与自洽。

对于孔子评价管仲之器"小哉"之真义，朱熹有言："孔子讥管仲之器小，其旨深矣。或人不知而疑其俭，故斥其奢以明其非俭。或又疑其知礼，故又斥其僭，以明其不知礼。盖虽不复明言小器之所以然，而其所以小者，于此亦可见矣。故程子曰：'奢而犯礼，其器之小可知。盖器大，则自知礼而无此失矣。'此言当深味也。"

第七，在孔子看来，人的器量大小，并不在于行事之表层，亦不在生活之细节上。古有大禹穿着破衣，吃最简单的食物，仍然不失为圣贤；周公富甲一方，也未曾沾染奢侈骄纵之毛病。有人以为器量小是"俭"，又以为不俭是"知礼"，然他们越是迷恋于"奢侈"与"不知礼"，就离天道越远了。管仲如是孟子所谓的"贱丈夫"，于官于商都垄断了，所以孔子说他"器小"，且不知遵礼而自我约束，如此之人，自然也就谈不上"知礼"了。

第八，孔子对管仲的评价并不偏颇，对于他的历史功绩曾大加赞扬与称颂，但对于他存在的问题，不曾遮掩，直言不讳。综合观之，孔子对于管仲，应该肯定大于否定，本节孔子虽然否定性评价"管仲之器小哉"，并具体指明其"小哉"，皆因其三归、树塞门、反坫等一系列不符合"礼"的行为。

孔子对管仲之评价，力排世人之误解或"偏见"，为后世之人评价历史人物提供了可借鉴之方法论：对一个重要的历史人物之评价须做全面的检视，须持守一分为二的根本原则，不以小恶掩大德，亦不因其有大德便将其美化、神化成完人。孔子对管仲的评价，对于今天我们检视、审查与评价"官员"之功过，无不具有参考价值。

同时，透过孔子对管仲的评价，对各层级的"官员"亦具有重要的劝诫与启示作用：切不可居功自傲而骄奢淫逸，更不可居功至伟而僭礼越位，而是应当不断自检、自省而进德，谦逊而俭朴，遵礼而守己成"自治"，唯有如此，才

　　　　　　　　　　　　　　　　生活哲学视野中的"论语"研判

可不断提升自己，不断超越自我之"小器"，成为"大器"之人。

孔子对"管仲之器小哉！"的感叹，从管仲与齐桓公之霸业最终的结局，无不昭示后人，表一个有一定功绩之人，须秉持"积善之家，必有余庆；积不善之家，必有余殃"（《周易·文言传》）之箴言，方可真正弃霸道、遵王道，不止于"治国"之功过，而成"平天下"之"王业"。

总之，"管仲之器，对鲁臣而言则大；对大人而言则小也。"（陈祥道）如是，孔子赞其功、褒其业，然不避其不足，直断其"器小"之短。且从"俭"与"知礼"两个具体的维度上具体考量，将管仲之"器"之"小"做实，以表孔子实事求是评价管仲，绝非因私而臆断、妄断之。

孔子对管仲之评述，昭示一个最为朴实之理："天下皆知美之为美，斯恶已。皆知善之为善，斯不善已。"（《道德经》第二章）管仲如是，世人皆然。

附孔子在《论语》中，另三处对管仲进行了评价。

其一，"（或问管仲，子）曰：人也，夺伯氏骈邑三百，（伯氏）饭疏食，没齿无怨言。"（《论语·宪问》）此处，主要指出管仲是个强人。

其二，"子路曰：桓公杀公子纠，召忽死之，管仲不死。曰：未仁乎！子曰：桓公九合诸侯，不以兵车，管仲之力也。如其仁！如其仁！"（《论语·宪问》）此处，孔子"如其仁，如其仁"之无可奈何的口气，用今天的话来说就是"算是仁，算是仁"，以此来勉强肯定管仲。

其三，"子贡曰：管仲非仁者与？桓公杀公子纠，不能死，又相之言其不可信。"子曰："管仲相桓公，霸诸侯，一匡天下，民到于今受其赐。微管仲，吾其被发左衽矣！岂若匹夫匹妇之为谅也，（难道欲其）自经于沟渎而（人）莫之知也？"（《论语·宪问》）肯定管仲的历史功绩。

23. 子论乐理，施以乐教

八佾 3. 23

【原文】子语鲁大师乐，曰："乐其可知也：始作，翕如也；从之，纯如也，皦如也，绎如也，以成。"

【译文】孔子对鲁国乐官谈乐的演奏过程。孔子说："开始演奏时，各种乐器合奏，声音洪亮而优美，听众随着乐声响起而为之振奋；乐曲展开后美好而和谐，节奏分明，连续不断，如流水绵绵流淌，直至演奏结束。"

中国古代音乐讲究"五音六律"。

五音六律即是古代音律，后也泛指音乐。

五音：指宫、商、角、徵、羽；六律：指十二律中六个阳律。

十二律：又分为阴阳两类，凡属奇数的六种律称阳律，属偶数的六种律称阴律。另外，奇数各律称"律"，偶数各律称"吕"，故十二律又简称"律吕"。

阳律六：即是黄钟、太簇、姑洗、蕤（ruí）宾、夷则、亡射；

阴律六：即是大吕、夹钟、中吕、林钟、南吕、应钟。

古常以"黄钟大吕"形容音乐庄严、正大、高妙、和谐之美。

孔子言乐理而彰礼乐之精神，论乐韵而喻为政之道，倡乐教而匡世道、正人心、顺世风，止乱世之礼崩乐坏，成政通人和之盛世。

孔子语乐师，乐之演奏，须循"五音六律"，呈起、承、转、合，使音有律而"翕如""纯如""皦如"和"绎如"，如是从"音"而成"乐"，从"乐"而成跌宕优美之"曲"。孔子强调"乐"须传承而绝不可废，以施乐教而化人之功：润人心性、荡人心魄、引人正途、教民厚德，铸道之基、塑政之型、成礼之事、达政之仁。

具体而言

第一，孔子在其育人、治世之方略中，高度重视诗教、礼教和乐教，常将三"教"相提并论。《礼记·仲尼燕居》里有载，子曰："礼也者，理也；乐也者，节也。君子无理不动，无节不作。不能诗，于礼缪；不能乐，于礼素；薄于德，于礼虚。"于此，孔子不仅具体规定了"礼""乐"和"诗"于教化中的功能，而且简明地表达了"礼""乐"和"诗"三者之内在关系。

孔子曾非常刻苦地学习音乐，具有很高深的音乐修养，并对音乐于人的成长和治世的功能，具有非常深刻的认识。

《史记·孔子世家》载，孔子曾"击磬于卫""取瑟而歌"；曾"访乐于苌弘"；《孔子家语·辩乐解》中具体记载"学鼓琴于师襄子"，讲到孔子向师襄子学弹琴，在未"得其曲""得其数""得其意""得其为人"之前，一而再、再而三地婉言谢绝师襄子关于更换新曲目的建议，刻苦专一地练习，直到对乐曲的内容、规律和形象都有深刻的理解为止，令师襄大为叹服。

孔子从多维度、多层次对"乐"展开了论述。

（1）"曰：人而不仁，如乐何？"（《论语·八佾》）

（2）"子曰：'兴于诗，立于礼，成于乐。'"（《论语·泰伯》）

（3）"曰：吾自卫反鲁然后乐正，雅颂各得其所。"（《论语·子罕》）

（4）"曰：乐则韶舞。"（《论语·卫灵公》）

（5）"在齐闻韶，三月不知肉味，曰不图为乐之至于斯也。"（《论语·述而》）

（6）"乐云乐云，钟鼓云乎哉。"（《论语·阳货》）

（7）"曰：恶郑声之乱雅乐也。"（《论语·阳货》）

（8）"曰：郑卫之音，亡国之音也。"（《礼记》）

由此可见，孔子从多维度、多层面揭示了"乐"的功能与价值，形成其独特的"音乐观"。

第二，"子语鲁大师乐"。

1."鲁大师乐"

鲁国专司诗教乐教的乐官。"大师"，古者司乐之官，即司教之官，故称之曰"太师"。这一职务，不仅需要丰富的音乐专业知识、高超的专业才能，而且需要高度的职业精神，方可在演奏乐章时全心投入、尽职尽责，尽展乐章之美，达乐教之效。

2."子语鲁大师乐"

（1）鲁之太师乐，其职能表明他理应是通晓和熟谙"乐"理及其演奏，本无须孔子对之"语"。如此，"子语鲁大师乐"之事，难道是孔子的音乐知识、音乐才能胜于太师乐？鲁太师乐有什么欠缺，还需要"子语"之呢？从形式上来看，真是颇令人费解。

（2）这一令人费解之"事"，并非是在说孔子于"太师乐"面前卖弄音乐才华，而是表明传掌鲁国之乐的"太师"本应知，然事实上却不知先王之乐的演奏。这表明在鲁国"礼崩乐坏"已经到了其太师乐都不曾知晓先王之乐的严重程度。

鲁国之"太师乐"对先王之乐的演奏已经陌生到了需要孔子告诉他。对于此境况，陈祥道有言道："孔子之语，太师不及是者，以车马不可以载巘，钟鼓不可以乐鷃故也。"对此，朱熹亦认为："时音乐废缺，故孔子教之。"

"子语鲁大师乐"，表鲁国之太师乐对先王之乐的演奏之不知，进而表明世人久已不闻先王之乐音，先王之乐于世人早已陌生化，以此表明"礼崩乐坏"之窘境。

（3）孔子为何要"语"于"鲁大师乐"，即"子语鲁大师乐"之目的，则是借太师乐之职，恢复先王之乐于鲁国，续弦先王之音于鲁人之心，发挥乐正人心之功能，从而让传统之礼制光复于世。

总之，"子语鲁大师乐"，既表征先王之乐，早已疏于世人，就连当时掌管乐的鲁国太师，也对乐的演奏已不甚了解；表明孔子实在看不下去了，便予以细心的指点，期望通过"太师乐"而承续先王之乐，进而能把礼乐精神传承下来，使之发扬光大。由此彰显了孔子通过"乐"而救世的急切之心和强烈的责任感与使命感。

第三，孔子对"太师乐"所"语"："乐其可知也。始作，翕如也；从之，纯如也，皦如也，绎如也，以成。"孔子之"语"，分为两个层面。

（1）子言"乐其可知"，表先王之乐尚未彻底消逝泯灭于世，如何作乐与演奏尚可知，这是可幸之事。如此，只要了解、掌握了其作乐之"技能"和演奏之方法，先王之乐，依然可以弦音不绝。

（2）"始作，翕如也；从之，纯如也，皦如也，绎如也，以成。"即表孔子所知的先王之乐的演奏，从"始"至"成"之起、承、转、合几个环节，以及相应所须呈现出"翕如""纯如""皦如"和"绎如"之特点。

所谓"翕如"，"变动貌。"（戴望）表乐之始，奏金鼓钟。钟声既起，令闻者振奋兴然。

所谓"纯如"，"言其声纯一。"（戴望）表随钟声既起，五音齐奏，齐声放扩，届时器声、人声，台上台下，互动应和，纯一不杂，如同五味之相济而后和，故曰"纯如"。

所谓"皦如"，"升歌之后，继之以笙入三终。其声皦如，分别皦明也。"（戴望）表五音合矣，欲其无相夺伦，即表明五音清浊高下和鸣而不混，各种音节清楚明白、清晰可辨，故曰"皦如"。

所谓"绎如"，"笙入之后，继之以閒歌三终。人声笙奏閒代而作，相寻续而不断绝。"（戴望）表五音浑然天成而不散乱，不相反而相连，如贯珠可也，说明演奏时，只闻一曲悠悠，各音节前后相继，络绎而前，相生不绝，故曰"绎如"也。

如此，先王之乐，乃五音六律经由"翕如""纯如""皦如"和"绎如"而成跌宕起伏的美好乐曲。

先王之乐的演奏，在不同的阶段需具"翕如""纯如""皦如"和"绎如"之特征，恰如陈祥道的深邃诠释。他说："凡乐之作，始于一而成于三，至于绎如也，谓之一成，反翕如也，谓之一变。凡乐之用，始于一而止于九，以致鬼神，以和邦国，以谐万民，以安宾客，以悦远人，以作动物，不能翕如也。以作绎如也，以成则夫远近幽深，其孰能感之哉。学者不至于从，则不足以语道。作乐不至于从，则不足以语乐。绎如也以成，不至于从，作乐而至于从者也。"在此基础上，他进一步说："奏之以阴阳之和，烛之以日月之明。鬼神守其幽，星辰行其纪，则从之纯如皦如不足言也。奏之以无怠之声，调之以自然之命，动于无方居于窈，则绎如不足言也。"江谦补注："始作翕如者，因该果海，故当慎之于初也。从之者，谓闻善言，见善行，沛然莫御，若决江河。纯如者，用志不纷，乃凝于神也。皦如者，光明遍照，无所障碍。绎如者，念念相续，无有间断，尽于未来也。一切事如是而成，乐亦如是而成也。"

（3）若先王之乐从始之"翕如"，经由"纯如""皦如"而不断"绎如"，那么，就可以说此曲"以成"。由此可见，孔子明确而详尽地指出了先王之乐演奏的整个程式及其各个环节所要达成的具体要求、所应具有的艺术特征，直观地向太师乐勾勒与呈现出先王之乐的演奏图式。这不仅表征出孔子卓越的音乐才华，而且更重要地表明孔子对先王之乐烂熟于心所蕴含的对先王的深厚情怀。如此，表达了孔子欲借太师乐之手，让先王之乐再现于世的急切愿望。

第四，蕅益曰："乐是心之声，闻其乐而知其德，故翕如、纯如等，须从明德处悟将来，非安排于音韵之末也。"江谦补注："孔子论乐，即是论心，乐由心生，亦即正心之具也。孔子知正心，故知乐也。"《尚书·舜典》有言："典乐，教胄子。直而温，宽而栗；刚而无虐，简而无傲；诗言志，歌永言；声依永，律和声；八音克谐，无相夺伦，神人以和。"此皆以乐正心之义也，心正而身修、家齐、国治、天下平矣，故曰"神人以和"。在孔子看来，音乐从来都绝不仅仅是娱乐消遣的工具，而是流淌在人的生命血脉中浸润心灵的甘露。如此，生命与音乐之关系，是内在的、本体性的。从这一意义上来看，音乐不仅表征，而且承载着一个人，进而表征一个民族、一个国家、一个时代的精神气象和道德境况。国盛而乐盛，国衰而乐败。"乐"是一面镜子。如此，孔子念念不忘先王之乐，进而力图让先王之乐再现于世，以此润泽、扶正世人之心，以匡正丧礼而衰败的世风，成就先王之道的光复。此乃孔子言"乐"于"鲁大师乐"之本心。

第五，在孔子看来，"礼""乐"之功有别，以礼治身、以乐治心，然二者内在相通，一脉相承的，都承载与彰显着"道"，故常并称为"礼乐"。如此，此处孔子表面上是讨论音乐的演奏，事实上是通过音乐的演奏中起承转合等诸多环节，来彰显"礼"的存在和张扬"礼制"。具体言之，孔子所处的鲁国，国势已衰，乐亦颓废，掌管音乐的官吏也大多不尽职。在此种境况下，孔子对当时掌管音乐的官员讲解作乐、奏乐之理、之法，表明太师乐专掌音乐，一定要知道乐理方可作乐。如今先王的音乐还没有完全失传，还可以探得从开始到结束的条理。如此，孔子真诚地向太师乐细致地讲解作乐之事：音乐有六律、五声、八音，有一样不齐备的，不足以称为音乐。所以开始奏乐的时候，必须具备所有的音律，然后将它们合奏起来。但是如果音律俱足却不和谐，也不足以称为音乐。所以音乐开始之后，必须有清浊高下之分，按照节律，和谐演奏。"和"又容易导致混乱，所以每一音都有自己的条理，清清楚楚、明明白白。各自清晰又容易间断，所以各个音律之间要互有起伏，使音乐连绵不绝。总结来说，合奏要和谐，和谐中要各自清晰，清晰又不可间断。自始至终，体现了节奏和条理的妙处，这就是成乐的道理。如此云云，孔子完整而清晰地表达了他所理解的先王之乐的乐理。

第六，进而言之，"礼乐"在《论语》中经常并列出现，孔子认为礼乐相依，不可分离。《礼记·乐记》有云："夫乐者乐也，人情之所不能免也。乐必发于声音，形于动静，人之道也。"表明有人情必表现为乐；同时表明唯君子能知乐，圣人方能作礼乐，正所谓"乐也者，圣人之所乐也，而可以善民心"。如此，孔子将乐教视为德性教育的最高境界，并认为先王之乐完美纯熟，是教化世人的最好教材，"其感人深，其移风易俗，故先王著其教焉。"孔子还以"乐"作为人生修身进德之最高境界，如《论语·泰伯》所云："兴于诗，立于礼，成于乐。"

第七，不仅"礼"与"乐"道同，而且"乐"与"政"亦相通，恰如《礼记》所言："是故治世之音，安以乐，其政和；乱世之音，怨以怒，其政乖；亡国之音，哀以思，其民困。声音之道，与政通矣。"如此，孔子从卫返回鲁之后，就开始着手修正音乐的工作。此节"子语鲁大师乐"，便是其中的一部分。

据《孔子家语·辩乐解》记载，孔子借听闻子路弹琴之评述，进而阐述了"君子之音"与"小人之音"的根本差别。他说："君子之音，温柔居中，以养生育之气。忧愁之感不加于心也，暴厉之动不在于体也。夫然者，乃所谓治安之风也。"反之，"小人之音则不然，亢丽微末，以象杀伐之气。中和之感不载于心，温和之动不存于体。夫然者，乃所以为乱之风"。在此基础上，孔子总结道："唯修此化，故其兴也勃焉"，凸显了乐之教化功能，从而促国运之勃兴。从这一意义上，可以说听一个国家的音乐，就可以知道这个国家的兴衰；若是靡靡之音盛行，必然会影响国民之心智，埋下动乱的种子，其国势必趋衰；如果音乐常有浩然正气，必会振奋人心，治国兴邦，其道理亦正在于此。

第八，孔子熟谙诗、礼、乐三者的内在关系以及在教化世人、施政等诸多方面的功效，故而从未孤立言"乐"。其强调"乐"，无论是从教育之"六艺"，促个人之德的修进，还是从仁道之政的推行，都将诗教、礼教和乐教紧密结合起来，从而在其根本上表达了"诗"是乐的词，"乐"乃诗之韵（谱），"礼"是诗之行，诗乐皆依礼而成之至理。如此，孔子言"乐"，只是从"乐"的视角而展现"诗"与"礼"。这样，诗教、礼教和乐教，三者虽殊途，然其共同之旨归，则在"先王之道"。

第九，孔子在此以言先王之"乐"而言先王之"礼"，最终指向先王之"道"。言"乐"为直接之表，言先王之"道"乃是其价值之最终所在。然"乐"之独特，如是"诗"之载志，"乐"则显心性，于个体、于族群、于国家、于世道皆然，不仅折射着一个国家、一个时代人们精神的状态与品质，同时，也对人们的精神、信仰、信念具有重要的引导、塑造与教化功能。因此，从这一意义上来说，历代统治者都十分重视"乐""乐教"的作用。

总之，孔子以承续、光复先王之乐为使命，以言乐于鲁太师乐为手段，以完整呈现先王之乐演奏图式为具体内容，以先王之乐引世人高净，转世风之卑劣，成世道之仁厚，张乐教化育之功，扬先王庄穆之厚德，挽礼乐之倾覆为目的。一言以蔽之，孔子言"乐"而兴"礼"，兴"礼"而彰"仁"，彰"仁"而弘"道"，弘"道"而扶人心、匡世风、救乱世，达太平盛景，再现先王之治。

24. 子承天命，万古木铎

【原文】仪封人请见，曰："君子之至于斯也，吾未尝不得见也。"从者见之。出曰："二三子何患于丧乎？天下之无道也久矣，天将以孔子为木铎。"

【译文】仪这个地方的长官请求见孔子，他说："凡是君子到这里来，我从没有见不到的。"孔子随从的弟子引他去见了孔子。他出来后（对孔子的学生们）说："你们何必为没有官位而发愁呢？天下无道已经很久了，上天将以孔子为圣人来施教、传道于天下。"

见多识广、阅人无数的仪封人洞见世势无道久矣而必治，在见孔子之后，认定孔子就是手执"木铎"施教使道行于天下的"那个人"。仪封人之一语，对孔子弃大司寇辞别故里而行列国张礼制仁政、传先王之道于天下做出了最好的诠释，亦昭示着孔子对天下道德重塑、施行和恢复王道所应担负的大任。

仪封人，得见诸君子而深谙知人、鉴人之道，求见孔子而知孔子之德、之志，被深深折服，于是，对孔子自觉于续文脉，传圣王之道的人生使命，赞许不已，认为孔子恰是无道之世的希望之所在。故一方面充满自信地鼓励孔子之弟子，无须对孔子丧官而失落、愁闷，而应对未来抱以积极乐观之信念；另一方面又无比欣喜地预断孔子乃是未来之"素王"，认定孔子即是那个承天命，来拯救无道之世的圣人。礼乐传统必将由孔门而复兴。于此，做出孔子必将垂教万世之预判。对此，蕅益释曰：此乃对孔子的"终身定评，千古知己，孔子真万古木铎也"。

世虽无道，但世人之心却向道，如此，无比期盼有圣人施教，传道、弘道于天下。仪封人虽见了诸多"君子"，在他看来，皆不是"天降"之人，唯孔子是也。如此，仪封人借此表世人之心向，呈世人之期盼，彰孔子之盛德，必是承天之命、代天弘道之人。

具体而言

第一，孔子在鲁国已官拜"大司寇，摄行相事"，治鲁亦卓越井然，鲁呈勃兴之势。然"鲁定公十年，孔子为鲁司寇，方当政。齐人谋沮之，馈鲁以女乐。

定公与季孙君臣相与观之，废朝礼三日，孔子遂行"（《史记》）。从此，孔子踏上游列国、传先王之道、施教于天下的漫漫长路。

细查，孔子从公元前497年到公元前484年，即从55岁离鲁至68岁再回归故里，于曲阜始发，经濮阳—长垣—商丘—夏邑—淮阳—周口—上蔡—罗山，然后原路返回，途经卫国、宋国、齐国、郑国、晋国、陈国、蔡国、楚国等诸地，历时14载，其间风雨坎坷，自是难述。然孔子依然执着不改其心志，艰辛、艰难地担负、践行光复礼制、施仁道于天下之大任。

孔子尚先王之道、熟谙礼法、践礼制、倡仁政，盛名早已扬天下，所到之国，虽无一人采纳他的建议和主张，但各诸侯国的国君对他无不尊敬有加。如此，具有丰富的人生经验、眼界开阔、学问高深、察世透彻、心持笃定弘道之志、情牵万世的孔子，自然是人人乐见、求见之圣贤。如此，孔子一行离鲁到卫经仪之时，仪封人必是"请见"之。

第二，仪封人请见，曰："君子之至于斯也，吾未尝不得见也。"

（1）"仪封人"。仪，卫国之地。"封人"即是掌管封疆、守封疆的官员。按朱熹之释，"封人，掌封疆之官，盖贤而隐于下位者也。"在朱熹看来，这位"仪封人"即是管理仪邑的官员。虽只是一名地方上的小官，但从他的见识可知，"仪封人"乃非常人也，确为一位真贤者。戴望释曰："仪，卫下邑。封人，司徒之属官，职典封疆者。"

（2）仪封人"请见"，表仪封人对孔子心存虔敬尊尚之情，也确证了孔子于世人心中的崇高地位。

（3）仪封人曰："君子之至于斯也，吾未尝不得见也。"这直接表明仪封人内具向善之心，对一切来"仪"之君子皆抱以尊崇。如是，凡君子到仪地，皆前往拜见，不枉学习之机会。如此，孔子这样的"君子"到了"仪"，仪封人绝不可失去大好的机会而不见。

但是，此处仪封人之语更为深层的意义则在于自诩其见多识广、阅人无数，意味着是真君子还是假君子，自有其鉴别力。这为后面他对孔子所做出的判断，提供了丰富的经验基础。

仪封人早已闻孔子之盛名，只是尚未真见其人。以"君子之至于斯也，吾未尝不得见也"为由，请见孔子，就其目的而言，不外乎：一是就相关的问题请教于孔子，得以释惑，求得真知灼见；二是亲自感受孔子之高远志趣，闻得孔子之深邃见识，察孔子之"君子之风"；三是以自我之亲见、亲识，求证盛名之下的孔子之实。

第三，仪封人请见孔子而得见，此一见时间多长，与孔子交谈了什么话题，以及孔子所言为何均未曾提及，只是从仪封人见孔子之后的话语中可知，此一见非同小可，真乃"惊鸿一见"。

仪封人虽与孔子是初次相见，通过交谈，自然是被孔子深深折服。于是就有了"出曰：'二三子何患于丧乎？天下之无道也久矣，天将以孔子为木铎'"之言。此言表达了仪封人对孔子之极端的推崇和倍加赞许，于此，仪封人做出了令世人惊诧之睿智预见。

（1）"二三子何患于丧乎？""仪"是卫之地，据考在今河南兰考县境内。孔子一行离鲁第一站就是卫国，而应是先到了"仪"。这说明正是在孔子"丧官"而离鲁不久。"孔子失鲁司寇，将适卫。大夫去国，以丧礼处之，故仕失位曰丧也。"（戴望）如此，孔子随行之弟子们尚未从孔子丧官之事中走出来，心怀愁绪乃是自然。对此，仪封人说"二三子何患于丧乎？"正是仪封人知晓孔子弃官或丧失官位而踏上行道天涯之缘由，再闻知孔子豪迈的人生之志后，对孔子随行之众弟子说出的极具鼓舞之语，以此表明仪封人对孔子一行志于王道的高度肯定与赞许。如此，相对于行王道于天下之宏业，就"丧"鲁官，多大点事，何患之有？因为孔子之志非在鲁官，而在于天下之行道。

（2）仪封人仅与孔子一面之见，即"出曰：'二三子何患于丧乎？'"在陈祥道看来，仪封人并不真了解孔子之艰难、艰辛之处，"此封人所以言二三子无患于丧也。彼不知孔子而谓知其不可为而为之者，其可以语此哉。"仪封人对孔子弟子所言之预判，恰似旁人站着说话不腰疼。不是当事人，自不知个中之甘苦。

（3）"天下之无道也久矣。"这是仪封人对当世之世道本质性的判断，表明仪封人对世道亦有清醒而理性的审视。此判断，从其价值立场来看，视"霸道"为"无道"，对当世行霸道持批判态度，希冀"王道"再现。如是，与孔子乃为真正的道同之人。

其一，何谓"无道"？简言之，按戴望之解：所谓"无道，谓上无礼，下无学"，此处所言"无道"乃指无行"王道"。

其二，"天下之无道也久矣"。以此表明当世霸道猖行非一日，世人对"王道"早已陌生、疏离了，王道于当世已严重式微，这是对当世现实之写实性的本质透析。

其三，"天下之无道也久矣"。这不仅是一个事实判断，此正所谓"世无以兴乎道，道无以兴乎世，故道之衰也"（陈祥道），而且蕴含着价值判断。其价值判断之旨趣在于："言乱极当治。"（朱熹）于此，"天下之无道也久矣"蕴意着从必然性角度对"天下之无道"予以价值判断，指证着"天下之无道"必将

　　　　　　　　生活哲学视野中的"论语"研判

终结。

（4）"天将以孔子为木铎。"按照朱熹的解注："乱极当治，天必将使孔子得位设教，不久失位也。封人一见孔子而遽以是称之，其所得于观感之间者深矣。"表仪封人只是见孔子一次，待见完之后，即可知孔子乃受天命而降人世，担负治乱世、兴王道之大任。这是中国古代神秘历史观下关于圣人降世、治世之说。如此而言："盖五百年必有王者兴。其间必有名世者。由文王至孔子五百余岁，以其数则合矣，考其时则可矣。"（陈祥道）这样，仪封人以一言而预之："天将以孔子为木铎。"

其一，何谓"木铎"？朱熹释之"金口木舌，施政教时所振，以警众者也"。戴望释曰："木铎，施政教之时所振。"也就是木舌的铜铃，古代天子发布政令时用它召集听众，表施号令天下。陈祥道解道："木铎，金口而木舌，金口则义，木舌则仁。天将以孔子为木铎，使之狥仁义之教于天下而已。"由此表明，仪封人以"木铎"为喻，表孔子是传"仁义"于世之人。

其二，关键在于，在仪封人看来，孔子这个"木铎"，非自封，而是"天将以孔子"，以表"圣人不空生，必有所制以显天心。封人以孔子不有天下，知将受命制作，为天驾说，号令百世也"（戴望）。按钱穆之解："今天下无道，天意似欲以孔子为木铎，使其宣扬大道于天下，故使不安于位，出外周游。"如此表明"世虽无以兴乎道，而孔子之道足以兴乎世，故其衰也不足患"。仪封人之语，表孔子是上天降临凡尘，施教圣王之道而拯救无道之世的，所以他肩负着不可推卸的天命，离开鲁国乃是天命使然。从这个意义上来看，孔子承天意，所传之王道即是天道。如此，世俗中若君王不行王道，乃是不遵天，则是无王道之昏君；相应的，民不遵天，则是无人道之乱民，这就给孔子担负施正教于天下之使命赋予了神圣性与崇高性。

其三，然仪封人将孔子喻为"天降"之"木铎"，只是赋予孔子一种传布、施教仁义之外在的责任与使命，或外在的功用价值，并不算是真正的"知"孔子。对此，陈祥道深刻地意识道："封人之知孔子者，外也；党人之知孔子者，内也。外也故可以为木铎，内也故无所成名。"

第四，本处记述仪封人请见孔子，只显"仪封人"和"从者""二三子"，孔子一直"在场"却从未"出场"；记述人亦未记下仪封人与孔子相见的长短，更无从记录下二人相见所谈的内容，以及孔子呈现出来的见面状态，等等。记述的留白，给予世人太多的想象空间，无不增添了此次相见的神秘感。这种神秘感凝成仪封人的三句话："二三子何患于丧乎？天下之无道也久矣，天将以孔子为木铎"，尤其是最后一句"天将以孔子为木铎"，真可谓仪封人目光如炬的识人之语，将仪封人对孔子的膜拜推向极致。如此，后世以为此乃对孔子之千古评价。由此表明仪封人超乎寻常的洞彻力，不愧是洞见世事、识察世人之智者。

第五，自子贡与子禽之"对话"开启"造圣"运动为始，孔子就不断被"圣化"。此处，陈述了仪封人进见孔子一面后的惊叹之语，不仅给予孔子充分的肯定性评价，而且就此预断"天将以孔子为木铎"。这是从孔子所应担负的神圣使命维度，在孔子被"圣化"之途上所迈出的重要一步。孔子在鲁国本已"无用"而失位，流浪他乡寻职而力图使礼法、仁道落根，被仪封人说成天降之"木铎"，瞬间赋予孔子离鲁而游历他乡一种独特的价值意蕴，将神圣的使命和天职感灌注于无可奈何的流浪。流浪，于是亦不再是流浪，而是以流动的方式施教于天下，成了一种宿命式的苦苦追索与践行。

第六，检视《论语》通过他人之口对孔子所做出的评价，呈现孔子之丰满形象。譬如《子罕》的达巷党人，《宪问》的微生亩、晨门、荷蒉者，《阳货》的阳货，《微子》的长沮、桀溺、荷蓧丈人等。这些评价者，其身份各异，既有如是本章仪封人之类的小官，也有普通乡民、家臣、隐士等，他们对孔子的评价褒贬不一，由此表征出孔子作为有血有肉之人的可爱、真诚等独特的精神风貌。这一系列未经"伟光正"处理的朴素之真实的评价，将真实的孔子留给了后世，这无疑从另一个视角与维度上极大地增添了孔子的生命张力与精神魅力，从而在万般苦难与艰辛中成就了圣人之孔子。在所有旁人对于孔子的评价中，最深入千古人心的莫过于《孔子家语》卷五"颜回"第十八中所述："孔子适郑，与弟子相失，独立东郭门外。或人谓子贡曰：'东门外有一人焉，其长九尺有六寸，河目隆颡，其头似尧，其颈似皋繇，其肩似子产，然自腰以下，不及禹者三寸，累然如丧家之狗。'子贡以告，孔子欣然而叹曰：'形状未也，如丧家之狗，然乎哉！然乎哉！'""丧家之狗"，如此将孔子怀抱弘道救世理想却在现实世界找不到精神家园的落寞恓惶，刻画得入木三分，也正因如此，成就了孔子"知其不可而为之"遗世独立之生命形象，为后世敬仰。

总之，仪封人见多识广、眼光独到，见解亦卓然。假孔子一行至"仪"而请见。以一"见"而成"三鉴"：鉴世，察天下之无道，觉王道之必兴；鉴二三子，解心之忧患，明一生之责；鉴君子，预治世之希望，见施教之木铎。如此，世有孔子在，大道不绝焉。

经仪封人请见后之说，赋予孔子一行奔波流转列国以深刻的施教、传道意义，由此，孔子不再是孔子，已成天降之"木铎"；"二三子"亦已不再仅仅是随行之众，倏然成了施教天下之众行者，天下无道久矣亦将终结。如是，礼法

生活哲学视野中的"论语"研判

光复、王道畅行之世，就在孔子一行之脚下，就在前方。

仪封人之语，敞开了孔子之道义担当，从而给世人以王道之信念，为世人种下治世之希望。

25. 孔子言乐，尽美尽善

八佾 3.25

【原文】子谓《韶》："尽美矣，又尽善也。"
谓《武》："尽美矣，未尽善也。"

【译文】孔子讲到《韶》乐时说："其音律美极了，其内容也很好。"
谈到《武》乐时说："其音律很美，但其内容却差一些。"

———————————

孔子以"仁"为根本原则，从"文"与"质"两个维度审视与评价了《韶》和《武》这两首乐舞，具体指出《韶》"尽美尽善"，而《武》则"尽美，未尽善"。如是蕅益之释："盖《韶》乐，能尽舜帝之美，又能尽舜帝之善。《武》乐，能尽武王之美，未能尽武王之善。"以此表征孔子"文质"统一的"艺术观"，即孔子独特的"礼乐观"。

孔子以"美""善"为尺度，对《韶》和《武》予以评价，体现了孔子"重文轻武""重善轻美"的审美取向，突出"文"与"善"的品质，从音乐指向现实，折射出孔子拒斥"武"而追求"文""善"的社会理想。

———————————

具体而言

第一，自古以来，为了歌颂功成名就、盛德传世的帝王都会作乐，因此只要听其音乐，就可知其功德之不同。孔子曾说：舜帝的音乐叫作《大韶》，作于尧帝盛世之后，其音乐和舞蹈共有九章，极其盛美。《大韶》不但做到了尽美，也同样尽善。表舜自幼行圣人道，孝悌谦逊而有天下，所以心平气和，恰合天地平和之气。至于音乐舞蹈中演绎神人鸟兽等内容，更有不可言说的奇妙之处，所以才能称为"尽善"。《大武》，从内容上看，作于武王伐纣，拯救黎民的时期，共有六章，歌颂武王伐纣的武功，也是极其盛美的。但在盛美之中，尚未将善演绎到极处。武王是反省自身、修心养德的圣人，通过征讨杀戮得到天下，所以虽然其行动顺乎天理，但难免有杀伐之气，比起韶乐来还有所不足，所以说"未尽善"。同时，从《武》的演奏来看，在演出过程中，开始时以鼓声前奏表现出征前召集兵马的场面，随后合唱队唱赞美歌，再接以伐殷战争舞蹈。舞蹈中按照铎（金属打击乐器）的节奏节拍表演车战、行进和各种舞姿，合唱

生活哲学视野中的"论语"研判

队以伴唱叙述和烘托舞蹈表现的战争场景。

舜之天下，受禅于尧，其乐亦平和，所以，反映在《韶》上则是"尽美尽善"。而武王之有天下，乃由于伐纣而得，其乐演奏起来，犹有杀伐之气蕴于其中。因此，《武》不如《韶》那样和顺，故云"未尽善"。

然而，在此，孔子仅就《韶》《武》之乐而言，并非扬舜而抑武王，即"此评乐，非评人也"（蕅益）。相反，孔孟都在不同场合赞扬过武王伐纣的功业。但就音乐来讲，最动听的音乐莫过于发自心声，而心中之沟壑也自然潜含与流露于音乐之中，所以听其乐便知其人，由此亦知修心的重要。如此，在孔子看来，《韶》《武》就其音律而言，都是"尽美"的，只是在精神内涵上，《韶》"尽善"，而《武》"未尽善"而已。由此，表征出孔子对"乐"重其"仁"的内涵而达尽美尽善之追求。

第二，进而言之，关于《韶》与《武》的内容和特质，不同的解读者从不同的层面予以了揭示，表征出《韶》之"尽美尽善"，《武》之"尽美未尽善"的真谛。

孔安国曰："《韶》，舜乐名，谓以圣德受禅，故尽善；《武》，武王乐也，以征伐取天下，故未尽善。"

陈祥道曰："天下无异道有异时，圣人无异心有异迹，故《礼》以尧舜授受；汤武征伐为时，《春秋传》以揖逊征，诛其义一也。然则《韶》尽美，而《武》独未尽善。岂非美者在心与道，未尽善者在时与迹欤。"

程子曰："成汤放桀，惟有惭德，武王亦然，故未尽善。尧、舜、汤、武，其揆一也。征伐非其所欲，所遇之时然尔。"

朱子释曰："舜绍尧致治，武王伐纣救民，其功一也，故其乐皆尽美。然舜之德，性之也，又以揖逊而有天下；武王之德，反之也，又以征诛而得天下，故其实有不同者。"

戴望释曰："《韶》，舜乐。舜之时，民乐其绍舜业，故曰韶。德至于纯太平，凤凰来仪，故尽美又尽善矣。"而《武》："文王乐。文王之时，民乐其兴师征伐，故曰武。武，伐也。德足醇致太平，而当殷之末世，教化未洽，故尽美未尽善也。"

钱穆释曰："古说帝王治国功成，必作乐以歌舞当时之盛况。舜以文德受尧之禅，武王以兵力革商之命。故孔子谓舜乐尽美又尽善，武乐虽尽美未尽善。盖以兵力得天下，终非理想之最善者。"

在诸多释者的解释中，关于《武》，戴望认为《武》，乃"文王乐"，并非表征"武王"，其"武"为"伐"，而非指"武王"。此一差异，决定了对

《武》的内容把握的不同，由此构成对"未尽善"的内涵理解上的分歧。

第三，就《韶》《武》而言，何谓"美"、何谓"善"，这是对其艺术品质评定之原标准。

（1）此处"美"，所指则是乐之音律，表艺术形式；相应的"善"，所指则是乐之思想内容、精神内涵或实质。

（2）就《韶》《武》之"美""善"之具体内涵。北宋陈祥道将"乐"与"道"相关联，认为"乐者，道之声，则有美与善"，在此基础上进而言之："盖充实之为美，可欲之谓善。"朱熹直言道："美者，声容之盛。善者，美之实也。"戴望同样以为"充实之谓美，畅发于外，民见可欲之谓善"。

（3）孔子曾言："人而不仁，如礼何？人而不仁，如乐何？"在孔子看来，人若不仁，是不可以谈论礼乐的。相应地，真正的仁者之乐，必然是"尽善"的。由此可知，"仁"乃乐之"善"的本质所在。因为内蕴"仁"的"尽善"之"乐"，方能陶冶人之性情，提升其修为，进而巩固社会秩序，维系社会的安定。

（4）简言之，乐音，旋律悠扬、悦耳动听，令闻者身心愉悦，此为乐之"美"；而乐音之后，令人遵礼尚仁，此为乐之"善"。由此表明孔子对"乐"之仁德精神内涵的高度重视。

第四，对两种乐舞"韶"和"武"的形式和内容的对比点评，透出孔子倚重内涵、内容而要求艺术必须达到"形式"与"内容"的统一，从而实现艺术的"善"与"美"的内在融通。乐之"美"，表乐之"文"；乐之"善"，表乐之"质"；孔子对《韶》《武》的评价，表征孔子在持"文质"统一之艺术逻辑的基础上，更强调与凸显乐之"质"的价值。

孔子通过对艺术品质的要求，传达出他独特的艺术政治原则和标准。因为艺术作为一种"礼制"精神的具体化、具象化和外显化的方式，对民众具有教化功能，对社会伦理道德具有引导作用。如此，"乐舞"这一艺术，也即同时具有了政治价值与政治意蕴。

第五，艺术的形式之"美"与内容之"善"，是两个不同的尺度，指向不同的"对象"。形式之美，影响的是人的感官，形成视觉、听觉或感受；内容之"善"传达于心，影响人的观念与思想，促进人之德性修养。如此，形式之"美"和内容之"善"，因为功能有别，因此也就形成了两个不同的尺度和要求。"乐舞"需在内容之"善"主导的原则下，追求形式之"美"，唯有如此，"乐舞"才能实现"善"与"美"的至臻统协，达"至善至美"之境。在此处，孔子要求艺术内容之"善"必须符合"礼"之要求。这对于我们审视现代艺术，同样具有借鉴意义。

同时，孔子从"美"进到"善"，充分认识到人的审美认知秩序：从形式到内容、从声律至意义的推进逻辑，这就要求任何艺术，包括"乐"，在"尽美"之后，须"尽善"，方可达至"尽美尽善"之境界，从而发挥艺术独特的教化作用。

第六，"乐舞"，从来都是社会、历史、世风和人之心性的一面镜子。从表现主义艺术观来看，它浓缩和承载着一个时代的精神气象与价值取向。如此，"乐舞"则绝非"小事"。在孔子的眼里，"乐"乃是教化的重要方式。这样，孔子将"乐舞"提升到教化治世的高度来加以审视，为后世审视各种形式之艺术的价值开启了新的维度。

总之，《韶》《武》皆是歌颂先王盛德之经典乐舞。孔子通过对《韶》《武》之评价，从直接性上来看，表征孔子以"仁"为内核的"礼乐观"；从孔子对乐之"美""善"的取向来看，不仅强调国乐须追求"尽美尽善"，而且更为重要的是彰显了孔子"重善轻美""重文轻武"的艺术观，以此彰孔子所期待的融贯礼法、内蕴仁道的完美、尽善、和平而没有杀戮、暴力的社会理想。

26. 居上三不，子不忍观

八佾 3.26

【原文】子曰："居上不宽，为礼不敬，临丧不哀，吾何以观之哉？"

【译文】孔子说："居上位者，不能宽以待下，遇行礼之时不存敬，临丧事，没有哀戚，此等境况，我何以忍心看下去呢？"

———————————————

"礼"，并不是虚悬于世外空存的精致伦理系统，而是必须具体落实与体现于现实生活之中，通过规范人之行为，疏导人之关系，塑型生活之样态，确证"礼"与世俗生活之内在张力。一言以蔽之，"礼"，既表征理论理性，更须具体化为实践理性，从而引导人之心性，规制人之行为，调节人之关系，从而成为生活秩序化的制度依托与规则保证。同样，"仁"，亦非人之抽象心性，而是落实与彰显于具体的"爱人"之中。如此，以"仁"为"里"、以"礼"为"外"，于人予以引导、要求与规范，从而促人成"心存仁爱，行合礼法"之君子。

世之无道，乃居上位者无礼使然。"无道"，恰如戴望所释"无道，谓上无礼，下无学"。孔子时代，"仁""礼"已普遍没落，具体表征为"居上不宽，为礼不敬，临丧不哀"等诸多境况。面对此等境况，孔子真是不忍心看其继续衰变，而是尽其所能，力挽之。

孔子试图以一己之力，"逆"世势而为，提出重建社会道德秩序的三个主要范畴"宽""敬""哀"，以示将"仁""礼"具体化为政治伦理，显现为备受世人关注，让世人可知、可识、可学的官僚之角色伦理，即官德，从而引世风民德从"礼"归"仁"。

如此，孔子将世德建设融于对"居上"者的德性批判与矫正之中。

———————————————

具体而言

第一，在孔子看来，世之无道、无德，其关键在于"居上"者之"不宽""不敬"和"不哀"使然。如此，孔子以考量"居上"者之德为始，以批判"居上"者之德为重点，从而探寻扭转世德之可行政略。

在此，孔子依据传统社会治理模式中官民关系之逻辑，确认官德于世风、民德客观上所具有的示范、引领作用抑或决定作用，从而强调官德建设是扭转世风、民德，进而恢复、弘扬礼法之根本和关键。如此，孔子对"居上"者无"礼"之行为、无"仁"之心理和情感予以揭露与批判，指出"居上"者在为政中须以"宽""敬"和"哀"为准则来矫正自己之过，从而真正做到"德以配位"，此乃恢复、弘扬"礼法"之希望，亦是民之幸哉、世之福焉。

从孔子之论断可知，孔子突出从行为、心理和情感等方面，即从"仁"与"礼"两个维度展开为政伦理的建构，突出正"官德"，是彰"礼法"、倡"仁爱"，从而实现王道治世之任务。

第二，"居上不宽"。孔子以"居上"者为对象，从整体上对其德性予以揭露和批判，直道当世官德之集体性征："不宽！"以此表明当世礼乐、仁善文化的荒芜、没落之惨淡景象。

"居上不宽"：从其直接性上来看，即是指"居上"者对其"下"，从"君"于"臣"、至"官"于"民"，呈现出"不宽"的链条，以表明"不宽"成为整个社会德性的普遍特征。如此，"居上"者构成了一个"无德"的系统，不仅居上者之间"不宽"，而且最终指向于下、于民"不宽"。从其为政伦理性上来看，表明当世之为政者，皆行苛政，贯彻的是简单顺从、归顺原则，就其本质而言，"不宽"之政，乃是丧失了仁德之"恶政"。

所谓"不宽"，即指居上者对其下，官对民，不以宽厚、宽容、宽恕、平和之仁心待之，而是以苛求、刁难、责备、粗暴、野蛮的方式处之。如此，"居上"乃是"恶"的化身，"官"于"民"亦是"祸"之根。由此形成的为政文化，是以"居上"欺凌其下，其下恐惧、迎合其上，一切以"居上"为目的，"居上"为"主"、"居下"为"奴"，官为"主"、民为"奴"，偌大的社会，其繁复的关系，最终蜕化为"主奴关系"，天下之人皆是"君"之"奴"，官员之上下级，成"亦主亦奴"之关系。"居上"之"不宽"，集中暴露等级制度中官僚系统内部上下之间、官民之间极度的"恶"。

"居上不宽"，从为政行为上，表居上者，居高临下、颐指气使、张扬跋扈、为所欲为、狭隘自私……；居下位者，小心翼翼、如履薄冰，抑或胆战心惊，如此形成"上""下"之间毫无"礼法"章程的行为逻辑。从为政方略所蕴含的价值路线上来看，"官"于"民"除了压榨、盘剥，亦即工具化之外，不具有最为基本的体恤、体谅和宽容，这与孔子所主张的"敬事而信，节用而爱人，使民以时"的"仁政"原则彻底相悖。

以"居上不宽"为特质的为政，必是"苛政""恶政"，以此生成官场政治生态和文化景观必是"君"之"下"的一切官僚，皆遵循统一的"唯上"之准则。若不想被踢出官僚系统，"居下"的官僚，必是人人精明、人人自危、人人畏惧，阳奉阴违，其最终结果上下之间必是"离心离德"。

"居上不宽"，既是遵"霸道"、行"恶政"之具体表征，亦是其必然结果，这是与遵"王道"、行"仁政"截然相悖的一种为政类型和为政价值路向。正因为如此，孔子揭露与批判霸道恶政，将"居上不宽"作为其首。

孔子对"居上不宽"予以揭露与批判，意蕴着居上者须以"宽"为根本。因此，在"王道""仁政"的为政价值逻辑中，要求"居上"者或居上系列，须心存对世人之仁爱真情，具爱"人"之情怀。如此，"居上"者当有宽厚之心性、宽容之度量、宽阔之胸襟、宽宏之视野、宽待之行为；这既是"仁政"对"居上"者之本然要求，亦是"仁政"之最后的体现，从而生成内蕴着仁爱精神的"居上"者之"宽"。

第三，"为礼不敬"，这是孔子对苛政、恶政下"居上"者批判的第二个层次。以礼待人，须以敬为本，如此之"礼"必是诚于中而形于外，唯有如此，"礼"才得以实质性地彰显其规范的价值。

"为礼不敬"，表心无敬诚，其"礼"必被外在化和形式化；"不敬"则本质上表明其心无"仁"，其所为之"礼"亦只是敷衍、客套而虚化之"礼"。

"为礼"，须"恭敬"，方使"为礼"承载与彰显其真切的内涵：自重！如此，"为礼不敬"表"居上"之行的轻薄与浮浅。

孔子通过批判居上"为礼不敬"，警示、指示着居上者对"礼"应心持敬畏之心，不可亵渎，对人、事、物均应持敬重之心、敬爱之情。

第四，"居上不宽，为礼不敬"。孔子以此揭露和批判"居上"无视礼法、心无仁爱，失之大雅而俗不可耐，这是对"王道"尽失状态下"居上"者之行为、之德性的真实写照。对此，戴望引董之曰予以了详尽的阐释："仁治人，义治我。以自治之节治人，是居上不宽也；以治人之度自治，是为礼不敬也。为礼不敬则伤行，而民弗尊；居上不宽则伤厚，而民弗亲。弗亲则弗信，弗尊则弗敬。"

第五，"临丧不哀"，是"居上不宽，为礼不敬"之必然，是"居上"之"恶"最彻底的暴露，最后必表现为"恶政"之冷血残暴。

"临丧不哀"之"临"，表"居上"时时处处以"临"（"以尊适卑曰临。"戴望）而示人，将己之"尊"凌驾于"卑"之上，即使于"丧"也依然如此，表明"居上"唯一关心的是其"上"位之尊。

按《礼》之规定，君吊臣，升自阼阶。"于大夫，三问其疾，三临其丧。于士，一问一临。大夫卒，比葬不食肉，比卒哭而不举乐，为士，比殡不举乐。"

生活哲学视野中的"论语"研判

由此表明，"临丧，如临祭"，如是己之"居丧"（钱穆）。临丧，真乃感同身受之悲、之哀。

而"临丧不哀"，表居上者的冷漠、冷酷无情，置其"下""民"之生死于不顾，对其下、对民，缺乏、丧失人之为人最基本的悲悯之心。如此，对"下""民"之生死无动于衷之"居上"者，其"仁爱"之心何存焉？其心所容、所欲，唯是"利"、唯有其"上"之尊。

"临丧不哀"，从极致意义上表征居上者之仁爱心的彻底丧失，自然是对"下"、对"民"之灾难、苦难弃之于不顾，从而表明居上者，"为政"目的之非民众性，突出了霸道、恶政只是为获得世俗的私利而已，毫无德性所存。

孔子通过批判居上者"临丧不哀"，表对人之生死的关切、悲痛与哀思，本质上即表对居上者"爱人"之要求，这既是仁政之表征，亦是仁政之内在要求与应有的仁爱品质。

第六，孔子从行为和心理、情感和态度等方面批判了"居上"位者的无德，即具体表现为对其"不宽""不敬"和"不哀"的揭露。孔子认为对于这样的居上位者，是世之无道的根源，是不可容忍的。从孔子对居上之德的揭露与批判可见孔子对居上之德的高度重视。其之所以重视，在于孔子所行世德建设，所施弃霸道、弘仁道之救世策略，有赖于居上者，由此也决定了孔子游说各国之居上者，是其必然的选择与策略。这是由居上者主导的传统社会之特征决定的。如此，孔子兴礼法、倡仁道而救世，所采取的是一条"自上而下"之路。孔子之思，理性审视"居上"之德的实然，加强"居上"之德的建设，于今世道德建设，同样具有不可否定之积极价值。

第七，在孔子看来，凡事都有"本""末"，只有本正，末才能续好。"居上不宽，为礼不敬，临丧不哀"表王道已失，苛政猖行；古礼已不复存在，只剩下繁文缛节；为政者只为利，已毫无敬诚仁爱。如此，孔子主张从居上者之心性、德性等诸多方面入手，加强"居上之德"的建设，方可恢复礼制，使仁道光扬于世。

第八，"居上不宽，为礼不敬，临丧不哀，吾何以观之哉？"作为"八佾"之末章，可谓是孔子对礼制文化的总结。孔子强调，礼制乃由心而发，没有内心的仁义礼智信，即使学会了礼的形式，也必然矫揉造作、假模假式，不可观也。所以恢复礼制必然以重塑居上者之宽厚之心、遵礼之心和仁爱之心为始。同时，孔子言"吾何以观之哉？"表孔子不忍此等状况继续下去，体现孔子强烈的救世责任和仁爱情怀。

到此，《论语》第三篇"八佾"二十六节，构成了孔子关于"礼"较为完整的思想理路。孔子强调礼制，规定了祭祀时应该先怎么样，然后再怎么样；宴会的时候应该先怎么样，然后再怎么样；见面如何打招呼，如何寒暄，如何作别，对待上级该怎样做，对待长辈该怎样做，对待乡党该怎样做，对待晚辈该怎样做。此等规定在《礼记》中都有详尽的记载，孔子在《论语》中主要强调的是用心、诚心而为。

总之，孔子揭露、批判"居上不宽，为礼不敬，临丧不哀"之不仁、不敬之心，敞开其"唯利是图"之"实"，本质是批判霸道、苛政、恶政；如此，孔子力图通过对"居上之德"的改造，使其"宽"待于"下"、为礼以"敬"和临丧而"哀"，从而使礼法得以落实于居上之行，仁道存于居上之心。如此，方可结束"礼崩乐坏"之惨淡，促王道仁政之勃兴。

第四　里仁篇

1. 君子当知，处仁里仁

里仁 4.1

【原文】子曰："里仁为美。择不处仁，焉得知？"

【译文】孔子说："内心持仁，是为美德。如果你选择与不仁之人相处，那么这种选择，又怎么会明智呢？"

孔子首先从"安身立命"之高度提出"里仁为美"的价值命题，进而从"仁德"生成的视角，指出选择与"仁者"相处或交往，方为明智。在此，孔子提出成"里仁"应是人生之价值持守或人生目标，而"择处仁"，是实现"里仁"之方式或手段，由此，构成"里仁"与"择处仁"之间目的与手段之关系。

具体而言

第一，置身于"礼崩乐坏"之世俗生活世界，其心能秉持"仁德"、向"仁道"，本已是对世故的反叛与抗争。如此，自觉拒斥当世普遍之"恶"，其心依然遵礼尚仁，独善其身，以"仁"安身立命，这是一件值得充分肯定的事。以此而论，"里仁"之生命本身，即是"美"，换言之，其心能持守"仁"，本是一种美。

然在充斥着"恶"的社会中，"仁"是脆弱的，为了维护和巩固其心之仁德，需要与有仁德的人相处、相交往，由此形成有仁德的人相互间互引、互动、互进的德性生态，成"仁德"之势。这样，选择与有仁德的人相处、相交往，就成为考量、体现一个人之智慧的事。换言之，一个有仁德的人或内心趋向于"仁德"的人，其智慧就体现于如何甄别、抉择与有仁德的人相处。此乃"德不孤，必有邻"之具体体现。

第二，"里仁为美"。

（1）一般将"里仁为美"之"里"，解注为居处、住处，表所居之里，乡里，如此，"里仁为美"则是指要有仁者住在此地，这个地方就是美地。不一定是非常优美的环境，或者是不一定有很方便的生活环境，只要有仁者居住在这里，我们跟他一起住，就能够受他的影响，得到提升，这就是美。如此之诠释者，如陈祥道："仁人之于里，犹玉之于山，珠之于渊。玉在山则木润，珠生渊则厓不枯。则里之有仁，犹当知以为美。"戴望亦如此释之，认为："里，居也。仁者，亲亲仁民，备百行者也。"钱穆解之为："里，即居义。居仁为美，犹孟子云：'仁，人之安宅也。'"蕅益亦认为："里以宅身，尚知以仁为美；道以宅心，反不择仁而处。何其重躯壳，而轻性灵也。"此类解读与诠释，都未曾把握住孔子之语的真正内涵，予后人误导，不足为要。

（2）"里仁为美"之"里"，所指应是人的内在心性、德性，与人之"行"和人之"外"的现实社会相对。礼为外，仁为内。"里仁"即指一个人之内心有仁，此"仁"才是真的仁，而真仁才是美（德）。一个人若内心没有真正的仁，仅徒有"仁"之表，此人亦非真君子，而是"伪君子"。

（3）孔子以"里仁为美"，否定了"恶"，否定了外在性、虚假性的"仁"，而直指人内"里"之真"仁"，即本质之"仁"。唯是此等"仁"才是一个人之美德。

（4）"里仁为美"，表对世俗普遍之"恶"的拒斥与批判，对"仁"之秉持与坚守，是对"仁"之生命自觉与自主。如此，"里仁为美"，表"仁"于人具有道德本体性，从而成为于礼崩乐坏时代君子"安身立命"之价值命题。

（5）孔子立足于霸道盛行、仁道衰落之世，以"里仁为美"为德性价值原则和做人之总标准，确立君子人格之范型，从而昭示世人当摒弃"恶"而归"仁"，超越外在的"仁"而取向内在的"仁"，成"里仁"之人。

第三，"择不处仁，焉得知？"

（1）"里仁为美"，是孔子为世人确立的一个君子人格范型。生活在充斥着各种德性的人所构成的社会环境中，如何促进"里仁"、保持"里仁"？换言之，"里仁"何以可能呢？孔子以为择与仁者相处，就成为成就"里仁"之方式。

（2）世俗生活充斥着不仁者，若一个人之心无须持仁，随波逐流而与世俗之"恶"沆瀣一气、同流合污即可，本不需要选择或抉择、抉断；同时，一个人若无"智"，亦不足以择"仁"而相处。如此，在善恶交织混杂之状况下，处处存在着"陷阱"，欲要从"恶"中择"仁"，从虚假之"仁"中甄别出真"仁"者，并与之相"处"，本非易事，需要具有透视人心、洞穿世事之睿智眼光，不可被"恶"和"伪善"所迷惑而误入歧路。

（3）如此，孔子以"择不处仁，焉得知？"这样的反诘，突出表明，"择其善者而从之"，是一种智慧的抉择。因为在普遍的恶充斥的现世，"恶"常以"善"示人，伪"仁"常以各种虚假形式而显于世。如此，人们亦常被假"仁"真"恶"所蒙蔽，难辨是非真伪而从了"恶"或"伪仁"，有悖于"里仁"之求索正途。在此，须知"是是非非之谓智，非是是非之谓愚。不知仁之美而不能利仁，其何以安哉？"之理（陈祥道）。如此，避免"择不处仁"，而实现"择"而"处仁"，乃是成"里仁"之人所需要的生活智慧，从这一意义上讲，"智者利仁"。

（4）任何一种选择，都表征其价值取向，由此构成一定的价值空间。如此，"择""仁"而"处"，构成"里仁"者的生活场景与德性语境。在现实生活中，与谁为伍，与谁相伴，与谁相随左右，与谁真正地朝夕交往，构成了一个人思想和德性的发育、生成与发展的外在场域，而就其内里而言，则是与何种德性的人相处、相交往，成为一个人德性发育根植的土壤、成长的德性生态。孔子从"一致性"上要求，成"里仁"者，需智慧地抉择与"仁者"相处，唯有如此，"里仁"方可达成。反之，如果不智而选择与不仁者相处而又力图达成"里仁"，无异于缘木求鱼。此等南辕北辙之法，不可能形成、巩固"仁"而成"里仁"之人。

第四，"智"与"仁"不仅不是分离的，而且在君子人格结构、君子之德中，构成其内在攀升两个紧密相连的"阶梯"。"智者不惑"，本亦自觉其对善恶之辨识，对仁之追寻。如此，孔子所言"择不处仁，焉得知？"表君子之"里仁"，非自发本能性之向善，乃是智者自觉之"仁"，是在乱世恶之猖行的世态下对"仁"的坚守，是取"仁道"而生之君子，故而，择"处仁"乃是其自觉之道德生命的抉择。一言以蔽之，"里仁"之君子，首先是以智为前提，本质上乃是道德自觉之人。如此，其生命必是与"恶"诀别，而与"仁"相处。

第五，若将"处仁"落实于选择有仁者居住之地而居住，是与"仁"者相"处"，即对相接触、相交往的外在环境予以描述，是"处仁"之外在化、具象化为所居的"生活环境"，其本质依然在凸显与仁者处所具有的德性环境。

在孔子看来，每个人的道德修养既是个人自身的事，又必然与所处的外界环境密切有关。重视居住的环境，重视对朋友的选择，这是儒家一贯注重的问题。近朱者赤、近墨者黑，与有仁德的人住在一起，耳濡目染，必会受到仁者的影响而向"仁"；反之，就大大制约、削弱仁德的养成。

第六，孔子以"里仁为美"为君子德修之目标，标示着君子人格之典范。而否定不智之"择不处仁"，直陈智慧选择、抉择而处仁，乃是实现"里仁"目标之正确方式或途径。在此，"处仁"与"里仁"之间，构成了手段与目的之关系，回答了"里仁"何以可能的问题。以此表明，在霸道盛行的乱世，"仁"虽已式微，然只有具有智慧的君子，择"处仁"，那么，"仁"之星火，必成燎原之势，以此表征孔子以切实可行的弘仁德之路线，对仁德、仁道之光明的未来抱以乐观的自信。

第七，孔子之论，主要表达己所选择生活环境对自身道德修行、人生品行习得的重要性。孔子主张"处仁"，即是选择与有仁德的人生活在一起，而尽量避开与那些无德之人生活在同一个环境中。如此，在德性养就过程中，孔子对道德主体间的相互影响予以了充分的关注。

孔子这一思想沿引，让我们必须关注和重视道德环境的建设。同一个人在不同的环境中，假以时日，必然受到环境的潜移默化的影响，从而形成他的道德选择与取向，渐渐形成他的道德心理模式和伦理遵导的原则，从这一意义而言，既定的道德环境对个体成长又具有不可选择的先验规导作用。

"生活环境"，本质上即是由一个个不同道德状况的人组成的。他们在处理生活世界的各种利益关系时所遵循的原则构成了该环境中的道德境况，从而生成该环境下的道德秩序。孔子通过强调环境中具有"仁德"的人对"自我"道德成长的正面作用，表明择其有利于自身"里仁"发展的环境，才是智慧的。

自我与"环境"之关系，具有先定之不可选择和自主之可选择的双重性。孔子从环境的可选性角度，突出道德自觉、自主者智慧其选择"处仁"的道德环境，不断地扬善抑恶，促自我进德，终成"里仁"之君子。

第八，将"里仁"作为人生德修之目标，就其影响其修成的因素而言，要求我们在择处、择友、择偶、择业等诸方面，都须以仁做标准。由此，可以说选择不仅直接影响抑或决定仁德之修造、人生境界之升降，而且决定人生之荣衰、成败。

总之，孔子面对"礼崩乐坏"之乱世，不辞辛劳地捍卫"礼"，维护"礼"之权威。"礼"之本在于"仁"。如此，为捍卫、维护"礼"，孔子从对僭礼之具体行为的批判，深入对"礼"之根，即"仁"的培育，于是提出"里仁为美"的价值命题，倡导世人应以"里仁"为其美，以归仁道为美，进而指引出智慧选择"处仁"，必是成"里仁"之有效方法与路径。

孔子之主张，表明孔子所行乃是以治人心而达治天下之路线。如此，在霸道之世，仁道复兴之路，虽漫漫，然孔子道德理想主义依然给世人一份希望之光。其仁道之光，恰在每一个人择"处仁"而持修"里仁"之道德践行中。

2. 以仁为镜，观世之德

里仁 4.2

【原文】子曰："不仁者不可以久处约，不可以长处乐。仁者安仁，知者利仁。"

【译文】孔子说："不仁之人不可以久处于俭约生活中，也不可以长处于安乐生活中。有仁德之人能安守于仁，有智慧之人能有利于仁。"

———————————

"不仁者"，既无仁心，亦不归仁道，故不能自持、自守。若"久处约"，必"斯滥矣"，故"不可以久处约"；若"长处乐"，必惑于外欲，生骄奢淫逸之心，成骄奢惶惶之狂徒，故"不可以长处乐"。唯"仁者""尽性而静"，能执守仁心，不为外欲所惑而失其本，故能"安仁"而不违，进而使仁"安"；智者"穷理而动"，能于顺境、逆境中锤炼心性，权衡利害促使内在之"仁"得以生发、茁壮，故能"利仁"。

孔子以"仁"为尺度，揭示了"不仁者""仁者""知者"与"仁"的关系，及三者与"仁"直接相关切的不同生存性征和三者对"仁"的不同作用与价值，直呈孔子对此三者不同的立场和态度：否定"不仁者"，肯定"知者利仁"，赞扬"仁者安仁"，从而提倡人当以"仁"为本，弃"不仁者"、追"知者"、成"仁者"，由此为世人指出由"不仁"至"利仁"再至"安仁"之动态进德阶梯与路线，呈现一幅由"不仁者""利仁"者和"安仁"者三个层次构成的世人之立体道德景象，从而为乱世之人开辟出一条修成"仁者"之路。

———————————

具体而言

第一，万千世人，其德各异。孔子列出最具时代特质的三类，即"不仁者""知者"与"仁者"，勾勒出世人德性之真切图景与轮廓。其中，"不仁者"与"仁者"，于"仁"处相对的两极，而"知者"，居间于"不仁者"与"仁者"。"不仁者"，因久恶难除，虽"可以处约"，但"不可以久处约"；相应地因长善难持，虽"可以处乐"，然"不可以长处乐"；"知者"，能明辨是非、权衡利弊，在善恶之世中，能自觉地扬善抑恶，故于"仁"无害而"利仁"，成"利仁者"；唯是"仁者"，其心归于"仁"而"安"于"仁"，不为外物所惑而迷乱，不因贫贱富贵而悲戚骄躁，始终自守"仁道"，无终食之间违仁，造次必于是，颠沛亦如是守"仁"而不违；如此之心归于"仁"、安于"仁"，如是陈祥道所释："仁者不陨获于贫贱，故处约如处乐；不充诎于富贵，故处乐如处约"，故"仁者"可以"久处约"，亦可以"长处乐"。亦如蕅益所释："见有心外之约乐，便不可久处长处，可见不仁之人，无地可容其身矣。安仁，则约乐皆安；利仁，则约乐皆利。何等快活受用！"

"不仁者"，抑或偶为"仁"，如黑夜之流星；"知者"无害于"仁"而"利仁"，似黎明之晨曦；唯是"仁者"丝毫无危及于"仁"而使"仁"亦安，恰若中天之日。孔子对"不仁者""知者"与"仁者"三者的点评，昭告世人："不仁者"须转而为"仁者""知者"，需巩固与提升"仁"，独"仁者"乃世人所追尚之典范，由此孔子对"不仁者"予以期待，对"智者"予以肯定，对"仁者"予以褒扬，且提出了世人修德、进德之应然目标。

第二，"不仁者不可以久处约，不可以长处乐。"

（1）"不仁者"。孔子未用"小人"，而是非常严谨地用"不仁者"称谓此一类人。此处之"不仁者"，表其心性之品质，侧重于其心；"小人"侧重于其所为，简言之，"不仁者"在心，"小人者"在行。再者"不仁者"，于"仁"之"不足"，而"小人"，不仅"不仁"，且背"仁"、不利"仁"。如此，恰如孔子曾所言："君子而不仁者有矣；夫未有小人而仁者也。则不仁虽不足为君子，亦未至于小人。"

（2）"不仁者"，"不可以久处约"。

其一，"不仁者"可以"处约"，但"不可以久处约"，这是孔子对"不仁者"于"处约"予以肯定中的否定，表孔子通过"处约"对"不仁者"品性之甄别；以此表明"不仁者"，仅有其自发之善恶心，尚无自觉之"仁心"，其不足以"克己"而自持、自守，易惑于外，故而"处约"只可一时，不可一世，此谓"不可以久处约"。

其二，孔子以"不仁者"称此类人，表其非"小人"，故可"处约"，然因"不仁"却又易滑向"小人"，因其自持之极度有限，故"不可以久处约"。此处，以"久"表"不仁者""处约"之量变向质变蜕化的必然。

其三，"不仁者"，可以"处约"，不至于违"仁"成"恶"；若其"久处约"，则必坠成"小人"。"小人""穷必斯滥"而害"仁"。如此，孔子从无数的经验事实中，对"不仁者"之演变趋向做出道德结论，同时亦向世人予以明确的道德预判与道德警示。

（3）"不仁者"，亦"不可以长处乐"。

其一，"不仁者"可以"处乐"，但"不可以长处乐"。孔子同样对"不仁者"于"处乐"予以肯定中的否定，表孔子通过"处乐"对"不仁者"品性之鉴定，以此表明"不仁者"，因无"仁心"，"久处乐"不仅不可"复礼"，而且因不可"复礼"而无节制，必会因此而"骄"。

其二，"不仁者"，"处乐"时，非如孔子所言"富而好礼"而节制，而是必然被"乐"主宰，且依仗"乐"而违礼害仁，成小人得志便猖狂之"恶"。

（4）因仁者"不陨获于贫贱，不充诎于富贵"，故"仁者"可以久处约，亦可以长处乐。相对而言，"不仁者"却"陨获于贫贱""充诎于富贵"，故不可克己而"久处约"、不可"复礼"而"久处乐"。

（5）"不仁者"，"处约"不可以"久"，"处乐"亦不可以"长"（其"久"表从过去到现在之时，"长"则表从现在至未来之时；老子言"天长地久"，言"长生久"，是长者必久，久不必长也），意味着"处乐，人之所易，故言长处约，人之所难，故言久易"（陈祥道）。在此，孔子从否定层面表唯有"克己"方可"复礼"之内在关系。

（6）"不仁者"，因"仁"外于其心，故而"久处约"与"长处乐"，皆易蜕变为"小人"，恰如《礼》曰："小人穷斯滥，富斯骄。则穷斯滥，非特不可以久处约也；富斯骄，非特不可以长处乐也。"此为孔子之对"不仁者"予以准确定性判断。

（7）在孔子看来，"仁"对于一个人来说，应是自心之本然，如此便有了因由内而外的"仁"而"善"。若人能够遵守本心之"仁"，其心便有主心骨，亦不会被外物所惑。而"不仁者"，因被私欲包裹、遮蔽，甚至吞噬了内心之仁，渐次丧失其仁心，心亦无所依，如此极易随外界事物而摇摆。这样，"不仁者"若忽然遭遇贫贱穷困的生活，开始的时候或许能够克制自己。时间长了，就会忧愁、痛苦，为了满足一己之欲，不能克己，不遵礼法，泯灭善恶，根本无法承受"久处约"之煎熬，必将蜕变为斯滥小人。相应地，"不仁者"，倘若忽然过上富足安逸的生活，开始的时候或许能够装模作样，因满足了欲望而乐在其中。可一旦时间长了，就会志得意满，为了满足自己更大的欲望，什么骄奢淫逸、违礼之事都敢做，如此之人又怎么能久处富贵呢？

孔子通过"不仁者"不可以"久处约"和"长处乐"两个极端状况的分析，表明唯"仁者"安仁，方可"久处约"与"长处乐"。

第三，"仁者安仁，知者利仁"。

（1）"《诗》曰：'柔亦不茹，刚亦不吐。不侮矜寡，不畏彊御。'唯仁者能之。"（《左传·定公四年》）"知者不惑，仁者不忧。"（《论语·子罕》）此从"仁者"之特征对"仁者"予以了界说。进而言之，"仁者"乃是其心归仁、其行遵礼，于人以爱而行善，即"爱人者"。按钱穆所释："仁者，处己处群，人生一切可久可大之道之所本。仁乃一种心境，亦人心所同有，人心所同欲。"

（2）从《易经》之坤卦而言，其始于"利贞"，终于"安贞"。利仁与利贞同义，莫非安仁也。如此，有圣人之安仁，有君子之安仁。尧之安仁，圣人之安仁也，仲山甫之安仁，君子之安仁也。孔子于此，将"圣人""君子"皆纳入"安仁"之"仁者"，对"安仁"之主体予以明确。

（3）"仁者安仁"之"安仁"，从静态来看，"安者视仁若安宅然。"（戴望）或"谓安居仁道中"（钱穆）。从动态来看，"安仁"如是陈祥道所释"仁者尽性而静，故安仁"。"安仁"乃是"仁者"心性之必然。其"安"，表心归于"仁"、安心于"仁"，不仅不违"仁"，而且无害"仁"，此为"安仁"。简言之，"仁者"不仅心安于"仁"，而且使仁"安"。

（4）"知者"因穷理而动，故"利仁"。穷理而不已，则至于尽性利仁而不已，则至于安仁。故《中庸》所以言："或安而行之，或利而行之，或勉强而行之，及其成功一也。"故"上者安仁，次者利仁，又其次者强仁，于此不及强仁者，其言主于仁知故也"（陈祥道）。

第四，真正的"仁者"，心存纯然之仁，全无私欲所求，对于仁道，不是勉强去做，而是与其内心完全相照应，只是随心性而行罢了。因此，外界环境对他没有丝毫的影响，且穷困且富贵，同样谨慎而乐道，所以仁者"安仁"，如是颜回"安贫乐道"，如是孔子教导"贫而乐，富而好礼"。真正的知者，心中有正确的是非标准，不会动摇，因此也不会有昏聩而失去主见之情况。对于仁道，笃定去追求，一定要有所成就，穷困、富贵同样固守自己的理念，不会有所改变，亦不会加害于"仁"，"利者，以仁为美"，故"智者利仁"。"知者"于"仁"，虽不及"仁者""安仁"，但同样能够保全自己的内心，能久处贫困而不滥行，久处富贵而不淫逸，故而能"利仁"。简言之，"知者"知"仁"之利而"利仁"。

第五，"仁者"，心性纯善，心境高洁而无所缺失，因此，其所为与"心"不背，亦与"仁"相切相合；仁者，其心归仁道而自足、自主，不困、不惑、不役于外，如是孔子所言"从心所欲不逾矩"。"知者"，其心非纯善，尚有缺失，但已知仁之真谛，决心改过从善，做真正的仁者，所以目标明确，心有所定，也不会被外物所制。独有"不仁者"，在物欲横流的世界里流转，终不可"久处约""长处乐"。孔子通过对三类人之比较告诉世人，想要成"仁"，须心有所住而笃定，才不至于随波逐流、悲喜由外，方可以"久处约""长处乐"。

第六，孔子之论，从正面和负面两个维度分析了"不仁者""知者"与"仁者"在环境、条件变化的状况下，所呈现出来的德性状况，强调仁心对人之支撑、规范和引导作用。这一思想，后由孟子充分展开，成君子理想人格或"大丈夫"之"不移""不淫"和"不屈"的高贵品格，此为对孔子之论更为明确化和具体化。

总之，外境于人，有"约"有"乐"。"不仁者"自是其心不能择仁处，如此，无论是"处约"与"处乐"，其心皆不安、不定而随外物之变而变。这样，久约，必斯滥胡作非为、为非作歹；久乐，必生骄奢淫逸，进而骄慢骄纵，不可一世，故而孔子断言"不仁者"不可以"久处约"，亦不可"长处乐"。"仁者"安居仁道，不羁绊于"约"与"乐"，超然于贫富贵贱，其心归仁、安于仁，而使"仁安"。"知者"，明理而知仁之利而"利仁"者也。

以"仁"为镜，孔子透析出"不仁者""知者"与"仁者"三类人的道德镜像，于此，孔子既对世人之"仁德"予以事实揭示与呈显，又以"仁"为内涵，为世人修性进德确立了目标："安仁"以成"仁者"，并以此批判乱世无仁之本质，昭示天下人之德皆应归于"仁"，安于"仁道"。如此，"仁道"方有"源"，"礼"才有"根"，终结霸道、恶政之猖行，迎来王道、仁政之复兴，才有可期之希望。如此，惟安仁而仁安，则国泰，则民乐。

3. 仁者好人，仁者恶人

里仁 4.3

【原文】子曰："唯仁者能好人，能恶人。"
【译文】孔子说："只有有仁德的人，才既能喜好人，亦能厌恶人。"

世之无道，从直接性而言，乃因"上，无礼；下，无学"使然；从其内在价值准则而言，乃因是非、善恶之颠倒，故必使恶人当道、好人难存。是非、善恶之颠倒，本质上则是因世人以偏私而是非、而好恶，呈"爱之欲其生，恶之欲其死"之极端，表世之"仁者"不存、"仁心"不在。针对此境遇，孔子主张"唯仁者，能好人，能恶人"，以期超越狭隘偏私之好恶，确立以"仁"为是非、善恶之标准，达到扬善抑恶之效，促成"仁道"畅行之势。按陈祥道所释："道无喜怒，而喜怒者，道之过。德无好恶，而好恶者，德之失。失德而后仁，则仁者不离好恶而能好恶者也。盖仁者，诚足以尽性，明足以尽理，不牵于憎爱之私，不惑于是非之似。故所好非作好，而天下之所同是；所恶非作恶，而天下之所同非。此所谓无欲而好仁，无畏而恶不仁也。"在孔子看来，唯"仁者"自觉于仁德义理，自有是非之心，故而"能"秉持公正，既能明断"好人"与"恶人"，亦能爱"好人"、恶"恶人"，以表"仁者"，非模糊、混淆是非、善恶公正原则之"伪"好人抑或"乡愿"，乃是秉持"仁心"而爱憎分明之人。如此，孔子以"唯仁者能好人，能恶人"，既对世人之无仁德予以揭露与批判，又为世人树立"仁者"之标范，从而表达孔子树世人之"仁心"，确立世人之正确的是非心、善恶观，从而拯救无道、无德之世的强烈诉求。

唯"仁者""无欲而好仁，无畏而恶不仁"，于此表明"仁者"心怀仁德，自无偏私之弊，对是非、善恶、好人与恶人能做出公允之判断和评价，由此表明"仁者"内持公正之心，诚敬而坦荡于是非、善恶，从而既能"好人"亦能"恶人"。于此，孔子提请世人当道德自觉，以"志于仁"而"无恶"为始，终成无恶之"仁道"之世。

具体而言

第一，乱世，表世人无"仁心"而偏私，无公正、公允的是非、善恶、好坏之标准，导致是非颠倒、善恶混淆、好坏不分，致使"是"得不到肯定，"善"得不到张扬，"好"得不到鼓励，相应地，"非"无以矫正，"恶"无以鞭挞，"坏"无以惩戒。鉴于此，孔子提出："唯仁者能好人，能恶人"之主张，批判世德之错误与偏狭，以树正确、正当的是非、善恶之观念，确立甄别好人、恶人之标准，立"仁心"、兴"仁道"，以重塑世德。

"唯仁者能好人，能恶人"，极其鲜明地表达了"唯君子好其匹""有恶有方"（戴望），确认"仁者"之"无欲而好仁，无畏而恶不仁"之品质，以及"仁者不离好恶，而能好恶者"的特质（陈祥道），从而表明"仁者"在"知""行"两个维度上确立"善恶"之标准，于此，"仁者"，不仅能在"知"上明确地判断是非、善恶，辨析、鉴别好人、恶人，而且还能在"行"上分别对待"好人"与"恶人"，孔子以此批判"伪君子""乡愿"等"德之贼"，确立以"仁者"为典范、以"仁心"为根本，明确是非、善恶、好人、恶人之标准，对他人做出公平、公正的评价，找到建设世德之正确路线，真正达到呵护、鼓舞、尊崇"好人"，鞭挞、惩戒"恶人"之目的。

第二，"唯仁者能"。

（1）非"仁者"，心存私欲，渐成私偏，于世间之是非、善恶、好人与恶人亦常以一己之偏好而断，其取向则是"爱之欲其生，恶之欲其死"。如此，"既欲其生，又欲其死"，其结果必"是惑也"（《论语·颜渊》）。这就表明非"仁者"未具"仁心"，常因"私"之狭隘与定式之遮蔽，在认知上，缺乏对是非、善恶、好人与恶人予以公正、公允的判断与评价，常混淆是非、颠倒善恶，误认好人与恶人；在践行上，或伤好人或"助纣为虐"，引发世间"是"得不到肯定，"非"得不到纠正；"善"得不到弘扬，"恶"得不到抑制、惩戒与根除；"好人"得不到追慕、赞许与尊崇，"恶人"得不到鄙视、贬斥与批判。如此，其必然之结果，乃是世间乱象丛生。

（2）"唯仁者能"之"唯"。以反衬和对比的方法，以"唯"字所蕴的排他性和独特性而确立"仁者"之唯一性，表孔子对"仁者"予以极度的肯定与推崇，折射出孔子对世人（非仁者）之是非、善恶标准的绝对否定。

（3）"仁者"，"唯能"，既是对"仁者"超越了私心，觉悟了"仁德"，具有明辨是非、甄别善恶、察识好人与恶人之能力之"事实判断"，又对此能力予以赞许与推崇。在此，"唯仁者能"，以"能"为基点，以"唯"为标范，从而实现了对"仁者"之事实判断与价值评价的统一。

（4）为何是"唯仁者能"？对此，陈祥道释为："盖仁者，诚足以尽性，明足以尽理，不牵于憎爱之私，不惑于是非之似，故所好非作好，而天下之所同是；所恶非作恶，而天下之所同非。此所谓无欲而好仁，无畏而恶不仁也。"

朱熹注曰："盖无私心，然后好恶当于理。程子所谓'得其公正'是也。"朱子又引游氏（宋·游酢）之言道："游氏曰：好善而恶恶，天下之同情。然人每失其正者，心有所系而不能自克也。惟仁者无私心，所以能好恶也。"

以此表明，"仁者"心正，能站在客观、公正的立场上来看待人和事，由此导出一个基本的命题：唯心怀仁德，方能对人对事做到公平、公正、不偏不倚。"仁者"之"仁心""仁德"是其公正判断是非、善恶、好人与恶人之内在依据与前提。

第三，"能好人，能恶人"。

（1）孔子以仁者"能……能"，否定了一种简单化观念：认为"仁者"只是"爱人"，不曾"恶人"，以此鲜明地表达了仁者不仅能"好"好人，而且还能"恶"恶人，不仅择善、从善且扬善，而且远恶、恶恶且抑恶，由此表明，"仁者"并非不分是非、善恶，甚至泯灭是非、善恶，只是一味提倡没有原则性地"爱人"，而是自觉地厘清了是非、甄别了善恶，从而爱憎分明。对此，陈祥道深刻地揭示道："道无喜怒，而喜怒者，道之过。德无好恶，而好恶者，德之失。失德而后仁，则仁者不离好恶而能好恶者也。"

（2）仁者，既能"好"又能"恶"人，其"能"表明"仁者"内蕴"知"，在判断、甄别、察视"好人"与"恶人"之后，能对"好人"予以欣赏、嘉许和赞扬而亲近，对"恶人"予以鄙视、鞭挞和批判而弃之，不仅表征了仁者持"中道"于"人"，而且鲜明地表达了仁者弃恶扬善之价值取向。

（3）相反，不"仁者"常因私而偏，毫无正确原则与公允标准地待人。在其眼中之人，要么是"好人"，要么是"恶人"，恰不能做到"（既）能……（也）能……"，如此正是"彼爱之欲其生，恶之欲其死，以至好人所恶，恶人所好，不仁可知也"。而"贤者狎而敬之，畏而爱之。爱而知其恶，憎而知其善"（《礼记·曲礼上》）。这从"善恶"之甄别中彰"仁者"之"知"、之"能"。由此表明"仁者"之"好人""恶人"乃是超越其个体自然之偏好，超越简单的善则"好人"、恶则"恶人"的两极对峙，而是以"知"为基础、以"仁"为标准，从而呈现出仁者于"知"与"仁"内在统一之基础上的"好人"与"恶人"之思维。

（4）"仁者"能"好人"，亦能"恶人"，表明仁者具有超越具体"善恶"之上的大仁爱观。"能好人"是积善而弘"仁"，"能恶人"是弃恶而归善，同样是为了扬"仁"。故而，仁者"能好人，能恶人"，将"好人""恶人"整合、归并于"仁"，从终极的意义上来看，"能好人"与"能恶人"，只是从正反两面作为切入点，其目的都是彰显"仁"，由此，避免了"好人"与"恶人"的简单对立所导致的二元立场。

（5）"仁者""能恶人"，是孔子一贯之主张。《论语·阳货》中子贡与孔子关于"恶人"进行了较为充分的对话。

子贡曰："君子亦有恶乎？"

子曰："有恶。恶称人之恶者，恶居下流而讪上者，恶勇而无礼者，恶果敢而窒者。"

曰："赐也亦有恶乎？"

"恶徼以为知者，恶不孙以为勇者，恶讦以为直者。"

师徒二人的对话，不仅明确地肯定了君子"恶人"之取向，而且较为全面地明示了师徒二人各自所"恶"为何种人，更为重要地阐明了其所"恶人"之"恶"。

（6）在此，须注意"能好人，能恶人"之"人"，呈现出两个层面的差异。

其一，若"人"所指为泛称的一切人，或世人，那么，"能好人，能恶人"则体现了一种普泛意义上的仁者"爱人"之"好人"和"恶人"。由此，孔子以"好人"和"恶人"，从观念和践行两个层面，具体地向世人提出了一条严格的道德要求和一条明晰的道德原则。

其二，若此处的"人"，其所指是与"民"相对应的"权贵"，那就表明孔子在"仁者"的视域彰显对权贵之独特的立场和态度，亦即表明，对"权贵"之善恶的甄别与审查，不能简单附和权贵之"好""恶"，更不是无立场地谄媚，而是同样以"仁"为尺度予以确认，是"善"，则予以肯定与赞许；若是"恶"，同样予以鞭挞、批判与否定。如此，表"仁者"不畏权贵，只为"仁"而在的独立价值原则与傲然的风骨。

第四，孔子在"仁者"与"好人""恶人"之间，以"能"而紧紧关联起来，揭开了"仁者"与"'好'人"和"'恶'人"的内在必然联系。这样，孔子就将仁者的品质再次简要地勾勒出来了。

"好"与"恶"是两种截然相反的情感，孔子却将二者统一于"仁者"，彰仁者超越个体私情、私心之价值指向。如此，仁者之"仁"，不仅"好人"，而且"恶人"，才是完整的。当然，唯有做到了"仁"，才会有正确的爱和恨，才能恰当地"好人"与"恶人"。

第五，结合上一节，不仁之人，久处困境，不能安。长处乐境，亦不能安。

心之所喜，不能"好"；心之所厌，不能"恶"，循至其心乃不觉有好恶。其所好恶，皆不能得其正。如此，孔子认为，只有真正具有仁德之人，才能懂得"好人"和"恶人"。

概而言之，喜欢善良的，讨厌邪恶的，此为人之正常之情感。但是普通人因有私欲作祟，因此其好恶往往会在不同程度上偏离"礼"而不合于"礼"。在孔子看来，唯有仁者，心中只有天下而无私欲，因此如果他喜欢的，一定是真正的贤德之人。其喜爱之情，完全出于天理而非私心，这样的仁者之"好"，所"好"的乃是一个人之品性与德行。倘若是"仁者"所讨厌的，一定是真正的不肖。因此，赞许一个人，厌恶一个人，只有仁者才能真正做到公正而无偏。以此可见，孔子确立"唯有仁者能好人，能恶人"之标范，以昭示世人：做人应当以仁为本，不断去除己之私欲，方达到仁者既"能好人"，又"能恶人"之周全。

第六，进一步而言，在孔子看来，喜欢和厌恶亦有对错之分。若满足了自己的私欲，取悦了自己的私心，就喜欢，反之就讨厌，这只是小人之偏好，不仅于国、于民无益，而且也往往徒增自己的烦恼。"仁者"之喜欢，乃顺乎天理、顺乎自然、顺乎仁道，讨厌那一切逆天悖礼而行之事，如此，仁者心怀天下之坦荡和豁达，是一心只装着自己、一心只为自己的蝇营狗苟之小人所不可比拟的。

人心若为私欲所障蔽、所束缚，其好恶必失其正，好之欲其生，恶之欲其死。唯仁者，知"仁"知"义"，其心明通，乃始能"好人"、能"恶人"。若人人皆明此义，人人能好人、恶人，则仁道必是至臻光明，世德必是至臻淳厚，风俗至臻纯美。这大凡是孔子提出这一命题所蕴含的理想现实。

总之，"无好无恶，故能好能恶。无好无恶，性量也；能好能恶，性具也。仁，性体也。"（蕅益）世人皆"好人""恶人"。然"不仁者"常因"私"以个人标准而取舍对"人"之"好"与"恶"，且好其所好、恶其所恶，爱之欲其生，恶之欲其死，呈"好""恶"外在对峙之态：要么"好人"、要么"恶人"；唯有心存"仁德"，以"仁"为尺度之"仁者"，方可超越个人或私人之偏狭而对人予以公正的评价，真正做到既"能好人"，又"能恶人"，换言之，唯有"仁者"能洞察是非、善恶，能精于分辨"好人"与"恶人"，明辨仁与不仁，才能更好地去取舍，在实践中，"好"好人、恶"恶人"，并进而在更深层次上"爱而知其恶，憎而知其善"，从而达到扬善抑恶之大仁境界。

《大学》有言："有所忿懥，则不得其正。有所恐惧，则不得其正。有所好乐，则不得其正。有所忧患，则不得其正。"而"仁者"因无所忿懥、无所恐惧、无所好乐、无所忧患，故"得其正"，于是，能秉持公正之心，自觉而公正地"爱人"；仁者"爱人"，从其实现条件而看，是既"能"好人，亦"能"恶人；从其展开路径来看，则是既能"好人"，亦能"恶人"。正因如此，成就了"唯仁者能好人，能恶人"之大仁爱。

4. 苟志于仁，仁道必兴

里仁 4.4

【原文】子曰："苟志于仁矣，无恶也。"
【译文】孔子说："如果立志于仁德，就不会做坏事了。"

孔子深掘乱世之"恶"，诊断其发生之根源，乃因世人之志不在于"仁"，即人心不归仁使然。如此，孔子深入人之"志"，将乱世之发生，扼止于"志"，故提出"苟志于仁矣，无恶也"之命题，主张若"志于仁"，"恶"则无以生，若世人皆"志于仁"，霸道则无以存，仁道必兴焉。孔子之语，如是"千年暗室，一灯能破"（蕅益）。

孔子面对"恶"丛生不绝而成乱世之境，强调唯有世人"志于仁"，方可绝恶止霸，成"仁道"之世。如此，"志于仁"则是力图从根本上彻底扭转世人之价值取向，实现世人价值坐标的重置。孔子以此作为改造个体德行、进而置换世道的治理方案。

然而惨淡的现实，令孔子之主张仅存于假言判断，完成于逻辑论证。世人依然在霸道的裹挟下未曾遵循孔子之教导"志于仁"，现实之"恶"依然浊浪滔天。如此，恶之现实与孔子所设构的善之理想形成强烈的反差。

具体而言

第一，如何"弃恶从善"、逐霸道而行王道，孔子提出的方案则是"志于仁"。面对霸道之现实，孔子以假言判断，着力于道德主体之心性，强调道德主体以"仁"为其根本的价值立场与追求，必然产生向善之道德效果，以此彰显道德主体的道德选择与道德结果之关系，从而完成个体心性、德性的改造，间接地完成对恶之世势的改造。

"志于仁"，于当世的当权者、普罗大众而言，需要的是来一次彻底的心性革命，一场生命价值立场的"脱胎换骨"，简言之，世人皆须告别向恶之心、从恶之行而彻底从仁向善。如此，孔子所言"苟志于仁矣，无恶也"，昭示于世的乃是一场启动个体心性、成就世道品质的深刻价值改造运动。

第二，孔子认为只要以"仁"为人生之志趣、之目标，只要养成仁德，那就不会再作恶。其志之"仁"，便消解其作恶之可能，终止恶行，即不会犯上作乱、为非作歹，也不会骄奢淫逸、随心所欲。

对于"苟志于仁"，则"无恶"，陈祥道释曰："苟志于仁，则未足乎仁，无恶则可以为善。苟志于仁者，其善可知也。盖可欲之谓善，可恶之谓恶。所谓无恶者，以其虽有过失，不在所可恶也。"朱熹释注曰："志者，心之所之也。其心诚在于仁，则必无为恶之事矣。"戴望释曰："人苟志于仁，君子不忍加恶。"

如此表明，只要道德主体以追求"仁"为其人生之"志"，那么，必然会按照"仁"之原则来训导自我、陶冶自我、规范自我，以及依此来处理各种关系，从而在处理具体的各种利益和自我的关系中，保持善性，让仁在各个层面得以展现，"恶"则断了根，绝了行恶之源。

第三，"志于仁"，表人心归"正"，心诚在仁。如此，依然可能、可以有"过"或"不及"，然不（足）成"恶"。如此，"志于仁"，其修行进德之目标为"仁者"，而"仁者"之心存仁，行必"无恶"也。这就表明，"志于仁"者，其心常驻善思而无邪，渐成品性高洁、行为端正之君子，渐次实现其道德自觉、自主而自律。

如此，孔子以"志于仁"，即从道德信念、信仰的高度，强调道德主体确立、确认以"仁"为根本的价值目标，乃是绝"恶"之心性，同时亦开启了向善之路。这样，"志于仁"与"无恶"，就从心性至行为，表明以"心存善念"为始，则以"无恶"为结果，展示了弃恶向善、从善、成善的动态的生成逻辑。

第四，孔子以为，世道之恶，恶在人心不仁。如此，"志于仁"，表孔子着力从道德心理、道德价值、道德信念、道德信仰切入，有针对性地解治世人心性之恶、世道之霸的弊病。

因为，在孔子看来，"仁"于人心为"正义"，于人际为"关爱"，于社会为"公正"。如此，"志于仁"，本质上即是绝了恶之心，断了恶之念，除了恶之欲，去了恶之行，必是"无恶"。

第五，"志于仁"而"无恶"之"恶"，历来呈两解。

其一，此处之"恶"，即是"好恶之'恶'"，此紧承上章言。上一段谓"唯仁者能好人，能恶人"。然仁者必有爱心，故仁者之恶人，其心仍出于爱。恶其人，仍欲其人能自新以返于善，此仍进仁道。故仁者恶不仁，其心仍本于爱人之仁，非真有所恶于其人。若真有恶人之心，又何能好人乎？故上节言"仁者"能好人、能恶人，乃指示仁者性情之正。此处"无恶也"，乃指示人心大公之爱。一言以蔽之，此处的"无恶"，是指仁者包容之心和宽厚之情。钱穆等持此论。

对于此论，有人抑或引老子之论进一步佐证。即此处"志于仁"而"无恶"，如是《道德经》中所言："圣人无常心，以百姓心为心。善者吾善之，不善者吾亦善之，德善。信者吾信之，不信者吾亦信之，德信。圣人在天下，歙歙焉为天下浑其心。百姓皆注其耳目，圣人皆孩之。"

其二，如"善恶之'恶'（è）"。其义仍如前释。盖仁者爱人，存心于仁爱，可以有过，但不成恶，如此，"无恶"虽尚未达"善"，但却绝"恶"而向善、从善。

就孔子所言"苟志于仁矣，无恶也"之世俗语境和目的指向来看，孔子并非以"志于仁"成"仁者"而包容"恶人"之静态为旨趣，而是着力于以"志于仁"，作为根绝世人之"恶"的契机，以达终止世道之"恶"。

如此，孔子以"苟志于仁矣，无恶也"这一假言命题，是对救世所做出的理论推断，从而构成孔子治乱政、乱世之价值主张。

第六，在孔子看来，人性本善近道。之所以做出某些不善之事，乃心存不仁之念导致的。如果通过改造人之心性，使之"志于仁"，自然就"无恶"之发生。如此，孔子以"苟志于仁矣，无恶也"，向世人敞开了一条朴实的真理：倘若人心都能弃恶向善从仁，克服己之私欲，恢复自己仁之本性，在充斥恶的世间，即使其心念一时不能纯正，行为实践还不成熟稳定，但可以确保不为恶。

"志于仁"本质上即是要求"克己"而取"仁道"、独善其身。如此，孔子希望人立志于"仁"，善因"我"而生、而坚守，从而社会之"善"也就有了可靠的源头，世道之至善、仁道之兴也就有了希望。如此，"无恶"因"志于仁"而生，最终世之"无恶"即成必然之势，从而驱恶弘仁之夙愿必因"志于仁"而成为现实。

总之，面恶浪滔天之霸道，孔子力图以"志于仁"而唤醒世人尚未泯灭之仁性善心，置换世道盛行的价值准则，确立以"仁"为根基的价值坐标，以己之"无恶"，遏止世恶之潮势。如此，孔子倡"志于仁"，可期"弃恶从善"，昭示人人心中须凿出一汩汩清流，成仁爱之浩汤，为仁道掘出一条希望之途。

孔子言"苟志于仁矣，无恶也"，并非于个人以道德绑架，而是启示每一个人觉知，乱世之恶，非与"吾"无关，若"吾"随霸道之恶，沆瀣一气，同流合污，无疑是世之"恶"合谋者、簇拥者；反之，"苟志于仁"，以"无恶"向善归仁为始，那么，世之恶，因"吾"之"无恶"而削弱、而绝源。如此，孔子以"苟志于仁矣，无恶也"，向世人展示出一条可选择、可抉断之道德命题，提请世人当超越道德自发，实现主体道德责任与使命之自觉、自主，如此，弃霸道、兴王道，以"吾"之"志于仁"而"无恶"做起。

在弃恶归仁之长路上，"吾"当"志于仁"、以"无恶"为自律之端，担"舍我其谁"之责，践"当仁不让"之行。如此，孔子以"苟"为假言之思，昭天下之人，"志于仁"而"无恶"，"仁道"必勃兴焉。

由此，"苟志于仁矣，无恶也"，非常含蓄而稳健地承载与彰显了孔子"志于仁"的道德自信，以及对仁道前景抱以的深度乐观。

5. 富贵贫贱，君子依仁

里仁 4.5

【原文】子曰："富与贵，是人之所欲也，不以其道得之，不处也。贫与贱，是人之所恶也，不以其道得之，不去也。君子去仁，恶乎成名？君子无终食之间违仁，造次必于是，颠沛必于是。"

【译文】孔子说："富裕和显贵是人人都想要得到的，但若以不仁之方法而得到，君子不屑于享受；贫穷与卑贱是人人都厌恶的，但若以不仁之方法摆脱它，君子则甘于贫贱。君子如果失去了仁德，又怎么能叫君子呢？君子没有在一顿饭的时间背离仁德，就是在最紧迫的时刻也必须按照仁德办事，即使是在颠沛流离的时候，也一定会按仁去办事的。"

世人皆恶贫贱而求富贵，唯君子独求"仁义"。君子心存仁义，求富贵、安贫贱乃因仁道、非背"仁"而强为。君子，乃因其仁心之实然。君子之为君子，与"仁"须臾不分离，君子人生即为"仁"，为"仁"即是君子人生。

蕅益释曰："此章皆诫训之辞。若处非道之富贵，去非道之贫贱，便是去仁，便不名为君子。若要真正成个君子，名实相称，须是终食之间不违，造次颠沛不违。"由此，孔子从肯定世人厌贫贱、欲富贵之合理性、正当性入手，批判在霸道语境下强取豪夺求富贵之"不仁"，确立君子求富贵须遵仁道、守仁心，从而消解因不仁之求富贵所造成的世之无道。在此基础上，要求君子确立以"仁"为本的生命价值观，突出君子当守"仁"，依"仁"安贫贱、求富贵。

具体而言

第一，孔子言人之所欲"富与贵"，人之所恶"贫与贱"，表世人之心求慕富贵而厌贫贱，此乃人之自然取向。在孔子看来，此亦为人之常态，自是无可厚非。然当世之人，其所求富贵、恶贫贱，皆以行霸道而为。如此，孔子将"富与贵""贫与贱"同"仁道"关联起来加以审视，确立君子须依道义而取舍，应树立道义财富观和社会地位观，去不仁不义之"富与贵"，直陈孔子对世人之财富和地位合法性之源的拷问，蕴含着孔子对当世富者之不义、贵者之不仁的批判。如此，孔子倡导和强调以"仁"为核心、为根本尺度而处"富与贵"，以此对当世不义之富者、不仁之贵者予以道德劝诫：弃强取豪夺，止霸道而遵王道行仁政。

世之无道，既因不义而富、不仁而贵而生，又因富者不义、贵者不仁而长，于是，仁道不存焉。如此，孔子倡导君子当遵仁义而逆世道，不以"富贵"为人生之追求，而以践"仁"弘"道"为人生之旨归。这样，君子人生不为外物所驭，不因得失成败而移，不以贫富、贵贱而动，不被虚名而诓，君子之心当安仁道而独善自守，这便是君子之"里仁"。

第二，子曰："富与贵，是人之所欲也，不以其道得之，不处也；贫与贱，是人之所恶也，不以其道得之，不去也。"

（1）孔子从人生存的自然选择与取向上，首先确认"富与贵"，"是人之所欲"；"贵与贱"，"是人之所恶"，由此可见，人不甘于"贫与贱"，想尽各种方法加以摆脱而不断追逐"富与贵"，成为世人共同的追求与人生价值指向。孔子对世人"欲富恶贫"之追求，并非一概加以否定，而是对其必要性和合理性予以肯定与承认。然而，孔子强调若"不以其道得"，富与贵，君子"不处"；"不以其道得"，贫与贱，君子"不去"。由此，孔子以否定方式突出获富贵、弃贫贱之合法性、正当性的标准与原则，以此鲜明地表明，不论是处"富与贵"，还是去"贫与贱"都必须符合"仁道"之规范，绝不可无"道"地处"富与贵"与去"贫与贱"。对此，江谦补注："不以其道，而处富贵，是不处仁也；不以其道，而去贫贱，是去仁也。"于此，表明孔子之论，无疑是对乱世富贵之不仁不义的本质予以了揭露，同时要求君子不可从当世之无德而追逐富贵，当尚道而守仁。

（2）何谓"富与贵""贫与贱"？按皇侃之释："富者，财多。贵者，位高。乏财曰贫，无位曰贱。"（《皇疏》）在对世人"欲富恶贫"之心，以及对富贵之实际追求予以肯定之前提下，孔子所否定的是世人"欲富恶贫"而背仁道，提出贫贱富贵皆可移，唯"仁"不可移。概言之，孔子否定非仁道之"欲富恶贫"，肯定符合仁道之"欲富恶贫"，强调君子不逐不义之财、不求不仁之贵，在"富贵"与仁道二者不可兼得之时，须见利思义、见贵思仁，处"安贫乐道"。

（3）对孔子此论，诸家予以诠释，使其内涵更为清晰。

孔安国注曰："不以其道得富贵，则仁者不处也。"

何晏亦批注道："时有否泰，故君子履道而反贫贱，此则不以其道得之。虽是人之所恶，不可违而去之。"

陈祥道更为详尽地释之为："富与贵，人之所欲，不以君子之道得之则不处，以其有义也；贫与贱，人之所恶，不以小人之道得之则不去，以其有命也。君子有可以得富贵之道，以非得富贵之道而得之，君子不以为荣。小人有可以得贫贱之道，以非得贫贱之道而得之，君子不以为辱，故非其义。"

从以上所释可知，孔子强调君子心中当矗立起仁道之尺度，以"仁义"而取舍富贵、贫贱，不迷失、不惑于富贵贫贱，表明君子于求富贵、去贫贱中尚仁守义之道德自觉、自主、自律而自由。

（4）孔子之论，给世人提供了两幅图景：一幅是无道义之贫贱、富贵图景，唯"富贵至上"，富贵者骄奢，贫贱者躁动不安；另一幅图景是，以仁义为标准，追求符合仁义之富贵，在此，"仁义至上"，富贵者"仁义"，贫贱者"安贫乐道"，富贵者好礼。前一幅图景乃当世之实然，后一幅图景，乃孔子所期许之应然。如此，孔子之论，则是以批判、纠正当世霸道之实然，指向仁道之应然。

（5）孔子通过否定与批判世人违背"仁道"，追逐富贵，不安贫贱，以此展开对当世的富者不义、贵者不仁的批判，从而倡导道义贫富观与道义贵贱观，进而强调君子、为政者，须以担负仁爱天下苍生之责为己任，岂能为一己之私而弃仁废义，以此矫正为政者行霸道恶政而回归王道仁政之正途。

总之，在孔子看来，富贵，世人皆所欲，贫贱，世人皆厌，但是，世间除了富贵、贫贱，还有比富贵、贫贱更为重要、更加宝贵的"仁义"，所以绝不可以泯灭"仁义"而胡乱地求富贵，亦不可无视"仁义"对贫贱的支撑而违仁义去贫贱。由此，孔子告诫世人，如果不悖于"仁义"之富贵，当求之；假如无功而受其禄，无德而居其位，本质上即是无仁义，君子自当拒之。君子"见利"当"思义"，绝不可苟且富贵，这就是君子对待富贵所应持有的正确立场与态度。"贫贱"，人人都不喜欢，均想摆脱贫贱的生活。但是，如果居贫处贱，君子当安贫乐道，守住自己的德行，绝不可违"仁"而"斯滥"。如此，君子即是独善其身，学有所成，即使不被"人"所了解而重用，这对于君子亦丝毫无损，君子当持守"人不知而不愠"之原则，乐天知命，这就表明君子即使处贫贱，亦不耻于以牺牲"仁义"为代价而获取不仁不义之富贵。

第三，"君子去仁，恶乎成名？"

（1）君子"志于仁"，归"仁道"、守"仁义"，绝不以放弃、牺牲"仁"而求富贵，表明君子以"仁"为生命之根本，"仁"非外于君子，而是具有道德生命之本体地位。在这一意义上，孔子以反问之语调，追问若"去仁"，无"里仁"之"君子"，只是名存实亡之"伪君子"，还能称之为"君子"吗？由此突出表达"仁"是君子之为君子的实质所在。

（2）庄子曾云："不义则不生，不仁则不成。""不成者，实不成于内，名不成于外也。盖名之非实，君子之所耻。没世不称，君子之所疾，此所以处仁而不去也。成名，则君子之事。无所成名，则是小人之事。"（陈祥道）朱熹对此释道："言君子所以为君子，以其仁也，若贪富贵而厌贫贱，则是自离其仁，而无君子之实矣，何所成其名乎?"这就表明君子之"名"，其前提是君子之"实"。若"君子"不怀仁、不守仁、不行义，只是贪富图贵而不能甘于贫贱，就会丧失仁德之心，离君子之标准，亦是渐行渐远。

（3）君子以"仁"而"成名"，表君子之名因"仁"而"立"。在此，戴望引《传》予以阐释："圣人以仁义为准绳，中是之为君子，不中是之为小人。"这就明晰地表明，判断"君子"与"小人"之原标准者在于是否"中"仁义，而非"富贵""贫贱"。

（4）孔子以"仁"之"名""实"之关系来甄别"君子"之真伪，以此批判假君子之名，行求不仁不义之富贵的小人，强调君子当内外一致，名实相副，绝不可违君子之"仁"，徒有君子之虚名。如此，孔子将"仁"根植于道德生命之深处，作为君子之为君子不可或缺的必要条件。这就要求君子正确看待富贵，即使长期生活在安乐之中也不可淫逸，不可丧"仁"；同时，君子亦须正确看待贫贱，即使长期生活在贫困之中也不可泯灭"仁义"而胡作非为。如此，君子乃恒常做一个修德体仁之德行君子。

第四，"君子无终食之间违仁，造次必于是，颠沛必于是。"

（1）针对世人往往将"仁"外在化、形式化与虚假化，孔子塑君子之典型，为世人确立追崇之榜样。如此，孔子对君子持守仁德状态之描述，既是对世人之无仁德的鞭挞与批判，亦是对内蕴仁德之君子人格的形象呈现。

（2）从"君子去仁，恶乎成名"之问表征出，君子归仁道，常守仁心，君子与仁不二，君子须臾不离"仁"。这就是孔子所言"君子无终食之间违仁"之真义。

其一，"终食之间"，指"一顿饭之时"，表很短的时间。

其二，"无……违仁"，表君子之心、之行，时时刻刻都恪守"仁"而不违，持仁之谨慎，行仁之不疏略。

其三，为何君子能做到"终食之间"而"无……违仁"。陈祥道认为"终食不违"，乃因"食之有祭是也"。以表君子于"仁"之笃诚。

（3）"造次必于是，颠沛必于是"，表君子"无违仁"之一贯性。孔子言君子"无终食之间违仁"，侧重于强调君子时时刻刻守仁尚礼而不违，而"造次"

"颠沛"则侧重于君子在不同的生活境遇下，尤其是处于窘迫之生活中，依然不改其仁心，依然如故而不违仁。

其一，"造次"，表"仓卒"，即匆忙急促之状态下。在仓促之情景下，面对"仁"，亦不可草率而置之不顾，"仁"于君子心中乃是头等之事。尽管"造次"，但君子于"仁"依然是从容而周全，必是"无"所"违"。

其二，"颠沛"，表"偃仆"，即颠仆困顿之时，表君子处于受磨难、挫折与贫困的生存境遇。在此种遭遇与境遇下，君子依然"必于是"而不违仁，表君子于"仁"之笃定不移。

其三，人一生之命运，起伏跌宕。顺境富贵之时，守仁尚礼，固然可贵。然在人生处逆境、颠沛流离之时，依然能放弃不义的富贵，安守贫寒静养仁心，不违仁，实属难得。因为在穷困潦倒、流离失所之窘态下，不"斯滥"而能符合"仁"去获取富贵，若不成，宁可守清贫而不去享受富贵，豁然坦荡地面对贫贱。如此，君子自觉安于清贫卑贱而不背"仁"，实乃持"仁心"之君子，彰其人格之高贵、气节之高洁、情趣高雅、生命之高亮。

其四，"造次""颠沛"，君子皆"于是"，且"必于是"，表明君子无论在何种生活境遇中，皆"无违仁"，能始终遵仁道、持"仁心"。如是陈祥道所言："人之情于行事之迹，终食、造次或忽于为仁，后颠前沛或不暇于为仁。君子则不然，无终食之间违仁，造次必于是，颠沛必于是。以其有终身之由，而无须臾之离也。"

第五，"天下熙熙，皆为利来；天下攘攘，皆为利往"，于无道之世"唯利是图"尤盛，求富贵而"无礼""无仁"之人比比皆是。如此，世人皆以此为当然。

孔子提出守"道"持"仁"的君子生存观，将"富贵""贫贱"都置于"仁"的审视之下，不仅对世人之财富与权贵的合法性进行征讨与拷问，而且提出以"仁"为其财富与地位之审断、取舍之标准，促使世人反观其生活之无道而觉醒于"仁道"，以期重植世人之"仁心"，重塑世人之"仁德"。

孔子之论，更为重要的是给当世的为政者下了一道德律令：执政者不能"无仁"，在为政中不能罔置民众于不顾，着急忙慌的时候如此，颠沛流离的时候也应如此，这就内在要求为政者道德自觉：不能仅仅想着自己一己之富贵与得失，而须仁爱黎庶，怜惜天下苍生。如此，便有"行一不义，杀一不辜，而得天下，皆不为也"之圣君明主之要求、之期待。

第六，孔子在此提出的道义财富观、社会地位观或权力、权利观，于今天追求财富和权贵，以及坐拥财富和权贵的人，同样具有劝诫与警示作用。它要求与敦促这些"人"应该反思和自省，其所获得财富和拥有的权贵生活，是否符合"道"和"仁"。

反观今人之生活世界，世人依然不懈地通过努力摆脱贫穷、获取财富，并借财富而成为权贵，这一努力本身，从人的生存自然主义态度而言，无可厚非。然而，恰如今日之生活中，人们普遍的仇富心理和仇权贵之症结，并非是对财富、权贵本身的仇恨，而是对拥有大量财富和居于权贵之人，其财富获得方式、权贵获得机制与途径等不合法，一句话，对财富、权贵之合法性来源的"不仁"而质疑、而不满；这是对财富、权贵获取的途径、手段与方式之合法性的否定性判断，如此，才对富人和权贵缺乏普遍的社会认同。

如此，孔子所言君子之"仁"，具体化在贫贱之摆脱、富贵之摄取之中，既开启了道德批判视角，亦探寻出世德建设之有效路径。如此，孔子所提出的道义财富观、社会地位观或权力、权利观，不仅具有历史价值，而且具有鲜明的现实意义。

总之，君子当心存大仁，不因一己之私而枉然"仁义"，不因生存境遇之艰难而易仁心。如此，君子当"固穷"，时时、处处皆不制于外，而应入仁之境界，真正做到不为物喜，不为己悲，不因长处而疏忽，不以变故而摇移（钱穆）。于是，不论是身居庙堂，还是颠沛流离；无论是富可敌国，抑或穷困潦倒，其心须臾不离"仁"、不违仁。

孔子通过对当世无道之道德征讨，强调君子守"仁"而弘"仁道"，此乃君子人生之使命。仁道不存，君子自守之。君子守之，仁道必兴焉。

6. 修进仁德，用力于仁

【原文】 子曰："我未见好仁者，恶不仁者。好仁者，无以尚之；恶不仁者，其为仁矣，不使不仁者加乎其身。有能一日用其力于仁矣乎？我未见力不足者。盖有之矣，我未之见也。"

【译文】 孔子说："我没有见过爱好仁德的人，也没有见过厌恶不仁的人。爱好仁德的人，是不能再好的了；厌恶不仁的人，在实行仁德的时候，不让不仁德的人影响自己。有谁能在某一天把自己的力量用在实行仁德上吗？我还没有看见力量不够的。这种人可能还是有的，但我没见过。"

霸道之世，礼崩乐坏，"仁道"不在，具体表现为"未见""好仁者""恶不仁者"，未见"有能一日用其力于仁"者，未见"力不足者"。如此，孔子面"仁德"之丧，甄别世人之心性，最好的状况是仅求"好仁者"与"恶不仁者"，未见其心归仁而不违仁之自觉修德者。由此，孔子主张与倡导世人皆有修仁德之可能，促仁心之觉醒，强调只要诚其心、尽其力于"仁"而不倦怠地修行，仁德即可成。由此，世德得以修复，仁道渐次得以光复。

"仁"，人之本心。如孟子所言："君子所性，仁、义、礼、智，根于心。"（《孟子·尽心上》）世之"不仁"，乃因"仁"被世之"恶"所蔽。如此，除"蔽"，即可复"仁"。但有"仁心"之人，其"仁德"须修，修"仁"即在"行仁"之中。如是，"好仁者"与"恶不仁者"，皆取向"仁"而"近乎仁"，于此，为世人指明了仁德之可行的现实目标。孔子之语，昭示着在"礼崩乐坏"的社会环境中，个人之仁德进修，唯靠个人自觉而不懈，唯求"里仁"而独善其身。如此，乱世之中，修德蜕变为个体的道德自觉、自主而自律，成个人自个儿的事。

孔子所持唯"仁"至上的道德价值观，以及以"个人"之德为支点的世德建设逻辑，无疑呈现出道德单质主义和道德一元论之取向，以及以个人为道德本位的伦理类型。

具体而言

第一，霸道猖行，"仁道"式微，"仁者"已丧，"好仁者""恶不仁者"不可见，"有能一日用其力于仁"者亦"未见"，以此可知孔子置身于"仁道"惨淡境遇下的无尽悲怆与感叹。"好仁者""恶不仁者"，皆属"仁"而有别于"恶"，本质上"近乎仁"，在无道之世中，他们是仁道之希望，是建设和发扬"仁"的积极力量。

事实上无论是"好仁者"，抑或"恶不仁者"，只是取向于"仁"，还不是真正的"仁者"。无道之世无"仁者"。面此，孔子指证世德之败，因世人之心皆不在"仁"使然，并非其"力不足"。如此，孔子在批判世人之"仁德"严重溃失之基础上，号召世人，只要其"心"归"仁"，坚定"仁"之信念，实现个人的道德自觉，且经过不断地修行努力，皆可以达到仁之境界。如此，孔子给修仁德者予以信心和鼓舞，敞开为无道之世回归仁道之路。

第二，"我未见好仁者，恶不仁者。"

（1）"未见好仁者，恶不仁者"。霸道之世，"仁者"自然无存，就连"好仁者""恶不仁者"，亦"未见"。这是孔子对世之无仁德的"实然"境况的总体判断。此乃孔子倡"仁道"，弘仁道须直面的严峻现实。从此判断可以真切地感知到孔子悲叹之心境，同时表征出孔子坚守"仁道"理想之艰难与弘仁道之艰辛、艰巨。

（2）何谓"好仁者"？何谓"好仁者"？何谓"恶不仁者"？

陈祥道曰："见善如不及，好仁者也；见不善如探汤，恶不仁者也；好仁者，不求尚仁而人无以尚之；恶不仁者，不使加我以横逆而已。"

朱熹释之："盖好仁者，真知仁之可好，故天下之物无以加之。恶不仁者，真知不仁之可恶，故其所以为仁者，必能绝去不仁之事，而不使少有及于其身。"

按照陈祥道和朱熹之解，所谓"好仁者"，即"见善如不及"者；所谓"恶不仁者"，即是"见不善如探汤"者。如此，"好仁者"，乃超越天性自然向"仁"，表不仅未曾丧失"仁心"，而且取道"仁"而"好"之人。"恶不仁者"，乃近于"仁"，能不使"不仁"之举加诸其身。

（3）孔子从"好""恶"正反两个方面、积极与消极两种姿态，从"仁者"和"不仁者"的具体"遭遇"陈述了"仁"的丧失，呈现出与孔子之仁德理想、愿望截然相悖的世德景象。一句话，霸道之世，世人皆趋"恶"，世间亦充斥着"恶"，"仁"无立锥之地。

（4）孔子之"我未见好仁者，恶不仁者"，既是对世德状况的真实表陈，亦蕴含着对世人之丧"仁"的批判，以此表明孔子悲婉之中重塑仁德之初心。

第三，"好仁者，无以尚之；恶不仁者，其为仁矣，不使不仁者加乎其身。"

（1）孔子于霸道之世，虽"未见好仁者，恶不仁者"，然孔子从与"仁"的关系，对"好仁者"和"恶不仁者"的特质予以了揭示，以期让世人能直观"仁者"，并以此作为修"仁德"的可行方式与途径，昭示世人，在进修仁德之路上，首先应成为"恶不仁者"而与"不仁"诀别，进而成为"好仁者"，最终成"仁者"。

（2）"好仁者，无以尚之。"

其一，世间虽已无"仁者"，然孔子力图辨识世人中有"好仁者"尚存，认为此已是难能可贵的了。如此表孔子对"好仁者"的充分肯定。"好仁者"其心向"仁"，其行趋于"仁"；然"好仁者"，"视极富贵无以尚仁"，并未能达到"仁天下为己任"（戴望）之自觉境界。

其二，孔安国认为"好仁者"之"无以尚之"中的"尚"，即为"上"，表"好仁者"，能好"仁"而不好"恶"，凡事皆依仁、不违仁，已经达到最圆满的状态了，故而其"无以尚之"，即达到了"难复加"之境界。孔安国之解，着实过分地拔高了"好仁者"，有悖于孔子对"好仁者"的判定。相比较而言，倒是陈祥道较为实事求是地认为"好仁者"，乃是"不求尚仁，而人无以尚之"。

其三，如此，"好仁者，无以尚之"，表明"好仁者"只是"好仁"，未达"尚仁"，在"仁德"之层次上，与"仁者"相比，则是"好"与"尚"之别。如此，孔子对"好仁者"予以恰当地定位。简言之，"好仁者"，未达"尚仁"之境界。

（3）"恶不仁者，其为仁矣，不使不仁者加乎其身。"

其一，"恶不仁者"，其心存"仁"，自有善恶标准，故而能拒绝、排斥和否定"恶"，其所为不是"恶"，且不与"不仁者"同流合污，此等"恶不仁"本身即是不违"仁"而从"仁"。

其二，按孔安国之解，"恶不仁者，能使不仁者不加非义于己，不如好仁者无以尚之为优"。"恶不仁者"，与"不仁者"划清了界限，不仅表明其心存"仁"且自律不为"恶"，进而力行仁道，远离不仁者，能使不仁者不会把那些不符合道义的事情加诸于己身，即能做到洁身自好，不去作恶。对此，戴望解曰："嫌于不足为仁，故曰其为仁矣。加，陵也，谓以非礼相陵犯也，伯夷与恶人言，如以朝衣冠坐于涂炭。"如此，在充斥"恶"的世道，能"恶不仁者"，本身即是"为仁"。

其三，然而，为仁，本质即在修仁。如此在修仁德之进程中，"恶不仁者"终不及"好仁者"。

（4）"好仁者"，本质上即"喜爱于仁道"，而"好恶之是一心，其心好仁，自将恶不仁。其心恶不仁，自见其好仁"（钱穆）。如此，"好仁者"，肯定、认同、追寻，虽尚未达到自觉尊崇"仁"而成"仁者"，但因其"好"仁，其心、其行皆不违"仁"，以此表"好仁者"于"仁"之主动、积极的趋近姿态；而"恶不仁者"，拒斥"恶"，不为"不仁"而近"仁"，表其于"仁"之被动、消极的姿态。无论是"好仁者"抑或"恶不仁者"，都与为"恶"者有本质的区别，在孔子看来，皆是扬弃霸道而成"仁道"之希望所在。

第四，"有能一日用其力于仁矣乎？我未见力不足者。"

如果说"德之不修，学之不讲，闻义不能徙，不善不能改"，是孔子之"忧也"（《论语·述而》），那么，"有能一日用其力于仁矣乎？我未见力不足者"，则是孔子以己之见闻而判断世人之心非在"仁"，亦非修仁之"力不足"，以此说明世人之心荒芜于"仁"久矣，世人之力已不为"仁"，而在为"富贵"。

对此，朱熹解道："盖为仁在己，欲之则是，而志之所至，气必至焉。故仁虽难能，而至之亦易甚，欲进而不能者，但我偶未之见耳。"孔子之所以说"有能一日用其力，"乃"时人未能"，所以孔子说："我未之见，所以伤之也"，"所以勉之也。"（陈祥道）戴望则认为孔子以此表"仁为道，远极其量。……如其分，众皆可为，故未见力不足者。"

孔子之语，揭示了世人修仁德之心稀松而散漫，没有达到自觉而自律、自为状态，其修仁德之行，缺乏坚定的意志，或有始无终，或半途而废，未曾见一以贯之、坚持到底之人。孔子以"一日"，而非"一世"，一方面表世人根本不愿修仁德，不为修仁德而费一日之力；另一方面则表明进修仁德，须落实日常之功，就生活之事而日日精进。如此，孔子所言即表明世人皆不用心、用力修仁德。

第五，"盖有之矣，我未之见也。"

（1）孔子做出"有能一日用其力于仁矣乎？我未见力不足者"之判断后，惟恐陷于武断而误判了修仁德之人，故而补充道："盖有之矣，我未之见也。"以期望世人尚有"我未之见"的为"仁"之人。

对此，孔安国认为：此为孔子"谦不欲尽诬时人，言不能为仁。故云，为能有尔，我未之见也。"戴望认为："用力于仁，既无不足，则世当有好仁恶不仁其人矣，特我为未之见耳，谦不敢质言，故为疑辞也。"按钱穆之解，孔子前言为"有能一日用其力于仁矣乎？我未见力不足者"，"辞气似过峻"，"谓或有肯用力而力不足者。孔子不欲轻言仁道易能，故又婉言之，仍是深叹于人之未肯用力"于"仁"。

（2）孔子之补充辞，与其说表孔子严政、严峻辞气之后的婉言、谦辞与温和，还不如说孔子追求更严谨的表达，以符合现实之事情；更不如说孔子在一系列"未见"之后，期许着实有尚未见的真修仁德者。

第六，面"礼乐崩溃"之世势，孔子以"仁"为轴心和根本，检视世人，以"未见好仁者和恶不仁者""有能一日用其力于仁矣乎？我未见力不足者""盖有之矣，我未之见也"之一系列的"未见"，深叹世人之于仁德，缺乏自检、自省、自觉、自律与自为，以表"仁德"外于世人之德行、之生活，表明仁道之于现实的惨淡境遇。孔子以此批判世人之道德景象；同时，在悲怆之中，期待着世人中尚有人能自觉地弃恶从善，尊尚"仁道"，从"恶人"转化为"恶不仁者"，再进到"好仁者"，最终成为载道之"仁者"，由此，将仁道弘扬之希望，植根于个人之仁心、仁德之修进中。

第七，在社会大动荡和大变革之时，世人之道德必然是多元的。各种道德之命运，也都非先验可确定，必是由变化现实中的世人之选择、之行动来得以历史地确认、强化。如此，按照既有的道德原则和尺度来确认的"仁"与"不仁"，其合法性在新的世代中都有待进一步确证。曾经一些人坚守着"仁"，一些人放弃了"仁"，应该说这都是正常的，这种道德生活的选择性，才构成真正坚守"仁"的难能可贵，从而在现实的比较中彰显出"仁"的价值。

孔子强调"仁"于霸道之世的人们，具有先验的合法性，强调"好仁者"积极地行仁，"恶不仁者"，则是消极地拒绝"不仁"。"行仁"和拒绝"不仁"，皆指向"仁"而近仁。然而，无论是"好仁者"与"恶不仁者"，孔子皆"未见"，以表"仁道"已深深地衰落。如此，对于执守仁道、弘仁道之孔子，这样的事实确认，无疑是一次沉重的打击和深深的刺痛，由此有了深深的悲叹。

第八，置身于动荡的历史中，世人生活之根本在于"自存"与"自保"。而"仁德"在霸道之世中无助于"自存"与"自保"。如此，仁德之修进，就缺乏现实的支撑和动力。在这样的生存境遇中，要求生活在具体的利益关系格局中的"个人"，即主动以身标识"善"与"恶"、"仁"与"不仁"的道德自觉，是一种脱离现实生活、悬空了的道德意愿，其结果必是孔子自己都不得不面对的事实：不仅"仁者"一直"未见"，就连"好仁者"和"恶不仁者"亦未曾见，甚至"有能一日用其力于仁"者，也未曾见。

在社会动荡时期，强调个人的道德修养，其立意是"独善其身"，成为"仁"存于世之最后的"堡垒"。但将个人从社会变革的历史境遇中抽离出来，从方法论上即是不可取的，同时也缺乏现实可行性，如此对"仁"的倡导和对个人的要求，无疑具有道德乌托邦之意味。因为在整个生活大变革的时代，其本质上是各种生活价值立场的角逐，如此，若要求个人不着力其利益，而仅仅追问和强调个人的道德自觉，是纯粹道德主义运思逻辑下的"一厢情愿"之诉求、之"理想"，更要紧的是，这条思维路径所导出来的"道德人格"之形成机制和方式，缺乏应有现实支撑，如此，只是遵循"应然"之道德逻辑，这构成孔子之期望与客观的现实之间强烈的反差和巨大的悖论。

可不否认，道德修为、道德境界，无疑是个人之事。但是，道德意识之发生、道德心理之生成、道德情感之培育、道德原则之确立、道德境界之修成，绝非依靠个人的道德力量可以独自完成的，社会的道德环境所形成的道德整合力量，可以从正面或反面严重影响、制约，抑或决定个人的道德发育、生成、定格与提升。个人的道德修为因缺乏现实性而丧失其可能性。若强行要求，那就是一种封闭下的道德心理游戏，而非现实生活中的道德真实。因为道德绝不仅仅是个人的道德意识、道德心理，而必然会表征为处理人际利益关系中的原则或准则。从这一意义上来看，道德修为绝非是悬空于现实之外，亦非避世之独行，而是必须与其生活世界的各种复杂关系、尤其是利益关系紧密相关联，只有这样的道德修为才可以真实地与现实生活连接起来。这样，个人道德修养的社会认可度，以及由此构成的道德力量，才会成为个人修为的动力或阻力。

第九，每一个人都努力追求"仁"，每一个人都内具成圣之潜质与理想，这是基于人性善之先验假定，是充满着道德浪漫主义的设构。如此，孔子希望为"仁"之人，在自己的道德进修中不要受到"不仁"之人的负面干扰而笃定于"仁"，何以可能呢？道德修为恰好在与"不仁"的不断博弈、不断较劲中才能不断地实现自我的道德自觉、自主，从而实现自我的道德完成。

第十，孔子唯"仁"至上的道德价值原则，蕴含着道德单质主义和道德一元论的情结，不断批判、贬斥不符合儒家道德的一些道德观念和原则。此种追求单一道德合法性、正当性和绝对排他性，构成孔子道德洁癖的基本特质。如此，孔子眼中的道德修为、"仁"的实施总是具有自足性，从而要求道德主体依据该种道德内在的力量来践行之。

不可否认，孔子的主观动机是力图促使每一个生活者都能实现于"仁"之道德自觉而自主。如此，对当世的道德境况进行批判，以及在批判中几许悲凉之感叹，都无法移动孔子对"仁"之道德合法性和正当性的信仰。孔子于"仁道"之信念、信仰，最终皆须落实于个人仁德修进之中。

孔子寄希望于"个体"德性而改变世之德性，将社会之道德责任、道德使命系于"个人",其本质上则是强调个体伦理为社会伦理之"原点"。这一理路恰好忽略了制度伦理对个体道德,以及对社会伦理再造的根本性作用,导致"道德的个人"与"不道德的社会"之深度悖论,形成具有仁德的个体与霸道之世的对抗。因为"礼制"已崩溃,"个人"的"仁心"安存?

孔子聚焦于个人道德,无疑是后世一直强调个体道德而缺失对制度伦理审查与建设之思维和观念的源头。

总之,孔子以三个"未见",从总体到具体,从持守仁心到践行仁德等维度对当世之德行予以陈述,揭示了当世之德远于"仁"之惨淡悲况。面对此等世德境况,孔子在论述中,亦为仁道复兴指出了一条可行之路:别"恶"而从善,具体路径则是从"恶不仁者"至"好仁者",最终成"仁者"。

"仁道"不外于个人之仁心而行仁,个人具仁心而行仁,即是"仁道"在世。一言以蔽之,仁道兴于人心存"仁"而行仁。

7. 过各其党，观过知仁

里仁 4.7

【原文】子曰："人之过也，各于其党。观过，斯知仁矣。"

【译文】孔子说："人的过错，各不相同。观察人之过错，就能了解人之仁心状况。"

人非圣贤，孰能无过。孔子以"人之过"这一不争的事实为前提，进而分析其"过"之类别，最后依此甄别、判断一个人之"仁心"状况。"人之过"，乃客观之"事实"，"观过"，乃探究、认知、认证其"过"之"由"，对"过"予以发生学意义的甄别，并对之进行进一步缜密地确认；"知仁"则是基于"过"之"事实"而进行道德审定，即"价值判断"。由此，孔子遵循由"事实"而"价值"的推进逻辑，实现了"事实判断"与"价值判断"之统一。

孔子针对智者与愚者、居上位者与下位者、人与民、君子与小人之别，突出对其"过"之检视，以及对其"仁"之差异性、具体性和针对性予以审断，超越判断尺度的单一性和笼统性，从而使判断更具有客观性和真实性。尤其值得一提的是，孔子从"过"、过之"党"、"观过"而"知仁"的认识路向，对于判断一个人的仁德状况具有方法论意义，提出"惟过，可以观仁。小人有过，则必文之；仁人有过，必不自掩。"（蕅益）

"观过"而"知仁"，"知仁"而自觉其"过"，"知仁"、知"过"而正己，"仁"有"根"，"仁道"有望。

具体而言

第一，"人之过也，各于其党。"

（1）孔子不避讳尊者、亲者和贤者之"过"，做出"人"皆有"过"之总体判断，并以"人之过也"为事实前提，对"人之过"予以透析和判断，于此，表征着孔子对"人之过"的客观态度与实事求是精神。

（2）何谓"过"？"过"与"不及"相对，指示着其心、其行为超过应有的、恰当之"度"。在此处，则主要是不符合"仁""礼"之规范，超出"仁"

"礼"而走向与"仁""礼"相悖，简言之，不符合中道原则，即为"过"。如此，则常因"过"而"失"、而"错"。如此，孔子所言"人之过"，应从人之心性、行为两个层面来加以判断。

（3）人之过，其过"各于其党"。"党，党类"（孔国安、朱熹）。表不同的人所存之"过"不能简单等同，分属于不同类型之"过"。这是对"人之过"予以类型分析与甄别，具体表明"人各为其党党类受过。若周公使管叔监殷，孔子答昭公知礼，子路有姊丧期而勿除"（戴望），表征"小人不能为君子之行，非小人之过，当恕而勿责之"（孔国安），表明"人之过也，各于其类。君子常失于厚，小人常失于薄；君子过于爱，小人过于忍"（程颐），说明"君子之党，显党也；小人之党，幽党也。君子之过，过于厚；小人之过，过于薄。过于厚则易辞，过于薄则难辞。"（陈祥道）

（4）既然人之过，"各于其党"。因此，在加以考察时，须注意其类型、层次、重点与程度，也就各不相同，表"过"之多样性和复杂性，由此，须区别对待之，不可简单同一化而忽略其差异性，亦不可以错位之尺度来审查"人之过"。如此，对"人之过"，以及因其过而对人之仁心的考察，就须具有针对性和具体性，甄别与判断亦须更为精准与真切。

第二，"观过，斯知仁矣。"

（1）对于识人，孔子曾云："视其所以，观其所由，察其所安，人焉廋哉？人焉廋哉？"（《论语·为政》）在此，孔子将"观"与"视"和"察"区别开来，以表对在审视"所以"之基础上，再进一步追究其"所由"即"所从"，亦即审查其所作所为，是从善，还是从恶？如此，"观过"，其关键在于审查其行为超过"中道"之尺度，重点在于"过"的行为。

（2）孔子在此处将"观过"与"知仁"连接起来，通过"观"人之过而了解和把握一个人之仁心状况、仁德之修养，与此有别于从"行仁"以表征人之仁德。由此，孔子开启了认知人之"仁"的新视角、新视域和新途径。

（3）功者，人所贪；过者，人所避。故"人之过，尤易见真情"。如此，"观过，使贤愚各当其所，则为仁矣。"（孔国安）通过分析"人之过"的出发点和行为之不同，就可分辨出人之"仁"与"不仁"，也就相应地能清楚而准确地区分开"君子"与"小人"来。

（4）既然"人之过"，其特点在于"各于其党"，相应地，"观过"，亦同样需要遵循"各于其党"之原则，进而要随类而责。对此，陈祥道加以深刻地解析。他说："观过，各于其党，则不以君子之过责小人，不以小人之过待君子，然后仁不仁可知也。然必观过，然后知仁者；与仁同功，其仁未可知也；与仁同过，然后其仁可知也。言知仁，不言知不仁者。君子乐道，人之善，恶言人之恶，患不知不仁故也。其言毁誉，而终之以如有所誉。言君子小人，而终之以温而厉。"

第三，圣凡同性，此性即"仁"。孔子之论，从其直接性而言，人之"过"有个别性和特殊性，应更深入地有针对性地加以甄别其差异性；从更为深层的意义来看，人之所以会犯过失或错误，乃在于其根本上缺乏"仁心"，丧失"仁德"或"仁德"不足，未能很好地把握"中道"原则使然。

事实上，情况要比上述的复杂得多。不具备"仁德"只是"人之过"的原因之一，二者之间并不具有直接的对应性。一个尚不具备"仁德"的人，不一定会犯错误。反之，具有"仁德"的人，也不一定不犯过失或错误。如此，"仁德"与过失、犯错或不犯错之间只具有或然性，不具有必然性。如果说一个具有仁德的人，就是一个无过、或不犯错的人，这只是同义反复。

人之所以存在"过"或犯错误，原因比道德系统中缺失"仁德"更为复杂。在此，道德认知、道德心理、道德情感、道德原则的自觉与否都应该纳入考察范围之内，只有这样，对于"人之过"，或因无知，或僭越道德规范而做出出格之事，才有一个更为全面的透析。孔子将人之"过"的因归结为"仁德"缺位，从而坚持了他一贯的道德决定论立场。这一点正是需要或值得进一步商榷的。进而言之，人之所以犯错，比孔子所关注的无"仁德"，更为多元。因为人除了自主的一面，还有受动或被迫的状态，有无知而过，也有明知错而犯错，"仁德"在人是否犯错这个问题上，所具有的规避效能，到底有多大？尚需要进一步详细探讨。孔子所论的前提是任何一个人的行为都完全是受自己的道德观念和道德修为状态来支配的，这就将人的行为系统简单化了。从这一点来看，孔子无疑是坚持道德至上和道德主体可以绝对道德自主的原则。

第四，值得充分注意的是，在孔子此论中，他指出通过"观过"而"知仁"的反向思维逻辑，从而开拓了更为全面认知人的德行之视角与路径，同时亦使"仁"获得更大的呈现空间。

就了解与把握一个人的道德品性之路径和方法，通常而言：

其一，考察其动机、行为及习惯，以及过往经历而知人，即"视其所以，观其所由，察其所安"。

其二，察其友，君子之"友直，友谅，友多闻"，小人之"友便辟，友善柔，友便佞"，如此则可知其人之"仁"。

其三，察其所"喻"、所崇尚的，此正所谓"君子喻于义，小人喻于利"。

其四，"观其过"，而知其仁。从"过"去透视或甄别"正确"、从无德中判定"有德"，这一思维路线具有非常重要的积极价值，值得充分肯定。

第五，孔子提出通过对各种过失的诊断与考量，得出准确地把握其人之"仁心"状况。孔子此论的目的绝非仅仅把握世人仁德之实然，而是要消灭任何一种因不仁而犯下的"过"。如此，孔子希望世人能通过检讨己之"过失"，重获对"仁"的体认。如此，即可不断减少己之"过"，让"仁"回归人心，提高对"德"的自知，最终实现以"仁"为内核的德性生活，促己成为一个真正的"仁者"。

总之，人之"过"，如"不及"，都与"中道""仁道"相左、相悖。人之不同，其过亦非同类，各有其殊别，"君子"有君子之"过"，"小人"有小人之"过"。如是，审度其"过"之标准不同。着力人之"过"，断君子与小人之"仁心"状况，更能全面而深度地把握世人之心性和德性。由此，从反观"人之过"而知人之"仁"，为识人开启了新的视角与路径。

"观过"而"知仁"，其目的则在于通过"正心"而纠"过"，从而"正"行，使"仁"落根于心，彰显于行；按此逻辑，世人必渐次觉醒于心，自律于行，"仁道"必再现焉。

8. 朝闻夕死，为道生死

里仁 4.8

【原文】子曰："朝闻道，夕死可矣。"

【译文】孔子说："早晨若能听闻仁道，即使在黄昏死去亦可无憾。"

霸道之世，"仁道"似乎已彻底消陨，无声无息、无影无踪，已不可"闻"，更不可"见"。各诸侯之君主皆行霸道，已未曾听闻有明"仁道"、行仁政者。正是此世境下，孔子发出"朝闻道，夕死可矣"的决绝悲叹，以及悲叹中迫切期待有圣主明君能自觉践行"仁道"。

孔子将"闻道"等值于生死，自觉地将弘道作为人生之使命与责任，作为人生价值之归宿，表其笃定为"道"而在，惟"道"至上的生命价值观。如此，孔子为世人导出独特的生死箴言：不闻道，如何死得？

"朝闻道，夕死可矣"，既指证了"仁道"之现实境遇，又表孔子对无道乱世的控诉与批判，亦彰孔子一生对仁政理想的笃定信念与执著追求。孔子为"道"而生、为"道"而死，一生为"仁道"，心心念念，不竭追寻与践行，至死不渝，此等"殉道"的生死观，将君子"忧道""谋道""弘道"的生命价值推向极致。

"朝闻道，夕死可矣"，可谓豪迈中藏着悲怆，悲怆中孕育着急切之期待与希冀，这便是对为"道"而生死的道义生命观之经典诠释。

具体而言

第一，鬼谷子曾从外至内、由表入里，提出人与"道"之关系可分为四个层次或四重境界：即问"道"、知"道"、见"道"与得"道"。其中，"闻道"表明"道"稀，如是老子所言："听之不闻，名曰希。"如此，表孔子对"仁道"于当世，并未抱能真正"见道"之希望，只求能"闻道"。这表明孔子对"仁道"之现实状况，具有非常清醒的判断，以此表征霸道猖行之世，未有一个君主自觉地施仁政、践"仁道"。如此，"朝闻道，夕死可矣"以悲怆之声，对乱世无道发出痛心疾首之感叹，表"仁道"不存于世之事实。

第二，正是在这一背景下，孔子所言"朝闻道，夕死可矣"。孔子所言，其重点并不在于强调其个人与"道"的关系，即不是讨论个人相对于道而展开的自身修养之层次或境界，而是通过他个人所闻世之道而折射出"仁道"于当世处绝之境遇。如此，有几个问题需要进一步加以落实与澄明。

其一，"朝闻道"之"道"所指，非普泛意义上所言的"天道""地道"，而是特指孔子所追求、所弘扬的"先王之道"，即"仁道"。对此，朱熹所释："道者，事物当然之理"，则失之于宽泛。如此，"朝闻道"，指证孔子面乱世仁道衰落所生的殷切希望，只希望能听到有君主施仁政、行仁道，也就心满意足了，可以无憾而安然死去，否则，即使"死"也心不甘、情不愿。

其二，"朝闻道，夕死可矣"，直呈孔子之为"道"而生死的人生价值归宿。如此，"苟得闻之，则生顺死安，无复遗恨矣。朝夕，所以甚言其时之近。"陈祥道对之的诠释则是："不原始不足以知生之说，不反终不足以知死之说。学者期于知生死之说而已，故曰：朝闻道，夕死可矣。盖道非独以善吾生，亦将以善吾死。君子得道于己，则知古今为一时，生死为一贯，又安往而不适哉。"如此，陈祥道、朱熹等都在强调孔子所言个体"得道"。这与孔子所言此语的真正所指尚有一段距离。孔子谨以此表达对世行仁道的期许，而非仅指其个人的仁德修养。

第三，孔子以"朝""夕"之时间短暂性，将漫漫一生压缩，从而集中而形象地彰显其生命的真正使命和最高目的："闻道"。直陈孔子急切"闻道"之期盼。如此，"朝闻道，夕死可矣"，表"疾时君不能闻道，以惑暗终其身。"（戴望）一言以蔽之，孔子所言，非指个人的道德修为，其心归仁，而是指证霸道何时可终止，"仁道"何时才能真行于世。如此，孔子所言"朝闻道，夕死可矣"，表明他对霸道乱世中"仁道"畅行的深度关注与急切期待。

第四，孔子要闻之"道"，其现实基础早已瓦解，其中留存的"仁道"之文献也已是残败不堪，即使残篇，也难以寻觅。如此，才有孔子之感言："文献不足"（《论语·八佾第九》）；同时，乱世中处处违"礼"背"仁"，僭越礼法之事，累见不鲜，足以表明"仁""礼"早已外于世人之生活、现实之人心，孔子所欲"闻"之道，早已衰落而消隐。换言之，孔子倾其一生之力要去弘扬的"仁道"在生活世界中几乎与世人之生活脱离，彻底从世人之生活中退出，这在客观上给孔子"闻道"造成了艰巨性，抑或不可能性。如此，孔子面沧桑之世，仰天自我安慰、自我澄明、自我确认式地鼓舞自己，如果"我"在一天的新起点上能"闻道"，那就可以在一天结束之时无憾地"死"了。

第五，"朝闻道，夕死可矣"，彰显了孔子"殉道"的生命观。在孔子看来，其生命的价值、生活的意义，就在于能实现其最高的政治理想和治世抱负，让"仁道"光复、重现于世。如此，孔子所言，并非指证个人生命的内在超越，而是强调弘道救世之治世理想的现实化。

孔子之所以如此看重"闻道"，是因为在他看来，若能"闻道"，表"道"尚未绝迹于世，弘道尚存希望，从而保证其以遵"先王之道"而行"仁政"为内核的"道德理想国"，依然值得期待。

第六，孔子通过"朝夕""闻道"与"（生）死"三者内在逻辑关系的构建，直陈了他的生命价值皈依，突出孔子倡导的"志于道""志于仁"、为"道"存的生命旨趣。如此，超私人性、超感性欲求的高贵性，其本质即在于对仁道之理想，不是停留于主观诉求，而是着力与努力将理想化为现实真实的生活。让"仁政""仁道"成为现实之"是"。如此，"闻道"之"死"，乃是个体生命所担负的使命、责任的完成，从而表明世道已得以彻底改变，"仁道"得以复兴。如此，孔子所展现出来的道义人生，为后世道德人格确立了标杆，也为中国古代君子人生确立了最高的生命原则。

总之，"人能弘道，非道弘人。"（《论语·卫灵公》）孔子面霸道猖行，"仁道"衰逝之乱世，将弘道于世作为其自觉生命之终极价值追求，内化为高贵的人生使命与责任。如此，"朝闻道，夕死可矣"，将逐霸道、行"仁道"作为孔子之最高追求与最后的希冀，充分彰显孔子的道义人生观。如此，"仁道"存，生死安然；"仁道"不可闻，安敢死去？

漫漫人生，匆匆朝夕间，"仁道"之存，亦是朝夕之绵延。即使"仁道""朝夕"存，则可"闻"焉，死亦无憾。如此，为"道"而生、"闻道"可"死"的孔子，昭示超肉体和俗世生活的生命志趣和人生境界，这才是君子人生之不懈追求，这才是君子生命之应然姿态。

　　　　　　　　　　　生活哲学视野中的"论语"研判

9. 士志于道，道驭外物

里仁 4.9

【原文】子曰："士志于道，而耻恶衣恶食者，未足与议也。"

【译文】孔子说："士若有志于道，但又以自己吃穿得不好为耻，对这种人，是不值得与他谈论道的。"

"士"之"志"，理应在"道"，故而，"士志于道"，此乃本然也。然若声称"志于道"之"士"，却又不能安贫而乐道，反而去追求锦衣美食，贪图感官之乐，实为一"心"之二"用"，其"志"不"一"，不笃、不坚于"道"，此种"士"，其心志呈分裂之二向，且彼此相悖。因为"君子仁义饱于内"而无求于"衣食"之乐。如此，以"道"为名，以求衣食富足为实之"士"，非真"士"；对于此等所谓的"士"，若与之论道，不仅枉费口舌，且是对"道"的玷污与亵渎，故孔子言"未足与议也"，表不屑于与此等人论道。

"道"关乎天下后世之公，而"衣食"则属一人之私。假"志于道"而"不能忘情于一己衣食之美恶，岂能为天下后世作大公之计而努力以赴之？此等人，心不干净，留有许多龌龊渣滓。纵有志，亦是虚志。道不虚行，故未足与议。"（钱穆）

"志于道"，表"士"为"道"存，其志当是笃定而专一于"道"，不为私欲、外物所役。如此，孔子通过批判"假道士"，呼唤真正志于道、乐于道，能弘道的仁人志士。这是孔子对"士"所应具有的品质的要求与期望。

具体而言

第一，"志于道"，则须忧道、谋道而弘道，而非忧贫、谋食，此为真道士。若言"志于道"，"而耻恶衣恶食者"，其"志于道"则为"虚"，求利满足私欲即为"实"，此为"假道士"。假道士，乃欺世盗名、唯利是图者。"假道士"，其心志不在"道"，而在外物，不为天下之公，仅为"一己之私"，故对弘道不仅无益，反而有害。如此，孔子对之不仅加以甄别，而且以鲜明的立场和态度予以批判，表不屑与之"议""道"。

霸道之猖，乃"私欲"无限膨胀使然，故"仁道"式微。如此，急切需要有"志于道"之"士"，淡却个人之私欲，真正负起弘道之责，为天下担道义，为世人造福祉。然当世之"士"，形式上志于道之者众，实质上志于道者寡。如此，孔子通过揭示"假道士"而劝诫与警示其弟子们应做"志于道"的真"志士"，切勿做"假道士"。即使"入仕"而为"士"，亦应以明道、行道、弘道为使命与责任，切不可借"士"之名，专谋个人生活之安富尊荣。

第二，"士志于道"。

（1）"士"之所指，主要有：

其一，有一定社会地位的大夫贵族阶层，通常称"士大夫"；

其二，早期武士的专称。如屈原《国殇》中"旌蔽日兮敌若云，矢交坠兮士争先"之"士"所表，即是特指"武士"。

其三，《论语》中所言的"士"。"士"，在孔子时，乃由平民升入贵族阶层这一过渡身份。

其四，泛指有知识、有才华、有气节、有修养、有志向之人。今世，指称有文化素养、有品格、有道德修养、有才艺者。

孔子此论中所言之"士"，不仅指称已是"士大夫"阶层的人，亦指称其问学于他，将来或许会入仕而成"士"的众弟子。

（2）"士志于道"

其一，孔子从"士"与"道"的关系维度，开门见山地对"士"的人生价值高度提出了严格的要求与殷切的期许："士志于道"。如此，"士"之人生立意，不应囿于个人之"私"，不欲外物，不被物役，而应是"志于道"。如此，在孔子眼中的"士"，非满足口腹之欲、苟且偷生之徒，而是志存高远、为"道"而在、肩负着弘道使命的仁人义士。

其二，"志于道"，鲜明地表征"士"的人生价值定位，表"士"之当心归于"道"而立志于"道"，进而践道、弘道。如此，"志于道"，从"士"之人生价值立足点和价值归宿点，表征"士"与"道"的内在统一。

其三，"士"与"道"的内在统一，则表明"道"之兴废存亡脱离不了"士"之担负与践行，此正所谓"人能弘道"。"士志于道"，以表明"士"对其所肩负行"道"、兴"道"、弘"道"之使命的高度自觉，由此，"士志于道"既证成"士"自觉于"道"，同时亦确立起"士"于公私之尺度与边界，澄明而自主价值抉择。由此，"士志于道"，表征"士"之志在排他性之基础上，笃定为"道"存的唯一性。

其四，孔子直言"士志于道"，既是对当世"志"不在道之诸"士"予以批判，又是对"士"之"志"提出应然要求；既是对"士"之"志"予以事实陈述，亦是对之予以价值规定，由此紧扣"士"之"志"，实现了事实与价值的内在相容与统一。

第三，"而耻恶衣恶食者"。

（1）"士"，既已"志于道"，却又以"恶衣恶食"为"耻"，在孔子看来，则是从根本上有悖于其"志"。如此之"士"，乃是"志"与"求"、"心"与"行"之分裂，导致其"志"让位于"衣食"之"欲"，为天下之公的大志输给了为我的偏狭细小之私欲。

（2）"道"者，大也，"衣食"，小也；"道"者，天下之公也，"衣食"，一己之私欲也；"道"者，"内"也，"衣食"，外也。恰如陈祥道所释："衣之所饰者，外也；食之所养者，小也；君子所饰在内，不在外；所养在大，不在小。食饮箪瓢不足以忧。舜回鹑衣缊袍不足以耻。由夏，食无求饱。"如此，"士""岂溺于口腹之末而易吾之志哉。"因为"士志于道"，表明"君子仁义饱于内"而无求于"衣食"之乐。

（3）"君子食无求饱，居无求安。"（《论语·学而》）表君子轻"欲"、轻"安"。["君子役物，小人役于物"（《荀子·修身》）]皆因其"心志"于"道"而非"外物"。如此，"志于道"之"士"，当是笃定其志于"道"，不应沉溺于衣食之好坏，更不应"耻恶衣恶食"。"耻恶衣恶食者"，实质上即是不耐清贫，不安于苦寒，总想着名利，贪图荣华富贵、感官之享乐之人，这就说明其志从根本上就没有真正立起来，其志是虚假的，而不是真的。

第四，"未足与议也"。

真正"志于道"之"士"，当知"道"贵于"己"。而唯有"知有贵于己，然后可与议道。"（戴望）孔子所言此等"士"，虽言"志于道"，然却贵"衣食"而贱"道"。如此，不知大小、贵贱之所谓的"士"，尚不具备谈经论道之资质，也根本不屑、不值当与其论道。

如此之"士"，"盖命厚而德薄，衣食虽美不足以自矜"；因为真正"志于道"之"士"，"德厚而命薄，衣食虽恶不足以自愧也。"如此，"以恶衣食为耻者，岂足与议此哉。"（陈祥道）所以，孔子最后以结论式之语"未足与议也"，表达对此等假"士"的批判立场与鄙夷之情。

第五，循"朝闻道，夕死可矣"之价值逻辑，在此论中，从"道"与"欲"、"公"与"私"、"大"与"小"等层面，更明晰地凸显了士为"道"而在的生命价值或人生主旨。从孔子所批判的"假道士"可知孔子之教导："志于道"之"上"，应专注而倾情于"道"，与"道"无涉的一切事情都不会引起兴趣和关注，直言之，求道之人，应着力的是"本"，而非"末"；追寻的是"道"，而非"外物"。

第六，人生之不同的立意、立志，决定了他的格局以及其所思考或关注的问题。如此，孔子规定了"志于道"之"士"所应具有的品质，那就是必须具有与"道"相匹配的生命高度、生活情趣和生存着力点，其好恶、其荣辱，都应该系于"道"，而不是"非道"之物欲私利。一句话，超越"日常生活"、超越"私欲"，这是"志于道"的"士"与常人之原则分野。

孔子此论揭示了一个悖论，即既是"志于道"，又斤斤计较、偏好于个人之衣食等生活之事，进而追求物质享受和贪图感官满足，如此之"士"，其"志"缺真乏诚。

"志于道"之"士"，"道"才是其生命的价值指向，衣食皆非其心之所往。如此，"士"即是为道而存、为"闻道""得道""弘道"而乐；"士"之人生旨趣全然在"道"而无他。对于以衣食住之外物，孔子认为根本无法与"道"相提并论。孔子对此有言："饭疏食饮水，曲肱而枕之，乐亦在其中矣。不义而富且贵，于我如浮云。"（《论语·述而篇》）

孔子的这一思想，孟子后来发扬之，具体为对"大丈夫"的规定，孟子曰："故天将降大任于是人也，必先苦其心志，劳其筋骨，饿其体肤，空乏其身，行拂乱其所为，所以动心忍性，曾益其所不能。"

第七，孔子之论表明，一个人之所以贪图物质享受，正是因为心中缺乏真正信仰，缺乏坚定"志于道"的人生价值取向，亦即缺乏"求道求仁"的笃定理想。如此的人，终会在不断升级的享受中让自己的生活变得越来越奢靡，甚至有人还会为了得到更多的物质享受，不顾廉耻，卑躬屈膝地去钻营，最终必然背于道。相反，真正"志于道"者，因为其矢志不渝地追求仁、践行仁，就不会在意衣食方面的浅薄享受，而是淡泊名利、修身进德，为天下之道而忧、而谋、而乐。

第八，孔子之论，为后人提供了一种观察和判断"人"的原则和方法。如果一个人"志于道"，能做到专心于"道"，心无旁骛，那么，其志则诚；反之，若三心二意，抓"小"放"大"，那么，其志或许只是一种装饰。由此看来，一个人是否真立"志于道"，就在于他如何做出恰当的价值取舍，正确处理"道"与"私欲"之关系。

同时，对于"志于道"之"士"，就其人生价值乃至生命的快乐与悲苦，孔子都予以非常明晰的规定。道兴则乐，道衰则悲，一切皆系于"道"。由此可见，孔子极度压缩、降格、贬斥满足己之私欲，贪图感官满足的"感性生活"，高扬"德性生活",构成其道德价值取向的重要特征。孔子之一贯的主张,尤其是强调"俭,德之共也;侈,恶之大也"(《左传·庄公二十四年》)之原则,这在物质匮乏的时代,极具其正当性。这样,"安贫乐道"之人格也就成为其高度赞赏的典范。

"安贫乐道"之重点,绝非简单否定必要的物质需要,更不是反对丰裕的物质生活,而是强调其"志于道",不因贫穷而移"志",更不可"耻恶衣恶食"而削其"志"、丧其"志"。如此,绝不可把孔子要求"志于道"之"士",安于"清贫"、笃定于"志",不可因衣食之欲而扰"志"、乱"志",进而丧"志",解读为是物质匮乏时代对"禁欲"的追崇。当然,如果一个人完全沉溺于物质享乐,贪图物质消费的快感,即"耻恶衣恶食",那也就不是孔子谈论的"志于道"之"士"了。

总之,孔子强调"士志于道",就要忧道、谋道、求道、践道而弘道,以此为生命的轴心、一生之价值根本、生活之最大乐趣。"物质欲求"绝不可越"志"而跃居首位。因为在孔子看来,"志于道"与"耻恶衣恶食"内蕴着相左的原则与取向,不可在"士"的生命价值逻辑中共在兼存。如此,从价值取向上来看,孔子鄙视以"志于道"之名行"耻恶衣恶食"之实的假"士",不屑与之论道,以期真正"志于道"之"士"。

10. 君子处世，惟义是从

里仁 4.10

【原文】子曰："君子之于天下也，无适也，无莫也，义之与比。"

【译文】孔子说："君子对于天下一切人与事，既不厚亲，亦不薄疏，惟义是从。"

面对天下之人和事，往往易因个人之好恶，使彼此有了远近亲疏，进而有了轻重厚薄之别。孔子反世人之"常态"，主张君子处世，不以个人之好恶、亲疏关系为尺度，而应以道义为准则，惟义而从，以表君子为人处世之公平、公正与仁善。

孔子提出"君子之于天下"，"义之与比"。于此，"义之与比，正所谓时措之宜，却须从格物慎独来。若欲比义，便成适莫；义来比我，方见无适莫处。比义，则为义所用；义比，则能用义。比义，则同告子之'义外'，便成袭取；义比，则同孟子之'集义'，便是性善。"（蕅益）如此，避偏私、从道义，绝偏狭、求公正，以改霸道乱世唯亲、唯利之时弊，正是君子持"仁心"、行"仁义"之要旨。如此，孔子寄希望于君子秉持仁义之心待天下人，成就天下之仁义。这便是君子弘道之根底所在。

具体而言

第一，君子"周而不比"、群而不党，其心有"仁"，其行有"义"，对一切事，待所有人，无亲疏远近之分，无分别执着，不偏私，皆报以平等之爱，此乃唯"义"是从也。恰如陈祥道之释："人之交也，以势则易绝，以利则易散，以故则或失其为故，以亲则或失其为亲。故君子之于人，原以探其所为于卜筮，以占其所为于元永贞，是则比之，非则违之。无可也，无不可也，唯义所在而已。"这便是仁道在世，人心之应然。由此，孔子以君子心性修造之方式，既对霸道乱世，人心之偏私、偏狭，从"适"、从"莫"而无"义"予以批判，以表征仁道之世，其要旨正在超越个人之"适"、之"莫"，而遵"仁"从"义"，从而指示出人心归仁重义，公道、公正才生成、才出场，方可成公道自在人心之德境。

第二，孔子直接将"天下"推到"君子"面前，指明"君子之于天下也"，以表君子须具宽阔之胸襟，容载天下苍生，绝非仅容装自己偏好之亲近，凸显君子人生立意之高度与宽度。

在此基础上，孔子对"君子"面天下之人和事，提出基本的要求，这是"君子"在处理各种关系时应据守和遵循的原则与尺度，或者说这是孔子强调君子行事之准则：守"仁"从"义"。唯有如此，"君子之于天下"才得以可能。

在此，需要注意的是，"仁"与"义"的关系。钱穆解释说："仁偏在宅心，义偏在应务。仁似近内，义似近外"。换言之，"仁"重心性，言爱人之本心；"义"重"行"，言爱人之所为。如此，从"仁"至"义"，则表明君子爱人由"心"而"行"、由"己"达"人"。这样，孔子所言"君子之于天下也"，则是要求君子持仁心而爱天下之人与事，行"义"于天下亲疏远近之人和大大小小之事。

第三，"君子"要能行天下而无阻，须"无适也，无莫也，义之与比"，这就从正反两个方面规定了君子能行天下的道德条件和要求。

首先，孔子采取否定的方式，告诫"君子之于天下"，须摆脱与超越一己之"适"与"莫"，真正做到"无适""无莫"。

所谓"无适"，即"无敌"或"无嫡"，其意表"无所敌"或无亲近、无厚待；"无莫"，即"无狎习"，以表"无亲慕"，"犹云无所厚薄"（钱穆）。"无适""无莫"，即"言君子之好恶，不设以成心"（戴望）。简言之，君子于天下之人与事，当力求避免或根绝因个人之私偏而出现厚此薄彼之差，最终使自己所处理的事有悖于公允、公正。

其次，如何才可能避免偏私而"偏失"？孔子在否定"无适""无莫"之后，从肯定的维度上提出了君子待人处世之原则与尺度：即"义之与比"。这就表明君子须严格以"义"为原则和标尺，遵循"义"的要求而处理和对待一切事情，符合"义"之人、之事，则为之；不符合"义"，则止之。如此，以"义"替代个人之"适"、之"莫"，这样，"以其所比"，非"适"或"莫"，惟"义与不义故也"，才能真正做到"善，虽不吾与，吾将强而附；不善，虽不吾恶，吾将强而拒。"（陈祥道）最终保证君子待人处事，持公道、绝偏私而行公正。

第四，孔子认为，规避或摈弃"私心"，不掺杂个人之私偏，秉持"公道"而待人处世，即是按"义"而行事，这样的人，乃真"君子"。于此，可以很清晰地看到，孔子所追求的"公平""公正"已内化为"君子"的道德人格，而不是将之具象化为外在某种操作性的规则和条例。如此，公平、公正的实现，系于"君子"之道德状况。这与儒家追求美德政治是内在一致的。

第五，孔子这一思想，对于今天我们建立"规则社会"，塑造规范的"政治人格"，改变社会的不公平、不公正现象，应该说依然具有批判性，亦彰显其思想于当代的积极引导价值。但是，如前所述，更大的问题在于，若将矫正社会的不公，建构公正社会的支点置于个人的道德仁义，即"个人的德性"上，将个人之德置于制度建设之上，无疑过分放大了个人德性之功能。

总之，在孔子看来，"君子"应心存"仁"，不因偏私而"适"、而"莫"，仅当惟"义"是从，从而践道行义，彰显公平、公正。如此，君子须经过艰辛的修行，不断自觉"克己"，实现个人德性修造境界上的自我超越。如此之君子，方可行之于天下，亦表明唯内蕴仁义之德的君子，方可天宽地阔于世。

君子能"无适""无莫"，终以"义之与比"而行于天下，既是天下仁义勃兴之标志，更是仁道昌盛于世之表征。此为"君子"之使命，孔子之夙愿。

　　　　　　　　　　　　　　　　　生活哲学视野中的"论语"研判

11. 君子所怀，小人所从

里仁 4.11

【原文】子曰："君子怀德，小人怀土；君子怀刑，小人怀惠。"

【译文】孔子说："若为政者施德治，黎民百姓必会眷恋故土；若为政者行法治，黎民百姓必惟惠己者往。"

"君子怀德"，则君子"里仁"；"君子怀刑"，则君子"里恶"。"君子怀德"，即为政者尚"仁道"、施仁政、行善治，"小人"即治理下之民，必会深深眷恋故土，守土而不忍离去，故"小人怀土"；相反，"君子怀刑"，即为政者心怀"刑"而尚霸道、施恶政、行惩治，相应地，"小人"必是惟惠己者往，即背井离乡而逐利，故"小人怀惠"，以此印证"君子之德风，小人之德草，草上之风必偃。"（《论语·颜渊》）

"君子怀德""君子怀刑"，所表即是两种截然不同的为政、施政、行政之类型，二者之本质差异则在于仁道与霸道、仁政与暴政之分野。"怀德"之"德治"，爱民、护民、安民、固民而养民，"小人"即民必"怀土"；相应地，"怀刑"之"法治"，则贱民、惩民、治民而弃民，如此，"小人"即民必"怀惠"。孔子通过比较两种为政类型及其民之反应，批判"怀刑"之霸道、恶政，劝诫"君子"弃"刑"而尚"德"，绝恶政、苛政而行仁道、善政。

君子"怀德"或"怀刑"，决定了"小人"之去留、德行，亦决定其邦国之兴衰存废。如此，君子之"怀"与小人之"怀"呈现出直接的因果关系。孔子通过"小人"之"怀土"或"怀惠"之结果，促"君子"反省而自觉弃霸道而行仁政，这是治国、治世道义之必然要求，以表孔子对"仁道"、霸道予以深刻比较之后，对仁道必畅行于世所持的乐观态度。

具体而言

第一，孔子曾言："道之以政，齐之以刑，民免而无耻；道之以德，齐之以礼，有耻且格。"（《论语·为政》）从"道""齐"两个维度区别了依"德"据"礼"而为政的"德治"和凭"政"借"刑"而为政的"法治"两种相对立的政治类型。在此论中，孔子承接了前论之立场和为政思维，从为政者所尊崇的"德"或"刑"，以及"小人"相应之反应两个方面，更为直接而鲜明地揭示出"仁政"与"暴政"之截然不同的特质。以此，对"君子怀德"予以褒誉，对"君子怀刑"予以批判与贬斥，从而彰显孔子一贯追求的仁道、仁政之善治主张。

第二，对于孔子此论，须高度注意其根本，绝不是对"君子"与"小人"之个人心性、德性和追求予以对立性比较，亦不是区分君子与小人之不同的做人标准；而是通过"君子"与"小人"之因果、之主动和被动、之治理与被治理关系，揭示君子施政以"德"或"刑"，即施行"德治"或"法治"，其带来的结果必然是"小人""怀土"或"怀惠"。对此，钱穆先生明确地指出："若在上位之君子能用德治，则其民安土重迁而不去。若在上者用法治，则在下者怀思他邦之恩泽而轻离。"

第三，为何"君子怀德"会导致"小人怀土"，"君子怀刑"，会导致"小人怀惠"呢？对此，陈祥道予以深刻地揭示："有德以善俗，有刑以逐恶。君子乐得其道，故怀之土则利我者也。惠则施我者也，小人乐得其欲。故怀之治，莫尚于德，而刑次之利，莫大于土，而惠次之。故先怀德，后怀刑，先怀土，后怀惠。"

"小人怀土"，是因为故土有值得怀念、眷恋之处，此正是"君子怀德"施"仁政"使然；相反，"小人"之所以唯利是图，惟"惠己者"而往，即使弃故土而逐利他乡亦不倦，则是"君子怀刑"，民避恶政之必然。"小人怀土"则邦固，"小人怀惠"则邦废。如此，邦固、邦废，皆因君子"怀德""怀刑"之结果，其仁道与霸道结局之分野于此得到充分地显现与诠释。因为"小人"，对"怀德""怀刑"，真正用"脚"投票。

第四，君子"怀德"与"怀土"，相应地小人则"怀刑"与"怀惠"，从为政者与民相对应的状态，突出"怀德"，则爱民、养民、固民而固邦；"怀刑"而"惠者"，乃恩威诱民之法，利在则民在，利尽则民散。"小人""怀土"或"怀惠"，是"君子""怀德"或"怀刑"的结果，小人所"怀"构成君子所"怀"的一面镜子。

君子"怀德"，表明为政者，其志于"仁道"而施仁政，于"小人"即是最大的"惠"。在此，"君子"之"怀"，戴望释之为"归"，且从君子个人德安上诠释"怀德"，于是道："天以厚生为德，地以利用为德，人以正德为德。"这样，"君子怀德"，君子执德不移，是安于德也。如此，小人则安，安而不能迁者，难舍于迁徙，是为安于土也；相应地"君子怀刑，小人怀惠"，"刑"，法制而法治；"惠"，则恩惠也。戴望释为"上务隆刑峻法，则下惟惠己者是归"。君子乐于法制齐民，是怀刑也；小人"唯利"是亲，安于恩惠，是"怀惠"也，表明君子行霸道、施恶政、苛政，百姓亦无仁德操守，成唯利是图、有奶便是娘之"小人"。

由此，"小人怀土"，民德归厚焉；"小人怀惠"，民唯利而德薄矣，是为政者"怀德"或"怀刑"所致，如此生成自"君子"至"小人"，自上而下相应之德。

第五，孔子对当政者"怀德"抑或"怀刑"之结果的分析，呈现出两幅治理图景和相应的道德景象：当政者"里仁"，尊"仁道"、怀仁德、行"仁政"而宽待其民、宽养下民，必令民"怀土"；抑或"怀刑"、尚霸道、施恶政，惩治、苛严于"民"，则必令民"怀惠"。以此警示当世为政者觉醒，希望为政者能弃"怀刑"而归"怀德"。

孔子对君子"怀德""怀刑"之为政类型及其结果的剥离与理性透析，于今世之为政者同样具有启示价值与警示作用。

总之，"见德者，不见有土；见土者，不见有德。见法者，不见有惠；见惠者，不见有法。此皆独喻于怀，不可以告人者，譬如饮水，冷暖自知而已。"（蕅益）如此，为政者"怀德"，尚"仁道"、安"仁德"、施"仁政"，其民则必"怀土"而不弃；相反，为政者倚"霸道"、重酷刑、行苛政，民则必"怀惠"避之而唯利、逐利。如此，孔子通过比较两种为政类型，劝诫"君子"弃"刑"而尚"德"。唯如此，民德方可正而厚，邦国方能固而兴，仁道惟可行而弘焉。

12. 放利而行，必生多怨

里仁 4.12

【原文】子曰："放于利而行，多怨。"

【译文】孔子说："为追逐利益而行事，必生众怨。"

孔子此论，就其利益主体和行事主体而言，既可涵括所有人，亦可指称特殊主体，即为政者。就所有人而言，孔子通过对"放于利而行"之结果，必生"多怨"的揭示，劝诫世人与人交往或行事绝不可以满足一己之私利为出发点和目的，切不可唯利是图，须"见利思义"、轻"利"重"义"。如此，孔子倡世人应克己之私心、私欲，行"义事"，成"义举"，不可因"私欲""私利"之卑污而令人生怨；就为政者而言，孔子指出，若施政遵"放利而行"之原则，与民争利，天下必多怨。如此，首先对"专以谋利行事"，导致民怨沸腾、怨声载道的当政者予以批判，进而劝导为政者弃霸道而行仁道，不与民争利，让利于民，以弱化当政者与民众之间的对立性和对抗性，从而达到政通人和之境。

孔子直面逐"利"丧"义"之霸道乱世，以"义""利"为尺度而区分仁道与霸道，进而判别"君子"与"小人"，如此，通过解析与确证因背"义"而"放于利而行"所生之"怨"，直呈霸道之"恶"、"弊"，警示与告诫当政者应以"义"节制逐"利"之心，克己之私欲，从而遵从"善治"而窒"怨"得民心，促政通人和而彰仁政之善。

具体而言

第一，"放于利而行"，乃霸道之本性使然。霸道乱世"君子怀刑"，唯利而无仁爱，民生之煎熬、之艰辛，苦不堪言，惟是心中生埋怨，仇怨千千，这便是行霸道恶政，处心积虑于"利"而无"仁"之必然结果。如此，"放于利而行，多怨"，既指证其霸道恶政之事实，亦对此予以无声的批判，同时暗示着霸道必结束，仁道必开启，再现于世。

不可否认，孔子通过"放于利而行，多怨"之论，对霸道为政者无疑具有深刻的警示作用；同时该命题对世人放弃唯利是图之为人处世原则，促人守

"义"、行"义"、让"利"而彰"义",亦具有积极的引导价值。

第二,为何"放于利而行",必生"多怨"?

按孔安国之注,"放,依也。每事依利而行,取怨之道"。孔解之意表明,若每做一件事都依据是否能得到相应的利益或使自我利益最大化,着力于自私自利,必令人生怨。因为如此之行事,本身就是取怨之道。

陈祥道解曰:"利者,外物也,求在我,所以寡欲也;求在外,所以多怨也。所谓多怨者,不怨已,多怨乎人,人亦怨乎已。"

戴望认为孔子之论乃是要求为政者遵循《礼》之教导原则:"君子仕则不稼,田则不渔",不能"兼利尽物",这样就会避免民众之"怨""刺上政"。如此来看,孔子此论之主旨则在于要求"君子不尽利,以遗民",表明为政者"不与民争利也。"(郑玄)。

钱穆从孔子所云"求仁而得仁,又何怨"解之,指出若行事能依仁道,则不论利害得失,己心皆可无怨;进而说道:"在上者专以谋利行事,则多招民众之怨。"

从诸释来看,"放于利而行"必生"怨","怨",表民众之不满、不安,消极对抗也;而"仁义"则免生"怨",且释"怨",民之安也。如此,对于普通世人而言,行事应忌以私利为动机、为根本,须遵"仁"而让"利"。如此,不仅己心无怨,他人对之亦无怨。对于居上位之为政者而言,要遵循怀德君子之事,财货小人之事的原则,不与民争利,以"义"代"利";再进一步而言,为政者当遵"仁道"、行仁政治国,以"仁道"化解一切因争"利"所滋生的问题。

第三,"利",表以"己"为中心、为目的而获取、占有;"义",表以他人为旨归而让渡、给予。如此,孔子依仁道之"义利观",从反向指出行霸道之为政者,从根本上而言,乃是违背仁道之义利原则,只顾搜刮民脂民膏以满足于己之骄奢淫逸,毫无爱人爱民之心、体恤民众苦难之情。如是,为政者与民争利,必让民心生不满、愤愤不平,终引民众怨恨之生发。孔子以民众之多怨对霸道之为政者的再次批判,进而凸显孔子所强调为政者须遵循舍利取义之原则。唯有如此,为政者有"仁"行"义",民才可顺安,其怨方偃而绝。

第四,孔子从考究行事的主观动机入手,强调行事若始终以己之利益为目标,则必是置"仁义"、置他人之"利"于不顾。此等唯利至上,一味致力于将自利最大化,自然是得不到他人或民众的认同的,反而遭至来自各方面的抱怨与指责。如此,孔子又通过对以"利"导行动的后果,即对利益驱动型的弊端予以分析,强调作为具有高尚人格的君子或尊尚仁道的为政者,绝不会总是考虑自个儿或为政者之利益的得与失，更不能一心追求个人之利益的摄取，而应该以"众利"、以民利为行事之动机和目的，才能赢得世人的认可与支持。如此，民再难生怨。在此，孔子从"怨"之生成视角，反衬止怨之道则须轻"利"重"义"而行。

第五，就行事之动机和原则而论，"义利"之根本无非是在个人利益与整体或集体利益，抑或为政者的利益与广大民众利益之关系，简言之即是"私"与"公"、"己"与"人"，当如何抉择、如何取舍，由此形成行事之利益驱动型和道义规范型两种范式。在中国传统生活伦理中，表征为两种不同类型的"义利观"。

"利益驱动型"，即以"利益"为轴心、为根本，为立足点、出发点和归着点，突出唯利至上的原则，呈现唯利是图、"见利忘义"之特征，着力于"争"利；"道义规范型"，则是重"道义"而轻"私利"，表征为见利思义、先义后利、抑利扬义和舍利取义的特质，一切不符合道义之"利"不追逐、不摄取，由此表现为自觉而主动地"让"利。

"利益驱动型"，在追求自利的过程中，以自利的得失为根本原则，不兼顾他者的利益，抑或会损害他者的利益，导致利己取向上的不道义，其结果则必是不公平、不公正。此等行为，在孔子看来并不具有道德合法性与正当性。而不具有道义合法性的唯利至上的行为，自是要遭至他人或民众之鄙夷、声讨，此为怨声载道。相反，"道义规范型"，则因其克己让利而先人后己，以"道义"为价值主导，受世人赞誉。

"利益驱动型"的道德人格与行事风格，无论是世人，还是为政者，都遵循着自己的利益优先化和最大化，本质上都是不顾他人、不顾道义，追求绝对的"自利"。此种"自私"而"自利"，是以侵占、牺牲他人、民众的正当"利益"为前提、为根本的。如此之"个人"，则是毫无爱人之心的"恶人"；如此之为政，则是毫无爱民之情的"恶政""苛政"。故而，如此之"个人"，必令人嗤之以鼻而避之；如此之"政"，则必令世人心生怨而成恨。

第六，"放于利而行"者，比比皆是。于"利"，如狼似虎，将"天下熙熙，皆为利来；天下攘攘，皆为利往"演绎得无以复加。如此，唯"利"者充斥世间，逐利之人，不择手段、不顾廉耻，惟道义不存，如是，世人怨戾之气尤盛，亦是必然。如此，面利欲熏心之众生、怨声载道之世，再回观孔子之论，无疑在对世弊的批判中，亦开出了一剂疗治"放于利而行"之丧心病狂者的良方。

总之，"放于利而行"，乃"霸道"为政者之所为也。如此，得"利"，则喜；失"利"，则"怨天尤人"。"放于利而行"之为政者，行"霸"背"仁"，贪"利"无"义"，置民众于水火而不顾，毫无爱民之心，视民如草芥，其结果必是民视之为猛虎、如寇仇，惧而生幽怨，表其为政之合法性和正当性得不到民众之认可、认同。孔子以此批判霸道恶政，表仁道善治乃民心所向。

"放于利而行"于世，非君子之取向，实乃"小人"之所为。其以自利为根本尺度和原则的道德人格与行事之取舍，必是损人利己、见利忘义、唯利是图，如此无乐道之精神，无"仁义"之心，惟求利之人，与人交，必是斤斤计较、锱铢必争，唯是冷冰冰的算计，毫无真情实义可言，如此之人，必是令人反感、生怨。孔子以此告诫世人，为人处世，当弃"利"字当头，心怀仁义，须以"让利"为上。

13. 礼让为国，如礼何哉

里仁 4.13

【原文】子曰："能以礼让为国乎，何有？不能以礼让为国，如礼何？"

【译文】孔子说："（如果）能够用礼让原则来治理国家，那还有什么困难呢？不能用礼让原则来治理国家，怎么能实行礼（治）呢？"

"为国"若能相互"礼让"，各邦国之间则止于纷争而相安，天下则太平；相反，"为国"若彼此不能"礼让"，必因相争而乱。若如此，那存于文典中的礼制，又如何发挥其实际的功能呢？由此，孔子警示、告诫深陷争霸泥泞中的各诸侯，应以"礼"立国，以"礼让"持国、经营其国，弃争霸夺利之弊，遵"礼"尚"让"，以"让"而建立和处理交互之关系，那么，霸道必休、仁道定彰，诸侯国之间必息争，天下归平安。

治国者若能以"礼让"为国，君臣、官民之上下必"相和"，则国安治；若不能"礼让"，上下必"相争"，则国必纷乱。由此，孔子从正反两个维度彰显"礼"于治国之积极功能与价值，表明孔子之治世主张：治国者当依"礼"而"让"，绝霸弃争，行"仁道"之政。

孔子之论，对诸侯国间为"利"而无礼让之征伐与厮杀，以及诸侯各国为政者巧取豪夺于民而内乱的行为进行批判，从而提出以"礼让"作为处理诸侯国之间关系和为政者治国之总原则。简言之，推行"礼制"，实行"仁道"，国与国之间能友善相安，各诸侯国能达"善治"。如此，可以说，孔子之论，从操作意义上，为治世提供了实践原则和行动准则。

孔子之论，再次表明孔学，本质乃是"帝王之学"，治国、治世之学。百姓亦可自悟之、践之。

具体而言

第一，在孔子的时代，诸侯国之间早已没有了礼让、迁就，彼此之间为"利"已展开了赤裸裸的强力角逐，为"利"而烽烟四起，"礼让"彻底让渡给了争雄斗志，战伐厮杀；恰如管子所描述的："今有士之君，皆处欲安，动欲威，战欲胜，守欲固，大者欲王天下，小者欲霸诸侯。"（《管子·五辅》）如是，列国终日兵戎相向，杀伐、争斗不已，即使暂时屈于会盟之时，也是无一不争，可见"礼"之无实、"让"之不存。相应地，各诸侯国内部治理，"礼制"亦废，"礼制"曾经发挥的规制与疏导效能，现在已荡然无存；治国者对下早已不再是"礼让"，而是与臣争功、与民争利。可以说，在孔子的时代，"礼制"早已是"名存实亡"，"礼让"之风已荡然无存。正是针对此种情态，孔子才在批判中说出此等感慨之言，以期待结束非"礼"之时代，让"礼制"真正发挥其为国、治世的规范与引导作用。

第二，《礼记》与《孔子家语》中记载了鲁哀公与孔子关于当世君主治国无礼让之德的对话，以表当世"礼"之衰落，"让"之缺位。

《礼记·哀公问》中记载，哀公问："今之君子胡莫行之也？"孔子曰："今之君子，好实无厌，淫德不倦，荒怠傲慢，固民是尽，午其众以伐有道，求得当欲，不以其所。昔之用民者由前，今之用民者由后。今之君子莫为礼也。"在此，哀公问孔子，现在的君子，为什么没有像古代君子那样行礼的了；孔子说，现在做君主的人，只图眼前的物质享受，而且贪欲无度，没有满足的时候，过分贪求，又从不肯收敛罢手。心荒体懒而又态度傲慢，顽固地要搜刮民脂民膏，而且违大众之意去侵犯好人，为了满足个人的欲望，肆无忌惮，不择手段。从前的君主是依照前面所说的行礼，而如今的君主却是照着刚才所说的这一套做的，早已没有肯认真行礼让的了。

《孔子家语·问礼》亦记载哀公问孔子关于如今的君主是否行礼之事。公问："今之君子胡莫行之也？"孔子对曰："今之君子，好利无厌，淫行不倦，荒怠慢游，固民是尽。以遂其心，以怨其政，以忤其众，以伐有道。求得当欲不以其所，虐杀刑诛不以其治。昔之用民者由前，今之用民者由后。是即今之君子莫能为礼也。"在此，哀公问孔子："现在的君子为什么不按古代君子那样做了呢？"孔子回答说："如今的君主，贪图利益好不满足，行为邪恶不改，做事怠惰疏慢，固执地搜刮尽人民的资财，以满足自己的欲望，同时也招致百姓对这种政治的仇恨，违背民意，以伐有道正义之国。今日之君主，只求个人欲望得到满足而不择手段，残暴地对待民众而肆意刑杀，不设法使国家得到治理。……今天的君主没有施行礼了。"

从这两段内容相似的记述可知，哀公与孔子将当世的君主与古代的圣君明主予以比较，突出了当世君主治国、治世之无道、无礼、无让。一言以蔽之，当世的君主皆遵霸道而行暴政。"礼让"早已退场，巧取豪夺成为其为政、行事之事实。

在此基础上，孔子强调"礼"于治国、治世的极端重要性。他说："治国而无礼，譬犹瞽之无相，伥伥乎何所之？譬犹终夜有求于幽室之中，非烛何以见？"（《孔子家语·论礼》）其意表治国如果没有礼，就像盲人没有领路人，稀里糊涂往哪儿走？又像一整夜在黑屋子里找东西，没有火烛怎么能看见呢？由此表明"礼"于治国、治世的根本性引导与支撑作用。

第三，"能以礼让为国乎，何有？"

（1）孔子以历史之先例为证，自信地认为霸道乱世乃因其为国无"礼让"使然。如此，他主张若能遵循"礼让"之原则，列国之间则必将止于争斗而和善相处，诸侯国内部上下也必将化解利害之争而成和谐安泰之状。一句话，倘若为政者能很好地遵照"礼让"之原则，让"礼制"充分发挥其治国、治世的作用，那么现已存在或正在生成的诸多矛盾，皆可得到妥善地解决。

（2）"能以礼为国"，表明以"礼"立国、以"礼"治国，就内在要求治国者遵礼、行礼，切不可违礼而霸凌天下，由此，凸显"礼"于"为国"之制度依托和根本价值依据。恰如《礼记》所云："礼之正国，犹绳墨规矩。又曰：为国不以礼，犹无耜而耕春秋，以礼为干，荀卿以为国之命，以礼之所兴，众之所治；礼之所废，众之所乱故也。"又云："古之为政，爱人为大。所以治爱人，礼为大。所以治礼，敬为大。"

（3）孔子在此论中，其重点并非在静态论"礼"的功能，而是从"礼"之践行形态，即依"礼"而"让"的践行层面，突出"礼"的作用。如此，孔子说："能以礼让为国乎"。

其一，何谓"让"？"让"，从"言"从"襄"，以语言相互扣合，表"不争"，"尽（jǐn）着旁人"之意。由此，"让"表谦辞、表逊退，表以"人"为主、"己"为次。恰如《礼记》所言："力恶其不出于身也，不必为己。"又如是荀子所言"虽能必让，然后为德。"（《荀子·非十二子》）这就说明，"让"，非弱者之权宜或伎俩，恰是强者心怀悲悯、仁慈而自觉谦退其次之为，故而，"让"是一种良善之修养，一种高贵的品质，一种怀柔居雌之智慧，亦是一种内蕴隐忍、宽容之美德。

其二，"礼"与"让"的关系。在孔子看来，"让"并不是软弱与怯懦而退却，而是一种依"礼"而"不争"之谦辞行为。《左传·襄公十三年》有云："让，礼之主也。"陈祥道曰："逊，以礼为本。礼，以逊为用。"朱熹释道："让者，礼之实也。"

如此，"让"依"礼"而为，"礼"因"让"而行，"让"和"礼"相辅相成、相得益彰，"礼让"便成世人追慕与赞誉的处世智慧和优秀品质，成了社会的道德号召。从这一意义上来看，"让"绝非消极意义上的退却、隐忍和屈从，而是一种依"仁"据"礼"之积极意义上的"收敛"、承受、担当与谦辞。

（4）"以礼让为国"，即遵"礼让"之精神与根本原则而治国、而外交，弃绝无端之"争"，其结果于内臣、于民必和，于外邦必睦。由此，充分发挥"礼让"的治国、治世之积极效能。

对此，管子有论："夫人必知礼然后恭敬，恭敬然后尊让，尊让然后少长贵贱不相逾越，故乱不生而患不作，故曰：礼不可不谨也。"（《管子·五辅》）

《左传·襄公十三年》亦云："世之治也，君子尚能而让其下，小人农力以事其上，是以上下有礼，而谗慝黜远，由不争也。谓之懿德。及其乱也，君子称其功以加小人，小人伐其技以冯君子，是以上下无礼，乱虐并生，由争善也。谓之昏德。国家之敝，恒必由之。"

《礼记·曲礼》亦云："毋不敬。何以为敬，让之是也，尧舜皆以天下让，何况其余。古人无事而不让，让则不争，故易为治。"

蕅益释曰："能以礼让，不但用得礼，亦为得国；不能以礼让为国，不但治不得国，亦用不得礼。"

王夫之在《四书训义》中径直地说："国之所与立者，礼也。礼之所自生者，让也。无礼则上下不辨，民志不定，而争乱作，亦终不足以保其国矣。"

（5）"何有？""何有者，言不难。"（何晏）"何有，言不难也。"（朱熹）在此，孔子以反问、反诘之语气，表孔子对"以礼让为国"的积极效能予以充分地肯定，向世人表明"礼让"治国、救世的价值和前景，毋庸置疑。

（6）"能以礼让为国乎？何有？"表征孔子破解乱世之谜而提出治世之要。因为在孔子看来"天下莫不乱于争而治于让"，故孔子强调为国者，若真能遵持"礼让""以让为首"（戴望），那么，治国有何难哉？治世有难哉？孔子自信地以为，只要能"以礼让为国"，乱世必终结，仁道必重现于世。

孔子之论，恰如《孝经》所言："先之以敬，胜而民不争，道之以礼，让而民和睦。此礼逊为国之先务也。"

第四，"礼让"之精神和原则，不是停驻于礼乐法典与文献之文辞里，而是必须落实于"为国"之中。如此，"礼让"若徒存礼仪之虚文，为国者于内必是高傲无礼，与下、与民争利。如此，其臣将自感为奴臣，其民则自感为奴民；其与外邦之交，必招致敌视，则终将自陷窘境。正在此意义上，孔子以"不能以礼让为国，如礼何？"之问，强调"礼法"制度、"礼让"精神与原则，须超越纯粹的理念形态而下降和落实于"为国"之实际关系的处理与解决之中，凸显"礼让"的实践性，即必须将"礼让"从形上理论形态具体化为形下实践形态。正因为如此，则可以明确地说："孔子之言，惟其救昏德之弊而已矣。"（陈

祥道）

第五，综观孔子此论，则是从本质上追问"礼制"以何种方式存在，以何种路径而发挥其功能之根本性问题。首先，孔子以假言的方式提出，"如果能"以礼让原则或遵守礼制的规范来处理各诸侯国之间的矛盾、协调彼此的关系，以礼制来疏导国家、治理国家，那么，各诸侯国之间的关系，各诸侯国内部的各种关系也就有了秩序，不再因彼此的争斗而混乱；孔子正是居于这样的设构，才说如果能够"这样"，那么，还有什么问题难以处理呢？一切都可以说有礼可依、有章可循，乱世也就成了治世，各诸侯国之间不再剑拔弩张、针锋相对、此消彼长；君臣之间、君民之间不再彼此对峙、离心离德、怨声载道。

然，从孔子之论可以很清晰地看出，乱世之现实境况与孔子的主观意愿之间形成了鲜明的反差与强烈的冲突，由此，孔子以前世的价值原则与社会制度来规范和治理已经变化了的时代，这显然是一种历史生活语境的错位，即"时过境迁"之后的一种良好的主观愿望。

正是孔子有感于乱世之执国者们，早已不按照"礼"那一套规程而行事了，早已无谦让之心、之行。如此，他忧心忡忡地追问，该怎么办？事实上，"礼"早已被世人冷置一边，"礼"在剧烈而残酷的利益分割与争斗中已不再具有约束力和引导力，如此之"礼"也只能成为孔子念念不忘的"祭奠"了。因为"礼制""礼让"已经失去了现实支撑与载体，丧失了在实际的生活中的效力。这样，"霸道"猖行，"争利"成为持国者之追逐，弱肉强食的丛林原则主导、主宰着当世的生活世界。如此，在"人与人如狼"的无道之世，"礼让"显得尤为苍白乏力。这便是生活与历史对"礼制""礼让"无情的回应。

第六，孔子以如果"能"，而事实上的"不能"，告诉我们一个真实的事实，"礼制"于乱世已不再成为一套合法而有效的规范体系，从而成为各个诸侯国之间关系处理，以及各诸侯国自身治理的准则了。"霸道"之"争"代替了"仁道"之"礼让"。总之，霸道乱世，已将"礼制""礼让"彻底边缘化、无效化了。

如此，孔子之论，前半句，以假言表孔子美好的道德夙愿；后半句，则表孔子对"礼"丧其地位和功能的忧思。如此，孔子之论集中表达了他面对现实的困境与期待中无可奈何之忧虑。

第七，孔子"以礼让为国"之思想，无疑是"礼之用，和为贵"的进一步具体化和实践化。此思想对后世外交思维的影响应该说是深远的。其利其弊，只有置于具体的历史语境和具体的关系之中才能予以恰当地评断，不可一概而论。但若国家关系早已丧失了"礼"，依然如故地按照"礼"的思维来审视和

生活哲学视野中的"论语"研判

处理之，以"礼"为预设，以"让"为原则，无视现实的变化而支付自己的"宽容"，那么难免陷入被动而受制于强力而显得迂腐，暴露其"软弱"的底色，暴露其道德主义的价值与思维困境；反之，若尚可按"礼"而周旋，却简单拒斥"礼让"，"以暴制暴"，势必导致求得和解之良好机遇的丧失。

再进一步看，孔子一直主张以"礼让"而治乱世之价值立场与道德思维，坚信按"礼制"而规范和疏导社会的关系，终会出现社会秩序井然的"太平盛世"；孔子贯彻的"礼制"至上、"礼让"为要的道德和平主义路线，不可否认，为今世人类解决各种争端提供了一份颇有积极价值的精神遗产。

总之，天下之"为国"者，弃"礼让"，尽为"利"逞相争之能，乱世猖行焉。然无道之乱世，必会遭遇自身无法摆脱之困境，最终必反转循道而行。这便有了"久乱必治"之历史法则。孔子置身于"礼崩乐坏"之乱世，法先王为国、治世之道，破解乱世纷争之谜，开出"以礼让为国"、治世之略，让"礼制""礼让"释放出救世之制度规范能量和道德之引导力量。

"礼让"之精髓和要旨，在于"为国"者心存仁爱，遵"礼"从"义"，弃"争"尚"和"，落实于为国、治世，乃至于个体生活中，乃要求世人超越"争"利为先的狡黠，践行先"人"后"己"之仁德智慧。如此，孔子所倡"礼让"之仁道品质，无疑亦通向老子"夫唯不争，故天下莫能与之争"之大道至理。

14. 求为可知，何患之有

里仁 4.14

【原文】子曰："不患无位，患所以立；不患莫己知，求为可知也。"

【译文】孔子说："不要担忧没有职位，只愁没有足以胜任职务的德行；不用愁没人重用自己，应该追求能使别人重用自己的本领。"

———————————

孔子从地位、名利与德性、才能的关系视角，要求其弟子或世人首先放下功名利禄之心，切莫以外求"位"与"名"作为人生的依托和目的，而应遵循"水到渠成"之原则，将人生之着力点和努力点放在修己之德和增己之才干上，这才是君子真正的安身立命之道。

地位、名利，人之正当追求，然孔子之深刻之处在于追问功名利禄何以可能。孔子明示众弟子与世人，"求其在己"，不驰于空想，不骛于虚声，惟有踏踏实实用心修己之德才，以其德而配位，以其才能而有为，其德自可彰，其名自可扬，终成"实至名归"之君子。

孔子对弟子和世人的教导，概言之则是：君子应立足于修身而立德，善己而达人，因为修身而德厚，德厚而立，修学而才进，才进而立功有为。如此，修身则自有"位"，修学则必"可知"。

孔子之语，再次表明君子当"反求诸己"，着力加强自身的德才内涵建设，这是得"位"和受重用唯一可行的正途。

———————————

具体而言

第一，孔子针对其弟子们或世人急功近利于"位"与"名"而"患""无位""莫己知"之弊，强调真正的君子，根本不用患"无位"与"莫己知"，其所"患"应是"所以立"，从而真正"求为可知"。由此，孔子向其弟子们或世人敞开一条基本原则：唯有德才兼备，方可配有"位"，方可得到重用。

孔子将所"患"、所求，与自身的德才境况结合起来，提出解除所患之正确方式与方法：即应反思和考量己之德性、学识、能力等，是否能赢得"位"，值得被人重用，于此，孔子号召众弟子或世人开启自我省察、自我建设和自我完善德才之正途。这样，孔子将所求、所患，与自我提升有机统一起来，突出当着力增强己之德修和学问、能力的主体自觉性。

孔子之论，鲜明地告诉其弟子们或世人，只要自己有良善之德行或品行，就不用担心无位，只要自己有真才实学，就不用担心不被重用，是真英雄，不必"患"无用武之地。如此，修身而有"德"、勤学而有"才"，这才是应该先行修炼与需要用功之处，才是自个儿真正应该操心的事。

第二，"不患无位，患所以立"。

（1）孔子以"不患""患"之否定而肯定，突出不"立"德，则没有"位"，表明"立"德是有"位"的前提条件，这就解除不必要之"患"，突出真正应该患的是其"德之不修"，无以"立德"，由此指出其根本任务当是求己而自立。

（2）求"位"，乃外求，要真正实现外求，其根本在于己。这便是"求其在我"（钱穆）之深意所在。对此，陈祥道亦有言："求之有道，得之有命。求在外者也，求则得之，舍则失之。求在我者也，在外者不可必，在我者可必。此所以不患无位，患所以立也。"

（3）孔子之语，告诫众弟子或世人，只要潜心修德，其"位"无须"患"，得其"位"乃是修德之必然。此谓"德以配位"也。同时，修德乃君子立身之本、立世之据，其目的并不在于"位"，其"位"非修德之必然诉求。也正是在这一意义上，庄子曰："德成之谓立，循于道之谓备。"（《庄子·外篇之天地》）"所以立者，德成之谓欤。"（陈祥道）如此，"行修于内者，无位而不怍，不患无位之谓也。"（《庄子·让王》）

第三，"不患莫己知，求为可知也。"

（1）如果说孔子"不患无位，患所以立"，强调以立"德"而赢得"位"；那么，"不患莫己知，求为可知也。"则侧重于表达君子之学问、才干是受到重用的必要前提。由此，君子应在学问的精进、才干的增长方面着力，不必担心不被任用。

（2）"莫己知"与"求为可知也"中的"知"，并非仅仅是简单地让人知晓，或虚妄之名，其义为"用"；"莫己知"，即是自己不被重用；"求为可知"，即是"求为可用，若子路可使有勇，冉子可使足民。"（戴望）此处的"知"，如是孔子曾所言："人不知而不愠，不亦君子乎"中的"人不知"所表达的不为人所"用"一样。

（3）孔子通过"不患"，充分鼓舞和激励众弟子们和世人，虔敬修德、潜心修学，才是"可知之道"。对此，陈祥道予以了明晰的阐释。他说道："夫声无远而不闻，行无隐而不形，有车者必见其轼，有衣者必见其敝，则有可知之道，而人有不知者乎？此所以不患莫已知，求为可知也。"

孟子对患"莫己知"者更为豁达与真切地说道："人知之亦嚣嚣，人不知亦嚣嚣，不患莫己知也。彼未得而患得，既得而患失，与内不足而急于人知，盖反是矣然。"（《孟子·尽心上》）这应是孟子跨越时空地回应孔子对众弟子的要求和叮嘱。

第四，孔子先言"不患无位"、后言"不患莫己知"，就其前后两者之内在的逻辑关系，陈祥道之释予以澄明。他说："无位，则莫己知也。莫己用，则不必莫己知；莫己知者，必莫己用。故先言不患无位，而继之以不患莫己知也。"

孔子以两个"不患"，力图消解众弟子对前途惶惑不安之忧心，以德才本位之豪迈与乐观口吻，为修德进学者予以了坚定的信念支撑。如是，孔子传递给众弟子坚定的信心：君子休管是否得"位"，是否受人器重而任用，只管修德立身，不断增进自己的学问、增长自己的才能。如若能做到这样的"里仁"，"位"必为你备，"知己"者定会识得你。君子德厚而自足，不以是否有"位"、是否被人"知"为目的。此乃将自己修成"里仁"真君子，"穷不失义、达不离道"之大丈夫。如此人生充盈、豁达和宽纵，何须拘于、囿于、踟蹰于"患"与"不患"。

第五，"位""己知"，皆外求，非君子可自控和自定，君子自己唯一所能主宰的，惟是自己之德能，即"立"与"求为可知"。如此，孔子警示众弟子或世人之关注和思虑的，应向内收，聚力于"己"之"德"与"能"，而不是一味地向外求。正是基于此，孔子强调君子应该加强内修、提升自身，不断完善和提高自己的才能，这样，若要谋位受重用，必须首先具有立足于自身的修养、学问与才能的培养，具备足以胜任官职的才德，而不必过多顾虑、担忧自己无力决定的事。这便是君子立身处世所应持守的基本立场和根本原则。

第六，孔子之论为世人提供了一条典型的生活哲学的原则和逻辑。该原则和逻辑本质上要求生活主体对自身的道德和才能之自省、自觉和自我建设，这是个体获得社会地位及获得任何他人认可的本位价值。如此，孔子为世人提出了自我德修和才能建设的责任与使命，由此敞开一条最为基础的生存原则和处世的恰当方法。

孔子之论，有一个当然的前提，那就是该社会须是有道的社会，德才之君子应得到敬重、器重，英雄自有其用武之地。如此，个人决定了自己、主宰了自己的内在素养，也就主宰和决定了社会中的"自我"生存状态。然而，孔子之论中内蕴的道德力量，以及依此道德力量所设构的应然逻辑，却遭遇无道之世猛烈的撞击。无道乱世，将孔子之美好愿景一次一次无情地加以修正，让

　　　　　　　　　　　　　生活哲学视野中的"论语"研判

"德""才"和"位""知"严重错位，最后，为有才德之君子，只是留下自守自律之高洁。正是基于此，孔子为君子及后世留下"邦无道，危行言孙""邦无道，则愚""邦无道，免于刑戮""邦无道，则可卷而怀之"之生存训导。

第七，孔子之论，于今世之人依然具有积极价值。首先提示每一个人应增强自觉性和主体性，高度重视与加强自身之德修和能力建设，这是决定个人生存于生活世界之状况的最后依据。同时，也告诉世人，生活在世界上的任何一个人，"你"或许并未得到世人的认可和赏识，赢得权贵之重用而得"位"，尚不能改变生活世界的游戏规则；但是，我们可以做的，就是不断地改变自己、完善自己，提升自己的道德境界和能力。如此，"尽人事"之后别的一切，就交付给"上天"了，任"听天命"差使耳。

总之，置身于无道乱世，孔子教导弟子坚持"求其在己"之原则，实现自我生命之自觉，开掘自我生命的道德力量和才智之力，须从"自我"入手，关心、关注与着力于自身德性与才能的建设、提升与完善，这是君子的立身之道。换言之，孔子教导与鼓励众弟子及世人，只要专注、操心己之德修与才能提升即足矣。因为其所"患"的"位"与"知"，于己之德"立"，"求为可知"时成自然而然、顺理成章之事。"德能"本位与自足论，这无疑是支撑孔子激励、鼓舞弟子"不患"之信念基础。也正因于此，孔子表征出道德理想主义之浪漫与天真。正是这份纯净的浪漫与天真，才支撑他笃定持守与艰难践行弘道之"理想"。

15. 孔子之道，忠恕而已

里仁 4.15

【原文】子曰："参乎，吾道一以贯之。"

曾子曰："唯。"

子出，门人问曰："何谓也?"

曾子曰："孔子之道，忠恕而已矣。"

【译文】孔子说："曾参啊，我平日所言之道，可以以一个基本的思想贯通起来。"

曾子说："是（明白）。"

孔子出去之后，其他弟子便问曾子："老师所言，何意?"

曾子说："老师的道，就是忠恕罢了。"

——————————

孔子所论，非抽象玄思，皆就具体的事而言理明道。其论丰富繁多而有"散"之外观，令弟子们难以把握其精髓和要领；于此，孔子以考问曾子，直陈其论有内在的逻辑和主旨，可以汇通，使"吾道""一以贯之"。如此"孔子之道"的精神主轴和核心得以澄明，表孔子对其道之整体性、系统性和自洽性的高度自觉。

"曾也鲁"，然其为学尽心、谨慎和笃实，对"孔子之道"，即贯通所有学说之"一"，有其深刻的参悟，总结为"忠恕"。由此，使"孔子之道"从理论总体高度下降为人人尊尚、可践行的行为层面，让"仁道"落实与贯穿于常人之日常生活成为可能。

曾子对"孔子之道"的体认与总结，成为孔子众弟子及后人进一步把握"仁道"的重要维度，明确了孔子所言其"道"贯通之"一"的本质内涵即为"仁"。而"仁道"之具体表征和落实，即对人、对己之"忠恕"。如此，对于理解和把握"孔子之道"，开掘出独特的理论视域。

"孔子之道，忠恕而已矣"，曾子之论使孔子之"仁道"呈现出独特的理论面貌，凝练成简明的主旨；同子贡所言孔子之"温、良、恭、俭、让"，以及孟子所言"尧舜之道，孝悌而已矣"一并构成了"圣人之道"多样化的理论图景，展现了"孔子之道"所蕴含的丰富性和对之予以理会、解释的主体差异性特征。

具体而言

第一，通过孔子与其弟子曾参的对话，传递出孔子对自己思想的主轴和核心的高度自觉。"孔子之道"，常是通过其独白或与众弟子或与他人的对话方式，根据不同的具体问题而阐述和表达的。其思想呈现的场景性、具体性和针对性，使其论说显示出相互独立的精神、思想外观。如此，让世人觉得孔子的思想因人、因事而论，呈现出场景性、专题性而缺乏整体性和系统性，常表现为碎片化、零散化，思想与思想之间缺失张力，似乎没有鲜明的内在逻辑和贯通的主线，也令其众弟子难以深刻领会孔子之系列论说之精要。

然而，事实上，正如孔子自语所示，他的思想并非是散乱无章、杂陈无序，而是有一条贯穿始终的根本原则。换言之，孔子的各种论断始终围绕着一个主导思想在进行。孔子通过自述，回应了对他的思想"松散凌乱"的疑虑与责难。如此，可以更清晰地看出孔子对曾参说此言的话语背景。

但是，问题在于，孔子在此也并未直接明示，只是将"吾道一以贯之"作为一个毋庸置疑的肯定性命题向弟子曾子传导，希望曾子能自明之。曾子自忖明白，应于"唯"。然细究这个"一以贯之"的思想到底是什么，或贯通其思想的"一"到底为何？就成为深入把握孔子思想之关键。此"一"，通过其弟子与同门的对话，曾参在深刻领悟之后做出的总结，即"忠恕"。

第二，子曰："参乎，吾道一以贯之。"曾子曰："唯"。

（1）这是一次发生在孔子教学活动中，对其思想予以总结性的对话。孔子在教育众弟子时，遵循以"事"言"理"、以"理"明"道"的基本原则。孔子因材施教，针对不同弟子即使问询同一个问题，其所答也各不相同。于此，孔子就"事"、就"人"而论，形成了其论说之具体性、特殊性、多样性和丰富性特征。对此，彰显出孔子论"道"的独特方式：因"事"而进行"实论"。

然而，此方式形成的论说之繁复性与多样性，呈现出多元性，甚至不确定性的特征，让众弟子或世人深感难以领会和把握孔子之论的核心要旨。为此，孔子清醒地意识到并明确地对之予以自陈，一方面为解众弟子之惑，另一方面更为简明地道出其论说的价值旨趣和内在逻辑。

（2）然而，孔子并未直言其论说、其"道"之核心和要旨，而是通过与曾子的对话，由曾子向众弟子或世人敞开。

其一，孔子为何在众弟子中挑选曾子与他论说此"问题"？据《史记·仲尼弟子列传》中记载，曾子少孔子四十六岁，孔子以为他能通孝道，故授之业。

从曾子"吾日三省吾身"之"事"，即可见"曾子平日为学，极尽心、极谨慎、极笃实。""此其平日尽心谨慎之态度可见。"（钱穆）因此，有理由相信他对孔子思想较之其他弟子能从一次次具体的论说中，更全面、更深刻地参悟其要理，懂得其真谛。

其二，孔子直呼"参乎"，暗含孔子对曾子的高度认可，在此基础上，相信他能明白其道之至理。倘若曾子都不明白，那其他弟子自然难以领会和理解。

其三，孔子还试图通过曾子的领会和把握而传教于其他弟子，让他们在讨论、切磋中，增进对"吾道"之理解。

其四，曾子的回应"唯"，表明曾子"平日尽心谨慎之所心得"，"直得孔子心传"。（钱穆）如此，孔子与曾子师徒之一呼一应，向众弟子们传递出"吾道一以贯之"的重要论断。

（3）孔子所言"吾道一以贯之"，表征孔子对自己所持守、所传授的"道"，具体化为"事"与"理"结合、"理"与"道"相融，即以"事"为直接言说或讨论之对象，以揭示"事理"而明道为指向，实现其思想之多样性、丰富性与统一性的内在关系逻辑。如此，孔子之论，不仅仅表达他对其各种论说的内在一致性、自洽性的理性自觉，而且为其众弟子把握其思想要旨予以开示和引导。

（4）孔子所言"吾道"，即孔子所承续先王之道、圣人之道，即"仁道"。而"一以贯之"，则不仅从思想、论说的构造上，强调"自始至终"遵循着最为基本的原则和精神，如一根红线贯穿其中，统摄着为学、为政、为人等诸论，构成儒学学脉之根；而且从其思想、论说的内涵上，突出了贯通"吾道"之要旨，即"仁"。在此，须注意"贯"，即"中也，通也。""一谓仁也，仁为德元，礼、义、智、乐皆由此出，故变文言一。一者万物之所从始也。"（戴望）

孔子以"吾道一以贯之"，从形式和内容两个层面，对己所持守与弘扬"仁道"，予以自我陈述和自我澄明。

第三，子出，门人问曰："何谓也？"曾子曰："孔子之道，忠恕而已矣。"

（1）承孔子之（言传身）教而得其道之精要，再传于同门，即己先明道，进而传道解惑，此为弘道矣，曾子如是焉。这便是曾子与门人简要问答之对话的深意所在。

（2）曾子曰："孔子之道，忠恕而已矣。"

其一，曾子对门人的回答，是对孔子所言"吾道一以贯之"的深刻本质予以明确回答，印证曾子以"唯"回答孔子之问的真实性，以表明他对孔子之道的真正领会与把握。

其二，何谓"忠"？何谓"恕"？

"尽己之谓忠，尽物之谓恕。"（陈祥道）尽己之心以待人叫作"忠"，推己及人叫作"恕"。（朱熹、钱穆）"忠者，设中于心。恕，如心所欲，以施于人。"（戴望）由此可知，"忠"乃心"中"，心志于道，止于一者为正，有道正焉。"恕"，则指恕于人，宽以待人，严于律己，以责人之心责己，以恕己之心恕人。如此，忠恕，则体现对己对人之根本原则。

其三，孔子之道，承续先王之道，本质而言即是"仁道"也。曾子未言"孔子之道"为"仁道"，却直言"孔子之道，忠恕而已矣。"曾子以"忠恕"来概括"孔子之道"，表明曾子认为忠恕乃仁道之实质，是对己对人之根本原则和总体立场。行"忠恕"，本质上即是践"仁道"。

其四，结合孔子在《论语·卫灵公》中与子贡的对话："子贡问曰：'有一言而可以终身行之者乎？'子曰：'其恕乎？'"反观曾子对"孔子之道"的提炼和概括，应该说是较为准确地把握住了孔子学说的精神旨趣。

（3）对于"忠恕"与"仁"之关系。

陈祥道释道："忠所以进德，而德不止于忠恕。所以求仁而仁，不止于恕。忠恕者，以之为道，则违道不远。以之为非道，则非违道不远。语之以圣人之妙，则未也。"

戴望则直言"以仁治人，忠恕之至。"进而引《春秋》之语详论之："《春秋》之辞，主质用忠，主文用恕……故忠恕文质，《春秋》所以著尊亲之道，垂贤齿之教。……《春秋》三世异辞，以见恩有深浅，义有隆杀。然而于所遭致其严，于所亲致其爱，于所哀致其戚，于所痛致其重，于所善致其喜，于所贤致其美，于所危致其忧，于所贱致其辨，于所恶致其尤，于所诛致其法，于所矜致其疑。质质而文文，忠忠而恕恕，其辞有常变焉，其义有经权焉。"

钱穆释云："忠恕之道即仁道，其道实一本之于我心，而可贯通之于万人之心，乃至万世以下人之心者。而言忠恕，则较言仁更使人易晓。因仁者至高之德，而忠恕则是学者当下之工夫，人人可以尽力。"

如此，曾子言"孔子之道，忠恕而已矣"，表明曾子将"仁"具体化和行为化，使世人皆可尽力而为之，使"仁"更具有可行性，将"仁"更为生活化与日常化，彰显"忠恕之道，仁也！"

第四，曾子以"忠恕"概括"孔子之道"，着力于教导世人将"仁"落实于生活里，切实体现于对己对人之实际行为中，使孔子之"仁道"，在理论上呈现出独特的面貌，在实践上，使世人知晓"仁"不外于事功、不外于对己对人之事。如此，激发世人从生活之"事"着手，践行"仁道"。如此，"忠恕，真实贯得去。"（蕅益）江谦补注："一者，不变之体；自二而十而百而千而万，乃至无量数，皆随缘之用，其体皆一也。全性起修，全修显性，故曰'一以贯之'。"

第五，孔子与曾子的对话，清晰地表陈了孔子告诉弟子他的思想具有内在逻辑、有独特的精神主旨，让弟子们不至于抓不住根本，这是孔子对自己思想的一个"定性"。然而，他并没有径直地言说"吾道一以贯之"之具体所指，恰好表征了孔子在教导学生时采取的启发、互动式这种独特而良好的教育方式；这种良好的教育方式，更重要的是思想对话和启发的方式，与当下独白式的思想灌输方式相比，更具有激发、尊重学生思想主体性的意义，值得充分肯定。

第六，结合曾子所言"为人谋，不忠乎"，在此曾子又以"忠恕"概括孔子之道的本质内涵，于世人乃至今人秉持以"忠"为本质规定的敬诚事业之心和以"恕"为内蕴的善待、包容他人之道，成就人生功业，营造宽松的生存环境，无疑具有重要的精神引导价值。

总之，透过孔子与曾子、曾子与门人的双重对话，表征孔子对其仁道思想之精神主旨的高度自觉，亦表明孔子通过启发、互动的方式激发和考察学生对仁道的领悟，更直呈曾子对孔子仁道的深度把握与准确概括之自信。

孔子与弟子及弟子之间论"道"言"忠恕"，呈现出为道而在的生命本体价值，此乃道兴之希望。曾子所言："孔子之道，忠恕而已矣"将仁道、仁爱之宏阔精神宗旨具体化为生活主体践行仁道、仁爱之忠恕，落实为生活主体对己对人之根本立场与原则，表明从忠恕做起，即可渐成"仁者"。

孔子言"吾道"即"仁"，表形上之"心"；曾子言"忠恕"，直指形下之"行"。如此，形上"不虚"，形下"有根"，形上与形下相照应，开掘出塑人救世、弘扬"孔子之道"之正途。

16. 君子小人，义利之间

里仁 4.16

【原文】子曰："君子喻于义，小人喻于利。"

【译文】孔子说："君子通晓道义，小人只知道私利。"

"'喻'字，形容君子小人心事，曲尽其致。喻义，故利亦是义；喻利，故义亦是利。"（蕅益）君子通晓"义"与"不义"而从"义"；"小人"明白"利"与"不利"而逐"利"。

君子不拒"利"，所拒为"不义之利"，故"见利思义"；小人"唯利"，其所为则是"见利忘义"。如是，"君子，从大体而乐得其道，其见闻服习，无非义也，故曰：'喻于义'。小人，从小体而乐得其欲，其见闻服习，无非利也，故曰：'喻于利'。"（陈祥道）

君子"志于道"而"怀德"，小人"放于利而行"而"怀惠"；当"义利"相悖时，君子"喻于义"，小人则"喻于利"，君子与小人因其价值取向而分别。

孔子从"义利观"的高度，揭示君子尚"义"弘道，弃不义之"利"，"小人"唯利逐利而无"义"，由此形成君子与小人两种不同的人生价值取向、不同的人格、不同的人生气象。

孔子之论，重在警示当政之"君子"，须明"大义"，拒"私利"，切莫蜕变为"喻于利"之"小人"，当成为真正喻于义之"君子"。

具体而言

第一，在《论语》中，孔子从多层面、多维度上来反复讨论"君子"与"小人"之区别，为世人充分辨识"君子"与"小人"提供了标准，而不至于将二者混淆。

学在官府之时，"君子"，即为"君之子"，属统治阶层或贵族，优游于六艺的学习，举止高雅，德性高尚。无缘于六艺之学的奴隶与贱民，即为"小人"，自然是不被认为有高尚的德性。

官学下移之后，"君子""小人"之社会阶层属性越来越淡化，逐渐只剩下道德属性，同时也不再以地位和出身作为"君子"或"小人"判断的标准。换句话说，于礼崩乐坏之世，贵族不一定再是君子，平民或贱民不一定再是小人，因为"士"下移为"民"越来越普遍。于此，孔子认为必须重立标准，对"君子"与"小人"在变化了的历史状况下，加以厘清。如此，孔子着力讨论"君子"与"小人"的差异，并非是"心血来潮"，而是有其很强的现实指向性和针对性的。

改变了的历史生活境遇，亦改写了一出生就被先验地确认为是"君子"与"小人"的既成原则，突出了"个人"的自我选择、自我培育与自我规定。如此，从动态生命道德价值观的视角来看，"君子"和"小人"也就具有可改变性特征："君子"，若懈怠德修，亦可能沦为"小人"；反之，"小人"若是不断矫正道德偏失、除其德行之不足，不断在德修之路上攀爬、上进，亦可成为"君子"。这样，既给"君子"律己和规范自我行为确立了边界，也给"小人"提供了矫正自我、提升自我德性，成"君子"的可行之路。

第二，"君子喻于义，小人喻于利。"

（1）孔子从义利关系出发，针对在义利相背或对立情况下，根据不同的价值取向，指出"君子"与"小人"的本质差别。"君子"晓以道义，而"小人"则动之以利害。于此，表明"君子"于事，必辨其是非；"小人"于事，必计其利害。（钱穆）

（2）陈祥道对孔子之论，予以了深刻的阐释。他认为，"喻于义者，利存于中；喻于利者，害在于中。此君子所以两得，而小人所以两失也。"由此，"以义为利，能使小人为君子"，反之，"以利胜义，使君子为小人。"

（3）君子见义而为，小人见利而行。"君子喻于义"，则立足于利国、利民、利人而不独利己或后利己，遵循"先人后己"之原则；"小人喻于利"，则是"利"不为人只为己，遵照"先己后人"或损人利己之原则。从这一意义而言，"君子但知公义，小人但知私利。小人所知之利，不只在钱财，一切有利于己者，皆必为之。君子小人，一言难辨，此以公义私利说其总则而已。"（李炳南《论语讲要》）

第三，"小人"受制于外物，围绕着"利"而转动。相反，君子因"义以为质""义之与比"而行事，故能做到"不义而富且贵，于我如浮云""可处有，可处无""衣敝缊袍，与衣狐貉者立，而不耻者"。也正是由于君子心怀"义"，方能"泰而不骄""病无能焉，不病人之不己知也""内省不疚，夫何忧何惧"。"君子求诸己，小人求诸人"等诸多差别。而这一切差别都源于行事时这一点用心立意之别。如此，"君子""小人"立分。

　　　　　　　　　　　　　生活哲学视野中的"论语"研判

第四，孔子以"君子"与"小人"之取向，将"义""利"作为价值对立的两极，赞许深明大"义"的"君子"，鞭挞唯"利"之"小人"，其目的在于倡导"利"要服从"义"，"利"以"义"断，以期成重义轻利之世风，从而对无义而逐利的霸道乱世予以批判。如此，孔子之所以提出此命题，在于孔子认为，"君子"知大"义"、守持大"义"，识大体，有自我约束力、克制力，更重要的是有自我调节力和自我辨别力，不会为一己之私利而背义，从而破坏社会的秩序。如此，"君子"乃是社会秩序的稳定因素和仁道秩序建设的承担者与践行者。相反，一味追求个人利益的"小人"，为了"一己之私利"将不惜牺牲"义"，自是缺乏道德持守，必会"斯滥"，甚至犯上作乱，破坏社会秩序，是社会不安定的因素，是乱世之肇始者。

第五，针对霸道乱世，孔子之论，并非简单地指证出"君子"与"小人"图求之别，更根本的在于一方面批判当世之"君子"竟如"小人"一般，只是"喻于利"，根本没有"喻于义"；另一方面，强调当位之"君子"，应"怀德"，担道义，驱唯利小人，救无道之乱世，行仁道之政，绝不可推卸自己应然的道德义务与道德使命，成为"怀惠"而唯利是图之"小人"。如此，孔子之论，其深层价值则在于促当世"君子"复"正"己位，率先"喻于义"，为世人之垂范。正是在此意义上，戴望引董子之言："皇皇求财利，常恐乏匮者，庶人之意也；皇皇求仁义，常恐不能化民者，大夫之意也"，以表孔子之论的深意。

第六，孔子之论警示为政者，当既知君子之义，又知小人之利，则当以中庸之道，取义而取利，能"安"君子而能"土"小人，使之各安其所宜，天下之利也。

孔子所言"君子喻于义，小人喻于利"所强调的是君子以"义"为准绳，以"义"为重、以"义"为本，以"利"为末，突出君子所求不在"利"，更不是"不义"之利。如此，在君子的价值观中，"义利"之冲突只是义利多样关系之一种情态，为此彰君子重"义"之德；反之，"小人"则无"义"，是为"唯利"，揭"小人"之病症。然孔子这一思想，被后儒抽象化、片面化为"义"与"利"尖锐对立、非此即彼的"义利观"，实为对孔子思想之简单化、肤浅化理解。

第七，孔子之论，于古、于今，无论于世人之德修，抑或对官德之建设，均具有积极的价值。如此，要求世人与官吏，均以"君子"人格为标而不断修身进德，提升与完善自己。为此，当心怀道义，重义轻利、张义抑利，行"义"彰"道"。

总之，"富与贵，是人之所欲也。不以其道得之，不处也。"（《论语·里仁》）于君子，则遵循"不义富且贵，于我如浮云"（《论语·述而》）的原则。如此，君子当明道知礼、怀仁行义，这样，君子须力戒小人因"利"而患得患失、诚惶诚恐，超越小人心之不安、纠结个人之得失，当潜心专注于道义之事，践履己之使命，但问耕耘，不问收获，生知安行，不疾而速，稳诚而舒朗，不受"利"之外制，践"义"之善举。此当君子超越"利"而"喻于义"之应然。

　　　　　　　　　　　　　生活哲学视野中的"论语"研判

17. 思齐内省，贤与不贤

里仁 4. 17

【原文】子曰："见贤思齐焉，见不贤而内自省也。"

【译文】孔子说："遇见贤者，当思向之学习；遇见不贤的人，当自省莫要与他一般"。

孔子教育众弟子及世人该是如何以"贤"与"不贤"之人为"镜"而有利于"己"成长，提出促进己之德与才成长之重要方式。孔子以"思齐"和"内自省"于"贤"与"不贤"，从人生之楷模和诫勉两个相对的维度上，开启人生德才进步与提升之路。

"思齐""内自省"均表明"己"以恭敬谦逊之心，弃"故步自封"之弊，以开放的心境与胸怀，不断审视"己"之不足，构成背"不贤"而向"贤"，不断免除"己"之不能、不善而止于至善。如此，"思，所以求诸身；省，所以察诸己。见贤思齐，则能勉其所不能；见不贤而内自省，则能免其所不善。"（陈祥道）

"思齐"与"内自省"具体而形象地表达了以"贤"为己之榜样和目标，从善如流而促自进；以"不贤"为己戒，反观自身而避自退。如此，以直追和改勉之精神，促己之德学俱进。

见贤思齐，乃取人之长补己之短，鞭策己成"贤者"，表君子自谦而自强不息；见不贤而内自省，勇面己之不足而改，免步不贤之后尘，表君子克己而自律。"见贤思齐"与"见不贤而内自省"，从两个相反维度表君子尊荣弃耻之道德自觉和不断开拓人生新境界之进取精神。

简言之，孔子之论，从正面和反面，强调己须积极以人为镜，善学于人。

具体而言

第一，孔子此论，言与人相处之道，具体表征为面"贤者"和"不贤者"所应持的积极姿态，强调面"贤者"，当检讨己之不能而"思齐"，"思与之平，愿己亦有此贤"；见"不贤者"，当"内自省"而察己之不善，"惧己亦有此不贤"。于此表明，无论是其所见者"贤"与"不贤"，"于己皆有益。"（钱穆）

如此，孔子要求众弟子及世人，首先要自知与自明，而又知人，进而应善于吸取贤者德才之长而补己之短，戒不贤之弊而思"贤"、追"贤"，成德才兼备之君子。

第二，"见贤思齐焉"，即从正面强调面对比己贤达之人，须自谦而恭敬待之，并以此为榜样重塑自己，以达己"贤"。"见贤"，即以"贤"为标准，发现己之不足，"思齐"则慕"贤"而主动驱使自己努力赶上。其所"思"，乃"齐"贤。这样，见贤明，则希望己进贤。在此，"齐"者，"列也"。"高列所以广德，列贤者自进"（戴望）。这是虚怀若谷、自知而自进之人面"贤"者，积极而主动之心向与行为。

"见不贤而内自省也"，从反面指出面对不贤者，同样应持审慎而谦恭之心，以"不贤"为镜而反观自省，剖析己行，吸取教训，改己之过，戒不贤者之弊，从而避免"列不贤者自退"。

如此，以"贤"为正面形象为指引、为目标，以"不贤"为反面教材、为镜鉴，此为人生德修和才能提升提供了切实有效的途径。

第三，无论是"见贤思齐"之积极追赶、比肩贤者，还是"见不贤而内自省"之反躬自律、引以为戒，勿坠不贤之泥，都要求己怀诚敬，以宽阔之胸襟与谦卑之心态，仰止于"贤"，弃"嫉贤妒能"之狭隘；于"不贤"报以尊重、戒惕之心，薄责于人，绝鄙夷之轻浅。

与"见贤思齐"和"见不贤而内自省"相近之论，则是孔子所言："三人行，必有我师焉，择其善者而从之，其不善者而改之。"（《论语·述而》）然，前论通过"思"与"内自省"，侧重于从主体之心性、意识之自觉而言，后论则通过"择"而"从""改"，重于或落实于主体的道德行为。

第四，孔子之论，以"思"与"内自省"而突出自知而自明，从而实现修德与增才之自觉，这是真正可以不断完善自身人格与学问、提升自我修养、增进才能之重要前提。如此，首先就要清除阻碍"思"与"自省"之私欲和自满。

事实上，缺乏自省、自知和自觉之人，见"贤者"亦并非"思齐"，或许恰恰相反，对"贤"者往往"嗤之以鼻""不以为然"，进而"吹毛求疵"，以己之"长"去比照"贤者"之"短"，从而获得自我认同、心理平衡。这种以"贬损"、矮化"贤者"而"拔高"自己，从而与被自己矮化了的贤者"比肩"的思维，正是以不能正确认知自我、定位自我、评价自我为基础，此种"嫉贤妒能"恰好阻断了自己的进步之路。同样，见"不贤者"，也往往不会去认真思考"不贤者"之"不贤"在何处，以及为何"不贤"等诸多问题，而是要么回避、要么漠然视之，要么认为自己远远高于"不贤者"，"不贤者"身上所具有的缺点或所犯的错误，自己从来不具有或不会犯，也不会从"不贤"处吸取教训。正是在这一意义上，钱穆先生警示而言："若见贤而忌惮之，见不贤而讥轻之，则惟害己之德而已。"

第五，自省改之，为小善；自省无改，乃大贤。孔子倡导以"思"与"内自省"面"贤"与"不贤"，本质上倡导的是以自省、自知为起点，以开放的心态、积极的人生态度、进取的生命姿态来待己、待人。

孔子之论，表孔子对众弟子或世人提出的应然要求，折射出见贤者在现实生活中往往不是"思齐"，见不贤者也不是主动去反省自身之弊。如此，孔子将所倡导的"应然"和现实生活中的"实然"之矛盾，在此予以揭露。如此，孔子之论，内在要求通过"思"与"内自省"，从被动受造变为主动修造，从而实现己之德才修进的自觉、自主。

第六，"贤"与"不贤"，是以社会尺度为本位，对一个人之德才予以的评价，而且表征着社会对"贤"者的认同和赞许，对"不贤"的批判与反斥。通过"思齐"与"内自省"，表明修德进能者将社会尺度内化为自我的尺度，且认同社会对"贤者"或"不贤者"的判断，从而为人生确立正确的方向和目标而不偏航。

第七，孔子之论，通过"思齐"而追"贤"，通过"内自省"而戒"不贤"，由此构成修德进能之成长逻辑，最终实现自我人格、德性和才能之飞跃，成为"贤者"。在此语境中，"贤者"与"不贤者"，于"我"是既定的或既成的，而"我"所需要做的和能做的，就是具有正确的思想和精神姿态，最终落实于行动。如此，孔子为众弟子或世人开示出一条具有可操作性、可实践性的成长、完善自我之路线。

第八，孔子之论，表以"人"为镜、为人生之参照，因为安身立命于社会关系中，人总是以一种比照性的方式存在和发展着。这样，见贤思齐，见不贤内自省，实际上就是取人之长补己之短，能做到"从善如流"，同时又以人的过失为鉴，不重蹈人的旧辙，这是一种不卑不亢、勇于进取之理性主义人生态度。孔子之箴言，于今人之修德进才，仍不失其积极价值。

总之，孔子通过正反两个维度强调面对好的"榜样"要奋勇直追、迎头赶上，从而成就自我亦成为"贤人"；面对"不贤者"不要随之堕落，而是要学会汲取教训，从中收获教益。这就充分表达了孔子关于"己"如何待"人"、如何处理"己"与"人"的优长和缺点之关系，本质上即是如何面对自我，以及自我之未来。

18. 几谏行孝，不违不怨

里仁 4.18

【原文】子曰："事父母几谏，见志不从，又敬不违，劳而不怨。"

【译文】孔子说："侍奉父母，（如果他们做错了事，）要和颜悦色、轻言细语地劝说。如果父母不愿听从自己的意见，还是要恭恭敬敬，但不能违逆，且找机会再劝谏，虽为此忧心操劳，也不要对父母生怨恨。"

孔子之论，聚焦"孝"与"谏"之关系，主要说明如何践行孝道，具体讨论以何种方式与态度来对待父母之过。

"事父母几谏"，是子践孝之总体原则；"敬不违""劳不怨"则是对践孝予以进一步的规定和要求。如此，孔子将"孝道"具体落实与贯彻于实际行为之中，从"孝"之行为，强调子女侍奉父母，须持真心之孝顺，恭敬不违，不可存怨恨父母之心，即使父母有不当或错误言行之时，亦应以和悦之态度、委婉之语言、适当之方式适可而止地劝谏父母。这就要求为子女者，学会理解父母，设身处地、心平气和地换位思考父母何以如此，以此行子之"孝"。

"孝"关乎"仁义"。孔子所言"事父母"以"谏"，则表子之"义"，"几谏"则表子之"仁"。如此，子"事父母几谏"，则表子事父母之"义"与"仁"内在统一于"孝"中。进而言之，孔子所言"几谏"，表子"无犯也"；"又敬不违"，表子"勿逆也"；而"劳而不怨"，表子"勿怠也"（陈祥道）。如此，"无犯""勿逆"与"勿怠"，成为子"事父母"，即尽"孝"的基本原则。

孔子此论，将"孝"具体落实于"几谏""敬不违"和"劳不怨"之中，使"孝道"落实为形下之操作，化为具体的道德践行，从而使"孝"发挥真正的规范与引导功能，同时也为子女"事父母"提供了具体的规范与行为指示。

具体而言

第一，《孝经》云："夫孝，德之本也。"《十三经注疏》亦有注："于礼有不孝者三，事谓阿意曲从，陷亲不义，一不孝也。"这就表明子对父母之"孝"，不仅是人之大德，而且表明孝之敬诚，并非简单将"孝"等同于丧失道义原则之一味地"顺"，而是要戒除"阿意曲从，陷亲不义"。如此，言事父母之"孝"就有了"谏"存在之必要和独特价值。

孔子此论，从"谏"而言"孝"，并以此为基础，进一步讨论与规定子"谏"所应采取恰当的方式和应报以温和的态度。如此，以"谏"彰"孝"，更能检视子"孝"之实，从而以逆向反审与落实子"孝"的真切内蕴。

第二，"事父母几谏"。

（1）孔子开门见山地指出子女如何面对父母之过，凸显"孝"与"谏"之关系。"事父母"，是"孝"。然而，"事父母"不能违礼，故当面对父母之过时，就有了"几谏"之要求。这就表明，"孝"内蕴着是非之甄别，意味着"孝"需遵"礼"。如此，劝谏父母，即是"孝"的题中义。这便有了"父母之行若中道，则从，若不中道，则谏，谏而不用，行之如由己"之说。（《大戴礼记·曾子事父母》）

（2）"孝"，"忠爱以敬"（《大戴礼记·曾子立孝》），表"无违"，进而言"生，事之以礼；死，葬之以礼，祭之以礼。"（《论语·为政》）如此，子女事父母行"孝"而又"谏"，形式上似乎是"违"，实质上则是更深层次的"敬"。这就矫正了将"孝"与"谏"对立起来，误判"孝"即是绝对地"顺从"之简单化思维。

（3）关于"谏"。在《礼记·曲礼下》中对"谏"予以了具体的规定："为人臣之礼，不显谏，三谏而不听，则逃之。子之事亲也，三谏而不听，则号泣而随之。"其中所言的"三谏"则是表三种等级不同的"谏"，即"几谏""熟谏"和"号泣"。

（4）孔子所言子事父母之"谏"为"几谏"，即"微谏"，以表"子于父母，尚和顺，不用谔谔。"（戴望）于此，表明子对父母之过，只需要温和提醒、提示，切不可厉声呵斥、怒目斥责。从这一意义上而言，"随之几谏者，人子之心；熟谏者，人子之所不得已，此孔子所以特言几谏也。"（陈祥道）

（5）孔子强调以"几谏"事父母，一方面，以"谏"，尽子之"义"；另一方面以"几谏"，表子于父母之"仁"也。行"仁"彰"义"之"几谏"，表子孝父母之"无犯"。于此，"孝""始终只一几谏。几谏，只是敬父母，故期之以圣贤，不违不怨，只是到底敬父母。"（蕅益）

总之，面对父母之过失，作为儿女的不能无视而陷亲于不义，必须给父母提出建议或予以指出，即须行"谏"，这是"孝"的题中之义。但是，孔子要求儿女不能冒失地直陈或强烈地责备、责难，而要注意方式、方法，必须要顾及父辈的尊严，切不可伤及父母之心，于是，孔子建议或要求以委婉的方式进谏，这便是"几谏"。这一思想被后世的《弟子规》予以更明晰地表述为："亲有过，谏使更，怡吾色，柔吾声，谏不入，悦复谏，号泣随，挞无怨。"

第三，"见志不从，又敬不违，劳而不怨"。

（1）所谓"见志不从，又敬不违"，表"致敬以冀其人，不违者，谏而不用，行之由己。"（戴望）"又敬不违，勿逆也。"（陈祥道）这就表明即使父母不接受"几谏"，也不能违背孝道，子依然要"孝"，而不能因父母有过而失敬于父母，更不是违背孝道，与有过失且不接受"几谏"之父母相"对抗"。如此，孔子所言"见志不从，又敬不违"则要求子行"几谏"，则不可要求父母一定纳谏而"从"。面对父母之"不从"，子须"敬不违"，这是一个基本原则。这一原则，从反面表征"孝"。

（2）"劳而不怨"，表在"见志不从""敬不违"之基础上，更进一步要求面父母之过，应以"当忧不当怨"之态度，反复多次地向父母"几谏"。如此，"劳而不怨"，表子几谏"勿怠也"。正基于此，陈祥道指出："孝子非怨也。非不怨也，不失其为孝而已"。如此，"从命不忿，微谏不倦，劳而不怨，可谓孝矣。"

（3）子女纵使"几谏"于父母，父母并非就能心甘情愿诚恳地接受，抑或反感而责备。在此种境况下，作儿女的也不能违背孝的原则，应该继续守持孝道，对父母依然保持着一贯之敬。因为，"几谏"行孝，是子之事。相应地，父母犯了错，接不接受儿女的意见，乃父母之事。这样，孔子要求儿女必须保持应有的耐心，不要奢求父母一次就听、就接受，而是要不厌其烦地尽到"孝"。如此，即使父母听不进自己的建议和委婉的谏言，那也不能与父母"对抗"，更不能改孝敬之心。孔子教导儿女要用"孝"感化父母，最终让他们认识到自己的错误，又不失父母的颜面。这便是"见志不从，又敬不违，劳而不怨"的真谛。

第四，孔子面父子关系中的一个"二难问题"，即避免"孝"与"谏"之背离，实现二者的协调与一致。孔子提供的解决方案是：以"几谏"为总体原则，遵循"敬不违"和"劳而不怨"来加以推进与强化"谏"之效果，从而增强子于"孝"的道德自觉性与主体性，提升"孝"之"仁""智"的内蕴。

父母于子为"尊"，面尊者，子需有讳，故而，孔子要求子以"几谏"之方式，其目的是促父母对自己的过失之自省而觉悟。换言之，孔子解决这一问题的策略是：始终坚持"孝"不可变，采取以"孝"为价值基础的委婉、温和、和颜悦色的方式，反复、不厌其烦的原则，从而感化父母，使之听从自己

　　　　　　　　　　　　　　生活哲学视野中的"论语"研判

的劝告，觉悟到己之过，进而改之。如此，孔子强调子女应该更加谨慎，采取柔声细语的、和缓的话语，切不可因父母一次、再次不接受而发脾气，或顶撞父母。而这一切正是以儿女的真"孝"为基础的，也即是"孝"的真正践行与落实。

第五，按钱穆先生之解，孔子之论重在强调"父子家人相处，情义当兼尽。为子女者，尤不当自处于义，而伤对父母之情。若对父母无情，则先自陷于大不义，故必一本于至情以冀父母之终归于义。如此，操心甚劳，然求至情大义兼尽，则亦惟有如此。苟明乎此，自无可怨矣。"

第六，小孝治家，大孝治国，至孝治世。这便是孔子强调"孝"之根本原因。在此论中，孔子着力于家庭中子女与父母的关系，子当如何以"几谏"而尽孝。如此，孔子此论，通过"几谏"，揭示了"孝"的丰富内涵。

"孝"，以代际间血缘关系为基础，以"仁""义"为内涵，以"礼"为规制，构成孔子所言"孝"之逻辑。在此论中，孔子以"谏"为尽孝之方式，以"几谏""敬不违"和"劳而不怨"为行孝之原则，构成"孝"之实践逻辑。

总之，面父母之过，孔子否定了子拧着而强硬地指出或指责之方式，提出以温和委婉之"几谏"的方式来解决"孝"与"谏"之形式性的悖论，而实现二者之间的协调与一致；当父母"不从"，不仅考验子"孝"之诚，而且更考验子之仁智。如此，孔子要求子持守"敬不违""劳而不怨"，即遵照"勿逆"和"勿怠"之原则，将"谏"贯彻到底，从而体现子之虔诚行"孝"，完成子之道义责任。在此，孔子之论，深度展现了"孝"与"谏"之间目的与手段、方式之关系。

19. 孝不远游，游必有方

里仁 4.19

【原文】子曰："父母在，不远游，游必有方。"

【译文】孔子说："父母在世，不远游他乡；即使要出远门，也须有一个明确的去向。"

────────────────

孔子对子提出"父母在，不远游"，抑或"游必有方"之要求，表子孝之道。"不远游"，直接表子近父母而侍奉，以尽孝；"游必有方"，则表解父母对子担心、牵挂之"忧"而行"孝"。如此，表行孝乃为人子之首要的道德责任与义务，行孝构成人子人生最基本的价值原则。

孔子此论，以"孝"与自我追求之关系为深层内涵，突出孝父母为"本"、远游为"末"，父母为"主"、己为"次"，立德为"先"、立功为"后"的价值规定。如此，孔子既强调子女奉养以孝父母的优先性，又不反对子女在有了正当明确的目标时外出奋斗。

人生就在"游"与"不游"之间，"父母在""不远游"是根本原则；若需"远游"，则"必有方"，这是基本原则。"所事非主，所学非师，所交非友，所行非义，皆非方也。游必有方，所以慰亲心也。"（江谦）如此，孔子对子"不游"与"游"的规定，将"孝"贯穿于其中，凸显了"孝"的至上地位。这就要求子女须于行止之间心存父母，切不可为己舍父母于不顾，"无方"而"远游"。

────────────────

具体而言

第一，"父母在"，却渐渐年迈、体弱神衰，须侍奉照料，故"不远游"。如此，孔子将侍奉父母、"孝"双亲，作为人子之天职，体现"百善孝为先"的根本原则。如此，"父母在，不远游"，于人子具有道德命令之意味，不可违背，这就凸显了"孝"的至上性。而"游必有方"，孔子肯定子"游"之正当性，进而将"孝"落实于"有方"之中。这样，"远游"有方，父母知子，不为之牵念、担忧，依然体现子之孝。如此，孔子通过"不远游"与"游""必有方"，将君子人生尽孝立德之义务与求业之立功通过"孝"而统一起来。既突出了君子当以"立德"为先、为上、为根本而彰孝道,又表明绝不能以实现自我的追求、立功而废了孝。如此,孔子之论,表行孝立德为先、为学立功为后的价值逻辑和行动原则。

第二,"父母在,不远游"。

(1)"父母在,不远游",本意是指父母尚健在世,子不可远去他乡游学或求官为仕。在此,孔子从形式上直呈侍奉父母与安顿自己、行孝与游学或求官、立德与立功之矛盾。孔子通过"不远游"之否定性,清晰地表达了子侍奉父母行"孝"之优先性和首要性,从而强调子当以"立德"为先、为本,为学、"立功"为后、为末的原则,此乃要求子须笃行孝道。

(2)有子曾云:"君子务本,本立而道生。"(《论语·学而》)表君子当以"孝"为本。在此,孔子所言"父母在,不远游",则将"孝"作为君子人生"立德"之根本。"不远游",即一方面让父母老有所养、老有所依,免父母之孤苦伶仃,令子不失孝丧德,陷不仁不义之境;另一方面,子在父母身边,亦令父母不必为子牵挂、担忧,使父母心安,此表"子能以父母之心为心。"(朱熹)如此,既有日常侍奉,又免父母之心忧,则是子尽孝之实,亦是"不远游"之要义所在。

(3)"父母在"是子女"不远游"的前提,构成子"不远游"的根本缘由,亦支撑"孝"优先性和绝对性价值之事实。孔子言"父母在",显然,已经告诉我们"父母"已不再年富力强、年轻力壮,而是已渐显衰弱,自己难以打理和照顾自己的生活。如此,就需要子女赡养,照顾其日常饮食起居,关照其悲喜哀愁,抚慰其心灵,抑或解急、或送终等。如此,如钱穆所释:"若父母急切有故,召之不得,将遗父母终天之恨。孝子顾虑及此,故不远游。"

正因如此,孔子提出"父母在,不远游",与其说是人子之行为原则,还不如说通过此行为原则彰显"孝"至上的义务原则。此原则,表征一个基本的事实:在以血缘宗法为基础的血亲社会里,代际人伦关系只能通过感性的生命相依、生活相连来得以承载和保障。如此,生儿养老、养儿送终,也就成了一种非常自然的伦法,其合法性是"天经地义"、不容质疑的。这也是孔子或儒家高度重视"孝"的依据与意义。

(4)需要注意的是:"不远游"之"远",并非仅距离远,而是指偏远险恶之地。如此,"不远游"则重在"不可以忧父母也。"(戴望)这与孔子之言:"父母唯其疾之忧"(《论语·为政》所表达的不让父母担心、担忧,即为子"孝",是内在一致的。

第三，"游必有方"。

（1）孔子强调"不远游"，表可及时践行人子之责任与义务，切实地行孝、尽孝，这是孔子对人子的整体要求。然，孔子并非一味反对"游"，而是对"游"予以明确的规定，即"游必有方"。以此表明，即使"游"也不能忘记行"孝"，再次强化"孝"对"游"的要求和规定。

（2）何谓"游必有方"？

《礼记·玉藻》有言："亲老，出不易方，复不过时。"

郑玄注："方犹常也。"

皇侃引《礼记·曲礼》云："为人子之礼……所游必有常，所习必有业。"

朱熹释"游必有方"，即是"如已告云之东，则不敢更云西。"方是方向、线路之意。

陈祥道云："《传》曰：'孝子曾参不一宿于外。'此所谓不远遊也。《礼》曰：'所游必有常，亲老出不易方。'此所谓游必有方也。""孝，但游必有方，虽远无害也。"

蕅益释曰："方，法也。为法故游，不为余事也。'不远游'句，单约父母在说；'游必有方'，则通于存没也。"

依此可见，"游必有方"，则表明孝子外游他乡，非行踪不定，让父母无处可寻，而是有相对稳定和明确之地，且是安全处。如此，孔子告诫弟子们"危邦不入，乱邦不居"（《论语·泰伯》），其意亦有让父母无忧。

（3）对"游必有方"的理解，从来分歧丛生：大多数人的共识是，"游必有方"，应理解为"即使要外游，也必须让父母知道子女所要外出的确切之地方"，以免让父母为子女担忧，因为"儿行千里母担忧"。如此，可符合逻辑地认为，"游必有方"，即让父母不为自己担忧、操心和牵挂，这也是蕴含于"孝"之中了，也表现子对父母负责任。但是，这样理解似乎与前半句逻辑不一致。因为孔子担心的是，"父母在"，子"远游"，子无法履行赡养、侍奉父母之一系列生活责任，父母的生活由于子远游而没着落，所以，子外出远游即使让父母知道确切的地方，对于照顾父母的生活，也无济于事。正是基于此，按照孔子这一段的前后逻辑一致性原则，"游必有方"，应该理解为"（要外出远游，必须首先）将父母安排到恰当而妥帖的地方之后再远游"比较合适，这样，孔子就将作为子女所尽的赡养之义务表达得更为全面和切合实际了。这样的"游必有方"，不仅解除了父母对子的牵挂而生之忧，子亦让己之远游无后顾之忧。

（4）"远游"之"游"，指离开父母，离开故土而游历他乡，求学或求官，

生活哲学视野中的"论语"研判

简言地说即是为学、求取功名，或"立功"是也。孔子所言"游必有方"则将"孝"之立德，融贯于自我追求，即立功之中，再次表孝德为先，突出尽孝立德的首要价值地位，否定以实现自我之立功而弃孝废德之举。

第四，孔子之论，将"孝"为提升为人伦的先首之位，也就为其他伦理规范找到了原始的起点。"父母在，不远游"是先秦儒家关于"孝"之道德的具体内容之一。后世均以"孝"的原则去约束、要求子女为其父母尽"孝"之责任和义务，从而保证基本的人伦关系之维系。"孝"对当今一系列违背基本人伦原则，虐待、抛弃父母，逃避赡养责任、义务的行为具有深刻的批判性。

赡养、侍奉与照顾父母，即行孝、尽孝，是子女人生及其生命价值中不可缺位的重要的内容。在不同的时代，践行这一责任、义务的方式必然随时代而不断变化。在现代生活的历史语境中，不改的是赡养之责任、义务，可变的唯是赡养、照顾、孝敬父母之方式。流动性的现代社会，决定了普遍交往格局下的人的生存，不再局限与受制于地缘性、空间性；如此也就大大超越了地缘限制下的代际人伦的古典局限性，使之具有更为现代的方式，从而实现"赡养"与"远游"二者兼顾、并行不悖。这恰好是人类社会、人类文明发展对该困境的解决创造了必要的条件。

总之，孔子提出"父母在"，子"不远游"，子当先行孝、尽孝而"立德"，此为人子之行孝、尽孝之本然要求；"远游"为求学、求官，乃"立功"；孔子强调"游必有方"，则将孝道灌注于对"游"的具体要求之中，不仅使"立功"与"立德"不悖，而且凸显"立德"，成就"立功"。

人生之三不朽，世之君子所求。"父母在，不远游"，孔子强调君子以"立德"为本，"游必有方"，突出"立功"不可偏离"立德"，需以"立德"为指引和内蕴。如此，孔子之论，"孝"，通过"父母在，不远游""游必有方"，为解决"立德"与"立功"之矛盾提供了具有可行性的方案。

20. 知年尽孝，悲欣交集

里仁 4.20

【原文】子曰："父母之年，不可不知也。一则以喜，一则以惧。"

【译文】孔子说："父母的年岁，不可不知道，且要常记挂于心。在为他们的长寿而高兴之同时，又为他们的年迈衰老而担心、害怕。"

"孝"，当"知"父母之年，直呈子女对父母的关切之心，进而以"喜""惧"，表"悲欣交集"之情。如此，孔子不仅具体地规定和要求子践行"孝"所应为，而且细腻、鲜活地揭示了孝子内在矛盾之情愫，勾勒出子女践孝之仁心与真情实意。

子女"不知""父母之年"，本质上于父母缺乏诚敬仁爱之心，未尽作为人子之责任，此为不孝。正基于此，孔子以"不可不知"，否定子女之"不孝"，强调子女必行孝，这是为人子须遵从的道德律。如此，既"知"父母之年，喜其天年长寿，又惧其来日无多，其"喜""惧"交织之情，正是行孝子女的真情所在。

孔子之论，劝诫为人之子女，尽孝要趁早，行孝要及时，减少"子欲养而亲不待"（《孔子家语》）之人生遗憾。

具体而言

第一，孔子曰："行身有六本，本立焉，然后为君子立体有义矣，而孝为本"；"人之行莫大于孝；孝行成于内而嘉号布于外。"（刘向《说苑·建本》）孔子此论，以"父母之年"为关注点，对子行孝道予以规定，突出因知父母"年龄"，子女所产生的"喜""惧"两种相悖的心理感受和情感，强调、突出和催促子女及时行"孝"之重要性和紧迫性。

第二，"父母之年，不可不知也。"

（1）"孝"具有丰富的规定性，此处孔子强调子孝具体表现为"知""父母之年"。实际上，子女常常是淡忘、不知父母之年。如此，孔子强调"不可不知"，以非常强硬之口吻对子女之"不知"予以否决，要求子女须无条件地"知"父母之年。如此表明，"孝"于子女是一条绝对的道德律。孔子以此确立

"孝"之德本地位。

（2）此处的"年"是指父母之年纪、岁数；"知"自是"记得"之意。孔子所言"父母之年，不可不知"，表子女要记得父母的年岁，实际上则是指不要忘了他们的生辰时日。

（3）孔子要求子女对父母的"孝"，并非仅仅停留于端茶送水、嘘寒问暖等伺候日常生活等诸多具体的形式上，更应该将父母装载于心中；将父母装在心中的具体表现就是必须铭记父母的生辰年岁。正因如此，孔子才说"不可不知也"。

（4）"不知"父母之年，则为"不孝"。孔子提出"不可不知"，断然否定子女之"不知"而不孝。如此，孔子将"孝"作为子女必须承担之道德责任予以明确地规定。

对此，钱穆有一番深刻的议论。他认为：孝心即仁心。不孝何能仁？应当知道能对别人有同情心、关切心，此乃人类感情之最可宝贵者。孔子特别就孝道指点人心之仁。人当推广孝心以达于仁，若以自私之心对父母、对家庭，表面上看好像无违孝道，但是其心不仁，亦将是不孝。此心是一，即仁便是孝，即孝便是仁，而不是说仁孝可有先后之分别。

第三，"一则以喜，一则以惧"。

孝子定是记牢了父母之年，不可淡忘、淡漠。然，子女知"父母之年"，在心里就会产生"喜"与"惧"两种矛盾之情感；"喜"，是因父母还健在，长寿而颐享天年，尚可孝；"惧"，是因为父母年事已高，渐渐神衰体弱，意味着在世之时日不多。这种喜忧参半、悲欣交集的心情，无疑给子女带来满心的纠结，禁不住伤感、忧虑，以致心生父母渐衰而失父母之恐惧。

对此，陈祥道云："人子之于亲也，生而事之之日，喜与惧半；死而祭之之日，哀与乐半。"亦恰如朱熹所言："常知父母之年，则既喜其寿，又惧其衰，而于爱日之诚，自有不能已者。"蕅益释道："喜惧处，正是知处；不喜不惧，便是不知。"江谦补注："知父母恩深，生死事大，亲爱别离，无能免者，安得不惧。"戴望释曰："见其寿考则喜，见其衰老则惧。"

孔子之用意显然并非仅仅描述子女知父母之年而生"悲""惧"之情，而是通过子女"悲""惧"交织之情感、心境的描述，警示子女须重视父母正在逐渐衰老这一客观事实，从而常思养育之恩，常怀感念之情，珍惜父母健在的时光，抓紧时间尽孝，及时行孝，尽量减少"子欲养而亲不待"的人生遗憾与无奈。古有子路之感叹，"二亲之寿，忽如过隙，草木欲长，霜露不使，贤者欲养，二亲不待。"（刘向《说苑·建本》）亦有皋鱼曾自悔有三个过失，其中之一就是想要赡养双亲，可亲人却已不在了。这都表明，子女想要"孝"父母，但父母却已等不到那一天，这无情之事实，非人力可改。如此，子女可为的则是珍惜当下、珍惜父母依然健在的时日，切实践行作为人子之孝。

第四，孔子将人之老而衰这一自然现象置于人伦关系中来加以讨论，从生命伦理的视角表陈生命忧思和死亡意识，表达孔子对生命的深度关怀与尊重。如此，孔子之论具有典型的生命哲学之意味。

从孔子生活的时代来看，社会动荡不安，臣弑君、子弑父等犯上作乱之事时有发生。为了维护宗法家族制度，孔子特别强调"孝"。在此论中，孔子要求子女以仁心而孝己之父母，将"孝"从"外"转为"内"，从"生"转向对"死"的关注与关怀。正是在这一意义上，陈祥道说："愿为人兄而不愿为人弟，为人兄者事亲之日长，为人弟者事亲之日短，孝子之心大抵然也。此孝子之所以爱日也。"

第五，孔子所言之事，非古独然，你我皆置身其中，听从生命律则，感同身受。于忙碌的现代人，孔子之论更加提示我们，该如何处理繁忙的工作与日常人伦之间之关系，不要以任何理由忘却、耽误、贻误了尽孝，让行孝成为人生自觉和社会风尚，共同传承与光扬民族美德，珍爱父母，尊重生命，珍惜同在！

总之，孔子言"孝"，子女当知"父母之年"，这是子女须行孝所应遵循的道德律。然知"年"而同生"喜""惧"之情，悲欣交集于心，以此告知或劝导世人，须真心真情关怀年迈之父母，让父母安享幸福的晚年，不枉为人子之孝。

孔子之论，警示世人，尽孝要趁早，行孝须及时，不可怠慢而遗憾。

21. 躬之不逮，言行不二

里仁 4.21

【原文】子曰："古者言之不出，耻躬之不逮也。"

【译文】孔子说："古之君子从不轻易允诺，因为他们以自己允诺了却做不到而感到可耻。"

孔子谈古人言行统一之特质，确立其独特的言行荣辱观，批今人之言过其行、言行分裂，以劝导今人当法古而谨言慎行、轻言重行，遵循量"力"而言、量"行"而言之基本原则，真正做到言出即行、以行践言，突出言行一致，恪守信用之要求。

言行，显个体人格、德性与操守。孔子反"巧言令色""巧舌如簧"之鲜仁者，赞"先行其言而后从之"之笃行者，尊尚"言之不出"的古者之"言道"，强调以可行之真"言"为荣、以不可行之诳语为"耻"的德性标准，敦促今人高度自觉"言"之责任。

古者有德，耻于"躬之不逮"，故"言之不出"。不轻易允诺，表古者立足于"躬行"而"言"，遵循能躬行的则"言"、不可躬行的则"不言"之原则，反对言之轻薄、草率，杜绝虚假之言，成朴拙笃性敦厚之君子人格。

孔子之论，为当世之个人修养，抑或为政者之为政品质，都具有批判性、警示性和引导性，透显出"空谈误国，实干兴邦"之精神主旨。

具体而言

第一，社会主体间的关系，往往是以"言""行"而连接、而建构、而巩固或瓦解的。如此，"言""行"之关系乃是洞见主体间关系的重要维度。同时，个人之人格品质与德性，皆依其言行而加以甄别、判断与确认。于此，孔子针对当世之人，言过其实、夸夸其谈、滔滔海口、有言无行、言不由衷、过分自诩之弊，借"古者言之不出"，且"耻躬之不逮"，突出古者言，以行而证，言之真伪，以行而甄别；言之合理边缘与限度，以行来检视，由此凸显"躬行"至上的原则，进而以"言""行"之关系，确立言行之荣辱观。

孔子借古之君子言行之特点，一方面批判当世之人，尤其是当政者有言无行之弊；另一方面则强调世人、当政者须以行表言、以行显言、以行践言、以身作则、以行示范，从而成为言行一致之君子，成为以实际的为政行为彰显为政主张的当政者。如此，孔子之论，乃在劝导当时之世人、为政者须弃口头仁义之虚假允诺，以切实之施政所为，践行仁道善治。正是在这一意义上，孔子之论，突出"古之君子，以言教民，不如以身教民"（戴望）、尚"行"与"不尚辞"的为政之道，彰显出"空谈误国，实干兴邦"之精神主旨。

第二，"古者言之不出"，表"贤者必思而后言"（陈祥道），从不轻易许愿、不轻易允诺、不轻易表态、不轻易发誓。由此，否定一切空谈、虚言，否定玩弄辞令、虚假承诺，语言的巨人、行动的矮子之浅薄人格与浮华的为政之风，表君子当尊尚言行抱一不贰的原则，凸显古之君子以身示范、笃行践言的朴实、务实之风范。

第三，"耻躬之不逮也"。

（1）如果说"古者言之不出"，表陈古之君子慎言之特质，那么，"耻躬之不逮也"，则突出"躬之不逮"为"耻"，由此，为正确、正当的言行关系确立了道德标准；如果说"躬之不逮"为"耻"，表古者于言行之关系实现了道德自觉，那么，"古者言之不出"，则是此道德自觉的结果。如此，表征"耻躬之不逮"与"古者言之不出"之间的因果关系。

（2）孔子一贯主张君子当讷言、谨言，不轻易允诺，不轻易表态。如此，古之君子都沉静简默、不苟言笑，因为言一旦出口，就必须践行自己的亲言，不放空言、不找托词，每一句话都落实在行动上，"言"与"行"之间必须一致，如此才能够心安。这或许就叫"掷地有声""一诺千金"；如果信口开河、信口雌黄，其所说的、所标榜和所承诺的，自己都不能躬行、不能实现，那就是行不及言，成了荒诞浮夸、有名无实之人了。做人，恰应以"行"不"及""言"为耻。

（3）孔子以"耻躬之不逮"，将"言""行"关系提升到道德高度，表言行所产生的效果，具有其独特的道德属性。由此，孔子以"躬之不逮"为"耻"，相应地也就对言行一致、以行践言予以道德肯定与赞许。

第四，古有云：君子"一言既出，驷马难追"，强调的就是言语承诺内蕴的责任。人有两种力量：即言语的力量和行为的力量。这两种力量，在孔子看来，必须是统一的，不能分裂开来。如此，二者的统一所形成的"人"的存在力量才是统一人格的本质规定。若二者错位，尤其是只有言语的虚张，而无行动的跟进，此等人只是夸夸其谈的话语巨人。如此，孔子强调话语本身具有尊严和价值，不可随口承诺，承诺本身就是一种责任，要求配之以行而付诸实践。

同时，个人或为政者对己之"言""行"关系的处理，直接关系到个人或为政者之诚信，进而关系到社会诚信的状况。孔子要求每一个人，尤其是为政者须严于律己，在言行关系上，必须守持二者的一致，并且励志躬行，做一个笃行的诚信之人、之为政者；如若这样，社会也就崇尚厉行，世风必笃实。因为"个人"的人格是社会风气的缩影。这样，孔子将社会风气的建设，再次落实到个人自身的言行上，强调社会风气的好坏，每一个人都不能置身事外；做好自己，也就是改变社会的起点和开始。在这里，孔子从个人的德行和社会风气之内在关系视角，激发个体于世德建设的主体性。

第五，孔子于此确立了君子之"荣辱观"。若其所言而不能行，必失信于人、有损信誉，降低了威信，此为君子之"耻"，因为言语承诺之后行动的缺失，是对被承诺的人的不尊重，是典型的"失信"，甚至是"欺骗"。如此，君子应该是对自己的"言""行"自觉而自主，主动地确立"荣辱观"，并依此对照、矫正自己的言与行的不一致，甚至脱节之状况。

当然，抽象地看"言"与"行"的关系，是非常复杂的。但是，不管二者的关系如何纷杂交错，孔子认可和强调的是以行践言。如此，孔子坚持"言行"关系的一致性、统一性，本质上也就是认同以行践言之德行道义的唯一性。

第六，孔子之论，就其精神实质而言，即是通过反对言行的脱节，直陈"空谈误国，实干兴邦"之主张，强调仁道善政，并非停留于口头上，而是在坚实、踏实的为政实践中，在为政者以行践言中。

如此，孔子之论，对于官僚主义、形式主义具有深刻的批判性，因为官僚主义、形式主义在某种意义上，即是言行分裂、言行脱节、言行相悖，导致有言无行、有言无实、言而无信，其共同点都是"躬之不逮"。如此，需真正确立"躬之不逮"实为耻的原则，自觉做到言行统一。

第七，孔子针对当世之人，尤其是为政者有"言"而无行、无信，喜欢说空话，导致世风浮华、世道衰落、人心不古，最终导致"礼崩乐坏"。如此，孔子从"言行"之关系，确立"言行"荣辱观，促世人、为政者纠正有言无行之"耻"，自觉遵从言行一致的原则，倾力以"行"践"言"，以此重塑个体人格、重建为政之德，纯化世风，弘扬仁道。由此，孔子从"言行"之"小处"着手，激活世人、为政者的道德觉悟，促使世人和为政者全面反思自身的言行，昭示世道、世风之建设并不外于世人、为政者之言行，由此探寻出一条世德建设之合法而有效的途径。

总之，孔子要求世人，尤其是为政者，以羞耻心反观己之言行，正己之言行，倾力以行践言，依此来挽救每况愈下的社会风气。这是孔子为当世，也为后世开出的社会风气建设之方案。

22. 防过止失，关键约己

里仁 4. 22

【原文】子曰："以约失之者鲜矣。"

【译文】孔子说："约束自己而犯错误的人是很少见的。"

孔子从"约"与"失"的关系视角，正面阐释人之所以少犯错误，其根本就在于能严格地自我管理、自我规范与自我约束，表明"约"己，乃防"过"止"失"之关键。"约"己，系从"根"上切断了"失"发生之可能，由此昭示说话、做事，须力戒率性无忌、肆意妄为，须真正对己加以"约"。如此，孔子之论的主旨，则在于教人如何防范、减少过失或错误，从而不断地提升与完善自己。

"约"，本质上即"礼"根植于心，取向中道，克己自律，具体化为以"礼"为准绳，约束、匡正己之言行，进退有度、行止有法，不说过头的话、不做过分的事。一言以蔽之，"非礼勿……"，则无失。

"约"，即是"节制"而不放纵，俭朴而不骄奢。如此，"失之者"，必"鲜矣"。以孔子此论而论，本质上即是教导世人当尊"礼"尚"仁"，过一种节制而简素、自持而自尊、行中道而彰"礼"的生活。

具体而言

第一，"礼崩乐坏"之乱世，世人无约而肆意妄为，骄奢淫逸之风尤盛。其人之言也狂、行也放，常是"纵口之所言，横意之所行，则无事于约。"（陈祥道）由此造成世道之荒诞，世风之吊诡，人心之迷乱，失"礼"、失"道"之人、之事比比皆是，导致人受制于外物之利诱，任由欲望之驱使，天下之人皆"放于利而行"（《论语·里仁》），世人之心丧礼乐法度，失是非曲直，乏自控自律。鉴于此，孔子所言"以约失之者鲜矣"，一方面揭世病之根在于世人无"约"而"失"，要害在于世人之心无仁、之行无礼；另一方面，指出"约"己而止"失"，克己乃复礼之路。

第二，"以约失之者鲜矣"。

（1）孔子以"约"与"失"之因果关系，诊断人之过失、世道之乱象，皆因无"约"使然，以此凸显"礼"对世人言行之规范和约束，对治世所起的积极功能。如此强调防"过"止"失"的关键，就在于加强己"约"。

对此，孔国安释道："俱不得中也。奢则骄溢招祸，俭约则无忧患也。"陈祥道释曰："贤者必思而后言，必择而后动，不可以不约。故多闻阙疑，慎言其余，则寡尤；多见阙殆，慎行其余，则寡悔。此所谓：'以约失之者鲜矣'。"并引周庙铭予以详论："无多言，多言多败；无多事，多事多患，皆约之谓也。言寡尤，行寡悔。又言失之者鲜。盖寡者，必无之辞，鲜者，未必无也。"戴望则云："无益于治，有益于烦，圣人弗为；无益于用，有益于费，知者勿行。"

续"古者言之不出，耻躬之不逮也"之论，孔子再言"以约失之者鲜矣"，力主戒绝放纵、骄奢、浮泛而遵礼自守、节制，谨言慎行、俭约财货。如此，倘若一个人能自我约束、自守，那么，其违礼所失自然就少了。

（2）"约"，即是"节制有道"，表"安于节制，亨通；心甘于节制，吉祥。"（《易经·节卦》）于此，突出自我节制，言语行动须当谨慎，切勿放纵。如此，孔子要求"约"己，即是要以"礼"正心、正行，真正做到"非礼勿视，非礼勿听，非礼勿言，非礼勿动。"（《论语·颜渊》）恰如鬼谷子所明示：群处守嘴，独处守心。修己以清心为要，涉世以慎言为先。亦如蕅益所释："观心为要。"

第三，孔子之论强调只要以"礼"规范己之心性、言论和行为，身体力行，实践圣贤之道，那么，从观念、思想到行动，都是符合"礼"的要求而不逾矩的。如此，则不会有"失"，真正做一个言行皆符合"礼"的人。在此，孔子突出"礼"对人的引导、规范功能，并确立"礼"于人生成长中的至上价值。

以"礼"之尺度和标准，从正面而言，是引导自己的心性的成长，规范自我行为；从反面来看，则是调整、矫正、纠正自我，从而形成与"礼"相符合的言行，走上社会可以接纳的、规范的人生之路。如此，则"失之者鲜矣。"

第四，"礼"取中道，无礼则偏、则过而失，恰如孔子所言"恭而无礼则劳，慎而无礼则葸，勇而无礼则乱，直而无礼则绞"（《论语·泰伯》）。然"礼"与每一个人的关系，有两种基本状态：一是"礼"外于"我"，此种状况下，"礼"于"我"是他律、是强制性的；二是，"礼"内化于"我"心中，"我"时刻可以以"礼"为原则和标识，自觉遵"礼"之要求而思想和行动，"礼"占有了"我"，"我"亦对"礼"实现了自觉，"礼"与"我"融为一体，二者成内生性关系。如此，"礼"于"我"之心性和行为乃是"自律"。孔子于此处所言"约"，当是"礼"了然于心，自觉自为，自然以"礼"克己，从心所欲也不逾矩。即使"礼"在不断内化于"我"的过程中，"我"犯下了错，

"我"也会依"礼"而反思、矫正、转化"我"的思想与行动，从而达到或符合"礼"之要求。在此，孔子希望每一个人都能实现"礼"内化于心，自觉以"礼"进行自我观照、自我调适和自我修正，依"礼"而自我约束。孔子正是通过"礼"与"约"、"约"与"失"的关系，凸显"礼"与"克己"之内在关系。

第五，孔子要求每一个人从"心"开始，直达"行"，贯彻和遵循"礼"，严守规矩，心持"礼戒"，若有错，从"心"上改，彻底转"念"，杜绝类似错误的再次出现，通过"礼"内约其心、外束其行。这样，在身心上做到省约，不做放逸和非礼之事，就不会败坏道德而失去志向；在用度上做到省约，不做奢侈无益之事，就不会劳神伤财，过失自然就会减少。如果自己能够约束自己，就会越来越守规矩。孔子倚重于"礼"，有望每一个人都心装圣贤之道，行贤达之义，做一个符合"礼"、其心清朗、其行优雅而高贵的"君子"。这是孔子理想人格的另一种再现。

第六，人非圣贤，孰能无过？在孔子看来，有过并不可怕，关键是如何面对"过失"。倘若有了过失，不及时按"礼"而改，那么，"过失"将会导致重复，错误将会酿成大祸；为了避免之，孔子要求要以"礼"为尺度进行自我审断，对"过失"和"错误"加以厘清，做出正确的判断和定位，然后加以总结、加以改修。如此，就不再出现过失、犯下错误，人生也就获得进步，心性也就渐渐符合"礼"之道，行动也就踏上了正确的"道"。从这一意义上来看，"失败，乃成功之母"，"过失"或"错误"乃是智慧之另一源泉，但其前提是要不断地反省、反思"失败""过失"或"错误"而不重蹈覆辙。因为"过失"和"错误"，本质上即是一个人的所思、所想、所为有悖于"礼"。如此，只要以"礼"为标尺而审断、而改之，并从心到行，切断过失、犯错的可能性，加强自律，犯错的几率就降低了。这便是"约"的具体效用。

第七，将孔子尊崇的"礼"置换为今天的各种社会规范，同样具有合理性。这就告诉我们，任何个人只要按照社会的制度规范来审视、检查、约束、驾驭和控制自己的思与为、言与行，那么，过失和错误就会减少甚至杜绝，做人、做事就会走上正途。

总之，尊"礼"尚"仁"而"约"己，鲜有"失"而成"里仁"之人，其言行自是有法度而审慎、严谨，其生活自是有节制而绝骄奢从俭朴。如此，因"俭近仁，虽有过，其不甚矣。"（《礼记·表记》）此为君子修身进德之正途。

孔子言以"约"而止"失"，强调"礼"内化于心而治心，取中道而纠偏，正己而自守，束己而自律，外显于言行而自觉其言行，遵循孔子教导"言不务多，必审其所谓；行不务多，必审其所由"之原则，从而纠过失而正己，"克己"而"复礼"。

23. 里仁外礼，讷言敏行

里仁 4.23

【原文】子曰："君子欲讷于言而敏于行。"

【译文】孔子说："君子常想说话迟钝些，而做事勤勉些。"

君子者，修身进德之自觉者，具"智""仁""勇"三达德也，自当是其言行之自觉者、自主者。故常对己之言行加以反复思虑，成"讷于言而敏于行"之风范。

"讷于言"，即"少、缓、迟"说，或结结巴巴地说、犹豫审慎地说，最大程度规避"言"之失，表君子"知止""止言"而"止（私）念"，尊礼尚仁、心安而不妄动；"敏于行"则表君子不懒散、不懈怠，勤勉果敢于"行"，从"以礼"而"以道"，彰君子依道而善行。"讷于言而敏于行"，表君子内不妄动、外能善行，内外各得其所，此为"就有道而正"。如此，"此所谓讷于言而敏于行者"，乃君子"仁而不佞"是也。（陈祥道）"讷于言而敏于行"，表君子"先审于行，然后发言，则言弥贵"（戴望），以呈君子力戒口若悬河、夸夸其谈，逞口舌之快而行怠之弊，真正做到慎言笃行，成勤勉踏实肯干之人。如此，"讷言敏行"，表君子重视时时检讨自己，对任何事情不要轻易下结论、轻易去承诺，而话一旦说出来了，就竭尽全力去践行。这样，"君子欲"则表明君子不仅要做到事前、事中处事谨慎、规范、详尽，而且还应该考虑事后结果的完善，以表君子"讷言敏行"之自觉与自主。如此，"讷言敏行，只是一事，观'欲'字、'而'字，便知。"（蕅益）

"君子欲讷于言而敏于行"，既表君子于己言行的高度自觉、自主，最终落实于慎言勤行，少说多做，里仁外礼，从言行视角彰君子践礼行仁之典范。

具体而言

第一，孔子此论，其关键在于"君子欲"。因对"欲"的理解之别，"君子欲讷于言而敏于行"呈现出五个层次的丰富含义。

（1）将"欲"，解为需要或应该，表对君子言行之应然要求。

（2）将"欲"，解为"意欲"或"所欲"，表君子对己之言行的自觉，主动

　　　　　　　　　　　　生活哲学视野中的"论语"研判

而积极地规范与塑造其独特的言行，形成君子之言行风范。

（3）将"欲"，解为"君子之欲念"，表君子之心念，该如何以其言行而得以正确地表达。

（4）将"欲"，解为对其言行经过内心审慎的思考、反省，"欲"即"慾"，表君子慎言少言，进而以行践言。

（5）将"欲"，解为无实义之语气词，表对君子言行特质的事实陈述。

无疑，承"敏于事而慎于言，就有道而正焉"（《论语·学而》）与"多闻阙疑，慎言其余，则寡尤；多见阙殆，慎行其余，则寡悔"（《为政》）之思，孔子以"君子欲讷于言而敏于行"之语，继续展开君子言行之论。如此，构成孔子关于君子独特的言行观。这一言行观，既作为君子修身之指向、之标准，也是检视、审断君子言行之尺度。

"君子欲讷于言而敏于行"，表君子"欲讷于言，则言必能顾行，欲敏于行，则行必能顾言，岂非慥慥笃实之君子乎！"（张居正）如此，孔子通过明确"言""行"之具体规定与要求及言行相互关照之关系，定格了"君子"的品质和作风，从而勾勒出勤政笃行之鲜活生动的君子形象。

第二，孔子之论，并非指示于"常人"，而是针对"君子"而言。此处的"君子"是"欲""言""行"之主体，由此，表君子有别于常人的独特言行。

何谓"君子"？孔子在与鲁哀公的对话中，谈到"人有五仪"，即"有庸人，有士人，有君子，有贤人，有圣人"中谈及"君子"，继而对"君子"的德性品质和精神特征予以界说。

公曰："何谓君子？"

孔子曰："所谓君子者，言必忠信而心不怨，仁义在身而色无伐，思虑通明而辞不专。笃行信道，自强不息。油然若将可越，而终不可及者。此则君子也。"（《孔子家语·五仪解》）

在《论语》中，谈及"君子"多达107处。从君子的定义、君子的外在形象、君子的内在修养、君子的言行准则、君子的立身处世、君子的学习养成、君子的理想追求、君子的人际交往、君子与小人的区别、君子与圣贤的关系、君子的价值与意义等多维度，对"君子"予以了充分地论述与阐释，揭示了君子丰富的内涵与特征。概而论之，在《论语》的语境中的"君子"，指示"有德者"与"有位者"两层含义，但侧重于指"有德者"，即具有高尚人格之人。

第三，"讷于言而敏于行"。孔子通过"讷"与"敏"，首先将君子之"言""行"之特点予以明确地规定与确认，进而再以"而"将君子之言与行所具有的相反性特质与要求予以表陈，以此完整地表征出君子之言、之行的总体特征。

（1）"讷于言"。按《说文》之释："讷，言难也。"即言语困难。本义是说话迟钝、不善言谈。此处则指迟钝地说出来，表言谈不畅之状。君子"讷于言"，所表并非君子口才不好，也不是指君子不善于表达，而是有意地使其表达迟钝、延缓、语滞而不流畅。如此，"讷于言"，本质上是不急于说出来，免"脱口而出"之轻率、之失误，表君子"知止"而"止言"。如是老子所言"大辩若讷"。

（2）言为心声，当直达，君子何须"讷于言"呢？此非故作深沉、故弄玄虚之虚假深刻、老练。君子之所以"讷于言"，从其根本上而言，乃是因为还没有"行"，即尚未做好、尚未做到使然。这就表明，君子不可、不能随口说出一些没有根据、没有把握、没有可能完成或实现的事情，即不能具体落实于行动、尚未以行动来兑现的事，都须"讷于言"，这是君子之"言"须遵循的基本原则。如此，君子当依"行"而思考清楚、思虑成熟和周密，方可言之，即使说也要有所保留、有所顾忌、有所担忧，倘若尚未弄清楚、想明白、搞扎实，宁可沉默，也不能随意而言，如若这般，行动未能跟进，结果不能兑现，岂不是信口开河、信口雌黄，失言于人、失言于事？正因为如此，孔子才要求君子不该说的话，不多说一句；即使当说的话，也要持谨慎、收敛之态度，掌握与拿捏好说的分寸，切勿逞一时之能、图一时之快，夸下海口，而无法践行，最终致使误导于人、贻误于事。

当然，"讷于言"，表谨慎而言，要言之有据、依行而言，且要在深思熟虑、至臻完善之后再说，即使言说也还要有所保留，不能把话说得太满，给自己留下余地，因为很多情况并未完全知晓，有些事情的变化未能完全掌握，一切都尚不确定性。这样，方可免于自己判断的失误而懊恼、后悔。这是心向"行"而不倾力于"说"之敦厚仁善的君子应该具有的品质，应遵循的言说原则。

（3）"讷于言"，从言说维度，彰君子"言"之深思熟虑、稳沉持重，里仁而思，缜密而求精，以此表君子之言，可行而可信。

（4）君子"欲"所为之事，于言则"讷"、于"行"则"敏"。所谓"敏"，按《尔雅·释训》："敏，拇也。""敏"：即足大指之意。《说文》言："敏，疾也。"即动作快，指示着行动之敏锐、机敏、反应快之意。在此论中"敏"，不仅与"讷"相对，表行之迅速，而且表之勤敏、勤勉，指示君子笃定之践行，戒除懈怠、懒散之弊。

（5）"敏于行"，既是有别于持重、保守之"讷于言"，强调"行"之"敏"，突出勤勉，彰敏行有功。然而，"敏于行"绝不可理解为做事越快越好。孔子虽然认同行之迅速果敢，但是他更重视行动过程中的谨慎，所以孔子对子路的"暴虎冯河"并不认同，反而更认同、赞赏颜回之"不贰过"，这就说明君子在言与行两个方面，都是需要"省"的。这个"省"的外在表现就是"讷"：小心谨慎。孔子所言"过犹不及"，其终极旨归在于始终以中庸的尺度来审视己之言行举止。

（6）"敏于行"，表君子做事不推诿、不拖三拉四而懈怠、散漫。于"行"，立笃定之志，尽勤勉之心，付不倦之情，以此增强与凸显君子之行的使命感、责任感，以及"舍我其谁"之担当，"虽千万人吾往矣"之勇。

"讷于言而敏于行"，从表层而言，以"讷"与"敏"规定君子之"言""行"，形成君子于"言"、于"行"截然不同之特点；从深层而言，将"省"灌注于君子之言行，将"中道"溶注于君子之言行，既"知止"，又"明行"，从而彰显君子言不过实、言不背行，行有礼法而不忙乱，行之有功而无过失。

第四，孔子要求君子自觉而主动地遵循"言"要"讷"、"行"要"敏"之原则，其根本在于要求为政者按照"讷"与"敏"之标准来规范和改变己之言行，以表为政者对一个人、一件事表立场、论观点、谈看法、提建议，抑或于治国、治世发表政论、提出政纲之时，抑或在具体的施政过程中，不仅不可轻率、草率地随意言说，出现朝令夕改之乱象，亦不可不根据自己的施政实际所能为而虚夸，更不可只停留于口头上表白，而无实际的施政行为。由此，表达了孔子要求为政者少说多做，以勤政实干来张扬为政之主张、之愿望，做一个勤勉的实干家，勿做口头梦想者，做一个在为政、施政中践行仁道的勤勉者，而勿做一个口言"仁"而身行"恶"（荀子）的"伪君子""恶人"。简言之，"讷于言而敏于行"于为政者，力戒自我吹嘘、自我标榜之弊，少说多做、勤勉不倦地做力所能及之实事，"尽人事"，勉为政者当以为政所产生的实际治国、治世之"政绩"来说话。

能真正做到"讷于言而敏于行"者，本质上即是"敬身"者，就是"善政"者，就是尊尚仁礼者，就是循"天道"而治世者，于乱世就是真君子。

对此，在鲁哀公与孔子的对话中，得以充分地表达。

公曰："敢问何谓敬身？"

孔子对曰："君子过言则民作辞，过行则民作则，言不过辞，动不过则，百姓恭敬以从命，若是，则可谓能敬其身，则能成其亲矣。"

公曰："何谓成其亲？"

孔子对曰："君子者也，人之成名也，百姓与名，谓之君子，则是成其亲，为君而为其子也。"孔子遂言曰："爱政而不能爱人，则不能成其身。不能成其身，则不能安其土。不能安其土，则不能乐天。"

公曰："敢问何能成身？"

孔子对曰："夫其行已不过乎物，谓之成身，不过乎，合天道也。"（《孔子家语·大婚解》）

第五，"君子欲讷于言而敏于行"，在前述的言行统一、言出必行之基础上，对君子之言行从"欲"的层面，即从君子的主体性之自觉、自主和彰显之视角予以进一步规定，呈现出内在一致性之基础上的递进性关系，这是孔子对"君子"规定的进一步提升。由此清晰地呈现出轻"言"重"行"之取向。如此，从"言""行"与"仁"的关系而言，从"仁"的外用来看，孔子在此强调"行"比"言"更为重要，因为这是"行仁"之目的所在。

第六，孔子于当世"君子"的要求和"君子欲"，于今人之为人处世，乃至为政都具有积极的价值。它要求"君子"自觉内省，根除一味在言语上下功夫，夸夸其谈，只有"言"而无"行"，只务虚不务实之流弊。如此，遵循孔子之教导，必彰言行内在一致性之力量，必成"耻躬之不逮"之风尚，必成言之有物、言之有行的勤勉之君子人格与为政者良善之品行，必绝懒政不作为之虚夸、浮华之风。

总之，"君子欲讷于言而敏于行"，表君子须努力自觉地反省己之言行，力戒言之凿凿、华而不实，有"言"无"行"，言多行少之弊，在为人处世，治国、治世之路上，真正做到不说、少说而多做，勤勉修行、勤勉为政，践行礼法、躬行仁道。如此，"讷于言而敏于行"，于个人而言，表君子之好品质，修身进德之指向；于为政者而言，表对当世为政者之批判，以及在批判基础上对其良好的政德或官德的要求与期待。

孔子之期待，正是"君子"之"欲"的价值所在。由此，"欲"，将霸道之现实与仁道之理想的冲突予以充分彰显。也正因为在这一冲突中，理想之维所内蕴超越霸道之仁道的神圣性（理想性、终极性），在现实中才会有孔子之"知其不可为而为之"的悲怆，以及悲怆中"敏于行"之勤勉不倦的执着追求！

24. 千里比肩，百世接踵

里仁 4.24

【原文】子曰："德不孤，必有邻。"

【译文】孔子说："有德之人不会孤单，一定会有来亲近他的人。"

在霸道猖行、仁道式微之历史境况下，存仁心、持仁爱、修仁德、弘仁道之人定是少数真君子，其势必单，其力亦薄，与横行乱世之霸道相比，无疑显得尤为"孤"。然孔子却从"孤"之惨淡现实看到"不孤"之未来，看到"必有邻"之趋势。这是孔子于乱世对仁德、仁道之未来充满乐观之自信。

从微观个体的视角来看，孔子之论，对修仁德、弘仁道之人予以信心与信念，并对之予以极大的勉励与鼓舞，且希望修仁德之人能守住清贫、耐住寂寞，安道、乐道，坚信在弘扬仁道之正途上，必有同道者。如此，仁德必从"孤"而至"众"，最终成"势"，仁道必弘焉，仁道定昌矣。

孔子坚信仁道之感召力与凝聚力，仁德定会将君子聚集在道上，使具有仁德之君子不会感受到孤立无援、孤独空绝，而必是彼此心相通、灵互鸣。如此，孔子坚信有德之人"千里比肩，百世接踵。"（蕅益）因为"己以德往接，人亦以德来报，敬义相与，故不孤也。"（戴望）

孔子以认同仁德本身合法性、正当性为前提，对仁德之命运和未来予以乐观的展望，本质上是对霸道现实之否定。如此，勉人弃霸修德，涵养和践行仁德，以达"仁道"之昌明。仁德之星火，必成仁道燎原之势，何来"孤"？

具体而言

第一，"德不孤，必有邻"，应是置身霸道乱世中的孔子所发出的仁道宣言。孔子从"仁德"之现实境遇，从"孤"之实然状况，洞见仁德之命运："必不孤"之应然未来，以此对"仁德"、仁道之前景做出乐观的判断与设构，彰显"仁德"之道义本质与人之心性、仁德与仁道的内在相切性关系，预判仁德必将得以弘扬与昌明，以此为尊尚仁道、践行仁德之君子予以坚定的信心和信念，勉励并鼓舞君子坚信仁德之正当，秉持仁德不动摇，坚守德修不放弃。

孔子从历史和逻辑两个层面提炼与证成一条道德真理：不论世道如何，但遵仁道、守仁心、行善德者，终必有邻而不孤，以此表明从古至今，道德高尚的人总能拥有志同道合、心灵相通、忠心耿耿的朋友。抑或"千里比肩"，抑或"百世接踵"。"仁德"必将同道之人紧密连接。如此，孔子对仁德之感召力和凝聚力予以了充分的肯定，于此表呈孔子对与霸道展开历史博弈的仁德、仁道之命运的智慧审定与乐观展望。

第二，"德不孤，必有邻。"

（1）何谓"德"？在孔子的话语语境中，从感性层面而言，是指修持仁德之人；从内涵层面而言，则是指"仁道"之个体化存在样式，即人之"仁德"；从其本质意义而言，即是怀爱人之心，行忠恕之道，存"温良恭俭让"等品行。按照《太公六韬·文韬》中所言，"免人以死，解人之难，救人之患，济人之急者"，是为"德也"。

（2）为何"德不孤，必有邻"？

《易·系辞上》说："方以类聚，物以群分。"

《乾·文言》说："同声相应，同气相求。"

《易·乾卦·文言》云："故必有邻，是以不孤"。

《坤卦·文言》曰："君子敬以直内，义以方外，敬义立而德不孤。"言身有敬义以接于人，则人亦敬义以应之，是德不孤也。

《皇疏》引殷仲堪云："推诚相与，则殊类可亲。以善接物，物亦不皆忘，以善应之，是以德不孤焉，必有邻也。"

何晏注："方以类聚，同志相求，故必有邻，是以不孤。"

《邢疏》有言："有德则人所慕仰，居不孤特，必有同志相求与之为邻也。"

陈祥道释曰："善则有邻，则无德者孤，有德者不孤也。"再引《易》曰："敬义立而德不孤，盖敬以礼人，义以宜人。礼人者，人必礼之；宜人者，人必宜之。此德所以不孤也。"在此基础上，他继续释曰："古之有德，其上足以格皇天，而皇天辅之。其幽足以通神明，而神明享之。而况于人乎？"

《朱子集注》释曰："邻，犹亲也。德不孤立，必以类应。故有德者，必有其类从之，如居之有邻也。"

钱穆释为："有德之人纵处衰乱之世，亦不孤立，必有同声相应，同气相求之邻，如孔子之有七十二弟子。"

从《易经》之言和诸先生之解，"德"之所以"不孤"而"必有邻"，乃在"（仁）德"内蕴之道义力量，乃在于"同声相应，同气相求"之内在必然。

第三，霸道宰制之乱世，仁道沦陷，失德、无德已成不争之实。有"德"

之人，陷入无德之包围之中，即便如此，孔子强调必须如故持守"德性"不移。如此，孔子此言，即坚信"仁德"本身具有不可或缺之价值，以此给守德之君予以信念和力量。这样的心理信念，让有"德"、守"德"之君，心怀希望、性蕴温暖、魂载情怀，始终相信霸道虽横行，有仁道之人被边缘化，但是"己"并不孤单，并非"己"一人为守"德"而孤军奋战，即使在天涯，也一定有如"我"般具"德"之人相随于"我"、相守同在。

依此而言，孔子坚持仁德至上的信仰价值观。在孔子看来，"仁德"具有本体力量，即使有人们在艰辛的生活中，不得已、不自觉地放逐了"德"，但是，"德"并不因此就丧失了它自身应有的价值与意义。如此，孔子才对"德不孤""'必'有邻"深信不疑。因为"德"乃是人立足于人群生活最为本质的要求，否则，人群之生活秩序将无法维系。从这一意义上来看，"里仁"之说，本身就强调和突出了"人立足于生活之本"的"仁"。如此，孔子判断"必有邻"也就有了可靠的基础和根据。

第四，"德"，乃仁之体现、义之所存。"德"可以通过每一个人的一系列思想、意识、观念和活动、行为等表现出来。"德"非一时之心念，而是默默潜含于持守与遵从之中，且表征为此持守仅非个人之"独善"，而且还必须因持守而彰"德"于天下。如此，"德"之不衰，"仁道"才能得以弘达。

进言之，"德"，乃聚人之纽带。"德"不仅仅使己之生活圆融，内外兼修而成，而且"德"自有让人亲近，自然也就可以成为聚集"志同道合"者之人纽带。如此，才会有"同声相应，同气相求"之意，才有"物以类聚，人以群分"之说，也才有"惺惺相惜"之美。如此，有"德"之人彼此之间，心相通、灵相近、精相切、神相容、魂相牵，即使"天涯"，也"若比邻"，相伴相随、相互支撑、相互鼓励，以"德"养心，从而形成依"德"相连的生命态势。个人守德，天下之"众善"也必然会归向。善言、善行聚集，自然就不会孤单一人"守德"。"德"亦"必不孤"。这恰是德修之功。

第五，"德不孤，必有邻"，勉励修德者，只能做好自己，也必须要做好自己，这是仁德能得以弘扬之前提。如此，"德"于"个人"得以存续、持守与发扬，亦表世之道义，通过个人之"德"而得以培育与弘扬。如此，每一个人都不能以社会无道、他人不守德作为自己不做有德性之人的借口和理由。这就表明社会之道义不外于个人之仁德，而是植根于个人之持德、守德和修德之中。

孔子之语，正是从个人之"德"与社会道义之关系，激发、勉励和鼓舞每一个人都应从修己德入手，使"德不孤"而"有邻"，这是个人于救世、治世所应承担的道义使命与责任。如此，从修仁德，至弘仁道，全在个人的道德觉醒，在个人修德之中。

如此，孔子所言"德不孤，必有邻"，深刻地表达了守德之人不孤单、不孤立、不孤独，仁德必行天下，仁道必取替霸道而勃兴。同样，在无道的时代，守德的国家和民族，同样会得到"有德"之民族和国家的亲近，此乃"得道多助、失道寡助"之真谛。

总之，"有一善端，众善毕至。"（卓吾）孔子所言"德不孤，必有邻"，予乱世"有德"、守"德"之君以强大的信念和信心支撑，激励世人不改修德之志，不懈修德之情，不止修德之行，如此仁道之弘扬，即在修德"不孤"之中。个人持修仁德，必汇成仁道之洪流。乱世修德必艰，然亦尤为可贵。孔子笃信，亦让世人坚信，人间正道是沧桑，只要人心向"德"，"德"就"必有邻"，其路虽漫漫，但只要心怀"德不孤"之信念，不断踏实修德、践德，仁道之光必驱霸道，还世人一个仁德友爱的朗朗乾坤。

生活哲学视野中的"论语"研判

25. 事君交友，谏不可数

里仁 4.25

【原文】子游曰："事君数，斯辱矣；朋友数，斯疏矣。"

【译文】子游说："事奉君主，若进谏无度，就会自取其辱；与朋友交，若数落无忌，彼此会渐疏远了。"

臣事君以"忠"，与朋友交以"信"，故行君子之义。然臣事君若以"数"，则远"忠"；与朋友交若以"数"，则离"诚"，必导致事君之臣自取其辱，与朋友交，必生怨而友渐疏远，以此表明无论事君还是与朋友交，"数"都有悖于"礼"，最终导致事与愿违，由此昭示里仁之君子，无论是事君，还是与朋友交，都须遵礼尚仁、尽忠为上，以诚为本而戒"数"，适度地宽容君之短、之过，谅解朋友之短、之失，切不可挑剔而数落君、奚落友，亦不可强加己意于君、于朋友，更不可道德绑架君与朋友，揪住君、朋友之短、之过、之失不放，以免"辱"其君而"自辱"，疏其友而与"自疏"。

子游之论，表于交往实践中，为臣者应遵循事君之道，尽忠"谏"而不"数"；为友者，守交友之道，尽忠言而不"数"，不可越"礼"而过度，始终遵循"礼"之规定和要求，取"中道"而止"辱"与"疏"。

"数"君，非为臣之道；"数"朋友，亦非交友之道。臣事君，与朋友交，皆须遵循可"谏"而不可"数"之原则，于此，尊君而自尊，亲友而友亲。这便是君子遵礼事君、交友之中道。

"事君数"背"忠"、"朋友数"离"恕"。子游之论，本质上即是表达如何陈述己之见，尤其是如何对待君、友之"过"，既尽臣与友之责，又不过分"劝谏逼促"（钱穆）；若进谏无度，即苛求；数落无忌，则奚落而贬损；如此，"辱"君、"疏"友，君必"辱"之，友必"疏"之，以此表明，君子须遵礼而持"中道"与事君、交友，方可免"辱"与"疏"。

"辱，则不能事其君；疏，则不能交其友。不数，正是纳忠尽谊之法，非为求荣求亲而已，亦非当去当止之谓。"（薄益）如此，子游之论，一言以蔽之，事君、交友，当遵礼而"谏"，"谏"有度，力戒"数"。

具体而言

第一，子游所论事君之道、交友之道，警示为臣者、为友者须力戒"数"，以免"辱"与"疏"。臣事君以"忠"，当"谏"而不"数"；交友以"诚"，当"劝"而不"数"，既尽臣之责，亦尽友之义。如此表明，为臣、为友，当自觉己之角色定位，做好自己的本分，恪守为臣、为友之道，切实遵"礼"而行中，切忌以"谏"而"数"。以此表明，在为人臣、为朋友之实践中，须贯彻"忠恕"之原则，守"中"而不偏废。

子游从"数"之结果："辱"与"疏"，警示与劝诫为臣、为友，均不可"数"君、"数"朋友，以此表明为臣、为友皆须除"固"、绝"我"，不可将己见，强加于君与友，更不可无休无止过度进"谏"，这就要求为臣、为友，把握好分寸，掌握好"谏"之"度"。一言蔽之，子游之言，从反面强调为臣者、为友者都须遵礼而"谏"，绝不可"违礼"而"数"君、"数"友。

第二，"事君数，斯辱矣。"

（1）臣事君，依"礼"而"忠"。"忠"常以"谏"。关于臣"谏"君，《礼记·曲礼下》中予以了明确地告诫："为人臣之礼，不显谏，三谏而不听则逃之。"戴望引《白虎通义》和《说苑·正谏》对"谏"予以表陈："人怀五常，故有五谏。谓讽谏、顺谏、窥谏、指谏、伯谏。讽谏者，智也。""谏有五，一曰正谏，二曰降谏，三曰忠谏，四曰戆谏，五曰讽谏。"臣事君，如是子事父母，"事父母，几谏，见志不从，又敬不违，劳而不怨"。正因为如此，孔子主张"以道事君，不可则止。忠告善道，无自辱焉。"

（2）臣"事君数"，本质上有悖于"君臣之道"。

首先，"数"之义，并非是单纯指"谏"的次数多，过于频繁与琐碎，没有把握好进谏之分寸和尺度。严格地说，"数"只是借"谏"之方式，表臣在君主做事时，只要君主存在过错，就一一列举出来，且揪住君之过失不放。如此，"数，谓数其失以谏其君。"（戴望）

其次，"数"，以"忠"之名、"谏"之形，列举君子过错，行责备抑或谴责之实，进而逼迫、胁迫君纳谏，故，"数"有强君之意。同时，臣一味强调君主的过错，并以此显示自己的高明，实有辱君之意。

再次，"数"，表臣假"谏"而"陈"君之过，违背"欲谏不欲陈"（《礼记·表记》）之原则。所谓"陈"，按郑玄注"谓言其过于外也。"即将君之过予以公开于外人面前，非议君之过，不仅令君难堪，且对君大不敬。

最后，"数"，本质上就是对君缺乏"敬""忠"，或者是以"忠"为主观动机，然成"怨"之结果。自以为是"尽忠"，但在君主看来，臣之"数"的外在表现就是"恶意"指责,有诋毁、毁谤之嫌。

进而言,"事君数",表臣未认清自己为臣之位、之责。如此,陈祥道说:"辱,失己。故事君不欲数,数则诎。"而"疑于诎者,将以致忠而招辱。"

第三,"朋友数,斯疏矣"。

事君数,有违为臣之道,因"辱"君而自辱。"朋友数",则有悖交友之道。事君,以"忠"为要;交友,以"义"为重。即使朋友有过,只需"劝谏",善意提醒即可,切不可"数"友。

(1)"数"朋友,即是一味"数"友之错,只顾"揭其短"而不顾"改其过"之行。

(2)"数"朋友,即看不到友之长,只见其短,且对其短没完没了地数落,喋喋不休、琐碎而啰嗦,让"友"无不感到尴尬而自卑、自贱。如此,"数"因苛求而显贬损之意。

(3)"数"朋友,常以居高临下之态,训斥、训教朋友而不是善意提醒、劝导朋友。其结果,必是朋友疏远之。"数"朋友,伤朋友之自尊,其结果是"朋友没得做"。

(4)"朋友数,斯疏矣","疏,失人,朋友不欲数,数则渎","疑于渎者,将以致亲而适疎。"(陈祥道)

臣事君而"数"君,违礼而"辱"君;与朋友交,"数"朋友,乃违礼而"疏"朋友,其结果必是辱君而自辱,疏朋友而朋友疏。

第四,子游之言,更为切近交往实践,更为经验地表明人之修养,绝非仅仅满足于心智上的领悟、认知上的明了,而是要靠在实际交往生活中去修炼、去打磨。简言之,事君、交友之道,须落实与呈显于具体的事君、交友之中。因为"谏"与"数",均属于道德实践理性层次,具有直接的针对性、具体的现实性特征。

一般而言,无论是臣忠心事君,还是朋友之间真诚相处、坦诚相待,都必须遵礼,都要拿捏好分寸、把握好度,保持好一定的"距离",给"人"留下一定的反思与自悟之"空间",给君主、友人自己思索、自觉的机会,不能数落不尽、喋喋不休、步步紧逼、咄咄逼人,而是需要抓大放小、点到为止、适可而止、宽厚待之,维护其尊严与体面。一言以蔽之,事君,不可"数"君;与朋友处,不可"数"朋友!

第五,"事君"乃臣尽忠之责。臣尽忠当谏言献策安邦定国、匡救社稷,如此,似乎可以知无不言、言无不尽。但是,臣只有谏言献策之责,并无决断之权。如此,当臣所谏之言、所献之策,国君若不予采纳,臣当知止而不可贸然

"数"之。倘若臣以为持一颗尽忠之心，"几谏"无效，再谏，反而引来"固执己见"之嫌；倘若，国君有过错，臣进谏，国君不听，若不及时中止而继续为之加以"数"，那么，国君定会烦闷、烦心，进而会认为臣不再是忠心可嘉，而是有诽辱之嫌，最后遭致反感而自取其辱，甚至招来"杀身之祸"。如此，自古以来，才有"伴君如伴虎"之叹。这样，也就告诉事君之臣，不谏言献策，未尽到臣子的"忠心"，说多了，讨人嫌、自讨没趣之简单的道理。作为"臣子"，只要"进了谏""献了策"，即已尽忠，可心安也。这是生活在一个等级社会里，必须要牢记的"本份"原则。为此，为臣事君，当尽忠进谏，切忌以"数"。

同样，朋友相处，应坚持以"礼"至上和道义为本的原则相互切磋而共进；若朋友有过失，己当尽责而劝，朋友能听接纳，固然可以彼此深度交流、畅所欲言，达成共识而共善；若朋友有不当之处或有错误之处，也只需要暗示或指明即可，若对方显露出不愿意、无耐心听与接受之意，那么，当知"止"言。如果不顾及对方的感受、不考虑对方的承受力，言无不尽，三番五次，只顾图一时口快，虽一片真心待朋友，但也会遭到朋友的反感或进而反目，久而久之，彼此也就渐渐疏远了。如此，与朋友交，须忌"数"。

第六，子游之语告诉世人，即使是尽忠之臣、尽义之朋友，都应持忠恕原则，存包容之心，切忌"数"，戒常揭其短，且要注意"事不过三"的原则。因为虽有"忠言逆耳""良药苦口"之理，但是"人"都是喜欢顺耳悦心的"甜言蜜语"，都喜欢得到肯定的赞许，即使是劝谏或"批评"，也要软语细声，以和风细雨般的话语方式，即采取"几谏"之委婉的形式，且不能不厌其烦，直逼君与朋友。因为"国君"和"朋友"亦是"常人"，你不能将"君""朋友"，简单等同为"从善如流"之"君子"。

"事君"与"朋友"交，虽有别，但都须遵循一个基本的原则，即必须坚持道义结合，必须依礼而劝，不可过度行"谏"，绝不能无度而"数"。如此，"事君"，三谏不从，则放弃，不必要坚持，直至招烦取辱甚至罪加诸于身；相应地与朋友交，虽然不同于"事君"，彼此琐碎一些、常态一些，但是若遵循朋友交往的原则，虽然不至于蒙羞或引灾祸，但是彼此必然会渐渐疏离成路人。

第七，为臣也罢、为朋友也罢，在循道践义的过程中，都必须守住自己作为"臣"或"朋友"的边界和分寸，不可太僭越，进言献策、劝导当考虑国君和"朋友"的感受，更要关切对方的反应，不可一味按照自己的主观意愿行事，即使言说，也要做到"言简意赅"，做到进退有度，不能"太愣""太轴"。更为关键的是牢记事君与交友一样，不可落入"数"，从而走向"忠""义"之反面，而招致"辱"与"疏"。如此，为臣者、为友者，当尽"谏"而避"数"，自觉"发乎情，止乎礼义"，依道义，合礼节而行。

总之，子游之言，表为臣、为友，都需要遵礼而交往，须循"忠恕"之原则而自尊、自谦而自重，不可借"忠"而"数"君，辱君而自辱；亦不可因义于朋友而"数"朋友，彼此生怨、致疏远。从更深层次来看，则警示与劝诫为臣者、为友者，如何戒"数"而归"仁"。

"事君"，辱不辱？"朋友"，疏不疏？全在于己！摆正己之位置，自然不辱不疏。一个"数"字，强加己意于君、于朋友，自然自取其辱，自渐疏远。

无论是为臣抑或为朋友，皆须戒"数"君、"数"朋友而自矜、自持而自傲之弊，于君、于朋友之"过"、之"失"、之"短"，当践"礼"、行"中道"，可"谏"而绝不可"数"。如此，予"君"、予"朋友"留下自省、自觉和自尊，也给己留下尊严而免"辱"与"疏"！这大凡就是修成"里仁"之臣、之朋友、之人最为玄妙之处。

第五 公冶长篇

1. 忍辱负重，可以妻也

公冶长 5.1

【原文】子谓公冶长，"可妻也。虽在缧绁之中，非其罪也。"以其子妻之。

【译文】孔子评价公冶长说："可以把女儿嫁给他。他虽然曾经坐过牢，但那并不是他的罪过。"于是，孔子就把自己的女儿嫁给了他。

公冶长：

（1）（前519—前470），复姓公冶，名长，字子长。《史记》记其为齐人，《论语》云其为鲁人。

（2）孔子的弟子，"七十二贤"之一，名列第二十位，可谓德才兼备，深为孔子赏识，后成为孔子的女婿。

（3）自幼家贫，勤俭节约，聪颖好学，博通书礼，其志在学不在仕。后承孔子之遗志，教学育人，为世人所称道。

（4）相传他通鸟语，并因此无辜获罪。

孔子以"可妻也"，对公冶长具有可托终生的良善品质予以总体的肯定性判断，以"牢狱之灾"和"非其罪也"的矛盾冲突强化，洞见与认可公冶长之品质，最后以"以其子妻之"，表孔子以实际行动再度对公冶长之才德予以认同与赞许。于此，以弟子公冶长之"个案"，表孔子在公冶长的贤德仁爱与邦之无道之间做出地鲜明抉择。

邦无道，常使有德之君屈枉，公冶长是也。然，孔子对公冶长之学问、德性非常赏识，且将女儿许配于他。如此，不仅表孔子有识人之明，而且借此事表其对无道之世的批判与反抗，从而张扬与无道相悖的仁道，突出孔子对仁善德性与独特才能的高度赞誉，恰如皇侃所释："公冶长行正获罪，罪非其罪，孔子以女妻之，将以大明衰世用刑之枉滥，劝将来实守正之人也。"（《皇疏》）

孔子择婿，不重钱财、地位，不忌出生与遭遇，不管他人之评价，但问其品行。由此表明孔子惟重人之德性修为，突出以德为本的一贯立场和取向。

公冶长之德，在于能忍辱，在于即使被诬陷屈枉，依然能承受屈辱而坦然面对，冷静处之而隐忍自保。孔子，弃世俗之偏见，反无道之枉判，不以一时之荣辱而能客观、公正地评价和对待被屈枉之人，表孔子能持守因了解而笃信、因笃信而赏识的道义逻辑，充分彰显孔子的识人之智与仁爱之心。

具体而言

第一，本论记录了孔子对公冶长遭遇的评价，记述孔子择婿并将女许配于公冶长之事。本论可以解析为四个基本要件：其一，孔子对他的弟子公冶长所做出的定性判断："可妻也"；其二，将自己的女儿嫁给公冶长；其三，公冶长"在缧绁"，即曾身陷囹圄；其四，对公冶长牢狱之灾的判断与评价："非其罪也"。前两个要件表征孔子自身"言""行"之一致，判断公冶长"可妻也"，而后"以其子妻之"。后两个要件则表达了孔子对公冶长遭遇的痛惜和对其良善品德的确信与赞赏。"可妻也"之评价，和"以其子妻之"的实际行动，表呈孔子鲜明的态度：贤德之君，不论出身、不究遭遇，不管无道之世如何待之，皆可托付终身。恰如陈祥道所释："圣人之妻人，不必求其才德之备，要其修身慎行，不累其妻孥，可也。"

第二，通过孔子对公冶长"可妻也"的评价，表征孔子的择婿标准：必须是心怀仁德之君。只有心怀仁德之心的人，才值得令人坚信可以托付女儿的终身。在这里，孔子判断公冶长"可妻也"的根据，凸显了公冶长的贤德。如此，这一简明的判断，构成孔子"重于所以为人，知人物之贤否，行事之得失，即所学之实证"（钱穆）的基本原则。

第三，此节突出当世的评价尺度和孔子评价尺度之间的矛盾关系，以及置于该矛盾之中，该如何自主定夺的问题。在这一尖锐矛盾中，孔子对公冶长的评价是"可妻也""非其罪也"，而当世司刑是让公冶长"在缧绁之中"，这构成孔子与时代的价值冲突，孔子始终坚持自己的评价和对现世的批判。

然，问题之关键在于公冶长为什么会"在缧绁之中"？孔子又依据什么说

"非其罪也"呢？公冶长"在缧绁之中"是一个"事实"。这一事实，在孔子看来，并非公冶长犯下了什么大罪，而是邦无道滥施刑罚所致。公冶长或因直受祸，或遭无妄之灾，这样，公冶长入狱，乃是"误判"，是无道之世对"有德之人"的加害所致。很显然，孔子以"德"为根本准则来权衡"邦"与"个人"的关系，构成"不道德的社会"与"道德的个人"之强烈悖论。在这种境况下，"道德的个人"往往遭遇"不道德的社会"的冤枉与蹂躏，进一步而言，在无道之世，坐牢不一定就是因犯罪，好人也不一定不坐牢，不坐牢的不一定就无罪。

从更深的层次来看，公冶长本无罪，"在缧绁之中"，表世之无道，颠倒黑白善恶。同时，公冶长无罪而身陷囹圄，表明"公冶长能忍耻。"（《孔子家语》）而能忍耻者，乃非"重"己之人。《左传》有言"君子为己不重，为人不轻。为人且不轻，况于君亲乎？"以此可见，公冶长实为能忍耻而不重己之君子。这应是孔子于公冶长言："可妻也"，以及最终"以其子妻之"最为主要的原因。

第四，孔子依据对弟子公冶长的了解，深信于他，不因为他有牢狱之灾而改变。在这里，孔子深信他抓住了一个人值得信任的德性之本。在孔子看来，一个具有德性、仁德之心的人，无论身处什么状态，仁德只要在心中扎根，对之的信任，都不会动摇。不仅信任，还可以完全接纳。这种对"仁德"的崇尚构成孔子价值体系之至上原则。

对于无道的为政者加诸于有"仁德"之人的诸多灾祸与屈辱，孔子通过"非其罪也"一语加以消解；如此，孔子穿透外在的附加或嫁祸，直面"他"作为"人"之德性"本质"，从而对个人（公冶长）予以德性还原和肯定，这对具有德性之人，是莫大的鼓舞。

总之，孔子通过择婿之事，对其弟子公冶长之遭遇的痛惜和对其贤德的肯定，并通过"虽在缧绁之中，非其罪也"之揭示，鲜明地表达自己的价值立场，突出其坚持"仁德"至上的一贯原则，从而强调不仅对心怀仁德之人必须尊信而不变，并且必须予以褒奖，进而达到对邦无道的批判和对有德之邦的建构性期待。

通过对弟子公冶长之遭遇的具体分析，以及对其德性品质的肯定，将君子之德落实于行事的基本取向予以敞开，勉励众弟子及世人，着力于生活中践行其德，成真正的仁人君子。

2. 慎言行者，亦可妻也

公冶长 5.2

【原文】子谓南容，"邦有道，不废；邦无道，免于刑戮。"以其兄之子妻之。

【译文】孔子评价南容说："邦有道时，他能做到不被废弃；邦无道时，他也可以免去刑戮。"于是把自己的侄女嫁给了南容。

————————————

南容：

（1）《史记·仲尼弟子列传》载："南宫括，字子容。"朱熹在其《论语集注》的注释中予以简介："南容，孔子弟子，居南宫。名绦，又名适，字子容，谥敬叔。孟懿子之兄也。"

（2）南容，孔子的高足，"七十二贤"之一，居住在南宫这个地方，其名叫绦，亦叫适，字子容，故叫南容。谥号"敬叔"，亦称他为"南宫敬叔"。

（3）南容乃孟僖子之子，孟懿子的兄长。可见，南容出身名门望族。

————————————

如果说孔子认为公冶长"可妻也"，且"以其子妻之"，因其有忍辱、隐忍而自保之德；那么，孔子"以其兄之子"妻于南容，则是因为南容能在"邦有道，不废；邦无道，免于刑戮"，即南容能做到收放从心、宠辱不惊，具有悠游于世，应对世变之贤、之智。

在孔子看来，南容能审时度势，恰当地与世道相处，能伸能屈、进退自如、明哲保身、洁身自好、谨慎自守，不仅表明"南容世清不废，世浊不污"（《孔子家语》），而且能在任何情况下都可立于不败之地，能保一家老小之周全，的确充满生存智慧，成人生之大赢家。

孔子评价南容之所以能做到"邦有道，不废；邦无道，免于刑戮"，避招灾引祸、免招怨取辱、绝官场是非，乃因其慎于言行使然，足见南容审慎、智慧而熟谙为人处世之道。

孔子说"以其子妻之"，将"其子"托付给曾在缧绁之中的公冶长，又将"其兄之子"许配给"邦有道，不废；邦无道，免于刑戮"之南容，彰孔子之"仁"。孔子将"其子""其兄之子"许与贤德之人，表孔子切实践行尊德行、重贤达而轻贫富贵贱之高贵品格。

―――――――――

具体而言

第一，本章由两个基本要件构成，其一，孔子对其弟子南容的处世之道及其生存状态予以简明陈述；其二，将其兄之女嫁给南容。这两件事情之间具有直接的因果关系。事实上，正是基于南容能做到邦有道之时，能不废政事、不被罢黜，立庙堂之上为天下苍生效力而立功；于邦无道之时，能明哲保身、全身而退，免于刑戮而不害己。故而，孔子认为南容居治世，能建功立业；处乱世，能避凶免险，如此进退有度、泰然自如之人，在孔子看来，值得其侄女托付终生。

第二，南容之所以能做到"邦有道，不废；邦无道，免于刑戮"。

陈祥道以为："南容有保身之明，而能必免于刑戮，其贤固有间矣。"

朱熹释曰："不废，言必见用也。以其谨于言行，故能见用于治朝，免祸于乱世也。"

戴望曰："废，犹黜也"，进而引《礼》之言论："诸侯罪黜世国，大夫罪黜不世官，法阳无绝阴有绝也。"

钱穆曰："国家有道，必见用，不废弃"，"国家无道，南容谨于言行，亦可免于刑戮。"

从以上诸注、诸解中，可以看到南容何以可能如此"自由驰骋"于邦之有道而有功，邦无道而无碍，如是"不倒翁"活在世间，乃在于其贤达。而其贤达具体表现为其能"谨于言行"，有"保身之明"。

第三，从表面上来看，南容，无论是在好的环境还是坏的环境中，都能做到进退自如、变通尤佳。进可为仕不废，退可免刑戮而安保。细究其真谛，乃因为南容本是一个有德且贤能的君子，平素总是谨言慎行。如此之人，逢邦有道、圣君明主持政之时，一定会受到众人举荐，身处高位要职，其才干必得以发挥，其抱负得以施展而荣华富贵，此乃大丈夫匡扶社稷、治国建功之正道；反之，邦之无道，乱世无序，小人、奸佞当道、得势、掌权专断戏弄朝纲之时，因其能言语谨慎，不取怨于人、不惹恼小人或奸佞之人而遭致嫉恨甚至仇视，抑或陷害而刑戮。如此，邦无道时能保全自己，规避或远离刑戮之灾祸或凶险。南容，不论在邦有道无道之时，都能安然处之，真可谓贤人也！

在此处，孔子通过人生两种状态所对应的两种截然不同的生存环境之比较，凸显南容具有审时度势、游刃有余的"智慧生存"能力，这也正是南容独特与难能可贵之处。与"公冶长"相比，公冶长"怀德"、持守"仁德"而宁可身陷"缧绁之中"，忍辱受重而不放弃，虽值得首肯和赞赏，但终究显得"刚"了些，个人的代价大了些；而南容则坚守自己的德性，利用自己的贤能，终会顺势而变、适世而为，见"机"行事，这样，既可实现自我，又不致于将自己推到风口浪尖，昭示其变通的生存智慧。南容始终秉持和践行谨慎言行的原则，此等大智，恰是吾辈身陷生存江湖之人真正所欠缺的。

第四，孔子在此再次间接地提出择婿的标准。如果说在上一论中，孔子将自己的女儿嫁给公冶长，是因为其有"德"，那么，在此论中，孔子选择将自己的侄女嫁予南容，则是在"仁德"之基础上，侧重于南容之"贤"能。通过这两节突出孔子择婿之所重乃在于"德""贤"之可贵品质。如此，蒲益评价道：孔子"曰'非其罪'，曰'免于刑戮'，只论立身，不论遇境。"

在此，关于"以其兄之子妻之"，必须加以注意：孔子为何要为其兄之女主婚呢？其由是孔子在家排行老二，其上有一个同父异母的哥哥，字孟皮。"孔子之兄孟皮。"（戴望）其兄先孔子而去，于是，孔子在他哥哥去世后，就尽心照应侄子侄女，最后主婚决定将哥哥的女儿嫁给南容。

据说孔子的兄长有残疾，家庭条件相应要差一些。南容不论是治世还是乱世，都能应对得当，将侄女嫁给南容，应该能保证侄女生活平安无忧。相比而言，公冶长志不在仕，一生致力于教书育人，很好地传承了孔子之遗志，生活水平上可能不如南容那般富足。鉴于此，孔子将自己的女儿嫁给了公冶长。

试想，孔子若将"其兄之女"嫁与受过"缧绁"之灾的公冶长，将己女嫁与南容，如此厚此薄彼之为，必招世人或后世非议。而事实上恰好相反，不仅彰显了孔子绝不贪恋富贵，同时也不为己之女谋取富贵，而且在处理自己的家务事时非常明智与仁爱。对此，陈祥道评价道：孔子"以己子妻长，以兄子妻容，处己子可薄，处兄子不可不厚也。"以此表孔子践仁之高尚品格。

事实上，南容属于名门望族，孔子为侄女主婚，绝不看重他的财富、地位，而是看重他的贤德。如此，孔子"富贵于我如浮云"之论，绝非停留在言辞上，而且还落实在行为中，彰孔子以行践言之风范。

第五，孔子贤达弟子众多，而公冶长、南容，无论志向、天赋、才学和性情等诸多方面都不是最出众的，但是为何将此二人安排在本章开篇之伊始两节呢，且被择为女婿和侄女婿？可见《论语》之编者充分体现了孔子之用意，就是要突出孔子举君子之"贤德"。

总之，孔子以其子女的终身托付之事为表，借婚姻之形，实则为彰显君子之"仁德""贤能"。如此,孔子无疑将"仁德""贤能"置于君子生命、生存本体价值之高度,成君子安身立命之本。同时,更为重要的是将仁德、贤能落实于复杂的生活应对之中,使其德能具有更为鲜活的现实性与强劲的生命力。

3. 子美子贱，亦美鲁也

公冶长5.3

【原文】子谓子贱，"君子哉若人。鲁无君子者，斯焉取斯？"

【译文】孔子评论子贱说："君子，就如子贱。假如有人说鲁国无君子，子贱又是从哪里获得这样的品德呢？"

子贱：

（1）（前521年或502年—前445年），姓宓，名不齐，字子贱，春秋时鲁国人。

（2）孔子的得意门生，少孔子四十九岁，孔门七十二贤之一。

（3）子贱很注意自己的修养，有君子之德。

（4）曾为单父宰，弹琴而治，为后世儒家所称道。

孔子在评价弟子公冶长、南容之后，子贱是孔子评价的第三个弟子。从言辞可见，孔子对子贱的评价颇高，说子贱是"君子"之标范，是鲁国有君子之实证，以此证明鲁国不缺君子，亦不乏君子之风。孔子以鲁有子贱而委婉地反驳将鲁国之不治归结为鲁国无君子之论，将鲁国之不治引向更深层原因，直指鲁国治理者、居上位者违礼之不肖。对此，江谦释曰："为政在得人，自用则小。子贱尊贤取友故鸣琴而治，诚君国子民者之榜样也。鲁无君子者，谓在上位而不能尊贤取友，则皆窃位之小人也。斯焉取斯者，叹鲁不能用子贱相一国，而使之沉沦于下邑也。鲁之君臣，知孔子圣人而不能用，岂得谓有君子乎？"

《孔子家语·弟子篇》中有言：子贱"为单父宰，有才智，仁爱百姓，不忍欺之，故孔子大之也。"进而言"不齐之事，其学益明，骨月益亲，朋友益笃"，以此美子贱之才德，从而美鲁。

具体而言

第一，鲁国，本是秉承周文化之圣地，君子之"大本营"。然鲁国国君与三桓之家僭礼违仁，致使鲁国不治。然有人却认为鲁之不治，乃是因为鲁国无君子、丧失了君子之风。针对于此，孔子通过评价弟子宓子贱而对此论予以驳斥。"德不孤，必有邻"，鲁国有君子之德的子贱，足以明证"鲁多君子，故子贱得学为君子也。"（《邢疏》）陈祥道对此释曰："蓬生麻中，不扶自直；白沙在涅，不染自黑。此不齐在鲁，所以取君子之名也。故曰：'鲁无君子，斯焉取斯？'不齐于君子，有以父事者，有以兄事者，有以友事者，此其所以取君子之名也。"

对孔子此言，如果孤立地加以理解和把握，很容易产生歧义。但是结合本章前两节孔子对两位弟子的评价来看，本章延续了上两节的思路，继续对他的弟子宓子贱进行评价和赞许，以及通过评价宓子贱而回驳因鲁国无君子而不治之错论，进而对鲁国僭礼违仁之不治诸侯予以批判。

第二，孔子之论，内含着两层含义，其一，对子贱与"君子"的关系加以明确地定位，确立"子贱"完美的"君子"形象。其二，将子贱搁在鲁国当世之道德场域中，突出孔子讲"子贱"作为"君子"的完美形象，对鲁国人的道德所具有的教化和引领功能，从而表征鲁国不乏君子亦不乏君子之风。

孔子在这里将宓子贱作为"君子"在生活中的"样板"；事实上，对于一般的民众而言，谈论"君子"，还是显得比较抽象笼统，那么，"宓子贱"就是一个鲜活、具体、标准而典型的"君子"。通俗点说，要想知道"君子"是什么样的人，直接看"子贱"就可以了。这样，孔子通过将抽象的"君子"，具体化、人物化，向世人展示、让世人对"君子"所具有的品质、品德直观化，便于世人信从、效仿与学习。一句话，孔子让世人德修向君子，就有了具体的参照和榜样。

第三，既然"子贱"是"君子"之标范，是鲁国"君子"具体的鲜活样板。如此，若有人断言，鲁国无君子，那么，则可以说，子贱不就正是"君子"吗？孔子这一反问，一方面以感叹鲁国文化的没落这一事实为前提，但另一方面又不甘愿如此残酷之现实，依然怀揣希望，并且想将这样的希望传播给他的弟子们，并获得确认。如此，孔子在这里的反问，再次强化和突出了"子贱"所肩负的建造鲁国道德的使命和责任。孔子在此首肯和高度褒扬此后起之秀，希望他能将"君子"之"德"在鲁国发扬光大。孔子树立了"子贱"这一"道德标兵"，不至于使人们感到"君子"遥不可及，"子贱"正是鲁国看得见、摸得着的君子。如此，鲁国人就可以以"子贱"为尺度来对照、检讨和反省自己的心性与言行，从而让鲁国人修德成"君子"具有可模仿性和可操作性，最终满街皆是君子，鲁国也就是一个符合"周礼"之邦。

如前所言，孔子立子贱为"君子"之化身，其真正的目的是要培养承先启后的人才，承载与担负孔子之道德理想，让子贱之君子品格充分发挥其昭示和感召力量，使君子的优良品德不仅仅存于子贱一个人身上，还要遍存于鲁国人身上。

第四，从这一节的整个语义逻辑走向也不难看出，这是孔子对自己教育成功的自我肯定。因为"子贱"是他的弟子，是他一手培育出来的。如此，不论内在的修养品德，或者发挥于外的才能，子贱都是"君子"的典范，而这恰是孔子教化和培养的结果。如此，培养君子品格，正是孔子文化精神教育所要实现的目标。

从话语语境来看，孔子是在面对他的众弟子及世人时发出此番感叹的；孔子采取的具体方法和逻辑是，首先将"抽象具体化"，其次"具体极致化"，再次将"具体极致功能化"，最后是"极致功能理想化"。如此，孔子所言"君子哉若人"，而非"若人君子"之深意自明。

第五，孔子道德理想构建的思维方式和逻辑路线，以及期待和赋予该种方式和逻辑路线所能产生的道德效果，是当代中国国民道德建设"方案"的理论原型和源头。信奉"榜样的力量是无穷的"，是其内在一脉相承的谜底。

然而，"道德标兵"或德行典型化所具有的道德承载力、感召力和引领力，同现实生活变迁所形成道德实况之间的张力，形成当代道德景象斑斓的色彩；若前者被悬空和殊别化，从而被典型化，事实上是对普遍的道德真实景况予以直接的吊打与无声的批判。

总之，孔子以弟子宓子贱为"君子"之典范，既反驳鲁国无君子之论，又驳斥了将鲁国之不治理归结为无君子之偏见。如此，从更深层次上来看，孔子对子贱的肯定，同时亦对子贱治单父受教于五贤人之肯定，恰如戴望所释："子贱治单父，民有贤者五人教子贱，所以治。使子贱非君子，焉能取此君子而友之。"如此，孔子对君子子贱的推崇、对鲁国君子之风的肯定，揭示了鲁国不治之症结，乃在于鲁国居上位的治理者僭礼违仁之过，从而表对鲁国治理者的批判。

"孔子之于人，每不称其质美，而深称其好学，如颜渊。此章言君子成德，有赖于尊贤取友之益，亦称子贱之善学。"（钱穆）如此，孔子"美子贱，又美鲁也"（《皇疏》）恰如朱熹所言："子贱盖能尊贤取友以成其德者。故孔子既叹其贤，而又言若鲁无君子，则此人何所取以成此德乎？因以见鲁之多贤也。"

4. 子定子贡，瑚琏之器

公冶长 5.4

【原文】子贡问曰："赐也何如?"

子曰："女，器也。"

曰："何器也?"

曰："瑚琏也。"

【译文】子贡问孔子："我这个人怎么样?"

孔子说："你呀，如是一个器具。"

子贡又问："是什么器具呢?"

孔子说："瑚琏。"

孔子对公冶长、南容和宓子贱三弟子的评价，真可谓赞赏有嘉。"子贡闻孔子历评诸弟子，问己如何。"（钱穆）此乃是乏自知、自鉴、自明之人常行之事。子贡是也。于子贡之问，亦如卓吾批问处云："也自负。"方外史曰："只因子贡自负，所以但成一器，不能到君子不器地位。"

孔子对弟子公冶长、南容和宓子贱皆是主动评价，并因此表达君子须以行而成君子，强调君子重行而彰贤德。从子贡所问"赐也何如?"，以"讨"孔子之善评，表子贡外显谦恭，实略为浅薄，进而子贡刨根问底式地追问其师对其评定，显子贡之气不够深沉，略显浮躁与自负。尽管如此，孔子还是实事求是地评价了自己的弟子"女，器也""瑚琏也"。

"器"，定性评价，"瑚琏"之"器"，等级评价。在孔子眼中的子贡，对于国家社稷，乃是有容之大器，可堪重用、担大任，且尊贵。这应该是孔子对弟子子贡的高度肯定了。

然，"器"，终归重于外用，而君子则重于内德，且"君子不器"。故而，孔子在充分肯定子贡之同时，予以了含蓄地批判，以期弟子加强自我修造，促己之德才更精进，成"不器"之君子。

具体而言

第一，在孔子的众弟子中，子贡无疑是出类拔萃的。《史记·仲尼弟子列传》颇费笔墨，对子贡有较为详尽的记述："少孔子三十一岁。子贡利口巧辞，孔子常黜其辩。……子贡既已受业，问曰：'赐何人也？'孔子曰：'汝器也。'曰：'何器也？'曰：'瑚琏也'。"又记"子贡好废举，与时转货赀。喜扬人之美。不能匿人之过。常相鲁、卫，家累千金。"子贡位列孔门十哲，是"受业身通"的弟子之一，孔子曾称其为"瑚琏之器"。

孔子在弟子子贡主动求评之情态下，以"物"喻人，认为子贡乃"瑚琏之器"，其评价真可谓中肯。既充分肯定了子贡之长，又不回避子贡之短，亦表达孔子对子贡之警示，期望他进一步加强才德修养，成"不器"之君子。

第二，深刻理解孔子对子贡评价之关键，在于理解"器"与"瑚琏"。

（1）何谓"器"。器者，各适其用而不能相通。成德之士，体无不具，故用无不周，非特为一才一艺而已。孔子对子贡首先评价为"器"，按朱子之释："器者，有用之成材。"以表子贡为"有用之才"或"有用之成材"（钱穆）。这是孔子对子贡的充分肯定。

（2）何谓"瑚琏"？瑚琏为"宗庙器之贵者"，"然不周于民用也。"（皇疏）"瑚琏"，即古代祭祀时用来盛粮食的器具，"礼"之器物，非百姓所用之物。按《礼》所载："夏后氏四琏，商六瑚，朝廷之器也。""夏曰连，殷曰胡，皆宗庙鬷黍稷之器。"（戴望）由此可见，"瑚琏"，是和九鼎一样的国之重器。

（3）孔子评价子贡为"瑚琏"，喻子贡乃治国安邦之大才，"喻其材可王左，不当大用。"（戴望）《道德经注》所言："大器之人，若九鼎、瑚琏，不可卒成也。"如此看来，应该说这是孔子对子贡极高的评价了。事实上，子贡具有经纬之才，办事通达，后来任鲁、卫两国之相，此乃对孔子评价之明证。

然而，孔子评价子贡为"瑚琏之器"，真的是意味深长。"瑚琏"虽置于庙堂之上，尊贵、体面，受人敬重，但仅是一"器"耳，只是摆设好看，只是为人所用而已，缺乏其真正的自我精神。同时，孔子知道子贡最大的"毛病"就是喜欢"方人"。如此，"子贡谓之瑚琏，则不免于器也。不免于器，而犹为器之珍者；方之君子，则不足；比之众人，则有余。然则不为人之所器者，而后能器人。为人之所器而器人，则非人之所宜。故子贡方人，孔子非之。"（陈祥道）由此可见，孔子在对子贡之才能予以高度肯定之同时，希望子贡自知其不足，暗含着对子贡进德、提升自己的境界之期许，巧妙地劝告子贡需要对自己的德性、心性予以倾情打磨、锤炼，不可方人。子贡乃国之重器、天纵之才，值得孔子期许。

第四，通过孔子与弟子子贡的一问一答，直接表达了孔子对子贡的评价，或老师对学生的鉴定，从而隐秘地表征出孔子的教育观和人才观。

孔子教育其弟子，其理想是"不器"之君子，期望他的弟子们能成为内守"仁道"，践行仁德，成为"志于道……游于艺"，德才兼备之"全面的人"，而不是只局限于某一种才能，满足某一具体之功用的"器"。

　　"不器"，乃超越"器"而达"形上"之"道"。即使为"瑚琏"，却依然止于"器"，仅止于"形下"之功用。君子当以"不器"为目标，"器"只是成为"不器"之内在环节和阶段性目标，且滞于外用。如此，"不器"存于内，"器"显于外，"不器"为"本"、为"体"，"器"乃为"末"、为"用"。这样，孔子以"器"与"不器"，鲜明地表征出孔子培养弟子的取向及对人才的要求。

　　第五，对子贡的评价就一个字："器"。器者，有专门用途的用具，特点是有用，但是只有专门的用途，以之喻人，则是指该人具有某一方面的专才，具有一定的能力；然而"器"与"器"有别，孔子接着说，子贡即是一"瑚琏"般的"器"，只是比其他的"器"显华贵、高级而已。

　　到此，已经很清楚，在孔子眼里，子贡尚未入君子之"道"，其所学习到的还是外在功用层面的东西，尚停滞于"形下"层次。这距离孔子教导和培育弟子"不器"之目标还有一段距离，这也间接劝勉子贡，还需继续提升自己之德性与才能，力争在求用、务实之后，能进"道"，成"不器"之君子。

　　从"器也""瑚琏也"，乃至君子"不器"之推进，呈现出"非器"—"器"—"不器"，即从潜在的"器"成"器"，再突破而不局限于"器"的德才成长图式，标示着孔子教化弟子不断自我否定和扬弃，从而实现其内在境界的提升。

　　第六，结合本篇前三节孔子对其弟子的评价，对"仁德""贤能""君子"赞许，此处以"器""不器"的关系引出每一个人都必须不断提升自己，而不能满足于"形下"、止于有用，这无疑对仅仅将人生的目标定位于或囿于"做一个有用的人"具有破解功能。孔子对子贡的评价亦蕴含着劝导：不仅要成器，而且更要不断提升自身的境界和层次，不要局限于、止步于"器"，而是要促己达到"不器"之境；简言之，一个人必须兼"有用"和"境界"、"眼光"和"见识"、"才"与"德"。

　　孔子通过评价子贡所表达出来的思想，对今人"专才教育"与"通才教育"之辩中所持守的二元思维，无疑是具有批判性的。如此，孔子所强调的教育和人才自身成长的内在超越，对于今人的各类教育，尤其是大学教育，无疑也具有巨大的启示作用。

　　孔子对子贡之评价，于生活在追求功能性、功效性、功利性社会中的现代人，成"器"，无疑是对一个人首要的基本的要求，成为生存之必须。然而，是否要求自己进一步"不器"，乃具有更大的个体选择性；同时也成为不同的个体差异之重要原因。

但是，对于一个民族而言，若无"器"之"人"，则不可能富足；而若无"不器"之人，则不可能强盛。如此，"器"乃是一个民族存在之基础，"不器"则要求一个民族视野超越狭隘，以"道"观世界，凸显民族精神之超拔气象。诚如黑格尔所说："一个民族总要有一群仰望星空的人，他们才有希望。如果一个民族只关心脚下的事情，这个民族是没有未来的。"

总之，孔子对优长与不足并存的弟子子贡所做出的评价，虽然是子贡自己"讨"来的。但是，对一个才华横溢、政商亨通且重师恩的有情有义之弟子，孔子的评价可谓是实事求是，符合子贡之人生成就与表现。

孔子对子贡的评价以及对之不足的批判之委婉方式，彰显了孔子之深刻睿智与大爱情怀，同时也警示包括子贡在内的弟子及后世之人，凡如"器"般有才有用之人，需重德修；有德之人，需强才智。如此，方可真正超越"器"而"不器"，成匡社稷、正世道之仁人君子。这也是后世大儒司马光所言"才者，德之资也；德者，才之帅也"（《资治通鉴·南纪一篇》）之深刻真谛。

5. 君子焉佞，仁而不佞

公冶长 5.5

【原文】或曰："雍也仁而不佞。"

子曰："焉用佞？御人以口给，屡憎于人，不知其仁。焉用佞？"

【译文】有人说："冉雍这个人有仁德但不善辩。"

孔子说："何必要能言善辩呢？靠伶牙利齿和人辩论，达到制御别人，常常招致别人的讨厌，这样的人我不知道他是不是做到仁。何必要能言善辩呢？"

冉雍：

(1) 姓冉，名雍，字仲弓（公元前522—?），鲁人，孔子弟子，比孔子年轻二十九岁。

(2) 冉雍乃少昊之裔，周文王之后。与冉耕（伯牛）、冉求（子有）皆列孔门十哲，世称"一门三贤"，亦称"三冉"。

(3) 冉雍在孔门弟子中以德行著称，孔子对其有"雍也可使南面"之誉。这是孔子对其他弟子从来没有过的最高评价。孔子夸赞他是一个治国之才，欣赏他"居敬行简"的为政之道。孔子临终时在弟子们面前夸奖他说："贤哉雍也，过人远也。"

(4) 荀子在《儒效》篇中，把冉雍与孔子相提并论，说："通则一天下，穷则独立贵名，天不能死，地不能埋，桀跖之世不能污，非大儒莫之能立，仲尼、子弓（即仲弓）是也。"

"仁"，乃修德之本，何须"佞"。"佞"者，有才智，善辩，巧言谄媚也。或曰"雍也仁而不佞"，乃世人对冉雍的评价，以此说明"仲弓为人重厚简默，而时人以佞为贤，故美其优于德，而病其短于才也。"（朱熹）

孔子就"仁"与"佞"之关系，表面上是为弟子冉雍之"不佞"做辩，实则从根本上反对"佞"而凸显"仁"本，确认"仁"无需"佞"，惟须践行。孔子所言"不知其仁，谓佞者本具仁理，而全不自知，可见佞之为害甚也。"（蕅益）

孔子主张并赞赏"君子欲讷于言而敏于行"。因为"讷则近仁，巧言则鲜仁，给则夺仁，故颜子之如愚，冉雍之不佞，孔子以为仁。"且"御人以口，给屡憎于人，则不仁。"（陈祥道）如此，"仁道至大不足为，或言但晓以佞，无所用耳。"（戴望）

针对时人"仁者不可无佞"之标准，判断"雍也仁而不佞"，试图揭雍之短，求全责备而弱化、否定雍之"仁"。孔子则赋予中性之词"佞"（"才""口才"）更为鲜明的道德内涵，否定并纠时人之偏。在孔子看来，冉雍"仁而不佞"不仅不是缺点，相反，恰是其仁德之优长。如此，孔子不仅批判时人之标准，而且表明君子内在之仁，惟以行而非"佞"的根本立场。

具体而言

第一，得道之人，常是如痴如呆如木鸡，全无乖张机巧之言，亦无低眉献媚之行，惟是自守仁道而笃行，故而"仁而不佞"。轻"仁"重"佞"，乃时人本末倒置之弊。然却以此反讥冉雍"仁而不佞"，以图弱化抑或否认冉雍之"仁"。

孔子借此从"仁"与"佞"的关系视角，彻底否定"佞"有助于"仁"，确证"佞"本身不是"仁"，从而深化其"仁德"思想，强调"仁"乃君子之根、之本，而一个人是否善于辞令、论辩，是否具有能言善辩之"才"，与一个人是否具有"仁德"并无本质性的关系，从而厘清"仁德"作为君子的本质规定与"佞"作为君子的非本质规定，二者之间的主次与隶属性关系。在此基础上，将"佞"提升到德性高度，揭示"佞"之弊：即"御人以口给，屡憎于人，不知其仁"，并以两次"焉用佞？"之反问，强调"仁"无须"佞"，"佞"与"不佞"，于"仁"乃非本质规定，从根本上来说不决定一个人是否有"仁"，反而若专司于"佞"，其人之"仁"否，令人疑惑。如此，孔子反对时人视"佞"为仁，忽略真正"仁德"的错误，突出君子之仁，乃取其自性而善其身。

第二，子曰："天何言哉？四时行焉，百物生焉，天何言哉？"（《论语·阳货》）"宰予之言语，公西赤之可与宾客言，孔子不以为仁。"然"颜子之如愚，冉雍之不佞，孔子以为仁。"（陈祥道）由此可清晰地表征孔子所强调的是：君子之"仁"，绝不是、也不能依靠、凭借或通过"言语"，或能言善辩、夸夸其谈、巧言令色、花言巧语的方式得以明证，直言之，君子之"仁"不是通过嘴上的功夫来彰显和体现的。这对于那种只注重或想借助于语词的巧用等修辞学的方法来支持、来确证"仁"的取向予以否定和深刻批判，表明重"佞"轻"仁"，实则无"仁"，或许只是口头之"仁"，由此表明孔子之根本立场和态度：君子内在本质规定的"仁"，须通过其行"仁"来证成而不是通过其"佞"。唯有如此，才能真正达到"以德服人"，此乃仁德之正途。

第三，孔子对"雍也仁而不佞"的回应，无疑对无仁之辩才持贬斥的态度。孔子对那种实无"仁"却能巧舌如簧、舌如莲花、滔滔不绝、口若悬河之人，一句话，依靠言辞来战胜别人、制御他人的做法持否定的态度，因为如此之人，必然招致别人的排斥甚至怨恨。

然，孔子并非是将"仁德"与"论辩"简单地加以对立起来，不是要求具有仁德之君子必须"寡言少语"甚至不"言语"，而是要求君子"先行其言而后从之""讷于言而敏于行"。孔子之论的根本则在于：有"仁德"之人，根本不必倚重口才所具有的煽动性，也无须与人无休无止地论辩才具有说服力，而是通过自己的德行本身就能教化人、感召人、引导人。同时，孔子还强调，不能以是否具有辩才、是否善辩，作为判断一个人是否具有"仁"的标准，否则，就会被蒙蔽或误导，因为"仁"不在言辞里、不在口才中，不在于说得如何。正因为如此，孔子才告诫世人，判断一个人是否真"仁"，不仅要"听其言"，更重要的在于"观其行"。

第四，对于没有"仁德"之人，即使他说得天花乱坠，又有何用呢？话语、论辩，若无德行做后盾、做支撑，本身是缺乏说服力的，如此，也解决不了如何引导他人追仁从德之问题。

在孔子看来，能言善辩、伶牙利齿，即善说的人，不必然有仁德，而有仁德者则不必有口辩之才。在"仁"与"佞"之间，只具有或然性关系，不具有必然性关系。如此，孔子眼里的君子应是"可妻也"之公冶长忍辱而自持，南容进退有度，不悖里仁，应如子贱，既能清以自守、擅于用世、不苟言笑，又能敦厚笃行、讷于言而敏于行。这样，孔子为后世确立了"君子"的典型形象。

第五，孔子首先从认知上正确确立了"仁"与"佞"之关系，纠正时人之偏见与错误，否定时人将德性修为的重点偏置于"佞"上，进而指出重"佞"之诸困境，明确"仁德"之修为，重"佞"乃歧途，因为君子之德，其"佞"与"不佞"非根本，关键在于其"仁"与"不仁"。唯有内修仁、外行义而非强辩才，方可成仁德之君子。有"仁德"之君子，恰如"桃李不言，下自成蹊"。

总之，"孔子称雍也简，又称回也如愚，参也鲁，此三人皆孔门高第弟子，皆不佞。知孔门所重，在德不在佞。"（钱穆）以此而观，孔子反时人重"佞"轻"德"之偏，鲜明地反"佞才"之取向，彰重"德"轻"佞"而正"仁"修之途。

子曰："雍也可使南面。"（《论语·雍也》）是对冉雍之仁德的极高褒扬，而在时人眼中的冉雍，因"不佞"使其"仁"受疑，孔子通过对"佞"的解构，剥离并反正了"佞"不成"仁"，"仁""焉用佞"，从而确证弟子冉雍之"仁"之真切，具有不可质疑性。

6. 子悦雕开，未信于仕

公冶长 5.6

【原文】 子使漆雕开仕。对曰："吾斯之未能信。"子说。

【译文】 孔子让漆雕开去出仕做官。漆雕开回答说："我对做官这件事还没有信心。"孔子听了很高兴。

漆雕开：

（1）（公元前540—489），复姓漆雕，字子开，又字子若，又说字子修。

（2）东周春秋时蔡国人，孔子的学生。

（3）为人谦和而自尊，博览群书，在孔门中以德行著称。无罪受刑而致身残。

（4）《韩非子·显学》把他列为儒家八派之一，乃漆雕氏之儒的开创者。

修齐治平，乃儒家君子之人生理想。"学而优则仕"，从"为学"与"为政"的关系，表孔子教育之现实化目标指向，故而，孔子促弟子漆雕开"仕"。然弟子漆雕开自忖其"学"尚"不优"、其德尚须修，以图待己更至臻完善，方可入"仕"。如此，孔子闻弟子谦恭之语，知弟子不急于仕途而笃定、专注于修学进德之宏阔志向，深感欣慰。对此，朱熹释道"开自言未能如此，未可以治人，故孔子说其笃志。"

"于时孔子为鲁司寇，故使其仕。"（戴望）然弟子以"吾斯之未能信"而婉拒其师之提议，表漆雕开自觉于己之人生，有不惑之智；"未能信"于"仕"，表其谦虚谨慎，克己而严于律己之心，彰其不急切图谋个人之名利，惟恐有负于苍生之仁德。

"'学而不思'则罔；'思而不学'则殆。"漆雕开深谙其理。漆雕开于"仕""未能信"，表其仍潜心于为学进德而不动心于"仕"，不急于事功，由此可见漆雕开所见者大、所期者远，对自己要求极高，大志不欲以小成自安。如此，"唯其信有斯事，所以愈觉未能信也。"（蕅益）孔子闻而悦，嘉许他笃志于学，将来成就必不可限量！

具体而言

第一，本节之记述，从其义上而言，可分为三个层次：其一，孔子判断其弟子漆雕开具有出身为"仕"的资质，因此，（试探性地）鼓励弟子出仕；其二，弟子漆雕开对老师提议的回应；其三，孔子对弟子漆雕开的回应的再回应，即肯定性和赞许性回应。这三个层次构成了一个鲜活的场景，由孔子和弟子漆雕开，围绕着"出仕"之"条件"，以及弟子对照此条件的自我评价，从而聚焦于出仕是否"恰逢其时"之"对话"。这一对话的展开，表征孔子教导学生问学之主旨，以及弟子的自忖与自决，二者之间形成"差异"和"错位"的思想外观，从而不仅表呈漆雕开之自谦、自重、审慎道于问学，不急于出仕，而且充分地彰显漆雕开自觉的生命意识和人生志趣。

第二，孔子为何要让漆雕开"出仕"呢？这里需要从两个层面来解读。

其一，孔子为何要让自己的弟子"出仕"从政呢？因为孔学之要不是仅仅"独善其身"，而且要"达济天下"、要"安人""安百姓"；不仅仅要饱读诗书，懂得"仁道"、具备"仁德""贤能"，而且要"经世致用"。如此，孔子一直倡导，只要弟子优秀，就应该入仕，担负其匡扶社稷、服务邦国、弘扬仁道之责任，这样，"学而优则仕"就成了孔学的基本原则。

其二，"出仕"或从政，需要具备相应的素质与品行，满足一定的条件。孔子的弟子中，因个人素质和偏好之差异，适合做各种不同的事务。在这里，孔子认为弟子漆雕开已经具备出仕从政的素质和品行，故而鼓励、推举他出仕。相关的资料显示，漆雕开因无罪受刑而致身残，为人谦和而自尊，博览群书、学识渊博，在孔门中以德行著称。他为人正直、刚正不阿，主张色不屈于人、目不避其敌，具有"勇者不惧"之德。

第三，然而，弟子漆雕开对其师的鼓励、推举所作出的回应，是消极的、否定的。孔子根据自己对弟子的了解，给出的答案是"你能"。但是，漆雕开自我判断还尚未达到"学而优"的程度，即"未能信"，就"仕"尚不能。因为，漆雕开自己判断对"仁道"精髓的了悟、对"仁德"的修为、对出仕所应具备的"贤能"的养就等，都还有待时日，还需要打磨、还需要时间修炼，尚未达到至臻完善的程度，不可贸然践行，以免在入仕为政中给国家社稷带来灾祸。如此对自我负责、同时也对国家社稷负责的态度，恰好是漆雕开难能可贵的品质。这种以"退"而继续为学的立场，为更好地进学的态度，实乃一种智慧。

当然，对于漆雕开之回答："吾斯之未能信"，可从各种传统诠释中剥离出四层含义：

（1）民不信。《皇疏》：漆雕开"言己学业未熟，未能究习，则不为民所信，未堪仕也"，进而引范宁之言论之："开知其学未习究治道，以此为政，不能使民信己。孔子说其志道之深，不汲汲于荣禄也"。

（2）不自信。《邢疏》云："于斯仕进之道未能信"。朱熹亦言："至于心术之微，则一毫不自得，不害其为未信"。

（3）不信事。专办不成某事，其信达不成某事，不擅长某事而未能信，比如孔子征求他是否愿去堕三都的意见，或其他事。《论语集释》："夫不乐仕，非圣人之教"，孔子谓"仁者己欲立而立人，己欲达而达人"，子路亦谓"不仕无义，……欲洁其身，而乱大伦"。孔子为司寇时，门人多使仕者，盖弱私室以强公室，非群策群力不为功。斯必指一事而言，如使子路堕费之类，非泛言仕进也。今不可考矣。

（4）君未信。《皇疏》：一云"言时君未能信，则不可仕也。"引张凭云："夫君臣之道，信而后交者也。君不信臣，则无以授任。臣不信君，则难以委质。鲁君之诚未洽于民，故曰未能信也。"《笔解》：韩曰"未能见信于时，未可以仕也。子说者，善其能忖己知时变。"李曰："孔（安国）言未能究习，是开未足以仕，非经义也。郑言'志道深'，是开以不仕为得也，非仲尼循循善诱之意。云善其能忖己知时变，斯得矣。"

从孔子与漆雕开对话的语义与漆雕开之德性修养而言，"吾斯之未能信"之真义，如是蕅益所释："唯其心有斯事，所以愈觉未能信也。今之硬作主宰，错下承当者，皆未具信根故耳。寡过未能，圣仁岂敢？既不生退屈，亦不增上慢，其深知六即者乎？"亦如戴望所解："开承命往仕，而辞于孔子之言。言启此往，未能自信。"钱穆亦释曰：漆雕开深知"出仕将以行道，漆雕开不愿遽出仕。言对此事未能自信，愿学问修养益求自进，不欲遽从政。是其志大不欲小试。"

第四，漆雕开以德行好而闻名。在他的良好品质中，内含着自谦、韬光与勤学。君子当知谦受益，满招损，人贵在自知之明。主体的自省意识和人生定位决定了一个人的未来。在此，漆雕开不急于出仕，对自己现阶段的任务和生活主题即是继续为学有非常清醒的认识，这是漆雕开能静心、定心而专注于待完成学的主要原因，而不是因为他人一鼓励、一"怂恿"，然后就贸然听之而"行"。这种对待自己客观和理性的检视态度，以及审慎的自持，正是漆雕开人生有整体意识之表征。

正因为漆雕开做出"于斯仕进之道未能信"之回应，故其师"子说"。对此，钱穆释曰："孔子并不以不仕为高，然亦不愿其弟子热衷利禄，汲汲求仕进，故闻漆雕开之谦退而喜悦。"

第五，人生的不同阶段，具有不同的主题，不能混杂或错位不同阶段的主题，抑或将后一阶段的主题肆意提前，最终因"操之过急"而忙乱，"拔苗助长"而必事与愿违，最终"一事无成"。漆雕开在为学阶段，不急于"入仕"，正表明他以谦逊从容之态，深明潜心修学是此阶段的人生主题，不可草率弃学而"入仕"。这恰恰表征了漆雕开充满智慧的人生抉择。

第六，通过师徒二人的"对话"，孔子看出了其弟子不仅具备了"出仕"的德行、能力，而且对自我有清醒的判断和人生的整体思考与计划，更为重要的是，弟子漆雕开具有不盲从、从容不迫、不急于求事功的态度，以及其中所蕴含的大志向、大格局。正因为如此，孔子不仅对其弟子不简单地听从他的鼓励而"入仕"，反而有主见、有独立的人生安排，以及这种主见和安排中所体现出来的自省、自判之独立精神和自谦品质和以退为进的生活智慧而快慰。

第七，师徒之"对话"，透显出一个最为朴实之理：人生的机会，是自己修（德、学）来的。唯有潜心修德、不断进学，真正成为内具仁德与才学之人，其人生才从来不乏机会，再次凸显"修身"之深意。故君子不怕错过机会，反而不轻易接受机会，唯恐自己能力不足，所以，漆雕开潜心问学，精进于尊德性道学问的深刻意义就在于此。如此，漆雕开之自抉，于今人总是急于抢机会，却忽略"机会"于己之前提和要求，不重修己而进德增才，缺乏自省与清醒的自我判断，急功近利之思想和作为无疑具有警示性与批判性。从这一意义来看，君子"夫唯不争，故天下莫能与之争"，向世人敞开其深刻的智慧。

总之，漆雕开具有诚敬之品格，以及自知之明，表其志不在小。其心笃定于学，而不急于功名利禄。依此，启示我们不能简单听从他人对自己德行、能力的鼓励性判断，从而贸然行之，而是必须根据做某事所应该具备的充分条件，对自我做出冷静而清醒的判断，从而理性而智慧地抉择。这样，既不危及国家社稷，也不难为自己，给自己留下更大的回旋和成长的空间。

莫为浮云遮望眼，风物长宜放眼量。漆雕开应师之鼓励而言"未能信"，彰君子当心怀仁德、志存高远，切莫止于近而废远，急于功而荒于学，唯有笃定于志而践于行，方可不因误学而浮浅，不因一时之急功近利而误政。如此，君子须心怀诚敬而自知、而知止。因为唯有"知止而后有定，定而后能静，静而后能安，安而后能虑，虑而后能得。……近乎道矣。"（《大学》）

固本，方成栋梁；强基，方立大厦；固学而进德，方能入仕成大业。漆雕开言"未能信"，如是焉。

7. 独行其道，不止忠勇

公冶长 5.7

【原文】子曰："道不行，乘桴浮于海，从我者，其由与!"

子路闻之喜。

子曰："由也好勇过我，无所取材。"

【译文】孔子说："如果仁道真行不通，我就乘上木筏子到海外去。能跟从我的大概只有仲由吧!"

子路听到这话很高兴。

孔子说："仲由啊，你真好勇超过了我。可惜我们没地方可以弄到造桴之木材啊。"

———————————————

孔子以弘道救世为人生夙愿，在一次次坎坷遭遇之后，深知弘道之艰难，倍感失落，发出"道不行"之痛惜，于是孔子有了伤怀之言"道不行"，而生"乘桴浮于海"，即远霸道避乱世自处之念。对此，戴望释曰："孔子失位，故以庶人自处矣。""此盖孔子失鲁司寇，将去国，心悼伤之辞也。"

孔子有此心思，回望众弟子听己之言，唯子路"闻之喜"，愿随行同往，此为乃子路之忠勇品质使然。孔子思退他域，欲"乘桴浮于海"或寻道可行之处，或独处，然无奈无处可觅造桴之"材"。如是，"乘桴浮于海"，亦只是一时之虚念。

仁道理想与霸道现实之强烈的冲突，令孔子在乱世无立锥之地、更无用武之地，有了天地之大，何处是归宿之悲惨、无所适从之凄楚。

孔子虚设此境而表心迹，继而对其弟子子路加以评价，赞许以子路为典型代表的君子"忠""勇"之德。而"无所取材"，只是孔子一"托辞"，实则表"无心于逃世，而其无所凭借以行道之感，则曲折而更显矣。"（钱穆）如此，纵观孔子的话语所设构的语义，从其根本而言，并非是要真的绝乱世而去，其目的恰如蕅益所洞见的："正为点醒子路而发，非是叹道不行。"

既然"无可取材"，"乘桴浮于海"亦不可成行，故孔子率众弟子一行，深耕于乱世，诸国流转，踏上追寻道德理想主义漫漫跋涉之征途，苦苦寻"道"之可行处。

具体而言

第一，置身于无道乱世，弘道必是倍加艰难、艰辛。一次次挫败，令孔子深感失落与失望，如是陈祥道所释："孔子于天下，环车接淅，席不暇暖。于南子、阳货则见；于佛肸、公山则欲往。尝谓：'苟有用我者，三年有成，如有用我者，吾其为东周乎！'"其汲汲于行道，不为不至矣。然所历者七十二君，一君无所任用，以至伐木于宋，削迹于卫，围于陈蔡，欲避世也不可得矣。于是有欲居夷浮海之说。然，"子路不知乎此，而欲勇于必行""以其能勇，而不能怯。"如此，孔子之独白，惟子路闻而喜，直陈孔子之无奈心迹、子路之忠勇，由此折射出孔子对弘道受挫之时极度的失落感与悲凉感。

"道不行"，既表霸道乱世仁道无存之事实，亦表行道之极度艰难，行道之渺茫。既如此，不如"乘桴浮于海"，离开霸道之乱世，另寻他处避之，亦不让"道"销匿，于此，道虽不行，孔子依然要执着行道。子路之忠勇品质，恰隐喻着孔子行道之途笃定直面惨淡之忠勇。

第二，直面春秋"霸道"乱世，力求按照周礼治乱，赓续"王道"，施行"仁政"，上辅国君，下泽黎民，再造王道盛世，这应该说是孔子入仕中都宰、司空和大司寇等职，乃至周游列国、四处游说于诸侯国君所怀抱的坚定而自信的信念。但是，事不如愿，他所极力推行他的礼制、德政之主张，几乎无一国君愿意接纳并施行。在四处碰壁后，孔子深感时过境迁，大势已去，世人皆不能理解他，诸国之君亦不善用他，如此心生悲凉、感慨颇多。

"仁道"于世的如此境遇，催生了孔子想另谋他途到海上无人处去，开辟一方王道乐土，或干脆放弃这个乱世，乘木筏，泛舟远渡，去天涯海角自处；在该种情况下，试问，谁愿同往？

其实，"道不行，乘桴浮于海"，这是孔子的设构，亦是一个"陷阱"，并且是一个道德陷阱。为什么说这是孔子设计的一个道德陷阱呢？

其一，孔子虽四处碰壁，感到其王道理想难以在当世付诸实际，深刻意识到"道不行"，但是他并未决然放弃，这是孔子可爱、可贵之处。如此，他以远走他乡而避世，对其众弟子做一试探。因此，从语气上看，是一个假言判断："道不行"，即他说"假如"仁道真的不可行于世。他的遭遇使他深刻地意识到，当世天下诸侯之君，谁也不愿践行他的治世主张，一种充满着道德理想主义的王道政治。

其二，远走他乡，是一次具有很大风险或更具危险的道德理想之奔波与跋涉。因为"乘桴浮于海"，虽然避开了无道乱世，但是更多不确定性的因素使行道亦不确定，更需要勇气与胆量。如此，在他的众多弟子中，谁愿意忠心不二地追随呢？这是一种考验。

其三，众多弟子，只是作为孔子独白的一个隐性的场景或背景，并没有任何一个弟子主动在他感叹或发出"乘桴浮于海"念想后，做出积极的回应。众弟子，包括仲由，都是沉默的。如此看来，孔子只是假此自叹、自语。

其四，孔子根据自己对众弟子的了解，自己给自己的提问给予了一个答案。这纯粹是自问自答：这个最佳人选，或唯一人选，只有"仲由"。为什么？因为要实现其理想，另求他途，必须要有具有临险不避、勇猛坚定等品质的人，根据孔子判断，众多弟子中，只有子路符合这个要求。然而，众多子依然保持着沉默，独子路"闻之喜"。

子路为何会听到孔子说他是（唯一）一个可以追随自己去他乡的人而"高兴"呢？得到自己的老师孔子的肯定，这是任何一个弟子由衷期待的。子路亦然。

第三，孔子对子路的评价主要体现为：

其一，对孔子理想的追随，不折不扣，没有任何犹豫，即使在当世不行，孔子欲"乘桴浮于海"，子路也愿意从之。作为孔子道德理想主义的忠实信徒和笃行之人，如此忠心不二，正是子路宝贵的忠诚品质使然。此为子路之"忠"！

其二，"由也好勇过我"。这是孔子对子路肯定性评价的第二点，也就是子路的第二个优点："勇"。追随老师，不畏艰险，不惧任何困难，老师要实现的理想，也就是他人生的使命。如此，子路的"勇"乃是因其"忠"而生。

其三，在孔子肯定了子路有"忠"，尤其是有"勇"之后，又补充是"无所取材"。

在此需注意："由也好勇过我，无所取材"之"无所取材"，有两解。

（1）按照孔子之语的语义连贯性和一致性而言，乃是在肯定子路忠勇之后，说子路不懂"裁量"，不明白孔子所言只是失落之时偶生之念，非真要"乘桴浮于海"弃乱世于不顾。如此，"无所取材"之意，是指在孔子眼里，子路除"忠勇"之外，于行道再无别的可用之"材"。"无所取材"表对子路肯定之后的否定性评价。这样，从孔子对子路的评价可见，子路只是愿随之，却不能辅之、助之，更不能独当一面开辟实现孔子理想的路径，就是说子路只有"忠""勇"，而无贤能，一句话，只有忠、勇，没有智。"有勇之人"，留下更多的"无用""无能"之空白，不能实质性地帮助孔子以解"道不行"之困、之忧。以此表明，君子之"忠"和"勇"，还须有"贤能"的支持、支撑，与行道才有真切的现实意义，否则，"忠勇"亦仅仅具有道义价值。同时，表明在众弟子中，惟子路不知孔子所言"乘桴浮于海"非真，只是一种伤怀之感叹、之虚设。

（2）"无所取材"，即指找不到造"桴"之木材，是孔子对"乘桴浮于海"予以自我取消的托辞，这说明孔子并非真要"乘桴浮于海"避乱世，而是表达既然不具备远去乱世之条件，乱世，惟有直面、不可避。如此，在表征孔子伤怀情态下逃逸之偶然想法中，最后以"无所取材"反衬孔子在无奈之心境下，更为强烈的行道心。

一般说来，这两种解读皆可行。但就孔子独白之语境，以及孔子对弟子的评价习惯来看，"无所取材"之意，第二种理解更为贴切。

总之，孔子失大司寇之位，断了孔子行道之路，碎了孔子行道之梦，霸道强势对"王道"之碾压，令孔子深感"道不行"而生念"乘桴浮于海"，无奈"无所取材"而作罢。如此，直面"道不行"之乱世，孔子执着行道，唯可欣慰的是子路情深义重、忠勇可嘉，愿追随天涯而不弃。

子路之忠勇，实为在"道不行"之乱世，笃定、执着行道之精神象征。"道不行"于行道之惨淡、艰辛；"道不行"于行道之孔子更残酷，令孔子之理想于乱世中显得尤为孤独。

"道不行"而行道，彰显孔子弘道之笃定、执着，亦表孔子之孑然孤独。其孤独，乃是道德理想主义者的伟大孤独；行道，则是道德理想主义者之孤独的长征。

孔子自言，子路闻之喜，最后自我取消"乘桴浮于海"，于此虚构景况，点醒子路，希望子路能清晰地意识到在忠勇之基础上，尚须加强己之才智，方可于弘道之途上，有更大的作为。

8. 三问弟子，不知其仁

公冶长 5.8

【原文】孟武伯问子路仁乎？

子曰："不知也。"

又问。

子曰："由也，千乘之国，可使治其赋也，不知其仁也。"

"求也何如？"

子曰："求也，千室之邑，百乘之家，可使为之宰也，不知其仁也。"

"赤也何如？"

子曰："赤也，束带立于朝，可使与宾客言也，不知其仁也。"

【译文】孟武伯问孔子："子路做到仁了吧？"

孔子说："我不知道。"

孟武伯又问。

孔子说："仲由嘛，在拥有一千辆兵车的国家里，可以让他管理军事，但我不知道他是不是做到了仁。"

孟武伯又问："冉求这个人怎么样？"

孔子说："冉求这个人，可以让他在一个有千户人家的公邑或有一百辆兵车的采邑里当总管，但我也不知道他是不是做到了仁。"

孟武伯又问："公西赤又怎么样呢？"

孔子说："公西赤嘛，可以让他穿着礼服，站在朝廷上，接待贵宾，我也不知道他是不是做到了仁。"

鲁国当政者孟武伯欲求贤于孔子，问及孔子三弟子之"仁"。孔子分论三弟子各自的才干，而言"不知其仁也"。孟武伯与孔子关于子路、冉求和公西赤是否"仁"的对话，从形式上来看，则是错位的，"答非所问"，然从本质上却讨论了一个更深层次的问题：即"才干"与"仁德"之关系问题。这一问题，按钱穆之解："仁道至大，仁德至高，孔子不以轻许人，故说不知"，"孔子平日讲学极重仁，仁乃人生之全德，孔子特举以为学问修养之最高标准，而又使学者各就才性所近，各务专长，惟同向此全德为归趋。人求全德，

亦不可无专长。子路、冉有，公西赤，虽未具此全德，然已各有专长。"表取向趋近于全德之"仁"。从这一意义而言，孔子对三弟子之"才能"的充分肯定，本质上即是对他们归趋于"仁德"的肯定，以"不知其仁也"回避了对三者之"仁德"的简单评价，以此暗含着三弟子需要进一步加强自身仁德的修养。

从孔子对三弟子的直接介绍可知，他们三人每个人都有其独特的才华、才干，都能够担当国家的事务，子路有勇，具备为国献身的品质，"千乘之国，可使治其赋也"，即表明子路是卓越的军事人才，可主军事；冉求有知，拥有主持全面工作的能力，"千室之邑，百乘之家，可使为之宰也"，可主管内政；公西赤有礼，懂得与人交涉的规矩，且锦袍玉带立于朝堂，风度翩翩，善于迎来送往，接待贵宾，有外交之才，"可使与宾客言也"，可负责外交事务。如此，三子各有所长，"三弟子皆有可使之才"。对此，蕅益释曰："孔子深知三人处"，"子贡与子路、冉求、公西赤三子，皆瑚琏也，非不器之君子。器者，能有所偏，量有所限。无偏无限，斯仁矣。"

面对孟武伯问三弟子之"仁"，孔子则以"不知其仁也"而避之，突出回答他们各自的才干，展示各自之优点，本质上即是呈现各自近"仁"之特点，分别列出子路有"勇"、冉求之"知"和公西赤之"礼"，从三个维度彰显君子"仁德"的总体面貌，同时以隐秘而柔和之方式暗指三弟子各自之不足，有待修己之仁德。

孔子对孟武伯于三弟子之"仁"的追问，巧妙地避言"仁"，转而重言其才干，既表为师对弟子才能之客观认知与评价，同时更为重要的是避免与孟武伯谈"仁"而引起不必要的尴尬。如此，从对话的层面，充分彰显了孔子之智与仁。

具体而言

第一，孟武伯，鲁国大夫，季氏权臣之一，为鲁国实际的当权者。从世俗关系上来看，他是孔子的学生、鲁国大夫孟懿子的儿子，曾问孝于孔子。此处孟武伯请问孔子三弟子之"仁"，实为求贤考察之为。

从孟武伯求贤而追问三弟子之"仁"可知，乱世鲁国之权臣依然关注、看重人之"仁"，这便在乱世之中依然潜存着仁之星火，为孔子弘道留下了希望之光。如此，便有了就三个弟子之"仁"所进行的问答。在"问"与"答"之间展示的话语空间，涵括和敞开了孔子关于人的"才能"与"仁"之间关系的独特思维。这一独特的思维，突出介绍弟子之才，而回避对弟子之仁德的直接评价，从根本性来看，则是对来自季氏身边的权臣孟武伯问"仁"的蔑视，从这个意义上来看，孔子以为孟武伯根本不配追问三弟子之"仁"，亦不想与之论"仁"。

第二，应该说孟武伯与孔子之间的"对话"，从形式的对应性上来看，是错位的。孟武伯所问是孔子三弟子在仁德方面情况如何。即孔子的三位弟子是否已经做到孔子"仁"的要求，达到"仁"之境界。而孔子只是直言三者的"才能"，对他们的"仁德"状态则是一问"三不知"；在这里，问者所关心的和答者实际所回答的形成了对话关注点的差异，这种答非所问的话语，彼此思维非对接性的特点，隐蔽而非直接地展现了孔子对三位弟子的"仁德"所持的态度，以及对问者所问予以委婉地回避与拒斥。

孔子对三位弟子分别在军事、政治、外交三个方面的才能进行了评介，突出了他们具有专才，都是成"器"之人才，这也表征了孔子对自己的弟子了如指掌，能做到识人善用，真是"人能尽其才"！然成"器"，有"才干"，只是近仁，而非"仁"。

恰如孔安国曰："仁道至大，不可全名也。"

亦如陈祥道所释："颜渊、冉雍，得圣人之具体者也。具体则为圣人，而足以名仁，故孔子与之仁。由、求与赤，得圣人之一体者也，一体则非成人，而不足以名仁，故孔子曰：不知其仁。"

诚若朱熹所云："子路之于仁，盖日月至焉者。或在或亡，不能必其有无，故以不知告之。"

再如张栻曰："仁难言也，而孟武伯遽问子路之仁。若以为未仁，则子路盖进于此者；若以为仁，则仁之义通上下，而言语其全，虽圣人不敢居也，故但告以不知也。武伯可以深思自省矣。……夫可使治赋，可使为宰，可使与宾客言，非是心之存者，不能然也。……知仁之难言如是，则致知力行终吾身焉可也。"

如此，子路虽能治"千乘之国"之军事，使国强大，但是并不是说能使国家富强，就是"仁"；冉求虽能治理一个地方，使之政治安稳，但是也并不能因此就以为他达到了"仁"；同样，公西赤虽能言善辩、知礼节、明进退之道，但是懂迎来送往之礼仪，亦并不代表他就一定达到了仁的境界。在这里，孔子将"才能"和"仁德"二者之关系加以厘清，表明有才能和才干，只是达成仁德之必要条件，只是近"仁"而非"仁"。如此，明确地表达了"才"的层次低于"仁"。

正是厘清了"器""才"与"仁"之关系，孔子通过对三位弟子的点评，

生活哲学视野中的"论语"研判

非常肯定地向孟武伯介绍了三弟子各自所长，但是，对于他们本身是否已经达到"仁"，孔子以"不知也""不知其仁也"而表不置可否。如此，尽管他们有的可以管理军事，有的可以管理内政，有的可以办理外交，这是他们之所能、所长，但是，他们是否已达到"仁"的高度，孔子一概以"不知其仁也"而回避。

第三，"仁"是孔子思想的核心，也是他毕生追求的最高境界。在孔子看来，"仁"深厚广博、高远，非触手可及、一蹴而就的。换句话说，仁者通达，故不专不器。器者有其用，不必达仁也。在孔子看来，一个人，"才"是外显、功用性的，而"仁"乃是内在心性品质。该种心性品质，在孔子看来，必须要合乎天理，不能有一丝一厘的杂念；而且要始终如一，不能有一丝一毫的懈怠。如此，指向外在的才能，与一个人内心是否纯正，是否达到"仁德"的高度，仅凭其才能是不能轻率地加以判断的，因为内在和外在二者不对等，亦常不统一。因此，孟武伯与孔子二者的对话，呈现出"答非所问"的话语面貌。孔子采取规避的方式，敞开了这一问题的本质。

第四，"由于千乘之国，可使治其赋也，则大夫而已。求于千室之邑、百乘之家，可使为之宰，则陪臣而已。然则千乘之国，由也为之，可使有勇；方六七十，如五六十，求也为之，可使足民，则皆诸侯之事。与此不同者，三子所言者，志也。孔子所论者，材也。"（陈祥道）在孔子看来，一个人的才能、专长，必须服务于礼制、德治之为政需要，必须以具备仁德情操为前提。如此，才能、才干方可得到好的驾驭，同时才能、才干之功用也才有正确的方向，这样的才能、才干，才是近"仁"的。三弟子虽各具其才，但尚不能据其"才"断其"仁"，故孔子言"不知其仁也。"

第五，从孟武伯与孔子的对话，孔子之所以独言弟子之"才干"，而对其三弟子之"仁德"，皆以"不知其仁也"而回答，不予以直接而细说，有更深层之因，那就是孔子认为与季氏权臣孟武伯这样的人谈"仁德"，本身就是对"仁"的亵渎。同时也蕴含孔子不便明言的心思：即他不希望自己的弟子出仕于违礼无仁德之季氏去"助纣为虐"。这恐怕是孔子只言弟子之"才干"，不愿多谈弟子之"仁"的缘由。

试想，倘若孔子直接批判或回击，断然不与孟武伯谈弟子之"仁"，直接表现出拒斥孟武伯的姿态，势必两相难堪，进而开罪于孟武伯。孔子采取如此"答非所问"的迂回之策，以"不知其仁也"而取消谈"仁"，既展示了弟子的才能，又避免了直接谈"仁"而引起的尴尬，这便充分彰显了孔子之智慧与仁德。

总之，通过孟武伯与孔子关于三弟子的"才能"与"仁德"的问答，展开了"才能"与"仁德"之间的关系，揭示了"才能"和"仁德"所指及其内蕴的差异，以及孔子对二者的秩序安排和重要性程度的定位，凸显了孔子对"仁德"的高度重视和对"仁德"原则的坚守。

然，孔子对孟武伯问三弟子之"仁"，孔子以"不知也""不知其仁也"回应，颇令人玩味，含蓄地表达了孔子不屑于与孟武伯谈"仁"的心迹。以此观之，与野蛮粗鄙之人讲斯文，有辱斯文；与无学问之人切磋学问，浪费了切磋；与卑污顽劣之人言纯洁与高尚，则玷污了纯洁，丑化、矮化了高尚；与鼠目寸光之辈言远大理想，荒诞了理想；与受制于外物之人谈克己慎独，解构了自律；与无才之人论"才"，是对"才"的羞辱；与无"仁"之人谈"仁"，是对"仁"的亵渎……

如此，当（无仁之）孟武伯问及三子之"仁"时，孔子答三子之"才能"，再追问，孔子则应"不知也""不知其仁也"。如此，孔子既不失体面地回击了与孟武伯讨论弟子之"仁"，化解了尴尬，又巧妙地维护了"仁"的尊严。

9. 闻一知十，赐不如回

【原文】子谓子贡曰："女与回也孰愈？"

对曰："赐也何敢望回？回也闻一以知十，赐也闻一以知二。"

子曰："弗如也。吾与女弗如也。"

【译文】孔子对子贡说："你和颜回两个相比，谁更好一些呢？"

子贡回答说："我怎敢和颜回望其项背呢？颜回他听到一件事就可以推及十件事而知全；我呢，知道一件事，只能推知两件事。"

孔子说："你是不如他呀。我与你，都是不如他。"

子贡为"瑚琏之器"，且能言善辩，然他有一个毛病，爱"方人"，即喜欢与他人比长论短，爱评论人，进而讥讽人、批评人、贬损人。孔子针对子贡此毛病，让他与颜回相比："女与回也孰愈？"这是孔子对症下药，为治疗子贡爱方人之"病"所开的一剂良方，促让子贡去自省、自悟己之不足。对此，陈祥道释曰："圣人之与人，常与其自知，而不与其自是。子贡不蔽于自是，而知其弗如。故孔子与之。"

子贡领会其师之用意，诚实爽直地承认己之不足，自谦"赐也何敢望回？"，进而以对己评价"闻一以知二"，对颜回评价"闻一以知十"，强化己不如回，表子贡有"自知之明"。孔子最后感叹式地总结"弗如也。吾与女弗如也"，既肯定了子贡的自我评价，亦高度肯定了颜回之贤能，又维护了子贡的自尊，以彰"圣人溥博如天，渊泉如渊"（《中庸》）之仁德。

孔子让子贡拿自己与颜回相比，启子贡自惭自悟之心，教导弟子当有自知之明而自谦、自省且自觉己之不足，以进一步精进己之德学，比肩颜回之贤德。如此，孔子启发式地引导子贡，切莫轻薄而自满自骄，当知山外有山、人外有人，更当践行"择其善者而从之"，止于至善。

关于师徒二人的对话，尤其是孔子对子贡的点示。蕅益予以了深邃的诠释。他说道："子贡之'亿则屡中'是病，颜子之'不违如愚'是药，故以药病对拈，非以胜负相形也。子贡一向落在闻见知解窠臼，却谓颜子'闻一知十'，虽极赞颜了，不知反是谤颜子矣，故孔子直以'弗如'二字贬义。盖凡知见愈多，则其去道愈远。幸而子贡只是知二，若使知三知四，乃至知十，则更不可救药。故彼自谓'弗如'之处，正是可与之处。如此点示，大有禅门杀活全机。"

具体而言

第一，在本章前八节，孔子均是通过具体的"事"而展开对其弟子之评价的，从多维度展示君子之德，深化与丰富了"君子"的内涵。而在此节，通过师徒之微型对话，促弟子子贡在与比己更为优秀的人之比照中进行自我评价与评价他人。这是要求其弟子能自省而自觉自我之优长和不足，从而诚心、勇于面向自我之不足，突出孔子要求弟子须有"自知之明"的自觉精神。这是孔子为治疗弟子子贡方人之病所开出的一剂良方，亦成为孔子教化弟子之经典案例。

第二，在本节中，涉及三个人，直接对话双方是孔子与弟子子贡，以及作为子贡自我评价的参照人物颜回。

孔子为何要子贡与颜回相比较呢？对此，宋之大儒胡寅道："子贡方人，孔子既语以不暇，又问其与回孰愈，以观其自知之如何。闻一知十，上知之资，生知之亚也。闻一知二，中人以上之资，学而知之之才也。"不可否认，在孔子的众弟子中，颜回是孔子最优秀的得意弟子。颜回聪敏过人，"如愚""不愚"，虚心好学，勤于并善于独立思考，能做到闻一知十、触类旁通、融汇贯通，这使他较早地体认到孔子学说的精深博大；正因为他较其他弟子更早、更深地体悟到孔子学说之真谛，因此他对孔子的尊敬亦超出一般弟子的尊师之情。他与孔子亲若父与子。子贡是一个自恃聪明的弟子，喜好与人比长短、较优劣。鉴于此，孔子让他与颜回相比，即是教导子贡应该与比自己优秀的人相比，而不应该与不若自己的人比较，更不应该以己之长拙人之短，其目的是促使他知己之短，从而告诫自己切不可以己一技之长而骄躁。如此，孔子与子贡的对话，首先让子贡明白：山外有山，人外有人，君子当自知、自谦；其次乃劝诫子贡戒骄戒躁，在学识与修养上须更为精进。

事实上，颜回、子贡，是孔子弟子中很有特质的两位。颜回穷，但穷得有理想、有志气，其学有专长，其"不贰过"及"三月不违仁"之精神备受孔子赞许，其木讷、沉静、"安贫乐道"，其心在仁，实为仁德君子之典范；子贡思维敏捷，适应现实，学以致用，能言善辩，长于与人交，生财有道，富得有仁义、有诚信，乃"瑚琏之器"。简言之，一个德盛、智慧卓然、才气过人，且刻苦学习，勤思善思，能举一反三，知得通达，由此及彼，无所执泥，闻一知十；一个勤于践行，灵通活跃，政商亨通，富可敌国；如此，孔子在此要求子贡与颜回相比较，其根本目的在于教导子贡反省己之不短，深知己之弊，从而更应该着眼于道义与仁德的修造，以提升己之境界。

第三，孔子让子贡与颜回所进行比较的，从表层而言是在智识能力上，更为深层的则是在道义德行上；在子贡看来，"回也闻一以知十，赐也闻一以知二。"

何谓"闻一以知十"与"闻一以知二"？对此，陈祥道释曰："有方、有隅、有上、有下，闻一知十者，知方而已，此颜回所以下于圣人。闻一知二，则不过告往知来而已。此赐所以下于回也。"江谦补注："二者，数之对，告往而知来，见生而知灭，对待知见也。十者，数之成，知一即一切，一切即一。即往来即无往来，即无往来即一切往来；即生灭即无生灭，即无生灭即一切生灭，不二法门也。子贡于此盖已能信解，但行证不及颜渊耳，故孔子许其自知。"因为在孔子眼中："以赐为士君子，以回为明君子。盖士则上达，故可以知二。明则殆于几，故可以知十也。"于此，孔子与子贡的对话，突出以"智识"为尺度的比较，着力倡导"贤能"在人生修造和人格形成中的重要作用。这种坚持"智识"上的客观态度，是孔子弟子必须坚守的品质。

进而言之，"闻一以知十"，表颜回已进道；"闻一以知二"，表子贡尚未入道。如此，颜回与子贡的境界差异之根本则在于内于道与外于道。

子贡通过自思、自断，自以为"不如"颜回之贤。此等识得自我的差别，承认自己差别的态度，以及承认他人的优长，表征孔子所倡导和教化学生的"谦逊"和实事求是地面对自我和他人的态度，着力塑造学生心性之最为重要的品质。子贡如斯也。如此，虽然子贡不如颜回优秀，难以与之"望其项背"。但是，子贡之真诚而谦逊，以及诚于正视、勇于承认己之不足，是子贡也是任何人取得进步的前提，是受教育者应该具有的心性品质。诚待己，方可诚待人。

第四，孔子确立了颜回为众弟子追从的标准，也就是确立了儒家教育的目标和众弟子修造自我的榜样，希望众弟子能秉持从善如流的良好心性。孔子在此强调了"法乎其上"的基本原则。

在师徒对话的最后，孔子为了更深入地教导子贡，首先肯定子贡与颜回的差距，让子贡真正意识到己之不足，这正是孔子言"弗如也"之深意所在。如钱穆所解："颜渊由一得全，子贡由此及彼，颜渊盖能直入事理之内，浑然见其大通。子贡则从事理之对立上比较，所知仍在外，故孔子亦谓其'弗如也'。"

孔子为了不至于伤了子贡之自尊，竟然说"吾与女弗如也"，表"孔子既深喜颜渊之贤，又喜子贡能自知弗如。"（钱穆）如此，孔子以降低自己的自谦方式，再次鼓励弟子向贤者颜回看齐。在此，孔子不仅以身垂范自知与自谦而教导子贡，而且表征出师对弟子严格要求与开示中所蕴含的深层之仁爱。

　　总之，通过让子贡与颜回进行比较，孔子教导学生一个基本的道理：尽管自己或许优秀，但是更要知"山外有山"，应该始终保持谦逊的态度，自觉己之短，同时也要客观而公允地承认他人之优长。这种面对自己和他人，持守"实事求是"立场，正是孔子教导学生必须具备的"诚"之德性；在此基础上，孔子肯定了子贡勇于承认己之不足所具有的良好品质；最后，孔子敞开了修造"仁德"之心路漫漫，告诉众弟子，德修在路上。

　　从场景上来看，孔子与子贡的对话比较活泼，孔子寓教于轻松而率直的对话中，既肯定了弟子对己之不足的自觉意识，又褒扬了弟子知不足之诚和勇；子贡赤诚之心跃然，孔子鉴赏之情欣然。孔子与弟子之间开诚布公地交流，彼此真诚面向之心，构成一幅孔子与众弟子情深意切的感人画面，值得今日教育研习与秉承。

10. 宰予昼寝，春秋第一

公冶长 5.10

【原文】宰予昼寝，

子曰："朽木不可雕也，粪土之墙不可杇也。于予与何诛？"

子曰："始吾于人也，听其言而信其行；今吾于人也，听其言而观其行。于予与改是。"

【译文】宰予白天睡觉。

孔子说："腐朽的木头无法雕刻，粪土垒的墙壁无法粉刷。我对宰予，还能有什么责备呢？"

孔子说："起初我对于人，是听了他说的话便相信了他的行为；现在我对于人，听了他讲的话还要观察他的行为。在宰予这里我改变了观察人的方法。"

世间有几人能清醒地睡，且是明目张胆地"昼寝"，这才是一个真正的"叫不醒的装睡的人"。以独特的犬儒姿态，以昏睡来对抗和蔑视同样昏暗无道之世，宰予是也。宰予乃是中国文化史上第一个以"昼寝"来消极对抗、不屑于霸道乱世之人。

孔子的两次"曰"，为"宰予昼寝"所具有的文化与道义象征意义予以了更为充分地诠释。如果说孔子身处乱世，出仕为中都宰至大司寇，周游列国，以及培养弟子等一切举动，都是在千方百计地利用一切可行之机传"仁道"、彰"礼法"，不遗余力践行"仁"，孔子之为可视为积极主动的弘道之举。那么，其弟子宰予却采取与孔子截然不同的消极方式来对抗违礼丧仁之乱世。如此，"宰予昼寝"则是对乱世、对乱世无道之君臣无声的反抗、一种有力的道德蔑视。从这一意义上，可以说宰予，乃是春秋"昼寝"第一人。

宰予"昼寝"，乃是犬儒式的个体反常行为，尽管是消极的行为方式，但却鲜明地表达了他对霸道乱世的抵制和轻蔑式的批判。对此，孔子"于予与何诛"，表明虽不赞同宰予之方式，但对宰予之"昼寝"予以理解性包容，而不是责备，因为孔子毕竟采取的是积极地弘道而逐霸道。同时，宰予以己之言行，拓展了孔子对言行、对人判断的复杂性，丰富了孔子言行观的内涵。对此，孔子以事实陈述之方式，对宰予予以了充分地肯定。

"日出而作，日入而息"，乃人生活之正常，然宰予反常而"昼寝"。宰予以"昼寝"而对抗乱世，表与乱世之暴君、与乱世中的乱臣贼子之辈不同流合污、不沆瀣一气、不共戴天的决绝立场和态度。对惨淡之乱世，不愿直面，不忍目睹，又无力改变，唯是昏睡解千愁。倘若世道清朗，世界太美好了，晚上都不忍睡觉，怕错过它的美好与精彩。而宰予却"昼寝"，成为宰予对无道之世的控诉方式、反抗模式、蔑视与抵触的存在样式，从这一意义来看，宰予之"昼寝"具有了鲜明的政治与文化象征意义。

宰予"昼寝"，以个人的放逐对抗世之无道。这是一个人与一个时代的对决，彰宰予之勇，尽管是一种消极的、无可奈何、无济于事的对决。如此，宰予向世人传导出一种洁身自好、自守、"自晦其明"而控诉、对抗无道之世的独特存在方式："昼寝"！

如此，置身于无道之世，要么如孔子"坐而论道""起而行之"，要么如宰予，勇敢地"昼寝"吧！

具体而言

第一，因未能揭开"宰予昼寝"之深刻内涵，简单地将"宰予昼寝"解读或确认为宰予乃懈怠、懒惰、不惜时光、不思进取、不勤奋好学的差学生；进而将孔子之语"朽木不可雕也，粪土之墙不可杇也"，视为孔子对宰予之贬损性评价。如此，对于如烂木与粪墙之宰予，自然也就不可施功而教，亦不必责备或加以谴责了，继而再将孔子所言"于予与改是"，即宰予对孔子关于言行判断的思维予以矫正和丰富的积极作用，简单解读为孔子认为宰予之言行不一致，对宰予之品行加以否定，如此等等，宰予被描述成一个既无学习主动性和上进心的人，又是一个言行不一致的丧德之人，于是，宰予终于被塑造成千古以来恨不成器的负面典型。简言之，宰予被认定为孔子众弟子中最糟糕的一位，且是差得最知名的一位，与此劝导后学皆须以此为戒，不可堕落成"朽木不可雕，粪土之墙不可杇"之辈。如此等等。

然，无论从此节之语义，还是从宰予之实来看，如此之解读，无疑与"事实"相悖。"宰予昼寝"被彻底地误解或被颠覆性地偏离了其应有之义。

第二，作为孔子弟子的宰予，在众弟子中，无疑是独特的。可以肯定的是，宰予，绝不是一个乖顺的弟子，他不仅常对孔子之论提出异议，而且还常给孔子提出一些刁钻的两难问题。然不可否认的是宰予具有非常个性化的逆向思维，勤思善思、绝不盲从，表现出强烈的问题意识和独立精神，由此构成其鲜明而独特的个性，展现出思想之深刻性和思维的广阔性等诸多宝贵品质。从《史记·仲尼弟子列传》之载可知，宰予口齿伶俐，擅长辞辩，位列孔门十哲，足见宰予之贤能，实为卓然不群。诚如钱穆所按："宰我预于孔门之四科，与子贡齐称，亦孔门高第弟子。"

或许宰予有"负大志，居常好大言，而志大行疏"（钱穆）之诸多毛病。但是，如果宰予真若"朽木""粪土之墙"般不堪"雕"、无法"杇"，换言之，若宰予真是完全不值得培养的"材料"，且言行不一，又岂能随孔子游历列国，还能在其间，常受孔子派遣，使于齐国和楚国，并且能在孔子的众弟子排位中，入言科高才，位列孔门十哲？

于是，似乎形成一个真实的宰予与误读中设构的宰予，即两个截然不同的"宰予"。

同时，从孔子两次"曰"之言语及其真义，与孔子平素对弟子的评价或批评相比，似乎从未如此粗鄙与难听，孔子总是鼓励性地鞭策、启发和暗示而达到诱导、劝诫之功效，常令弟子有沐浴春风之感。

如果按照平素之解，孔子所言："于予与何诛?"和"于予与改是"，其语义则是相互矛盾的。

综上，常有的解读，无法真正将"宰予昼寝"与孔子的两次"曰"紧密关联起来，这说明此种解读之思路，从根本上偏离且掩盖了本节之真实主旨。

第三，本节的主旨，无疑是讨论"宰予昼寝"。从本节的语句结构和语义来看，首先是直陈"宰予昼寝"这一反常、蹊跷、怪诞之"事"，进而是孔子两次"曰"，亦因"宰予昼寝"而言，皆为"宰予昼寝"的补充性诠释。

其中，"朽木不可雕也，粪土之墙不可杇也"，指证"宰予昼寝"之根本原因，孔子言"于予与何诛?"，表孔子对"宰予昼寝"的理解和包容。对"宰予昼寝"，孔子虽不认同，但是不足以、不必加"诛"。与孔子面霸道乱世于弘道之乐观态度、积极姿态截然相反的是宰予悲观、伤怀而消沉、消极，惟以"昼寝"避乱世、抗拒霸道。如此，孔子之言，表他对宰予之悲观、消极予以劝导而非斥责。诚如戴望所释："孔子意谓天下虽乱，吾心自治，君子乐天知命，虽毁弃，何伤乎?"。而孔子接下来所说"始吾于人也，听其言而信其行；今吾于人也，听其言而观其行。于予与改是"，则是孔子自述从"言行"来考察人，从单纯的"听其言而信其行"，至"听其言而观其行"的变化，表明在此改变中肯定宰予的促动作用。这表明宰予对孔子完善其察人、识别思想的积极贡献。（于此，宰予本身是否言行不一致，尚有歧义，可存疑。断不可就此判定"宰予"就是一个言行不一致的人。）

第四，宰予为何"昼寝"?"宰予昼寝"有何深刻隐喻?

（1）如果说孔子面礼崩乐坏之霸道乱世，着力于匡扶礼制而救世，积极弘道，体现了君子自强不息、刚健有为；那么，宰予之"昼寝"，则体现了消极之阴晦、以不作为而"颓废"。如此，孔子之阳动，宰予"昼寝"之阴静，二者一阳一阴、一动一静，展现出积极与消极的不同立场、姿态，但二者的共同取向即是反动霸道。

（2）宰予为何"昼寝"？究其根本原因，孔子予以了陈述，即"朽木不可雕也，粪土之墙不可杇也。"

其一，"朽木不可雕也，粪土之墙不可杇也"，并不是孔子眼中的宰予之"质"，而是指称或指证霸道乱世之特征。戴望如是解之：不可雕之"朽木"和不可杇的"粪土之墙"，"二者以喻世乱，不可为治。"

其二，由此，面如"朽木"和"粪土之墙"之乱世，"宰予昼寝"，其本质含义即是"宰予伤道不行，故假昼寝以自晦其明。"（戴望）这样，"宰予昼寝"，表宰予面仁道式微，无力扭转乾坤而治，看不到仁道光复与弘扬之希望，深深伤怀而悲观，认为唯有"昼寝"，方可掩己之志、藏己之智，免被乱世所伤，遵循孔子"邦无道，免于刑戮"之教导。以今人之说，宰予只想做一只将头埋进土里的鸵鸟，无力治乱世，只好以"昼寝"而避世、以无声之消极而抗争世之无道。

更进一步而言，"宰予昼寝"，表征宰予处理自己与无道乱世关系的消极方式。如此，"宰予昼寝"，以不作为而表明与无道之世的不合作、不同流，以此不仅表明宰予与乱臣贼子、暴君之道不同，而且表明宰予与世道的一切皆无颜相向，耻于面无道之世一切违礼丧仁之污浊卑劣之人、之事。

其三，"宰予昼寝"，是宰予以极端反常之怪诞、错乱之行为，抗拒世之无道，由此形成宰予之犬儒式的生活方式，彰显出宰予另类之"智"、之"勇"。

第五，直接鲜明地批判霸道乱世，极力弘扬仁道礼法而救世，宰予认为不值得去为，无力而为，亦不可为。因为面对霸道恶政之滔滔，为弘道而积极、主动，不懈怠而倾力所做的一切，在宰予看来，于救世无济于事，这就表明宰予对孔子积极、乐观、明知不可为而为之的救世方案及其所为，持悲观态度与否定的立场。如此，在他看来，就其个人所能做的而言，缄默、消遁的消极方式，更具有反动力，于是，独宰予"昼寝"耳。

总之，当昼而眠，绝非"孔子责其志气昏惰"（钱穆）使然，而是宰予以违背常态之行为，以个人放逐、颓废与沉沦的独特生存样态，对无道之世予以无声反抗和绝望的控诉，由此，宰予之"昼寝"，无疑充满犬儒色彩，构成宰予维护礼法仁道的另类方式。

11. 克己之欲，阳刚之德

公冶长 5.11

【原文】子曰："吾未见刚者。"

或对曰："申枨。"

子曰："枨也欲，焉得刚？"

【译文】孔子说："我没有见过刚的人。"

有人回答说："申枨不是吗？"

孔子说："枨呀！他多欲，哪得刚？"

申枨：

（1）姓申名枨，字周，春秋时鲁国人，学习很刻苦，精通六艺，孔门七十二贤之一，世称"申子"。

（2）早年随孔子学习，每次和别人辩论，从不轻易让步，即使面对师兄或长辈时，申枨总是摆出一副强硬姿态，大家都对他退让三分。

乱世多行柔佞，违礼丧仁纵私欲、贪念者众，故而孔子言"吾未见刚者"。然世人常误将逞强好胜、逞凶斗狠视为"刚"，如是子路、申枨也。孔子以申枨为例，突出"欲"与"刚"之相悖性关系，强调"多欲"则无以成"刚"。恰似二程所注："人有欲则无刚，刚则不屈于欲。"

"刚，谓强志不曲挠"，而"欲"非指生存之正常合理之需要，亦非简单地指贪财好物，摄取与占有实利之索求，而是指缺乏明辨是非之心而一味和别人争、想胜过别人的私心，如是申枨虽性格正直，但却喜好逞强争胜，往往流于感情用事，即是"多欲"。如此，"欲"表人偏执之念，指人心无道而重偏私之胜、之强，进而表征为贪心、贪念而突出己。"欲生于阴，刚者阳德。阳主善，阴主恶。"（戴望）如此，孔子强调君子当克己之私欲，抑己之贪念，不为私欲、贪念所宰制与挟持，其心则刚，其志则坚，其人则必是刚毅坚卓、扬善止恶、成道义之刚德。恰如钱穆所释："刚德之人，能伸乎事物之上，而无所屈挠。富贵贫贱，威武患难，乃及利害毁誉之变，皆不足以摄其气，动其心。凡儒家所重之道义，皆赖有刚德以达成之。若其人而多欲，则世情系恋，心存求乞，刚大之气馁矣。"

孔子言"吾未见刚者"，直指乱世人心之私盛，只剩下争强好胜、争雄斗狠之纵私欲者，未见仁义刚德之君子，以此批判乱世之无"仁"背"礼"；进而纠正世人对刚德认知之片面与肤浅，确立君子忌"多欲"而养刚德的进德路线，教导世人置身乱世，切不可受"欲"之蛊惑而成"欲"之奴隶，须克己守仁而行义，成刚德之君。

人多欲则无刚，但无欲并不等于"刚"。如钱穆所释"此章仅言多欲不得为刚，非谓无欲即是刚。如道家庄老皆主无欲而尚柔道，亦非刚德。"为此，关键在于刚德之本质在于以"刚"制"欲"，不为"利"所惑。如此，君子当克己之"欲"，取道、向道、为道而生、而在。

具体而言

第一，孔子之论，以"欲"与"刚"之关系为主线，言君子须养刚德而节"欲"，奉克己之心而扬仁道礼法，不为"私欲"所主宰，不被乱世所吞噬，以"刚"而立，以"礼"而行，为"仁"而生。

对于孔子此论之主旨，张居正予以了较为明晰地诠注："观孔子此言，可见有欲则无刚，惟刚则能制欲，凡学为圣贤者，不可以不勉也。然先儒有言，君德以刚为主。盖人君若无刚德，则见声色必喜，闻谀佞必悦，虽知其为小人，或姑息而不能去，虽知其为弊政，或因循而不能革，至于优游不断，威福下移，其害有不可胜言者，欲求致治，岂可得哉！然则寡欲养气之功，在人君当知所务矣。"

第二，孔子开篇感叹"吾未见刚者"。此断言蕴含着孔子对当世盛行的柔佞之不满和批判。因为在孔子的眼中，生活在当世的人们被利、被欲所驱所因，本质上都是功利主义的生存，丝毫无道义之担待。这与孔子所倡导的刚毅坚卓之君子人格彻底相违背。同时，孔子通过表达自己对现世的评价，也劝诫众弟子不能因贪念、贪欲而弱化甚至瓦解了自身应有的刚强、刚毅、刚健品格。如此，孔子围绕着"刚"与"欲"的关系，加以具体论述。

进而言之，孔子主要揭示了"欲"与求"道"、闻"道"的背离关系，告诫弟子，心要向"道"，为追寻"道"而在。如此，就应该节制己欲，绝不可沉溺于"欲"之中，为"欲"所困，成为"欲"的奴隶，而当超越"欲"，养成"刚"德。在这里，孔子直接表达了君子当以"刚"制"欲"，以"刚"而立身的基本立场和观点，期许通过克己之"欲"，成"阳刚之德"。

第三，为何"欲"与"刚"是背离性的关系呢？为了解开二者的关系，需要对"刚"和"欲"的内涵加以括定。"刚"与力、劲、强、健、坚、硬等词义或相同或相近，意指"刚强""刚毅""刚健"。在这里，"刚"主要是指人的品质、意志。进而言之，"刚"非一时之"勇"，是说人有天地之正气，又有道德礼仪，所以能行事光明磊落，深沉而果敢，富贵不能淫，贫贱不能移，威武不能屈，此为"大丈夫"品格。"欲"，一般而言，即指人的欲念、欲望，是人的生理与心理需求。在本节中，"欲"主要是指人的"贪念""贪欲"，尤指一己之私欲。

"刚"为何与"欲"是背离性的关系呢？在孔子看来，"欲"会侵蚀"刚"，因为"刚"的品质和意志，需要内心的干净、纯真、纯正来支撑，这就需要对"欲望"，尤其需要对物欲、贪欲加以克制甚至根除，因为贪欲太多，就会沉溺于对名声、地位、权力、金钱、美色等的追逐之中。为了实现和满足这些强烈的"欲求"，难免颠倒是非、混淆黑白、屈膝献媚、见风使舵、投机取巧、弄虚作假、拉帮结伙、行贿受贿等等，从而陷入阴暗、龌龊的利益旋涡之中。如此，生命中正大光明、坚韧不屈之天德何以可能养就？又何来刚正不阿、强健不屈之气节呢？在孔子看来，一个人的欲望多了，就会违"礼"，进而丧"仁"。由此可见人的欲望过多，将搅乱心智，被物欲控制、被物欲击败。直言之，被"欲望"主宰的人，就会因"欲"而心动，偏离正道，如此之人，既不"义"，亦不可能"刚"。从这一意义来看，君子心怀仁德、具有高远之志，就应该懂得控制欲望，舍弃各种欲望，杜绝各种贪念、贪欲，做到心境清明，一心向"道"，而不是被欲望控制。

径直地说，"欲"与"刚"关系之本质，乃为"利"与"仁"。"刚，本乎性；欲，出乎情"，"欲不能无求，不能无求，则不能无挠也，故曰：'枨也欲，焉得刚？'君子之于欲也，寡之，使不胜；窒之，使不行；其固，不为物倾；其完，不为物亏。"而"欲不行，然后能刚。能刚然后近仁，则欲仁不可不刚，欲刚不可以有欲也"，"生不交利，可谓之无欲。"（陈祥道）如此，孔子将"刚"作为君子人格必具之特质，从而使孔子所倡导的"仁"更为具体化。这样，"刚"作为君子品质不可或缺之维度得以确立，使君子人格更为饱满而完整。

第四，孔子对其弟子申枨的评价，进一步明确"刚"作为君子之德的内在规定。"君子所贵，刚于内而已"，恰如"子路之不求，所以能全勇之名。孟子之不动心，所以能全至刚之气，此皆以直养而无害者也，盖欲之不行。"（陈祥道）当孔子对世态中人的品质皆为"欲"所动之状态而感叹："未见刚者"时，有人就直言，孔子的弟子申枨就很"刚"。

孔子对世人予申枨"刚"的评价以彻底否定，并且通过该种彻底的否定，切断了"欲"与"刚"之间任何可能的通道和桥梁，更为鲜明地凸显了"刚"

之本质。因为申枨之"刚",并不是孔子所说的君子人格内在的"刚毅""刚强"和"刚健",而只是一种"血气方刚""逞强好胜",二者间有根本性的差异。申枨因多"欲",则不可能"刚"。孔子以"枨也欲,焉得刚?"之反诘,将"刚"与"欲"的关系对峙起来。如此,表明孔子所言"刚",绝非因"欲"而生之强硬。同时纠正世人不明"刚"之内蕴而将申枨之好胜之心、强硬之态误判为"刚"的偏识,从而更明确"刚"之本质。

第五,"刚"乃是君子之"气节"、之"风骨"。"刚"作为君子应具有的一种优秀品德,是不为利益所左右的独立坚守,不畏权势压迫而屈服之挺立,是执着弘道之坚毅不弃;恰如《周易·乾卦》里所言:"大哉乾乎! 刚健中正""天行健,君子以自强不息。"如此,孔子提倡君子当效法于天,刚健立身,自强不息。这样,仁者才有大爱、大公,刚者才可无欲、无私而不被"欲"困扰。

抽象论之,"刚"涵括刚的精神、刚的品质和刚的性格。孔子所强调的君子之刚的精神和刚的品质具有内在性,从而否定那种头脑简单、进退无据的刚烈,乃至刚愎自用、外在性的强硬。如此,孔子主要是从精神和品质之维强调"刚"。至于性格之"刚",其利弊因时地事有别,不可一味"刚"而"硬",而应该刚柔兼具,据情而定,非一概而言。孔子倡导"中道",即是规定"刚"而直之合理限度。

第六,孟子继承和发扬了孔子所言君子之"刚",主张君子当养"至大至刚""塞于天地之间"的"浩然之气",成"富贵不能淫,贫贱不能移,威武不能屈"的"大丈夫",这是对孔子"刚"之丰富和推进,更具精神震撼力,使君子之"刚德"更为鲜活生动。

第七,不可否认,现代社会,以"人权"之名,释放了人之"欲",给个人之私欲抑或贪念予以了更大的空间,并视之为社会发展的动力。现代社会对人欲的肯定,与孔子所要塑造的君子人格之刚德对"私欲"的节制之路线,非同道也。

孔子重以个体之"刚"对"欲"加以节制与弱化;现代社会重以外在律法来加以限定。孔子以"刚"制"欲",乃是克己而自律,追寻生命之自觉、生活之自主,超越"欲"之宰制,实现循道之自由。

总之,孔子通过甄别、厘清"刚"与一己之"私欲"(贪念、贪欲)之关系,表明人一旦心存贪念、贪欲,就不可能养出"刚"德。私"欲"乃是修成君子刚德之最大障碍。如此,孔子希望世人自觉弃绝"(贪)欲",身心清净,培育自己健康良好的品性、刚正光明的精神、意志与气质。若真做到"刚",那么,距离"仁"也就不远矣。

孔子通过"刚"与"欲"的关系解剖，昭示世人当摈弃屈于物之懦弱心，斩绝过强、过度的"私欲"，回归"刚"的生命气象。唯有如此，"刚德"才得以彰显，从而生成挺立于天地间、刚毅不屈而健全的"人"来。

12. 不止恕道，而当达仁

公冶长 5.12

【原文】子贡曰："我不欲人之加诸我也，吾亦欲无加诸人。"
子曰："赐也，非尔所及也。"
【译文】子贡说："我不愿别人强加于我，我也不愿强加于别人。"
孔子说："赐呀，这不是你所能及的。"

子贡止于"恕道"而自足，孔子警示他尚未达"仁"，劝导与鼓励子贡须反求诸己而进德，达到真正的"仁"之境界。

子贡从"己"与"人"之关系视角，否定彼此的"加诸"，突出"恕道"。然，从子贡所言之语序可见，子贡依然是以"我"为始、为中心，仅当自己受到人之加诸之后，才想到不加诸人，而非主动地"欲无加诸人"，尔后"不欲人之加诸我"。如此，表子贡之"恕道"，仍以消极姿态践仁，孔子因之评价"非尔所及"，表明在孔子看来，唯有达"仁"之境界，才能做到不仅"无加诸人"，而且可消解"人之加诸我"，由此向子贡展示出从"恕"至"仁"之进路。

"强恕而行，求仁莫近焉。"（孟子）子贡如是焉。子贡向师表习学之心得，悟"恕道""不加诸"之要义，将"恕"等同于"仁"，然未觉"仁者，人之德也，恕者，行仁之方也"（程瑶田）之深意，露出子贡之浅薄。如此，孔子告诫子贡须进一步加强修养，促己从消极之"恕道"提升而达积极之仁道。

师徒之对话，表子贡止于"不欲"而"欲无"之"加诸"，本质上即是践行"恕道"而已，其修德之层次未达"仁"之要求。如是，子贡袒露己之问题，解无知之蔽，彰显子贡之诚。

具体而言

第一，子贡善思好问，常将己之所得、所悟求教于师，希望得到师之点拨。前有"子贡曰：'贫而无谄，富而无骄，何如？'"（《论语·学而》）之问，今有"子贡曰：'我不欲人之加诸我也，吾亦欲无加诸人'"之思。其所问、所思，皆指向人生修行之仁德境界。子贡所得、所悟，既得到孔子的肯定，亦受到孔子之引导，从而发现己之不足而不断修进。如此，子贡一己之所思、所悟，既是子贡修德折射出的困境和问题，亦承载与表征了攀爬于"仁道"之途上的众生所共同面临的问题。从这一意义而言，子贡之问、之悟，乃是以其个别性与特殊性表征德修之共同性与普遍性问题。

第二，曾子有言："孔子之道，忠恕而已矣。"（《论语·里仁》）子贡将"己所不欲，勿施于人"之"恕道"置于实际的生活交往语境中，简化为具有可操作性的"我不欲人之加诸我也，吾亦欲无加诸人"，以便恕道之践行。

子贡直陈己对恕道之悟，孔子予以中肯之评价："非尔所及"。对于师徒之对话，诸家予以了诠释和解注。

陈祥道释曰："孔子曰：'不使不仁者加乎其身，所谓我不欲人之加诸我。'又曰：'己所不欲，勿施于人。'所谓吾亦欲无加诸人也，君子以仁存心，以礼存心。仁者爱人，有礼者敬人，爱而且敬，则我无加诸人矣。然横逆有时而至，亦所不免也。盖我无加诸人则易，人无加诸我则难。子贡不能匿人之过，其于是之易者，犹或未能，况其难者乎？故曰：'非尔所及也'。"

朱熹释道："子贡言我所不欲人加于我之事，我亦不欲以此加之于人。此仁者之事，不待勉强，故孔子以为非子贡所及。程子曰：'我不欲人之加诸我，吾亦欲无加诸人，仁也；施诸己而不愿，亦勿施于人，恕也。恕则子贡或能勉之，仁则非所及矣'。愚谓无者自然而然，勿者禁止之谓，此所以为仁恕之别。"

戴望注曰："加，陵也。人以非义陵己，己所不欲，吾则欲使其人无陵于人。自彼视己，己亦他人。子贡盖欲以恕道喻之，使自化。欲化人，使不加非义于己，其道则难，故曰'非尔所及也'。"

从诸先贤之释注中可见，子贡所言"吾亦欲无加诸人"，表"仁者""有礼者"之为，属"易"；而以此化人，以达"我不欲人之加诸我也"，则"难"。如此表明，子贡所言"恕道"未能达到"仁"之境界，因此，不能解决"我不欲人之加诸我也"这一难题。这一难题对于子贡而言，恰好表征了"是故君子有诸己而后求诸人，无诸己而后非诸人。所藏乎身不恕，而能喻诸人者，未之有也"（《大学·第十章》）之理路。如此，孔子所言："赐也，非尔所及也"之评价击中了子贡的问题之所在，并以此警示与教导子贡。

第三，师徒对话，从己与人的关系入手，以"不欲"和"欲"表主观诉求，以"加诸"为道德事实，确立践行"恕"而指向"仁"。换言之，师徒对话之根本即在讨论"恕"与"仁"的关系，从而指证子贡悟且践行"恕"之局限性，强调惟有达成"仁"之境界，方可解构"人之加诸我"，成就"仁"之道德自觉与自主。

具体而言，师徒对话，包含着两个层次，首先是子贡以"不欲"和"欲"的矛盾关系为切入点，以"加诸"为关键，表达自己的主观诉求和意愿，表呈子贡对"恕道"之悟；其次是孔子对子贡此类诉求与意愿的评点，指明子贡所悟、所践行"恕道"还必须加以超越与提升，为子贡进德指明了方向。

"我不欲人之加诸我也"所表达的是"我"对别人加诸于"我"的"一切"持拒斥态度，强调自我道德生命、生活的自主性和独立性，这类似于个人生命的独立宣言。"我"只听命于我的道德意志和道德理念的指令，而不愿接受、承担、承受来自我之外的任何人强加或附加于我的一切。这是从消极方面突出和强调"我"的道德自立、自主，这是一种不受干涉的要求；而"吾亦欲无加诸人"所表达的是"我"对自身的道德自律、自我规范与约束，不将自己的意愿强加于他人，让他人也如我一样，具有独立性和自主性，对其他人不应加以干预、阻止。如此，以"我"为"原点"而"推己及人"，形成道德主体之间彼此独立、自主的关系，而不是你加诸于我、我加诸于你，彼此钳制、绑架与胁迫。由此，子贡之论，无疑凸显了每一个人都应该自律而自止。

"吾亦欲无加诸人"，表自我收敛而不强加、不胁迫人，这是仁者、有礼者，爱人、敬人而行"恕"之具体表征；而"我不欲人之加诸我也"表拒斥他人于我之强加和胁迫。然"我不欲人之加诸我也"，要得以实现，须超越"恕道"而达到真正的"仁"的境界。如是"所恶于上，毋以使下，所恶于下，毋以事上；所恶于前，毋以先后，所恶于后，毋以从前；所恶于右，毋以交于左；所恶于左，毋以交于右；此之谓絜矩之道。"（《大学·第十一章》）简要地说，惟有成仁者，"我不欲人之加诸我也"才具有真实的现实性，而不是仅仅停留于主观之"不欲"。这也就表明，子贡尚未达及"不欲人之加诸我"之道德境界。如此，孔子言"非尔所及也"。对此，孔安国注曰："非尔所及，言不能止人使不加非义于己也。（皇疏引袁氏云:）非无过者何能不加人，人亦不加己，尽得理，贤人也，非子贡之分也。"

第四，子贡所期待和设构的以"恕道"为本质之"道德图景"，内蕴着一种悖论，预示着一种道德乌托邦的思维。事实上，"我"所能做到的，或最大限度地能做到的，只能是"无加诸人"。该种主观意愿，经过道德修为，是可以实现的。正因为如此，"己所不欲，勿施于人"，才被推崇为一种"仁德"。但是，"我"却不能要求别人不加诸于"我"。而"我"一旦表达不愿意接受他人加诸于我，要求他人不能将他们的意愿加诸于我，其本身也就将"我"自己的意志加诸了他人，于此，构成了一个原悖论。在现实生活中，"我"只能管束我自

　　　　　　　　　　　　　　生活哲学视野中的"论语"研判

己，不将自己的偏好、好恶加诸他人，让他人成为我的意志的载体或延伸对象，但是我却不可能要求他人对"我"秉持如我待他人一样的原则。不可否认，任何一个"我"均时常承受着他人的加诸、忍受着他者加诸于我的诉求和意愿。在此，子贡以"我"之主观意志、意愿为基本的尺度，以"我"待人的方式而要求他人，内含着冲突与悖论，不具有可实现性。从这一意义上来看，这一悖论恰好表达了"恕道"之不足。在孔子看来，惟超越"恕道"之"仁"，方可解除这一实质性悖论。

第五，正因为如此，孔子对自信满满的子贡，评价道："非尔所及也"。在这里，倒不是孔子觉得子贡的能力不能达及，而是孔子对子贡所提出的那种道德境况的现实可能性和可行性持否定的态度和立场。如果说孔子发现子贡所表达的主观意愿中存在的矛盾，而这绝非子贡个人的道德境界与能力的问题，而是生活世界不同的个人之间的道德关系之张力使然。

子贡以"人同此心、心同此理"为先验预设，从"我"出发，推导他人与"我"的道德一致性，从而构建出个人道德独立、彼此"孤立"之状的道德图景来。不过值得肯定的是子贡虽然未能自觉意识到，并寻到解决问题的方式，但却真实地触及实际生活中的"矛盾"。

总之，子贡觉悟"我"可以做到"不加诸于人"，然却无法要求他人"不加诸于""我"。如此，子贡所设构的行"恕道"之道德图景，孔子断曰："非尔不及也"。

子贡所设构的道德理想，因其内蕴着道德悖论，预示着子贡所追求的"恕道"，不具有可践行性，以此表征子贡止于"恕道"之局限性，指示着超越"恕"而向"仁"提升之必要。

在师徒的对话中，值得充分注意的是"孔门之教，重在尽其在我，故曰此非尔所及"，以此凸显"孔门教人，主反求诸己，主敬尽其在我。"如此，孔子之言，乃为"教子贡者"须进德于"仁"，而不能止于"恕"。唯有如此，方可"心日广，德日进矣。"（钱穆）

13. 性与天道，不可得闻

公冶长 5.13

【原文】子贡曰："夫子之文章，可得而闻也；夫子之言性与天道，不可得而闻也。"

【译文】子贡说："老师讲授的礼、乐、诗、书的知识，依靠耳闻是能够学到的；老师讲授的性和天道之论，仅依靠耳闻是不能够学到的。"

"天道远，人道迩"。孔子多言人道，授礼乐诗书，育弟子重现实之精神，谋弘道之策，学而习之，行修齐治平之志；而对性和天道，常是存而不论，少直言之，但凭弟子之参悟而得。"孔子之道，出而致广大，则为文章。入而极高明，则为性与天道。子贡得其言，故于文章可得而闻；未得其所以言，故于性与天道，不可得而闻。"（陈祥道）

"文章，德之见乎外者，威仪文辞皆是也。"（朱熹）"文章"，即是六艺与修齐治平之学，此属人道。人道敏政，诸弟子所共修，孔子常寓理于事，直道无曲，故可得而闻之。"文章"彰"用"，"性"与"天道"乃为"体"。求用而重"文章"，其"体"自是秘而不宣，故"不可得而闻也"。同时，"盖性在我者也，未尝不在天；天道在天者也，未尝不在我。"如此，"上士闻道，勤而行之，颜子是也；中士闻道，若存若亡，子贡是也。孟子之言性善，自其离于道言之；孔子之言性，自其浑于道言之。故孟子之言，虽告子有所闻；孔子之言，虽子贡有所不得闻。"（陈祥道）

熟谙《易》《春秋》的孔子，"不以设教，传其人不待告"（戴望），仅"教人始于《诗》《书》，终于《礼》《乐》"，传弟子之"用"，避不言"体"；传其"然"，未传"所以然"，故子贡以受教弟子之深切感受，从"可得而闻"与"不可得而闻"，"得其言"于"文章"，"未得其所以然"于"性与天道"，表征出孔子传授内容之层次特点，展现出孔子之"教"与"不教"的内在逻辑，体现了"善教者必有善学者，而后其教之益大，教者但能示以所进之之善，而进之功，在人之自悟"（王夫之）之深刻性，从而凸显孔子教授弟子致用救世之主旨与目的。

就文章与性、天道之关系，事实上表孔子所言："形下"与"形上"、

　　　　　　　　　　　　生活哲学视野中的"论语"研判

"术"与"道"、"末"与"本"、"显"与"隐",进而呈现出"感性"与"理性"的层次差异,子贡以"可得而闻"与"不可得而闻"予以剥离,表其未曾通过可闻之"文章"达不可闻之"性""天道";同时亦警示悟孔子之道绝不可局限于、止于"可得而闻也",尚须深透于"不可得而闻"的层次。如是蕅益所释:"言性言天,变成文章;因指见月,便悟性天。子贡此言,只得一半。若知文字相即解脱相,则闻即无闻;若知不可说法,有因缘故,亦可得说,则无闻即闻。"江谦就此补注:"除却性道,安有文章,文章即性道之显者也。既云孔子之言性与天道,即非不言。不可得而闻者,闻而未信,信而未解,解而未行,行而未证之差也。"

具体而言

第一,"文章",即指孔子所传授的诗、书、礼、乐等,这些内容是孔子教导弟子们修齐治平之具体原则与方法,可表征为日常生活中举止言谈之规矩甚至仪式,抑或为一定的言辞议论,有条有理、有节有度,这些都是道德精神和理念即"性和天道"的外显,是具体的,具有直接性和可感受性。孔子授这些内容以教化众弟子,具有直观性和可操作性,没有丝毫隐晦之处,让人可感、可触、可遵循而行。如此,子贡认为,对此等内容的接受和体认,只需要听闻即可以获得。只要不闭目塞听,只要对孔子所授不"置若罔闻",只要"在场",那么,经过"耳濡目染",孔子"文章"之内容,即"可得"而知晓。此为"孔子之文章,可得而闻也"。

但是,子贡告诉世人,孔子之学问,不仅仅外显于"文章",其"文章"之内里、之本质、之灵魂,即是隐秘深刻的心性法则和宏阔深远的天道,这才是须深究而要得到的"根""本"。"文章"彰孔子之言,"性""天道"表孔子"所以言"。如此,对"性""天道"的把握,如果再按照对"文章"的学习方式,则不可以得其要领、把握其精髓。因为"性"和"天道",既蕴藏于"文章"之中、又高于"文章",这就是以"仁、义、礼、智"为内涵之"性",以及以"元、亨、利、贞"为主旨、指向宇宙人生之根本道理的大学问;它们不是外显的,而是隐秘的,不具有可直接感受性特质,其义理非常微妙和玄晦,深微难知。如此,如果依然按照得闻"文章"之法,那将是"一无所获",因为孔子所言的"性"与"天道"或"天命",若仅凭人的感官是无能为力的,"不可得而闻"之。在此,子贡否定了以"得闻""文章"之方式来把握"性""天道"之可能性,从而突出与强调了对孔子学说的"性"与"天道"的把握,需要用"心"去辨识、用"灵"夫参悟,方可融会贯通得其要领;正因为如此，子贡告诫大家，孔子的心性之学、天道之论，其中蕴含的深奥神妙，非听闻可抵达，须自个儿用心体悟方可得之。

第二，子贡在此处提出因"对象"之差异，学习与认知亦需要运用不同的方法和思维方式。在此形成学习孔学之两个层次或阶段，展现为一个渐进圣化的过程。通俗而言，子贡所言孔子的"文章""心性"与"天道"，分属"感性认识"或感性体认和"理性认识"。这就内在要求超越感官的"感知"而提升到心智之思、心之参悟，切勿怠学而止于"听闻"。

第三，应该说，子贡之言，既表子贡问学于孔子的直接感受，更是子贡将自身的直接感受凝成对孔子授学特征之论断。"文章"为孔子之"所言"，"性"与"天道"为孔子之"所以言"。如此，切不可止于"所言"而"浅尝辄止"，须进到"所以言"，追究其所言之"性"与"天道"，方可得其要义和真谛。

第四，通过子贡之语表达问学有层次和阶段，在不同的阶段，其方法、手段和原则，因为"对象""任务"之别，要求须有意识地根据对象、任务之别而改变方法、手段和原则，绝不可"如法炮制"或"一概而论"，需要不断超越直接性和外在性，深入内里和根本，从而不断提升己之见识的层次和修为的境界。

第五，子贡此语，自然对那种认为只需以耳"闻"，不必用"心"，即想获得孔子之学的真谛的错误思想，以及满足、止步于对初步的、外在的道德显现的获取和了解，予以了批评，从而强调不仅要耳聪目明地掌握孔子之"文章"，而且必须要以心之虔诚、心之专注，全力参悟孔子所言之"性"与"天道"。惟如此，对孔学之把握才不止于皮表，而渗透其内里，得其要旨。

总之，"文章"为"用"，可传，弟子即"可得而闻"，"性与天道"为"体"，孔子未曾多言，故"不可得而闻"。如此，须弟子自个儿体悟。恰如《礼》曰："天命之谓性，是在我者，未尝不在天也。"正是在这一意义上，陈祥道解曰："孟子之言性善，自其离于道言之；孔子之言性，自其浑于道言之。故孟子之言，虽告子有所闻；孔子之言，虽子贡有所不得闻。"

孔子之道，乃在"可得而闻"之后。如此，恰是那"不可得而闻"之"性与天道"构成了孔子之道隐秘的真谛。

14. 子路所患，行不逮闻

公冶长 5.14

【原文】子路有闻，未之能行，唯恐有闻。

【译文】子路在听到一条道理，尚未能亲自实行的时候，惟恐又听到新的道理。

记述者以"闻""行"和"唯恐"，生动而形象地描述了子路专心一意践行仁道之行事特征，彰子路用心"闻道"而敏于行、勇于行的君子风范，赞子路之贤德。

"君子有三患：未之闻，患不得闻；既闻之，患不得学；既学之，患不得行。子路勇于必行，其患又过于此，故有闻未行，唯恐有闻而行之不逮也。"（陈祥道）子路闻孔子之道，倾力而行，以"行"践"闻"，乃躬行践"道"，如是，"唯恐有闻"表子路切切落实所"闻"于行中，突出"子路不急于闻，而急于行。"（朱熹）"闻读如闻斯行诸之间，行读如闻行诸之行。"（戴望）表子路果敢、务实，重行、急于行之特质。

然，子路刚猛耿直，"闻"之即"行"之；从"暴虎冯河"看，孔子认为子路乏"中道"，略有蛮勇之不足。如此，子路"有闻，未之能行，惟恐有闻"，表"子路长处在此，病处亦在此。若知不许夜行，投明须到之理，便如颜子之从容请事矣。"（方外史）正是在这一意义上，"孔子于其无宿诺，则美之；于其兼人，则抑之。美之所以长其善，抑之所以救其失。"（陈祥道）亦如戴望所言："子路郇人之急，常若不逮，孔子以为博施济众，尧舜犹病，故尝戒其兼人也。"

具体而言

第一，通过孔门人之记载，突出子路力求实现"认知主体"和"行为主体"即知、行统一的君子特质。记载者以"闻""行""恐"三者之间的时间关系所构成的内在推演，形成了"知"—"行"—新"知"内在的张力，呈现出一个鲜活的子路形象，勾勒出子路的精神风貌和人格特质：果敢、务实，敏于行、急于行。恰如朱熹所释："前所闻者既未及行，故恐复有所闻而行之不给也。"

第二，从这一节记述的文辞来看，"子路有闻"，何所"闻"？似乎没有明确，但是，从子路的整个人的个性来看，其所闻应该是"为善之话、为善之理"，即为"孔子之道"。如此，文辞中承载的意义，就应该是指子路对他所听到、知晓和懂得的每一个善之思想、善之道理，都会急切地躬身践行，并且要追求践行的良效，绝不停留于"有闻"，而且要认真地将之付诸于行动。这种于一善思、一善理，只有听闻，就"雷厉风行"的态度与风格，正是君子"敏于行"之具体体现。进而言之，子路对孔子之道的践行，表子路对孔子之尊奉，彰子路为弘道而践行的生命存在方式：以"行"践"闻"。

第三，在孔子的众多弟子中，子路个性特征鲜明。相比较而言，颜回是"讷于言"的典型，沉默寡言，能"闻一知十"，深刻理会孔子之道的真谛。如此，颜回应是一个思想型的君子；相反，子路，则是快人快语，说话未必一定经过深思熟虑，说话、做事亦多有冒失，但是，他的特点是敢于、勇于和擅于行动，即"敏于行"。如此，可以说子路是一个实践型君子之典范。如果这样的区分是恰当的，那么，就不难理解，子路之"唯恐又闻"之真正的意义了。

第四，子路这种听到、知晓，就必"做"的行事风格，以及他遵循"一事"与"一事"有条不紊、不错乱，按照其本身的秩序和要求而渐次践行的衔接原则，构成了他的实践型君子的真正独特的范式。如此，子路"前所闻未及行，故恐后有闻，不得并行也。"（孔安国）

当然，我们并不能以此而认为，子路担心听到、知晓的善思、善道多了，而是担心、忧虑前一个善思、善道尚未做彻底、做踏实，又因仓促启动下一个，从而难以保障每一个善思、善道实施的良好效果，最终流于形式、败于贪多无功。

总之，通过描述子路"闻""行"之特点，凸显对君子有闻、有知必践行、必讲究践行质量之要求。如此，此种笃行的原则，不仅对于"知"而"不行"的道德空想家、站在岸边不下水的道德话语操练者，而且对于不脚踏实地着力于每一个善思、善道的落实，不专注干好每一件从善思至善行的转化，一味贪多好大的空泛、空乏之思想或做法，无疑都具有深刻的批判性。

子路在听到仁道、善言之后，践行之前，害怕践行不好，而当他展开实践、完成实施之后，渴望新善言的急切与期待的心情是可以想象的。反过来，子路闻到善言、善思、善道之后，唯恐迟迟不能践履；开始实施而尚未完成一个善思、善道之时，又担心另一个善言、善思和善道来不及加以践行与落实；子路因之而产生时不我待的紧张感与紧迫感，不仅担心与忧虑一件事都干不好，而且更深层次的焦虑是觉得自己此生太短、时日不多，没有时间去实践已经听到的一个接一个的善言、善道。

从该记述的整体予以而言，其重点非简单赞誉子路重行之品格，而是表子路有行、重行而略微乏智，故而难免因急于行陷入急躁而鲁莽，劝诫其须更从容而行。如此，子路"有闻，未之能行，惟恐有闻"，表"子路长处在此，病处亦在此。若知不许夜行，投明须到之理，便如颜子之从容请事矣。"（方外史）

15. 敏而好学，不耻下问

公冶长 5.15

【原文】子贡问曰："孔文子何以谓之'文'也?"

子曰："敏而好学，不耻下问，是以谓之'文'也。"

【译文】子贡问道："为什么给孔文子一个'文'的谥号呢?"

孔子说："因为他聪敏勤勉而好学，又不以下问为耻，所以得谥号为'文'了。"

按钱穆解："卫大夫孔文子，(《左传》载)其人私德有秽，子贡疑其何以得谥为文，故问。"对此，卓吾云："于子贡身上，亦甚有益。盖愿息，悦不若己，是子贡病痛耳。"如此，通过子贡与孔子就孔文子为何以"文"为其"谥"的问答，明晰与落实了谥号"文"之内涵；在此基础上，孔子提炼出影响深远的问学方法和追求真学问之精神："敏而好学""不耻下问"。

具体而言

第一，子贡疑而不解：孔文子"何以"，即"凭什么?"可以在死后获得"文"这样一个好的"谥号"? 以此为问，请教于师。

在中国古代，有爵位的人，死后都有"谥号"。而"谥号"则是世人根据此人生前的德行而定的。一个人的"谥号"或是美名或恶名，这就是所谓的留下"身后之名"，也算是世人对某人一生功过是非之最后的"盖棺定论"了。对此，戴望释注曰："《礼记》：'生有善行，死当加善谥。'古者葬而后举谥。天子崩，称天以谥之。诸侯受谥于天子，卿大夫受谥于君。周人以讳事神，名，故终称谥也。"

孔子文，魏国大夫孔圉，身后之名为"文"，这是一个相当好的"谥号"。于此，子贡对孔圉获得"文"这样好的"谥号"是否"名实相副"产生了质疑，追问孔圉与"文"相配的品质到底是什么?

面对子贡的怀疑与质问。孔子径直而明确地予以了回答。在孔子看来，孔圉之所以获得"文"这样的好"谥号"，正是因为他具有两个显著的特点或品质：即"敏而好学"和"不耻下问"。

孔文子能做到"敏而好学,不耻下问,则其近于善也不难矣。"(钱穆)如此,其谥号为"文",则表明"敬,文之恭也;忠,文之实也;信,文之孚也;仁,文之爱也;义,文之制也;智,文之舆也;勇,文之帅也;教,文之施也;孝,文之本也;惠,文之慈也;让,文之才也。文之所施不一,故古之为谥者,多谓之文。"(陈祥道)

到此,应该说这师徒二人之一问一答,已经很清晰地将"问题"搞明白了。从此可以看出,孔子对于子贡的疑虑、质问,不回避而是直接回答。这构成一幅孔子与弟子相互讨论或论辩的场景,同孔子有时候对弟子的问题"避而不答"而启发弟子们思考,或有时候让弟子们之间讨论以让弟子们相互回答等情况相比较,更加"短兵相接";在此节中,可以看到,孔子通过解子贡之"惑",客观上达到了"传道"之目的。这是一个以"微"见"宏",对弟子的思想具有由具体而抽象的思维提升过程。

第二,孔子在回答子贡的问题时,提出了支撑孔圉"谥号"之"文"的两个关键性特质:即"敏而好学"和"不耻下问"。

关于"敏而好学",戴望认为乃是"言其勤学好问,应谥法也。"其"敏"和"好"都是指向"学"。"敏"是学习者的一种对"问题"的敏锐、敏捷发现、捕捉的特点,是对学习、探讨问题的勤勉,直言之,就是对学问异常敏感、敏锐,具有鲜明的"问题意识",并且"好学"。"好学"不仅勤思,而且更重要在于"善思"。应该说这是问学中一种自觉、主动、积极的精神状态,也是问学之人必须具备的非常良好的精神状态和思维品质。有了这种思维品质和良好的精神状态,就会不断在他人视而不见处发现"问题",就会渐次形成自己学问"独辟蹊径"之个性。孔子以"敏而好学"具体地描述了孔文子"学"之状态,如此,孔文子勤敏、兴趣浓厚而发愤为学的鲜活形象得以呈现。

关于"不耻下问"。所谓"下问",即指"以能问于不能,以多问于寡,不专指位与年之高下。"(钱穆)孔文子能做到"不耻下问",表其"问于下臣",能"善善从长,恶恶从断。"(戴望)从更深层来看,其"下问"而"不耻",表其在"问学"路上,惟"学"至上,彰其问学之诚、之敬、之乐,是为真"好学"者。

"敏而好学",侧重地表征孔文子"为学"的心智特征,"不耻下问"则突出"为学"之行为和价值取向,是其"敏而好学"最为突出的表现,由此构成孔文子"谓之文也"之"事实"依据。对此,陈祥道予以了深刻的诠释:"孔子谓:敏而好学,所以聚之也;不耻下问,所以辨之也。好学则资诸已,下问则资诸人,此所以谓之文也。"

在等级社会里，人有尊卑之分，地位有高下之别。同时，学识、见识也有优劣之殊。孔文子的可贵之处，就在于能"下问"，且不以之为"耻"而彰其"敏而好学"之品质。

文子"敏而好学"，资质聪慧，但是他并未自持聪慧，更没有"自以为是"、恃才傲物，亦没有将自己搁在高位、悬置自我而自满、而拒绝向比自己地位低下、卑微之人虚心问学、求教。此等为"真知"而坦诚、赤诚之心，真是难能可贵，体现了孔文子之谦逊品质。

在此，关键有两点，其一，是"不耻"；其二，是"下问"。如此，孔文子勇于敞开自己的无知，且不因"下问"而"耻"。如此，在"下问"与"不耻"之间构成了一种唯学问至上、至善的精神追求。因为"不耻"，表征"问者"的主观心态，呈现出一种开放的，一种"学问"比身份、等级、地位抑或"面子"、尊严等都更为重要的价值取向。如此，"不耻下问"突出和强调学习与探寻者的开放与积极心态，不以"无知"为满足，而是虚心求教，以弄清楚、搞明白"问题"为目的。这是一种追究、刨根问底的精神支撑着的、放低自我的谦逊心态，凸显了问学者求真务实的精神与责任意识。

进而言之，"敏而好学"和"不耻下问"之间，具有层级递进关系，是对孔文子问学特点不断深化的描述。因为只有"敏而好学"之人，方可"不耻下问"。任何止步于"无知"抑或满足"一知半解""不懂装懂"之人，都不可能"不耻下问"。

事实上，无论是在古代社会，还是在当今社会，敏而好学者多，不耻下问者寡。如果说"敏而好学"体现的是"学术品格"，那么，"不耻下问"则体现的是"学术人格"了。二者的统一构成"文"之深刻内涵。

第三，孔子对孔文子"谥号"之"文"的内涵的解析，以其内涵所透显出的为学态度、问学之精神，成为中国传统文化精神的重要组成部分；该种"敏"学、"好"学之态度，以"不耻"而问询、探求"真知"之精神，一方面对问学之人具有重要的教育、引导作用，同时也对惰性的学习、思维习惯，以及在求索学问、知识之途上，满足于不求甚解的自欺欺人的态度，无疑具有深刻的批判性。

总之，子贡关于"孔文子，何以谓之文也?"之问，乃求"文"之"实"，体现了子贡对"文"之谥号与孔文子道德事实之关系的质疑，表子贡"敏而好学"之学品；孔子之答，不仅解了子贡之惑，而且从为学的角度，敞开了孔文子勤勉、谦逊、谦卑、诚敬之优良品质，确证了孔文子之心追求止于至善的境界。

子贡抓住孔文子私德之"污点"而对孔文子之"文"谥提出质疑，表子贡的气量尚小，境界尚需提升；相反，孔子关注孔文子"敏而好学"与"不耻下问"难能可贵的特质予以充分肯定，认为"如此便可以谥为文"，由此可见"孔子不没人善，与人为善，而略所不逮，此亦道大德宏之一端。"（钱穆）

尤其重要的是，通过孔子对孔文子之"文"内涵的确证，以"敏而好学""不耻下问"证成了其好学尚文之品质，深刻影响着后世为学者，成为进学不止、探寻真知之精神范式。

16. 子产践道，仁政善治

公冶长 5.16

【原文】子谓子产："有君子之道四焉：其行己也恭，其事上也敬，其养民也惠，其使民也义。"

【译文】孔子评论子产，说他行君子之道，主要表现为四德："操行极谦恭，事奉上位者恭敬有礼，养护民众有恩惠，役使百姓有义。"

子产：

（1）（？—前 522 年），春秋时期著名政治家、外交家、思想家。

（2）公孙氏，名侨，字子产，又字子美，郑穆公之孙，谥号"成"。

（3）《左传》载：子产在郑国简定二公时代为相，辅佐郑简公、郑定公执政，达二十二年之久。子产在执政期间，进行了自上而下的改革，既维护公室的利益，又限制贵族的特权，促郑国中兴。

（4）子产博学、尚辞、通礼，在政治、经济、法律、天道观等诸多方面均有独到见解。据说"天道远，人道迩，非所及也。何以知之？"（《左传》昭公十七、十八年）正是子产提出的。

（5）子产具有极高的道德修养，他强调节俭戒贪，不贪图个人享受、奢靡风气，不贪功、不贪赏。

（6）《左传·昭公二十年》载，昭公二十年，"子产卒"，"仲尼闻之，出涕曰：古之遗爱也。"

"子产在春秋时，事功见著，人尽知之。而孔子特表出其有君子之道四，所举已尽修己治人敦伦笃行之大节，则孔子所称美于子产者至矣。"（钱穆）孔子赞子产"有君子之道"，本质上是以"君子之道"而彰仁政善治之道。如此，以子产为践行"君子之道"之典型，从而具体而形象地表呈孔子仁政善治视野中的"官德"。如此，子产"行己恭，然后移之于君则敬；养民惠，然后使民则义；得其序也，君子之道固多矣。"（陈祥道）

孔子言子产"有君子之道"：操行之"恭"，事上遵礼而"敬"，进而施"仁政"达善治，以此比照当世为政者，既予以批判，又树立其标范，从而为弘仁道确证君子为政之路。

子产，"有君子之道"，其弘仁道、施善政，上能辅佐君王，下能庇护惠泽黎庶，实为孔子的同道之先驱，令孔子盛赞。

具体而言

第一，孔子谓子产，分为两个层次，其一，"子产有君子之道"，此为孔子对郑国的贤相子产的高度赞赏性评价，认为其为人、为政皆符合"君子之道"。此为总体概括性的定位。其二，"子产有君子之道四焉"，此乃进一步对子产"有君子之道"予以列举与细说，即对子产具有"恭""敬""惠"和"义"四大优秀品质逐一加以具体分析，彰其所指，明其独特的内涵，依此突出子产之特质，进而提炼出君子、为政者所应具有的道义高度。于此，孔子"或谓列举其美，见其犹有所未至。人非圣人，则孰能尽美而尽善。"（钱穆）

春秋之乱世，子产者寡，非子产者众。如此，孔子借评子产之品质与善政，既批判当世无道之为政者，张扬其仁礼观念和"为政之道"，亦为其众弟子及当世为政者确立了学习的榜样和修造的目标。

第二，孔子谓子产"有君子之道"，着力突出其四德："恭""敬""惠"和"义"。这"四德"，具体呈现子产在为政中如何处理和对待四种不同的对象，明确其所遵循或体现出来的四种不同的原则和尺度。

（1）"其行己也恭"。这并非是指子产于日常生活中的行为特点，体现其谦逊、谦恭、礼让等品质，成"谦谦"之君子。如此，"其行己也恭"，并非仅仅言子产平日，十分谦恭，有善事从不矜持，有劳苦从不推辞，尤其能够推贤让能，把自己放在很低的位置上；而是突出表征其在为政中的施政行为之特质。如此，子产"行己也恭"之"恭"，朱熹释为"谦逊也"，乃泛化。戴望释之为表其"不懈于位"更切中要义，彰子产恪守己之职责，做事毫不苟且、不马虎之品质。如此"子产逊不失礼，所谓行己也恭。"（陈祥道）

孔子在言子产时，并非说子产"恭以持己"，而是说他能做到"其行己也恭"，突出的是"也恭"。"也恭"，即按照"恭"的原则和标准来衡量子产在为政中的"行己"之实，基本上符合"恭"，能做到克己、严于律己，恪尽职守。这就表明，孔子对子产的赞许是有所保留的，并非将子产完美化，这样更符合子产之实际。在以下三种品质的陈述中，孔子同样以"也敬""也惠""也义"予以评述，表明孔子对子产的赞誉，依然秉持实事求是之原则。

（2）"其事上也敬"。一般地说是指子产对上位者，尤其是对君能依礼而"敬"。然而事君敬重有礼，绝不是表面上的毕恭毕敬之外在形式性，关键体现在对内勤修国政，对外和睦诸侯，全心尽职，始终恭敬谨慎，没有怠慢"上"，没有耽误国事，没有错办政事，也就是说，为国家办事，能做到尽心尽力、一丝不苟，全身心投入，对"国事"始终保持着认真、专注而虔诚笃行，不苟且、不怠慢，并且能做到不居功自傲。简言之，就一个"敬"，简明道出子产"事上"所遵循、体现的立场、原则、精神、情感和心态。正是在这一意义上，陈祥道释道：子产"事君无二心，苟利社稷死生以之，所谓事上也敬。"

事实上，子产于郑国为相二十二载，先后辅佐两位君侯，其政治、经济、外交贡献卓著，然却从未居功自矜、自傲，始终敬上不二；同时，施政有主见、不盲从；执行命令，能尽心尽力，从不敷衍。由此，表现出为郑国鞠躬尽瘁之倾力不负的品质。此为"事上""也敬"之实在内涵。

（3）"其养民也惠"。为政者本应是通过施政"惠"民而"养"民。"惠，受利也。"（朱熹）"惠者，心省恤人。"（戴望）"济人以乘舆，殖民以田畴，所谓养民也惠。"（陈祥道）。如此，"其养民也惠"，表子产施政，始终对"民众"怀仁爱之情，遵循善待、厚待民众的原则，凡有利于民众的事，就毫不犹豫，坚决去做；凡有害于民众之事，就要坚决戒除。换言之，教养人民，能做到细心爱护，使人民得到实利与恩惠。这是"为政"之"大道""正道"。德惟善政，政在惠民、养民，此乃子产"为政"始终持守的价值立场和原则。

事实上，子产在为政中，其经济措施得力，使百姓能真切得到实惠，生活富足，能安居乐业，进而社会安定，民安则国泰。

（4）"其使民也义"。这是为政者遵循"使民以时"原则的具体表现，表其"择能使之，所谓使民也义。"作为当政者的子产，在使用民众为国做事之时，能做到合时宜，不影响、不干扰、不破坏民众的正常劳作和生活，一句话，动用民力合理合法合时且有限度，既爱民，又无姑息弊政。如此，子产遵礼法而"使民"，始终秉持着最基本的"道义"。子产如此之治国，其治下之民，亦必是通情达理，叹服而敦厚淳朴，仁义勃兴。如是朱熹所解："使民义，如都鄙有章、上下有服、田有封洫、庐井有伍之类。"

孔子从"行己""事上""养民"和"使民"四个维度或四个层面，解析子产对己行、对君、对事、对民遵循的"恭""敬""惠"和"义"之原则，表明为政之君子当如子产，上能辅佐君王，下能庇护子民，这才是安邦定国之君子应该也必须养就之"德"和应当遵循、恪守的"为政之道"，如此也才可能有"王道"现人间，才有"太平盛世"。

第三，子产在其为政中，能践行"君子之道"，做到"也恭""也敬""也惠""也义"，在霸道乱世，乃仁道善政之现实标范，孔子予以高度的赞许与褒

　　　　　　　　　　　　生活哲学视野中的"论语"研判

扬，以此对乱世为政者予以批判，同时对弘道善政报以殷切之期许。

　　总之，在孔子眼中，子产之为政，对己责，对君上、对社稷，其心不二，毕"恭"毕"敬"，恪尽职守，未敢有丝毫懈怠；于民，以"惠"施"义"，予民以福祉，此乃遗世独立之君子风范，亦是乱世稀有的为政之典范。

　　孔子通过评价子产遵"君子之道"，"行己也恭""事上也敬""养民也惠""使民也义"，表明子产严格遵循"礼制"而成君子人格，贯彻仁道而施善政。如此，向世人传达出丰富的精神：平民读之，可学子产行为之端，对上之敬，可起到道德示范引领作用；君王、辅臣读之，可学子产惠民使民之术，对其为政起到规制作用。

　　子产为政，道术兼具，与孔子一贯秉持的君臣有序，仁道礼治天下内在相切！如斯，"子产卒"，"仲尼闻之，出涕曰：古之遗爱也"亦是必然。

　　子产，具治国之经纬大才，"有君子之道"，其所行仁道、施善政，其所行上能辅佐君王，下能庇护子民，实为孔子同道先驱，故深得孔子大赞。

17. 子谓晏子，善处之道

公冶长 5.17

【原文】子曰："晏平仲善与人交，久而敬之。"

【译文】孔子说："晏平仲本善，与人交朋友，相识久了，别人更敬他。"

晏平仲：

（1）（公元前578—前500年），名婴，字仲，谥"平"。世人惯称之为平仲或晏子、晏婴。

（2）晏婴，乃齐国上大夫晏弱之子。齐灵公二十六年（前556年）晏弱病死，晏婴继任为上大夫。

（3）辅政齐灵公、庄公、景公三朝，长达50余年，春秋时期齐国著名政治家、思想家、外交家。晏婴以有政治远见、外交才能和作风朴素闻名诸侯。他聪颖机智，能言善辩。内辅国政，屡谏齐侯，对外既富有灵活性，又坚持原则性，出使不受辱，捍卫了齐国的国格和国威。其中著名的"南橘北枳"和"晏子使楚"，则是记述他出使楚国时的机智。

（4）其思想和轶事典故多见于《晏子春秋》和《史记》。《史记》卷六十二有其传：《史记·管晏列传》。

（5）据说晏婴与孔子相悖。孔子于三十五岁在齐国做高昭子家臣之时，齐景公两次问政于孔子，第一次孔子说了："君君臣臣，父父子子"；第二次孔子谈了"政在节财"。齐景公听了都很高兴，正想封赏重用孔子，晏子进言，列出孔子等儒者的四个"不可"：

一是，"滑稽而不可轨法。"

二是，"倨傲自顺，不可以为下。"

三是，"崇丧遂哀，破产厚葬，不可以为俗。"

四是，"游说乞贷，不可以为国。"

最终，齐景公借故未能重用孔子。

与人交，能达到"久而敬之"，彼此之情谊，不是渐疏离，而是日久弥香，可谓深谙与朋友的善处之真谛，此为"善与人交"。晏婴是也。

晏婴，身材矮小，其貌不扬，但与人相处，有别于常人相交，相处久了，非但没有疏远或生怨，反而对之愈加敬重，以此表明晏婴以其本身之善，待友以恒敬，散发着持久的人格魅力。如是陈祥道所言"交，患于不久；久，患其不敬。晏平仲久而敬之，此所以为贤大夫。"亦如钱穆所释"晏子敬人。交友久则敬意衰，晏子于人，虽久而敬爱如新。此孔子称道晏子之德。"

晏子"善，与人交"，而非施以伎俩而"善与人交"，其"与人交"彼此能"善处"，乃缘于晏子始终予人以"敬"使然。如是，应了孟子之论："爱人者，人恒爱之。敬人者，人恒敬之。"（《孟子·离娄章》）

晏子之"善"，即是对人始终保持一颗恭敬之心，故，在而"与人交"中，能使朋友之间的情义始终不曾有丝毫减弱，反因时间久长，更加得到别人的尊重。孔子通过评价晏子交友之道、与友善处之道，劝导世人须加强仁善之养成，唯有如此，才能在与人交往、为人处世中表呈出发自内心地尊敬别人。

孔子通过赞许晏子，表明德蕴于内而显于外，仁善之心，表为敬之诚。惟"善"，"与人交，故相敬久远。"

具体而言

第一，孔子从与人交往之结果，对晏子的德行和交友予以充分肯定与称赞，以彰晏子内具仁德的"交友之道"。在此处，孔子具体通过四个基本要件来勾勒和陈述晏子值得称赞。其一，晏子本"善"。其二，在人际交往的关系中，即在"与人交"中展现其本善、"以人为善"，故而深谙交友之道，表现为善与友交。其三，交友之时间性绵延，即"久"，而非短暂偶然的、一时的、一次性的交往，而是长期交往之后。其四，与人交往的结果是他一直都对与之交往的人保持"敬"，反过来，他亦得到别人的尊重、尊敬。

与人交，若其人实有可敬，而不知敬，则失人。若其人本无可敬，而敬之，则失己。失人失己，必贻后悔。与人交，必由浅渐深、由疏渐亲，为时既久，灼见真知，然后以吾之敬，自可免失人失己之患，此其所以为"善"也。恰如陈祥道所言：与人"交，患于不久；久，患其不敬。晏平仲久而敬之，此所以为贤大夫。"晏子之所以能做到"与人交，久而敬之"，曾子认为因为"晏子可谓知礼"，孔子则认为因其"善"，乃"久而敬之之谓也"。对此，朱熹引程颐之言解："人交久则敬衰，久而能敬，所以为善。"如此表明，晏子之"善"，在"与人交"中，表其能做到"久而敬之"，而非久而轻慢与疏远。

第二，孔子首先对晏子的德行进行了定性判断。在孔子看来，晏子是一个具有善良品质之人，这就指示着晏子本是"心地仁爱，品质淳厚"之人，这是晏子之所以能与人一直善交的内在根据和最基本的保证。应该说，晏子之"善"，是他与人交，能敬人和得到他人之敬的根本原因。试想一个心性本不善之人，如何可能在长久的交往中，一直都能保持敬待他人之心呢？又怎么可能不被人识破其伪善，还能受他人敬待呢？如此，孔子之所以称赞晏子，正是基于对晏子的心性本质和所具有的君子德性之"善"的准确确认。

第三，"善"，乃是仁德之内蕴。正因为晏子本善，如此，他"与人交"往、交流，即在处理各种关系之中，才能始终保持"与人为善"。如此，晏子也才能持续不衰地保持着对与之交往的人予以尊重、敬重，并未因为交往时间长了，彼此之间熟悉了而丧失、丢掉了抑或弱化了承载着"善"的尊崇、尊重，而变得很随意、很不讲究，甚至违礼而失敬，因为按照常理，常人交友，年长日久，敬意渐衰。一句话，晏子与人交往，不论是短暂的接触，还是长久交往，都能始终如一地对人谨持恭敬、敬重，这是"晏子敬人"，也是晏子善之内在品质、德行不断外显的过程；相应地，随着彼此交往的加深，人们对他的善德、他的人格魅力的了解，也就越来越多、越来越深入，如此，对晏子也就越来越敬重、敬佩。这是"人敬晏子"。由此，构成"晏子敬人"和"人敬晏子"的双向互动关系，这是一幅在交往中生成的美好图景："善"（"与人为善"）→"晏子敬人"←"人敬晏子"。由此，形成交往中持久互敬之关系状况。在此，"善"，乃"久而敬之"之前提，"久而敬之"，乃"善"之外显、之结果。

第四，当然，在实际生活的交往中，互敬互爱的道德美景之生成，远比晏子心地本善，待人以善、以敬他人为始，就可以至"久而敬之"要更为复杂。这取决于道德环境中的诸多因素综合作用。

从交往道德的生成逻辑来看，强调道德主体自身的道德优先性原则是一个基本的前提。简言之，要改变交往中的道德境况，只能以要求自己、提升自我的道德心性为始点，而不能将始点推至道德环境。在这里，特别要指出，以"善""与人为善"交和"善与人交"，并不是等于要可以掌握什么交往技巧甚至手段，将自己装扮成"君子"，进而假惺惺地"敬"人，而是强调一切交往以发端于心的"善"为始点，以"敬人"为前提。

第五，晏子敬人和人敬之的关系逻辑，要求在交往必须改变了"熟人无（须、需）礼"的思维偏见或行为误区。事实上，无论交往双方之间，熟悉或生疏，是初始交往或是交往已久，都应该"始终如一"地保持彼此应有的尊重、敬重，即一切交往都遵"礼"而行，否则，即使有交往的良好开端，也难以维系其交往的良好持续，或许最后造成交往困境，导致彼此疏远。

　　　　　　　　　　　　生活哲学视野中的"论语"研判

第六，孔子通过对晏婴的称赞，希望其众弟子及世人，当向晏婴学习，做到以"善"交人而"善与人交"，互敬互爱，成为敬人而受人敬之人。

第七，然而，晏子与孔子相悖之"事"，为孔子赞许晏子"善，与人交，久而敬之"做出了另类诠释。从孔子之言观之，孔子对晏子，无疑是赞许的，但晏子对孔子未必也同样赞许。恰如"你"视某人为"朋友"或"知己"，而那个"某人"并非同样待你如朋友或知己，抑或是最贬损或加害于"你"的人！这便是人世交往的吊诡之处！

总之，无论是晏子"善，与人交，久而敬之"，还是晏子"善与人交，久而敬之"，其关键在于表明"与人交"，须以"善"为本，以"敬人"为始，以"互敬"为美，从而要求交朋友，始终须心怀善、行诚敬，唯有如此，才符合朋友交往之道。

18. 子谓文仲，狡黠非知

公冶长 5.18

【原文】子曰："臧文仲居蔡，山节藻棁，何如其知也？"

【译文】孔子说："臧文仲藏了一只大龟，并且为龟盖了一间房子，房子中有雕成山形的斗拱和画有藻草花纹的梁柱，他怎么能算是明智之人呢？！"

臧文仲：

(1) 姓臧孙，名辰，谥号"文"。

(2) 春秋时鲁国大夫，其职责就是掌龟，其实为掌龟大夫。

(3) 臧孙氏三代皆为鲁国的掌龟大夫。

掌龟大夫臧文仲，可占吉凶祸福，断国之要事，世人皆以为他是贤德明智之人。然其所为，与其名相悖。孔子以"事实"揭露其盛名之下的僭礼之举，撕下其伪善大夫的面纱，指证臧文仲并非真正的有智之人。

《礼三正记》曰："天子龟一尺二寸，诸侯一尺，大夫八寸，士六寸"；同时"礼曰：诸侯以龟为宝，以圭为瑞，家不宝龟。"而"臧文仲居蔡"，且"山节藻棁"，此为"有其器，而无其位。"（戴望）这说明身为大夫之臧文仲不守己，僭礼而达天子之用，其行为如是季氏"八佾舞于庭"一般"是可忍孰不可忍也"。如此，"孔子因其谄龟邀福，故曰文仲之知究何如？"（钱穆）

孔子对臧文仲之"知"予以甄别与反质，非止于世人之所谓，而是以确凿之实事为据，破其伪"名"，指证其实为"不仁""不知"之人，本质上对臧文仲僭礼予以批判。孔子对臧文仲不仁、不知之指证，达识人鉴事之真，具有方法论意义。

具体而言

第一，孔子对早他一百年前一位所谓的贤明者臧文仲之错进行批评，指出他僭越"周礼"之举，揭露他并非是世人眼中完美无缺的贤人，而是"不仁""不智"之人，从而警示世人，并告之其众弟子，莫做"徒有虚名"之伪善者。如是，当以"臧文仲"为戒。

臧文仲，原是鲁国的掌龟大夫，可占卜预知世间吉凶、人事祸福，断国之要事，被当世的人们称为"智者"或"贤人"。但是，在孔子看来，他所做的事情，却无视"周礼"的规定，对"周礼"并未实质遵守，是一个典型的僭礼之人，从根本上来说，他绝不是一个具有仁德的明智之人，最多只是一个懂得占卜术的人而已。

第二，臧文仲所做何事？令孔子这般恼火而反诘"何如其知也"？细以追究，无外乎二：其一，"居蔡"；其二，"山节藻棁"。

（1）所谓"居蔡"。"居"，即"藏"；"蔡"，即大龟名。为何龟名为"蔡"？对此，陈祥道释道："冀多良马，天下命良马者，因谓之骥；泸水之黑，天下命黑者，因谓之卢；蔡之出龟，天下命龟者，皆谓之蔡。"钱穆亦曰："相传南方蔡地出善龟，因名龟为蔡。"如此，臧文仲"居蔡"，简单地说就是臧文仲利用其掌龟大夫的身份私藏了一只用于占卜的"大乌龟"。

为什么臧文仲宝藏了一只"蔡"这样的大乌龟，就不行呢？因为根据礼法，"大龟"只能为国君所藏，供卜筮使用，大夫当用"小龟"。臧文仲，作为掌龟大夫，应是深谙周礼之规定，自己只能藏一只"小龟"，算是与你的身份和等级相匹配的。然而，事实上臧文仲却将国君所用之"蔡"，私藏在家中，此举与其卿大夫之位严重不匹配。他的此等行为，是违背"周礼"的等级规定的，是一种僭越，是犯上之妄为。如此，臧文仲"居蔡"，实质上也就是对天子的大不敬。

（2）所谓"山节藻棁"，是指臧文仲不仅私藏"蔡"，而且还高调而奢华地为"蔡"建了一间"龟屋"。该间房屋，是斗拱雕成山的形状，短柱上画以水草花纹，即刻山于节、画藻于棁，非常讲究。此等结构的房屋和此等花鸟水草装饰，一句话，此等规格和标准建造出来的房屋，只能是天子装饰其宗庙才能如此。按陈祥道所解："古之作服者，绘山于衣，所以象仁之静；绣藻于裳，所以象德之洁。侯伯之章，犹不及山；大夫之章，犹不及藻。又况可施于文仲之节棁乎？"

从上面的具体分析可见，臧文仲首先擅自私藏"大乌龟"，此为一错；进而修建如天子宗庙般的奢华建筑用于藏龟，这是二错。臧文仲一错再错，故而，令孔子大为恼火，加以斥责而反诘：如此之为的臧文仲，"何如其知也！"

第三，按照周礼的规定，检讨臧文仲所为，应该说其错有三。

其一，破坏礼法。礼法，即是一个社会的系统规范性制度，它具体规定了社会各个阶层、各个角色，什么可以做、什么不可做，以及其限度，其功能是维系、维护一个社会正常的秩序并使之保持正常的运行。

臧文仲，本只是一大夫，却不顾周礼之规定，越礼而按照"天子"等级

"做事"。用今天的话说，就是不按规矩，不遵自己的本分规定，绝对超标而"乱来"，其影响是负面的，是破坏性的。如此的行为，是"礼法"所不容许的。因为他挑战的是礼法本身的权威。

其二，骄奢淫逸。臧文仲僭礼藏大龟，且为龟而建的极度奢华的藏所，是其追求奢华生活的一个侧面或缩影。从他藏龟之事可见，臧文仲是一个私欲极重、物欲极强，且可为物欲而不顾礼法的胆大妄为之人。其生活自然是按此而铺张而毫无节制、骄奢淫逸。作为掌龟大夫，自当知晓"蔡"非己所能拥有之，然，其私欲膨胀、利欲熏心，毫无节制之心。

其三，玩物丧志。臧文仲藏龟，其本心是重龟以及龟所象征和代表的权势给他的私欲带来的满足与愉悦。其心智，已不在掌龟大夫之本职上，也不可能做到恪尽职守、全力为政。如此，他的心智已经转移到"龟"等物上了。臧文仲与"蔡"之间，已成异化关系。

作为掌龟大夫，借行职之便而"居蔡"，且"山节藻棁"，为一只"蔡"所累而僭礼，实在是谈不上有"知"。如此陈祥道释之："孔子于文仲言不知，于武仲言知，则文仲之于武仲，固有间矣。颜渊问二者孰贤，子曰武仲贤哉。"

第四，"藏龟为卜，智者不惑，焉用卜为？卜灵在诚，岂在龟乎？"（江谦）孔子通过臧文仲"藏龟之事"，揭穿他"贤明"之假象，指证其"不仁、不智"之真、之实。如此看来，臧文仲真是"盛名之下其实难副"。臧文仲所为违背"周礼"、僭越礼法之事，以及孔子对臧文仲的批评、谴责，于生活在今天的世人，无论身居高位的还是平民百姓，都同样具有警示作用，表明做人不可违礼妄为，切莫欺世盗名。

总之，"蔡"乃天子所据用，非大夫可"居"；"山节藻棁"乃天子宗庙建筑之规格，亦非大夫可筑。然而，作为掌龟大夫之臧文仲，不仅"居蔡"，且"山节藻棁"，实为明目张胆、明知故犯于"礼法"。故臧文仲虽"知"占卜，为世人所称道为"智者"，然孔子审其所为，洞见其利欲熏心、彻底丧智之本质。如此，在孔子看来，臧文仲何来真正的"知"，又怎么可能是真正的"智者"呢？！孔子对臧文仲借掌龟大夫之身份，私藏"蔡"而"欺世盗名"之狡黠行为，予以揭露与批判。

孔子依"礼法"，不惑于世人之所谓而求"真"，不止于掌龟大夫"知"之名，而以其所为之"事实"，反证其"不知"。这不仅表呈孔子维护礼法之坚定，而且彰显孔子弃伪善、除狡黠、存真知、养大智之圣德。

孔子解"时人皆称臧文仲为知"（钱穆）之"偏"，还原臧文仲"不知"之实，表孔子不流于世俗之见，虔敬而独立的求实之风。

19. 为官之德，不止忠清

公冶长 5.19

【原文】子张问曰："令尹子文三仕为令尹，无喜色；三已之，无愠色。旧令尹之政，必以告新令尹。何如？"

子曰："忠矣。"

曰："仁矣乎？"

曰："未知。焉得仁？"

崔子弑齐君，陈文子有马十乘，弃而违之，至于他邦，则曰："犹吾大夫崔子也。"违之。之一邦，则又曰："犹吾大夫崔子也。"违之，何如？

子曰："清矣。"

曰："仁矣乎？"

曰："未知，焉得仁？"

【译文】子张问说："楚国的令尹子文三次做官成为令尹，没有喜色；三次罢免令尹，没有愠色。一定把旧令尹管理国家的方法告诉新令尹，子文做得如何呢？"

孔子说："可算是忠了。"

子张问："做到仁了吗？"

孔子说："不知道。但哪得为仁人呢？"

子张又问："齐国大夫崔杼杀了国君齐庄公，齐国大夫陈文子有四十匹马，不要了，离开齐国。来到别的国家，看了后就说：'这里的执政者如同我国的大夫崔杼啊。'离开了这个国家；又去一个国家，看了后就又说：'这里的执政者如同我国的大夫崔杼啊。'又离开了这个国家。陈文子做得如何呢？"

孔子说："可算是清啊。"

子张问："做到仁义了吗？"

孔子说："不知道，但哪得为仁人呢？"

子张对楚国令尹子文和齐国大夫陈文子非常敬佩与欣赏，向孔子陈述了二人为政之"事"，并询问他们的修养是不是达到"仁"的境界。孔子根据子张所陈述的事实，分别评价为"忠"和"清"，对其是否达到"仁"，孔子

皆以"未知，焉得仁?"作答，以表二人为政尚未达到"仁"的境界。

作为楚国上卿的子文，能做到"三仕无喜""三已无愠"，如此，人生三起三落而能"不喜不愠"，泰然处之，坦然接受，且能将"旧政"必以告"新政"。在子张看来，子文太令人叹服了，认为他已经达到"仁"者的境界。然而，孔子以为他只是"忠矣"。陈祥道对之释曰："进退在君，不在己，故三仕三已无喜愠之色，此忠于君者也。待人以诚，不以欺，故旧政必告，此忠于人者也。"

齐国大夫陈文子，为了不与崔杼等弑君之逆臣同流合污，竟弃其位，舍家财，离乱邦，一直在离避乱邦之路上。子张以为陈文子"洁身自好"之作为，已经达到仁政者的境界。但是在孔子看来，陈文子之为，仅能算是"清"。诚如陈祥道所释：陈文子"不顾十乘之富，不恤大夫之位，无崔子之乱则就之，有崔子之乱则违之，此清其身者也。"

孔子从仁政的高度反观子文和陈文子为官之事实，分别评价为"忠"与"清"。至于在子张的追问下，考量他们是否达到"仁"的境界，孔子皆以"未知，焉得仁?"。因为"忠，足以尽己，未足以成己；清足以避乱，未足以救乱，故皆曰：未知焉。"（陈祥道）

子张对二人欣赏，希望从孔子处得到关于他们已达到"仁"的确证；孔子对子文和陈文子的为官之德，已至"忠"与"清"予以了肯定，但是，并未因此而认为他们达至"仁"之境界。于此，孔子辨析了为官之"仁"与为官之"忠"、之"清"的关系，指明"仁者必忠，忠者未必仁；仁者必清，清者未必仁。"（蕅益）同时，亦不仅表呈了子张和孔子之境界差异，而且表征孔子对为政者之要求，不止于"忠""清"，而须提升到"仁"的高度。

具体而言

第一，子张向孔子具体而鲜活地描述了楚国令尹子文和齐国大夫陈文子为政之"事实"，问询孔子二者为官如何。孔子对二人为官以"忠""清"予以肯定性评价。至于子张所问二人"仁矣乎?"，孔子则认为不能因二人之"忠""清"而判断他们就达到了"仁"，故孔子以"未知，焉得仁?"委婉地否定子张的判断。由此表明在孔子的视域中，对"为政者"的最高要求是达"仁"，并以此审视二人之"忠""清"，都未达"仁"之境界。

第二，楚国令尹子文，能做到三仕，无喜色；三已，而无愠色。且旧令尹之政，必以告新令尹，表子文不因权倾朝野而骄慢，不因遭冷落罢免而怨怒。从直接性来看，他是一个始终忠于其职守、职责，不因为人们的羡慕和惋惜而喜怒形于色之人；从本质性来看，表子文沉稳、专注于"令尹"之事，乃是其"忠"。更加难能可贵的是，他在被罢官的时候，还把从前自己所行的政事一一告诉继任者，毫无猜忌、妒怨之情。子文这样的为人与行职，在孔子看来，实乃不贪图朝廷的爵位，一心为国家谋政事，虔诚为国之忠臣。对于子文之"忠"，钱穆释云："子文三为令尹，三去职，人不见其喜、愠，是其不以私人得失萦心。并以旧政告新尹，宜可谓之忠。"

齐国大夫陈文子能做到"洁身自好"，不与逆臣沆瀣一气、同流合污，即使付出的代价再大，也不吝惜。在子张看来，陈文子所为亦非一般的人能做到的。但是，在孔子看来，陈文子之为，最多只能算是为官之"清"。如是钱穆所释："陈文子弃其禄位如敝屣，洒然一身，三去乱邦，心无窒碍，宜若可称为清。"

第三，子张通过对两个人的具体行为进行描述，然后问询孔子他们是否已达"仁"。孔子都予以了否定。

孔子认为，楚之令尹子文与齐之大夫陈文子，一个忠君、忠人，仅是一个忠德；一个不与逆臣共事，算是清高而干净的人了，但他们两人都还算不上达"仁"。因为在孔子看来，"忠"只是"仁"的一个方面，"仁"的内容比"忠"更为丰富，要求也更高；而"清"无非就是"独善其身"，不"同流合污"而已。换句话说，陈文子只是对自己是负责的，但缺少了对国家、天下的责任感，只是避乱、避祸、避世而已，而未"讨贼臣"，还只是消极意义上的"仁"，只具有维护"礼"而献身的殉道精神而已，尚未达到见危授命、见义勇为之"仁"。如此，为官能尽"忠"、能守"清"，固然可贵，但尚未达"仁"。如此，孔子表明要施行"仁政"，仅有"忠"和"清"是远远不够的。因为"仁者必忠，忠者未必仁；仁者必清，清者未必仁。"（蕅益）"智及之，然后仁能守之，故曰'未知焉得仁'。但忠一主，洁一身，谓之忠，谓之清，可矣。未得为仁。"（江谦）

第四，对于孔子言子文"未知，焉得仁?"戴望以为"非知不能成仁，故孔子言仁必及知。子文为楚上卿，未能变夷狄行，而数道髡（kūn）侵中国，又举得臣为城濮之战，不知如此，安得为仁。"而对于陈文子之"未知，焉得仁?"戴望释云："文子不知齐之将乱，难至而去之，不可谓知；洁身而不济世，不可谓仁。"

第五，子张通过具体事例的陈述而赞子文与文子，孔子肯定了二人所作所为内具之"德"，确立了"忠"和"清"于"为政"的必要性和合法地位。只是孔子所强调的是"仁政"，突出了"仁"的更高标准。如此，孔子又否定了将"仁"仅仅等同或停留于简单的"忠"与"清"，以此表明，在"仁政"之路上，"忠"与"清"虽可贵，但仍有其局限，尚须继续提升。

第六，子张对楚令尹文子和齐大夫陈文子两位置身于乱世的为官者，能做到"忠""清"予以赞赏，表对为官者须具有"忠""清"之基本德行。孔子对二人"为政"中所具有的"忠"和"清"之德予以肯定，以及对二者尚未达"仁"之判断，表明为官达"仁"不止于"忠""清"。这对于后世"官德"建设无疑具有借鉴意义。

官员、官吏以"忠""清"之德为始，以"仁"为目标，构成官德进修、提升之逻辑。同时，假以制度伦理建设，如此，官员个体之德与制度伦理二者之间保持必要的张力，方可发挥其功效，从而真正实现"仁政""德政"。

总之，子文"三仕无喜""三已无愠"，且将"旧政"必以告"新政"，尽显为官之"忠"。陈文子洁身自好、独善其身而彰为官之"清"、之净，成乱世忠良之臣，干净为官之典型。"忠""清"，既是检验官德，亦是官德建设最为基本的标尺与目标，这便是孔子对"忠""清"予以肯定的立意所在；同时，孔子所言，"未知，焉得仁?"则彰显了孔子于官德修养之更高的要求。一言以蔽之，"忠""清"之官德，依然处消极自守，还须积极提升至"仁"而广济天下。

　　　　　　　　　　　生活哲学视野中的"论语"研判

20. 再思即可，无须三思

公冶长 5.20

【原文】季文子三思而后行。子闻之，曰："再，斯可矣。"

【译文】世人称道季文子每做一件事都要考虑多次。孔子闻后，说："考虑两次也就行了。"

———————————

季文子：

（1）（？—前568年），即季孙行父。姬姓，季氏，谥"文"，史称"季文子"。

（2）其祖父是鲁桓公之子友，公子友按照排行称"季友"，季友辅佐鲁僖公执政多年，谥"成"，史称"成季"。成季有子无佚，无佚生行父。

（3）季文子从公元前601年至前568年，辅佐鲁宣公、鲁成公、鲁襄公三代君主。在鲁国执国政三十三载。

（4）其为人谨小慎微、克俭持家，执掌鲁国朝政三十多年，厉行节俭，开一代俭朴风气；开初税亩，促进鲁国的改革发展。

（5）季文子上承其祖成季之遗风，下启以季氏为首的三桓政治。正因为他的努力，鲁国三桓才得以顺利成长，从而成为日后凌驾于鲁君之上的强势卿家。

———————————

位高权重的鲁国上卿大夫季文子辅佐三君执政三十几载，形成其谨小慎微、老沉持重，甚至迟疑拖拉的行事风格。这正是他行走于宦海、立于官场而不倒之秘密和经验之所在，故而被世人所称道。然，孔子认为季文子"三思而行"，乃世故太深，计较心太重，处事过分谨慎小心，其三思太繁复，乏中道，其过，犹不及也。恰如官懋庸所言"文子生平盖祸福利害之计太明，故其美恶两不相掩，皆三思之病也。其思之至三者，特以世故太深，过为谨慎；然其流弊将至利害徇一己之私矣。"（官懋庸：《论语稽》）亦如程颐所云："为恶之人，未尝知有思，有思则为善矣，然至于再则已审，三则私意起而反惑矣，故孔子讥之。"于是，孔子提出思之有度，不必"三思而行"，再思即可行之原则。

辅助君侯、执政鲁国，本是再俗不过的世间事。如此混迹于官场，伴君侯之季文子，深谙官场进退、急缓、轻重之道，懂得做任何一件事，必须左顾右盼、左右逢源、瞻前顾后、拿捏稳妥，如此，说话、做事，皆如履薄冰、如临深渊，非局外人所言那般自在洒脱，如是必须"三思而行"，宁肯"保守"滞后，绝不可贸然行动。然，孔子似乎并未站在当局者季文子之角度思考为政实践操作之艰，只是从为政之道义高度反审、反断而提出"再，斯可矣"的为政实践之操作原则。

事实上，季文子遵循为政之实践理性，按照为政之可行性原则，成"三思而行"之为政习惯；孔子强调和突出的则是政治的道德理论理性，遵循为政理想性原则，认为"再，斯可矣"，根本不必"三思而行"。这是季文子与孔子之分野所在。简言之，二者分野即在于为政之"现实"与"理想"的背离与冲突。

倘若，季文子真如孔子所言，再思即可，会如何？其唯一的可能是不可能辅助三君，居鲁国之上国卿达三十三载，且政绩卓著。如此，季文子"三思而行"，虽有其自保之心，抑或更有"私心"而纠结迟疑于"行"。然而，季文子久治鲁国，强鲁而造福鲁国子民，进而让季氏家族后成三桓之势，应该是世俗中成功而杰出的政客了，故而其"三思而行"得到世人之称诵。反观孔子之执政实践，从中都宰到大司寇，可以说是短暂未可持续，其执政实践虽然取得了短暂的可谓是卓越的成就，但总体上严格地说，亦是失败的，虽然是主动离开鲁国政局。即使他昭告而承诺于天下君侯："苟有用我者，暮月而已可也，三年有成。"（《论语·子路》）然，偌大的天下，竟无一君侯予其机会，让其施展治国之才。如此，孔子的问题，就是因为得道，站在道义的高度，俯瞰世间，其愿与其行，与世间格格不入，最后沦落如"丧家犬"。以此观之，孔子从仁政之道义的高度予以评价，实乃有几分勉强。

当然，官场若皆如季文子"三思而行"，为政必将越来越陈式，进因陈式而衰败。然以孔子所言，可能不足于官场为政，这便是传统政治官场之内在困境与吊诡所在。如若其弃季文子"三思而行"之老沉腐气、私心滞政等顽瘤，遵循孔子所言"再，斯可矣"，那官场定是风清气正、坦诚相待、雷厉风行、生机勃发，这便是孔子为政之思的道德乌托邦底蕴：贤人政治或圣人政治。

从为政之"思"与"行"的关系视角，表为政实践之顾虑重重而求周全，"三思"而"行"乃必然、必须，是为"成熟"的政治行为和老练的政客之举，此为季文子的实践经验呈现；孔子持为政之道义理想，提出的"再，斯可矣"，重在"敏于行"，乃为政之应然逻辑。如此，季文子"三思而行"，与孔子提出的"再，斯可矣"，成为中国传统儒家政治的实践与理想（理念）之矛盾关系问题。孔子所言"再，斯可矣"，乃遵循礼制、行仁道、施仁政之逻辑。

进而言之，季文子纠结私欲、算计私利之"三思而后行"与孔子弘仁道、施仁政而言"再，斯可矣"，标识着"庸人政治"与"贤人政治"，乃至为政之"恶"与"善"的根本分野。孔子否定"三思而后行"，倡"再，斯可矣"，乃以"思""行"关系为表，实则以仁政之理想而抑"恶"扬"善"。

具体而言

第一，据《左传·文公六年》载：季文子将聘于晋，使求遭丧之礼以行。其人曰："将焉用之？"文子曰："备豫不虞，古之善教也。求而无之实难，过求何害？"记述了"文子三思"。对此，朱熹有言道："每事必三思而后行，若使晋而求遭丧之礼以行，亦其一事也。"

又《左传·哀公二十七年》载：中行文子告成子曰："有自晋师告寅者，将为轻车千乘以厌齐师之门，则可尽也。"成子曰："寡君命恒曰：无及寡，无畏众，虽过千乘，敢辟之乎？将以子之命告寡君。"文子曰："吾乃今知所以亡。君子之谋也，始衷终皆举之，而后入焉。今我三不知而入之，不亦难乎？"记述了文子谋一事则当虑此三变，然后入而行之，即言"君子三思。"

季文子行事"三思而后行"，不仅被时人所称道，而且成为后人抑制冲动、冒险行事之箴言，教导世人凡事须"三思"而后动，（类似于曾子之"三省"、南容三复白圭，后两者孔子皆称为贤，孔子亦曾曰君子"九思"）如此，"三思而行"渐已溢出季文子"三思而后行"之为政语境，成为世人于生活世界中做一切事情所普遍遵循的原则：凡事须深思熟虑、审慎稳重，多思而缓行。这一"思""行"关系逻辑，沉淀为民众之集体无意识。

但季文子之"三思而后行"，须置于为政视域中，作为为官行事的特征来加以审视。如此，季文子之"三思而后行"之本义，从形式上而言，则表明季文子每遇"政事"，必须反复多次地思考，小心谨慎，惟恐不缜密、不周全，有疏漏；从内容上而言，表季文子凡事皆反复思其利弊、权衡利害、计较得失，常瞻前顾后、左顾右盼、顾虑重重，各种纠结聚于心、优柔寡断，决断艰难，简言之，即是思了又思，辗转不已，反复揣量而慎行，或致"行"拖延、滞后。对此，朱熹以为："文子虑事如此，可谓详审，而宜无过举矣。而宣公篡立，文子乃不能讨，反为之使齐而纳赂焉，岂非程子所谓私意起而反惑之验欤？是以君子务穷理而贵果断，不徒多思之为尚。"

季文子三思而行，孔子却说"再斯可矣"，显然思未有失，而失在三。王夫之有云："若向利欲上着想，则一且不可，而况于再三思者，只是在者一条路上三思。如先两次是审择天理，落尾在利欲上作计较，则叫作为善不终，而不肯于善之一途毕用其思，落尾掉向一边去，如何可总计而目言之副三？"（《读四书大全说》）张居正则认为："昔鲁大夫季文子者，是个用心周密的人，每事必反复计虑，思了又思，展转数次，然后施行。"钱穆以为："季文子之为人，于祸福利害，计较过细，故其生平行事，美恶不相掩。""季文子之瞻顾周详，并不得谓之思。""事有贵于刚决，多思转多私，无足称。"

如此，在鲁国辅助三位君侯，为政三十三载的季文子，深知未经"三思"贸然而"行"所须承担的风险和代价，故为政一生，行事惟谨慎。以今日之言论即：冲动是魔鬼，小心驶得万年船，在官场尤甚。如此，季文子"三思而后行"，不仅是其长期的为政实践形成的行事特点，而且从季文子个人折射出传统官场官员行为应遵循的普遍原则，由此，构成为政实践的行为特质。

第二，尽管孔子不满甚至极度反感僭礼专横的"三桓"，但是对三桓之先人季文子仍然予以肯定。事实上，季文子本非骄横、骄奢之人。《史记·鲁世家》说他去世时，"家无衣帛之妾. 厩无食粟之马，府无金玉"。陈祥道亦补释道："文子于国则忠，于家则俭。内无衣帛之妾，外无食粟之马，金玉非所藏，宝器非所重，鲁君以为社稷之臣，而存亡之所系，则其所举，固寡过矣。"

如此，孔子对其"三思行"不是简单批判，而是对之过分"思"虑，予以讥讽后故意戏言而已。恰如程颐所云："为恶之人，未尝知有思，有思则为善矣，然至于再则已审，三则私意起而反惑矣，故孔子讥之。"亦如钱穆所言：孔子"讥其每事不必三思，再思即已可，乃言季文子之多思为无足贵。"

处事深思熟虑固然必须，但如季文子之"三思"乃是过度了，亦不尽善，这与孔子遵中道、"过犹不及"之思想相吻合。因为"三思"，于事过分谨慎就变成了小器，亦不免怯懦畏缩（李泽厚），缺乏果敢与担当。如此，"三思而后行"，貌似慎重，实则为缺乏果敢、缺乏智慧决断之十足庸人作风。然而，季文子立于官场不倒，恰是其庸人之小器的行事风格使然。这样，"三思而行"之"深思熟虑"，若加上偏私，即蜕变为"处心积虑"。

第三，季文子人虽去，名犹存。季文子"三思而后行"似乎已经得到世人的普遍认同，并予以称诵，在世间亦广为流传，如是，"子闻之"。

"文子忠而有贤行，其举事寡过，不必及三思。"（戴望）"盖有文子之质，再斯可矣；无文子之质，非三思则不可。"（陈祥道）如此，孔子按照仁政之应然，认为季文子不必"三思而后行"，只须"再，斯可矣。"所谓"再"，即两次，对所行之事，予以正反、利弊之权衡，遵循"两害相权取其轻，两利相权取其重"即可，不必纠结、思前想后而犹豫不决。

第四，孔子不取"三思而后行"，并非否定"思"之必要，而是以此提出为政者，只要能剔除个人之得失心而达心正、存公心，无私欲与私利之虑，那么，通过"再"思，对行事之中的应对之策，自然也能胸有成竹而定夺，无需多谋不断、纠结不止。如此，孔子强调，"正心"才可用思，用心则得道，得道再思即可；若心不正，多思则愈乱，乱而毋行。对此，蕅益以为"此孔子教人观心之法也。思不得其道，虽百思无益；得其道，则再思可矣。再思者，真俗双融，空假双照，惟精惟一，允执厥中也。"

如是季文子"三思而后行"之为政类型，因其思考个人得失之心过重，如"是故智者之虑，必杂于利害。杂于利而务可信也，杂于害而患可解也。"（《孙子·九变》）如此，则本质上与"道"相悖，其结果只能让官场更加尔虞我诈、勾心斗角，人际关系更复杂，使为政之"行"滞于貌似周全缜密，实则顾虑重重的反复掂量和纠结之中。

季文子于乱世之宦海能做到风生水起，立于官场不倒，且苦心经营官场，为后世"三桓"霸鲁政铺垫了权力基石，架设了权力轨迹，应是其"三思而后行"所赢得的回应。

总之，季文子之"三思而后行"与孔子"再，斯可矣"，其焦点并非停驻于"思"之多少，而是透过"思"与"行"的关系，厘清了庸人政治与贤人、圣人政治之根本差异。

如是季文子类的庸人政治以求稳、求全之名，潜沉与纠结于"思"而误行，故而"三思而后行"蕴藏之为政之"恶"；反之，孔子之"再，斯可矣"则张扬仁政之光、之善。如此，孔子"再，斯可矣"与季文子"三思而后行"，乃是贤人、圣人政治与庸人政治之"善""恶"之别。

孔子否定"三思而后行"，倡"再，斯可矣"，实则为施理想的"仁政"而抑"恶"扬"善"。

21. 知可及也，愚不可及

公冶长 5.21

【原文】子曰："宁武子，邦有道则知，邦无道则愚，其知可及也，其愚不可及也。"

【译文】孔子说："宁武子这个人，邦有道时，谏言而彰其知；邦无道时，却静默如'愚'。其知，尚可达及，然其愚，真是难以企及。"

───────────

孔子以仰慕者的姿态赞誉宁武子邦有道，则"知"，强盛之。邦无道，则"愚"，守不弃，彰其与邦荣共享、辱同担，休戚与共、进退之忠。

宁武子之"愚"，绝不是于邦无道而伪装，保全自己，苟且营生；其"知"亦不是邦有道，出仕得重用，讨自个儿的好处；邦无道，宁武子之"愚"，恰是被世人误判之"愚"，表其不会见风使舵，随风而摇，不会讨巧乖顺的朴拙品质。此等貌似"愚"，实为对邦不离不弃，忠心不二，如此坚守而一贯的诚挚之情、默默隐忍承受之心，孔子自愧不如。

宁武子于邦有道，挥洒其知，强其邦而不遗余力；邦无道，其静默如"愚"而坚守不易。恰如陈祥道所释："君子之仕也，邦有道，其言足以兴；邦无道，其默足以容故。"其"愚"，恰是践行士大夫应有的责任和临危之担当，内蕴一种高贵情怀。孔子不仅认同其"知"，更欣赏其"愚"。因为其愚实为"忠"，"忠"近"仁"。

孔子自觉己于鲁国，都不如宁武子对卫国那般不离不弃、笃定诚敬。如此实诚、忠厚之人，然却被世人以为是"愚"，被后人解读成"装傻"。孔子恰为宁武子之"愚"正名、扬名，期许乱世少许乖巧之人，多几许"愚"如是宁武子之士大夫。

宁武子之"愚"，乃于邦无道时，依然不舍、不弃，表其忠诚、坚守与担当，一生倾情、无悔为邦，由此彰显传统社会士大夫的可贵品质，承载着中国传统文化中最珍贵的精神力量。

宁武子绝非被世人或后人误读出来的狡智奸巧之人。其"愚"和"知"，其实无二，皆为"忠"，只是于邦有道、邦无道，呈显方式之别。乱世奸佞之臣当道，孔子赞宁武子之"愚"，乃是其不弃之韧、之忠。孔子是多么希望多

生活哲学视野中的"论语"研判

几个宁武子，如此，何愁邦国不兴，仁道不弘。

世人多乖巧有"智"，能审时度势显隐自如，独宁武子"愚"而不弃，默守乱邦而尽心尽力、尽忠不已。宁武子之"知"，可学而近之，然宁武子之"愚"，非常人可企及。

具体而言

第一，置身于乱世，出仕如孔文子"敏而好学""不耻下问"而有"文"，子产践"恭""敬""惠"与"义"而"有君子之道"，晏子行"善"而人"久敬之"乃至有尹子文之"忠"、陈文子之"清"，均得到孔子之肯定和赞誉。

在邦有道、无道之时，前有"南容邦有道，不废；邦无道，免于刑戮而已"，后有"史鱼，邦有道如矢；邦无道亦如矢而已。""伯玉，邦有道则仕，邦无道则卷怀而已。"孔子今言"武子，邦有道则知；邦无道则愚。其知可及也，其愚不可及也。"不仅认可其"知"，而且赞誉其"愚"，以纠时人之偏，树立乱世大夫之典范。

宁武子之"知"，非官场之见风使舵、随机应变之机巧；宁武子之"愚"，亦非佯装、掩其贤能、藏起锋芒、韬光养晦以自保而图后。宁武子之"知"与"愚"，其实无二，皆为"忠"，只是于邦有道、无道，其呈显方式有别。

第二，为了真正把握宁武子之"知"、之"愚"的真实内涵，需要对之加以历史还原。

宁武子，乃春秋时代卫国著名的大夫，姓宁，名俞，"武"是其谥号。经历卫国两代的变动，由卫文公到卫成公，为卫的两朝元老。在卫文公一代，卫国被视为"邦有道"；而在卫成公一代，卫国则被视为"邦无道"。在这两代，作为大夫的宁武子都起了很重要的作用。在卫文公时，宁武子辅佐卫文公，很受器重，他的很多建议都能被采纳，也因而被认为"有知"。但在卫成公时，因卫成公刚愎自用，对有道之言听不进去，宁武子虽在大夫之位，但为避免与国君冲突，故周旋其间，退居幕后，以"愚"示人。在时人看来，宁武子对于卫成公的"死忠"等诸多表现，如是"愚"人一般。

然在霸道的晋文公欺负甚至要下药毒死自己无能的主子成公之时，在其他官员逃的逃、躲的躲之时，宁武子却挺身而出，斡旋其中，最终能使内忧外患的卫国避免丧国之厄运。宁武子临危不惧、面大难而不躲避的处事特点，被当时人认为是"愚"。而孔子却对其"愚"予以高度赞誉。对此，朱熹释道"成公无道，至于失国，而武子周旋其间，尽心竭力，不避艰险。凡其所处，皆智巧之士所深避而不肯为者，而能卒保其身以济其君，此其愚之不可及也。"

第三，如此，凡是将"邦无道，则愚"之"愚"解读为与"知"相对立的"愚笨""装傻""难得糊涂"或所谓"韬光养晦"、明哲保身之类，严格说来，皆是对宁武子之"愚"的严重曲解，是对宁武子忠勇之德的贬损，与孔子对宁武子之"愚"予以高度赞许相悖。譬如：

"佯愚似实。"（孔安国）

"邦无道能沉晦以免患"。（程子）

"善其佯愚得以明哲保身"。（戴望）

"卫大夫宁武子，邦有道则施其能，是谓智也；邦无道则韬其光，是谓愚也。"（李炳南）

而钱穆先生之解独到甚好："后卫受晋迫，宁武子不避艰险，立朝不去，人见为愚。……或说：此乃宁武子之忠，谓之愚者，乃其韬晦沉冥，不自曝其贤知，存身以求济大事。今按：以忠为愚，乃愤时之言。沉晦仅求免身，乃老庄之道。孔子之称宁武子，当以后是为是。"

第四，孔子所言："武子，邦有道则知；邦无道则愚。"并非是说宁武子随邦之有道、无道而积极、消极，应时势而变，既不废，亦能自守、自保，能审时度势求生存之机巧。而是以邦有道、无道彰显宁武子"知""忠"之可贵的德行。如此，宁武子的"知"与"愚"，本质上并非是其"知"之"显"与"隐"、"露"与"藏"之意。

相反，宁武子之"愚"：绝非指其不乖巧，不会变通，不会见风使舵、投机取巧，抑或装疯卖傻，而是指当邦无道、国有难之时，宁武子丝毫不回避、不退缩，且一如既往、如愚般忠诚而不改为邦尽心尽力而图存。如此，邦有道，宁武子则以"知"而促邦强盛；邦无道，宁武子则以"愚"免邦之灾祸而尽忠。如此，宁武子之"愚"，乃是其笃定坚守、虔敬实诚，没有一丝动摇、犹豫。如此，相比于邦无道、国有难时即惟恐避之晚矣，以及各种逃之夭夭之人，宁武子之"愚"，乃是"大忠""大勇"。

第五，面对宁武子之"知"和"愚"，孔子评价道"其知可及也，其愚不可及也"。孔子强调"可及"之"知"与"不可及"之"愚"，不仅将切己之感受灌注其中，敬佩之情留于言辞间，同时将"常人"与"忠者""勇者"区分开来，更为重要地矫正了乱世对宁武子之"愚"的偏狭之见，突出表达了乱世宁武子之"愚"，堪称乱世难得之忠，其忠勇之大德，于卫国，乃在临危不惧、临难不避而扶大厦于将倾之坚守。如此，宁武子可真谓是乱世中卫国的"肱骨之臣"。

第六，环顾朝野，邦有道，狡智奸巧之人比比皆是，何其多。惟是邦无道、

生活哲学视野中的"论语"研判

国有难之时，"愚"者，独宁武子是也。孔子沙里淘金，对宁武子之"愚"，惊叹不已，自愧不如。如此，孔子之论，实为宁武子之"愚"正名，将被俗世之人扭曲了的美德，从世俗浅陋粗鄙之污泽中打捞起来，还宁武子之"愚"以尊严与高贵。确认宁武子之"愚"，传递于后世的正是中国传统士大夫遗世独立、忠贞不渝的可贵品质。

总之，时变见人心，乱世识忠臣。宁武子于邦有道，能有"知"，更于邦无道而"愚"，此乃乱世稀有的忠、勇之德。孔子不仅誉宁武子之"知"，而且高扬而仰视其"愚"，确证"忠"于为官者之独特的价值和应有的道德高度，对机巧奸佞之人予以无声的批判，从而树立为官之标范。于此，为其弟子追从、为后世为政者反观、检视己之为政德行，确立了标尺。

孔子言宁武子之"知""可及"，当教导众弟子与世人，不可懈怠，以尽己之责任；而宁武子之"愚"，只是可望而不可及。如此，孔子留给世人的精神引导：宁武子之"愚"，虽身不能至，但心向往之，这便是仁政之希望所在。

22. 小子狂简，孔子思归

公冶长 5.22

【原文】子在陈曰："归与！归与！吾党之小子狂简，斐然成章，不知所以裁之。"

【译文】孔子在陈国说："回去吧！回去吧！家乡的青年人有远大志向，但行为粗率简单；文采出众，但还不知道怎样来节制自己。"

孔子出鲁至陈已是耳顺之年，季康子召冉求回鲁，再次触孔子之感叹，勾起归乡之情。孔子寻仁政可行之地，漂游诸国不已，"在陈欲与中道者不可得，故思鲁之狂简者。"（陈祥道）但念"吾党之小子"尚待教化，如是"归与！归与！"之心急迫、之情浓烈。

孔子巡诸国而游离不定，明仁道未可施，知仁政不可行，自觉其"木铎"之任，故思归教化鲁之狂简后生以传道，图仁道植于心，以塑人心而载道，彰其"菩萨之心"（蕅益）。

孔子思归，乃思"吾党之小子"。"吾党之小子"，为孔子之故里的诸后生，包括其出鲁前之众弟子，是为"先进者"，其志亦"狂"，其性情、其行亦"简"，其才亦"斐然成章"，其缺点乃"不知所以裁"，实为璞玉可琢。如是，孔子之"归与"，实为其自觉己之使命使然。

如此，"归与！归与！"，乃孔子人生转换之境，从行道于天下至传道于万民，从仁政之践行者，退而教人，传道于后世，成"万世师表"。

具体而言

第一，据《史记·孔子世家》记载，孔子出鲁后有两次思归而言："归与！归与！"

第一次是："孔子居陈三岁，会晋楚争强，更伐陈，及吴侵陈，陈常被寇。孔子曰：'归与归与！吾党之小子狂简，进取不忘其初。'于是孔子去陈。"

第二次是："秋，季桓子病，辇而见鲁城，喟然叹曰：'昔此国几兴矣，以吾获罪于孔子，故不兴也。'顾谓其嗣康子曰：'我即死，若必相鲁；相鲁，必召仲尼。'后数日，桓子卒，康子代立。已葬，欲召仲尼。公之鱼曰：'昔吾先君用之不终，终为诸侯笑。今又用之，不能终，是再为诸侯笑。'康子曰：'则谁召而可？'曰：'必召冉求。'于是使使召冉求。冉求将行，孔子曰：'鲁人召求，非小用之，将大用之也。'是日，孔子曰：'归乎归乎！吾党之小子狂简，斐然成章，吾不知所以裁之。'子赣知孔子思归，送冉求，因诫曰'即用，以孔子为招'云。"

如此看来，子在陈曰："归与！归与！"应是《史记》所记的第二次季康子召冉求回鲁时所言。对此，朱熹释曰："孔子周流四方，道不行而思归之叹也。……孔子初心，欲行其道于天下，至是而知其终不用也。于是始欲成就后学，以传道于来世。又不得中行之士而思其次，以为狂士志意高远，犹或可与进于道也。但恐其过中失正，而或陷于异端耳，故欲归而裁之也。"

张居正注："可见圣人为当时计，固欲其道之行，为后世计，又欲其道之传，其心真有视天下为一家，通古今为一息者。此所以继往圣开来学，而教万世无穷也欤！"

戴望解曰："哀公三年，孔子在陈，季康子使使召冉求，孔子思归，兴叹之辞也。"

钱穆引《史记》解为："鲁使使召冉求，求将行，孔子曰：'鲁人召求，将大用之。'是日，孔子有归与之叹。"冉求受召归鲁，触孔子归鲁之感叹。如此，"归与！归与！"既表对弟子回归鲁国为政的支持和鼓励，亦表呈自己急欲归鲁之心境。

如此，孔子见冉求被召回鲁而感念"归与！归与！吾党之小子狂简，斐然成章，不知所以裁之。"既表达了压抑已久的思乡之情，亦清晰地交代了归鲁的理由，更表征自己归鲁的使命和责任。

第二，《礼》曰："大夫去国，君赐之环，则反；赐之玦，则去。"孔子去鲁，"鲁不召孔子，终生旅人而已。"（戴望）如此，孔子不得归而思归，凸显不归之现实与思归之渴望间的强烈冲突，将孔子思归之情映现得更为急切与浓烈。如是便有了孔子之"归与！归与！"之情不自禁的表达。

第三，孔子周游列国，传"仁道"，且力图以亲自从政的方式来实现"仁政"。但是，不仅没有一个诸侯君主听命于他的学说以治国，也没有任何一个诸侯君主任用他，现实给孔子施仁政、弘仁道之理想一次一次无情的打击，如此，已是花甲之年的孔子，清晰地意识到乱世行仁政带来的只能是失望抑或绝望。追求大道畅行于天下之理想根本不具有可实现性。在此种境遇下，孔子想还是回归到自己的家乡鲁国去吧，因此，孔子独白式地说："归与！归与！"颇有几分无奈，却又呈现人生之最后的寄托与希冀。恰如仪封人有言"天将以孔子为木铎。"（《论语·里仁》）此为孔子自觉其"木铎"之使命。

这样，孔子已经不再将仁道、仁政的现实实现作为他的至上追求，而是要归故里，将他的希望最后寄托于教化家乡的那些年轻人，让他们真正懂得自己的"仁道"理念、理想，从而传承下去，让他们肩负弘仁道、施仁政之伟大的抱负。

在此处，可以看到孔子志向实现方式的转变，从游走天下而行道，游说诸国施仁政，以倡仁政王道为人生理想，到回归故里，以教育"吾党之小子"，即以传道之方式延续其理想。

第四，孔子对"吾党之小子"之评价。在孔子眼里，其鲁国的弟子有三个特点：其一，"狂"；其二，"简"；其三，"斐然成章，不知所以裁之。"

（1）所谓"狂"。"狂者，能为而不能已，其成章也失之过。"（陈祥道）"狂者进取于古，其志嘐嘐（xiāo，虚夸，志大言大）然。"（戴望）表其"志大"（钱穆）。在孔子看来，家乡众弟子之志向远大，为可造之才也。

（2）所谓"简"。"简"即"大"也（孔国安）。"简者，能略，而不能详，其成章也失之不及。"（陈祥道）"简者识大，有所不为。"（戴望）"简，疏略。"（钱穆）"简"即表众弟子见识高明，有所不为，行为粗率简陋。

总而言之，"吾党之小子"之"狂简"，乃"志于大道"（孔国安），"志大而略于事也"（朱熹）。"进取有大志""有志进取。"（钱穆）表"吾党之小子"志向远大，但行事简单、欠考虑。其间蕴含着孔子肯定之情与教诲之欲。

于此，需注意，孔子所言"吾党之小子"之"狂简"，非孟子所言"狂狷"。对此，陈祥道予以了区别。他说："东南为文，西南为章，则章者文之成也，此言狂简。孟子言狂狷者，简言其所学，狷言其所守，所守在行，故以狷言之；所学在言行，故以简言之。"

（3）所谓"斐然成章，不知所以裁之"。按朱熹之释："斐，文貌，成章，言其文理成就，有可观者"；"裁，割正也"，"节制"也。戴望释云："斐，文貌。绘画之事，五彩备谓之成章。譬其学以成德。裁，制也。言虽己亦不能加之裁制，美大之。"钱穆则以为"此乃喻辞，谓如布帛，已织成章而未裁剪，则仍无确切之用"。

"斐然成章，不知所以裁之。"即表才华横溢、文采飞扬，可出口成章，然不懂中道、不拘小节，不知道如何节制或匡正自己，是孔子对"吾党之小子"之才德或行为特点的描述与概括，总体上给予了肯定，亦指出其欠缺亟待教化修正之处。

如此，孔子对"吾党之小子"之"志""才"和"德"的评价，表陈了他

"归与！归与！"的真正理由以及自觉其使命所在。同时也是孔子行仁道之希望所在。故，弘仁道，以外求于天下之君侯，不如回归故里教导、塑造后生。

第五，从孔子对"吾党之小子"的评述，不难发现孔子对自己的人生有了新的设定，人生新目标就在未来。孔子要根据鲁之小子的才学性格，发扬他们的优长，修正他们的过失，纠正他们的偏颇，使他们归于"中正"，让他们可以在未来堪负弘扬大道的重任，继续自己未能完成的"仁政"宏业。如此，又何必周游列国而求一用呢？这也算是孔子四处碰壁之后的生命再觉醒吧。由此观之，孔子所践行"有教无类"，绝非仅是一个教育学的命题，而且是社会学、政治学之命题，是孔子彰仁道、施仁政的另类可行方案。同时更为深刻处在于，孔子从弘道救世与"人才"之关系视角，向后世传达出一条真理：教育若仅是消极而被动地去"适应"进而被现存社会吞噬，而不能培育出引领社会从而改造社会的"新人"，那么，教育就已丧失了其存在的合法性之根基。

第六，孔子之"归与！归与！"，无疑给后世学人提供了一种进退转换的人生模式。从孔子在此节中的感叹和进一步的人生定位可以看出，他在陈国之时，事实上是在总结前半生施行大道于天下的失败，转而考虑其余后人生何所为，由此，确立了他以"传道"为人生之业。孔子之人生定位的转变，可以看作后世学人人生轨迹的先导。"学而时"，则"习之"，如此，进可天下，努力去实现自己的理想和宏志，服务于邦国、社会、匡扶社稷、扭转乾坤，造一世"仁德"太平；若不成，则退之，著书立说、传播思想、教化后生，将自己的理想变奏、演绎成后生的心智、德性之培育，将自我理想寄托于后生发扬光大。孔子的人生立意，从弘仁道、行仁政而成救世之"师"，到沦落为"丧家之犬"之悲凉，转身而教化后生，真正成为"万世师表"。这一成功转换，昭示人生真是"山重水复疑无路，柳暗花明又一村"。如此，人生之得失、利弊，福兮、祸兮非定数，褒贬毁誉，亦自由历史评说。

总之，在弘仁道、行仁政之追求长路上，疲惫不堪、受挫不止的孔子，顿然醒来，与其艰难行道于天下君侯，天下君侯皆敬而远之，还不如"归与！归与！"。如此，孔子心中念着"吾党之小子"，于此孔子更加自觉人生之使命，在不归之途中，生"归与！归与！"之强烈之情，急切实现人生使命实现方式的转换。这便是孔子在失落、无望之中，看到了可行之新希望。

23. 不念旧恶，怨是用希

公冶长 5.23

【原文】子曰：“伯夷叔齐不念旧恶，怨是用希。”

【译文】孔子说：“伯夷、叔齐不记念一切以往之恶事，他们心中之怨因此也就少有了。”

———————————

伯夷让位于叔齐而行“孝”，叔齐让位于伯夷而彰“悌”，二人劝阻武王车载周文王的灵位要去讨伐帝王纣而显“仁”；阻不成，二人“义不食周粟，隐於首阳山，采薇而食之。及饿且死”，是为“义”。践行孝悌、仁义之伯夷、叔齐，被孔子称为“古之贤人”（《述而》）。

孔子从伯夷、叔齐之行中，提炼出一个具有普遍性的道德命题，“旧恶”与“（新）怨”之关系问题，进而以“不念”与“是用希”解除了“旧恶”与“（新）怨”之紧张关系，确立对“旧恶”应持“既往不咎”之立场。“不念旧恶”，即是放下“旧恶”，“如明镜照物，妍媸皆现，而不留陈影，此与‘不迁怒’同一工夫。”（方外史）如此，“不念旧恶”，本质上即是行“恕道”，以消解怨恨仇苦之因果。

孔子高度赞扬伯夷、叔齐不纠结、纠缠于过去之“恶”事，即“不念旧恶”所表现出来的宽恕之心、包容之情，彰其仁恕宽厚的德行修养。同时通过赞誉伯夷、叔齐，向世人呈现减少、化解、消除“怨”之自我心理机制和德性逻辑，即将“旧恶”归于“历史”而“不念”，换言之，最为彻底地除去心中之“恶”，进而释解“怨”，唯是心存“仁”。如此，怨则无所生、无所依，自然“怨是用希”。

“不念旧恶”，乃“清者之量”（程颐、程颢）。“不念旧恶”者，积仁洁行，彰仁恕之道，乃君子之美德。于个人则以善良、宽容和友好的心待人，如此，宽容友、好待己，心中自然少了怨恨。于世，“不念旧恶”，乃是摒弃争权夺利、巧取豪夺之事，希冀宽恕和仁爱畅行天下，天下可置于和平与安稳。从这一意义来看，孔子借“伯夷叔齐不念旧恶”之仁恕之德，批判争利生怨积恶之霸道乱世，倡导放弃旧恶，既往不咎，从而将仁道之美好，寄于人心存仁爱而不念旧恶之上。孔子借赞美二位先贤仁恕之美德，批判霸道乱世争权夺利彼此仇怨四起之现实，以表仁爱之世，应从"不念旧恶"之仁心中长出来。

"不念旧恶"，不仅是一种生命姿态、一种精神品质，而且是一种超越能力，一种德性境界，更是一种生活方式。

具体而言

第一，关于伯夷、叔齐之"事"，《史记》有载为：伯夷、叔齐，孤竹君之二子也。父欲立叔齐。及父卒，叔齐让伯夷。伯夷曰："父命也。"遂逃去。叔齐亦不肯立而逃之。国人立其中子。于是伯夷、叔齐闻西伯昌善养老，"盍往归焉！"及至，西伯卒，武王载木主，号为文王，东伐纣。伯夷、叔齐叩马而谏曰："父死不葬，爰及干戈，可谓孝乎？以臣弑君，可谓仁乎？"左右欲兵之。太公曰："此义人也。"扶而去之。武王已平殷乱，天下宗周，而伯夷、叔齐耻之，义不食周粟，隐于首阳山，采薇而食之。及饿且死，作歌，其辞曰："登彼西山兮，采其薇矣。以暴易暴兮，不知其非矣。神农、虞、夏忽焉没兮，我安适归矣？于嗟徂兮，命之衰矣。"遂饿死于首阳山。

对此，有人赞伯夷、叔齐不降其志、不辱其身，彰君子之傲骨与气节；有人褒伯夷、叔齐行孝悌仁义，显君子之德；而孔子则以此解读出并赞颂伯夷、叔齐"不愿旧恶"之美德。

第二，孔子所言伯夷、叔齐"不念旧恶"之"旧恶"，所指应是《史记》中所记述的周武王在其父文王刚死之时，就抬着其父的灵位牌，出兵去攻打商朝之事。这一"旧恶"包含三个要件：其一，"西伯卒"，即文王刚死，周武王不首先予以安葬；其二，"武王载木主"；其三，"号为文王，东伐纣"。

然，从《史记》所载可知，对于周武王无孝、无仁与无义之"恶"举，伯夷、叔齐"耻之，义不食周粟，隐于首阳山，采薇而食之。及饿且死。"如此，二位贤人因"耻之"，宁愿饿死不下山"食周粟"，显然是"念"其"恶"的。为何孔子做出"伯夷叔齐不念旧恶"之判断呢？在此似乎形成孔子之判断与二位贤人念恶之事实上的矛盾。

对此，二程认为："二子之心，非孔子孰能知之？"钱穆则解为："子贡明曰：'伯夷叔齐怨乎？'司马迁又曰：'由此观之，怨邪非邪？'人皆疑二子之怨，孔子独明其不怨，此亦微显阐幽之意。圣人之知人，即圣人之所以明道。"戴望则释为"言夷、齐所行，合乎忠恕"，并引曾子之言"朝有过，夕改则与之；夕有过，朝改则与之"附证之。

从二程、戴望与钱穆之解可知，伯夷、叔齐之行，凡人不可解，唯圣人可洞见其隐秘。然，如此之说，并未解决孔子判断他们"不念旧恶"与事实上"念恶"而不重周之"事实"。

陈祥道亦言："求在外者，不可必，故放于利而行，所以多怨。求诸己者，可必，故求仁得仁。怨是用希，盖仁人不藏怒、不宿怨，则所谓旧恶者，在彼而已。我何加损焉？此所以不念也。"

就历史事实而言，是时为"臣"之周武王，伐"商"，乃是"以臣弑君"，从形式上看，是"恶"，然武王以有道而伐商之无道，实为"善"，非"恶"也。如此，孔子所言伯夷、叔齐"不念旧恶"之"旧恶"，应是武王应以臣谏言、劝商纣王收敛、改变其残暴无道统治，而不应该举兵伐之？特指其"交恶"之方式，即交恶之"恶"。如此，孔子所言伯夷、叔齐"不念旧恶"，是表二位之"实然"，抑或"应然"，对此存疑。孔子以其所解伯夷、叔齐"不念旧恶"，其目的在于言说"怨是用希"。

第三，"怨是用希"，乃"不念旧恶"之结果。这一结果于己、于世人皆"善"。于己之"善"，如钱穆所释："惟《论语》又云伯夷、叔弃，'求仁而得仁，又何怨。'则此处亦当作二子自不怨。希，如老子听之不闻曰希，谓未见二子有怨之迹。孟子曰：'伯夷圣人之清者。'又成其不立于恶人之朝，不与恶人言。盖二子恶恶严，武王伐纣，二子犹非之，则二子之于世，殆少可其意者。然二子不念旧恶，所谓朝有过夕改则与之，夕有过朝改则与之。其心清明而滞碍，故虽少所可，而无所怨。如孔子不怨天不尤人，乃二子己心自不怨。"于人、于世之"善"，则是"不念旧时之恶而欲报复，故希为人所怨恨也"（宋·邢昺之《注疏》）。如此，"怨是用希，则不能无怨"（陈祥道）。

这样，孔子所言伯夷、叔齐"不念旧恶"，如是回不思旧怨、不迁怒，雍不录旧罪；孔子皆与之亦求仁得仁之谓与。

第四，孔子所言"不念旧恶"，本质上乃指向"为君之道"，后溢出此边界，泛化为世人之美德追从。对此，张居正注曰："若人君以此待下，尤为盛德。盖凡中材之人，孰能无过，惟事出故为，怙终不悛者，虽摈斥之，亦不足惜，然或一事偶失，而大节无亏，初时有过，而终能迁改，以至迹虽可议，而情有可原，皆当舍短取长，优容爱惜，则人人乐于效用，而天下无弃才矣。虞舜宥过无大，成汤与人不求备，皆此道也，此可以为万世人君之法。"

第五，孔子通过追溯伯夷、叔齐这两位先贤为人处世之态度和立场，凸显其完美道德，进而突出儒家在人与人之间所倡导的"仁爱""恕道"之根本原则。

孔子在"不念旧恶"与"怨是用希"之间，导出一个道德因果关系。正因为伯夷、叔齐心怀宽广，有宽恕之德、包容之情，不计较他人曾经的错误和怨恨，即"不念"宿怨，而是看到有错误的、曾经对己有恶之人的好的方面，并加以称赞，由此带来人和人之间不再纠结与"怨恨"或冤冤相报，而是彼此之间不断增加和睦友爱。在这里，"不念旧恶"是始端、是因，"怨是用希"是结果。进而言之，孔子强调了道德主体应该始终心怀善意与美好，保持包容宽待人之心，那么就会一笑泯恩仇、干戈化玉帛。如此，怨恨就不会存于心中，也才能始终保持以一种善良、美好的心态去审视和对待他人。一经如此，那么，生活关系世界向我们所展示的也就是美好而和谐的景象。

第六，始终以简单、美好、善意、感恩之心看待世界和他人，"不念旧恶"、无存怨恨，这本质上即是清洁自己的内心，让自己的内心保持清朗与平和；这就要求自己放下、原谅、忘记别人的错误，从而在放过他人错误之时，彻底地放过自己；倘若这样，天地宽广、人脉畅通、关系简单，怨恨也就自然得以冰释。这就要求我们不断打理自己的内心，使自己始终保持一颗"赤子之心"。恰如孔子在《里仁》中所说的一样，"苟志于仁矣，无恶也。"只要心怀仁，便没有厌恶他人的情绪了；即便他人有道德缺陷，也应该从爱出发，宽恕他人。如此，就要求世人不仅要得饶人处且饶人，而且要在不可饶恕之处，也饶人。这样，对他人的怨恨也就会被自我解构，而不再有真正的怨恨了。这便是真正的"仁者爱人"。

人非圣贤，孰能无过。但是，能"不念旧恶"，不一味地追究、纠缠于他人"过去"的得失和过错，而能看到"人"有向善悔改的取向，这本身就是一种更大的"善"，伯夷、叔齐如是也。事实上，人之本然应该是疾恶如仇，但是也要允许、也要宽恕改恶从善的人；如此的修养，正是人与人之间关系和谐、生成仁爱的前提。

第七，孔子对伯夷叔齐之评点和赞许，告诉世人一个简单的道理：己简单，这个世界于己也就简单了，你放下，世界就宽广与敞亮；己计较，生活也就挤压；己心中有爱，己之世界便充满着爱，一切都取决于道德主体自身内在的道德境况。正因如此，改变不了世界的我们，可改变自己。这就将道德至善的起点，落实到"自我"上，于是给世人指明建构良性的社会道德，每一个人都需要调整自己的内心、修造自我的道德心境、矫正自我的道德尺度，培育宽容、平和、向善的道德之心。

总之，"我的"生活世界，乃自我道德的一种外显，生成相应的生活道德景象；如此，当且仅当，"不念旧恶"，唯"仁爱"至上，自我心怀宽广，宽恕与包容他人之过、之恶，那么，你的世界就必会仇怨退场而相互尊爱谦让，最后生活则会和谐通畅、风清月朗。

在这里，必须注意的是，孔子所强调的"不念旧恶"，并不是要我们消极适应环境而让自己"委曲求全"，而是要求我们积极主动地以改变、调整自己进而完善自己为契机，从而改变生活世界，塑造出生活世界的"善"。由此，让每一个人都必须自觉地提升自己的道德境界，切实地确立仁恕之心，从而肩负其构建自我道德生活世界中的责任与使命。

事实上，任何人都不具有道德优先性和优越感，站在现实生活世界之外，抽身而对现实道德境况进行挑剔，反身对他人进行道德谴责。如此，唯一正确和恰当的路线就是从"我"做起，"不念旧恶"，方可"怨是用希"，舍此，别无他途。

生活哲学视野中的"论语"研判

24. 君子行直，证成直道

【原文】子曰："孰谓微生高直？或乞醯焉，乞诸其邻而与之。"

【译文】孔子说："谁说微生高这个人率直？有人向他讨点醋，他（不直说没有，却暗地）到他邻居家里讨了点给人家。"

微生高行"权变之直"被世人称道为"直"。孔子驳世人之见，揭开其所行非真直，亦非有直心、直德，故其徒有"直"之虚名。对此，恰如戴望所释：微生高"曲面而直名，孔子恶似而非者，故举微见大"。亦如钱穆所解："微生殆委屈世故，以博取人之称誉者。"如此"微生素有直名，孔子从此微小处断其非为直人"。

"直"，乃不匿不曲，内心坦诚率真，表其心诚而不虚妄、不欺诈，其行真直而不屈从、不逢迎。如此，直道之人，真实而不伪，正直而不歪，坦直而不曲，率真而不矫揉造作。以此观之，"直"通"仁"，即以"仁"为根基与前提，故具直心、行直道之人，即为"仁者"。

微生高似"直"而"非直"，本质即是似"仁"而"非仁"，其心、其行皆"伪"，对世人具有极强的迷惑性、蒙蔽性和欺骗性。如此，微生高之伪"直"，乃是世德伪善、伪仁之缩影。孔子剥开微生高"伪直"之外显，揭露其"伪仁"之本质，对乱世德性之虚伪性与欺骗性予以批判，还原"直""仁"之真。

微生高无"仁"，故其心无诚，其口亦无直。如是，常将简单的事情复杂化。将简单的事情复杂化，并非事情本身复杂，而是其心无"直"使然。如此，一切故弄玄虚、装神弄鬼、转弯抹角、遮掩搪塞……一切违背"实事求是"原则之所为，皆乏仁心直德所致。此亦乱世德乱之病灶所在。如此，孔子通过揭露微生高之伪直，不仅批判世人缺乏甄别真伪"直"之正确尺度，而且强调唯有修"仁心"、成直道，仁道才落定于世。如是孔子曰："人之生也，直三代，直道而行"，亦如孟子曰："不直则道不见，道之所贵，直而已矣。"

前有言伯夷、叔齐"不念旧恶"而去"怨"，今有言心"直"而不曲，心"空"而无碍达"仁道"。孔子是以塑仁心而再造仁道。

具体而言

第一，有人认为微生高具有"直"德。孔子质疑和追问微生高之"直"，进而以事实予以反驳，揭露微生高恰好不"直"，为其带来"直"名之行，正是"权变之直"。

从孔子所举乞醯之事而言，虽然微生高尽力满足别人的愿望，在某种意义上符合助人之德，但微生高隐瞒了自己家里没有醋的真实情况，这种隐瞒本身，实为曲意逢迎，是其不"直"之证。陈祥道以为"君子之于天下，外不可失人以存己；内不可失己以为人。与其失己以为人，孰若不为人以存己。高之乞醯，为人可也，为己则非直也。强无以为有，非安命者也。"

如此，强调任何道德、美德都必须内蕴着真实的情感，这就突出了孔子将所有的道德原则、道德规范都根植于真切的生活情感、生活事实之基础上，反对任何与生活真实、真实的情感相悖的道德原则。如此，可以说，孔子所要构建的乃是真实的生活伦理，而不是将道德原则悬空于现实生活之上，脱离真实的道德情感，成为一种抽象的道德伪装。这应该说是孔子伦理思想的一大重要特色。

第二，应该说，鲁人微生高，一直是以"直"（正直、坦直、率直或耿直）而著称。这是世人对微生高的总体判断，这也正是孔子所要反诘、追问和质疑的。换言之，孔子对世人于微生高"直"的判断予以前提性审查，进而从根上对世人的判断予以反证颠覆。从孔子的思维路径来看，质疑大前提，以具体的实例，构成"小前提"，其结论就蕴含在文辞章法背后的隐秘意义之中，即对于普遍定论性的微生高具有"直"德之判断，是不准确的；微生高只具有"直"之形式或外在特征，然其心"不正"、意"不直"，虽博得"正直""率直"之盛名，而无"正直""率直"之实。如此，微生高之"直"，是名实不副之伪"直"。这样，孔子对普遍而不详察所得出的微生高"正直""率直"的判断，进行矫正和驳斥。

第三，从孔子所分析的具体案例来看，微生高面对乞醯者，是自由的。因为对于乞醯者，他至少有四种选择。其一，直接告之，没有"醋"，爱莫能助；其二，可以告诉借醋者，让他自己去借，即自行解决；其三，可以明白告诉借醋人，自己虽然没醋，无力相助之，但愿意代为向他人求援之；其四，不直说没有，却暗地到他邻居家里讨了点给借醋人。这四种选择有一个共同点，就是满足别人的需要，达成他人的愿望，这一点应该说是值得充分肯定的。但是，按照"正直""率直"的内在规定的真实性原则，他可以采取其一、其二和其三中的方案都可以；若要满足"助人为乐"或"有求必应"之原则，那么，微生高的最佳选择是其一和其三方案。然而，事实上，他却采取了第四种方式。如此，孔子认为，他虽然客观上尽了朋友、邻里之谊，却缺失了"直"更为根本的"真实性"，对朋友隐瞒了事情的真实，其心不仅"虚假""虚伪"，且以他人的东西向朋友施恩，有杂念私心存于其中。

第四，孔子对"直"的要求亦简单，就是要求"心"与"行"的统一，即道德心理与道德行为之间不背离，尤其是要求"心正"。因为，只有"心正"，其"行"方可"直"。事实上，"直"就是心之坦诚的表征，表征为直爽、诚实，不拐弯抹角；在处理"借醋"之事时，就应该是：有，即有；没有，即没有。一句话，采取和遵循确定性、真实性原则。这是"直"德最为基本的特征。如此，"直"德内蕴着"诚实"而无欺瞒。如是钱穆所释："人来乞醯，有则与之，无则辞之。今微生不直告以无，又转乞诸邻而与之，此似曲意徇物。"

第五，孔子通过剖析的微生高案例，强调"心正"，因为"行直"发端于"心正"，是"心正"在具体生活关系中的表现。心正、心诚与口直、行直都是孔子所强调的在道德践行中应遵循的基本原则，是孔子所追求"仁"具体化于生活事实。在此，孔子将"直"提升为君子之德，使"仁"之内涵更为丰富。

第六，从这一节孔子对微生高的剖析中，可以领会到孔子要求做人、做事，都应该真真实实、坦坦然然、诚实守信，即应该真诚坦荡、洒脱、直率、干净利索，不用太刻意、不能太曲意，不要矫揉造作，更不可心机太重，也无须遮遮掩掩、虚虚实实，一切以真实至上。由此可见，在充满虚假的生活世界，真实、诚实之"直"，乃是生活中最宝贵的品质。

但是，就对微生高的评价和审查而言，孔子对人的道德要求依然苛严。这种苛严，正是孔子置身于乱世欲重塑以"仁"为核心的理想道德景象内在迫切性所要求的。

总之，直道之人，真实无妄、诚敬无欺、坦直不曲、率直简明，不为虚名牵累，不为世故周旋，直行仁义而彰仁德。微生高行"权变之直"，赢"直"之盛名，而无"直"之实。孔子反诘与揭露微生高之伪"直"，凸显"直"乃君子之德。于此，孔子倡导世人当做直性、直行、直道之人，切莫做如微生高一般的心无"仁"支撑之曲意逢迎、貌似"直"而非真"直"之人。以此，批判一切假道士，劝诫世人除却心中杂念，从心性至行为，皆当为真直之士。

25. 耻伪善者，耻阴邪者

公冶长 5.25

【原文】子曰："巧言、令色、足恭，左丘明耻之，丘亦耻之。匿怨而友其人，左丘明耻之，丘亦耻之。"

【译文】孔子说："花言巧语，装出一副善面孔，摆出逢迎的姿式，低三下四地过分恭敬，取悦于人，左丘明认为这种人可耻，我也认为可耻。心怨恨其人却藏匿不外露，仍与之为友，左丘明认为这种人可耻，我也认为可耻。"

"君子不失色于人，不失口于人，不失足于人"，如此，君子"色容庄，口容止，足容重"。然"巧言令色足恭"者，乃"口柔""面柔"和"体柔"之人；"匿怨而友其人"乃"内隐其怨，外诈相亲"（戴望）。此两类人，皆非"直人"，掩"恶"藏"奸"，是阴险狡诈的"伪善"者，其本质上乃内乏"仁"、行无"义"者。恰如陈祥道所释："巧言令色足恭，非务本者也，不足于仁。匿怨而友其人，非质直者也，不足于义。"故正直、公正之史官左丘明"耻之"，孔子自是亦"耻之"。

孔子从人之交往视角，不仅具体地描述了刻意谄媚、阿谀奉承以及阴险歹毒之人的行为和心性特征，而且对之予以批判，鲜明地表达了其是非好恶。同时为世人甄别非仁非义之徒提供了方法论。

无论是"巧言令色足恭"或是"匿怨而友其人"，皆是"伪善"，皆有其险恶用心和满足私欲之目的，这是交往的"陷阱"。对之，孔子不仅谴责之，而且以仁者之心，告诫世人须擦拭眼睛，切勿为此等卑劣龌龊之人所蒙蔽和欺骗，掉入其陷阱，为其所害。

人，诚然是一个复杂体。生活在人之世界，常会出现内与外、心与行、言与行，乃至人前与人后之差异抑或悖论。然若孔子所言之"善""恶"对峙的"两面人"，乃为病态之典型，超出"善恶"正常的游弋之度，呈现出对"恶"的极度包装与修饰，构成"恶"出场的独特方式。

无论是"巧言令色足恭"或是"匿怨而友其人"，切入与攻克人性之弱点，熟谙交往之伎俩，以"善"的外在形式，逐"恶"之目的，构成透析和洞见人性复杂的多棱镜。于乱世，此等"巧言令色足恭"或是"匿怨而友其人"者，比比皆是，此为无道之世于个体无仁、无义之微观显现而已。如此，孔子以"巧言令色足恭"或是"匿怨而友其人"为"耻"，本质上即是对无道乱世之恶的"耻"，以此彰人之仁、之义，希冀世之仁道昌明。

"巧言令色足恭"之"小人"，"匿怨而友其人"之"歹人"，过去有，现在有，将来亦然，唯其方式和样态嬗变而更为多样或更为机巧隐秘、乖张。以今人之语言之，乃是"恶"之丛生、"陷阱"重叠。但是，无论是"小人"还是"歹人"，只是生活世界之"恶"的人格化，构成君子人格的反面。但，倘若"小人"与"歹人"得势成风，那世道堪忧。如此，弘扬仁道，筑建充满着仁义之生活世界，不仅须对"小人""歹人"予以道德谴责与批判，而且更为重要的是对之加以识别、加以防范、加以剔除。唯有如此，方可扬善抑恶、倡仁行义，成善性的生活。

具体而言

第一，孔子以"耻之"，具体批判两类具有双重人格或"两面人"之人：即"巧言令色足恭"者和"匿怨而友其人"者。这两类人之一个共同点，就是以伪"善"之行为或外表，掩盖、隐藏其"恶"之实。一句话，孔子视这两类典型"分裂式"人格之人为无仁、无义、"无耻"之徒，予以批判，为真正的君子所"不耻"。

"巧言令色足恭"之"小人"无仁，"匿怨而友其人"之"歹人"无义。这两类人是病态无道之世具体化于个体之征兆。如此，孔子"耻"之，本质上乃是"耻"无道之世。

孔子揭示"巧言令色"者"鲜矣仁""乱德"之本质和危害，并予以了批判；在此则进一步对"巧言令色足恭"者再次加以批判，因为，"巧言令色足恭"者比"巧言令色"者有过之而无不及；对照"巧言令色足恭"者与"巧言令色"者，前者不仅在言辞上表现为虚假的善，而且在行为上表现为一种伪装的恭谦、恭顺，这种借助特意奉承的言辞、伪装亲切的态度、过于谦恭之行为姿态，比单纯的"巧言令色"者，将其内心的阴险、邪恶隐藏得更深，亦更具有麻痹性和欺骗性。如此，彻底颠倒了"善""恶"之正常逻辑，真实的"恶"以绝对的"善"出场，恰如"大伪似真""大奸似忠"。于是，让人难辨其真伪，难以洞见其善恶，往往信以为真而掉入其所设构的陷阱，以便达成其不可告人之目的。

同样，"匿怨而友其人"者，依然颠倒了"爱""恨"之真实。内心本是怨恨，表面上却装出一副友好、友善的样子，如此，内外不一致、不统一，隐藏着阴险、奸恶之目的。

在孔子看来，这两类人，都与健康、健全的君子人格相悖，都是"恶"的具体表现形式而已。

第二，孔子一贯倡导，人的善良在于心诚、正直，而不善则在于诌媚奸险；在人的相互交往中，举止言谈，都具有一定的规范和礼数，即具有一定的礼法，这是君子应该遵循和践履的。然而，巧言令色足恭者，为取悦于人，不仅表现出过度的恭敬姿态，专挑好听的话说，这种虚伪，与故意谦恭、卑躬屈膝融为一体。此等前躬后踞之人，是其人格扭曲与变态之结果；而"匿怨而友其人"者却违背恩怨亲疏都是出于真心的根本原则，对人的怨恨深藏不露，假以交好，最后必是突然爆发，以报复于人。过分谦恭自卑而献媚的人，以花言巧语、阿谀奉承为手段，以迷惑对方为目的；而匿怨而友其人者，则是以友好为外衣，以欺骗为伎俩，以达成心怀叵测的奸险目的。一句话，二者都掩盖、掩藏其真实动机、目的，给对方挖"陷阱"。在孔子看来，这与以"仁义"为根本，言行一致之诚实、正直等品质，彻底相悖。

第三，这两类人，从精神分析的角度来看，本质上是其人格扭曲与分裂。然而，因其自身人格的扭曲与分裂，必然带来人与人的关系缺乏应有的真诚而生出一系列紧张。按照孔子的看法，生活之应然，如是每一个人都保持一颗真诚之心、统一之人格，成"直道之人"。如此，就不但给自己创造真实和谐的人际关系，也同样不会使人心有顾忌，彼此提防，从而降低人与人交往的成本，减少不必要的负效应。然而，在生活世界中，正因为有这两类人的存在，导致一系列伪善现象，使得人与人关系充满着各种非正常性的变数，令人深感人际交往处处有陷阱、世态险恶，时时处处都须提防对方、掩藏真己。

第四，对这两类人，孔子言"左丘明耻之，丘亦耻之"，其意蕴深远。史官左丘明著《左氏春秋》，其为人正而不曲、善恶分明，对历史中之人与事，秉持"大义"，以实事求是之态度而断之；进而言之，史官之历史眼光，深谙"史"之真谛。如此，孔子以"左丘明耻之，丘亦耻之"，表从历史的视角与维度明证"巧言令色足恭"或是"匿怨而友其人"，皆非人间正道，借此表孔子"耻"之，即否定这两类人的历史正当性，从而证成世人当扬"仁道"，培育仁义之人格，才是人之为人的正途，才是救乱世之良策。

换言之，孔子以此强调"巧言令色足恭"或"匿怨而友其人"，为任何世道都不容，相反，仁义之德，乃任何文明之世所应蕴含和遵循的稳定和恒常伦理，表征"小人"和"恶人"在任何时代都必被"耻之"，而君子人格，则不因时代变化而具有永恒的价值。如此，耻"巧言令色足恭"或"匿怨而友其人"，内含着历史的道德价值。"耻之"，乃孔子顺应与尊重历史法则，与左丘明之共识。如此，"左丘明耻之，丘亦耻之"也就具有道德批判的历史合法性。在此，孔子奉行"仁道"即道德史观。

第五，孔子提倡正直、坦率、诚实、质朴之人格，反对口是心非、口蜜腹剑、表里不一、阳奉阴违，此为"做人"和人际正常交往中应遵循的最为基本的要求与原则。

孔子"不耻"而贬斥与批判的锋芒，不仅指向当世的这"两类人"，同样也指向当下活在你我之间和未来依然会继续出场的"两类人"；孔子之"不耻"，其深意在于还人性以仁义之光，还生活以清朗，还世间以清明。

总之，人之"恶"并不可怕，可怕的是其"恶"以伪善之貌示人而麻痹、蒙蔽、欺骗与坑害人，令世人感知生活处处充满着"陷阱"，以致于对人世丧失信心。孔子批判"巧言令色足恭"之伪善"小人"和"匿怨而友其人"之"歹人"的阴险毒辣，并非仅仅以消极姿态防范之，免受其害，其立意在于确立善恶之标准，重塑世人仁义之心，从根本上消解伪善与邪恶之发生。

26. 师徒言志，修德三阶

公冶长 5.26

【原文】 颜渊、季路侍。

子曰："盍各言尔志。"

子路曰："愿车马，衣轻裘，与朋友共，敝之而无憾。"

颜渊曰："愿无伐善，无施劳。"

子路曰："愿闻子之志。"

子曰："老者安之，朋友信之，少者怀之。"

【译文】 颜渊、子路两人侍立在孔子身边。

孔子说："你们何不各自说说自己的志向？"

子路说："我愿意拿出自己的车马、衣服、皮袍，同我的朋友共同使用，用坏了也没什么可惜的。"

颜渊说："我愿己有善，己心不夸耀，不以劳苦施加于人。"

子路向孔子说："愿意听听您的志向。"

孔子说："（我的志向是）让老者安，让朋友们（相互）信任，让年轻的子弟们得到关怀。"

师徒三人各言其志，子路忘物，表义者之志；颜渊忘善，呈仁者之志；孔子忘己，彰圣人之志。由此表修身进德从忘物、忘善至忘己之三重境界，指示君子修德不倦攀爬、提升之路。

子路不累于外物，轻利重义，是为君子之始德，乃可登堂；颜渊"无伐善，无施劳"，持谦恭，超越善恶之别，是为仁之谦谦君子，乃可入室；孔子则以"安之""信之"与"怀之"而使己与"老者""朋友"和"少者"成一体，人己不分，呈圣人心怀苍生、达爱人之境，成仁爱之世。

"孔门之学，言即其所行，行即其所言，未尝以空言为学。"（钱穆）如是，师徒三人各表其"志"，勾勒出"义者""仁者"和"圣人"之德，此为人生德行之追求。如此，师徒三人之"志"，为君子、为世间人进德修己之路标。

具体而言

第一，这一节记述，生动地表呈了孔子和他两个得意的弟子子路、颜回三人在一起，抒展各自人生的理想与志向，不仅呈现各自理想、志向的独特内涵，而且通过各自之志向折射出不同的道德境界。对此，陈祥道予以本质性的诠释。他说："重财轻义，人之常情。子路愿乘肥马，衣轻裘，与朋友共，敝之而无憾，义者之志也。谦则不伐善，爱则不施劳。颜回愿无伐善、无施劳，仁者之志也。老幼安怀于己者，恕也；朋友信于己者，忠也。孔子言老者安之，朋友信之，少者怀之，圣人之志也。"简言之，子路所言为"义者之志"，颜渊所言为"仁者之志"，孔子所言乃为"圣人之志"。蕅益释曰："子路忘物，颜子忘善，圣人忘己。忘己，故以安还老者，信还朋友，怀还少者。"

如此，师徒三人之志、之德，具象为三境界，不仅为世人反观、检视己之修德境况提供了参照，而且为孔门众弟子修身进德确立了目标，指引了方向。

第二，子路之志："愿车马，衣轻裘，与朋友共，敝之而无憾。"愿意或能将"车马""衣裘"一切他所拥有的物质财富，"与朋友共"，即与朋友分享，即使"敝之"也没什么遗憾或可惜的。如此，表"子路志愿交友，人己若一，己不以共敝为德，亦使友谅己，诚不以生感"（戴望）。按钱穆之解："车马衣裘，常所服用，物虽微，易较彼我，子路心体廓然，较之与朋友通财，更进一层。"如此，豪爽、大方，善于分享抑或布施之子路，重道义、情义，不重外物，不为外物所累。如此，子路重义轻利之志，乃"义者之志"。

颜渊之志："愿无伐善，无施劳。""伐，夸也"（朱熹）；"有善而自称，曰伐善也。"（皇侃）"无施劳"，即"不以事置施于人也"（孔国安）。"施劳"，朱熹注释："施，亦张大之意。劳，谓有功"，即表白自己的功劳；朱熹还有另一种解释："劳，劳事也，劳事非己所欲，故亦不欲施于人也。亦通。"其意即是自己不愿意承担的操劳，也不要施加于他人。按戴望之解："善则称人，过则称己，故无伐善。""君子仁以为己任，死而后已，故无施劳。"钱穆释为："伐，夸张义。已有善，心不自夸。劳谓有功，施亦张大义"，表颜子"无伐以修己，无施劳以安人。颜子之志，不仅于成己，又求能及物。若在上位，则愿无施劳于民"。如此，颜子"无伐善，无施劳"之志，善事而不自夸于人，不自以为善而显耀，实为超越了善恶，达到仁者之境。故颜子之志，乃"仁者之志"。

孔子之志："老者安之，朋友信之，少者怀之。""安，安其身心"，"怀，和也。"（戴望）"怀，归也。"（孔安国）"少者怀己，己必有慈惠故也。"（皇侃）孔子通过关注、关怀"老者""朋友"和"少者"三者之间的生活与己之关系，即使"老者"能有所养而能安度晚年、幸福安乐；"朋友"有诚信，彼此之间有美好的情感；"少者"能得到关爱、关怀与呵护而走上有德的正道。按钱穆之释："人我皆入于化境，不仅在我心中有人我一体之仁，即在人心中，亦更与我无隔阂。同此仁道，同此化境，圣人仁德之化，至是而可无憾。"如此，孔子已达忘己之"圣人"境界。孔子之志，乃"圣人之志"也。

进而言之，孔子之"志"，从生活主体"老者""朋友"和"少者"的视角，表彰孔子理想的社会样态，如是《礼记·礼运》所设构的大同社会一般："故人不独亲其亲，不独子其子。使老有所终，壮有所用，幼有所长。矜寡孤独废疾者，皆有所养。男有分，女有归。货恶其弃于地也，不必藏于己。力恶其不出于身也，不必为己。是故谋闭而不兴，盗窃乱贼而不作。故外户而不闭。是谓大同。"

第三，从对三者之志的具体解读中可见，子路之志侧重于物质财富上的分享、共享，而不是独享，一个"舍"，表达子路心之"无私"，体现子路"仁义"之志。然子路之志，依然停驻于"外物"层面。颜回之志则重己心性向善之修为，表征他坚守、践履仁德之自觉，在其为善之后，不自满、不自夸、不邀功、不显摆，坚持不断地修造自己的善之本心，归仁心本然。如此，其志向所展开的是一条无止境向内在德性开进之深化路线。孔子之志，既非子路局限于具象、外物，亦非颜回囿于个人内在善性的修造、"独善其身"，而是重"苍生"而"安天下"，即通过关怀"老者""朋友"和"少者"之生活，彰世之"仁德"而"仁道"，呈圣贤安人、安百姓、安天下之志。到此，师徒三人展现了不同的志向，从而映现了三者彼此不同的道德关注和道德尺度，以及由此所内蕴的不同道德视野、不同道德情怀，表征出师徒三人不同的修德境界。若将三者关联起来，可以看到，由"外物"到"内心"，再到"天下"，从"无私"至"（有心）无我"，再到"仁爱"，不断扩展、不断升华的道德变迁与提升的历程。

第四，从以上的分析可见，两位弟子子路、颜回的理想和志向，应该说都还是属于"自己的"，是一种"小我"式的，而独孔子的理想和志向是"天下的"、"大我"式的。如此，弟子的志向还依然停于"我"，还未真正超越"我"，虽然颜回之志向所显出的气象，有淳朴天然浑厚之感，但依然是成"内圣"之法，尚未开出"外王"来，唯有孔子，本身内在之己达"圣"，故而，必达"天下"，关怀"苍生"而安人、安百姓，完成由"内圣"而"外王"。于此，直呈师徒之间境界之差异，表征理想、志向有大与小、宏与微、远与近、高与低之别，进一步而言，彼此志向呈现出不同的价值归宿、价值目的，由此，

　　　　　　　　　　　　　生活哲学视野中的"论语"研判

显示出彼此层次的差异性。一句话，师徒三人言志一番，呈现出各自人生志趣与理想，由此所折射出层次不同的道德修为与道德境界。

第五，师徒三人于无道乱世而各言其志，本质上即是要与霸道乱世诀别。志向，本质上是一个人生命最根本的价值指向，一个人的生命价值观之最集中、最真切之表呈。在日常生活中，它表征为一个人的志趣；在关系处理中，具体化为一种价值取舍，由此，它不仅展示与折射其人之实际生活状况，而且引导一个人，形成其独特的生存格局和生命气象。

师徒三人，就其"志"即各自的生命价值立场和人生志趣而展开的坦诚对话，层次分明、境界比照生动而鲜活，子路虽愿"共享"，但尚未达"兼济"；颜回不将行善归于己，但依然出于有心。唯孔子，兼利苍生而不知己之功劳，仁义遍行天下而不见己之行迹，其胸怀和天地一样宽广，是两个弟子所不及的。如此，表孔子达"仁爱"德性的最高境界。

总之，"子路、颜渊皆已有意于孔子之所谓仁。然子路徒有与人共之之意，而未见及物之功。颜渊有之，而未见物得其所之妙。孔子则内外一体，直如天地之化工，然其实则只是一仁境，只是人心之相感通，固亦无他奇可言。"（钱穆）

子路忘"物"，颜子忘"善"，孔子忘"己"，师徒三人之"志"，展现出三重修德所达之境界，恰是君子修身进德，不断提升己德之阶梯。世人，尤其是为政者，可依此为镜，反视、自查己之德性；亦可以此为指向，沿"忘物"至"忘善"而达"忘己"之天地境界。如此，仁道之路，就根植于个人之志中，世德重塑亦在践"志"彰"志"之中。

27. 能见其过，止错自讼

公冶长 5.27

【原文】 子曰：“已矣乎！吾未见能见其过而内自讼者也。”

【译文】 孔子说：“完了！我未曾见过一个能够看到自己的错误而又能从内心责备自己的人。”

孔子因鲁公与季桓子醉心于齐国送来的声色犬马之中，怠于政事，受齐女乐，三日不听政而发出此番决绝之悲叹。孔子见微知著，俯瞰天下之道德境况，莫不如此。在绝望悲叹之中，体现孔子试图力挽道德大厦于将倾，重塑君子之风，重振社会道德秩序的强烈责任感和使命感。

孔子所言：“吾未见能见其过而内自讼者也”，表世人莫不缺乏或丧失自省、自究与自正之心。而丧失自我反省、自我检讨、自我批判和自我矫正，本质上即是丧失“反求诸己”之心，表君子之风已荡然无存，表止错之自律全然解除。所能见的多是对己之过，常推卸、遮掩与粉饰，在无道之路上渐行渐远、深陷泥潭。真是应了“智足以拒谏，言足以饰非”（《史记·殷本纪》）之论断，由此表世德败坏之严重，重塑仁道之艰难、艰巨。

“能见其过而内自讼”，此为深刻的道德自觉。其中，“能见其过”，表道德标准内在于心，未曾泯灭，可积极地省察己之言行，辨其过而自明；“内自讼”，表自责而自我教育、自我修正，实现克己。然孔子言“吾未见”，表从季桓子至世人之道德沦丧的彻底性。

“吾未见能见其过而内自讼”，表明于个体、于世道，完全丧失了通过自我觉醒、自我责备、自我引导而止错、纠错。于此，其人内无“仁”，礼法皆外于行，形同虚设，此为“礼崩乐坏”最为真实的写照。

绝望即是希望。令孔子失望的君侯权臣无视礼法之放纵，乃至绝望的世道衰败之德性，恰是孔子重塑世德之起点。如此，方有“明知不可为而为之”之执着与崇高，才有逆时势而行的悲怆与至勇，才有千古之一叹之后的不倦弘道。

具体而言

第一，"已矣乎！"乃"决绝之辞"（戴望），表理应"见"，却始终"未见"之失望、之悲婉，是希望之后的绝望之叹。如是《皇疏》所解："已，止也。止矣乎者叹此以下事久已无也。"亦如朱熹所释："已矣乎者，恐其终不得见而叹之也。"

充满乐观精神的孔子，之所以发出此等极度悲观之感叹，正是由于置身于乱世的他"未见"一人能具有直面己之过错，勇于承认己之过错，进而能从自我找原因和不足，从而促自我进行必要的道德反省、道德责备和道德批判的人使然；现实中所能见到的则是，不仅僭越礼法、一错再错，而且一有过错，总是将原因和责任推向客观，推诿于他人之人。这样，面对过错时所呈现出来的自我遮蔽、自我掩饰、自我推脱等道德境况，在孔子看来，绝非有德君子之应为，而恰好是无德"伪君子"之行径。

恰与孔子所希望见到的"能见其过而内自讼者"彻底相悖，事实上孔子所见到的，乃是时时处处恬不知耻、明目张胆违背礼法之人。其不仅不承认己之过错，且毫无知耻而愧疚之心，反而坦然面对，进而为自己的过错百般辩解与粉饰，这就充分表明不仅缺乏道德反省、道德自鉴与道德自律，而且更为严重的是对礼法之规范"麻木不仁"，此乃彻底丧失是非、善恶判断之心的必然结果，由此映现着极其荒诞的世德境况。

第二，细究孔子为何发出此等悲绝之叹，并非心血来潮，其直接触发因，按戴望之考，乃是"昔者孔子去鲁，为《彼妇》之歌，季桓子闻之，曰'孔子罪我，以群婢故。'此其知过而中不能自讼，卒不复召孔子，故发此叹也"。

将戴望之考展开，在《史记·孔子世家》中对此予以更为详尽的交代：【定公十四年，孔子年五十六，由大司寇行摄相事，有喜色。门人曰："闻君子祸至不惧，福至不喜。"孔子曰："有是言也。不曰'乐其以贵下人'乎？"于是诛鲁大夫乱政者少正卯。与闻国政三月，粥羔豚者弗饰贾；男女行者别于涂；涂不拾遗；四方之客至乎邑者不求有司，皆予之以归。

齐人闻而惧，曰："孔子为政必霸，霸则吾地近焉，我之为先并矣。盍致地焉？"黎鉏曰："请先尝沮之；沮之而不可则致地，庸迟乎！"于是选齐国中女子好者八十人，皆衣文衣而舞康乐，文马三十驷，遗鲁君。陈女乐文马于鲁城南高门外，季桓子微服往观再三，将受，乃语鲁君为周道游，往观终日，怠于政事。子路曰："孔子可以行矣。"孔子曰："鲁今且郊，如致膰乎大夫，则吾犹可以止。"桓子卒受齐女乐，三日不听政；郊，又不致膰俎于大夫。孔子遂行，宿乎屯。而师己送，曰："孔子则非罪。"孔子曰："吾歌可夫？"歌曰："彼妇之口，可以出走；彼妇之谒，可以死败。盖优哉游哉，维以卒岁!"师己反，桓子曰："孔子亦何言?"师己以实告。桓子喟然叹曰："孔子罪我以群婢故也夫!"】

孔子从鲁君侯及其权臣季桓子之所为，洞悉乱世之德，即从个别性、特殊性见共同性和普遍性。如此，孔子以"吾未见能见其过而内自讼者也"，对其"已矣乎!"予以事实支撑和缘由交代。

据不完全统计，在《论语》中，孔子在五则论述中共有七次言"未见"。

(1) 子曰："我未见好仁者，恶不仁者。好仁者，无以尚之；恶不仁者，其为仁矣，不使不仁者加乎其身。有能一日用其力于仁矣乎? 我未见力不足者。盖有之矣，我未之见也。"(《论语·里仁》)

(2) 子曰："吾未见刚者。"或对曰："申枨。"子曰："枨也欲，焉得刚?"(《论语·公冶长》)

(3) 孔子两次言说："吾未见好德如好色者也!"一次在《论语·子罕》里，一次在《论语·卫灵公》里。

(4) 子曰："见善如不及，见不善如探汤。吾见其人矣，吾闻其语矣。隐居以求其志，行义以达其道。吾闻其语矣，未见其人也。"(《论语·季氏》)

(5) 子曰："已矣乎! 吾未见能见其过而内自讼者也。"(《论语·公冶长》)

在此处，孔子所言"吾未见"，以否定的方式表征其实事求是之态度，映衬出所见、所闻、所经历之"事实"的确实性与真切性，并非臆想，亦非妄断。如此加重"已矣乎!"之悲情。

第三，"能见其过而内自讼者也"。

(1) "能见其过"，表内具礼法之标准，以"内观"之方式行自我诊断、省察之自觉。当己有过时，能及时发现，表证己德在"诚"。

(2) "而内自讼"。其"讼，犹责也"，"而内自讼"，表在"能见其过"之基础上，"口不言而心自咎也"，"其悔悟深切而能改必矣。"(朱熹) 在内观之后，突出内省。此自"见其过"至"内自讼"，实现道德的深度觉醒、觉悟与自主。"盖自讼，正是圣贤心学真血脉。"(蕅益)

(3) 对于"能见其过而内自讼者也"，陈祥道以更为宏阔之视野，对之加以诠释道："阴阳有时而愆，日月有时而食，川谷有时而竭，天地之大，犹且不免于过，况于人乎? 要在改过而已。改过，始于见过，不见其过，而不知自讼者，君子所不责。见其过，而不自讼者，君子必责之。"

然，孔子却言"吾未见""能见其过而内自讼者也"，乃"言我未见人能自见其所行事有过失，而内自责者也"（《邢疏》）。表"人有过而能自知者鲜矣，知过而能内自讼者为尤鲜"（朱熹）。以此，叹世德败坏到令人沮丧之境况。

第四，孔子所言"能见其过而内自讼者也"，事实上提供了以自知、自责与自律为内质的止错机制，亦是修身进德之有效方式与途径。

"能见其过而内自讼者也"，表能自觉地反省自己、解剖自己、检讨己之过。能自觉地进行道德省察，敢于去剖析自己，对自己的过错下刀，本质上是自我批判。如此，省己之过，察己之短，这才是君子知过、矫过、止错，实现修身进德之正道。

第五，透析孔子之论可知，孔子要求世人应具有道德自查、自检和自正之意识与能力，以保证礼法内化于心而成纯正之心。如此，问题的根本不在于是否犯错，而在于自觉、主动而积极地"能见其过而内自讼"。此为"过则勿惮改"（《论语·学而》）之君子风范。

孔子从"吾未见"有过错而自觉自究、自检和自责，即从"吾未见有人能自见其己过而内自责者也。言将终不复见"（《邢疏》），"孔子自恐终不得见而叹之，其警学者深矣"（朱熹）之"事实"，判断包括君侯、权臣在内的世人，已经丧失了道德自我审查能力，进而丧失了"羞耻之心"，丧失了淳厚、质朴向善之正心、仁心。这才是孔子从无人悔过，进而洞见更为深层次之道德危机，这才是孔子决绝叹辞"已矣乎！"之所指。

总之，按钱穆之见，"颜渊不迁怒，不贰过，孔子许其好学。然则孔子想见，即颜渊之所愿学。"然颜子已去，不可再见，孔子实际所见，乃鲁君侯及权臣季桓子之流，皆不"能见其过而内自讼者也"，故而长叹曰："已矣乎！"

孔子通过对有过错而不思自我悔改的伪君子所进行的批判，表达"有错"能自觉改正之难得，进而强调道德之正心、道德持守之至上重要性；同时，透显出孔子对于"礼崩乐坏"的现实之无奈。尽管世道惨淡至此，但孔子仍然坚守仁道而不弃，坚持对无道之批判而不懈，坚定地进行道德呼唤、道德培育和道德建设而不倦，这恰是孔子深深孤独、悲苦之后，不弃、不懈、不倦之坚韧与高贵，这正是孔子最难能可贵之处。

28. 忠信如丘，好学如丘

公冶长 5.28

【原文】子曰："十室之邑，必有忠信如丘者焉，不如丘之好学也。"

【译文】孔子说："即使只有十户人家的小村子，也一定有像我这样讲忠信的人，只是不如我那样好学罢了。"

"忠信"，丘与人同；惟"好学"，丘优于人，亦恰因"好学"促其成仁成圣。正所谓"十步之骤，必有香草；十室之邑，必有忠士"，"忠信则德性能尊，尊德性而道问学，则广大可致、高明可极。其亦何所不至哉。时人之德性，如孔子者盖有之矣，然不如孔子之好学，此所以愚益愚、圣益圣也。"（陈祥道）

"忠信"，人之"美质"，为君子之根基，唯"为学"可"至道"。如此，孔子言"忠信"与"好学"，表"美质易得，至道难闻，学之至则可以为圣人，不学则不免为乡人而已"（朱熹）。

孔子自谓其所异于人者，唯在"好学"，其于生知则不自居，于好学则不自逊，故勉人学也。恰如程子所释："此孔子以身教也。孔子言人之生质固有无异于己者，然特不如己之好学耳，所以勉人学也。"

孔子乃"好学"成圣之典范。孔子曾曰："知之者不如好之者，好之者不如乐之者"，孔子固乐矣。而言好学，何也？盖好之者，不必乐；乐之者，必好。孔子于道，则乐于学则好。故曰"乐以忘忧"。又言"好古敏以求之"也。其最喜爱弟子颜渊之好学而不改其乐，殆庶几于此。

正因孔子"好学"，其"忠信"之美质熠熠生辉，为后学之楷模。

具体而言

第一，孔子通过对己之"忠信"品质和"好学"精神与周遭之人进行比较，从而进行自我肯定，而非自我夸耀。无疑，这是孔子对自己真切而中肯的评价，标志着孔子道德生命的高度自觉。同时，指出众多的人虽然有"忠信"，但缺失了"好学"之品质，其"忠信"亦未达自明，从而未能如己一样能"闻道"。这样，孔子以己之"忠信"且"好学"，告诉世人一个基本的原则，要

"闻道"，不仅需要"忠信"之宝贵品质，还必须同时具备"好学"之品质与精神。只有二者同时兼具，即"德性"与"才学"并举，才能成为一个极高明、道问学之"圣贤"。如此，"孔子之忠信与人同，只是好学与人异。'好学'二字，是孔子真面目，故颜渊死，遂哭云'天丧予'。"（藕益）

孔子在教育子路时，从反面指明"好学"于君子究弊而养德之积极功能。他说："好仁不好学，其蔽也愚；好知不好学，其蔽也荡；好信不好学，其蔽也贼；好直不好学，其蔽也绞；好勇不好学，其蔽也乱；好刚不好学，其蔽也狂。"

第二，孔子，无疑是一个"好学"之典范。在《论语》中，孔子直接言己"好学"或论及己"好学"的，据不完全统计有12处。

（1）子曰："吾十有五而志于学……"（《论语·为政》）

（2）太宰问于子贡曰："孔子圣者与？何其多能也？"子贡曰："固天纵之将圣，又多能也。"子闻之，曰："太宰知我乎？吾少也贱，故多能鄙事。君子多乎哉，不多也。"（《论语·子罕》）

（3）"子入太庙，每事问。"（《论语·八佾》）

（4）子曰："知之者不如好之者，好之者不如乐之者。"（《论语·雍也》）

（5）子曰："三人行，必有我师焉。择其善者而从之，其不善者而改之。"（《论语·述而》）

（6）叶公问孔子于子路，子路不对。子曰："女奚不曰，其为人也，发愤忘食，乐以忘忧，不知老之将至云尔。"（《论语·述而》）

（7）"加我十年，五十以学《易》，可以无大过矣。"（《论语·述而》）

（8）"我非生而知之者，好古，敏以求之者也。"（《论语·述而》）

（9）"百工居肆以成其事，君子学以致其道。"（《论语·子张》）

（10）"学如不及，犹恐失之。"（《论语·泰伯》）

（11）"笃信好学，守死善道。"（《论语·泰伯》）

这些陈述足以从各个维度证成孔子"好学"之"事实"，以表孔子所言"十室之邑，必有忠信如丘者焉，不如丘之好学也"之真实性和可靠性。

第三，孔子直言自己有两个优点：即"忠信"与"好学"。但是，他坦言，"忠信"并不是他最为突出的、独有的优点，因为芸芸众生只要保持一颗纯正的善心，遵循"礼法"的规范，都能做到，都可以具备；而他最为难得的优点，是一般人不具有的，那就是"好学"。这样，孔子通过自我剖析，亦将世人分成两种类型的人格品质：其一种是：有"忠信"而不"好学"者；其二种则是"忠信"且"好学"者。这样，孔子突出了自己的独特品质，强调了第二种人格比第一种具有更优性。

在孔子看来，一般的人，只是静态地持守"忠信"，然而未能懂得在"忠信"与"好学"之间具有深刻的内在联系，达到对"忠信"之自觉。唯有通过"学"（礼法），对"忠信"的道德认知也就越全面和深刻，对"忠信"之践行亦愈来愈自觉而笃定，其"忠信"就愈加坚固。如此，孔子将"好学"于"忠信"的价值予以彰显和揭示出来，这样，有"忠信"，进而"好学"，方可实现道德主体对"忠信"的内在化和自觉化。

第四，进一步而言，"忠信"，表人之德行，"好学"则使人有才智而"贤能"；孔子要求"君子""德"与"才"兼备。如此，君子仅仅具有"忠信"之"德"是远远不够的，还须具有"才学"，如此，其"忠信"之德，才能才不至于悬空，而能将其"忠信"得以落实。这样，"有忠信"与"好学"，本质上表君子尊德性而道问学，二者乃做人之根基、闻道之途，自是不可偏废，切不可停滞于尊德性而荒芜了道问学。

第五，在孔子看来，不仅仅十家大小的村落里，就是普天之大，和他资质相仿且具有纯朴笃实、心向"忠信"之人，绝不在少数。但是，太多的人自恃天资聪慧而疏于勤勉"好学"，其"忠信"也就居于自然心性、天然本能之状，而不可能深究其中之奥秘，不能"闻道"，不能取得人生的大成就，促人生精进。

孔子所言"十室之邑，必有忠信如丘者焉，不如丘之好学也"，绝非孔子浅薄之自诩、自我夸赞，而且以其一生"好学"之事实，劝导其众弟子与世人，在具有"忠信"之德的基础上，须勤勉好学，凸显"好学"于"道德之我"之提升的极端重要性。心如璞玉，全在后天以"好学"而开凿、而打磨、而"成器"、而得道。

有人指出，有"忠信"之德，是为"生质之美"。有"忠信"之质，方可以言"学"。"忠信"美质乃是人所必有之品质，"好学"则可保守并扩充其忠信之道；正因为如此，孔子以身示教，劝导并指引世人应该在"忠信"之基础上，进一步通过"好学"而将"忠信"美质扩充，成就自己完美的道德生命。

总之，"忠信"，质之美、德之基，唯"好学"可"闻道"。孔子一生"为学"不倦、不止，唯其达圣人之境。孔子以身示教，勉励世人主"忠信"而不断勤学、好学，以巩固"忠信"，提升道德境界，成道德自觉、自主之人。

第六　雍也篇

1. 子论冉雍，可使南面

雍也 6.1

【原文】子曰："雍也可使南面。"

【译文】孔子说："冉雍，可以做一国之君。"

冉雍：

（1）（前531—前466），字仲弓，春秋末期鲁国人，孔子的弟子，小孔子二十九岁，位列孔门十哲、七十二贤。

（2）《史记·仲尼弟子列传》有载：仲弓父，贱人。孔子曰："犁牛之子骍且角，虽欲勿用，山川其舍诸？"表冉雍少时家贫，以牧为业，人称"犁牛氏"。仲弓问政。孔子曰："出门如见大宾，使民如承大祭。己所不欲，勿施于人。在邦无怨，在家无怨。"

（3）孔子以仲弓为有德行者。据说孔子在临终之时还曾对弟子说："贤哉雍也，过人远也。"后来，战国大儒荀子对他很推崇，把他与孔子相提并论，说他"通则一天下，穷则独立贵名，天不能死，地不能埋，桀跖之世不能污，非大儒莫之能立，仲尼、子弓是也"。可见，冉雍确实是孔门德行之高徒。

（4）曾被聘为季氏家宰，想施展其抱负。孔子都说："汝思老其家。"如此，"仕三月，是待以礼貌，而谏不能尽行，言不能尽听，遂辞去，复从孔子。居则以处，行则以游，师文终身。"

（5）与兄冉耕、弟冉求一起，皆在孔门十哲之列，世称"一门三贤"。

根据冉雍在季氏家族做三月的家臣之表现，以施仁政者之德行、才华等素质为尺度来考察冉雍，孔子给予他极高的定位，认为冉雍有帝王之才德，可胜任诸侯国之君而治国理政。

孔子对其众弟子，皆据其德才，量其功用。恰如陈祥道所释："孔子于冉求，则曰：百乘之家可使为之宰；于子路，则曰：千乘之国可使治其赋。于仲弓，则可使南面。是冉求可以仕大夫，而亦可以仕诸侯；子路可以仕诸侯，而亦可以为诸侯。仲弓可以为诸侯矣！语之以王者之佐则未也，惟颜子可以当之。"然蕅益则认为：仲弓"只是可临民耳，岂可说他做得王帝？"

冉雍仁而不佞，为政"居敬行简"，主张"以德化民"，以此，孔子做出冉雍"可使南面"之评价，表"学而优则仕"之"为学"而"为政"之逻辑。

孔子以"冉雍"为镜，既隐蔽地指证了当时居"南面"者，其"德不配位"之实，以此批判了无德、无道、无能之政，又将"仁政"之施落实于为政者之德才上。如此表明，仁政，乃依圣贤之人秉其德才而善治，故仁政之本质乃德治。如此，再次凸显孔子所强调的为政之善，源于为政者之德的政治伦理思维。

具体而言

第一，孔子对其弟子冉雍予以极高的评价与赞誉。认为依冉雍之贤德和才能，不仅仅可以去为一般的官，而且他具有"人君之度"，完全适合去做一国之君，管理一个国家。而事实上，冉雍却委身于季氏为家宰，在孔子看来，这实在是大材小用，不可取。如此，子曰："雍也可使南面"，可视为孔子善意劝说冉雍放弃季氏家宰之职。因为，这一职，不仅未能充分展现冉雍之治理才德，而且屈从于季氏，大有"为虎作伥"之嫌，这与冉雍之贤德品性相悖，有污于雍之德。

孔子于冉雍之"可使南面"，是孔子"学而优则仕"的教育原则和方针的价值归宿，也是其"仁政"理想得以现实化的具体的有效途径。

第二，孔子认为，冉雍"可使南面"。其"南面"之意，以其面向和位置，表地位。按《周易·说卦传》之意，圣人乃"南面而听天下，向明而治"。"南面"在《易经》的卦象上属于离卦，"离为明"。通常所言南方为火地，"火"即光明，圣人向着光明来治理天下。其喻义在于治天下要以光明、用智慧，这就是南面而听政于天下，是故天子面南而治。对此，朱熹解之："南面者，人君听治之位，言仲弓宽洪简重，有人君之度也。"戴望释曰："南面者，明堂位也。"钱穆亦释曰:"南面,人君听政之位。"如此,根据古时尊者的位置是坐北朝南,天子、诸侯时皆面南而坐。

冉雍"可使南面",表"仲弓有舜、禹之德,而时无天子焉之者,故明其可使南面"(戴望)。即"言冉雍之才德,可使任诸侯也"(钱穆)。以面向、以位而表尊卑和地位。如此,冉雍"可使南面",表"冉雍"所具有的德行和才能,同"人君"所要求具备的德才,是相匹配的,以此对冉雍之才德修养予以高度的肯定。

那么,在孔子眼里冉雍到底具有什么样的德才而"可使南面"呢?

第三,冉雍"可使南面",隐喻着依据他的德才可以独立地治理一个国家,成为"人君",有人君之相。孔子对冉雍的评价已经超出一般的弟子。具体而言,冉雍到底具有什么样的特质,让孔子评定可以"使南面"呢?

资料显示,冉雍、颜子、闵子骞和冉伯牛同为孔门"德科"的优秀弟子。在孔子看来,首先,弟子冉雍气宇轩昂、识量广博,颇有人君的气度;其次,他为人宽宏大量、俭朴持重。宽宏就不会对人苛刻,有容人之量;俭朴持重就不会被琐碎事物难倒,对待人事物都会得体。简言之,冉雍之所以"可使南面",乃因其"仁而不佞",为政"居敬行简""以德化民"使然。如是荀子评价说:"圣人之得势者,舜、禹是也。圣人之不得势者,仲尼、子弓是也。"

在孔子的"仁政"思维架构内,根据弟子自身的德才状态,分别加以评定和评价,从而形成了孔子对弟子的未来定位的多样性分类和等次。冉雍可以为百乘之家之宰,子路可以治千乘之国之赋,公西赤可以束带立于朝。相对比来看,对于冉雍的评价要高于对子贡、子路、冉有、公西赤等弟子。孔子看到了冉雍具有"不器"之气象,是一种典型的仁政君主之典范人格,此真可谓是孔子对冉雍的最高评价了。

以冉雍为镜,反观当世之君侯,皆难以与冉雍望其项背。如此,孔子以扬冉雍而贬斥当世之治国者无德、无才、无能之"三无"。

第四,"先王之道",于为政,彰显德性之魅力或道德感召力;于为政者,则凸显其圣人德行,恰如马克斯·韦伯所说的"个人魅力型"(或"卡里斯玛型")。如此,倡导"仁政",即行"德治"。"德治"之本质就是"圣人"之治理。如此,"为政",与其说是统治人、管理人,不如说是"教化"人。正因为如此,孔子见德行才干皆卓尔不群之冉雍,好似看到"仁政"理想的真正践履者,看到仁政之希望,其内心的喜悦、赞叹之情,可想而知,故不吝其誉美之词:"雍也可使南面。"

总之,冉雍所具之德才,完全符合孔子仁政实践者之要求,故而评价曰:

"雍也可使南面"。如此，以弟子冉雍之德才，具体表征了"仁政"之特质及为政者之素质，确立德治、善治之根本在于为政者之德，以此批判当世为政者之无道、无德与无才。

2. 居敬行简，居简行简

雍也 6.2

【原文】仲弓问子桑伯子。

子曰：“可也，简。”

仲弓曰：“居敬而行简，以临其民，不亦可乎？居简而行简，无乃大简乎？”

子曰：“雍之言然。”

【译文】仲弓问孔子：子桑伯子这个人怎么样。

孔子说：“此人还可以，办事简要而不烦琐。”

仲弓说：“心处恭敬严肃而行事简要，像这样来治理百姓，不是也可以吗？若居心简而行事亦简，这岂不是太简单了吗？”

孔子说：“雍，这话你说得对。”

————————————

弟子仲弓与孔子借评价子桑伯子而讨论“简”。其重点在于仲弓区分了两类“简”：“居敬而行简”与“居简而行简”，鲜明地主张“为人”应遵循“居敬而行简”之原则，摒弃“居简而行简”，由此，充分彰显“居敬而行简”之精神旨趣：直道仁心，简约行止。

“居敬而行简”与“居简而行简”，从形式上而言，皆“行简”，其差异则在于其心之“居敬”与“居简”。“居敬”者，其心“有仁”，其行遵礼文，故其“行简”，乃“直道”；而“居简”者，其心“无仁”，其行不拘礼文，故其行亦野；如此，“居敬而行简”与“居简而行简”之别，本质上乃在于“有仁”与“无仁”。从文化面貌上，进而言之，“居敬而行简”与“居简而行简”，乃儒家与道家之文化心性特质和行为特征之根本分野。

仲弓从孔子对子桑伯子之“简”的评价中，剥离出“居敬而行简”与“居简而行简”，洞见并肯定“居敬而行简”，持“仁”而“礼”的为政之德；不取“居简而行简”，无视礼文、不遵礼法，率性而行之粗鄙、野蛮而简陋。如此，通过仲弓之论，从实践维度或层次上，通过“敬”而“简”，鲜明地高扬儒家“仁”而“礼”之取向。简言之，“行简”，因“居敬”而“直道”，因“居简”而粗鄙。如此，“居敬而行简”，则恭敬持重，简约明晰；“居简而行简”，则“失之简”。

孔子评价子桑伯子之为人，整体上而言为"可也"，然其不足在于"简"，即"失之简"（陈祥道）。孔子对之持肯定、包容与认同之态度，表孔子包容与宽厚之德。于此，孔子"只是论临民之道，不是去批点子桑伯子"（蕅益）。仲弓沿孔子的"失之简"之论，更敏锐和深刻地区分"居敬而行简"与"居简而行简"，高扬"居敬而行简"之理念，于"心"居敬而彰"仁"，于"行简"而显"礼"。

具体而言

第一，西汉刘向《说苑·修文篇》中记载了孔子与子桑伯子相会之"事实"：

【孔子曰：可也简。简者，易野也，易野者，无礼文也。孔子见子桑伯子，子桑伯子不衣冠而处，弟子曰："孔子何为见此人乎？"曰："其质美而无文，吾欲说而文之。"孔子去，子桑伯子门人不说，曰："何为见孔子乎？"曰："其质美而文繁，吾欲说而去其文。"故曰，文质修者谓之君子，有质而无文谓之易野，子桑伯子易野，欲同人道于牛马，故仲弓曰："太简。"上无明天子，下无贤方伯，天下为无道，臣弑其君，子弑其父，力能讨之，讨之可也。当孔子之时，上无明天子也，故言雍也可使南面，南面者天子也，雍之所以得称南面者，问子桑伯子于孔子，孔子曰："可也简。"仲弓曰："居敬而行简，以临其民，不亦可乎？居简而行简，无乃大简乎？"子曰："雍之言然！"仲弓通于化术，孔子明于王道，而无以加仲弓之言。】

刘向之记述，表呈孔子与桑伯子的交往情景，明晰了子桑伯子之"简"，以及孔子对之评价"可也简"的真切内涵，进而在心性和言行两个维度上，鲜活地表征了儒道与道家之价值取向的分野。

第二，子桑伯子，亦称桑户、子桑户，春秋末鲁国隐士。《庄子·大宗师》有载："子桑户死，未葬，孔子闻之，使子贡往侍事焉。"《楚辞·九章·涉江》有言："接舆髡首兮，桑扈羸行。"

再如前面《说苑·修文篇》中所述："孔子见子桑伯子，子桑伯子不衣冠而处。弟子曰：'孔子何为见此人乎？'曰：'其质美而无文，吾欲说而文之。'"可见，虽然子桑伯子裸行和在家不穿衣服，行为狂放而倨傲，但孔子认为他质好，死后还派学生去祭奠他。

作为隐士之子桑伯子，据《家语》记载，在生活中不拘小节，衣冠不整，率意任性，轻世傲物。因看不惯当世的社会现象而隐处山乡僻野，而且还喜欢裸露身体。其居心无人而乏敬，行为不遵礼文而倨傲、乖张。

如此之人，当仲弓问子桑伯子之为人时，因其对无道现实之不满，孔子以"可也"予以认可，对其心性与行为之"简"，则不认可。

第三，仲弓沿孔子"简"之评价，对"简"本身，从心性和行为两个层面加以剖析，认为"居敬而行简"于为政、为人皆是可取的；反之，"居简而行简"于为政、为人则是不可取的。仲弓通过对"简"的深入细究，分别开"居敬而行简"与"居简而行简"。不可否认，此见解深刻而卓越，深掘了孔子之"简"论。

"敬"生于"仁"，表为政、为人持庄重、审慎、虔诚而不可亵渎之情；于"行"，则是抓住根本、直捣要害，不累赘、不拖拉，干净利落，反对纠结于细枝末节。在此，须高度注意，有"仁"，方有"敬"，有敬，才有义、礼、智、信。倘若心无仁、情无敬，于人、于事，则无根，其行必是浮漂、无序、紊乱的；其为政亦必是草率、应付，其为人必是随心所欲而无矩。

如此，仲弓通过对"行简"之道德前提与基础的追究，落实"居敬"与"居简"之具体内涵，确认了二者具有相似性的外在特征"行简"，却意蕴着截然不同之本质差异："居敬而行简"，依"仁"而生"敬"，因"礼"而行"简"，此为"简约"；相反，"居简而行简"，则是无仁而无敬，故而其心也"简"，无敬无礼文，故其行而"简"，此为"简陋""粗俗"。如此，"居敬而行简"与"居简而行简"，乃"仁"与"不仁"、"礼"与"无礼"之别。

第四，在仲弓看来，作为一种处理、解决问题的方法和原则之"简"本身，并不能抽象来加以论断是"好"还是"坏"，而是必须与要处理和解决的具体问题相关联才能加以评定。如此，如果在制定安邦定国之策略、治理国家之法度与规则，以及处理民众的重大事情上，必须高屋建瓴，其原则应该简明扼要，一句话，应该从简、尚简，不应该繁文缛节太多，从而使得主线清晰、规则清楚、目的明确；如此，只要对行事怀恭敬、肃敬之心，枝节琐事皆可以"简"，且应该"简"。换句话说，简行统理大众，凡事强调大政方针、大纲大体，不让琐碎的小事纷扰，遇事当抓住重点与要害加以处理，使人民安居乐业而不相互烦扰，这才是当简则简的可贵之处，这也正是"居敬而行简，以临其民，不亦可乎"之要义；这种"简"，即是宽驭众的"为政之简"。恰如戴望所释："明堂之法，礼达于下，王中心无为，以守至正，故曰居敬。顺时布德和令，不言而治，故曰行简。文质道备，合于南面之术，故可也。"

但是，如果为了简略、简化、简便而"简"，那就会出现不遵礼法之草率、粗略而简单甚至粗鄙地行事，其"简"，即为"大也，略也"（戴望），势必会因疏忽而荒芜政事，导致治理之松懈和散漫，从而使得规则、法度难以贯彻与落实，最终必然带来后患，这一意义上的"简"，则是指做事不遵循一定的原则、办理事情不按照一定的法度和规则，随性而为，放纵无束，即"君臣上下，动无礼文，故曰大简，若道家之独任清虚以为至治"（戴望）。如此，若一味追求"简"，必是马马虎虎，不求甚解、不求要领，不加落实。在这里，仲弓认为这样的行事之"简"，本质上是无敬事之心，属于"不敬"而"简"。

仲弓通过对"简"的具体分析，突出了"行事"之"简"的原则：敬事而简为佳，为了简略而简，实为不当。恰如陈祥道所释："简者，先王之所尚也。然内之所居者敬，外之所行者简，则在下者有所从。内之所居者简，外之所行者亦简，则在下者无所从。"

第五，"在易之坤，言君子敬以直内，继之以不习无不利，敬以直内居敬也，不习无不利行简也。"陈祥道引《易经》坤卦之解，表"居敬而行简"，本质上乃是依于仁、据于德，遵礼文之直道。而"子桑所为，无乃太简"，其"行简"乃因"居简"，故而简陋、草率、粗鄙。

孔子认为子桑伯子"失之简"，仲弓认为其之所以"失之简"，乃是其"居简"所致。由此，仲弓不仅揭示了其所"居"与所"行"之关系，而且反对无仁、无礼之"简"，昭示着无仁、无礼之"简"，虽其形式如是"居敬而行简"，然二者具有本质的差别，不可将二者简单混淆。由此，仲弓通过对两类"简"之解析，彰"居敬而行简"，止"居简而行简"，以塑政风、正世风，从而具体从"居敬"和"行简"之心性、行为特质两个层面，张扬儒家之"仁"与"礼"。

总之，"行简"，因"居敬"而"直道"，因"居简"而粗鄙。如此，"居敬而行简"，则恭敬持重，简约明晰；"居简而行简"，则"失之简"。

仲弓与孔子以子桑伯子为具体言说对象，深度地开掘了"简"的多维内涵，剥离出两类"行简"，进而称道"居敬而行简"，否定"居简而行简"，从而再次张扬"仁""礼"对"行"的支撑作用和规范功能，明确为政之要。

3. 孰为好学，颜子好学

雍也 6.3

【原文】哀公问："弟子孰为好学？"

孔子对曰："有颜回者好学，不迁怒，不贰过，不幸短命死矣。今也则亡，未闻好学者也。"

【译文】鲁哀公问孔子："你的弟子中谁是最好学的呢？"

孔子对答说："有一个叫颜子的学生好学，他从不迁怒，也从不重犯同样的过错。不幸短命死了。现在没有那样的人了，没有听说谁是好学的了。"

孔子本为好学之人，诚如其自语所述："十室之邑，必有忠信如丘者焉，不如丘之好学也。"在孔门众弟子中，熟谙孔子之道，能虔敬修心修身之好学者，当数颜子，别无二。因其"好学"，故能做到"不迁怒，不贰过"，是为好学成贤德之典范。

颜子"不迁怒，不贰过，尽性也。不改其乐，知命也"。然，"颜子未至五十而知天命，盖知命必以五十者，非若谓五十而犹不知天命，则不可也。"（陈祥道）如此，孔子曾在与子贡对话时感言："弗如也，吾与女弗如也！"可见孔子极度推崇颜子之贤德。于此，孔子以颜子为范，激励众弟子及世人"好学"之心，当以修心修身为重，以修己成仁而弘道，倘如此，仁道何忧，世德何虑。然颜子"不幸短命死矣。今也则亡，未闻好学者也"。

颜子早熟，尽性、知命而英年陨逝，子曰："噫！天丧予！天丧予！"（《论语·先进》）可见孔子之决绝悲戚。今孔子又叹世间再无如颜子之好学者，指示着世人皆不取道而修心修身而外求于物、于利，忧叹世德之惨淡境况，委婉地批判为政者不修德，其心无仁、其行无礼。

好学者，独颜子，"其心三月不违仁"，孔子赞叹其安贫乐道，真是"贤哉回也！"然，哀公问好学之弟子，孔子以已逝之颜子而对，且着力介绍颜子之德行，此乃孔子搪塞哀公之巧，值得深玩味。

具体而言

第一，孔门之"学"所指，非今人之"纸上谈兵"，识文断句，逗留于言辞之间而增智斗巧，实为"何以修心，何以为人"（钱穆）。如此，"学者，所以反情治性，尽才者也。"（戴望）而"好学"者，乃在虔敬自觉修心性，在克己尚仁践道上下功夫者。依此而言，"好学"，乃是躬行修身进德践道的"为己之学"。

依此标准，在孔子的众弟子中，唯颜子为"好学"。粗略检视《论语》，孔子直言并赞扬颜子"好学"之语，如下。

（1）子曰："吾与回言终日，不违，如愚。退而省其私，亦足以发，回也不愚。"（《论语·为政》）

（2）子曰："回也，其心三月不违仁，其余则日月至焉而已矣。"（《论语·雍也》）

（3）子谓颜渊曰："惜乎！吾见其进也，未见其止也。"（《论语·子罕》）

（4）季康子问："弟子孰为好学？"

孔子对曰：有颜子者好学，不幸短命死矣。今也则亡。"（《论语·先进》）

在刘向所著《说苑》之敬慎篇和杂言中，亦记述了颜子"好学"之"事实"。

（1）颜回将西游，问于孔子曰："何以为身？"孔子曰："恭敬忠信，可以为身。恭则免于众，敬则人爱之，忠则人与之，信则人恃之；人所爱，人所与，人所恃，必免于患矣，可以临国家，何况于身乎？故不比数而比疏，不亦远乎？不修中而修外，不亦反乎？不先虑事，临难乃谋，不亦晚乎？"

（2）子夏问仲尼曰："颜渊之为人也，何若？"曰："回之信，贤于丘也。"曰："子贡之为人也，何若？"曰："赐之敏，贤于丘也。"曰："子路之为人也，何若？"曰："由之勇，贤于丘也。"曰："子张之为人也，何若？"曰："师之庄，贤于丘也。"于是子夏避席而问曰："然则四者何为事先生？"曰："坐，吾语汝。回能信而不能反，赐能敏而不能屈，由能勇而不能怯，师能庄而不能同。兼此四子者，丘不为也。夫所谓至圣之士，必见进退之利，屈伸之用者也。"

以此可证，颜子"好学"，绝非孔子偏私之见，而是客观而真实地表征了颜子克己修身、心系仁道之不争的事实。

第二，在此处，只是因哀公之问，孔子再次表达了颜子"好学"之判断。

孔子为弘道救世而造"新人"，行"有教无类"，广纳弟子而传道，成贤人七十有二，其德、才各殊，可谓贤达之才俊云集。然，就"弟子孰为好学？"之问，孔子以为独颜子是也。

孔子曾叹言："十室之邑，必有忠信如丘者焉，不如丘之好学也。"（《论语·公冶长》）表唯有虔敬问道、真切明道，持续不断地修身而守"忠信"，进而笃定践道之意义，"好学"之本质内蕴才得以真正凸显出来。

生活哲学视野中的"论语"研判

面哀公之问，孔子直接回答"有颜子者好学"即可。然孔子进而突出颜子"好学"具体表现在"不迁怒，不贰过"两个方面。

第三，从智识上来看，与子贡、子路等孔门诸弟子相比，颜子属于"讷于言"之"思想型"君子。他对孔子之说，虽常是"不违，如愚"，然事实上"回也不愚"，能做到"举一反三""由一及十"，即能对孔子之思想做到"融会贯通"，得其要领，真可谓熟谙"孔子之道"。如此之弟子，从孔子对哀公、对季康子之直接回答中，皆可见孔子对颜子的欣赏和称赞。

从"好学"之实践来看，如是孔子所赞："贤哉，回也！一箪食，一瓢饮，在陋巷，人不堪其忧，回也不改其乐。贤哉，回也！"（《雍也》）"其心三月不违仁"，充分彰颜子"谋道不谋食""忧道不忧贫"（《论语·卫灵公》）之宏阔深邃的君子志向与风范，构成颜子"好学"之精神内涵与根基。

在回答哀公之问时，孔子突出了颜子"好学"的两个显著特点，即"不迁怒，不贰过"，更为具体而真切地展现出颜子"好学"之内涵。

（1）所谓"不迁怒"。对"不迁怒"之理解，因关注之重点或于"不迁"，或于"不迁怒"，形成两种理解模式。

若将关注之重点聚于"不迁"，表颜子已生怒，其好学之善德只是表征为"不迁"而已。如是朱熹释曰："迁，移也……怒于甲者，不移于乙。"朱子此解，失之表浅，不足以深明颜子之修养。何晏注曰"迁，移也。"将"迁"依然释为"移"，表怒之"迁移"，仍未深觉颜子之德。同样，钱穆之解"如怒于甲，迁及乙。怒在食，迁及衣"依然关注和停留于"迁"。诸位先贤之解，构成后人解读之"先见"，亦成后人理解之思维定式：不把此时对此人、此事之怒转移而发泄于彼时在彼人、彼事上。从形式上讲，是一怒归一怒，外在止怒。此解之路径，浮于外而未能揭示颜子"好学"之"不迁怒"之真谛。

"不迁怒"，表颜子止于生怒。何谓"怒"？心生烦顿而不能自消自解也，指向人、事，只是内怒外显而已。颜子之"不迁怒"，表颜子心恻动怒时，即自知其为烦恼，却能以忍而止之，不使怒气续发，是为不迁怒，表颜子"不怨天不尤人，乐道而无怨"，以此显颜子隐忍克己之功夫。简言之，"不迁怒"是指颜子修养很好，内心平静，凡事都能做到平心静气、心平气和地加以冷静和客观地对待，并且能自己将温怒之气加以处理和释然，未曾因不顺心意而引生怒气，这说明他是一个善于自我克制，总是能"反求诸己"，向内、向自己追问错误的原因而恪守道德原则之人，是一个善于自我反思、反观而收敛之人。正是在这一意义上，戴望释曰："不迁怒者，君子之善善也长，恶恶也短。恶恶止其身善善及子孙。"

（2）所谓"不贰过"。"过"，表无心所犯之过失。"不贰过"之意，何晏引《周易·系辞下传》说："有不善，未尝不知知之，未尝复行也。"戴望解曰："贰，益也。知不善而复行，是益之过。《易》曰：'不远复，无祇悔，元吉'"（复卦初九之言。象曰："不远之复，以修身也。"《系辞下》说此爻曰："颜氏之子。其殆庶几乎？有不善，未尝不知，知之，未尝复行也。"）钱穆对此更直切地说："贰，复义。偶犯有过，后不复犯，是不贰过。一说：《易传》称颜子有过未尝不知，知之未尝复行。是只在念虑间有过，心即觉察，立加止绝，不复见行事。"又说："不贰过，非谓今日有过，后不更犯。明日又有过，后复不犯。当知见一不善，一番改时，即猛进一番，此类之过即永绝。故不迁怒如镜悬水止，不贰过如冰消冻释，养心至此，始见工夫。"以表"斯能智慧日进，道义日开矣"。

"不贰过"，表明颜子在修行过程中，能始终保持内心的清明和敏感，即使犯错了，也能及时加以总结和反省，不忌惮改正过失，如此，同样的错误不会犯第二次。以此可见，颜子始终保持着高度警觉而无丝毫懈怠，对学问心智专一，不受心绪和习气随意感染。

"怒与过皆已见于外。"（钱穆）"不迁怒，不贰过"，重在说颜子好学所下功夫，表内修心性之状况。陈祥道之解，可以对之予以总结："不迁怒，则犯而不校者也。不贰过，则知不善，未尝复行者也。盖能惩忿，然后能不迁怒；能窒欲，然后能不贰过。不迁怒、不贰过，则能修性矣。故孔子谓之好学。"对此，蕅益释曰："无怒无过，本觉之体；不迁不贰，始觉之功，此方是真正好学。曾子以下，的确不能通此血脉；孔子之道，的确不曾传与他人。有所断故，名为'不迁''不贰'。若到无所断时，则全合无怒，无过之本体矣。孔子、颜渊，皆居学地，人那得知？"江谦补注："孔子称颜渊好学，即在不迁怒、不贰过，颜渊死而叹曰：'今也则亡。'可知博极群书，身兼众艺，而不免于迁怒屡过者，不得谓之好学也。孔门正学，止是从心性入门，从修身致力，从过勿惮改起行。颜渊短命，是天下众生之不幸，不专谓颜子也。"

"不迁怒，不贰过"，既是"好学"之表征，亦表明其从好学中得来。如此，"好学"为因，"不迁怒、不贰过"是果，二者之间构成因果关系，以此凸显"好学"之重要特质。

第四，自古天嫉英才，天才亦多夭殇。颜子之"好学"，真可谓倾注全部心血，殚精竭思，虽穷苦，但笃定地践行孔子之道。然正是其潜心"好学"，再加上"箪食瓢饮"之困苦生活状况，严重地损害了他的健康。鲁哀公十四年（前481）夏历八月二十三日，一代儒学宗师颜子不幸病逝。《史记·仲尼弟子列传》

中对他的记述只是寥寥的几行，只有"回年二十九，发尽白，蚤死"之言；《孔子家语》亦记载颜子"年二十九而发尽白……蚤死"。这些文字触目，令人心生戚戚。

颜子早逝，可继承孔子思想衣钵的人，就这样凄凉地离去了；孔子失爱徒，悲痛欲绝，发出"噫！天丧予！天丧予！"（《论语·先进》）之悲叹。而当哀公和季康子问曰："弟子孰为好学?"之时，孔子都会想起好学之颜子，依然难掩其悲情与遗憾地说："不幸短命死矣。今也则亡"，其言辞间载着孔子对失去"好学"弟子颜子离世的彻骨之痛。

孔子内心的悲楚与遗憾，一语道出："今也则亡，未闻好学者也。"孔子承受着可承载其思想之后继者的离去之痛，本质上是对其思想难以延续的大痛。此等痛，绝绝焉！其情其景可触。亦以此表明好学如颜子之好学者，实难以再得。

颜子一生隐忍、克己，坚忍不拔地躬行孔子之道，深得孔子欣赏与赞誉。颜子以其短暂的一生，践履了孔子所言"朝闻道，夕死可矣"之生命箴言。

第五，值得玩味的是，哀公问"弟子孰为好学?"，孔子以已逝之颜子回答。孔子之"对"，首先充分介绍颜子"不迁怒""不贰过"之德，根本不谈及言之"闻一知十""如愚""不愚"等特质。如此，孔子所"对"似乎非哀公所"问"，既让哀公断了从孔子弟子中寻觅好学者之念，又巧妙地表达了孔子不愿意自己的弟子入仕事哀公之意。孔子之"对"，既化解了直接回答没有"好学"弟子之僵硬和尴尬，又委婉地表达了己之立场，由此彰孔子之"仁"、之"智"。

哀公问："好学"者，孔子对曰："有"，然"今也则亡"，再"未闻"，由此形成问与对之间的虚无感，使问无所获、对无所对。这便充分表征了孔子对哀公之问，遵礼而软性地拒斥。这才是哀公与孔子问对之重点。

总之，假哀公之问，孔子再次痛忆弟子，肯定其独"好学"之贤，并具体阐释颜子好学所达成德性境界："不迁怒，不贰过"，由此导出践行"好学"、修身进德之有效方式：只要能够以敬事明理来涵养自己的心性，使心常常清净平等，自然会明辨轻重缓急，也就不会迁怒、不会贰过了。

一位是得道之师，一位是"好学"之弟子，短暂的人生相逢于乱世，其心为弘道谋，其行为"克己复礼"劳，二人皆成仁成圣。虽弟子早逝，留下悲婉之情于师之心怀，然师徒二人之绝世情缘，实为彼此之幸运。师于生之赞赏与怜惜，生于师之膜拜，成教学相长、师生共进的生命景象，令后世感叹。

人间际遇，皆匆匆，唯是谋道、忧道、乐道、弘道于"好学"中，前路虽艰辛坎坷，然人生亦饱满丰盛、从容笃定。

纵观哀公与孔子之"问""对",孔子以言已逝弟子颜子"不迁怒""不贰过",进而言"未闻好学者也",表孔子遵礼之"对",事实上是对哀公之问予以消解。这便表达了孔子之隐秘的立场和问对之"智"。

4. 周济之道，周不济富

【原文】子华使于齐，冉子为其母请粟。

子曰："与之釜。"

请益。

曰："与之庾。"

冉子与之粟五秉。

子曰："赤之适齐也，乘肥马，衣轻裘。吾闻之也：君子周急不济富。"

【译文】子华出使齐国，冉求替他的母亲向孔子请求补助一些谷米。

孔子说："给他六斗四升。"

冉求请求再增加一些。

孔子说："再给他二斗四升。"

冉求却给他八十斛。

孔子说："公西赤到齐国去，乘坐着肥马驾的车子，穿着又暖和又轻便的皮袍。我听说过，君子只是周济急需救济的人，而不是周济富人。"

———————————

子华使齐，"君待之优加于常禄外，如礼他国使臣然与"，且子华"乘肥马，衣轻裘"，可谓"盛装"，足见其家境殷实富足，其母生活定是无忧。然冉子为子华之母另请粟，且屡加量，孔子对冉子之为予以批评，并提出"君子周急不济富"的基本原则，止冉子之不当行为。

冉子所为，乃"锦上添花"，有趋炎附势之嫌；孔子借"闻"之言："君子周急不济富"，论"周济之道"，强调君子当"雪中送炭"，救人于急难，彰仁爱之真谛。

———————————

具体而言

第一，孔子借冉子为子华之母"请粟"之事，具体阐释"周济之道"。孔子认可、支持冉子为子华之母"请粟"，止冉子不断追加"请粟"之所为。因为子华虽出使齐国，但其"乘肥马，衣轻裘"之隆装，表其家境绝非贫寒，其母之生活亦根本无须屡次追加"请粟"而维系。如此观之，冉子不断追加"请粟"，乃属于"锦上添花"之"济富"行为，是借子华使齐之机，以"仁爱"之名，行趋炎附势之实，本质上与"仁爱"相悖。

从子华家境之实际来看，冉子为其母"请粟"，属于"可以与，可以无与"之情形，而冉子屡次追加"请粟"，则属于"无与可也"，因为"子华之富非可多与也，多与则为伤惠"（陈祥道）。孔子以此表达君子应遵循的"周济之道"："周急不济富"，彰孔子一贯的"仁爱"主张，反对假借"仁爱"而失中道之"济富"行为。

第二，一般而论，冉子替子华母亲额外多次求粮，直接表征了冉子对子华母亲的体恤、关怀与仁爱。因为子华出使齐国，不在其母身边，其同学冉子担心子华的母亲没人赡养，可能缺衣少食，生活无所着落，于是，他就向孔子为子华母亲讨要一些奉养的粮米。孔子所予，冉子以为不足，再追请。故事到此，不仅体现了孔子的弟子之间相互的深情厚谊，更为重要的是通过冉子之行为体现他们受教并践行孔子的"仁爱"主张，能做到"以人之老为吾之老"，从形式上而言，孔子对冉子之为应喜悦而加以鼓励。

第三，求粮加量之事与冉子和孔子之不同的判断。冉子为子华之母求粮，孔子答应给了一釜，冉子觉得少了，要求再给一些，孔子又增添了一庾；而实际上，冉子却给了"五秉"。在这里，孔子交代冉子总共给子华之母一釜、一庾，而冉子却超量给予。在这里，表征为所给予的"量"之差额，实质上突出了师徒二人在"救济"或"周济"观上的差别。

事实上，冉子"请粟"，孔子与两次，足以表孔子之仁爱。然冉子"贪求"追加，孔子则认为有失中道之公允，不符合君子"周济之道"。

从表面上看，孔子比较吝啬，舍不得多给子华之母些粮食，让老人衣食无忧。似乎这与孔子之"爱人"或"仁爱"主张有几分相左或背离。相反，冉子对子华之母却显得大方或慷慨得多，更符合孔子向学生传授的"爱人"精神。

在此，孔子首先讲述了一个基本的事实，并借用这个事例阐释了循中道应持有的救济观，从而达到教育冉子等弟子的目的。

孔子之所以只给子华之母"一釜、一庾"粮，并不主张多给予，并非孔子吝啬而不懂得爱人，而是孔子一方面遵礼而为，"《聘礼》记曰：'十六斗曰籔，十籔曰秉。'此禾秉之数，合乎聘礼者。"另一方面，"殆古者出使，君待之优加于常禄外，如礼他国使臣然与。"（戴望）表子华的待遇、家境皆不差，无须这般一再增加补给，因为还有比子华母亲更需要救济的人。据孔子了解，子华出使齐国时，乘坐着肥马驾的车子，穿着又暖和又轻便的皮袍，这表明"赤适齐已在禄人之后，则母不缺粟。仕有禄则富"（戴望）。如此，简言之，冉子不

"请粟"，子华之母依然生活无忧。事实上，在孔子看来，子华之母，并不是急切需要周济的对象；但是，冉子超出孔子所嘱，给了八十斛，觉得才能满足子华之母的需要。在孔子看来，冉子给子华之母"粟"量过多，关键的问题是他不懂得"周济"的原则。因此，孔子借所闻之言，委婉地批评冉子所为，并指明"君子周急不济富"之原则，强调应当周济那些贫穷窘迫的人，不应该继续使富足的人更富裕。恰如戴望所释："君子行权以救急，不急而与，为继富也。"

第四，"君子周急不济富"，这是孔子主张的"周济"之基本原则。孔子教导冉子这一原则，一方面是因为冉子不懂"用财"周济穷人，使之脱贫解困；另一方面，通过冉子给子华之母的粮食数量，孔子觉得正是冉子存有一定的私心使然，表冉子趋炎附势和巴结逢迎之心。其"私心"则是与孔子普遍性的爱相悖，具有一定的狭隘性；在此，孔子暗含着对冉子私心的批评。进一步而言，孔子教导弟子，应该心怀天下，分得清轻重缓急，将财用在刀刃上，解决急需解决之问题，切莫因亲疏远近而有悖于君子"周济之道"。

总之，此节对话既表达孔子的仁爱思想、爱人原则，又具体地表达爱人思想在"周济"时应该遵循的原则，陈述了孔子的"周济观"，阐明了"周急不济富"的"周济之道"，彰仁爱与中道之内在统一。

孔子借一事、一例，阐释一道理，从而教育弟子，这是孔子传道、解惑的重要方式。这一方式所具有的场景性、具体性和针对性，以及从具体、个别中抽象出一般的仁爱思想，再从抽象的仁爱、中道落实于具体的周济之事上，杜绝教育的空洞、空泛。一言以蔽之，孔子以"事"显"理"、寓"理"于事，有别于空悬之论，深入人心，这是值得今天的思想教育充分借鉴的。

5. 原思辞禄，孔子止辞

【原文】原思为之宰，与之粟九百，辞。

子曰："毋，以与尔邻里乡党乎！"

【译文】原思给孔子家当总管，孔子给他俸米九百，原思推辞不要。

孔子说："不要推辞，（如果有多余的）就给你的乡亲们吧。"

原思：

（1）（前515—?）字子思，春秋末年宋国商丘人。孔子弟子，比孔子小36岁，位列孔门七十二贤之一。

（2）原思，出身贫寒，个性狷介，一生安贫乐道，不肯与世俗合流。孔子为鲁司寇时，曾做孔子的家宰。

（3）孔子死后，原宪遂隐居卫国草泽中，茅屋瓦牖，粗茶淡饭，生活极为清苦。后人以"原宪桑枢""原宪甘贫"比喻能安贫乐道之人。

子华家境殷实，冉子为其母多"请粟"，"多与则为伤惠，故孔子所以不许冉有之请"；原思，生活简朴，为人清廉，"非可无取也，取之则非伤廉"，故孔子"止原思之辞也"（陈祥道）。冉子之"请"，表其私而奢；原思之"辞"，表其俭而廉，凸显了原思之财富观，而且彰其仁德。

与粟九百，乃原思为宰所应得，然原思以"辞"。孔子止其"辞"。如此，"辞"与"止辞"，不仅直呈了师徒之情谊，而且具体地表征了师徒仁义、清廉之德。孔子止原思之"辞"，表孔子之仁义。进而教导原思"以与尔邻里乡党乎！"乃孔子"教以用多之道"：君子当在独善之后，有能力还应该去兼善他人。于此，孔子之周济思想得以拓展和深化。

具体而言

第一，"原思为之宰"，应是发生在孔子为鲁国大司寇期间。包咸注曰："孔子为鲁司寇，以原思为家邑宰。""与之粟九百"，是孔子予原思之"禄"。"禄，法所得，当受无让。"（孔国安）然原思"辞"。

通俗地说，弟子原思给老师孔子做家庭总管，孔子按照当时的规定或行情，给弟子粟九百作为报酬；孔子认为这是原思应得的，这说明孔子非常尊重弟子的劳动，并未因为自己为师而减少禄之支付；原思则推辞不要，认为自己为老师做点事情是自己的本分，不应该与老师计较报酬之事，甚至不应该从老师处获取报酬，由此表征弟子原思的谦辞和孝敬之心。

这一方面再次说明孔子教育的成功，培育出来的弟子如此懂得礼让而推辞自己本应该获得的俸米；另一方面，表孔子之仁德，并未因原思是自己的弟子而减少或不予禄。于此，因"付禄"与"辞禄"而呈现出一幅以道义为内蕴的师徒情谊深厚之感人画面。

第二，原思"辞""与之粟九百"，孔子曰："毋。"孔子之所以说"毋"，表这些禄米是对原思劳动的报酬，是原思所应得的；而一个人得其所应得，乃"正当的"。如此，孔子不仅教导原思应该心安理得地接受，且向原思传达：君子不取不义之财，但该得的亦无须推托。这才是君子取财之正道。

进而言之，孔子面对原思之"辞"，言："毋，以与尔邻里乡党乎！"这才是孔子要表达的重点和中心。在这里，孔子言中之意很明确：孔子"与之粟九百"，因原思本身的生活简朴，故而"粟九百"于原思生活所需，显然是用之有多，但你可以拿它去周济你的乡亲邻里啊。

在此，原思之所以"辞"，是因为"粟九百"远远超出了其个人生活所需，可见原思所虑仅是自个儿的生活。然而，孔子高于原思之处则在于他告诉原思一个道理：一个人不能只想到自己，应该心怀他人、关怀穷苦乡邻。这就是孔子教育弟子要以"仁爱"之心待人，周济贫困者，对需要接济之人要有真切的同情心。原思之"独善"，孔子要求独善之后而兼善邻里乡党，在这一意义上，孔子止原思之"辞"，乃仁义之真意所在。

原思之"辞"，表其俭朴之生活和清廉之心，而孔子止原思之"辞"，表孔子较原思更为深广之仁爱情怀。同时，教导原思"毋"辞，将所余之"粟"周济邻里乡党，是"君子周急不济富"思想的进一步拓展与深化，丰富了君子"周济之道"的内涵。

第三，从这一则实例中，孔子还教导原思用财的中道原则，应当给予别人的不去给予，是为吝啬；不应当给予的反而给予，是过于冗滥；应当推辞的不推辞，是过于贪婪；不应当推辞的反而推辞，是过于矫情。进而言之，那就是既不滥用，也不吝啬，当用则用，不当用则不用。恰如陈祥道所解："可以与，可以无与，无与可也与，伤惠。可以取，可以无取，无取可也取，伤廉。"亦诚如张居正所言："大抵人之取与辞受，都有个当然的道理，当与而不与，固失之吝；不当与而与，则失之滥；当辞而不辞，固失之贪；不当辞而辞，则失之矫。夫惟圣人，一酌之于义理之中，而自不致有四者之失，视世之私恩小惠，小廉曲谨者，只见其陋而已。善用财者，当一以圣人为准可也。"

以今人之语表之，钱财本身没有对错，对错在于支配钱财的人之取舍。如此，在财富与人的关系问题上，其关键是人必须驾驭钱财，而不是被钱财绑架。通过自己的劳动创造、赢得更多的金钱与财富，就可以帮助更多需要帮助的人。这样，金钱与财富和使用金钱与财富的人都实现了价值的最大化。

总之，孔子能公允、公道，且能善待弟子，表孔子践仁爱、行中道；弟子"辞""粟九百"，表弟子俭廉、谦让之品质，同时表对师之敬，成温馨的师生关系。同时，孔子借给弟子禄米的机会，不仅对弟子的心性进行了真实的考察，而且再次深化他的"仁爱"精神与"周济"思想的教育，尤其是指引弟子以自己所挣得的财富去周济邻里乡党，具体而有效地教育学生：不仅要善守己德而不贪求，而且更为重要的是应心存善念、胸怀善心，关爱需要关心的人，周济贫困之人，将"仁"发扬光大。孔子教导原思仁爱周济邻里乡党，于今世之吾辈，依然具有重要的教育意义。

　　　　　　　　　　　　　生活哲学视野中的"论语"研判

6. 仲弓才华，山川何弃

雍也 6.6

【原文】子谓仲弓，曰："犁牛为之骍且角。虽欲勿用，山川其舍诸？"

【译文】孔子在评论仲弓的时候说："耕牛产下的牛犊长着红色的毛，角也长得整齐端正，人们虽不想用它做祭品，但山川之神难道会舍弃它吗？"

孔子以"犁牛"生出"骍且角"可做祭品的牛，世人因偏见虽不想用，然山川不弃之隐喻来评价冉雍，为冉雍正名，从而鼓励弟子。这不仅表征孔子深爱自己德才兼备的弟子，而且更为重要地提出了考察人才、任用人才的基本原则：英雄不问出处，贤才不问出身，用人当唯才德是举。

"仲弓父贱而行恶，故孔子以此譬之。言父之恶，不能废其子之善，如仲弓之贤，自当见用于世也。"（朱熹）"子能改父之过，变恶以为美"，此为大孝。如此，孔子"此盖微言，与许南面同愊"（戴望）。

孔子以"犁牛为之骍且角"之隐喻，鲜明地表达了重用贤才，当不问其出身之主张，以此对当世以出身、门第论人，任人唯亲之传统持否定与批判的立场和态度。

孔子对弟子仲弓的正名与欣赏，以及主张唯德才是举的开放用人观，既是对以出身门第量人、用人之传统用人观的否定，同时，对于出身寒门、潜心修德增才之众弟子，又予以莫大的鼓舞与信心。

具体而言

第一，孔子对弟子仲弓之德才非常欣赏，曾评价道："雍也可使南面。"然仲弓出身卑微，引人不待见与非议。孔子则以"犁牛"生"骍且角"之喻，解构世俗之偏见，为仲弓之德才正名，从而倡"唯德才是举"之人才观和用人观。

按周礼之规定，用以祭祀的牛，必须是"骍且角"，也就是毛色纯红，其角也须长得端正，以示祭祀的庄重和敬畏；杂色的牛，则只能用作耕种田地。因为纯红色的、犄角端正的牛，被认为是高贵的；而杂色的牛，则被认为是卑贱的。但是孔子在这里，却设置了一个冲突性的悖论，即这头纯红色、角亦端正的可以用于祭祀的高贵之"牛"却是杂色的、用于耕地的卑贱之牛所生。

对于这头品相高贵之"牛"，一方面人们选祭品时对其弃之不用；另一方面，孔子反问，尽管人们不对其作祭祀之用，但是"山川之神"会喜好它。于此，呈现出一对矛盾，即对待"卑贱之牛"所生的"高贵之牛"，弃之不用之世俗偏狭与山川之神不会弃之的矛盾。

与该纯红色的牛犊命运相像的，如是弟子仲弓，其父身份卑微、地位卑贱，且言行多恶，如同那头杂色的"犁牛""卑贱之牛"。但是，其子仲弓作为孔子的高足，乃以德行闻名天下，如是"骍且角"之牛，然却因为有一个身份低贱和言行卑劣的父亲，而被世俗之人攻击与嫌弃。

第二，出身，非个人所能选择和决定的，仲弓亦然。虽"仲弓父贱而行恶"，然"子能改父之过，变恶以为美"，此为大孝。朱熹引范氏曰："以瞽瞍为父而有舜，以鲧为父而有禹。古之圣贤，不系于世类，尚矣。子能改父之过，变恶以为美，则可谓孝矣。"仲弓能不忌其卑微、卑贱之出身而不止修德成贤，甚得孔子之赞赏。孔子之喻所表，如是陈祥道所解："卿大夫之子，不修礼义，则归之庶人。庶人之子，非不贱也，能修礼义，则可进为大夫。然愚知贵贱，其可以类言哉，故孔子谓仲弓曰：犁牛之子，骍且角，大可以祀天，小可以祀庙，孔子独以山川为言者，盖诸侯之礼，得祭山川之在境内者。而仲弓之才，可使南面，故以山川言之。"

第三，孔子通过"犁牛为之骍且角"之隐喻，为爱徒辩护，表明孔子深爱德行高尚、贤才可嘉的仲弓。更深远的意义在于，孔子认为，人的出身并不是最重要的，重要的在于自己通过进德修才，具备高尚的道德和卓越的才干。只要具备了这样的德性与才干，理应受到重用。孔子此论，正是对当世统治者选拔重用人才只看其出身而不顾其贤才、任人唯亲予以批判。

第四，孔子通过这一个隐喻，破解了传统的用人即人才观上的思维定式，强调德行、才智才是选用人时的首要原则，应摒弃出身、门第等非根本性的因素。这一思想，对于从来强调血缘、亲缘和出身门第的用人原则和理念，无疑具有深刻的批判性、矫正性和超越性。孔子此思想，于今人审度人才，尤其在政治领域的人才选拔上，依然具有价值先导作用。

总之，孔子言"犁牛为之骍且角"。老百姓则常言"弯竹发出直笋子"。所要用的是苗壮成栋梁之"直笋子"，而不是仅看它从哪儿发芽，根源于何处。这既是一种广揽贤才的开放人才观，也是明智的统治者应该接纳的睿智善言。

在以血亲为基调、行任人唯亲之世，孔子以"犁牛为之骍且角"之隐喻肯赞仲弓，矫正狭隘的人才观和用人观，为潜心修德为学的寒门弟子，予以莫大的鼓舞与信心，同时亦为寒门弟子开凿出一道人生希望之光。

7. 颜子之仁，三月不违

雍也 6.7

【原文】子曰："回也，其心三月不违仁，其余则日月至焉而已矣。"

【译文】孔子说："颜回，他的心一直处仁而不违仁，其余的学生则只能在日或月之内做到仁而已。"

"好学"之颜子，能做到"不迁怒，不贰过"，极尽克己之功，能控制好自己的情绪、欲望和言行，"其心三月不违仁"，安处仁之境界，表其内在修养之高深、德行之尽善。

孔子以"仁"为尺度和标准，对颜子和其他弟子进行比较，指出颜子与其他众弟子之间，其心在持守"仁"上，若以时间计量，以"三月"与"日夜"之差，从而对颜子之仁心、仁德予以充分肯定、高度赞许与推崇，暗含着对其他弟子的批评，同时也期待他们以颜子为榜样，不断修炼，能做到其"心"与"仁"恒常统一而处仁。如此，孔子以颜子为典范，激励众弟子"见贤思齐"，不断修身进德而达"仁德"之境。

具体而言

第一，孔子以"仁"为标尺，对众弟子之"仁德"修养予以评价，尤赞颜子修心处"仁"，可"三月不违"，"其余"者，或可"日"或可"月"能持守"仁"。于此，在比较中表颜子于仁心修造与持守上的卓尔不群。

（1）"其心三月不违仁。""其心"，指颜子之心性、德性。"三月"，指"天道小变之节，言其久也"（程颐）。"三月，言其久。"（朱熹）钱穆承此解"言其久"。陈祥道以为"盖将终身焉，不特三月而已"。戴望亦释道："言三月，则终生可知。"

其"心不违仁"。

陈祥道以为："仁，在天则为尊爵，在人则为安宅。其为器重而举者，莫能胜；其为道远而行者，莫能至。以颜子之不违仁，犹不过三月而已，则夫人之为仁，不亦难乎？孔子之于回，盖其所试者然也，其后告之以克己复礼。"

朱熹释曰："仁者，心之德。心不违仁者，无私欲而有其德也。"

戴望以为："仁像乾元。元者，天气也。颜子性与天道，故三月不违仁。"

钱穆以为："其心不离仁。"

"三月不违仁"，不仅表颜子之心性、德性与"仁心""仁德"不悖，而且突出了颜子居"仁"、安"仁"，其心性、德性与仁心、仁德不二，表"颜子亦全乎君道者与"（戴望）。如此，"三月不违仁"，表颜子居仁德之尽善尽美。

（2）"其余则日月至焉而已矣。""其余"，泛指颜子之外的孔子众弟子。"日月至焉而已矣"，表其对仁德之修行状况。所谓"日月至焉而已矣"，表"或日一至焉，或月一至焉，能造其域而不能久也。"（朱熹）"不能期月守也。"（陈祥道）"日月之至，有消息盈虚，异乎乾元之不可拔，群弟子之于仁亦然。"（戴望）如此，表明其余之人，与"仁"之关系，仅偶然或短暂而非持久与恒常，尚不能达到居"仁"、安"仁"之境界。

孔子所言"其余则日月至焉而已矣"不仅陈述一个事实，而且以比较的视角，进一步凸显颜子"三月不违仁"绝非易事，尤为可贵。

这样，通过比较，颜子与"其余"于"仁"之差异，在于"三月不违"与"日月至焉"，亦即居于"仁"、安于"仁"之恒常与间歇、持久与短暂、一体与游弋之别。如此，彰颜子修仁德之独特。

第二，孔子之道的核心和精神旨趣，乃在"仁"。其众弟子对"仁"，在认识上有简冗之分，在理解上有偏正之别，在体会上有深浅之差，在修德上有勤懒之异，在言行上有显隐之不同。简言之，众弟子对孔子所倡导、宣扬的"仁爱"思想和精神的参悟、持守和贯彻是有程度之区别的。孔子在此处所强调的是弟子们之"心"与"仁"的关系，凸显和强调了"仁"乃是一个人内养之指向、之境界。如此，颜子之心于"仁"，可以做到"三月"，即长久不悖于"仁"，表"仁"始终在其心中，成为其心之主宰、主导，其心即是"仁心"；而其他弟子之心于"仁"，在孔子看来，至多只是"日月"而已，即很短的时间里，或偶与"仁"相合。在此，孔子既陈述了一个客观的事实，又突出了对"仁"的规范和要求于不同的弟子处，产生不同的效果，形成不同的层次。该效果之差异，反过来印证着不同的人之德行修养的差异性。

第三，颜子为何能做到"其心"于"仁"保持长久的内在性、一致性的关系呢？从认知的角度来看，颜子是善思的，前面已有交代，他是一个思想型、智慧型的君子，他潜心学习孔子的"仁"学思想，对之的理解是深透的、融贯的，切实地把握住了其中的精神要旨。

从行动的角度来看，颜子始终以"仁"来要求、规范自己的言行，如此，他的言行本身就是一个践履"仁"的过程，是"仁"之精神和思想的具体化和行动化。

　　如此，"仁爱"之精神持续地内化并外显于颜子的言行之中，贯穿于他生活的每一个环节和方面，"其心"与"仁"始终保持高度一致，真可谓达到"一体不二"之状。

　　孔子的"仁爱"具有内外相衔、相通的逻辑，修心指向"仁"、外化为"爱"导引行；而颜子之心，由于把握"仁爱"的深刻内蕴和精神实质，并不断地内化，与之不再是形式化的外在关系，亦即让"仁爱"之思想和精神牢牢扎根于"心"、常驻于"心"，成为其主导价值观。如此，颜子才能坚守"仁爱"原则，能时刻以"仁爱"的标准要求自己、规范自己、修正自己，控制自己起心动念，使其心居"仁"、安"仁"而达到圣贤之境。

　　第四，孔子之所以强调"其心"，缘于"心"乃"行"之发端、之导航、之矫正、之规范。换句话说，行"仁"必出于本心，由内而外，由思而行。只有将"仁"内化为己之本心，由此出发才能做到时时处处不违背"仁"。颜子如是也。

　　总之，孔子通过对"仁"与"心"的关系的论述，突出了个体差异性；这种差异性的本质乃是个体的德行修造深浅的差异，是个体在心性提升和言行规范上的差异，是自我内在思想境界和价值取向上的差异，本质上即是能否持守"仁爱"思想上的差异。

　　孔子深知，尊崇、持守"仁爱"，一时易、一生难。其难易之间，不仅是颜子与"其余"之不同，亦恰是圣贤与凡夫俗子之差别。

　　颜子克己修仁，成孔子最得意的弟子，是因为颜子"好学"而真正得孔子思想之真意和要义，并能以"仁心"不断地锤炼"本心"、拷问"本心"，最终置换其"心"，从而使其"心"成为"仁心"。如此，颜子居"仁"、安"仁"，故能"三月不违仁"，印证了孔子之谓："吾见其进也，未见其止也。"（《论语·子罕》）

8. 皆可从政，绝不从恶

雍也 6.8

【原文】季康子问："仲由可使从政也与？"

子曰："由也果，于从政乎何有？"

曰："赐也可使从政也与？"

曰："赐也达，于从政乎何有？"

曰："求也可使从政也与？"

曰："求也艺，于从政乎何有？"

【译文】季康子问孔子："仲由这个人，可以让他管理国家政事吗？"

孔子说："仲由做事果断，对于管理国家政事有什么困难呢？"

季康子又问："端木赐这个人，可以让他管理国家政事吗？"

孔子说："端木赐通达事理，对于管理国家政事有什么困难呢？"

又问："冉求这个人，可以让他管理国家政事吗？"

孔子说："冉求有才能，对于管理国家政事有什么困难呢？"

孟武伯曾问子路、冉求和公西赤三子，关乎其仁德修养；今季康子问子路（仲由）、子贡（端木赐）和子有（冉求）三人"可使从政也与"，侧重于其为政之才能。

知生莫如师。孔子客观地介绍了三人的特点："由也果""赐也达""求也艺"，以表三弟子皆具从政之才干；然孔子皆以反问"于从政乎何有？"回复季康子。如此，一表孔子对三弟子各自的才能了如指掌；二表孔子对弟子能因材施教，故能"因材致用"（钱穆）。对三弟子从政能力之自信；三表孔子不希望三弟子出仕而司职于季康子，故不屑于季康子之问，以表对季康子于鲁僭礼专权、企图揽人才之举持拒斥的立场和轻蔑态度。

具体而言

第一，季康子与孔子的问答，主要围绕着三弟子可否出仕胜任管理国之政务而展开。孔子循季康子之问，简明地介绍了仲由、端木赐和冉求三人各具特质的能力与才干，表明孔子于三弟子"于从政乎何有？"之立场和态度。

问答非常冷峻，问者指向明确，答者简明扼要。唯是孔子三答中之反诘："于从政乎何有？"意味深长，内蕴着孔子对季康子所谓的"为政"予以讥讽、嘲鄙，表孔子不屑于让弟子为季康子出仕从政之立场和态度。如此，急切地"问"，冷冽地"答"，形成鲜明的对比。

第二，何谓"可使从政也与"？此处的"从政"，非一般的出仕为官，而是指"谓为大夫"（朱熹）。"指使为大夫而言。"（钱穆）即承担诸侯国之政务。

孔子根据"可使从政也与？"之素质要求，介绍三弟子的才能与特点："由也果""赐也达""求也艺"。

对此，陈祥道解曰："能勇而不能怯，果也。闻一知二，达也。可以足民，艺也。"

朱熹释曰："果，有决断。达，通事理。艺，多才能。"

戴望云："果，勇决。达，通达。艺，犹才也。"

对于季康子与孔子，针对仲由、端木赐和冉求"可使从政也与"之对话。前人有如下之解：

程子曰："季康子问三子之才可以从政乎？孔子答以各有所长。非惟三子，人各有所长。能取其长，皆可用也。"

陈祥道曰："果几于义，达与艺几于智，为政使人器之而已。故虽才之不备，而有可施于政者，皆所不弃也。"

戴望更为具体而明确地说："果能主兵，可为司马；达能主教，可为司徒；艺能主土，可为司空。此天子三公官也。"

孔子对三弟子之才干介绍之后，反问"于从政乎何有？"，亦是对三弟子若"从政"予以的肯定性判断，表对自己弟子才干于"从政"的极度自信。

第三，从政务本身而言，管理国家的政务无疑是多方面的，这也就需要具备不同能力、特点的人才。孔子的三位弟子可谓各自的才能不尽相同，彼此不可替代。他们可以共同服务于鲁国，恰如陈祥道所言："康子诚能兼用之，则鲁国不亦庶几乎？"

孔子面对季康子的询问，每每在介绍完一位弟子的才能特点之后，总是以"反诘"的口吻，强化他的三位弟子之才能，已经具备了担任重要职务的能力，于从政是完全可以胜任的，由此不仅消解了季康子之疑虑，而且表达了对现有鲁国从政者才能的反质疑。

"良禽择木而栖。"从三位出众弟子之才干而言，孔子以为他们足以出仕于鲁，堪任国家政务之事。但季氏专横的鲁国，非三弟子从政之善地。故而，孔子不想三弟子从政于季氏。

第四，客观地看，季康子作为"用人单位"的主考官，他向这三位后生的老师之征问，正说明他要先"知人"，才能"善任"；这三个人各自具备的特点也正是从事政务所需的素质；三人各具所长，只要用其所长，就能为政务贡献其才智。

当然，也有学者指出孔子这三个弟子还不具备相应的从政才能，尚不可堪任国之用。因为资料显示，子路政事科第二，子贡言语科第二，冉求政事科第一，皆位列十哲；季康子具体问询的三位弟子，并不是孔子弟子中最为优秀的。但是从孔子的介绍可以确知，如果他们从政都还不够格，那么就没有几个人可以从政了；当然，政务是一个包含着多项事务的复杂系统，既包括了内政、军事，也包括外交等诸多领域，这对每一个从事政务之人的要求也是苛严的。如果仅仅把它理解为具有某一方面的才能，即可从政，自然是不全面的。

第五，从孔子回答三弟子所具才干之特点："由也果""赐也达""求也艺"，提炼出从政者应具有"果""达"和"艺"三大基本素质要求。对于"果""达"和"艺"三才能之关系，陈祥道予以阐释。他以为："艺不及果，果不及达，此先果后达者。""达而不果，不足以有行；果而不艺，不足以有能，三者虽不同，然皆可以从政。"这样，孔子从三个维度不仅具体表达了由、赐和求各自能力的差异与强弱，而且提出了从政者应具有的综合素质和整体能力要求。

从季康子之问和孔子对三弟子的能力特质的介绍，体现了"人得其位，位得其人"之原则。此原则于当世，乃至后世选拔、任用官员均具有指导意义和参考价值。

总之，从形式上看，这是一次供需双方之间，针对三位弟子是否可以"从政"、是否胜任"政务"而展开的一场问答。问者之目的，是在国家急需人才、虚位以待的背景下，求贤若渴地向孔子主动问询是否有合格的学生可以举荐，亦亲自挑选有才干的人入仕为官，治理国家，此为寻才、揽才、纳才之问；而孔子如实地将三位弟子各自突出的才干和特点予以介绍，并给予了充分的肯定，其意即是这几个学生都不错，"你"若想起用，他们足以堪任鲁国之"政事"。于此，季康子求贤之心可鉴，孔子举荐学生的真诚和坚定、自信之心亦可显。

然，从实质上看，孔子之三次"于从政乎何有?"，以不屑反诘透出其弦外之音，那就是纵使三弟子之才能于鲁从政绰绰有余，但孔子并不愿意使他们从政于季康子。如此表明，从政之途具有双向选择性，即具备从政者之才能，更须考量从政之价值取向。在此，孔子以反诘之语气，表达了诸弟子与季氏之为政关系，应是"道不同，不相为谋"。如此，彰取道善政，"从政""不从恶"之价值取向。

9. 使为费宰，闵子拒仕

雍也 6.9

【原文】季氏使闵子骞为费宰，闵子骞曰："善为我辞焉！如有复我者，则吾必在汶上矣。"

【译文】季氏派人请闵子骞去做费邑的长官，闵子骞（对来请他的人）说："请你好好替我推辞吧！如果再来召我，那我一定跑到汶水那边去了。"

闵子骞：

（1）（前536—前487），名损，字子骞，春秋末期鲁国人，少孔子十五岁。

（2）孔门十哲，其德行与颜回并称，位列七十二贤人。

（3）闵子骞性至孝，为后世孝子之楷模。孔子赞曰："孝哉闵子骞！人不间于其父母昆弟之言。"

（4）闵子骞寡言稳重，一旦开口，语出中肯。孔子评价："夫人不言，言必有中。"

闵子骞乐道而归仁，鲁季氏使闵子骞出任费宰，视季氏为不仁不义之辈，断不愿仕于季氏，与之沆瀣一气，故善辞而不就，否则将离鲁去齐。《史记》对之评价道："其志不仕大夫，不食污君之禄。"

闵子骞深谙处乱世，遇恶人当政，"刚则必取祸，柔则必取辱。"（朱熹）故，当季氏欲使闵子骞为费宰时，闵子始善言婉拒，后以毅然离鲁之心表决然不仕季氏，践行孔子"道不同，不相为谋"之主张，以退为进，绝不"助纣为虐"而坚守仁道。蕅益评述道："有志气，有节操，羞杀仲由、冉求。"

闵子骞于道义与富贵之间，重道义而轻富贵，身体力行其师之仁德善政之主张，不与乱臣为伍，不为富贵所惑，不愿为乱世恶政所污。如此，闵子骞拒费宰，厘清道义与利诱，守道义而洁身自好、宠辱不惊，呈明哲保身超然之态。闵子骞从师，持道德洁癖之好，固可贵、可赞。然其"既无先见之知，又无克乱之才"。"然则闵子其贤乎？"（朱熹引谢氏之语）

闵子骞虽有善辞费宰之不仕之志，然经孔子劝说，勉强任了费宰，且把家迁到东蒙之阳全心治费。闵子骞治费成绩斐然，但终不满季氏行为，最后毅然辞去，表闵子骞刚正不阿之品格。

闵子骞虽守其志而不辱，洁身自好而不污，然对救世无补，故闵子骞终未达圣人之境。因为孔子教授众弟子"学成文武艺，货与帝王家"，"学"然后"用"，以己之学问经邦治国，而绝非仅仅避恶而独善。

具体而言

第一，孔子的弟子闵子骞不愿出任费邑长官之事，重点在于闵子骞一次婉言谢绝之后，表示如果再次去请他，他必背井离乡而不会去费邑为官的坚定决心。在此，记述了一方请求出仕，另一方婉言谢绝的事实，从而表征出闵子骞怀一颗不欲仕季氏、不为费邑之官的坚定之心，守道不改之志。

第二，闵子骞，在孔子弟子中德科排名第二，是堪与颜子媲美的一位贤德真君子。闵子骞还"单衣顺母"，成为中国古代二十四孝之一，被孔子赞之曰："孝哉闵子骞！"如此说来，闵子骞是一位德品俱佳、温顺孝道而有自我强硬立场的君子。

按照孔子教导和希望学生"学而优则仕"的基本价值取向，闵子骞在孔子的众弟子中系为少数，是典型的例外，所以后世朱熹引程子评曰："仲尼之门，能不仕大夫之家者，闵子、曾子数人而已。"

为何闵子骞死活不愿出任费邑的长官呢？

其一解是，闵子骞之志不在"政务"，淡泊名利，不愿混迹政事，宁独善其身、闲云野鹤，享受自在、自我。如是陈祥道所释："子骞不愿为费宰者，志也。终为费宰者，不得已也。"

其二，"季氏不臣于鲁，而其邑宰亦屡叛季氏，故欲使闵子为费宰。"（钱穆）然闵子骞不欲为此不义于费。闵子骞以为季孙氏之流，卑污僭礼不着调，非良善之辈，而自己是贤明之人，为了保持洁身自好的气节，不愿意为权臣那五斗米折了腰，不愿为仕而玷污了自己，即不愿与之沆瀣一气、同流合污。因此，"善为我辞""若复我者""必在汶上"几个关键点，具体呈现出闵子骞独特的个性和对此事的处理方式。

其三，最直接的原因如戴望所解："孔子为鲁司寇，闵子为费宰，今则不欲反治其邑，鲁不用孔子故也。闵子以孔子之道行废为己之出处。"季氏不用孔子，闵子亦不愿仕季康子。

第三，闵子之所以让使者"善为我辞焉！"恰是"邦有道，危言危行；邦无道，危行言孙（之）故也。善，虽不吾与，吾将强而为；不善，虽不吾恶，吾将强而去。如有复我者，则吾必在汶上矣，强而去可也"（陈祥道）。这一"善辞"，表明闵子骞德行超群、立场坚定，他虽然不愿意接受季孙氏差人来之邀约，但他能不卑不亢、婉言谢绝，不得罪于季氏。如此，既不失自己的立场而屈从受辱，又能不迁怒于他人。这一特点，受到宋代大儒朱熹的极度赞赏。为此，朱熹有言：处乱世，遇恶人当政，"刚则必取祸，柔则必取辱"，即硬碰或者屈从都要受害；唯有又刚又柔、刚柔相济，才能应付自如，方可自保、自存。闵子骞的应对态度与方式，才能处乱世而不惊，遇恶人而不辱，此等以"善辞"处理棘手问题的方式，无疑体现了闵子极富智慧的处世原则。

然朱熹引谢氏对闵子"善辞"之事的诠释，对闵子"善辞"的认识又推进了一步："学者能少知内外之分，皆可以乐道而忘人之势。况闵子得圣人为之依归，彼其视季氏不义之富贵，不啻犬彘，又从而臣之，岂其心哉？在圣人则有不然者，盖居乱邦，见恶人，在圣人则可；自圣人以下，刚则必取祸，柔则必取辱。闵子岂不能早见而豫待之乎？如由也不得其死，求也为季氏附益，夫岂其本心哉？盖既无先见之知，又无克乱之才故也，然则闵子其贤乎？"谢氏之言，肯定闵子"善辞"，肯定其"德"，然从闵子"克乱之才"角度，对之亦颇有微词。表闵子骞只是消极之"避"，非有积极弘道。

第四，一个人若被他人器重，欲被加官晋爵，并不意味着必须接受。拒绝是一种自我原则的坚守，是一种不违背初心、不丢失自我所循之道的抉择。闵子骞的选择和决断告诉世人，持守仁道善政之理想，不可让位于受入无道之仕的蛊惑，更不可屈从于利益之诱惑。同时，对于拒绝，不必太直接，可以委婉地谢绝，进而"退避三舍"，免遭其人之嫉恨，抑或加害之弊；这种"退"的方式，让其求之不得，以达到表明你的态度、你的志趣之效果。事实上，这是中国历史上很多雅士常用的避世手法。

从闵子骞之"善辞"，既表达自己的态度，彰显自己的立场，又讲究拒斥之委婉或以退为进之方式，以今人之语表为："惹不起，总躲得起吧。"闵子骞如此机敏地审时度势，又如此果断坚决，似绵里藏针，既展现了自己独特的个性与志趣，又给了对方反思的空间，从而表征自己的修养和德行，而不是简单地否定或粗暴地拒绝而招致怨恨甚至灾祸。这是置身于无道之世应有的生存智慧。

闵子骞"善辞"费宰，始终秉持仁道正义原则而不仕季氏，本质上是不因利诱而屈志、改志。闵子骞之为，于今人之启示，乃在于面对诸多诱惑与选择时，如何取舍、进退，当以仁义为本，以不违志为原则，切忌逐利忘义、与恶相行，甚至为虎作伥、助纣为虐，导致不慎误入泥潭、掉入陷阱而身败名裂。这便是入仕为政之人应有的智慧。

总之，闵子骞虽然具备从政的德性与品质，但是，当"机会"降临，他能守志而主动放弃、坚决退避，并未被"从政"的召唤而动摇其初衷，此等一贯遵循的价值原则，是其坚定的人生取向所决定的。

人各有志，不必强求，更不必屈"志"而与不仁不义者为伍，成为虎作伥、助纣为虐之害。如此，其关键在于能自觉、自主而自守"本志"不改。如此观之，闵子可贵！

10. 伯牛有疾，亡乃命矣

【原文】伯牛有疾，子问之，自牖执其手，曰："亡之，命矣夫！斯人也而有斯疾也！斯人也而有斯疾也！"

【译文】伯牛病了，孔子前去探望他，从窗户外面握着他的手说："丧失了这个人，这真是命啊！这样的人，竟会得这样的病啊！这样的人，竟会得这样的病啊！"

伯牛：

（1）（前544—？），姓冉名耕，少孔子七岁，春秋末年鲁国人，世称"冉伯牛"或"冉子"。曾随孔子周游列国，广施教化，为人所敬。

（2）位列孔门十哲，七十二贤，以德行称，亚于颜、闵，世人将其与颜回、闵子骞并称为"仁德三杰"。《史记》有载："孔子曰：'受业身通者七十有七人'，皆异能之士也。德行：颜渊，闵子骞，冉伯牛，仲弓。"

（3）伯牛为人质朴，擅长待人接物。官至中都宰。

孔子探患恶疾、处垂危的弟子伯牛，孔子为之将"亡"深感痛惜而悲叹，表其师生之情深义重，亦表对命运于伯牛之不公而悲愤，更感弘道之艰难。

伯牛不幸生癞疮，此为当世不治之症，即恶疾，孔子对此亦无奈。孔子因之将要失去其倚重的弟子。以此足见伯牛之贤，表孔子重伯牛。

颜子之死，令孔子直呼："天丧予！天丧予！"有学者认为，颜回之死，孔门由盛转衰。今又见伯牛垂危，哀叹其"亡之，命矣夫！"更深层地表孔子叹弘仁道之弟子相继去而悲怆。

具体而言

第一，此记述陈表了一个事实："伯牛有疾"；一次探望："子问之，自牖执其手"；一声长叹："亡之，命矣夫"此记述不仅表孔子对伯牛的关切之情，而且具体呈现孔子看望患恶疾、病入膏肓之弟子伯牛时内心的痛苦和无奈。这不仅直接体现孔子与弟子之间的真情深厚，而且更清晰地体现了孔子惜才、爱才而又痛失人才的悲戚之心。

第二，须注意孔子探望、问候病中的伯牛是"自牖执其手"。为何？

（1）牖（yǒu）：窗户，室的南面窗户称作"牖"，北面窗户称作"向"。古院落由外而内的次序是门、庭、堂、室。进了门是庭，庭后是堂，堂后是室。室门叫"户"，室和堂之间有窗子叫"牖"，室的北面还有一个窗子叫"向"。古之"窗"专指开在屋顶上的天窗，开在墙壁上的窗叫"牖"。

（2）朱熹引《礼》释曰："病者居北牖下。君视之，则迁于南牖下，使君得以南面视己。时伯牛家以此礼尊孔子，孔子不敢当，故不入其室，而自牖执其手。"钱穆延引这一诠释，且进一步言道："或说：伯牛有恶疾，不欲见人，故孔子从牖执其手也。或说：齐、鲁间土床皆筑于南牖下，不必引君臣之礼说之，是也。"

伯牛有疾，孔子探问时，"自牖执其手"，首先表达了对弟子的急切关怀与悲婉怜惜；其次，孔子之举，不可否认彰孔子时时处处遵礼，践礼而不违，为众弟子及世人之表率。

第三，冉耕在孔子的弟子中，以"德行"好而为孔子器重。因此，冉耕得病，孔子自然前往探视、关心，这比较具体地显示出孔子对弟子的关爱、疼惜，这是孔子对"仁爱"思想的践行，表明孔子是一个思想和行动统一的人，而不是只向学生传授"仁爱"思想，而连自己的弟子病了都未能去关心、问候。因此，从"伯牛有疾，子问之，自牖执其手"可见，孔子对病中的冉耕的探望、关爱情真意切，在此具体而细腻地表达了孔子的仁爱之心、之行。

当孔子得知冉耕得的是疑难杂症，即当时难以治愈的恶疾，顿感一股悲戚之情袭心，于是发出感叹。叹一："亡之，命矣夫"，这是一种几乎绝望的叹息，有一种失臂之痛；叹二：连续两次追问"斯人也而有斯疾也！"，孔子不懂得冉耕所得恶疾到底是什么病，总之是得了"不治之症"，由此而产生"好人"怎么能得如此之古怪的恶疾之感叹。这两个感叹，本质上叹天不惜英才、天嫉英才，以及好人总是命运多舛。面对死亡、恶疾，孔子发出无能为力、回天乏术的痛惜与悲叹。

在此，须注意：

（1）对"命"的理解。戴望引"《孝经》曰：命有三科，有受命以保庆，有遭命以谪暴，有随命以督行。"进而释曰："行善得善曰受命，行善得恶曰遭命，行恶得恶曰随命"。如此，孔子言伯牛患恶疾，乃是遭命，表对行善之伯牛的肯定，进而表"命"对行善的伯牛之不公，以此加重对伯牛患疾之悲。

（2）孔子对伯牛所用之词"亡"，有别于"颜回之死"，"死与亡固不同，孔子于颜子曰死，于冉牛曰亡者，以死对亡则异，通言之则一也。死矣者，已然之辞。亡之者，未然之辞。"（陈祥道）陈祥道继续阐释道："由生而生者，常也；由生而死者，不幸也；由死而生者，幸也。颜渊之死，孔子曰：'不幸短命死矣。'伯牛有疾，孔子曰：'亡之，命矣夫！斯人也而有斯疾也。'皆以其由生而亡者也。"

第四，孔子"亡之，命矣夫"之叹，其中内蕴着深意。此叹乃是孔子"理念式"的悲叹，不仅因为将失去爱徒伯牛，而且更为深刻的在于他叹弘仁道、施仁政之艰辛，乃至因可行仁道之人的相继"死"与"亡"，仁道之希望亦渺茫。正如戴望所释曰：孔子"伤伯牛危言正行而得恶疾。时无贤君，有道之士多致夭病，所谓遭命也。"

事实上，孔子之所以发生人生行动目标的转向、施"有教无类"，其根本的志趣，即在于倾力培养众多有德行且有才能的贤德弟子，继续践"仁政"、行仁道于天下之大任；而颜回早"死"，冉耕恶疾将"亡"，如此有德行的弟子若就这样病故而去，对孔子理想的实践、实现力量，无疑是无情的削弱。如此，孔子感叹冉耕之恶疾致使他将失去这个弟子，表达了孔子更深层次的忧虑与感叹，即自己所倡的"仁道"又少一个得力践行者、贯彻者。这样，倘若这些具有德行的优秀弟子，一个一个都莫名其妙地得了恶疾而相继离去，那么，他的"仁道"理想，也就难以成势而必休矣。孔子从冉耕这一个具体弟子的生命即将失去，进而想到自己执着一生的"仁道"事业的气数。正因为如此，孔子不禁悲从心生，哀叹胸涌。如此，孔子因"亡"弟子而伤，怜惜而悲呼"命矣夫！"，亦悲仁道而呼"命矣夫！"

第五，对冉伯牛恶疾将"亡"，孔子称其为"命矣夫！"；对子贡货殖亿则屡中，孔子则语"不受命"；对颜回之死哭之恸，孔子称"天丧予！"

孔子基于现实人事的三种不同陈述方式："命""不受命"及"天丧予"，除了反映出孔子寄予弟子们身上的希望与情感之厚薄、深浅之不同外，还曲折隐幽地反映出孔子的内心世界及其人生价值取向。

总之，孔子探望病入膏肓的伯牛，想到弟子恶疾难愈必将"亡"而痛楚悲叹。孔子于弟子将亡之惋惜、对自己"仁道"之未来的忧戚，构成孔子的深度悲楚。如此，焦虑与忧思并发于心，追与念聚于胸，既呈师徒之情深切，又表孔子执着仁道之艰难、艰辛。

"死"了一个颜子，孔子悲呼"天丧予！天丧予！"，"亡"一个伯牛，孔子痛叹"命矣夫！"如此相继失去一个又一个得力之"弟子"，其"壮志"之行亦即丧失、衰减"一份力"，真是一次又一次"伤筋动骨"。

孔子弘仁道、施仁政之壮志未酬，颜子、冉子诸弟子却要先他而去，唯有悲叹"天丧予！天丧予！""命矣夫！"方可暂缓积压于心之酸楚、沉重与苦衷。

弟子因"死"与"亡"相继而去，"仁道"前路苍茫悲怆。孔子伴悲伤、悲叹，依然笃定不改其弘道救世之志，孤独而行壮，是为理想主义者之坚韧与高贵，令后世景仰。

　　　　　　　　　　　　　　　　生活哲学视野中的"论语"研判

11. 不改其乐，贤哉回也

【原文】子曰："贤哉，回也，一箪食，一瓢饮，在陋巷，人不堪其忧，回也不改其乐。贤哉，回也。"

【译文】孔子说："真是贤达、贤明如颜子！一箪饭，一瓢水，住在简陋的小屋里，别人都忍受不了这种穷困清苦，颜子却没有改变他好学乐道之志。颜子是多么贤达啊！"

孔子详尽地描述颜子简陋素朴之生活，以"人不堪其忧，回不改其乐"，表颜子悠然于贫寒之上，不为外物所役，不求富贵，心安仁道，潜心而笃定于"道"之"好学"。孔子盛赞颜子淡泊自守、安贫乐道、穷且志坚之贤。

孔子亦自言"饭疏食饮水，曲肱而枕之，乐亦在其中矣。不义而富且贵，于我如浮云"（《论语·述而》）。孔子所言颜子"一箪食，一瓢饮，在陋巷，人不堪其忧，回也不改其乐"如是孔子自言己之生活更为具体的再现，表颜子秉承孔子之乐道精神，虽穷困清苦，仍不可移其居仁、安仁之心，虽贫寒简陋不堪，却不改其乐道之志。如此乐而不改，如是程子所解："颜子之乐，非乐箪瓢陋巷也，不以贫窭（jù，贫穷）累其心而改其所乐也。故夫子称其贤。"亦如蕅益所释：颜子"乐不在箪瓢、陋巷，亦不离箪瓢、陋巷。箪瓢、陋巷，就是他真乐处。惟仁者可久处约，约处就是安处利处。若云箪瓢、陋巷非可乐，则离境谈心，何啻万里？"

颜子所乐，乃乐在能从师学"先王之道"，能"处贫而忘"（戴望），以使"其心三月不违仁"，是为仁根植于心之完美人格化。颜子乐道不改，表其于仁道之专一、笃定、自守，与"仁道"不二。孔子盛赞颜子乐道不改，即在于赞誉其颠覆了世人之所重、之所忧，唯乐道而忘忧，成君子、圣贤之典范。

具体而言

第一，孔子对颜子实际生活环境和生活状态进行了细腻的描述，并通过对"人"之"忧"和颜子之"乐"之比较，确证颜子矢志不改其"乐道"之生命、生活追求，凸显颜子之"贤"的本质内蕴。

从孔子之述可知，颜子之"贤"，在于其清贫自守、不为外物所役，"安贫乐道"，"其心三月不违仁"。如此，颜子切实而深刻地践行"仁"于生活，使之成为其生存之目的、生活之样态、生命之价值归宿，由此成为将仁内化于个体生活，以生活彰显乐道之典范，深得孔子的称道与赞许。

对于颜子之"贤"，陈祥道书以浓墨诠释道："天下之所重，君子之所轻；天下之所忧，君子之所乐。故衣朱怀金，不能重颜子之轻，箪瓢陋巷，不能忧颜子之乐。此所以明明在上，百官牛羊，舜也；闇闇在下，畎亩箪瓢，亦舜也。然则回之乐，人乐也；子之乐以忘忧，天乐也。人乐者，能乐而乐也；天乐者，又无能乐也。始终言贤哉回也。"朱熹亦释曰："颜子之贫如此，而处之泰然，不以害其乐，故孔子再言'贤哉回也'以深叹美之。"

第二，孔子赞颜子之"贤"，正是颜子在令人不堪之极度素朴与清苦的境遇下，依然能"不改其乐"，从而凸显颜子为道而生的生命价值追求。

"一箪食，一瓢饮，在陋巷"，这就是颜子衣食住之日常生活的真实状况。从这个简要的描述可见，颜子的物质生活异常简朴、简陋而苦寒。如此穷困的生活景况，令一般人难以承受，必成生活之忧愁，即孔子所言"人不堪其忧"。然而，颜子却能做到对此"心不在焉"，如此令人不堪的贫苦生活，也未改颜子乐道之志，由此映衬颜子之心根本不囿于外物，而是专注于"仁道"。颜子心无旁骛，专心、痴情于"仁道"，乐于"仁道"，即孔子所言"回不改其乐"。由此，通过孔子之述，勾勒出颜子"殉道主义"的精神特质和生命气质，是为孔子两次赞誉"贤哉回也"之根据。

第三，颜子之可贵，不仅在于"乐道"，更在于笃定于"道"而"不改其乐"。颜子所"乐"何哉？为何不改其"乐"？此构成孔子赞颜子"贤哉"之根本。

朱熹以为："学者但当从事于博文约礼之诲，以至于欲罢不能而竭其才，则庶乎有以得之矣。"在颜子看来，只要活在"仁道"之上，能不断地修身进德而践"仁"，即是人生之至乐。因为只要活着就可以不倦怠、不停歇地走在人生正途上，就可以不断修养自己的内在心性，向善不断趋近。这种不断修造自己、向善的不断趋近，让自己的本心与"仁"内在统一，让自己的生命获得其应有的德性和尊严，这即是"乐"。进而言之，能从师而明"先王之道"，明明德而止于至善，此乃人生最大的乐，其日常生活中物质欲求皆可置之度外。如此，颜子自觉人生之至乐，乃在于"乐道"，故而"不改"。孔子认为颜子实现了在物质生活与德性生活之价值选择的自觉，完成了生命倚重与目的之自觉，由此充分凸显颜子以德性生活为其生命之根本皈依的价值立场。

如此，颜子能超越"人"之"不堪其忧"而"不改其乐"，表颜子因自觉而自明，自明而自乐其道。这便有了贤者颜子之"乐"，与世之常人、庸人所"忧"之别。

第四，按照孔子对人的主观精神状态之分析，将对"仁道"之追寻分为三个层次或三重境界，即"知之不如好之，好之不如乐之"，如此，"知之""好之"和"乐之"，表"己"与"道"之关系三个递进层次；以此观之，颜子"不改其乐"，表其已到达了"乐之"，即"乐道"的高层次和境界。这说明颜子的人生价值重心，早已超越了对外物的欲求、超越了"知之""好之"，而是荡平了心中的一切杂念，唯"道"至乐。如此，颜子从容面对贫瘠、贫苦之生活，其心向"道"，并以此作为其生命最为根本的价值旨趣。如此，颜子唯道至上，贫贱而不改、不移其心志的"殉道主义"精神气象，得以充分地彰显。

一个人忍受一时之艰苦生活条件，偶尔能做到"乐道"，其精神仍是可嘉的。然而颜子并非一时，而是"一世""乐道"而"不改"，表征出其于"道"以恒常之心，笃定而不移，坚固而不变，此种精神就不再仅仅是简单的、偶然性的取向，而是具有内在使命感的价值自觉，由此成为"安贫乐道"之典范。

颜子超越了"知'道'""好'道'"而至"乐'道'"，此为至贤明境界之一；进而他能"不改其乐"，始终坚持、坚守其"乐"而不改，这正是颜子至于贤明境界之二。

第五，从孔子之陈述可见，他将人分为两类，一类是不堪穷困清苦，专注于自身的物质生活，并努力通过一切手段对之加以改善，极尽奢华，这类人的生活则是陷于"物质主义""消费主义"之泥潭，其忧、其虑及其乐，都系于物欲是否得以满足和改变，从而最终为"物"所惑、所役；另一类人则潜心于自己心性的修养、精神境界的提升，专注于仁道之弘扬，而在物质生活层面，从未对此费心思，极尽简单，只要能达到最基本的条件、能存活下来就足矣。这类人，取道而生，践道与得道为至乐，其生命的目标就在闻"道"践"道"而成仁，并且一经确立此价值原则，就不易其辙、改其道，始终"乐在其中"。颜子是也。

从孔子之陈述，可以看到极端的对比与反差，颜子的日常生活境遇如此之贫窘，按常理，他应该首先考虑如何改变、改善其生活状态，而不应该"乐道"，且"不改其乐"，这在一般人看来，颜子的思想是非正常人的思维。由此，有人认为颜子极度克己之欲，有道德洁癖之自虐倾向。"乐道"若只能遭遇贫瘠，那么，"乐道"的意义又何在呢？"一个自己都不能拯救的人，何以能拯救他人抑或救世？"等，此类脱离当时的历史语境而抽象的论断，是对颜子笃定乐道之高贵精神的亵渎。

第六，不同的人其幸福观自有其别。得道之人，其"乐"与世人、常人抑或庸人之"乐"，固不可同日而语。颜子"不改其乐"，为其至上幸福而生。此等至乐，其根本不在占有、享受充裕、富足的物质财富，而恰在于闻道、践道而得道之前行路上。如此，颜子在"箪食""瓢饮"与"陋巷"中"不改其乐"，与当世唯利、逐利之世风，不仅形成鲜明的对比，而且在此对比中，对无道世风予以无声的批判。

颜子"不改其乐"之取向，对于生活在物质财富极大丰富、消费主义渗透甚至被物欲深度宰制的今人，是否依然要、依然能执着坚持自己的人生理想、保持精神的高度，坚持"贫贱不能移"而"乐道"之生命志趣，无疑都具有重要的启发作用与教育意义。

总之，孔子之所以高度赞赏颜子在"人不堪其忧"的极度清苦之境况下"不改其乐"，并不是要求今人过苦日子，苛求我们不追求物质生活，不改善生活条件，而是强调即使在物质生活贫瘠、简陋、清苦的状况下，人的精神不应该降格而受制于物欲，人的幸福不能低入尘世，人生的价值皈依不能寄予物象，从而始终保持精神的高度而不被外物所牵制、宰制，让精神飞扬、思想沉醉，如此人生必自由而宽广，其"乐"亦更纯粹而深刻，以此活出与道同在的生命智慧与光辉。

12. 于道自画，非力不及

雍也6.12

【原文】冉求曰："非不说子之道，力不足也。"

子曰："力不足者，中道而废。今女画。"

【译文】冉求说："我不是不喜欢老师您所讲的道，而是我的能力不够呀。"

孔子说："能力不够的人是到中道才停下来。可你是自己给自己划限而不想前进。"

冉求擅政事，长于艺，孔子点化他，希望他进而修道。然冉求以"力不足"为由，自"画"而止于（技）艺，拒不遗余力修德入道。孔子指出冉求的问题，非"力不足"，而在于其志不在"道"，畏难止进，乃"自画"使然。

孔子从"志"与"力"之关系，剥离"中道而废"者与"自画"者之差异，指证冉求乃非志于道而非"力不足"，非"中道而废"者，而是"自画"者。对此，陈祥道释曰："志有余而力不足，中道废者也；力有余而志不足，自画者也。中道而废者，君子之所惜；自画者，君子之所恶。求之画而自以为力不足，则其不智甚矣。"

冉求于"志"与"力"之间，因其无"志"于"道"，自断其"力"之不足，殆于学而止。孔子善诱之，指出即使"中途而废"亦可，切不可如是"今女画"，教导冉求当志存高远不断进取入道，切不可画地为牢，止步不前。

冉求止于"艺"而非"道"，"力不足"乃其托词耳。孔子鼓励冉求固信念、树信心、重践行，且首当"志于道"而止于至善，切勿自"画"而自碍、自止。因为自画而不进，则必日退耳。

"勤而不已者，无所不至；惰而自画者见其进也，未见其止所能至也。"（陈祥道）孔子劝导冉求应力戒自画不倦怠、不止进，当以学无止境之心，立不断进道之志，全力以赴，不懈努力，砥砺前行，日进无悔于问道之途上，如是颜子"不改其乐"，"见其进也，未见其止。"

具体而言

第一，冉求何以自言"非不说子之道，力不足也"之语？朱熹引胡氏之言释曰："孔子称颜回不改其乐，冉求闻之，故有是言。"颜子"好学"，子曰："吾见其进也，未见其止也。"（《论语·子罕》）与颜子相左，冉求以"力不足"而自"画"。

子曰："志于道，据于德，依于仁，游于艺。"（《论语·述而》）于此，孔子提出以"道"为指向，以仁德为纲领，以六艺为基本教育原则，同时，指示着学生修完从"道"而"德""仁""艺"四个层次。

孔子在回答季康子之问"求也可使从政也与？"时，对之评价道："求也艺。"《礼记·学记》对"游于艺"所解，亦明确了"求也艺"之基本内涵，表明冉求之修客观上所达的层次。事实上，这已说明冉求之学，止于"艺"。如此，冉求之志非在"道"而在"艺"，孔子欲引之向道，要求冉求不遗余力，哪怕是"中途而废"亦可，然冉求畏难，言"力不足"，自画而止于"艺"，乃必然。

《礼记·学记》对"游于艺"给出了充分的阐释："不兴其艺，不能乐学。故君子之于学也，藏焉修焉，息焉游焉。夫然，故安其学而亲其师，乐其友而信其道，是以虽离师辅而不反也。"

冉求以"非不说子之道，力不足也"，表其心迹，呈主体之主观诉求；针对冉求"力不足"而理辨，孔子指明"力不足者，中道而废"，进而以"今女画"指明冉求之问题所在。从话语形式上来看，似有养鸡成鹤之感。从话语之实质而言，孔子诊断冉求之问题，并非"力不足也"，而在"自画"，解冉求之"结"，表孔子深知冉求，并对之寄予更高的期待。

第二，冉求就其对"孔子之道"的主观心态和精神立意予以自述，孔子对之加以甄别与厘定，本质上即是围绕着"力不从者"到底是应该采取何种态度或姿态来面向学问，从而形成"中道而废"还是"画地为牢"这两种对立的思维、观点和做法；孔子在听取弟子冉求放弃孔学之道后的自我辩护，对之加以驳斥并予以了批评，劝导冉求须破除心灵枷锁，扫除自设之障碍，鼓励冉求不止于"艺"而前行问道，从而对在求道、闻道之途上的一切畏难之心一并加以解构。

第三，冉求算是孔子众弟子中非常优秀的一位，在政事科位列第一，其后才是子路。但是，冉求在人格和意志力等诸多方面要比子路软弱得多；如此，在他做了季氏的家臣之后，可以说潜心勤勉地为季氏谋划如何增加财富，成效也显著，却将"仁道"之学问搁置一边，忘于脑后了，终止了对"仁爱"之学

生活哲学视野中的"论语"研判

的继续探寻。这一点如同现在很多忙于具体事务之人，其心、其主要精力忙于应付具体事务，根本没心思、也没时间认真探寻学术、学问一样，总是要为自己找些理由，尤其是用自己在根基等诸多方面的不足来掩饰自己的心智取向不在学问上这一真实情况。一句话，冉求之心与问道所要求之心之间已经产生了很大的距离，表冉求已无心于孔学之"道"了。但是，冉求却用了一个"以退为进"的方法遮蔽自己的主观放弃，告诉其师并非是对老师所授之"道"没兴趣，而是深感自己"力不从心"或"心力不足"，通俗点说，就是自己的资质粗愚，基础太差，能力不及，修学起来非常吃力。如此，冉求就为放弃对孔子"仁道"修习而找到了理由，进而为自己放弃修道找到合理的借口，从而遮蔽自己在思想上的畏难情绪。

对于优秀的冉求，以"力不足"而"自画"。《四书翊注》言道："冉求乃有才人，何至作小儿逃学之语？子之道圣学之全体大用也，言求非不从事于博文，而天地民物之故，礼乐器数之繁，实不足以会其通。非不欲从事于约礼，而视听言动之则，经权变化之交，学不足以协其矩。此之谓力不足也。夫子言力不足之人，诚亦有之，必其识至愚，气至弱，勉强不来，至于中道而废。资质所限，无可奈何。今汝厌致知之繁赜，仅得半而止，畏力行之拘苦，以小就自安，是画而已矣。奈何自诬以为力不足哉？须将'子之道'三字抬高，则冉子之退托不为作伪，夫子之责备亦非苛求。此力不足是真有此学业无成之人，冉子何可以之自比哉？"

朱熹引胡氏曰："夫子称颜回不改其乐，冉求闻之，故有是言。然使求说孔子之道，诚如口之说刍豢，则必将尽力以求之，何患力之不足哉？画而不进，则日退而已矣，此冉求之所以局于艺也。"

戴望释曰："孔子之道卓尔，冉子诚心说之，而又自叹气力不足耳。孔子恐其画于不足，故言力不足者，若仰高勤行，中道废顿者，则可否？则不知老之将至，何不足之自明乎！自明不足，殆于倦学而止，故曰'女画'以进之。"

第四，孔子针对冉求的解释，具体分析了冉求的问题之所在。冉求的真正毛病，并不是"力不足"，而是自画自限。于是，孔子告诉冉求，如果真的是其"能力不足"或"力不从心"，那就应该是"中道而废"，而不该如你"画地为牢"、自设局限而"自废"。于此，孔子一针见血地点出了冉求的病症，就在于不能"迎难而上"，而是"知难而退"，根本不是"中道而废"，而是压根就连步子都不想迈出去。

在孔子看来，所谓真正的"力不足者"，却仍然是求进的人，只是欲进而不能，如此，也必将拼尽全力而求进，这样，至少可成"中道而废"。

《黄氏后案》明言："中，半也。废，古通置。置于半途，暂息之，俟有力而肩之也。表记：'乡道而行，中道而废，忘身之老也，俯焉日有孳孳，毙而后已。'则中道而废，是力极休息，复蓄聚其力也。画，止于半途而不进也。学无止境，死而后已，一息尚存，此志不懈，安得画？"如此，"中道而废"，即指行至中途，因"力不足"而可以暂时放下来，悬置一段时间，缓一缓、歇一歇，调整一下再继续往前走；如此的"中道而废"是值得肯定的，也是允许的，因为心还一直在此"道"上，并未偏离或放弃。然而，冉求以"力不足"为借口，实质上是"画者"；而所谓"画者"是能进而不欲，这就从主观思想上、从心理情感上、从精神指向上、从志趣上，切断了进取之动力，这属于自动放弃和终止。如此，"中道而废"与"自画"乃是两种不同类型的学习、闻道之心态与行为。

第五，孔子以为如果真的是由于"力不从心"，那么，"中道而废"并不是什么可耻之事，真正可耻的是，以"力不足"为借口，阻止自己用尽全力而追求，如此在去尝试之前，早已经在心底给自己画上了一条界线，暗示自己永远也无法跨过这条界线。一句话，可耻的不是"力不足"，而是以"力不足"为理由，为"自画"做辩护。孔子对冉求的毛病的清理和澄明，其批判性和针对性都是很强的，如针芒直刺其懈怠之心。

在孔子看来，冉求非力不足，亦非智力缺陷，而是其志不在于道，故其软弱而毅力不够，坚持不够、心气不高、自信心不足使然；如此，孔子坚决反对学生自我设限而先验地放弃追求更高的超越与拼搏精神。以此可见，孔子要求弟子须"志于道"，进而鼓励弟子应跳出自己给自己设定的"框"和"界线"，用尽全力去拼、去搏，因为问道人生最大的障碍并不在脚下，而是在心志。事实上，不是别人打败了自己，而是自己的心志、心气不高而自甘败落。

孔子对冉求的批评不止一次两次，其效果亦甚微。因为冉求总是自我放松，总认为自己到头了、可以终止了，从而致使其不进则退。而其同门颜渊，却始终乐道不疲，沉浸于"道"而不止，从而不断超越自我、不断前行深进于"道"，最终同门二人的差距越来越大。因此，这次孔子直指冉求的毛病之症结，希望他能听进去，从而改进之。孔子真是"因材施教"而"诲人不倦"。

孔子针对冉求的问题直接点透其实质，对他"耳提面命"，晓之以理，可见为师之孔子真是用心良苦点教弟子，希望其弟子们都能如颜子一般"乐道"，能做到矢志不移、不改其初衷，坚持到底而"乐道"。

总之，"力不足者，欲进而不能。画者，能进而不欲。谓之画者，如画地以自限也。"（朱熹）冉求言己"力不足"，有心而无行，止于"艺"而自足，实为"自画"。

孔子以"中道而废"与"自画"之别而明理于冉求，指证其问题乃在于"自画"而非"力不足"，以此鼓励弟子冉求当解除自设之障，勇于自我激发，竭力而进道。这才是君子问道应有的精神品质和生命姿态。

未曾全力以赴，何知己之"力不足"？尚未"中道而废"，何须"自画"止进而作茧自缚？世间万事，贵在笃志而不懈之坚持。为山，岂能九仞而功亏一篑？掘井九轫而不及泉，岂能弃井？冉求之于道，非"力不足"，乃志不在道而畏难"自画"也。

13. 为君子儒，弃小人儒

雍也 6.13

【原文】子谓子夏曰："女为君子儒，无为小人儒。"

【译文】孔子对子夏说："你要做君子儒，切莫做小人儒。"

孔子针对子夏修养不够、气量太小、格局狭隘而劝诫与引导其修道提升德性境界。如是陈祥道所释："子夏之为己，止于文学，其为人止于洒埽、应对、进退，此趋末者也。故孔子戒之曰：女为君子儒，无为小人儒。"

子夏修世间人情练达，进退、应对，固可贵，然毕竟属"小学""下学"。如此，孔子要求子夏莫止于"小人儒"，须发真心，扩心量，志于道，进修"大学"，成"君子儒"。

"君子之儒，惟务本；小人之儒，在趋末。"（陈祥道）"君子儒为己，小人儒为人。"（朱熹引程子）"小人儒"，子夏之实然，"君子儒"，乃孔子希冀子夏修达之应然。孔子之语，乃点化子夏当切切放下一己之私利，内化修齐治平成己志，超越"小人儒"，修成"君子儒"，真正践道以造福天下苍生，利天下人为己任。

孔子以"君子儒"与"小人儒"之比较，委婉地批评子夏"小人儒"之缺点，以"为"与"无为"，明子夏修德之方向，导其当成治国安邦之栋梁，切莫因一己之私而成为祸国殃民之卑污小人抑或乱臣贼子。

冉求长于政事，精于艺，"自画"而畏难于修道。子夏善于文学，止足于"小人儒"而未觉自修进道成"君子儒"，独颜子"好学"不止，"不改其乐"，可见，进道非易，修德唯艰。孔子警诫子夏"无为小人儒"，当"为君子儒"，应是孔子为子夏及众弟子所下的一道"道德律令"，促子夏及众弟子修成真正的贤德之"儒"者，以负塑世德、弘仁道之大任。

具体而言

第一，"古之儒者，一而已矣。《周官》，儒以道得民，则凡以非道得民者，皆非儒也。后世浇漓，而道术将为天下裂。于是，有君子之儒，有小人之儒。"（陈祥道）孔子言"儒"有"君子儒"与"小人儒"之分；荀子言有俗儒、有

　　　　　　　　　　生活哲学视野中的"论语"研判

雅儒，有大儒、有小儒之别；扬子又言有真儒，真儒以性言，大儒以业言，雅儒似君子，俗儒似小人。诸家对"儒"之加分，乃以其德性、境界为度，其目的不仅在于甄别"儒"，而且在于劝诫"儒者"，皆应修己，弃"小人儒"、绝"俗儒"，成"君子儒""真儒""大儒"，担弘道治国治世之重任，为天下苍生谋福祉，堪为世之表率。

　　第二，子游、子夏在孔门四科中，同列文学之科，当尤胜于为师传道之任。然两人天资与其学问之规模，亦有不同。孔子"或疑子夏规模狭隘"，有"小人儒"之倾向，故"孔子之诫子夏，盖逆知其所长，而预防其所短"（钱穆）。事实上，"子夏之学，或谨密有余，而宏大不足，然终可免于小人儒之讥。"（钱穆）如此，孔子要求弟子子夏做出正确的人生抉择，须着力于正道人生的修造，即"修君子之道"，而绝"小人之道"，弃"小人儒"，修进而成"君子儒"。如此，孔子指引弟子择宽宏高贵人格之人生路，告诫弟子在人生之大原则与方向上，切不能误入歧途、走上歧路，从而突出孔子要求弟子人生道德、人格模式的选择要正确，且立意要坚定、要高远。

　　孔子从学理上将儒者分为两类，即"君子儒"和"小人儒"，亦表明人生德性修养有两条路、两个层次、两重境界：一条是君子之道，成为"君子儒"；一条是小人之路，成为"小人儒"。

　　所谓"君子儒"，乃是通天地之人。此种人，通晓礼法，优雅大度，具有理想人格，自觉肩负"修身、齐家、治国、平天下"之使命，应是品性高、德性贵，权力大、责任重之人；相反，"小人儒"，则是不通礼仪、品格平庸的人，在社会上地位也比较低贱。如此，可以说，"君子儒"是内外兼修、内外统一之人，由内至外散发出高贵品质与人格的光辉；而"小人儒"则是形式和内容的脱节与错位，空有"儒"之形，假借"儒"之名、之文，而无儒之实、之质。君子儒之"儒"则是"名副其实"，而小人儒之"儒"则是"欺世盗名"。简言之，"君子儒"，乃明大道、尚仁德、行大义、人格高尚之"儒"；相反，"小人儒"，则是不懂大道、不具仁德、只顾一己之私利、品格平庸之"儒"。诚如朱熹引谢氏所言："君子儒"与"小人儒"之不同，乃在"君子小人之分，义与利间而已。然所谓利者，岂必殖货财之谓？以私灭公，适己自便，凡可以害天理者皆利也。子夏文学虽有余，然意其远者大者或昧焉。故夫子语之以此。"蕅益对此释曰："从性天生文章，便是君子儒；从文章著脚，便是小人儒。即下学而上达，便是君子儒；滞于下学，便是小人儒。若离下学而空谈上达，不是君子儒，亦不是小人儒，便是今时狂学者。"

　　进而言之，"有所谓君子儒者，其用心专在为己，不求人知；凡理有未明，行有未修，无不切实讲求，绝无干名求誉之心，此君子儒也。有所谓小人儒者，其用心专在骛名，不肯务实；若知得一理，行得一事，便欲沽取声誉，绝无近里著己之意，此小人儒也。"（钱穆《四书解义》）如此可见，君子儒，将以道明；而小人儒，则矜其名。换言之，"君子儒"即是真正的"儒"，"仁"在其心，能以学载"道"为使命，不断修正自己，理有未明，着实去讲求；德有未修，着实去体验，都只在自己身上用力，而略无干禄为名之心。而"小人儒"，"其学道亦犹夫人也，但其心专是为人（装饰自己，给别人看），不肯务实，知得一理，便要人称之以为和；行得一事，便要人誉之以为能，都只在外面矫饰而无近里着己之学；如此，人君若得君子之儒而用之，则必能守正奉公，实心为国，而社稷苍生皆受其赐；若用了小人之儒，则背公营私，附下罔上，而蠹国殃民之祸，有不可胜言者。"这就充分表达了两种类型的"儒"在实际的现实生活中所产生的效果之别。在这里，孔子也就暗含了区分"君子儒"和"小人儒"的标准和原则。

第三，孔子之论，提出两种"儒"的人格模式，并非仅是针对现实中的"儒"之事实，而是表达孔子明确的价值倾向与取向。对"君子儒"，持肯定和褒扬，并且期待包括子夏在内的弟子们都能走上为"君子儒"之道，而不齿于"小人儒"，进而加以批判。

从孔子将"儒"分为这两种不同的"类型"，亦表明当世之"儒"，乃良莠不齐、鱼龙混杂，其品行、人格、心胸和境界等诸多方面自有其高下之分、优劣之别。如此，也就有"君子儒"和"小人儒"之本质差异。

古之儒者，有"君子儒"和"小人儒"之分，如是今之"知识分子"或"学者"亦有"君子"学者与"小人"学者之别。切不可被"儒"，亦不可为"学者"之"名"阻滞了追问和考量的脚步，更应该如孔子一样继续厘清和确证"儒"之"君子"或"小人"之差异。此追问与区分之原则和精神同样适用于对"学者"，当然也适用于对"官员""商人"等的考量与审裁。更为重要的是"儒"者，当自觉、自修而"为君子儒"，"不为小人儒"，如是孔子教导子夏。

总之，"君子儒"与"小人儒"，如是泾与渭，亦似泰山与土丘，表清与浊、高与卑，令人仰止与鄙夷。究其根本分野乃在于在道与不在道，为道与为利、为己与为人之德性境界，是以齐家、治国、平天下为己任，抑或以一己之得失而进退。如此，"君子儒"与"小人儒"，乃"真儒"与"伪儒"之别。

古有孔子劝导子夏"为君子儒"，"无为小人儒"，今有人生"三观"之要求与引导。孔子对子夏之要求，亦是对其众弟子之要求，亦是对生活于当代的世人之要求。如此，孔子之箴言，乃为人、为学进道、提升境界之训导。

14. 举贤重德，无邪无私

雍也 6.14

【原文】 子游为武城宰。

子曰："女得人焉尔乎?"

曰："有澹台灭明者，行不由径，非公事，未尝至于偃之室也。"

【译文】 子游做了武城的长官。

孔子说："你在那里得到了人才没有?"

子游回答说："有一个叫澹台灭明的人，从来不走（小径）邪路，没有公事从不到我屋子里来。"

澹台灭明:

(1) （前 512—?），复姓澹（tán）台，名灭明，字子羽，东周时期鲁国人。

(2) 比孔子小三十九岁，因子游推荐，后成为孔子弟子，位列孔门七十二贤之一。

(3) 其天生异相，面貌丑陋，孔子以为材薄。《孔子家语》卷五《子路初见》中记载："'澹台子羽有君子之容，而行不胜其貌；宰我有文雅之辞，而智不充其辩。'孔子曰：里语云：'相马以舆，相士以居。'弗可废矣。以容取人，则失之子羽；以辞取人，则失之宰予。"

(4) 灭明品德高尚、学风端正、学识渊博，积极传播儒家学说，远涉南方，在吴国，尤其是在南昌一带，深受当地民众的欢迎，其门徒达三百之众，成为享誉大江南北的一代名师。是为儒学之教育家。

举人是地方官员最为重要的职责。子游任武城宰，行孔子关于"君子学道则爱人，小人学道则易使"之教诲而治邑。孔子至武城，问其"得人焉尔乎?"表孔子所重，是否得人，彰孔子对君子治世之盼。子游亦重贤良，故举荐澹台灭明。

"行不由径，无邪也；非公不至，无私也。……言灭明公正无私也。"（陈祥道）子游正是从"行不由径"和"非公不至"两件日常之事，判断灭明之品行端正、正直诚实、公私分明、光明正大，表其德行有别于人，符合举荐之标准。

"行不由径"，表其"正道直行"，不急于事功与近利；"非公不至"，表其从不因私利而行，有克己为公之心。灭明之为，当是礼崩乐坏之乱世德行的一面镜子，表"行由径""非公至"已是当世普遍之常态，由此折射出世德之崩丧。如此，子游举灭明，亦是确立与高扬其不同于世行之德，对世德予以批判。

子游举灭明于孔子，表子游、孔子皆重贤德之才，此为弘仁道、救乱世之希望所系。灭明入孔门，乃至后至南方传播孔门之学所取得的成就，足以确证子游举荐之正确。

具体而言

第一，古之官员有举人荐才之责。"为政以人才为先。"（朱熹引杨氏）"古者卿大夫以时献贤能之书于王，诸侯又岁贡士于天子，是以古之明王，必尽知天下良士之名。既知其名，又知其数，既知其数，又知其所在。"（戴望）陈祥道则认为："以天下与人，易；为天下得人，难。则贤者，百福之宗，神明之主。而为政者，其可以不得之乎。子贱之治单父，其于贤也。有以父事者，有以兄事者，有以友事者，而孔子叹美之。"

如是，孔子至武城，以得人为问，子游予以答。这表明孔子高度重视举贤才、广纳天下之士。子游察举灭明，亦是尽职之责。如是陈祥道所言"子游为宰，而问之以得人，固其所也"。

通过孔子与子游之问答可见，孔子求贤如渴的急切心理，以及对举荐贤才的高度重视。问答围绕着发现与推举贤才而展开，通过子游具体分析被举荐人澹台灭明的行为特征，以及通过行为而洞悉其德性，体现师徒二人所遵循的主德举贤观。

第二，子游对孔子说，澹台灭明是一个值得举荐的人才。据子游考察，澹台灭明平素之行为有两个显著特点：其一是"行不由径"；其二是"非公事，未尝至于偃之室也"。

（1）"行不由径"。"径，路之小而捷者。"行"不由径，则动必以正，而无见小欲速之意可知"（朱熹）。"径，田间道也。周法禁径逾者。"《周礼·司寇》："禁野之横行径踰者"。郑注曰："皆防奸也。"（戴望）灭明"行不由径"，表明其行于"大道"，不走"偏门邪路"，此人应是光明磊落之人；他不走小路，不会寻捷径，似"笨"而"拙"，实则反映出其为人忠厚诚挚，非"讨巧之人"，是能遵规范行事、舍得用笨功夫者，实乃有智慧的贤德之人。

（2）"非公事，未尝至于偃之室也"，表"其有以自守，而无枉己殉人之私可见矣"（朱熹）。朱熹进而引杨氏曰："如灭明者，观其二事之小，而其正大之情可见矣。后世有不由径者，人必以为迂；不至其室，人必以为简。""非公事，不至宰室，言无私谒。"（戴望）如此，灭明"非公不至"，表明此人绝不会因私而接近宰室，不会徇私而走后门，表灭明当是一个公正无私之人。

对于灭明之贤德，同门子贡对其评价和孔子评价可以作为佐证。在《孔子家语·五帝德》中，子贡在回答卫国将军卫子的询问时，对澹台灭明之评价如是："贵之不喜，贱之不怒；苟于民利矣，廉于其事上也，以佐其下，是澹台灭明之行也。"孔子评道："独贵独富，君子耻之，夫也中之矣。"（《孔子家语》卷三·弟子行）

对于灭明之贤德，陈祥道直道："灭明，行不由径，无邪也；非公不至，无私也。羔羊之正直，如是而已。此家语所以言灭明公正无私也。"并引荀子和《传》之论强证："出于其门入于公门，归于其家无有私事，灭明之谓也。《传》曰：灭明，有君子之容，而不胜其貌者，责贤者备故也。"

同样，对灭明之贤德，张居正评价道："夫行不由径，则动必以正，而无欲速见小之心可知。非公事不见邑宰，则有以自守而无枉己徇人之私可见。此灭明之所以为贤，而偃之所知者，唯斯人而已。"

（3）子游以灭明平常"行不由径""非公不至"之两个典型特点，判断其贤德，表子游重贤德、赏贤德之人，亦反证子游尽职细察下人之贤德，为后世赞颂。如是，朱熹引杨氏的话发挥道："'非孔氏之徒，其孰能知而取之？'愚谓持身以灭明为法，则无苟贱之羞，取人以子游为法，则无邪媚之惑。"张居正亦赞之："孔子游以一邑宰，其取人犹若是，等而上之，宰相为天子择百僚，人主为天下择宰相，必以此类观焉，则刚方正大之士进，而奔竞谄谀之风息矣！"

第三，子游总结被举荐人澹台灭明两个显著优点，是以子游亲历并观察其行动所得出来的，而非靠听说、抑或推论和想象，具有直接的经验性，可靠而令人信服。以此表子游遵循孔子的选人标准，按照德行与才学兼修并重的原则而确认，以示子游举人持实事求是、求真务实之态度，亦表其对举人之高度重视。

但是，子游向孔子举荐的澹台灭明，是否能获得孔子的认可呢？

孔子听子游的介绍后，对澹台灭明非常感兴趣，想亲自再考察，看看是否如子游举荐时所说的那般贤德优秀。待澹台灭明来到孔子面前的时候，却招致孔子的冷遇。为何如此呢？

据史料记载，澹台灭明长相丑陋："额低口窄，鼻梁低矮，不具大器形貌。"孔子见到澹台灭明时，觉得长相如此丑陋之人，能如子游所说的那般贤德吗？孔子一看他，就没兴趣进一步再考察而予以核准了。于此，孔子以貌取人，对澹台灭明颇为嫌弃。有意思的是，圣贤如孔子，原来也如凡人，以貌取人，也难免犯人之常错和常人之偏。

然而，澹台灭明在孔子处受到冷遇后，也就毅然离开了孔子，更加发奋求学，严谨修行。后来游学到了楚国，到东湖东岸讲学，跟从他学习的有三百多人，成当时儒家在南方的一个有影响的学派，其才干和品德传遍了各诸侯国。如此，当孔子得闻这些信息之后，进行反思时，颇有几分自责地感叹道："以容取人，则失之子羽；以辞取人，则失之宰予。"

第四，孔子求贤，子游举贤，经过师徒二人的对话，引发对人才判断、选择的通则与变数，以及最后确证的根据。如此，以"德才兼备"作为选人的根本标准与尺度，可谓古今之一致；然人才之"（品）貌"时常也是影响判断的一个重要参数，而最为关键的是被举荐的人才，通过实践最终真实所取得、所达到的"成就"，这不仅是"贤才"自我证明的最佳方式，也才是判断一个人是否具有真贤才的最后依据。

从孔子判断澹台灭明，始因貌丑而嫌弃所产生的判断失误，说明不仅孔子，就是今天各用人单位，选人也是首选既内具仁爱、贤达，又有端庄之貌的人才。德才兼备、秀外慧中可谓选人、用人之标准模式。但是，孔子对灭明的误判，应该是其人生中的一个特例。这就说明，判断、选择人才，应该深入其内在德才之本质因素，而不能止于外貌等非本质因素。如此，孔子对灭明之误判就在于颠倒了人才的本质要素与非本质要素的关系，即本末颠倒使然。这既是教训，也是启示。

然而，常言道"丑人多作怪"，这是长期经验总结出来的，也不无道理。人的面相、精神气息，正是其内心的外显，如是"相由心生"之论断。当然，一个人长得丑不是自己的错，而气质、气象太差，格局太小、德行卑污，则是自己的修养和才学不足使然，应该由自己负责。能真正让判者、择者忽略"你"之外貌、外在非本质性要素，唯有其不俗之德行与卓越之才智，于是，"丑人多怪貌"，也就让位于"奇才异相"了。

第五，孔子深谙，成天下事，须借天下势，揽天下才，集天下智。正如陈祥道所言："以天下与人，易；为天下得人，难。则贤者，百福之宗，神明之主。而为政者，其可以不得之乎。"

如此，当世处于大动荡、大变革、大竞争时代，各诸侯国出于政治和国务活动之需，都高度重视举人，进而招揽、接纳人才，尤其是能得到治国安邦的贤德大才，此乃为政之头等大事。这正是孔子求拜贤才的现实语境。

对贤德之才的渴求，于今世，何不如此?!

总之，子游与孔子应时势之需，广纳贤才。子游为武城宰，得一贤人澹台灭明。其人"行不由径""非公不至"，实为正直无私、无邪无媚、安守规矩，走大道、正道而有别于当世之人，备受子游青睐，故举荐于孔子。

孔子问贤，表匡乱世、正世德、弘仁道之所为；子游举贤，以行为据、以德为本，表子游本贤使然。孔子问贤、子游举贤，唯是重德、遵贤德之人才观，实为后世之举人择才之守则，渐次形成有德有才"重用"、有德无才"间用"、无德有才"利用"和无才无德"勿用"之选贤用人观，影响后世深远。

15. 辞功不伐，实乃谦德

雍也 6.15

【原文】子曰："孟之反不伐，奔而殿，将入门，策其马，曰：非敢后也，马不进也。"

【译文】孔子说："孟之反是一个不自夸之人。败退的时候，他留在最后掩护全军。快进城门的时候，他鞭打着自己的马说：'不是我敢于殿后，是马跑得不快。'"

孔子赞孟之反守谦不伐之德。孟之反之功在于"奔而殿"，其"不伐"，在于将殿后之功归于"马不进"，而"非敢后也"。如此，孟之反功而不伐之谦德，实属当世难能可贵之品质。

"奔而殿"，乃勇，受国人赞，是为"战败而还，以后为功"，孟之反辞功而归于马不进，是为不伐之典范。孔子赞之，不仅对当世普遍存在的自伐、自诩之浮躁予以批判，而且以期世人见贤思齐，许世人皆有不伐之美德，达重塑世德之效。

具体而言

第一，据《史记》记载，鲁哀公十一年，即公元前484年，齐鲁交战，齐国进攻鲁国，季氏宰冉求率领的右路军战败。撤退时，众军争先奔逃，而孟之反殿后做掩护。"战败而还，以后为功。"（朱熹）所以，在这场齐鲁之战中，鲁国虽败，但孟之反因殿后仍是有功之将。事实上，在战争中，尤其是战败时，能顺利地撤退，应该是一件值得庆幸的事，也算是一种"胜利"，而殿后、押后之将当居功至伟。本章孔子所说的鲁国大夫孟之反，正是这样一个典型。

孔子通过对孟之反在具体战事中，即鲁国右翼军败退的时候，孟之反押后顺利而安全掩护败退的鲁军，虽其断后功勋卓著，然而却不自夸、不独占头功，且推却其功的描述，赞美其"功不独居，过不推诿"之谦德。

第二，孔子对孟之反之赞在于其"不伐"。"伐"，"夸功也"。"不伐"，即是有功而不自夸。孟之反之"功"在于"奔而殿"。"奔，败走也。军后曰殿。"（朱熹）"军前曰启，后曰殿。鲁出师，当先命殿。及奔，殿者越行而先，之反

　　　　　　　　　　　生活哲学视野中的"论语"研判

乃更为之殿，以距齐师。"（戴望）其"不伐"则在于他虽然殿后，但将殿后之勇、之功非归于己，而是归于"马不进"以掩己之功，"策其马，曰：非敢后也，马不进也"。如此，孟之反殿后有功，却自觉而本能地含隐己功，不自夸功、不邀功、不伐善，构成孔子所推崇和赞誉之"事实"依据。对此，陈祥道有言："书于矜言能，于伐言功。能在内者也，功在外者也。自伐则丧厥功，自矜则丧其能。伐，譬则贼也；矜，譬则残也。故老子于自伐，言无功；自矜，言不长而已。春秋之时，师败而奔，唯恐其不全；在师而有功者，唯恐其不彰。之反于齐之战也，殿军而不奔，策马而不进，人之所难也，故孔子取之。"朱熹引谢良佐之语予以阐释："人能操无欲上人之心，则人欲日消、天理日明，而凡可以矜己夸人者，皆无足道矣。然不知学者欲上人之心无时而忘也，若孟之反，可以为法矣。"戴望以为：孟之反"奔而殿"之为，"于时皆贵勇力，贱礼让，故孔子举其言以讽世。"

第三，按常理，孟之反应该对己"及奔，殿者越行而先，之反乃更为之殿，以距齐师"（按戴望之解，鲁君出发之时，孟之反非"启"，本是被命为殿后之军，不是前锋；当战败撤退，他应该"前"，然他却反过来又去殿后；且以"马进"为其继续殿后予以自谦），能使鲁军安全撤退之功绩加以自我认同、自我肯定，接受世人赞己之功，客观上以提高自己的威信和影响力。一般而论，一个人一旦有了功绩，总喜欢把功劳揽在自己的怀里，标榜与炫耀自我，突出自己在其中的重要性，显示出自己的巨大作用。即使事情不成功，也总能寻找到诸多客观原因，或想尽办法推卸自己的责任，找到自己在其中的种种"闪光点"，如此云云。一句话，有功不能少了自己，有过不能沾上自己。然而，孟之反却一反"常态"，不仅不自夸，也不炫耀，反而对己之功劳找出另一种理由和借口，做出另一番在众人看来是相反的解释，对己之功予以隐藏或消解，让世人不将功聚焦于己，亦惧世人将功加之于己。如此，孟之反以"马不进"为托词所做的一番不显耀己之功劳的解释，其目的就是不愿"居功"、不愿"出头"、不愿"逞能"、不愿受关注，而是本能式地规避，进而将己掩起来、藏起来，隐身、脱身于事功之外。

如此之后，孔子认为孟之反，是一个负责任、遵守自己的职责本分、恪尽职守，又不自我夸耀、自我标榜、自我凸显、为人低调的内勇之人，这本质上即是一个内蕴美德的人，因此，予他以充分的肯定和褒扬。

然而，更深层次的问题也由此生成，孟之反为何对自己的功劳不能、似乎也不敢、不愿客观而正面地对待，进而对自己"奔而殿"予以如实而恰当的自我定位与自我评价，却反而要寻找"马不进"之由来掩己之功，甚至是加以自我贬斥、自我否定呢？这种被孔子称道的人格模式，为什么被人们普遍性认为是善的呢？对此，似乎应该从更为广阔的文化内在的价值取向上来进行审视和反思，才能找到比较合理的解释。

中国文化的"美德"，本质上即是（极度）"克己"（克己，通俗地说就是自我规范而自律，其极致乃是苛求自己、消解自我或取消自我，对己之"私"自觉而主动地加以最大限度的弱化）。此种基于对正当自我的限定甚至是以自我否定、自我隐蔽为前提的美德，其根本主旨在于绝不让、绝不能使自我从"群"中凸显出来而"鹤立鸡群"或"独占鳌头"。这种让"自我"消融、退隐在"群"之中的文化取向及其由此生成的文化性格，以及按此逻辑塑型而成的个体人格模式一直被社会称道和赞誉，恰巧表明传统伦理和道德文化对"个人"独立存在的合法性之消解甚至是蔑视。此种弱化、否定个人彰显存在价值的状态，形成了一种基本的文化走向，那就是"个人"被"群体"所吞噬，最终形成"万人齐一"的人格模式。凸显正当的"个人"或个人之正当显现所引发的非议甚至招致的嫉妒、仇怨，乃至灾祸，都是该种文化对"个人"存在安全性的极大"抽底"与"抄家"。如此，在该种取向的文化中所形成的、所培育出来的被欣赏和推崇的人格模式，是极度自我收敛式的。据其程度不同，呈现出自掩、自隐、自损、自贬、自毁式的等次逻辑，总之是将真实的"自我"极尽其能掩藏起来。这种种掩藏、遮蔽背后一个极其重要的原因或根本目的就是"自我保护"，而这种自我保护正是相对于文化和文化生存环境的不安全使然。

如此，"枪打出头鸟""人怕出名，猪怕壮"，乃是此种文化取向所沉淀的集体无意识，致使对"功名"之内在追逐与外在推掩的矛盾。从形式上看，世人对功与名皆不能坦然接受，而是取向于遮遮掩掩、躲躲藏藏地面对；因为"树大招风"已以无数的先例，警示与告诫世人对己尤其是对己之功，须自觉而本能地通过自我矮化而遮掩自己，如同有罪一般开脱自己，如此等等，都表明正面的自我肯定，哪怕是真诚而实事求是的自我肯定，都将被视为一种不恰当的自我显现或自伐或自我张扬，都存在着程度不同的危险或风险。如此，须下一番功夫掩蔽真实的自我，使之不能"暴露"于世人，如此生活世界的自我修辞学，本质上乃是否定"诚"，由此构成了一种独特的文化景观；而此等对自我的修辞手法的修炼，构成一种独特的生活修辞学的重要内容。世人判断一个人成熟与否，其中一个重要的标志，即是看其生活修辞学修炼的程度。成熟者则是在此道上"道行"很深的人，也就意味着是生存游刃有余、进退有度，即于功、于名、于利外推之人，唯如此，方可做一个"安全的人"。

而在此种文化价值景观和生活修辞法之规定下，一切"夹着尾巴做人"的人，其最终都是为了做人时不需要"夹着尾巴"；而最为经典的"韬光养晦"，恰好是一种以退为进、示弱掩强，实现最后绝地反击的最大陷阱，如同动物制造的各种陷阱假象一般。

这一系列在危险丛林里，追求生存安全而总结出来的计谋、权谋，都是以惨重的生存成本为代价而提炼、总结出来的带血的经验教训。从这一意义上来看，孟之反是成熟的，他的成熟在于他熟谙生存于其中的该种文化的个性。如此，他的不"自伐"之谦，以极其合理的"理由"来掩饰、弱化、消解己之功，正是为了不让自己处于风口浪尖而招致嫉恨、引发仇怨，从而让自己始终处于安全状态。功名只一时，招致嫉妒与不安全乃一世。孟之反之谦德，以及谦德中所蕴之智慧：绝不可以"一时之功"，引来"一世之患"。

孟之反"奔而殿"之"功"，可赞！然，其"将入门，策其马，曰：非敢后也，马不进也"之行为和推辞，甚是吊诡。

第四，当然，可以更温和一些来看待"此事"。说孟之反的"反常之举"是一种自损、自毁式人格有些过。孟之反不喜欢自证、自夸其功，以表明他的自谦、不邀功、不自显，反映出他是个能甘于默默奉献的人，但不至于自损、自毁。进一步说，正是因为他没有私心、私念、私欲，不贪功而不自伐，从而被孔子称道。

自我谦让、尽自我之本职，从而不自我夸耀、自我标榜，恰好是具有清醒的自我意识与智慧的生存意识使然。此乃在任何时代都应该是值得充分肯定的品质。然而谦让、尽职，并不等于需要以刻意地进行自我掩饰，或以掩饰真实自我为独特的手段，以自我否定为代价。如此，以自我否定为基调、以谦让和隐忍为特质、以"担当"为旨归的文化，生成了被孔子所称道的"美德"，本身是应了孔子崇尚礼法、强调"克己复礼"之需要，他让每一个人都主动而心甘情愿地放弃、让渡自己，进而让每一个人都谦卑、谦逊，不显露真实的自我。如此绕一圈，最后达成自我修身进德之境界。

第五，在邀功、自夸成普遍世德之境遇下，能自谦而不伐其功，深得孔子欣赏和赞许。无疑，孔子所欣赏和赞许的"孟之反式"的人格模式，成为中国传统官吏人格理想模型的典型缩影，也成为专制王朝能"长治久安"的重要原因和根本前提。

固然，须反对、批判居功、邀功之自我吹嘘。对在实际生活中，好大喜功、搞"轰动效应"，有一吹出十，进而欺骗众人的虚假、丑恶等诸多不切实际之行径，应予以揭露与批判。但同时也要洞彻一味刻意自我掩饰、自我遮蔽而被扭曲的"自我"所存在的诸多问题。生活在社会关系之中的任何一个人，在其位，谋其政，履职尽责就是正常地实现自己的功能，为他人，也为自己的存在实现功能而互动互撑，即为正常。如此，主张在客观而理性的自我肯定、自我认同和自我显现之基础上的"不伐"之自谦，方是正常，方可称之为美德。

总之，孙子曰："兵者，国之大事，死生之地，存亡之道，不可不察也。故国家存亡，百姓生死，岂可冀望于利呢？若挟功而要赏，无利则能置国家存亡不顾哉？此人欲肆而天理亡也，不可不慎也。"如此观之，孔子赞孟之反之"不伐"，其德非小，事关鲁之存亡，不仅彰其忠勇，而且誉其仁义。

孔子以"奔而殿"，进而言"非敢后也，马不进也"之孟之反为典型，赞其不居功、"不伐"之美德，将"满招损，谦受益"之古老智慧迁移到具体的生活语境中，彰显"自谦"于个人人格之美，以及于世德之价值。

16. 以卫为鉴，重佞轻美

雍也 6.16

【原文】子曰："不有祝鲍之佞，而有宋朝之美，难乎免于今之世矣。"

【译文】"如果没有祝鲍之才，仅有宋朝之美貌，难免使卫国之无道于当世重演。"

从孔子话语之直接性上来看，孔子借卫乱之教训而警示沉醉于齐之犬马而误政的鲁公与季桓子，暗示前有卫之教训，当以之为鉴，否则，在鲁将复见卫之朝倾国覆。如是戴望之解："灵公宠朝而兼任鲍，故免得于丧。此假卫事以伤鲁之受女乐兴。"

从孔子话语之深层指向与意蕴来看，孔子以"祝鲍之佞"，表治国之才；以"宋朝之美"，悦人之目，表为政者一己私欲之满足。如此，"祝鲍之佞"与"宋朝之美"，隐喻着才干与美貌、内在与外在、求治与求乐、国安与私欲，将治国者取舍之二难予以呈现。孔子暗指鲁公与季氏之情形，如是卫之轻"祝鲍之佞"，而重"宋朝之美"一样，其结局与卫无异，鲁国之乱将难以避免，卫之乱或将重现于鲁，表面安稳之鲁，已危矣。

孔子置身于鲁而叹之无道，尚美色之骄奢，致使忠正有才干之人，无以容身。此谓"衰世好谀悦色，非此难免，盖伤之也"（朱熹）。如是，鲁已无可恋、不可留，唯去他邦。

具体而言

第一，孔子之语隐晦深刻，易引起误读。其关键在于如何审查孔子此语中所言的"不有……"而有……"难乎免于"三者之间的内在关系。由此引其有差异性的解析。钱穆对之予以了阐释。

他说："或说：而，犹与字。言不有祝鲍之佞，与不有宋朝之美。衰世好谀悦色，非此难免，不字当统下两字。然依文法，下句终是多一有字，似不顺。或说：此章专为卫灵公发，言灵公若不得祝鲍之佞，而专有宋朝之美，将不得免。然不当省去灵公字，又不当言难乎免于今之世，此亦不可从。一说：苟无祝鲍之佞，而仅有宋朝之美，将不得免于今之世。此解于文理最顺适。盖本章所重，不在鮀与朝，而在佞与美。美色人之所喜，然娥眉见嫉，美而不佞，仍不免于衰世。或说：美以喻美质，言徒有美质，而不能希世取容。此则深一层言之，不如就本文解说为率直。孔子盖甚叹时风之好佞耳。祝鮀亦贤者，故知本章不在论鮀、朝之为人。"

（1）所谓"祝鮀之佞"。祝鮀，名鮀，字子鱼，春秋时期卫国的大夫。祝即祝史，在祭祀中负责赞词，他有口才，为时世贵之。按戴望之释："祝鮀，卫大夫祝子鱼，鮀有口才，皋鼬之盟，将长蔡于卫，以鮀言，乃先卫侯"。《左传·定公四年》对之有详载。

从历史史实的考究可知，作为卫国大夫的祝鮀并非是奸佞之人，即既非巧言令色、混淆是非，亦非言语便捷、嘴快话多，依靠伶牙俐齿和人辩论，欲使黑白颠倒、是非不分，逞一时之快，使众人讨厌之人，而是一个具有贤德之才的真正"仁者"。从这一意义上来看，本章之"佞"应该有误，按照其本义，似乎"佞"应该为"仁"更符合其义。

如此，孔子所言"祝鮀之佞"于卫国，是肯定祝鮀之（口）才使卫国免于丧，而不是否定祝鮀，将"祝鮀之佞"仅仅界说和定位为"佞"人。

孔子所言"不有祝鮀之佞"，指示鲁国，倘若卫国没有祝鮀之才，只有"宋朝之美"则丧矣。而恰好"有祝鮀之佞"，才避免了卫之丧，这是对祝鮀之佞于卫国之充分肯定。

"祝鮀之佞"，强调的是治理必须具有的内在品质，也是从政者应具之德行。这是善治的必要条件。

（2）所谓"宋朝之美"。宋朝，宋国的公子，名"朝"。宋朝是个美男子，他经常来到卫国。传说他跟卫灵公的夫人南子有染，南子很喜欢他，卫灵公也很喜欢他。卫灵公很宠信南子，结果宋国的公子朝，因为他的美色亦得到了宠信。

宋朝，仅有堂堂相貌，没有才能，"金玉其外，败絮其中"，中看不中用而已。宋朝因其美貌作乱后室，未遭败露实属侥幸，但仍未能逃脱众人之口和史官之笔，可谓其名被自己玷污了。若是时不凑巧，则未免有杀身之祸。孔子说他"难免于今世矣"，实则是告诫鲁公和季氏乃至世人，切勿存侥幸心理，对宋朝之事不可效尤。

这样，孔子之语，从"不有……""而有……""难乎免于"三者的关系来看，尤其是"不有……""而有……"二者所陈述的并不具有一致性的关系，更不是递进性关系，而是相反性关系。"不有……"和"而有……"恰好构成两种性质不同的"东西"。

孔子通过此假言判断，即"如果""不有"，"而有"，那么，"难乎免于……"所内蕴的真正主旨，尤其是"难乎免于"，正是孔子把握世事变化之规律和趋势，进而影射或暗喻鲁公与季氏无仁德、无才干，如是"宋朝"徒有外在之"美"，或沉迷于齐女之美色，那么，鲁必将生乱，在所难免。

第二，孔子以"祝鮀之佞"和"宋朝之美"，隐喻着两种截然不同的为政治理逻辑和路线。一是依"才能"而踏实治国，一是仅追求外在光鲜之浮华。如此，必然产生两种截然不同的结果。

孔子在此处，以卫灵公之"前车"作为一个经典的案例，教育弟子，告诫统治者，更是让历史告诉后人。如此，孔子所言乃警世之语，此可谓"以史为镜，可以知兴替"。

第三，"孔子于治宗庙，则取之于佞""佞则不美，美则不佞矣。天下有道，悦美而恶佞；天下无道，悦佞而恶美。故曰：不有鮀佞与朝美，难免今世矣。"（陈祥道）如此，孔子面衰世好谀悦色之风盛，提出这样的睿智警示。

孔子以"佞"与"美"之对立，无疑是对当世，尤其是对鲁国之现实表达的一种反感，具有直接的批判性与警示性。当然，任何时代，如果崇尚"声色犬马"，都逃脱不了覆灭的命运。无论是古罗马，还是中国历代王朝，都为此做了注脚。如此，面对鲁公与季氏沉溺于犬马，孔子陷入深深的忧虑，道出世风所藏的潜在和正在发酵的道德危机，以及此种道德危机所带来的乱世无德和无德乱世，其所倡导和希望看到的"仁政"必荡然无存。如此，孔子徒生悲叹，然又不好直刺批判，只好借卫国之"佞"和"美"来提醒和暗示鲁公与季氏，其所为将导致何种结果，希望他们能警醒。

第四，孔子之假言判断，不仅对于当世鲁国之当政者，对于后世的一切治国者，皆具有重要的警示与训诫价值。它要求任何统治者都必须对其自身的价值取向、偏向加以反思、确认、确定，把握好治国的价值方向和根本原则，在依凭什么、坚持什么、摒弃什么等诸多重大问题上达到深刻自觉，绝不能颠倒是非、混淆真伪、裹挟美丑、舍本求末。这是国家治理之大是大非问题，亦是有道与无道之分野。

总之，孔子以卫喻鲁，以"祝鮀之佞"言治国之才，以"有宋朝之美"表沉于外在之声色，以此警示和劝诫鲁公和季氏切莫醉心于齐女之乐，当重视治国之才，走治国之正途，以免卫之灾祸再现鲁国。

从孔子以卫国为鉴可见，孔子坚持仁政治国之根本原则，本质上是主张德治天下，如此才能从根本上避乱，才有真正的善治和国家的安泰。

17. 出必由户，行必由道

雍也 6.17

【原文】子曰："谁能出不由户，何莫由斯道也？"

【译文】孔子说："谁能不经过屋门而走出去呢？为什么没有人走（我所指出的）这条必经的仁义之道呢？"

孔子以"出必由户"，喻"行必由道"。以此观之，慨叹当世为政者和世人皆"行必由道"，弃"斯道"而行歪门邪道，入歧途而乱世。

孔子一生所寻、所倡、所弘之道，于为政者，乃"先王之道"；于寻常百姓，乃为安身立命处世之道，其道"一"也。孔子言"出必由户"，正所谓"人之启处，虽不同，所出者户而已。万物散殊虽不一，所由者道而已"（陈祥道）。

"户"，出之必"由"。"斯道"，行之必循。孔子之语"言人不能出不由户，何故乃不由此道邪？怪而叹之辞"（朱熹），表"人知出必由户，而不知行必由道。非道远人，人自远尔"（朱熹引洪氏）。

乱世之"乱"，乃"行必由道"使然。如此，遵"道"、废"道"，乃是治世、乱世之根本缘由。所幸哉，乱世尚有澹台灭明"行不由径""非公不至"之"行必由道"者，是为乱世普遍"行必由道"境况下对行道之坚守，表当世行正途之心未曾彻底泯灭，成"仁道"在世之希望。

孔子从"出必由户"反问为何"行必由道"，从而强调世人，尤其是为政者须"行必由道"，当改歧路、弃邪道而行正途、由正道。"道不可须臾离，信然信然！何故世人习而不察，日用不知？"（蕅益）孔子从生活日常之理"出必由户"，延引出为政治世"行必由道"，以"小"载"大"、以"微"显"著"，其理真切而深刻，质朴而意蕴幽深。

具体而言

第一，孔子以"谁能出不由户"之生活常理，喻"行必由道"乃为政、为人之根本，并以此将批判之锋芒直指当世为政者不遵道、不行道致乱政无道。如此观之，孔子之语，乃"言衰世之君，莫能由是道者，明当示显德行，使民不迷"（戴望）。

第二，"谁能出不由户"，这是日常生活最为朴实之理。孔子以此切入，表"出必由户"是为世人皆知、皆行。"行必由道"如同"出必由户"，为何"莫由斯道"？表世人尤其是为政者对"斯道"之漠然、之不知、之不遵、之不行，以示仁道被弃而霸道猖行。

（1）"谁能出不由户"。按《说文》之解，"户，护也。半门曰户，象形。"本义指单扇门，引申泛指门，如房间之门。古时之"户"，指一扇门或单门，两扇门就叫"门"。一般像寝室的门就是单扇门，称为"户"。

孔子以"谁能出不由户"，表欲出"户"，必"由户"，别无他途，表出由户之唯一性与必然性；孔子以"谁能"之追问，表出必由户，为人行为之通则，具有必然性和普遍性，世人概莫能外。如此，孔子在对"出必由户"之唯一性、必然性和普遍性透析之基础上，确证了"出必由户"之正确性和正当性，从而有别于跃窗而出、凿墙而出、掘洞而出、越梁而出之诸类行歧途异道者，突出了"出必由户"乃正常行道之人所为。然，"众人无异于万物，则由之而不知；君子异于众人，则由而知之，盖户者出入之所自者也。此言由道，故云谁能出不由户？"（陈祥道）

（2）"何莫由斯道也?"循生活之常理，"出必由户"，大家都自觉或不自觉如是而为。孔子以世人皆"出必由道"，类比世人亦应"行必由道"。然事实上恰好相反，世人尤其是为政者却"莫由斯道"，即不走"先王之道"。孔子之问，不仅直陈了"斯道"遭受冷遇无人所"由"，而"霸道"猖行之事实，更深化了孔子对"仁道"与世人所行之关系的深思，以及深思之后的困惑与感叹。

孔子从"出必由户"之必然，推导出"行必由道"之必须，从逻辑上，支撑和表征孔子对世人必遵、必行"斯道"之自信。

然而，"何莫由斯道也?"揭示了世人对"斯道"之应然与实然之极度反差，孔子对"斯道"之理想与现实的彻底背离以及对"斯道"的极度自信与彻底清冷、落寞的矛盾状况予以揭示，切实地表征"仁道"被世人尤其是被为政者悬置、无视或遗弃之现状。此为行霸道而乱世之症候，孔子对此深深地惑而不解。

第三，孔子以"斯道"为至宝，而为政者、世人却视"斯道"为贱草。孔子与当政者对"斯道"之极度反差，本质上即是遵"仁道"与行"霸道"之价值立场上的对峙使然。"何莫由斯道也?"清晰地表呈了孔子所尊崇、所倡导、所弘扬的"斯道"，招致世人尤其是为政者极度的冷落，被彻底否决、遗弃之残酷现实。

何以至此?

毋庸置疑,世代已更替,生活已翻篇,生活与历史之语境,已不再以遵循"斯道"为主导价值。一句话,生活世界本身的历史演进,令"斯道"渐次丧失其现实支撑。事实上,孔子所遵、所倡之"道",即是"先王之道",于当世则是"不合时宜"的。因为后周时代,各诸侯国争雄斗志,霸道盛行,孔子所遵从和倡导的仁政、仁爱或仁道,已无法解决当时各诸侯图存求强之根本问题。如此,当世亦无人尊尚、遵从之。孔子所持仁道之理想,沦为其美好的道德愿景,为政者皆远之、弃之。在此种历史境遇下,孔子尽管奔走四方、极尽全力游说各个诸侯国君,却无一诸侯之君实质性地接纳、施行他的治国、治世之主张。

尽管如此,孔子依然故我,持守其仁道理想,不倦地推行、践行之,无视"斯道"之现实遭遇,仍始终要求人们"应该"遵循"仁道"之原则而生活、而为政。如此,孔子所追求的则是脱离现实根基、丧失了现实支撑、"一厢情愿"的道德乌托邦。如此,"斯道"在现实中被边缘化甚至流产,亦是必然。但是,孔子却执意认为此等境况是不应该、不正常的,在他看来,"斯道"本身的正义性具有普世价值,其本身彰显了人间正道之至理。于乱世,"何莫由斯道也?"在孔子看来问题就在于世人尤其是为政者习而不察、日用不知,不明"斯道"之价值,"斯道"未植入人心,未落实于行。故而,孔子费尽心力,从"出必由户"之简朴道理,引证"行必由道"之必然与正当。

第四,不可否认,孔子对"斯道"具有原教旨主义情结。此情结或执念,使之对世俗人的道德,尤其是对为政者之德的要求亦显得非常严格和苛刻。于是,在他看来,人心早已不古,矫枉须过正。而在此处所说的乃是在慨叹世道变迁,士、君子立身行事已不由正道。

当然,孔子在这章的话语对象,并非是一般的普通民众和百姓,而是特指为政者,即治人者。如此,孔子对自己极力宣扬的"德治""礼制""仁政"遭遇现实的冷落,绝对不甘心,绝不轻言放弃。然而,他似乎从未对自己推崇的"仁政""仁道"产生过质疑,他所质疑的则是为何乱世对仁道的抗拒,这表明孔子的反思是有限度的、不彻底的。

总之,目睹礼崩乐坏之乱世,世风日下、人心不古,各诸侯国竞相争霸,仁义道德名存实亡,孔子一方面感叹为政者不明"行必由道"之理,另一方面广施仁教,启迪为政者,促为政者深明且行"斯道",如是"出必由户"。孔子以类比之方式为其"仁道"之合法性和正当性,以及人们"应该""行必由道"而证。然,此"类比"逻辑本身,是不恰当的,因为"出户"与"为政"为非同质之类。

18. 中和文质，彬彬君子

雍也 6.18

【原文】子曰："质胜文则野，文胜质则史。文质彬彬，然后君子。"

【译文】孔子说："质胜过文，则粗野；文胜过质，则虚浮。文与质兼备匹配，方能成为君子。"

孔子通过"文"与"质"二者关系的透析，勾勒了"野""史"与"彬彬"三种人生状态和人格特征，提出遵中道，矫正"文"与"质"之偏废，成文质之"中和"的君子人格："文质彬彬"。

"野，非君子之所在，故旷于礼而不知文；史，则官书之所系，故专于文而不知本。二者皆非中道而已。俗之好质者，则曰：质而已，何以文？为好文者，则以文灭质，以博溺心。此孔子所以言：'质胜文则野，文胜质则史，文质彬彬，然后君子也。'"（陈祥道）扬子曰："实无华则野，华无实则贾，华实副则礼。又曰：事胜辞则伉，辞胜事则赋，事、辞称则经。然君子之彬彬，岂特施于礼乐间哉？野，非君子所尚。"如此，"义以为质，礼以行之，彬彬之谓也。"

孔子以"文""质"关系，指向"君子"人格之特征，批判之矢直指当世为政者，其弊乃在于"文胜于质"之"史"，非"君子"也，以期为政者加强其"质"的修养，进而提升其为政之"质"。

就"文""质"之关系的深层含义而言，"尊德性而不道问学，谓之野；道问学而不尊德性，谓之史。君子尊德性而道问学，故文质彬彬也。"（江谦）

具体而言

第一，在"文"与"质"之关系上，世间有重"质"而轻"文"，成"质胜于文"者；有重"文"而轻"质"，成"文胜于质"者。前者为"野"，后者为"史"。"野"与"史"皆偏离中道，各执一端，唯"文质彬彬"达二者之中和。"君子贵文质得中。"（戴望）如此，唯循中道，使文质"致中和"而成"彬彬"之君子。

孔子既以"野"之不足而憾，亦以"史"之浮为戒，强调超越"野"与

"史"，在文质之关系上，持不偏不倚、执两用中之立场和方法，主张文质兼修，力求达里仁与礼文之和谐统一，铸成质美文华之君子人格。

第二，"质""文""野""史"和"君子"，是解码孔子此语深意之钥匙。

所谓"质"，即本质，在此主要指人之内在的仁德，即人之"质性"，即"尊德性"。

所谓"文"，即文采，修饰，此处主要指人的行为举止合乎礼的外在表现，即"道问学"。

所谓"野"，本义指"郊外"（《说文解字》），意指乡下、乡野之人。《礼记》云："敬而不中礼，谓之野。"包咸注："如野人。""野人多直情径行，不为仪貌。"（戴望）"野，鄙野义。"（钱穆）简言之，"野"，即指粗鲁、鄙野，无文饰，缺乏文彩。

所谓"史"，"祝史也，唯司威仪，敬诚非其事也。"（戴望）专指舞文弄墨，表面文章做得很好，但是内心本质没有真诚，表虚伪、浮华而不诚，或徒有其表而乏内。

关于"文""质"之关系，朱熹引杨氏曰："文质不可以相胜，然质之胜文，犹之甘可以受和，白可以受采也。文胜而至于灭质，则其本亡矣。虽有文，将安施乎？然则与其史也，宁野。"孔子对之更为明确地指出："虞夏之质，殷周之文，至矣。虞夏之文，不胜其质；殷周之质，不胜其文；文质得中，岂易言哉？"

如此，"质胜于文"之"野"，表"质"有余而"文"不足。在孔子看来，一个人内具仁义忠信等品质，如是璞玉，固然很好。然而，如果该种质朴良善之"质"，缺乏应有的修正、修饰而符合于"礼仪法度"，即乏"文"，那么，其质朴也就显得比较原始、粗野、粗俗甚至粗鄙；相反，如果修饰超过一定的"质"之限度，过分突出"文"而弱化甚至忽略本应有的"质"，那么，就会无"根"、无"本"而浮华、虚假、虚伪，从而摆渡至"文胜于质"之另一极，此为"史"，即"华而不实"。

孔子在具体分析"文"与"质"之错位的、不恰当关系所导致的"野"与"史"之基础上，孔子提出超越"野"与"史"，成"质"与"文"交融，其言行既文雅又真实，"文质"成相得益彰的状态，即"文质彬彬"。这正是孔子所推崇的文质二者协调与合理的关系。此乃"君子"践中道而实现仁质与礼仪之和谐与统一，即尊德性而道问学。

以仁德品性为"质"、为本，以礼法规约为"文"、为表，突出君子当修身进德与学文兼备，终成"文质彬彬"之君子，恰如温润且精美剔透、光彩熠熠之"玉"。

第三，如前所述，"文""质"于孔子的思想架构中，是具有特定内涵的。"文"即是指合乎"礼"的外在表现，表征为礼仪、礼貌；而"质"则是指内在的"仁德"，表征"忠恕"及"温良恭俭让"，如此，"文"与"质"的关系，实质上即是"礼"与"仁"的关系；如此，"质胜文则野"即是强调或突出一个人虽然具有内在仁德，但是如果不通过适合的外在的"礼仪"或未能通过合适的礼法来加以恰当地规范和充分地展示，那么，此人虽内具仁德，却让人看不到应有的优雅而令人崇尚之"善"，恰如性情过于直率就显得粗鲁一样；同样，"文胜质则史"则是走向了另一个极端，过分强调和突出外在形式的"礼仪"，而缺乏真实的仁德，如此，过于屈于外在之礼仪、礼貌的恭敬而乏"仁"，显得虚伪、浮浅；只有具备"仁"的内在品质，同时又能合乎"礼"地表现出来，方为"君子"之风采。

"文"与"质"，构成品质、品行，乃至人格这一矛盾体中的两个方面，亦即两极；"文"即为外显之形式，"质"即内容、本质。在孔子看来，在构成君子品格或理想人格中，二者不仅缺一不可，并且还应该保持恰当而和谐的关系，偏颇于任何一方，都达不到最佳境界，如此，只有文和质、礼仪与仁德二者之间和谐统一，才是一个君子应具有的品格。这样，孔子视野中的君子人格，一方面通过"文质"关系而具体彰显其所竭力推崇的理想人格；另一方面则充分反映了孔子一以贯之的"中庸"思想：既不主张偏胜于文，亦不主张偏胜于质；当不偏不倚，执两用中。就"文""质"之关系的深层内涵而言，恰如江谦补注："尊德性而不道问学，谓之野；道问学而不尊德性，谓之史。君子尊德性而道问学，故文质彬彬也。"

第四，就个人之修养而言，"质"既指质朴的天性，亦指人的内在仁德品质与德性；而"文"，则既指证其文采、文明等，亦表于进退应对之言谈举止。如此，作为人之"质"，若不经过社会文化的陶冶，不经过"文"的规训与修造，就会遮蔽或弱化"质"之善而"野"。同样，一个人很有"文"，甚至超过了"质"，如果因此失去了作为人的本性，那就会变得虚浮，华而不实，言而无信，脱离实际，流于表面，就会浮躁、浮夸。这两种类型之人，在孔子看来，都具有不足。只有"文""质"兼具，两者平衡、和谐，才是最佳形象，才能算是个真正有道德的人，即成"文质彬彬"之君子。

孔子提出"文质彬彬"君子之人格，无疑对当世之为政者"文胜于质"之"史"具有直接的批判性，指示着为政者当加强其"质"，即仁德的修养，提升其自身之"质"，并以提升为政之"质"。

当然，孔子在此所提出的"文质"之关系论，亦可从文化人类学的角度来理解。在文化人类学之视域中，其"质"是指人类素朴的内在的本质或素质，"文"则指文化的累积。从这一视角而观，"质胜文则野"就是指人没有文化，就会像原始人一样粗野、落后。"文胜质则史"就是指文化过于发达后人类失去了原来朴素的本质，显得虚浮而没有根基，所以要"文质彬彬"，使文化的发展要与人类的本质相适应、相协调。

　　同样，"文质彬彬"还可以从写作、艺术、审美的内容和形式、内在美与外在美、质朴与文饰等多维度、多层面予以展开，使"文"与"质"成为一对内涵丰富而外延广泛的范畴得到深入研究。

　　第五，孔子关于"文质"之论，为塑造自我提供了一种方法论原则。凡欲塑己为"文质彬彬"之君子，首先需要在思想观念上正确处理好"质"与"文"的关系，并且要在践行上，在这两个方面都下功夫，兼修而绝不可偏废。

　　于今人之生活，无论是要克服"质胜文"之"野"，还是要超越"文胜质"之"史"，首先要矫正偏狭的思维定式和价值立场，要求我们必须确立美德、崇尚质朴，同时，不仅要大力倡导不断学习、充实内涵，提升自身的"质"，又要重修养、讲礼仪，强调方式。一言以蔽之，要不断提升内在的文明素质和文明礼仪程度，塑造好自己的良好形象，超越"野人"与虚假形式人之弊，最终修成"惠而不费，劳而不怨，欲而不贪，泰而不骄，威而不猛。文质相兼，可比德于玉"之君子。

　　总之，孔子以"质胜于文"之"野"和"文胜于质"之"史"来评述当世之世德，尤其是当时为政者之德，进而以"文质彬彬"之"君子"为理想，凸显"仁""礼"于救世之不同的价值层级，以期重塑为政者之健全人格，进而提升为政之仁道品质。

19. 君子当遵，直道而生

雍也 6.19

【原文】子曰："人之生也直，罔之生也幸而免。"

【译文】孔子说："人，生于世，在于直；不直的人虽然也能存于世，那只是靠侥幸避免了灾祸而已。"

人之生，有"直""罔"之分。直，君子之生道也；罔，小人之存术也。如此，孔子言："君子无幸而有不幸，小人有幸而无不幸。"

人，生而直，"生理本直"（程子），故须持"直"，不可"罔"，以"直"为生之德。世间"言人之所以生于世而自寿终不横夭者，以其正直故也。言人有诬罔正直之道而亦生者，是幸而获免也"（《邢疏》）。此乃肯定"直道"而生，否定"罔之生"。

当世，直道衰，"罔之生"者众，"生也直"者寡。孔子将"直"与"罔"提升至生死之幸与不幸的高度，赋予生死、幸与不幸深刻的道德意蕴，如是"盖直本有生之道，虽不幸而死，君子以为犹生；罔原有死之道，虽幸而免，君子以为犹死。"（陈祥道）如是，"直也生"，是不失人本直之生，是为人之生，是为持守君子人格而生。"罔之生"，乃是失人之本直，曲屈而活，本质上即是丧失人格，丢失自我之苟且，是为小人之存。"不直的，都是死人。"（卓吾）

孔子倡"直"而生，乃因"直"为君子生之道；糊涂迷惘之活者，不修身正己成仁、成道，不学而无道，终无以立身，或许不遭横夭而终其身，仅是侥幸尔。如此，孔子告诫世人，不当存此侥幸，应是修身行正道，直而生，这才是君子之生。

孔子在"直"与"幸"之间，架设了必然性的桥梁和通道，将"罔之生"置于偶然性之列，从生活幸福论的视角，为"生也直"之君子予以了坚定的道德信念，鼓舞君子及世人，应自觉而清晰地持"直"德，行"生也直"，摈弃"罔之生"，促"直德"之兴。

具体而言

第一，孔子以"生也直"鲜明地提出"直"乃君子之生道。孔子通过对比"生也直"和"罔之生"两种不同的生活路向，从"直"与"罔"、幸与不幸之必然性和偶然性的关系视角，揭示了幸与不幸、生与死于君子、小人之不同的道德意蕴，以此倡导、弘扬"直"之美德，给正直之人的生存予以道德信心和道德信念支撑，从而强调"直道"生活的价值。

孔子从生活哲学的高度，侧力从生活之道的视角，表达了两种生活模式、生活取向之本质差异："生也直"，表人"生"方有价值；"罔之生"，表人"活"即是真理。而"罔之生也幸而免"彰其扬"直"弃"罔"之价值判断与价值取向。如此，孔子让世人自觉、自明而遵"直道"而"生"。

第二，孔子不仅重视忠恕、仁义、诚信、恭慎、智勇等诸德，而且将"直"提升到生存论高度，作为生活主体重要的德行。如此，"直"成为考量一个人德性的重要尺度，"直德"亦标示着君子之德的重要维度。

据不完全检视，在《论语》中，从多角度论及"直"，充分揭示了"直"的丰富内涵。譬如：

（1）"举直错诸枉，则民服；举枉错诸直，则民不服。"（《论语·为政》）

（2）"孰谓微生高直？或乞醯焉，乞诸其邻而与之。"（《论语·公冶长》）

（3）"人之生也直，罔之生也幸而免。"（《论语·雍也》）

（4）"恭而无礼则劳，慎而无礼则葸，勇而无礼则乱，直而无礼则绞。"（《论语·泰伯》）

（5）"狂而不直，侗而不愿，悾悾而不信，吾不知之矣。"（《论语·泰伯》）

（6）"夫达也者，质直而好义，察言而观色，虑以下人。"（《论语·颜渊》）

（7）"举直错诸枉，能使枉者直。"（《论语·颜渊》）

（8）"恶徼以为知者，恶不孙以为勇者，恶讦以为直者。"（《论语·阳货》）

（9）或曰："以德报怨，何如？"子曰："何以报德？以直报怨，以德报德。"（《论语·宪问》）

（10）叶公语孔子曰："吾党有直躬者，其父攘羊，而子证之。"

孔子曰："吾党之直者异于是，父为子隐，子为父隐。直在其中矣。"（《论语·子路》）

（11）"益者三友，损者三友。友直，友谅，友多闻……"（《论语·季

氏》）

第三，何谓"直"？何谓"罔"？

（1）"直"，不弯曲。《诗经·小雅·大东》有言："周道如砥，其直如矢"，"直"表"正，不歪斜"。《晏子春秋·杂上二五》所言："客退，晏子直席而坐，废朝移时。"引申为"公正、正直"。《尚书·舜典》中有言："夙夜惟寅，直哉惟清。"《韩非子·解老》中亦言："所谓直者，义必公正，公心不偏党也。"

"罔"，与"直"相对，即"枉"，表未达自觉、自明而处于蒙蔽、迷惘之状。

（2）在孔子此论中，"直"，表正直、公正、坦诚之品质；而"罔"则为迷惘，不通道之糊涂。如此，"直也生"者，指示着明直道、尚直道、践直道，唯"道"而生；反之，"罔之生"，只具"生"之形，唯存"活"之实，遵唯"活"至上之原则，是为"无道"之活而已。简言之，"直也生"，生与道同在；"罔之生"，生与道异在；"直也生"，生得正直、生得坦荡、生得明白；"罔之生"，活得屈从、活得糊涂、活得迷惘。

（3）为了更为深入地把握孔子所言"直""直道"，还须澄明"直"与"诚"之关系。简言之，"直"以"诚"为基础，"诚"表内，"直"显外；"诚"则"直"，"直"则"诚"；"诚"必"直"，"直"必"诚"。"诚"者，真实无妄，毋自欺也。真实无妄彰其表里如一，心之思，口之言，身之行，内外具有一致性、统一性与真实性，此亦为"直"。

（4）"直也生"者，乃遵直道、行直道，是为君子也。其特质，在于心地纯真，胸怀坦荡，不怀旧恶，不计新仇，是即是，非即非，有则言有，无则言无。心之所想，即是言之所表；言之所表，即为行之所为。既不虚伪、不造作，不贪图虚名，不谋私利，不刻意隐瞒自己的观点，更不会偷奸耍滑，故意阿谀奉承他人，如此之人在处理事情的时候，敢于主持公道，伸张正义，亦不惧被人误解、陷害乃至打击报复，始终堂堂正正地做人。

如此，孔子推崇而力赞，视"直"为最善之品质与人格，"直而生"为最值得过的生活。

第四，"生也直"，即正直生活的人，孔子称为"君子"，反之，"罔之生人"者，孔子称为"小人"。"君子居易以俟命，小人行险以徼幸"，表明君子会处在安全之地，命运自有安排；小人会不安分走险路，以期获得成功，并且侥幸免除祸患。这就给"正直之人"的生存敞开了一条光明磊落之路，而给不正直的人下了"归宿不善"的结论。如此，孔子肯定了一种基本的德性与生存之间的关系，倡导、宣扬、推崇充满"正直"（"仁"）的生活。如此，人们尊崇正直，喜欢那些文质彬彬的人，憎恶那些使人心惊肉跳的恶棍。孔子以此鼓励人们正直生活，强调人们尊崇道德，喜爱仁义，以礼节之，安详自得。这样，正直成了人之正道，成为社会和谐的基础。

第五，在现实生活中，无数的经验事实表明，正直或行直道之人往往会受到排挤，甚至打击。而不仁不义的"罔之生"者，不仅能生存，似乎还纵享荣华富贵，甚至比"正直的人"活得更好。这显然有些吊诡，这种生活世界中德性与生存的错位与悖论，孔子自己已屡屡遭遇。西哲人康德也曾反思这个问题。

尽管如此，孔子依然坚定地持守自己的立场，相信"君子以由生而生为常，以由生而亡为不幸；小人以由死而死为常，由死而生为幸。人之生也直，由生而生也；罔之生也幸而免，由死而生也。"（陈祥道）确信正直的人必然善终，而不正直的人，虽然一时侥幸逃避了灾祸，但其必无善果。如此，不正直的人，踩着"偶然性"的侥幸，也就宣告了"不正直的人"遭遇灾祸之必然。这也同时告诉世人，即使正直的人，在生活中遭遇了不幸，那也必定是暂时的，最终一定是向善或善的。这是生活世界内在的道德法则。

第六，在此，不难看出，孔子依然具有浓烈的道德理想主义和道德决定论的取向。在他看来，一个人的德性决定他的行为，行为产生一定的效果，而效果决定他的生存状况。如此，正直、正派的人，就等于"好的生活"或"幸福的生活"，而虚伪、奸诈之人，应该等于或"不能生存的生活""坏的生活"。这样，孔子在德性与生活之间建立了内在的一致性关系。

尽管正直的人和不正直的人，在现实生活中常常会出现一些倒置现象，但是孔子突出地表达了正直的人善终之必然，这就对道德的未来给予了必然性的支撑，从而贯彻了他一以贯之的德性优先论、优越论原则。

当然，对于正直之人，孔子强调必须坚持自己"正直"为人，但是他也同时指出，在坚守正直品质的前提下，最好也讲究一番策略。孔子曾说："邦有道，危言危行；邦无道，危行言孙。"并说："好直不好学，其蔽也绞。"这样，就从价值理念到技术层面，为正直的人与好的生活之间架起了桥梁。

第七，孔子之论，不仅给正直的人予以充分的信念、信心，而且也给"不正直的人"一种道德警示。但是，孔子的道德警示，并不能消除"不正直的人"的实际存在。事实上，这已经溢出了道德的边界，非道德本身所能解决的问题。它涉及生活世界更为复杂的包括诸如社会的德性状况以及制度设计等诸多问题，致使"不正直的人"之德性不合法，但是实际中依然可以残存，有时候还大有"市场"。

总之，"人之生与世相接以直道。"（戴望）子曰："三代之所以直道而行也。"如此，孔子从历史之"直道"，进而从生活哲学的高度来凸显"直"之生活样态的合理性、合法性和正当性，倡导世人皆当"直也生"，勿要"罔之生"。正是在此种意义上，陈天祥释曰："盖生者，全其生理善终之谓也。人之不遭横夭，得全生理，寿尽天年而善终者，由其不为非道之事，所行者直而无罔曲故也。罔曲之人亦得全其生理，不遭横夭以终其身，此特幸而免耳……孔子所言，乃其天理之常，人事大概不出于此，至于君子不幸偶值遭命者，间亦有之，然不可以常理论也。"（宋·陈天祥《四书辨疑》）

"直"，既是君子人格的特质，亦是孔子对君子之道德要求，以此教导世人须做正直、率直之人。孔子以为只有这样的正人君子才能得以生存，"直也生"才是值得过的生活。而"罔"性之人的奸诈、狡黠迟早会遭遇祸端，即使能生存也仅是侥幸逃脱灾祸而已。

走出理论逻辑的应然推导，步入现实生活世界，往往呈现出与理论逻辑相悖抑或截然相反之境况。正直、率直、坦荡之人，却常因自己耿直、实诚，敢于直面和揭露邪恶而遭遇报复与横祸；反之虚伪、奸诈、迷惘糊涂之人，却在尘世自由出入、游刃有余。这种社会道德沦丧的症结，值得反思。

但是，孔子从道德必然性的视角，给"正直的人"一种绝对的道德支持和肯定，同时对"不正直的人"之所以存在给予了解释，同时也宣告了"不正直的人"的必然结局。孔子扬"直"而弃"罔"之取向，对世人就"直"而远"罔"予以了道德力量和信念，亦为世德之重塑，指出了方向。

20. 问道三境，知好乐也

雍也 6.20

【原文】子曰："知之者不如好之者，好之者不如乐之者。"

【译文】孔子说："知道者不如好道者，好道者又不如乐道者。"

孔子从主体所呈现的内在心性状态，揭示主体与"仁道"之关系的三个层次："知之""好之"与"乐之"，从而将主体分为"知之者""好之者"和"乐之者"三类，由此相应勾勒出主体精神之"知""好"和"乐"三重由低至高的境界。

按陈祥道之释："知之者，为学日益而穷理者也，兴于诗者能之；好之者，为道日损而尽性者也，立于礼者能之；乐之者，损之又损而将以至于命者也，成于乐者能之。"由此观之，"知之者"，是"为学"者，目标在于"穷理""兴于诗"，深耕《诗经》即可达；"好之者"，乃"为道"者，目标在于"尽性""立于礼"，以"礼"克己即可至；"乐之者"，是为乐"至简大道"者，目的在于"至于命""成于乐"，即通过"乐"即可成。如此，"为学""为道"至"乐道"，呈现出主体与"道"由外至内、由低至高、由分而合渐次提升之层次与境界。如是朱熹引尹氏曰："知之者，知有此道也。好之者，好而未得也。乐之者，有所得而乐之也。"

"知之，知有其故。好之，则能约身以礼矣。乐之者，穷亦乐，达亦乐，所乐非穷达也，道在然也。"（戴望）如此，问道至乐道，乃始于"学"而"知道"，"好"而"为道"，"乐"而"成道"。孔子以此既指证问道之途上具有质的差异之三阶段、三境界，又标示着问道无止境，须不断进取，以此亦警示世人，切忌懈怠而浅尝辄止，更不可自画而止进。

孔子之论，彰"忘我"而"为道""乐道"之生命价值观，深度冲击与拆解霸道的价值逻辑，充分张扬仁道之合法性、正当性，为弘道确立道义平台，提供道义支撑。

具体而言

第一，孔子之论，给世人提供了一面镜子、一把尺子，映照、度量、检视、定位自己与"仁道"之关系，以确证自己是"知之者"抑或"好之者"抑或"乐之者"。他以"不如"二字推出对"知之者""好之者"和"乐之者"之境界由浅入深、由低至高，不断超越、不断递进的内在逻辑，表征仁道于己，由外而内，由"二"而"一"，从"为学"至"为道"，最终达"乐道"之状态。孔子以此敞开问道之开放空间，指引后学与世人于问道之途不断进取而无止，以成仁而弘道。

第二，孔子依主体与仁道之关系，将世人分为三类，或将同一主体问道分为三个层次，本质上表征问道之三个维度，以呈现于三个层次，昭示着心智通道之路的内在环节或三种独立的样式，最终以促成主体对"仁道"的深度内化，实现对仁道的深度自觉，成己与"道"浑然一体，乐在其中也。

对此，陈祥道承引《礼记·表记》与《中庸》之思想，进一步阐释道："强仁不若利仁，利仁不若安仁。""明善不若诚善，诚善不若至诚，亦若此而已。莫非知也，有生而知之，有学而知之，有困而知之。圣人则生而知之，贤人则学而知之，下于贤人则困而知之。莫非好也，有好之浅者，有好之深者，就有道而正焉。日知其所亡，月无忘其所能，此其浅者也。颜子之好学，孔子之好古，此其深者也。莫非乐也，有人乐，有天乐。颜子不改其乐，人乐也；孔子乐以忘忧，天乐也。"

朱熹释曰："好之者是知之已至，分明得见此理可爱可求，故心诚好之。乐之者是好之已至，而此理已得之于己。凡天地万物之理皆具足于吾身，则乐莫大焉。"朱熹进而引张敬夫之语，更为形象且具体地对三者之关系予以了解析："譬之五谷，知者知其可食者也，好者食而嗜之者也，乐者嗜之而饱者也。知而不能好，则是知之未至也；好之而未及于乐，则是好之未至也。此古之学者，所以自强而不息者欤？"

钱穆释道："仅知之，未能心好之，知不笃。心好之，未能确有得，则不觉其可乐，而所好亦不深。……孔子教人，循循善诱，期人能达于自强不息欲罢不能之境，夫然后学之与道与我，浑然而为一，乃为可乐。"

如此，"知之"→"好之"→"乐之"之图式，直呈问道、求道、乐道的精神攀升轨迹。这一图式，既描述或揭示了仁道渐进、植根心性之路线，亦承载着人心归仁的价值期待。既是世人问道之渐进逻辑，亦是孔子倾情忘我于"问道""求道""乐道"之写照。

第三，当然，亦可将孔子之语中的"之"泛化，包括一切可知之对象，一切值得学习、探讨和研究的对象，或一切知识、理论、学问或技艺等。亦可将"知之"→"好之"→"乐之"之图式拓展于人事之各个领域。如此，于"学问：知之者，不如好之者笃；好之者，不如乐之者深也"。于是，孔子在此向我们阐述了求知的三个层次、三重境界，说明以求知为乐，是学习与探索的最高境界。于工作与生活的诸多方面，可以说从"知"至"好"而"乐"，尤其是"乐"在其中，是成事的关键。上至处理国事政务，下至求学问知，乃至与人相处、协调人际，如果我们不能做到"乐在其中"，恐怕都难以达到忘我之境界，成就事业之巅峰。

　　总之，孔子揭示了主体三种不同的内在精神状态，从而呈现生命在求索之道上的三重境界，彰显了"知之"→"好之"→"乐之"之精神图式，侧力表达主体必须由浅入深，不断化"对象"的力量为主体的内在本质力量之嬗变和提升的内在逻辑，充分体现与映现了主体精神内在超越的辩证法。

　　"乐道"之生命，生命在道中，道润生命，生命载道、显道、弘道，此为"道人合一""天人合一"也。

21. 因材施教，可语与否

雍也 6. 21

【原文】子曰："中人以上，可以语上也；中人以下，不可以语上也。"

【译文】孔子说："具有中等以上才智的人，可以给他讲授高深的学问；在中等水平以下的人，则不可以给他讲授高深的学问。"

"天下有均善之性，无均美之才。"（陈祥道）根据人之才智、悟性、品第之差，以"中等"为界，将"人"而分为"上""中""下"三品。孔子依此指出，对"中人以上"和"中人以下"的人所谈论与教授的"内容"具有原则的区别：即于"上"，"可以语"；于"下"则"不可以语"，由此突出孔子因材施教的基本原则，彰圣人教化之道。

"性与天道，语上之事，中人以下，其知不远，故不可以语上。"（戴望）唯有"中人以上，可以语上也。"以此可见，孔子以"材"之甄别和定位为始，以"语上"与否，即所语之内容为聚点，纠正错位之"语"，突出所"语"之针对性、相切性和有效性，将"因材施教"的原则，落实于具体的教育内容和教育效果上，着力解决教育的规范性与灵活性、统一性与差异性、一般性与个别性、整体性与个体性之矛盾，突出灵活性、差异性、个别性和个体性，促每一个弟子在问道、求道之途上，能充分激发其潜能，达到与己之才智相匹配的境界。

为除教育忽略"材"之差异而行整齐划一、千篇一律、如法炮制之教等无针对性、简单化等诸弊，孔子依"材"而施教，善其教育理念，更其教育原则，精其教育手段与方法，使教育与被教育者之"才"相匹配、相切合，实为可贵。然，孔子此论，依据抽象的人性论，将人之才智、悟性先验固化而予以划分，只关注"材"初始品第之差异性，尚未对"材"在教育过程中具有可变性与成长性予以充分关注和重视，易误入教育先验论之窠臼。

具体而言

第一，孔子以"问道""乐道"，进而弘道为目标、目的而行"有教无类"。然在实施教育、教化之行时，孔子首先强调对"人"的资质进行甄别，从而强调有针对性、有差别性地予以教导不同的"内容"，于此凸显了孔子在教化弟子的过程中，遵循"因材施教"的基本原则。唯有如此，才能达到预期的效果，避免因对"材"之不同而教之错位所带来的不必要的"浪费"或勉为其难。一言以蔽之，为达教育、教化之有效性，须强化具有针对性，贯彻因材施教、量体裁衣之原则。

事实上，孔子对颜回、子贡、子路、宰予等诸多才智各异、个性鲜明的弟子之教育中，谨遵"因材施教"原则，即是就同一个问题（譬如问仁、问政等），孔子之应答，也是针对提问弟子之不同特点而应答，绝非千篇一律、如法炮制，呈现出教育之差异性、多样性与鲜明的个体性特征。从这一意义上来讲，孔子之语"中人以上，可以语上也；中人以下，不可以语上也"具有直接的经验基础，也显示其有效价值。如此，孔子此论，对后世之教育影响至深。

第二，人的禀赋各异、根器不同、才智参差，这是基本的事实。孔子之论，正是以此为前提，且具体落实于教育中，如何针对"人"的学习之潜质、潜能即才情与智力特质等诸多差异而施教。他以"中人"为线，将人分为"中人以上"和"中人以下"三个层次或三类，即上人、下人与中人；而"中人"，即是其资质或道德水平中等的人，类似"中士"。按照学习者之材与主动性的不同状况，孔子又将人分为："生而知之""学而知之""困而学之"和"困而不学"四类。如此看来，孔子非常注重和强调受教育者本身的基本智力、才情、兴趣以及求学、问道的主观渴求状态等诸多智力因素和非智力因素。当然，这也是任何一个教育者应该知晓的基本事实，即对教育"对象"的基本状况必须做到心中有数，而不是"一无所知"，因为这是教育者实施有效教育的基本前提。

第三，孔子在对教育对象进行了解、分类或定位之后，凸显其目的就在于针对他们的差异，传授不同的内容。在本节中，与受教育者之资质相匹配的内容是：对于"中人以上"的人，可以传授、告之"上"，相反，对于"中人以下"者，则是不可以"语上"；在此，针对两种人对是否传授以"上"做出了肯定和否定两种截然不同的判断。

对此，朱子以为："言教人者，当随其高下而告语之，则其言易入而无躐等之弊也。"朱子再引张敬夫之论进一步诠释："圣人之道，精粗虽无二致，但其施教，则必因其材而笃焉。盖中人以下之质，骤而语之太高，非惟不能以入，且将妄意躐等，而有不切于身之弊，亦终于下而已矣。故就其所及而语之，是乃所以使之切问近思，而渐进于高远也。"朱子和张敬夫之见，突出了孔子之论，纠正教育之时弊，使教育具有切实的针对性，进而使教育遵循循序渐进的原则。

陈祥道则从人的品性、资质分析入手，以"仁""智"为尺度来审视与诠释孔子之论。他说"中人以上，譬则火也，其性趋上；中人以下，譬则水也，其性趋下；于其趋上也而语之以下，则不仁；于其趋下也而语之以上，则不智。"

张居正则从受教育者的视角指出孔子之因材施教，其目的是激发与促使学者之自觉，立志高远而不断进取。故他说："若学者之学，又当自加勉励，盖奋发勇往，则下学者皆可以上达。因循怠惰，则中人亦流于下愚，是在人立志何如耳。"

钱穆主要承引了朱熹之释，扼要地阐述道："道有高下，人之智慧学养有深浅。善导人者，必因才而笃之。中人以下，骤语以高深之道，不惟无益，反将有害。惟循序渐进，庶可日达高明。"

第四，孔子之论，指明施教须注意其关键的环节，即是对"中上之人"方可"语上"，而于"中下之人"则不可"语上"。何谓"上"？结合《论语·公冶长篇》中子贡所言"夫子之文章，可得而闻也。夫子之言性与天道，不可得而闻也"可知，"语上"之"上"所指就是"性与天道"，诚如戴望所释"性与天道，语上之事"。既然"上"即指称的是形上的、超验的、非直观、"不可得而闻"的"性与天道"，那么，为了"语"之，不仅需要勤奋，更需要悟性，不仅需要"知之"，更需要"好之""乐之"，方可明白、通晓其中所蕴含的深刻真谛。

孔子否定了"中下之人"可以传授"上"，那么"中下之人"当传授什么呢？按照其对应关系，应该是与"上"相对应的"下"；何谓"下"？直言之，"下"即是行为层面的可行之"德"，即"孝悌忠信、礼义廉耻"这些"性与天道"具体化、形式化的道德规则，这些内容作为任何人都应知晓、明白的"常德"，自然是可以人人"语"的。对此，《老子·第四十一章》中也有言："上士闻道，勤而行之；中士闻道，若存若亡；下士闻道，大笑之；不笑不足以为道。"老子之论断，可以说为孔子之思，做了很好的佐证。诚如陈祥道所释："上士闻道，勤而行之，可以语上者也。中士闻道，若有若亡，可以语上下者也。下士闻道，大笑之，不可以语上者也。"

第五，应该说孔子的道德学说或"仁爱"之学，是一个具有内在逻辑层次的体系，"上"可达超验的"性与道"，"下"直接关涉"做人"的礼数，落实于行为等，由此，其体系具有从形上至形下，即有由超验下降为经验、抽象到具体、从总的原则到行为规范、从德性理论至道德践行的操作之一套完整的逻辑进路，从而构成其上下相通的完备的道德谱系。如此，在孔子追求其"仁道"

理想现实化的过程中，面对自己的众多弟子，既需要有通晓其形上之"性与道"的人，也需要在行为层面施行道德规范之人，他们各就各位、各司其职，方可在乱世中打造出一个道德理想王国。

常言道：与聪明之人谈心，跟愚笨之人只能说事。如此，如若错位，对"中人以下"大谈"上"，必然会导致其"费解"而不知所云，不得要领，似"对牛弹琴"；反之，面对"中人以上"，若只传授"下"，而不"语上"，则难以超越具象而追问其本、其根，不能达及"道"。如此，孔子势必担心不仅他的"性与道"无人秉承，缺乏理论和精神高度，而且道德践行者亦乏人而难以有所寄托。这样一来，就不难理解孔子既需要颜渊之思想型的君子，也需要子路此等实践型的君子。由此观之，孔子对受教者的分类之所以高度重视，并不是仅仅从求知、施教的维度来加以确认与落实，而是事关他的道德理想是否可能实现。因为针对不同才智和心性之人，在他的道德体系现实化之中承担着不同的角色和责任，唯有如此，才能形成高低结合、上下兼容且内在贯通的伦理逻辑、德性理想，才能真正地走向生活世界。

总之，孔子之论，深刻地彰显了他所遵循和贯彻的"因材施教"教育原则。他在有教无类之教育理念的指导下，因材施教之最终目的是因人施用于救世弘道，由此可见，孔子甄别人之用心之深也。如此，因材施教，量才适用之根本要旨，则在于"知人，容人，用人，驭人"，此乃治世及德行天下的第一要务，彰教育为现实服务之价值旨归。

22. 为政之德，知与仁也

雍也 6.22

【原文】樊迟问知。

子曰："务民之义，敬鬼神而远之，可谓知矣。"

问仁。

曰："仁者先难而后获，可谓仁矣。"

【译文】樊迟请教何为明智。

孔子说："专心致力于（提倡）老百姓应该遵从的义德，敬奉鬼神但保持适当的距离，这样可以说是明智了。"

樊迟又请教如何行仁。

孔子说："行仁的人先努力辛苦耕耘，做在人前面，有收获的结果，他得在人后，这可以说是做到仁了。"

在孔子的众弟子中，有个性特质的弟子甚多，其中子贡、宰予、澹台灭明和樊迟，尤为鲜明。樊迟，善思好问，三问"仁"于孔子，亦问"知""崇德、修慝、辨惑"，除此还曾向孔子问"稼"和"圃"，被孔子斥责。樊迟兼具谋略勇武，承孔子兴办私学，入列孔门七十二贤之一，被后世称为"先贤樊子"。

据不完全统计，在《论语》中，樊迟总计 6 次出场，较为完整地反映出樊迟的风貌。

第一次：孟懿子问孝，子曰：无违。樊迟御，子告之曰：孟孙问孝于我，我对曰无违。樊迟曰：何谓也？子曰：生事之以礼，死葬之以礼，祭之以礼。（《论语·为政》）

第二次：樊迟问知。子曰："务民之义，敬鬼神而远之，可谓知矣。"问仁。曰："仁者先难而后获，可谓仁矣。"（《论语·雍也》）

第三次：樊迟从游于舞雩之下，曰："敢问崇德、修慝、辨惑。"子曰："善哉问！先事后得，非崇德与？攻其恶，无攻人之恶，非修慝与？一朝之忿，忘其身，以及其亲，非惑与？"（《论语·颜渊》）

第四次：樊迟问仁。子曰："爱人。"问智，子曰："知人。"樊迟未达。

子曰："举直措诸枉，能使枉者直。"（《论语·颜渊》）

第五次：樊迟问仁。子曰："居处恭，执事敬，与人忠。虽之夷狄，不可弃也。"（《论语·子路》）

第六次：樊迟请学稼。子曰："吾不如老农。"请学为圃。曰："吾不如老圃。"樊迟出。子曰："小人哉，樊须也！上好礼，则民莫敢不敬；上好义，则民莫敢不服；上好信，则民莫敢不用情。夫如是，则四方之民襁负其子而至矣，焉用稼？"（《论语·子路》）

如果说孔子以"中人以下，不可语上"，指证为政者之"材质"、品第，隐蔽而巧妙地对当世为政者之愚蠢不明"性与天道"予以批判，那么，樊迟与孔子的对话，则进一步讨论何谓为政之"知"和"仁"，从而为当政者确立应然的为政标准，以此检视为政者之"知""仁"，并从为政实践上，教导当世无"知"、无"仁"之为政者，当如何达到为政之"知"与"仁"，从而促其改变为政之"实然"。如此观之，樊迟与孔子通过问答形式，直击行霸道之为政者的"病灶"，期待其"改弦更张"而施"仁政"。

孔子非常明确而具体地指出，"务民之义，敬鬼神而远之"即是为政者之"知"。所谓"知者务民，富，教之，宜不渎鬼神"，以此视"民，（为）神之主也。是以圣王先成民而后致力于神。""先难而后获"即是为政者之"仁"。所谓"仁者先勤众事，后乃定贡赋，得民之举。若尧、禹治水，成汤救旱，皆仁及天下也。"（戴望）如此，孔子强调为政者须先正己之德，将"知"与"仁"落实于施政之中，成有德之政，为民而率先垂范，由此表明孔子于为政者，不止于批判，而且从为政实践层面具体教育、教导之如何做到为政之"知"、之"仁"，体现了孔子德政、善治而仁义天下之心。

孔子深知，厚民德、匡世德之密码、之源在于为政者之德（"官德"），在于为政者为政之德（"政德"）。如此，通过为政者之善政，更为有效地使天下有"知"有"义"而归"仁"贵"义"。这是孔子认为最好的弘道途径与方式。孔子以"上有好者，下必有甚焉者矣。君子之德风也。小人之德草也。草尚之风，必偃"，彰官德、政德与民德、权力伦理与世德的内在关系，以此表达孔子对当世为政者为政之德的殷切期待。

正是基于此，教育、教导当世为政者成为孔子之首要任务，以促使当政者自觉于为政之德，进而落实"知""仁"于施政中，使"知"与"仁"内在于施政行为，从而转换恶政之伦理而塑造为政之善，最终以善治而"仁"天下。

具体而言

第一，樊迟"正值出仕"，问师于今后为政中当如何做才能做到"知"与"仁"，"故孔子以居位临民之事答之"（钱穆），对樊迟出仕予以指导；而朱熹则认为"此必因樊迟之失而告之"。

避开樊迟所问之缘由，从师徒对话可知，孔子之回答具体地指出了为政应然之举，清晰地表征孔子对樊迟为政的期许，以此折射出孔子对当世为政者无"知"、无"仁"之批判，并以"知""仁"为内涵，指示出为政之德的实质所在，此乃孔子仁政善治思想的具体落实。

第二，樊迟与孔子以问答的形式，冷静而理性地围绕着"知"与"仁"而展开，通过对话，不仅明确了为政之"知"与"仁"的具体内涵，而且表明"知"与"仁"构成仁政两个维度，具体展现为"仁政"之实践规定。

就"知"而言，孔子从两个方面确立其内涵，其一，是"务民之义"；其二，是"敬鬼神而远之"。

（1）何谓"务民之义"？陈祥道释曰："务民之利，而害在其中焉；务民之利，非特其利，不可以必得也，失义而得害。然则务民之义，孔子以为知，不亦宜乎？有己之义，有民之义，仕则不稼，佃则不渔。"进而言道："耕者让畔，行者让路，壮者代老，少者事长，穷乏相周，患难相救。"质言之，为政者须"专用力于人道之所宜。"（朱熹）即为政者应专心于以"礼仪"规范、"礼义"教化百姓，启蒙、启动百姓的仁德之心，让百姓渐渐知"礼"尚"义"，从而摆脱道德无知而顽愚、超越道德自发而被动，实现道德自觉而自主、自治。简言之，"务民之义"，就是以为政之"义"举，教化民众，使之成有"义"之民。

在此，孔子对樊迟提出，作为一个君子或"士"，有责任和使命，不能仅仅自己知晓仁学，而且必须要教导、带领百姓走上"义"德之路。如此，就要求君子当先"独善其身"，进而"达济天下"百姓。这才是一个君子或治民之人必须要做到的事。因为"上好义，则民莫敢不服。知己之务，然后可以率民则教之。曰：务民之义，以义为务，则不失矣。"（陈祥道）

孔子深谙，知"德"之后，为政当会按照仁德之要求而约束、规范和引导其为政行为，从而以"义"民而彰"义"于民，以此教化百姓、引领百姓知"义"，这就是为政者的智慧之举、明智之举。能做这样的事情的人，即为政者，当以修己为先，以为政为要，以彰"义"为目的，从而以为政之"知"表征为政者之"知"。

（2）何谓"敬鬼神而远之"？在这里，两种截然不同的精神、心理状态交织在一起，构成其独特的矛盾状态：一是"敬"，二是"远"；其对象同是"鬼神"。"敬"是一种趋近之心、之情，是虔诚地崇尚；而"远"是排斥，是距离。"鬼神"，似人又异人，兼有"人"与"非人"二重性特质。

孔子为什么将"敬鬼神而远之"与"知"关联起来呢？陈祥道以为："敬神而远之者，敬则致生之，远则致死之也。凡此所谓知也。"朱熹认为："不惑于鬼神之不可知，知者之事也。"进而引程子之言释之："人多信鬼神，惑也。而不信者又不能敬，能敬能远，可谓知矣。"无论是"敬"还是"远"鬼神，都是以承认鬼神之存在为前提的。孔子之语，表明孔子无疑是相信"鬼神"之存在的；但是，在他看来，鬼神与人不属于同一层次，二者各行其道。"鬼神"属于"天道"之事，而"民"则要持守"人道"，"人"遵循"人道"而活，这也正是孔子所谓"天道远，人道迩"所要指示的真谛。如此，"敬鬼神而远之"，在"敬"与"远"之间保持着一种张力，既不简单否定"鬼神"之存在，又不"迷信"之，孔子对"鬼神"所持立场和态度，正是不左不右、不偏不倚，循中庸之道，此乃"智"的本质含义所在。

进而言之，孔子始终关注的是"人"的现实问题，重视的是丧祭之礼的现实意义。孔子的学生曾参曾有言："慎终追远，民德归厚矣。"所谓"慎终"，就是指丧礼之"慎"；所谓"追远"，就是指通过祭礼而追忆先祖。孔子，乃至儒家之所以重视丧祭之礼、之所以保持对鬼神敬而远之的态度，其目的正是"民德归厚"，发扬孔子所倡导的孝道和仁爱精神，使百姓知"义"。

将孔子所言"务民之义"与"敬鬼神而远之"结合起来，表征出孔子侧重于现实生活中的"人道"，以此警示为政者不可"不问苍生问鬼神"、不要以祀"鬼神"为主，只是应该在尊敬鬼神时保持责任意识，倾力关注现实的民生，尽力做对民有利之事，体现为政之义，这样才算明智。如此，孔子此训充分体现了为政之"知"的本质规定，以及此规定中所具有的"人道"价值取向，此为"仁道"之要。

第三，就"仁"而言，孔子用了两个时间范畴，即"先""后"，切入"难"与"获"，展现出为政之"仁者"鲜活而生动的形象。

对此，陈祥道释曰："义敬与获在己者也，知人爱人在彼者也。务其在己者，然后能其在彼，事之序也。智之敬，则敬神而远；仁之敬，则居处执事恭敬而已，无所不敬也。其与人忠，不特爱之而已。问仁，则先难而后获；问崇德；则先事后得者。对事而言，故曰得。对难而言，故曰获而得，兼于事者也。故于崇德，言先事仁，爱人者也。故于仁，言先难。"陈祥道将"义"与"仁"关联起来，对之侧重点加以了澄明，并结合樊迟所问"崇德"，明晰"仁"在为政中表征为"先难而后获"。

　　钱穆认为"先难而后获",有两解:一说为"治人当先富而后教,治己当先事后食。"又一说"不以姑息为仁,先令民为其难,乃后得其效。后解专主为政治民言,前解乃指从政者自治其身言。两义皆通,今姑从前解。"

　　仁者,必具勇,面难而不惧、不退,直面而迎之。如此,具有担当,必然越进于人之前;仁者,必有谦逊辞让之心、之德。如此,在面对收获、成果之时,不与人争先,必先人而后己,不计较己之得失。对此,程子说道"先难,克己也。以所难为先,而不计所获,仁也。"吕氏也说:"当务为急,不求所难知;力行所知,不惮所难为。"如此,人与人之间的关系,自然也就"宽"了,仁者的德性通过这样一个"先""后"得以切实地展现了。

　　值得注意的是,在此处,孔子是以"仁者"之行为为关注始点的,从而对"仁"进行规定。在这里,有一个从直接感性向抽象、一般的过渡。

　　第四,"仁者"行仁,这似乎是同义反复。但是,"仁者"必须通过"行仁"或"仁行"才能得以切实地落实与确认。"行仁"就是行"人生正途"、走"人间正道",也就是践行"仁道"原则。这样,"仁"不仅仅指证着道德心性,而且更为重要的体现为行,即以践行之方式,通过为政之具体原则和举措而彰显"仁"的本质。简言之,当政者之"仁",须将"仁"融贯为政之中,且通过为政而体现、彰显出来。此为政实践中的"仁"。

　　第五,当然,孔子对"仁"之丰富内涵,从多层面予以揭示与展示。就樊迟而言,他就先后三次"问仁"于孔子,孔子给予的回答也不尽相同。何以如此?因为"人生正途"正是在于善固执。择善的方法恰须紧密结合人生命的具体处境,所以孔子不但因材施教,也因时、因地、因事、因状况而做出不同的答案,解析"仁"内质的多元规定性。如此,孔子也就希望弟子由此增强明智的抉择能力,可以做到举一反三,自觉、自抉走上人生正途。

　　在孔子的视野里,弟子樊迟所提出的两个问题,"知"与"仁",是内在统一的,具有一致性。具体而言,"仁"通过"知"之举而彰显,"知"就支撑着"仁",成为"仁"之内质,否则"仁"就必然虚化而流于外在形式。反之,"知"乃是受"仁"之指引而落实于践行中。因此,就不能将"知"与"仁"二元化,并对立起来,分开来说。

　　通过孔子与樊迟的对话,孔子将为政之"知"和"仁",即政治之德,从为政者之德和施政之德两个层面予以阐释,强调"知"与"仁"非抽象虚悬,而是必须落实和贯彻于具体的为政实践中,使"知"与"仁"得以具体施行、落实。

　　总之,通过樊迟之请问和孔子之回答,标示着为政者应具有"知""仁"

之品质与德性，即官德，且必须将"知"与"仁"落实与体现在为政实践中，遵循"务民之义，敬鬼神而远之"和"先难而后获"的原则，成为政之德，即政德。孔子依此对当世无"知"、无"仁"之当政者提出了为政之德性要求，体现了孔子之批判性期待。

"中人以下"者，无"知"；无知者，则无以明"上"；不明"上"，则无"仁"之自觉。孔子面对"不可以语上"之为政者，放弃从理论理性层面阐释、施教"知"与"仁"，使之通晓"知""仁"之理、之道，而是直接切入为政实践而告知为政者，当如何做才是"知"与"仁"。如此，孔子对为政者从"知"与"仁"的理论阐释教育，切换为对其进行为政实践要求和指引，此乃"因材施教"的另类版本，彰显了为政实践理性之原则，以此将孔子依善政而弘道之救世、治世思维予以敞开。

23. 君子之道，当法山水

【原文】子曰："知者乐水，仁者乐山。知者动，仁者静。知者乐，仁者寿。"

【译文】孔子说："智者法水，就像水一样，悠然灵动，永远是活泼的。仁者法山，像山一样，崇高、伟大、宁静。知者常乐，仁者长寿。"

君子当有"知"有"仁"。然"知"与"仁"之意玄奥幽深。故，孔子取象山水而喻君子"知""仁"之内在品性、德性，将君子之德外在化、物象化于山水，令为政者及世人可感知、领悟其深意，以法山水之德而成君子。

君子之"知"，性若水，动而乐；君子之"仁"，品如山，静而寿。诚如戴望所释："水性知""山性仁"，"知周万物，故知者乐水；仁长万物，故仁者乐山"。"知象天，天主施，故动。仁效地，地主受，故静"；"动以行施说万物，物得其乐，己亦乐，故乐；静以合化万物，物被其仁而寿，己亦寿，故寿。寿者，死而不亡也。"朱子将君子"知"与"仁"之德的本体、本原，从广阔之天宇收敛而置于凡尘世间，从事理、义理之角度解之，其所云为："知者达于事理而周流无滞，有似于水，故乐水。仁者安于义理而厚重不迁，有似于山，故乐山。动静以体言，乐寿以效言也。动而不括故乐，静而有常故寿。"

"水"婉转而流动，充满动感和变化，表其生命勃发而生动，"知者"能在治世中运用其才智，贵在变通灵动，若水之变动不居，故乐水。"山"安稳凝重不移，充满着化育万物的涵容和厚重，仁者以仁为归，贵在择善而从，故乐山。知者心思活跃，灵动而乐；仁者守仁，其心宁静而无忧，故寿。

如此，孔子从"知者""仁者"之生命道德本体和运行两个层面，或如钱穆所言三个层面揭示了君子人生之"乐水""乐山"之德性底蕴。

中国古老智慧以远观近察之法，远取诸物，近取诸身，取法天地万物，依"天道"定"人道"。孔子以"水""山"之"动""静"生动、形象而鲜活再现了君子之"知"与"仁"，揭示了君子"乐"与"寿"之秘密、之真谛。恰如蕅益所释："智者仁者，不是指两人说。乐者，效法也。智法水，仁法山；法水故动，法山故静；动故乐，静故寿。山水同依于地，动静同一心机，乐寿同一身受，智仁同一性真。若未达不二而二，二而不二，则仁者见之谓之仁，智者见之谓智矣。"

孔子先言"水"，后言"山"；先言"动"，后言"静"；先言"乐"，后言"寿"，表"乐水乐山言其情，动静言其用，乐寿言其功。盖惟有情，斯有用，有用，斯有功，辞之序也。"（陈祥道）

具体而言

第一，老子面"水"道"上善"，孔子临水言"动""静""乐""寿"，孙子观"水无常形"而悟"兵无常势"。如此，以取法自然万象而成人伦、行人事，以"天道"而言"人道"，成就中国文脉之特质。

孔子以自然物象之"水""山"为据，法"水"、法"山"，赋予山水以独特的道德性征与人文意蕴，喻示君子当如山水，于"动""静"之间，成"乐""寿"之君子。

《大戴礼记·劝学第六十四》有记：

子贡曰："君子见大川必观，何也？"

孔子曰："夫水者，君子比德焉。偏与之而无私，似德；所及者生，所不及者死，似仁；其流行痺下，倨句皆循其理，似义；其赴百仞之豁不疑，似勇；浅者流行，深者不测，似智；弱约危通，似察；受恶不让，似贞；苞裹不清以入，鲜洁以出，似善；化必出，量必平，似正；盈不求概，似厉；折必以东西，似意，是以见大川必观焉。"

此记述表孔子具体赋予水"仁""义""勇""智""察""贞""正""厉"等诸德。在此之论，孔子以一贯之法，赋予"水""山"以德。如此，印证了程子之言："非体仁知之深者，不能如此形容之。"对此，钱穆亦有言："盖道德本乎人性，人性出于自然，自然之美反映于人心，表而出之，则为艺术。故有道德者多知爱艺术，此二者皆同本于自然。《论语》中似此章富于艺术性之美者尚多，鸢飞戾天，鱼跃于渊，俯仰之间，而天人合一，亦合之于德性与艺术。此之谓美善合一，美善合一之谓圣。圣人之美与善，一本于其心之诚然，乃与天地合一，此之谓真善美合一，此乃中国古人所倡天人合一之深旨。"

孔子法"水""山"而言君子之"知"与"仁"，揭示其内在特质，钩沉其道德深意，指示君子人格的丰富内涵与独特的生命气象。孔子取象于物而超然于物，以此等大写意之笔法，纳山水于君子之心宇，成君子之品、之性。如此，君子唯是心腾江河，胸怀丘壑，笔下方可潜蕴春秋，人生方能于天地间纵横。

第二，孔子此论，容易引起误读。其关键就在于如何理解"乐"；如果将"乐"理解为"喜欢"，则是对智者和仁者内在之"乐"外显为一种偏好或兴趣，这已经将"乐"同智者、仁者之生存本体剥离，使之表层化、外在化、浅泛化了。

鉴于此，此处的"乐"必须作为智者、仁者之生存样态，或作为对智者、仁者的生存特质来看。这样，如果将"知者乐水，仁者乐山"理解为"有智慧的人喜爱水，有仁德的人喜爱山"，则是不恰当的，甚至是错误的。那么，恰当的理解应为：智者的德性生命"法"水，若能如水一般，是为至乐；同理，仁者的德性生命"法"山，如是山一般，此为仁者之至乐。君子之生命，正是"乐水""乐山"，即"法水""法山"。

第三，孔子法"山水"，借"山""水"喻"仁者"和"知者"，事实上是将"知""仁"视为君子之德的两个维度、两个层次。

在孔子看来，山和水内蕴于人的品质，或人的品质折射与映现着自然山水的特征，人与自然在"品性"上具有同一性。在这样的总体原则下，孔子进一步将"知者"与"水"、"仁者"与"山"用一个"乐"字关联起来，其中蕴含着深刻的旨趣。且看山水之特点，就可以领会孔子此论之深意。

"水"，即坎卦，由上下两个坎卦重叠而成，坎为险，象征重重的艰难险阻，谓之"重险"。坎卦以水为象，表水永远在不停地活动而从不盈满，无论前进的路上横亘着怎样的艰难险阻，仍然毫无顾忌，勇往直前，从不改变自己流动之本性，所以说"水流而不盈，行险而不失其信"。就坎卦以水为象而言，指的是克服险阻的主观精神。进而言之，"水"随机而变、灵动生巧、柔和而又锋利、宁静而又暴虐、能屈能伸，且有生命力、坚持不懈、兼容并蓄、深不可测、不可逾越、难于追随。如此，"水"以"灵动""机巧"、劈山掘路等诸特质为表象，承载着忠勇仁爱等诸多内在品质。

"山"，即艮卦，两艮卦相重，艮为山。艮卦的卦象是高山重立，渊深稳重。如此，"山"，超拔挺立、持久恒稳，静默平和安详、沉稳坚固、宽厚憨实。依此，具有高大厚重、挺立伟岸之"山"，予人可靠，令人可依。

如此，以"水"喻"知者"之德，凸显其乐之动性。以"山"表"仁者"之德，表其乐之静性。如此，君子之乐，乐于"山""水"、"动""静"之间。

第四，在孔子的思想中，知、仁都是君子应该具有的品质，知、仁又是内在相通的，如此，智者必仁，仁者也必智。"知者乐水，仁者乐山"只是就其生命内在两个维度而言，切不可由此将"知"与"仁"简单割裂开来，将"知者"与"仁者"对立起来。

在对知者和仁者生命至乐的规定之后，进一步具体突出二者的差异。如是孔子进而言之，"知者动，仁者静；知者乐，仁者寿"。这就表征知者尚"动"、求变，知者因动而生，其乐在勃发、在生生不息；仁者求安稳祥和，于静中求存，静默而沉稳、深厚而坚挺。这样，知者活跃、乐悦而达观。仁者则如山一样平静、稳定，不为外在的事物所动摇，以爱待人、待物，像群山一样向万物张开双臂，站得高、看得远，宽容仁厚，不役于物，亦不伤于物，不忧不惧，所以能寿。正如钱穆所言："水缘理而行，周流无滞，知者似之，故乐水。山安固厚重，万物生焉，仁者似之，故乐山。性与之合，故乐。"陈祥道对之予以了更为通透的解析。他说："应物而利之者，水也；附而育焉者，山也。知者乐水，故动；仁者乐山，故静。是动则利仁者也，静则安仁者也。动则见理，故乐；静则得性，故寿。然，动者非不静也，静者非不动也，知者非不寿也，然，知者之寿，不若仁者之盛。仁者寿则乐，不足以言之也。"

第五，孔子所说的"知者"和"仁者"，本质上即是知、仁之德性的人格化。孔子从生命之品质、行为及其结果三个不同的层面或维度，对二者内在精神个性、外在生存特征及其效果所存在的差异进行分析，一言以蔽之，孔子对二者各自的生存差异加以厘清，从而将君子内在的人格力量予以充分彰显。

孔子先言"水"，后言"山"；先言"动"，后言"静"；先言"乐"，后言"寿"，就其所言之先后的内在逻辑，吾从陈祥道之解。他认为："知士仁人，动静以义，喜怒以时，无害其性，虽得寿焉，不亦可乎？是知者，亦非不寿也。乐水乐山言其情，动静言其用，乐寿言其功。盖惟有情，斯有用，有用，斯有功，辞之序也。"

第六，承续樊迟"知""仁"之问，孔子法山水，且以山水喻君子之德性与生命之应然气象，遵"天道"与"人道"合一之原则，以"山水"之性铸君子之品，不仅更形象，亦更深刻地揭示、确立起君子"知""仁"之德，且以无言山水之隐喻，批判当世为政者之无"知"丧"仁"，指证着无道之为政者，必无"乐"，亦不可"寿"。

总之，"仁知属于德性，非由言辞可明"，故孔子取法"山水"，"借山水以为形容"。孔子以知者、仁者"乐山""乐水"，进而言其"动静""乐寿"，呈现出其论三个层次："首明仁知之性。次明仁知之用。三显仁知之效。"（钱穆）由此，构成孔子之论从"性"至"用"达"效"之逻辑。

"知""仁""勇"，乃君子之"三达德"。"勇"内蕴知、仁，又超越"知""仁"。如此，君子若山一样安稳厚重、坚忍不拔，似水一般勇往直前、开掘前路，这就是一个进取的人、崇高的人，一个乐无边、寿无疆的人。如此，君子"乐山水"，其乐亦如山水，方可在动静之间成心性、铸德性，成就君子道德生命之境界。

24. 齐鲁一变，道行天下

雍也 6.24

【原文】 子曰："齐一变，至于鲁；鲁一变，至于道。"

【译文】 孔子说："齐国一经改变，可以达到鲁国目前这个样子；而鲁国再一经改变，则可以达到、符合先王之道了。"

春秋时，先王之道不济而衰，霸道畅行。孔子"总是要他至于道耳。"（蕅益）如此，孔子以"道天下"而反视齐鲁，指出齐应法鲁，弃霸道而行仁政、归仁道；鲁则应进一步完善"先王之道"，扭鲁国仁道之衰境而使之隆盛。恰如钱穆简明所释："当时诸侯，独取齐、鲁两国，言其政俗有美恶，故为变有难易。当时齐强鲁弱，而孔子则谓齐变始能至鲁，鲁变易于至道。"

齐行霸道，"齐一变"，指证齐弃霸道，止从简尚功之治，从而遵王道、行周制施周礼，此为易道归仁矣。鲁虽"犹存周公之法制"，然"鲁则修举废坠而已"（程子）。相比齐而言，鲁近道而易，故"鲁一变，至于道"，即指鲁通过进一步完善和落实周之礼法制度，则为先王之道再现于世。于此，表"齐固要脱皮换骨，鲁也要涤胃洗肠。"（吴因之）

"文、武、周公之道，幽、厉伤之，列国坏法乱纪，周礼尽在鲁矣。其次莫如齐，管仲修举之，未尽合也。故齐一变犟可至鲁，鲁一变乃可使如周道之盛。"（戴望）孔子以齐鲁为例，探索恢复"先王之道"的现实途径，呈现出从治国至治世，最终促使王道在世之实践逻辑。

孔子虽然提出"先王之道"现实化再现于世之行动方案与践行逻辑。但是，无论是齐抑或鲁，均未曾给孔子提供真正将此方案付诸实践的机遇。残酷的世势无情地宣告孔子救世、治世方案之流产。对此，朱子不无遗憾地指出"二国之俗，惟孔子为能变之而不得试。"钱穆亦惋叹："惜孔子终不得试，遂无人能变此两邦。"

具体而言

第一，孔子以"先王之道"，即治国安邦的最高原则为模型或为终极价值目标，反视和确认齐国和鲁国的治理现状，提出两国都必须对其"现状"予以改变而向道善治，从而表征先王之道在当世的全面沦陷。如此，孔子以期通过善政而使"仁道"在齐鲁得到恢复，促成仁道之世再现。

第二，孔子以齐鲁为例，确证先王之道存亡之状，为其救世确认现实的境遇。就齐鲁之实况，陈祥道简言道："春秋之时，成霸功者莫如齐。秉周礼者莫如鲁。"朱子亦很清晰地表陈："孔子之时，齐俗急功利，喜夸诈，乃霸政之余习。鲁则重礼教，崇信义，犹有先王之遗风焉，但人亡政息，不能无废坠尔。"钱穆承先贤之解有云："齐有太公之余风，管仲兴霸业，其俗急功利，其民喜夸诈，鲁有周公伯禽之教，其民崇礼尚信，庶几仁厚近道。"

事实上，齐国，是姜太公之后，由于其政治、经济、军事等方面的强大，所以率先在春秋时期称霸诸侯的，成就"霸业"。但是，因为它重功利、图霸业，治理中所奉行的是"霸道"。如此，其政治与文化、思想与道德同"王道"的要求相去甚远，即使与鲁国相比，也还有一定的差距，尽管鲁国还不能称为是真正的"王道之治"。鲁国则是周公之后，虽然其国力弱于齐国，但是讲礼仪、重德行、尊先王之道，如此，鲁国更接近仁道治理的理想。孔子在这里，指出了齐、鲁两国都必须以"王道"为归宿和目标，又指出齐国必须经过易道，改变其所行之霸道为仁道，趋近、到达鲁国之状，此为"齐一变，至于鲁"之意。而鲁国则是需要通过切实恢复与完善其礼仪，也就达到了"王道"，此为"鲁一变，至于道"之意。

齐之"变"，是改道易辙，需要发生的是脱胎换骨之"质"变；而鲁，已是行在王道之途上，需要改变的是不完善、不彻底之处，是一种趋近至臻完美的改变，是"量"变。

对"齐一变"和"鲁一变"，陈祥道予以了深刻的阐释。他有道："由齐之尚功而变之，则至于鲁；由鲁之好礼而变之，则至于王道。齐譬则召南也，鲁譬则周南也，道譬则雅也。由鲁变而至于道，则无齐鲁之异政；由周变而至于雅，则无周召之殊，犹之百川至海，知有海，而不知有百川；四时成岁，知有岁，而不知有四时。文王能变周召以至于雅，孔子未能变齐鲁以至于道。"

第三，在孔子看来，"霸道"重私利而轻公义、重功效而轻德行；而"王道"则是为天下谋太平、为人民谋福利，即重公义而轻私利，重德行而轻功效。霸道强调和遵循的是尚力原则，而"王道"则是尚德原则。由此，"霸道"和"王道"各自所遵循和贯彻的价值原则、所施行的治理，必然产生截然不同、决然相悖的结果。

孔子强力主张行"王道"之治而反对"霸道"。齐国行"霸道"，虽然强大，但是不稳定，时好时坏；鲁国尊奉"王道"，虽其国力相对弱小些，但是其国家业绩一直都比较稳定；从这里可以看出，孔子推崇与赞赏"王道"，而对"霸道"持坚决的否定和批判立场。

第四，"齐一变"至"鲁"，即是从尚"利、武力"至"道德、文化"，从行"霸道"易至行"王道"；而"鲁一变"，则"至于道"。这样，孔子为世人描绘出"王道"再现于世之逻辑进路和基本图式："齐国→鲁国→王道"。由此可见，孔子将"先王之道"作为齐鲁之变的旨归，不仅表孔子对周道无限眷顾之情，而且表"先王之道"，是走出霸道乱世而使天下重归太平之唯一选择。

第五，然而，孔子所尊崇与欲再施行的"王道"与春秋诸侯之间实际上所遵循的"霸道"之间形成强烈的反差和冲突，此真可谓"道不同"。诸侯所行之"霸道"对孔子所倡之"仁道"的碾压，本质上即是对道德本体决定论和道德理想主义彻底颠覆和反讥，这恰是历史理性的狡黠。孔子生活的时代，正是颠覆与反动先王之道的时代。如此，孔子依据"先王之道"对现实"霸道"的劝导，自然也就与时势格格不入，其批判与为弘道所设构的实践方案，亦显得苍白无力。恰如陈祥道所释："孔子欲变齐鲁以归于道，孟子欲逃杨墨以归于儒，则孔子之时，异于文王之时；孟子之时，又有异于孔子之时矣。"

反思孔子之思维误区，并不在他坚信道德的力量、推崇仁道，而在于他将"霸道"和"仁道"对立起来，撇开应有的经济、军事等物质力量，而依靠道德主体颠覆霸道恶政，进而推行"德治"，以期王道再现；继而言之，他无视早已背离了"周礼""先王之道"存在的历史语境。如此，孔子所欲推行的"仁道"，事实上已彻底地丧失了物质基础和现实条件。也正因为如此，孔子力图从道德信念、道德意识等维度切入，唤醒为政者乃至世人之道德心，从而实现仁道王治。这一理路，不可否认充满浓厚的道德乌托邦色彩，是孔子一厢情愿之诉求。当然，对道德乌托邦的笃守，既是孔子不适时宜之可爱、可敬之处，从而显示其殉道主义的崇高精神追求；但同时也是他孤独、失落、失败与悲凉之关键所在。

总之，孔子之论，以齐易道达鲁而趋仁道，以鲁善道而"至道"，表其救世弘道之实践方案，彰孔子情有独钟而笃信、执着于践行"先王之道"，期盼"先王之道"再现于世。

25. 觚已不觚，礼法式微

雍也 6.25

【原文】子曰："觚不觚，觚哉！觚哉！"

【译文】孔子说："觚已不像个觚了，这怎么是觚？！这怎么是觚？！"

觚，行礼之酒器。"觚有棱，时人破觚为圆，而仍称觚。"（钱穆）觚之变，表觚已是有名无实，意味着时人无视礼之规范性，礼已丧失其严肃性、规范性而形式化、变异化。对此，陈祥道释曰："孔子之时，实不称名者多矣，故其叹如此。"亦如程子谓"觚不觚，谓如君不君，臣不臣。"范氏谓："如人不仁，国不国。"如是，孔子"此但就世变感慨言之也。"（蕅益）

觚，具有指代性和象征性，是"礼"之具体化。觚形之变异，表明礼被篡改和扭曲，礼于时人，已失其"实"，仅存其"名"。而"觚不觚"映射当时礼崩乐坏而君不君、臣不臣、父不父、子不子，表礼衰致使社会混乱不堪。如此，孔子以"觚哉！觚哉！"表达其对徒有其名、已无实之"礼"的不满与愤慨。

礼器之变，礼制之改，礼法之衰，礼之不存。孔子以觚变察礼法，以礼法言世德。如此，孔子从生活之具体而细微之具象而洞见礼法、世道衰变之惨淡，以期矫正失范之礼。

具体而言

第一，孔子拿酒器（"觚"）说事，进而隐喻时过境迁、名实不符，致礼法式微。因为当世所用之"觚"，与礼制所规定的"觚"，已有严重不符，眼前这个酒器（"觚"）已严重变形，丧失了原有的样式，不再承载礼制法度，成了一个"异物"，"觚"已不再是"觚"了。孔子面"实"与"名"根本不相符合的觚而言"觚非觚"，进而叹言"觚哉！觚哉！"，感慨此器所载殷人古风之失落，深叹当时之礼坏乐崩。

第二，一个社会的精神文化、价值理念、道德信仰的深刻变化，最为直观地呈现为"器物"之易形、易名，这种显性的变化，透显、折射出深层次的价值变易。孔子正是从觚之变，敏锐而深切地感受、洞察到礼制之残损无存。诚如程子所言："觚而失其形制，则非觚也。举一器，而天下之物莫不皆然。故君而失其君之道，则为不君；臣而失其臣之职，则为虚位。"

孔子以小见大、以微显著，于具体器物之变异洞悉礼仪、礼制之衰变。以此推之，人不仁则非人，国不治则非国矣。

第三，在孔子的思想中，周礼具有完美性、神圣性和严肃性，不可轻易更动。从井田到刑罚，从音乐到酒具，周礼规定的一切都是尽善尽美的，甚至是神圣不可侵犯的。在这里，孔子慨叹当世礼之器物已是名不符实、有名无实，需要为觚"正名"、为"礼"张目。

第四，在此论中，孔子以应然之规范为标准比照、审视实然，彰"具象—理念"或"现象—本质"之思维图式。在"觚不觚"之判断式中，前一个"觚"是具体的酒器，后一个"觚"则是前一个之"理念"或"范型"，是前一个"觚"之标尺、合法性之根据。如此，"觚不觚"则表达了前一个"觚"对后一个"觚"的否定，意蕴合法的道德本体价值被篡改、被颠覆。同理，礼崩乐坏亦必须生成或表征为一系列对应然规范的否定性现象，具体表呈为"君不君、臣不臣、父不父、子不子"之状况，这是对"君君、臣臣、父父、子子"应然之道德制度的彻底倒置与错乱。这对于孔子而言，是不能容忍的。

孔子以具体的"觚不觚"为切入点，透视以"礼制"为制度支撑的社会道德价值体系的整体变易、走样，强调必须恢复"觚—觚"式的"名"与"实"、器物与理念之统一与一致，矫正一切早已变异的伦理德性关系，从而加强社会秩序，即礼制建设，让社会重新回到礼制之轨道上。由此，表孔子在痛惜之后，意识到"复礼"之艰巨，需要更笃定之行。恰如戴望所释："孔子削觚而志有所念。觚不时成，故曰觚哉觚哉，以喻为政而至纯太平，非一日之积也。"

总之，"有觚之实，然后有觚之名；有觚之名，而无觚之实，则觚不觚矣，尚得谓之觚哉？"（陈祥道）孔子从觚的名实之异，从器物之觚的变化而见礼制之衰败、式微，感时伤世，叹世道之变，并以此主张通过矫实而"正名"、而恢复礼制。

26. 君子行仁，必先知仁

雍也 6.26

【原文】宰我问曰："仁者虽告之曰井有仁焉，其从之也？"

子曰："何为其然也？君子可逝也，不可陷也；可欺也，不可罔也。"

【译文】宰我问道："对于有仁德的人，如果别人告诉他井里掉下去一位仁者，他是不是会跟着跳下去呢？"

孔子说："为什么要这样做呢？君子可以到井边设法去救，不让自己陷入井中；君子可被人以正当理由欺骗，但不可以被无理愚弄。"

宰我以假言虚拟之语，提出"仁者"是否从"仁"入"井"而陷己于困之问题。宰我之所以生此问，朱熹认为是因为"宰我信道不笃，而忧为仁之陷害，故有此问。"而戴望亦认为："仁者爱人，宰我忧世道而孔子犹以仁天下为己任，故设言人坠井中，仁者亦将自下而援之邪？为恐仁者从人入于井，仁之道穷。"钱穆则认为宰我之问，恰逢"子欲赴佛肸、公山弗扰之召，子路不悦。"宰我"或虑孔子罹于祸而微讽之。"其目的在于"不直谏而婉辞以讽。"

孔子对宰我之问予以否定，提出"君子可逝也，不可陷也；可欺也，不可罔也。"表"盖身在井上，乃可以救井中之人；若从之于井，则不复能救之矣。此理甚明，人所易晓。仁者虽切于救人而不私其身，然不应如此之愚也。"（朱熹）陈祥道则以为：君子"可逝也，不可陷也，故井无人；可欺也，不可罔也，故知井无人"，并引孟子之语："君子可欺以其方，难罔以非其道"释孔子之论。

宰我之问，是仁者之两难问题。孔子不仅否定宰我之问，并批评宰我之问不道德、不仁，从而以"可逝，不可陷""可欺，不可罔"来规定君子之"仁"。

按钱穆之解，宰我之问，言语及语义皆有讽之意。然宰我以怪异之讽辞问师，却承载着弟子对仁者之师的真切担忧，表宰我对师之深厚情谊的方式独特，令人费解而易生刁难之感。蕅益则释曰：宰我"此问大似禅机。盖谓君子既依于仁，设使仁在井中，亦从而依之乎？孔子直以正理答之，不是口头三昧可比。"进而引陈旻昭之释曰："宰我此问，深得孔子之心。盖在孔子，设使见人坠井，决能跳下井中救出。但此非圣人不能，不可传继，故孔子直以可继可传之道答之。如大舜方可浚井，以听父母之掩，彼有出路故也。若寻常孝子，小杖则受，大杖则走矣。"

具体而言

第一，通过宰我与孔子的问与答，突出了"仁者"必须智勇双全，既要敢于救人，又要善于救人；既要有救人的仁爱之心，又要有恰当而正确的方法；若只有救人之仁心，而无正确的救人之法，那么，此等"仁"则是无智慧且无良效的，最终可能使自身被"陷"、被"欺"。通过对话，表孔子反对宰我所言之"愚仁"，倡导"智仁"。

第二，宰我假设了一种场景，其实是向孔子提出一个尖锐且带有几分讥讽意味的问题，"井有仁焉，其从之也？"言下之意是，"成仁"是否一定要"杀身"？在本节中，通过孔子师徒二人的对话，表明"杀身"虽可成"仁"，但这绝不是孔子所倡导、所赞许的，因为此种"仁"缺乏智慧，为孔子所反对。孔子强调"仁者"必须具有一定的辨识能力，具有实施仁行之恰当方法，能审时度势而判断，"成仁"不必"杀身"。这样，宰我不明"仁者"之"仁行"内蕴"知"。"仁，本于心而成德，德无愚。故曰'仁者必有知，知者不必有仁'，此见仁德之高。"（钱穆）如此，孔子于回答中表明"仁者"绝不会天真与愚昧到任意牺牲生命。这是对宰我关于"仁者"必"杀身成仁"的思想的一种矫正和对"仁者"之"行仁"的明确规定。

第三，宰我之问，其实是向孔子提出一个两难问题。若孔子回答说应该救人，那么就落入了骗局之圈套；若回答不去救人，那就"不仁"。孔子的回答，跳出宰我的"两难问题"的思路，进一步阐释"仁者"应然之行为。孔子强调，仁者，遇到此等情况，自然应该奋不顾身救人，但应该先想一个救人的办法，如果陷于井中，那不是寻死吗？怎么救人呢？如果君子是可以被骗的，别人骗了他，他不知情，他就应该毫不犹豫去救人，但是跟着跳入井中，是救人吗？君子可不应该如此糊涂吧？在这里，孔子就提出了"仁者"不仅仅有一颗救人之仁爱之心，还必须具备甄别真假实情的能力，并进而具有合理可行的救人之法。如此看来，孔子在回答宰我时所说的"可欺也，不可罔也"，还有其深意，即君子不要被迷惑，不必做无谓的牺牲，但是君子在不知道真实情况时，由于行善心切，也可能被骗。君子之心正直无染，所以他虽然可能会被人所欺骗，但是最后吃亏的不是君子，而是骗人者。君子不骗人，但也可能被人骗。

骗人者是小人，被骗者仍然是君子。诚如陈祥道所言："君子以诚待物而不逆诈，故可欺。以明烛理而无所蔽，故不可罔。盖欺者以伪为真，罔者以无为有。以伪为真，则有可信之端；以无为有，则直罔于人而已。"

第四，宰我和孔子皆设喻。身在井上，乃可救井中之人。身入井中，则自陷，不复能救人。钱穆如是释之：世间有愚忠、愚孝，然不曾闻有"愚仁"。盖"忠""孝"有时仅凭一心，心可以愚。然而，"仁"则本于心而成德，德无所"愚"。故而有言，"仁者必有知，知者不必有仁"，仁与知是内在统一的，"仁"内蕴"知"，以此可见仁德之高。按此理解宰我此问，或虑孔子罹于祸而微讽之。如子欲赴佛肸、公山弗扰之召，子路不悦。宰我在言语之科，故遇此等事，不直谏而婉辞以讽。

总之，宰我之问、孔子之答，将"仁者"之"仁行"内蕴的"智"的特征予以了彰显，表达了"仁者"非仅有一颗悲天悯人的"仁爱之心"，必有辨别"是非之心"，从而提升"仁者"在骗局丛生的世间如何实施"仁行"之正确的指向性和恰当的方法与手段，最终既能行仁爱于人，度人于危难，又能自我善存。一句话，既能"成仁"，又不必"杀身"，实现"成仁"与"自我善存"的统一，从而表达将"仁者""行仁"之代价降至最小，以期实现"仁爱"之最大化。

27. 学文明道，尊礼践道

雍也 6.27

【原文】子曰："君子博学于文，约之以礼，亦可以弗畔矣夫。"

【译文】孔子说："君子广泛地学习古代的文化典籍，又以礼约束自己，也就可以不离经叛道了。"

君子，学文而明道，约于礼而践道。如此，博学于文、约之以礼，君子取道而自觉于道。道存于心而不晦，礼约于行而不邪，此为君子践道行礼之要也。

孔子以此为训，要求"君子"必须从思想、认知和行为层面，加强研习和规范，真正做到能博约并进、文礼兼修，从而自觉循"道"而为，便与"道"不背。如此，于"道"内化而本体化，于"礼"自觉而自律化，从而实现君子生命与"道"之统一。

博学于文，君子知"道"而自明；"约之以礼"，君子行"道"而自律。如此，由"知"导"行"、以"行"践"知"，自明而自律，实现"知行合一"，道即在"学文"与"约礼"之中，自是与"道"不背。恰如程子所言："博学于文而不约之以礼，必至于汗漫。博学矣，又能守礼而由于规矩，则亦可以不畔道矣。"

具体而言

第一，孔子在"博学于文""约之以礼"与"可以弗畔"之间建立起直接的因果关系，表明"君子学欲其博，故于文无不考；守欲其要，故其动必以礼，如此，则可以不背于道矣。"（朱熹）如此，孔子要求君子在"博学于文"和"约之以礼"上下功夫，以达于"道"而自明，于"礼"而自律，自觉于"道"而不背于"道"，成"道"之践行者和弘扬者。

第二，所谓"博学于文"，主要是解决君子"认知"或思想上的问题。"博学"，乃广泛涉猎、不留边隅之偏，且能汇通所学之"文"；此种对"文"之博学，则见多识广、得其要旨，突出君子所学必丰富、必得其精要。"文"，"六艺之文"（戴望），所指即为诗书礼乐，一切典章制度、著作义理。博学方能会通，然后知其真义。通过博学之，打通思想之经脉，进而达对"文"予以周全而深透的把握，实现"文"之礼法不断内化，达通晓而自觉。这是孔子要求君子在思想、观念上实现内在的超越和升华，这是知"道"之过程。是君子之所以能做到不"离经叛道"的思想、观念前提。因为"博学于文"，所要解决的问题就是使君子于"文"，从"不知""知之甚少"到"知""知之甚多"，从"学之"至"好之"，进至"乐之"之境，最终实现"知识主体"与"德行主体"融通合一，于此，在价值理念上达到与"道"的内在统一。

第三，所谓"约之以礼"，则是要解决"君子"之"行"的问题。"约之以礼"则是强调君子躬行实践，凡修身、齐家、从政、为学等一切实务，皆必须严格按照"礼"之规定。如此，君子之"行"就必以"礼"来引导、约束、规范、矫正，最终使君子之行符合"礼"之规范性要求，使君子之行与"礼"达成统一；君子之"行"自觉按"礼"之引导、规范而展开，这样，"礼"亦不再外在于君子之"行"，君子之"行"，事实上也就成为"礼"于个人具体行为了。简要之，以"礼"约己，真正做到"非礼勿行"。对此，戴望释曰："礼贯乎六艺。礼者，太平之正经，行修言道礼之质，故约身以礼，亦可弗畔。"

第四，君子从"博学于文"至"约之以礼"，是一个从"知"至"行"的过程。在此历程中，君子实现了由知"文"识"礼"到践"知"行"礼"的转换和推进，从而从思想、观念和行为两个基本的方面保证了君子之思、之行的规范化、正当化，完成了"君子"在观念、思想、人格和行为规范上的蜕变。对此，陈祥道释曰："博学于文，则无不该；约之以礼，则有所执。无不该，则所知者详；有所执，则所趋者中。斯亦可以弗畔矣。畔者，有见乎四旁之地；弗畔，则趋中可知矣。约之以礼，可以弗畔，则成于乐者，斯不畔矣，此所谓一贯也。"

第五，孔子所言，"博学于文"与"约之以礼"构成君子之所以"弗畔"的内在环节和前提，其间蕴含着一个由"因"至"果"推进的逻辑。这就为我们提供了一条可循、可为的路径，指出要使人"弗畔"，必须"博学于文"与"约之以礼""双管齐下"，别无他途。

在此处，孔子明示了教育之目的。让人"知"文"行"礼或"知书达理"，实现思想、观念到行为，从自发到自觉，实现个人不断被社会化的有效转化，这正是教育所要实现的目标。在此，培育"人"、教化"人"、规范"人"，乃至实现社会的良好境况，皆为教育之能、之功。

第六，当然孔子全然对既有的"文"和"礼"，是首肯其正当性和合法性，在此之下，孔子未给予被"文"和"礼"规制的"个人"以任何质疑、选择或逃避的可能性，而是强调任何一个生活在该种历史语境下的人，其责任和使命就是"博学于文"，进而"约之以礼"，最后在道德生活和社会秩序中，不能成为背道违礼之人，抑或将任何"离经叛道"之心、之行，于自我规制、训诫中自我消解。如此，其心、其行必在正道上，当然也就无所谓、更不可能出现"离经叛道"；这是君子应有的自我教育、自我驯化，是君子须自觉的道德责任和道德能力。

总之，"学于文，乃就闻以开觉路，不同贫数他宝；约以礼，乃依解而起思修，所谓克己复礼，不同无闻暗证，所以弗畔。"（蕅益）如此，孔子通过揭示"学文""约礼"同"弗畔"之关系，对君子提出"博学于文"和"约之以礼"之要求，促君子自觉自明于"道"、自律于"礼"、自守于"道"，实现其道德生命与"道"的统一，从而成为虔敬的守道、践道、弘道之君子。

　　　　　　　　　　　　　　　生活哲学视野中的"论语"研判

28. 合礼由道，不惧天谴

雍也 6.28

【原文】子见南子，子路不说。夫子矢之曰："予所否者，天厌之！天厌之！"

【译文】孔子去见南子，子路不高兴。孔子发誓说："如果我做什么不正当的事，让上天谴责我吧！让上天谴责我吧！"

按戴望之释："定公十四年，孔子自陈返卫，卫公夫人南子使请见孔子。""是时孔子于卫，为际可之仕，故以礼见南子。子路疑卫君无道，夫人无德，父子不足复仕起朝，故不说。"朱熹则释曰："盖古者仕于其国，有见其小君之礼。"然"子路以孔子见此淫乱之人为辱，故不悦。"（朱熹）

南子，卫灵公之夫人，是为"小君"，她把持国政，不仅行淫，且喜欢弄权。孔子入仕于卫，为弘道而委身见南子，被弟子误解引不悦。孔子以天为鉴，明己见南子"合礼由道"，无愧于道心。

孔子见南子后，方知卫亦非弘道之地。于是，去卫而踏上其探寻弘道之漫漫征途。

具体而言

第一，这一节具体记述了①孔子见南子；②引起"子路不说"；③面对子路不悦，孔子发誓之语。这三件事，按照时间顺序而展开，构成了一个经典的"故事"。该故事突出孔子以"天"来做最后的根据，为自己的行为辩护，从而表达"见南子"之行为于己并不理亏，因为"见南子"之事，未有任何违背"礼法"之处，而是正当的、合适的、必要的。如此，面对子路不悦，孔子对己见南子的自我辩护可以概括为：合礼由道，不惧天谴。

第二，孔子见南子。这是一次很"经典"的会晤。经典在于"见面"的两位主人翁之特别，是不该见之"见"；但是问题是，南子为何要想见孔子？孔子为何先是推辞，尔后又见了南子？二人见面，是什么情景？这些都构成了这次经典见面的具体环节。

南子是一个什么样的人呢？南子，卫灵公夫人，是来自宋国宗室的美人。南子待字闺中时，就已经和公子宋朝私通。公子朝是一个非常俊美的男子。两美相爱，胜过夫妻。可惜，弱小的宋国迫于卫国强大的压力，竟把南子嫁给老态龙钟的卫灵公。尽管已有卫灵公和弥子瑕祖孙两代来孌，南子仍不满足，经常红杏出墙，甚至借故回宋国和公子朝幽会。卫灵公非常怜香惜玉而且大公无私，毫不利己，专门利人，特为南子另建宫殿，为南子大开方便之门，甚至经常邀请公子朝来做国事访问。不久，南子生产一个儿子，名叫蒯聩。至于蒯聩是不是卫灵公的儿子，恐怕只有南子知道。对此，孔子曾说："不有祝鲩之佞，而有宋朝之美，难乎免于今之世矣。"事实上孔子已经明确指出与南子有关的"宋朝之美"是亡国之祸水。综上，南子是一个香艳的美女，这是毋庸置疑的；再者，她还是一个干政而权倾朝野的贵妇人；同时她也是一个淫乱、污浊之女人，故而其声名狼藉。这样的人，君子似乎不仅不应该与之蒙面交流、交谈，而且应该"退避三舍"。但其权势又可能会让人产生一丝臆想、期待和希冀。

南子为何想要见孔子呢？孔子，君子的代表、贤德之化身，同时，孔子还是一个形象高大的"美男子"。有载"孔子长九尺有六寸，人皆谓之'长人'而异之"。如此，"孔子适卫，因嬖臣弥子瑕以见卫夫人。"这样，有权势、有浪漫情愫、有强烈欲望的美女就想约见孔子这个德高望重、才貌双全的"美男子"。

孔子为何先是推辞，而后又见了？面对南子之热情相邀，一开始孔子是畏葸不欲应邀前往。为何孔子有此举？有人说或许是孔子担心南子给他下套设局；或许是因南子淫行声名不好而顾忌；或许更怕卫灵公龙颜大怒，总之，孔子在种种顾虑下，婉言"辞谢"不见。

但是南子被孔子"辞谢"之后，并未甘心；南子再派人转告孔子，表"四方之君子不辱欲与寡君为兄弟者，必见寡小君。寡小君原（愿）见。"（"子见南子"，其主导是南子，是南子要见大名鼎鼎的孔子。司马迁在《史记·孔子世家》有载："灵公夫人有南子者，使人谓孔子曰：'四方之君子不辱欲与寡君为兄弟者，必见寡小君。寡小君原见。"）如此，孔子审时度势，权衡利弊，"不得已而见之"。

经过对这一过程的简要梳理可知，孔子是"被动"地接受了这一邀约"见面"。这对于孔子而言，既是一次具有巨大道德风险的见面，似乎又是一次有希望实现其政治抱负的见面。正如有人说孔子拜见南子，欲通过南子说服卫灵公推行治道。如此，在这样的矛盾境况中，孔子"被见面了"。

孔子与南子见面的情景，司马迁运笔而呈现为："夫人在绨帷中。孔子入门，北面稽首。夫人自帷中再拜，环佩玉声璆然。"南子若隐若现地坐在绨帷中。孔子不见庐山真面目，屈膝跪下行礼，但闻玉环璧佩璆然声响，像是南子正在里面欠身还礼，俯仰之间，弄得叮叮当当……

这一"见面"之事，简言之，即是古代卫国有一个美女南子，待孔子到了卫国之后，她曾经找人告诉孔子，想见见孔子。孔子对此人也早有耳闻，知道这是名声并不好的美女，孔子并不想见她，于是就礼貌地回辞谢绝了，因为南子的名誉并不太好，孔子也不愿因此引来非议；但是，南子却一心想要见见孔子，因孔子特别讲"礼"，面南子之再邀，不好再推辞，就勉强应允了；二人确在某一天见面了，南子对孔子也是非常恭敬，保持着相应的礼节，并未有非礼之举。

汇集各种有限的资料，综合考虑，孔子与南子这一次见面应是中规中矩，未发现有任何违礼、越礼之处（孔子曰："吾乡为弗见，见之礼答焉。"），且是隔物而未真正照面。然而，正是这一隔物未真正照面的"见面"生出了"千古之谜"，引来包括孔子弟子子路等人的非议和不悦。

第三，子路为何听到孔子要赴约见南子而"不说"呢？一方面是因为子路知道人言中的南子，貌美而淫乱，声名狼藉、绯闻不绝；另一方面，弟子们认为，孔子乃正人君子，贵为圣贤，教导他人知礼仪廉耻，绝不应该与南子等人有可交会、共同之处，根本无须"见面"。君子当不见淫乱妇人。弟子如此的先验判断和原则，当孔子赴约，见南子之事成真之时，自然会产生困惑难解之思，进而生不悦之情。由此可见，子路并未理解孔子见南子之深意，或因爱惜其师之名，免被玷污，或以"道德洁癖"之思来审视孔子之行。对此，戴望释曰："是时孔子于卫，为际可之仕，故以礼见南子。子路疑卫君无道，夫人无德，父子不足复仕起朝，故不说。"

然而，孔子虽然难辞而后见了南子。在孔子见南子之后，一方面孔子觉得南子并非如世人口中所传言的那样荒淫、不知廉耻；另一方面，孔子自觉于南子既无非分之想、更无不符合礼法的非分之举，君子坦荡荡、问心无愧。如此，面对子路等弟子不解他见南子，且很不高兴的样子，情急之中以发誓这一终极的独特解释方式，试图解除弟子的猜忌、怀疑，从而缓和弟子们心中的不满、不悦。

第四，孔子最后的决断之语："予所否者，天厌之！天厌之！"是为了平息子路等弟子的不悦而发誓赌咒。此发誓，有两层意思可以挖掘。首先，发誓，是一种解决"矛盾"的终极方式。该种方式，是将当下的一切具体的事物推向极限、终极而采取的一种思维和原则，从而弱化、缩小抑或化解当下的困境所产生的纠结；同时，发誓，以一种彻底否定或肯定的话语，证实或证伪某种事件，从而得以对某事进行确证。在此处，孔子正是想通过发誓的方式，让弟子们确信他虽然见了南子，但却丝毫无"非礼"之处。因此，弟子的不悦，也就是因为不了解事情和实情所致。其次，孔子所言之"天"，乃是超越"人道"之上的"天道"。如此，孔子无奈表达了"人在做、天在看"，虽然弟子们不了解其心、其行，但是，高高在上的道德之"天"，是世界一切道德的最后、最为权威的审查者和决断者，自然是知其行、明其心，必会给予他公正的判断与见证的。

孔子见南子而令子路之不悦，孔子"矢之"于"天"。对此，

陈祥道释曰："《易》以大有遏恶扬善为命以否之。内小人外君子，为匪人。然则君子小人，进退消长，皆天命也。君子之于天命知之，故能畏之；畏之，故能顺之。君子见所不见，顺天命也。顺天者，存而逆之，天所厌。故于子路不悦，而矢以予所否者，天厌之，天厌之。然则孔子之于公山弗扰，子路不悦，而告之以人事。于此告之以天命者，盖见南子者，在天不在己也，之公山弗扰者，在己不在天也。"

戴望云："孔子直晓之言，无所鄙弃不仕者，皆见绝于天者耳。卫君尚未也，称天以言至再者，圣人性于天道，畏天命也。"

第五，南子之声名，拜芸芸众生所赐；孔子见之前，其所顾虑也受此影响，而见之后，他眼中的南子并非如世人所述。由此可见，流言、人言给一个"人"的定性、定型，这正是"人言可畏"的真意。

据《史记》记载："居卫月余，灵公与夫人同车，宦者雍渠参乘，出，使孔子为次乘，招摇市过之。孔子曰：'吾未见好德如好色者也。'于是丑之，去卫。"孔子见南子之后，陪同卫灵公和南子之车同出，不仅引起了他的弟子们的不悦，而且引发了广泛的非议，导致孔子最终离开卫国。正如前面所言，孔子见南子是一次道德成本、道德风险极高的"会晤"。见了不该见的人，遭遇了不该遭遇的人，其结果，虽然自己心怀坦荡，但社会舆论并不因为自己的问心无愧而给予孔子更多的理解和宽容，导致严重的后果。

孔子见南子，存有"私心"。其"私心"就在于为了他的仁政事业有一丝可能在卫国得以实施而不放弃，哪怕遭遇诸多非议令旁人不悦。此乃孔子背负、承受着误解而行道义之事。

从孔子见南子引出题外之话：女性、美女，在中国传统政治格局中，乃至在中国传统政治的思维中引发的奇异判断，成为男权政治逻辑下始终被否定的形象，这一形象所具有的象征意味，让政治充满着非理性的特征。

总之，孔子之心在道，见南子，亦如其见公山弗扰一般，皆因为期许仁政得以施行、仁道得以弘扬。如此，孔子为弘道而寻机，依礼循道见南子，承道德风险，虽引弟子之不悦与世人之误解，但孔子无愧本心，不惧天谴。

29. 中庸至德，民鲜久矣

雍也 6.29

【原文】子曰："中庸之为德也，其至矣乎！民鲜久矣。"

【译文】孔子说："中庸之德，该是至极的了！民众少有此德久了。"

《尚书》始开"允执厥中"之论，强调守"诚信"，持"中和"之不偏，成中庸思想之发轫。孔子承"中和"而言"中庸"之德，并定之为德之"至"，确证"中庸"于儒家道德谱系中的至要价值。

孔子直道"中庸"为至德。以此观之，今之民鲜有此德久矣。如是戴望所解："先王以礼乐教民于中和。世衰，礼乐不行，故民寡此德久矣。"此乃孔子"叹风俗之败坏。"（钱穆）

孔子言"中庸"之"德"，期待此德能复兴于民而发扬之。是为孔子重振道德谱系，从而正道于民之举。

具体而言

第一，中庸之德，是为"至德"。孔子言其为"至德"，非其至高难能，而是言其至广至大、至平至易、至宝至贵。孔子言其为民德，然"民鲜久矣"，足见世衰风败，民德实在令人堪忧矣，以此折射出礼崩乐坏之世德惨淡境况。

第二，何谓"中庸"？程子、朱熹、陈祥道等诸贤对"中庸"予以充分地阐释，揭示其要义。

程子有言："不偏之谓中，不易之谓庸。中者，天下之正道，庸者，天下之定理。"

朱子曰："中者，无过无不及之名也。庸，平常也。"

陈祥道强调，世间"莫非德也，有高明之至德，有中庸之至德。"而"周礼之至德，为道本，中庸之至德也。"恰如"《礼》曰：中者天下之大本。亦如庄子曰：庸者，用也；用者，通也。"如此，"中者，至德之体；庸者，至德之用也。君子以高明者，人之所难勉。中庸者，人之所易行，故不以其所难勉者。"

戴望曰："中，中和也。庸，用也，常也。用中和之德为常道也。命乎天，率乎性，故曰至。至者，言世可则效也。"

钱穆解曰："中庸之人，平人常人也。中庸之道，为中庸之人所易行。中庸之德，为中庸之人所易具，故中庸之德，乃民德。"

由此而展开：

"中庸"，作为一种本体逻辑，所指即是事物发展过程中的调和与均衡状态，这种状态是相对的、暂时的。

"中庸"，作为一种思维方式，即是指拒斥二元对立的思维，强调对立的双方互相牵制、互相补充，从而显示出一种折中调和的态势。

"中庸"，作为一种道德原则或道德评价标准，所指的是一种德行，其特点是不偏不倚的平常；它排斥极端化的倾向，拒斥异常性的偶然。如此，中庸强调的乃是对某一事件、人物的道德状况做出恰如其分、符合常规的判断。

"中庸"，作为人的气质、作风、德行等，又称为"中行""中道"，强调与突出的是不偏于对立双方的任何一方，使双方保持均衡状态。

孔子将"中庸"作为一种"德"，乃强调为人做事当恰如其分，保持其最佳的尺度或限度，既不能"不足"也不能"过分"。如此，"中庸"之中者，乃心无偏私、正大光明，此实为"智"；而"庸"，乃是随缘起用、恰到好处，此实为"慧"，从这一意义上来看，中庸为至德，乃真智慧。此种至德、真智慧，从形式上而言，存于日常之中；从实质上而言，则是常中之至，如是，"中庸"则是人生道德修为所难以企及的一种至高的境界。如此，孔子感叹，"民鲜久矣"也不足为奇了。

第三，"中庸"之"道"，绝非古板教条，它要求为人处世不应当采取某一不变的固定姿态，不拘泥于某一固定形式，应当在坚持"义""理"原则之前提下，根据具体变化的情况采取相应对策，以达恰如其分、恰到好处之状，但绝不是做人办事无持守的原则而可以随心见风使舵。正因为如此，朱熹释曰："君子之所以为中庸者，以其有君子之德，而又能随时以处中也。小人之所以反中庸者，以其有小人之心，而又无所忌惮也。"

如此，"中庸"作为一种最为重要的行为原则，具体体现在生活的各个维度和各个方面。

于政治生活中，可以通过格物致知、正心诚意，持修身齐家治国平天下之壮志，不巴结权贵，不行巧言令色钻营取巧之术，亦不消极等待。凭一身之修养，一腹之经纶，一腔之热血，适时而为，进不骄狂，退无愧悔，安守现状时不颓废哀怨，居庙堂之高则忧其民，处江湖之远则忧其君，是为"中庸"。

于日常生活之为人处世，君子之交淡如水，不攀附权贵豪富，不嫌弃贫病老弱；人火流金而清风穆然，严霜杀物而和气蔼然，阴霾翳空而慧日朗然，洪涛倒海而砥柱屹然，是为"中庸"。

于衣食住行，不骄奢，不淫逸，不浪费，因需要而治；不刻意求贫，不吝啬，持一颗平常心，是为"中庸"。

于美色，饮食男女，人之大欲存焉！爱美之心人皆有之，岂可灭绝心性？见色而不起淫心，如周敦颐之于莲："可远观而不可亵玩焉"，是为"中庸"。

总之，中庸者，诚如朱熹所释，是"不偏不倚，无过不及，而平常之理，乃天命所当然，精微之极致也。"如此，中庸之道，绝不是如世俗观念所说的折中、妥协和无原则，也绝非平庸，亦非世故圆滑；"中庸"，尽在点滴言行，尽是人性本然。如此，孔子以"中庸"的道德标准为尺度，对民之道德境况加以否定性的评价，蕴含着对民德的批判，以及在批判中着力重建民之"中庸至德"，重塑"礼乐"，重振衰落之世风。

30. 明仁之方，行仁成仁

雍也 6.30

【原文】 子贡曰："如有博施于民而能济众，何如？可谓仁乎？"

子曰："何事于仁，必也圣乎！尧、舜其犹病诸！夫仁者，己欲立而立人，己欲达而达人。能近取譬，可谓仁之方也已。"

【译文】 子贡说："假若有人，能对民众广博施与周济，怎么样？可以算是仁人了吗？"

孔子说："岂止是仁人，简直是圣人了！就连尧、舜尚且难以做到呢！至于仁者，只要自己想立，便也帮助他人能立；自己想达，便也帮助他人能达。凡事能就近以自己作比，而推己及人，可以说就是实行仁的方法了。"

富裕之子贡，将"仁"等同于"博施于民而能济众"之善行，以此求教于师。孔子认为弟子子贡对"仁"的理解过于具象化、外物化、简单化，且因此将"仁"推至圣人亦难以做到的程度。如此，子贡事实上是将"仁"从常人之行中抽离和剥夺，切断了常人行仁成"仁者"之路，消解了常人行仁而成仁者之可能。孔子针对子贡不明成"仁者"之真正的方法，巧妙地否定了子贡对行仁理解的简单化和外在化，进而指出行"仁之方"："能近取譬"，并由此指明"夫仁者"，即是能做到"己欲立而立人，己欲达而达人"者。对此，朱子引吕氏之解道："子贡有志于仁，徒事高远，未知其方。孔子教以于己取之，庶近而可入。是乃为仁之方，虽博施济众，亦由此进。"

陈祥道释曰："非神而化之，使民宜之，不足以博施济众。非以百姓之心为心，不足以安百姓。博施济众，修己以安百姓者，天下之至难。尧舜者，天下之至圣。以天下之至圣，犹病天下之至难，则下于尧舜者，其可易言哉。"程子亦曰："仁者以天地万物为一体，莫非己也，认得为己，何所不至；若不有储己，自不与己相干。如手足之不仁，气已不贯，皆不属己，故'博施济众'，乃圣之功用。仁至难言，故止言'己欲立而立人，己欲达而达人。能近取譬，可谓仁之方也已'欲令如是观仁，可以得仁之体。"又曰："夫博施者，岂非圣人之所欲？……济众者，岂非圣人之所欲？……推此以求，修己以安百姓，则为病可知。苟以吾治己足，则便不是圣人。"故，孔子言"博施济众"，"尧、舜其犹病诸"。

如此，子贡将人人皆可行之"仁"，人人皆可以行"仁"而成"仁者"之事，推至圣人都难以企及之境地，无疑消解了常人行仁、成仁的现实可能性和可行性，客观上导致行仁、成仁高悬而空场。孔子指出子贡之问题，提出行仁、成仁者之现实方法论，指明行仁、成仁之可行正途。

具体而言

第一，子贡以具体的"仁行"问"仁"于孔子，孔子在否定子贡关于"仁"的理解基础上，正面回答了子贡之问，提出了"己欲立而立人，己欲达而达人"的著名论断，从而将"推己及人"作为"仁"的一个重要的方法、尺度而加以确立。孔子之应答，指出了行仁、成仁之现实方法论，导出行仁、成仁之可行途径。

第二，子贡以"仁行"之实际，追问"何谓'仁'？"从子贡之言可见，子贡所理解的"仁"，表征为"博施于民而能济众"。如此，子贡无疑是将"仁"具象化、物化了。在此，孔子首先否定了子贡的"仁爱"观。因为在孔子看来，仁，绝不能局限或仅仅体现为、表达为施舍钱财来救济或周济民众等具体而有限的"仁行"上；其次，孔子跳出了子贡所设定的"仁"之具象化、物化的原则，进而从"仁"的一般内涵上来加以概括，从"仁"的方法论高度提出关于"仁"的通则，让民众懂得以己度人的仁爱之理。

第三，在孔子看来，如果按照子贡"物象化"或实物化的原则来实施"仁"，即使是先前圣人也难以企及，因为那是不恰当的、没有尽头和终点之"仁"，是行仁、成仁之歧路或误区。如此，孔子强调的是以"己"作为思考"仁"、实施"仁"的原点、起点，将他人作为"另一个自我"而加以关爱。如此，孔子确立了"仁爱"的基本原则，从而教导人们懂得行"仁"之最为清晰的方法："推己及人"，这与给予民众、穷人多少钱财的周济无丝毫直接关系。这才是真正的"仁"。

第四，子贡提出的行仁之手段和方法，是直接的、感性的、外在物化的，此途既可谓世俗之人所为，也可是圣人所为。但是，广泛地施于民众以恩泽，并救济广大众生，才是圣人之为最高的境界。可是，就具体的实际而言，按子贡之原则，即便是尧舜亦难以达到；如此，孔子认为仁者的境界，能做到"己欲立而立人，己欲达而达人"就行了；如此，子贡所问，事实上是圣人之仁爱境界："博施于民"。孔子回答的则是仁者所能达到的境界和方法。在这里，孔子对子贡"仁"之思、之为、之法，无疑是具有一定的讽刺意味。以此告诫弟子子贡，应该追求"仁者"爱人的现实之路。对于师徒二人的对话，蕅益释曰："博施济众，果地化他之德，欲立欲达。因中二利之始。子贡求之于果，不知明其真因。己欲立而立人，己欲达而达人，不是以己及人，正是自他不二，只向一念观心处下手也。立，即不思议止；达，即不思议观。……故云'能近取譬，是仁之方'。方，法也。立人达人，正是博施济众处。尧舜犹病，正是欲立欲达处。"

　　总之，子贡的"仁爱"是"授之以鱼"，而孔子的"仁爱"则是要"授之以渔"。同时，孔子强调"仁者"必须做出准确的自我定位，找准"仁爱"之法，勿要僭越"圣人之爱"，行一时，而不可行一世，最终不可"为仁"。

| 光明社科文库 |

生活哲学视野中的"论语"研判
（中）

杨　楹◎著

光明日报出版社

目 录
CONTENTS

第七　述而篇

1. 述而不作，信而好古

述而 7.1

【原文】子曰："述而不作，信而好古，窃比于我老彭。"

【译文】孔子说："只传述旧章，不创始制作，对于古之人和文籍典章，笃信而好之，我私下把自己比做老彭。"

《乐记》有言："作者之谓圣，述者之谓明。""述，传旧而已，作，则创始也。故作非圣人不能，而述则贤者可及。"（朱熹）如是，孔子怀自谦之心，自比"老彭"，只是"述而不作"，"执古之道，以御今者"，"好古敏以求之"，故"信而好古"也。（陈祥道）

孔子"删诗、书，定礼、乐，赞周易，修春秋，皆传先王之旧，而未尝有所作也，故其自言如此。盖不惟不敢当作者之圣，而亦不敢显然自附于古之贤人；盖其德愈盛而心愈下，不自知其辞之谦也。然当是时，作者略备，夫子盖集群圣之大成而折衷之。其事虽述，而功则倍于作矣，此又不可不知矣。"（朱熹）亦如戴望所解："述，循其故事。孔子序《周易》，删《诗》、《书》，正《礼》、《乐》，皆述者也。至于修《春秋》，义实兼作，亦谦言述者，有变道之名，无易道之实。"

"孔子祖述尧舜，宪章文武，述而不作"，是为"有德无位"之孔子，遵"素王之道而不敢作"；"不敢作，则信而好古而已。有所作，则不特自信而又人信；不特好古，而又稽而行之也。"（陈祥道）如是，孔子以"述而不作"而承续古道，"信而好古"表孔子以"古"为信之稽，言而有据，证成其所"述"之真、之实，彰其"述"之道，实为文化之"统"。由此彰显孔子鲜明的文化意识和自觉化了的文化使命与文化责任。

孔子"信而好古""述而不作"，恰如张载所言"为往圣继绝学"。"道德之原出于天，而其说始于古。"（陈祥道）"述而不作，只因信得理无可作，既信得及，自然好古，此夫子真道脉、真学问也。"（蕅益）如是，孔子之为，于文脉、于古道之承续与发扬，居功至伟。孔子自谦之叙，表征和敞开了大变革时代，传统衰落与颓废景象，映现着孔子的"感叹之心"。（钱穆）

简言之，孔子自语作为一个如"老彭"一样的传统文化的整理者、存续者，对传统的文献典籍之整理、编辑，遵循着"述而不作"的原则，只是"照着说"，以保持"传统"之真。孔子之所以"述而不作"，是因为他"信而好古"。

"天不生仲尼，万古如长夜"。在中华民族的文化长河中，脉不断、流不竭、道不衰，恰有孔子这样"述而不作，信而好古"之执道者。

具体而言：

第一，孔子之自叙非常容易引起误解。首先，开篇之语，就很容易脱离孔子的历史语境而让人望文生义。"述而不作"，通常解读认为，孔子只是承接述说、阐释，而不创作，只继承前人的思想，而独不创新思想。如此，认为孔子缺乏文化创新精神，从而给孔子贴上思想保守的标签，这样，似乎就很自然与后一句"信而好古"连接起来。这是一种非常糟糕的解读定势。但是，前两句这样的解读，却很难与孔子自语的"窃比于我老彭"，在逻辑上内在一致。更有甚者，将"述而不作"曲解为只口述、不创作、不写作此等浅泛之论。

第二，事实上，在本节中，孔子自述之语涵摄了三个要件：其一，陈述一个基本事实；其二，表达个人取向；其三，做了一个自我评价。

（1）陈述一个基本事实，即是孔子自语"述而不作"。这应该是孔子做了一件令他自己比较满意或得意的事，那就是"述"。所谓"述"即在充分占有、把握和吸纳已有的文献和典籍之基础上，通过记述、叙述或编排的方式，承接与保留传统的文化，使之得以完整、完备而准确地呈现，由此，形成了传统文化典章的口述史或叙述史、记述史或编撰史，形成真实的"文献"；在此，尤其需要注意的是，此处的"述"并不是通常意义上所谓充满着个人理解和随意发挥意义上的"阐述"，而是一种文化承接的"方式"；他自己强调在"述"中而"不作"，是为了表明他所"述"的，是忠实于原有的资料和文献所承载的内容和文化信息，非他自己杜撰，也未擅自做出任何的篡改，不曾夹杂个人的私见。如此，"述而不作"，是孔子表明他所整理的古典文故，转述、叙述出来的"内容"，是真实的、客观的，这是一种严谨的、客观的、实事求是的态度。简言之，孔子自言"述而不作"，其真正用意是为了确证其所述、所言的内容，即文献，具有客观性和真实性，进而具有可靠性。由此，可以说，在"述"中坚持客观性和真实性原则，是治学最为宝贵的一种态度和精神。

事实上，孔子整理诗书、定礼乐、系易辞、修春秋，只是承续前人，比较客观而真实地呈现、再录了原有文本的内容，并没有添加自己的私见，即所谓加以"创作"。如此，对于生活在一个大乱时代的圣贤，能自觉而有意识地做到"述而不作"，对文化传统基因和传统文化加以自觉的保存与传承，未使传统文化发展之脉中绝而后成泱泱态势，就其承前启后的历史价值而言，真的是功不可没。

简言之，"述"，即是忠实于"原作"，"作"，即创造。孔子言己"述而不作"，即是对历史文献、礼乐制度未曾篡改，以保存其原有的精神得以再现。按冯友兰先生之意，孔子"述而不作"，就是"照着说""照着讲"。如此，夫子自语"述而不作"，本质上是以"述"为"作"，以其所"述"使传统文典得以准确而完整地存续。

（2）孔子自语："信而好古"。这里表达了两层含义，一是"信"（"古"），决不是迷信，是加以考证后之真信、确信。信什么？信传统文化所内蕴的合理价值，信"周礼"所具有的"普世价值"，信"先王之道"之至理、至善。二是"好"（"古"），表其非常看重、喜好或情有独钟。孔子因"信"而"好"，一方面表明其对古典文化的情感，有可信之根据的；另一方面，表征孔子对古典文化的情感之进路和升华，成为他的一种内在精神。如此，"信而好古"，不仅说明了他"好述古事"，而且也真实地表达了他对古典传统文化的基本态度。在此，应该说表征孔子对自己的文化意识的自觉，鲜明地体现了孔子个人的文化倾向或文化偏好，这是其个人的文化选择和取向，以及由此所形成的一种文化心理和文化信仰。到此，依然是孔子对自我文化倾向和取向、文化心理与信仰所作出的一种自我判断，一种"事实陈述"。

也正因为他对传统古典文化的笃信与偏好，即对古典文化具有如此的文化心理和信仰，才生成他整理古典文化、传承古典文化之使命、责任与动力，也才可能敦促他对古典文化的文献和资料保持着应有的"尊重"，只能"述"而不能"作"；可以推定的是，孔子唯恐因自己妄"作"之后，古典文化因之被破坏、被歪曲，从而丧失了它本来应有的价值和意蕴。一言以蔽之，孔子尚古之心、之情，使他在传统古典文化面前，始终持虔敬庄重的立场和态度。

（3）孔子对自我的评价："窃比于我老彭"。此处，孔子自谦带着幽默地给自己一个自我定位和自我评价。不管学界对"老彭"的界说有多少种，但是，在本文中可以肯定的是，孔子将自己比作"老彭"一样的人，那么，"老彭"所指之人，无论是智者"老子"和"彭祖"，亦或就是专司整理古籍典章的彭篯（jiǎn），应该是与孔子做了同样的事情（"述而不作"），对传统文化具有相似或相同心理、情感之人（"信"而"好"）。如此，孔子所做之事，无非是步"老彭"之后而续其事而已。孔子为圣人之事，却自谦如是"老彭"而已。

第三，孔子将自己比作是"老彭"对古典文献、典章进行整理和编辑，坚持"述而不作"的原则，进而对古典传统文化持"信"而"好"的态度，更深的意味是想表达，只有真正具有大智慧的人，才能懂得传统古典文化的真意，也才能尽量保持它应有的文化风貌、文化品质和文化样态，从而对历史传统文化进行客观而真实的描述和呈现，进而得以传承，而不冒失地在"述"中加以"作"。

同时，孔子之所以对自己做出如"老彭"这样的评价，既是为他对传统文化的"述"提供智力信心和合法性，也是为打消后世对其做陈述的传统典籍文化的可靠性的质疑和顾虑。

为学之态度与精神，是一个人人生志趣的侧影或学术展现；对文化传统的立场和具体所为，构成一个人独有的生命姿态。从这两个方面来定格孔子，我们不难发现，孔子是一个为"学"之传承而存在的生命个体，具有强烈的文化使命感和责任感。如此，他才具有不衰竭之文化热情，才有大智与大勇面向传统文化而施予文化拯救，力图文化复兴。同时，孔子深深意识到，对传统文化的态度，不仅仅指向历史，而是直接指向当世现实。

第五，孔子自述"述而不作"与"信而好古"，很容易以此判断孔子持"文化复古主义"立场。与其说孔子是持"复古主义"，还不如说是他持文化"保守主义"思维与价值立场。孔子所要"保"和"守"的恰是以周文化、周礼为载体的"仁道"。因为周文化和周礼所承载的是礼乐法度和仁道，在孔子看来，这是任何时代的为政和治世，都应该遵循和体现的价值原则。如此，从形式上来看，孔子具有逆时势而"往回看"的思维特点，然，从实质上来看，则是强调和凸显周礼和周制所蕴的"普世价值"当得以"保守"、得以承续、得以再现。孔子正是基于其文化保守主义思维和立场，突出其"述而不作"与"信而好古"之必要性和坚定性。如此，孔子以"复古"为形式，以"保守"为手段，以"承续"为指向，以"再现"为目的，构成了孔子"述而不作"与"信而好古"之价值逻辑与现实诉求。

总之，按照孔子自述可知，他只是像"老彭"一样，将古代文献典籍等加以编辑、陈述，其间并没有加入自己的思想，从而突出其坚持内蕴客观性、真实性和可靠性原则的"述而不作"。正因为如此，孔子所持守的"述而不作"，恰好是对不尊重"事实"之真实性和客观性，不尊重文化传承之规律，毫无严谨的治学态度，进而动辄就妄言"作"之浅薄思想，予以严重的警示，也是对那种充满着臆想性的、无根的所谓"创新"予以无声的批判。

孔子"述而不作"所要完成的，是一项浩大的古典文化建设与复兴工程。如此，他对古典传统文化"信而好"，正是他从事该项工作的精神动力。如此，孔子自喻为老彭一样，作为一个文化重构者、建设者，默默将自己的文化理想、文化担当和文化情怀，一并熔铸在"述"之中，赓续中华民族文化之脉，使中华文化不衰不竭、发扬光大。

孔子自觉其文化使命，如此，通过"述而不作"，即通过文化整理、整合将文化之"统"保存、传承、传递下来，从文化代际之历史视角，彰显文化发展之脉象，使文化精神不竭于世。这是文化自觉基础上的文化自为，其功非小。

在大力倡导激活、弘扬传统文化内蕴的正向价值而服务于当代的历史语境中，我们不仅仅需要对传统文化具有浓烈的情感，认同的心理，即"信而好"，而且更需要坚持"述而不作"之原则，首先对古典文献和典籍，在良莠不齐的状况下加以严肃而审慎的甄别，做好扎实的基础文献工作，有真实的、可靠的"文本"可供人们潜心研习和探索，让世人能充分吸取传统的真智慧，而不是对传统文化充斥着曲解、误读和偏见，进而毫无前提和根基地妄言"作"。唯有如此，才能有效地将传统智慧延引于当代，服膺与恩泽于万千民众。

2. 知仁践德，夫子力行

述而 7.2

【原文】子曰："默而识之，学而不厌，诲人不倦，何有于我哉?"

【译文】孔子说："不多言说，只默记在心，勤学不厌，教人不倦，这（三事）在我有何难呢?"

孔子举"三事"，表"尽人皆可自勉"，"孔子亦常以自居"，然"推其极，则有非圣人不能至者"，以表孔子之"谦辞"（钱穆）。此"三者已非圣人之极致，而犹不敢当，则谦而又谦之辞也。"（朱熹）陈祥道则更为深刻地揭示孔子之论的丰富内蕴："默而识之，德也；学而不厌，知也；诲人不倦，仁也。时之人道听而途说，皆德之弃，非所谓默而识之也；或画焉，或愿息焉，非所谓学而不厌也；或先传而后倦，非所谓诲人不倦也。故特自成而已。盖学在己，故言厌；诲在人，故言倦。"蕅益释曰："学不厌，诲不倦，孔子亦曾承当之矣。只一默而识之，真实难到，宜其直心直口说出。"江谦补注："此即孔子之无我。有我相，则有人相、众生相、寿者相，则必不能默而识之，学而不厌、诲人不倦矣。"

"人以是三者多孔子，孔子不以知足。"（戴望）表孔子进学之勤勉，不倦诲人之勤恳，彰显为学之人内在的心性特质与精神品格，实现"德""知""仁"三者的统一，从而为后学确立了标准，昭示着为学应持守的真诚之心与虔敬态度。

具体而言：

第一，孔子之论，以切己之行，表明为学者应有的学习心态、生命姿态，从而彰显治学的原则、方法与教育之精神和原则，直呈孔子于此等三事上的作为，以及对之真切的感受和体验。

第二，对于一个问学者，对于已知、已学的，应该是保持"默而识之"的姿态，对于未知的、待探析的，应始终保持"不厌"之勤勉、勤恳之态度，如是孔子所言"默而识之，学而不厌"。

孔子直道"古之学者为己，今之学者为人。"（《论语·宪问》）以批评今之学者为人而倡为己之学，如此表明，在孔子看来，学问之目的决非外显为博他人之赞，本质上是自我生命的丰富与澄明，进而内修本己之德性，提升自我之境界。如此，即使"人不知"，依然可自守而"不愠"，此乃君子之本然也。

朱子以为："默识，谓不言而存诸心也。一说：识，知也，不言而心解也。"如此，孔子言"默而识之"，即表对于已经获得的知识和学问，非虚显于外而炫耀，成为装饰与点缀，而是不言而内存于心，不断加以甄别与鉴断，促成已"知"之积淀、之升华；直言之，为学须静，不可心存外务，更不可力求表现，要默默然领会于心，以使其充盈、完善而融贯汇通为旨归。这样，"默而识之"，乃异乎口耳之学，实为内修蓄德。（钱穆）因为唯有如此为学，方可转识为智，转智而成仁，从而促成自我心性的完善，提升自我的德行修为。

"学而不厌"，凸显为学者之内在精神志趣，表为学者当戒自满而始终保持一种孜孜以求、开放而勇于探寻的心智姿态。如此，唯有始终"学而不厌"，方可深入所学之内里，知其深蕴，得其要义，明其主旨，悟其真谛，得其乐趣，否则，只是浅尝辄止，知其皮表，不求甚解，也就不可得其精华、感知其乐，自然也就会学而厌之。学而厌之，是自然心智之常态，是常人之状；孔子所强调和突出的为学之人，必须超越"常人"、超越人之常态，实现自我在学问之途上的精神之蜕变。一言以蔽之，"学而不厌"，即是要求为学者，切忌因一时兴起而废寝忘食，另时"偃旗息鼓"，而是要求其具有"持之以恒"的精神。如此，才不会因问学顺利而趣浓，不顺时而放弃。事实上，问学之过程，就是不断突破一个又一个的知识屏障和解决一个又一个思想困惑，这样，只有以此为人生志趣之人，方可不厌、不倦、不殆，始终保持旺盛而强烈的求知欲，其心从而得以豁然，视野得以开拓，境界得以提升，从"知之"，进入"好之"，升至"乐之"之境。

"学而不厌"，实为"好学"者。孔子曾言"十室之邑，必有忠信如丘者焉，不如丘之好学也。"亦言"发愤忘食，乐以忘忧，不知老之将至云尔"均表明己为学而"不厌"。

如果说"默而识之"，既表为学者始终应该保持的"常态"，又是每一次进取之"始发态"，那么"学而不厌"，侧重强调学习中的主观精神特质，是为学者必须秉持的一种主导性精神，是对"默而识之"的进一步巩固和展现，二者共同构成问学者的精神志趣和风貌。进而言之，如果说"默而识之"，侧重于为学者之心的静态，表为学者于"已知"所持之心状；那么，"学而不厌"则侧重于为学者之心的动态，表为学者于"未知"之心。

第三，"诲人不倦"，是孔子于施教过程中所遵循的原则。教育、教化，首先是将外在于、陌生于、无知于受教者的思想、观念和规则，渐渐导入其人之心智中，内化为受教者的思想、观念和精神，从而实现受教者思想、观念的更新与变革。这是一项艰巨的工作，并非"一蹴而就"之事！事实上，面对具有才智之别，志趣之异的受教者，教育者一次又一次的虔诚教导与心血的付出，并非就一定能达到自己的主观预期。如此，难免产生疲劳困顿之感、甚至放弃之念；正因为如此，孔子强调在施教于人时，须心存仁爱，不急不躁，遵循因材施教、举一反三、循循善诱、诲人不倦之原则。

在孔子看来，唯有"默而识之，学而不厌"之人，才具有为师之资质，表为师之"智"。在此处，他又提出"诲人不倦"，对"为师者"提供了另一个更为内在的标准，表为师之"仁"。如此，孔子强调为师者，必须始终怀一颗不倦的爱人之心、无条件的爱人之情，这是为师者之所以可为师的又一必要前提。如此，"诲人不倦"，乃践行仁爱之情怀，因为知人之弊与不足，仍爱之而不弃，此为真爱。"诲人不倦"，即是指纠正、矫正人之过而能做到"不倦"，其内蕴着赤忱不弃、足够的包容、宽容与耐心。如此，"诲人不倦"表孔子践仁。

第四，孔子所言"三事"，是他一贯践行之事。正因为如此，关于此三事，孔子才举重若轻地说"何有于我哉？"。此三事，彰孔子之德。如是陈祥道所释："默而识之，德也；学而不厌，知也；诲人不倦，仁也。"为此，孔子以己之行，为其弟子及世人，不仅树立了为学之榜样，而且为为师者确立了标范，从而成为中国古代治学和教育的典范。

要言之，孔子能做到看似简单的三件事，实则不易。"默而识之"，默默牢记所学知识，不张扬、不炫耀，不以自知而自满，怀谦逊之心促己不断进步。"学而不厌"，表为学永葆精神活跃而不厌，于智识追求孜孜不倦，彰学无止境、好学而乐学之精神。而"诲人不倦"，则要求为师者在施教时能极具耐心而奉献的精神和内具恕道的爱人之心。

孔子所举"三事"，从学与教两个层面提出应然之要求：不论是教与学，须持积极进取、持之以恒、端正向上的"精神"与"态度"。在施教于人时，须将"诲人"之智、之法与"不倦"之情统摄、整合起来，才能实现以"文"化"人"，培育出德贤兼具的"君子"来。

3. 德学义善，夫子四忧

述而 7.3

【原文】子曰："德之不修，学之不讲，闻义不能徙，不善不能改，是吾忧也。"

【译文】孔子说："对品德不去用心修养。学问不勤敏探求讲习。听到义，不能努力而从之。知自己不善的，不能勇于去改正。这些都是我所忧之事。"

面世德之衰，孔子生"忧"。其忧有四：即"德之不修，学之不讲，闻义不能徙，不善不能改"，以此明示世人须在修德、讲学、徙义、改过四个方面着力。因为"德在内者也，不修则不充；学在外者也，不讲则不明；闻义不能徙，则善不备；不善不能改，则行不完。"此四者"皆孔子所忧者也。"（陈祥道）"德必修而后成，学必讲而后明，见善能徙，改过不吝，此四者日新之要也。苟未能之，圣人犹忧，况学者乎？"（朱熹引尹氏）

孔子之"忧"，表从"内"至"外"，从道德之心、之意识至道德行为，世人皆表"仁"背"礼"，指证世德之衰败不堪，这是礼崩乐坏之具象。孔子之忧，本质上是忧"仁"之式微，"礼"之不遵，人心之乱，预示着重塑世人之德、重振世风之艰难。

孔子以此"自勉自任之语"（钱穆），为世人修德立标；以此劝导世人修德、讲学、徙义和改过，植"仁"于心，遵"义"循"礼"于行，如此，孔子之忧可解也。以此观之，孔子之忧，表其自觉重建世德之使命与责任。

如此，孔子之"忧"，可谓"真实可忧，世人都不知忧，所以毫无真乐。惟圣人念念忧，方得时时乐。"（蕅益）

具体而言：

第一，孔子直陈他的四"忧"："德之不修，学之不讲，闻义不能徙，不善不能改"。如此，从修德、讲学、徙义、改过等维度，折射出春秋末年，天下大乱的情势下，世人对德、学、义、善等普遍搁置、弃绝和麻木；以此表达孔子对此种情况的忧虑与不满，同时亦表明孔子深感自己任重而道远的历史使命与责任。

第二，孔子之"忧"主要表现在两个维度上，即从内到外，从德性、学识到行为。所谓"内"，就是指"德""学"，即内之德学；"外"，就是指行为，即不"徙"和不"改"；这就表明了从内到外，从德性到行为，从"本"至

"末"都丧失了应有的正确、正当之追求和道义特质，此等世德之景况，着实令孔子生忧。由此可见，孔子指出惟有内、外兼修，方能成为尚"仁"尊礼之君子，成为逆转世德，重建世风之积极主体。

第三，所谓"德""不修"，是指道德主体缺乏主体性和自觉性，放任自己而未能按照既有的道德规范对自己加以约束和修造，忽略自己心性之修为。如此，德不加修，其心性与人格必是日趋卑污与拙劣，从而滑向"恶"。简言之，"德不修"，即是指"仁德"外于人之心、不以"仁德"治心。"学不讲"，"讲，习也。'不习操缦，不能安弦；不习博依，不能安《诗》；不学杂服，不能安礼。'"（戴望）表世人不善学、不敏学、不勤学、不精学，不求才智，不为贤能，荒芜心智；而学如不讲求，必不能精，则难于融会贯通，长进亦不大，其心必是不明。简言之，"学不讲"，就是不讲"学"，不明"礼乐法度"，不达"知"；"闻义不能徙"，即是指闻义不能取义迁善，见义不能勇为；"不善不能改"，表知己有不善之过，亦不能勇于改之，这本质上是是非善恶之心紊乱使然也。在孔子看来，人首先要修养道德和积累知识，成就好的本质，如此，在明白善恶以后，才会有趋善避恶，改正自己的缺点，做出善义之行。反之，若弃德而不修，学问不求，人必然会显得粗鄙无礼、低俗斯滥。如此，没有了仁德就丧失了善良的本质，没有学识就会愚昧不堪，无法辨识善恶好坏，又如何可能要求他自觉并改正其缺点，何以尚"仁"遵"礼"而从善呢？

第四，孔子所"忧"的现象，似乎没有具体的"主体"，直言之，孔子未明言"谁"不修德、不讲学、不能徙和不能改，是孔子自己？是孔子的众弟子？是各诸侯列国的国君？还是孔子眼里的广大民众或泛指世人？孔子在此似乎没有明示。

到底是谁，令孔子生如此这般之忧呢？孔子所忧，决非仅为某个人，也决非个别现象，而是当世普遍存在的世情，尤其是当位之权贵。

第五，孔子之"忧"，本质上透过世人德不修、学不讲，以及不"徙"和不"改"一系列"现象"，直指世人无视"仁道""周礼"之道德规范，表"仁道""周礼"等早已外于世人之心、之生活。如此，孔子所"忧"乃是忧在人心不古、人心不善之境况下，"仁爱"何所存、"王道"何所依？一句话，"周礼"何以可能"复"？

事实上，孔子直面王道衰落、式微，社会普遍尚力，"霸道"强势盛行之景况，周礼、先王之道，自然会被尚力和遵循霸道的现世彻底边缘化、疏离与陌生化，这是世道大变，整个社会的价值取向发生了重大转变之必然。但是，孔子"信而好古"，尊尚"周礼"，其目的就是要"复礼"，复兴与再现"仁道"，如此历史之错位，必然给孔子带来巨大的冲击，必使其生"忧"。

孔子之忧，"忧"就忧于其仁道理想与霸道现实之背离与冲突；孔子之理想于残酷的现实中，已渐行渐远了。然而，他以殉道之情，持守"周礼"、固守王道之理想而审视当时之世德之不堪，指出世德之弊，此正是孔子所"忧"的价值之所在。对此，正如有的学者所言，孔子在错位的历史语境中，如此坚守他的王道理想，对上有约束，令下有目标，不失为另一种形式的"理想国"。

第六，从孔子之"忧"可见，德贵于"修"，学贵在"讲"，闻义、贵在从之而不倦践行，为善、贵在改过。如此，"先王之道"则存焉。反之，则废矣。这也就是孔子探寻到的"复礼"之途，以此彰显其道德决定论之思。从这一意义而言，孔子之"忧"，以启动道德主体之道德意识为动源，以道德主体之自我建设为契机，从而达重构世德之效。

总之，孔子之"忧"，非一己之得失，亦非个人处境之穷达顺逆，而是事关修德讲学兴义向善之世风，此乃关乎社会价值体系的转向之大事。如此，孔子之"忧"，乃是针对礼崩乐坏之情境中弥漫的社会病而生。以此而论，"乐而不忧所以处已，忧而不乐所以与人同。乐以忘忧处已者也，乐天知命，忧之不与人同者也。德之修，然后能讲学；学之讲，然后能徙义；德之修，学之讲，未能无不善改之而已。"（陈祥道）如此，孔子之"四忧"，凸显德修、讲学、徙义和为善于世德的重要性。循此可见，孔子之"忧"，无疑为重塑世德，为仁道、礼乐之光复，提供具有可操作性的建设纲领。

今世再思"孔子之忧"，其所指，决非仅在昔日，亦恰在当下，时移世易，其"忧"犹在，其理一也。

4. 燕居践礼，自在从容

述而 7.4

【原文】子之燕居，申申如也；夭夭如也。

【译文】孔子闲居在家里的时候，衣冠楚楚，仪态温和舒畅，悠闲自在。

此为弟子记述孔子退朝闲居家中之情态，以"申申""夭夭"真切而形象地描述孔子于赋闲生活的严谨而舒适自在之状。钱穆释曰："申申，整饬义，言其敬。夭夭，言其和。"突出孔子"和顺积中，英华发外"之生命气象。

孔子闲居家中，依然遵礼而行，表其规范而严谨的生活风范及其饱满中和的精神风貌，指证孔子之圣德，不因燕居而有所减。如是陈祥道所释曰："人之情，矜慎于行礼之际，其不失礼也易。优游于无事之际，其不失礼也难。子之燕居，申申如也，夭夭如也，非夫盛德之至，孰与此哉？申申，言肆而不曲，夭夭，言不以老壮自居。于子之燕居，纵言肆，犹至于礼而不屈也，居不容，不以老壮自居也。肆而不屈则直，不以老壮自居则和。所谓居不容，燕居告温温，知夭夭之谓也。"

朱熹引程子曰："此弟子善形容圣人处也，为申申字说不尽，故更著夭夭字。今人燕居之时，不怠惰放肆，必太严厉。严厉时著此四字不得，怠惰放肆时亦著此四字不得，惟圣人便自有中和之气。"这就更为具体而深透地阐析了圣人燕居时所呈现出来的特征，以此彰显孔子内蕴"中和之气"所达成的德行之境。

燕居，孔子生活的另一面，依然能"申申如也；夭夭如也"，表明其不怠惰放肆，不刻板拘谨，亦如常态持"礼"而自重，以此足以彰显孔子明道于心，践礼于行的生命风采，是为遵礼、践礼之典范，令人敬意满怀。

具体而言：

第一，此为孔子之弟子对孔子闲居于家之日常生活状态的记录或真实的描述。通过三个关键词，即"燕居""申申"和"夭夭"，呈现孔子持"礼"而自在的闲居生活，展现其独特的精神风貌。

（1）"燕居"。《礼记》有言：仲尼燕居，又言孔子闲居，盖退朝曰：燕居。燕：曰闲，即指孔子"闲暇无事之时。"（朱熹）或孔子"退朝而出曰燕居。"（戴望）如此，燕居，非指孔子在问政和授学之时，而是赋闲、闲居在家，此表孔子之日常生活。

（2）"申申"。首先表孔子之着装状况，其意是指孔子衣冠整洁；其次是表孔子容貌舒展的样子。"申申，其容舒也。"（朱熹）"申申，整敕。"（戴望）如此，"申申"，指孔子穿得干净整齐，自然愉悦。

（3）"夭夭"，表"其色愉也。"（朱熹）"和舒。"（戴望）指孔子行动悠缓、斯文和舒的样子，表孔子神态安详而愉悦之状。

总之，通过"燕居""申申""夭夭"，真切地描述了孔子即使是在家居生活中也穿戴整齐，和乐而舒展，笑容可掬，怡然自得。这是对孔子家居生活状态的直观呈现。

第二，令人觉得可贵的是，孔子在"闲居"之时，似乎本可以在着装上随便、散漫、凌乱，甚至可以邋遢一些，然而，他却依然是如此讲究整洁、得体。

为何如此呢？在此，一方面表孔子的严谨执着、自持自重，因为在闲居时，虽可随意、随性，但决不可以背礼而不讲究。另一方面，服饰着装，并非仅仅是一种外在形式性的修饰物，其承载着相应的礼仪、礼法，是一个人的内在德性、修养、才学和品味及其追求的物化与直观化。如此，孔子燕居以整，正是他须臾不忘责任，不忘"礼"而从内至外严于律己的具体体现。

第三，进而言之，孔子于家居衣着此等细节和小事上，尚且如此重视、如此讲究，表明"礼"不外于他的生活，而是融入在他的整个生活之中，体现于各个方面，甚至在最为细节之处，这就说明孔子无时无刻不遵循、践行着"礼"，以礼规范其生活，从而给自己的弟子"以身示范"，以身教导其弟子们。

孔子之所以在闲居时依然保持其衣着之整齐、整洁，其意在于依"礼"规范自己而从不放松。如此，整齐、整洁的衣着外观形象，既是自己之行的约束，同样也是对己之精神的约束、规制，进而体现孔子始终持礼而生活。

第四，孔子曾"忧"世人之"德不修、学不讲、闻义不徙和不善而不改"。如此，他在闲居时，应如是磐石压心、满心忧思、苦不堪言、愁容不展；抑或因"怀才不遇"而愤世、嫉俗；或没事说两句"世溷浊而莫余知兮"来解闷才是。然而，孔子的精神形态却截然相反。他心平气和、精神舒展、谈笑自如、情绪温婉、悠闲自在。

为何如此这般？寻因可知，对于具有强烈的救世之心的孔子来说，燕居，亦应心怀忧思而痛苦，才是正常的。但是，正如上一节所言，孔子之忧虑和无奈并不是为了自己的穷达顺逆、个人之得失，而是天下之"王道"兴盛之大事。换句话说，孔子所忧者是"大"而非"小"，忧"国"忧"民"，忧"礼乐"，忧"文化"，忧"王道"，但此忧决非"愁"，亦非悲观、悲戚。如此，孔子之忧，唯"天下"，而对于自己闲居之日常生活，却乐在其中、尽享其美。这样，闲居家中的孔子，因"无愁"，自然是心境平和，神情舒展、性情开朗、达观闲适；同时，因"无怨"，故心平，心平则气和，气和则心情舒朗、神清气爽。

第五，孔子在家闲居时，依然能在服饰等外在形态上保持"整"，而于内在心性上保持"和"与"悦"。如此，孔子能从"外"至"内"保持和谐，既能将礼法映现于生活之细端，又能不失自我从容舒展，毫无拘迫之精神气象；此气象乃得道者独有之，因为唯有德性极其纯粹者，其容貌合于中和者，方可如此！如此，不仅折射出其修养已达非一般人所能企及的高度，而且表征孔子之生存大智慧。

总之，孔子门人记录了孔子于家闲居生活，向世人敞开了孔子之日常生活的精神和心性之状。"燕居"本可随性、惬意，而孔子却仍衣冠楚楚，毫不松懈，如此执着的秉性，正是孔子礼法在心，德性居高而严于律己之表征。

门人之记述，看似在描述孔子的居家习性，实则是借孔子"燕居"时对己之严律，凸显其时时处处持守与遵循"礼"。这不仅仅是对生活的"态度"，更是孔子内心于"礼"之坚毅精神，是孔子由"内"而"外"，于"礼"之自觉自持使然。

5. 道衰不行，鸿志难践

述而 7.5

【原文】子曰："甚矣吾衰也！久矣吾不复梦见周公。"

【译文】孔子说："我衰老得很厉害了，我好久没有梦见周公了。"

"形接为事，神遇为梦，事见于有为，梦出于有思。"（陈祥道）孔子言"甚矣言其衰，久矣言其不梦"，表"孔子自叹道不行，非真衰老无意于世。"（钱穆）

孔子直面道衰不行之事实，以"甚矣吾衰"表其行道之力不从心，鸿志难践，以"不复见周公"表先王之道远矣，以此呈践行王道，恢复周礼之时艰不易。如此孔子之言，以"不复梦见周公"为价值主旨而反视其"衰"，促其心生惆怅与惋叹。

对于孔子之叹其"衰"而"久矣不复梦周公"，陈祥道解道：此恰是因为"孔子之盛时，尝欲有大勋劳于天下，而思周公之所为，故梦见之。及其衰也，知时命不我与，而不复思周公所为，故不复梦见之。"对此，亦如程子曰："孔子盛时，寤寐常存行周公之道；及其老也，则志虑而不可以有为矣。盖存道者心，无老少之异；而行道者身，老则衰也。"朱熹亦有言："孔子盛时，志欲行周公之道，故梦寐之间，如或见之。至其老而不能行也，则无复是心，而亦无复是梦矣，故因此而自叹其衰之甚也。"戴望有言道："孔子志欲如周公之治。'周公思兼三王，以施于春秋冬夏。'孔子为邦，亦取四代之制，《春秋》辟制作之名，籍鲁以托王义，思周公也。"

孔子"知其不可而为之"。面霸道猖行，孔子逆世势，不改其志，执着、坚毅而弘道。至此，孔子言"甚衰"，表躬行为弘道，深感其力已不济；言"久不复见周公"，以心象映道之世之境遇，表先王之道式微、衰微之事实。然而，面惨淡之世，孔子之言，非示弱而弃绝弘道之志，亦非因其衰甚久而与现世和解，只是暂时之感叹而已，表更急切、急迫弘道之心迹，彰孔子以退为进之内勇，以表孔子之弘道策略，从炽烈豪情向更为理性清醒之转向。如此，孔子之言，自叹也罢，悲楚亦然，皆是孔子弘道之途之上正常的反应。对此，蕅益引方外史之言，认为此表孔子"人老心不老。"

具体而言：

第一，孔子之言直陈了两个基本的事实，其一，是孔子觉得自己"甚矣吾衰"；其二，是他"不复梦见周公"已"久矣"。孔子以此两事隐言"时不待我"，表其深感道远于我、道兴世艰之悲婶。

第二，关于"甚矣吾衰"，这是孔子弘道壮志未酬之忧叹。此叹表征孔子忧己年事已高，天年不多，倍感弘道之情势不容乐观，在自己有生之年，"先王之道"恐难实现，故而哀伤言自己的衰老。此哀叹蕴含着孔子悯人悲世。此悲，悲于为"天下苍生"而兴"道"之难；同时，亦有令弟子珍惜时光之意。

第三，关于"不复梦见周公"已"久矣"。陈祥道引庄周之言释："'古之真人不梦'，何也？真人以性言，圣人以德言，性则入而冥道，故无梦；德则出而经世，故有梦。"孔子以承续周之礼乐，光复仁道为己任。如此，"梦里"常能与"周公"相见，"醒"则可以传扬其"道"。现因身体衰老，久未梦见周公了。这是孔子觉得自己很久未能与"王道"理想"照会"了，未能与先圣心意相通了，就连自己这样的人都已陌生于"先王之道"，何况一般的人呢？由此折射出"先王之道"之衰落式微，于人已经彻底疏离而陌生化了。

第四，孔子从自己的身体状态，推及到自己弘王道理想之残酷现实，都让自己感到一种隐痛与悲婉。如此，因身体的衰老，联及"先王之道"，反过来，又以"先王之道"的践行情况为尺度、为目标，反观自己身体的衰老，于是，形成了两者互生性的困境与悲催。倘若孔子尚年轻或身体甚好，即使实现"先王之道"之路荆棘丛生，他也不会有如此悲惋之痛。恰如他一直以来"明知不可为而为之"之"大勇"。然恰是年事已高、身体已衰，如此，一方面已无力对"先王之道"进行日日精细地琢磨，为之全力以赴奔走而践行；另一方面，"先王之道"中兴，依然渺茫，心生悲凉。正因为如此，"身体"与"精神"双重煎熬，令孔子生出哀叹之声。

第五，孔子的两种悲叹，以表征一己之身关联到天下之道，体现了孔子独特的自我身体观，折射出中国古代"天人合一"深厚的理论背景。当然，常人也会关照自己的身体状态，但是孔子是将自己的身体状态与道兴连接起来的。试想，一个没有道义担待的人，对自己的身体好坏，何以可能会如此悲叹呢？如此，与其说孔子忧身体，还不如说孔子以忧身体而忧道，正所谓"铁肩担道义"，恰如今日之语，"为了革命理想，保重身体"，境异理同。这样，孔子之悲叹再次印证孔子的使命感和为道兴之担待。

第六，孔子之叹言，充分体现了他所倡导的为道而存的"殉道生命价值观"。身体好坏，不只是生命力强弱的生理基础，也是一个人道德生命力强弱的基本前提。身体，原本只是一个生物肌体，只有当它承载着一定的价值目标、体现出一定的价值功能时，才超越肉体本身的规定和意义，从而具有了道义本体的意味。从这意义上来看，孔子将身体与王道之兴衰紧密关联起来加以确认和关照，充分体现了孔子所主张的道义身体—生命观。

第七，从孔子之言的深层次内蕴来看，孔子在此深深感到，人生最大的悲剧在于"来不及了"，恰如今人所言，（身体之）有限的时间已经无法为人生提供足够的空间来展开、来实现其理想了。孔子深感自己身体衰老得很厉害，留给自己的时日不多，而道兴之理想在其有限的生命时间限度内，却难以践行而有效地实现。如此，以道兴之命运而反观自己的身体之衰老，生成了孔子的生命悲怆意识。如是弘一法师之"悲欣交集"所敞开的生命真理。

总之，孔子自叹其"衰"并非仅仅指代生理的衰老，孔子的"梦见"是与周公"精神的照面"，今惋叹久未梦见周公，是借此自嘲其"衰"，以此感慨对仁爱礼法思想的宣导与传播深感力不从心，对"先王之道"确已疏离。进言之，孔子在此，一叹道之不行久矣、甚矣，以至于连他自己这样的人都似乎难以企及；二哀叹自己时日无多，恢复三代礼乐盛世，心有余而力不足。如此，孔子凸显身体与"道义"之间的互生性、互在性关系，表达孔子的道义身体—生命观和生命的悲剧意识，彰显孔子传承、弘扬"道"之历史使命感与强烈的责任感。

6. 道德仁艺，为学四目

述而 7.6

【原文】子曰："志于道，据于德，依于仁，游于艺。"

【译文】孔子说："以道为志，以德为根据，以仁为凭藉，娴熟地掌握艺。"

孔子"所举四端"，乃"孔门教学之条目。"（钱穆）表孔子教导弟子为学修己之目标与要求，直呈君子为学、修己之四个维度或四重内容，以此通贤达之境。如此，孔子之言表"学问阶级。"（藕益）"人之为学当如是也。"（朱熹）

孔子所言"志道""据德""依仁"和"游艺"于为学者之意义，朱熹予以明晰的阐释："盖学莫先于立志，志道，则心存于正而不他；据德，则道得于心而不失；依仁，则德性常用而物欲不行；游艺，则小物不遗而动息有养。"进而言道："学者于此，有以不失其先后之序、轻重之伦焉，则本末兼该，内外交养，日用之间，无少间隙，而涵泳从容，忽不自知其入于圣贤之域矣。"陈祥道则以为：孔子所言四者，"盖道则无体，故志之而已；德则有体，故可据，据德，所以立己；依仁，所以行己；礼体此者也，义宜此者也，智知此者也，信诚此者也。"如此，"道、德、仁，君子之务本。艺，则君子之余事。"

钱穆将孔子所举四端之"次第轻重之间"，置于不同的教育阶段，针对不同的"学者"而加以确认，更细腻地确证了"志道""据德""依仁"和"游艺"之先后顺序，明确区分出"小学"与"大学"之别。他指出："就小学言，先教书数，即游于艺。继教以孝弟礼让，乃及洒扫应对之节，即依于仁。自此以往，始知有德可据，有道可志。惟就大学而言，孔子十五志于学，即志于道。求道而有得，斯为德。仁者行德之大全，盖惟志道笃，故能德成于心。惟据德熟，始能仁显于性。故志道、据德、依仁三者，有先后而无轻重。而三者之于游艺，则有轻重而无先后，斯为大人之学。"在此基础上，钱穆进而勾勒出一条循序渐进的入道之径："若教学者以从入之门，仍当先艺，使之实习，有真才。继学仁，使有美行。再望其有德，使之自反而知有真实心性可据。然后再望其能明道行道。"如此，他亦劝诫说"苟单一先提志道，使学者失其依据，无所游泳，亦其病。"

孔子提出的教学四目，本质上即是指培养学者之内容、尺度和标准，寄希望于诸弟子遵循学者成长之内则，修身进德，增知长识，成独善其身，又能弘道救世、安天下之真君子。

具体而言：

第一，孔子所举四目，从教学内容的视角，具体而鲜明地表达了培养目标，昭示着学者应在"志""据""依"和"游"四个层面用功进修，使己达于"道""德""仁"与"艺"，促己成为内存高远之志，涵泳仁心德性，外修精通才艺，成安天下之君子。孔子之教学内容，潜含着孔子弘道救世之理想，是孔子"内圣外王"之具体化和个体化。以此表明孔子以教育人、塑造人而弘道救世的行动方案。

第二，"志于道"。抽象而言，表达了为学之君子所立之志，应在形上之维，在于"道"，而非"器物"、非"术"。如此，才能达成"君子不器"之目标。"志"于君子的精神结构中居于至上地位，对君子人生起着引领、统率作用。如此，孔子对君子人生的第一个定位提出了根本的要求，即立志必须高远，由此表达了君子之人生志趣、志向必须具有超越性，而不能局限于某种具象。唯有如此，其心才能雄踞于世俗之上，俯察、审视世俗，凸显人生心志居高可驾万事之态。一句话，君子人生立志当高远，而非低近，当弘大弃小。

就其具体内涵而言："志于道"之"志者，心之所之之谓。道，则从人伦日用之间所当行者是也。知此心必之焉，则所适者正，而无他歧之惑矣。"（朱熹）志于道，"言士当志为孝、友、睦、媭（yīn，同'姻'）、任、恤之行。道，六行也。"（戴望）"志，心所存向。"（钱穆）如此，孔子所言为学之君子当"志于道"，表明其须入道生活，整肃心智，以尊尚与践行仁道为根本、为宗旨。简言之，"志于道"，就是志在"仁道"，而非财利，表现为忧道、谋道、乐道，此为弘仁道之根本前提。

第三，"据于德"。此乃仁道于个体化、内在化而成为个体的道德之心，成为个体一以贯之之内在准绳。对此，朱熹释曰："据者，执守之意。德者，得也，得其道于心而不失之谓也。得之于心守之不失，则终始惟一，而有日新之功矣。"（朱熹）戴望更为具体地指出"据，定也。德，六德，知、仁、圣、义、忠、和。"钱穆则释曰："据，固执坚守义。道行在外，德修在己，求行道于天下，先自据守己德，如行军作战，必先有根据地。"

"据于德"，突出和强调的是君子修身、锤炼心性必须以仁德为根据、为持守，此为仁道内化于心之据持。在此，"德"是一个尺度，一个原则，一个标准，唯有以此德为依据，学者之心性才得以真正树立起来，也才能生成正当的道德本体，从而成为自觉化了的道德主体。

第三，"依于仁"。按照传统之解，"仁"有体用二分，仁之"体"即是君子的内心修养，即所谓性命之学、心性之学所为表征的内在心性；而仁之"用"，则是表于外，为爱人爱物。对于"依于仁"，朱熹释曰："依者，不违之谓。仁，则私欲尽去而心德之全也。功夫至此而无终食之违，则存养之熟，无适而非天理之流行矣。"戴望切近道："人与仁合，相依不舍，德道乃纯。"钱穆则承续了朱熹之解，言道："依，不违义。仁者，乃人与人相处之道，当依此道不违背"。陈祥道则更深刻地释曰："何谓依于仁？曰：德之所爱者，仁也。其所以制者，义也。爱则近于厚，制则近于薄。君子处其厚，故依于仁，不依于义，此所以在此无恶，在彼无射也。"

"依于仁"，应是启于"道"、承于"德"，表做任何事情都依傍于"仁"，突出"道"与"德"如何发挥，凸显其关键在于对人、对物所持守的基本立场和态度。有"仁"，并依从此"仁"，那么，君子即可从爱人、爱物、爱社会、爱国家、爱世界，扩而充之爱全天下，从而使"仁"得以渐次充分地发挥出来，体现出"仁"之现实指向。

第五，关于"道""德"和"仁"三者之关系，陈祥道引扬子和老子之言释之："扬子之言道德仁，则合异以为同，故曰道德仁，人得之以人之天也；老子之言道德仁，则散同以为异，故曰失道而后德，失德而后仁。其实一也。盖道则无体，故志之而已；德则有体，故可据。""据德，所以立己；依仁，所以行己。礼，体此者也；义，宜此者也；智，知此者也；信，诚此者也。言道德仁，则义智信举矣。道德仁，君子之务本；艺，则君子之余事。"进而引《礼记》与孟子之言强论之："《礼记》言'依于德'，仁即是德故也，此言志于道。孟子言'志于仁'者，仁即是道故也。"

第六，"游于艺"。朱熹释曰："游者，玩物适情之谓。艺，则礼乐之文、射、御、书、数之法，皆至理所寓，而日用之不于阙者也。朝夕游焉，以博其义理之趣，则应务有余，而心亦无所放矣。"戴望解道："艺，六德，礼、乐、射、御、书、数。游，乐也。六艺所以成为德行，而综之以礼，故曰'文之以礼乐'，又曰'礼乐不可斯须去身'。"钱穆以为："游，游泳。艺，人生所需。孔子时，礼、乐、射、御、书、数谓之六艺。仁之习于艺，如鱼在水，忘其为水，斯有游泳自如之乐。故游于艺，不仅可以成才，亦所以进德。"

"游于艺"，是指君子在礼、乐、射、御、书、数等六艺等诸多方面都具有娴熟和高超的技能，能自由掌握、游弋和运用各种技能，从而能做到游刃有余。这是从基本的技能方面来规定君子。这是君子之志、德和仁的最后落实。

司马光曾直道才德之关系："才，德之资也。德，才之帅也。"（《资治通鉴·南纪一》在此，须注意的是，司马光讨论德才之关系时，首言"才"而后言"德"，表明言"德"之前提必须确证有"才"，这样缜密的确证，恰表明"无才之人"，尚未获得论德之资质，无须纳入甄别其德之列，否定了脱离"才"而言德之先在性和独立性。孔子最后落实于"游于艺"，其深意正在于不使"道""德""仁"流于空乏。直言之，倘若没有"游于艺"，那么，"志于道，据于德，依于仁"皆沦为悬虚而不具有可实现性。

第七，孔子所举"志于道，据于德，依于仁，游于艺"之顺序，遵循了古之教育传统，此亦为孔子"信而好古"之具体表征。对此，陈祥道予以佐证。他说道："周官司徒教万民，以六德、六行，然后继之以六艺。师氏教国子，以三德、三行，然后保氏教之以六艺。则艺岂君子所先哉？特游之而已。"

更为重要的是，孔子不仅按照"志于道，据于德，依于仁，游于艺"来教导弟子、要求弟子，而且孔子在其生命活动中，躬行践履之，以身示范为表率。恰如陈祥道总结的那样："今夫己之子与兄之子，均在所爱也。孔子则以其子妻公冶长，以兄之子妻南容，此依于仁而施于亲亲者也，己之与人均在所责也。孔子则躬自厚而薄责于人，此依乎仁而施乎人者也。君臣之分，道合则从，不合则去。孔子于鲁不欲苟去，必欲以微罪行。"

总之，孔子从"志""据""依"和"游"四个方面要求为学之人，须落实与用功于"道""德""仁"和"艺"，凝练而集中地表达了孔子对君子的要求和对弟子们培养的具体目标。其中，"道"与"德"侧重于君子的内在精神修养，"仁"与"艺"侧重于君子之处世原则与能力。于此，孔子强调和提出以"道"为精神高度，以"仁""德"为精神纲领，以"六艺"为基本能力，促使君子或其为学者能够得到全面的发展。

从"志于道"到"游于艺"，体现了从总体到具体、从"志"到"能"、从理念到行为、从根本到细端、从原则到技能渐次展开的路线，从而表达"道""德""仁""艺"，即是围绕君子建构自我的内在精神和经世济民之技能而展开的，鲜明而生动地勾勒出君子之理想人格与典范形象。

孔子以规范而严格的教学内容承载着教育目标，以教育目标彰显教育之目的，以教育目的成就弘道救世之旨趣，由此，表孔子立足于教育、紧扣教育与时世之关系，以培养、培育君子为手段，以期成其弘道复礼之效。

7. 虔敬施教，束脩以上

述而 7.7

【原文】子曰："自行束脩以上，吾未尝无诲焉。"

【译文】孔子说："自行成童之礼以上年龄的人，我从来没有不给他们教诲的。"

孔子开私学，行"有教无类"，施教于问学者，具体体现于"自行束脩以上，吾未尝无诲焉。""脩，脯也。十脡为束。古者相见，必执赞以为礼，束脩其至薄者。"（朱熹）"一解，脩是干脯，十脡为束。古人相见，必执赞为礼，束脩乃赞之薄者。""又一解，束脩谓束带修饰。古人年十五，可自束带脩以见外傅。又曰：束脩，指束身脩行言。"（钱穆）由此，对孔子之言，后世理解歧义繁生。

孟子曰："君子之所以教者五：有如时雨化之者，有成德者，有达财者，有答问者，有私淑艾者。此五者，君子之所以教也。"（《孟子·尽心上·四十》）孟子指明，有道德的人教育人的方法有五种：有像及时雨一样启迪人的，有培养品德的，有培养才能的，有解答疑惑的，有感化他人使他们模仿的。这五种，就是有道德的人教育人的方法。如此观之，"君子之于人，常患其所不学，而不倦其所教。其于教也，常恕其所不足，而不严其科，故洁己以进者。"而"孔子未尝不与，以是心至者。"（陈祥道）

孔子所言"吾未尝无诲焉"，具体再现与印证了其"诲人不倦"之教育原则与教学精神。

具体而言：

第一，孔子在开举施教四目（"志于道，据于德，依于仁，游于艺"）之后，自述以明确"谁"可成为其教之对象："自行束脩以上"者。此为孔子行"有教无类"之具体实施方案，亦可视为孔子昭告天下欲问学于他的学子之规定或启事。

第二，孔子之自述，引后世理解歧义，乃在于将理解聚焦于"自行束脩"之"束脩"或"自行束脩以上"之"以上"带来的。

宋儒以朱熹为代表，将理解孔子之言的重点置于"束脩"。认为束脩就是十条干肉。并强调"脩""修"形义有别。据《说文》，肉脯之字当作"脩"，修饰之字当作"修"，辅之以古礼来加以论证和突出孔子要求他的学生，入学见面时只要自愿拿十余条干肉作为学费去见孔子，孔子都一律好好教授。后来，就把学生送给老师的学费叫做"束脩"。此解渐成定势，清戴望亦循此解，认为"束脩，童子之挚以见先生。谓之束脩者，取其能自束带脩饰。"钱穆先生基本上就直承与认同朱熹之解。

对此，亦有学者考证汉代以来对之的理解，从儒家之传统，即所谓"礼闻来学，不闻往教"，表证依据古代的相见之礼，凡拜见所尊敬之人，必执赞以表情达意，弟子以束脩为赞拜见先生，正是出于当时的礼仪规范。

若对"自行束脩以上"，不停留于、纠缠于"束脩"，而是关注孔子所言在于强调"自行束脩以上"的"自行……以上"，那么，"束脩"即是"年十五""束带修饰"，如同年二十，行弱冠成人之礼一般。如此，"行束脩"，其含义应是年满十五岁，行了成童礼之人。古时，女子十五岁为"及笄"。《礼记·内则》有言："女子十有五而笄。"男子十五岁成童时束发为"髻"，"束发"成童子代称。《大戴·礼记·保傅》有言："束发而就大学，学大艺焉，履大节焉。"

如此，第一种解读，因句读上出了问题，而产生误读，并且该种误读成了流传广泛的常识性错误。

当然，如果有人将"自行束脩"中的"自行"解读为"自愿"，"束脩"解读为"肉干"或"肉脯"，将"自行束脩"解读为要去向孔子问学的弟子，须首先自愿拿上至少10条肉脯。那么，此句中的"以上"又该如何理解呢？莫非孔子至少要求学生"自行"拿十块或十块以上的肉脯？如果真是这样，试想孔子有多少学生，他得收多少肉脯？如何保存？如何消受得了?! 如果真是要求每个学生须带上至少十条肉脯作为见面礼或"学费"，那么，"一箪食、一瓢饮、居陋巷"之颜回，何以可能成为他的贤弟子呢？孔子也不可能窘迫而需其弟子子贡接济他了。如此，孔子也就不可能"有教无类"了，而是谁能拿得出更多的肉干，才能成为他的弟子。

第三，"自行束脩以上"，应是孔子对自己所要教授的学生所做出年龄规定，这就表明孔子对所要教授的弟子之智力、生活自理能力，以及志趣提出了一定的要求，强调学生须具有自主、自觉和相应的思维、认知和判断能力，及生活自理能力的人，否则是无法对之传授"大学"。

从文辞上来分析，"自行束脩以上"，重点不在"行束脩"，而是在"自行束脩"之"以上"，表明学生年龄的最低限度，或最小年龄不能小于"行束脩"，即行了成童礼、举行了成童仪式的人。如此，"自行束脩以上"明确了孔子的要求："自15岁及其以上年龄的人"，都可以成为他的弟子。恰如孔子在总结自己的人生时谈到"十有五而志于学"。孔子依据自己的成长经历和"大学"

之规定，对求学的弟子的年龄提出"自行束脩以上"的基本要求。这是他"有教无类"的年龄规定。

孔子之所以如此要求，关键在于其所传授重在"大学"，而非"小学"。如此，对弟子的要求必是生活能自理，心智渐成熟，能"志于道"，简言之，即是可为学者。

第四，"吾未尝无诲焉"，孔子以双重否定的口吻，证成自己从未拒绝"自行束脩以上"而求学问道于他的学子。此为孔子教育学生"诲人不倦"之精神的再次表达，是孔子对自身一贯坚持与施教的原则所进行的自我评价与自我总结，亦可视为孔子向求学问道者所作出的承诺，亦可视为孔子向当世做出的允诺。

总之，孔子之自述，即是孔子招收弟子对年龄的要求，和自身施教之基本原则之承诺，如似今天的招生广告或招生简章一般。这是孔子施行"有教无类"之实践操作方案。

8. 施教主导，为学主体

述而 7.8

【原文】子曰："不愤不启，不悱不发。举一隅不以三隅反，则不复也。"

【译文】孔子说："教导学生，不到他想弄明白而不得的时候，不去开导他；不到他想出来却说不出来的时候，不去启发他。教给他一个方面的东西，他却不能由此而推知其他方面的东西，那就不再教他了。"

孔子深谙教授之道，自述在具体的教学实践中，须深度把握学子思想变化之过程，了解与切进学子思想、思维之脉，拿捏好疏通、开掘和启发学子思想之"节点"，掌握好有效点拨弟子修学之精妙时机与诀窍，促学子思想之畅达，学习之进取，以此真正体现了"教"与"不教"之辩证法。

"不愤不启，不悱不发"，表孔子启发教育的重要方法，指明施教者介入学子之思予以引导、开导和启发的最佳时机，以达到能真正启动、激发学子之主体性而解除思想之障碍，跨越理解之沟壑，促使其豁然开朗，学思畅通，真正把握所学之至要。在此基础上，明示对"举一隅不以三隅反"者，则"不复"再施教之原则，表孔子强调因材施教、循序渐进与适度教育之原则。

对孔子从长期施教实践中总结、提炼出来的教学启发之方法和原则，陈祥道予以了精要的阐释。他说："愤在气，悱在心，气不愤不能诚心问，故不启心，不悱不能诚心辨，故不发。启之、发之，则举一隅不以三隅反，则不复，此又恶其不思也。盖启所以开之，发所以示之，不以三隅反则不复，欲其思而自得也。盖君子之于人，能道之以善而不能使之自得，犹夫匠之于人，能与之规矩而不能使之巧。故性与天道，子贡所不得闻。鬼神与死，子路所不得闻，岂非不以三隅反则不复哉？《礼记》曰：'开而不达则思。'孟子中道而立，能者从之，此之谓也。然此言学者之道而已，鄙夫问于我，叩两端而竭焉。"

孔子之教学方法与原则，确证了他的施教实践之有效，极大地丰富了中国传统的教育思想。孔子提炼出的"施教主导，为学主体"之教育方法论，对后世教育影响至深至远。

具体而言：

第一，如果说"志于道，据于德，依于仁，游于艺"，表施教之目标，即"为什么教"；"子以四教：文、行、忠、信"，表施教之内容，即"教什么"；"自行束脩以上，吾未尝无诲焉"，表施教之对象，即"教谁"。那么，"不愤不启，不悱不发。举一隅不以三隅反，则不复也"，则表施教之原则和方法，即"怎么教"，由此，"为什么教""教什么""教谁"，以及"怎么教"，构成孔子完整的教育施教方案，成为其教育理念的实践模式。

"不愤不启，不悱不发。举一隅不以三隅反，则不复也"，是孔子对自己教学之切身体会和经验的总结，构成其重要的施教原则，表明孔子反对"独白式"、简单"灌输式"的教学，突出教学中采取互动"启发式"，尤其关键的是施教者须充分了解和把握学子思想之推进、问题之症结，进而掌握好开导、启发学生的时机，充分呈现施教者如何有效施教于学子的重要方法，彰显了如何确定有效施教的机巧和遵循的原则。同时，表证孔子于施教中遵循着"教"与"不教"相结合的辩证原则。这是孔子对中国教育、教学贡献的重要方法论，至今依然具有深刻的合理性。

第二，孔子在此主要说了两层含义，其一是"不愤不启，不悱不发"；其二是"举一隅不以三隅反，则不复也"。这两层含义分别从教学之方法与教学原则两个方面，深化了孔子的施教立场和观点。

其一，"不愤不启，不悱不发"。孔子提出"启发式"教育，强调"开导""启发"之时机。其关键在于：不"愤"而不"启"、不"悱"而不"发"。"愤"，表"心求通而未得之意。"（朱熹）即是指出当学生在遇到不解之惑时，主观上想尽力求通，必着急期盼求解，或心生烦闷；此表学生思考、情绪状态惟达到自己思维之瓶颈、之极限而自身难以突破之时，简言之，就是在学生极尽己力未得解，即"憋得慌"时，才给予学生必要的启发和点拨，因为只有此种状态下的"启"，才能真正做到"开"而"通"，从而让学生"豁然开朗"，也才由此提升学生的理解而进入另一个境界。而"悱"，表"口欲言而未能之貌。"（朱熹）即是指学生对教授的、所学的内容或对针对所思考的困惑，已意会，已理解，想进一步加以清晰地言说或表达，却又一时无法找到合适的、恰当的语词或言辞来加以陈述和表达，一句话，表达受到阻滞。如此，必会惆怅而苦痛；正是在此时，教师需要给予学生以诱发、引发，从而让学生从自身之积淀中找到恰当而合适的表达，形成准确而流畅的表述。对此，程子解曰："愤悱，诚意之见于色辞者也。待其诚至而后告之。既告之，又必待其自得，乃复告尔。"若"不待愤悱而发，则告之不能坚固，待其愤悱而后发，则沛然也。"

从"不愤"到"不悱"，是学生学习过程中所呈现出来的"有惑"而"不解"、"有解"而"不能言"两个非常重要的环节和状态；针对如此状态，孔子提出"启"与"发"来加以"解决"。这一"问题"一旦得以解决，使学生在学习过程中由"内"至"外"、由"里"至"表"实现通达。这恰好是教师

"解惑"功能的具体体现。对此，戴望有言道：孔子所言即为"为学之道，欲其自喻，故必待其气愤盈情悲伤，然后为之分别而发明之。"

在这里，还应该充分注意到孔子所倡导和坚持的原则，即学习的过程是以学生为主体，教师不可替代之，教师只能发挥其引导之功能。如此，学生必须首先展开独立思考和探寻表达，当且仅当在学生需要之时，教师才实施"启"和"发"。在此，教师的功能定位只是辅助性的、引导性的，切不可替代学生去思考，去表达，导致倒置本末。唯有如此，方可在师生明确职责之分的前提下，达成教学活动中互动性的良好效果。

其二，"举一隅不以三隅反，则不复也"。这是孔子根据学生的学习状态及其特点而须遵循的教学原则。直言之，孔子认为，如果在教学中，对于学生不能做到"举一反三"、触类旁通，那就说明该学生对教师所讲授的内容难以把握和融通，进而说明该学生的知识和经验、他的心智和才能还有所欠缺，在此种状况下，教师就应该停止再授予新知识，以免继续施加学习的压力。在此，进一步体现孔子因材施教和循序渐进之适度的教学原则，恰如孔子在前面所说："中人以上可以语上也；中人以下，不可以语上也"所指示的那样。更为重要的是，孔子以"不复"表明，在施教过程中，当遵循"教"与"不教"相结合的渐进与适度原则。

总之，"启之、发之、复之，是教诲；不启、不发、不复，亦是教诲。故孟子曰：'教亦多术矣。予不屑之教诲也者，是亦教诲之而已矣。'"（江谦）孔子之自述具体而细腻地表达了施教者在教学中实施"启""发"之最佳契机，突出学生"主体"和教师"主导"的基本理念，进而强调针对学生的素质和能力，遵循"教"与"不教"之辩证法，贯彻"因材施教"的教育原则。

孔子以"志于道，据于德，依于仁，游于艺"，明确施教修学之"四目"，再以"自行束脩以上，吾未尝无诲焉"，明确受教对象和教学之精神之后，进而深入到教学之具体境遇中，探寻教化学子所遵循的原则和有效方法。如此，从施教之内容、对象和方法等多层面展示了孔子独特的教育观，由此亦生成万世师表之鲜明而生动的"木铎"形象。

9. 临丧哀戚，食之不甘

述而 7.9

【原文】子食于有丧者之侧，未尝饱也。

【译文】孔子在有丧事的人旁边吃饭，不曾吃饱过。

《礼记·间传》有道："斩哀三日不食，齐哀二日不食，大工三不食，小工、缌麻再不食，士与敛焉，则壹不食。"孔子"临丧哀，不能甘也。"（朱熹）以"助孝子哀戚之心。"（戴望）如此，"丧者哀戚，于其旁不能饱食，此所谓恻隐之心"，以此可"见圣人之心"、"圣人之仁。"（钱穆）

孔子临丧，感同身受，如是丧者之丧，哀者之哀。其临丧同悲哀、伤真情，表对死者的哀思和对生者的慰藉，使之每每而难以饮食，故"未尝饱也。"因为"天之道，阴阳不同时，则当丧而饱者，逆道也。""行吊之日，不饮酒食肉，况食之饱乎？"（陈祥道）

《礼》曰："饥而废事，非礼也；饱而忘哀，非礼也。孔子所以未尝饱。"如此，表孔子以身示哀，以尚天道，遵礼践仁。

具体而言：

第一，"子食于有丧者之侧，未尝饱也"，主要记述了孔子从事儒的职业，参与或主持丧礼后进食时的情况。其重点在于通过"未尝饱也"表达孔子的"恻隐之心"与同悲、同哀之情，彰显孔子推己及人之仁爱、悲天悯人的情怀和对生命的尊重。

第二，本节具体记载了孔子参与丧礼之后，进食不求饱所折射出来的情性。孔子临家有丧哀的人，见之悲伤，自然引发自己的哀戚之情，见人之伤亦成己之伤痛。孔子将心比心、设身处地、推己及人，感同身受，同悲痛爱之中，食不甘味也就成了非常自然之事，以此表明孔子是一个情诚、爱人真切之人。这是心有"仁爱"之人所表现出来的"恻隐"与慈悲情怀。

第三，孔子之举，对逝者及家属表示敬挽和伤痛，表征他遵礼严格约束自己，顾及他人感受，尊重死者与哀丧者，显现了他高尚的品格和人性的光辉。

同时，孔子之举，具体表达了仁者爱人的思想。孔子能做到与丧家同哀、同悲之情，以切己之感受确证和传导出孔子之仁慈柔软，进而表达了对生命尊重之态度。

　　总之，孔子对丧家之哀悲而生之哀情，致使他面对食物难以下咽，体现孔子哀其所哀的恻隐、悲悯和仁爱之心。以此表明，孔子在生活中是一个能时常为人着想、感受别人之感受的人；孔子对他人的体谅、尊重、悲悯和慈爱，是生活交往中难得的真挚情怀。

　　临哀丧之事，乃面死者与生者之大事。"生死"皆不可亵渎，不可轻薄。"子食于有丧者之侧，未尝饱也"，从"食"之细节，表明孔子对生之尊重、虔敬，对死之沉痛哀戚之情，是对"天道"之遵从。

10. 日哭不歌，虔敬以礼

述而 7.10

【原文】子于是日哭，则不歌。

【译文】孔子在这一天为吊丧而哭泣，就不再弦歌。

"子食于有丧者之侧，未尝饱也"，表孔子遵"天道"、循"礼"而行。"子于是日哭，则不歌"，表孔子"与不歌者执礼故也"，此乃孔子循"人之理"而为。恰如陈祥道所释曰："人之理，哀乐不同日。则哭日而歌者，逆理也。"如此，"邻有丧舂不相，里有殡巷不歌，况哭之日歌乎？"

《礼记·檀弓下》有道："吊于人，是日不乐。妇人不越疆而吊人。行吊之日不饮酒食肉。"朱熹释曰："日之内，余哀未忘，自不能歌也。"戴望解道："天之道，寒燠不同时；人之情，哀乐不同日。"钱穆亦言："一日之内，哭人之丧，余哀未息，故不歌。""此非礼制，乃人心之仁道"然也，因为"余哀不欢，是其厚。余欢不哀，则为无人心。"由此，"于是日哭，则不歌"，不仅表孔子自觉遵"人之理"，自律己行，而且更深层地表达了孔子宅心仁厚之德。正是在此意义上，朱熹引谢氏之言总道："学者于此二者，可见圣人情性之正也。能识圣人之情性，然后可以学道。"

孔子临丧，食而"未尝饱"，吊哭之日"不歌"，遵"道"、践"道"而行"礼"彰"仁"，将仁者之心性直呈于世人，示范"礼"与"仁"于具体的生活之中，感召世人心遵礼向仁，追从"仁道"。

具体而言：

第一，承"子食于有丧者之侧，未尝饱也"之述，"子于是日哭，则不歌"，乃续述孔子主持或参与吊丧哭泣之后，遵"礼"之规定，不再吟唱诗歌而娱乐，再次显明孔子真心实意地对人之虔敬，以及内具真诚之仁德。

第二，据《礼记》所载：古时有"哭日不歌""吊于人，是日不乐"之规定，表哀情与欢乐不可并行。"哀乐歌哭同日者，惟祭而已。故礼记曰：祭之日哀与乐半"，以此强调遇哀丧之事时，用情不可轻薄而必须凝重与肃穆。如此，孔子对礼之规定，从来都是严格地遵守而未违之。

第三，从记述之语可见，孔子在临丧时，心有戚于中，是尽礼而返的，所以哭之哀！何以见得？从记载来看，孔子有哀积于胸，余哀未息，余戚未忘，一天都再没有弦歌的情致了。

弦歌，乃欢悦与娱情，而吊丧哭泣之后，其心依然沉浸在悲楚之中，何以可能如此短暂地忘却悲情而进入弦歌呢？"哭"与"歌"，即悲喜、哀痛与欢悦是两种截然不同的情愫，是不可同时兼容、并行的；如此，可以看出孔子临丧、吊丧时实为真哀戚，以此表明孔子是真性情，真感情之人，这样，孔子"不歌"所蕴之悲，乃发乎于哀之真情。

孔子"不歌"，更充分地表达了孔子对临丧之悲的深切体会，进而表达了对逝者之哀思。如此，孔子余哀不欢，是其心之仁厚使然、其心载仁道使然。

第四，生死乃人世之大事，"新生"总是予人以之愉悦和欢喜，而"死"则致使人决绝悲戚。面对"死"之悲哀和丧戚之情，孔子于"哭"之后的"不歌"，戚致无心力、无心绪而歌，其心、其情仍然沉于悲戚之中，其性依然停住于悲恻静穆之中。这是对"生命"充满着爱，进而对"死者"具有深刻悲悯与深厚情怀之人，才具有的诚挚情愫。由此，通过孔子对"死"者之情而表征出他对生者的敬重，表征其内蕴仁道之性情。

总之，"吊丧"是具有仪式意蕴的"祭奠"，内蕴着悲情主义独特的精神和情感要求，因此，它具有一定的神圣性，决不可亵渎、不可轻薄待之，如此，"吊丧而哭泣"表痛彻之悲。这样，孔子"不歌"，不仅遵道义而正当，而且践礼显道，达教化世人之目的。

"子食于有丧者之侧，未尝饱也"，表孔子遵从"天道"而行。"子于是日哭，则不歌"，表孔子"与不歌者执礼故也"，此乃孔子循"人之理"而为。如此，通过孔子临丧、吊丧，不仅表征孔子仁道于心，仁爱于人，而且从"丧"的视角透显出孔子对生命的立场和态度，即从"死""丧"而透露出孔子生命哲学的价值意蕴。

11. 用舍行藏，智勇兼具

述而 7.11

【原文】子谓颜渊曰："用之则行，舍之则藏，惟我与尔有是夫！"

子路曰："子行三军，则谁与？"

子曰："暴虎冯河，死而无悔者，吾不与也。必也临事而惧，好谋而成者也。"

【译文】孔子对颜渊说："有用我，我则将此道行于世；不用我，我就藏道于身，只有我和你才能做到这样了！"

子路问孔子说："老师您如果统帅三军，那么您和谁在一起共赴呢？"

孔子说："赤手空拳和老虎搏斗，徒步涉水过河，死了都不会后悔的人，我是不会和他在一起共事的。我要与之共事的人，一定要是临事能小心谨慎，有所顾惧，善于谋划而做决定之人。"

孔子对颜渊说"用之则行，舍之则藏，惟我与尔有是夫！"表孔子盛赞颜渊所秉持用舍行藏之处世智慧与态度。"子路见孔子独美颜渊，自负其勇，意夫子若行三军，必与己同。"（朱熹）以此自夸己之武勇。孔子直言不讳地指出子路所谓"行三军"之"勇"，如是"暴虎冯河"，且"死而无悔"，此为"鲁莽"，是头脑简单、有勇无谋之草莽武勇，决非"智勇"，故孔子以"吾不与也"断然否决、拒绝子路自以为是、一厢情愿之意；在此基础上，孔子以"必也临事而惧，好谋而成者也"，从正面表达只愿与有勇有谋之人合作共事，以此教育子路须有"惧"、应"好谋"，力戒无谋之蛮勇，成能审时度势，进退有度之智勇双全者。

孔子所言"用""舍""行""藏"表君子于世，道与命，无须强求，惟是进退有度。"有用我者，则行此道于世。不能用我者，则藏此道在身。"（钱穆）因为"用舍无与于己，行藏安于所遇，命不足道也。"以此而观，"颜子几于圣人，故亦能之。"（朱熹引尹氏）

孔子在回应子路之问时，先言"暴虎冯河，死而无悔者，吾不与也"，以此隐喻表孔子欲"抑（其）勇而教之"，"然行师之要实不外此，子路盖不知也。"（朱熹）如此，孔子直言之："必也临事而惧，好谋而成者也。"希望子路能领会其匹夫草莽之"武勇"所存之弊，直接以"惧""谋"而点化子路当增"智"，成有智之勇者。

对于孔子与弟子之谈话，朱熹引谢氏之言释曰："圣人于行藏之间，无意无必，其行非贪位，其藏非独善也。若有欲心，则不用而求行，舍之而不藏矣，是以惟颜子为可以与于此。子路虽非有欲心者，然未能无固必也，至以行三军为问，则其论益卑矣。夫子之言，盖因其失而救之。夫不谋无成，不惧必败，小事尚然，而况于行三军乎？"

颜渊、子路，为孔子众弟子中之两类典型。若从其差异性而辨，颜渊为思想智慧型，子路则是实践行动型。孔子赞颜渊而抑子路，以救子路之失，表孔子教育弟子之取向，告诫弟子面乱世，弘道救世，须进退有度，智勇兼具。

具体而言：

第一，在孔子与其弟子颜渊、子路的对话中，孔子对颜渊之"智"给予了充分的肯定与褒扬，提到与己相等的高度，相应地对子路之"勇"却予以了贬抑，进而教育子路，当知要成就大业者，须戒"武勇"而成"智勇"双全之人，以此表明立足乱世而弘道，须具备进退有度，智勇兼具的行事、处世之智慧。

第二，孔子对颜渊所言，包括两层含义；其一，君子处世当遵循："用之则行，舍之则藏"之原则；其二，表有此修养，能达如此境界之人："惟我与尔有是夫"。

（1）所谓"用之则行，舍之则藏"。"用之"为启用、任用或重用，成"学而时"可"习之"者，即可行道而立功者；"舍之"，或为"人不知"者，即不被启用、任用或重用者；相应采取"行"与"藏"。对此，戴望予以了明晰而精要的诠释："行王道，致太平，是为行。作新王之事以俟后圣，是谓藏。"

从文辞来看，孔子所言呈"用""舍"，"行""藏"之对应性策略，揭示了其中蕴含的因果、主动与被动之关系，突出能审时度势知进退、懂收放之"智"；透过表层，孔子实则在谈圣贤对于"道""命"之态度，言"道"可"行"、亦可"藏"，从而勾勒与刻画着圣贤可以根据事态和自我被重用与否决定其"行""道"与"藏""道"，使"道"不损，从而进入自由自在的生存状态。如此，将圣贤与凡夫俗子区别开来。因为凡夫俗子或小人不谙"用之则行，舍之则藏"应变之道，不论"用"或"舍"，只知"行"而不懂"藏"，只欲"进""放"，而未觉"退""收"。

（2）"惟我与尔有是夫"。从"智""贤德"维度，在"用""舍"，"行""藏"上，将颜渊提到与自己同一高度，这是孔子对其得意弟子颜渊的充分赞许与至上之褒扬。对之，陈祥道予以了深邃的解读。他说道："学不至于不惑，不可以语去就之义；行不至于不惑，不可以言废兴之命，故用之则行，舍之则藏，惟孔子能之。盖君了藏器于身，待时而动，用舍不累于一身，其流止不失其为渊，其所谓明明在上亦山雌也，闇闇在下亦山雌也。夫岂以盛行之通，穷居之塞而为之，加损荣丑哉，此所以为孔颜也。”

（3）人生最大的考验与智慧不在"用"则"行"，而是在"舍"则"藏"。问题的关键是"藏"什么？一表对于求事功之欲望心，不就"有道"则不去"行"；二表藏己之理想抱负或意图、智识或见识；三表隐道于"身"，藏行道之心。这样，圣贤之智则在于自觉处世之道，具体表现在实际生活中，不仅懂得"激流勇进"而行道，而且亦知"急流勇退"而藏道。如此，在孔子看来，圣人求事功，然不为求事功而求事功，有的是一份"执著"而不"执迷"之心。孔子处世之智，昭示着在人生路上，须懂得何时转弯，实现华丽转身。这种处世之生存智慧，是孔子留给现代人的精神遗产。

（4）"用之则行"，表君子被重用而有机会就行道"立功"，成弘道之势，此为孔子、乃至儒家一直所倡立的人生价值观。但同时，孔子所言"舍之则藏"，则为藏道于身，不让道废。如此，孔子为后世中国知识分子安排了一条自我保护、自我成全之路。

（5）孔子所强调的"藏"，即是藏道于身，进而藏己于世，由此形成了中国知识分子收敛式或内敛式的处世方式与人格特征，如此内在超越性维度，构成中国"隐"文化的基因与传统，从而形成了"藏"而"退"的人生、人格之独特模式。

第三，子路闻孔子将颜渊提至与己同样的高度予以独美之言，不再在"用""舍"与"行""藏"这样原则的问题上与孔子论争，转而以自己最为擅长的统军作战之事来试探性地与孔子讨论，其主观目的是为了突出行军打仗"舍我其谁"之"勇"。此处，也突出子路清醒而明晰的自我判断和自我意识。应该说是值得充分肯定的。然更真切地表征出子路于"行三军"，即统领三军之自负。

然而，"行军打仗"当以智慧为先、为要，恰如《孙子·计篇》中所道："将者，智、信、仁、勇、严也。"将"智"置于将者"五德"之首，进而有言"勇"之为将，乃万分之一；又曰："谋者，违害而就利。"如此，"行三军"，或为一国，或为一君，"成"是所求之结果，讲"成"，就得讲方式与方法，所以行三军者，其可惧哉。其"惧"，一惧生民之死伤；二惧功之深浅、久暂；三惧事谋之周全，故而需要小心谨慎。进而言之，"惧"，表行三军者，须"敬其事"，进而"成其谋"（朱熹），即要讲究具体因情势而异之"谋"，所以有"惧"方能思虑周详，有"惧"方能"好谋"而成事功。如此，孔子弱化了子路自负之"勇"，以"惧"与"好谋"而凸显"智"之必须。

第四，面子路以"行三军"之勇而自负，孔子以"暴虎冯河，死而无悔者"之喻予以批评，希望子路弃匹夫之勇而成如颜渊一样进退有度之智者。恰如陈祥道所释曰："孔子答之以暴虎冯河死而无悔者，所以戒其勇也，必也临事而惧，好谋而成者，所以教其怯也。"观子路一贯之为则可知："子路闻乘桴浮于海则喜，非所谓临事而惧；有父兄在闻斯行之，非所谓好谋而成，此所以无所取材也。"

在孔子的眼里，弟子子路有舍生取义之勇、有视死如归之豪情，有虽千万人吾往矣之气概，然不懂得灵活处理事情。一句话，子路恰是少根筋的莽夫，其根本的问题就在于有勇而无谋。鉴于此，孔子以"吾不与也"，明确地回答了子路"子行三军，则谁与"之问。如此亦清晰地表达了孔子的观点，即"勇"本身无错，并且是君子必须具备的品格。但是，有勇乏智而无谋，是不能成就大事的。

孔子与子路的对话，强调必须有勇有谋，方可使道行，从而进一步表征出孔子所器重和欣赏的人才必是"智勇双全"者。这是儒家君子人格的重要内涵，亦是孔子培育弟子的目标。

第五，孔子在批评或点评子路之后，提出可合作共事者或他的人才标准：即"临事而惧，好谋而成"。老子曾道："勇于敢者，则杀；勇于不敢者，则活。"（《道德经》第73章）表对草莽之勇的否定，取"勇于不敢"之智勇。孔子所言"临事而惧"，其所表则是临事须具"不敢"之"勇"。此"勇于不敢"，即为智慧之勇。在此，老子与孔子在强调戒"武勇"而倡"智勇"之取向是一致的。以此表明孔子既肯定了"勇"的价值，更强调和看重智勇兼具。

"智"，不仅体现于"惧"，更重要体现在"好谋而成"。因"惧"而必"好谋"，因"好谋"而可"成"，此为夫子与颜渊方能达到的圣贤之境，子路却难以企及。

对此，蕅益释曰：孔子教子路"临事而惧，从戒慎恐惧心法中来；好谋而成，从好问好察，用中于民而来。不但可与行军，即便可与用行舍藏。否，则白刃可蹈，中庸不可能矣。"卓吾云："三'与'字，当一般看。若作仲尼牵连自家说，恐圣人无此等气象。"

总之，孔子对颜渊之语，从人生之用舍、道之行藏两种状态入手，突出进退有度的处世之道，表当受重"用"时，倾其所学、所知，为其所居之"邦国"、所忠之"君""侯"、所在之"天下"而行"道"，使之向着太平盛世而进发，所以"用之"则必然"行"道，且有勇有谋，有目标、有步骤、有计划地治国平太平，让世间就于"有道"而止于至善。而当"舍"之不用时，则能将

"道"连同自己一并"藏"起来，解除"执迷"之心，跳出"局"、退于"局外"，活在局外，以期用而寻行道之机，乐得自在与逍遥，不以"事功"为尺度来权衡与丈量人生之得失。

12. 富可求之，不可从好

述而 7.12

【原文】子曰："富而可求也，虽执鞭之士，吾亦为之。如不可求，从吾所好。"

【译文】孔子说："如果富贵合乎于道就可以去追求，虽然是给人执鞭的下等差事，我也愿意去做。如果富贵不合于道就不必去追求，那就还是按我的爱好去干事。"

———————————

据戴望所考，孔子"此言当阳虎专季氏时"。孔子之论将"富"分为"可求"与"不可求"，即将求"富"提升到道义的高度，以此将己之追求与阳虎之流的追逐区别开来，彰君子、圣人所求的"富"与道义之内在统一。

符合道义之"富"，即是可求之，为此，孔子言"虽执鞭之士，吾亦为之"。然更为可贵之处在于，孔子所言"如不可求，从吾所好"，即表明不义之财，君子、圣人耻于取之。如此，孔子之论，从追求财富与"道义"关系视角，强调追求财富之根本原则，在于合乎"道"，以此表孔子的道义财富观、富贵观，凸显孔子所倡遵道尚义而求富，以此批判当世置道义而不顾之"唯利是图"者。

———————————

具体而言：

第一，孔子之论，直道"富"之"可求"与"不可求"，且据此而决定"吾"之所为。若此"富"为"可求"，即使"执鞭"，亦愿意"为之"；若"不可求，从吾所好"。如此看来，孔子与其说在谈论求"富"之别，还不如是通过求富而彰显孔子对"道"的尊奉与虔敬。

第二，为了深度了解孔子的财富观和富贵观，首先需要从孔子相关之诸论予以确认。如此，检视孔子对富贵之论，实为必要。

（1）子曰："富与贵，是人之所欲也，不以其道得之，不处也。贫与贱，是人之恶也；不以其道得之，不去也。"（《论语·里仁》）

（2）"君子喻于义，小人喻于利"（《论语·里仁》）

（3）"罕言利，与命，与仁"（《论语·子罕》）

（4）"士志于道，而耻恶衣恶食者，未足与议也！"（《论语·里仁》）

（5）"饭疏食饮水，曲肱而枕之，乐亦在其中矣。不义而富且贵，于我如浮云。"（《论语·述而》）

（6）"邦有道，贫且贱焉，耻也；邦无道，富且贵焉，耻也。"（《论语·泰伯篇》）

（7）"苟子之不欲，虽赏之不窃。"（《论语·颜渊》）

（8）"见利思义。"（《论语·宪问》）

（9）"见小利则大事不成。"（《论语·子路》）

（10）"君子谋道不谋食。耕也，馁在其中矣；学也，禄在其中矣。君子忧道不忧贫。"（《论语·卫灵公》）

（11）"君子固穷，小人穷斯滥矣。"（《论语·卫灵公》）

（12）"衣敝缊袍，与衣狐貉者立，而不耻者，其由也与！'不忮不求，何用不臧？'"（《论语·子罕》）

（13）子思问耻。孔子曰："国有道，谷。国无道，谷，耻也。"（《史记·仲尼弟子列传》）

依据上述不完全的文献梳理可见，孔子从多层面、多维度、多视角对求利、求富予以较为充分的论断与阐释，较为全面而清晰呈现出孔子道义财富观的基本面貌。

对于孔子之论"富而可求也，虽执鞭之士，吾亦为之。如不可求，从吾所好"中所蕴的深意。

陈祥道释曰："富在天，所好在己。在天者，不可以求；在己者，可以自乐；故曰：富而可求，虽执鞭之士，吾亦为之。如不可求，从吾所好。"进而言之："执鞭之士，其位则卑，其职则贱，周官条狼氏之类也。孔子之欲富，岂如是之甚哉？以为在天者，不可以求，凡以与民同患而已。然言富而不及贵者，以其为利所在故也。"

朱熹解道："执鞭，贱者之事。设言富若可求，则虽身为贱役以求之，亦所不辞。然有命焉，非求之可得也，则安于义理而已矣，何必徒取辱哉？"进而引苏氏之言解曰："圣人未尝有意于求富也，岂问其可不可哉？为此语者，特以明其决不可求尔。"再引杨氏之言释曰："君子非恶富贵而不求，以其在天，无可求之道也。"

钱穆在先贤之基础上，进一步言说道："死生有命，富贵在天，此言不可求而必得。……若属可求，斯即是道，故虽贱职，亦不辞。若不可求，此则非道，故还从吾好。吾之所好当惟道。"

诸先贤的解读和阐释，唯将富贵推至"天"与"命"，但皆突出孔子强调是否符合"道"而决定"求"与"不求"。

第三，孔子赞许颜回"安贫乐道"，表孔子之志非求富。但从孔子此处之论，可明确地看到孔子并未简单否定对财富的追求，而是肯定了求富乃人之存在的共同特质，成为生活之本来属性与内在要求。然，孔子之论的重要之处则在于强调对富贵、利益的追求必须关切"道"，且须与"道"相符合。

孔子以肯定对"富"之追求为前提，进而将是否符合"道"作为决定是否求"富"之根本准则，这是对求富的价值合法性予以规定。于"富"，求与不求，其决定因素的并在于求者之主观所欲与否，而是所求之"富"是否符合"道"，即是否是正当的，如此，形成求富之明确界限，要求求富者做出选择。求富，则须符合"道"，否则就弃绝而从己之"所好"。这是孔子在求富、求利上对"君子"和"小人"加以区分的原则界限。孔子之区分，指向当世求"富"之无道现实，批判与矫正当世不循、不尚"道"而逐利之弊。恰如方外史曰："执鞭求富，还是好的。今之求富贵者，绝非执鞭之士所屑。"

第四，孔子将财富的追求置于道的价值规范和尺度下，突出了求"利"或求富贵必须符合"义"的要求，表明"道义"是求利、求富之引导、之制约、之准则，确立起求富之边界，明示绝不能违背"道"的原则和要求而"唯利是图"。如此，孔子的求富贵之思，其本质内蕴正是基于道义，并以此建立道义与富贵之内在逻辑。一言以蔽之，即是君子爱财、取之有道。

在此须注意的是，孔子将"富"作为"求"，而不是"夺"的对象，由此，显示出孔子对追逐财富的路径和手段的合法性进行了规定。如此，只要所追求的"富"是符合"道"的要求和规定，即使求富所从事的具体工作是不体面的、卑贱的，那也是正当的，这样，孔子为求富贵确立了道义目的论的规范原则。

第六，孔子最后提出君子在面对"财富""富贵"之时所应该秉持的基本原则。如果所追求的"富"不符合道义，不可求，那么，他则会坚决放弃对财富的追逐，而听命于内心的引导、听命理想的召唤，去做让自己快乐的事情。在这里，孔子建立了"道""求富"与自我所好、自我理想三者的关系，进而对之加以了定位。如此昭示于世：求富、求贵，于生命都是外在的，是否符合"道"才是其内在价值规定，决定道德主体行或止己之所求；若所求之富不符合道，孔子强调的原则是回归本我之内在心性，尊重自我本心为上，决不为求富而扭曲了己之所好，丧失自己的理想，从而凸显孔子所强调的求富贵决不以丢失自我、自我之理想为前提、为代价，于此表明孔子对"道"、对自我本心的遵从。

孔子关于求"富"及其相关对财富追求之论,向世人之求利、求"富"提出了规范性的道义要求,警示当世与后世之人,"见利"须"思义",凡是不符合道义之"富",皆"不可求",这就为世人求富展示出一条合法、合礼之正途。同时,彰显孔子践行道义财富观。

总之,孔子在讨论求富、道和自我志趣、理想之关系中,突出了"求富"须符合"道"的根本原则和要求。孔子将求富置于道德主义视域下,充分彰显了中国古代道义财富、道义富贵观,形成了"道义论"的思想逻辑。然而,最为重要的是,最后孔子突出在求富不合道和自我所好、即自我理想追求的抉择中,孔子在价值天平上倾向了对自我所好、自我理想的偏重,亦是对道之推崇。这表明孔子从"富"之可求与"不可求"之"道义"高度,以自我内在精神旨趣为原点,提拔与坚固了道德之主体性或主体之道德自觉性。

13. 夫子三慎，守仁践仁

述而 7.13

【原文】子之所慎：齐、战、疾。

【译文】孔子尤其谨慎对待之事有三，即斋戒、战争和疾病。

孔子为人处世一生谨慎，其弟子记述孔子尤所慎者三：即"齐、战、疾"。诚如陈祥道所释："圣人之所慎，非止此三者而已，特举其重故也。"亦如朱熹引尹氏释曰："夫子无所不谨，弟子记其大者耳。"

"齐、战、疾"，此三者为何是孔子所慎之"大者耳"？陈祥道解曰："慎斋，故祭则受福；慎战，故战则克；慎疾，则命受其正。""《礼记》言：'祭战而不及疾者，仁己之事。'虽圣人所慎，亦非其所先也。圣人之所慎，非止此三者而已，特举其重故也。"朱熹以为："齐之为言齐也，将祭而齐其思虑之不齐者，以交于神明也。诚之至与不至，神之飨与不飨，皆决于此。战则众之死生、国之存亡系焉，疾又吾身之所以死生存亡者，皆不可以不谨也。"江谦补注："齐是祸福关，战是存亡关，疾是生死关。圣人所为慎者，愿终生修福而免祸，弭战而损疾也。三慎，斋为首者，斋必断肉，断肉则断战、疾之因。"

就孔子三慎之本质，戴望所释曰："慎斋，敬祖考；慎战，重民命；慎疾，爱性命。"陈祥道则直道曰："慎斋，所以仁鬼神；慎战，所以仁民；慎疾，所以仁己。此先斋战而后疾。"如此，孔子慎"齐、战、疾"，其本质乃在于孔子守"仁"践"仁"也。换言之，孔子之三慎，从三个维度具体彰显了孔子之仁爱主张。

具体而言：

第一，孔门弟子主要记述孔子对待和处理斋戒、战争和疾病三件事情上小心谨慎之态度，具体体现了孔子敬天、敬祖、仁民和爱人之主张，集中彰显了孔子之"仁"。

第二，孔子为何对斋戒、战争和疾病这三件事小心谨慎地对待呢？

首先，慎"斋"。《左传》有言："国之大事，在祀与戎。""齐"，即斋，是指祭祀前的斋戒等净洁身心的行为，为祭祀的代称；斋戒是指古人在祭祀前要沐浴更衣，不吃荤，不饮酒，不与妻妾同寝，整洁身心，以表示虔诚之心。这是孔子敬天、敬祖之具体表现。如此，斋戒，不仅仅是一种形式性的规定，而且通过此形式之规定，体现孔子内心对祭祀之重视和对"天"、对先祖之敬畏、敬重。如果不齐而参与祭祀，本质上即是对神明、先祖之不仁不义。如此，则与孔子所持之"仁"与虔敬之心相悖，故而，孔子高度重视不敢疏略，必是"慎"之。简言之，齐为祭，祭关乎神明，关乎祸福，须以敬诚为要，自是不可草率粗心而懈怠，慢待之。如此之"齐"，须重内心之虔敬，强内心之净化，故而孔子高度重视而谨慎对待。

其次，慎"战"。战争必然带来生灵涂炭、劳命伤财，其本身是破坏性的，或带来国之兴衰存亡。诚如《孙子兵法》所言："兵者……生死之地，存亡之道，不可不察也。"如是，"战争"是为国之大事，不可不慎。面春秋无义战，枉死者众，孔子不忍生民涂炭，自然当"慎"。

子路曾以勇"行三军"以为会得到孔子的赞许，然后，孔子以"暴虎冯河，死而无悔者"指出子路之症，且鲜明地表态："吾不与也"，进而训导弟子须"临事而惧，好谋而成"。孔子所言"临事而惧，好谋而成者"，本质上即是言"慎战"也。由此可知慎"战"，体现了孔子爱人之心，仁民之情怀。

再次，慎"疾"。孔子慎"疾"，首先可与孔子忧心于久不梦见周公的大生命观联系起来看，身体乃是道义之微观载体。如此，孔子关注和谨慎待己之疾，是为了让自己有一个好的身体，为人生志趣、理想而担当。如此，慎"疾"，表对弘道之重视；其次，身体发肤受之父母，身有疾，自觉不孝而愧对父母。如此，慎"疾"，表明孔子非常重视照顾好自己的身体，此为敬孝之最为直接的体现；"孝"为"仁"之本，为一切德行之起点，深知此理的孔子，又怎敢不慎而不自重？更进一步而言，孔子慎"疾"，表呈孔子之贵生思想。慎"病"，预示着养生，表征对己之生命持负责之态度；总之，关注健康，注重养生，理应慎"疾"。如此，孔子慎"疾"，无疑体现了对己之生命的高度重视，彰显其珍惜生命之仁。

第三，孔子慎齐、战和疾，"此先齐战而后疾"，乃因"齐必有明衣，布。齐必变食，慎齐也。曰不教民战，是谓弃之。必也临事而惧，好谋而成者，慎战也。康子馈药，曰丘未达，不敢尝，慎疾也。"三者慎，"齐"关乎祸福，"战"关乎"国"之存亡与"民"之死生，"疾"关乎"孝"、亦关乎"道"。如此，慎三者，则具体体现孔子家国情怀，尤其是爱惜身体既是敬天、敬父母，亦是自重自尊之所为。

总之，孔子对待三者之慎笃心，折射出孔子之"仁爱"思想，或者说是孔子"仁爱"思想的具体表达，其中"慎齐，所以仁鬼神；慎战，所以仁民；慎疾，所以仁己。"对这三者之审慎，再次表明孔子从一件一件的具体事情践行"仁"的原则与精神，使"仁"落实于生活之中，成为其行为之价值导向。

14. 闻韶追仁，为乐于斯

述而7.14

【原文】子在齐闻《韶》，三月不知肉味，曰："不图为乐之至于斯也。"

【译文】孔子在齐国听到了《韶》乐，有很长时间尝不出肉的滋味。他说，"想不到《韶》乐的美达到了这样迷人的地步。"

"昭公二十五年，孔子年三十五岁，鲁乱适齐。"（戴望）在齐闻"韶"乐，竟有"三月不知肉味"之感，叹"不图为乐之至于斯也"，以表对《韶》乐之美的极度嘉赞。

"齐桓公时，陈公子完奔齐。陈舜之后，韶乐存焉"，故孔子于齐可闻韶乐。孔子之所以闻韶而沉醉其中，并赞之极美，乃因"《韶》者，歌九功之德，乐成而凤凰来仪"，呈"纯太平之瑞应也"，故孔子"美其不但自正，又以正人。"（戴望）

世势之乱，世人皆喜武而好功，弘仁道使天下平之愿惟艰。孔子在闻《韶》乐时，如是久旱逢甘露，形成内外之深度谐和，达"艺术心情与道德心情交流合一。"（钱穆）如此，孔子闻《韶》而醉心于其尽善尽美之境，竟"三月不知肉味"，此乃"赞得《韶》乐，津津有味。"（蕅益）

"三月不知肉味"是孔子闻"韶"之真切感受；其所言"不图为乐之至于斯也"，表孔子对"韶"，感受之后的评价与赞叹。于此，感受与赞叹彼此照应，彰孔子之心归仁而祈愿太平之诚切。

《韶》为雅乐之典范、精品。孔子闻之则着迷。就孔子之迷醉，一方面因其韶乐旋律之极致优美，能给人以极至的艺术享受，让人百听不厌；其乐风庄重肃穆，平和宽厚，中和纯正，具有端正人心之强大情感力量，更为重要的是《韶》乐与礼制从思想上高度契合，是礼乐制度的具体再现，具艺术性与思想性于一体，达"尽善尽美"之境。

具体而言：

第一，这一节记述孔子离鲁到齐后，在齐听到《韶》时，深感《韶》之至美，沉浸、沉醉于其中，竟"三月不知肉味"之情景，刻画出孔子陶醉在《韶》乐之中的情景，足见孔子对《韶》的痴迷，不仅表孔子高深音乐造诣和鉴赏能力，更表孔子之心从礼乐之深、之重。以此，充分表达了以孔子为代表的儒家音乐观。

第二，《韶》乐是一种什么样的乐，能令孔子如痴如醉、流连忘返于其中呢。据考可知，《韶》乐是和《武》乐有着紧密关系的一种颂歌。简单地说，《韶》是歌颂先王德行的古乐，相传四千年前由舜在韶关所做的一种颂歌，是赞颂自黄帝以来先王业绩的音乐；《武》乐，也是一种颂歌，歌颂的是周武王武力征伐取天下的音乐。如此，这两种音乐虽然都是颂歌，但是其乐之内涵有着很大的区别；对于《韶》而言，更多的是以乐附颂，言文治，以应自然；而《武》则寄武于乐，所表现的与道法自然背道而驰。如此，通过与《武》乐之比较，就能很清晰地知道《韶》乐所承载和传达的是文治之理想、顺应自然之大道，彰"仁""和"太平之景象。因此，孔子曾赞誉"《韶》：'尽美矣，又尽善也。'"

简言之，《韶》乃雅乐之一种，主要是用于祭祀及朝会典礼场合的音乐。其风格庄严肃穆，音律中正和平，歌词典雅纯正，能充分展示帝王之至高无上的地位与尊严。

第三，记述者以"三月不知肉味"来描述和形容孔子对"韶"乐之专注、痴迷而忽视了其他的事情，以此表《韶》乐之尽善尽美，令孔子心无旁骛而沉醉于其中，进而大为赞叹："不图为乐之至于斯也。"

"三月不知肉味"，并非"三月"未尝到肉味，而是形容闻《韶》乐后，三个月吃肉不觉得肉有甘美之味道，表孔子之心仍然被"韶"乐之美占据，《韶》乐之美仍回荡于孔子心中，表孔子一直沉浸在美妙绝伦的《韶》乐中。

对孔子闻《韶》之感受，及其所言，陈祥道释曰："有尽美，然后知天下之谓美者，斯不美矣；有尽善，然后知天下之谓善者，斯不善矣。韶之为乐，尽善。孔子闻之，故将忘天下之为美善者，又况肉味哉？"朱熹以为，孔子闻韶乐而"不知肉味，盖心一于是而不及乎他也"，又说"不意舜之作乐至于如此之美，则有以极其情文之备，而不觉其叹息之深也，盖非圣人不足以及此。"进而引范氏之言解曰："韶尽善又尽美，乐之无以加此也。故学之三月，不知肉味，而叹美之如此。诚之至，感之深也。"

第四，孔子对音乐、乃至艺术之美的判断和感受，并非仅仅是其旋律和乐感，而是其乐、其旋律所承载之内质，即乐律所传达出来的思想、所具有的功能。如此，孔子眼里的乐，并非只是其艺术性的至臻完美，而是突出音乐所具有的思想性及其教化功能、尤其是政治教化功能。正因为如此，孔子听到《韶》乐时，之所以有融化于音乐之中，达到一种物我两忘之境，本质上乃是《韶》所传导出来的对文治的赞许、对王道的颂扬，与孔子内在的精神追求和信念之间达到高度的切合使然也。如此，《韶》乐恰是孔子内心之期待、向往的表达，大有久别逢知己、故友的兴奋，也有蓦然回首，找到精神同道人之大悦。这样，与其说孔子听到《韶》乐之时的精神欢悦，还不如说，通过《韶》乐，孔子再次对先王之道、先王文治的精神回归。此种精神的快慰，非常解馋。如同三月不知肉味的人，饕餮一顿之后的怡然满足。

第五，孔子于齐闻《韶》乐之专注、兴奋与陶醉，凸显孔子对音乐功能的认知和期待。孔子很清楚地意识到，音乐通过润物细无声的独特方式，对于世风的转变、对世人心性的塑造和引导，对政治主张的传播等都具有别的手段所难以替代和企及的功能。如此，在礼崩乐溃、霸道畅行的当时，孔子在齐国再次听到《韶》乐，对其功能所产生的精神演绎、及其该种演绎中对世风改变的期盼，尤其是这种期盼中所带来的精神对当世惨淡"现实"的超越，此为孔子感知到《韶》乐之至善至美之处。简言之，孔子在齐可闻《韶》乐，表"仁道"之音尚未泯灭殆尽，如是依稀闻到仁道尚在，仁道希望之声犹在耳畔回旋一般。如此，其闻《韶》之感及其赞叹，于孔子来得如此炽烈而持久，令孔子惊喜不已又感念不尽。

总之，一般而言，"乐"，载道彰礼，发挥着陶冶世人情趣、引导世人心智、塑造世人心性，陶铸世人情操与德行，进而易世风等功能。孔子深谙此理。孔子在齐闻《韶》，表在行霸道之齐国，王道之风尚未灭，于此点燃了孔子之强烈而浓厚的兴趣，让他在享受《韶》旋律之美时，亦真切地感知到自己所坚守的仁道希望，在齐国尚能看到一丝星光。

孔子闻《韶》，竟可达"三月不知肉味"，直接体现孔子对《韶》之乐美的无尽痴迷，更本质地表征孔子对《韶》所意蕴的"王道"之虔敬追往。

《韶》作为歌颂先王德行的古乐，有别于充满杀伐之气的《武》乐，中正平和，于孔子是一道久违的可口的"精神食粮"，能使孔子因"精神"的满足而遗忘"肉"之美味，足以表孔子"志于道"之人生独特的精神旨趣。

15. 卫君不仁，师徒共斥

述而 7.15

【原文】冉有曰："夫子为卫君乎？"

子贡曰："诺，吾将问之。"

入，曰："伯夷、叔齐何人也？"

曰："古之贤人也。"

曰："怨乎？"

曰："求仁而得仁，又何怨。"

出，曰："夫子不为也。"

【译文】冉有（问子贡）说："老师会赞许、帮助卫国的国君吗？"

子贡说："嗯，我去问他。"

于是就进去问孔子："伯夷、叔齐是什么样的人呢？"

（孔子）说："古代的贤人。"

（子贡又）问："他们有怨吗？"

（孔子）说："他们求仁而得到了仁，为什么又怨恨呢？"

（子贡）出来（对冉有）说："老师不会赞许、帮助卫君。"

　　卫国内部权力更迭，矛盾重重，引世人议论纷纷。弟子冉有欲知其师之态度相同于学友子贡，子贡以权力交接之"伯夷、叔齐"之事再问孔子，进而得知孔子对卫国朝纲权变之看法，再转述给冉有。事实上，师徒三人传递式的问答，指向卫之蒯辄与其父蒯聩争夺王位之事。

　　关于卫国父子俩争夺王位之事，戴望释曰："卫灵公世子蒯聩得罪夫人南子而出奔宋。逮公薨（古人之死，由尊到卑：崩、薨、卒、死。天子死曰崩，诸侯死曰薨，大夫死曰卒，士曰不禄，庶人曰死），石曼姑受命立其孙辄，晋赵鞅帅师纳蒯聩于戚，齐景公使国夏于曼姑围戚距之。""时夫子于卫，为公养之士"。卫出公蒯辄与其父蒯聩争夺王位之事，恰与伯夷、叔齐两兄弟互相让位形成鲜明的对比，于是，子贡"故援以为喻而问之"，以试探孔子之态度。孔子借赞扬伯夷、叔齐对权位彼此相让、为"求仁得仁"之"古贤"之机，对卫国为争权位所发生的父子之战予以批判。在孔子看来，卫国父子俩为了权位、即为了个人的权欲而战，致使万千百姓遭殃，此为极大的不仁。

　　在师徒三人的连续性对话中，弟子冉有和子贡，都是为了了解身处卫国之孔子对卫国权变内乱所持态度。孔子很鲜明地表达了对卫国内乱之不满，并对其"不仁"予以批判。对此，陈祥道之释，较为全面而深刻地呈现其意蕴："圣人之行有浮于言，而言未尝不顾于行，故观其所言足以知其所为，此子贡所以问夷齐之事，而知其所以不为卫君也。盖兄弟之让，则仁；父子之争，则不仁。孔子善夷齐之仁，而恶卫君之不仁，此所以知其不为也，子贡疑孔子之为卫君。孟子则谓智足以知圣人，子贡之知，出类拔萃而已。至于不为卫君，则不知也。孔子以夷齐为贤人，孟子以夷齐为圣人者，以伯夷为圣，即能化而言也；以夷齐为贤，以明己之集大成者，亦贤而已，此孔子不居圣之意也。"

具体而言：

第一，通过冉有和子贡之问，孔子借赞许"伯夷、叔齐"而对卫君之"不仁"予以批判，彰孔子一贯倡导与坚守之"仁道"至上原则。

第二，此节记述内含两个层次的问、两个层次的答，构成师徒三人独特的问题域和问题语境与追问逻辑，表征孔子一切从"礼"，以"礼"为准则而加以判断的立场和取向。

首先，冉有与子贡的问答或对话。冉有之问，是弟子们的共同之疑问，该问题之实质是，孔子如何看待卫国国君之行为。这是涉及到孔子所倡导的"王道""礼法"之根本。那么，"卫君"所指示的到底是什么，也就成了关键。在这里，"卫君"所述的即是卫国国君辄即位后，其父与其争夺王位，这是违背等级名分之事，是一种典型的僭越。

但是，按理说，孔子的弟子本应该知晓孔子的立场和观点，以及对卫君的态度的。由此，让人疑惑的是，他的弟子竟然不能确定，需要再次询问，这是令人费解之处。

子贡经过对孔子的问询之后，明确而肯定地回答冉有的疑问，结论是：孔子对卫君持否定的态度，决不会赞许、更不可能帮助卫君。

子贡根据什么而判断出孔子决不会赞许、更不会帮助卫君呢？这就需要讨论子贡与孔子的问答式对话。

其次，子贡之问。子贡以夷齐为问，夫子答其"求仁得仁，又何怨？"因让国而饿死，以让为仁，是以不怨。在此，问题的路线是紧贴夷齐入手。"伯夷、叔齐"之"典故"所代表的是符合"周礼"之仁行。

从上面的思维进路可以看出，子贡恰是从众所周知的正面典范切入来讨问，通过孔子进一步阐释"伯夷、叔齐"之"典故"所蕴含的真谛，表征出孔子推崇温良恭俭让，对于伯夷、叔齐礼让国君之位的仁行大加赞赏。如此，子贡也就在孔子处得到了"冉有之问"的确定性答案。

对此，蕅益释曰：于伯夷、叔齐"非说二人以失国为悔也。只是二人既去，设无中子可立，则废宗绝嗣能不动心乎？既曰：'求仁得仁'，则世间宗嗣又具最小者矣，何足介意。"江谦补注："得仁谓得其本然之性德，性德竖穷横遍，一切具足，而亦一切非有，何有于得？何有于失？何有于生？死而又何怨乎？子贡闻之，而知夫子不为卫君计较于得失生死之间也。求仁即是敦行孝弟，论夷、齐而自知卫君应尽之分，善哉子贡之妙问，而夫子之妙答。"

第三，在孔子心里，卫君与"伯夷、叔齐"，是两种具有截然不同的伦理品质与效果的"事件"；前者生"怨"，后者得"仁"。因为卫国国君辄即位后，其父与其争夺王位，这件事恰好与伯夷、叔齐两兄弟互相辞让国君之位形成鲜明对照。如此，卫之蒯聩不从父，叔齐亦让，以天伦为重。比之夷齐，卫公之子孙不求仁而只能得怨，这样，孔子通过赞扬伯夷、叔齐，表明对卫之父子违反等级名分持否定和批判的态度。

第四，子贡在提问中，事实上已经将卫君与"伯夷、叔齐"作为比较的对象，通过孔子对"伯夷、叔齐"的讲述和褒扬，从而获得孔子对卫君的态度，这里蕴含着一种肯定而否定的必然性逻辑。

第五，孔子始终以"礼"作为判断一切社会政治、军事乃至日常生活现象之根据。在此，孔子集中讨论了"权力伦理"或"政权合法性"问题，具体讨论的是政治权力的获取方式或转移方式。由此，在"权力"转移或交接中，如何贯彻"礼"的根本原则，是孔子关注的焦点，并以此对"权力"之伦理性作出判断。在此处，直接关涉到"让权"或"争权"，是否符合"礼"，由此构成仁道或霸道之分野。

总之，师徒三人，借议古论今。通过孔子与弟子和其弟子之间的问答，将孔子所坚持的仁道与礼法原则予以充分地表达；在问答式中，孔子通过"经典案例"的解析，阐释与传递了蕴含于其中的仁道真谛，从而给予学生启发式的回应，其教授过程生动而鲜活。

16. 超然物外，乐道怡然

述而 7.16

【原文】子曰："饭疏食饮水，曲肱而枕之，乐亦在其中矣。不义而富且贵，于我如浮云。"

【译文】孔子说："吃粗粮，喝白水，弯着胳膊当枕头，乐趣也就在其中。以不正当的手段得来的富贵，对于我来讲就像是天上的浮云一样。"

孔子之语，乃自抒其皓洁之心，高远之志，表其不为欲控，怡然安乐；不受物役，随遇而安，其心归仁义大道而自得其乐，直呈孔子人生旷达之境。

"贫与贱，人之所恶，不以其道得之，不去也，故饭疏食饮水，曲肱而枕，乐亦在其中。富与贵，人之所欲，不以其道得之，不处也，故不义富贵，于我如浮云。"（陈祥道）贫贱、富贵皆外于孔子，且须以"道义"而裁量、而取舍，惟是重道尚义。孔子"非乐蔬食饮水也，虽蔬食饮水，不能改其乐也。不义之富贵，视之轻如浮云然。"表明孔子自觉己"所乐者何事"。（程子语）

孔子怀仁德，持道义，心性高洁，时刻徜徉于仁之大道，故超然物外，淡泊名利，不求高官厚禄，不乐富贵，更不为"富贵"所困、所扰，惟乐道之心笃定不移。此表"圣人之心，浑然天理，虽处困极，而乐亦无不在焉。其视不义之富贵，如浮云之无有，漠然无所动于其中也。"（朱熹）"不义富贵，但如浮云，则似太虚不染，非巢许之所能达。"（蕅益）如是，世人逐富贵，夫子弘仁道；世人摄财富，夫子拥仁德；世人获爵禄；夫子持正义；世人忧贫、谋食，夫子忧道、谋道、乐道。其一生虽清贫寒窘，却高贵充盈；虽坎坷不济，却践道不改；虽"饭疏食饮水，曲肱而枕之，乐亦在其中"……这一切皆源于其"不义而富且贵，于我如浮云"之卓然达观。

"君子固穷"，不惑于"富贵"，不耻于"不义之富贵"，达"安贫乐道"之境。孔子以"义"驭"富贵"，以"乐道"越"富贵"，表孔子"乐在其中，则心境一如。"（蕅益）此诚为道义至上的生命典范，以此批巧取豪夺之权贵，抑世恶之蔓延，引世人迷途知返。

具体而言：

第一，孔子之自述，突出君子坚守仁义、安贫乐道，强调以"道义"为根本原则来审视、取舍财富与权贵，从而超越财富与权贵而达自由人生，展现其旷达高远之生活情怀与人生境界。

第二，在本节中，孔子直接讲了两层含义，其一是讲简素的生活，乃可成就人生之至乐，勾勒出君子"安贫乐道"之典型的生活方式；其二是以"义"为标准而权衡"富贵"，对不义之富贵，孔子予以轻淡放逐，从而确立以道义为价值本位的生活原则与快乐支点。

其一，孔子从其生活的物质条件、物质状况之描述为始端，突出以"乐"为目标和价值归属，构成了物质生活与精神境界、情趣之间强烈的反差和冲突。一端是"饭疏食饮水，曲肱而枕之"，表饮食、起居等都是极度简单和清贫；一端是"乐"，而且是"乐在其中"，恰如颜回一般。这就勾勒出君子生活之关注和乐之重心，不在于物质富足，而在于其内心之归宿，不在生活条件的简陋、贫寒，而在于尊仁道、崇仁爱。以此表明，孔子之"乐"不囿于富贵贫贱，"不谓乐富贵"（钱穆）而独"乐道"也。

其二，如前所述，孔子始终将富贵与道义关联起来加以审定。在此处，孔子持极端的态度，将"义"与"富贵"的关系强化了，突出了道义富贵观，强调一切不符合"义"的富贵，都只能是瞬时的，如过眼烟云、似天空浮云随风而聚散，决不可久持。在此，孔子确立以"义"为富贵正当性的最后根据，再次呈现孔子乐道的总体原则。

第三，孔子倡导君子淡泊名利，视不义之钱财如粪土，富贵如浮云。正因如此，才能做到"饭疏食饮水，曲肱而枕之，乐亦在其中矣"，闲居亦能"申中如也，天天如也。"如此，孔子崇尚载"道"践"义"的生活。该种生活，其乐之根本不在于生活条件之优越、富足，而在于符合道义、是否践行道义。

孔子之所以能视"不义而富且贵，于我如浮云"，正是基于不惑于外物，不寄于"富贵"的道义生活观。

《中庸》有言："素富贵，行乎富贵。素贫贱，行乎贫贱。君子无如而不自得。"孔子又言："富与贵，人之所欲，不以其道得之不处。"以此表明，"不义而富且贵，是以不道得之，存心不义，营求而得。浮云自在天，不行不义，则不义之富贵，无缘来相扰。"（钱穆）亦如戴望所释："古者贵贱皆有事于天下，是谓义。无事而居位食禄，君子耻之，为其陷于不义也。"于此，孔子言"不义而富且贵，于我如浮云"，指证追名逐利，唯利是图，惟求不义之富贵的无道世景，批判、消解权贵的不义之求，倡导以道义为重，弱化利益追逐，耻于"不义之富且贵"的巧取豪夺。以此表明孔子持道义于世。

第四，孔子指出，君子不应忧"贫"而"谋食"，而应"忧道""谋道"而"乐道"；这是君子人生之责任和使命。如此，"志于道"之君子，既不会以满足物欲作为人生之追求，更不会为外物所惑、所役。

孔子强调君子人生即是为"道"而生，其日常生活哪怕是再简朴、粗陋，如是孔子自述"饭疏食饮水，曲肱而枕之"，"乐亦在其中矣"，其乐亦是完满而自足的。如此，君子之乐是至简之乐，本质上即是"乐道"也。

第五，孔子之述为君子人生确立了"本""末"，表明君子人生切不可本末倒置，舍本求末。这才是君子生活之正道。这对于被"物欲"绑架、深受物役之苦的现代人，无疑具有重要的启示性与引导性，同时也足以促成现代人不断解套，自觉地超越异化的生活。

第六，从孔子本节之自述可见，人生之乐和富贵，并不具有直接而必然的关系。人生之乐，乐在为"道"而生，如此的生命立场以及由此而形成的生活态度，强调与追求的是精神的充盈与自足所带来的幸福感。如此，君子生活重道义淡物欲，凸显君子生活、生命以道义为价值轴心，催生君子超越物欲、为道义而生的精神至乐；不可否认，此种"乐道"的生命、生活观，为后世提供了一种独特的生活范式。该种生活范式中内蕴的精神，涵养出"贫贱不能移"的精神风骨和道义人格之君子。

总之，孔子自述在生活中，哪怕只是粗茶淡饭也仍乐在其中，这并非强调孔子安于贫、怠于劳而平庸，反而是肯定孔子志存高远，能安贫乐道、淡然处世。"君子爱财，取之有道"，非道义之钱财、富贵如天上浮云，非君子之所求。如此，一味贪慕富贵虚荣，引私欲膨胀，也必将导致"不义"之举，定为孔子为道而乐的朴素、朴实的幸福观所斥。

17. 学易明道，弃绝大过

述而 7.17

【原文】子曰："加我数年，五十以学易，可以无大过矣。"

【译文】孔子说："当时如果再给我多几年时间，五十岁时能像现在一样学习《易象》，就不至于犯下'大过'之错误。"

孔子之语，是其回首反思与总结人生来路时，表达己之遗憾。遗憾未能在五十岁（前）有更宽裕的时间、充裕之精力潜心修《易》。如若那样，则可以避免人生之"大过"。如是，孔子将人生之"大过"归因于未能早学《易》使然，突出学《易》，于免"大过"的价值。据朱熹所考，"盖是时，孔子年已几七十矣。"

对于孔子强调学《易》，则可以"无大过"，凸显学《易》于免"大过"，成顺畅人生之价值。对此，《易·系辞传》有言："易与天地准，故能弥纶天地之道。"陈祥道释曰："神，无方也，非精义，则不可入；易，无体也，非知命，不可以学。圣人入而为，天之所为，故无过；出而为，人之所为，则不能无过。孔子五十而学易，则为天之所为，故可以无大过矣。可以无大过，则于过之小者，有所不免。盖七十而从心，然后无过矣。"朱熹直言道："学《易》，则明乎吉凶消长之理，进退存亡之道，故可以无大过。盖圣人深见《易》道之无穷，而言此以教人，使知其不可不学，而又不可以易而学也。"蒴益则释曰："学《易》方无大过，《易》其可不学乎？今有穷年读《易》，而过终不寡者，其可称学《易》乎？"

圣人尚对己曾经的"大过"予以追思，乃求完美人生使然。由此昭示人生之真理：惟有不断自省、反察诸己而修正，方可防范和杜绝人生之再次"过失"，从而得以不断完善与提升，成无"大过"之人。

具体而言：

第一，首先需要指出的是，对孔子此语，钱穆和南怀瑾等都自行添加语义而偏离、亦或扭曲了其本意，其关键正是在于误读了"加我数年，五十以学易"。如钱穆先生认为，本章应是［"子曰：加我数年，五十以学，亦可以无大过矣。"］即［先生说："再假我几年，让我学到五十岁，庶可不致有大过失了。"］并以释而佐证其解："古者养老之礼以五十始，五十以前未老，尚可学，故曰四十五十而无闻焉，斯以不足畏也已。如孔子不知老之将至，如卫武公耄而好学，此非常例。加，或做假。孔子为此语，当在年未五十时。又孔子四十以后，阳货欲强孔子仕，孔子拒之，因谓如能再假我数年，学至于五十，此后出仕，庶可无大过。……"钱穆先生的解读，尤其是"孔子为此语，当在年未五十时"，确难以证实，其语义存偏颇。另按南怀瑾先生的说法是，孔子之语，总是在四十多岁，至多四十九岁说的。按此论如果一个人能多活几年，或五十岁以后学《易》，通晓《易》，人生就没有"大过"？此解有望文生义之嫌，因为既没有把握住孔子此语之语境，亦未能通明"易"与"大过"之真切所指。

孔子之语，真切地表达了孔子回望与检讨自己漫漫人生路时所发出的遗憾与感叹，并虚设自己的人生倘若在五十岁之前能有更充裕的时间研习《易》，不致使曾经之"大过"发生，即"无大过"。

第二，孔子之语可以分解为三：其一，孔子假言式的主观愿望。其二，可以更早一些，有更充裕的时间学习《易》，或可以将学《易》的年龄提到五十岁之前；其三，表若能如其所愿意，那其结果是曾所犯的"大过"，就不会发生。

其一，关于"加我数年"；这是孔子以"假言"的方式，表达其主观愿意，透露出孔子之心迹。但可以肯定的是孔子说这话的时候，已经不再是五十岁。按朱熹之解；"盖是时，孔子年已几七十矣。"在此，孔子此言很容易理解为孔子希望再多活些年。然从孔子之语的语境而言，乃是孔子晚年回望五十岁左右之时，感叹倘若当时如果再多给他几年空余的时间，他就会宽松而从容去学《易》。如此，在五十岁知天命的年龄能学《易》、并以《易》为指导而行事，那么当时所犯的"大过"则可避免。此言表明，人生之事，正当经历之时，并未明白其中之"过"，待到从头再反观、检讨时，方觉醒因自己未学"易"，导致当初之"大过"。简言之，孔子说"加我数年"，恰是他晚年追溯人生到五十岁左右的时候，认为当时所犯之"大过"，是因为未学《易》、不懂《易》理使然；之所以不懂《易》理，是因为当时没有充裕的时间学《易》。故有此遗憾之语。

其二，关于"五十以学易"。此为"加我数年"之"目的"。据《孔子世家》说："孔子晚而喜《易》，序《彖》《系》《象》《说卦》《文言》。读《易》，韦编三绝曰：假我数年，若是，我于《易》则彬彬矣"。对此，江谦补注："五十者，河图洛书之中数，而五为阳，十为阴，一阴一阳之谓道，《易》所以教中道也。空假双照，精一并观，故无大过。《史记》引孔子言'假我数年，若是我于《易》则彬彬矣'，彬彬者，文质无偏。质即惟一，即空观；文即惟精，即假观也。孔子老而嗜《易》，韦编三绝，故知五十非年也。"这说明孔子晚年非常喜欢读《易》，曾把穿竹简的皮条翻断了很多次。孔子晚年喜好读《易》，并自叹数年后才能弄通《易》。如此，他是多么希望自己能更早些，在五十岁之前能有更充裕的时间去体味和通晓《易》理。

孔子为何如此强调学《易》？在此须注意，孔子所言学之《易》，并非今人所见之《周易》。如果孔子所学之《易》，是指今人所见《周易》，那么，孔子应该在少年时就可以学到的，何必再到五十岁学《易》呢？孔子所言之《易》是否另有所指？今人所见之《周易》，只是文字形式的理论体系，并没有具体如何推演与运用。当代学者李守力认为，文王、周公演《周易》的核心秘本叫《易象》。《易象》不传诸侯，只藏于周王室与鲁太史氏。《左传·鲁昭公二年》有记："春，晋侯使韩宣子来聘，且告为政而来见，礼也。观书与大史氏，见《易象》与《鲁春秋》，曰：周礼尽在鲁矣，吾乃今知周公之德与周公所以王也。"可见，孔子早年学过的应是《易》的卦爻辞古经，所以本章所假设五十岁学习的《易》，应是《易象》。

《易》是本什么样的书，让孔子如此喜欢阅读呢？号称"百经之首"的《易》或《易象》，是我国古代先哲通过对自然现象和社会现象的长期观察，以及对各种社会实践活动及其结果进行高度总结概括后而形成的。它集中反映了宇宙万事万物的现象及其发展变化的规律，体现了中国先古独特的思维方式，其内蕴的品格和精神深藏于中华民族的民族性格中。易道讲究阴阳相济、刚柔有应，提倡自强不息、厚德载物等等，构成中华民族的文化基因和精神基质。如此，阅读此书，可以了解世界之"易"，及其"易"之规则、规律，这便于大贤大智察世史，知变化、推测与预知未来，于事、于人生能做到"未雨绸缪"而"运筹帷幕"，真正主动地直面命运的变易，防避不测与诡异中的凶险，求人生与世事之顺道。一句话，《易》能给人预测未来的思维方式和能力，增强把握命运之信心，提高应对的自由度。

孔子一生有两次机会接触到《易象》。第一次是孔子五十岁前后，孔子"由大司寇行摄相事"和"与闻国政"之时，但他没有利用职务之便到鲁太史氏研习《易象》，即本章所说的遗憾。第二次是孔子晚年68岁回到鲁国后，重新整理各种文献时，发现了"周之所以王也"的秘本《易象》。孔子利用这次机会深入研究《易象》的同时并作《系辞传》。于是，追悔当初"五十岁"时错过了学习《易象》的机会，所以说"加我数年"，表希望五十岁时像现在一样学习《易象》。

其三，"可以无大过"。这是孔子对可以更早点学习《易》所产生的一种积极效果所作出的一种"假言"。从文辞抽象而言可见，须从四个层次加以解开。

一层是，孔子反省自己人生，认为自己有过重大的过失。此种能实事求是且坦诚对自己的过失而不避讳，实乃内勇之表现，也是圣贤人格的典范。

二层是，严于律己莫过孔子，其人生有何重大的过失呢？梳理孔子人生，无非有两件事情令他觉得不够严谨、不够恰当，有过失之处。第一件是他休妻，休妻的理由就是对方太唠叨了，似乎不够宽容而冷静；第二件是他与"南子"的会面，这件事情，不管出事没出事儿，事实上，都会影响他的声誉，他反思之后，觉得尚欠妥。然而，与学《易》直接相关联之"大过"，似乎并非所指以上两事。

三层是，《易》代表一种思想、观念、乃至思维方式；孔子之感悟则正表明，通过学习《易》，了解、掌握或具备其深邃而高远的思维方式，会自觉矫正自己人生的航向，会主动预见、预判事情之发展，避免因思维、观念屏障所带来的不必要的过失、过错，从而对人生产生正面影响和积极的引导。

四层是，再从《易》之"大过"来看孔子所言，会更清晰地指证孔子所谓"大过"的本意。"大过"，为《易》之六十四卦之一。卦辞为"大过。栋桡。利有攸往，亨。"从卦辞看，这根木头不是一般的木头，而是"栋"，是屋梁，以作为西周王朝的比喻。大水把屋梁压弯，喻示武人把周厉王压得透不过气来。从卦象看，是巽下兑上。巽为木，兑为泽，是汪洋大水压在一根木头上，把木头压弯，真是太过分了，因此卦名叫"大过"。

孔子50岁后发生了什么大事呢？以《易》之卦象来看，巽为风，数理是5，兑为泽，数理是2。那么，就确定是在孔子52岁这一年发生的事情。孔子52岁应该是公元前501年至前500年。公元前500年夏天，齐景公和鲁定公举行夹谷之会，孔子担任鲁国的礼仪官。孔子安排在夹谷会场周围埋下足够的军力。因齐侯用夷人、夷乐、夷舞来为两位国君进乐，孔子认为这是淫乐并且失礼，仗着预先埋伏的兵力，强行让齐君斩杀了进乐的侏儒，使其身首异处。

孔子晚年研究《易象》，才明白此为"大过"。即孔子认为如果在50岁前研究《易象》，也不至于在52岁这年，犯下此"大过"。如此，孔子自忆在己之经历中因未来得及早学《易》而犯下"大过"、留下遗憾。

第三，孔子将学《易》与五十岁"知天命"的年龄联系起来加以思考，告诉我们，人生到五十，应该是活明白的年龄，知道哪些是人力所能改变、哪些是人力所无能的。如此，该如何顺应人生的变易而无须强求而难为自己；进而言之，五十之前人生犯的错误，都是小错误，都还有机会加以改正；然而，五十之后，就应该通透人生，掌握了人生的规则和变化的内理，知晓如何权衡得失、利弊、祸福否泰，一句话，不能再懵懂而活，应该达到对自己的人生和生命有一个彻悟而自觉。如此，孔子强调学习与研究《易》，是为了使自己的言行符合于"天命"，而不悖天道。

第四，孔子之语，直接体现了孔子能活到老、学到老的刻苦钻研精神，用事实表征孔子的人生，即是孜孜不倦地学习、奋斗的过程，同时亦是不断反思、总结、调整和提升的完美人生。

追求完美的人生，无疑亦是充满着遗憾的人生，这就是人生的悖论。从孔子之言可以很清晰感知到，孔子希望更年轻点就能洞见《易》"理"，由此能更加通透地把握人生的真谛，避免犯一些不必要的过错，让人生更顺畅。这种主观的祈愿，与客观的人生经历之间，具有某种反差和悖论。如此，孔子之语，无疑于我们具有警示和教导作用。既然人生不可再来，我们应该更早明白生命之真、人生之独特的法则，让生命更为自觉而避免不必要的过失，从而使自己的人生更敞亮、更完善。而此途，只能是借他人之人生经验和通过学习而掌握、确立正确的思想、观念，乃至思维方式，即智慧之思，方可成全与完善自我人生。如此，在孔子看来，学《易》，明易理，不失为良法。

总之，"《易》曰：敦复无悔，是也。圣人之于易，必以五十而后学，然必云：五十者，制行以人不以已也。"（陈祥道）孔子此语，突出学《易》，明《易》理于人生之重大价值：学《易》可免"过"，成"无大过"之人生。

此论承载着孔子人生之切己体验，表达了他对人生的反观与良愿，昭示着人生难以弥补之遗憾。如此，警示后人，应该在了解世界运行、变易之大道的基础上，充分吸取智慧，反思与总结人生的得失，方可防范、减少过失，将人生演绎得更壮丽和完善；同时，也告诉世人，似乎可以在更多的假设之前提下，对人生未来之可能性做出思想性的探寻；其结局是：人生成了原本可以不是这样的这样。

18. 雅言施教，尊礼天下

述而 7.18

【原文】子所雅言，《诗》《书》、执礼，皆雅言也。

【译文】孔子讲雅言，如在诵《诗》、读《书》、执守礼之时，用的都是雅言。

"子所雅言"，这是发生在孔子身上的一件意义不可小觑的文化事件，于当世应是"异类"，备受关注，故被记述下来。记述者未做任何评论，只是如实记录，更真实、具体地再现孔子说"雅言"之事实。

古之言，有雅素之分。"古西周人语称雅，故雅言又称正言，犹今称国语，或标准语。"孔子之所以讲"雅言"，重雅语，"一则重视古代之文化传统，一则抱天下一家之理想"（钱穆）使然也。

于言，孔子有所雅言，有所不言，有所罕言，其趣虽不同，亦各适其理而已。如陈祥道所释：因为"不言诗书，则无以教人；不言礼，则无以明分；故子所雅言者，诗书也。执而不敢议者，礼也；言诗书而不及乐与春秋，易者。盖德不全者，不可道之；以乐志不定者，不可发之；以春秋不知命者，不可申之以易也。"朱熹更明白地说："《诗》以理情性，《书》以道政事，《礼》以谨节文，皆切于日用之实，故常言之。礼独言执，以人所执守而言，而非徒诵说而已也。"朱熹引程子曰："孔子雅素之言，止于如此。若性与道，则有不可得而闻者，要在默而识之也。"谢氏则以为，孔子说雅言，"此因学易之语而类记之。"

戴望引《周官·大史》表明，孔子"雅言"执礼，乃周礼之规定："'大祭祀戒宿之日读礼书，祭之日执书以次位常，大会同朝觐以书协礼事，将币之日执书以诏王。'于此不正其言，恐事亦失正，故必皆雅言也。《诗》《书》或诵读，或教授弟子，礼则执文行事而已，故别言之。"孔子之时，周礼虽式微，然孔子依然以"雅言"而持守周礼不怠。

"子所雅言"，既是孔子遵周礼之行为，更是其天下梦想之具体表征。

具体而言：

第一，本节记述了一个事实，即孔子将日常生活语言和工作、研习语言加以了区分。在日常生活中，谈话使用的应大都是鲁国的方言，使用"雅言"也非常态，只是特殊情景下才为之，即在诵读《诗》《书》和执礼行法时，使用的都是"雅言"，即正规的"官话"。"雅言，正言。孔子诵《诗》读《书》，必用中夏正言以正其音"，而"执礼，谓持礼书诏相礼事也"，亦要求用"正言"，即"雅言"（戴望），突出孔子以正统的、规范的、统一的言语来阐释、传达、传播蕴含于《诗》《书》之中的礼法和祭祀执礼，表明孔子对于思想、观念的承载和传达、传播之重要性予以高度重视；进而表征孔子尊礼而对先王古道及其文化的高度认同与努力践行。于此，再次印证了孔子"信而好古"之取向。

第二，孔子之角色决定了他对自己的言语和行为的严格要求，以身示范，表明孔子对古典文化之好和对先王之道的推崇，从而在言、行两个层次以确立正统，力图以身示范而引导世人心向之而不背。

孔子生活以鲁国及其周边地区为主，是时，不仅文字尚未得以统一，语言、尤其是口语，更是多种多样，这是一个基本的事实。孔子居鲁，自然其言语多为鲁言，而非"雅言"。雅言，即周王朝的京畿之地，今陕西地区，以陕西语音为标准音的周王朝之官话；在此，也就产生了一个问题，"雅言"并非孔子日常生活之语言，他又是如何能说呢？有人认为孔子是"因学易之语而类记之"（朱熹引谢氏），即是说孔子是为了准确讲述、传播或传达《诗》《书》和执"礼"而通过学习《易》而习得雅言。由此可以看出，孔子为宣导、传播与践履先王之道而全身心投入的使命感。

第三，"雅言"作为一种官话、正言，有其正统性和权威性，因为，语言是存在之显现，亦为文化之载体，同时，语言本身更意蕴着"文化权力"。如此，孔子"工作之时"用之，正表明孔子惟诵《诗》读《书》执礼必正其言，也就是说孔子在吟诵、讲解《诗》《书》和执礼时，一改日常生活语言，而切换为工作语言，即"雅言"。孔子此举正是为了提高讲述、传播"礼法"思想的统一性与正统性，消除差异、歧义与曲解，实现思想统一，提升思想的可信度和正统性；同时表达孔子重先王之训典，谨防其正学之流失。

第四，孔子经常从鲁国的语言，切换为"雅言"，其间存在一个转音与正音的问题。而正音问题在象形系统的口头表述上自然具有重要的意义，可以说，正音本身通过统一的字符体系获得了其权威的地位而不至于改变字符系统本身。孔子在此意义上对于正音重要性的把握是恰如其分的；如此，孔子的言语切换，不仅仅具有文化意味，更重要的是具有拓展思想和政治功能的空间意义。从这一意义上，孔子超越了语言地缘性的局限，以及因语言局限所负载的思想、观念和精神的局限，而从"天下"的高度或维度来运用"雅言"。如此，雅言的使用，所传导的思想和精神高度，必然超越鲁国方言的效果。这正是孔子"《诗》《书》、执礼，皆雅言"的缘由。

总之，孔子身于鲁，却能用"雅言"进行诵《诗》读《书》执礼而施行礼教，一方面表孔子推崇正统，以正统"雅言"进行礼教，避免因语言异同对《诗》《书》等礼法的理解产生歧义，导致曲解其意，从而达到正确施行礼法教化的目的。这是孔子严谨、求真态度的表征。另一方面，语言是文化的象征，统一的语言无疑具有统一文化、统一思想，进而促进天下一统之功效。这往往成为当权者控制意识形态，实现"天下一家"的重要手段。孔子用"雅言"施礼教之用心，从而树立《诗》《书》和"礼"的权威，其深意也正在于此。他希望能用官方的通用语言更便利、更有力、更广泛、更有效地传播礼法，让其思想能在尽可能广范围内加以覆盖，发生效能，以达到"天下尊礼"之目的。

19. 三忘乐学，忘而乐道

述而 7.19

【原文】叶公问孔子于子路，子路不对。

子曰："女奚不曰，其为人也，发愤忘食，乐以忘忧，不知老之将至云尔。"

【译文】叶公向子路问孔子是究竟个什么样的人，子路不答。

孔子（对子路）说："你为什么不这样说，他这个人啊，一旦发愤用功，就连吃饭也忘了，从中得了快乐，就把一切烦恼都全忘了，甚至连自己已经老了都全然不知。如此而已。"

孔子借叶公之问自述而自鉴，表其乐学、乐道达"忘食""忘忧"与"忘我"之境界。孔子之自述为后人开启"入圣之门。"（钱穆）

从孔子之自述可知，孔子为学"未得，则发愤而忘食；已得，则乐之而忘忧。以是二者俛焉日有孳孳，而不知年数之不足，但自言其好学之笃耳。然深味之，则见其全体至极，纯亦不已之妙，有非圣人不能及者"。（朱熹）孔子之"未得"与"已得"所显之"此种心境，实即孔子之所谓仁，此乃一种不厌不倦不息不已之生命精神。见于行，即孔子所谓道。下学上达，毕生以之。……孔子之学与仁与道，亦即与孔子之为人合一而化，斯其所以为圣。"（钱穆）

学而不厌，发愤忘食，乐而忘忧，不知老之将至，是为孔子为学为道之人生的真实写照，印证他于纷杂乱世中纯然笃定，于坎坷人生漫途上隽永不怠，实为混浊幽暗中之清流、之光辉，成"万世"之楷模。

具体而言：

第一，"叶公"［"楚叶县尹沈诸梁，字子高，僭称公也。"（朱熹）］向孔子的弟子子路打听孔子是一位什么样的人。"子路不对"。

子路为何"不对"？对此有几种说法：

（1）陈祥道认为："叶公问孔子于子路，子路不对，非不知对，不足对也。盖曰以孔子之道对叶公，是语蛙以海，乐鸡以韶，适滋以惑也。"

（2）朱熹释曰："叶公不知孔子，必有非所问而问者，故子路不对。抑以圣人之德，实有未易明言者与？"

（3）戴望认为："不对者，恐知不足以知圣人。"

（4）钱穆言道："叶公问孔子之为人，圣人道大难名，子路骤不知所以答。"

此四解，各有侧重，但主要从两个方面加以阐释：其一，从子路视角来看。子路对孔子的思想和生活之丰富，无法一言以蔽之其特质，因此无言以对；进而，师为尊，子路忌讳对其师"为人"予以评价，因而反感叶公如此之问，故"不对"。其二，从叶公的角度看来。一小小县尹，僭称"公"，是为无礼之人，竟问孔子之"为人"，子路以为若搭理或回答他，无疑是与夏虫言冰，"语蛙以海，乐鸡以韶"耳，不屑于回答，故当叶公问之，子路"不对"。

第二，孔子针对叶公之问，教弟子子路当如是回答之："发愤忘食，乐以忘忧，不知老之将至。"孔子之自述，直呈其生命状况和人生境界，其"为人"尽在其中。孔子之言鲜明表其志，其目的在于从价值观上令叶公不复敢觊觎。

第三，在孔子的自述中，关键是对自己"发愤"学习进行了生动的描述和概括，主要表现为，孔子一旦发愤用功学习，就能达到三忘的境界：即"忘食""忘忧"忘"老之将至"。对此，王阳明曰："发愤忘食，是圣人之志如此，真无有已时。乐以忘忧，是圣人之道如此，真无有戚时。恐不必云得不得也。"康有为在《论语注》说到："忘食，则不知贫贱；忘忧，则不知苦戚；忘老，则不知死生；非至人安能至此"。这是孔子乐学、乐道之具体表现。

第四，从孔子的自述可知，孔子潜心为学，专注研习内修，以成就高尚人格，达救世弘道为目标。如此，能从学道、修道而乐道，真正体味到无穷乐趣，享受研习，随着修养提升而喜悦安顿，如此则展示孔子自强不息、求知问道、终老不倦之隽永人生。

人只有通过尽情忘我地修学，才能无视老的降临，才能充分享受生命，而无需在垂暮之年时惴惴不安，患得患失而虚度光阴。在这里，孔子倡导以好学不倦，积极有为和孜孜以求的方式来"对抗""老之将至"的"恐惧"。

第五，孔子自述其人生，"未得，则发愤而忘食；已得，则乐之而忘忧"，充分表征孔子之笃学。由此得出一条朴实诚至之真理："凡从事于学，必当从心上自知愤，又从心上自感乐。从愤至乐，从乐至愤，如是往复，所谓纯亦不已，亦即一以贯之。"（钱穆）

然，"发愤忘食，乐以忘忧，不知老之将至"，"言之甚卑近，由之日高远"，以表明"圣人之学，人人所能学，而终非人人之所能及，而弃所不能及者，则仍在好学之一端。"（钱穆）如此，孔之人生为学修道、乐道之境界，令后学仰观而无不心往之。

总之，孔子从"己"与"道"的关系视角，梳理与总结其人生志趣：问学修道未得之时，发愤忘食；学而"已得"之时，乐道而忘忧，如是，其人生即在问道、求道和乐道中，如是之人生"不知老之将至"，直呈孔子取道之人生。

孔子之自述昭示着人生只有通过发愤学道，不断充盈思想、提升境界，才不惑于外物，役于外物，免因外物之得失而奔逐劳苦忧心忡忡。如此，方可真正乐道忘忧，其人生方可坐看风云，不知岁月春秋而"忘我"。

20. 好古达道，敏以求之

述而 7.20

【原文】子曰："我非生而知之者，好古，敏以求之者也。"

【译文】孔子说："我不是生来就知'道'之人，而是偏好先古的东西，勤奋敏捷地去求，方可成为知"道"明"礼"之人。"

"道""礼乐"，皆外于"我"，"我"非"生而知之"，惟"求之"而"知之"。何处可去？"古"！如此，孔子确认惟"古"以载"道"，惟"古"彰"礼乐"之事实，以"好古"为其价值和情感之基，以"求"为手段和方式，以"敏"为"求"之姿态，勾勒出问道求礼之精神图式。如此，通过"敏以求"而化外于内，从而熟谙"道"与"礼"。

世人皆以为孔子于"道"与"礼乐"，当是"生而知之"者，非常人所能及也。对此，孔子实事求是地诚言，"我非生而知之者"。于此，如《皇疏》所言："知之，谓知事理也。孔子谦以同物，故曰，我有所知，非生而自然知之者也。我既不生知，而今有所知者，政由我所好古人之道，疾速以求知之也。敏，疾速也。"亦恰如钱穆所释："时人必有以孔子为生知，故孔子直言其非。"以此否定世人之误断，绝世人不求道礼之惰怠心，劝导与鼓励世人要知"道义"、明"礼乐"，须在求索不倦、好学上下功夫。

时人皆圣化孔子乃"生知者"而悬空仰观，孔子却自觉还原己为常人，告之世人，自己是仅因"好古""敏以求"而知之者。此等主动将自己还原的朴实作风，清醒的自觉、自谦之人格，是自伪、自诩之人反视、反省己之镜。

具体而言：

第一，承孔子"发愤忘食，乐以忘忧，不知老之将至"描述自己"三忘"而潜心、沉浸与专注于学道、乐道之不锲精神，以及以学为乐的人生境界；于此，孔子以己为例，说明一个人如何获得知识与智慧，以及何以可能知"道"明"礼"，以此鼓励自己的学生与世人，当发愤努力，成就己之才能，成为弘道救世之才。如此，孔子否定人于"道""礼乐""生而知之"之论，证成"学而知之"为可行之途，以激励世人虔敬好学，方可知道明礼。

第二，何为"生而知之"或"生而知之者"？朱熹释曰："生而知之者，气质清明，义理昭著，不待学而知也。"戴望解曰："生而知之，谓若庖羲画八卦定人道，皇帝作丱邑设礼乐。"

时人皆以为孔子而圣人，于道义、礼乐，当是生而知之者。孔子却直道："我非生而知之者"，对世人之误断予以否定，揭秘自我乃"学而知之者"之实，进而示于世人其学之路："好古""敏以求"，以促世人学道明理。此为孔子自述之初衷与用意。

对孔子之自述，陈祥道予以了思辨性地诠释。他说："孔子之于道，非学也，非不学也。以为非学，则吾非生而知之，好古敏以求之；以为非不学，则我非多学而识之，予一以贯。非学也，所以学人异。非不学也，所以学人同。"

第三，孔子否定"生而知之"，明确己与世人一样，亦是"学而知之"，进而向世人展开自己学道明礼之精神历程和方法。首先明确问道学礼之"对象"，即"古"。所谓"古"，一般而言，就是指前人知识、智慧所凝结成的遗典、典章；于此，孔子所好之"古"，则是指"先王之道""周礼"，这是由孔子的价值取向和思维兴趣、偏向"信而好古"所决定的。

如此，孔子以自己获知之方式为证，以"否定"自己因"生而知之"为始，以"敏而求之"突出和肯定获取道义、礼乐之知识和智慧之途和方法。于是，孔子否认自己是天才，还原自己如是常人一样，进而总结出他"知之"的经验：好古、勤学、敏求。

第四，具体而言，孔子阐明了"学而知之"的三个要素，即"好""敏"和"求"于"古"。

所谓"好""古"，即是指喜爱、偏好先圣先贤之遗典、古代的典章，对之必须保持虔敬与崇尚之心，进而虔诚地加以学研；"好"表孔子对"古"信而不疑。

所谓"敏"。朱熹释曰："敏，速也，谓汲汲也"。一方面指对蕴藏于文献和典章中的先王之道和礼乐，其心不迟钝、不麻木、不迟缓、不拖延。如此，"敏"表求道问礼之心智与思维始终保持专注而缜密，灵动而鲜活的状态，惟恐有一丝疏忽而遗漏。另一方面者是对现实保持高度的关注和持续的敏锐。

所谓"求"，是指在"好""敏"之基础上付出的实际行动。从本质上而言，"求"，不仅仅从"古"中求出既有的礼和道，而且从霸道现实中探求而推进礼和道、丰富原有的礼和道，且付诸于行，探求仁道在世之路，这才算得上是真正的"求"。正因于此，"孔子以生而知之圣，每云好学者，非惟勉人也，盖生而可知者义理也，若夫礼乐名物，古今事变，亦必待学而后以验其实也。"（朱熹引尹氏）

如此观之，"好"之情、"敏"之心、"求"之行，是孔子总结出来的获取

"知"的三个渐次深化和推进的环节，三者构成孔子获知的精神图式。

总之，虽然在孔子的观念当中，有"上智""生而知之者"之思想，但他却否认自己是依生而智，依天生、先验而知道义、明礼乐。由此，孔子向世人敞开了"学而知之"之实。孔子以切己学道明礼之实际，表明要成为知"道"明"礼"、学识渊博的人，不仅要爱好古代的典章制度和文献，而且要勤奋刻苦，思维敏捷、勇于实践与探求。这样，孔子以身为弟子及世人提供了"学而知之"之标范和模本。如此，孔子"言此者勉劝人于学也。"（郑玄）

孔子并非简单否定道义礼乐之先验主义而凸显经验主义的习得观，而是借此向世人传递最为一条朴素的真理：一切人，只要报以"好古"之心，怀虔敬之情，行之于敏求，那么，古"道"则不外于我，我亦不外于古"道"，我与道义礼乐不二。如此，孔子以"知之"为切入点，突出与强调"道"与"礼乐"在"求"中，即将"道""礼乐"从心智之"知"下降与落实于"好""敏以求"之中，从而以道德之理论理性为始，以道德之实践理性为终，彰孔子以学道、问道、践道之精神主旨。

21. 缄默不语，怪力乱神

述而 7.21

【原文】子不语，怪、力、乱、神。

【译文】（1）孔子平常不谈论的有四事：一怪异，二强力，三离乱，四神迹。

（2）孔子静默不语，惟恐用力分散影响集中精神。

第一种解读：

【译文】（1）孔子平常不谈论的有四事：一怪异，二强力，三离乱，四神迹。

无道之世，世人偏好"怪、力、乱、神"，故"此四者人所爱言。"（钱穆）而孔子对之却"不语"，"圣人语常不语怪，语德不语力，语治不语乱，语人不语神。"（朱熹引谢氏）以表孔子专注于仁道、礼治，礼法，重现实生活，从而从所语之对象上，尊礼而正礼，着力将世人之心导引上仁道之正途。

孔子不语"怪、力、乱、神"，呈孔子所语之边界与指向，表孔子一贯切切关注于世道之乱，笃定弘道之志，其心不二焉。孔子不语"怪、力、乱、神"，以达扭邪思，引世风，摄世人之心，促世人之意归仁道、礼乐，以达善治天下。

具体而言：

第一，从所论之对象，明确记述了孔子对"怪、力、乱、神"之"不语"，有异于时人之爱好。

第二，何谓"语"？"直言曰言，论难曰语。"（陈祥道）"语，诲言也。"何谓"怪、力、乱、神"？戴望释曰："怪如日食星变山崩之属，《春秋》志异而说不着，故不以为语。力如羿善射，奡（áo）荡舟；乱如孔文子问军旅，白公问微言；神如杜伯射王、伯有为厉。"钱穆释曰："怪如木石之怪水怪山精之类。力，如荡舟扛鼎之类。乱如易内蒸母之类。神，如神降于莘，神欲玉弁（biàn）本意是指古代一种尊贵的冠，也指掌管帝王的冕服及等制，又比喻首领、魁首）朱缨之类。力与乱，有其实，怪与神，生于惑。"

第三，孔子不语怪、力、乱、神，那主要"语"什么？或孔子为何不语怪、力、乱、神呢？对此，陈祥道释曰："不语怪力，则所语者，常与德也。不语乱神，则所语者，治与人也。"朱熹则认为："怪异、勇力、悖乱之事，非理之正，固圣人之所不语。鬼神，造化之迹，虽非不正，然非穷理之至，有未易明者，故亦不轻以语人也。"进而引谢氏曰："圣人语常不语怪，语德不语力，语治不语乱，语人不语神。"

第四，孔子之不语者四。这四者为何按照"怪、力、乱、神"之顺序而列？陈祥道予以细腻地解说。他以为："怪之为害，不若力；力之为害，不若乱；怪力乱，人之所为，故先之。神，则非人之所为，故后之。"

第五，孔子之不语，表孔子从不信崇怪、力、乱、神，于此，从否定的视角折射出孔子所关注的乃是现实社会、人之生存和人生之意义，乃是围绕着为学、问道、弘道而展开，于此，孔子大力倡导"仁德""礼治"，着力救世而劳心劳神，于鬼神，孔子持"敬鬼神而远之"之立场和态度，从而呈现出孔子人生思想之取向、之聚焦。

总之，世之无道，世人之心充塞邪淫，偏好语怪、力、乱、神。孔子笃定严正于仁道、礼治而"不语，怪，力，乱，神"。如此，孔子以己之所语，扭邪思，引世风，摄世人之心，归世人之意于仁道、礼乐，以达善治天下。

第二种解读：

【译文】孔子缄默不语，惟恐用力分散影响其精神之集中。

本章记述，对孔子"不语"予以真切地描述，勾画一位笃定慎思者追求思想澄明之状态，呈现出"思"与"语"之内在生成性关系，突出惟有充分的"不语"之"思"，方可"语"。而"怪、力、乱、神"则是表孔子思而"不语"、或"不语"而"思"之状，即孔子极力排除干扰，汇集心力而潜心、虔诚地沉浸于思考之中。

具体而言：

第一，本章记述很容易引起误读。一般认为，该章表明孔子不与人谈论"怪异""暴力""变乱"与"鬼神"（或神迹）。将"怪异""暴力""变乱"与"鬼神"作为孔子"不语"之对象、内容或"宾词"，说孔子避讳与人谈论它们。但是，从该章的文思逻辑看来，这样的理解，匪夷所思。从《述而》一章的话语展开与语义逻辑来看，从"叶公问孔子"至"其不善者而改之"，应该是重在记述孔子"学而不厌"之治学精神，所述内容之间应该具有内在的语义之连贯性和一致性。如此，怎么突然转到孔子缄默"不语"，进而推出"怪、力、乱、神"了呢？让人费解。这样，如果按照记述和谈论孔子"学而不厌"精神的内在展开，此处所记述的，正是"孔子不说话了，惟恐用力分散影响集中精神"，强调孔子仍然专注在思考下面将要说的话，那么，该节记述则是对孔子不语而进入思考之状的描述。

第二，在记述中，孔子在前面还在以"发愤忘食，乐以忘忧，不知老之将至"自述而介绍其自己的为人、为学之境界，为何突然"不语"了呢？其因是什么？正是孔子担心"怪、力、乱、神"而扰其心智而不能集中精力、影响其进入沉思之状。这样，孔子"不语"与"怪、力、乱、神"之间，形成了一种倒置性的"因果关系"。

在这里，需要明晰"怪、力、乱、神"之确切含义。

所谓"怪"；在此处，"怪"应该是动词，而非名词，其意则是"责怪、疑惑、惟恐"，并非是"怪异"；《淮南子·说林训》有言："知者不怪"。《注》曰："怪，惑也"。

所谓"力"；在此处，指力气、力量、功夫，是名词，却不是"勇力"或"暴力"。这在《论语》中，亦非罕见。《宪问》有言："子曰：桓公九合诸侯，不以兵车，管仲之力也。""子曰：骥不称其力，称其德也"。

所谓"乱"；在此处是"动词"，是指扰乱、搅乱、迷惑之义；如《荀子.解蔽》："酒乱其神也"。

所谓"神"，是指一个人的"神志"或"精神"，而不是"鬼神"或"神迹"。如《荀子·天论》中有言："形具而神生"。《淮南子·原道训》中说到："耳目非去之也，然而不能应者何也？神失其守也。"均将"神"解释为"精神""神志"，而非"鬼神"。

这样，从"怪、力、乱、神"之意，可以很清晰地判断，孔子之所以"不语"，即是要极力排除对思考的干扰，汇集心力而潜心、虔诚地思索。

第三，这一章对孔子行为的记述，正是承接上面的自述"三忘"，下启"三人行，必有我师焉"前后两节经典的话语之间的停顿、沉思、不语的状态，如此，本节则是对孔子发愤学习，能进入"三忘"境界的进一步阐述，表征了孔子潜心而专注的思考，为过渡到孔子下一节经典之语而琢磨和凝思。

第四，此节记述，一方面传达出集中精力专注而深沉的思考对于一个思想者形成重要的思想、观念和话语之极度的重要性；另一方面表达了"不语"并非"不思"，"不语"恰好有助于"深思熟虑"。这样，"不语"乃是思虑、权衡、内在心智的揣摩，正是为了"语"所进行的一种思想前行之状。在这里，记述者将"不语"与"语"的内在张力关系予以了清晰的揭示。

第五,"不语"而沉思,是思想家独特的生命姿态。孔子的每一次言语,客观上都会对其弟子们产生影响,因此,他的"语",是在多次"不语"之中生成的,这样,一方面保障了言说之慎重、凝重与深邃;另一方面保持着言语之尊严和思想之周全,由此,才有让人思之开悟与警醒作用,从而成为"经典"。试想一个缺乏深思熟虑而成天"喋喋不休"之不停的"语者",岂能孕育、推定、积淀出什么样的深刻思想呢?

总之,本节是对孔子在形成新的思想之前保持静默无语的思考状态所进行的记述,并对"不语"的理由给予了交代。事实上,这是对孔子思考之全神贯注的真实描述,以此着力表明,一切伟大思想家的出"口"之"语",从发生学意义上来看,恰好正是一个虔诚"不语"的深度思想者心怀酝酿之结果。

惟深思者,方可语。"不语"而潜沉于"思",既是"语"之前提,亦是对"语"之保证,更是对"语"的深度责任之自觉。如此,孔子缄默"不语"才具有思之深邃与道义之力量。

22. 善恶皆师，从善进善

述而 7.22

【原文】子曰："三人行，必有我师焉。择其善者而从之，其不善者而改之。"

【译文】孔子说："三人同行，其中必有我之师。我选择其善而向他学习，见其不善，就以此为鉴，改掉自己的缺点。"

———————————

世人常自以为是而傲骄，亦常掩饰己之不善而虚荣。孔子虔敬于学，谦虚好学于人。孔子好学、善学，不仅"好古"，而且从"人"处学，故言"三人行，必有我师焉。"于此，孔子强调不仅向"善者"学，亦向"不善者"学。如此，"善者吾师也，不善者亦吾师也。师其不善，所以自修，此所以'三人行必有我师也'。若夫师其善而不师其不善，则内无以自省，外无以自观，其欲至于君子难矣，然则不善之师，其可忽哉。"（陈祥道）亦如朱熹引谢氏曰：孔子"见贤思齐，见不贤而内自省，则善恶皆我之师。"

早于孔子的子产曰："其所善者，吾则行之，其所恶者，吾则改之。是吾师也。"（《左转》襄公三十一年）与孔子所言："三人行，必有我师焉。择其善者而从之，其不善者而改之。"其意相同，皆表为学、修道须戒自是、自满而自美，当以自省、自谦之心，"见贤思齐"而"从"善者，见不善者即反思己之"恶"、之"过"而"改"之，从而归善、进善。

孔子以"必有我师"为总体原则，以善恶为尺度而甄别、而"择"，进而"从之""改之"促己之蜕变、之善进。

孔子以"三人行，必有我师焉。择其善者而从之，其不善者而改之"开师道、启师心，以人为鉴，于"择"而"从"、而"改"，修己之心性，扬善抑恶成己之德行，由此掘出一条于善师善学，修进善己之路。

———————————

具体而言：

第一，这是广泛流传，对己之人格、修养和学识提升产生积极影响的经典箴言。孔子之论，从语辞和意义上来看分为两个部分，前一部分提出总体原则；后一部分是选择的标准和具体的操作，以及对自我成长的意义，由此集中地表征了孔子所倡导的以人为鉴，虚心向他人学习，不断提升己之内在德性的生命立场和有效方法，突出表达孔子在处事待人、修心养性和学识增长等诸多方面虔敬向善，不断完善自我的强烈诉求。

第二，孔子首先从总体原则上肯定和强调了"三人行，必有我师焉"。于此，孔子以清醒的自我意识和他者意识为前提，以充分肯定他人之优长为基础，以促己之进步和完善为目的。如此，表孔子始终持谦恭、谦逊之态。

第三，孔子这一总体原则的提出，表征孔子以善恶为准则，以他人为参照，将自己置于具体的人际关系之中来加以审视，从而在比较中，确认他人的优长，发现自己的不足；在此，孔子所强调的为了自己的进步与完善而必须具备的"取长补短"的心理，这充分表明其以"诚"待己和以客观的态度对待他人的优秀品质，同时也折射出孔子所倡导的学习者应该持有的开放心境、自谦态度和包容胸襟。

第四，孔子在强调向他人学习之时，强调必须确立了以"善"为根本尺度："择其善者而从之，其不善者而改之"。这从正反两方面切入"学"的内涵。

首先在于"择"，这是一种判断、甄别和抉择，如此，要求自己必须确认"善"与"不善"；

其次，根据判断"善"与"不善"，相应采取"从"和"改"，这是进己之具体规定。

如此，从所学的两个维度上，即从正面丰富、提升和加强自己，从反面加强自我反省、引以为戒，或改己之过。在此，孔子强调应该学习别人的长处，摒弃别人的短处之基本原则，切忌不加甄别而丧失价值立场的盲目而草率之"从"。

第五，孔子之论，强调每一个人都必须向他人学习之根本立场，突出以"自我"成长、完善之目的。由此，以"三人行，必有吾师"为总体原则判定，以肯定作为学习对象的"他人"具有可学之处为前提，以"择"为切入点，以"善"与"不善"为内容和尺度，以"从"和"改"为手段，由此形成学习他人、提升和完善自我的一套完整逻辑。

第六，孔子之论，表"三个同行，其一我也。彼二者，一善一恶，则我从其善而改其恶焉，是二人者皆我师也。"（朱熹）孔子以"三人行"为生活关系场域，表达一个人之修身进德、增知长识，不仅需要法古，而且更应乐于、善于师法同时代之人。孔子正是如此之人。对此，弟子子贡曾说："夫子焉不学，而亦何常师之有。"以此表明"道无不在，惟学则在己。能善学，则能自得师。"（钱穆）

对于孔子之论，钱穆予以了较为充分的阐释。他认为，孔子"不曰三人居，而曰三人行，居或日常相处，行则道途偶值。何以必于两人而始得我师，因两人始有彼善于此可择，我纵不知善，两人在我前，所善自见。古代善道未昌，师道未立，群德之进，胥由于此。"进而言之，"本章似孔子就眼前教人，实则孔子乃观于古今人道之实如此二举以教人。孔子之教，非曰当如此，实本于人如此立以为教。"如此，"孔子之创师道，亦非曰人道当有师，乃就于人道之本有师。《中庸》曰：'道不远人'，其斯之谓矣。"

第七，孔子之论，从本心上要求我们树立对"同行者"，不论其善、恶，首先须加以尊重，而不是彼此相轻；其次须对之加以甄别，定其善恶；最后，再"从"人之善或"改"己之"不善"。因为无论是"同行（xíng）者"或"同行（háng）者"，均是观己之镜，且为己之成长提供"善"之榜样、"不善"之戒惕，从而能通过"从善"与"改过"促己不断提升、不断完善。

总之，孔子此论，提出每一个人都应该具有戒骄戒躁、克服自满、自大之心，持自谦之心向别人学习的可贵精神；同时，坚持从善和改己之不善的原则，将"师"人予以落实。如此，惟以虚怀若谷之心，从人之善，克己之不善，方可促己境界之提升，成就己之德性修养至臻完善，学识不断精进。

23. 面暴倚德，彰仁者勇

述而 7.23

【原文】子曰："天生德于予，桓魋其如予何？"

【译文】孔子说："上天把德赋予了我，桓魋能奈我何？"

孔子一行往陈过宋之时，宋司马桓魋误判孔子一行之目的，"欲害孔子。孔子言天既赋我以如是之德，则桓魋其奈我何？言必不能违天害己。"（朱熹）面对桓魋挑衅滋事，孔子神情自若、举止泰然、不动声色、从容不迫，坦然说出"天生德于予，桓魋其如予何"之自信豪言，将自己成功化解困厄与"天德"关联，证成"天德"之威，其豪迈气概确实令其众弟子，乃至后人折服与膜拜。

孔子以"天生德于予"为其道德底气，认为"桓魋纵能杀孔子之身，不能夺孔子之德，德由天生，斯不专在我。桓魋之所恶于孔子，恶孔子之德。桓魋不自知其无奈此德何。既无奈于此德，又何奈于孔子。"如此，孔子于危难时之所言，足以"见圣人之处变，其不忧之仁，不惑之智，与不惧之勇。"（钱穆）

孔子依德面暴，临危不惧，据仁德，对非仁德之"暴"报以轻蔑与鄙夷；同时，孔子以"天生德于予"赋予己之使命神圣性，使之从容面暴，表现出大义凛然之精神气象。

具体而言：

第一，公元前 492 年，孔子从卫国去陈国途径宋国。宋国司马桓魋（tuí）听说以后，带兵要去加害孔子。当时孔子正与弟子们在大树下演习周礼，桓魋一行砍倒大树，追杀孔子。

《史记·孔子世家》有记鲁哀公二年（公元前 493 年），卫灵公去世，孔子失去了依靠，不久便离开卫国，再次到陈国求仕，途经宋国时发生了"宋司马桓魋欲杀孔子"之事。"孔子去曹适宋，与弟子习礼大树下。宋司马桓魋欲杀孔子，拔其树。孔子去。弟子曰：'可以速矣。'孔子曰：'天生德于予，桓魋其如予何！'

《史记·宋世家》载"（宋）景公二十五年，孔子过宋，宋司马桓魋恶之，欲杀孔子，孔子微服去。"

《史记·十二诸侯年表》亦载："（宋景公）二十五，孔了过宋，桓魋恶之。""子曰：天生德于予，桓魋其如予何？"孔子此言，当是孔子在学生的保护下，避开桓魋之追兵，离开了宋国之途中所说的。对此，戴望释曰："此言当鲁定公卒之年，夫子去曹过宋时也。"

第二，桓魋 ["宋司马向魋也。出于桓公，故又称桓氏。"（朱熹）"即宋桓公之后，又称桓魋。"（钱穆）] 为何要在孔子经过宋国时驱离、加害于孔子呢？

从《史记》所记和孟子所言 ["孔子不悦于鲁卫，遭宋桓司马将要而杀之，微服而过宋。"（《孟子·万章章句上》）] 可知：

（1）孔子是因为"不悦于鲁卫"而被迫离开卫国的，因此，出行比较仓促。

（2）孔子此行是途经宋国（"过宋"），他并未打算在宋国久留。

但是，宋司马桓魋并不了解孔子的动向，误以为孔子回到宋国是来搅局的，所以，桓魋对孔子一行高度戒备、且充满敌意。

孔子虽然是过宋，但是，桓魋对孔子之行持警觉和怀疑态度。其理由为：

（1）桓魋是宋桓公之后，深受宋景公恩宠，此时桓氏兄弟在宋国权势很大，无人能敌。而孔子是宋国公室后裔，其先祖父是宋愍公的长子，后授位于宋厉公。孔子不仅有宋国贵族血统，而且在诸侯国中声名显赫，影响很大。桓魋认为孔子此时回到宋国，必将对桓氏兄弟构成巨大威胁，因此"将要而杀之"。

（2）桓魋当时是宋国司马，主掌军政和国防事务。孔子等人未经允许就进入宋境，他当然有权实施驱离，而且还可以进一步采取更为强硬的措施。

事实上，孔子一行途经宋国，并未进入宋都，只是在荒郊野外的一棵大树下稍作休整，孔子并与弟子们讲习礼仪。桓魋得知这个消息后，立即派人前往监视，并命人拔倒大树，对孔子等人实施驱离。

第三，孔子面桓魋砍树等一系列驱逐行为，在"去宋"之途上，对自己的弟子们说自己是有仁德的人，而且是上天把仁德赋予了他，桓魋奈何不了他。如此，集中表达了心怀天命与仁德的孔子，在面对危险之时既显示出从容自信，又体现了孔子的机智灵活，从而不仅体现了孔子以天命承负者自任的使命感，而且表征圣人之处变，直面危险，自不必在此坐以待毙。此乃自信而不迷信，处惊而应变之智也。

第四，从孔子自信之言亦可见，圣人周游列国，推行仁道，在当世绝非受待见之事，可见其艰难，如此亦时常会遭遇各种粗暴、野蛮行径。如此，孔子在宋之遭遇，集中表达了"仁德"与"武力"的照面，彰显天命肩负者具有上天赋予的崇高禀赋、坦然而无畏之精神品质。

第五，孔子在"去宋"时，说这番慷慨之言，其象征意义在于，"德之言得，礼乐皆得谓之有德。天生夫子，受命制作，魋何能为。"（戴望）亦表圣人自有其不忧之仁，不惑之智，与不惧之勇。其功效在于以自己的行为鼓舞弟子们，应该相信上天之德所赋予的神圣力量，以及仁德心境之人所应具有的胆识和担待，即使面对生死危机，也应有无所惧怕的气概。孔子之举，无疑对学生是具有昭示和示范作用的。

第六，孔子承天德于身，自是"勇"在心。因为他相信自己承天德所赋予的使命，自然具有大无畏的情怀，此等人格的圣贤，即身载人间正道的道德力量，内存"勇往直前"的正义之心。如此，在面对危险之时，有维系道义之责任，因为此种危险，非对一己之私，而是对天德和仁道的挑战和颠覆。孔子认为，自己的勇气是以天德为后盾，以仁德为基础的。

第七，承天德者，不仅仅具有仁者之勇，而且还具有仁者之智。如此，孔子有勇而知进退、有仁德而懂周全。孔子非莽撞之人，自会在不辱"天德""仁道"之前提下，对非仁之"暴力"报以轻蔑。

第八，孔子自觉己之使命，是将天赋之德行布天下，这于孔子而言是壮美而艰难之事业，如此，孔子唯惧之事乃是天德之不盛，在如此之境遇下，个人的安危，非重要之事。缘于此，在面临危难之时，依然能秉承天德之本体力量，这是孔子生命所具有的道德象征意义。

孔子言"天生德于予，桓魋其如予何？"，向世人传达至理信念：只要承"天德"、怀"仁德"，必能以"仁"胜"武"、以"正"克"邪"。

总之，"孔子于桓魋之暴，则曰：'天生德于予'。于匡则曰：'天之未丧斯文'；盖德所以足乎已。而君子之所独，文所以化于人，而天下之所同。"（陈祥道）孔子以承天德之"勇"支撑其行仁德于天下之举，在面对危难之时，依然以道义的力量支撑和鼓舞着自己而无畏，藐视非仁之暴行，树立"仁"必胜"武"、"正"定克"邪"之信心。孔子此等无畏之精神，是道义予以的信念力量使然。如此，凡承天德之人，其心必有坚定的信念，从而呈显为一股强大的道义力量。

24. 施教无隐，践仁行忠

述而 7.24

【原文】子曰："二三子以我为隐乎？吾无隐乎尔。吾无行而不与二三子者，是丘也。"

【译文】孔子说"诸位以为我对你们有什么隐瞒的吗？我对诸位是丝毫没有隐瞒的。我没有任何行为不是和你们在一起的。这就是我孔丘之全部。"

弟子们不解夫子之道，以为孔子对之有"隐"而"未尽以教"。孔子面弟子之疑惑，坦诚其无私、无隐，全心尽力施教于众弟子，平素之行皆与众弟子共在，且为众弟子所见，即"言无不与二三子者，视我所行。"（戴望）"学于其人，其人具在，复何隐？"以表孔子对众弟子毫无保留、不遗余力施教，真可谓"和盘托出"，（蕅益）此乃"深切之教矣。"（钱穆）

对于孔子无隐之自述，诸位先学之解，揭其真意。

陈祥道释曰："孔子之诲人其不倦，仁也；其无隐，忠也。不倦与先传，后倦者异矣。无隐与教人，不尽其才者异矣。惟其开而不达，引而不发，不以三隅反则不复，再三渎则不告，此弟子所以疑其隐也。"

朱熹曰："诸弟子以夫子之道高深不可几及，故疑其有隐，而不知圣人作、止、语、默无非教也，故夫子以此晓之。"进而引程子和吕氏之解明晰之。程子曰："圣人之道犹天然，门弟子亲炙而冀及之，然后知其高且远也。使诚以为不可及，则趋向之心不几于怠乎？故圣人之教，常俯而就之如此，非独使资质庸下者勉思企及，而才气高迈者亦不敢躐易而进也。"吕氏曰："圣人体道无隐，与天象昭然，莫非至教，常以示人，而人不自察。"

"正惟和盘托出，二三子益不能知。"（方外史）还"以为隐"，故孔子只能直陈："吾无行而不与二三子者，是丘也。"如此，孔子无隐之陈，提升至其为人之高度，表其言、其行，即是己所施之教，别无他，以消除弟子之猜疑与误解，从而指示弟子应从己之"言"与"行"而领会和知晓其所教。如此，孔子之述，再次表达孔子诲人不倦之"仁"，无隐之"忠"。

具体而言：

第一，弟子陈亢就曾疑孔子授教有"隐"，故问于伯鱼曰："子亦有异闻乎？"对曰："未也。尝独立，鲤趋而过庭。曰：'学《诗》乎？'对曰：'未也。'不学诗，无以言。'鲤退而学《诗》。他日，又独立，鲤趋而过庭。曰：'学《礼》乎？'对曰：'未也。''不学《礼》，无以立。'鲤退而学《礼》。闻斯二者。"陈亢退而喜曰曰"问一得三，闻《诗》，闻《礼》，又闻君子之远其子也。"(《论语·季氏》）然，聪明的弟子子贡说"夫子之文章，可得而闻也；夫子之言性与天道，不可得而闻也"，以此可见认为孔子施教有"隐"，绝非个别弟子所惑。如此，孔子面弟子就其所教有隐之疑，自陈在施教过程中之"无隐"，此为孔子对己之施教无隐所进行的一种自我交代、自我辩护、自我证明与自我澄清。孔子直接告诉弟子们，自己在教授的过程中，毫无隐瞒、毫无保留，此乃全心全意，赤诚之心可见，以此消除弟子们不必要的一些猜忌和担忧，从而鼓舞弟子们树立与增强学习仁道之学和德行修造之信心。

第二，从孔子自陈的话语语式来看，孔子之语是有针对性的。其所针对的恰好是弟子们对孔子教授他们是否彻底无余而有所保留的一种担忧与疑虑。如此，孔子才直言"以我为隐乎？"孔子在此以反问的口吻，切实地表达他并无任何隐瞒不予传授、没有秘不可宣的道理隐藏着，表征孔子在教学中的坦诚之心、坦荡之举。对学生切切挚爱，就在教之"无隐"中。一个"隐"将师徒的关系隔离，进而疏离化，反之，孔子回答"吾无隐乎尔"则充分彰显了师徒无间的关系，尤其凸显孔子在教化弟子们时无私而无隐之大爱情怀。

第三，孔子强调自己无"隐"，从主观心态至客观行为，始终如一。在这里，孔子强调他的整个施教并非是私密的、而是敞开的；不仅言传，而且身教。换言之，孔子所言说的，也就是孔子行为举止所践履的，孔子本身即是一个言行统一的人。如此，孔子以"为学"与"为人"统一为立意，承诺自己"无隐"之可靠性。

第四，孔子自陈的言下之意，对弟子们在其如此以言、以行而全心的教导下，还依然不能把握仁学之真谛，持一种批评的态度。在此，孔子责备弟子们只知其言教，而不知其不言之教，只知言传，不懂身教之理，只知道明示，而不懂启示，而以为子故为隐。

第五，凡孔子之教化，应该说其动静、言行皆是开示弟子，其间"隐"与"显"皆施教。这不仅表明教学内容有"隐""显"之别，而且指示出"隐""显"，乃孔子教育的两种基本路径与方式。

就其施教内容而言，戴望指出："《易》本隐以之显，《春秋》推见至隐，不足以至隐者，不书也。故曰：'吾欲诋之空言，不如见之行事之博深切明'。"

就其施教方式而言，孔子的弟子们或许只知晓孔子之直接而显性之教，而对其行为所蕴含之深意，却未能通过切己体验、体悟而获其隐喻，如此，可以看到，孔子以"显"性的话语方式教导与点化，似乎弟子们都能明了；然而，孔子以行示范而进行的教化，大部分弟子似乎也是明白的，然而总有那么"二三子"不得其要领。如此，孔子才明示弟子们，除了文辞之教外，还应该从其行动而得其教，这才是完整地了解他的传授。

对于孔子以行而施"无言之教"，钱穆释曰："孔子提醒学者勿尽在言语上求高远，但从行事上求真实。有真实，始有高远。而孔子之身与道合、行与学化，其平日之一举一动，笃实光辉，表里一体，既非言辨思议所能尽，而言辨思议亦无疑超其外。"

大凡教育应是言传身教并举的。一般而言，庸下之弟子只懂有言之传，而不懂、不谙于无言之身教。如此，孔子"吾无行而不与二三子者"一言道破其教育之苦心。当然，其实很多深意是无法言传的，当他急得不行时，只能言"四时行，百物生，天何言哉！"

孔子直言"吾无行而不与二三子者，是丘也。"表孔子以言、行，一览无遗地将自己呈现于众弟子，以示毫无保留地教授众弟子，这是对"吾无隐乎尔"的自我辩护。

在此，稍作延引则可知道，这大凡是中国文化、中国哲学中独特的隐喻之所在。如此，问学于孔子，不仅仅需要对之的言辞加以深刻地辨析而理解，更重要的是需要用心去体悟其言、其行，这大概是研习以言外之意见长的中国哲学和研读逻辑范畴式的西方哲学之差异吧。

总之，"孔子之教，有可得闻者，有不可得闻者，弟子疑之，以为有所深隐，故解之。"（戴望）孔子以"吾无行而不与二三子者"，尤其是"是丘也"，完成教"无隐"的自我表证，透显出孔子以"言"为明线、以"行"为暗线的双重施教逻辑。孔子挑明与弟子们一起之"行"的重要性，从而告诫弟子们应该加强对"行"之暗线教育的关注；在此，孔子强调身行之开示功能和行中所蕴含的隐喻启示。如此，孔子之论，不仅对自己的教育思想有了进一步的深化，而且点出弟子们不解其教学，总觉得老师有"秘而不宣"之"隐"的原因，以启迪弟子们能更好地受教于己之所授。

25. 施以四教，文行忠信

述而 7.25

【原文】子以四教：文、行、忠、信。

【译文】孔子以文、行、忠、信四项内容教授学生。

———————————

此记述，客观地呈现了孔子所授之内容。孔子施教为"文、行、忠、信"四者，"文，六艺也。行，六行也。忠信，六德也。此古者三物之教，大学之始事也。"（戴望）表孔子"教人以学文修行而存忠信也。"（程子）

于孔子以四教，陈祥道对其内在逻辑和目的予了深透的阐释。他说："忠信，所以成终始也，学由中出，故以文为余事。教自外入，故以文为先。务干九三，先之以忠信进德，所以成始。孔子之四教，后之以忠信，所以成终。"

孔子以四教，再次明证孔子施教"无隐"，表孔子以己行而身教、而彰"忠信"之德。

———————————

具体而言：

第一，孔子对弟子施教的内容应当说相当广泛的，总体称为"六艺四教"。"六艺"一般是孔子对入门弟子教育的第一步即是从技能开始，教学内容主要是"六艺"，即"礼、乐、御、射、书、数"。如此看来，孔子对弟子在德、智、体、美、技能等诸多方面都进行教育，可谓全面性的教育，其中孔主张德育优先。本节记述了孔子施教于弟子们的主要内容，即"四教"，为"大学"所学，是成人教育。从其内容上，可以看出孔子对弟子们所进行的教授包括三大部分：即书本知识、社会实践和德行修养，凸显孔子从智、行、德三个方面对弟子予以施教。如此，孔子着力将弟子培养成既有贤德、才干见识，又能着力践行，可成就弘道救世之伟业的人才。

第二，就孔子的教学内容，具体展开而言。

所谓"文"，即诗、书、礼、乐。凡博学、审问、慎思、明辨，皆文之教也。如此，"文"既指学习的对象，又指学习的目标。作为学习对象之"文"所指为文献、古籍，或"典籍遗文"（钱穆），此为孔子教授学生之文本依据，即是文化课所用的"教材"；作为学习目标之"文"，是指通过学习文献和古籍，掌握文法章句，获得其中的知识、观点、观念和思想，一句话，明白文中之道理，使受教者具有知识、文采和智识之能力，懂得礼乐文法，成为对文化传统之习得者和自觉者。

所谓"行"，一般而言，这是属于品德修养。主要侧重于受教者的品行修造，强调受教者笃行其德行规范。这是孔子在施教学生获得和掌握一定书本文化知识之基础上，强调弟子们不能停留于书本知识和道德观念中，其所习得之道德知识须落实于行上，成为道德实践者，而不能成为毫无行动力的"书呆子"或柔弱书生。如此，孔子要求弟子们学"文"之后须进一步践行，在道德实践中增长知识和才干，使己成为既可以"坐而论道"，亦可"起而行之"之士。进而言之，孔子四教中的"行"，决不是单指普通的操行或践行，而是强调弟子们必须倾其所学而建功立业，成就其人生价值。

所谓"忠"，是指孔子教导、培育学生必须具有良好的品质，该种品质总体而言，即是对一事一物，无不尽心尽力而为之。具体而言是指对国家、社会、父母、朋友，具有不渝之诚心，做事善始善终。在此处，孔子侧重对学生仁厚之心的培育。如此，"忠"属于政事，也就是教育学生做事要守职尽忠。

所谓"信"，即恒有诸己，此乃为人之道，属于与人交际过程中所应遵守的道德规范，所言乃为人处世之道。如此，"信"乃是孔子对弟子们在人际交往中的一种品质要求，具体表现为一经答应或允诺他人，决不违背，具有"诚实"之德。同时，不能过分计较个人得失，从"义"而别"利"，遵循礼让之原则。在此处，孔子侧重于教导弟子们在人际交往的德行与规范要求。

第三，"文、行、忠、信"四项基本的施教内容，是内在统一的，不能够肢解而单独凸显某一个方面，综合起来看，这四个方面的内容，突出了孔子对弟子们的智识力、行动力和道德修为三个维度的要求，既体现孔子对弟子能力的要求，更重要在于对弟子们德性的培育，促使弟子们成德才兼备之君子。由此表明孔子之施教内容载其施教目的。

第四，施教之内容，折射着社会需要，具有时代规定性和现实指向性。孔子着力施教之四维，是孔子救世对人才要求所采取的积极方案。这样的教学方案，其具体的内涵体现了时代特定要求，但范导出来的精神实质，却具有超时代的共同性，构成教育非常重要而稳定的"传统"。

总之，孔子施教之思想内容：文、行、忠、信，互为基础、彼此作用，成为一个不可分割的整体，从内在文学修养，到外在行动践履，再到精神人格升华，构成培育君子的完整策略。其中，"忠信"之道德实现，以"文行"的教育为基础，"忠信"又是孔子道德核心教化的目标与方向，由此构成孔子实现其教育理想之施教方案。

26. 圣善绝世，求有恒者

【原文】子曰："圣人吾不得而见之矣！得见君子者，斯可矣。"

子曰："善人吾不得而见之矣！得见有恒者，斯可矣。亡而为有，虚而为盈，约而为泰，难乎有恒矣。"

【译文】孔子说："圣人我是不可能看到了，能看到君子，这就可以了。"

孔子又说："善人我不可能看到了，能见到始终如一（保持好的品德的）人，这也就可以了。没有却装作有，空虚却装作充实，穷困却装作富足，这样的人是难于有恒心（保持好的品德）的。"

孔子言"圣人""善人"皆"不得见"，叹世德之衰；进而言能"得见君子""有恒者"亦足以，以此表孔子失落、失望之后退求其次，并以此寄托其希冀。因为在"亡而为有，虚而为盈，约而为泰"成为世德之常态的情况下，尚能见到"有恒者"已是难能可贵、心满意足了。

孔子不得见"圣人"，而以得见"君子"为足，不得见"善人"，而以得见"有恒者"为安，"圣人，君子以学言。善人，有恒者以质言。"（张敬夫）孔子渴望"圣人""善人"再现于世，然却只能求见"君子""有恒者"，并叹"有恒者"亦难求见。由此，指出成"有恒者"须戒"亡而为有，虚而为盈，约而为泰"之弊。对此，朱熹释曰："有恒者与圣人，高下固悬绝矣，然未有不自有恒而能至于圣者也。故章末申言有恒之义，其示人入德之门，可谓深切而著明矣。"

孔子以"不得见""圣人""善人"，而以"得见"君子、有恒者，表征孔子忧文化命脉之断绝，由此能有遵圣人之道的君子、守善道的恒者就足以。并以此为基础，向"善人""圣人"进发。恰如蕅益所释："圣人只是证得本亡、本虚、本约之理，有恒者是信得本亡、本虚、本约之理，就从此处下手，便可造到圣人地位。"

具体而言：

第一，孔子之言表征在春秋末期"礼崩乐坏"的历史境遇中，面对世人道德状况之倒退，绝望中残存之希冀。在孔子看来，当时已经难以看到"圣人""善人"，而那些"亡而为有、虚而为盈，约而为泰"的人却比比皆是，在这样的境况下，还能看到"君子""有恒者"，孔子觉得已经很心满意足了；如此，孔子在本节蕴含着对当世道德的悲叹。

第二，第一个"子曰"中所表征孔子所希望的"圣人"虽已经"无所寻觅"，已绝世了，但是，"君子"依然存在着。如此，孔子认为有君子存在，依然是尚可接受的道德境况；第二个"子曰"所表达的是"圣人""君子"早已绝迹，甚至"善人"在世上也再难存有。如此，孔子退到求"有恒者"在世即可。这两句话相连表孔子之主观期待与现实道德的差异与冲突，构成孔子见证世人道德蜕变的历史事实及其真切感受。

第三，孔子之论，首先将"圣人"与"君子"，"善人"与"有恒者"做了道德层次做了区分。

所谓"圣人"；即是人格完美又能周济天下之人。"智仁合为圣人，若庖羲、尧、舜、禹、汤、文、武、周公，曰圣人者，'知通乎大道，应变而不穷，能测万物之情行者也。'"（戴望）即表"神明不测之号。"（朱熹）

所谓"君子"；是指朝着一目标奋斗的人，表"才德出众"者（朱熹）。因此，谈到君子，常须留意其动态过程。

所谓"善人"；"以王教化民，若咎鲧、箕子、太公是。"（戴望）意指行善有成的人，在此相近于仁者。"善人者，志于仁而无恶"者（张子）。通俗地说，善人是好人，也有一定的才干，但不是君子，更不是圣人。

所谓"有恒者"；"不贰其心。"（张子）"上下一心以周旋。"（戴望）指能保持良好的品德，且始终如一者。

这四个层次，既是孔子对世人道德境况的描述，也是孔子道德理想图谱的层次结构。对这四层次之关系及孔子的动意，陈祥道释曰："有常者，能常而已，非可欲者也，故不足于善人。善人能为，可欲而已，非充实者也，故不足于君子。君子充实而已，非大而化之者也，故不足于圣人，有常可与共学者也。善人可与适道者也，君子可与立者也，圣人可与权者也。圣人不可得，则思君子；善人不可得，则思有常。"

第四，孔子对道德几个层次的区分，勾勒与呈现出当世人们道德退化与道德水平普遍下降的层级与路线，即从"圣人"→"君子"→"善人"→"有恒者"不断下滑的状况；"圣人""君子"和"善人"，此"三者皆虚夸之事，凡若此者，必不能守其常也。"（朱熹）凸显了孔子对世人道德一次比一次更失望。如此，孔子也相应以退而求其次的心态和方式来坚守道德的底线，这个底线就是"有恒者"。"有恒者"乃孔子于社会道德之最后的希望。

然而，在孔子一次一次失望而退守其次之后，最终令孔子彻底绝望。其绝望就在于他所做出的"判断":"难乎有恒者"。因为事实上世人的道德境况是如斯:"亡而为有,虚而为盈,约而为泰";孔子之所以如此言之,乃"于时上无天子,下无方伯,故发此叹也。"(戴望)

对于孔子所叹当世普遍化的"亡而为有,虚而为盈,约而为泰"之德况,陈祥道解曰:"若夫亡而为有,虚而为盈,约而为泰,难乎有矣,此易所谓不恒其德也。盖虚非亡也,特未盈而已约,非虚也,特约之而已。亡而为有,其于虚而为盈;虚而为盈,甚于约而为泰,其序如此。"如此,颠倒了"亡"与"有"、"虚"与"盈"、"约"与"泰"的正常逻辑,生成一系列道德幻象,颠倒了一个社会应有的正当的道德逻辑与图景,这既是孔子对现世真实道德状况的描述与揭示,也是对该种道德状态的前景堪忧所做出的判断。

孔子对"有恒者"之最低要求,给世人留下了"入德之门"、进德之希望。这便是真正纠正"亡而为有,虚而为盈,约而为泰"之弊,颠倒已被颠倒了的"忘"与"有"、"虚"与"盈"、"约"与"泰"之关系,并以此为始,造世人之德。

总之,孔子之论直呈孔子对世人之道德绝望,再彰孔子之大悲怀。如此,孔子自己宣告他一直坚守的道德理想主义之破产。孔子一生怀抱王道理想,诉诸圣人、君子和仁者,但是现实的道德境况与孔子的期许之间所构成的强烈错位与矛盾,彻底撕裂了孔子的道德期待与希冀。

孔子之论,直呈当世不争的道德事实与道德境况。如此的事实与境况,对于道德理想主义者的孔子而言,无疑是极度残酷的,令其必生悲哀;然而,圣人之孔子,直面此等道德境况,依然不改其理想之志,始终如一、坚定而稳健地践行德行之育化,落实于"诲人不倦"之日行,决意将道德理想进行到底。此种在绝望中坚守的希望,惨淡中笃定于道德塑造之追求,正是孔子承天德所秉持的道德使命和责任使然。如此,孔子以一己之行,将大勇、大爱执着书写于"悲惨世界"。

27. 取物有节，彰显仁道

述而 7.27

【原文】子钓而不纲，弋不射宿。

【译文】孔子亦钓鱼，但不绝流而网鱼。先生亦射鸟，但不射归巢栖息之鸟兽。

"孔子少贫贱，为养与祭，或不得已而钓弋，如猎较是也。"然，孔子捕鱼时"钓而不纲"，射猎时"弋不射宿"，表孔子"尽物取之，出其不意，亦不为也。此可见仁人之本心矣。待物如此，待人可知；小者如此，大者可知。"（朱熹引洪氏）

"上天有好生之德"。孔子遵天道，行仁道，怜物惜命，取物以节，不滥捕乱杀，彰孔子宽厚之仁德情怀。戴望释曰："射飞不射宿，《春秋》之制不以夏田，以为飞鸟未去于巢，走兽未离于穴。恐伤害于幼稚，故于范围中取之，皆圣人恩及禽兽也。"

"钓而不纲，弋不射宿"，表孔子重天人关系，遵人与自然和谐之道。如此，孔子节欲有度，止于不忍，以此彰仁爱，非止爱人，且心慈苍生万物。

具体而言：

第一，"春秋时，有干戈相寻，屠城灭国，举无噍类，况有钓而不纲者乎？有以乘人之陿，掩人不备而袭之，况有弋不射宿者乎？"（陈祥道）如是，本记述从"渔"和"射"之具体行为，指证孔子将仁爱之心推及于物与禽兽等，彰孔子大爱情怀，与当世无道之杀戮形成鲜明的对比。故孔子以行仁道之举，对当世无道之行径予以无声地批判。

第二，"垂钓"少取，取之有度，适可而止，不能"竭泽而渔"；同时，"弋不射宿"，不可赶尽杀绝。此为孔子彰"仁"。"钓而不纲"不伤吾仁，表不尽取。"弋不射宿"，不损吾义，不因易求而多杀。本质而言，孔子之"仁"于鱼、鸟，乃在不贪、不忍而彰生德显仁慈。

第三，然，极端地说，如果孔子是真"仁"万物，那就不该有"钓"与"弋"。换言之，只要"钓"与"弋"就是取，就是非"仁"。如此，孔子"钓而不纲，弋不射宿"之"仁"是弱化了的杀戮之"仁"，如是表明孔子对鱼、鸟之"仁"，乃是有限度的"仁"。对此，钱穆引"旧说"为孔子之举解套，表孔子钓射，非日常生活状态，而是为了祭品或娱乐而已，故而"钓而不纲，弋不射宿"。他说"孔子之钓射，乃求供祭品。然渔猎亦以娱心解劳，岂必临祭然后有射钓。孔子有多方面人生兴趣，惟纲渔而射宿，其志专为求得，斯孔子不为耳。故此章乃游于艺之事，非依于仁之事。否则一鱼之与多鱼，飞鸟之与宿鸟，若所不忍，有何辨焉。"

第四，即使孔子是为祭品而钓射、或为娱乐之艺而钓射，依然是孔子不忍之"仁"、"节欲"之仁。以此指向对无道无仁之世的批判。对此，陈祥道释曰："钓与弋，君子与人同。不纲、不射宿，君子与人异。君子于物，爱之弗仁，其爱之也。不纲不射宿，其弗仁也，不免于钓弋。孔子穷而在下，其不忍如此，使达而在上，则其仁可知也。"

第五，孔子之举所敞开的思想，对后世影响至深。后世历代统治者，在鸟兽捕猎、山林砍伐等诸方面，都有严格的规定，尤其强调"斧斤以时入山林"（孟子），否则，便视为违禁。以为滥杀滥捕滥伐，皆为"有干天和"，有悖于上天好生之德，应遭至严厉的惩罚。孔子之思想，于今世之野生动物、乃至生态环境的保护，同样具有重要的启发与教育意义。

总之，孔子于人、于万物皆行"仁"。其仁于鱼，为"钓而不纲"，于鸟兽，为"弋不射宿"。如此，孔子之"仁"，于心性为"节欲"，落实于行为中具体化为"取物以节"。

另解：

垂钓、射猎，非常人之所为，此乃贵族生活之"特权"。按钱穆之解，垂钓、射猎亦是为祭品或娱乐之举，故，孔子"钓而不纲，弋不射宿"体现了孔子之节欲、节制，彰其杀生不忍之仁心，有别于当世贵族滥杀之无度、无道，以此具体之行为对当世贵族无道生活的批判，彰孔子之行仁。但更为本质的说则在于孔子严格遵循礼制而生活，如此孔子"钓而不纲，弋不射宿"，乃为尽享"钓""射"之乐，而非为"鱼"与"鸟"之必然。

具体而言：

第一，孔子严格遵循"礼"之规定而顺应自然而生活，做与自己的身份和等级相匹配的事；如此，孔子在生活的每时每刻都表现出对"礼"的遵守和践行。本节记述孔子的日常生活之垂钓和打猎，刻画了孔子悠闲而循礼的生活，从而牢守自己的身份和等级，表现为对"礼"法的尊崇和恪守。

第二，据史考，周礼将动物分列为不同等级，"鱼"不同于"虎"，是属于下等动物。如此，捕鱼乃是下等人维持生计之活，非上等人所为。而上等人于"鱼"，只是"垂钓"。如此，结网而捕捞，即以"纲"的方式"规模化"地打鱼，是为了生计而进行的"生产"，这是下等人之所为，非孔子之事。如此，孔子垂钓，非捕鱼，而仅是娱乐之事；这样，孔子"钓"之乐，不在"鱼"，而在"钓"，即享受"垂钓"本身的乐趣和精神愉悦，由此，以标示其高雅生活之情趣。同理，孔子打猎，也决非如是贫民为了生计，而是为了娱乐使然。如此，待鸟兽巢歇息，已是天幕黄昏时，也是孔子打猎一天应该休息的时候，不再打猎。按礼之规定，就是孔子作息有时，黄昏时也该要休停了。这样，"弋不射宿"，表孔子该止射了，于此，对归宿之鸟，自然就"不射"。

第三，"垂钓"和"打猎"均非贫民之事，而是上等人亦或"贵族"特有的高雅娱乐悦己之事，因此，非以获取的量之多寡为目的，而在于通过"垂钓"和"打猎"而彰自己的生活品味与情趣，从而体现出贵族生活的独特方式。如此，从孔子"垂钓"之举和打猎之不射宿，充分表明了孔子遵循"礼"制，时刻都很有分寸而规范自己的生活，秉承贵族之生活遗风。

总之，通过对孔子"钓"而"不纲"、"弋""不射宿"的记述，充分表呈孔子恪守"礼"而生活的基本特点，从而表征孔子尚"礼"、践"礼"的一贯原则，以及孔子内心和行为一直以"贵族式"的生活方式为标范，推崇而效行之。

28. 多闻多见，择善而从

述而 7.28

【原文】 子曰："盖有不知而作之者，我无是也。多闻，择其善者而从之，多见而识之，知之次也。"

【译文】 孔子说："大概是有自己不知而妄自造作之人，我却没有这样做过。能多听闻，选择其中之善而依从，多看，然后全记在心里，此为知的第二层次。"

孔子曾自语其遵循"述而不作，信而好古"之原则，忌避"不知而作"。今又言有人不知理而妄，"自言未尝妄作"。然孔子所言"多闻，择其善者而从之，多见而识之"乃是言己之学问之来源，而言"知之次也"，是为"（孔子的）谦辞，然亦可见其无所不知也。"（朱熹）"圣人谦言知之未深也。"（戴望）

孔子之言，否定了"不知而作"之妄为，强调当如己一般，多闻、多见，此乃为获知、入道之门。对此，恰如陈祥道所释："君子之于学也，远则闻而知之，近则见而知之。多闻患于不能择，能择则知所从；多见患于不能识，能识则知所辨，此特知之而已。"如此，"盖有不知而作之者，我无是也"，乃孔子之自述；再言"多闻，择其善者而从之，多见而识之，知之次也。"则为孔子"指示学者以从入之门。"（钱穆）

"知便不作，作便不知。"（蕅益）孔子以切己之感受，对"不知而作"予以否定，进而强调"闻""见"在其"作《春秋》"中的意义："于所传闻世，所闻世，兼采列国史文，取足张法以加王心；于所见世，识其行事而已。"（戴望）并以此传导出了解古道、进而入道之法。

具体而言：

第一，孔子首先明确"作"之前提是"知"，以此否定了"不知而作"的合法性，确证己之一贯遵循的"述而不作，信而好古"之治学作风；进而强调己亦仅仅是通过"多闻""多见"而"择善""从之""识之"的治学方法，最后突出其治学之目的。如此，从治学风格、治学方法和治学目的等三个层面，构成孔子治学思想之内涵。

第二，孔子首先批判"不知而作之者"。所谓"不知而作之者"。按朱熹解："不知而作，不知其理而妄作也。"戴望更本质性地指出："不知而作"，实乃"恶其妄作，乖先王之法。"一般而言，即是指未能掌握已有的知识，不具备一定的相关的知识储备，就敢凭空捏造的人，此等人之"无中生有"，纯属妄断、臆造之人，其言无据、所持无故，仅凭想象和主观意愿随意而"作"，丧失内理的客观性和依据之支持或支撑。此等"作"法，在孔子看来，是背道之忤逆，但却大有人在。孔子对此类人提出来加以分析，一方面是为了强调创造的前提和基础，即"作"之前提和基础是"知"；另一方面则是为了将自己与该种人区别开来，为自己的创造做一个"确证"。这是孔子对"作"的自觉。

第三，孔子对于"作"或创造，进一步从方法论上加以确证。在孔子看来，要进行创新、创制，必须"多闻，择其善者而从之，多见而识之"。在这里，承接前面孔子的治学思想，譬如"敏而好学""敏以求"等，进一步具体地提出"多闻""多见"作为基本的环节，这是解蔽之必要，也是获得创造之知识和材料的基本前提；在"多闻""多见"的基础上，孔子进一步强调甄别和选择，故而，他又提出"择其善而从之""识之"，这就进入"作"更内在的环节，这是一个"去伪存真"的内在提升过程。如此，孔子非常清楚地勾勒出了可"作"之前提和方法。

第四，明确了"作"的前提、环节和基本原则、方法，使创造能够得以充分的保证。对无"知"之"作"的否定，对"作"之构建前提和方法的自觉，此乃是"真知"，这让孔子及其弟子们不至于因无"知"而妄断、臆造，陷入一种荒诞、虚妄而"作"之窠臼；达到这样的"自觉"，乃使"作"之方法论得以确立。惟如此，方可成为创造的自觉主体。

第五，孔子在此阐明己之"多闻""多见"，是其"好古"与"敏以求"之具体表现。"多闻"、"多见"非知识论意义上的"认知"，而是对古之文献、典章的学习。如此，"多闻""多见"，乃其笃"学"之行。孔子所言，通过"多闻""多见"而了解和把握古之历史、礼法，是为"学而知之"，故"知之次也。"因为"知之次者，学者之事也。"（陈祥道）孔子之言，自谦己之"知"，皆由"多闻""多见"而得，非天生也，以此鼓励众弟子及世人勤勉为学。

总之，孔子反对没有任何根基的创制之"作"，因为如此之"作"无疑是不尊重传统的乖张妄为。如此，"不知而作"，本质上乃是乱制，是背道之为。孔子向"不知而作者"提出，应如己一般首先对自己所不知的，须"多闻""多见"，努力学习为上，反对对传统一无所知者，凭空而创制。孔子所言若要知之，须"多闻""多见"。此为孔子在对"不知而作之者"提出批评之同时，亦指出纠正其错误的方法。

如此，孔子从对"作"之空乏而乱道者的批评入手，提出了治道、为学之前提和方法论，实现治道、为学思想之升华。

29. 不拒童子，践行教诲

述而 7.29

【原文】互乡难与言，童子见，门人惑。子曰："与其进也，不与其退也，唯何甚？人洁己以进，与其洁也，不保其往也。"

【译文】很难与互乡之人言善，但互乡的一个童子却受到了孔子的接见，弟子们感到迷惑不解。孔子说："我是肯定他的进步，不是肯定他的倒退，这有什么过分的呢？人家改正了错误以求进步，我们应肯定他改正错误，不要死抓住他的过去不放。"

互乡之人"难与言"，令世人厌恶而避之，互乡之童，世人以为理当拒之门外，然独孔子见其童子，且言"与其进也，不与其退也"，尽显孔子仁厚恕人之情怀与处世之智慧，更彰孔子之"教诲之道"。既如此，恰如陈祥道所释："圣人不以能病人而常待之以恕，故洁已以进者在所与；不以智逆物而常继之以义，故于往在所不保与其洁。"如此，孔子不顾互乡人"难与言"之弊而见互乡之童，此为孔子"不追其既往，不逆其将来，以是心至，斯受之耳。"（朱熹）如此体现了孔子宽厚、宽容与忠恕之情怀，如是程子所言，正是"圣人待物之洪如此。"

"与其进也，不与其退也"，乃孔子自述其见互乡之童的充分理由。如此，表孔子见人之"进"而忘人之"退"，是为践"恕"；而"人洁己以进，与其洁也，不保其往也"则表孔子审断人之达观原则和发展眼光，彰孔子之"义"。进而言，孔子于人之过而不咎，重人之"洁己以进"，着意于"只就当前求见之心而许之以教诲"，具体再现孔子之"有教无类"、"诲人不倦"，"更见孔门教育精神之伟大。"（钱穆）

夫子见"互乡"之"童"，使"门人惑"，因为门人如同世人一般以为善恶似泾渭，既然"互乡难与言"，那么，对互乡人，乃至于互乡之童，皆应一概避而远之，亦或拒之于千里。然孔子却与"童子见"，于此，孔子与门人、与世人形成鲜明的对比，孔子之举颠覆了门人、世人之自以为是、不染互乡之弊的狭隘与傲慢，如此，孔子言"唯何甚？"，表对门子和世人之批评与教育，促使门人、世人反观、反省己之偏狭与陈陋而改之，且当怀宽容之心，以"与其进也，不与其退也"而待人。

孔子不弃任何一个"洁己以进"之人而教之，哪怕是互乡之童，以表天下之人，只要知错能改，皆是可塑之才，皆可教化使其心归"仁"。于此，充分表征孔子希望天下之人皆能"洁己以进"，使其心向善。如此，世人善心之培育，何难矣？仁道之弘，何忧矣？此乃孔子善及天下之愿具体化于教诲之中，成仁道齐天下于微观践行。

具体而言：

第一，本节记述了两件颇具"矛盾"之事，进而通过孔子之言，表征孔子"诲人不倦"和待人宽厚仁爱之精神，以解其弟子之惑，达到教育其弟子之目的。

具体而言，本节首先陈述了一个基本的事实，"互乡难与言"。常言道，一方水土养一方人，不同的地域具有不同的文化传统和精神风貌。如此，当孔子传播、宣传他的思想主张过"互乡"之地时，发现此地的人很难交流与沟通，也不好打交道，更难以与其言善，一句话，互乡之地民风刁钻，其人顽固不化，刁蛮成性，言语自专，不达时宜，难以教化。这让孔子亦感到很是棘手。这地方的人，孔子的弟子们都普遍认为是不可教也，如斯都拒绝搭理和交流、交往。于互乡之人"难与言"，戴望释曰："以其是非错互，乖牾正道，故目为互乡。"

然而，该地的一个孩童却受到了孔子的待见。如此，导致孔子的弟子们疑惑不解。弟子们之困惑，是孔子的行为不符合"常理"。这样，通过对"互乡"的人特质的总体概况，形成一个整体的判断，然而，孔子的行为与这个整体的判断之间，形成一种反差。通过这一矛盾和冲突，更突显出孔子传播、宣传自己的思想、主张锲而不舍之坚定，同时也表达了孔子于人之仁善。这不仅体现了孔子高于其弟子的精神境界，而且坚信"人之初，性本善"，孩童的心性尚未被"互乡"刁蛮之气熏染，且鼓励、赞许其向善，因此他更能注重对孩童的心性的引导和培育，于此，表孔子存"天地父母之心。"（卓吾）

第二，孔子为何愿意见互乡之童？孔子给出了自证之理由："与其进也，不与其退也"，彰孔子"教诲之道"。而孔子以"唯何甚?"而反问门人，"与其进，不与其退，独何于童子疾之已甚邪?"以促门人反思其"惑"而施教于门人。

孔子所言"与其进也，不与其退也"，突出表达了孔子的"人论"和观"人"之视角。他强调肯定一个人的进步，本质上就是看到一个人向善之心的存在。更深之意则在于，从互乡之童来看，孔子认为他的仁学思想和主张在"互乡"之地尚未达到绝望的地步，依然还存在着传播、落根之可能。如此，孔子接见孩童，并且肯定孩童的进步之处，表明孔子始终坚信，人有向善之心，欲求教化，当接纳之，断不可拒之；这样，与其说是孔子善待孩童，接见孩童，给孩童一个学习的机会，还不如说是孔子为自己的学说、主张在刁蛮之地找到真正的存在机遇与传播的载体，确证其希望之所寄。"仁"不绝于"洁己以进"之心。如此，孔子见互乡之童，乃具有了象征意义：孔子予孩童以相见之机会，本质上是让仁与孩童照面，其深刻性正是在于孔子给自己的学说、主张存在与传播于互乡寻找到可能和机会。倘若孔子如其门人一般，因互乡之人难与言，亦不见互乡之"童"，那么，仁必外于互乡，互乡亦绝于仁。这与孔子仁天下之诉求是相悖的。于此可见，孔子与其门人之境界差异。此正是孔子行"有教无类"于"仁"之意义所在。

第三，进而言之，孔子对弟子们说"与其进也，不与其退也"，由此确立正确的识人和待人原则，强调应该肯定一个人改正自己的错误，不要抓住别人过去之污浊不放，这体现了孔子宽容待人的仁爱思想；在这里，孔子用发展的心态来迎接任何一个知错、改错的人，这是孔子知善性、肯定善行、倡导善为，进而体现孔子爱人之一贯的主张，由此亦客观地呈现出孔子与其门人待人处世之境界差别。

第四，面对"互乡"这样一个恶劣的环境，孔子对"人洁己以进"的肯定，恰如孔子知道"互乡难与言"，却依然"见""童子"一般，这样，孔子待人并非停留于"常见"，而是具体有分别地对待不同的人，尤其善待"洁身以进"之人，这就表明孔子能撇开"偏见""成见"而宽容、善待与教化之，此举乃是重塑互乡人德性之契机和始点，让仁爱，在塑造"洁己已进"之人的心智中生根。

孔子所言："人洁己以进，与其洁也，不保其往也"，戴望有释曰："去恶就善曰进。所以与其进者，因人既洁身以进，则与洁焉可矣，不能保其既往若何也。君子善善从长，恶恶从短，诸侯卿大夫行多过恶，而有一节可以立法，《春秋》所不遗以此。"既如此，孔子亦不拒见互乡之童，而使之在"独善其身"之修进中，张扬仁善。

第五，孔子之论，其精要集中体现于"与其进也，不与其退也"和"人洁己以进，与其洁也，不保其往也"上，这不仅具体表征了孔子待人之宽容，而且从方法论层面，教导弟子们当如何待人为上。同时，孔子之论，具体体现出孔子将仁道之弘扬、仁善之心的培育，置于"诲人不倦"之具体教化中。

总之，本节以一个具体案例，具体而深入地剖析对于"洁己以进"、其心向善、求教化之人所应持有的态度和原则，强调应该着眼于人的进步而不是纠缠于其人之过，肯定了人的自我觉悟、自我修正、自我洁身，从而凸显孔子推行自己主张的不弃决心和教化世人的仁爱本质。如此，孔子以具体之为，不仅表其宽容之情怀、智慧之见识，而且呈其践行仁爱天下之志而不倦，以教化其弟子，启迪世人。

30. 仁不远人，欲之则至

述而 7. 30

【原文】 子曰："仁远乎哉？我欲仁，斯仁至矣。"

【译文】 孔子说："仁（道），离我们很遥远吗？我心欲仁，仁（道）即至矣。"

孔子此论，充满思辨色彩，直接追问"仁道"之存在或显现方式，即"仁道"何以存焉？

孔子以"仁道"之"远"，即"外"于"我"而设问，以"我欲仁，斯仁至矣"而自答，将形上本体之"仁"，与形下之我的"仁心"直接关联起来，突出"我欲仁"之道德意识、道德心理之先，表明"仁道"即存于"我"于"仁"之"欲"中，凝成"我欲仁""仁（道）即在"之必然性命题。如此，表"仁者，心之德，非在外也。放而不求，故有以为远者；反而求之，则即此而在矣，夫岂远哉？"（朱熹）以此表明"仁"即在仁心之欲中，"为仁由己，欲之则至，何远之有？"（程子）如此，孔子充分凸显"仁"之主体性。

"仁"，从终极本体之意义上而言，似乎外于我，于我终是遥不可及，然从具体之仁来看，即在己之"欲仁"之中，不外于己之每一个仁行。恰如戴望所释："极仁之量，尧、舜犹病，故人疑其远，莫能致也。立人达人，取譬于己，好仁而仁斯至矣。"

仁道，远我、近我，从根本上而言则是取决于"我"之"欲"，以此表明道德主体之仁心自觉，方为仁至、仁存之要害。如此，孔子从道德意识、道德心理之层次，深化仁心之建设，此为孔子强调须诛不仁之心，通过教化而重造仁心之论。正在此意义上，方可说："仁道出于人心，故反诸己而即得。仁心仁道皆不远人，故我欲仁，斯仁至。惟求在己成德，在世成道，则难。故孔子极言仁之易求，又极言仁之难达。"（钱穆）

仁在心，非在外，故成（仁）道亦在心，非在世。人心有仁，仁道即在。一言以蔽之，"仁"只在人之"欲仁"中。如此，"欲仁即仁，仁体即是本来至极之体。"（藕益）孔子开出了"仁"在"我欲"之中，即"仁"在心中的心学路向。

具体而言：

第一，孔子之论，关乎"仁道"之本体与仁心之关系的思辨命题。其所追问的是仁道何以生、何以存焉？孔子以仁道之本体，仁心之个体二者关系为要，强调从人心之"欲仁"而言仁道之生、之存，这就深入到以"仁"为主旨的道德意识、道德心理层面，追问世人之"欲"是否系于"仁"，以此矫正当世人之"欲"，突出人之仁心建设，当是仁道存于世之关键。

如此，孔子自问自答，引发"仁"与"我"这一道德主体之关系到底是外在的，还是内在的这一根本性的问题。孔子明确提出"我欲仁，斯仁至"，指示"欲"即"仁"，"仁心"即是通达"仁（道）"之精神路径。

第二，在孔子的追问中，将"仁"之本质向世人敞开。如此，必须首先落实孔子之"仁"的含义。然而，"仁"之复杂而丰富的内涵，使得孔子在不同的场景的对答中，给出的解说是有分别的。

举四则典型实例，以表明孔子关于"仁"的多层面的含义。

（1）司马牛问仁，孔子说："仁者，其言也讱。"在此，在孔子看来，"仁"，对于鲁莽、暴躁、轻率的人而言，谨慎、迟钝地说话，就是"仁"。

（2）仲弓问仁，孔子说："出门如见大宾，使民如承大祭。己所不欲，勿施于人。在邦无怨，在家无怨。"在此，在孔子看来，以恭敬的态度对待别人就是"仁"，自己不想的不强加在别人身上就是"仁"，在各种场景和人际关系中，少些埋怨多些积极的心就是"仁"；

（3）颜渊问仁，孔子说："克己复礼为仁。"其意是克己，依礼行事，依礼待人，就是"仁"；

（4）孔子说："孝弟也者，其为仁之本与！"其意是孝敬父母、尊敬长辈、友爱兄弟，就是"仁"。

三子问"仁"及孔子之自述，皆针对"仁"之具体化、功能化之表征，是"仁道"之多元展现。

第三，在本论中，孔子一开始就提出的是一个总体的、一般性的问题："仁远乎哉？"，其本意是追问"仁"之存与"人"之心性、品质与行为的关系。

通过上面孔子关于"仁"在不同的语境中所展示出来的丰富内涵来看，孔子问"仁远乎哉？"本质上是问"仁"外在于"我"吗？这就引出"仁"与"我"之关系。孔子的回答是"我欲仁，斯仁至矣。"于此，孔子取消了"仁"外于"我"之路线，提出与凸显了"仁"内在于"我"之立场与原则，彰显了"仁"的内在路线，尤其是以"我欲仁"而彰仁之心理主义之路线。

就"仁"于"我"之关系，可以说既"远"又"近"！

（1）说其"远"，以"仁"为标准和尺度，很多贤达之人，在孔子看来都没有达"仁"。其案例如下：

其一，孟武伯问子路仁乎？子曰："不知也。"又问。子曰："由也，千乘之国，可使治其赋也，不知其仁也。""求也何如？"子曰："求也，千室之邑，百乘之家，可使为之宰也，不知其仁也。""赤也何如？"子曰："赤也，束带立于朝，可使与宾客言也，不知其仁也。"子路、冉求、公西赤都名位七十二贤者之列，都是孔子非常看重的优秀学生。他们尽管可以管理军事、管理内务、办理外交，但是，在孔子看来，他们却都依然没有达到"仁"。

其二，子张问曰："令尹子文三仕为令尹，无喜色；三已之，无愠色。旧令尹之政，必以告新令尹。何如？"子曰："忠矣。"曰："仁矣乎？"曰："未知。焉得仁？""崔子弑齐君，陈子文有马十乘，弃而违之，至于他邦，则曰：'犹吾大夫崔子也。'违之。之一邦，则又曰：'犹吾大夫崔子也。'违之，何如？"子曰："清矣。"曰："仁矣乎？"曰："未知，焉得仁？"令尹子文三起三落，起不喜，落不愠，可谓不以物喜，不以己悲，境界之高常人难以企及。陈子文舍弃家产，不与无道者同流合污，卓然自清，令人称道。可是在孔子看来，他们也尚未达到"仁"。

为何"仁""远"而难以企及呢？

其一，"仁"不是人的某一种品格，而是诸多优秀品格综合体。勇敢、正直、诚信、谦虚、忍让、谨慎、自律、自尊、同情、爱善、自控、耐挫等，都是属于品格的种类，也都是"仁"的范畴。虽然《论语》中仁、义、礼、智、信常常并提，似乎是并列关系。其实，"仁"是总，包涵义、礼、智、信等其他品格。人之所以难以做到"仁"，就是因为难以聚全"仁"的各种品格。"恭而无礼则劳，慎而无礼则葸，勇而无礼则乱，直而无礼则绞。"具备恭、慎、勇、直，而无礼，则依然"不仁"。具备了义、礼、智、信，以及恭、慎、勇、直等品质，只是"近仁"，距离"仁"还尚"远"。

其二，"仁"，非一时一刻之事，须要时时刻刻，终其一生。一次以仁行事并不难，难的是一辈子以仁行事。如此，孔子说："君子无终食之间违仁，造次必于是，颠沛必于是。"这就要求即使一顿饭的功夫，在匆促急遽之时，在颠沛困顿之艰难时，始终不离开仁，始终要以仁为行事准则。

综上述两点，以"仁"为标，反察己之所为，尽管可能达到"近仁"，但的确不够"仁"，未达"仁"之境界，故"仁"远矣。正因为如此，曾子曾言道："士不可以不弘毅，任重而道远。仁以为己任，不亦重乎？死而后已，不亦远乎？"

（2）然，孔子又为何说"仁"于我"近"呢？

简要地说，"仁"乃人天生之本性，自在"心中"。如此，"为仁"无需外求、借外力，凭己之本性，全靠自身的努力即可。此正所谓"仁道出于人心，故反诸己而即得。"（钱穆）这样，只要心有"仁"，依靠己之道德觉醒，再经

　　　　　　　　　　　　　　　生活哲学视野中的"论语"研判

过不懈的努力，就有可能达到"仁"、实现"仁"，因此"近"于我。

同时，不管于常人眼中"仁"是多么的高深缥缈，不管大儒的释文里"仁"是如何的幽玄深奥，其实"仁"就存于日常生活里、就在言行举止间、就在待人接物中。如此，持"仁"、守"仁"，践"仁"道，"仁"就在"我"处世之中，这样，"仁"不外于我，于我自然也就"不远"也。如是孔子所言："性相近也"。

第四，在本论中孔子提出"仁远乎哉?"，回答"我欲仁，斯仁至矣"。如此，孔子将"仁"之"远近"同"我欲仁"否直接关联起来，将一个总体性问题，下降为一个具体与"我"关涉的、具有心理操作意义的命题，从而建立"欲仁"而"仁至"的直接因果逻辑，昭示着"仁"不再是具体化为、局限于某种行为，而是显示"仁"即存于"我欲仁"之中，以"欲"这一主观之精神、心理需求为支点而达成"仁"、彰显"仁"之所在。在此种状态下，"欲仁"之"心"直接面向、通达"仁"，"仁"与其"欲"不二。孔子在此指出惟其心指向"仁"，修心正欲即达"仁"。如是，"我欲仁，斯仁至矣"。

孔子之论，以"我欲仁"而直道仁心，此为"仁道"所存之最后、最可靠的支点。如此，孔子以"我欲仁，斯仁至矣"，化解了"仁"与"我""远"之外在性，将"仁（道）"内在化、心理化、主体化和个体化，确立起"仁道"存于仁心、仁心，寓于"我欲仁"之原则。

第五，事实上，孔子之所以做出"我欲仁，斯仁至矣"之论断，是以其扎实的仁行经验为基础的。在《论语·乡党》中具体描述了孔子面对乡亲、面对国君、面对同事，其态度或温和或恭敬；孔子对待其所为之事认真、严谨、负责任；孔子穿着亦讲究，以舒适、得体为标准，如此等等。这些就是孔子践行"仁"。如此，孔子以自身之行为示范"仁"在行中，诠释了仁不远"我"之理。

总之，"仁"乃孔子思想之核心向度，是孔子思想教化的最高标准。在孔子看来，"仁"乃德之本体，亦为"仁道"。由此可见，欲达"仁"绝非易事。

孔子所谓"我欲仁，斯仁至矣"，强调"仁"能否"至"，即"仁"之源起、存在，决定于道德主体之"我"是否"欲仁"！"欲"即是心性所向，"欲仁"则"仁至"，于此，孔子将"仁至"归结为"我欲仁"，将"我欲仁"等值于"仁至"，解除了"仁"外于我，证成"仁"不远于"我欲"！由此，孔子不仅指示出达"仁"之发生，而且确立了"为仁""达仁"之要害则在于我是"欲仁"，即道德主体之心向动意。

"我欲仁，斯仁至矣"，昭示修心治欲，成为兴"仁"之着力点，这就要求"反求诸己"而正心、正欲。如此，"仁"何"远乎哉"？

31. 解除二难，庆幸礼存

述而 7.31

【原文】陈司败问："昭公知礼乎？"

孔子曰："知礼。"

孔子退，揖巫马期而进之曰："吾闻君子不党，君子亦党乎？君取于吴，为同姓，谓之吴孟子。君而知礼，孰不知礼？"

巫马期以告。

子曰："丘也幸，苟有过，人必知之。"

【译文】陈司败问："鲁昭公懂得礼吗？"

孔子说："懂得礼。"

孔子出来后，陈司败向巫马其作了个揖，请他走近自己，对他说："我听说，君子是没有偏私的，难道君子还包庇别人吗？鲁君在吴国娶了一个同姓的女子为做夫人，是国君的同姓，称她为吴孟子。如果鲁君算是知礼，还有谁不知礼呢？"巫马期把这句话告诉了孔子。

孔子说："我真是幸运。如果有过错，人家一定会知道。"

陈司败认为鲁若昭公若"知礼"，则不应娶同姓为妻而违礼。如此，陈司败认为鲁昭公乃是不"知礼"者。于是故意问孔子"昭公知礼乎？"孔子未知陈司败所问特指昭公违礼娶吴孟子之事，故直率而答：鲁昭公"知礼"！陈司败不满意孔子之答，认为孔子乃私隐昭公之违礼，以"吾闻君子不党，君子亦党乎？"而反诘，向孔子的弟子巫马期表达对孔子的批评以及指明昭公违礼之"事实"，并决绝地说"君而知礼，孰不知礼？"以此确证己对鲁昭公不知礼的肯定性判断。陈司败之问，使孔子处"二难"。然，当孔子闻陈司败之追问后，解套释然也，以"丘也幸，苟有过，人必知之"表对陈司败之问、之判断的认同与赞许。

这一节围绕"昭公知礼乎？"而展开的颇有深度和意味之简短对话，呈现出陈司败追问之执着，孔子遵礼、行礼应对陈司败之问的大智慧。如此，陈司败之问，既解除了孔子之忧、之讳，又维护了礼的尊严。对此，朱熹直言道：孔子"不可自谓讳君之恶，又不可娶同姓为知礼，故受以为过而不辞。"

陈司败问"昭公知礼乎？"。孔子心知肚明昭公"不知礼"，然却回答"知礼"。为何？陈司败不依不饶而继续追问，对孔子弟子巫马期有理有据之所言，令孔子叹服而欣喜之。

对此，陈祥道释曰："周公之过，以亲也。孔子之过，以君也，过于厚者也。过于厚，以人知之为幸；过于薄，以人不知为幸；故曰：古之君子过也，如日月之食，人皆见之，更也人皆仰之。今之君子，岂徒顺之，又从而为之辞。"朱熹引吴氏曰："鲁盖夫子父母之国，昭公，鲁之先君也。司败又未尝显言其事，而遽以知礼为问，其对之宜如此也。及司败以为有党，而夫子受以为过，盖夫子之盛德，无所不可也。然其受以为过也，亦不正言其所以过，初若不知孟子之事者，可以为万世之法矣。"

陈司败之问、之指证、之反诘，有陷阱、有咄咄逼人之气，且为礼而义正辞严。孔子答陈司败昭公"知礼"，非党匿昭公之背礼，实乃遵礼而讳言鲁之先君昭公之过使然。然陈司败之追问，令孔子确信陈司败遵"礼"、尚"礼"、维"礼"而指出己之过，不仅能幸运及时矫过，且彰"礼"之权威，表征乱世之中"礼"依然如此在世人（陈司败）心中立挺，此为孔子言"丘也幸"之深层意蕴。

具体而言：

第一，这一节主要围绕着"昭公"是否"知礼"的质疑与回答，表征陈司败与孔子各自鲜明的态度，进而指示着"君子"应该秉承公正而不能偏袒不"知礼"、无视"礼"、违背"礼"，更不应该明知背礼却扭曲、乖张地为其辩护，做出有悖于君子品性之判断，从而突出陈司败对昭公之无礼的确信和对孔子回答昭公"知礼"的质疑与批评。最后孔子面对陈司败之质疑，并指出其问题之所在，避免了此等荒谬之事以讹传讹而感到庆幸，表达孔子对陈司败遵礼、尚礼、维护"礼"所发出的质疑予以赞许，从而证成"礼"自在世人心中，尚未绝灭。

第二，陈司败［"陈，国名。司败，官名，即司寇也。"（朱熹、钱穆）"陈氏，司败名，齐大夫。"（戴望）］为何会向孔子问："昭公知礼乎？"孔子为何肯定性地回答：昭公"知礼"？对此，戴望予以了说明："此盖孔子往见司败，命旗为典谒者，当问对时，旗盖俟于门外。礼，君子三揖而进，一辞而退。孔子不欲闻君过，故遽退。退时旗当随行，而司败言未毕，欲由旗达，故揖而进之也。"朱熹释曰："习于威仪之节，当时以为知礼，故司败以为问，而孔子答之如此。"钱穆承续朱子之解，对之予以更为明晰的阐释。他认为："昭公习于威仪之节，有知礼称。陈司败不显举起娶于吴之事，而经问其知礼乎，鲁乃孔子父母之邦，昭公乃鲁之先君，孔子自无特援此事评昭公为不知礼之必要，故直对曰知礼，此本无所谓偏私。"

事实上，陈司败关于昭公"知礼乎？"之问，设下一下陷阱，亦给孔子出了也难题，令孔子很尴尬。孔子只好回答昭公"知礼。"于此，陈司败以为孔子曲礼而掩昭公悖礼之事。如此便有了"及巫马期〔"巫马姓，期字，孔子弟子，名施。"（朱熹）"弟子巫马期，名施，字子旗，鲁人，期当为旗也"（戴望）〕以陈司败告孔子，孔子不欲为昭公曲辩，亦不欲自白其为国君讳。""且陈司败之问，其存心以无礼，故孔子不论鲁昭公而自承己过。然以不正言，只说有人说他错，这是他的幸运。""此种对答，微婉而严正，陈司败闻之，亦当自愧其鲁莽无礼。而孔子之心地光明，涵容广大，亦可见。"（钱穆）

第三，本节对话具体针对"昭公知礼乎?"。在对话中指出"昭公之过"和"孔子之过"，表达了"君子之过"如日月之食，人皆见之，无所遮蔽，被人指出后，孔子为此而感到庆幸，从而表达了孔子坦荡磊落之君子心性。

所谓"昭公之过"，则在于以亲也，也就是说昭公娶同姓女，显然背礼；"礼不娶同姓，而鲁与吴皆姬姓，谓之吴孟子者，讳之使若宋女子姓者然。"（朱熹）而"孔子之过"则在于孔子知昭公背礼而言其"知礼"。

第四，不难发现，陈司败之问和言语呈现出双重性。一方面，通过暗示而讥讽孔子祖护昭公背礼之事，但给孔子留足了面子，保持其风度；另一方面则对孔子偏私、偏袒、偏帮"昭公之过"而表示不满，这客观上说明孔子作为君子在陈司败心中的重要地位。

第五，孔子被视为能遵礼而公正评论他人的正人君子。然而，孔子为权贵而做出有悖于君子刚正不阿、诚信之品质的判断，粉饰昭公之过，实在是因自己的一时之"错"而使得君子蒙羞受辱。在这里，通过陈司败对孔子之言的质疑，进而凸现了君子应该具有的品质和精神特质。

孔子当然知道"昭公之过"在于不懂礼，不守礼。然而，孔子虽是圣贤，亦是臣民。如此，又不能直指昭公之背礼之为，孔子实处于"二难之境"，有其难言之隐；其难言之隐则是"为尊者讳"，不可直言国君之过。如此，孔子言昭公"知礼"，事实上是替昭公受过，此亦为孔子守"礼"之举。事实上，孔子已经承认偏袒鲁昭公"知礼"是自己的过错，但此为孔子自己无法解除的矛盾。简言之，孔子回答昭公"知礼"，非孔子不知昭公违礼，此乃孔子"善则称君，过则称己，圣人从容中道之妙，于此可见一斑。"（江谦）

第六，陈司败在与孔子的弟子巫马期交谈中，提出了"君子不党"〔"相助匿非曰党。"（朱熹）"党，比党也"（戴望）〕"君子知礼"两个基本的原则和尺度，强调君子理应不媚俗、不崇拜、不偏袒权势、不徇私舞弊，以"礼"示天下，以此确立了判断一个人是否是"君子"的标准。同时，也对陈司败质疑与批判非君子之为提供了依据。当然，客观上，陈司败树立的标准和坚持的原则，也为培育、塑造君子之心、引导世风起了积极的作用。如此，"司败既问

'昭公知礼乎'，故答曰'知礼'，及闻巫马期之告，则曰'丘也幸，苟有过，人必知之'，使昭公闻之，亦应忏悔。"（江谦）

第七，孔子面对陈司败的追问而答，却未得到陈司败的认同，反而遭致进一步的反责；孔子意识到自己所答之错，以自嘲的口吻，肯定与认同陈司败的质疑与反追；进而从一般的意义上指出，自己一经有过错，就会被人发现、有人会指出来，让错误不至于被疏漏、被忽略而误传开去，造成对后人的误导，这样，自己的言行时时受到他人的关注和监督，并能及时指出是非对错，避免千载之后，遂承信我言，以昭公之所为"知礼"，致礼乱之事从我而始。如此，孔子认为自己是幸运的；同时，也再次表明孔子不隐藏、不包庇自己之过的勇气，和敢于直面己之过而进行自我剖析的可贵精神。

第八，以维护当时宗法制度，维护"礼"为使命的孔子，陈司败之问，实为他所遭遇的二难。当陈司败对孔子"违心"地回答昭公"知礼"所产生的质疑和进行的反追、反责，事实上正好让孔子得以"解套"，帮助孔子走出二难之境，从而再次确认了"礼"的权威和"知礼""尊礼"的重要性。从这一意义上来看，孔子窃喜而感到自己之幸运。

总之，陈司败以事实确证昭公不"知礼"，并对孔子判断昭公"知礼"予以质疑与否定，孔子因讳而不言昭公之过，被陈司败追问而逼出其粉饰"违礼"而以为"幸"，表明陈司败和孔子皆"不似今人强辩饰非。"（蕅益）

从对话发生的场景来看，陈司败与孔子，只是一个简短的问答，也只是点到为止，没再继续反问，这给予孔子足够的尊重和"面子"；陈司败没直接对孔子进行反责，而是通过孔子的弟子这个"第三方"而展开了他的观点、主张和"讥讽"，这样，陈司败既指出了问题，同时又给予孔子足够的反思和自判的空间；相应的，孔子明知自己的"回答"之问题所在，而恰好陈司败给予了矫正，实现了"礼"之拨正。

事实上，昭公之为，本是违礼；当陈司败问孔子昭公"知礼乎？"孔子若回答"不知礼"，那么，孔子则违背了"为尊者讳"之原则。如此，孔子选择了肯定性地回答：昭公"知礼"，让自己承担这一错误，这表明孔子依然守礼，更突显了孔子之担待精神。最后通过陈司败的质疑和追问，以及孔子自感之"幸"，让孔子深感世人崇尚与遵循礼法之心依存，并未因世衰而淡漠、泯灭，这才是孔子所感真正的幸运、幸福之所在。

32. 乐歌从善，是为乐道

述而 7.32

【原文】子与人歌而善，必使反之，而后和之。

【译文】孔子与别人一起唱歌，如遇善歌者，一定要请他再唱一遍，然后再附和与他一起唱。

孔子乐于歌而从善者，本质上即是乐道也。如是陈祥道所释曰："乐者，人情之所不免；君子乐得其道，小人乐得其欲。孔子于《韶》则忘味，于歌之善则和，乐得其道也。"

何谓"歌"？"声比于琴瑟谓之歌。歌者，歌《诗》。孔子于《诗》三百皆歌之，以合《韶》、《武》之音。"何谓"善"？"谓止于中声也。"孔子凡遇"歌而善"者，"必使反之，而后和之"，表其"善者宜和，恐掩人善，故不遽和，见夫子善与人同。"（戴望）

孔子乐歌而必使"歌而善"者"反之"，且从善并与之和，表孔子恭敬地向善者学习之谦逊，敏锐发现人之长而积善，是为尊崇礼乐之举，以示孔子痴迷于乐而彰乐表达志趣、抒发情感、陶冶情操之功能。对孔子与人歌，朱熹释曰：夫子遇歌"善"者，"必使复歌者，欲得其详而取其善也。而后和之者，喜得其详而与其善也。此见圣人气象从容，诚意恳至，而其谦逊审密，不掩人善又如此。盖一事之微，而众善之集。"

具体而言：

第一，对孔子乐歌生活之真实记述具体包含三个要素：（1）"子与人歌"；（2）"歌而善"者，"必使反之"；（3）"而后和之"。以此突出了孔子在日常生活中对"乐"的高度重视，以致于执着求善而痴迷，亦表征孔子善于抓住机会，虚心向善者学习之诚恳、谦逊之态度，彰孔子对"礼乐"追求、践行之不倦精神。如此，孔子乐歌，乃乐道也。

第二，古时宴客，必有歌有和，这是一种"礼"，恰如古人循礼而和诗。孔子常与人歌，这表明孔子在日常生活中，注重遵循周礼，让礼嵌入生活的每一个方面和细节。同时，因歌善而"必使反之"，更为重要的是"和之"，这就表明孔子对"歌"之"乐"的迷恋，和孔子"择其善者而从之"的取向。

第三，孔子与人歌，如果"好"，必然会反而复之，进而和之，说明孔子沉醉于先圣先工的乐曲中，这样，与其说孔子处于一种精神的痴迷状态，不如说是与圣人的精神共鸣和心灵感应。如此，孔子沉浸于歌乐之中，不厌其烦，是为了深刻把握和理会"乐"中之"礼"和静心体会"乐"中之韵，从而强化尚"礼"、守"礼"之精神与情感。据司马迁《史记·孔子世家》记载：孔子向师襄子学弹琴，数十日反复弹奏同一首曲子，师襄子一再建议可以学习新的曲子了，孔子依然故我地弹奏那首老曲子，一直到领会出作曲人的心声和样貌，才畅然释怀。

第四，"礼""乐"内具统一性，然又功能各殊。"乐"陶冶人的情操、塑造人的情感，巩固人的心性具有其独特的作用。如此，孔子对"歌"的高度重视，即对"乐"的教化功能的重视。正因为如此，孔子才会对歌而善者，必反之，进而和之。以"和之"而体味、而提升，使己得其精妙，于"歌"至臻完善，表孔子好学而追求至善之境。

第五，孔子不仅重视"乐"，而且精于"乐"。他曾言一个人修身进德须"兴于诗，立于礼，成于乐"，表其对乐于人之成长和完善之功能予以充分肯定。孔子亦精通而识"乐"，他到齐国听到《韶》乐时，激动得竟废寝忘食如三月不知肉味，对之推崇备至；而对"郑声淫"却予以了批评；如此表明孔子深谙音乐可以"移风易俗""以善民心"，"故不能无乐"，且自觉而清醒地认识到"乐"有助于人之教化，促其道德修养之提升，使之达人格的更高境界。

总之，孔子乐歌，突出了"乐"之教化功能。孔子要求善歌者复歌，并与人和歌，不仅仅为了深刻体会好的"乐"所传达的精神，而且还表征出孔子"见贤思齐"、追求尽善尽美的不懈精神。

"乐"于孔子来说，不单是一种艺术形式，已由一种"情感"上升为"艺术精神"，成为乐教之重要方式。一字"乐"，既可指"歌乐"，亦可表"快乐"。"歌乐"无限张扬着仁之精神，"歌乐"又在此精神里铿锵奏鸣。如此，"乐"，不仅使孔子践仁获得不竭动力，亦使孔子的灵性得以安放与超越！

孔子的一生，是徜徉于"歌乐"的一生，也是在艰辛践行"礼"中"快乐"的一生！

如是，孔子乐歌，乐道之至也。

33. 自省自谦，躬行君子

述而 7.33

【原文】子曰："文，莫吾犹人也。躬行君子，则吾未之有得。"

【译文】孔子说："就学习文献知识而言，我和别人大约差不多。做一个身体力行之君子，那我还没有做到。"

———————

孔子自省、自检己之"文"与"躬行"，直言己之不足，以促世人亦能从"文"与"行"两个维度自觉地反视、反省、反察，以达自知、自明，克服"文"不究、"行"不"躬"之弊。诚如陈祥道所释曰："盖时之人，与其文不究，其实而不知其非，故孔子自谓如此，以救其弊。"

"文"表"知"，"躬行"指亲为，二者指代"知"与"行"的关系，孔子突出"知易行难"，直道君子不仅须修"文"，且更要重"躬行"。如此，孔子之言，乃是对己之自鉴，达己之自觉，从而使自己不断努力，从容中道，至臻完善，成"躬行"之真"君子"。如是观之，孔子之言，"乃孔子自谦之辞。然其黾勉终身自强不息之精神，实已超乎君子而优入圣域也。"（钱穆）

强调躬行之圣贤，尚且如此，世人何堪？

———————

具体而言：

第一，何谓"文"？孔子为何言"文，莫吾犹人也"？"文，文字也。夫子书六经，皆以古文，不依史籀 [zhòu，春秋战国时流行于秦国的一种字体，今存石鼓文是其代表，亦称"大篆"。] 所作，故不犹人也。"在孔子之自述中，"文"表文献知识。

何谓"躬行"？孔子为何言"躬行君子，则吾未之有得"？"躬行"，指"身体力行""亲身实行"，且指明"躬行或不能不随时，如鲁人猎较，孔子亦猎较。[《孟子·厉章下》。赵岐注曰'猎较者，田猎相较夺禽兽，得之以祭，时俗为尚，以为吉祥。孔子不违而从之，所以小同于世也。'] 故曰'未之有得'。"（戴望）

孔子对己之"文"和"躬行"之检视和自鉴，如陈祥道释曰："行者，君子之务本；文者，君子之余事。与其行不足而文有余，不若行有余而文不足。

今吾于文也，不特犹人而已。然躬行君子未之有得，则是行不足，而文有余也。"朱熹解道："犹人，言不能过人，而尚可以及人。未之有得，则全未有得，皆自谦之辞。"以此"而足以见言行之难易缓急，欲人之勉其实也。"朱熹进而引谢氏之言，予以进一步阐释："文虽圣人无不与人同，故不逊；能躬行君子，斯可以入圣，故不居；犹言君子道者三，我无能焉。"

如此，孔子通过对己之"文"与"躬行"之自检而直道"知""行"关系，突出了"知易行难"的基本原则。同时，孔子以自谦的口吻，说自己尚未达到"躬行君子"，这不仅表达了自身的修养境界，而且更为重要的警示或暗示学生与世人，躬行实践、学识修养等修炼永无止境，永远在路上。如此，无论是谁，包括"我"，也包括众弟子们，都当戒骄戒躁、不可自满，需要不断努力，不能停留或满足"文"，而忽略躬行。

第二，值得注意的是，孔子提供了两个维度或视角来进行自我审视和自我甄别。首先是从"文"的视角。所谓"文"的视角，就是从对文献、文本知识的了解、掌握，即从实现观念、思想的自觉层面，通过与他人的比较，从而进行自我的审定。其次是从"躬行"之视角。所谓躬行的视角，就是亲身践行、亲自作为的视角。

从孔子的整体思想而言，修"文"表对传统的礼法、仁爱思想的认知、体会和内化，达到自我澄明，从这一意义上来看，孔子对自己是肯定的，也是充满自信的。然而，将仁德之学说落实于自己的生活行为之中，以行来体现仁德礼法，孔子认为自己还远远不够，尚未达到如获得"文"的程度。如此，孔子在"文"和"躬行"两个层面，都形成了清晰的自我意识和自我评价。

第三，所谓"躬行君子"，即是指以"君子"人格、德性，君子之成为标准，引导、规范和约束自我，时刻不离践行之路、证成之路，让自己在"君子人格"的修造之路和人生成就上不断攀爬与前行。简言之，"躬行君子"，突出以己行践道，道在行中，真正以行呈仁显道，如此"从容中道"，方可达"臻乎自然"。

第四，从孔子之语可以看出，孔子在"文"和"躬行"即在"知"与"行"之轻重缓急上，更重"行"；孔子为何更重于"行"呢？因为君子的躬行之途呈现其"自强不息"的内在动力；而孔子认为己之躬行则是"未之有得"，以此可见，孔子对己之严苛要求，督促己须躬行不辍，而非自"画"不进。

第五，从文献等书本获得"文"之类的知识和亲身"躬行"所产生的效果来看，二者的功能有别；因为从文献典籍等书本上获得的知识，只是让自己从"无知"至"知"，丰富自身的思想和观念，加深对"仁"与"礼"的理解，完成自我的思想超越，达成自我思想和观念的自觉，仅为知"道"明"礼"；而"躬行"则是实现由"知"到"行"、由观念的更新或革命向新的生活生成和塑造的转化，于现世中行礼彰仁。正因为如此，"书上得来终觉浅"，因此须要躬行而践道。

第六，孔子深明践先王之道、行仁爱之思，即"躬行"的意义和价值。事实上，在践行王道之路上，孔子不弃不绝的坚守精神，其承载的使命和责任都内蕴于其笃定躬行之中。在从事教育的过程中，孔子坚持"有教无类"，笃行"诲人不倦"，他既要给学生传授书本知识，也注重培养学生的实际能力。如此，孔子此言，实为以己之亲历及其感受为实证，真切地告诫弟子、激励弟子，希望弟子们尽可能地在习"文"之基础上，于"行"上更作努力。此乃孔子与弟子们共勉共进，践行仁道。

总之，孔子之语，既是自省、自检、自鉴，更是自勉，这是孔子追问完美人生的内在动力。如此，在"知""行"关系上，孔子给自己确定了明晰的取向，成"躬行君子"，由此生成经典人格，范导出中国传统"知行关系"的经典模式，影响至深至远。

34. 拒圣仁名，践圣仁道

述而 7.34

【原文】子曰："若圣与仁，则吾岂敢？抑为之不厌，诲人不倦，则可谓云尔已矣。"

公西华曰："正唯弟子不能学也。"

【译文】孔子说："如果说到圣与仁，那我怎么敢当！不过（向圣与仁的方向）努力而不厌其烦地做，教诲别人也从不感觉疲倦、厌倦，则可以这样说的。"

公西华说："这正是我们学不到的。"

孔子被圣化为"圣与仁"者，肇始于孔子在世之时。然孔子自觉辞圣、仁者之名而去圣化。恰如朱熹引晁氏曰"当时有称夫子圣且仁者，以故夫子辞之。"孔子辞圣仁之名，不以圣仁而自居，而惟言己仅"为而不厌，"诲人不倦"耳。如此"孔子辞其名，居其实，虽属谦辞，亦是教人最真实话。"表"圣人心下所极谦者，同时即是其所最极自负者，此种最高心德，亦惟圣人始能之。"（钱穆）故"公西华仰而叹之，其亦深知夫子之意矣。"（朱熹）表"公西华亦慧。"（卓吾）

对孔子谦辞圣仁之名，陈祥道释曰："孔子之所不敢，非不敢也，不居之而已。孔子以为不厌、诲不倦为非圣。赐赤或以为既圣，或以为不能。学者不厌不倦，圣人之所为，而学者之所难也。"而孔子"不曰'学之不厌'，而曰'为之不厌'者，盖曰：仁圣之成名，我不敢居，特为仁圣之事而已。为仁圣之事，故学不足以言之。"戴望则言："孔子谦不敢当仁圣之名，犹后稷自谓便人。"[《礼记·表记》："子曰：'后稷，天下之为烈，岂一手一足哉？唯欲行之，浮于名也，故自谓便人。'"郑玄注：'辟仁圣之名，云自便习于此事之人耳。'后稷为周之始祖，自称为'便人'，即为是习于农事之人。]而对于公西华闻孔子之语后所言，戴望则以为："言不厌不倦，仁圣之德备，信为弟子所不能学，与冉子叹力不足同。"

孔子以不厌不倦而自为、而诲人，确证孔子戒自满而不自居圣仁者，只是以"圣""仁"者之境界为目标，不弃、不止于修德求道之路上，是为孔子努力提升、追索至善之隽永人生的真实写照。

具体而言：

第一，孔子言"吾岂敢"居"圣且仁"，自谦而辞"圣且仁"之名，其平实而言己仅是"为之不厌，诲人不倦"耳。如此，不仅表征孔子将"圣且仁"作为己之修德求道之目标，戒自满而不自居"圣且仁"，凸显其追求和奋斗不已的坚挺毅力，为其弟子们，也为世人树立了经典的榜样；而且彰显孔子自知、自明、自觉而自谦，在名与实之间，在他人或社会评价与自我定位之间，重实且自重。如此，充分表明孔子不为虚名而自诩，不为德高而自足、自满，而是始终在"为之""诲人"上下功夫，永不停息、永无止境地"不厌""不倦"。于此，以身示范于众弟子和世人，"道无止境，固当毕生以之。"（钱穆）如此，孔子正是以"为而不厌""诲人不倦"践履圣人、仁者之道，成圣人、仁者之德境。

第二，何谓"圣者""仁者"？何谓"为之""诲人"？对此，陈祥道释曰："圣者，天道之至；仁者，人道之至。语仁之未成名，虽管仲子产，亦可谓之仁人；语仁之成名，虽孔子有所不敢。"朱熹亦解曰："圣者，大而化之。仁，则心德之全而人道之备也。为之，谓为仁圣之道。诲人，亦谓以此教人也。"

第三，在孔子活着的时候，因其修养很高、学识渊博、待人宽厚等诸多美德，就已经有人将孔子视为圣人、仁人，且把他与圣人、仁人相提并论。孔子得知后，对照圣人、仁人之志、之德、之才、之为，自谦地认为，自己远未达圣人、仁人之境界，不敢受此盛名。这充分表明孔子并非是贪图虚名之人，更不是欺世盗名之徒，而是始终保持着谦逊之心，强调不断学习、不止求道、不禁践道之进取心，恰如他自己所说"三人行，必有吾师；择其善者而从之，其不善者而改之"，如此，方能达到"发愤而忘食、乐而忘忧，不知老之将至"之"三忘"境界。这就充分表明孔子不为"名"所累，注重求"实"，不断鞭策自我，向"圣与仁"进发。

第四，孔子以"为而不厌""诲人不倦"，对自己一生之所为做出了"实事求是"的总结。"为之不厌""诲人不倦"，相互关联、基本一致，构成孔子践仁的两个基本维度，这表征孔子予己非常真实而朴实的态度，绝无过分夸耀、标榜自己。此等自我评价所持据的正是一颗平常之心，以及平常之心中蕴含的博大与深厚的情怀。这对于生活在"亡而为有，虚而为盈，约而为泰"之德行环境中的孔子而言，能在自我面向"圣且仁"之名时，依然能持存此等清醒冷观之态度的自觉立场和生命姿态，呈现的是生命本真之美。

毋庸置疑，孔子一生，其志高远、其心澄澈，于"仁道"力行而不厌不倦，在世人眼里，自是已成"圣且仁"。然孔子则清醒而自谦地说："若圣与仁，则吾岂敢？"可见，孔子仅以"学而不厌""诲人不倦"来总结自我人生，自觉拒"圣且仁"之盛名，去此妄念。如此，孔子之言显得"更真"（蕅益）。

更为重要的是，孔子虽然平实而真切地总结了自己一生所为，并自断距离圣人、仁者之要求，相去甚远；但是，可贵的是孔子并不是消极放弃努力，而是以圣人、仁人为目标，一直在追求圣仁之路上。如此，虽不能至，但心向往之，并且不断践行以近圣人和仁人。这样，孔子之不厌不倦，表孔子志于道，止于至善，呈现出为而不倦之追求，彰其乐道践仁行礼之勃发、隽永生命风采。

第五，孔子弟子公西华之一语，是对孔子之谦逊美德的回馈与回应；不否认，孔子的弟子们与孔子之间，无论是道德修为还是才能见识，客观上是有差距的。但是，不可否认弟子公西华自省己之才德而自谦，表对孔子之盛德，是为高山仰止。此既是孔子教育之结果，亦是孔子谦虚谨慎之品德在弟子身上的延续。对公西华之言，恰如卓吾评价道："公西华亦慧。"

总之，孔子之语呈现其不贪图虚名而务实的追求，凸显了一个真圣人、真仁者的高贵品性，尤其可贵的是在追求至善之道上，以"为而不厌"和"诲而不倦"为具体的着力点，以不骄不躁、朴实无华之风格，践仁道一生而不倦，终以行而证成孔子乃真"圣且仁"。

35. 弘道行仁，何须请祷

【原文】子疾病，子路请祷。

子曰："有诸?"

子路对曰："有之。《诔》曰：祷尔于上下神祇'。"

子曰："丘之祷久矣。"

【译文】孔子病情严重，子路代为之祈祷。

孔子说："有这回事吗?"

子路说："有的。《诔》文上说：'为你向天地神灵祈祷'。"

孔子说："我自己已祷告很久了。"

"古者君父有疾，即臣子为祷，祈于天地鬼神。子路意弟子事亦当同也。"（戴望）孔子有疾，弟子子路按古之传统为其师行祷。孔子未直接反对子路行祷，仅以质疑子路之行祷而"问有此理否?"子路引《诔》之言确证"有之"，孔子顺子路行祷之思而言："丘之祷久矣"。于此，表孔子事实上反对有疾病即祷于鬼神，突出以平素人生之德行而祷，才是为真正的"祷"。如此，呈现出子路与孔子不同的行祷观。

关于子路和孔子各自所持的行祷"观"之不同，陈祥道释曰："君子于神祇，未疾则祷；众人于神祇，未疾则不祷，既疾则祷。未疾而祷，祷之以正直；既疾而祷，祷之以祭享。"朱熹解曰："祷者，悔过迁善，以祈神之佑也。无其理则不必祷，既曰有之，则圣人未尝有过，无善可迁。其素行固已合于神明，故曰：'丘之祷久矣'。"如此，"孔子之于子路，不直拒之，而但告以无所事祷之意。"

子路之祷，乃祈于鬼神；孔子之久祷，乃祈于己素行有德而合乎道义，即是合乎神明。如此，戴望解曰："孔子信天之知我制作未备，不使己死，故止子路之祷，而曰祷久矣者，明己素行合乎神明。"

子路与孔子之对话，表达了孔子行祷观之真谛：与其有病而祷于鬼神，不如祷于己之素行合乎神明。如此，孔子反对且婉拒子路因有疾病才行祷于鬼神而倡守道行德，过有德之生活为上，以此指示着"祷"之转向。

简言之，师徒二人的行"祷"或行"祷""观"，生成不同的路线，呈现出不同的主旨。概括地说，子路向"外求"于神祇、孔子向"内求"于己；子路祷求"一时"当有疾病、孔子行求"一生"当平素时日；子路祷而借非人之力、孔子则行德而依己之力；子路突出"他救"、孔子强调"自解"。如此，子路笃信而确认的是生命超自然决定论，孔子则持守与践行生命祸福之道德自决论。如此，孔子避于鬼神之"祷"，彰践道行善之自"祷"，证成孔子道德生命之自觉、自决。

具体而言：

第一，弟子子路因孔子疾病而为之请祷，从而就"请祷"展开师徒的对话。子路为师之疾请祷，虔诚笃信，且以《诔》言为据；孔子对子路之"请祷"以反疑而暗含反对，进而暗示其独特的"行祷观"，以此教导弟子，警示与告诫世人当放弃子路式的"请祷"，行践道重德之"祷"。如此，孔子婉拒子路之"请祷"而彰以德行而自救、自佑之"祷"。

第二，"子疾病，子路请祷。"孔子疾而病，表孔子之身体有恙且久治不愈，弟子子路以非正常的医治手段，即"请祷"之法，以祈其师得以康复。

（1）"子疾病"。孔子由"疾"而"病"，表孔子之身体"疾"而甚，以致于"病"，非一般的小恙不适，而是得了重病。对此，陈祥道释曰："疾与病，合则一，别则异。……虽疾可见，不易察，病而后知，是疾轻于病。子疾病，疾而后至于病。""子疾病"，乃子路"请祷"。此为师徒二人对话之事由。

（2）子路面师"疾"而"病"，正常可施之医治手段不见善效，无奈又无别种良可祛师之病。在此情境下，子路如世人一般，最后只好"请祷"，以祈其师病去而康复，于此，表"弟子对师一时迫切之至情。"（钱穆）

（3）"祷者，悔过迁善，以祈神之佑也。"（朱熹）"祷者告事而求福。"（戴望）"请祷"，"请代祷于鬼神。"（钱穆）病重医之无效，则行"请祷"，非子路独为，应为当世普遍流行的最后无奈之举，表人力之乏，惟"祷于鬼神"（朱熹），表其切切之祈愿，以借鬼神之力而救治于人。当然，"请祷"或以"巫"，应属古医之手段之一。"医"，上古时期或本源于"巫"，有"古者巫彭初作医"之说，故"醫（医）"，古作"毉"。《山海经·海内西经·开明东有诸巫疗窫窳》对此有详细的记载。

第三，子曰："有诸？"子路对曰："有之。《诔》曰：'祷尔于上下神祇'。"孔子面对弟子之虔敬笃信"请祷"，应是感动，然孔子于子路之"请祷"，本质上是不赞同的。如是，孔子以委婉之话语表其质疑而反疑："有这回事吗？"

孔子问子路"请祷"，可以治好病而让己康复？子路持肯定的态度，并且搬出典籍《诔》之辞为依据。于是，子路言之凿凿。

（1）关于《诔》或"诔者"。"诔者，哀死而述其行之辞也。"（朱熹）"《诔》，祷篇名。诔者，纍功德以求福也。"（戴望）"诔曰：诔一本作讄，当从

之。諡，施于生者，累其功德以求福。诔，施于死者，哀其死，述行以谥之。"（钱穆）

（2）子路引《诔》之词："祷尔于上下神祇"，表己为师"请祷"之合理性。其中"上下，谓天地，天曰神，地曰祇。"如是，子路"祷尔于……"，表其对孔子之"疾病"极度担忧，且祷于天地神祇，借一切可求之力，救治于师，唯盼其师之病得以疗治而痊愈、而康复、而平安。

（3）子路引"诔"而证己之"请祷"之必要性，再次直呈子路于师之关切与至情。

第四，面子路拳拳赤忱之心，孔子不忍直接反对而断然拒绝，只是顺着子路"祷"之话语逻辑而言，如果按照子路的作为，自己非当下才祈祷，而是天天都在祈祷，祈祷之日已久矣。如此，孔子言子路无"请祷"之必要而婉言辞绝了子路之"请祷"。

孔子所言："丘之祷久矣。"表明"孔子谓我日常之言行，无不如祷神求福，素行合乎于神明，故曰：祷久矣，则无烦别人代祷。"于此突出"君子于神祇，未疾则祷；众人于神祇，未疾则不祷，既疾则祷。未疾而祷，祷之以正直；既疾而祷，祷之以祭享。"恰如孟子所言："夭寿不贰，修身以俟之，所以立命也。祷之以祭享，是贰之也。"如是"孔子之疾，不祷无妄之疾，勿药可也。"（陈祥道）如此，孔子"不祷"而言"丘之祷久矣"，恰如春秋之时楚昭王之疾，不祷于河；齐侯之疾，欲诛祝史，贤否可知矣。（陈祥道）

第五，子路和孔子就"请祷"之对话，透显出子路和孔子截然不同的"行祷观"。

在子路看来，"祷"就是人应该向天地、及各种神祇祷告，即向超人类、超自然，而又主宰人的一种神秘、神奇的力量祈求、祷告，从而得以庇护与福佑，最终消除灾祸与病痛，使人得健康和福祉。

孔子显然是对子路之"请祷"持怀疑与反对的态度；在孔子看来，所谓"祷"，其实就是以诚敬、虔敬之心，为学问道，修身进德，如此做，就无时无刻不在诚敬"祷"了。

如此，师徒二人的"祷"或"祷观"，构成不同的价值路线和不同的价值主旨。概括地说，子路向"外求"于神祇、孔子向"内求"于己；子路祷求"一时"、孔子行德求"一生"；子路祷而借非人之力、孔子则行而靠己之力；子路突出"他救"、孔子强调"自解"；如此，子路笃信而确立的是生命超自然决定论，孔子则持守与践行生命祸福之道德自决论。

如此，就"祷"而言，师徒二人之对话折射出来的精神实质表明，子路，实为超自然的神秘主义者；孔子，则是一个典型德行至上的人文主义者。

第六，在师徒之对话中，子路引用《诔》之语，区分了"神"与"祇"。在中国古代，一般称天神为"神"，地神为"祇"，这是中国文化中的历代帝王的祭文《诔》上记载的。如此，子路所引透露出中国传统信仰观中的基本元素。

第七，孔子"不语，怪、力、乱、神"，且言"未能事人，焉能事鬼？"皆表明孔了对鬼神敬而远之。子路之"祷"，本质上是将人之疾病，乃至人之福祸，皆归结于天命、归结于神祇所定，而人力无法主宰天命，故惟有向鬼神祷而求之。孔子认为无须刻意祈求于天地鬼神之恩宠与护佑，只要已能心存诚敬，持守仁义之道，且尽心尽力行善，自是在行"祷"。如此，孔子避于鬼神之"祷"，彰践道行善之自"祷"，证成孔子道德生命之自觉、自主和自为。

第八，通过孔子与子路的对话，构成对生命再审视的空间，启示后人再思人之身体、人之生命，到底是一个自然的生物性存在还是依生物存在为基础的文化—道德性存在，以及"人"到底是依靠人之外某种神秘的力量来完善、成全自己，确保自己长久的健全呢？还是依靠自我的力量，通过不断地修养而丰富和巩固自我健康的生活？孔子所言"丘之祷久矣"，实为世人指出了现实之路：修己进德，为学问道，即是"祷"，无需祷"神祇"，以此凸显了孔子于"祷"之转向。

总之，师徒之对话，孔子强调以为学问道践德之笃诚，虔敬修德进德于日常生活中，其本身乃是合乎神明，即为真正的"祷"，无须以"祷"而行敬神之仪式。于此，凸显孔子关于人文和鬼神划界的一贯主张，尤其重要的是彰显了孔子关于人生祸与福、疾病与安康等皆因己素常生活行为所决定之主张。

子路情急而"请祷"，表对师之关切与至情。然其"请祷"被孔子婉拒，孔子在婉拒中，阐明真正的"祷"，非祈于"天地神祇"，而应该求己之德行。如此，孔子之言，弱化了世人皆"祷"鬼神之迷思，引世人反省与内察己之日常德行，警示世人当自觉以提升己之修养而行德，方为"祷"之正途。如此，将"祷"，从"天地神祇"移位于己之修德行善，为世人指明惟晋升己之德行，方可自佑之。简言之，人之福祸、疾病与安康，非神赐、神佑，实乃人自为之德所致。如此，孔子之论，表"祷"之根本转向：即从神祇主义转向人本主义，从鬼神决定论转向自我德行决定论。

36. 戒奢宁固，是以复礼

述而 7.36

【原文】子曰："奢则不孙，俭则固。与其不孙也，宁固。"

【译文】孔子说："奢便不逊让，俭了便固陋。与其不逊让，宁可固陋"。

孔子批判当世众诸侯争相骄纵于行"礼"之"奢"侈生活，使"礼"丧失了其应有的内涵和权威；因为"奢者不孙"，表"奢"造成"不孙"等僭礼、违礼之害。然"俭则固"，诚然寒酸、寒碜，但其害不如"奢"。如此，既然行"礼"之奢与俭，皆有害，然"固陋病在己，不孙则凌人"（钱穆），"两害相权取其轻"，所以，孔子主张舍"奢"而"宁固"，充分体现孔子治弊之智。

孔子针对"当时行礼过奢，失恭让之道，故言无宁过俭，以矫文家之敝。"（戴望）"奢则僭，故失之不孙。俭则约，故失之固。不孙则其害大，固则其害小。"（陈祥道）"奢俭俱失中，而奢之害大。"（朱熹）故孔子言"与其不孙也，宁固"，此乃"不得已而救时之弊也。"（朱熹引晁氏）

孔子择"宁固"，乃为绝"奢"而"不孙"之为，纠无道乱世之偏，达正道维礼之权宜。孔子取此矫枉之策，循渐进修正可行之法，以此表孔子在诊断中批判，在批判中重塑，在重塑中达"中正"之"礼"。

具体而言：

第一，乱世之"乱"，乱在丧"道"失"礼"。孔子聚焦于乱世行礼之"奢"所生之"不孙"而矫正，言行礼与其"奢"不若从"俭"。从"俭"，虽使"礼"显得简固，然能维持"礼"而不被僭越、被践踏。如此，孔子提出"宁固"而绝"不孙"、去"奢"而留"俭"。这实为孔子居二难之择，表孔子在"奢"与"俭"的取舍、存留之间，遵中和之道，矫时弊之智慧。

第二，"奢则不孙，俭则固"。孔子以"奢"和"俭"为两极，准确地记述和揭示了两种截然不同的行礼生活状况及其特点，于行"礼"所孕育、所引发和所表征的两种迥异的景况："不孙"和"固"。

孔子所言"奢"，非言行礼于"礼"之持重，亦非言行礼而遵礼之"质"，而是直指诸侯行"礼"之"文"盛。隆重与奢华仅只在其形式，行"礼"呈现出超法度之规格、标准与规模，远非诸侯所应施行和享受的，皆比肩周天子。

如此，有礼之"文"，而无礼之"质"的"奢"；行礼之标准、规模之"奢"，不仅表征行礼者本身僭礼、违礼，而且亦带来骄横"不孙"之果。如此，孔子言"奢则不孙"，既是对当时奢靡之诸侯，僭礼、违礼而行"奢"之实的记述，以揭露了行礼之"奢"所必然带来的道德结果，即"不孙"。"不孙"，即是"不顺也"，于"礼"则是不遵尚、不遵从，实为叛逆、忤逆也。

孔子所言"俭"，所指是除去繁复的行礼之"文"，降低诸侯行礼超规定之规模，就重礼之"质"而言。如此，行礼去"奢"而"俭"，让人觉得行礼很"固"，即寒酸、寒碜，于礼之文、质亦非"彬彬"，依然不利于彰"礼"。但是，在孔子看来，行礼"俭则固"，然"礼"之"质"不损。

第三，相对于"奢则不孙"而言，"俭"仅是使行礼显得"固"而已，虽然"二者均失，固陋病在己，不孙则凌人，孔子重仁道，故谓不孙之失更大。"（钱穆）如此，孔子在比较行礼之"奢"与"俭"之弊后，做出"与其不孙也，宁固"之抉择。

最为关键的是，孔子深谙"节俭则昌，淫佚则亡"之历史经验教训。如此，孔子在总结"奢则不孙，俭结则固"之后，提出"与其不孙也，宁固"之主张，清楚地表明孔子崇"俭"而贬"奢"、扬"俭"而抑"奢"之原则。这一原则直指孔子之价值取向：固守仁礼，反对僭礼。

事实上，从孔子的思想、主张的一贯性上来看，孔子提倡"节用"，崇尚"俭"，主张治国要"节用而爱人"；他认为"与其奢也，宁俭"，坚决反对管仲、季氏等人利用当权，通过"偕礼"行为，因贵而富。诚如陈祥道所释曰："管仲之奢，孔子以为不知礼。晏子之俭，曾子以为知礼。此与其奢也，宁俭与其不孙也。宁固，然二者皆非中道。以曹风之奢，魏晋之俭，皆诗人所刺也。孔子言宁俭、宁固，与思狂狷同意。"

孔子从正面推出禹作典型，赞美大禹"菲饮食""恶衣服""卑宫室"的艰苦精神，赞赏卫公子荆在生活条件稍有改善时，便认为"苟合""苟完""苟美"的不求奢侈的品德，亦正是遵循"与其不孙也，宁固"之原则。

第四，从"奢"生"不孙"，"俭"成"固"的逻辑，可以看出孔子不仅把行礼之奢侈耗费视作是经济行为，更是严重违礼之伦理行为。如前所述，行礼中不同的物质耗费，以及相关的物质享受之事实必然会产生或形成不同的道德效应，从而映射不同的道德人格。

进而言之，孔子从行礼之"奢"和"俭"，不仅陈述了"礼"存在的两种样态，亦勾勒了两种不同的人生立足点，从而构成不同的人生模式，由此蕴含着不同的道德境况。司马光有言，"顾人之常情，由俭入奢易，由奢入俭难"。

如此，若立足于"奢"，则以维系"奢"为根本的尺度，则不可能"俭"，就必然导致骄纵越礼之心、之行；相反，若立足于"俭"，则"奢"不再是其追求的目标，其心其志必以持守固本之德为旨归。为人如此，行礼亦如此。

第六，虽然"务求于俭，事事不欲与人同往来，易陷于固陋"，但孔子毅然反对"奢"，是因为"奢则不孙"，表"奢者常欲胜于人"（钱穆），使其不让、不顺而凌人丧义。如此，孔子提出"与其不孙也，宁固。"

孔子之所以提出"与其不孙也，宁固"，其立论在于必须遵从"奢不违礼、用不伤义"之根本原则。孔子认为是否合于礼之规定，是检验众诸侯行礼之标准、规模等恰当与否的尺度，各诸侯须根据自己的身份、等级来安排自己行礼之用度。他强调以"礼义"来调控行礼之文、之耗费，以维系社会等级制度的权威性与合法性，反对一切对违礼、僭礼的忤逆所为。

孔子提出"与其不孙也，宁固"之主张，凸显求俭而不违礼之核心内容。这样，孔子以遵循和维护"礼"至上的原则来判断和选择行礼之"奢""俭"。凡是有悖于"礼"之规定，不利于维系、巩固"礼"的耗费与享受，都是"奢"；反之，凡是有利于彰显"礼"、维护"礼"的权威和尊崇"礼"的消费、耗费都属于"俭"。

第七，孔子提出"俭"而固"礼"，直指当世各诸侯奢靡骄纵之风盛行，僭礼、违礼之事情屡见不鲜之事实，并予以批判。不可否认，春秋时各诸侯、大夫等都极尽奢侈豪华，荒淫无度，视周礼为无物，其生活享乐奢靡之标准，乃至行礼之礼仪规模都如是周天子一般，譬如令孔子言"是可忍也，孰不可忍也"的"季氏八佾舞于庭""三家者以雍彻"，以及"季氏旅于泰山"等不胜枚举。众诸侯、卿大夫之"奢"，在孔子看来，都是无视"礼"之存，是公然的越礼、违礼之"不孙"。如此，与其"奢"而越礼，不如守"俭"，以维护"礼"之尊严。

总之，孔子以尊"礼"固本为宗旨和目的，揭示了"奢""俭"所产生的两种不同的结果，突出孔子对因"奢"而生的骄纵不逊、越礼之心之为予以批判，选择与倡导"俭"而"宁固"的行礼原则，以此抑"奢"止"不孙"而正道，维护"礼"之权威，从而正世人之心。

37. 戚戚小人，坦荡君子

述而 7.37

【原文】子曰："君子坦荡荡，小人长戚戚。"

【译文】孔子说："君子之心胸气貌常是坦荡宽达，小人则常是局促忧戚。"

孔子从心地、心胸、心境和气象对君子与小人加以区分，突出君子"乐天知命，俯仰无愧，其心坦荡，荡荡宽大"，坦诚无私，行事亦光明磊落，故"坦荡荡"；相反，小人则"心有私，又多欲，驰竞于荣利，耿耿于得失，故常有压迫，多忧惧"（钱穆），故"长戚戚"。

为何君子呈"坦荡荡"，小人则是"长戚戚"之心境、气貌呢？程子曰："君子循理，故常舒泰；小人役于物，故多忧戚。"陈祥道更深刻地指出："作德，心逸日休，故坦荡荡；作伪，心劳日拙，故长戚戚。君子居易以俟命，大行不加，穷居不损，故有终身之乐，而无一日之忧。小人行险以徼幸，未得则患得，既得则患失，故有终身之忧，而无一旦之乐。此坦荡荡、长戚戚，所以不同也。"戴望则言："君子利天下，故坦荡荡；小人利切身家，故长戚戚。"

孔子生动而形象地描述了君子与小人之不同的心境和生命气象，突出君子心存仁义，不苟于私欲，不营于私利，不役于外物，拥有旷达之心怀、超拔之志和高迈之智慧，故而坦荡荡，当为世人之楷模；而小人则心胸狭隘，心系私利，为外物所拘，纠结于己之得失，忧惧烦恼不绝，积郁如渊，故而长戚戚，当为世人戒。

如此，孔子为世人揭示出君子与小人生命情态之特质，希冀困于私利、陷于物役、纠结得失、心胸狭隘，成天愁苦、忧患不堪之"小人"，当解放自我，超越私利，摆脱物役，舒放胸怀，成仁义之坦荡君子。

具体而言：

第一，"君子"与"小人"在孔子思想架构中，指称着两类不同的人。孔子在《论语》中，从道德修养、人格理想、义利关系、人际关系、处事原则和行为等诸多层面和维度上对"君子"与"小人"进行了多视角、多维度予以了充分地比照，形成了孔子独特的"君子观"和"小人观"，成为深度地把握孔子《论语》思想的一个重要维度、一条重要的引线。

譬如：

① "君子周而不比，小人比而不周"

② "君子和而不同，小人同而不和"

③ "君子泰而不骄，小人骄而不泰"

④ "君子喻于义，小人喻于利"

⑤ "君子求诸己，小人求诸人"

⑥ "君子怀德，小人怀土；君子怀刑，小人怀惠"

⑦ "君子成人之美，不成人之恶；小人反是"

⑧ "君子之德风，小人之德草，草上之风，必偃"

⑨ "君子有三畏：畏天命，畏大人，畏圣人之言。小人不知天命而不畏也，狎大人，侮圣人之言"

⑩ "君子坦荡荡，小人长戚戚。"

由此可见，于《论语》中，孔子针对不同的问题，从不同的视域对"君子"与"小人"加以了比较审查，充分地揭示了"君子"与"小人"各自之特质及其彼此之差异，呈现"君子"和"小人"的多重差异性特征。

第二，在此节，孔子侧重从精神生活、精神生命样态的视角，对"君子"与"小人"进行了生动而形象的比照，进一步勾勒出两者不同的心境与精神风貌，形成二者鲜明之对比。

"君子""坦荡荡"。"坦，安也"，"荡荡"，广远之称。"坦荡荡"表君子心胸开阔、清朗，思想坦率洁净，外貌及行为显得十分舒畅安然。"荡荡，即'坦'字之注脚，所谓居易以俟命也，却是戒慎恐惧之体。"（蕅益）

"小人""长戚戚"。"戚戚"，时时忧虑之称。"长戚戚"则表小人私欲太重，心里欲念太多，心理负担太重，常忧虑、担心，显得忐忑不安，常是神不宁、坐不定、站不稳的样子。"戚戚，正是无忌惮处。"（蕅益）

第三，"君子"为何是"坦荡荡"，而"小人"则是"长戚戚"呢？究其因，君子通晓事理，故待人接物处世犹如在平坦大道上行走，安然而舒泰。小人心思常为物役，患得又患失，故常有戚戚之心。

进而言之，君子心怀天下，心底无私行仁践义，己之荣辱非其所思，己之得失非其所虑，故而君子因不计个人之利害得失，宽胸怀亮、容人容事，生命气象自然也就洁净、浩大和高远、荡然无私；相反，"小人"驰竞于荣利，耿介于得失，长为悉府。如此，必是心胸狭窄，与人为难、与己为难，时常忧愁，局促不安。

再言之，君子去忧而坦荡。因为君子重品格和理想，时刻都在修己行仁。

如此，当求而未得时，君子则乐其意；当求而得之时，君子则又乐其治。如此，他必是终身有乐，而无一日之忧。相反，"小人"，重一己之利。当其未得之时，忧其无所得；得之，又担心、害怕失去。所以患得患失之小人有终身之忧，无一日之乐，故"长戚戚"。

第四，"君子"遵循"君子之道"，侧力于以修身为要，不断提升道德境界，而不是去专修别人。如此，君子重内修而敞亮其心境、拓宽其胸襟；如此，君子之容忍力就越强，所修的道也就越高；容纳度越高，修持的境界也越高，故而能面任何困难、阻力、障碍，亦能承载荣辱得失，自是成"坦荡荡"之心境与生命气象；相反，"小人"之"戚戚"则是缘于不重自修而"长"于"修人"，即总是斧攻于人，无视他人之优长，贬损他人之可贵，蔑视他人之存在，一句话，小人以批判他人、否定他人为手段，从而以此种方式达肯定、凸显自己之目的。如此，君子总是在不断地清除自身之缺点，最后是身轻体也安，身健心亦乐；而"小人"则是心有阴暗，神情忧郁焉。

总之，在孔子看来，"君子"与"小人"，其心有别，其道德境界、生命格局和生命气象亦迥然相异。孔子以此昭示不同的生命立足与取向所产生的不同的结果，为其弟子们和世人剥离出不同的道德生命之模式，供弟子和世人甄别与择从。在此，孔子不仅仅直陈了"事实"，而且通过此事实，凸显了他的批判与嘉许。

孔子通过呈现"君子"与"小人"之心境、生命气象，希冀其弟子和世人皆能自觉修己进德，不断地去戚戚小人之习性，成坦荡磊落之君子。

38. 中和之德，夫子修己

述而 7.38

【原文】子温而厉，威而不猛，恭而安。

【译文】孔子温和而又严厉，威严而不凶暴，谦恭礼让却又自然安详。

"子温而厉，威而不猛，恭而安"，具体而真切地对孔子内在修养、外在举止言谈，精神气度予以概括，将孔子既亲切又严厉、有威仪又不凶猛、谦恭而又安详之形象直呈于世人，表孔子生命之卓然风采与德行高远之境界。

"子温而厉，威而不猛，恭而安"，此乃"君子之所谓坦荡荡也。"（陈祥道）"道君子坦荡荡之容有如此者。"（戴望）简言之，此语即是对孔子作为坦荡荡之君子形象与品质最直观的呈现和最真实的写照。如是朱熹所释："人之德性本无不备，而气质所赋，鲜有不偏，惟圣人全体浑然，阴阳合德，故其中和之气见于容貌之间者如此。"

"温而不厉，过于柔；威而猛，过于刚；恭而不安，过于礼。"然，孔子是"即之温，听其言厉，温而厉也"、"温而爱，威而不猛也。"进而"与人恭而有礼，恭而安也。"孔子"温而厉，则处仁以义；威而不猛，则成义以仁；恭而安，则行巽（或作"巽"）以礼。"（陈祥道）如此，夫子之所以能达到"温而厉，威而不猛，恭而安"之境界，乃是其修己成中和之道使然也。

具体而言：

第一，"子温而厉，威而不猛，恭而安"，廖廖数字，其义卓大坚实，却又细腻而真切地勾勒与描述了孔子的德行修养与精神气度，表弟子们对孔子之赞扬，突出为人师者所共求之理想人格。由此可见，"门人熟察而详记之，亦可见其用心之密矣。抑非知足以知圣人而善言德行者不能也，故程子以为曾子之言。"（朱熹）

第二，"温而厉，威而不猛，恭而安"之"温"与"厉"、"威"与"猛"、"恭"与"安"，皆内蕴着"对立"之逻辑。然孔子能在两极之间找到最佳平衡点，构成孔子践行中道之德，合中庸之基本原则的显著特征。恰如钱穆所释："孔子修中和之德，即在气貌之间，而可以窥其心地修养之所至。"

（1）"温而厉"。指孔子与人交谈，语气温和而有礼貌，即在传授、在沟通的态度上都以温和为贵，让弟子们如沐春风，乐于接受其意见和指导；但在温和而礼貌的同时，内含着严厉。此处的"厉"，不仅"谓正颜色"（戴望），即不是语气和用语的厉声，而是对交谈中应坚持的原则不妥协、不让步，表现出"严肃"的立场和态度（朱熹）。如此，孔子以温和的形式所呈现出的不徇情枉法、不营私舞弊、正气凛然，自然让人肃然起敬。这样，温婉、平和之中所传递出来的内涵和原则之"厉"，构成言说形式、方式，及其与此形式和方式所承载的内涵和道理之间的反衬。如此，孔子内心温和，仪容举止庄重严肃，此乃"望之俨然，即之也温"是也。如此之孔子，让人易于接近，但其透显出的庄重、肃穆和严厉，让人心生敬意，不敢随便、不可造次。

（2）"威而不猛"。"威"是由庄重所透显的威仪，所谓"君子不重，则不威"。如此，"威"是沉稳内敛，而不是不苟言笑，表其举手投足皆合礼的要求，使人望而生敬。行动如此，说话亦然；所下之判断，凛凛然有正气，闻者足戒；

在此须注意，"威严"和"凶猛""凶暴"之别。曾有观点说，"不怒而令人敬畏"可谓"威严"，"怒而令人生畏"算是"凶猛"。"凶猛"往往抛却对对方的尊重，令人害怕而厌恶。"威严"则是自信、稳重和修养的体现与流露。如此，孔子对二者之间的分寸把握和拿捏，恰到好处地实施于其教学之中。

"威而不猛"反映的是孔子的内在修养。孔子于外表上保持足够的威仪，但亦不会令人感到其咄咄逼人之气势。孔子之"威而不猛"，表孔子不怒自威，与动辄发怒，以权势压人，令人既害怕亦厌恶之人相比，形成鲜明的对比，彰孔子之自信、自重。

（3）"恭而安"，"恭"是客气、谨慎、矜持之意。如果一心求恭，可能显得退缩、懦弱、迁就。一个有修养的人，固然必须顾虑人我关系之融洽与和谐，因此谦退、恭敬是应该的；但若一味地行恭敬，势必会丧失己之原则而背礼，且表其内心缺乏定见，无法自得其乐。孔子"恭"而能"安"，恰来自其不假外求的精神之充盈与超越俗世俗评价之智慧。这样，"恭而安"表征孔子的内心充盈饱满之状态，具体表明孔子是一个有内涵、有责任、有信念的人所应有的生命存在姿态，如此庄重而自然安详，充分呈现出孔子之气度、历练、及其献身精神。如此，孔子恭而有礼，又无拘束感，一切都显得那样安详自适，表其内外兼修，德才兼备之生命气象。

与"温""威""恭"，相对的另一个极则是："不厉"、"猛"、"不安"。如此，若"温"而"不厉"、"威"而"猛"、"恭"而"不安"，势必导致利害并陈，两相抵消。孔子"温而厉，威而不猛，恭而安"，正是孔子于教学和生活中修持而达中道之态，很好地呈现了孔子修己而成君子之风。

第三，门人记述孔子"温而厉，威而不猛，恭而安"，就其内在逻辑而言，

"温而厉，则处仁以义；威而不猛，则成义以仁，恭而安则行巽以礼。仁而后义，义而后礼，事辞之序也。"（陈祥道）

第四，不可否认，在弟子们的眼里，孔子乃真谦谦君子也。将"子温而厉，威而不猛，恭而安"之记述，与言孔子"惠而不费，劳而不怨，欲而不贪，泰而不骄，威而不猛"的"五美"之论结合起来观之，无疑更深入和饱满地刻画出孔子为师之特质。

总之，此节通过记述孔子在教学和生活之中，如何处理与践行"温"与"厉"、"威"与"猛"的关系，进而做到"恭而安"，始终持中道而修己、而行，表孔子作为世代楷模与典范的精神高度与通达智慧。

第八　泰伯篇

1. 泰伯至德，民颂其让

泰伯8.1

【原文】子曰："泰伯，其可谓至德也已矣。三以天下让，民无得而称焉。"

【译文】孔子说："泰伯可以说是品德最高尚的人了，几次把王位让给季历，老百姓都找不到合适的词句来称赞他。"

泰伯，周文王姬昌之伯父，为使德高才大的姬昌有机会治国，他多次让出自己应得之王位。泰伯不为个人功名富贵，只为天下苍生而三让君位于贤者之举，孔子誉之为"至德"，被世人无限称道。

被孔子称颂的泰伯之"至德"，就其内涵而言，实为"隐德"与"让德"。其以"隐"而"让"，其让位、让权，即让贤。此"让"既充分展现了泰伯个人之"至德"，亦彰显古之贤人政治的内在价值取向，更透出古代政治权力伦理之善性品质。如此，孔子赞誉泰伯有"至德"，实乃赞许周之盛道行，并以此为镜，批判当世当政者倾轧争权背逆传统周道，以期重塑当政者之德行，重构当世政治之伦理，希望周道再现于世。

具体而言：

第一，孔子借泰伯这一历史人物"三让"君权之"史实"，其目的在于通过对泰伯让位、让权而让贤的高度赞扬，彰周道之盛，对春秋"争权"之政予以批判，此为孔子借古斥今、扬善抑恶之法。如此，孔子之论，既褒扬"王道"时代"让""权"之个人德性与权力伦理，亦彰显周道之德，以此对争权、夺权的霸道和无德之为政者予以贬斥。简言之，孔子以古喻今，通过对泰伯"让权"、让"贤德"治理国家之举的赞许，表其弘周道于当世之志。

第二，历史人物"泰伯"是谁？孔子说他有"至德"的依据是什么？"三让天下"是怎么一回事？百姓无以复加地称道他，是针对什么？结合这几个问题，其焦点就在于泰伯"三让天下"而显其"至德"，如此，被百姓推崇备至耳。

（1）泰伯，何许人也？"泰伯，周大王之长子。……盖大王三子，长泰伯，次仲雍，次季历。"（朱熹）"泰伯，周大王之元子。"（戴望）

（2）"三让天下"：按照古礼，作为长子的泰伯是法定的君位继承人，但古公认为季历的儿子昌，有圣人的瑞相，预料他将能兴周，有意传位给季历，以便再传给昌，但其心迹未明示。泰伯了解古公之意后，在古公生病时，便托辞到南方采药。他的二弟仲雍也有此意。于是他和仲雍一同拜别父亲，到了江南的吴地，从当地习俗，断发纹身。泰伯、仲雍二兄既出，季历不能出，必须在家事父。古公临终，遗嘱季历，报丧给泰伯和仲雍。古公薨，季历遵嘱接回泰伯、仲雍。丧事毕，泰伯和仲雍计议让位给季历，季历不受。泰伯乃言自己已经断发纹身，不能再治理国家，又偕仲雍出国至吴。季历遂立为君，后来传位给昌，为殷朝的西伯。昌的儿子伐纣成功，为周武王，尊昌为文王。这就是泰伯三让天下的大致情形。

对泰伯"三让"之说，诸解者均予以了陈述。

朱熹释曰："大王之时，商道寖衰，而周日强大，季历又生子昌，有圣德。大王因有翦商之志，而泰伯不从，大王遂欲传位季历以及昌。泰伯知之，即与仲雍逃之荆蛮，于是大王乃立季历，传国至昌，而三分天下有其二，是为文王。文王崩，子立发，遂克商而有天下，是为武王。"

蕅益释曰："此时文王已生，纣亦初生，泰伯预知文王之德，必能胜服事殷，救纣之失，故让国与之，令扶商之天下。是故文王之至德，人皆知之；泰伯之至德，又在文王之先，而人罔克知也。至于文王既没，纣终不悛，至使武王伐纣，则非泰伯之所料矣。"

戴望释曰："泰伯，周大王之元子。次子仲雍，次子季历。季历生文王，有圣人表，泰伯知其必有天下，欲使大王得遂传国季历以及文王，因大王病，偕仲雍入吴采药。大王没而不反，季历为丧主，一让也。季历赴之，不来奔丧，二让也。不立仲雍之子为后，令周嗣在文王，三让也。"

钱穆亦释为："或说：泰伯乃让国，其后文王、武王卒以得天下，故称之为让天下。或说：时殷道渐衰，泰伯从父意让季历及其子昌，若天下乱，必能匡救，是其心为天下让。三让，一说：泰伯避之吴，一让。太王殁，不返奔丧，二让。免丧后，遂断发文身，终身不返，三让。一说，季历、文、武三人相传而终有天下，皆泰伯所让。今按：泰伯之让，当如《史记》，知其父有立昌之心故让。孔子以泰伯之德亦可以有天下，故曰以天下让，非泰伯自谓以天下让。三让当如第二说。"

对于此件古之历史事实，在孔子看来，是值得予以深度挖掘其内蕴的价值。孔子称道泰伯"三让天下"所表现出的隐匿、退让之德，为"至德"，得孔子极度推崇。

（3）泰伯何以被颂有"至德"？陈祥道释曰：泰伯"不累于厚利，故三以天下让；不累于名高，故民无得而称；此所以为至德。"朱熹解道："至德，谓德之至极，无以复加者也。""夫以泰伯之德，当商周之际，固足以朝诸侯有天下矣，乃弃不取而又泯其迹焉，则其德之至极为何如哉！盖其心即夷齐扣马之心，而事之难处有甚焉者，宜夫子之叹而赞美之也。"

第三，泰伯"三让之美"，被孔子推崇备至，乃在于泰伯善于明晓和把握、体谅其父之心思，此为善"知人之心"，且又"自知之明"。如此，为了"周"之兴而不贪"权"，以"天下"为重而"委屈"自己让权之品格，与据权为己而不顾天下苍生、不管国之兴衰存亡之大业的当权者，形成鲜明的对比。泰伯之高尚正是在于此。也正因于此，老百姓对泰伯之德无比称颂，孔子誉之为"至德"。

"三让天下"，关涉王位之传继、关乎社稷之兴衰存亡、关系黎民之祸福，这对于按制可继位之人，非同小可。泰伯深知让位、让权之意味。泰伯"三让天下"之自觉行为，来自于：

（1）知晓父亲之心思、并认可父亲之安排。

（2）认为父亲的安排是最佳的安排，事实证明也是的确如此。

（3）以周族的大局为重，克己之权欲，或者说泰伯超越了权欲。

第四，泰伯"三让天下"，从形式上来看，是将可继承的王位，拱手相让，此等"让权"，本质上是将天下之"管辖权"和"治理权"让渡给圣者、贤者，因为只有将天下让与贤者、圣者，才有可能善治天下；在此，权力的让渡充分承载着对圣贤之德、之才的尊崇，而让位、让权者的高尚品格也得以显现与完成。在此，需要强调的是让"权"，本质上是让有德才之圣贤治国，彰显德治范式所内蕴的权力伦理。正如陈祥道所释："泰伯之让则国也，三以天下让者，以文王之圣，有得天下之道故也。"

第五，泰伯之"让"，形成了中国古代"权力"继承和更替、转移独特的模式，极大地降低了"权力"传承和更替中因争斗、杀戮而导致的道义成本，客观上减少了民众的苦难，这是"让"权之善，百姓自然认为泰伯居至德，不管如何称颂亦不为过。泰伯之"让"，实现了政权过渡的零成本，维系了天下的稳定与安宁，极大地彰显权力伦理之善。

进而言之，泰伯之"让"，非高调而自我标榜式的宣称不争，而是以"隐""退"之方式行"让"。如此，泰伯"三让之美"则在于集"隐德"与"让德"于一体，孔子赞之为"至德"。亦正因如此，"民无得"其"踪迹"，却依然称道不已，以至于找不到更好的赞扬之言辞来称颂其让德了。对此，潘益释曰："三让，究竟是让也，以天下之故而行让也。"戴望释曰："三让之美，皆诡道合权，隐而不著，至德若不足，故民无德而称焉。"钱穆亦解曰："孔子极称让德，又极重无名可称之隐德，让德亦是一种仁德，至于无名可称，故称之曰至德。"

第六，孔子一直推崇的仁德、仁政，通过泰伯之"让"得以历史的印证。泰伯将可得之王位、王权，自觉自愿以不显而隐之方式，拱手让于贤人，而且还是多次。此等对于"王权"所表现出来的谦让，当是具有经典之意义，其不仅仅折射出泰伯个人之美德，而且将"让权"所内蕴的仁德得以充分体现和彰显出来；其意义之深刻性与久远性，不仅在于提醒统治者当如何审视、对待"权"，如何获得"权"，以及采取何种"权力"传承与交接之模式，方显权力符合仁爱善德之要求，而且更严肃地将"权力"之合法性、之德行的确证，交予历史与今世一切掌权者、窃权者或窥权者去反省、反判。如此，孔子借历史人物泰伯"让权"之"至德"，无声地批判当世窃权，把玩权力而行霸道之无德为政者。

总之，孔子通过"泰伯"这一历史个体、"让权"这一个案，强化了"礼制"的功能与价值，为"让权"寻到伦理依托，且挖掘出"让权"的权力伦理，表达了孔子对"泰伯"自谦的赞扬、和对"让权"之仁德的推崇，和对"让"之权力伦理的称道；也表明孔子直面争权之无德现实，力图借古之典范，重塑当政者之品格，重建当世政治之伦理，从而建立有效的伦理规范，结束礼崩乐坏的时代病弊。这便是孔子盛赞泰伯三让天下之"至德"的深刻动意。

2. 践礼行仁，民德归厚

泰伯 8.2

【原文】子曰：“恭而无礼则劳，慎而无礼则葸，勇而无礼则乱，直而无礼则绞。君子笃于亲，则民兴于仁；故旧不遗，则民不偷。”

【译文】孔子说：“一味谦恭而没有礼的节制，就会流于劳倦无功；一味谨慎而没有礼的节制，就会显得畏缩、拘谨；只知勇敢行事而没有礼的节制，就会制造乱局；只知直言无隐而没有礼的节制，就会尖刻伤人。政治领袖或在上位的人对待亲族厚待，百姓就会渐渐兴起仁的风气；他们不遗弃过去的友人，百姓就不会刻薄而冷漠无情。”

所谓无礼者，不学之蔽也。恭、慎、勇、直，出于德性，德性本于道学。有德性而无礼以节之，故恭则不安、劳慎则过思、葸勇则至于悖乱、直则至于绞。如此，朱熹释曰：“无礼则无节文，故有四者之弊。”“恭慎勇直皆美行，然无礼以为之节文，则仅见其失。”戴望则更深刻地论道：“恭以远耻，慎以辞祸，勇于成义，直以正人，然而不中礼，则有四者之失，唯礼可以已之。”如此，孔子从恭慎勇直之四者“无礼”而易蜕变为“老”“葸”“乱”和“绞”，突出“礼”的规制而致中和之作用，从而强调须尊尚与遵循“礼”。

尊尚、遵循“礼”，君子当为先、为范。倘若君子“笃定”“故旧不遗”，即“敦厚以崇礼”（《萬益》），其结果或效应是“民兴于仁”“民不偷”。如此，若君子践礼有德，民德必厚焉。孔子以此指证“君德”与“民德”之关系，对当世乱礼无德之“君”予以批判，同时表明，世德之关键在于“君德”，并希望为政之“君子”应遵礼而正己之德。

具体而言：

第一，孔子在此所论，主要表陈了两层含义：

其一，提出“恭”“慎”“勇”“直”等德，都必须以“礼”加以约制或规范，才能固德，否则就会出现“劳”“葸”“乱”和“绞”等诸多偏离，最终导致德失。于此，突出“礼”对德之统摄、节制功能。此为孔子强调尊尚、遵循“礼”之总论。

其二，指明尊礼、践礼和行仁之君子，才堪称为有德之“君子”。“君子之德"具体表征为"笃亲"与"故旧不遗"。君子行如此之德,其结果是使"民兴于仁""民不偷",证成"君子之德"于民德所具有的模范、引领与教化作用。于此,孔子指证了当世世风之衰,其根源则在于君子违礼无德使然,巧妙地对当世僭礼无德之"君"予以批判。如此,孔子从德性发生学的角度突出与强调君子之德行对世风形成之开启意义。

第二,不可否认,"恭""慎""勇""直"皆为美行,但都必须以"礼"作为其标准和底线,即惟有遵礼而行"恭""慎""勇""直",才不至于使其蜕变而沦为"劳""葸""乱"和"绞"。这就表明,在孔子看来,仅有"恭""慎""勇""直"还不够,还需要"约之以礼",否则就容易让之走样,抑或走向其反面。恰如《礼记·曲礼》所言曰:"道德仁义,非礼不成。"在此,"礼"保障各种德行不至于偏向太远,从而使"恭""慎""勇""直"有准绳可依,有度可循,彰"中庸之道"。如此,孔子从四个维度具体展示了"礼"之规制、规训功能。

具体而言,各种德行与"礼"之关系。

"恭而无礼"。此处的"礼"并非是指"礼貌",是指以礼的精神以及相应的规制。"恭而无礼",表不遵循"礼",待人一味地行"恭",其结果必是很辛苦、很不安详,即"恭而无礼",必使己"劳"。

"慎而无礼则葸"。小心谨慎固然好,但是,如果不懂得遵礼而明"慎"之度,只是时时处处过分的小心谨慎行事,就变成拘谨、畏惧、无能、窝囊,抑或在任何时候都束手束脚、瞻前顾后。如此,"无礼","慎"则"葸"。

"勇而无礼则乱"。有勇气、有胆量、有冲劲,为人刚毅,做事果敢,对任何困难皆无所惧,向前而退缩,此为"勇"。但是,此"勇"若无内在良好的修养,无"礼"之规范和引导,就容易变成"冲动"、逞强好胜而生乱,把好事搞坏。由此表明"勇"若无"礼"之规制,就会致"乱"。

"直而无礼则绞"。个性直率、耿直,为人正直、坦直,对事物的判断表现为"对"就是"对","不对"就是"不对",黑白善恶分明,本身是一种可贵的品质。此等人心地良善、坦诚。但是,若无"礼"之引导和制约,不经过磨练、修养,就容易不分场合、不分上下长幼而一味凸显阳刚与率直,说话尖刻,出口伤人,"直"即嬗变为"绞"。

抽象地说,恭、慎、勇、直,都是人的良善之德、之行。但必须要经过礼之育化而使之中和,若不得中和就成为偏激了,美德、美行也会蜕变成大毛病。太恭敬了,变成劳。太谨慎了变成畏缩。太勇敢了,容易决断,成冲动。太直了,有时不但不能成事,反而败事。如此,"礼"则矫"恭、慎、勇、直"之过度而"致中和",保障其德行之善得以释放,发挥其正面之价值,而抑制、防范它们蜕变而生负面之效应。

第三,"君子笃于亲,则民兴于仁;故旧不遗,则民不偷。"承接"礼"之规范功用,进而言君子遵礼之效果。诚如陈祥道所释:"盖恭慎则不及,必跂而进于礼;勇直则过,必抑而就于礼。礼以仁厚为质而已,故继之以君子笃于亲,则民兴于仁;故旧不遗,则民不偷。"亦如是《礼》曰:"亲者,毋失其为亲;故者,毋失其为故"。《诗》亦曰:"亲亲以睦,故旧不遗。周官八政统驭万民,一曰:亲亲;二曰:敬。故驭以亲亲,则民莫遗其亲;驭以敬,故则民莫慢其故。"而"莫遗其亲,则兴于仁也;莫慢其故,则不偷矣。后世不知亲亲,而角弓之怨兴;不知敬故,而谷风之刺作。欲民免于无礼,其可得乎。"(陈祥道)

孔子通过"君子笃亲,则民兴于仁;故旧不遗,则民不偷。"勾出一条社会德性生成的"自上而下"之路线和逻辑,指出居于上位君子必须率先遵循"礼法",践行"仁德",从具体可操作、可直观的生活德行入手,为百姓示范,引百姓遵从,这是君子之责、之使命。如此,君子践履、展现出来的善德、善行,必将产生下效之善果,世风也必将因"君子之德"而淳朴敦厚。正因如此,朱熹引张子之言证成:"人道知所先后,则恭不劳、慎不葸、勇不乱、直不绞,民化而德厚矣。"

总之,孔子通过对"恭""慎""勇""直"四种具体的德行与"礼"的关系之辨析,突出"礼"在美德生成和彰显中的准则地位和矫正功能,凸显"礼制"的规范和限"度"价值,从而突出美德与"礼"之张力;在此基础上,孔子特别强调"君子之德"于世人的德行、社会风气的垂范与开启之功。

3. 保全身体，行孝践道

泰伯 8.3

【原文】曾子有疾，召门弟子曰："启予足！启予手！《诗》云：'战战兢兢，如临深渊，如履薄冰。'而今而后，吾知免夫，小子！"

【译文】曾子有病，把他的学生召集到身边来，说道："看看我的脚！看看我的手（看看有没有损伤）！《诗经》上说：'小心谨慎呀，好像站在深渊旁边，好像踩在薄冰上面。'从今以后，我知道我的身体是不再会受到损伤了，弟子们！"

曾子以言"孝"、重"孝道"、行孝而著称，于临终前仍"以身示范"，予弟子们以最后一次训导，要求弟子们应如己一样认真待己之身体，切不可马虎而不珍惜，须保全身体；进而提出待己之身体，须持"战战兢兢，如临深渊，如履薄冰"之态度，惟有如此，方可保身而行"孝"。曾子以"保身"而行"孝"，可谓"既明且哲，以保其身"（蒸民），以彰置身乱世之生存智慧。

"父母全而生之，子全而归之。"（陈祥道、朱熹引尹氏）"父母全而生之，子当全而归之。"（戴望）。如此，曾子论子行孝，须落实于看护、保全己之身体上，以此明确生命主体于己之身体的责任，从而充分激活关照身体的个体生命意识之觉醒。

曾子将"身体"置于血缘伦理与生命伦理的构架中，提出"身体孝道观"，将"孝"落实于切己之身体的保全上，并明确指证保全身体，本身即是行孝，从而使行"孝"具有直接性和可操作性。

保全身体，即是安顿生命。曾子谙孝道，以"身体"言"孝"，开掘身体伦理与身体哲学之路向。曾子之论，其深刻性则在于以言身体（之保全）为直接对象，以彰"孝"为伦理旨趣，以批判无道之乱世以期仁道为指向，构成曾子主张、倡导保全身体的价值底蕴。

一言以蔽之，曾子之论，强调生于乱世，保全身体完好无损、不受毁伤，是己之责任，是行"孝"之前提和本质。如此，曾子之论以"身体"为据，以"孝"为本，以彰仁道为旨归。

具体而言：

第一，曾子以保全身体而行孝为题，此乃训教其弟子们之最后一课，具有直观场景性，并且通过此场景性形象地传递出曾子教育弟子们如何对待自己的身体，阐释其独特的"孝道身体观"，突出曾子重"孝"之思想。简言之，曾子之论，以"保全"身体而行"孝"，表呈曾子之身体伦理观和身体哲学。

第二，本节记述曾子病重，在即将去世之前召集弟子在面前而说的一段话，也算是临终前对其弟子们的教诲和训诫了。曾子语"启予足！启予手"，是向弟子们展示自己临终时依然保有健全之身，并以此真切地教诲弟子们，保全自己的发肤身躯，是每一个人子"敬孝"不可推卸的天责。

"曾子平日以为身体受之父母，不敢毁伤，故于此使弟子开其衾而视之。"（朱熹）如此，曾子"启予足！启予手"，以己无损、无残缺之身体为范而行教，以表己一生践孝，正是以保全己之身体，使之不受毁伤为重。身体，乃生命之最基本的依托，不仅构成生命的始点、出发点，亦是生命之最后落脚点和归属处。于此，曾子以己之身体为"教具"，强调身体所承载的伦理性。

曾子主张"身体发肤受之父母，不敢毁伤"的基本孝道观。于此，曾子通过自己健全的肢体直观地告诉弟子们，子女的身体、生命，莫不来自于父母，是父母生命的延续。因此作为人之子女，有责任珍爱、保护好自己的五官、四肢，切不可让身体无谓地遭遇残毁。这就是"不敢毁伤"的道理。

在此，曾子直呈己之身体，阐释其独特的"身体观"，即"孝道身体观"。在曾子看来，"身体"并不仅仅是自己的，它是承载血脉、血缘之本体，是父母给予的，寄托着父母之希望和爱，每一个人都应当看护、保护好它，这是行"孝"于父母之直接对象。

曾子临终时向弟子们展示自己健全之身体，目的是为了向弟子们表达自己一生未让自己的身体残缺而有负于父母，这是一种"以身示范"，从而告诫和叮嘱弟子们应如己一般待己之身。曾子进而引《诗经》之语："战战兢兢，如临深渊，如履薄冰。"["战战，恐惧。兢兢，戒谨。临渊，恐坠；履冰，恐陷也。"（朱熹）"战战恐惧。兢兢戒慎，临深渊恐坠，履薄冰恐陷。"（戴望）]说明对己之身体所应持守的小心谨慎之态度，切不可无视而轻慢之。

曾子指明在爱抚自己的身躯方面应持的态度和意识，强调决不应该忽略而粗心大意，而是应时刻谨慎小心呵护。这样，一方面不要让自己的身体遭致伤残，另一方面谨慎处事，不要触犯社会的刑律，免于牢狱之灾。曾子以此告诫弟子们，切勿因为自己年轻、血气方刚，逞一时之强，或与人斗狠，或杀人，或自杀，不但伤身，而且丧德，严重违反了"战兢自惕，临深履薄"以恪尽孝亲之道。

第三，在曾子看来，爱惜身体，保全身体，既是"孝"之发端，也是

"孝"之根本。这就将孝与己之身体直接相关联，让行孝具有切己性和真实的可行性；如此，以自保、自爱、自重己之身体为内涵的"孝"，将儒家伦理落实于每一个体的生存中，具体化为每一个体对己之身体的关照，从而使儒家伦理规范下降为切己之事，于是，以呵护、保全身体来表呈"孝"的存显方式。

第四，曾子为了保全自己的身体不受伤残、损毁，一生都"战战兢兢，如临深渊，如履薄冰"。现在将死了，看着自己依然健全的身体，认为无愧于父母，没有违背"孝"，终于可以彻底松一口气了。如此，曾子于弥留之际望着自己依然健全的身体，认为自己不仅践行了"孝"，而且给自己倡导和推行的"孝"有了一个无憾的交代。如此，在展示完自己的身体之后说"而今而后，吾知免夫，小子！"

曾子说"而今而后，吾知免夫，小子！"之意，朱熹释曰："曾子以其所保之全示门人，而言其所以保之之难如此；至于将死，而后知其得免于毁伤也。"生于乱世，能免于刑戮，保全己之身体，实非易事，需要智慧应对。如此，曾子之言表生于乱世，至终依然还能保全己之身体，真实无憾、无愧于"孝"了，对此，深感欣慰。恰如戴望所释：曾子之言表"今日后吾自知免于患难矣。深知乱世能终为幸也。"曾子在展示己无毁伤之身体，表达了对待身体的态度之后，再次呼唤"小子"，即"语毕而又呼之，以致反复丁宁之意，其警之也深矣。"（朱熹）即再次警示弟子们当谨记："礼有不吊者三，畏死、压死、溺死。为人臣子常怀恐惧，思以明哲保身，今乃畏、压、溺死。用为不义，故不吊也。"（戴望）

第五，曾子深谙孝道，笃行"孝"，突出"君子保其身以没，为终其事，故曾子以全归为免矣。"（程子）表其得"孝道"之真谛，更直观展示一生置乱世之生存智慧。如是，曾子则直接表达了"身体犹不可亏也，况亏其行以辱其亲乎？"（朱熹引范氏）之理念，"曾子临终而启手足，为是故也。非有得于道，能如是乎？"（朱熹引尹氏）

第六，曾子倡导的"孝道身体观"，无疑是从"小"处着手，阐发伦理之起点、之所据、之重点，有别于孔子的"道义身体观"。曾子不仅仅从理论上阐释"身体"，而且以己之身体，示范保全身体即是践"孝"，从而将儒家之孝落实于个体日常生活看护、保全己之身体的责任上。对曾子之论，钱穆将其置于与孔子、孟子的比较视域中，加以比较分析与定位。他说："《论语》言'杀身成仁'，《孟子》言'舍生取义'，曾子临终则曰'吾知免夫'，使义各有当，而曾子此章，似乎气象未宏。然子思师于曾子，孟子师于子思之门人，一脉相传，孟子气象固极宏大。论学术传统，当通其先后而论之。谓曾子独得孔门子传固非，谓曾子不传孔子之学，亦何尝是。"

第七，"孝"乃人最基本之情感，同时又是人最具超拔的价值追求。儒家训人"发乎情，止乎礼"；只有"发乎情"，人方是活生生、活脱脱的人；惟"止乎礼"，人才不限于肉体并具有进于"乐"之可能。所以，费一生保全身体，决不单是来自对父母的依恋、感念之情，其中含有超拔的价值追求。

身处乱世，人之遭遇，直接照面的即是"身体"。曾子以己至终依然能保全身体为例，教导弟子们切不可放逐己之身体于无道乱世中而不精心呵护和照顾，致使身体遭至毁伤而有负于生育己之父母、有背孝道。故，曾子从生命伦理维度，以激发弟子与世人之身体意识，强调一生当以珍惜、爱护好己之身体为重，进而激活弟子与世人的身体价值意识。

曾子之论，以身体为直接言说对象，以"孝"为本质，告诫和警示弟子们及世人，生活于乱世，须以明哲保身为要，切不可耗损、毁伤掉自己的身体。如此，曾子不仅仅要求弟子高度重视健康，以活久见。切不可让无道之人活千年，而君子、"好人"之身体却早已被毁伤、或被残缺而垮掉、而牺牲。如此来看，曾子以言保全身体为表，以言"孝"为据，道明惟有活得康健、活出精彩，方可对抗无道之世、无道之人，惟以健全的身体和健康的生命，方可成就有道之希望。

总之，"孔子以不敢毁伤为孝，乐正子以伤足为忧，此曾子所以战战兢兢，如临深渊，如履薄冰。盖贤者之保身，犹之乎诸侯之保国也。故曾子取此诗以明己之孝。"（陈祥道）曾子身教与言传并举，不仅宣导了"孝道身体观"的主旨，也极其高明地教导弟子们守"孝"、敬"孝"之方，从而凸显了曾子"孝"思想的主导原则。

观照己之身体，开启对身体的伦理审视，进而以身体之保全而免于毁伤为要，敞开了曾子的身体伦理学和身体哲学之思。

曾子之论，敞开一条至理：惟以健全的身体，方为践"孝"，方可对抗世之"无道"而彰仁道。

4. 曾子论道，君子当贵

泰伯 8.4

【原文】 曾子有疾，孟敬子问之。

曾子言曰："鸟之将死，其鸣也哀；人之将死，其言也善。君子所贵乎道者三：动容貌，斯远暴慢矣；正颜色，斯近信矣；出辞气，斯远鄙倍矣。笾豆之事，则有司存。"

【译文】 曾子有病，孟敬子去看望他。

曾子对他说："鸟快死时，它的啼鸣声是哀戚的；人快死时，他说的话是善意的。君子所贵之道有三个方面：使自己的容貌庄重严肃，这样可以避免粗暴、放肆；使自己的表情严正肃敬，这样就接近于诚信；使自己说话的言辞和语气谨慎小心，这样就可以避免粗野和背理。至于祭祀和礼节仪式，自有主管这些事务的官吏来负责。"

据说孟敬之的"为人，举动人情，出言不鄙倍，且察察为明，近于苛细。"（钱穆）曾子借孟敬之探望之机，自言君子所贵之道有三："动容貌""正颜色"和"出辞气"，有针对性地指出了孟敬子之蔽，以期孟敬子当以修己德为重，去己之不足而进德，劝其切勿偏离君子之道，舍本求末。

曾子所言君子所贵者三，指明"道虽无所不在，然君子所重者，在此三事而已。是皆修身之要、为政之本，学者所当操存省察，而不可有造次颠沛之违者也。若夫笾豆之事，器数之末，道之全体固无不该，然其分则有司之守，而非君子之所重矣。"（朱熹）诚如尹氏所言："养于中而见于外，曾子盖以修己为为政之本。"

曾子言君子贵道三，具体为"动容貌，斯远暴慢矣；正颜色，斯近信矣；出辞气，斯远鄙倍矣。"其中"三个'斯'字，皆是诚于中，形于外，不加勉强。"（蕅益）

具体而言：

第一，曾子在此所言，依然是他病重而临终前。曾子之言的主旨主要是针对孟敬子之弊，强调君子所重视之"道"，促孟敬之当落实于修己进德之行动上。曾子所言"君子所贵乎道者"，具体表现为三个方面，即"动容貌""正颜色"和"出辞气"，以此反衬出曾子将死之前，"其言也善"之真切、真谛。

第二，曾子久病即将死去前，孟敬之前来探望他。孟敬之，[“鲁大夫仲孙氏，名捷。”（朱熹）“敬子，武伯子，名捷。”（戴望）］与曾子在政治立场上是对立的。曾子在临死之前试图改变孟敬子之政治态度和主张，做最后的努力，故“曾子言曰”。“此处何以不径作曾子曰，而作曾子言曰？或说一人自言曰言，两人相对答曰语。此处乃曾子自言。然《论语》凡一人自言，不必都加言字，亦不应孟敬子来问病，而曾子一人自言，不照顾问病者。又一说：曾子不言己病，独告以君子修身之道，记者郑重曾子此番临终善言，故特加一言字，而曾子病之不弃，亦见于言外。两义相较，后说似胜。”（钱穆）

按钱穆先生之释，孟敬子前往问病，曾子不言己之病，也不是与孟敬之讨论君子之道，而是独白式地直道君子修德之要，可见曾子诲孟敬子之心，急切与真诚。

曾子为了表明自己所说的并非自己的主观偏见或带有不善之意，即为了增强己言之诚挚、真切与道义感，竟以“鸟之将死，其鸣也哀；人之将死，其言也善”做铺垫，以此突出和强化自己对孟敬子所言，别无他图，实为真切的善言，毋庸置疑。

“鸟之将死，其鸣也哀；人之将死，其言也善”，曾子可谓用了最为情感化，也是最为写实的笔法，以生命本能之喻或类比来直陈自己之言所持有的拳拳之心，断无恶意于其中。此为曾子之“仁”最为直白的显现。曾子说此言，是为了让孟敬子，消除因彼此相左的政治立场而误判其言，从而能真正听进去接下来说的君子重道所做的情感铺垫。

第三，为何“人之将死，其言也善”呢？于此，表明“人”比“鸟”之本能存在更为高明之处在于，人不仅仅活在其直接性之中，而且活在其反思中。如此，人是一种可以将自己一生的所作所为，自己的生活、生命本身作为反思对象的自觉性存在。这样，人到了生命的尽头，反省自己的一生，一切即将尘埃落定，往事皆为“过眼云烟”，生命必须回归最为本质的底色，此底色就是“虚无”，所以在此种境况下说出话都是以善心为本，故而为“善言”。换言之，人到了生命之尽头，以往一切争斗、一切算计、一切荣耀，甚至一切耻辱都已将成为往事，现世渐渐退隐而恍若无存，与自己渺然无缘，一切都渐渐空无。徒然对生命本身有了一种痛惜，一种对于生命的亲切留恋感亦油然而生。或痛惋悔过，或良知未灭而突发灵光，或惧身后之名等，都促成“将死之人”对“人”即“仁”的彻底回归。于此，朱熹释曰：“鸟畏死，故鸣哀。人穷反本，故言善。此曾子之谦辞，欲敬子知其所言之善而识之也。”

此语境恰如生命哲学家狄尔泰所言，在现实生活中，每一个人都能感受到

"命运的力量；我们所拥有、珍爱甚至仇恨、害怕的一切都将化为乌有；以及那无时不在，无人能免、决定着生活重要性和意义的死亡等等。"如此，曾子临死之时，跳出生命之"局"而反观"人生春秋之事"，智慧地道出君子修道之三要。从这一意义上来看，曾子无疑是具有浓厚生命意识的思想家。如此，曾子所言君子修道三要，无疑是具有浓烈的生命价值和伦理意蕴。

曾子在给孟敬子做完思想开导之后，以类比之方法依"人性"为支点，自我确证其后所言君子须遵循的道所具有的善性。

第四，"君子所贵乎道者三"，这才是曾子"自言曰"之重点。具体而言：

所谓"动容貌，斯远暴慢矣"；表使自己的容貌庄重严肃，这样可以避免粗糙、暴厉与放肆无节，成"文质彬彬"之君子。

所谓"正颜色，斯近信矣"；表使自己的颜表"一本正经"，这样就更接近于诚信，令人觉得可信；此处，曾子教导孟敬子当先正颜而不可有丝毫戏耍，以表重视而诚意于其中。

所谓"出辞气，斯远鄙倍矣"；表使自己说话的言辞和语（声）气谨慎小心，这样就可以避免粗陋和背理，说话谦逊而有分寸。如此，曾子客观地指导了孟敬子当修学于此，而不能言辞粗鄙而无礼。

第五，曾子所强调的是孟敬子当如君子，须遵"道"循"礼"，而拂乱其行。

就"动容颜""正颜色"和"出辞气"三者的内涵和关系，陈祥道对之予以了较为充分和深刻的阐释。他说道："道无乎不在，物无乎非道，故默而成之。于性命之理，道也，挥而散之于容貌，辞气亦道也。盖恭敬达之于容貌，则无暴慢之容貌矣；诚信达之于颜色，则无诈谄之颜色矣；忠顺达之于辞气，则无鄙倍之辞气矣。于颜色言近信，则容貌近礼，辞气近和可知。于容貌言远暴慢，于辞气言远鄙倍，则颜色远诞谩可知。礼曰：礼义之始，在于正容体、齐颜色、顺辞令。又曰：君子不失足于人，不失色于人，不失口于人，与此同意。"

第六，曾子所言的君子"所贵之道"，是建立在表里一致、言行一致的基础之上的，即曾子所教导的是"君子"；倘若"此人"非君子，而是阴阳两面人，阳奉阴违之徒，那么也就谈不上其所"贵"了。在此处，曾子将君子与非君子区别开来了，暗含曾子视孟敬子为君子，劝诫孟敬子切莫为小人之所为。

第七，曾子认为君子之本份，就是规约、训导、管住自己，按"道"而行，循"礼"而为。如此，"容貌""动"而不呆板；"颜色""正"而不歪斜；"辞气""出"不傲慢无礼而怠慢人。这样，"君子"之为也就足以。至于别的事情，诚如曾子所说"斯远鄙倍矣。笾豆之事，则有司存。"亦如陈祥道所释："人道，本也；事，末也。末在人，本在仁，君子则事道，有司则事事。故曰：笾豆之事，则有司存，此所以告孟敬子也。"如此，君子，既不要越界替人做事，亦无需事事亲力亲为，懂得自己该做什么，在什么方面下功夫，做一个对自己的行为和生命自觉之人。

此段"对话"，几乎是曾子独白，未见孟敬子有只言片语，孟敬子只是以沉默的方式在场，静听曾子所"自言曰"。但是，从话语之语境来看，孟敬子应是在探望曾子之时，顺便问询关于"笾豆之事"（祭祀和礼节仪式）。曾子却未对孟敬子之问予以直接回答，而是教导孟敬子当知"君子""所贵"之"道""三"，促其加强修道，而不应该专注于"笾豆之事"。如此"答非所谓"，表曾子对天子不得真臣、诸侯不得挚友的世道悲戚哀凉之临终告诫，由此可见曾子对世人所倾注的"仁爱"之重。

总之，曾子以仁善之意为根，以诚心为本，向孟敬子直陈君子所应贵之道，强调君子必须从交往的细节入手，端正、注重自己的言行，从而增进与提升己之修为。曾子认为，这才是君子之本位和正道所为，并希望己真诚之言，于孟敬子进修增德有所裨益。

5. 为学为人，当如颜子

泰伯 8.5

【原文】曾子曰："以能问于不能，以多问于寡；有若无，实若虚，犯而不校。昔者吾友尝从事于斯矣。"

【译文】曾子说："自己有才能却向没有才能的人请教，自己学识多却向学识少的人请教，有学问却像没学问一样；知识很充实却好像很虚空；被人侵犯却也不计较——从前我的朋友就是这样做的。"

曾子通过"能"向"不能"、"多"向"寡"请"问"，具体化了君子"不耻下问"之风范，进而以"有若无""实若虚"，表达为学者在为学中应持有的诚挚立场、自谦态度与虚怀胸襟，最后以"犯而不校"，表君子为人怀宽容之心，行宽恕之道。

对曾子所论之要旨，朱熹引谢氏释曰："不知有余在己，不足在人；不必得为在己，失为在人，非几于无我者不能也。"陈祥道对之予以了全面的阐述："能，言其才；多，言其学。以能问于不能，以多问于寡，其资人者也。有诸己而若无，充实而若虚，其处己者也。以能问于不能，以多问于寡，则学愈博。有若无，实若虚，则德愈充。犯而不校，则恕矣。以能问于不能，至实若虚，不伐善者能之。犯而不校，不迁怒者能之，则曾子所谓吾友者颜子而已。"

曾子以颜回为实例、为榜样而言为学、为人，表曾子与颜回同道也。于此，蕅益释曰："在颜子分中，直是无能、无多、本无、本虚，本不见有犯者、犯事及受犯者。但就曾子说他，便云'以能问于不能'等耳。若见有能，便更无闻于不能之事；乃至若见有犯，纵使不报，亦非不校矣。"亦如戴望所释："子贡语曾子之行于卫将军文子曰：'满而不满，实若虚，过之如不及。'然则曾子、颜渊其道同。"

具体而言：

第一，曾子之论，可谓是在秉承孔子为学、为人之"不耻下问"和"忠恕"思想之基础上，不仅提供更为具体化、可操作性的手段和路径，而且在诸多方面有所创新和突破。如此，可以说曾子在继承孔子思想之精神原则之基础上，又深化和丰富化了孔子的思想。

第二，曾子之论主要表达了两层含义，其一，于为学，强调学者应持谦虚、逊从之态度；其二，于交往，应秉行"恕道"，即"宽容原则"，并以实例确证之。

其一，提出为学者在问学之途上，须保持谦逊之态度，善于学习。在此，曾子言"能问于不能""多问于寡"，具体而细致地再现了孔子之"不耻下问"的精神，要求为学者不仅在问学上真正贯彻"择其善者而从之"之原则，而且更侧力于"从"之操作性。

在此基础上，曾子以"有若无，实若虚"之反差和对比，不仅形象地描述和揭示了善学者始终保持着不自满、不骄傲的心智状态，而且深刻地表明和阐发了为学者须不因"有"和"实"阻塞通往"未知之境"而常持"无"和"虚"，以开放的心智而不断推进于未知，不断吸纳新知而丰富与提升己之学。在此，亦间接地指明满招损、据"有""实"而止进之弊。

其二，提出在人与人的交往中，须坚持"犯而不校"之原则；这是对孔子所强调的"君子"之"宽容"的具体化和深化，表待人尊礼而忍让，而非以同样非礼之方式而报之。钱穆依"礼"对"犯而不校"中"犯"与"不校"之关系予以厘清，再现"不校"之道德涵养与精神境界。钱穆释曰："犯者，人以非礼犯我。校，计较义。然人必先立乎无过之地，不得罪于人，人以非礼相加，方说是犯，始可言校。若先以非礼加人，人以非礼答我，此不为犯，亦无所谓不校矣。"

曾子提出"犯而不校"，表明对非礼而伤害、侵犯己之人，君子应实现自我的内在超越，提升己之道德境界，从而弱化和渺小化那曾经、或正在伤害己之人、之事，而非"针锋相对"背礼而待之。在此，曾子以"不校"而将"犯"的价值与意义虚化，使"犯"成为不值得计较、无须放大、不必看重、不至拘泥与纠结之"犯"，成就君子之道德高度。如此，以"不校"对"犯"，彰显自我道德之境与"犯"之间的张力。如此，曾子给君子提供了一条无视、超越无礼伤害、侵犯"己"之人、之事独特的自解之路，这就不仅仅是君子静态的胸怀宽阔和忍让精神，而是具有精神建构和道德超越之动态生成性，这样，君子始终保持一种精神鲜活和自我道德成长、道德提升和道德超越之状，成为君子"犯而不校"之可能性前提。曾子之思，无疑是对孔子"恕道"思想的丰富和开拓。诚如陈祥道所释曰："孔子曰：以直报怨，颜子犯而不校者，盖犯非必怨也。"

第三，曾子如孔子一样，强调君子必须实现"为学"和"为人"之内在统一。如果说曾子要求君子"以能问于不能，以多问于寡，有若无，实若虚"，凸显的是"学术人格"，那么，"犯而不校"则是强调"道德人格"。"为学"遵循和秉持的是"谦逊"，而"为人"则贯彻的是"宽容"，二者统一于学习和生活之中，构成生命的不同向度，共同指向德性生命之成长。

第四，曾子说"昔者吾友尝从事于斯矣"。此语中的"昔者"，普遍认为曾子所引证的是"颜回"。朱熹以为"颜子之心，惟知义理之无穷，不见物我之有间，故能如此。"

但是，不管是颜回还是别的君子，在此处，不仅表达了曾子继承了先辈和他人优良的品行，这是曾子谦逊、善学的品格之佐证，而且强化了"犯而不校"的真实可靠性，因为"犯而不校"并非是曾子按照道德要求而推导出来的道德命令和告诫，而是有经验实证可以作为其有效性之参照，这就增强了"犯而不校"真实感和可信性，从而增强了"犯而不校"之道德要求的规范和引导力度。

第五，曾子之论，无疑对世人之"为学""为人"具有深刻的教育意义。它要求世人正视和遵循"能"与"不能"、"多"与"寡"、"有"与"无"、"实"与"虚"之应然关系，切莫将之颠倒，以及对"犯"而"校"之批判，进而在此基础上提出道德超越的可行之路。

总之，曾子继承孔子的问学精神和仁爱、宽容之思，在问学之具体层面、在宽容之心的成长等诸多方面，为世人提供了更为具体的手段、方式和途径。简言之，曾子的问学之思和为人之道，更切进生活之实际，于增学进德更具有直接指导性和践行之可操作性。

6. 君子厚德，仁义与忠

泰伯8.6

【原文】曾子说："可以托六尺之孤，可以寄百里之命，临大节而不可夺也，君子人与？君子人也。"

【译文】曾子说："可以把年幼的君主托付于他，可以把百里之国令寄托于他，在面临国之安危存亡之紧急关头而不动摇、不屈服，这样的人是君子吗？这样的人是真君子啊！"

———————————

曾子从为政者之角度，从其具体所能、所为而判断其是否是真君子，超越抽象讨论"君子之道"之路向。具体而言，曾子认为"可以托六尺之孤，可以寄百里之命，临大节而不可夺"者，方为真君子。

"可以托六尺之孤"，表"仁"也；"可以寄百里之命"，"义"也；"临大节而不可夺"，"忠"也。如此，曾子从"仁""义"和"忠"三个维度确证"君子"之品质。

按曾子之意，"可以……，可以……"，且"临大节而不可夺"者，表"其才可以辅幼君，摄国政，其节至于死生之际而不可夺，可谓君子矣。"（朱熹）"节操如是，可谓君子矣。"亦如陈祥道所言："苟非君子孰能与此。"简言之，曾子之论，表明"有才有德，故是君子。"（蕅益）

曾子高扬君子仁、义、忠之德，无疑是对不仁、不义、不忠之乱世窃国大盗、乱臣贼子的无道、无德、无操守予以无情的谴责与无声地批判。

———————————

具体而言：

第一，曾子之论，明确指出可"托孤""寄命""守大节"者，即具有"仁""义""忠"三德者，乃真君子也。如此，曾子从君子可堪任之事和所彰之品质、之节操而言君子，表其重德之践行。

第二，曾子首先指出"君子"可堪两件重要之事，即"托六尺之孤"和"寄百里之命"。前者被称之为"托孤"，后者被称之为"寄命"。

所谓"托孤"，是指古时皇帝命终，传位予幼小之太子，而大臣受君主临终前的嘱托辅佐幼君。"托，寄也。六尺之孤，年十五以下。"（戴望）"古人以七尺指成年。六尺，十五岁以下。托孤，谓受前君命辅幼主。"（钱穆）

所谓"寄命","君幼寄于大臣。"（戴望）指托负国家重任、摄国政。

（1）无论"托孤"和"寄命"，都关涉着国家权力之所属，关系到国家之治乱荣衰，由此折射出所受"托"和"寄"之人应具有的"德"与"才"。曾子以"可以"肯定其所承载的责任与使命、德行与能力。这样，曾子通过"托孤"与"寄命"，非常具体地表达了君子之敦厚谦逊、勤勉忠诚，贤才与融达之德能。

（2）曾子于"六尺之孤"以"托"，于"百里之命"以"寄"。于此，"托"与"寄"有何差异？陈祥道予以了诠释："托，言其所恃；寄，言其所付。六尺之孤，其责重，故言托；百里之命，其责轻，故言寄。"进而引老庄之论而曰："贵，以身为天下，乃可托天下；爱，以身为天下，乃可寄天下。贵者，不辱其身而其德；爱者，不危其身而其杀。于德尊者，言托；于德杀者，言寄。是托于寄为重，寄于托为轻。通而言之，则一也。"

（3）无论是受"托"还是受"寄"，皆表明集朝之兴衰、国之存亡于一身，其责任可谓重大之极。同时也是考验一个人品性和德行之最为关键的时候。如此，"可以"与不可以"托孤"与"寄命"，乃是考验其是否是真君子之关键。

第三，曾子在讨论"托孤"与"寄命"之后，进一步总结出君子应该具有的独特品格："临大节而不可夺也"。这表征君子心存大志、行大义，顶立于天地间，其志、其义，具有力不可夺、利不可惑、势不可摧之固。于此，曾子强调"临大节"而"不可夺"，其意在于突出仅当国家安危、个人死生之大关节处，君子受人之托，受人之寄，一心与之，其虔敬忠诚，矢志不渝，不为外物所惑、不被一己之私利而摇夺。"不可夺"表君子之志、君子之德、君子之义，笃定、坚固而不动摇、不屈服，忠心耿耿、诚而守一之品格。这是曾子对"君子之德"的高度概括和总结。

第四，"托孤"和"寄命"都是君子"临大节"之事。倘若承托孤之责，己虽无欺之之心，却被人欺；膺百里之寄，己虽无窃之之心，却被人窃，都不足以胜任之。如此，"君子"不仅在"托孤"和"寄命"之"大节"时，不欺人、不窃国，而且还有能力和才干辅佐幼君治理朝政、匡扶社稷、安邦定国、抵御他人之欺君和窃国之心、之行。如此，曾子就从正反两个方面指出了"君子"之德与责、才与能，具体于为政中展现君子"仁""义""忠"之德，此乃真正的"君子"。

第五，孔子赞泰伯三让天下之"至德"，曾子论"托孤""寄命"而"临大节而不可夺也"之君子，为乱世为政者树立了德行典范，以此批判当世篡权、窃权之无德为政者，警示当世之为政者，须加强己之德行修持。

　　　　　　　　　　　生活哲学视野中的"论语"研判

总之，曾子通过具体之"事"来强调和确证君子必须是有道德、有学识、有才干之人。如此之君子既有其伟岸之德，值得托付，可受命辅佐幼君；亦有其经纬之才，可堪执掌国权、治邦国、固社稷；且在国家大变革、乃至生死关头，其志坚不动不摇、忠诚守一，此乃君子之真品格。

7. 任重道远，至大至刚

泰伯 8.7

【原文】曾子曰："士不可以不弘毅，任重而道远。仁以为己任，不亦重乎？死而后已，不亦远乎？"

【译文】曾子说："士不可以不弘大刚强而有毅力，因为他责任重大，道路久远。把实现仁作为自己的责任，难道还责任不重大吗？要奋斗终身，死而后已，难道其路程还不遥远吗？"

士，以"仁"为己任，是为"任重"，"死而后已"，是为"道远"；士，志于"仁"，持守和弘扬"仁"，可谓"任重而道远"，故"士"须"弘毅"。"士"惟"弘可以致至大，毅可以致至刚，故能任重而道远。"（孟子）

"士不可以不尚志，不可以不弘毅。弘则张大而有容，毅则致果而有济。"（陈祥道）

"非弘不能胜其重，非毅无以致其远。"（朱熹）惟是"弘大刚毅，然后能胜重任而远到。"（程子）

在曾子看来，士，须以身载道，以行践道，其任亦重，道亦远，非"弘毅"不可以矣，唯"死而后已"。

具体而言：

第一，曾子提出"士"必具的生命品质，"士"所肩负的生命责任与使命，以及"士"之独特的生命价值观，从而确立"士"之人生志向、格局与生命旨趣。

第二，何谓"士"？据不完全统计，在《论语》中"士"总共出现 15 次；其含义主要有三：

（1）泛指一般人士，如"虽执鞭之士。"（《论语·述而》）

（2）指读书人，如"士志于道。"（《论语·里仁》）

（3）特指有一定社会地位及影响或有较高修养的人。本节曾子所言"士不可以不弘毅"的"士"，即是指称"此种人"。

如此，曾子所言的"士"，不是泛指一般的人士或读书人，而是以弘仁为己任、死而后已者，推而广之，是指怀抱仁志、以身载道、以行践道之人。

第三，曾子以责任和使命反向规定"士"应该具备的素质与品质，此为可堪责任和使命的必要条件。在此，曾子以"不可以不"，强劲地肯定和明确"士"必须具有"弘毅"之素质或品质。因为惟具有"弘毅"之"士"，才可堪承载和担负的责任与使命。如此，"士""不可以不弘毅"，则是对"以仁为己任"之"士"的必然要求。

具体地说，士以"仁"为"己任"，"即以人道自任。"（钱穆）其"任重"，其"道远"。"仁者，人心之全德，而必欲以身体而力行之，可谓重矣。一息尚存，此志不容少懈，可谓远矣。"（朱熹）〔钱穆承朱熹之释：一息尚存，此志不懈，而任务仍无完成之日，故曰死而后已。〕"仁天下以为己任，重莫重焉。不知来之将至，远莫远焉。"（戴望）

"仁举莫胜，行莫致，唯弘毅者能之。"亦如荀子所言："生乎由是道，死乎由是道"。此为"远之谓也。"正因为士以"仁"为"己任"，故曾子要求"士"须弘毅。"横遍十方为之弘，竖穷三际谓之毅。上求道，下化众生，谓之重；死而不已，谓之远。"（江谦）

"士"所应具备的素质和品质之"弘毅"，〔"弘，宽广也。毅，强忍也。""弘而不毅，则无规矩而难立；毅而不弘，则隘陋而无以居之。"（朱熹引程子）〕其义是指其以弘仁道为任之"士"，其心胸宽广之至，其志刚毅坚卓之极。在此，曾子就为仁之践行主体的品质予以确认。唯有如此，才堪当此任。恰如钱穆所释："非弘大强毅之德，不足以担重任、行远道。"

第四，曾子对"士"之人生责任和使命予以明确的规定，即"仁以为己任"，这就凸显了"士"的生命价值旨趣。在此，曾子将践行"仁"作为"士"之生命主旨，亦将"士"的生命提升到为"仁"而在的高度，如斯，"仁"与"士"之生命内在统一而不二。

第五，曾子以"任重而道远"对践"仁"之具体过程性和艰难性予以敞开，强调"士"须为此"奋斗终身，死而后已"，从而建构"士"践"仁"之行动逻辑，再次凸显"士"首先必须在精神上对此予以高度重视，实现其责任和使命的自觉，同时还必须内具百折不挠、不惧失败的顽强意志和坚韧不拔之品格。因为践"仁"之任务非轻而重，亦不可于朝夕之间、一蹴而就，其路也并非坦途，而是必须在与非"仁"之恶进行漫漫博弈、抑或殊死搏斗，方可使"仁"之内在价值得以彰显而现于世，这样，"士"就不仅需要默默承受其艰辛与困苦，即使挫败无数次，亦不改其挚诚、刚毅之志，而且需要坚韧不拔，勇于开启践"仁"之道，穷其毕生心智、热血和辛劳，只为"仁"之实现而全力以赴、不休不止、鞠躬尽瘁，甚至"杀身成仁"。如此，"弘毅"，为"士"载道、践道，乃至殉道的品质支撑和价值支点。于此，蕅益释曰："'弘毅'二字甚妙，横广竖深，横竖皆不思议。但'死而后已'四字甚陋，孔子云'朝闻道，夕死可矣'，便是死而不已；又云'未知生，焉知死'，便是死生一致。故知曾子只是世间学问，不曾传得孔子出世心法。孔子独叹颜回好学，良不诬也。"

第六，曾子面向弟子而言说"士"之品质与责任，并强调践"仁"之"任重""道远"，明示"士"必须为此"奋斗终生，死后而已"，其目的在于教导其弟子，进而劝导"士"当修其心志，自觉其所担负的弘道扬仁之使命，塑造与确立践"仁"之生命价值观，养就其弘大刚毅的内在品性。如此，"士"为"仁"而在的生命价值取向，以及所具弘毅之德，无疑是其弟子和世人当追随和善从之典范。正是在此意义上，曾子言"士"，自是对世人猥琐的人格和逐利的生命价值取向予以无声的批判，同时，内蕴着对世人德性之教化和引导。

总之，《礼》曰："仁之为器重，其为道远，举者莫能至，此所以不可不弘毅也。""坤言厚德载物，乾言自强不息，则任重者地，道远者天，道充弘毅至，此则大人之事备。"（陈祥道）曾子将"士"与"仁"直接关联起来，并内在一致化，强调内在之"弘毅"，乃是以践"仁"为使命之"士"所必须，进而要求"士"在践"仁"之过程中，决不能因困难万千而动摇，切不可半途而废，必报"死而后已"之不改不弃之志，以此表征"士"秉德持恒而"弘道"、而不倦"践仁"，承其"重"而行致"远"。如此，"士"之忠、勇、诚得以充分地彰显。同时"士"亦在践"仁"的过程中，实现其生命之价值，完成"士"与"仁"之归化成一。

8. 弘道解忧，夫子之方

泰伯8.8

【原文】子曰："兴于诗，立于礼，成于乐。"

【译文】孔子说："德，始于学《诗》，自立于学礼，完成于学乐。"

孔子之论，具有为政之政教与个人为学、为人两个维度之深意。

从为政之政教维度上来看，孔子以"诗""礼"和"乐"三者之功能为着力点，指出世德之"兴"可始于"诗"，世德之"立"，关键于"制礼"，世德之"成"，重于"作乐"，彰治平之进路和逻辑，具体表征与突出"王者欲起政教，先命大史陈《诗》以观民风，然后制礼。礼以养欲给求为本，民遂欲而乐生，然后作乐以告成功，治升平之事也。"（戴望）

从个人为学、为人维度上来看，突出"兴""立"和"成"，乃个人修身进德之三阶段，并以此确立《诗》《礼》《乐》为其所学之内容，表"学，始于言，故兴于诗；中于行，故立于礼；终于德，故成于乐。"（陈祥道）如此，"诗""礼"和"乐""此三者，非小学传授之次，乃大学终身所得之难易、先后、浅深也。"（朱熹）

孔子所言"兴于诗，立于礼，成于乐"，以诗、礼、乐三教为手段，呈德修之"兴"、之"立"、之"成"三境阶，从而敞开孔子复礼弘道而救世之期愿。如此观之，孔子所论"兴于诗，立于礼，成于乐"，实为夫子解"忧"弘道之行动"方略"。

具体而言：

第一，孔子为何要提出"兴于诗，立于礼，成于乐"之论？面无道乱世，孔子深忧世德之衰，曾言"德之不修，学之不讲，闻义不能徙，不善不能改，是吾之忧也。"（《论语. 述而》）如此，孔子所言"兴于诗，立于礼，成于乐"，则可视为孔子为重塑世德，为治平所开出的政教之策。在此基础上，亦为个体修身进德提供了可行之途。

对孔子之论，程子予以较为充分地阐释。他说："天下之英才不为少矣，特以道学不明，故不得有所成就。夫古人之诗，如今之歌曲，虽闾里童稚，皆习闻之而知其说，故能兴起。今虽老师宿儒，尚不能晓其义，况学者乎？是不得兴于诗也。古人自洒扫应对，以至冠、昏、丧，莫不有礼。今皆废坏，是以人伦不明，治家无法，是不得立于礼也。古人之乐：声音所以养其身，采色所以养其目，歌詠所以养其性情，舞蹈所以养其血脉。今皆无之，是不得成于乐也。是以古之成材也易，今之成材也难。"

第二，就为政之政教策略，"兴于诗，立于礼，成于乐"，表征了"诗教""礼教"和"乐教"于世德之"兴"、之"立"、之"成"的具体功能，指示为政者当循此路线和原则，施教于世人，从而可达治平之境。于此，孔子勾勒出重塑世德之施教逻辑。

第三，同时，"兴于诗，立于礼，成于乐"，可以说是孔子将自己一生的思虑和切己实践经验凝练而成的德行修养之经典范式，突出孔子教导、培育弟子时，遵循"循序渐进"之基本原则，呈现出修身进德之内在环节和历程。具体而言，在这一个过程的三个环节或阶段所采取的三种措施或手段发挥着具体功能之差异与彼此的内在相衔，构成一条人生德性成长之进路，即以"诗"之"兴"为始端，以"礼"之"立"为中介，以"乐"之"成"为归宿，构成人生修德进步的行动逻辑。

第四，"兴于诗"。"兴"，旧注有"起也""举也""动也""悦也"等说，揭示了"兴"的自由抒发性质以及因自由的抒发而获得的精神愉悦。在此，孔子所言为人之心志、道德修养常常起意于《诗》之感发，实际上是说，人常在读《诗经》作品的时候，受到感发，而起意于心志道德的修养。

朱熹释曰："诗本性情，有邪有正，其为言既易知，而吟咏之间，抑扬反复，其感人又易入。故学者之初，所以兴起好善恶恶之心，而不能自已者，必于此而得之。"

清代李塨在《论语传注》中对此亦有言："《诗》之为义，有兴而感触，有比而肖似，有赋而直陈，有风而曲写人情，有雅而正陈道义，有颂而形容功德。说之故言之，言之不足，故长言之；长言之不足，故嗟叹之；学之而振奋之心，勉进之行油然兴矣，是兴于《诗》。"简言之，孔子强调以《诗》来触动人之情感与心智。作为开端，因《诗》言志，教人温厚醇良，所以《诗》，不仅成为孔子施教之开端，也是人之德性修造之起始。

同时还须注意，在孔子之时代，《诗》在被知识阶层一次次的引诗、歌诗、赋诗中，不断地重塑其权威和经典的地位。《诗》作为礼乐文化中的举足轻重者，乃是贵族交往活动显示修养、身份和传达信息的精致而委婉的文化形式。如此也可以说，《诗》在当时已经成了礼仪文化共同体内的一种言说方式和交往手段，小至人与人之间的赋诗应对，大至国与国之间的外交辞令，都离不开对《诗》的非现成式的随机运用。鉴于此，孔子非常强调《诗》的价值与意义，指出不仅交往活动的参与者必须学诗，因为不学诗则无以开口交谈（"不学诗，无以言"）；而且更为重要的是，强调学《诗》不止于学而知之，而是学而能化、学而能用，学而内化为自己的德性、精神和品质。

这样，孔子所说的学《诗》，不仅仅能告往知来，更要能从诗中领会其德化之意蕴。"诗之兴"之内涵指示着它不仅让人会譬喻、产生联想，更重要的乃是通过诗之具体的譬喻和生动的联想，来感发和振奋人的心志情意，使人从感性"美"之体验，上升到理性"善"之思悟。这于立德修身之起始阶段，显示出"诗"之德化功能或伦理价值。

第五，"立于礼"。"礼"规约其行而导其行，表人该如何行动之准则。"立于礼"，明确表达通过"礼"对人之诸行为所进行的约束与规范，使"人"对"礼"之规定从自发达到自觉，实现"礼"之内化，从而使人之内在德性，渐渐得以真正地确"立"起来。一句话，通过学习《礼》，实现思想和行动的自觉，生成独立而自觉、规范而成熟的道德主体。

对于"立于礼"，朱熹解曰："礼以恭敬辞逊为本，而有节文度数之详，可以因人肌肤之会，筋骸之束。故学者之中，所以能卓然自立，而不为事物之所摇夺者，必于此而得之。"《论语传注》有言道："恭敬辞让，礼之实也。动容周旋，礼之文也。朝庙、家庭、车舆、衣服、宫室、饮食、冠昏、丧祭，礼之事也。事有宜适，物有节文，学之而德性以定，身世有准，可执可行，无所摇夺。"如此，可以清晰地看到，"礼"有其本然的结构和层次，礼之精神是其本，而外化或具象化为一套礼仪规范，则是"礼"之精神功能化，进而融解或具体化在各种生活场景和交往形式之中。如此，一个人在具体的生活交往之中，从知"礼"之外在表征形式，直达"礼"之精神和道德意蕴，从而完成"礼"对人的心性规制和行塑。

很显然，礼之功能在于教人恭谦辞让。人能立身于社会而有坚定的处世原则，不为世事的利害所动摇，所据即是"礼"；然而，在孔子的认知和观念中，较之"礼仪"等诸多外在的规定和规范，他更重于"礼"之精神，凸显"克己复礼"之本位价值，明确"礼"之功能，指明"恭而无礼则劳，慎而无礼则葸，勇而无礼则乱，直而无礼则绞。"（《论语．泰伯》）强调非礼勿视、勿听、勿言、勿行之原则。如此，"礼"既构成君仁臣忠、父慈子孝、兄友弟恭、朋友有信之"规范"，同时，又成为生命行为导向的根本价值理念，这样，因"礼"而"立"的人，则能依"礼"而行，从而在人伦关系中，完成自我的道德定位。

第六，"成于乐"。通过《诗》和《礼》两个阶段的启发、规制之后，"乐"教所具的功能，则在于达成生命"真善"之统一和超越，实现人生德行之融通，生成生命悦乐之境界。

对于"成于乐"，朱熹解道："乐有五声十二律，更唱迭和，以为歌舞八音之节，可以养人之性情，而荡涤其邪秽，消融其查滓。故学者之终，所以至于义精仁熟，而自和顺于道德者，必于此而得之，是学之成也。"《论语传注》有释到："论伦无患，乐之情也；欣喜欢爱，乐之官也；手之舞之，足之蹈之，天地之命，中和之纪，学之则易直子谅之心生，易直子谅之心生则乐；乐则安，安则久，久则天，天则神"，此乃"成于乐"。孔子认为"人而不仁，如乐何"，表明人若不仁，乐则不乐。因此，孔子强调"乐"不仅要"尽美"，还要"尽善"。如此，音乐歌舞既可以劳人筋骨，教人俯仰进退之节，又可以使人受其教化，修身养性，舒人心、熏其志，陶其情，生成高贵的精神品味，养就高尚之情操，达人性之完善成熟。正因为如此，孔子一直都重视"乐"的功能，并对之进行了深入的分析，加以了分类和定位。在此，孔子将"乐"置于教化、培育人的最后环节，标示着孔子希望其弟子能达圆融而至善至美的人生理想境界。

第七，从"兴""立"和"成"而言学"诗"、习"礼"、悦"乐"，孔子是就其"诗""礼"和"乐"于修德成人之功能而言。就此三者之逻辑关系，切不可简单地理解为线性的三步，而是彼此互含性关系，只是从形式上而言，呈现出三境阶。对此，陈祥道之阐释，予以了厘清。他说："礼乐者，成人之事；诗者，养养之具。孔子之于小子，则曰：'何莫学夫诗'；于成人，则曰：'文之以礼乐'。此礼，所谓志之所至，诗亦至焉；诗之所至，礼亦至焉；礼之所至，乐亦至焉者也。然兴于诗，非不学礼也，特不可谓之立。立于礼，非不知乐也，特不可谓之成。"进而引《礼》之规定进一步阐述道："十有三年，学乐、诵诗、舞勺。成童，舞象，学射御。二十而冠，始学礼，学记之。教人亦先之以安弦，夔之教胄子亦先之以乐。于此，言成于乐。乐者，学之所终始也。惟其礼乐皆得，谓之有德，然后为修之至矣。"朱熹对此引"内则"为按："十年学幼仪，十三学乐诵诗，二十而后学礼。则此三者，非小学传授之次，乃大学终身所得之难易、先后、浅深也。"

第八，以"诗"而"兴"、以"礼"而"立"、以"乐"而成人生之德性，构成人生德性成长、嬗变的完整历程和至高的目标，渐使己成真正的"君子人格"；人生就攀爬在此漫漫之道上，而不能止于某一层面或阶段。如此，孔子之语昭示着人生修造，止于至善之原则。

第九，从本章的语境来看，文本中所提及的泰伯、尧、舜、禹和周公、文王武王等，以及曾子所赞许的"士"，都是"兴于诗，立于礼，成于乐"而成堪当大任之"仁者"。如此，向世人昭示：任何一个人，欲担负"任重而道远"

之弘道大任，成就人生之大业，须首先成就"士"或君子之人格。而"兴于诗，立于礼，成于乐"，正是完成自我德性而成"士"之正途。

总之，孔子指出通过学"诗"、遵"礼"、悦"乐"，完成对人的教化，从而使人成为"君子"或"士"。如此，孔子以"兴""立""成"，表征自我之进德过程，以"诗""礼""乐"指称完成此过程的手段，由此，构成孔子教育和人生修造过程中"目的"与"手段"的关系逻辑。这样，通过此关系逻辑的铺陈，既表达孔子教化、培育人之目标，同时又展开了人生成长的具体轨迹和敞开德修之无限境界。

孔子之论，不仅为为政者治平施教提供了可行之策，亦为个体之修身进德提供了具体操作方案。如此，孔子所言："兴于诗，立于礼，成于乐"，在解其"忧"之时，亦有望完成其弘道复礼而救世之夙愿。

9. 贱仁弘道，知之由之

泰伯 8.9

【原文】子曰："民可使由之，不可使知之。"

第一种解读：

【译文】孔子说："可使民从道，不可强使民谙道"

孔子从"民"与"道"之关系，论其设教之重点不在于要求民对"道"达到"知"，而在强调教导民如何遵道、从道、践道即可。简言之，对于民众而言，只需尊德性即可，无需要求民众道问学。如此，孔子之论，突出圣人设教之要旨，在于教化民众在生活中如何行道，而不是强使民众谙道。

"仁者见之谓之仁，知者见之谓之知。百姓日用而不知，故君子之道鲜矣。"（《易·系辞下》）此言表明，"易"之道、之理于平民百姓来说，仅求其实用在于生活中，然而他们却没有这方面的知识，民于道，以日用而知其然，但不知其所以然。如此，易道、易理，只有才德出众之人，即君子才能掌握，然对其熟知的人亦很稀少。从这一意义上而言，"圣人设教，非不欲人家喻而户晓也，然不能使之知，但能使之、由之尔。"（程子）

如是，孔子之论，清晰地表明圣人设教之目标、之主旨，在于欲使民"由之"，成为道之践行者为先、为重，而不必、亦不可强使民"知之"，不追求让民众皆成为道学家。

孔子此论，表重民之道德实践理性而轻其道德理论理性。以此，治乱世而塑民德世风。

具体而言：

第一，孔子此论，后人解读可谓充满歧义，有曲解者、污蔑者、有调和者，蕴含着解读者不同的立场和目的。诸多歧义，可以从对该论所作出的不同断句，就可以很清楚地看出来。就不完全之梳理，对孔子此论，有以下四种具有差异性的解读：

（1）子曰："民可使由之，不可使知之。"

（2）子曰："民可使，由之不可；使知之。"

（3）子曰："民可使由之？不，可使知之。"

（4）子曰："民可使，由之；不可使，知之"

以上已有的四种解读模式和路径，因为各自的侧重点有别，透析出不同、甚至截然相反的意义把握。

第二，为了洞见孔子此论之真谛，首先有必要直陈诸先贤对此论之解读，即可清晰地审断其理解之取向：

陈祥道释曰："圣人制行，以人不以己；议道，以己不以人。以人不以己，故礼方而卑，所以广业而其仁显。以己不以人，故智圆而神，所以崇德而其用藏。显，故民可使由之。藏，故不可使知之。"并引《易》、孟子和老庄之说进一步论之："易曰：百姓日用而不知。孟子曰：'行之而不著焉，习矣而不察焉，终身由之而不知其道者，众也，是也。'惟其不知故，不可使知之，不可使知之而必其知，则是以己之所能者病人，以人之所不能者愧人，是虽至于折骨绝筋亦无益也，此所以有余不敢尽也。若夫老子所谓古之善为道者，非以明民。庄子曰：圣人者，天下之利器，不可以示人，则进于此矣。"

朱熹释道："民可使之由于是理之当然，而不能使之知其所以然也。"

戴望有云："民之言冥，其见人道远。由，从也。王者设教，皆于经隐权，故可使民从，不可使民知。老子曰：'国之利器，不可以示人。'此之谓。"

钱穆注曰："上章言教化，本章言行政。而大义相通。《孟子》曰：'行之而不著焉，习矣而不察焉，终身由之而不知其道者众也。'《中庸》曰：'百姓日用而不知。'皆于此章义相发。民性皆善，故可使由。民性皆不明，有智在中人以下者，故有不可使知者。若在上者每事于神明由之之前，必先家喻户晓，日用力于语言文字，以务使之之，不惟无效，抑且离析其耳目，荡惑其心思，而天下从此多故。即论教化，诗与礼乐，仍在使由。由之而不知，自然而深入，终自可知。不由而使知，知终不真，而相率为欺伪。《易传》云：'通其变，使民不倦。神而化之，使民宜之。'亦为民之不可使知，而谋求其可由，乃有此变通神化之用。"

以上诸释虽有其差异，但究其共同取向而言，表孔子之论，强调圣人、为政者施教，重在实践理性上，其目的在于"使民由之"，即教导百姓如何遵道而为，懂得如何循道而行即可，而不是重在理论理性，"使民知之"，即非要让民知道己之所为的依据与理由。

一言以蔽之，孔子之论在于突出教化民在其日常生活中遵从道而践道即可，无须、亦不可在"使民""知道"而"明道"上下功夫。若在行动上"践道"，终是"知道"。如此，孔子强调"使由之"为先、为重，而不可倒置"由之"与"知之"之关系，置"使知之"为始，为重。以此不仅体现孔子施教之价值逻辑，更为重要的是凸显孔子施教之立意和目的所在。

第三，值得注意的是，有一种简化的误解，认为孔子之论集中体现了他的"愚民"之思想，即视"民"为工具。譬如："可以使民众由着我们的道路去做，不可以让他们知道为什么要这样做。"此解将其中之"使"理解为指使、役使、使唤之意，"民"成为"使"之对象，成为统治者意志的执行者或满足统治者私欲的工具；而"不可使民知之"则是不让民知道、知晓为何如此做之缘由，或不让民众知晓统治者的真意。此解读影响甚广。对此种误解，程子早已指出："若曰圣人不使民知，则是后世朝三暮四之术也，岂圣人之心乎？"钱穆亦有言："近人疑《论语》此章谓孔子主愚民便专制，此亦孔子所以有不可使知之慨欤！"

之所以会产生对孔子之论是主愚民便专制的误读，乃是置于专制生活下的近人，将孔子之论置于其政治生活的语境中，从政治之"术"的隐秘特质所引发的思维单一逻辑出发，构成此解读定势，并随着阶级分析方法的简单化、泛化和政治权谋驭用之术的思维习惯而强化。如此，仅仅把此句看成是一种为政之操作或操纵手段，以至于怀疑圣人设教之初心本意，从而不断强化该种误读的合法性和认可度。

但是，从彰"仁爱"，施"仁政"之孔子的一贯主张来看，孔子强调治国，在"富之"后，还须"教之"，由此可见，孔子是不赞成愚民政策的。如此，此种解读，与孔子之思想相悖。

事实上，孔子是中国第一个创办私学的人，坚持"有教无类"而把自己的一生之主要精力奉献给教育事业，其弟子有三千，贤人七十二；自语"自行束修以上，吾未尝无诲焉"，且"诲人不倦"。此为开民之"智"而明道，何来"愚民"之为？如此，这一路径之解读，显然有悖于孔子此论之真意。

总之，面仁道式微，关乎道之存亡时，使民"由之"，即是"道"见于世、在于世，使道成势。如此，使民"由之"，比使民"知之"来得更直接、更有效，现实之需要亦更急迫，从这一意义上观之，孔子言"民可使由之，不可使知之"，实为弘道着力之策、有效之举。

第二种解读：

【原文】子曰："民可使，由之；不可使，知之。"

【译文】孔子说："民众认可之事，就去做，民众不认可的，就去了解而知其缘由。"

具体而言：

第一，必须首先明确，孔子之语的受众，即言说对象是谁？即受众是谁？相应地决定着此话语的内涵指向。从整个文本的语境来看，孔子此语之对象，决不仅仅是他的弟子们，更重要的是当世的为政者。这样，则可以很清楚看到孔子此语的立意：即对为政者提出的原则与要求，为施政者提供的施政策略，同时亦是一个警示。如此，孔子之论，则可以如此断句，子曰："民可使，由之；不可使，知之。"这样，其真意就很清晰地显露和敞开了。

第二，解读"民可使，由之，不可使，知之。"其关键在于"民""可使"与"不可使"而相应采取"由之"与"知之"之策。

在此，首先须明确对"民""可使"与"不可使"进行判断的主体是谁。显然，做出"民""可使"与"不可使"之判断的，不是"民"自身，而是"使民"之为政者。如此，"民""可使"与"不可使"，事实上是为政者在实际"使民"过程中对民心、民情状况的基本把握和判断，这构成孔子对为政者提出的"由之"或"知之"之前提。孔子之言直指为政者切不可弃民心、民情之不顾而一厢情愿、一意孤行。如此，"民""可使"与"不可使"，就构成了为政者对民心、民情了解和把握的两种结论，亦表征为政者与民众之间两种截然不同的关系。

第三，如果"民可使"，即"民"认可、听命于为政者之差使，或为政者顺应民意而具有感召力，能指挥得动民众，民众就听从为政者之役使，这就说明为政者之为政主张、实效与民众之所欲、所求之间具有契合性和一致性，那么，为政者就顺应民心，即"由之"，决定去做此事；相反，如果"民""不可使"，为政者则不可再硬性地"由之"；此种状况下，孔子要求为政者当做的事就是去"知之"，即要去了解、知晓为何"民不可使"之缘由，从而达到对问题之"症结"的把握，明确为政者与"民"之间的分歧和矛盾在何处，"民不可使"之根本问题和缘由是什么，而不能背离民意强行"由之"，以致各种矛盾激发，导致"恶政"或"暴政"，进而危及己之统治、国之兴衰存亡。

第四，孔子此语是在教育当政者或他的弟子中的未来执政者，在施政中所应遵循和持守的原则：即应该如何处理官与民之关系，强调以"民""可使"与"不可使"为警示边界和根本尺度来确定自己是否要施行某项举措、方案或政策或做某件事。在此，孔子通过倡导施政须遵循以"民"为"本"、以民为"主"的基本原则，为为政者提供治理善言或警告，促其行善治之道。尤其重要的是"民不可使"之时，通过"知之"，从而使其治理自觉调整而不是盲目地一意孤行强为之。

第五，对孔子此论的解读，引起歧义和误读之关键正是在确定为政者，抑或"民"，即谁是"由之""知之"之行为主体。

为政者，即上位者，判断如果"民可使"，那么，就"由之"；反之，必"知之"。如此，治理者或统治者是"由之"亦或"知之"，完全取决于治理者或统治者对"民"之"可使"与"不可使"的判断。

总之，孔子此论，是对为政者提供了一条治理邦国须遵循的基本原则，强调当政者对民心、民情的了解，对自身与"民"的关系状态的清晰把握和正确判定，从而凸显当政者决不可不顾民意、甚至违背民之意愿而执拗、固执地施政。此为孔子"仁政"和"善治"主张的具体体现，以此批判与警示行霸道之当世为政者。

另补：

（1）对孔子之论，亦可以理解为"民可，使由之；不可，使知之"，表孔子主张：民之德性、行为，若符合"道"之要求，就随他们去，即"使由之"；倘若不符合或有违于"道"的要求，就要对民施以引导，让他们知道该如何做，即"使知之"。如此，孔子之论，突出民之道德自主和为政者负有对民德以审断、教化与矫正之责。"民可，使由之；不可，使知之"，从民之自化、自正角度，体现了儒家顺民的思想。

（2）从考据学角度，把"由"看作抽芽、萌芽，把"知"看作折，把民认可的作为施政之准则，体现为政者的顺民思想。

10. 止乱治世，治贫施教

泰伯 8.10

【原文】子曰："好勇疾贫，乱也。人而不仁，疾之已甚，乱也。"

【译文】孔子说："若民好勇，又恶贫，就易生乱。若恶不仁之人太甚，也易于兴乱。"

孔子究察生乱之因，言止乱、治世之道。

孔子以为生乱之因，主要有二：其一为："好勇疾贫"；其二为："人而不仁，疾之已甚"。以此表明"好勇而不安分，则必作乱。恶不仁之人而使之无所容，则必致乱，二者之心，善恶虽殊，然其生乱则一也。"（朱熹）如此，孔子睿智洞见"善""恶"皆可导致世之变乱。

于孔子之论，陈祥道释曰："好勇而不疾贫，则未必为乱；贫而不好勇，则不能为乱，故曰：好勇疾贫，乱也。""于不仁者，克核太至，则不肖之心应之，故曰：'人而不仁，疾之已甚，乱也。'盖不仁者，非不疾之，疾之不可已甚。"亦如戴望所言："不仁之人，当以风化之。若疾之已甚，是又使之为乱行。《春秋》于叛逆则诛之，于吴、楚则先治小恶，不为已甚。以此。"

知"生乱"而"治平"。治"贫"，乃根除"乱"之方；施教，乃化"不仁之人"之法，以此彰孔子"富之"而"教之"的治世之道，亦为为政者提供治乱治平救世之策。

具体而言：

第一，孔子指出"好勇疾贫"与"人而不仁，疾之已甚"必致生乱。前者侧重言性情与生存际遇，表"恶"生祸乱；后者着力言对不"不仁"之"人"过度偏激之"恶"，表"善"行不当而生乱。于此，孔子甄别与厘清世乱之由，同时亦指明惟治贫、施教，防患生乱于未然，方可治乱开太平。

第二，"好勇疾贫，乱也"。好勇而不疾贫，不生乱。疾贫，然力弱而不好勇，亦不为乱。惟"好勇"与"疾贫"兼具，"乱"生焉。

"勇"，本为良好之品质与德行。但"好勇"是特指喜好逞凶斗狠，不收敛、不安分、不服命，此类"好勇"之人之"勇"，本质上即为"恶"，如此之人，自是不甘心、不情愿处贫而是"疾贫"。如此，不安贫、守贫，反而讨厌、厌恶己之贫；这与孔子对世人或君子之"安贫乐道"之要求形成鲜明的对比。

如此，"好勇疾贫人"之人，即是"乱民"。存"好勇疾贫"之潜在的乱民，必生乱。

如果"贫"者，不"疾贫"，亦无"好勇"之特质，则因其懦弱无勇，惟有忍气吞声，委曲求全，无奈地承受着"安贫"，这样，"贫"者也就成了"顺民"而不可能生乱，自然天下也就太平。

"好勇疾贫"，指示着彪悍亦或刁蛮之民，若不安贫而是"疾贫"，必难以承受"贫"而生"乱"。"好勇疾贫，乱也"，表面上是贫者为生存而"乱"，实则为"恶人"之"乱"，恰折射出恶政之必然。

第三，"人而不仁，疾之已甚，乱也"。其"乱"因对"不仁"之人"疾之已甚"所致，表对"人而不仁"，应采取教化之方法，而非过激或偏激之手段，否则必引生"乱"。在此，"人而不仁"之"人"，即是"鸟穷则搏兽，穷则攫；马穷则逸人，穷则诈"（陈祥道）之人，简言之，"不仁之人"即是为穷则"攫"、则"诈"之人。对此种人，如果缺乏良善之教化与引导，给"不仁之人"反省之机，转化之时，只是一味地痛恨，嫉恶如仇，令"不仁之人"无"立锥之地"，势必会激化"不仁之人"，令其恶嚣张不已，做垂死挣扎，如此定惹出祸乱来。恰如钱穆所言："若对不仁之人，疾恶之过甚，使无所容，亦易生乱。"

对"不仁之人"予以谴责、批判、打击，自是惩恶扬善，然若"疾之已甚"，则必"乱也"。这是打击"恶"之"善"因为过度而带来的祸乱，即因"善"行而起乱。因为"不仁之人"本是无所顾忌，惹是生非，无恶不作，倘若"疾之已甚"，势必将其逼反而生"乱"。

如此，孔子指示出对"不仁之人"，倘若只是恨之入骨，以除之而后快，并非良策，而须首先避免过激的行为激化其行恶生乱，进而采取春风细雨之教化手段或采取适度柔软之渐次惩戒，让"不仁之人"，或自觉其"恶"而归仁、而止乱。即使"不仁之人"不能归仁，也不至于逼使其铤而走险而生"乱"。正是在这一意义上，"孔子之不为已甚，老子之言去甚者，此也。疾不仁者，义也；不至于已甚者，智也。"（陈祥道）

第四，孔子揭示生"乱"之两种景况，正昭示着世道之缺失。如此，为止乱治世，当"子路为政，可使民知勇，见勇为美德。孔子则告冉有曰：'先富后教'，见贫必救治。又曰：'好仁而恶不仁'，见不仁诚当恶。惟主持治道，则须善体人情，导之以渐。一有偏激，世乱起而祸且遍及于君子善人，是不可不深察。"（钱穆）如此，孔子究生"乱"之因，为治世之要，彰孔子之"仁"、之"智"。

第五，孔子之论，以止"乱"为目的，直指无论是"好勇疾贫"，抑或对"人而不仁，疾之已甚"而生"乱"，皆因不能"克己"、不懂"节制"与"礼"、不行中道使然。如此，生"乱"，本质上即是违礼、乱礼，故而孔子皆予以否定。

于"疾贫"者。有"勇"本是美德，但是，若不加以节制或不明理、礼、不遵礼而陷于"好勇"，于此，"勇"由"善"蜕变为"好勇"之"恶"，就必生乱，使世陷于乱局。"贫"既是事实，就应该首先依"礼"静守本分而安贫，然却"疾贫"；"疾贫"则是不明礼，不节制之结果。如此，"好勇疾贫"是为无礼、无节之"恶"而"乱也。"

于"不仁之人"，首先于"礼"不敬不尊，丧失了"仁德"之心、缺位"仁爱"之行，反而大行不仁不义之"攫""诈"；亦不自觉节制欲求，反而纵欲无度、奢靡到无以复加，更缺乏自我反省，导致社会怨声载道，病垢之，即"疾之"。然"疾""不仁"之善，若"已甚"，其"善"行既未能促使"不仁之人"转向"仁"，亦未能消除"不仁之人"之"恶"，反而导致"不仁之人""狗急跳墙"，最终引发矛盾激化，逼之生"乱"。

第六，孔子之论警示为政者，善恶皆可致乱。"恶"固然是祸乱之源，但是"善"亦可能促成世道变乱。"好勇疾贫，乱也"，本质上即是恶人挑起的变乱；而"人而不仁，疾之已甚，乱也"，则为不当的善行所引起的祸乱。于此，孔子主张要止乱而保持世之稳定、安定，须防止"好勇疾贫"之"乱"，亦要警惕或注意因"疾之已甚"之"乱"。

总之，孔子以探寻"生乱"之根源为始，以止乱、进而达天下之治平为目的，促国家施仁政而善治，彰孔子之"仁"与"智"。以此为为政者提供深邃的智慧洞见，教导当权者须洞悉社会不同类型的人，以及影响或破坏"太平"而生乱的不同境况，进而通过教化、淳化民之心性，使之遵"礼"、践"仁"，于"穷"安分守己、于"富"垂范善而行"仁"，于"穷"和"富"都节制、依"礼"而为。如此，"乱"则无源、无始，世之太平则有根。

孔子之论，对"善""恶"之于"乱"予以了辩证地剥离，告诫为政者，不仅要防止"恶"之祸乱，亦须警惕"善"行而引乱。要真正治乱，须"富之""教之"。

11. 为人臣者，当戒骄吝

泰伯8.11

【原文】子曰："如有周公之才之美，使骄且吝，其余不足观也已。"

【译文】孔子说："为人臣者，即使其才华卓越有如周公，如果既骄傲自大又吝啬小气，那么其余方面也就不值一提了。"

孔子此论，乃为人臣之所戒。恰如戴望所释："周公告武王曰：'不骄不吝，时乃无敌。夫子盖反其言以戒为人臣者。'"

为人臣，"才之美者，莫过于周公；行之丑者，莫甚于骄吝。有周公之才之美，使骄且吝，犹不足观。又况才美下此者乎？"（陈祥道）如此，孔子言"其余不足观也已"，因为"骄则不能致士。吝则不能养贤，其余行虽有小善，亦不足观已。"（戴望）

进而言之，有才之人臣，若"骄且吝"，则是"有才"而"无德"者，就其本质而论，乃是丧"仁"而乏"礼"使然。因为"君子以礼存心，故不骄；以仁存心，故不吝。小人以骄灭敬而忘礼；以吝灭爱而忘仁。忘礼与仁，非所谓有德者也。"（陈祥道）如此，孔子从人臣之"才"入手，突出其"德"之根本，彰孔子德"主"才"次"之人臣论和人才观。

孔子之论，直指有才之人臣恃才傲物、恃才凌人之弊，且予以批判，表为人臣者，须重"仁""礼"之修养，凸显为人臣之德，真正做到不骄不吝，充分发挥其才，平祸乱，兴礼乐，展其才之美。

具体而言：

第一，孔子以才学、才能与德行之关系为切入点，以德才兼备为尺度，批判恃才傲物、恃才凌人之人臣，纠正重才轻德之偏，突出"德"于人臣之至上地位，表征孔子德性至上和德性决定论的伦理取向，批判与警示当世之为人臣者，切不可德才偏废，成有才然却"骄且吝"之人，从而矫正重"才"轻"德"之时弊，确立以"德"为先、为重的人臣观和人才观，告诫有才之人臣者，切不可丧德，须德学并修，成为德才兼备者。

第二，孔子以周公为实例或标范，假言泛论任何一个人，包括为人臣者，就其才学、才能、才干和才华而论，即使可与周公比肩媲美，有如周公一般卓越、完美，也仅构成孔子视野中的"人"之必然条件，还不能算是君子、人才、即尚不构成贤能之人臣。

如此,孔子在言说其"才"之后,即在首先肯定其人才干之必要性的前提下,更进一步对人才进行了德性规定。按照才德相匹配之原则,其才若周公一般的人,应具有如周公一样的美德,这才是被孔子称道的。然而,"才""德"二者并不具有必然的内在一致性和统一性,往往会出现背离与分裂。如此,孔子具体指出其才能若周公之人,倘若具有"骄"与"吝"之"恶德",孔子的结论是,此人仅有才而已,"其余不足观也已",从而凸显"恶德"对一个人的才能的彻底消解。如此表明,在孔子的思想中,"才""德"之权重的根本差异,进而表明有"德",方是一个人成为贤臣之充分条件。

从以上的分析可见,孔子以两个假言判断的方式,将"才"与"德"之悖论揭示出来,强调"德"之根本性的地位,"才"必须以"德"之前提,才能真正展现其善性,获得其积极意义,从而得以肯定与认同。反之,则如孔子之论。

第三,孔子以"骄且吝"来表征丧"仁"乏"礼"之"恶德"。朱熹以为"骄,矜夸,吝,鄙啬也",进而引程子之言论曰:孔子"此甚言骄吝之不可也。盖有周公之德,则自无骄吝;若但有周公之才而骄吝焉,亦不足观矣。"又曰:"骄,气盈。吝,气歉。"由此,可以看出,"骄""吝"二者虽有"盈""歉"之殊,然其势常相因;"骄者吝之枝叶,吝者骄之本根,故尝验之天下之人,未有骄而不吝,吝而不骄者"。钱穆则释曰:"骄者,恃才凌人,吝者私其才不及于人"。如此,此人"非其才不美,乃其德之不美。"如是可见,孔子通过"骄且吝",揭开了一个人之"德",从外在之显象至内里之本,对其才之彻底的瓦解。

第四,在孔子看来,"周公之才之美",不仅"周公旦多才,其才有甚美",而且其"美",乃在德才兼备。由此导出孔子"德为本、才为用"之论;人臣之才,乃是其天赋与才智,善加发挥则可以成己、成物,但必是以"德"驭其用才者;如其才非德所驭,虽有才如周公,然却"骄且吝",那么,其才必会失其所用。除此之外,别的一切行为都是"小善",虽美,亦不足观。如此,为人臣者,当如周公,其才足以平祸乱,兴礼乐,其德须不骄不吝,惟如此,乃见其才之美,这才是孔子眼中德才兼备的贤能人臣。

第五,有才之人,常易"骄且吝"。然正因为其"骄且吝",不仅限制其才之用,而且导致其才之偏废。如此,孔子以周公为典范,表为人臣者,当见贤思齐,才德之进须以先贤为榜样,切忌或根除"骄且吝",成德才兼备,谦逊大方之贤能人臣,切莫因己之"骄且吝"而枉然了己之雄才。

总之，孔子主论"才""德"于"人"的价值，"才"之"美"是就其才具而言，突出其应世之才能、才干；"骄且吝"，就其德性言，说的是接物之度。才具足以济世，无德性，则无以安人、安百姓，如此，"其余"就不足观了，以此突出孔子"德"重于"才""才德并举"之主张。于此，孔子警示当世之有才人臣，当戒"骄且吝"之病，同时也警示其弟子们，在才学、才华精进之同时，必须加强己之"德"修而不断正身，成为有德之人，方可成为安邦定国、匡世安天下之贤能人臣。

孔子之论，非抽象言"德""才"之关系，而是针对有才如周公，然又"骄且吝"之人臣，鲜明指出此等人臣，当戒"骄且吝"之弊，进而加强己之仁德礼法修为，切实在善仁尚礼之心上下功夫。惟如此，其才方可为"大善"，其人方成贤臣而惠及于世，以达安人、安天下之美。

12. 饱学志道，子赞其贤

泰伯 8.12

【原文】子曰："三年学，不至于谷，不易得也。"

【译文】孔子说："学了三年，其志依然不在做官拿俸禄之上，这种人不容易得到啊。"

三年学，即可求仕为"谷"。然孔子言"三年学，不至于谷"之"不易得也"，乃赞其志不在"谷"，而在"学"、在"道"者。笃志"为学"，成饱学之士，实为道问学之行也。如此，"为学之久，而不求禄"（朱熹），孔子赞其"不易得"，乃赞其贤。

出仕为"谷"与笃学为"道"，呈现"学"之目的差异。于孔门众弟子中，"虽子张之贤，犹以干禄为问，况其下乎？"（朱熹引杨氏）如此，孔子视笃学为道更可贵。

出仕者，为"禄"，求"用"于当下；为学者，有志于道，重于"体"，开一代新风，造一代新人，导一个时代。如此，孔子赞"三年学，不至于谷"，即不急于出仕，依然潜心为学，自强不息于"道"之弟子，鲜明地表达了在"出仕"之为政与道问学之"为学"间，孔子更重"为学"，表孔子对续道、弘道的深度忧思与高度重视。

君子忧道、谋道、乐道而不忧贫、不谋食。然，当世求"仕"为"谷"者众，为学问道者寡，故孔子赞"三年学，不至于谷，不易得也"，乃叹饱学而志于道者，鲜矣。

具体而言：

第一，孔子通过赞许问学者、求学者不改其问学、求道之志，凸显他所持的将问学、求知而求道作为"目的"而笃定其志的坚定立场，反对并批判将问学、求知仅视为谋取官位、获得俸禄的方式、途径或手段而工具化，以致于"三年学"就急于出仕而求禄，矫正世人错位与倒置"谷"与"学"之关系，以此表达孔子在"出仕"与"为学"之取向，彰孔子育人求道而弘道之远大目标与旨趣。

第二，为深入了解孔子此言之意，有几个技术性问题需要首先加以澄明。

（1）"三年学"。一般认为，"三"为具体的数，表征古代学习的一个阶段性时限，表"三年之期"；"古之学者耕且养，三年通一艺，故曰三年。"（戴望）然而，"三"亦可表"多"。如此，"三年学"之意，即是问学、求智数载，以表问学求道久矣，而非短时。

（2）"不至于谷"。在此，"至"，既可指示着问学、求知所内涉的指向与所要达及的目标，亦可指示问学者、求知者本心之志［至，疑当作志。（朱熹）］。如此，"至"只是问学、求知者内在之"志"的外显；而"谷"（是黍、稷、菽、麦、稻等谷物总称），朱熹解之意为俸禄，指做官拿俸禄，表"至"之具体对象或物化。如此，"不至于谷"，正是不以"至于谷"为"志"。对此，陈祥道深刻释道："米以不失谷，为善人；以不失性，为仁。善为仁之体，仁为善之用。孟子以五谷譬仁，则谷者仁之实也。"

孔子以"至于谷"与"不至于谷"之分，凸显了"不至于谷"者，于为学、问道之笃定、之自强不息。如是陈祥道所释："君子之学，一年则论学取友，七年小成，九年大成。若夫仁以为已任，死而后已。三年学，其可以至谷哉，此所以乐其自强不息也。"

（3）"不易得也"。在此，孔子面对问学、求知者竞相为得"谷"之普遍选择或取向，感叹其"志"不在"至于谷"，而在虔敬为学之人，实在是凤毛麟角，世之鲜有。如此，此等心无旁骛、虔敬笃志问学、求知、求道而存在的人，正是孔子赞赏的。

孔子强调、赞许的是问学、求知之目的并非只是为了急于出仕而获取世俗之利。在他看来，为了俸禄而问学，本亦无可厚非，然是低层次的；惟是超越为求官为干禄而问学、求知，即为学志在求道、得道，才是难能可贵的。恰如戴望所释："谷一年而成，学则三年不至于谷，以善本不易得也。"

第三，从孔子教育弟子之定位和取向上来看，孔子教育之立意在于将自己的弟子们培育成为"士"和"君子"，而不仅仅是"仕"而"谷"。孔子心目中的"君子"是德才兼备之人，此乃孔子推崇的理想人格，他们不仅具有高尚的品德，而且内存深邃的才智和广博的学识。因此，孔子在强调"士""君子"学道、守道之同时，又要求"笃信好学""不耻下问"，涉猎广博的智识、学问，成"不器"之君子。如此可见，孔子培育自己的弟子，希望他们实现"为学"与"为人"、"为学"与问道之谐和共进，并非单纯为了"谷"。

第四，当然，孔子并非只是强调为学而学、为求知而求知、为问道而问道，将问学、求知、问道与现世割裂、脱离世俗生活而架空、悬空，换言之，孔子强调"学以致用"的整体原则，亦并非一味反对学问、求知之功效性或功利性。但是，功利性效应并非是孔子所主张的教育之主旨，仅是其为学问道之副产品而已，进而言之，孔子所批判的是将学问、求知与求利、求官位简单而直接对应或等同起来。如此，孔子并不反对弟子们做官求仕，但他也不主张为牟利而问学。他赞赏的是像颜回、曾子、闵子骞、仲弓、漆雕开等为"道"而笃志于学之弟子。以此表明，孔子是以为学而为"道"，即以对真理、理想的追求，来统领对现实功利的追求，而不是相反。

第五，在孔子看来，为学、求知、求道之本然的目的在于人本身之成长、丰富与完善。为学之动力，在于欲"成仁"之人之内在需要所驱动，而不是因外在某种追逐而牵引。如此，问学者、求道者方可秉持"敏而好学"之精神，达及"废寝忘食""乐而忘忧""不知老之将至"之境界，这样，孔子将问学、求知、求道之动力内在化，与人的内在精神、道德之蜕变与提升直接连接起来，还问学、求知，求道于教育之本色，让为学求道回归教育之原初意义。

第六，孔子对为学问道所秉持的价值取向，赋予了求道之"为学"独立的品质，并为之劈出了独立的空间，肃清为学或"学术"之奴婢状态，以及为学者人格从未独立的状态。进而言之，孔子赞"三年学，不至于谷，不易得也"，亦叹一心为学问道之人鲜有矣，以此表明孔子强调教育之真正价值，并非仅仅在于借学而求禄，而是在于使受教者确立笃定为学、问道的高远之"志"而不改。如此，重归孔子的为学之道，审视其为学主张，以匡正时弊，正本清源，还为学以应有的尊严，予为道学问以更高的价值定位，于当时、于今世，皆具有充分的警示意义。

总之，为学旨在"体"或"用"，构成为学之层次差异。孔子以"体""用"之思，审视世之从学者，欲速成求"谷"者众，三年不改其为学求道之志者寡。如此，学统之续，堪忧矣。由此，孔子赞且叹"三年学，不至于谷，不易得也"，乃忧心无旁骛，一心求道、乐道之人，实稀有而难觅也。

孔子曾告诫弟子们须戒除"思而不学"之弊，以此观之，孔子之赞且叹，对于学而纯粹求"用"而忘"体"，对一切将为学职业化、工具化的取向、甚至作为唯一取向的观念和举措，具有深刻的批判性；表明"学"，一经丧失其内在志趣的规定性而全面世俗化和功利化，那么，为学、问道之神圣性和充满着敬畏、虔诚之"志"也就荡然无存，以"人"本身之教化、之培育而成长为主旨的"为己之学"，必将淡出，进而被功利化之目的全然遮蔽与替代，那么，最终必然是违背"教育"之丰富内涵和本真意蕴。

孔子千年之叹，叹世人皆急于"至谷"逐利而遗忘为学、求道，如此，弘道堪忧矣！故，孔子言"三年学，不至于谷，不易得也"，实为叹而盼之。有之，则乐，无之，则忧。

13. 笃信好学，守死善道

泰伯 8. 13

【原文】子曰："笃信好学，守死善道。危邦不入，乱邦不居。天下有道则见，无道则隐。邦有道，贫且贱焉，耻也；邦无道，富且贵焉，耻也。"

【译文】孔子说："信念坚定并努力学习，誓死守卫善道。不进入政局不稳的邦国，不居住在动乱的邦国。天下有道就入仕；天下无道就隐居不出。邦国有道，己若贫且贱，是可耻的；邦国无道，若己富且贵，也是可耻的。"

孔子所论，表君子"有学有守，而去就之义洁，出处之分明，然后为君子之全德也。"（朱熹引晁氏）以此表为君子当"修仁义之道。"（戴望）

孔子之论，当是教导弟子们如何践行仁德、心怀信念、勤勉好学、坚守正道与善品，并在此基础上，当善于审时度势，能做到进退有序、出入有则，从而能趋善避恶，确立正确的荣辱观，为此，孔子提出以出仕为官为基点，即必须将自己的贫贱荣辱与国家的兴衰存亡紧密联系在一起，进而具体而明确的向弟子们传授了为官必须遵循的重要原则。

蕅益曰："信得人人可为圣贤，名笃信；立地要成圣贤，名好学。假使铁轮顶上旋，定慧圆明终不失，名守死善道。'危邦不入'四句，正是'守死善道'注脚，正从'笃信好学'得来。'邦有道'节，正是反显其失。"如此，孔子之论，以"笃信好学，守死善道"为总体的精神理念，进而从三个层次具体指导为政行为，提出出仕为政者应遵循的原则，具体彰显君子笃信好学于修善道、守善道之不倦。

具体而言：

第一，孔子首先要求弟子们必须具备良好的品质和确立坚守"善道"的不动信念，即"笃信好学，守死善道"。在此语中，"信""学"和"守"都指向"善道"，是孔子对弟子之品格和精神所做出的质的规定，"笃""好"和"死"均是对弟子于"信""学"和"守"之品质程度的要求，突出孔子对弟子于"善道"之"执着心"的要求。如此，因"信"而"学"，因"学"而"守"，将一个人对"善道"的信仰、信从推至"恒"而至死无悔、不易之坚定性予以清晰地呈现。这样，笃信"善道"、好学"善道"、死守"善道"，就构成了为仕之君子所必须具备的品质。

对于君子须"笃信好学，守死善道"之深刻内涵。

陈祥道释曰："笃信则于道不疑，好学则于道不厌，守死善道则于道不变。学至于此，然后知废兴之有命。"

朱熹释曰："笃，厚而力也。不笃信，则不能好学；然笃信而不好学，则所信或非其正。不守死，则不能以善其道；然守死而不足以善其道，则亦徒死而已。盖守死者笃信之效，善道者好学之功。"

戴望释曰："善读为缮性之缮。缮，修也。谓修仁义之道。守死，守死弗去也。"

钱穆释曰："信，信此道。非笃信则不能好学。学，学此道，非好学亦不能笃信。能笃信，又能好学，然后能守之以至于死，始能善其道。善道者，求所以明此道，善行此道。"

如此，孔子要求入仕之君子，必须对"善道"有坚定而虔诚的信念、认真地探析和学习"善道"，在完成精神和心智嬗变的基础上，坚定不移、至死不渝地护道、守道与践道，实现对"善道"之"知""情""意"和"行"的统一。一句话，确立为"善道"而存的生命观。

第二，孔子虽然要求入仕的弟子们必须具有为"善道"而存的生命观，但是，必须利用自己对"善道"之"好学"所获得的见识与智慧，对既有的"邦"之实情做出准确地判断，最后做出果断而明智的抉择。如此孔子传授的首要原则是："危邦不入，乱邦不居"。

在此，"危"是对"邦""无道"之潜在的或初显端倪的"乱"之描述或判断，"乱"，是对"邦""无道"已酿成的既定事实状态的判断或描述，是"危"之恶化和现实化。面对此"邦"，孔子教导弟子们，首先是"不入"，即使已入此邦，那么，也不能久滞而必须尽快离开，即"不居"；其中，"不入"，是要求弟子们，不仅不能去"无道"之邦，"助纣为虐"，而且不能为"无道"之邦浪费自己的才智；"不居"则侧重表达了孔子要求弟子在认识上，进而行动上要做到，既然"道不同"，决不为之谋，决不与之同流合污、沆瀣一气、助纣为虐，必须与之彻底决裂，因为若久居其中，不仅玷污了守"善道"之德，而且还危及生命，殃及"善道"。

"危邦不入，乱邦不居"，表君子"去就之有义。"（陈祥道）"君子见危授命，则仕危邦者无可去之义，在外则不入可也。乱邦未危，而刑政纪纲紊矣，故洁其身而去之。"（朱熹）。君子以"仁义之道修身，则出处隐见不可苟焉而已。危邦不入，始欲往；乱邦不居，今欲去。乱谓臣弑君，子弑父。危者将乱之兆。"（戴望）"不入危邦，则不被其乱。不居乱邦，则不及其祸。全身亦以善道。然君子身居其邦，义不可去，有见危而授命者，以求善道而已。此皆守死善道。盖守死者，有可以死，可以不死之别。必知不入不居之几，乃能尽守死善道之节。"（钱穆）

这样，孔子通过"不入""不居"，于"就"与"去"之间，突出了君子"守""善道"之心、之志、之行。

第三，"邦"即"诸侯国"，一个人尚可以"不入""不居"来表明自己"守""善道"之立场，虽然是以消极的方式；孔子在此处暗含着别的"邦"尚未成"危"和"乱"之状，弟子们可以去没有"危""乱"之"邦"施展才智、弘扬"善道"。但是，孔子却进一步说现在已经不再是个别"邦"之"有道"或"无道"，而是"天下"普遍"无道"，致使天下之大乱。在此种境况下，弟子们该如何抉择呢？孔子在此继续传受秘籍和要求弟子们须坚持与践行的原则："有道则见，无道则隐"。

"天下有道则见，无道则隐，故君子体龙之潜升，以为德；体凤之显隐，以为行。邦有道，则以道徇身而行；邦无道，则以身徇道而隐，此所谓当治世而不避其任，遭乱世而不为，苟存然有是言也。"（陈祥道）"天下，举一世而言。无道，则隐其身而不见也。此惟笃信好学，守死善道者能之。"（朱熹）"君子或见或隐，皆所以求善其道。"（钱穆）

在此，孔子告诫弟子须以审断天下"有道"或"无道"为先决前提，决定自己是"见"或"隐"；这不仅直接关涉到"善道"精神是否得以弘扬和践行，更是一种生存智慧，因为天下"有道"，"善道"才可得以彰显，"守善道"之人，才有施展才智的可能，如此也才有必要"出场"而有为，于天下有功立德；反之，天下"无道"，迟早都必生危至乱，不仅不可弘"善道"，反而可能会遭致灾祸，如此，干脆就"隐"而不"见"。这一观点，恰如前面孔子所表述过的"用之则行，舍之则藏"一般。此为孔子为弟子传授的为政之第二原则。

第四，承接前面两句，孔子在推定入仕弟子面对有道、无道之"邦"或"天下"，是选择与决定"不入"与"不居"、或"见"或"隐"，进而通过言说"邦有道，贫且贱焉，耻也；邦无道，富且贵焉，耻也"，提出为政之弟子必须明晓与自觉"荣辱"，确立守善道之荣辱观。于此，孔子对为政弟子之德做出了更高的要求。

"邦有道，贫且贱焉，耻也；邦无道，富且贵焉，耻也"，孔子以本然逻辑的倒置来表征君子当"耻于"仕无道、无德之政而至"富且贵"。

对于两种"耻"，陈祥道释曰："于可仕之时，而无可仕之道，贫且贱焉，耻也；于可退之时，而无必退之志，富且贵焉，耻也。孔子曰：邦有道，谷耻也。孟子曰：立乎人之本，朝而道不行，耻也。与邦无道，富且贵焉，耻也。同一意。"朱熹释曰："世治而无可行之道，世乱而无能守之节，碌碌庸人，不足以为士矣，可耻之甚也。"戴望以为"义之所在无贫穷，仁之所亡无富贵。"钱穆则认为："邦有道而屈居贫贱，不能自表现，亦不能善道之征。邦无道而高居富贵，更是不能善道之征矣。盖世治而我身无可行之道，世乱而我心无可守之节，皆可耻之甚。"

当"邦有道"时，"笃信好学，守死善道"之人，本应该"入"和"居"于此邦，在"见"之后，必然会得到重用而建功，自然是"富且贵"，在此种状况下，反而是"贫且贱"，那就说明不仅不知时局、识大体，而且不懂"见"而委以重任、得以重用，不能为弘"善道"而建立功勋，如此之人，缺智乏才，非贤德，自然只能是"贫且贱"；如此之人，在孔子看来，未能尽力治国安邦弘"善道"而为，是可耻的。

当"邦无道"时，"笃信好学，守死善道"之人，本应该"不入"和"不居"于此邦，最低限度也应该是"藏"，如此，就应该安贫守道、安贫乐道，而不应该"助纣为虐"、趁火打劫，不耻于"富且贵"。

在此，孔子以"贫且贱"和"富且贵"之差异，深入剖析里两种"人格"和对"善道"的立场与态度。

前一种"耻"，耻在该"进"而"退"，该"见"而"藏"、该"为"而"休"；后一种"耻"，耻在该"退"而"进"、该"藏"而"见"，该"休"而"为"。

这两种人，只是"耻"之具体特点和路径有别，他们的共同点，都未能正确地"审时度势"，对"邦"之"有道"或"无道"无正确的判断、正确的选择和正确的行为，本质上与"笃信好学，守死善道"之人应该持守的品质截然相悖。此等人，孔子持坚决的批判态度。

如此，按照孔子"笃信好学，死守善道"之原则，君子为政，践守善道，当是"邦有道"时，"富且贵"，而"邦无道"，则是"贫且贱"。这才是出仕君子应有的荣辱观。

第五，整观之，孔子以退守的方式，对"笃信好学，守死善道"之人，在为政之实践中以判断邦、天下之"有道""无道"为依据和前提，确立为政的三层次、三重境界：

最低层次是：以"不入""不居"乱邦，表诀别之志，反对邦乱无道，从而维护、守护着"善道"，待邦有道而无危乱之时再以行而弘道，此为守"道"而"独善其身"，这是对为政者最低的要求。在此，孔子以断然不为的姿态来表达自己的政治态度和立场。

中等层次是：以"见"或"藏"来应对天下之"有道"与"无道"，形成以审时度势，方可守善道，并顺时乘势而扬道。在此，孔子以可为、不可为为界，表明其为政之原则。

最高境界是：以避两种"耻"为最为基本的要求，反衬而强调不可将"有道"与"无道"颠倒而误判，而应该始终保持清醒的邦之有道、无道的正确判断，进而做到进退有时、见隐有度。如此，孔子以矫正错误的"无为"和"有为"，突出在正确的态势下，必须正确有为。此乃为政的最境界。

总之，孔子确立"道统"至上论，强调唯以"善道"而"笃信"、而"好学"、而"守死"，以此作为为政君子之主观条件，勾勒出"殉道主义"的为政理想，倡导弟子在信念、才学、行动等方面必须树立与"道统"相匹配的道德人格，并深入地分析了在具体为政过程中，面临不同的政治局势所应保持和贯彻的原则，形成为政"守死善道"之三境界。

14. 越位干政，为政当忌

泰伯 8.14

【原文】子曰："不在其位，不谋其政。"

【译文】孔子说："不在那个职位上，就不考虑那职位上的事。"

孔子言"不在其位，不谋其政"，突出"君子之言，必当其位。位大言大，位小言小。不在其位而谋其政，虽得正，犹有悔焉，故君子不为也。"（戴望）以此指证君子之"位"与其"谋政"之对应性。而"谋政，仅求所以明道之一端。"如同"贫贱富贵，隐显出处，际遇有异，其当明道善道则一。"（钱穆）如此，"不在其位，不谋其政"，乃君子守善道之为也。

为官以"在位"或"不在位"，决定其"谋政"与否，反对违背礼制规定的"犯分"和"侵官"之不当所为。恰如陈祥道所释："大夫不在其政，而谋其政，则谓之犯分；居官不在其政，而谋其政，则谓之侵官；此《易》所以言：思不出其位。而孔子所以言，各司其局。此不在其位不谋其政也。"

"不在其位，不谋其政"，以限定"无为"而否定违礼僭越，表达"君子思不出位"，进而彰"在其位，谋其政"之官德，从而明确君子为政之角色规范与角色伦理。于此，孔子以角色之"位"确立其职能，维护"礼制"的规范与疏导功能，维系社会既定秩序，以防生乱，达善治彰善道。

孔子恪守"非天子不议礼，不制度，不考文"之原则，不干预、不干涉、不干扰各国之政，即是践行"不在其位，不谋其政"之典范。孔子之论，指明为政者须遵礼而安分守己，认真履行己之责，以勤谋己之政为上，切忌越俎代庖、越位干政，以免辱或祸。

具体而言：

第一，孔子以"不……不……"之否定式，展开对当世违礼僭政与懒政的双重批判，以此明确"在位"与"谋政"之关系，具体地表达了"名分"或"正名"思想，强调遵循"设官分职"的制度安排，自觉分明己之权责，不可随心越界、更不可无礼僭越，以免相互掣肘而生乱，以达治理体系内部之和谐，从而维护社会的稳定，体现孔子主张为政者须遵循礼制而施政之原则，以彰为政之善道；同时更深层地强化了"仕"之担当与守职，指明"仕"面对纷乱的世界当有一种坚定的勇气和执着精神，勇于承担自己应有之责。以恪守礼之规范，具体遵循在位谋政之原则，践行己之责，以为政实践而彰善道。

第二，对"不在其位，不谋其政"，易望文生义，导致误读，只见消极、自保之意：推卸己责、事不关己、高高挂起、自扫门前雪、明哲保身、不思进取，一句话，不属于自己的事情，别掺合，不议论、不提供建议，不沾染他人之政，也别给自己添麻烦。此解恰好忽略了"不在其位，不谋其政"隐含着一个前提："在其位，必谋其政"。如此，"不在其位，不谋其政"所强调的是为政者当首先认清和找准自己的位置，自觉己之"位"与"谋政"之边界，各司其职、恪尽职守，切不可越位干政。

第三，"不在其位"之"位"，即是职位、官阶，泛指"岗位"；问题的关键不是"位"，而是"在位"。"在位"，所强调的为政主体之相应功能，如此自然就指向"谋政"，即"在位"者就必须思量、考虑或谋划与其"位"相关的、相匹配的"政事"，否则"在位"也就是一个"虚位"而未体现出此"位"所应承担的责任和发挥的功能。在此，"在位"是"归位""到位"的完成，是"越位"的可能前提。一句话，孔子强调"在位"是为澄明为政者之本位职责和权责，突出"位"与责任、能力的直接关联性和内在规定性，明确位、职务与职责的本质联系，这便是"礼制"的具体化。

第四，孔子突出"谋政"的先决条件是"在位"。如此，"在位"使"谋政"之合法性和正当性得以确定。其合法性和正当性之最后的根据则是"礼制"之规定。对此，各司其职或各专其职，切不可无端"僭越"，此为孔子所主张的为政者处事、为政治之原则，以此提出越俎代庖、越位干政，乃为政者之大忌，当警戒之。对此，蕅益释曰："约事，即是素位而行，不愿乎外。约观，即使随境炼心，不发不观。"

孔子此思想，被后学们加以发挥，使之更为明晰。如曾子曰："君子思不出其位。"（《论语·宪问》），孟子之论："位卑而言高，罪也"；《中庸》也有言："君子素其位而行，不愿乎其外"，"在上位不陵下；在下位不援上。"这就将孔子所主张的各司其职，不僭权、不越位，做好份内事的思想清楚而充分地予以了表达。

第五，在位，不谋政，是失职，本质上是"缺位"、是懒政；不在位，而谋其政，是"越位"、是干政，二者都是"位"与"谋政"关系的错位，是与自身之"位"不相符合的僭越或怠政。如此，孔子以否定或限定的方式，不仅对在其位，不谋其政之"尸位素餐"、不作为、渎职予以了批判；而且对"不在其位"，"谋其政"之肆意僭越干政予以彻底地否定。

第六，"不在其位，不谋其政"何以必须？就其合法性而言，不仅符合礼制，而且还具有本体论支撑，如此，"不在其位，不谋其政"之为政原则，乃人道法天道使然。对此，陈祥道释曰："若夫在天，则春夏秋冬不相易时；在地，则东西南北不相易方；在人，则耳目口鼻不相易用；至于朝廷，不历位而相与言，不蹿阶而相揖。大至于天地之理，小至于言语之仪，其定分也，犹且不可犯，又况不在其位，而谋其政哉?"

总之，孔子通过以确定和明晰"位"为前提，具体分析了在位、不在位与谋政、不谋政的关系，指证二者之间形式性的统一和实质性统一的区别，以"谋政"与否而反观是否真"在位"，强调君子"谋政"决不逾越自己的"位"与身份，从而遵礼、循礼而为。如此，孔子确立了一条审视为政者是否在位、到位，亦或越位的尺度。

"不在其位，则不任其事也，若君大夫问而告者则有矣。"（程子）为政者首先立足于"在位"而"谋其政"，以遵礼而为政，恪守为政、为官之道，尽司其职，自觉尊尚与维护礼制，切不可"以下犯上"干预朝政、乱了朝纲，从而成自觉遵礼守善道之君子。

简言之，孔子之论，是为政者或人臣之大忌：勿越俎代庖、僭权越位干政，甚至绑架居上者，以免招致辱或祸。

15. 盛赞师挚，礼乐教化

泰伯 8. 15

【原文】子曰："师挚之始，《关雎》之乱，洋洋乎盈耳哉！"

【译文】孔子说："从太师挚演奏始，到《关雎》乐曲演奏结束，美妙动听之音乐都充盈于耳。"

熟谙音乐之孔子，在听罢鲁国乐师挚演奏《关雎》乐章后，以"洋洋乎盈耳哉"，赞叹其演奏之盛美。

于"礼崩乐坏"之乱世，在鲁国尚能听到乐师挚演奏《关雎》这样内容丰富、自始至终都条理井然，声韵优美之乐章，令孔子感慨不已。听太师挚所奏之乐，美妙之韵律萦绕，仿佛远逝之乐声又回到耳畔，令孔子沉醉于其中不能自已，惟有大赞其美哉，以表其于乱世乐坏之后能再次听闻古乐之欣喜，彰其寄寓其礼乐教化之思。

师挚演奏之乐章，于孔子如是久别故友之重逢。如此，与其说孔子赞师挚演奏《关雎》之美，还不如说孔子借赞师挚之奏而悦古乐之回归，如是戴望所释："此孔子思周公礼乐，识挚遗声，听而美之"。如是，孔子美师挚之奏，乃因此而希望周乐得以复兴。

具体而言：

第一，孔子精通音乐，不仅会鉴赏音乐，自己也很会弹奏。据说孔子不但掌握了击磬、鼓瑟、弹琴、唱歌、作曲等多方面的音乐技巧，而且对音乐的理解和演奏规律的把握，达到了世人难以企及的高度。孔子重乐，强调乐要"尽善""尽美"，达思想性与艺术性高度统一。孔子更迷"乐"，"子与人歌而善，必使反之，而后和之。"（《论语·述而》）他曾在齐国闻《韶》乐，竟三月不知肉味。

于此，孔子参加一个音乐演奏会，倾听乐师挚演奏古乐《关雎》之后，大赞其乐美，演奏亦精湛，这只是孔子精于乐、重于乐之一个具体的事例。

孔子参加此次演奏会并盛赞乐师挚的演奏之大美，据司马迁在《史记》中的记载，应是发生于"孔子自卫反鲁而正乐"之时段。钱穆对之释曰："孔子从卫国返回鲁国后，对于当时鲁国的音乐进行了修正，当时必定是太师挚还在掌管鲁国的音乐，共同完成了正乐的工作。后来，太师挚去了齐国，鲁国的音乐也就衰落了。本章的内容是孔子在太师挚还在鲁国时对其音乐的赞美，还是太师挚去齐国以后孔子对他音乐的追忆，就无法确定了。"对此，陈祥道有言道："师挚之始，《关雎》之乱，而孔子美之，及其适齐而叹之，则其贤可知矣。"朱熹亦言："孔子自卫反鲁而正乐，适师挚在官之处，故乐之美盛如此。"

第二，对整个演奏会的演奏者、演奏乐章之内容及其特点，早已有注者予以澄明。

戴望释曰："师挚，殷大师向挚也。见纣乱，抱其乐器奔周。始，四始也。《关雎》为《风》始，《鹿鸣》为《小雅》始，《文王》为《大雅》始，《清庙》为《颂》始。皆周公歌詠文王之德。孔子列为四始，为后王法。乱谓合乐时也。《乡饮酒礼》曰：'乃合乐，《周南》：《关雎》、《葛覃》、《卷耳》，《召南》：《鹊巢》、》采蘩、《采蘋》。'古者作乐三篇同奏，以一篇为终。《诗》者，歌也，所以节，舞曲终乃更变章乱节，故为之乱矣。洋洋，众多貌。谓合金石丝竹而歌之也。"

钱穆释曰："师挚，鲁乐师，名挚。关雎，《国风？周南》之首篇。始者，乐之始。乱者，乐之终。古乐有歌有笙，有间有合，为一成。始于升歌，以瑟配之。如燕礼及大射礼，皆由太师升歌。挚为太师，是以云师挚之始。升歌三终，继以笙入，在堂下，以磬配之，亦三终，然后有间歌。先笙后歌，歌笙相禅，故曰间，亦三终。最后乃合乐。堂上下歌瑟及笙并作，亦三终。《周南·关雎〉以下六篇，乃合乐所用，故曰《关雎》之乱。升歌言人，合乐言诗，互相备足之。"

从注者之释可见，乐师挚演奏的《关雎》，其内容丰富，思想古雅，韵律优美，在乐师挚演奏的过程中，孔子一直都听得如痴如醉。听完之后，发出"洋洋乎盈耳哉"之赞美。

第三，孔子之所以在听完师挚的演奏之后，发出就"洋洋乎盈耳哉"之赞叹，不仅就师挚的演奏水平之娴熟高超，赞师挚之贤，亦不仅言于演奏之旋律美妙动人，而在于赞其所奏乐章的内容之古雅，以及其古雅之内容所承载的精神意蕴。正因为如此，《史记》曰："洋洋乎，美德役群众，则洋洋盛美之辞。师挚之始，《关雎》之乱，而孔子美之，及其适齐而叹之，则其贤可知矣"。正因为如此，戴望亦言："此孔子思周公礼乐，识挚遗声，听而美之"。对孔子听罢赞叹"洋洋乎盈耳哉"，陈祥道则释曰："治污，谓之污；治弊，谓之弊；治荒，谓之荒；治乱，谓之乱。《关雎》尝乱矣。师挚之始，其乱而正之。故师挚之始，《关雎》之乱，洋洋乎盈耳哉。"

总之，孔子回鲁修乐，希望重振礼乐文化。闻听师挚所奏乐章，欣喜于周公之礼乐于鲁再现，故盛赞其美哉。此乃孔子恢复周礼乐大业之星火，未泯灭于乱世之兆。如此，孔子以赞师挚演奏之精湛唯美，实为叹《关雎》之乐犹在；喜闻师挚之演奏，实为悦乐兴之希望。

16. 力戒三病，警惕病者

【原文】 子曰："狂而不直，侗而不愿，悾悾而不信，吾不知之矣。"

【译文】 孔子说："轻狂而不爽直，无知而不谨慎，表面上诚恳而不守信用，我真不知道有的人为什么会是这个样子。"

面"狂而不直，侗而不愿，悾悾而不信"之"与常度反"者，孔子亦言"吾不知之矣"，表对三种轻薄变态人格不可理喻而无奈、而反感，以警示弟子及世人当戒之。如此，孔子解世人之弊而予以严厉批判，昭示弟子及世人须修身进德，去己之病，成表里如一之君子。恰如蕅益所释：孔子言此等人，则是要求"大家要自己简点，勿坠此等坑堑"。

"狂，则进取而无节者也；侗，则游移而无守者也；悾，则虚中而无实者也。无节而直，无守而愿，无实而信，叹未善也。犹出于诚，未善而无诚，则非君子所与也。"（陈祥道）由此可见，此三种人，本质上是"未善"与"无诚"。

孔子之所以言此，按陈祥道之解，或许是因为"子张色取仁，而行违，其狂而不直者与"使然。如此，孔子言"吾不知之者，甚绝之之辞，亦不屑之教诲也。"亦表明"天生之物，气质不齐。其中材以下，有是德则有是病。有是病必有是德，故马之蹄啮者必善走，其不善者必驯。有是病而无是德，天下之弃才也。"（朱熹引苏氏）

孔子此论，既表对此德予以批评，更表君子自当戒"三病"，且警惕三病者。

具体而言：

第一，孔子通过对三种人或人身上的三种不好的品性进行了具体的分析，感叹社会的乱象，进而告诫自己的弟子，应该在德修中力戒此三种毛病，努力成为具有良好品质之君子。个体之病，实为世道之病的微观表征。如此，孔子提供对三种人的批判，间接地批判无道之世。

第二，"狂而不直，侗而不愿，悾悾而不信"都是坏的德性或德行，令孔子十分反感，以致于令孔子困惑且带愤怒之情而言："吾不知之矣"。因为这几种品质都不符合中庸的基本原则，不符合儒家一贯倡导的"温、良、恭、俭、让"和"仁、义、礼、智、信"的基本要求，皆表其"未善"与"无诚"，出现分裂式表里不一之人格。

第三，所谓"狂而不直"，孔子用"狂"与"不直"来表征一个人同时兼有这两种品行，导致"狂"而无据，枉然了"狂"，折射出"狂"与"直"的结合，才是一种正当的、良好的品格。如此，"狂"且"直"，必成刚健、大气、豪迈、坦荡之君子。

事实上，"狂"在古代并非完全是贬义的，有"不恨古人吾不见，恨古人不见吾狂耳"之语，这就表明，"狂"即是一种气度、内蕴"舍我其谁"之担当精神。进一步说，"狂而不妄"之"狂"，在某种程度上正是一个人所具有的责任感和使命感之真正体现，是其不推卸之勇于、敢于担当的深度自信。

孔子并不否定"狂"，反而对"狂狷之士"持欣赏的态度，认为其有可取之处；如此，"狂"表豪迈慷慨、旷达不拘、心地坦荡，直爽不屈；而"狷"，则表毫不苟取，不义之财一点都不要，不合理的事情绝不做，保守个性独立而很有道德修养之品质。孔子认为假使没有君子完善之品质，那么，具有"狂"与"狷"这两种特质，亦不错。

孔子又何尝不"狂"呢？曾言"文王之道尽在我"，难道这还不够狂吗？孟子就更不用说了。还有后来狂者不计其数，远有"究天人之际，通古今之变，成一家之言"之司马迁、"仰天长啸出门去，我辈岂是蓬蒿人"之谪仙、有"为天地立心，为生民立命，为往圣继绝学，为万世开太平"之大儒横渠，近有"问天地苍茫，谁主沉浮""数风流人物，还看今朝"之润之，还有本名为"继智"却易名为佛祖方可有的"十力"，且言"我即是佛"之"狂人"。如此云云，可见古来圣贤皆"狂"哉。在此种意义上，"狂"就是一种精神浩阔之大气，一种使命之张扬。他们慷慨激昂，指点江山，此乃生命真性情之外显，不知者以为狂也，而此恰是成大事者之内心卓绝之处。

但是，如果没有真性情，没有坦荡的胸怀，那样的"狂"就是一种假的、虚张声势之"狂"，是偏执、激进的"妄"。

如此，"狂而不直"的问题之根，并不是出在"狂"上，而是"不直"，如此之狂，正是张"狂"无正直之心的支撑、滋养，丧失了它的宽广深厚，更无沉稳承续之力，实乃自大"轻狂"、目中无人之粗鄙、浅薄。这正是孔子所要批判的。

对"狂而不直"者，钱穆释曰："狂者多爽直，狂是其病，爽直是其可取。凡人德性未醇，有其病，但同时亦有其可取。今则徒有病而更无可取，则其天性之美已丧，而徒成其恶，此所谓小人之下达。"

第四，所谓"侗而不愿"，"侗，无知貌。"（朱熹），表一个人"幼稚无知"；"愿，谨厚也"（朱熹），表一个人朴实、老实且做事小心谨慎；"幼稚无知"只是对一个人不成熟心智状况的一种事实判断，就其本身而言，并无好坏之价值属性，而"愿"则是一种好的品质。如此，"幼稚无知"之人，应有朴实、诚实、谨慎之本德；然而，吊诡的是，"幼稚无知"之人，却改变了其本来应有的性状，成为虚滑、狡黠且胆大、莽撞、妄为之徒。恰如钱穆所言"无知者多谨愿，今则既无知，又不谨愿。"在此，问题就出在"不愿"对"侗"的"泄密"上，这样，此等人则表面上装作无知，看起来厚道，内心却是充斥着各种"鬼主意"、坏心思，造成一种错位的幻象或假象。此类人，如是"不学有术"者。

第五，"悾悾而不信"。"悾悾，无能貌。"（朱熹）表一个人诚恳不会耍花招、忠厚无狡诈之样；"信"表一个人"诚实""有信""可信"之特质。如此，若"悾悾"而"信"，乃真诚之人。然而"悾悾而不信"者，正相反，外表貌似诚恳，本质上却不诚实，不守信用，令人不可信，真可谓"大奸似忠"也。此等人具有很大的蒙蔽性和欺骗性。

第六，"狂而不直，侗而不愿，悾悾而不信"，此三者之病各异，但其共同点者在于："反常度甚矣。"（陈祥道）就其三者之关系，陈祥道予以了厘定。他以为："悾恫颛养，则悾而后侗，侗而后狂；于此则先狂而后侗与悾者，盖狂者进取善也，狂未以为善也，以其未善而犹不直，则其反常度甚矣。"

第七，面对这三种人，孔子很无奈，于是，感叹连自己也不知道如何对他们进行"仁"教了。然而，面对狂而不能直，老实相而内心并不厚道；再加上非常浅薄，浅薄到没有内涵之世人，应该是并非个别如此之人。于此，孔子悲叹世德之衰，世道离乱之盛。

总之，"狂者进取，宜直"、"侗，未成器之人，宜谨愿"、"悾悾，慤（què，诚实、谨慎）也，宜可信。"（戴望）然事实上，三者逆反常态，呈现出"狂而不直，侗而不愿，悾悾而不信"之病。

孔子从气质、才智和品性等层面，对当世存在的三种诡异而病态之人："狂而不直，侗而不愿，悾悾而不信"之特质，非常简明而深刻地加以了揭露与概括。如此，孔子具体剖析三种人"病态"之症结，既揭示与批判了当世人之道德景象，又告诫其弟子们须力戒之，且广而告之世人须擦拭睿眼，识别之、警惕之，免受其祸害。

17. 虔敬为学，时不待我

泰伯 8.17

【原文】子曰：“学如不及，犹恐失之。”

【译文】孔子说：“学习，生怕自己赶不上、来不及一般，学到了还怕会丢掉。”

孔子以“学如不及，犹恐失之”表为学者于学当有迫不及待之渴求、孜孜以求之不息，且学而不厌之持恒，切不可漫不经心，学与不学皆行、可知或不可知皆可，以此警示或告诫其众弟子，为学须持勤勉、积极进取之心。如是程子所言：“学而不及，犹恐失之，不得放过，才说姑待明日，便不可矣。”

据陈祥道之释，“孔子之门人犹有冉有之自画，子贡之愿息，时之殆于学者多矣。故孔子言此以警之。”如此，孔子所言：“学如不及，犹恐失之”，乃针对其弟子之弊而教之，希望其弟子为学，应有时不待我之急切、急迫之心，从而应更自觉、更勤奋，更积极、更主动热情于求知问道。

学之无涯、学问无穷，决不可怠。为学当是“汲汲终日，犹恐不逮”（钱穆），好学更当如是矣。

具体而言：

第一，孔子要求为学者应持有时不待我之急切心，昭示为学须勤勉不息，对新知应始终保持渴求之姿态，孜孜以求而问学。孔子以“学如不及，犹恐失之”勾勒了虔敬为学、笃学不倦之人的应然之状，以此警示弟子们当戒松懈而散漫，懒惰而自画之弊。如此，孔子之语，于众弟子为学，既是警示，亦是要求，更是期待。

第二，学问无穷，当“学如不及”；新知须求，故当“犹恐失之”。如此，于“知新”，都当竭其力、尽所能，于心不自满、不知足，于行不停歇、不止息而不倦求之。如此，于学“如不及”“恐失之”，乃为学者应具备的心境与心态。始终保持学之主动、积极而惟恐滞后、落后，惟恐落下“未学”或“未知”之“学”，始终持谦虚笃定之学习姿态，近乎贪婪于学，乃是孔子称道的为学者。如是朱熹所释曰：孔子“言人之为学，既如有所不及矣，而其心犹竦然，惟恐其或失之。"

第三，孔子将为学之"如不及"与"犹恐失之"关联起来，更深刻地揭示了好学者内心于学之紧张。惟有只争朝夕，发愤忘食，其学方可由"不及"至"及"，亦才可解"犹恐失之"之心忧。于此，孔子亦指示，若要由"不及"至"及"，为学者当有悬崖撒手、直下承担，保持义无反顾之坚卓心，切勿左顾右盼、瞻前顾后。切不可画地为牢，故步自封，亦或怯懦松懈。

第四，进而言之，为学者为何应持或应有"如不及，犹恐失之"之好学心。就其客观原因而言，乃是因其所学的"学"，实为博大精深、丰富繁琐，令学习者难以驾驭，难以甄别、难以转化，始终难得其要领。从为学者之主观而言，为学者其材各异，有中人以上者、有中人以下者。有如闻一以知十之回，亦有闻一以知二之赐；进言之，为学者之积极性差异，有好学达废寝忘食之孔子，亦有冉有之自画，子贡之愿息等。

孔子撇开学之内容、为学者之材不论，直言凡为学者皆应持有的为学心："学如不及，犹恐失之"，强调为学者须志于道，潜于学，心无旁骛，义无反顾、一心向学，刻不容缓地学，此乃为学之至要也。

第五，于"故"有"如不及"之忧，欲知"新"生"犹如失之"之虑，皆虔敬好学使然。孔子言此，其意在于通过批评弟子为学懈怠之弊，以期众弟子笃其志、归其心、激其情、正其行，达为学之巅。

第六，孔子之论，折射问学之内在原则与规律：为学日益。恰如积沙成塔、集腋成裘。如此，需为学者戒懒散懈怠之心，惟不自画、不停息，大胆而勇敢、急切而真实地不断地由"故"而"新"，方可成饱学之士，从而成为问学而进道之人。

总之，孔子言"学如不及，犹恐失之"，从正面讨论为学者应具有的学习心态与姿态，暗批弟子之弊，期许其众弟子能戒其弊，进而明其志、正其心、诚其意、动其情、聚其力，虔敬为学问道。

18. 颂公天下，斥私天下

泰伯 8.18

【原文】子曰："巍巍乎，舜禹之有天下也，而不与焉！"

【译文】孔子说："多么崇高啊！舜和禹拥有天下，（却是为了百姓）而不是为了自己享受。"

舜禹坐拥天下，却"不与"，孔子赞舜禹之德："巍巍乎"。

孔子以"有""而不与"之反向，比衬出舜禹克己之欲，不贪图一己之享乐，而与万民共享天下，彰圣君明主之贤德。以此反观乱世诸侯君主贪婪天下之财仅为满足一己之私欲，与舜禹之崇高美德形成鲜明的对比。如此，孔子以颂舜禹与民共享天下之盛德，抨击当世诸侯不顾天下苍生之生死而独享天下富贵之无德。

孔子在历史与现世的比较中，确证审视君主之德的两种类型："共享"与"独享"。"共享"，乃亲爱天下而无己；"独享"，乃背弃天下而无人。以表"共享"之大德，"独享"之无德。

孔子赞"公天下"而与民共享天下太平之舜禹，鞭挞"私天下"而独享天下当世之诸侯，乃扬善抑恶，彰孔子于权力伦理与为政者德行之取向。

具体而言：

第一，孔子此论，就其深意而言，解读路径是多元的，歧义繁生。钱穆予以了梳理总结："此有三说：一：舜禹有天下，任贤使能，不亲预其事，所谓无为而治也。一：舜禹之有天下，非求而得之，尧禅舜，舜禅禹，皆若不预己事然。一：舜禹有天下，而处之泰然，其心邈然若无预也。"继而钱穆先生诊断道："三说皆可通。然任贤使能，非无预也。读下章"禹吾无间然"，知其非无为。第二说，魏晋人主之，因魏晋皆托禅让得国。然舜禹之为大，不在其不求有天下而终有之。既有之矣，岂遂无复可称？故知此说于理未足。第三说，与孟子'君子有三乐而王天下不与存焉'相似，然此亦不足以尽舜禹之大。宋儒又谓'尧舜事业，只如一点浮云过目'。此为尧舜不义成功自满则可，谓尧舜不以事业经心则不可。盖舜禹之未有天下，固非有心求之。及其有天下，任贤使能，亦非私天下于一己。其有成功，又若无预于己然。以此所以为大也。"

陈祥道之释属于第一种解读。他说:"巍巍,言成功之高大也。有天下而不与焉者,如尧之无为而治者也。无为而治者,君子之道。故孟子曰:君哉,舜也。孟氏先尧后舜,此先舜禹而后尧,何也?先尧后舜者,尧舜先后之序也。先舜禹而后尧者,以舜禹之有天下,本于尧故也。"

朱熹之释可归第三种解读。"巍巍,高大之貌。不与,犹言不相关,言其不以位为乐也。"

就钱穆所列出的三种解读,以及以陈祥道和朱熹为代表的宋儒之解,在某种程度上尚未揭示出孔子之言的真谛。钱穆先生最后点出舜禹"有天下,任贤使能,亦非私天下于一己",可谓在各种论说之迷雾中,渐渐清晰地接近孔子此论之真意。

第二,孔子置身于"私天下"之乱世而追念"舜禹之有天下也,而不与焉!"盛赞舜禹"巍巍乎"。其"巍巍乎"之德的本质指向则在于舜禹"有天下"而"不私天下于一己",此为"公天下",不独占、不独享天下,而是与万民"共享"之。恰如戴望所释曰:"舜、禹有天下,则与天下共之,为天下得人,治天下而不以己意与焉。"亦如孔子所言:"舜左禹右咎繇,不下席而天下治。"(《大戴礼记?主言》)

第三,舜禹"有天下",可以"私天下于一己",然却"不与"。如此,公天下而共享天下之德,孔子以为方可谓"巍巍乎",孔子以此赞舜禹"德以配位";与此形成鲜明对比的则是无天下而争天下,"有天下"而"私天下"之当世诸侯。如此,孔子借赞舜禹"德以配位"而批判当世争天下之诸侯欲求独占、独享天下之德不配位。孔子赞舜禹与民共享天下、"天下为公"之大德,实为追忆与颂赞"大同"之盛世,以批判"私天下"之无道乱世。

第四,"巍巍乎",这是孔子对舜禹之德很形象的描述,其德之高如泰山,令人仰止;而他们巍巍如泰山之高德,不仅仅体现在他们之心不在于权力,不为权力之得失而费其心力,甚至费尽心机,而是专注其事,从其所做之事中,彰其德,显其能,以尽德之事昭然于天下,进而让天下得以真切地感知、感化,这便是"德感天下"。

舜和禹心怀天下,以解天下人之疾苦为己任、为使命,其心不为权谋,亦不为权力之得失而费尽心思,不为一己之得失而劳心纠结,其心其德,自然造就出坦坦荡荡的人格,此乃圣贤之举彰显出来的伟岸之德,足以令天下仰之、归之。如此,可以看到,他们依靠的是恭敬无为而使天下归心,谁会对此不赞许并归顺于他们呢?

于此,孔子对舜禹之德的赞颂,本质上是对以舜禹为代表的仁德政治和贤人政治的讴歌。舜禹成为孔子一生盛赞的德政之典范和贤人政治之"原型"。

第五，孔子对舜禹之颂赞，突出政治权力伦理、官德与世道之关系。在"上行下效"之传统等级社会，社会风气、民德之状况，以致于世之有道、无道，无疑系于官德和权力伦理。如此观之，"舜禹有天下，而不与焉"，所彰显的"德以配位"，乃是世之有道、天下安泰之前提，由此表明社会混乱，政局动荡，弑君、篡位者屡见不鲜，为了争夺王位，骨肉相残、战争祸乱的事情时而发生，一旦得天下就"私天下"，进而骄奢无度，横行暴戾，本质上是为政者丧德，政治权力丧失伦理规范使然。

孔子通过赞舜禹"公天下"、共享天下之仁道政治和贤人政治，照映出"私天下"、独享天下之霸道政治和恶人政治，揭示了二者的伦理原则与道德本质，乃云泥之别。

总之，孔子借古鉴今，"温故"而"求新"。孔子对舜禹之称颂，非孔子个人之偏好，恰是置身于无道乱世图变之呼唤，此乃"时代的声音"，以表止无道之政和为政者之无德，张扬"天下为公"之"大同"梦想，终结"私天下"之乱政和乱世，倡导为天下人、行天下事而显其为政之德，进而彰德治天下之期许，实乃时势所趋。如此，孔子赞舜禹，即是赞舜禹为代表的传统贤人政治之善德、善治，以此对当世无道之恶政，无德之为政者予以批判，从而期待美好治世之来临。

19. 夫子颂尧，齐天之德

泰伯 8.19

【原文】子曰："大哉！尧之为君也！巍巍乎，唯天为大，唯尧则之。荡荡乎，民无能名焉。巍巍乎其有成功也，焕乎其有文章！"

【译文】孔子说："真伟大啊！尧这样的君主。多么崇高啊！只有天最高大，只有尧才能效法于上天。（他的恩德）多么广博啊，百姓们真不知道该用什么语言来表达对它的称赞。他创建的功勋，真是崇高啊，他制定的礼乐法度，多么光辉美好啊！"

孔子毫不吝啬地以"大哉""巍巍乎""荡荡乎"等溢美之词称颂圣贤之君尧，其赞美可谓无以复加。在孔子看来，尧无疑是具有完美德性之圣君。尧法天无为而治、"其有成功""有其文章"，故"巍巍乎"，其德齐天；"荡荡乎"，表"尧之德不可名，其可见者此尔。"（朱熹）

孔子对舜之赞颂，按朱熹引尹氏曰："天道之大，无为而成。唯尧则之以治天下，故民无得而名焉。所可名者，其功业文章巍然焕然而已。"

古之圣王明君，已远逝。今之贤明之主，安在？孔子对舜之赞美，表对先王之崇敬与追念，同时亦表当世再无舜一样的圣君明主，抒发于乱世自己的理想无法实现之复杂心情。

具体而言：

第一，孔子尽其所能，用极优美的语词："大哉！""巍巍乎"和"荡荡乎"来歌颂以"尧"为代表的古代仁君，颂扬其如天之功，赞美其所创建的制度、尤其是礼乐法度，表达对古代先王无比崇敬之心、爱戴之情，间接表达对以当世无道昏君为代表的为政者的批判，以及己之仁道梦想难以实现的无奈。

第二，孔子一开始就以祈使句"大哉！尧之为君也。"以表达对先王"尧"之高度赞叹与极至性的颂扬。《易》曰："大哉干元"；"大"者，按孟子之言，乃"充实而又光辉之谓"也。孔子以"大哉"鲜明而真诚地称颂为君之尧。

第三，但是，孔子并非简单从道德视角对"尧"予以抽象地歌颂。接下来他为赞美仁君"尧"，提供了基本的事实佐证，以表他依据"尧"之居天伟功而加以肯定和赞许。

其一，"唯天为大，唯尧则之"。表帝尧能够效法天道，无私覆载，承接和顺应天道之运，无为而治，成天地之功业，其仁亦如天。对此，陈祥道释曰："天任理，人任情。任理则大而公，任情则小而私。尧之为君子，不私其天下，则大而公焉。故曰：唯天为大，唯尧则之。"陈祥道引《诗》曰："不识不知，顺帝之则"，进而言之"前乎尧者，则其象而已；后乎尧者，顺其则而已。故曰：'唯天为大，唯尧则之'。"戴望更直截言之："天不言而四时行，岁功成。尧法天，为而不有，故其仁如天也。"

其二，"巍巍乎其有成功"与"焕乎其有文章"。"巍巍乎其有成功"，表尧"通其变，使民不倦，神而化之，使民宜之。魏魏如天，成功弗可及也。"（戴望）"尧"，中国古代传说中之圣王，其品质和才智均非凡绝伦，有赞美之语如斯："其仁如天，共智如神。就之如日，望之如云。富而不骄，贵而不舒。"（《史记》）在他即位以后，天下局面大变：举荐本族德才兼备的贤者，首先使族人能紧密团结，做到"九族既睦"；又考察百官的政绩，区分高下，奖善罚恶，使政务井然有序；同时注意协调各个邦族间的关系，教育老百姓和睦相处，因而"协和万邦，黎民于变时雍"，天下安宁，政治清明，世风祥和。于是，"尧"以治理天下之功勋而成为古之圣君贤主，成为万世敬仰之君，此谓"魏巍乎其有成功"。

"焕乎其有文章"。"焕，光明之貌。文章，礼乐法度也。"（朱熹）"奂，明也。文章，'五服五章'也。'谓山、龙青、华、虫黄，作绘黑，宗彝白，璪、火赤。'天子服五，诸侯服四，次国服三，大夫服二，士服一。'若天之垂象焉。"（戴望）表尧法天而创立的礼仪制度或礼乐典章制度，如光辉一般照耀当世，正世人心性，引人文明，尚礼规范，使国泰民安、天下太平。

其三，"荡荡乎，民无能名焉"。先王法天，"巍巍乎其有成功也，焕乎其有文章"，以致于"民无能名焉"。孔子以民之意，印证舜之德大。

对"荡荡乎，民无能名焉"。

陈祥道释曰："巍巍乎，其有成功；焕乎，其有文章，无不为也，民无能名，故谓之帝。其有成功，故谓之放勋；其有文章，故谓之重华；然尧之则天之大，非美而未大也，则天者，天之合也。"

朱熹释曰："荡荡，广远之称也。言物之高大，莫有过于天者，而独尧之德能与之准。故其德之广远，亦如天之不可以言语形容也。"

戴望则更具体地指出"民无能名焉"之意，以示尧之功勋至大而无以谥名也："荡荡，无厓际貌。名，谥名也。'大行受大名，细行受细名。'尧崩无谥，是'民无能名'。"

如此，孔子以尧法天、"巍巍乎其有成功也，焕乎其有文章"以及"民无能名"等"事实"为根据，并对之予以赞美，构成道德、美德判断的经验依托，亦使孔子之赞美具有客观依据，更具说服力，如此也突出了孔子将道德和功业、人格和业绩加以统一，作为评价、称道圣人的尺度和准则，使道德扎根于为政之实，弃抽象道德评价之弊。

总之，《易》曰："天垂象，见吉凶"。圣人则之，即尧帝仿天效地、顺天应地，创制而恩泽万民不竭；如此，在孔子看来，帝尧仁德如天，智慧如神，富有却不骄纵，尊贵却不傲慢，后将帝位禅让给虞舜，使其美德得以传承。这样，帝尧之德浩浩如天穹，帝尧之功荡荡似海阔。孔子对帝尧之膜拜与颂扬，溢于言表，其敬仰之情如万古江河。

20. 贤才栋梁，安邦定国

泰伯 8.20

【原文】舜有臣五人而天下治。

武王曰："予有乱臣十人。"

孔子曰："才难，不其然乎？唐虞之际，于斯为盛，有妇人焉，九人而已。三分天下有其二，以服事殷。周之德，其可谓至德也已矣。"

【译文】舜有五位贤臣，而天下治。

周武王说过："辅佐我治理国家的有十能人。"

孔子说："人才难得，难道不是这样吗？唐尧和虞舜之间及周武王这个时期，人才是最盛了。但十个大臣当中有一个是妇女，实际上只有九个人而已。周文王得了天下的三分之二，仍然事奉殷朝，周朝的德，可以说是至德了。"

正所谓"以天下与人易，为天下得人难"。"尧舜之时，野无遗贤。而舜之治天下者，五人而已。文之时，济济多士，武之乱臣十人而已。故孔子叹其才难也。"（陈祥道）

孔子以舜治天下为证，以武王自述为据，阐明得人才乃是治国理政的第一要务。人才决定治国、治世之成败。进而以陈述"唐虞之际"，人才济济之景况，表孔子渴慕那美好的时代，亦折射出孔子对治乱之贤才的急切渴求。

孔子以周服事殷为事实依据，称道周之德为至德。也正因为周之至德，方能聚集人才，于唐虞之际，成鼎盛之状。孔子以此表明一条根本的原则，惟德可揽贤德大才而治国。如此，孔子以当世无贤才而间接地批判世之无德。

舜、周武王、乃至周朝，皆因其盛德，聚英才而治国，亦因君臣能同心同德而兴邦。如此，孔子以人才为表，以德为里，张扬"以德治国"、德治天下之主张。

具体而言：

第一，本节记述，以世人皆知的一个传说或历史事实为始，以武王治理国家之直接经验为据，孔子揭示人才于治国安邦的至关重要性，进而在历史追溯的基础上，孔子深深地感叹，人才越来越难求；最后，孔子言周之德，从而表达孔子以德为标来丈量历史、把握治理之特征，以及以德揽聚人聚才之主旨，从人才之得的角度彰显其以德治国、仁治天下之道。孔子之论，表达孔子对教化、教育和培养人才的使命和急迫性之自觉，同时也指示其弟子们必须将自己培育、锻造成安邦治国之人才。同时，亦隐晦地表达己于当世未能遇见如舜、武王般的圣君明主而得以施展治国、治世之才，以此批判当世君主之昏庸无德。

第二，"舜有臣五人而天下治"。"舜有臣五人，为五官也。唐、虞、夏、殷皆五官以法五行。舜之五官：禹，司空也；弃，稷也；契，司徒也；咎鲧，士也；伯夷，秩宗也。"（戴望）据说舜正是因为得到禹、稷、契、皋陶、伯益等五位人才，并在他们的辅佐下治理天下，其天下就得以很好的治理，还世人一个安宁盛世。由此，此章以历史事实为依据，提出一个基本的原则：有天下之大才贤人，则可以安邦定国，才能治理出太平盛世来。从而表明人才是治国安邦、造就繁荣盛世之关键要素。

第三，接着，以直接引语的方式，展示武王以自豪的口吻谈到自己治理国家之直接的经验，即"予有乱臣十人"。这就进一步以武王治理国家的真实事实来佐证和强化人才对于治理国家的至关重要性。据考所知，武王正是仰仗、依靠周公旦、召公奭、太公望、毕公、荣公、太颠、闳夭、散宜生、南宫适，再加上武王之妻邑姜十人，帮助他打理国家之内政、外交等诸多大大小小之事，才使之成就鼎盛繁荣之势。["九人治外，邑姜治内。"（朱熹）"治官者十人……治外有九人，治内有文母。"（戴望）]武王将辅佐、帮助他治国的"十人"，称为"乱臣"，即"治乱之臣"，可见武王不无自豪与诙谐地爱称鼎力于他的功臣们，正是他们的齐心协力，以盛世证明他们是治国之功臣。一句话，武王之语表明治国而成鼎盛之势，治国之人才起了关键和决定性的作用。

第四，在此基础上，孔子面对其弟子们深深感叹"人才难得！"孔子以反问的口气如此说，更加重了人才于治国的重要性。孔子给弟子们及世人上了一堂治理邦国与人才之关系的历史课，将历史上的圣君明主在治理国家时的人才状况予以陈述，突出人才重要性。

孔子为何感叹"人才难得"呢？据孔子了解，周初人才盛于唐虞、唐虞人才盛于周初、唐虞与此周初同为人才盛时、唐虞以下周初人才为盛。如此，从人才变化的趋势可见，人才是越来越难得了。恰如朱熹和戴望所释曰："降自夏、商，皆不能及，然犹但有此数人尔，是才之难得也。"（朱熹）"言人才，唐、虞以将，于周斯时为盛。"（戴望）亦如蕅益所释曰："叹才难而赞至德，正因德难，故才难耳。倘纣有圣德，则武王并九人，方将同为纣之良臣，又何至以'乱臣'称哉。"

第五，最后，孔子歌颂武王、文王之周德为"至德"。对此：

陈祥道释曰："文王有君民之大德，有事君之小心。有君民之大德，故三分天下有其二；有事君之小心，故犹服事殷。如此，则不以利累名，不以私累实，其德不可以有加矣，此所以为至德也。不谓文王之至德而曰周之至德者，以明周之世世修德若文王也。《易》曰'周之盛德'，而此曰'至德'。自其衰世言之，则曰'盛德'；自其以服事殷言之，则曰'至德'"。

朱熹释曰："春秋传曰：'文王率商之畔国以事纣'，盖天下归文王者六州，荆、梁、雍、豫、徐、扬也。惟青、兖、冀，尚属纣耳。"继而引范氏曰："文王之德，足以代商。天与之，人归之，乃不取而服事焉，所以为至德也。孔子因武王之言而及文王之德，且与泰伯，皆以至德称之，其指微矣。"

戴望解曰："文王当纣恶未盈，三分有二，犹服事殷，初无受命改正之志，明武王之伐非得已也。"

孔子之所以对之如此推崇而赞扬周德为"至德"，其关键就在周朝尊崇"礼"，其事实依据则是武王虽然在十位贤臣的全力帮助下，得天下三分之二，但是他还在一段时期内臣服于商纣王，遵循君臣之礼。在孔子看来，这是比他拥有三分之二的天下更值得肯定和赞许的。如此，武王乃是人才之中的人才，圣贤之才。也只有这样，那十人也才可能甘心辅佐之，他也才能驾驭并利用好他们的才能，成就伟业。

总之，孔子以传说，以君王的直接经验和历史事实为依据，强调治国安邦，人才的至关重要性。在孔子看来，得人才者，得天下，这构成孔子人才治世观的重要部分。于此处，孔子之侧重点即在凸显人才的治国价值和功能。

正因为孔子熟谙国家治理之道，深知治国必须有"人才"之深刻道理，因此自觉己为"木铎"之使命，倡导和践履"有教无类"的教育原则，且毕生"诲人不倦"，造各类英才，应安邦定国救世之需。

21. 夫子赞禹，玉成王道

【原文】子曰："禹，吾无间然矣。菲饮食而致孝乎鬼神，恶衣服而致美乎黻冕，卑宫室而尽力乎沟洫。禹，吾无间然矣。"

【译文】孔子说："对于禹，我没有什么可以挑剔的了；他的饮食很简单却能尽力去孝敬鬼神；他平时穿的衣服很简朴，而祭祀时尽量穿得华美；他自己住的宫室很低矮，却致力于修治水利事宜。对于禹，我确实没有什么挑剔的了。"

孔子从禹的日常生活及其所为，总结出禹三大美德，表禹于个人生活之节俭，对神灵祭祀之隆重，以及尽心尽力为民谋福祉。恰如陈祥道所解："厚饮食、美衣服、崇宫室，人之情也。菲而致孝乎鬼神，恶而致美乎黻冕，卑而尽力乎沟洫，所以仁鬼神、仁民也。仁者，尽人道而已。人道尽，则无间矣。"禹如此"薄于自奉，而所勤者民之事，所致饰者宗庙朝廷之礼，所谓有天下而不与也，夫何间然之有。"（朱熹引杨氏）

如果说"帝道成于尧舜，王道成于文武"，那么成"帝王之道而无间者，禹而已，故言禹终之。"（陈祥道）此为孔子对先王之至德最高的肯定与褒扬。

面对如此圣德之禹，孔子以两次说"吾无间然矣"，表对禹之盛赞，以促世君王反思己之为政及为政之德。如是蕅益释曰："如此，方无间然。为君者，可弗思乎？"由此可察孔子赞古圣先贤之现实指向。

具体而言：

第一，孔子通过对禹之个人生活与所尽事功进行对比性描述，认为他是一个无可挑剔的完美之圣君明主，表达孔子对禹的高度评价和赞美；孔子借赞古而讥今，表对当世的为政者予以批判与警示。

第二，孔子从"头"至"尾"都说"禹，吾无间然矣"，这是孔子在不断强化他对发自内心的赞不绝口。开端时孔子说"禹，吾无间然矣"，表其对"禹"之德所作出的肯定性判断，是抽象的和总体性的；接着，在孔子陈述"禹"的生活事实之后，结尾时再次说出同样的语句"禹，吾无间然矣"，对"禹"的个人赞美就明显比开始时说，其内涵就更为丰富和饱满，"禹"之形象也更为生动鲜活。"事实胜于雄辩",孔子通过禹生活简朴与事功丰伟之"事实"的对比,使得他对禹的赞誉,也就有根有据,毫无虚断之处。对于孔子最后再言"禹,吾无间然矣",朱熹以为"再言以深美之。"戴望亦认为"再言之者,深叹禹之德,当为来者法。孔子曰'书之重,辞之复,呜呼,不可不察,其中必有美者焉。'"

第三,孔子以"菲饮食""恶衣服"和"卑宫室"来描述禹的个人生活,刻画出他在食、衣、住等方面,极尽节俭,甘于简陋;以"致孝乎鬼神""致美乎黻冕(fú)"和"尽力乎沟洫"来呈现禹在祭奉鬼神祖先,以及在造福黎民百姓的农田水利基础设施建设方面倾其人力、物力之"慷慨";如此,禹以寡淡菲薄的简单饮食来敷衍自己,却一丝不苟地用丰美精致的祭品供奉鬼神祖先,以表达对神灵的由衷敬意;自己日常衣服简朴甚至粗劣,亦或衣衫褴褛,却把祭服祭礼制作得极其庄严华美;自己住着低矮狭小简陋的宫室,却尽可能将人力物力投入农田水利基础设施建设之中。孔子通过此等对比性的描述,将禹之生活两个维度之间的差异予以充分地彰显,从而突出禹克己之私欲,于己的吃穿住毫不讲究,而在祭祀和基础设施建设等方面却毫不含糊,具体勾勒了禹之心载天下,情系苍生,而决非以"一己之私"而负天下之伟岸情怀。

第四,通过对比,孔子凸显禹于己的基本物质生活遵循着苛求或克己原则,体现禹之无私精神,始终将个人生活之物质享受置于次要地位;相反,将敬天尊神,以及把黎民的生活与国家的富强放在了首要的位置;如此,禹正是在人与鬼神、自我与国家、小我与大我、君子与民众之关系的处理中,彰显其高尚的品质和值得称道、歌颂的美德。

总之,如是钱穆所释:"孔子深赞禹之薄于自奉而尽力于民事,亦有天下而不与之一端。事生以饮食为先,衣服次之,宫室又次之。奉鬼神在尽己心,故曰致孝。祭祀服备其章彩,故曰致美。沟洫人功所为,故曰尽力。"

孔子以对比的方法,对禹生活的两个方面进行了鲜明的比照,呈现禹薄以自奉,礼以侍鬼神,尽力为民的品质,支撑着他所说的"禹,吾无间然矣"的结论,确立圣君明主的典范形象,同时对现世之君主倒置的生活进行了批判。

第九　子罕篇

1. 罕言命利，夫子彰仁

子罕 9.1

【原文】子罕言利，与命，与仁。

【译文】孔子平素很少主动言利，却相信天命，赞许仁德。

───────────────────

此节记述，以"利""命"和"仁"三个关键词来确认孔子言说之对象、论说之"主题"，进而厘清与确证孔子之取向与关注，从而澄明孔子思想之核心与特质，呈现出孔子思想的整体面貌。

孔子曾言"朝闻道，夕死可矣"，表明"仁道"于孔子之生命价值系谱中，实为最高价值，次之为生死、又次为利。"子罕言利，与命，与仁"之记述，再次印证与凸显孔子思想仁"本"利"末"之价值原则，凸显孔子对"仁"的极度重视与赞许，以此彰显孔子思想以"仁"为核心的价值逻辑。

孔子言"仁"最多，次之为"命"，最少的是"利"，既表现实之因，亦彰其价值引导。如此，表征孔子重"仁"轻"利"之一贯主张。

───────────────────

具体而言：

第一，本记述涉及对孔子之思想架构及其主导精神的把握。记述者就"利""命"和"仁"这三个语词或范畴在孔子的思想体系中所具有重要的地位，以"罕言"和"与"予以表征。

然而，就"罕言"之"对象"而言，对本记述的解读，自然也就存在着分歧，引发争论。

就争论所显示的具体路向来看，主要有以下两种基本方案。

（1）子罕言利与命与仁。

（2）子罕言利，与命，与仁。

在此，可以显现出，对本记述不同的句读式，就必将形成关于孔子思想系统和主导精神理解和把握的不同偏向，因此，不同的解读模式，就会形成与此解读模式相一致的孔子思想体系。为此，不可否认，有的就会遮蔽或歪曲孔子之思想和精神之主脉，因误读而误导。如此，不同的句读所定型的不同解读走向，生成孔子思想不同的格局。

第二，第一种解读："子罕言利与命与仁"，以为孔子对于"利""命"和"仁"皆不多言，即"罕言"。这一诠释构成传统解读之路向。譬如：

程子曰："计利则害义，命之理微，仁之道大，皆夫子所罕言。"

陈祥道释曰："仁，人道也；命，天道也；利，则和同天人之际者也。仁、命，人所难知；利，人所难为。智足以及此，无事于言；智不足以及此，无足以与言，所以罕言也。"进而言之"天之所利，年饥不足，博施济众，尧舜犹病，况于人乎？故鲜言之以利，人所难为故也，孔子于利，罕言。孟子于利，不言。盖罕言者，利之本，不言者，利之末。"（陈祥道）

戴望解曰："罕，寡也。利者，义之和也。命者，天之道也。仁者，人之性也。备著于《易》、《春秋》，不以设教，故见为罕言也。"

程子、陈祥道和戴望按此路向而解，彼此虽路径各有不同侧重。程子虽从"利""命"和"仁"之差异性入手，但就三者之本质而论，夫子皆"罕言"。陈祥道则从"利""命"和"仁"之关系，不仅言孔子罕言"利""命"和"仁"，而且突出孔子"罕言利"与孟子"不言利"之差异。戴望则认为，孔子之"罕言"则在于不以此三者"设教"，即不对之展开专题讨论并传授于弟子们。但是，其共同点在于都认为孔子于三者皆"罕言"。对此，钱穆以为"或说：利与命与仁，皆孔子所少言，此决不然。"方外史亦认为："言命言仁，其害与言利同，所以罕言。今人将命与仁挂在齿颊，有损无益。"

第三，第二种解读："子罕言利与命与仁"，认为孔子"罕言利"，而多言"命"与"仁"。这一路向很清晰地看到孔子"罕言利"，多言"天命""仁德"之目的。钱穆如是认为："利者，人所欲，启争端，群道之坏每由此，故孔子罕言之。罕，稀少义。盖群道中不可不言利，而言利之风不可长，故少言之。与，赞与义。孔子所赞与者，命与仁。命，在外所不可以知，在我所必当然。命原于天，仁本于心。人能知命依仁，则群道无不利。"卓吾云："罕言利，可及也；罕言利与命与仁，不可及也。"

　　　　　　　　　生活哲学视野中的"论语"研判

在此两种解读之外，江谦补注，又提出："孔子所言，皆利也，命也，仁也。仁即心性，利命因果，除却心性因果，复何言乎？以学者机感之殊，则见有常言，有罕言。子贡所谓'夫子之言性与天道，不可得而闻也'，是不闻也，非不言也。"

第四，通过《论语》中孔子谈到"利""命"和"仁"的次数统计，即折射出他谈及三个语词的频率，便可很直观地看出孔子"罕言"什么，多言什么？

对此，据杨伯峻、赵纪彬两先生统计，孔子在《论语》中谈"仁"有109处，其中有105次作"仁德"讲；谈到仁者爱人之"仁"，有3次，其它1次。又据杨伯峻先生统计，在《论语》全书中，"利"字仅用了10次，其中只有6次是直接指称"利益"，有4次是作动词、形容词使用，与利益、私利无关。从统计的次数和言说的频率来看，说孔子"罕言""利"，是十分贴切和恰当的。而对于"命"字，也是如此，《论语》全书中总体使用过21次，加3次是说"天命"，总计24次。从其语义来看，真正用为"天命""命运"的也只有13次，其余11次是作寿命、生命、辞令、命令、使命等意，与命运、天命无关，如此，判孔子言"命"，亦不属"罕"了。

如此，以《论语》中三个语词使用的次数和频率为参照，以《论语》的整体语境为主导支持，以"利""命"和"仁"三者内涵的挖掘和对"与"的两种解释［将"与"解释为"和"或"赞许"两种不同的语义］之辨析为切入点，形成一种能较为准确地反应孔子言说多寡之实际状况："子罕言利，与命，与仁"。

第五，孔子之所以少讲"利"，是因为在孔子的视域和思想格局中，总体说来是"重义轻利""先义后利"，只是言"义"时，为了凸显"义"之真义而以"利"作为比照而言及"利"；孔子"罕言利"，并非否定"利"，对于人们正当的利益追求，他还是肯定甚至是支持的。他反对和抨击的，是那些被功利蒙蔽了双眼、将道义抛诸脑后、甚至为利益而不择手段、唯利是图之小人。简言之，孔子并不反对求利，只是反对见利忘义。进而言之，即使孔子不言"利"，当世之人亦从未停止过对"利"的追逐，以及围绕着"利"而展开的厮杀。鉴于此，孔子"罕言利"，本质上是不想因为自己频繁地谈"利"而再度刺激、甚至鼓励世人放纵欲望，争夺利益。这便是孔子"罕言利"之用意所在。

孔子之所以言"命"且赞同"天命"，一是他本人相信天命。孔子说过"五十而知天命""天生德于予"、"君子有三畏：畏天命……""不知命，无以为君子也"之类的话语，从中不难体会到他对天命的真诚信仰。二是孔子言天命的观点，虽有宿命论和消极色彩，但是多谈这些，能给人们追求财富的热望降温，增加对己之"天命"的敬畏之心。其目的是通过降低人们对财富的欲望，减少社会争利之事端。争权夺利的人少了，或者渴求利益之心淡了，你争我抢的现象就会相应减弱，如此一来，就有利于社会整体上的和谐稳定。三是孔子言"命"，从"天命观"的最高层次来看，增强每一个个体对己之使命和责任的意识。但是，孔子并非大谈"命"，而是在适当之处，该言之则言之。因为在孔子看来，天命难言，多言无意义，多是存而不论；如此，孔子相信天命，但不是专论"天命"。

孔子在《论语》中，自然不是罕言"仁"，与言"利""命"相比，言"仁"自然是最多。从《论语·学而》第三节"巧言令色，鲜矣仁"开始，或自述、或问答，孔子为了让世人和弟子们懂得"仁"之真意，不厌其烦地从多维度对"仁"展开解说与阐释，为世人认知"仁"提供了多层次的广阔空间，亦揭示了"仁"所承载的丰富内涵。如此，孔子决不可能不多言"仁"。事实上，孔子尚仁，其思想的核心即是"仁"。如此，可以说《论语》就是孔子"仁学"之思的载体，又怎么可能罕言之呢？

总之，本记述话语浓缩，意义重大。对其意义的破解和确定，意味着是否对孔子之思想和精神特质的准确把握和核心的定位。如此，本记述通过孔子少说与多说，表征孔子思想轻重之价值取向，彰显孔子推崇"仁"，赞许"仁"，也对"仁"言之甚多的事实，以此则可确认孔子之思的宗旨和最高价值旨归即是"仁"。以此可见，孔子之学，本质上即是"仁学"。

2. 不器夫子，谦愿执御

子罕 9.2

【原文】 达巷党人曰："大哉孔子！博学而无所成名。"

子闻之，谓门弟子曰："吾何执？执御乎？执射乎？吾执御矣。"

【译文】 达巷党这个地方有人说："孔子真伟大啊！他学问太渊博了，因而不能以某一方面的专长来称赞他。"

孔子听说了，对他的学生说："我要专长于哪个方面呢？驾车呢？还是射箭呢？我还是驾车吧。"

达巷党人对孔子的盛赞，再次印证和折射出孔子学问之渊博、思想广博而难以定位他是某一方面的人才。孔子借达巷党人对己之赞誉，以及赞誉中暗含的问题，反省己之所长，从而提出了"专才"与"通才"之关系，蕴含着"君子不器"之深意。

孔子以"己"为剖析对象，幽默而风趣地向弟子们敞开当如何处理博学之通才与才艺即专才之关系。孔子反观己之所专，在"执御乎？执射乎"之尊卑选择中，孔子言"吾执御矣"，不仅表孔子之自谦，而且表孔子自觉其所职。

"君子不器"，本质上乃"大道不器"。孔子之言表明"执者，治其器物习其事之言。射、御可以习礼乐，而士之子职在能御，故曰'吾执御矣'"。（戴望）

具体而言：

第一，通过达巷党人对孔子之赞扬，以及孔子听到后对学生所说的一番话，不难看出，本节之根本在于揭示通才与专才、博与专，学问、智慧与技艺之间的关系。孔子之言，不仅表达了"士"应持守与践行己之责任与使命，更为充分地在自己身上印证他所倡导的"君子不器"之根本原则与理念。

第二，本节首先直呈达巷党人对孔子的赞美。在赞美词里，所谓"大哉孔子"，是对作为圣贤之孔子予以极度地称颂、称道。此处侧重于从孔子整体精神与道德境界亦或生命气象而言，这是情不自禁式的感叹。简言之，"大哉孔子"赞誉孔子乃为得道之人。得道之人，方为"大哉"。

（1）在达巷党人眼里，孔子无疑是博学、饱学之士。孔子不仅好古敏求，博学多闻，见多识广，而且还具有敏锐的洞察力，简直就是学问之化身。

（2）面对孔子这样的惊天之大儒鸿才，其学问早已不再局限于某一方面，而是超越了只善于某一门专长的学识和才能，是"大"而"全"的统一，是"智慧"的化身。如此，达巷党人深感无法以某单一既成的"名"来涵摄和称谓孔子之才学了。

这两方面，通过直接言说孔子博学，进而以既成的、专属之"名"都无法涵盖孔子之学问，是进一步为前面感叹"大哉孔子"所作的论证，以更为真切的事实支撑他们对孔子之敬仰之情。

在此处，有两点需要澄清：

其一，达巷党人可以说从未见识过如孔子这般博学之人。当他们碰到孔子之后，按照才能、技艺，即某一专属之"名"来评价孔子，发现再也找不到更合适的既成之"名"来指称。恰如常言道，海水岂可斗量。以此凸显孔子在达巷党人眼中的博学，其精神世界的博大精深，进而反证孔子之"大哉"。恰如陈祥道释曰："颜闵之徒，或以德行称，或以政事称，或以文学称，或以言语称，皆其所以成名也。孔子无所不学而人莫名其所以学，无所不知而人莫名其所以知，则无所成名也。"戴望则言："无所成名，言其圣无不通，不可以一艺名之，所谓大道不器。"钱穆亦言："孔子博学，而融会成体，如八音和为一乐，不得仍以八音之一名之。"

其二，有人认为，"博学而无所成名"是指孔子学问广博，可惜没有一艺之长以成名，[朱熹解道："博学无所成名，盖美其学之博而惜其不成一艺之名也。"朱熹引尹氏曰："圣人道全而德备，不可以偏长目之也。达巷党人见孔子之大，意其所学者博，而惜其不以一善得名于世，盖慕圣人而不知者也。"] 如此，孔子表面上博学多识，他什么都懂，但什么都不精，一句话，孔子虽博学，但无一精专，这样，此语中暗含着对孔子的讥讽之意。如此理解，从语义上看，前后是自相矛盾的。因此，此处当不是达巷党人对孔子所谓博而不精、通而不专、蜻蜓点水、泛滥浅薄无所成事的"求全责备"。如此，若达巷党人果真这般看孔子，为何一开始那般虔敬地赞颂孔子"大哉孔子"？所以"讥讽"之意并不存在。只是面对孔子"不器"之"大"，难以按照通常有一专之长的人才标准予以归类，故曰："大哉孔子"，惊叹孔子超越于"器"之特质。

第三，说者无意，听者有心，会听者听意，不会听者听音。虽然达巷党人对孔子的赞美是至真至诚的，然而孔子却从达巷党人对他的称道和赞美中听出了一个问题，那就是"博学"与"专才"之关系问题。如此，孔子面对其弟子们开始自问自答。

在此，孔子首先说："吾何执？"["执，专执也。"（朱熹）] 这是一种原则上自问，所问是就技艺层，意思是我有何专长呢？接着孔子依然以自问的方式列举两种技艺，"执御乎？执射乎？"这是孔子从总体原则上自问之后，下降到真正的技艺层面。

此处，孔子三个自问（"吾何执？执御乎？执射乎？"），最后自答曰："吾执御矣"。在此，通过孔子自问自答，揭示了学问与技艺之间的关系，以及博学者首先必须具有某项可"执"之能，进而才可能超越具体所"执"而不局限或困于此种所"执"。换言之，君子必须先成器，方可达到"君子不器"之境界，否则就成了被架空之人了。

孔子面达巷党人对己之赞誉，以致于"无所成名"。事实上是两个层次的问题。其一，孔子之才能已经超越了以某一艺而成名之时，已达"大道不器"之境界；其二，达巷党人依然按照人之"艺"而量"器"之原则来审视孔子。这本是错位的判断。孔子顺着达巷党人"器"、"艺"之"成名"的层次和思路而反问己，以表孔子虽以达道之不器的境界，但并非以此自居，如此表现出孔子之自谦。在这一维度上理解朱熹所言孔子之自谦才是恰当的。［朱熹云："射、御皆一艺，而御为人仆，所执尤卑。言欲使我何所执以成名乎？然则吾将执御矣。闻人誉己，承之以谦也。"］恰如陈祥道所言："孔子于射不敢执，而曰执御者，谦之至也。"

第四，孔子提出两个选择项"执御乎？执射乎"，最后决定"吾执御矣"。对此，陈祥道释曰："圣人之于天下，方其人之知我也，则承之以谦。若曰：吾少也贱，故多能鄙事。若圣与仁，则吾岂敢？君子道者三，我无能焉。我于辞命，则不能也，方其人之不知我，则高其言曰：'天生德于予，文不在兹乎？下学而上达，知我者其天乎？'此孔子所以执御而不执射者，以达巷党人之知我故也。"

孔子言"吾执御矣"，表达了孔子的问学之志，以及孔子的自我定位和自我评价。但同时需要注意。孔子以"执射"暗喻"专才"，因为执射最大的特点就是"有的放矢"，始终围绕或瞄准一个靶心，讲究专能和技艺；而"执御"即"驾车"不会只有一个方向，但却要把握原则和总的指导，如此，"执御"被暗喻为"通才"，亦表"士"之"职在能御"。对此，江谦补注："射者目注一的，御则有六辔如组，两骖如舞之妙用焉，则是执无所执也，无所执故能大，故博学而无所成名也。《易传》'时乘六龙以御天'，龙者，变化不测之象也，即此执御用之注脚。"孔子一生努力，其治学之指向就是要使自己成为能适应各个方面需要的通才。由此，可以看出孔子的用意，是想借达巷人的嘴，使弟子们及世人知道和懂得，他不仅是这样要求别人的，他自己也是这样身体力行的。

而这恰好证明了孔子之伟大之处。

第五，孔子之所以博学，乃在其无常师。孔子遵循其所言"三人行，则必有我师"之原则，不仅曾问学于郯子、苌弘、师襄、老聃等，而且可以说孔子所到之处，不论是名流贤士，亦或山野村夫，他都"不耻下问"，俯身请教，从而成为那个时代最博学之人。

总之，孔子借达巷党人对己的誉美之词，以及誉美之词中所折射出来的问题，直面"博"与"专"、"学问"与"技艺"之关系，从而自觉于自己的选择，突出孔子所强调的超越"专"而"博"的一贯思想，深化"君子不器"的理念，以求达到对其弟子们的教育与引导作用。

3. 从众违众，大小依礼

子罕 9.3

【原文】子曰："麻冕，礼也；今也纯，俭，吾从众。拜下，礼也；今拜乎上，泰也。虽违众，吾从下。"

【译文】孔子说："用麻织礼帽，是合乎礼制的；现在的人们啊改用丝帛，说这样节俭，我遵从大家的做法。君臣相见，做臣的先在堂下跪拜，这是合乎礼制的；现如今大臣直接到堂上跪拜君主，这样就过于骄纵、傲慢了。即使违背众人意愿，我仍然主张先在堂下跪拜"

朝服的材质，由"麻冕"换成"纯"，行"节俭"，不失礼，孔子从之；而臣拜君，礼规定应是"拜下"，而"今拜乎上，泰也"，此为失礼，人虽众，但孔子不从，以正"礼"。由此表明"礼俗随世而变，有可从，有不可从"。孔子从与不从，在于"教俭戒骄"（钱穆），促世人尊尚、遵从"礼"而行，从而使世人之行为符合"礼"之规范，达维护"礼"之目的。

朝服材质之改变，为礼之"小"，循"俭"可之；臣拜君，礼之"大"，"今拜乎上，泰也"，乃礼之变，不可从。以此表明"君子处世，事之无害于义者，从俗可也；害于义，则不可从也。"（程子）

"从众"与"违众"，皆以"义""礼"为准，于此，孔子在灵活性与原则性的关系中，凸显作为准则与尺度之"礼"，是不可变之原则，从而确立"礼"之权威。此乃在"礼崩乐坏"之世，重塑"礼"之举。

于孔子依"礼"而"从众"与"违众"，卓吾予以高度评价："真是时中之圣。"

具体而言：

第一，孔子通过言说两件具体的事情，强调必须遵循"礼"之规定，从而显示出孔子对"礼"高度重视，要求为政者必须遵守和按"礼"而为，不可违背礼，更不可僭越礼，强调为政者须在实际的为政行为中，遵循礼，贯彻礼，以纠时弊，从而达到"正礼"之目的。

第二，"礼"贯穿于世人之生活，尤其是为政者施政行为的方方面面。对为政者，从朝服到朝拜，"礼"对之都有严格的规定和规范，为政者不可失礼、违礼，而须严格遵循礼而为。

孔子在此所言，即是"礼"的两类具体表征：

（1）朝服之变。孔子曰"麻冕，礼也"表明朝服应是"麻冕"，才符合"礼"之规定。而"今也纯"，则是不符合"礼"。但"今也纯"，"俭"，"不失礼"，如此，孔子言"吾从众"。朱熹释曰："缁布冠，以三十升布为之，升八十缕，则其经二千四百缕矣。细密难成。不如用丝之省约。"戴望亦释曰："朝服麻衣而冕，其色缁也，用十五升不为之。纯，丝也。古者祭服用丝，朝服用麻。当孔子时，朝服亦用丝，孔子从之，以为俭质，不失礼。"由此可知，朝服之材，由麻换成丝，孔子并非是放弃尊礼而说"吾从众"。孔子说"吾从众"，其一是因更"俭"，其二关键是"不失礼"。

（2）臣拜君之"礼"。"拜下，礼也"，然"今拜乎上"，本质上为"泰也"，故孔子说"虽违众，吾从下。"孔子之所以说"虽违众"，却依然鲜明地表达自己的立场"吾从下"，乃在于"今拜乎上"，"泰也"，违背"礼"也，乃时之弊也。以此表明孔子维"礼"、正"礼"笃定不变之心，于此对"今拜乎上"的不满，正因之而生的"泰"［"泰"：骄慢也（朱熹）］。对此，朱熹释曰："臣与君行礼，当拜于堂下。君辞之，乃升成拜。"戴望释曰："臣与君行礼，皆堂下再拜稽首，君待以宾礼，下拜而辞之，然后升，成拜，礼之变也。时臣汰侈，行礼皆从其变，孔子欲正臣礼，故违众从下，以抑文家之敝。"

由此可见，孔子言"吾从众"或"虽违众，吾从下"，表孔子皆从"礼"。

第三，臣拜君之"礼"，隶属王朝、国家之礼制、礼法，或是典册明文之规定，或是官场例行之准则。王朝和国家之礼制、礼法等乃属于"大礼"，具有强制性，一般不可通融，亦不可随意变更，必须照章遵守。如是孔子所言，"拜下，礼也"。然"今拜乎上"，"泰也"，即违礼也。如此，尽管"今拜乎上"已通行成众，但在孔子看来，依是违礼之举。为"正礼"，孔子持守惟"礼"为上之原则，不惧"违众"，依然遵循"从下"。如此，孔子所言"虽违众，吾从下"，表其维礼、正礼之决心。

孔子认为君臣相见的拜礼之事，则决非小事，属于大礼。既如此，孔子坚持己见，不愿做出让步，认为还是必须遵循"礼"之规定而行堂下叩拜之礼，而不能不注重形式，造成不庄重、不严肃的情形，给人有越礼之骄纵、傲慢之感。孔子之所以如此，本质上是为了维护"礼"的至上和不可动摇的地位。

相反，关于朝服之变，即为穿衣戴帽之类事。至于帽冠是用麻、亦或用丝绸编织而成，这属于习惯性之"礼"，属于"小礼"。只要遵循着"节俭"、省约，无伤大雅，不失礼之原则，孔子对此亦不固化、不执拗于"礼"的严格规定，保持在"不失礼"之原则基础上的灵活性，故言"吾从众。"

第四，孔子从"吾从众"和"虽违众，吾从下"，是从两类"礼"对为政者，乃至对世人发挥规范功能之不同而待之。

"麻冕"与"拜"，属于不同层次之"礼"，对之孔子采取不同的原则。对于"麻冕"而"丝"这类日常之"礼俗"，在不违礼、不失礼之大原则下，可以灵活一些，遵循简约化的原则，众人皆可接受与采纳，且行"俭"德。如此，孔子则是从众而顺之，不必过分拘泥而"固执"；但拜下之礼，则涉及"君主之防"之类的大问题，是国家礼制、礼法层面的大事，关乎国家之礼法纲常的严肃和社会安定。对此，孔子始终坚持维护"礼"而不让步，即使万千人那般为之，孔子依然选择违背众意而尊崇和持守"礼"之规定。

第五，孔子为何对"大礼"如此坚持而不让步呢？究其原因，乃是由于春秋时代，礼崩乐坏而出现的等级机制的消散，正在转向新的路径，在某种程度上渐渐形成了以自我主体为核心的伦际关系，冲击且渐渐消弭了周制度的身份、地位、等级原则而成为内在的伦际原则。如此，孔子重"大礼"，其目的则是为了维护和重造以"周礼"为原型的社会伦理秩序使然。

第六，"礼"深透、深入到生活的方方面面，通过不同形式而外显为具体化"礼"之规范与要求，进而传达着"礼"之精神和实质，最终导引出"善"的生活，维系着社会良序与安稳。如此，孔子从为政者之生活的两个主要维度入手，即从一微一宏，一小一大两端具体指出"礼"之规范功能，从而突出"礼"的重要性，进而强调和要求为政者自觉地学礼、遵礼和行礼。

总之，孔子遭遇时势之大变局。时也变，其"礼"变乎？孔子尊尚"周礼"以"正"时弊，是"礼"之保守者与维护者。如此，以古制、古礼而审度"今"之失礼，进而批判之，矫正之，达以"礼"疏导与重塑今世之目的。

不可否认，"先王制礼之设，为泰不为俭，为泰不为恭。用可以俭，虽礼有所不行；行在乎恭，虽从有所不从，故众俭则从俭，众泰则从礼。从众者，义也；从礼者，理也。义者，礼之权；理者，礼之经；知礼之经则考之先王而不谬，知礼之权则推于当世而可行。三代之所以因革损益者，亦不过如此而已矣。"（陈祥道）

孔子以两件具体事例，剥离出"礼"外显的两个层次或维度，并进而对如何坚守"礼"的原则进行了具体的分析，表征孔子于"礼"之灵活可变的一面，也凸显了他于决不让步的一面，从而彰显孔子对"礼"的高度自觉和信从。如此，孔子通过抓"大"放"小"，表达了"礼"之刚性和柔性特质，表征着"礼"之外显可以多样化，而其内里与本质则丝毫不可动移的原则。一言以蔽之，从众或违众，大小皆依"礼"。惟"礼"不可违。

4. 人生绝四，夫子为范

子罕9.4

【原文】子绝四：毋意，毋必，毋固，毋我。

【译文】孔子彻底克服、根除了四种毛病：能够做到不悬空揣测、臆断，不武断绝对，不拘泥固执，不唯我独是。

世人或"意"、或"必"、或"固"、或"我"而不绝，然孔子已"绝四"。恰如陈祥道所释"孔子之于四者，非无也，特止而不为尔"。可见记述者盛赞孔子戒绝"四弊"，此乃深度圣化孔子之论。

"意""必""固""我"，此四者，盘踞心性之中，左右或决定人之认知、判断，人皆难除之弊，独孔子能"绝"之而成圣。此为孔子尊礼不断修己之结果。孔子绝四，达毋意，毋必，毋固，毋我之境，指证出修德之症结，呈现出德修之路径，为世人修身进德确立了标尺与典范。

"毋意，毋必，毋固，毋我"既是认识、判断人与事所应坚持的四原则，亦是人修德所应完成的人格和境界。

具体而言：

第一，本记述表达了对孔子的极致性赞美。孔子之所以被世人认为是"圣人"，是因为孔子在一生中不断地克己而修德、修行，彻底克服或根除了自己身上的"意""必""固"和"我"之本然局限和毛病，达到"毋意，毋必，毋固，毋我"之境界，表其德行无一丝瑕疵与斑点。通俗地说，孔子已自觉修己成了一个无可挑剔的完美之人。

第二，对于本节语义的解读，可以参照具有代表性的先见：

（1）何晏《集解》对之解到：孔子能"以道为度，故不任意；用之则行，舍之则藏，故无专必；无可无不可，故无固行；述而不自作，处群萃而不自异，唯道是从，故不有其身。"

（2）陈祥道释曰："圣人之于天下，无适也，无莫也，以诚而已。毋意也，言不必信，行不必果，惟义而已。毋必也，可以止则止，可以仕则仕，趣时而已。毋固也，视人如我，视我如人，非特克己而已。毋我也，庄子曰：'于羊弃意。'圣人不必至人无己，此之谓也。虽然毋意也，有所谓意。易曰：立象以尽意是也。毋必也，有所谓必名之，必可言是也。毋固也，有所谓固，君子固穷是也。毋我也，有所谓我，以我为隐乎是也。"

（3）朱熹释曰："意，私意也。必，期必也。固，执滞也。我，私己也。四者相为终始，起于意，遂于必，留于固，而成于我也。盖意必常在事前，固我常在事后。至于我又生意，则物欲牵引，循环不穷矣……张子曰：'四者有一焉，则与天地不相似。'杨氏曰：'非知足以知圣人，详视而默识之，不足以记此。'"

（4）明朝冯梦龙在《四书指月》中解说："自学者（弟子）窥圣人所绝者有四，连圣人亦不自知也。'四'平看，勿单摘'意'与'我'字立意，亦不用循环及事前事后之说。要在圣人心体上描出真无境界，不必着在事上说。'无意'，是喜怒哀乐未发前气象；'毋必'，是大人惟义所在概括；'毋固'，是与时偕行妙用；'毋我'，是廓然大公胸次。""意"是起固念头，主意打帐要如此。"必"是拿定如此，有毅然必往之势，不可挽回。一念不化，便是"固"；一念有己，便是"我"，这都是道理上微有粘带，不是恶念。心体原是极空虚、极活泼、极平顺、极广大的，圣人不过不失其本体而已。"必"与"固"相似，但"必"就所见言，"固"就所守言。

（5）戴望释曰："子四绝，绝出于人四事。绝言卓绝。毋意，不妄億措。《春秋》书伯于阳。子曰：'我乃知之矣。'在侧者曰：'子知之，何以不革?'曰：'如尔所不知何。'毋必，无专必。孔子听讼，文辞有可与人共者，无弗共也。毋固，无固行，如'鲁人猎较，子亦猎较。'毋我，无有于我。'子与人歌而善，必使反之，而后和之。'"

（5）钱穆先生将此句译为："先生平日绝无四种心，一无亿测心，二无期必心，三无固执心，四无自我心。"

（6）李泽厚先生在其《论语今读》中译为："孔子断绝了四种毛病，不瞎猜，不独断，不固执，不自以为是。"他认为，什么是我，是最大的问题，孔子的"无我"与现代理论差距太大，此处的"我"应是"不自以为是"，包括不自以为是和不以自己的得失、利益为原则或准绳。

（7）南怀瑾先生在《论语别裁》中说："毋意"，是说孔子作人处世，没有自己的主观意见，本来想这样做，假使旁人有更好的意见，他就接受了，并不坚持自己原来的意见。"毋必"，是他并不要求一件事必然要做到怎样的结果，能适应，能应变。"毋固"，是不固执自己的成见。"毋我"，是专替人着想，专为事着想。

综合以上几种具有代表性的解读，可以确定的是，"毋意"表孔子"不凭空揣测"，不臆断，不随心主观猜疑，依事实而断之意；"毋必"是指"不全盘绝对地肯定，坚持一定要如何"，须就具体情态而定；"毋固"是指"不拘泥固执"，没有固执己见之举；"毋我"是指"不自以为是"，始终保持着一种敞开、愿从善和容纳异见的开放性胸襟，而不是封闭、排他之心怀。

第三，从本节的语义中可以看出，"意、必、固、我"，此四种"毛病"一直隐藏或植根于每一个人心底，只是不同的人因修养和自觉程度有别，四者对不同的人受之影响、支配、甚至决定的程度亦不同，但是，终归未能断绝之。这是人所共有的通病，如是 R. 培根提出人认识真理须剔除"四障碍说"，F. 培根所言的"种族假象"。而孔子却能驯服此四痼疾，"绝四"而成为圣。

那么，孔子何以可能实现"绝四"呢？蕅益释曰："由诚意，故毋意；毋意，故毋必；毋必，故毋固；毋固，故毋我。"并说"细灭，故粗必随灭也。由达无我，方能诚意，不于妄境生妄惑，必、固是业，我是苦。"究其孔子之为，可以窥见，他一生遵循"克己复礼"的原则；就其所为，孔子坚持非礼勿视、勿听、勿言、勿动（心），严格按照"礼"之规训自己，并以身作则，将根除四种痼疾作为进德之动力，一生"学而不厌"，"诲人不倦"。如此，孔子超越了人本然之心的禁锢与囚笼，其修为达到此等"绝四"之境界。

正因为孔子言教之、身践之，弟子耳闻目睹，一位"温、良、恭、俭、让"的完美君子，记述者仅用"子绝四"便表呈得淋漓尽致。

第四，弟子们对孔子的敬仰、赞扬与赞誉一直不绝；颜渊有"仰之弥高，钻之弥坚，瞻之在前，忽焉在后"赞颂之语，子贡有"仲尼，日月也，无得而逾焉"等赞誉颂美之词。此处又言"子绝四，毋意，毋必，毋固，毋我"，将事实与价值、人格与修养结合为一体，对孔子的肯定和颂扬达到无以复加的高度。

事实上，孔子从"十五而志于学"到"四十而不惑"，花了二十五年才修成"视思明，听思聪，色思温，貌思恭，言思忠，事思敬，疑思问，忿思难，见得思义"的智慧。如此，智慧与仁德兼具的孔子，能做到不臆测，不武断，不固执，不自以为是，即"绝四"，表其智识与德性修造乃是日渐天成。

第五，孔子"绝四"，表孔子所达到的智识和德行修养之四重境界。从"毋意"至"毋我"，是孔子修己，达至善境界的一个个进修阶梯，这种不断超越之生命勇气和不懈地追求自我完善的内在精神成长模式，不仅成为众弟子，也成为世人自我成长和自我超越的范型。

总之，孔子能"绝四"，在智慧与德修之路上，实现道德生命的自觉与至臻完美，修成千古圣人。如此，给世人指示出一条生命成长之路，那就是不断驯服本性中的痼疾，以"礼"规范和引导自己的思想和行为，不倦地在修行之道上攀爬与超越。

5. 斯文未丧，夫子何惧

子罕 9.5

【原文】子畏于匡。曰："文王既没，文不在兹乎？天之将丧斯文也，后死者不得与于斯文也；天之未丧斯文也，匡人其如予何？"

【译文】孔子在匡地被拘困。他说："周文王死了以后，周代的礼乐文化不都体现在我的身上吗？上天如果想要消灭这种文化，那我这个后死者就不可能掌握这种文化了；上天如果不消灭这种文化，那匡人又能纳我怎么样呢？"

孔子被困于匡，然孔子临"畏"而"不惧"，且言"文王既没，文不在兹乎？……天之未丧斯文也，匡人其如予何"，此乃"圣人之勇，能无惧"也（陈祥道）。亦表孔子"如此自信，何尝自畏。"（蕅益）

周之礼乐文化，顺天应道而制，惟天可丧之。"文王既没"，然其"文"在己延续，上天既然让自觉为"后死者"的孔子"得与于斯文"，即表明"天之未丧斯文也"。如此，孔子自信地认为，虽然困于匡，然"匡人"奈何于天，"匡人其如予何"。

孔子一再强调己之使命，自觉己之人生即是周文化的继承者和传播者，故孔子临危不惧之信念，乃源于对应天道之周文化的自信，是己之载道的豪迈之情与笃定之自信。

具体而言：

第一，此节主要表达孔子在面临危险之时，首先考虑的是文王之道、周之礼乐文化的安危与传承之大事，从而呈现出孔子对自己文化使命和文化担当的自觉，进而折射出孔子自觉己无愧于天地之坦荡态度。以此可见，孔子每每面临危险时，都能表现出一种大无惧精神，恰是他所拥有的坚定信念和舍我其谁之文化使命所支持、支撑。

第二，大约公元前496年，孔子离开卫国，去陈国，途经匡地，被误认为是曾经祸害过匡人的鲁国阳虎重返此地，于是他和随行弟子们被匡人围困，拘禁了五天。《史记》有记"阳虎曾暴于匡，夫子貌似阳虎，故匡人围之。"戴望注曰："孔子以定公十五年自卫适陈过匡，弟子颜渊为御。刻往与阳虎俱至匡。阳虎曾暴匡人，匡人见刻，以为阳虎复来，遂拘孔子。"

依此来看，孔子之言，应是他在被拘困之后，对其弟子们所说的。

第三，"文王既没，文不在兹乎"这是孔子以周之礼乐文化的传人和代表自居的一句经典话语。"道之显者谓之文，盖礼乐制度之谓。不曰道而曰文，亦谦辞也。兹，此也，孔子自谓。"（朱熹）"道脉流通，即是文。"（蕅益）孔子之所以说"文王既没，文不在兹乎"，一方面，表明"孔子深通周初文武周公相传之礼乐制度，是即道在己身。"（钱穆）孔子以己载道，表其对自身所肩负的文化责任和使命之高度自觉；另一方面表明孔子之所以在被拘禁之后，依然能自信地判断他们的处境是安全的一个重要依据和前提。如此，孔子这一自觉意识，支持着孔子对他们最后结局的预测和判断。从这一意义上来看，孔子之所以说"匡人其如予何"，正是因为一种载道之文化自信使然。

第四，孔子在说了"文王既没，文不在兹乎"之基础上，进一步说"天之将丧斯文也，后死者不得与于斯文也；天之未丧斯文也，匡人其如予何。"于此，孔子从周代礼乐文化与"上天"之关系的层面，突出体现天道之周文化，惟有天可灭，非匡人可为之。既然"天未丧斯文"，那其结论就是："匡人其如予何？"

按照孔子的逻辑，其核心在于"天之未丧斯文也"，即表明"有圣智而无位，知天将命己为百世师，故言未丧斯文也。"（戴望）如此，"文王既没，故孔子自谓后死者。言天若欲丧此文，则必不使我得与于此文；今我既得与于此文，则是天未欲丧此文也。天既未欲丧此文，则匡人其奈我何？言必不能违天害己也。"（朱熹引马氏）在孔子看来，周之礼乐文化的依据是天道，因为其生命力、其勃兴衰灭决非（匡）人之所能主宰与左右的。如此，孔子首先从自己掌握了周之礼乐文化这一事实出发，反证上天对周的礼乐文化的支撑与护佑。在此基础上，孔子自信满满地说，上天如果不让周之礼乐文化消亡，那也就意味着上天也不会让周文化之代表有什么三长两短。匡人，此类俗人，决无可以撼动周文化，自然也就不可能来决定他的生命。如此，孔子以一种文化载体担当，凸显自我生命的神圣特质。

孔子从天道与周文化之关系，以及周文化与己关系，绕了一大圈，最后无非是想告诉弟子们，虽然匡人囚禁了咱们，但是，匡人奈何不了我们，我们当是安全的。简言之，孔子向弟子们对被囚禁之后的情形所做的分析，通过言说周文化及周文化的化身所应具有的自信，从而传递给弟子们并予以信心。正因为如此，"孔子临危，每发信天知命之言。盖孔子自信极深，认为己之道，即天所欲行于世。自谦又甚笃，认为己之得明于此道，非由己之知力，乃天意使之明。此乃孔子内心诚感其如此，所谓信道笃而自知明，非于危难之际所能伪为"（钱穆）。

孔子自认为己之生命，与周之礼乐文化休戚与共、命运相同，突出己之使命，自觉己即是周文化的传载者与弘扬者。如此，应天道，成天运之周文化赋予孔子一种强大的精神力量，给予他战胜一切困难的信念和信心。

孔子对弟子们所说的话，其核心即是要表达和确认自己是文王之道、周之礼乐活着的代表，他的命运也就是周之礼乐文化、文王之道的命运，二者是一致的。周之礼乐文化，符合天道，具有至高的神圣地位，非凡夫俗子可以拿捏和欺灭的；唯有"上天"才有能力灭周之礼乐文化。如此，孔子的逻辑结论，就是周之礼乐文化如今长运依在，匡人不足以灭绝之，奈何不了周文化，自然也就对代表周文化的自己奈何不得。

总之，"圣人，于内能无惧；于外不能无畏。"（陈祥道）孔子以周礼乐文化与天道相通为前提，以周之礼乐文化与自我生命的本质关联为起点，以自我对周礼乐文化的自觉使命和文化担当为核心、为文化信念之基础，以顺"天"知"命"的态度，来直面被囚之困境，表征孔子对自我文化命运的自信。由此，再现孔子自我定位为古代周文化的继承者和传播者，以践履之为人生价值指向与夙愿，知晓自己所承载的艰巨任务，唯有如此，孔子才会肯定地判断，既然上天注定的要他去履行此职责，而至今上天赋予自己的使命尚未完成，怎会让自己离开这个世界呢？这是除"上天"之外的任何力量都不可以改变的，这就非常充分地表彰了孔子为"道"而在的坚定与果敢之精神。在这一意义上，匡人尽可囚其身，则无力囚其心，可以囚之一时，不可囚其一世。匡人对之围困与囚禁，决不能改变、亦无法阻挡孔子弘扬、转播礼乐文化之志和前行的步履。

6. 夫子拒圣，少贱多鄙

子罕9.6

【原文】大宰问于子贡曰："夫子圣者与？何其多能也？"

子贡曰："固天纵之将圣，又多能也。"

子闻之，曰："大宰知我乎？吾少也贱，故多能鄙事。君子多乎哉？不多也。"

【译文】太宰问子贡说："孔夫子是位圣人吧？为什么这样多才多艺呢？"

子贡说："这本是上天让他成为圣人，而且使他多才多艺。"

孔子听到后说："太宰怎么会了解我呢？我因为少年时地位低贱，所以会许多卑贱的技艺。君子会有这么多的技艺吗？不会多的。"

太宰惊叹孔子之多才多艺，认为惟"圣者"可矣；弟子子贡顺太宰之言，赞孔子为天纵之才，其多才多艺，乃其天赋异禀使然；孔子面惊叹与美赞，自揭其短，还原自我之真实与本色，直道"吾少也贱，故多能鄙事"，明示其才艺乃因艰辛谋生、艰难之生活磨砺而习得，绝非天赋。于此可见，孔子自觉卸下他人冠于其"圣者"等的一切溢美之词，宁受"多能"，以回归真实之己，再现孔子诚实、朴拙、自谦之美德。

孔子自谦，不以"圣人"自居，而以"君子"言己，且以己为始，进而强调"君子"须多艺，方可行仁之事，践仁之功，彰仁之德。同时敞开"多艺"与圣人、君子之德的关系，反对视多"艺"、多"才"即为"德"之取向。

尤其可贵的是，孔子面太宰和弟子子贡极度誉美之时，并未丧失清醒的自我意识，表孔子之谦德。

具体而言：

第一，孔子在听到太宰与弟子子贡谈论自己的对话之后，进行自我生活追溯与自我评价，陈述了自己在年少时因艰辛谋生而习得诸多技能之事实，提出"圣""君子"与"多能"或技能之间的关系，高扬丈量人生崇高尺度的德修，从而表征孔子于己持实事求是之原则，对过分夸赞自己报以谨慎之态度，表征孔子"返璞归真"之人生取向与自谦之美德。

第二，"圣人之于天下，能圆能方、能短能长，流之斯为川，塞之斯为渊，升则云，潜则渊。仁者见之谓仁，智者见之谓智，太宰见之谓多能，不亦宜乎？"（陈祥道）太宰惊叹孔子之多能，然后又问于子贡："夫子圣者与？何其多能也？"

（1）"太宰"。"大宰，官名，或吴或宋，未可知也。"（朱熹引孔氏）"太宰，吴太宰嚭。"（戴望）"太宰，官名。旧注有吴、陈、鲁、宋四国之说。或以《左传》说苑证此太宰乃吴之太宰嚭，或即是。"（钱穆）

（2）太宰为何有此问："夫子圣者与？何其多能也？"朱熹以为："大宰盖以多能为圣也。"戴望则认为：太宰"疑多能未足以为圣也。"钱穆解曰："圣字古人所指甚泛，自孔子后，儒家始尊圣人为德之最高者。太宰此问，盖以多能为圣。"

应该是太宰误读孔子之"圣"，认为孔子是因为"多能"而"圣"。然在太宰看来，圣人应该务大而略小，应该是具有高洁的道德和修养就足矣，不应该同时还具有诸多技能，这才是正常的；一个人多才多艺，又何以可能全心修德、德行高尚而成圣者呢？"多才多艺"与"圣者"不仅属于不同层次，而且具有不同的价值取向，二者本质上是不一致的。而孔子不仅是圣贤，而且同时还具有各种技能；如此，太宰以孔子具有多种技能，进而对孔子是否是真圣贤持怀疑态度。

如此，太宰向子贡提出的问题："夫子圣者与？何其多能也？"关涉到一个更为根本性的问题，即德行和技能二者在君子身上是否应该、是否可能兼容与并存？再言之，圣人是德行之圣，亦或是多能之圣，亦或是德行与多能统一之圣。

对于德与能之关系的分析，陈祥道之释，颇为深刻。他以为："道德者，本也，艺能者，末也。有其本而辅之以末，则不害为君子，若事其末而忘其本，则不免为众人。周公之多才多艺，与孔子之多能，则多能亦圣人之所不废，而非其所先也。"

第三，子贡面对太宰以孔子之多才多艺而质疑孔子是圣贤的追问，以一种神秘之力量、天命使然来加以回应和辩解，即子贡所言"天纵之""圣"与"多能"，如我们常说"天纵之才"；应该说子贡对太宰之回应，是苍白无力的。

对太宰之问和子贡之应，蕅益释曰："'固天纵之'为一句，子贡谓夫子直是天纵耳，岂可将圣人只是多能者耶？此必已闻'一以贯之'，故能如此答话。"

第四，面对太宰的质问和子贡的回应，孔子予以自辩与自证。

其一，孔子首先反对子贡"多能"乃天纵之说，直言"吾少也贱，故多能鄙事"，指明己之所以"多能"，实乃常执事使然。结合在别处孔子之自述，自辩说："若圣与仁，则吾岂敢？抑为之不厌，诲人不倦，则可谓云尔已矣。"（《论语·述而》）"我非生而知之者，好古，敏以求之者也。"（《论语·述而》）如此，孔子一贯认为己非天纵而多能，而是"默而识之，学而不厌"、"发愤忘食，乐以忘忧，不知老人将至"而已。孔子在此指出自己所集多种技能于一身，非所谓的天纵之才，而是自己亲身实践，在艰辛生活中磨练而获得的。这不仅解释了己之"多能"的发生之源，回答了太宰之疑，而且否定了子贡关于"多能"之天纵说辞。

在此，还须注意，孔子不避己之能，皆因"吾少也贱，故多能鄙事"所致。孔子并未活在他人之赞美之词中而淡忘己之苦难生存经历，而是自觉地还原己之生活来路，弃圣化己之赞誉，坦然证成己"多能"之源，彰孔子诚实、朴实之高贵品格。

其二，孔子说："太宰知我乎？"。孔子这一反问，表明"多能"与"圣"非同一事；应该说二者具有不同的取向或指向，不应该混同，亦或将二者置于同一维度和平台上来加以比较，甚至不能对立。孔子指出，"君子"不是因为"多能"，才为君子；多能亦不足以为君子，君子亦可多能，揭示了多能与君子之复杂关系。同时，孔子明确指出了圣人、君子与多能乃是二事，一指人之德行，一指人之事功。

其三，孔子面对太宰以"多能"而质疑"圣"之路向，采取的是回避"圣"的问题，直接回答"多能"的问题。这是一种以"多能"为切入点，直接否定太宰因"多能"而质疑其"圣"的逻辑，可谓"针锋相对"。正是在这一意义上，蕅益释曰："夫子的确不敢承当'圣人'二字，故宁受'多能'二字，而多能甚鄙甚贱，绝非君子之道也。太宰此问，与党人见识，天地悬隔。"

一言以蔽之，"孔子之辨"是为了突出"多能"不足以"成圣"，"多能"与"成圣"之间没有直接的逻辑通道和对应性的必然关系，"圣"之根本在于其德修之境。如此，孔子之"多能"与孔子为"圣"之间也无须对等和错位连接。以此表孔子之自谦，不以"圣人"自居，亦不接受别人将其高置"圣人"之神坛上，表孔子卸下一切外在的溢美之词，回归本来之己。同时，厘清了"多能"与"成圣"之关系。

第五，在孔子之时代，把握和理解"君子"与"小人"之分野，事实上就在于如何理解圣、仁、君子与"能"之间的关系。面对太宰将"圣"与"多能"等同，进而对立起来的思维，以"多能"否定或证成"圣"的思维取向，孔子认为太宰将两个不同指向的东西，作为同一个层次的问题来加以计较，其不具有逻辑一致性。

第六，事实上，在孔子的思维视野中，"多能"和"圣"是衡度或丈量人生不同的尺度和标识。

"多能"只是外在事功之表征，此取向则极易导向财货、功利，如此则以物性之标识作为人生之指南，从而返回到生存之本能，并进而否定了人之生活超越物性存在之可能，"道""德"就成为了空言浮词，以致于消解物性之外的自我，将人生的道义内涵问题转化为物性尺度，将人生贬为物性之工具，其能之大小、多少、高低就成为了最为重要的度量尺度。

而"圣"则是有别于"多能"之路向，强调和突出的是人生内在仁德、精神之修炼和境界。如此，"圣"即是"修己"之路，以求达到相应的人生境界，指向人生崇高的可能。如此，它标识的就决不是外在的财货权势，也不在于艺事巧能。诚如孔子所言，君子当"志于道，据于德，依于仁，游于艺。"（《论语·述而》）切身修己、应世为济世，如此则艺事为末，多能则在其次，而其所忧亦在于"德之不修，学之不讲，闻义不能徙，不善不能改。"（《论语·述而》）如此，人生之崇高只能在修德、讲学、从义、改于善的躬行中得以呈现。

第七，孔子直陈"多能鄙事"，乃是言谋生之能，这是生存层面的能事，而与人生的道德修为之高度决无关系，若以"多能"辨贤愚、别善恶、厘君子小人，即是以谋生之技为度量人生之尺度，如此则财货权势即成为标识崇高的刻度，视生存之本能为第一要义，从而在人生的价值刻度上消解了贤愚、善恶、好坏的重要意义，进而也就消除了崇高、卑俗之分野，因此也就舍弃了社会崇高的可能并进而放弃了可能的崇高性追寻。

第八，孔子语"太宰知我乎？吾少也贱，故多能鄙事"，通过反问太宰，对一般的常人之思和世俗之见予以了批判；同时，在此，孔子也将自己年少时的生活之艰辛经历，以及在此经历中为生存而练就的"多能"之事实，真实袒露与敞开了。孔子不回避、不遮蔽，而是主动陈述自己卑贱的生活与生活的窘困，这种对待自己生活之坦诚的态度，表孔子之"诚"。孔子之"诚"，亦正是成就他成为圣人的一个重要前提。这也告诉世人，一个人应该始终保持一种客观、真实而清醒的自我判断，无论他人如何质疑、贬损亦或夸赞自己，都必须有勇气真诚地直面自我的真实，成真实的自我。这是孔子向世人敞开的最为宝贵的品质。

第九，孔子最后说"君子多乎哉？不多也"。首先可见，孔子从未视己为"圣人"，只是将己定位为"君子"，此等清醒而自觉的自我意识，乃是其成"圣"之主观前提。其次，孔子以反诘之口吻，充分肯定了君子须多能，切不可空无一能而言"德"。最后弟子牢所言："子云：'吾不试，故艺。'"，再次佐证了孔子所言"吾少也贱，故多能鄙事"之真实性，从而证实君子多能，非天纵，而是亲身实践而习得。

　　总之，本节以讨论和剥离两种具有不同价值取向的"圣"和"多能"之关系为中心问题，通过"孔子之辨"，既回应了太宰视"多能"为成"圣"之"障"的质疑，又反对子贡之天纵之神秘之说，彰显了孔子于"内德"和"事功"相统一的生命基本立场和态度。

7. 不试习艺，生活磨砺

子罕 9.7

【原文】牢曰："子云，'吾不试，故艺'。"

【译文】子牢说："先生曾说过，'我不曾被任用，所以学得许多技艺'。"

此节借弟子牢转述孔子之言，以说明孔子自己定位己非"生而知之"，而是"学而知之"者。孔子从未认为自己是"圣人"，亦不承认自己是天纵之才。他之所以学得一些技能，皆由于年轻时身份卑微低下，不被重用，没有做官、没有俸禄，生活比较贫苦，为了谋生而习得的。

孔子之人生，向其弟子和世人昭示一条朴实的真理："艺"为己生存于世之基本能力，属己之事，只要勤勉即可习得。而被"试"与否，非己可自决之事。如此，即使生活窘迫，亦要积极面向，以习得生存之技能为先。如此，被任用，亦是多才多艺之为政者，而不至于成为只会"做官"之人。一旦不被"试"，然仍然具备最基本的生存能力，防范截断生存之可能。由此昭示世人应以习得谋生之艺为要，警示众弟子及世人切不可荒芜己之生存技能的学习，将人生置于被"试"之单向度上。

子牢引孔子之言，既佐证了孔子言"吾少也贱，故多能鄙事"之真实性，又为"试"者之人生提供训诫，同时亦警示弟子们，游于"艺"，方可于"不试"与"试"间，获得生存的自力、自主。

具体而言：

第一，此节为孔子的弟子牢［姓琴，字子开，一字子张。（朱熹）］记述孔子之言，此应是上一节之延续和补充，是孔子言己之所以多才多艺的一个佐证，即孔子对自己年少时生活清苦而习技能的自我陈述，以此证明孔子之多才多艺，全拜早年贫贱的生活所赐。孔子以此事实，否定说他的多才多艺，乃天生如此。

具体而言，这句话是接着"吾少也贱，故多能鄙事。君子多乎哉？不多也"之后的，所表之意与孔子所说的"吾少也贱，故多能鄙事"是一致的。表述了一个基本的事实，即孔子年轻时，未被任用，即未出来做官，不能靠俸禄而生，生活比较清贫。如此，为了养活自己，学会、掌握了许多的谋生技艺。对此，朱熹释曰："言由不为世用，故得以习于艺而通之。"

第二，弟子牢转述孔子的话，表达孔子反观自己人生来路而不避讳自己青年时艰辛的生活状况，说明孔子从未将自己视为"圣人"和"天才"，其修行获艺缘起于自己年轻的艰辛生活。正是他自年轻时，经历了清贫、艰辛的生活之历练，才造就他之品格和内在的精神力量，亦习得了各种才艺。

第三，从转述之语可见，在孔子看来，"做官"与掌握各种生存"技艺"之间，不具有必然的关系，换句话说，"做官"本可以衣食无忧，无需习得生存的"技艺"，而学会和掌握各种"技艺"恰好是非官者必备的能力和手段，进而也表达了"技术性"的一切"能"，皆是求事功的，取向功利、功效，从而依此将社会阶层划分开来。

第四，孔子言己未被任用时，虽然是为生活所迫，然而重习艺，成就其多才多艺。孔子不为官，则习艺，于其众弟子及世人的启示，最为根本的则在于习得多才多艺，即使不为官、不食俸禄，同样可以养活自己，好好地生活。然而，最为尴尬的人生，则是一心只想"被试"做官，其结果是官没做成，任何谋生之技能亦未曾习得，亦或失官之后，缺乏生活之技能，丧失了自谋生活之能力，这才是人生最为荒诞和尴尬之处。

总之，此节承上，以子牢旁举所闻，与孔子语相发、并用相印证，向世人敞开孔子生活私密的空间，透显出孔子多才多艺之因。如此，将不被"试"，则习"艺"的生活之理，真切地传达给其众弟子及世人，以警示弟子们切莫虚度时光。

8. 虚心以叩，求知之道

子罕 9.8

【原文】子曰："吾有知乎哉？无知也。有鄙夫问于我，空空如也。我叩其两端而竭焉。"

【译文】孔子说："我有知识吗？其实无知识。有一个乡下人问我，我对他所问的问题，一点也不知道，其心悾悾。我只是从他所问的问题的两端去叩问，一步一步问到穷竭处，对此问题才搞清楚了。"

苏格拉底曾说："我知'我无知'。"孔子亦言"吾有知乎哉？无知也。"孔子以己为证，强调以自省己之"无知"为始，以"叩其两端而竭"为手段，言求知、为学之方法论。

孔子所言"吾有知乎哉？无知也"，非仅表孔子之自谦，而是言求知者须首先反观己所知，进而自我清空，秉持虚心欲求之状，切不可自满而止求；在此基础上，孔子言求知之具体方法："叩其两端而竭。"

"叩其两端"所言求知之具体操作方法，而"竭"，不仅言求知之方法，而且言求知之诚。如此，求知之方法论须"智"与"诚"兼具与统一。孔子言求知，要求求知者须先虚其心，如是孔子自判己"无知"，得其法而"叩两端"，至其诚而"竭"，此乃"求知之道"。

孔子诚实而谦虚，且提出求知之具体方法。如此，助人解惑之时，亦为己解困，表圣人之至诚与睿智。

具体而言：

第一，孔子首先以己之"无知"，表求知者须具极度谦虚之姿态，使其心呈虚空，进而借"鄙夫之问"提出认识、分析问题的基本原则和方法："叩其两端而竭"，贯彻其中庸思想于具体问题之求解中。简言之，孔子之语，具体表达求知应持有的态度和有效的求知方法。

第二，孔子一开始就提出求知之心态、心境，此为求知之前提。这主要表现为：

其一，求知、问学，首先必须正心诚意，持若谷之虚怀，始终保持谦虚之心境、心态，唯有如此才可有所得。

其二，学问一经有所得，必由其心自有开悟，能触类旁通、举一反三，此乃问学之精要；

其三，学日进，心日虚，得一知，必知更多为我所不知者，力戒自满与骄纵，更不可以"实"掩"虚"、据"有"阻"无"，必须深谙"知无涯"而"学无止境"之理。

正因为如此，孔子反思和自问"吾有知乎哉?"其自我诊断的结论是"无知也"，如是苏格拉底所言："我知'我无知'"。这样，孔子以"无知"为始而启动问学、求知之旅，不仅为自己求知、问学确立了良好的主观心理姿态，而且为求知、问学、闻道确立了基本的主体立场。

在此，须注意，孔子说自己无知决非骄情，或故作某种姿态的客套，而是因为他的仁道修养已经达到了有若无、实若虚的境界，所以才会如此言说。恰如钱穆所释：孔子言己之"无知"，绝"非谦辞，正乃圣人心虚德盛之征。"由此表明，求知者应有的自觉心态。

第三，孔子以反问、自省"吾有知乎哉"为切入点，以"无知也"为审查的结果，这是孔子以切己实证而凸显求知者、问学者须对自身求知、问学之前精神、前观念和前心理有一种清醒的自觉，须持"无知"之虚心、诚心，切不可以"无知"为"有知"而自满。同时，孔子言外之意在于表达，求知、问学，不带有"前见"而进入其求知、问学之中，即不能"先入为主"，止主观成见介入新的问学和求知。

第四，孔子所言"有鄙夫问于我，空空如也"。这是孔子在陈述一次具体的遭遇、一个事实。对此，一说是鄙夫对己之所问，一无所知，"空空如也"；一说是孔子对鄙夫所问之问题，"空空如也"，遭遇己之"无知之域"。若是鄙夫自己对其所问的问题，"空空如也"，那么，接下来孔子则是教诲他如何认知，解除"空空如也"之"无知"；若是孔子对鄙夫所问，呈现出"空空如也"之状，孔子则言："我叩其两端而竭焉。"亦或鄙夫与孔子二人对此问题皆"空空如也"，那么，一起求索。

若是孔子自感面对鄙夫之问，己"空空如也"，此表孔子之诚。孔子面对他人之问，并未掩盖自己的无知，而是直言自己"空空如也"，这是孔子能如实面对自己"无知"的真切感受，是一种难能可贵的品质之再现。它告诉我们，任何人每当遭遇自己"无知"之时，其正确的感受和态度就是应该"空空如也"，这是进一步探索此无知而进到知之的一个重要前提。

当鄙夫对己之所问，"空空如也"，孔子予教"叩其两端而竭"，体现了"诲人不倦"之精神。对此，程子曰："圣人之教人，俯就之若此，犹恐众人以为高远而不亲也。圣人之道，必降而自卑，不如此则人不亲，贤与知；极其至，则虽圣人亦无以加焉，是之谓两端。"陈祥道亦释曰："圣人之于人，患其不能学不倦；其所教，患其不能问；不隐其所答，互乡童子之进则与之，而不拒鄙夫之问，则叩两端而竭焉。盖智及之而诚不至，圣人答之，以略智不及而诚至焉。"戴望有言道："鄙夫虽践，苟以诚心来问我，则举起其事之两端，而尽语之，不为别异。"

第五，当孔子被问而知其对具体的某个问题"空空如也"，孔子给自己留下的空间就是去"叩问"，而不是放弃叩问，停留于"空空"状，这里孔子通过自己的"叩问"，表其决不满足于"空空如也"，而是要不倦地追问、探求，弄清楚、搞明白；此种叩问和探索所折射和呈现出来的精神，是孔子之求索精神，也是一切求知、问学、探寻之行为之所以且能不断进行下去的不可或缺的好知、乐知之求索精神。

第六，就其具体认识和把握一个对象而言，孔子提出了探求或认识的方法和操作手段，即"叩其两端而竭焉"，从而破解问题，使人得其要领而获知。

所谓"叩"即是"发动""叩问""询问"；而"两端"，即是指"两头"，"言终始、本末、上下、精粗"，是该"问题"的正反、始终和上下方面，即最为凸显其特征的两个方面；"竭"，即"无所不尽"，强调的是穷尽、尽力追究其"问题"，能做到"全面"而不疏漏。恰如程子所言："两端竭尽，无余蕴矣。若夫语上遗下，语理而遗物，则岂圣人之言哉？"

在此，孔子强调认识"问题"，须注意的几个方面：

其一，"叩"，就是实际地发动求知，通过问询、了解，而不能停留于精神指向或主观活动。如此，孔子强调认识、了解和把握问题之关键环节，就是走出思想、观念域，进入与问题直接而真实的接触。此乃把握真实的问题或获得问题之真实的关键。

其二，以把握"问题"的"两端"为入手点，这是侧重于认识的具体着力点，指示出认识问题的具体手段和方法。

其三，"竭"，力求全面而详尽，忌片面与疏漏。在此，孔子强调认识之全面性和丰富性，切忌以想象代替事实，以防范"臆断"或"妄断"，这是认识问题所应该秉持的客观与全面之基本原则。同时，"竭"还折射出求知者之尽"诚"。

如此，孔子一语"叩其两端而竭焉"将认识的基本逻辑涵摄其中，并予以充分地揭示与展现，构成孔子认识问题所应信守的前提、所应采取的手段和应遵循的原则。这一思想，被后来的儒家发挥而提出认识的重要方法论原则"格物致知"。

总之，"不但无人问时，体本无知；即正当有人问时，仍自空空，仍无知也。所叩者，即鄙夫之两端，所竭者，亦即鄙夫之两端。究竟吾何知哉？既叩其两端而竭之，则鄙夫亦失其妄知，而归于无知矣。"（蕅益）为学日益、为道日损，只有以"为道"之心，才能始终持守"无知"之虚心，也唯有"无知之心"才能在不倦的探求中感知到"空空如也"之状。如此，"修己"成为求知、问学之重要的前提，同时也只有如此，才能坚持客观而全面的方法，既通晓具体的"问题"，又能在求知、问学、问道之途上，不断超越"知"之有限，指向"无知"，从而不断拓展知之域，丰盈己之知。唯有如此，其精神境界亦因之而得以不断提升，人生方能不断饱满而雄健。

9. 夫子悲绝，宏图难为

子罕 9.9

【原文】子曰："凤鸟不至，河不出图，吾已矣夫！"
【译文】孔子说："凤鸟不飞来了，黄河中也不再现八卦图了。我这一生也就完了吧！"

孔子笃志恢复礼制而不辞辛劳，奔波一生，但终究事不遂人愿。至迟暮之年，见周礼之恢复已渐成泡影，深感己已再无力挽狂澜、扶大厦，于此发出天下非其时之怆然之叹。

凤鸟，祥瑞之兆，凤鸟飞来，即示天下太平；圣人受命，黄河上即会有龙马背负八卦图而现。可如今"凤鸟不至，河不出图"，表天下太平、政治清明已"无此瑞"。面此，孔子"伤世无明王"，悲从中生，言"吾已矣夫"，即"恨不制作礼乐也。"（戴望）此为理想主义者之生命悲怆而发出的悲婉戚绝之哀叹。

"尽人事，听天命"。孔子之叹，叹己虽殚精竭力，但恢复周礼，弘道救世之无望；叹己来日不多，已无法再为复礼大业操劳而落寞。如此，孔子之叹，不仅具有深刻的文化象征意义，亦具有浓厚的生命哲学意蕴。

具体而言：

第一，承接前面孔子之语，不难看出，于此，孔子在急切的期待和希望中透露了他的紧张感、焦虑感和失落感并存的生活状态，这是一种饱含悲催的生命感；且看从"子罕言利与命，与仁"到"子绝四：毋意、毋必、毋故、毋我"；从"大哉孔子"说到"天之不丧斯文"；从"吾不试，故艺"说到"已矣夫"，如此反复说的就是"文"在孔子，而到此则是不能为世所用而深深悲叹。此种境遇，正是孔子晚年归鲁后的心境写照，言辞之间无不渗出孔子不甘人生如斯残存期许，以及在该期许中透露出难以掩藏的深度失意。

第二，"凤鸟"和"河图"，具有象征意义，都指示着祥瑞，是对人事之肯定和吉祥征兆之"天意"。在本节中，两者都是以古之传说来表征"圣王"出世之奇异景象。恰如在舜和周文王时代凤鸟出现，伏羲氏时代黄河中有龙马背负八卦图而出之征兆一样。对此，朱熹如此释曰："凤，灵鸟，舜时来仪，文王时鸣于岐山。河图，河中龙马负图，伏羲时出，皆圣王之瑞也。"如此，"凤鸟"

至、"河图"出，以神鸟、奇景预示着王道盛世即将来临。

然而，如今是"凤鸟不至，河不出图"，同时孔子"老之将至"，亦即"伏羲、舜、文之瑞不至，则夫子之文章，知其已矣。"（朱熹引张子）如此，孔子悲叹之。孔子叹"凤鸟不至，河不出图"，正是孔子对圣主明君临世之殷殷期待，而迟迟"不至""不出图"之悲戚，是其关于天命所在之哀叹，由此，构成孔子之主观期待与客观历史事实之间强烈的反差与冲突。如此，孔子之叹，可谓是孔子一生不懈追求至晚年时整体性心境的呈现。事实上，孔子为了恢复礼制而辛苦奔波一生，且四处碰壁，郁郁而不得志，到了晚年，他看到周礼的恢复似乎已渐成泡影，哀从心生，叹从胸出。如是孔子叹言"甚矣，吾衰也！久矣，吾不复梦见周公"一样。

第三，孔子心怀大志，希望王道再现。如此，他期待圣王出世，盛世再开，己之人生而不至于就如此而荒废、而终结。然孔子虽怀"大有作为"之心，却无"大有作为"之功。事实上，孔子生不逢时、生不逢世，空有弘道之志念，最终只能随着年迈而心戚戚焉。

第四，孔子持保守主义之立场，始终以效古之思，批判与否定无道之当世。同时，以期待圣君明主来拯救乱世，启蒙世人道德之仁心。于是，他倡"克己"、持"修己"、行忠恕、游诸国、施仁教、塑民心、求明主，穷治道，探治途，充分彰显其以实现道统为生命意义的强烈使命感。然迟暮之时，举目环顾，时也、运也、世也，诸事皆与愿违，导致其仁道之梦的破灭。这是以一己之力无法逆转的历史大悲鸣。尽管如此，孔子之叹，表孔子"此老热肠犹昔。"（蕅益）

总之，孔子始终以拯救乱世，恢复王道之太平盛世为己任，且至死不渝，此等守"道"的生命信念，非仅是孔子个人的，乃是道义主义者共同践守的生命真理。如此，孔子以有限的一生不倦地践仁弘道，最后悲感其梦即将沉寂，这事实上宣告道德"乌托邦主义"的全盘崩溃与破产。孔子如斯，"你""我"亦在其中倍受煎熬。这并非仅仅是个体肉身有限性难以承受之苦，而是一种理想文化人格绝望之悲与痛。

10. 践礼不怠，夫子躬行

子罕 9.10

【原文】子见齐衰者、冕衣裳者与瞽者，见之，虽少，必作；过之，必趋。

【译文】孔子遇见穿齐衰丧服的，以及轻丧去冠括发的和瞽者无目的，哪怕他们还年轻，也一定要站起来；从他们面前经过时，一定会恭敬而快步走过。

"礼"在行中。孔子身体力行以践礼，具体表现为只要遇见齐衰者、冕衣裳者与瞽者，"见之，必作；过之，必趋"，以表孔子以仁存心，见齐衰者则不忍；以礼存心，见冕衣裳者则不慢；以诚存心，见瞽者则不欺，彰表孔子处处以礼待人。

孔子重礼、践礼，凡见三种人以"必作"与"必趋"而行"礼"，表"此圣人之诚心，内外一者也。"（朱熹引尹氏）。孔子以己之遵礼、行礼而彰礼，以期正礼、复礼。

具体而言：

第一，本节主要记述孔子在具体生活中践"礼"之行为，突出了孔子身体力行，以"礼"待人，以身示"礼"，垂范践"礼"，表征他做人态度之诚敬，并极其尊崇"礼"，以期恢复礼治的理想社会。

第二，本节具体记述孔子面对三种人时，皆遵"礼"行"礼"，直呈孔子待人以"礼"之姿态，由此表达了孔子的个人修养和做人之仁心。

孔子遇见的三种人即是："齐衰（zī cuī）者""冕衣裳者"和"瞽者"。这三种人，分别代表着哀斋者、为政者或为尊者和盲人（乐官）。夫子哀有丧，尊在位，恤不成人，孔子对之报以同情、敬重和怜悯。

面对这三种人，孔子虽然具体的情感有别，但都是据"礼"而行，这说明孔子严格按照"礼"之规定而为。对此，陈祥道解曰："君子以仁存心，故见齐衰者则不忍。以礼存心，故见衣裳者则不慢。以诚存心，故见瞽者则不欺。"朱熹引范氏曰："圣人之心，哀有丧，尊有爵，矜不成人。"

第三，面对这三种人行"礼"，具体体现在"见之，虽少，必作；过之，必趋"。

其一，"见"。此处"见谓乍见。礼，三年之丧，居垩（è）室，寝苦枕由，不恒见人。"（戴望）

其二，"作"与"趋"。"作，起也，虽年少，必起敬。趋，疾行也。丧者在所邮，贵者在所尊。待瞽者，如丧者以尽仁，如贵者以尽礼。礼，凡瞽矇之有道德者，则使之教，死则以为乐祖，祭于瞽宗。"（戴望）"见之虽少，必作于长者敬之，可知矣；过之必趋，于与处者敬之，可知矣；见之、过之而未必狎，见齐衰，虽亵必以貌，见冕与瞽，虽狎必变，夫子居乡之容也。"（陈祥道）

其三，记述者用两个"必"字，刻画了孔子严守"礼"而无丝毫苟且与疏略，表明孔子不以对方的身份、地位而有所不同，一律"以礼待人"，这是孔子信礼、从礼、行礼之特点。如此，孔子遵循"礼"而尊敬、尊重他们，这是贯穿于他的行为中从未缺失与忽略的重要原则。这样，对身上戴孝的人，表示哀敬；对有官位的人，表示尊敬；对"盲人"乐官，表示崇敬；孔子知晓，面对他们，不宜打扰他们太久，不要触及他们的伤痛，应该悄悄然匆匆地从他们面前经过，这就很清晰地表明孔子善于体谅、理解别人，善于设身处地，将心比心。这是"礼"彻底内化于心之人，其思、其行所具有的德行使然。

总之，此节非常生动而形象地描述和记载了孔子在日常生活中遵"礼"、循"礼"之事；在礼崩溃的时代，孔子以己之躬行彰"礼"，表其对"礼"的高度尊崇，以此维护"礼"之权威，这不仅表征孔子个人之道德修为，更为重要的是他的行为本身对世人所发挥的示范、感召与引导作用。

从孔子遵礼、践礼之行可知，坚守一种信念、笃遵一种规范，不在于他人是否遵循与践行，也不在于自我心理是否理解和参悟，其关键在于以自己的切身行为使之得以体现和贯彻，且不改其志，不倦其行。如此，"复礼"之途，虽遥遥，但心所指、行所向，生命就一直在此漫漫长路上。

11. 颜子盛赞，师尊至圣

子罕 9.11

【原文】颜渊喟然叹曰："仰之弥高，钻之弥坚，瞻之在前，忽焉在后。夫子循循然善诱人，博我以文，约我以礼，欲罢不能。即竭吾才，如有所立卓尔。虽欲从之，末由也已。"

【译文】颜渊感叹地说："（对于老师的学问与道德），我抬头仰望，越望越觉得高；我努力钻研，越钻研越觉得不可穷尽。看着它好像在前面，忽然又像在后面。老师善于一步一步地诱导我，用各种典籍来丰富我的知识，又用各种礼节来约束我的言行，使我想停止学习都不可能。我已用尽了我的全力，好像有一个十分高大的东西立在我前面，虽然我想要追随上去，却找寻不到前行之路。"

颜回之盛赞，是继子贡开弟子圣化孔子先锋之后所达到的极致。

颜渊圣化孔子分为三个层面：其一，赞叹孔子之学问、道德博大精深、仰高钻坚；其二，赞叹孔子对之教育，采取"循循然善诱人，博我以文，约我以礼"，令其"欲罢不能"；其三，赞叹孔子之学问、道德卓尔不群，虽尽力追赶，却难以企及。

夫子之人，被圣化；夫子之道，亦被圣化。弟子仰钻高坚、瞻前忽忽，尽管夫子循循善诱之，使弟子"欲罢不能"，即使弟子"竭其才""欲从之"，终觉孔子"如有所立卓尔"，未能由之。如此，颜子膜拜夫子之学、之教可见一斑，亦成为后世仰止夫子之缘。

于此，"便见颜子真好学，又见颜子正在学地，未登无学。约我以礼，正从克己复礼处悟来；欲罢不能，正从请事斯语处起手；欲从末由，正是知此道非可仰钻前后而求得者，两个'我'字，正即克己、由己之'己'字。"（蕅益）王阳明曰："谓之有，则非有也；谓之无，则非无也。"

具体而言：

第一，孔子以毕生之力，做了三件事：兴学以立学统，编书以立道统，周游列国以立政统。三件事做成了两件，使他成为圣人；第三件事以失败而告终，被封为"素王"。然，就其形象而言，孔子无疑是多元的，有被"圣化""正统化""神化""维新化"，也有被"僵化""矮化""丑化"。

在《论语》中，尽管孔子将己还原为"吾少也贱，故多能鄙事""述而不作，信而好古""敏而好学，不耻下问""发愤忘食，乐以忘忧，不知老之将至"之人，拒斥其弟子及世人将其圣化。然事实上以子贡开先，其弟子已经一步一步启动了圣化孔子之旅。如此，孔子由其弟子及当世之人一步一步圣化。

简略梳理一下《论语》中的话语，即可窥见圣化孔子的基本轨迹。

（1）子禽问于子贡曰："夫子至于是邦也，必闻其政，求之与？抑与之与？"子贡曰："夫子温、良、恭、俭、让以得之。夫子之求之也，其诸异乎人之求之与？"（《论语·学而》）

（2）仪封人请见，曰"君子之至于斯也，吾未尝不得见也。"从者见之。出曰："二三子何患于丧乎？天下之无道也久矣，天将以夫子为木铎。"（出自《论语·八佾》

（3）公西华："正唯弟子不能学也。"（《论语·述而》）

（4）子温而厉，威而不猛，恭而安。（《论语·述而》）

（5）子绝四：毋意，毋必，毋固，毋我。（《论语·子罕》）

（6）太宰问於子贡曰："夫子圣者与？何其多能也？"子贡曰："固天纵之将圣，又多能也。"《论语·子罕》

孔子被圣化，高山仰止，或喻其为"日月"，或比之于尧舜，甚至在孔子死后，集体为其服丧三年等等，无疑客观上起到了圣化孔子之效。

于此，颜渊之赞叹，无疑是在圣化孔子最为重要的一环。

第二，孔子最得意的弟子颜渊对孔子的道德、学问，以及孔子教育学生之法最为直接的陈述，同时也表达了颜回随孔子问学的切身感受，凸显其弟子对他的颂扬、赞叹和困惑，如此，从弟子的眼中再现孔子鲜活而真实的生命形象。

第三，颜回对孔子的盛赞，主要从三个层面展开，构成了颜渊眼中集道德、学问，教学于一体的复合型"孔子"。

（1）"仰之弥高，钻之弥坚，瞻之在前，忽焉在后"。对此：

陈祥道释曰："仰之弥高，故不可阶而升；钻之弥坚，故不得其门而入；瞻之在前，故随之不见其后；忽焉在后，故迎之不见其前。仰之弥高，钻之弥坚，圣也。瞻之在前，忽焉在后，神也。"

朱熹释曰："仰弥高，不可及。钻弥坚，不可入。在前在后，恍惚不可为象。此颜渊深知夫子之道，无穷尽、无方体，而叹之也。"

戴望以为："此颜渊叹圣人微言，弟子不易知也。弥，终也。仰之终高不可及，钻之终坚莫能入，言其道广大，配天地也。不及者瞻之在前，而过之斯忽焉在后矣。言其能用中为常道。"

颜渊以"仰之弥高，钻之弥坚，瞻之在前，忽焉在后"表对孔子道德学问之极力推崇和颂扬，认为孔子的学问和道德高不可攀；正因为孔子学问道德博大精深、深不可测，才令弟子有高山仰止之感；深入到文辞中可见，颜渊用了动态的"仰"和"钻"来描述对孔子的道德、学问之追随，而以"弥高"和"弥坚"表达了"仰"和"钻"之过程中的感受和体会。如此，"仰之弥高"，"钻之弥坚"，构成了颜渊问学于孔子，对孔子道德、学问之动态的感受性评价。而其后的"瞻之在前，忽焉在后"，则生动地表达了颜渊被其师的道德、学问深深包裹而浸润于其中之感受，表明孔子之道德、学问并非是单一层面的，而是全方位的，不仅直呈清晰明白，而且神妙难测，可以兼顾前后，其学问不仅个性鲜明，而且能内在自洽与圆融，这是对孔子道德、学问"仰之弥高，钻之弥坚"的补充性说明，以期更生动和形象地再现颜渊对师的道德、问学的真切膜拜之情。

　　（2）"夫子循循然善诱人，博我以文，约我以礼，欲罢不能"。颜回在此，从孔子教育之方法、教育之内容或顺序和教育之效果三个层面，具体陈述了孔子对之的教育，将对孔子之赞颂更为具体化，落实于施教之中。

　　施教之方法："循循善诱"。"循循，有次序貌。诱，引进也。"（朱熹）"循循，不陵节而施。诱，道也。"（戴望）如此，"神与圣，圣人之所独。文与礼，天下之所同。圣人以所独者处己，以所同者诱人。"（陈祥道）

　　施教之内容："博我以文，约我以礼"。"博我以文，使之穷理；约我以礼，使之尽性。"（陈祥道）"博文约礼，教之序也。言夫子道使高妙，而教人有序也。"（朱熹）"博我以文，致知格物也。约我以礼，克己复礼也。"（朱熹引侯氏）"礼非所以成圣也，然而亦所以成圣也。"（戴望）"此颜子成圣人最切当处，圣人教人，惟此二事而已。"（程子）

　　施教之效果：令颜渊"欲罢不能"。表"圣人类臣庶，不学不成，故曰'欲罢不能'。"（戴望）

　　颜渊首先直言孔子教育和引导弟子们的总体特征是"循循然，善诱人"，这从孔子的教学可见。孔子在教学中，不仅针对不同的弟子坚持"因材施教"，而且对所讲授的，孔子总是结合着具体的"案例"，对同一个问题从多维度、多层面来加以剖析，且坚持"不愤不启，不悱不发，举一隅，不以三隅反，则不复也"之原则，一句话，颜渊讲述了孔子从教学方法上，令自己"欲罢不能"的原因。其次，颜渊从孔子的教学内容，分析了令自己学习中"欲罢不能"的另一个原因。颜渊说孔子教育是"博我以文，约我以礼"，这说明从思想、观念和知识以及"礼法"之内和外两个维度来教育和约束、规范学生，从而塑造弟子们的心性、德行和行为规训与引导。

通过颜渊之说可知，孔子首先让弟子们从思想、观念和精神上对"仁学"有一个全面而通透的了解，使之在主观思想上对其有一个自觉，让仁学与礼制之精神不外于弟子的心智，实现其"知"层面的提升。在此基础上，从践行的维度，加以检验和落实。这样，颜渊具体深入地介绍了孔子教学中的总体原则和具体内容与方法，从而令包括颜渊在内的弟子们沉醉于孔子的教学之中。如此，"仁学"与"礼制"不断内化、从而使弟子们对"仁"与"礼"，从不知至知，从自发到自觉。

（3）"即竭吾才，如有所立卓尔。虽欲从之，末由也已。"这是颜子对孔子授教所产生的"欲罢不能"的直接感受之后，从整体上再言面孔子思想时的总体感受，再现孔子思想之博大精深、浑然雄卓，使其难以企及，以此回应"仰之弥高，钻之弥坚，瞻之在前，忽焉在后"。

对于颜渊之说，陈祥道释曰："此所谓步亦步，趋亦趋。既竭吾才如有所立卓尔，虽欲从之，末由也已。此所谓夫子奔逸绝尘，而瞠乎其后。扬子曰：颜子得其行，未得其所以行也。"朱熹释曰："此颜子自言其学之所至也。盖悦之深而力之尽，所见益亲，而又无所用其力也。"（朱熹）"所谓卓尔，亦在乎日用行事之间，非所谓窈冥昏默者。"（朱熹引吴氏）"到此地位，功夫尤难，直是峻绝，又大段著力不得。""此颜子所以为深知孔子而善学之者也。"（程子）"自可欲之谓善，充而至于大，力行之积也，大而化之，则非力行所及矣。此颜子所以未达一间也。"（朱熹引杨氏）戴望解曰："如，及也。立，立言也。卓尔，高远貌，言既尽力文礼，及观夫子所立，则又卓然不可及，若序《易》作《春秋》矣。颜渊钻仰既久，则'知《诗》、《书》、《礼》、《乐》，皆归《春秋》之治太平，《易》之既济定，然唯圣人能知之，非弟子所能至。'故曰'虽欲从之，未由也已'。末，无也。此闻一知十所至也。"

在颜渊的心目中，老师孔子如是矗立在自己面前的一座不可逾越的高山，自己虽心向往之，并竭尽全力追随之，但是于"大全式"的孔子，弟子颜渊最终还是深深感觉无从达到老师的高度，即使想超越之，但依然找寻不到有效之路。这再次表达了弟子们对孔子仰视、敬慕之心。

第四，颜渊对其师极度的赞誉，可谓达弟子圣化孔子之极致。对颜渊之言，朱熹引胡氏之言，予以解析。他说："无上事而喟然叹，此颜子学既有得，故述其先难之故，后得之由，而归功于圣人也。高坚前后，语道体也。仰钻瞻忽，未领其要也。惟夫子循循善诱，先博我以文，使我知古今，达事变；然后约我以礼，使我尊所间，行所知。如行者之赴家，食者以求饱，是以欲罢而不能，尽心尽力，不少休废。然后见夫子所立之卓然，虽欲从之，未由也已。是盖不怠所从，必欲至乎卓立之地也。抑斯叹也，其在请事斯语之后，三月不违之时乎？"

总之，好学之颜渊言其师，将卓绝之孔子直呈于世。颜渊之感叹、推崇，再现了孔子之学问、之德行、之教学，广博、高远而卓然，成为弟子们可望不可及的精神范型和仰望之楷模，于此，鲜活的圣人及圣人之道，蠢立于众弟子和世人间。

12. 夫子遵礼，拒享衰荣

子罕 9.12

【原文】子疾病，子路使门人为臣。病间，曰："久矣哉，由之行诈也。无臣而为有臣。吾谁欺？欺天乎？且予与其死于臣之手也，无宁死于二三子之手乎？且予纵不得大葬，予死于道路乎？"

【译文】孔子患了重病，子路派门徒去作孔子的家臣（负责料理后事）。后来，孔子的病好了一些，他说："仲由干这种弄虚作假的事情已经很久了。我明明没有家臣，却偏偏要装作有家臣，我骗谁呢？我骗上天吧？与其在家臣的侍候下死去，我宁可在你们这些学生的侍候下死去，这样不是更好吗？而且即使我不能以大夫之礼来安葬，难道就会被丢在路边没人埋吗？"

孔子疾病时，"子路使门人为臣"，乃因"子路欲尊夫子，而不知道无臣之不可为有臣，是以陷于行诈，罪至欺天。"（朱熹）孔子拒不以家臣侍，进而言不以家臣葬，拒享衰荣，彰孔子尊礼之诚，不僭礼，不欺天，以此斥责弟子子路任情而违礼、越礼，陷于行诈欺天之不忠不义。

"孔子去鲁，以微罪行，不能用大夫之礼，故言无臣而为有臣矣。"（戴望）然，子路以家臣侍之，孔子严厉批评，言"久矣哉，由之行诈也"，表"夫子深惩子路，所以警学者也。"进而言"宁死于二三子之手"，或"死于道路"亦断不接受死于家臣，此乃"孔子自伤道废，不欲饰终，故言此以距子路。"（戴望）

子路尊荣夫子，欲以大夫之礼治其丧事，这是因为孔子曾经做过鲁国的大司寇。而孔子认为当时自己已经没有出仕，没有家臣，故恪守周礼之规定，反对学生按大夫之礼为他办理丧事。对于孔子拒子路安排的家臣侍候，进而谈到不接受以家臣葬的尚礼、践礼行为。陈祥道予以深刻的诠释。他以为："子疾病，子路使门人为臣，而孔子以为欺天。夫子之死，门人欲葬以三代之礼，而君子不以为非礼。门人欲厚葬之者，义也。孔子不敢厚葬之，礼也。夫诈，则不诚；欺，则不忠；不诚，则无以行己；不忠，则无以事天；故于己言诈于天，言忠。"

孔子言拒己病、葬皆不使家臣，于乱世，乃是遵礼、践礼，从而维护礼之权威的典范。如此，孔子严格践礼之风范，不仅与当世诸多违礼、僭礼之行为形成鲜明的对比，而且以己行对违礼之人予以无声地批判。

具体而言：

第一，弟子子路以"忠"著称。当夫子病重时，"使门人为臣"以照顾夫子，当属弟子厚爱其师之情最为自然的表达，子路以为此乃弟子应尽之事宜，其师当受。子路之为，恰如有人评述所言："非知至而意诚，则用智自私，不知行其所无事，往往自陷于行诈欺天而莫之知也。其子路之谓乎？"（朱熹引杨氏）如此，子路于师，本以为依情而尽弟子之"忠"，在孔子看来却使之陷入"行诈欺天"之大不忠不义。这便有了孔子从家臣侍病，到家臣为葬之决绝之言："予与其死于臣之手也，无宁死于二三子之手乎？且予纵不得大葬，予死于道路乎？"以此表明孔子不仅不接受子路违礼之安排，而且对子路的安排大加斥责。于此可见，子路之流俗知见，被夫子骂得如此刻毒。因为在孔子看来，子路的安排，按礼之规定，已经超自己所能享受的档次和规格，子路所为实质上是违礼、僭礼。孔子将之定性为行诈、欺天。

本节记述子路所做和孔子所言，形象地呈现对师忠心不二，孝敬有加的子路之委屈。子路原本只想表达对老师的敬爱和孝心，照顾病重的恩师，然好心却未办成好事，被孔子视为违礼而遭到严厉的斥责。以此表明，孔子不以情而漠视"礼"，更不以情而越礼，凸显孔子以身作则，严格恪守和践行"礼"。这是圣化孔子之途上的又一"实例"。

第二，孔子、儒家对于丧事十分重视，尤其重视丧事的等级规范。按《葬礼》之规定，对于死去的人，不同等级的人有不同的安葬仪式，违反了这种规定，就是行诈欺天，就是大逆不道。

"夫子时已去位，无家臣。子路欲以家臣治其丧，其意实尊圣人，而未知所以尊也。"（朱熹）孔子以为"天使我无臣"，就不应该享受大夫之礼葬，不应该享受有家臣专门操办此事。而子路欲安排家臣操持之，则是"疑为有臣，是欺天也。"（戴望）这样，师徒二人之间构成了一个不可调和之冲突。这冲突的实质，围绕着"情"与"礼"之关系，违"礼"或"遵礼"、守"礼"。

第三，孔子疾病，乃至将死，子路"使门人为家臣"，照顾病重的孔子及其安排其丧事，遵循的是一条自然主义的师徒之情感路线。如此，子路未曾过多思考自己为师安排家臣，是否符合孔子已不是大夫而不应有家臣之规定，只是一心想尊师尽忠尽孝而已。孔子则是从"礼法"规定至上的原则，遵循的是一条规范主义的理性路线来审视子路"使门人为家臣"之事，并且大为恼火。如此，这师徒二者围绕此事而形成的冲突，本质上是两条价值路线之间的冲突。

孔子对子路的作法进行了严厉斥责："久矣哉，由之行诈也"，是因为子路的做法是"无臣而为有臣"。孔子"病间，少差也。病时不知，既差乃知其事，故言我之不当有家臣，人皆知之，不可欺也。而为有臣，则是欺天而已。人而欺天，莫大之罪，引以自归，其责子路深矣。"（朱熹）因而孔子认为子路为自己安排家臣，不是对自己的尊重而是使己陷于"吾谁欺？欺天乎"的尴尬境地。换言之，子路之做法，如果孔子默许，就将孔子置于不仁不义，违背礼法的处境；在孔子看来，如果自己接纳了子路的安排，那无疑是自己的一世英名将毁于一旦，使自己晚节不保，让自己因为自己的丧事而毁大德，成为不守礼、不讲礼之人。这是孔子断然不接受、更不能容忍子路安排家臣之事的症结所在。如此，孔子训斥学生子路，反对给自己设置治丧之臣，这表达了孔子对于礼的严格遵循不让步，且处处以身作则，给学生们与世人做表率。

第四，按照孔子对自己的定位，他觉得符合他现在的身份和等级的丧事，或要求的礼仪标准，只要有人给他收尸就行了，不应该享受有家臣专司其事，表孔子视"礼"为大，个人之死葬之事小。然孔子之言，又充满着难以言表的落寞与悲情。此乃"孔子自伤道废，不欲饰终，故言此以距子路。"（戴望）

第五，孔子对于自己死后如何行葬，表达了自己的愿望，且充满着自信。他说："无宁死于二三子之手乎"和"予纵不得大葬，予死于道路乎？"。孔子拒绝以大夫之"礼"来安排自己的丧事，并不意味着自己死后，必会暴尸荒野。而孔子所言表其决断之心，即使路死，弃而不葬，也不接受不合礼的"大葬"["大葬，谓君臣礼葬。"（朱熹）"大葬，大夫礼葬也。古者大夫退，死葬以士礼，致仕以大夫礼葬。故言从不得大葬，亦岂死于道路，知天必命己反鲁制作也。"（戴望）]

但是孔子说他宁愿死在弟子们的照料下，且相信弟子们会为他安排恰当的后事。这话是对弟子们说的，也就是告诉弟子们，他的后事就由弟子们负责了；这就表明，孔子宁愿享受师生之间犹如父子般的人间亲情，也不愿意违礼去接受家臣陪伺的那种冷冰冰的所谓待遇，因此，孔子认为子路大可不必乖张僭礼。在此处，孔子所言"予纵不得大葬，予死于道路乎"，既解除了弟子们的心结，也表达了夫子对于众弟子的无限信任之情，更甚者在于即使是"死于道路"，亦断不接受子路违礼安排"家臣"侍葬，再次突出对"礼"的遵循。事实上，孔子死后，众多弟子为老师服丧三年，子贡以其晚归，服丧六年，可证此义。

从孔子言"无宁……纵不得，死于道路乎"之决意，表明孔子生亦有礼，病以遵礼，死葬亦遵礼，一生惟礼不可违，严格贯彻"非礼勿行"之原则，彰孔子恪守"礼"而生死。

第六，孔子于己之"病"、己之丧事上，始终强调不能逾越礼，必须严格恪守"礼"，本质上是在倡导和践行一种受"礼"规范和引导的、有节制的生活。

因为只有尊崇"礼",并实际地践行"礼"的生活才是合法度的生活;而逾越"礼"的生活即是对于"礼"的蔑视,本质上不安分守己、且自我狂妄骄纵,这样的生活,是"礼"所不容的,亦是孔子所不能接纳的。

礼,乃是疏导与塑造社会生活秩序之基本规范。信之、遵之、守之、践之,则过一种有节制生活;有节制的生活,本质上既是合乎至上之"道"的,也是合乎人的社会生活规范的;相反,逾越"礼"而奢侈、浮华,则必然带来对社会秩序的破坏,是无德的、可耻的。正是在这一意义上,孔子高度赞扬颜回而斥责子路。

第七,从子路依弟子之情而"使门人为臣",孔子拒之,表为人之事,发乎于情,止乎于礼。尤其是晚辈、下属对长辈、上司之尊,表敬意,须合礼或符合制度规范,切忌违礼超规,使之陷入不仁不义之境,进而败坏社会风气,亦或带来灾祸,故须慎为之。

总之,孔子通过对子路所为之批评,突出孔子崇德隆礼,行仁而守礼。孔子以己之行动垂范"礼",维护"礼"的严肃、至上与神圣,教育弟子们必须严格恪守"礼法",决不可因私情而造次!如此,融合道义的礼仪制度的传播者与坚守者的孔子,给众弟子和世人树立了尊尚、坚守礼仪制度之典范。

13. 待贾而沽，夫子寄望

子罕 9.13

【原文】子贡曰："有美玉于斯，韫椟而藏诸？求善贾而沽诸？"

子曰："沽之哉，沽之哉！我待贾者也。"

【译文】子贡说："我这里有一块美玉，是把它收藏在柜子里呢？还是找一个识货的商人卖掉呢？"

孔子说："卖吧，卖吧！我正在等着识货的人呢。"

————————————

子贡以美玉譬"君子"喻夫子，"以孔子为有道不仕，故设此二端以问之。孔子言当卖之，但当待贾，而不当求耳。"（朱熹）表明孔子等待圣君明主之召唤。

孔子主张好学、修己用于救世、治世。孔子自称"待贾者"。一方面周游列国，四处游说，以宣扬礼治天下为己任，期待着各国统治者能够行仁道于天下；另一方面，则随时准备着走上治国之位，依靠政权的力量来推行礼制，以救世而行仁道。

师徒二人的对话表明，"君子未尝不欲仕也，又恶不由其道。士之待礼，犹玉之待贾。若伊尹之耕于野，伯夷、太公之居于海滨，世无陈汤文王，则终焉而已，必不枉道以从人，衒玉而求售也。"（朱熹引范氏）

子贡"求善贾而沽诸"，孔子则言"我待贾者也"。子贡与孔子的差异在"求"与"待"之间。如此孔子怀道，"待价而沽"，静候圣君明主之召唤。

————————————

具体而言：

第一，子贡以"美玉"譬"君子"喻夫子，如此，表君子须具有高洁纯然，刚毅而坚硬的品质，方可成异器而非凡物，这样，君子如美玉，高贵而值得珍视，其材质（才智）、其品位，确立了其自身的内在价值。正因为如此，子贡喻德性、才学皆已修成之君子，恰如怀有一美玉。正是在此等情况下，向孔子请教："韫椟而藏诸？求善贾而沽诸？"

《易》曰：君子藏器于身，待时而动。"子贡以孔子怀道不仕，故设此问。孔子言沽之，则无不仕之心可知。盖孔子与子贡之分别，在求字和待字上。用之者行，舍之者藏，若有求无待，则将炫之，与藏之相异。"（钱穆）"沽同，而待与求不同。世人不说沽，便说藏耳。"（蕅益）

第二，从对话中，可以看出师徒二人不同的心境与修养层次。弟子子贡遵循老师的教导，以"美玉"为型修己成君子，不知是该"行"，还是该"藏"；是该"见"，亦或该"隐"。换句话说，是应该独守其善身，还是应该让自己如玉一样发出异彩，发挥其才能来治理天下？应该说子贡以美玉而指君子，是进还是退，是出仕还是继续守身如玉，拿捏不准，无以定夺。正是在此境遇下，征求其师的意见。而孔子的回答很干脆，也很直接。

从对话的语气可以看出，子贡以"求善贾"而"沽"，孔子重言"沽之哉"，表"决不售"，以示"虽遇良贾，必待其来贾，无知求售者也。谓若伊尹处畎亩之中，汤三聘乃往。"（戴望）孔子虽迫不及待地想出仕而行仁政、弘仁道，但不求售，而是自称是一个时刻准备着的"待贾者"。以此表明，孔子时刻准备着，箭在弦上、蓄势待发，处待沽状，只是在等待时机，期待"识货"之圣君明主。孔子"待沽"，恰如扬子所言："珍其货而后市。"

第四，从孔子的回答可知，是君子，不仅仅要独善其身，更重要的是要"达济天下"。孔子虽言己为"待贾者"，然孔子为仕之急切亦正表明他极端渴望和期待圣王贤君再现，能推行仁政礼制而治理天下，体现他以天下为己任的责任意识和使命感，以及由此而生的急迫感。

事实上，孔子一生，就是"待贾而沽"的一生，他一方面四处游说，以传礼治天下为己任，期待着各国统治者能够行他推崇的"先王之道"；另一方面，他也随时准备把自己推上治国之位，依靠政权的力量去推行礼乐教化。

第五，孔子教导弟子们，学以致用，学而出仕，以达治国平天下。于此，较为全面展示了孔子的教育思想；孔子一贯告诫弟子，穷，并不是以穷为乐，而是以得道为乐，安贫乐道；不当官，也不是以不当官为乐，而是以不苟且去当官为乐，倘若邦有道、遇圣君明主，必须抓住时机，让自己的才能得以展现，让仁道于天下得以彰显。

总之，"君子未尝不欲仕。恶不由道，美玉未尝不欲沽。恶不待贾沽之，所以行其义；待贾，所以珍其道。行其义，则不失人；珍其道，则不失己。"（陈祥道）通过此段师徒的对话，将孔子急切地追求匡扶社稷、挽救"礼"和王道之式微的生命使命和责任意识，非常清晰而直接地凸显出来了，同时，也给其弟子子贡予以解惑与决断，表明君子当"待贾者"，决不可"求售"。孔子总是以切己之为，示其弟子们，授之以人生之导航与取向。

14. 君子居处，何陋之有

子罕 9.14

【原文】子欲居九夷。

或曰："陋，如之何？"

子曰："君子居之，何陋之有？"

【译文】孔子想要移居九夷。

有人说："那里非常落后闭塞，不开化，怎么能居住呢？"

孔子说："有箕子居住之地，怎可陋而无礼义呢。"

孔子曾栖栖惶惶到处奔走、到处碰壁，萌生"道不行，乘桴浮于海"（《论语·公冶长》）之念。孔子"浮海之叹，伤天下之无贤君也"（程子），大道不行于世间。今又"欲居九夷"，乃因"孔子既不得用于鲁，自以殷人思箕人之风，故欲居其国也。"（戴望）然孔子浮海居九夷，非弃世而避，仍为行道。可见，夫子忧道之切，未尝一日忘怀矣。

子欲居之"九夷"，为"嵎夷之地，今朝鲜国也。昔武王克殷，释箕子之囚，箕子不忍为周所释，走之朝鲜。武王因而封之，后为武王陈《洪范》九畴，以明天道。""九夷"表未开化的蛮荒之地。"孔子既不得用于鲁国，自以殷人思箕子之风，故欲居其国也。"（戴望）孔子效箕子，欲居九夷，以明天道于九夷，另辟仁政礼制之新域，施礼行道于斯而开化。以此可见，孔子对乱世无道之恶，以及救世行道之急切。

"陋者，无礼义也。礼义有贤者出，有箕子居而化之，夷变于夏矣，何为陋乎。"（戴望）九夷，先有箕子居，礼义早已落根，"何陋之有"？今又有夫子欲居，"何陋之有"？

具体而言：

第一，本节记述了孔子意欲移居九夷，世人以为"九夷"之"陋"而不可"居"，孔子对"陋，如之何"予以积极回应："君子居之，何陋之有？"

此陈述，就其语义走向，清晰地地呈现出几个层次：

（1）孔子对他人认为九夷"陋"予以反驳。孔子认为，九夷之地，早已有箕子居，行布礼义，对九夷已有礼义教化，何谈"陋"？

（2）孔子以"君子"，实则以"礼义"为尺度，来判断一地是否"陋"。

（3）孔子坚信自己是君子，并认为君子于改造"陋"的作用巨大，能给原本蛮荒无礼义之地带来生机与育化。恰如朱熹所释："君子所居则化，何陋之有?"

（4）体现孔子对君子行道、以行而施礼义之教化责任的高度觉醒和执着的追求。

此节话语，本质上是通过阐释了"君子"与其居住或生活环境的关系，凸显孔子对"陋"地之教化作用，从而使之尊教化、尚仁道，行礼法。孔子超越常人的思维和观念，超越君子受制于环境，突出"君子"于环境的先导和开化之使命和作用，展现了"君子"乐道之本质，由此，凸显君子的生命价值指向。如此表明，只要有君子所在之地，君子就会自觉践行、传播礼乐文化、示范仁义道德，教化民众，使之摆脱蛮荒愚昧落后，充分展示君子对"夷"之教化与引领作用。

如此，孔子之应对"君子居之，何陋之有?"从直接性而言，则是孔子对箕子居九夷，给九夷带来的礼义教化之历史价值予以肯定，驳斥"或曰：'陋，如之何?'"之论；恰如戴望所释："陋者，无礼义也。礼义有贤者出，有箕子居而化之，夷变于夏矣，何为陋乎。君子，箕子。"从深层次而言，表"君子居之"，礼义兴焉，陋地，已不再陋，表君子对九夷之蛮荒所施礼义教化，对之发生的改变。

第二，"君子"，在孔子的价值谱系里，是有别于常人的"特殊之人"。从静态来看，"君子"是对其生命、道德与使命自觉之人，即是自我生命圆融之人；从动态来看，君子乃是为"道"而生、而活、而死之人。其行为一刻也不能离开道，离开了道，人生就失去了意义。恰如孔子所称赞的颜渊，箪食瓢饮、居陋巷，"人不堪其忧，回不改其乐"。如此，君子之生活乃是"道"之体现和再现。君子之生命、生活，就是依"道"、以"道"为生命至上价值而展开的，这是一种典型的惟"道"式的生命、生活。

第三，君子为"道"而存的生命价值指向，内在规定了君子的人生理想必然是忧道、谋道、弘道，而弘道就意味其坚定的信念或智慧不被环境所左右的；相反地，他会以自身的修为及能力去改变所处的环境，带动生存环境发生变化，向着符合礼法、仁道之良性的、美善的方向发展。这是君子价值在"陋"的环境中的功能具体化，集中表达了君子以礼乐改造、教化民众，传播仁道，从而使陋的环境不再"陋"而渐次礼乐文明化。

第四，在此节对话中，最为经典的是孔子所言："君子居之，何陋之有?"在此，孔子反问自答中所蕴含的担当、自信和豪情，正体现君子高贵慈悲之精神：此精神正在于不畏蛮荒之境，将礼乐文化传播到这些僻夷之地，教化当地之人们知礼、行礼而入道，这也正是君子"兼善天下"刚健有为之精神在"陋"的环境中得以彰显。

第五，孔子之答："君子居之，何陋之有？"不仅表达对君子之坚守和能力的自信，同时也表达君子对蛮荒之地，有礼义可教之功能。在他看来，只要君子去这些地方，传播礼乐文化知识，启蒙开智，那么这些地方就不会闭塞落后了。此等君子遗世独立于蛮荒九夷，是君子为道义文化所展开的精神拓荒之旅。如此，才能有"礼仪之邦"空间的拓展与绵延。

第六，孔子所呈现的是君子以身载道、践道、传道和化育天下的生存，范导出君子独特的生活方式。该种生活方式的特点，就在于不惧"陋"，而是直面"陋"，进而改造与超越"陋"而成礼义之乡。由此，体现出君子之豪迈，为"道"存的生命之自足、丰盈与超然境界。正因为如此，君子以其自身饱满的生命德性使"陋"不再"陋"而呈现出独特的礼仪韵味。如此，方可深刻领会刘禹锡的"陋室铭"和诸葛之名篇之最后，为何都如此潇洒地以"何陋之有"而彰显自身的生命高贵与浩然气节。

第七，孔子之语，对于弟子们自觉自己的生命责任，必对如九夷之地施予教化之功。告诫弟子们，到蛮荒之地去，实现君子化育之责任。蛮荒之地，正是需要君子之地。蛮荒之地，正是君子发挥才智、践行礼乐、彰显德行之地。如此，孔子之语，不仅对当世，而且对于当下的"君子"都具有人生的指导性。

总之，从字面上看，孔子讨论"君子"与"陋地"二者的关系，认为"君子就位，陋地不陋"。究其本质，实则是在向世人阐释"品性""学识"与"环境"的关系，可以说"环境"造就人之"品性"，又在一定程度上反映人之"品性"。一方面，孔子认为"君子"人格高尚、品性高洁，才学出众，更重要的是其淡泊名利、内心坚定而从容，因此不论身处的"环境"怎样闭塞与不堪，他都能淡定自若、随遇而安，因为真正的"君子"为"道"而在，其内心深处有一个属于他的"环境"，这个"环境"既是他置身世事的一套处事原则，又是他隔绝尘扰的一面保护屏障。这个"环境"，凡人无法企及，"君子"却将长乐永安！另一方面，孔子认为"君子"所到之处必能使"陋地"礼义畅行，蓬荜生辉。"君子"能以其自身高尚品性率先垂范，用道德之"能量"影响身边人，逐步形成良好的礼制氛围，从而达到提升"环境"的良效。

离开抽象之论来看，九夷，已有君子箕子居，礼义早已散播、落根。如此，九夷已是礼义之乡，何陋之有？今孔子又欲居之，九夷，又何来"陋"？孔子之言极度自信地表达若居九夷，原本陋之九夷，因有了夫子而不再"陋"！如此，孔子既自明己居九夷之使命和责任，又凸显己居九夷，于九夷必礼化而不"陋"。

15. 夫子正乐，以续周礼

子罕 9.15

【原文】子曰："吾自卫反鲁，然后乐正，《雅》《颂》各得其所。"

【译文】孔子说："我从卫国返回到鲁国以后，古乐才得到整理、修正，《雅》乐和《颂》乐，各归其类。"

夫子自述其反鲁正乐而使乐正，结束了鲁乐长期以来残缺失次之状，使《雅》《颂》得以正确地分类和归位，赓续周公制作礼乐之事业。

奔波、周流诸国数载，为寻求贤德君主以实现仁政的理想终究落空。受召回鲁，却发现周乐已混乱、残缺、破败不堪，于此，孔子开始其繁复艰辛的正乐工作。正乐，乃着力对乐文化予以整理、修复，使"《雅》《颂》之音所得，则乐正矣"，"正乐之音，使七律合于三所，使周之乐不袭三代之制。故言'各得其所'矣。"（戴望）"正其乐章，正其乐音。"（钱穆）最终经过孔子的"正乐"，《雅》《颂》得以各归其类，使得鲁乐得以完善。

孔子寻仁政之路，以失败告终。回鲁后进行的正乐，及其文化修复和整理工作，却功在千秋。孔子"乐正"，乃是行乐教之要务，此"亦是木铎所职应尔"。（蕅益）

具体而言：

第一，孔子自述结束奔波游说异乡十几载，回到自己的家乡鲁国，对"乐"加以整理、修复，使混乱不堪的"乐"渐次有序化。此为孔子对"鲁乐"做出的具体贡献。孔子特别强调"乐"教之功能，因此，"正乐"，乃是他弘道救世之必然要进行的事业。如此，孔子正乐，乃是复兴传统文化的具体举措，其目的在于使周礼之精神得以承续与弘扬。

第二，《左传》有载：哀公十一年，孔子在卫，鲁人召之乃归，其自卫反鲁之时欤。亦即在公元前484年（即鲁哀公11年）冬，孔子从卫国返回鲁国，结束了他长达14年游历不定的生活。但孔子阔别14载回到故里后，发现鲁国原有的各种仪典礼制不再具有约束作用，诗礼乐已经混乱不堪。如此，孔子自觉己之责任和使命，开始着手正"乐"，即对不同的"乐"进行整理、归类。对此，陈祥道释曰："孔子于礼，不敢议，执之而已。于乐，不敢作，正之而已。"朱熹解曰："鲁哀公十一年冬，孔子自卫反鲁。是时周礼在鲁，然诗乐亦颇残阙失次。孔子周流四方，参互考订，以知其说。晚知道终不行，故归而正之。"在此，突出孔子治乱世之切入点，即是对其礼乐文化进行修复与完善。这种取向于"文化"之路径，是孔子力图恢复"礼乐"所一贯遵循的原则，此种文化引导德行和社会秩序良性化的思维，正是孔子独特的精神支撑和信念之所在。

第三，"诗""礼""乐"皆与大祭等活动紧密有关。古时，各种祭祀、祷神、祭祖等活动，歌、舞、乐乃不可或缺。如此，诗礼乐三者互相关涉，构成一个具有明确功能分工且有序的整体。然春秋之世，西周严格的礼乐制度已经开始败坏，诗、礼、乐开始离析而为三，于是乎诗礼乐便淆乱矣。孔子主张"兴于诗，立于礼，成于乐"，其中"乐"至关重要；当世道衰而乐废，恐怕也正是仪典废衰、混乱而诗礼乐的运用出现问题。如此，孔子必须"正""乐"。

第四，孔子"正""乐"，其任务即是要弄清楚"诗""礼"和"乐"三者之间所本应具有的关系，即梳理清楚诗、礼、乐的对应协调和仪典的使用关系。用孔子的话说，就是要使"《雅》《颂》各得其所"。在此，所谓《雅》乐，是指出流传于京城附近的民歌，接近于古代的普通话，所以用《雅》和别的地方区别开来；而所谓的《颂》乐，则是指专司于祭祀时所用的音乐，其特点是曲调缓慢而庄重。如此，通过厘清彼此之间的差异，从而对"乐"进行了类型划定，进而恰当去应用之，而不至于混淆视听，扰乱礼法，使社会规范缺位或失效。

第五，孔子从鲁出发，游历一圈回到鲁国之后，发现原本"周礼尽在鲁"的事实已经被残酷的现实破坏与颠覆，即周礼之正宗和最完整的存在之地却早已混乱不堪，以此足见天下之"乐"混乱的景象。

事实上，古代的音乐，有的早已遗失或废弃，有的则破碎而成残篇，有的则是次序错乱，总之，古乐已经残破难以承载和发挥教化之功能了。如此，孔子回鲁国之后再重新正"乐"，不仅显示孔子再次"正本清源"之立意，更为重要的经过他的整理，客观上起到了承接、保留传统，发挥乐教之功。

第六，孔子发现"乐"衰乱之事实，但他还能很好地正"乐"，即能调整乐曲的篇章次序，校正乐音等，这恰是缘自或有赖于孔子高水准的音乐才能。如此，通过"正乐"亦充分展现了孔子卓越的音乐才华。

总之，孔子回鲁之后，之所以能发现"乐"混乱了，以及他能"正"之，正是孔子卓越的音乐才华所洞见的；孔子之所以以"乐"为切入点，并加以"正"之，这是由孔子重"乐教"的"音乐观"所决定的。

16. 遵礼处世，万般自在

子罕 9.16

【原文】子曰："出则事公卿，入则事父兄，丧事不敢不勉，不为酒困，何有于我哉。"

【译文】孔子说："在外事奉公卿，在家孝敬父兄，有丧事不敢不尽力去办，不被酒所困，这些事对我来说有什么困难呢？"

"出则事公卿"，表为国尽忠，尽为臣之义；"入则事父兄"，行孝悌，尽人子人兄之仁；"丧事不敢不勉"，表哀敬；"不为酒困"，表克己节制。孔子对己之生活予以了总括，突出了他将"礼"融于生活之中，时时刻刻、事事处处皆遵礼而为，从而成为自觉遵礼、践礼之人。

尽忠义为邦国，行孝悌彰人伦，哀敬为生死，克己为修行，这一切皆是为礼。"礼"非外于生活，恰于生活之诸事中。孔子以切己之为，表遵礼、践礼，以"礼"规范与疏导其生活，生活中之困难皆可解也，生活亦顺达畅然，以此彰礼于生活之功能。

"出则事公卿，入则事父兄，丧事不敢不勉"之"三事"，表待人，"不为酒困"乃待己。如此，待人、待己，都须遵"礼"、践"礼"，方不为外事、亦不为己欲所困。

具体而言：

第一，孔子通过对自我生活的评价，突出了他在"四事"上，不仅勤勉尽心尽力，而且还能始终做到克己之欲，从不放纵饮酒，保持过一种有节制的生活，进而在处理相应的关系之时，能以恰当的仪态来持守与遵循规范的"礼"，从而表明孔子自觉自由地行"礼"而生活。

第二，孔子直陈己之所为"四事"。于孔子而言，或在孔子看来，"出"则事君上、官长，"入"则事父兄，这是人生中最为重要的人际关系，它们构成家国关系之基本的架构；同时，"丧"乃是人世生死之边界，亦即是人生之终极。如此，"出""事公卿"、"入""事父兄"，以及"丧""事""死者"，则构成孔子所界定的人生绕不开的、最为重要且意义重大的三件事，简称"人生三事"，而其后则是如何面对"酒"，强调依"礼"而克己，当节制不可纵欲。

第三，在孔子看来，人生须按照规范的"礼"之要求和原则，来处理好这三件大事。具体而言，"出则事公卿"，必为国尽忠；"入则事父兄"，定为长辈尽孝、于兄弟有爱之悌。如此，"出"与"入"，"忠"与"孝"（悌）始终是孔子特别强调的两个道德规范。它是对所有人的要求，而孔子本人就是这方面的身体力行者。而第三件事则是如何对待"死者"之丧事，孔子自己践行和提出的原则是："不敢不勉"，也就是对于"死者"之丧事不能敷衍，不可随便轻率地处置，而必须对死者报以尊重的态度。"不敢不勉"四个字，就从主观态度到实际行动上都表不可怠慢，而要高度重视并尽心尽力而葬之。事实上，对一个人"生后之事"的态度，本质上折射出对"生命"所具有的立场和态度，一言以蔽之，即是对"生命"持应有的敬畏和尊重。如此，必须以"礼"待之。

这三件事，孔子自身是严格遵循"礼"之要求和规定而勤勉为之，同时要告诫世人及后人切不可背"礼"而为。

第四，本节前三句话，当是"事实陈述"，最为重要的是孔子认为在处理"人生三事"时，绝对"不为酒困"，这是一个非常重要的原则，也是孔子人生实践经验、教训的总结和提炼。

何谓"不为酒困"？简单地说，就是不要酗酒，被"酒"所绑架，即"不腆于酒"。这是周礼的规定。周的礼法规定，对于周的官吏，有犯酒禁的，须用严刑。如此，孔子所谓"不为酒困"，其本意依然是遵循周礼而行酒而已。

进一步而言，孔子所谓"不为酒困"，是他对自我的要求，要求自己始终保持着清晰的责任和使命意识，即"忠孝"意识，不因迷醉于"酒"而丧失守臣、子之本份，废臣、子之责任。换句话说，不要因"酒"而不知君臣之尊卑、不知长幼之辈分、不谙悲喜之别，进而因酒而诳语，因酒而乱纲常、因酒而混孝悌、而"失态"，进而乱尊卑、长幼之法度，僭越君臣之礼，疏于事功、惮父兄孝悌。如此，在孔子看来，"酒"乃懈怠自我之责、迷乱自我的引发物，必须高度警惕，始终保持一种不丢失"自我"之"度"，不可因"酒"之迷醉做出不符合"礼"之规范和要求之事。

第五，孔子所谓"不为酒困"之"酒"，指称着具体的"物"，进而表达一己之私欲。孔子之言"不为酒困"即是要求对己之私欲的把控，能真正做到"克己"自律，而不被"私欲"所左右，突出了孔子所倡导的遵礼而过有节制的生活。

第六，"礼"之规范与己之私欲之间，始终是一个不可回避的矛盾。二者之间的博弈与抉择，构成两种不同的人格，即是规范性人格和自然主义的人格。孔子在此处，显然是选择和践行的是规范性人格，反对自然主义人格，从而确认"礼"之至上地位和价值。

第七，孔子最后说"何有于我哉"。对此，江谦补注："此四者，皆是孔子之无我。有我相，则骄慢，不能出事公卿，入事父兄；有我相，则有段见，谓人死即消灭，故丧事不能勉；有我相，则累于形骸，不知观心之妙，而以饮酒为乐，故为酒困。我见为万恶之原，其为毒于天下，不可胜数，故孔子再言之'何有与我哉'。"如此，"何有于我哉"，乃是孔子对自己人生实践进行反思之后，非常自信而肯定的一种自鉴。这是孔子不断以"礼"为尺度、为标准，对自己的德性和行为进行规范性约束，达到一种高度自觉之后的必然结果。

总之，孔子以己之人生所为，凸显了所谓"三件大事"之不可小视、不可懈怠，进而强调在处理三件人生事之过程中，必须遵循和符合"礼法"之规定与要求，时刻做到克己之私欲，过一种有节制而适度的生活。

17. 逝者如斯，时不待我

子罕 9.17

【原文】 子在川上曰："逝者如斯夫，不舍昼夜。"

【译文】 孔子在川水之上说："逝者，如是这河水一样啊，不分昼夜地向前流去。"

"逝者如斯夫，不舍昼夜"，乃天道本然。朱熹释曰："天地之化，往者过，来者续，无一息之停，乃道体之本然也。然其可指而易见者，莫如川流。故于此发以示人，欲学者时时省察，而无毫发之间断也。"亦如程子所言："天运而不已，日往则月来，寒往则暑来，水流而不息，物生而不穷，皆与道为体，运乎昼夜，未尝已也。是以君子法之，自强不息。及其至也，纯亦不已焉。"又曰："自汉以来，儒者皆不识此义。此见圣人之心，纯亦不已也。纯亦不已，乃天德也。有天德，便可语王道，其要只在谨独。"

孔子以天道而言人道，叹先贤圣君明主，如逝水，已远去，今夕圣贤之君安在？面世事沧海变迁，对一切往逝者、对远古之盛世，心生深深追念与留恋。面流逝之川，感慨时光必带走一切，思己之壮志亦未酬，望空历史之大悲怆、大悲叹，有几许怅然。如钱穆所释："本章多有孔子晚年语，如凤鸟章，九夷章，及此章，身不用，道不行，岁月如流，迟暮伤逝，盖伤道也。"

天道不息，"逝者"亦"如斯"。"'正朔三而改，文质再而复'，'物类相招，埶数相生'，消长之故，如循环矣。"（戴望）既如此，我辈自当笃定不移，珍视时光，担负世势赋予的使命，不懈不怠，刚健有为、自强不息，方可弘道而人生无憾。

具体而言：

第一，孔子此叹，既有具象性和直接性，又有象征性和间接性，由此集中表达孔子的历史意识、时间意识和生命意识，体现他的人生哲学之深刻意蕴。孔子通过感叹时光与美好的一切皆易逝，以勉励自己和学生要珍惜时间求学、问道而须臾不可懈怠。对此，蕅益释曰："此叹境也，即叹观也。盖天地万物，何一而非逝者，但愚人于此，计断计常。今既谓之逝者，则便非常；又复如斯不舍昼夜，则便非断。非断非常，即缘生正观。引而申之，有逝逝，有逝不逝，有不逝逝，有不逝不逝。非天下之至圣，孰能知之？"

第二，从孔子此叹的具象性和直接性所指而言，孔子深知中国历史到了五帝时代，不再有三皇，到了夏商周，不再有五帝。孔子生在春秋乱世，想见西周盛况再现，却不可再见，只能梦里见周公而已，一切恍如隔世。孔子十五志于学，经过四十载才得知"天道"之远，明"王道"光复之难，由此可知，孔子深谙自然界、人世、宇宙万有，无一不是逝者，无一不像河里的流水，昼夜不驻地流泻，一经流去，便不会流回来。此等世间万物流逝不可挽留的事实，既是天道，也是人事之真谛，如此，才有"天行健"之说，也才有孔子之面向浩浩流逝之川而生如此慨叹。孔子之叹，正是基于对人世万千事物、沧桑历史流变不常驻的深刻洞察使然，表征着孔子鲜明而强烈的历史意识，且此种历史意识缠带着淡淡的悲怆与无奈。

第三，孔子之感叹，无疑是以自然之物喻人生之事，从而从生命的时间维度上凸显了岁月匆匆，往者不可追，唯来者犹可追，生命就在这样不可逆的时间轴上，具有自我不可操纵性和主宰性特征。如此，孔子以不息之川水来表征生命流逝、流变，凸显孔子顺应时间流变而激发自我强烈的生命意识。

第四，天道之时运，独立而行。孔子之语的深刻性，不在于言说流川之一刻不歇息，不间断的恒动向前，而是以此表达生命时光的紧迫感与人生大任之直接关联性。惟有担当大任，具有使命感和责任感的人，才会有时光催人老之切肤体验，由此，才有"不知老之将至"之执着，才真正可能"自强不息"，成践行君子人生之风范。

第五，人生匆匆似流水，万事不驻而恒变，如此川滚滚流逝，不舍昼夜。如此，置身于春秋大变革时代的孔子，望千水流觞不止、不待之势而叹，想自己梦寐以求的"王道"复兴已是川水过此景，渐行渐远，乃至浩渺消逝而遥遥兮，倍感岁月蹉跎。如斯，告诫弟子们，必须珍惜时光，不可懈怠，生命稍纵即逝，决不可让之白白付东流，必须以成就之事功赋予流逝的光阴以真切的价值内蕴，才不致枉然人生。如是，孔子以此来警示和教导其弟子们，乃至后世千载之人，惟有珍惜，才不负经年流岁。孔子以此"皆勉人进学不已"（朱熹），"多勉人进学。"（钱穆）

第六，当然，孔子言河水不停地流逝，一去不复返，其直接关注点或思维的焦点在"逝"，并以此而展开他的人生哲学的思考。然其深刻性在于从逝水之"动"中，洞察不动之"常"，恰如流逝之世代，"仁道"则是其恒常不变者。

总之，"天下之物，无日而不禅，无时而不移，虽天地不能逃其变，舟壑不能固其藏，造化密移畴觉之哉。此孔子所以有川上之叹也，此即物观之而已。即理以观之，则流者未尝流，逝者未尝逝。"（陈祥道）孔子此语，侧重于以流逝之川为直接言说对象，以自然之物来喻人世、人生之特质，阐释人生的态度和立场，并达到对其弟子珍惜时光、践履人生之梦，实现人生追求之教育目的，从而昭示在人生的时间维度上，惟有不断践行、不倦地完善自我，才不虚度时光。

"前不见古人，后不见来者。念天地之悠悠，独怆然而涕下！"子昂之叹，亦如孔子望奔腾不息流逝之川，一切的一切都匆匆去远，徒生不可留之悲慨。多少时光已远逝，多少美好不可留。前世王道湮灭在历史烟尘中，消弭在岁月长河里，一切皆流逝，面江川，思先贤，不可留之盛世，不可留之先王，如水逝、已去远。惟弘道不改，道心独永存，犹有多少悲怆绕心间，壮志未酬，时不待俺！惟有只争朝夕，惟求"朝闻道"，"夕死"可安。

18. 力戒好色，谨尊德性

子罕 9.18

【原文】子曰："吾未见好德如好色者也。"

【译文】孔子说："我未曾见过好德如同好色一样的人。"

《史记》载："孔子居卫，灵公与夫人同车，使孔子为次乘，招摇过市之。"故孔子有此言。孔子之言，首先指证当时为政者，纵欲无度，声色犬马之徒耳，进而"叹时人之薄于德而厚于色"（钱穆）之弊，以表世之乱礼无德。

"薄于德而厚于色"，"好色"盛于"好德"，乃丧礼失德，乱世之兆也。"古者天子诸侯无再取之义，为其弃德嗜色，故一取而已。""男女丧德，乱亡与焉。"（戴望）孔子之所以言此语，亦如朱熹引谢氏曰："好好色，恶恶臭，诚也。好德如好色，斯诚如好德矣，然民鲜能之。"

"好德"之难，任重而道远，难在自觉而有恒。"好色"乃嗜色，乃纵欲，无克己之心，孔子否定之。孔子言"好德"非"禁欲"。如此，惟弘"礼"克"好色"之弊，以引世人之心性向德而升华。

具体而言：

第一，《礼》有规定："诸侯外淫者绝，卿大夫外淫者放，士庶人外淫者宫割。"礼规定之惩处，其用意在于引导世人"好德"而不"好色"，以塑世人之德，达治世之效。孔子言"吾未见好德如好色者也"，直指当世为政者，皆如卫灵公一般，乃好色之徒，声色犬马、纵欲无度。如此孔子之言，既是对当世为政者之德真实状况的揭露，亦是对为政者之恶予以批判，以此重构"礼"之规范，重塑为政者之德，从而绝纵欲之嗜色，倡好德节欲之生活，回归有德之为政。

第二，孔子所言，择人生两种不同的取向进行比较，在强调二者的差异性之基础上，对"好色"予以批判，对"好德"予以肯定和赞许。同时也表达了孔子对当世人们普遍的道德境况的深深忧虑，号召人们"克己复礼"，以"礼"克己之欲求，主动而自觉地追寻大道之义理和德行。

"德与色对，犹性与相对。凡夫著相而不悟性，故好恋色身，好吃美食，好著美衣，好居美室，皆是好色。不知义理悦心，禅悦为食，法喜充满，功德庄严之可贵也。颜子在陋巷，一箪食，一瓢饮，不改其乐，方是好德。禹之菲饮食而致孝乎鬼神，恶衣服而致美乎黻冕，卑宫室而尽力乎沟洫，方是好德。"（江谦）

如此，"好色"与"好德"，意指两种不同的生命维度和取向，进而构成两种不同的生活类型，即以欲求为主导的纵欲生活和以德性为主宰的德感生活。在此，"色"表征个体自然生命的欲求，并非仅仅是男女之间以"色相"或肉欲为唯一内容的生理需要。如此，"色"所代表的则是个体生存本能意义上的需要；而"德"，与"色"相对，表人之心性品行，指符合社会规范和道德要求的道德意识和道德素质。换言之，"色"属于个人生存本能之事，是个体自然生命存在与延续，而"德"所强调的是个人德性生活，指向的是道德生命的存在，是个体超越肉体存在之上的社会品格和德行精神。

第三，"好色"与"好德"，直接呈现的是为政者对其人生生存之价值选择和定位，它折射的是为政者遵循的不同尺度和不同的原则，由此，构成两种具有原则分野的不同生存模式和为政品质；如此，所谓"好色"之选择，则是追求以满足一己之私欲为其首要目标，一切都围绕于此，并依此作为尺度来加以判断和决定取舍，以己之欲求满足与否为其至上原则；而"好德"之偏向或选择，则是以"义理"作为衡量个人取舍、得失、为与不为的价值依据，它关涉人之善性与崇高德性。在这一意义上，孔子通过"好色"与"好德"的对比，将二者的差异和矛盾彰显出来，切入现实生活，提出"好色"与"好德"所引发和范导出两种不同的为政者之生活走向和生命的价值类型。

第四，在孔子的话语中，"色"，表人之欲，切进人的自然生命，如此，"好色"所指为个人自然生命欲望的膨胀与放纵，直指为政之荒淫无度；而"德"，表人之品性，直指生命之义理，"好德"所确立的是对生命自然本性、私欲的价值观照与超越，是对个人德性生活、德性生命的开启与建构，表为政者遵礼而行仁政。由此，"好色"与"好德"，所形成的则是自然主义的生命观与道义主义的生命观，进而表征为无道之恶政和有道之仁政。

第五，从孔子的话语和思想体系来看，孔子并未一味而简单否定"色"于人的生存之必要和必需，只是批判超过一定"色"之限度，进而成为人生价值偏向、偏执或人生定位的"好色"。如此，孔子在肯定"色"的基础上，否定"好色"之取向，其目的的是在于主张、倡导和赞许"好德"之价值取向与定位。

第六，孔子通过批判为政者"好色"，而主张和倡导"好德"之生命观和为政观，其根本的用意在于为挽救"礼乐崩溃"所开出的一剂良方和才采取的策略，希望为政者当克己之私欲而力戒声色犬马、纵欲无度。

孔子所言"吾未见好德如好色者也"，既是孔子对当世道德境况的一种溯源，也是对其时代道德病症的诊断，更是对乱世拯救、治理所必须直面的"道德现实"和起点。其中，孔子所言"吾未见"，其绝断的口吻中蕴含着对当世为政者道德景况的绝望，表对当政者好色而无德之批判。

总之，孔子通过"好色"与"好德"两种人生价值取向和模式的分解，并以"吾未见"，充分透析了当世为政者"好德者"寡，"好色者"众之现实，对"好色"之为政者予以批判，进而号召为政者当自觉绝"好色"而"好德"，倡导为政者过一种有节制的德性生活，以此祈望能力挽礼乐崩溃的惨淡现实，最终能回归仁政。

当然，抽象地言说和倡导克己之私欲，过一种有德性的生活，似乎并没有错，且具有道德幻象式的优越感。但是，还必须追究或追求与落实，此处所谓生活所必须遵循和信奉之"德"之实质是什么？如果仅仅是为了维系既定的或已经死亡或即将死亡的社会秩序之"德"，那么，该种"德"之保守性和规范性特征，必然不会被生活在现实中的人们所接纳，并发挥积极的规范和引导作用。事实上，历史和现实的无数事实证明，唯有以尊重生命权利，以生命权利为其价值的根本指向之"德"，才能唤起人们"好德"之心。如此之"德"，必不能脱离或与人们实际生活中所遭遇的生存问题相悖。一句话，只有植根于人们生活之客观实际基础上，着力于解决人们生活之中的真问题所形成的"德"才能深度植入生活，从而成为人们生活之精神和道德导向。否则，一切虚假或悬空的道德命令、规定以及花样翻新的说教，其结果都只能是收获虚幻的道德景象和错乱的生存与社会现实。同时，还必须注意"道德"只是塑造现实生活动力系统中的一种观念和思想力量，切不可倒置，过分拔高道德的功能，滑向道德决定论的窠臼。而孔子之悲、之哀，恰好在此处掉入道德主义之陷阱。因为道德主义，遵循道德乌托邦的思维和价值原则，贯彻和奉行的是美丽、美好的道德愿景至上的原则，而现实生活实际通行或行走的却是现实"物化"力量所凝成的强硬路线。

19. 志功方成，止进由己

子罕 9.19

【原文】子曰："譬如为山，未成一篑，止，吾止也。譬如平地，虽覆一篑，进，吾往也。"

【译文】孔子说："譬如用土堆山，只差一筐土就完成了，这时停下来，那是我自己要停下来的；譬如在平地上堆山，虽然只倒下一筐，如果决心努力前堆，还是要自己坚持。"

孔子以垒山为喻，言治学、修身和做事，皆须自觉而自主，立志而用力，从而坚持不懈、持之以恒，切不可中道而止，功亏一篑而致使前功尽弃。恰如钱穆所释："本章言学者当自强不息，则积久而终成。若半途而废，则前功尽弃。其止其进，皆在我，不在人。"

"山几成而败，则功虽多，而志不足，故曰：吾止也。为山也，未成而进，则功不多，而志有余，故曰：吾往也。"（陈祥道）如此，孔子强调治学、修身和做事须如累山，"志"与"功"缺一不可，互进方成。其"止""进"，皆是"吾止也""吾往也"，表明"其止其往，皆在我而不在人也。"（朱熹）

"其止者，吾止而不与，以其功无可就。其进者，吾往而与之，以其功可终成。"孔子以此"喻君子修学，至于圣人，修治至于纯太平，皆由一篑。"（戴望）以此充分凸显治学、修身和做事之主体自觉性和自主性。

具体而言：

第一，孔子以"堆土成山"之事为直接言说对象，形象而具体地表达了"堆山人"或"中道而废"之"功亏一篑"或持之以恒地"堆土成山"这两种状况。由此，孔子强调行为主体对自身所为之事或"止"、或"进"具有自主权和决定权。孔子依此喻指生命之进退，德性和学问之修造之最终决定权皆在己，而不是在于人或环境。一言以蔽之，人生道德、学问之成败、之进退，其终极因，全在自己，全是自个儿的事，休得以"环境"为借口而推卸己之责任。这样，孔子无疑将进德、问学之主动权和决定权交给了当事人，以此启动道德修为者和问学者之生命自觉与自主，激发治学、修身者之自觉性、积极性和自主性，从而为乱世救治开出以个体道德自觉、自主为根、为本的方案。

第二，孔子陈述"堆山"之两种情态，即一种即将成九仞之山，因"止"，最终因亏"一篑"而未成；另一种是平地而起，始于"一篑"，而不止，向"山"而"进"；孔子仅以"一篑"具体描述和呈现了"堆山"之"将成"和"始端"，借此来喻修德、问学的两种状况或两类人。

从孔子此话语可很清楚地看到，在这两种"堆山"的不同走向中，孔子对第一种人之"功亏一篑"持惋惜之态，进而否定其不坚持而放弃、最后终止、终结进步而未"成山"；相比之下，孔子对第二种人持鼓励和赞许的态度，肯定其锲而不舍之日积月累。

《书》曰：为山，九仞功亏一篑。《春秋传》曰：君子恶恶也，疾始而善善也，乐终为善，有始而鲜终，岂君子所乐哉？此孔子所以恶冉求之画，而与童子之进也。孟子曰：掘井九轫，而不及泉，犹为弃井。又曰：仁亦在熟之而已，苟为不熟，不如荑稗。荀卿曰：由垤而进，吾与也；由丘而止，吾已矣。自发一矢，不足以为善，射千里之行，一步不至，不足以为善马。所言与夫子同意也。

第三，最为重要的是，孔子将"堆山"之"止"与"进"的决定权，交给"自己"，正如他言："止"乃是"吾止也"，"进"亦是"吾往也"，这就在突出行为主体道德自觉之后，强调道德生成与休废的自我责任与自我担当，这是道德生命意识与责任意识不断内化而促成其"进""止"之自觉、自主。

第四，通过对"堆山之事"之评断，尤其是将"止"、"进"之决定权和主动性交付给"吾"，孔子从"人性善"之根本上推断并坚信人人皆可不断完善自我，在道德修为和问学之道上，都能实现超越和生命的蜕变，最终实现与达成"内圣"之至上目标。

第五，孔子通过将道德修为和问学之主动权和决定权，交付给"吾"，启动每一个人的道德自觉心，进而达自主、自决。承接上一章孔子所言"吾未见好德如好色者也"，就不难发现，孔子指出周礼之衰败，乃在于为政者放弃道德自主性、自决性使然。正因为如此，孔子以"吾未见"表达了对为政者缺乏道德内在觉醒之不满，突出了他对当世为政者一个都不宽恕的道德谴责和批判。

第六，孔子通过将道德责任"个人主体化"，逻辑地找到救治或重建"周礼"之起点或源头。孔子寄希望于从"一篑"而"进"的"吾往也"之精神和道德担负。如此，从"我"做起，人人通过道德自检、自为与自建，周礼之道德体系不仅决不会崩塌，即使崩塌，也必将得以重建，"譬如平地，虽覆一篑，进，吾往也"。孔子将周礼的重建、再现之始点，置于道德自觉与道德不懈累积和攀爬的个人主体之行上，强调与突出道德个体自觉操守的立场。

　　　　　　　　　　生活哲学视野中的"论语"研判

第七，孔子通过要求道德主体内省，确立和肯定了道德个人本位的原则，对一切道德责任外推的思维，予以否定。如前所言，在孔子看来，社会或个人的道德高度，非他人为我们而"堆积"、而建构，从根本上而言乃是发端于自我觉悟、自我修为之累积而成就。如此，每一个人都不能推卸和放弃自我道德精神之建构责任，如斯，建构自我的道德，同时也就是建构社会的道德，这样，社会弘大的道德谱系之成败就系于"个人"道德之"进""止"。

总之，孔子从"一篑"之于"万仞之山"与"平地之山"的价值，批判道德建设中的功亏一篑、半途而废、或"毕其功于一役"者，赞扬自强不息、持之以恒，不断累进之人，以此警示与激励弟子们及世人"盖学者自强不息，则积少成多；中道而止，则前功尽弃。其止其往，皆在我而不在人也。"（朱熹）"当自强不息，则积久而终成。若半途而废，则前功尽弃。"（钱穆）如此，孔子将维护周礼、弘道之责任和使命落实、归结于道德主体持守与修进之不止，进一步批判于重构道德秩序过程中将道德责任外推的思维方式，以及时断时续、心血来潮、无恒常之人，从而确认维护周礼的可行路径：人人修己不"止"而"进"，"礼"必可复，治平之世终可成。如是"平地，虽覆一篑，进，吾往也"。以此可见，孔子道德理想主义的乐观、真诚与可爱。

为学、修己、事功，惟持之以恒，日日精进为贵，切忌半途而废、功亏一篑，以此表复礼大业，当是日进"一篑"，必成"万仞之山"，进而折射出世间万事之通理：进而不止，持恒终必成，画止则时时废。

20. 勤勉善学，师语不惰

子罕 9.20

【原文】子曰："语之而不惰者，其回也与！"

【译文】孔子说："对之说话可始终不惰的，大概只有颜回吧！"

哀公曾问孔子，在其众多弟子中"孰为好学"，孔子对曰："有颜回者好学，不迁怒，不贰过。不幸短命死矣！今也则亡，未闻好学者也。"（《论语·雍也》）此为孔子对颜回"好学"之充分肯定与推崇；今又言"语之而不惰者，其回也与"。从师之"语"而"不惰"，再次确证、赞扬颜回"好学"，且更为具体彰显出颜回好学之特点。于此，颜回之好学，与别的弟子形成鲜明的对比，此所谓"上士闻道，勤而行之；中士闻道，若存若亡。回语之而不惰，勤而行之者也。余则语之而惰，若存若亡者也。"（陈祥道）

按戴望之解："古之教者，'时观而勿语'。故弟子不解，则师亦有惰言之时。回于子言无所不说，故子语而不惰也。"颜子聪慧、勤学善思，乐学乐道，潜心、诚心、专注于子语，使孔子可以尽情地传授其学于弟子，不必担心颜回不解。如此，孔子从己传授的视角，赞扬颜回之"好学"，成为众弟子之楷模。

孔子赞颜子聪慧，专注好学，乃惋叹天下能坚持虔敬好学、求道乐道之人太少了。如此，颜子为学乐道之可贵尤为凸显。

具体而言：

第一，孔子言"语之而不惰者"，是从说者与听者之关系视角，赞弟子颜回能"不违""如愚"般虔敬专注，且能贯通其所语之意，使其可以"语之而不惰"。于此，孔子充分肯定与赞赏颜回全心于学，尊师重道、践"礼"于行动上，并能深刻领会其师所授之精髓。

在孔子的众弟子中，求之自画，赐之愿息，皆"惰"也。"夫子所以独称回也，于语则不惰，于言则不违。惟不惰，所以能潜心；惟不违，所以能具体记。"如此，颜子能"得一善则拳拳服膺而勿失之，不惰之说也。"（陈祥道）

弟子颜回，无疑是众弟子中最专注于倾听、最能深刻领会孔子之教者，其勤勉与专注，深得孔子赞赏。恰如朱熹引范氏所释曰："颜子闻夫子之言，而心解力行，造次颠沛未尝违之。如万物得时雨之润，发荣滋长，何有于惰，此群弟子所不及也。"

孔子通过赞赏颜回执着、勤奋、刻苦的为学精神，一方面对其他弟子们予以比较性的批评，但是更为根本的是批判包括其诸弟子在内的世人，无心于仁学的错误，进而感召、激发和要求众弟子应专于、勤于"仁学"，知其之本，进而能知"礼"守"礼""乐""道"，以"独善其身"为始，肩负弘"仁道"于天下之使命，成就君子人生。

第二，"语之而不惰者，其回也与！"从来就有两解。其一，是指颜回聪慧，能很好地把握和领会孔子所语，如此，孔子所语于他无碍，从而使孔子语而"不惰"，可尽情地"语"而无须顾忌颜回的领悟力；其二，是指颜回虔敬好学，专心听讲，对孔子所语，惟恐懈怠而疏忽，如此，孔子此语，所指是颜回听孔子的教诲而"不惰"。于此，须明白何谓"不惰"。钱穆释曰："闻所语而不得于心，故惰。"按蕅益所释：如果说"后一念而方领解，即是惰；先一念而预相迎，亦是惰"，那么，"如空谷受声，干土受润，大海受雨，明镜受像，随语随纳，不将不迎，方是不惰"。如此可见，孔子言"语之而不惰者，其回也与"，既表因颜回之善学而令孔子对之授教"语之而不惰"，亦表孔子授课而"语"，而颜回能勤"不惰"。

从孔子对颜回的肯定可以看出，在孔子传授其学时，弟子们大多是懈怠、散漫而不专注倾听，是不能心领神会的。与颜回之"不惰"，形成强烈的对比。为何如此？

从孔子所授内容而言，孔子之学，并非是奇谈怪论，恰如对孔子的描述那般"子不语，怪、力、乱、神"，惹人兴致，而是很切己之学问，都是从对生活中具体事例的分析中，提炼出道理，生成"微言大义"之思想。如此，孔子所授似乎是"老生常谈"之事，因而不离奇、不怪诞、不很新奇。如此，众弟子常未能从孔子之常谈中参悟到其中所蕴含的深意，得出新见，难免产生懈怠或怠惰之情。

从众弟子的情况来看，孔子遵循"有教无类"的原则，广纳众弟子，其智力也可以分为"上智""中智"和"下智"等不同的情况。如此，"上智者"往往会自作聪明、自以为是，认为孔子所授的内容自己早已了解和把握，因此常有疏略而懈怠；"中智者"往往满足于"知其然"，而不愿深究其"所以然"，故而，易自满而无常心于学，出现左顾右盼、其心不钻究孔子之学的深意，止于知其然而懈怠；"下智者"则因己之愚钝而难解孔子学问之真谛，遇难而畏，必弃之不深入，如此虽身在场，其心早已异在，必是心不在焉，懈怠亦是必然。相应地也必使孔子语而"惰"。

与孔子的诸多弟子相比而言，颜回的特征非常鲜明，别的弟子对孔学都有不同程度的懈怠，独颜回"不违""如愚"，虔敬向学而"不惰"，即颜回能始终做到全神贯注、一丝不苟、心无旁骛地聆听孔子的教导，既能从孔子之常语中悟道，也能从孔子案例分析中所展现的思想片论中洞见其深刻与整体，如此，颜回为学能做到"举一反三""触类旁通""闻一知十"，从而能全面、深刻而系统地掌握孔子之学的要义和真谛。一言以蔽之，颜回之所以能如此，乃因为用心专一，从不懈怠。相应地也使得孔子"语之而不惰"。

第三，孔子说这话的时候，当是其晚年。这样，老人健忘，常重复言说而不自知，故常遭人嫌弃，颜回却能毫不厌倦地倾听，可见，颜回之"不惰"，表征其对老师的尊崇与恭敬。

应该说颜回是孔子众弟子中一个典型的学术性、思想型的弟子，在孔子眼里，颜回"卓尔不群"。然颜回之所以能达到对孔子之学精髓的深透把握，正是在于颜回之专注、认真、勤学不懈。如此，孔子之言所赞的正是颜回此等坚持不懈，从不懒惰之宝贵品质。

事实上，孔子之学的玄妙和真义，决不在言语上，也不仅仅存于文字、文辞中，而是要通过对日常性的言语、文辞的潜心研习、深度解析和参悟，方可得其要领，恰如子贡曰："夫子之文章，可得而闻也；夫子之言性与天道，不可得而闻也。"孔子的众弟子，其心并非专注于为学本身，唯"好学"之颜回执着于为学"不惰"而"乐道"。

第四，孔子对颜回的赞许，其实暴露了一个非常大的问题，连自己的弟子们对其学说都难以持之以恒、全心为学，常是"惰"，亦导致授课时常"语"而"惰"，由此可见当世之人对孔学的弃绝态度之一斑。然而在此种境遇下，却有一个弟子颜回，有别于的弟子，亦相异于世人，不改其志或矢志如一，对孔学说予以高度重视，并付出其全部心智而勤勉"不惰"，且以闻此道为乐而使孔子"语之而不惰"。如此，颜回如是孔子在孤行之途中遇到的精神同行者和知己，这无疑给落寞的孔子莫大的精神支持与鼓舞。也正因为如此，颜回英年早逝，才会令孔子悲楚痛惜不已。在此，孔子正是为颜回之勤勉、为颜回以短暂一生不舍的坚定追随、为颜回之乐其"道"、为颜回之"不惰"而感动、而褒赞之。换一个视角来看，孔子作为道德与精神领袖，注定是孤独的，世人一般跟不上他的思想节奏，以难以同他的话语中参悟出至深之道、至真之理，这也许是孔子爱惜善学"不惰"，"见其进也，未见其止""不改其乐"之颜回这位精神同道者的真正原因吧。

第五，从孔子之言的思想推进逻辑来看，首先，孔子这里的"语"具有具象的"孔子之语"和抽象象征性的"礼""仁"两层含义；其次，在具象层面来说，孔子之"语"，表只有颜回既不懈怠学之，又能实践之；在抽象象征性层面，表还能坚持周礼、明白"仁道"之深意的人已经很少了，连我的弟子们都这样，更何况一般人呢。最后，孔子表达了对乱世之感慨和无助。如此，孔子之言，批判那些"中道而废"之人，赞扬"持之以恒"如颜回之人，这与前面章节的论述内在关联起来。

总之，孔子言"语之而不惰者，其回也与"，更为具体地刻画了颜回之"好学"，表达孔子对颜回勤学不怠、持之以恒的赞赏。在孔子的诸弟子中，颜回因谦逊好学，且能坚持不懈，又可闻一知十而深得孔子青睐。也正因为颜回自身悟性颇高、才思过人，因此，对于孔子思想，不论是学习还是实践，颜回都能做出典范。"语之而不惰，其回也与"，既体现了颜回认真刻苦、毫不懈怠的治学态度，又表征出颜回对孔子思想的无限崇尚，亦表明正是孔子思想之精髓散发的魅力和闪耀的光辉，深深吸引着颜回，使其"如饥似渴"且"学而不厌"，令孔子"语之而不惰"。当然，孔子授学中"诲人不倦"，也给予颜回问学过程中莫大的助力，正所谓，教者谆谆、学者诚诚，授者"语之而不惰"，颜子善学而"不惰"。于此，夫子与颜子，为师者"不惰"而"语"，"诲人不倦"，弟子"不惰"而学，"学而不厌"，从而成就名垂千古之师徒。

21. 见进不止，求道不怠

子罕 9.21

【原文】 子谓颜渊曰："惜乎！吾见其进也，未见其止也。"

【译文】 孔子谈到颜渊时说："可惜呀！我只见他不断前进，从未看见他停下来。"

按钱穆之释："本章乃颜渊既死而孔子惜之之辞。"颜子心向道，行中道，废忘至乐，不知年数之不足也。如此，"颜子既死而孔子惜之，言其方进而未已也。"（朱熹）

孔子以"见其进""未见其止"，表已故弟子颜子执着、勤奋、全心为学、不断进去之乐道品格。孔子"视颜渊疾不可为而痛惜。"（戴望）并以颜子为榜样，警示、激励群弟子，须潜心于学、于道不懈、不止，戒惰与自画而止进。

学无止境，当止于至善，惟有"进"而"不止"之坚韧不拔、持之以恒如颜子，方为好学者。

具体而言：

第一，孔子在不同情境下谈论颜回，对其笃定好学、淡泊达观、安贫乐道之赞赏、褒扬，亦对其早逝表极度悲痛、惋惜。譬如：

（1）子曰："吾与回言终日，不违，如愚。退而省其私，亦足以发，回也不愚。"（《论语·为政》）

（2）子曰："贤哉回也，一箪食，一瓢饮，在陋巷，人不堪其忧，回也不改其乐。贤哉回也。（《论语·雍也》）

（3）子曰："有颜回者好学，不迁怒，不贰过。不幸短命死矣！今也则亡，未闻好学者也。"（《论语·雍也》）

（4）子曰："语之而不惰者，其回也与!"（《论语. 子罕》）

（5）颜渊死，子哭之恸，从者曰："子恸矣!"曰："有恸乎？非夫人之为恸而谁为?"（《论语. 先进》）

（6）颜渊死，子曰："噫！天丧予！天丧予!"（《论语. 先进》）

第二，子谓颜渊曰："惜乎！吾见其进也，未见其止也。"接承孔子赞扬颜回是唯一一个善学"不惰"而令老师"语之而不惰"的弟子。在此处，孔子进一步刻画颜回，不满足、不止于已学，而是一直不停歇在为学、求道之路上前行不辍。简言之，孔子着力赞许颜回自强不息、死而后已之求学问道精神。然而，在此处，很明晰地感受到孔子因颜回早逝而深深哀痛，因为如此勤勉的颜回，其志、其乐皆在孔学，倘若他不早逝，一直沿着孔子的学说和思想之路，必将对孔学发扬光大。然而，事实上却未来得及真正在思想和学问上做出大的成就，就别师而先逝，令孔子叹道"惜乎"！

孔子谈到弟子颜回，开口就是两个字"惜乎！"，其惋痛之感溢于言表。其所痛惜，一是天嫉英才，颜回本是孔子之精神同道人，最能解孔子之志，也最能发扬孔学之人。如此，颜回已逝，孔子有断臂之痛；二是颜回对孔学之专注和勤勉之精神，堪称为众弟子之标范，颜回这一去，榜样过早陨落，夫子痛惜之；三是，从颜回乐道，且治学之能力，包括其自身的德行与品质，均属于上乘，不仅最有可能成为治平之栋梁，且能承道而弘之。基于诸种原因，孔子对颜回的离去，悲痛自然是难以自抑。

第三，孔子在痛惜之叹后，仍念念不忘之。如此，人虽去，但精神犹在，依然值得活着的弟子们学习和秉承，如是，孔子依旧念叨颜回之学习态度与精神。于此，孔子用了"见其进"，"未见其止"，或"进"而不"止"来具体描述和呈现颜回好学不倦之特点。

第四，孔子对诸弟子的特点了然于心，并且能针对他们各自的特点"因材施教"，这一切都缘于他对学生生命特质的潜心观察和真诚的尊重，这映衬出孔子作为教育者之仁爱品质；孔子对颜回的志、智和德的把握，是孔子教导他的前提。正因为他对颜回的深度了解，对颜回之死，孔子才有这番悲痛的真情由心而生。

孔子通过对颜回问学、修己、乐道之特点的陈述，揭示了问学、修己和求道之一般特点，并向为学者提出要求：问学无止境。如此，就内在要求问学者，"进"而不"止"，并且对"中道而废"的为学者予以批判，同时也告诫那些"懈怠"的弟子们，必须勤奋有恒，进取不止。

第五，"为学"即是"为人"，二者本质上是一致的。如此，孔子肯定和赞许颜回为学之坚守而不懈怠，不断进取的精神特质，本质上是对其短人生内蕴的执着不改、坚韧不拔和持之以恒之品质予以充分肯定，同时要号召弟子们应该如是颜子一般，当不改其志、不断进取而不止。

总之，"进是下手，止是归宿，正在学地，未登无学。奈何便死，真实可惜。"（蕅益）孔子在痛失爱徒的悲恸之中对颜回治学精神的高度赞扬，再次树立了颜回"好学不倦""学无止境"的勤勉形象。

在孔子眼里，颜回是一个在问学之途上"只见其进、未见其止"、不自满而永不停歇的勤学弟子，是一切为学者之楷模。"学如逆水行舟，不进则退"，"进"乃问学之积极动态，不论进步大小，不论成就多少，治学都需要始终保持奋进的势头和勇于进取而不知足之精神。"锲而不舍，金石可镂"，切不可懈怠停止，亦不能急功近利。为学如此，为人亦然，弘道救世更须如此。

22. 戒苗不秀，忌秀不实

子罕 9.22

【原文】子曰："苗而不秀者有矣夫！秀而不实者有矣夫！"

【译文】孔子说："庄稼出了苗而不能吐穗扬花的情况是有的，吐穗扬花而不结果实的情况也是有的。"

谷之始生曰"苗"，吐华曰"秀"，成谷曰"实"。孔子"言谷有生而不长成者，喻人亦然"（戴望），指出"苗而不秀者"和"秀而不实者"皆为"学而不至于成"者，以此强调"有如此者，是以君子贵在自勉也。"（朱熹）

孔子观颜回，其苗秀，且秀而实，而群弟子者，或"苗而不秀者"、或"秀而不实者"，恰如陈祥道所释"孔子之时，学者多止而不知君子也。苗而不秀者有矣夫，秀而不实者有矣夫。"如此，戴望以为孔子此言乃是"以所以悼颜子也。"

"苗而不秀"，意指志大才疏者，因其空怀大志而不力行，岁月蹉跎、一事无成，沦为空想家。"秀而不实"，意指为了其理想，努力进德修身，不惜付出汗水与血泪，亦取得一定的成就。然不能坚持到底，或自画、半途而废，或"惰"，给人生留下巨大的遗憾。正因为如此，"古之人以学譬实，以善譬谷。苗者，可欲之善，兴之时；秀者，有诸己之信，立之时也；实者，充实之美，成之时也。"（陈祥道）

孔子言此，敦促众多子自省、自检而戒"苗而不秀""秀而不实"，努力成"秀而实"者。

具体而言：

第一，孔子以庄稼或农作物生长过程中的两种不同状况，来喻人在问学和仕途之路上相似的两种情形，或两种人，从而告诫弟子们及世人，当尽力避免"苗而不秀""秀而不实"，力求在"苗""秀"和"实"每一个环节都能苗壮，"苗""秀""实"之间紧紧相衔、连续提升、不断成就而不脱节、不断裂、不终止，最终结出饱满而健硕的果实，将"苗"和"秀"收揽、沉积、蜕变于"果实"中，而不"流产"，实质性地做到始点、过程和结果三者之统一。恰似一个人成为形式与内容、"名"与"实"相符合、相一致，且善始善终的真"君子"。

第二，孔子之论，有三个关键词，即"苗""秀"和"实"。

所谓"苗"，即是幼小的农作物，恰似是一个幼小的生命。这只是始端，是一株待培育的胚胎。

所谓"秀"，是指稻、麦等庄稼吐穗扬花，这是"苗"之发展，是"实"之前提或不可或缺的前奏，是"苗"至"实"的中间环节，也是"苗"之希望和发展之取向；恰似人生预示着良好结果的兆头。

所谓"实"，即是"果实"，是"秀"之应然，恰似人生德性、品行和学识修造而成正果一般。

孔子用"苗""秀"和"实"，勾勒了庄稼成长或人生成长的三个阶段和环节，要求对之加以高度重视而不可疏忽，否则将"颗粒无收"，于人生则"一事无成"。

第三，"苗"，端倪，一切之发轫处，无"苗"则一切皆不可能。如此，"苗"仅仅是出"秀"成"果"的必要条件；但是，"苗"本身的发展，具有多种可能性；孔子在此谈及其中之一种本不应该出现的可能性，即"苗""不秀"。这是"苗"背离了它自身本然或应该出"秀"的内在规定或必然，让"苗"成为终结点。

问题是，为何"苗"会出现背离其本然应该之状而未能"秀"呢？或许是不遵循"苗"生长的规律，因心之急切而"揠苗助长"，导致"苗"枯萎。或许过分欣赏本然的"苗"，给予"苗"过分的滋养和溺爱，未让"苗"受到应有的约束或规制，而出现过分骄纵而不"秀"；或许是未给予"苗"适当的照料和养料，或许未对之加以必要的"矫正"或培育，始终使"苗"柔弱而自生自灭，亦无法出"秀"。总之，孔子关注的是"苗而不秀"之状况。即使看到有"苗"，心存希望与期待，但未"秀"，至"苗"即划上了句号。如此，一切因"苗"而生的期待，到头来也只是一场虚望。

第四，"秀"是"苗"的健康成长所要达到的目标，也是出"果"不可缺失环节和前兆。"苗"能出"秀"，是正确的浇灌、培育方法和手段之必然；然而"秀"并非是完成态，依然只是一个重要的过渡性阶段或环节，其目标是"实"，这是庄稼生长，也是一个人成长之完成态。然而，孔子同样揭示了"秀"与"实"之间多种可能性中的一种，即"不实"，凸显了背离"秀"而"实"的应然逻辑。

"秀"展露出"花枝招展"的形态，给人灿烂盛开的繁荣之感，予人呼之欲出、唾手可得、立地可等之状，如此，"秀"距"实"只是一步之遥，恰如"垒土成山"之缺"一篑"。然而，"秀而不实"，让"秀"这一"出彩"环节，渐渐暗淡无光，最后归于沉寂。

第五，孔子以"苗""秀"和"实"三者之间的脱节和错位为具体的言说对象，指出了人生或不同的人在这些环节和方面所出现的"问题"，导致人生"华而不实"，难成"春华秋实"之硕果。孔子在此以物言人生、言问学求道之事，告诫众弟子和世人，必须时刻谨慎、好好把握人生的不同环节和阶段而不可疏忽大意，更不能因为前一个阶段具有良好的态势，就意味着后一个阶段的结果具有必然性。事物往往会违背它本来或应该的逻辑，出现意想不到的境况，导致"苗"与"秀"皆空然。

第六，从孔子说"苗""秀"和"实"的关系视角而喻人之成长与变化来看，有的人资质优秀，但不能坚持始终，最终达不到目的，无法结出硕果，在为学、修德、入道上不足以成就自己；有的人虽然志于学与道，也短暂出彩，但最终没有成才、得道，着实令人惋惜的；有的人，虽然形式上似乎成了名，如有了"果"，但只有果之"形"，而无果之"实"，却腹中空洞无物而不饱满，依然是遗憾而可悲的。孔子所愿其弟子如同庄稼从"苗"优、"秀"丽，"果"饱满殷实，成为德行、才学兼具的君子，以此鼓励其弟子们应该始终一以贯之而不易志，以成果实之心而为学，从而成就充盈的人生。

第七，从孔子之言可见，孔子强调人生须有自我塑造的强烈目的，彰显孔子于人生的价值目的性思维。他以"秀"为"苗"之目的，以"实"为"秀"之目的，由此，"苗""秀""实"构成一个递进的内在目的链条，呈现出鲜明目的取向或目的至上原则与特征。

第八，孔子以"苗"至"实"的历程为喻，将不能从"苗"而"实"之人分为两类：即"苗而不秀者"、或"秀而不实者"。孔子以"有矣夫"，表这两类人非个别，而是比比皆是，成为很多人之通病。以此表明在为学、修身和问道之途上，能一以贯之，坚持到底，如是谷从"苗"而"秀"、"秀"而"实"一样苗壮成长、丰硕饱满，真是寥寥无几，要"夭折"、要么"华而不实"。如此，孔子叹弟子，乃至世人修成如殷实饱满之谷的君子，实为难得矣。

总之，孔子以谷物生长喻人生成长，指出"苗而不秀"和"秀而不实"两种人或两种情形，实乃憾事。同时，警示其弟子们当引以为戒，防范此等情况于自己身上发生，从而真正做到"苗"而"秀"、"秀"而"实"，成为德性充盈、学识饱满的君子。如此，孔子试图通过弟子的实际成才而彻底改变或杜绝两种情况的再次发生，使其教育能产生实质性效果来，不让其满腔热忱、辛劳而付之东流。

23. 敬勉后学，警免无闻

【原文】子曰："后生可畏，焉知来者之不如今也？四十、五十而无闻焉，斯亦不足畏也已。"

【译文】孔子说："年轻人是不可小觑、值得敬重的，怎知下一代不如今天这一代呢？人生如果到了四五十岁时还默默无闻，那已不足以畏的了。"

"后生力学，有日进，无日退。"（戴望）故孔子言"后生可畏"，以此鼓励、勉励年轻人当义无反顾地虔敬、潜心为学问道，且须精进其学，未来必是可期。同时，孔子从正反两个方面提醒立志为学问道之后生应珍惜时光，不负美好年华，努力进取，免一事无成而遗憾。恰如朱熹所释："然或不能自勉，至于老而无闻，则不足畏矣。言此以警人，使及时勉学也。"

孔子言"后生可畏"，指少年不可欺，表有德行的长者应对后学怀慈爱与殷殷期待，鼓励后生当勤学而不惰，须臾不松懈，刻不止进，以免从"可畏"，沉沦为"无闻"而"不足畏"者，从而真正做到"青出于蓝而胜于蓝"，成取道、入道、闻道而得道的卓尔不群之君子，以成践道、弘道可期之后辈。

孔子在问学、问道与弘道之长路上，于后生，殷切期望与劝诫同在，彰孔子宽厚情怀与真诚教诲，是为真"仁"之师。

具体而言：

第一，孔子之言，表达了两层含义。首先对年轻人报以尊重、勉励与殷切期待，且以发展的眼光对年轻人予以肯定和赞许；其次是警示年轻人，当积极进取，切莫虚度年轻时光，为人生留下不可弥补的遗憾，以至于到四五十岁若依然还默默"无闻"，则"不足畏"。如此，孔子以倒逼之方式警示、鞭策青年人，并催促后生当有人生紧迫感，时不我待，不断进德修业，切不可懈怠，更期待他们人生至中年必有成。如此，体现孔子对后生充满厚爱的激发，彰孔子之仁德。

第二，孔子直言"后生可畏"，表明"后生年富力强，足以积学而有待，其势可畏，安知其将来不如我之今日乎？"（朱熹）这是具有仁爱之心且有真才实学之长者，方才有如此广阔与博大的胸怀和见识，才不以自己为尺度和标准来丈量"后生"，而是对"后生"的德行和才学之未来可能，予以真实的面对和诚挚的肯定。如此，能道出"后生可畏"之人，必定是心怀仁德、期待人才辈出的真君子。事实上，孔子之语不仅表其于后学的敬重和宽厚的态度，而且对后人寄予厚望。

孔子对待"后生"的态度，用"可畏"二字毫无遮掩地表达出来，在此，真切地表征孔子之心澄澈、坦荡、仁厚，愿意承认和接纳别人，包括年轻人。这种愿意肯定他人，尤其是"后生"之长的品质，恰是孔子虚怀若谷，可以做到"不耻下问"之证，也是对"后生"予以简单否定、欺凌、压制等诸卑劣行径的无声批判。

第三，孔子言"后生可畏"，并非仅仅缘于其自身道德修养所致；"焉知来者之不如今也"，这是孔子为其断言"后生可畏"提供坚实的、具有历史感的未来思维逻辑。如此可见，孔子摆脱了空洞的道德原则，而是将"后生"，同时也将自己搁置于历史系列中，以"历史的尺度"、以发展的眼光，坚定地相信"后生"之未来可期、"可畏"，并反驳与批判那种"倚老卖老"、自以为是，从而阻滞、否定和无视"后生"成长而超越自己的事实之固化思维与狭隘观念，从而为"后生"的发展报以真诚的认同和坚定的支持。

第四，从孔子之言还可以看出，他勉励年轻人须珍惜青春的宝贵时光而不惰怠，促己茁壮成长，以成长的事实证明其真正可畏。如此真诚地鞭策年轻人当奋发有为，自强不息、不要虚度青春年华，正是孔子对"后生"能真正实现"青出于蓝而胜于蓝"之殷切期待。

第五，孔子深知"后生"值得可敬畏之处，就在于其人生的未来性。对于努力拼搏、奋发昂扬的生命，尤其是后生，孔子总是抱有敬畏、敬重、敬佩之心，因为后生的未来在路上，他们必将超出前人，达及前人未曾企及的高度，取得前人未曾取得的成就，展现前人所未曾有的人生风采。如此，才有"焉知来者之不如今也？"之反诘话语中充满着肯定性的预断。

第六，孔子对"后生"予以肯定、尊重、鼓励与期待，进而以虚拟的口吻言倘若"少壮不努力"其结果则是"老大徒伤悲"。如此，孔子指出若人生从青年推进中年之人，深感人生半百，如若还一事无成、默默无闻，不明白事理、不通晓礼法，懵懂过日，孔子则言"斯亦不足畏也已"。对"四十、五十而无闻"者，孔子所言"不足畏"，倒不是不尊重而贬损他们，而是指出严酷的人生事实："年四十而见恶焉，其终也已"（子曰）；"年三十四十之间而无艺，则无艺矣，五十而不以善闻，则不闻矣。"（曾子）并以此警示"后生"决不能放任自我，应有生命的紧张感，应惜时、重实干。如此，孔子尽鞭策之力。

　　然，孔子此言之重点和要旨，则是以虚拟之方式，假以人生中年之"无闻"而反警后生，切不可放任己之年轻之时，以免成"四十、五十而无闻"者。如此，孔子以此劝勉后生，不可须臾松懈，更不可止进，以免从"可畏"之后生，一天一天、一步一步沉沦、堕落而滑至于碌碌无为、默默"无闻"而"不足畏"之境地。

　　总之，"少而不勉，老而无闻，则亦已矣。自少而进者，安知其不至于极乎？是可畏也。"（朱熹引尹氏）孔子对"后生"，体现孔子之"仁"；尤其是对"后生"的鼓励与期待，成为一种独特精神品质的标志。这为"后生"给予足够的成长空间，从而鼓舞"后生"开启人生奋进之路，勇于进取而"不惰"。同时对"后生"提出警示和告诫，同样表征着孔子斋心仁厚。如此，孔子通过对"人"之生命内涵的关切，体现了孔子仁爱之本质。

　　"今日立志，后来满其所期，所言可畏。四十、五十而不闻道，不能酬今所立之志，则越老越不如后生矣。大凡学道之人，只是不负初心所期，便是大妙。故不必胜今，只须如今，便可畏耳。"（蕅益）如此，孔子对立志为道之后生，既是期待性肯定，亦是劝诫性勉励。惟是希冀后生积极努力、进取而不止，真正成为苗而秀、秀而实之君子，切莫因自画、懒惰、懈怠，从"可畏"之"后生"，蜕变为"无闻"而"不足畏"者。

　　后生，乃复礼弘道之希望，孔子寄厚望于可畏之"后生"，本质上即是对弘道充满自信与光明之希冀。

　　　　　　　　　　　　　　　　　生活哲学视野中的"论语"研判

24. 力赞二贵，暗批季孙

子罕 9.24

【原文】 子曰："法语之言，能无从乎？改之为贵。巽与之言，能无说乎？绎之为贵。说而不绎，从而不改，吾末如之何也已矣。"

【译文】 孔子说："符合礼法的正言规劝，谁能不听从呢？但（只有按它来）改正自己的错误，才是可贵的。恭顺赞许的话，谁能听了不高兴呢？但只有认真推究它（的真伪是非），才是可贵的。只是高兴而不去分析究理，只是表示听从而不改正其错误，（对这样的人）我拿他实在是没有办法了。"

按戴望所释，此为"孔子行乎季孙，三月不违，卒以女乐去鲁，故发此言。""法语之言"，乃为"讽谏"，当以"从之"且"改之"为贵；"巽与之言"则为"降谏"，当以"绎之"为贵；切不可"说而不绎，从而不改"。"说而不绎，从而不改"，则"若定公、季桓子是也。"如是，孔子则言"吾末如之何也已矣"，以无可奈何之心对定公、季孙之弊，惟予以批判与规劝。

孔子批判定公、季桓子之言，突出人生处世之道：对批评、逆耳之忠言，当入耳入心而见行改之；听闻赞誉与褒扬，心自悦，但当仔细甄别、冷静分析，辨其真伪，进而反观内省，切勿因之沾沾自喜，浅浮轻薄而自以为是。如此，孔子指出人生进步，须遵从正道之言而改己之过，戒免因恭维之语，得意忘形而失察，以此批判"说而不绎，从而不改"者。

孔子强调与肯定"法语之言"，以"从"而"改之为贵"；"巽与之言"，以"绎之为贵"；批判"说而不绎，从而不改"者。恰如陈祥道所释："人之性，莫不秉彝而好德；人之情，莫不好顺而恶逆。以其秉彝而好德，故法语之言，不能无从。然物或害之患，不能改，故改之为美。以其好顺而恶逆，故巽与之言，不能不悦。然不以道患不能绎，故绎之为贵。"

孔子通过赞扬"从"与"改"，而暗批季孙"不绎，从而不改"之顽劣、之违礼不止。

具体而言：

第一，孔子在此主要陈述了四个方面的意思，其中包括两种可"贵"之精神，最后孔子面对"说而不绎，从而不改"者，深感无可奈何。以此表达了孔子肯定和否定，赞誉与贬斥之立场和的态度，透出人生所应遵循的处世之道。

这四个方面的含义如下：

（1）一个有错的人，在有人以符合礼法的正言规劝他时，一般情况下，此人是会听从的。但孔子强调的是，如果仅仅是耳听、心之信从，是远远不够的。如此，在耳听心从之后，还必须落实于行动而"改"之，如此才堪称是可贵的。孔子于此突出一个人必须"言行一致"。这便是孔子所言："法语之言，能无从乎？改之为贵"。

（2）讲逆耳忠言，进而讲顺耳之言的是非真伪，则应加以仔细辨别。这便是孔子所言："巽与之言，绎之为贵"。

（3）讲两种人，一种是"说而不绎"，即只喜欢听顺耳言，从不推敲其言之真伪的人，就一味盲信、盲从他人奉承之语，而不见辨析、甄别；另一种是"从而不改"，即表面上听从，从未落实于行动上加以改之的人。

（4）孔子对"从而改之"者的称道，对"说而不绎，从而不改"的不屑和无奈。

第二，"法语之言，能无从乎？改之为贵。""孔子所谓训恪人言，法语之言也。"（陈祥道）"法语者，正言之也。""法言，人所敬惮，故必从；然不改，则面从而已。"（朱熹）"法语，先王之法言，述之以箴君过，言者无罪，闻者足以戒，故不能不从也。此谓讽谏。"（戴望）"法，法则义。语，告诫义。谓人以法则告诫之辞正言相规。"（钱穆）

孔子具体分析了人的心理和言行之关系，首先提出有根有据、符合礼法之善言、劝言、谏言，对于一般正常的人而言，是具有规范性和矫正作用的。如此，孔子下了一个整体性判断："能无从乎？"这就给"礼法"在人们心中的地位和虔敬心理确立了正当的权威性，表明人们对礼法及其礼法之言的基本认同。孔子的弦外之音是虽然现在礼法式微，但是人们并未完全丧失对礼法之信从。孔子认为这是值得欣慰的。信从礼法，则当信从据礼法之规劝。

然，一个人在耳听心从之后，重点已经不再是否停留于心之观念和意识层面，而是应该落实于行动，以实际行动来表达心之信从，如此，孔子将重点移位于行动，以此表明一个人对自己错误的认识和矫正，更为关键的不是心理活动，而是以行动而显示信从，从而实质性地对己之错加以修正，遏制错误，从此向善，如此之为，才是彻底的、可贵的，才是值得称赞的。如果仅仅停留于"心"从，而无"行"动，势必造成心行分裂或脱节，进而出现心信而行动上依然沿着错误而进。这样，孔子强调从心至行，对己之过，知而改之，如此之人，则是君子之为。正因如此，孔子赞"从"而"改之"者"为贵"，批评心从而"行"无改者。

第三,"巽与之言,能无说乎?绎之为贵。""巽言者,婉而导之也。绎,寻其绪也。"(朱熹)"巽言无所乖忤,故必说;然不绎,则又不足以知其微意之所在也。"(朱熹引杨氏)"巽,顺也。顺与之言,则能动其善心,故说。绎,抽也,解也,此谓降谏。"(戴望)"巽,恭顺义。与,许与义。谓人以恭顺许与之辞婉言相劝。"(钱穆)

人就活在人中。如此,他人总会对己有评价,而该评价或许是赞扬之顺耳、悦耳之声,或许是批评、刺耳之语,一句话,或善言,或恶语。但是,人之心理的自然倾向是喜听恭维和赞扬之言。顺耳、顺心,柔和的话,虽可以使人身心愉快,但要是只一味图着心里高兴不深究其赞言之真伪,不明辨善言所表达的批评,那么,就可能被花言巧语所迷惑,从而不能正视己之不足或错误,进而自觉地修正自己的行为,导致错误与正确的颠倒。在此种境况下,孔子予以警示,强调不能只听恭维之话,沉醉于被人夸耀的幻想之中,而应该对赞美之言,持谨慎之反思立场和态度,进而细致地加以审视和甄别,分出真伪,洞见善言之谜底与真谛。如此,孔子主张应保持清醒的判断,减少盲信、盲从,确立独立之原则,让自己的行动,听从自己的判断,此为突出主体自主意识。

"绎之为贵",表听者能听出善言之中内含的委婉批评、提醒和警示,而不能一听到赞誉之语,就迷醉于其中,不能从此言中觉悟到善意的批评。如此,听"巽与之言",决不仅仅停留于"悦",还须能"绎之",能正言反听,表听者之智。故孔子称赞其难能可贵。

第四,孔子通过对两种可"贵"的肯定,确立良善之人,即心怀仁善之人的基本特质。在此基础上,孔子对"法语""从而不改"、对"巽言",只悦而"不绎",即不辨是非真假、一味偏执,不知从心而行,改其错误的顽劣之辈深感头疼,认为此等"不绎,从而不改"之人,真是不可理喻之徒。

第五,孔子通过对两种可贵做法的赞许,本质上是对"礼法"间接性地推崇。如此,孔子再次强调人只要循礼而为,就能不断矫正和提高自己,进而剔除自我不良之瑕疵,从而不断地完善自己,成为具有君子人格的人。

总之,"法言,若孟子论行王政之类是也。巽言,若其论好货好色之类是也。语之而未达,拒之而不受,犹之可也。其或喻焉,则尚庶几其能改绎矣。从且说矣,而不改绎焉,则是终不改绎也已,虽圣人其如之何哉?"(朱熹引杨氏)鲁之定公、季孙,在孔子看来,乃是"说而不绎,从而不改"之流;"说而不绎"表其浅薄、粗鄙,只会听甜言蜜语,享受阿谀奉承,不能借善意之批评而知其过错;"从而不改"乃表其阳奉阴违,实不改过。正因为"说而不绎"，故常是"从而不改"。如此，孔子批判定公与季孙皆是无视"礼"而僭礼、违礼之辈，如此顽劣，孔子亦无可奈何。"道不同，不相为谋"，孔子惟去鲁。

孔子通过阐释处世之两条重要原则，强调对别人依礼法之劝，除虚心接受外，更难能可贵的是"闻过改之"。"金无足赤，人无完人"，每个人都有短缺，而人性的一大弱点就是不愿面对和改正自身的过失、缺点与错误。孔子认为，如果对正理不听从、不改正，定日益娇固，非"君子"之性。因此，对待忠言劝告须谦虚接纳，并对照自身，有则改之，无则加冕，做到表里如一，实为可贵。同时，面对别人的谀辞与恭维，可以笑纳，但须仔细辨析与寻绎其背后之"谜"，进而改过以促己之进步。孔子于此警示世人，奉承、溢美之辞固然顺耳悦心，但若不保持头脑清醒，甄辨其真伪，进而修己之过，不断匡正自己，那只会是掩耳盗铃、自欺欺人。

25. 处世交友，处己之道

子罕 9.25

【原文】子曰："主忠信，毋友不如己者，过则勿惮改。"

【译文】孔子说："做事要秉持忠信，没有朋友不如自己的人，有了过错，就不要怕改正。"

"主忠信"，秉"忠"做事，持"信"与人交，进而见友之长，取友之善，改己之过，成君子处世、交友与处己之道。

具体而言：

第一，本节与《学而》第八节几乎相同，其全文是"君子不重则不威。学则不固。主忠信。无友不如己者。过则勿惮改"。在本节中，孔子未谈及"君子不重则不威。学则不固"，直接从"主忠信"开始，这并非孔子随机立教，而是孔子对之反复强调，故复书而存之。

第二，孔子主要提出做事必须遵循和坚持"忠""信"两个最基本的原则；进而强调应该谦待己，客观看待他人，教导弟子们懂得尊重他人，知人之长；最后教导弟子们，如果己有过错，就应该勇敢地直面己之过错，并努力加以改正；如此，孔子此三言，由一个总原则，两个具体的原则构成其整体语义，且从此总原则出发，生成对人、对己不断推进的逻辑，成君子处世、交友与处己应循之道。

第三，孔子首先确立了做事必须坚持的总体性主导原则："忠信"。朱熹释曰："人不忠信，则事皆无实，为恶则易，为善则难，故学者必以是为主焉。"戴望释曰："主，所主也。曾子门弟子或将之晋，曰'吾无知焉。'曾子曰；'往矣。有知焉，谓之友；无知焉，谓之主。'孔子于卫主颜雠（chóu，以言对之，应对）由，于陈主司城贞子，为陈侯周臣。"

从居上位者视角来看，"忠"其职，"信"则可以应取信于民；从黎民百姓的角度来看，己"忠信"，则可取信于人。如此，居上位者"主忠信"，必政通人和，天下太平，民德归厚；黎民百姓持"忠信"，人与人之间则有爱而和谐共在。

第四，孔子指出如何看待和对待友人。在孔子看来，一个内具"忠信"之人，对待友人必然以尊重友人为基本的立场，持真诚、客观的态度看待友人，总能善于发现友人身上有值得自己学习和借鉴之优长。择友如择师，必择其胜我者，自是见贤思齐，虚己向学。但孔子又说："三人行，必有我师焉。择其善者而从之，其不善者而改之。"如此，孔子在此所说"毋友不如己者"决非教人去计较所交之友的高下、优劣，只愿攀高结交比自己强的人，而是直接告诉众弟子及世人，决不可看不起任何一个人，不要轻狂地认为任何一个人不如自己，这样，如果我心常自谦，总能见人之胜己而友之，即能得友，又能获友之益。孔子之语，本质上即在于教人能发现别人的优点以弥补自己，觉察别人的不足以警示自己。如此，孔子所言"毋友不如己者"，直道每一个朋友都有其长于己之处，值得自己吸取。

第五，待人以"忠信"者，必待自己亦"诚"；待己之"诚"者，最为关键与重要的是如何对待自己的过错。人非圣贤孰能无过，问题不是在于一个人是否犯错或有无过错，关键在于如何面对自己过错，即对于自己的过错应该坚持什么样的基本原则和态度。如此，是掩盖、遮蔽己之过错，即文己之过，亦或"薄责己""厚责人"，将己之过推至于客观原因或他人，还是直面己之过错，敢于认过，并勇于改之。

孔子强调"过则勿惮改"。程子曾言到："学问之道无他也，知其不善，则速改以从善而已。"如此，当己有过，首先若能直面过，并有改正的勇气和决心，那么，纠正、改正每一次过就是进步，就是通向成功的阶梯；若回避过错，或文己之过，不能勇于面过，坦诚知过，并无改过之勇气和决心，那么，每一次过就是阻碍成功的绊脚石。如此，若一个人能真正做到"过则勿惮改"，并能"吃一堑长一智"，不断吸取所犯过错之教训，免其过错之重犯，达"不贰过"之境。如此，人生就会不断地得以完善，达及"君子"之高度。

然而，更为重要的问题是，一个人何以可能做到"过则勿惮改"？在本节中，孔子给出的总根据是做人做事必须坚持"忠信"，进而能不带偏执而客观地看到了朋友的长处，即能在发现朋友的某些修为、学识、才智等超过自己时，愿意加倍努力迎头赶上，以达无友不如己之自觉认知。如此，就必能自觉地发现己之过，自然也就不再敷衍、隐藏己之过，而是大胆地面对并努力改正之。从这一意义上来看，知过、勇于改过，亦是人生之真学问、真智慧。

总之，孔子教导众弟子及世人做事必须心持"忠信"，待人以尊重，察人之长，择其善者而从之，勇于改己之过，不断修善自己，提升自己，始终向善而在，从而成就君子人生。

26. 匹夫之志，固不可夺

子罕9.26

【原文】子曰："三军可夺帅也，匹夫不可夺志也。"

【译文】子说："三军之帅，可夺；匹夫之志，不可夺。"

孔子以"三军"与"匹夫"为比较对象，言三军之"帅""可夺"，而匹夫之"志"则"不可夺"，直道"匹夫之守志，重于三军之死将。"（戴望）

按陈祥道之释："三军之所恃者，帅也；匹夫之可守者，志也。以匹夫视三军，不若三军之众；以帅视志，不若志之固。故曰：三军可夺，匹夫不可夺，盖见善明，然后用心刚。用心刚，则心之所之者，其锐不可挫；其固不可攻，此所以可亲而不可劫，可近而不可迫，可杀而不可辱也。夫以死生之大，犹不得与变，又况穷通之小者乎？故首阳之饥，不能降伯夷之志；齐之卿相，不能动孟子之心，此儒行所谓身可危，而志不可夺。"

孔子言"匹夫之志不可夺"，凸显生命之"志"笃定刚固，强毅不屈，贯彻着生命意志主义的价值主张，极度张扬个体生命的主体性，从而激发、激励世间"匹夫"当立"青云之志"；突出在艰难之困境中，"匹夫"须持守其"志"而自尊、自重、自爱、自强与自信，从而取向一个"大写的人"。

"匹夫不可夺志也"，彰个体生命之独立与自由、尊严与豪迈，于此，匹夫有"志"而高贵，不可亵渎；有"志"而大壮，不可小觑；有"志"而刚毅，不可辱；有"志"而坚韧，不可摧；有"志"而豪迈，不可降。如此，孔子以"志"开启个体生命之自觉与自主，从而间接张扬其人本的价值主张。

具体而言：

第一，《礼》曰："言有物，而行有格也，是以生则不可夺志，死则不可夺名。"孔子承此精神，言"三军可夺帅也，匹夫不可夺志也"。孔子以"三军"和"匹夫"，三军之"帅"与匹夫之"志"之巨大的反差与冲突，彰显生命之"志"稳如磐石、坚不可摧！

"三军"之势何其壮阔，其"帅"之力何其强劲与壮大。相比较，"匹夫"之位何其卑微，其"志"又何其"微小""柔弱"。孔子将二者相较而论，对比之强烈与鲜明，令人震撼！孔子用这样的对比手法，突出地将普通人的"志"内置于人格尊严、人生信念，张扬其不可撼动性，由此，真切地告诫弟子，纵使一个地位卑贱的黎民百姓，其"志"与"理想"，亦坚若磐石，不可轻易移变，更不可摧毁。

如是"帅"，为三军之"魂"，"志"乃"匹夫"精神之"主"。对一个人而言，其"志"于内，整合整个生命之需要、期待和力量，使人成为具有明确价值志趣和指向之存在，构成一个人内在精神和人格确立的重要标志，标志着个体生命自觉，对人生具有重要定向、范导作用。如此，"志"乃是一个生命自觉、自主和自为价值之集中表征。

透视孔子之语，不难探知，孔子之言是在自身人格尊严受到轻蔑或是羞辱之后，所做出的一种积极回应，以不改之"志"，支撑其沉沉之隐忍，激活其后之勃发、成就不屈而灿烂之人生。

第二，深究孔子之语的深意，首先当对"匹夫"二字进行剥离。

（1）"匹夫"指代孔子自己。当孔子人格、尊严遭受诋毁和侮辱时，为鼓舞自身，孔子将自己与"匹夫"等同起来，把自己置于如"匹夫"般卑微的地位，以"位低"衬"志高"，以"身卑"见其志之尊严与高贵，以柔弱之躯承其志之坚毅。如此，形成强烈的鲜明的对比和冲击，凸显出哪怕只是一介卑微草民，其内在的"志"亦不可被夺、不可被易之笃定刚毅与豪迈气概。

（2）"匹夫"泛指普通百姓。"匹夫"与"匹妇"相对，指平民中的男性，此处泛化为普通人。于此，孔子以此教诲弟子，即便是普通人，在其生命历程之中也当坚持己之理想、坚定己之信念且矢志不渝。由此，表达"匹夫"坚守己"志"之生命强力。

事实上，并非所有普通人都能做到持志铭心，真正能够捍卫自己的人格尊严、维护独立意志。"志不可夺"之"匹夫"，只因其"志"，则已不再只是普通人，而是具有了"君子"般百折不挠之刚毅、凌霜傲雪之气节！如此，孔子赋予了"匹夫"丰富而深刻的生命内涵和精神气度。

第三，进言之，"匹夫"因有"志"，而不再是一个简单的"匹夫"，其生命就获得了某种独特的品质。匹夫有了"不可夺"之"志"，高远人生开始起航，匹夫乃向君子进发。从孔子对君子人格的规定中可见，"志"乃是君子人格结构中不可缺失的要素。这样，孔子就从君子的生命人格结构的完整性的意义上，赋予了"志"独特的意蕴。

孔子言此，不仅自我激励，亦是激励世人决不放弃、不改变其为学、问道之"志"。因为"学莫先于立志。有志则进，如逝川之不已。无志则止，如为山亏一篑，故凡学而卒为外物所夺，皆是无志。"（钱穆）

第四，再进一步分析，孔子之言，关键在于"夺"，生动地将"三军"与

"匹夫"、"帅"与"志"、"可"与"不可"衔接而形成三个对比点。孔子认为，一国之军队的统帅尚可改变、移动亦或消解，相反匹夫之志却不可夺、不可移，不可改。

为何三军之帅可夺，而匹夫之志不可夺？孟子曰："志，气之帅也；气之帅，本诸天；三军之帅，本诸人。本诸人者，易夺；本诸天者，难夺，此士所以贵尚其志也"。朱熹亦引侯氏释曰："三军之勇在人，匹夫之志在己，故帅可夺而志不可夺，如可夺，则亦不足谓之志矣。"钱穆亦释曰"三军虽众，其帅可夺而取。志则在己，故虽匹夫，若坚守其志，人不能夺。"

孔子将"匹夫"与"志"链接起来，强调"志""不可夺"，表征在孔子视野中的"志"与"匹夫"之生命的内在一体性和不可剥离性。在孔子看来，一个人坚守其志向、气节与理想、信念而不改，本质上是维护其人格尊严、追求其生命价值。孔子认为，一个人一旦确立了志向，就是立定了人生的航标，必然会朝着这个方向不懈前进，任何力量都不能左右与撼动。因为即使匹夫，其肉体可以被消灭，生命可以被剥夺，但他的理想、信念不能被改变，他的信仰不能被摧毁，他的意志不能被征服，他的人格不能被扭曲，他的尊严不能被践踏！如是海明威所言："人不是为失败而生的，一个人可以被摧毁，但不能被征服。"

一个朝秦暮楚、没有坚定志向的人，定会"苗而不秀"或"秀而不实"，长此以往，将丧失精神意志而沦为躯壳，"志"于他，则不具有生命本体的意义，这样的人如同行尸走肉，其价值何焉？如此，孔子掷地有声："匹夫之志不可夺也！"

第五，孔子所言匹夫之"志"，具有任何外力都不可"夺"的内在坚定性、坚固性和根本性，赋予人生明确的道义禀赋，再次强化孔子为匡扶王道之不改的人生信念，从而生出"匹夫"坚不可摧的高远理想。此等匹夫之"志"，必蜕变、成长为君子之"志"，被孟子发扬，形塑为大丈夫之"浩然之气"，定格为"三不"原则，由此生发于中华民族精神系谱中，构成君子不倦追寻的人格之标范。

第六，在孔子的思想架构中，于"外"，要求"复礼"，遵从礼制，做到尊卑有礼，等级不可僭越。对"内"，孔子不但主张修"仁德"，同时倡导"身可畏，志不可夺"的志士人生。于"外"有社会之格局，于"内"亦有人生之格志；人生之格志乃人格独立、意志自由而立身。由此可见，孔子通过一个一个"匹夫"不可夺之"志"，凝铸而成意志坚强、节操高尚、气节浩然的民族精神。这样，孔子之论号召、鼓舞世人当立志图强！

第七，匹夫之可贵，就在于其志"不可夺"。如此，在悠悠岁月长河中，孔子之语不断鼓舞芸芸"匹夫"立志、守"志"，笃定其志，不丢失、不变易、抵御威胁与利惑，不断与苦难的现实生活抗争，逐"志"而活，活出"志"之光辉。如此，人生有"志"，其"活"有了深刻的价值观照，具有了"生"的意义。

总之，孔子以切身经历与体验为基础，通过"三军"之"帅""可夺"，而"匹夫"之"志""不可夺"的比较性论断，凸显了"志"于"匹夫"之生命的坚硬支撑，表达了"志"于人格完整和生命升华的重要价值。

孔子于"匹夫之志不可夺"，表匹夫之笃定信念，于此，从生命意识、生命意志之高度，希冀激活、激发世间人，当以"志"而"立"，以"志"而"守"，以"志"而存亡，彰生命之尊严与豪迈。正因为"匹夫"有内在"不可夺"之"志"，其生命才有隐忍不屈、坚韧持守成超拔之势，才有其人生之精彩光华、瑰丽无限。

27. 不忮不求，乐道好礼

子罕 9.27

【原文】子曰："衣敝缊袍，与衣狐貉者立而不耻者，其由也与！'不忮不求，何用不臧？'"子路终身诵之。

子曰："是道也，何足以臧？"

【译文】孔子说："穿着破旧的丝棉袍子，与穿着狐貉皮袍的人站在一起而不认为是可耻的，大概只有仲由吧。（《诗经》上说:）'不嫉妒，不贪求，做什么还会不好呢？'"

子路听了，从此常诵此诗。

孔子又说："只做到这样，怎么能说够好了呢？"

子路穿着破旧的袍子与穿着锦衣华服的人在一起，也不觉得自己相形见绌，可见子路之修养已达到不为物役，忘外物得失之境界，孔子引《诗》而赞许子路"不忮不求"。然，子路终身诵师赞扬之诗句，子于于此自满而不进。孔子针对子路之骄傲自满，直言"是道也，何足以臧？"以此指出子路不应止于此，激发他应进一步提升自己的修养，向"道"进发。

孔子在此的两句话，前一句为对子路之襃扬，后一句话对子路予以警示，且提出更高之期许。对孔子两句话所包含的深刻内涵，陈祥道予以了深刻的诠释："勇，或失于忮，贫或失于贪求。勇而不忮，贫而不贪，唯子路能之。盖惩忿则不忮，窒欲则不求。不忮者，可以为仁，而仁不止于不忮；不求者，可以为义，而义不止于不求。不忮不求，子路终身诵之。孔子抑之曰：'是道也，何足以臧？'以言是善，可以为善，而非成乎善者也。"

对弟子子路的扬与抑、肯定与否定，恰是孔子对子路修身求道之有效的指导，标示着修身进德，切不可自满而止，应是日新而进。

具体而言：

第一，孔子前后两句话，既对子路之德予以充分的肯定，同时又对他自满而止加以了劝诫与批评，以此激发子路当精进而不休。如此，在肯定中的批评，表明孔子对子路提出了更高的期许，希望子路不能仅仅满足于当下已经达到的水平，因为不贪求、不嫉妒是远远不够的，仅是消极意义上的品质，还应有更高远的志向，当不断修己以进道。一言以蔽之，孔子通过对子路的点评，强调不能停步于某种消极意义上的心性，不能有一点进步就骄傲与自满，而应该积极进取，不断超越已达之状，直抵"道"的境界。如此，戒骄戒躁，不断"超越"，当是修身进道之正确的姿态。

第二，具体而言，本节记述，主要围绕着两件"事"：即围绕着子路"衣敝缊袍，与衣狐貉者立而不耻"和子路终身诵孔子赞许之语"不忮不求，何用不臧"而展开。对于第一件事，孔子"美子路也。"（朱熹）对于第二件事，孔子警示子路，希望他不要止步于此。

（1）"衣敝缊袍，与衣狐貉者立而不耻者，其由也与！""敝，坏也，缊，枲著也。袍，衣有著者也，盖衣之贱者。狐貉，以狐貉之皮为裘，衣之贵者。子路之志如此，则能不以贫富动其心，而可以进于道矣，故夫子称之。"（朱熹）在这里，孔子从衣着服饰入手，指出衣着服饰等外在皮表之物，其好坏、奢简，仅是富贵利达之显，并不直接表征一个人之德性品质。如此，子路已将外物与内在心性之德剥离开来了，不再简单关联和等同，并能不惑于这些外在之物，可以"不卑不亢"地与衣狐貉者并肩而立，未因服饰衣着简陋而感受到一丝愧疚和难堪，这就不仅说明子路是内求于德、关注于德之人，而且表明子路本身的德性修养已经超越了皮表之华贵粗简。如此，从直接性上而言，子路于富贵利达，虽有不足，然其心志并未关注于外，而是面外物呈坦然心境，这表明子路内具孔子一贯倡导的"乐道好礼""守死善道，笃信好学"之优良品行。这是孔子对子路生活事实及其心性德行状态所作出的基本判断。这一基本判断，以孔子所言"其由也与"而得到确证。

对于孔子所言"其由也与！"钱穆注曰："《檀弓》，子路曰：'伤哉贫也，生无以为养，死无以为礼。'《家语》：子路为亲负米。则衣敝缊袍乃实况，非设辞。"

（2）于子路能做到"衣敝缊袍，与衣狐貉者立而不耻"，孔子引用《诗经》之语"不忮不求，何用不臧"加以肯定和赞扬。

所谓"忮"（zhì），按照通行的解释就是"害"，其意表看他人有，自己没有，就心生歹意，就是"忮"；简言之，"忮"就是嫉妒心；而"不忮"就是不因己无他有而心怀嫉妒他人之心，而是始终恪守着本份、满足于己之所有。

所谓"求"，其意主要指"贪求"，而不是指可以作为人生动力之追求的正常或正当的需要，突出的意思是指别人有的，自己也必须有，由此产生的对自身已有的极度不满，即为"求"。钱穆释曰："求，贪义。耻己之无而欲求取于人。"

"忮""求"，皆因攀比而产生的难以满足的欲求，此乃贪念，且将之不断外化为行动。"贫与富交，强者必忮，弱者必求。"（朱熹引吕氏）而子路能做到"不忮不求"，孔子以反问的口气言"何用不臧"，证成与突出子路所具有的"不忮不求"之善性品德。对子路能"不疾害，不贪求，言远利"（戴望）之德行，恰如朱熹所释曰：子路"能不忮不求，则何为不善乎？孔子引《卫风·雄雉》之诗，以美子路也。"

（3）在孔子的众弟子中，子路是一个比较特殊的弟子。子路为人很厚道，但是常被误解和作为反面典型被孔子时常批评。然而，事实上，孔子对子路的感情非同一般。如此，除了颜回、子贡以外，孔子寄予厚望的也是子路这个弟子。子路本性仗义、勇敢，且很有能力，虽说有时候急躁了一些，但是绝对不是简单的"有勇无谋"之莽夫。正因为如此，在此处，孔子对子路的肯定和表扬，令子路满心欢悦。一个经常遭遇老师批评的人，能得到老师如此的肯定和表扬，其心之快慰与喜悦，是可想而知的。因为在这里子路通过孔子的评价而获得的是一种充分的自我确认与自我肯定，一种难得的满足感与自豪感。于是，子路将孔子对他的表扬之语反复琢磨，不停地念叨，并恪守老师的谆谆教导，以此作为人生信条来检讨和指导自己的言行。于是便有了"子路终身诵之"。

对于"子路终身诵之"，朱熹释曰："（子路）终身诵之，则自喜其能，而不复求进于道矣。"戴望以为这是"子路志在乎是，故乐诵是言。"

（4）子路听到老师对他这般的肯定，因心之过喜，而就以为己已达德之极致，生了骄傲、自满之心。如是，针对子路的自满之状，孔子对之予以批评，这正是孔子对弟子的再次教诲、启发和警示。

孔子对子路言："是道也，何足以臧？""夫子复言以此警之。"（朱熹引吕氏）"耻恶衣恶食，学者之大病。善心不存，盖由于此。子路之志如此，其过人远矣。然以重人而能此，则可以为善矣；子路之贤，宜不止此。而终身诵之，则非所以进于日新也，故激而进之。"（朱熹引谢氏）对此，蒲益释曰："《诗》之妙，在一'用'字。夫子说子路之病，在一个'足'字。用，则日进；足，则误谓到家，不知正是道途边事耳。"如此，孔子直指子路决不应该满足于已经达到的修养，更应有所精进，由此更为深刻地表明了孔子之道德主张，即人生德性修养和心性境界之提升，没有终止点。

第三，孔子通过弟子子路作为具体的分析对象，揭示了修身至道过程中的"二难"。在本节中，"子路"只是一个"个案"，子路小有所成就停步而满足于斯，说明其志向与格局、修养和境界还是不够宏阔，显得器量小了些。如此，孔子暗含着"子路"应该心怀更远大的志向，开出更为广阔的人生之路和更高的人生境界来，真正能做到如颜回一样只"见其进也，未见其止"。

子路之修德，能做到"不忮不求"，此为"不以物喜"。然而，面师之赞许，子路"终身诵之"，表其尚未达到"不以己悲"（范仲淹）之境界。孔子赞子路之进，委婉地批自满而止，以激励其当更上一层楼，如戴望所释：子路"不忮不求之行，何足以为善哉，欲进之以乐道好礼，所谓'见其一，冀其二'。"

总之，孔子以"衣敝缊袍"与"衣狐貉者"二者之鲜明对比，凸显"衣敝缊袍"者之所以不感而耻，是因为其内心存在"仁""义"的支撑力量，这种力量不是物质充裕带来的优越，也不是外表奢华带来的虚荣，而是一种精神的饱满与富足，表征其精神修养和道德修为达到一定的境界。如此，尽管其外在衣衫褴褛，但其内在丰富而坚定，正是其"志"赋予如此强大的精神力量，使其具有独立的人格标尺和坚定的信念追求，不嫉妒、不贪慕虚荣，矢志成为思想与精神的强者，此为"不忮不求"之真谛；然子路止于此而自喜、自足。孔子批评、激发子路，亦昭示君子立志，当终身行之，其志当高远，而不能止步而满足于"小志"之成。

子贡言："贫而不谄，富而不骄，何如？"子曰："可也，未若贫而乐，富而好礼者也。"子路"衣敝缊袍，与衣狐貉者立而不耻"，孔子赞誉之"不忮不求"；当"子路终身诵之"，孔子复言"是道也，何足以臧"。孔子教导子贡与子路之内容有别，方式有别，但教导门生修己进德不止，力达乐道好礼，则无异。

28. 道废神存，时穷节见

子罕9.28

【原文】子曰："岁寒，然后知松柏之后彫也。"

【译文】孔子说："到了寒冬季节，才能知道松树与柏树，依然保持青翠不凋。"

岁不寒，不足以知松柏；事不变，不足以见君子；世不乱，不足以见忠臣；道不艰，不足以彰圣贤。《庄子》曰："受命于道，唯松柏独也。又曰：天寒既至，霜露既降，然后知松柏之茂也。"《礼》曰："若松柏之有心，贯四时而不改柯易叶，此所以譬君子之操也。"《老子》曰："六亲不和，有孝慈；国家昏乱，有忠臣。"《传》曰："疾风知劲草，乱世识忠臣。"子曰："岁寒，然后知松柏之后彫也。"

孔子以"岁寒"表时世之道废，生存世态之恶劣和艰难，以"松柏之后彫"喻君子，突出君子能坚守节操，能经受严酷环境的考验而不改其本色，以此表真正的君子，在危急关头，能遵循与践行"行不苟合，义不取容"的原则；在危难之中，君子能做出"良将不怯死以苟免，烈士不毁节以求生。"（《三国志·魏书·庞德传》）于道废之时，惟有得道之君子，方不因世势之变而变，守道成为其内在品格与使命，犹如松柏不惧岁寒，依然傲霜凌雪而不屈志变节。恰如戴望所释曰："大寒之后，松柏行凋而不易其心。积恶之世，君子道消而不改其操。岁不寒无以之松柏，事不变无以见君子。"

君子在恶劣之生存环境中，能持道守节，舍生取义、杀身成仁，真正显示出君子崇高的品格与坚定、坚韧不屈之精神气节，如不畏霜雪之寒的长青松柏，傲然屹立天地间，彰君子人生于艰苦卓绝之顽强与彪悍。

君子不因时变而移志、屈志、变节、失节，为世人雕绘出一幅正气凛然、不凋、不死之生命风骨与伟岸、挺拔、高贵之精神图腾，矗立起一座座精神丰碑与生命坐标，沉淀、凝铸为一个族群内在精神之深层底蕴，滋养与引导后人之精神发育与品质塑型。

具体而言：

第一，孔子叙述历经大寒，万物或凋敝，或枯绝，独松柏依然青翠不凋。孔子以此为喻，表君子所具如松柏般的品格与节操。此品格、节操之内涵就在于不畏严寒，能承受各种各样的严峻考验，依然不改其傲然挺立与坚韧不拔的强劲生命，不屈、不移而守节。

孔子以松柏迎霜雪，直逼生死之状，呈岿然屹立的青翠常态与本色，如是君子临道废之艰难的生存环境，直面生命苦难，依旧泰然，不因人情或生存环境之变故而改其志、移其性，此乃君子超然立于天地间。诚如钱穆所释曰："道之将废，虽圣贤不能回天而易命，然能守道，不与时俗同流，则其绪有传，其风有继。"

第二，孔子以"物"喻人，以一般草木喻"小人"，以"松柏"喻"君子"。在严酷寒冷的恶劣环境下，草木，经风霜雪雨，都已凋毙，此乃大寒之岁，众木皆死矣；然独松柏依然鲜活翠绿如常；如同在生活中，君子与小人似乎无别，唯在生命遭遇险恶与经历生活的严厉考验时，才可真正辨识出"君子"与"小人"。恰如朱熹引范氏曰："小人之在治世，或与君子无异。惟临利害、遇事变，然后君子之所守可见也。"

第三，君子如松柏，有自身的内在硬骨、气节，昭示着君子具有不因外在环境的变化而变易的内在坚毅不屈之品质，此种品质正是君子守常如一之心性、德性和生命个性特质之具体表征，是载道君子遗世独立之精神与高贵品格、坚贞情操的集中彰显。

第四，面周礼式微的历史境况，孔子发出了"岁寒，然后知松柏之后凋也"的感叹，正是他不改其志，笃定践道之具体而形象的再现，是孔子对自我怀恢复"周礼"理想，不畏艰难、不屈现世依然执着如初的自我确认、自我鼓舞和自我鞭策。

不可否认，孔子在当时的历史语境下，通过对松柏般的"君子"的赞美，同时也对"草木"般的"小人"予以批判。如此，他倡导世人当具有如松柏般的心性和德性，能承受严寒和残酷的环境变化所带来的诸多压力，甚至是生命的危险，即使这样，也不改其真心，不易其初衷，不移其志，不变其常性，不屈其气节。换句话说，在乱世之际，世人难免会随着时势沉浮，很难自主命运，但是孔子希望君子能若大寒之后的松柏一样，始终坚挺不因酷境而易其本心、本色。此为君子立道而恒常持守与笃定不移。

第五，松柏傲寒挺立而不枯、不衰，如是在乱世和逆境中保持崇高尊严和气节的"君子"，如是孔子！古人称松、竹、梅为"岁寒三友"，赞美它们经凛冽寒冬不凋，本质上即是赞美在艰难困苦中决不随波逐流，不屈不挠，坚持真理、捍卫正义之人。如此，松柏的品格也就成为君子之品质的象征。

总之，孔子借松柏喻"君子"，集中地体现孔子主张君子在任何艰难困苦的条件下，哪怕在道废之时，不惧艰难、寒苦，不易其挺立不屈的生命姿态，不改其生命之本色，依然保持自己内在品格与精神气节与。如此，孔子不仅暗含对肩负着复礼弘道之使命和担待的"君子"所应具有的心性特质予以要求，而且实际上，孔子力图依此教导和倡导其弟子和世人，应力做松柏式的君子，莫成草木般柔弱之"小人"，以此表达孔子对"君子"松柏般风格的颂扬和对"小人"草木般心性的批判；如此，孔子对松柏的赞扬，内蕴着坚定和强力意志生命观。

进而言之，孔子以"岁寒"隐喻逆境之迫，以"松柏"表征君子之性，旨在颂扬真君子临难而不改其志、不丧其德、不失其节之傲然精神。以此，让众弟子和世人知晓"士穷见节义，世乱识忠臣。欲学者必周于德。"（朱熹引谢氏）

"岁寒，然后知松柏之后彫也"，既是孔子对自己的自勉之辞，也是孔子对弟子的殷殷期望。自古"松柏"之意象已不再被简单视为一物，而被赋予独特的精神品格。大寒之岁，众木皆萧瑟枯竭，唯松柏能经冬不凋、临寒不倒，依旧生机盎然。如此，君子当如傲霜斗雪之青松，在逆境危难之中，彰其顽强、坚韧、挺立不屈的生命之美，如是君子有着人格高洁之美而刚直豪迈，有着超拔气节之美而愈挫弥坚。如此，雪不足以易其志，寒不足以破其性之"松柏"精神，正是孔子眼里"君子"之道韵风骨。

29. 存知仁勇，修己达德

子罕 9.29

【原文】子曰："知者不惑，仁者不忧，勇者不惧。"

【译文】孔子说："智者心无惑乱，仁者心无愁虑、忧烦，勇者无所畏惧。"

孔子言"知""仁""勇"，与《礼记·中庸》所言："知、仁、勇，三者天下之达德也。"皆为"学之序也。"（陈祥道、朱熹）

"知""仁""勇"，表君子基本品质的三个向度或三个层次。孔子言"知""仁""勇"，乃希望其弟子通过修己而达三达德，成为具有精神境界、完美人格之真君子，由此可见，"知""仁""勇"，既是孔子教育所要达之目标，亦是众弟子和世人努力修己之指向。

"知""仁""勇"，三者浑然构成君子人格与境界的三个向度、三个层次，然不可将三者割裂、肢解开来孤立待之，而应视三者为相互内含、相互依存、相互规定和相互促进之关系。

具体而言：

第一，孔子既具体揭示了"智者""仁者"和"勇者"各自独特的品质，又将"智""仁"和"勇"作为君子人格不可或缺的内在构成要素，称之为君子"三德"，进而将之作为君子德性、人格修造的目标，以此号召、鼓励其弟子努力修己进德，成"知""仁""勇"兼具之君子。

第二，孔子之言，呈现出两个层面的问题：其一，何谓"知者""仁者"和"勇者"；其二，知者，为何以能"不惑"、"仁者"何以能"不忧"、"勇者"何以能"不惧"。

其一，何谓"知者""仁者""勇者"？戴望释曰："知者"，即"能立事"；"仁者"，即"能推恩"；"勇者"，即能"能正众"。如此，戴望从事功上对三者予以了界说，进而言之，能至"不惑"者，即谓"知者"，能至"不忧"者，即谓"仁者"，能至"不惧"者，即谓"勇者"，此从精神特质、品质和境界，对三者予以界说。

其二，"知者"，为何以能"不惑"、"仁者"何以能"不忧"、"勇者"何以能"不惧"？

陈祥道释曰："知者自知，不为物蔽，故不惑。仁者自得，不为物役，故不忧。勇者自强，不为物暴，故不惧。"

朱熹释曰："明足以烛理，故不惑；理足以胜私，故不忧；气足以配道义，故不惧。"

钱穆释曰："知者不惑：知者明道达义，故能不为事物所惑。仁者不忧：仁者悲天悯人，其心浑然与物同体，常能先天下之忧而忧，然其为忧，恻怛广大，无私虑私忧。勇者不惧：勇者见义勇为，志道直前。"

具体言之：

（1）所谓"智者不惑"。"智"乃是对"智者"的能力和态度的规定，也是智者之智力教化和培育的关键，是智者之为智者的关键。"智"在中国文化的语境中，不同于西方的"知识"。如此，此"智"，并非是指一个人的知识层次和聪明程度，而是强调一个人具有对是与非、正确与错误、真与假、虚与实、善与恶予以区分、识别与判断之能力。进言之，"智"还具有洞察世事，看清了问题的症结所在，即透析大千世界复杂事物的本质和内在法则的能力，如此，"智"就其功能而言，具有能辨识"物"、辨惑的功夫。正因为如此，"智者"之"不惑"，即不仅不被纷繁复杂之外象、不被错误的、虚假的幻象迷惑，对事物和现象能进行深度的解构、分析与甄别，从而发现真象、把握真谛，实现认知或理智意义上的自觉，而且更重要的是指向对己之人生"不惑"。于此，对外物之"不惑"，只是"知者"之基本前提，对己之人生达"不惑"，乃是"知者"之关键。恰如陈祥道所言"知"乃"自知"。亦如老子所言："知人者智，自知者明"之"明"。以今人之言表之，"知者"，即是活明白的人或能明白地活之人。

（2）所谓"仁者不忧"，其义是指真正有仁爱心的人，不会受环境动摇、不被利惑，没有忧烦。在此处，"仁"乃是"仁者"的内在道德规定和道德品格之特质；"仁"即是"爱人"，这是"仁者"立身之境界。如此，具有仁德、仁爱之心的人，安贫乐道，淡于名利，无欲无求，乐天知命，还会有什么忧愁和烦恼呢？一言以蔽之，"仁者"因安于仁不改其乐，故无忧也。简言之，一个以"爱人"、以"舍""让"而立身之人，不为得失而算计，不为名利而纠结，不为长短而计较，一心奉献、付出为道之人，何忧之有？惟"忧道"耳。

（3）所谓"勇者不惧"。"勇"乃"勇者"应物之本领，是"勇者"内在的精神力量和气概。此处之"勇"非鲁莽，而是指内蕴着"智"与"仁"于心怀的"大勇"。如此，当遭遇困难、苦难、灾难以及障碍时，真正的"勇者"，总是直面而进，从不优柔寡断、患得患失、束手束脚，也从不退缩，不改其志，不弱其心，不竭其气；其志之坚，其断之果敢，其目标之明确，其行动之坚定，从不思前想后、瞻前顾后，具有勇往直前之豪情，为了达到心中的目标，为行义，付出从不计较个人得失，即使抛头颅，洒热血，也在所不惜；如此，勇者，见义而为，不畏强御，真正"不惧"。

第三，"智""仁"和"勇"，三者于君子人格结构中并非是三个彼此无涉的孤立之维，本质地说，三者之间具有内在一致性、相通性关系。如此，真正的至仁和大勇，都与大智并存，这就表明不能将三者割裂开来，而应视三者为相互内含、相互依存、相互规定和相互促进之关系。倘若有"知"而无"仁"则必成狡诈、邪恶之"知"，无"勇"则必是怯弱之明哲保身；相应地，"仁"若无"知"，只是朴素之恻隐与悲悯，只有本能的"不忍之心"，未达自觉而主动之爱人；"勇"若无"知"，其勇必是草莽之"敢"，若无"仁"，其勇则蜕变为屠戮。如此，君子人格与人生境界，当是以"智"为始端和前提，以"仁"之核心，以"智"与"仁"为内核的"勇"为至臻完善，生成君子圆融而通达、智慧、仁爱与果敢浑然一体之完整人格和不凡之气宇。正因为如此，有人强调，知、仁、勇，三者之间虽有性分之别，而仅为学之序。正因如此，孔子针对"有德者必有言，有言者不必有德；仁者必有勇，勇者不必有仁"（《论语.宪问》）说："'君子道者三，我无能焉：仁者不忧，知者不惑，勇者不惧。'子贡曰：'夫子之道也。'"（《论语.宪问》）依此可见，孔子强调君子道者三可不可分割，须兼而有之。如是方外史所云："三个'者'字，只是一人，不是三个人也。"

循此理路，方可理解和把握陈祥道对孔子之论的深刻阐释："知者不惑，亦有时而惑，易曰：'或跃在渊'是也；仁者不忧，亦有时而忧，庄子曰：'仁人多忧'是也。勇者不惧，亦有时而惧，孔子曰：'临事而惧'是也。"

总之，孔子之论做出的三重判断，简洁而深刻地揭示了"智者""仁者"和"勇者"三者各自所具"不惑""不忧"和"不惧"的品质，进而提炼出"智""仁"和"勇"三个具有独立规定性的重要范畴，且突出三者之间的内在相渗相含相依，呈递进性的关系；在此基础上，孔子强调"智""仁"和"勇"三者熔铸为君子人格，是君子完美人格缺一不可的构成要素。这样，孔子既确立了君子修造和追求的理想人格之目标，又明确了其教育弟子的明确指向，体现了孔子期待弟子们能努力修己而具备这三德，成为真正的君子之殷切希冀。

30. 进道入圣，修炼阶梯

子罕 9.30

【原文】子曰："可与共学，未可与适道；可与适道，未可与立；可与立，未可与权。"

【译文】孔子说："可以共学者，但未必都立志于道；立志于道者，未必可以（三）立；可以立者，未必可以通权达变。"

孔子以"可与共学""可与适道""可与立"与"未可与权"，勾勒出"进学之阶梯"（钱穆），突出道问学四境界，以促弟子与世人自觉反观己之修学状况，自检、自鉴己之为学所至，激励弟子须以"内圣"为目标而不断提升为学之境界，警示弟子切不可自画、自满、半途而废。

孔子之论，是为学而成"内圣外王"之具体推进图式和前行之途。真可谓"路漫漫其修远兮"，须笃定其志，上下求索，方可始于"可与共学"，而成于"可与权"。如此，要求弟子和世人须勤其学，乐其道，进于立，终成"可与权"之"圣"。恰如朱熹引杨氏曰："知为己，则可与共学矣。学足以明善，然后可与适道。信道笃，然后可与立。知时措之宜，然后可与权。"

具体而言：

第一，孔子将人生追求"内圣"的历程具体细分为不断攀爬和提升的四个阶段或层次，即"共学""适道""立"和"权"，并将每一个阶段或层次对应着一类人，如是将"人"划分为四种人或四等人，从而表征了为学之次第、境界之高下。

在孔子的众弟子中，不仅有"可与共学"者、有"可与适道"者、有"可与立"者，但未见"可与权"者；而且更有"可与共学，未可与适道"者、"可与适道，未可与立"者、"可与立，未可与权"者。如是陈祥道所释曰："子游、子夏得其学，故可与共学，未得其所以学，故未可与适道。宰我、子贡得其言，故可与适道，未得其所以言，故未可与立。颜回、闵子得其行，故可与立，未得其所以行，故未可与权。"

第二，"可与共学，未可与适道"，所指学之芸芸众生者。"可以共学，知所以求之也。"（朱熹引程子）其为学之目的就是"得其学"，而非"适道"，仅为"知其然"而非"所以然"，仅求"学"之事功，"同一向学，或志不在道，如学以求禄之类"（钱穆），而非就"仁义之善道"（戴望）。如此，"可与共学，未可与适道"者，即为学即在于求用、求事功，而非"志于道"。

第三，"可与适道，未可与立"，所指"志于道"者。"可与适道，知所往也。"（朱熹引程子）即志于道，且有力行，然却"未可与立"者。所谓"未可与立"，本质上是指其未达"立"。"立谓立德立功立言"。如此，"可与适道，未可与立"表虽有"志于道"，但却"未立"，其"志"无果，未能以果明证、彰显其"志"。其志亦空乏焉。或曰：其志于道，然不能持之以恒者而使之志得以"立"。正如钱穆所释："知向道，亦有中途见夺者。"

第四，"可与立，未可与权"。"可与立者，笃志固执而不变也。权，称锤也，所以称物而知轻重者也。可以权，谓能权轻重，使合义也。"（朱熹引程子）"权者，因时制宜，权量轻重，无常形势，能令丑反善，合于宜适。《春秋传》曰：'权者反乎经，然后有善者也。行权有道，自贬损以行权，不害人以行权。杀人以自生，亡人以自存，君子不为也。'"（戴望）"《论语》曰：'立于礼'，然后处非常变局，则待权其事之轻重，而后始得道义之政。但非义精仁熟者，亦不能权。借口适时达变，自谓能权，而或近于小人之无忌惮，故必能立乃始能权。"（钱穆）

"可与权者，圣人而已。"（陈祥道）"可与权"，即懂得通权达变，开了智慧，而不是僵化、死板，非至圣不可。"易九卦，终于巽以行权。权者，圣人之大用。未能立而言权，犹人未能立而欲行，鲜不仆矣。"（朱熹引洪氏）

第五，按照孔子的判断，一个人的为学和修为，或许只能达到"共学"，而不能提升至"适道"高度，这就直接指证出该人的为学与修为之局限性，仅仅到此即止步或中断。同理，即使一个人已经达到或实现了前两个阶段或层次，是否可以超越了前两阶段和层次，进入第三阶段或层次，或已经达到第三阶段或层次，进而直达第四阶段或层次。同理，对应不同阶段的四类人，或许只能达到某一个阶段或层次就终止而不能再前行。这样，孔子始终对为学之进，持谨慎的怀疑态度和否定立场，揭示为学和修为之过程性、不断超越性与提升之艰难性及或然性特征。

第六，孔子揭示了为学和人生修为四个阶段或层次的特征以及彼此之间的内在渐进性关系和秩序性逻辑。如此，四个阶段或层次，呈现出从低级到高级、从外在至内在、从易至难、从浅陋达深妙之趋势。关于四个阶段或层次的内在关联性，孔子用"未可"予以否定判定，表明在为学和修德之途的四个层次之间，虽然具有不断提升的可能性，但是并不具有必然性的特征。如此，凸显了不同阶段或层次之间的内在断裂、中断或休止性关系。对此，蕅益释曰：孔子"连说三个'未可'，正要他勉强到可处。"

总之，孔子通过人生为学和道德修为四个阶段的划分，表征了人生成长的过程性和阶段性，揭示了不同阶段和层级之间的特点及其内在的秩序与逻辑。通过阶段和层次的划分，孔子表达通过为学和修为对人生境界和人之类型所进行的定格，从而指向"内圣"的至上目标，昭示着人生为学和修为的无限性。如此，人生为学须展现积极进取之姿态，切不可自画，亦不可半途而废。

31. 真心怀仁，何远之有

子罕 9.31

【原文】"唐棣之华，偏其反而。岂不尔思，室是远而。"

子曰："未之思也，夫何远之有？"

【译文】诗中说："唐棣花开，翩翩摇摆翻动着。我的心岂不想念你，但是我们的居室相隔太远了。"

孔子说："只是没有真想念吧，要是真的想念了，就近在心中，还有什么遥远呢？"

按钱穆之解，孔子借未被《诗经》收录的逸诗，"言好学、言求道，言思贤，言爱人，无指不可"，指出无论是为学、求道、思贤、思人皆同理，"未之思也，夫何远之有"，以此表明"若果思之，即近在我心，何远之有。"（钱穆）相反，"心远，地自偏"，其关键在于是否真"思"。若真思，"远"即是"迩"，如是孔子所言："仁远乎哉？我欲仁，斯仁至矣。"既如斯，"学""仁""权"，皆在心的开合之间，如同棠棣之华，偏其反而一般。

对"仁""权"，对先王之道，切莫持隔窗观望之心，须真切地心怀之、追逐之。惟如此，仁道，非在远去之先王处，即在己之仁心发端处，以证孔子所言："道不远人"。

具体而言：

第一，两句逸诗"唐棣之华，偏其反而。岂不尔思，室是远而"之前一句"唐棣之华，偏其反而"，描述唐棣的花朵啊，翩翩地摇摆，甚是美奂，令人遐思向往。后一句"岂不尔思，室是远而"，表虽有遐思向往，然因居室相隔太远，也只好作罢而不去想了。此诗描述了因遥远，不情愿，但是无可奈何地压抑、亦或熄灭思之念头，视"唐棣之华，偏其反而"之美为"无"。孔子抓住这诗中"思"的矛盾和借口，直指其症结：非真思。因为在孔子看来，其问题之关键则在于"未之思也，夫何远之有？"

第二，孔子借诗之意对"思"进行了细腻地甄别，指出"思"有"真"与"假"之分，形式之"思"和实质之"思"之别；形式之思，即假思，只是徒有思之名，而无思之实，对"思"不具有虔诚之态度，或只有浅泛之思或偶念，如此必以棠棣之花，"远"于己而断了"思"。其畏难之心、担忧之情，都因之而显现，进而导致消解其追寻之心，最终止步于遥遥之途的困难之前；相反，则是"真思"，对"棠棣之花"倾心向往，不会以居室之"远"而不思。如此，有真思，远亦近，因为所思者即在思者之心中。孔子以此突出为学、求道、思贤、思人，其关键在于真心真思。

进而言之，若真心求贤，贤人并不遥远，其实只要是真正的贤明君主，贤人自然会投靠你；你要不贤明，贤人即就在你旁边，你也认不出他来。此乃"岂不尔思"。

于"仁道"、于"爱人"、于"权"皆然也。真心思之，则在心间，何来远不可及。如此，孔子以"心"而丈量远近，以表真心向道，乃是求道长路上最为切近之途。

第三，本节最为关键的是孔子所言"未之思也，夫何远之有"。孔子此语，所要强调的是自我须对于某种理想或人生观的坚持和体认，而不是以某种借口放弃这种坚持和体认。这本质上是所谓"进"与"止"，进而言之，则是"仁远乎哉"的问题。如此，从孔子积极修己进取的人生过程来看，人生崇高之可能需要自己去体认，修己之路向需要自己去思考与抉择。如此而言，此节正是衔续上节言人生境界可以从"学"到"适道"、到"立"、到"权"而不断提升。对此，陈祥道直切孔子之深意，他说：（孔子以）"唐棣，则喻权之用。室，则喻权之道。权者，反而后合，故曰：唐棣之华，偏其反而，不知返者，视迩以为远，故曰：'岂不尔思，室是远'。而孔子曰：'未之思也，夫何远之'，有以言权者，性之所固，有求诸己而已。"亦如戴望所释："言此未思反经之故耳。反经所以合道，权进于立矣。循是思之，何远之有。"

第四，有心，天涯咫尺；无心，咫尺天涯。仁道，非在远古圣贤处，即在仁心之真求时。如此，若真思仁道，绝不会隔窗赏"棠棣之华"，以"室是远而"为由而处观望之态，定会将其心内化为生命本体，构筑成生命逐仁道之坚定意志，化为具体的追求动力，从而才会催生"心动"而呈现为对美好未来的不懈追求之行动。如此，仁道，"何远之有"？

就当世之众，对"周礼"与"仁道"仅仅满足于心念上的"向往"，即对文王之道只存主观惦念、最多亦只是一种美好的怀念，而未能以实际行动弘道，促之成为生活现实，此不能算是孔子所言真思，如是以"室是远而"为由，止于偶想而已。如此，"棠棣之花""文王之道"也只是"镜中花、水中月"。孔子借此诗隐蔽地对当世的人们对仁道普遍持观望之心理，缺乏真诚之心，予以批评。

总之，孔子借"棠棣之花"表达内蕴"仁爱"可以开出的美好境界，进而折射出孔子念念不忘、恪守并力图恢复的"文王之道"，号召世人当真心诚意追求仁道。在孔子看来，这本应是人人皆可能为之心动的美好理想，也是每一个人的责任与使命。为此，孔子强调对"文王之道"，当有"思"，切不可畏难而囿于"思"、止于"思"，如此，须真思、真切践行，从而要求我们不能仅仅停驻于偶思，或惦念、妄想、观望而徒有美好的期待，而是必须以笃定之心、深情之思、不倦之践行来追求之。

第十　乡党篇

1. 时时处处，遵礼践礼

乡党 10.1

【原文】孔子于乡党，恂恂如也，似不能言者。其在宗庙、朝廷，便便言，唯谨尔。

【译文】孔子在本乡的地方上显得很温和恭敬，像是不会说话的样子。但他在宗庙里、朝廷上，却很善于言辞，只是说得比较谨慎而已。

本章详实地记述了孔子于乡党、宗庙和朝廷之言行。从直接性上而言，孔子在不同的场景，针对不同的人和不同的事情，其言行各不相同，表明孔子能因时因地，循礼待不同的人、为不同的事，充分体现孔子在日常生活中能自觉而严格地遵礼、践礼。此为"圣人之所以谓道者，不离乎日用之间也。"（朱熹引杨氏）

孔子于乡党，行乡党之礼。乡党，父兄宗族之所在，所言皆为家长里短之碎事而无所辨，所贵在德统与信，无须逞口舌之利，虚心倾听即足矣，故孔子"恂恂如也"，似不能言，呈恭逊之态；于宗庙、朝廷，行祭祀、朝廷之礼。因宗庙，礼法之所在，朝廷，政事之所处，如是于朝庙贵辨，而不可不敬，故孔子"便便言，唯谨尔"。

孔子于乡党，恭顺平和，无与多言；于朝庙则雄辩滔滔，言辞审慎有度。孔子以谦逊、恭敬、和顺面乡亲、处宗族；以善言明辨行于朝庙。如此，于不同生活场景，面不同的事，孔子之言行截然不同，构成容貌气辞之不同特点，呈现孔子于收放、动静之间遵礼、践礼之鲜活事实，"宛然如圣人之在目也。"表孔子"盛德之至，动容周旋，自中乎礼耳。"（朱熹）

孔子不仅以"礼"规范人，而且以"礼"规范己；不仅言"礼"、论"礼"，而且践"礼"、行"礼"。"礼"存于心，显于行，夫子时时处处，皆能自觉而从容地遵礼、践礼。

具体而言：

第一，本节记述孔子在具体的生活语境中，面对不同的关系时，其言谈、举止的差异性，具体表征孔子在不同场合待人、做事之不同原则和方式、态度，这既表明以"礼"严格规范其言行，又展示了孔子具体而精微，不怠地践"礼"，很得体地贯彻"礼"于具体的生活关系中。这充分表明了"礼"不外于孔子，已深度内化和融贯于孔子的生活之中，使之能达对"礼"深刻自觉，可随心、随情、随事自主灵活、恰当地加以体现。正因为如此，陈祥道释曰："圣人之行礼，不以居家者施之乡，不以居乡者施之朝，故于燕居则申申，于乡党则恂恂，于朝庙则便便，凡皆异之以称物，同之以平施而已。"

第二，"孔子于乡党，恂恂如也，似不能言者。"孔子于乡党，此为孔子日常生活之境，面父兄、宗族父老乡亲之时，孔子言行特点是"恂恂如也，似不能言者"。

"恂恂，信实之貌。"（朱熹）"恂恂，退让貌。"（戴望）"温恭信实之貌。"（钱穆）表孔子在家乡父老面前呈现为"谦卑逊顺，不以贤知先人也"（朱熹），甚至表现得连话都不太会说的样子。

孔子为何于乡党生活时，以敦厚、朴实和守信，且不苟言语而木讷的姿态出场呢？问题的关键就在于他所居的是"乡党"。"乡党"，须从西周、春秋时代的都鄙、乡遂制度来理解。"乡党"，是以血亲、宗法为纽带、为核心而生成的，以人情为基础而建构起来的生活共同体，其特质突出表现为以血源性、地缘性、自然性等关系为内在纽带，构成其独特的伦理等级秩序，这是中国传统社会伦理之基础和最为根底的发端。

事实上，以封建血亲形成的"乡"，自有一套严密的礼仪制度，其目的就是为协调其内部关系，其内容涉及婚、冠、丧、祭、乡饮酒等生活的方方面面，其中"尤以乡饮酒礼和乡射礼为重要"。如此，"周礼"对伦理关系进行了较为细密和严格的规定。孔子正是基于熟谙自身所置于其中的生活环境之"礼"，故其言行呈现出符合乡党规范之特点：谦逊、卑恭、诚敬、敦厚、信实，常常沉默寡言，决不夸夸其谈，似乎是不善言辩，总之，如是一个温逊之谦谦君子。从这一意义上看，孔子之言行所具体表现出的"温良恭谦让"的特点，正是他对"乡党"长幼尊卑等血亲关系高度正视、重视之必然。陈祥道认为，孔子于乡党，之所以"恂恂如也，似不能言者"，实因乡党"贵德信，则逊而无所辨"。如此，孔子于乡党，谦逊而似不能言，实为孔子遵礼、行礼使然也。

第三，转换一个生活语境，即"宗庙、朝廷"之上。孔子的言行特征一改

"于乡党""恂恂如也，似不能言者"之态，呈现出"便便言，唯谨尔"之状。"便便以言闲雅。"（戴望）如此孔子宗庙、朝廷之上，侃侃而谈，辩明事理，但态度非常严谨、审慎，展现出孔子的另外一面。

为何如此呢？此决非孔子主观多变，而是因境遇之变而顺应变之。换言之，正是其置身和面对的"关系"发生了变化，处理这些关系的伦理原则和规定有发生了相应的变化，与"于乡党"有别。如此，在"宗庙、朝廷"之上，已非处"乡党"之日常生活，所涉及的是先辈祖宗、国家社稷诸多大事，关系到君臣礼仪，孔子须发挥其智慧而辨识、厘清各种真假、虚实、以及诸多利弊得失，以尽臣忠之责，故而不再沉默、不再低调，而是表现出其雄才韬辨，谨慎有度的姿态。如是朱熹所释曰："便便，辩也。宗庙，礼法之所在；朝廷，政事之所处；言不可以不明辨，故必详问而极言之，但极谨而不放尔。""宗庙朝廷，大礼大政所在，有所言，不可不明而辩，惟当谨敬而已。"（钱穆）以此表明孔子对"宗庙、朝廷"之上所要处理和解决的"诸事"内蕴的价值和意义具有充分地意识，以及对自己的道德角色和道德责任高度自觉，呈现于言行之高度重视和严谨认真。如斯，体现孔子对"臣"之"礼"的坚守与践行。

"《礼》曰：在朝言朝，此便便言，唯谨尔也。礼言庶子在宗庙之中，如在外朝之位，此言夫子在宗庙朝廷皆便便言，唯谨尔者也。宗庙朝廷之礼一也。"（陈祥道）

第四，通过描述孔子置于两种不同的场景所呈现出来的不同言行特征，表明孔子不仅能适时应变而遵循不同的"礼法"之规定，而且能直呈于言行之中，将"礼"加以落实，产生实际的功效。

孔子通过切己之言行的变化，不仅具体彰显"礼"于生活方方面面所做出的规定，对生活行为具有的规范性与引导性，成为人们处理各种关系所遵循的原则，而且表征了"礼"之内在规定的严格性、丰富性和复杂性。孔子以己之言行，直观而真实地从对"礼法"进行了全面的诠释，从而践行他弘"道"扬"礼"之生命理想。

不可否认，孔子生活的时代，社会的方方面面都已经历深刻的变革，宗法关系与统属关系已发生断裂性地崩解，封建层级之间理所当然的"礼"，已渐渐地被质疑，并不被世人所理解和遵循，客观上导致"礼"渐次式微。作为一套社会规范体系之"礼"，决不是束之高阁于典章之中，亦不是仅停驻于人们的思想和观念内，而是必须最终体现于具体生活实践中，落实于处理不同关系的行为之中。如此，孔子之言行，无疑彰显了"周礼"之存在方式。孔子以身践礼的方式，对世人发挥着示范和垂范作用，从而向世人强调"周礼"存在于每一个人处理不同关系的规约之中，表征在每一个人的言行里。如此，孔子的言行，昭示"周礼"之复兴，须从"自我"遵礼、践礼做起。

　　总之，对孔子生活中言行的记述，在动静之间尽显孔子尊尚礼法。于此，记录"孔子居乡党，日常容色言动，以见道之无不在，而圣仁之盛德，亦宛然在目矣。"（钱穆）"此一节，记孔子在乡党、宗庙，朝廷言貌之不同。"（朱熹）孔子于乡党、于宗庙、朝廷，遵礼而言行不同，彰显"礼"实际的存在方式、图式，孔子以践礼的言行，在"礼"式微之情景下，不仅对"礼"之存在必要性、合理性与现实价值予以了明证与确认，而且为"礼"之恢复、维系、巩固与弘扬起了垂范作用，从而向世人昭示每一个人于"复礼"所应承载的道义责任，开启了如何践"礼"、"复礼"之实践路径。

2. 事上接下，言行恪礼

乡党 10.2

【原文】朝，与下大夫言，侃侃如也；与上大夫言，訚訚如也。君在，踧踖如也，与与如也。

【译文】孔子在上朝的时候，（国君还没有到来时）同下大夫说话，温和而快乐的样子；同上大夫说话，正直而公正的样子；国君已经来了，恭敬而心中不安的样子，但又仪态适中。

───────────

"此一节，记孔子在朝廷事上接下之不同也。"（朱熹）具体分为在"朝"，即"君未见朝时"，孔子如何与下大夫和上大夫言；"君在"时，即"君亲朝"，或"君视朝时"，孔子如何待君，呈现出孔子不同的言行与神态，遵礼处不同的人。

"凡朝，卑者先至。与言者，议所当行，将白于君也。"（戴望）古王制规定，上朝，诸侯上大夫卿，下大夫五人。孔子上朝，"与下大夫言，侃侃如也"，表其下交不亵而亲和；"与上大夫言，訚訚如也"，表其上交不谄而恭敬；待君，则是"踧踖如也，与与如也"，表其尊、其亲也。

孔子上朝，在重要的国事场所遵礼而言行，庄严、郑重，对不同的人依礼而为，既尊重，又恰到好处，表孔子动容周旋，无不中礼，则礼之为用，可知矣。

孔子从常人容易忽略的交往细节上，落实"礼"于己言行之中，力行、力践"礼"，以彰"礼"，从而力图以身示范而正礼，最终恢复"礼制"于世。

───────────

具体而言：

第一，本节描述孔子上朝时的言行。在此处，主要涉及孔子与三类人，即与下大夫、上大夫和国君相交时的言论和容态。文辞中具体勾勒了孔子在朝上与上级、下级交谈时的言语、词气、神态，体现孔子严格按照"礼"的规定。简言之，本节主要记述了孔子入朝时，行礼、践礼之具体情态。

第二，孔子入朝，当君主尚未上朝时，面对位卑之"下大夫"，与其言，"侃侃如也"。"侃侃，刚直也。"（朱熹）"侃侃当言衎衎（kàn），声之误，衎衎和乐。"（戴望）"侃侃，和乐貌。"（钱穆）此表孔子与下大夫交谈时，说话理直气壮，不卑不亢，不慌不忙，温和快乐的样子，未有居上凌下之傲慢、颐指气使。

面对位高权重之"上大夫",孔子则是"訚訚如也"。"訚訚,和悦而诤也。"(朱熹)"訚訚谨敬。"(戴望)"訚訚,中正有诤貌。"(钱穆)意即和悦、正直,表现出尊敬的神色,未有奉承巴结之谄媚。

面对国君,孔子则是"踧踖如也,与与如也"。"踧踖,恭敬不宁之貌。与与,威仪中适之貌。"(朱熹)"踧踖,行步敬而舒缓也。与与,徐行有威仪,与与然。"(戴望)"踧踖,恭敬貌。与与,犹徐徐也,威仪中适之貌。单言踧踖,若有不宁。单言与与,似近于慢。故合言之。"(钱穆)此表孔子面君时,小心谨慎,极度恭敬,甚至生怕哪里不恭而不安,同时威仪适中,庄重而不轻佻随意。

如此,通过记述孔子与下大夫、上大夫交谈,和待君之态,鲜活地呈现了一个在朝上依礼而行的孔子。对孔子于朝事上接下之不同言行情态,陈祥道予以释曰:"下交不渎,故与下大夫言,侃侃如也;上交不谄,故与上大夫言,訚訚如。恭而失相与之意,则不亲;有相与之意而不恭,则不敬。君在,踧踖如也,尊之也。与与如也,亲之也。"

【陈祥道对孔子的弟子予以比照定位:以为:"闵子侍侧,訚訚如也,冉有、子贡侃侃如也。闵子以孔子交乎,上者侍孔子;冉有子贡以孔子交乎,下者侍孔子。此三子之贤,所以不同也。"】

第三,从前一节和此节的描述,很清晰地看到,孔子按照不同的伦理关系,待不同的人,持不同的态度,其言行与己之身份和角色皆匹配适度,具体彰显了孔子严格遵"礼"而言行。

在孔子的伦理观念系统中,"礼"是极其重要的组成部分。就"礼"的内容而言,非常丰富,涵摄了人伦的诸多方面,譬如"君君、臣臣、父父、子子"等等。孔子置身于礼崩乐坏之乱世,以重塑礼之秩序为使命。如此,他力图使"礼"发挥其规范功能,通过"礼"使人明确己在社会中的位置和应有的言行举止;并且通过"礼"使各个阶层的人,能各安其位、各按自己既定的阶层规则行事,进而通过"礼"使人懂得相互尊敬和谦让,最终使"礼"再现于世,使世道变得有序。"待人之礼"是"礼法""礼仪"的实践形式。孔子不仅是一个理论家,更是一位亲身恭行的实践家。如此,他践行"礼",正是他推行其理论和主张的重要方式。这样,孔子面对不同的人表现出不同的态度,则正是他践行"礼"、彰显"礼"的具体体现。

第四,在孔子践行"礼"的逻辑中,其根本着力处则在于"克己"。如此,要真正做到践"礼",就必须将自我的需要和私人权利交付于"礼"来加以约

　　　　　　　　　　　　生活哲学视野中的"论语"研判

束、规范和规训，真正做到"非礼勿"。如此，"礼"之践行，是以自我必要的牺牲或放弃为代价的，甚至以牺牲个体的自由、性情等等为代价。因为"礼"之主旨是在解决个人与社会的矛盾，以维护社会伦理规范的权威，从而达到维护社会正常的伦理秩序之目的。如此，孔子强调"礼"，本质上即是强调伦理规范和价值归属的先在性，从而突出人的社会属性所在。这样，孔子在不同的场景中，面向不同的人时，就不能按照"如法炮制"的原则一概而论，必须将自己放置于关系中来审定，从而确认其伦理关系。这样以具体的关系来确定其言行的方式，本质上是以社会关系为本位而非个体为本位的价值取向，这折射出社会关系价值至上的原则。这无疑构成了中国集体无意识和文化取向，生成中国传统的评价尺度和准则，最终构成中国人生存的价值导向。

第五，在这两章中，孔子最为明显的特点是在不同的环境场合下以不同的角色、身份、面貌示人，是孔子自觉按照不同的人际、人伦关系来贯彻和体现有差异性的伦理和道德规范，从而表征为不同的言语和行为方式，以及由此而体现出来姿态，这是孔子遵循和贯彻"礼"之落实。具体而言，在乡党面前，孔子真实可信、不倨傲、亲切谦逊；入朝，在下属面前，他是刚正、中正十足、令人尊敬的上级；在上级面前，他是一位正直而能尊敬对方使对方心情舒畅足可提携的下属；在国君面前，他是一位足以维护国君威严的臣子。在这里，孔子厘清和澄明了伦理架构中复杂交错的关系，既有其一贯性和不可动摇性的礼法原则，又体现了其恰当性、对应得体性和灵活性，而并非有人所误读的那样，孔子面向不同的人群所出现的人格多重性和虚伪变异。如此，孔子践"礼"而能在不同的环境场合，以不同的原则加以调节和处理其彼此的关系，最终达成社会和谐有序之目的。

总之，本章继续描述孔子在不同的关系之具体言行，再次突出孔子践"礼"的实际过程，把握不同的关系，进而施行和贯彻不同的原则，从而表征了人伦关系的多元性和复杂性。孔子正是通过面向多元和复杂的伦理关系，实施相适的原则于言行，客观上厘清了已被世俗生活错乱的人伦关系，化解"礼法"被误读、被质疑、被遗弃的危机，力图实现"礼法"之复兴，最终促人伦关系之和谐有序。

3. 遵礼而行，待客之道

乡党 10.3

【原文】君召使摈，色勃如也；足躩如也。揖所与立，左右手，衣前后，襜（chān）如也。趋进，翼如也。宾退，必复命曰："宾不顾矣。"

【译文】国君召孔子去接待宾客，孔子脸色立即庄重起来，脚步也快起来；他向和他站在一起的人作揖，手向左或向右作揖，衣服前后摆动，却整齐不乱。快步走的时候，像鸟儿展开双翅一样。宾客走后，必定向君主回报说："客人已经不回头张望了。"

"此一节，记孔子为君摈相之容。"（朱熹）记述了孔子从受召奉君命接待外宾，至宾退复命全过程中的神态举止。从"君召使摈"至"宾退"，孔子都予以高度重视，其行慎重而有礼，仪态端庄而有风度，举手投足都严格而忠实地遵循礼制的规范，从外至内，无不透着对客人的尊重和自尊，表现出国之大臣应有的礼仪、风范，展现了东道国的礼乐精神和文化风采。

孔子于整个迎宾和接待过程中，言行神态都符合礼制规范，且积极主动，高度重视，对宾客礼待有加，既充分体现了主人之文明修养，又极大地彰显了"礼"之规范，从而凸显了尚"礼"重"仪"、热情友善的"待客之道"。

孔子受君召而候，至"宾退，必复命"，其"色勃如也；足躩如也""揖""衣""趋进"等，如此一丝不苟、尽心尽力，符合"礼"之要求和规范，"皆敬君命故也。"（朱熹）如此，孔子以践君命，切实履尊上之"礼"。

具体而言：

第一，本节具体地记述孔子受君命而接待宾客整个过程的容貌、动作和神态，描述得非常生动形象；本节与别的章节对孔子的言行描述不同的是，此节主要是孔子受君命接待外宾，这是国家政治生活中的重要内容。通过描述，表呈孔子严格按照"礼"之规定而言、而行，客观上达到践"礼"、示范"礼"之效果。孔子"以身示礼"的方式对于"礼仪"的肯定和传达具有积极的作用。

在"宗庙朝廷"及"朝见"这些重大场所，尤其是接待宾客或外宾，关乎国家的重大事情，关涉到国家的利益，表征着一个国家整体价值取向、精神文明水平与道德素养。如此，对接待者的仪容仪态、言谈和举止，必有一套严格的规定。如此，具体对从事接待事务的人，以及其言行则必须严格遵循"礼"的规定。因为接待者在行事过程中的仪容、言谈和举止，不仅是周礼内蕴最为直接的体现，也折射出接待者本身的道德素质和涵养。正是在这一意义上，孔子对接待宾客或外宾予以高度重视，在其仪容、言行举止等诸多方面，都表现得非常规范与得体。

第二，据戴望所释："孔子大夫，鲁人重其知礼，召使以承摈摄上摈事。"此说明了孔子受"君召使摈"之原由。按陈祥道之释曰："朝聘之礼，主有摈，宾有介，公则摈五人，侯伯四人，子男三人。公则七介，侯伯五介，子男三介，摈有绍摈，有上摈，介有众介。如此然后命有所传，情有所达，而不相渎也。""出接为摈。'卿为上摈，大夫为承摈，士为绍摈'。"（戴望）孔子为大夫，在此次接待外宾的活动中，是为"承摈"。

第三，本节记述接待外宾的每一个环节，非常具体和形象。首先是孔子受召作为"摈"，即"国有宾客，使孔子迎之。"（钱穆）从此刻起，以"色勃如也"〔"变色貌。"（戴望）"变色庄矜貌。"（钱穆）〕呈孔子之神情，非常直观地传递出孔子对接待宾客之事的高度重视，如此，其神情庄重肃穆；在此基础上，以"躩如"，〔"疾行貌。"（戴望）"躩，速貌，不暇闲步。此言孔子作摈时，容貌行走，皆竦然见敬意。"（钱穆）〕进一步描述孔子开始接待客人的过程，显示他以非常积极的姿态和利落的行为待客人，不敢有一丝懈怠；到此，从心理到身体姿态的变化，初步勾勒了孔子接待宾客之整体性特征。接下来是对其迎客手势、衣着和步履等各种行为进一步详细而生动的描述："揖所与立，左右手，衣前后，襜如也"。〔"揖所与立，谓为承摈时也。诸侯相朝用交摈，大夫聘用旅摈，皆传辞。出揖左人左其手，入揖右人右其手，至入朝时乃摄上摈矣。"（戴望）"所与立，谓同为傧者。傧或五人，或四人，或三人，揖左边人，则移其手向左，揖右边人，则移其手向右。或曰下言复命，则孔子必为上摈，其所与立者，但在左无在右。左右手，谓左其右手也。或说：本篇之辞，亦如记曲礼者然，非定记孔子某一时事。有为上摈，有为承摈，此兼记之。"（钱穆）〕尤其是"趋进，翼如也"〔"疾趋而进，张拱端好，如鸟之舒翼也"（宋·邢昺疏）〕，将孔子彬彬有礼、仪态端庄，恭敬谦和之形象，以及紧张而快捷的行为姿态栩栩如生地加以描述；最后，送宾客离开后，"必复命曰：'宾不顾矣'"，表征孔子对宾客自始至终保持着盛情周道，积极主动又规范有度的接待，最后再向君主禀报接待结束。这对外、对内都有一个周全的处理和交代，算是接待之事最终划上圆满的句号。到此，将孔子接待宾客一套完整的礼仪形式，向世人呈现。其中每一个细微的环节，都充分地表征出孔子既一丝不苟、积极主动，热情善待，又恰如其分、有始有终、完整不殆。

从对孔子的描述中，还可以看到，在接待宾客时，他步履轻快，神情庄重、不慌不乱，其沉稳、端庄、彬彬有礼的气质，显示出孔子按照"礼"之规定接待宾客，既热情主动、周到恰当，又有礼有节，总体上显示出他不卑不亢的待宾特征。恰如陈祥道所释曰："君召使摈，色勃如也，其容不特庄而已。足躩如也，其容不特重而已。揖所与立，左右手，衣前后，襜如也，其容不特恭而已。"

第四，本节以描述孔子接受接待宾客之任务为始端，以送别宾客向君主禀告为终，在待宾的每一个环节，不论是孔子之仪容、言谈举止中所展示出来的积极主动、热情周到和规范，还是从接待的完整性上来看，都表现出他对宾客的尊重，唯恐怠慢而无礼，又非常充分地表征了受"礼仪"规范的恰当行为。这一切无不表明孔子按"礼"行事，循"礼"待客的原则，从而凸显孔子再现"礼"于外事中，彰显其依"礼"履职的高度责任感，以及通过该种责任感而再现其彰"礼"之使命感。

总之，本节具体而详尽地描述了孔子授命接待宾客之事，突出孔子在神情、行为、仪容、仪态等诸多方面的特征，将"礼"具象化于鲜活的待客场景中，直观地呈现了"礼"的存在方式。如此，通过接待宾客，具体而完整地呈现孔子遵礼、尚礼的"待客之道"，向其世人示范"礼"，对无视"礼"、违"礼"之行为予以无声的批判，从而达到对世人的教范作用。

4. 夫子谨行，入朝之礼

乡党 10.4

【原文】入公门，鞠躬如也，如不容。立不中门，行不履阈。过位，色勃如也，足躩如也，其言似不足者。摄齐升堂，鞠躬如也，屏气似不息者。出，降一等，逞颜色，怡怡如也。没阶，趋进，翼如也。复其位，踧踖如也。

【译文】孔子走进朝廷的大门，谨慎而恭敬的样子，好像没有他的容身之地。站，他不站在门的中间；走，也不踩门坎。经过国君的座位时，他脸色立刻庄重起来，脚步也加快起来，说话也好像中气不足一样。提起衣服下摆向堂上走的时候，恭敬谨慎的样子，憋住气好像不呼吸一样。退出来，走下台阶，脸色便舒展开了，怡然自得的样子。走完了台阶，快快地向前走几步，姿态像鸟儿展翅一样。回到自己的位置，是恭敬而不安的样子。

"此一节，记孔子在朝之容。"（朱熹）记述者从"入""出"和"复"，具体而细腻描述了孔子在面君之诸多环节上的言谈举止，完整地呈现出孔子在朝庄重、虔畏之态度和情感，准确而详尽地记录了孔子遵礼循礼于每一个环节、每一行为，表孔子入朝、在朝皆严守礼制，"礼"于行中。

孔子践礼，在于守而敛己，"入公门，鞠躬""如不容"，守位而"立不中门"，在"行不履阈"，在"过，为色勃如也"等诸环节中，充分体现了"礼"与孔子之言行举止不二，表孔子遵"礼"、行"礼"的高度自觉。

记述者不厌其烦，详尽而周全地记录下孔子入朝践礼，一方面表孔子对繁复之周礼熟谙精通，而且能落实于己之行中；另一方面，则表乱世已丧"礼"，更突出孔子以身示范，以重塑、再兴"礼"之责任与使命。

具体而言：

第一，在本章第二节中，对孔子朝见时与同僚等相处的仪态加以了记述；在此节则侧重记录孔子入朝面君的过程，及其相应的仪容、仪态，表达孔子教科书式地具体演示对待国君之礼仪。总的说来，孔子通过自身的行为，完整地演绎了人臣向君王呈奏或被君王召见的礼节，表明臣面君应怀敬畏、庄重、恭敬、谨慎和谦卑等态度，呈现孔子践行"礼"于朝廷之上。

第二，从具体记述来看，通过对孔子面君之过程中具体行为的细致表呈，将孔子践礼的形态活脱脱地再现，同时也将周礼对每一种行为的规定向世人敞开。

为了审视孔子入朝之诸多环节上的言行、神情与仪态。首先需要了解《礼》的相关规定。《聘礼》曰：公皮弁（biàn）迎宾于大门内，大夫内宾，宾如门左。又曰：宾及朝门，公揖入，立于中庭。宾入门左，三揖，至于阶，三让。公升二等。宾升，西楹西，东面。《礼》规定：天子堂高九尺，诸侯七尺，大夫五尺，士三尺。《礼》曰：士大夫出入君门，由闑右，不履阈，立不中门，行不履阈之谓也。

礼既如此规定，故"立中门，则嫌于自尊；行履阈，则嫌于自高。"（陈祥道）

如此，依"礼"观孔子入朝、在朝之言行举止，则可见完整的"礼"之再现。"非夫动容周旋，盛德中礼之至者"，即若非盛德之孔子，"谁能至此?"（陈祥道）

（1）"入公门，鞠躬如也，如不容。"此乃对孔子入门时的形体状态的描述，呈现出孔子恭敬、谨慎和谦卑之态。孔子"入公门"的形体语言是"鞠躬如也，如不容"，表征孔子入公门，决非大摇大摆、趾高气扬，而是自曲敛身。如此，君门虽大而己恒曲敛，如是君门之狭不见容为。这样，在此具体微观的场景中，孔子入门之躯的自我收敛所成的"卑躬屈膝"与公门之高大形成鲜明的对比和反差，尤其是其身曲而卑微，更显恭敬之至，这是臣面君时最为基本的姿态。周礼规定，臣入君门，自曲敛身也，孔子循之、行之。

（2）"立不中门，行不履阈"。简言之，就是进门之后，孔子站立不挡在门中间，行走不踩门槛。对于进门的姿势、进门的脚步不能踩踏门槛，以及进门后自己应该站立在何处，周礼都有具体规定。立中门则当尊，行履阈则不恪；"中门"乃君主入立之处，臣子只能是侧门。诸如此等规定，孔子严格遵循，这表明孔子自觉己之身份，决不乱礼而妄行。由此，反映孔子以谦卑和恭敬的态度入门尽事，这种态度不仅是对国君的，也是对自己将要参与的政务持严谨、恭敬之态度。

（3）"过位，色勃如也，足躩如也，其言似不足者。摄齐升堂，鞠躬如也，屏气似不息者"。记述者通过"色"之"勃"、"足"之"躩"、"言""似不足""鞠躬"，以及"屏气""似不息"等语词，具体而生动地再现了孔子于君主面前的表情、步履、言语、身姿、语气等等，表明孔子心存敬畏、心生敬重、庄严与紧张、怵意，其表情凝重，不苟言笑，其言似不足，决无夸夸其谈、滔滔不绝而高谈阔论，决不敢半点骄躁和轻浮，而是严肃紧张，以致于大气都不敢出，其说话也极度的谦卑，声音很轻，好像气力不足。如此尽心、持重而沉稳，以致于局促不安、小心翼翼，胆怯谨慎而藏己，这是孔子对居于上位之君所表现出来的紧张、毕恭毕敬、不敢丝毫懈怠的神情。如此之态，折射出孔子于"周礼"严格地恪守，不敢一丝一毫地懈怠与僭越，唯"礼"为举。

（4）"出，降一等，逞颜色，怡怡如也。没阶，趋进，翼如也。"展示了孔子觐见完毕之后，离开君主与臣子的直接对峙关系状态之后的生命情态。记述者以一个"出"字，解除君主与孔子之间以"君臣"关系直面的场景，为孔子展现其生命特质切换了场景。如此，孔子不再是"鞠躬"，以及"屏气""似不息"，而是"逞颜色，怡怡如也""趋进，翼如也"，不再是神情紧张、大气不敢出的样子，而是精神舒展、神采飞扬，也不再是卑躬屈膝、小步而行，而是健步如飞一般。这样，将孔子于君前和离君之后两种截然不同的神情和行为状态反衬出来了，再次刻画了孔子以"礼"范导其行的特征。

（5）"复其位，踧踖如也。"孔子离开君前，回到自己的位置，却表现出的状态是恭敬而不安的样子。为何如此呢？这是孔子对自己刚才从"入公门"之后自己的表现，不知道是否得体，是否完全符合"礼"的规定和要求所表现的一种担心，表现为诚惶诚恐，恭敬之中，心存不安。这是对"礼"充满敬畏，言谈举止处处过分小心谨慎，唯恐因自己的行为不当而破坏了"礼"的人之独特心理。孔子如是也。这也正是孔子对面君始终持高度的重视的态度使然。

第三，对孔子上朝面君、退朝之全过程的每一个环节的身体语言和神色所发生的诸多变化予以详尽记述，表征孔子对自身的身份、角色和地位的高度自觉，并在此基础上，严格以"礼"定位自我、规范自我，从而非常恰当地表达自我的存在，以此身体力行地示范"礼"，将"礼"贯彻于面君的各个维度、各种关系之中。如此，于细微处具体呈现出孔子恭敬、谨慎而行"礼"。

总之，记述者通过极具画面感的描述，再现孔子上朝面君及其退朝之完整过程。这是孔子对面君之"礼"的具体践行，为世人提供了标范，彰显"礼"的鲜活存在。

5. 执圭践礼，礼行天下

乡党 10.5

【原文】执圭，鞠躬如也，如不胜。上如揖，下如授。勃如战色，足蹜蹜，如有循。享礼，有容色。私觌，愉愉如也。

【译文】（出使别的诸侯国，）拿着圭，恭敬谨慎，像是举不起来的样子。向上举时好像在作揖，放在下面时好像是给人递东西。脸色庄重得像战栗的样子，步子很小，好像沿着一条直线往前走。在举行赠送礼物的仪式时，显得和颜悦色。和国君举行私下会见的时候，更轻松愉快了。

　　无论是孔子受命礼行出访，亦或是孔子教导弟子当如何正确遵礼而出访，皆表明孔子欲通过"出使"之方式或途径，在诸侯与诸侯之交往中，将"礼"从"鲁"渐次有效地传布开去，达礼行天下。

　　记录此事，不论是孔子践礼于外使之力行，或教导弟子当如是为之，皆表明从"执圭"到"私觌"，严格循礼而行。如此，"礼"，即存于外使言谈举止之仪态中，以行而示礼于天下。

具体而言：

　　第一，在本章前四节中，比较集中记载了孔子在乡党、在朝的言谈举止、音容笑貌，行为仪态，从不同层面和维度演示、演绎了"礼"之具体的规范，既彰显了"礼"之丰富性，又表达了"礼"于行的具体要求，强调"礼"必须落实于具体的生活关系之行中，方能实现对"礼"的弘扬。具体而言，孔子在不同的场合，严格按"礼"之规定，对待不同的人行不同的"礼"，具体表征于容貌、神态、言行均有所不同：在家乡时，给人的印象是谦逊、和善的老实人；在朝廷上，则态度恭敬而有威仪，不卑不亢，敢于讲话；在国君面前，温和恭顺，局促不安，庄重严肃又诚惶诚恐。

　　于本节，承接前面四节的逻辑，应是具体地记述孔子奉命出使，通过其行为举止和相应的礼仪、仪态，将"礼"渐次传布于天下。孔子不仅以实际行动对外交之"礼"予以了充分地诠释，从而成为"礼"之践行典范，而且力图通过具体的外访活动，将"礼"传播四方，达天下皆知礼、尚礼、遵礼和行礼之目的。朱熹释曰："此一节，记孔子为君聘于邻国之礼也。"钱穆沿朱熹之思，亦言"此节记孔子为其君聘邻国之礼。"

然朱熹引晁氏曰："孔子定公九年仕鲁，至十三年适齐，其间绝无朝聘往来之事。疑使摈指圭两条，但孔子尝言其礼当如此尔。"戴望亦认为："诸侯朝天子，指命圭。及会诸侯，使大夫聘，则降君瑞一等。《杂记》：'《赞大行》曰：圭，公九寸，侯伯七寸，子男五寸，博三寸，厚半寸。剡上左右各半寸。藻三采六等'。"钱穆亦云："或曰：孔子仕鲁时，绝不见有朝聘往来之事，疑乃孔子尝言其礼当如此，而弟子记之，非记孔子之行聘。"又："今按：以理断之，若后说为是。然谓《春秋》削去，则《左传》何亦不载，又不见他书称述，终可疑。"

如此，本节记录，似乎并不是对孔子实际行为之记录，而应是对孔子教授弟子所言之记载，表孔子所主张受命出使，"礼"当如此行。

第二，本节对若受君主委托外访他国或邻国，从执圭开始的诸多环节上的身体姿态，手势动作，面容表情，予以非常生动的刻画，极具现场感，惟妙惟肖、栩栩如生，仿佛置身于其中，可静观外使之行。如是，表使者在出访中将"礼"贯彻得非常到位，演绎得鲜活真切，由此表征了使者严格遵循周礼，严肃认真，一丝不苟，充满庄重、敬畏的情感态度。

出使者之外访行为、仪容和仪态，须严格遵礼而为，将"礼"贯彻于其中。

（1）"执圭，鞠躬如也，如不胜。"此表使者接受君命差遣之后，深知责任重大，使命不可辱。如此，记述者对"执圭"之身体姿态（"鞠躬"）、神情（"如不胜"），进行了详尽刻画，这就将使者对出使的高度重视和严肃认真、全身心投入、小心翼翼，以致于恭敬、谨慎、凝重，通过形体语言予以直呈。

（2）"上如揖，下如授。勃如战色，足蹜蹜，如有循"，更为具体地记述使者在外访拜会时的手势、表情和步履之状，即上举圭时像作揖，放下圭时像递东西。如此，以行为表明使者深知礼仪规定，即执圭平衡，手与心齐，高不过揖，卑不过授。其面部表情有颤栗之态，其行走时，步幅短小，像沿着线一样走。这一切行为都无不体现使者诚心敬意、严肃、慎重，从而显示使者在朝礼时，皆严格遵循礼之规范和要求而行，显得庄严而有威仪。

（3）"享礼，有容色。私觌，愉愉如也"，表征在赠礼仪式时，使者须彬彬有礼，和颜悦色，以显虔敬、庄重与真诚。而在私下会见国君时，表现出愉快轻松的样子，即在非正式场合，表现出适度地放松。如此，使者的行为举止，乃符合中庸之德。

第三，记述者以使者出访的流程为线索，具体记述了从"执圭"开始，至正式会谈结束，再至私人会晤的不同环节与场景中，从形体、表情、仪态的相应变化，呈现出对使者出访"礼仪"的多重规定，要求使者须严格遵守并自觉执行之，以达到遵礼、行礼而外交。

对于使者行礼之要求，陈祥道从对此三节予以总结的高度释道："入公门、如升堂、如执圭，故皆曰：'鞠躬如也'。过位、如使摈，故皆曰：'色勃如也，足躩如也'。复其位，如君在，故皆曰：'踧踖如也'。没阶、趋，亦如君召使摈，故皆曰：'趋进，翼如也'。"并对之评述道："非夫动容周旋，盛德中礼之至者，谁能至此？"

总之，孔子始终坚持着以身示礼，以行践礼而弘"礼"，并通过其示范与践行，化抽象的"规范"或"规定"为形体、言语、表情等多方面的具体要求，从而将"礼"落实于具体的事件之中、行为之中，演绎为"仪"，成为世人观照"礼"、效"礼"、遵"礼"的模本，开启世人识"礼"、鉴"礼"与循"礼"之途径。

若"执圭"而出使，更应严格循礼而为，让"礼"嵌在各个环节中，充分彰显"礼"教之文明，从而传播于外邦，成"礼"行天下之势。

6. 依礼制服，夫子彰礼

乡党 10.6

【原文】君子不以绀緅饰，红紫不以为亵服。当暑，袗絺绤，必表而出之。缁衣，羔裘；素衣，麑（ní）裘；黄衣，狐裘。亵裘长，短右袂。必有寝衣，长一身有半。狐貉之厚以居。去丧，无所不佩。非帷裳，必杀之。羔裘玄冠不以吊。吉月，必朝服而朝。

【译文】君子不用深青透红或黑中透红的布镶边，不用红色或紫色的布做平常在家穿的衣服。夏天穿粗的或细的葛布单衣，但一定要套在内衣外面。黑色的羔羊皮袍，配黑色的罩衣。白色的鹿皮袍，配白色的罩衣。黄色的狐皮袍，配黄色的罩衣。平常在家穿的皮袍做得长一些，右边的袖子短一些。睡觉一定要有睡衣，要有一身半长。用狐貉的厚毛皮做坐垫。丧服期满，脱下丧服后，便佩带上各种各样的装饰品。如果不是礼服，一定要加以剪裁。不穿着黑色的羔羊皮袍和戴着黑色的帽子去吊丧。每月初一，一定要穿着礼服去朝拜君主。

"此一节，记孔子衣服之制。"（朱熹）"此孔氏遗书，杂记曲礼，非特孔子事也。"（朱熹引苏氏）钱穆承此说，继续言道："此节记孔子衣服之制。或曰：《乡党》一篇，乃孔氏之遗书，多杂记曲礼如此，非必专是孔子始如此。……孔子动作衣服有与众同者，亦有独焉者。门人记孔子所亲行而已，不得谓君子不指孔子。"

本节记述，从平常生活中的穿衣，夏日居家和外出着装，冬季穿衣之搭配，斋祭丧吊时之衣着，乃至上朝时之服饰，从颜色、材质、款式、亦或衣服之颜色的搭配、之镶边，均提出了非常苛严的要求。

此节言衣着服饰，世人皆同，故言衣服之制度，强调着装之礼，对世人习礼、懂礼、遵礼、践礼，即施行礼教，具有广泛性与普遍性。恰如钱穆所言："上文各节记容貌，由中达外，非学养深者不能为。此节记冠服，人人易以取法，若非属一人之事。"

具体而言：

第一，本节着力记述孔子对衣着和饮食习惯的规定，表明对"礼"的遵循。对"礼"的遵循于孔子本人，不仅表现在与乡亲旧故、大夫们、国君见面时，以及接待宾客与出访之不同的场景中，面对不同的人，处理不同的事情时的言谈举止，而且表现在不同的生活场景中着衣和饮食等诸多方面。如此表明，作为规范制度的"礼"，必须化为对生活方方面面的具体规定和要求，实际地对生活进行规范和引导，让"礼"存于生活之中，以彰显"礼"对生活的塑形，方可真正地复礼。

第二，本节非常详尽地记述了服色之制，着装之礼；从行文中可以看出，记述包括方方面面，从对着衣的色彩的要求，到服饰的材料、质地的规定；从对夏冬季等不同季节里内外层衣饰顺序的规定，到日常生活中，包括睡眠时穿衣的式样、长短的限制；从对坐垫材质的要求，到丧服、礼服的色彩和质地等的硬性要求，最后对朝拜君子时服饰的要求，等等。总之对生活每一时节、每一场景甚至是每一个环节的冠服都有了明确而规范的要求。如此，通过"礼"于着装做出如此细致而繁缛的规定，可见"礼"于生活，要求严格恪守而容不得一丝疏忽，只有这样，才能使"礼"落到实处。

第三，具体言说，本节关于孔子对"着装"的规定，所记述的内容主要分为以下几个方面：

（1）"君子不以绀（gàn）緅（zōu）饰，红紫不以为亵服。"此处指出在平常生活中穿衣方面，对衣服在色彩上的两个规定。其一是作为衣服修饰的，即衣服镶边布料的颜色，不能是深青透红或黑中透红的颜色，因为深青透红，是斋戒时所着丧服的颜色；其二，平时在家里，不穿红紫色的衣服，因为在古人看来，红紫色，是间色，并非正色，常为妇人、女子之衣用色。如此，君子之服，即非正装或礼服，便服亦不宜用红紫色。综合这两个方面可知，孔子平日里，不穿镶嵌着深青透红或黑中透红布边的红紫色衣服。于此表明在日常生活中着衣的颜色，不能混乱。其意就是孔子总是根据不同时日（斋戒时与平常时）和具体场景，穿着颜色与之相匹配的衣服。这样，守"礼"之于服饰"色彩"的严格规定得以明示，揭示了"色彩"所承载的伦理规范性意义。

（2）"当暑，袗（zhěn）絺（chī）绤（xì），必表而出之。"这是指在夏天炎热的季节，家居时，为了凉爽舒适，总是穿粗的或细的葛布制成的单衣。当要出门办事而示人时，就不能再如家居时一般，穿粗的或细的葛布制成的单衣，总是要对自己的衣着做一番修整，即在麻布单衣外面，加上一件外套，从而使得自己的仪表端庄、得体，不至于因为夏天天气热，在家里家外无别而显得突兀而"无礼"。孔子对自己衣着的修整，表明着装既是自我内涵和修养的直观显现，也是对交往对象的尊重，这正是"礼"之要求，从而表征着"礼"于孔子示人之着装的变化上。

（3）"缁衣，羔裘；素衣，麑（ní）裘；黄衣，狐裘。亵裘长，短右袂。"

生活哲学视野中的"论语"研判

在这里是说冬天穿的裘和衣也有不同的种类、长短和颜色，要搭配恰当，尤其是裘与衣必须搭配，不能单着裘，如似今日陕北民之服羊皮，直接将羊皮缝制后穿在身上，这样，作为"君子"服饰，而应在裘服外着相应之衣，才是合适的。同时，还要注意尺寸，右袖短一点，是为了便于做事。

（4）"必有寝衣，长一身有半。"这是指就寝时，不能和衣而睡，要换成睡衣（也不能裸睡），必有被子，以保暖防凉寒，这充分表明君子生活之讲究。被子或睡衣之长度应是"一身有半"，以保证能掩体。

（5）"狐貉之厚以居。"是指用狐貉皮的厚毛作坐垫，因为狐貉之毛深温厚，私居取其适体，以表作为君子之上等生活质量。

（6）"去丧，无所不佩。"此处是丧制之中的着装，这是"丧服之制"。孔子特别强调服丧期和丧期满的着装。因为"死"是生者必须直面的重大问题，如此也必然体现在着装和服饰上。在服丧期间，应以简朴、素色和肃穆的着装为宜，以表悲戚、伤痛和对死者的敬重；而当丧期满后，生者还得好好活，如斯，其衣着可以"无所不佩"，以表应对"生"的珍视和对生活的积极态度。这样，孔子既表达了"死"者的虔敬和悲怜之情，又指示着对"生"的高度重视，尤其突出了对生活的热爱。

（7）"非帷裳，必杀之。"此处是指出在古代男子着装上衣下裳，而许多服饰特别是礼服则是上衣下裳相连接制作的。因为朝、祭的服装是最为隆重的，同时也是最为宽大的，用整幅布制作。如此，在上朝和祭祀时所穿的礼服，用整幅布制作，不加以裁剪，每一幅布只需略加折叠、收削缝上即可。这样，就使得礼服不至于短小瘦窄，令人局促，而是舒展大方而庄重，使君子仪表堂堂，以示对尊者的敬重而不背礼。

（8）"羔裘玄冠不以吊。"这是对吊丧者服饰的规定，不可不慎重而混淆，乱穿衣戴帽。具体而言，吊丧者对于死者之哀悼，必须要与其着装相协调，以达悲于内外之一致与协调。如此就不能穿"羔裘"，戴"玄冠"，简单地说，穿羔裘戴玄冠，参加丧礼不合适。因为丧主素，"吉"主"玄"，吉凶之服必异，另外"玄冠"主要是于诸侯视朝之服。这表明吊丧之服色，自古就主"素"（白），通俗地说即是"披麻戴孝"，构成了中国丧文化服色的传统，而有别于西方吊丧以黑白色为主调之习俗。

（9）"吉月，必服而朝。"以上一句丧服的规定正好相左，上朝拜见君主之时，决不能穿丧服面进，而必须穿正规的朝拜礼服。这才表明"君子"是一个明"礼"、行"礼"之人。

第四，圣贤不仅制礼或执礼、制乐或正乐，也制衣。从孔子对于"礼"的重视来看，此节孔子所谈及的并非是平常时的衣冠、举止，其重点应是在说正式场合的衣冠之规范性问题。如此，孔子通过正衣冠，而正人心，最终达成"礼"存在于人心，实现"复礼"之目的。

第五，记述者以孔子为"君子"之典范来呈现"礼"对衣着等诸多方面的要求，以及后面将谈到的饮食起居的规定，并非指普通的百姓，而主要是指贵族的生活，这也是孔子区别"君子"与"小人"的一个微观尺度。

第六，在本节的记述中体现一个基本的原则，即心中有礼，衣着或着装可显、可明证。衣着、服饰既是"礼"之物化载体，又是一种直接而鲜活的文化符号和语言，表征和传达着"礼"的规定。从历史来看，每一个朝代建立，必制礼、制乐与制衣。如此，服饰、衣着之制度，不仅是社会规范制度的一个维度、一个最具直观性的维度，而且也是社会价值取向及其变化最为感性之表征。如此，世人之服饰和衣着，就成为重塑"礼"的切入点或入手处。

后世之"汉服""唐装""马褂""旗袍""中山装"，乃至别的服饰，无不承载和彰显一定的价值规定和伦理取向，是社会价值、审美等诸多方面最为直观的显现。

总之，在本节孔子对生活之各个方面、各状态中，尤其是祭祀时、服丧时和平时所穿的衣服之色彩、质地、式样等诸多具体规定与要求，显示出譬如对穿单衣、罩衣、麻衣、皮袍、睡衣、浴衣、礼服、便服等等不同的规定，彰显"礼"之展开的细端，从而与生活的具体规范有机结合起来。如此，孔子以己守君子之风而持"礼"之本心为范，从生活之细微处着手用力，践行他"复礼"之梦想。

7. 夫子行斋，遵礼三必

乡党10.7

【原文】齐，必有明衣，布。齐必变食，居必迁坐。

【译文】斋戒沐浴的时候，一定要有浴衣，用布做的。斋戒的时候，一定要改变平常的饮食，一定要另居一室单独住。

"此一节，记孔子谨齐之事。"（朱熹）具体记述了孔子斋戒前一定进行沐浴更衣，而且在斋戒时还需改变平素之衣食住行等习惯，表孔子自觉以虔诚、恭谨之心进行斋戒。孔子这一系列行为，不仅是他对礼制的遵守，也是其个人修炼之直呈，由此表斋戒是充满诚敬的心灵净化过程。

如果说《乡党》前数节，不避繁琐地详记孔子的言行，甚至记录其身态与着装细节，其目的在于向世人展示，孔子、君子是如何遵礼而修身的；那么，此节从"衣""食"和"居"三个方面具体记录孔子之斋戒生活，"此即孔子斋戒之相，与佛所说斋戒相同。明衣，谓新净布衣；变食，谓不饮酒，不食荤肉；迁坐，谓不坐高广床座"（江谦），突出孔子如何进行内心修持。以此表明，孔子不仅注重外在行为之修为，亦注重内心的修炼与涵养。

"古人临祭之前必有斋。"（钱穆）"斋者所以交于神明。"（戴望）故《礼》对之有相应的明确规定。孔子遵礼而为，不仅表其高度重视斋戒之仪式，自觉行礼、彰礼，而且通过此仪式诚心正意，达修身之目的。

于斋之所为，以三"必"之要求，突出对斋戒行为的严格规定，由此透显出"斋"之神圣内蕴。

具体而言：

第一，本节主要记述了孔子斋戒前、斋戒中，必须要做的四件紧密相关的事情，即沐浴、更衣、易食和更居；通过这四件事，具体再现孔子对待斋戒的虔诚、恭敬与谨慎态度，表孔子遵斋戒之礼，对神明或上位之人怀不可亵渎的虔敬之心，以此示世人，淳化世风，达到守"礼"、扬"礼"之效。

第二，"齐"，即是"斋"，主要是古人于祭祀大典、行大礼或进行巫术之前必须要做的事情，其主要目的是通过在一定时间内减少外来刺激，收敛欲望，净洁身心等方式，节制享乐，让内心处静，恢复到本真专一的状态，使之能以虔诚、庄敬和敬畏之心而祭祀。于是，便有了孔子"齐，必有明衣，布。齐必变食，居必迁坐。"

第三，"斋戒"包含了"斋"和"戒"两个方面，其终极的意义是为了守戒以绝止一切嗜欲，让身心清净无杂念而诚敬。此为于斋时，内心修持的重要方式与途径。

（1）"斋"主要体现为"必有明衣，布"和"必变食"。

"斋，必有明衣，布"。朱熹释曰："斋，必沐浴，浴竟，即着明衣，所以明洁其体也，以布为之。"戴望释曰："斋者所以交于神明，故谓其衣曰明衣，作之用布，制如景，加于礼服外，与袭尸异。"钱穆解曰："明衣布：或说：明衣，衬身内衣。然不必斋时始衣。又说：明衣，浴衣。斋必沐浴，明衣浴竟所服。浴方竟，身未燥，故有浴衣，用布为之，着之以待身燥。明者，犹明水明火，取其明洁义。"

"变食"，"谓不饮酒、不茹荤。"（朱熹）"改常馔。"（朱熹）"礼，天子日举大牢，诸侯以特牛，卿以少牢，大夫以特牲，士食鱼炙。天子皮弁以食，日中馂。诸侯朝服而食，夕祭牢肉。斋，则每食一大牢，不馂餘也。君子敬事，则盛其礼，亦假天产以作阴德。"（戴望）"变食：改常食。不饮酒，不茹荤，如蒜韭之类。"（钱穆）

简要地说，斋就是沐浴更衣、不饮酒，不吃荤，甚至不吃葱、蒜、韭菜等有刺激味或异味的东西；如此做之目的是以清洗身体的不净而无异味，进而达到清除心的不洁和贪念，即以净身达净心；以布衣掩身，则是为了保持身体的干净而不受汗渍等污物浸染。如此，从身至心之"斋"，根本上是为了保证身心之纯净持久，从而不仅符合祭祀大典等仪式活动之礼仪规定，而且能以诚敬之心与神明交。

对"斋，必有明衣，布"和"必变食"，陈祥道予以了深刻的阐释："齐，所以致精明之德于内，而防其邪物于外，故不御于内。不听乐、不吊、不宾、不饮酒、不膳荤，丧者、凶者则不见。苟虑、苟动则不闻，然后可交于神明，此所以必有明衣与变食也。谓之明衣，以致其精明之德也。布，以其有齐，素之心也。变食与周礼，王齐日三举同意。然此第祭祀之齐，非心齐也。心齐则致虚而已，何物之能累者哉？士丧礼，亦有明衣，盖君子齐终之意也。"陈祥道的阐释突出了斋的精神内涵，强调通过身斋而通向心斋，从而"可交于神明"，于是，揭示了斋、修炼本身所具有的神圣性。

（2）"戒"，表在"变食"之基础上，主要指戒欲乐，比如不与妻妾同寝，禁娱乐活动。在本节中，"戒"主要是强调"居必迁坐"。"久立伤骨，久行伤筋，久卧伤气，久坐伤肉，久视伤血，居必迁坐，非久坐也。"（陈祥道）"迁坐，易常处也。"（朱熹）"居，神坐也。谓当祭祀为尸时也。'礼，天子以卿为尸，诸侯以大夫为尸，卿大夫以下以孙为尸。夏立尸而卒祭，殷坐尸，周旅酬六尸。'迁，去也。去坐，依夏礼。"（戴望）"迁坐：谓易常所居处。古人斋戒必居外寝，外寝称正寝，斋与疾皆居之。内寝又称燕寝，乃常居之处。"（钱穆）

简要地说，"居必迁坐"即从内室迁到外室居住，不和妻妾同房；通过"迁居"独处，促使心收敛和静养，进而克制情欲、不行房事，这都是为了在"沐浴"之后使身体的洁净之状得以保持，更为重要的是让心灵得以纯净无污秽之念，真正达到洁身敬神。总之，通过斋戒，简洁自己的衣食与生活行为，使人处于静修而达静穆状态。

第四，在本节中，对于斋戒时之"沐浴""衣""食"和"居"之要求，都是用"必"来加以强调，这就表明此等规定是一条硬性的铁律，决非可有可无，也容不得怠慢或疏忽，而是必须遵循，更不允许破逾。如此，这几个环节具体显现和强化了"斋戒"的严肃性和庄重性。这样，"斋戒"中所必须做和不允许做的事情，就构成斋戒的"律令"，从而使斋戒从外在仪式规范到内心清净、洁净都具有神圣性，决不可失敬而有一丝亵渎。

总之，在孔子的生活中，"斋戒"是践"礼"之具体化要求。孔子对于"斋戒"的高度重视和对其意义的自觉与肯定，通过他在斋戒中严格按照规定而进行，且一丝不苟落实于四件相应的事情。如此，孔子于斋戒之行为，表明着孔子对斋戒始终持一颗敬诚之心，更充分显示"斋戒"之神圣性内蕴，进而张扬了"礼"的至上性和毋庸置疑性。

"斋戒"，是孔子，乃至儒家参与祭祀必须践行的心性修持之重要形式。通过此形式，凸显孔子及儒者高度重视自我修炼之功夫，以此表明，惟有通过内在修持，不断净化心灵，方可成为真正遵礼之君子。

8. 饮食之道，夫子谨行

乡党 10.8

【原文】食不厌精，脍不厌细。食饐而餲，鱼馁而肉败，不食。色恶，不食。臭（xiù）恶，不食。失饪，不食。不时，不食，割不正，不食。不得其酱，不食。肉虽多，不使胜食气。唯酒无量，不及乱。沽酒市脯，不食。不撤姜食，不多食。

【译文】粮食不嫌舂得精，鱼和肉不嫌切得细。粮食陈旧和变味了，鱼和肉腐烂了，都不吃。食物的颜色变了，不吃。气味变了，不吃。烹调不当，不吃。不成熟的东西，不吃。肉切得不方正，不吃。佐料放得不适当，不吃。席上的肉虽多，但吃的量不超过米面的量。只有酒没有限制量，但不喝醉。从市上买来的肉干和酒，不吃。每餐必须有姜，但也不多吃。

按朱熹之释，"此一节，记孔子饮食之节。""圣人饮食如此，非极口腹之欲。盖养气体，不以伤身，当如此。然圣人之所以不食，穷口腹者或反食之，欲心胜而不暇择也。"（朱熹引谢氏曰）

孔子以"食不厌精，脍不厌细"为饮食之总原则，具体提出"十不食"的基本要求，其中，既言"不食"，亦言"不多食"，既表达了饮食须健康，亦表达饮食须节欲。如此，孔子以倡健康、节制的饮食观，体现了孔子尚礼、践礼而循的"饮食之道"。

具体而言：

第一，"食不厌精，脍不厌细"，以及"十不食"，表孔子饮食所坚持的原则和对之做出的严格规定和具体的要求。对此，蕅益释曰："但云'不厌'耳，非可以求精细也。"江谦补注："厌，足也，与餍同。不厌，为不多食。可知蔬食菜羹，是孔子平日家风。《乡党》所载食肉诸文，或是君赐，或是享礼，或朋友之馈祭肉。然且色恶不食，臭恶不食，失饪不食，不时不食，割不正不食，沽酒市脯，则孔子固以蔬食饮水为乐者也。"

"饮食所以存生，亦所以害生，所以养形，亦所以累形，为其有以累形，故不耻恶衣恶食，为其有以害生，故食不厌精。"（陈祥道）根据朱熹之释："食，饭也。食精则能养人，脍麤则能害人。不厌，言以是为善，非谓必欲如是也。"

粮食舂的精细对于人的身体好，鱼或肉切的太粗则对人身体不好，所谓不厌是指这样做比较好，并不是必须如此的意思。按朱熹的注释这句话的意思就是"粮食不嫌舂得精，鱼和肉不嫌切得细"。钱穆先生对于"不厌"的意思则有不同的看法，他认为此处"不厌"的意思应该是"不饱食"，即"吃饭不因饭米精便多吃了。食肉不因脍的细便多食了"。戴望以为："食，饭也。肉腥细者谓脍。不厌精细者，杀畜所以养生，滋味得则可以调和藏气。"

如此可见，所谓"食不厌精，脍不厌细"，主要是针对两样主食：即"粮食"（主食）和"鱼和肉"而提出或强调其总的原则和要求："精"与"细"，而不是"粗"或"糙"。这是应该奉行和坚持的最为基本的总体原则。

第二，在遵守和坚持"食不厌精，脍不厌细"的总体原则下，强调须遵循"十不食"的具体规定。细查孔子不食的十种"食品"，从品质上来看，都是属于臭豆腐、鱼干、腊肉等等气味古怪或腥臭味的食品，或为不健康的食品，亦或"变食"中不许吃或饮的"食品"。关于孔子在本节中所说的"不食"之食物，具体列举如下：

（1）"食饐而餲，鱼馁肉败，不食"。"饭蒸伤湿，搏壹致令人噎者曰饐。水竭伤喝（yē），糪（bó 半生不熟的饭）令人渴者曰餲（ài，经久而变味）。鱼腹疾内烂曰馁。肉坏不胜刀匕曰败。"（戴望）"夫肉曰败，鱼曰馁，败则外腐，馁则中溃。"（陈祥道）简言之，"食饐而餲，鱼馁肉败，不食"，即指不吃烫嘴噎人的饭、不喝变味的水，不吃腐败变质的肉和鱼。

（2）"色恶，不食"。"色恶，色之变也，臭恶，气之变也。然臭恶，不特气之变而已。若牛膶、羊膻、犬臊、鸟狸、豕腥、马螻之类，皆是也。"（陈祥道）"色恶，即今所谓落色，如黑鱼犬齄之类；臭恶，即葱韭蒜等"（潙益）表已经变色之肉，不可食。

（3）"臭恶，不食"。指已经腐烂散发出恶臭气味的肉不可食。

（4）"失饪不食"。"饪，烹调生熟之节也。"（朱熹）"以木巽火以器孰物曰饪。失饪谓鼎镬（huò，锅）失水火之斋。"（戴望）此指没有煮熟的食物，不食。

（5）"不时不食"。"五谷不时，谷实未熟，不粥于市。不时之物，有伤于人，不宜以奉供养，禁不时之物，此之谓不时不食也。"（陈祥道）"不时"，即指"五谷不成，果实未熟之类。"（朱熹）"食各尚其时味，谓若春多酸，夏多苦，秋多辛，冬多咸，调以滑甘。"（戴望）钱穆认为："物非其时者不食。或说：食有常时。古人大夫以下，食惟朝夕而时。"以上"此数者皆足以伤人，故不食。"（朱熹）

（6）"割不正，不食"。"不正"，一说不正确的宰杀方法，此种肉不是按照纹路切出来的，很难咀嚼，不便食，亦不好消化，故不食；一说是"割不正，谓不当杀而杀，或非分，或非时也。"（蕅益）故不食。

（7）"不得其酱，不食"。不同的食物配不同的酱，"食无酱不食"，即没酱还就不吃了。因"不得其酱，恐致伤人，故不食。"（蕅益）"食鱼脍脯时，以酱配之。酱为馔本，豆实所重。不得，则礼不备也。"（戴望）朱熹则认为：以上"割不正""不得其酱""二者，无害于人，但不以嗜味而苟食耳。"

（8）"肉虽多，不可胜食气"。"食以谷为主，故不使肉生于食气。"（朱熹）"食谓食饔也。言肉虽多，不得过食饩之数。"（戴望）其意在于强调，主食量须得大于肉品，以五谷为养，五菜为充，五果为助，切勿肉多于谷食，主次得分清了。

（9）"唯酒无量，不及乱"。朱熹以为："酒以为人合欢，故不为量，但以醉为节不及乱耳。"程子曰："不及乱者，非惟不使乱志，虽血气亦不可使乱，但浃恰而已可以。"在戴望看来，酒可以喝，不能至乱，即不可喝到"失威仪"之程度。如是钱穆所言："酒无限量，随己所能饮，以不及醉乱为度。"对此，蕅益释曰："生得如此好酒量，尚以不为酒困为愧，可见禹恶旨酒。"

（10）"沽酒市脯，不食"。朱熹以为从市场上买来的酒，"恐不精洁、或伤人。与不尝康子之药同意"，故不喝市场上买来的酒，只喝自家酿的酒。戴望则认为："沽酒，卖酒也。干肉带骨曰脯。太平之世，酒酤在官，饮食不粥于市，孔子当周衰乱，欲明先王之禁，故不食。"

（11）"不撤姜食，不多食。"朱熹释曰："姜，通神明，去秽恶，故不撤。"但应"适合而止，无贪心也。"戴望释曰："姜食，食物中置姜者。姜与葱蒜韭菜皆以调盉食物，杀肉腥臭者。"故不撤。而又"不多食"，表明"重夕为多，不多食，谓夕不重食也。礼，天子四食，诸侯三食，卿大夫再食，庶人食力无数。"

从以上细列孔子所言"不食""少食"，将健康、礼制、节欲融为一体，具体而鲜明地表呈了孔子的饮食观。

第三，"礼"并非悬于高阁，或存于理念、思想之中，其乃是治理社会、引领人们行为的一套规则体系和制度原则，最终落实于日常行动之中。如此，"礼"必化为社会生活方方面面的具体要求。在本节中，孔子提出和执行"食"之总体原则和"不食"之具体要求，乃是"礼"下降于生活细节上之具体显现。孔子于生活细微处显"礼"，让世人觉得"礼"切实可循、可为，最终"礼"成为生活的引导、疏导力量。

第四，有人指出，圣人吃喝如此考究、讲究排场，必须加以批判；也有人指出孔子客观上创造了中国的美食文化，或养生饮食之类云云，为本节的解读拓展了更为丰富的空间和路径。

总之，本节孔子对"食"之原则和要求进行了总体和详尽规定、说明，表孔子非常明确而具体地贯彻"礼"于自己的日常生活中，以显君子尚礼、行礼而规范地生活，客观上对疏离而无视"礼"，进而违"礼"之诸种行为予以批判。

从本节之陈述来看，首先，饮食必须不挑食，从其所涉猎的食物来看，可谓是多样性的，以此保证营养均衡。其次，不吃变质、有异味或腐败的食物，以保证对身体无害；其三，尽量少食市场上直接做好的食物，注重食材的可靠性和饮食卫生；其四，饮酒要适量，需要自我把持，节欲而不可放纵超量酗酒，"不为酒困"。最后，对有益之食物，也需要酌量，控制己欲而不可多食。此等健康的饮食原则，既表现了孔子对生命、生活之热爱，彰显其虔敬之情，处处遵守礼制。

9. 过时不食，夫子怀虔

【原文】祭于公，不宿肉。祭肉不出三日。出三日，不食之矣。

【译文】孔子参加国君祭祀典礼时分到的肉，不能留到第二天。一般家祭用过的肉，留存不超过三天。超过三天，就不吃了。

此节主要是讲对公祭所赐之肉，和一般祭所用之肉，食用之时限规定。公祭所赐之肉，不过宿，即食；一般祭肉，不过三日，过之，则不食。之所以做出如此规定，一方面是为了肉本身不变质，为健康；另一方面则是不亵神，应及时领受神惠。

具体而言：

第一，此节延续上一节，对饮食之食材的规定和要求，具体言对祭祀之肉是否可食的时限规定，其目的在于：一方面为了确保"食"之新鲜而不变质、无异味，食之健康；另一方面则是不亵渎神惠。

第二，"祭于公，不宿肉。"这是指孔子为仕时助君祭，即辅助国君举行祭祀典礼，此为公祭。按照规定，祭祀所用之肉，一般所用的是祭祀当天清晨特意宰杀的牲畜肉，到第二天祭礼结束后，祭祀所用的"肉"再分赐给助祭者，这种肉叫"胙肉"。但祭祀活动一般要持续二三天，所以这些肉就已经不新鲜，不能再过夜了，要及时加以处理。于是就有了"不宿肉"规矩。此规定表明了对祭奠的对象，或神鬼、或祖先的虔敬或敬畏，以表其祭祀之拳拳之心，能及时领受神惠。恰如朱熹所释曰："助祭于公，所得胙肉，归即颁赐，不俟经宿者，不留神惠也。"

第三，"祭肉不出三日，出三日，不食之矣。"规定一般祭祀或家祭所用的肉，留存不能"出三日"，超过了三日，就不能再食用。对此，朱熹释曰："家之祭肉，则不过三日，皆以分赐。盖过三日，则肉必败，而人不食之，是亵鬼神之馀也。但必君赐胙，可少缓耳。"

第四，孔子特别强调公祭之肉不过宿，家祭祀所用"肉"食用时限最多不超过三天。因为一方面是因为超过三天，"肉"必会生异味，使祭祀变得不圣洁，有亵渎神灵之嫌；另一方面，也是更为重要的原因是，"祭祀品"非一般的

"食品"，而是承载着神灵、神惠之意的"特殊物"。如此，不超过三日之要求，其深层的含义是让人们及时领受神惠。倘若三天之内不曾食之，大凡有亵渎鬼神之意，这是与祭祀所要达到和实现的目的正好相悖的。

　　总之，祭祀是礼典之重要组成部分，通过一系列仪式进行人与天、鬼神或祖先等"对话"，以表"人"对"天""鬼神"或祖先的虔敬之心和追缅之情，以求福祉与安盛，如此，祭祀则具有隆重、庄重且神圣的特征。随着祭祀的发展，祭祀礼节越来越复杂，祭品也越来越讲究，并有了一定的规范。正是在这一意义上，孔子做出公祭之肉不过宿，家祭之"肉""不出三日"之规定和要求，则正体现着祭祀之庄重、严肃和神圣意蕴，而这也正是孔子严格循"礼"之细端表征。

10. 食不诲人，寝不言政

乡党 10.10

【原文】食不语，寝不言。

【译文】吃饭的时候不教诲人，睡觉的时候不自言政事。

此为记录夫子祭祀期间就食、入寝之行，亦是夫子以行表祭祀期间食寝之戒：不语、不言。夫子"食不语，寝不言"，以表"圣人存心不他，当食而食，当寝而寝，言语非其时也"（朱熹引范氏）。

就食入寝时，须虔敬专一而气定，静默修心而养神，切不可左顾右盼、攀谈吵杂而言他，更不必借吃饭时教诲他人，让人在不愉快地心境饮食而匆匆下桌，以致于食不果腹，寝不安生，最终导致祭祀之时，体力不济，神思不聚，祭祀不肃敬而亵渎神灵。进言之，"食不语，寝不言"，乃因"肺为气主而声出焉，寝食则气窒而不通，语言恐伤之也。"（朱熹引杨氏）

"食不语，寝不言"，从形式上强调食寝皆应沉默，不语不言，表一个人在斋戒和祭祀阶段必须要坚持的基本行为原则，那就是要"管住嘴"，进而"守住心"。不语、不言，不施教诲，不言政事，即是强调无语则无杂思而静、无言则无多虑而安，因为言必思，思非静。心静，方可向内省，达到沉静之境。这是斋戒之目标，也是祭祀之前提，以表夫子尊道与敬天职。

具体而言：

第一，这一节也是很容易被误读的，从而判定孔子是一个非常无趣而沉闷之人，也有人认为这仅是餐饮卫生和就寝好习惯。诸此解读，都未能突破这句话之表层，究其因，乃是未恰当确立解读此段话的正确语境，孤立而论，如此"望文生义"必不可解其真义。本节正是在孔子"斋戒"和"祭祀"时期，"变食"和"迁坐"阶段，于吃饭和就寝时，对自己的精神和思想姿态所做出的规范性要求，从而表达了孔子对"斋戒"和"祭祀"之"礼"的严格遵循，以表其虔敬之心。

第二，"食不语，寝不言。""直言曰言，论难曰语。食不语者，必不言寝，不言者，不必不语。"（陈祥道）"答述曰语，自言曰言。"（朱熹）"食不语，寝不言"，并非是一般地认为吃饭时不说话、睡觉的时候不说话，让人觉得孔子是那般刻板而讲究，毫无生活情趣可言。在"斋戒"和"迁坐"的语境中，此节突出地表达了孔子在吃饭的时候，不"答述"，也就是说，即使别人交谈什么话题、提出什么问题，自己也要管住自己的嘴，不应声、不接话，不交谈，自觉地让自己保持静默；在就寝时，孔子要求自己不主动找话题，寻人交谈，也就"不自言"。简而言之，此节从主动和被动两个方面，即从内因和外因两个视角，都强调了孔子之"自主"式的"独立"存在，其心专于祭祀。戴望更深刻地指出不语不言之内容："食不语，语读如合语之语。语诲言也，当食不诲言，所以尊道。寝不言，内寝不言政事，所以敬天职。《书》曰：'高宗三年不言。'"

如此，"食不语，寝不言"，从形式上强调"不"言语，从内容上，指明就食时"不诲言"，就寝时，不言政。

第三，"斋戒"和"祭祀"，都是非常庄重、圣洁和严肃之事，它要求斋戒者和祭祀者之心须静谧默然，神之聚集全然，即整个人处于静默而无分心、分神之状，排除头脑中的一切杂念，使思想平静下来，尤其是就寝之时，需要静心养心而蓄力，唯有祭祀时，方可全神贯注，能以饱满的精神和充沛的精力面向神灵和祭祀的对象，以表其虔敬之诚。如此，"食不语，寝不言"，既是对食者、寝者的要求，也是食者、寝者对斋戒和祭祀的深刻意蕴理解之后行为的自觉表现，这是孔子对"礼"之深刻内化之后的精神涵养和行为特征。

第四，孔子能做到"食不语，寝不言"，表征他在斋戒和祭祀阶段克己行礼，"管住嘴"，进而"守住心"。不语、不言，不施教诲，不言政事，即是强调无语则无杂思而静，无言则无多虑而安，因为言必思，思非静。心静，方可心向内省，达到沉静之境。这是斋戒之目的，也是祭祀之前提。

第五，孔子之"食不语，寝不言"，一个"不"字，表征着这是一种全称否定式的"命令"，其意表断然不可"语"和"言"，而非"少"语、"少"言。这就表明这是一种非常硬性，决不让步的规定，表达了"礼"的严格规范与要求，其根本是让斋戒者能持戒而静修己心，最终使其思想、情感或情绪无躁动而沉静、诚敬而专一，达至与祭祀要求想匹配的精神静穆之状。

如此，食不诲语，寝不言政，尤其是强调"寝不言"，于内室不言政、不谈政事，不议政要，对于尊道敬天、职于祭祀意义重大。

总之，本节对孔子于斋戒和祭祀期间吃饭和就寝，严格遵礼予以记述。通过此记述突出孔子"不语""不言"而保持在斋戒和祭祀阶段的精神静安，以显孔子对斋戒和祭祀的高度重视，并且通过该种可观的持重行为，折射出孔子内心对"礼"的虔敬与自觉践行。孔子的行为无疑对"食"而"语"、"寝"而"言"之诸种行为之人，予以了否定，从而确立了斋戒和祭祀时之行为准则与标范，达到扬"礼"之效。

当然，后世人们将餐饮"不语"，转换为食不训子；就寝时"不言"，转换为就寝不责妻，皆视为良好的生活习惯，亦成为判断一个人是否有良好家教与个人修养的重要尺度。

11. 每餐必祭，夫子遵礼

乡党 10.11

【原文】虽疏食菜羹。瓜祭，必齐如也。

【译文】即使是粗米饭蔬菜汤，必在吃饭前把它们取出一些来祭祖，而且其貌像斋戒时那样严肃恭敬。

《礼记·玉藻》曰：唯水浆不祭。夫子严格遵礼，即使"疏食菜羹、瓜"，皆"祭"，且如行斋一般诚敬。

对夫子如此重视"祭"，陈祥道评价道："君子不以菲废礼，故虽蔬食菜羹瓜，祭必齐如也。"朱熹赞曰："孔子虽薄物必祭，其祭必敬，圣人之诚也。"亦如藕益所言："言虽蔬食菜羹瓜果之类，必先祭而后食，祭必斋如也。所谓'一粥一饭，当思来之不易'，故修行人于早中二时，当先供三宝祖先，而后自食。"戴望评价道：孔子遵礼，除了水浆不祭之外，"其余皆祭，故虽蔬食菜羹瓜，亦必祭，每祭必敬，君子有事不忘本也。"

夫子行餐食之祭，以斋之仪式，以礼为规范，以思源感恩为内涵，将最平凡、平常的生活，过得有仪式感、庄重感，将"礼"融入日常生活之中，充分彰显夫子遵礼、循礼而生活。

具体而言：

第一，这一节主要表孔子在日常生活中，总是怀着感恩之心，并行祭祀之"礼"，以此虔诚地感激赐予其饮食的人，从而表现出孔子于"礼"，重在"诚"，而不在"隆"的基本思想。如此，孔子在生活细节上对"礼"亦像斋戒那样对待，真切地彰显孔子于"礼"所持的庄重、严肃、恭敬和虔诚的态度。

第二，本节主要记述孔子每餐必祭，即使是吃粗米饭和和蔬菜汤羹此等非常平常之食物，他都必在食前将席上各种食品拿出少许，放在食器之间，祭赐予饮食的人和祖先。对此，朱熹引陆氏曰："'瓜'作必。古人饮食，每种各处少许，置之豆间之地，以祭先代始为饮食之人，不忘本也。"

夫子每食必祭，一方面非常清晰而直接地表征孔子面对生活之点滴赐予，即使是一颗饭，一勺汤，当思来之不易，得之，必思其源，怀感恩之情，追其"本"，眷其"根"，故而祭之。另一方面则突出孔子非常重视或注重这种"仪式",从不马虎与敷衍,而是对之保持一种非常诚挚、认真之态度,恰如斋戒之情态一般。由此可见,在日常生活中,孔子始终保持着循礼而为的君子风范。

第三,孔子每事必祭,即使在日常饮食中也不例外,充分表孔子之圣德。就日常生活之祭而言,孔子亦未曾、未敢丝毫淡忘尊先敬祖之心,未忽略头顶三尺有神明;如此,在饮食之先后顺序上,孔子以祭的方式表达了他将自己总是排列在被祭祀的先人和神灵之后,这种尊先卑己,先神后己的秩序确认和呈现,体现了孔子之德;在日常生活中,如饮食前之祭,其鬼神飨德而非飨味。

第四,孔子在日常生活中,如此注重或强调祭之"仪式",则是通过一种较为固定化的行为、举止彰显其内在的精神和道德涵养。如此,作为外显"礼"之"仪式"也就获得或具有一种特殊的文化意蕴。

孔子之举,事实上是一种"泛祭",构造出现世之人与先人、人与神共在与共享的存在图式。如此,孔子始终保持通过祭祀而进行自己与神灵、与先祖的"对话"与"交感"状态,从而获得某种深度的精神滋养和道德力量。

第五,"祭",本质上是以某物作为载体,传递现世之人对神灵、对先祖的敬拜之方式;此方式被赋予某种道德和精神之象征意义,于是,祭也就成为一种人趋近神灵、先祖的独特路径,从而使人的现世存在始终受到神灵、先祖的观照与福佑。孔子之祭,虽无宗教性,但却具有拟宗教性特征。在此语境下,孔子祭之神情与态度,自然也就是庄重、诚心而静穆的。

总之,孔子于日常生活中高度重视"祭",或通过日常生活之"祭",强调了"祭"于孔子生活之不可或缺的地位和价值,凸显"祭"于"礼"的道德秩序或道德谱系中的功能。正是由于孔子重"祭",才使得"礼"具有更为明确地通过具象而得以传达,从而达到对生活的规范。这正是孔子在日常生活中重"祭"、行"祭"的真正意义之所在。

孔子每餐必祭,今人或许视之为繁琐与劳烦。然于孔子而言,每餐必祭,构成其餐饮生活之最为重要的组成部分,或说每餐之祭,并不是附加于餐饮,而是餐饮之始不可或缺的重要环节。如此,孔子依礼,赋予最日常的生活以庄严、神圣的仪式感。此种内在于生活的庄严、神圣与虔敬,恰是今人生活须用心体悟的。

12. 夫子正席，遵礼行礼

乡党 10.12

【原文】席不正，不坐。

【译文】坐席摆放不正，不就坐。

————————————

此记述孔子的就坐之礼。"席不正，不坐"，说明孔子在生活中始终保持着正大之气象，即便是就坐席垫之类细节性小问题也决不容忽视或马虎，须做到恪守礼仪，合礼而为。

"席之所向非所向，所止非所止，非理也。"（陈祥道）席"不正，谓不依长幼尊卑之叙"，故必正之，方就坐，表"圣人之心安于正，故于位不正者，虽小不处。"（朱熹引谢氏）戴望以为："正，正之也。"孔子"必正之然后坐。礼，介胄坐陈不席，狱讼不席，尸坐堂上不席，三者皆忧也。"

就坐之"席"，"正"与"不正"，在常人看来是事"小"，在孔子看来则事"大"。因为关乎"礼"之一切事，于孔子皆不为"小"。如此，彰显孔子为礼至上的生活原则。孔子正"席"，以正"己"，正"己"以正秩序，正秩序而遵礼。

今人常言：一生当坐得正，行得端。坐得"正"，当以正"席"为先、为始。

————————————

具体而言：

第一，本节非常形象地记述了孔子所强调的席居制度。"席不正，不坐"，简单地说，就是当"席（垫）子"铺放得不（端）正，不正位，孔子则不（下）坐，从而表达孔子对席拜规矩的严格要求和相关礼仪的高度重视，进而表达孔子通过正"席"而展示其对"礼"一丝不苟的遵循。

第二，此处的"席不正"之"席"，并非是指日常生活的席垫，而是在重大的仪典活动、朝觐、会见、宴饮、会客等场合，敬拜之时的坐垫或跪垫；如此，对于"席"的铺设就有了相应的长幼尊卑之秩序与规矩；而摆席的长幼尊卑之秩序与规矩，其根本的意义就在于突出跪拜之礼；如此，"席"之"正"与"不正"则构成跪拜合不合"礼"的重要环节。

第三，就"席"本身而言，具有"席之礼"。按照不同的地位和身份，其"席"有所差异。据考，天子之席五重，诸侯之席三重，大夫再重。同时，

"席"的摆放的方位，也意味着不同的含义，一般而言，"席"南乡北乡，以西方为上；东乡西乡，以南方为上。如此，以"席"所表之"礼"，才是正确的。恰如钱穆所释："古人坐席，天子五重，诸侯三重，大夫再重，南北向，以西为上，东西向，以南为上，此席之正。"

如果"席"的方位铺放不恰当、不正确，有混乱、甚至颠倒上下、尊卑之关系，这在直观的层面突出"不正"即是背"礼"。从这个意义上，孔子强调"席不正""不坐"，表孔子不行违礼之事，本质上意味着通过"正席"而矫正不符合"礼"所规定的上下、尊卑之秩序。

第四，此处的"席"，必须与"坐"关联起来加以审视。在重大的仪典活动及朝觐、会见、宴饮、会客等场合，入场之后，脱履而施席于地，坐于席上，其姿态大凡可分为三种姿态：

（1）跪坐。坐于几前，便于利用几案，若伸长两腿坐在几前则离几远而不便利用几案。

（2）箕踞。以臀部坐于席上，此种坐姿适于轻松的场面。

（3）蹲踞。这种姿态可能在不施筵席之处比较常见。

如此，"席"之铺设，因"坐"之不同而有了相应的规范。这样，孔子对"席"之"正"与"不正"，是根据"坐"来加以判断的。

第五，在孔子看来，根据周礼之规定或要求，具体根据"坐"而铺设的"席"来审视、判断"席"之"正"或"不正"，若"不正"则"不坐"，这就深刻地表达"席"之"不正"，即是"礼"之"不正"，孔子之"不坐"，则指明孔子不背、不乱于"礼"；"正席"即是正"心"，进而正"行"，最终达到正"礼"。

还必须指出，此处的"不正"，并不是一般意义上指"席"在铺设之"形"上的偏斜，而是指不符合礼制的规范性要求，具体而言，"不正，谓不依长幼尊卑之叙。"（薄益）

第六，在本节中，两个"不"字，表明了孔子的道德认知、判断和道德行为的一致性和贯通性。孔子根据"礼"之规定，按照"坐"的具体要求来对"席"的铺设和置放进行判断和认定，若"席"之"不正"，孔子则"不坐"，实现了道德主体内外、知行的统一。

总之，孔子通过"正席"，强化席居制度"席"所承载的"礼"之重要性。席"不正"而"不坐"，表明孔子以拒斥不符合"礼"的规矩、行为来表达正确的、恰当的、符合"礼"之规范的"席"与"坐"的关系，并依此彰显"礼"于生活程序与细节之中，达到矫正世人背礼、乱礼之心、之举，恪守"礼"之规范。

13. 敬尊杖者，夫子践礼

乡党 10.13

【原文】乡人饮酒，杖者出，斯出矣。

【译文】行乡饮酒的礼仪结束后，（孔子）一定要等老年人先出去，然后自己才出去。

"此一节记孔子居乡事。"（钱穆）具体记述了孔子于乡村蜡祭，饮酒结束时，孔子礼让杖者先离开，己随之而离开，表孔子对杖者之尊重和爱戴，以体现于居乡生活中，孔子明礼践礼，"亦是爱礼极思。"（蕅益）

熟人常疏"礼"。然孔子于乡人饮酒，仍能敬老、尊杖者而践礼，做到"杖者出，斯出矣"。如此可见，孔子自觉遵礼、行礼之常态。

具体而言：

第一，本节记述孔子在乡饮时，遵循乡饮之礼：贵龄崇年，出入皆以老者为先。如此，表明孔子在乡饮之时，搁置身份、地位，突出敬老原则，从而表明孔子不仅有敬老之心，而且有敬老之举；这是孔子在日常生活中对长幼关系、对基本人伦秩序的重视与践行，并且通过对基本人伦关系的遵守，从而体现孔子对"礼"的遵从与身体力行。

第二，"乡人饮酒"，此乃古礼之一。据考证，"乡人饮酒"有四种情况：

（1）三年宾贤能；

（2）乡大夫宴国中贤者；

（3）州长习射饮酒；

（4）党正蜡祭饮酒。

这是乡人之间非常重要的一类活动，钱穆如此释。他还进一步指出："此节所记，当属蜡祭，主于敬老。"戴望亦如是释："乡人饮酒，盖党正蜡祭时饮酒也。"

第三，"杖者"，一般而言，即是"长者"或"老人"。按照"礼"之规定，五十杖于家，六十杖于乡。如此，本节中的"杖者"则是指参加"乡饮酒"，年满六十岁扶杖而行的老人。戴望释曰："六十者坐，五十者立侍，以听政役。

六十杖于乡。子出后长者，则时为立侍之众宾。"

第四，"杖者出，斯出矣"，正是本节所要突出强调的关键之处；其义是指乡饮结束之后，孔子总是先让杖者先离开，然后自己才离开。此所谓："六十杖于乡，未出不敢先，既出不敢后。"（朱熹）"孔子与于蜡祭，年当不及六十，杖者出即随之，不与终皆醉。"（钱穆）

在此节中，通过两个"出"将"杖者"和孔子离开的时间顺序予以交代，而该时间顺序的先后，则表达其行为中所坚持的先长后幼原则，这一原则，是一种基本的行为礼节。该礼节具体体现了伦理要求和原则，即对年长之人予以应有的尊敬和必要的关照。

总之，本节记述孔子于日常生活中，对长者的尊重和爱戴。对杖者的尊重和爱戴，通过一个"先"字集中地折射出来。这也是孔子一贯主张的长幼有序、辈分有界、行为有别的具体表征。本节通过孔子处处以身作则地践礼、示礼，将他恪守"礼"的行为特征和道德品行予以充分地表呈。

14. 敬乡人傩，夫子重礼

乡党 10.14

【原文】乡人傩，朝服而立于阼阶。

【译文】逢乡里人举行迎神驱鬼的仪式时，孔子总是穿着朝服站在家庙的东阶上。

此节记述孔子在傩祭时的行为。傩祭时，孔子必定身着朝服恭立于东面的台阶上，保持敬畏之态度，表其对乡人傩的敬诚之意，以示其对之高度重视。

朱熹释曰："傩，所以逐疫，周礼方相氏掌之。傩虽古礼而近于戏，亦必朝服而临之者，无所不用其诚敬也。或者：恐其惊先祖五祀之神，欲其依己而安也。"戴望亦认为孔子担心乡人傩："恐惊五祀，故朝服立于寝之阼阶，神依人也。"

孔子持"敬鬼神而远之""祭神如神在"之原则与信条，在乡傩中，着朝服以示其敬鬼神；立于阼阶，即立于主人位，则表孔子"敬其乡党群众之意。盖傩者为一乡傩，是亦为我傩。为我傩，斯我为主。"（钱穆）

于乡人傩，孔子着朝服而立于阼阶，表孔子既敬鬼神，亦敬其乡人。

具体而言：

第一，这节主要记述孔子参加乡人腊月驱逐疫鬼的仪式时的衣着装束及其行为。孔子以此衣着和行为来表示他面对乡傩之庄重仪式时，对鬼神迎送仪式的一份敬意，并以实际行动参加其中，从而表达了孔子对乡人祭祀活动的高度重视。

第二，何谓"傩"？"傩"（nuó），即是一种神秘而古老的原始祭礼，是迎神驱鬼的仪式，其目的是为了趋利避害，化解凶煞与祈福。戴望释曰："傩者，索宫室中区隅幽暗之处，击鼓大呼以逐不祥之气。"以此可见古人对神灵和鬼怪之重视。

据考，一年之内，有"三傩"，分别于三月、八月和十二月；三月乃春，是一年之始，弥畏灾害，故命国民家家悉傩；八月傩阳，阳乃君法，臣民不可傩君，故八月之傩为天子傩；十二月之傩，属阴傩，既非一年之急，故民亦不得同傩也。"《明堂月令》季春为国傩，仲秋为天子傩，唯季冬大傩则下及士庶人，

皆得傩矣。"（戴望）

本节所说的"乡人傩"，应是三月，民为求一年自家平安无灾祸所举行的傩。换句话说，"乡人傩"就是乡人为了自家能安康、得福佑而进行的祈求仪式。

第三，孔子在"乡人傩"之时，着"朝服而立于阼阶"。乡人之"傩"，虽然非"天子傩"那般盛大隆重，然其"仪式"，依然庄重、神秘且神圣，孔子以为不可慢待与小觑，表现出高度的重视和真切的认同。具体表现为临乡人傩，着装如临朝一般，其举止是"立"，以表恭敬而虔诚之心。立之位在"阼（zuò）阶"，即仪式进行的祭台之东面台阶。此位恰是祭祀的主人所立之台阶。如此，通过孔子所着衣装、身体的姿态及其所站立的位置三个细节的记述，具体地表达了孔子临"傩"的举止很到位，其行动也有节度，且以主人之姿态处，以表乡人傩，即是为己傩。孔子以此方式融入于乡人傩之中。

第四，乡人之"傩"，虽不是国家的重大祭祀活动，但依然是一个等级的祭祀。其仪式之主要功能是逐鬼祈福，避疫迎祥，这都是直接关涉到乡人一年来的切身利害祸福之大事。如此，孔子恐惊动宗庙，故着朝服而立于阼阶以侍先祖，此实为对"乡人"具有"孝"心的再现。对此，恰如陈祥道所释曰："孝，莫大于宁亲；宁亲，莫大于宁神。乡人傩，则神有所不宁，故朝服立于阼阶，所以宁之也。"再进一步看，在此场景中，孔子着朝服而立于阶，可见孔子心敬而神情端庄，意诚则姿态祥和，记述者如此生动而鲜活地记述了孔子于乡人傩时的仪态。

第五，孔子于"乡人傩"，"朝服而立于阼阶"，从直接性来看，表对神灵之敬畏、对鬼神驱逐持严肃认真的态度，进而言之，即是对乡人的吉凶祸福的真切观照，本质上则表其对乡人之仁。

总之，"祭祀"等活动是礼仪典章的重要组成部分，在此节具体表现为孔子在乡人之"傩"中对"傩"的虔敬之心。孔子秉持"祭神如神在"的基本信念，由此通过对"傩"的重视，再现了孔子以行动对既有的"礼仪典章"的信从与尊重，对乡人福祉之关切。

15. 再拜使者，夫子崇礼

乡党 10.15

【原文】问人于他邦，再拜而送之。

【译文】（孔子）托使者向在他邦友人问候，便向使者两次拜送。

此节，记录了孔子在与外邦人士交往时十分注重礼节。据戴望释："入春秋时，大夫多邦交，始有越竟相问遗者。孔子不违，亦在可以然子域也。"钱穆以为："孔子周游列国，皆交其名卿大夫。"孔子归鲁，与故友别，久别相挂记，故欲借使者传递对居他邦之友人的问候，故对临行之使者行再拜之礼。"拜送使者，如请见之。敬也。"（朱熹）

孔子对故友之深情厚谊，以再拜使者而显。其对友情之重，对使者之感激，就在这一拜而再拜之中。表孔子以身示范，以拜使节而彰礼，重礼节，亦表孔子于友人之真情实义。

具体而言：

第一，在本章，从"食不语，寝不言"开始至本节，用了六节具体而详尽地记载了孔子的举止言谈，表孔子时时处处以正人君子的标准要求自己，使自己的言行须臾不背礼而合礼之规定。因为在孔子看来，"礼"至高无上，绝不可违背。如此，孔子之举手投足，一切言行皆遵循"礼"。这一方面具体映射出孔子将"礼"内化于心，成个人之修养，一切行为都本能式地遵礼、行礼；另一方面则体现了他以身示礼、身体力行地向学生们示范、传授"礼"。由此，充分彰显孔子唯"礼"而存的生命道义观。

第二，本节主要记载孔子托使者向远在其他诸侯国的朋友带去问候或捎带礼物，他在使者临行前两次拜揖使者。在本节中最为关键的则是孔子"再拜"使者，突出地表呈了孔子与人交往的一个重要特点："诚"。

"再拜"，直接表现为孔子对着使者拜两次，其含义至深至远。一拜"物"、拜"物"之另一端的"友人"，如是拜友人；再拜，拜使者，表对礼"物"之携带和情感之传递者付出的辛劳和责任予以感激。换言之，这两拜，一则通过使者见被访者，如同自己亲眼见到被访问者一样，这正是"睹物思人"、见物知情之意；二则对使者表示拜托和感谢，其中蕴含着感激之敬意。让使者捎礼，施再拜之礼，表其郑重严肃，反映了孔子对朋友的敬重以及对人与人交往的诚心诚意。这正是孔子"做人"、交友和与人交往所持守的原则。

第三，按古礼，孔子拜托使者将"礼物"带给远方他邦之"友人"，就这一事而言，一方面孔子以"物"寓心、以"物"载情，严格遵循"礼"之要求，丝毫不背"礼"；另一方面孔子对远方友人的深情寄予"物"来得以真实地传递，说明孔子待友人之"诚"的问候，并非"空话一句"之"虚"，而是按礼之规定以"实"表之。

总之，孔子通过"再拜"之举，集中表达了孔子对友人寄思于物的真情重视，以及对使者的委托与感激，从而体现孔子对自己与友人之间的情谊高度重视，由此构成了"圣人之辞"的经典方式。从孔子再拜之举可见，"诚意"存于心，显于行，从而勾勒出孔子从心至行、由里至外通达而淳厚的君子之风。

16. 受而不用，睿智行礼

乡党 10.16

【原文】康子馈药，拜而受之。曰："丘未达，不敢尝。"

【译文】季康子给孔子赠送药品，孔子拜谢之后接受了。然后说："我对药性不了解，不敢尝。"

面康子示爱而违周礼馈药致问之尴尬，孔子"拜而受之"予以初步化解；进而以"丘未达，不敢尝"而彻底解除。如此，孔子在解决己所面的"二难"困境时，既遵礼而行，又以退为进智慧地应对康子施关怀之"无礼"，还有效地保护了自己而不失己。于此，表孔子在交往中，循礼、重诚，有智且直的特质。

以此观之，朱熹所释"此一节，记孔子与人交之诚意。"然此解并未完整和准确地把握其真意。孔子视"馈药"如"馈食"，依礼、行礼，"拜而受之"，然以"丘未达"为由而直言"不敢尝"。如此，孔子"受而不用"，既行礼，又维护了礼，与康子之违礼形成了鲜明的对比。

孔子于季康子馈药，拜而受之，不敢尝。朱熹引范氏和杨氏之语释曰："凡赐食，必尝以拜。药为达则不敢尝。受而不饮，则虚人之赐，故告之如此。然则可饮而饮，不可而不饮，皆在其中矣。""大夫有赐，拜而受之，礼也。未达不敢尝，谨疾也。必告之，直也。"

具体而言：

第一，本节记录了"三事"。即孔子得病之后，季康子赠送药给孔子，这是"一事"；孔子"拜谢"而接受所馈之药，为"二事"；孔子对所赠之药所持的谨慎原则，言"丘未达，不敢尝，为"三事"。此"三事"，表征了孔子在与人交往中，既能遵"礼"，又不失"直"之特点。如此，孔子对季康子所馈之药，"受而不用"，既矫正了季康子之违礼，维护了"礼"，又直截了当地表明了自己的立场。孔子之一言一行，充分表达对礼（仪）的敬诚，体现了他在与人交往中有礼、有节、有智。

第二，按戴望之释："古者致物于人，尊之曰献，通行曰馈。礼有馈食，无馈药，故未达。若未学其礼然，孙辞也。馈食必尝以拜，药物恒多毒，故不敢尝。"可知，周礼没有关于馈药的相关礼仪，或更直接地说，周礼规定馈食、不馈药。馈药则违背或超越了周礼之规定，本质上属于违礼之行为。如此季康子以关心、关怀之名而馈药，属违礼行为，将孔子置于二难境地。如果孔子按照周礼之规定，直接拒绝卿大夫馈药，亦是极不礼貌的行为；如果按照馈食之礼而接受，那势必须立即尝之。然尝药非尝食。

孔子分两步来化解这一尴尬：首先是按照馈食之礼接受馈药，故孔子"拜而受之"，让己不违礼。其次，"丘未达，不敢尝"直言告知，使此二难彻底化解。孔子此智慧之举，既表达了对季康子的感激和尊重，也在事关己之生命的大事上保持了足够的谨慎与智慧。

第三，按照交往的基本原则，对于地位比自己高的人予己所赠送之物，不能随便推谢不接受，唯一所能做的就是心怀感激而恭敬地加以接受，此乃是符合"礼"的正常之举。因为对于来自高位之人的关心、关爱，地位低下之人，是不能不接受的；即使是同辈之人，抱友好关切之情所赠之物，包括"药"这类特殊的东西，也不能贸然无礼地予以拒绝。如此，"拜而受之"成为交往中处理此类事情所奉行的基本原则。其中内蕴着"礼"。如此，孔子正是遵"礼"来对待、处理季康子馈药。

第四，孔子遵"礼"而"拜受"大夫所赠送之"药"后，言"丘未达，不敢尝"，这是"事实"。正是这一"事实"折射了孔子依礼而受之，又据礼而却之。在这一"受"、一"却"之间，既给人以台阶，又示人不乱用药的谨慎之意，［"拜之者，礼也。""馈药而不敢尝，慎疾故也。"（陈祥道）］如此可谓一举两得，其间之真谛，实难顾两端而周全；其间进退之尺度，孔子处之得体，拿捏得很到位，这正是孔子严格按"礼"而为使然，表现了孔子在处理人际关系中所具有的"智慧"。

第五，"丘未达，不敢尝"是孔子向赠予他"药"的季康子的回话。拜受"药"之后，必告之，这种"回话"或回应，正是此节孔子于交往中的另一个关键。孔子对他受药之后，由于对其药不了解而未尝或服用。孔子对于"这一事实"并未加以隐瞒，而是对该事实如实而直陈于季康子。在此，表征了孔子"直"之品质，"直"乃"诚"的延续和具体化。

第六，对于孔子而言，不"拜受"所赠之"药"，是"无礼"，会伤及关爱自己之人或至少给关爱自己之人于尴尬、难堪；然而"受"之后，由于不了解"药"，却因感恩、感激之情而贸然"尝"之，或许会伤害了"自己"。进而言之，如果在"回话"时，不如实反馈或禀报，则是"以曲为直""以虚为实"。本节所述，正揭示了人与人交往中时常出现的"二难"困境。"受而不用"，正是对孔子处理"二难"的智慧。

总之，本节所记表孔子在处理与关心、关怀于己的人交往关系时，既按"礼"而给予应有的尊重和感谢，又不失"己"，该种分寸的拿捏和原则的坚持，正是孔子处理人际交往中"二难"困境时所采取的智慧策略。

　　孔子非简单拒季康子之馈药而无礼、而尴尬，而是"受而不用"，既行礼，有不失己。此种智慧方法于今人尤为重要。

17. 彰显仁爱，重人轻财

乡党 10.17

【原文】厩焚。子退朝，曰："伤人乎？"不问马。

【译文】马棚失火烧掉了。孔子退朝回来，说："伤人了吗？"不问马的情况怎么样。

孔子家的马厩失火，夫子退朝后问"伤人乎"，而"不问马"，表孔子"重人贱畜"、重人不重财、重人轻物之仁爱精神，恰如陈祥道释曰："盖问人，曰仁也。"

在重财、重利之价值观盛行之世，孔子马厩失火，是属其私财受损，于马厩中的"马"，固是私财之重。然孔子不问马，但问"伤人乎"。如此，孔子之价值取向与当世流行的价值观形成鲜明的对比，从而充分彰显孔子重人之仁爱精神。

重人不重财、重人轻物之仁爱思想，构成中国传统人道主义重要的思想资源，成为中国传统人文主义精神的重要内蕴。

具体而言：

第一，本节主要凸显在一个"事故"的处理中，孔子之关注点在"人"，而不在"马"，体现孔子关切之重心在"人"，突出了孔子对"人"的关怀和爱，此表孔子之仁心。这是孔子一直倡导的"仁爱"精神之具体体现和落实。

第二，孔子在马厩失火之事中，"重人"而无视于"马"。马厩失火容易受伤的人，应是从事养马等苦力活的"下等人"。在此，孔子显然将"人"与"马"在区别中，侧力于对人之关切，在"人"与"马"的取舍中，凸显孔子对"人"、尤其是"下等人"的关怀，这就为世人展现了孔子所尊崇的价值原则：仁者爱人。

孔子在"事故"后，只问"人"伤否，而"不问马"。"非不爱马，然恐伤人之意多，故未暇问。盖贵人贱畜，理当如此。"（朱熹）孔子重人贱畜之价值取向，有别于当世重财轻人之价值观，凸显出孔子之价值取向在当时的独特性。

孔子在"人"与"马"的比较中，将"人"置于"首位"，从而确立了人在价值系列中的至上地位，无疑对当世世人普遍所持的价值立场和原则具有批判性，这也是孔子贯彻"仁爱"内蕴的"人道"原则之具体的案例。

第三，尤其需要注意，也是值得称颂的是"记述者"。从记述者的思维来看，孔子似乎在问"人"的情况之后，还应该再问问"马"的情况，这才是完整的，符合正常的思维逻辑。然而孔子问"人"，却恰"不问马"。于记述者而言，这无疑是一次价值立场和取向上令人惊诧的"事件"。如此，记述者以为值得将之记载了下来。也正是由于记述者将孔子这一"行为"记述下来，使后人对孔子之价值取向进行"考古"才成为可能。

通过对此事的记述，表明"记述者"对孔子之价值取向和选择是持肯定和称颂的立场和态度。也正因为记述者将孔子此举记录下来，从而让后人从此场景中真切地了悟道孔子"爱人"的真切内蕴。

第四，孔子在此"事故"中体现了以人为本的仁爱精神和人道思想，成为中国传统人道主义精神之重要的思想渊源。孟子之"亲亲而仁民，仁民而爱物"，可以说直接承接了孔子之思想而发扬。

总之，本节通过一个"案例"具体彰显了孔子重人贱马，重人轻财的仁爱思想。孔子关心人，爱护人，凸显孔子"爱人"的价值取向，从而敞开了"仁"即是"爱人"之本质。这不仅表达了孔子个人于"人"的关爱与情感，而且凝注成中国传统文化对"人"最为基本的情感，从而成为中国文化之重要品质。

18. 承君所赐，遵礼事君

乡党 10.18

【原文】君赐食，必正席先尝之。君赐腥，必熟而荐之。君赐生，必畜之。侍食于君，君祭，先饭。

【译文】国君赐给熟食，孔子一定摆正座席先尝一尝。国君赐给生肉，一定煮熟了，先给祖宗上供。国君赐给活物，一定要饲养起来。同国君一道吃饭，在国君举行饭前祭礼的时候，一定要先尝一尝。

此节通过具体记述孔子如何对待君之赐，以及侍食于君之行为，真切地表呈了孔子一丝不苟地践行"事君之礼。"（朱熹）

孔子根据君所赐物之不同，分别待之、处之，从多维度表征孔子遵礼而为。君赐食，"必正席先尝之"，表孔子"敬君之惠"；"赐腥"，"必熟而荐"，表孔子"郑重君赐"；"赐生，必畜之"，表孔子"不欲无故杀之"，此为孔子重生之德。"君祭先饭"，"亦表敬意"（钱穆），如此，孔子以一个彻底地"敬"而行事君之礼。

记述者，以三个"必"字，深度折射出孔子严格遵礼而事君，未敢有一丝懈怠，具体表孔子"敬君惠""荣君惠"和"仁君惠"（陈祥道），以示孔子自觉而规范地行事君之礼。

具体而言：

第一，这一节非常清晰地记述了孔子如何对待君"赐"之物，以及伴君、伺候君吃饭时所做的事情，且通过这诸多规定或原则而显示孔子对"礼"之的遵从和践行，具体再现孔子行事君之礼。

第二，按照古礼，臣面向君之所赐之"物"，是不能依个人的偏好而加以处理的，而是必须严格按照相应的规定而待之。具体而言，在本节中，君所"赐"为三种不同的"物"，孔子都是遵循"礼"的要求而区别地加以善处。如是：

（1）当国君赐予食物，孔子一定摆正席位先尝它。"如对君也。言先尝，则馀当以颁赐矣。"（朱熹）

（2）当国君赐予生肉，孔子一定煮熟后给祖宗供上它。"熟而荐之祖考，荣君赐也。"（朱熹）

（3）当国君赐予活物，孔子一定会饲养它。因为："畜之者，仁君之惠，无故不敢杀也。"（朱熹）"君赐生，必畜之，此即孔子之护生戒杀。"（江谦）

通过对赐食、赐腥、赐生采取不同的处理方式，表达孔子对国君的恭敬之态度，从而体现孔子践行君臣之礼。君主赐食，无论生熟，都是一种荣耀，赐熟食，正席而食。赐生食，熟之、上供、再自食等等，都既是表达对君主的感激之情，又体现了尊重与敬意。恰如陈祥道所释曰："君赐食，必正席，先尝之，敬君惠也。君赐腥，必熟而荐之，荣君惠也。君赐生，必畜之，仁君惠也。"

第三，从君"赐"食、腥和生，到"侍食于君"场景切换，更为具体地记述孔子"侍食于君"的状况和礼仪。

《礼》曰：君有疾饮药，臣先尝之；亲有疾饮药，子先尝之，亦尝食之意也。朱熹引周礼之规定予以释曰："周礼：'王日一举，膳夫授祭，品尝食，王乃食。'故侍食者，君祭，则己不祭而先饭。若为君当食然，不敢当客礼也。"戴望亦延引《礼》之规定予以诠释："《礼》曰：君赐之食，则君祭，先饭者，徧尝膳，饮而俟，君命之食然后食。若有将食者，则俟君子食，然后食。""侍食谓非正礼食也。先饭者，先食君所祭食，若代宰夫尝膳然，辟客礼。"

在"侍食于君"之场景和关系中，当"君祭"之时，孔子"先饭"，即必定先尝一尝。"侍食于先生，异爵者，后祭先饭。"（《礼记·玉藻》）对此，陈祥道释曰："饮食有祭，皆所以不忘本也。君之祭，仁也，而礼存焉；臣之先饭，礼也，而仁存焉。"尤其是孔子之"先饭"，表孔子对君和君祭祀之先祖或神灵内心持守的笃信、敬重和对"礼制"虔诚遵从。

第四，本节之记述，再现了孔子始终是按照君君臣臣之规范性要求而行事、而处理君臣之关系。在本节中，君所赐之物，既是君臣关系的载体，又是检验孔子如何面向和对待君臣关系具体而直观的"对象物"。如此，围绕这些具象的"物"，将抽象的"君臣"之"礼"非常具体而明晰地表征与呈现出来。

第五，通过记述者的记述，不仅有助于对"古礼"的部分复原，而且有助于以"古礼"对世人之行为予以认知和判断，从而得以整体观照礼于世之状况。

总之，通过对孔子对待君子赐物和侍食的记述，集中地再现了孔子对君之尊重，表达了孔子对"礼"的重视总是贯通于具体的礼仪重视和践行之中，而不是仅心存之则足以，由此再现了孔子作为"礼"之实践者的生动形象。

19. 病不怠礼，夫子守礼

乡党 10. 19

【原文】疾，君视之，东首，加朝服，拖绅。

【译文】孔子病了，国君来探视，他便头朝东躺着，身上盖上朝服，拖着大带子。

孔子病重卧床，得知君来探视，亦要调整卧处，变更头向而朝东，以便于君来探视；且朝服加身、拖绅等，在家依然以臣之身面君，行"君臣之礼"，以呈臣对君之敬。以此表明孔子严格遵礼而行礼，即使重病在床，亦丝毫不失礼。

具体而言：

第一，本节具体地记述了孔子患病之后，鲁君哀公前往探视，应是专程来抚慰之。孔子因君探视所发生的行为举止之变化，呈于君前的身体姿态，表达了孔子即使病卧在床也尽力做到不失礼、不失敬，依然一丝不苟地遵循君臣之礼。

第二，孔子在病中依然循君臣之礼，具体表现在两个方面：

（1）"东首"。这是表征当孔子得知君将前来探视、关怀他时，主动调整自己的睡卧姿势，头之朝向也做出改变。孔子为何要调整卧向而成"东首"？朱熹以为："东首，以守生气也。"戴望引《礼》之规定对孔子病而行礼予以诠释："礼：'疾病居室中户西南牖下，君入室，则在奥与屋漏之间，负西而向东，故当东首，以示面君也。'"钱穆则认为："古制室中尊西，君入室，背西面东，病者首在东卧，正面对于君。"

古代病者常居北牖下，孔子为了君来视，令君得南面而视之，故而暂时迁乡南牖下，头向东。这样，为了方便君探视而调整住处，且使身体转向，改变卧姿，恰是以君尊臣卑为原价值与伦理基础。事实上，从方位上讲，孔子之调整，以表示对于国君亲临看望的尊敬，合君臣之礼。

（2）"加朝服，拖绅"。对此，朱熹释曰："病卧不能着衣束带，又不可以亵见君，故加朝服于身，又引大带于上也。"戴望则认为："卧着朝服，故引大带于礼，不敢以亵服见君，皆不忘敬。"

"加朝服，拖绅"，这是孔子在调整房子、睡卧方向之后，进一步从服饰上来加以调整，只是为迎接君之探视而表孔子于病中依然以"臣"之"礼"示君，表孔子于君极度的敬重。如此，孔子虽然病卧在床，但却依然将朝服盖在身上，以表君临家探视，如己入朝面君一般，身体虽然有恙，依然不忘己为臣之身份。如此，朝服加身，并在腰间束上宽大的带子，以表示虽病，然亦小恙无碍，令君勿忧其病。这样，孔子始终以"君臣关系"来对待鲁哀公来探视重病之中的自己，切不因自己病重而淡忘己为"臣"，而是始终施以"君臣"之礼而待君，未敢有一丝懈怠与马虎。

第三，从本节之描述可知，孔子并非是偶感风寒之小恙，而是患病很重，只能卧榻而不能起身迎君。在此等情况下，孔子依然不失礼于国君，由此足见孔子对君臣之礼的高度重视、或君臣之礼于孔子伦理秩序系列中的重要位置。孔子重礼，并付诸于行，以实际行动表达他对"君臣之礼"的诚挚虔及信且笃行。如此可见孔子将"君臣之礼"贯彻于生活的每一个细节中，可谓行礼至极。

总之，本节通过对病中的孔子面君之事的描述，具体表征孔子对"礼"之严格遵从和始终如一之践行；从记述的文辞中可见，孔子对己之行礼，可谓绝对苛严。由此，成为尚"礼"、践"礼"之标范和典型，成为"礼"之化身，对世人遵礼、践礼，客观上无疑发挥了积极的范导作用。

20. 君召疾行，夫子谨礼

乡党 10. 20

【原文】君命召，不俟驾行矣。

【译文】国君召见（孔子），他不等车马驾好，就徒步先行了。

"礼，君召，'在官不俟屦，在外不俟车'。"孔子受君命召，不俟驾而先行，表孔子惟君命是从，未敢有一丝懈怠而拖延，切实履行为臣之礼。

"君命召，不俟驾行矣"，形象地记述了孔子得君命召后，其心之急切，行之急速，以致于不待马车驾好就前往，如此迫不及待，一改其从容之态，突出了君之召，乃臣之命的行事原则。对孔子之举，陈祥道释曰："父命呼，唯而不诺。手执业，则投之；食在口，则吐之。走而勿趋，为人臣者。资于事父以事君，而敬同，此所以不俟驾也。"

"君命召，不俟驾行矣"，是孔子心怀强烈的责任感和使命感而行事君之礼。急切行君命，即是孔子最大的遵礼、行礼。

具体而言：

第一，本节依然是记述孔子尊崇君臣之礼。在受君召之后，孔子不敢有一丝怠慢、迟缓，表现出对君之召见反应的急速，以及待君之事的急切心情，表孔子对君召所涉及的国家大事之高度重视，从而体现孔子严格按照臣之礼，听君命而急行。

第二，按照古礼之规定："凡君召以三节，二节以趋，一节以走。在宫不俟屦，在外不俟车。"（《礼记·玉藻》）大夫受君召，不俟车，可徒行，故后人驾车而随之使之乘也。如此，从孔子接待君之召令之后的反应，即"不俟驾行矣"，本质上是合礼而为。

然而，对孔子此举，有人就认为孔子是"官迷"，惟君至上，言礼而背礼，不值得肯定；而孟子则认为"辞以疾者以此"，对孔子之举予以了正面的诠释与肯定。对此，荀卿亦有论："诸侯召，不俟驾而走，礼也。然当其为臣，则可召。当其为师，则不可召。可召而不遄往，则非礼；不可召而往焉，则非义。"孔子受国君之召，乃是合礼之召。孔子得召而不俟驾而徒步急往，亦是合礼之行。

第三，从孔子"不俟驾行矣"来看，此次君对孔子之召，应是急召。孔子亦是急于应召，惟恐有一丝迟延。因为国君有命令，必事关国事，不待车驾，恰表明孔子心怀高度的使命感和责任感，持守国事不可延误的观念和心理。此为对国事之重，君命之诚敬。

第四，本节表征了孔子的一个基本立场，以大局为重，处理国事重于任何个人事情。对于君之尊崇恰如孔子是也。如此，君之召，必有要事、大事，孔子接到召令之后，如此的行动，当是孔子对于君的最高礼节。

总之，孔子行君臣之礼，是通过其急切之行为来加以落实和体现的。如此，君命召之急事，孔子以君之事为重、为上的原则，表孔子对君命召之极度重视。对君命召的重视，本质上即对君主的尊重之具体落实。急切行君命，即是孔子最大的遵礼、行礼。

21. 夫子于友，坚行仁义

乡党 10.21

【原文】朋友死，无所归，曰："于我殡。"

【译文】（孔子的）朋友死了，没有亲属负责敛埋，孔子说："丧事由我来办吧。"

孔子于朋友，生之行仁，"生于我乎馆"；死之行义，"死于我乎殡"。"此一节，记孔子行朋友之义。"（朱熹）

朋友死，"无所归"［无亲属主之者也］，孔子主动承担"殡"［以大殓而徙棺曰殡］。于孔子为朋友"殡"，钱穆赞之："此见孔子于朋友，仁至而义尽，然亦非如后任侠好行其德之比。"

具体而言：

第一，《礼记·檀弓》有言："宾客至，无所馆"。夫子曰："生于我乎馆，死于我乎殡"。陈祥道引证曰："子夏问曰：客至，无所舍。夫子曰：'于我乎馆'。客死，无所殡，夫子曰：'于我乎殡'。礼与仁与。"

孔子曾曰："仁者制礼"。陈祥道释曰："盖礼，非仁不立；仁，非礼不行。生于我乎馆，礼也，而仁存焉；死于我乎殡，仁也，而礼亦存焉。"朱熹以为："朋友以义为合，死无所归，不得不殡。"戴望释曰："礼，朋友之交，财货相通，忧患相救，生不属，死不詑，故夫子曰：'生于我乎馆，死于我乎殡。'"钱穆考证后认为，"本节言：'朋友'，言其与孔子有素。当世其人病危，孔子呼而馆之，谓病中馆我处，死亦殡我处。本节特记所重，故单言'于我殡'。然先言死无所归，则若其人已死，已殓，乃呼其柩而殡之，此绝无之事。后人乃疑孔子任其殡资，就其所在殡之，不迎于家，然又与'于我乎'三字不合。故知本节文略，必连《檀弓》兼释乃得。此必实有其事，而是出偶然，非孔子时时作此言。"

第二，此节记述孔子的朋友死后，无亲人为之安葬，他不愿、不忍朋友之尸抛于荒郊野外，主动承担起操办朋友之丧事之举，表明孔子念朋友之情，重朋友之义，体现了孔子待朋友之"礼"，深度地表达了孔子为人之"仁"。

第三，孔子自觉于"礼"，从而践行"仁"。既然是"志同道合"之朋友，朋友当行义，并非因朋友之死而绝情丧义。如此，当朋友死后无所归土之时，孔子自觉而勇于"当仁不让"。如此，孔子自觉自愿且坦然地承担朋友最后、最尴尬之"事"，为朋友之恩彰显其仁、其义举。

第四，从本节完整之意来看，应该是朋友病而死，其人没有归处、无人收殓入土，夫子迎之来，说："病中在我处寄居，死了在我处停柩吧！"孔子以己之所为践行朋友之"义"，彰显"礼"之"仁"本思想与原则。孔子之举，不仅对世态炎凉、人情淡薄之世俗予以批判，同时也昭示着"真朋友"的深层内蕴。

第五，"生"后之事，是为"大事"。孔子能主动而甘愿料理、承担朋友"生后之事"，未对旁人予以指责，表达了孔子不仅行朋友之义，更为重要的是对生命本身的尊重与敬畏，这无不体现出孔子的悲悯之心与高尚人格。

第六，孔子能够为友操办殡事，展现孔子以"仁"为本、以"义"为先的为友之道，突出孔子为人之"仁德无量"。"朋友"之于孔子，非以利益作取舍，而是以其道同，以其彼此之精神交融而伴行一生，"失友"之痛，当是精神的摧残，因此，当友人离世，孔子行义而自当担负友之殡事，以表达对友人的怀缅之情。

总之，本节通过孔子对"朋友"之内涵的道义承担，不仅折射了当时世风的衰败，而且彰显了孔子救世风之举的道德意义，从而将孔子以"仁""义"待"朋友"之无私真情充分地表现出来。如此，孔子之"仁"，于朋友之生"情"也，于朋友之病"爱"矣、于朋友之死"义"而"殡"。

22. 惟拜礼物，不拜财物

乡党 10.22

【原文】朋友之馈，虽车马，非祭肉，不拜。

【译文】朋友馈赠物品，即使是车马，不是祭肉，（孔子在接受时）也不行拜谢之礼。

孔子在接受朋友的馈赠之物时，孔子除"祭肉"，一律不拜，那怕相馈的财物贵如车马，亦不行拜谢礼。以此表明孔子严格遵礼，只拜应拜之"礼物"。故"此一节，记孔子交朋友之道。"（朱熹）

贵如"车马"之类的"物"，只是朋友所馈之"财"，惟"祭肉"为"礼物"，故"车马虽重，为礼轻；祭肉虽轻，为礼重"。如此，孔子所拜非"财物"，独"礼物"，以表孔子重情轻物、重礼轻财。

具体而言：

第一，此节首先厘清了孔子眼里的一般"财物"与"祭祀之物"的区别，侧重记述孔子所重、所拜独"礼物"，非如车马之类贵重的财物，突出孔子以"祭肉"表达对祖先和神灵所持的祭念与敬意，从而证成孔子通过"礼物"对"礼"的虔敬立场。

第二，在本节中，孔子面两类"物"。一类是"朋友"所馈赠"车马"之类价高的财物；另一类是寓"礼"之"祭肉"。孔子的态度是：不拜财物，独拜"礼物"。如此孔子不因"车马"名贵而行拜谢之礼，而惟拜"祭肉"。这是因为车马非"礼"之"物"，而"祭肉"乃神圣祭拜之物，即是"礼"之"物"。对此，陈祥道释曰："车马虽重，为礼轻；祭肉虽轻，为礼重；故朋友之赐，虽车马，非祭肉不拜。拜赐，酒肉之赐，必再拜，则无所不拜矣。"朱熹则认为："朋友有通财之义，故虽车马之重不拜。祭肉则拜者，敬其祖考，同于己亲也。"孔子拜"祭肉"，实则拜"礼"。如此，鲜明地呈现出孔子重礼轻财，惟"礼"为拜之取向。

第三，孔子坚持惟拜"祭肉"。在此节中，"祭肉"只是具体的"礼"之载体，所载乃其内蕴之神圣。如此，孔子所拜非一般财物，而是承载着、内蕴着敬其祖考等神圣之意，此具唯一性。如此，孔子甄别可拜与不可拜之标准则在于是否存于"礼"。"车马"只是世俗之财富，于"礼"，不可比"祭肉"，为非可拜之物，故不可拜。

第四，本节之关键则在于，"祭肉"，本质上不仅有别于"车马"，亦异于一般的"肉"，如此，差异不在"物"，而在于"物"所寓之意。孔子置"物"于"礼"中，对之价值加以审视，确认其殊异，厘清惟拜祭肉之"礼物"，而不可拜如是马车之"财物"。

总之，"士相见之礼，挚用踶雉，受而不距，而交答焉。唯祭饭然后拜之。"（戴望）本节通过"车马"与"祭肉"之比较，"车马"价高，"祭"之"肉"价低，二者悬殊，此乃实！但孔子拜"祭肉"，而不拜"车马"，非"车马"不贵，而在"车马"非"礼"之"物"。如斯，孔子唯拜"礼"之"物"，拜载"礼"之"祭肉"，以此充分彰显孔子唯"礼"至上的行为原则。

23. 寝居依礼，夫子爱礼

乡党 10.23

【原文】寝不尸，居不容。

【译文】（孔子）睡觉不像死尸一样挺着，平日家居也不作客或接待客人时那样呈庄重严肃的仪容。

《论语·述而》记载孔子闲居家中的生活："子之燕居，申申如也，夭夭如也"，表孔子日常家居生活，愉悦但依然端庄得体，这是孔子于"礼"之执着。"寝不尸，居不容"继续记述孔子在家居时，与其祭祀或待客时恪守礼仪、恭谨持重相异，呈现出自然轻松怡然、又不肆意妄为，不失庄重之貌。

简言之，此节记述孔子家居，既言其轻松自然，又不失礼之规范。

具体而言：

第一，本节在遵循礼制，规范行为之基本原则的基础上，谈及孔子日常生活中尊重人之本性、按照舒适怡然之原则而家居。因为孔子尚礼而使自己的行为、自己的生活唯"礼"至上，从未敢有丝毫疏忽，唯恐其行有悖于"礼"之规范。如此，本节以"不尸"之寝和"不容"之居，具体呈现其日常起居生活，构成与孔子上朝、待客之截然不同之生活形象。如此，表明孔子反对机械地践行"礼"而丧失人之生活最为基本的特征，从而体现孔子对日常生活的尊重。于此，孔子于"礼"之规范与日常生活之自然舒适之间，达中庸之境。

第二，此节之中心无疑是指证孔子日常生活之仪态，表明孔子日常生活饮食起居所遵循的原则是"不尸""不容"，强调寝息居家不必"绷着"，可以轻松自如一些，亦不必强打精神，拘谨而局促，应以舒适为度。但又切不可因为是家居，就不注重自己的形象，不讲究礼规而慵懒、放纵、邋遢而不整。

（1）"寝不尸"。"尸，谓偃卧似死人也。"（朱熹）"寝不尸，非恶其类于死也。惰慢之气不设于身体，虽舒布其四体，而亦未尝肆耳。"（朱熹引范氏）"吉祥而卧，故不尸。"（蕅益）"内寝不如尸坐为庄。"（戴望）如此表明，孔子于内寝时，从睡姿来说，不能如尸一样直挺挺地躺着，僵硬、僵化的姿态。如尸而寝，极为不雅观、不庄重，亦使惰慢之气涉于身体，本质上是于身体缺乏礼制管束。如此，孔子"寝不尸"，突出孔子在最讲求舒适之时，亦不可须臾松懈对礼的尊重，要求身体睡觉时都须符合礼。以此可见，孔子遵礼行礼达此等极致程度。

（2）"居不容"。表孔子家居时，虽不过分装束其仪容，但亦决不邋遢，不懈怠自己，只是不如在祭祀和见宾客那样，着朝服正装般正式而已。如是"居不容，非惰也。但不若奉祭祀，见别而已。申申夭夭是也。"（朱熹引范氏）

第三，人的生活，有正式与非正式场合之分。在正式场合该循"礼"之时，必须注重仪容、仪态，须正襟危坐，以"礼仪"为适，切不可疏忽而失"礼"，更不可无端而违礼；在非正式的日常生活，尤其是家居时，虽无须故作姿态，如是上朝、祭祀、见宾客之容仪，但也不可走向另一个极端：随心所欲，不顾礼仪、肆意妄为、随心所欲，将日常生活过得不堪入目，一塌糊涂。孔子之日常家居，属私人日常生活，虽有别于正式场合那般严格恪守礼仪，但亦不可毫不顾礼。如此，孔子既享受了日常家居生活是恬静轻松，亦遵礼讲究"不尸""不容"而优雅得体。

总之，孔子讲究得体的行为举止，从而维护"礼"之尊严，切勿因家居生活而忽略"礼"，进而"无礼"地生活。孔子否定将"礼"形式化和虚无化于日常家居生活，从而保证"礼"对己之生活的规范性，证成礼之正当性。如此，孔子于家居日常生活中依然遵礼而行，能做到"寝不尸，居不容"，从而保证"礼"于个体生活的正确引导。

24. 容貌之变，时时有礼

乡党 10.24

【原文】见齐衰者，虽狎，必变。见冕者与瞽者，虽亵，必以貌。凶服者式之。式负版者。有盛馔，必变色而作。迅雷风烈必变。

【译文】（孔子）看见穿丧服的人，即使是关系很亲密的，也一定要把态度变得严肃起来。看见当官的和盲人，即使是常在一起的，也一定要有礼貌。在乘车时遇见穿丧服的人，便俯伏在车前横木上（以示同情）。遇见背负国家图籍的人，也这样做（以示敬意）。（作客时）如果有丰盛的筵席，就神色一变，并站起来致谢。遇见迅雷大风，一定要改变神色（以示对上天的敬畏）。

此节记述了孔子在日常生活中，面对不同的人和事情，会因其不同情况而行相应的礼，如朱熹所释："此一节，记孔子容貌之变。"

从记述的具体内容而言，主要突出孔子对服丧之密友亦要改容、对盛装之熟人亦要庄重、对残疾人要保持尊重、对他人的盛情款待表示隆重的谢意、对背负着国家图籍之人表敬意，对迅雷烈风等自然现象持恭敬严谨之神情，以此表明孔子在日常生活中能做到礼仪周全而不疏漏，完全遵礼而生活。

从对孔子日常生活行礼之记述来看，孔子不仅严格循礼而待人与事，亦是一位心思敏锐、缜密，心怀仁爱、富于同情心和感恩心之人，更是对天命存敬畏之心的人。如此可见，孔子仁人、敬人、敬天。

具体而言：

第一，本节具体而生动地记述孔子遇见不同的人、在不同的场景所展现出的合适的举止与仪容姿态，其容、其言皆有一份"端庄"与肃穆，表明孔子对各种礼仪的自觉遵循，彰显孔子悲天悯人的大情怀，此乃"仁"之真精神。

第二，本节首先记述了孔子所遇见的诸人，其心、其表情、其举止、情态随之相应而变化，以表其同悲、同情以及尊重和敬意。具体而言，"见齐衰者""见冕者与瞽者""凶服者"和见"负版者"。在这里，记述者用了两个"必"，突出孔子未有一丝懈怠，而是随情况而必然改变其容貌，表明孔子于"礼"的绝对遵从。在文本中，在两个"必"之前，以"虽狎""虽亵"，即表明孔子与

生活哲学视野中的"论语"研判

所见之人的关系很亲近，但是孔子依然未忽略应有之"礼"，这样，就更强化了孔子对"礼"的自觉践行。

第三，本节还记述了孔子逢"两事"，其神情和举止的变化，从而进一步体现了对礼的遵从。具体而言，其一，是"有盛馔"，"必变色而作"，这是指孔子"敬主人之亲馈"。面对主人在招待客人时，为每一位宾客奉上盛馔，孔子必定整容起身致谢"主人之礼"。其二，是遇"迅雷风烈"，"必变"，这说明天有雷霆之怒，所以整容以待，以"敬天之怒"（朱熹）。

第四，进而言之：

（1）齐衰与凶服，表征着生命的终结，孔子见齐衰、凶服者变而式之，体现了孔子对哀衰之同情，对生者之尊重。所谓"生死同约"，重死之礼，实为重生之意。

（2）"盛馔"，在物质相对贫乏之古时，实为对生命最高的馈赠和怡养。"有盛馔，必变色而作"，不仅是对主人上待之回敬，更是对生命得以滋养之感恩。如是："孔子曰：主人不以礼，客不敢尽礼；主人既尽礼，客亦不敢不尽礼者也。"（陈祥道）

（3）"冕者"，官也。官者是为决策者，亦为礼仪规范之执行者。孔子见冕者，以貌待之，不仅是对执政者之尊敬，更是对其所持之策、所执之政的敬畏与遵从。

（4）"瞽者"，为社会阶层之弱势群体，见瞽者以貌，与见冕者同礼而待，体现了孔子之"礼"在外延上的包容性、广泛性，和在内涵上的一致性，即朴素的平等思维，表孔子爱生之仁，心存悲悯恻隐之情。

（5）"负版者"，表层所现是负有形书籍之人，就其深层而言，则为肩挑文化传承之重任的知识分子阶层。"见负版者而式之"，不仅是对以"版"之形式所承载的文化予以尊崇，更是对"负版"之人的认同与器重。恰如朱熹所释："负版，持邦国图籍者，式此二者，哀有丧，重民数也。人惟万物之灵，而王者之所以天也。《周礼》：献民数于王，王拜受之。况其下者，敢不敬乎？"

（6）遇"迅雷风烈而变"。陈祥道释曰："礼曰：有疾风迅雷甚雨，则必变。虽夜亦必兴服衣冠而坐。诗曰：敬天之怒，无敢戏，豫敬天之渝，无敢驰驱，皆恐惧，修省之意也。""若有疾风、迅雷，甚雨则必变，虽夜必与，衣服冠而正。"（朱熹）"雷电交作，疾且烈，天之变也。圣人后天而奉天时，故必变。"（戴望）这体现孔子敬畏天地自然，尊尚天道。

如此，（1）与（2），从"死"之去向、"生"之可能的二重维度传达了孔子对生命的敬畏之礼；（3）与（4）通过对"冕者"、"瞽者"同礼而待，表明孔子对社会秩序之恪守，同时也体现了"礼"对"人"平等相待之核心意蕴；（5）与（6）通过对负版、风雷之礼，彰显了孔子对文化与自然的敬畏。而社会环境、文化环境、自然环境恰恰是生命（人）得以展开、延续的场域，"礼"之功能即为人之生存拓展合理界域，并维系人和谐发展的关系态。

　　总之，此节通过对孔子遇到不同的人和事，相应所发生的情感、容貌和举止之变化，表征孔子于人的理解、同情、尊重、敬重与感激，以及对"天"的诚敬，从而折射出孔子将"礼"自觉践行于生活的方方面面，在"礼"式微的境遇下，向世人展示"礼"依然"在场"。

25. 正立执绥，礼止三不

乡党 10.25

【原文】升车，必正立，执绥。车中，不内顾，不疾言，不亲指。

【译文】上车时，一定先直立站好，然后拉着扶手带上车。在车上，不回头，不高声说话，不用自己的手指指点点。

"此一节，记孔子升车之容"，具体记述了孔子升车、车中之言行。"升车"之态：正立、执绥，表孔子"心体无不正，而诚意肃恭矣。盖君子庄敬无所不在，升车则见于此也。"（朱熹引范氏）于"车中"，则遵三"不"之原则，皆"不失仪"。如是陈祥道所释曰："升车、执绥、不亲指，手不失仪也。不内顾，首不失仪也。不疾言，口不失仪也。"

孔子乘车，端庄肃敬、不失仪、不惑人，事事处处皆遵循礼而行。

具体而言：

第一，以上几节，所述皆为孔子如何严格遵从周礼，将礼彻底贯彻于生活的方方面面，表征孔子自觉地按礼行事，在不同的环境，对不同的人、不同的事，应该有何种表情、何种行为、语言等，都做到一丝不苟，准确而妥贴。所以，孔子的弟子们在谈起这些时，津津乐道，佩服之至。如此，记述下孔子之日常生活中的言谈举止，再现"礼"于鲜活的生活场景之中。

第二，本节侧重于对孔子登车、乘车时的几个环节予以记述，具体而细腻地记载了孔子登车正立、执绥而上，〔"立车防奔覆，故执绥，立以为安也。"（戴望）〕坐上车以后，不环顾四周、不东张西望、不高声喧哗、不指指点点。如此，将孔子庄重而得体之仪态得以充分地表呈，以此突出孔子出行时对礼仪之遵从。

第三，从对孔子之举止、仪态的描述，可显君子升车之言行特点。记述者用了三个"不"，即"不内顾，不疾言，不亲指"，突出孔子升车遵循"三不原则"。"不内顾"，指"不环视也"；"不疾言"，指"不急暴言语，为惊众"；"不亲指"，指"当指者授意仆从，若前行有行潦险仄之涂，故不亲指"。（戴望）如此，以乘车之言行规定，表明"仕"须忌轻率、轻薄与轻浮，而应以持重、凝重、稳健、不苟言语、不东张西望为上，于此显示"仕"之大气、庄重、沉稳，尽在其一言一行之中。由此渐渐生成与定格为中国政治人典型而独特的人格模式和言行特征。

第四，从孔子之言行可见，"礼"对"仕"之举止、仪态与饮食、衣着的规定，可谓苛严。然而，孔子能严格践礼，以己行再现"礼"，充分体现孔子言行之标准化和规范化，严格遵循升车之礼。"仰则观天，俯则察地，前闻和惊之声，旁见四方之运，此车教之道。"（戴望）由此，孔子之行，客观上张扬了"礼"。

总之，本节具体对孔子升车之言行、仪态的细致记述，再现了礼对"仕"之抬手举足、言谈举止的诸多要求。一言以蔽之，"仕"之言行必须符合"礼"之严格规定，其正、其重、其敬、其优雅，承载着其"尊"、其"威"而昭示于世人，从而引动世人向礼、从礼。

26. 山雉之时，己不逢世

乡党 10. 26

【原文】 色斯举矣，翔而后集。曰："山梁雌雉，时哉时哉！"子路共之，三嗅而作。

【译文】 孔子在山谷中行走，看见一群野鸡在那儿飞，孔子神色动了一下，野鸡飞翔了一阵聚落在树上。孔子说："这些山梁上的母野鸡，得其时呀！得其时呀！"子路向他们拱拱手，野鸡便叫了几声飞走了。

孔子以"山梁雌雉，时哉时哉"而喻己之于世，不得时。良禽可择木而栖，然己却无木可择而栖。如此，孔子观山梁之雉，反思己一生之志，悲叹充斥心怀。以此表孔子"复礼"、弘道之梦，于当世，竟无立锥之地。

时也，运也，孔子非仅叹个人之不济时运，而是以个人之不时，叹仁道之不时。此乃孔子大悲苦，大悲叹之所在。

具体而言：

第一，此节主要是记述了孔子借赞"山鸡"自由飞翔与降落，表自己心中对自由生活的向往，尤其是孔子对山鸡之"得时"的羡慕，感念自己一生之遭遇，深觉己不得其时，即"失时"。如此，尽管自己严格遵循"礼"，且东奔西走，却没有获得普遍响应。这样，本节记述孔子之言，饱含其内心对自己坎坷人生的感慨、感叹。

第二，孔子游山观景，见雌雉尽展飞翔与降落之自由，想起自己大半生颠沛流离且不得志。如此，孔子一比照，深感自己连一只雌雉都不如，内心无疑有了巨大的挫败感和失落感。孔子通过对雌雉的赞慕，反衬出自己"生不逢时"，对自己人生的落寞与不能彰显其弘道之理想而深深遗憾。

第三，"色斯举矣，翔而后集"，"此佚《诗》也"。"孔子引《诗》言，叹其知时，以喻君子远害，亦当歒欠举翔如斯雉矣。"（戴望）如此，孔子以无比羡慕、赞叹之口吻言之："山梁雌雉，时哉时哉！"孔子之言，无疑将"时代"或世道与"个人"命运之关系深刻地表征出来了。孔子生于天下"无道"之世，尽管他倾其一生，也无力"复礼"，再现"文王之道"于世，亦不如眼前这

"山梁雌雉，时哉时哉"那般自由而幸运，这表明孔子深觉其理想于现实的残酷遭遇。

第四，"子路共之，三嗅而作"。对此有两解，其一，认为"子路闻孔子赞叹此雉，竦手上拱作敬意。……或说，共作供。子路闻孔子美之，投粮以供。"（钱穆）朱熹引邢氏之解曰："时哉，言雌之饮啄得其时。子路不达，以为时物而共具之。""子路见此雉，为给其食，雉三臭其气，不食而其。"（戴望）其二，认为子路捉来雌雉，烧熟献给孔子，表子路不明孔子借雌而言己之志，误读孔子感叹之深意。孔子言"山梁雌雉，时哉时哉"，非为口腹之欲。但是，子路于孔子的孝敬可显一斑。从孔子与子路对"雌雉"之态度和作为，可以看出，孔子之叹是"理想性"的、是对自己一生志向之悲叹；而子路则是将孔子之志简单而直观，降为对"物"的需求，师徒二人之思的错位，映衬出孔子高远之志，也映现出孔子之叹的凝重、深沉与悲怆。

不论是哪一种解读，皆表明孔子对"时哉时哉"之"山梁雌雉"羡慕不已。

总之："孔子曰：鸟能择木，木岂能择鸟，此之谓翔而后集也。色斯举矣，易退也，翔而后集，难进也。色斯举矣，翔而后集者，臣之道也，故以雌雉继焉。雌雉之为物，其别有伦，礼也；其交有时，义也。君子出处以时，去就以道，亦若是焉而已。孔子叹雌雉于山梁，亦此意也。他日，子路共之，三嗅而作，其能识去就之宜也。共与周礼共举之共同。"（陈祥道）

"《乡党》篇汇记孔子平日之动容周旋，与其饮食衣服之细。……雌雉章见孔子一生之行止久速，不知礼章者孔子一生学问纲领所在。"（钱穆）本节为"乡党"最后一节，是在对孔子生活诸多方面具体记述的基础上，最后落实于孔子对自己一生笃信不移、执着追求的、坚定践行"礼"的效果的反思和自觉。如此，孔子慕"山梁雌雉，时哉时哉"之叹，可谓是对自己人生理想信念、践行之"礼"的总结。于此，孔子之叹"山梁雌雉，时哉时哉！"不仅仅是其个人人生遭遇的感怀，更为重要的是对"周礼"之现实命运，对"王道"之不济的深深痛惋。

第十一　先进篇

1. 重礼之质，吾从先进

先进 11.1

【原文】子曰："先进于礼乐，野人也；后进于礼乐，君子也。如用之，则吾从先进。"

【译文】孔子说："先学习礼乐而后再做官的人，是（原来没有爵禄的）平民；先当了官然后再学习礼乐的人，是君子。如果要先用人才，那我主张选用先学习礼乐的人。"

孔子从礼乐之"文"与"质"的关系视角，从礼乐历史演变之维度，指明先进之礼乐，"质"胜于"文"，太质朴，如是"野人"；相反，后进之"礼乐"，"文"过其"质"，却被认为如是彬彬之"君子"。于此，孔子之言，蕴含着对"文"过其"质"之后进礼乐的批判，欲以"质"胜于"文"的先进之礼乐，矫正后进礼乐之弊，强调、突出先进礼乐之"质"，乃乐之根本所在。

孔子之言，以"先进"与"后进""野人"与"君子"对礼乐文化不同阶段的特点予以揭示，以"吾从先进"表己之取向与抉择，从而对当时本末倒置、有文无质、徒有其表之礼乐文化予以批判，以期重塑"文质彬彬"之礼乐。如是戴望所言："矫枉以曲然后直，救时以偏然后正。以时文蔽已甚，将为之立质家之法，故欲反野从先进。"

孔子之论，恰如蕅益所释曰："先进的确有野人气象，后进的确是君子气象。但君子的确不如野人，故评论须如此，用之须如彼。"江谦补注："礼与其奢也宁俭，乐与其荡也激也宁和而平。礼乐唯心所生，亦即正心之具也，心正而身修家齐国治天下平矣。……俭朴和平之礼乐，野人也能焉，孔子从先进，欲礼乐之普及于野人也。"

具体而言：

第一，夫子曾针对"文""质"之关系言道："质胜文则野；文胜质则史。文质彬彬，然后君子。"（《论语·雍也》）今又从"文""质"之关系，审视礼乐之历史演变，判断先进之礼乐和后进之礼乐的差异，指出先进之礼乐的特点是质胜文之"野"，如是"野人"；后进之礼乐的特点则是文胜质之"史"，如是当世之"君子"。在此基础上，孔子鲜明地表达了自己的立场：对先进礼乐之质朴的赞赏与遵从，对后进重"文"丧"质"之礼乐予以否定和批判。以此观之，孔子欲重塑、重振礼乐文化，其取向就是针对后进礼乐文化重"文"丧"质"之弊而矫正、改造，凸显礼乐之"质"，着力于先进礼乐之"质"，与后进礼乐之"文"有效整合，使"礼乐"真正实现"文""质"之统一。

第二，何谓"先进"、"后进"？何谓"野人"、"君子"？

朱熹释曰："先进后进，犹言前辈后辈。野人，谓郊外之民。君子，谓贤士大夫也。"

戴望释曰："先进，谓夏、殷士；后进，谓周士也。夏、殷士之士，文不胜质；周之士，质不胜文。"

钱穆释曰："先进后进：一说：先进指五帝，后进指三王。如《礼运》言大同，《表记》言四代优劣。然此义后起墨家道家始有，孔子时无。一说：先进指殷之前，后进指周初。然孔子明言'周监于二代，郁郁乎文哉，吾从周'。则此说亦未当。一说：先进谓文武王时，后进指春秋之世。孔子殆不以春秋僭乱与周初文武相似，亦未是。另一说：先进后进，犹言前辈后辈，皆指孔子弟子。先进如颜、闵、仲弓、子路，下章前三科诸人。后进如下章后一科，子游、子夏。本章乃孔子分别其门弟子先后不同。说最近是。今从之。"

而对于"野人"、"君子"。钱穆认为："野人，朴野之人。先进之于礼乐，文质得宜，犹存淳素之风。较之后辈，转若朴野。君子多文，后进讲明礼乐愈细密，文胜质，然非孔子中心所谓文质彬彬之君子。"

事实上，所谓的"野人"，所指即为殷商遗民。他们保留了前代之礼乐，更朴质，因为他们比周人先学习到古礼；只因周代，殷之后、殷商后裔被安置在国都之外，即"野"，故称其为"野人"。周人贵族在国都内学习先进之礼乐文化，为统治阶层，即为"君子"。就历史事实而言，周原为西北边陲小国，入主中原后才接触到礼乐文化，因他们是半道而来，所以更多知于礼仪之"文"，不甚了解礼之"质"。由此，可以看到，在孔子眼里，殷商后裔即"野人"比周朝贵族即"君子"更早接触、更深掌握"礼乐"之本质，更具有"礼乐"之朴质本性。因为随着时代发展，"礼"愈发繁琐、其"文"愈盛，"后进"之礼乐，已渐次丧失其原初质朴之内蕴。

第三，对于"先进于礼乐，野人也；后进于礼乐，君子也"之真切内涵，宋儒程子与陈祥道之释，击中其要义，其论颇为中肯。

程子曰："先进之礼乐，文质得宜，今反谓之质朴，而以为野人。后进之于礼乐，文过其质，今反谓之彬彬，而以为君子。盖周末文胜，故时人之言如此，不自知其过于文也。"

陈祥道释曰："时有先后，礼乐有文质。先进于礼乐，惟其实而文不足，故曰：'野人'。后进于礼乐，惟其文而已，故曰：'君子'。惟其文，则非躬行者也。"

程子之释，更突出今人误读先进、后进之礼乐文化，颠倒了礼乐文化之本末，未能得其真谛。如此，程子之释无疑纠正今人对礼乐文化认识和理解上的偏失，表明孔子欲还原而矫正之。陈祥道之释则突出了先进之礼乐，重在躬行，彰显礼乐之"质"，而后进之礼乐，重"文"却"惟其文，则非躬行者也"，指示出孔子之所以言"如用之，则吾从先进"之根本原因。

第四，孔子言"如用之，则吾从先进"，这是孔子对先进与后进认知、判断之后自觉的取向，以表明孔子"欲从先进以救之，以其矫枉以直，救时以正。"（陈祥道）对此，朱熹亦言："孔子既述时人之言，又自言其如此，盖欲损过以就中也。"戴望释曰："矫枉以曲然后直，救时以偏然后正。以时文蔽已甚，将为之立质家之法，故欲反野从先进。子曰：'夏道不亡，商德不作；商德不亡，周德不作；周德不亡，《春秋》不作。《春秋》作，而后君子知周道亡也。"

既然是"先进"之"野人"比"后进"之"君子"更准确地把握、体现"礼乐"之本质和要义，且其所掌握的"礼乐"更符合"礼乐"的原初形态，而被后世繁缛礼仪之"文"则弱化或丧失了礼乐文化之"质"，失去了礼乐之本，甚至被歪曲了，所以不再是孔子认可的礼乐文化。如此，孔子之取向则是以"先进""野人"重"质"之"礼乐"为本，重塑当时之礼乐文化，彰显了孔子鲜明的立场，表孔子对当世礼乐文化之严重不满，思"先进"礼乐之心切。

对于"如用之"，钱穆有言道："孔子五十以前，有用世之志，当时诸弟子相从，所讲多重实用。自周游返鲁，已值晚年，用世之心稍淡，后进弟子于礼乐文章研讨益精，然渐有文胜之风。故孔子谓礼乐如复见用于世，吾当从先进诸弟子后。用之之字即指礼乐。"钱穆之释，揭开了孔子言"先进""后进"之直接因。孔子言"先进"与"后进"，进而言"如用之"，非仅仅为教授弟子，更有其现实指向，标示着当世礼乐文化之弊。如此，孔子所谓的"如用之"，则突出其欲重塑重"质"之礼乐文化，促文质彬彬的礼乐再现于世。

总之，本节透过孔子的言辞，可以很清晰地看到孔子更欣赏殷商之礼，因为它更朴质，对变异之后的"礼乐"，孔子无疑是否定和拒斥的。孔子厘清"礼乐"之"质""文"、本末，恰是复兴礼乐之前提。

2. 慨叹弟子，皆不及门

先进 11.2

【原文】子曰："从我于陈、蔡者，皆不及门也。"

【译文】孔子说："曾跟随我从陈国到蔡地去的那些学生，现在都不在我身边受教了。"

孔子忆曾生死相从，笃定患难与共之诸弟子，叹今日皆已纷纷离去而"不及门"，表其门前凄冷，问学者少矣，道学何人可承续。

人老思故，孔子亦然。孔子发出如此之伤叹，乃念与弟子深厚之情谊，哀其道学传人绝矣使然。如斯，孔子以追念众弟子而回味曾经周流诸国弘道之火热，映射出今日孔门之冷清。恰如朱熹所释："孔子尝厄于陈、蔡之间，弟子多从之者，此时皆不在门。故孔子思之，盖不忘其相从于患难之中也。"

忆曾经，"从"之浩荡、蔚为壮观，即使遭厄运，亦不曾散零；可如今"皆不及门也"。两种场景、两幅画面，对比鲜明，孔子心生落寞凄凉之感叹。

具体而言：

第一，这是孔子周游诸国回鲁之后，在追溯往事，追忆跟随他游学、求仕于诸国的弟子们时所发出的感叹。孔子采取"先分叙，后总结"的语式结构，以"从"和"不及"之"事实"的反差来衬托和强化孔子对"复礼"大业的前后两种景象所具有的不同心境。如此，在对比中表达对弟子们思念之情，折射出孔子于当下冷清衰微情形的凄婉之心，真可谓悲苦交集，以"皆不及门"表达了孔子更为深层的忧思。

第二，孔子言"从我于陈、蔡者"，以此事实，表悲壮之情。所言之"事"，据载，于公元前489年，孔子及学生一行人，从陈国去蔡地。途中，他们被陈国的人所包围，绝粮七日，许多学生饿得不能行走。当时跟随他的学生包括有子路、子贡、颜渊等人。被围困七日，依然不曾零散而离去，始终患难与共。公元前484年，孔子回鲁国以后，子路、子贡等先后离开了他，颜回也死了。面对此景，环顾左右，空空焉、孤寂一人，试想曾经追随自己于诸国传仁学、布仁道、求仕途，可谓众弟子相随，队伍浩壮，而如今，那场景、那一张张鲜活的脸孔，只残存于记忆之中了。如此，孔子之慨叹，表孔子对于与己共过患难的弟子割舍不去的念想，体现孔子与弟子们在弘道之途上彼此间深厚的情谊。

第三，曾经"从"自己的弟子们，如今安在？追随者或散、或亡、或去他邦，早已不在身边，早已无人再"从"之。此情此景，催生孔子晚年之失落、伤感与痛楚。其失落、伤感和痛楚之本质在于，人已去，"复礼"之事已势单力薄，其一生践行的事业后继乏人。

更为重要的是，孔子以"皆不及门"为"暗喻"，即使当年与自己一起在绝粮陈蔡时，几多磨难，受尽煎熬，甚至诸弟子多数饥饿难耐，一句话，曾经在危难时，不离不弃的弟子们，其执着之精神，尤为可贵。如今这些曾经相随的弟子，都出仕于他邦，而不在身边问学了。如戴望所释："门，公门，言及门者，以喻仕路。孔子弟子出仕他国，无为陈、蔡臣者，是以孔子当厄，必使子贡如楚，兴师来迎然后免，故孟子曰：'无上下之交也。'"

细想起来，孔子叹"皆不及门也"，不仅言这些弟子都不在身边，而且更重要的是在孔子看来，他们尚未真正地掌握自己倾其心力向他们所传授的那些真学问或学问的真谛与要领。如此，孔子深感后学无人，其学绝后也。

总之，孔子通过追忆往事，追念故人，俯视当下，不仅表达对弟子们深厚的怀念之情，也以此表达其对自身躬行践履的"复礼"之业已渺茫而感到的真切伤痛、悲怆。

人老思故，弟子散去，"皆不及门"，以叹道衰。

3. 悉数弟子，夫子深念

先进 11.3

【原文】德行：颜渊、闵子骞、冉伯牛、仲弓。言语：宰我、子贡。政事：冉有、季路。文学：子游、子夏。

【译文】德行好的有：颜渊、闵子骞、冉伯牛、仲弓。善于辞令的有：宰我、子贡。擅长政事的有：冉有、季路。通晓文献知识的有：子游、子夏。

孔子追惜曾随己于陈、蔡受困的众弟子，他们中有四科中最为优秀的代表。孔子能如数家珍，一一数列，可谓对今"皆不及门"之弟子，思之真切，念之笃深。

孔子回溯的这些优秀弟子，事实上是孔门四科之冠、之翘楚。孔子按四科列出他们的名字，一方面表孔子对他的才能、特点了如指掌，并能因材施教，促其成长；另一方面亦客观上展现了孔子教育之四维，呈现了孔子施教之内容。

那一个一个优秀的弟子，虽然今已"皆不及门"，然他们鲜活在孔子的回念中，令孔子于欣慰中，更加重了感叹之悲情。

具体而言：

第一，"弟子因孔子之言，记此十人，而并目其所长，分为四科。孔子教人各因其材，于此可见。程子曰：'四科乃从夫子于陈、蔡者尔，门人之贤者固不止此。曾子传道而不与焉，故知十哲世俗论也。'"（朱熹）孔子提及的这十人，是孔门三千弟子中最为优秀的十大弟子，又称为"孔门十哲"。孔子按其所长于德行、言语、政事和文学，数列各自在四个领域中的排名。这不仅表达孔子对这十大弟子们的德行、才能的评断，予以充分肯定和赞许，而且客观地呈现出孔子有教无类、因材施教、诲人不倦施教之结果，更为重要的是表征孔子心中刻录着这群弟子，在此刻对诸弟子更以深情怀念。

第二，从本节可以看出，这十个最为优秀的弟子，各有所长，在四个领域内，都可谓是出类拔、卓尔不群，都已"成器"，并在"君子不器"的道路上攀爬，进而"乐道"。他们应该是得孔子真传之众弟子，他们更是孔子实现"复礼"的希望所在。

第三，从这一节孔子所述，可以看出孔门儒学学问的分类。一般而论，儒家弟子学六经、习六艺。于此，则更为细致而清晰地呈现了儒学学问之分解和门类，即"德行"（指居仁行义者，能行孝悌、忠恕等德）、"言语"（指善于辞令，能办理外交）、"政事"（指能从事政治事务）和"文学"（指通晓诗书礼乐等古代文献）。这四门重要的专业知识和才能，构成儒家教育弟子们品德、知识、能力、才华的价值和精神大纲。

按戴望之释："德行，内外之称，在心为德，施之为行，德行者，居仁由义，可为大臣者也；直言曰言，论难曰语，言语者，善为辞命，可使于四方者也；政事，食货宾师之事，任有司机者也；文学者，通六艺，备九能，可为大夫者也。此举七十子尤异能之士，其余则各以所长从四科之品。"戴望之释，突出了四科的具体内涵，明确了其各自之事功指向。

就其四科之关系，及其众弟子之入列，陈祥道予以了更充分地诠释。他说道："门者，道之微；室者，道之妙。自门以徂堂入室之理也，由微以至妙入道之序也。孔子之门，渊骞之徒，从之也久，造之也深。其上有至于在寝，其下有至于升堂，故列之四科。于陈蔡者则后，其所从皆不及门，孔子所以悯之也。夫德则成之以行，言则成之以语，政则成之以事，文则成之以学。德行，所以行道；言语，所以明道；政事，则治人而已；文学，则道学而已。由仲弓而上，则具体而微者也，由仲弓而下，则得其一体者也。其具体而微，则同；其所以具体而微，则异，故先颜闵而后伯牛、仲弓，其得一体，则同；而其所以得一体，则异，故先言语，而后政事、文学。"

江谦对此补注："德行以修己，政事以安人，言语以为法于天下，文学以流传于后世。圣门具此四科，而木铎之全体大用全矣。四者兼之则孔子也，四科皆德行所摄，故颜渊称具体而微。"

钱穆对之作了详尽的诠释。他认为："本章四科之分，见孔门之因材设教，始于文，达之于政事，蕴之为德行，先后有其阶序，而以通才达德为成学之目标。四科首德行，非谓不长言语，不同政事，不博文学，而别有德行一目。孔门所重，正在用之则行，舍之则藏，不务求禄利有表现，而遂热遵之曰德行。自德行言之，余三科皆其分支，皆当隶属于德行之下。"

第四，按照孔子所列，这四科最杰出的代表是：修德行的有：颜渊、闵子骞、冉伯牛、仲弓。习辞令的有宰我、子贡。学政事的有冉有、季路。习文学的有子游、子夏。他们是孔子成功施教之典范，亦是众弟子学习之楷模，更是孔子复礼、弘道之重要践行者。故孔子深念之而不忘。

第五，不可否认，德行、辞令、政事和文学，无一不是实实在在的操守与学问。弟子们修行此四类学问，这正是孔子毕生追求复礼、践行王道而"救世"

所必须之德才。如此，孔子以此四门为其教学或教育的主导内容，正是他为了让卓越的弟子们问世求仕，从而实现王道理想之需要所决定的。从这一意义上来看，这四门主体课程的设置，正是应现实生活之实际需要在教育内容上的体现，由此深度地体现孔子施教之目的。

第六，孔子将这十大弟子按照四个门类而加以分列，并按照名次加以排序，对内决不是单纯地要褒扬他们这几个杰出的弟子，而是想通过确立"典型"和"标范"，鼓励、激励其他弟子加倍努力，并希望他们也能不断地努力，提高自己的道德修养，成为可以堪称为优秀弟子的人；对外，具有彰显孔门之学的客观功效，从而将这些卓越的弟子举荐给各诸侯国，实现"学而优则仕"，即"学以致用"，让他们能得到施展其才能之良机。

第七，孔子从众弟子们中挑选出在这四个学问门类里最为优秀的"十人"，确立为孔门之学的"代表"，并非是孔子一时主观臆断，而是根据自己对各弟子在这四个学问门类中的修养和所达到的成就所作出的评判，正是基于孔子对子弟的深入和全面了解为前提，遵循"实事求是"的原则；同时，也可以看出，孔子在教育教学活动中，对众弟子们之观察和了解，其用心之真、其倾情之深，这充分表征出孔子作为一个教育家之深沉情怀。

总之，孔子从众弟子们中选拔出这"十个"作为自己学说、自己人生理想与价值希望的"代表"，既表达了孔子以教育出这十个卓越弟子为荣，又昭示着他对其他弟子的殷切期待，更为重要的是想以此"十个"弟子为载体，彰显其人生的历史担待。

孔子之所以如此具体地提及四科之杰出弟子，决不是为了给他们的学习状况予以评价，亦不是因为培养出这么多优秀的弟子而感到欣慰，而是因为这些优秀的弟子"皆不及门也"，故孔子以回忆来悉数他们。如此，则进一步折射出孔子晚年之孤寂与对众弟子之深切怀念。

4. 夫子赞誉，颜子敏慧

先进 11.4

【原文】 子曰："回也非助我者也，于吾言无所不说。"

【译文】 孔子说："颜回不是对我有帮助的人，他对我说的话没有不心悦诚服的。"

孔子因思颜回而言此，以表对颜回聪慧、好学、深思，于己所授之学，能既快又透彻地领悟予以深度的赞许。

孔子正话反说，从反向说"回也非助我者也"，表颜回不"若子夏之起予，因疑问而有以相长"；从正面说"于吾言无所不说"，表"颜子于圣人言，默识心通，无所疑问，故夫子云然。其辞若有憾焉，其实乃深喜之。"（朱熹）

孔子曾赞颜子独好学"不违"，"如愚"而"不愚"，今以"回也非助我者也"反衬颜子通达夫子之所授，无所疑问，于孔子言传，"闻语即解，心感悦怿。"（钱穆）如此，孔子之言，表"夫子之于回，岂真以助我望之。盖圣人之谦德，又以深赞颜氏云尔。"（朱熹引胡氏）

具体而言：

第一，孔子对颜回的评价，主要通过两个维度，牢牢抓住颜回两个特点来进行的。从文辞来看，其一是："回也非助我者也"；其二是"于吾言无所不说"。透过文辞，可以看出孔子对颜回决非责备，只是略有遗憾，更显赞许之真实。这是师生之情圆融，师对生极度肯定之"反语"。

第二，在孔子的众多弟子中，颜回无疑是最为得意的门生之一。从其特质上来看，颜回是一个沉默静思式的君子，其思之广、之通达，能"闻一知十""举一反三""触类旁通"；其"志"之坚，即使"一箪食、一瓢饮、居陋巷，人不堪其忧，回不改其志"。孔子在《论语》中对于颜回的称道可谓"独一无二"，这也确立了颜回于孔门众弟子中的独特地位。从《论语》的记载来看，有的学者将颜回的特点概括为"三个坚定"：即坚定地站在孔子的立场，毫不怀疑；坚定地追随孔子，绝无疑议；坚定地仰视、崇拜孔子，绝不质疑。

第三，正是在这一状况下，孔子才说"回也非助我者也"。对此，戴望释曰："言回岂非助我者邪。孔子曰：'自吾得回，门人益亲'。"蕅益引王阳明之论而释："人问王阳明曰：'圣人果以相助，望门弟子否?'阳明曰：'亦是实话。此道本无穷尽，问难愈多，则精微愈显。圣人之言，本是周遍，但有问难的人胸中窒碍，圣人被他一难，发挥得愈加精神。若颜子胸中了然，如何得问难，故圣人亦寂然不动，无所发挥。'"钱穆释曰："道本难穷，问难愈多，精微益显。颜子闻一知十，不复问难，故曰非助我者。其辞若有憾，实乃深喜之。"

孔子之语，从词句的表面意思来看，似乎对颜回存在的价值予以否定，认为颜子于他之学问的发展、丰富无补、无助、无益，所以才直言"回也非助我者也"。应该说颜回非宰我类的弟子，总是质疑、责难孔子。颜回绝顶聪慧，他对孔子所教授的总能默识心通，无所疑问，故而，孔子面对颜回之学习良好状态，未责难、质疑孔子之论，似乎非"促进"或"刺激"孔子之再思、再言，达到"教学相长"之效，实在是对有智慧莫如颜回这样的弟子而窃喜。如此，这一语，也就从孔子的角度承认了他与颜回之间能心意相通。

正因为如此，孔子才说"于吾言无所不说"。在此，孔子后半句话"于吾言无所不说"是对"回也非助我者也"之正面诠释，表颜子"闻语即解，心感悦怿"（钱穆）。这更为清楚地呈现了孔子眼里的颜回之完整形象，确证了颜回之所以深得孔子赞许之事实。对此，戴望释曰："达于其情则能说其言。《春秋》之作，笔则笔，削则削，贤如游、夏，不能赞一辞，说之深也。"

总之，孔子以"反语"为始，以正面陈述结束，真实地呈现了孔子眼里的颜回。这是一位欣赏和赞扬弟子的师长所表现出来的嗔怪神态和心境。从上一节和本节，可以很清晰地感知到，孔子对自己众多弟子的"个性"能做到"了如指掌""如数家珍"，进而能"有的放矢""因材施教"，这恰好是一个教育家基于"爱人"之精神的伟大所在。

颜回以天纵之才，以安贫乐道之精神，以其心三月不违仁、不迁怒、不贰过之德行，以勤勉、善思、不惰、不愚之好学，深得孔子欣赏。孔子今以"回也非助我者也，于吾言无所不说"，更具体地表达了孔子于颜子的喜爱与赞誉。

5. 夫子力赞，闵子孝道

先进 11.5

【原文】子曰："孝哉闵子骞！人不间于其父母昆弟之言。"

【译文】孔子说："闵子骞真是孝顺呀！人们对于他的父母兄弟称赞他的话，没有什么异议。"

名列德科之闵子骞，其德以"行孝"著称。其行孝之事，得到其父母兄弟及乡邻的普遍赞誉，故夫子叹美之："孝哉闵子骞"。

孔子赞其行孝，表孔子"善闵子骞守礼不苟，从亲所行，无非道者，故无可非间。"（戴望）

具体而言：

第一，本节是孔子在对闵子骞行"孝"得到双重认可的基础上予以再次肯定，充分证明闵子骞践行"孝"之真实可信，从而得到其父母兄弟、世人的称道和孔子的高度赞誉。

第二，闵子骞以重视道德修养，淡漠仕途名利而著称，在孔门十贤弟子中，其名列德科，仅列于颜回之后。"相传闵子骞兄弟二人，母死，父更娶，复有二子，后母薄待闵子，冬天给自己亲生的两个儿子穿厚暖的棉衣，而给闵子骞穿以芦花为内塞的冬衣来冒充棉衣。其父知而将遣之。闵子曰：'母在一子单，母去三子寒'，父感闵子言而止。后母及两弟亦感之，一家孝友克全，能使人无有非间及其父母昆弟，见闵子之孝。""盖闵子处家庭困逆之境，能使父母昆弟皆言其孝，则闵子纯孝感格之效已见矣。"（钱穆）如此，孔子大赞闵子骞而言"孝哉闵子骞"，可见孔子对其孝行所内具的道德特质予以了充分地肯定和高度的赞许。

第三，在本节中，孔子陈述了一个基本事实，即"孝哉闵子骞"。孔子言"孝哉闵子骞"，有别于言"闵子骞孝哉"，这就充分表明闵子骞乃是"孝"的具体体现和现实活样板，具有典型性和代表性。可以说，在孔子眼里，"孝"的基本精神和规定，通过闵子骞得以充分地体现和彰显。这样，了解了闵子骞"孝"之心、之行，也就明白了"孝"本身的内涵。一句话，闵子骞乃行"孝"

之典范。孔子在本句之始，即以祈使感叹之语，以毋庸置疑的语气，对闵子骞为"孝"之"事实"予以了本质性地确证与肯定。

第四，孔子对"闵子骞"为"孝"之"事实"做出原则性的肯定之后，又以其父母亲人，及旁人对"闵子骞"为"孝"之"事实"进行了双重佐证，从而确证闵子骞为"孝"之"名"与"实"相副。在此，尤其需要注意的是，孔子通过他人侧面的评论说明闵子骞的"孝"，因为亲之者爱之，他爹娘兄弟称赞他，且别人无异议，这样，亲人之证其孝"真"，旁人侧证则为其孝"准"。如此，一个人孝或不孝，除了自己的父母兄弟认可，还要获得旁人或大家的认可。恰如陈祥道所释："闵子善事父母。交游称其信，乡党称其仁，宗族称其弟。德行之人，溢于天下，所以人不间于其父母兄弟之言也。"朱熹引胡氏曰："父母兄弟称其孝友，人皆信之无异辞者，盖其孝友之实，有以积于中而著于外，故夫子叹而美之。"

第五，"闵子骞"之"孝"，乃上事父母，下顺兄弟，动静尽善，从其行为之中，真切而充分地体现了儒家人伦血缘关系中最为基本的伦理规范，这也是儒家君子美德之重要内容。

第六，关于"闵子骞"为"孝"之"事实"，得世人普遍赞颂，成为儒家"孝"文化传统之传承与传播的重要内容。明代编撰的《二十四孝图》，闵子骞排在第三，称道其为古今二十四个最有名的孝子之一，其"孝"成"单衣顺亲"和"鞭打芦花"之美传。历代统治者，对集中体现儒家忠孝仁爱之楷模、"孝"之典范的闵子骞亦予以了高度的肯定，并多有嘉奖追封。据有的学者察据：唐开元二十七年（739 年）玄宗封闵子为"费侯"；北宋大中祥符元年（1008 年）封"琅琊公"；北宋神宗熙宁七年（1074 年）在墓前建祠堂；南宋度宗咸淳三年（1267 年）又称"费公"。如此，经过历代皇帝赐匾封公和文人墨客赋诗题记，闵子骞的懿行美德得以传颂。

总之，"孝，于德为本，于行为大。闵子骞尽孝之道，能和睦而无怨者也，故人不间于其父母兄弟之言。"（陈祥道）孔子对其弟子闵子骞"行孝"之赞誉，是通过"直接证明"和"间接证明"等手段，确证闵子骞行"孝"之"事实"的真实性和可靠性，从而确认闵子骞"行孝"，实为践行"孝"之现实典范，使"孝"之精神得以真实而具体的表呈。孔子对之加以高度的肯定和赞扬，以达世人知孝、行孝。

曾子亦行孝，然"曾参之孝，特可语之，以和睦无怨而已，故或告其杀人而母疑之也。"闵子骞行孝，则是"善事父母"（陈祥道）。曾子与闵子骞以不同的方式践行和诠释了"孝"的精神内涵，展现儒家"孝"之丰富的伦理内蕴。

6. 夫子赏识，南容慎言

先进 11.6

【原文】南容三复白圭，孔子以其兄之子妻之。

【译文】南容反复诵读"白圭之玷，尚可磨也；斯言不玷，不可为也。"的诗句。孔子把侄女嫁给了他。

南容能做到"独居思仁，公言言义，其闻《诗》也，一日三复'白圭之玷'""夫子信其仁，以为异姓，谓妻之也"。（戴望）南容反复诵读"白圭"诗篇，有感于白色圭玉上的污点尚能磨掉，而人的言语一经出口便再难以挽回，足见南容言语谨慎，亦能谨慎行事，求其无缺。孔子对踏实做事，说话慎重之南容，倍加赏识，放心地将侄女嫁与他。

南容反复颂"白圭"之诗句，"盖深有意于谨言也"。（朱熹）或"盖有意于以谨言自戒。"（钱穆）孔子称赞之。

具体而言：

第一，关于南容，在公冶长篇中孔子已有言道："子谓南容，'邦有道，不废；邦无道，免于刑戮。'以其兄之子妻之。"今又言"南容三复白圭"。如此，孔子之所以将其侄女嫁给南容，予以了清晰而完整的交代。南容正是因为其志性高洁，又"慎言"，如此便可全身远害。孔子依此判断南容是一个可以让女人托付终生的人。

第二，孔子一贯主张君子"敏于行，而慎于言"。如此，"慎言"作为一种人生警示和孔子人生经验的总结，成为君子人格塑造、修养之重要方面，同时也就成为君子人格的重要标志。更为重要的是，孔子将"慎言"提升到"美德"之表征的高度，换言之，"慎言"，乃是一个人仁德善行之具体体现。南容谨言，必是慎行，其心仁也。陈祥道引《传》言对南容谨言予以阐释道："《传》曰：一言而非，驷马勿追；一言而急，驷马勿及。故在天有卷舌之星，在周庙有金人之铭。是言者荣辱之主，祸福之机，不可不慎也。南容诵诗至白圭而三复，可谓能慎矣。此所以邦无道，免于刑戮。"

第三，言表思与德，有人更进而言之，"言者行之表，行者言之实，未有易其言而能谨于行者。"（朱熹引范氏）事实上，"言"本身具有传意达义之功能，其所指向于人、于事，必然"露"言者之好恶与心迹于他人，产生不同的效果，而且此效果非自我可决定，恰如"一言既出驷马难追"，尤其是消极的效果，已不可消解。如此，"慎言"也就成了一种必要与必须的修养。孔子曾对为政者提出"邦有道，危言危行。邦无道，危行言孙。"且强调"多闻阙疑，慎言其余，则寡尤"。如此，在人际交往之中，对人、对事，切忌轻言、妄言断之，即是在了解周全之后，尚要深思熟虑，同时还须视可言或不可言之情形，方可做出"言"与"不言"的决断，故须"慎言"。"说者无意，听者有心"则突出了被误读和语义延伸而引出的"问题"，更有"祸从口出"对"慎言"重要性的诠释与警示。

第四，南容诵"白圭"一日"三复"，表其深谙"慎言"之理，可见他谨其言如此，慎其行亦如此。恰如朱熹引范氏释曰："未有易其言而能谨其行者。南容欲谨其言如此，则必能谨其行矣。"故孔子对南容大为欣赏。

第五，"慎言"，即是有"口德"，乃是一个人对"言"的功效之自觉而对自我言语的"管束"，进而通过"慎言"反向内化而促进自我"慎思"，最终达到"非礼无言"之境界，显示"礼"于生命在位、在场。如此，"南容"能"慎言"，正是因为他心有"礼"之规范使然。简言之，"慎言"即是管得住嘴，不"信口开河"，不轻易、不草率表达己意。这便有了后人充满智慧的处世之箴言："群居守口，独居守心。"（曾国藩）于是，"沉默是金"成为世人谨言最为简洁的训导。

第六，孔子赞南容，本质上是赞南容能遵礼守仁心，持重而谨言。因为"言"之所表，折射其内之心性修养。南容能自觉"谨言"，表"礼"根植、贯通于其心性，成为其言行之主导，完成了"礼"于其人格的规范。

第七，值得一提的是，记述者将孔子择婿与人的德行紧密关联起来，以此不仅表征了孔子判断一个人重德之取向；而且更为重要是表达了"言"事关生死祸福，慎言可以大大降低灾祸之风险，如此表明"慎言"，不仅是一种自我尊重、自我保护的手段，而且更是一种生命责任与生存处世之艺术。如此，便有"修己以清心为要，涉世以慎言为先"之训。尤其是官场人生更应谨遵之。

总之，本节通过南容反复阅读"白圭"而悟出其中所蕴"慎言"之深刻道理，实现了"慎言"之自觉与自戒，表征南容从"言"而"行"都能"循礼"而为，从而折射其内在心性所具的美德。正因为如此，在孔子看来，南容不仅在"邦有道"时，能做到"不废"，在"邦无道"时，能"免于刑戮"，既不丧失实现自身的价值之机遇，又不让自己陷于"危险"之境地。能如此从容而自如地"进"与"退"，深刻表明南容之"慎言"，绝非是消极意义上的小心翼翼地"言"、甚至是"难得糊涂"式的"沉默",乃是内蕴着智慧之美德,是"智"与"德"之统一。如此人格,不仅是君子之榜样,也是孔子认为可以让自己的骨肉予以托付终生的"对象"。正是在这一意义上,"慎言"成为中国文化人格的重要特质。

7. 康子之问，夫子巧对

先进 11.7

【原文】季康子问：“弟子孰为好学？”

孔子对曰：“有颜回者好学，不幸短命死矣，今也则亡。”

【译文】季康子问孔子：“你的学生中谁是最好学的？”

孔子回答说：“有一个叫颜回的学生很好学，不幸短命死了。现在再也没有像他那样的了。”

季康子与鲁哀公所问同：“弟子孰为好学？”孔子所答则详略有异，表孔子遵礼践礼而“对”，此表孔子真慎言也。

面康子所问，孔子简明言之，“颜回者好学”，进而言“短命死亡，今也则亡”，再无言他，可谓孔子略而“对”之。既体现了孔子遵礼而“对”，亦表明孔子于康子之问所持的拒斥态度。

具体而言：

第一，昔有哀公问：“弟子孰为好学？”孔子对曰：“有颜回者好学，不迁怒，不贰过，不幸短命死矣。今也则亡，未闻好学者也。”（《论语·雍也篇》）今有季康子问：“弟子孰为好学？”孔子对曰：“有颜回者好学，不幸短命死矣，今也则亡。”哀公与季康子所问同，然孔子所“对”则异。

对此，陈祥道释曰：“君子之于天下，异之以称物，同之以平施。与上大夫言，至于誾誾；与下大夫言，则侃侃而已。对君与大夫，可以同之哉。故对哀公则详，对康子则略。”朱熹引范氏亦释曰：“哀公、康子问同而对有详略者，臣之告君，不可不尽。若康子者，必待其能问乃告之，此教诲之道也。”钱穆释曰：“季康子此问于鲁哀公所问同，而孔子对有详略，或说君臣之分不同。或谓哀公有为人君，得贤可以自辅，故孔子以颜子之学详告之。康子权臣，其延揽人才，欲为强私弱公之助，故孔子只惜颜子之死，而更无他辞。”

如此可见，孔子因洞见哀公和季康子所问之目的不同，其“对”呈详略之异，亦表孔子之态度。

第二，面季康子之问，孔子之“对”，无疑再次肯定颜回之“好学”这一不争之事实。而言"不幸短命死矣，今也则亡"，不仅表明了孔子失弟子之痛，而且更为重要的则是鲜明地断了季康子于孔门寻贤才之私念。这便是孔子以"对"之形式而不失礼，然以言之内容而拒斥季康子之智慧。

第三，孔子"对"季康子之问，融其价值立场于事实之中，既对权倾朝野之季氏以礼相待，又以简略的回答而巧妙地表呈了孔子"道不同，不相为谋"之立场。如此，对季康子之问，孔子要言以对，委婉以拒。

总之，面康子之问，孔子只对"有颜回者好学，不幸短命死矣，今也则亡"，未具体详言颜子如何好学，且言再无"好学者"，其遵礼而对，彰孔子不卑不亢而拒斥季康子揽才强私之智慧。

生活哲学视野中的"论语"研判

8. 私情与礼，孔子从礼

先进11.8

【原文】颜渊死，颜路请子之车以为之椁。

子曰："才不才，亦各言其子也。鲤也死，有棺而无椁。吾不徒行以为之椁。以吾从大夫之后，不可徒行也。"

【译文】颜渊死了，（他的父亲）颜路请求孔子卖掉车子，给颜渊买个外椁。

孔子说："（虽然颜渊和鲤）一个有才一个无才，但说来都是儿子。孔鲤死的时候，也是有棺无椁。我没有卖掉自己的车子步行而给他买椁。因为我曾经做过大夫，是不可以徒步出行的。"

《春秋·公羊传》曰："丧事无车，求车，非礼也。"《礼》曰："士有棺而无椁。"又曰："大夫有车，后徒行，不可也。"如此，颜路为颜回请椁、且"请子之车以为之椁"，双重违礼也。夫子"以其不合礼，故抑之尔。"（戴望）

颜路为子请椁，不符合颜渊之身份、地位，此为因情而违礼；"请子之车以为之椁"，此为因情而丧义。对颜路之无礼、无义之要求，孔子被置于情与礼之矛盾关系中，突出孔子不因徇私情而悖礼，从而遵从与维护了礼。孔子以己子而言颜子，体恤、理解颜路之情，然据礼拒颜路之请，表明孔子所持发乎情、止乎礼之原则和立场。

因颜渊之死，就"椁"而引发的颜路与孔子之间，关于私情与礼之辨。颜路重私情而违礼，孔子则抑私情重礼、从礼。

具体而言：

第一，本节记述者记载了孔子在处理颜死后"椁"之事，于"情"与"礼"之内在紧张关系中所持守的立场，表明孔子严格遵礼、循礼之心、之行，反映了孔子遵"礼"、行"礼"之坚定立场和严谨态度。

第二，颜回死，如何安葬，出现了分歧。

分歧之一是，颜回之父请求孔子卖车而为颜回买"椁"，孔子予以否决。因为孔子在鲁国曾任大司寇，是大夫一级的官员，按照"礼"之规定是必须乘车而不能徒步出行。如此，本节首先呈现了"私情"与"礼"的紧张关系。于情，颜回乃是孔子最为得意的弟子，其死令孔子悲伤惋惜，卖车为其买"椁"，似乎应该是情分、情理之中的事情。然而，孔子若卖车徒步出行，又有悖于礼。孔子面对这一紧张关系或矛盾，解决的方案是：不卖车为颜渊买椁，即不因私情而背礼，从而维护"礼"至上之权威。

对此，朱熹解曰："孔子时已致仕，尚从大夫之列。言后，谦辞"，进而引胡氏曰："孔子遇旧馆人之丧，尝脱骖以赙之矣。今乃不许颜路之请，何邪？葬可以无椁，骖可以脱而复求，大夫不可以徒行，命车不可以与人而鬻诸市也。且为所识穷乏者得我，而勉强以副其意，岂诚心与直道哉？或者以为君子行礼，视吾之有无而已。夫君子之用财，视义之可否，岂独视有无而已哉？"

分歧之二是，颜回的父亲痛失骨肉，想厚葬之，即想为之定"椁"，此为人情之正常。然，颜渊非"士"，不必定制"椁"，有"棺"即可。若加"椁"而葬，与颜渊之身份地位不相符合，是违礼僭礼之为。如此，颜回之父因爱子情深欲厚葬颜回，与若厚葬则背礼之间形成第二层紧张关系或矛盾。孔子面对此层矛盾关系时，将心比心地加以诉说，"才不才，亦各言其子也。鲤也死，有棺而无椁。"如此，将学生视为儿子一样，持一样的立场和态度，认为颜回不宜"厚葬"才符合"礼"的规定。

第三，"葬礼"乃是"礼制"之重要组成部分。对于一个人死后"葬"之规格，即或简、或厚，必须根据其生前之地位来决定，须与之相匹配，这是"礼"在"葬"上的具体体现。按照礼制规定，应该简葬的，而施行厚葬，这实质上是一种僭越，是绝对违礼之举。如此，孔子拒绝违礼卖车为颜回买"椁"，也暗示着对同为自己弟子的颜路欲厚葬颜回之"不礼"行为予以警示、批评。对于颜路之请，蕅益评价道："颜路只是一个流俗知见，如何做得回的父亲。"

第四，同为父亲的孔子，深深理解颜路失子之痛。即便如此，孔子非常体贴地言说，即使孔鲤死了，我也会同样悲痛，但是也同样只能是"有棺而无椁"。在此，孔子表达了在"礼"面前不因人而异，都必须予以遵循，在"礼"面前"人人平等"，这是不容僭越，不可因私情而不顾"礼"。同时，孔子还想表达，对"礼"的维护和坚守，需要"你"（颜路）、我（孔子）共同自觉为之。如此，孔子以情感人，以亲身之行来说服颜路放弃厚葬颜回之念想，这样，让"礼"的维护不再是冷冰冰的，而是变成一种富有情怀之事。

第五，在此节中，以颜路与颜回、孔子与孔鲤两对父子，表征亲情、私情、悲情，从而触及到"情"与"礼"这一对儒家伦理之根本矛盾。孔子、乃至儒家伦理一贯主张"私情"让位于"礼"，其取向从而构成了儒家处理情礼关系的基本原则和价值倾向，规范着人们的价值思维与行为。

　　总之，在颜回之葬的问题上，以孔子和颜路之不同的立场和做法为焦点，着力记述了孔子的立场和态度。如此，孔子既不许颜路之请求，卖车为其子购"椁"，违背大夫"不可徒行"之"礼"，主动坚持以"礼"为准绳来处理"师生情谊"与"礼"的矛盾，进而又以亲子之葬为类比，反对和批判颜路因情而欲以椁厚葬颜回之悖礼之念、之行，从而坚持以维护"礼"为根本原则，来解决情、礼之"二难"。

9. 颜渊之死，夫子悲情

先进 11.9

【原文】颜渊死，子曰："噫！天丧予！天丧予！"

【译文】颜渊死了，孔子说："唉！是老天爷真要我的命呀！是老天爷真要我的命呀！"

"天生颜回，为夫子辅相。死者，是天将亡夫子之征也。"（戴望）故夫子长叹短息，极度悲痛而复言"天丧予！"以此可见，孔子对弟子颜渊之挚爱，失之之痛惜。

"天丧予！"乃痛彻心扉之悲呼。其痛，爱徒早逝；其悲，道统无人承续以传。

具体而言：

第一，《春秋·公羊传》记："颜渊死，子曰：'噫，天丧予。'子路死，子曰：'噫，天祝予。'西狩猎麟，孔子曰：'吾道穷矣'。"以此可见"颜渊之死"，令孔子悲痛欲绝，进而孔子发出如此揪心的悲呼："天丧予！"这不仅表明孔子失爱徒，如失左膀右臂之伤痛，而且更为重要的是痛惜、悲叹自己所主张的"仁道"传承之艰难，标志着孔子传道于颜渊之希望和寄托之破灭。

第二，在孔子看来，道义、思想的传承并不比血缘的承续次要。从前一节可知，颜渊是孔子众弟子中最为好学之人，最为关键的是颜渊得孔学之精髓，如此，孔子对颜渊于孔学之发扬光大亦寄予厚望。然而，最能领会自己思想、道义并能将它们传承下去的颜回，如今却已逝。在孔子看来，"颜渊之死"，虽不是自己的希望之彻底终结，然无疑是承接、延续道统之脉，出人意料、突然地断裂，给孔子予以沉重的一击。这样，孔子之悲呼，实乃孔子不可承受之痛。

第三，孔子始终相信仁者寿，然而仁者颜回竟然早逝，这令孔子不解其故。如此，孔子只能反复诉说："这是天丧我啊，这是天丧我！"如此来看，孔子对于弟子之死的感伤，更有势不可为之无奈，或许有天命难违，令夫子救世之志无以伸张。

总之，"颜渊之死"，致孔子极度悲痛伤怀，既因师生之深情使然，但更因孔子因失颜渊而"悼道无传，若天丧己矣。"（朱熹）这不仅再次确证颜渊于孔门的重要地位和作用，而且昭示着弘道之艰辛。

10. 颜渊之死，夫子恸哭

先进 11.10

【原文】颜渊死，子哭之恸。

从者曰："子恸矣。"

曰："有恸乎？非夫人之为恸而谁为？"

【译文】颜渊死了，孔子哭得极其悲痛。

跟随孔子的人说："您悲痛过度了！"

孔子说："是太悲伤过度了吗？我不为这个人悲伤，又为谁呢？"

颜渊死，"孔子赴哭于颜子之家也。"（钱穆）夫子哭之恸，表其"哀伤之至，不自知也⋯言其死可惜，哭之宜恸，非他人之比也。"（朱熹）对此，陈祥道释曰："君子之于人，不以义掩恩，不以恩掩义。以义掩恩，君子之所不忍。以恩掩义，君子之所不敢。颜渊死而子哭之恸者，恩也。颜路请车以为椁而不与之，义也。"夫子于颜渊之死，其呼"天丧予"，其悲"哭之恸"，皆彰为师者之恩、之义。

然，夫子独哭恸颜渊之死，决非仅表夫子念师生之笃厚情义。惟是颜渊之死，于弘道所具有的文化象征意义使然。恰如蕅益所释："朝闻夕死，夫复何憾？只是借此以显道脉失传。"

具体而言：

第一，本节是上一段的延续，由"引导句"和"主题句"构成。以陈述一个"事实"为始，进而通过孔子与从者的对话，既表现"从者"对孔子"哭"之过度的旁证，亦表征从者对孔子之悲的劝说，以提醒孔子对颜回之死当节哀，表从者对孔子的关心。在此基础上，孔子之语，不仅直呈孔子之悲痛，而且表明为颜渊而"哭"之真心和理由，突出孔子"哭"而"恸"，此乃悲心之所至。一言以蔽之，孔子之"哭"，乃是"情"与"志"双"殇"使然。

第二，孔子难以面对"颜渊之死"，先有"噫！天丧予！天丧予！"此等揪心悲痛、无可奈何、绝望式之呼鸣，此为大悲、大伤怀；后又如此的"哭之恸"，可见孔子悲已至极。本节之重点则在于将孔子之内在悲痛宣泄与传递出来，以此孔子因"颜渊之死"而哭恸，绝非缘于师生之私情，而是事关天下

"仁道"之意义，突出颜渊之死，于弘道之"损失"，将是不可弥补的。孔子之"哭恸"，从深层的意义上来看，则是将一个"私人事件"提升为一个"公共事件"，把一个体生命事实提升为一个具有典型意义的文化事实。如此，孔子之"哭恸"与"颜渊之死"，一并构成孔门之"重大事件"，予"颜渊之死"以深厚的文化与道义价值。

第三，于丧者哭，《礼记·奔丧》有言："哭父之党于庙，母、妻之党于寝，师于庙门外，朋友于寝门外，所识于野。"而"孔子赴哭于颜子之家也。"（钱穆）孔子对"颜渊之死"，极度哀伤而"哭恸"，不仅是孔子对一个乐道的苦难生命悼念的独特方式，而且将孔子"仁"之本质内涵具象化。

颜渊以好学与乐道来弘扬孔子所倡仁学，总是殚精竭思，倾注全部心血，再加上"箪食瓢饮，在陋巷"之清苦生活，这种状况严重地损害了他的健康。鲁哀公十四年（公元前481年）夏历八月二十三日，颜子不幸病逝，给孔门留下永久的遗憾。如此，孔子之"哭恸"即为孔子一贯倡导和坚持的"爱人"之具体展现，并由此通过孔子之"哭恸"，将其"仁学""仁道"之本质内涵敞开。

第四，孔子视"颜渊之死"为孔门绝后之灾、之难，孔子深切地明白"颜渊死"的文化意味。如此，孔子之悲呼及其后的"哭恸"，是对失而不可复得的价值虚无或价值空场的一种情感反应。孔子之"哭恸"凸显"颜渊之死"于"仁道"的损失。这便是孔子回应从者劝之节哀时所言"有恸乎？非夫人之为恸而谁为？"的真正含义。正因如此，孔子"痛惜之至，施当其可，皆情性之正也。"（朱熹引胡氏）

总之，孔子之"哭恸"承接悲呼，将"颜渊之死"的"悲情"推到极致，同时也将"颜渊之死"于孔门所带来的巨大损失，公示于世人，进而再度确认"颜渊之死"于"仁道"所具的象征意义。

11. 厚葬颜渊，实薄其德

先进 11.11

【原文】颜渊死，门人欲厚葬之。

子曰："不可。"

门人厚葬之。

子曰："回也视予犹父也，予不得视犹子也。非我也，夫二三子也。"

【译文】颜渊死了，孔子的学生们想要隆重地安葬他。

孔子说："不能这样做。"

学生们仍然隆重地安葬了颜回。

孔子说："颜回把我当父亲一样看待，我却不能把他当亲生儿子一样看待。厚葬他，这不是我要如此，是那些学生们干的呀。"

孔子曰："礼，与其奢也宁俭。丧，与其易也宁戚。"丧葬尚俭，乃孔子所持之论，故孔子依此不允厚葬颜渊，以"不可"表达其鲜明的态度。

孔子以为，丧葬"宁戚"，即以心诚哀悼为本。颜渊家贫，为其厚葬则是不量力而行，亦违背葬礼之宁俭之原则。同时颜渊生前清苦朴素，一直恪守礼法，安贫乐道，若对之厚葬，有违于颜渊之本心。如此，孔子主张依礼而俭办颜渊之葬。

具体而言：

第一，在本章中，连续四节用于来记述关于"颜渊之死"一事，此四节若以次第言之，当是"天丧"为首，"哭之恸"为次，"请椁"再次，"厚葬"为末，然盖门人杂记夫子之言，故不计前后也。本节是"颜渊之死"事件的最后环节：下葬。

第二，本节主要关于是否厚葬颜渊而发生的孔子与众多弟子之间的分歧。从文本的记述中可以看出，孔子一是反对"门人欲厚葬"颜渊；二是替颜渊不安；三表厚葬颜渊，乃同门所为，非孔子之意。由此表明孔子严格遵从礼，即使门人事实上厚葬颜渊，孔子仍然坚持自己的立场而未改变。

第三，孔子的弟子们要厚葬颜渊，一方面出于对颜渊这位优秀的同门之敬慕，其死也悲。如此，孔子弟子们出于同窗之情，觉得颜渊身前清苦、贫寒，又如此早夭，这样，处理颜渊的后事时，就不能太薄、太寒酸，其葬必厚，似乎唯有如此才能不至于太愧疚此位优秀的同门。总之，孔子之众弟子欲厚葬颜渊，乃私情所至。然孔子弟子以知礼匡仁闻名于天下，理应知道厚葬颜渊虽合情，但不合礼，因为厚葬颜渊，不符合颜回之身份，属违礼之为。在此，众弟子们的表现显示出他们在"情"与"礼"的矛盾冲突时，依然顺应了"情"。这是有违孔子之教导宗旨的。

第四，正因为如此，弟子们要厚葬颜渊，孔子知晓后，认为"不可"，试图予以阻止以维护"礼"的权威。孔子之所以认为不可以厚葬颜渊，其主要的原因是颜渊的等级不够厚葬，厚葬颜回实乃违礼僭越；另外，即使孔子自己的儿子孔鲤死的时候，也只是薄葬而已。

如果说孔子不赞同颜路为颜渊请"椁"，是因为颜渊之身份和地位非"士"，若许之以"椁"，与身份地位不合而违礼；那么，"门人欲厚葬之"，孔子言"不可"，则主要是因为与颜回身前之德修不相符合。在孔子看来，颜回，生时列孔门弟子中德科之榜首，以"安贫乐道"著称，若厚葬，必让颜回陷于不义，有违其生之一贯作为，有背其声名。简言之，颜子短暂的一生，清贫乐道为上，轻物欲，倘若予以厚葬，棺之外，再加上椁，是违背颜回安贫乐道而生之原则。如此，若厚葬颜渊，实乃薄其德也。更为重要的是如朱熹所释："丧具称家之有无，贫而厚葬，不循理也。故夫子止之。"钱穆亦释：颜回"家贫"，若行"葬厚"，则"非礼。"

第五，"予不得视犹子也"，是特定环境的特定话语，具有特定意思。父子关系决定父亲可以在儿子葬礼问题上说一不二，而孔子虽在理智上不主张厚葬颜渊，但在感情上又难以阻止弟子们的意愿。就是说，孔子在颜渊葬礼问题上说话没人听，未能扮演决定性的角色。这是理智不得不屈从于情感的无奈，同时极其婉曲地表达了一种责备情绪，以此表孔子对颜渊之死极度地哀伤。对此，戴望以为："孔子自咎不能止其厚葬，故言二三子，其非我。夫二三子，谓门人之在他邦者。自咎者，哀之深也。"

第六，本节就颜渊之葬有三重纠结，一是孔子众弟子与孔子的意见相左；二是孔子对众弟子厚葬的"阻止"无效与"礼"的关系；三是孔子在颜渊之葬的问题上，于情与礼之间挣扎。这充分折射出孔子虽然达到"礼"之自觉于思、于行，然而正是通过这三个层面的纠结而表征出在"颜渊之死"一事上，孔子在"情""礼"之间拿捏备受煎熬的状态，从而凸显孔子超越私情、唯"礼"至上的圣人形象。

总之，本节言"颜渊下葬"，至此，"颜渊之死"在本章中也算是告终。孔子通过否定弟子们厚葬颜渊之"欲",维护了"礼"之权威;同时,通过众弟子执意厚葬颜渊之"欲",孔子最后无法主导、阻止,孔子因情而无奈"让步",说明孔子对"颜渊之死"于"厚葬"的"难得糊涂"之妙。

12. 事人鬼神，知生知死

先进 11.12

【原文】季路问事鬼神。

子曰："未能事人，焉能事鬼？"

曰："敢问死。"

曰："未知生，焉知死？"

【译文】季路问怎样去事奉鬼神。

孔子说："尚未事奉好人，怎么能事奉鬼呢？"

季路说："请问死是怎么回事？"

孔子说："还不知道活着的道理，怎么能知道死呢？"

季路之问，将人鬼、死生对立起来，重鬼神与死，呈二元思维逻辑。孔子之答，解季路陷入二元割裂的神秘歧途之弊，将人鬼、死生统一起来，强调事人、知生，本质上即是事鬼神和知死，凸显孔子重视现实人生，注重实践、实用理性之取向，明示事人、知生，乃是人生之重点和着力点。恰如程子所释："昼夜者，死生之道也。知生之道，则知死之道；尽事人之道，则尽事鬼之道。死生人鬼，一而二，二而一者也。"如此，"或言夫子不告季路，不知此乃所以深告之也。"

对于季路之问，孔子之答，蕅益从佛禅视角释曰："季路看得死生是两橛，所以认定人鬼亦是两事。孔子了知十法界不出一心，生死哪有二致，正是深答子路处。程子之言，颇得之。"江谦进而补注："知本性无生无死，然后知生知死；知本性非人非鬼，然后能事人事鬼。一切众生，皆有佛性，一切人鬼皆当愿其成佛，此事人事鬼之大道也。"

具体而言：

第一，从文本的语词可以很清楚地看到，本节主要是季路向孔子请教关于"事鬼神"和"知死"的问题，孔子的回答似乎是答非所问。然孔子之答蕴含着对季路之问的矫正，表征孔子所关注的问题不是"鬼神"与"死"，而是"人"与"生"，突出的是"事人"和"知生"，由此构成孔子与季路之间关于"事人"与"事鬼神"、"知生"与"知死"的对话。进言之，本节就"人"与"鬼神"、"生"与"死"等重大问题的矛盾关系，显示季路与孔子，在其思维视域、关注点之差别，从而形成两条不同的价值路线和思维方式。

季路问"事鬼神"、问"死"，孔子答当"事人""知生"。孔子"答非所问"，似乎是在"回避"或"取消"季路的问题，从而表明孔子之思想视域和取向所坚持的"现实主义"立场，将"事鬼神"和"知死"等问题置于"事人"和"知生"之后、之中，强调应于现实生活中以关注"事人"和"知生"为根本点和着力处，从而解除季路神秘主义的思维路径和价值取向。如此，陈祥道释曰："善教者不陵节，善学者不躐等。季路问事鬼与知死，躐等也。孔子不告之，不陵节也。盖尽事人之道，则知事鬼；尽知生之理，则可以知死。"

简言之，季路之问，将人鬼、死生视为二元，截然对立起来，突出其重鬼神与死。孔子之答，解季路陷入神秘歧途之弊，将人鬼、死生统一起来，强调事人、事生，本质上即是事鬼神和事人，凸显孔子重视现实人生，注重实践、实用理性，表明事人、事生，乃是人生之重点。

第二，此节可以视为是"樊迟问知。子曰：'务民之义，敬鬼神而远之，可谓知矣。'"（《论语·雍也》）的注解或延伸，如此可见孔子思想的一贯性。对于季路之问和孔子之答，戴望予以同情性地诠释："鬼者，精魂所归。神者，引物而出，谓祖庙、山川、五祀之属也。子路所问，盖举殷法。殷人尊神，先鬼而后礼，夏道则近人而忠焉。夫子欲以忠教，故不答。""又因殷人先鬼，故欲知死。夫死者，先王之所难言，故亦不答。"

更为重要的是，在本节中，孔子所言的"事人"之"人"，并非通常一般意义上的"人"，而是特指"君父"。如此，"事人"即是事奉君父，突出的是一个人活在世界上的首要的责任与道义，而并不是一般通常的意义上谈论"事人"和"事鬼神"，这样，季路问孔子"事鬼神"时，孔子所言"未能事人，焉能事鬼？"其本意则是在强调在君父活着的时候，如果不能尽忠尽孝，君父死后也就谈不上孝敬鬼神，其核心指向"事鬼神"并非是"礼崩乐坏"的时代最为要紧之事，而让人们真正懂得和践行"事人"而彰"忠孝"，才是当下的头等大事。这就突出孔子要匡扶"礼乐"的现实目的和直接动意。如此，季路所言则是抽象而不着实际的"一般性问题"，孔子所关注和讨论的是当下切己之"现实问题"，这样，孔子强调"事人"，则是鲜明地表达世人须自觉而明确己之主要任务和责任：即通过"事人"，让"礼乐"存世。

同理，季路"敢问死"，孔子依然认为季路的问题是"超现实"的抽象性问题。孔子关注的依然是"知生"，也就作为一个人，首先应该明白"生活"在这世界上，应该做什么！按照孔子之一贯的原则和生命的价值观，应该是"事人"，这是"知'生'"之要害。换言之，所谓"知生"，就是对于自己生活在这个世界上的道义责任的自觉，才算是"知生"。如此，"知生"与否的一个具体的直观标准，也是一个根本的原则，就是是否真正做到"事人"。这才是谈论此问题的关键所在。

正因为如此，季路"问事鬼神，盖求所以奉祭祀之意。而死者人之所以必有，不可不知，皆切问也。然非诚敬足以事人，则必不能事神；非原始而知所以生，则必不能反终而知所以死。盖幽明始终，初无二理，但学之有序，不可躐等，故夫子告之如此。"（朱熹）

第三，"事人"是直接的、现实的，是"知生"之主旨和落实。在孔子看来，"知生""事人"，是一个人之可能"事鬼神"进而"知死"的前提和基础。因此，孔子在批判季路颠倒"事人"与"事鬼神"、"知生"与"知死"的内在秩序和逻辑关系的基础上，强调现实生活中的人，首要的，必须做的事情是"知生""事人"，履行一个人不可回避、不可推卸的责任和道义。唯有如此，"事鬼神"和"知死"也才具有可能，也才具有正当的意义。

进而言之，按照孔子之观点，"事鬼神"和"知死"，也就是在做到、做好"事人"和"知'生'"之中，直言之，"事人"和"知'生'"，本质上即是"事鬼神"和"知死"。而季路之问所存在的根本问题，就是将"事人"与"事鬼神"、"知生"与"知死"简单割裂开来，进而将"鬼神"与"人"，以"死""生"对峙起来，无视"事人"和"知生"，与"事鬼神"和"知死"之间的内在相通性与一致性，进而将"事鬼神"和"知死"置于"事人"和"知'生'"之外、之上。如此，季路先于"知生""事人"而追问"事鬼神"和"知死"，也就根本找不到"事鬼神"和"知死"的有效而可行之途。

第四，"事鬼神"遵循的基本原则是诚意虔敬，这与"事人"所践履所贯彻的"忠孝"，二者虽形式有异，但本质无别；"知'生'"之内涵，即是懂得如何"事人"，使"事人"成为"知生"之价值旨归，并真正实现自觉。一句话，"知'生'"并非是"知识论"意义上的对"生"的认知，而是通过"事人"而实现生命的道义、责任的觉醒，是"礼"于个体生活道德实践中的再现。

同样，"知死"，即是落实于"事鬼神"之中，是一种对"死"之理性自觉之后的生命反观而已。"死"于生活主体而言，既不可体验，也不可反思，只是"生者"的一种思维超前的预断而已。如此，孔子解构了季路的问题，并将"知死"置于"知'生'"之中来审断其价值。

第五，面对"季路之问"，孔子之答以"焉能""焉知"之反问方式，并非是如有的学者所指出的那样，认为简单否定或回避谈及季路所问的"事鬼神"和"知死"之类的问题。相反，孔子恰好是批判子路离开或无视"事人"与

"知生"等具有当下急迫性和重要性等"现实问题"的"好高骛远"之抽象思维，更是批判离开"事"来谈"人"与"鬼神"、离开"知生"来谈"知死"之二元思维。

总之，置身于礼乐崩溃之现实境遇，孔子立足于"复礼"之强烈欲求，强调真正的"知生"，即是自觉"事人"，从而确立"知生""事人"的优先性和正当性，并在此基础上，突出"知死"与"事鬼神"，必须落实于、具体化为"知生"和"事人"之中，才切实具有现实意义，才是正道。如此，对"季路之问"之超验、抽象二元思维予以否定和批判。

"季路之问"和"孔子之答"所蕴含的立场和思维逻辑，凸显了孔子始终坚持现实主义人文关怀之路线，这也是孔子人生哲学一以贯之的原则，由此构成了儒家立足于现实生活世界而建构新的生活世界的道德诉求与伦理取向。

13. 乐聚贤才，独忧仲由

先进 11.13

【原文】闵子侍侧，訚訚如也；子路，行行如也；冉有、子贡，侃侃如也。子乐。"若由也，不得其死然。"

【译文】闵子骞侍立在孔子身旁，一派和颜悦色的样子；子路，一副很刚强的样子；冉有、子贡的样子温和快乐。

孔子乐悠悠。但孔子又说："像仲由这样，恐怕得不到善终啊！"

本节生动地记述了孔子与四弟子和乐相聚在一起的生活场景。孔子安闲而坐，四弟子尽情尽性、无拘无束、神情自若，孔子满心喜悦。他特别注意到子路，见他一副刚强耿直的神态，不无担忧而感叹：仲由这么刚强，惟恐其不得善终。

孔子之乐，乃"乐得英才而教育之。"（朱熹）乐得相聚亦融融；独对子路有忧，乃因"子路刚强，有不得其死之理。故因以戒之。"（朱熹引尹氏）

具体而言：

第一，本节记述师徒五人闲聚，各自怡然，尽显本性，场景甚欢，置身其中之孔子亦非常喜乐，由此表呈师徒在一起融洽和乐之场面。在此场景中，孔子见诸弟子们各有特长，大悦。然而，孔子正是在此欢乐的场景中，看到子路有别于别的弟子："行行如也"，于是，道出了自己的忧虑和担心：即"若由也，不得其死然。"这说明孔子用心甚深，知晓每一个弟子的个性特点，对子路的性情特点了解过甚，说出那句本心也不愿意承认的隐忧之语。但是，不管以后的结果，是否是孔子"一语成谶"。在此处，孔子之语，充分表现出孔子对自己弟子的了解与关心之情，在闲聚时，亦不忘教导与劝戒弟子。

第二，从本节记述文字的具体文辞可见，该节文字形象地描述与记载了几个学生围绕着孔子时的情形和各自的情态，闵子骞中和正直的样子，子路则是刚强的样子，冉有、子贡则是温和快乐的样子，众弟子各具特色，完全是性情的自然流露。

看到四弟子神态自若，表现良好，孔子很高兴。就孔子"乐"之因，大凡有二：

（1）看到几个弟子和乐正直，个个个性鲜明，且有出息，作为老师的孔子，自然是看在眼、乐在心。这是对自己教育成果的自我认同所产生的快慰。

（2）看到子路的"行行如也"，显得与众不同，和整个环境有些不协调，孔子以致忍俊不禁。

第三，从孔子与弟子的关系可见，知弟子莫过于其师也。在孔子眼里，弟子子路不但为人刚强，且有勇少谋，但其刚直近仁，也是很让孔子喜欢的一个弟子。如此，在其乐也融融的状况下，面对子路之神情，孔子开了一个似乎有些过头的玩笑，戏言"若由也，不得其死然。"此戏言中包含着"峣峣者易折"的深刻道理，也表明孔子毫无保留而直白地道出了自己对子路的隐忧，希望子路警戒。对此，戴望释曰：孔子"道直时邪，故言不得其死然。"

第四，此节需要着重谈谈子路。子路一生追随孔子，为孔子驾车、且行保护孔子之事，一生积极捍卫或努力实践孔子的思想学说，对儒家的贡献、对后代的影响很大。

子路，为子至孝，善政为民，诚实守信，忠义仁勇，闻过则喜，闻善则行，见义必为，见危必拯，简单地说，子路为人伉直鲁莽，好勇力，事亲至孝。除学诗、礼外，还为孔子赶车，做侍卫，跟随孔子周游列国，深得器重，是孔门十贤之一。在此节中，孔子在"乐"中的最后一语，似乎令整个师徒相聚之欢乐的情景蒙上一层"阴影"。当然，"其后子路卒死于卫孔悝子难"，决非孔子之语成魔咒使然，而是他"行行如也"之性情的必然结果，这就表明，"性情"或"性格"决定命运。不幸在于，孔子之忧语，"一语成谶"。但孔子在闲聚时对子路所言，乃是为了警示他，以劝之戒其太刚烈之性子。

性格决定其命运。子路之死，乃是其刚烈强悍的性格使然也，因为"刚而易折"。对此，陈祥道释曰："老子曰：柔弱者，生之徒。刚强者，死之徒。周庙之铭曰：强梁者，不得其死。好胜者，必遇其敌，故子路之行行。孔子曰：'若由也，不得其死然'。颜渊曰：力猛于德而得其死者，鲜矣。"

第五，本节侧重记述孔子的弟子与他在一起，其弟子既知礼懂规矩，又不失其自然而生动的性情，相与言谈，气象尽自不同，表征孔子与弟子之间亲密无间、交谈无顾忌的融洽友好关系，这是一次师生温馨而美好相聚。

总之，本节着重记述了孔子与四个个性鲜明的弟子相聚在一起的欢悦情景。记述者以"誾誾""行行"和"侃侃"来刻画和描述了闵子、子路以及冉有、子贡四人无隐之性情，以一个"乐"字记述了在聚中孔子之心情。在此种快乐的情景中，孔子唯独对自己的爱徒子路有劝诫之语，以表孔子时刻教育、警示弟子之仁心。

14. 夫子称许，闵子贤德

先进 11.14

【原文】鲁人为长府。

闵子骞曰："仍旧贯，如之何？何必改作？"

子曰："夫人不言，言必有中。"

【译文】鲁人翻修长府的国库。

闵子骞道："保持老样子，不好吗？何必改建呢？"

孔子道："这个人平日不大开口，一开口就说到要害上。"

闵子骞以德行著称，于孔门德科仅次颜渊。他对鲁国反修长府持反对态度，认为改作，必劳民伤财，不符合尚俭节用、爱惜民力之仁政原则，其本质上是因为三桓专权所引起，故言不如"仍旧贯"之善。朱熹释曰：闵子骞"言不妄发，发必当理，惟有德者能之。"孔子对闵子骞之睿见大加赞赏。

闵子骞之见，意在讽刺鲁国为政者铺张浪费之为，警示为政者扩建国库，不仅无端耗力耗材，而且还可能带来动乱。如此，一向沉默寡言之闵子骞，却一语中的，切中鲁修长府之弊，并言当止。如此，孔子不仅赞许闵子骞之德，而且称道其卓越远见之智。

具体而言：

第一，本节陈述了一件重要的"事"，记载了闵子骞对此事的立场和态度，进而记述了孔子对闵子骞就此事的立场和态度予以高度赞赏。如此，通过闵子骞之语和孔子对之的肯定，表闵子骞和孔子对鲁人修造长府的否定，不仅表达了闵子骞的深刻洞见，而且也表征了他和孔子一致持崇尚节俭、爱惜民力而施仁政之思想，同时强调修缮和维护，亦必须要符合"礼"之规范的精神主旨。

第二，"鲁人为长府"。这在当时的鲁国是一件具有重要意义的"事件"。此文中的"鲁人"，并非是鲁国的百姓，而是指鲁国的当权者或国君。"长府"乃是鲁国储存钱粮武器的大仓库，是国家的钱袋子和兵器库，对于鲁国为政者来说可谓至关重要。有的研究者提出，联系当时鲁国之实际情形，必须落实当时在鲁国，是什么人要修缮"长府"，又为何要修缮"长府"？

据考，当时执掌鲁国实权的是以"三桓"为首的贵族集团，鲁国公室已被架空，这也是孔子最恼火和急于要改变的政治现状。鲁国国君当然不愿意再作傀儡了，他希望通过修缮长府，增强实力，然后借用长府的财货与武器，对抗、钳制"三桓"。但是，凭借国君手中的实力公然挑战兵强马壮的"三桓"，注定会自取灭亡。闵子骞洞见"三桓"之祸心，看到修缮"长府"所潜藏的危机，委婉地发出此为所存之危险，提出其预警之告。对此，正如戴望所释曰："此盖三家意主改作，故微言以讽鲁人，若谓事不可必者正多尔，其后家臣阳虎果囚季桓子。"

钱穆对此节，给出了两种解说："本章有两解。一说，鲁昭公伐季氏，谋居于长府，欲借其货财结士心，因谋改作以强戎备。称鲁人，盖讳言之。时公府弱，季氏得民心，闵子意讽公无轻举。如之何者，谓昭公照旧行事，季氏亦无奈公何。又一说：鲁人指三家，昭公居长府以攻季氏，三家共逐公，逊于齐。三家欲改作长府，当在昭公卒后定哀之际。盖鲁人之见长府，犹如见昭公，故三家欲改作之以毁其迹。闵子当时无谏诤之责，乃以微言讽之，长府之旧贯尚当仍，况君臣之旧贯乎。故孔子深赏其言。"

第三，正因为如此，当闵子骞从身为鲁国高官的老师孔子处听到鲁国要修长府的消息后，他一改平时间阃少言的习惯，发表了自己的高论："仍旧贯，如之何？何必改作？"孔子一听，大有同感，夸奖道："别看你平时寡言少语，没想到关键时候竟然一语中的！"由此，可以看出闵子骞和孔子在反对鲁国修缮长府之事中，都体现了他们对民众的体恤，在一定程度上显示"爱民"之初心。对此，陈祥道释曰："利不百者不变法；功不十者不易器。鲁人为长府，于利则不百，于功则不十，特伤财劳民而已。闵子所以言'仍旧贯，如之何？'，何必改作也。言必有中，与孔子之言皆中时病者同一意。"

事实上，就当时的情形可见，闵子骞主张的"仍旧贯，如之何？"是不希望鲁国国君拿鸡蛋碰石头，直接与"三桓"展开缠斗。在此，体现出闵子骞敏锐的政治智慧。

闵子骞所言"仍旧贯""何必改作？"其目的则在于促使鲁国国君对修缮"长府"所导致的后果做出全面的预判，以免导致力量悬殊的政治博弈或对垒。如此，闵子骞以反问的方式劝导鲁国国君不修缮长府，以免引起"三桓"的谋动，其效果则是保住了国君之权的安全，此等"以静制动"的政治韬略，得到孔子之首肯和赞许。正因为如此，鲁国"三桓"始终没有跨过雷池一步。这似乎可以看作是鲁人"仍旧贯"使然。

第四，从孔子之语中可见，闵子骞是一个不善辞令、沉默寡言式的君子，但是其言句句切中要害，说到实处。对于"鲁人为长府"之事，闵子骞能洞彻其中之微妙，即对可能引发的危机做出敏锐的预判，并提出"仍旧贯，如之何？何必改作？"之睿智劝言。孔子对自己的弟子之深邃洞见，予以充分地肯定和赞许。

总之，闵子骞，一介书生对鲁国复杂政治矛盾中的风云变幻洞若观火，并做出睿智的判断，客观上为鲁国君主的权势安危提供了谋策，同时表达对民众的关怀和体恤，体现为政尚俭节用之基本原则，这或许就是孔子对其予以肯定与欣赏之缘由吧。

15. 业已升堂，尚未入室

先进 11. 15

【原文】子曰："由之瑟奚为于丘之门？"门人不敬子路。

子曰："由也升堂矣，未入于室也。"

【译文】孔子说："仲由弹瑟，为什么在我这里弹呢？"孔子的学生们因此都不尊敬子路。孔子便说："仲由嘛，他在学习上已经达到升堂的程度了，只是还没有入室罢了。"

孔子以子路弹奏的琴瑟之声，喻"子路之学，已造乎正大高明之域，特未深入精微之奥耳。"（朱熹）如此，孔子既对子路予以充分地肯定，又指明其不断努力之必须。正是在这一意义上，"孔子之意，欲子路之进于道也，则抑之；欲门人之知子路也，则又誉之。抑之者，仁也。誉之者，义也。"（陈祥道）

"闻六艺之教，能通古今，辨然不，是升堂者；达于礼乐之原，而智足知圣，是入室者。"（戴望）升堂入室，"喻入道深浅"。就子路之入道所至，孔子以为他"可使从政，特未达礼乐德行之奥耳"（钱穆）

"收之，则升堂；拣之，则门外。"（蕅益）孔子以"升堂"中肯评价子路修养造诣之已至，以"入室"勉励子路须精进于道。

具体而言：

第一，本节记载孔子对弟子子路的评价。前半句似乎是孔子以责备的口吻对子路弹奏琴瑟的地点予以批评，因此引来了孔子其他弟子对子路的不尊重。鉴于此，孔子为了缓和，也为了较为客观地评价子路弹琴瑟之水平，认为他演奏的水平，已可"升堂"，但未达"入室"。如此，表征孔子对学生的评价持客观态度，有成绩就表扬，有过错就批评、指正，既让学生认识到自己的不足，同时又树立起信心，争取更大的进步，不断趋善。

第二，子路性刚，其鼓琴瑟，亦有壮气。《孔子家语》中有言："子路鼓瑟，有北鄙杀伐之声。"程子曰："言其声不和，与己不同也。"朱熹释曰："盖其气质刚勇，而不足以中和，故其发于声者如此。"如此，子路于孔门演奏未达中和之琴声，在孔子看来，是不合适。因为孔门自是温雅而非用武之处，故而孔子抑之。孔子一语出，门人曲解孔子之意而"响应"，不满、不敬子路。孔子见此情势，又言子路演奏可升堂而加以肯定。

孔子讥子路琴瑟，本非谓子路可轻，子路擅长政，在于行，列孔门十贤。如此，从孔子前后之语来看，孔子对于门人不满、不敬子路之情况观察入微，并且呵护子路。

第三，在此节中，就子路弹琴瑟之水平，孔子以"也升堂"与"未入于室"来加以确定。古人当屋栋下隔断为窗户，窗户之外曰"堂"，窗户之内曰"室"。一般而言，从得其门而入、过庭、升堂、入室，大约是拜见主人的全部过程，比作做学问亦很恰当，指"入门""初具规模""炉火纯青"。如此可见，子路之琴瑟已经到了第二个阶段，即子路的水平上至"升堂"，表明子路之弹奏水平已入道，但尚未"入室"，即子路瑟艺水平已是很高，但尚未达精微。如此，在本节中，孔子以"'升堂''入室'"构成弹奏琴瑟的两个不同的阶段，由"升堂"至"入室"，表示由低抵达最高境界。如此，孔子客观地肯定子路已"入道"。

第四，孔子在此节，所言的是子路弹琴瑟，其实，是想通过或借琴瑟言子路之为学、为人。孔子言子路，才德已大，已造乎正大高明之域，虽未亲入我室，亦已登升我堂，即虽未深入精微之奥耳，未可以一事之失而遽忽之。如此，也未可轻慢。进言之，即以屋之堂室为喻，若推而广之，亦谓圣人妙处为室，麤处为堂，故子路得堂，颜子入室。

第五，纵观本节孔子之语，可以看出，孔子是在充分肯定子路在弹琴瑟、学问能力与水平之基础上，勉励子路在修德、问学上，须更进一步精进，实现从"升堂"至"入室"之境界，得其学之精髓。

总之，在本节中，孔子以子路弹琴瑟之状，而喻其问学入道之境。如此，孔子在充分肯定子路已可升堂之基础上，寄希望其还可精进而"入室"。这是作为伟大教育家的孔子能知弟子、肯定弟子，深度爱弟子，进而能循循善诱、诲人不倦之具体体现。

16. 过犹不及，皆失中道

【原文】子贡问："师与商也孰贤？"

子曰："师也过，商也不及。"

曰："然则师愈与？"

子曰："过犹不及。"

【译文】子贡问孔子："子张和子夏二人谁更贤？"

孔子回答说："子张做的过头了，子夏做的不到位。"

子贡说："那么是子张好一些吗？"

孔子说："做的过头如同做的不到位，都是一样的。"

孔子借子贡之问，直言"师也过，商也不及"，表"师之贤在过，商之贤在不及。"（戴望）指出"子张才高意广，而好为苟难，故常过中；子夏笃信谨守，而规模狭隘，故常不及。"（朱熹）"此皆材质有偏，而学问之功有所未至。"（钱穆）

子张之"过"、子夏之"不及"，其弊皆失之于"中道"，不存在"师愈与"，即不存在"'过者'胜于'不及'"。如此，告诫子贡须持"中道"而戒"过犹不及"之弊。

孔子以"过犹不及"，指出"师与商"之共弊，消解了"师与商也孰贤？"与"师愈与？"之问，凸显与张扬其"中道""中庸"之原则和要义。

子贡问"师与商也孰贤？"，进而必究"然则师愈与？"，其本身之弊就在于"过犹不及"。孔子以此警示子贡，促其正己之弊而就"中道"。

具体而言：

第一，本节通过子贡的问询和孔子的思辨，具体指出子张和子夏二人，虽然一位为"过"、一位为"不及"，其结果是"过犹不及"，二者皆失之中庸、中道。由此凸显孔子所倡的"中庸""中道"原则。

第二，本节子贡选择了两位具有典型代表性的同门，即子张和子夏。据考"子张之儒"是孔子死后的"八儒"之首。子张性情偏激而又沉静好学，大致属于才学兼具的实力人物。而卜商，字子夏，文学科代表人物，儒家经典传承的关键人物；据说子夏个性拘谨，做人的格局不大，即规模狭隘，孔子曾当面告诫子夏："汝为君子儒，无为小人儒"。

在本节中，子贡想向其师求教而确证子张和子夏孰更贤能？孔子未能直接回答，而是具体分析了子张和子夏这两位弟子各自的特点。在孔子看来，子张做事常有过分、过头之处，子夏做事常因拘谨而有不及之处，他们俩的性格、做事风格有明显的差异，都存在不足之处。

到此，孔子已经明示子贡，子张和子夏各有其优点，也各有其不足，很难较出孰优孰劣。

然而，子贡听了孔子对二位同门的分析之后，并不满足于此，一定要在子张和子夏之间分出一个优劣、高低来。孔子对二人的评价一语概之："过犹不及"。这也是孔子对子贡一直追问的问题予以切中要害且简要地回答。

第三，通过子贡与孔子两轮的对话可见，在子贡的询问中，存在着一种"过"优于"不及"的习惯性思维。如此，当他听到孔子分析子张和子夏之特点后，竟然还追问"子张要比子夏好吗？"然而，孔子以"过犹不及"矫正判断"过"优于"不及"的错误思维，强调指出"过"与"不及"虽然表现形式有别，但其共同之弊都是不符合"中道"原则。恰如朱熹所释："道以中庸为至。贤知之过，虽若胜于愚不肖之不及，然其失中则一也。"

戴望对子贡习惯性的错误思维，以及对子张之"过"和子夏之"不及"做出具体的诠释："子贡疑师过为贤于商也。过犹不及，言过与不及等贤耳。子夏既除丧而见，予之琴，和之而不和，弹之而不成声，作而曰：'哀未忘也，先王制礼，而弗敢过也。'子张既除丧而见，予之琴，和之而和，弹之而成声，作而曰：'先王制礼，而不敢不至焉'。"戴望之释，具体指证了子张之"过"、子夏之"不及"，"过犹不及"之意得以更明晰呈现。

第四，孔子曾有言："不得中行而与之，必也狂狷乎！狂者进取，狷者有所不为也。"如果将人群划分成三拨，分别是中行君子、狂者和狷介之士。按照孟子的排列，最好是"中行"，其次是"狂者"，再次是"狷者"，大致也就是中、偏左和偏右三种人。

在此节对话记述中，孔子通过对子张和子夏具体特点的分析，针对子贡之问，指出子张和子夏都存在"问题"和不足，因为二者都不符合"中庸之道"，这可以看出是孔子对二者弟子批评性的评价。《中庸》有言，"道之不行也，我知之矣。知者过之，愚者不及也。道之不明也，我知之矣。贤者过之，不肖者不及也。""执其两端，用其中于民，其斯以为舜乎？"这是说，舜于两端取其中，既非过，也非不及，如此"不偏不倚"，以"中道"教化百姓，所以为"大圣。"

第五，子贡问"师与商也孰贤？"孔子已明确指出"师也过，商也不及。"然子贡依然继续追问"然则师愈与？"此为子贡之"过"。如此，孔子最后只好言"过犹不及"，以此纠正子贡非要对二者比较出高下之偏执。孔子以言"过犹不及"而敲打子贡"过犹不及"之弊，希望其改之。恰如卓吾云："然则师愈，子贡却呈自己供状；过犹不及，夫子亦下子贡钳锤。"

第六，不可否认，孔子崇尚"中庸之道"，凡事主张取其两端之中。孔子说过：射有似乎君子，失诸正鹄，反求诸其身。射箭要射中目标，才算成功，射得远了，和射得不到位，都是失败的。孔子强调凡事须稳重有节制，既不冒进，也不畏缩，有礼有节，以平静心处世。如此，待人不可过于热情，否则就会显得阿谀迎逢；亦不可过于冷淡，否则就会显得自己高傲。唯有"中庸"才是正道。

总之，朱熹引尹氏曰："中庸之为德也，其至矣乎！夫过犹不及，均也。差之毫厘，谬以千里。故圣人之教，抑其过，引其不及，归于中道而已。"本节记述表明，孔子明确指出子张之"过"、子夏之"不及"，表二弟子皆未至"中道"，都尚未至"贤"。而子贡非要比较出子张、子夏之优长、高低，于子贡之究，指出子贡"过犹不及"，依然失"中道"而不贤。如此，孔子通过对三弟子的评价，指出"过""不及"皆不符合"中道"，皆未能至"贤"，须修己进德至"中和"。

17. 夫子怒斥，汝非吾徒

先进 11.17

【原文】季氏富于周公，而求也为之聚敛而附益之。

子曰："非吾徒也。小子鸣鼓而攻之可也。"

【译文】季氏比周朝的公侯还要富有，而冉求还帮他搜刮来增加他的钱财。

孔子说："他不是我的学生了，你们可以大张旗鼓地去攻击他吧！"

季氏于鲁，已是富可敌国，然依然贪婪敛财不止。冉有为季氏家宰，不仅未曾劝谏季氏，反成季氏攘夺其君、刻剥其民、大肆敛财之主谋与干将。"冉有学君子之道，而为小人之事，故曰：'非吾徒也，小子鸣鼓而攻之可也。'"（陈祥道）

面对季氏如此僭越而贪婪地盘剥民众，"孔子伤己无权，不能责季氏，责吾徒而已。"（戴望）如此，孔子以冉有"非吾徒也"和"小子鸣鼓而攻之可也"两步，对冉有予以批判和声讨，以达对季氏的批判。如卓吾云：孔子号召"攻求，正所以攻季氏。"

"冉有以政事之才，施于季氏，故为不善至于如此。由其心术不明，不能反求诸身，而以仕为急故也。"（朱熹引范氏）冉有，孔子之得意门生，仕于季氏，竟助纣为虐、为虎作伥行违礼之诸事，施暴虐于民，令孔子愤怒不已，斥责且逐出师门，断绝师生情份，并号召众弟子对之予以公开批判，与之决裂，表孔子维护礼之坚定立场和坚决态度。

具体而言：

第一，本节记述了孔子的一个弟子冉求，根本不听从孔子之劝阻与训诫，依然一意孤行、"为虎作伥"，想方设法地帮助季氏聚敛钱财；面对该弟子不听劝阻，继续做不仁不义之事，孔子怒火中烧，决定清理门户，将其逐出师门，并号召孔门弟子公开对之加以声讨。由此表明孔子坚决反对违"礼"之行为，维护"礼"之权威与尊严。

第二，据考，鲁国的三家曾于公元前562年将公室，即鲁国国君直辖的土地和附属于土地上的奴隶瓜分，季氏分得三分之一，并用封建的剥削方式取代了奴隶制的剥削方式。公元前537年，三家第二次瓜分公室，季氏分得四分之二。由于季氏推行新的政治和经济措施，所以很快富了起来。孔子的学生冉求帮助季氏积敛钱财，搜刮人民，如此达到季氏富比周公之状。

第三，季氏虽为权倾之臣，但其富逾周公，这已经是越礼之事了；身为家宰之冉有，不但未对季氏暴敛之为加以劝谏，反倒还帮季氏谋划加重赋税，搜刮民财。恰如朱熹所释曰："周公以王室至亲，有大功，位冢宰，其富宜矣。季氏亦诸侯之卿，而富过之，非攘夺其君、刻剥其民，何以得此？冉有为季氏宰，又为之急赋税以益其富。""冉有为季氏宰，无能改于其德，而赋粟倍他日。"（戴望）"冉有善理财，为季氏多方聚敛以附益其所固有。"（钱穆）冉有为季氏所为之事，令孔子不可接受、不可宽恕。因为在孔子看来，冉有之为不仅未尽人臣谏正之责任，更违反了为政以德，节用而爱人、爱民、富民之原则。

第四，"喻于义者，君子之事；喻于利者，小人之事。冉有学君子之道，而为小人之事。"（陈祥道）如此，孔子对"不肖之徒"冉有的处理方式有二：一是申明冉有"非吾徒也。""非吾徒，绝之也。"（朱熹）不再承认冉求是自己的弟子，决定将其清理出门户，断绝师生之情份。孔子对冉有之为，不可饶恕，表与违礼之事、之人，乃道不同，须分道扬镳；二是令"小子鸣鼓而攻之，可也"，即"使门人声其罪以责之也。圣人之恶党恶而害民也如此。然师严而友亲，故已绝之，而犹使门人正之，又见其爱人之无已也。"（朱熹）孔子号召同门公开声讨、批判他，让冉求之"不仁"违礼行为公示于世人，让大家都知晓冉有之违礼，以达对"礼"的张扬与遵循，实现教化弟子与世人之目的，警示众弟子以正己而防范如冉求之类的违礼不仁行为的再发生。陈祥道对此亦释曰：孔子针对冉有"为小人之事"而言"非吾徒也，小子鸣鼓而攻之可也"，表"隐恶而扬善者"，而"鸣鼓而攻之者，孔子之所不得已也。"

第五，孔子通过批判、声讨冉求，本质上是将批判的矛头指向季氏。批判季氏之错有二：其一是，季氏重"财货"而轻"仁义"之为；其二是，季氏敛财，而无视民众之苦，此乃为政无德。陈祥道引《礼》而对之予以透析："礼曰：百乘之家，不畜聚敛之臣，与其有聚敛之臣，宁有盗臣。盖聚敛之臣，倚法以削，而其害大；盗臣取非其有，而其害小。其害大者，孟子以为民贼；其害小者，周官以为邦盗而已。由此观之，则冉求之见恶于孔子宜矣。"

总之，本节记述为臣之季氏虽富过诸侯，然而孔子之弟子冉求不听孔子之劝阻，不顾及民众之疾苦，依然固执地帮季氏聚敛钱财，为此，孔子与之绝断了"师生关系"，对其不仁不义之行为展开了公开的声讨，并由此推进到对季氏之重财货、轻仁义、为政无德之错误进行了批判，从而再次表征孔子推崇的"德治"与"民本"思想，突出君子人格的"仁义"特质和仁政的精神。

"喻于义者，君子之事；喻于利者，小人之事"。孔子通过批判冉有之为，希望众弟子引以为戒，应不断反求诸身而正己，成遵礼为仁、弘仁道之君子，切莫重蹈冉有之误途与歧辙。

18. 中道以权，勉其修进

先进 11. 18

【原文】 柴也愚，参也鲁，师也辟，由也喭。

【译文】 高柴愚直，曾参迟钝，颛孙师偏激，仲由鲁莽。

孔子以四个具有典型特质的弟子为"对象"，甄别与确认其气质与个性：高柴"愚"、曾参"鲁"、子张"辟"、子路"喭"，以此表明，他们原本都是在日常生活中有缺点和不足之人，但在孔子的教育后，其心性和德行都得以一番长进。

个性，乃偏向，四个弟子，乃至一切人皆如此，从本然而言，皆不合"中道"，故对其德行和品质加以修造、纠正，皆可不同程度地趋近中道。如此，孔子以个性鲜明之四弟子为具体分析对象，突出"个性"向"中道"修进之必要、之可能，从而在不断完善的过程中，彰显孔子之"中庸"思想。

具体而言：

第一，本节记述者抓住孔门四个具有显著特点的弟子加以评述，指出他们虽然各自具有鲜明而其独特的"个性"。但是他们的性情又都各有所偏，不合"中道"，为此，在孔子看来，他们的品质和德行都必须加以修正。如此，通过对四位弟子的性情特征的把握，间接地呈现孔子所强调的"中庸"思想，以及凸显了以中庸之道作为纠偏的准则。

第二，记述者非常精准地概括了四位孔门弟子行事、以及从行事中透显出来的性情或性格特征。具体而言：

（1）"柴也愚"。"姓高，字子羔。愚者，知不足而厚有余。《家语》记其'足不履影，启蛰不杀，方长不折。执亲之丧，泣血三年，未尝见齿。避难而行，不径不窦'。可以见其为人矣。"（朱熹）"愚则不智。"（陈祥道）"愚，不智见也。"（戴望）"好仁过也。"（钱穆）"愚"与"慧"相对，是指高柴愚而耿直，为人敦厚。

（2）"参也鲁"。"鲁则不中。"（陈祥道）"鲁，钝也。程子曰：'参也竟以鲁得之。'又曰：'曾子之学，诚笃而已。圣门学者，聪明才辩，不为不多，而卒传其道，乃质鲁之人尔。故学以诚实为贵也。'尹氏曰：'曾子之才鲁，故其学也确，所以能深造乎道也。'"（朱熹）"鲁，质胜文。"（戴望）"鲁，迟钝义。"（钱穆）"鲁"与"敏"相对，表曾参迟钝。

（3）"师也辟"。"辟，便辟也。谓习于容止，少诚实也。"（朱熹）"辟，法，嘤嘤动法古人也。"（戴望）"辟，偏义。子张志高而流于偏。或曰，言其过为张大。"（钱穆）如此，表子张志过高，心性偏激。

（4）"由也喭"。"喭则不怯。"（陈祥道）"喭，粗俗也。传称喭者，谓俗论也。"（朱熹）"喭，犹畔谚，强武貌。"（戴望）"喭，刚猛义。"（钱穆）如此，子路刚猛、强悍，显得粗俗、鲁莽。

这四人皆是孔子的得意门生，孔子对他们气质、个性的认识之深刻，把握之准确，表述之到位，不仅非常形象地传递了四位弟子之鲜明特质，而且更为重要的是孔子"因材施教"之的前提。同时，孔子对四位弟子个性特点的概括，亦有利于四弟子自觉己之不足，有针对性地矫正而得以进步，如此孔子指明"四者性之偏，语之使知自励也。"（朱熹引杨氏）

第三，孔子何以可能如此准确地把握住众弟子，包括这四位弟子的性情特征？除孔子用心于学生的言行举止，以及从中透露出的神情、心态、思想的观察，更为根本的在于孔子心中有道，能时刻以"中道原则"为尺度来审视和裁量弟子们，由此，才能通过弟子们的言行，直抵对其心性、个性的察视，对之优长、缺点能做到"了然于心"，从而"有的放矢"加以教育与培养，存其长、补其短、矫其偏、纠其弊，使之能成为回到正道，做一个符合"中道"的君子。此真可谓"君子之于人，不以所短废所长，亦不以所长蔽所短。其取之者，仁也；其攻之者，义也。孔子不以管仲不知礼为不仁，亦不以管仲之仁为知礼。春秋不以僖公之有颂而隐其非，不以春秋之有贬而没其美。亦犹是也。"（陈祥道）

总之，"识得病，便是药。"（卓吾）孔子以"中庸"或"中道"为尺度和准绳，比照四位弟子，对其秉性、特质予以准确地把握和清晰地呈现，从而为矫之过，正之本奠定了基础。同时，孔子通过四个弟子为具体而典型的教化对象，暗含着每一个人都应以"中道"为基本原则，比照自己，从而进一步修正与完善自己，这就为个人的成长和完善确立了目标，提供达及其目的之具体路径。

19. 回赐分野，屡空屡中

先进 11. 19

【原文】子曰："回也其庶乎，屡空。赐不受命，而货殖焉，亿则屡中。"

【译文】孔子说："颜回的学问道德接近于完善了吧，可是他常常贫困。端木赐不听命运的安排，去做买卖，猜测行情，往往猜中了。"

孔子客观而真切地介绍两位优秀的弟子。颜回，为学、乐道之代表；子贡，从商、货殖最为成功，代表富足或财富。在此处，孔子朴素地陈述颜回"其庶乎"，然"屡空"；子贡"虽不受命"，然"屡中"，表"唯颜子冀近于知几，视穷如通，虽数空乏，亦不厌也。""赐不受禄命，而为货殖之业，意则屡中，谓如其所意度而得赢余也。"（戴望）以此表人生之"矛盾"。子贡"货殖不受命，不足为知天，屡中不足为知人。惟回之屡空，为庶以其安命故也。"（陈祥道）

颜回，以"道"为心；子贡，以"货殖"为心，成两类人生。颜回为道而"屡空"，子贡为"货殖"而"屡中"，于此，孔子以颜回与子贡二弟子之分野，隐喻人世之"二难"，表得道与财富常背离而不可兼得之困境。如此，不同取舍，构成不同的人生景象。然，孔子赞颜子安贫乐道，表孔子之取向。

孔子不以己好绑架弟子而使之屈从，而是尊重其本性与选择，显示其因材施教之仁爱和耐心。

具体而言：

第一，在本节，孔子所言为两个弟子，一个乐道、最有学问，然而却非常贫穷的颜回；另一个则是最会做生意，会赚钱，富可敌国的子贡。孔子选择了两个最有特点的弟子来加以比较性分析，试图表达命运对于不同的人之不同的结果，进而表达对颜回之惋惜和遗憾，对子贡稍有微词。如此，呈现出孔子的倾向，即对颜回的过分怜惜和器重，对子贡略带轻慢。透过颜回和子贡的比较，可清楚地看到孔子在"仁义"道德、学问与财富之关系上的道德主义之价值取向。

第二，于本节孔子的话语中，事实上陈述了无论是颜回，还是子贡，其生活都存在着"矛盾"。就颜回而言，在学问与道德上居伟，然在财富上却赤贫，即"屡空"，此乃学问、道德与财富关系的断裂达到极致，此乃一重"矛盾"；

就子贡而言，"不受命"，或"不受禄命"，或放弃学问与道德修行之本份，改从"货殖"，却"屡中"，恰如有人评价之，子贡善居积，意贵贱之期，数得其时，故货殖多，富比陶朱。然"子贡之货殖，非若后人之丰财，但此心为忘耳。然此亦子贡少时事，至闻性与天道，则不为此矣。"此乃二重矛盾。"屡空者，箪食瓢饮屡绝而不改其乐也。天下之物，岂有可动其中者哉？贫富在天，而子贡以货殖为心，则是不能安受天命矣。其言而多中者忆而已，非穷理乐天者也。"（朱熹引范氏）如此，表颜回以"道"为心，子贡之心非"穷礼乐天"，而在"货殖"，如此，隐喻着此"悖论"，与其说是颜回和子贡个人生活所具有的矛盾，还不如说现实社会中，两类不同的人之生活的矛盾，进而言之，则是生活本身内存的矛盾。

第三，孔子用了两个"屡"字，既达到前后两者之间相呼应，又将其矛盾给彰显开来。赐则能屡中，谓如其所意度而得盈余也。回非不能货殖屡中，其至于屡空，本不货殖以得盈余，故空乏也。进而言之，颜子不受禄命，则贫而至于"屡空"；子贡不受禄命，则货殖而"屡中"。如此，两者均"不受禄命"，然而却一"屡空"、一"屡中"，其殊迥异，貌似不公。此乃"禄命"之吊诡所在。孔子识之，但却无法解之，余下之是其道德的倾向而已。对此，蕅益释曰："凡夫受命所缚，贤人能不受命惟圣人真学问，则知命而不必转命，是故有志为圣人者，只须俟命，今直以'缕空'二字，传颜子之神，作子贡之药。子贡一生，吃了亿则屡中之亏，便不受命，而货不觉其自殖矣。"

第四，颜回，是道德与学问的化身，心载仁义之道学，其象征形上之乐道；子贡，则是金钱、财富的代表，其心于追逐世俗之财货，其表形下之财富；颜回、子贡各据一端，这也正是孔门之学的内在矛盾。虽然孔子有其取向，然而，孔子并未能真正解决"道德""学问"与"财富"这二者对峙和分裂的矛盾。这也是孔学之难以超越的真正问题所在。

第五，从孔子之语可以看出，孔子持守道德学问至上的基本原则。正是居于此原则，孔子对命运于"颜回"之"不公"有了更多的同情，相反，对子贡却有了无端的斥责和讥讽之意。

第六，从孔子之语还可以看出，孔子心中始终装着弟子们，尤其是那些有成就的得意弟子，不仅认真而细致地审查他们的行为、心态、神情和心性，而且对他们的生存、命运也始终关注、关怀着；在本节中侧重于对弟子俩，进而对人的命运之乖舛发出令其费解的感叹。同时，表明孔子教育弟子，首先是尊重各自的本心和选择，顺其本性而施教，从不绑架而要求从之，于此，亦彰孔子因材施教之仁爱心。

总之，孔子以"不受禄命"为主线，具体揭示了颜回和子贡各自所存的矛盾，进而敞开了学问、道德与财富、个体与命运之间的矛盾关系，从而更为清晰地表征出孔子对这矛盾关系的基本立场和取向。

　　然而，留给我们的问题是："颜回""安贫乐道"之精神可延续的前提是什么？在今世，"乐道"为何一定要"安贫"，"乐道"之人为何一定会"贫"，"安贫"之"乐道"之结果是什么？若安贫，"乐道"精神由什么来支撑？其实，"颜回"之命运、之早夭，早已为此做出了诠释。然而，孔子除了呼天喊地、心裂气绝之痛外，未对颜回之死，予以更为深刻的反思。如此，孔子倚重个体的道德选择，而未能从社会制度，尤其是财富的分配制度上，对"乐道"之"颜回"在"财富"上予以基本保证，实在是孔子之道德理想特质所致，也正因为如此，其根基之空疏，也必然导致困乏而停留于乌托邦之美幻。

　　不可否认，如此的价值取向，以及依此而形成，并一步一步固化成的"传统"，深深地影响至今，成为"乐道"之人自身难以自救的"悲剧"，最终丧失"乐道"精神或让"乐道"之精神不断流失，直至瓦解。相反，"子贡"却成为世俗生活崇拜和追逐的"偶像"。子贡拥有宰制"现实生活"的"硬"实力，然"乐道"之人无时无刻不遭遇财富的"冷暴力"，从而严重消解着"乐道"的合法性和可持续性，深刻影响和塑造着当代民众心理和民族文化性格。这样，孔子之取向，于当世以及今世，考量其合法性，以及是否具有当代性，这一问题却依然是"我们的"，一直纠缠着我们。

　　道心与财富之背离与统一，绝非仅是个人之选择，呈现出相应的社会属性和时代规定性。无论是"安贫"还是"安贫乐道"，皆以节欲为前提，体现其心皆不为外物所惑，标识着君子人生最为高贵之精神。然以"安贫"而"乐道"，或"乐道"而"安贫"，既表征了物资普遍匮乏时代，乐道的代价与艰辛，亦更深层地揭开、折射出"邦无道"，"乐道"之窘况。如此，"安贫乐道"构成个体或道德力量对抗无道之世的畸形图景，客观地呈现了为道坚守之沧桑，于是，"安贫乐道"，成为对丧道、无道之世无声的控诉。

20. 笃定践迹，为善入室

【原文】子张问善人之道，子曰："不践迹，亦不入于室。"

【译文】子张问做善人的方法。孔子说："如果不沿着前人的脚印走，也就不能得到做善事的要领和精神。"

子张"问善人，故所行政教也。"孔子直道："善人之行，可从迹，不循其迹，则亦不能入于其室。"（戴望）

为善，于自发与自觉之间。善人，可自发为善，但因其未志于学、或未学，"虽不必践旧迹而自不为恶，然亦不能入圣人之室也。"即局限于消极不为恶，但是不能达到自觉为善之境界。由此，凸显了要成为真正的自觉的"善人"，须"践迹"，即"循途辙"，惟有如此，才能超越自发而达自觉为善。对此，陈祥道释曰："所存者在心，所行者在迹。心过于迹，则于君子为有余。迹过于心，则于善人为不足。盖善人之道，未能有诸己者也。未能有诸己，则必以心践迹，然后能入于室。子张禹行舜趋夷，考其行而不掩迹焉，不践迹者也，故答之以不践迹，亦不入于室。"

具体而言：

第一，本节记述子张向孔子请教为"善人之道"。孔子抓住"善人"的行为特点予以回答，强调善人必须通过"践迹"，方可找到修正、完善自己，最终成为"善人"的可行之路，从而确立既有的善行、规则于修己向善之价值。

第二，子张之问，提出了儒家伦理一个基本范畴："善人"。何谓"善人"？孔子曾有言："善人，吾不得而见之矣；得见有恒者，斯可矣。亡而为有，虚而为盈，约而为泰，难乎有恒矣。"（《论语·述而》）"善人教民七年，亦可以即戎矣。"（《论语·子路》）"善人为邦百年，亦可以胜残去杀。诚哉是言也！"（《论语·子路》）从孔子这些话语的语境来看，"善人"并不是"常人"，而是要比常人境界高，但境界又不是很高，在"有恒者""君子"和"圣人"之间。这样子张所问的"善人"，在"成人"之系列中获得了较为清楚的定位。蕅益从"践迹"与"入室"之关系视角，对"善人"予以诠释。他说："此须四句料拣。一践迹而入室，君子也；二不践迹而入室，圣人也；三不践迹而不入室，善人也；四践迹不入室，有恒也。"

进而言之，"善人"，即是指具有明辨是非、善恶，所以能"胜残去杀"者，具有确立文明、野蛮分野的基本判断力的人，此为其本质善良，但没有经过学习的人。如此，朱熹释曰："善人，质美而未学者也。"

第三，子张并非要辨析、定义何为"善人"、何为"恶人"。子张请教孔子的乃是如何才能成为"善人"，或"善人"怎样才能修成？

孔子认为，首先必须具有明辨是非、善恶的能力；其次，还得遵循经往圣先贤所行之迹，不断"修己"，方可成"善人"。如此，"善人"，即欲仁而未志于学者。欲仁，故虽不践成法，亦不蹈于恶，有诸己也。由不学，故无自而入圣之室也。

第四，尤其需要注意的是，就"善人之道"，孔子通过两个"不"，递进地强化了"善人之道"中先贤之行、前人之"迹"所具有的示范、引导作用。于此，亦表明孔子所强调的修己为善人，并非是多么高远的目标，只要踏着"前人"的"足迹"，就能达到。换句话说，只要应"前人"之"迹"而不断践行，就能知晓为"善人"之要。如此，再次凸显出孔子于道德尚古、好古之取向。

第五，从本节问答之语来看，子张所问"为善之道"，其目标是成为"善人"。但是，孔子似乎不满意子张所求之境界。按照孔子之意，成为"善人"仅是修己之第一步，人生修为还有很长的路要走，须在此基础上不断前行，直追"圣人"自觉为善之境界。

总之，通过子张和孔子之问答，孔子为欲修己成"善人"之人指示一条可行之路：沿贤人、先人之"迹"而笃定践行，即可得到为"善人"之要。孔子之答预示着一个不断修己之人，应以成"善人"为始，不断进取，而非以此为终。

21. 证成君子，论笃色庄

先进 11.21

【原文】子曰："论笃是与，君子者乎？色庄者乎？"

【译文】孔子说："听到他议论笃实，便赞许他，还应看他真是一君子呢？还是仅在容貌上那么地庄严呢？

此为孔子对子张问善人之道的进一步回答。孔子针对子张的毛病，指出判断一个人是否是真君子，不能仅听其所论。其所论"笃"，仅是判断是否是君子的必要条件，但不是充分条件，因为其所论笃实，或许仅仅是"色庄者"。恰如陈祥道所释曰："论笃是与，君子者乎？色庄者乎？谓躬行，君子则善矣，色庄则不足于善。论不笃者，以色庄为善人；论笃者，则与君子而已。子张能庄而不能诚，故告之。"

从孔子对子张的回答可知，要判断一个人是否是真君子，不能仅凭其所言，亦不能仅看其色庄是否道貌岸然，而是要看是否具有高尚的品质和与君子相匹配的德行，要看其是否言行一致。

孔子强调切勿将"论笃是与"者与"色庄之徒"，简单等同于君子。恰如朱熹所释曰："言但以其言论笃实而与之，则未知其为君子者乎？为色庄者乎？言不可以言貌取人也。"

孔子之论，"不但教人勘他，亦是要人自勘。"（蕅益）

具体而言：

第一，本节在上一节谈论"善人"之基础上，进一步讨论何谓真"君子"的问题，这两节内在意义是相接的，都在谈论"为善之道"。如此，有论者就认为，所谓论"笃者"，即谓口无择言；"君子者"，谓身无鄙行；"色庄者"，不恶而严，以远小人，言此三者，皆可以为"善人"。恰如戴望所释曰："论笃，言足信者；君子，貌足畏者；色庄，色足惮者。言此三者，皆可以为善人。"

第二，本节孔子是针对言语诚实和外表庄重之人，是否是君子而加以审视，从而再次确立真君子之尺度和标准，此与"听其言而观其行"（《论语·公冶长》）之说相切。如此，孔子希望子张不仅要做到说话笃实诚恳、外表庄重，而且要言行一致。孔子同时亦指出观察、判断一个人是否是"真君子"的方法与原则。

第三，对于这一节之理解，朱子认为言语笃实者值得赞许，亦可能只是言语笃实的君子，亦可能仅仅只是言语笃实、外表庄重者（实则不然）。由此敞开孔子视域中的"君子"多元形象。譬如：

（1）勇敢刚强，精明强干，是非分明，刚毅果断之"君子"；

（2）穷理乐道，仁爱忠恕，沉默寡言，坚硬不屈之"君子"；

（3）公正无私，意志顽强，办事认真，好情重义之"君子"；

（4）积极进取，机警过人，多才多艺，刚柔并济之"君子"；

（5）心胸开阔，乐观进取，热情大方，谦和恭敬之"君子"；

（6）敦厚朴实，言行一致，度量宽宏，忠孝至诚之"君子"；

（7）耿直倔强，勤奋认真，大方仁义之"君子"；

（8）临大节而不可夺之"君子"等等。

第四，在本节中，孔子反对依据某单一的方面，或言语、或外表、或仪态、或行为为标准和原则，来判断一个人是否是真"君子"，从而强调君子乃是言语、外表、仪态、行为等诸多方面的兼容与统一。如此，在本节中，孔子以为无论是"论笃"者，还是"色庄者"都不足以构成"君子"之充分条件。

一个人是否具有忠实笃厚的品质，并非从其语言可以确证，也非从其外表即可确知，因为孔子曾有警示："巧言令色，鲜矣仁"，巧言令色者，其外表都是庄重的，而外表庄重严肃或庄重和蔼的人与其内心是否忠实笃厚，是否能守信之间不具有必然一致性。问题的复杂性也就在于人可以言行、内外出现差异、甚至分裂。如此，孔子才强调对言行、内外予以综合考量，方可判断、确认一个人是否是"真君子"。

第五，"言"，是一个人认知、思维和精神、意志之表达，是"个体"通向"公共世界"的"桥"。然而，"言"与一个人的心性、品质、需要之关系，也非一语可蔽之。"言"本身所传递和表达的，也并非是"那个人"之内在真实的精神、品质和需要。孔子早已注意到其间相左的问题，他才说"巧言令色，鲜矣仁"。由此，孔子注意到以"言语"本身作为一个标准来判断一个人是否是君子，其根据不充足、不可靠，提出以"行"作为另一个标准而进一步加以确认。然而，"行"属于感性经验领域的，对同一个"行"的认识、判断与评价，又会因不同的立场、视角的不同产生诸多差异，难以形成共识。如此等等，判断一个人是否是真君子，孔子以"言""行"之统一为尺度，依然是一个留下许多可以继续探讨空间。这就说明，仅以"言"而判断一个人是否是真君子，事实上是将复杂的问题简单化了。

第六，在孔子看来，子张之弊即是"能庄而不能诚。"如此，孔子希冀子张能改其不诚之弊，修成一个真君子。诚如陈祥道所释："'《易》曰：元者，善之长。'君子体仁，足以长人，是善者；仁之体，仁者善之用。子张未足于善人，则其难与并为仁也。"

　　总之，从本节孔子话语之意来看，孔子不仅强调"君子"必须是言行统一，更在于重"行"，对巧言令色者、"色庄者"予以无情的批判与鞭挞。孔子通过对"君子"之言、行的讨论，无疑给弟子们以行践其"君子人生"确立了基本原则，也给人们判断、审视一个人的君子品质提供了方法。

22. 一退一进，抵达中道

先进 11.22

【原文】子路问："闻斯行诸？"

子曰："有父兄在，如之何其闻斯行之？"

冉有问："闻斯行诸？"

子曰："闻斯行之。"

公西华曰："由也问闻斯行诸，子曰，'有父兄在'；求也问闻斯行诸，子曰，'闻斯行之'。赤也惑，敢问。"

子曰："求也退，故进之；由也兼人，故退之。"

【译文】子路问："听到了就行动起来吗？"

孔子说："有父兄在，怎么能听到就行动起来呢？"

冉有问："听到了就行动起来吗？"

孔子说："听到了就行动起来。"

公西华说："仲由问'听到了就行动起来吗？'你回答说'有父兄健在'，冉求问'听到了就行动起来吗？'你回答'听到了就行动起来'。我被弄糊涂了，敢再问个明白。"

孔子说："冉求总是退缩，所以我鼓励他；仲由好勇过人，所以我约束他。"

子路、冉有同问，孔子异答。公西华问何故，孔子告之，此因子路、冉有之性情有别，故同问而异答，体现了孔子真正因材施教："求也退，故进之；由也兼人，故退之。"以矫正其各自之过，达"中道"。对此，恰如陈祥道所释曰："盖由之有闻，未之能行，惟恐有闻，故教之以礼，而抑其过。求悦夫子之道，以力不足而自画，故教之以义，而勉其不及。若夫道无二，子之蔽，则行礼以义，守义以礼，惟其当而已。"

"冉有当仁或退让，故进之；子路邮人之急，常若不逮，未之能行，唯恐有闻，是兼人之事为之者也，故退之。"（戴望）如此，"圣人一进之，一退之，所以约之于义理之中，而使之无过不及之患也。"（朱熹引张敬夫）

于此，孔子"答由、求，即是答赤。"（方外史）

具体而言：

第一，本节是对前一节的进一步具体化，即如何针对具有不同性情和行为特征的弟子施以有效的教育，从而矫正他们各自之不足，实现其心性之修正，从而让他们达到或成合"中道"之"君子"。

第二，本节通过孔子的弟子公西华面对孔子针对子路、冉有所问同一问题，却以不同的回答而生的"困惑"，彰显孔子教育弟子所遵循的"因材施教"的基本原则，以及通过此原则而突出地表达孔子以"中庸""中道"为根本的教育理念，希望弟子们克服"过"与"不及"、冒进与退缩、过勇而鲁莽与迟缓、拖延而滞后的"毛病"，从而在践"仁"之道上，达"中和"之境界。

第三，本节以"听"言与"行"之关系为直接分析对象，具体涉及到两个不同性情的弟子，即子路和冉有。对"同问"，孔子针对这两个子弟做出截然不同的回答。为何如此，孔子在公西华的询问中解密，乃是他们二人的性情截然相反使然。如此，孔子曰"求也退，故进之；由也兼人，故退之。"

第四，事实上，孔子是根据弟子们的"行动力"或"执行力"而进行分类教育。"子路"，行动力强，但有冒进之嫌；而"冉有"，行动力弱，保守而畏缩。"子路有闻，未之能行，唯恐有闻。则于所当为，不患其不能为矣；特患为之之意或过，而于所当禀命者阙耳。若冉求之资禀失之弱，不患其不禀命也；患其于所当为者逡巡畏缩，而为之不勇耳。"（朱熹引张敬夫）如此，孔子担心子路过于主动而过勇，要求他慎行；又批评冉有怠慢、迟缓、拖延或滞后，希望他克服消极而更加积极、主动。孔子对两位弟子予以不同的指导，其根本就在于希望他们皆能遵"中道"。

第五，孔子在矫正子路和冉有之各自不足时，之所以强调"中道"，是因为若过分冒进，有悖于慎言、慎行之原则。过分冒进，也会产生行之失误，甚至造成难以挽回的失败结局；相反，若过分谨慎、甚至畏缩，必会贻误或错失良机，同样带来不良的结果。

第六，"善医者之于人，补其不足，损其有余。善教者之于人，长其善，救其失，此所以于求也退，故进之，由也兼人，故退之也。为人子者，无私喜、无私怒，出必告，反必面，不有其身，不私财，不私其食飧，不擅于税入；有父兄在，闻斯行诸，其亦可乎？曰：告于父兄，礼也；闻斯行诸，义也。"（陈祥道）孔子在充分把握弟子个性之基础上，孔子以"中道"来检测、审视弟子，从而给予其肯定的教导，一是约束、一是鼓励。如此，孔子坚持"因材施教"的基本原则，具体深入了解学生，有很强针对性地施教，这正是孔子教育学生之成功之处，更是今天教育中应该真正继承并落实的方法论原则。

总之，孔子通过对两个弟子同问而不同的回答所产生的对比，进而确证持"中道"于每一个人，乃至世人的行事之意义。同时，孔子要求弟子们认识到自己的特点和不足，并根据自己的特点，不断修正、完善自我，力求遵循"中道"而矫己之"过"或"不及"。

23. 遵礼重恩，颜子畏死

先进 11.23

【原文】 子畏于匡，颜渊后。

子曰："吾以女为死矣。"

曰："子在，回何敢死？"

【译文】 孔子在匡地被围困，颜渊最后才逃出来。

孔子说："我以为你已经死了呢。"

颜渊说："先生尚在，我哪敢轻易死呢？"

人生际遇，患难见真情。孔子与弟子一行人被围受困于匡，虚惊一场，先后皆脱险。重逢时，狼狈之态、相惜之意、患难与共之后的惊喜交集，尽在师徒对话中。

夫子言："吾以女为死矣。"表"信其不徒死，觊望之辞。""颜渊失群后至，孔子疑其与匡人斗而死矣。此惊喜交集之辞。"（钱穆）而颜回则言："子在，回何敢死？"表颜回谨遵"弟之于师，犹臣之于君。臣之于君，君在与在，君亡与亡"（陈祥道）之道，呈弟子于师之恩义，动人心魄，更表"颜子之行中礼者也。"（戴望）

于师徒二人简单的对话，卓吾云："'吾以女为死矣'，惊喜之辞。'子在，回何敢死'，谁人说得出？"方外史曰："悟此，方知圣人不必恸哭，又知圣人必须恸哭。"

具体而言：

第一，按《史记·孔子世家》记载，孔子和弟子们过匡地，给孔子驾车的颜刻，之前给阳虎驾过车。颜刻指着城墙说："上回我跟阳虎来，就是从这儿进去的"。孔子长得又很像阳虎。阳虎之前在匡地行事暴虐，和当地人结下深仇。故匡人听见颜刻的话，以为是阳虎来临，所以把孔子师徒一行人包围起来，要抓住"阳虎"报仇。孔子派了一个弟子出去，找卫国大夫宁武子帮忙解释，最终匡人才解围放行。

幸运的是，此为误会，虚惊一场。孔子和弟子颜回相继安全脱险。孔子"微服而去，颜渊迟出在后也。"（戴望）师徒二人再相见时，狼狈之态、相惜之意、悲喜交加交织在一起，于是就有了师徒间此段情深义重的对话。

通过对话，体现孔子对弟子的担心、牵挂和关爱；而弟子的回话，更为深刻地体现弟子颜回不仅坚定地跟随老师，一生痴心不改，而且更为重要的是表征颜回对传承师道、弘扬王道，昌盛"仁""礼"之自觉使命感。

第二，危难之后，得以复见，子曰："吾以女为死矣。"表"信其不徒死，觊望之辞。"（戴望）何以如此，陈祥道释曰："匡之难，孔子于回则疑之，何也？君子之善死，义也，或不免焉，命也。义，固可知而不可必；命，则难谌而不可知。孔子之于匡畏，所不可不畏于颜渊也，疑所不可不疑。"

第三，最意味深长的就是颜回回复孔子的话"子在，回何敢死？"在此处的"死"并非是其自然生命的终结，而是特指受困之中"轻身赴斗而死"。对此，朱熹引胡氏曰："先王之制，民生于三，事之如一。惟其所在，则致死焉。况颜渊之于孔子，恩义兼尽，又非他人之为师弟子者而已。即夫子不幸而遇难，回必捐生以赴之矣。捐生以赴之，幸而不死，则必上告天子、下告方伯，请讨以复仇，不但已也。夫子而在，则回何为不爱其死，以犯匡人之锋乎？"

按照钱穆先生的解读，颜回说"子在，回何敢死？"此言并非是说颜回怕死惜生，而是他不能死、不敢死。为何如此，其因如下：

（1）孔子尚在，明道传道之责任大，不敢轻死；

（2）弟子事师如事父，父母在，子不敢轻死；

（3）颜子虽失在后，然明知孔子之不轻死，故己亦不敢轻身赴斗。

颜回此话深刻地表明他对自己人生之责任和使命的高度自觉。如此，颜回意识到以仁为己任，其任重道远，尤需弘毅，死而后可以已；然有此重任在身，岂能轻身而赴死呢？这正是一个人"重其任，故亦重其死。"之具体表现。

总之，师徒二人简要之对话，不仅再现了孔子对弟子的关切，弟子对师之笃定深情，而且更为重要的是呈现了师徒二人为"道"而生的生命意识和弘道之强烈的使命感、责任感，尤其颜回之语，不仅表达了对师之恩义，而且更突出其追随孔子践仁弘道之坚定不移的人生志趣。

24. 大臣以道，具臣以才

先进 11.24

【原文】季子然问："仲由、冉求可谓大臣与？"

子曰："吾以子为异之问，曾由与求之问。所谓大臣者，以道事君，不可则止。今由与求也，可谓具臣矣。"

曰："然则从之者与？"

子曰："弑父与君，亦不从也。"

【译文】季子然问："仲由和冉求可以算是大臣吗？"

孔子说："我以为你是问别人，原来是问由和求呀。所谓大臣是能够用周公之道的要求来事奉君主，如果这样不行，他宁肯辞职不干。现在由和求这两个人，只能算是充数的臣子罢了。"

季子然说："那么，他们肯顺从听话吗？"

孔子说："若是杀父亲、杀君主的话，他们是不会听从的。"

季子然，即季氏子弟，"因季氏得用子路、冉求为臣，故喜而问之。"（钱穆）孔子首先否认子路、冉求为"大臣"，确认他们仅为"具臣"，以此消解季氏然之问的合法性和正当性，进而否决其越权僭礼之所为。

孔子提出大臣之道："以道事君，不可则止。"进而明确揭露季氏所为乃"弑父与君"之勾当，子路、冉求即使仅为"具臣"，自当"亦不从也"，以此表孔子坚决反对子路、冉求仕于季氏，同时也表达了对弟子子路、冉求之道德自信。如此，孔子通过言子路、冉求仅为"具臣"，对季氏越权专断，僭礼无道予以批判。

于孔子回答季子然之言，蕅益评道："字字铁钺，足使子然丧魄。"

具体而言：

第一，本节记述季子然与孔子之对话。孔子以否认仲由、冉求为"大臣"，仅为"具臣"，从而否认仲由、冉求以"君臣之礼"来侍奉"季氏"的合法性和正当性，并以此对季氏之"犯上作乱"的僭越专权行为予以批判，揭露其弑君窃国的企图。在此过程中，孔子提出了"以道事君，不可则止"为"大臣"之行事原则，从而教导自己的弟子应积极投入和参与社会变革。同时也必须在大是大非问题面前，必须保持头脑清醒、立场分明，避免助纣为虐，酿成僭权越礼的恶果。

第二，季子然，何人也？为什么向孔子问："仲由、冉求可谓大臣与？""子然，季氏子弟。自多其家得臣二子，故问之。"（朱熹）"季子然，季氏之族，盖孔子弟子季襄。子然以季路、冉有皆有政事才，而屈于季氏，故问可谓大臣否。"（戴望）"季子然：季氏子弟，因季氏得用子路、冉求为臣，故喜而问之。"（钱穆）

从本节之文辞意义来看，季子然之所以问询孔子，仲由和冉求是否可以算"大臣"，这是一个具有进攻性和很强目的性的试探性之问。因为仲由、冉求是孔子两个比较得意的弟子，位列于孔门七十二贤人，季子然以为孔子有"私心"，期望孔子对他的问题做出肯定性的回答，因为孔子一旦肯定性予以回答，那就意味着对季氏专权僭窃予以了承认，也就证明其越权之合法性。

第三，孔子智慧地洞见了季子然之问的要害与实质。如此，孔子通过否认仲由、冉求两弟子为"大臣"，而仅为"具臣"，强调他们二人仕于季氏，并非是以臣伺君，仲由、冉求与季康氏之间不具有"君臣"之关系，不适用"君臣之礼"。如此，孔子也就客观上否定了季氏篡权僭越，企图称"君"之正当性。

（1）"吾以子为异之问，曾由与求之问。"于此，面对季子然之无礼，竟然有此等放肆的奇怪之问，孔子持不以为然之口吻待之，是为对其问报以鄙视与轻蔑态度，以突出孔子对"礼"的尊尚。对此，恰如朱熹所释曰：孔子"轻二子抑季然也。"钱穆亦释曰："孔子故轻二子以抑季然，谓乃问此二人。"

（2）"所谓大臣者，以道事君，不可则止"，确立"大臣"之品格和为大臣之道，表大臣之为大臣，则在于"以道事君者，不从君子欲。不可则止者，必行己之志。"（朱熹）"坐而论道之大臣，不可则止，谓若曹羁三谏不从，遂去之。"（戴望）

（3）"今由与求也，可谓具臣矣。"孔子在确立"大臣"之道后，直接将由与求定位为"具臣"，而非季然所希冀孔子对之确认为"大臣"，从而从根本上取向季然之问的合理性与恰当性。于此，孔子对"大臣"与"具臣"予以了严格区分。

对于，"大臣"与"具臣"之别，尤其是"具臣"之内涵，陈祥道、朱熹和戴望等予以了明晰的解读。陈祥道释曰："大臣事君以道，具臣事君以才。事君以道，故能致君于尧舜之隆，措世于礼乐之盛，及其不可则止而已。事君以才，则智足以效一官，能足以效一职，及其不可则从之而已。"朱熹曰："具臣，谓备臣数而已。"戴望曰："才足备用曰具臣。"

　　　　　　　　　　　　　　生活哲学视野中的"论语"研判

从以上的诠释可知，"大臣"遵事君以道，出仕为仁政，以期实现大济苍生之理想；而"具臣"，只是具备做官之才能的人，寻求的是个人才能之发挥，尽忠职守，忠信服从国君。

从季子然和孔子的首轮问答可见，季子然之问，是希望孔子顺着他的思路进入他将季氏与子路、冉求的关系视为君臣关系，通过强调和突出仲由、冉求之重要，进而不证自明地承认、确立季氏为"君"的合理性；然而，孔子则是逆季子然之思路，采取"以退为进"的方法，否定仲由、冉求是"大臣"，认为他们只是具备一定才能，在季氏手下做事的"具臣"，并非在周天子之下为"大臣"，如此他们至多也只能是一般的臣子，充数的臣子，即卿大夫而已，岂能谓之"大臣"，这样，就破解了季子然借提高子路、冉求为"大臣"而提升季氏为"君"的企图，进而降格了季氏权位，从而否定季子然试图表达季氏以"君"面世的合法性之目的。

更进一步而言，孔子对仲由和冉求随季氏，并帮着季氏做事，心有不满，于是，孔子趁季子然之问时，提出大臣的行事之道，即"以道事君，不可则止"。如此，对照仲由、冉求之为，与"大臣"应有之为不符，由此达到再次否定、讥讽季氏越权以君主自居之企图。

第四，但季子然并未领会孔子区分"大臣"与"具臣"的深刻用意，却进一步追问孔子："然则从之者与？"季子然从孔子之逻辑，不以子路、冉求为"大臣"，就算是"具臣"，要敲定仲由、冉求是否坚定地追随季氏？如此，季子然所问"然则从之者与？"其意为"二子既非大臣，则从季氏之所为而已。"（朱熹）"子然疑具臣为备使令，令则无不从。"（戴望）"季然因问是否当一切听命。"（钱穆）应该说这是一个很愚蠢的问题。

对此，孔子饶有意味所说："弑父与君，亦不从也。"对季子然之问，暗喻着极度的讽刺。对此，陈祥道释曰："仲由足于果，不足于艺。冉求足于艺，不足于果。季氏旅于泰山而不能救，伐颛臾而不能谏，而又不能致之而去，是偻位者也。故曰：具臣然。弑父与君而从之，则孟子所谓乱臣者也。由求于大臣则不能，于奸臣则不为。故曰：弑父与君，亦不从也。"

朱熹释曰："言二子虽不足于大臣之道，然君臣之义则闻之熟矣，弑逆大故必不从之。盖深许二子以死唯不可夺之节，而又以阴折季氏不臣之心。"朱熹继续引尹氏曰："季氏专权僭窃，二子仕其家而不能正也，知其不可而不能止也。可谓具臣矣。是时季氏已有无君之心，故自多其得人。意其可使从己也。故曰弑父与君亦不从也，其庶乎二子可免矣。"

戴望有云："甚之，所以深警子然，令无以同族故从季氏也。明当洁身，若公弟叔肸然。"

事实上，孔子在问答关于仲由和冉求是否是"大臣"时，通过否定性的回答，已经对季氏之窃权之合法性予以了批判。在此，孔子说出了最难听的话，他认为自己的弟子，虽然帮助季氏做事，但是季氏所为"弑父与君，亦不从也。"这就表明孔子对自己的弟子于最基本的德行、对道德底线的坚守，还是很有信心的。如此，孔子极度地讽刺季氏之全然无任何德行可言，其所为即是"弑父与君"类违礼忤逆之事。在此，孔子通过对自己弟子道德底线的肯定，恰好表达对季氏之无道德底线的揭露，从而对季氏之无德予以了深刻的批判。

第五，本节之重点，则是孔子以"所谓大臣者，以道事君，不可则止"，直指要害，强调对待君臣关系须以道和礼为准绳，指明"为臣之道"。这样，此"道"既要求臣，也要求君，双方都应遵循"礼"而行事。如此，如果季氏干杀父弑君之事，冉求和子路就要加以反对，而决不可沆瀣一气，更不可同流合污、助纣为虐。

总之，本节记述孔子首先轻季子然之问，并通过正名"大臣"，进而强调"大臣"必"以道事君，不可则止"，再定位二子为"具臣"而非"大臣"，从而讽刺并斥责季氏僭越专权之行为；同时又体现孔子对弟子的保护，以及从侧面地警告、告诫二弟子应在为政之实践中，须真正做到用周公之道去规劝季氏，不要犯上作乱，如果季氏不听，就辞职不干，切不能被人利用，为虎作伥。如此，孔子要求弟子们不仅要洁身自好，而且必须遵"礼"、践"王道"而仁天下。

25. 为学为政，夫子辩正

先进 11.25

【原文】子路使子羔为费宰。

子曰："贼夫人之子。"

子路曰："有民人焉，有社稷焉，何必读书，然后为学？"

子曰："是故恶夫佞者。"

【译文】子路让子羔去作费地的长官。

孔子说："这简直是害人子弟。"

子路说："那个地方有老百姓，有社稷，治理百姓和祭祀神灵都是学习，难道一定要读书才算学习吗？"

孔子说："所以我讨厌那种花言巧语狡辩的人。"

孔子主张"学而优则仕"，反对在仕中学，学中仕。子路使子羔为费宰，则违背为政用人之基本原则，颠倒了为学与为政之先后序，不仅误事，而且误人，因此孔子坚决反对之。恰如范氏释曰："古者学而后入政。未闻以政学者也。盖道之本在于修身，而后及于治人，其说具于方册。读而知之，然后能行。何可以不读书也？子路乃欲子羔以政为学，失先后本末之序矣。不知其过而以口给御人，故夫子恶其佞也。"（朱熹引范氏）

子路使子羔为费宰，集中体现了子路的为政用人观。其用人观之弊则在于"夫有才而不闻道，犹足以杀身，则不学而仕者，不能无害。"（陈祥道）所以，夫子说"贼夫人之子。"由此表呈了孔子的为政用人观：为仕，必先为学。孔子并未否认"治民事神，固学者事，然必学之已成。然后可仕以行其学。若初未曾学，而使之即仕以为学，其不至于慢神而虐民者几希矣。"（朱熹）

如此，子路与孔子就为政用人观，即"为学"与"为政"之关系，展开了此次师徒之辩。

具体而言：

第一，本节围绕一件"事"，孔子与子路，师徒二人展开一场"辩论"。辩论之引线是：子羔是否合适去做费地的长官，论辩的核心是"先进于礼乐"，还是"后进于礼乐"的人，更适合"从政"；子路以为"后进"之人依然可以"从政"，从而为差使子羔治理费地做辩护。如此，孔子认为此等言论纯属是

"巧言令色""花言巧语",是子路之"狡辩",进而对子路的作法予以否定,从而强化自己选择和采用"先进"之人"为政"的基本原则。

第二,子路为何要"使子羔为费宰"?朱熹释曰:"子路为季氏宰而举之也。"戴望释曰:"子路以堕郈后不可无良宰,故欲人子羔治之。"然,孔子认为:"子羔质美而未学,急使治民,适以害之。"

如此可见,子路与孔子之辩,则是围绕着为学、为政之关系逻辑而展开。孔子以为"闻学而后从政,未闻以政学者也。故先人民社稷而学之,则事至而办;后人民社稷而学之,则莅事烦矣。"(陈祥道)如此,孔子从政用人观之要旨则在于先为学而后为政,切不可未学而仕,亦不可仕中学。如此,孔子对子路用子羔的否定,本质上是对子路从政用人观的否定。

第三,从本节之文辞中可以很清楚地看出,子路和孔子在"从政"之德、知识等的来源上展开了相左之论辩。子路的观点是强调"从政"之德可以从"从政"的"实践"中习得,即从治理百姓、从管理政事、在祭祀神灵中,渐渐可习得从政之道、之礼。如此,可以看出,子路关于"从政"之德的获得,所坚持的一条经验主义的路线;而孔子无疑是一条道德先验主义的路线,强调必须通过为学而先明"礼乐",方可入仕为政。如此,子路与孔子的"从政"之思,本质上是两条路线之间的差异。

第四,如果就孔子所言的"先学而后仕"与"仕中学"之内涵而言,孔子突出"从政"之"礼"的完整,强调"礼"之整体主义品质,强化"从政"之规范性和无差异性;那么,子路则彰显"从政"之人,应从"从政"之具体实际、实践中吸纳"从政"相关的"德""礼",进而明为政之"道",突出"从政"主体的积极性与主动性,以及对"德""礼"和"道"把握的直接性、经验性和差异性,显示出"从政"之灵活性与鲜活的现实性。

第五,孔子始终是站在对"周礼"之权威绝对维护与信仰的立场来审视子路的用人观。如此,孔子首先确立了一条唯"周礼"为合法之至上原则和尺度。这样,子路之"使子羔为费宰",以及为之展开的辩护,与其说是对孔子"从政"用人观的挑战,还不如说是间接地对"周礼"的挑战,也就是在"周礼"之外,子路试图寻求一条有别于"周礼"的"从政"路径。这在孔子看来,不仅"贼夫人之子",而且是对"周礼"的蔑视与极端的挑衅,孔子自然是决不容许的。如此,孔子对子路之"辩护",一言以蔽之:"是故恶夫佞者。"这是以"绝对主义"的口吻给予子路进行否定,最终以道德轻蔑的方式予以判定。诚如朱熹之释曰:"子路之言,非其本意,但理屈词穷,而取辨于口以御人耳。故夫子不斥其非,而特恶其佞也。"江谦补注:"恶夫佞者,为恶夫读书而不能教民人安社稷者也。能言不能行，故谓之佞。"孔子之语虽然弱化了对子路的批评，但是对颠倒为学与为政之关系逻辑，孔子依然予以否决。

总之，子路通过让子羔从政，事实上已经表征了自己的"从政"用人观和"仕中学"的施政方案，孔子予以坚决地否定，为此，师徒二人展开"论辩"。子路为其"为政"之"学""何必读书"对孔子之"先进"从政用人观发出了质疑，试图强调经验主义路线的合法性与合理性。孔子据"先进"之基本立场，对之加以反驳。反驳的根底，在于"为学"与"为政"，到底是孰先孰后。孔子以"贼夫人之子"否定子路之思，子路以"有民人焉，有社稷焉，何必读书，然后为学？"自证，孔子以斥责子路"是故恶夫佞者"，指出子路强词夺理，从而确立"为学"而"为政"之主张的正确性。

子羔，"质美而未学者"，只是尚未学成者，子路以为其可为良宰而治费，并主张在治民、事社稷中，习得为政之法，最后得出"何必读书，然后为学"，可为逆转或颠覆了孔子所主张的"学而优则仕"之逻辑与路线。孔子不仅否定之，且对子路之辩一并否定。

26. 各展其志，孔子赞点

先进 11.26

【原文】子路、曾皙、冉有、公西华侍坐。

子曰："以吾一日长乎尔，毋吾以也。居则曰：'不吾知也！'如或知尔，则何以哉？"

子路率尔而对曰："千乘之国，摄乎大国之间，加之以师旅，因之以饥馑，由也为之，比及三年，可使有勇，且知方也。"

夫子哂之。"求，尔何如？"

对曰："方六七十，如五六十，求也为之，比及三年，可使足民。如其礼乐，以俟君子。"

"赤，尔何如？"

对曰："非曰能之，愿学焉。宗庙之事，如会同，端章甫，愿为小相焉。"

"点，尔何如？"

鼓瑟希，铿尔，舍瑟而作，对曰："异乎三子者之撰。"

子曰："何伤乎？亦各言其志也。"

曰："莫春者，春服既成，冠者五六人，童子六七人，浴乎沂，风乎舞雩，咏而归。"

子喟然叹曰："吾与点也！"

三子者出，曾皙后。

曾皙曰："夫三子者之言何如？"

子曰："亦各言其志也已矣。"

曰："夫子何哂由也？"

曰："为国以礼。其言不让，是故哂之。"

"唯求则非邦也与？"

"安见方六七十如五六十而非邦也者？"

"唯赤则非邦也与？"

"宗庙会同，非诸侯而何？赤也为之小，孰能为之大？"

【译文】子路、曾皙、冉有、公西华四个人陪孔子坐着。

孔子说："我年龄比你们大一些，不要因为我年长而不敢说。你们平时总说：'没有人了解我呀！'假如有人了解你们，那你们要怎样去做呢？"

子路赶忙回答："一个拥有一千辆兵车的国家，夹在大国中间，常常受到别的国家侵犯，加上国内又闹饥荒，让我去治理，只要三年，就可以使人们勇敢善战，而且懂得礼仪。"

孔子听了，微微一笑。孔子又问："冉求，你怎么样呢？"

冉求答道："国土有六七十里或五六十里见方的国家，让我去治理，三年以后，就可以使百姓饱暖。至于这个国家的礼乐教化，就要等君子来施行了。"

孔子又问："公西赤，你怎么样？"

公西赤答道："我不敢说能做到，而是愿意学习。在宗庙祭祀的活动中，或者在同别国的盟会中，我愿意穿着礼服，戴着礼帽，做一个小小的赞礼人。"

孔子又问："曾点，你怎么样呢？"

这时曾点弹瑟的声音逐渐放慢，接着"铿"的一声，离开瑟站起来，回答说："我想的和他们三位说的不一样。"

孔子说："那有什么关系呢？也就是各人讲自己的志向而已。"

曾皙说："暮春三月，已经穿上了春天的衣服，我和五六位成年人，六七个少年，去沂河里洗洗澡，在舞雩台上吹吹风，一路唱着歌走回来。"

孔子长叹一声说："我是赞成曾皙的想法的。"

子路、冉有、公西华三个人的都出去了，曾皙后走。他问孔子说："他们三人的话怎么样？"

孔子说："也就是各自谈谈自己的志向罢了。"

曾皙说："夫子为什么要笑仲由呢？"

孔子说："治理国家要讲礼让，可是他说话一点也不谦让，所以我笑他。"

曾皙又问："那么是不是冉求讲的不是治理国家呢？"

孔子说："哪里见得六七十里或五六十里见方的地方就不是国家呢？"

曾皙又问："公西赤讲的不是治理国家吗？"

孔子说："宗庙祭祀和诸侯会盟，这不是诸侯的事又是什么？像赤这样的人如果只能做一个小相，那谁又能做大相呢？"

夫子与四弟子相聚，夫子探四子之志。四子一一抒怀展志，情态生动而真切，气氛可谓愉悦、热烈、祥和与亲切：子路志在强国，冉求志在治国，公西赤志在祭礼邦交之小"傧相"，而独曾皙志在美化风俗；以此可见子路之爽直而不谦，冉求志于邦国之自信自明，公西华之自谦，曾皙洒脱飘逸。四子各抒其志，尽显其入世之浓郁情怀，映现其潇洒自在的人生意趣。

孔子静听之，时而询问之，间歇评述之。从四弟子所言其志，孔子将他们分为两个层次，子路、冉求和公西华归为事功的第一层次，而曾皙则为就道的第二层次。然戴望却释曰："四子皆志于为国兴天下，由、求在拨乱，赤、点志在致太平。"

对于四弟子与孔子悠然畅谈其志。程子着墨颇深，予以述评。程子曰："古之学者，优柔厌饫，有先后之序。如子路、冉有、公西赤言志，夫子许之。亦以此自是实事。后之学者好高，如人游心千里之外，然置身却只在此。"又曰："孔子与点，盖与圣人之志同，便是尧、舜之气象也。诚异三子之撰，特行有不掩焉耳，此所谓狂也。子路等所见者小，子路之为不达以国以礼道礼，是以哂之。若达，却便是这气象也。"又曰："三子皆欲得国而治之，故夫子不取，曾点，狂者也，未必能为圣人之事，而能知夫子之志。故浴乎沂，风乎舞雩，咏而归，言乐而得其所。孔子之志，在于老者安之，朋友信之，少者怀之，使万相莫不遂其性。曾点知之，故孔子喟然叹曰：'吾与点也'。"又曰："曾点、漆雕开，已见大意。"明薷益亦对之释曰："圣贤心事，虽隐居求志，而未尝置天下于度外；虽遑遑汲汲，而未尝横经济于胸中。识得此意，方知禹稷颜子，易地皆然。奈四子各见一边，终不能知孔子行处。故因此侍坐，巧用钳锤。以曾点之病，为三子之药；又以三子之病，为曾点之药也。"

具体而言：

第一，这一节，可以说道尽孔子百味人生之甘苦。孔子以天命自任、自觉力挽将倾之"王道"，为复"周礼"而离乡背井，游历诸侯，处处碰壁，真是"不吾知也！"。其念念所在皆是"如或知尔，则何以哉？"经过几多苦难与磨难之后，仍不改其志。至年老而转换方式以传"圣道"，寄希望于弟子能承其志，施展才华，践行其梦想。正是在此心境下，孔子将欲令四子言志，故先说此言以劝引之。如此，展现出一幅师徒五人一起"坐而论道"，阔论各自之鸿志，共言治国之方治世略，舒展人生梦想之生动画面。

第二，记述者大凡按照年龄将孔子四个弟子排序，子路、曾皙、冉有、公西华四人以言"为政"为主旨，谈各自的治国方法。但是前三人似乎都没有谈到"治国"之根本上。联系到孔子在《论语·公冶长》篇中对三子的定评：即

孟武伯问："子路仁乎？"

子曰："不知也。"

又问。

子曰："由也，千乘之国，可使治其赋也，不知其仁也。"

"求也何如？"

曰："求也，千室之邑，百乘之家，可使为之宰也，不知其仁也。"

"赤也何如？"

子曰："赤也，束带立于朝，可使与宾客言也，不知其仁也。"

我们可知，在本节中，三个弟子所言的"治国"之思，与孔子对他们的评价，本质上吻合的，也正表明了他们的"治国"尚未达到孔子所强调的"本质"问题。

第三，孔子让前面三弟子尽情地抒自己治国之志和方略之后，尽管有诸多的不满意，但是孔子却给了一个让弟子们自由表达自己的真实想法之机会，这是孔子弟子们最为基本的尊重，这也是孔子于弟子们施与"礼"最为基本的表征。

第四，他不太满意前面三弟子所立之志，然却对曾皙的志向表示了赞赏。孔子之所以对曾皙的主张表示赞赏，是因为曾皙的主张，用非常形象的方法描绘了礼乐之治下的景象，并且非常形象地体现了"仁"和"礼"的治国原则，这在孔子看来就谈到了"治国"之根本点上。如此，体现出孔子之"治国"取向所内具的伦理原则和伦理意趣。

不可否认，孔子之弟子们通过自述其"治国"之策，呈现了各自的政治理想与抱负，通过孔子对弟子们之主张的评点，也折射出孔子治世之政治理想。

总之，本节就四位弟子在孔子面前就"治国"而各抒其主张和志向，呈现出治国之多样化的取向和重点，进而表征出四位弟子的不同治国观。孔子对四位弟子的评点，表达了孔子对前三位弟子之治国方略所存偏失的不满，而突出对曾皙"仁""礼"治国的充分肯定和赞许，最终显示出孔子之政治倾向和理想。

第十二 颜渊篇

1. 克己复礼，天下归仁

颜渊 12. 1

【原文】颜渊问仁。

子曰："克己复礼为仁。一日克己复礼，天下归仁焉。为仁由己，而由人乎哉？"

颜渊曰："请问其目。"

子曰："非礼勿视，非礼勿听，非礼勿言，非礼勿动。"

颜渊曰："回虽不敏，请事斯语矣。"

【译文】颜渊问怎样做才是仁。

孔子说："克制自己，一切都照着礼的要求去做，这就是仁。一旦这样做了，天下的一切就都归于仁了。实行仁德，完全在于自己，难道还在于别人吗？"

颜渊说："请问实行仁的条目。"

孔子说："不合于礼的不要看，不合于礼的不要听，不合于礼的不要说，不合于礼的不要做。"

颜渊说："我虽然愚笨，也要照您的这些话去做。"

颜渊与孔子围绕着何谓"仁""如何仁"，从"仁"与"礼"，"礼"与"行"之关系逻辑而展开问答。此问答之谜底，朱熹以为："此章问答，乃传授心法切要之言。非至明不能察其几，非至健不能致其决。故惟颜子得闻之，而凡学者亦不可以不勉也。"

如何"处己"，决定如何"处礼"与"处仁"。孔子言"为仁由己"，如是"仁远乎战？吾欲仁，斯仁至矣"，直道道德主体与"仁"的内在性关系，凸显道德主体于"仁"之自决性、自主性与自觉性。孔子进而强调通过"克己"之功夫，达至"复礼"，此即成"仁"。如此，将"复礼""归仁"之要津，归于道德主体之"克己"功夫。如此，着力"克己"乃是"复礼""归仁"之关键。

进而言之，成"仁"，在于"克己"，"克己"即在"遵礼"之中。孔子提出四个"非礼勿"，即为具体"克己""复礼"之路。如此，遵礼而行，乃是"仁"得以生成之法，舍此别无他途。如此，孔子在回答颜渊之问中，明示惟践礼，方可复礼、归仁。孔子强化和突出道德实践的根本性。

对于师徒二人之问答，蕅益释曰："克，能也。能自己复礼，即名为仁。一见仁体，则天下当下消归仁体，别无仁外之天下可得。犹云十方虚空，悉皆消殒，尽大地是个自己也，故曰'由己'。由己，正即克己。""夫子此语，分明将仁体和盘托出，单被上根，所以颜子顿开妙悟，只求一个入华屋之方便，故云'请问其目'。目者，眼目，譬如画龙须点睛耳。所以夫子直示下手功夫，正所谓流转生死，安乐涅槃，惟汝六根，更非他物。视听言动，即六根之用，即是自己之事，非教汝不视不听不言不动，只要拣去非礼，便即是礼。礼复，则仁体全矣。""古云'但有去翳法，别无与明法'，《楞严经》云'知见立知，即无明本；知见无见，斯即涅槃'。立知，即是非礼。今勿视勿听勿言勿动，即是知见无见也。此事人人本具，的确不由别人，只贵直下承当，有何利钝可论，故曰'回虽不敏，请事斯语'。从此三月不违，进而未止，方名好学。岂曾子、子思，所能及哉？"

具体而言：

第一，本节记述了颜渊与孔子之间两轮"问答"，师徒二人始终围绕着对"仁"与"礼"的本质、具体内容与形式，以及"仁"与"礼"的关系而展开讨论，突出对"礼"之遵从与践行中对"己"之约束和规制，从而促成从"礼"行"仁"之主体自觉性、积极性、主动性，从而生成"天下归仁"的良效，最后表征颜渊对"礼"与"仁"之自觉而坚定地践行。

第二，颜渊问"仁"。此为本节最为核心的问题。何谓"仁"，以及如何"为仁"？孔子简明地回答："克己复礼为仁"。

对此，陈祥道释曰："己，物之敌也。胜己之私，谓之克。礼，性所有也，克己而趋焉，谓之复。盖不远之复，令于修身，故复礼本于克己，克己则能仁。"

朱熹释曰："仁者，本心之全德。克，胜也。己，谓身之私欲也。复，反也。礼者，天理之节文也。为仁者，所以全其心之德也。盖心之全德，莫非天理，而亦不能不坏于人欲。故为仁者必有胜私欲而复于礼，则事皆天理，而本心之德复全于我矣。"

程子曰："非礼处便是私意。既是私意，如何得仁？须是克尽己私，方始是仁。"

钱穆释曰："克己：克，犹剋。有约束义，有抑制义。克己，约束己身。或说：克去己私。或又说：克己犹言任己，谓由己身肩任。若立心行事，专以己身为主，不顾及相偶之对方，此乃一切不仁之本源，故仁道必以能约束己身为先。复礼：复如言可复也之复，为践行。又说：复，反也。礼在外，反之己身而践之。故克己复礼，即犹云约我以礼。礼者，仁道之节文，无仁即礼不兴，无礼则仁道亦不见，故仁道必以复礼为重。宋儒以胜私欲全天理释此克己复礼四字，大义亦相通。然克己之己，实不指私欲，复礼之礼，亦与天理义蕴不尽洽。为仁：犹谓如是乃为仁。仁存于心，礼见于行，必内外心行合一始成道，故《论语》常仁礼并言。"

针对颜渊之问，孔子采取了非西方形式逻辑概念、范畴界定的方式，而是将"仁"置于"礼"与"己"的关系，通过以"礼"为尺度和准则，对自己的心性和行为约束，剔除非礼之为，使"己"符合礼之规范，从而达到对"礼"之遵从、维护，最终确立起"礼"之合法地位和权威性。该种超越静态抽象的方式而将"仁"放在"己"与"礼"的关系张力之中，侧重于动态之践"礼"活动，从"礼"之功能的视角来显现"仁"。如此，孔子将"仁"置于行礼、"复礼"之中，为成仁提供了行为逻辑和实践方案，凸显了儒家伦理的实践原则。

第三，孔子以"礼"来规定"仁"，强调"依礼而行"，乃仁之根本要求。如此，将"礼"与"仁"的关系予以敞开：礼以仁为基础，仁是内在的，礼是外在的，二者紧密结合、统一并具体化为以"礼"为原则进行自我的行为规范和规范行为。如此，"克己"与"复礼"构成了"为仁"过程之一而二、二而一的关系逻辑。

第四，如果说，"克己复礼"是以外在的"礼"之遵循而实践"仁"、实现"仁"，体现行为主体的受动和皈依于"礼"，进而为仁之取向；那么，"为仁由己，而由人乎哉？"则充分表征在"克己复礼"之行为主体践"仁"的动力源于本心和自我，而非是外在的规范使然。恰如钱穆所释："为仁，犹言行仁，行仁道当由己，不由人。克己，由己克之，复礼，亦有己复之。能克己，斯能由己矣。所以欲克己，则为欲由己。"如此，"为仁由己，而由人乎哉？"构成了"为仁"由被动至主动，由外在要求至自觉践行，若将"克己"与"由己"并举统观，则更彰显主体的主动性，乃为行仁之关键。

然而，问题的关键是，"克己复礼"并不能仅仅归结为"礼"外在于

"己"，而是行动主体已将"礼"内在化成为自己的德性原则，以"礼"自觉规范自我的行为，即以自己规范的符合"礼"的方式行动，从而彰显行动主体的道德自决性和自主性特征。如此，正如有的学者所指出的那样，"克己复礼"是指人应该自觉而自愿，自主而自动去实践"礼"的要求；而"为仁由己，则不在外矣；为仁由己，故不可以不克己。"（陈祥道）礼的规范是群体的秩序与和谐所不可或缺的；个人与群体的紧张关系在此化解于无形，使"仁""从人从二"的通感意义得以充分实现，然后道德主体自觉地走在人生正途。

第五，孔子自信地断言，"一日克己复礼，天下归仁焉"。这是对"天下归仁"必要条件和必然结果之展望和推断。在此，在"一日克己复礼"与"天下归仁焉"之间，孔子确立了内在必然性的逻辑。因为"克己复礼，则事事皆仁，故曰天下归仁。"（程子）"能责己反礼，然后仁及天下。反礼以正身，不能正身，虽有善政教民，不以仁名归之。"（戴望）"言能一日克己复礼，则天下之人莫不归与其仁，极言其效之速且大。然人为己之心德，以存诸己为主，不以外面之效应为重，且亦无此速效。言天下于此归仁，愿义当谓苟能一日克己复礼，即在此处，便见天下尽归入我之仁心中。人心之仁，温暖爱人，恪然敬人。礼则主于恭敬辞让。心存恭敬，斯无傲慢。心存辞让，斯无伤害。对人无傲慢，无伤害，凡所接触，天下之大，将无往而不见其不归入于我心之仁矣。是则效在内，不在外。"（钱穆）

如此，孔子所言"一日克己复礼，天下归仁焉"，确证与突出了"克己复礼"之效果：从外在遵从"礼"达内心成"仁"，以及以"个体"之"仁"走向世道之"仁"。于此，孔子所言突出"复礼"对"归仁"的前提性地位。

第六，通过颜回和孔子第一轮回的问答，明确了"为仁之道"。在此基础上，颜回继续追问贯彻"克己"，实现"复礼"，最终"归仁"之行动原则与行动纲领。此为在践行层面，追问"如何仁?"因为"礼"既是一套复杂的规则系统，其条目繁多。如此，要克己、要复礼、要为仁，具体将如何做，就成为更要紧的事了。颜渊之"问目"，"欲知其要。颜渊意以礼三百三千，卒难周备，故请问其目。"（戴望）

孔子简明地回答之，要求必须在具体的行为上做到"四勿"，这也就是严格按照"礼"之规范，从否定方面要求对自己的行为加以限制和约束。如此，孔子就从"视""听""言"和"动"四个层面紧紧围绕着"礼"的要求而为，因为"此四者，皆取正于礼。礼者，先王所立中以为仁义法。"（戴望）这样，孔子就在行为层面具体为"克己复礼"，从而"为仁"提出了可操作的方式和原则。

对此，程子曰："颜渊问克己复礼之目，子曰：'非礼勿视、听、言、动'，四者身之用也。由乎中而应乎外，制乎外所以养其中也。""非礼者，己之私也。勿者，禁止之辞。是人心之所以为主，而胜私复礼之机也。私胜，则动容周旋无不中礼，而日用之间，莫非天理之流行矣。事，如事事之事。"

如此，孔子对颜渊"问目"之答，明示了行动原则和逻辑："非礼勿"，这样，就从行为上划定了可为和不可为之边界，表征复礼全在以"礼""约己功夫"（钱穆）上。

第七，通过颜渊和孔子两轮对话，对"为仁之道"，从总体原则至具体实施方式予以了落实，呈现出以"己""仁"和"礼"的关系为立足点，着重于从"己"之行来规定"礼"和"仁"，从而充分体现孔子超越抽象言说"仁"与"礼"，突出以个体真实的践行来展现"仁"和"礼"的存在。

第八，颜渊最后之语，既表明颜渊深刻领会了孔子关于"仁"和"礼"的要旨之后的谦逊，又再次确证了颜渊对孔子之说坚信不疑，以及贯彻和实践"仁""礼"之笃定性。如此，颜渊的表态则指证他的一生，就是践"礼"成"仁"的一生。

总之，颜渊问"仁"，孔子从"仁"和"礼"的关系入手，在学理层面，具体阐释了"为仁之道"，突出孔子于"为仁"之核心思想："克己复礼"。进而从"四勿"来具体呈现践行"克己复礼"而"仁"的路线和原则，从而完整表征出孔子之"成仁论"。

如果说曾子言"内省"，指出修身之主观前提；那么，孔子言"克己"则为修身、复礼、为仁，找到了最原初的发生之机制；"内省"，促道德主体之自觉，"克己"则彰道德主体之自律。如此，孔子言"克己复礼"，为"仁"之要；而非礼勿视、听、言、动，则"使勿入非礼，使凡视、听、言、动皆是礼，是即为复礼"（钱穆），即是"为仁"即是"仁"。这样，孔子不仅以"克己"凸显道德主体之自觉性、自主性，且以"克己复礼为仁"，充分表征其重践行之道德实践理性。

2. 敬恕无怨，仲弓践仁

颜渊 12.2

【原文】仲弓问仁。

子曰："出门如见大宾，使民如承大祭；己所不欲，勿施于人；在邦无怨，在家无怨。"

仲弓曰："雍虽不敏，请事斯语矣。"

【译文】仲弓问怎样做才是仁。

孔子说："出门办事如同去接待贵宾，使用百姓如同去进行重大的祭祀（都要认真严肃）；自己不愿意的，不要强加于别人；做到在诸侯的朝廷上没人怨恨；在卿大夫的封地里也无人怨恨。"

仲弓说："我虽然笨，也要照您的话去做。"

仲弓问仁，孔子根据其从政之实践而言当如何践行"仁"。孔子以为仲弓践仁，主要在其为政中能做到"敬""恕"和"无怨"，即可达到了"仁"。

钱穆以为："出门如见大宾，使民如承大祭，是敬。己所不欲，勿施于人，是恕。在邦谓事诸侯，在家谓事卿大夫，无怨。无怨，乃指不怨天不尤人，无论在邦在家皆无怨。此敬恕与不怨之三者，皆指心言，即复礼归仁之要端。人能践行一本于礼，对人自无不敬恕，则自无怨。如此居心，则视、听、言、动自无不合于礼，而我心之仁亦自然呈露。心行相发，内外交融，亦一以贯之。此两章重要在指示学者以求仁之工夫，克己复礼敬恕与无怨皆是。"朱熹释曰："敬以持己，恕以及物，则私意无所容而心德全矣。内外无怨，亦以其效言之，使以自考也。"

朱熹在比较颜渊和仲弓皆问仁于孔子，针对孔子所答不同而释曰："克己复礼，乾道也；主敬行恕，坤道也。颜、冉之学，其高下浅深，于此可见。然学者诚能从事于敬恕之间而有得焉，亦将无己之可克矣。"

具体而言：

第一，上一节，颜渊向孔子请教"仁"，孔子针对思想性的君子颜回的回答，从"仁"的本质，"仁"与"礼"的关系，以及"仁"之实践方式等层面加以了阐述，侧重和突出了"仁"的思想性内涵，给"仁"予以学理上的阐释。在本节中，孔子的另一个弟子仲弓也向孔子"问仁"。孔子针对仲弓之特点，着重从实践的层面对"仁"加以了阐述，希望仲弓能在自身的从政实践中，践行"仁"，能切实施行、践履和体现出"仁"来，最终使其在为政治理能得以彰显"仁政"。

进而言之，颜渊问"仁"于孔子时，孔子之回答侧重于"仁"与"己"的关系，突出如何通过"克己"，即"己"之"心性"的修造而发动、体现"仁"，直接切入到"仁"之本质内涵；而在本节中，仲弓问"仁"于孔子时，孔子则侧重于"己"如何待"人"和"民"，处理"人"与"己"的关系，即从"仁"之实践形态，从"仁"之目的与方法、合理性和重要性来阐释"仁"。

第二，仲弓即冉雍，乃孔子"十大"最为得意的弟子之一。因其气量宽宏，沉默厚重，深得孔子的器重，并认为他具有人君的容度，属帝王之器，可以做地方长官。历史上的冉雍，曾经做过季氏宰，以"德行"著称，被列为孔门四科十哲（德行科）。战国时期的荀况对之推崇备至，将之与孔子并列为"大儒"。正是在此种意义上，仲弓问孔子何谓"仁"，以及"为仁之道"，则是要讨问在其为政治理之实践中，如何做到"仁"。

第三，孔子针对仲弓之问，主要从三个层面上对"仁"做出了非常清晰而详尽的阐述。

（1）"出门如见大宾，使民如承大祭"。此乃强调在应世接物时以"敬"而凸显"仁"。"为仁之道，莫先于敬。"（戴望）"敬"乃是出于或发端于爱心。"爱"与"敬"，既是"仁"的外在表现，也是"仁"的核心内容。在此句中，以两个"如见"和"如承"来表达出门见人办事时和差使民众时所应确立的独特心性与情感。具体而言，就是见任何一个人都要如同国之接待贵宾一样，遵循持重端敬的"礼仪"，差使民众竟如同君主举行盛大祭祀活动时所应具有的恭敬或肃穆与"敬畏"之"心"一般，突出管理和领导百姓，须爱护和尊重百姓，真诚地体恤民众。如此，"出门如宾，承事如祭，仁之则也。"孔子以"敬人"和"敬民"两个层面来凸显"仁"的具体内容。由此，体现"仁"之"爱人"和"爱民"之具体原则。

更为重要的是孔子在此强调君子应该确立主动、积极之"敬"，唯有如此，"仁"才非外于心、外于行，而是君子由心而行所生成的主动之态。

（2）"己所不欲，勿施于人"。此从"人""己"关系的视角，强调宽以待人之"恕"即是"仁"。如此，孔子强调己"不欲"与"勿施"之一致性，突出和主张君子待人之总体原则，即行"恕道"。"恕"强调"内治反礼以正身，据礼以劝福；外治推恩以广施，宽制以容众。""仁者，与人相人偶，所贵礼以行之。"（戴望）

以上两个方面，主要从待人、使民之原则和精神主旨的高度，突出"敬"与"恕"，进而彰显君子须在实践中贯彻和体现仁德。

（3）"在邦无怨，在家无怨。"此句是孔子从更为具体的现实效果视角对仲弓指出或考察何为"仁"。孔子要求君子为仁，须做到在诸侯国里做官，不要为名利而争，在卿大夫家里做事，要容人容事，也不要有怨言，多替他人、民众着想。这样，人、事平和，才可达到"在邦无怨"即无人怨，"在家无怨"即达"己无怨"之无怨无尤的"仁行"境界。在此，孔子通过强调或突出一己之立，或者兼顾二义，那么，"仁"就在其中。

对孔子于仲弓的回答，藕益释曰："'出门四句'即是非礼勿视、听、言、动之意。邦、家无怨，即是天下归仁之意。但为中根之人说，便说得浅近些，使其可以承当。"卓吾补注云："'出门'二句，即居敬也；'己所'二句，即行简也；'在邦'二句，即以临其民，不亦可乎？"王阳明曰："亦只是自家无怨，如不怨天不尤人之意。"

第四，关于"出门如见大宾，使民如承大祭"，"己所不欲，勿施于人"同"在邦无怨，在家无怨"的关系。有的学者指出它们之间并非是递进关系，而是并列关系。我们认为，这三句话之间，既是并列的，又不仅仅具有并列关系。说三者是并列关系，主要是指这三句话分别从不同的层面、各自侧重而对"仁"之显现加以了陈述，从而使"仁"在践行中非常详尽地表征出来。说三者不仅仅是并列关系，从孔子之语义内在的变化来看，可以判断只有"出门如见大宾，使民如承大祭；己所不欲，勿施于人"，方可"在邦无怨，在家无怨。"如此，前两者是突出前提或"因"，最后凸显"效果"，由此构成语义链条上的"因果关系"。这样，孔子完整向仲弓阐释的"仁"时，则要求他在邦为诸侯，在家为卿大夫，既要敬人、敬民，又恕及物或他人，三事并足，故为民人所怀，无复相怨者。

第五，仲弓问"仁"于孔子，孔子针对他的个性特质，予以了有针对性地阐述。仲弓诚恳地接受了老师的教诲，并且表示要努力身体力行，在"行动"中真正的去做到"仁"。

总之，有别于颜渊之仲弓问"仁"于孔子，孔子从仲弓的气象和精神特质为切入点，从"敬""恕"和"无怨"等三个不同层面，解仲弓之惑，对其为政予以具体而明确的指导。孔子之答凸显在实践中应如何去践行"仁"，表明"仁"重在为政之"行"中。惟有"心"存"敬""恕"，方可在为政中践"仁"而"无怨"。

仲弓、孔子之问答，聚焦于为政者如何践行、张扬"仁"，从而开辟了"内修外用"，实践"仁政"之现实路径。

3. 训导为仁，夫子言讱

颜渊 12.3

【原文】司马牛问仁。

子曰："仁者，其言也讱。"

曰："其言也讱，斯谓之仁已乎？"

子曰："为之难，言之得无讱乎？"

【译文】司马牛问怎样做才是仁。

孔子说："仁者，说话是慎重的。"

司马牛说："说话慎重，这就叫做仁了吗？"

孔子说："做起来很困难，说起来能不慎重吗？"

司马牛，孔子之弟子，严格说来，其修养尚不具有问仁之资质与觉悟，然亦"问仁"，恰如陈祥道所释："司马牛未可与言仁"，所以孔子"则告之以仁为之难而已。"

孔子诲人不倦，有问必答。言多而躁之司马牛问仁，孔子针对其弊，简言道："仁者，其言也讱。"司马牛轻之而不得孔子之教意，孔子再言"为之难，言之得无讱乎？"如此，针对"牛，多言而躁"，孔子说"言讱云者"，乃是"救之失与。"（陈祥道）孔子以为，惟此，司马牛方可入仁道。

对此，蕅益释曰："其言也讱，不是讱言。全从仁者二字来。直是画出一个仁者行乐图。牛乃除却仁者二字。只说其言也讱，表看得容易了。故即以为之难三字。药之。"

具体而言：

第一，弟子司马牛继颜渊、仲由而续问"仁"于孔子。孔子根据司马牛之特点，指出"仁者"于司马牛来说，其真谛即是"其言也讱"。然而，司马牛面对孔子提出的"仁者"即是慎言而心生疑惑，于是反问孔子以再次确认孔子对"仁"的解说，孔子面对司马牛的反问，进一步从言行之关系的角度，强调言之斟酌、慎重于"仁者"的重要性。如此，司马牛问孔子于"仁"之本质，孔子答司马牛于"仁者"之具体要求，即如何"为仁"。在本节中，孔子在回答司马牛之时，阐释了"仁"（者）与"讱于言而敏于行"之间具有内在一致性。

　　　　　　　　　　　　　生活哲学视野中的"论语"研判

第二，司马牛，春秋末宋国人，是孔子众学生中很有特点的一个，他的性格和主要毛病就是"多言而躁"，也就是说他是一个平时说话不太经过大脑缜密思考和反复琢磨，口无遮拦之人。如此，可以定性地判断，司马牛最为关键的问题，就是话多又不谨慎，管不住自己的嘴。后来经过孔子点化，他学会了慎言，并成功进身德科，成为了"仁者"。

孔子针对司马牛"多言而躁"的毛病，借他问"仁"之时，指出"仁者"对于他，就是"其言也讱"。孔子希望他能做到出言缓慢谨慎，管住自己的"嘴"，强调他慎言必须落实于具体的行动中，而不是只停留于思想上。

孔子之所以给司马牛开出此处方，因为在孔子看来，"仁者心存而不放，故其言若有所忍而不易发，盖其德之一端也。夫子以牛多言而躁，故告之以此。使其于此而谨之，则所以为仁之方，不外是矣。"（朱熹）

如此，孔子要求司马牛贯彻"慎言"的原则，事实上为他指出了入"仁"之门，由此可以看出，孔子借司马牛问"仁"，"因材施教""对症下药"于司马牛。在此亦可很清晰地看到，孔子回答司马牛问"仁"的过程中，本身就是批评、教育司马牛的过程，要求他改正自己的毛病，从而做到慎言笃行。

第三，孔子在本节中强调"仁者，其言也讱"，有其深意。首先表明孔子一贯反对"巧言令色""花言巧语"，而突出"木讷"之品质。"木讷"乃心之质朴、实诚本性的自然流露，是"仁"之初心的表征。诚如孔子所言："刚毅木讷近仁。"（《论语·子路》）如此，"讱于言者，其辞必顿。"（戴望）其次在于表明孔子强调"敏于行，慎于言"，重行而轻言，这亦是君子之"仁"的重要表现。那种说出来而自己做不到，是自古以来就令人羞耻的事，恰如孔子所言"古者言之不出，耻躬之不逮也。"（《论语·里仁》）"君子耻其言而过其行。"（《论语·宪问》）。

第四，孔子强调仁者"其言也讱"，指示着仁者应不说别人不易懂的深奥话，不说自己做不到的话，不说套话、空话、废话、谎话。仁者说话虽未必是字字句句乃真实、真切、真诚，但是必须是字斟句酌，言简意赅，在适当的时候和恰当的场景，说当说之言，懂得话语的深浅与分寸，切不可口无遮拦，快言快语，只图一时过嘴瘾。如此，仁者言讱，决非真的迟顿，乃至口吃，而实为慎言，切忌妄断、武断和逞一时之快而不负责任、不计后果而诳语。

第五，"其言也讱"是孔子直接针对司马牛，也是对于那些希望成为"仁者"之人所提要求。"仁者"，其言必须审慎，行动必须认真，一言一行都必须符合"礼"，即真正做到"非礼勿言"。如此，此节中的"讱"，其价值目的是指向"仁。一言以蔽之，为"仁者"，须"言讱"。

第六，孔子一针见血指出司马牛之弊，亦是指出他进"仁"之前提和必要。然，司马牛依然不改其毛病，听孔子说"仁者，其言也讱"后，却浅薄而轻浮地说："其言也讱，斯谓之仁已乎？"这说明他根本没有听进去，也未能真正理解孔子之言，更未曾意识到阻碍自己进"仁"之问题所在，竟然质疑孔子所言将"仁"简单化了。恰如朱熹所释曰："牛意仁道至大，不但如夫子之所言。"如此，孔子再言"为之难，言之得无讱乎？"孔子之再言表明："仁者为仁，重难之，不欲径其辞说。'不足以于行者，说过；不足以信者，诚言。'"（戴望）"言由心出，心感其事之难，始言之若不易。兄弟之间，感有难言，亦仁之一端。"（钱穆）

孔子之所以诲人不倦，再次警示司马牛，是因为"牛之为人如此，若不告之以其病之所切，而泛以为仁之大概语之，则以彼之躁，必不能深思以去其病，而终无自以入德矣。"（朱熹）

总之，面对"多言而躁"的弟子向自己请教何谓"仁"，以及"为仁之道"，孔子抓住时机，针对其弊，指出司马牛要"为仁"，最为关键的修为就在于"言讱"，并强调和要求司马牛必须真正践行"言讱"的原则。在此基础上，孔子揭示了慎言于"仁"的重要意义。

本章前三节是孔子的三个弟子，即颜渊、仲弓和司马牛分别问"仁"于孔子，孔子针对不同弟子之特点，就何谓"仁"、以及"为仁之道"做出了不同的回答。对此，朱熹释曰："盖圣人之言，虽有高下大小之不同，然其切于学者之身，而皆为入德之要，则又初不异也。"由此亦可以看到：一方面直接体现孔子之回答，是希望弟子们能明确各自"成仁"之独特的路径和着力修为处，明确各自努力之方向；另一方面，通过此种方式的回答，客观上也从不同的维度揭示出"仁"之内涵的复杂性和丰富性，凸显成"仁"之实践性与主体差异性。

4. 内省不疚，不忧不惧

颜渊 12.4

【原文】司马牛问君子。

子曰："君子不忧不惧。"

曰："不忧不惧，斯谓之君子已乎？"

子曰："内省不疚，夫何忧何惧？"

【译文】司马牛问怎样做一个君子。

孔子说："君子不忧愁，不恐惧。"

司马牛说："不忧愁，不恐惧，这样就可以叫做君子了吗？"

孔子说："自己问心无愧，那还有什么忧愁和恐惧呢？"

———————————————

司马牛因其兄向魋（tuí）作乱而常忧惧，向孔子问如何做一个"君子"，"故孔子解之而已，非牛可以与言此也。"（陈祥道）

孔子针对司马牛之心结，直道"君子不忧不惧"。司马牛依然忧惧如故，认为孔子所言"不忧不惧"即可成"君子"的回答太简单了，于是孔子再次指出通过"内省"而能自觉"不疚"，则可以绝"忧惧"，又"何忧何惧"呢？此正表明"君子之修身也，言行无尤悔，俯仰不愧怍，以守则为仁，以行则为勇，仁故不忧，勇故不惧。"（陈祥道）

因司马牛之问，孔子答"不忧不惧"，乃君子也；成君子之道则是"内省"，其标准或即是"不疚"。如此，师徒之问答，丰富了孔子的"君子论"。

———————————————

具体而言：

第一，面对忧心忡忡、充满尴尬感的弟子司马牛请问何谓"君子"，以及"君子之道"，孔子直截了当地指出所谓君子即是"不忧不惧"者。"君子之道"则是通过"内省"而达到"不疚"，则可解除内心忧惧之焦虑，踏上修"君子"之路。

在此，孔子具体针对司马牛之忧惧而回答关于"君子"及"君子之道"之问，再次表征孔子并非抽象地讨论"君子"及"君子之道"，而是坚持一贯的"有的放矢""因材施教，以解决"实际问题"的基本原则，以期真正解弟子思想之困扰，且通过"解惑"而传于弟子"为仁之道""尊礼之法"。

第二，在本节问"君子"之司马牛，在上一节向孔子请教"仁"，孔子教导他"言讱"。如此，他听之、改之、遵之、恒之，德行提升而成"仁者"。在本节中，他再次向孔子请教何谓"君子"、何谓"君子之道"？

为什么司马牛会向孔子请教此问题呢？据说，司马牛有一个在宋国做大夫的兄弟叫桓魋，此人是一个屡屡"犯上作乱"的恶人，其行为遭到宋国当权者的打击，被迫出逃。孔子也曾批评桓魋私自建立城墙是不合礼法的事，他不仅不听孔子之规劝，反而却想要追杀孔子，害得孔子和他的弟子无法继续呆在宋国。司马牛也因此逃到鲁国，拜孔子为师，并声称桓魋不再是他的兄弟。司马牛虽随孔子求学问道，总感觉其兄弟在宋国作乱，以及其兄曾对孔子的追杀，他心里充满忧惧。如此，司马牛为了消除心中的忧惧，做一个心诚坦荡之君子，于是就向孔子"问君子"。对此，戴望释曰："牛兄向魋将为乱。牛自宋来学，常忧惧，故孔子解之。"

可见，孔子众弟子问孔子的"问题"，并非是空穴来风虚构出来的"假问题"，而是他们在生活、为学、问政或闻道中切身遭遇的"真问题"。孔子洞见其弟子（们）的"问题"，从而予以具体的破解与指引。

第三，何谓"君子"，孔子有很多解说，构成内容丰富的"君子论"。在本节中，孔子针对司马牛之问，仅以"不忧不惧"表"君子"。"不忧不惧"，与孔子所说的"仁者不忧、勇者不惧"等处所强调的君子"坦荡荡"而不是"长戚戚"之思想是一致的。在本节中，孔子告诉司马牛，只要他在宋国的时候，没有与他的兄弟一起沆瀣一气、同流合污犯下违礼之事，那么，就应该是问心无愧，心安理得、心地光明而安祥，不应该充满着忧虑，担心他的兄弟有违礼行为而自己难以澄明，也无须担忧别人会视他有违礼之嫌。如此，孔子向弟子司马牛指示出一条原则或标准，只要自己"不忧不惧"，那么，自证、自检、自鉴即心自明。如此，孔子让弟子自己给自己吃一颗"定心丸"。这样，孔子将判断"君子"的自主权或决定权还给欲成为"君子"的司马牛。孔子之论，既表对司马牛的尊重，彰仁爱之德，亦表成君子乃是自个儿的事，以此充分激发道德主体之主体性。

第四，孔子以"不忧不惧"四个字简要地回答司马牛之问后，司马牛依然不解孔子此语之深意。于是，司马牛予以重复孔子之语而加以确认，但有感觉孔子之语太简单了。因为司马牛"不从'君子'二字上，悟出不忧不惧根源，便是不内省处。"（蕅益）

在此语境中，应该说孔子是非常了解、理解司马牛目前的心境，为了增加他的信心，于是进一步言："内省不疚，夫何忧何惧？"［"内省不穷于道，适弗逢世，亦无忧惧。"（戴望）］在此孔子指出成为"君子之道"：即"内省"，其标准即是"不疚"。如此，"内省"而"不疚"，则"不忧不惧"，此为"君子"也。

曾子曾说："吾日三省吾身，为人谋而不忠乎？与朋友交而不信乎？传不习乎？"曾子在此所表达的"省"之内容是待人和修己，强调对人要诚信，诚信是人格光明的表现，不欺人亦不欺己。替人谋事要尽心，尽心才能不苟且，不敷衍，这是为人的基本德性。修己不止于一时一事，修己要贯穿整个人生，不能停下来，一旦停下来，就会中止德进。

在本节中，孔子让弟子司马牛"内省"的内容，主要是依据"礼"的规制，检讨自己曾与其兄弟一起，是否参与了"犯上作乱"之恶事，一句话，就是对自己曾经所说、所做进行一次一次的深入反思，进而自我裁量、自我判定，是否有背于礼。如此，孔子所言"内省不疚"而"不忧不惧"，乃是指导弟子司马牛解除心中的忧虑和惧怯之最好的方法，给弟子自我释怀而成为君子开启了一条心灵之路。

第五，最为关键是孔子指导弟子要做到"内省不疚"。在此处，"内省不疚"指证通过自我反省、内察，其结果达到"不疚"，即自己的内心并不感到愧疚不安，以表明自己没有做有背于"礼"、有愧于"仁"的事。如此，孔子告诉弟子，只要以"礼"为尺度，内省自己的言行，对之加以审查，自己判断自己的言行未违背"礼"，如此则会心里坦荡，亦无罪恶感，这样，就无忧无惧，也就成了坦坦荡荡的"君子"了。

第六，孔子提出"内省"或自查作为一种成就"君子"之法，本质是上为了突出依"礼""内省"自身的言行，不断深入内心，深度地确立"礼"毫无置疑之权威，从而达到对"礼"之自觉。"内省"乃是贯彻"礼"于心性，扎根于心智，实现"礼"之内化，提升主体自觉践"礼"于言行中的重要手段。如此，"内省"作为自我教育、自我反思、自我检讨、自我成长和自我证成的独特方式，以此形成君子独特的内敛式人格和清醒的自我意识。这样，孔子通过"内省"二字，强调道德主体的能动与自觉，并极其深刻地指出主体精神的内在自我观照、自我审断之重要。

总之，孔子针对弟子司马牛之经历，以及弟子内心之纠结，在弟子请教、提交"问题"之际，直面"问题"之本质与要害，提出让弟子"解套"的方法和路径。这首先是一个值得反复玩味的、成功的"教育案例"。如此，当司马牛在问询第一个问题"仁"之后，继续追问孔子何谓"君子"以及"君子之道"时，孔子并非泛化宏论之［当然，孔子之论，"虽亦针对司马牛而发，然亦君子修德之通义。"（钱穆）〕而是具体针对弟子"问题"之缘起、之症结，提出"君子"，本质上乃是"不忧不惧"，并在与弟子的探讨中，提出"内省"可实现或达成"不忧不惧"，由此构成"君子"之自我证成之重要方法与路径，并强调通过"内省"，得出肯定性的结果："不疚"。如此，孔子指引着弟子通过自我反观、自我审定而确立起自我的德性意识和自我批判、自我评价之原则，凸显道德主体之积极而鲜明主体性。最后，让失落、充满着忧愁和顾虑的弟子，求得一条自证、自成君子之独特程式。

　　　　　　　　　生活哲学视野中的"论语"研判

5. 兄弟之悲，子夏解忧

颜渊 12.5

【原文】司马牛忧曰："人皆有兄弟，我独亡。"

子夏曰："商闻之矣：死生有命，富贵在天。君子敬而无失，与人恭而有礼，四海之内，皆兄弟也。君子何患乎无兄弟也？"

【译文】司马牛忧愁地说："别人都有兄弟，唯独我没有。"

子夏说："我听说过：'死生有命，富贵在天。'君子只要对待所做的事情严肃认真，不出差错，对人恭敬而合乎于礼的规定，那么，天下人就都是自己的兄弟了。君子何愁没有兄弟呢？"

———————————

按卓吾解："牛多言而躁，兄又凶顽不道，料必不相容者，故忧其将害己也。子夏以死生有命慰之，又教以处之之法。谓只待以恭敬，疏者可亲，况亲者乃反疏乎！盖劝其兄弟和睦也。"司马牛有四兄弟，都随司马桓魋在宋国作乱，死亡无日，他也颇以有这样的兄弟为耻，所以说自己独无兄弟。子夏引哲理箴言为其解忧，进而告之，尽人事，听天命，要求司马牛遵循"君子敬而无失，与人恭而有礼"之原则。如此，天下莫不乐于与之交往，又何愁没有兄弟呢？

子夏劝导司马牛之语，引"死生有命，富贵在天"之富于哲理的箴言，留下充满道德浪漫主义的"四海之内皆兄弟"之名言，规劝世人、温暖后世。

子夏以宏阔豁达之"道义兄弟观"，解司马牛"血缘兄弟观"之偏狭，以解司马牛之"忧"。

———————————

具体而言：

第一，《左传》载，桓魋兄弟为乱而败，魋奔卫，牛致邑与珪而适齐。魋后奔齐，牛复致邑而适吴。吴人恶之而返。赵简子召之，陈成子亦召之，因过鲁而卒于鲁郭门之外，牛之诸兄弟，全是戾气，惟牛凄然孤立，流离无归，忧可知矣。戴望亦释曰："哀公十四年，向魋作乱奔卫，牛致其邑与珪而适齐，未几适吴，后又如鲁。""司马牛兄向魋，魋又有兄巢，有弟颀、子车，皆与魋在宋作乱。""魋、巢等或奔或死，牛身栖异国，故有独无兄弟之感。"（钱穆）

忧于内，惧在外。司马牛因其兄弟桓魋违"礼"而"犯上作乱"，被驱逐出宋国，司马牛为此忧心忡忡，心有余悸，为此，孔子以"内省不疚，夫何忧何惧？"劝导司马牛不必再为其兄之犯下的错误遭致惩处而难过，为其解忧惧。司马牛之兄行恶多端，有罪在身，必致残灭，不旦则夕，今虽暂在，与无何异，故司马牛忧心忡忡言"人皆有兄弟，我独亡"。

司马牛忧而言"我独亡"，乃"司马牛忧无兄弟，非无兄弟也，无令兄弟也。"（陈祥道）"牛有兄弟而云然者，忧其为乱将死也。"（朱熹）"亡，丧也。言我独为丧人也。"（戴望）

司马牛因其兄作乱，犯违礼之罪，他宣布不承认魋是他的哥哥，这与儒家一贯倡导的"悌"的观念是相违背的。在此种语境下，虽然前面孔子并未责怪，反而安慰他应"无忧"，但他依然深感孤单悲楚，如是孤苦伶仃的弃子，一人在这个世界上，无亲兄弟彼此依存、牵念。为此，子夏劝慰司马牛，说只要他的言行符合于"礼"，那就会赢得天下人的认可、接纳，天下人皆会爱敬之如兄弟，又何忧自己没有兄弟呢。

第二，本节最为关键的是子夏劝解司马牛所说的话中所蕴含的深刻含义。具体而言：

（1）子夏对司马牛所说的"死生有命，富贵在天"。

对此，陈祥道释曰："命者，天之令；天者，命之所自出。莫之为而为者，天；莫之致而至者，命。是天以远而在彼者为言，命以近而在此者为言也。死生，非力之所能移，故言有命；富贵，非人之所能为，故言在天。然合而论之，则一而已。"

朱熹解曰："命禀于有生之初，非今所能移；天莫之为而为，非我所能必，但当顺受而已。"

钱穆解曰："命者不由我主。如人之生，非己自欲生。死，亦非己自欲死。天者，在外之境遇。人孰不欲富贵，然不能尽富贵，此为境遇所限。"

子夏所引"死生有命，富贵在天"，其含义即是指生、死，非由我"主"，自有其定数；同样，富贵与否，其决定权亦不在我，而在天者。这就说明子夏以"天"与"命"，对个体之生与死、之富贵与贫贱所具有的决定性和宰制性来开导司马牛。

子夏以此语对司马牛，其本意在于告诉司马牛，有没有兄弟，非自己可以决定的，不是通过承认或不承认有某兄弟就可以改变的，这些都是自己命中注定的，因此，其兄弟虽然必将遭致惩处，但是也不必"杞人忧天"，不必为自己所不能主导、主宰的事情而平添于事无补的烦恼和忧愁。一句话，非己力所能及的，休多思虑，且"听天命"，自己力所能及、所能做的就要"尽人事"。如此，做到自己能做的，那也就自足、心安了。这就充分地体现了子夏所主张和强调人必须走踏实的现实主义路线，同时，突出了主体性展开的场域与限度。如此，子夏引言"死生有命，富贵在天"，从否定性的方面告诉司马牛不必去忧虑、不必去想和做超越自己所能掌控的事情，即使很费力去想和做，那也是徒劳无益的，人只要做自己力所能及之事就足矣。

子夏以"死生有命，富贵在天"解牛之忧，予以快慰。如戴望之释："牛以魋故，丧其世禄，出奔他国，故称天言命，以宽牛之忧，明有命当顺受其正，在天非人所能为。"

（2）子夏告诉司马牛"尽人事"之原则："敬而无失，与人恭而有礼"。在这里，子夏从"做事"和"待人"两个方面提醒、警示司马牛必须坚持的原则："做事"必须首先有虔敬的态度和符合"礼"的原则，"不因善小而不为，不因恶小而为之"，进而必须兢兢业业、一丝不苟，严肃认真，不出差错；在"待人"方面须恭敬、谦让，如君子之行，符合"礼"的规定，决不可有违"礼"之处。

（3）尤其值得玩味的是子夏充满道德浪漫主义情怀的坚定结论："四海之内，皆兄弟也"。这是子夏对司马牛"尽人事"，遵循"敬而无失，与人恭而有礼"之原则的结果予以自信而肯定性的断言。此断言的根据就在于"礼"、在于"仁"的功能。恰如陈祥道所释曰："言与人恭，则敬以处己者也；言有礼，则无失德者也。处己敬而有德，则人宗之；与人恭而有礼，则人亲。如此则四海之内，孰非兄弟也。"朱熹释曰："既安于命，又当修其在己者。故又言苟能持己以敬而不间断，接人以恭而有节文，则天下之人皆爱敬之，如兄弟矣。"

（4）子夏言"四海之内，皆兄弟也"，是为了宽慰司马牛，解其忧。如是朱熹所言："盖子夏欲以宽牛之忧，故为是不得已之辞。"进而引胡氏解曰："子夏四海皆兄弟之言，特以广司马牛之意。"

（5）子夏所言"四海之内，皆兄弟也"，已经突破和超越了司马牛"兄弟观"的血缘性或血缘狭隘性，以"仁"和"礼"为共同的价值认同、取向，突出其遵"礼"行"仁"之"道义兄弟观"。子夏之语，是为了向司马牛表明，在孔门下，包括"子夏"本人在内，都是你司马牛的"兄弟"。如此，司马牛也就不必因失去违礼而犯上作乱的血缘兄弟而感到苦闷、忧愁而孤独。如此，子夏告诉司马牛，只要你司马牛能尽心修为成"君子"，能真正做到"敬而无失，与人恭而有礼"，"君子"与"君子"之间就如是"兄弟"。

简言之，子夏以"道义兄弟观"开导司马牛，替代司马牛之"血缘兄弟观"，置换了兄弟观的价值坐标，弱化或消解了司马牛狭隘"兄弟观"，开拓丰富了兄弟观的文化与道义内蕴，同时大大地开阔了司马牛之情感空间，让司马牛从狭隘的血缘兄弟观中抽拔和解放出来，使之"不忧"。

第三，"君子何患乎无兄弟也?"这是"君子"关于"兄弟"之宣言式的自信。其关键在于以"何患"之反问式的精神姿态所展现出来的"君子"之内在坚定和超越忧虑之自信、之豪迈情怀。如此，子夏就向司马牛再次强化"君子"有"兄弟"之"必然性"，即只要自己能做到"敬而无失，与人恭而有礼"于"行事"与"待人"，何愁没有"志同道合"的"兄弟"呢?"四海之内，皆兄弟也"! 此正所谓"德不孤，必有邻。"

子夏"道义兄弟观"的自信，无疑给司马牛予以了莫大的鼓励、鼓舞，这种鼓励直接源于子夏非常有力的"道义兄弟观"之论证。客观地说，子夏论证之内在逻辑具有高度的一致性，且情理交融于其中，给司马牛以理性和情感的支撑。

再追究子夏对"君子"之"兄弟"的深度道义支持与自信，即可发现，此乃因子夏精神深处对"仁"和"礼"之自信使然。

总之，子夏秉承孔子"解惑"的针对性原则，直接根据司马牛无兄弟之忧所产生的孤独与悲慨，提出"君子"只要按照"敬而无失，与人恭而有礼"之原则"尽人事"，"何患乎无兄弟也?""四海之内，皆兄弟也"。

值得特别注意的是，子夏在为司马牛解忧排难、指点人生迷津的过程中，不仅借闻之观点："死生有命，富贵在天"，而且以"道义兄弟观"否定和超越了司马牛的"血缘兄弟观"，从而大大充实与扩展了"兄弟"之君子人格和道义内蕴。

6. 于谮与愬，为政明远

颜渊 12.6

【原文】子张问明。

子曰："浸润之谮，肤受之愬，不行焉，可谓明也已矣。浸润之谮，肤受之愬，不行焉，可谓远也已矣。"

【译文】子张问怎样做才算是明智的。

孔子说："像水润物那样暗中挑拨的谗言，像切肤之痛那样直接的诽谤，在你那里都行不通，那你可以算是明智的了。暗中挑拨的谗言和直接的诽谤，在你那里都行不通，那你可以算是有远见的了。"

《史记张仪列传》曰："众口铄金，积毁销骨"，然"流丸止于瓯臾，流言止于智者。"《荀子·大略》

子张"问明"，即"问王者乡明而治之义。"（戴望）即子张所问，乃是为政者何以做到"明智"而有"远见"。为此，孔子将加诬之言分为"谮"和"愬"两类，突出能甄别、终止此两类诬言者，即做到了"明"和"远"，即成为明智且有远见的为政者。

"明，则察言而已；远，则明之过于人。君子之于谮愬，有度以度之，有数以数之。"（陈祥道）这是对"明""远"最为简明之诠释，以此表明"王者贤佞分别，官人有序，则谮愬不行，合于乡明之义。"（戴望）

"贤者不以忠信见疑，小人不以诞谩见信，岂非明而且远哉？"这就要求为政者切莫被谮愬遮蔽、绑架而丧失了睿智与明断之能力。如此，子张与孔子围绕着"明""远"，从为政者审视、甄别和判断谮愬的清醒意识与卓越能力，标识为政者之智慧与远见，从而确认为政者之角色伦理。

"一指能蔽泰山，不受一指之蔽，则旷视六合矣。"（蕅益）孔子之言，不仅救子张之失，而且对听信谗言、纵容诽谤之为政者予以警示与批判，从而确立行"王道"之君，首先须是贤能之"明君"。唯有如此，才能由"明"至"远"。

具体而言：

第一，子张向孔子请教，怎么才算"明智"或做到明智。孔子通过对谗言和诽谤进行了分析，并将其分成"浸润之谮，肤受之愬"两类，进而确立只要能做到挑拨的谗言与直接的诽谤，在你处皆"不行焉"。在孔子看来，则"可谓明也""可谓远也"。如此也就表明达到了"明智"之境。

孔子通过回答子张之问，涵摄和暗示君子、亦或更是权高位重的君主必须具有清醒和睿智的判断力，增强对谗言和诽谤的甄别力与鉴识力，以及抵御各种形式的谗言和诽谤的能力，切忌因谗言和诽谤之语而丧失了自我清醒的判断和应坚守的立场，从而陷入混乱与错误的话语漩涡之中，对人和事做出误判，导致不可挽回的损失，从而造成为政失察而失德。

第二，孔子在回答子张请教"明"之时，将诬言，即谗言和诽谤，就其特征之别，分为"浸润之谮"、"肤受之愬"两类。

对于两类诬言，陈祥道与朱熹予以了充分地诠释。

陈祥道释曰："谮而言之，谓之谮；愬而告之，谓之愬。浸润之谮，若水之于物，则渐而不暴肤。受之愬，若垢之于肤，则浅而不迫，皆其难知者也。能知其所难，知而止之，使不行，则其智明出人远矣。"

朱熹释曰："浸润，如水之浸灌滋润，渐渍而不骤也。谮，毁人之行也。肤受，谓肌肤所受，利害切身。愬，愬己之冤也，毁人者渐渍而不骤，则听者不觉其入，而信之深矣。愬冤者急迫而切身，则听者不及致详，而发之暴矣。二者难察而能察之，则可见其心之明，而不蔽于近矣。"

（1）所谓"浸润之谮"。即是像水那样一点一滴地渗进来的谗言；此类谗言具有很强的隐蔽性、渗透性，让人不易识别，久而久之，该种谗言会导致人丧失识别力，或许将此等谗言当作真实的"实情"，形成受无意识支配下的思维定势，从而被谗言绑架或俘获，导致为之宰制的思维、心理状况，最终丧失对人与事的正确认知和判断。

（2）所谓"肤受之愬"。就是具有切肤之痛的诬告，即直接的诽谤。它具有直接性、公开性、明确性和利益的高度相关性。

如此，如果说"浸润之谮"是慢工出细活，通过点滴谗言，最后让人确信不疑；那么，"肤受之愬"则是试图一举奏效，它所诬告的内容，与你切身利益相关，使你有切肤之痛，往往会叫人确信无疑。

第三，从孔子的分类可以看出，谗言和诽谤，或是直接的、间接的，或是明显的、隐秘的；或是不知不觉的、明目张胆的；或是温和的、猛烈的，或出神入化、无以复加或笨拙粗蛮的……形式多种多样，但不管是"暗箭"还是"明枪"，其目的都是共同的：那就是侵蚀为政者的独立心智，干扰其审视力、判断力，最终削弱其独立的、正确的识别力，使之陷入谗言和诽谤的困境，或成为谗言和诽谤的"俘虏"，进而对人或对事做出"误判"。如此，如何甄别真假、善恶之言，乃是对一个人，尤其是对为政者的识别力、判断力与洞见力提出严峻考验。

第四，面对这些诡异的谗言和诽谤，孔子为"明"确立一个很高且很强硬的标准，即"不行焉"。这是一种超越谗言和诽谤之上的冷观，是一种心智高于世俗的洞见，唯有如此，才能从紊乱与机巧诡异的言辞中分辨出真假善恶。同时，因谗言和诽谤还具有弥漫与漫延的特征，只有睿智察识"谮""愬"，才能使"谣言止于智者"。

第五，孔子在回答"明"之后，依此提出"远"。"远"，〔"视远惟明。"（《尚书》）"浸润之谮，肤受之愬不行，然后谓之明，而又谓之远，远则明之至也。"（朱熹引杨氏）〕即是深邃的远见卓识，具有大格局和大视野的见地。如此，孔子在"明"与"远"之间建立了一种内在的关联性，指出只有"明"，才能"远"，才能真正解除和穿越"谗言"和"诽谤"的重重迷障，透彻把握和深刻知晓"人"与"事"之真象与实质。在此，"明"表征为善于识别的能力，精准的判断力，笃定的自察能力，不被谗言和诽谤之言语所干扰、所蒙蔽；"远"则表征对某人或某事能力排众议，做出清醒准确的独立判定，直抵"人"与"事"之"真"。此等深刻的洞察与敏锐的审断，才算是真正达到"明"而"远"。

第六，孔子回答弟子子张之问，如前面所述，不仅仅是告诫自己的弟子，改己之过，补己之失。"此亦必因子张之失而告之，故其辞繁而不杀，以致丁宁之意云。"（朱熹）而且还有一层更为深的含义，那就是提醒为政者，尤其是君王同样需要提防各种形式的流言蜚语、谗言诽谤。君王如何对付和抵御"浸润之谮，肤受之愬"，孔子曾提出的方案是："视其所以，观其所由，察其所安"，这样，对挑拨之谗言和切己之诽谤，就一定能洞察其动机、路径、心迹，从而对人与事做出独立而明智的决断。

总之，子张问孔子何谓"明"，孔子提出不管是无声无息的谗言、挑拨，还是直截了当、公然之诽谤、诬陷，在为政者处都没有实际发生效用。此种"不行焉"，乃是"明智"与"远见卓识"之真谛，亦是为政者需要修持与提升之能力。

7. 治国三要，以信为上

颜渊 12.7

【原文】子贡问政。

子曰："足食，足兵，民信之矣。"

子贡曰："必不得已而去，于斯三者何先?"

曰："去兵。"

子贡曰："必不得已而去，于期二者何先?"

曰："去食。自古皆有死，民无信不立。"

【译文】子贡问怎样治理国家。

孔子说，"粮食充足，军备充足，老百姓信任统治者。"

子贡说："如果不得不去掉一项，那么在三项中先去掉哪一项呢?"

孔子说："去掉军备。"

子贡说："如果不得不再去掉一项，那么这两项中去掉哪一项呢?"

孔子说："去掉粮食。自古以来人总是要死的，如果老百姓对统治者不信任，那么国家就不能存在了。"

孔子以"食""兵""信"为施政治国之三要素。子贡与孔子对话，以"去"之法而渐次突出三要素之关键，最后呈现出"民无信不立"之结论，由此突出为政治国，当以"信"为重、为根本。此乃孔子以仁德治国之主张的具体表达。

"足食"，保证民之衣食、生存;"足兵"，以保卫国家之安全存续;然，惟有"民信之"，方可人心凝聚，同心协力，和谐稳定，国家方可长治久安。三者之逻辑，如是朱熹所释:"言仓廪实而武备修，然后教化行，而民信于我，不离叛也。"如此，孔子确立了"食""兵""信"于治国之轻重缓急，强调为政者决不可无信，由此突出为政之伦理。

对子贡与孔子对话之要旨，陈祥道予以了充分地诠释。他说道:"兵之于德为末，于器为凶，故古者制字之意，戈欲僵弓欲弛，武欲止则兵，岂先王之所尚哉，此所以宁有信而去兵也。食之所养者，小体也;信之所养者，大体也;故无信而生，不若有信而死，此其所以宁去食，而信断不可少也。然非兵则无以有其食，非食则无以存其信，三者固不可偏废，惟其轻重缓急之不同，故孔子之言有如此。"

生活哲学视野中的"论语"研判

具体而言：

第一，孔子在《论语》中多次直接谈到治理国家，形成了他国家治理观多维度之丰富内容。譬如"子曰：道千乘之国，敬事而信，节用而爱人，使民以时。"（《论语·学而》）论及治国的三件要事：即敬信、节用爱人和役民有时，提出了治国须遵循的仁德原则；在此节中，通过回答子贡问政，孔子提出"食""兵"和"信"治国三要素论。通过与子贡的对话，按照三要素之重要性为尺度，以递减的方式来凸显为政之中不可或缺的最为重要的因素："信"。于此充分体现了孔子之国家治理观和政治理想，构成了孔子治国之道德主义取向，成为其仁德治理观之具体表征。

第二，在孔子的治国观念中，"足'食'""足'兵'"表对国家之基础性的重视与强调，但他并没有将"足兵"置于首位，而是将"足食"，这表明孔子反对治国采取"穷兵黩武"的路线，而是首先必须确保"民之食"，这是孔子遵循最为基本的世俗逻辑来治理国家。唯有如此，一个国家才能有其存在的基本保证。

第三，在孔子看来，"足'食'""足'兵'"只是治理好一个国家的存在的必要条件，唯有"民信之"才是"为政"之关键，才是在"足食""足兵"之基础上所要达及的治理目标。这就充分凸显了"信"于为政者治国的重要地位，这标示着孔子直面当时横征暴敛，为政者无信于民之世态而强调一个国家的道德、文化和精神的价值，蕴含着对当世无信、无德之政或为政之无信、无德予以批判，以及在批判中彰显着他独特的德性政治理想。

事实上，孔子强调百姓信赖政府，或政府取信于民，其深意在于治国，并非仅仅是经济、军事之诸事，他还指示着治国施政须配与德教，促成社会稳定和谐，从而构建民之价值依托和精神信仰。

第四，在"使民"问题上，孔子是有一贯的立场的。在《公冶长》篇中，子谓子产有君子之道四焉，其行己也恭，其事上也敬，其养民也惠，其使民也义。在《颜渊》篇中，仲弓问仁，子曰："出门如见大宾，使民如承大祭，己所不欲，勿施于人，在邦无怨，在家无怨。"其中，"使民如承大祭"，即是强调要以执行盛大祭祀时一样恭敬郑重的态度来役使民众。如此等等，都说明在治国之中取信于民之必须。

尤其值得注意的是，孔子最后所言："去食。自古皆有死，民无信不立。"表"信"重于生死。对于孔子之论，朱熹以为此表明"民无食必死，然死者人之所必不免。无信则虽生无以自立，不若死之为安。故宁死而不失信于民，使民亦宁死而不失信于我也。"戴望以为此"言民之所恃其上者信也。"钱穆释曰：

"与其去信，宁去食。此不仅指为政者发仓廪以拯民言，亦兼指为政者教民取舍言。民无食必死，然无信则群不立，涣散斗乱，终必相率沦亡，同归于尽。故其群能保持有信，一时无食，仍可有食。若其群去信以争食，则终成无食。去兵者，其国贫弱，恐以整军经武妨生事，故且无言兵，使尽力耕作。去食者，如遇旱蝗水涝，饥馑荒歉，食故当急，然亦不可去信而急食。"

第五，对"食""兵"和"信"，需要从人情、民德和为政之德三个维度加以审视。对此，犹如朱熹所释曰："以人情而言，则兵食足而后吾之信可以孚于民。以民德而言，则信本人之所固有，非兵食所得而先也。是以为政者，当身率其民而以死守之，不以危急而可弃也。"钱穆曰："为政者首以使民得食保其生为先。惟遇不得已，则教民轻食重信，一处常，一临变。""为政者首重民食是义，宁去食是命。立身立群同是一理，立身有舍生取义，导群亦有去食存信。"

对于子贡与孔子治国之"足食""足兵"与"民信"，陈旻昭曰："假饶积粟巨万，岂名足食？使菽粟如水火，方各足食耳。假饶拥众百万，岂名足兵？如周武王观兵于孟津，诸侯不期而会者八百，方名足兵耳。足食足兵，民乃信之；则去食去兵，民亦信之矣。今时要务，正在去兵去食，不在调兵锃粮也。"方外史曰："蠲赋税以足民食，练土著以足民兵，故民信之。必不得已而去兵，去官兵，正所以足民兵也。又不得已而去食，去官食，正所以足民食也。所以效死，而民弗去。今时不得已，则屯兵，兵屯而益不足矣。又不得已，则加税，税加而益不足矣。求无乱亡，得乎？圣贤回答，真万古不易之良政也。又曰：'既已死矣，且道有信，立个甚么？若知虽死而立，方知朝闻夕死，可矣！不是死而后已矣的。'"

总之，孔子通过回答子贡问政中所连续提出的三个问题，表征孔子为政之基本主张，即治理一个国家，应当具备三个起码条件："足食""足兵"和"民信"。在这三者当中，孔子强调为政者之"信"最为重要，表征孔子在当世独特的治国之思，以表对当世普遍失信的为政者予以批判。

8. 文质兼具，仁礼同备

颜渊 12.8

【原文】棘子成曰："君子质而已矣，何以文为？"

子贡曰："惜乎夫子之说君子也！驷不及舌。文犹质也，质犹文也，虎豹之鞟犹犬羊之鞟。"

【译文】棘子成说："君子只要具有好的品质就行了，要那些表面的仪式干什么呢？"

子贡说："真遗憾，夫子您这样谈论君子。一言既出，驷马难追。质就像文采，文采就像质，都是同等重要的。去掉了毛的虎、豹皮，就如同去掉了毛的犬、羊皮一样。"

棘子成，卫国大夫。"疾时人文胜。"（朱熹）"欲在位者皆去文存质也。""盖棘子成疾孔子教子贡之徒若为文胜。"（钱穆）故言"君子质而已矣，何以文为？"子贡不仅认为"棘子成之论君子，失言可惜"，同时"谓其妄意讥毁了圣人之教，故伤叹而警之"，进而提出"文犹质也，质犹文也"之文质关系说，且以虎豹、犬羊之鞟喻君子与小人。然子贡之论，"言文质等耳，不可相无，若必尽去其文而独存其质，则君子小人无以辨矣。"（朱熹）

棘子成与子贡关于君子之"质""文"之辩，"子成欲独存质，意过于野而无君子，故子贡非之。"（戴望）"棘子成矫当时之弊，固失之过；而子贡矫子成之弊，又无本末轻重之差，胥失之矣。"以此而言，棘子成重"质"轻"文"，子贡"文质"等同，各有其失，都未能正确地把握"文质彬彬，然后君子"之真义。

棘子成与子贡之辩，如是蕅益所释："有激之言，快心之论，不可无一，不可有二。""文，也是皮肤上事；质，也是皮肤上事。须要知文、质从何处发生出来。譬如活虎豹、活犬羊，总是活的。若虎豹之鞟、犬羊之鞟，总是死货耳。子贡一生说话，只有此二句，大似悟的。"

具体而言：

第一，本节就君子之"质"与"文"的关系，卫国大夫棘子成与子贡展开了"对话"。棘子成提出"君子"，"质而已，何以文为？"子贡针对则棘子成重"质"而轻"文"，提出"文犹质也，质犹文也"，视"质""文"无别而同，进而彰"文"而弱"质"。以此观之，无论是棘子成，还是子贡都未能很好把握孔子所主张和倡导的"君子"于"文"与"质"的正确关系。记述者将他们两人的对话记录下来，在把握"文"与"质"于"君子"人格构成的关系上，拓展了理解路径和思维空间，更加凸显了孔子关于"君子"之"文""质"关系之正确性。

第二，棘子成针对重"文"轻"质"之时弊，提出"君子质而已矣，何以文为？"在此，棘子成抓住"君子"之为君子的内在品质即"质"，但却否定"文"之必要。如此，在君子之"文""质"关系上未认识到"文"所具有的地位和功能之别，于是也未能予"文"的价值予以肯定。此思维路径是为了凸显"质"，而否定与无视"文"，崇尚朴质的内在价值路线。"子成欲独存质，意过于野而无君子，故子贡非之。"（戴望）面对棘子成之论，子贡不无讥讽之意，并认为"质"自然是不可或缺的，但是，不能不讲究"文"，于是提出"文犹质也，质犹文也"。子贡试想纠正棘子成之偏，自己却在强调"文"之时，未能把握住"质"与"文"之正确的关系，其所出现的错误就在于无视"质"与"文"二者的差异，竟然将"文"与"质"混同，进而将二者无差别地全然等同起来。在此基础上，子贡更为甚者，将"文"仅仅视为动物之"鞟"（kuò），即皮革，并很形象地说"虎豹之鞟犹犬羊之鞟"。子贡"言特以革，则虎豹犹犬羊，今使文质同者，虎豹喻君子，犬羊喻小人。"（戴望）如此，可以很清晰地看到子贡所犯错误的逻辑路线，即从"文""质"无差别等同，最终过度到"文"高于"质"，且起着决定性的作用。如此，子贡客观上降低了"质"，倒置了"质"与"文"应有的本末关系逻辑。

第三，子贡认为棘子成此等有身份的人，应该慎重自己的判断和言语。他对棘子成的错误，表示很遗憾、很可惜。但是，子贡认为，如果任其观点泛滥，将是他的失职。在此，子贡以"驷不及舌"来表明他对棘子成对君子之"质"之强调，对"文"之否定的观点或说法，会扩散与传播出去，产生一系列之不良影响。子贡之言，表子贡"惜乎夫子之说君子也，一言而非，驷马不能追也。"（戴望）

第四，无论是棘子成凸显"质"而简单否定"文"之偏，还是子贡视"质"与"文"无差别的同等重要，进而凸显"文"之重要，最终倒置"质""文"本末关系之错，其本质上都未能把握孔子关于"君子"之"质"与"文"关系之要义，与孔子关于君子之"文""质"关系的基本精神相悖。

在孔子看来，"质胜文则野，文胜质则史。文质彬彬，然后君子"。如此，若离文寻质，质已受七孔之凿，反之，若离质求文，则文为"无皮之毛"。

　　　　　　　　　　　生活哲学视野中的"论语"研判

第五，就君子人格的构造而言"质"与"文"的关系，具有更深层的含义。此处，只需要追问，何谓"质""文"之所指，也就了然。直言之，君子之"质"为何？"仁"也。"文"何也？"礼"也、节文也。如此，君子人格的"质"与"文"的关系，本质上也就成了"仁"与"礼"的关系统一于个体人格的型塑之中。如此，棘子成之失在于简单割裂质文，去"文"存"质"；子贡之失则在于颠倒质文之本末，进而倒"文"为本，"质"为末。

总之，通过棘子成与子贡关于君子之"质"与"文"的关系论辩，呈现他们各自在此问题上的偏失和错误，从而彰显了孔子对此问题之周全主张，在此基础上，更为深化与凸显了"仁"与"礼"在君子人格修造中的地位与功能。

9. 征敛厚民，暴仁之别

颜渊 12.9

【原文】哀公问于有若曰："年饥，用不足，如之何？"

有若对曰："盍彻乎？"

曰："二，吾犹不足，如之何其彻也？"

对曰："百姓足，君孰与不足？百姓不足，君孰与足？"

【译文】鲁哀公问有若说："遭了饥荒，国家用度困难，怎么办？"

有若回答说："为什么不实行彻法，只抽十分之一的田税呢？"

哀公说："现在抽十分之二，我还不够，怎么能实行彻法呢？"

有若说："如果百姓的用度够，您怎么会不够呢？如果百姓的用度不够，您怎么又会够呢？"

遭遇大饥荒之年，鲁哀公深觉国用之不足，咨问有若有何良策可施。有若回答采取"彻"法，即采取十一税。而实际上鲁哀公已经抽取了十分之二税，依然不足，以否定有若之采取彻法的建议。如此，有若批判哀公不应该暴敛于民，强调应藏富于民、君民一体。

有若反对哀公取"二"，但行"彻法"，进而言"百姓足，君孰与不足？百姓不足，君孰与足？"深表君民一体之意，以止哀公横征暴敛之贪婪，欲使哀公节用厚民施仁政。有若之谏，乃"格言良策，万古不刊。"（蒍益）

哀公暴敛于民，有若之富民，构成了暴政与仁政之根本区别。有若所强调的民本思想，是孔子一贯所主张的仁政思想之具体表征。

具体而言：

第一，这一节从经济视角，即通过鲁哀公与有若关于收税的对话而表征暴敛与厚民、暴政与仁政的根本对立。对话围绕着因遭遇饥荒之年，国用之不足，征税采取"彻"法，施行十一税，或是取"二"，或无限度地暴敛税赋于民。此对话本质上是围绕着"民"与"君"之贫富的内在关系而展开。对话之走向突出地表达有若君民一体之"富民"思想："民富"，即是"君富"；"民穷"即是"君穷"，以此警示哀公，倘若国家对民众征收过重的赋税，那么，民不聊生则是必然，国家也必将衰败。

鲁哀公与有若具体讨论遭遇饥荒，君向民众征税应持的原则和尺度。通过鲁哀公与有若的讨论，尤其是有若的对答，映现出为政应持"民本"原则，即以"富民"为要的经济思想，以此彰显"仁政"的基本内蕴。有若所言，否定了哀公无度行横征暴敛之合理性和合法性，劝止哀公当弃暴敛而行厚民之策。

第二，本节因鲁哀公碰到的实际问题而起。其实际问题是"年饥，用不足，如之何？"，于是，向有若求策。

（1）何谓"年饥"？按墨子之解："一谷不收谓之馑，二谷不收谓之旱，三谷不收谓之凶，四谷不收谓之馈，五谷不收谓之饥。"（《墨子·七患》）哀公所言"年饥"，实指五谷无收之年，为大饥荒之灾年。

（2）"用不足，如之何？"因年饥，国用不足。"公意盖欲加赋以足用也。"（朱熹）于是，问有若该如何通过赋税之策而加以解决。

（3）按孔子施"仁政"，须行"敬事而信，节用而爱人，使民以时"之原则，哀公所言"用不足"，以表哀公并未施行节用之为政原则，以此事实表明，鲁哀公所行乃有悖于"仁政"。故，其国用不足，欲行暴敛。

第三，事实上，哀公已经实行了"十一而二"之税法，仍觉"用不足"。如此，有若对曰："盍彻乎？"就具有很鲜明的批判性。

按"《周制》：一夫受田百亩，而与同沟共井之人通力合作，计亩均收，大率民得其九，公取其一，故谓之彻。"（朱熹）"什一，天下之中正也，多乎什一，则大桀小桀，少乎什一，则大貉小貉。"（陈祥道）"周制：畿内用贡法，邦国用助法，通其率以什一为正。"（戴望）如此，恰如陈祥道所释曰："鲁自宣公，初税亩多乎什一而二焉，哀公又欲用田赋，故有若因其忧不足而告以盍彻，所以救其弊也。"朱熹亦曰："鲁自宣公税亩，又逐亩什取其一，则为什而取二矣。故有若请但行彻法，欲公节用以厚民也。"

按照国家财富通过赋税征收之传统，有若应是支持鲁哀公征税"什一税"，如此从百姓处征得的财富即可弥补饥荒之年财政之短缺状况。然而，有若之"彻"，不能解决鲁哀公"用不足"之"困境"。因为鲁哀公已经实施和执行的是比"彻税"更为重的"十二分税"。换言之，鲁哀公实际上征收的税是"什一而二"，有若却说"彻"，即"什一"，早已高于有若所提议。如此，构成了哀公与有若之"矛盾"的焦点：实际上的多征与建议少征，以表鲁哀公暴敛之事实。

第四，二人对话，正是由于其为政之经济思维的差异，生成其内在的"矛盾"。然而这"矛盾"显示出彼此为政之价值分野。鲁哀公持"君之利益至上"

的原则，有若则主张民本而"富民"的立场，即"富民为本"的立场。鲁哀公思路之效果或结局是民穷国富，所行的是一条财富搜刮而集聚式的道路；有若降低征税，所贯彻和遵循的是"民富"的原则，走的是一条财富存于民的路线。

两条不同的经济路线，反映的则是不同的施政价值立场和为政之类型。不可否认，鲁哀公行"霸道"之暴政，有若所主张的则遵"仁道"，行仁政。恰如陈祥道所释曰："古之善为国者，藏于民，不藏于公。与之为取，而不以取之为取。以为君则父，民则子也。未有子富而父贫，未有民足而君不足。"朱熹引杨氏亦释曰："仁政必自经界始，经界正，而后井地均，谷禄平，而军国之需皆量是以为出焉。故一彻而百度举矣。上下宁忧不足乎？以二犹不足而教之彻，疑若迂矣。然什一，天下之中正。多则桀，寡则貉，不可改也。后世不究其本而惟末之图，故征敛无艺，费出无经，而上下困矣。又恶知盍彻之当务而不为迂乎？"戴望更简明地指出："王者藏富于民，天子不言多少，诸侯不言有无，大夫不言得丧，士不移货财。"

第五，更为重要的是，有若强调削减田税的税率，改行"彻税"即什一税率，减轻百姓的经济负担，将民之贫富作为衡量一个国家之贫富的基本尺度，充分体现有若之"民富"即是国家富足之根本、之原则，由此彰显他"富民"之经济主张，从而凸显其为政之民本思想。

其实，"民穷国富""民富国穷""民富即国富"，是为政处理"民"与"国"关系在财富问题上几条不同的思路，其背后蕴含着以"民"或"国"的利益为"本位"之不同的价值原则，由此构成不同的为政观。鲁哀公与有若经济观之别，本质上则是由其为政观决定的。

总之，本节围绕着"民富"与"君富"或"国富"的关系而展开具体而深入的对话，展现了鲁哀公和有若不同的经济思想，以及由此而展现的为政观的差异。尤其值得肯定的是，有若所主张的降低赋税征收，反对强征暴敛，成就其"富民"之思想，表明有若深刻地洞见"民"与"国"财富问题的长久性和深远性关系。如此，超越表层"矛盾"，更为智慧地强调"民富"的深层内蕴，以更为有利于解决国家的财富匮缺之问题，促成民富国强之善政。该思想于今世为政依然具有重要的借鉴、警示意义和参照价值。

"经济"，乃最大的"政治"。哀公之暴敛，持君民之对立思维，遵君本利益观，成国富或君富民贫之紧张，行暴政之价值逻辑；有若之"彻法"，持君民一体之思维，行民富则君富，民贫则君贫之主张，施仁政之道义原则，求厚民之善局。

10. 崇德辨惑，明心见性

颜渊 12.10

【原文】子张问崇德辨惑。

子曰："主忠信，徙义，崇德也。爱之欲其生，恶之欲其死，既欲其生，又欲其死，是惑也。'诚不以富，亦祇以异。'"

【译文】子张问怎样提高道德修养水平和辨别是非迷惑的能力。

孔子说："以忠信为主，使自己的思想合于义，这样就能增进德行。爱一个人，就希望他活下去，厌恶起来就恨不得他立刻死去，既要他活，又要他死，这就是迷惑。（正如《诗》所说的：）'即使不是嫌贫爱富，也是喜新厌旧。'"

子张问孔子何谓"崇德"？何谓"辨惑"？孔子针对子张之失蔽，直言能做到"主忠信，徙义"，即为"崇德"；以己之爱恶而欲之生死，则为"惑"；能超越己之爱恶，即"不以己之爱恶而欲其生死"，即为"不惑"。"崇德"，即修己而达诚善；"辨惑"，则解以己爱恶之私偏而待他人之生死，实为"仁"也。

《易》曰：忠信，所以进德；敬义，立而德不孤；此主忠信、徙义、崇德者也。《礼》曰：身有所忿懥，则不得其正；有所恐惧，则不得其正；有所好乐，则不得其正；心不在焉，视而不见，听而不闻，食而不知其味。此谓修身在正其心。

孔子教子张，表明个人之道德修养，当以"忠信"为基，行合"义"；待人处事，切忌以个人之私偏或主观好恶、愿望为据而定，以此超越爱恶无常、飘忽不定，易被极端化之非理性、不确定的情绪所支配，即超越个人之偏狭所带来的"惑"，如此方始为崇尚仁德，凸显仁中之智，达唯义是从，从而明心见性，成不惑之智者，不忧之仁者。

具体而言：

第一，子张向孔子请教两个问题，其一，如何可算得"崇德"；其二，如何才能"辨惑"。孔子对子张的问题予以了非常明确的回答。通过师徒二人的对话，尤其是孔子的回答，强化了一个人必须严格遵循"仁""礼"而行事，避免因个人的偏好、私见、私欲与私心而生的情绪或情感困扰，对某人、某事做出自相矛盾的判断，或诉求内在分裂的期待，从而令自己纠结。如此，孔子为子张及其弟子们提供了一条超越感情用事、陷于迷惑而是非不分之境的有效之路。

第二，子张为何要问"崇德""辨惑"这两个问题？陈祥道抽象地释曰："德由中出，惑自外来。由中出者，不可不高，故崇之。自外来者，不可不明，故辨之。"而戴望则认为"此盖感昭公事而问，当孔子适齐后也。"

第三，子张所问"崇德"和"辨惑"，孔子针对子张之失蔽而解之。

（1）子张有何失蔽？按陈祥道之释："子张，持嘤嘤之志而其行不掩，则不足于忠信；抱堂堂之容难与为仁，则不足于徙义；爱之过辟，则欲其生；恶之过辟，则欲其死；则诚不以富于己，适足以异于人也。"朱熹引杨氏亦释曰："堂堂乎张也，难以并为仁矣。则非诚善补过不蔽于私者，故告之如此。"

（2）关于"崇德"。"行道而有得于心为的。崇德者，以德为崇，略犹《中庸》言尊德性。"（钱穆）所谓"崇德"即是如何才能提高自己的道德修养，增进自己的德行。直言之，就是如何做才能在不断提升自己的修养中，让自己成为一个有德行的君子。对此，孔子非常明确地予以回答：即"主忠信，徙义"。

所谓"主忠信"。"主忠信，则本立。"（朱熹）即是指忠信存于心，并依此作为准则而行为。若不以忠信为主，徙争在外之事业功名，则离德已远，不能谓之崇德（钱穆）。

所谓"徙义"。"徙义，则日新。"（朱熹）"徙义，闻义则迁也。昭公将伐季氏，子家驹曰：'季氏得众久矣，君无多辱焉。'昭公不从其言，以至孙齐，往来齐、晋，不得所主，卒竟见辱，皆其不能崇德所致。"（戴望）"徙义，闻义，徙己意以从之，犹云迁善。"（钱穆）

如此，孔子以"主忠信，徙义"而强调"主"与"徙"的关系，形成行事而德修之基本原则和内在秩序，突出以"忠信"为主导性原则，以"义"为宗旨、为取向的进修提升路线。恰如蕅益所释：表"能主，方能徙；不能徙，便是无主。"亦如钱穆所释："主忠信则本立，徙义则日新，此为崇德之方。"

（2）关于"辨惑"。孔子首先对"惑"之生成性本质予以了揭示。从孔子之言中可见，人之所以有此种"惑"，皆是因个人之情感所产生的"欲"，即"爱"与"恶"两种截然不同的情感所产生的相应的价值期待而形成的彼此对立和冲突使然。

具体而言，"爱"之"欲"，则是"生"，"恶"之"欲"，则是"死"。如此，个人爱恨情感的交织与错位，甚至对立，必会导致"既欲其生，又欲其死"之情感纠结，此正"是惑也"。更进一步说，所谓"惑"，即是心有所昏昧而不明；而"辨惑"，也就是辨且去掉不明。对此，蕅益释曰："四个'其'字，正显所爱所恶之境，皆自心所变现耳。同时自心所现之境，而爱欲其生，恶欲其

　　　　　　　　　　　　生活哲学视野中的"论语"研判

死，所谓自心取自心，非幻成幻法，非惑而何？"

（3）子张所问的这两个问题，并非是孤立的，"崇德"与"辨惑"之间具有内在关系。在孔子看来，只要能遵循"主忠信，徙义"而为，那么所谓的困惑，也就自会解除了。相反，也正是因为未能严格遵循"主忠信，徙义"的原则来待人处事，才必然因个人之私欲和偏好而导致各个"困境"。

第三，孔子为了更为形象地表达个人因为情感之偏好所引生出的"惑"，转述了《诗经》中之语"诚不以富，亦祇以异"来加以强化。孔子所引的"诚不以富，亦祇以异"，从其直接性而言，则意是"诚不因她富，只是你变心"。其所言的是《诗经·小雅·我行其野》的诗句，该诗句表现了一个被遗弃的女子对其丈夫喜新厌旧的愤怒情绪。细品该诗句之韵，可知一个为情爱所困、所弃的女子，她内心必是五味杂陈，爱恨交织，忽喜忽怒，如此之情感，非常生动而形象地表征出"惑"的情状。如此，孔子通过该女子变化无常之情感所带来的"惑"，试图表达君子应该据而践行"忠信"和"义"，让自己"爱""恶"有常，从而达到"崇德"之效。孔子通过此具体的案例的引入，增强了对子张及其弟子教育的启发性与情景式特征。但究其深意来看，孔子此处则认为君子不能因为追求富，而改变对忠信义的信仰。

更为重要的是，夫子以诗"诚不以富，亦只以异"来答"崇德辨惑"，进一步说明"德"与"惑"之辩证关系："富"对应"德"，"异"对应"惑"，不得其正，则适得其反；诚不以德，亦只以惑；处事不以德，则是惑，行之不定而已矣。

第四，承接上面之意则可以推定，摆脱因个人的情感之好恶而产生的狭隘、偏执、武断等诸多"惑"，其根本之法，则在于"主忠信、徙义"。换言之，"主忠信、徙义"正是解除个人因情感偏好而产生的诸多"惑"之秘诀和要害。

第五，从本节的整体之意来看，孔子所遵循的是理性原则，即以"忠信""义"来规制、调整私人情感，即使己之"爱""恶"和"欲"符合"忠信"和"义"之原则，并依此而行事。通过该条路线的确立，孔子之根本立意则在于强调"忠信""义""仁""礼"的至上权威性、合法性，以及于个体德行进步、成长的规范性与引导性价值。而该节中所言之"惑"，只是从负面效果反衬或强化"忠信""义"，于君子德行成长之不可或缺性。

第六，在孔子的弟子中，除了子张问崇德辨惑之外，还有樊迟亦问同样的问题。

"樊迟从游于舞雩之下，曰：'敢问崇德、修慝、辨惑。'子曰：'善哉问！先事后得，非崇德与？攻其恶，无攻人之恶，非修慝与？一朝之忿，忘其身，以及其亲，非惑与？'"子张、樊迟都提出"崇德、辨惑"的问题，这似乎说明孔子平日经常教导弟子要崇德辨惑，而子张和樊迟有所不解，故又提出来请教。崇德、辨惑可以说都是孔子思想的主要内容，"崇德"是孔子的中心思想，"辨惑"是孔子的主要思想方法。孔子答子张与樊迟崇德之问，对子张说："主忠信徙义，崇德也"；对樊迟则说："先事后得，非崇德与"。这都是针对子张与樊迟各自所失而又针对性而讲的，体现了孔子因材而施教。

子张和樊迟所问同，而孔子之回答异。陈祥道予以了较为周全之释曰："樊迟问崇德辨惑则同，而孔子告之不同者。盖好利者，务得而多怨，务得则不能先事，多怨则不能无怨。以先事后得，为崇德。以一朝之忿为怨，此所以告樊迟也。告子张曰：是崇德也，是辨惑也。告樊迟曰：非崇德与、非辨惑与。盖樊迟之贤不及子张。子张常以孔子之言为是，故告之以是。樊迟疑孔子之言为非，故告之以非与。观樊迟之问及于修慝，子张常问善人之道，是子张可进于善，樊迟未离乎慝也。孔子曰：言人之恶，非所以美己；言人之枉，非所以正己。故君子攻其恶，无攻人之恶。樊迟问修慝，孔子告之以此者，欲其不舍己之田，而芸人之田者也。"

总之，本节通过子张与孔子之间的问答，表孔子坚持忠与信、唯义是从的原则，推进君子崇德人格的生成，同时告诫其弟子们不要因个人私偏而陷入重重"惑"之中，而须遵循"崇德"之主旨来处理人与人之间的关系，超越私欲所左右的情感、情绪，从而解除了自己的迷惑、困惑，实现心性恒常稳定，对大是大非问题有明确而清醒的判断，最后达成君子人格。

11. 谏以正名，君臣之道

颜渊 12.11

【原文】齐景公问政于孔子。

孔子对曰："君君、臣臣、父父、子子。"

公曰："善哉！信如君不君，臣不臣，父不父，子不子，虽有粟，吾得而食诸？"

【译文】齐景公问孔子如何治理国家。

孔子说："做君主的要像君的样子，做臣子的要像臣的样子，做父亲的要像父亲的样子，做儿子的要像儿子的样子。"

齐景公说："讲得好呀！如果君不像君，臣不像臣，父不像父，子不像子，虽然有粮食，我能吃得上吗？"

于鲁昭公末年，孔子适齐。齐景公问政于孔子，孔子针对景公君臣失道之乱，简明而深刻地指出齐国政治要除其弊而得以善治，须遵循"君君、臣臣、父父、子子"之根本原则，否则将会致祸。景公虽"善孔子之言"，但"不能用，其后果以继嗣不定，启陈氏弑君篡国之祸。"（朱熹）

孔子借公问政，提供与阐述了他救齐国政乱之方："君君、臣臣、父父、子子。"朱熹认为"此人道之大经，政事之根本也。"孔子所言，乃是政事之"正名"，突出孔子理想之社会礼法制度，指明摆正君臣之名分关系，于维护稳定的为政秩序之至关重要性。

孔子之论，突出在维护为政秩序中的君臣之角色伦理，彰显礼于为政的引导与规范功能。

具体而言：

第一，据考，经过高氏的引荐，孔子见到了齐景公，而且齐景公还请他做自己的政治顾问。孔子由此开始踏上仕途，也常借齐景公问政之机，陈述自己的政见。本节景公问政，乃是"夫子以昭公孙齐之年至齐，当景公之三十年。"（戴望）"景公之时，庆封灭崔氏，田鲍高栾谋庆氏。而田氏又私其德于民，此臣不臣也。景公以少子荼为太子，而逐群公子于莱邑，而群公子皆亡外，是子不子也。臣之不臣，以君之不君，子之不子，以父之不父，故孔子答以君则臣臣，父则子子也。"（陈祥道）按朱熹和钱穆之释："是时景公失政，而大夫陈氏厚施于国。景公又多内嬖,而不立太子。其君臣父子之间,皆失其道,故夫子告之以此。""孔子适齐,时齐大夫陈氏专正,而景公多内嬖,不立太子。"故孔子就景公问政之机,针对景公治齐君臣、父子皆失道而引乱之弊,向齐景公提出了齐国为政治国的八字方针,即"君君、臣臣、父父、子子"。

孔子提出"君君、臣臣、父父、子子",凸显了角色伦理和规范伦理之本质内涵,具体表达了礼法于为政秩序的重要性。齐景公口头上欣然接受了孔子之方略,却并非认真落实,亦未收到良好的效果。但是,孔子所提出的八字方针,构成了中国为政、甚至是社会伦理规范之传统,深度地型塑与影响着中国的政治与社会生活,形成中国独特的政治伦理文化类型。

第二,孔子提出"君君、臣臣、父父、子子",其意蕴非常深刻。对此,朱熹引杨氏释曰:"君之所以君,臣之所以臣,父之所以父,子之所以子,是必有道矣。"戴望释曰:此乃"为政之要,当以心研精,合于礼义,然后施之君臣父子,礼之宜也。时陈僖子乞专齐,厚施于民,景公弗能禁,又宠少子舍而逐公子阳生,上下无等,宗孽无别,故以此对。"

(1)孔子所言"君君、臣臣、父父、子子",首先强调君臣父子,各有其"名",各在其"位",具有自身的"名"与"实"。如此,孔子强调"名"与"实"的统一,并以此要求身份—角色伦理与责任伦理达成一致或统一。具体地说,就是君臣父子各遵其礼、各行其道、各施其职、各担其责,由此,显现规范伦理的功能。

(2)"君君""臣臣""父父"和"子子"各自内在均呈现其张力。譬如,"君君"则是由"'君''君'"构成,其间存在着不断生成与指向的动态变化的结构逻辑。前一个"君"乃是某一具体的君主、君王,"他"是一个特殊的具体的君主,是"君"之"实然",具有不完备性、不完善性,待生成性的特征;而后一个"君"则是一切具体君主之"尺度"或"标范",是内蕴、体现着"君道"之"君",也就是一切具体"君"的范型或"理念"。如此,"君君"之结构,就预示着"'君''君'"之不断生成的动态趋向,并以此为规范,构成"君"之"实然"与"应然"的统一。这样,在具体的为政之过程中,则要求现实的"君"须不断地修正、生成而成为真正的"君",这是一种道德"绝对命令"。同理,"臣臣"、"父父"和"子子"也依然。

(3)从"君""臣""父""子",依据各自的身份与角色伦理、责任伦理而构成社会的等级或秩序原则理。在此需要强调的是身份—角色、责任和规范伦理,是构成政治乃至社会伦理之基础。其间彼此的关系遵循着既定的规范原则,从而促成政治、社会的稳定与谐和。

（4）孔子在齐景公问政时，向他提供这八字微言大义之箴言，直陈齐景公必须首先修君德，行君义，做到"君君"。这样，孔子很中肯地告诉齐景公，为政之抓手、之切入点，是要先从"正"己开始，正所谓"正人者先正己"，只要"君"正了己，而"像'君'那样"待臣，那么，以此类推而做而行的结果则必是："臣像臣，父像父，子像子。"如此，孔子之语警示齐景公在治理国家之时，必须具有率先垂范之意识和行为，此为孔子于齐景公的柔性"直谏"，表明齐国政治秩序紊乱，其病根就在景公自身"君""不君"，未达到"君君"使然。于此，孔子委婉地对景公为君不"君"予以了批评，且指出修正之法。

第三，针对春秋时期之社会实际情况而言，由于当时的等级、名分受到严重破坏，弑君父之事屡有发生，这便是"礼崩"；孔子认为这正是天下动荡不安、动乱之主要原因。如此，当齐景公问政于他时，他开出了"君君、臣臣、父父、子子"疗治处方，并期冀通过"君君、臣臣、父父、子子"的真正落实，使国家的秩序与等级得以恢复，国家能得以善治良理，方可真正实现"王道"。

第四，齐景公闻得孔子之治国方略之后，对孔子之策予以高度的肯定，并从反面加以印证孔子之治国高见。然"景公知善夫子之言，而不知反求其所以然，盖悦而不绎者，齐之所以卒于乱也。"（朱熹引杨氏）景公只是口头上赞夫子之言善，在具体的为政治国中，并未遵照而施行，最后齐因乱而终，于此印证了孔子所言"君君、臣臣、父父、子子"于齐国止乱之针对性和预见性。

第五，不可否认，孔子对齐景公之问所作出的回答，对于中国传统政治伦理和政治文化，乃至社会伦理等诸多方面之影响，应该说是极其广泛而深远的。事实上，汉儒董仲舒藉着孔子"君君、臣臣、父父、子子"之观念，提出"三纲五常"，促使汉武独尊儒术。如此，才使得儒学从"子学"进入"经学"，从而成为中国文化、尤其是政治伦理独特的"传统"。当然，后世将此思想简单化、亦或偏误之解读，非孔子之责。

总之，本节始终围绕着"君君、臣臣、父父、子子"这一核心原则而展开的齐景公与孔子之间关于为政治乱的对话，突出了"名"与"实"、"应然"与"实然"内在统一的动态生成逻辑，强调君、臣、父和子各自都必须遵礼而对其角色、责任予以自觉并切实落实，方可改变现世社会道德秩序混乱和政治、社会动乱之状，从而实现国家的善治。在此，应该说"正名"思想，既表征孔子为政思想之总体原则，也体现了孔子为政之具体实施举措，彰显孔子为政之策略和所诉求的目标。

孔子为齐景公提出的"正名"思想，后来被提升为"名教"，影响中国政治中国文化传统至深致远。

12. 盛赞仲由，为政以信

颜渊 12.12

【原文】子曰："片言可以折狱者，其由也与?"子路无宿诺。

【译文】孔子说："仅凭片面之辞即可判决案件的，怕是只有仲由吧!"子路说话没有不算数的时候。

本节记述了"两事"：（1）孔子对子路判案才能的评价；（2）子路做事的特点："无宿诺"，即急于践诺，不留其诺也。通过此两件事，表子路为人忠信果决，做事雷厉风行，世人在他面前不弄虚作假，因此他只听一面之辞，即可断案。

子路仅凭"片言"即可"折狱"，不仅说明子路善断案件，表其在审理刑狱方面卓越的才能，更重要折射出子路信誉卓著品质。恰如戴望所释："明断狱不可偏信单辞"，"子路忠信闻于天下，得其单辞，即可据以断狱，唯子路尔。"

对于子路之忠信品质，朱熹引尹氏之言予以高度赞誉："千乘之国，不信其盟，而信子路之一言，其见信于人可知矣。一言而折狱者，信在言前，人自信之故也。不留诺，所以全其信也。"

子路断狱，只是为政者的一方面。子路之信，民众信之，是其为政的第二方面。二者之间的关系表明，民德乃是官德之一面镜子。惟有以官德取"信"于民，民众方可从"信"。这便是子路之信的真正价值。

具体而言：

第一，本节表孔子对子路之"信"予以高度的肯定和赞许。本节分为两部分，第一部分：子曰："片言可以折狱者，其由也与?"通过孔子对子路断案之特点的评说，从民众之信间接地表征子路之信誉，以及子路之信带来民之信的良善效果；第二部分："子路无宿诺"，通过记述者对子路为人做事特点之陈述，佐证子路做事之风格：重行而重信，从不拖延，惟恐失信。在这里，记述者补充的话语，为解读孔子对子路的评说，提供了相对比较确定的佐证。这两部分相互印证，突出表征子路信誉卓著。对此，朱熹释曰："记者因夫子之言而记此，以见子路之所以取信于人者，由其养之有素也。"

第二，"片言可以折狱者，其由也与?"孔子的评价，指证子路断案的高超水平；子路断案的高超水平，最为突出地表现为子路无须对"案件"通过繁复的程序，全面而深透的调查，真正了解其来龙去脉、原因和结果等诸多不可忽略的要素，然后展开综合分析而加以定性，而是只需要凭借当事人的"一面之辞"，即可凭借"片言"，就可以对"案件"之缘起、构成以及是非曲直等诸多方面，予以清晰地把握，进而判断孰对孰非。

子路从"片言"而"折狱"，又是何以可能的呢？对此，学界历来有几种解读思路：

（1）一说子路明决，凭单方面的陈述就可以做出判断。

（2）二说子路为人忠信，人们都十分信服他，所以有了纠纷都在他面前不讲假话，所以子路仅凭一面之辞就可以明辨是非。

（3）三说子路忠信，他所说的话决不虚假、决无诬妄之辞，所以只听其中一面之辞，就可以断定案件。

这三种解读，其共同点均证明子路断刑狱之卓越才干，但更为重要的是折射出子路之信。恰是因为子路之信，致使人们在他面前所言皆是信言，而非虚假之言，诬妄之辞。这样，子路所获即使"片言"亦可取信为据，进而对狱案做出明断而不偏失。对此，陈祥道释曰："信义不着，虽多言不可以折狱；信义着，虽一言可以折狱。""子路片言可以折狱者，以其有君子之良心，为人所信故也。"朱熹释曰："子路忠信明决，故言出而人信服之，不待其辞之毕也。"

断狱须监听两端，不应单凭"片言"，此为"常态"。孔子言子路"片言可以折狱者"，则为非常态。正是以此非常态，突出子路之"信"及其效用。

第三，"子路无宿诺。"此为子路之为人、做事之常态特征。记述者以"子路无宿诺"，即以子路乃忠信者来支持孔子对子路之评价。如此，其案件中之"片言"，即是"真言"，这样，通过听取单方面对案件的陈述，整个案件之实情，自然也就清晰了，子路依此即可裁断是非曲直。此处之关键就在于诉讼双方中任何一方的言辞，即"片言"，并非是"片面"、甚至是扭曲"事实真相"之单辞，而是本"案"的"事实真相"。

第四，本节之深意，不仅在于通过子路之信而昭示世人应努力做一个忠信之"真人"，亦表明在持忠信之"真人"面前，人们无需虚假之辞，这正所谓"真人面前不说假话"，同时更为重要和更为深刻之处在于：表征了一条"己"与"人"忠信关系原则，突出表达为政者须以"己"信为先，"人"方可待己以信。子路凭借民众可信之"片言"即可明断刑狱，乃是民众持忠信之故。而民众之所以持忠信而言，呈"片言"之"信"，则是子路忠信之映照和结果。

子路善断案，是其为政之具体事功。子路因己信而取信于民，民亦以信言而回应之，由此构成为政者之"信"与民"信"之二者之间的因果关系，直呈官德与民德之积极互动效应，更为深刻地昭示有什么样的官德，相应就会生成和带动什么样的民德。为政者对民德之期许，其源和根则在为政者自身之德。

孔子从子路笃忠信为政之视角，折射无道之世乃为政者的普遍无信所致，从而对之予以批判。简言之，正是因为子路之信，带来民性、民风之信。以此蕴喻着：民德乃是官德之一面镜子。惟有官德有信而取"信"于民，民众方可从"信"。这便是子路之信的真正价值。

第五，孔子通过对子路的褒扬，鞭策众弟子及世人，当努力修为，从自己做起。忠信，首先关乎己德，要求己做一个"忠信"之人。如此，"世界"于"你"也就"忠信"了，尤其是为政者。这样，社会的伦理关系也就清明而畅达了，道德景象亦可赞了。这才是孔子赞子路之深刻立意所在。

第六，子路断案与行事之特点，于后世与今人的意义在于：警勉为官者须忠信明断；为政者、管理者，须讲诚信，做事、决断事，要果断其行，知行合一，说到做到，切忌拖泥带水，优柔寡断，言行不一。如此，要求为政者、治理者做人、做事，于己、于人，皆须忠信。

总之，本节以子路断案之具体特点为直接言说、评价对象，直陈子路之为人、行事笃忠信。孔子以其说是对子路断案才干的表扬，还不如说是借此对子路之"忠信"品质予以褒扬。如此，子路有信而据"片言"断案，构成孔子教导弟子们加强自身德行修养的一个具体案例；进言之，与其说是孔子对子路忠信之赞许，还不如说通过子路之忠信而对为政者忠信之期许。

13. 施行礼教，绝恶无讼

颜渊 12. 13

【原文】子曰："听讼，吾犹人也。必也使无讼乎！"

【译文】孔子说："审理诉讼案件，我同别人也是一样的。重要的是必须使诉讼的案件根本不发生！"

子路能折狱于已讼，而不能化人于未讼。孔子听讼与人同，使人无讼则与人异。故言："听讼，吾犹人也。必也使无讼乎"以此表孔子强调礼之教化，以使人远罪而呈无讼之美好。

孔子一贯主张德治、礼治，而"听讼者，治其末，塞其流"，惟有"正其本，清其源，则无讼矣。"（朱熹引范氏）孔子从"听讼"而欲"使无讼"，突出孔子强调治世当以推行礼教化育为先，使人人重礼守法，使民"有耻且格"，以绝恶于未然，方可减少、消解诉讼，达社会和谐之理想。

施礼教，本质上即是使民自觉"非礼"而"勿"视、听、言、动，真正"克己复礼"而"为仁"，终"使无讼"。如此，孔子从"果"而溯"因"，从根本上着力于礼教，从而施礼治世。

具体而言：

第一，据《史记·孔子世家》载，孔子在鲁定公时，曾担任管理刑事之大司寇。此言应是他在此期间履职时所说。孔子之言，表明孔子在判定与裁断诉讼案件之时，依然是听其讼辞以判曲直是非，就这一点而言，他认为己与人无别。但是真正的区别在于，孔子置身于诉讼案件的判定中，想到的是如何化解、减少，亦或绝除生活世界中如此多的诉讼案件，如何不让民众之间发生诉讼案件之类的事情，此为孔子有别于他人之处。对此，朱熹引杨氏释曰："子路片言可以折狱，而不知以礼逊为国，则未能使民无讼者也。故又记孔子之言，以见圣人不以听讼为难，而以使民无讼为贵。"因为在孔子看来，"听讼者，治其末，塞其流"，惟有"正其本，清其源，则无讼矣。"（朱熹引范氏）如此，本节鲜明地呈现出孔子的治理之思，突出了他于治理贵教化之主张，彰显孔子以礼教为"本"，以"刑"为"末"的德治、礼治理想。恰如戴望所释曰：治国"贵以礼道之也。礼，绝恶于未萌，故能使无讼。"

第二，孔子通过听取诉讼，探寻民众之间为何会产生"诉讼"；孔子探求到的症结或根本，则在于民众的行为不遵"礼法"所致；民众为何不自觉遵"礼法"，乃是民众心中无"仁"使然；为何民众心中无"仁"，或如何让民众心中有"仁"、行遵"礼"而使之"无讼"？换言之，孔子要达成使天下"无讼"之理想，究其何以可能呢？孔子之方案是施行礼教，因为"道之以德，齐之以礼，有耻且格"。

惟有通过礼教，使民之心存"仁"，民之行遵"礼"，民众循"忠信礼仪"而为，自然彼此的关系也就和谐，也就不可能发生冲突，"诉讼"案件的发生自然也就消解了。亦如《大戴礼记》曰："凡人之知，能见已然，不能见将然。礼者禁于将然之前，而法者禁于已然之后。是故法之用易见，而礼之所为生难知也。"一句话，孔子试图通过礼教之法，使民心归"仁"，达对"礼"之自觉遵从，从而生成民不兴讼的良好局面，从这一意义上来看，"子路之折狱，不及孔子之使无讼也。"（陈祥道）

第三，从以上孔子在对诉讼案件的审理中找寻到的关于"诉讼案件"发生的根源，以及通过"礼教"，使民众实现"仁"之自觉，以及最后所要实现的理想目标："无讼"，无不表征出孔子所采取的道德主义路线，凸显出道德观念、道德意识和道德心理对民众的行为，甚至民众之间的矛盾、冲突发生所起的决定性作用。不可否认，民众之间的矛盾，亦或冲突，无疑是与民众的道德观念、道德意识和道德心理状况有着紧密的联系，在消除矛盾、冲突，达到"无讼"之状的过程中，同样也发挥着巨大的积极功能。但是，事实上，民众之间的矛盾与冲突，以及由此而引发产生的诸多诉讼案件，决非仅仅是由民众的道德意识、道德心理、道德素质、道德境界等诸多因素主导的，更为根本的则在于民众之间不同的利益矛盾而决定、而引发的。如此，可以清晰地看到孔子既没有找寻准民众之间发生"诉讼"之真正的根源，也未能找到解除"诉讼"之切实有效的手段与路径。如此，他主张与强化通过道德教化，提升民众道德自修能力，从而达到"无讼"之理想，无疑走向道德决定论，具有典型的道德乌托邦倾向。

孔子施礼教，以"仁""礼"塑民心、正民行、绝讼之方。如此，孔子强调以德化民，使民无讼，充分张扬了道德决定论、道德乌托邦之思，无疑为后世"诸心之法"的出台，提供了思想资源。

总之，孔子目睹民众之间因是是非非之纠结、矛盾和冲突而陷入"诉讼"，以及由此导致的道德世境之窘况，试图通过施行道德教化，促进民众实现道德自觉、自明与自新，归于正道，这样，民众也就在心中自立起是非曲直之标尺，能对自己的行为和彼此之间的矛盾与冲突，自裁、自决与自解于心、于讼之未

　　　　　　　　　　　生活哲学视野中的"论语"研判

发生前，从而彻底消除"诉讼"，实现"无讼"。如此，充分彰显圣人高扬德治、礼治之治世理想。

14. 居行勤忠，为官之德

颜渊 12.14

【原文】子张问政。

子曰："居之无倦，行之以忠。"

【译文】子张问如何治理政事。

孔子说："居于官位勤而不倦怠，执行君令要尽忠。"

"子张少仁，无诚心爱民，则必倦而不尽心。"（程子）孔子借子张问政，则告之"居之无倦，行之以忠"，以救子张之过而教之。

"居之无倦，则于己无逸；行之以忠，则于人不欺。"（陈祥道）孔子以"居之无倦，行之以忠"教导子张入仕当遵循的心、行之则，本质上即是言子张为政当勤政而具良好的官德。如此，惟有内存仁心，方可始终如一而"无倦"，以"忠"而行事。如此，孔子以"无倦"与"忠"，即勤谨与忠诚，表从政为官者须具备的两种品质。

具体而言：

第一，弟子子张向孔子请教如何治理政事，孔子针对子张心乏仁，做事无长性恒心等诸弊而言"居之无倦，行之以忠"，希望子张加强修养，改掉其于政之倦怠和不忠，成"居无倦""行以忠"之为政者。

孔子教子张为政，事实上提出了为政须遵循和持守的两个基本原则，即"居之无倦"与"行之以忠"。这是孔子对从政者之基本要求，也是做一个好官最为基本的标准，实为官德之基本内涵。由此，构成中国古典政治生活中的角色伦理和行政伦理的内涵，成为中国古典政治文化、尤其是行政文化的重要原则。

第二，所谓"居之无倦"。"居，谓存诸心。无倦，则始终如一。"（朱熹）"居，居位也。无倦者，朝以听政，昼以访问，夕以修令，夜以安身。"（戴望）"居之，一说居位，一说居心。居位不倦，其居心不倦可知。"（钱穆）孔子以此指导子张为政，不仅"在其位"须勤"谋其政"，突出其勤政之实，而且不可懈怠、不能厌倦，能持之以恒、始终如一地勤政。

第三，所谓"行之以忠"。"行，谓发于事。以忠，则表里如一。"（朱熹）

"行之，一说行之于民，一谓行事。为政者所行事，亦必行之于民可知。"（钱穆）孔子以此指导子张执行君令、行事于民之时，须讲求不遗余力、尽心尽力、表里如一之"忠"，体现在位勤勉而真诚之心，此为为政之德。

"居之无倦""行之以忠"，突出表现了为政之"勤"与"德"。能兼具二者，在孔子看来，则是名副其实之好官。

第四，子张善问于孔子，子张曾问"仁"、问"崇德"、问"行"，今又问"政"。孔子甚知子张"少仁"，"无诚心爱民，则必倦而不尽心"之弊，于是，孔子有针对性地指出子张当应如何做，从而成为一个善政者。对此，陈祥道予以了深透的阐释。他说道："子张问仁，告之以敏则有功。问崇德，告之以主忠信、徙义。问行，告之以言忠信。盖倦则不能敏而徙义，不忠则不能崇德而有行，子张之行不免于此，故于其问政而告之以居之无倦，行之以忠也。孔子于子张，兼无倦与忠而教之。于子路，则教之以无倦而已矣，子路之蔽，不至于不忠也。"

第五，更进一步而言，本节通过孔子教化子张，凸显了为官者须身体力行，不可懈怠，莅民为治，行之以忠，信义第一。简言之，孔子要求身居官位的施政者，都必须严格执行君令，勤政爱民，竭心尽力，以仁德之规定来规范和要求自己，遵礼而治理国家，唯有如此，方可通过教化的方式消除民间的诉讼纠纷，实现仁政。

第六，通过"无倦"与"忠"，表征孔子的治世思想和为官之道。如此，"居之无倦，行之以忠"，既成为为官之人自检和修己促成长的重要指引，亦是评定为政者德行之重要标准。

总之，通过子张问政，孔子提出为政者须遵循两个原则，且应兼备的两大品质："无倦"与"忠"，构成了为政者之角色伦理、责任伦理，即行政伦理最为重要的两个方面，二者共同规定了中国传统政治官员为政之德行与品质。孔子通过回答子张之问，也是孔子对群弟子、乃至一切为政者从政提出具体的要求和告诫。

15. 君子怀仁，抑恶扬善

颜渊 12.15

【原文】子曰："君子成人之美，不成人之恶。小人反是。"

【译文】孔子说："君子成全别人的好事，而不助长别人的恶处。小人则与此相反。"

君子，当仁爱为怀，以人为善，故愿意成全别人之美，而不愿助人行恶，此谓"有成德者，皆成人之美也。"相反，"小人幸灾乐祸，故成人之恶，恶直忌正，故不成人之美。"（陈祥道）此乃"君子小人，所存既有厚薄之殊，而其所好又有善恶之异，故其用心不同如此。"（朱熹）

"成人之美"，体现"推己及人"，表对他人之关怀和尊重，此乃有德行的君子博大之仁爱情怀；"不成人之恶"，表明救人于恶、止人之恶，以免灾祸，此同样体现君子之仁。"成人之美"与"不成人之恶"，皆表君子之仁德善举。而"小人"与"君子"则相反，嫉妒他人之美而坏之，乐见他人之祸而助恶之。于此，构成君子、小人两幅人格画像。

"君子"于社会道德，是一种积极的建设力量，相反，"小人"构成社会道德的破坏力量。孔子甄别"君子"与"小人"，其根本在于抑恶扬善，让"仁爱"植根于人心，从而推动与弘扬"仁道"。

具体而言：

第一，孔子从正反两个维度直陈"君子"和"小人"之特点，"君子"即是"成人之美"和"不成人之恶"，而"小人"与"君子"恰好相反。如此，孔子从"人""己"之关系视角来对"君子"和"小人"之本质差异加以厘清。这样，孔子不仅为其弟子们、亦为世人确立了自我修为的目标，而且还提供了一条甄别君子与小人之标准。

君子之优良的品质表现为"成人之美，不成人之恶"，此乃孔子一贯主张和倡导的是"己欲立而立人，己欲达而达人""己所不欲，勿施于人"之思想、之精神的具体体现与要求。

第二，君子之所以能做到"成人之美，不成人之恶"，其根本原因是君子心存"仁"，达到对"仁"的自觉，并且能在具体的人际关系中践行"仁"。如此，君子能自觉识善恶，进而能"成人之美""不成人之恶"，这不仅是其德行修养的必然结果，也是其良好德修之表现。如此才能真正做到"论大功者不録小过，举大美者不疵小瑕。《春秋》之义，善善从长，恶恶从短。恶恶疾其始，善善乐其终。"（戴望）

第三，孔子通过对君子特点的揭示，指证君子通过"成人之美，不成人之恶"，实质上是扬善抑恶、积善绝恶，从而成为推进社会向良序发展的积极而肯定性动力。同时，指出"小人"本质上是社会良好道德和友善人际关系的否定性、甚至破坏性力量，需要世人时刻提防或降低其破坏力。如此，君子所具有的"成人之美"品质，实为无形的精神力量，必然对社会的德行建设发挥着积极作用，范导和引申出世人心向"仁"，感受到人与人之间的友善与温暖，从而为生活世界积淀出深厚的人文主义内蕴。

第四，孔子于此，并非仅是对"君子"与"小人"之品质予以"事实陈述"，其中蕴含着深刻的价值判断：对"君子"予以肯定和褒扬，对"小人"予以贬斥和批判。从这一意义上来看，孔子不仅着力于"君子"与"小人"之辨，更为重要的是为了抑"恶"扬"善"。

孔子不仅倡导君子当"成人之美，不成人之恶"，且须切实践行此原则于生活中。"互乡童子洁己以进，孔子与之而不拒，成人之美也。冉求聚敛，孔子欲鸣鼓而攻之，不成人之恶也。"（陈祥道）于此，孔子以行践"成人之美，不成人之恶"的原则，成君子之风。

总之，孔子通过分析"君子"和"小人"在处理"人""己"关系时，彼此的出发点、目的和结果之不同，揭示了"君子"与"小人"之本质分野，挖掘出其背后的道德立场与价值分殊，突出君子之"仁"，展示了孔子对君子之德的褒扬和对"小人"的贬斥，从而确立起一条识别"君子"与"小人"，以及"善""恶"之标准，开出一条抑恶扬善之路。

16. 政者以正，自裁正己

颜渊 12. 16

【原文】季康子问政于孔子。

孔子对曰："政者正也。子帅以正，孰敢不正？"

【译文】季康子问孔子如何治理国家。

孔子回答说："政就是正的意思。您本人带头走正路，那么还有谁敢不走正道呢？"

季康子本是僭礼越权之不正者。孔子借其问政之机，直道"政者，正也"之至理，以警示季康子须先正己，这才是肃政而止鲁政之乱的关键，进而具体说"子帅以正，孰敢不正？"表季康子等为政者或上位者当率先遵礼而正己，其下位者自会效法而自正，以表其下之不正，其因乃在其上之不正使然。

凡"执政者正，则外内莫敢不正。《春秋》先正京师，后正诸夏，乃正夷狄，自近者始，以渐治之。"（戴望）为政者，须以正己为先。以正己而正人，正己方能正道，此为政者行"正道"之逻辑。为政者，正己而合礼法，此为施仁政、行善治，此乃天下人皆归"正"之前提。

具体而言：

第一，本节主要记述了季康子向孔子请教、询问"为政之道"，孔子借机阐释其"政"即"正"之思想，表征孔子对为政者必须进行自"正"行为的强调，在此基础上，进步一提出当权者、当政者应该率先垂范正己之重要性，由此，形成传统权力运行体系中独特的"上行下效"的政治文化和政治伦理之生成逻辑。

第二，季康子问询孔子为政之道，孔子的回答并非是"无的放矢"，而是有很强的针对性。据考，鲁国从中期开始，大夫篡权，家臣效尤，叛乱纷争，风气不正，如此孔子说这番话，正是抓住季康子问政之机，明示季康子必须懂得"为政"必须"正"礼法，为政者要率先垂范，从正己做起。如此，孔子在回答季康子的过程中，暗含着对季康子僭礼越权之不正行为的不满和批判，并希望他予以矫正，走上为政之正途。恰如朱熹引胡氏释曰："鲁自中叶，政由大夫，家臣效尤，据邑背叛，不正甚矣。故孔子以是告之，欲康子以正自克，而改三家之故。惜乎康子之溺于利欲而不能也。"

第三，孔子在回答季康子问政之时，释"政"为"正"，恰如有的学者所指出的那样，这是一件具有非凡历史意义的"事"。因为孔子将"政"释为"正"，寄寓了儒家对于为政者最为基本的道义担当。如此，"政"即是"正"，其涵摄着"正道""正义""正人""正事""正气""正路""正行"等诸项必备的内容，且缺其一则不正，"不正"则"邪"生。这样，孔子无疑强调了为政之道，以"正"为"本"的总体原则。

第四，既然为政之"道"，首先在其"正"，那么，何以为"正"？在此，"正"分为"正心""正身"和"正行"三个方面；所谓正心者，"诗""书""礼""乐"也，以成"仁者"；而仁为习染所薰，为风俗所移之处，于"礼"之不符，恰是当正之处，此为"正身"；以恕道接物，己达达人，则是"正行"。如此，怀仁心、遵礼法，以正己之"心""身""行"，此是孔子言"正"之要害。

第五，既然为政之"道"，其"本"在于"正"，那么，"正"之起点即在掌权者"自身"，即须以正己或自正为先，而非先去正"人"，这就要求为官者必须首先"以身作则"，正其自身之"心""身"和"行"，从而成为世人效尤之楷模。在此，"为官者""正己"之必须、之功效得以确认。因为自古以来，从"未有己不正而能正人者。"（朱熹引范氏）

第六，为何为官之人率先"正己"成为一种必须呢？这是由于，一方面在至上的圣治模式时，总是在寻求"德化天下"的楷模使然；另一方面，因中国传统政治的权力运行轨迹与逻辑，始终遵循着"自上而下"的单向原则而不是双向互动性逻辑。如此，只要身居官位者能够正己而己正，那么，其下位者，乃至平民百姓，就都会正己而归于"正道"。于此，凸显中国政治伦理之生成逻辑所蕴含政治德感之特质。

第七，正因为中国政治文化之"德感"特质，孔子才如此肯定而自信地告诉季康子"正""己"之必然良效："子帅以正，孰敢不正？"如此，孔子表达了更为深层的意蕴，即"其身正，不令而行；其身不正，虽令不从。""正一身以正朝廷，正朝廷以正百官，正百官以正万民"（《朱子文集》卷十一）也恰如《礼记·哀公问》篇所说"君为正，则百姓从正矣；君之所为，百姓之所从也。"于此，孔子实质上在忠告季康子，希望作为为政者的他，能以身作则，改其违礼僭权之"不正"，笃守"正道"。只有这样，民众也才能推崇而追随之，最终归于正道，鲁之乱政方可止。

第八，通过孔子对季康子的劝导、引导和指正，范导出一条在"自上而下"的权力谱系中具有普遍意义的、且具有实效的法则："官德"在某种程度上成为民德，乃至社会德性之"原型"，决定着民德与社会德性状况，同时也直接影响、甚至决定国家治理的好与坏，以及社稷是否安稳，于此，开出"以吏为师"之思。

总之，通过季康子与孔子之"问""对"，确证了孔子关于"为政之道"的真实内涵："政"即"正"也，由此凸显为政者，必率先正己，从而肩负起正世德之责任。在此基础上，孔子既直接对季康子"为政"之"不正"予以了批评和指示，劝导并促使其回归"正道"，又开启了对中国德感文化与官德文化的新篇章，以期为政者通过正己而结束"礼崩乐坏"之乱世，彰礼治之良效善果。

17. 子之不欲，何患之有

【原文】季康子患盗，问于孔子。

孔子对曰："苟子之不欲，虽赏之不窃。"

【译文】季康子担忧盗窃，问孔子怎么办。

孔子回答说："假如你自己不贪图财利，即使奖励偷窃，也没有人偷窃。"

季氏窃柄，康子夺嫡，于世本为"盗"，然季康子却患盗，此实为生活之吊诡：盗者患盗。盗者患盗，表季康子本是无耻之"盗者"，更无耻在于盗者之季康子并未自觉己为盗者，竟问孔子如何防盗，呈现出一副极度滑稽之画面。孔子借季康子之问，提出"苟子之不欲，虽赏之不窃"。孔子之"对"，不仅委婉地讥讽季康子盗者忧盗，而且阐明"子不贪欲，则虽赏民使之为盗，民亦知耻而不窃"（朱熹）之理。如此，"孔子以不欲启之，其旨深矣"（朱熹引胡氏），希望季康子止贪欲而禁暴敛，取于民廉，其所患自消矣。

孔子在解季康子之患时，告诫为政者，首先须正己而节欲、而清廉，止强征暴敛，为民之表率。如此，民衣食足而知荣辱，衣食无忧，则自爱自重，盗窃之事自然绝迹，为政者于盗，何患之有？

一言以蔽之，孔子之"对"，表明季康子之患，其病根在己，非在民，劝诫季康子当以正己节欲为要。

具体而言：

第一，按戴望考，"此言盖在'用田赋'后与"。本节主要记述了当世盗窃猖行之"事实"，季康子面对当世社会上日盛的盗窃世风生忧患而向孔子求解，孔子有针对性地解患之思，构成了本节的意义走向。其中心是季康子向孔子求解如何使盗患得以消除，孔子将该种世风败坏之源，归结为季康子等为政者自身对财利之贪所致。如此，孔子给予解除该种世风境况的"钥匙"："苟子之不欲，虽赏之不窃。"

在此处，是对上一节季康子问政之承接，依然强调在中国传统社会"自上而下"的权力运行逻辑与体系中，"官德"之"德感"对民众和社会德行状况的引动与带动，由此构成孔子审视社会德行的独特视角和解决关键方案之要义。

第二，对于社会上泛滥的盗窃之风，可以有两条方式来加以解决：即刑处与教化。然而这两种方式或手段必将产生截然不同的效果。一般而论，刑处，只是让盗窃者产生畏惧，可以暂时减少、但决不能绝盗窃。在此种境况下，孔子开出了另一条路径，即将"羞耻之心"置于人心之中，由此，瓦解盗窃发端的心理基础。在此，孔子通过对两条路径的效果进行比较，选择走德教路线，这是他的道德决定论的具体落实。

第三，确认了以德教的模式来改变世风，那么，何处是起点或治病之源呢？在孔子的话语中其实已经给予了指示："苟子之不欲"。"欲，指贪欲。在上者贪欲，自求多财，下民化之，共享竞取。其有不聊生者，乃铤而为盗，责任仍属在上者。"（钱穆）这样突出了为官之人，对自身之"欲"的否定，并且是自觉性地加以克制，换句话说，倘若为官之人、执权之君，能控制、减少自身的贪欲，那么，民众自然会效法而心与行切近之。如此，孔子大胆地断言，"虽赏之不窃"，于此，表"若在上者不贪欲，务正道，民生各得其所，纵使赏之行窃，亦将不从。民之化于上，乃从其所好，不从其所令。并各有知耻自好之心，故可与为善。赏其行窃且不从，何论于为盗。"（钱穆）在上者不贪欲，民则无盗窃之心，世风清朗淳厚，自然也就消除了令季康子忧虑的盗窃之风。

第四，由此可以范导出一个一般原则，即若"上""不欲"，则源清。本源一清，斯流则无不清。如此，上下皆"不欲"，上下皆不复妄取。同理，"上"敲骨吸髓之风既息，疲蔽凋瘵之民获苏，各安其居，谁复思乱？恰如《左传》曰："国家之乱，由官邪也。官之失德，宠赂章也。"近代辛复元亦云："仕途贿赂公行，所以民间盗贼蜂起。"自古如斯，三复二说，曷胜太息！岳武穆有言："文官不爱钱，武官不怕死，天下自然太平矣。"确哉言乎！图治者尚鉴于斯。陈祥道引述历史而释曰："教之化民，深于命。民之效上，捷于令，故郑伯好勇，国人暴虎；秦穆贵信，士多从死；陈姬好巫，而民滛祀；晋侯好俭，而民畜聚；太王躬仁，邠民贵恕；吴王好剑客，而民多疮痍；楚王好细腰，而朝多饿死。则季康子之欲，而鲁民盗，理势之必然也。"进而言之："老子曰：不必以静，天将自正。又曰：我无欲而民有朴。故孔子于为政者患不能以正导之耳。庄子曰：'盗窃之行，于谁责而可乎？'季康子之谓也。"（《庄子·杂篇·则阳》）

第五，孔子举此略，很清晰地表征出其思维路径：民众或社会上"盗窃"之风盛行，是民众之对财货之欲求、或贪婪之心使然，然而，百姓何以对财货有如此之贪婪之心而采取盗窃的手段而获取呢？是因为"官"对财货之欲不节制，为官之人贪婪之风盛行所致。如此，孔子将德教落实于"官教"，而"官教"之前提，是官必先"正己"，确立起"官德"。在此处，为官之人对财货的"不欲"，乃是"官德"之具体体现。如此，整个社会的盗窃之风的"结"也就解开了。

第六，本节孔子对季康子的回答，其实隐含着对季康子之"欲"的批评，同时也警示季康子，其所担忧的盗窃之风盛行的问题，并非因民众爱财、贪财，而是出在包括季康子在内的为官之人自身身上。如此，解盗窃之患的可行方式，就是"正己"，也就达到"正人"之效，只要为官之人遵循"节欲"的原则，那么，民众自然也会"节欲"，又何来"窃"呢？恰如戴望所释："言之取于民廉，虽赏之使盗，将耻而不窃。以盗之起，其于事育不给，故无恒心。"

第七，本节还蕴含着民之"欲"，通过正当渠道得不到满足，然而，为官之人又大肆为"欲"。如此，"民"获取财利，满足欲求的唯一手段，只能是"窃"。于此，孔子无疑对官贪所造成的"民不聊生"之状予以批判与控诉。

总之，孔子依然遵循着道德主义为政治国路线，具体言说了"为官之人"和"民众"之"欲"与"窃"之内在关系，强调治国、治世之关键和根本就在于治官，并且是以"官"自治，提升自身的为政之德，戒"贪欲"，进而以"官德"感召、引导和塑造民众之德而绝"窃"。这一切，都表征孔子治国、治世之道德化的倾向。

当然，孔子之思在"德治"和"圣治"之历史语境中，具有积极的价值，也取得一定的客观实际效果，是值得肯定的。

18. 欲善民善，焉用杀哉

颜渊 12.18

【原文】季康子问政于孔子曰："如杀无道，以就有道，何如？"

孔子对曰："子为政，焉用杀？子欲善而民善矣。君子之德风，小人之德草，草上之风，必偃。"

【译文】季康子问孔子如何治理政事，对孔子说："如果杀掉无道的人来成全有道的人，怎么样？"

孔子说："您治理政事，哪里用得着杀戮的手段呢？您只要想行善，老百姓也会跟着行善。在位者的品德好比风，在下的人的品德好比草，风吹到草上，草就必定跟着倒。"

孔子否定季康子为政"杀无道，以就有道"之法，提出"子欲善而民善矣"之方案，将化解"无道"之民最有效的举措，溯源于为政者自身"欲善"，从而突出民之"无道"，乃无道之为政者造成；有道之民，同样是为政者有道善政的结果。如此，孔子劝季康子止霸道刑律，倡仁道教化而治民、治国。

季康子与孔子之间对，围绕着如何"去无道""就有道"而展开。季康子采取简单杀无道之外在剔除法而"就有道"，孔子则主张施礼教转化"无道"而成有道，二者乃是行霸道与施仁政之本质区别。"杀之为言，岂为人上之语哉？以身教者从，以言教者讼，而况于杀乎？"（朱熹引尹氏）如此，孔子以仁道"对"霸道，劝诫季康子当率先弃"恶"而以"欲善"正己为始，方可使民善而"就有道"，达善治之效果。

具体而言：

第一，本节以善治之效应为目标，展示了为政治国两条截然不同的思维与价值路线之"对话"。季康子代表的是以"刑"而"政"之路径，试图采取非常粗暴和简单的方法，即"刑处""剔除法"而达所谓的有道"善治"；孔子则对季康子之刑政路线表示坚决反对，主张以"德"而"政"，认为根本无须"杀人"，只需要"子善"，那么"民"必由"无道"，可转变而"就有道"，即施礼教转化"无道"而成有道，简称为施教"转化法"，从而"民"必"善"，达到"善治"之效。

如此，二人的对话，本质上展示了季康子与孔子治国之思的对立性，季康子所施的是一条刑处"法治"之路，其本质是施暴政，孔子建议的是一条"德教""仁治"之途，本质上是行仁政。

第二，在季康子眼里，世上兼有"有道"之人，即"善人"，亦有"无道"之人，即"恶人"，面对善人和恶人杂存的现世，要达成治世之"善"，最为简单的方法就是杀掉"恶人"，留下纯然的"善人"，不让"恶人"祸害"善人"，那么，这个社会自然也就是成了无恶之"善"了。如此，很清晰地体现了季康子"意欲以锄恶成就善道"（钱穆）所采取的方法和手段非常简单、粗暴与野蛮的、外科手术式的方法，我们可以称之为"刑处"。

第三，孔子针对季康子治世之思，指出"子为政"，"焉用杀？"直接而坚决否决了季康子的外在刑处剔除法。如此，孔子本质上是对季康子"法治"路径的否定，因为季康子根本没有追思和察视到"善人""恶人"生成和存在的原因与根据，并且季康子对"善人"和"恶人"的界限划分是外在、刚性的，未能看到二者之间是可以转化这一深层次的奥秘。在此基础上，孔子提出了他的善治之思。

第四，孔子在否定了季康子之思以后说："子欲善而民善矣"，此真可谓一语道破机关。这个"机关"之实就在于孔子将治世之"善"的主动权和支配权确定为"上位"的"掌权者"。更为重要的是孔子从善恶之生成和转换的视角来看治世，强调统治者必须有道德反身、反省意识，即"反求诸己"，实现治世之德的自觉。恰如孟子所谓的"上有好者，下必有甚焉者"；由此，可以称孔子之思为德教主导转化论。

第五，孔子将"君子"之德喻为"风"，"小人"之德喻为"草"，如此以"风""草"之形象比喻，得出结论是"必偃"，无非是对当权者、施政者之德的主导性之强化而已，是德教主导转化论之具体阐释性延伸，是对传统之"四方风动。又曰：尔惟风，下民惟草"（《尚书》）和"我德如风，民应如草"（《传》）的继承和发扬。对此，蕅益释曰："三节，都提出一个'子'字，正是君子求诸己，乃端本澄源之论。"江谦补注："自正其身，而人正矣；自杀其恶，而民善矣。以杀人为政者，杀其躯壳，而恶心不死也。若以无道杀，则冤冤相报，无有穷期，而天灾人祸频来矣。……愿为政者，……为救国救世无上正道，以至诚之心，躬自倡导，先正其身，而弃其家，然后施之国政，则风行草偃之效无难也。"

第六，诚如前面几节中揭示过的一样，在"自上而下"的传统中国政治权力运行体系下，孔子强调和凸显"上位"之德对民众之德的强势主宰与引导，无视或贬斥"民"之德的自主性，这是孔子德治、仁治之必然。当然，孔子反对以残酷的"杀人"方式来达到所谓的善治，客观上表现了对民众生命的观照与珍视，彰显了其仁政之善，应予以充分肯定。

总之，对于季康子和孔子之"问""对"，陈祥道释曰："德教洽而民气乐，法令极而民风衰。先王任德不任力，好生不好杀，不得已则刑，期无刑而已。夫岂后德，礼而先政刑哉！故曰：'子为政，焉用杀？子欲善而民善矣。'夫上之化下，无可见之迹，而俗日迁，故喻以风。民性含仁而众柔，不能自立，故喻以草。草惟风之偃，民惟上之从。康子不能正德以善之，特欲杀之而已，不亦过哉？"

如此，孔子以否定季康子通过"杀""无道"之民为始，从正面阐释德教转化论为核心，凸显出其"仁治"理想。孔子之"对"隐含着对季康子"杀人"治世的暴政所施的残暴手段予以否定与批判，表明正是因为暴虐的统治者滥行无道，必然会引起百姓的反抗，成季康子眼中民之"无道"。如此，孔子劝导季康子放弃"刑处剔除论"，而当正己，以己"欲善"为始，止暴政、施"仁政"而化民，民自"就有道"。

19. 不可求闻，士当至达

【原文】子张问："士何如斯可谓之达矣？"

子曰："何哉，尔所谓达者？"

子张对曰："在邦必闻，在家必闻。"

子曰："是闻也，非达也。夫达也者，质直而好义，察言而观色，虑以下人。在邦必达，在家必达。夫闻也者，色取仁而行违，居之不疑。在邦必闻，在家必闻。"

【译文】子张问："一个士如何才算是通达？"

孔子说："你说的通达是什么意思？"

子张答道："在国君的朝廷里必定有名望，在大夫的封地里也必定有名声。"

孔子说："这只是虚假的名声，不是通达。所谓达，那是要品质正直，遵从礼义，善于揣摩别人的话语、观察别人的脸色，经常想着谦恭待人。这样的人，就可以在国君的朝廷和大夫的封地里通达。至于有虚假名声的人，只是外表上装出仁的样子，而行动上却正是违背了仁，自己还以仁人自居不惭愧。但他无论在国君的朝廷里和大夫的封地里都必定会有名声。"

子张之"病"在于图虚名而不务实，务外止"末"而失"本"，误将"闻"视为"达"，孔子因其失而救之。

子张所欲所求为"在邦必闻，在家必闻"，混淆"闻"与"达"，误将"闻"等同于"达"；孔子则认为"闻"与"达"，二者之本质不同，指明"达"，乃"质直而好义，察言而观色，虑以下人"；而"闻"，则为"色取仁而行违，居之不疑"。以此表明"达者，志在不穷。闻者，为名而已。达则不必闻，闻则不必达。"（陈祥道）

子张为名而学，此乃"伪"也，有意近名，则失"大本"，皆乏"诚"使然。如此，孔子强调为学，乃笃定之事，须充乎内而发乎外。为学不可止于"闻"，应不断修己而至"达"，真正做到以德义处己，志不穷于内；以礼处人，行不穷于外，以成名实相副、表里如一之"士"。

不务实而专务求名者，其虚誉虽隆而实德则病矣，决非独子张是也。故，孔子对症下药以教而救子张之失，亦教群弟子，乃至后世学人，当戒免此蔽。孔子之教表惟诚学、笃实，弃虚，方可越"闻"而至"达"之境。

求"闻"，终为"欺世盗名"耳，至"达"，内有诸己而求达于外。孔子鄙子张之辈外求"闻"之虚、之伪、之浅薄、之自高而无耻、无仁德，赞内求"达"之实、之诚、之内通外达、之自卑而荣誉、而厚德。

求"达"于己，则不必闻，然闻终至耳。求"闻"于人，则必不达，闻虽至终失达矣。

具体而言：

第一，本节记述了子张向孔子请教"士"成"达"之道。孔子针对子张对"达"的偏识，混淆了"闻"与"达"之根本分野，剥离与澄明"闻"与"达"之质别，进而规定"达"之真实内涵、特点及其效果。在此基础上，孔子强调君子或"士"当注重自身内在的道德修养，切不可只图求外在之虚名。如此，孔子警示、教导子张及其群弟子还应加强自身的修养，切忌求虚实颠倒、诚伪混同之"闻"，以成名实相符，表里如一之达"士"。如此，孔子教子张，"真是好先生。金沙不滥，药病灼然。"（蕅益言）

第二，子张请教"士"之"达"的准则或权衡尺度，或曰一个士，怎样才能算得上至"达"："士何如斯可谓之达矣？"孔子并未直答之，而是追问子张对"达"的理解。如此，子曰"何哉，尔所谓达者？"。

（1）何谓"士"？"学以居位曰士。"（戴望）

（2）何谓"达"？"达者，德孚于人而行无不得之谓。"（朱熹）"达，通也。"（戴望）"达：显达义，亦通达义。内有诸己而求达于外。"（钱穆）

（3）孔子为何以反问的方式应子张之问？因为"子张务外。夫子盖已知其发问之意，故反诘之，将以发其病而药之也。"（朱熹）"世衰道微，士有非道德而达名者，故夫子审之。"（戴望）"子张务外，孔子知而反诘之，将以去其病而导之正。"（钱穆）

子张之本心在于求名，却以士之"达"而问之，表其"伪"也，亦表明子张求闻名过于至达，此为子张本然层次之显，说明子张名利之心过甚。

第三，子张直言道，"在邦必闻，在家必闻"即为"达"。孔子针对子张对"达"的浅解，断然否决其观念，认为子张所言"是闻也，非达也。"

孔子直指子张混淆了"闻"与"达"，误将"闻"视为"达"。通俗地说子张所言仅是"成名"，而非"达"，即通达。因为子张所言的"闻"只是"名誉著闻"（朱熹、钱穆），表"士之所在，皆能有名誉。"（戴望）实为"内无求必达之于外者，仅于外窃取名闻而已。"（钱穆）简言之，子张所认为的"达"，只是求外在的、形式的"虚名"而已，尚未真正上升到"达"的层次，还根本不是"达"。如此，子张止于"闻"，非真求"达"也。于此可观，"闻与达相似而不同，乃诚伪之所以分。"（朱熹）"世乱是非不明，若少正卯之徒，皆为闻人，故夫子亟辩之。"（戴望）"此乃虚实诚伪之辨，学者不可不审。"（钱穆）

第四，孔子为了让子张明白何谓真正的"达"，对"达"与"闻"展开了多维度的剥离，予以厘清："夫达也者，质直而好义，察言而观色，虑以下人。在邦必达，在家必达。夫闻也者，色取仁而行违，居之不疑。在邦必闻，在家必闻。"

（1）在孔子看来，士之"达"，应具有四个特点：

其一，"质直而好义"；"质直，言可望而知。好义，自治以义。"（戴望）"质直而好义"，指内主忠信，不事矫饰，不苟阿，行事忠信、仁义，通俗地说就是品性正直而行仁义。

其二，"察言而观色"；"察言语，观颜色，以为进退，非义，则不合矣。"（戴望）"察言而观色"，指能察人之言，观人之色，注重对方的感受与反应，而非"一意孤行"，强加己意于人。

其三，"虑以下人"；指接人待物，能做到卑以自牧，谦恭有礼，无傲慢之态，能时时处处顾及到下人之感受。

其四，"在邦必达，在家必达"；指无论在朝廷，还是在封地都必然是一贯的"达"。此为"得诸身者得诸人，故所在必达"（戴望）。

如此，"达"，指证的是一个人心性修养、德行等方面的成熟，是为人处世上的忠厚仁道。恰如陈祥道所释："质者，直德也；好义，义也。察观，智也；虑下，礼也；德义所以处己，故志不穷于内；礼所以处人，故行不穷于外。"所以"在家必达，在邦必达也"。朱熹亦释曰："内主忠信而所行合宜，审于接物而卑以自牧，皆自修于内，不求人知之事。然德修于己而人信之，则所行自无窒碍矣。"

（2）所谓"闻"，孔子概括为三个特点：

其一，"色取仁而行违"；指在面上装着"仁"，其行不仅无仁，且违"仁"。如此，"色取仁而行违"，表既无直德，又无好义之心，无己知而仅求之外，斯无行而不违乎仁矣。

其二，"居之不疑"；指专务伪饰外求，而又自以为是，安于虚伪，更不自疑。

其三，"在邦必闻，在家必闻"；此等人专意务外，欺世盗名，其心自以为是，无所愧怍，人亦信之，故在邦必闻，在家必闻。

如此之"闻"，指证的是虚誉虽隆，而实德则病，误己害世，有终其身为闻人而已不知羞，人不知非者，其为不仁益甚矣。对此，陈祥道释曰："取仁行违，居之不疑，此取伪为以尚人而已，与质直好义、察言观色、虑以下人者，反矣。此所以在家必闻，在邦必闻。"朱熹释曰：此为"善其颜色以取于仁，而行实背之，又以自以为是而无所忌惮。此不务实而专务求名者，故虚誉虽隆而实德则病矣"。戴望更直道其本曰："此言佞人也。佞人假仁者之色而行用实违僻，久假而不归，则遂居其美名而不自疑，所谓服谗隐慝，以诬成德也。共工之放，少正卯之诛，皆以此故。"而"佞人党多，故所在必闻"。钱穆则批曰："此等人专意务外，欺世盗名，其心自以为是，无所愧怍，人亦信之，故在邦必闻，在家必闻。……有终其身为闻人而已不知羞，人不知非者，其为不仁益甚矣。"

第五，从以上的分析可见，"闻"与"达"是一对具有形式相似，然又具有本质差异的范畴；"闻"所表的是"虚假的"声名，即浪得虚名，不具有本质性的"仁"，因此，"闻"只求外在形式性的虚与伪，是一种装饰性的假仁、假德。而孔子所言的"达"则是士大夫内在心性，具有仁、义、礼等品质使然，无须外求，如此可见，"达"指示的是"士"实质性具有的自我提升与证成。

总之，子张和孔子的对话，通过孔子的剥离，确立了"闻"与"达"的本质界限和原则分野。简言之，"闻"与"达"，就是"成名"与"成人"的差别。为了使"闻"与"达"的本质差异落到实处，孔子概括性地分别从四方面揭示了"达"的特点，从三方面揭示了"闻"的要旨，清晰地呈现出二者之差异所在。

孔子指证子张误读"达"，将"闻"混淆为"达"，并以此批评子张滞于虚名的贪求上，告诫子张及其他弟子，更应走内在德行成长之路线，抵到自身心性仁德的修造上，成为真正的"达士"，而不耻为浪得虚名之"闻人"。

欺世盗名者，非子张独病，亦非古人之失，今世亦更甚。如是朱熹引尹氏之言："当时门人亲受圣人之教，而差失有如此者，况后世乎？"而"为名而学，则是伪也。为名与利，虽清浊不同，然其利之心则一也。"如此，患子张之病者，比比皆是。以此观之，孔子诊断、疗治子张之病，亦是治疗今世贪求"闻"而忘"达"之病。

20. 修德辨惑，教导樊迟

颜渊 12. 20

【原文】樊迟从游于舞雩之下，曰："敢问崇德、修慝、辨惑。"

子曰："善哉问！先事后得，非崇德与？攻其恶，无攻人之恶，非修慝与？一朝之忿，忘其身，以及其亲，非惑与？"

【译文】樊迟陪着孔子在舞雩台下散步，说："请问怎样提高品德修养？怎样改正自己的邪念？怎样辨别迷惑？"

孔子说："问得好！先努力致力于事，然后才有所收获，不就是提高品德了吗？做自我批评，不去批评别人，不就是检讨自己的邪念了吗？由于一时的气愤，就忘记了自身的安危，以至于牵连自己的亲人，这不就是迷惑吗？"

樊迟请问孔子的三个问题："崇德、修慝、辨惑"，皆指向如何提升己之修养。朱熹以为孔子针对樊迟之失而对症下药，具体地回答了何以"崇德""修慝""辨惑"，以促樊迟修心、修行。

"崇德"，是充实自己的修养；"修慝"，是改进自己的修养；"辨惑"，是不糊涂、有智慧、看得清楚。于孔子之答，朱熹引范氏释曰："先事后得，上义而下利也。人惟有利欲之心，故德不崇。惟不自省己过而知人之过，故慝不修。感物而易动者莫如忿，忘其身以及其亲，惑之甚者也。惑之甚者必起于细微，能辨之于早，则不至于大惑矣。故惩忿所以辨惑也。"

具体而言：

第一，樊迟从游于舞雩之下，为何向孔子问"崇德、修慝、辨惑"？对此，戴望和钱穆都予以了说明。

戴望释曰："《春秋》昭二十五年，'秋，七月，上辛，大雩。季辛，又雩'。《传》曰：'又雩者，非雩也，聚众以逐季氏也。'樊迟从游，有感昭公孙齐之事，因以发问。"

钱穆释曰："春秋鲁昭公逊齐之年，书上辛大雩，季辛又雩，传曰：'又雩者，非雩也，聚众以逐季氏也。'昭公欲逐季氏，终为季氏所逐，樊迟欲追究其所以败，遂欲从游舞雩而发问，而言之又婉而隐，故孔子善之。今按：孔子晚年返鲁，哀公亦逐季氏。推樊迟之年，其问当在哀公时，不在昭公时，则寓意益深矣。"

第二，樊迟，孔门七十二贤中非常重要的人物，幼时家贫，但是，读书刻苦，勤学好问。据说还继承孔子之志，兴办私学。在《论语》中，记载了樊迟的求知好学，曾三次问"仁"于孔子。在本节中，可以看到樊迟是在陪师散步，但他也未忘向老师请教问题。在此处，樊迟所问的问题有三，即"崇德、修慝、辨惑"。这三个问题，虽因鲁国朝变而生，但本质上关乎个人之德修，孔子予以回答。

在孔子具体回答樊迟的三个具体问题之前，孔子对樊迟所提出的问题，做出了一个总体的评价："善哉问。"为何是好问题？因为樊迟所问的三个问题，并非是虚问，其所问之问题与君子修为和成长具有直接关切性。孔子认为此问乃"善其切于为己。"（朱熹）"善其不正言也。"（戴望）如此，孔子对此问之重要性给予了充分的肯定。在这里，借孔子之肯定性评价，将樊迟好学善问之特点得以呈现，也表明孔子在如此轻松的状态下，很高兴弟子依然在思索非常严肃的问题。

孔子对樊迟所问的三个问题的回答，非常简明而切中要害。对此，戴望依然按照鲁哀公逐季氏之思具体释曰："先勤求贤者，任之以教，乃能得民。昭公不用子家驹，失民失敬，以致出奔，是不能崇德也。子家驹曰：'诸侯僭于天子，大夫僭于诸侯，久矣。'公曰：'吾何僭乎哉？'是攻人之恶，不知攻其恶也。昭公不从其言，终弑之而败焉，走之齐。是不忍一时之忿，忘身以及宗庙，惑之甚也。时哀公亦欲去三家，故微其辞以危其事。"

第三，何谓"崇德""修慝"和"辨惑"？

（1）所谓"崇德"。孔子认为"先事后得"，即为"崇德"。"先事后得，犹言先难后获也。为所当为而不计其功，则德日积而不自知矣。"（朱熹）其义则是先致力于"事"，把利禄等搁在后面，表重在强调自己有所主，重在行之有辨；通俗地说，就是踏踏实实地做事，不要过多地考虑物质利益，吃苦在前，享受在后，这样也就算是"崇德"了。

（2）所谓"修慝"，即"专于治己而不责人，则己之恶无所匿矣。"（朱熹）指"无攻人之恶"，表严格要求自己，不要过多地去指责别人，也就改正了自己邪恶的念头了。直言之，进行自我批评，不去批评别人，不就能改正错误吗？

（3）所谓"辨惑"。孔子言"一朝之忿，忘其身，以及其亲，非惑与？""知一朝之忿为甚微，而祸及其宗为甚大，则有以辨惑而惩其忿矣。"（朱熹）简言之，"惑"，就是忍不住一时之气，忘了自己和亲人的安危，不就是糊涂吗？

这就要求自己注意克服感情冲动的毛病，不要以自身的安危抑或宗亲之安危为代价，这样，就算得上是能辨识迷惑了。

孔子强调踏踏实实做事，多做自我批评和自我检讨，少去算计他人，进而别被自己的情绪、情感主宰自己，保持性情温和，如此之人就可以提高道德水平，改正邪念，辨别迷惑，就能有效地提升自身的修养。

总之，孔子与弟子在非常轻松的环境和心境下的"对话"，寓现实、学术、思想的讨论与交流于日常生活之中，凸显了孔子教学之显著特点。就其交谈的思想性而言，师徒二人围绕着"崇德、修慝、辨惑"，通过樊迟之问，孔子之答，不仅解了弟子樊迟之惑，而且呈现了君子个人修为的三个维度。

21. 治政谨守，亲贤远佞

颜渊 12.21

【原文】樊迟问仁。

子曰："爱人。"

问知。

子曰："知人。"

樊迟未达。

子曰："举直错诸枉，能使枉者直。"

樊迟退，见子夏曰："乡也吾见于夫子而问知，子曰'举直错诸枉，能使枉者直'，何谓也?"

子夏曰："富哉言乎! 舜有天下，选于众，举皋陶，不仁者远矣。汤有天下，选于众，举伊尹，不仁者远矣。"

【译文】樊迟问什么是仁。

孔子说："爱人。"

樊迟问何为智。

孔子说："了解人。"

樊迟还不明白。

孔子说："选拔正直的人，罢黜邪恶的人，这样就能使邪者归正。"

樊迟退出来，见到子夏说："刚才我见到老师，问他什么是智，他说'选拔正直的人，罢黜邪恶的人，这样就能使邪者归正'。这是什么意思?"

子夏说："这话说得多么深刻呀! 舜有天下，在众人中挑选人才，把皋陶选拔出来，不仁的人就被疏远了。汤有了天下，在众人中挑选人才，把伊尹选拔出来，不仁的人就被疏远了。"

通过樊迟问仁、问知，孔子切入为政之实际，明确指出"仁"，即"爱人"；"知"，则"知人"，以此提出为政者须亲贤远佞的思想。

樊迟曾问孔子耕田种菜之诸事，其思不独聚于为政，他能明白"仁"即"爱人"之理，但不明白智者要有"举直错诸枉"等知人之明，举拔贤才之能力，方可施仁政。

仁、仁政不仅"爱人"，且需"知人"。"爱人"体现人道，"知人"则彰人文，为政者须兼具此二者，表为政者之政治智慧。

具体而言：

第一，樊迟之所以问"仁"和"知"，"亦感昭公之祸而问仁知也。知人当能官人。当春秋时，世卿专国，君虽知人，无由官之，故迟疑专知不足以尽智也。"（戴望）

孔子针对樊迟之问，非常简明扼要地予以了回答。但是樊迟"未达"，即不解孔子之言意。遇同学子夏，继续问"知"，子夏予以了解读。如此，本节一方面将樊迟好学勤问的形象非常生动地刻画出来；另一方面，通过孔子和子夏给樊迟的讲解，落实了"仁"与"智"的真义。

第二，孔子在问答樊迟问"仁"时，直接表明"仁"之本质含义就是"爱人"。问"仁"者众，孔子之回答都各有侧重、各不相同，但是，在各处对"仁"的解释应该说是既具有具体针对性和指向性，彼此之间又具有内在的联系。在此处，孔子直言"仁"，即"爱人"，表"仁之施"也，充分体现了孔学之人道精神。就这一点，孔子一讲，樊迟显然是理解了孔子之意思。但问题是，为什么孔子在樊迟问"仁"时，直言"仁"，即是"爱人"，而未谈关于"仁"的其他方面？其缘由如前戴望所释。

第三，樊迟所问的第二个问题："知"即"智"，孔子回答为"知人"，这与"知人者，智"是一致的。在本节中，"知"主要体现为了解人、识别人、选拔贤才、罢黜邪才等方面。在此，其关键和要害处则是孔子教樊迟如何了解人、识别人和选拔贤才的原则和方法：即"举直错诸枉，能使枉者直"。

孔子在此处谈"知"，事实上是以"仁"的标准，选择人才，从而成善治。具体所为则是始终贯彻与执行"举直错诸枉，能使枉者直"之原则。这一原则本质上是指向人才选择和任用，以"善"的取向强化为政伦理。对此，樊迟再问子夏"何谓也？"即表明樊迟并未理解孔子所言之深意。"迟之意，盖以爱欲其周，而知有所择，故疑二者之相悖尔。"（朱熹引曾氏）表明"迟以夫子之言，专为知者之事。又未达所以能使枉者直之理"（朱熹）。"举正直而废邪枉，邪枉皆化为正直，如鲁用孔子而会峡谷、堕三都是也。然以季孟故，卒去鲁，故迟又疑其难。"（戴望）

第四，子夏自然是理会孔子"举直错诸枉，能使枉者直"之深意与真谛。子夏"叹其所包者广，不止言知"。"不仁者远，言人皆化而为仁，不见有不仁者，若其远去尔，所谓使枉者直也。子夏盖有以知夫子之兼仁知而言矣。"（朱熹）

如此，子夏列举了"舜"治天下而选用贤人"皋陶"，"汤"治天下选拔"伊尹"而达到逐恶扬善，从而实现"仁政"之实效来阐释孔子"举直错诸枉，能使枉者直"之微言大义，让樊迟终于明白孔子之言的真谛。

在此，樊迟问，孔子答，子夏再为樊迟解惑，不仅呈现出师生共论、同学间切磋、解惑，在"仁学"了悟上共同进步之景象，而且通过子夏之解，尤其是他引先古贤人治世为例，昭示着依古之善治为范而建立的现世政治之理想，以达对乱世之批判与矫正。

在此有两点需要注意：

（1）"圣人之语，因人而变化。虽若有浅近者，而其包含无所不尽，观于此章可见矣。非若他人之言，语近者遗远，语远则不知近。"（程子）

（2）"学者之问也，不独欲闻其说，又不欲知其方；不独欲知其方，又必欲为其事。"（朱熹引尹氏）

总之，通过樊迟问学于孔子关于"仁"和"知"，尤其是孔子对"知"的解答，以及子夏对"知"的进一步阐释，突出了"知"在了解人、选人、用人，以及依此而产生的效果，表征依善人、正直的人治世，抑制、阻滞奸佞之人而乱世，最终实现"善治""仁治"之理想。

22. 劝导友人，持守有度

【原文】子贡问友。

子曰："忠告而善道之，不可则止，毋自辱也。"

【译文】子贡问怎样对待朋友。

孔子说："朋友若有过错，忠诚地劝告他，恰当地引导他，如若不听从，则须停止不言，莫要为此自受耻辱。"

在与友共道而进之途上，当朋友有过错，应"忠告而善道之"，即规过劝善，乃为友之责。但须讲究方式，把握分寸，适可而止，切忌喋喋不休，没完没了，否则友善的规劝就变成数落、奚落或批判，并因此伤人心，引发怨恨，导致彼此疏远，关系恶化，损害友情，甚至因之成为陌路或冤家，致使规劝之善成彼此的"恶"。

"忠告属言，善道属行，仁也；不可则止，义也。"（陈祥道）表劝诫朋友，只要能做到"尽其心以告之""善其说道之"，已是做到仁至义尽，"若以数而见疏，则自辱矣"（朱熹）。"自辱，则反带累朋友，所以不可。若知四悉随机，方可自利利他。"（蕅益）

规劝朋友，全在掌握一个"度"，其度就在于友人之"可"与"不可"，即从与否，这就要求朋友之间规过劝善，须遵循"不可则止"之原则，让"忠告而善道之"能真正辅友之"仁"为上。

孔子教导与告诫子贡规过劝善之度、之戒，既有利于朋友间彼此的成长，增进友情，又防范、避免朋友因过度的劝而反感、抵触，导致彼此以善为始，以相恶为终之尴尬。

具体而言：

第一，人非圣贤，孰能无过。当朋友有（小）过，为友者不可视而不行朋友之责、不尽朋友义，放任其过而酿成大错，甚至成大祸。若如此，则是为友者失责不义之过。为此，孔子首先表明为友者须"忠告而善道之"，促友改过纠错而归"仁"，此乃为友之道。孔子同时亦提出"不可则止"。如此，在孔子看来，对待朋友，尤其是对犯下过失，存在问题的朋友，既要行朋友之责，同时又要坚持劝友有度之原则。

孔子告诫子贡"忠告而善道"朋友时，切不可不看效果和朋友的反应而"一意孤行"，依然规劝不止，最终导致自取其辱。简言之，对待朋友的过失、过错，坦诚布公地劝导他，推心置腹地讲明利害关系，但他若不听，也就作罢。如果朋友不听，依然一味劝告，甚至忠言直谏，必引起反感、怨恨，导致适得其反、事与愿违，最终自取其辱。一言以蔽之，孔子教导子贡劝诫朋友时，需要注意"度"，不可越度，成干扰、左右，甚至绑架朋友，引友反感而自辱。

第二，在孔子看来，劝诫朋友，首先是"忠告而善道之"。对此，陈祥道以为"忠告属言，善道属行，仁也"。朱熹认为"友所以辅仁，故尽其心以告之，善其说以道之"。戴望亦认为"忠告，告以中心。善道，以道诱掖之"。钱穆以为"友有非，不可不告，然必出于对友之忠忱，又须能善为劝导"。如此，表明劝导、劝诫有过错之朋友，乃是为友者行"仁"，体现朋友之爱，亦是为友者必须为之的道义责任。

第三，孔子同时提醒和告诫子贡劝说须遵循"不可则止"的尺度与原则。所谓"不可则止"，即劝说之后，如果不见朋友听从、遵从劝告而改过纠错，那么就无须再劝，当止劝。如此，劝告须以尊重朋友为前提，因为劝导是促朋友对己之过错反省而自觉，进而自主改过纠错。如此，当"忠告""善道"之后，若"不可"，就应"止"，"若以数而见疏，则自辱矣"（朱熹）。"其人不可则止，俟其自寤。"（戴望）切不能喋喋不休、反反复复过度地进行"忠告"，将自己的建议和劝导强加于朋友。果真如此，那其结果必会适得其反，是"自辱"。在这里，孔子道出了朋友相处取"中道"之原则。

第四，从子贡和孔子就"友"而进行的"问""答"中，给我们的启示是：即使持好心，存爱意，有仁义，要取得善果，也必须采取恰当的方式，保持适当的"度"，切不可以"仁"与"爱"之名，不注重方式，不恪守"度"，最终不仅不能达到预期的效果和目的，而且还会遭致自辱自伤。

总之，不可否认，朋友关系是人伦关系中非常重要的维度，与君臣、父子和兄弟关系，共同构成人伦关系系统。在"仁""爱人"总体原则的关照下，"君臣"遵"忠"、"父子"循"孝"、"兄弟"讲"悌"，而"朋友"之间则践"信"，由此，构成儒家遵礼彰仁的伦理谱系。

在本节，通过回答子贡之问，孔子陈述了朋友之间以"信"为基础的待友之道。孔子告诫子贡，朋友有"过"，行"劝导"时，既要践行朋友之仁、之义、之责，又要在其过程中，必须遵循尊重友人，"不可而止"的基本原则，保持一定的"度"，决不可加诸己思于"友"、以"己"代"友"。如此，朋友之间在促进共同进步之过程中，方可增进彼此的情义。

23. 以文会友，以友辅仁

颜渊 12.23

【原文】曾子曰："君子以文会友，以友辅仁。"

【译文】曾子说："君子以文章学问来结交朋友，依靠朋友帮助自己培养仁德。"

在进道之长路上，"独学而无友，则孤陋而寡闻"。故须与友共进。如此，曾子承孔子之交友观，提出"以文会友，以友辅仁"，明示交友之原则、之价值，突出"学以会友，则道益明；取善道以辅仁，则德日进"（朱熹）。

尺短寸长，人生当"取长补短"，故孔子言"无友不如己者"。然又言"损者三友""益者三友"，更言"道不同，不相为谋"，强调友之志同道合，相互砥砺，方可"辅仁"而共进于仁道。曾子承孔子之思想而光扬，表己"仁"之成长机制。

具体而言：

第一，孔子曰："工欲善其事，必先利其器。""事所以譬仁，器所以譬友，事以利器，然后善仁。以益友，然后成君子。于友，可不慎哉？"如此，孔子通过甄别，将友分为损者和益者，言损者三友，益者三友，"益友所以辅仁，损友则害仁而已"（陈祥道）。本节曾子言"君子"择友之原则与标准，以及交友之目的，承孔子之说而进论，以表对人际关系中"朋友"的高度重视。

第二，"以文会友、以友辅仁"，"文出于理，仁出于性"，"以文会友，然后能穷理；以友辅仁，然后能尽性"（陈祥道）。如此，曾子从穷理、辅仁而进道之视角，呈其交友观，突出道友的价值。

然而，对"以文会友"，亦存在诸多望文生义之误读。譬如，将其中之"文"，解读为"文章""学问"。结合《论语》语境，可以肯定的是"以文会友"中的"文"，应是"文质彬彬"语境中，与"质"相对应的"文"。如此，此"文"所指，则为礼节，即是礼乐法度刑政纲纪。"文，礼文也。"（戴望）"文者，礼乐文章。"（钱穆）而"会"并非即是照会、迎会、相会，而是选择、结交之意。如此，"以文会友"，明示必须符合礼法来选择、结交与确定"朋友"，强调彼此的"志同道合"。"有吉事则乐与贤者欢成之，有凶事者与贤者哀戚之。"（戴望）于此表明，"以文会友"表一种非常具有内涵、非常规范性的交友。这是"礼"于生活关系"朋友"之维的具体规范和要求。

曾子所言"以文会友"，与孔子所说的"可与共学，未可与适道；可与适道，未可与立；可与立，未可与权"（《论语·子罕》）之间具有内在的相通性。当然"以文会友"之演变，将"文"释为"文章"，若"文章"真的承载着"道"，即"文以载道"，那么，"以文会友"的内涵也就获得了扩展的合法性。

第三，交结"友"本身未能获得意义自足性，"交友"的价值和意义隶属于其内在目的。这一"目的"，曾子直言"辅仁"。这一目的之展开，构成个人仁德成长之路。如此，以"仁"为标准，遵"礼"之原则来交朋友，是"君子"成仁、达仁之重要途径，同时亦是"仁"得以弘扬之途。在此，对交友或"友"存在的功能得以确认和澄清。以此表明"既为友，则可进而切磋琢磨以共进于道。不言辅德而言辅仁，仁者仁道，不止于自进己德而已。"（钱穆）恰如《礼》所言："相观而善，以文会之所以能；相观以仁，辅之所以善也。"

总之，本节记述者记下曾子之语，应该是具有特别的意义的。从曾子之语的直接意义上可以看到，曾子所强调和突出的是"君子"交友之"道"和君子交友之目的，既要求君子注意交友方式、原则，始终以礼相待，更要求君子朋友的品质；从更为根本的意义上而言，交友则是为了促进己之仁德成长，进而与"仁友"共进于"道"，达"仁道"之光扬。

"以文会友"，表以"文"确定友，成交友之先验准则；"以友辅仁"，表以能否"辅"之于"仁"而甄别是否为益友。如此，曾子所言，表明交友从"始"至"终"，皆应以遵"礼"而弘仁为宗旨。

曾子之论，警示我们慎重择友，规范交友，交规范之"友"，也让我们明白有道之友，一万不多，无道之"友"，一个已不少矣。如此，人生当铭记：交友，须结有道之友，莫交无仁无义之徒。

第十三　子路篇

1. 为政三德，先劳无倦

子路 13.1

【原文】子路问政。

子曰："先之，劳之。"

请益。

曰："无倦。"

【译文】子路向孔子请教为政之道。

孔子说："身体力行、以身作则、身先士卒；勤勉不怠。"

子路请求多讲一点儿。

孔子说："不要懈怠。"

子路问政于孔子，孔子针对子路之个性特点，简洁地明示为："先之""劳之"和"无倦"，集中表达了为政者应率先垂范、以身作则，勤勉而永不懈怠，此乃为政之道。

"先之，帅以正也。劳之，劳以思也，无有先之，而有以役之，则民不从。有以役之，而无以劳之，则民怨讟。"（陈祥道）"凡民之行，以身先之，则不令而行。凡民之事，以身劳之，则虽勤不怨。"（朱熹引苏氏）而"勇者喜于有为而不能持久"（朱熹引吴氏），故孔子以"无倦"而告之。如此，"先之""劳之""无倦"，既是孔子指导子路为政的三条基本原则，亦为一切为政者须遵循的三原则，从而表施仁政者须具有的三重品质。

简言之，"先之，创其始也；劳之，考其终也；无倦，精神贯彻于终始也"（蕅益）。如此，率先、勤勉，且无倦于政，乃为政者从政之三原则，构成为政者之德。

具体而言：

第一，本节主要陈述子路向其师请教为政之道。孔子针对个性鲜明的子路，通过"先之""劳之"和"无倦"，概要性地提出了或倡导为政的三大基本观念或原则，昭示了为政者必须具备的主动、积极姿态，强调君子在为政中"以身作则"的示范和榜样作用，突出"身先士卒，率先垂范"、勤而不懈怠的为政要旨。如此，孔子从具体施政维度提出了为政之德，构成中国古代仁政（者）的基本品质。

第二，为政者"先之"。在为政者起主导作用的历史与文化语境中，为政者对"政"的意识、观念与行动姿态，直接影响、塑造，甚至决定着一种政治的品质；同时，为政者肩负着教化、引导民众之责任。正因为如此，孔子向子路提出为政者必须"先之"。在此，孔子强调为政者必须是"先进"者，必须积极、主动，方可真正成为先导，从而引导民众，进而达到治理与教化民众之目的。这样，孔子以一个"先"字，在时间性上要求和规定了为政者所应具有的"先进性"，凸显了为政者在做事时应具有的自觉性、主动性和先发性。为政者，是政事的发动者、主导者、先行者和垂范者，这是孔子强调为政者必须持守与践行的首要原则。

第三，为政者"劳之"。突出表达为政者，不仅在思想、观念和道德上要具有先进、优位的特征，而且更为重要的是要身体力行，将思想、观念和道德之"先"，落实于行动上，以自己的先行、先劳之勤勉、勤奋为标范，来感召、带动民众，从而使民众亦勤劳而不懒惰。此处，一个"劳"字将为政者之勤于劳作、敢于实践、勇于践行的特质予以清晰地呈现出来。

在此，须注意：钱穆以为"先之劳之""此四字当作一句读"。"之，指其民。民劳则思，思则善心生。逸者淫，淫则忘善，忘善则恶心生。故为政者贵能劳其民。先之者，尤贵能以身先其民而劳，故民劳而不怨。"戴望则以为："先，道也。劳，勤也。先之者，谓若天子亲耕，王后亲蚕。劳之者，谓若不耕者祭无盛，不蚕者不帛。"

第三，子路在得到老师指导"为政之道"之"先"和"劳"后，仍然虚心求教，如是才有"请益"之语。"请益者，受说不了，欲师更明说之。此弟子事师之恒礼。"（戴望）"子路嫌孔子语少，故请益。"（钱穆）"请益"，清晰而鲜明地勾画出子路作为一个为政者虔敬求教之心。孔子针对弟子子路的个性特点，具体提出子路为政还需要注意"无倦"。子路为人果烈刚直、生性豪爽粗犷，个性很有侠气，脾气一来，动辄"算了！"或者"干了！"作为行动派的子路，孔子担心他没有持久力和坚韧性，即无耐心，容易率性而为，不能将"先"和

"劳"持之以恒地坚持和贯彻，出现"虎头蛇尾"之状，恰如《诗经》所说："靡不有初，鲜克有终。"亦如朱熹引吴氏曰："勇者喜于有为而不能持久，故以此告之。"也亦如唐代宰相魏征说："善始者实繁，克终者盖寡。"如此，孔子特别警示子路不能厌倦、不可懈怠而失恒。这是孔子"因材施教"的生动案例。

子路请益，孔子言"无倦"。期许子路戒不能持之以恒之失。对此陈祥道释曰："为学而不倦，则其德日新；为政而不倦，则其政日新。故子张问政，孔子亦告之以无倦。""无倦，则民亦应之以无倦矣。"程子曰："子路问政，孔子既告之矣。及请益，则曰'无倦'而已。未尝复有所告，姑使之深思也。"

孔子对子路所提出的要求，既是个案之法，也折射出为政之一般原则，这就要求为政者须"无倦"而一以贯之地坚持"先"和"劳"的原则，而不能有"始"无"终"。

总之，本节通过回答弟子子路"问政"，将为政之德具体化为为政之原则，指向为政者之行为特点，使为政伦理更具可操作性和真切性；尤其重要的是，孔子对为政者提出的"先之""劳之"和"无倦"三项要求，不仅对为政者之"为政"提出具体的规定，更为重要的是警示为政者必须坚守的伦理责任，也为审视和评价为政者为政状态提供了三个基本尺度。为此，孔子为德治的为政者确立了基本的为政标准，以保证其仁德得以贯彻、落实于仁政。

2. 为宰三政，赦小举贤

子路 13.2

【原文】仲弓为季氏宰，问政。

子曰："先有司，赦小过，举贤才。"

曰："焉知贤才而举之?"

曰："举尔所知。尔所不知，人其舍诸?"

【译文】仲弓做了季氏的家臣，问怎样管理政事。

孔子说："先责成手下负责具体事务的官吏，让他们各负其责，赦免他们的小过错，选拔贤才来任职。"

仲弓又问："怎样知道是贤才而把他们选拔出来呢?"

孔子说："选拔你所知道的，至于你不知道的贤才，别人难道还会埋没他们吗?"

仲弓为季氏宰，问政，其所问即是如何做宰。孔子直言之，为宰所为三事："先有司，赦小过，举贤才。"进而言之，仲弓问政，本质上是问如何用人、举人。孔子言"先有司"，表为宰者，须对各职能部门之人事予以统筹安排，使其各就各位，各司其职，使行政能正常运行而达事功；"赦小过"，表行"恕道"，对下属持宽厚、宽容之心，刑不滥用，小过不惩，不苛责则使其下人心悦；为政之大，莫不尚于举贤才，故"举贤才"乃为政者最重要的职能。

"先有司，赦小过，举贤才"，呈现出仲弓为宰用人、举人之先后、大小、轻重、缓急之秩序，表为政之要。仲弓明先有司、赦小过，独不明"举贤才"，孔子再教之："举而所知"即可。

具体而言：

第一，本节是在上段子路问政，孔子提出为政者必须持守的三个总体原则的基础上，仲弓侧重于政事管理和人才举荐两方面求教于孔子。孔子在回答仲弓之问时，提出了管理政事应着力于三件重要的事项，或为政"三部曲"，即"先有司""赦小过"和"举贤才"，这构成仲弓为宰管理政事的三大纲领性指导意见，也成为中国古代政事管理的重要原则与传统。

第二，"先有司"。"有司分职，然后事治。"（陈祥道）"有司，众职也。宰兼众职，然事必先之于彼，而后考其成功，则己不劳而事毕举矣。"（朱熹）"有司，群吏有事者。"（戴望）"先有司：先任有司者治其事。"（钱穆）孔子言"先有司"，即是教导仲弓为宰，首先对政事必须有一个总体的规划，明白政事管理的纲目及其诸多事项，并对其进行清晰而确切的职能分工与布局。如此，再规定下属各自之明确的职责，做到"各就各位""各司其职""各尽其能"，这不仅使不同的人知晓各自的具体事务，而且能使政事有序而不乱，达到"井井有条"。这是孔子教导仲弓理性化管理的一个重要的方法。

在此，孔子暗示仲弓，在政事管理中，管理者不必事必躬亲，凡事都须亲力亲为，而是要做到对政事有一个总体的把握，并且为下属给予明确的职责规定。这事实上是要求和考量政事管理者的宏观安排、把控能力。

第三，"赦小过"。"过，失误也。大者于事或有所害，不得不惩；小者赦之，则刑不滥而人心悦矣。"（朱熹）"任有司则责有归，然小过当赦，则为治不苟。"（钱穆）这是孔子教育仲弓作为一个政治管理者必须要具有厚道之心性，要心怀仁爱，宽厚待人，决不可苛酷。具体表现为要求管理者不必求全责备，要做到抓大放小，关注下属司职的主流和整体倾向，不要过于计较下属细微的过失，更不能因为下属犯了点儿小错误，就予以彻底的否定而处罚，要懂得"宽容"和替之担待，这是政事管理者应具有的一种气度，也是政事管理者应该具有的一种素养与情怀。其实，"赦小过"，予下属以自省、自检和自觉之机，促之认识到自己的不足而改之，这对下属是一种体谅、宽待，会起到一种凝聚人心、激人力，形成向心力之功效。

第四，"举贤才"。这是政事管理者的重要职责之一。对于孔子所言"举贤才"，陈祥道释曰："举其贤才，此所谓遏恶扬善者。贤，言其德；才，言其能。《传》曰：一贤统众才，则有余；众才度一贤，则不足。贤者，必有才。才者，不必贤也。子游为武城宰，孔子问之以得人，盖为宰之政，必先之以有司，为政之大，莫尚于举贤才。"朱熹释曰："贤，有德者。才，有能者。举而用之，则有司皆得其人而正益修矣。"戴望注曰："礼：'诸侯三年以贡士，士一适谓之好德，再适谓之尊贤，三适谓之有功。'然后天子比年秩官之无文者而黜之，以诸侯之所贡士待之。《春秋·谷梁传》曰：'就师学问无方，心志不通，身之罪也。心志既通，而名誉不闻，友之罪也。名誉既闻，有司不举，有司之罪也。有司举之，王者不用，王者之过也。'"

在孔子所言的"先有司""赦小过"和"举贤才"三者中，"仲弓独问举贤才，可谓知急先务"（蒍益）。依此来看，孔子教导仲弓"举贤才"，乃是遵循礼制而践行一个"宰"最为重要的职能。这就要求管理者不能"嫉贤妒能"，要善于发现下属之才干，予以举荐，让其尽才施能，成就政事。这应该是政事管理者必须具有的一种使命和责任，举荐和提拔下属与后辈，从而让政事不因人才亏缺而衰微。

第五，但是，如何发现并举荐贤才呢？对此，仲弓再次请教孔子。孔子向仲弓教授了一种有效的方法：选拔自己所熟知的。这既可保证自己举荐的贤才具有可靠性，又可以激发下属。同时，孔子以"尔所不知，人其舍诸"解除了仲弓就贤才举荐被疏漏的顾虑。"仲弓虑无以尽知一时之贤才，故孔子告之以此。"（朱熹）程子进而释曰："人各亲其亲，然后不独亲其亲。仲弓曰：'焉知贤才而举之？'子曰：'举而所知。尔所不知，人其舍诸？'便见仲弓与圣人用心之大小。推此义，则一心可以与邦，心可以丧邦，志在公私之间尔。"

在此，孔子告之仲弓，自己能切实做到举贤才，不让己所熟知的贤才屈居而浪费，这是做好政事管理、履行好政事管理者不可推卸的职责。孔子的教导促使仲弓更自觉此所肩负的责任。

第六，举荐贤人，是促政事昌盛不衰之基本保证。当然人才举荐并非易事，常有"拔于稠人之中"。如此，无数的人被埋没而"怀才不遇"，致使"英雄无用武之地"，导致既浪费人才，又荒废"政事"。正是居于此，孔子教育仲弓将举荐贤才作为其政治管理的重要内容。

在本节中，关于发现和举荐贤才，通过仲弓与孔子师徒之间的对话，折射出一个朴素的道理：只要是贤才，定会被人发现和举荐。当然，等待被发现的过程或许是艰辛的、漫长的，有时甚至也是难免被忽略的，恰如"博施济众，尧舜犹病诸！"但是，不可否认，"唯贤是举"之情势，昭示着每一个政治管理者或先辈，只要真诚地举荐自己所了解、所熟知的贤才，那么，天下贤才，在众多为政者的视野交汇中，必然会被关注、被举荐，如此也就不会被埋没。

总之，弟子仲弓就政事管理请教于师，孔子教导仲弓关于政事管理的三个基本的方面，即"先有司""赦小过"和"举贤才"，形成了为宰用人、举人之逻辑。对此，朱熹引范氏曰："不先有司，则君行臣职矣；不赦小过，则下无全人矣；不举贤才，则百职废矣。失此三者，不可以为季氏宰，况天下乎？"

"先有司""赦小过"和"举贤才"，相应构成了对政事管理者的管理能力、管理情怀和责任意识的要求，具体承载与彰显为政者之"仁德"，此为仁政之落实。

3. 卫政失道，正名而治

子路 13.3

【原文】 子路曰："卫君待子为政，子将奚先？"

子曰："必也正名乎！"

子路曰："有是哉，子之迂也！奚其正？"

子曰："野哉，由也！君子于其所不知，盖阙如也。名不正则言不顺，言不顺则事不成，事不成则礼乐不兴，礼乐不兴则刑罚不中，刑罚不中，则民无所措手足。故君子名之必可言也，言之必可行也。君子于其言，无所苟而已矣。"

【译文】 子路（对孔子）说："卫国国君要您去治理国家，您打算先从哪些事情做起呢？"

孔子说："首先必须正名分。"

子路说："有这样做的吗？您想得太不合时宜了。这名怎么正呢？"

孔子说："仲由，你真是粗鄙俗野啊。君子对于他所不知道的事情，总是采取存疑的态度。名分不正，说起话来就不顺当合理，说话不顺当合理，事就办不成，事办不成，礼乐也就不能兴盛，礼乐不能兴盛，刑罚的执行就不会得当，刑罚不得当，百姓就不知怎么办好。所以，君子一定要定下一个名分，必须能够说得明白，说出来一定能够行得通。君子对于自己的言行，是从不马马虎虎对待的。"

鲁哀公六年，孔子年六十三，自楚返卫，是时出公立十年矣。卫君欲仕孔子，为其治国。孔子在子路之询问、质疑之情况下，针对卫国之乱序状况，为治卫乱，孔子阐释以"正名"或"名正言顺"为总纲领的施政方案，进而具体展开以"正名"为始、为要，对"事""礼乐""刑罚"和"民"予以系统化、整体性的改造。在此基础上，孔子立下宏志，力图践行"正名"的治理之思于卫国政事，体现了孔子笃定救卫、救世之志。

孔子具体针对卫国政事之乱，以"正名"为总原则、为着力点，首先"正名"而使"名正"、使"言顺"，进而使事成、礼乐兴、刑罚中，以及使民知所遵、所循，从而提出完整系统的治卫乱之施政举措。孔子治卫乱之举措，亦是孔子为治世乱而开出的方略，本质上是以恢复礼乐之功能，真正实现天下治平归仁道。

具体而言：

第一，本节应该说是孔子为政思想中最为重要的部分内容，具体表达了孔子治国的总体原则："正名"，进而强调君子应严格遵循"礼"，对自我的身份和行为予以规范，以此改变、纠正"名不正"之错乱所导致的现世道德与伦理秩序，以实现德治、仁政之目的。

第二，本节对话是基于具体事件而引发孔子以"正名"为核心的治国思想的系统阐发。纵观孔子游历，在卫国待的时间最长，众多论者皆认为此次对话正当孔子第二次到卫国时，卫灵公去世，蒯聩出奔，辄继位。蒯聩要回国争夺君位，遭到蒯辄拒绝。关于卫国政事之乱象，《史记》有载："初，卫灵公有宠姬曰南子。灵公太子蒯聩得罪过南子，惧诛出奔。及灵公卒而夫人欲立公子郢。郢不肯，曰：'亡人太子之子辄在。'于是卫立辄为君，是为出公。出公立十二年，其父蒯聩居外，不得入。子路为卫大夫孔悝之邑宰。蒯聩乃与孔悝作乱，谋入孔悝家，遂与其徒袭攻出公。出公奔鲁，而蒯聩入立，是为庄公。方孔悝作乱，子路在外，闻之而驰往。遇子羔出卫城门，谓子路曰：'出公去矣，而门已闭，子可还矣，毋空受其祸。'子路曰：'食其食者不避其难。'子羔卒去。有使者入城，城门开，子路随而入。造蒯聩，蒯聩与孔悝登台。子路曰：'君焉用孔悝？请得而杀之。'蒯聩弗听。于是子路欲燔台，蒯聩惧，乃下石乞、壶黡攻子路，击断子路之缨。子路曰：'君子死而冠不免。'遂结缨而死。"

对此，蕅益引王阳明之论而释。人问王阳明曰："孔子正名，先儒说：'上告天子，下告方伯，废辄立郢。'此意如何？"阳明答曰："恐难如此，岂有此人致敬尽礼，待我为政，我就先去废他，岂人情天理耶？孔子既肯与辄为政，必辄已能倾心委国而听。圣人盛德至诚，必已感化卫辄，使知无父之不可以为人，必将痛哭奔走，往迎其父。夫子之爱，本于天性，辄能痛悔，真切如此，蒯聩岂不感动地豫？蒯聩既还，辄乃致国请戮。聩已见化于子，又有孔子至诚调和其间，当亦决不肯受，仍以命辄，群臣百姓又必欲得辄为君。辄乃自暴其罪恶，请于天子，告于方伯诸侯，而必欲致国于父。聩与群臣百姓，亦皆表辄悔悟仁孝之美，请于天子，告于方伯诸侯，必欲得辄为君。于是集命于辄，使之复君卫国，辄不得已，乃如后世上皇故事，尊聩为太公，备物致养，而始自复其位。则君君，臣臣，父父，子子，名正言顺，一举而可为政于天下矣。孔子正名，或是如此。"

针对卫国人伦、政序之乱，孔子认为，"是时出公不父其父而补其祖，名实紊"。"夫人为政，而以正名为先。必将具其事之本末，告诸天王，请于方伯，命公子郢而立之，则人伦正，天理得，名正言顺而事成矣。"孔子提出治卫国之乱，当"以正名为先"（朱熹）。"正名"虽因卫国之具体政事而起，但其中蕴含着孔子立足于乱世而治国之整体策略与总体原则。

第三，从本节的"文本"记述来看，孔子纠卫过、治卫乱之策略，是因子路之问而直呈。孔子为何要施行"正名"于卫国，给子路做出详解，然"子路终不喻也"（朱熹引胡氏），且对其师之主张给出了一个很有意思的评价："子之迂也！"〔"迂，谓远于事情，言非今日之急务也。"（朱熹）〕表子路不仅不认同孔子提出的"以正名为先"的治乱策略，并认为孔子之策"不合时宜"，有几分迂腐而"食古不化"。如此并进一步怀疑性地追问"奚其正？"。

应该说子路之评价和进一步之追问，不是没有根据和意义的。就当时礼乐之状况，如戴望所释曰："时诸侯皆去其籍，礼乐废缺。"整个礼乐规范系统都已废，正名已丧失其现实基础，子路不解"子虽王，名何自得正也"？同时，子路从孔子欲"正名"与现世之关系，指出孔子正名治国之思遵循"复古"之逆动实质，如此表明子路于孔子"正名"之现实针对性的深刻洞见，未能、或无法理会。

孔子针对子路的质疑，予以了严厉的批评："野哉，由也！君子于其所不知，盖阙如也。"孔子之语甚重，责备子路提出这样的质疑，简直是太"鄙俗"了，进而"责其不能阙疑，而率尔妄对也"（朱熹）以教育子路，当戒不知、不懂就不要愣愣地傻问，因为"君子于其所不知则从，盖阙疑则不言，未问则不言也"（戴望）。

纵观子路对孔子之疑可见，子路对孔子之为，常误解而不知其深意，让孔子无数次难为情，但仍然耐心教之。对此，陈祥道总结道："子路于见南子，则不悦；于在陈则愠；于公山召，则曰：何必公山氏之之也；于佛肸召，则曰：亲于其身为不善，君子不入。子路之不知孔子者，不特是也。"

从对话语境来看，正是孔子在子路之诘难、怀疑的背景下，严肃地阐释了他的治国"正名"之思。

第四，通过子路与孔子的对话，首先表征在卫国"名"与"实"的严重错位和被颠覆的惨淡现实，"卫以父子争国，而君臣上下之名不正"（陈祥道）。而当世"名"与"实"的严重错位和被颠覆，事实上就是维系传统伦理政治关系的秩序、规范和法则遭遇严重的破坏与挑战。如此，孔子提出治理国家最要紧、最为关键之"事"，就是"正名"，并具体阐释了"正名"所能产生的连锁效应，凸显了"正名"之价值和恢复"礼制"之关键。因为"名实相须，一事苟，则其余皆苟矣"（程子）。

第五，孔子之所以提出治国之切入点、之关键在于"正名"，正是针对"名不正"的实际状况所带来的一系列道德与伦理乱象。如此，所谓"正名"即是梳理、规范、纠正而摆正已经错乱包括君臣关系在内的各层次的秩序，此关涉到制度、规范、政纲等一系列治国之大问题，从这一意义上来看，孔子之"正名"就是强调清理"朝纲"，必须做到"纲举目张"，此乃所谓"别同异，明是非，道义之门，政化之准绳也"（《全晋文》卷八九鲁胜《注墨辩叙》）。"正名"的具体内容就是"君君、臣臣、父父、子子"。一句话，就是要通过"正名"，重新确立起"礼制"中既有的道德伦理秩序的合法性和正当性，对一切"名不正"之乱象予以批判与矫正，从而使"礼制"所具有的规范和引导功能得以正常生效。

孔子尤其强调"名分不正"之后效，从反面映衬了"正名"之重要性与必要性。孔子从"名"与"言""事""礼乐""刑罚"和"民"等诸多治国要素紧密相关联的角度，突出了"正名"的必要性与重要性，明示了"正名"乃是达到"仁治"之枢纽性问题，亦是治卫，乃至救治乱世之要害。

以"正名"为始、为枢纽的治卫策略，可以说是孔子对卫国之乱予以诊断，找到其乱之病灶后而开出的一剂救治之方。如此，"名正言顺"乃是孔子治国之统纲。

第六，从子贡与孔子对话的内容之落脚点和语义旨归来看，孔子在对"正名"的功能予以揭示之后，进一步强调"君子名之必可言也，言之必可行也。君子于其言，无所苟而已矣。"这就从君子之"名""言"和"行"三方面，将重点落实于君子必须着力正身正行，侧力突出"正名"而"正己"，消解因"名"乱而生的破坏性与危险性，这是实施"正名"所能产生多重实际效果的前提。

第七，从孔子对子路的批评之语可见，孔子要求子路严格按照君子之规范，来检视、修正和提升自己的心性和言行，做一个言行都符合君子之"名"的人，此乃"正名"达至"治国"之良效的始端。简言之，真"君子"均从"己"做起，言行都符合自己的身份伦理规范，那么，社会的道德与伦理良序也就形成了，因为"乱世"之"乱"源，也就消绝了。

总之，卫国政事之乱，乃失道使然。孔子言"正名虽为卫君而言，然为政之道，皆当以此为先。"（朱熹引谢氏）孔子以维护"礼制"之至上地位和合法治理秩序为目的，针对道德和伦理秩序混乱之现世，提出"正名"之法来加以救治，凸显"正名"不仅纠正与礼乐制度相违背的各种名分，达到"名正言顺"之效，而且具有止乱而令世事通达，国家得以善治，从而构造出伦际良序图景。最后，孔子强调"正名"之实质和归着点，乃是在于"君子"之自正其"名"，从而将恢复"礼制"和治国之支点，置于"君子"之道德自觉矫正和回归上。这是孔子对"君子"人格巨大政治价值和社会价值的信从使然。

4. 舍本事末，批评樊迟

子路 13.4

【原文】樊迟请学稼。

子曰："吾不如老农。"

请学为圃。

曰："吾不如老圃。"

樊迟出。

子曰："小人哉，樊须也！上好礼，则民莫敢不敬；上好义，则民莫敢不服；上好信，则民莫敢不用情。夫如是，则四方之民襁负其子而至矣，焉用稼？"

【译文】樊迟向孔子请教如何种庄稼。

孔子说："我不如老农。"

樊迟又请教如何种菜。

孔子说："我不如老菜农。"

樊迟退出以后，孔子说："樊迟真是小人。在上位者只要重视礼，老百姓就不敢不敬畏；在上位者只要重视义，老百姓就不敢不服从；在上位的人只要重视信，老百姓就不敢不用真心实情来对待你。要是做到这样，四面八方的老百姓就会背着自己的小孩来投奔归服，哪里用得着自己去种庄稼呢？"

面对礼崩乐坏之乱世，恢复礼制，弘扬仁道，当为事"大"，而"学稼""学圃"当是事"小"。君子当全力为大事，而非倾力于小事，此乃君子之道。"樊迟不知君子之道，而请学小人之事。"（陈祥道）"礼、义、信，大人之事。"（朱熹）故孔子批评樊迟学稼弃大就小，乃是"舍本求末"。

"君子能为小人之所不能，而不能遍能小人之所能。盖君子之所能者，劳心也；小人之所能者，劳力也。劳心者治人，劳力者治于人，治人者食于人，治于人者食人。樊迟不知君子之道，而请学小人之事。"（陈祥道）樊迟未自觉担负复礼弘道之大任，而专注于稼圃之事，还反复问孔子。孔子定位稼圃，乃是"小人"所为之事，教樊迟应着力在"礼""义"和"信"上下功夫，教化与引导"小人"，感召小人，令其主动归依，而非以懂小人之稼圃而足以。

樊迟之错在于未做自己该做的，孔子教之，干自己该干的。君子应做与"君子"之名

生活哲学视野中的"论语"研判

相符的事。简言之，孔子要樊迟当以明白"君子之道"为要。

具体而言：

第一，本节最为重要的是孔子借弟子樊迟问"稼""圃"之机，阐明了礼、义、信与稼、圃的关系，批评樊迟"舍本逐末"，所问非当，指出若"上好""礼""义"和"信"，那么，稼、圃之类的事情，"四方之民"自然可以做好，何劳"上"亲自去做呢？并且"四方之民"必将"襁负其子而至矣"。这就清晰地表达了孔子的"社会分工"思想，强调在上者，当做好在上者之事，着力于"好礼""好义"和"好信"而救礼乐，而非亲力于"稼""圃"，以此彰显了孔子的治世路线，即依靠为政者之自我约束和好德来达到天下大治之理想。

第二，樊迟为何向孔子请学"稼"与"圃"？

一解，因为樊迟本是一个好学之人，上进心强，从道德文章到劳动生产，他都想学。他曾四次向孔子请教关于"仁"，可见其好学之至。如此，樊迟请学"稼"与"圃"于孔子，乃其好学之心使然。

二解，是樊迟有意"诘难"孔子，樊迟并不傻，他之所以要问"稼""圃"之事，纯粹是成心的。樊迟应该知晓孔子是不精于"稼"与"圃"。如此，此问乃是"二难"之问，即欲陷孔子于自相矛盾之地。因为他不但知道孔子不会教他，而且他还知道孔子的治学原则："知之为知之，不知为不知。"如此，孔子若回答，就偏离了君子之道；若不回答，就是"不知"。不知者，何以为师？

三解，乃因"哀公时，鲁数年饥，樊迟请稼圃以集流民"（戴望）。

四解，是"樊迟不知君子之道，而请学小人之事"（陈祥道）。如此，朱熹引杨氏言评述道："樊须游圣人之门，而问稼圃，志则陋矣。"

这四解，各持其证，表樊迟所问，非正常之问。

第三，孔子应该说是洞见了樊迟之问，属"二难"诘问，于是在"稼"与"圃"之问上，孔子直言回答"吾不如"老农、老圃，无法教授樊迟学'稼''圃'；如此之回答，暗含着樊迟你要真心想学习如何"稼""圃"，不应该来请学于"我"，而应该请教于老农、老圃，其意在批评樊迟作为一个君子，应该问自己应该问的问题。简言之，为政之人，当问为政之事。在此，樊迟所问与孔子所授、所培育的目标之间，无疑是相左的。因为孔子要培养的是道德高尚的君子，其教育，本质上是仁德教育、政治教育，是为了从政、做官或成为道德崇高之人，而不是教人谋生技艺，不是稼圃技能之培育。孔子提倡"君子不器"，反对人仅仅成为有专用的工具。樊须悟性差，背离了孔子的教育思想，其"志则陋矣"，因此，孔了对之评价和定位"小人哉，樊须也"。

第四，孔子批评樊迟"小人哉"，直言樊迟忘却了自己作为"君子"的根本，矮化了君子所应有的宏大志向而自愿降位于"小人"［"谓细民，孟子所谓小人之事者也。"（朱熹）］，责备樊迟舍"本"逐"末"，疏于自己的根本使命和道义责任，用心于旁门左道。如是戴望所释曰："以其舍本事末，故言其所请，乃小人之事。"此处的"小人"并无贬义，先秦小人就是当今所谓的一般群众，即当时的庶民。

第五，孔子反对自己的弟子樊迟学"稼""圃"，究其因，一方面是孔子反对学生学习与教育内容无关的知识，反对与成德无关的东西，而是以"文，行，忠，信"教育学生，要求学生通过学习《诗》《书》《礼》《乐》，成为"志于道，据于德，依于仁，游于艺"之君子；另一方面孔子的教育目的使然。孔子希望自己的教育，能促进弟子们个人的自我管理能力，以做社会的表率；大而言之，是为国家培养领导者，为社会重建道德良心。如此，孔子希望自己的弟子能更好地为社会做出较大的贡献。钱穆对之释曰："樊迟请学稼圃，亦言为政之事，非自欲为老农劳圃以谋生。然时有古今，今世文治日隆，临政者不复能以教稼自务。孔子非不重民食，然学稼学圃，终是小人在下者之事，君子在上临民，于此有所不暇。战国时，有为神农之言者许行，孟子辞而辟之，亦孔子本章之意。然李悝亦出儒门，而仕魏有尽地理之教。樊迟之问，可谓已开其先声。"

第六，为了让樊迟放弃学'稼''圃'，而集中心力于礼乐文化，明君子之所应为，孔子详尽地阐释了"上"与"民"的关系，通过对"上"之"好礼""好义"和"好信"的规定和要求，必然得出"民"之"莫敢不敬""莫敢不服"和"莫敢不用情"的结果。戴望释曰："上'好礼，必正其经界；好义，必取民有制；好信，必不违农时'。明民之流亡，上行虐政所致，捄之者，当于本，不于末也。"

在此，孔子突出了"上"之德性对于民之心性塑造的关键和范导作用，表征了"上行下效"的基本逻辑。同时，也提出了对"上"为君子、为官在"礼""义"和"信"上之"好"的规定和要求。如此，社会的良序德性在"上"之崇尚、力行和带动下方可得以生成。

第七，最后，孔子对"上"与"民"德性关系和谐，社会分工明确加以揭秘："夫如是，则四方之民襁负其子而至矣，焉用稼？"如此，再反观孔子对樊迟之请学的整体语义，就非常清晰地得以彰显。君子的定位应当是学礼、学义、学信，进而好礼、好义、好信，治乱世于太平，这才君子为人立世之"本"。樊迟之失，恰是倒置本末、舍本事末，弃"大"就"小"。

总之，孔子拒答樊迟请学"稼""圃"，强调君子之"天职"和责任，应该务其"本"，求治世之"道"，重"礼""义"和"信"，修身立德，切勿倒置"道"与"术"、"本"与"末"。如此，"上"与"民"各行其道、各司其职，乱世亦必然被仁道天下所替代。

5. 诵诗三百，学以致用

子路 13.5

【原文】子曰："诵《诗》三百，授之以政，不达；使于四方，不能专对。虽多，亦奚以为?"

【译文】孔子说："把《诗》三百篇背得很熟，让他处理政务，却不会办事；让他当外交使节，不能独立地办交涉。背得很多，又有什么用呢?"

"授之以政"和"使于四方"，是检验能诵《诗》三百的饱学者，是否真正做到"学以致用"之法，以此表孔子以"学"为"用"之取向。

能"诵《诗》三百"，乃穷经博学；"授之以政"和"使于四方"，为致其用。能诵《诗》而"不达""不能专对"，表其只停留于书本、空乏于言辞，而未能见于行、致其用，"此学者之大患也"（程子）。

"诵《诗》三百，不足一献。以言诵诗，三百则易。而一献之礼则难。于其易者，犹不明其义，斯亦不足贵也已。"（陈祥道）"诵《诗》三百，孔子以为多矣，可知但专一经，已是足用，若不能致用。"（江谦）故孔子言"虽多，亦奚以"。如此，孔子不仅对死读书、读死书者，而且对用之于"政""使"而不济者予以了否定，从而以安社稷、利国家为尺度来检验其所学，昭示"学以致用"之价值取向，从而彰孔学重行、重用、重经世的为学立场，以激励学者当心向现实，自觉观照现实而就学，切不可满足于"纸上谈兵"而"自娱自乐"，方成学以致用，成匡扶礼乐、弘仁道之真才。

具体而言：

第一，本节集中表达了孔子教授弟子们学《诗》，并不是要培育出多少纯粹的文人或只会"纸上谈兵"的书呆子，而是要造就一批治国理政、经世济民的栋梁之材。如此，孔子对那种只停留于熟诵《诗经》，而不能充分吸收其中智慧，从而灵活将之应用于政事和外交之中，处理相应的事务的人予以反诘和批判，突出孔子"学以致用""经世致用"的为学原则与主张。

第二，孔子之语，主要表达了他对能熟诵《诗》三百首却未能得其要领与精髓，以及未能将其精要用于政事和外交实际活动，形成相应独立处理政事和外交事务能力的人，予以批评，彰显孔子所持"学以致用"之根本原则，从而要求其弟子们在学习中不能仅仅满足于"死记硬背"，停滞于文辞表层，而应该

6. 为政之道，身正甚令

子路 13.6

【原文】子曰："其身正，不令而行；其身不正，虽令不从。"

【译文】孔子说："为政者若自身正了，即使不发布政令，老百姓也会去干；为政者若自身不正，即使发布政令，老百姓也不会服从。"

孔子论断从为政者"身正"与否所产生的两种截然不同之结果，表证为政者须以正己为先，身正重于政令。如此，"以身教者从，故其身正，不令而行。以言教者讼，故其身不正，虽令不从"（陈祥道）。

"《春秋》以仁治人，以义正我，天子不自正则去天称王，诸侯不自正则去爵称人，大夫不自正则去族称名。"（戴望）为政者自正，以身作则，率先垂范，即是最好的政令，以言不若以行，如此"身立，则政立"（扬子）。

孔子之论，强调为政以德，要求上位者须以礼法规约自己，达正己之自觉。如此，正己而己正，以此引民众效而行正，此为彰礼法，施仁政，达善治之根本。

具体而言：

第一，孔子从为政者之"身"、政令与民众三者关系的视角，从正反两方面呈现了为政者之身"正"与"不正"所产生的截然不同的两种效果，凸显为政者的言行对于政令之实效、之成败具有决定性的作用。孔子之论昭示着为政者须以礼法规约自己、端正己之言行，为民做出表率，以身示范、以身作则。

第二，为政者"正己"的思想和观念，在孔子的为政思想和为政文化中，是贯穿其始终的主导性原则。在《颜渊》篇中，季康子问政于孔子。孔子对曰："政者，正也。子帅以正，孰敢不正？"非常明确地突出为政之关键在于"政者"之自"正"而正己，其效果是"子帅以正，孰敢不正？"在本节中，进一步具体化表明为政者之"正"，其结果是"不令而行"。此种结果，在自上而下的政治文化语境中，将居于上位的为政者言行之端正与否，与政令的道德合法性和民众的认同性紧密关联起来，等值起来。如此，为政者自身是否"正"，就直接决定着民众对政令的认同和遵从，也就决定治世之效果。

对为政者"身正"的要求，是孔子"仁政"之德治理想能得以具体落实与展现的重要环节。孔子在《为政》篇伊始就断言："为政以德，譬如北辰，居其所而众星共之。"本节所言"其身正，不令而行；其身不正，虽令不从"，应该说内承德治总原则和总精神，从而更为具象化、具体化地落实于为政实践中。

既然为政者其身之"正"与"不正"，对政令的施行、对民众于政令服从与否都具有至上的决定作用，那么，不断地修身和正身，就成为为政者之必要与有效施政的前提，亦应是为政者一生不倦的功课。

第三，为政者之身"正"与"不正"，最终是看其言行是否符合"礼法"和"仁政"之规范要求。这就表明为政者时常要以"礼制"的总体原则来"验身"，从而不断矫正和修为自己的言行，从而符合仁政、德治之内在要求。

第四，孔子将为政效果系于"为政者"之德的政治类型，是中国古代典型贤人政治的特质。为政充分依赖为政者之个体德行的好坏，取决于为政者自身是否"正"，于此，为政伦理乃为政者个体道德的实践化和政治化，官德即是政德。这种政治伦理类型，造就民众期盼明君清官的政治思维、政治心理和政治情感，形成了中国古代官德文化独特的景观。

第五，当然，在孔子仁政、德治理想中，对"官德"之要求，不仅具有历史的合理性，而且具有现实的积极价值。当然，虽然在"个体伦理政治"和"制度伦理政治"之不同类型的政治中，为政者个体的"德性"之功能有别。但是，为政者个体之"德"，则是在任何政治类型下都是一个不可忽略的要素，都或强或弱、或直接或间接地影响着政令与民众等诸多关系，从而最终影响着为政之实际效果，生成不同的政治伦理，因此，从古至今，对为政者个体之"德"都高度重视，强调为政者当加强德性修养，注重正己之"身"。

总之，孔子通过对为政者身之"正"与"不正"，以及对"政令"和"民众"反应状态三者关系的论断，表达了为政者"正"其"身"对于为政之极端重要性，从而彰显了孔子仁政、德治理想的现实支点与实施路径。孔子对为政者"正己"、以身作则之要求，构成中国传统德治文化之合理与积极的内容，具有超历史的现实价值，值得充分肯定、承接与发扬。

7. 礼崩乐坏，鲁卫沦丧

子路 13.7

【原文】子曰："鲁卫之政，兄弟也。"

【译文】孔子说："鲁和卫两国的政事，真就像兄弟一样啊。"

鲁、卫，从其源上而言，本应是礼乐法度、仁道畅行之地。可当下，鲁、卫之乱导致礼崩乐坏、霸道盛行，在礼乐法度之沦丧，鲁、卫也堪称不分伯仲，似如"兄弟"，如是朱熹所释："鲁，周公之后。卫，康叔之后。本兄弟之国，而是时衰乱，政亦相似，故孔子叹之。"（朱熹）亦如戴望所释："于时鲁、卫皆役于吴，鄫之会，至征百牢。孔子伤其以周公、康叔之后从夷狄，故叹之。"

具体而言：

第一，本节主要是孔子面对鲁国和卫国的政事都已完全违背了"礼制"，争权夺利，屡屡僭越而导致了君臣、父子伦理关系的错位与紊乱。如此，两国在礼崩乐坏上，真可谓是"一丘之貉"，一对如兄弟般的"奇葩"。孔子之语，不仅陈述了鲁国和卫国政事一派混乱，简直是"乌烟瘴气"，完全丧失了仁德伦常之事实，而且对这两个国家的当政者无视礼法、丧德无仁之举予以了辛辣的讽刺。

第二，事实上，鲁国是周公旦的封地，卫国是康叔的封地，周公旦和康叔是"兄弟"。如此，两国本应是周礼畅行兴盛之典范地。然而，鲁国的政事最后却蜕变为君不君、臣不臣；同样，卫国的政事最后演变为父不父、子不子，两国都充斥着僭越，失礼失序，最终都成了"礼制"的沦陷地，可谓彼此不分伯仲。鲁卫"本兄弟之国，而是时衰乱，政亦相似，故孔子叹之"（朱熹）。

第三，在本章第三节中，子路曾问孔子，卫国国君邀他去治理国家，"您"打算从何时开始来进行施政？孔子说必须从"正名"入手。孔子之所以回答必须"正名"，恰是因为在卫国君臣之"名"已经混乱无序到必须恢复和重塑礼法之地位和权威。这就折射出卫国政事无仁德之实。《史记·孔子世家》记载："孔子曰：'鲁卫之政，兄弟也。'是时，卫君辄父不得立，在外，诸侯数以为让。而孔子弟子多仕于卫，卫君欲得孔子为政。子路曰：'卫君待子而为政，子将奚先?'孔子曰:'必也正名乎!'"

第四,孔子将鲁国和卫国政事作为礼制衰败的典型提出来,又通过"正名"之策来治理卫国,其目的是为了向其弟子们表达,必须直面普遍礼崩乐坏的残酷现实,持守并推行"仁政"和"礼法",为政者当先正其身。如此,才可改变、矫正如鲁国、卫国这般君臣父子混乱无序的境况,达政事,乃至天下回归于正常的"礼制"。

总之,孔子对儿子对抗父亲、犯上的卫国政事,季氏三家僭越篡权、攫取鲁国政权,鲁君大权旁落之事,非常失望,痛心疾首,然除了予以道德谴责与批判之外,似乎又无可奈何。如此,孔子对之进行委婉但不含蓄,甚至堪称尖刻的讥讽和批判,表达了自己的极度不满。"鲁卫之政,兄弟也"之论断,比较准确地表征了孔子对鲁、卫两国政事状况的批判立场和否定态度。

　　　　　　　　　　　　生活哲学视野中的"论语"研判

8. 轻物尚德，节欲知足

子路 13.8

【原文】子谓卫公子荆："善居室。始有，曰：'苟合矣'。少有，曰：'苟完矣。'富有，曰：'苟美矣。'"

【译文】孔子谈到卫国的公子荆时说："他善于管理经济，居家理财。刚开始有一点儿，他说：'差不多也就够了。'稍为多一点儿时，他说：'差不多就算完备了。'多一点儿时，他说：差不多算是完美了'。"

作为世家公子，身为大夫的卫公子荆，能做到"始有"则"苟合"、"少有"则"苟完"、"富有"则"苟美"，足"可证其心平淡，而居室有方，故能不以欲速尽美累其心，亦不以富贵肆志，故孔子称之"（钱穆）。

"瘠地之民，多有心；沃地之民，多不才；故匹庶之家，多循礼；世禄之家，多侈怙。其势然也。"然"荆为公子，其用称家之有，无以同乎人。其心未始有累焉。故始曰：'苟合'，少有曰：'苟完'，富有曰：'苟美'。此所以谓之君子也"（陈祥道）。足表其公子荆"满苟得"（庄子）。

公子荆于乱世能戒贪节欲，"不以外物为心"，不为利所累，此乃真淡泊有德之士，于当世实为"异类"，一股清流。如此，公子荆轻物而尚德，于欲而知足，于德而知不足，与当世之为政者贪婪纵欲、暴敛无德形成鲜明的对比。孔子赞之尚俭、知足常乐而尚德，恰是对当世为政者的批判。

孔子赞公子荆，实为倡导与赞赏的德性生活主导论、节制尚德生活幸福论，以此批是时为政者之贪婪、之无德而救世、而弘仁德。

具体而言：

第一，本节记述孔子对卫公子荆的赞赏和肯定性评价，具体从"始有""少有"和"富有"三个层级不同的财富持有状况表征了卫公子荆能适时知足，不贪求更多财富的精神特质，评述他能时时根据既有的物质状况，充分享受其生之"合"、之"完"、之"美"，彰显卫公子荆能切实知足而不求奢的生活态度。

对公子荆知足的生活态度，朱熹引杨氏释曰："公子荆皆曰苟而已，则不以外物为心，其欲易足故也。"陈祥道释曰："君子无所苟，亦有所苟。无所苟，则于言行不妄；有所苟，则于利不累。荆之居室如此，以比夫无而为有，虚而为盈，约而为泰者，异矣。"

孔子通过述说卫公子荆善于居家理财，赞美其循序有节、容易知足，不求奢华的生活态度，讽刺当时追求骄奢淫逸之人。其主要目的是为了让当世统治者能够勤俭、节制，更好地修养自己。

第二，何为"居室"？据杨伯峻先生在《论语译注》解，"居室"有四层含义：一曰居住房舍，二曰夫妇同居，三曰汉代又以为狱名，四曰此则为积蓄家业居家度日之义。此处应当正是持家之义。

何为"善居室"？此处"善"，具体表现为："始有""苟合矣""少有""苟完矣""富有""苟美矣"。此乃赞叹卫公子荆能持守克己之道。如此，"善居室"之实质则在于管理家业、经营生活中能贯彻节欲原则。

第三，在孔子眼里，卫公子荆无疑是一个善于管理家业、擅长财务管理的能手，但更重要、更可贵的是他始终持有一颗不奢求、不纵欲、不为物欲所控的知足心。如此，表明卫公子荆在当时应该是一个懂得克己之欲求、能做到有节制，并适时感受到生活满足、幸福之典范。由此，孔子通过对卫公子荆生活态度的陈述，彰显其"知足常乐"的生活特征。

"知足"，指对"物质财富"无贪念；"常乐"则是指不受物质财富多少而能始终保持着一种"始有，曰：'苟合矣'。少有，曰：'苟完矣。'富有，曰：'苟美矣'"的精神愉悦姿态。如此，"知足常乐"，表不将幸福之重心置于物质财富的获取与占有上，而是强调与突出其精神的充盈，德性的修为，此乃"尚德"之生活取向。如此，孔子将物质财富与精神满足、生活幸福的关系予以了形象的呈现。

第四，孔子通过肯定、赞赏卫公子荆于"物欲"的自控与知足态度，倡导应将生活、人生幸福之重点和焦点从占有财富、满足物欲移位于德修，过一种尚简节欲的生活。如此，孔子明确地将德性生活作为人生的关键，从而对当世倾力于物质豪夺、财富掠取和利益争夺的世风，以及轻视或蔑视德性生活的取向予以了直接的批判。戴望释曰，孔子"假荆言以讽时之奢僭"。

第五，在物质财富短缺与匮乏的时代，获取财富并非易事。如此，节欲而知足，重德尚俭的生活取向，无疑是对重物欲，甚至将生活之幸福等值于物质财富之占有的反抗与颠覆，由此构成两类价值取向相左的生活原则。公子荆所遵循节欲而知足的生活原则，即使在物质财富极度丰盈，消费主义盛行的当代，节欲而知足，依然是世俗生活中值得倡导的价值取向。

孔子对卫公子荆的评述，将以满足"物欲"为主导的生活和以德性为主导的生活之间的张力予以了呈现。孔子所倡导与赞赏以德性生活主导论、节制尚德的生活幸福论，不仅对当世贪婪追逐外物者具有批判性，于当代被资本宰制、被消费绑架、被物欲所控的人们，同样具有警示与启导作用。

第六，无疑，卫公子荆，在孔子眼里是一个心性平和、心境平淡，不以外物为心，不为外物所役，能正确地对待己之物质享受，对物质追求循序有节，不以欲拘，不为尽美累其心，不以富贵肆其志，从而成为知足而幸福生活之典范。世人，尤其是为政者应该以此为镜，将自己的生活与之比照，从而反思、矫正自己的生活原则，充盈自己的内心、提升自己的德性，过简约而幸福的生活。

总之，卫公子荆"善居室""满苟得"，于浊水四溢、物欲横流、肆意贪婪的纵欲之世，无疑是"异类"，如似一股清泉，让孔子看到仁德希望之光，故深得孔子赞誉。

孔子之所以称赞卫公子荆"善居室"，乃在于公子荆于日常衣食住行之间，能不为物所困、所役，超然于"物"上，行得节制之义，此乃行约己之义，突出了孔子所主张的知足常乐、勤为本、俭养德的生活原则。如此，孔子赞公子荆"善居室"，倡导世人当作一个有序、有节、有度而不累其心的人，过一种尚德、节制和知足的幸福生活。

9. 治国三事，庶富与教

子路 13.9

【原文】子适卫，冉有仆。

子曰："庶矣哉！"

冉有曰："既庶矣，又何加焉？"

曰："富之。"

曰："既富矣，又何加焉？"

曰："教之。"

【译文】孔子到卫国去，冉有为他驾车。

孔子说："人口真稠密呀！"

冉有说："人口已经够稠密了，还要再做什么呢？"

孔子说："使他们富起来。"

冉有说："富了以后又还要做些什么？"

子说："对他们进行教化。"

人口、富足、教化，此为孔子治国所重之三事，此正所谓"天生斯民，立之司牧，而寄以三事"。卫国既"庶矣"，孔子以为当施予"富之"，而后再"教之"，卫国则必成王道善邦。于此，"庶""富"和"教"则构成孔子治卫、治国之纲目。因为"不庶无以蕃民数，不富无以美民情，不教无以理民性"（陈祥道）。

就治卫、治邦而言，"庶而不富，则民生不遂，故制田里，薄赋敛以富之……富而不教，则近乎禽兽。故必立学校，明礼义以教之"（朱熹）。如此，突出孔子治国之"三事"："庶""富"与"教"。

具体而言：

第一，哀公元年，孔子适卫，感叹卫国人口众多。以此为始，孔子与冉有针对如何治理好卫国而展开一段精妙对话。对话中，通过冉有的两次追问，孔子提出了"富民"与"教民"的治卫主张，具体表征了孔子仁政、德治理想之具体现实化。

第二，冉有抓住孔子到卫国来的机会，向孔子请教如何治国。孔子以"庶"

"富"和"教"三个关键词，集中阐释了他的治国之策，具体落实其治国之要。

"庶"，指示着卫国人丁兴旺、人口稠密这一基本的事实。这是一个国家繁荣、昌盛的基本前提，也是一个重要的尺度。如此，治国之首要任务，就在于促使人口增长，至"庶矣哉！"

但是，人口众多、人口稠密，自然也就意味着"财富"问题必将成为一个不可回避的重要问题。于是就有了冉有之问："既庶矣，又何加焉？"孔子面对冉有之问，提出了他非常重要的富民思想，即"富之"，即使他们富裕、富足起来，让黎民百姓能丰衣足食，殷实不饥；这是为政治国者最为基本的要务，也是检验为政者执政之德非常重要的现实尺度。

"富民"固然重要，但是这并非就是治国之最佳状态和最后的目的。如斯，冉有继续追问、求教其师："既富矣，又何加焉？"孔子答曰："教之。"在此，孔子强调和突出"教之。"为治国最为要紧、最终之事。所谓"教之"，也就是教化民，让其知礼节、明荣辱，懂孝悌、忠信等做人的道理，成就良好的世风。

第三，孔子"富民"思想，是其"仁爱"思想在为政治国中的具体体现，也是为政治国、执政之内在的伦理要求；"教民"思想则是孔子认为卫国"名""实"之乱后必须要进行的举措，唯有如此，民众才会在知"礼"之基础上"信礼""守礼"，最终才能使"礼制"落根于卫国，从而使卫国回到"王道"上来，实现善治。

第四，孔子向其弟子传授治国必须"富之"和"教之"，绝不仅仅是治国之"术"，其中蕴含着为政之"道"，它内在要求为政治国者必须肩负其"富民"和"教民"的责任和使命。这既是为政者治国之着力处，也是考察为政者治国之效的重要指标。

第五，冉有之问、孔子之答所彰显的治国中"富之""教之"二者之间，自有其重要性之次第，具有其内在的逻辑。"富之"而"教之"，遵循着治国最为踏实有效的渐进原则，因为只有以"富之"为基础、为前提，才可能启动、推至"教之"，并保证"教之"之可行；反之，若"教之"而"富之"，那么，"教之"则虚悬、空乏而难以实现"教之"之目的。如此，孔子提出"富之"而"教之"，所遵从的是治国之现实主义原则。对此，戴望释曰："不富无以养民情，不教无以理民性，故家五亩宅，百亩田，所以富之；立大学，设庠序，所以教之。"

第六，从孔子与冉有的对话来看，不仅显示对话的场景性，而且更为重要的是"对话"具有鲜明的现实针对性。这是孔子与弟子们研讨"问题"，也是《论语》之"论"的显著特点。在本节中，师徒二人具体讨论的是"卫国"，却折射出治国之一般要义与通则。

　　总之，孔子治卫之举措，是其仁政理想的具体化。孔子在治国的具体施行过程中，在"庶"的基础上，突出"富民"而"教民"的重要思想，以实现仁德治国、平天下之目的。

10. 期月可也，三年有成

子路 13.10

【原文】子曰："苟有用我者，期而已可也，三年有成。"

【译文】孔子说："如果有人用我治理国家，一年便可以搞出个样子，三年就一定会有成效。"

孔子不被用，却自信地承诺，倘若用之治国，一年可小成，三年即大成。所谓小成即是以"正名"而"易俗"，理顺紊乱了的礼法关系；所谓"大成"即可恢复礼乐而成"王道"。

孔子之所以以"朞月"和"三年"为治理时限而言自己施政之阶段性和最终效果，乃是因为"三年者，考绩之期。昔周公治天下，期年而变，三年而化。孔子习周公，故云然"（戴望）。

孔子之所以信心满满地许诺："苟有用我者，朞月而已可也，三年有成。"在陈祥道看来，此乃孔子深谙"为政之道"："德隆者，其效速；德杀者，其效迟"使然也。同时，孔子之所以可允诺"朞月而已可也，三年有成"，乃是以己过去之为政实践经验为据。《家语》所载："昔孔子为中都宰，一年四方诸侯则焉，此即所谓朞月而已可也。"

具体而言：

第一，据《史记·孔子世家》记载，孔子此言"盖卫灵公不能用而发"（朱熹）。表明孔子在卫国时，针对卫国人口众多、政事混乱，父不父、子不子之"混乱"，面对不用他的卫灵公承诺自己治国之效；又有人认为这是孔子在鲁国任职期间，鲁君受到季氏的控制，他自叹："苟有用我者，朞月而已可也，三年有成。"但鲁君始终没有重用他，于是，他离鲁而开启周游列国之旅。还有人说：此为"孔子为门人解疑。当时有佛肸及公山不狃之召，孔子皆欲往，而门人疑之，故孔子言此"（钱穆）。

不管孔子是在何种情景中言说这番话，可以肯定的是说这番话表征孔子不忍世间乱象，人心不古，礼崩乐坏，急切扭转时局之强烈愿望，同时也表呈他从政治国的深度自信。

第二，孔子期许之语："苟有用我者"，这是在鲁君与卫君都弃之而未能重用孔子，与孔子自己之理想之间形成强烈反差之后，孔子仍然满腔热忱，心怀自信，甚至颇有几分"舍我其谁"的感叹。如此，孔子治国之计划和要达到的理想目标，即"朞月而已可也，三年有成"中所表现出来的信心，无疑蕴含着孔子的万千期待与无尽的无奈，恰如尹氏曰："孔子叹当时莫能用己也，故云然。"

第三，结合上一节孔子与冉有针对治理卫国的对话，孔子在此节虚拟应诺的"朞月而已可也，三年有成"。究其确定内涵，乃是一年可初见成效，三年能实现"富之"与"教之"之目的。按照孔子仁政理想和德治原则，从"正名"入手，一年即可让"乱"得以遏制，并向"善"转变，三年时间，即可达到名正言顺、事成礼乐兴、刑罚中而民从的良性状态，从而让"礼"再现。

第四，从孔子应诺的"朞月""而已可也"，和"三年""有成"来看，孔子深谙为政治国之事，非一蹴而就，必须遵循渐进的原则，因为其间皆是渐染之功，而非可以一日之间革除弊政。如此，孔子以遵古制、习周公，按考绩之时限来确保完成修正政治之实然，推进治国之理想历史性变迁与飞跃。

第五，就孔子之立场及其为政理想来看，他不是改良派，更不是革命派，他是传统保守派；孔子的为政理想，可以说是对现世政治的"反动"，充满着道德浪漫主义。事实上，孔子之政治理想与政治主张，在变革动荡的春秋时代，应该说是"不合时宜"的，其境遇亦可想而知。孔子周游列国，见了几十位国君而没有获得知遇，君于他皆是敬而不用。这样，孔子虽自诺其为政治国之能，而始终不见其用，所以有此浩叹。同时，其一年、三年为政治国之允诺的目标，也只能成为孔子一己之愿景了。

总之，本节具体表征孔子作为一个在政治现实中失落与边缘化太久之人，固执而自信的政治梦愿；这一梦愿的现实破产，表明以复归为底本的道德理想主义在与残酷的政治现实之间强烈碰撞之后，其柔弱、惨淡及其必然的悲绝命运令人嘘唏。英雄迟暮，是一种悲；英雄无用武之地，亦是一种悲。孔子于大悲绝中依然坚守其治国之志，且自信只要实施其完整的治国理想和施政方针，落实以礼治国、以德治国、以仁治国，三年即可使礼法隆盛、王道畅行之国必再现于乱世中。

孔子之可贵处，正是在于他始终持守着自己的政治理想，对现世政治予以批判，并坚信己之为政之思、为政之能力，及其可能的现实效应。其间所内蕴的"明知不可为而为之"、对"理想"不屈不弃之执着精神，永不倦怠的诚挚之情，成一种独特的文化力量，融铸成独特的"传统"，影响至今。

11. 善人为邦，胜残去杀

子路 13.11

【原文】子曰："善人为邦百年，亦可以胜残去杀矣。诚哉是言也！"

【译文】孔子说："善人治理国家，经过一百年，也就可以消除残暴，废除刑罚杀戮了。这话真对呀！"

孔子以"善人"治国，达"胜残去杀"之善，所需"百年"，表善人治邦之善历时久、所成缓、收效慢，这与急切止霸道猖行，救礼崩乐坏乱世之强烈的诉求，相去甚远。如此，孔子在肯定善人治国良效之基础上，着重指出善人治国之不足："百年"之久，方可见成效。

孔子曾诺"苟有用我者，朞月而已可也，三年有成"，今又言"善人为邦百年"，"三年""百年"，孔子治国与善人为邦之比较，呈现出巨大的反差，突出孔子治邦方案之优。恰如朱熹引尹氏所释："胜残去杀，不为恶而已，善人之功如是。若夫圣人，则不待百年，其化亦不止此。"

孔子依历史事实和历史逻辑，以"三年""百年"之差比，论证、凸显"三年可成"与"善人为邦百年"相比所具有的更优性，向世人、向各诸侯国君自证、自荐己治国方案之更可取。以此表孔子入仕而救世之急切炽情和强烈的使命意识。

具体而言：

第一，结合上一节孔子自信之允诺"苟有用我者，朞月而已可也，三年有成"，孔子于本节通过考证，确认古语之主旨，再次向世人，尤其是各国君主表达重用自己为治国者，乃为上策。因为如果弃"我"不用，即使是重用"善人"治国，那么，要让国家达到"胜残去杀"之善果，则非一年、三年可实现，而是需要上百年之久。如此，其时之漫长，其成之缓慢，其进程之艰难。简言之，对比孔子前后两句话所构成的语境来看，孔子是以自己作为治国者与"善人"治国理政相比较，强烈自荐于君主们：自己才是各君主治国的最佳人选，或重用自己才是最佳的治国选择。于此，孔子自证其治国三年即可达成之善果，善人却需上百年，重用孔子治国乃是明智之举。

第二，按刘宝楠先生《论语正义》之解，"为邦者"有三等：上为王者，中为善人，下为时君。而所谓"善人"，"谓体善德贤人也"。其治国，施行"德治"，任善用贤，经百年之久，"亦可以"达到化残暴之人使其不为恶，且能废除刑罚杀戮，人心归"仁"，实现仁治。

所谓"胜残去杀"，朱熹释曰："胜残，化残暴之人，使之不为恶也。去杀，谓民化于善，可以不用刑杀也。"戴望释曰："残者伤其支体。杀谓死罪大辟也。言善人治国百年，可几刑措。孟子曰：'以文王之德，百年而后崩，犹未洽于天下。武王、周公继之，然后大行。'故加'亦'。亦者，难辞也。"

孔子复述"善人为邦百年，亦可以胜残去杀矣"，即是强调一个可以确认的基本事实，并在最后以"诚哉是言也"一句"评价性话语"，来强化这一古语所陈述之事实，这就更加凸显孔子对己之治国的自信。同时告诉各君主，"三年"和"一百年"相比，"为邦百年，言相继而久也"（朱熹），自然也就应该明白选择谁来治国了。

第三，从本节文本的构造来看，孔子所选的"古言"："善人为邦百年，亦可以胜残去杀矣。"只是衬托其"一年""三年"治国之策更优的具体比较对象，最后他对古言的评定"诚哉是言也"才是关键。"谓以文王之事信之。"（戴望）如此，可以很清晰地看出，孔子之目的，即是借古语来增强佐证力，表达他比"善人"治国更优。

如此，孔子通过治国的时限和效果之比较，非常隐秘地表达了自己的治国方案优于"善人"治邦，此乃孔子推销己之治国方略，自证、自荐自己是最佳治国者之策略和手段。

总之，面对各国君主弃之不用，孔子依然对自己的治国方案和治国能力持有高度的自我认同。于此，孔子以退为进，不断证明自己"仁政""德治"之治国方案是最佳的，自己作为治国者亦是最优的。本节集中体现了孔子借古言确证自我、推介自我，其目的是期待明君能识之、鉴之，用之于治国、救世。

生活哲学视野中的"论语"研判

12. 世而后仁，时光确证

子路 13.12

【原文】子曰："如有王者，必世而后仁。"

【译文】孔子说："如果有王者兴起，也一定要三十年才能实现仁政。"

孔子借"王者"治国，亦"必世而后仁"，尤其是以"一世"与"三年"之比较，佐证"苟有用我者，朞月而已可也，三年有成"之快速优越性，从而再次表达其急切救世之笃定深情。

"王者，谓圣人受命而兴也。三十年为一世。仁，谓教化浃也。"（朱熹）"周自文武至于成王，而后礼乐兴，即其效也。"（程子）"圣人受命而王，必父子继世，而后仁道成。"（戴望）孔子通过比较"与""世"之"迟速不同"，凸显"三年可成"的内涵，即谓法度纪纲有成而化行也。渐民以仁，摩民以义，使之浃之于肌肤，沦于骨髓，而礼乐可兴，所谓仁也。

具体而言：

第一，将子曰："苟有用我者，朞月而已可也，三年有成。"与子曰："善人为邦百年，亦可以胜残去杀矣。诚哉是言也！"和本节子曰："如有王者，必世而后仁。"关联起来，构成一个独特的差异性比较语境。孔子通过三节之论述，所要表达的是一个共同的主题：孔子是治乱世、救礼制、施仁政的最佳人选，其施行的治国、救世方案是最佳方案。这是孔子不遗余力、不厌其烦地加以证明的主旨。从这三节论说的具体分析来看，孔子通过治国时限、治国效果的差异性比较，最为关键的是将"己""善人"和"王者"治国之迟速不同凸显出来，最后达到彰显"己"为最优之目的。

第二，本节的具体意思即是假设以"王者"来治国，要达到或实现"仁政"，并非一朝一夕可成，也至少需要三十年时间。这表征了要实现"仁政"，让"仁德"内植于民众的心中，王者虽然比善人治国时短，但依然是漫长而久远的。这表明渐进而久远进程的王者治国，依然无法与"三年有成"可比。

第三，本节和前两节论述，孔子都是以"如果""假使"这样"思想推定"

的方式来演绎治国，构成治国之三种"可能性"或"事实"。孔子言"善人"和"王者"治国，都是孔子借以突出自己"一年"和"三年"之诺，具有"善人""王者"治国不可比拟的优越性。如此，孔子以同类事实相比较的手法，指出"善人""王者"治国之难成，让世人明白其言外之意、弦外之音，知其秘而不宣的真意。如是陈祥道所释："王者之仁，成于必世，不必百年。善人之无暴民，必待百年，则其德之隆，杀效之迟速，可知矣。若夫继大治，承大乱者，则又异乎此。故禹立三年，百姓以仁，遂继大治也。故事半古之人功必倍之，承大乱也。然文王百年，德犹未洽于天下者，以其善政仁人，犹有故也。"

第四，无疑，孔子对仁政和德治天下怀有坚定不移、坚不可摧的信念，虽然屡屡碰壁，但是依然不改初心，真是苦难万千，痴心不改！正因于此，孔子具体分析了善人施行德治需要一百年的时间才可以到达理想境界；王者治理国家也需要三十年的时间才能实现仁政。同样，王者在实现仁政之前的三十年间，也不能排除刑罚杀戮手段在社会政治生活中所起的重要作用。如钱穆所释："王者起，一天下而治之，与善人为邦不同，然求仁道之化行于天下，亦必三十年为期。盖旧被恶化之民，经三十年一世而皆尽，新生者渐渍仁道三十年，故其化易成。"如此，再次表明和显示孔子坚信自己的仁政、德治治国方略是最好、最有效的，自己是最佳的治国人选。

孔子之论证，不仅表征其执着、炽烈之救世、行仁政之情，而且表达其施政方略具有治国归仁之功能，彰其行仁政、弘道之才能。

总之，孔子在本节中，通过对王者治国而达"仁"尚需"三十年"这一"事实"进行分析，内含着对"王者"治国之否决性立场和态度，如此，在治国达"仁"之方案和人选上，"舍我其谁"的客观效果也就得以充分地显现出来了。这也正是孔子对"善人"和"王者"治国进行分析、确认之真正目的。

13. 不能正己，焉能正人

【原文】子曰："苟正其身矣，于从政乎何有？不能正其身，如正人何？"

【译文】孔子说："如果端正了自身的行为，管理政事还有什么困难呢？如果不能端正自身的行为，怎能使别人端正呢？"

"正人"先"正己"，己不正焉能正人？如此，孔子强调为政者"正己"，是"正人"之前提。以此表为政者须率先以礼法规范自己，以身示范、以行践礼法，方可彰显礼法，对世人发挥潜移默化之垂范、引导作用，从而再塑"礼"之权威，使礼法再见于世。

为政者"正己"，是为政者对礼法之自觉，突出为政者躬行自修，这是为政遵循礼法之源头和关键。正是在此意义上，戴望释曰："身弗正，欲以正人，君子弗予。"

具体而言：

第一，孔子之语，突出了"正身"乃是解决政事管理中其他困难之前提，揭示了"正己"与"正人"的关系，从而强调"正身"乃是从政者的必修课。如此，"正身"，是为政者从事政事管理达到良好效果之先决条件，由此表明孔子强调为政者须遵循反躬自责和内修其身，外示诸人的原则。正是在这一意义上，钱穆释曰："从政，犹为政。苟能正其身，则为政一切不难。"

第二，关于孔子为政者、从政者"正身"之思想，在《论语》中予以明确提出有三处：

① "政者，正也。子帅以正，孰敢不正？"

② "其身正，不令而行。其身不正，虽令不从。"

③ "苟正其身矣，于从政乎何有？不能正其身，如正人何？"

从这三处所表之意来看，孔子的思想前后是一致的、统一的，充分表明为政者、从政者必须首先端正己之行，严于律己，即"正己"；如果自己言行不符合礼法，己不正则不可能正人。如此，突出"正人先正己"之基本原则，揭示了"正己"与"正人"之辩证关系。

第三，所谓"正身"就是严格按照礼法的要求，修正自己的言行，使自己的言行都符合礼法要求，能做到以身载礼，以行显德。"正己"乃是"言既出，行必践",其行必在合于事、合于理,在"道"上。如此,"正身",乃是要求从政者的行为于礼法具有率领力、说服力与示范力。

第四,在孔子看来,在政事管理活动的诸多事务中,只要做到"正己",那么,管理政事中其他的一切事务和困难都会迎刃而解。这无疑将从政者之行为示范所产生的道德效果,予以过分拔高了。当然,这是坚信德治政治或贤人政治的特质使然。

总之,"不正身之人,难道不要正人耶?故以此提醒之"(蕅益)。孔子在本节中,着力教育为政者,在从政之路上,必须首先加强修己身、正己行,这是为政者首先必须具备的自觉意识与素质。如此,孔子突出"为政者"正己之言行,于治国、救世之功能和价值。

14. 剥离政事，矫批季氏

子路 13.14

【原文】冉子退朝。

子曰："何晏也?"

对曰："有政。"

子曰："其事也? 如有政，虽不吾以，吾其与闻之。"

【译文】冉求退朝晚归。

孔子说："为什么回来得这么晚呀?"

冉求说："有政务。"

孔子说："只是一般的事务吧? 如果有政事，虽然国君不用我了，我也会知道的。"

何谓"政"? 何谓"事"? "行于上者，谓之政；通于下者，谓之事。"（陈祥道）"政，国政。事，家事。"（朱熹）"大曰政，小曰事。政者，有所改更匡正。事，日行常事也。"（戴望）

孔子回鲁，虽未被用，但因曾为鲁国大夫依然关心鲁国之政。是时季氏专鲁，于国政，盖有不与列议于公朝，而独与家臣谋于私室者。冉有时为季氏宰，服务于季氏之私朝。冉有混淆了"政"与"事"，错将季氏之"事"视为"政"。孔子予以矫正并批评冉有，进而批判季氏僭越专鲁之违礼行为。

孔子区分"政"与"事"，其深意，如卓吾云："一字不肯假借如此。"

具体而言：

第一，本节应当是孔子周游列国 14 年回到鲁国后师徒间一段意味深长的对话。当时冉有为季氏之宰。孔子之所以能结束流游诸国而被召回鲁，应该说冉有功不可没。孔子亦因冉有帮助季氏进行田赋改革，聚敛财富，对其进行了严厉批评，子曰："非吾徒也。小子鸣鼓而攻之可也。"（《论语·先进》）在该种语境下，孔子应该是对冉有仕于季康子，并假借议国事之名而议私事，为晚归找到合理托词而有所不满，言辞中含着对冉有的不满，进而对季康子僭越的批判。如此，孔子将"议政"和"议事"加以了区分，纠冉有视季氏家事为鲁之国政之偏失和错误，表明孔子一如既往关心鲁国之政事。

第二，"冉子退朝。子曰：'何晏也？'"冉有从季氏"私朝"事毕晚归，孔子问其因。孔子为何问之？因为冉有一方面是季氏之宰，另一方面还是孔子的门生。冉有晚归，孔子问询之，一方面是孔子对冉有关心，表师徒之情谊，另一方面则是孔子遵"礼"之举。对此，钱穆解曰："冉有退朝晚，故孔子问之。冉有仕于季氏而犹在孔门，退朝稍晏，孔子问之，师弟子亲如父子家人，固不独于颜子一人为然。"孔子问冉有晚归，更为深层之意则在于，孔子对冉有如此卖命地为季康子效力，不啻忘时晚归而有几分气恼。

更让孔子气愤的是，当冉有面对孔子对其晚归之因追问时，冉有却不如实告之，反而回答说"有政"。事实上，冉有一方面知晓孔子对季康子、对自己被季康子提拔为宰的基本立场和态度是否定性的。另一方面，冉有确实是从季氏的私朝退下。如此，应该说冉有面对孔子的询问，不便也不敢如实地告知在与季康子"议事"，因此遮掩且含糊地说"有政"来"搪塞"孔子之问。这是冉有处于二难状态下的托词。冉有之所以答孔子"有政"，应该说还有冉有作为弟子，有不忍惹师生气、令师难受的爱师之"心"。

第三，针对冉有回答，孔子首先是持怀疑态度，因此反问冉有："其事也？"如此之反问，破了冉有回"有政"之答的合法性。在这里，冉有之语"有政"，孔子反问并定性说"其事也？"不仅反斥了冉有，且对"议政"与"议事"加以区分，在此基础上指出冉有以"议政"之名掩盖"议事"之实，对季康子僭越违礼予以批评。

第四，孔子更进一步说"如有政，虽不吾以，吾其与闻之"，从正面进一步揭穿冉有回答晚归之因是"有政"的虚假性。

对之，陈祥道以为："孔子至于是邦，未尝不以誉命而与闻其政。故曰其事也。如有政，吾其与闻之。"

朱熹释曰："礼：大夫虽不治事，犹得与闻国政。是时季氏专鲁，其于国政，盖有不与同列议于公朝，而独与家臣谋于私室者。故夫子为不知者而言，此必季氏之家事耳。若是国政，我尝为大夫，虽不见用，犹当与闻。今既不闻，则是非国政也……其所以正名分，抑季氏，而教冉有之意深矣。"

戴望释曰："孔子恐鲁君变古易常，故言如有大政，虽不用吾言，其使吾与闻之，冀冉子来告，庶可匡者也。其后用田赋、伐颛臾，冉子皆以告孔子。"

钱穆释曰："其时季氏专鲁政，有不与同列议于公朝，而独与其家臣议之私朝者。孔子如为不知，言此必季氏家事，若系国政，当公议之。我尝为大夫，今虽不用，犹当预闻，其言严而婉，而所以教冉子者深矣。"

按照孔子之意，国政，作为曾经大夫的他，当闻知，且国政人人可知，行之常事则不必问。季氏议国政于家，乃僭越到无以复加而不自知违礼。如此，孔子借批评冉有不诚实，将批判矛头指向季康子之僭越违礼之举。

总之，礼曰："政行则事治。"又曰："不可以私，不将公事。"季氏国政私朝化，违礼专权至极。孔子面对季氏专鲁政，在公朝之外独设与其家臣议事之私朝这一"事实"，借追问弟子晚归之因这一非常人性的手段和方法，从正反两面通过对"议政"与"议事"的剥离，既教育了弟子，又批判了季康子专横霸权，僭越"礼法"的错误，从而再次确立与维护了"礼制"的权威性。

孔子言婉而意严，教弟子，深矣；对僭越违礼之批判，巧也。

15. 兴邦丧邦，一言可否

子路 13.15

【原文】定公问："一言而可以兴邦，有诸？"

孔子对曰："言不可以若是其几也。人之言曰：'为君难，为臣不易。'如知为君之难也，不几乎一言而兴邦乎？"

曰："一言而丧邦，有诸？"

孔子对曰："言不可以若是其几也。人之言曰：'予无乐乎为君，唯其言而莫予违也。'如其善而莫之违也，不亦善乎？如不善而莫之违也，不几乎一言而丧邦乎？"

【译文】鲁定公问："一句话就可以使国家兴盛，有这样的可能吗？"

孔子答道："对言语不能有那么高的期望。有人说：'做君难，做臣不易。'如果知道了做君的难，这不近乎于一句话可以使国家兴盛吗？"

鲁定公又问："一句话可以亡国，有这样的可能吗？"

孔子回答说："对言语不能有那么高的期望。有人说过：'我做君主并没有什么可高兴的，我所高兴的只在于我所说的话没有人敢于违抗。'如果说得对而没有人违抗，不也好吗？如果说得不对而没有人违抗，那不就近乎于一句话可以亡国吗？"

鲁定公所问"一言可以兴邦""一言可以丧邦"，从邦国之兴丧，凸显在上者之言于邦国命运的决定性作用；孔子否认简单而过度地夸大"一言"对邦之兴丧的功能，认为"邦之兴丧在事，不在言，故言不可以若是几之而已"。在此基础上，孔子引"为君难，为臣不易"和"予无乐乎为君，唯其言而莫予违也"确证此类"言"所昭示、所传达、所导致兴邦之善、丧邦之恶，从而警示鲁哀公去恶政、施仁政，谨政令，成善治。

具体而言：

第一，孔子针对鲁定公"一言兴邦"和"一言丧邦"之可能性，首先予以委婉否定，其后又将"一言兴邦"和"一言丧邦"引向更为深刻的分析，澄明是"谁之"一言具有兴邦、丧邦之可能性，解其症结所在，突出君主为政之道。如此，孔子在更深层次上明确"一言兴邦"和"一言丧邦"的本质含义：邦之兴衰存亡，其关键在于君主之为政善恶品质使然。因为"邦之兴丧在事，不在言"（陈祥道）。"言一言之微，不能正兴国，乃谓其近于兴国也。"（戴望）由此，孔子借鲁定公询问之机，劝诫他应当从王道、施礼治，行仁政。同时警示他应当谨慎自己的言语和思想，切莫因一个错误念头，一句不恰当话语或指令，而令邦国倾覆。在此，孔子明确指出君主切不可"一意孤行""独断专行"而使己言不可违，导致贤人远而谗人至，最终邦丧亦随之。这样，孔子在委婉否定鲁定公浅薄之问后，最终引出其问内蕴的深刻治理原则，对其问所具有的积极价值予以了肯定。

第二，从本节语义转换的维度，可以很清楚地看到，孔子将鲁定公关于"一言兴邦"和"一言丧邦"之间，过渡到对"为君难，为臣不易"和"予无乐乎为君，唯其言而莫予违也"的语境中，从而将问题深化为君主治邦与邦之兴、衰的关系上。这就将鲁定公之问提升为君主治邦的良善与否，这才是决定邦之兴衰的关键所在。

具体而言，"一言"可"兴邦"，其关键在于"为君难，为臣不易"。对此，朱熹释曰："一言之间，未可以如此而必期其效。"然"言而知为君之难，则必战战兢兢，临深履薄，而无一事之敢忽。然则此言也，岂不可以必期于兴邦乎？为定公言，故不及臣也"。

戴望言："知为君子难，则必求君道，故近于一言而兴国也。""此举晋平公言以告定公。平公与群臣饮，饮酣，喟然而叹曰：'莫乐为人君，唯其言而莫之违。'师旷侍坐，于前援琴撞之曰：'是非君人者之言也。'"

孔子假以引文所存的言外之意，让鲁定公明白：治国之君必须谨慎从事，不能把治国之中的任何一件事情都看得太简单。若如此，则不知道它会带来什么样的后果，也无法知晓其中所潜藏的危险，如若轻率做事和为政，必将祸国殃民，这就明确地表达了为君之艰难，切不可草率为事。如此，孔子劝告治国之君，不论做什么事情，推行什么政策，都务必心存诚敬，小心谨慎；同时，还要求在上为君治国者，必须要勤于政事，勤勤恳恳，兢兢业业地尽心于国事，体贴下属，虚心纳谏；为臣者，也必须遵循臣之礼，恪守臣之义，尽臣之忠。如此，他所治之邦定将上下同心同德，走向兴旺发达。

反之，"一言丧邦"，其关键在于"唯其言而莫予违也"，且"如不善而莫之违"所滋生的必然如孔子的结论："如不善而莫之违也，不几乎一言而丧邦乎？"因为"言不善而莫之违，则忠言不至于耳，君日骄而臣日谄，未有不丧邦者也"（朱熹引范氏）。戴望则释曰："若幽王君臣，具自谓圣，以底于亡。"

在此，特别要指出的是君臣均丧失了各自所应遵循和践行的角色伦理规范，导致为君者专断横行，治国之君"一意孤行"，最终"肆意妄为"，"臣"则唯唯诺诺、唯命是从，不敢进谏，最终致使"邦"之衰败。

在此，须注意，孔子在回答定公之问时，用了四个"几"，而这"四个'几'字一样看，皆是容易之意。《传》曰：'几者，动之微。知几其神'"（满益）。

第三，对于"一言可以兴邦""一言可以丧邦"以及孔子引言、所论，表明"言善，则千里应之；言不善，则千里违之"（陈祥道）。而"知为君之难，则必敬谨以持之。惟其言而莫予违，则谗谄面谀之人至矣。邦未必遽兴丧也。而兴丧之源分于此。然此非识微之君子，何足以知之？"（朱熹引谢氏）之所以会出现"唯其言而莫予违也"，甚至"不善"也"莫之违"之状况，此乃"圣君"政治模式之必然。其君之权力意志"至高无上"，且具有不可质疑的合法性。如此，"莫予违"绝不仅仅成为一种行为特征，更为重要的是构成了传统政治的文化性格。这是为君者之"一言"即可令"邦衰"的权力制度安排之因。

总之，孔子通过回答鲁定公关于"一言"是否"兴邦""衰邦"的问题，将"一言""兴邦""衰邦"之可能性引向君主如何治国才是导致邦之"兴衰"的关键。如此，警示和劝诫鲁定公须遵循为君之道，施行仁政，在治邦过程中，要勤政、尽心于国事，且要谨慎言语、严谨政令，同时，须善于并虚心纳谏。如此，孔子将邦之"兴衰"系于"君"之为政治理之行为上，消解"一言可以兴邦""一言可以丧邦"之论。

16. 服膺近远，仁政使然

子路 13.16

【原文】叶公问政。

子曰："近者悦，远者来。"

【译文】叶公问孔子怎样管理政事。

孔子说："让治下的民众能欢悦地生活，他邦的民众闻之来归附。"

据戴望考："鲁哀公五年，孔子自蔡如叶。""叶都大而国小，民有背心，故告以说近而来远。'《春秋》大一统，必自近者始也。'"学记曰：近者悦服，远者怀之，大学之道也。孔子言"近者悦，远者来"。学记所言，教也；孔子所言，政也。

孔子尝曰：荆之地广而都狭，民有离心莫安其居，故政在悦近而来远。叶公遭遇民心离乱而问政于孔子，孔子所言"近者悦，远者来"，孔子仅欲叶公定其乱离之民而已。

"被其泽则悦，闻其风则来。然必近者悦，而后远者来也。"（朱熹）如此，孔子劝诫叶公当遵礼法，施仁政，方可有善治，而民必归焉。

近悦远来，仁政善治之效。

具体而言：

第一，本节通过孔子回答叶公问政，非常形象而生动地表达了孔子"仁政"理想之良善效果。孔子强调通过"富之""教之"，薄赋少刑，民则安居乐业、和谐富庶，享受快乐的生活而"悦"，进而使得他国的民，闻风而乐意来投奔，如此表达为政之道，则在于得民心，得到民众的称颂，增强民众对其政之认同感和归属感，并依此作为一个尺度来检验为政之状况。

第二，本节中的"叶公"，即是楚国贵族沈诸梁。其理政应该是贯彻了"仁"的基本思想，具体表现为事事公开、慎重刑罚、薄赋税等诸多特点，他的治理深得民众的赞许和称道。如此，一个善于治国理政之人，当孔子到楚国之时，还向孔子求教如何管理政事，这真的是体现了叶公为政之尽心、虔敬和谦逊。

第三，在孔子回答叶公之问的简短话语中，突出了为政、治理之对象"近者"和"远者"，如此，充分体现了孔子为政之思中的"民本"观念。在本节中，孔子将为政的着眼点转移到百姓的体验和感受上，以"悦"和"来"，非常直观地表达了民对其为政的反应。在此，更为深层的深刻价值，或其精髓则在于将为政的评判权交给了底层的民众，把民之感受，即民之喜恶、民之归去，作为衡量为政之优劣的最终标准。

第四，更为重要的是，孔子强调内具"仁德"的政事管理所要达到的最佳效果："近者悦，远者来"。

所谓"近者"即是在其辖制内的"民"，"悦"则是其为政治理之直接效果。"近者""悦"，非常形象地表征了为政者行善治，不仅能在消极意义上做到"使民以时"，而且能在积极的意义上倾听民意，洞悉民心，体察民之疾苦、民之所需、民之所好、民之所恶，且作为为政的题中之义，具体落实于为政之中，如此，为政能让民富足安乐，满意而欢愉。一言以蔽之，"近者"因受"仁政"之恩泽，尽享"仁德"之政，必"悦"。

所谓"远者来"则是因"近者悦"而产生的间接效果。因为"近者""悦"，使其仁治之美名远播，对他国之民具有无声的感召力，致使纷纷迁居于此，真可谓趋之若鹜，这更进一步表明民众对"仁政"的向往。恰如本章前面樊迟与孔子的对话中所言，若上位者能做到讲究礼、义、信，如此即可民敬、民服、民亲，如是"近者悦"，那么，"夫如是，则四方之民襁负其子而至矣"（《论语·子路》）。如是"远者来"。孔子也曾言"乱邦不居，危邦不入"，那么"远者来"，表明"远者"之所以愿意"来"，正是居于此邦之"善"能使"近者""悦"而不"危"使然也。

"近者悦，远者来"，以"近者""远者"，从空间上涵括了"天下"之民，进而从直接到间接，不仅充分体现与表征了仁政之实效，而且也昭示民对"仁政"之认同、期待与向往。如此，民众必以"悦"与"来"来回应与印证"仁政"之良善。

第五，孔子所言"近者悦，远者来"，形象而真切地表征了"仁政"善治的美好景象，呈现出一国欣欣向荣之兴盛：凝民心、聚人气，民之欢悦、民之归向。相反，霸道之恶政，则与之相反，必是近者悲而离，远者惧而避。

第六，孔子以"近者悦，远者来"来表明仁政、德治天下，天下之民必归之。如此，"德治"而使天下归一的理想在此得以表达。这谜底正是孔子对周以德服民、以德实现一统天下予以高度赞扬，从而希望当世的众诸侯之君，当应能秉承周之以德治天下、以德实现天下统一，结束分崩离析之乱世。

总之，近者称颂而乐之，自绝离乱之心而顺治；远者竭蹶而趋之，民归而聚自兴隆繁荣。孔子答叶公之问，针对叶公治理之现状，孔子并未从治理之

"术"上予以直接回答，而是从"仁政"之善果而将问题提升到为政之"道"上来。这不仅直接表达孔子希冀当世之君主、为政治国者能推行仁政，爱护与善待民众，而且更为重要的是以"周朝"为范型，极度地高扬了"仁政"的价值理想。

17. 欲速不达，见小不成

子路 13.17

【原文】子夏为莒父宰，问政。

子曰："无欲速，无见小利。欲速则不达，见小利则大事不成。"

【译文】子夏做莒父的总管，问孔子怎样办理政事。

孔子说："不要求快，不要贪求小利。求快反而达不到目的，贪求小利就做不成大事。"

子夏做了莒父宰，问孔子"行政之道"。孔子针对子夏量小见短、做事求速之弊而答。孔子之答，"姑以救子夏之失也"（陈祥道）。故，孔子所授乃"戒止之辞"（钱穆）。

《易》曰："浚恒凶，欲速不达之谓也。"《礼》曰："小谋败大作，见小利大事不成之谓也。"孔子所言表明"为政之要，在于循理而图大。循理则无欲速，图大则无见小利"（陈祥道）。因为"欲事之速成，则急遽无序，而反不达，见小者之为利，则所就者小，而所失者大矣"（朱熹）。

简言之，孔子为子夏开出一剂如何治理地方政务之良方，首先强调执政不可操之过急，如若拔苗助长，违背为政之规，反而不易达成目标。如此，有心求治，不妨从容治理。其次，做事不可只盯着眼前小利益，须有长远的目光，更不可只关注一己之小利，而忘却、阻滞为政为民之大事。如此，孔子之教，不仅授之于行政之"术"，更要求其行仁道之政。

如此，"观心者，亦当以此为箴"（蕅益）。

具体而言：

第一，据程子解："子张问政，子曰：'居之无倦，行之以忠。'子夏问政，子曰：'无欲速，无见小利。'子张常过高而未仁，子夏之病常在近小，故各以切己之事告之。"如此，孔子抓住其弟子子夏问政的机会，针对子夏"常在近小"之"毛病"而指出处理各种政事，切记"无欲速，无见小利"，并以"欲速"与"见小利"之"不达"和"大事不成"的结果，警示子夏要不断克服、超越自己"急功近利"和视野窄、量小、格局不大的局限，进而提出为政必须遵循处理政事之渐进规律，应着眼于全局与长远利益，更要去个人之"小利"，深切关注民众利益、福祉之大事，不急不躁，从容应对困难和问题，方可达到治理之良效，彰仁政之德。如此，孔子对子夏之告诫，突出为政必须正确解决主观愿望和客观效果、眼前利益与长远利益、个人之小利与国家安危、民众福祉之大事的关系。

第二，在本节中，孔子很鲜明地提出为政必须力戒的两个主要问题："欲速，见小利。""欲速，见小利"，不仅仅是子夏个人的"毛病"，应该说是为政者常犯的"通病"，因此，孔子之语，不仅是为了教育子夏，而且对一切为政者都有警示作用。如此，孔子之言于为政者具有普遍性意义。

"欲速"，这是孔子强调的为政须戒止的第一个原则。为政治理，千头万绪，要摸清现状，确定治理之方案，实施治理之法，需要遵循渐进的原则，审慎而周全。如此，表明为政治国并非易事，绝非朝夕之间即可达成。孔子曾有言"善人"治邦，需要百年之久，"王者"治国，亦需三十年而成，即使自己治政，也是一年小成，三年才"有成"。亦诚如老子所言，治国如烹小鲜，需要慢慢调治、慢"炖"方可；如此，孔子基于治国理政的艰巨性与持久性特点，首先提出为政治国切不可按照自己主观愿望，一味地求快、求速成，而应该"不急不躁"，秉持"无欲速"之观念。然而，"欲速"乃是为政者或治理者为政理事之共同特点。正是居于此，孔子以一个"无"（毋或勿）字，否定、戒止为政者只顾按照自己的主观愿望，抱"急于求成"之心、操之过急来施政，从而揭示了治理者的主观愿望与为政客观规律之内在张力，强调为政者必须遵循治理之规律和内在的原则。

"见小利"，这是孔子强调的为政须力戒的第二个原则。治理之效，必有"小利"与"大事"之别。"小利"即是眼前利益、局部利益，或即时之效，这是为政治理实效的直接证明，为政者很容易满足于此等"小利"而故步自封、沾沾自喜，从而忽略整体与全局，即忘记"大事"。诚如朱熹所说："见小者之为利，则所就者小，而所失者大矣。"亦如《大戴礼记》所言："好见小利，妨于政。"然而，这正是为政者很容易掉入其中的一个"陷阱"，最终导致"大事不成"。对此，清朝陈澹然说："自古不谋万世者，不足谋一时；不谋全局者，不足谋一域；不谋天下者，不足以谋一国。"如此，当风物长宜放眼量，岂可因小失大。孔子深谙为政者急于证成自我治理效果之通病，所以，对此予以否定，并告诫自己的弟子，以及一切为政者，切勿"见小利"而止步不前，进而无视"大事"之为。

进而言之，"小利"还有一层意思，即是为政者一己之得失，而"大事谓民事。秦不假道于晋，晋先轸败诸崤，大结怨构祸于秦，忧累数世。《春秋》因其贪小利而忘大众，故于其战诡例书日，恶不仁也"（戴望）。如此，孔子强调

"无欲速，无见小利"，乃是要求为政者切勿急于见到小利就止步、就满足，而应该放眼全局和长远，着力、着眼于"大事"，唯有如此，仁政治世方可持久而"有成"，而非"昙花一现"。

第三，"欲速则不达，见小利则大事不成"，是孔子从负面效果或否定性的结果来强化为政者力戒"欲速，见小利"之弊，真正做到"无欲速，无见小利"。孔子以"欲速"之"不达"，"见小利"之"大事不成"，揭示了为政之内在的悖论，突出为政者的主观欲求与客观效果之"事与愿违"，局部、短期利益同全局、整体和长久利益之间的"因小失大"的矛盾和潜在的危害，再次告诫治理者不要一味图快，更不要贪求一时一地之"小利"。对此，儒学后续者荀子亦说："利谓便国益民也。为政者见有大利，必宜兴行，但不可见小耳。"（《论语正义》）

第四，当然，孔子强调"欲速则不达，见小利则大事不成"，并不是不讲求"速"（即时效）和治理效率、效果，也不是不求"小利"，而是反对一味求快，追求短期效果，甚至因满足了个人或一己之私利，不讲究、不讲求、不遵循治理之规，不求"大事"之成的错误或局限性。一言以蔽之，就是违背行政之"道"，不遵循为政之内在规律而急于证成为政之效。

第五，"欲速则不达"，孔子此语不仅对古之"为政"原则进行阐释，同时也对今之"生活"之道颇有警示。现今，以追求"快节奏"之"速"，而导致的各类"不达"之乱象充斥生活，人们在行为处事中常常惯以求"速"而忽视细节、粗糙行事，导致"速"而不"精"。如此，一方面使得生活中诸事因只讲求效率而缺乏精品，未能达及精要；另一方面，若生活之目的只为求"速"，如此"快节奏"，即使能"达"，也必然错过人生路上之"风景"，而未能真正体味与感悟人生真谛。因此，在现今的"快餐式"生活中，须明悟此理：纵使"快节奏"，仍需"慢生活"，才能真正"达"到理想之境，品读生活。正因为如此，陈祥道释曰："孟子言为学之道，以欲速喻揠苗，以见小利喻养其一指。兵法言用兵之道，军以舒为吉，军无小听，战无小利。由此观之，君子之所为，凡皆不可欲速，见小利，岂特为政已哉？"

总之，本节孔子针对子夏为政之"毛病"，揭示了为政者的"通病"，进而揭示为政治理中存在的内在悖论与矛盾，提出了为政必须力戒的"无欲速，无见小利"之蔽，强调为政必须遵循其内在的渐进规则，着眼于"大事"，切忌急功近利、急于求成或满足于"小利"。这不仅仅表为政思维，亦表为政者之德，以此对为政心态提出应有之要求。

"欲速""见小利"而"大事不成"者，古已有之，今不乏人。如此，孔子之语，无疑对古今一切"欲速"与"见小利"的为政者之思维、之心态、之为政原则具有批判性，以此昭示为政者须遵循正确的为政逻辑，确立正确的政绩观，构成中国为政智慧与德性政治的重要内涵。

18. 父子互隐，礼义之直

子路 13.18

【原文】叶公语孔子曰："吾党有直躬者，其父攘羊，而子证之。"

孔子曰："吾党之直者异于是，父为子隐，子为父隐，直在其中矣。"

【译文】叶公告诉孔子说："我的家乡有个正直的人，他的父亲偷了人家的羊，他告发了父亲。"

孔子说："我家乡正直的人和你讲的正直人不一样：父亲为儿子隐瞒，儿子为父亲隐瞒。正直就在其中了。"

据戴望释："楚之人贤弓，叶公不然之，正于孔子。"如此便有了叶公语孔子之言。叶公所述与孔子所言皆以"其父攘羊"为对象，叶公所述以"子证之"为"直"，孔子则以为父子互隐，"直在其中"。如此，从形式上来看，各执其"直"而对峙，从本质上而言，则是"非礼义之直"和"礼义之直"之分野。诚如陈祥道所释曰："天下之所为直者，有礼义之直，有非礼义之直。父为子隐，子为父隐，虽曲而直存焉，礼义之直也。其父攘羊而子证之，虽直而曲存焉，非礼义之直也。"

叶公与孔子各自所述而呈现的"直"，本质上是关涉人情伦理与法之关系。二者之论可显，在中国古代社会，人情伦理高于、重于法之取向，构成以伦理为主导的社会秩序。

具体而言：

第一，本节中所涉的"攘羊之论"，以及由此而引发的"父为子隐，子为父隐"的问题，构成传统文化中之一大公案，长期以来各执一词、争论不休。其争论则聚焦于"礼""法""情"之关系。

本节围绕着"直"，具体针对"父攘羊"之事，其子是"证之"或"隐之"，叶公与孔子所持截然不同，甚至持对立的价值原则。叶公认为，对于"父攘羊"之事，其子"证之"则为"直"；孔子则认为其子该"隐"，才算是"直"，由此表征出两类"直"："非礼义之直"和"礼义之直"。如此，叶公和孔子之论，客观上将中国社会历史上的法、情与礼三者的矛盾关系予以彰显出来。孔子之"直"更为突出地表征"礼"与"情"重于"法"。诚如戴望所释曰："夫子之道，天性也。故虽过恶，得相容隐。《春秋》传曰：'父母之于子，虽有罪，犹若其不欲服罪然。'"

第二，本节是从一个具体的"事件"导入对"直"的讨论。有论者认为，叶公对儒家是有偏见的，他所举的例子非常极端。但是，叶公的基本立场是认同和赞赏子"证"其父"攘羊"之事。孔子则不然。在孔子看来，一只羊和"孝"相比，"羊"显得太轻了、太不值一提了。如此，面对"其父攘羊"，孔子坚定地主张"子"应该"为父隐"，依此来维护子于父之"孝"。儿子举报父亲，在孔子看来，这是不合礼之举，有违父父子子之道，因此，孔子不赞成"其父攘羊，而子证之"。对此，朱熹引谢氏释曰："顺理为直。父不为子隐，子不为父隐，于理顺邪？瞽瞍杀人，舜窃负而逃，遵海滨而处。当是时，爱亲之心胜，其于直不直，何暇计哉？"

第三，孔子认为"父为子隐，子为父隐"本身就具有了"直"的品格。如此看来，他把"直"的道德纳入"孝"与"慈"的范畴之中，突出一切都要服从"礼"的规定。恰如朱熹所释曰："父子相隐，天理之情之至也。故不求为直，而直在其中。"这样可以很清晰地显示出孔子主张"子为父隐，父为子隐，直在其中"，是从家族伦理的角度出发的，把父亲为子隐视为"仁"的表现，子为父隐看作是"孝"的表现。这反映出了春秋战国时代人们对于亲属容隐问题的一般认识，也赋予亲属容隐以伦理上的正当性。陈祥道引先王之法佐证："先王之法，父子之罪不相及，则恕之；以其亲邻比之罪相及，则责之。以其友恕之，以其亲为，其可以相隐故也。责之，以其友为，其不可以相隐故也。"

事实上，儒家所主张和倡导的容隐制度，其目的在于维护和巩固家长制家庭和家长的独尊地位，以及整个家庭、家族关系的和谐稳固。然而，这一切必须以国家根本利益为前提，当国家利益同家族利益发生冲突时，就必须牺牲家族利益，这也是亲属容隐制度的特征之一。于本节中，如果因为一只"羊"，其子就"证之"，并因此破坏"孝道"，如此之道德成本，在孔子看来实在是太高了，故而也算不上是"直"了。

第四，显然，叶公是支持对攘羊之"父"，在其子之"证"的情况下，得以惩治。在叶公看来，此为"直"。然而，这一理路，孔子从根本上是不赞成的。因为在孔子看来："道之政，齐之刑，民免而无耻，道之以德，齐之以礼，有耻且格。"（《论语·为政》）因为刑治是对结果治，而不是对秩序治，结果都出来了，何来"治"之说？如此，孔子维护秩序用的是"齐之以礼"。本节所谓"正"之"父为子隐，子为父隐"，只是孔子主张"齐之以礼"而非"齐之刑"的具体表现而已。

第五，叶公与孔子就"其父攘羊"而展开的"正"与否的争论，呈现出对立的倾向，此乃二者"正直观"之本质差别使然。叶公持"法治正直观"，而孔子则倡导"道义正直观"。孔子之"正直观"则充分地表达了在中国传统社会里，伦理道德高于、重于法治之取向。

总之，此节借叶公与孔子对"子证其父攘羊"事例所持"证"与"隐"截然相反之观点，向世人呈示了儒家以"礼"为"法"的思想精髓。实际上，以孔子的"亲亲相隐、直在其中"伦理观念为基础，发展至汉代已经形成了除了"谋反""谋大逆"等严重危害社会统治秩序之举要"大义灭亲"，需"父子相证"之外，其他违法、违礼之举需遵循"亲亲得相首匿"这一中国古代重要刑事法律原则。这一重要原则并一直为后代历世所延用。可见，孔子此语不仅实证儒家遵"礼"重"仁"的精神境界，也进一步展示了儒家"礼法"思想得到中国古代统治者极力推崇的历史地位。

19. 行恭敬忠，力践仁道

子路 13.19

【原文】樊迟问仁。子曰："居处恭，执事敬，与人忠。虽之夷狄，不可弃也。"

【译文】樊迟问怎样才是仁。孔子说："平常在家独居时心存恭敬，办事虔敬、严肃与认真，待人忠心诚意。即使到了夷狄之地，也不可背弃。"

樊迟问"仁"，孔子从居处、执事和交友三方面教之该如何着力"为仁"。孔子以为"恭""敬"和"忠"乃是为仁须遵循与持守的原则。此"为人之道"，放之四海而皆准，故皆不可背弃。

恭主容，敬主事。恭见于外，敬主乎中。夷狄不可弃，勉其固守而勿失也。孔子教樊迟，亦教世人，突出"恭""敬"和"忠"三准则，成处己之道、行事之道和交友之道，希冀以此成礼乐、仁道之世。

具体而言：

第一，"问仁"与"问政"，属《论语》中的两大主问。"问仁"，主要讨论如何修身而"内圣"；"问政"则主要讨论如何治平而"外王"。孔子针对具有不同特点的人问"仁"，做出不同的回答，体现孔子不仅具有很强的问题针对性，而且以此揭示了"仁"之内涵丰富性和表现形式的多样性。如当颜回问仁时，孔子道出了仁的本质："克己复礼"；当子贡问仁时，孔子就要求子贡"己欲立而立人，己欲达而达人"。凡此等等，不一而论。在本节，针对弟子樊迟行为之欠缺，通过其问，孔子提示和劝告他应该如何去做，方可达"仁"，从而促弟子不断正己之过而完善自我，成仁人君子。

第二，樊迟，好学、好问。关于"仁"，就问教于孔子三次，于是有了樊迟三"问仁"之说。

第一次问仁，孔子答曰："爱人。"（《论语·颜渊》）

第二次问仁，孔子答曰："仁者先难而后获，可谓仁矣。"（《论语·雍也》）

本节则是樊迟第三次问仁，孔子答曰："居处恭，执事敬，与人忠。虽之夷狄，不可弃也。"

这三次之"问仁"，有其内在的秩序，"樊迟问仁者三：此最先，'先难'次之，'爱人'其最后乎?"（朱熹引胡氏）

在此节中，孔子教育樊迟从行为层面，如何做到"仁"，具有很强的操作性。孔子以"居处""执事"和"与人"即日常独处、做事和交友三方面勾勒了为人之基本的活动空间，并以"恭""敬"和"忠"作为其基本的规范和要求，从而促进其行"仁"，突出为人之道。

（1）"居处恭"。表一个人独居、独处时，须时刻心怀恭肃，心存恭敬，树立谨言慎行之观念，要心持敬天敬地敬鬼神敬他人之念，不懒惰、不放肆、不狂妄。简言之，在独居自处时，亦要意念真诚、存恭谦虔敬之心，要做到"慎独"。此乃"处己之道"。

（2）"执事敬"。"执事，诏相礼事。孔子曰：'在礼曰恭，加于人，施于事曰敬。'"（戴望）"执事敬"，指做事情始终保持一种严肃谨慎和诚敬的态度，尽心而力、兢兢业业、毫不苟且，切不可马虎与敷衍，不懈不怠慢，此乃遵"礼"行"仁"之外显。此为"行事之道"。

（3）"与人忠"，指在与人交往中能做到忠诚以待，不欺瞒、不虚浮，始终真心实意，忠厚如一。此为"交友之道"。

孔子以"居处恭"表待己之心，是君子静守之德，表君子道德主体性之自成；"执事敬""与人忠"表待人接物，彰事功，乃君子动态之德，表君子对道德主体间性之自觉。如此，孔子以此三言，对君子于己、于事、于人三个层面，或三个维度所应具有的"仁"予以了规定和清晰的阐明。对于孔子之说，蕅益认为："也只是克己复礼，而变文说之。"

第三，孔子最后以"虽之夷狄，不可弃也"强调此等仁之心性和行为，乃是做人之通则，不管在何处，均是如此，这就要求樊迟等弟子必须将"仁"内化于心，落实于行，在独处、为事和与人交往中，能做到自觉自为地践履"仁"。同时孔子也自信地宣告，"仁"统摄天下、通行于世，无论是在文明之地，还是夷狄之乡。对此，戴望释曰，孔子"言以此行之夷狄，亦不可弃。明君子不从物化。《春秋》卒郑伯髡（kūn）原，'不使夷狄之民加乎中国之君也'"。

孔子所言"虽之夷狄，不可弃也"，与子张问行相似。［子张问行，子曰；"言忠信，行笃敬，虽蛮貊之邦，行矣。言不忠信，行不笃敬，虽州里，行乎哉?"］皆强调以恭敬忠信为主的为人之道，当畅行于天下而无别。如此，表呈孔子坚持道德普遍主义的理想，笃信仁人之道的真理性，无时空之别。诚如程子所言："此是彻上彻下语。圣人初无二语也，充之则晬而益背；推而达之，则笃恭而天下平矣。"

第四，孔子以教育弟子樊迟为直接目的，从"恭""敬"和"忠"三目来阐释遵"礼"践"仁"，不仅丰富和加深对"仁"的理解，而且更为重要的是指出了每一个人都应该努力遵循这三个基本原则为人做事交友。以此表明只要在生活中保持恭肃之心，工作中做事诚敬，一丝不苟，与人相交，忠诚以待，无论在何处，都无所阻滞。如此，孔子为造就君子人格和达到"仁"天下，提供了一条现实路径。

总之，"居处，易以慢，必欲其恭。执事，易以苟，必欲其敬。欲与人以虚，虽戚必疏。欲与人以实，虽疏必密。然则与人，其可以不忠乎？恭也，忠也，虽之夷狄，犹且不可弃，则君子于此，固不可斯须去身矣。故曰：'言忠信、行笃敬，虽蛮貊之邦行矣。'言不忠信，行不笃敬，虽州里行乎哉？"（陈祥道）

"仁"作为孔子思想中的最高道德标准与修为之境界，具有极为丰富的表征形式和显现方式。当樊迟第三次问"仁"，孔子则从"居处""执事""与人"这三个为人处世最为基本的层面揭示出欲为"仁"而须遵循的标准：平日谦恭、低调、务实，做事严肃、认真、尽责，待人真诚、守信、其心不二。

"仁"涵括广泛，内蕴丰富，但只要以此为量标，便可及"仁，不远矣"。孔子强调要真正达"仁"，更须"虽之夷狄，不可弃"，以此突出"仁"内化于心性，凝化于己行，不因外事而动摇，不因环境而改变，才是行"仁"之真谛所在。

20. 斗筲之人，不足为士

子路 13.20

【原文】子贡问曰："何如斯可谓之士矣？"

子曰："行己有耻，使于四方，不辱君命，可谓士矣。"

曰："敢问其次。"

曰："宗族称孝焉，乡党称弟焉。"

曰："敢问其次。"

曰："言必信，行必果，硁硁然小人哉！抑亦可以为次矣。"

曰："今之从政者何如？"

子曰："噫！斗筲之人，何足算也？"

【译文】子贡问道："怎样才可以叫做士？"

孔子说："在做事时有知耻之心，出使外国各方，能够完成君主交付的使命，可以叫做士。"

子贡说："请问次一等的呢？"

孔子说："宗族中的人称赞他孝顺父母，乡党们称他尊敬兄长。"

子贡又问："请问再次一等的呢？"

孔子说："说到一定做到，做事一定要坚持到底，而不问是非地固执己见，那是小人啊。但也可以说是再次一等的士了。"

子贡说："现在的执政者，您看怎么样？"

孔子说："唉！这些器量狭小的人，哪里能算得上是士呢？"

为回答子贡之问，孔子从三个层次揭示"士"的特质。首先是有知耻之心，不辱使命，能担负国家之使命；其次是孝敬父母，友爱兄长；再次，则能做到"言必信，行必果"；以此观当世之为政者，孔子认为他们皆是"斗筲之人"，皆不足挂齿，被排除在"士"之列。

从子贡与孔子之问答可见，孔子将"士"从高至低分为三个等级："上士""中士"和"下士"，表呈"士"本身的层次差异性，指明上士之材足以"有为"，中士重"本立"，下士当能"自守"。如此，不仅厘清"士"之等级，确证了三等级之"士"各自之特质，希望群弟子努力而成"上士"，而且更重要的是以此对当世不入流的从政者予以批判，表"今之从政者，只是一个无耻"（卓吾）。

从师徒二人的问答推进来看，"子贡之问每下，故夫子以是警之"（朱熹）。子贡之问，其"意，盖欲为皎皎之行，闻于人者"。而"夫子告之，皆笃实自得之事"（程子）。

对于师徒二人就"士"而展开的对话，蕅益释曰："若人知有自己，便做不得无耻之行。此句便是士之根本，三节只是前必具后，后不具前耳。子贡从来不识自己，所以但好做个瑚琏，虽与斗筲贵贱不同，同一器皿而已。"

具体而言：

第一，本节主要是孔子与弟子子贡围绕着"士"而展开的问答，前三轮问答，充分展示了孔子视野中的"士"之品质及其层次，最后一轮回答，是在前三轮问答之基础上，以"士"为标尺，对现世执政者予以贬斥与批判。如此，师徒二人之论，从抽象推进到具体，从"士"延引至当世为政者。

第二，孔子本是贵族的后裔，可以说是出身于士，又以教育和培养"士"为己任；孔子培养的士，大都是文士，他希望弟子们逐渐成为统治阶级中的知识分子，学成文武艺，货与帝王家。这是孔子回答子贡之问，全面展示他的"士观"之主旨。

第三，总的说来，孔子根据道德自觉层次、行为特征，以及其才干对"士"加以规定，将"士"分为三个层次：

第一层次："行己有耻，使于四方，不辱君命。"此为"上士"。其特点是"行己有耻""不辱使命"。其中，"行己有耻"，突出了"士"的内在修养，其修养愈高，原则性也就愈强；该等"士"，知道什么该做，做了即是"荣"；什么不该做，做了即是"耻"。这表明"士"首先是一个道德自觉之人，"礼""仁"内存于心，并能自觉规范自己的行为。如此，有了此等修养，如果接受国君之令，出使他国，又有能够很好地完成使命；这类"内外兼秀"的人，可以称作是一等之"士"，即国士、上士。

于"上士"，孔子言"行己有耻，使于四方，不辱君命"。对此，陈祥道释曰："行己有耻，使于四方不辱君命，则远而光华矣。盖行己有耻，则有所不为。使于四方不辱君命，则能专对。有所不为，义也。善于专对，智也。"朱熹释曰："此其志有所不为，而其材足以有为者也。子贡能言，故以使事告之。盖为使之难，不独贵于能言而已。"戴望释曰："有耻谓知臧否。在礼，'君不使无耻'也。""命谓图事时受命也。使者出疆，与国同体，荣则俱荣，辱则俱辱，国之荣辱，系于一人，故《春秋》书行人，挈国之辞也。"由此可见，"上士"乃国之精英。

第二层次："宗族称孝焉，乡党称弟焉。""宗族称孝，乡党称弟，则称于近者而已，非远而有光华也。""宗族称孝，非《礼记》所谓州闾乡党称孝也。乡党称弟，非《礼记》所谓僚友称其弟者也。"（陈祥道）"此本立而材不足者，故为其次。"（朱熹）"上顺下笃，人之中行，故为其次。"（戴望）"孝弟，都从有耻得来。"（卓吾）。由此而言，"中士"，虽不若知耻而又不辱使命之"上士"，但却知"仁"而行"孝悌"。如此，其本已立，只是其才不足，故次于"上士"，此乃宗族之才俊耳。

第三层次："言必信，行必果，硁硁然小人哉！抑亦可以为次矣。"其特点是"言必信"，即其言语一定信实，有啥说啥，一诺千金，襟怀坦荡；"行必果"，即行为一定坚决，说了就去做。至于他说的对不对，做的对不对，姑且不论之。如此，不问是非黑白，只管贯彻己之言于行。"必信必果，也只为不肯无耻。"（卓吾）此等人乃是狭义之"士"，可谓之"下士"。

对"下士"之特质，陈祥道释曰："言必信，行必果，则谨身而已，非有称于宗族乡党也。""硁硁，则常而不能变。"进而详释曰："孔子以'言必信，行必果'为小人；孟子以'言不必信，行不必果'为大人；此扬子所谓：'事非礼义为小，无事于小为大者也，盖莫非小人也，有君子之小人，有众人之小人。''言必信，行必果'，君子之小人也。怀土、怀惠，比而不周、骄而不泰，众人之小人也。莫非君子也，有圣人之君子，有贤人之君子，有未成德之君子，有在位之君子。易曰：'君子上交不谄，下交不渎，君子之道鲜矣'。"

朱熹释曰："果，必行也。硁，小石之坚确者。小人，言其识量之浅狭也。此其本末皆无足观，然亦不害其为自守也，故圣人犹有取焉，下此则市井之人，不复可为士也。"

戴望以为："硁硁然，婞直貌。必信必果，一节之士而不能行权，故目为小人。抑较之同流合污之徒，亦可为士之次。"

第四，子贡问及"今之从政者何如？"孔子以不屑之语道出了自己的看法："斗筲之人，何足算也？""子贡意今之从政者不必皆弃材，故问有可否。"（戴望）孔子则不屑于当今为政者，认为当今从政者根本不能归为"士"的行列之中，于此，孔子非常明确地对当政者予以否定和批判。

"斗筲，则小而不能容。"（陈祥道）"今之从政者，盖如鲁三家之属……斗筲之人，言鄙细也。"（朱熹）"斗筲之人，喻小也。小人佉利，不足选为士。孟子曰：'今之所为良臣，古之所为民贼也。'"（戴望）"斗筲之人，言其器小。一说：谓其仅知聚敛。《论语》言辞和婉，然多于至和中见至刚，于至婉中见至直，如此处即是。"

第五，从本节的文脉走向来看，子贡连续不断地追问孔子，孔子按照从高至低，剥离"士"之层次。在一轮一轮的问答中，子贡试图在孔子的划分中找准自己的位置，孔子也试图通过划分，来告诉子贡，当世当权的季康子之流，也就属于"斗筲之人"，而子贡本人是否已经达到孔子之"士"的要求，当继续努力求进。

　　总之，"士"于孔子心中乃德行高尚、知识渊博、才干出众之人。孔子通过回答子贡之问，从三个层面渐次剥离"士"之标准，将"士"清晰地划分为"君士""中士"和"下士"三个等级。如此，孔子通过立"士"之标尺，并对之进行了层次划定，不仅对弟子具有直接的教导作用，促成其成长而成为真正的"士"，同时更为重要的是对现世执政者予以讽刺、鞭挞与批判。

21. 共学适道，中行狂狷

子路 13. 21

【原文】子曰："不得中行而与之，必也狂狷乎！狂者进取，狷者有所不为也。"

【译文】孔子说："我找不到奉行中庸之道的人和他交往，只能与狂者、狷者相交往了。狂者敢作敢为，狷者对有些事是不肯干的。"

孟子以"得天下英才而教育之"为人生之乐。孔子"本欲得中道之人而教之"（朱熹）。然中行之人，"不可必得，故思其次狂者，狂者又不可得，欲得不屑不洁之士而与之，是狷也，是又其次也"（《孟子·尽心篇》）。如是，孔子欲教行中道之才俊而不可得，只能得狂狷者。

孔子将可教之人，分为中行者、狂者和狷者三个层次，并对之心性、行为特点予以分析与甄别，叹中行者太少而不可求，如果有狂者、狷者，就算不错了，不得已时，只好退而求其次。"以时多为人，伪托中行，适以乱德，故必取狂狷也。"（戴望）此为孔子施教之"材"的实情，表孔子之理想与现实之矛盾，由此折射出世德之景况。

不可得"中行"者，但求"狂狷"。如此，施教于"狂狷"者，扬"狂者"之"志"，抑其"过"；张"狷者"之"义"，正其"不及"，促"狂者""狷者"趋中道，成"中行"者。

具体而言：

第一，孔子行"有教无类"，当世礼崩乐坏致使已不可得"中行"之人了，尚有狂狷者存，此乃孔子失望之中的希望所在。如此，既然"中行"之人已"不得与之"，那么，"必也狂狷乎"，"狂狷"者虽有不足，但"狂者进取，狷者有所不为也"，非"斗筲之人"，仍有其可取之处，尚可教之。如是朱熹所释，既然中行者"不可得，而徒得谨厚之人，则未必能自振拔而有为也。故不若得此狂狷之人，犹可因其志节，而激厉裁抑之以进于道，非与其终于此而已也"。如此孔子"言可与共学适道者，有此三等"（戴望）。

第二，何谓"中行"者、"狂者"和"狷者"？

（1）所谓"中行"者。"行，道也。"（朱熹）"中者不刚不柔。"（戴望）

其特点是行得其中，既不激进，又不保守，则可以获得比较适中的方法，并依此行事。简言之，"中行"者，即是遵循中道之人。孔门颜回即属此类。[子谓颜渊曰："用之则行，舍之则藏，唯我与尔有是夫！……必也，临事而惧，好谋而成者也。"（《论语·述而》）]

（2）所谓"狂者"；孔子认为"狂者进取"。其"狂"则是指其不拘一格，气势猛烈，蔑俗轻规，其特点孔子认为是"进取"。朱熹释曰："狂者，志极高而行不掩。"戴望以为狂者"进取，犹趋于大道。狂者仰法古制，不顾时俗，故能进取"。如此，狂者乃志大言大，立志高远，意气风发，具有很强的进取心。但实际上能力不足，简单说就是志大才疏。如琴张、曾晳、牧皮者，孔子则谓之狂者也。

（3）所谓"狷者"。其特点，在孔子看来则是"有所不为也"。朱熹认为，"狷者"乃是"知未及而守有余"。戴望释曰："狷者直己之志不从人，故能有所不为。"如此，"狷者"没有"狂"者那言高的志向，但很老实本分，洁身自好，有所不为，不肯同流合污，似是隐者所为。孔门弟子闵子骞当属此类，这类人偏重于舍之则藏。

第三，"狂者"，既是"好高骛远"，也就不自甘堕落，始终保持着积极进取之态，若能践道笃行，也会有所成就。"狷者"，能清高自守，有所为有所不为，若能做到恢宏通达，亦能有所成就。"狂者"和"狷者"虽相左，若能相互取各自之优长，克服其各自之不足，也能取得进步，从而弥补孔子未得"中行"之遗憾。

第四，"狂"与"狷"，其实是两种对立的品质。一是流于冒进，进取，敢作敢为；一是流于退缩，不敢作为。孔子认为，"中行"就是不偏于狂，亦不偏于狷。其气质、作风、德行都不偏于任何一方面，对立的双方应互相牵制，互相补充，这样，才符合于中庸的思想。对此，陈祥道释曰："狂者近智，狷者近义。近智而非所以智，则过。近义而非所以义，则不及。狂譬则阳，狷譬则阴，中行譬则冲气也。""狂狷，就是狂简。狂则必简，简即有所不为；有所不为，只是行己有耻耳。孟子分作两人解释，孔子不分作两人也。若狂而不狷，狷而不狂，有何可取？"（蕅益）

如此，"中行"之人，乃是兼有"狂者"和"狷者"二者之长，退能不为，进能行道，这样，"中行"之人，乃是具有理想人格和行为特质之人。

总之，孔子与可共学适道为要，指明世人中能"中行"者已不可得，尚有进取之"狂者"和"能有所不为"之"狷者"可与。如此，扬"狂者"之"志"，抑其"过"；张"狷者"之"义"，正其"不及"，促"狂者""狷者"趋中道，成"中行"者。

22. 恒心恒德，成事达仁

子路 13.22

【原文】 子曰："南人有言曰：'人而无恒，不可以作巫医。'善夫！""不恒其德，或承之羞。"

子曰："不占而已矣。"

【译文】 孔子说："南方人有句话说：'人如果做事没有恒心，就不能当巫医。'这句话说得真好啊！""人不能长久地保存自己的德行，免不了要遭受耻辱。"

孔子说："用不着去占卦了。"

按钱穆之释，"本章孔子引南人言，见人之无恒，不可成业。又引易爻辞，言无恒之人亦无可为之助"。如此，孔子强调"恒心"乃是成功之本，"恒德"则可免遭耻辱，从而凸显"恒"之美德。

"观象玩占之人，决不无恒。无恒，即是无耻。"（蕅益）"恒"，恰为当世人之所缺。孔子言"恒"，表对礼乐仁道之笃定、执着之持守。如此，孔子以为唯持之以恒，礼乐可兴，仁道可倡。

简言之，孔子强调做事须有"恒心"，做人须持"恒德"。如此，为事方可成，为人方可达。

具体而言：

第一，孔子总是借古人之语、他人之言、别方之话，然后再加上自己的一句评语，来表达自己的思想，这是他好古、法古之惯用手法。在此，他借用南方人之言和《易经·恒卦·爻辞》之语，阐述了做人、做事必须持守的两个基本原则：其一，做事必须有恒心，其事方可有成。其二，做人必须恒久保持其德行，方可免受耻辱。孔子依此两句话，凝练出做事与做人必须持有"恒心"和"恒德"。这既是孔子对自己所提出的要求，同时也是对学生们予以告诫，更为重要的是向世人昭示了做事必有"恒心"、做人必有"恒德"之至理。

第二，孔子有感于有恒者的稀缺，借南人之言"人而无恒，不可以作巫医"，强调做任何事情，没有恒心，皆不可成，突出"恒心"乃是成事之必要条件。

南人，在孔子时代，尚属蛮域之人，多行巫医。"南人，殷掌卜之人，其书有《南龟》。巫者，事鬼神祷以治病请福者也。男曰觋（xí），女曰巫。医亦巫也。"（戴望）"巫，所以交鬼神。医，所以寄死生。"（朱熹）

南人认为，学医或行巫医之术，没有恒心的人是学不会的。巫医"虽贱役，而犹不可以无常"（朱熹）。"观象玩占之人，决不无恒。"（蕅益）"无恒之人，神所弗福，巫医不能治其疾。"（戴望）"谓不恒其德者不待占卜，而已知其必承之羞也。"（江谦）孔子故而称其言而善之。

孔子在这里，借南人之言实际上是说，做人若没有恒心，没有韧性，连南方边地人所说的巫医也做不了，更谈不上君子、士人修身理国弘大道。修身、治国、弘道与学巫做医，其中均有许多的艰苦之处，二者虽有诸多区别，但对吃苦耐劳之恒常心的要求，则是共同的。

第三，同样，孔子有感于有恒德者稀少，故而引《易经》之语"不恒其德，或承之羞"来表明做事、修德，如没有恒心，三心二意，朝秦暮楚，终归不会取得好的结果；更进而言之，如果一个人之德非"恒"，不具有稳定不可动摇的"德性"，在做人与做事中就会翻云覆雨、随波逐流，本身就是令人不齿的，如此，这样的人终归亦会遭遇羞辱。

关于孔子引《易》之言。陈祥道释曰："恒之九三，刚而不中，刚之恒过者也。巽而应柔，巽之过者也。一过于刚，一过于巽，不恒其德者也，初与二在下，而羞承之或承之羞者也。"朱熹亦简言："此易恒卦九三爻辞。"戴望释曰："此《易·恒》九三象辞。三体乾德，又体巽，故不常无德，互兑毁拆，三之初成归妹，故'或承之羞'"。

第四，果如此，孔子的结论是"不占而已矣"。《易》曰："极数知来之谓占，革九五之未占乎，可知矣。恒九三之不占，羞可知矣。"《礼》曰："人而无常不可以为卜筮，龟筮犹不能知也。而况于人乎？""以其违从志，故《易》所不占。《少义》曰：'问卜筮，曰义与？志与？义则可问，志则否。'"孔子之意，从正面讲，表一个人如果真正懂了有恒的道理，有恒德，且能够用来指导自己的行为，就可以"不占而已矣"，即不必去求神问卜，只要"自求多福"就可以了！其义理，如同荀子解说的"善为易者不占"（《荀子·大略》）。从反面来讲，一个人如果不懂得做事做人必须有恒心、持恒德之理，那么，即使去求助于占卜，期望天上掉馅饼，也是无用。

第五，孔子将"恒心""恒德"作为做事、做人欲求成功的必要前提，这就突出了主体之主观因素在成人成事上的积极功能与价值，从而强调在修齐治平的漫长历程中，治理者必须加强自身的内在修养，坚定自己的志向不动摇，挺立自己的信仰信念不萎靡，培育自己百折不挠、坚忍不拔的精神，常怀仁德之心。如此，恢复"周礼"之大业，就必会在怀"恒心"，守"恒德"中得以成功实现。

总之，孔子深知，面对乱世，要恢复"礼制"，实施"仁政"，非一日之功，需具有"恒心"和"恒德"之人义无反顾地去推进，方可成就之。倘若做事无"恒心"，其事业必将"半途而废"；倘若做人无"恒德"，那么，其大业不仅不成，而且以成就大业为己任之人，必将因事业无成而蒙受世间屈辱。

"恒心"，是成就一项事业的内在精神、心志之动力，是成功做事不可或缺的主观精神条件。如此，内在要求做事者之志，具有不可动摇性、不可变易性和持久性，其心力之指向"始终如一"。有"恒德"，则为"恒心"确保其价值方向的正确性和正当性。如此，"恒心""恒德"构成了成就正义、正当事业强大而不可衰竭的精神动源。正因为如此，孔子之言，于古人、于今人均具有教育和警示作用。

23. 君子小人，和同之别

子路 13.23

【原文】 子曰："君子和而不同，小人同而不和。"

【译文】 孔子说："君子讲求和谐而不同流合污，小人只求完全一致，而不讲求协调。"

孔子从"和""同"之关系视角，直道"君子"与"小人"之本质区别，表君子求"和"，但不失己而求"同"，相反，"小人"求"同"利趣而实"不和"。因为"君子尚义，故有不同。小人尚利，安得而和？"（朱熹引尹氏）

"和者，无乖戾之心。同者，有阿比之意。"（朱熹）和者有异而无乖，同者有协而无异。君子与人任道，故"和而不同"。小人与人任情，故"同而不和"。君子有道而追求差异性之和谐，即"和而不同"；小人无道，则逐利而求简单化之"同"，实则"不和"。

具体而言：

第一，孔子从"和"与"同"的关系视角，再次将"君子"与"小人"区别开来，明确标示了"君子"与"小人"各自在"和"与"同"上所持的立场、原则，从而凸显各自的精神特质，以此提供识人之原则，提防"小人"，更为重要的是指引其弟子修造自己成君子人格。

第二，孔子在《论语》中应该说把区分"君子"与"小人"作为其重要任务。如此，我们可以看到他从道德修养、人格理想、义利观和行为观等层面，多维度区分了"君子"和"小人"，指出两者根本的区别，形成了孔子独特而丰富的"君子观"和"小人观"。譬如：

（1）子曰："君子喻于义，小人喻于利。"（《论语·里仁》）

（2）子曰："君子坦荡荡，小人长戚戚。"（《论语·述而》）

（3）子曰："君子求诸己，小人求诸人。"（《论语·卫灵公》）

（4）子曰："君子成人之美，不成人之恶；小人反是。"（《论语·颜渊》）

（5）子曰："君子之德风，小人之德草，草上之风，必偃。"（《论语·颜渊》）

（6）子曰："君子有三畏：畏天命，畏大人，畏圣人之言。小人不知天命而

不畏也，狎大人，侮圣人之言。"（《论语·季氏》）

（7）子曰："君子泰而不骄，小人骄而不泰。"（《论语·子路》）

（8）子曰："君子和而不同，小人同而不和。"（《论语·子路》）

（9）子曰："君子上达，小人下达。"（《论语·宪问》）

（10）子曰："君子固穷，小人穷斯滥矣。"（《论语·卫灵公》）

（11）子曰："君子义以为上，君子有勇而无义为乱，小人有勇而无义为盗。"（《论语·阳货》）

由此揭示了"君子"与"小人"之丰富内涵和多样表现形式，从而从多维度、多层面，剥离"君子"与"小人"之差别，呈现出"君子"与"小人"相对立的人格特征、道德品质与精神风貌，不仅有利于世人甄别"君子"与"小人"，而且彰君子之善，为世人树立了君子之标范，进而揭露小人之恶。

第三，在本节中，"君子"与"小人"之别，主要在"和"与"同"的关系上所呈现出的立场、原则之差异。由此，构成"君子""和而不同"，"小人""同而不和"的特质，为区别"君子"与"小人"又提供了一个标准。

第四，"和"与"同"乃是解读孔子此论，进而把握"君子"与"小人"之关键。"君子心和，然其所见各异，故曰：'不同'。小人所嗜好者同，然各争利，故曰：'不和'。""和者，无乖戾之心；同者，有阿比之意。"（朱熹）"君子""和而不同"，指君子能做到"和谐而不盲目附合"；相反，"小人""同而不和"，则表明其行"奉承、曲从、迎合"之事，表"同"而实不"和"。

进而言之，"无诤故和，知差别法门故不同；情执是同，举一废百故不和"（蕅益）。"和而不同"所追求的是内在的和谐统一，而不是表象上的相同和齐一，"和"乃是以承认事物的差异性、多样性为前提的，是对多样性的尊重和包容，表不同事物或因素之间的并存与交融，相成相济，互动互补，使万物生生不已。"和谓可否相济。同，同欲也。阴阳不同气，故能合。甘苦不同味，故能主能调。五色不同采，故能齐；五声不同均，故能会。史伯曰：'和实生物，同则不继。'"（戴望）"同而不和"则不然，它旨在排斥异己，消灭差别，这种单一性倾向或取向，最终必然导致事物的发展停滞直至灭亡。直言之，"和"的前提是差异，是"不同"，这是君子独立的立场与人格使然；"和而不同"是在对差异性尊重和认可的前提下，追求彼此的共存、共在与相生，所焕发出来的是动态而充满着生机的态势；而"小人"随波逐流，见风使舵，无所谓必须或一定要坚持的原则和立场，因此，"同而不和"，存在表象的"同"与实质上的"不和"之尖锐矛盾，最终导致静态而衰退、衰败之象。再言之，"小人"任情而尚利，故其"同"，乃权宜之计，"不和"才是其实质。如此，"同而不和"

是一种图谋而满足其"利"之巧计、之手段耳。

第五，"君子"之交、"小人"之聚，因其价值目的和目标之别，决定其各自所遵循的原则，以及最后所达到的效果，也就迥然相异。

君子之"和而不同"，致使君子相交，非强人趋同，君子有容人之雅量与坚持己见之操守，互相取长补短，不趋炎附势，不与邪恶、黑暗势力同流合污。"小人"之"同而不和"，致使与小人相交，必为共同谋利，依强附权，各怀损人利己之鬼胎，表面上强求一致，即"君可则可，君否则否，同而不和也"（陈祥道）。然转身来就互相攻击，故"同"而"不和"。如此，小人之交，多为权谋之计。

君子之交淡如水。君子不求"同"，不会强行要求别人跟自己一样，各自保持自己的特点。对待朋友，是倾听和尊重的态度，是一种纯净的不夹杂任何功利色彩的交往，所以，看起来平淡如水，实则是一种心灵的相通，共进有道。而小人之交甘若醴，表征出与君子之交截然有别。因为"小人"因利而交，己之"利益最大化"乃是"小人"交往的最高原则，利在则聚，利尽则散。小人之交，始终是以"利"为纽带、为轴心、为焦点。如此，"同而不和"成为小人聚集之必然。

第六，需要特别注意的是，儒家或孔子所提出的"和"，既强调"礼"的运用以"和"为贵，又指出不能为"和"而"和"，须以"礼"节制之，由此可见，孔子提倡的"和"并不是无原则的调和，而是多样性、差异性在遵循"礼"之前提下，所达到的和谐之状。

同时，孔子也不简单否定"同"，而是强调君子之"同"与小人之"同"的本质区别。对此，陈祥道有深刻的阐释："君子不同，有所谓同；小人之同，有所谓不同。"《易》曰："君子以同而异，君子之同也。"《诗》曰："瀼瀼訛訛，小人之不同也。"故"君子同不同，皆是善。小人同不同，皆是不善"。

第七，孔子之论，昭示君子可以与他周围的人保持和谐融洽的关系，但他对待任何事情都必须经过自己大脑的独立思考，从来不愿人云亦云，盲目附和；而小人则没有自己独立立场与见解，只求与别人一致，而不讲求原则，但他却与别人不能保持融洽友好的关系。这是君子与小人在为人、处事方面的差异。换言之，君子在人际交往中能与别人保持和谐的关系而不失己；而小人习惯于迎合别人的心理、附和别人的言论，不讲求原则，但在内心深处却并不抱有一种和谐友善的态度。如此，小人之"同而不和"，表面一团和气，实则钩心斗角，各怀鬼胎，是不可能导致真正的和谐，只有"和而不同"才是正确的致"中和"之道。

第八，事实上，君子和小人，不仅仅在为人、处事上存在着"和"与"同"的差异，而是在所有的问题上，君子与小人往往都能体现出"和而不同"与"同而不和"的区别。如此，孔子用力从多维度、多层面来对"君子"与"小人"来加以区别，其用意则在于教导学生如何识别"小人"，如何成就自己的"君子"人生。

　　总之，"君子"与"小人"，在品行、德行等诸多维度有着显著的差异。于此节，孔子以"和"与"同"作为"君子"与"小人"最深层次的本质区别，旨在向世人昭示真正"君子"的特质：真君子，不计利益纠葛，却勇于在大是大非前坚持立场，不苟合盲从而就道；真君子，不畏恩怨情仇，却敢于正视不同意见，求同存异，并以此保证自身的思想自由、人格独立。

24. 众口铄金，智者明辨

子路 13.24

【原文】子贡问曰："乡人皆好之，何如？"

子曰："未可也。"

"乡人皆恶之，何如？"

子曰："未可也。不如乡人之善者好之，其不善者恶之。"

【译文】子贡问孔子说："全乡人都喜欢、赞扬他，这个人怎么样？"

孔子说："这还不能肯定。"

子贡又问孔子说："全乡人都厌恶、憎恨他，这个人怎么样？"

孔子说："这也还是不能肯定的。最好的人是全乡的好人都喜欢他，全乡的坏人都厌恶他。"

孔子否定了以"乡人皆好"与"乡人皆恶"来判断一个人是"善人"或是"恶人"之偏，提出"善者好之""不善者恶之"之原则来加以确认。此为孔子教子贡如何穿越众人之论而独立判断一个人之"善"与"恶"，或判断是善人，抑或是恶人，切勿简单地从众人之论而不加思索和考察就信以为真，从而生误判。此为智者之戒。

"乡人皆好"与"乡人皆恶"属"公论"或"乡愿"，孔子以"未可"否定所谓"公论"之确切性与可靠性。如此，孔子亦就否定了以附和所谓"公论"来替代自己的判断之做法，表明须进一步加以详尽的省察、甄别，方可对"善人"和"恶人"做出恰当的准确判断。因为"乱世之民，以是为非，以伪为真，故不如以己之行观乡人之善恶，使善善明而恶恶著"（戴望）。而"不善者恶，正是好处，何不怪他不善者之恶耶？"（蕅益）

简言之，评价一个人之善恶，不能简单地盲目附众之毁溢而人云亦云，还须细心考察其所以毁、所以誉之因，方可做出准确的判断与评价。

具体而言：

第一，本节是子贡与孔子关于判断"善人""恶人"的对话，折射出应该如何认识人、判断和评价人。孔子质疑"乡人皆好之"即为"好人"，"乡人皆恶之"即是"恶人"之准确性和可靠性，因为"乡人"对一个人之判断的"好""恶"只具有或然性。如此，孔子强调以其"皆好""皆恶"，还不如以

"乡人之善者好之"者为"善人","其不善者恶之"者为"恶人"更可靠。孔子的话明确地表达不能以"乡人"对一个人的评断为唯一依据，由此就判断一个人是"善人"或是"恶人"，亦即判断与评价一个人不能简单地附众之毁誉，还需细心考察其所以毁、所以誉之因、之证，然后对之才能做出准确评价。更进一步说，孔子在评价一个人时，把握住一个原则，即不以众人的好恶为依据，而应以"礼"为标准。

第二，"乡人皆好"与"乡人皆恶"，属世人眼中的"公论"。子贡之问所表达的即是此等"乡愿"（"乡原"）。孔子从根本上对"乡愿"是持怀疑与否定立场。孔子有言曰："乡原，德之贼也。"（《论语·阳货》）何晏释曰："善人善己，恶人恶己，是善善明，恶恶著。"即善人为善人之所好，故是善善明也；恶人恶己，则非己恶，故是恶恶著也。如此，倘若一乡之人都喜欢他，他可能是一个好好先生，不一定是"善人"。一乡之人都厌恶他，他可能是个特立独行、鹤立鸡群的人，不一定是"恶人"。只有当好人喜欢他，坏人厌恶他时，我们才可以肯定他是一个好人。此乃"言乡人皆好之，是善善不明；乡人皆恶之，是恶恶不著。若乡人之善者善之，恶者恶之，则是善善分明，恶恶显著也"（何晏《论语集解》、邢昺《论语注疏》）。朱熹进而释曰："一乡之人，宜有公论矣，然其间亦各以类自为好恶也。故善者好之而恶者不恶，则必其有苟合之行；恶者恶之而善者不好，则必其无可好之实。"亦如钱穆所言："一乡之人，若宜有公论，然亦各自为类以为好恶。若一乡同好，恐是同流合污之人。一乡同恶，或有乖世戾俗之嫌。恶人之恶，疑其苟容。善人不之好，见其无可好之实。然则公论贵乎合道，不贵以多少数为衡量。"以此可见，孔子洞见了"乡愿"的本质，强调须对乡人同好、同恶之人，是否是"善""恶"，予以再判定、再确证。

第三，既然孔子怀疑、抑或否定简单附从"乡愿"，则告诫其弟子或世人，"众恶之，必察焉；众好之，必察焉"（《论语·卫灵公》）。如此，听其言，观其行，方可对一个人善恶做出恰当、真实、公正的评断。

孔子始终强调评价一个人是"善人"还是"恶人"，一是要看此人是不是具有仁德之心；二是要看评价他的人有没有是非善恶的标准。如此，才能真正理会孔子所说"乡人之善者好之，其不善者恶之"之语的真谛。因为只有这样的人，才是孔子所说的"唯仁者能好人，能恶人"之"仁者"。

第四，从孔子判断"善人"与"恶人"之原则和标准来看，只要内具仁德之心，外行仁爱之事，就不管别人说什么，不在乎流俗之人说三道四，流言蜚语，指手画脚，只管遵礼正道直行，走自己的路，不被外来的评价与舆论所左

生活哲学视野中的"论语"研判

右。如此再次表明，一个人是"善人"或"恶人"，非他人或乡人之毁誉，其根本在于以己符合"礼"之言行来佐证与诠释。

第五，人于世间行，谁不评说别人，谁人又不被评说。如此，子贡和孔子的对话中所蕴含的道理告诉世人，作为评说他人的人，最重要的是要从良知出发，符合事理，合乎正道人心，合乎公平正义，既不能做无是非判断、没有价值原则的和事佬、老好人，也不能做违背天道人心还要伪装成道貌岸然的乡愿、假正经，更不能凡事以一己之私利为尺度，仅为一己私，而颠倒是非善恶，混淆黑白，蜕变成市侩。一句话，作为评价别人之人，必须要秉持道德公心，坚持仁德公道，对一个人做出"实事求是"的评价，因为评价一个人本身就折射和表征着评价者本身的道德良心、是非原则与价值立场。

总之，孔子强调评断一个人是"善人"或"恶人"，与其人云亦云，随大流，为众人之论所惑，还不如遵"乡人之善者好之，其不善者恶之"之原则更客观、更可靠。然在其根本的意义上，唯有以"仁"之德、"礼"之法为尺度，究其言行，方可对一个人是"善人"抑或"恶人"做出客观准确而公正的判断和评价。

25. 小人当权，君子当政

子路 13.25

【原文】子曰："君子易事而难说也。说之不以道，不说也；及其使人也，器之。小人难事而易说也。说之虽不以道，说也；及其使人也，求备焉。"

【译文】孔子说："在君子底下做事很容易，但要讨他的欢喜却难。不按正道去讨他的欢喜，他是不会喜欢的。但是，当他使用人的时候，总是量才而用人；在小人底下做事很难，但要博得他的欢喜却容易。不按正道去讨他的喜欢，也会得到他的喜欢。但等到他使用人的时候，却是求全责备。"

为政者、当权者，在孔子看来有两类，即"君子型"与"小人型"。君子处己也正，责人也轻，正故难悦，轻故易事。小人处己也不正，责人也私，不正故易悦，私故难事。于君子，易事仁也，难悦义也。小人反是。

孔子从三个层面对"君子"与"小人"进行了对比性的分析，突出了"君子之心公而恕，小人之心私而刻"（朱熹）。以此表"君子"严于律己，心持正道与操守，喜欢人以正道行事。君子爱惜人才，量才而用，宽以待人，故人乐为之用；"小人"做事无道，喜欢别人顺从而取悦自己，对人刻薄而吹毛求疵、求全责备。故"君子悦道，悦即非悦；小人好悦，道即非道"（蕅益）。

孔子通过君子之"善德"与小人之"恶德"的具体分解与陈述，揭示了"君子"与"小人"在为人处世、待人上的本质区别，进一步深化了对"君子"与"小人"的认知。

孔子通过"君子""小人"的辨分，再次指证为政者、当权者之类型与作风，暗批"小人型"之为政者、当权者，劝诫、希冀为政者、当权者，能自觉摒弃"小人"之无道、之陋俗习气、之狭隘尖刻、之恶，成君子之有道、之雅量、之宽厚、之善。

具体而言：

第一，孔子从与人相处、悦与"道"的关系视角，具体从用人、待人之原则和态度等三方面，渐次深化地对"君子"与"小人"加以了分辨；本节最为显著的特点则是孔子将"君子"与"小人"的辨识，置于相处之做事和取悦之关系中，突出了二者之间的差异性、对立性特征，使"君子"与"小人"之分野更具直观性和可感性，增强对"君子"与"小人"可识别性。

第二，"君子易事而难说也""小人难事而易说也"。孔子首先从与人相处和做事两个层面，以"易"与"难"两个对比度极强的词，从"他者"的视角直陈"君子"与"小人"给人的直观感受，从而勾画出"君子"与"小人"的差异。

为何"君子易事""小人难事"呢？按朱熹之解，此乃"君子之心公而恕，小人之心私而刻。天理人欲之间，每相反而已矣"使然。进而言之，《说苑·雅言》云："夫子见人之一善而忘其百非，是夫子之易事也。"戴望以为，君子"见一善，忘百非，故易事"。而"小人"则是见人之一不善而无视、否定其百善，即见一之不善，其余皆不善。

第三，君子"说之不以道，不说也"；小人则是"说之虽不以道，说也"。孔子在此将"悦"与"道"关联起来，对"君子"与"小人"相对立的内在品质加以区分，具体说明了君子依"道"持"礼"而"悦"，"小人"之"悦"与"道"无涉。君子以为"不以其道，即是佞媚"。如此，也就回答了为何君子"难说"，小人"易说"之缘由。戴望释曰：君子"明于事，达于数，故难说。'礼不妄说人'，故说之不以道，不说也"。钱穆释曰："君子悦人之有道，故无道之人不易得君子之欢悦。"

第四，君子"及其使人也，器之"，而"小人"则是"及其使人也，求备焉"。这是从用人方面所表现出来的作风，对"君子"与"小人"加以区分和甄别。"君子"贵重人才，能做到量才用人，随才使人，如是，在君子眼里，天下无不是可用之人，同时亦能恕人所不能；而"小人"对"人才"则是百般挑剔、求全责备、吹毛求疵、百般刁难，"求备谓每事征求皆令备足，'《春秋》之义，罪以功除'，故以此为恶德"（戴望）。

总之，孔子从三方面具体而深入地评析和比较了"君子"与"小人"两种截然不同、迥然对立的做人风格与做事作风，从而将君子与小人再次加以厘清，突出了"君子反求诸己"，严于律己，心存正道与操守，喜欢他人正道行事，珍视与爱惜人才，宽厚待人。如此，人乐为之所用，人亦尽心尽力做事而又乐在其中。反之，"小人"则心无道，只是喜欢别人顺从、取悦自己，"小人求诸人"，待人苛求、尖刻。如是，总觉"小人难事"，委屈相处，勉为其难。孔子在此，对"君子"与"小人"加以比较，不仅增强对"小人"的识别力和防范性，实质上是暗批"小人型"当权者，赞"君子型"当政者。以此倡导其弟子，尤其是为政当权者应该摒弃"小人"之为、之作风，努力修造自我，在为人、处事、待人、用人等方面，以"君子"为范，不断提升与完善自己，从而真正做到为政以道。

"君子型"当政者与"小人型"当权者，古有之，今未绝。如此，孔子之论，不仅批判当世之无道之"小人"当权者，亦痛斥一切无道、无德，从"恶"之小人型官僚，从而将官德、为政之德，从远古延伸至今，令世人审断之。

26. 泰而不骄，骄而不泰

子路 13.26

【原文】子曰："君子泰而不骄，小人骄而不泰。"

【译文】孔子说："君子安静坦然而不傲慢无礼，小人傲慢无礼而不安静坦然。"

"君子"与"小人"，因心性、修养、品性和境界之不同，呈现出不同的精神风貌。君子秉持公道，心无私偏，故能安然坦荡；同时，君子能卑以自牧，故能心平气和，不骄矜傲慢。相反，小人虽然志得意满、心高气盛，却难以做到平和坦荡。如是陈祥道所言："君子坦荡荡而谦以自牧，故泰而不骄。小人长戚戚而贱物贵我，故骄而不泰。"亦如朱熹所释曰："君子循理，故安舒而不矜肆，小人逞欲，故反是。"蕅益释曰："泰，故坦荡荡，从戒慎恐惧来。骄，故长戚戚，从无忌惮来。"

因心态之平和，心境之安定，心怀之坦荡，君子诚于中，行于外，从内至外，言谈举止无不释放、流露出一种安详、谦和与舒泰之神韵。小人则不然，因其内心充斥着焦躁之气，心境和气度上便少了一份安闲与从容，形于外，则多为故作扭捏之态，逞骄矜、凌人之气。如此，君子因"泰"而"不骄"，小人则因"不泰"而"骄"。

修养、品性、心态及精神境界，决定其外在之形态，君子小人之别，从内至外，皆截然不同也。

具体而言：

第一，本节孔子主要从内在心性修养、精神境界与外显形态的关系，即从人之内心状态、对人处事方式等方面，从"表"与"里"相结合的维度来对"君子"与"小人"加以区别，突出了"君子"内外统一，呈"泰而不骄"之平和安详，而"小人"则是内外背离与矛盾，呈"骄而不泰"之傲慢窘迫。如此，对"君子"与"小人"的差别与对立予以鲜明的表征。

第二，在本节中，区别"君子"与"小人"，其关键就在于"泰"与"骄"的内心状态和外在显现状态。

所谓"君子"之"泰"。"泰者志高广大，言己之光美参于天地，儗于舜、禹，大至矣。"（戴望）如此，泰然者，谦和也；骄矜者，狂傲也。高亨在《周易大传》中对君子坦然者予以形象而深刻的解说："谦者，才高而不自许，德高而不自矜，功高而不自居，名高而不自誉，位高而不自傲。"泰者，"望之俨然""即之也温""其言也厉"者。君子给人严肃之观，只有走近他，才知他谦逊温和；与之交谈，方知言辞严正犀利而准确，不苟和。其"俨然"似"骄"而"非骄"，"言厉"似"傲"而"非傲"，皆为安详、宁静，坦荡通达，敦大老成，舒泰而不骄矜使然。

所谓"小人"之"骄"。"骄者矫诬为高，谓若同流合污，故为贤人居之不疑者。"（戴望）小人因患得患失，多忧多惧，有所知能，而欲盖则弥彰，似匿则实露，矜庄于世，似泰而非泰，似谦而非谦，皆为浮薄琐屑，浅躁刻薄，私欲内藏，矜张苟容，骄矜而不舒泰之故。

第三，"君子"因始终光明正大，心地坦荡，安定从容，故始终内心处于泰然、安详、宁静之状；而"小人"如上所言，心阴暗、胸褊狭，常处紧张、纠结，易忧愁、恐惧。又因小人内心多自卑，于人前必然表现为自信满满、自负狂妄。然而"小人"刻意的掩饰，并非油然而生，常常表现出不安分的躁动，乃至张狂、盛气凌人，如此之故，"小人"则绝不可能舒泰、安详。

"君子"与"小人"之差异，正如《集解》所言："君子自纵泰，似骄而不骄。小人拘忌，而实自骄矜。"亦如皇疏所示："君子坦荡荡，心貌怡平，是泰而不为骄慢也。小人性好轻凌，而心恒戚戚，是骄而不泰也。"诚如钱穆所释："君子无众寡，无大小，无敢慢，故不骄。然心地坦然，故常舒泰。小人矜己傲物，唯恐失尊，心恒戚戚，故骄而不泰。然亦有不骄而未能泰者，亦有泰而或失之骄者。求不骄易，求能泰难。"

第四，孔子在《论语·尧曰》与弟子子张的对话中，谈及从政的条件时，提出从政必须秉持"尊五美，屏四恶"的原则，而"泰而不骄"则是孔子所讲为政必有的"五美"之一。在孔子看来，"泰而不骄"做出了解释，即"君子无众寡，无小大，无敢慢，斯不亦泰而不骄乎？"（《论语·尧曰》）如此表明，君子无论面对人多或人少，势力大或势力小，都不轻慢。如此，"泰而不骄"，表君子始终保持着内心的坦然安详、静婉与温和，而又不骄恣、骄傲凌人。

第五，在本节中，在《论语》中，孔子常用"而不"句式。此句式需细究其深意。"而不"一般有两层含义，其一，表前后之转折关系，如"学而不思""思而不学"。其二，是表示中庸的一个"度"，同时亦表示一种形似而"质"之区别。譬如，"周而不比"与"比而不周"；"和而不同"与"同而不和"。在此，"周"与"比"，"和"与"同"，从表面看，实难区别，须深入细究，方可明辨二者之间"质"的区别与分界。这"质"即是"中"，亦是二者之间的"度"，过"周"则为"比"，过"和"则为"同"。在本节中"泰而不骄""骄而不泰"，其中，"泰"与"骄"二者之间，其形似而神异，泰"而不"过度，泰"而不"及骄，即为君子，如是"君子泰而不骄"。"泰"过"中"，"泰"而"及骄"，即为"小人"，此乃"小人骄而不泰"。如此，"君子"与"小人"之间，其关键在于"而不"，即在于掌握或控制"泰"与"骄"这二者之间的一个"质点"、一个"度"，一个有"质变点"的"度"。

总之，孔子在本节中通过对"君子"与"小人"在"泰"与"骄"上的差异进行分辨，指出"君子"与"小人"内在心性、个人修养和思想境界之别，造就两者见诸行的迥然不同的待人态度和风格。由于君子持守中道与公心，心无偏念与私欲，故能安然坦荡；又因君子能谦卑为怀，仁爱于心，故而待人能平心静气、温婉柔和，不骄矜傲慢。相反，"小人"虽然志得意满，心高气盛，却因缺乏对自我的充分认知和肯定，因此其内心很难达到坦荡平和。孔子以此比较，不仅让弟子和世人识得何为"君子"，何为"小人"，而且更为重要的是警示其弟子和世人，应该摒弃"小人""骄而不泰"之内外、表里背离与变异的心性、待人之状态，切切做一个内心安坦、祥和、宁静，待人温和敦厚，内外统一、表里如一的谦谦君子。

27. 成仁之途，夫子论证

子路 13.27

【原文】子曰："刚、毅、木、讷，近仁。"

【译文】孔子说："刚强、果敢、朴拙、谨慎，这四种品德接近于仁。"

按戴望之释："刚毅，谓强而能断。木，朴悫（què，诚实，谨慎）貌。讷，呐于言。四者行之质，若加文，则成仁矣，故近仁。"在孔子看来，具有"刚、毅、木、讷"四种品质，本身尚未达"仁"，只是成为"仁"之四"质"。从四者与"仁"的关系而言，是"近仁"。对此，陈祥道予以较为充分的诠释。他说道："刚则无欲，无欲则静，仁者静，故刚近之。毅则果敢，果则勇，仁者必勇，故毅近之。木者无令色，则不以色取仁；讷者无巧言，则不以给夺仁，凡此不以末害本也，仁者务本而已，故木讷近之。刚、毅、木、讷，近仁，质美故也。强恕而行，求仁莫近焉，行美故也。"卓吾云："刚毅木讷都是仁，仁则并无刚毅木讷矣。"

孔子言"刚、毅、木、讷，近仁"，化"仁"之抽象为具体，开出了从"近仁"至"仁"的四条可行之路径。如蕅益所释曰："不是质近乎仁，只是欲依于仁者，须如此下手耳。"如此，孔子之论，展示了成"仁"之广阔可能，给世人向仁进发予以实在的鼓舞与信心，有助于世人在生活中锻造自己"刚、毅、木、讷"之品格，从而为"仁"拓展了广阔而深厚的现实基础。

具体而言：

第一，"仁"乃是孔子学说之核心范畴，是一个人德性修养、人格塑造所追求之最高境界，非一般人可以企及。然在本节中，孔子给世人提供了通达"仁"，即"近仁"之可行之路："刚""毅""木"和"讷"。如此，在孔子看来，平常人只要做到或达到这四方面中的任何一种，或具备了四者中之任何一种德性，那么，就可以说趋近于"仁"了，都是值得充分肯定和赞许的。

第二，孔子将"刚、毅、木、讷"四种品质或人格特点，纳入仁德范畴，一方面是对平常人向善、趋"仁"之心的肯定，给予其希望，表通达"仁"之路的多元性，以及"仁"之基础的广泛性；但另一方面，孔子又以一个"近仁"之"近"，给它们予以定性，指明它们本身还不是"仁"，仅是趋"近"于"仁"，这就指出达"仁"之漫长性和艰巨性，说明人生德修要达"仁"的境界，非一日可成，而是毕生之工夫。

第三，在本节中，孔子以"刚、毅、木、讷"，指称具有这四种心性特点的人，具备了"近仁"之"质"，同时也具体表达了这四种分别"近仁"的四条可行路径。

对于这四种"近仁"之品质，皇疏曰：言此四事与仁相似，故云近仁。刚者性无求欲，仁者静，故刚者近仁也。毅者性果敢，仁者必有勇，周穷济急，杀身成仁，故毅者近仁也。木者质朴，仁者不尚华饰，故木者近仁也。讷者言语迟钝，仁者慎言，故讷者近仁也。程子曰："木者，质朴。讷者，迟钝。四者，质之近乎仁者也。"杨氏曰："刚毅则不屈于物欲，木讷则不至于外驰，故近仁。"

具体言之，

（1）所谓"刚"，"刚谓强志不屈挠"（钱穆）。是指其人意志坚强，不屈不挠，为了理想而坚定不移地去奋斗。刚者，宁折不弯，持守正道，择善固执，风骨铮铮，无论遭遇多少坎坷，依然不改其刚强之气。如此，此"刚"乃君子化"天道"于行动而自强不息之本性使然，取向刚健有为之人生。更为重要的是"刚"者，无欲也，无欲则静。一句话，刚者不为欲求所动摇，如此则"近仁"。

（2）所谓"毅"，是指具有"果敢"之气，其人行事，一经认定笃定而不改地去行，以此表"毅者"，内具坚韧之心和豪勇之性，个性极具张力。凡"仁"之事，自当为之，甚至不惜牺牲自己的生命。如此，毅者不为困难和威势所屈服，自觉于"士不可不弘毅，任重而道远"。志士因怀远大之志向，亦有坚定之意志，内蕴孤韧不拔之勇，切实笃定之行，故以其"弘毅"而"近仁"。

（3）所谓"木"，是指其内心质朴无华，忠厚老实，崇尚朴拙敦厚，从不以乖巧与文饰博世人之欢悦，不屑到处施小聪明而讨好，待人处事，真诚本色。如此，因质朴之本性，因尚质朴之取向而具有或保持敦厚严谨的作风，故"木者""近仁"。

（4）所谓"讷"，本是指钝于言，多是沉默寡言、不随意言辞、信口开河。孔子有言："巧言令色，鲜矣仁。"（《论语·学而》）即从反面对讷者予以了肯定。如此，"讷"者，乃是君子"敏于事而慎于言"（《论语·学而》）之表征。这样，讷者因言语审慎，既不会制造伪善，亦免去不必要的灾祸。讷者，"质厚少文，造次不能以辞自达"（《资治通鉴·汉纪·汉纪三十一》），"斤斤谨质，形于体貌"（《资治通鉴·汉纪·汉纪三十五》），故而"近仁"。简言之，"讷"，朴实、憨厚，少雕琢、修饰。"智"近似于"愚"，实则更通透人生境界与智慧。

如此，孔子在此将人之朴素的精神气质和品质同"仁"链接起来，并归为一类，让世人着实能找到追求"仁"之现实起点，让人看到践"仁"之可能性和可行性，更为重要的是说明"仁"并不在高远处，而是在践行并超越"刚、毅、木、讷"之中，这就给世人追求"仁"，"近仁"而进仁，指出了其路之所在、其希望之所在。

第四，孔子提出"刚、毅、木、讷""近仁"这一判断，不仅促使其弟子们自觉比照，对自身进行归位，鼓励学生坚持良好的、基本的、朴素的品质，继续修造自己，即可"近仁"，同时也警示弟子们，仅仅具有这些特质，还不足以成为"仁者"，希望他们不止步于此。

总之，孔子以"刚、毅、木、讷"四德作为"近仁"之尺度，是为仁者不惧，则刚；仁者恒之，则毅；仁者心诚，则木；仁者务实，则讷。可见，作为孔子思想核心之"仁"，于其心中居于神圣地位。

对于如何达"仁"，孔子一方面鼓励弟子："仁远乎哉？我欲仁，斯仁至矣！""仁"并非遥不可及，只要心中立"仁"则"仁"至；另一方面又警示弟子，即使做到"刚毅木讷"，也仅是"近仁"，本身并非达"仁"，切不可沾沾自喜，仍需潜心修炼。如此，孔子正是从这一正一反两方面向弟子，亦向世人指明通达"仁"之现实路径。

28. 为士之道，切偲怡也

子路 13.28

【原文】子路问曰："何如斯可谓之士矣？"

子曰："切切偲偲，怡怡如也，可谓士矣。朋友切切偲偲，兄弟怡怡。"

【译文】子路问孔子："怎样（做）才可以称为士呢？"

孔子说："互助督促勉励，相处和和气气，可以算是士了。朋友之间互相督促勉励，兄弟之间相处和和气气。"

子路问"为士之道"，孔子针对子路之不足，简言表要成"士"，在与朋友交当"切切偲偲"，与兄弟处当"怡怡"。因为"交贤方汲汲，友直每偲偲"（白居易）。若能做到如此，则"可谓士矣"。

"子路之为人，嗟而行行，其于朋友兄弟必不能然。"（陈祥道）"子路行行，斯切切怡怡之意少矣，故孔子以此箴之。"（钱穆）以此表子路当修己，养"温良和厚之气，此士之正"（钱穆）也。

具体而言：

第一，在本章第二十节，子贡向孔子问了同一个问题："何如斯可谓之士矣？"子贡之问的目的和落脚点在于想知道孔子对"今之从政者何如"的评价。孔子在回答中，提出了"士"的三个层次，并对当今从政者予以了否定性的评价。

在本节，子路所问与之前子贡所问相同，但是孔子回答的则是侧重于"士"与朋友、兄弟的相处之道，强调"以友辅仁"和"兄友弟恭"的原则。如此，子路之问，则是向孔子请教如何做一个"士"，希望孔子予以指导。孔子之答，不仅一般地指出了"士"与人交往相处的基本原则，而且更为重要的是希望子路在朋友之交中，能得到朋友的帮助，进而能不断地促进自己进步。

从子路与孔子的简明问答可见，孔子针对子路所存在的"问题"，直道若子路能做到"切切偲偲，怡怡如也，可谓士矣"。孔子接着又复言"朋友切切偲偲，兄弟怡怡"。为何如此？朱熹引胡氏曰："皆子路所不足，故告之。又恐其混于所施，则兄弟有贼恩之祸，朋友有善柔之损，故又别而言之。"

第二，在本节中，孔子以"切切偲偲"和"怡怡"具体回答了子路如何做一个"士"，即如何与朋友交，与兄弟处，亦即在交往中应遵循的原则。

（1）所谓"切切"。［"切切，责也。"（陈祥道）"切切，恳道也。"（朱熹）］即是指朋友之间要做到相互敬重、相互切磋，在彼此尊重之前提下，真诚、中肯地指出对方的缺点或不足。

（2）所谓"偲偲"。［"偲偲，强也。"（陈祥道）"偲偲，详勉也。"（朱熹因胡氏）"切切，偲偲，相切责之貌。"（钱穆）］即指在真诚指出对方的缺点之后，还要看到对方的长处，并且能做到相互勉励。

（3）所谓"怡怡"。［"兄弟既翕和乐且耽，怡怡之谓也"（陈祥道）"怡怡，和悦也。"（朱熹引胡氏）"怡怡，和顺貌。"（戴望）］即指兄弟亲情之间始终保持友善、有爱与和顺的关系，不要因为兄弟之亲情而忽略了彼此之间应该遵循的"礼"及限度，而要注意彼此尊重，以免生怨。

第三，就其"切切偲偲"和"怡怡"的关系，孔子在回答中已经指明，"朋友"之间遵循"切切偲偲"的原则，而兄弟之间则要达到"怡怡"的状态。在此，指出了"士"在与朋友相交、与兄弟相处之时，所遵循的原则有别。"兄弟易切切偲偲，朋友易怡怡，故分别言之。"（卓吾）

对此，陈祥道予以较为详尽的诠释："诗曰：代木丁丁，鸟鸣嘤嘤，切切偲偲之谓也。兄弟既翕和乐且耽，怡怡之谓也。盖闺门之内，恩掩义。闺门之外，义掩恩。孔子言朋友切切偲偲，兄弟怡怡。孟子言责善，朋友之道；父子之间，不责善，是皆不以恩废义，不以义贼恩。子路之为人，嗻而行行，其于朋友兄弟必不能然。故孔子告之棠棣之诗，于急难则良朋不如兄弟，于丧乱既平，则兄弟不如友生，此先朋友而后兄弟者，亦兄弟不如友生之意也。"戴望则言："有服之亲，虽轻不绝。朋友之义，不可则止。故其处之亦异。"钱穆释曰："朋友以义，兄弟尚恩，若混施之，则兄弟有贼恩之祸，朋友有善柔之损矣。然亦不当拘说。朋友非全部须怡怡，兄弟亦非全不须切切偲偲。"

第四，无论是与"朋友"相交，还是与"兄弟"相处，贯彻"切切偲偲，怡怡"原则的"士"都必须明白，相互切磋勉励，要建立在相互敬重的基础上，只有融洽、和顺，也才可以提出缺点，进而互勉，而不是攻击性地讥讽指责，任何侮辱性的、居高临下讽刺性的意见，虽然正确，都不可以称为切切偲偲。平等，敬重，和谐融洽，是切磋的前提，只有这样朋友才会愉快地接受建议，改正不足，达到共同提高之目的。

第五，结合孔子所论："可与言而不与之言，失人；不可与言而与之言，失言。知者不失人，亦不失言。"（《论语·卫灵公》）和"益者三友，损者三友。

友直，友谅，友多闻，益矣。友便辟，友善柔，友便佞，损矣。"（《论语·季氏》）孔子强调"士"在与朋友和兄弟的交往、交流中所遵循的"切切偲偲"和"怡怡"原则，内蕴着"礼"之规范、"仁"之精神和"爱"的真谛。

总之，子路所问如何做好一个"士"，孔子就此提出朋友之间要按照"切切偲偲"的原则相处，希望朋友之间能相互善意地提出批评意见，彼此都能提高德行；兄弟之间因为关系亲密，彼此言行顾忌较少。如此，反而容易因小事而彼此生怨。同时，孔子强调兄弟之间交往，要做到"怡怡"。

朋友相交、兄弟相处，为了彼此的成长，之所以能做到"切切偲偲"和"怡怡"，正是以"仁"为其根本前提和内在底蕴。

29. 善人治国，教民可戎

子路 13.29

【原文】子曰："善人教民七年，亦可以即戎矣。"

【译文】孔子说："善人教练百姓用七年的时候，也就可以叫他们去当兵打仗了。"

孔子曾极认同"善人为邦百年，亦可以胜残去杀矣"之判断，此处又言："善人教民七年，亦可以即戎矣。"表孔子对善人教民之效果的确认。从直接性上来看，善人治民，不仅施行仁政，关怀百姓，休养生息，轻徭薄税，让民得实惠而安居乐业；而且教民掌握相应的作战技能，能成为抵御侵略，保卫家园之戎士。从更根本上来看，善人治民，则是以己之德行感化而影响民，使民知礼义廉耻、忠孝大义，成为"义战"之"戎士"，从而使民成为可以为道义而赴战场之真正的"义士"。

按戴望所释："文王受命七年，'大国畏其力，小国怀其德。'时鲁用田赋，师旅亟动，百姓罢蔽，故思古之文王焉。"孔子有感鲁之为政者无道而无以教民，使民无以为戎之心，且无为戎之能，而言"善人教民七年，亦可以即戎矣"，以此讥讽、暗批鲁国为政者，尤其是三家专权百载有余，不仅非"善人"，甚至连"善人"都不如。

具体而言：

第一，对于孔子此语之理解，存在着两种截然不同的思路，由此产生了理解上的诸多歧义；当然这导致这节话语义不确定性的同时，也为这段话的语义拓展了更为广阔的空间，开启了对此节多维、多视角的探究。

第二，按照常规的理解，本节是孔子在言说自己的"战争观"中关于"教"与"戎"的关系，结合下一节所构成的语境，相对比较确定的是孔子在本节中谈及"善人"训导民众，教授民众作战的相关知识与技能，经过"七年"，亦即多年之后，民众掌握并具备了作战的能力，即可成为合格的"战士"。如此，此节的翻译则是：

孔子说："善人教练百姓用七年的时候，也就可以成为作战之人了。"

对于此种观点，可引证的支持如下：

①［唐以前古注］皇疏：善人，贤人也。即戎，谓就兵战之事。夫教民三

年一考，九岁三考，三考黜陟幽明，待其成者，九年则正可也。今曰七年者，是两考已竟，新入三考之初者也，若有可急，不暇待九年，则七年考亦可。亦可者，未全好之名。

②程子曰："七年云者，圣人度其时可矣。如云期月、三年、百年、一世、大国五年、小国七年之类，皆当思其作为如何乃有益。"

③朱熹："教民者，教之孝悌忠信之行，务农讲武之法。即，就也。戎，兵也。民知亲其上，死其长，故可以即戎。"

④缪协曰：亦可以即戎，未尽善义也。

⑤江熙曰：子曰"苟有用我者期月而已"可也，"三年有成"，善人之教，不逮机理，倍于圣人，亦可有成，六年之外民可用也。

如此，持此论者指出，孔子主张和平，反对暴力和带有侵略性的兼并战争，但是他也很清楚"天下虽安，忘战必危"的道理，故而他也同意保家卫国、抵御外侵的战争。正因为如此，他认为为政者必须具有忧患意识，加强对民众的教育和军事化训练，为战争做好准备。

如此，从战争之要求来看，民众也需要经过"善人"加以训导七年，方可具备作战的能力，"民"方可经过训练而成为合格之"戎"者。

第三，同上一种理解相左的另一种观点认为，孔子在此节中，根本谈及的不是战争，而是"善人"如此教化民众，经过若干年（七年）之后，让其懂得并在行为中自觉践行礼法、仁爱和儒家伦理规范的民众去接近、去同化、去融合，即去"戎"未开化的、文明程度比较低的人好邦国，以此促"仁道"畅行天下，如此彰显"善人"之道的力量、"教"的力量和文明的力量。如此，此段的翻译则是：

孔子说，"经过善人教导、教化了七年之久的民众，亦可以（担负）去接近并融化那些未开化的人了"。

对于此观点，可佐证如下：

①孔子一贯强调的是礼乐之治，是近悦远来，而不是远人服，因此，孔子反对霸道，立主"王道"，不可能倡导"善人"为战而训练民为"兵士"。

②孔子此论中的"教"，应当理解为庶、富、教化之"教"，而不是训练。

③在本章孔子有言，"善人为邦百年，亦可以胜残去杀矣"，然此段却说"教民七年，亦可以即戎矣"，显然前后矛盾。

第四，这一节应和后一节结合起来理解在此所要表达的意思，可以看出其逻辑是有些诸侯国平常不注意对百姓进行训练，临战却要百姓上阵拼杀，无异于抛弃百姓，而善人却在教导的同时，也对百姓进行武法之训练，目的是国家受到侵略时能上阵保卫国家。如此，教化和军训，两手都要准备。

第五，孔子虽然反动于霸道之现实，倡导"仁治"与"王道"，着力恢复"礼制"，不主张战争。但是，现实之"霸道"盛行，战争在各诸侯国之间连绵不断，这是不争的事实，亦是孔子必须面对的。在此种境遇下，孔子所言"善人教民七年"，即是要"民"知道为何而战，以及如何去战。如此，才可以成为为"道"而战之人，正是在这一意义上，教"民"为"戎"者，乃是维护道义之举。

对此，陈祥道有释曰："有不能教之君，无不可用之民。善人教民七年，可以即戎。则君子教民，虽不七年，可以即戎矣。孟子曰：师文王者，大国五年，小国七年，可以为政于天下。盖善人之教民，犹小国之施政。小国之政，必七年，然后及于天下。善人之教民必七年，然后可以即戎，其势然也。"

第六，对孔子所言"善人教民七年，亦可以即戎矣"，若将诠释的空间予以扩展，"戎"，不仅指示对民战争技能的培养，使民成为掌握战争技能之"戎"，表明孔子虽然主张仁治、和平，反对暴力和非正义的侵略性兼并战争，但他主张训练民众，保家卫国，抵御外侵。而且在更深层次上表明，善人治国所要达到的良效，即是使民可以为之成"戎"而赴死生。"民"成"戎"，亦即成了"义士"。如此，"善人"治国、教民者，不仅"教之孝悌忠信之行，务农讲武之法"，而且培养"民知亲其上，死其长"之德，为国、为道义而"战"，"故可以即戎"（朱熹）。

总之，"教民"并非只是温文尔雅的仁道传授，还应让民明白"战争"亦是维护"仁道"，弘扬"王道"的重要手段；如此，经过七年之久施教于民，善人能使民绝不仅仅成为可作战之人而开赴战场。在此，其侧重点在于绝不仅仅在于使民具有参战和作战能力，而是使受教之"民"成为仁道的捍卫者，为"仁"而战，为"道"而死生，这才应该是孔子之言的深意。

"善人教民七年，亦可以即戎矣"，不仅仅是一种"事实判断"，更蕴含着"价值判断"。孔子暗指鲁国之治民者，尤其是专权鲁国之三家，与"善人治民"相比，亦如此不堪，表孔子批判鲁之治民者于教民之无能、之失职而"祸国殃民"。

30. 教民以战，乃为仁政

子路 13.30

【原文】子曰："以不教民战，是谓弃之。"

【译文】孔子说："如果不先对老百姓进行作战训练，这就叫抛弃或遗弃他们。"

春秋战国时代，诸侯混战，战事连连，为政者"教民战"成为其施政之必修课。无战事时，"民"务农生产，战时，"民"则为"兵"。如此，无战事时，对"民"之身体素质、作战基本技能、战术和战法等方面的教导，就成为教民战的主要内容，构成有战事时，受教、受训之民"可以即戎"之必要前提。

按钱穆之释::"此两章见孔子论证不讳言兵，惟须有善人教导始可。"上一节，孔子言"善人教民"，须七年之久，方可"即戎"，突出教民战之过程与艰难；本节则从避免"弃民"之结果而强调"教民战"的必要性和重要性。因为倘若"以不教之民战"，"必有破败之祸，是犹弃其民"。以此彰孔子强化"教民战"而爱民、惜民之"仁政"本质，恰如蕅益所释：此为"仁人之言，恻然可思"。如此，孔子之言，无疑是对当世"不教民战"之为政者予以讥讽和批判。

孔子强调为政者"教民战"，非穷兵黩武而行霸道，恰是行仁政、弘仁道之必须，于此，构成"教民战"与"能战"、"能战"与"不战"之辩证法。

具体而言：

本节与前一节直接相关联，同样一直以来争议纷纷，有不同之解。

第一，一种观点认为，此节与前一节"善人教民七年，亦可以即戎矣"直接衔接，前一节是从正面阐述教民为"战"，此节是从反面再次强调为使民战，必须先对之加以"教"，否则即是抛弃民众，草菅民命，从而强调作为一国的治理者而言，在运用民众力量之前，必须教以兵阵作战之法，让人民熟悉战阵，知道进退以及多种适应战场的方法，如此具体表征治国者对于民众的关怀，惜民和爱民，对民众的生命负有责任心，从而体现国家社稷于民众应尽教之义务。这直接体现了孔子"爱人"之思想，为民立言。基于这样的理解，本节的翻译是：

孔子说："如果不先对老百姓进行作战训练，（用之作战）这就叫抛弃或遗弃他们。"

其佐证如下：

[唐以前古注] 皇疏："民命可重，故孔子慎战，所以教至七年，犹曰亦可，若不经教战而使之战，是谓弃掷民也。"

[集解] 马曰："言用不习之民，使之攻战，必破败，是谓弃之。"

江熙曰：善人教民如斯，乃可即戎，况乎不及善人，而驰驱不习之民战，以肉馁虎，徒弃而已也。

琳公曰：言德教不及于民，而令就战，民无不死也，必致破败，故曰弃也。

朱熹："以，用也。言用不教之民以战，必有败亡之祸，是弃其民也。"

钱穆认为："用不经教练的民众去临战阵，只好说是抛弃了他们。"

李泽厚亦认为："不对人民进行军事训练，叫作抛弃他们。"

第二，有的论者认为，上一种理解是误读了孔子之意。在论者看来，把"以不教民战"解释成"用不经教练的民众去临战阵"真是无稽，请问，难道用"经教练的民众去临战阵"就是"不弃之"？并认为一个国家的军队如果沦落到需要让"民众去临战阵"，无论是"经教练"还是"不经教练"的，都只能是军队、国家的耻辱！都是"弃之"！如果这样，直接说"以民战，是谓弃之"岂不更简练？

持此论者认为，此节中的"教"，即是"庶、富、教"的"善人"之道，"庶、富"最终都落在"教"上，"不教"，当然也不能"庶、富"。"教"是"善人"之道，也是"民善"之道；而"不教"，只能导致"民战"。

何谓"民战"？论者认为"战"，乃是战栗、恐惧，在此是使动用法，"民战"即是"使民战"，使民战栗、恐惧、战战兢兢。上面已经说过，让国家长治久安的六字箴言"善人、胜残去杀"，"善人"和"胜残去杀"是相辅相成的，不行"善人"之道，那只能用"残、杀"，让民战栗、恐惧而治理国家。"弃"，乃违背、背叛；"是谓弃之"，这叫遗弃、背叛民众。弃民者，民必弃之，孔子从相反的角度论证"善人"之道。如此"以不教民战，是谓弃之"，那种不行"善人"之道，用"残、杀"使民众战栗、恐惧而治理国家的，就是遗弃、背叛民众，而最终也将被民众所遗弃。这才是"以不教民战，是谓弃之"的真正含义。

持此论者认为，孔子在这一节从反面更有力地论证了善人治国，让国家长治久安的六字箴言"善人、胜残去杀"的必要性、合理性。"胜残去杀"，不能企图用"残、杀"让民众战栗、恐惧，国家不可能因此而长治久安。让国家长治久安的最稳固基础在于"民之乐"而不是"民之战"，是"使民善"而不是

"使民战"。

第三，按戴望之解，"弃之"的"之"，代表"师"而非"民"，如此"弃谓弃其师也"。这就表明"以不教民战"，就等于放弃了国家之军队，导致国之无力抵抗侵略，国必亡之。如此，突出善人治国，"以教民战"为其重职责和任务，否则由未受教之民而组建的军队将不成其为军队，等于"弃之"，最终国家将不成其为国家。孔子以此讥讽鲁国为政者不履行教民之战的职能。对此，陈祥道引证以释曰："彼不知务者，大则不能教民以礼义，小则不能教民以战阵，及其有事，则驱市人以就死地而已。此孟子所以言：'不教而战，谓之殃民也。'司马法曰：'教惟豫。'孙武曰：'教道不明，曰乱'。吴起曰：'兵之法，教戒为先'邓析曰：'虑不先定，不可以应卒，兵不闲习，不可以当敌。'《春秋》：'师次于郎，甲午治兵，师次而后治兵。'宜圣人讥之也。"

第四，应该说，孔子治国思想有两条主脉，一是国家的政治、文化、经济、军事，一是民之道德、人格建设。两者有区分，有交融，相互映衬、呼应。绝不只关注其一，不顾其他而导致孔子思想之残缺。在春秋诸侯之间征战日趋激烈的历史语境中，为士者及为政者亦当对此高度重视，即如罕言战争之孔子，亦不能不考虑战阵之事。如此，孔子在此节中当说的是"民"与"战"事之间的关系，谈论教练百姓作战的问题。

第五，在本节中，"教民"之"教"是"教民者，教之孝悌忠信之行，务农讲武之法"之意。如此，此节和上一节中的"教"，其意是相同的，除了道德教化之外，应包括军事训练、军事教育之意于其中。果如此，那么，此节则是孔子从反面进一步深化了上一节的含义，一方面表明孔子并不完全反对以军事手段解决某些问题，另一方面则更为直接地体现了孔子将"仁"的精神具体落实于爱民、惜民之中。如此，孔子反复强调对民予以施教的必要性和重要性。诚如孟轲所言："不教民而用之，谓之殃民。殃民者，不容于尧、舜之世。"

总之，本节以"教""民""战"和"弃"四个关键字，直接表达了孔子对治国者的警示，号召治国者应该珍视民众之生命，通过"教"而使民众在战中免于不必要的损失和牺牲，从而体现了孔子对民众体恤、惜怜民众之生命的仁爱情怀，也对治国者不顾民众之安危、漠视民众之生命，将民众工具化之做法予以了批判。

光明社科文库

生活哲学视野中的"论语"研判
（下）

杨　楹◎著

光明日报出版社

目 录
CONTENTS

第十四　宪问篇

1. 从政之耻，从政之仁

宪问 14. 1

【原文】宪问耻。

子曰："邦有道，谷；邦无道，谷，耻也。"

"克、伐、怨、欲不行焉，可以为仁矣？"

子曰："可以为难矣，仁则吾不知也。"

【译文】原宪问孔子什么是可耻。

孔子说："邦国有道，做官拿俸禄；邦国无道，还做官拿俸禄，这就是可耻。"

原宪又问："好胜、自夸、怨恨、贪欲都没有的人，可以算做到仁了吧？"

孔子说："这可以说是很难得的，但至于是不是做到了仁，那我就不知道了。"

原宪问"耻"和如何为"仁"于孔子。

原宪问"耻"，孔子以"谷"而"耻"答之，表明"邦有道不能有为，邦无道不能独善，而但知食禄，皆可耻也。"（朱熹）"邦有道，当食其禄。""君无道而在其朝，食其禄，是可耻。"（戴望）据朱熹所释："宪之狷介，其于邦无道谷之可耻，固知之矣；至于邦有道谷之可耻，则未必知也。故夫子因其问而并言之，以广其志，使知所以自勉，而进于有为也。"于此可见，"原思辞禄，欲脱其身于谷之外。孔子耻谷，欲效其身于谷之中。"（卓吾）"若知素位而行，便不肯脱身谷外。"（方外史）

原宪再以"克、伐、怨、欲不行焉，可以为仁矣？"为问，孔子指出能对"克、伐、怨、欲"加以克制而无损于人，固难能可贵，应予以肯定。然此只是从消极的意义上近仁，未必能有益于仁，因为能制行，只是治其表，未绝其根，其本身尚未达"仁"。诚如程子所言："克去己私以复乎礼，则私欲不留，而天理之本然者得矣。若但制而不行，则是未有拔去病根之意，而容其潜藏隐伏于胸中。"以此，孔子予原宪深度开示而教之，勉其从消极制行至积极行仁。

以"耻"与"仁"观照当世之从政者，既实表当世从政者之德，亦指示从政者当以"谷"为耻，从而积极为仁。

具体而言：

第一，本节是孔子与其弟子子思就"耻"和"仁"而展开的对话。首先，孔子从为官和个人的贫贱应该同邦国的兴衰存亡、有无道直接关联的角度，指出何谓"耻"，直道若一个人不问世道之好坏，不关心邦国政治是否清明，只是一味地以当官得俸禄、混口饭吃，这就是"可耻"；其次，子思以切己之行，克服了"克、伐、怨、欲"之弊，追问是否达到"仁"的境界，希望得到孔子的肯定。孔子对此种能自觉克服和超越这诸多"毛病"之举，予以了充分肯定，认为能如此实属难能可贵。但是，即便如此，依然未已达"仁"之境。于此，孔子激励弟子需要继续修德，积极为仁，由此展示出为仁之消极和积极姿态。

第二，原宪，字思，又称原思，孔子的弟子。子思出身贫寒，但是清静守节，其个性狷介，不肯与世俗同流合污，一生安贫乐道。他曾做孔子家宰，孔子予他九百石小米作为俸禄，他却辞而不受，由此足见他守贫而不贪。子思奉行孔子的教诲，以追求"仁"作为一生的目标，且努力践行。孔子死时，他只三十七岁，正值年富力强之时，但他却没有去投靠权贵、谋求官职，而是跑到卫国，从此过起了隐居的生活。从子思的人生经历来看，就很清楚他向孔子问"耻"和"仁"之初衷和本意了：希望自己的行为得到老师的肯定，以此找到人生所为的道义支撑。

第三，子思之所以首先问"耻"，乃是子思不近权贵、清静守节，一生安贫乐道、不为五斗米而折腰之狷介性格和不同流合污的生活原则使然。孔子之答给予了子思明确的回应。特别提出邦无道，继续拿俸禄，乃是受乱君之禄，这不仅未能做到洁身自好，而且至少有同流合污、"助纣为虐"之嫌，这是君子不耻为之的事。因为君子所应持守的原则是"邦有道则仕，邦无道则隐"，这既需要有对原则的坚守，也需要有变通的智慧，更要有对富贵荣华的淡泊；如若心中无义、无仁，不关心邦有道还是无道，只关心自己个人的蝇头小利，那么，"邦有道""谷"，"邦无道"亦"谷"，这就是可"耻"的。如此，孔子之语，警示着君子应该具有对邦有无道之辨识能力和自决的自觉性。

关于"耻"，孔子在《论语·泰伯》中，亦有论及，他说"笃信好学，守死善道。危邦不入，乱邦不居。天下有道则见，无道则隐。邦有道，贫且贱焉，耻也；邦无道，富且贵焉，耻也。"此处子思之问，孔子之答同《泰伯》篇中的主旨是内在一致的，强调个人的贫富、贵贱、"谷"与"不谷"，都必须系于邦之是否有道，更不能在邦无道之时，从政只为追逐富贵。如此，在孔子看来，当一个人不管在邦有道或者无道的情况下，照食俸禄，受着供养而不能尽忠尽职，那就是无耻。

简言之，孔子之所以说"邦有道，谷；邦无道，谷，耻也。"因为无论邦有道、无道，皆只为一"谷"耳，违背了"邦有道，当有为。邦无道，可独善"之原则（钱穆）。如此，可以看出，子思之问和孔子之答，在师徒之间具有共识。子思之问，在孔子的回答中得到了肯定性支持。对于师徒二人对"耻"之问答，朱熹释曰："宪之狷介，其于邦无道谷之可耻，固知之矣；至于邦有道谷之可耻，则未必知也。故夫子因其问而并言之，以广其志，使知所以自勉，而进于有为也。"

第四，子思知"耻"，其心向"仁"。如此，当孔子对子思之问作出回答之后，子思继续请教与"耻"直接相关的问题，可以说是对作为判断"耻"之内在尺度的"仁"加以追问。

子思以自己能做到"克、伐、怨、欲不行焉"为直接的经验基础，再次直陈于孔子，并请教老师检视与指点："可以为仁矣？"

（1）何谓"克、伐、怨、欲"？

陈祥道释曰："胜人之谓克，自贤之谓伐，怨生于所求，欲生于所好。"朱熹释曰："克，好胜。伐，自矜。怨，忿恨。欲，贪欲。"马（融）释曰："克，好胜人。伐，自伐其功。怨，忌小怨。欲，贪欲也。"

（2）"克、伐、怨、欲不行焉"。所谓"克、伐、怨、欲不行"，表能对"克、伐、怨、欲"之四大毛病加以自觉抑制，即"有是四者而能制之，使不得行。"（朱熹）

具体而言，不行"克"，表能抑制私欲膨胀，克制物欲引诱，克制性欲诱惑，坚守道德原则，做好分内的事。不行"伐"，则是指能够自我反省而克制狂妄自大、狂傲自诩，能做到谦逊谨慎、胸襟宽阔、清心寡欲、没有过分的奢求。不行"怨"，即指可做到随遇而安，不怨天尤人，遇到难题，都能够反省，从自己身上找问题，能时常做到"反求诸己"。不行"欲"，直指各种欲望、欲求，包括物欲、权欲、情欲等等，作为君子，能自觉地克制己之私欲，做到克己奉公，思人所思。

对于四者之"不行"，陈祥道释曰：此"四者出于情，而害于性。众人纵之而不能止之，学者止之而不能去。去之可以为仁。止之则可以为义而已。"关于"克、伐、怨、欲"四者之关系，陈祥道指出，"盖克则加诸人，伐则自伐而已，克甚于伐，伐甚于怨，怨甚于欲，此其序也。"

（3）"可以为仁矣？"子思窃以为自己或一个人能做到"克、伐、怨、欲不行焉"，就已经进入或达到了"仁"的境界。

但是在孔子看来，子思或一个人能自觉而主动地做到"克、伐、怨、欲不行焉"，还只是从消极方面克服了自己的毛病或问题，应该说只处在通往"仁"之路，向"仁"，近"仁"。在此，孔子首先以"可以为难矣"对之予以了充分的肯定，认为子思能自觉地做到如此，难能可贵，是值得赞许的。对此，陈祥道释曰："盖无其行者，不能无其心，无其心者，必无其行。克、伐、怨、欲不行，特无其行而已。其能无是心哉！惟仁者则无是心矣。"程子曰："人而无克、伐、怨、欲，惟仁者能之。有之而能制其情使不行，斯亦难能也。谓之仁则未也。此圣人开示之深，惜乎宪之不能再问也。"朱熹释曰："有是四者而能制之，使不得行，可谓难矣。仁则天理浑然，自无四者之累，不行不足以言之也。"

孔子接着说以"仁则吾不知也"而应。孔子以"吾不知"此等回避明确表态的方式来回答子思。孔子之所以如此回答，一方面孔子不想明言其未达到"仁"，让子思保持着追求"仁"之积极性；另一方面，孔子以此促使子弟子思进一步自我反思和自我觉悟。孔子之言暗示子思能做到"克、伐、怨、欲不行焉"，事实上其本身还未达"仁"，对子思以为"克、伐、怨、欲不行"，即"可以为仁"之判断予以委婉地否定，以此表明"为仁，决不是这样工夫。"（蕅益）

孔子以不明确肯定而实则否定的语态暗示和告诫子思，欲达"仁"之境界，仅"克、伐、怨、欲不行"是远远不够的，即不能止于制行，而应该拔其根、除去私心；不能仅仅消极制行，而更应该积极行"仁。"如此，孔子教子思在成"仁"之途上，尚需继续前行，需更好地提升道德修为，拥有更远大的抱负。

第四，"耻"与"仁"作为孔子"仁学"思想的两个重要范畴，二者之间具有内在关系。"仁"作为"耻"之判断的原尺度，为评断一个行为是否"耻"之终极标准和总体原则，而"耻"乃是偏离或违背"仁"之原则的心理、言语与行为。如此，子思在本节中向孔子所问的"耻"与"仁"两大问题，乃是从具体所为，进到根本原则，是一个渐次深入的对话。

总之，子思以切己之为为经验基础，真诚地问"耻"与"仁"于孔子，通过师徒二人之对话，首先对不顾邦之有道、无道，只关心自己个人之"小利"之无耻行为予以了批判，从而强调了君决不能唯利是图而丧失独善其身、洁身自好之基本原则，进而言之，君子必须守善道、尽忠、有节操；其次，对于能主动克服"克、伐、怨、欲"之举，是否达"仁"之问，孔子首先对之予以充分的肯定与赞扬，但同时亦指出子思所达到的状态，仅仅是消极意义上趋向于"仁"，其本身并非就是"仁"，由此表明，在孔子的眼里，"仁"较子思之觉悟到的、所行的，具有更高的境界和更积极的旨意。如此，孔子肯定并以激励弟子以此为起点，提升对"仁"的觉解，促之能在"仁"之路上，不断修进。

2. 士当志道，莫苟怀居

【原文】子曰："士而怀居，不足以为士矣。"
【译文】孔子说："士如果留恋家庭的安逸生活，就不配做士了。"

孔子曾言："士志于道，而耻恶衣恶食者，未足与议也。"于此，又言"士而怀居，不足以为士矣"，二者思想乃一脉相传，突出理想之"士"，非贪恋安适之生活，当是"志于道"而忧道、谋道之弘扬，弘扬与践行其安贫乐道之精神品格。

"士而怀居，不足以为士矣。"表以"怀居"为生活之目标，则丧失了作为"士"之基本品质，由此表明孔子于"士"与"怀居""士"与"道"之鲜明态度和立场："士之所尚在于志。志之所尚在于道。士而怀居，则非志于道者也，故不足以为士。"（陈祥道）

"得少为足，便是怀居。"（蕅益）如此，孔子之语，不仅对有士之"名"，无士之"实"；有士之"份"，无士之"行"者予以批判，而且更为重要的在于劝诫群弟子当志于道，笃定弘道，成伟岸超拔之"士"，切莫仅满足日常生活之苟且，从而明己之任重道远，须弘毅，成世人之范。

"士"，当有四方之志，心怀仁道而系天下苍生，应耻于以一己之欲而"思安其居"，否则不配为"士"，以表"士"之高远追求而与众人异。

具体而言：

第一，孔子以己一生不倦周游列国，求世所用而弘道为范，对"士"之心怀和行为进一步所作的规定，强调"士"当励志修行以为世用，弘道而有为。如此，若专求居室、居乡之安，则不足以为"士"。这从反面或否定的视角表达了孔子的主张："士"当志于道、心怀天下、承担责任、肩负使命、积极有为，而不可求慕安逸、只恋小家、偏安一室。

第二，曾子亦曾云："士不可以不弘毅，任重而道远。仁以为己任，不亦重乎？死而后已，不亦远乎？"（《论语·泰伯》）曾子于此表达"士"之志向高远，担"道"负重任，一句话，其志须弘大而强毅，以天下为己任。如此，士当志在四方，又岂会恋于家室乡里之安，系恋于家室乡里之安又岂是士之所为。如此表明，"士"决不贪恋故土，安享家室之好，欲以推行道义为己任，东奔西走，不惜颠沛流离，甚至至死方休。孔子在回答子贡问"士"之时，亦对

"士"之"形象"进行了勾勒和规定。他说:"行己有耻,使于四方,不辱君命,可谓士矣。"(《论语·子路》)如此可见,孔子或儒家对"士"的要求是一贯的:即"士"应立大志、行大道、践大义、做大事,为邦国效力,而不是、也不能仅停驻、留恋于自己的小世界,满足于日常生活之安暖,否则,辱没了"士"之名号。

按陈祥道之释:"盖物生于陵者,安于陵;生于水者,安于水。众人不异乎物,则怀土而已;士则异于众人,其可怀居哉?"孔子曰:"君子居无求安"。如此,"古之君子所以安土乐天,不累于物。视九夷如中国,不以为陋;视陋巷如广厦,不以为忧。不过充是志而已。"于此,孔子从"志"批判当世之"士",怀"小"而弃"大","怀居"而忘"道"。由此以"士"之心向,表征当世大道之衰。孔子以此激发、激励"士"超越"怀居"而担负"弘道"之责。

第三,孔子一生周游列国,欲以一己之力,逐霸道行仁道,治乱世倡太平,不倦推行其仁学,可以说是对"士"之品质做出了最好的诠释。如此,孔子对"士"之言,对于其教育弟子们亦具有权威性和感召力。

总之,孔子通过"士""怀居"而不配为"士"的评断,否定了狭隘、贪图个人安逸,停驻、悠游于个人世界之人,满足于"怀居",绝非"士",从而突出"士"之心怀与行为特质,强调"士"须有笃定之志、深厚博大之情怀、广阔的视野。如是,必心系于道、践"仁"于天下。

3. 君子从政，据邦言行

宪问 14.3

【原文】子曰："邦有道，危言危行；邦无道，危行言孙。"

【译文】孔子说："国家有道，便正言正行；国家无道，行要正直，但说话要随和谨慎。"

孔子论君子为人与为政所应遵的言行之道。孔子强调君子当审时度势而"言""行"，明示君子处"邦有道"，"危言危行"皆无妨，然处"邦无道"，当以"明哲保身"为要，以待时机匡扶世势，切不可放言直论而招致祸端，即须"言孙"。于此，孔子强调"言逊，不是避祸，正是挽回世运之妙用耳。"（蕅益）"言孙非畏祸，但召祸而无益，亦君子所不为。"（钱穆）如此，孔子之箴言，突出君子当有隐忍之精神，不可逞一时意气而刚强，此乃为人、为政之智慧。以此表明孔子强调君子从政，不仅行"仁道"、存风骨、守道义，亦须"重生"，切不可鲁莽无忌而"直谏"，且待切实之机而正道。

为何孔子要强调在"邦有道""邦无道"两种境况下，君子之言行有别？按陈祥道之释："盖行，所以行己；言所以应物。行己者，君子所以立道，故施于治乱则同；应物者，所以趋时，故施于治乱则异。"如此，"天下有道，其言足以兴，故危言；天下无道，其默足以容，故言逊。"

"言孙"只因邦无道，表君子行仁道之艰难，亦表明君子周旋于权力域，如履薄冰、如临深渊，须时时处处以卑顺、谦逊示人，小心谨慎地说话，抑或"沉默"，以免因言获罪，甚至招来杀身之祸，伤己害道，丧失行道弘道之机，这便规训、塑造出为政君子以"孙"为主调的独特言说方式与人格特征。东溪刘氏曰："有道之时，言不危则非所以忧治世而警明主，至于无道之时而危言以犯世之所忌则殆矣。"

具体而言：

第一，孔子直接表达了君子在"邦有道"和"邦无道"两种世境下，君子从政，须注意自己言和行的方式与特点，阐述君子为政之道，为官做人言行之奥妙和秘诀。孔子在本节中强调无论邦有道，还是邦无道，其"行"皆须"危"（即"正"），都必须着力做事，唯一的区别即在邦无道时，"言"不可"危"，而须"孙"，即"言"不可随意和率直，更不能文谏，需要随和委婉，更为重要的是言语一定要谨慎，以免招致不必要之灾祸，伤己而害道。如此，在本节中，孔子着力叮嘱、告诫其弟子们在邦为官时言行之要义和关键。

第二，孔子非常欣赏南容，因为他是一个能做到"邦有道不废；邦无道免于刑戮"（《论语·公冶长》）之人。在邦有道时为官，可以直陈己之见，充分施展己之才智，有所作为而不废；当邦无道时也能避灾而保身、而存道、藏道。在孔子看来，尤其是置身乱世，正直的品行是不能改的，但说话就要多多注意了，不能再直陈己见，而应该改变说话的方式、说话的姿态，即改义正言辞、直言不讳成谦顺之态，说谨慎之言，以免带来杀身之祸。如此，君子为政，须在保全气节之同时，也要保全生命而藏道，这是君子为政时言行所应遵循的至要原则。

第三，在本节中暗含着，君子入"仕"，必须首先判断此邦有道、无道，这是决定自己在为官之中的言行之基本前提。在此，孔子之语，表征邦国、世代从根本上决定着个人之成就与命运，因为君子亦是有道或无道之邦中人。孔子说："危邦不入，乱邦不居。"（《论语·泰伯》）如此，孔子警示众弟子，在未入仕为官之前，须首先判断此邦是有道的，可以"危言危行"，只是自己进入此邦后，此邦变得无道了，这是此前不曾预料到的，在此种情境下，必须对此前自己的言行做出调整，保持自己行之正，而修其自己的话语方式、分寸，不可再"危言"，而须"言孙"。如此可见，邦之有道、无道也是在不断变化的，这虽是为官之人自己所不能掌控的，但须审断。通过审断，做到"用之则行，舍之则藏。"

第四，其实，孔子所直面的现实就是一个"邦无道"的时代，为此，孔子为弟子们设计或开出了在"邦""有道"或"无道"之情况下为政的几种策略或方案。最硬朗的是"邦有道，则仕；邦无道，则可卷而怀之""天下有道则见，无道则隐"；次之则是本节所说："邦有道，危言危行；邦无道，危行言孙"；最后则是"有道则智，无道则愚""用之则行，舍之则藏"。然而，孔子又有言，"邦有道，谷；邦无道，谷，耻也"；如此看来，自古以来，"为政"乃是最难以拿捏其度之事。孔子对弟子们的教育，反复讨论在邦有道、无道之时为政的言行所应持的特点，也正是面对这一千古难题，试图探究到其中之奥妙，掌握其微妙之处。

第五，孔子明确指出，无论邦有道、无道，为官都必须保持"危行"，这是为官之最为根本的德性要求和规定，由此不仅表征君子在任何境况下，都必须在正道上行事，不失为君子之本色，而且体现了孔子之仁、礼最为基本的角色伦理要求。

在邦无道之世态下，孔子劝告弟子们为政须"言孙"，这是君子为政之灵活性与智慧性。此处的"言孙"绝非指"巧言令色""花言巧语",其"孙"（逊），乃卑顺、谦顺，非谀说诡随之谓，不讦直以取祸也，这是"逊"的尺度，这就明白地指出君子为官不要高论时势于偏激，进而以过于率直之文谏的方式，惹怒无道之君主。当然，"言孙"亦非畏祸，但召祸而无益，亦君子所不为（钱穆）。在此，"言孙"之微妙处就在于强调君子为官时，既要坚持原则性，又要掌握灵活性。如此，恰如尹氏曰："君子之持身不可变也，至于言则有时而不敢尽，以避祸也"，从而不因己招祸而害道。亦如洪氏曰："危言非矫激也，直道而已；孙言非阿谀也，辞不迫切而意已独至是也。危行所以洁身，孙言所以远害。"

第六，言行媚人，于孔子不耻，巧言令色足恭是也；言行取祸，孔子不许，全身远害，是为可取。如此看来，于孔子，虽言"杀身成仁"，但本质上不存在如苏格拉底为维护、捍卫真理而死这一问题，更多只是持守为了维护其"仁"与"义"之"勇"，其间最为重大的事仍是现世人生问题：如何达及政治之至善。故孔子强调君子为政行"仁道"，一生弘"仁道"，但须"重生"而非贪生，不可因"言"之不"孙"而遭致不必要的灾祸，更不可草率鲁莽而冒死。因为惟有人在，行道、弘道，方才可能。如此，孔子警诫弟子们"人不知，而不愠"，又何须在邦无道之时"危言"？既要"言"，亦须以"言孙"为上，以此图存而藏道，进而待机挽回世运。

总之，在本节，孔子陈述了在邦有道和无道两种境况下，君子为政时言行之差异，尤其是在邦无道之时，孔子更加警示弟子们应该注意在保持"危行"之前提下一定要做到"言孙"，切忌率直、莽撞、逞强。如此，孔子教导弟子们为政无论邦有道无道，皆不改其行，都必须做到"危行"，这是值得充分肯定和赞许的。孔子强调的只是将危言转换成"言孙"，这是一种为了成事而避祸的为政艺术和策略，亦即藏道、进而弘道之智慧。但是"言孙"之法、之形式，很容易被利用而走向反面，成为奸佞之人包装、掩饰自己狡诈邪恶之心的手段，如此，必须注意其"度"。

孔子强调"邦无道"须"言孙"，不仅仅是一种被规训而生成周旋于权力场的权宜之计，更是一种于传统等级制度下为政者避祸之"生存智慧"，其间内蕴着隐忍精神的大勇，此为"臣民政治"下政治人格生成的历史根源。

4. 尚德尊仁，夫子之辨

宪问 14.4

【原文】子曰："有德者必有言，有言者不必有德。仁者必有勇，勇者不必有仁。"

【译文】孔子说："有德行的人，一定有善言良说，（但是）有善言良说的人不一定有道德。有仁德的人一定勇敢，勇敢的人都不一定有仁德。"

"盖君子自得则为德，应物则为言，爱人则为仁，恶人之害则为勇。"（陈祥道）如此，"有德者不贵言而自有之。仁者不贵勇而自有之。若徒务有言，岂必有德？徒务有勇，岂必有仁哉？"（钱穆）

孔子从道德哲学的视角，论"有德者"与"有言者""仁者"与"勇者"之关系，强调有德者"必有言"，仁者"必有勇"，确证"有德"之"有言""仁者"之"有勇"的必然性；相反，有言者"不必"有德，勇者"不必"有仁，确证有言者之有德、勇者之有仁的或然性关系。以此警示世人不能将"有德者"与"有言者""仁者"和"勇者"混淆、或简单等同，更不能颠倒而视"有言者"即"有德者""勇者"即"仁者"，从而真正将"有德者"与"有言者""仁者"和"勇者"区别开来，甄别"有言者"和"勇者"，确认"有德者"和"仁者"。

具体而言：

第一，孔子此论，充满思辨性。本节孔子深入展开对"有德者"与"有言者"、"仁者"和"勇者"之辨析，阐明"有德者"与"有言者"、"仁者"与"勇者"之间对立统一的辩证关系，具体指出"有德者"之"有言"、"仁者"之"有勇"的必然性关系，以及"有言者"之"有德"、"勇者"之"有仁"的或然性关系，从而警示人们必须提高对"有言者"和"勇者"的识别力和判断力，切勿将"有言者"等同于"有德者"，亦不能将"勇者"混同于"仁者"；更为重要的是强调在"有德者""有言者""仁者"和"勇者"这四者间，"德"与"仁"才是根本，劝诫世人少尚"言""勇"，而应重"德"与"仁"。

第二，"有德者必有言；有言者不必有德。""德至静也，其发则为言。"（陈祥道）"有德者，和顺积中，英华发外；能言者，或便佞口给而已。"（朱

熹）"有德者，广大悉备，故必有言。""君子不以人废言。有言者，其言可取则取之，不必定有德也。"（戴望）

在此，孔子首先揭示了"有德者"与"有言"之间内在的一致性和必然性，表明"有德者"之"言"必是有德之言，"有德者"内含着"有言"，这是孔子从正面确立道德文章，做人与做学问的内在统一，突出言语载仁德、文章蕴道义之基本立场；在此基础上，孔子着力强调"有言者不必有德"，提醒世人需要特别注意对"有言者"之德性须进行再考察与再追究，切勿被其"言"所遮掩、所蒙蔽而误判"有言者"即是"有德者"。对此，蕅益释曰："有见地者，必有行履；有行履者，不必有见地。故古人云'只贵见地，不问行履'也，倘无行履，绝非正见。"

第三，"仁者必有勇；勇者不必有仁。""仁，至柔也，其动则为勇。"（陈祥道）"仁者，心无私累，见义必为。勇者，或血气之强而已。""仁者爱人，汤、武救民而以武定天下，仁而有勇者也。"勇者，"取其能果毅克敌而已，不必定有仁也。君子与人不求备，故无弃材。"（戴望）

在此，孔子认为，"仁者"之"勇"乃是"仁者"之"本"，是"仁者"内在具有的大勇，其勇乃是发端于"仁心"。如此，孔子依然从正面确立"仁者"与"勇"的一致性和统一性，并以此尺度和原则来审视"勇者"与"仁"的关系，孔子的侧重点则在于告诫人们切切注意"勇者，不必有仁"。

关于孔子所论"勇者不必有仁"，可参照他论断"勇"与"仁"、"勇"与"义"之关系。

子曰："好勇疾贫，乱也。人而不仁，疾之已甚，乱也。"（《论语·泰伯》）

子路曰："君子尚勇乎？"

曰："君子义以为上。君子有勇而无义为乱，小人有勇而无义为盗。"（《论语·阳货》）

事实上，那种逞莽夫之勇，不为正义、不计后果的匹夫斗狠，乃至助纣为虐的勇猛行为，即使是视死若生，也称不上"仁"。只有能分清善恶，为正义的事情，不惜自己生命的人，方可称得上是"仁者"。在此孔子否定以单纯的"有勇"即为"仁者"的错误观点。

孔子强调德与言，仁与勇的统一，突出"有德者"自有言、"仁者"自有勇，切不可将"有言者"等同于"有德者"，"有勇者"等同于"仁者"，从而表明"有德者"高于"有言者"，"仁者"高于"勇者"。

第五，为更清晰地表呈孔子之论，陈祥道以孔子的几位弟子为例，予以确证。他说："颜子善言德行，有德者必有言也。子贡能言不能讷，有言者不必有德也。比干杀身以求仁，仁者必有勇也。子路能勇不能怯，勇者不必有仁也。"

总之，在本节中，孔子首先从逻辑关系上对"有德者"与"有言者"、"仁者"与"勇者"的涵摄关系加以厘清，确立了"有德者""有言""仁者""有勇"之间的必然关系，"有言者"与"有德""勇者"有"仁"的或然关系，强调"有言""有勇"仅仅是成为"有德者"和"仁者"必要条件，且不必然是有德者和仁者，因为"有言""有勇"仅仅构成"有德者"和"仁者"的一个方面，是成为"有德者"和"仁者"之非必要、非充分条件。由此表明，"有德者""仁者"比"有言者"和"勇者"，具有更丰富的道义内容和更高的层次、境界。

如此，孔子提醒世人必须清醒地意识和充分地把握"有德者"与"有言者"、"仁者"和"勇者"之间质的差异性，告诫、警示人们切勿简单地将它们混淆、等同，应加强对"有言者"和"勇者"的甄别，增强对"有言者"和"勇者"无"德"、无"仁"的批判，从而确立以"有德者""仁者"为人生楷模，着力自身的仁德修养，成为有仁德之人。

5. 南宫尚德，孔子深赞

宪问 14.5

【原文】南宫适问于孔子曰："羿善射，奡（ào）荡舟，俱不得其死然。禹稷躬稼而有天下。"

夫子不答。南宫适出。

子曰："君子哉若人！尚德哉若人！"

【译文】南宫适问孔子："羿善于射箭，奡善于水战，最后都不得好死。禹和稷都亲自种植庄稼，却得到了天下。"

孔子没有回答，南宫适出去后，

孔子说："这个人真是个君子呀！这个人真崇尚德。"

善射荡舟，力也，羿奡"此二子者，皆不得其寿终而死焉。""羿与奡皆恃强力，能灭人国，但不能以善终。"（钱穆）躬稼，德也，"禹及其身，稷及后世，皆王也。"南宫适贱羿奡而贵禹稷，尚德也。

南宫适以"羿善射，奡荡舟，俱不得其死然"，表以武力征服、治理天下而不得善终；以"禹稷躬稼而有天下"，表以德治天下，而天下服，终有天下之善。南宫适借古抑力扬德，尚仁道，倡德治，故孔子"称美之，言若此人宜在高位为君子，知有天下以德服，不以力服也。"（戴望）

南宫适以羿奡、禹稷为镜而视当时各诸侯之君，皆如羿奡尚力，背禹稷弃躬稼而无德，从而突出对当世为政者之无德的批判，对尚德之君的追念与褒扬。

南宫适问孔子，孔子不答，然南宫适出，孔子后赞之。对此，蕅益评点道："千古至言，文不加点，故不答也。出后而赞，正是不答处，不答又就是赞处。"

具体而言：

第一，按戴望之释："适疾时君好力战，不修民事而问。"如此，南宫适托古言今而问孔子。南宫适说两个"事实"："羿善射，奡荡舟，俱不得其死然"和"禹稷躬稼而有天下"，以此暗示其结论：以"力"而治，不得善终，表对霸道之批判；以"德"而治，则"有天下"，从而对德治天下，方可安太平而善终之肯定和赞扬。如此可叹曰："夫微，莫微于一身；大，莫大于天下。羿奡

之力，不足保其身，况天下乎？禹稷之德，足以有天下，况一身乎？"（陈祥道）

孔子对南宫适之"问"所蕴含的仁道德治主张予以充分认同和高度赞赏，表征南宫适与孔子完全一致的价值取向：尚德贱力，重仁轻霸，倡"王道"，重德治，扬仁政；鄙视、反对不择手段，以暴力和权术而行霸道之恶政。

第二，南宫适，何许人也？南宫适，名适，字子容，通称南容。"弟子南容适，名适，亦名说，谥号敬叔，孟僖子之子。"（钱穆）

孔子一生称赞过两个具有君子之德的弟子，一个是宓贱，另一个就是南宫适，由此可见孔子对南宫适的评价是非常高的。关于南宫适，在《论语》中有三次提及，这是对南宫适之贤德更为深入了解的文本依据。

"南容三复白圭，孔子以其兄之子妻之。"（《论语·先进》）

"子谓南容：'邦有道不废；邦无道免于刑戮。'以其兄之子妻之。"（《论语·公冶长》）以及本节"子曰：'君子哉若人！尚德哉若人！'"

第三，南容适于此所言两件古事，其一，"羿善射，奡荡舟，俱不得其死然。"其二，"禹稷躬稼而有天下。"这二事所喻"力"与"德"，形成鲜明的对比。

关于这"二事"，诸学问家予以了充分地诠释，列如下：

《集解》孔曰："羿，有穷国之君，篡夏后相之位。其臣寒浞杀之，因其室而生奡。奡多力，能陆地行舟，为夏后少康所杀。此二子者，皆不得以寿终。贱不义而贵有德，故曰君子。"

马曰："禹尽力于沟洫，稷播百谷，故曰躬稼。禹及其身，稷及后世，皆王也。"

皇疏："古有一人，名羿而善能射，故云羿善射。"淮南子云："尧时有十日并出，草木焦枯，尧命羿射十日，中其九日，日中九乌皆死。"奡者古时多力人也，荡推也，舟船也，能陆地推舟也。（皇疏释羿、奡与孔注不同，上古传说时代，所取难于一是，皇疏只取其指而已。）"

朱熹："羿，有穷之君，善射，灭夏后相而篡其位。其臣寒浞又杀羿而代之。奡，春秋传作'浇'，浞之子也，力能陆地行舟，后为夏后少康所诛。禹平水土暨稷播种，身亲稼穑之事。禹受舜禅而有天下，稷之后至周武王亦有天下。适之意盖以羿奡比当世之有权力者，而以禹稷比孔子也。故孔子不答。然适之言如此，可谓君子之人，而有尚德之心矣，不可以不与。故俟其出而赞美之。"

刘宝楠："适之言，乃降祥降殃之理，其称禹稷正以讽时君当尽心民事也。《注》谓'以禹、稷比孔子'误。"

杨伯峻："南宫适托古代的事来问孔子，中心思想是当今尚力不尚德，但按之历史，尚力者不得善终，尚德者终有天下。因之孔子称赞他。"

……

第四，南宫适首先陈述了两个基本的"历史事实"，即"羿善射，奡荡舟"和"禹稷躬稼"。在此基础上，南宫适进一步以"事实"为依据作出了结论或评价：即羿、奡"俱不得其死然"，而禹稷则"有天下"。如此，南宫适勾勒出两个"历史事实"截然不同的走向与结局。为何如此？

在南宫适的比较陈述中，已经蕴含两者之手段、方式和结局，以及其中所遵循的原则之对立，因为羿"善射"，奡"荡舟"，而禹稷则是"躬稼"，这样，他们之间所形成的对立即可概括为："争"与"养""强力"与"德治""霸道"与"王道"；如此，亦可洞见南宫适所总结出来的历史法则与规律：仗"强力"，行"霸道"，以"争"天下者，其结果是必不可得天下；反之，倚"仁德"，遵"王道"，"养"天下者，天下必得之，或必归之。

应该说，南宫适从这两个"历史事实"中总结而得出的为政治国之经验与规律，是孔子之仁政、德治思想之案例再印证，是孔子王道之思的历史证据，与孔子所主张的："为政以德，譬如北辰，居其所而众星共之""导之以政，齐之以刑，民免而无耻；导之以德，齐之以礼，有耻且格"具有内在一致性。

第五，但是，当南宫适询问孔子，为什么羿、奡尚力，但不得其善终，而禹、稷亲自耕种以养民之德而有天下时，"夫子不答"。

孔子之所以沉默不答，其根本还是在于南宫适所列举的这两个对比性很强、反差性很大，结局迥然不同的"事实"使然。显然，孔子一贯的主张是尚德不尚力，如此，他自然是不赞成以武力争天下，如羿、奡一般；孔子也曾多次敲打子路，皆是因与子路尚力而太喜欢逞强有关；但是，"躬稼"之事，也是孔子看不上眼的，樊迟被责骂并说他是"小人也"，就是因为他太热衷于耕种，还向孔子请教农圃之事。但是，南宫适所言禹稷以稼穑"有天下"的"事实"也无法否认。如此，孔子选择了沉默。

孔子对南宫适之问以沉默而作答，一方面是孔子对南宫适所言的确凿"事实"的高度认同，持肯定的立场，报以充分认同的态度；另一方面对自己曾经小觑"稼""圃"予以沉思。再者，孔子面对南宫适之言说的"事实"与自己曾经的想法产生了"冲突"而感到有几许尴尬、抑或有几许"羞愧"而保持沉默给自己一个"面子"。还有一种说法，乃是马注云"适意欲以禹、稷比孔子，孔子谦，故不答也"。钱穆对"夫子不答"，予以了饱满的诠释。他说："南宫适之意，羿与奡皆恃强力，能灭人国，但不能以善终。禹治水，稷教稼，有大功德于人，故禹及身有天下，稷之后为周代，亦有天下。可见力不足恃而惟德可贵。其义已尽，语又浅露，无须复答。且南宫适言下，殆以禹、稷比孔子，故孔子不之答。"

第六，孔子虽然面对南宫适之问时，无语以答。但是，孔子对南宫适所说的"事实"，以及南宫适对此等事实的评述，孔子深觉南宫适之取向和治国主张完全符合自己一直所倡导与持守的"仁政"与"德治天下"的根本理念和原则。如此，孔子对南宫适给出了如此高的评价："君子哉若人！尚德哉若人！"

总之，通过南宫适与孔子二人之间的一问、一"不答"、一评价，非常清晰和充分地表征了两者为政治国的共同道德理念和价值取向。他们都鄙视、不屑于武力、霸道和权术，崇尚素朴和道德，信从"王道"、遵循"仁政"、主张"德治"，强调君主都应有如尧、舜、禹、稷等之德，并以此养民而得天下。

后代儒家秉承与发展了孔子与南宫适在本节对话所蕴含的思想，提出"恃德者昌，恃力者亡"的主张，要求统治者以德治天下，而不可以武力得天下，否则，最终还是没有良善之结局。如此，警告霸道之恶果，继续为德治扬名开道，这就开凿出中国传统政治文化中"仁政""德治"之滥觞及其蔚为壮观的思想长河。

6. 君子有仁，小人不仁

宪问 14.6

【原文】 子曰："君子而不仁者有矣夫，未有小人而仁者也。"

【译文】 孔子说："君子中也有没有仁德的，而小人之中是不会有有仁德的人的。"

按钱穆之释："君子或偶有不仁，此特君子之过，亦所谓'观过斯知仁'也。小人惟利是喻，惟私是图。故终不能为仁。"以此表明，"有成德之君子，有未成德之君子。成德之君子，则于仁义无不尽；未成德之君子，则于仁义有不能，所谓君子不仁者有矣。夫君子有勇而无义为乱，此未成德之君子也。"（陈祥道）

孔子以"仁"为标尺，将"君子"与"小人"截然分开，进而指证既有未成德之"君子"，亦有不为"仁"者，由此表明"仁"之境界，常人难以企及。以此提示君子亦须时时努力而行仁、近仁，而终成"仁"；"小人"则行仁、近仁更艰难。于此，孔子之论，乃是"警策君子，激发小人。小人若仁，便是君子，那有定名？"（蕅益）

孔子提出这一具有思辨性的命题，乃是以"小人"讥在位的为政者不仁、少仁，更是对有仁德、施仁政、行德治之君子提出更高的要求。

具体而言：

第一，孔子以"仁"为尺度，明确区分了"君子"与"小人"，指证"小人"决不可"为仁"，君子又可分为成德之君子和尚未成德之君子，而尚未成德之君子，偶尔也会为"不仁"之事。朱熹引谢氏释曰："君子志于仁矣，然毫忽之间，心不在焉，则未免为不仁也。"尽管如此，但是总体来说，君子总比根本不为仁的小人要好。

第二，孔子通过剥离和辨析"君子""小人"和"仁者"三个关键词，确认"君子"与"仁者"是种属性关系，而"小人"与"仁者"则是全异性关系。如此，孔子将"仁"或"仁德"锁定于"君子"的范围内，将"小人"全然排除于"仁者"之列。一句话，"仁者"只存于"君子"之中，而"仁德""为仁"与"小人"无涉，因为"小人性不及仁道，故不能及仁事者也。"（皇疏）孔子从"仁"之视角，对"小人"予以彻底排除与否定。对此，江谦补

注："《魏征上唐太宗疏》曰：'君子不能无小恶，恶不积，无妨于正道；小人或时有小善，善不积不足以立忠。'疑君子而信小人者，读之可以猛省矣。"

第三，孔子认为"君子而不仁者有矣"。如此，孔子更缜密地揭示"君子"与"仁者"之间的或然性关系，表明"仁者"一定是"君子"，而"君子"则不一定就是"仁者"，二者不能简单等同，"仁者"显然是比"君子"具有更高德性的人，如此孔子则进一步对"君子"进行甄别，更为突出具有"仁德"、可以成为"仁者"之君子。

孔子为何要依据"仁"，对君子予以进一步剥离，并言"君子而不仁者有矣"？按戴望所释：孔子"反言以见君子在位者之宜仁，若小人则力富而已，假小人以讽不仁而在高位者。"

第四，孔子之所以从多角度对"君子"与"小人"加以剥离，在此处进一步对"君子"加以甄别与辨析，升华出德性纯然的"仁者"来呢？这本质上是由孔子的政治理想所决定的。孔子主张"仁政"与"德治"。那么，施仁政、行德治之主体，就必须是具有仁德之君子，即成德之君子。

孔子主张以仁政德治而治邦、治世之方案，本质上是以德性内在化于为政者为关键，突出为政者须是仁者之君子，即成德之君子。如此，孔子将仁德嵌入、内置于政治实践中，成为政治实践的最高原则，从而为政治实践者确立起为政之目标、责任、使命。以此相应，也就必然强调为政者之道德觉悟，促成其仁德之完成，最终通过以身教民、以德化民而引动社会的道德向善。如此，孔子打通了"仁者"为政和治国的道德传递之路，"德治"，因有仁德君子之为政，从可能走向现实。

总之，孔子从"仁"这一总体的德性立场和视角对"君子"与"小人"加以辨识，进而对"君子"与"仁者"的关系加以厘定，其目的是以"仁者"为标范，引领"君子"，成为"仁者"，从而为实现"仁政"与"德治"而确定实施与践行的主体。如此看来，孔子对"君子"与"小人"之间根本差异的追究，对"仁者"与"君子"之德性层次的甄别，都与其政治理念和治国方略直接关联在一起的。直言之，其目的在于为其德性政治实践服务的。

君子，成为"仁者"，乃是孔子贤人政治理想的内在要求。

7. 忠爱之道，当行劳诲

宪问 14.7

【原文】子曰："爱之，能勿劳乎？忠焉，能勿诲乎？"

【译文】孔子说："爱他，能不以勤劳相劝勉吗？忠于他，能不以正道来规诲之吗？"

孔子不仅倡导做人应有"忠爱之心"，而且明示了应如何"爱"、如何"忠"。"爱"指"待下"，"忠"指"事上"。孔子言以教之"劳"为"爱"，以"诲"之正道为"忠"，如是钱穆所释："劳谓勉勉其勤劳。爱其人，则必勉策其人于勤劳，始是真爱。诲者，教诲使趋于正。忠于其人，则必以正道规诲之，始是忠之大。"

"忠爱"皆仁义。诚如陈祥道所释："爱之者，仁也；劳之者，义也；忠焉者，义也；诲之者，仁也。君子处仁以义，然后仁；行义以仁，然后义。"如此，孔子强调以"忠爱"践"仁义"，将"仁义"从心性情感、主观观念，体现与落实于行动，从道德之理论理性下降、具体化为道德实践理性，从而使"忠""爱"成为改造人，促人进步，成就仁政、仁道的积极力量。

一言蔽之，"爱之"，即"牧民"，须教之、使之勤劳；"忠焉"，即"忠君"，须规劝、不倦诲君，使之就正道。恰如戴望所释："言爱之能勿勤思之，忠焉能勿教诲之。"

具体而言：

第一，孔子教育弟子们如何真正践履"爱"与"忠"，强调若爱民、爱后进，忠于朋友、忠于君国，就不能仅仅停留于心念、思想和精神层面，而是必须越出主观的心理，以实际的行动来表达"爱"与"忠"，落实于具体的教导和规诲，使被爱者能勤劳，使被忠者能就正道，如此使"爱"和"忠"得以落实。

第二，孔子所倡导的"仁"与"义"，须通过"爱"与"忠"而显现出来。"爱"和"忠"不能不落实于对民、对朋友、对君国的"教"与"诲"上，这就表明"教"之"劳"和"诲"，乃是表达"爱"与"忠"之方式。离开这两点，所谓的"爱"和"忠"便沦为空乏而无所着落。如此可见，孔子所言的"爱"与"忠"，不是"虚"，而是"实"，不仅仅是"思想"，而且更重要在于行。一句话，通过对民、朋友和国君的"教之"和"诲之"而彰显"爱"与"忠"。此真谓"爱之不能不劳心，尽忠不能不教诲。"（皇疏引李充云）以此表明"爱而勿劳，禽犊之爱也；忠而勿诲，妇寺之忠也。爱而知劳之，则其为爱也深矣；忠而知诲之，则其为忠也大矣。"（朱熹引苏氏）

第三，对孔子此论深意的把握，分歧点主要在于对"劳"的理解上。孔注解为"劳来"；李充解为"劳心"；《经义述闻》以为"劳，勉也"；刘宝楠在《论语正义》中主张"劳当训忧"；杨伯峻《论语译注》解作"劳苦"（并引《国语·鲁语》为证："夫民劳则思，思则善心生；逸则淫，淫则忘善，忘善则恶心生。"可以为"能勿劳乎"的注脚。如此则此章前半是说"牧民"，后半是"忠君"）。

如此，此节中的"劳"，是因"爱之"而"劳"。"劳"具有"为之劳"和"使之劳"两层含义。所谓"为之劳"乃是表明爱民必为之而"劳"；所谓"使之劳"则是勉其勤劳。正所谓爱其人，则必勉策其人于勤劳，始是真爱。这里的含义与"子路问政。子曰：'先之，劳之'"（《论语·子路》）是一致的。

第四，此节孔子所言"忠焉"，非所谓对上尽忠、效忠的单向服从之意义，而是"为人谋而不忠乎"之"忠"，其义乃是尽心尽力、直道与人；如此，"忠"就必须具体落实于"诲"上，即为之"谋"和"使之谋"，即使之谋虑规划，使之始终能在"正道"上，否则即不是孔子所言之"忠焉，能勿诲乎?"。

第五，孔子主张，"爱"之则"使之劳"，而"忠"则是"使之谋"。如此，孔子以"能勿"之辞，表达了"爱"与"忠"之切切，反对声称"爱"与"忠"而又"勿劳"和"勿诲"。如此，若爱而"勿劳"，忠而"勿诲"，实乃不是真"爱"与真"忠"。恰如陈祥道所释"劳之，所以作其才；诲之，所以达其善；爱之，而不忍劳之；忠焉，而不忍诲之，适所以贼之也。"

第六，孔子强调爱之则教之"劳"，忠之则"诲"之的原则，体现了孔子所倡导的爱而不溺、不袒护、不纵容，而须教之、导之、束之，使之勤勉、劳作而磨练、而自进自强；相应地，忠而不愚忠，不乖顺，而须诲之、规劝之，遇明显之背道时，须止之而就正道。由此看来，孔子所言之"爱"与"忠"，以"仁"为旨归而取向实践操作，重客观实效性。

总之，"爱"与"忠"，是内涵极为丰富的德行范畴。孔子之论，表"爱民""忠君"，不应仅仅停留于思想层面的心理愿景，更应该体现于行动层面的帮助与规劝、教诲，使之能勤劳、能弃霸道就仁道。孔子正是从这一角度出发，明确"爱"与"忠"之实质，即"爱之"则"劳"，"忠"须"诲"之，将

"爱"与"忠"之"心"付诸于实际的"劳"与"诲"。如此,不仅将"劳"与"诲"生成为判断"爱"与"忠"的标尺,更为践履"爱"与"忠"指明路径。此正是孔子"仁政"思想所推崇的"大爱"与"尽忠"之具体化。

生活哲学视野中的"论语"研判

8. 夫子赞郑，贤善为命

【原文】子曰："为命，裨谌草创之，世叔讨论之，行人子羽修饰之，东里子产润色之。"

【译文】孔子说："郑国造一辞命，先由裨谌拟草稿，再经世叔讨论内容，然后由行人子羽修饰字句，最后由东里子产再在辞藻上加以润色。"

郑之"为命"，必更四贤，然后成，故鲜有败事。孔子陈述了郑国"为命"之撰写、完善的完整过程，具体勾勒了由四位大夫分别承担和负责的任务：裨谌"创之"、世叔"讨论之"、子羽"修饰之"和子产"润色之"，以此表明"盖为命，专于一，则不能无失；资于众智，然后尽善。"（陈祥道）

通过对郑国"为命"之分工明确、程序清晰、环节紧扣、群策群力之过程的陈述，孔子不仅赞"子产之能得人善用，与群贤之能和衷而共济。"表"子产之善治"（钱穆）；而且称道以此折射出的为政者缜密、慎重、郑重、惟精惟一之做事态度与精神，以此高度褒扬郑国子产等大夫为政之高度责任感与使命感。

孔子以郑国"为命"为实例，树为政之典范，从为政实践层面，鞭策天下为政者当效法之而勤政、善政，达善治。

孔子言郑国"为命"，呈"作文要诀"（蕅益）。郑国之所以高度重视、审慎"为命"，达至臻完美，乃是因为"出其言善，则千里之外应之；出其言不善，则千里之外违之。言不可以不慎也。"（江谦）

具体而言：

第一，孔子具体陈述了郑国外交"为命"〔"命，国书，使者载以行者。"（戴望）〕，即"国书"出台之前所经过的创制过程，呈现一份正式完备的"辞命"须经历"草创、讨论、修饰、润色"四个环节。孔子如实地勾勒其中的几个环节与各自的职责分工，最终达到"增一字则太多，减一字则太少"之精妙境界。

孔子以此为例，强调为政者须持严谨的态度，遵合理的程序、必要的环节，反复打磨，矫正其中的不当，避免不必要的疏漏，调整其语态、修正其文法、秀润其文采，从而保证文辞成为"经典"，由此凸显为政者高度的责任心和使命感，从而彰显为政者之慎重、规范和追求至臻完善之精神。

孔子陈述此事，不仅赞赏子产为政之才干，而且更为重要的是对子产为政中所体现出来的对人才之善用，以及在实际操作规程中的具体分工明确、程序严谨以达到极佳效果所展现出来的精益求精之态度和精神予以充分地肯定和褒扬。

第二，孔子提及的郑国"为命"制作的四人，即裨谌、世叔、子羽、子产皆为郑国大夫。此四人，组成郑国制作外交文书的专职精英团队。他们制作外交文书有清晰和完备的"流程"，其中既有明确的分工，又有渐次完善和提升的程序，从而构成"为命"之系统性整体；其间既有其才之"各展"，亦有四者之"共用"。具体的构成及其分工如下：

裨谌："草创之"，此谓先拟一草稿，定此辞命之大意。

世叔："讨论之"，此谓对初稿之内容加以寻究与讨论，对其大意予以修改。

子羽："修饰之"，此谓对文辞文本进一步加以修削、增饰，即通过增损其字句，使辞命之大意益臻允惬明显。

子产："润色之"，此谓对文辞加以文采，做最后的总体把关，使此辞命愈加美满。

四人制作文辞的过程，可以说是一步一步完善与精致化的过程，既表征郑国对公牍撰写的高度重视，更为鲜明地呈现当政者能根据不同的人之能力和特点，善用人长，能做到各司其职、各尽其才，充分整合各自的才智与心力，达到优势共生之效应。如此可见，郑国"为命"绝非个人之心力与才能所能为，必以此四贤协同而成。四贤各尽所能，详审精密，凝聚而成"集体智慧"。如此，郑国"为命"，应对诸侯，鲜有败事。孔子言此，乃善之也。

第三，之所以在"为命"制作过程中，能做到四人有效协同、整合，使文辞一步一步加以完善与提高，最后达成杰作，这不仅源于正确的分工，恰当的方法，认真、严谨和审慎的态度，而且更为重要的是源于为政者之责任与使命使然。

第四，孔子以郑国制作外交文辞为例，从具体的政事管理和操作层面，教导弟子们在治国中应以此为楷模，持严谨态度和求精之精神；并且要求为政者要善于用人，使群贤齐心协力、合舟共济，尽其才、展其能。唯如此，治事、治国方可立于不败之地。

总之，孔子旨在以郑国制作文辞为例向弟子传授如何正确、完备地处理政事的方法及态度。首先，如制作外交文辞经"草创—讨论—修饰—润色"一般，处理其它各类政务同样需要进行分层、分步处理，达到程序化、专业化，环环相扣，形成具有长效性的运作机制，以此保证政务处理的有条不紊，从而保障为政之有效性和规范性。其次，为政者需充分了解所用之人的特点与特长，做到知人善任，鼓励充分发挥其才能，使其特长与所理之政事达到高度契合，进而在团队中形成优势互补、强强联合，以此确保政务处理的高水准与至臻完善。最后，在政务处理过程中，应以使命感促成其保持高度的责任心，方可使政事处理达到至善。

孔子对郑国"为命"予以详细地陈述并善之，表子产为政乃当世之典范，当为天下为政者效法而使其为政严谨、缜密而完备精致，以期形成勤政、善政之风，达善治之效。

9. 夫子点评，为政为人

宪问 14.9

【原文】或问子产。

子曰："惠人也。"

问子西。

曰："彼哉！彼哉！"

问管仲。

曰："人也。夺伯氏骈邑三百，

饭疏食，没齿无怨言。"

【译文】有人问子产是个怎样的人，孔子说："是一个对民有恩惠的人。"又问子西，孔子说："他呀！他呀！"又问管仲，孔子说："他是个有才干的仁者，他把伯氏骈邑的三百家夺走，使伯氏终生吃粗茶淡饭，直到老死也没有怨言。"

孔子评子产、子西和管仲三人之为政、为人。子产执政于郑国，心存百姓，人民受惠颇多，孔子评子产："惠人也"；子西，执政于楚国，政绩平平，既不能抑制贪官，又不能尽用贤能，孔子以为子西为政不足为道，以"彼哉！彼哉！"而鄙之。管仲，执政齐国，才干出众，政绩卓著，孔子称赞他秉公办事，公正无私，令人叹服无怨。

孔子借评三人之为人、为政，即是为审断、甄别当世为政者之为人、为政，孰优孰劣，孰善孰恶，确立了参照尺度，表达孔子褒贬、扬抑之取向。

子产"惠人也"，仁也；管仲"人也"，义也。于二者，孔子赞。独子西，故孔子言"彼哉！"以表不屑。孔子以评价三人，比照当世为政者之德。

具体而言：

第一，孔子借有人询问子产、子西和管仲三人为政如何之机，依据三人为政之特点加以评价。对子产和管仲予以肯定和赞许；而对子西报以轻蔑之口吻答之，表达孔子对之"不屑"。如此，孔子对此三人的评价，褒贬、扬抑尽在其言辞之中。如此之评价，为其弟子，乃至为世人辨识、判断当世为政者之好坏、善恶、良莠，确立了范型。

第二，孔子对子产的评价可谓简短而准确："惠人也"。表明子产为政惠民，这是对其为政的总体性评价。"惠人也"亦即表达子产为政最为根本的特点则是贯彻和体现了"仁政"之精神，这是子产得到孔子认可之关键。

子产，郑国贤相，以清廉、仁惠而著称，孔子以"古之遗爱"褒扬之；但是，子产在具体的为政中也表现出严苛，正如前面所说：他能做到"爱之"而"劳之"，"忠"之而能"诲"之。如此，其为政虽严，但其严乃是以爱民忠君为宗旨，所以孔子不以为忤，以为其人乃是宽厚慈惠，存心惠爱于民。正所谓严是爱，宽是害。对子产之政，朱熹释曰："子产之政，不专于宽，然其心则一以爱人为主。故孔子以为惠人，盖举其重而言也。"戴望释曰："惠，爱也。子产相郑，先恩而后法，故曰'故之遗爱'。"

正因为子产存仁心，惠爱于民，所以《左传》曾载："子产卒，仲尼闻之，出涕曰：'古之遗爱也。'"亦如钱穆所释："子产为政严，而孔子特以惠爱许之，此即所谓特识也。"

第三，于子西，孔子言："彼哉！彼哉！"

（1）"子西"到底所指是谁？

陈祥道以为有郑国之子西和楚国之子西，并对（两个）子西予以了较为充分的比较。他说："郑之子西俯仰于子展、子产之间。其与杀子孔之专，则因子展而已；其与伐陈，则因子产而已，其才不足道也。楚之令尹子西，理百姓，实仓廪，百姓得所，楚王贤之，其才可知也。不狥白公仇郑之谋，而终死于白公之乱，其正可知也。或问子西，孔子彼而弃之者。非楚之子西，意郑之子西乎？"从陈祥道之释来看，他亦不确定孔子所评价的子西，是郑国之子西还是楚国之子西，但似乎更倾向孔子所言的应是郑国子西。

朱熹释曰："子西，楚公子申，能逊楚国，立昭王，而改纪其政，亦贤大夫也。然不能革其僭王之号。昭王欲用孔子，又沮止之。其后卒召白公以致祸乱，则其为人可知矣。"

戴望释曰："子西，楚令尹公子申，有定楚功，故或以为问。再言彼哉者，切遽意，言不可久于彼国也。孔子至楚，昭王思用孔子，为子西所沮，故欲速去之矣。"

朱熹和戴望，比较确定孔子所评价的子西，即是楚国之子西。

钱穆以为"春秋时有三子西，一子产之同宗兄弟，此两人常以同事见优劣，且相继执政，齐、鲁间人熟知此两人，故连带问及。本章与上为命章相承，皆论郑事，此子西必系郑子西可知。其他二子西，皆楚大夫，一宜申，谋乱被诛，一公子申，后孔子死。《论语》记孔子评骘（zhì）当时人物，多在齐、晋、郑、卫诸邦，并多在定、哀以前，公子申既楚人，又当时尚在，孔子弟子当不以为问。"钱穆以为此处孔子所评价的子西，当是郑国子产之兄弟。

从孔子于楚国之遭遇而言，此处所言的子西应该是楚国令尹子西。据说孔子周流游列国，宣传其治国方略，到了楚国，楚昭王对孔子之说非常感兴趣，想重用孔子。为了表示诚意，昭王准备赏赐七百里封地给孔子。子西听后，担心孔子取而代之，对楚昭王进谗言：孔子门人三千，不乏德才兼备之人才。倘若孔子真得到了这七百里封地，难免他不带着弟子造反而自立为王。楚昭王听信子西之谗言，对封赏孔子之事便再不提及。此事后，孔子只好离开楚国。通过此事，孔子认为子西做人不高明、不地道。因此，当有人问及子西时，孔子是那般不屑多言，只是以"彼哉！彼哉！"而应。

（2）孔子言："彼哉！彼哉！"不管所问的"子西"到底是郑国之子西，亦或楚国之子西。对于子西，孔子言"彼哉！彼哉"，不屑之情溢于言表，且认为此人还嫉贤妒能、沽名钓誉。如此，孔子认为子西之类的为政者，从根本上而言，毫无可称道之处，不值一提。表孔子对子西做人、为政予以鄙夷。

第四，孔子对"管仲"的评价。首先是一个定性的评断："人也"；其次，以一个具体的实例，即"夺伯氏骈邑三百，饭疏食，没齿无怨言"予以进一步言之。

（1）关于"人也"。一说，孔子认为管仲是一个"有才干之人"，是一个不可小觑的"人物"；一说，孔子认为"人"即"仁"，突出管仲作为"仁者"，如子产一样"惠人"。恰如江谦补注："人也，犹言仁也，可知不仁即非人，使怨家无怨言，非仁者感化之深不能也。"

（2）"夺伯氏骈邑三百，饭疏食，没齿无怨言。"孔子以此极端的实例，确证管仲为人公正，办事公道，令受处罚之人都无怨，其为人着实值得令人称道。

"伯氏，齐之世族。骈邑，其采地也。古者臣有大罪，则夺其邑。三百，盖三百社为七千五百家。管仲削伯氏邑，罚当其罪，故能使其没身无怨言也。"（戴望）"伯氏有罪，管仲为相，削夺其采邑。""伯氏虽以此毕生疏食，然于管仲无怨言。"（钱穆）此表管仲执法公允，故使得罪者无怨。对此事，恰如陈祥道释曰："夺伯氏骈邑三百，没齿无怨言，至公也。桓公以仲为圣人，施伯以仲为贤人。"

不管如何，在孔子的眼里，作为齐之相的管仲是此三人中最厉害、最值得称道的，其为政严则严矣，剥夺了伯氏骈邑三百户的采地，使伯氏由家财万贯变成贫民百姓，只能吃粗粮，却到死没有怨恨的话，的确是公正、贤明。管仲能做到如此程度，后人称其为春秋第一名相，真乃实至名归。

尽管孔子对管仲有批评［子曰："管仲之器小哉。"（《论语·八佾》）］，但总体评价很高，乃是有鉴于管仲"不以兵车"，九合诸侯，一匡天下，在一定程度上维护了天下之秩序，同时管仲治政，虽然对有罪之伯氏，"剥夺"其采邑，强拆其建筑物而致使其从此没落，生活潦倒，然而伯氏却至死无怨。为此，孔子非常赞赏管仲此等铁腕而不失公正、智慧之举。

当然，管仲对伯氏的处置，不仅至死无怨，而且还能让伯氏心甘情愿，充分说明他的工作能力之强，表明管仲之类的人才正是齐国治理之最需要的。在此，一方面表明伯氏对管仲治理齐国之至功的认同、赞赏，因为孔子也曾说，"贫而无怨难"，所以伯氏心服的是管仲一匡天下之功；另一方面，虽然伯氏犯罪而必惩，表伯氏亦深明大义。有道是鲁多贤人，卫多君子，齐国的罪臣之无怨亦可以如此，再次衬托出管仲治政之才能，做人办事之公正。

第五，孔子对子产、管仲皆予以肯定性评价，认为其为政可圈可点，可赞可扬。对此，朱熹进而引申道：若"或问管仲、子产孰优？"孔子将如何比较评价呢？朱熹自答曰："管仲之德，不胜其才。子产之才，不胜其德。然于圣人之学，则概乎其未有闻也。"

总之，通过孔子对子产、管仲和子西三人的具体评价，不仅直接表达了孔子对子产、管仲做人、为政的赞赏，对子西的为人、为政持鄙夷之态度，更为重要的是呈现了孔子所判的为政、为人之最好、中等和极差的等级类型，为弟子们树立了为人、为政治国可以效法的榜样，要求弟子们在从政中力争能做到如管仲一般之"人也"，次之也得学子产一样，能"惠人"，但决不可如子西之流。如此，孔子以具体的为政人物为例，将其欣赏和鄙视的为政者之人格和治国为政之理想和取向直呈给众弟子，以"事实"为依据而进行教诲与引导，实为教育之良法。

10. 治国当明，至理之道

宪问 14.10

【原文】子曰："贫而无怨难，富而无骄易。"

【译文】孔子说："贫穷而能够没有怨恨是很难做到的，富裕而不骄傲是容易做到的。"

处贫难，处富易，此乃人之常情，故贫易生怨，富易生骄。如此，"贫不足仰事俯育，而使无怨也难。富则教之好礼，使无骄人也易。"（戴望）

孔子从生存之"贫""富"状况，揭示人之道德修养的"难""易"程度，进而揭示"贫而无怨难，富而无骄易"之规律，由此对"贫而无怨""富而无骄"之德，表示由衷地赞扬。对此，钱穆释曰："能安于贫，斯无怨。不恃其富，斯无骄。颜渊处贫、子贡居富。使颜渊处子贡之富则易，使子贡居颜渊之贫者难。此处见学养高下，非孔门之奖贫贱富。"

处"贫"易生怨，而能"无怨"，其心乐道也；处"富"易生骄，而能"无骄"，其心好礼也；前者因乐道而守贫、安贫而"无怨"，故无怨尤难能可贵；后者因好礼而"无骄"，故相对"易"。如此，孔子扬"贫而无怨"，实则极赞"安贫乐道"之精神；肯定"富而无骄"，实则肯定"富而好礼"之品质。

孔子作出"贫而无怨难，富而无骄易"之判断，其目的在于向当政者强调其治国之急切所为，即当以"富之"为先，进而"教之"。恰如戴望所释：孔子言此，则"明在位者，当知所急也。"

具体而言：

第一，孔子通过"贫"与"富"两种生存状况下所具"无怨"和"无骄"的"难"与"易"之比较，表达对"贫者"能安贫无忧、无怨之难能可贵的赞扬，对富者不骄奢淫逸、遵从礼法之肯定。在礼崩乐坏的时代，两者都是值得充分赞许的。在本节中，孔子于人之自律而言，强调了"富而无骄"比"贫而无怨"容易。在孔子看来，无论是能做到"贫而无怨"，还是"富而无骄"，都是难得的品质。但是，从孔子此言之更为深刻的意蕴来看，则是在于让当政治国者和从事教育者应知晓，为政之使命与责任，首先在于使贫者脱其贫，即"富之"；于富者，进而"教之"，免其骄奢淫逸，将仁德、礼法植根于民之心中。此为为政者施行"仁政"善治必须要明白的道理。

第二，为何在孔子看来，"贫而无怨""难"呢？此处的"难"就在于一个人如何能以"仁"、以"义"抑制己之物欲，超越外物之诱惑，让心之乐始终于"道"，这是一种持续不断地以精神的富足、境界的高洁所生成的强大内在力量和幸福感，对抗物质生活之贫乏所造成的生存窘迫之过程。此过程，在本质上是生命价值、生活之至乐追求在"物欲"与"仁道"之间的博弈与挣扎。如此，君子之所以能做到"贫而无怨"，乃是其心怀"仁"，其乐在"道"，其行为"义"，不为"利"所动使然，这样，其心能守清贫苦寒而不为之所忧。能安贫、不忧于贫，且无怨，"无怨就是乐。"（蕅益）如此，"贫而无怨"，即是"安贫乐道"之具体体现。

第三，"富而不骄"，"易"。其实，"富而不骄"亦"难"。"富而不骄"之"易"，只是相对于"贫而无怨"之"难"。"富而不骄"，有一个前提，那就是不倚仗"富"而无视礼法，不恃其富而骄蛮凌人，从而淡化自身之富，一句话，"富"之后，不停留于"富"，而要做到超越"富"，进而追求"道义"与"仁德"，让生活不以"富"为根本、为轴心，依然将其心、其乐落脚于"仁""礼"之上。

第四，无论是"贫"而"无怨"，还是"富"而"无骄"，孔子都是从其物质生活的状况来审视和考察其精神风貌和心性特征。然而，在孔子看来，贫者，乃是欲不及也；而富者，则是欲既及也，二者均可谓未得道也。如此，"贫而无怨"之"难"则在于要求自己不断克制、转移、甚至抵御、无视"欲求"，遵循近乎禁欲主义之生活原则；而"富而不骄"则是满足于物之富足，超越此等物欲，升华为更高的精神和道德自觉。

第五，能否守住清贫穷苦，做到"贫而无怨"；能否做到"富而不骄"，也是君子与小人之别。孔子曾曰："君子固穷，小人穷斯滥矣。"（《论语·卫灵公》）因为"君子"与"小人"之生命价值观不同，于"义""利"之别，故而，君子坦荡荡、小人长戚戚。如此，小人则必会因"贫"而生怨、因"富"而骄蛮无礼。如此，表"贫而无怨""富而无骄"，皆是以己之德性修养驾驭"贫""富"，超越"贫""富"。

第六，在孔门弟子中，颜渊处贫，"一箪食，一瓢饮、居陋巷、人不堪其忧、颜不改其乐"。如此，颜回能"贫而无怨""安贫乐道"，在他者看来"不堪其忧"，表"贫而无怨"之真"难"，而于颜回则"易"；子贡居富，曾问孔子曰："贫而无谄，富而无骄，何如？"子曰："可也；未若贫而乐，富而好礼者也。"（《论语·学而》）如此，子贡"好礼"，做到"富而不骄"也就不难了。

当然，还须注意，使颜渊处子贡之富则易，使子贡居颜渊之贫则难。如此，孔子在本节中所言的意义则不在于奖贫贱富，而是在论处贫、居富者的学养、心性修为之高下。

第七，无论"贫"而"无怨"，抑或"富"而"无骄"，也不论其"难"、其"易"，孔子之言的重心，在于告诫君子不纠结、不囿于"贫""富"本身，不以"物欲"之是否满足而根本、为着力点，因为纠结于物质生活状态的"贫"与"富"，自然会生"怨"或生"骄"，其难、易只是程度之别，如此孔子强调君子处"贫"，依然不忧贫而乐道，故而无怨生；"富"而不仗富，好"礼"向"仁"而不生骄。一句话，不假外物而"乐道""好礼"，惟君子也。如此，君子无论"贫""富"都能"克己""慎独"而"守道"，心向"仁"而至乐。

第八，孔子在为利而争霸的时代，对"贫"者持守"清贫"而无怨予以赞许，对"富者"不凭富而骄横、骄纵而以"礼"克己予以肯定，一方面对唯利是图、唯利而来往的"世风"予以批判，另一方面则是对超越物欲，心向"仁德"予以褒扬。其"难"与"易"，只是在追寻德性、仁道之路上的次第差异，它服务于孔子之整体的道德取向。

第九，孔子此论，再次凸显其典型的道德理想主义取向。在孔子看来，无论是"贫"还是"富"，均只是其物质生活之状，都只是审查其德之"无怨""无教"的初始前提，都不足以构成生命的至上价值追求，而能促进自己心性成长的只是其德性、其修为、其情感的自觉调整和主动控制，最终指向内蕴着"仁爱""仁德"之心超越"怨"与"骄"而达"无怨""无骄"之境，此才是君子修己进道之正途。

第十，孔子揭示"贫而无怨难，富而无骄易"之"真理"，其目的在于向为政者昭示当如何治国，以及治之应所知和急切所为。恰如戴望所释曰："明在位者，当知所急也。"

总之，孔子通过对"贫"与"富"两种对立生活语境下"无怨""无骄"之"难""易"的分析和判断，在充分肯定"贫而无怨""富而不骄"之前提下，突出君子不役于外物，不应被"贫""富"所桎梏，而应以追寻仁道为人生之至乐，从而担负其匡扶礼制和仁道的使命。同时，孔子亦告诫治国者，于"贫者""富者"，应主动"富之""教之"而使之归心于"仁"。

一言以蔽之，孔子此论，乃是为治国者施政提出的智慧训导。

11. 治国谨守，量才而用

【原文】子曰："孟公绰为赵、魏老则优，不可以为滕、薛大夫。"

【译文】孔子说："孟公绰做晋国赵氏、魏氏的家臣，是才力有余的，但不能做滕、薛这样小国的大夫。"

孔子认为，孟公绰，比较适合在晋国赵、魏等大夫家中担任德高望重的清闲之职，却胜任不了滕薛这样小国中具体执行者的职务。因为赵、魏"大家势重，而无诸侯之事；家老望尊，而无官守之责。滕薛国小政繁，大夫位高责重。"而"然则公绰盖廉静寡欲，而短于才者也。"（朱熹）

孔子言孟公绰，以表为政者应量才用人，使其各尽所能，各得其所，此为孔子所倡为政之"用人观"。

具体而言：

第一，孔子借孟公绰谈论为政者应该知人善任，量才用人，遵循用人之长、避人之短之原则。如此，方可使其才能得到充分地发挥，防范用人不当贻误治国之大事，以此突出孔子所倡导的人才观或为政用人观。

第二，孟公绰，春秋时期鲁国非常有德望的大夫，孟孙氏族人。"公绰性寡欲""公绰盖廉静寡欲，而短于才者也"，指其心性清静寡欲，为官清正廉洁。鉴于此，孔子认为他"为赵、魏老则优，不可以为滕、薛大夫"。

孔子对其评价表明孟公绰凭着自己的威望可以做赵、魏这样的巨卿之家的家臣元老，但是在责重事杂的滕、薛小国会难有作为，即不能胜任小国的大夫之职。

孔子为何对之做出如此评价？孔子根据孟公绰的心性特质与才能而言。一方面因孟公绰性淡寡欲、尚清静廉洁，非任事者。另一方面如朱熹所释："大家势重，而无诸侯之事，家老望尊，而无官守之责。"这就表明孟公绰不适合担当繁杂政务，因为其实才不在此。亦如陈祥道所言："孟公绰为赵、魏老则优，不可以为滕薛大夫，其才，有能、有不能也。"戴望亦释曰："滕、薛于《春秋》最为微国。赵、魏、晋之强家。微国政烦而强家事简，公卓性寡欲，若为采地之臣，则饶有余裕也。"钱穆亦言道："盖公绰是一廉静之人，为大国上卿之家臣，望尊而职不杂。小国政烦，人各有能有不能，故贵因才善用。"

孔子对孟公绰之评价，其深刻用意在于指出，识人之"才"，是用人之"长"的前提，进而言之，用人，从其根本上而言，须扬其长、避其短，让之发挥其最大的优势，切勿导致用人短，废人长之误。此为遵循"器能各有所施也。"（戴望）

第三，"君子不器，无施而不可，不如君子则器矣，有能有不能。"（陈祥道）从孔子对孟公绰的评价中可以看出，首先是肯定他可以"为"，给他能发挥自己所具有的才能划定了范围和领域，进而否定他"不可以为"之事，于是，对他予以了明确的限定，这是孔子对人评价客观和辩证的可贵之处，由此亦可见孔子不仅善于识人之长，也深知其短，而且更重要的是善用人，由此彰显孔子深谙用人之法、用人之策。

第四，孔子之为政观，以仁德为根本、以礼乐为依托、以贤人为主体而形成其完备的逻辑。在此，通过判断孟公绰之能为与不能为，具体表征孔子的人才观，严格地说是其为政用人观。施政系统之不同的职位，需要与之相匹配的能力和才干。如此，若不依其才能而用之，则不仅人不能尽其才，而必会因人之误用，导致误事之恶果。

总之，孔子通过对孟公绰之心性、之德、之才，以及其"可为"和"不可为"，即所长、所短的评断，突出地表征其用人观内蕴的深妙，警示为政者不仅要善于判断一个人的才能，而且要善于用人长，避人短，切勿倒置而强人所难，最终贻误国之大事。如此，为政者之善治，其重要的职责则是发现、举荐、恰当地使用人才，这是实现仁政善治之内在必需。

12. 生而成人，何以可能

宪问 14.12

【原文】子路问成人。

子曰："若臧武仲之知，公绰之不欲，卞庄子之勇，冉求之艺，文之以礼乐，亦可以为成人矣。"

曰："今之成人者何必然？见利思义，见危授命，久要不忘平生之言，亦可以为人矣。"

【译文】子路问怎样做才是一个完美的人。

孔子说："如果具有臧武仲的智慧，孟公绰的克制，卞庄子的勇敢，冉求那样多才多艺，再用礼乐加以修饰，也就可以算是一个完人了。"

孔子又说："现在的完人何必一定要这样呢？能做到见财利想到义的要求，临危受命，长久处于穷困还不忘平日的诺言，这样也可以成为一位完美的人。"

子路问如何"成人"？孔子指出两类"成人"之模式。第一类则是具有"智""廉""勇""艺"之"质"，再以"礼乐"而"文"，即"成人"矣；第二类则是能做到"见利思义，见危授命，久要不忘平生之言"，亦算"成人"也。前一类成人之模式，是"质"与"文"统一之理想；后一条成人之模式则是践行而修成型。如此，孔子为子路，亦为世人"成人"指出了宽广之路，激励与鼓励世人不断完善自己，向"成人"进发。

按陈祥道之释，具有"智""廉""勇""艺"之"质"，再"文之以礼乐者，古之成人也。古之成人者，由前君子之事也。今之成人者，由后亦不失为善人者也。"

孔子两说"成人"，前一可谓是高绝说，后一则可谓是底线说。如此，构成"成人"之殊途，表呈孔子的"成人之道"。

具体而言：

第一，子路向孔子请教："如何成人？"这一问题构成孔子修身之学，即"人学"的重要命题，也应是孔子全部道德命题，乃至修齐治平之取向的关键。"如何成人"的问题，本质上即"'内圣'何以可能？"的问题。于此，孔子在回答子路之问时，提出了两种"成人"之模式、范式或路径："理想型的德性积优与整合式"和"现实型的义利直面生成式"，二者之张力，构成人之道德成长的"理想"与"现实"之路。

第二，子路问"成人"，是基于自己有"勇"、有担当、有忠信之德而求己不断提升，完善自己德性而"成人"之内需使然，故卓吾以为子路之问，乃是"切问"。孔子的回答，从其语义来看，有的论者认为可分为两个层次：即第一次回答是高举其义，突出一个人要兼具当世公认的"臧武仲之知，公绰之不欲，卞庄子之勇，冉求之艺"，是仁智勇艺并文之以礼乐，方可称为"成人"，师徒二人真可谓问得高，所以答得绝；然而，孔子的第二次回答，又以平实之义说"成人"，曰"见利思义，见危授命，久要不忘平生之言"，是能恰当处理义利关系、挺身担当使命、困穷之中仍守信诺，即守住了做人的根本，可以称为"成人"。前半部分是说高绝之处，后半部分是从底线上说。

然而，再仔细琢磨，可以窥见孔子二次回答子路之问，事实上为"成人"提出了两种不同的模式或两条路径。

第三，孔子首先提出了"成人"之理想型的德性积优与整合式。该模式是以"知""不欲"（节制、廉）"勇""艺"为"质"，再以"礼乐"而"文"之，如此则可成"文质彬彬"之君子，即"成人"。如此，以既有之"质"而"文"所生成的"人"，是"理想型的完美之人"。

孔子具体提及臧武仲、公绰、卞庄子和冉求四人，他们在"质"上，各有所长，即"臧武仲之知，公绰之不欲，卞庄子之勇，冉求之艺"，此为"成人"之良好的"质"。对此，诚如陈祥道所释曰："智以知之，不欲以守之，勇以行之。据于德，所以立本。游于艺，所以存末。本末具而又文之以礼乐，则于人道几尽矣。故曰：可以为成人。"亦如朱熹所释：因为"知足以穷理，廉足以养心，勇足以力行，艺足以泛应。"如此，"又节之以礼，和之以乐，使德成于内，而文见乎外。则材全德备，浑然不见一善成名之迹；中正和乐，粹然无复偏倚驳杂之蔽，而其为人也亦成矣。"譬如"武仲之智，未足以为成人。"（陈祥道）"臧武仲之知，非正也。若文之以礼乐，则无不正矣。"（程子）如此表明"无材亦不成人。再严格言之，不有礼乐之文，犹今言无文化修养者，纵使材能超越，亦不成人。"（钱穆）"知、廉、勇、艺是铜铁，礼乐是丹头。"（卓吾）"四子若能文之以礼乐，则四子便各各成人，非要兼四子之长也。礼是此心之节文，乐是此心太和，诚于中而形于外，故名为文，非致饰于外也。"（方外史）

按照孔子所示，以"质"而"文"至"成人"，其标准之高，其境界之难以企及，故而，在孔子看来，此等"成人"世间难有。而孔子将此等"理想型的成人"一直挺立，作为"成人"之标准范式和理念，以作为世人修身之至上追求的目标，成为力图修塑自我，成为完美人格之君子的信仰。

第四，孔子认为，理想型的德性积优与整合式的"成人"路径与高度，固然难以达及。但是"成人"之路并非只有一条。如此，孔子提出促使"成人"的另一条路或另一种模式：即现实型的义利直面生成式。在此，孔子突出于"成人"之历程中，直面问题之选择、之决断。如此，将人格完善之关键和焦点落实于生活之具体遭遇中，从而以感性的生活问题为焦点，直面"利"和"义"之矛盾，强调重义轻利、见利思义、勇于担当，而且还要具有"久要不忘平生之言"之"信"。此种模式，正是每一个人可修为、具有可操作性的可行之路，这也就将"成人"置于具体的日常生活之中。如此，"成人"也就不再是君子之专属，于每一个生活者而言，亦不远矣。

"见利则忘义，见危则惜命，久要则忘信，世俗之情也。今也见利思义，则可以为义。见危授命，则可以为忠。久要不忘平生之言，则可以为信。故曰：亦可以为成人矣。"（陈祥道）如此表明，在现实生活中，能做到"义""忠"和"信"，亦可算是"成人"了。

第五，孔子在此所举的两种"成人"模式，不仅直呈"成人"之理想和现实路径之张力，而且还提出了"成人"本身的层次性。这就展示孔子的"成人"理论之多维性和多层次性，为君子成就"内圣"铺设了形上与形下之通道。二者之间的张力，构成了"成人"之理想性与现实性的内在逻辑。

总之，"学以成人"，乃孔门儒学之大学问，构成其价值之根本。本节记述子路和孔子以人格完善或成为"完人"之问题而展开的"问"与"答"。在孔子的回答中，提出了君子修行而成"内圣"的两种模式、两条路径，并以理想型与现实型之张力，展示了"成人"之至上追求目标与现实诀断，由此，构成君子"成人"之次第、层次。尤其值得一提的是"见利思义"的主张，将德性之大义置于真实的利益矛盾之中，增强了"义"的感性深度与强度，为以"义"之标尺来检视自身的德性修为打下了坚实的基础，确立了"义"的现实基调，突出了"不义"则"不为"之道德原则，对后世产生了极大的积极影响。

13. 孔子盛赞，施行中道

宪问 14.13

【原文】子问公叔文子于公明贾曰："信乎，夫子不言，不笑，不取乎？"

公明贾对曰："以告者过也。夫子时然后言，人不厌其言；乐然后笑，人不厌其笑；义然后取，人不厌其取。"

子曰："其然？岂其然乎？"

【译文】孔子向公明贾问到公叔文子，说："真的吗？先生他平常不言不笑，一毫不取于人。"

公明贾回答道："这是告诉你话的那个人说得过分了。先生他到该说时才说，因此别人不厌恶他说话；要逢快乐时才笑，因此别人不厌恶他笑；合于义的财利他才取，因此别人不厌恶他有取。"

孔子说："原来是这样，难道真是这样吗？"

卫大夫公叔文子以贤德著称于世。公叔文子非世间所传"不言""不笑"与"不取"，而是"时然后言""乐然后笑"和"义然后取"，表其能遵"义""礼"，行"中道"，令世人之"不厌"，亦得到孔子之赞许。

具体而言：

第一，孔子以问公叔文子之"言""笑"和"取"之真实状况，指出一个人若能严格按照义、礼来规范自己的言行举止及其取舍，遵循"中道"而生活，那就是一个具有高尚人格的人了。这是继子路问"成人"之后，孔子进一步以具体的人物来陈述其"成人"思想，如此以更为生动和真切的方式说明和表达"成人"之规范和符合道义之为。

第二，本节涉及两个人，即公叔文子和公明贾。孔子为何要向公明贾询问关于公叔文子之言行？对于公明贾，文献只是提及他是卫国人。孔子之所以问他关于公叔文子之事，因为公叔文子是卫国的大夫，生活在卫国的公明贾自然知晓得更为真切。那么，孔子为何询问公叔文子之人呢？公叔文子是何许人也？他具有什么样的品质？

"公叔文子，卫大夫公孙拔。文，谥。"（《集解》）"谓人所传三事：不言、不笑、不取，岂容如此乎。一云：其然，是惊其如此；岂其然乎，其不能悉如此也。"（皇疏）"公叔文子，卫大夫公孙拔也……文子为人，其详不可知，然必廉静之士，故当时以三者称之。""厌者，苦其多而恶之之辞。事适其可，则人不厌，而不觉其有是矣。是以称之或过，而以为不言、不笑、不取也。然此言也，非礼义充溢于中，得时措之宜者不能。文子虽贤，疑未及此，但君子与人为善，不欲正言其非也。故曰'其然岂其然乎'，盖疑之也。"（朱熹）

从以上的解读可知，公叔文子，系春秋时卫国的大夫，即公叔发，卫献公之孙，名拔，谥号"文"，故称公叔文子。又据说卫灵公三十一年（公元前504年），鲁定公侵郑，占取匡（今长垣县北），去时不向卫借路，回时阳货却要让鲁军过卫都中，卫灵公怒，派弥子瑕追鲁军。当时公叔文子已告老退休，坐车去见灵公，劝灵公不要效法阳货，让阳货作恶增多自行灭亡。灵公乃止。其家臣分居异馔有贤才，他推荐馔和他做同等的官，受到孔子的赞赏。

如此，孔子与公明贾之对话，应当是公叔文子去世后，孔子见世人对之如此称颂而求证于公明贾。

第三，孔子的考究和求证是因为世间对公叔文子多有"误传"："夫子不言，不笑，不取"。孔子对此质疑。公明贾之语证实了孔子的质疑："以告者过也"。

事实上，公叔文子并非是"不言，不笑，不取"，而是"时然后言""乐然后笑""义然后取"。如此，人们才"不厌其言""不厌其笑"和"不厌其取"。在此，公明贾在介绍公叔文子时，突出的不是他的"不言""不笑"和"不取"，而是其"言""笑"和"取"，进而陈述了他如何言，如何笑，如何取，指出"言""笑"和"取"，不必多，要恰当，于恰当的时机说恰当的话，内心快乐不掩饰适时笑，于义当取就去取，亦不顾虑被人称作贪钱财。其所行的时机为中和，其所行的事迹为庸常。正因为其所行合乎义、礼，虽"言""笑""取"，于世人眼里却是"不言""不笑"和"不取"。

"时然后言"，表明公叔文子之"言"，既非事前巧言令色、虚言妄语，亦非事后夸夸其谈，而是适时而言，其言也切实和真实，此乃君子心怀"礼"使然。

"乐然后笑"，表公叔文子之"乐"源于心悦，显于神情之"笑"，故而，因"乐"而"笑"，非忸怩作态，实乃其神情自若，此表其心地光明、正直坦荡。

更为重要的是"义然后取"，表明公叔文子既非巧取豪夺，亦非秋毫"不取"，而是始终以"义"为准则、为标尺来裁"利"、来定"取"与"不取"。如此，公叔文子"取"当取之"利"，实乃以"义"为最高原则来权衡和决定

"取舍"。这是"见利思义"的具体化和深化。

第四，据公明贾所陈述的公叔文子之言、之笑和之取所体现出来的特质："时然后言""乐然后笑"和"义然后取"，不仅得到了世人的普遍认可："人不厌"其言、其笑和其取；而且这几方面恰恰是孔子平素就极为强调的品格。如此，公明贾此言令孔子赞叹，亦表明孔子对公叔文子高尚人格的肯定和赞许。

第五，公叔文子以贤德著称于世，孔子对其人格予以充分的赞许。人有一善，必称之。诚如公明贾所言，公孙文子可谓至"成人"也，对此，孔子一方面觉得很喜悦、很惊叹，世间竟有如此之善者；同时公明贾将公孙文子说得如此完美，一说，孔子反倒有所置疑，故而最后孔子之语又生了存疑之意。另一说则孔子以"其然"为肯定公明贾所言，而"岂其然"为否定人所言之"不言""不笑"和"不取"三事。恰如江谦补注："曰'其然'者，是其时然后言，乐然后笑，义然后取之答也。'岂其然'者，谓所传不言、不笑、不取之非也。"

总之，孔子借公明贾之语，矫正了被误传的关于公孙文子"不言""不笑"和"不取"之说，确证了公孙文子"时然后言""乐然后笑"和"义然后取"的"事实"，表征公孙文子自觉遵循礼法、持守中道、心怀仁义，并贯彻与体现于其"言""笑"和"取"中。此乃君子儒的再现，表其达"成人"之境。

尤其值得提出的是，公孙文子不仅"见利思义"，更为重要的是"义然后取"，这就将"义"落实于具体的行为之中，实现了"义"从心性、思想、观念和精神向"行为"转化和推进，达成于"义"在心性和行为上的统一。孔子对之完善的人格和高尚的品质，以及规范的行为予以肯定和赞许。

14. 夫子声讨，犯上作乱

宪问 14.14

【原文】子曰："臧武仲以防求为后于鲁，虽曰不要君，吾不信也。"

【译文】孔子说："臧武仲凭借防邑请求鲁君在鲁国替臧氏立后代，虽然他自己说他不是要挟君主，但我不相信。"

按朱熹所释："武仲得罪奔邾，自邾如防，使请立后而避邑。以示若不得请，则将据邑以叛，是要君也。""要君者无上，罪之大者也。武仲之邑，受之于君。得罪出奔，则立后在君，非己所得专也。而据邑以请，由其好知而不好学也。"（朱熹引范氏）"武仲卑辞请后，其迹非要君者，而意实要之。夫子之言，亦《春秋》诛意之法也。"（朱熹引杨氏）

武仲以"以防求为后"为"行"，以"不要君"为"言"，其所行不合其所言，其所言掩饰其行。其行乃要挟君主立后代，此为犯上作乱。孔子持正名与尊君之立场，揭开武仲所行僭礼忤逆之本质，并予以声讨，以维护"礼"之权威。

具体而言：

第一，孔子在本节中，陈述了一个"历史事件"，引述了当事人的自我评述，表达了自己对当事人自我评述的质疑，从而表征孔子立足于正名和尊君之立场，认定臧武仲确有要挟君主，犯上作乱之为。

在孔子看来，臧武仲虽智而不能顺、恕，因此，孔子根本不信臧武仲自己对此事件的陈述，蕴含着对臧武仲犯上忤逆作乱、违背君臣之"礼"的双重声讨与批判；同时，以此告诫弟子们，切勿以臧武仲为样，应遵从君臣礼仪，超越"小利"，做一个"见利思义""义然后取"之真君子。

第二，关于一个"历史事件"：即"武仲以防求为后于鲁"。此事在《左传·襄公二十三年》中有比较详尽的记述：臧武仲因得罪孟孙氏逃离鲁国，后来回到防邑，向鲁君要求，以立臧氏之后为卿大夫作为条件，自己离开防邑。

对于此事，有几个要点须注意：

（1）关于臧武仲，在本章的第12节中已有陈述，孔子称其为"智"（"臧武仲之知"）。据记载，于前550年，臧武仲因为耍小聪明妄言妄作，帮助季氏废长立少，得罪了季公弥与孟孙氏，最终不得已斩鹿门之关以逃，奔去了邾国。

（2）"以防求为后于鲁"。臧文仲身为"臧孙"，即臧氏宗主、当家人，犯下如此重罪，顺势取缔了臧氏家族的宗庙祭祀。为此，臧文仲身在邾国，寝食难安，越想后果越严重，深感此事事关重大。于是很快冒险潜回臧氏封邑防["防，地名，武仲之封邑"]，向鲁襄公提出个"以封邑换和平"的计划，即愿意舍弃防邑，并且流亡国外，条件是鲁国答应为臧氏立后，或曰立一个新"臧孙"即宗主，即要保留臧氏家族的宗庙祭祀权以及一切贵族世袭特权。好在掌权的季氏尚念旧情，鲁国这次危机，以鲁国接受武仲的条件，双方履约而告结束。臧氏得到一个新宗主以延续祭祀香火，武仲流亡齐国，皆大欢喜，可谓"双赢"。

（3）此事件中，还有两个关键点：其一是臧武仲之"求"；其二是他"以防"而"求"。如此，"以防"而"求"，就是依仗、仗持、凭借防邑，或以防邑为条件来"求"，此等求已非臣向君之请求，而分明是要挟君王而取得富贵功名与权力。因为臧氏之"后"，立与不立，自应依当时国法礼义而定，而非"求"之。私人之请已是不义，更何况据邑以请，是为割据乱国。

第三，对于"此事"，臧武仲自己认为并"不要君"["臣约束君曰要。"（戴望）]，可见臧武仲完全遵循以个人或家族利益至上的原则，心中毫无君臣之礼、国之大义可言。如此，在他看来，此等事乃是一种"交易"而已。孔子认为，臧武仲自己对此等的评判是不可信的。在孔子看来，臧武仲以自己的封地为据，要挟君主，事实上就是犯上作乱，犯下了不忠之大罪；臧武仲之作为，表面上虽然说是提出退让的要求，以"求"而达到目的；其自己还不说是要挟。对此，孔子之一语："吾不信也"，深刻地揭穿臧武仲所为违礼之本质。

第四，孔子以臧武仲之人、之事告诫弟子不要做唯利是图、见利忘义的小人。回顾本章孔子连续三节皆有提及臧武仲，谈及他智力过人，但他却先因妄言招祸，直至"以防求为后于鲁"，为一家之利要挟国君；在孔子看来，臧武仲如此僭越君臣之礼，唯利而忘义，实非君子之不耻为。诚如陈祥道所释："孔子论仲则以防求为要，论成人则以仲为智。如此，则若无要君之事，而不免于要君。何也？礼曰：道之不行，贤者过之。子曰：仲之智，绰之不欲，文之以礼乐，可以为成人。使仲贤而不至于过智，而济之以不欲，是能无要君之心矣。"

同时表明臧武仲之"知"，也非大智慧，实乃小聪明，如此，与"时然后言""乐然后笑"和"义然后取"之公叔文子形成鲜明的对照。由此可以看出孔子之深刻用意，即以臧武仲和公叔文子两个具体的历史人物为例，从正反两个方面生动地向弟子们，也向世人昭示如何做一个真正的君子，如何才算"成人"。

总之，本节孔子引述一个历史人物所做的一件历史事实，并对之加以评断，指出当事人自身毫无仁义之心，无视礼，僭越君臣之礼，于是，在"利"与"义"之关系上，唯利是图；在君臣关系上，忤逆犯上。孔子训导弟子们须以此为戒，自觉遵循礼法，直面"义""利"之考验，并做出正确的选择和决断，不断促成自己"成人"，而成为一个真正的君子。

　　附：

　　《左传·襄公二十三年》对臧武仲想要挟君主，犯上作乱之事的记载如下：

　　臧孙入，哭甚哀，多涕。出，其御曰："孟孙之恶子也，而哀如是。季孙若死，其若之何？"臧孙曰："季孙之爱我，疾疢也。孟孙之恶我，药石也。美疢不如恶石。夫石犹生我，疢之美，其毒滋多。孟孙死，吾亡无日矣。"

　　孟氏闭门，告于季孙曰："臧氏将为乱，不使我葬。"季孙不信。臧孙闻之，戒。冬十月，孟氏将辟，藉除于臧氏。臧孙使正夫助之，除于东门，甲从己而视之。孟氏又告季孙。季孙怒，命攻臧氏。乙亥，臧纥斩鹿门之关以出，奔邾。

　　初，臧宣叔娶于铸，生贾及为而死。继室以其侄，穆姜之姨子也。生纥，长于公宫。姜氏爱之，故立之。臧贾、臧为出在铸。臧武仲自邾使告臧贾，且致大蔡焉，曰："纥不佞，失守宗祧，敢告不吊。纥之罪，不及不祀。子以大蔡纳请，其可。"贾曰："是家之祸也，非子之过也。贾闻命矣。"再拜受龟。使为以纳请，遂自为也。臧孙如防，使来告曰："纥非能害也，知不足也。非敢私请！苟守先祀，无废二勋，敢不辟邑。"乃立臧为。臧纥致防而奔齐。其人曰："其盟我乎？"臧孙曰："无辞。"将盟臧氏，季孙召外史掌恶臣，而问盟首焉，对曰："盟东门氏也，曰：'毋或如东门遂，不听公命，杀适立庶。'盟叔孙氏也，曰：'毋或如叔孙侨如，欲废国常，荡覆公室。'"季孙曰："臧孙之罪，皆不及此。"孟椒曰："盍以其犯门斩关？"季孙用之。乃盟臧氏曰："无或如臧孙纥，干国之纪，犯门斩关。"臧孙闻之，曰："国有人焉！谁居？其孟椒乎！"

15. 抑文扬桓，彰显礼法

宪问 14.15

【原文】子曰："晋文公谲而不正，齐桓公正而不谲。"

【译文】孔子说："晋文公诡诈而不正派，齐桓公正派而不诡诈。"

齐桓公、晋文公，春秋之雄霸。孔子以尊王和维护周礼为原则，评价二霸主。认为"晋文公谲而不正，齐桓公正而不谲"。"孔子独持正论，固非为两人争优劣"（钱穆），仅以此扬桓抑文，彰"礼法"。

具体而言：

第一，孔子以"正"和"谲"为尺度，揭示春秋二位霸主的特点，并表其评价。从"谲而不正"与"正而不谲"之语义比较而言，呈现出孔子抑文而扬桓，桓胜于文之取向。

对于孔子之论，且先看各家之释：

（1）郑曰："谲者，诈也。谓召天子而使诸侯朝之。仲尼曰：'以臣召君，不可以训。'故书曰：'天王狩于河阳。'是谲而不正也。"（《集解》）

（2）马曰：齐桓公"伐楚以公义，责苞茅之贡不入，问昭王南征不还，是正而不谲也。"

（3）皇疏引江熙云："言此二君霸迹不同，而所以翼佐天子以绥诸侯，使车无异辙，书无异文也。"

（4）朱熹："晋文公，名重耳。齐桓公，名小白。谲，诡也。二公皆诸侯盟主，攘夷狄以尊周室者也。虽其以力假仁，心皆不正，然桓公伐楚，仗义执言，不由诡道，犹为彼善于此。文公则伐卫以致楚，而阴谋以取胜，其谲甚矣。二君他事亦多类此，故夫子言此以发其隐。"

（5）戴望："谲，权也；正，经也。晋文能行权，不能守经"。"齐桓能守经，不能行权。《春秋》于桓盟不日，而于侵蔡书月，以善义兵。不土其他，不分其民，明正也。"

（6）钱穆："齐桓晋文皆以霸业尊王攘夷，但孔子评此两人，显分轩轾。谲即不正，正斯不谲，辞旨甚明。宋儒沿孟、荀尊王贱霸之义说此章，谓桓、文皆不心正，惟桓为彼善于此。清儒反其说，谓谲者权诈，诈乃恶德，而权者亦为美德。晋文能行权，不能守经，齐桓能守经，不能行权，正是各有长短。今就本文论，显有桓胜于文之意。"

（7）程树德以为："守正为齐桓之所长，权谲为齐桓公之所短，较然甚明。然则晋文公谲而不正，亦是佳其谲而惜其不正可知矣。"（《论语集释》）

（8）按李零之解："齐桓公、晋文公是孔子之前的两大霸主。他对于这类霸主，并不一概否定，不像孟子，尊王必贱霸。但这两人孔子更欣赏齐桓公，因为他尊王攘夷，霸是放在王下，完全合法，绝无邪招，这是'正而不谲'。晋文公不同，他的尊王，让人觉得有点'挟天子以令诸侯'的味道，这是'谲而不正'。"（李零《丧家狗——我读论语》）

很鲜明的是，孔子以尊王和维护周礼为根本的立足点，以"谲"和"正"为原则和尺度，对春秋时期两位著名的政治家做出了迥然相异、截然相反的评价，其一贬一褒、一抑一扬，表征孔子所称道的"为君之道"或"君王之道"，强调君王之道的本质即在遵循礼制，君主之行当符合"礼"之规定。如此，呈现出孔子称"王道"斥"霸道"之取向。

第二，齐桓公和晋文公堪称为春秋乱世时的雄霸之主，二人都曾是流亡在外的公子，其经历相似，经历后的人生感悟均融入到各自的"治国方略"中，然其治国为霸之走向却是大相径庭，简要地说，齐桓公始终以"尊王攘夷"，始终维护着王之尊严；晋文公则是以臣召君，欺凌天下共主。陈祥道对之释曰："齐桓公为会而封异姓，晋文公为会而灭同姓；桓责诸公以不贡天子，文会河阳以召天子；桓伐谭戎而不有，文灭而分其地；桓仇管仲而用，文亲舅犯而疑；桓寓内政以复古，文作三军以偪上；桓释沫之劫而遇以信，文念卫侯之怨而加以酖。此其正谲之不同也。晋文之谲非无正也，齐桓之正非无谲也。"如此，简略地说，一个是"以德服人"，一个是"以力服人"。二霸主之所为，导致孔子对之截然相反的评价。

第三，对于晋文公，孔子评价之是"谲而不正"。那么，问题是孔子对之评价的依据是什么呢？

有的研究者追述晋文公姬重耳为政而成就霸业之历程所发生的事件，提出四条证据，支撑着孔子对晋文公做出"谲而不正"的评断。

证据一：前638年，四十三岁时的晋国公子姬重耳因躲避本国王室夺嫡迫害而流亡到秦国时，秦王把秦国公主怀嬴嫁给姬重耳。怀嬴本是姬重耳的侄媳妇，但为了政治利益，姬重耳顾不得遵从礼教名分而纳怀嬴。这可列为孔子批评他无视传统礼法"谲而不正"的第一条证据。

证据二：前636年，姬重耳凭借强大的秦军团护送强渡黄河回国夺位。登船前重耳命令丢弃所有当年流浪四方时的旧器物。随从狐偃立刻对姬重耳说："过去您在患难之中，我不敢辞去。今日您重返晋国，我已精疲力尽，好比这残羹剩饭不能再吃，又如这些破烂不能再用，留我无益，不如弃去。"重耳听后内心震动，坚决地挽留狐偃等人，流泪发誓永不忘记患难相随二十年的部属们的功劳，并立即把扔到岸上的东西全部捡回。一旦发迹就舍弃故物，是不念旧情的表现，这可不是一个饱经患难而保持纯粹本质的人应该有的德性。这可能是孔子批评他"谲而不正"的第二条证据。

证据三：在姬重耳流浪四方饥渴交加时，随从介子推曾割取自己的大腿肉熬汤给他充饥，但登上君位的重耳在论功行赏时唯独忘了介子推。性情耿介清高的介子推与母亲就隐居到绵山上，重耳偶然想到介子推，为了逼迫他现身，竟然纵火焚烧山林，致使介子推母子俱死。这可能是孔子批评他"谲而不正"的第三条证据。

证据四：所有证据中最为重要的一条是前632年，晋文公在确定其霸主地位的践土会盟中以臣子的身份召令周襄王与会。孔子评论此违反礼制的行为说："以臣召君，不可以训"。这是孔子批评他"谲而不正"的第四条证据。

对此，陈祥道释曰："观其出，定襄王以示民义，伐原以示民信，大搜以示民礼，于君之命有三辞之恭，于国之利有三罪之当，此晋文之正也。然谲不胜正，故谓之'谲而不正'。"

第四，对于齐桓公，孔子评价他"正而不谲"；孔子为何对之做出如此的评价呢？总体而言，齐桓公"尊王攘夷"始终如一，尊奉周朝天子为天下共主以整合华夏力量，抵御蛮族武力入侵，他每一次召集诸侯会盟或者军事行动，都对周天子的代表恭敬有加，以示强大的齐国对中央政府权威的尊重，对华夏传统礼法制度的遵守，这样形成的人心凝聚之力，少了许多武力攻伐，是任何权术与谋略所不可能获得的。具体而言，

证据一：齐桓公姜小白曾机智地躲过射术精湛的管仲的追杀，抢到齐国国君的权力。但他夺国就位后不计"一箭之仇"而反拜管氏为宰相。如此，他以包容大度的胸怀感动了管氏，管仲遂倾其一生的忠诚扶助他成就一代霸业。

证据二：他以开明政治强盛本国的实力，并集结各国的力量共同抵抗蛮族对中原地区的侵略，因而成为当时的华夏族文明的保护者。在这些战争中他没有蓄意谋取任何实际利益，并且遵守传统的礼仪规范。

比如他曾无条件地亲自率军驰援燕国，击溃侵略燕国的山戎部落，胜利后即行撤退，燕国国君送客时不知不觉送到齐国国境，他根据"国君不出境"的

　　　　　　　　　　　　　生活哲学视野中的"论语"研判

传统规则，立即把那块土地割赠于燕国。公元前 660 年，姜小白为被狄部落攻灭的卫国另筑新都，次年又为沦陷的邢国另筑新城，收集残民。总算保存了这两个封国，使它们不至于绝"后"。

又如公前 656 年，他率领联合军团远征汉水，向不断北进扩张的楚国展示其国力。其实齐国并没有太大的战胜把握，但楚国仍然答应向周王朝进贡，这次有名的"召陵之会"，确实阻遏了楚王国的北进扩张势头。

证据三：也是最为重要的证据。齐桓公称霸四十年，齐国在他统领下始终保持春秋初期兵农合一的朴实政治风貌和贵族骑士风度，他出兵二十八次，召集二十六次"国际和平会议"，他首倡"尊王攘夷"的政治号召，即尊奉周朝天子和抵抗周边蛮族的侵犯，保卫华夏文明与国际和平。他召集的每次国际会盟，甚至有数次军事行动，都恭请周天子特使莅临首席，以表示自己的作为是尊奉中央政府的诏命而替天行道。他尊崇周天子，兴灭国、继绝世，保存弱小诸侯国的血脉，这些都是遵守传统礼法制度的表现。

如此等等，孔子认为齐桓公在追求霸业成功的过程中，虽然使用武力也使用谋略，虽然也曾和同宗姐妹苟合，但他获取霸业成就的手段与实际效果大致符合传统道德礼法，维护了诸侯国之间的稳定，保护了民之生命财产安全，客观上保卫了华夏文明。在其霸道作为中体现了王者风范，因而也不计较其私德的缺憾而赞扬其一生作为之"正而不谲"。对此，陈祥道释曰："前事则兄弟争国，内行则般乐奢汰，外事则诈邾袭莒，执陈辕涛涂以致虿于诸侯，亲竖刁、易牙、开方以构于国，此齐桓之谲者也。然正能胜谲，故曰：'正而不谲'。"

第五，从孔子对二人评价"谲"和"正"之"证据"的分析看来，齐桓公以周天子之名号，会盟各诸侯，讨伐楚国之不臣，因而他是师出有名，义正辞严，行为上是光明正大的，因此称之"正而不谲"。晋文公遭家乱，在外流亡十九年，多次施以诡道权谋之术，才得以复国称霸，孔子称之"谲而不正"。但进一步分析，孔子评价他们二人是有其"原标准"，这才是关键。这一原标准即是：尊王、维护周礼，施行德政。如此，孔子完全是按照其仁政、王道和德治的基本原则对二人加以评断的。符合之，则是"正"，不符合则是"不正"，即"谲"。

第六，孔子之所以对两位霸主加以关注并对之做出评价，这是与孔子"仁政"治国之思中，对为政者之"贤人""圣人"取向直接相关的。径直地说，对于孔子来说，政治的核心在当政者本身，其中最为重要的是为政者的品格问题，所以"修己安人、修己安百姓"是为政之要义，因此孔子在评论君王之事功的同时，总是将德性评价内置于其中，并认为德性问题是根本问题，这是孔子讨论政治的根底。在孔子的政治思维中，为政者之德性，直接决定着政治治理之状况。孔子认为当政者之德性不仅须与"仁政"内在相通，而且恰是与政治之文明并置。

就晋文公、齐桓公二人成就霸业之事实来看，齐桓公被孔子评定为"正而不谲"，其根本在于他始终以"尊王"之名而号令诸侯，如此他符合孔子所主张的"礼乐征伐自天子出"。但是，齐桓公只是借此名而行霸业之实，其"谲"在于以其借名之手段，达成其霸业之目的，在此为何不是齐桓公比晋文公更懂得借力之功，其"谲"比晋文公更高明些，因为更隐蔽和间接些。相反，晋文公以权谋之法，成就霸业，其手段更直接和显露，但也更为真挚而虔诚。手段之差异，孔子何来作出"正"与"不正"之本质上的分野呢？如此，孔子以"手段"来替代"目的"，强调为政之手段的合法性正当性则为"正"，反之则是"谲"。对此，陈祥道给出了更深意味的诠释："若夫以王道观之，则桓公之正，犹之谲也。昔孟氏子曰：'春秋无义战'。愚曰：'五伯无王道'。"

当然，在孔子的时代，诸侯具有协助天子维持秩序的使命和责任。如此，在那个宗法秩序典范，虽然已经式微，但却依然被孔子认为有效的背景下，"一匡天下""九合诸侯"成为最良善的为政之举。如此，则可以很好地理解孔子为何对二人作出如此对立的评价了。

总之，通过评价春秋时代最为典型的两位霸主，孔子再次彰显"礼法"之至上地位。同时在春秋无义战的大背景下，孔子以"正"和"谲"对为政者之价值判断，其根本的目的在于倡导在诸侯割据与霸业竞争之态势下的为政者依然应遵循周之"王道"、施行"仁政"。晋文公和齐桓公只是两种价值原则的具体体现者，为此，孔子再次以对人物的评说来阐释其政治理想和政治主张。

16. 纠偏子路，管仲行仁

宪问 14.16

【原文】子路曰："桓公杀公子纠，召忽死之，管仲不死。"曰："未仁乎？"

子曰："桓公九合诸侯，不以兵车，管仲之力也。如其仁，如其仁！"

【译文】子路说："齐桓公杀了公子纠，召忽自杀以殉，但管仲却没有自杀。管仲不能算是仁人吧？"

孔子说："桓公多次召集各诸侯国的盟会，不用武力，都是管仲的力量啊。这就是他的仁德，这就是他的仁德。"

子路陈述了一个"事实"："桓公杀公子纠，召忽死之，管仲不死。"进而传递了当世人对管仲的评价："未仁乎？"据戴望所释：当时"国人皆曰管仲有功而未仁，故举以问。"孔子同样以"事实"，即"桓公九合诸侯，不以兵车，管仲之力也"为依据，对管仲作出了充分肯定的评价："如其仁，如其仁。"如此，孔子力排世人浅俗之见，扭转了世人评价管仲之狭隘视角，透析管仲之"大功"，认为此"大功"正是管仲"大仁"之所在。诚如蕅益所释："不以兵车，故如其仁，乃救刀兵劫之真心实话。"以此回应世人轻薄管仲"未仁"之浅陋，矫正子路从众之偏狭与质疑。

对管仲之"仁"与"不仁"之论，朱熹认为："盖管仲虽未得为仁人，而其利泽及人，则有仁之功矣。"钱穆认为孔子以"能不失正道而合天下"为原则而盛赞管仲之"大仁"。如此，"以仁许管仲，为孔门论仁大义所关。"

具体而言：

第一，本节子路与孔子的对话，涉及一个非常根本的问题，即如何评价一位历史人物。按照不同的标准、原则和尺度，对同一个人物或许会做出截然不同的判断和评价。具体而言，对于管仲，子路随世人之判，亦认为他"不仁"，而孔子则认为管仲是具有"仁德"的人。

第二，在师徒二人的对话中，"管仲不死"成为世人、亦是子路评价管仲"未仁"之关键事实。孔子将评价管仲"仁"之视角从"管仲不死"转移到"桓公九合诸侯，不以兵车。"并明确说：此乃"管仲之力也。"并复言"如其仁！"如是戴望所释："治功曰力，如其仁，如管仲之人而止也。"

在《左传·庄公八年九年》对此事有记载，其意如下：公子纠与公子小白同为齐襄公之弟，纠年长于小白。当初襄公无道，两人俱流亡国外。小白在莒国，有鲍叔牙侍奉；公子纠在鲁国，有家臣管仲、召忽侍奉。及至公孙无知弑杀襄公，无知再被齐人诛杀，小白于管仲截杀之下幸运逃生，率先回国，即位为君，是为齐桓公。桓公随即兴兵截击护送公子纠回国夺位的鲁军，直至逼鲁国杀了公子纠，召忽自杀殉死，管仲则被押送回国，后又做了桓公之相。

世人，或子路以"忠"即是"仁"的原则，认为作为公子纠之家臣的管仲，当其故主已去，那么，管仲也就应该随之而去，恰如召忽自杀以殉公子纠一般。但是管仲却不仅没有自杀，反倒归服其原主之政敌，且成了齐桓公之宰相，辅佐之成就霸业；这在世人或子路看来，管仲之举，是弃故主而投新主。此等易主，是对故主之不忠，此乃管仲不仁之举，管仲乃不仁之人，故言"未仁乎？"

孔子就管仲之事，解除子路于"忠"之狭隘和偏失。因为在孔子看来，"桓公九合诸侯，不以兵车，管仲之力也"。管仲辅助齐桓公召集诸侯会盟，而不依靠武力，是依靠仁德的力量，息兵戈而解纷争，使天下因此而安。管仲为天下安宁与和平作出了积极的贡献，这恰好表征了管仲仁德之实。对此，蒍益释曰：管仲"不以兵车，故如其仁，乃救刀兵劫之真心实话。"孔子认为管仲之为值得充分称赞，自不必纠缠于管仲曾经效力谁。如此，其不死而易主之为，并非不忠，恰是管仲深明大义之举。故孔子以复言"如其仁！"而深许之。

第三，师徒二人关于"忠"的观念之差异，所涉及的更大的问题是一个人之"大仁大德"与"小仁小德"之差异。世人、子路以"死"而显"忠"之"仁"，乃"小仁小德"，孔子视野里的"管仲"，则是以仁德辅佐齐桓公而成就其伟业，此乃管仲明大理之仁举，恰好表明管仲弃"小仁小德"而遵"大仁大德"。如此，孔子虽然对管仲的评价中亦有批评，但是对此事之"仁"，则是予以充分肯定的。

由此延伸出如何评价一个具有争议性的历史人物。在此孔子提出并遵循了依其历史贡献，重其主流，而不是以其旁支细节来评价一个历史人物的基本原则。对管仲的评价即应如是也。

总之，本节主要表子路和孔子关于"管仲不死"而展开的师徒对"忠"与"仁"的不同理解，从对话之内容来看，孔子超越了子路对"忠""仁"观念的狭隘性，强调"事君而忠"，而不是以死殉主之"忠"的主导性观念，从而突出孔子以天下苍生的福祉为终极尺度，而不是以"忠"或"不忠"其主为标准，来判断一个人是否有"仁德"，是否是一个"仁者"。如此，体现了孔子于"仁"、"仁者"更为深厚的内蕴。

17. 怒怼子贡，大赞管仲

宪问 14.17

【原文】子贡曰："管仲非仁者与？桓公杀公子纠，不能死，又相之。"

子曰："管仲相桓公，霸诸侯，一匡天下，民到于今受其赐。微管仲，吾其被发左衽。岂若匹夫匹妇之为谅也，自经于沟渎而莫之知也。"

【译文】子贡问："管仲不能算是仁人了吧？桓公杀了公子纠，他不能为公子纠殉死，反而做了齐桓公的宰相。"

孔子说："管仲辅佐桓公，称霸诸侯，匡正了天下，老百姓到了今天还享受到他的好处。如果没有管仲，恐怕我们也要披散着头发，衣襟向左开了。哪能像普通百姓那样恪守小节，自杀在小山沟里，而谁也不知道呀。"

不仅世人纠缠于管仲不随旧主而死，且为桓相之"不中不仁"，而且孔子的弟子中，子路、子贡也缺乏真见识，从众之陋见而生疑。如此，继子路于管仲"未仁乎"之问，子贡更直道曰："管仲非仁者与？"其理由是比子路"桓公杀公子纠，召忽死之，管仲不死"更甚，"桓公杀公子纠，不能死，又相之。"以此可见，子贡之问，对管仲之"仁"的否定比子路之问的质疑，更为彻底。

于此，师徒二人围绕"管仲不死君难"是否为"仁"而展开讨论。在子贡看来，管仲不仅不能如召忽一样随旧主而死，且为桓相。如此，子贡认为管仲不仅不能算是"仁者"，甚至连忠臣都算不上，是彻头彻尾不忠不仁之人。在孔子看来，管仲虽"不死"，然相桓公，其所为之功，从直接性而言则在辅佐"霸诸侯，一匡天下，民到于今受其赐。"从其历史文化之功绩来看："微管仲，吾其被发左衽。"此为管仲之历史大功，亦是管仲之"大仁"所在。对此，宋儒陈祥道予以了深透的诠释："盖仁之所施，有杀身以成仁，有不死以成仁。杀身而不足以成仁者，召忽也。不死而足以成仁者，管仲也。孔子曰：子纠未成君，召忽未成臣，管仲不死而立功名，未可非也。召忽虽死，过于取仁未足多也。鲁仲连亦曰：见小节者不能成荣名，恶小耻者不能立大功。管仲不耻身在缧绁之中，而耻天下之不治。不耻不死公子纠，而耻威之不信于诸侯。"

孔子驳子贡偏狭与浅泛之见，从管仲之历史和文化之"大功"而证成管仲之"大仁"，不仅止世人及众弟子之俗见，许管仲之盛赞，而且以客观的历史功绩和文化价值来评价历史人物之德，为评价历史人物提供了方法论原则。

具体而言：

第一，孔子很少如此隆盛地称许人，而惟独嘉赞管仲。在子路有问，孔子肯定管仲之"仁"后，子贡再问，孔子彻底表达了他对管仲的高度评价和极度的赞誉。从子贡之问的内容来看，他依然一直在纠结、纠缠管仲不随旧主纠而死、且易主为齐桓公相之事。在此处，孔子对管仲的"仁"之事实，在前一段回答子路之疑时肯定管仲之功劳："桓公九合诸侯，不以兵车，管仲之力也"之基础上，进一步强调管仲之大功："民到于今受其赐。微管仲，吾其被发左衽"。如此，孔子进一步强化对管仲有"仁德"之论证，以批评子路、子贡及世人一直揪住管仲易主而不践"忠"的片面和狭隘，提出对具有像管仲一样重大仁德之人的评价："岂若匹夫匹妇之为谅也，自经于沟渎而莫之知也"，即不能、也不必、不应斤斤计较他的小节操而失之大功。诚如钱穆所言："本章舍小节，论大功，孔子之意至显。"孔子"论仁道之大。""要之孔门言仁，决不拒外功业而专指一心言，斯可知也。"于此，孔子为如何评价如管仲这样的历史人物提供了应勖勖的重要原则和方法论。

第二，子路从小处看，纠住管仲是"不忠"不放，对管仲做出"不忠"而"不仁"的评价。但是，在孔子看来，正是管仲此种小不忠，才成就了他的"大仁"。对子路于管仲的判断进行了矫正。此处，子贡再次追问，则是将关注的重点推进到管仲"不能死，又相之"。相应地，孔子之答从管仲辅佐齐桓公之具体之举，到对中华文化的维护上，对管仲之历史功绩予以高度的肯定，回驳子贡及世人对管仲之"仁"的质疑与否定，再次以事实确证管仲之"仁德"的真实内涵。

第三，孔子之所以在子贡质疑和否定管仲有"仁德"，认定管仲是一个无"仁德"之人的状态下，辟众议而坚定地肯定管仲之"仁德"，赞许他是一个有"仁德之人"，其根本之处，就在于管仲"尊王攘夷"反对使用暴力，而且阻止了齐鲁之地被"夷化"，表若"非管仲，则当定、哀时，中国早为夷狄，欲不被发左衽。不可得也。"以此彰管仲之事功和文化之贡献。

第四，面子路之问，孔子提出评价一个历史人物需要依据其历史功绩而定。在此处，面子贡之问，孔子又提出评价管仲此等有大仁之人，必须注重其主导的方面，切不可纠缠于细枝末节，更不能因其小节而否定其主流，从而做出片面的评价。如若对管仲这样对历史、文化有巨大贡献的人，视为市井小人一般，纠结某一点而不无视其大功，此等"抓小""放大"的思维，如是孔子批判以"岂若匹夫匹妇之为谅也，自经于沟渎而莫之知也"而量管仲。对此，蕅益释曰："大丈夫生于世间，惟以救民为第一要义，小名小节，何足论也！天下后世受其赐，仁莫大焉。假使死节，不过忠耳，安得为仁？况又不必死者耶！当知召忽之死，特匹夫匹妇之谅而已矣。王圭、魏征，亦与管仲同是个人。若夫忠臣不事二君，烈女不更二夫，本非圣贤之谈，正是匹夫之谅。故《易辞》曰：'恒其德贞，妇人吉，夫子凶。'大丈夫幸思之！"戴望亦释曰："匹夫匹妇，务一己之名，不顾天下。君子志在行仁，不以小者易其大者。孔子告子路曰；'忽召者，人臣之材，不死则为三军之虏，死则名闻天下。夫何为不死哉？管仲者，天子之左，诸侯之相，死之则不免为沟中之瘠，不死则功复用于天下，夫何为死之哉。'"

第五，不可否认，孔子对为政者、对历史人物的评价，固然有其极其鲜明和强硬的道德立场，但可以看出，他同时也相当重视事功本身，在某种程度上说有功利主义色彩。此处的功利，孔子定位为对周礼存亡的作用，对家国之贡献，对天下苍生的福祉。应当说孔子之立场和原则是具有积极价值的。

总之，从子路、子贡连续追问管仲之"不死"，"又相之"，而认准了管仲乃"不忠""不仁"之人；孔子针对子贡之问，通过管仲之为、之贡献一步一步强化对管仲之"大忠"和"仁德"的论证。并且在以"事实"为前提下，孔子更为重要的是提出了评价历史人物的方法论原则，以启迪和开导子贡摆脱其狭隘性和片面性，强调对历史人物评价的主导性和全面性原则，切莫主次倒置，以偏概全。

孔子对管仲之"仁德"的强论证，再次表达了孔子对周之"礼制""礼法"及其"仁道"的一直持守，并以此为尺度，对世间之人、之事进行评判。

18. 夫子盛赞，文子举贤

宪问 14.18

【原文】公叔文子之臣大夫僎与文子同升诸公。

子闻之，曰："可以为'文'矣。"

【译文】公叔文子的家臣僎和文子一同做了卫国的大夫。

孔子听闻此事后说："（他死后）可以给他'文'的谥号了。"

公叔文子本贤，然能使"家臣大夫僎与文子同升诸公"，更彰其唯贤是举之美德。如是钱穆所释："公叔文子荐之，使与己同立于公朝。忘己推贤，孔子称之，谓有此美德，宜可得文之美谥。"亦如卓吾所云："因他谥号文子，故曰'可以为文'。'文'字不必太泥，总之极其许可之词。"

公叔文子举家臣与己同公朝，于等级森严之传统社会，颇为难得。公叔文子不顾身份，不囿于一己之私利而令僎屈己，而是一心为卫国举贤，于当世实属"异类"，《论语》记之，孔子美其德与谥号"文"相配，无疑是对当世嫉贤妒能、排挤贤才之为政者予以批判。恰如戴望所释："于时世卿专国，贤才不进，故举此事以讽之。"

具体而言：

第一，本节主要记述孔子听闻"文子同升"之事后，高度赞赏公叔文子为了国家的利益，甘当人梯、提携下属，为国选才、任人唯贤，举荐家臣的行为和美德。孔子认为仅凭公叔文子此举，足当得"文"之美谥，表对其品行和德性予以高度褒扬。

第二，被公叔文子所举荐者"僎"，从本节提供的有限信息可知，①他是公叔文子的家臣；②他是一位具有贤才的人；③他因公叔文子的举荐，成了卫国大夫。如此，作为家臣的僎，因其贤才，得到自己的主公叔文子的赏识而被推举，最后与主人同居官职于卫国，同列于公朝。简言之，"僎"因其主人推举而成为与主人卫国同朝之官员。于此，突出了举荐僎之主人公叔文子之贤德。

第三，公叔文子，在本章第 13 节中公明贾对其介绍说他是"时然后言""乐然后笑""义然后取"之人，孔子对之完善的人格，尤其是对之不仅"见利思义"，而且能做到"义然后取"的品质亦给予了高度的肯定和赞扬。

在本节中，陈述了公叔文子为了卫国的利益，竟然不囿于自己的身份和地位，举荐具有贤德和卓越才干的家臣给卫君，充分体现了他重国之利而轻一己私利，无私而为国家利益至上之品德，以及忘己推贤、唯才是举的高贵品格。公叔文子"举"贤，而不是嫉妒、压制贤才使之屈己，实为他识才、爱才、唯才、举贤之善行和美德，故后人将此善举凝成"文子同升"之"典故"，为后世广为称道与传颂。对此，朱熹引洪氏释曰："家臣之贱而引之使与己并，有三善焉：知人，一也；忘己，二也；事君，三也。"

第四，孔子听闻公叔文子之"举"后说"可以为'文'矣。"这是孔子予公叔文子以最为中肯和高度的评价了。果不出孔子所评价，公叔文子死后被授予的谥号就是"文"。

关于授予公叔文子"文"的谥号，《礼记·檀弓》有记载，可作为对公叔文子之品质和美德之肯定的佐证：公叔文子卒，其子戍请谥于君，曰："日月有时，将葬矣，请所以易其名者。"君曰："昔者卫国凶饥，夫子为粥与国之饿者，是不亦惠乎？昔者卫国有难，夫子以其死卫寡人，不亦贞乎？夫子听卫国之政，修其班制，以与四邻交，卫国之社稷不辱，不亦文乎？故谓夫子贞惠文子。"对此，通过陈祥道之诠释，会更清晰地了解："卫灵公以文子听卫国之政，修其班制，以与四邻交，卫国之社稷不辱，不亦文乎？孔子以公叔文子之臣大夫僎，与文子同升诸公，可以为文矣。盖灵公以通邻国而交之者为文，孔子以推人而下之者为文。通邻国而交之，礼之文也；推人而下之，仁之文也。其所主虽殊，其为文一也。"

第五，关于"谥号"。所谓谥号，即是古代帝王、诸侯、卿大夫、高官大臣等死后，朝廷根据他们的生平行为，用一两个字对一个人的一生做一个概括的评价，给予一种称号以褒贬善恶，这就是"谥"或"谥号"。

谥法制度有两个要点：一是谥号要符合死者生前的为人，二是谥号在死后由别人评定并授予。君主的谥号由礼官确定，由即位皇帝宣布，大臣的谥号是朝廷赐予的。谥号带有评判性，算是对一个人的盖棺定论。谥号来自谥法。谥法规定了若干有固定含义的字，大致分为三类：属表扬的有：文、武、景、烈、昭、穆等；属于批评的有：炀、厉、灵等；属于同情的有：哀、怀、愍、悼等。孔子以谥号之礼法，认为公叔文子"可以为文矣"，可谓是对公叔文子的极度称道了。

第六，孔子评价公叔文子认为官方应该以"文"之谥号，对之一生的行为和美德予以肯定和褒扬，而卫国亦确以"文"之谥号对公叔文子作出了颂扬性评价。这说明公叔文子之美德是有目共睹、举世公认的。孔子再次以他为范，教导弟子和世人。

总之，孔子通过公叔文子举荐身份低微的家臣作为卫国大夫之事，盛赞公叔文子能够不计根深蒂固的等级观念，不存嫉贤妒能之心，以国事为首、以天下为公，惟贤才是用，能与家臣并肩议政之举，教导弟子当推崇"大仁大德"之君子作风。

孔子以"文子同升"之事，不仅告诫其弟子们、为政者应具有宽广的心怀，能做到如公叔文子一般，举贤不避亲，举亲不避嫌，而且还进一步表达了不能因私而失天下贤才，一切贤才都能尽力为国服务之殷切期待。

公叔文子举贤之美德，与当时世卿专国，贤才不进之自私、狭隘相比，真可谓云泥之别。孔子赞公叔文子，实则对当时世卿予以讥讽与批判。

19. 治国谨记，治才为要

宪问 14.19

【原文】 子言卫灵公之无道也。

康子曰："夫如是，奚而不丧？"

孔子曰："仲叔圉治宾客，祝鮀治宗庙，王孙贾治军旅，夫如是，奚其丧？"

【译文】 孔子讲到卫灵公的无道。

季康子说："既然如此，为什么他没有败亡呢？"

孔子说："因卫国有仲叔圉为其接待宾客，祝鮀为其管理宗庙祭祀，王孙贾为其统率军队，像这样，他怎么会败亡呢？"

孔子言卫灵公"无道"失德，本应丧。康子则反诘"夫如是，奚而不丧？"，于此，构成了"无道"与"不丧"之矛盾。孔子解此矛盾，指出卫国"不丧"之谜底，正是因为有三子支撑卫国政事之正常运行使然。如此，从卫灵公无道未丧，突出治国用人得当与否，关乎国之存亡，由此突出孔子之为政用人观。

《孝经》有道："诸侯有诤臣，虽无道不失其国。"陈祥道释曰："灵公虽无道，然治宾客则有仲叔圉，治宗庙则有祝鮀，治军旅则有王孙贾，故孔子曰：'奚其丧？'孔子对鲁公曰：'灵公于私，家则乱，朝廷行事则贤。'"

孔子以卫喻鲁，以卫之贤臣比照鲁之季康之流，如是戴望所释曰：孔子"举卫三臣，以讽季子也。康子为鲁上卿，所任非才，以启蛮夷之侮，致吴伐我，几丧其国，其视三臣，犹不若焉。"

孔子以卫为例，训导国君为政当懂得知人善任，重用治国贤才，让其各就其位、各司其职。如此，即使国君荒淫昏庸，其国依然可正常运行，以此可免"丧"。此为孔子关于为政之人才甚至比国君更为重要的思想，深化其为政治国之人才观。

具体而言：

第一，本节通过孔子与季康子的对话，尤其是孔子之语，以卫国为例，表明一个国家，纵使国君昏庸，荒淫无道，但若能用人之善，有贤臣干才治国理政，支撑其国事之运行，那么，该国亦可免于倾覆之祸，从而再次表明治国之关键在于一国能有干才可用，能做到知人善任，选好人才、用人得当，使之在各个岗位上尽守其职。这是孔子关于治国人才观的具体陈述。

第二，孔子认为卫灵公荒淫无道。这一判断为阐述卫国之乱，埋下了伏笔。为此，呈现出一对"矛盾"：本该因昏君无道而倾覆、沦丧的卫国，现实中却依然未遭倾覆之灾，如此就更加突出其能臣之杰出作为和扶大厦于将倾的旷世贡献。

孔子为什么判断卫灵公无道呢？事实上，卫国在卫灵公后期政治比较昏暗，卫灵公信任祝鮀，而南子宠信宋朝，这两个人是当时的大红人，可以说非常显赫，炙手可热。而孔子在卫国只是享受一定的俸禄而已。当时卫国大贤人蘧伯玉也不受尊崇。孔子周游列国本来是推行自己的政治主张，对于卫国抱有很大希望。希望值越高，也就越失望、越痛苦、越落寞，故心情郁闷。一言以蔽之，孔子针对卫国的政治情况发出的感慨，是说卫国统治者喜欢阿谀逢迎和美色而不重视仁义道德，致使不肯阿谀逢迎或不具有美色的贤人沉沦于下层而不被重用。如此，孔子正是基于卫灵公好色不好德，作出其荒淫无道之判断。

当孔子发出卫灵公无道之惋惜与感叹时，季康子追问"夫如是，奚而不丧？"。季康子的追问将"问题"引向深入，构成了"无道"本应丧，然事实上却"不丧"之矛盾。孔子对之进行了具体的分析和诊断，以解季康子之问。

据孔子的诊断和分析，卫灵公虽然荒淫无道，但是卫国的为政治理却因有才干的能臣在各个重要部门统领并发挥着作用，维系着、推动着卫国政事之正常运转，因此，卫国未败亡。卫灵公"虽无道，所任者各当其才，何为当亡？"（《集解》）或问曰："灵公无道，焉得有好臣？"曰："或是先人老臣未去者也，或灵公少时可得良臣而后无道，故臣未去也。"（皇疏）

第三，在分析卫国为政治国之正常运行时，孔子提及到三位关键性的人物及其职责。

第一位是仲叔圉（yǔ）。仲叔圉即孔圉又称孔文子，卫国的大夫。他聪明好学，又非常谦虚，因而死后被授予"文公"的谥号。后人就尊称他为孔文子；根据朱熹之说，孔文子要攻打疾，结果疾逃到宋国，孔文子就将女儿嫁给了太叔的弟弟遗："疾奔宋，文子使疾弟遗室孔姞。"作为臣子，孔文子攻打国君是以下乱上，还随意地将女儿嫁来嫁去，都是不符合礼的行为，所以，子贡对他死后被授予"文"这一谥号大为不解，于是就问孔子孔圉这个人凭什么得了"文"这一谥号。孔子就告诉他，孔文子这个人"敏而好学，不耻下问，是以谓之'文'也"。（《论语·公长冶》）

第二位是祝鮀，亦是卫国大夫，此人的特点是能言善辩，或指其善以巧言媚人，后人因之以为他是佞人的典型。无疑，祝鮀是有才干的，恰如孔子曾说"不有祝鮀之佞，而有宋朝之美，难乎免于今之世矣。"（《论语·雍也》）

第三位是王孙贾，也是卫国之大夫。对于他未有更多交代。

在本节的文辞中，可以看出此三人均是卫灵公时的重要大臣，并且具有明确的分工，仲叔圉之职责是"治宾客"，祝鮀之职责是"治宗庙"，王孙贾之职责是"治军旅"，此三人可谓是支撑卫国政事之栋梁。对于此三人的作用，朱熹释曰："三人皆卫臣，虽未必贤，而其才可用。灵公用之，又各当其才"。尹氏又曰："卫灵公之无道宜丧也，而能用此三人，犹足以保其国，而况有道之君，能用天下之贤才者乎？诗曰：'无竞维人，四方其训之。'"孔子在此节中，很明显是充分肯定三位大夫各司其职，能够各自独当一面，支撑着卫国，使之"不丧"。

第四，从本节所论的深层指向来看，孔子以为即使一国之君荒淫无道，但是在用人上能做到知人善任、各就其位、尽其所能，那么，国家依然可以正常运转而得以治理，不至于丧灭。因为"低低人，尚有大用若此，况肯用圣贤者乎？"（满益）如此，孔子通过直陈卫三位大夫之行职，救卫君无道致卫未丧，表善用人才乃是为政之要旨。

孔子认为"为治之道"的实质，就在于"诸侯有诤臣，虽无道不失其国。""国以贤兴，以谄衰。君以忠安，以佞危。"对此，陈祥道旁征博引而证之："三仁在商，而商不亡。多贤在楚，而秦不伐。百里奚去虞而虞亡，在秦而秦霸。由余去戎而戎亡，在秦而秦强。故共公任小人，而鲁人知其无依。卫多君子而霸，主知其无患。"

此"为治之道"之策略则在于："柔远，然后能迩，故治宾客为先，宗庙次之，三军之运，德之末也。故军旅为后。"（陈祥道）

如此观之，孔子对为政、治国之讨论的重心从君王的品质、品格，转移到君王之用人之策、之法和之道上来。如此，讨论的重心亦转移到对君王治国用人之训导。从这一意义而言，孔学，在为政层面，实乃为训君王为政治国之学，即"帝王之学"。

总之，孔子通过回答季康子之问，不仅开示康子当反思身为上卿于鲁国之担当和功能，进而凸显一个国家的人才，乃是治国之支柱和根本。孔子以此训导包括鲁君在内的一切国君，当懂得知人善任，让其各就其位、各司其职。如此，国君即使荒淫昏庸，国之政依然可正常运行，由此，方免国之"丧"。孔子借卫而暗喻鲁，其君不仅昏庸无道，而且还不善用贤臣，而被重用的权臣，如是季氏之流，不可与卫国干才比肩，以此表鲁国不丧亦难。孔子之论，凸显关于为政治国之人才甚至比君王更为重要的思想，深化其为政人才观。孔子之语，亦为其施教于众弟子，培育为政治世人才提供了必要性和合法性支持。

20. 言之可为，贵忌不怍

宪问 14.20

【原文】子曰："其言之不怍，则为之也难。"

【译文】子说："如果大言不惭而欺人，那么，实现其所说就是很困难的了。"

孔子通过对"言之不怍""为之也难"之判断，揭示了"为之道""难"。孔子之判断，要求许"言"时，须以能为之为度，以此明示言者首先须有"自知之明"，然后量力而言，其言方可为、方可信。一个人好的品德体现于言后之所为。如此，说了大话，不能行以践言，致使其言难以兑现，必令言者难堪，故孔子强调言须谨慎。对此，陈祥道所释："言忠信则不怍，行顾言则能为之，为之道也难。言之不怍期是矣！言之不怍则行成，亦贵于不怍矣！"

孔子一贯强调"君子欲讷于言，而敏于行"，且"君子耻其言而过其行。"如此，孔子明确反对"言之不怍"，主张"言"之诚实无欺，力戒虚荣而浮夸，如此，孔子强调须依行而言，审慎而"言"。如是钱穆所释："凡人于事有志必为，当内度才德学力，外审时势事机"。孔子主张"言之不怍"，"非轻言苟且，即大言欺人。其为之之难，即在其言之不怍时而可见。"

孔子之论，其主旨在于强调做人要少说不可为之大话，须量己之才、己之所能为而言，切不可故弄玄虚、虚张声势、欺世盗名。如此，孔子将"言"道德化，反对与"诚""仁"相悖的一切虚假、吹嘘、浮夸之言，突出言贵忠信、可为。

具体而言：

第一，本节所涉及的是孔子一贯强调的"言""行"之辨；孔子直接指出大话连篇、自不量力夸海口而面无惭色的人，其实也很难实现其许诺。说大话的后果就是言行不一致，自食其言，表明其既无践行其言之志，亦无兑现其言之能，因而必陷入虚妄而欺人、欺世。

孔子重行，强调躬行，以行践言。"言之不怍"，不仅欺世，而且往往严苛于人而宽假于己，所以不可取。因为"大言不惭，则无必为之志，而不自度其能否矣。"（朱熹）如此，孔子力劝弟子和世人，应量力而言，言之谨慎，更须以行践言，真正做到言行一致，切勿不计后果而肆意夸夸其谈和随意允诺。如此，孔子之论，当是对当时大言不惭者，予以讥讽和批判。

第二，"言"与"行"的关系，是孔子一直关注的一个重要问题，在《论语》中，孔子针对不同状况下言、行之关系问题，从不同的层面对之加以论断，为理解本节之意提供可靠的文本语境参照。

（1）子曰："侍于君子有三愆：言未及之而言谓之躁，言及之而不言谓之隐，未见颜色而言谓之瞽。"（《论语·季氏》）

（2）子曰："古者言之不出，耻躬之不逮也。"（《论语·里仁》）

（3）子曰："君子欲讷于言而敏于行。"（《论语·里仁》）

（4）子曰："言必信，行必果。"（《论语·子路》）

（5）子曰："邦有道，危言危行；邦无道，危行言孙。"（《论语·子路》）

（6）子曰："君子耻其言而过其行。"（《论语·宪问》）

本节孔子所言："其言之不怍，则为之也难"，侧重强调"言"须以自审自断己之才能为前提，以可"为"为限度，切不可不顾才能和客观条件而随性、肆意地妄"言"，避免成言语之巨人，行动之矮子。如此，孔子从"言之不怍"与"为之也难"进而推进至对言者之德的追究、质疑或否定。

第三，朱熹将"言"与"志"关联起来，对大言不惭者之志予以质疑，进而认为此等人之问题在于不能自省、自度其能，此论当是深刻的。钱穆所释：凡人于事有志必为，当内度才德学力，外审时势事机。今言之不怍，非轻言苟且，即大言欺人。其为之之难，即在其言之不怍时而可见，则突出此处之"言"具有道德意味，尤其是其"言之不怍"，联系到后面的"为之也难"，就表明言语承诺了，而行动不能履行或兑现，本质上就是欺骗，此乃是一种"耻"。如此，"其言之不怍"本身乃是一种羞耻或耻辱，非君子之所为。

第四，孔子对言行统一性的基本要求，也是孔子评价一个人德性之基本立足点；这样，他要求弟子们慎言、笃行，讷于言，敏于行，且教导弟子们在言之前，必须首先审度自己的能力，做到具有自知之明，须看自己能否做到，方可言之，切勿言过其实、不负责地信口开河，轻易允诺。

同时，还必须注意，在孔子对人的德性判断中，其视点并不在于"言"，而关键在于言后之"为"。如此，对一个人要做出公允而全面的评判，须听其言、观其行，其深意也正在于此。

戴望之释，似乎揭开了孔子所论之迷。他认为："将叛者，其辞惭（cán，其意："羞愧"）。故观其言无惭恧（nǜ，其意："惭愧"），则其为事必慎重，不忽易也。曾子曰：'君子出言以鄂鄂，行身以战战，亦殆免于罪矣。'"

总之，孔子在本节中不仅陈述一个基本的困境，即其言超过其实际所为之能力，其"言之不怍"，最终必是难以兑现和实现其言之允诺，这是以无数次的经验为基础所作出的本质性判断。如此，孔子教导人要慎言，言必忠信，切戒"言之不怍"；而且以此突出"言"本身具有道德规定与道德内蕴。若"言之不怍"，则是以"虚"欺人，因为惟"内有其实，则言之不惭。"

"情动于中而外形于言，情正实而后言之不怍。"（皇疏引王弼）"言之以怍"，与"诚"相悖，与"仁"相左。如此，在孔子的视野里，一个人的言、行乃是判断一个人之德性、品质之依据，这便是孔子之所以一直非常重视并反复论说"言""行"关系之立意。

21. 捍卫礼法，暗批不臣

宪问 14.21

【原文】陈成子弑简公。

孔子沐浴而朝，告于哀公曰："陈恒弑其君，请讨之。"

公曰："告夫三子。"

孔子曰："以吾从大夫之后，不敢不告也。君曰'告夫三'者。"

之三子告，不可。

孔子曰："以吾从大夫之后，不敢不告也。"

【译文】陈成子杀了齐简公，

孔子斋戒沐浴以后，随即上朝去见鲁哀公，报告哀公说："陈恒杀了他的君主，请出兵讨伐他。"

哀公说："你去报告那三位大夫吧。"

孔子退朝后说："因为我曾经做过大夫，所以不敢不来报告，君主却说'你去告诉那三位大夫吧'！"

孔子去向那三位大夫报告，但三位大夫不同意派兵讨伐。

孔子又说："因为我曾经做过大夫，所以不敢不来报告呀！"

此节记述，从几个层面表孔子严遵礼、笃行礼、正礼法：

（1）听闻"陈成子弑简公"，"告之哀公"；

（2）"孔子沐浴而朝"，表"将告君，必先斋，斋必沐浴，著敬也。"（戴望）；

（3）"请讨之"；"臣弑君，子弑父，凡在官者，杀无赦。陈恒弑简公，孔子请讨之。"（陈祥道）

（4）"吾从大夫之后，不敢不告"于哀公；表孔子遵礼而为。"盖曰：请之者，吾之职也；行不行，君之事也。吾之职，不可不尽。君之事，吾何与焉。故曰：'不敢不告'。"（陈祥道）

（5）承君命，"夫告三子者"。"孔子退而告人，明于礼当告君，不当告三子，君使我往，故往也。"（戴望）

（6）最后再言："吾从大夫之后，不敢不告。""此亦退而告人也，明承君命往告，不敢不然。"（戴望）

以此表孔子遵礼法，欲诛悖礼忤逆者以正"礼法"，尤其是孔子两次言"不敢不告也"。第一次表其恪守其职，笃行其责，突出孔子以大夫之礼自律、自觉己之行。第二次，表其对哀公之命的遵从。

孔子以齐国"陈成子弑简公"之"事"，暗示鲁国哀公与三桓之关系，表三子挟持鲁君，专断朝政，如是"陈成子弑简公"一般。如此，孔子对陈成子弑简公予以"请讨"，暗指对三子独断鲁朝，亦当声讨之。如是蕅益所释："陈恒三子，一齐讨矣。"

孔子以维护礼制，要求哀公及鲁三家讨伐陈恒，遭推诿、拒绝，使其肃礼、正礼法之意愿无力付诸实践。以此而观，齐国臣弑君，鲁国三子专权，当世之礼法坏，无道之乱象，可见一斑。

具体而言：

第一，孔子面对齐国和鲁国两国皆出现君臣秩序之乱的境况，立足于尊君、正名和维护礼制之立场，请求鲁哀公及三桓出兵讨伐、惩处孽臣陈恒乱礼法弑君之罪。"是时孔子致仕居鲁……重其事而不敢忽也。臣弑其君，人伦之大变，天理所不容，人人得而诛之，况邻国乎？故夫子虽已告老，而犹请哀公讨之。"（朱熹）孔子"请讨"，却遭遇鲁哀公的推诿，孔子希望鲁哀公直接出兵讨伐之愿就此搁浅。让孔子更觉得可悲的是鲁哀公竟然将此等讨伐孽臣之决定权让渡给三孙氏，且不是直接由哀公令之，而是由他转告之。因为"时政在三家，哀公不得自专，故使孔子告之。"而孔子"出而自言如此。意谓弑君之贼，法所必讨，大夫谋国，义所当告。君乃不能自命三子，而使我告之邪？"（朱熹）这自是不符合礼法之举。是时"三子鲁之强臣，素有无君之心，实与陈氏声势相倚，故沮其谋。"如此，三子固然不愿意出兵讨陈恒。至此，孔子维护君尊和礼制之义举，彻底落空。

虽然孔子认为应该维护礼法，出兵讨伐陈恒之乱臣的义举未能如愿。但是，孔子两次说到他曾是大夫，告知鲁公是分内职责，如此才有"不敢不告"，孔子表明自己作为臣，已尽到为臣之职责。孔子如此自觉遵礼法、不懈努力"尽人事"、正礼法之所为，正体现孔子以行践礼，"礼"在行中。

第二，春秋时期，王纲解纽，礼崩乐坏。先是诸侯争霸，王室衰微，而后诸侯各国内部大夫也不甘寂寞，纷纷争权夺势，内乱、逐君、弑君之事，屡有发生。到孔子之时，"礼乐征伐自大夫出""陪臣执国命"几乎成了许多诸侯国面临的共同境遇。于鲁国，大权就一直把持在三桓手中，鲁君只是一个空架子罢了。齐国，则面临着被田氏篡夺的危险。田常杀了齐简公，这是一个危险的信号，意味着田氏的势力大到可以随意弑君、立新君的地步。经过数百年的经营，田氏在齐国，几乎没有可以与之匹敌的势力。孔子从邻国之弑君之变，敏锐地意识、预感鲁国的情况亦不甚妙。

第三，本节记述，一开始就陈述了陈恒弑简公之惊天大事。当孔子得知乱臣陈恒犯上弑君，深感事态之严重，予以高度重视。于是，"沐浴而朝，告于哀公"，并"请讨之"。到此，作为大夫的孔子，尽其职责之本分，表达了对陈恒弑君之事的态度和立场。

鲁哀公之处境无异于齐简公；鲁哀公事实上受挟于三子，仅是一个傀儡。孔子求兵讨伐，鲁哀公无奈将出兵与否之决定权交让给了三孙氏，而三孙氏给出的结论是："不可"。三孙氏为何不应孔子之请，却认为出兵讨伐陈恒"不可"？究其原因：

其一，齐强鲁弱。几百年来，一直是强大之齐国欺负弱小之鲁国，从未有过鲁国去攻打过齐国，若出兵讨之，岂不是自取灭亡吗？

其二，更重要的是，三桓在鲁国的角色与田氏在齐国的角色类似，若三桓允诺而出兵讨之，岂不意味着三孙氏自己在讨伐自己吗？故而，孔子之"请讨之"于三子，无异于与虎谋皮之举。

第四，尽管如此，孔子向鲁哀公和三孙氏报告并要求请兵讨伐陈恒之事。其意义有三：

其一，为了表达对此等弑君忤逆之事的不可容忍，以维护尊君之礼法的权威。

其二，为提示鲁哀公要切切警惕三孙氏，因为他们就是鲁国的陈恒，当下把持朝政、挟持鲁君，或许等待时机成熟，他们亦可能冒天下之大不韪而干出弑君之事来。

其三，重要的是孔子想借兵讨伐陈恒，警告三孙氏，倘若他们试图以臣弑君，乱礼法，必为天下人讨伐，他们架空鲁哀公和欲弑鲁君之为必会失败。

第五，尽管孔子一腔热忱，满怀理想，想借讨伐陈恒之举，敲打三家，帮助鲁哀公摆脱受制三孙氏操纵、摆布的困境，怎堪鲁哀公竟是如此之软弱和怯弱。孔子虽对鲁哀公满腹的抱怨，但又无能为力。如此，于陈恒弑君，三子弄权于鲁，孔子心有余而力不足之憾，表露无余。

不可否认，孔子之行，尽了为臣之责，拯救了自己的灵魂。如此，孔子真是空有一腔尊君违礼之诚。被架空的鲁君之软弱与庸碌，孔子真是怒其不争，哀其不幸。但是，在此表征孔子明知不可为而为之的不弃精神。这种挺立、超拔而百折不挠，为理想而不倦的生命姿态，正是孔子真正可贵之处。

总之，本节以齐国陈恒弑杀齐简公之事为引子，直指鲁哀公和三孙氏之危险关系，弑君之事虽然发生在齐国，但是鲁国也相去不远矣。面对此境，孔子为了维护尊君和礼法的合法性和权威，不仅要求鲁国出兵讨伐齐国乱臣孽贼弑君之陈恒，而且暗示三孙氏把持朝政、挟持鲁哀公之为与陈恒之流同类，亦需要声讨与批判。

孔子尽心尽力之为，其根本的目的在于维护君臣之序、君臣之礼。然鲁哀公之软弱无力、三孙氏之强势专断，让孔子陷入深深的无奈与悲愤之中。这大凡是孔子道德理想主义遭遇残酷现实摧毁和打击的一个缩影。然而，孔子为其理想而不懈之精神，却成为了一种强劲而珍贵的道义力量，不断鞭策着、鼓舞着世人对正义、王道和社会良序的坚守与追求。

22. 事君之道，教导子路

宪问 14.22

【原文】子路问事君。子曰："勿欺也，而犯之。"

【译文】子路问怎样事奉君主。孔子说："不能欺骗他，但可以犯颜直谏。"

子路问"事君之道"，孔子简明扼要地指出"勿欺也，而犯之。"按钱穆之解，"以子路之贤，不忧其欺君，更不忧其不能犯。然而子路好勇之过，或有以不知为知而进言者，故孔子以此诲之。"

孔子提出为臣事君，须持守忠诚勿欺，正直为人的根本原则，此为"事上之道"。具体而言，"勿欺"，即不可诬君，表其不可"言之不怍"，要求讲真话、说实话；"犯"，指"犯颜铮谏"，恰如《礼》所言："事君，有犯而无隐。"于此，犯之也勿欺，忠也。犯之，义也。如此，事君之道，乃践"忠"行"义"也。

《孝经》曰："进，思尽忠；退，思补过"。如此，事君之尽忠则勿欺，事君之补过则有犯。如此，孔子之论，明确了事君之可为与不可为，对子路具有直接的规训与指示作用。

具体而言：

第一，孔子针对子路所问"事君之道"，依据自己的经验和君臣礼义之原则，针对子路心性、品行与行事特点，提出"勿欺"、可"犯"的总体原则；以表明为臣者须为人正直，对君必须忠诚，尊重客观事实，不歪曲、不虚妄、不妄断，切不可阳奉阴违、弄虚作假、欺瞒哄骗，亦无须阿谀奉承；对于具有原则性和根本性、事关国家命运之大事，要敢于坚持原则，甚至敢于犯颜直谏，决不做无原则的臣子而贻误国之大事，这才是事君之臣的职责。

第二，孔子以"勿"和"而"之句式，从正、反两个方面划定了为臣事君，可为与不可为之界限，这是落实君臣之礼于君臣为政治国之具体事务中，化为具体所须遵循的基本原则；此原则对臣之行为具有直接的规训与指导作用。如此，孔子之语，切入到臣之行为的具体规范，具有直接的针对性和实际操作性。对此，朱熹引范氏释曰："犯非子路之所难也，而以不其为难。故夫子教以先勿欺而后犯也。"

第三，"勿欺"与可"犯之"二者之间具有内在的承接和递进关系。"勿欺"乃臣心存大道，虽千万人吾往矣，唯忠义之必然，如此之臣，何来欺之必要？同时，如此之臣，自然忠心耿耿，不惜、不惧犯颜直谏，恰如《礼记》所云"事君有犯而无隐"。对此，戴望释曰："不谏则危君，陷谏则危身。事君，上不敢危君。下不敢危身，故不显谏。三谏而不听，则去矣。"故，孔子所言"犯"，并非"死谏"，陷入"危身"之状，突出"谏"之程度。

同时，因臣之忠义，实无欺君之心。欺乃为臣之不耻所为。若存欺君之心，当然也就不会再有犯颜谏诤之举了，或奴颜婢膝、阿谀逢迎，或躲在一旁煽风点火，此乃常态。对此，蕅益释曰："不能阙疑，便是自欺，亦即欺君。""今之不敢犯君者，多是欺君者也。为君者喜欺，不喜犯，奈之何哉！"

第四，孔子教导子路如此事君，是与孔子教育学生为"仕"，服务君主，为更好地治国理政之根本目的内在一致的。孔子答子路之问，实质上是从观念至行为上指出为臣之要精。

第五，事君之道，即是为臣之道，本质上言说的是身份或角色之德，是"君君、臣臣"之伦理原则在具体的为政中之贯彻和实施。此乃治国理政之良序得以生成与延续之保证。

总之，钱穆以"今按"提请读者细阐孔子此言，因为"孔子请讨陈恒章之前，先以言之不怍章，又继以事君勿欺章，《论语》编者之意，可谓深微矣。"

本节子路与孔子以君臣之礼、义为基准，以臣如何奉君为焦点而展开的问答，表达孔子关于臣奉君所必须遵循"勿欺"和可"犯之"的基本原则，对君子入"仕"为臣，发挥其治国理政之效能具有直接的指导意义。

孔子所谈臣事君之原则，成为臣之行为的指导纲领，在历史上成就了无数良臣名相，积淀成为中国古典为政伦理之重要内容。"勿欺"和"犯之"之基本原则，事实上是对"臣"之伦理要求。此原则，于当代治国为政之实践中，对于如何处理上下级之间的关系，从而明确与强化行政角色伦理，依然具有积极的价值。

23. 君子上达，小人下达

宪问 14.23

【原文】子曰："君子上达，小人下达。"
【译文】孔子说："君子向上达仁义，小人向下抵事利。"

———

孔子从心性、价值取向维度，再次区分"君子"与"小人"之别，昭示着"君子"以"达""上"而成不断超拔之人生气象，"小人"则以"达""下"而呈不断沉沦之趋势。

人生就在"上""下"之间。以"上达"之指向而不断追求以"达""上"，则为"君子"；反之，若以"下达"为目的而不断追逐以"达""下"，则是"小人"。如此，"君子"与"小人"非先验既成的，乃是因其行而不断生成的，由此，构成"上达"之君子和"下达"之"小人"，成人生之不同的格局、层次、境界和气象，且将成"君子"与"小人"之可能，向世人敞开，最终由个体自我抉择与决定，极大地张扬了道德之主体性和道德主体之自觉性、自为性。

———

具体而言：

第一，"君子"与"小人"之分，是孔子在《论语》中所讨论的一个重要问题，对其予以多维论述和比较，构成了孔子的"君子观"和"小人观"之理论谱系。在本节中，孔子以"上达"和"下达"，即从心性和人生追求上对"君子"与"小人"进行了本质性的区分，从而在一定程度上亦涵括了从言语、行为等多维的区别。如此，本节从价值取向的高度呈现出"君子"与"小人"的根本分野。

第二，对于本节之深意，学界从来就有不同的解读，其不同之关键在于如何理解"上达"和"下达"之内涵。几种有代表性的观点如下：

（1）"上达"，不仅通达于仁义，还可以指通达于道，通达于事物的本质、事物的规律、事物的全貌等等。"下达"，亦不仅通达于财利，应该更广泛地指小人遇事而着眼于琐屑或者表面现象，见事不明，甚至通于邪道、歪道。

（2）"上达"即是长进向上，日进乎高明；"下达"则是沉沦向下，日究乎污下。

（3）"上达"于道，"下达"于器，即农工商各业。

（4）"本为上，末为下"。（《十三经注疏·论语注疏解经卷第十四》）

（5）"上达者，达于仁义也。下达，谓达于财利，所以与君子反也。"（《皇疏》）

（6）"形而上者，道也；形而下者，事也。君子事道，故上达。小人事事，故下达。"（陈祥道）

（7）"君子循天理，故日进乎高明；小人殉人欲，故日究乎污下。"（朱熹）

（8）"形而上者谓之道，形而下者谓之器。上达，故不器；下达，故成瑚琏斗筲等器。若不成器者，并非小人。"（蕅益）

（9）"作君作师，上通天道，故曰君子。小人务工作，力田野，下通物性而已。"（戴望）

（10）"本章有两解：一说，上达达于道，下达达于器。如为农工商贾，虽小人之事，亦可各随其业，有守有达。若夫为恶与不义，此乃败类之小人，无所谓达也。一说：君子日进乎高明，小人日究乎污下，一念之岐，日分日远也。前解君子小人指位言。后解君子小人指德言。今从后解。"（钱穆）

如此，则构成了对"君子"与"小人"本质分野的多重"意见"，同时也开启了关于"君子"与"小人"本质划界的多条思维路径。

无疑，在本节中，如何理解"上达"和"下达"，确认其语义，乃是准确把握"君子"与"小人"之根本和关键。

简要地说，"上达"：即以达"上"为指向，"下达"，即是以达"下"为目标；这就彰显了君子和小人，在心性和人生动态追求与终极价值指向之不同。所谓"上"，即为"形而上"，为"道"、为"道义"，在孔子之思想中之"上"、之"道"者，乃为"仁义"；所谓"下"，即为"形而下"，即为"器物"、为"物欲"，在孔子之思想中则为具体的"小事"或"实利"；如此，可以说，君子一生为超拔、追寻和抵达形"上"，而"小人"则受制、潜心、甚至醉心于形"下"。

在本章中，孔子亦曾说："君子而不仁有矣乎，未有小人而仁者也"，可佐证此节中，"君子"乃心向"仁"，以达"仁"为人生的终极旨趣；"小人"则是去"仁"，心趋"利"而往。

第三，就"达"而言，"君子"与"小人"均有其理想、信仰和价值目标，都在努力追求，各有其奔赴的目标，单从这点来看，"君子"与"小人"并无分别。然二者的区别之焦点，即在二者所奔赴、所追求的目标之差异上。如此，孔子以"上"和"下"而深度地将"君子"和"小人"所要"达"的目标予以分解开来，标示出二者截然相反的人生价值指向。

如此，就生活本身的类型和内在层次结构而言：

所谓"小人"，人生一切所为无非衣食，所惧无非饥寒；"衣食"之实利，不仅是其人生之价值轴心，而且是其人生努力、奋斗和追求之归宿，这样的"达"，便是"下达"。

"君子"则不然，其人生之价值轴心和目标与"小人"相比，则是为了达"上"，如此，君子"志于道"，其心不在食。如此，在衣食等实利上，便不会有过度的需要与追求，只要能维持生活，便可满足。其人生所倚重、所加持的重心，所努力的方向，遂从衣食转移到心性、仁义层面。如此，由于努力目标的提升而也使得其生命与生活的境界得以全面提升，不为外物所惑，不役己欲，即达"不以物喜"之境，便可称为"上达"。

简言之，"小人"以满足"成器"以求物质需要为人生的目的，无所谓高尚道德和精神生活的维度或层面；"君子"，其生活、生命不止于、不囿于实利、不陷入物欲，而是以满足其精神需要、提升其道德境界，最终达"仁"，以"成人"为目标。对此，蕅益释曰："形而上者谓之道，形而下者谓之器。上达，故不器；下达，故成瑚琏斗筲等器。若不成器者，并非小人。"

第四，在理解本节时，还必须注意的是孔子并没有卑视"小人"，鄙视衣食生活，只是认为作为一个人，仅此不足而已。以现代之语来表达，就是说一个人不能仅仅满足衣食住行等物质生活，还得有精神和道义追求。至于后人将虚伪诡诈、卑劣龌龊之人称为"小人"，其实已不符原意，至于小看、矮看衣食，标榜道德境界，则更不免虚矫而有失孔子平正通达之本义。

第五，进一步分析本节中孔子所用语辞"上达"与"下达"，可以看出，"君子"与"小人"在孔子的视野中，只悬一线。如此，只要其人生心性指向、生命之价值追求是"上"，以达"上"为目的，此人亦是启动了趋向"君子"之路。同理，若一个人之心性指向、生命追求，以达"下"为目标，那么，此人则正在滑下"小人"之途；这同时也表明"君子"与"小人"并非是固定不变，专属权贵之人，而是指任何一个人均是如此可"上达"或"下达"。这就表明，孔子是将人置于"上"与"下"的格局中，每一个人都或在达"上"或达"下"之路上，其路漫漫，"上""下"求索，是"君子"亦或是"小人"，完全取决于自己心性之所指，人生之所向，并由此做出的人生定位和品格与境界定格使然。这样，孔子以"上达"与"下达"的取向作为君子与小人之差异呈现于世人，以施"道德启蒙"，并将一个人是"君子"或"小人"的决定权，交给了"自己"来定夺，充分张扬了道德之主体性和道德主体之自决性，从而充分激发人之道德觉悟与自我提升之责任。如此，君子、小人，只在"一念间"。

　　总之，在本节中，孔子从心性和人生价值取向的视角，对"君子"与"小人"作出了本质性的分化判断，突出一个人生命之动态追求是为了达"上"，抑或达"下"，对于自身人格塑造和道德修为的重要意义，并依此确证"君子"与"小人"皆因其自身的取向变化而变化的特质，由此开出了"君子"与"小人"不断生成、转换的格局，昭示着居于物质生活与道德生活、俗世生活与精神生活、实利追求与道义追寻张力中的每一个人，其人生之路就在"上""下"之间，不能仅为"下"而存活，更不能以达"下"而知足，还须为"上"而适度搁置"下"，淡忘物欲与实利，更为达"上"而不懈努力与操心，这才是存于"世俗"，而不陷入"俗世"，不弃"下"又不止于"下"，须知"上达"之道义境界的君子人生之所求、所为。

24. 鉴学古今，为己为人

宪问 14.24

【原文】子曰："古之学者为己，今之学者为人。"

【译文】孔子说："古之所学，乃为己之学；今之所学，则是为人之学"。

孔子从古今所学的内容，进而从其所学的功能与目的之差异，突出古之所学，反躬而"为己"，重己之德修，培养己之"德性"，以成己；今之所学，只为求事功而"为人"，重己之技能锻造，培养己之"才能"。简言之，"古之学者"，务"内"重"德"，以"德性"为本；"今之学者"，求"外"重"能"，以"才能"为本。孔子扬"古之学者"之"内圣"，抑"今之学者"之"事功"、之"外王"。

古人所学乃"为己之学"，所指"德行之科"；今人所学乃"为人之学"，所指"言语、政事和问学诸科"。如此，孔子通过"古之学者"与"今之学者"之比较，肯定古之学者重"德"，批判"今之学者"，重"才"之"末"而失"本"，导致"本末倒置"之偏。

在孔子看来，当世礼乐之式微，与今人重"为人之学"轻"为己之学"具有内在本质性的关系。如此，孔子力图矫"今之学者"无本、无根之学，重新确立"为己之学"与"为人之学"的本末、轻重之关系，突出"为己之学"之重，于此，再次表以孔子好古、尚古之思救今人之"失"，治今世之乱。

具体而言：

第一，对于孔子此论，可谓诸多歧义，亦存在程度不同之误读。数列于下，须细究而鉴之。

(1) 孔曰："为己，履而行之。为人，徒能言之。"（《集解》）

(2) "此章言古今学者不同也。古人之学，则履而行之，是为己也。今人之学，空能为人言说之，己不能行，是为人也。"（《邢疏》）

(3) 范晔："为人者冯誉以显物，为己者因心以会道也。"

(4)《皇疏》："明今古有异也。古人所学己未善，故学先王之道，欲以自己行之，成己而已也。今之世学，非复为补己之行阙，正是图能胜人，欲为人言己之美，非己行不足也。徒，空也。外空为人言之而已，无其行也。一云：徒，则图也。言徒为人说也。"

（5）韩愈："为己者，谓以身率天下也。为人者，谓假他人之学以检其身也。孔云'徒能言之'，是不能行之，失其旨矣。"李翱曰："尧舜性之，是天人兼通者也。汤武身之，是为己者也。五伯假之，是为人者也。"（韩愈、李翱《论语笔解》）

（6）陈祥道："荀子曰：'君子之学以美身，小人之学以禽犊。'杨子曰：'大人之学为道，小人之学为利。则为道以美其身者，为己者也。为利以为禽犊者，为人者也。'范晔曰：'为己者，因心以会道。为人者，凭誉以显物。盖为己者，未尝不为人；为人者，必不能为己。'杨朱第知为己而已，墨翟第知为人而已，若孔子则为己而不忘人，为人而不忘己者也。故曰：我学不厌而教不倦。彼学以为人，教以为己者，岂知此哉宜？原宪所以不忍为也。"

（7）程子："为己，欲得之于己也。为人，欲见知于人也。""古之学者为己，其终至于成物；今之学者为人，其终至于丧己。"

（8）朱熹："圣贤论学者用心得失之际，其说多矣，然未有如此言之切切而要者。于此明辨而日省之，则庶乎其不昧于所从矣。"

（9）蕅益："尽大地是个自己，所以度尽众生，只名为己。若见有己外之人可为，便非真正发菩提心者矣。"

（10）戴望："入乎耳者著乎心，为己也；入乎耳者出乎口，为人也。"

（11）杨伯峻："孔子说：古代学者的目的在修养自己的学问道德，现代学者的目的却在装饰自己，给别人看。"

（12）钱穆："先生说：古之学者，是为己而学的。今之学者，是为人而学的。"并说"本章有两解。荀子曰：'入乎耳，著乎心，为己也。入乎耳，出乎口，为人也。为己，徒能言之。'如此解之，为人之学，亦犹孟子所谓'人之患在好为人师'也。又一说：为己，欲得之于己。为人，欲见之于人。此犹荀子谓'君子之学以美其身，小人之学以为禽犊'也。今按：此两解义各有当，然当孔子时，学风初启，疑无此后世现象。"

（13）李泽厚："孔子说：古时的学者是为了改进自己，今天的学者是为教训别人。"

（14）孔子说："古代的人学习是为了提高自己，而现在的人学习是为了给别人看。

（15）孔子说："古代的读书人读书是为了自己，而当下的读书人读书是为了他人。"

（16）孔子说："古时候的学者，学习是为了进德修业；当今的学者，学习却是为了向人炫耀。"

（17）孔子说："古代的读书人学习都是为了一己之私，现在的读书人学习却是为了他人"

以此可见，对孔子之论的各种"先见"如尘土覆其上，虽为把握孔子之论开启了广阔的思维空间，但亦真伪难辨。综合诸解可知几点共同之处：

（1）将"古之学者"与"今之学者"的"学者"，理解成为学之主体。

（2）将"为己""为人"的"为"，理解为"学者"的"目的"

（3）因为将"为己""为人"之"为"，理解成学之"目的"，即"为了"，因而"为人""为己"被道德化；于是，又简单地将"古之学者"与"今之学者"，确定为"君子之学"与"小人之学"，将二者完全对立起来。如此，孔子之论，被演绎成一个纯粹的"道德命题"了。

第二，事实上，孔子之论，首先是对古今之所学所作的一个"事实判断"。其中"学者"所表非指修学、问学之主体，而是指"所学之内容"。于是，孔子之论，本质上即是指出古今之所学对象或所学之内容的差异。古之所学是"为己之学"，"今之所学"即"为人之学"，其所指是古今所学之内容及其功能。简言之，古之所学，乃"道"，所学要达到的目标或达成的效果是培养修学者之"德"，相反，今之所学，乃"术"，培养之目标则是"才"。

在此基础上，孔子重古之"为己之学"，轻今之"为人之学"；并以"为己之学"之修德为本，指出今之"为人之学"，实为舍本求末。

第三，所谓"为己"或"'为己'之学"，具体所指即是德行之科。其所修、所学乃为己德性之培育、之增进，境界之提升，促己自觉"为仁""成人"而"上达"，"止于至善"而就"道"，成不器之君子。

所谓"为人"或"'为人'之学"，具体所指乃是言语、政事、文学之科，其所修、所学乃培育"言语、政事和问学"等多方面的技能，以增长才干，提升事功之"术"，修此则求"下达"而成器。

如此，孔子所说的"古之学者为己，今之学者为人"，其意亦非常明确表为：古之学者所学重德行之科，而今之学者所学则重言语、政事、文学之科。对此，钱穆有释曰："孔子所谓为己，殆指德行之科言。为人，指言语、政事、问学之科言。孔子非不主张学以为人，惟必有为己之本，乃可以达于为仁之效。"并说："孔门不薄为人之学，惟必以为己之学树其本，惟有不能为己而能为人者。""若如前两解，实非为人之学，其私心乃亦为己而已，疑非此章之本义。"

第四，在孔子看来，古之学者之学，先"为己"成德，然后再"为人"成事，而且重点和根本在于"为己"。如此，"为己"才能为"为人"提了正确的德性引导和可靠的德性保证。一言蔽之，为学之原则，应是以提高自己的德行修养，作为学之根本，即惟有"为己"，方可"为人"，这样所学之"言语、政事、文学"等才干才能产生积极效能，更好地服务社会。如此，孔子坚定地主张为学当以德为先、为本。

第五，"为己"与"为人"，本质上即是学习做人和学习做事，即修德进道与获技能、增才干而做事之关系。在此，"为己"乃是本质性的、为提升自己的道德修为和人生境界之学，"为人"则是通过学习而获得社会功能性的技巧、能力和才干，成事功之学。孔子的这一思想与其关于君子若无"本"，何以"立"的主张内在一致的。由此可见，孔子之论，是以君子固本而立于世为尺度，来审视和比较古今之教育，指明其"德"与"才"之修所应具有的逻辑顺序和重点。

第六，孔子所说"古之学者为己，今之学者为人"，首先陈述了一个古今所学之"重"不同这一"事实"。然而，正是孔子所陈述的这一事实，蕴含着孔子的价值取向与价值判断。孔子并非不主张学以"为人"，但是在孔子看来唯有以"为己"为本，方可达于"为人"之效。如此，以古之学者为范本，指出今之学者所学乃"本末倒置"，致使"舍本逐末"，于此，孔子指出了今之学者之问题所在，并对今之所学提出了批评。

第七，其实，"为己"和"为人"之学，与孔子所强调的"内圣"与"外王"之关系内在相切。"为己"乃是修德善其身而"内圣"，唯有如此才可能使"为人"之学发挥真正的效能，从而成就其"外王"。若无"内圣"，"外王"则无"根基"可言，"为人"之学即会蜕变为"奇技淫巧"或满足私欲、获取私利之工具。

第八，孔子关于古今学者所"为己"和"为人"之判断，于当代之教育同样具有指导价值和积极的意义。社会虽变，但是在"为己"之德修和"为人"之技能之关系上，同样面临着这一对古老的"矛盾"。恰如孔子所言，若无"为己"之学的统领与引导，那么，"为人"之学，只会成为一个人博取功名利禄、获取私利、满足私欲之手段。当然，反过来，若无"为人"之学，那么"为己"之学也只能造就出空乏的道德家。问题的根本在于，如何将"为己"之学融入于"为人"之学之中，而不是外置于"为人"之学，如此，才能真正做到"为己"与"为人"的内在统一。

总之，孔子以比较古、今学者之所学的重点之别，即以"为己"和"为人"为切入点，以古之"为己之学"为典范，指出当今"为人之学"无根、无本之症结，进而对之予以批评。如此，孔子通过比较古今之差异，突出了教育中"道"与"术""德"与"才"之根本性的矛盾。其所倚重的差异，直接导致"人"之价值取向的不同，从而影响甚至决定着社会的存在与发展状况。

孔子如此重视"人才"之"德"与"能"之关系，与其以德治国，普施"仁政"的内在需要直接相切。当然，孔子所遭遇的这一对矛盾，从古延续至今，如何解之，亦是当代教育必须直面而正确处理之重大问题。

25. 伯玉寡过，夫子妙赞

宪问 14.25

【原文】蘧伯玉使人于孔子。

孔子与之坐而问焉。

曰："夫子何为？"

对曰："夫子欲寡其过而未能也。"

使者出，子曰："使乎！使乎！"

【译文】蘧伯玉派使者去拜访孔子。

孔子让使者坐下，然后问道："先生最近在做什么？"

使者对答说："先生想要减少自己的错误，但未能做到。"

使者走了以后，孔子说："好一位使者啊，好一位使者啊！"

按朱熹释："孔子居卫，尝主于其家。既而反鲁，故伯玉使人来也。"本节具体记述了蘧伯玉之使，面孔子之问而做出的精彩应答。孔子目睹、感受到此使者不卑不亢、反应敏捷、忠诚正直又谦逊有礼之言谈；不仅不辱使命，而且彰主使者之德性与风采，是使者之典范。

使者，持为人之学，行言语之事。孔子赞蘧伯玉之使，德蕴于言行中，故孔子重言"使乎！"而赞美之，以表对德于事功之中的充分肯定，进而赞誉使者之主。

具体而言：

第一，此节以"使者"与孔子的问答、对话为主体，通过使者之口传递蘧伯玉不断反求诸己，改过修德不止，孔子通过首先赞扬不卑不亢、反应敏捷、忠诚正直且谦逊有礼的使者，进而彰显蘧伯玉在德修之路上，不懈怠、永不自满，不断努力提升自己修养和境界。如此，本节记述孔子直接对使节，间接对蘧伯玉之良好德性的高度赞扬。

第二，蘧伯玉，何许人也？蘧（qú）伯玉，名瑗，春秋时卫国的大臣、有名的贤人，为人十分正派，深得卫灵公的信赖。《左传》襄公十四年即见记载，定公十四年孔子去鲁之后，再适卫，就住在伯玉家中，则伯玉已为百岁之人矣。孔子住其家中，蘧伯玉派人来关怀之，孔子则问及主人之情况。在此背景下，于是就有了孔子与使者的简短问对。

第三，孔子与蘧伯玉之使的对话：孔子问"夫子何为？"使者对曰："夫子欲寡其过而未能也。""子曰：'使乎！使乎！'"构成本节实质性内容。正因为使者对孔子所问之对答，呈使者之典范形象，深得孔子之赞誉。

对此，历代解家对此予以了诠释，亦对之加以褒扬：

（1）何曰："言夫子欲寡其过而未能无过。"陈曰："再言使乎者，善之也。言使得其人。"（《集解》）

（2）皇疏："孔子美使者之为美，故再言使乎者，言伯玉所使为得其人也。颜子尚未能无过，况伯玉乎？而使者曰未能，是得伯玉之心而不见欺也。"（《唐以前古注》）

（3）陈祥道："孔子以蘧伯玉汲汲于人，以善自终。""伯玉欲寡其过也，信矣。曰：'使乎！'善其言之信也。"

（4）朱熹：使者"言其但欲寡过而犹未能，则其省身克己，常若不及之意可见矣。使者之言愈自卑约，而其主之贤益彰，亦可谓深知君子之心，而善于辞令者矣。故夫子再言使乎以重美之。按庄周称'伯玉行年五十而知四十九年之非'。又曰：'伯玉行年六十而六十化。'盖其进德之功，老而不倦。是以践履笃实，光辉宣著。不惟使者知之，而夫子亦信之也。"

（5）蕅益："千古圣贤真学问、真血脉，不亿使者一言点出，真奇！真奇！"

（6）戴望："孔子称伯玉之行，外宽内直，正己而不正人，汲汲于仁，故寡过如未能。"孔子"再言使乎者，美使得其人也。《春秋》于使不得其人，则讥之，若'公子遂如齐，至黄乃复。'"

（7）钱穆："言但欲寡过而犹未能也。不曰'欲无过'，而曰'欲寡过'，又曰'未能焉'。使者言愈卑，而其主之贤益彰，故孔子重言叹美之，曰：'使乎！使乎！'"

第四，在使者与孔子的对话中，最能表征高龄蘧伯玉之德修不止的是使者回应孔子之问，即"夫子欲寡其过而未能也。"此言充分表明蘧伯玉在修己、躬行方面狠下功夫，此乃"学者为己""为仁在己"之境界。正因为如此，蘧伯玉也是少有得到孔子称许的在世人物。后世得庄周赞"伯玉行年五十而知四十九年之非"，可见，蘧伯玉实乃善修己。

第五，本节对话，从使者回答孔子之问题来看，充分展现使者之"善答"。如此，孔子通过赞美使者，从而赞美了蘧伯玉之德修不止的精神，正如前解者所言："孔子美使者之为美"，只是一个表层，而使者之后的主人，通过使者之言，值得可信，更值得褒赞。

孔子通过对蘧伯玉之使，进而对蘧伯玉的赞美，更为深刻地昭示：一个人，无论其年龄，德修始终是其不可终止的永恒课题，这就要求弟子们，不能自满，必须活到老德修到老。修德或德修，本质上就是不断自省、反躬自身之过，不断以"仁德"之标准检讨自己，不断向"成人"迈进。如此，不断省过、改过，并"寡其过"，此乃德修不止、追求仁德不止之切实行为。

　　总之，孔子称赞使者以谦恭之态对蘧伯玉的描述，并借此进一步赞赏蘧伯玉能始终坚持内省自求的高尚品质，映衬出蘧伯玉德修不止。孔子以此规劝弟子与世人，"君子"之修为当善于不断发现与总结自身不足，正视己之缺点，并及时调整心性，改正和弥补过失。"寡过"亦即改进德行，减少过错，表唯有具备君子品性之人，才能将"进德"作为纵贯生命始终的使命，并能将此高尚的德操辐射于周遭，让身边人深受影响，这也正是其"使者"能谦恭之原因。

26. 在位谋政，思不出位

宪问 14.26

【原文】子曰："不在其位，不谋其政。"

曾子曰："君子思不出其位。"

【译文】孔子说："不在那个职位，就不要考虑那个职位上的事情。"

曾子说："君子思虑问题，不要超出自己的职位范围"

针对当世从政者不安守己位之僭越猖行，孔子作出"不在其位，不谋其政"之劝诫，曾子发扬孔子的思想，更为具体地强调君子从政当不越其职，"不求分外"，"诚人各专己职，不得滥谋图他人之政也。君子思虑当己分内，不得出己之外而思他人事；思于分外徒劳不得。"（皇疏）由此，突出为政之规范性，以此警醒和劝诫当世越位之权贵，当自省而明己之位，进而从思想观念上收敛霸朝纲、越位专权之贪欲。

按陈祥道之释："事君处其位而不履其事，则乱。不在其位而谋其政，则冒。乱者，非所谓知务也。冒者，非所谓知分也。"如此，孔子、曾子之论，当属警诫、开示从政者，"从政当各专己职，越职出位而思，徒劳无补，并滋生纷乱。"（钱穆）

孔子、曾子之论，教导从政之君子，当明己之位，做好自己的分内之事，克己之权欲而少对上位之事，指手画脚、强加干涉，抑或取而代之、越俎代庖。如此，孔子、曾子的劝诫，无疑以批判当世僭位越权者为指向，彰显其鲜明的规范与疏导之功。

简言之，孔子与曾子提出的命题，可谓是止乱之论。

具体而言：

第一，本节孔子之语在《论语·泰伯》中已出现，在此处，曾子将其义更为明确地加以阐释。孔子之所以言，曾子之所以进而言，正是因为当世诸侯僭越礼法，大夫专权之事频频发生，如前面所言齐国陈恒妄为弑君、鲁国三桓霸朝政等，可谓不胜枚举。

孔子与曾子之言，正是针对此等以下犯上、违礼越位而专权之严重状况而发。孔子和曾子通过"正名"，对"不在其位"而"谋其政"等诸种越位、越权之行为，予以道德训诫，试图让当世之从政者从思想观念上自觉己之位，明白己之职，从而从根上止政之乱，恢复为政之正常秩序，真正达到"君君、臣臣""政通人和"之善状，彰礼制之功。如此，孔子、曾子之论，强调"物各止其所，而天下之理得矣。故君子所思不出其位，而君臣、上下、大小，皆得其职也。"（朱熹引范氏）此为孔子和曾子所言之初衷。

第二，孔子之语，以"不……不"之句式，从否定的方面证成了"位"与"政"或"谋政"之间必须相匹配，对于不在"位"而去"谋其政"之越权行为的合法性和正当性予以否定。如此，孔子强调"谋其政"之根据则必须是"在其位"，否则，其对"政"之"谋"，从其主观动机来看，则是有窥视、窥探、私谋、干预和替代其权力之意。如此，"谋其政"必须要与"其位"相对应、相匹配、相符合。"不在其位，不谋其政"，实际所指就是"不谋不在其位之政"，以此警示从政者当不涉入、不琢磨、不谋划与自身身份和位次不符的"政事"。

孔子之所指、之要义，其弟子曾子一语道破："君子思不出其位。"曾子之语从正面表达出孔子之语的真谛，强调从政者之"思"，当"不出其位"，即因"位"而"思"，这就要求从政者安守于本分，切不可僭越或越位去"思"不该、不当思之"政事"，这是对"思"之指向和范围限定在自己的"位"所确定的"权限"、职责之内。直言之，在君臣关系中居下位者，不乱礼、不篡权、不越位、不干政。

第三，孔子和曾子之语，其初衷是直接针对当时僭越、专权之现实状况，从"正名"的高度，既对"不在其位"而"谋其政"之乱礼法之行为予以否定和批判，同时也是对其弟子们和一切入仕为官、从政者的要求和忠告。它要求和训导一切为官者各负其责，各司其职，脚踏实地，做好本职分内的事情，切不可"出其位"去谋不该谋之"政"，以身遵循礼法，切勿越位，从而从"位"与"思"之规范性和一致性上强调"正位"。

总之，"不在其位，不谋其政"，在《论语·泰伯》一章中孔子已有论及，其意在于对僭越职位的"违礼"之举予以批判。此节增加曾子之语："君子之思不出其位"，则侧重于从思想上要求从政者对"权政礼制"的遵循。"思"乃"谋"之源，"思想"指导"行为"，只有牢固树立"不出其位"的意识与观念，始终以"其位"规范"其思"，方可止"不在其位"而"谋其政"之乱象，从而绝既不符合自己的身份，又"违礼"之行为。

曾子强调"思不出其位"，力图将"礼法"植于从政者之"心"，从根本上绝除越位乱礼之发生。如此，孔子、曾子之言，乃是止乱之于心，故其论于乱臣贼子，可谓是"诛心之法"。

27. 言过其行，君子之耻

宪问 14.27

【原文】子曰："君子耻其言而过其行。"

【译文】孔子说："君子当耻于言过其行。"

孔子之论，勉人言行相副。君子当言行相顾，若言过其行，谓有言而行不副，为君子所耻也。如此，君子当顾言慎行，若空出言而不能行，是言过其行也，君子耻之。

君子之于天下，与其言不足而行有余，孰若行有余而言不足，故不耻行过言而常耻言过行。孔子之论，重点在于警示当世为政之君子，当轻"空谈"、轻允诺，重"实干"、重践行。当然其论亦涵括则是一切有德行之人，"言不高于行"，当真正做到"言行相应"。

孔子之论，以"耻"而定位"言过其行"，于此，表"言过其行，即是妄语"（江谦）。对此，卓吾云："'耻'字，何等精神；'过'字，何等力量。"

孔子此论，试图以唤醒人之"耻"而止"言过其行"之弊。

具体而言：

第一，本节孔子继续讨论君子"言""行"之关系。在《论语》中孔子对君子之"言""行"关系的多层面讨论，形成了孔子独特的君子言行观，或君子道德言行观，从而在君子"言""行"关系上再现孔子的道德原则。

第二，在此处，深入解读孔子的讨论，有三要点须把握：

（1）君子之"言"是否恰当、适度，是否得体有分寸，须根据"其行"来予以评定。如此，"其行"规定了其"言"之合法限度，其限度是不能"过"于"行"，"行"成为"言"是否"过"之最终检验尺度。不能付诸于、落实于"行"之言，都是"言过其行"，本质上即是"虚言""妄言"，意味着与"诚"相悖。对此，无论是为政者之施政主张，亦或个体交往中对人之承诺，都具有虚假性和欺骗性。

（2）孔子强调，若"言"超过能"行"之限度，导致"其言过其行"，本身就是一件令人感到羞耻之事。

（3）君子耻于"言"过"行"，从而从言行之关系视角，确立君子之荣耻意识，以此促君子以己之"行"而反察、反省己之"言"，切忌"言过其行"，从而将"诚"植入君子之德。

总括来看，君子必须对己之言、行具有自觉的道德意识，对己之"言过其行"，应具有自觉的道德羞耻感，尤其是对说大话做小事，或者说空话不做事的行为感到羞耻。

第三，君子当"讷于言，而敏于行"。此处孔子所言"君子耻其言而过其行"，主要是对言之凿凿，随意夸口吹嘘，却又不能付诸于、落实于行动，徒有华丽的言辞或美丽的话语承诺予以批判，同时也警示君子"言"不能过其"行"，即必须根据自己的行动能力来表达、来承诺。这就要求君子，做到慎言笃行，有十分把握说七分话，以切切真实的行动来兑现自己言语的承诺。如此，孔子此论乃是对"其言之不怍，则为之也难"的深入推进，以此直抵言者之德。

第四，"言""行"关系，本身复杂多样，并非单一；二者关系的动态展开，从时间系列来看，有"言"先"行"后、有"行"先后"言"、有"言""行"同时（即言即行）；从二者之关系状态来看，有"言"而不"行"，也有"行"而不"言"，有"言"亦有"行"；从其效果来看，有"言"不及"行"、"行"不及"言""言"过"其行"，亦有"言""行"相符。在此，孔子独论"言过其行"，正是基于夸夸其谈只满足于言辞的承诺而无以兑现的积弊所带来的社会弊病。

第五，孔子一贯主张君子言行一致，并认为"言"与"行"相副，此乃君子之美德；那种只说不做，或说得多、做得少，实为君子之不"耻"。这是孔子所主张、倡导的君子之做人、做事原则。孔子以此教育弟子们，在人生仕途中，必须要对自己的"言""行"具有责任感和道德意识，不耻于"言过其行"，恪守慎言笃行的原则，力求做一个言行一致之真君子。

总之，孔子侧重于强调君子当确立"言过其行"的羞耻意识，并且不耻于"言过其行"，以此力戒夸夸其谈，口若悬河，滔滔不绝，说尽大话、套话、虚话，但到头来，一件实事未做之不耻行为。一言以蔽之，孔子确立"言过其行"为"耻"的道德标尺，鼓舞君子以"行"胜"言"，以"实干"替代"吹嘘"，真正做一个慎言笃行之君子。

孔子说"君子耻其言而过其行"，警示当世为政者，当知空谈误国，实干兴邦，更要立为政之信，做到千金易得，一诺难求。如此，孔子此论，实为激活为政者之"耻"心，止无耻之政，行有耻之政，此为天下德政之希望。

28. 君子修德，止于至善

宪问 14.28

【原文】子曰："君子道者三，我无能焉：仁者不忧，知者不惑，勇者不惧。"子贡曰："夫子自道也。"

【译文】孔子说："君子之道有三达德，我都未能做到：仁者不忧愁，知者不迷惑，勇者不畏惧。"

子贡说："这正是先生自行之道也。"

孔子提出"君子之道"三标准："仁者不忧，知者不惑，勇者不惧"，并以此反鉴己德，断言"我无能焉"，自谦己未达君子之德。子贡认为孔子完全具备或符合内蕴着"仁""知"和"勇"之达德，是自觉践行"君子之道"的典范，故言此乃"夫子自道也"。恰如戴望所释："子贡谓君子之道，皆夫子身备有之道，特自谦无能尔。"

简言之，孔子再言君子之道，或君子之达德，并自检、自谦而自责己未能达，此乃孔子之自我评价，表孔子以止于至善之心而不断反求诸己，严于律己，以身示范、昭示着德修之无止。子贡对夫子的赞美，则属他人或社会评价，如此表明，君子修德在自我勘定与他人认定的张力中。孔子于此彰自谦、自醒，再现自觉戒满之美德。

于此，"仁者、知者、勇者，三个'者'字，正与道者'者'字相应，所谓一心三德，不是三件也。夫子自省，真是未能；子贡看来，直是自道。"（蕅益）

具体而言：

第一，孔子与弟子子贡围绕着君子修德而展开的对话。孔子首先确立君子修德之道，进而以君子修养之"三德"为标准而检视、总结、反思和评价自己在修德上之不足。弟子子贡则认为孔子一直按照"三德"标准严格要求自己，已经做得非常好，值得称颂，孔子所言，即是"夫子自道也。"如此，孔子对修德之事"自我评价"中的否定性和子贡评价中的肯定性构成的"矛盾"，一方面彰显了孔子自谦与谨慎之态度，另一方面表征了孔子深刻的道德自觉，而更为重要的是孔子表达了依"三德"之标准，自觉在德修上依然还有其追求和努力的空间。如此，孔子以自身为范，不仅表达不断提升自己的德性修养，不断追求德进之本身，即是君子的德性所在，而且强调和突出人生德修无止境的内在要求。

第二，在《论语·子罕》中，孔子已对君子"三德"，即"知者不惑，仁者不忧，勇者不惧"予以了强调和阐释。本节之关键和重点，并不只是将"三德"作为人生德修的目标和检视德修状况的标尺而再次提出来，而是孔子依此对己之德修进行反思与自查，进而自我评价"我无能焉"。

对此，有人释曰：此章论君子之道。"子曰：君子道者三，我无能焉"者，言君子之道有三，我皆不能也。"仁者不忧，知者不惑，勇者不惧"者，此其三也。仁者乐天知命，内省不疚，故不忧也。知者明于事，故不惑。勇者折冲御侮，故不惧。夫子言我皆不能此三者。《皇疏》有云："言君子所行之道有三，夫子自谦，我不能行其一也。一乐天知命，内省不疚，是无忧。二智者以昭了为用，是无疑惑。三既有才力，是以捍难卫侮，是无惧敌也。孔子曰无，而实有也，故子贡曰：'孔子自道说也。'"江熙曰："圣人体是极于冲虚，是以忘其神武，遗其灵智，遂与众人齐其能否，故曰我无能焉。子贡识其天真，故曰夫子自道也。"朱熹释曰：孔子"自责以勉人也……道，言也。自道，犹云谦辞。"王夫之在《四书训义》中写道："道者三，非君子之道三也，仁智勇是德不是道。此'道'字解作由也，由之以成德也。自道也，只是自言如此意。"以上这些解注，应该说较为清晰地揭示出了本节对话的真义。

第三，从孔子之语可洞见，孔子在德修方面的几个特点：

（1）具有很强的道德自觉意识。孔子不仅始终具有道德责任感和使命感，也不仅仅"见贤思齐"，而且能在德性修为过程中不断反思、总结，强化和提升自身的道德觉悟。此等道德内化达自觉之程度，唯孔子是也。

（2）对自身的道德修养之要求、标准甚高。孔子始终以"仁者""智者"和"勇者"三重德性为目标，并以之为尺度不断比照自己，不断检测和修正自己，不断发现自己的不足，进而不倦地努力和追求。

（3）孔子言"我无能焉"，表孔子自谦、从不自满而止步，而是践行德修不止，如此可显孔子德修之境界。

（4）以身示范。严格按照"三德"规范自身之言行，如此之道德自律，本身就是一个道德标范，切实地教育、感召弟子和世人，这就是孔子在德修上能做到"言行一致"。正因为如此，才有弟子子贡之言："夫子自道也。"

第四，孔子提出君子德修之"三德"，指出君子当从此三者着力用功，而后可以提升自己，此乃修己进德之正途。在此，孔子表明"三德"乃是君子德修的三重境界。

第五，孔子始终以君子修德之道来要求自己、比照自己的言行，以"我无能焉"警醒自己，不仅直呈了孔子之谦虚谨慎品德，而且突出了孔子以身表征出德修无止境的基本原则。如此，不仅开示后学诸君在德修上须戒自满，而且感召着诸弟子需潜心努力，反躬诸己，不断追求而达到"三德"之境界。

第六，孔子在《论语·子罕》中，提出"知者不惑，仁者不忧，勇者不惧"，在此则言"仁者不忧，知者不惑，勇者不惧"，细察可见，孔子置"仁者"和"知者"之秩序不同。对此，朱熹引尹氏曰："成德以仁为先，进学以知为先。故夫子之言，其序有不同者以此。"

总之，本节主要表征了孔子在德修之途上，以君子之"三德"为高标尺和目标，严于律己，体现孔子之可贵的自省意识、自检品质、自我否定与自我超越之勇气，以及恭谦而不自满之态度，由此彰显孔子在自我完善之德修上始终坚持不懈，永无止境地追求之可贵精神。

29. 强己修德，除方人弊

宪问 14.29

【原文】子贡方人。

子曰："赐也贤乎哉？夫我则不暇。"

【译文】子贡爱对人评头论足，戳别人的短处。

孔子说："赐啊，你真的就那么贤良吗？我可没有闲工夫去评论别人。"

"君子以道正我，不暇正人。"（戴望）故孔子言"赐也贤乎哉？夫我则不暇。"以此批评子贡"方人"之毛病，警示子贡当用心正己，莫要将心思用于"方人"。如此，孔子告诫子贡及众弟子，加强修养，须从自身做起，不要先心驰于外，妄议他人。

按陈祥道之释："不器于人者，然后能器人。器于人者，不可以器人。子贡器于人而已，其方人也，不亦过乎。"针对子贡"方人"之短德，孔子以"赐也贤乎哉？夫我则不暇"巧妙地批评子贡之过，促子贡自省、自觉己之不足而改过，用心于己德之修养，提升己之境界。

具体而言：

第一，本节主要陈述孔子针对子贡"方人"之毛病，委婉地提出批评，在此基础上，孔子着力教育子贡应该将己之心思专注于自身的治学与道德之修养上来，懂得并善于自省，从切己做起，切勿心驰于外，过分地将精力用于去议论他人之短长、甚至毁谤别人之事上。这是孔子以身作则、因材施教，巧妙批评与指导学生的典型案例。如此，孔子强调治学与德修都需用心诚焉，用心专一，"正人"须先"正己"。

第二，（端木）赐，即子贡，在《论语》中谈及最多的一个人，在孔子的众弟子中，仅次于颜回的贤能弟子，真可谓才华出众，名列孔门十哲。其特长是言语出众。不可否认，子贡学绩优异、文化修养丰厚，在政治、外交等方面才能卓越，在理财经商方面，在孔门弟子中更是无人能及，此人真可谓才华横溢、能言善辩，有济世之才，办事干练通达；他与子路两人，一文一武，可谓孔子的左膀右臂。同时，子贡对其师尤为孝敬，据说孔子晚年的生活所需的一切费用，基本上都是子贡担负，更让人感动的是孔子死后，他不仅与同窗一起为孔子服丧三年，还独守孔墓三年，其师生之情胜于父子。

但是，如此优秀的子贡，却有一个比较明显的"毛病"，恰如本节开篇直道："子贡方人"，即子贡好论人之短长、议他人之阴，常爱抓住他人之不足或"小过"不放，并对之评头论足，指指点点，让人尴尬下不了台，还不时借此诽谤他人。本节孔子之语，也正是因之而发，对子贡提出了批评与训导。

第三，针对"子贡方人"之过。孔子道"赐也贤乎哉？"。孔子之言可谓直接点出了要害，以促子贡自我反省、自我检讨己之"过"，充分意识到己亦有不贤，同时突出做人应存宽厚之心，行宽恕之德。

（1）无疑，子贡喜欢与人攀比，攀比的方式就是通过贬损、谈人之不足，从而抬高和突出自己之优长。孔子一语"赐也贤乎哉？"，警示子贡当反省、反查一下自己是否就完美无缺，己所"方"人之缺点、过错或短处，在己身上是否也一样存在，难道自己就没有同样的问题？如此，孔子要求子贡应该首先具有清醒的自我认知，自我评断；自己本不完善，何来要求他人之完善？这就取消了子贡"方人"之正当性与合理性，警示子贡当力戒方人之弊。

（2）世间本无完人，孔子告诫子贡无须揪住他人之"缺点"或"不足"而加以"方"。子贡"方人"之毛病，不仅表其缺乏自省，而且表其更缺乏宽恕之德使然。如此，孔子教育子贡需加强自己的修养，要容人之不足与小过，而不是对之"斤斤计较"，吹毛求疵、不知疲倦、不厌其烦加以议论；如此，训导子贡当识人之长，见贤思齐，见人之过，戒己之短，这才是真正的"贤"。

（3）子贡所存的问题，恰好是缺乏反省、检讨而自明己之不足。如此，子贡"方人"，本身就存在一个原"悖论"。孔子警示子贡应将心思和精力用于首先发现自己的不足，而不能、也不要只看到他人之不足。在此，孔子再次告诫子贡，"君子"德修进起之前提乃要"反躬自省"。

（4）孔子批评子贡自身还不够"贤"，然却总是去"方人"，也就是说子贡无视或忽略自身的是否真正达"贤"之前提下，却又偏好去"方人"。"方人"，本质上是己之德薄。如此，"方人"，实属己之不够宽厚、宽容，表己之浅薄。这是子贡双重之不足，此乃宽于己，严于人。

第四，在提醒子贡应自忖是否"贤"之后，孔子以"夫我则不暇"之语点化子贡。在此，所谓"不暇"，即是应当措意于修己，不应将精力放在臧否他人。直言之，没有闲心和多余的精力去"方人"。对此，蕅益释曰："'不暇'二字，顶门针也。若能思齐内省，则虽妍媸立辨，不名为方人矣。"江谦补注："可知圣人无时不是修己。"如此，孔子以己"不暇"而警示或告诫子贡在治学和修德上必须做到持己守德，即要心无旁骛，潜心静一，专心修己，切勿费心去论人之短长，即不要将心思和注意力用于去论人之缺点和不足上，这才是君子达"贤"之良途正道。

子贡，聪慧、个性外显，又因其能言善辩，喜好发表自己对人、对事的看法。如此，"方人"乃是他个性所存在的缺陷使然。这与孔子对君子之一贯所强调和要求的"敏于行而慎于言"、言行得宜相左。如此，孔子自叹"不暇"，实则暗指子贡当将自己的心思用于治学和修德，不能有所偏离而用于"方人"。

第五，子贡偏于"方人"，孔子不能无视，发现了就必须指出，且提醒他改之。作为圣人之孔子，即使是批评弟子之过，亦非常讲究方式，其语气委婉而不生硬，且非直接指向子贡，而是以"我"为言说的对象，即孔子"自贬以深抑之"（朱熹）"圣人责人，辞不迫切而意已独至如此。"（朱熹引谢氏）这样，孔子以言己而启发弟子反省，从而意识到自己的问题所在。此等教育之良法，不仅再现孔子之仁，而且彰显了孔子诲人之智。

总之，本节主要是孔子针对子贡"方人"之缺点或毛病，指出其缺点或毛病之症结在于缺少自修、内省，待人不宽，无"恕"德，且未能将精力和心思专用于自身的治学和德修上。如此，孔子对之加以含蓄而委婉的批评，希望子贡能百尺竿头更进一步，改"方人"之不足，以"仁者""智者"和"勇者"之标准，潜心治学与修德。

孔子对子贡的点拨之主旨和精要，可以用一句话总括：不方他人过，内观自心衍。

30. 不患不知，患己不能

宪问 14.30

【原文】子曰："不患人之不己知，患其不能也。"

【译文】孔子说："不必忧虑别人不知己，只应担心自己没有本事。"

孔子否定子贡以抑人而张己之浅薄，强调君子当聚力潜心于己之德才的锻造，从而以己之超拔卓越之才德，为人所知，无须徒患人不己知。如此，孔子给弟子传递以修己为本的自信之理：惟己修成贤德大才，具"智""仁""勇"之品格，方可为人所大用、所倚重。故君子"不患人之不己知"，独"患其不能也"。

"患其不能也"，而"不患人之不己知"，教导弟子们用心用力于如何提升己之德行修养，提高己之能力，增进己之才干，不必用心去担忧、抱怨无人知己、无人重用自己。如此，君子当以努力修己为要，坚信天不负修己之人，只要不倦勤修，使己之德行、能力、才干出类拔萃，施展抱负、才智之机会，就会随之而来，是真英雄必有用武之地。

孔子多次论"不患……"而"患……"，教导其弟子修己、强己之用心、用情，真切笃厚，由此可见一斑。恰朱熹所释"凡章指同而文不异者，一言而重出也。文小异者，屡言而各出也。此章凡四见，而文皆有异。则圣人于此一事，盖屡言之，其丁宁之意亦可见矣。"

孔子教导弟子之"患"，须从"人"转向"己"，由务外至修内。此箴言，以今人之语表之：做好自己，强大自我，才是立世之道。

具体而言：

第一，此节应是接上一节，孔子在教育子贡潜心治学与修德之后，再次强调应把己之心思和精力放在内修上，不断提高自己治国、治世之能力，提升自我的素质，而不用为自己能力提高了，素质和境界提升了，别人不知晓、不了解、不重用而担忧和犯愁。简言之，孔子教导子贡等弟子，该担心的是自己的能力不够强，修养和境界不够高，孔子要求弟子们将其心智所关注和担忧的焦点，聚于己可以通过努力而得以不断提升的德才上，而非己所不能把控，不能决定的"人之不己知"上。如此，孔子之论突出主体修己之自觉与自为精神。这是君子自持、自守、自信"人不知，而不愠"之精神的再现。

第二，在本节中，孔子首先以"不患……患"的句式，非常明确地划定了己所应患的界域或"事情"，同时也就给己用功指出了明确的方向与重点；在此基础上，孔子以"人之不己知"和"其不能"进一步具体己之"不患"与"患"的具体内容。如此，也就为确定了己之"不为"和"为"。如此，孔子强调己须对人生具有非常清醒的自我意识，对己之追求和努力须达到自觉、自为和自足之境界。这样，超越人"知"与"不知"己，将关注的重点从"人之不己知"，移位于"患其不能"，凸显孔子一直所强调的主体德行与才能建设和提升之自觉、自主与自决。

第三，孔子一直强调君子应该始终以"三德"为指向和目标，反求诸己，加强自身德性和才学之修，这是君子一生不倦追求之事。孔子之箴言，即是突出表达君子不必急于或过分去求外或外求，以人知或不知为标准、为目的来权衡与丈量己之人生德行与能力修为。如此，孔子要求君子、亦包括己回归学识、才干和德性的自我建设，提升己之德行，增强己之能力，涵养己之才学。

第四，孔子在《论语》中，反复论述"人不知"之命题。从《论语》开篇所言："人不知而不愠"（《论语·学而》），到"不患人之不己知，患不知人也"（《论语·学而》），再到"不患无位，患所以立。不患莫己知，求为可知也。"（《论语·里仁》）以及本节"不患人之不己知，患其不能也。"到最后"君子病无能焉，不病人之不己知也。"（《论语·卫灵公》）可以很清楚地看到，孔子一直关注人"知"与"不知"，或"人知"或"知人"的问题，并予以深刻的剖析，以示弟子须明确其取向。

事实上，孔子周游列国布施"仁政"，可以说一生时时刻刻都在追求、追寻知己者，一直渴望着有人真正知他，以使其干才得以发挥，其仁政、德治理想能得以实现。为此，他还允诺："苟有用我者，朞月而已可也，三年有成。"（《论语·子路》）如此，可以看到，孔子一生都是在无人真正知他的情形中度过的，他的一生也处在事功与信念之矛盾旋流中。这样，孔子人生就是在人"知"与"不知"的冲突中展开，其"不患人之不己知"只是一种道德深度自信而已。孔子的人生，就是"患"与"不患"人之"知"或"不知"的原悖论。

第五，如此来看，本节孔子之论，只是强调在人知己之前，要先不断加强内修。权当内修使己之德才达到一定的境界，根本就不用担心和犯愁人不知了，于是，"患其不能"，才是从根本上解除"患人之不己知"的前提。在这里，内涵着先后顺序和时机问题，"患其不能"成为其"患"之关键。对此，蕅益释曰："何有于我哉？我无能焉，是吾忧也。则吾未有之有得，皆患不能之真榜样也。"

总之，孔子强调君子最为重要的是加强己之德修，提升己之境界，锻造己之真才实学，增强己治国理政之才能，根本不必担心、发愁无人识君。如此，孔子要求弟子当返回自身，内省、自修己之德性和才学，使己达至臻完美；而不要急于去展示自我或证成自我，等待时机成熟，必将有其才智发挥的空间，切勿叹息怀才不遇，被消极情绪所控。在此，应该充分肯定的是，孔子所强调君子当"患其不能也"，突出回归自我，内省而强己之价值。这是解"人之不己知"之"患"的必要前提，本质上即是强调修己之道。

31. 贤人之道，仁智待人

宪问 14. 31

【原文】 子曰："不逆诈，不亿不信，抑亦先觉者，是贤乎!"

【译文】 孔子说："不预先怀疑别人欺诈，也不猜测别人不诚实，然而能事先觉察别人的欺诈和不诚实，这就是贤人了。"

孔子所言，表面来看是判断"贤人"之实践原则与标准，本质上则言贤人的"待人之道"。

按陈祥道之释："诈在行，不信在言。逆者，迎而知之。亿者，度而知之"，故"君子之于人，遇之以诚，而不察之以智。照之以天，而不照之以人。此扬子所以言不奸奸，不诈诈也。不奸奸，故不亿不信。不诈诈，故不逆诈，是乃先觉之所以为贤也。若夫任前识之明上，太察之智则刻核之至，忠信有时而见疑，是乃昧者所以为不肖也。"简言之，"不逆诈，不亿不信"，指不预疑他人之欺诈、不臆断他人之不诚实，乃"仁"；"抑亦先觉者"，乃"智"。有"仁"且"智"者，乃"贤"也。

于孔子之论，蕅益释曰："不惟拣世间逆亿，亦复拣去二乘作意神通矣。世人自多诈，则恒逆诈；自多不信，则恒亿不信。圣人哀之，故进以'先觉'二字。若欲先觉，须从不诈不疑、不逆不亿下手，直到至诚地位，自然任运先觉。苟不向心地克己复礼，而作意欲求先觉，便是逆亿了也。故曰'君子可欺'，唯可欺，方为君子耳。"

孔子之论，昭示着在人际交往中，首先做人要厚道，不可对人无根据地怀疑与猜度。其次，面对复杂之情形，不可偏信偏听，还能超前敏锐地对"诈"与"不信"作出准确地预判。能做到如此，则可谓"贤人"。恰如戴望所释曰："不逆億而亦先觉者，是宁得为贤乎? 贤者贵能化。"

孔子言"贤人"，表以仁爱至诚处人，以"智"察人，彰圣贤待人之道。

具体而言：

第一，于上一节，在人与己的"知"与"不知"之关系中，将关注与"患"的重点从"人之不己知"，移位至己之"不能"，凸显孔子一直所强调主体自身建设与提升之主张，从根本上要求强化自我。在本节中，重点在于突出不同主体之间的交往，凸显主体间性，强调于人际交往时所应该坚持的原则：不预设而怀疑别人会欺诈自己，不能动辄臆断他人之不诚实；但若真有欺诈与不诚信之时，能预先觉察其诈伪与不诚信；若能如此，那便是贤达之人了。

第二，从本节的语义来看，孔子从人际交往之视角，确立"贤人"之标准：

首先，孔子强调"不逆诈，不亿不信"。所谓"不逆诈，不亿不信"，朱熹释曰："逆，未至而迎之也。亿，未见而意之也。诈，谓人欺己。不信，谓人疑己。"钱穆释曰："逆，事未至而迎之。人未必以诈待我，我先逆以为其诈，是为逆诈。对我不亿者，事未见而悬揣之。人未必对我不信，我先防其或不信，是为亿不信。"以此表明贤人在人际交往中不凭空无据地去怀疑和猜忌他人，如法律上所说的，不行有罪推定。这是以相信人之善为前提的，这正表明"贤人"存"仁"。贤人心"仁"而自明，自不会对人有所疑。多疑者乃自不明使然。简言之"不逆诈，不亿不信"，表贤人心本"仁"。

　　其次，"抑亦先觉者"。按朱熹之释："言虽不逆不亿，而于人之情伪，自然先觉，乃为贤也。杨氏曰：'君子一于诚而已，然未有诚而不明者。故虽不逆诈、不亿不信，而常先觉也。若夫不逆不亿而卒为小人所罔焉，斯亦不足观也已。'""我不逆测他人之诈与不信，而他人若有诈与不信，我亦能事先觉察，是我之明。疑生于不明。我果明，自不疑。此所以为贤。己不能明，而于人多疑，是先自陷于诈与不信之列。此所以为愚也。或说：不逆不亿，以至诚待人，圣人之道。"在此，孔子突出贤者，须是"先觉者"，具"智"者之品质。表在与人的交往中，心如明镜，能充分体察人的言行之细微，洞见其人之本性，并能对之言行做出准确地预判，而不被人所欺瞒和蒙蔽。这是指贤人须具有知人之明、察人之智。

　　如此，在孔子看来，在与人交往中的"贤人"，乃是能将"仁"与"智"两种宝贵的品质兼具统一的人。

　　第三，孔子之论，从正反两面，从事实及可能性上，强调了"贤人"之"仁"、之"智"，其本质上是突出"贤人"即是一个待人、待己亦"诚"之人。

　　第四，孔子以平生之经验为基础，通过对人际交往中"贤人"之特质和所应秉持之原则的阐述，其目的在于教导弟子们在与人交往时，需要力戒"逆诈"和"不信"，防范"后觉"而被蒙蔽，既彰显出贤者之宽厚、坦诚与真挚之气度，又体现出贤人所应有之睿智，以此彰贤人之胸襟、涵养和生活智慧。

　　总之，孔子向弟子们充分敞开"贤人"与人相处时在德行修养与察言观色两个方面需具备的品质与能力，表"贤人"当以君子磊磊诚心待人，心怀"诚"则不疑别人之"信"，不妄自揣度，不恶意猜忌，懂得尊重，这不仅能使别人感受到真诚，也能使自身获得坦荡，此为相处之道、待人之道的根本。但不主动揣测人，不等于简单地盲信于人，贤人须具有察言观色的能力，对人的心机洞若观火，且能及时察觉与预判，不被欺瞒而陷于被动、抑或遭致欺诈与愚弄，才是内蕴着"仁""智"之"贤"。

32. 夫子受讥，坦言其志

宪问 14. 32

【原文】 微生亩谓孔子曰："丘何为是栖栖者与？无乃为佞乎？"

孔子曰："非敢为佞也，疾固也。"

【译文】 微生亩对孔子说："孔丘，你为什么这样四处奔波游说呢？你不就是要显示自己的口才和花言巧语吗？"

孔子说："我不敢做花言巧语、逞口才之佞人，只是这个天下病得太重了。"

孔子为推"周礼"、施"仁政"、弘仁道而救世，颠沛奔波，忙碌一生，流转诸国，却屡屡碰壁而不得志。但孔子义无反顾，明知不可为而为之，表现出孔子对天下、对国家的高度责任心，以及对其理想执着追求不懈之精神。孔子如此惨淡悲壮之举，却不为世人所理解，微生亩更是质疑、讥讽孔子历游诸邦，遑遑无定，即"何为是栖栖者与"，且认为孔子仅为"佞"。孔子自言"非敢为佞"，仅因"痛世固陋，欲行道以化之。"（戴望）以彰己之切切初心与毕生宏志。

具体而言：

第一，本节着力记述微生亩与孔子之间的一段对话，堪称为儒道间的一次"交锋"。通过这一次思想和精神的交锋，可以清晰地看到作为道家隐士的微生亩根本不解孔子四处奔波，游说诸侯弃霸道恶政、遵王道行仁政之真正目的、价值和意义，只见孔子之"行"，不得孔子之行中所蕴含的深意：孔子为其仁政、德治之理想、抱负和目标，不辞辛劳，百折不挠、执着不悔的精神，以及孔子力图治乱世于太平的仁道情怀与宏阔的生命境界。如此，他将孔子救世之诸国游说，当成东奔西走、忙忙碌碌、惶惶又不可终日；又将孔子对仁政的布施，对为政治国之仁道的传播视为花言巧语、油嘴滑舌之"佞"。微生亩对孔子之断论，应该说是孔子在追求"人知"过程中所遭遇的、令孔子最为难堪的诘问。面对微生亩如此之曲解，且具有几分讥讽、挑战、挑衅性的问题，孔子的回答直显了孔子之修养与志向。

通过对话，孔子向微生亩及世人澄清了其游说之目的就在于追求自己的坚定不移、甚至有几分固执不化的、知其不可为而之的治世理想，以弘仁而达仁天下。

第二，微生亩，何许人也？可以直呼孔子之名，并对孔子如此不客气、甚至有几许尖刻地加以诘问呢？

微生亩，姓微生，名亩，是春秋时鲁国的一名道家隐士。据南怀瑾考察，当时的隐士之特点是，表面上对现实不热心，其实也很热心。因为他们站在旁边，似乎袖手旁观，又似乎在护航。同时，据考，微生亩比孔子年长，可直呼其名。如此，才有"微生亩谓孔子曰：'丘，何为是栖栖者与？无乃为佞乎？'"之语的出场。

第三，微生亩之问，最有价值的即是"何为？"，即诘问孔子"栖栖者与"之目的。这构成了本节、乃至儒道之差异性的焦点问题。通过微生亩之问，将孔子面对乱世，积极之"行"的价值主旨，及其孔子之坚定志向托显出来了。

第四，微生亩此等非同道之辈，不仅不理解、不赞同孔子终生忙忙碌碌，周游列国，虽然一再碰壁，却义无反顾、无怨无悔，反倒被误判是花言巧语、敢逞口才之"佞"人。微生亩之语的确很难听。但是孔子面对如此难听和尖锐的问题，却表现出一代圣人应有的风范和智慧，因此，孔子回答曰："非敢为佞也，疾固也。"如此，问题的性质还是不能含糊，必须得搞清楚，孔子游说诸国，决非"佞"，而是自己的历史担待与使命感敦促其对"仁政"之思予以阐释。最后，孔子自嘲地说，自己之所以如此，的确是自己太坚持自己的理想，以致于达固而不化之程度。因为孔子亦同样"痛世固陋，欲行道以化之。"

孔子的回答可谓意蕴悠长，不仅再次彰显了自己对其"志"的坚定、执着之生命姿态，而且还在幽默、机智中暗含着对微生亩自己"无为"，反倒对"为者"的误解、讥讽之反讥。

孔子认为天下病得太重了，成了积重难返之顽疾，即"疾固"，既如此，孔子欲行仁道，成周礼于天下，到处游说，且被人误解为"佞"。然依然执着不休，有了几分至死不渝之"固"，此为孔子之坚持、坚毅，不畏任何困难，此乃孔子之"勇"；面对任何诘问与挑衅，都予以辨析与回应，显"仁德"之本色、原味，此为孔子之"知"；遭遇无数次失败而不言放弃，知其不可为而为之，仍然不放弃能够实现自己治世的任何机会，真所谓"天下有道，丘不与易；而天下无道，天生德于予"，所以"固"也。其所固，乃在其"不怨天、不尤人，下学而上达"，其目的在于能使为政者弃绝霸道恶政，让天下苍生尽享王道太平，此等情怀，乃孔子之"仁"。如斯孔子之"固"，倒真是"固"得有几分可爱，但更让人钦佩与折服，因为此"固"代表了一种理想、一种精神、一种怜世悯人的伟岸之力，构成了弘道救世之深层价值支架与筋骨，支持与滋养着后人。惟有以己之"固",方可化世之"固陋"而倔强地推进仁道。此为弘道之刚毅不屈,坚韧不拔。

总之,"能仕者,必贵乎能己。能己者,必贵乎能仕。仕而不能己,己而不能仕,守一而不知变者也。固者之所为,君子疾诸。孔子三月无君则皇皇如也,则其栖栖然动静无操持者,非为佞也,疾固以事道而已。孰谓微生亩足以知孔子?"(陈祥道)

通过微生亩与孔子的对话,更加清晰地呈现面当世之"疾固",孔子人生沧浪之行所承载的坚韧之"志",恰如孔子所说:我的毛病还就在这份"坚持"(即"固也")!当然,无论你将孔子之文化形象,归结为迂阔之复古者,还是坚定的理想主义者,亦或是道德浪漫主义者,甚至是乌托邦式的人物,其实都只抓住孔子为了"仁政"目标"屡败屡战"之精神形态的一部分,只窥视其精神大厦之一隅;无论是认可孔子之所为,还是如微生亩之误解而诘难、而讥讽,都不改孔子不辞辛劳,决意改变"疾固"之世的理想及其所行的实践品格内蕴的文化感召力和训导意义。

33. 骥称其德，夫子重品

宪问 14.33

【原文】子曰："骥不称其力，称其德也。"

【译文】孔子说："千里马值得称赞的不是它的气力，而是它的品德。"

按戴望之释："骥，马之才良者也。德者，谓有五御之威仪。""骥"，"力""德"兼具。"力"表其事功，成"骥"之必要条件；"德"表其品质，即在"力"的基础上成"骥"之充分条件。孔子于"骥"，"不称其力"，非否定其"力"，"称其德"，并非空悬其"德"，而是在与"力"的比较中，突出"德"之至要性。如此，表明孔子鲜明的取向："骥虽有力，其称在德。人有才而无德，则亦奚足尚哉?"（朱熹引尹氏）

孔子以"骥"喻人才，表明其必具"才"，但"不称其力"，不唯才；"称其德"，突出"德"重于"才"。由此，表明"才者，德之资也；德者，才之帅也。"（司马光《资治通鉴·南纪一》）

孔子之语，表明德性、"人品"高于"能力"，并以此强调须注重己德之修养，做德才兼备者，切勿成"有才无德"之人。孔子之语，于尚力轻德行霸道之世，无疑巧妙地将批判指向无德之奸佞为政者。

具体而言：

第一，孔子以"骥"喻"人才"，突出孔子衡量人才的标准和原则："称其德"而"不称其力"，表孔子尚德、重德。如此，孔子从"德"与"才"之关系视角，凸显"德"之至上地位。当然，孔子"称其德"，表"德"为人才是否堪"用"之首要条件，"不称其力"，不是不注重"力"，而是不唯"力"。于此，陈祥道强调"君子绝德，小人绝力。故骥所以喻君子，而不如骥者所以喻小人"。杨子曰："齐马以骥。"又曰："睎骥之马，亦骥之乘。"陈祥道认为，"或以譬仲尼，或以譬颜回，以骥有德也。适贱羿罴，尚禹稷。孔子所以美之者以此"。

第二，对于孔子为何要说此言，南怀瑾认为，"这两句话编在这里，等于是答复了微生亩在上一段中诘问孔子的问题。意思是说，一个为人类国家社会的人，不问眼前的效果，只问自己应该做不应该做。"亦有人认为，此处当是针对春秋时代而言，因为当世诸侯之间兼并之战愈演愈烈，任力、任诈、任智者比比皆是，故孔子有此一叹。此叹亦揭露了当世为政者，惟"力"至上的取向，表为政者之"无德"。

第三，"骥"乃"良马"，与劣马相比，它兼具"良"与"马"，即"德"与"力"之兼备。孔子将"骥"之"良"和"力"予以逻辑解构，独赞其"良"，此乃则将"骥"之"良"与"劣"相对起来，突出了"骥"之"德"。

那么，"骥"，作为良马，其"德"之"良"在何处呢？在南怀瑾先生对"马"的解读中，可得"骥"的良"德"之意味。他说："骥是古代的名马、良马、千里马的名称。真正的千里马，并不是说它的力量有多大，而是说它的德性好。中国古代的千里马是了不起的。我们看西方赛马，马跑的时候，一跳一蹦的，骑在上面实在不好受。中国的良马，跑的时候，左右腿交替奔驰，快得像风一样，骑在上面，有如在平稳的水面上行船，一点都没有颠簸的感觉。良马如遇主人坠鞍，它立刻站住，等主人起来，绝不会践踏到主人或拖着主人跑。如果肚带没有系紧，马鞍不完全，就是骑上去了它也不走，用鞭子打它也不走。又如老马识途等等，都是良马的德性。这种良马，要有天才，才能训练得出来。劣马则会打滚，会擦墙，使骑它的人受伤，甚至送命。"（南怀瑾《论语别裁》）

由此来看，"骥"之"德"的根本在于顾主、惜人，可舍己一切而为"主人"，表其"温良""顺""忠""义""诚"和"仁"；劣马之"劣"，其根本则在于其野性难驯，不顾及主人、抑或顽劣伤人、甚至致主人丧命。如此，"骥"之"德"与孔子重"仁"，以及对为人臣者之要求，一句话即是与孔子所倡导和要求的君子人格是一致的，故孔子称赞"骥"之"德"而不"称其力"。

第四，当然，骥，作为"马"之上品，除了善跑之外，还具有吃苦耐劳、坚持不懈、踏实努力等诸多凭"力"而具有的优良品质，但其诸多品质亦可以说是"中性"的，唯有与"骥"之"温良"、之"顺"、之"忠"、之"义"、之"诚"、之"仁"诸"德"相融，方可成为真正的"骥"。如此喻"人"或"君子"同理。

第五，孔子在"骥"的"德""力"之辨中，以"不称其力，称其德"的鲜明态度，表征了孔子"尚德"之思，突出了"德"对"力"之引导与驾驭、激发与凝聚之效，彰显他以德御力、以德生力、以德聚力的一贯主张。以此言"人"，其理同一。以此表明，一个有能力的人，只有具备良好的、高尚的仁德，并以此为引导，方可真正成为建设者和贡献者，而不会成为奸佞之辈。反过来，德又能促力之增长，只有具备好的德，才知道如何运用力、控制力、增长力，而不至于为力所伤，或仅止于先天之力而无后天之修炼、历练与锻造。

第六，还须注意，在孔子就"骥"的"德""力"之辨中，虽然孔子倚重和强调"德"之优先、"德"之主导，但是在"德"与"力"的关系中，不仅仅是"德"引导、规范、驾驭、促生和整合"力"，而且"力"支撑着"德"、彰显着"德"、巩固着"德"，使"德"因"力"而"坚持"、而"实现"。如此，"德""力"于"骥"，就具有两层逻辑关系，首要是德"主"，力"次"，进而则是"德""力"共存互生，成就"骥"。这样，孔子赞誉"骥"之"德"，并非贬斥、忽略其"力"之功用与价值，而是强调以"德"为"主"，"德""力"兼修并具。对此，钱穆说道："骥，善马名，一日能行千里。然所以称骥，非以其力能行远，乃以其德行调良，与人意相和协。人之才德兼有，其所以称必在德。然亦有无才之德，不能行远，终是驽马。性虽调良，不获骥称。"

第七，孔子自喻为"骥"，并以"骥"为目标培养其众弟子。如是孔子之弟子子路有勇力和决断，在孔子的教导下，也成为了"骥"，如此以示世人，孔门之教皆以"骥"为范，将为治乱世出太平而造就"德""力"兼具的无数良"骥"来。此乃孔子教育之目标，亦是"仁政"理想之寄托。

总之，"德者才之主，才者德之奴。有才无德，如家无主而奴用事矣，几何不魍魉猖狂。"（《菜根谭》）孔子借"骥"而言"君子"。以孔子之语，"力""德"相兼才能谓"骥"，"力"是基础，但仅有"力"不足为"骥"，须以"德"相济，方能成"骥"，"力""德"二质相辅相成、相得益彰。"君子"之品如斯。孔子正是以此向弟子言说"君子"如"骥"，是"力"与"德"之统一体。然，具备过人的能力只是成为"君子"的必要条件，其能力必须以"德"为航标，指引其力而践仁，方为德才兼备的真君子。

"力"为基，"德"为重，能力与德行并举，方堪称为如"骥"之"君子"，这便是孔子言"骥不称其力，称其德也"之真谛。

34. 以直报怨，以德报德

宪问 14.34

【原文】或曰："以德报怨，何如？"

子曰："何以报德？以直报怨，以德报德。"

【译文】有人说："用恩德来报答怨恨，怎么样？"

孔子说："如果以德报怨，那么，用什么来报答恩德呢？以德报怨，还不如有怨以直报，有德以德报。"

如何对待"怨"，不仅映射着己之德，亦表呈着社会之德。

孔子面"以德报怨"之说，首先对之提出质疑："何以报德？"以此揭示出"以德报怨"所蕴含的内在悖论：于"怨"之偏，于"德"之不公；其次提出"以直报怨"，突出"中庸"之思，张公正之道；最后提出"以德报德"，彰其德。如此，充分表达孔子于如何对待"怨"之问题上的公正思想和宽容之德。

"复雠者，人之所不能免。先王之所不能禁，特为之法，以制之而已。"（陈祥道）于"怨"，孔子反对"怨怨相报"之"恶"，不认同"以德报怨"之偏，主张"以直报怨，以德报德"之正。因为"以直报怨，则民有所惩。以直报怨，义也。"于"德"，孔子反对"以怨报德"，主张"以德报德"，因为"以怨报德，刑戮之民也。""以德报德，则民有所劝。以德报德，仁也。以德报德者，德也。"（陈祥道）

如此，于"怨"，孔子以"直"而彰"公正"；于"德"，孔子以"德报"而彰仁，从而修正了"以德报怨"之偏，确立正当的"德""怨"观。

具体而言：

第一，老子有道："以德报怨。"《礼》亦有言："以德报怨，宽身之仁也。以怨报德，刑戮之民也。"由此，世间盛行"以德报怨"之说。故有人请问孔子如何看待这一原则，于是便有了"或曰：'以德报怨，何如？'"之问。

面"以德报怨"之说，孔子则以"何以报德？"而反诘，表对此主张之质疑、否定，并借此提出"以直报怨"和"以德报德"的主张。"以德报怨"表对"怨"不计较、不针锋相对，且以"德"回报之，表面上看似乎更为宽容，更彰仁德。但是，如此则于"怨"有偏，于"德"不公，不符合"中道"原则；因为孔子所主张的"仁"之内在原则要求推己及人、爱恨分明、明辨是非，讲究公正原则。如此，孔子反对"以德报怨"形式性的宽容，实则不直之问题，提出"以直报怨，以德报德"之主张而修正之。对此，恰如蕅益释曰："达得怨亲平等，方是直。若见有怨，而强欲以德报之，正是人我是非未化处。怨宜忘，故报之以直，谓不见有怨也。德不可忘，故报之以德，谓知恩报恩也。"亦如《袁氏世范》于"抱怨以直乃公心"条，说此章有韵致而云："圣人言，以直报怨，最是中道，可以通行。大抵以怨抱怨，固不足道，而士大夫欲邀长厚之名者，或因宿仇纵奸邪而不治，皆矫饰不近人情。圣人之所为直者，其人贤，不以仇而废之，其人不肖，不以仇而庇之，是非去取，各当其实。以此抱怨，必不至递相酬复，无已时也。"

第二，关于"怨""德"问题，应该说是一个大问题。本节将怨、德问题置于人际交往的伦理关系域，以公正、仁爱为根本尺度来加以讨论。如此，这一问题绝不仅仅是个人道德修养，而且是涉及社会伦理遵循何种原则的根本问题。如此，是非曲直，于立身行事之中，当如何处理？这不仅是个人的问题，也涉及制度规范，公共的行为原则。

第三，何谓"怨"？何谓"德"？"施行得理为德。反德为怨。"（戴望）"德，谓恩惠也。"（朱熹）此处之"德"非道德、德性或德行，而是与"怨"相对的"恩惠"；而"怨"，也并非指"怨气"，而是指伤害、仇恨；以此观之，主张"以德报怨"，其后果是"天下皆行怨以要德报之，如此则是取怨之道也。"（《皇疏》）如此，若循"以德报怨"的原则，那么，对"怨"无疑是鼓舞、鼓励亦或怂恿、纵容，而相应地让"德"必受屈而得不到"德报"。如此，孔子对"以德报怨"予以质疑而反诘"何以报德？"，应该说是戳到了"以德报怨"内存之悖论，指出其根本症结之所在。

第四，从对于"怨"的立场、态度和处理的方式来看，可以有三种基本方案或模式：即"以怨报怨""以德报怨"和"以直报怨"。

（1）"以怨报怨"。即采取针尖对麦芒，以牙还牙，"以其人之道，还治其人之身"。此等对待仇视、怨怨的方式，实为不可取，因为它必然导致"怨"的绵延和扩展，蕴含着伤害与仇恨之无终结，实为"怨"之恶的循环。常言"怨怨相报何时了"则是对"以怨报怨"之"恶"发出的忧虑。

（2）"以德报怨"，即是指给予伤害你的人报以恩惠、好处，丝毫不计较对此人之仇恨和对你的伤害，简单地说就是不记别人的仇，反而给他恩惠与好处。其目的似乎是为了不计较怨、淡化其仇，最终达到化解"怨"之目的。但是，此种对怨的方式有一个根本的前提，即"怨者"能反思并改正其错，但这往往"事与愿违"，是有德者之"一厢情愿"。如此，"以德报怨"，客观上助长、纵容了"怨"，而使"怨"具有某种合理性。

（3）"以直报怨"，就是以公平正直的态度对待伤害自己的人。此处的"直者"，"不以爱憎诬人以善恶。"（戴望）即是公正、无私，凛然、正气，鄙视、傲然，远去、拒绝等诸多意思。如此"以直报怨"即是让施怨者感到正义的威慑而心生恐惧，或改过自新，或收敛自己的恶行。钱穆释曰："直者直道，公平无私。我虽于彼有私怨，我以公平之直道报之，不因怨而加刻，亦不因怨而反有所加厚，是即直。君子无所往而不以直道行，何为于所怨者特曲加以私厚？"

在此，"以直报怨"超越"以怨报怨"所导致"怨"之恶果无终结，摆脱了"以德报怨"之事与愿违的消极效果，对"怨"予以恰当而正当的处置，不仅遏制了"怨"的蔓延与扩张，而且给制造"怨"者自我悔改之机会，表达儒家真正意义上的"宽容"。

第五，孔子在"报""怨"问题上，既不赞同"以德报怨"，更反对"怨怨相报"，而是坚持他一贯之"中道"原则，主张"以直报怨"，凸显孔子之直德。

如果说"怨怨相报"所贯彻的是激进主义对抗性的价值原则，那么"以德报怨"则走的是消极回避"怨"，未能对"怨"本身予以消解的退让路线。孔子主张"以直报怨"，首先是要正视而不回避、更不能无视"怨"；其次，以"直"来加以解决"怨"，这样，既避免了再次生"怨"，又防范和杜绝"怨"不遭致惩处，反而有助长、纵容"怨"之可能恶果。如此，在"抱怨"问题上遵循和坚持了"中道"原则，这是一条解决"怨"恰当而正确的现实原则，其"仁"、其"德"尽在之中。

第六，在孔门的弟子中，对于如何"报怨"，即如何处理怨、德之关系，亦呈现出三条不同的思路，或三种解决方案。

子路曰："人善我，我亦善之；人不善我，我亦不善之。"

子贡曰："人善我，我亦善之；人不善我，我则引之进退而已耳。"

颜回曰："人善我，我亦善之；人不善我，我亦善之。"

三子所持各异，问于夫子。夫子曰："由之所言，蛮貊之言也；赐之所言，朋友之言也；回之所言，亲属之言也。"（《韩诗外传》卷九）

而孔子所持"以直报怨"，进而"以德报德"之主张，与《礼记》中孔子之言可以为证。在《礼记·表记》中，有三言可表与此处相一致的主张：

（1）子言之："仁者，天下之表也；义者，天下之制也；报者，天下之利也。"

（2）子曰："以德报德，则民有所劝；以怨报怨，则民有所惩。"

（3）子曰："以德报怨，则宽身之仁也；以怨报德，则刑戮之民也。"

如此，诚如朱熹所释："于其所怨者，爱憎取舍，一以至公而无私，所谓直也。于其所德者，则必以德报之，不可忘也。或人之言，可谓厚矣。然以圣人之言观之，则见其出于有意之私，而怨德之报皆不得其平也。必如夫子之言，然后二者之报各得其所。然怨有不雠，而德无不报，则又未尝不厚也。此章之言，明白简约，而其指意曲折反复。如造化之简易易知，而微妙无穷，学者所宜详玩也。"

第七，于"怨"，孔子主张"以直报怨"，得其公正。于"德"，孔子反对"以怨报德"，主张"以德报德"，以此彰"仁"之在世，从而弘仁道。于此，钱穆释曰："人之有德于我，我必以德报之，亦即直道也。然德不论厚薄，'谁言寸草心，报得三春晖'。若计较厚薄以为报，是非以德报德，乃以利偿利。此又小人之至私至薄，非所谓报德。"

总之，孔子对"何以报德？"之反诘，破了"以德报怨"之合理性和可行性，进而持"中道"，提出"以直报怨"，进而强调"以德报德"。如此，在解决"报怨"问题上，孔子超越了"以怨报怨"和"以德报怨"两种模式，强调不以有恶、有怨而改变自己的公平正直，对"怨"必须持以"直"。这就充分凸显了孔子"仁"的理想，彰显了"公正"原则，从而合理地解决人际关系中的"怨""德"问题，促进人际关系之和谐有序。

35. 下学上达，知我其天

宪问 14.35

【原文】子曰："莫我知也夫！"

子贡曰："何为其莫知子也？"

子曰："不怨天，不尤人。下学而上达，知我者其天乎！"

【译文】孔子说："没有人能知我吧！"

子贡说："为何没有人能知先生呢？"

孔子说："我上不怨天，下不尤人。只是下学礼乐而上达天命，了解我的，只有天了吧！"

孔子将"人不知，而不愠"贯彻一生，至此自叹"莫我知也夫！"此非孔子对个人命运悲哀之感叹，而是标志着孔子所崇尚、所追寻的道德理想主义的流产，仁政、王道理想的彻底失落。"不怨天，不尤人"表孔子之高尚情操、情怀与伟大人格；"下学而上达"表孔子"始于穷理，终于知命，始于仁义，终于天道"；"知我者其天乎！"，则表孔子深感"道穷，故叹世主无知我者。"（戴望）

具体而言：

第一，孔子所言："莫我知也夫！"到此，孔子终于为"人不知己"之现实命运予以承认与揭秘了。在此之前，他始终鼓舞自己和教导弟子们莫患"人不知己"之类云云。在本节中，孔子借感叹之机，自述其为学，真可谓既极平实，又极高远。一生"下学而上达"，既学习人情事理、知礼乐，又通晓天道，在形上与形下之间探寻，的确博学仁厚；但是，孔子一生孤独孑然，终不为人所真知。对此：

皇疏："言我不见用，而世人咸言我应怨天责人，而我实无此心也。人不见知而我不责人，天不见用我亦不怨天也。解无知我所以不怨天不尤人之由也。下学，学人事。上达，达天命。我既学人事，人事有否有泰，故不尤人。上达天命，天命有穷有通，故我不怨天也。"

程子亦曰："不怨天，不尤人，在理当如此。"又曰："下学上达，意在言表。"又曰："学者须守下学上达之语，乃学之要。盖凡下学人事，便是上达天理。然习而不察，则亦不能以上达矣。"

朱熹亦释曰："夫子自叹，以发子贡之问也……不得于天而不怨天，不合于人而不尤人，但知下学而自然上达。此但自言其反己自修，循序渐进耳，无以甚异于人而致其知也。然深味其语意，则见其中自有人不及知而天独知之之妙。盖在孔门，惟子贡之智几足以及此，故特语以发之。惜乎其犹有所未达也！"

蕅益释曰："心外无天，故不怨天；心外无人，故不尤人。向上事，须从向下会取，故下学而上达。惟其下学上达，所以不怨不尤。"

由此可见，孔子之真正可贵的是在一生怀才不遇、累累碰壁的境遇下，仍然能报以"不怨天，不尤人"之豁达淡然之心，正如他自叹："知我者其天乎！"这充分彰显了孔子的伟大人格和广博深厚而笃定的情怀。孔子的一生，真是如此饱满，又如此悲叹；如此自明，又如此不甘；如此深明大义，又如此郁郁寡欢、落寞而不得志；生命如此强劲，又如此惨淡悲恸地谢幕，这是饱经悲怆的人生经历中蕴含的坚韧与无奈，进而释然与解放自我的心境。

综观孔子一生之命运，恰是他生存的那个时代给道德理想主义者或道德浪漫主义者之命运所做出的必然判决。故而，孔子成为了一种文化标示、一种文化符号，标志着在春秋霸道盛行之历史状况下，孔子崇尚且一生倾情追求的仁政、王道之彻底破产。

第二，本节一开始，表征孔子对自己的理想与志趣与现实的无数次碰撞之后的深度感怀："莫我知也夫！"表偌大的世界，孔子之"知音"难觅。孔子以己之切实遭遇与悲楚命运，折射时代的悲婉。然这种深层次的对仁政于现世命运的悲感，被弟子子贡误读。真是"圣人与天地合其德，故曰：唯天知已"，非常人所能真知也。弟子子贡自认为深谙老师之学说，知晓老师之人生志趣。但是，子贡所言懂，与孔子所需要的"知"非一事，"此懂"非"彼懂"。孔子要的是当权者对其学说的认同与遵循，进而弃霸道，施行王道和仁政，贯彻德治，如斯，才有孔子后面的进一步伤叹："知我者，其天乎"。如此，孔子深感生不逢时，时世已经彻底弃绝于他，其为救乱世之心，治世太平之志，只有"天"可明鉴。

正如有的论者所指出的那样，孔子是个求大道的人，其一生最大的追求是实现仁道、弘大仁道。但是，求道又不完全依靠人力，还要得"天时"，所以要知天命，等待天命，不可超越，更不可违反天命。所以，当时之世终使孔子一生都没有看到仁道的实现，以此而言，孔子是不幸的，因为他成了一个知其不可为而为之的践道者。

第三，孔子虽然不为人之知，恰如他自云"莫我知"，一生流转列国，不仅不为所用，而且遭人质疑，如微生亩之讥者亦不在少数。但是，因为他下学上达，懂人事礼乐，解天命而知世变，故而"不怨天，不尤人"。这就说明孔子已经彻底自解了不为人知、不被时世待见的谜底。如此，"人"虽"不知"，但"天""知我者"。在此，再次彰显了孔子通达而自信的精神气象。

总之，仁、智兼具之孔子与时代相逢又错位的命运，令人悲乎。孔子笃志弘道救世，然却无力扭转乾坤，满腹经纶、满怀真挚、虔诚与坚韧，却无法改写霸道猖行之现实，以"勇""知"和"仁"教导弟子入仕治国救世，却也只是杯水车薪。争雄斗志之霸道现实，与清朗仁政的期许之间断裂而不可逾越的沟壑，正是孔子之理想前路的写照。如此，孔子个人的命运，其思、其志、其追求，乃至以孔子为代表的儒家治世理想，一并被现实打回原形，无情地宣告，王道、仁政之理想，早已时过境迁。孔子及其弟子为救世所做出的苦心探求，只不过是一群心怀道德理想主义的同道人之间的精神娱乐，那份自远古而来的周朝之精神遗产，已是明日黄花。

但是，尽管"人"不"知"，却有"天知"，这才是孔子"舍我其谁"，绝万人而独往的豪情，以及该种豪迈中所承载的使命感与高贵精神之所在。

36. 道之行废，乃是命也

【原文】公伯寮愬子路于季孙。

子服景伯以告，曰："夫子固有惑志于公伯寮，吾力犹能肆诸市朝。"

子曰："道之将行也与，命也；道之将废也与，命也。公伯寮其如命何！"

【译文】公伯寮向季孙告发子路。

子服景伯把这件事告诉给孔子，并且说："季孙氏已经被公伯寮迷惑了，我的力量能够把公伯寮杀了，把他陈尸于市。"

孔子说："道能够得到推行，是天命决定的；道不能得到推行，也是天命决定的。公伯寮能把天命怎么样呢？"

按戴望释所释："孔子为司寇，使子路帅师堕费，寮盖以子路欲弱强臣，愬于季氏。"子服景伯欲除之，孔子劝阻之，且言："道之将行也与，命也；道之将废也与，命也。公伯寮其如命何！"对此，陈祥道释曰："不知命者，以兴废在人而有所难辨，子服景伯是也。知命者，以兴废在天而无所校，孔子是也。盖道待命而后行命，待道而后立。以道处命，则死生无所恤；以命处道，则废兴无所累。君子之于道命，虽死生，不得与之，况废兴乎哉？"公伯寮暗地挑拨是非，毁谤子路，即是间接攻讦孔子，本质上是反对仁政、王道。

孔子认为"道"之行、废，在"天"不在"人"，即所谓"尽人事，知天命""谋事在人，成事在天"，由此表孔子法天道而行仁道，彰孔子之"道运天命观"。简言之，孔子坚信正义的道德力量主宰、主导着"仁政""王道"的"行""废"，表"仁政""王道"本质上即是顺乎"天道"，故言此乃"命也"。

具体而言：

第一，本节陈述（1）寮愬子路于季孙；（2）夫子固有惑志于公伯寮；（3）子服景伯以告，欲肆诸市朝；（4）孔子否定"道"之"行""废"，非由公伯寮此类蝼蚁小人可以左右的，而是有其非人事的力量，即"天命"来定夺和主宰的。

孔子之论关涉到道与命的关系、人事与天命、人与道、人与天命之间的关系；在此，表"王道""仁政"乃法"天道"，彰显孔子坚信道义的力量，坚信历史与社会变迁由其内在的道德力量所决定。这不仅表征一代宗师之思想、意志的坚定，而且体现出他博大的胸怀和高远的见识。

第二，公伯寮，何许人也？公伯寮愬子路于季孙，是"何事"？此事意味着什么呢？此为本节中所陈述的第一件"事"。

公伯氏，名寮（僚），字子周。春秋末年鲁国人，与子路同做季氏的家臣。此厮在孔子一生中几件大事上起到关键性的作用；

（1）在孔子执行"隳三都"计划过程中，他暗地里将孔子呈现鲁定公的简札私自透漏给季氏，因此孔子得罪于季氏。

（2）孔子在冬祭未得到祭肉的情况下，季氏让公伯寮带给孔子一块玉玦，并让公伯寮告诉孔鲤，此玉玦是定公亲言送此物给孔子。此举使得孔子认为定公寓意诀别，于是，孔子决定离鲁而开始周游列国。公伯寮因此得到季氏赏赐，退出孔子弟子行列。

《史记·仲尼弟子列传》，以及马融注，都把他列为孔子弟子，称"公伯寮，字子周"，而且名列第二十四，是孔子的重要弟子。孔子家语弟子解里没有公伯寮，若干古注及有的学者认为他不是孔子的弟子，或认为他因愬子路，被后人剔除其弟子之名。（李炳南《论语讲要》）

在本节中所陈述的"公伯寮愬子路于季孙"，乃是孔子为鲁国大司寇时，摧毁了季氏、叔孙氏和孟氏三家权臣的都城，以加强卫国君权公室之力，子路是此事的具体执行者。子路顺利地摧毁了季氏、叔孙氏的都城之后，公伯寮在季孙氏面前开始进谗诋毁子路。

从孔子与子路合谋而摧毁三家权臣的都城之事来看，公伯寮诋毁和诽谤子路，实际上是将诋毁和诽谤之矛头指向孔子，本质上是指向对孔子所倡导的仁道、仁政的否定。如此，"公伯寮愬子路于季孙"之"事"之谜底乃是在季氏面前彻底歪曲、诋毁和孔子的"仁道"。正因为如此，才有孔子后面有针对性的话语："道之将行也与，命也；道之将废也与，命也。公伯寮其如命何！"此应是子对"公伯寮愬子路于季孙"之"事"的回应。

第三，但是，子服景伯对"公伯寮愬子路于季孙"之"事"的处理截然有别于孔子，这算是本节中所陈述的"第二件事"和相应的一个应对和解决"方案"。

子服景伯，何许人也？为何在知道了"公伯寮愬子路于季孙"就立马告诉孔子，并愿意替孔子卖命出力，除掉公伯寮，解决"此事"？

从相关的文献中仅知，子服景伯，姬姓，子服氏，名何，字伯，谥号景，即子服何，春秋时期鲁国贵族、大夫。在《论语》中两次提及他。从本节的文辞中，可知他首先对孔门是非常友好、认同和支持的，其次是他自诩有能力处置公伯寮。再次他面对公伯寮背叛老师，诽谤同学，他打抱不平，要帮助老师除掉这个害群之马，由此可见他是一位刚烈有血性的正义之士。

第四，子服景伯说"夫子固有惑志于公伯寮"，此乃本节中所言及的"第三件事"。此事说明公伯寮进子路之谗言，诋毁孔子之事，季孙氏是相信了，这表明公伯寮与季孙氏乃一丘之貉；他们沆瀣一气，对孔子及其仁道，都是拒斥的。如此，季孙氏对孔子仁道的拒斥、甚至反感，才真正让孔子于鲁国施行"仁道"颇艰难性，甚至丧失可能性；因为孔子于子路有厚望，且认为子路是承担君子使命的。孔子认为，若区区一伯寮而能间子路于季氏，季氏之不明甚矣，道终不行；若伯寮不能间子路于季氏，季氏必明，道终将行。如此孔子才感叹是"天命"使然。

第五，面对子服景伯解决"公伯寮愬子路于季孙"之事的"方案"："肆诸市朝"。孔子没有回应此种解决思路，事实上是不认可子服景伯的过激之举。因为子服景伯欲"肆诸市朝"，是属于以黑对黑、以毒攻毒，本质上是"以怨报怨"，不符合孔子所主张的"以直报怨"之原则。由此，不管是公伯寮诋毁子路，还是出卖孔子，孔子均没有埋怨怪罪、更不认同子服景伯试图除掉公伯寮之举；因为孔子坚信"王道""仁政"自有其内蕴的道义力量，根本没有将公伯寮之流放在眼里，又何必要与蝼蚁之小人置气相争呢？如此不仅可见孔子"坦荡荡"之真君子胸怀，而且可显孔子之"志"高大辽远。如是蕅益所释："子服眼中有伯寮，孔子了知伯寮不在子路命外；伯寮自谓愬得子路，孔子了知子路之命差遣伯寮。可见圣贤眼界胸襟。"

第六，公伯寮之流进谗，三家权臣之辈的不认可与拒斥，微生亩之人的讥讽，凡此种种，都是蚍蜉，何以撼动"仁道"？孔子认为其所尊奉的治国平天下之大道，能否行得通，自有天命主宰，恰如此节所言，道之"行"与"废"，乃"命也"，非某人力所能及的。对此，钱穆释曰："人道之不可违者为义，天道之不可争者谓命。命不可知，君子惟当以义安命。凡义所不可，即以为命所不有。故不得于命，犹不失吾义。常人于智力所无可奈何处始谓之命，故必尽智力以争。君子者一准于义，虽力有可争，智有可图，而义所不可，即斯谓之命。孔子之于公伯寮，未尝无景伯可恃。孔子之于卫卿，亦未尝无弥子瑕可缘。然循此以往，终将无以为孔子。"如此可见孔子关注的只是能不能行"道"而已，至于其它的，孔子根本就没有置于心中、放在眼里。

第七，既然"道"之"行""废"在"命"而不在"人"，即所谓"谋事在人，成事在天"；那么，孔子一生则是"听天命"、无怨无悔、全力以赴地去"尽人事"；此处的"天命"，并非某种神秘的力量，而是历史变化与发展的内在规则、规律。孔子坚信道义和天命在本质上应当是统一的，"天命"作为最终的根据，又无限地超越于人事。这样，孔子不是屈服某种神秘的"天命"，而是坚信"仁道"必是历史之未来选择，尽管现世遭遇惨淡。由此可见，孔子绝不是悲观而落寞，而是对"仁道"始终笃信不移。这正是他一生颠沛流离以践道之价值支撑和精神动力之源。

总之，此节最为重要的是表达孔子在最终不为人所知，进而被人进谗、诋毁的境况下，依然具有勃发而强劲的殉道精神，充分展现孔子对"王道""仁政"价值的深刻觉醒，体现了孔子宽厚的仁爱情怀和极其典型的道德崇高感。

37. 贤者四避，作者七人

宪问 14.37

【原文】子曰："贤者辟世，其次辟地，其次辟色，其次辟言。"

子曰："作者七人矣。"

【译文】孔子说："贤人避动荡的社会而隐居，次一等的避到另外一个地方去，再次一点的避开别人难看的脸色，最次一点的回避别人难听的话。"

孔子又说："这样做的已经有七个人了。"

孔子言贤者于乱世之生存原则，一言蔽之："辟"。"辟世"，"天地闭，贤人隐"，表与混浊不堪之乱世斩断联系，以保性命；"辟地"，"不履危地"，表远离战乱之地，免受无妄之灾；"辟色"，"远恶人"；"辟言"，"畏谗言"。此四辟，表生于乱世，做人要识趣，要善于察言观色，远恶人，警谗言毁谤，此乃处世之智慧。

孔子所言贤人"四辟"，乃是其所言"邦无道"，则"愚"、则"可卷而怀之"、则"隐"，"乱邦不入"，以及"邦无道，孙言危行"之集中表达。此为于乱世生存，贤人能审时度势而应对的智慧，此乃贤者的处世之道也。

"辟"，乃消极性地退出、退隐，本质上是"隔离"与"绝断"，是对"共在"的消解，是持道而自守，是对无道之世，无声的抗争。如此，孔子所言"辟"，实乃生存、生活哲学之重要命题。

具体而言：

第一，孔子似乎从来都是积极入世、有为而弘道救世，亦似乎一直倡导以天下为己任。但是在这里为什么又开始讲起出世避世之说呢？结合本章上两节孔子的遭遇与心境，可知孔子一生颠沛流离以求践"王道"、行"仁政"，尽管有明知不可为而为之的勇气和坚持，但终未有人知之，上天总是没有赐予孔子实现自己政治抱负的机会，亦叹息"命也"。面对人生如此逆境，该如何是好？孔子在此给自己，亦给弟子们开出了一字诀的方案："辟"。同时根据贤者之自身不同或各自所遭遇之困境或麻烦，提出贤人之"四辟"：或"辟""世""地""色"或"言"。总之，孔子在此从"质"上确定"辟"，进而确认了"辟"之次第。于此，孔子谈论、阐释其避世隐遁之思。

第二，生活于此世之中的任何人，若欲开出一条路或欲实现自己之志向，经过千辛万苦、尝遍百种方式之后，前方依然决绝无路，即进不可，退是必然；若遭遇的问题和麻烦，直面不行，转身避之则不失为一种识时务之睿智。孔子如斯焉。但是，"辟"本身是一种被动的选择，是没有办法的办法，是一种无奈之举。然而，"辟"又是主动的选择，是自动而自觉地为了维护自己一身洁净的选择，是"人不知"时持道之自守，是"潜龙勿用"之韬光养晦、之自牧、自养。

在本节中，孔子所言则是直面乱"世"，在"世"中不可、不必继续，在"地"不可继续，以及无法直面"色"和"言"之时，那么，无须再停驻于世中，再面向，于是，转身"辟"之，何尝又不是一种智慧抉择？令"王道""仁政"不受玷污与损害，何尝又不能开出另一番风景来呢？于此，孔子所言"辟"，直接所言是对"个体"与世道之矛盾尖锐、不可共存所提出的一种解决方案，由此而言，此为孔子的生存哲学所提供的解决生活本体性、本质性问题的原则与路径；从深层次而言，则是王道不兴、仁政不行，惟有"辟"方可使"王道""仁政"理想不受乱世之蹂躏。

"辟"意为"避"，是指在世中之人，以先前的践行为经验基础，在百般挫折之后，审时度势，主动采取的一种处置方式。如此，抽身而不再置于在世之旋流中，不再成为矛盾之聚焦，不再成为被关注的"对象"、不再成为一个"他者"。从这一意义上来看，"辟"可以是身躯的退隐，亦可是精神的隔绝，亦或身心皆逃逸消遁。如此，"辟"标示着与某种在场状态的断绝或消解某种在场的矛盾状态。

第三，在此节，孔子首先直陈贤者四"辟"，即辟"世""地""色"和"言"，这不仅指出了"辟"之类型，也由此指证出"辟"从难至易之层次与等级。其中：

"辟世"，乃是邦无道，绝望之，或处乱世，世难容。孔子认为如此境况下，"贤者"当全身而退。一个"辟"之，彰显了"贤"之内涵和贤者对人生的自我觉悟与自我了断。"辟世"，即"天下无道而隐。"表在世而出世。

"辟地"，乃是"此地"失望，但对"邦"或"世"尚存希望。如此，"辟地"乃是带着期许，对"地"进行选择，表危邦不入、乱邦不居。以今之语表，就是换一个更利于自己存在与发展，更有利于实现自我抱负与志向的环境。"辟地"，即"去乱国适治邦。"

"辟色"与"辟言"，乃是以能察言观色、能扑捉到"言外之意""弦外之音"为前提，以回避矛盾冲突，远离"恶人""谗言"，实施自我保护为目的的应变方式。此处，施"色"之人、恶言相向之人，乃恶人，恰是非善之流施予交恶的伎俩。如此，贤人以避其锋芒。"辟色"表同居一地而不相见；"辟言"表常相见，而不与之言。

对此"四辟"，有释者以为："圣人磨而不磷，涅而不缁，无可无不可，故不以治乱为隔。若贤者去就顺时，若天地闭塞，则贤人便隐高蹈尘外，枕流漱石，天子不得而臣，诸侯不得而友，此谓避世之士也。'其次避地'，谓中贤也，未能高栖绝世，但择地处，去乱就治，此是避地之士也。'其次避色'，此次中之贤也，不能预择治乱，但临时观君之颜色，颜色恶则去，此谓避色之士也。'其次避言'，此又次避色之贤者，不能观色斯与矣，唯但听君言之是非，闻恶言则去，此谓避言士也。"（《皇疏》）如是朱熹所释曰："天下无道而隐，若伯夷太公是也。去乱国，适治邦。礼貌衰而去。有违言而后去也。"江谦补注："辟世，谓在世而出世；辟地，谓危邦不入，乱邦不居；辟色，谓同居一地，而不相见；辟言，谓常常相见，而不与之言。若圣人则自他不二，无能辟所辟，故曰'吾非斯人之徒与，而谁与。'"

如此，"辟"之四类或四种不同的次第，唯有"辟世"与现世断隔，此乃"出世"隐遁，而"辟地""辟色"和"辟言"皆依然在世之中，依然以求在世之功而存于世。如此，此四"辟"则可以分为"辟世"之"辟"和非"辟世"之"辟"，或从其结果来看，分为"辟""世"之中与"辟""世"之外。程子对之释曰："四者虽以大小次第言之，然非有优劣也，所遇不同耳。"

第四，孔子所言的对象是"贤人"之四"辟"，有的论者就认为，这主要是孔子在教导自己的弟子们，如何"辟"，而不包含孔子自己在内。其理由是，孔子非一般的贤人，而是"圣人"，权当如此。即使孔子非他所举之贤人之列，但是孔子"辟"的思想，并非偶发，似乎在其思想中，早已有潜伏式的萌发，只是欲避世而未能而已。如子谓颜渊曰："用之则行，舍之则藏，惟我与尔有是夫！"（《论语·述而》）和子曰："道不行，乘桴（木筏）浮于海。"（《论语·公冶长》）表孔子欲居九夷。

一般而论，在世之中生活的每一个人，当处于顺境之时，是否"辟世"本身就是一个被取消的问题；只有当人处于逆境而求更好之途和方法之不可行时，"辟"与否才成为一种可能性的选择。孔子言"辟"，乃是对乱世不宜人居之"恶"的控诉

第五，孔子在本节中，还列举了成功"辟"（"世""地""色"和"言"）的七位先贤而证"辟"之必要和正当。有释者认为："伯夷、叔齐、虞仲，避世者；荷蓧、长沮、桀溺，避地者；柳下惠、少连，避色者；荷蒉、楚狂接舆，

避言者也。"（《唐以前古注》邢疏引郑康成）至于他们是否就是伯夷、叔齐、虞仲、夷逸、朱张、柳下惠、少连这七位显达，亦不重要。孔子只是以此为例表明，已有先贤"辟"之，弟子们和他非第一人。人生可以仿效、可以追"贤"。孔子认为关于"辟"，再无须赘述，先贤之为，可鉴其智慧之行。

第六，孔子在《论语》首篇即开出了君子人生三路或三种境界，即"悦"于"学而时，习之"；"乐"于"有朋至远方来"，以及"不愠"于"人不知"。此处，孔子又为"贤者"开出"辟世""辟地""辟色"和"辟言"之生存路径。如此，孔子之思为传统中国的文士开启了"在世"与"出世"之进退阶梯与通道。

总之，"道"终难行，在世无路，世间难容，滞留已无益，田园将芜胡不归，不如归去也。此为"贤人"决绝之退世隐遁。孔子以"辟世""辟地""辟色""辟言"将身处逆境而采取不同应对措施之人进行划分，"辟世"为"贤"，其余渐次。其实，究孔子之意，表处乱世之中，做到既能"存道义"，亦能"保自我"实属不易。在孔子看来，真正的"圣人"，应是不因乱世而弃志的激流勇进之人，"贤人""辟世"归隐亦属无奈之举，孔子语"作者七人矣"是对七贤的惋惜，更是对遭遇不治时代之痛心疾首、之无可奈何！

38. 夫子一生，晨门定评

宪问 14.38

【原文】子路宿于石门。晨门曰："奚自？"

子路曰："自孔氏。"

曰："是知其不可而为之者与？"

【译文】子路夜宿在石门，看门的人问："从哪里来？"

子路说："从孔子那里来。"

看门的人说："是那个明知做不到却还要去做的人吗？"

按钱穆之释：此节所述当是孔子周流在外，使子路归视其家。甫抵城，已薄暮，门闭，遂宿郭门外。晨与而入，门者讶其早，故问从何而来。子路答自孔氏。门者言"是知其不可而为之者"。"晨门一言而圣心一生若揭，封人一言而天心千古不爽，斯其知皆不可及。"对此，蕅益释曰："只此一语，描出孔子之神。盖知可而为者，伊尹、周公之类是也；知不可而不为者，伯夷、柳下惠等是也；知可而不为者，巢、许之类是也；知不可而为之者，孔子是也。若不知可与不可者，不足论矣。"

孔子明知当世大道不行，礼乐难兴，但仍然周流列国，希望推行仁道于天下，门人之语，虽"讥孔子。然不知圣人之视天下，无不可为之时也。"（朱熹）充分表现孔子在困境中执着不屈之精神，亦可以窥视当世之人对孔子的了解、同情、赞叹之情。

具体而言：

第一，本节通过孔门弟子与一位晨门（据说是一位隐士）的对话，进而从守门人之口道出孔子弘道救世之坚韧不拔、笃定践行其志之品格，再现孔子悲怆、饱满的人格魅力和苍劲、隽永的精神气象。

于孔子而言，可谓天下何人不识君，连城郭看门人都知晓，又如何可能避世而隐遁？"知其不可而为之"之不倦、锲而不舍之执着追求精神，虽无人真知，以其治国为政之思，但求还太平一世，又何以可能弃绝于乱世，放己于山林；虽有人讥讽其流转诸国之游说与奔波，又岂能改变其虔诚济世之情怀；虽遭遇诋毁、甚至时有生命危险，但何以能削弱其旷世宏愿不死的生命力？无情的现世，釜底抽薪般地瓦解了他前行之路基，又岂能阻隔他自信而无畏的亲躬践履，以身示范？尽管周流之间，困顿与苦难连连，甚至"屡屡若丧家之犬"，但至暮年甚至又垂诸竹帛，以待来世续篇。这一切的一切都表明，孔子绝无可能撤下治乱世于天平，夷霸道于"王道"，将"仁爱"贯彻于现世的人生夙愿而"辟世"逍遥世外。孔子之为孔子，只会笑谈步履艰难，挺立其志更坚，一直在世间坚守其梦，以"仁"唤世人、以"德"修身齐家，以"太平"度乱世民之苦难。其精神之坚挺、伟岸与浩然，永存于历史文化之长卷，流淌在中国文化的精脉之中。

第二，从此节的文辞和场景，可以非常清楚地看到，此节记述和再现儒家与道家精神的又一次非正式的碰撞与交锋。

那位晨门人（据南怀瑾考，是一道家隐士）问子路之来处时，子路之答后，晨门人之言"是知其不可而为之者与？"带有几分讥讽，但也道出孔子人生之真谛，同时也呈现出儒道两家之精神分野。

孔子下学而上达，对天道的认知与体悟亦颇为深切；但是，面对纷乱现世，孔子与道家之作为截然相悖。道家，知其乱世不可治，故而"无为"；相反，孔子却是"知其不可而为之"。仅以此观之，"儒""道"乃泾渭分明了。"知其不可而为之"可为孔子一生弘道精神之写照，成为其在困境中依然执着不屈、决意不改其志的献身精神之完美诠释；孔子于大道不行，礼乐难兴之境况，仍不辞万苦周游列国，复兴礼乐，砥砺推"仁道"于天下。如此，孔子广播与践履仁道之举，其拳拳之心与悲悯之情怀，同残酷冷漠的现世交织，成一幅孤独老者为生命宏愿而痴念不衰的悲壮画面。贯穿于此悲壮画面中的精神光亮则是孔子之"知其不可而为之"的坚韧、坚定与豪迈。

第三，儒道两家对乱世迥然不同之应对方式，可以概括为做人方式以及个体生命价值取向上的差异。

面对乱世，是"辟世"退隐，还是直面而上；是知其乱世不可治，故而不为，亦或"知其不可而为之"，其关键在于在世之人，是真正在场，还是退场，是积极、主动去变世，还是弃世，这关乎着一个人的生命价值取向，亦关涉着一个人存在的立场和方式。如此，二者的差异也就在于是否有责任与使命、担当与奉献、勇气与情怀，执着与坚守等诸多方面展现出来。在本节中，极具讽刺意味的是，浓缩孔子面对乱世所彰显出来的刚健有为、百折不屈之精神的"知其不可而为之"，却是道者晨门随口道出。

总之，本节从一个侧面记述和再现了孔子人生"知其不可而为之"的执着精神。如此，孔子入世之生命价值实现的方式，使得他的"辟世"思想只能是一种"虚拟"，而从未成为"事实"，因为孔子一直在世，且一直直面乱世而从未退场，即使屡遇困顿，孔子亦从未放弃践行其理想。如此，"辟世"于孔子而言，权当是一种遭遇困境、精神劳顿时，为再次出发所做一次暂时性的精神游弋与休憩。

39. 击磬于卫，怀志不改

宪问 14.39

【原文】子击磬于卫，有荷蒉而过孔氏之门者，曰："有心哉，击磬乎！"既而曰："鄙哉！硁硁乎！莫己知也，斯己而已矣。深则厉，浅则揭。"

子曰："果哉！末之难矣。"

【译文】孔子在卫国，一次正在敲击磬，有一位背扛草筐的人从门前走过说："这个击磬的人有心思啊！"一会儿又说："真是浅薄、见识短浅呀，硁硁的声音，好像是说没有人理解自己啊！那么，你自己应该知道自己，没有人能理解你就算了吧。就好像过河，水深就踩着石头过去，水浅就撩起衣裤过去（何必自寻烦恼啊！）。"

孔子说："说得好干脆啊！像那样倒真就没有什么难处了"

磬声露心迹，传心音。孔子于卫之磬声，恰表孔子有心于世，其声"硁硁乎！"乃孔子执着而不屈之志。荷蒉者过门而闻之，进而有议焉。于孔子不"顺"世变，逆流而上，知难而进，为仁政、王道之理想，"知其不可而为之"，前有晨门讥其"知其不可而为之者"，今有荷蒉讥其莫知而不止。恰如陈祥道释曰："然圣人之有为，常出于无为，其有心常出于无心。荷蒉之闻磬，知其有心，而不得其无心，则其所知也浅矣。"

面乱世，或寂寞持守，有人为抗争而弘道，或变通顺应和解，构成不同的取向。荷蒉者尊"弃圣绝智"之思，主张顺势而变通，应如是"深则厉，浅则揭"；故言孔子不止其所为，乃"有心哉"、乃"鄙哉"；孔子则反讥"未知己志而便讥己"，进而而言："果哉！末之难矣。"表若信荷蒉者所言，"无所复往，行道难矣。"如蕅益所释："既知音，亦知心，但不知木铎之意耳。'果哉！末之难矣'却与'知不可而为之'作一注脚，可谓'难行能行'。"

按戴望释："时灵公老，怠于政事，不能用孔子。故有动于荷蒉者之言也。"孔子一路荆棘、艰险坎坷，笃定其志而不改、其行而不止。虽然"人不知"而无处可施其抱负，抑或被世人误解、甚至讥讽，依然孤独地坚守与执着地探寻。由此，彰显孔子生命独特的光彩与非凡之价值追求。

具体而言：

第一，本节以孔子击磬之"乐声"为引子，以一位居山野之隐士与孔子各自的独白形式，展开的一次非正式的对话与思想碰撞。碰撞和对话的焦点是应顺世、变通而"不为"，还是依然"固"而"为之"；在此既表征隐士对孔子的批评与劝导，又表征孔子以幽默和解嘲的语气对隐士顺应之思，嗤之于不屑，再次彰显孔子"固"而"为之"的坚定志向，寂寞执守之从容笃定。荷蒉者与孔子的隔空对话，集中体现了儒道针对乱世，"为"与"不为""治"与"不治"之比照和交锋。

第二，据考，此为孔子周游列国时，在卫国发生的一件事。当时在卫国，孔子没有得到卫灵公之重用，大概他和弟子们在习乐，也可能自己演奏着玩。乐器是磬，孔子击磬，通过磬声把不得用之内心苦闷而透露出来。敲着敲着磬，有一个"荷蒉者"［"蒉，草器也。荷此器，贤人辟世也。"（戴望）］正好从门前走过，闻孔子之磬声而发议论。于是，便有了荷蒉者与孔子的"对话"。对此，钱穆释曰："此盖孔子与弟子修习雅乐，夫子自击磬，荷蒉以谓明王不作，礼乐不兴，而犹修习于此，为不达于时。"

第三，孔子击磬抒怀表心志，露心绪。荷蒉者从孔子的乐音中听出了：（1）此人"有心哉"。表荷蒉者"善其音有病于世。"（戴望）（2）从击磬的声音"硁硁乎"，感知到孔子乃"莫己知也"，即"世莫己知，斯絜己而已，何忧世为。"（戴望）在此，隐者闻磬声而知心，知孔子是有大志者，非"常人"。但是，击磬之乐声中又透露出孔子前路无知己，满腹愁思，郁郁乎而有太多的"放不下"，心有不甘却又无奈。到此，荷蒉者可谓是孔子之"知音"。

但是，"知音"未必是"知己"，也许真正的知己反而更是"路人"、亦或"敌人"，因为道不同，主张和心思自然亦不同。如此，荷蒉者虽听懂孔子"弦外之音"，但是他对孔子的心志和心绪却不认同，于是，有了荷蒉者对孔子"击磬"之评价："鄙哉！"。此处荷蒉者认为孔子浅薄、见识短浅，褊狭固执不懂得变通，暗含着讥讽孔子之志虽高远，但不务实的处世态度。

进而，荷蒉者对孔子报以同情并给以劝导。荷蒉者先直言"斯己而已矣"，然后引用《诗经》之语"深则厉，浅则揭"，具体而形象地阐明他给孔子提出了解套之思想。在此可见，荷蒉者语意温和，既宽慰孔子，又进一步给他指明"出路"，劝孔子"深则厉，浅则揭"，最终否定孔子积极处世的态度。如此，荷蒉者劝孔子不要固执己见，应该根据河水的深浅不同，而采取不同的过河方式，喻指应该顺应世事而变，该罢了就罢了，别太"固"，别太执拗，该彻底放下那曾"放不下"的刚健有为，执念治乱世而太平的"仁道"。

第四，孔子听其所言后回语："果哉！末之难矣。"真可谓意味深长。在此，孔子面对温和敦厚的荷蒉者之语，并没有以严密的学说之理予以反驳，而是非常幽默，又内含着几分自讥的口吻回应、回击之。孔子之语，通俗地看，就是顺着荷蒉者所言，或据荷蒉者所说的这么容易，那乱世中的一切问题之解决，根本无须人力为之，只要一切都顺其自然，乱世即去，太平即必来临，如此也根本无任何困难和阻力可言了，这样，一切也就都简单了。孔子之话，蕴含着对荷蒉者所代表的以顺世而消极无为的道家之思，予以否定；同时，也对道家之思所表达的顺世应变而无持守的原则，对世事无担待之立场，予以不屑。如此，孔子并未接受荷蒉者之善意良言的劝导，依然"固"己之"志"！

第五，荷蒉者既听懂了孔子击磬之乐中的执着志向，也听出了孔子之艰难不易，更听出了孔子"放不下"而又无奈所生的烦闷之情，规劝孔子要学会变通，世可为时，努力去做，世不可为时，应该退隐而韬光养晦。此处，荷蒉者对孔子所持的态度，与微生亩以不屑的态度嘲讽孔子周游列国，又有所不同。如此，孔子回应之语也不尽相同。这可以看出是儒道之治世之思的一次非常温和的交流。但是，形式的温和，并没有遮蔽彼此思维方式与价值立场的根本差异：一个强调顺势、顺世"无为而为"；一个执拗，"固"之，"知其不可而为之"。

第六，此处，荷蒉者强调的顺世而变通，非方法、手段之"变"，而是以方法、手段和策略之"变"，言"道"之"变"，这恰与孔子坚守"道""死守善道"之根本理念相悖，如此才彰显出儒家之不同，不在知或不知"变通"，而是在"道"之不同。如此，"孔子心存天下世道，与荷蒉者心事不同，异心不能同解，则复何说以难彼？"（钱穆）

当然，孔子之"固"，是其不改之志向，并非是"过河"之"法"的执拗、迂腐；孔子也不是不懂审时度势，据世事之变而变通。但是，孔子"变通"之前提，是其"道"之不变。如此，在孔子处，"固""不变"与"变"是内在统一的。

荷蒉者听孔子之"弦外之音"而劝导，但是荷蒉者深知其不可说服孔子改其"道"，如斯就退一步试图以通达权变而劝导，但是依然被孔子婉拒了。荷蒉者同情、批评与劝导孔子，孔子依然可爱地"固"之。

总之，孔子承认自己求用于世之心不泯，而没有人知己、用己。但孔子始终以"人不知而不愠""不怨天，不由人""不患莫己知求为可知也"鼓舞着自己，更无须辩解，以"疾固"自嘲之，依然为其理想而"知其不可为而为之"。荷蒉者，一个隐士，一个旁观者，听、观孔子之"志"、之"心境"，对孔子这位"局中人"报以善言敬劝，指出须顺世而权变，而孔子执其志、守其念而不改，无怨无悔。

诚然，在践行自己的思想学说、追寻自己的理想，累累遭受到挫折后，内心确实要宽阔，不能褊狭，亦要听得进别人的劝告，更要敢于接受现实。尤其是应该首先甄别自己的"理想"之"质"，才能真正把握"理想"与现实的张力，从而真正地以现实的内生力量推进理想的实现，而不是逆"现实"而动；孔子持守与"现实"相悖的"仁道""理想"固然可爱，但其命运必然是与"现实"渐行渐远。孔子之"理想"与"现实"之背离性关系，其结局必然悲剧性的，其人生也必然是悲剧性的，其悲壮正是"理想"与"现实"撕裂而生成的苦难之美。

"道德理想国"，只能存活于孔子至臻完美的思想王国之中，"现实"于孔子所"不知"，是"现实"所遵循的霸道逻辑之必然。如此，孔子"道德理想国"之梦也根本上谈不上破灭，因为"道德理想国"在现实中亦从未真实地存在过，孔子所信从的周之礼制和仁道，也是被孔子美化之后的一种道德重塑之"历史"构想，从本质上而言，则是一种美轮美奂的道德幻象。

40. 三年不言，孝治天下

宪问 14.40

【原文】子张曰："《书》云：'高宗谅阴，三年不言。'何谓也？"

子曰："何必高宗？古之人皆然。君薨，百官总己以听于冢宰三年。"

【译文】子张说："《尚书》上说，'高宗谅阴，三年不言。'这是什么意思？"

孔子说："不仅是高宗，古人都是这样。国君死了，朝廷百官都各管自己的职事，听命于冢宰三年。"

子张与孔子的对话，主要围绕着天子"三年之丧"而展开。"三年之丧"，乃古制，天子与庶人皆遵。

"三年之丧"于天子，要求"三年不言"，突出"人道"先于政权，表"政权事小，人道事大"。若"顾政权而丧人道，人道既丧，政权亦将不存。且以不仁不孝之人而总领天下，天下事可知。故儒家言三年之丧自天子达于庶人者，其重在天子，乃言天子亦犹庶人，不可不有三年之丧。既三年常在哀思中，即无心再理大政，则惟有将政权交之冢宰。后世视政权如私产，不可一日放手，此与儒家义大背。孔子谓何必高宗，故之人皆然，言外深慨于近世之不然。"（钱穆）

"三年之丧"，重点表古代守孝制度，突出天子首先为人子而须尽"孝"。如此，"三年之丧"而"三年不言"，表天子遵"丧礼"而行孝、彰孝道。恰如陈祥道所释曰："斩衰之丧，唯而不对；齐衰之丧，对而不言。高宗三年不言，盖礼然也。"

天子"三年不言"，"百官总己以听于冢宰三年"，这是对行丧礼守孝期间政事的制度安排，由此突出行孝于君主的首要性。于此，将生活伦理与政治伦理紧密结合起来，使"孝"从日常人伦范畴，提升为政治伦理范畴，构成中国传统伦理政治的重要取向，彰"孝"治天下之传统。

具体而言：

第一，本节通过子张和孔子的对话，其核心在于陈述和肯定中国古代的守孝制度，突出孔子之孝道思想，表征"孝"乃"忠"之基础，家庭伦理是一切伦理关系之发端与源起；同时论及守孝三年间，权力管理与运行制度，以保证行"孝"而不妨碍尽"忠"。

第二，《尚书·无逸》云："其在高宗，时旧劳于外，爰暨小人。作其即位，乃或亮阴，三年弗言。其惟不言，言乃雍。"子张不解《尚书》所记述的关于殷商繁复的祭祀，即复杂的周祭制度，求教于孔子。子张曰："《书》云：'高宗谅阴，三年不言。'何谓也？"孔子予以解释。

在孔子看来，守孝制度，不是《尚书》记载的从高宗（商王武宗）开始，而是在此之前早已如此了。孔子对自古传承下来的守孝制度和新君守孝期间，其权力管理和运行制度做了说明。对此，戴望释曰："三年之丧，使之听朝，夏、殷超皆然。《春秋》之义，嗣君踰年即位，与于朝会聘享，不在讥贬。若夫昏祭蒐乐之事，必待三年然后行。《传》曰：'以诸侯之踰年即位，亦知天子之踰年即位也。以天子三年然后称王，亦知诸侯于其封内三年称子也。缘民臣之心，不可一日无君；缘终始之义，一年而二君，不可旷年无君；缘孝子之心，则三年不忍当也。'又曰：'君存称世子，君薨称之子某，既葬称子，踰年称公、子卒不书葬，未踰年之君也。'"

孔子所说的是诸侯国君薨，即指在诸国国君死后，其权力运行和管理方式主要是朝廷百官都各管自己的职事，听命于"冢宰"，从而保证各项政事和管理工作顺利进行，对"三年之丧"而"不言"予以保障。对此朱熹释曰："言君薨，则诸侯亦然。总己，谓总摄己职。冢宰，大宰也。百官听于冢宰，故君得以三年不言也。胡氏曰：'位有贵贱，而生于父母无以异者。故三年之丧，自天子达于庶人。子张非疑此也，殆以为人君三年不言，则臣下无所禀令，祸乱或由以起也。孔子告以听于冢宰，则祸乱非所忧矣。'"

孔子通过交代国君死后，政事及权力运行和权力的状态，为国之新君守孝三年期间国家如何治理做了说明。正因为国君死后，国之政事和权力运行已经有所安排，才使得新君可以潜心守孝三年之久。于此，从权力制度的设计与运行上，突出天子"三年不言"守孝之重要性。

第三，为什么国君死后，继位的新君三年不理政，而要潜心守孝呢？在孔子看来，从古时始，人们认为"孝"比"忠"更为基本，没有"孝"，则无从谈及到"忠"。新君与已故之君的关系，首先是父子关系，然后才是君臣，"新君"首先是儿子，然后才是"新君"，这样，作为新君的儿子，必须遵循父子关系的伦理规定，首先敬孝。如此也就不难理解新君三年不理政事朝纲，专司敬孝的制度安排了。

第四，子为父"守孝三年"，无论是王子还是平民，都必须遵循此规定，这说明礼法制度对所有人都具有规范性和约束力。礼制中彰显"孝"的地位，表征"孝"于人伦关系系列中之重要价值。

第五，孔子回答子张之问，并非仅仅是作为知识性地介绍远古以来子为父的守孝制度，而且表明孔子非常认同和肯定"守孝"制度，更重要的是孔子侧重于通过肯定守孝制度，突出和表达他对"孝"之高度重视。于此可见，"孝"成为与"忠""仁"直接相关联的重要范畴。

有子曾言："其为人也孝弟，而好犯上者，鲜矣；不好犯上，而好作乱者，未之有也。君子务本，本立而道生。孝弟也者，其为仁之本与！"孔子亦言："弟子入则孝，出则悌。"如此，孔子从"孝"之地位和功能的视角对其重要性予以了阐释。在孔子看来，"孝"大于"忠"，没有"孝"，根本就不可能有"忠"。于此，孔子为"孝"之必要性与正当性予以了充分地肯定。

第六，"孝"更为深层的意义在于它关涉着人之生命、生活的大问题。"孝"本质上即是生命敬畏意识之伦理表达。如此，"孝"承载着死者的尊严，直呈对生命的尊重。这才是孔子于当世之所以重视"孝"的重要原因。如此，孔子言"'古之人皆然'一句，伤古思今，痛甚！痛甚！"（蕅益）

第七，曾子对"孝"的思想予以发扬，将其上升为生命本体伦理的高度。曾子曰："甚哉，孝之大也！"（《孝经》）并提出"孝为德之本"之主张。曾子不仅秉承孔子之"孝"的思想，而且更加强化、深化了"孝"在传统儒家伦理中的地位。清之王永彬在其《围炉夜话》一书中，直言"百善孝为先……常存仁孝心，则天下凡不可为者，皆不忍为，所以孝居百行之先"。如此，"孝"作为中华美德而传承下来。

第八，将"孝"置于以血缘为纽带的家族、氏族性社会中来加以定位和审视，"孝"就决不仅仅是衡量一个人德性的重要尺度，而且更为重要的是它维系传统社会伦理秩序的稳定与和谐，从这一层面上来看，孔子承接"孝"之传统，重视、强调与发扬"孝"的观念所具有的治国价值、社会价值和文化意义也就不言而喻了。

总之，在子张与孔子的对话中，不仅追述了中国古代的"守孝制度"，而且论及到为保障守孝之践行而设计的权力管理与运行制度。但是，本节最为根本的是孔子通过回答子张之问，突出君主须首重"孝"。如此，孔子赋予"孝"于人之伦理关系链条中始端性和基础性的地位，对"忠""信"和"仁"所具有的支撑功能。

君主重"孝"，将生活伦理与政治伦理紧密结合起来，使"孝"从日常人伦范畴，提升为政治伦理范畴，由此构成中国传统伦理政治的重要取向。如此，"孝"构成"仁政""仁道"之始发，最终生成"孝治天下"之价值逻辑。

41. 居上位者，须要好礼

宪问 14.41

【原文】子曰："上好礼，则民易使也。"

【译文】孔子说："在上位的人喜好礼，那么民众就容易役使了。"

夫子之言，从"上"与"民"之治理关系视角，突出"礼"的功能，表"礼以定民志，故易从。"（戴望）由于"自上而下"的权力运行机制，使居上者"好礼"的积极效应得以凸显："民易使也。"此为孔子向执政者强调的"为政之道"。

"上好礼"，"民"亦"好礼"，"上行下效"也，以此突出居上位者率先垂范"礼"之重要性。如此，"礼之要在敬，在和。上好礼，能自守以敬，与人以和，在下者化之，宜易使。"（钱穆）更为重要的是："两贵不能相事，两贱不能相使。上好礼，则不敢轻于使民。民好礼，则知分未有不易使者矣。盖礼以敬民，则使民如承大祭。民好礼以敬上，则孰疾视其长上为哉？故曰：上有所好，下必有甚焉者矣。"（陈祥道）

"上好礼"，乃为官者遵礼之规范，因为"上好礼则国有法度。""礼达而分定。"（朱熹引谢氏）如此，民亦遵礼而行礼，故"民易使也。"此乃孔子从居上位者对"礼"之遵从，表循有道而善治天下。由此，突出"好礼"，乃是居上位者应然的为政德行，从而凸显为官与民之身教与德感。

具体而言：

第一，在孔子的为政、治国思想中，关于"上""下"或"上"（"君""官"）与"民"的关系是一个绕不开的主题。在《论语》的不同篇章中，孔子从不同的角度对"上""下"或"上"（"君""官"）与"民"的关系加以了论述，澄明其主张。

如《论语·为政》开篇即说"为政以德，譬如北辰，居其所而众拱之"；并在与季康子的对话进一步说"子为政，焉用杀？子欲善而民善矣"；又如定公问："君使臣，臣事君，如之何？"孔子对曰："君使臣以礼，臣事君以忠。"（《论语·八佾》）亦如《论语·子路》篇中，子曰："……上好礼，则民莫敢不敬……"以及本节中所言"上好礼，则民易使也。"如此等等，构成了孔子为政"上""下""官""民"之关系论。

第二，本节孔子着力从"上"之"好礼"论及治理中"民"相应之特点，从而强调"上"好以礼待人，按礼办事，遵礼为政，一切都遵从礼之要求而为，那么，"民"回报"上"的则是尊敬与服从，"民"亦非常好指挥、好差使而不执拗、不违背、不抵触、不反抗在"上"之意志，一句话，"上好礼"，"民"亦遵礼、从礼易役使，"上"之意图、政策和指令，"民"亦愿意接受，并能顺利地得以贯彻和执行。如此，孔子强调为政治理中"上行下效"的基本规律，揭示居"上"位之君、之大人、之官的言谈、举止、偏好等等，对"民"（民情、民心、民性、民风）所产生巨大的影响。一句话，孔子强调居"上"位者之"官德"对于治理是否顺利，官民关系是否融合、和顺与协调至关重要，甚至起着决定性的作用。

第三，孔子在阐释官民的关系时，往往采取因果式的句法，这就突出了在官民关系中，"官"始终是主动的，发挥着决定性作用的一方，而"民"乃是作为"上"之德性状况的一面镜子。如此，在孔子的为政治理思维中，官民之关系属性始终是主动与被动、因与果、决定与被决定的关系。这就突出在官民关系中，官之引导、主导性作用。换句话说，"君"与"臣""官"与"民"之关系是对立统一的，矛盾的主要方面在君，在官。君主领导国家，官吏操办政事，都居于支配地位，起着主导作用。恰如孔子所论："君之德风，小人之德草，草上之风，必偃。"（《论语·颜渊》）如此，孔子所论"为国以礼"（先进篇）、"礼让为国"（里仁篇）、"齐之以礼"（为政篇），都要求君主、官吏，须以自己遵"礼"从"礼""好礼"为先。如此，孔子一直强调"官"之"德"，其重要性亦正在于此。

第四，既然"上"或"官"之"德"，在为政治理中，具有如此重要的作用，那么，"上"或"官"之责任于使"民"，就在于"富之"，进而"教之"；"教之"，非言辞之"教"，更应以身作则；如此，若"上好礼"，能自觉地遵"礼"、践行"礼"，那"民"必然也会通过"上"之言行，识"礼"、懂"礼"、遵"礼"，进而从"礼"、行"礼"，最后，"官""民"皆因"礼"而约束和规范自己的言行，成为"礼"之践行者。如此，上之"官"与下之"民"的关系自然也就于"礼"之中，其关系之态则必然是顺畅而和谐的。于此，从居"上"位者，即从为政治理者的角度、立场来看，"民"自然也就"易使也"。

第五，孔子之所以如此强调居"上"位之"君"，以及各个等级的官吏之"德"，其根本的原因在于孔子所倡导和主张的"仁道""德治"理想，在自上而下的为政治理格局中，必须依靠"贤人"方可实现。如此，一切居于上位的为政者，其德性、偏好，是为政品格之源、之端，也是治理效果的先决因素。

第六，"礼"本质上是一套规范制度，它既可表现为一系列形下之规范性的"规矩"、规定和原则，亦可表现为一系列形上之理念、观念和意识，还可以表征为一系列行为、以及行为习惯与礼俗等。其功能就是对人的思想、意识、观念，乃至言行等进行规制、引导和协调，其目的是让社会运行良性有序。进而言之，在"礼"之系统中，对君臣父子、上下、官民等多重关系，都具有相应的规范性要求，每一个角色如皆按照"礼"之规定而思、而言、而行，那就是符合"礼"。如此，社会就在"礼"之轨道上有序地运作。换一个角度来看，"礼"就存在于各种关系的规范之中，而不在其外。

孔子之所以在此强调"上好礼"，并非按照逻辑推导而言之，而是针对当世上"下""官""民"普遍失"礼"，"礼"严重缺位而言的。事实上，春秋中后期，礼坏乐崩，君使臣不以礼，即上不"好礼"，其结果，臣事君则不"忠"，乃至架空国君，形成卿大夫专权而独霸国政的态势，比比皆是，无论是卫国，还是在齐国、鲁国，亦或频繁出现臣弑君之事，等等；相应地，"民"对"上"亦不敬，形成令不行、禁不止的局面。孔子就曾点名批评过一位无礼的君主，即"楚王好细腰，宫中多饿死"的那位楚灵王。所以，孔子恰是针对当世天下为政者普遍"无礼"之失范而开出的一剂救治处方。

由此观之，居"上位"之"君""官"与"吏"，在为政中"好礼"，即垂范"礼"，成遵"礼"践"礼"之表率，对民众无疑发挥着引导和塑型作用。"民"本无所谓"顺"、或"刁"，民之"顺"，亦或"刁"，乃是"上"之所"好"的必然结果。"上"之"好礼"，民必"顺"之；反之，"上"失礼或无礼，"民"自然就非礼而"刁"，这也就导出一个简单的道理：治国、治"民"之关键在于治"上"、治"官"、治"吏"。"民"之"顺"、抑或"刁"，乃是"上""官"或"吏"之"好"、之"德"的折射。

总之，孔子针对春秋中后期君臣、官民普遍"失礼""无礼"而导致君使臣不以礼，臣事君不"忠"，"官"对"民"不"教"、不爱，臣霸权专断、架空君主，甚至时常发生臣弑君，以及"民"不敬"官"等，君臣、官民关系一片混乱之势，孔子以治"上"为始、为重，提出具有直接针对性，同时具有超历史价值的一个政治伦理命题："上好礼，则民易使也。"以此表居"上"者当自检、自查、自修己德，从而德感于民。

夫子之论，揭示了"官德"与"民德"之源流关系。如此，"《春秋》责备贤者，就是要求领导的人，主管的人，以仁爱待人，能够好礼，下面容易受感化，慢慢被主管教育过来了，就容易领导。孔子这句话的精神，还是专责在上位的人，所以对于社会上有声望、政治上有地位的人，孔子要求特别严格。普

通人还可以马虎，因为他是普通人，没有责任，就不必苛求了。"（南怀瑾《论语别裁》）

"礼治天下"之理想，正是通过在"吏治天下"而实施与贯彻，为此，孔子对"上好礼"的要求，即对官德的要求，本质上即是王道善治之内在需要。如此，孔子言"上好礼"，将"政治规矩"内植于为政角色，不仅彰"德位相配"之原则，而且突出了贤人政治之理想。

生活哲学视野中的"论语"研判

42. 修己以敬，修己安人

宪问 14.42

【原文】子路问君子。

子曰："修己以敬。"

曰："如斯而已乎？"

曰："修己以安人。"

曰："如斯而已乎？"

曰："修己以安百姓。修己以安百姓，尧、舜其犹病诸！"

【译文】子路问什么叫君子。

孔子说："修养自己，能做到恭敬认真。"

子路说："这样在做就够了吗？"

孔子说："修养自己，使周围的人们安乐。"

子路说："这样做就够了吗？"

孔子说："修养自己，使所有百姓都安乐。修养自己使所有百姓都安乐，尧舜还怕发愁而难于做到呢？"

子路所"问君子"，表当如何做一个有德之"在上位者"。在子路的不断追问下，孔子提出为政之君子应然的行为，强调为政者须以"修己"为始，进而以"安人""安百姓"为目的，构成了为政者修齐治平之实践逻辑与价值逻辑。

《书》称尧之德，始于钦明，中于平章，卒于变钦。明者，修己以敬也。平章者，安人也。于变者，安百姓也。"修己以敬，自爱也；修己以安百姓，博爱也。夫正者，未必安；而安者，必以正。"（陈祥道）如此，孔子强调为政之君须有"正己"之自觉，且有安人、安百姓之责任和情怀。如此，师徒二人之对话，尤其是孔子之言，清晰地表陈了他对为政者提出的要求：以敬修身而进己德，以仁待人、待天下苍生，这是为政者安身立命、为人处世和为政治世之根本。

孔子所言之"君"德，以达"安人""安百姓"之功，非指"常人"之道德修为，而是指君主之德修。如此，孔子言君王、天子之德修，乃彰"仁政"、显"仁道"之要。

具体而言：

第一，本节主要记述子路与孔子围绕着如何成为合格的"君子"这一核心问题而展开的对话。在对话中，具体地展示了孔子立足于"己"与"人""修己"与"安人""安百姓"之关系，突出君子"修己"之功能与价值取向，具体从方法与途径、态度与内容、目的与意义这三个维度或方面深入而全面地论述与阐释了君子"修己"之特点、要求，呈现出"修己"而"安人""安百姓"之内在价值旨趣，从而呈现君子人生进取的动态价值图式：修身齐家治国平天下，实现君子人生从"独善其身"，到"兼具天下"的价值跃迁与提升，彰显君子人生"内圣"与"外王"的统一；在此基础上，并依此对"君子"之层次或次第进行了划分与确认，展示了君子的人生价值观和境界观。

于师徒二人对话之深意，蕅益释曰："尽十方世界是个自己，竖穷横遍，其体、其量、其具，皆悉不可思议人。与百姓，不过自己心中所现一毛头许境界耳。子路只因不达自己，所以连用两个'如斯而已乎'。孔子见得'己'字透彻，所以说道尧舜犹病，非病不能安百姓也，只病修己未到极则处耳。"

第二，孔子首先提出，要成为"君子"，其起点或着手处即是"修己"。孔子为何将"修己"置于成为"君子"的首端，这是基于"修己"与"安人""修己"与"安百姓"之关系，突出了"修己"之原点、前提和基础的地位，强调"修己"于"君子"人生价值展开与境界提升之基础性和重要性功能；这与孔子所倡导的"君子为政之道，以修身为本"之思想，是内在一致的。

在此，须注意的是，子路所问之"君子"所指，即"谓在位者也。"（刘宝楠）"君子，上位之君子也。"（黄式三）"此君子指在上位者。"（钱穆）

孔子言君子首先必须"修己以敬"。《诗·假乐》有言："正身正其臣正其民，敬心充积之盛也。""敬其身也。孔子告哀公曰：'言不过辞，动不过则，如是则能敬其身。'"（戴望）"修己以礼也。礼在外，敬其内心。"（钱穆）。"修己以敬"，其关键和核心也就在一个"敬"字上；"敬"所表的正是"修己"之人的主体立场和态度。因为"修己"，即是以"己"为对象，不断克己，不断建构与重塑自己。如此，"修己"本质上是对自己开刀，是切除自己之不符合仁爱忠恕礼法等原则的一切"东西"，这样，"修己"则是让自己的心性、德性不断完善和提升、不断纯化，达内存仁、外合礼之艰辛的心行修炼旅程，其间吐故纳新、除旧迎新之纠结，决定了"修己"非一蹴而就、非一日之功。其间，必是对自我意志和信念的考验。进而言之，"修己"，乃是一项以生命之道德自觉与自主为前提，以规范的仁义礼法为德行准则，以自我完善和提升的需要为内驱力，以"慎独"为内涵，以"成人"为目标的系统性自我道德建构工程。正因如此，孔子要求"修己"必以"敬"，这也就内在要求"修己"之人，必须持虔诚、虔敬和谦恭之心，按照君子之内涵，严格、严谨地修己，打造"自我",使自己真正"脱胎换骨",以成"敬"人生、"敬"他人和"敬"百姓之心性和德性。

第三,"君子"虔敬"修己",并不是目的。"修己"之目的,在于"以安人""以安百姓",这不仅显示出"修己"之社会功效与价值指向,而且从"手段"与"目的"的关系中,即再次确认"修己"之前提性和目的性之所在。在此,表征孔子强调"修己",绝非抽象的道德诉求,而是与现实效能直接关联,这亦说明孔子以现实价值为导向对道德修养进行的功能定位和层次判断。

第四,君子"修己""以敬","以安人"和"以安百姓",皆由"自我"出发,达"人"、达"百姓",不仅揭示出"修己"之功能层次,更表"修己"之目的指向,进而将君子道德境界分为三个层次或三个次第,由此亦展示出君子之不同类型。

(1)"修己以敬"。此可谓是第一层次的"君子"。其特点,以虔敬的态度"修己",以达到"独善其身"之效。在此,"修己"本身既是手段、是过程,亦是目的本身。如此,"修己",即自我修炼、自我约束、自我塑造,成为孤立的"圆点"和养成静态式的自我,从而将自己与"小人"区别开来。在此,敬修乃是"君子"生成之内在机理。

(2)"修己以安人"。此可谓是第二层次的"君子"。此处之"人","谓臣也。""择德而任官,度材而定次,百僚称职,天工不旷,是谓安人也。"(戴望)"修己以安人",表明其特点在于"修己"之目的已经不再停滞于"独善其身"之境界,而是着力于推己及人,从"己"达"人",让"修己"的社会效能释放出来,让"人"得"安"。一言蔽之,即为了可以"安人"而"修己"。此类人,应是"入仕"而有"位",进而力求"有为"之人。如此之人,"修己"所要达到的目标,即是"齐家"。

(3)"修己以安百姓"。此可谓是第三层次的"君子"。其特点是"修己"之目的既不再是"独善其身",亦不再局限于任用人臣而安人,造福一方,而是以安抚天下百姓、黎民苍生为目的和旨归。此等君子须具有心怀天下百姓之宽厚情怀,有天降大任于是人的责任意识和担心精神;其一己之"修"或"不修",必将左右、亦或决定天下黎民百姓之福祉,此等君子爱人、泛爱众,不是仅爱个别人、也不是囿于族群或一方之人,而是爱一切之"人",爱"人"之"类",持最为基本的"仁道"即"爱人"之君子。此层次的人乃"圣人"。恰如陈祥道所释曰:"孟子以正己而物正,为大人之事。修己以安百姓者,圣人之事也。"亦如戴望所释曰:"视百姓之身犹吾身,百姓之犹吾妻。不以天下害所养,是谓安百姓也。"钱穆释曰:"安人之人,指政府百官与己接触者言。百姓,指社会群众与己不相接触者言。一己不修，即政府群僚皆为之不安。连及于天下众庶亦为之不安。人道莫大于能相安，而其端自安己始。安己自修敬始。孔门本人道论政事，本人心论人道，此亦一以贯之。"

孔子将"君子""修己"不仅进行了层次的剥离，而且以"目的"为引线，将君子之三个层次不断递升的内在关系，通过其外在的效果与功能空间之拓展而加以了彰显，从而再现了君子人生道德层次与境界之别。

第五，孔子特别强调君子"修己"之目的决不能仅仅停驻于"独善"，而必须走出"独善"而趋于与达成"共善"，即"兼具天下"，这一思想，被后人称为儒家君子之风的"交互主义"，这对于君子解除私弊，扬弃无视自己的社会责任之偏失，从而真正彰显君子之"仁"德，具有十分重要的劝诫作用。这一思想，孔子在与子贡的对话在《论语·雍也》之最后一节中早已有所论及："子贡曰：如有博施于民而能济众。何如？可谓仁乎？子曰：何事于仁！必也圣乎！尧、舜其犹病诸！夫仁者，己欲立而立人；己欲达而达人；能近取譬。可谓仁之方也已！"

第六，从孔子之取向上来看，君子之境界或层次均以"修己"为基础和前提，但差异则侧重于"目的"，即"安"之对象和效能的不同；"修己""以敬"则安己，实现"自我生命"之饱满和丰盈的道德内蕴；进而"修己"不再仅仅为"己"，而是在于超越本位之自我，指向"人"和"百姓"，使天下因君子"修己"而得以安顺，从一方之人到天下百姓，都能因君子"修己"而得以恩泽、安抚，使仁政得以施行，人臣和百姓皆能安享其生活。如此，君子之"修己"，亦不再是简单的自我德性之修造，而是体现出孔子"王道"理想的基本原则，将"内圣"与"外王"相统一的希望置于此处。由此再次表明在孔子的视野中，为政从来都不是纯粹的物化活动，而是时刻贯穿着道德原则，尤其凸显"君子"德性所发挥的引领作用。由此可见，在此论中，便是"上好礼"之进一步展开。

第七，从子路之追问和孔子之回答来看，子路之"问"，依然仅停留于个人心性之修为和提升，进而使个人锻就成"君子"，因此才有其"如斯而已乎"之连续的质疑与追问；孔子之答则是从君子个人之"修己"与其社会功效，即"共善"的关系角度，超越了子路之问的视域。如此，可以说子路与孔子之问答，是"答非所问"。然而，正是通过这一"答非所问"，既开启和教导了子路努力之方向，又表达了君子"修己"无止境之特点，亦标示出以"安"之"对象"来审视、来反观、反省和反向判断"修己"而成为"君子"、成就"君子"人生之价值与境界。

第八，子路问及"君子"之"安人"，还不"知足"时，孔子谈到"君子"成"圣"之最高层次，即"安百姓"。然而，孔子以"修己以安百姓，尧、舜其犹病诸？"终止了子路之追问。终止其意有二：其一，子路之境界，始终处于"第一"与"第二"层次之间，其好问既有切己之问题，但又不仅仅如此，故而，孔子以为回答清楚了"他的问题"，亦不再继续。其二，引出了孔子之判断："尧、舜其犹病诸？"在孔子看来，即便是尧舜这样的圣君明主也只达到第二层次，第三层次难以企及。如此，再次表达了孔子关于君子"修己"之无终止之思，由此，包括人君在内的每一个人都应该怀有谦卑与恭敬、虔诚之心，在"修己"之路上，不断"上""下"求索，以达"安人"而追求"安百姓"之功。

第九，解密孔子所论君子"修己"必"以敬"，进而"以安人""以安百姓"之深刻的价值走向，及其中所蕴含的深意，表明"修己安人"不仅成为君子"修己"之目的，更是君子美德之所在，亦成为君子"舍己为人""见义勇为"以及君子之责任和使命的思想基础和德性保证。"修己安人""安百姓"于生活在当今充斥着个体主义、个人主义时代的人们，如何处理"个人"与"集体""个体"与"整体"之多维而复杂的关系，依然具有价值导航之意义。

第十，以此节师徒对话为例，但不仅仅限于此节，可以看出，孔子在回答弟子或世人问及"仁""政"以及此节中的"问君"之诸多问题时，孔子是将"什么是君子？"与"如何成为君子？"是等同起来思考的。此种动态生成式的、非抽象属性规定的思考方式，突出了"问题"本身的具体性与多样性特征，回答也就更显针对性，于此表征出中国哲学思维的一个重要特质。

总之，如何成为"君子"或如何成就君子人生，这是孔子"成人"理论的重要内容。正人者需先正己，欲人敬己、需先敬人也，斯谓之曰"恕"。当子路请教如何可为"君子"之时，夫子以恕道教之曰："修己以敬"。

在本节中，孔子正是借子路之问，分层次、分顺序、分等级地对之加以了详尽地阐释，形成了"修己"与"安人""修己"与"安百姓"的内在价值张力，从手段与目的的关系视角，不仅直呈与凸显了"修己"之价值指向与归宿，进而依此将君子分为三个层次。

从"修己"的现实展开来看，孔子强调"修己"之起点，并必"以敬"，恰如《礼记·大学》所言："古之欲明明德于天下者，先治其国；欲治其国者，先齐其家；欲齐其家者，先修其身；欲修其身者，先正其心；欲正其心者，先诚其意。"进而，突出君子从一己之身，到君子的天下责任，从"独善"至"共善"，从"修己"出发，不断外拓、不断扩展以超越"己"，昭示君子修身养性、谨言慎行，达"礼"行天下，将"内圣""外王"统一于君子人格，意蕴着君子"修己"之无止境，指示出君子人生价值与境界的丰富性、多层次性和超越性。

43. 原壤夷俟，以杖扣胫

宪问 14.43

【原文】原壤夷俟。

子曰："幼而不孙弟，长而无述焉，老而不死，是为贼。"以杖叩其胫。

【译文】原壤叉开双腿坐着等待孔子。

孔子数落他说："年幼时，不乖逊，亦不行孝悌，长大了又没有什么成就，老而不死，真是害人虫。"说着，用手杖敲原壤的小腿。

孔子拜访故人原壤，原壤"夷俟"，于是就有了孔子对原壤之人生总结性的"数落"："幼而不孙弟，长而无述焉，老而不死，是为贼"。此为孔子以儒家人生价值准则裁量与评价原壤。原壤沉默。孔子进而"以杖叩其胫"，以表或"责之"（荀子）、或"相亲狎"（钱穆）。

原壤，虽为孔子故人，但不尚儒道、不遵儒礼、不循儒法、不就儒理，换言之，孔子所倡的儒家之道、之礼法，皆外于原壤。如此，原壤与孔子截然有别，甚至显得格格不入。于是，二人虽故旧，然各据己道而生、而行。相见时，彼此之别，直显于外：与孔子之数言和"叩"之行形成鲜明对照的是原壤始终以沉默在场。孔子之言行、之"动"，原壤之沉默、之"静"，构成孔子与原壤相见之鲜活情状。

此记述之深刻处在于，孔子对原壤的评价。对此，曾子曰："少称不弟焉，耻也。壮称无德焉，辱也。老称无礼焉，罪也"。荀子曰："'少而不学，长无能也'，此无述之谓也。以杖叩胫，责之而已。"陈祥道释曰："无述则无所取，贼则有所害。"在孔子看来，原壤乃"一无是处"。

二人相见，孔子之"强势"，以儒家之尺度审度、裁量原壤人生之短长而不"恕"，暴露了孔子倡恕道之元悖论。然任凭孔子数落与敲打，原壤一直沉默以待，即以沉默无视、拒斥、不屑孔子之评价。

孔子之评价，外于原壤，孔子以"独白"在场，如是孔子流转诸国游说布道一般。孔子主张"道不同，不相为谋"，但却以己道而量人，原壤持不同"道"，无须"多言"于孔子。于此，儒道之别尽显。

亦有人认为，"孔子于故旧，严以诲之。"（钱穆）即以肃"礼"而矫正原壤之"夷"。当然也可视为故人阔别重逢，彼此打趣、调侃之乐。然在打趣之中，仍不可否认孔子以儒家之人生尺度裁量原壤之强势。

具体而言：

第一，本节以老友相见之场景为依托，通过原壤与孔子二者言行的记述，再次将儒道之差异，从言、行层面予以彰显或直呈出来，较之前面微生亩和荷蓧者与孔子之间的思想交锋，此处使得儒道二者的差异更具直观性和可理解性，同时，更凸显各自的个性特质，使彼此的差异与矛盾冲突更为鲜明。

第二，按钱穆之释："礼度详密，仪文繁缛，久积人厌，原壤之流乘衰而起。即在孔门，琴张、曾皙、牧皮，皆称狂士。若非孔门讲学，恐王、何、嵇、阮，即出于春秋之末矣。庄周、老冉之徒，终于踵生不绝。"

据考和依各解家之释，原壤，孔子之旧交故友、发小，这是值得注意的第一层关系。恰因二者之间的这层关系，孔子也才会前去拜访原壤，也才有了原壤对孔子的"夷俟"，于是才有二人的照会。

据康有为《论语注》之说，原壤为"有道之士，而放于礼教者"，并且将之比为希腊"裸身处桶"的芝诺。另一解家黄式三在《论语后案》说得更为明确："养生家议儒者拘执礼法，迫情拂性，非延年之道，而自以旷达为养生。夫子言坏礼伤教，生不如死，责之深矣。此为养生家解惑，非谩骂故人也。"如此看来，原壤是一个道家术士。

对于原壤之道家术士身份的确认，另有一佐证，那就是《礼记·檀弓》中记载原壤之一事。"孔子之故人原壤，其母死，夫子助之沐椁，原壤登木曰：'久矣予之不托于音也。'曰：'狸首之斑然，执女手之卷然。'夫子为弗闻也者而过之，从者曰：'子未可以已乎？'夫子曰：'丘闻之，亲者毋失其为亲也，故者毋失其为故也。'从此事可见，原壤，其心志、其行为完全是一个遵从道家之原则的人，自然在儒家看来，其言行自然是不拘周礼、不守礼法、玩世不恭、放浪形骸。"

由此观之，可以确认原壤非儒家中人，而是一个寄生于民间的道者。真如此，那么，原壤与孔子之关系，就在旧交故友之后，还有更深一层"关系"：一道、一儒。

如此二者，因老友而近，因"道"之不同而神异。

原壤与孔子关系的两个层面：第一层面是该次拜会之所以发生的引子，第二层面的关系，才是本节记述的焦点和关键之所在，由此构成了儒道行为方式、言语特点，乃至价值取向之差异。

第三，在此节的记述中，从头至尾、自始至终，对原壤的记述只有两个字："夷俟"。这是儒家观念主导或主宰之下的记述。记述者用"夷"来审视、评价原壤对孔子的等候，显然是以儒家价值观所要求的言行之规范和礼仪来审视原壤之"俟"。然而，记述者所记述的原壤"夷俟"之举，一方面表明原壤对孔子来访的无所谓，不待见孔子，你来则来，去则去，原壤不因孔子之到来而按孔子所喜欢和习惯、认可的"礼节"所规定的行为方式来加以迎接。

原壤"俟"孔子，是因为与孔子有老友之故，而在记述者和孔子按照儒家礼仪看来则是不礼貌、不懂接人待物之基本的"规矩"，且非常不文明、不雅观之"夷"，即像野蛮人那样坐着等。这样姿态的"俟"，在原壤自己看来，则是很自然、非常正常的。如此，就必须明确，此"规矩"绝非原壤之规矩。此"规矩"，以及所谓的文明、文雅的相迎礼仪形式，也就是说儒家所信奉与遵循的那一套行为规范与礼仪，是外于原壤的。这是儒道之差异、冲突之第一次呈现。

第四，在本记述中，孔子是一个显性主体，而原壤始终只是一个在场的"隐者"。如此，记述者着笔侧重记述了孔子因原壤"俟"之"夷"而引发的对原壤的数落与评价，以及最后"叩"的行为。

孔子对原壤，先是数落，后是杖叩，此等都是孔子以"老友"身份，对原壤一副破落的浪荡子样，予以关切。孔子之举，在孔子和记述者看来，是对老友原壤的"爱"之表现，此等"恨铁不成钢"的话语，可以理解为"老友"之间的一种嬉戏而亲昵的俏皮批评。

但是，有意思的是，无论孔子喋喋不休，又是"骂"，又是"打"，然而为何记述者未记述下原壤一言半语？或原壤为何一言不发呢？

在此，孔子之丰富的话语和直接的形体行为，与原壤无一言、以沉默的方式回应，形成鲜明的对比。一个言语滔滔，一个沉默无语；一个动嘴动手，一个静默冷对。如此，孔子与原壤，两种不同的人生样本，儒与道差别之微观缩影，得以非常清晰而形象地呈显。

第五，看看孔子对原壤的数落：

（1）幼而不孙弟

（2）长而无述

（3）老而不死

（4）是为贼

在孔子看来，老友原壤，从"幼"至"长"，再至"老"，其一生不遵礼法，不懂规矩、不知进取，桀骜不驯，放浪形骸，"无益于世，老而不死"，"偷生"于世（钱穆）。如此，在孔子眼里，原壤真是"一事无成""一无是处"。

孔子如此数落，原壤却依然沉默无语，毫无反应，仍保持"夷"，即蹲踞的姿势，无言相对。孔子见状，最后就只能杖"叩"之小腿。但是，原壤依然未有任何言行。

为何如此？从孔子对原壤的数落中，可以很清晰地看到，孔子是严格按照儒家伦理规范和人生价值尺度来审视、裁量其"老友"（一个"道士"或"术士"），其结果只能是孔子怀着深切关爱之心的尴尬"独白"，得不到任何回应。轻"叩"、乃至溺"骂"是"老友"之间疼爱的独特方式，但是，孔子无论是"言"，还是"行"，都未得到原壤之任何回应，原壤依然持"沉默"而待之。"沉默是最高的轻蔑"。如此表明，儒家以入世人生之标准和礼法来衡量、来要求原壤的一切，对于道者之原壤来说，是强加于他的。孔子津津乐道的礼法、仁道，皆外于原壤。真是道不同不相为谋，故原壤对孔子之言行，置若罔闻、无动于衷。在此，就将儒道关于人生价值和人际礼仪要求之差异予以充分地呈显出来了。

第六，孔子与原壤之间双重关系的交织，让记述者和孔子本人，并未透过第一层关系，而直视第二层关系之不可弥合性和不可交互性。如此，记述者对原壤关于"夷"的判断，以及孔子对原壤人生所作出的"幼而不孙弟，长而无述焉，老而不死，是为贼"之评断，可以说都是以儒家自身人生的价值观为原点和主导尺度而裁量原壤之人生。然而，这样的丈量于原壤，是"无效"的。

在此，一方面，原壤对孔子所信奉和遵从的那一套礼法和人生价值取向，其态度因是"老友"而沉默待之，这事实上表明了儒家入世所追求的人生价值、所遵循的繁复之礼仪等等，在原壤之道士的眼里，就是虚假作态、故作扭捏、不值一提、更不值得"对话"；另一方面，表明了以记述者和孔子为代表的儒家价值观的强硬与自信。然而，这恰好是儒家应该深度反思的。

总之，"原壤者，方外之圣人也，不拘礼敬，与孔子为朋友。壤闻孔子来，而夷踞竖膝以待孔子之来也。孔子方内圣人，恒以礼教为事，见壤之不敬，故历数之以训门徒也，言壤少而不以逊悌自居，至于年长犹自放恣，无所效述也。言壤年已老而未死，行不敬之事，所以贼害于德也。孔子历数言之，既竟又以杖叩击壤胫，令其胫而不夷踞也。"（《皇疏》）本节以记述者记述的"故事"为引子，以原壤和孔子老友之关系为表层，以孔子之言行为明线和主体，通过孔子对原壤一生的检视、评点和批评，凸显儒家人生价值观和人际交往的礼法原则，表征孔子以"仁爱"的原则，对故友深情的关切与爱怜；然而，原壤却以"夷俟"出场，始终以"沉默"在场，从而构造出孔子的"独白"和"独行"的场景，显示道者原壤对儒家孔子所倡导的那一套文饰之礼法、人生成就蛊惑之不屑，由此，以生动而鲜活的方式，从言行层面、进而在人生价值和人际礼法层面将儒道之别定格而直呈。

孔子见故友，以己之尺度评价和要求原壤，暴露出深层次的问题：孔子以"爱"的方式绑架原壤，将原壤纳入己之尊奉的礼法、人生价值之架构，孔子所为本质上是一种强制、强加外于原壤之儒道。原壤沉默以对，则宣告了孔子对原壤训导之流产、之无效，由此可引出更为一般的理路：己所尊奉的，非世人皆必遵，这才是"恕道"之底蕴。

原壤与孔子，各遵其道，本无高下，只是"道不同"而已。孔子以己之道为本、为贵而量度原壤，且对之予以彻底否定，将道、人生归并于单一儒道，露出孔子儒家文化对原壤、荷蒉者诸类小群之强势和压迫，此乃孔子"恕道"之元悖论。同时，表明人与人相交的边界和相互尊重尤为重要，如此，于关系中的人，最顶级的修养就是熟不逾矩，切忌以己强人、压人，如此之关系，亦才是自由而美好的关系。

44. 教导童子，遵礼求益

宪问 14.44

【原文】阙党童子将命。

或问之曰："益者与?"

子曰："吾其居于位也，见其与先生并行也。非求益者也，欲速成者也。"

【译文】阙里的一个童子，来向孔子传话。

有人问孔子："这是个求上进的年轻人吗?"

孔子说："看见他坐在成年人的位子上，又见他和长辈并肩而行，他不是要求上进的人，只是个急于求成的人。"

孔子以"礼"而察童子，从"其居于位"和"其与先生并行"两个具体行为判断，该童子"非求益者也，欲速成者也。"

真正追求上进之人，必会注重己之德行修养，表现于外，则是待人谦逊，处世恭敬，行为举止都在规矩法度之中。童子之"居位则不逊，并行则不弟。"（陈祥道）"不逊""不弟"，实为不知"礼"、不遵"礼"而背礼。故孔子言童子"违礼，非求益之道，乃其父兄欲速之为成人。"（皇疏、戴望）

具体而言：

第一，本节围绕一个传信的年轻人而论。有人见之勤快、敏慧，年纪轻轻承担着传令之任，就向孔子请教求证，此年轻是否是一个求上进的人。孔子观其行后，得出结论：此年轻人不是求上进，只是急于求"成人"之人而已。如此，本节的中心议题是孔子讨论"求上进"和"急于求成"之差别。

第二，孔子审视和判断这个年轻人之行为，从而对之加以判断。那么，该年轻人的行为有什么特点呢? 从孔子的论述中可见：其一，"居于位"，其二，"与先生并行"。孔子从该年轻人行为中的两个要点，判断该年轻人不自知己之"位"，无长幼尊卑之秩序观念，由此认为该年轻人不懂基本礼节、礼仪，不懂得自己的角色和身份，处处表现自己，爱抢风头、出头露脸。孔子进而认为，此乃该年轻人不遵从礼节、礼仪，行为无章法、不循礼，无自省和反思意识，并且缺乏真正的实实在在的态度使然。该年轻之行为特点，表他借非己之"本位"，"急于求成"者。对此，江谦补注："在居位并行处，见其欲速成，非不隅坐随行也。若不隅坐随行，一放牛小厮矣，何以将命？"

第三，所谓"求进取"者，在孔子看来，即是知"礼"、循"礼"，知己之身份与角色，并依此来决定自己行为的人。这样的人，绝不会借势而投机取巧，而是能按照进取之原则和规范，脚踏实地地日日进步。如此，本节中所言及的该年轻人，却恰好相反。故而，从本质上判断，他不是一个"求进取"之人。

第四，孔子从一个人日常之行为举止，以"小"见"大"，从表象深入其内里，进而对之本质加以透视与诊断，此为运用"听其言，观其行"之审察和检视一个人的基本方法论原则。孔子正是基于对该年轻人其"位"、其"行"之特点，对之加以定性，不是"求进取者"，而是一个急于求成之人。

孔子对无规范、行为放纵，只知道借外力、外势而显耀自己的人加以批评，强调一个人、尤其是年轻人对"礼"之遵从于自身成长的重要性，突出人，尤其是年轻人必须依礼而为，循礼而促进自己的成长，而不是以无礼、失礼，甚至非礼之举，达到自己的目的，这样的"成长"亦是一种假象。唯有遵循"礼"之要求，严格按照自己的角色和身份勤勤恳恳、认认真真地做事，那么，求进取就在其中，否则，就是一种急于求成之投机取巧的行为。

总之，"为学日益，为道日损，人都看作两橛。若知下学而上达，则日益处，即日损处矣。今童子而能居位并行，何等志气，但恐其离下学而求上达，便使依乎中庸之道，故令之将命，所以实弃操履耳。居位，即是欲立；并行，即是欲达。皆童子之所难能，故知不是仅求益者。"（蕅益）"孔子于故旧，则严以诲之，于童子，乃宽以假之。不拘一格。而孔子平日一番轻松和悦之气象，亦随此可见。或曰：孔子举其所目睹，证其非有志于求益。若使此童子在孔子门，孔子安有不教，而听其自纵？""此见孔子之教育精神随在流露，涵养之功，殆比造化。"（钱穆）孔子于此以是否"违礼"为根本的原则和尺度来判断"求进取"或"急于求成"之差异。

孔子从观察该节所述的童子之行为得出其"违礼"之特质，故而，剥去其行为之假象，揭示其行为所显现出来的"求进取"之虚，"急于求成"之"实"，并对之予以了批评，从而倡导年轻人应该遵从礼法，做符合自己角色与身份的事情，这样，自然也就有所进取，切勿做投机取巧、急功近利之徒。

第十五 卫灵公篇

1. 以礼治国，反对战争

卫灵公 15. 1

【原文】卫灵公问陈于孔子。

孔子对曰："俎豆之事，则尝闻之矣；军旅之事，未之学也。"

明日遂行。

【译文】卫灵公向孔子问军队列阵之法。

孔子回答说："祭祀礼仪方面的事情，我还听说过；用兵打仗的事，从来没有学过。"

第二天，孔子便离开了卫国。

卫灵公行霸道，强武力，问军阵。孔子以"军旅之事，未之学也"而拒之，继而去卫。孔子主张礼治、施仁政、行王道，认为"武以止乱而已，逐奔填服，仁者弗为"（戴望），进而强调君王治国当以"俎豆之事"为本，"军旅之事"为末。

卫灵公之问，实为舍本求末，孔子"恐其有师命不可以请，故遂行。"（戴望）于此，孔子以去卫而反对卫灵公行霸道穷兵黩武之为，表治国当重祭祀、礼乐，行仁政之取向。

按陈祥道之释曰："古者文事，必有武备；武备，必有文事。故射御之事寓于礼，干戚之事寓于乐，则君子之学礼乐也，军旅之事未尝不在其中矣。孔子于夹谷之会，则以兵加莱人而齐人恐。于费人之乱，则命将士伐之而费人北。尝曰：'我战则克。'而冉有亦曰：'圣人文武并用。'则孔子于军旅之事，曷尝未学之，盖有所不言尔。"

简言之，卫灵公与孔子之间的问对，表孔子主张行王道，以礼治国，反对霸道与无礼之战。

具体而言：

第一，关于卫灵公与孔子此次之"问""对"，按戴望之考，应发生于"定公十五年，孔子再至卫"之时。《史记·孔子世家》有记："他日，灵公问兵陈。孔子曰：'俎豆之事则尝闻之，军旅之事未之学也。'明日，与孔子语，见蜚雁，仰视之，色不在孔子。孔子遂行，复如陈。"

第二，本节主要陈述了：（1）卫灵公"问陈"于孔子；（2）孔子称"军旅之事，未之学"，言"礼"而非"军旅"；（3）孔子次日离开卫国。

通过此三件事，可以看出，卫灵公奉行霸道，穷兵黩武，向孔子请教排兵布阵之"术"；孔子针对卫国之情况则认为卫灵公"问陈"违背了先"礼"后"兵"之根本原则，实质上就是舍"本"求"末"，并且不满卫灵公内政不修，故而以"未之学"为由避之而无对，转而告知其尝闻"俎豆之事"，突出孔子治国须强调和突出"礼"的原则。终因彼此"道"之不同，孔子失望于卫国，于次日离开卫国，踏上继续周游而寻求"知己"之路。

第三，卫灵公为何要"问陈于孔子"？应该这是卫灵公所处的时代境遇使然也。春秋时代正值礼崩乐坏，普遍崇尚与迷信武力。诸侯们思虑的并不是礼乐仁和之政，其所更关心、关注的是争霸逐利之事。因为现实环境的残酷，遵循着霸道之"丛林原则"，国之存亡是君王须直面的首要问题。殊不知，不是吃掉别人，就是被别人吞噬。在此种生存境遇中，任何一个君王都在思考和重视的根本问题，就是如何能够以最快的速度富国强兵，这是诸侯们最忧戚，亦是最迫切、最期待所要解决的大问题。本节之卫灵公就是其中的一个典型代表。如此，虽说卫灵公是一个昏君，但是，直面此种生存境遇，卫灵公不仅考虑国之存亡，更为重要的是他还心怀兼并、掠夺别国之野心，如此必然穷兵黩武。正是在这样的背景下，有了卫灵公"问陈于孔子"。

第四，孔子如何看待此问？卫灵公"问陈"于孔子，孔子主要基于三点来审视和评价。

其一，从大的方面来看，卫灵公之问所显示其关注和所好在于"霸道"，其志在征伐，而非以仁义治国，交天下。恰如朱熹引尹氏所注曰："卫灵公，无道之君也，复有志于战伐之事"；而孔子所主张的则是"王道"，以礼仁治国、平天下。如此卫灵公所奉行、遵从的，与孔子所遵从、信奉和要践行的，实属霸道与仁道之"道"异。

其二，从具体方面来看，其时之卫国，其政之最大的弊病和最应该加以解决的首要大事，并不是"军旅之事"，亦不是具体的"陈"之法，更不是以此图外争霸；而是对宫墙之内储君、佞臣之治理，真可谓"卫公之忧，也不在兵戈，而在萧墙之内也"。然而，从卫灵公之问可知，其无视因疏于修正、肃治内政，致使其内政君臣关系错乱不堪之状况，弃内乱于不顾，更不思民之死活而一心图谋"霸业"之事，关心军旅之术。这与孔子所强调的以"礼""仁"为政善治其国之主张相左。

其三，在孔子看来，卫灵公只关心"军旅之事"，而无视以"礼"治国，此乃是"本末倒置"；无"礼"之"本"，一味只求"军旅"之术，这是舍"本"逐"末"之举。此乃春秋诸侯君主之共同点，卫灵公尤甚。

第五，孔子见卫灵公志在穷兵黩武为"战"，而不是"仁义""礼治"，因此，面对卫灵公之问，孔子并未直接予以回答，而是从确认自己所知范围的角度，将卫灵公之问排除在自己的知识、认知能力范围之外，以表对此无力给予回答。但有意思的是，孔子先说知"礼"，而又说不知"军旅之事"，这样，就突出了孔子重"礼"，而非"军旅之事"。

同时，孔子之回答，也是暗示卫灵公，当下他最为重要的是在内政治理上下功夫，着力解决卫国治理中诸多违"礼"之事，而"军旅之事"不是卫灵公现在所应该关注和思考的最要紧、最急迫之问题。

第六，孔子在回答卫灵公之时，表明了他关于"礼"与"战"之关系的立场和态度。《孙子》有言："兵者，国之大事，死生之地，存亡之道，不可不察。"孔子亦深谙"兵者"与"道"之间的关系。如此，孔子对"兵"与"道"的关系，从顺序上则是"道"先"兵"后；从重要性上则是"道本"而"兵末"。孔子并非一味回避与反对战事，而是强调"战"非"本"，而是"末"。如此，突出孔子以"礼"为"本"之"战"，反对脱离"礼"、甚至是无"礼"之"战"。

第七，至于孔子在回答卫灵公之问时所说"军旅之事，未之学也"，其主观立场如前所述，孔子不愿与卫灵公在无礼之前提下讨论"军旅之事"；就其"客观事实"之如何？即孔子是否真的"未之学"或真不知"军旅之事"，并非本节所应关注之重点。当然，有解家和注者对此亦加以了考察。譬如《史记·孔子世家》就有记载，季康子曰："子之于军旅，学之乎？性之乎？"冉有曰："学之于孔子。"又有，"子曰：善人教民七年，亦可以即戎矣"和"以不教民战，是谓弃之。"（《论语·子路》）还有孔子所施教学内容之礼、乐、射、御、书、数中的"射"，就涉及军事方面的知识；据说，孔子还是射箭高手。再有其所教之弟子子路、冉求、樊迟，都是统帅过三军的军事人才。还有论者认为，在孔子时代，射不仅是军事技艺，而且列为礼乐制度之一，等等。这都说明孔子不是不懂军事、不具有军事知识，只是不愿意与卫灵公谈论军事问题。诸如此类，皆可作参考而详究。

第八，通过卫灵公之问，孔子深知其志在征伐、在霸道，这与孔子所主张的以礼治国，国与国之间当礼让为上，和为贵的"仁道"根本不同。正因如此，无与"相谋"。于是，孔子次日就失望地离开了卫国。

应该说，孔子离开鲁国，流转列国，正是为了寻求仁政理想可实现之所。他离开鲁国，最先到的就是卫国。各种资料显示，孔子起始时对卫国是报以极高希望的。据《史记·孔子世家》记载，"孔子遂适卫，主于子路妻兄颜浊邹家。卫灵公问孔子：'居鲁得禄几何？'对曰：'奉粟六万。'卫人亦致粟六万。居顷之，或谮孔子于卫灵公。灵公使公孙余假一出一入。孔子恐获罪焉，居十月，去卫。"并记"灵公老，怠于政，不用孔子"。如此，虽然卫灵公当时以六万石的俸禄礼遇孔子，但是卫灵公只是慕其名而已，其志在战伐，对孔子之学说和主张并无遵循、推崇并实行之意，这令孔子深感失望，所以离开，另寻他国。孔子离开卫国，表明与卫灵公所遵从和坚持的"霸道"之诀别。

总之，"卫灵公，无道之君也。复有志于战伐之事。"（朱熹引尹氏）故孔子以未学"无知"之由避卫灵公问"陈"，进而去之，突出孔子重"礼"弘仁之坚定主张。

孔子强调"仁政"、礼治和"王道"，与卫灵公之志于战伐之"霸道"，形成不可调和的矛盾。于此，以礼而治国，以仁义教化天下，反对穷兵黩武的孔子持守其理想，为仁道之实现，离别卫国，踏上继续流转之路。

2. 在陈绝粮，君子固穷

卫灵公 15.2

【原文】在陈绝粮，从者病，莫能兴。子路愠见曰："君子亦有穷乎?"
子曰："君子固穷，小人穷斯滥矣。"

【译文】（孔子一行）在陈国断了粮食，跟从的一行人都饿病了，爬不起来了，精神也很萎靡颓废。子路生气来见孔子，说道："君子也有穷困得毫无办法的时候吗?"

孔子说："君子在穷困时还能固守正道，小人一遇穷困就胡作非为。"

据戴望释曰："哀公元年，孔子如陈，居陈三岁。迁于蔡三岁，吴伐陈，楚救陈，闻孔子在陈，聘之。将往，陈、蔡大夫发徒役围孔子于野，绝粮七日，不火食，藜羹不糁，弟子皆有饥色。孔子弦歌讲诵不衰，乃使子贡如楚，楚昭王兴师迎孔子，然后免也。"孔子一行，困于陈，处绝境，于是有了子路之困惑而质问，继而有了孔子之经典教诲："君子固穷，小人穷斯滥矣"。

子路之愠见，乃因"子路悲孔子之圣，至于困穷。"孔子道"君子固穷"，乃"言君子进退中礼，唯为君子，故有穷也。"（戴望）"小人"则"反礼为滥"。如是陈祥道所释曰："君子无常产而有常心，则固于穷。小人无常产因无常心，故穷斯滥。君子穷则乐，小人穷斯滥。"

孔子提出"君子固穷"之命题，直指君子面困境、绝境，当如何遵礼而善处己、守正道。

具体而言：

第一，孔子一行受困之事应是发生在孔子离开卫国之后，于陈蔡两国之途时断粮、随从得病，一片窘迫之相。对当时背景和情景，有资料予以记述。

据《史记·孔子世家》记载，"孔子迁于蔡三岁，吴伐陈。楚救陈，军于城父。闻孔子在陈蔡之间，楚使人聘孔子。孔子将往拜礼，陈蔡大夫谋曰：'孔子贤者，所刺讥皆中诸侯之疾。今者久留陈蔡之间，诸大夫所设行皆非仲尼之意。今楚，大国也，来聘孔子。孔子用于楚，则陈蔡用事大夫危矣。'于是乃相与发徒役围孔子于野。不得行，绝粮。从者病，莫能兴。孔子讲诵弦歌不衰。子路愠见曰：'君子亦有穷乎?'孔子曰：'君子固穷，小人穷斯滥矣。'"

《孔子家语·在厄篇》中对当时的情景，亦予以记述：孔子厄于陈蔡，从者七日不食。子贡以所赍货，窃犯围而出。告籴于野人，得米一石焉。颜回，仲由炊之于坏屋之下，有埃墨堕饭中，颜回取而食之。子贡自井望见之，不悦，以为窃食也。入问孔子曰："仁人廉士改节乎?"

孔子曰："改节，何称于仁廉哉！"子贡曰："若回也，其不改节乎？

孔子曰："然。"子贡以所饭告。

孔子曰："吾信回之为仁久矣！唯汝有云，弗以疑也。其或者，必有故乎？汝止，吾将问之。"

召颜回曰："畴昔予梦见先人，岂或启佑我哉！子炊而进饭，吾将进焉。"

对曰："向有埃墨堕饭中，欲置之，则不洁。欲弃之，则可惜。回则食之，不可祭也。"

孔子曰："然乎！吾亦食之。"

颜回去，孔子顾谓二三子曰："吾之信回也，非待今日也。"二三子由此乃服之。

第二，本节所陈述的"事实"，如上详表。其中，"病"和"兴"，突出地表征了当时孔子与众弟子们受困之惨淡情形；"从者病"表随孔子一行弟子，几日断粮而导致得病者不在少数；"莫能兴"则表明弟子们心智受其煎熬与蒸烤，普遍呈现出疲惫和劳顿，无精打采、垂头丧气之状。由此可见，孔子与众弟子一行人，深陷绝境之中，是前行路上的一大劫难。在此等境况下，众弟子议论纷纷，最后形成了一个带有根本性的、具有共识性的问题："君子亦有穷乎?"。

此问题，本质上是对君子在穷途末路、走投无路之状况下对自己所持守的"道"之命运的反思，是对君子与穷困之关系的实质性追问，本质上是对与君子之德相匹配的、应有的生活发出的质疑。如此，子路之问中的"亦"就非常具有标示性意义，指示着孔子一行的当下遭遇与君子应然的生活之"悖论"。

第三，孔子与众弟子身处如此穷途末路之绝境，在子路看来这是有德的君子不该有的遭遇。如此，目睹"绝粮，从者病，莫能兴"之困境，子路怒从心中生，要去见孔子讨一个说法。于是就有子路是愠见孔子而问的发生。

为何众人思之、议之和疑之，独子路前往而面问孔子呢？这与子路的个性和在众弟子中的地位直接相关。子路可以说是孔子最为忠实的门徒，一生追随孔子不离，风骨不凡，衣敝不耻，浮海喜从，可见其心之忠诚，个性之刚直、率真与勇猛。如此，颜回、子贡、曾子等诸贤弟子思而沉默不语时，子路愠而代问之。

另，《论语》中记载子路对孔子"愠""不悦"、发脾气大约有四次。第一次是"子见南子，子路不悦"（《论语·雍也》）；第二次是此处所记"愠见"；第三次是"公山弗扰以费叛召，子欲往，子路不悦"（《论语·阳货》）；第四次是疑于孔子欲应佛肸之召时（《论语·阳货》）。

第四，子路"愠见"而问孔子"君子亦有穷乎?"孔子答"君子固穷，小人穷斯滥矣"，

关涉"君子"的命运与君子如何处理"穷"与"道"之关系。孔子通过君子"穷"时与"小人"之别，突出了君子安于"穷"而守"道"之德和持"道"之情怀。此乃本节之关键所在。

孔子答子路："君子固穷，小人穷斯滥矣。"孔子以一个"固"与"滥"将"君子"与"小人"面对"穷"之时守道与无道直呈出来，从而彰显二者之本质分野，进而表明君子于"穷"之时，依然"固"之，而"小人"则无所"固"而"滥"，即小人为了口舌之欲、果腹之需，即为了满足其欲望，会什么都不顾忌，什么都敢做，什么都会去做，尽为非作歹之能事。如此，更凸显君子即使在穷困潦倒时，依然能守道自处，坚持其理想，虽"穷"且不坠青云之志、不丧其为道而在的品质与操守。

第五，进而言之，孔子于子路所言"君子固穷"，首先是强调"穷"对于君子之生活而言是一种常态或本然，而不是一时的状况，并非是仅指君子固守中自己的"穷"，这样，孔子就解除了子路的疑问之合理性，揭示了君子生活之本真状态，掀开了君子生活、尤其是其物质生活之"穷"的基本事实。因为君子之为"君子"，并不在物质财富上拥有或占据的多寡，即贫或富，而是在其"乐道"上。如此，在极端贫困、贫苦之情况下，依然不为"穷"所困、所惑，这才是回归君子生活之常态，这才是真君子。这样，孔子以确认了"君子"与"穷"之间的必然性关联，解除众弟子置身于"穷途末路"之时的质疑与困惑，为其当时处境的众弟子予以信心和信念支持。

第六，君子忧道不忧贫、谋道不谋食，如此，君子当"安贫乐道"。如此，君子生活、生命的价值重点和关注点应该是在"乐道"上，而不是在"穷"上。"穷"乃君子生活的常态，是君子生活之本然。君子虽"穷"，但其心性和理想不为"穷"所困；君子之层次，也并非以穷或富为尺度，而是以其德性修养之境界为标准。君子之"穷"，并不是君子生活之劣势，恰巧相反，是君子生活之本质属性和特征，是其优长之处。如此，君子之可贵正是在于能"安贫乐道"，守得住"穷"，即孔子所言"固穷"。相反，"小人"，无道可乐，唯是怕"穷"，因此，"小人"极力想摆脱"穷"而不择手段，所以孔子以"滥"而

定性。

第七，当然孔子所言"君子固穷"，并不是说君子对"穷"有一种怪异的偏执，君子有自虐心理和禁欲要求；君子面向"穷"时，也思变；但是君子爱财，取之有"道"，这就突出了君子生活中"穷"与"道"的关系，"道"是君子之生命、生活之最高价值规范和至乐之追求，不因"穷"而背道违礼。

第八，当然，君子固得住"穷"，方可"乐"其"道"，守不住清贫、清苦，不为己欲所困，不为外物所惑，方可不改其乐道之人生取向，才能坚定地去践"道"而不悔，从而实现君子人生的价值。如此，孔子一语"君子固穷"，教导处于"断粮，从者病"之极度"穷困"境况中的众弟子，其心应淡然，其性应平和，其情应顺静，而不应该如子路一般"愠"而见之、责问之。在此，孔子之语，不仅阐释了"君子固穷"之道理，而且更重要的是希望众弟子们从思想和信念的高度解决"问题"，转"莫能兴"为"兴"之状。这才是孔门弟子之诸君应该有的精神风骨和品格、气象。

第九，只有当身置"绝境"之时，诸多根本性的问题方才得以显露，不同的人对这一问题的面向和处理，才能很清晰地将"人"区别开来。在此节中，同样面对"断粮，从者病"之"穷"困之境，以子路为代表的众弟子愠愠然，而孔子却依然弦歌讲诵不衰，泰然处之。对此，朱熹释曰："愚谓圣人当行而行，无所顾虑。处困而亨，无所怨悔，于此可见。"对于子路愠见孔子之"事"，蕅益释曰："只消愠见，便是滥。若知乐在其中，哪见有穷可愠。"如此，一方面表明以子路为代表的弟子，其修养还远远不够，尚未得君子之真义，需要进一步加强修养；另一方面，于此则将"圣人""君子"与"小人"区别开来了。

但是，子路之"愠"，也并不是毫无道理可言。子路及其弟子们都会反思，自己一心秉持德性和操守，却陷入如此窘困之境，被包围且"断粮"，"从者病"，进退不得。相反，那些作恶多端之徒，反而过着锦衣玉食的优裕之生活。两相对比，自然而然就会气从中生，进而开始质疑自己一直所坚守的信念和理想。在此，对子路等人当报以同情和理解。但是，孔子却严格按照"君子"标准要求其众弟子，因此，予以批评教育、说服与鼓励。

第十，对于"子路愠见"所问，孔子提出"君子固穷"，其着力点不在于君子之现实生活是否就是真"穷"，亦不是要君子生活就是一定要穷困潦倒，而是让君子认清、自觉自己生活之本真状态，当且仅当"穷"时，能持有一种对"穷"的泰然之心。如此，孔子更多强调的是君子面对"穷"之时的立场与心境。这样，孔子将"穷"置于君子生命价值结构中来加以反观和定位，凸显君子生命独特的超越维度和"乐道"之高度。

第十一，"君子固穷"，说明君子本具有吃苦耐劳、坚韧不拔之品质，并非一遇到挫折就放弃自己的理想和追求，丢掉自己的原则和作风，如是"小人"一般"滥"而放纵自己，这就不是遵君子之道。唯有在"穷"之时，依然守道、"固"道而持之以恒的人，历经百折不挠，才能走向成功！因此，遇到再大的困难，面对再艰难的困境，君子仍要始终如一而遵礼守道。

总之，本节以孔子及其众弟子一行人深陷于"绝粮，从者病，莫能兴"之"穷困"绝境为真实语境，呈现了以子路为代表的弟子们和孔子对待窘境时不同的态度和立场；孔子提出"君子固穷"，揭示了君子生活的本真状态，并依此矫正、澄清和解除以子路为代表的弟子们的思想疑虑，鼓舞弟子们必须固穷乐道，转"莫能兴"之精神状态，坚守、坚信"仁道"之信念不动摇，一定能走出困境。同时，孔子以"穷"为尺度，强调君子之"固"，并据此将"君子"与"小人"区别开来。如此，孔子"言君子固有穷时，不若小人穷则放溢为非。"（朱熹引何氏）

"君子固穷"，表君子生存之路荆棘密布，坎坷多桀，于此折射出世之无道。于无道之世，遵礼尚道君子所存之艰难，与"斯滥""小人"之猖行、横行，构成鲜明的对比。如此，"君子固穷"，并非简单对君子品格的确认、肯定与颂扬，更深层地表达对无道之世的控诉与批判。这样，君子据道义、心性品格、道德情操之力量，承受生活之困难，成就生命价值之崇高。由此观之，孔子"乐道"而"固穷"，因而面"穷"能保持平淡、平静、平常之心，正是孔子深刻洞悉君子生活之本质使然，更是他的内在德性修养超然于"物欲"使然。

"君子"本"穷"，如此，惟能"固穷"，方可"富"而"好礼"，亦才能真正达到如孟子所言的"贫贱不能移，富贵不能淫"之"大丈夫"的浩然之境。如此，"君子固穷"于遭遇财富困扰的现代人，同样具有规范、教化和引导功能。

惟明白"君子固穷"之理，方可直面"穷"而"安贫"，而忧道、谋道、乐道，而成"君子"。

3. 教育子贡，一以贯之

卫灵公 15.3

【原文】子曰："赐也，女以予为多学而识之者与？"

对曰："然，非与？"

曰："非也，予一以贯之。"

【译文】孔子说："赐啊！你以为我是学习得多，并能一一记住的吗？"

子贡答道："是啊，难道不是这样吗？"

孔子说："不是的。我是用一个根本的东西把它们贯通起来的。"

子贡之为学，浅于颜、曾，常不得孔学之根本与要旨。按朱熹之释，"子贡之学，多而能识矣。夫子欲其知所本也。故问以发之。"子贡"方信而忽疑，盖其积学功至，而亦将有得也。"

孔子以"多学而识"指证一般人为学之特点，并否定之，提出己之为学乃遵循"一以贯之"、融会贯通之原则，以促子贡提升而解子贡之自困。

按钱穆之释："本章告子贡多学一以贯之，'之'指学。然道于学仍当一以贯之。道之所得本于学，学之所求即在道。"子贡之学滞于"多学而识"，尚未进"道"，乃不知"一以贯之"使然也。

具体而言：

第一，本节通过子贡与孔子之对话，更是通过孔子对其治学生涯的自我反思与自我总结，确认其为学并不在于"多学而识之"，即不在于所谓"博闻强记"，而是在于"一以贯之"，这样，孔子依己之治学实践和体验，总结出治学之总体原则和方法论，是为孔子为学之"秘诀"。孔子传递给子贡等诸弟子，对其治学予以直接的指导，并要求弟子们在治学中始终保持一心一意，心无旁骛而持之以恒，以解弟子及后学陷治学之无序，不得其要领之困惑。

第二，本节之关键词为"一以贯之"。孔子曾在《论语·里仁》中与曾参对话中首次提出。孔子说"参乎！吾道一以贯之。"曾子曰："唯"。子出，门人问曰："何谓也？"曾子曰："夫子之道，忠恕而已矣。"（《论语·里仁》），第二次则是在本节中。但是，两处各自侧重点和具体所指又有所不同。前一处，孔子是主要从其理论、观点和思想之"多"与"一"的关系视角，突出孔子理论多维度、多层次和多样性之内在的统一性而言；于此处孔子主要是从治学之原则和方法论而言。这两处所言"一以贯之"正是体现了内容与方法的的统一。

对孔子于曾子、子贡所言"一以贯之"之不同。

陈祥道释曰："多学而识，则博于文而不知约，故所知者，事以一贯之，则通于一而万事毕，故所知者，德。知德则自得而已，故穷亦乐，通亦乐。知事则徇外而已，故丑穷而色作。子贡在陈则色作，子路则愠见，于此时言：'由，知德者鲜'，则愠见与色作矣。孔子于子贡、曾子皆言以一贯之，所以语之也。子贡不知德，则多学而已，曰：'予一以贯之者'。曾子之学可以语道，曰：'吾道一以贯之'，所以诱之也。曾子唯而不辨，子贡闻而不问，于圣人之体，不能具也。"

朱熹引尹氏释曰："孔子之于曾子，不待其问而直告之以此，曾子复深谕之曰'唯'。若子贡则先发其疑而后告之，而子贡终亦不能如曾子之唯也。二子所学之浅深，于此可见。"朱熹续之按："夫子之于子贡，屡有以发之，而他人不与焉。则颜、曾以下诸子所学之浅深，又可见矣。"

如此，当孔子以问而化子贡时，子贡明白"文武之道在人，贤者识大，不贤者识小，夫子焉不学？是多学而识也。故对以为然"。但子贡则并未真正明白"博闻者必约礼"，"约礼为仁，人道之本，亲亲而齿齿，尊尊而贤贤，百王之无变，足以为道贯也。"（戴望）

卓吾和方外史认为曾子和子贡均未得孔学"一以贯之"之真谛。卓吾云："腐儒谓'然，非与'处，不如曾子之'唯'，可发一笑。"方外史曰："俗儒妄谓曾子传得孔子之道，则子贡亦传得孔子之道矣。孔子何以再叹'今也则亡'。"

第三，本节承续上一节"君子固穷"，从君子生活中遵礼守道，下降到为学之原则和方法论。"一以贯之"所蕴含的精神，就在于强调坚守一心一意，始终如一之态度和原则。如此，"一以贯之"表征了孔子生活与治学、为学与为道之内在统一。

方法是内容之表征，内容决定方法。孔子所言"一以贯之"之"一"，确保了孔子思想的融贯性、整体性和系统性。不可否认，从《论语》的具体内容可见，孔子每一思想、观点和学说的提出、阐释与表达，绝非是空乏其论，总是在针对具体问题的诊断与解决，常采取陈述、问答、论辩等诸形式，如此所展示的思想、观点和理论之外观，似乎是碎片化的、零散的、杂乱的，各论之间缺乏严密的内在逻辑。然而，正如孔子对曾子所言的，其中有"一以贯之"之"一"。如此，孔子自我确认其思想是具有内在逻辑，有其贯穿于各个具体观

　　　　　　　　　　　　　　生活哲学视野中的"论语"研判

点、思想和理论之中的精神主旨，即具有其"一以贯之"的东西，这个东西就是孔子学说通过"问仁"与"问政"，论"为人""为学""为政"，融注于修身齐家治国平天下之精神主旨、价值红线。

此"一以贯之"的"一"，就其本质而言是什么？可谓是见仁见智，众说纷纭。按照曾子之说，"一"乃"忠恕"；有的论者认为，"一"即是"道"，意指贯穿天理人道，在上为"道"，在下为"仁"；也有的学者认为，就其所是而言，"一"则是"忠"；就其当是而言，"一"则是"思无邪"；自其应是而言，"一"则是"宁俭"；自其必是而言，"一"则是"己立立人，己达达人。己之不欲，勿施于人"。就其大本而言，"一"则在"克己复礼"，于立己当中明其所是、应是、当是、必是，所以"一以贯之"。如此等等，探究与确证"一以贯之"之"一"的本质内涵，倒是一件值得继续探求的学术工作。尽管对孔子理论、学说之"一以贯之"之"一"到底或具体所指是什么，尚存诸多争论与分歧，但是确认孔子学说有一个"一以贯之"之"一"，则是共识。

在此节中，孔子就治学之根本原则和方法论所说的"一以贯之"之"一"，就是指治学须"一心一意"，"始终如一"，用心专一、有始有终，不能误入歧途。为此，后人就将"一以贯之"称为"一贯"。

在此，"始终如一"既讲治学之指向与具体的内容或领域，又指其坚持之精神和原则。如此，"一心一意""始终如一"，即是心之澄明，治学与学习关键在于"诚"，具体表现为"知之为知之，不知为不知"，进而从"知之"至"好之"，而达"乐之"，最终参悟到为学之"道"。这是为学主体对自身为学的高度自觉而呈现出的一种独特的心明状态。

第四，"一以贯之"，就为学之技术性层面而言，构成对零散的知识加以整理，对感知的东西予以提炼和总结之主导精神、理念和方法。如此，"一"统摄孔子之一系列思想、观点，构成其理论的内在逻辑。

总之，孔子通过与子贡的对话，力图启发子贡意识到"多学而识"，多学而冗杂，皆不可究"本"，皆不足以进道，并结合己之为学经验，直陈"予一以贯之"的根本原则和方法论，以解子贡之惑。

为学、为道须内在统一。恰如钱穆所释曰："道与学仍当一以贯之。道之所得本于学，学之所求即在道。"如此，"一以贯之"既是为学之方法，亦是修德进道之根本原则。

"一以贯之"，即是孔子人生为学、为道之另一种诠释。

4. 世德之衰，孔子慨叹

卫灵公 15.4

【原文】 子曰："由！知德者鲜矣。"

【译文】 孔子说："由啊！懂得德的人太少了。"

孔子言"由！知德者鲜矣"，不仅教诲子路当重己德之修养，应时时止"愠"，而且指涉当世"人君知德者寡，故能好德者亦寡。"（戴望）世人不"知德"，不好德，恰如孔子言："吾未见好德如好色者也。"如此，人之"无德"，世则"无道"。

"德"为道之"用"，"道"乃德之"体"。进道，当从修德始；修德，又以"知德"为前提。如此，孔子告子路，"知德"之人难得，乃因为"德必修于己而得于心，非己之实有之，则不能知其意味之深长，故知者鲜也。"（钱穆）

孔子言："由，知德者鲜矣"，乃孔子重锤子路而警醒之，如是蕅益所言，孔子于子路"痛下一针。"

具体而言：

第一，本节据说应该是在陈蔡"断粮，从者病，莫能兴"，子路"愠见"孔子问"君子亦有穷乎？"之后，孔子对子路说的一段话。在此，孔子直接点明"由！"，有的释者认为，"由！知德者鲜矣。"应该断句为"由知德者，鲜矣"，其意在直接敲打和批评子路，认为他"愠见"孔子且质问，是无德或德修不够，于是，孔子以"君子固穷"的道理来教育子路。此一说，可参［集解］王曰："君子固穷，而子路愠见，故谓之小于知德。"朱熹释曰："由，呼子路之名而告之也……此章盖为愠见发也。"但是，也有人认为，虽然子路"愠见"孔子，孔子因之对世德之衰而发的感叹。如此，孔子做出"知德者鲜矣"之判断，并非仅仅是指子路如斯，而是指向当世之世况，知德者少，不知德者众，有德者亦更少，践行德者更鲜见，以示当世礼崩乐坏、世风日下。由此，不仅表达了孔子对当世世德景况之忧、之批判，而且让孔子深切地意识到，要实现"仁政"、达至"德治"，首先须教之而让人知德、修德，其路之遥遥，其任务之艰巨。

第二，何谓"德"？朱熹说："德，谓义理之得于己者。非己有之，不能知其意味之实也。"戴望以为"德谓贤者。""德"乃是一个人对于崇高的天人之道的体认、践行和自证，它承接和彰显"义理"于心、于行，构成一个人之心性、德性和行为的尺度与规范，引导一个人之心理、情感、思想与观念，再具体化为其取向与尺度，规范其行为。在现实关系中，表现为在"君君、臣臣、父父、子子"等诸多关系中，遵循"仁""忠""孝""信"和"勇"等原则。如此，"德"既表征于心性之修养，亦呈显于其行为实践之中，构成"德"之存在样态。

"德"之根和基础在于"道"，是"人"对"道"之觉悟。"德"，表一个人思考和处理一个具体关系中所遵循的原则，侧重于其规范与引导功能，是就其"用"而言。于此，孔子以"道"与"德"之"体""用"关系为基础，通过"知德者鲜矣"之事实判断，进而指证世人无德、"天下无道"之深层本质。

第三，孔子所言"知德者鲜矣"，决不仅仅是为了揭示出社会惨淡的道德境况，而且更为重要的是指出和强调当世的德性教化、改造与建设，势在必行，刻不容缓，同时也意识到当世德性建设的艰巨与漫长。

孔子说"知德者鲜矣"，表明世人对"德"之"无知"甚为普遍。面对于此种境况，首要的工作就是必须通过教化，通过有德君子之言行为示范等多重渠道，让世人对"德"之"无知"转变为对"德"之"有知"，让"知"德者由"鲜"至"众"，从而消除世人对"德""无知"之状况；在此基础上，从"知"德推进到"行"德，促"知"德向"行"德的转化。如此，可以清晰地看到，孔子立足于"知""行"之内在关系，以道德主体于"德"的"无知"与"有知"为视角对社会道德状态加以甄别和判断，并以化道德主体于"德"之"无知"为"有知"，变知者"鲜"为知者"众"，进而促"知德"者"行"德，成就当世之德性建设。

但是，德性建设之最为艰巨与关键，并不在于由对"德"之无知转变为"有知"这一环节，而是在于从对德之"有知"，从思想、观念和意识、心理所构成道德主观领域进入实践领域，即"行"德，因为从"知"与"行"的关系来看，二者并不具有内在必然一致性，常常出现二者的分裂或背离，"知者"并非就一定是"行者"。"知"德只是"行"德必要而非充分条件。"行""德"本质上是属于实践理性之领域，是"德"之践履，需要具体落实于处理诸多关系的行为中。

如此可见，孔子告知子路"知德者鲜矣"，不仅表征孔子直呈当世道德境况之令人堪忧的事实，而且突出了孔子于道德建设之责任感与使命感。

第四，孔子所言"知德者鲜矣"，其中之"德"，即是孔子所推崇、倡导和践行的"仁德"；如此可见，孔子的理想是以"仁德"治天下。在此，表征孔子赋予"仁德"之唯一合法性、正当性，同时亦显示出孔子对"他者"之"德"的排斥性与否定性，缺乏对"他者"多样性之"德"应有的认同与宽容，这不能不说是孔子并未意识到的元悖论。

　　总之，本节以"知"与"不知"为尺度，从世人与"仁德"之关系视角，做出"知德者鲜矣"的判断，揭示"知德者鲜"，不循"仁德"，不遵礼法之寡廉鲜耻者众的事实。

　　面对这一道德境况，孔子从"道"与"德"之本质关系视角，以"知""行"关系为立足点，预示着以"仁德"教化、引领和带动世人，实现世人于"仁德"，从"无知"至"有知"，最后行仁德，以此改变"知德者鲜矣"之境况，实现仁德天下之理想。

5. 孔子赞舜，无为而治

卫灵公 15.5

【原文】子曰："无为而治者其舜也与！夫何为哉？恭己正南面而已矣。"

【译文】孔子说："能够'无为'而治理天下的人，大概只有舜吧？他做了些什么呢？只是庄严端正地坐在朝廷的王位上听政罢了。"

孔子盛赞舜帝善治达"无为而治"之境。舜何以做到"无为而治"？孔子以"恭己"和"正南"而表之。"恭己"，即"恭以自守"；"面南"，即舜"南面涖朝，群贤分职，己只仰成"。（钱穆）

"任官得人，己不亲劳于事"（钱穆），是舜之"无为而治"之要。对舜"无为"之善治，陈祥道释曰："继治世而不用众，不能无为。用众而不继治世，亦不能无为。舜之无为，以其袭尧于其上而用众于其下故也。"

孔子以舜为具体典型，彰"礼治""德治""王道"之内蕴，突出遵礼制而治国，君臣各就其位，各司其职。"君"无须"事必躬亲"，只须知人善任；"臣"则各守其位、各尽其职、各展其能、上下和谐、成"无为"之善治。对此，朱熹释曰："无为而治者，圣人德盛而民化，不待其有所作为也。独称舜者，绍尧之后，而又得人以任众职，故尤不见其有为之迹也。恭己者，圣人敬德之容。既无所为，则人之所见如此而已。"

具体而言：

第一，孔子以圣王舜为典型，表达他面对乱世、针对乱世而期盼的为政治国之理想："无为而治"。孔子这一理想之本质在于将"礼治""德治""王道"之功效与价值推至极端。如此，一方面与当世为政、治国之实况形成鲜明的对比，展开对"霸道"的批评；另一方面则是突出超越霸道和救治乱世唯一可行之途，就是以圣王舜之"无为而治"为榜样，遵"礼治"，行"德治"，成"圣王之道"。唯有如此，"仁政"才可能得以复兴而再现于世。

第二，从孔子之论可知，孔子理想的为政、治国之典范则是"舜"。"舜"为政治国体现出来的则是孔子所崇敬的"先王之道"。"先王之道"的核心和根本特质则是"贤人政治"。贤人政治最为显著的特征即是"无为而治"。

"无为而治"，非道家独有。就其治国之理念而言，乃是儒道之共同追求。

只是儒道两家"无为而治"之本质内涵、理想目标根本不同，决不可混淆，更不可将孔子所推崇的舜之"无为而治"等同于道家老子所主张的"无为而治"。

老子强调以遵循"天道"而顺治，即"无为而治"，强调为政和治国，以不违背"天道"为最高准则，突出统治者的行为要顺应自然和人性，不强作干预，让下属和百姓不相"争"，彼此相安无事，为政治国之最好的政策应是"清静无为"，君王最好不要好大喜功，劳民伤财，更不可徭役赋税接连不断，搞得民众怨声载道、矛盾四起而无所适从，其理想之目标是达到田园牧歌式的"小国寡民"。在此处，道家之"无为"则是强调人之所"为"，不可违背"天道"。如此，顺应天道而达"治"，为道家所崇尚之"无为而治"。

孔子所赞的"无为而治"之要旨则是强调和突出为政者在治国中，遵循"仁道"，实施"德治"，如此，君臣均遵"礼"而为，天下循"礼"而治，即一切按照既定的"礼法"而治理国家，各得其所，各尽所能，就其效果恰如"无为"之"治"。如此看来，孔子所推崇的"无为而治"，本质上就是"礼治"。其理想就是彰显"仁政"和"王道"，最终达到"仁"治天下，实现"天下为公""天下大同"。此处的"无为"乃是指为政治国者之一切所为，皆不可违背"礼制"之规定，一句话，凡事遵循"礼制"之规定所举行的规范性为政治国之行为，都是"无为"，如此，则可以达到善治、仁治之效果。在此，凸显的是"礼制"的规范和"仁政"内蕴之"德"。

综上观之，道家老子的"无为而治"，其关键在于"顺应"，遵循其内在的法则与规律，不可过多地彰显"人"的主观意志之强"为"，甚至要求放弃为政、治国者之意志、之欲望所造成的"干预"和人为地所谓"有所作为"，其本质就是"顺"。"顺""天道"、顺人之"本性"、顺治世之规律。这样，在道家老子看来，一切乃"天成"，此乃"无为"而"无不为"之本质。其价值取向是为政、治国者尽量减少其利益追逐、放弃或弱化其治政意志，如此才能消解利益纷争而引起的乱世之状。一句话，道家老子所倡导的"无为而治"，既是手段，又成为"目的"，本质上是一种治理者弱化其主观意志和愿望的治理方案。

孔子所言"无为而治"，其关键在于遵循礼制。如此，强调和突出的是"礼制"对为政、治国者之行为的规范、要求和引导，指示的是"礼制"的不可僭越与违背，这样的"有为"，才不会造成负面的效应而导致世之乱，从而达到天下大治，此等"有为"方可称之为"无为"。一切违背"礼制"规定的"为"，不是"有为"，而是"乱为""妄为"，都必须予以消解。如此，儒家之"无为"，乃是遵循礼法，符合"礼治"之规定和要求的一切"所为"。一句话，孔子所称颂的"无为而治"，乃依"礼"而治，是实现"仁道""德治"之"手段"，本质上乃是一种积极形态的治国方案。

第三，在孔子看来，为政治国要达到"无为而治"，需要相应的理念、制度和为政手段支撑。

其一，在理念层面，不仅仅要求为政者有"德"，而且还必须是"德"之标范与表率。如此，方才产生因"上好礼，则民易使也"之"无为而治"的良效。在此，为政者须是具盛德之"贤人"，由此凸显的是该种政治，乃是"贤人政治"。

其二，从制度层面来看。依托、凭借"礼制"，充分发挥礼制之规范效能，以使"礼"而"法"，达"无为而治"之效。由此，形成"道""礼""法""治"之逻辑。

其三，从施政层面来看，为政者必须"知人善任"，让为臣者各就其位、各司其职、各展其才、各尽其能、各负其责，完全遵循"礼治"之要求而行政。如此，为政之治理就会有序践行而不杂乱无章。为君者，犹如群龙之首，成为施政运转之枢纽。恰如朱熹所描述的那样"得人以任众职，故尤不见其有为之迹也。"

第四，为政、治国者为德之表率，依"礼制"而能做到对人才"知人善任"，那么，就能如舜一般只需"恭己正南面"，即可达"无为而治"。

舜之所以"恭己正南面"，达"无为而治"（在此，"南面"意指或代表"天下"或"民"），首先是因其有德而有君威，因为其任人唯贤、知人善任而得"闲"。在此，舜不是因为他不做事，而是无须事必躬亲。各项具体之政务都由其所任命之臣而为之，君王之舜自然是不用什么事情都亲力亲为。恰孔子所言"舜有臣五人而天下治。"亦如扬子曰："袭尧之爵，行尧之道，无为矣。""舜左禹而右皋陶，不下席而天下治"。一句话，舜以其德治而彰显了让孔子视为最理想的"仁政"和"王道"模式，成为孔子置身乱世所向往与追求的目标。

第五，自然，舜是有德之君王，那么，其德为何？其"德"，一言蔽之，就是"克己"。如此，天子恭己，而不是恭人，克己而不是克人，内敛而不是张扬，其为最大的德。有了此等"德"，就具有了巨大的聚心力、感召力。如此，在治国之权力、职能结构中，人臣则可以按己之角色去尽心尽力做好自己的事。

舜之治天下，本质上乃是舜之仁德治天下，其"无为而治"乃是"仁政"之必然。正如有人所总结的那样，小治靠"人"，中治靠"法"，大治则靠"德"。舜之所以能"无为"而达天下之大治，正是其"德政"，亦是其"仁德"

所致。如此，"治"显于外，"德"蕴于内。舜之"无为"，看似无为，实则"大为"，此乃治国之最高境界，成就其治国之"艺术"。

第六，孔子极度推崇"舜"以"德"而达"无为而治"之理想状况，与其说是对舜严格遵循"礼法"而达"治"，即"礼治"之必然效果的肯定和赞扬；还不如说是对"舜"个人"善德"所产生、所释放的"魅惑"之极度崇拜。舜之所以能"无为而治"，正在于他"恭己正南"。对此，蕅益释曰："从来圣贤只有为人、为学、为德而已，断断无有为治者。若一有为治之心，则天下益乱矣。'恭己'二字，即是修身以敬，又即为人、为学、为德之实工夫。"如此，舜，即属于"个人魅力型"或"魅惑型统治权威"（马克斯·韦伯称之为"克里斯马型"）。其治理之合法性和可能性，正是建立于其非凡个性和超凡感召力的基础上。于此，"个人魅力型权威"表现为政治领袖作为英雄或"圣人"，展现其引导和召唤追随者的能力。于孔子的视野中，"舜"的治理权威和感召力，以及达到的"无为而治"之效应，恰是舜之"圣德"所蕴含和散发出的道德魅力使然。

孔子以回溯周礼，突出舜之德所产生的道德感召力为手段，以"无为而治"为表征，以实现"德治""仁政"为目的，凸显道德情感、道德理性和道德偶像所具有的为政功能。此等"德"之感召，不仅标示着一切治理充满着其内蕴的道德与伦理向度，张扬贤人政治的善治效应，以此指向和映射当世为政者之无德。

孔子赞舜治天下达到"无为而治"之境，既表贤人之德感，从为政者个体维度彰政治伦理，亦表"礼制"之规范，从为政之制度维度凸显善治之政治伦理。如此，"无为而治者，其舜也已"，呈现出个体之德与制度之善相综合的政治伦理特征。

总之，孔子以"舜"为典范，突出依"礼法"而"仁政"，达"无为而治"之效，确立了"仁政"之光辉理想，并依此批评当世的统治者，从而倡导复兴"先王之道"，希冀开出"无为而治"之太平盛世。

6. 教导子张，忠信笃敬

卫灵公 15.6

【原文】子张问行。

子曰："言忠信，行笃敬，虽蛮貊之邦，行矣。言不忠信，行不笃敬，虽州里，行乎哉？立则见其参于前也，在舆则见其倚于衡也，夫然后行。"

子张书诸绅。

【译文】子张问如何作使节。

孔子说："说话要忠信，行事要笃敬，即使到了蛮貊地区，也可以行得通。说话不忠信，行事不笃敬，就是在本乡本土，能行得通吗？站着，就仿佛看到忠信笃敬这几个字显现在面前，坐车，就好像看到这几个字刻在车辕前的横木上，这样才能使自己到处通行无碍。"

子张把孔子所说的这些话写在腰间的大带上。

────────────

子张曾问孔子"干禄"，今又"问行"。"行"，即"行人"，即是受指派出去办外交的专使、大使。如此，子张问如何做好一个"使节"，孔子针对子张的个性特征，提出对使者言行的规范性要求："言忠信，行笃敬"，此乃使节之信条。

行人，以"言行"而交往，故其言须"忠信"、其行当"笃敬"，方可取信于人，不辱使命。如是，孔子以"言忠信，行笃敬"之箴言，教子张克其病、正其言行。"言忠信，行笃敬"，既为使节之言行准则，亦是君子为人处世之道。因为"欲实莫如忠，欲当莫如信，致敬尽力莫如敦笃。言忠信，则言满天下无口过；行笃敬，则行满天下无怨恶。故曰：虽蛮貊之邦，行矣！言不忠信，行不笃敬，则反此。故曰：虽州里，行乎哉？"（陈祥道）

"言忠信，行笃敬"，是为"行"者之信条，亦是外事交往之律令。

────────────

具体而言：

第一，子张问"行"，非问"如何做人"，而是如何做"行人"，即"使节"。按南怀瑾所释：这个"行"，包括两种意义，一个是指行为；一个是指古代"行人之言"的行，也就是外交工作。古代的"行人"就是派出去办外交的专使、大使。这位曾向孔子问干禄的子张，此时正为行人，办外交的事。于是向孔子请教要怎样办外交，做好一个"行人"。如此，便有子张此问。

第二，针对子张之问，孔子从"言"之"忠信""不忠信"，"行"之"笃敬""不笃敬"正反两个方面指明其结果："虽蛮貊之邦，行矣""虽州里，行乎哉？"以此明确指出使节言行之根本准则，道出使节必须持守的信条："言忠信，行笃敬"。唯有如此，方可或远、或近皆畅达无碍，成为受欢迎之行人。

第三，孔子为何要对子张特别强调"言"之"忠信"，"行"之"笃敬"？一个重要的原因则是孔子针对子张的个性特质和言行特点而言。子张：才高意广，才貌过人，好学深思，但为人外向浮躁，性格狂放，不能守仁，交友广泛，却不拘小节，随和从俗，不注衣冠，心高气傲，言行常有偏激失当之处。恰如陈祥道所释曰："盖子张持嘐嘐之志而其行不掩，饰堂堂之容而难于与为仁，则于忠信笃敬有所不尽，故孔子告之。"亦如朱熹所释曰："子张意在得行于外，故夫子反于身而言之，犹答干禄问达之意也。"如此，孔子教子张当克己之病。如溤益所释："信而曰忠，敬而曰笃，对治子张病根也。参前依衡，但尽其忠信笃敬耳，非以此求行也。惟不求行，夫然后行。"如此，孔子在回答其所问时暗指着子张的言行所存在的诸多问题与不足，不仅为人处世须戒之，作为使节更应从言行上修正之。由此表明孔子在教导弟子，阐发其论时，从不空发其论，总是"有的放矢"，字字句句切入要脉，同时又做到"因材施教"。

第四，"言忠信，行笃敬"，乃使节须恪守的信条，是使节取信于人，远近畅行无碍应遵循之通则，即孔子所言"虽蛮貊之邦行矣"，反之，"虽州里，行乎哉？"由此表明言之"忠信"、行之"笃敬"，不论于华夷、文野之地都应当遵从，普天之下皆然，四海之内皆通行，此为使节必遵守的普遍有效的处世准则。

第五，"言"能做到"忠信"，"行"能遵循"笃敬"之人，本质上就是一个君子，是一个"仁者"。如此，子张之问和孔子之答，表征孔子更侧重于人际关系中所展示的言行特征来对人之德性进行判断，该种从外显至内在德性之判断是符合对人认知的逻辑。同时，更为重要的是，从一个言行所遵循的原则和践行的效果来反观和判断一个人的道德本质，并进而对"人"进行审查与鉴定，从方法论视角来看，是可取的。因为如何做人，也就体现在如何规范和要求自己的"言""行"，对言行进行了规范性要求，事实上也就是一个"人"不断按照规定而生成为君子的过程。如此，在孔子看来，惟有仁者、君子，方可肩负、堪当使节之责，绝非"巧言令色"的"宵小之徒"可担任。

第六，从孔子对子张的言行规定和反复教导来看，孔子强调的是人的言行之"所为"，辨明和指向的是人之言行当为、应为。这样，孔子对"言行"之规定，就从言行事实之"实然"，指向言行之"应然"，强化言行主体之道德自觉，从而对自我言行予以规范和引导，于此，从生成论的视角突出了道德主体之自我规范、教育与矫正的功能。这样，孔子对子张之答，乃教子张修己之言行，真正成为"言忠信，行笃敬"之使节。

第七，孔子在原则性地表达使者当"言忠信，行笃敬"之后，更为具体地教子张如何做到"言忠信，行笃敬"：即"立则见其参于前也，在舆则见其倚于衡也，夫然后行。"对此，朱熹释曰："言其于忠信笃敬念念不忘，随其所在，常若有见，虽欲顷刻离之而不可得。然后一言一行，自然不离于忠信笃敬，而蛮貊可行也。"

第八，结合《论语·子路》篇中"樊迟问仁。子曰：'居处恭，执事敬，与人忠。虽之夷狄，不可弃也'"（《论语·子路》）所表征出来的对人际交往中德性规定的空间性特征，再看此节中，孔子对子张言之"忠信""行"之"笃敬"的空间性要求："虽蛮貊之邦，行矣"，"虽州里，行乎哉？"很明确地表明孔子对仁德之贯彻和要求，绝非一地一隅，其终极目的是要达到"礼行天下""礼治天下"。"行人"，是"礼"之承载者，传播者。如此，"行人"自当遵礼、行礼。遵礼、行礼，落实于言行，则须"言忠信，行笃敬"。此为使节修身之要，处世之津。

第九，可爱如子张，竟然将其师之教导书写下来，挂于腰间，作为其言行之座右铭，时刻警示和提醒着自己，唯恐淡忘，如此亦可见子张改己之不足，其心也诚、其性亦真，其情之切，其行之笃。

然，"书诸绅"，仍显子张着于"外"，而略乏内里。

总之，孔子向弟子开出能通行畅达四方的六字箴言："言忠信，行笃敬"。"言"与"行"作为彰君子、使节之品性、德行修养，亦是为人处世两个主要维度。孔子从"谨言慎行"到"讷于言，敏于行"，从"言必行、行必果"再到"危言危行、危行言孙"，不厌其烦地教导、塑造和强调应时应境之"言行"。于此节，孔子突出"言"之"忠实、守信"，"行"之"敦厚、恭敬"成为"放之四海皆准"的通则，不论是蛮夷辟野，亦或文明之乡。孔子要求弟子将这六字箴言如座右铭一般刻于骨、铭于心、溶于血、践于行，作为其人生孜孜不倦、恒久不怠之追求的向标。

子张"问行"，孔子以"言忠信，行笃敬"而训导，以期子张成为君子使节，成为礼法、仁道之传载者、践行者、传播者。"言忠信，行笃敬"，成为使节言行之准则，表其诚恳厚道，正直坦率，不玩手段、伎俩，此乃使节所行最高之礼，亦成为世人言行、为人处世之道。

孔子所言："言忠信，行笃敬"，道出官式外交和国民外交之原则与信条。于普遍交往之今世，外交更广泛、更频繁、更深入，然其言行、待人接物的基本原则，古今如一。

　　　　　　　　　　　　　生活哲学视野中的"论语"研判

7. 敬重史鱼，赞赏伯玉

卫灵公 15.7

【原文】子曰："直哉史鱼！邦有道，如矢；邦无道，如矢。君子哉蘧伯玉！邦有道，则仕；邦无道，则可卷而怀之。"

【译文】孔子说："史鱼真是正直啊！国家有道，他像箭一样直前；国家无道，他也像箭一样直进。蘧伯玉也真是一位君子啊！邦有道就出来做官，邦无道就（辞退官职）把自己的主张、才能收藏起来。"

史鱼耿直，敢言、公正无私，以"生以身谏，死以尸谏"而著名；蘧伯玉，同样非常正直，但能审时度势，顺势而为，与史鱼有别。史鱼"直"如矢，无纤回。蘧伯玉为"仁"之"君子"，孔子赞赏蘧伯玉能曲能直，遵"用之则行，舍之则藏"之道，蕴顺势而为之智慧。恰如陈祥道所释："史鱼能直而已，故邦有道如矢，邦无道如矢。伯玉则能曲直以趋时，故邦有道则仕，邦无道则可卷而怀之。《传》曰：正直为正，正曲为直，参和为仁。史鱼，可谓正曲者也。伯玉，可为参和者也。观史鱼之死，犹以尸谏，则其直可知矣。孔子谓之直，而不谓之君子也。于伯玉称君子者，以其有君子之行，谓之君子也。"

史鱼自以不能进贤退不肖，既死犹以尸谏，故夫子称其直，然"未尽君子之道"（朱熹引杨氏）；而伯玉则"善废而不悒悒，故有道则出仕，无道则卷收而归也"（戴望），能"卷而怀，谓不与时政柔顺，不忤于人"，故合于"圣人之道"。如此，史鱼可贵不可取，伯玉则可敬亦可赞。

于乱世，无论是"直哉史鱼"，还是"君子哉蘧伯玉"，如是"春兰秋菊，各擅其美。"（蕅益）

具体而言：

第一，本节是孔子教育子张于"言"之"忠信"，"行"之"笃敬"的根本原则，于为政中具体化为人臣言行之表征。如此，在此节中，孔子以史鱼和蘧伯玉为例，阐述在卫"道"、守"道"过程中，作为人臣所呈现出来的两种不同类型和风格：即"直"与"君子"。

孔子对卫国两位士大夫、贤臣，应该说都是极度推崇与赞许的，决无贬史鱼扬蘧伯玉之意。但深究来看，孔子更为欣赏蘧伯玉之类型和风格。这样，孔子强调为了践行、捍卫大道，既能坚持理想与原则，"如矢"一般"矢志不渝",又要审时度势,懂得用行舍藏之权变,惟将二者结合起来,才是出仕为臣之完美"类型"。

第二,孔子又是借人说事、借事说理。本节所言的两位人物:史鱼和蘧伯玉,均为卫国前后两人著名的士大夫,深得孔子的赞许。

关于史鱼,最为有名的当是他"尸谏"卫灵公,要卫灵公重用蘧伯玉而疏远佞臣弥子瑕。关于此事,《孔子家语·困誓篇》有记载:

史鱼病将卒,命其子曰:"吾在卫朝不能进蘧伯玉,退弥子瑕,是吾为臣不能正君也,生而不能正君,则死无以成礼,我死,汝置尸牖下,于我毕矣。"其子从之。灵公吊,怪而问焉,其子以其父言告公。公愕然失容曰:"是寡人之过也。"于是命之殡于客位,进蘧伯玉而用之,退弥子瑕而远之。孔子闻之曰:"古之谏之者,死则已矣,未有若史鱼死而尸谏,忠感其君者也,不可谓直乎。"

戴望对之亦有释曰:"史鱼病且死,自以不能进蘧伯玉而退弥子瑕,命其子治丧于北堂,不欲成礼,灵公往吊,问故,子以父言闻。灵公造然失容曰:'吾失矣。'立召蘧伯玉而贵之,召弥子瑕而退之,徙丧于堂,成礼而后去。生以身谏,死以尸谏,故言直也。"

蘧伯玉,为人十分正派、正直,深得卫灵公的信赖。《论语·宪问》篇中曾记载孔子到卫国曾住他家,蘧伯玉派"使者"来看望孔子而得知"夫子寡欲其过而未能也",孔子盛赞他不断努力、不懈怠和永不自满的君子之风。在本节中,言蘧伯玉能做到"邦有道,则仕;'邦无道,则可卷而怀之'"而备受孔子称道。

第三,孔子以"邦有道"、抑或"邦无道"为背景,具体比较史鱼和蘧伯玉,作为人臣之差异性特征。

史鱼:无论是邦"有道"、抑或"无道",始终"如矢"。如此,孔子评价之"直哉史鱼!"这就非常形象而深刻地彰显了史鱼身为人臣之特质。在此,其关键是"如矢"。"如矢"指示着三个层面的意蕴。

其一,指史鱼的言行等个人言行品格与为人处事之风格,并未遵循,也不符合孔子所说的"邦有道,危言危行。邦无道,危行言孙"的原则,而是始终秉持着直爽、直率、耿直,从来都不转弯抹角,迂回委婉,而是"直截了当"、甚是尖锐、锋利。但这是孔子陈述史鱼"如矢"之"直"的表层。

其二,史鱼"如矢"之"直"的深层之意,则是表征了史鱼为臣之"志""如矢"一般,一旦认定了,就始终"如矢",刚正不屈、刚直不阿,其志不渝,向不变,头不回、不退缩,勇往直前,决不随波逐流;如此,孔子以"如矢"形容其志,就充分肯定了他坚定和执着之精神,

生活哲学视野中的"论语"研判

其三，史鱼一生不管邦之有道、抑或无道，矢志不渝，死守善道，不畏惧权势，不凌弱虐小，不逢迎、不偏私，一生行事唯求公平、公正，这就充分表征了史鱼为臣于邦之不弃的忠诚品格与情怀。

如此，史鱼为人臣，其心为道而在，其力为道而使，其情为道所系，其志为道所存，不问"邦"之有无道，其心有道不改，始终"如矢"而直指"的"，至死不渝，死而不已，如此之"直"臣，恰如《诗·小雅·大东》所言"周道如砥，其直如矢"，真乃清流之古风。

蘧伯玉，在孔子看来，其为政所遵循的"邦有道，则仕；邦无道，则可卷而怀之"之原则，完全符合孔子对"君子"为"入仕"为政所教导的原则。故而，孔子认为"君子哉蘧伯玉！"

在此，蘧伯玉面对邦无道时，采取的"卷而怀之"，即隐其志，藏其才，收其锋，钝其芒，卸其名，归于民的智慧之策，此乃君子之"不为"；如此，蘧伯玉之"卷而怀之"，收敛锋芒、韬光匿智，远离现实政治，将自己的高远志向、过人本领与政治主张收藏于心底，老老实实地做一个普通人，既不同流合污，也不要小聪明去招惹是非甚至以死求名。孔子对之尤其赞叹。

第四，如果说史鱼之为政是"直道"，那么，蘧伯玉之为政则遵循和符合孔子所言的"君子之道"。在此，孔子形象地呈现了二者的特点，如果说史鱼之为政突出的是"刚""进"和"有为"，那么蘧伯玉之为政特点，则是"刚柔相济""进退有度"，有所为、有所不为。二者的差异不在邦"有道"时，而是在邦之"无道"的选择与行为。

邦无道时，史鱼以"直"而批判之，进而谋求矫正之、"为之"；蘧伯玉则是退之，首先不与"无道"之君，同流合污、沆瀣一气，使己陷"无道"，更不愿"助纣为虐"，此乃"不为"之。在此，突出在邦无道时，"有为"之"直"如史鱼，可能遭致灾祸；反之，"君子"之"无为"，如蘧伯玉，则是真正存守"善道"之"有为"。如此，通过比较，凸显了"君子"在邦无道时，"无为"之"有为"所蕴含的智慧高度。

二者都是对邦无道持批判立场，史鱼是正面的，以主动正向性的方式而行"谏"，而蘧伯玉则是反面的，消极退避性的方式；二者都对"善道"之坚守与捍卫，只是手段和方式有别。当然，因为手段与方式有别，自然也即会导致效果之差异。史鱼刚正守道之成本抑或牺牲自我，而"善道"之捍卫不可持续；而蘧伯玉采取隐忍、退避之策略和方式，则是相机而变，以保护、保存、保全自己为前提，待时机而弘善道，这就使道存并扬之有了可能，从而使维系善道之存，使善道之弘扬具有可持续性。如此，蘧伯玉"卷而怀之"，是为了下一次更好、更有力地像箭一样射出去。"怀"而"藏"起来，是为了保其志，护其道而不至伤，是为了更长远的"行"，从这一层面来看，史鱼可谓是"勇士"，而蘧伯玉可称得上是"智者"了。

第五，孔子正是注意到了二者手段和目的、效果的差异，因此可以看出在本节中，孔子对史鱼之"直"报以赞叹、钦佩，但不是赞赏；对蘧伯玉则是以"君子"称之，可见其赞赏、褒扬与称颂之心。孔子对二者之肯定和赞许的程度是有别的。就其因，不仅仅如上所说，二者手段、方式之别所产生的效果差异，更是因为"直"源于一个人先天本然性情、心性成分居多，而"君子"乃更为突出后天之修养。

第六，孔子在《论语》中对君子入仕为政与邦"道"状况之关系，从多维度加以了论述，指出了君子为政应该遵循的原则。他指出，"邦有道则仕，邦无道则隐""邦有道则知，邦无道则愚""天下有道则见，无道则隐。"（《论语·泰伯》）孔子的这些论断，明确要求君子为政之第一步，就必须审视、甄别与判断邦之有道或无道，这是首要的前提；其后要知进退，要知"见"和"隐"，一句话，要审时度势，定去留、明进退、呈智愚。

孔子为何一直要求君子要甄别和判断邦之"有道"和"无道"呢？

首先，孔子深明邦"有道则吉，无道则凶"。从消极方面来看，君子决不可在无道之邦"有为"，因为在无道之邦中的"有为"，其本质上是助长了"凶"，给邦带来的决不是福祉，而是灾祸，因此，智慧的选择是"避""退""隐"，如蘧伯玉一般"卷而怀之"。

其次，从积极方面来看，无论是采取"直"的方式，还是"卷而怀之"的策略，都是对邦之"无道"所进行批判和矫正。

第七，从本质上来说，无论是史鱼，还是蘧伯玉，二者之根本目的都是守存"善道"或"仁道"，弘扬善道或仁道，从这一意义上来说，二者都是"直"，都是对"善道"之"忠"。只是史鱼显露于外，更具直接性、显象性和外在性，而蘧伯玉更内蕴于心，突出了间接性、根本性和内在性。孔子只是从二者存守善道、弘道之成本、效果上对二者加以区分。

第八，在孔子的"王道"逻辑中，君主是道德的终极象征，如此，邦之有道和无道，其根本和关键点就在于君主是否遵礼好德。所谓"邦无道"，就在于其君王无道，君王无道之根本在于其为己而不为天下。"天下"乃天下人之"天下"，而非君王可据之为私有。如斯，在"天下而公"的价值原则的范导下，亦可以通过君王、或君王谱系之官吏所为的价值指向，辨识邦之"有道"、抑或"无道"。

总之，孔子以史鱼和蘧伯玉两位贤达大夫为具体案例和论述对象，勾勒二人于邦"有道"和"无道"时的为政特点，突出孔子对持存、弘扬"善道"之"直"和"君子"的充分肯定。在此基础上，强调心为善道而存，而捍卫善道之策略和方法，要据世势而变通，既要求矢志不渝，又要懂得审时度势，用行舍藏、应变与通达，既要"有所为"，又要"有所不为"。

8. 失人失言，知者不为

卫灵公 15.8

【原文】子曰："可与言而不与之言，失人；不可与言而与言，失言。知者不失人，亦不失言。"

【译文】孔子说："同可以交谈的人，而不交谈，就会失掉此人；同不可谈的人，却同他谈了，这就是失言。有智慧的人既不失人，又不失言。"

────────────────

若中人以上，可以语上，是可与言，而不与言，是失于彼人也。"失人"，乃失可言之人；若中人以下，不可以语上，而己与之言，则失于己言也。"失言"，乃"失我之言者"。

"失人所谓隐，失言所谓躁。知者知言知人，故无失也。"（戴望）"失人""失言"皆非智也。惟智者"知人则不失人，知言则不失言。……然此中道也。"（陈祥道）

孔子首先言"失人""失言"之戒，进而言"知人""知言"，终成"不失人""不失言"之"知者"。简言之，从言说对象和内容视角，孔子以为该说的时候不说即是隐瞒，不该说的时候却说了则为躁动。其关键在于不仅言者要有自知之明，而且要善于察言观色，审度时机。

真人面前，莫缄默隐藏；小人面前，要慎言勿语。

────────────────

具体而言：

第一，此节应是孔子关于"言忠信""行笃敬"，以及"直哉史鱼"和"君子哉蘧伯玉"所引申出来的一个结论性话语：有所为，又有所不为。如此，君子当有所言，又有所不言。

本节从表层语辞来看，孔子谈论如果没有把握好言语对象、状况、时机及内容所引发的两种错误："失人"和"失言"。如此，孔子对"言者"提出要求，既要有知人之明，判断谁是"可与言"者，谁是"不可与言"者；同时又要在适当的时候说恰当的话，总之，应该是对恰当的人说恰当的话，对不应该说的人决不言语；从其深层次上来看，则是欲行大道，欲无为而治，欲坚持理想与原则，既可直言直行、又能审时度势用行舍藏，就不会"失人"，也不会愚蠢到"失言"，从而达到既不"失人"，又不"失言"的智者境界。

第二，在本节中，孔子先谈"失人"。何谓"失人"？在孔子看来，即是

"可与言而不与之言"。

其一，"可与言"。所谓"可与言"，即是指可以与之相谋、相议、相论之人，直言之即是可以推心置腹、真诚交谈之人，此种人则是"志同道合"之人，这就对可言说对象划定了边界，确定了可言之人，于此，孔子确定只能与同道人"言说"，无须也不必与一切"人"都"言"。

其二，何以能判断是一个是否是"可与言"之人，这就涉及到如何识人之问题。孔子曾有言："视其所以，观其所由，察其所安，人焉廋哉？人焉廋哉？"（《论语·为政》）如此"识人"，乃是智者判断谁可言之关键。

其三，与之言什么？面对乱世，针砭时弊，"言"仁政、德治和德性，即言如何"修身齐家治国平天下"之大道与真理，绝非"张长李短"之琐事。

其四，面对可言之人而"不与之言"，就是错失良机而未能进行彼此的深度交流与沟通，未能将自己的理想和抱负、志趣与意愿，让对方了解和明白，导致不知道、不明了彼此的人生追求与夙愿。

其五，其结果，就是"失人"。本质地说就是失去"志同道合"，可以相谋之人。在孔子看来，这是人生追求弘道之途上最大的损失。因为"人弘道，非道弘人"。通过交谈、交流，志同道合之人多了，弘道之势亦就更盛，乱世即可治矣。这是孔子人生之价值重心与目标。在这里，"失人"，决不是没面子"丢人"，也不是随便错过一个"人才"，更不是失人心，而是错失志同道合，可共谋弘道之"知己"。

第三，如果说"失人"是因自己识人不准，主动性不够而带来的损失与遗憾，那么，"失言"则是因为自己不审慎、不严谨，把嘴不牢，对不该说的人，说了不该说的话，侧漏了自己的"志向"与追求，或给弘道造成障碍，甚至带来灾祸，此为"失言"。因此，孔子曰："不可与言而与言，失言"。

其一，"不可与言"，既指"不可与言"之人，亦指"不可与言"之内容、之时机。就其"不可与言"之人，是指经过"视其所以，观其所由，察其所安"，知其人之志与己相异，则决不可与之言，这是"不可与言"的本质规定；就其"不可与言"的内容，孔子亦针对不同之人有明示："中人以上，可以语上也；中人以下，不可以语上也。"（《论语·雍也》）对于"不可与言"之时机，则需要审时度势，把握好时机与步骤，须谨慎而不可莽撞，这是"不可与言"之"质""量"或"度"。

其二，既然明知"不可与言"，为何又"与言"了呢？这是"知"与"言行"之悖论。究其因，这或许是"事后之思"。对于谁"不可与言"之人，并非"事先"之判断就那么准确无误，于是，将"不可与言"之人误判为"可与言"之者，误把"敌人"当成了"朋友"，因此，不分时间、地点和场合，"知无不言，言无不尽"，是致命之错；对于"不可与言"的"中人以下"之人而"语上"，或许是"对牛弹琴"，或许是自诩炫耀。总之，是因为自己的"智"不够，自己的修养不够使然。

第四，"失人"，是惋惜；"失言"，是教训，或许要付出血的代价，总之是识人不准，遇人不淑，一句话，这都是非智者之败笔。如此，孔子提出，必须向有"知"之君子学习，首先提高自己识人之能力，对"可与言"者和"不可与言"者能做出准确的审查与判定，同时，还须提升对言之内容和时机的把握能力，避免在"言"与"不言"上失当，造成既"失人"，又"失言"之结果。这正是孔子从正反两个方面所强调的言须持"中道"而审慎所应避免的。亦是君子之"智"可达到的效果和境界。

第五，孔子此论，凸显"君子"之"知"，对于矫正"失人"与"失言"所起的至关重要之作用。在此，孔子明示了"智"是"君子"之能力，具体表征为须明辨和确认"可与言"和"不可与言"之人、之内容和时机。这样，孔子就给其弟子和世人指明了努力的方向和自查之标尺。

第六，孔子之所以如此强调要如"知者"，既不要"失人"，"亦不失言"，正是因为世事之复杂与吊诡，须高度注意与警惕。如此，孔子警示为政者须具备君子之"智"，尽力避免因"失人"与"失言"之失误发生。

总之，子曰："不知言，无以知人也。""智者"听其言观其行，便可识其是否"同道"，便知是否"可与言"，如此，惟智者，既"不失人，亦不失言"。

9. 志士仁人，杀身成仁

卫灵公 15.9

【原文】 子曰：“志士仁人，无求生以害仁，有杀身以成仁。”

【译文】 孔子说：“志存高远，胸怀践行仁道理想之人，没有人会为了苟全性命而有损理想、有伤于仁道，只有为坚守理想与仁道、为成就理想与仁道而决然赴死的。”

孔子以“求生”“杀身”两种生命态度，指证“害仁”“成仁”两种结果，从“无”“有”，即否定和肯定两个向度，直呈志士仁人以身殉道，以死卫道所蕴的内在品格、肩负的使命与可嘉之勇气，张扬志士仁人殉道、卫道之生命价值观。无有“害仁”而苟活，惟有“成仁”而杀身，表志士仁人之生死皆为“仁”的价值立场与价值取向。如此，“舍生取义，杀身成仁”，集中表征了生存于乱世之志士仁人自觉的生命价值抉择，充分表达了志士仁人弘道、卫道之精神气概，彰志士仁人之高贵气节。

生、死，乃人生之“大事”。“生，我所欲，所欲有甚于生者，舍生而取义，此无求生以害仁也。死，我所恶，所恶有甚于死者，患有所不辟，此杀身以成仁也。无求生以害仁，伯夷是也。杀身成仁，比干是也。非特仁人为然，志士亦能之。”（陈祥道）如此，“无求生以害仁，有杀身以成仁”，乃志士仁人以行践履生命价值承诺、价值宣言。

“仁居理足，本无危亡，然贤而图变，变则理穷，穷则任分，所以有杀身之义。故比干割心，孔子曰殷有三仁也。”（缪播）“杀身以成仁”，深刻指示着于当世之境遇，生命与“仁”不具有“同一性”，进而以二者之对立、之断裂或背离，指证志士仁人殉道或道德英雄主义之人生价值取向和终极追求。“杀身以成仁”，以生命之悲剧形态而成“仁”，不仅表征“成其仁道”之艰难、艰巨，志士仁人于弘道之笃定不移，而且在更深层次上对凶险无道之恶世予以无声的控诉和无情的批判。

“无求生以害仁”，表“志士仁人”不为“害仁”为代价而换来苟“生”，此为其道德底线。恰如朱熹所释：“理当死而求生，则于其心有不安矣，是害其心之德也。当死而死，则心安而德全矣。”“有杀身以成仁”，表“志士仁人”，为“成仁”即使“杀身”而在所不惜，此为其至高道德追求。由此，孔子从“无害仁”与“有成仁”，揭示了“志士仁人”生死皆为“仁”的人生志趣。如是程子曰：“实理得之于心自别。实理者，实见得是，实见得非也。古人有捐躯陨命者，若不实见得，恶能如此？须是实见得生不重于义，生不安于死也。故有杀身以成仁者，只是成就一个士而已。”

生命固珍贵，仁义更重要，为“仁”可不恋生、不惜命而慷慨赴死，以身卫道、殉道，乃志士仁人生命之崇高。

具体而言：

第一，孔子从"志士仁人"的人生理想和生命价值同"仁"的关系角度，从正反两个方面既揭示了"志士仁人"之生命追求，同时对"志士仁人"提出了最高的道德要求。如此，从价值取向和价值实践的高度，表征志士仁人为"仁"而生死，唯"仁"至上的生命价值观。对此，蕅益释曰："如此，方名志士仁人。今之志士仁人，宜以此自勘。"

第二，何谓"志士仁人"？"谓心有善志之士及能行仁之人也。"（《皇疏》）"志士，有志之士。仁人，则成德之人也。"（朱熹）"志士"，简单而抽象地说，就是有崇高或高远志向之人，或志存高远且有节操之人；而"仁人"，即是心怀仁德之人。在本节语境中，"志士仁人"即是指心怀仁道，并以践履和捍卫"仁道"为人生的责任、使命和至上价值的人。如此，"志士仁人"之人生理想和价值追求，与"仁道"之存亡直接关联，甚至等值。从这一意义上来看，志士仁人，就是为公义而劳作，以经世济民行"仁政"、求"正道"之理想，负治国平天下之志，为"天下为公"之大道，为践行"仁道"而不惜献出自己生命的人。

从以上的论述中可见，"志士仁人"具有三个基本特点或品质：

其一，心怀"仁道"之志。

其二，以践行"仁道"为人生价值之至上追求，具有强烈的使命感。

其三，"生而害仁，则不为也。若杀身而仁事可成仁也，则所不惜。"（《皇疏》）当"生命"与"仁道"二者不可兼得时，为了捍卫和成就"仁"，能做到"杀身成仁"。如此之人，自然就同贪生怕死、追名逐利、贪图享乐之辈具有云泥之别。

第三，孔子以"无……有"的句式，彰显"志士仁人"之生命价值追求过程中，"不可为"和"可为"，断然否定"志士仁人"为了苟全自己的性命而有伤于"仁道"，甚至加害于"仁道"；相反，因为志士仁人，心怀仁道，生命为仁而存，为了成就理想、坚守"仁道"、捍卫"仁道"，即使以生命为代价也在所不惜。在此，志士仁人，不仅具有践行仁道之志向与精神，而且具有殉道之信念、悲壮情怀与豪迈之气概。

第四，在孔子的生命价值结构和谱系中，"仁"是高于一切，甚至是高于生命的，没有"仁"的"活"，是生不如死之苟且，惟有"仁"才赋予"活着"以意义与价值，并获得生命之崇高感。如此，"仁"乃是君子生命之最高的价值标准和追求，也是其生命之至高的道德境界。

正因为如此，孔子才会主张和强调"仁"重于"生"，甚至"杀身成仁"。当然，在一般情况下，"成仁"并非一定要"杀身"，"杀生"也不一定就可以"成仁"，当且仅当"杀身"与"成仁"直接关联，在二者矛盾极度尖锐而不可并存兼有时，"杀身成仁"，成"志士仁人"所做出的自觉而毅然之抉择。

当然，在此，并不表明孔子不重生、不怜生。相反，孔子特别强调"生"或"身"之存在的重要性。正因为如此，为了践行、捍卫"仁道"，不惜其生命之"志士仁人"才更凸显出其生命价值之崇高感与悲壮感，也再次表明践履和捍卫"仁道"之艰难、艰辛。

第五，"杀身"是一个事实，这个事实本身有无价值或价值程度，即是否成为一个有意义的"道德事件"，则必须与"仁"相关联。惟有以"成仁"为目的的"杀身"，才具有至高的价值意蕴。如此，"杀身以成仁"，则是以生命终结之方式完成"志士仁人"与"仁"之"合二为一"，实现其生命于"仁"的价值归属。

第六，孔子否定为求生而"害仁"，表"生"不害仁，为志士仁人之人生底线；"杀身以成仁"，则是志士仁人之最高追求。"杀身以成仁"，本质上是对生命与"仁"共在性的否定，进而以二者之对立性、之断裂或背离，指证志士仁人殉道之情操或道德英雄主义之人生价值取向和终极追求。"杀身以成仁"的悲剧意蕴，以及此悲剧意蕴所释放的道义力量和德性感召，支撑、鼓动和激励了无数"志士仁人"不惧身死，只求道存、道行。

一切不畏困苦之坚韧不拔，一切"视死如归"之慷慨凛然，直至"杀身成仁"，都程度不同地内存着殉道与道德英雄主义之精神，其生命价值在"道义"的彰显中获得饱满的内涵。

总之，"生必有死，死非孔门论学所重。孔门论学所重在如何生，苟知如何生，自知如何死。知有不该求生时，自知有不避杀身时。杀身成仁，亦不惜死枉生。"（钱穆）孔子言："志士仁人，无求生以害仁，有杀身以成仁。"以"志士仁人"之生死与"仁道"之价值相观照，确立以"仁"为最高的价值尺度和指针，澄明"志士仁人"之生命取向和人生志趣，从正反两个方面，突出了"志士仁人"之价值至上目标，彰显了"志士仁人"捐躯殉道之道德英雄主义悲壮之志与捍卫"仁道"之豪迈情怀。

世之无道，凶险邪恶，"志士仁人"以"舍我其谁""当仁不让"之精神，"杀身成仁"以弘道，只为存善、扬善而抑恶逐霸。由此，志士仁人，乃仁善生活的守护者、塑造者、笃行者、捍卫者。

"无求生以害仁，有杀身以成仁"，乃"志士仁人"之独特的生命范式。其所内蕴的为"道"而存亡的生命价值意识和道义力量，构成"我们的'传统'"，召唤着我们的生命价值意识之觉醒，敦促我们肩负与践行人生之使命和担当，终成我们高贵的人格与崇高的精神情怀。

10. 子贡问仁，事贤友仁

卫灵公 15.10

【原文】子贡问为仁。

子曰：“工欲善其事，必先利其器。居是邦也，事其大夫之贤者，友其士之仁者。”

【译文】子贡问怎样培养仁德。

孔子说：“做工的人想把活儿做好，必须首先使他的工具锋利。住在这个国家，就要事奉大夫中的那些贤者，与士人中的仁者交朋友。”

子贡问孔子当如何为仁，孔子首先从方法论高度对子贡予以启示，进而从具体所为层面，教子贡如何做，才能“为仁”。

就方法论而言，孔子提出“工欲善其事，必先利其器”；从具体所为而言，孔子教导子贡“事其大夫之贤者，友其士之仁者。”对此，陈祥道释曰：“工之于事，待器然后善。君子之于仁，待器而后成。大夫之贤者，则教我者也，故事之。士之仁者，则辅我者也，故友之。”蒨益释曰：“贤之与仁，皆吾利器也。”亦如钱穆所释：“工无利器，不能善其业，犹人无材德，不能尽其仁。器不自利，必经磨砺，亦如人之才德，必事贤友仁，然后得所切磋熏陶而后成也。仁者，人与人相处之道。仁德必于人群中磨砺熏陶而成。有其德而后可以善其事，犹工人之必有器以成业。”

孔子教子贡“事其大夫之贤者，友其士之仁者”，即是“为仁”。

具体而言：

第一，本节应是承接前几节“求仁”“成仁”之讨论的继续，只是讨论的重点下移，即讨论从价值目的之“仁”，下降为如何培育或达到“仁”的手段、方法、条件和路径等。正因为如此，在此节中，通过子贡之问：“为仁”，不再是问“仁”之本质规定或属性特征，而是侧力于讨论如何行而达成“仁”，即一个人达成“仁德”之手段、方法与途径。孔子针对子贡此问，从手段与目的之关系视角，借以譬喻，对之加以分析与回答，明确一个人“居是邦”，要实现修德成仁之目的，最切近、最有效的手段和途径就是：“事其大夫之贤者，友其士之仁者”，简言之，就是“事贤友仁”。如此，使“为仁”具有了切己之可操

作性。由此表明"良工必假利器。君子为仁，必假贤士大夫。"（戴望）

第二，子贡之问，开启和确定了子贡和孔子所要讨论的问题域和明确的指向。子贡所问非"仁"，而是"为仁"，就突出了本节讨论的问题核心和焦点是：如何做而达成"仁"，这样，子贡和孔子之"问答"，就侧重于达成"仁"之手段、方法和有效的路径。

孔子在讨论如何"为仁"时，首先以"工欲善其事，必先利其器"为例，揭示出"善其事"与"利其器"之间"目的"与"手段"的关系，强调和突出"欲"达到"善其事"之目的，其手段就"必先"行，即先在手段上下功夫，这样，孔子以一切人做事所必须遵循的"手段"与"目的"之普遍原则和规律为切入点，借譬喻之修辞手法来表征"达仁"之"目的"和"手段"的关系。

孔子明确提出"为仁"之有效方法和手段或途径就是："事贤"和"友仁"。以此表明，在生活中亲近、事奉贤者，结交仁者，以谦逊恭敬的态度，向贤明、仁达之士学习、借鉴，以此提高自己的修养和情操，以达成"仁"，即是"为仁"。

"大夫以智帅人者也，故言贤。士则以才者也，故言仁。于贤者，事之所以尊之也。于仁者，友之所以亲之也。"（陈祥道）如此，首先尊"贤者"，亲"仁者"，进而从"贤者""仁者"而不断地磨砺自己，不断地践行仁、最终成就己之仁德。在此，贤者、仁者乃是砥砺己之良材、进德之良助。

第三，为何一定要"事贤""友仁"呢？也就是"贤者"与"仁者"有什么地方值得去学习和借鉴呢？朱熹的诠释解开了此问。朱熹认为："贤以事言，仁以德言"。如此，突出了贤者和仁者给修德者提供了可以仿效和学习的内容。同时在此处还须注意，"事贤"与"友仁"，绝非是与贤者、仁者结为朋党，亦绝非迎奉、巴结贤者和仁者，因为君子群而不党、和而不同，而是以贤者、仁者为镜，"见贤思齐"，向贤者学习为人处世之德，向仁者学习其言谈举止之善。如此，以之为砥砺自己、提升自我之利"器"，此乃"工以利器为用，人以贤友为助。"

第四，孔子虽然强调"为仁由己，而由人乎哉"（《论语·颜渊》）的根本原则，突出了"为仁"之主体自身的主导性。但是在此节中，更进一步突出在一定的环境中，"为仁"主体采取何种方法、手段和途径，更具操作性意义。

孔子此处所讨论如何"为仁"之方法和手段，同对"君子以文会友，以友辅仁"（《论语·颜渊》）和"朋友切切偲偲，兄弟怡怡"（《论语·子路》）以及"弟子，入则孝，出则悌，谨而信，泛爱众，而亲仁。行有余力，则以学文。"（《论语·为学》）和"里仁为美。择不处仁，焉得知？"（《论语·里

　　　　　　　　　　　生活哲学视野中的"论语"研判

仁》）所表达的思想，是内在一致的。在此，孔子一直强调，置身于任何一个具体生活环境之中的人，其主观欲提升自己的德修，达成"仁"，那么，就必须在其环境中，"择其善者而从之"。如此，"事贤""友仁"的过程就是"达仁"之"利其器"。

第五，孔子所主张在一个环境中，通过"事贤"和"友仁"而"达仁"的思想，更为重要地表明：

其一，"仁"，决不是孤立的个人内在心性状态，也决不是个人之道德思想、道德观念和道德意识的活动，"仁"本质上是一个关系范畴，只有在人际关系的互动中才能透显出来。如此，一个人的德修状况，是否达仁，也只有在人际关系中才得以检视。

其二，既然如此，那么，一个人修德成仁之法，就绝非是闭门冥思即可成，唯有置身于一定的社会环境之中，通过言行交流和为事交往，不断切磋打磨自我，方可在"大节"与"小节"上渐次修正、完善自身的道德修养，提升自身的道德层次和境界，真正能做到"非礼勿视、非礼勿听、非礼勿言、非礼勿动"（《论语·颜渊》），最终达"仁"。从这一意义上来看，"为仁"乃是实践理性范畴之内的"事"。如此，亦只能将其置于生活之实践与交往中，以自我的道德自觉为主观前提，以"事贤"和"友仁"为具体的手段与方式，方可"达仁""成仁"。

总之，"仁"或"成仁"，无疑是德修之人所追求，所欲达及的最高目标。不论是"用之则行"，还是"舍之则藏"；不论是"卷而怀之"，还是"杀身成仁"，其终极目标皆为"成仁"。但是，"仁"何以可能达成呢？在"为仁"中，由此构成了本节子贡与孔子讨论之核心。孔子明确教导子贡"事贤""友仁"，乃是"为仁"，进而"成仁"之有效方法和途径。

孔子在本论中，不仅突出了由"贤者""仁者"所形成的道德环境于君子修德"为仁"之重要性，而且彰显道德主体的道德自觉性与主动性，更为重要的是提出了更具实践性和可操作性的"为仁"之法，即以"事贤"和"友仁"为"利器"，促成自身的德性蜕变，最终实现"为仁"之目的。

11. 回问为邦，礼制天下

卫灵公 15.11

【原文】 颜渊问为邦。

子曰："行夏之时，乘殷之辂，服周之冕，乐则《韶》《舞》。放郑声，远佞人。郑声淫，佞人殆。"

【译文】 颜渊问怎样治理邦国。

孔子说："用夏代的历法，乘殷代的车子，戴周代的礼帽，奏《韶》乐，禁绝郑国的乐曲，疏远能言善辩的人，郑国的乐曲浮靡不正派，佞人太危险。"

按陈祥道之释："孔子之门人，唯回之贤可以为王者之佐，故其问为邦而告之以此。"颜渊问为邦，孔子以"先王之道"为治国之本，承历代政制之优长，从"行""乘""服"和"乐"等诸多方面，具体提出其"为邦之略"，彰其"治国之道"。

从孔子所言"行夏之时，乘殷之辂，服周之冕，乐则《韶》《舞》"可见，孔子治邦之略重在博采古之礼制，汇诸制之长，进而"放郑声，远佞人"，如此，邦"治之至也。"于此，孔子所论"为邦之略"，乃是其仁政之理想现实化之手段，实现治邦之"文""质"的高度统一，以使邦有序，生活健康、文明与和乐。

对颜渊之问，孔子之答，王阳明曰："颜子具体圣人，其于危邦的大本大原，都已完备。夫子平日知之已深，到此都不必言，只就制度文为上说。此等处亦不可忽略，非要是如此，方尽善。又不可因自己本领是当了，便于防范上疏阔，须是要放郑声，远佞人。盖颜子是克己，向里德上用心的人，孔子恐其外面末节，或有疏略，故就他不足处，邦补说。若在他人，须告之为政在人，取人以身，修身以道，修道以仁，达道九经及诚身，许多工夫，方始做得。此方是万世常行之道，不然只去行了夏时，乘了殷辂，服了周冕，作了《韶》《舞》，天下岂便治得？"江谦补注："绮语即郑声，妄言即佞人，千数百年来，靡丽之骈体，淫荡之诗赋，谤佛非圣之文辞，皆郑声佞人教淫教殆之尤者也。国以为教，家以为学，而不知其非，天下大乱之所有来也。放之远之，删之毁之，而后天下可为也。"

具体而言：

第一，本节应是承接上一节子贡问"问仁"之继续深化和拓展，超越君子个人之"为仁"，以成仁邦之理想。贤仁之颜渊，面对乱世，不仅想在治邦之中成就己之"仁"，而且更为主要的是如何治理乱邦而成仁邦，因此向孔子讨教治邦之法。孔子提出秉承与汇集历代政制之优长，从治邦所用历法、所用之车、服饰、乐舞以及对佞人之态度等诸多具体事项入手，突出孔子治邦注重生产生活之秩序、崇尚简朴的行政、重视礼法、强调乐舞，以及疏远佞人等方面的主张，集中表达了孔子仁治之思。

孔子之治邦思想，和曾在与冉有对话中所表陈的思想〔"子适卫，冉有仆。子曰：'庶矣哉！'冉有曰：'既庶矣，又何加焉？'曰：'富之。'曰：'既富矣，又何加焉？'曰：'教之。'（《论语·子路》》〕是内在一致的。在此处，借颜渊问"为邦"之际，孔子更具体地陈述其理想的政治蓝图以及实施方略。

第二，颜渊问"为邦"，孔子围绕此问题，详尽地阐述了治邦之丰富内容，展示了孔子治邦的原则，表呈了孔子"仁道"之理想价值取向，彰显了孔子直面乱世而治之救世情怀。

颜渊"问为邦"，非细枝末节的问题。按《集解》之注"此章言治国之法也。问治国之礼法于孔子也。"如此，应该说颜渊所问的"问题"是一个"大"问题，也是一个直面现实的"硬"问题。

所谓"大"问题，即"为邦"，乃君王之法术、之道，非一般君子之思，也非一般才智之人可以驾驭。颜渊之贤德、之才干，自是不容置疑的。对此，朱熹释曰："颜子王佐之才，故问治天下之道。"因此，颜渊因其宏阔的视野，精深的学识和贤达之德，从整体的高度，请教于孔子"为邦"之问。

同时，"为邦"之问，亦是一个"硬"问题。所谓"硬"问题，乃因孔子所构建的"为邦"之措施，则在于着力从根本上颠覆乱世霸道，以期恢复王道。

面对春秋之乱世，如何治，非儒家独思，当时的诸子百家中，譬如道家、法家、墨家等都开出了各自的救治之方，亦有各诸侯之君在探寻治理之路。儒家以其入仕之态，以"克己复礼"、弘"王道"为根本原则，以"礼制"为依而达"仁治"为总体目标，形成了独特的治乱方略。

颜渊以"乐道"著称，如此之人，面对乱世，岂能熟视无睹？因此，其治乱之仁心，实现"仁道"之志，促成了这一问题的生成。此处之"邦"，有的论者认为是针对鲁国之乱，但是此处的"为邦"，应是泛论国家治理问题，非某一个诸侯之国。

第三，孔子对"为邦"有其系统的构思。在此节中，以一系列可操作性的手段为表，以"礼乐"为内里，以"仁政"为价值引导，充分彰显了孔子的治邦之思、之法，于此，不仅折射出孔子广博深厚的学识，为实现"仁道"不懈努力的坚挺信念，以及对苦难现实之悲悯情怀，而且更清晰地表征出孔子对治邦之道术的深透把握。如此，孔子以确定、颁布与实施"历法"为切入点，有利于农业生产，让民先"富"而安居乐业，为治邦奠定殷实的物质基础，进而构建规范与综合的制度，再推进礼乐之文化建设等，如此内蕴着孔子治邦之基础、制度和文化等多项内容，构成孔子较为完整系统的治邦逻辑和治邦方略。

就其具体内容而言，主要包括以下诸多方面：

（1）"行夏之时"。这是孔子治邦开篇之法。为何以此开篇？此乃因为"历法"是承"天道"于"人事"使然。就其"历法"之功能而言，它不仅对政治，乃至生产、生活等一切人之活动领域的"秩序"或"人世之秩序"都具有根本规定性与引导性的作用，更为主要的是"历法"标示着一个"新时代"的来临，此为治邦之标志。以现代话语来表达，"历法"乃是一个国家主体性与权利之重要标示。

据考，孔子当世面对的"古历法"有三种，即有夏正、殷正、周正之分。夏正即今之阴历。殷正以阴历十二月为正月，较夏历差一月。周正以阴历十一月为正月，较夏正差二月。阴历合于农时，今亦谓之农历，孔子重民事，故主行夏时。（钱穆）

孔子选择夏历，正是因为"夏历合于时令，故当行之"（黄释）和"夏数得天，百王所同"（《逸周书周月解》）。按何晏《论语注疏》之注："据见万物之生，以为四时之始，取其易知。""夏时，谓以斗柄初昏建寅之月为岁首也。天开于子，地辟于丑，人生于寅，故斗柄建此三辰之月，皆可以为岁首。而三代迭用之，夏以寅为人正，商以丑为地正，周以子为天正也。然时以作事，则岁月自当以人为纪。故孔子尝曰，'吾得夏时焉'而说者以为谓夏小正之属。盖取其时之正与其令之善，而于此又以告颜子也。"

孔子有言："天何言哉？四时行焉，百物生焉，天何言哉？"（《论语·阳货》）因此历法之所表的"四时"就成为天之意志的重要表征；如此可见，孔子治邦，首先确定用"夏时制度"即"夏历"，其目的就在于以"天时"引导邦之运行，从而有利于邦之政事，有利于民之生产，尤其是农业生产。如此，以"天时"达"地利"而治邦，乃是顺应"天道"于"人事"，此乃孔子"应天而治"的圣治之重要思想。从其效果来看，实行"夏历"则可使邦之"富足"，使"民"能安居乐业，这就为其进一步有序地治理奠定殷实而稳固的物质基础。

孔子强调"应天而治"之"圣治"思想，《管子·形势解》的相关思想对之做了最好的诠释："天覆万物，制寒暑，行日月，次星辰，天之常也，治之以理，终而复始。主牧万民，治天下，涖百官，主之常也，治之以法，终而复始。和子孙，属亲戚，父母之常也，治之以义，终而复始。敦敬忠信，臣下之常也。

以事其主，终而复始。爱亲善养，思敬奉教。子妇之常也，以事其亲，终而复始。故天不失其常，则寒暑得其时，日月星辰得其序。主不失其常，则群臣得其义，百官守其事。父母不失其常，则子孙和顺，亲戚相欢。臣下不失其常，则事无过失，而官职政治。子妇不失其常，则长幼理而亲疏和。故用常者治，失常者乱。天未尝变其所以治也，故曰：天不变其常。地生养万物，地之则也。治安百姓，主之则也。教护家事，父母之则也。正谏死节，臣下之则也。尽力共养，子妇之则也。地不易其则，故万物生焉。主不易其则，故百姓安焉。父母不易其则，故家事办焉。臣下不易其则，故主无过失，子妇不易其则，故亲养备具；故用则者安，不用则者危，地未尝易，其所以安也；故曰：地不易其则。春者，阳气始上，故万物生。夏者，阳气毕上，故万物长。秋者，阴气始下，故万物收。冬者，阴气毕下，故万物藏；故春夏生长，秋冬收藏，四时之节也。赏赐刑罚，主之节也。四时未尝不生杀也，主未尝不赏罚也；故曰：春秋冬夏，不更其节也。天覆万物而制之，地载万物而养之，四时生长万物而收藏之，古以至今，不更其道，故曰：'古今一也。'……明主上不逆天，下不圹地，故天予之时，地生之财。乱主上逆天道，下绝地理，故天不予时，地不生财；故曰：'其功顺天者，天助之，其功逆天者，天违之。'"

（2）"乘殷之辂"。在此，孔子以天子所"乘"之"辂"为代表，标示治邦之行政原则。

"辂"是车的代称。按古之解，此乃殷之遗风，"亦鲁礼也。殷辂，木辂也。《周礼》天子自有五辂：一曰玉辂，二曰金，三曰象，四曰革，五曰木。五辂并多文饰，用玉辂以郊祭。而殷家唯有三辂：一曰木辂，二曰先辂，三曰次辂。而木辂最质素无饰，用以郊天。鲁以周公之故，虽得郊天，而不得事事同王，故用木辂以郊也。"故《郊特牲》说鲁郊云："乘素车，贵其质也。旗十有二旒，龙章而设日月，以象天也。"郑玄注云："设日月，画于旗上也。素车，殷辂也。鲁公之郊，用殷礼也。"（〔唐以前古注〕）按朱熹之注："辂，音路，亦作路。商辂，木辂也。辂者，大车之名。古者以木为车而已，至商而有辂之名，盖始异其制也。周人饰以金玉，则过侈而易败，不若商辂之朴素浑坚而等威已辨，为质而得其中也。"

从这些注解中可知，孔子面临可选的周之"辂"有五种，即玉辂、金辂、象辂、革辂和木辂，殷之"辂"有三种，即木辂、先辂和次辂；周代的车马制度比较奢侈，殷商的车马制度比较简朴。按钱穆先生所说"周制有五辂，玉、金、象、革、木，并多文饰"，而"殷之辂"就是最好的也只是"木辂"，弃周"辂"之奢华与过多的讲究，最为简朴。

如此，孔子以主张天子乘坐"殷之辂"，实为尚简、宁俭之意，这就为治邦之行政确定了基本的原则：崇简而节俭、节用，剔除与反对任何多余的奢华之念、之为。这就在源头上，强调了"上"之所"好"，不在奢，而在"简"与"俭"，这样的行政治理之则，一方面使行政运行成本降低，保持着简朴之美德；另一方面，客观上减轻民众之负担，缓和了"上"与"民"之间的矛盾，而且更为重要的是，"上"尚"简"之风范，必将带动民之所好，塑造简朴淳厚的民德，此乃使"上""下"之心，不在"物欲"之上，而归于"仁"。这就为邦之为政品质，从制度上予以了规范和确定。为治邦达到"人和"之状，予以了德行昭示与制度保障。

（3）"服周之冕"。孔子对于车马采用"殷之辂"，主张和强调简朴。但对于"冕"呢？孔子主张从"周"。

"周之冕"又有何特点呢？据《集解》包曰："冕，礼冠。周之礼文而备，取黈纩塞耳，不任视听。"［唐以前古注］皇疏所言："周礼有六冕：一曰大裘冕，二曰衮，三曰鷩，四曰毳毳，五曰絺，六曰玄。周王郊天以大裘而冕，鲁虽郊不得用大裘，但用衮以郊也。"朱熹注："周冕有五，祭服之冠也。冠上有覆，前后有旒。黄帝以来，盖己有之，而制度仪等，至周始备。然其为物小，而加于众体之上，故虽华而不为靡，虽费而不及奢。夫子取之，盖亦以为文而得其中也。"

孔子之所以主张"冕"从周，主要是此物非日常用品，而是祭祀或者大典的时候才要戴的一种礼帽，故而需要讲究些，以示祭祀或者大典隆重，对之须持虔敬、肃穆之心。孔子之所以将"冕"单独作为治邦之一要素提出来，因为"冕"之物，涉及礼制问题，同时更涉及对天之秩序的敬畏。严格地说，对于孔子而言，"礼制"不仅是繁琐的仪文，最为重要的在于它是与天之秩序相契合的象征。

（4）"乐则韶舞"。在此，涉及两个基本问题。

一是，孔子为何如何重视"乐"之问题。从大的方面来说，"乐"乃是祭奠、大典所用之"曲"，它本身就蕴含着神圣性，要求其庄重而虔敬，正是在这一意义上，才有所谓礼乐致神，所谓献不正，神不享；礼乐不正，神不致，神不致则祭献无益之说。如此，在孔子看来，祭祀等活动中的礼乐问题涉及到对天之秩序的敬畏问题，非一般娱乐之小事，故而非常重要；从小的方面来看，"乐"承载"礼"而发挥对君、民之教化功能，彰显着君民心之所尚、所向，即以乐的形式，传递着"礼"之规范，熏陶君、民之性情。

二是，为何选择"《韶》《舞》"？这是因"韶舞"之特点，能实现以

"乐"而"礼化"于民，达到"乐教"之效果使然。

孔子面对的"乐"，绝非"《韶》《舞》"之一种，为何对"《韶》《舞》"又情有独钟？

据诸多解家之注可知，"周用六代乐，一曰云门，黄帝乐也；二曰咸池，尧乐也；三曰大韶，舜乐也；四曰大夏，夏禹乐也；五曰大濩，殷汤乐也；六曰大武，周乐也。若余诸侯，则唯用时王之乐。鲁既得用天子之事，故赐四代礼乐，自虞而下，故云乐《韶》《舞》也"，而"韶舞"，"谓鲁所用乐也。《韶》《舞》，舜乐也。"（［唐以前古注］）孔子之所以"乐"取"韶舞"，一方面是因为当世鲁国采用的乐就是它，另一方面则是因为"《韶》《舞》""取其尽善尽美"。（朱熹）"故取之。"（《集解》）。

以上四个方面，应该说是孔子治邦之思的主要内容，使之发挥其功能，则能使邦达到"仁"之效果。

但是，针对当世时弊的两大特点"淫"与"佞"。在孔子看来，还需要必须得从源头上对这两个方面加以治理，以免影响、甚至破坏其治邦之良效。

（5）"放郑声，远佞人。郑声淫，佞人殆。"这应该是孔子治邦之术的"补充"或额外加以注意或治理的部分。

首先是"放郑声"。"郑声"有何特点，不能放任自流而必须加以整治？又当如何处之？据孔子自己的判断，"郑声"的主要问题在于其"淫"。所谓"淫者"，并非是指其属于淫词艳曲，而是其"非中正和平之谓也"，其根本之问题就在不中礼，不节于礼。据孔曰："郑声、佞人亦俱能惑人心，与雅乐、贤人同，而使人淫乱危殆，"（［集解］）；"郑声，淫也；鲁礼，无淫乐。按《乐记》云：郑音好滥淫志，宋音燕女溺志，卫音趋数烦志，齐音傲僻骄志，所以是淫也。"（［唐以前古注］）"郑声，烦手踯躅之声，淫，过也。"（戴望）既然郑声淫，那么，就必须对之"放"，即"禁绝之。"（朱熹）不能容许其存在和传播，必须加以放逐、驱逐而禁绝之，从而使"乐"纯之。

其次是"远佞人"。何为"佞人"？为何要"远"之？朱熹认为"佞人，卑谄辩给之人。"有人则说"佞人，恶人也"（［唐以前古注］），还有人说"佞者"，乃佞伪不实，诈伪之人，非仅是恶人而已；亦有人认为："佞人，巧谮高材之人。"（戴望）但不管如何，"佞人"伪而乱政，不利于邦国之治乱。在孔子看来，佞人会让邦"殆"，也就是说佞人斗乱，会坏乱邦家，致使邦陷于危殆之境；因此治邦必须对之黜远，以免祸乱邦国。

总之，孔子之理想治邦的方案，从其内容上来看，无外乎是从正面建设维度强调敬天顺时而用夏时，尚俭朴为行政，美冠冕谨仪节，正礼乐，育仁心；

从现实性方面来看，针对时弊而须放郑音、逐佞人。其主张与策略真可谓有主有次、有简有繁，有轻有重，其最终目的是为了邦治实现顺"天时"、达"地利"至"人和"之"仁正"境界。

从孔子开出的治邦之略来看，取"夏"之时、"殷"之辂、"周"之冕和"舜"之乐，将之注入与运行于"新邦"。如此，孔子决不是被有人所定格的彻底的复古主义者，而是结合治邦之需要，从历史传统中，以拿来主义和现实主义态度，博采历史众家之长而集于一邦，以期达到治邦之最佳效果，这充分体现了孔子治邦之思继承、发展和创造诸特点。

12. 人无远虑，必有近忧

卫灵公 15.12

【原文】子曰："人无远虑，必有近忧。"

【译文】孔子说："一个人若无弘道之远大志，必因个人一时之得失而烦恼。"

从方法论的意义上来看，孔子所论"人无远虑，必有近忧"，道明惟有"远虑"，方可解除"近忧"。"先事而虑之，远虑也。事至而忧之，近忧也。人无远虑，必有近忧，则有远虑，必无近忧矣。"（陈祥道）"虑之不远，其忧即至，故曰近忧。"（刘宝楠）如此，提醒世人须先谋而后动，切勿事至而忧。同时要求看问题、做事情应着眼于长远，如是，人能谋虑深远，思考成熟，就会办事周详，及时预防流弊，"近忧"亦能得以消除。进而言之，"人无远虑，必有近忧"，警示世人想问题，做事情，眼光要远，切不可鼠目寸光；格局要大，要胸怀全局，切不可只关注己之一隅。这就要求世人对世势予以规律性、动态性和整体性地把握。倘若没有对世事的深彻洞察，必然对眼前的、当下的某些变故，举足无措，无从应对。

从孔子之论的具体内涵而言，孔子之"远虑"，乃其所谓"谋道"，此为孔子之志、之理想；"德之不修，学之不讲，闻义不能徙，不善不能改，是吾忧也"此乃孔子之"近忧"。如此，孔子将其"忧"置于"远虑"之中，则不为"近忧"而"忧"。恰如孔子所言："居下而无忧者，则思不远；处身而常逸者，则志不广。然则君子之有终身之忧，是以有远虑也。惟其有终身之忧，故无近忧。"

进而言之，"远虑"，乃"正谋"，乃宏大之理想；"近忧"，所指切己之忧。如此，孔子之论，表明"无远虑"，即没有远大的目标，"必有近忧"，即必困于眼前之事；没有宏大"仁道"之追求，必会为己之得失而烦扰，即一个人若没有大志，则只为切己之得失而忧。从这一意义上而言："善于远虑，则长虑顾后者也。不善于远虑，则私忧过计者也。"（陈祥道）"惟所谓远虑者，乃正谋，非私计"（钱穆）方可解"近忧"。

《春秋传》曰："君子有远虑，小人从迩。""盖圣人无思则无虑，小人从迩则不能远虑。"（陈祥道）"远虑者"，君子也。"近忧者"，小人也。如此，孔子之论，揭示了"远虑"与"近忧"之必然性关系，指证"无远虑"非君子，"必有近忧"为"小人"，指明"君子"与"小人"之、嬗变差异，进而开出"有远虑"乃是解"近忧"之正法，以此激励弟子当为君子，确立"远虑"，笃定仁道之信念，树立弘道之信心，不为"近忧"所困。

具体而言：

第一，"远虑"者，君子也；"近忧"者，小人也。无"远虑"者，必为"近忧"所困。如此，孔子所言："人无远虑，必有近忧"，从"弘道"与"私利"的视角，提出解"近忧"之正法。由此，孔子倡导去小人之"近忧"，成"远虑"之君子。

但是，不可否认，孔子此论，早已落满了表层化、日常化，甚至庸俗化理解之"尘土"，其真义早已被严重遮蔽。

第二，将此语置于孔子生活的历史语境，置于孔子人生之追求与志趣的层面，置于孔子论语的语义逻辑之中，"人无远虑，必有近忧"所指示的则是求道、求学与治邦之"远虑"和"近忧"之"有"与"无"的关系，其本质上是彰显"远虑"，去"近忧"；如此，"人无远虑，必有近忧"之真正的实质则是"有"远虑，则"无忧"，即"有"了远虑，以成"君子"，超越了"近忧"之"小人"。如此，表征孔子依"远虑"而心怀坚定的信心，对"仁政""礼治"之理想充满着自信和饱满的热忱。

第三，在本句经典的话语中，首先要落实和审查的最为关键一组对应性的语辞是："远虑"与"近忧"。

何谓"远虑"？有人泛解为"长远的打算"、或"深谋远虑"、或"深思熟虑"、或整体筹划？似乎都具有某些合理性。但是这样的解读，存留的问题是："什么事"需要"深谋"，需要"远虑"？"长远的"打算，"多长""多远"才算够"长远"？"深谋远虑"，多"深"、多"远"，其谋才算真"深远"？"深谋远虑"，绝非是"老谋深算"，更不是"老奸巨猾"，整体筹划之"整体"的空间和范围是多大才算完整无疏？如此，如果仅以具象的时空尺度来审查和确认"远虑"，可以说与孔子之"远虑"之真义无涉，因为此等解读之根本问题都是在术的层面来思考，都未能上升到"道"的高度对"远虑"加以审视。

那么，孔子之"远虑"到底是何意呢？抽象而言，就是终极目标，以及对终极目标之"信念"。就孔子而言，就是"仁道"理想及其对之实现的笃信不疑。

何谓"近忧"？何谓"忧"，何为孔子之"忧"？此"忧"，绝非是日常生活中遭遇困难时，被之困扰而一筹莫展、或为暂时的困难之发愁、或产生的愁绪等，因为"知者不惑"。如此，此"忧"绝非是遭遇不顺意，碰到困难或小麻烦而引起的心神不宁，情绪烦躁。

"忧"与"悦"相对，孔子之"悦"则是因其"学而时"而"习之"。如此，"忧"乃是因其"学"而"不时"，"人不知"而不能得"时"进而"习之"，这样，"忧"乃从心而生，因"学"被弃、因"志"被困而来。如此看来，孔子之"忧"，乃是为其学之践行、其仁政、礼治和王道之运转与实现而"忧"。非悲悲戚戚之愁苦。直言之，与"远虑"相对应的"近忧"，即为切己之"忧"，所指乃为个人的"得失"而"忧"。

当然，孔子心怀"远虑"，从信念的层面来看，决不足"忧"，因为"仁者不忧"（《论语·子罕》）。但是，孔子直面礼崩乐坏的乱世，目睹"中庸之为德也，甚至矣乎！民鲜久矣""知德者鲜矣"之状，从孔子自述："子曰：'不患人之不己知，患不知人也。'"（《论语·学而》）"不患无位，患所以立；不患莫己知，求为可知也"（《论语·里仁》）和"不患人之不己知，患其不能也"（《论语·宪问》）来看，他从来未曾为其在现世之"无位""莫己知""不己知"等而担心、发愁过。孔子之"忧"只在于"民之于仁也，甚于水火，水火，吾见蹈而死者矣，未见蹈仁而死者矣"，最后孔子直言其"忧"："德之不修，学之不讲，闻义不能徙，不善不能改，是吾忧也。"（《论语·述而》）

从以上的阐释可见，孔子之"忧"乃是忧天下之无道，忧世道不重视"德""学""义""善"，如此之"忧"，恰是与"远虑"之实现相悖和冲突的无道现实而生；孔子言"君子忧道"，"不忧贫"，君子"谋道不谋食"。（《论语·卫灵公》）这样，孔子之心志、情感完全系于"道"，只为"道"而谋，也只为实现"道"而"忧"。但唯独不因个人的得失而"近忧"。概而言之，"远虑"，着眼于"弘道"之志，"近忧"专注于个人之得失。

第四，在本节中，还须注意"无"与"有"。在此，孔子以"无"为始，言其结果必"有"，这就从否定的视角强调、强化了"远虑"之"有"的重要性，突出了"有""远虑"至"无""近忧"之结果。在此，孔子对高远之志、对终极理想和目标解除"近忧"之予以了充分地肯定，这样，有"远虑"之孔子，则真无"近忧"，这就为孔子"知其不可为而为之"提供了信念支撑。

第五，但是，孔子深知，追求"远虑"之途，非一帆风顺。恰如此，正如前面所言，其间孔子亦有"忧"。但此"忧"只为"道"存、只因"道"之勃兴之艰难，如此之"忧"，绝非因个人的得失而生的"近忧"，乃是与"远虑"、与"大道"、与"礼治""仁政"之脉动、之命运内在相切的"忧"，如此之"忧"亦才是人生理想与价值实现之"忧"。此忧才是"远虑"与"志向"之"忧"。如此之"忧"，才是"先天下之忧而忧"，也才会"生于忧患、死于安乐"，从而获得生存本体论之意义。殊不知，一个没有"远虑"之人，或许成天都是"愁"，但绝不是此等"忧"。

第六，当然，有了"远虑"，相应地也就会为远虑之实现而谋划，从而落实于践行之中，具体化行动之步骤和方案。当然在其中必然遭遇重重困难的阻力，但是，这些困难和阻力因有相应的对应之策，都不足以是令人生"近忧"，恰解除"近忧"。因有"远虑"，解决这些过程中的困难和阻力，恰如诗人所言必须具有"乌蒙磅礴走泥丸"之气概，又何忧之有？心底无私，何来"患得患失"？心立"远虑"、怀大道，又何来"近忧"？

如此，在孔子践行"仁道"之"远虑"过程中，正因为其有"远虑"，故而，邦无道时，则可"愚"，"危行言孙"，能"藏""隐""不仕""卷而怀之"而"免於刑戮"，待"邦有道"时再"知""行""仕""不废"，如此等等，都昭示着孔子之应对无忧。但是，邦之无道的现实，仁道推进之艰难，让孔子对"仁道"之实现，确令心生"忧"，但绝非"近忧"。如此看来，"人无远虑，必有近忧"，并非是孔子逻辑推演之论，而是孔子通过切己之行，立足于践行"仁道"之实践经验总结出来的。它以历史、现实和未来为时间主线，以"远虑"与"近忧"之关系为主旨，揭示"无"与"有"之关系逻辑，不仅突出未来对现实的观照，而且彰显"远虑"解除"近忧"之积极价值。

第七，孔子之言，以因果关系为基础，对"远虑"与"近忧"之间的"有""无"关系做出必然性判断，并以此强调必须立高远之志，自觉突破因无"远虑"而生"近忧"的困境，实现"远虑"之主体的生命价值自主与境界提升。

第八，孔子之论，揭示君子、小人之差异，指明"远虑"乃君子人生之取向。"有近忧"，乃小人人生之困惑。"无远虑"，"人"必蜕变、沉沦为困于"近忧"之小人。如此，孔子再次警示弟子或世人，面乱世，切不可囿于、忧于、困于一己之得失，须为道而存，即切不可以求生而害仁，当"杀身以成仁"。

总之，"人无远虑，必有近忧"昭示着君子必须以坚定之志，立高远之目标，唯有如此，才会目光远大、心怀宽广，才不会因个人一时一地之得失而烦恼，不窨一事一难之险阻而愁苦，才会有"一览众山小"之宏阔视野，才会有为"道"之勃发而担当，也才会将自己之仁德、智慧与才干融于实现"仁道"之大业上，也才会解除生命之"近忧"。如此，孔子之论昭示：惟有从道的高度从长计议、系统筹划、有条不紊，力克"近忧"，方能超越"小人"之狭隘与短视，争做有"远虑"之君子。

"人无远虑，必有近忧"，不做天涯之谋，必有眉睫之近忧。如此，孔子之语蕴含着人生方法论的意义；它通过呈现"远虑"与"近忧"的反向否定性关系，从正面解除了狭隘经验主义思维方式的局限性，展示和倡导对一件事、一生的事业之构建和超前筹划的理性逻辑，由此凸显理想主义的人生价值观照。

　　"人无远虑，必有近忧"，孔子教导其弟子及世人，当作有"远虑"之君子，切莫做只"近忧"之小人。"人无远虑，必有近忧"，乃孔子教导弟子与世人，解"小我"之弊，成"大我"之箴言。如此，当立"远虑"，解"近忧"，为弘道而止于至善。

13. 好德者鲜，好色者众

卫灵公 15.13

【原文】子曰："已矣乎！吾未见好德如好色者也。"

【译文】孔子说："罢了！我从来没有见到像好色那样好德的人。"

据《史记·孔子世家》记载，孔子在卫国时，卫灵公与夫人南子同坐一辆车出行，让孔子跟随其后，他俩一路招摇过市。孔子见此情景，发出如此感叹。

"好德出于性，好色本乎情。以性胜情，为君子。以情易性，为小人。"（陈祥道）未见好德如好色者，表乱世小人横行，独难见君子。孔子叹世德之衰败。然孔子之所以发出如此感叹，"正是不肯绝望"使然。（蕅益）

具体而言：

第一，本节之论，在《子罕》篇之第十八节中，已有出现。此处，只是多了"已矣乎！"以表孔子决绝感叹。

对孔子所言"已矣乎！"陈祥道释曰："此乃决辞也。"进而总结孔子三次言"已矣乎！"即"孔子于凤鸟不至，河不出图；吾未见能见其过而内自讼；吾未见好德如好色，皆言'已矣乎'。凤鸟不至，河不出图，伤其无时也。未见自讼与好德，伤其无人也。"朱熹释曰："已矣乎，叹其终不得而见也。"

第二，在《论语》中，在不同的篇章中都谈及到"色"。

（1）子曰："巧言令色，鲜矣仁！"（《论语·学而》）

（2）子夏曰："贤贤易色；事父母，能竭其力；事君，能致其身；与朋友交，言而有信。虽曰未学，吾必谓之学矣。"（《论语·学而》）

（3）子夏问孝。子曰："色难。有事，弟子服其劳；有酒食，先生馔，曾是以为孝乎？"（《论语·为政》）

（4）子曰："巧言、令色、足恭，左丘明耻之，丘亦耻之。匿怨而友其人，左丘明耻之，丘亦耻之。"（《论语·公冶长》）

（5）子曰："吾未见好德如好色者也。"（《论语·子罕》）

（6）君召使摈，色勃如也，足躩如也。揖所与立，左右手，衣前后，襜如也。趋进，翼如也。宾退，必复命曰："宾不顾矣。"（《论语·乡党》）

（7）色斯举矣，翔而后集。曰："山梁雌雉，时哉时哉！"子路共之，三嗅而作。（《论语·乡党》）

从《论语》孔子在多重意义上关于"色"的论述可见，"色"绝不仅仅是指人之容颜、容貌，而且还指人的神态、气质、气度、举止和行为，更指一切过多之华美文饰（钱穆）。如此，"色"乃泛指一切外在性之形式或表象，如"文"。而"德"泛指一切内在性的东西，其意是内在修养，如"质"。

第三，"好色者"，从其直接性而言，则是指好女色者，进而言即是指尤为偏好、偏重或注重一切外在形式或表现之人；相反，"好德者"则是指注重内在修养，偏重于人之内在心性。

孔子在此处指出了"好德者"不如"好色者"，不仅是对"好色"成为社会主要倾向表示以担忧，而且予以批评，他强调和要求人们更应注重和加强内在道德之修养。

第四，无论是"好色者"还是"好德者"，其实都是将"德"与"色"，即内与外，形式与本质、"文"与"质"割裂或分离开来的。若过分或单纯追求"色"，则易流于无"质"之"文"、流于伪善；若单纯追求"德"，而"好德"，则是无文之"质"。如此，孔子要求将"德"与"色"，"好德"与"好色"统一起来，使之内外兼修、表里如一，相得益彰，"文质彬彬"，即为达人与君子。

总之，孔子之叹，折射出当世为政者"好色"之盛，取向奢靡享乐，缺失修德，此乃时之积弊。孔子之叹，不仅指证"好色"之"事实"，亦表呈了孔子对世德之深"忧"。

14. 孔子谴责，知贤不立

卫灵公 15.14

【原文】子曰："臧文仲其窃位者与？知柳下惠之贤而不与立也。"

【译文】孔子说："臧文仲是一个窃居官位的人吧！他明知道柳下惠是个贤人，却不举荐他一起做官。"

与"公叔文之臣大夫僎，与文子同升诸公"形成鲜明对比的是臧文仲"知柳下惠之贤而不与立也"，故孔子谴责他是"窃位者"。正如陈祥道所释曰："知人之谓智，爱贤之谓仁。文仲知柳下之贤而不与立，非不智也，不仁而已。不仁者，抑人以自高，弃人以自利，此偷天工以私己者也，故谓之窃位。"

"才不贤而讬官位，利上奉，妨贤者处，是窃位也。"（戴望）孔子以臧文仲明知柳下惠之贤而不与立，指证当世为官者荐贤者寡，嫉贤妒能者众，德与位配者少，缺德、无德而窃位者多，如此拒贤蔽贤之政，必是庸人充斥之恶政。如此表明，无道之政，首在为政者之无德窃位。

孔子批判臧文仲"知柳下惠之贤而不与立也"，薄益释曰："诛心在一'知'字。"孔子通过批判窃位者臧文仲，希望贤者能就其位，能者能行其职。此乃弃无道之乱世，成王道太平之正途。

具体而言：

第一，本节是孔子对身居高位的臧文仲为官无仁德予以批判，认为他明知柳下惠之贤德与才能，却不举荐，偷安于位，首先是其"德"不配其"位"，故而，孔子评价他是"窃位者"。如此，"知贤"而"不举"，不敢让贤才崭露头角，造成人才的流失，恰如荀子所言："蔽公者谓之昧，隐良者谓之妒。妒昧之臣，国之孽也。"应该说，孔子对臧文仲有失官德的批判性是很重的。在此突出孔子对政治角色所蕴含的德性和伦理内涵，即对"官德"的严格要求和高度重视。

第二，孔子之论，涉及两位主要的人物：臧文仲和柳下惠。

（1）臧文仲，乃是臧武仲之祖父，鲁国大夫臧孙辰，姬姓，臧氏，名辰，"文"是谥号。生活于孔子之前约一百年。臧氏是鲁国世袭贵族，执礼以护公室。史书中关于臧文仲的记载始见于《左传·庄公二十八年》(公元前666年)。当时他已是鲁国的国卿重臣,前后历经庄、闵、僖、文四代,辅政四十余年。在《左传·文公二年》中记载了孔子对他的评价:"臧文仲,其不仁者三,不知者三。下展禽,废六关,妾织蒲,三不仁也。作虚器,纵逆祀,祀爰居,三不知也。"在《论语·公冶长》篇第十八节,亦有孔子对他的评价,子曰:"臧文仲居蔡,山节藻棁,何如其知也。"如此可见,臧文仲,在孔子眼里是一个不仁、不知之人。在此节中,以增加一个事例,再次强化身居要职的臧文仲之不仁。

(2)柳下惠,即展禽,鲁国柳下邑人,鲁孝公之子公子展的后裔。姬姓,展氏,名获,字子禽,一字季,"惠"为谥号。柳下惠被人认为是一个品德高尚的人,他始终坚持直道事人。孔子对他的评价是"降志辱身矣,言中伦、行中虑,其斯而已矣。"(《论语·微子》)据说他担任过鲁国大夫,或说只做过管刑狱的"士师"等小官。"柳下惠为士师"(《论语·微子》)后隐遁,成为"逸民"。

第三,知人者智、爱贤者仁。臧文仲为官而失"官德",在本节中主要表现为臧文仲明知柳下惠之贤才而不举荐这一事实。此处他失"官德"而"不仁"。不仁者,抑人以自高,弃人以自利,此乃偷天工以私己者,故谓之"窃位"。臧文仲之无德的消极无为,从角色之职能要求来看,则是严重失职、渎职,嫉贤妒能,无异于谋杀贤才。这与"公叔文子之臣大夫僎与文子同升诸公"形成鲜明的对比。

第四,正因为臧文仲不荐柳下惠,被孔子定位为不仁之"窃位者"。曾子曰:"无益而受厚禄者,窃也。""知贤而不举,是为窃位。"(《集解》)"臧文仲虽居位,居位不当,与盗位者同,故云窃位者与。此臧文仲窃位之由也,凡在位者,当助君举贤才以共匡佐,而文仲在位,知柳下惠之贤而不荐之于君,使与己同立公朝。所以是盗位也。"(《皇疏》)"窃位,言不称其位而有愧于心,如盗得而阴据之也。范氏曰:'臧文仲为政于鲁,若不知贤,是不明也;知而不举,是蔽贤也。不明之罪小,蔽贤之罪大。故孔子以为不仁,又以为窃位。'"(朱熹)

第五,举贤,为政者之职责,亦表其德。臧文仲不荐柳下惠之无德窃位,陈祥道释曰:"古者荐贤受上赏,蔽贤蒙显戮,然窃位而不蒙戮也,幸矣。"进而以举贤与否为尺度,从历史的维度,对不进贤之窃位者予以了清理与鞭挞,对进贤者予以称许:"夫管仲非不贤于鲍叔,子产非不贤于子皮,孔子以鲍叔子皮为贤,以管仲子产为不贤者,以鲍皮能进管产,而仲侨不能进贤也。公孙弘不举董仲舒，汲黯不以为忠。虞丘不举孙叔敖，樊姬不以为贤，凡此皆窃位者也。"

总之，孔子在《论语》中，先称颂公叔文子与僎"同升诸公"之美德，在此对臧文仲不举柳下惠之"不仁"进行批判。如此，以前后之鲜明对比为契机，强调进贤能乃是为官之人、尤其是身居高位之人的职责，亦是其德行之表征，从而突出"官德"在为政治理邦国、弘扬仁道中的重要性和价值。

孔子批判臧文仲"知柳下惠之贤而不与立也"，本质上即是"窃位者与！"如此，无德之官，正是无道之世的具体表现。

孔子借古谈今、借事说理，反衬于己，暗批当世一切不举贤、不用贤之无德当权者。

15. 躬厚薄责，善处之道

卫灵公 15.15

【原文】子曰："躬自厚而薄责于人，则远怨矣。"

【译文】孔子说："多责备自己而少苛责别人，那就可以避免别人的怨恨了。"

遵循"严于律己，宽于待人""责己厚，责人薄"之基本原则，即可"远怨"，此为君子善处之道。

"责己厚，故身益修；责人薄，故人易从。所以人不得而怨之。"（朱熹）"君子求诸己，小人求诸人"，故君子责己厚，小人责人厚。责人厚，则为怨之府；责己厚，人不见怨，"怨"自远矣。恰如陈祥道所释曰："君子为己不重，而责己重以周；为人不轻，而待人轻以约。重以周，故自厚；轻以约，故薄责。君子之交，尽己之欢而不尽人之欢，竭己之忠而不竭人之忠。"如此，"有己然后求人无己，然后非人，此为中道。"

"厚责人者，只是不能自厚耳。"（蕅益）"躬自厚而薄责于人"，乃行"恕"道于交往中，倡自反、自省、自检、自责与自担，戒求全责备、戒归责与推责而埋怨。惟此，君子之交，方为君子善处之道。

具体而言：

第一，孔子主要论述君子接人待物、为人处世之道，具体讨论了为避免彼此生怨所应遵循的交往原则：即"责己厚，责人薄"。这就要求在交往中，尤其是当彼此发生了相左之意见、立场之分歧、利益之矛盾，亦或面对过失之时，应多反思、反省己之不足、之过失，多从自己找问题和原因，多做自我检讨与自我批评，多担待责任，对人采取宽容的态度，尽量不要归过究因于人，进而指责和批评于人，即使要批评别人，也要尽量做到和缓一些，而不使矛盾激化。如此，就能化解矛盾，减少怨、避免恨，从而使彼此的关系融洽。简言之，遇事，自己多自咎、多承担，切忌将问题归咎于人，进而埋怨与指责他人。如此，彼此就能"远怨"而善处。

第二，充满差异性的个人之间的交往，因利益、立场、观念或个性、思维方式等诸多之不同，难免会产生这样或那样的矛盾；当矛盾产生后，该如何处理才能使矛盾得以化解，问题得以顺利解决，而不致使彼此的关系恶化，进而彼此生怨成恨，关涉问题解决之方法论。

在此，孔子从避免怨恨发生的角度，从己不怨人和不被人怨两个方面，提出了责"己"与责"人"之差异性原则，强调指出"厚"责己，"薄"责人的根本原则，这样，矛盾双方各自都将"问题"反转指向自我，而不是对方，通过反思、自省而检讨和批评自我之不足，多看到别人的长处和优点。事实上这样做就是宽待人，严责己。如此，彼此的怨恨自然也就不会发生，也就远离了怨恨，这就是君子交往坚持"和而不同"原则之良效。如此，即使彼此的关系出现裂缝，也能修复而不至于演化成彼此的怨恨，最终使彼此友好而无怨。

第三，孔子之语，告诫世人每当共同经营的事情遭遇挫败时，切莫归罪、责怪于人，而应首先反过来从自己身上找原因，发现问题的症结，并努力加以改正。其中蕴含着强调交往主体不仅必须具有自我反思意识、自我审查，自我评析和敢于自我批评之精神，更重要的是要有自我担待之勇气，不能将任何问题和责任一味地推向他人，苛责于人，这样，存君子之风的彼此交往，方成君子之善交。

第四，孔子提出的厚责己、薄责人的原则，其实是"恕道"之具体化，它要求交往双方都应该互换立场和角度，多站在对方的角度来思考问题，都体谅别人，宽宏大量地对待别人，切勿求全责备，真正做到"己所不欲，勿施于人"。

第五，孔子在此提出的交往原则，警示着处于交往关系中的人，不能视"对方"或合作伙伴为"敌人"。如此，交往双方都应持仁爱之心，视交往者、共事者或合作者、利益竞争与分享者为爱之对象。如此可见，厚责己、薄责人的原则之价值基础和支撑则是"仁爱"。换言之，惟有心存仁爱者，方可厚责己、薄责人，以宽容而消解怨，从而"远怨"。

第六，孔子在操作层面和行为准则层面，提出厚责己、薄责人之原则。但是此原则何以可能为人所信守与遵循呢？如此，孔子实质上更深层地要求交往者，都应该秉承着"恕"的原则和"仁爱"之心，不断加强自我修养，提高自己的德性，提升自己的道德境界，根除己之"怨心"。唯有如此，在交往中才能"严于律己，宽于待人"，才能真正消除怨之产生，才能远彼此之怨。

孔子在此提出化解矛盾，远离怨恨所持守的厚责己、薄责人的原则，其根本目的是通过减少和避免彼此之"怨"，最终达到人际关系和谐之美的目的，这是"仁道"之微观表征。此原则不仅于当世，而且对今日，均具有重要的方法论意义。

总之，钱穆释曰："责己厚，责人薄，可以无怨尤。诚能严于自治，亦无暇责人。"孔子以"责"与"怨"之因果关系为基础，以"己"或"人"为"责"之对象，以"厚"或"薄"为原则，提出和确立避免或化解"怨"之方法论，突出了交往主体反思自省、自修、自担与自责，即厚责己之德的重要性。

孔子说"在邦无怨，在家无怨。"（《论语·颜渊篇》）如此，要避免怨之发生，远离怨，首先是自己要有一颗"无怨"之心、无"责人"之心。这就要求在厚责己之德上下功夫；如此，只有己有厚德，才能在交往中，真正做到将"责"之矛头首先指向自己，而不是他人，进而"厚"责己，而"薄"责人。恰如《菜根谭》所言，"反己者，触事皆成药石；尤人者，动念即是戈矛。一以辟众善之路，一以浚诸恶之源，相去霄壤矣"。

惟"躬自厚而薄责于人"，才能消除事成争功，事错、事败而相互推责、埋怨，达到事成共享、事败同担，促彼此关系融洽而美好。

16. 孔子赞许，如之何者

卫灵公 15.16

【原文】子曰："不曰'如之何，如之何'者，吾末如之何也已矣。"

【译文】孔子说："从来遇事不说'怎么办，怎么办'的人，我对他也不知怎么办才好。"

曰"如之何"者，乃先事而思患、而豫防、而积极运思谋划，寻求解决问题之方。如此，有远虑、顾周全，处主动，防患于未然。"不曰'如之何，如之何'者"，临事，凭冲动、臆测而妄为，实乃消极、被动而懈怠。对此，朱熹释曰："如之何如之何者，熟思而审处之辞也。不如是而妄行，虽圣人亦无如之何矣。"

事先能曰"如之何"，乃超前而谋，积极主动而虑，此为虔敬做事之内在要求，不仅彰"智"，而且显"德"。如此，"曰'如之何'"，具体化为做事之前，观念先导、思维先行、预案先设、结果先估，防范先举，成"智"与"德"之统一。故老子曰："为之于未有，治之于未乱。"《书》曰："制治于未乱，保邦于未危。"《诗》曰："迨天之未阴雨，彻彼桑土，绸缪牖户。"《易》曰："其亡其亡，系于苞桑"《礼》曰："言前定则不跲。"荀子曰："先事虑谓之健；先患虑谓之豫。"扬子曰："用智于未奔，此皆思患豫防。"恰如陈祥道所释曰："古之善用兵者，以虞待不虞。善医者，不治已病，治未病。况君子之于事乎？"

凡事"曰'如之何'"，表先事而深思熟虑之积极主动、之睿智、之诚敬、沉稳与可靠，从而免祸生乱；反之，"不曰'如之何，如之何'"，则为疲于应付之消极被动、之鲁莽之草率、之浅薄、之浮躁、之危险，必致灾祸。孔子赞前者，对后者奈之何？只能幽默而无奈地言之"吾末如之何也已矣。"

具体而言：

第一，身置乱世，孔子从治学、为事和弘道的高度，对从来不问"如之何"的两类、四种人进行了幽默又略带无奈的批评，强调和要求其弟子们和世人，应发挥其自身的主动性、积极性，积极有为、有担当；要着力慎思、充分筹划为事之法，真正实现思、言与行之统一，从而不仅完成己之君子人格，促己"成仁"，而且能有所作为，以己之为，扬"仁"弘"道"。

第二，与从来不曾"曰'如之何'"的人相反，经常说或问"如之何"的人，应该首先是做事之人，并且在做事前，勤于且善于思考，对所要解决的问题加以甄别、分析，着力探寻、求解问题之思的人，同时也是一个讲求规范，追求最佳为事效果之人。如此而言，从来不曾"曰'如之何'"的人，从"质"来看，应该可以分为两类人：即从来不做事的人和做事从来不思的人。

对于做事而又从来不思者，以不"曰'如之何'"为标准，又可分为"蛮干者""乱干者"和"不计效果者（或随波逐流者）"三种。如此，孔子在此对"不曰'如之何'"者幽默又无奈的说"吾末如之何也已"。

第三，"不曰'如之何'"之第一类人，即是从来不做事之人。此类人成天浑浑噩噩混日子，头脑中从未有过"如之何"。如此之人，即无志于为学、弘道，毫无做事之动力，呈现出纯粹消极无为之态。对此辈之流，孔子认为有什么好责备的呢？

第四，"不曰'如之何'"之第二类人，即是蛮干、乱干或随波逐流者。

（1）"蛮干者"。从不管"如之何"，对所为之事，从不谋划与计划、不讲方法，不求效率，只顾埋头拉车，从不抬头看路，既无明确的方向，又无有效之方法，一切仅凭感觉做事，莽撞行事，缺乏正确之"思"或价值引领与方法牵引。

（2）"乱干者"。不仅不谋划、不讲法、不求效率，更为关键的是不守规矩，缺乏应有的规范，随心所欲，率性而为。

无论是"蛮干者"还是"乱干者"，都是为事之前，无思、无计划，不遵循规则，而事败后，都是"薄"责己，"厚"责人，彼此生"怨"。如此，表征这两种人之"无德"。

（3）"随波逐流者"。做事不仅无计划、无规范，只是随意而安，随时可放弃、可休止，就其根本其无志于结果或良效的追求，这样，对自己的行为也无担待和责任。

第二类人，虽有为事，但是，总是依靠感觉，凭着冲动和臆想行事，不存在问题意识，对小事凭感觉，大事无理念、无谋划，不靠谱地干。如此，他们不仅不知怎么为之，而且在于不知为何为之，更重要是无自觉的志引导其为之。这样，虽以积极之态出场，但本质上仍然是被动的，非自觉的，无良效的。

第五，孔子对这两类、四种人以"不曰'如之何'"为表象，揭示了其志不在"治学"和"弘道"上，缺乏"治学"和"弘道"之认真的态度和思而后行的主动性和积极性，本质上是缺乏责任感和使命感。对此，孔子以"吾末如之何也已矣"予以回应，以求激活其心智，增强其责任与使命。

第六，孔子以此来告诫其弟子们，在治学中，要克服和超越"学而不思"

与"思而不学",即"不曰'如之何'"的积弊和陷阱;在弘道中,更要多思"如之何",如此才会有"远虑",不被"近忧"所困扰,从而做一个可"弘道"的自觉君子。

第七,孔子主要是面对"乱世",讨论"救世"之方时,对"不曰'如之何'"之人消极无为之态予以了分析和批评,以此昭示着面对乱世,君子自当担待,做到知行合一,为弘扬"仁道"尽心出力,这才是君子之所为。对此,江谦补注:"知因果,信轮回,善有所劝,小人有所忌惮,然后可以教之为善。"周安士先生曰:"人人信因果,大治之道也;人人不信因果,大乱之道也。虽圣人并起,无知之何矣。"

总之,孔子曾有言:"暴虎冯河,死而无悔者,吾不与也。必也临事而惧,好谋而成者也。"(《论语·述而》)恰是对"不曰'如之何'"者的回应。"如之何,谓事卒至非己力势可奈何者也,言人生常当思虑,卒有不可如何之事,逆而防之,不使有起;若无虑而事欻起,是不曰如之何事也。李充曰:谋之于其未兆,治之于其未乱,何当至于临难而方曰如之何也。若不先虑而如之何之事,非唯凡人不能奈何矣,虽圣人亦无如之何也,故云吾末如之何也已矣。"(《皇疏》)

治学、弘道,须要做到博学之,审问之,慎思之,明辨之,笃行之,具体做到常问"如之何"。唯有如此,才会将"学"与"思""知"与"行"统一起来,超越"不曰'如之何'"之不为者、蛮干者、乱干者等的错误与歧路,此乃君子应当之为。

17. 孔子斥责，言不及义

卫灵公 15.17

【原文】子曰："群居终日，言不及义，好行小慧，难矣哉！"

【译文】孔子说："成天扎堆，说的都与义理无关，专好卖弄小聪明，对于这群人，是真难办啊！"。

按钱穆之释："孔子此言，乃为当时之学校发。"如此，"群居终日，言不及义，好行小慧"，从学校至朝廷官场，乃是市井，何不如此？于此，孔子勾勒了一副世人之生活图景与道德、精神画像："群居不以善道相切磋，终日言不及于正义，专好逞其小才知，小聪明，难为人，亦难为群。"

"言不及义，则利而已，非所谓正言。好行小慧，则凿而已，非所谓正行。"（陈祥道）"言不及义，则放辟邪侈之心滋。好行小慧，则行险侥幸之机熟。"（朱熹）实为无道义之唯利是图者；无智，却爱卖弄小聪明之徒，群居终日，只是饱食终日，无所事事，蜚短流长，荒芜时光，本质上是百无聊赖，一事无成，其心无仁道，其事不礼法。面对这样一群度日如年之精神侏儒，孔子深感要教导其"成人"，真是"难矣哉！"同时，预示着弘道救世，真"难矣哉！"

孔子通过对世人生活、尤其是对世人精神之无义、无智状况的揭示，表当世世人令人堪忧的道德境况，着实让孔子欲教之而倍感艰难，甚至无计可施；同时，暗喻当世官场之真实特征，表重塑礼法、道义而救世、治世之艰难。在此基础上，向世人敞开更为深刻的问题："群居终日，言不及义，好行小慧"者，过的是什么样的生活？以及什么样的生活才是值得过的？

具体而言：

第一，承接上一节，孔子进一步对社会之混乱无序，人们心中"无道""无义"之状况加以揭示。在本节中，孔子主要通过对世人之精神境况及其行为偏好的描述，尤其是对世人言行特质的把握，勾勒和折射出悲哀时代、病态社会世人精神之普遍特征。具体表现为：一群从"不曰'如之何'"的人成天腻在一起，也就是"小人"扎堆，虽不说是放浪形骸，但也无所事事，百无聊赖，其言谈无非就是街头巷尾之蜚长流短，既无切实之内容，又不关涉道义，只会放浪邪僻之心；相互之间的交往，既无诚信可言，亦无道义可担，彼此之间无非就是爱耍点小聪明，施点小伎俩，得点小实惠，混混小日子。孔子面对此境此况，不禁感叹，此等人难以教化修德进道，于此亦预示着救世、治世之艰难。

第二，孔子首先对世人、亦是官场之生活状况进行外观性的描述，勾画出一幅生动形象的画面："群居终日"。这是一种什么境况？此四字，揭示了世人或官场之群像：无正道之事可为，成天无所事事，从早到晚，以扎堆、群居相互取乐而得慰藉。进而孔子从其交谈的话语及其行为之内容剖开了群居终日之人真实生活的内核，揭示了他们生活之主要特点。

孔子以"不"与"好"，从价值取向的视角划定了群居终日之人的精神空间，突出他们去"义"而取"利"，见利忘义，急功近利之生活特征。

特征一，其"言不及义"，虽然有言语交谈，但是言语交谈的内容都是一些日常生活中之闲言碎语、亦或污言秽语、流言蜚语，不仅无关乎治世太平之"正事"，而且与"义"无关。"有所谈说，终于日月，而未尝有及义之事也。"（《皇疏》）"言不及义，则放辟邪侈之心滋。"（朱熹）"大家在一起，讲起话来，没什么内容，无正事可谈，谈闲话，讲些不相干的话，没有真正的人生观。"（南怀瑾）

特征二，"好行小慧"。"小惠，小小才智也。"（《皇疏》）"好行小慧，则行险侥幸之机熟。"（朱熹）"小慧，为小辩慧也。"（戴望）"喜欢使用小聪明。""没有从大学问、大聪明上着眼。"（南怀瑾）如此，群居终日，油嘴滑舌，耍嘴皮、讨点巧而已。

"小慧与义正相反。"（蕅益）"好行小慧"，这四字非常准确而简洁地概括了他们的行为特质，尤其是"好行"更为深刻地揭示了此等人之偏好和精神倚重。他们无外乎就是每人都有一点小算计，小期待，总是喜欢耍点小聪明，玩点小手腕，获得一点小实惠，满足一点低级小趣味而已。在此，行小聪明是手段，得小实惠是目的，其手段和目的之间是直接的、明确的、浅白的，因为他们所看重和尽力想得到的也就是"小惠"。"行小慧"、得"小惠"、小利；其"小慧"，只为"小惠"、小利而谋，其心所装乃实惠，根本无道义所存之空间，或道义全然外于他们的生活。总之，他们的追求就是以小恩小惠博取仁爱美名，维系着他们的"群居"。如此，孔子以其精神之迷惘、之堕落，折射出乱世之悲哀、之病态，表道义之丧。

第三，孔子描述的只是当世社会境况的一个缩影，面对一群无高远之理想，无道义之担待，无大智之贤能，无义利之尺度，只是成天"群居"，其言无"义"，其行好"小慧"之"小人"。

如此之人比比皆是，只是官场尤盛，此乃"小人怀惠"（《论语·里仁》）之德性使然。面对如此之"饱食终日，无所用心，难矣哉！不有博弈者乎？为之犹贤乎已。"（《论语·阳货》）圣人孔子最后也不得不承认"难矣哉！""以此处世，亦难为成人也"（《皇疏》）"难矣哉者，言其无以入德，而将有患害也。"（朱熹）"难矣哉，言终无远大也。"（戴望）"孔子此言，历世如见，坏人才，害世道，其病非小，有志之士不可不深戒。"（钱穆）

第四，有治乱世之心，当深知乱世之况，方可采取有针对性的治世之策和可行之法。孔子亦如是。在前一节中，孔子对从"不曰'如之何'"之人，浑浑噩噩的特点进行了了解和分析；在本节，对"群居终日"之官场众人的言行特点与价值取向予以揭示。尽管孔子遗憾地发出"吾末如之何也已矣"和"难矣哉！"之感叹。然而，这就是世况，这就是世态惨淡的真实和真实的惨淡！

孔子面对此世境，虽然感叹其难哉，但是依然"明知不可为而为之"。这不仅体现了孔子治乱之思，深深切入到当世之病态和问题之中，而且具有改变它的坚定意志和不厌其烦的行动，这是一个具有救世情怀的理想主义者的崇高立场，这也正是孔子真正可贵之处。

第五，孔子对世境、对官场众生相所进行的描述与揭示，无非是要告诫世人、尤其是为官者当摒弃和超越目前所热衷的粗俗生活状态、状况，置换其生活之品质，使群居交谈，应以义理为内涵，其所言谈皆应关涉道义，切磋皆为善道而展大智慧。如此，当放弃小聪明，勿用小伎俩，渐成敦厚质朴的习性与品质，最终达到至诚至善的境地。因为在孔子看来，言不及义，好行小慧，只会养成投机取巧、行险侥幸的习性，其心性、德性之修养也就日趋薄弱，最终便难以成就远大之志。一句话，孔子力图敦促为政者自觉其当下生活的贫乏、浅薄与无聊之困境，超越当下"言不及义，好行小慧"之无道义、无智慧、无信从之病态生活，过一种有道义、有智慧、有信仰的善性生活。

孔子以理想的价值原则和美好的生活方式，首先审视"群居终日"者的生活事实，揭示出其所存在的根本的问题，进而希望其弃绝此等生活，从言行到品行进行改造，实现从小利到道义，从"小慧"到大智的转化与升华，从而成就内蕴道义的高尚生活。如此，乱世方可渐渐向治世转变。正是在这一意义上，孔子之论，本质上向世人、向为政者敞开更为深刻的问题：什么样的生活才是值得过的？

总之，孔子以治乱世而太平为目的，以"仁道""德治"之理想，以"道""义"等德性为尺度，反观和直面乱世官场为政者之生活境况，不仅看到从"不曰'如之何'"之人，亦看到"群居终日，言不及义，好行小慧"之惨淡景象。

如此之人、如此之为政者，绝非个别，真可谓比比皆是，此乃世风、世道、社会整体的病态状况。面向于此，孔子深感治理、改变其之艰难。然而，这正是孔子治世须直面的"现实"，亦是孔子重塑世德的艰难起点。

18. 义礼逊信，君子之道

卫灵公 15.18

【原文】子曰："君子义以为质，礼以行之，孙以出之，信以成之。君子哉！"

【译文】孔子说："君子以义为根本，依礼来行义，用谦逊的语言来达义，用诚信来成义，这样做才真是君子啊！"

———————————

面"不曰'如之何，如之何'者"和"群居终日，言不及义，好行小慧"之群徒，孔子立"君子"之典范，以此形成鲜明之比照，促为政者自觉转化而成长为真"君子"。

孔子于此提出君子之四准则：当以"义"为质、为根本，以"礼"行"义"，以"逊"出"义"，以"信"成"义"。"行之，行此义也；出之，出此义也；成之，成此义也。"（蕅益）如此，"具此数者，德可为君子。"（戴望）亦如陈祥道所释曰："义以为质，则礼以行之，孙以出之，信以成之者，文也。义以礼行之，则中。以孙出之，则和。有中、有和，而又以信终始之。此所以为君子也。"

孔子从"义""礼""逊"至"信"而论"君子"，表"操行不独义也，礼与信皆操行也。吾谓君子体质先须存义，义然后礼，礼然逊，逊然后信，有次序焉。"（韩愈）如此，孔子以"义"为质，从"行""出"和"成"三个维度凸显"礼""孙""信"，从而全面规定"君子"之特质。对此，方外史曰："须向'君子'二字上著眼。"

孔子之论，表以"义""礼""逊""信"，成"君子之道"。

———————————

具体而言：

第一，承接前两节关于世德的陈述和"君子"之描述，在此节孔子再言"君子"，让真君子出场，亮出君子之当为，彰显君子人生之本真，以此可见孔子之用心。在此处，孔子并不是单纯地对君子之心性、行为和言语等诸多特点进行抽象地规定，而是依此勾勒出一个典型的活生生的君子生成之形象；如此，孔子从实践理性的视角，对"君子"加以应然规定，不仅为了与前面所述的从"不曰'如之何"之人，进而与"群居终日，言不及义，好行小慧"之群徒区别开来，而且确立标范之"君子"，指明世人、为政者努力之方向，促其自觉德修，成"君子"。

然而，孔子言"君子义以为质"，进而言"君子"遵礼而行"义"，其立意更为深层的指向则是要求君子必须以行证己之义质，进而"以身示范"，带动、感召世人向着"君子"进发，成君子人格、遵君子之礼、践君子之义行，如此改变群徒言不及"义"、行之无"礼"，交之无"信"之状况，最终达到对乱世之治。这才是孔子此处再讨论"君子"，有别于前面诸节中讨论君子之特质的动意和目的之所在。

第二，孔子以"义"为核心建构"君子"之标准或标准君子之样式。换言之，孔子从"义"之"质"、之"行"、之"出"、之"成"四个维度对"君子"加以规定。而这四个维度或四要素，构成"体"与"用""本"与"末"之关系，即是君子以"义"为"体"、为"本"，以"礼行""逊出"和"信成"为"用"、为"末"的关系逻辑。（当然，陈祥道亦指出"礼"为本，"义"为用之说："礼与义，常相为依用。方其以礼为体，则义为用。故《易》言：敬以直内，义以方外，礼有之。礼者，义之本也。"）如此，孔子认为，君子为一个"义"字而在、"义以为质"，突出只有行事以"义"，做到惟义而行，才能算作是一个"君子"。至于其它的都是辅助"义"、体现"义"和完成"义"的手段。这样，就凸显君子乃是承"道"而有"义"，本质上即是行"义"之人。恰如程子曰："义以为质，如质干然。礼行此，孙出此，信成此。此四句只是一事，以义为本。"

第三，孔子确立"君子"之标准：以"义"为质、为本，以"礼"制为载体，并循"礼"而施行"义，以"逊言"来表"义"，以诚信之态度来践"义"，其每一个环节和要求都指向世人、尤其是当世为政者所存在的问题和不足，并为之指明矫正之方向和标准，向世人、为政者展示如何修身成君子。

在此，孔子不仅仅从价值层面规定了君子修身以"义"为"质"、为"本"，强调和突出了"礼制"之制度依托和保障，而且从行为层面上指明所应坚持和遵循的"谦逊"和"诚信"的原则。孔子之所以对这些都做出了详尽的规定，其目的是为了让世人、尤其是为政者知晓，君子之修成的基本行为图式和精神要旨。

第四，在孔子治理乱世、安邦治国的整体构想中，君子无疑是孔子实现治邦、治世理想的行为主体、实践主体；从孔子对君子之规定和要求上来看，君子是孔子之"仁政""礼治"之实践和现实化的载体和实行者。从这一意义上而言，孔子对君子之规定和标准的确立，对君子心性、德性与才智之不倦培养，对君子完美人格塑造的要求，以及对君子"成仁"之虔诚的期待，可以很清楚地看到，孔子治邦兴礼乐对"君子"之倚重。如此，孔子寄希望于道德与才智高位的"君子"，彰显他治国兴邦所采取的精英主义路线和贤人政治之取向。

总之，"义者，制事之本，故以为质干。而行之必有节文，出之必以退逊，成之必在诚实，乃君子之道也。"（朱熹）孔子强调君子以"义"为本，具体要求君子以"礼"行"义"、以"逊"表"义"、以"信"成"义"，从而确立君子以"义"为主旨的行为规范，成就君子人格。

　　孔子对"不曰'如之何'"之人，亦对"群居终日"之无"言无义，好行小惠"之徒，予以批评与警醒，从而真正发挥君子之标范、引领和带动效能，最终塑型"义"存于心，以"礼"行"义"，以逊表"义"和以"信"践"义"之"君子"，促"仁道"之世境出场。这是孔子赋予君子之使命，亦是孔子治世之追求。

19. 病己无能，不病知否

卫灵公 15. 19

【原文】子曰："君子病无能焉，不病人之不己知也。"

【译文】孔子说："君子只耻己之无能，不耻别人不知己。"

"病，犹耻也。"（戴望）孔子此论，超越君子之"患"，着力于从荣辱观之高度，突出君子当确立以己之"无能"为"耻"，以此促己反观己之"无能"与"人之不己知"，从而催促己当专心于自强而"成器"，成经纬之才，成德才兼备之君子，惟以建事功、立大业，方可解其无能之"病"。

按钱穆之释，"赐之大，由之果，求之艺，皆能也。学以成德，亦必各有其能。贵德贱能，非孔门之教。人之知于己，亦知其能耳。故曰'如或知尔则何以哉'也。"如此，孔子之论，以激活君子荣耻尊严心，开示、激励君子当自强不息，倾力锻造、提升己之才能、才干，达卓尔不群，此乃君子之当为。恰如陈祥道所释曰："君子病己之无能，而不病人之不己知，则虽愚必明，虽柔必强。"

孔子之论，一言以蔽之，君子当"耻己之无能"，以此激发君子于己之"能"而自省、自强而自立成"达人"，决不以做"闻人"为荣，更不以"人之不己知"而耻。

具体而言：

第一，孔子在《论语》的不同章节，反复以"不患……患"即"否定……肯定"的句式，从君子个人与他人、社会关系的视角，讲述同一个道理：君子当自觉反观己之不足，加强自身德能之修进，凸显君子自觉、自为之主体性。

（1）子曰："不患人之不己知，患不知人也。"（《论语·学而》）

（2）子曰："不患人之不己知，患其不能也。"（《论语·宪问》）

（3）子曰："不患无位，患所以立；不患莫己知，求为可知也。"（《论语·里仁》）

孔子反复强调、要求和鼓励弟子们勿患"人不知己""无位""莫己知"，而当"患不知人""患其不能也""患所以立"等等。

事实上，这些论断，从根本上来讲，都是孔子警示、开示其弟子们和世人关于人生之至理，即在人生的任何阶段，在任何时候，都须将自强、自立置于首位，都必须在固本上多下功夫，加强自己的德修和能力锻造，这是君子安身立命之根本。唯有如此，孔子认为才能解除"人之不己知""无位"之"患"。为此，孔子劝诫其弟子们，在治学阶段，其所应关心、关注、着力和下功夫的首先应该是提升己之德，增强己之才能、才干，而不要将精力和心思用于担心自己是否被别人知晓、了解和重用上。

本节之论，孔子以"病……不病"之句式，突出君子思之重点。孔子此论，非一般意义上表达君子所应该的担心和不应该担心之事，而是比"患"着力更重，立意更深，从荣辱之高度而论，直指君子当耻于己之无能，突出君子之"耻"的本质规定，确立起君子尊严之本。既如此，那么"人之不己知"，则非君子之"病"，即可置之不顾。

第二，孔子强调君子惟"病"己之"无能"，促君子自省，进而增才长能，自会广为人知。古之君子，责己重以深，责人轻以约。君子当病己之无能，不病人之不己知。如此，"病"与"不病"，立场鲜明地彰君子对己之"能"、对人之不知之截然不同的态度，充分体现君子之风。

既然君子惟"病"己之"无能"，那么，君子人生，当以加强自身才能的锻造与提升为要。表明君子人生之尊荣，就在不断要求自己，充实自己，提升己之才能之中，如此君子只问自己之才能，具备了多少？充实了多少？努力了多少？增进了多少？提升了多少？至于"人之不己知"，非君子之"病"，故而，君子当潜心、专注于自身才能、才干建设为本、为要、为重，以达"君子不器"。

第三，孔子言"君子病无能，不病人之不己知也。"表君子须自觉而自耻己之"无能"，以己之"能"而自荣。此为君子荣耻之内在依据，以此排除、剔除将荣耻系于人"知"与"不知"之外在尺度。如此昭示君子维护、捍卫人生尊严，即解"病"之法，则无须外求于人"知"，而在于己之能变，即使己之"无能""弱能""低能"变"有能""强能""高能"，君子之"病"自解也。

第四，"天生我材必有用"，乃君子之荣，"怀才不遇"，非君子之耻，恰是世道之无耻。君子只耻己之才能不足，不耻没有用武之地；只耻于己之无能，人知己与否，非己所耻也。君子以"人不知，而不愠"，自足而自守、自养、自牧。如此，"人不知""怀才"而"不遇"，非君子之过、之损失、之耻，而是社会的损失、时代的损失，世道之耻。

孔子明确君子当"耻"与"不耻"之分野，反观无道之乱世，"无能"而"无耻"之徒充斥世间，尤其是官场，有能、有耻之君子，恰被弃之而不得用，此乃世道之"病"。如此，孔子以此不仅教导弟子当自强而进德增才，而且对轻德才之世予以批判。

第五，"病无能"，表君子自明、自强而洁身自好、"独善其身"；"不病人之不己知也"，乃君子倚己之能而自足、自重。如此，孔子所言君子"病……不病"，指示君子人生荣辱、生命价值之自觉决断，昭示着君子人生当从外求转至内修，从求"人知"转向自我建设，一切均须"躬行""反求诸己"，践行"为仁在己"之根本原则，唯以自强、自立为先，方能以成就自己的方式而成就社会和时代。

如此，孔子之论，要求君子以提升自己的德性修养、以增强自己的能力为己任、为重点、为根本，让君子以完善自我之德性，提升自我之能力，启动乱世之治，推进仁道之行。因为唯有"独善其身"，方可"达济天下"。这才是孔子不倦教导众弟子和君子"不患""不病"人之不知，而"患""病"己之"无能""不立"之根本目的所在。

同时，孔子之论，对于一切不患、不病己之"无能"，而只患"无位"或患"人不知己"之人，无疑具有人生价值坐标之矫正与批判作用。它昭示自修、自强与自立，为君子人生之首责。

总之，孔子以君子秉持"人不知，而不愠"之自足、自守生命的德性底线，反复强调和告诫君子应患"己""不知人"，病己"无能"，而不必过分地患"人之不己知"、患"无位"，"病人之不己知"等与自己修行和才能提升无关之事，由此要求君子当更加严谨而刻苦地提升自己、充实自己、增进己之才能，强调君子应着力自省、自修、自强与自立，成德才兼备之君子。

孔子所言君子之"病"，从生命之尊严、荣辱高度，唤醒、激活君子强烈而明确的自我塑造、自我建设之意识和精神，具有生命本体意义。

孔子之论，对于完善和提升自我之德、之能，无论是对于古之君子，还是于今日之你、我，都具有明确的范导性和引导力。

20. 君子所疾，名不称世

卫灵公 15.20

【原文】子曰："君子疾没世而名不称焉。"

【译文】孔子说："君子担心没世而实德不称君子之名。"

据戴望释："哀公十四年，西狩获麟，孔子曰：'吾道穷矣。'子曰：'弗乎弗乎，君子疾没世而名不称焉，吾道不行矣，吾何以自见于后世哉？'乃因史记作《春秋》以当王法。"

君子，不仅要"病"在世之"无能"，而且要"疾没世而名不称焉"。如此，孔子要求君子不仅要增能而立当世之功，而且还须耻于后世美名与己之实不符，忌"名不称"而无机会修正，酿成人生之憾。以此从历史维度表君子生命价值意识，凸显君子生前所为对后世之积极影响，指示君子人生价值之不朽性。从这一意义而言，孔子之论，本质上凸显君子追求身虽"死"而名"不朽"，从而开示君子当重生前之所为。

在世之"实"，没世之"名"，若"不称"，君子当"疾"。孔子言君子在世当"病无能"，可谓重事功；"疾没世而名不称焉"，可谓重身后名。君子在世重"功"、没世重"名"，绝非表君子为其"功""名"所累，而是以在世之事功而成没世之名，真正做到"名副其实"。

"君子疾没世而名不称焉"，表"没世而实德不称君子之名，真可疾矣。"（蕅益）此乃君子"病无能"之历史延伸，表君子立足在世而指向"没世"的生命价值整体意识，进而以"疾没世"之"名"而"不称"，反激"在世"积极有为，建功立业，免"浪得虚名"、名不副实之弊。如此，君子在世，当"病无能"，才可解除没世"疾""名不称"之忧。

具体而言：

第一，对本节的理解充满分歧，其分歧之关键在于君子之"疾"到底是什么？有人认为，君子耻于死后，若"名不副实"，则再无修正之机会；有人认为，君子担心在其死后，无美名被人称道、传颂；这两种看似对立的观点，其实是内在一致的。如此，在孔子看来，君子所疾，不仅仅是其死后再无机会修正其"名不副实"之状，进而担心因此无美名传颂后世。但终究是疾于因名不副实，而无善名、美名被后世称颂。

能深得后人传颂的君子之善名和美名，绝非仅仅是因为其个人之德性修为之高洁，才能之卓越，其个人之名是否与其实"相称"，而是因为君子担负、践行与成就与君子之名相称的弘道伟业，而被后世"称颂"。如此，君子所"疾"，从表层而言，是"没世而名不称"，实质上则是指君子在世所为，是否具有崇高性与不朽性。

第二，孔子直道君子之"疾"，尤其是疾"没世"后之"（声）名""不称"，可见孔子之命题具有典型存在主义生命价值意识，表征君子在世之为与不在世之声名的关系，从而以"疾""没世"之"名"是否"相符"而反推"在世之为"，促进在世之"能"，进而达"名副其实"，名实相称。如此，孔子之论，表征君子对"没世"之"名"具有忧患、亦或敬畏意识，并依此反审在世之事功。

从上一节君子"病无能"，到本节"疾没世而名不称焉"，孔子深化了君子之生命价值意识，从"在世"延伸于"没世"。在孔子看来，君子在世之一切"病"，其价值归属点和落脚点即在于"疾""没世"，即身后之名。君子所"疾"，意味着将生命的价值、生命之"名"交给了"没世"之"未来"来定夺，交给历史来判断与书写。

第三，"子曰：弗乎！弗乎！君子病没世而名不称焉。吾道不行矣。吾何以自见于后世哉？"（《史记》）以此观之，无论是孔子，亦或孔子视野里的君子，其个人之名与道之存亡是等值的，个人因道存被传颂而扬名，以弘道而名垂千秋而不朽，亦因道亡而销声匿迹。如此，君子所"疾"绝非个人之"声名"。否则，所谓青史留名，也就成为"欺世盗名"之借口罢了，那么，儒家之"君子"也就成了唯"名"至上的"利己主义者"了。

孔子指示出君子所"疾"，乃以君子之"名"相称于君子之"实"为始，强调君子之实，绝不再是其内在的心性、德性修为，而在其践"仁道"之事。如此，君子之"疾"最终指向"仁道"之事业是否后继无人，其所弘"仁道"之"名"是否为世人所称道、称颂，是否还有人继续为之践行，而不是"名"存实亡，徒有虚名而已。

第四，面对乱世，君子之人生使命和责任即是践行"仁道"。如此，"君子"在世之所"疾"，指向的则是"仁道"在"君子"没世之后的命运，由此，充分彰显了君子于"仁道"所具有的强烈之忧患意识。此忧患意识，落实于君子人生，则激励君子追求"不朽"。

"大上有立德，其次有立功，其次有立言，虽久不废，此之谓不朽。"（《左传·襄公二十四年》）所谓"不朽"，即是留名后世。如此，"君子疾没世而名不称焉"，乃是君子"病无能"之历史延伸，表君子立足在世而指向"没世"的生命价值整体意识，进而以"疾没世"之"名不称"而反激"在世"积极有为，建功立业，不枉然在世。

第五，对孔子此论，诸解家之注，各有分殊，正误混杂，解者自辩，权当参照。

[唐以前古注] 皇疏：没世，谓身没以后也。身没而名誉不称扬，为人所知，是君子所疾也。故江熙曰：匠终年运斤不能成器，匠者病之。君子终年为善不能成名，亦君子病之也。

陈祥道释曰："疾没世而名不称，则名不浮行，行必浮名。病为重，疾为轻。病己之无能，则务本者也，是以言病；没世而名不称，抑末而已，故言疾。"

朱熹引范氏云："君子学以为己，不求人知。然没世而名不称焉，则无为善之实可知矣。"然，范氏所说自相矛盾，"君子学以为己，不求人知，然没世而名不称"，又焉有"无为善之实可知"。

钱穆释曰：没世，犹没生，谓其生之没。称，举义。君子学以为己，不务人知，然没世而无名可举，则君子疾之。盖名以举实，人之一生，不过百年，死则与草木同腐，淹乎随化，一切不留，惟名可以传世，故君子以荣名为宝。名在而人如在，虽隔千百世，可以风仪如生，居游增人慨慕，謦欬亦成想象。不仅称述尊仰，光荣胜于生时。此亦君子爱人垂教之深情厚意所寄。故"名"亦孔门之大教。[光案："故'名'亦孔门之大教"，东大版原作"故名亦孔门之大教"，"名"字无引号。]孔子作《春秋》而乱臣贼子惧，惧此名而已。世不重名，则人尽趋利，更无顾虑矣。或曰：名不称，乃声闻过情之义。然生时可以弋浮名，剽虚誉，及其死，千秋论定，岂能常此声闻过情？此乃人道之至公至直，无力可争。宋儒教人务实，而受道、释之影响，不免轻视身后之名，故以"声闻过情"说此章。[光案："故以'声闻过情'说此章"，东大版原作"故以声闻过情说此章"，"声闻过情"四字无引号。]然戒好名而过，亦可以伤世道，坏人心，不可不辨。

南怀瑾：这是一个大问题。司马迁写《史记》，在《伯夷列传》中，特别引用孔子的这句话。孔子说，一个君子，最大的毛病，是怕死了以后，历史上无名，默默无闻，与草木同朽。但是历史留名，谈何容易？

总之，孔子以君子人生践"仁"为旨趣，以君子在世之所为为基础，通过凸显君子在世之所为的文化意义及其历史价值，强调君子在世之"疾"所指，乃是君子"没世"之后，"仁道"之命运与前途，由此，君子以"没世"之"疾"来反观、观照和激励，坚定君子的在世之为，深化和增强君子践仁之责任意识和使命感、急迫感，让"仁道"之思想、精神和功绩所构成的"遗产"，传颂于后世，发扬于光大，这既是君子之所为的期待，亦是君子之所"疾"。

21. 求己求人，君子小人

卫灵公 15. 21

【原文】子曰："君子求诸己，小人求诸人。"

【译文】孔子说："君子求之于己，小人一切皆求之于人。"

孔子从"立身"和"责任"视角，再次透析君子与小人之别。"求"，"责也"（戴望）。君子责己，小人责人。如此，孔子所论，"君子小人所以分也。"（朱熹）

按钱穆释："君子非无所求，惟必反而求诸己。虽不病人之不己知，亦恨没世而名不称。虽恨没世无名，而所以求之者则仍在己。小人则务求诸人。故违道干誉无所不至，而卒得没世之恶名。"

"君子求诸己，小人求诸人"与"躬自厚而薄责于人"内在一致，突出君子自立、自强、自担、自究与自责之品格，同时表君子正人，先正己。

具体而言：

第一，本节孔子从"立身"和"责任"视角，就如何处理其中"己"与"人"的关系，再次对"君子"与"小人"之差异进行分析，突出了"君子"之独立、自省、自强和担当精神，揭露小人依赖、推诿和厚责他人之特点。孔子不仅为世人甄别"君子"和"小人"提供了新的尺度，而且更为重要的是为其弟子们和世人确立了学习的标范。

第二，孔子之论，表征无论是君子，还是小人，都有所"求"，这是二者的共同点。但二者的根本分野就在于"求"之"对象"。君子求"己"，小人求"人"。

从积极追求和谋事方面来看，君子做任何事情，首先想到的不是假借外力和他人，而是一切都立足于己，依靠己之力，充分激发己之潜能，开动己之心智，坚定己之志向，凭借己之笃行，成就己的人生事业。如此，君子无论是在治学、践仁等方面，都能全力以赴，不遗余力地去追求自己所立定的目标。君子秉承着天行健、君子当自强不息的精神，持守独立自主、自力更生的原则，积极努力地追求，不断提升自己的德性和才能。

"小人"则相反，小人做任何事情，首先想到的是依靠环境、依赖他人，或借助他人之力，从来未曾想到从自己身上下功夫，总是乞求或强求于他人。如此，小人总是借势、借力而无独立性和自主性。如此来看，小人从来都是无原则之机会主义者。

从消极方面，即从对失败的原因和责任的角度来看，君子总是首先从自身寻找不足，寻找失败或不顺利的原因，主动与敢于承担责任，并不苛责于人，能做到责己"厚"，责人"薄"。简言之，君子从不推诿、卸责于"人"，总是归责于"己"，以责己为要。

相反，"小人"总是将失败的原因和责任外推于环境、客观条件或他人，从不归责于自己，如此，常常是厚责人而从不责己。

总之，从积极和消极两个方面来看，"君子"具有鲜明的主体性，做事积极、主动和自主，彰显其强烈的责任意识，富有担当精神，是奉献性、坦荡性人格；相反，小人则是寄生于环境和他人，丧失了自身的独立性，且对人挑剔、尖刻，是索取性、猥琐性人格。

第三，正因为君子求诸己，小人求诸人，因此君子总能做到正人先正己，敢于面对并勇敢地承认自己之错误与不足，敢于承担责任，并愿意从自身找原因，主动地矫正自己之过失，修进自身之不足，积极而主动地提升自身。如此，君子总能以身示范，以其德行感召他人，从而赢得他人的尊重和信赖；小人正相反，正因为凡事求诸他人，丧失了其自身的独立性和自主性，因此无论从积极追求的意义上，还是从自身不足的发现与责任的承担上来讲，小人都缺乏自省意识和进取之心，因此，其命运只能是他治而不是自主，最终必遭至遗弃。

第四，在此节中，对君子与小人的再辨识，结合着前一节所言，则可以很清晰地看到，君子不仅具有在世意识，而且还具有"没世""名不称"之"疾"，更为重要的是具有未来忧患意识，责任意识和担待精神；相反，"小人"则只顾当下之在世，"没世"之"名"从未存于其意识之内，更为重要的是，"小人"则毫无自省意识和责任担当。

总之，孔子从"求""己"与"人"之关键点上，从积极和消极两个层面对"君子"与"小人"为事之特点进行了分析，并在此基础上对二者进行了区分，突出君子自立、自强，倚重自己，反求于己，自觉己之不足，自责己之过错，勇于担当精神而奉献，亦揭示以依靠、依赖为主，专好外求之于他人、责备之于他人而不具有独立性和自主性的小人。对此，蕅益释曰：君子"识得自己，自然求己。小人只是不知自己耳，哀哉！"

孔子之论，为世人，既提供了区分"君子"与"小人"的新视角、新尺度，又为世人修己成君子提供了新范型。

22. 遵礼行义，不争不党

卫灵公 15.22

【原文】子曰："君子矜而不争，群而不党。"

【译文】孔子说："君子庄重而不与别人争，合群而不结党营私。"

有德君子之不争、不党，本于其德之故也。矜惜其行则与人异，与人异则疑于有争，然君子庄敬自持，无乖戾之心，故"不争"。矜而不争，礼也。群居则与人同，与人同则疑于有党。然君子以道相处，以和相聚，无阿比之私，故"不党"。群而不党，义也。简言之，君子遵礼行义，矜不失己，群不专己，故君子"矜而不争，群而不党"。

君子克己自律，遵礼相处，而非盛气凌人，故与人相处而"不争"；与人为善行义，不拉帮结派、结党营私，故与人相聚而"不党"。对此，蕅益释曰："矜则易争，群则易党，故以不争不党为诫勉。"

"矜而不争，群而不党"，乃遵礼而自尊、仁爱之正直君子所当为，此乃君子为人处世之道。

具体而言：

第一，本节与孔子所言"君子周而不比，小人比而不周"（《论语·为政》）、"君子和而不同，小人同而不和"（《论语·子路》）之意相近。在此，孔子侧重从君子之心性特点和志趣所在，揭示"君子"的两个特征："矜"与"群"，但"不争"与"不党"，进一步从与"小人"相比较的视角，确立与凸显"君子"之品质与形象。

第二，君子"矜而不争"。君子之所以能做到"不争"，究其原因，主要有：

（1）孔子首先以一个"矜"字涵括与揭示君子的心性特质。君子之"矜"，表征了君子内嵌傲骨，心载道义，自尊自信，矜重独立，内心强大，即使被人无视，或全然"人不知"，也"不愠"，其生命因"安贫乐道"而自足圆融。朱熹认为：君子"庄以持己曰矜。然无乖戾之心，故不争"。戴望认为："矜，大也。曾子曰：'夫人见人有善，若己有之，是夫子之不争。'"钱穆认为，君子"庄敬自持，然无乖戾之心"；南怀瑾则说君子"内在有气节，穷死饿死可以，绝不低头"。如斯，君子总是能秉持有节、有度之独立心性，与自尊、自重的行为，既不与人争强逞能，亦不必、甚至不屑与人争权夺利。总之一句话，君子因其内在品质之"矜"而"不争"。

（2）进一步看，就君子之人生志趣和所求来看，无外乎是道德学问、仁义，即尊德性、道问学。正所谓"君子喻于义，小人喻于利"（《论语·里仁》），君子"忧道不忧贫"，且在不堪其忧时，亦不改其乐道之心，故"君子固穷"；如此，君子之人生价值取向和精神高度决定其绝不会在"利"上与人"争"，其行为因其心性内敛、自我约束而持重而沉稳，亦不必与人因一时之气而争强好胜，甚至斗狠。只有当面临仁义之事时，君子才会不让而积极主动地去为之。如此，君子唯有"当仁不让"，决不为非"仁"之事而与人"争"。

（3）再从君子所要达到和实现的目标与其所求之手段来看，决定了君子之"不争"。如前所述，"为仁由己"，君子"反求诸己"，非"求诸人"。如此，君子从来都是反求自己，依靠自己的力量，自强、自立为道、为义、为学，故其所求的都是自身，最大的"敌人"是自己，而不是"别人"，是自己与自己较争，自己反思、审视、批评、修造和提升自己，从而"成人"。如此，君子则无与人"争"。

（4）最后从君子得利或实现人生诉求所遵循的原则上来看，君子始终秉承与遵循着"见利思义""义然后取"（《论语·宪问》）的原则，规范与节制其心性与行为。如此，君子无"争"之"心"，自然亦无"争"之行。

以上从君子之心性特质、人生价值取向、实现目的所求之手段和遵循的原则等四个层面分析了君子因"矜"而"不争"的品质，揭示"矜"与"不争"之间内在的"因""果"关系，表征君子之所以能做到"不争"，乃是其德性和品质所致。

第三，君子"群而不党"。君子之所以能做到"群而不党"，其关键和根本在于君子之志在于"道"、在于"义"，而非"利"使然。君子因道同，使君子必"周"、必"群"、必"和"。如此，君子不因私利而勾结、而拉帮结派、结党营私，只为道同而成"群"，不以利益争斗而党同伐异，只因道同而"群不专己"。恰如钱穆所言，君子"以道相处，以和相聚，故必有群，然无阿比之私，故不党"。

第四，"群"与"党"形似而质异。"群"与"党"，从价值立场、链接纽带、追求目标、运行逻辑，及其遵循原则与最终结局，可谓在诸多方面都截然不同。但二者之"异"、之分岭，在于"道""义"与"利"之泾渭。君子因"志同道合"、因"义"而"群"；相反，"小人"因"利"而"党"。如此，君子因持守与践行"道"和"义",不耻于为"党",故君子"敬业乐群,彼此相处融洽,但不营私,不走营私的路,走的大公之路"。(南怀瑾)如此,君子"群而不党"。

第五,在本节的语境中,抑或在孔子的思想语境中,一切"比"、一切"党",实质上都是因"利"而形成小团体、小帮派和小圈子,亦或"黑帮"、团伙;其间,"党"是组织形式,"私利"是其追求的目标,亦是组织的纽带与宗旨,其特点是偏私亲友、化公为私、唯利是图,其行无道义所存、无原则可遵、无边界所限。"利"是"党"的宗教。如此,"利"是"党"衡量和左右一切行为之最高尺度,亦是"党"之生成,乃是一切矛盾和纠葛产生的根源。一言以蔽之,"党"因"利"而聚,"利"尽而散。

第六,孔子所言"君子矜而不争,群而不党",本质上与君子之"和而不同""周而不比"具有内在一致性。如此,君子和而不同,和则矜而不争,不同则群而不党,矜故不失己,不争故不失人。群故不失人,不党故不失己。处己而思,所以处人则礼;处人而思,所以处己则义。此乃"君子之道也"。(陈祥道)

"不争""不党",乃君子之德使然。然有德君子亦有"争",譬如当仁不让,闻义争,射与投壶而争胜,此为"君子之争"也。君子"不党",也有所谓"党",于交则有显党,于居则有乡党,此乃"君子之党"也(陈祥道)。

总之,孔子突出了"君子"的特点:"矜而不争,群而不党",对君子之品质、行为再次予以确证、肯定和褒扬;强调君子因"矜"而"不争",即君子依礼持重自尊而不和他人争强斗胜;因道义"群而不党",即因志同道合而能普遍团结人而不结党营私,体现了君子在交往过程中,既能保持自我的独立性,持守与遵从自己的原则,又不放弃道义原则与自我独立意志而依附于人,屈从于"利"。如此,孔子将持节秉义的傲骨与合群合作,平易近人,不为"利"而"党"之完美品质结合于"君子"之一身。

23. 举人纳言，至明至公

卫灵公 15.23

【原文】子曰："君子不以言举人，不以人废言。"

【译文】孔子说："君子不凭一个人善言而举荐他，也不因为一个人不肖而废弃善言。"

孔子从"人"与"言"非一一对应性的复杂关系维度，论君子"举人"与"纳言"之戒：即戒"以言举人"和"以人废言"，以期君子既不埋没贤才，亦不忽略、遗漏好的谏言，能真正做到"至明至公"。(蕅益)

"言有诚伪，人有贤不肖"。如此，"言善而人不肖，举之则不智。人不肖而言善，废之则不仁。"(陈祥道) 故君子为避免陷入"不智"与"不仁"，"举人"须重实绩，不能使工于言辞而无实，行巧言令色者得幸当道；"纳言"，不能因为言者不肖而废弃其有益之谏言。恰如戴望所释："奏言者必试以功。""有言者不必有德，不可以无德而废善言。"

君子当能"不以所长信所短，不以所短掩所长。"(陈祥道) 如此，君子，须识人，不被其言所惑而"举人"，方可得天下贤才；须鉴言，不因言者无德而"废言"，从而广开言路，纳一切有益之谏言。唯如此，方可得贤才纳良言而成善治。

孔子此论，乃训导为政者当深知举人之道和纳言之道，成"智""仁"兼具之君子。

具体而言：

第一，"举人""纳言"，善政之两项重要事宜，须审慎而不可草率。为此，孔子强调为政君子举人和纳言应遵循或注意的两大基本原则：即"不以言举人"和"不以人废言"，从而为其善政奠定良好的人才与思想、精神基础，真正体现为政者之"智"与"仁"。

第二，"君子"，从其可以"举人"和可以"废言"来看，即从具有"举人"和"废言"之权力角度来看，绝非是一般之人，主要是在上位者。当然，亦可泛化为每一个入仕从政者。恰如钱穆先生所释，"此章君子指在上位者，然亦可通之人人"。如此，此处之"君子"，主要指称居上位之为政者。

第三，孔子为何要求君子"不以言举人"？

(1) 古之为政，选贤与能，乃国之大事，须慎重，不可草率如儿戏一般不负责任。如此，"举人"，当以德为先、为重，而不是以言举人。因为"巧言令色，鲜矣仁"，同时孔子亦指出："有德者必有言，有言者不必有德。"恰如钱穆所释，"有言不必有德，故不以言举人。"

（2）如何透过其"言"而知其"德"？孔子所提供的识人之法是"视其所以，观其所由，察其所安。"（《论语·为政》）也就是孔子后来所总结的"听其言而信其行"。（《论语·公冶长》）

因"言"与"德"不具有内在的一致性，若以言举人，难以避免失察于被举者之"德"，违背举人以德的原则，导致举人之错，使奸佞之人当政。如此，孔子要求君子"不以言举人"，以彰为政者之"智"。

第四，孔子要求君子在为政、治邦中，须遵循另一个重要的原则："不以人废言"，即切勿"因人废言"。这是教导君子要善政，必须广开言路，察纳雅言、真言和良言，真正做到从善如流，切莫因某人无德或鄙视、敌视某人，就厌弃、否定他的善言，从而失去有利于为政治国之谏言、箴言。如此，就要求君子，无论一个观点、一种意见，乃至治国之策，只要有利于为政，那就绝不要因言者无德而弃之不顾，这不仅仅考量君子之仁德、之胸怀，亦考验君子之智，更为重要的是直接关乎着为政之良善与否。

第五，本节着力讨论为政者举人之道和纳言之道，突出君子之"智"与"仁"，不以其善言而举之，也不因为此人不肖而废其言。具体体现为君子能将一个人的"言"与"举"区分开来，将"其人"与"其言"加以剥离和区分，甄别"言"之后的"人"之"德"，决定是否"举"其人；又能超越其人之缺点和不足，洞见其言所蕴含的善而不"废言"。如此，表征君子不被表层的现象所遮蔽、所迷惑，具有能直达其人、其言之本质的智慧。

孔子之论，以"不……，不……"之句式，要求君子"不以所长信所短，不以所短掩所长"（陈祥道），从而全面而准确地识人、鉴言，真正得贤才，纳真言、善言。

第六，孔子此论，最为关键的点则是"言"。在孔子之思想架构内，"言"与"行"、"言"与"德"、"言"与"人"之间，从应然角度来看，要求二者的统一与一致。然而，就其实然关系而言，二者之间常常出现分裂或背离，由此可观，二者之间的实然状况，仅具有或然性。如此，孔子从"举人"之依据而看，否定一个人的"言"足以表一个人"德"，从"纳言"之角度来看，"言"之内容、"言"所承载的价值，超越其人之善恶。如此看来，孔子对"言"本身的价值，以及其价值性与主体性之间的关系予以了高度的关注与智慧的论断，构成值得深入探究的孔子之"语言哲学"的重要课题。

第七，孔子之论，虽然是具体指导和要求君子为政识人、鉴言所应该遵循的原则，但是，此原则亦具有普遍的方法论意义。它对于任何人在生活中如何不被"言"所迷惑，进而考察其"行"、其"德"，甄别其言行是否一致，以及对"良言"本身的重视，做到"不以言举人""不以人废言"，都具有重要的警示意义。如此，孔子之语，亦意蕴着深刻的生活智慧。

总之，孔子以亲身经历之直接经验为基础，提炼出识人、鉴言之一般原则，进而以之教导"君子"为政治国，提出"举人"和"纳言"所必须遵循的基本原则，强调"不以言举人""不以人废言"，突出于孔子为政之思，遵循"德"为先，"善"为实之纲要。

孔子在此提出的识人、举人和鉴言之原则，不仅仅构成其人才观、为政观之重要内容，而且成为君子善治之基本保证，从而成为中国传统政治文化之积极成分。

24. 子贡问道，终身行恕

卫灵公 15.24

【原文】子贡问曰："有一言而可以终身行之者乎？"

子曰："其恕乎！己所不欲，勿施于人。"

【译文】子贡问孔子："是否有一言，可以终身奉行呢？"

孔子回答说："那就是恕吧！自己不愿意的，不要强施于人。"

子贡向孔子求终身可行之一言真经，孔子答曰："恕。"进而释之为"己所不欲，勿施于人"。

恕，"以身为度，可施于彼，然后行之。"（戴望）《春秋传》曰："恕行之，德之则也，礼之经也。盖则与经，立本者也。立本，则与趋时者异矣，故可终身行之。"

一言有益于智，莫如豫。一言有益于仁，莫如恕。君子之于仁，造次必于是，颠沛必于是。而"恕则近仁，故可终身行之也。"（陈祥道）简言之，"恕"，本质上是尊重、承认他人作为一个不受己之意志支配的独立主体。恕，就是确立边界意识，行不越界，不绑架，不强迫。

"恕"为总体原则，"己所不欲，勿施于人"为"恕"之具体所行。如此，"恕道"，"可行于天下，可行千万世，真是一以贯之。"（蕅益）

孔子以"恕"教导子贡，为人处世当"推己及人"，行恕道而施与仁，以期能弃绝其方人之弊。

具体而言：

第一，针对子贡"方人"之弊，借子贡之问，孔子对其思想之"一以贯之"的精神实质，亦是处理人己关系终身可遵循的行为准则，高度凝练为一个"恕"字回答子贡，并再次予以具体的阐释，突出了孔子仁人思想精髓之所在。

"恕"，从空间上来看，它伸展于生活的方方面面；从时间上来看，它贯穿于生命的始终，可以成为一个人一生遵守的基本规范和原则。如此，与"忠"，一并称为"忠恕之道"。

行"恕道"，要求君子做到"己所不欲，勿施于人"，以消解己强人而产生的紧张关系、矛盾与怨恨，建构宽松而良好的人际关系，形成和谐的秩序，充分彰显"仁"之精神。

第二，孔子思想的内核无疑是"仁"。但是"仁"如何在处理"人""己"关系中彰显出来，足以让一生遵循而践履？直言之，"恕"即是有效践行、彰显"仁"之重要途径与方式。如此，"恕"承载着"仁"，进而彰显"仁"于人际关系之中。"恕"乃是"仁"之现实化和具体化为与人相处所应遵循的行为原则。

第三，就"恕"之观念和思想，孔子曾在多处针对不同的问题对之加以了论说。循《论语》之文本，可以很清晰地看到，孔子"恕"的思想之流变。

（1）子曰："参乎！吾道一以贯之。"

曾子曰："唯"。

子出，门人问曰："何谓也？"

曾子曰："夫子之道，忠恕而已矣。"（《论语·里仁》）

（2）子贡曰："我不欲人之加诸我也，吾亦欲无加诸人。"

子曰："赐也，非尔所及也。"（《论语·公冶长》）

（3）"谁能出不由户？何莫由斯道也？"（《论语·雍也》）

（4）"夫仁者，己欲立而立人，己欲达而达人。能近取譬，可谓仁之方也已。"（《论语·雍也》）

（5）仲弓问仁。子曰："出门如见大宾，使民如承大祭。己所不欲，勿施于人。在邦无怨，在家无怨。"（《论语·颜渊》）

（6）子贡问曰："有一言而可以终身行之者乎？"

子曰："其恕乎！己所不欲，勿施于人。"（《论语·卫灵公》）

第四，从本章文本之内在精神脉络来看，孔子无论是要求君子"躬自厚而薄责于人""义以为质，礼以行之，孙以出之，信以成之"，还是要求"君子求诸己""矜而不争，群而不党"，其实，都蕴含着对"恕"的践行与落实。如此，本节应是对前面具体展开的"恕"之思想的一个总结。

第五，孔子不仅以"恕"高度涵括终身可行之法则，而且对"恕"之内涵予以了阐明。

所谓"恕"，具体于人己关系之处理，要求君子"己所不欲，勿施于人"，即要求君子以礼约己，将心比心，能始终体谅和理解他人，设身处地为他人着想，不可一意孤行，将己之意愿强加于人，强人所难。

这样，"恕"，从否定方面，以消极方式规范、限定自我意志的合法边界，要求不能将自我意愿、诉求越出自我而延伸至"人"、加诸于"人"。如此，若将自己的意志强加于人，则是与"恕"之精神相悖。换一句话说，"恕"，本质上是尊重、承认他人作为一个不受己之意志、意愿支配的独立主体，不绑架，不强迫、不施加之。此乃"仁"之显现。

"恕",以个人的道德修养、仁爱之心为基础,以承认他者独立存在为前提,在人际交往中,成为处理人己关系必须遵循的尺度和原则。它有利于消解人己矛盾,从而维系正常而良性的人际关系。如此,"恕",乃是承认、处理主体间性之总体原则与方法。

行"恕"道,不仅仅于个人交往具有警示性和规范性,而且于族群、国家之间的交往中亦具有规制作用。正因为如此,"己所不欲,勿施于人"才被当今人类确认具有普世价值的黄金律。

总之,通过子贡和孔子之问答,明确"恕"可为一生遵循与践行之道。行"恕道",就具体落实于"己所不欲,勿施于人",彰其"仁"之情怀与深邃之智,其价值具有超时空、超民族的普世性。正是在此意义上,蕅益释曰:"恕","可行于天下,可行千万世,真是一以贯之"。

25. 谁毁谁誉，直道而行

卫灵公 15. 25

【原文】 子曰："吾之于人也，谁毁谁誉？如有所誉者，其有所试矣。斯民也，三代之所以直道而行也。"

【译文】 孔子说："我对于别人，诋毁过谁？赞美过谁？如有所赞美的，一定说对他有所考察。正是因为有了这样的民众，所以，直道在夏商周三代才得以行。"

孔子教子贡"恕道"可行终身。终身行"恕"彰"仁"，则不要好对人之功过是非评头论足，说长论短。孔子以身示范，行"恕"而止于对人之毁誉。即使要对之誉，亦须考察并依据其人之所为，秉持公心与公道。如此，孔子以己行表为人当戒偏私，忌以己之尺度而裁人、量人、断人，即不可对人随意加以毁誉。

即使要赞誉人，也须做到实事求是，而不可枉道而妄断、而奉誉。一个人应是如此，一个时代亦应如此。唯如此，方可三代，民性朴、民德厚、民风淳，民心公，一句话，民行"直道"，如是，三代贤人尊民之志，信民之言，从民之好恶，故直道亦畅行。

按戴望之释："毁生于造恶，誉生于造好。好恶出于公，于谁毁，于谁誉乎？试，验也，验于民言。"而"三代用人，皆以民之好恶，无所偏私，是以云'直道而行也'。"如此，孔子之论，告诫世人，对人不能随意加以毁誉，对一个人之是非功过的评价，须遵循实事求是之原则。如是三代的贤人以直道行事，经得起时间的考验，故令后世景仰。

具体而言：

第一，孔子首先谈了做人的基本原则，即不要轻易去诋毁一个人，亦不要轻易去赞誉一个人，这是一个人应有的修养和德性。同时告诫人们，不要太过分计较世人对你做出的褒贬、毁誉之评价，以本心为人做事；其次强调即使要赞誉一个人，也必须经过考察，具有相应的事实依据，能做到客观公正，而不会过分地给予夸赞；最后，孔子以"三代"（应为"尧、舜、禹"，而非"夏、商、周"）的贤人为实例，突出"直道行事"，强调只要秉持公心，不狭隘、偏废，那么对一个人的评价总是能做到客观公正，且经得起时间考验。这表达了孔子对当世评价人缺乏公正、客观之状况的批评，折射出孔子对"三代"之崇敬与向往。

第二，孔子一开始就以身践恕道而直言之："吾之于人也，谁毁谁誉？"于此，孔子将自己之行为作为检讨的对象，表明自己从未轻易去对一个人加以诋毁和赞誉，亦即不轻易对一个进行评价或下判断；孔子以此说明做人的基本道理：一个有德性、有修养的人，一个正直的人，不会动辄就对谁加以诋毁，或加以过分的赞誉。

为何不能轻易或动辄就对一个人加以褒贬呢？因为识人之难、评论人更难，难在人之立场、尺度、标准和角度各不相同，对同一个人会有不同、甚至截然相反的评价，有人抑之、有人扬之，褒贬不一，难以做到客观公正。同时，更为重要的是恰如朱熹所说："毁者，称人之恶而损其真。誉者，扬人之善而过其实。"如斯，孔子从来不轻易去"谁毁谁誉"，如此表明评价一个人须慎重，不可轻易为之。喜欢评价人，本质上是违背"恕道"。

第三，孔子在做出不要轻易或随便对谁做出"毁"或"誉"之原则后，进一步说"如有所誉者，其有所试矣"。在此，孔子指出，不要轻易地诋毁一个人，即使要赞誉一个人，也不能臆想或毫无事实根据地加以赞誉。如此，孔子强调即使要赞誉一个人，也须经过考察，有赞誉之"实"来支撑，如此之"誉"，乃是不虚美。孔子反对毫无依据地赞誉一个人，因为"失真"，非此人所能承受的赞誉。失"实"、失"真"之赞誉，本质上则是丧失公正之阿谀奉承，实为君子所不耻。恰如马克思曾说"他给我过多荣誉的同时也给了我过多的侮辱"一样的道理。在此，孔子表明即使要赞誉一个人，也必须有事实基础，遵循客观公正、实事求是的原则。

第四，最后孔子以三代之民为例佐证其观点，突出"直道而行"，表征孔子对三代之古朴的民风与世道的赞赏，以表对当世阿谀奉承，褒贬、毁誉不公、甚至颠倒黑白之世风的批评。于此，蕅益释曰："人自谓在三代后，孔子视之，皆同于三代时。"

所谓"直道而行"，正是孔子以己为例而言之的："谁毁谁誉？如有所誉者，其有所试矣"，即不应轻易予人以毁誉之评价，即使对人"誉"，亦要有真实的依据、秉持公心而论；如钱穆所言："直道本于人心之大公"。三代之民，"人心有大公，故我可以不加毁誉而直道自见。"简单地说，做人不要好对人评头论足，说长论短，即是要对之毁誉，亦须依据其人之所为的事实，秉持公心与公道。如此，一个人之是非曲直、功过是非，都自然会有客观公正的评价。

第五，孔子之论教导人们不要过分去关注、计较，甚至无须去搭理世人对你的诋毁或赞誉，一个人只要加强自己的修养，以其本心做事，世间自有公道在，世人不会过于诋毁，也不会过分赞誉你。更主要的是，不要因世人对你的诋毁或赞誉而失去了自己做人之准则和基本。如此，强调主体的自觉性、自主性和自律性。

孔子认为在世之人，若都具有"直道而行"之精神，在行动上亦能做到遵直道而行，那么，当世社会也就会有如"三代""直道而行"之风必盛。

第六，谁人背后无人说，谁人背后不说人。韩愈有言："是故事修而谤兴，德高而毁来。呜呼！士之处此世，而望名誉之光，道德之行，难已。"南怀瑾更直白地说道："越伟大的人物，被毁得越多，所以说'谤随名高'。一个人名气越大，后面毁谤就跟着来了。"此种偏好论人之功过、是非长短，皆背"恕道"。既如此，有德之君子，应如孔子所要求的那样不要轻易地诋毁、赞誉一个人；同时亦不要太在意他人对己之毁誉，从而做自主、自律的人，真正将"恕道"贯彻于终身之行中。

总之，孔子以己之亲身体验、假以三代之民所为给世人提出"直道而行"的劝导：一个有修养和有德性的人，对于他人之功过是非，切不可轻易、随意去加以评价，予以诋毁与赞誉，因为毁誉皆容易失之公正、公允，即使要赞誉之，也要有事实依据，不能以一己之私予之过分诋毁或褒扬，要秉持公心。如此，一个爱对他人评头品足的人，总归不自重、不自持之人，其德性是让人质疑的。在此基础上，孔子进一步指出，一个人要正确看待和处理"毁"或"誉"，不必过分在意或计较他人对己之诋毁或赞誉而丧失或改变了自己的为人做事的原则，因为世间自有公道。

对孔子之论，陈祥道予以总结性诠释："誉起于所好，毁起于所恶。能好人，则所誉无溢美。能恶人，则所毁无怨恶。君子之于人，岂容心于好恶毁誉哉？凡因彼而已，故曰：'如有所誉，必有所试。'有所试则名实当，故民不至枉道以求誉。故曰：'民也，三代之所以直道而行也。'誉则有所劝，毁则有所沮。有所劝，则仁。有所沮，则义。圣人在下见于言，故有毁誉；圣人在上见于行，故有赏罚，其致一也。"

一言以蔽之，孔子告诫世人，做人不可对他人随意妄加评断，要自律，要能管得住自己的嘴，这是做人的基本原则。即使要对人评价亦要秉持公心，坚持客观、公正、公道的原则，最后要求人们淡化他人对己之毁誉，做到毁誉无动于心，因为世间对己自有公论；如此，孔子之语蕴含着鼓励人应具有撇开一切功名利禄之心，以容诋毁称誉之胸怀，持直道而行，践履"仁道"不倦。

26. 先世之德，今已亡矣

卫灵公 15.26

【原文】子曰："吾犹及史之阙文也，有马者借人乘之，今亡矣夫！"

【译文】孔子说："我还能够看到史书存疑的地方，有马的人先借给别人乘。现在这些都没有了。"

按钱穆之释曰："史之阙文：一说：史官记载，有疑则阙。一说：史者掌书之吏，遇字不知，阙之待问，不妄以己意别写一字代之。有马者借人乘之：一说：如子路车马与朋友共。一说：马不调良，借人服习之。借，犹藉义。借人之能以服习己马也。史阙文，以待问。马不能驭，藉人之能以代己调服。此皆谨笃服善之风。一属书，一属御。孔子举此为学六艺者言，即为凡从事于学者言。"

孔子以"史之阙文"和"借人乘马"二事，赞誉先世之审慎求实、友爱互助等诸多良好的精神与品质，进而感叹当下充斥着牵强附会、无知而妄作、唯利是图、以人为壑，先世之风已消逝，人心已不古。恰如戴望所释："史之阙文，所以善其书。借人乘马，所以善其御。周衰，教士之法废，是非无正，人用其私，故言'今亡矣夫'以叹之。"

简言之，孔子从"史之阙文"看到先世史官治史、治学持诚实之心，行谦虚谨慎之态度，知之为知之，绝不妄作；从"借人乘马"，看到世人的互助之心。然，诚实、谦逊、互助之友爱，先世之美好德行，今以丧亡。人心、世风皆衰，孔子叹之，但"不敢绝望"。

（蕅益）

具体而言：

第一，孔子借两件事情："吾犹及史之阙文"和"有马者借人乘之"，以表对先世之风、之精神的赞誉，进而对当世"人心不古"，于"审慎"态度、"仁爱"精神之丧失，世风日下而发出"今亡矣夫"之感慨，体现孔子一方面对当世之风的不满与批判，另一方面欲借古之精神和风尚挽救当世之衰败错乱之景象。

第二，孔子所述的第一件事："吾犹及史之阙文也"。这是孔子之第一个惊讶或感叹。孔子以"吾犹及"，表"官文书上史官拿不准而空阙的文字"这一"事实"，是他在读史书是看到的，不是别人告诉他的，说明此事的真切性。所谓"阙文"，是指史官记史，遇到有疑问的地方便缺而不记，这就叫做"阙文"。在此，孔子赞叹古之史官在记史时，能秉持"实事求是"之扎实学风。知之为知之，不知为不知，绝不将自己未弄清楚、搞明白的东西不负责任地胡乱而草率地凑合，而是存疑待问、待查而保持着开放，有待后人续考、续证，存留进一步探究求实、求证的空间。此等严谨的治史态度，与孔子"述而不作，信而好古"的思想和精神是内在一致的。

第三，孔子所述的第二件事："有马者借人乘之"。表有马的人，自己不能驯服，则借请善于调马之人来乘坐驯服；此事一方面表明有马者虚心向人请教与求助，另一方面驯马者能相助和关照，或愿意将自己的马借以他人乘之。于此，构成求助与帮助之关系，这本质上是生活中人们践行爱人、利他的原则。由此，孔子感慨先世人与人之关系中所体现出来的真切"仁道"情怀。

第四，史书，乃是真实历史之记录。史书中史官存留"阙文"，在孔子看来，此种存疑，并不是缺陷与遗憾，反倒是一种求实、求是精神之体现，一种求真的文化品质和精神特质之"物证"，它标示着一种追求真实、力究客观的立场和态度，展示的是先世之文化精神和品格，是一个时代精神文明之独特缩影与视窗。而"有马者借人乘之"，则突出表现了人际关系之友善和谐。如此，孔子以具象表征"文明"之内蕴。

第五，探古俯今，古今形成鲜明的对比；人生短短几十载，沧海桑田，面对乱世，孔子只是深感先世之审慎求实、友爱互助诸多良好的精神与品质，早已荡然无存，销声匿迹了，现世有的只是家天下之后的货力独占与自用，有的只是"巧言乱德"。如此，孔子惜乎世风败落，存"阙文""有马者借人乘之"之事、之精神难再觅，故而最后惋叹"今亡矣夫！"

总之，孔子具体叙述了两个"事例"，对其中所蕴含的精神与品质予以高度赞赏，并以此为镜，反观乱世，二者进行鲜明的对比。如是，孔子惜叹"人心不古"、今不如昔之世况，不仅表达对现世人之精神和品质予以批判，而且表征他充分而清晰地意识到治世、实现其理想之"任重而道远"。

27. 智辨巧言，戒浮戒躁

卫灵公 15.27

【原文】子曰："巧言乱德。小不忍，则乱大谋。"

【译文】孔子说："花言巧语，会乱德。致使小处不能忍，而乱了大谋。"

按陈祥道之释"巧言似忠信，故乱德。小不忍则优柔不断，故乱大谋。"因此，"巧言必察之以智，小不忍必齐之以义"。

老子曾言："信言不美，美言不信。""巧言"动听，易取信于人，然颠倒是非、混淆黑白、扰乱心智，败坏德行，故须智辨"巧言"、拒听"巧言"而务实。轻信"巧言"则易逞匹夫之勇、趁一时意气、泄一时之愤或行"妇人之仁"，扰乱原有的部署和谋略，"因小失大"，致使"大谋"功败垂成。如此，蕅益释曰："二皆自乱自己耳。"卓吾云："一失之浮，一失之躁。"故须克己而隐忍、忍耐，树立大局思维、整体思维，戒"浮"、戒"躁"，以"小忍"而成"大谋"。

"持狐疑之虑者，无过人之略。怀隐忍之心者，无必成之功。"（陈祥道）对"巧言"不可偏信而被迷惑，致使"小不忍"而"乱大谋"。于此，小"忍"，非懦弱，而是成就大事者之必备素养；小"忍"亦不代表妥协与放弃，而是一种成就大事之明智策略。如此，孔子之箴言，指示存智慧、识巧言，缜密而不受蛊惑，修得忍耐、隐忍之功夫，真正能做到戒"浮"、戒"躁"，方可成就大事。

具体而言：

第一，在本节中，孔子首先对"巧言"于"德"所造成的破坏性结果予以了揭示，进而指出若经不起"巧言"之蛊惑，轻信了巧言，逞一时之气，或行妇人之仁，在小事情上承受或忍耐不了一点点挫败或委屈，不能对自己加以克制而冲动、草率抉择而盲动，其结果却扰乱了原有的整体布局与谋略，致使功败垂成、功亏一篑之结局。在此，孔子揭示了"巧言"与"小不忍"之间，以及"小不忍"与"乱大谋"之间的连带因果关系。基于此，在孔子看来，要成就大事，须警惕"巧言"，善于辨识"巧言"，不受"巧言"煽动与蛊惑，进而要有良好的隐忍和承受力，尤其是定力。唯有如此，才能处理好局部与全局、部分与整体、小忍与大谋之间的关系，才能不因获局部而丢失全部，得部分而丧失整体。简言之，孔子强调指出，要成功，不仅要具有良好的德修和涵养，亦需要一种独特的承受能力、忍耐能力，突出戒浮戒躁之重要性。

如此，孔子之论，不仅对于个人之德修有积极的指导价值，而且对于成就人生之业亦具有战略指导意义。

第二，何谓"巧言"？按照朱熹之注"巧"，本身是"美好"之意。"巧言"本身即是借助一定的语言手段，能使"言"、文辞等更具灵巧性、生动性、色彩性，从而使一般性话语变成美妙、美好的言辞，令听者悦耳爽心，蛊惑人而易于动心。如此，"巧言"乃是运用语言修辞手法，使言语更"巧"，使话语更富有生命力、鲜活力、感染力与蛊惑力。

在孔子的话语语境中，"巧言"与"德"直接相关，于是，"巧言"就从一种通过价值中立的"言语技巧"所生成的"美言"，蜕变为无德、失德或缺德的话语行为。其关键在于"巧言"隐藏着"巧言者"诡秘之"目的"，蕴含着"陷阱"。

如此，"巧言"，正是借助一定的修辞手法，使"言"巧妙地掩藏了"言"与"实""言"与"行""言"与"德"之本然、真实关系。如此，"巧言"以其"巧"，假以"忠信""德言"之形式，包裹、掩藏着"恶"。"巧言"，包括甜言蜜语、蛊惑人心的恭维话，不切实际的大话，无真实性的空话等等。如南怀瑾所说，"巧言""包括了吹牛，喜欢说大话，乱恭维，说空话。"

第三，孔子一贯注重"言"与"德"之间的关系，从来都视"巧言"为"无德"。在《论语》的不同篇章，针对不同的问题，孔子反复强调之。如：

"巧言令色，鲜矣仁。"《论语·学而》

"刚、毅、木、讷近仁。"《论语·子路》

"有德者必有言，有言者不必有德。"《论语·宪问》

孔子之所以反复对"言""巧言"之特点与"德"之关系进行论述，其目的在于甄别"巧言"，警示不要被"巧言"所惑、所害。

孔子首先对"巧言者"之"德"进行本质性的判断。在此节中，孔子侧重于"巧言"的效果予以判断。孔子一针见血地指出，"巧言乱德"，因为花言巧语者本无德，无德者之言，其目的是为了讨好人，因此无任何道义可言，只是为了达到个人目的的迷惑、欺骗之手段。更为重要的是，"巧言"之本质，就在于颠倒黑白、混淆是非，其功能就在于以乖巧的语言来打动他人，取媚于人，以达到掩盖、遮蔽"事实"之真相，从而对听者起到麻痹、欺骗或蛊惑之作用。如朱熹所释："巧言，变乱是非，听之使人丧其所守。"如此，"巧言""似德言"（戴望），是一个不易发现的"陷阱"，其本质是"恶"。正因为如此，"巧言"所负载的浮夸、虚华，欺骗、蛊惑以及寡廉鲜耻、厚颜无耻与孔子所倡导的质朴精神、忠信诚实之仁德决然相悖。正因为如此，孔子直指"巧言乱德"。

也正因为如此，孔子才说"巧言令色足恭，左丘明耻之，丘亦耻之。匿怨而友其人，左丘明耻之，丘亦耻之"。（《论语·公冶长》）表对巧言者一贯所持的批判态度，甚至对"言不及义"之流厌恶至极。

第四，正因为"巧言"不仅美妙动听，而且还能颠倒黑白、混淆是非，把虚说成实，把无理说成有理，本身具有极强的麻痹、迷惑、蛊惑之效能，因此，世人很容易被"巧言"所鼓动，致使"小不忍"，最终导致"乱大谋"之败局。如此，孔子在此警示世人，首先要充分地意识到"巧言"具有蛊惑、迷乱人心，让人丧失智慧决断力的误导力，进而要不断增强对"巧言"的甄别力与判断力，洞察"巧言者"之目的，防范或杜绝因"巧言"之蛊惑而"小不忍"。

第五，关于"忍"与"不忍"。什么可忍，什么不可忍；何时需要忍，何时无须忍，孔子亦有其独特之见解。其观点之间具有其内在逻辑，形成孔子隐忍文化观。

何谓"忍"？从词义学意义上来将，"忍"，从心、从刃，本义作"能"解；古时因"能"与"耐"相通，故"忍"有"忍耐"之义。"忍"又作"坚心"解，乃"坚其心以应事"之义，故"忍"从心。又以刃为刀之最利处，有善断物之意，能在断然中不动摇，故从刃声；亦解为刃入于心为"忍"，其意为"能承受艰难"之义。如此可见，"忍"乃是一种承受、抑制、克己之能力，进而依据此种能力而具有的一种素质与德性。如此，"忍"表征一个人之"德能"，主戒躁。

进而言之，"忍"，从形式上来看，似乎是一种消极的退让，是一种"曲"，但"忍"决不是柔弱、软弱、懦弱，甚至无能之表现，而是为了"伸"、为了"大谋"而在"小事"上从不斤斤计较于个人之得失与荣辱，更不是在无关宏旨之小事上纠缠不清，此等务实、忍耐和顾大局，恰好是立志、有志成就大事之人必备的一种素质、素养，从这一意义上来看，"忍"乃是积极的、豁达的、有远见卓识的心智所具有的独特品质。

什么可忍？什么不可忍？孔子确立了忍与不忍之根本原则，只要是不违背"仁"、不僭越"礼"的一切都可以忍，唯独对僭越"礼"，犯上作乱之无仁、无礼的行为，当是"不可忍"，必须予以批判和声讨之。如此，在孔子看来，"可忍"与"不可忍"之标准或其关键在于是否与"仁"或"礼"相矛盾或相冲突，一切违背"仁"和"礼"之行为，皆不可忍，这样，相应的，一切非"大是大非"、一切非根本性的、非原则性问题，都可以"忍"。

其实，孔子之"忍"，以不同的方式存在于思想之中，如强调君子之谦让美德，邦无道时"愚""隐"和"卷而怀之"，以及"危言危行，危行言孙"，直到最后回答子贡所言贯彻于一生中，可以作为终身为人处世之原则的"恕"，究其深层之本质而言，都内蕴着"忍"。如此，可以略显武断地说，孔子的整个伦理文化，从其文化个性之本质上来看，就是一个"忍"的文化，或"隐忍文化"。

不管是主体自控、自抑之"忍"，还是其德修造就的境界与宽广的心怀之可"容"、之可"忍"，亦或是为了"大谋"而自觉之"小忍"，本质上都是以退为进、以弱蔽强、以柔载刚、以曲成全的方式，其中所蕴意的修养、智慧和勇气，恰是孔子"忍"文化的深妙之处。

第六，在本节中，"小忍"，指对于非根本性、非原则性的"小事"，必须"忍"。其"忍"之"小"，是与其"谋"之"大"相比较而言。如此，"小忍"只是不"乱大谋"，进而成为顺利实现"大谋"之必要条件。但是，孔子之论断，以"不"则"乱"的否定形式，确证和表征"小忍"与"大谋"二者之间的必然性关系，从而突出"小忍"之积极价值，证成了以"小忍"为"代价"或"成本"来赢得"大谋"之成的必要性和重要性；单从计量层面来思考"成本"与"效益"的关系，"小忍"，乃是成"大谋"之策略与智慧。正因如此，孔子此论，才溢出其时代，具有深远的普遍意义。

第七，但凡能成就"大谋"、立大业者，无不修得一番忍耐功夫，无不得益于隐忍，尤其是身处逆境之时，"忍功"决定成败。如此，才有"忍人之所不能忍，才能为人所不能为"之至理。

巡视历史，凡成大德、大贤、大功、大业者，无不"忍"："孔子之忍饥，颜子之忍贫，闵子之忍寒，淮阴之忍辱，张公之忍居，娄公之忍侮。古之为圣为贤，建功树业，立身处世，未有不得力于忍也。凡遇不顺之境者法诸。"（白居易）故，孔子所论，乃言"豪杰伸屈。"（蕅益）

总之，孔子揭示巧言"乱德"之危害，指明其直接体现于麻痹、迷惑或蛊惑人，试图让有"大谋者"不能"小忍"，从而扰乱"大谋"，甚至致使"大谋"夭折。如此，孔子要求世人须增强对"巧言"的辨识力和免疫力，为"大谋"切勿斤斤计较个人一时之得失、荣辱，唯有如此，才能防范或杜绝"巧言"乱德，真正让"仁治"之美好盛行天下。

28. 众恶必察，众好必察

卫灵公 15.28

【原文】子曰："众恶之，必察焉；众好之，必察焉。"

【译文】孔子说："若大家都厌恶他，必须加以考察一下；若大家都喜欢他，也一定要进行一番考察。"

"众口铄金"，然孔子却强调"众恶之""众好之"，皆"必察焉"，以表不从众，不盲信，唯得其独立之真实审断。如此，孔子之论，具有方法论之意义。

按陈祥道之释："众恶之中有君子，众好之中有小人，如之何而勿察。"表明对君子与小人之甄别，切不可停留于众人之断，须超越所谓之"公论"，对之施予实事求是的精细考察，做出名实相副的评断。如此，孔子倡对人之评价须独立思考，不可简单从众，以防误判。

孔子警示要真知人，切不可人云亦云，附众、从众而止，须切实加以辨析与核查。如是戴望所释："善言以逢世，则众或好之；正行不苟合，则众或恶之。纤微皆审，谓之察也。"

力排"众议"而细"察"之，此为求"实"、求"真"之"智"、之"德"。如此，孔子之论，乃"乡愿照胆"。（蕅益）

孔子之论表明，未经己考察的"众恶之""众好之"，都须怀疑其真切性、恰当性和正当性，都须待再审查而确定。

具体而言：

第一，本节孔子继续从为政识人、知人的角度讨论对一个人之好恶、毁誉的评价问题。当面对众人对一个人的评价，无论是众人"好之"或"恶之"，孔子都主张必须亲自加以细致地考察和认真地核实，获得评价一个人的真实事实，并依据仁、礼之标准，对之做出实事求是的独立判断，而非止于众人之论。如此，孔子强调对一个人的评价不能简单从众、不能人云亦云，更不能以众人的评价替代自己的考察和独立思考与判断。唯有如此，才能对一个人做出真实、客观，准确而公允的评价。

第二，孔子强调对一个人的评价，必须经过亲自考察和核实，然后做出独立评价之主张，其思想是一贯的。孔子曾在回答子贡之问时，对此就加以了阐释。子贡问曰："乡人皆好之，何如？"子曰："未可也。""乡人皆恶之，何如？"子曰："未可也。不如乡人之善者好之，其不善者恶之。"（《论语·子路》）在此，孔子在回答子贡之问时，提出乡人或众人之"恶之"或"好之"，对于此人的评价，其对错、准确性，只是"未可也"，即只具有或然性，不具有本质的必然性。正因为如此，孔子进而强调"如有所誉者，其有所试矣"。（《论语·卫灵公》）

第三，一个人，为何会出现"众恶之"，亦或"众好之"这样一边倒之评价呢？钱穆之解应该说是直戳其本。他说，"或有特立独行，亦有为大义冒不韪而遭众恶者"，故而众恶之；"亦有违道以邀誉，矫情以钓名，而获众好者"。如此，众恶众好，其人其事必属非常，故必加审察。

众口铄金、三人成虎，人言可畏。但是，无论是"众恶之"，还是"众好之"，孔子认为都不能轻易从之，简单而草率地听之。孔子所持之立场是对众人的"恶之"或"好之"，先悬置、存疑，因为无论众人"恶之"，或"好之"，在孔子看来，无论是"事实"，还是"标准"，都不可靠，须待再察之。如此，众人之好恶，都不是对一个人最终可靠的实事求是之评价。孔子言"必察之"之"必"，表明孔子力排众议之坚定主张，由此强调对一个人之"好""坏"的评价，绝不能仅仅止于众人对此人的评价，更不能被众人之评价所蒙蔽而停步考察与追究。恰如南怀瑾所言："大家都讨厌这个人，不要随便相信，必须自己加以考察判断；大家都公认为好，都爱好他，也不要受蒙蔽，一定要自己再观察他。"如此，一言以蔽之，孔子要解除"乡原"之弊。

第四，虽说众人对一个人的评价，其标准不一，但是不可否认，众人的评价亦非凭空而做出的。换一句话说，既然对于一个人，已经有众人的意见和态度，或"恶之"、或"好之"，孔子为何还"必察焉"？或许，正因为"众"恶之、好之使然。在孔子看来，"惟仁者能好恶人。众好恶之而不察，则或蔽于私矣。"（朱熹引杨氏）如此，孔子才主张不论众人之"恶"或"好"是否准确，或对或错，都必须亲自进行再考察，并依据"仁"之标准，对之做出"好""坏"之独立的判断，这样的判断才是不因"私"而做出，才是公允的。或许众恶之者，不一定即是"恶"；同样，众好之者，不一定即是"善"。故而，必须亲察而定其善恶。

第五，众人对一个人的毁誉、好恶，或许会遮蔽一个人的善恶，未能对一个人做出恰如其分的判断和评价。如此，孔子提出评价一个人必须要：

其一，高度重视"众恶之"或"众好之"之"非常之人、之事"，不可对众人之评价轻信之。

其二，要通过亲自考察和核查，获得真实而可靠的事实，这是对一个人做出正确判断的前提与依据，否则就是无事实根据，仅凭众人之意见而判定一个人。

其三，要对事实进行分析和甄别，辨识真伪与主次。

其四，要依据"仁""礼"为根本尺度，对之做出独立判断与评价，如此，才能不被众人之评价、意见所误导、所迷惑，对人之评价的态度才是审慎的，其结论也才会是客观公允的。

总之，人就生活在人的世界中，不同的人总会从不同的角度对之加以评判，呈现出"恶""好"之态度，但是无论众人对其评价是善与恶，好与坏，都必须对众论持冷静客观审慎之态度，以独立观察和全面考察所获之事实为依据，不被众人之评价所替代，不被众人之评价而误导，才能对一个人做出实事求是、名副其实的评价，也才有可能避免受强势舆论误导而做出追悔莫及的误判和决定。这不仅仅是为政中识人、评价人才需要注意的。

29. 人能弘道，非道弘人

卫灵公 15.29

【原文】子曰："人能弘道，非道弘人。"

【译文】孔子说："人能够使道发扬光大，道不能弘大人。"

孔子从"人"与"道"之关系，指示"人外无道，道外无人"（朱熹），"道由人兴，亦由人行"（钱穆），"人能大其道"，以此强调人之使命于"弘道"。同时指出人而不能借用"道"来装点门面，标榜自己，此为"非道弘人"，即"道不能大其人也"，以此止借道而"弘人"。

简言之，在人与道的关系上，孔子认为其主导作用的是人，是"人弘道"，而非"道弘人"，以此表明，人"志于道"，具有主观能动性，能通过人的努力使"道"发扬光大；而"道"本身，则是被动的，不能也无法反过来成就人。诚如陈祥道释曰："人有志于道，故能弘道。道无情于人，故非弘人。我欲仁，斯仁至矣，人能弘道也。小以成小，大以成大，非道弘人也。"

仁道式微，弘道，人人责无旁贷。但绝不可假借"道"而欺世盗名。

具体而言：

第一，在本节中，孔子从"人"与"道"的关系视角，突出了"道由人兴，亦由人行"（钱穆）之根本原则；孔子以一个"能"，充分表征"人"于"道"之兴衰、存亡所具的主导性，抑或对"道"之存亡、兴衰所具有的决定性作用，指明"人"不可懈怠、亦不可等待，必努力亲历刻苦修行，通过进道、知道、忧道、谋道、践道、乐道而弘道。同时指出，人决不可依靠、依赖或借助于"道"而光大自我，因为"非道弘人"。由此，孔子指证"人"肩负着"弘道"之责任和使命。如此看来，"人能弘道，非道弘人"，正是孔子面对"无道"之世，为了唤醒"人"之道义心，及弘道之责任意识和使命感，为天下行仁道发出的号召令和动员令。天下乃天下人之天下，那么，"弘道"之事，人人有责，概莫能外，绝不可袖手旁观。

第二，在本节中，其"道"，即是指孔子所一贯倡导和坚守的"先王之道"，即"仁道"，而非"霸道"，亦不是"天道"。从这一意义上来讲，朱熹之言"人外无道，道外无人"则充分揭示或彰显了"人"与"仁道"内在紧密的关系。此关系表明，一方面，离开了人对"道"之笃定践行，"道"无所依存，道亦不为其"道"。如此，"人"对"道"的信奉、遵从与践行，就是"道"的存在方式。恰如蕅益所释："可见，道只是人之所具，天地万物又只是道之所具。谁谓天地生人耶？"另一方面，离开了对"道"的信奉、遵从与践行，那么，人也就不为其"人"。这样，将"道"之存亡提升到了"人"之存亡的高度，表征人之存在，则"道"之存，于此，"道"于人就具有了生命本体意味。由此可见，"道"，乃人存在之"道"，"道"贯穿于"人"之存在的方方面面，这就超越了"人"与"道"的外在性关系，揭示了二者本质性、内在共生性关系。

第三，"人"如何做，才能"弘道"？总的说来，就是人人成"君子"、人人"成人"、人人成"圣贤"，一句话，每一个人都成为"仁道"之载体、之践行者、之传播者、之弘扬者。如此，就能达到"弘道"之最大效应。因为按照"人"与"道"的关系逻辑而言，人人成"君子""成人"和"圣贤"的过程，就是恪守"仁道"，信奉、遵从与践行"仁道"之过程。如此人人从其意识、思想、观念，到行为原则的规范与遵从，都实际地体现着、持守着和光大着"道"，"弘道"就在其中。

第四，要真正促使人人"弘道"，就必须让人进"道"、识"道"、乐"道"和践"道"。这就首先要求其"谋道不谋食""忧道不忧贫"（《论语·卫灵公》），即使"一箪食，一瓢饮，在陋巷，人不堪其忧，也不改其乐"（《论语·雍也》），进而不仅要做到"言忠信，行笃敬"（《论语·卫灵公》）"厚责己，薄责人"（《论语·卫灵公》），而且能"以义为质，礼以行之，孙以出之，信以成之"（《论语·卫灵公》），"修己以敬""以安人""以安百姓"（《论语·宪问》），最后那怕是"杀身成仁"，亦在所不惜。同时还能遵行"己所不欲，勿施于人"的"恕"之原则。如此，孔子明确了弘道之途，解决了弘道何以可能之问题。

第五，"人能弘道"，内在要求"仁道"发端于心，见诸于行，如朱熹所言："人心有觉"，即人必须以积极主动之态，时刻恪守"仁道"，遵奉礼仪，并不断地切实践行"道"于修身齐家治国和平天下之中。如此，"道"才能得以"弘"。君子、圣贤，乃是因其践道之为而成就自身，这也就证成了孔子所言的"非道弘人"。若"道"能"弘人"，"则人人尽成君子，世世尽是治平，学不必讲，德不必修，坐待道弘矣。"（钱穆）所以，孔子所言"非道弘人"则从反面强调了君子必须秉持刚健有为，切不可消极待之。唯如此，"弘道"之伟业

生活哲学视野中的"论语"研判

才能在积极践"道"之点滴所为中达成。

当然，孔子言"非道弘人"，更深层次地表明在"弘道"之途上，"人"不能借弘道之名，或以"弘道"来装点门面，哗众取宠，或成一己之私，"光大"自我，颠倒了手段与目的的关系。同时也表明，人亦不可能依赖别人弘道，来实现自己的德性、修养、学识与才干的提高；警示切勿懈怠与等待道弘之后，坐享其成。如此，"非道弘人"，从否定视角强化"人能弘道"，凸显弘道中人之主体性发扬。

总之，孔子所言"人能弘道，非道弘人"乃是针对当世礼崩乐坏、世风日下，霸道盛行，"仁道"式微之世境，不仅要求其弟子们，而且也号召世人，都应该为"弘道"具有主体意识，承担其主体责任，切实通过己之所为，让"仁道"勃兴而得以弘扬。如此，表"先王之道，待其人然后行"。（戴望）

孔子关于"弘道"人人有责的思想，不仅于当世复兴"仁道"，具有积极作用，而且对于当下面临世俗道德体系断裂、错乱和变故，要修复、重塑和建构社会道德体系，同样仅非上位者之独责，包括你我在内的每一个人都具有不可推卸的责任。如此，所谓"弘道"，说的"就是阁下的事"。"弘道"，人人有责。

30. 过而不改，乃为大过

卫灵公 15.30

【原文】 子曰："过而不改，是谓过矣。"
【译文】 孔子说："有了过错而不改正，这就是大过。"

"过则勿惮改"则"勇"；有"过"即"改"，"不贰过"，则"智"；"过而不改"，是为"顽劣"，此乃大过。

如何待"过"，"改"与"不改"是为分水岭。子曰："过而不改，是谓过矣。"对此，陈祥道释曰："过而能改，则自无过矣。故物之所责，悔而后致吉。"朱熹释曰："过而能改，则复于无过。惟不改则其过遂成，而将不及改矣。"刘宝楠言道："过而能改，重归无过。"钱穆亦释曰："人道日新，过而能改，即是无过。惟有过不改，其过遂成。若又加之以文饰，则过上添过矣。"

"过"有别于"错"。过，施予"改"；"错"，则须纠而正。治学、治国、为人、弘道，即人生乃一场试错的过程。其间难免有过。有过，"勿惮改"，改之则无过；反之，"过而不改，是谓过矣。"此当为"有过者"之戒。

于乱世，违礼之人、丧仁之徒，比比皆是。其所为非"过"，而是"错"。然可悲的是此等人"过而不改""错而不纠"，在错误之途上，"小过"成"大过"、铸"大错"，与"仁道"渐行渐远。如此，孔子之论，蕴含着对违礼背仁行霸道而"不改"之"人"的深刻批判。

具体而言：

第一，孔子针对在人"弘道"之途上，由于主客观的原因，"过"之必然与难免，讨论如何面对"过"。孔子以"过""（不）改""过"三个关键词，突出"改""过"之重要性。若有"过"而"不改"之，那就必然酿成"大错"，悔过亦晚矣。这就表明有"过"则须改之，对"错"具有防微杜渐之效。如此，孔子要求人须加强自身修养，尤其是对自身之"过"，不能采取放任之态度，一经出现并发觉，就必须加以改之，这样，才不会出现背离"道"之大错，才能上正途而真正"弘道"。

第二，在本节中，有两个"过"，前者是指小的"过失"，即"小过"，后者则是指"过错"、或"大过"，如此理解，本节的话语逻辑才是自洽的。其意在于，有"过"，若不加以纠正和修改，其本身即是"过"。如此，则因"小过"而成"大过"。如此表明有"过"必"改"，"过而能改，重归无过。"（刘宝楠）

何谓"过"，相对于"不及"，概要地说，一切偏离、不符合"中道"之言行，从质上来判断都是属于"过"；从效果上来看，"过"都或多或少地产生一定的危害。

第三，孔子承认一个人在言行、做事上有"过"在所难免，因为造成"过"之原因是多样而复杂的。因性格缺陷，如"由也喭"（《论语·先进》）、"野哉由也"（《论语·子路》），这就说子路因刚猛，有些粗野，说话办事难免失当；或因对"中道"认识不够等等。一个人有"过"并不可怕，孔子甚至因为别人知道自己有过而感到庆幸："丘也幸，苟有过，人必知之。"（《论语·述而》）关键是对待自己之"过"的态度和行动，首先要认识到自己之"过"，进而对改"过"，这就要求面己之"过"，要有勇气承认己之过，不要有畏难之心。所以，孔子常告诫弟子"过则勿惮改"（《论语·学而）。如此，有"过"，"更也，人皆仰之。"（《论语·子张》）改之，如颜回"不贰过"（《论语·雍也》），再复归"正道"，此乃"善莫大焉"。

第四，如何才能自判己有"过"，并改之呢？首先比照"中道"和"礼"，反省自己的言行，发现己之"过"。恰如曾子所言："吾日三省吾身，为人谋而不忠乎？与朋友交而不信乎？传不习乎？"（《论语·学而》）进而能启动自我批判意识，如颜渊一样"见其过而内自讼者"（《论语·公冶长》），最后落实于行动上加以修正和改变。

第五，孔子之所以提出"过而不改，是谓过矣"这一判断，首先是因为存在大量"过而不改"之"事实"。如此，孔子以期能达到警醒有"过"之人，当自觉认识到己之"过"，进而勇于改"过"。

第六，君子面对自己的"过"，当报以诚实、诚恳的态度直面之，有勇气"内自讼"，并坚定地改之。君子面"过"而知耻，修己为正；相反，小人则是巧言掩饰自己的"过"，为"过"辩之、推诿之，正所谓"小人之过也必文"（《论语·子张》）。如此，面对己之"过"，"改"与"不改"，乃是彰显"君子"与"小人"之德性、修养和素质之别。

第七，孔子之语，充分体现了其宽容之精神。允许人有过，也允许有过"改"之，重归"正道"，这无疑彰显了儒家对有"过"之人所持的宽容态度。此为"恕道"之落实。

人在弘道之途上，难免由于在知"道"、行"道"中出现这样或那样的

"过"和偏离之"失"。"过而不改",终必犯背离大道之"大错";反之,知"过"即"改",乃是无"过","不贰过",重新回归"大道"的最简捷之法。这才应是孔子警示世人"过不改之,是谓过矣"的真正用意之所在。

总之,"谋道""弘道",本质上是一个不断探索、试错的过程。在探索的路上,有"过"在所难免,也并不可怕。但是可怕的是知己有"过"而固执地坚持其"过",不反思、不自觉悔过、不加以矫正和补救己之"过",最终必然会造成无法挽回之"错"。如此,孔子言"过而不改,是谓过矣",乃警示世人有"过",唯一正确的态度就是不忌而勇于"改"之。如此,就要求不断增进己之修养,笃定弘道之"志"。

31. 终日独思，不如学也

卫灵公 15.31

【原文】 子曰："吾尝终日不食，终夜不寝，以思，无益，不如学也。"

【译文】 孔子说："我曾经整天不吃饭，彻夜不睡觉，去左思右想，结果无所收获，还不如去学习为好。"

按朱熹之释：孔子之论，"为思而不学者言之。盖劳心以必求，不如逊志而自得也。""夫子非思而不学者，特垂语以教人尔。"

孔子从"思"与"学"的关系角度，指出空"思"无益，"不如学"，以此特别强调"学"之重要性。对此，钱穆形象地诠释："学如日，静居而独思则如火。舍学而思，譬犹去日之明于庭，而就火之光于室；可以小见，不可以大知。故君子贵乎乐群而敬学，不贵离群而独思。"

孔子从方法论的高度，言"思""不如学"，非不"思"，而是强调把握现实问题，增进才干，求治世之策，进而更有效地"弘道"，独"思"无益，唯不倦博"学"方可行。简言之，孔子之论，讥那些闭门造车，无视现实之人沉醉于"思"而"不学"者，其"思""无益"，明示终日闭门而悬"思"，是求不出治世、弘道之策的。如此，与其独"思"空想，还"不如学"。

孔子之论，表"学、思，本非两事。言此，以救偏思之失耳"。（蕅益）

具体而言：

第一，毋容置疑，从文辞表层而言，本节是孔子根据自己的亲身体验，从效果的角度来反观"思"与"学"的辩证关系，突出"学"之重要性。孔子比较了"玄思""空想"与"学"之间的成效，指出不以"学"为基础和前提的任何"思"，是徒劳无功、无获的，由此，突出实在而认真的学习和实践对于丰富自身知识，拓展自己之视野，提升自身能力之重要性。如此，孔子进一步深化、具体化了治学中"学"与"思"的关系原则，丰富了孔子的治学方法论。

从文字之深层意义指向来看，必须明确能让孔子"终日不食，终夜不寝，以思"的，到底是什么？惟"复礼"与"弘仁"。如此，也就明确了"思"之"无益"之"益"的具体所指，相应也就确立了判断有益、无益之尺度。如此，孔子对"思"与"学"的结果之比较，否定"思"之"无益"，肯定"学"的

"有益"。[此处所言弃"无益"、求"有益"之"益"，非指一般的学问、学识和才干，而是指于治世、复礼弘道的价值。] 由此，孔子很鲜明地指出：一切不切实际之空想，是寻不出治世、弘道之良策的，惟有不断地"学"，才可探寻救世、弘道有益之方略。于此，孔子拒悬空之想、闭门玄思，强调通过"学"，方可得治世、弘道之真知灼见和可行之策。

第二，无疑，孔子非常重视治学方法论，尤其是对"思"与"学"之关系的讨论，形成了孔子关于"学"与"思"的辩证关系论。他曾对"学"与"思"的关系做出过经典的概括与总结："学而不思则罔，思而不学则殆。"（《论语·为政》）在此，孔子既指出了在学习和探索构成中所存在的"学而不思"和"思而不学"两个误区，并教导人们必须将"学"与"思"有机结合与统一起来，唯如此，方可超越"罔"与"殆"，从而获得良好的效果，形成了孔子关于"学"与"思"之辩证关系论，对后学一直发挥着积极的指导作用。其后，孔子在与其弟子子贡的对话中，在此对治学方法论予以了阐释，其中亦贯通着对"学"与"思"之关系的论断。子曰："赐也！女以予为多学而识之者与？"对曰："然，非与？"曰："非也。予一以贯之。"在此，孔子回答了他之所以如此博学，其根本的法宝在于其治学方法论上的"一以贯之"，而"学"与"思"的高度统一是他所一贯坚持的学习或治学之重要原则。

第三，在本节中，孔子开始对自己所"思"的状态进行了描述，"吾尝终日不食，终夜不寝""以思"，孔子以此表明其"思"之全力以赴、潜心而专一的状态。但是与自己倾心、倾力、倾情而废寝忘食之"思"极不匹配的结果则是："无益"，即毫无收获、毫无增进。孔子以如此之反差来表征无"学"之"思"，即悬思空想的无价值和无意义。正因为如此，孔子得出一个结论：如此之"思"，"不如学也"，突出"学"比悬"思"空想更为重要。

当然，不能脱离本节的具体语境，不能脱离"学"与"思"的具体所指抽象否定"思"之价值和作用。在此，孔子并非是一般性地否定思考的重要性和价值，而是强调不以学为前提和基础的任何玄思与空想，不仅对于自身学问的增长和境界提升毫无裨益的，而且更重要在于强调纯粹玄思，对于诊断无道的现实，探寻弘道之途，没有任何帮助。如此，与其"思"，还"不如学"，径直地表明惟有"学"，方可寻出于治世、复礼、弘道而有益的可行之策。

第四，既然"思"必须倚重于"学"，那么，孔子在此通过"思"与"学"之效果的比较，再次明白地指出"学"具有首要的地位，突出表达了向传统典籍学、向他人问学，尤其重要的是通过生活实践向现实生活学，真正了解乱世之症结；如此，唯有躬身实践，"思"才有其"对象性"，才有"问题意识"，也才能开出思之路、学之境来，求出复礼、弘道治世之策。

"学"之所以重要，不仅在于给"思"提供源源不断的"材料"，丰富"思"之内容，促成和保障"思"之"有益"，而且"学"乃是突破个人经验的有限性、超越个人局限之最为有效手段与最佳途径，更重要的是"学"以"致用"，直抵世道。

第五，子夏曰："博学而笃志，切问而近思，仁在其中矣。"（《论语·子张》）如此，对孔子之论，如果仅停留于从治学方法论的层面加以诠释，则未能把握住孔子的根本意图之所在。如此，须洞见孔子以谈治学方法论所蕴含的深层价值旨趣：表治世、弘道，与其闭门独思、玄思，不如"学"。

总之，"学"与"思"，是治学中的两种手段，必须将之有机统一起来，才能达到相互促进之效。若将二者分裂开来，突出任何一个方面都有失偏颇。在本节，孔子以亲身体验为例，再次印证了"思而不学"必"殆"的事实，反对脱离"学"所进行的玄思与空想，强调作为"思"之前提"学"，对于催生"思"，使"思"之有效、之有益所具有的不可或缺性。由此，孔子不仅劝诫弟子们及世人，切莫做"思而不学"之既浪费时光，又徒劳无益之"思"，将空想、玄思之精力用于脚踏实地的学习之中。孔子之体验，以及由此得出的结论，对于一切脱离学习、离开现实的玄思者和空想家，无疑都具有警示作用，对于建立严谨的学风，端正求实的态度具有积极的意义。

但是，孔子在此再次谈论"思"与"学"的关系，否定了无"学"之"思"，将之定性为"无益"。在理论深度和广度上，并未超越前面所讨论的"学"与"思"关系的内容。如此，孔子在此借治学方法论的讨论，其深层的动意在于指向无视现实问题的"为思而思"的抽象、空洞之"思"，对无视乱世之境况，逃避现实做抽象之"思"的一切做法予以否定。如此，彰显弘道之正法或和可行之路，惟通过"学"，深入了解现实生活，直面现实问题，方可求得。如此，惟笃"学"，方可探寻出治世唯一有效之途。

孔子拒空想、玄思，与马克思所说"人作为在历史中行动的人去考察"，要"使人不抱幻想"，"来行动，来建立自己的现实"，并"在实践中使之发生革命"，虽二者所处时代更不同，出发点与目的亦不同。但二位伟大思想家同样的运思原则，越千年时空而照面、而碰撞。

32. 谋道谋食，忧道忧贫

卫灵公 15.32

【原文】子曰："君子谋道不谋食。耕也，馁在其中矣；学也，禄在其中矣。君子忧道不忧贫。"

【译文】孔子说："君子只谋求道行道，不谋求衣食。耕田，也常要饿肚子；学道，也可以得到俸禄。君子只忧道之不明不行，不忧贫不得食。"

"道"为"本"、为"大"，"耕"为"末"、为"小"，君子当求本，切不可本末倒置，舍本求末，故君子当"谋道不谋食""忧道不忧贫。""为学"，乃"谋道"就道、求本，"禄在其中矣"。如此，孔子之语，其核心思想乃"劝学"，强调君子不要将心思在放在食禄上。如此，孔子之论，当"作训词看"。（卓吾）

对孔子之论，戴望释曰："学以谋道，耕以谋食。食虽防馁，而凶或害之，故馁在其中。学则怀德行道艺以待取，虽不谋食，亦自无馁也。又恐人之为贫而仕，非行道也，故复曰：'君子忧道不忧贫'。"

具体而言：

第一，在本节，孔子通过对"谋道"与"谋食""耕"与"禄""忧道"与"忧贫"之比较，突出君子人生的关注和着力点，不在"食""耕"和"贫"上，而是在"道"上，如此，彰显君子谋道、忧道之人生观。

具体而言，君子谋求"道"之弘扬，而非"实利"；忧虑"道"之兴衰、存亡，而非个人物质生活状况是清苦贫寒、还是殷实富足。进一步而言，为学谋道，且有"禄在其中矣"，表明只有追求"道"，天下有"道"，则可兼具"利"；相反，若仅追求"利"，则无法兼具"道"，天下无道，即使是"耕"，亦"馁在其中矣"。诚如陈祥道所释曰："耕者志于利而害在其中，学者志于道而利在其中，君子所以谋道不谋食，忧道不忧贫也。"如此，孔子确认了君子之人生取向于"谋道""忧道"的正确性和重要性。

第二，孔子说"人能弘道"，君子的人生责任和使命就在于"弘道"，如此君子之"谋"、之"忧"，别无他，只因"志于道"。如此，君子所"谋"者，则是"道"如何在践行中彰显、弘扬，其所"忧"则是德之不修、家之不齐、

国之不治，天下之不平，一句话，所忧者，乃是"道"之不行。在此，君子所"谋"，乃"道"之理想如何"行"，所"忧"则是唯恐"道"之"不行"。如此，君子之"谋"与"忧"即是围绕着"道"之"行"与"不行"，此为君子"志于道"之落实。

第三，本节中与"耕"相对的"学"，承接了上一段"思，无益，不如学也"。不过在此处，孔子将"学"与"禄"连起来，表明君子在"谋道""忧道"时，"禄在其中矣"，即一方面表明君子谋道、忧道，其基本生活是有所保障的；另一方面则表明，天下有道，"禄"自然在其中，有道才有"禄"。这再次表明"禄"等个人的"小利"应置于"谋""忧""道"之架构中，只是君子"谋道""忧道"的副产品。君子所关心的不应是"禄"。这样，表征"道"与"禄"之本末关系。

第四，孔子之论，还表明倘若君子不"谋道""忧道"，而是转向"谋食""忧贫"而"耕"，其结果却依然是"馁在其中矣"，其意表明，若天下无道，即使"谋食""忧贫"，最终也不能真正解决"食"与"贫"的问题，依然会遭遇"馁"。更为重要的是，"谋食""忧贫"，丢失的是"道"，如此舍本求末，非君子之为。这样，孔子从反向再次论证君子"谋道""忧道"，乃是求"本"，其重要性和作用就不言而喻了。

再进一步来看，"耕"非背离"道"之事，"耕"与"道"亦紧密关联，若天下有道，"耕"，自然能让耕者衣食无忧，然不"谋道""忧道"，天下无道，即使"耕"，也依然"馁"，以此表明，在天下之"有"道或"无"道，在"谋道""忧道"，亦或"谋食""忧贫"之不同的境遇下，同样是"耕"却产生截然不同的结果。如此，充分彰显"道"为"本"、为"大"，"耕"为"末"、为小，君子当"谋道""忧道"为要。

第五，君子"上达"，小人"下达"。君子之品质决定了其"求道"之必然，"谋道"与"忧道"，乃是君子之本心使然。君子"谋道不谋食""忧道不忧贫"，不仅表明了君子充分认识到"谋道"与"谋食""忧道"与"忧贫"之"本""末"关系，彰显君子之"知"；同时也表征君子心怀天下苍生，而非一己之私利，此乃君子之"仁"。

第六，结合孔子此论的语境可知，孔子此节所言之主旨，依然是在劝学。他要求君子应该着眼于道问学，而不应该将心思和关注点落在"食"和"禄"上，一心只谋求一己之生计。君子之本心和使命所应追求和忧虑的是"道"之兴衰存废，而不仅仅是自身的贫穷与饥饿等小利。

如此，孔子劝告和教育君子应该当秉持高远之志，将自己的人生与"道"

连接起来，其心为道"谋"，其情为道"忧"，其行为道"弘"，切莫仅为个人之得失、实际生活之贫富，即为"食"、为"贫"而"谋"、而"忧"。由此呈现出君子有别于"小人"之人生追求与境界。

第七，诸家之解注，数列如下，供参照。

（1）孔子说：君子用心力于学术，不用心力于衣食。耕田，也常常饿着肚皮；学习，常常得到俸禄。君子只着急得不到道，不着急得不到财。（杨伯峻）

（2）先生说：君子只计谋于道，不计谋于食。耕田也有饥饿的时，学道也可得禄食。所以君子只忧道之不明不行，不忧贫不得食。馁，饿义。耕以谋食，亦有饥饿之患。学以谋道，亦有禄仕之获。或说：此章君子指位言。董仲舒所谓：［光案："董仲舒所谓："之有一冒号，东大版原作"董仲舒所谓"之无一冒号。］"遑遑求仁义，常恐不能化民者，君子之事。遑遑求财利，常恐匮乏者，小人之事。"若尽释耕耨，从事于学，亦将于何得食？然谋道自可兼得食，谋食亦不害兼谋道。若使一群之人，皆竞于谋食，不知谋道，由于无道，亦且忧馁。若使一群之人，尽知谋道，不专忧贫，岂转不能得食？故知本章陈义，实期人人能成为君子，不谓在上位斯为君子，在下位则必为小人也。（钱穆《论语新解》）

（3）我们大家都习惯地会说"君子谋道不谋食""君子忧道不忧贫"原文就是孔子说的。说一个真正有学问，以天下国家为己任的君子，只忧道之不行，不考虑生活的问题；比如耕种田地，只问耕耘不问收获。好好的努力，生活总可以过得去，发财不一定。只要努力求学问，有真学问不怕没有前途、没有位置，不怕埋没。"谋道不谋食，忧道不忧贫。"是很好的格言，人生的准则。（南怀瑾《论语别裁》）

（4）孔子说：君子考虑事业而不考虑吃饭。去耕田，也常挨饿；去学习，倒可以得到薪资。君子担忧事业，不担忧贫穷。（李泽厚《论语今读》）】

总之，孔子以"谋道""忧道"凸显了君子的人生价值旨趣和人生使命，标示君子"弘道"之生命特质，彰显君子的为道人生观。在此基础上，孔子强调只有"忧道""谋道""弘道"，使天下有道，才能从根本上解决"食"和"贫"。如此，孔子要求和劝导君子，其心当致力于"学"，其情当系于"道"，就"大"而去"小"，究"本"而弃"末"。唯如此，才能于"弘道"中，让天下之民"富"而不忧"食"与"贫"，真正达兼济天下之效。此乃君子"志于道"之内在要求。

33. 君子行仁，治民四论

卫灵公 15.33

【原文】子曰："知及之，仁不能守之，虽得之，必失之；知及之，仁能守之，不庄以涖之，则民不敬。知及之，仁能守之，庄以涖之，动之不以礼，未善也。"

【译文】孔子说："凭借聪明才智足以得到，但仁德不能保持它，即使得到也一定会丧失。凭借聪明才智足以得到，仁德可以保持，若不以严肃态度来行使职权，那么百姓就会不敬；聪明才智足以得到，仁德可以保持，能用严肃态度来治理百姓，但动员百姓时不照礼的要求，那也是不完善的。"

孔子分析了行仁为政的四种状况，具体从为政者素质"知""仁""庄"和"礼"层面，揭示了为政四个层次，最后落实于以"礼"而"善治"。

对孔子之论，陈祥道释曰："知与仁，德也，君子以之处己；庄与礼，行也，君子以之接人。知所以尽性，知穷理而不知尽性，则所学不固。故曰：虽得之，必失之。庄者，仁知之容。礼者，仁智之文。以莊涖事，则民敬。以礼而动，然后善。故曰：动之不以礼，未善也。仲弓知及之，故孔子告之以承大祭、见大宾。颜子仁能守、庄能涖，未能动之以礼者也，故孔子告之以复礼。动以礼，圣人之事。孟子曰：动容周旋中，礼，盛德之至也。"蕅益直道："知及，仁守，是明明德；庄以涖之，是亲民；动之以礼，是止至善。不能庄涖动礼，便是仁守不全；不能仁守，便是知之未及。思之！思之！……方可名动之以礼，故曰：'修己以敬'，尧舜其犹病诸。"

简言之，孔子提出一个合格的执政者，首先得有治国之"知"，其次追求仁德爱民，再次须怀庄重敬畏之心为政，最后则须以礼而动。惟有如此，方可成善治，仁道畅焉。如此，孔子之论，表君子处己治民之道。

具体而言：

第一，根据钱穆先生之解，孔子在此所论为"治民之道"，但更为确切地说，则是通过"治民之道"为言说之直接对象，借谈"治民之道"来讨论"行仁之道"，因为治民之道，是仁道为政方面的具体体现。

在本节，孔子首先具体地分析和揭示了"行道"之三种状态的特点和结果，指出各自的问题，最后强调唯有据"礼"而动、以"礼"而治，才能达到完善的程度，从根本上符合"行道"之要求。如此，孔子呈现了"行道"之四种状态、四个层次或四重境界，也为我们审视和检讨现实的行道状态提供了四条准则。

第二，在本节中，"之"字出现十一次，是解此节真义必须首先要加以确认的。从本节的语义来看，"及之""守之""得之""失之"中的"之"，有人认为所指应是与一个人的"德""知"或"能"相配的"官位"或为政之职权，有人亦认为是指称"道"；而"莅之""动之"中的"之"则是指"民"。如此，孔子之论表征为政之职权或官位与民之间的关系。如此，本节是孔子在教导为政者如何将其才智、德性和敬业精神以及"礼法"等贯彻于治理之中，在其根本上实现孔子"为政以德"，"道之以德""齐之以礼"（《论语·为政》）之为政理想。

第三，从行道之"为政"的现实展开逻辑来看，在本节文辞中，孔子提出了为政之四种种状况或四种模式、四重境界。

首先，"知及之，仁不能守之"。"知足以及之，而不能守其位，不仁故也。"（戴望）即凭借自己的聪明才智，获取某个"官位"或为政之权，但是因其无"仁德"之心，"德"不配其"位"，其结果是"虽得之，必失之"；如此孔子开篇就指出了为政之"德"与"知"或才能之间的关系，表征无"德"之为政者，即使依靠自己的聪明才干和学识可以获得官位，但终究必失之。如此表明，得位可以凭其"知"，守位必须靠其"仁"。得位凭其"知"，而失位则是因其"无德"。在此，孔子突出了"位"与"德"之间的必然联系，强调了"德"乃是为政者之必要而充分的第一要素。

其次，"知及之，仁能守之，不庄以莅之，则民不敬"。孔子在对为政者"德""知"关系分析基础上，直接将讨论的焦点转移到"官"或"治理权"与"民"的关系上。为政者"正其衣冠，尊其瞻视，以作民敬"。（戴望）在此，为政者，既有"知"，亦有"仁"，既能得位、又能守位，但是不敬业，不能以庄重严肃之态度来行使职权，其结果是导致民众对之不恭敬、不爱戴。

再次，"知及之，仁能守之，庄以莅之，动之不以礼，未善也"。孔子指出第三种状态的为政，具有前两种之优长，既能"知"、亦能"仁"守之，还能庄以莅之，但是其所存在的根本问题是"动之不以礼"。在孔子看来，尽管此种治理有其内在的优点，但是最为关键的是不依"礼"而使民。如此，该种治理状态，孔子评价为"未善也"。

孔子在分析和指出了以上三种为政治理之状态或模式，呈现出从初级到高级，从不完善至逐步完善的状态。但是，即使是第三张状态或模式，虽然具有了其趋于完善的特质，但是依然存在"动之不以礼"之缺陷，孔子认为它尚未能达到"善治"。

如此，孔子在分析了三种治理状态之后，推出第四种为政状态，即"善治"。善治不仅内含着"知""仁"和"庄以涖之"，而且更为根本的特质即是"动之以礼"。如此彰显孔子为政治理之理想：善治。善治，是一切循"礼"而"治"，即"礼治"。

由此，孔子在详尽分析前三种治理方式之特点，及其各自存在的问题之后，以"礼治"总结和呈现出最好的一种为政状态或模式。

第四，孔子以"善治"或"礼治"之理想状态为标准，从为政者的视角，反观现实中三种为政状态或模式，形成现实中为政之生态。但是，孔子从这三种模式内在趋"善治"的特质，让孔子看到"善治"之希望。

从以上的分析可见，为政，尤其是"善政"，必须备四个基本要素：（1）知；（2）仁德，即有爱民之心；（3）对权位有敬畏之情，如此才有庄重与敬业之心和严肃认真之态度；（4）一切循"礼"而行。

第五，孔子所要弘扬的"道"，即是天下行"仁道"，在为政治理方面，以"仁"为内核和灵魂，以"礼"为外用和规范原则。如此，"礼治"乃是"仁道"在为政治理上的具体体现，由此具体展现了"仁道""礼治"与"德政"之内在逻辑。

总之，孔子通过点评诸种为政状况各自之特质与效果，指出各自所存在的问题，最后表明"善治"之理想，突出和确立以"礼"为准则的为政治理之总纲领。在孔子对三种存在不同问题的为政治理模式予以诊断，以及对理想治理模式的建构中，提出要达到善治的为政者应该具有的四项标准，既包括为政之个人素质，亦包含为政者必须遵循的原则：即首先必须具有治国之智慧和才能，其次得有爱民之仁德，再次得怀有敬畏之情和敬业之心去经营自己的政事，最后，也是最为关键的是一切依据"礼"而动。如此，构成孔子实现"善治"之内在要素和必要条件。

孔子对为政之四重境界予以呈现，构成了为政伦理之不同层次，既指证了当世为政者之实然，又指示出为政之至善追求，导引着现实为政向善治趋近的实践逻辑。

34. 为政施政，量才用人

卫灵公 15.34

【原文】子曰："君子不可小知而可大受也，小人不可大受而可小知也。"

【译文】孔子说："君子不适合让他们做那些小事，但可以让他们承担重大的使命。小人不能让他们承担重大的使命，但可以让他们做那些小事。"

按戴望之释曰，"知，犹用也。大器不可小用，小才不可大任。"如此，孔子要求为证者须知人善任、量才而用；切忌大才小用，亦不可小才大任。此表为政者当遵循"量才而用"的"用人之道。"

于孔子之论，陈祥道予以了深刻的诠释："大知小知存乎义，大受小受存乎器。君子之器识则大，故老农老圃在所不知而受天下不以为泰，此不可小知而可大受也。小人之器识则小，故乘君子之器致寇而童观，则无咎，此不可大受而可小知也。"蕅益亦释曰："不可小知，不可以思议测度之也。可大受，如大海能受龙王之雨，能受众流之归也。小人反是。"

简言之，君子、小人，各有所长。以其所长，当其所用，是为善用。善用，君子、小人皆尽其才。善用，则事成；反之，则事不成。

具体而言：

第一，本节孔子以"君子"与"小人"为例，表明君子与小人各有其长，用人者首先应该知晓"君子"与"小人"之别，进而应扬其长，避其短，切不可误用，导致"大才小用"或"小才大任"之错误，以此教导侯王君主们当如何知人善任、知人善用，以达各展其才，各尽其能之良效。此为孔子所倡导的鉴才用人观。

第二，孔子首先对"君子"和"小人"各自的特点或优长点予以了陈述；"君子"，"可大受"，然"不可小知"；而"小人""可小知"，则"不可大受"，如此突出了君子与小人，在做"大事"与"小事"上恰好相反。这就告诫与警示用人者，切不能将重任交给"小人"，也不可让"君子"去承担或做细碎之"小事"，因为"小人"无完成重任相应的才能，扛不起重任，必耽误大事；相应，若让"君子"去做"小事"，君子之才干则难以得到充分地施展，必浪费君子之才。如此，最好的用人原则就是让"君子"和"小人"各就其位，各司其职，各展其长，既不浪费人才，又不误事。

第三，孔子此论，主要是对"君子"与"小人"，从二者之才能，以及以其才能相匹配而合适从事的事情方面来加以比较和对照。如此，君子因其才智广大，德厚行笃，视野开阔，让他去做一些"小事"，未必合适，也不一定能做得很圆满，但是，其才德却可堪当大任或重任；相反，"小人"，在此处，也就是一般人、常人、普通者，其才能有限，胸襟与视野也不够开阔，器量亦狭小，不足以担当大任或负重担，但是，"小人"也并不因此而一无是处、一无所能，恰好在君子所"不可知"之时，"小人"却有其独特的长处，即"可小知"。正所谓"尺有所短，寸有所长"，关键是使用者如何用之。"君子"与"小人"各有其短长，为政者首先须认识到二者之特点，其次，关键就在使用上能做到量才而用，切忌用人失当。

第四，还应该注意，在孔子看来"君子"与"小人"各有其用处，切不可只顾君子为大事，不管"小人"可为之"小事"。孔子主要是提示、警示为政者不可将"君子"与"小人"用错位了，由此表明，只要"君子"与"小人"，能各就其位、各司其职、各显其能，"大事""小事"都有人能承担。如此，"君子"与"小人"各得其所，相得益彰，此为治国用人之最佳状况。

第五，于孔子之论，诸解家之注，有利于我们深入了解本节之真义，值得参考。

（1）朱熹："盖君子于细事未必可观，而材德足以任重；小人虽器量浅狭，而未必无一长可取。"

（2）钱穆：一事之能否，不足以尽君子之所蕴，故曰"不可小知"。任以天下之重而泰乎绰然其可任，故曰"可大受"。小人非无一才之长可资器使，但不可任以大事。知者，言其被知于人。受者，言其能受于己。此言知人之法当观于大，若以小节，小人有时将转胜于君子，而君子或置于无用之地矣。能知人，而后能用人。

《论语》言君子小人有对反而言者，如君子上达，小人下达，君子而不仁者有矣夫，未有小人而仁者也之类。顾此种小人，则卑污已甚，而几于恶矣。亦有相较而言者，如和同章，骄泰章，求人求己章，及本章之类是也。此种小人，非必卑污已甚，此亦学者所当深辨。

（3）南怀瑾：头一段"君子不可小知"的"小知"，以客观而言，我们对伟大成功的人物，不能以小处来看他，等他有成就才可以看出他的伟大；相反的，就是小人看不到大的成就，小地方就可以看出他的长处。以主观而言：君子之大，有伟大的学问、深厚的修养、崇高的道德，看事情不看小处而注意大处。小人则不可太得志，如果给他大受，他受不了，小地方他就满足了。

（4）李泽厚：即人各有材，优劣同在，故不能求全责备。"小人"也有一技之长，"君子"也有各种弱点和缺失。】

总之，孔子此论，其主旨并非是要比较"君子"与"小人"孰优孰劣，而是从二者各自的才能与做事的特点入手，强调"君子"因其才智和德行，情怀与视野，可堪大责，可为大事，可负重任；相应地，"小人"之特点，则突出在"小事"上可为之。如此，孔子强调为政者用人须知人而善用，切勿在用人上失当，导致废才与误事。唯有如此，"君子"与"小人"，才能各就其位、发挥其各自的优势。这既是孔子选才用人的原则，也为为政治国者提供识人、用人之策。

35. 仁政于民，甚于水火

卫灵公 15.35

【原文】子曰："民之于仁也，甚于水火。水火，吾见蹈而死者矣，未见蹈仁而死者也。"

【译文】孔子说："民之生有赖于仁，尤甚其有赖于水火。我只见过蹈水蹈火而死的，却没有见过蹈仁而死的。"

按戴望之释："水火所以养人，而不仁则有粟不得食，故民之仰仁政，甚于水火也。蹈水火有时死，蹈仁无或死者，故仁最为甚。"如此，孔子之论，着力表达民众对"仁政"之急切期盼。

置身于霸道、暴政之乱世，"仁政"于民，"甚于水火"，此表王道、仁政植根于民之生，关乎民之祸福、生死存亡，无一害于"民"。如此，仁政，是为民生之所需，民心之所归也。于此，孔子确证"仁政"的历史合法性和道德正当性。

具体而言：

第一，孔子此语，表"仁"于民生之重要性胜于"水火"，表明"无水火，不过害人之身，而不仁则失其心"，故"仁"尤甚于"水火"；进而言之，"水火"可害人死，而"仁"则无以害人，表"仁"比"水火"更有利于民。

第二，对孔子之论的解读，更多的是从孔子"劝人为善""勉人为仁"的角度展开。其中，突出将"'水火，吾见蹈而死者矣，未见蹈仁而死者也'"，解读为只见过蹈水火而死者，未曾见蹈仁而死者，表明蹈水火而活者众，为"仁"而死者寡，惟"志士仁人"，成"杀身成仁"者。

如是陈祥道所释："水火所以养己，仁所以成己。养己者，其利小。成己者，其利大。此仁所以甚于水火也。蹈水火而死，匹夫匹妇之谅。蹈仁而死，则为志士仁人矣。孔子之世，为匹夫匹妇者恒多，为志士仁人者恒少，故曰：水火，吾见蹈而死者，未见蹈仁而死者也。"

朱熹释曰："民之于水火，所赖以生，不可一日无。其于仁也亦然。但水火外物，而仁在己。无水火，不过害人之身，而不仁则失其心。是仁有甚于水火，而尤不可以一日无也。况水火或有时而杀人，仁则未尝杀人，亦何惮而不为哉？

李氏曰：'此夫子勉人为仁之语'。"

蕅益释曰："既曰'未见蹈仁而死'，又曰'有杀身以成仁'，方信杀身不是死。"

钱穆释曰：此章勉人为仁语。人生有赖于仁，尤甚于其赖水火。蹈水火，有时可以杀人，然未有蹈仁道而陷于死者，则人何惮而不为仁？或疑杀身成仁，此非蹈仁而死乎？不知此乃正命而死，非仁有杀身之道也。庄周讥以身殉名，此则惟生之见，而不知生之有赖于仁矣。

南怀瑾释曰：一般人一提到仁义的事，那种惧怕的心理比怕水火还更厉害，水会淹死人，火会烧死人，所以人看到水火会怕。孔子说：我看见过人跳到水里被淹死，跳到火里被烧死。仁义没有这样可怕，真去做的话，不会被饿死的，真仁义还有好处的。可是人害怕，不肯去做，所以叫人做坏事很容易，叫人做好事反而怕。但没有看见人因为做好事而死，没有做好事的人，倒是死得更惨。

试问孔子为什么老是讲仁？不但孔子讲仁，老子、庄子也讲，可见我们这个民族不仁的太多，不孝的太多，所以他们才讲仁、讲孝。等于西方文化，当年独裁得太厉害，所以讲民主、讲自由。假使一个社会，民主太过了，自由太过了，你看他们还讲不讲自由民主？那时他不需要民主自由了。可见我们的民族，是一个很难弄的民族，就是不仁慈、不孝的太多，所以孔子教大家要仁慈，要行孝。教育就是大众思想的反映，这是事实。研究春秋战国时代，权力之争，父子、兄弟之间都不认，有什么亲情？有什么爱？因此孔子讲仁呀！孝呀！所以我们这个民族，好地方是了不起，关起门来反省，实在难弄。我们是这个民族的一分子，就更深深的了解，不好办。这里孔子是说一般人的心理，讲到仁慈就怕得很，生怕吃亏，孔子就讲了一句幽默话，说没有看到谁跳过"仁"里被烧死淹死的，这就是说一般人不肯行仁道，道理很会讲，做起来很难。那么要用什么精神来做呢？

对孔子之论的解注，陈祥道只从"养己"与"成己"之关系而论，言民众无求仁之行；朱子、钱穆则较好地切入其要义，颇有价值。钱穆先生之注，其方向是正确的，但是其义略微含糊了一些，而南怀瑾先生秉持他一贯散乱之风格，对本节之解，未得其要旨。

综而论之，以上诸解，皆未对"民之于仁"之"民"予以高度的重视，都在一定程度上忽略或脱离"民"而言"仁"，于此，将"仁"解为个人之"仁心""仁德"，未能明确指证"民之于仁"之"仁"，对"民"之重要性，或未能鲜明地表征"仁政"于民生存之所需、之所期。

第三，对孔子此论之解，充满着歧义，甚至截然相反，其关键在于如何理

生活哲学视野中的"论语"研判

解与确定"仁"在本节中的的含义。

"仁"在此节中，究竟是指"仁心""仁德"亦或"仁政"呢？孔子明确表达是"民之于仁也"。此处之"仁"，是相对于"民"而言，而非抽象地针对一切"人"而言。进而孔子将"仁"与民之生活须臾不可或缺"水火"之相比较而言，"仁"在此处，应该是与"水火"同质，为生活之必须的条件。如此，此处之"仁"，不是指个体内在心性之"仁"和德修之"仁"，而是指相对于民的生活之"仁"，即"仁政"。

果若此，那么，孔子在本节首先从生存条件论的视角，突出民之生存对"仁政"的真正需要和渴求，表孔子对现实暴政或苛政的批判，以及推行"仁政"之急切，以解民众处于"水深火热"之煎熬与苦难。其次，从水火、仁政于民不同的效果之比较，进一步突出"仁政"优于水火，对民众有百利而无一害。如此，孔子从正反两个方面，突出了"仁政"于民的生活所具有的积极价值，彰显了"仁政"之"善"，本质上即在使民众生活之善。

第四，在本节中，孔子以"水火"与"仁政"予以直观地比较，强调在暴政、苛政之下生活的民众对"仁政"的强烈需要与期盼，其迫切程度不亚于、甚至超过正常生活须臾都不能离开的"水火"。在此，"仁政"与"暴政""仁道"与"霸道"于民众生活所产生的效果间形成了鲜明的对比，鲜明地表达了民众生存对"仁政"的真切需要与急切盼望。

更为重要的是，孔子在此处通过民众生存期待仁政，甚于对"水火"之需要，表征施行仁政，绝非孔子个人之偏好，乃是民生所需、民心所向、民愿所望。如此，其民心之向背，决定了"仁政"必将替代"暴政"。孔子依此确立行"仁政"，内置于民众之生存，凸显"仁政"之现实民众基础，增强了行仁政之道义信心。

第五，如果说"民之于仁也，甚于水火"是孔子从正面表达实施"仁政"乃是顺应民生、应民之所需而符合历史内在的规律和道义原则，确认、确证"仁政"之正当性，具有历史与道德合法性；那么，"水火，吾见蹈而死者矣，未见蹈仁而死者也"，则是孔子从"水火"于"民"之"害"，再次凸显"仁政"于民众生活之无一之害，实为全善。孔子以此宣告，民众可以怕水火，因为水火无情，接近水火不当而可能置人于死地，但是从来没有见过由于接近具有仁爱内质的"仁政"而致人于死的现象，这就表明施行"仁政"于民众，只能是有百利无一害，更不会伤及民众之生命安全，民众可全然无所惧。如此，再次回应"仁政"之善，于民众之生死、祸福，优于、胜于"水火"。

第六，孔子言"民之于仁也，甚于水火"，是孔子代表民心、体现民意，向当世的为政者或施行霸道的统治者发出的道德谴责与道德诉求，表明放弃暴政，实施仁政，是民众生存所昭示的真切需求，内蕴着历史之必然。民心对"仁政"的渴望超过对"水火"之生活必需品的需要，表明暴政下的民众所承受的煎熬程度。孔子以此代表民众之心声，不仅向暴政者之霸道暴政提出抗议与控诉，也昭示着"仁政"具有必然性之未来。

　　总之，无"水火"，民不能"活"，无"仁政"，民则无以"生"。孔子以民众生活中须臾不可离开"水火"之需要为喻来衬托民于"仁政"之强烈渴望，以此表达实施"仁政"乃是民生所需，民心所向，从而确立了"仁政"之民众基础和道德合法性；在此基础上，孔子以具象比较之手段，突出实施"仁政"于民众全善而无害之过，由此彰显施"仁政"、行"仁道"之善。

36. 君子行仁，当仁不让

卫灵公 15.36

【原文】子曰："当仁不让于师。"

【译文】孔子说："若遇行仁之事，即便是师，亦不同他谦让。"

弟子"于师"，当遵"礼"而敬、而"让"。然"当仁，不让于师"，表"急于行仁，不暇复顾礼仪。若救患周急之事。"（戴望）"礼仪"表"仁"而彰"仁"，若"为仁"，则不囿于"礼仪"，惟"仁"至上。如此，"于师无所不逊，当仁则不必逊也。""无事则师，有事则当仁不逊。"（陈祥道）

"当仁不让"，表君子以践仁为己任，无所谦让，唯恐落人后。为仁，舍我其谁，争先恐后，率先为之。如此，表君子为仁之勇气、之担当。

具体而言：

第一，在"弘道"、为仁之途上，孔子鼓励和鞭策弟子们切莫因恪守"师道尊严"之"礼"，抑或碍于师生之情面而谦让，贻误行"仁"，当以行"仁"为己责，视"为仁"为人生之首要使命，勇于践仁、行仁。如此，孔子倡导在为仁、践仁上，要努力做到自告奋勇、敢为人先，积极、主动去为之，绝不可退让，更不可推诿、退缩。同时，"当仁"，即使其师之言行不符合"仁"之规定和要求，亦决不退却或让步，须维护"仁"之权威和正当。由此表明，"仁"是君子之最高价值追求，君子唯"仁"至上；"为仁"，当是君子最高的行动原则。

孔子以此教导弟子和世人，不仅要将自己的全部精力置于对"道"、对"仁"的追求和践行上，切勿执念于"老师"或别的世俗的关系，在求仁、践仁上，以礼而退让于人，或退后一步，甚至是止步不前，而且要牢固地树立为"仁"、持守"仁道"而不屈让、谦让于任何人，包括己之师。简言之，君子为仁，舍我其谁，不甘人后。恰如朱熹所释曰："当仁，以仁为己任也。虽师亦无所逊，言当勇往而必为也。盖仁者，人所自有而自为之，非有争也，何逊之有？"

第二，本节承接前一节"民之于仁也，甚于水火"。如此，"当仁"时，自应是"一马当先"，在所不辞，表明君子求"仁"、行"仁"之自觉性、主动性和积极性。本节孔子以"师"为衬托，更显"当仁"，"不让"之可贵。这样，只要"当仁"，那就什么人都不必让了，须具有"争先恐后"之意识，并切实率先为之。

但是，联系到上一节，此处的"仁"，亦非一般意义上的"仁德"，更确切地说是指"仁政"。如此，表明若有机会施行"仁政"，自然是自己亲力为之，而不谦让、推让于他人，即便是自己的老师。在此，充分体现孔子鼓励、鼓舞其弟子们勇于担当"仁政"之践行。

第三，孔子曾言："人而不仁，如礼何？人而不仁，如乐何？"（《论语·八佾》）"君子义以为上。"（《论语·阳货》）这就确立了"仁"乃是君子人生之最高诉求。如此亦表明，"仁"乃是衡量一切是非善恶，人之行为的最高准则，实现"仁政"是君子人生第一位之大事。在这样的语境下，"当仁，不让于师"，除了在践行"仁政"时间上，唯恐落后于人之外，还有更深一层含义，即在实施"仁政"过程中，当面临"仁"这样大是大非之问题时，必须保持清醒的头脑，坚持根本的原则，坚决维护、捍卫"仁"，即使"师"之言行有悖于"仁"，亦不让步和妥协。

第四，"为仁由己"，只有当"仁"内化为己之精神，并能成为行动的动力，才能"当仁"而"不让"；也只有"仁"成为一个人判断一切是非之标准时，才能面对"不仁"之人、之事，"不让"步、不退却、不妥协，自觉而勇敢地担当起捍卫"仁"、弘仁之责任。

第五，孔子之语，不仅表明在追求与践行"仁"之道路上，人人平等，而且表明人人有责。如此，人人都应勇于践行，确立唯"仁"至上的价值原则。

总之，孔子以情深义重的"师生关系"为参照，表"当仁"而弘仁重于"师道尊严"。"当仁"、弘仁，是君子人生之最高价值诉求。如此，"当仁"时，应不顾一切世俗的羁绊，不碍于一切关系，勇往直前，争先恐后，作"践仁"之先行者。如此"当仁不让"，亦如"见义勇为"；同时，当"仁"遭遇冲击，当面临"不仁"之人、之事时，即使是其师之所为，也决不让步与妥协，以捍卫"仁"为己任和使命。此"与言不称师谓之畔，行不称师谓之倍者，异矣"！（陈祥道）

37. 君子原则，贞而不谅

卫灵公 15. 37

【原文】子曰："君子贞而不谅。"

【译文】孔子说："君子固守正道，而不拘执于小信。"

按朱熹之释："贞，正而固也。谅，则不择是非而必于信。"钱穆释曰："贞者，存于己而不变。谅者，求信于人。贞自可信，不待于谅。"且"义之与比，贞也。言必行，行必果，则匹夫匹妇之为谅。"如此，孔子强调君子当"居正"守"贞"，切不可偏执于"谅"，表"言不必信""惟义所在"。（戴望）

简言之，孔子强调君子重信，然必须以"道"为前提，即在"仁"与"礼"之基础上坚持"信"；不符合"仁"与"礼"之所谓的"信"，则为"谅"。君子无须执守。如此，君子之信，必须以"仁""礼"为根本，切不可因"小信"而失"礼""仁"。

具体而言：

第一，孔子以"贞"和"谅"之比照，强调君子须遵循守"贞"而弃"谅"之原则，切勿因遵"小信"而忘却或违背了"大义"，因为"君子处世，唯义与比"。如此，孔子为君子解决自身所面临的道德困境、道德悖论或冲突所提出的一个总体原则："贞而不谅"。

第二，何谓"贞"？何谓"谅"？

所谓"贞"。据考，"贞"之本义为"正""定"，其引申意为"守信"，用于人，则是指一个人之"节操坚定"。朱熹释曰："贞，正而固也。"钱穆释曰："贞者，存于己而不变。"有的学者则认为"贞"乃是符合道义之"信"（杨伯峻、李泽厚等）。为了区别于"谅"，可以将"贞"称为"大信"。

所谓"谅"。亦是指"信"（《说文》："谅，信也。"），表诚实守信、不违诺言；朱熹曰："谅，则不择是非而必于信。"应该说朱熹道出了"谅"之要害；满益直道曰："谅，即硁硁小人。"钱穆解"谅"，即是"求信于人"。为了区别于"贞"，有的学者亦认为"谅"可称之为"小信"。

如此，在本节中，出现了"贞"和"谅"两类"信"（即"大信"与"小信"），并且从孔子所要求的是君子"贞而不谅"，非常鲜明地呈现出孔子肯定

"贞"而否定"谅"的取向。既然"贞"与"谅"都是"信"，孔子在此通过区分"贞"与"谅"，既揭开了君子人生中时常遭遇的道德困境，或道德冲突；又为解决这一困境或冲突，提出了原则和要求。

第三，进一步而言，孔子曾提出君子"言忠信，行笃敬"（《论语·卫灵公》），于此，又要求君子"贞而不谅"，似乎出现了"矛盾"。而此"矛盾"亦是君子在践仁的过程中会经常遭遇的"二难"。

其实，孔子倡导"言而有信，行而有果"的中庸之道，不提倡言"必信，必果"之极端追求，所以孔子指出"言必信，行必果，硁硁然！小人哉！"（《论语·子路》）其意在说明，追求"言必信，行必果"这样的人，只是固执的小人，而非"君子"所为。

如此看来，孔子并非要抽象地肯定信守其诺之必要性和正确性，而是强调须对"信"需加以进一步甄别，要判断此"信"是否建立在"仁"和"礼"的基础上，是否符合"仁"和"礼"之"信"。孔子主张只有真正建立在"仁"和"礼"之基础上，且符合"仁"和"礼"之"信"，才是值得君子持守的"信"，也才是君子须固守的正道，此"信"，孔子称之为"贞"；相反，那种不是建立在真正建立在"仁"和"礼"之基础上，且不符合"仁"和"礼"之"信"，如果依然执着和死守，孔子称之为"谅"。这样，问题也就很清楚了，孔子要求和倡导君子遵循和持守的是内蕴着道义、符合"仁"与"礼"之要求的"信"，此等"信"才是正道，才是"贞"；而要求君子放弃的则是无道义内蕴的"信"。因为此等信，与"仁"和"礼"相悖，即"谅"，根本不值得君子坚守。

第四，孔子此语要求君子若面临"贞"与"谅"之时，切勿偏执于"谅"，必须识"大道"而"深明大义"，弃"谅"而从"贞"，这是君子之"知"、之"德"的体现。

孔子说："君子之于天下也，无适也，无莫也，义之于比。"（《论语·里仁》）如此，如果一味地死守残抱着"谅"，其本身就是"不义之举"。这样，君子之正确的选择和决断则是守"贞"而弃"谅"。

在《论语·宪问》篇中，孔子与弟子子路和子贡三人讨论管仲之所为，就关涉到"贞"与"谅"。

子路曰："桓公杀公子纠，召忽死之，管仲不死。曰：未仁乎？"

子曰："桓公九合诸侯，不以兵车，管仲之力也。如其仁！如其仁！"

子贡曰："管仲非仁者与？齐桓公杀公子纠，不能死，又相之。"

子曰："管仲相桓公，霸诸侯，一匡天下，民到于今受其赐。微管仲，吾其

被发左衽矣。岂若匹夫匹妇之为谅也，自经于沟渎而莫相之知也。"（《论语·卫灵公》）

从子路、子贡所问表明，在子路和子贡看来管仲应该是忠于公子纠，才是守信之人，而孔子解除了子路和子贡之狭隘。因为子路和子贡的判断尺度，依然是停留于"谅"，而未上升到孔子所要求和倡导的"贞"之高度。如此，在孔子看来，管仲弃公子纠，未为公子纠以死而信、而忠，反而出任宰相辅佐齐桓公，成就"霸诸侯，一匡天下，民到于今受其赐"之伟业，就是典型的"贞"而"不谅"之举，是守"贞"弃"谅"，是行大义之选择。如此，在孔子看来，管仲乃是"贞而不谅"之真"君子"。

第五，孔子之箴言，有其深刻的警示之意；倘若没有认清"谅"之本质，一味坚执，甚至到了到顽固的程度，那就偏离了"仁道"，就有陷贼道之危险。如此看来，君子"贞而不谅"，乃是君子守善道、固正道，防范偏道、入歪道，进而弘道所必须遵从的重要原则。

孔子充分肯定"贞"，并要求君子守"贞"而弃"谅"，并不意味着孔子一般性地否定"信"的价值，这是必须要明确的。孔子所要否定和要求君子放弃的是不符合道义之"信"。如此，更凸显出"贞"与"义""仁"之间的内在一致性关系。孟子曾言"大人者，言不必信，行不必果；唯义所在。"（《孟子·离娄下》）孟子继承孔子这一思想，并对之加以发扬。

第六，孔子以"君子，贞而不谅"，曾指引和鼓舞了多少君子的大义之举。历史上一切"弃暗投明"之人，从其本质上讲，都是弃"谅"而从"贞"之"义士"、之真"君子"。

总之，孔子以"道"为前提，以"仁"和"礼"为尺度，首先对"贞"和"谅"加以严格地区分，进而要求君子当"贞"与"谅"发生矛盾或冲突之时，要具有大智慧、大情怀，心植"仁道"，心载天下苍生，一定要服务于"道"，不能与"道"相冲突，从而自觉固守"贞"而弃"谅"。唯是如此，君子才能堪当"大受"而不懈，其行才具有"当仁不让"之特质，其为仁之效也才能满足"民之于仁也，甚于水火"之急切渴望，最终才能肩负"弘道"之大任。

38. 敬事后食，事君之道

卫灵公 15.38

【原文】子曰："事君，敬其事而后其食。"

【译文】先生说："事君之道，当先敬守职事，把食禄之心放于后。"

君子之仕，为道不为食，食功不食志，故生必先有志于事。"敬其事"，则言有官者履其职，尽其忠。如此，君子当先尽己之心力于所任之职，切不可先有求禄之心。对此，蒍益释曰："敬其事'敬'字，从敬止发来。既敬其事，必后其食矣。"

"事君"，"敬其事而后谋其食"；或"事君"仅为"谋其食"，是两种截然不同的"事君"类型。前者为事功、为道义，"君子儒"之所为；后者为食，为一己之私利，"小人儒"之所为。孔子言"事君，敬其事而后其食"，当是对入仕事君之人的应然要求。

简言之，尽职为先，食禄为后，此乃孔子所倡导的"事君之道"。如此的"事君之道"，以"敬其事而后其食"，直接表呈"事君者"之官德，进而彰显"事君"者之谋道、弘道之虔敬。

具体而言：

第一，"君子谋道不谋食""忧道不忧贫""禄在其中矣"，且"邦有道，谷；邦无道，谷，耻也"。正因为如此，孔子强调入仕事君，当"敬其事而后其食"，此乃君子面礼崩乐坏之乱世，面"民之于仁也，甚于水火"之现实，"当仁不让""弘道"之最好的途径与方式。

孔子历来非常重视事君之道，从多方面对之加以了论述与阐释，形成了孔子事君思想丰富的内容。于本节，孔子侧重于论述"事君"的两个关键性问题："敬其事"和"其食"之先后、主次关系，强调"事君"必先、必重"敬其事"，而"后其食"，这不仅确定了二者的先后顺序，更为重要的是明确了"事君"之目的，以及由此而决定的"事君"之原则。孔子通过"事君"如何处理"敬其事"与"其食"之关系，不仅确立起区分"君子儒"和"小人儒"之标准，而且对"事君"只为"谋食"者进行了批判，由此突出了"事君"以"忠"为内蕴，以弘道为目的的角色道德与从政伦理。

第二，在君臣关系中，臣"事君"，要求"臣"须遵循其角色伦理，即尽

"忠"。尽"忠"最直接和重要的表现即在于"敬其事"。只有"敬其事"，才算是"忠臣"。恰如孔子在《孝经》中所言"君子之事上也，进思尽忠，退思补过，将顺其美，匡救其德，故上下能相亲也。"

"君子固穷"，君子"谋道不谋食""忧道不忧贫"。如此，君子事君，其动意或目的不是为了"其食"，而是通过"敬其事"，弘道而使天下得以"仁治"。如此，孔子按照"事君"之正常逻辑，臣之"食"应是"敬其事"之功所应得之物，自不必成为"臣"之所忧、所思。

然而，在此节中，孔子却将"敬其事"与获"其食"二者关联起来，且作为两件等值之要件来加以讨论，这就表明当世"事君"仅为"其食"者众，"敬其事"者寡。如此，"事君"，"敬其事而后其食"，抑或仅谋"其食"，成为当世不能回避或忽略的大问题。从孔子提出这一问题本身，折射当世为政"事君"，只为"谋食"而不"敬其事"之严重状况。

第三，从孔子之论，可见孔子依据"事君"之目的，将"事君"区分为：即"'为道'事君"和"'为食'事君"两种不同的类型。

第一种类型，以"敬其事"而"事君"。在此，"事君"本身不是目的，仅是君子为"谋道""弘道"这一终极目的之手段。该种类型的"事君"，可称为"为道事君"。因为通过"事君"，应是"谋道"或"弘道"救世最为捷径之方式。如此，为臣者"事君"，能做到"敬其事"，其根本目的则在于弘"道"。如此，"敬其事"，与其说在"事君"，还不说在事"道"。如此，"其食"乃是其"敬其事"之必然。君子于"其食"何来之忧呢？恰如陈祥道一针见血地所指出的那样："君子之于仕，为道不为食；人君之授禄，食功不食志。"如此，此种类型的"事君"者，乃"君子儒"。

第二种类型，为谋"其食"而"事君"。该种人"事君"，因其目的决定其事君决不可能"敬其事"，这样，无论邦有道、或邦无道，都只是为"谷"。此等只为"其食"而无为道之心，在孔子看来则是"耻也。"（《论语·宪问》）此等人亦被称为"素餐者"。此种类型的"事君"者，乃"小人儒"。

第四，"为道事君"，遵循着"事君"的内在原则，这不仅要求臣"敬其事"，因为食君之禄，担君之忧，而且更为重要的遵循"事君尽礼。"（《论语·八佾》）遵从"勿欺也，而犯之"（《论语·宪问》），"臣事君以忠"的原则。（《论语·八佾》）

君有"礼"，臣尽"忠"，"邦有道"。倘若"邦无道"，君子儒则或"愚""隐"或"卷而怀之"，决不为"其食"而"仕"。如此，表君子儒绝不与无道之君同流合污、沆瀣一气、助纣为虐，其极端者冒死谏言或"尸谏"。此等君子儒之生命气象，真"所谓大臣者，以道事君。"（《论语·先进》）这一切都展示了君子儒为"道"之兴衰存亡所具有的铁血精神与铮铮风骨。

相反，"为食事君"，一切以"其食"为出发点和归着点，在其"事君"中，决不遵循"事君之道"。如此，"小人儒"在其事君过程中，既不循"礼"，也不尽"忠"，更无气节和风骨可言，不管邦有道、或无道，都"仕"、都无耻于"谷"。

第五，"事君"，以"敬其事"而"谋道""忧道"，与为"其食"，即"谋食者"，其根本的差异或分野就在于如何处理"道"或"义"与"利"这二者之间的关系。以"敬其事"而"谋道"之"事君"者，其目的在"道"，手段则落实于"敬其事"；相反，为"其食"而"事君"者，一心只为"其食"，且只要能达到获取"其食"之目的，不计其"手段"。恰如孔子所言："小人穷斯滥矣。"（《论语·卫灵公》）

第六，面对为"其食"而事君之众，孔子从正"事君之道"这一根本立意出发，采取了一条务实主义的路线，突出"敬其事"与"谋其食"之先后、主次关系；并希望"事君"者正确处理"敬其事"与"谋其食"之间的关系。

事实上，孔子在此，既对"谋食"之事君者做出了一定的让步，但同时又予以单纯的"谋食者"予以否定与批判，从而再次彰显与肯定"谋道"者，以"敬其事"而事君之德，进而弘其道之正当性和合法性。

总之，孔子针对"事君""谋食"者众之现实境况，阐明其"事君之道"，指出"事君"必须正确处理"敬其事"和为"其食"的主次和先后之关系，进而依"事君"之目的，将"事君者"分为"为道者"和"为食者"两类，辨明二者差异之本质，即在"道"或"义"和"利"之取向上，依此则可以将"事君"之儒者分为"君子儒"和"小人儒"。

孔子以"事君"者，当"敬其事而后其食"，表仕之忠德。孔子肯定和赞扬君子儒"事君"为"道"，承认"小人儒"事君为"其食"之存在的现实性和一定程度的合理性，但从根本上对之予以否定与批判，如此，彰显君子儒"事君"，"谋道"之正当性，"敬其事"之可贵品质。

39. 有教无类，救世弘道

卫灵公 15.39

【原文】子曰："有教无类。"

【译文】孔子说："人人都可以接受教育，不分族类。"

先生说："人只该有教化，不再分类别。"（钱穆）

孔子曾说："自行束脩以上，吾未尝无诲焉。"，表达孔子解除传统公学受教之专属性和特权，将受教权下移，使受教对象扩大化，表明凡有志于学者，皆属受教之列。于此，从受教对象的视角，彰显孔子教授的开放性、广泛性、大众性和平等性等诸多特征。

按陈祥道之释："教在己，类在人。在己者不可以有倦，在人者不可以有择。此所谓'有教无类'也。""有教无类"，从受教对象之"无类"，消除或取消了对受教对象的限制，表教育面向所有人，预示着教育面前人人平等，不论贫富、贵贱、智愚、善恶，人人皆可受教。对此，戴望释曰："教人不以族类，唯其贤。"钱穆释曰："人有差别，如贵贱、贫富、智愚、善恶之类。惟就教育言，则当因地因材，披而进之，感而化之，作而成之，不复有类。孔门富如冉有、子贡，贫如颜渊、原思，孟懿子为鲁之贵族，子路为下之野人，曾参之鲁，高柴之愚，皆为高第弟子，故东郭惠子有'夫子之门何其杂'之疑。"

"有教无类"，以解除受教育之特权为始，以追求教育大众化为指向，以培养君子为手段，以复礼弘仁救世为目的，由此构成孔子施教于天下之真谛。如此，孔子所言"有教无类"，不仅是孔子施教之写实，而且更重要地表现了孔子"教育"之价值旨趣。这样，"有教无类"，从直接性而言，是一个教育学命题。从其动力与目的来看，则是社会学和政治学命题。从其现实价值与意义上来，这是生命哲学或生活哲学的命题。它以实践形态启动教育公平之追求，进而以培养君子而救世、弘道，在教育与治世之间搭建了一座桥梁。一言以蔽之，"有教无类"，乃是孔子复礼、弘道之整体方案的具体实施与落实。

对于孔子施与"有教无类"，蕅益释曰："此乃'佛菩萨之心也。若使有类，便无教矣。'"江谦补注："列子《冲虚经》言：'太古神圣之人，备知万物情态，悉解异类音声。会而聚之，训而受之，同于人民。故先会鬼神魑魅，次达八方人民，末聚禽兽虫蛾。言血气之类，心智不殊远也。神圣知其如此，故其所教训者，无所遗逸焉。"

具体而言：

第一，对于孔子"有教无类"之思想和观念，首先必须确立解读它的语境和平台，唯有如此，才能洞见孔子之主张，以及践行这一主张的根本主旨和深刻内蕴。若仅仅从教育学层面上来加以审视，无论对其思想和精神之教育学意义如何挖掘与推崇，都不可能洞彻和察悉到孔子此言的深妙和真谛。

如此，是否应该将孔子所言的"有教无类"置于其推行"仁政"、实现复礼、弘道而救世之内在需要这一视域中来加以审视？果如此，那么，孔子主张、倡导并倾力而为"有教无类"所体现的精神实质，并非是让人习得"礼教"之知识，懂得其礼法之规范等等，而是要通过教化与育人，实现"人能弘道"之根本目的。为此，孔子通过"有教无类"，牢牢抓住改变世道的众主体："君子"（各类治世之"人才"），经由他们"入仕"，或"事君"、或主政外交、祭祀、兵事等于治国、治世之诸多领域，从而逆"霸道"之乱世成"仁道"之太平盛世。这才应该是孔子主张并践行"有教无类"之深层的目的及其动因之所在。如此，孔子主张、推行和遵从"有教无类"的原则，本质上是其"为政"教育论、"为道"教育论之具体落实。在这里，不仅凸显了教育目的对教育原则和教育活动所具有的主导与规范功能，而且搭建起经教育与现实的"桥梁"，开出由君子"弘道"而通往"大同理想"之途。

第二，所谓"有教无类"，即是从受教者视角来看，不分贵族与平民、不分国界与华夷，凡"自行束脩以上"（《论语·述而》），只要有心向学问道，都可以入学受教。如此观之，孔子所言"有教无类"，无疑从教育对象或客体维度消解了受教育之贵族特权所具有专属性与垄断性，开启和贯彻了教育对象的无身份、地位之别，无族群之分，无地域限制，即无差别性时代，体现了孔子教育的广泛性、平等性和开放性特征，彰显了孔子教育下移而平民化、大众化之价值取向。同时，孔子创建"私学"，不仅从教育制度与机制上破除了"学在官府"之教育特权的唯一性与单一性，从而且保障"有教无类"原则得以贯彻与实施。

第三，"有教无类"之思想，按照陈祥道之释："教在己，类在人。在己者不可以有倦。在人者，不可以有择，此所谓有教无类也"，应该从教育者和教育对象，即教育主体和教育客体两个方面的关系入手，侧重于对教育者所做出的要求和规定角度来加以把握才是全面的和深刻的。

从教育者、主体的角度来看，教育对象、客体是"不可以有择"，即对教育对象具有无选择性特征，由此保证其无差别性，因为"类在人"，不在己；相应地，从对教育者的姿态和角度来看，必须具有敬业精神，"不可以有倦"，因为"教在己"，而不在人。这样，"有教无类"乃是从"无选择性"和"诲人不倦"两个方面具体针对教育者而言，对教育者自身的教育理念、教育精神和原则做了规定。

第四，孔子之所以提出"有教无类"之教育主张与原则，其理念之根或其哲学基础就在于他所主张的"性相近、习相远"。其中，"性相近"揭示了人"性"近道，如此，通过教化、培育，人人皆具有进道成仁之可能性，这是对教育对象从"质"上做出具有可教育性的肯定判断；而"习相远"则表明"教育"与"不教育"，对其远道之"习"的矫正所产生的效果的差异性，这样，孔子从反面凸显了于人实施教育的必要性和重要性。

孔子正是基于对人之"性""近"道和"习""远"道的清晰把握，自觉认识到教育于"人"弃"习"而归"性"入道之可能性、必要性和重要性，主张并践行"有教无类"。

第五，从孔子的治世逻辑来看，孔子首先要使民"富之"，进而"教之"（《论语·子路》）。"有教无类"则是教民的具体手段和方式，从而保证"民"既"富"，而又有"教"。

从孔子人生之责任和使命来看，"有教无类"则是以敬修己至安身之后，达及"安人""安百姓"之不可或缺的重要维度和方面。如此，孔子提出"有教无类"，乃其自觉践行己为"木铎"之使命与责任。

从其治世理想之践行主体来看，能启迪与教化人之心志，使之能成为"义以为质，礼以行之，孙以出之，信以成之"之"君子"（《论语·卫灵公》），进而成为可"杀身成仁"之"志士仁人"。"有教无类"是完成这一任务的必要措施。

如此来看，孔子遵循"有教无类"的教育原则，与其以"仁道"而治世的志趣内在相通，或者说，孔子施行"有教无类"，乃是孔子所追求的"仁治"理想现实化之内在环节。

第六，事实上，孔子"有教无类"的主张和精神，一直贯彻于他对世人和弟子们的教育实践之中。孔子曾无不自豪地说："自行束脩以上，吾未尝无诲焉。"（《论语·述而》）据不完全统计显示，受孔子教育的众弟子：

从来源之地域来看，有来自鲁、齐、晋、宋、陈、蔡、秦、楚等不同诸国，这不仅超越了地域的局限性，表明教育对象来源之广，而且也打破了当时的夏夷之分。孔子吸收了被中原人视为"蛮夷之邦"的楚国人公孙龙和秦商入学，且还欲居"九夷"施教。

从孔子弟子之身份、地位或阶层来看，既有如南官敬叔、司马牛、孟懿子等来自贵族阶层的；亦有如颜回、曾参、闵子骞、仲弓、子路、子张、子夏、公冶长、子贡等等来自平民寒苦家庭的；尤其难能可贵的是在当世的历史境遇中，孔子对平民弟子的教育，以亲历之实际行动，更加充分和真切地诠释自己所主张和倡导的"有教无类"之精神实质。

从孔子弟子之聪慧程度、性情或个性特征来看，"子路为卞之野人，曾参之鲁，高柴之愚"（钱穆），至于颜回、宰我、樊迟、子夏、子思等，可以说都是个性鲜明之人，其价值取向也各有差异，但均一概不拒，只是采取"因材施教"之策对他们施以教育、培养。

第七，一切教育，本质上都是通过对"性相近"之人实施教化与培育，并使之"志于道"，且进道。孔子的教育亦是如斯。孔子教育人、引导人所进之"道"，乃是与当世盛行的霸道截然相反的"仁道"，这就充分表明孔子所遵循的"有教无类"之教育原则，正是由其"理想"与"现实"之紧张关系决定的。如此，孔子主张与施行"有教无类"之教育原则，乃是直面当世礼崩乐坏之"现实"，内蕴着孔子改变"现实"之志，通达"仁道"天下之理想。也正因如此，孔子才一生"诲人不倦"。

第八，孔子主张并施行"有教无类"，非一般性的开启民智，予以精神启蒙。从孔子所教之"四科"来看，则是为复礼、弘道而救世培育"新人"，即"实践主体"。如此，孔子确立了检视教育存在之合法性的尺度和标准：能否培养改造社会的"新人"——不器之君子。

总之，孔子面对乱世，为其仁治之理想，主张与实施"有教无类"。"有教无类"不仅对教育者提出了无选择性和教育不倦之要求，而且从教育对象的角度，凸显了教育的无差异性和机会均等性等诸多特征，开启了"教"之平民化取向，改变了传统教育的格局，启动了追求教育公平的历史序幕。

孔子提出"有教无类"的教育原则，不仅体现了孔子个人志趣，而且更为重要的应时代之所需，将"教育"与时代的关系敞开。

40. 道同而谋，道异不谋

卫灵公 15.40

【原文】子曰："道不同，不相为谋。"

【译文】孔子说："道之不同者，彼此何以必要合谋共事。"

先生说："各人道路不同，便无法互为谋虑了。"（钱穆）

"道不同"，即各自所据之根本的立场、原则与价值目标相左，不可能、无必要相互商讨而共谋礼之复兴、道之弘扬。直言之，不认同、不践行"仁道"者，无与相论而"谋道"。如此，"道不同，不相为谋"，指示惟"志同道合"者，方可共商而"谋道"。

"道不同"，表非一般性、外在性的差异，而是根本性、本质性的差别，抑或对立。"不同，如善恶邪正之异。"（朱熹）"毫厘有差，天地悬隔，仁与不仁而已矣。"（蕅益）在孔子的视野中，"道不同"，则是"仁道"或"王道"之"正"、之"善"，与"霸道"之"邪"、之"恶"，似水火、冰炭之不相容。故"惟与小人贼道者，有善恶邪正之分，斯难于相谋矣"。（钱穆）

"道不同"，表事实；"不相为谋"，表孔子对一切非"仁道"之异道者所持的一种立场、一种态度或姿态。"道不同"，使"相谋"丧失了支撑的基础，同时也就丧失了必要与可能。

"道不同，不相为谋。"不仅表孔子于"仁道"，特立独行，明知不可为而为之的笃志与持守，无须与道家、墨家等诸家说长论短，而且直陈"仁道""王道"决不与"霸道"妥协与苟合，表孔子与"霸道"断然诀别、不共戴天之志。如此，"道不同，不相为谋"，乃孔子弘仁道，与霸道彻底决裂之价值宣言。

按戴望之释："道不同，如或远或近，或去或不去，是与不同，而助为谋，是不忠。"若"相谋"于"霸道"，则是对"仁道"之背叛，本质上即是"助纣为虐"。如此，孔子言"道不同，不相为谋"，从道义情感上，表其对霸道之不屑，嗤之以鼻；于理性、行动上，表其确立王霸之道的对立性和对抗性，彰显孔子对霸道的抗拒。孔子一生不倦于"忧道""谋道""弘道"，而决绝与霸道诀别、对抗。

具体而言：

第一，面对彼此"道不同"这一事实，该如何处理？是与之"相谋"，还是"不相谋"？孔子自觉而智慧地选择于后者。如此，"道不同，不相为谋"，本质上是孔子处理与"仁道"相左的一切异道者之关系所持守的最佳原则，本质上是采取冷处理的方式来对待一切不认同"仁道"之"异道者"。

第二，回到孔子的话语语境中，此经典的话语本初之意，是对持守异道之人的一句非常客气，亦非常宽容的消极式回绝。其本意应该是，"你"若不认可"仁道"，那么，"我"与"你"之间就无须争论、谈论、商榷、探讨和谋划，因为"道"不同，"相谋"的终极基础和支点，即前提之不存，何来共谋？又何以共谋？如此，孔子取消了与"道不同"者"共谋"的可能性与必要性，只是各行其"道"即可。这再次表征了孔子对"仁道"之自信、之"固"。

孔子消解了与异道之人"共谋"之前提、可能性和必要性之后，其"道不同，不相为谋"之真义得以敞开，表明惟有"志同道合"之人，彼此之间才可相谋，达"和而不同"，才能"周而不比""群而不党"。

第三，面对春秋之乱世景象，如何诊治而救世，并非仅有儒家孔子开出"仁道"救世之方。其实，道家之老子、墨家之墨子以及法家等诸家都为乱世之疗治开出了自己认为有效的"处方"。各家之治世方案，从"道"的层面来看，都是异质性的，彼此所持守之"道"各异，构成了多元救世方略并存的文化景观。他们虽然亦有治世观点，彼此之间亦展开过思想和主张上的"交锋"和"论争"。但是，事实上，他们各行其道，并未存在过为道而"相谋"。

第四，在孔子的思想体系中，君子存世，最为根本之"谋"，只是"道"、只为"义"。如此，孔子将"谋道""忧道"之"君子"与"谋食""忧贫"、为"利"之"小人"，从根本的价值立场和追求，以及因此而表征出来的人生理想和人生志趣，即从"道"的高度将二者加以了区别，如此，"君子"与"小人"即是"道不同"之人，亦非可谋者。

第五，孔子毕生志于"仁道"，当他遭遇不同"道"者微生亩之讥"丘，何为是栖栖者与？无乃为佞乎？"时，孔子也只说了："非敢为佞也，疾固也。"（《论语·宪问》）同样，当孔子击磬时，面对荷蒉以同情的口吻说"有心哉，击磬乎！""莫己知也，斯己而已矣"，"深则厉，浅则揭"之时，孔子也只说了"果哉！未之难矣。"（《论语·宪问》）在此，孔子深知彼此"道"之不同，不必争辩，更不可能"共谋"，只是自嘲、只是淡然，无争、无辩。

然而，孔子却与"道"同者就"仁""政"，通过"问""答"之形式，从"仁"之理念到礼制，乃是为政之行为；从"弘道"精神的树立到君子人格的培育；从经世之道到为人处世的原则等，一句话，从宏至微、从"道"至"术"，从个人至邦国等多维度、多层面，且不厌其烦地、反复加以讨论，甚至争辩，其根本的目的就是要对"仁道""礼治""忠""恕""信""孝""成人"，以及"富之""教之""安民""安百姓"，包括"有教无类"之教育等诸多问题予以彻底澄明，共谋修齐治平之良策。一句话，就是道同者在"共谋"如何治世而弘道。可以说《论语》一书，就是孔子问"道"治世，与道同者虔敬相谋的确证。

第六，"道不同，不相与谋"，其重点不在于道不同者之间为何不可以"相谋"，而是面对着"共谋"之前提不存在的状况下，孔子从价值立场和主观意愿上自觉地消解"相谋"的可能性和必要性。如此，若将解析孔子此话的重点聚焦于"道不同"，即所谓价值立场、人生目的和志趣之诸多不同的解读上，那么，无疑都是在重复"道不同"本身已经陈述明晰的根源。

第七，"道不同"，表事实；"不相与谋"，表孔子对一切非"仁道"之异道者所持的一种立场、一种态度或姿态，同时也表孔子对"仁道"所持的一种孤独而强毅的坚守精神。"道不同"，使"相谋"丧失了支撑的基础，同时也就丧失了必要与可能。孔子并非"乡愿"，如此，在"弘道"之途上，对于异道者，孔子都以"道不同，不相为谋"而冷处理。孔子以取消"共谋"的方式来处理异质性关系，客观上体现了孔子的宽容精神。

第八，"道之同，虽异曲而相合；道之异，虽同时而不相谋。""先生之言，方内不可与语方外之道也。"（陈祥道）就孔子置身于"霸道"猖行之生活语境而言，孔子说"道不同，不相与谋"，从柔性层面而言，表其对霸道之不屑，亦表其决不委身于"霸道"而为之"谋"，进而与"霸道"同流合污、沆瀣一气而助纣为虐；从刚性层面而言，表其决不与"霸道"共存，誓与"霸道"不共戴天。由此，才有孔子面季氏之"八佾"而言"是可忍也，孰不可忍也"，才有针于冉有而言："非吾徒也，小子鸣鼓而攻之可也。"

此处还须注意：孔子言"道不同"，不是一般意义上的意见、观点、主张和行动原则与目标之差异，而是支撑意见、观点、主张和行动原则与目标之"道"的不同。此不同的"道"即是治世之"王道"或"霸道"。如此，孔子所言"道不同"，表"仁道"与"霸道"，乃泾渭之清浊，不可混同，亦绝不与之苟合。

总之，孔子不是从人之身份、地位、职业等诸多外在规定性，而是从人生之目的和追求这一终极点，即从彼此所尊崇、遵循的"道"上将人与己划拨开来，换句话说，从根本的价值立场和人生志趣的高度，确定了己持之"仁道"与其他道之间的不可兼容性，尤其是与"霸道"不可妥协与苟合，并以此否定"相谋"之基础和前提，以及相谋的必要性，由此提出处理与行"霸道"者之关系的根本原则："不相为谋"。

道之不同，即是陌路，行"道"之手段、方向、目的各异，意见、主张自然分殊，何以可能、又何必要"相谋"？如此，孔子认为对"道不同"者之最好的方式就是，"分道扬镳"、各行其道，绝"不相谋"。这是孔子从"道"的高度，下降到"术"的层面，指示如何处理"道不同"之原则性问题。

"道不同"，则"治世"之原则、目的亦根本不同，指示出"霸道"与"王道"之根本对立性，丧失了"相谋"之根本前提。如此，孔子以"道不同，不相为谋"，巧妙而深刻、理性而刚烈地表达了与"霸道"不共戴天之决绝立场和坚定态度。

41. 辞贵达意，何须文饰

卫灵公 15.41

【原文】子曰："辞达而已矣。"
【译文】孔子说："言辞只要能达意就行了。"

孔子从"辞"的"质"和"文"之关系视角，主张辞贵达意，何须文饰。

"意者，辞之主；辞者，意之需。……达其意而已。夫岂多骋旁枝为哉？故曰辞达而已矣。《仪礼》曰：'辞多则史，少则不达。'彼邹衍之谈天，公孙龙之辞，其言虽多皆辩者之囿而已，岂知所谓辞达者哉？"（陈祥道）以此表明，孔子主张"辞"须简明扼要，语义清晰、一针见血，微言大义，达意足以，无需繁杂冗长、含混不清、语焉不详、过分修饰而成累赘。对此，卓吾云："孔子'五字，便是谈文秘密藏。'"

按戴望之释："辞谓六辞：一曰祠，二曰命，三曰诰，四曰会，五曰祷，六曰诔。达，通也，以通上下亲疏远近。"如此，孔子强调辞贵达意，不取言辞之虚浮与绮丽。此为孔子尊尚的语言观和语体风格。

具体而言：

第一，孔子在此说"辞，达而已矣"，则是针对"辞不达意""书不尽言言不尽意"等问题，反对"辞"冗杂而琐碎，模糊而丧精，要求言辞表达必须准确、简明扼要，能充分地表"意"，即"达"则可。

对于本节孔子所言的"辞"，有不同的看法。有人认为：辞，有别于"言"，"辞"是一种特殊之言，即奉命出使之辞命，即外交辞令，将"辞"等同于"命"，从而突出"辞"的功能特点，即"只求能传达国家使命便够了。"钱穆如是释曰："辞，指辞命。列国邦交，奉使者主要在传达使命。国情得达，即是不辱君命。或说：辞指文辞，主在达意，不尚富艳之工。"然，众多人则认为此处孔子所谈的就是一般性的言辞。

不论是外交辞令，或政令性之"辞"，如戴望所释的"六辞"，或在一般性交流中之"言辞"，孔子指出和强调辞之功能：即是"达"，指表达、传达、反映或"达""意"。这样，孔子从"辞"的"质"和"文"之关系角度，主张言辞只要足以准确而完整地达意就足以，强调"辞"贵达意，反对言辞冗长、虚华。如是朱熹所释："取达意而止，不以富丽为工。"由此，孔子所倡的正确健康的语言观，体现了孔子在言辞问题上所持的中道原则。

第二，孔子一直都很重视"辞"的运用，并对之也提出了相应的要求。

（1）《左传·襄公二十年》中记载了仲尼所说："志有之：'言以足志，文以足言。'不言谁知其志? 言而无文，行而不远。"

（2）《左传·襄公二十五年》中又有言：仲尼曰，"言之无文，行而不远。"

（3）在《论语·颜渊》篇中棘子成曰："君子质而已矣，何以文为?"子贡曰："惜乎，夫子之说君子也! 驷不及舌。文犹质也，质犹文也。虎豹之鞟犹犬羊之鞟。"

（4）子曰："为命：裨谌草创之，世叔讨论之，行人子羽修饰之，东里子产润色之。"（《论语·宪问》）

孔子对言辞的运用提出诸多具体要求，均表他强调辞贵"达"意，不以富丽为工。指出辞不达意，乃"辞"不足，需要修辞以进益；相反，辞过于质者为冗辞，需要剪裁削减以去繁，反对辞过质的铺张、浮夸之文风，反对"巧言"以辞害意之作派。

从以上诸论可见，孔子主张对文辞，只要能达意，可以准确地传导思想即可，不必、也不要去过分修饰而追求"辞"之华丽。这样就对"辞"以"达"为目的、为准则，突出了孔子所主张的朴实之语体风格。恰如何晏集解引孔安国所释："凡事莫过于实，辞达则足矣，不烦文艳之辞。"

第三，"辞"，本质上即是一种实践的，既为自己存在，同时也为别人而存在的一种"现实意识"。所谓"辞"为自己存在，即是说"辞"是一种自我之"表达"；所谓"辞"为别人存在，即指"辞"是说者与听者、作者与读者之间的一种"载体"或"桥梁"，其功能即是将说者、作者之"意"传递、传达至听者和读者，从这一意义上来说，"辞"乃是主体间交流之工具。如此，为了准确地表达、传递或传达说者、作者之"意"，并能让听者和读者不误解、误读而能准确把握说者、作者之意，孔子对文辞、语言做出了"达"意之"质"的规定。

第四，从治学、从政、外交等维度来看，"辞"并非是治学之主脉，只是"枝节"，是"术"、是"文"，因此，孔子说"辞达而已矣"，其意即指不必在"辞"上下太多的功夫，应将心力用于其"质"的提升上。如此，孔子通过对"辞"的规定，在此表征治学、为政须遵循朴实、务实，深究其义理之原则，以期抑当世盛行的虚华浮泛之风。

总之，孔子虽然亦重视言辞表达及其技巧，但他并不主张过分的文饰，强调文辞或言辞能准确、明白和畅达地呈现、传递、传达内容或旨意即可，不必徒事与实质、内容无关的文饰；更进一步来看，孔子此话之重点应该在强调"修辞立其诚"，而不要花言巧语，反倒埋没了要表达的诚意，因为"文以载道"。如此，孔子主张"辞，达而已矣"，不仅表征了孔子对语言、文辞运用的要求，体现其信达之文辞风格，而且再次呈现了他所持守的为学、为政之"中道"原则。

42. 相师之道，遵礼践仁

卫灵公 15.42

【原文】师冕见，及阶，子曰："阶也。"及席，子曰："席也。"皆坐，子告之曰："某在斯，某在斯。"

师冕出，子张问曰："与师言之道与？"

子曰："然，固相师之道也。"

【译文】乐师冕来见孔子，走到台阶沿，孔子说："这儿是台阶。"走到坐席旁，孔子说："这是坐席。"等大家都坐下来，孔子告诉他："某某在这里，某某在这里。"

师冕走了以后，子张就问孔子："这就是与乐师谈话的道吗？"

孔子说："这就是助乐师的道。"

孔子"相师"，即"助师"，具体表现为适时提醒"师"，此为"阶也""席也"，进而告之"某在斯，某在斯"，可见孔子对乐师冕之行止、起坐等方面照顾得非常周道，可谓无微不至。如此，表孔子发自内心地替"师"着想，以实际行动真正体贴、体谅"师"而助"师"，是为遵"礼"而敬重，践"仁"而慈悯之典范。对孔子之举，朱熹引尹氏和范氏释曰："圣人处己为人，其心一致，无不尽其诚故也。""圣人不侮鳏寡，不虐无告，可见于此。推之天下，无一物不得其所矣。"

程颐曾言："临事肯替别人想，是第一等学问。""世事洞明皆学问，人情练达即文章。"（《红楼梦·第五回》）为学、为政与为人，于孔子处，其精神是相通的，皆指向"仁"。孔子相乐师冕，遵"礼"践"仁"，以身示范而教弟子。

孔子虔敬"相师"，是其修道践礼而成常，非刻意为之，弟子子张观之而反问、而误解，表子张修养之浅陋。恰如蕅益释曰："子张看得'道'字奇特，孔子注得'道'字平常。"

具体而言：

第一，此节，作为本章之结束，与本章开篇孔子不言"军旅之事"，而谈"俎豆之事"相应，落实在"礼"上，由此，凸显孔子处世、治世之总体精神和原则。

在本节中，首先记述了"一件事"，即乐师来见孔子，孔子如何真诚细心而周到地为乐师引路、援坐、以及向乐师一一介绍在场之人；然后是一段师生的对话：即子张看到孔子待乐师之一举一动而问："与师言之道与？"孔子回答"然，固相师之道也。"

通过这"一件事"，直呈孔子对乐师的关心、照顾，表征和体现了孔子"仁爱"之心与真诚善良之德性，以及通过这"一件事"，孔子带头遵从和践行"礼"，以促社会尚"礼"之风气。

通过师生之对话，孔子不仅解释了如此待乐师，并不是"谈话之道"，而是"待人之道""相师之道"。孔子借此不仅表征要待人以诚，待人以礼，而是通过接待大乐师的事，帮助残疾孤苦之弱者，烘托出国家的根本在"礼乐"，而且借此对众弟子加以训诫。

第二，本节所提及的"师"，非一般之人，而是当世很重要的文化官，管音乐艺术的大乐师。"师冕：乐师，名冕"。在春秋战国时代，乐师与后来的太史令同样重要，因为古代非常重视礼乐文化。从孔子对此"师"的恭敬与虔诚之态、之举，可以看出孔子心向"礼乐"，体现了他对"礼乐"的尊崇与敬重。这是孔子之一贯的立场。

据考，"古乐师皆瞽者。"（钱穆）即古之乐师多为盲人。盲人，行动常不能自主，需要关照与体恤，这不仅仅是人之"恻隐之心"使然，更是体现一个人之修养和德性。如此，面对乐师，必遵"礼"而待之。孔子体恤乐师之真心、细致的举动，正是其内具"仁爱"之心化为自觉之行为，进而以行为对"礼"予以诠释。恰如陈祥道之解："老者在所养，丧者在所恤，贵者在所敬，古之人待瞽者如老者丧者贵者，所以尽礼也。"

第三，孔子以身示范，直观而生动地展示"仁""礼"于弟子和世人面前，并且矫正了弟子子张对其行为的误读，指出自己的行为遵循的是"相师之道"。这样，孔子将"礼"既化为具体的待人接物之"处世"中，又以己之行给学生及其在场的人做了循礼、践礼的表率。

第四，在此节，孔子重点在于以己之行动诠释"相师之道"，不仅要求与表明一个人必须拥有一颗对待残疾人的仁爱之心、关爱之情，而且应该如何来体现这种仁爱之心，从而突出"仁""礼"并非停滞于主观心理，而是必须落实与显现于日常生活的待人接物之具体行为中，由此更深刻地强调仁爱之道、"相师之道"，当以"应该"的行为而彰显出来。

第五，解家之注，较好地切入了本节话语之要义，值得参考。

【（1）老者在所养，丧者在所恤，贵者在所敬，古之人待瞽者如老者丧者贵者，所以尽礼也。礼曰：八十拜君命，一坐再至，瞽亦如之。又曰八十者一子不从政，九十者其家不从政，瞽亦如之，是待瞽者如老者也。论语曰："见齐衰者、冕衣裳者与瞽者，见之虽少，必作；过之，必趋。又曰：见齐衰者虽狎必变，见冕者与瞽者虽亵必以貌，是待瞽者如长者、贵者也。"然则于其所不知者，其可以不告知乎？故及阶席，则曰阶也席也。皆坐，则曰某在斯。礼曰：未有烛，而有后至者，则以在告，导瞽亦然。（陈祥道《论语全解》）

（2）师冕：乐师，名冕。古乐师皆瞽者。某在斯：古书称某，或是讳不敢名，或是失其名。此乃通言之，云某人，记者略其名不一一详举也。师冕瞽，故孔子历举在坐者以告。与师言之，道与：谓顷与师言者亦道否。见孔门弟子于孔子一言一动无不诚心审察。固相师之道：相，助义。古者瞽必有相。孔子与师冕言，其辞语从容，诚意恳至，使人于二千五百载之下犹可想慕。［光案："使人於二千五百載之下犹可想慕。"之句号，东大版原作"使人於二千五百載之下犹可想慕，"之逗号。］在孔子则谓相师之道固应如此而已。然其至诚恳恻之情，则正以见圣人之德养。（钱穆《论语新解》）

（3）南怀瑾：师是古代很重要的文化官，管音乐艺术的大乐师。在春秋战国时代，乐师与后来的太史令同样重要，因为古代非常重视礼乐文化。这个名叫冕的大乐师来看孔子。古代的乐师，多半是瞎子，孔子出来接他，扶着他，快要上台阶时，告诉他这里是台阶了。古代没有桌子板凳，席地而坐，就是后世日本的榻榻米一样。到了席位时，孔子又说这里是席位了，请坐吧。等大家坐下来，孔子就说某先生在你左边，某先生在你对面，一一很啰嗦的告诉他。

等师冕走了，子张就问，老师，你待他的规矩这样多，处处都要讲一声，待乐师之道，就要这样吗？孔子说，当然要这样，我们不但是对他的官位要如此；对这样眼睛看不见的人，在我们做人做事的态度上，都应该这样接待他。……对所有的弟子们上了一课说，人应该做的，就是这种事，为什么不肯帮助残废的人、穷苦的人？训了一顿话】

总之，孔子以己之自觉言行，践"相师之道"，对"仁"和"礼"做了最好的诠释，以此教育弟子，感召世人。孔子以己行，标示"仁""礼"，不仅是为人处世之本，亦是治世必须尊崇、遵从之根本。

第十六　季氏篇

1. 相人之道，治国之要

季氏 16.1

【原文】季氏将伐颛臾。

冉有、季路见于孔子曰："季氏将有事于颛臾。"

孔子曰："求！无乃尔是过与？夫颛臾，昔者先王以为东蒙主，且在城邦之中矣，是社稷之臣也。何以伐为？"

冉有曰："夫子欲之，吾二臣者皆不欲也。"

孔子曰："求！周任有言曰：'陈力就列，不能者止。'危而不持，颠而不扶，则将焉用彼相矣？且尔言过矣，虎兕出于柙，龟玉毁于椟中，是谁之过与？"

冉有曰："今夫颛臾，固而近于费。今不取，后世必为子孙忧。"

孔子曰："求！君子疾夫舍曰欲之而必为之辞。丘也闻有国有家者，不患寡而患不均，不患贫而患不安。盖均无贫，和无寡，安无倾。夫如是，故远人不服，则修文德以来之。既来之，则安之。今由与求也，相夫子，远人不服，而不能来也；邦分崩离析，而不能守也；而谋动干戈于邦内。吾恐季孙之忧，不在颛臾，而在萧墙之内也。"

【译文】季氏将要讨伐颛臾。

冉有、子路去见孔子说："季氏快要攻打颛臾了。"

孔子说："冉有，这不就是你的过错吗？颛臾从前是周天子让其主持东蒙的祭祀的，而且已经在鲁国的疆域之内，是国家的臣属啊，为什么要讨伐呢？"

冉有说："季孙大夫想去攻打，我们两个人都不愿意。"

孔子说："冉有，周任有句话说：'尽自己的力量去负担你的职务，实在做不好就辞职。'有了危险不去扶助，跌倒了不去搀扶，那还用辅助的人干什么呢？而且你说的话错了。老虎、犀牛从笼子里跑出来，龟甲、玉器在匣子里毁坏了，这是谁的过错呢？"

冉有说："现在颛臾城墙坚固，而且离费邑很近。现在不把它夺取过来，将来一定会成为子孙的忧患。"

孔子说："冉有，君子痛恨那种不肯实说自己想要那样做而又一定要找出理由来为之辩解的作法。我听说，对于诸侯和大夫，不怕贫穷，而怕财富不均；不怕人口少，而怕不安定。由于财富均了，也就没有所谓贫穷；大家和睦，就不会感到人少；安定了，也就没有倾覆的危险了。因为这样，所以如果远方的人还不归服，就用仁、义、礼、乐招徕他们；已经来了，就让他们安心住下去。现在，仲由和冉有你们两个人辅助季氏，远方的人不归服，而不能招徕他们；国内民心离散，你们不能保全，反而策划在国内使用武力。我只怕季孙的忧患不在颛臾，而是在自己的内部呢！"

孔子反霸道、倡仁道，主张以仁、礼来解决争端，提倡和为贵，反对以暴力手段解决国内外之诸事。

就"季氏将伐颛臾"之事，孔子与弟子冉有和子路展开论辩。孔子直截了当地揭穿冉有之狡辩，并予以训斥，且由此提出治国之策："均无贫，和无寡，安无倾"，以达国家长治久安，社会和谐、和睦，百姓安居乐业。

针对"季氏将伐颛臾"之事，孔子训导弟子"相人之道"，明其"治国之要"。

于孔子之论，蕅益评述道："老吏断狱，曲直分明。"江谦补注："文德即均也，安也，和也。不均、不安、不和，故人不服也。远人不服，而修文德以来之，此正本清源之化。若弃文德，而黩武功，近人不服，况远人乎？故国家之忧，不在远人，而在萧墙之内也。"

具体而言：

第一，本节记述了因季氏违背周礼去"讨伐"颛臾之事而引发孔子与两个弟子之间的多次论辩。孔子揭穿弟子冉有之狡辩，并对其失责予以训教，同时指出颛臾乃是"社稷之臣"，季氏不应伐之，从而突出了"国"与"国"之间应该遵循周礼而和睦相处，而不能动辄行武功讨伐；在国之治理上，孔子强调要遵循"仁""义"和"礼"的原则和要求，使"近者悦，远者来"。教育二弟子辅助季氏，应"为道"，理应具有相应的品质，在辅佐、帮助季氏之时，还必须对之加以矫正、匡正，不能放任其错误，最后指出季氏之主要危机并不在颛臾，而在于失礼而致内乱。

第二，季氏为了私利而伐颛臾，在孔子看来季氏伐颛臾不仅违背"周礼"，而且于鲁国无益。孔子之所以如此判断，其根据有二：

其一，颛臾是"昔者先王以为东蒙主"。颛臾曾是由周王朝直接认定的"国"，非一般之国，而是"东蒙主"，是周王朝治下东夷的首领，具有其存在的合法性。而"东蒙主"还有一项具体的工作，那就是代表周王祭祀泰山。按周礼规定，此等"国"是不可以伐的，即便是其国主犯了错，即使非要伐不可，"伐"之者也应该是周王，而非季氏。

其二，颛臾是"社稷之臣"。孔子称颛臾为"社稷之臣"，是指颛臾作为辅政之臣，作为一个内附的东夷来说，对鲁国绝对是一件好事，其存在于鲁国有利无害。这是符合当世之实情的。

如此，孔子从周礼之规定和颛臾存在于鲁国所具有的实际意义来看，季氏都不应该去伐颛臾。这样，"季氏将有事于颛臾"，在孔子看来，不仅背道违礼，而且不智。

第三，冉有、子路见孔子曰："季氏将有事于颛臾。""夫子欲之，吾二臣者皆不欲也。"孔子则说："求！无乃尔是过与？""求！周任有言曰：'陈力就列，不能者止。'危而不持，颠而不扶，则将焉用彼相矣？且尔言过矣，虎兕出于柙，龟玉毁于椟中，是谁之过与？"由此可以看到，孔子在此提出了"相君之道"。

首先，孔子指出季氏伐颛臾，虽然错之根本在于季氏，但是，在孔子看来，恰是冉有错之所在。孔子以"虎兕出于柙，龟玉毁于椟中"为譬来表明冉有未能以"周礼"训服、劝导和阻止季氏伐颛臾之举，此为冉有之失职。如此，"季氏将伐颛臾"，实为冉有失职之过所致。

其次，孔子引周任（古之良史）之语："陈力就列，不能者止"，即"审己才礼以就官次，不能则退。"（戴望）再次批评冉有，认为他在季氏行无道之伐颛臾时，不应该继续留人在季氏的身边，行为虎作伥之事。冉有在鲁国为相，其根本的职责和任务应是护道、弘道。而季氏伐颛臾，则是背道之为，冉有不仅不反对，也不辞职，而且还继续供职于斯。此乃助纣为虐。

再次，冉有、子路之根本错误则在于未能遵循"相人之道"："言辅相人者，贵能扶危扶颠。""明季氏欲之，二臣不得听之。"（戴望）正因为如此，孔子才说"危而不持，颠而不扶，则将焉用彼相矣？"由此表明孔子对为相之人的职责予以了明确地规定："危"必"持"，"颠"必"扶"。以此审冉有和子路，二子未能履行"相人之道"。

第四，在孔子看来，正是由于冉有和子路未尽其职责，导致鲁国治理一片混乱。如此，孔子说："今由与求也，相夫子，远人不服，而不能来也；邦分崩离析，而不能守也。"这是对冉有和子路二人未能持守"义"而尽职尽责之严重后果的追究。如此，孔子予二者的批评、训斥尤甚。

第五，冉有不仅未能认识到季氏伐颛臾之错，并进而为季氏伐颛臾做一辩护："今夫颛臾，固而近于费。今不取，后世必为子孙忧。"针对冉有如此糊涂不清的认识和判断，孔子直接点明"吾恐季孙之忧，不在颛臾，而在萧墙之内也。"

第六，孔子借批评冉有之机，再次提出与阐释了他一贯的治国主张，彰显孔子行"王道"、施"仁政"之理想："均无贫，和无寡，安无倾"。

首先，"不患寡而患不均，不患贫而患不安"，此关系到社会财富的分配。孔子提出消除"不均"而实现均贫富之主张。

其次，"故远人不服，则修文德以来之。"即主张以和平的方式，反对以暴力手段来解决国与国之间的矛盾和争端，以使彼此关系和谐、和睦。

再次，使"近者悦，远者来"，"既来之，则安之"，以此真正达到"安民""安百姓"，实现为政之善。

第七，对于这一节，陈祥道、钱穆、南怀瑾等给出了详尽的解读和注释，为此节意义的开掘提供了充分的空间和语义背景，是非常重要的参照。本处摘录陈祥道之解。

"袁丝曰：周勃忠臣也，也非社稷之臣。扬子曰：若张子之智，陈平之无误绛侯勃之果，霍将军之勇，终之以礼乐，则可谓社稷之臣。"社稷之臣，其难也如此。而颛臾之附庸，可以为之乎？社稷之臣，有存乎人，有存乎地者。有存乎人者，才也；存乎地者，势也。颛臾之为社稷臣者，非称其才，势而已也。

君子以义事君，故能闲其恶；以仁处人，故能保其善。季氏之恶，以譬则虎兕；颛臾之善，以譬则玙玉。季氏将伐颛臾而不能闲之，是虎兕出于柙也。颛臾在城域之宗而不能保之，是龟玉毁于椟中也。故曰：求无乃而是过与？颠甚于危，扶难于持。危而持之，然后安；颠而扶之，然后兴。故先言危而不持，后言颠而不扶。孟子曰：君不乡道，不志于仁而为之强战，是辅桀也。求、由均是辅桀。孔子特责求者，以求尝聚敛，势必欲广土地也。

政之不均而患民寡，民之不安而患国贫，非知本也。《书》言：'罔曰民寡，惟慎厥事。'《诗》言：'尹氏秉国不钧，不宜空我师。'是在患所政之不均，而不在民寡也。孟子言'地利不如人和'，又言'货财不聚，非国害，上无礼，下无学，贼民兴，丧无日矣！'是故患在民之不安而不在国贫也。然均则得民财，故无贫；和则得民心，故无寡；安则其本固，故无倾。《周官·政典》：'以均方政职，以聚百物。'此均无贫也。孟子言'得道者多助'，此和无寡也。《书》曰：'民惟本。'本固邦宁，此安无倾也。盖均故和，和故安。贫则无以聚人，安能无寡？寡则无与守邦，安能无倾？然不患贫而患不安者，为国家以安之为终始也。不安而欲均之，不亦难乎？由均至于安，则在内者无患矣。然远人犹不服，则修文德以来之。此舜敷文德以格有苗，太王施文德以治四国者也。冉有之相季氏，不如此而谋动干戈以伐颛臾，是患寡而不患不均，患贫而不患不安也。冉有曰颛臾必为子孙忧。孔子谓吾恐季孙之忧不在颛臾，而在萧墙之内。其后阳货果囚桓子，非其验欤夫。萧之言肃也。朝欲肃，故其墙谓之萧墙。军欲和，故其门谓之和门。古人之为门墙者，岂特为蔽居处之具哉？凡皆有所寓也。"

总之，孔子依"周礼"，对季氏伐颛臾之非礼、无道予以批判，进而对其弟子失"相人之道"进行训教，指出二弟子失责、违礼之根本错误，教导其相人与治国之道，表征孔子"均贫富，和无寡，近者亲，远者来，既来之，则安之"的治国理想。

2. 有道无道，为政何秉

季氏 16.2

【原文】孔子曰："天下有道，则礼乐征伐自天子出；天下无道，则礼乐征伐自诸侯出。自诸侯出，盖十世希不失矣；自大夫出，五世希不失矣；陪臣执国命，三世希不失矣。天下有道，则政不在大夫。天下有道，则庶人不议。"

【译文】孔子说："天下有道，制作礼乐和出兵打仗都由天子作主决定；天下无道，制作礼乐和出兵打仗，由诸侯作主决定。由诸侯作主决定，大概经过十代很少有不垮台的；由大夫决定，经过五代很少有不垮台的。天下有道，国家政权就不会落在大夫手中。天下有道，老百姓也就不会议论国家政治了。"

孔子以"天下有道，则礼乐征伐自天子出；天下无道，则礼乐征伐自诸侯出"之论，揭示了"天下有道""天下无道"之本质区别。"天下有道"则"政不在大夫""庶人不议"；"天下无道"即诸侯、大夫、陪臣当政执国，礼乐征伐自诸侯、大夫、陪臣出，其衰败亦只是在"十世""五世"和"三世"间，"天下无道"之终结亦是必然。

孔子以"天下有道"之"古"，喻"天下无道"之"今"，指示自周平王东迁之后，周王室衰微不堪，礼崩乐坏，诸侯间争霸称雄，尤其是鲁国自季氏专权，有家臣专政，将"无道"演绎至极，致使人心和世道秩序一路衰败，天下危机四伏。

孔子之论，卓吾以为是孔子"明诛臣子，隐责君父。"江谦补注："上承天道，下子庶民，谓之天子；非桀、纣独夫之所能混同也。好善如春之生，恶恶如秋之肃；好善如母之慈，恶恶如父之严。礼乐征伐，即好善、恶恶之事也。民之所好好之，民之所恶恶之，故庶人不议；庶人议而天下之乱可知矣，乃至庶人不敢议，而天下之乱益甚矣。"

孔子之论，不仅指证当世"天下无道"之事实，而且通过对"天下有道"与"天下无道"之比较，指明"天下无道"虽猖行，然必将衰败而终结，"天下有道"必复兴勃发。

具体而言：

第一，孔子面对春秋时代王室式微，诸侯争霸称雄，周天子已无发号施令之力。鲁国自季氏专权，有家臣霸政揽权，人心和社会秩序一路衰败，社会危机四伏。在此种境况下，孔子以尧、舜、禹和西周为"蓝本"，反观并分析春秋时代的政治形势，确立了判断"天下有道"与"天下无道"之具体标准，从而强调了"天下无道"必亡之结局或命运，对"天下无道"予以批判，期待着"天下有道"畅行。

第二，具体而言，孔子列数了"天下有道"的具体表征：（1）"礼乐征伐自天子出"；（2）"政不在大夫"；（3）"庶人不议"。对此，朱熹释曰："先王之制，诸侯不得变礼乐，专征伐。陪臣，家臣也。逆理愈甚，则其失之愈速。大约世数，不过如此。""天下有道，则政不在大夫"，"言不得专政。""天下有道者，庶人不议"，表"上无失政，则下无私议。非箝其口使不敢言也。"

相应地，"天下无道"之具体表征：（1）礼乐征伐自诸侯出；（2）"政在大夫"；（3）"庶人议政"。换言之，"天下无道"：一是周天子的大权落入诸侯手中；二是诸侯国家的大权落入大夫和家臣手中；三是老百姓议论政事。

天下"有道"与"无道"之具体表征，也就构成判断天下有道、无道之标准。

在此基础上，孔子对"天下无道"做了进一步的描述，并对之结局予以了判断。孔子认为如果礼乐征伐"自诸侯出，盖十世希不失矣；自大夫出，五世希不失矣；陪臣执国命，三世希不失矣。"孔子对天下无道，尤其是礼乐征伐从诸侯出，对这种僭越王权的违礼之举，极为不满，认为如此的政权必然会垮台、终结。

对此，陈祥道释曰："天下有道，政出于君，大夫议之而无所遂，庶人听之而无所议。以权有所在，分有所限也。圣人王天下，先之以道德而民知修为而议有所不及。次之以仁义，则民知亲爱而议有所不能。五变而举刑名，九变而赏罚，则下知敬畏而议有所不敢，虽然圣人犹为之虑也。造言乱众者有刑，析言破律者有杀，如此则横议息矣。后世失道，而民入则腹诽，出则巷议。于是乎有弭谤之禁，燔书之令。岂非犹夫壅川之流而致其溃哉？"

钱穆亦释曰："礼乐征伐自天子出：古制非天子不得变礼乐，专征伐，此乃大一统之道。十世希不失：逆理违道愈甚，则失之愈速，自然之势如此，非人力所能强。陪臣：即家臣。政不在大夫：言不得专政。庶人不议：上无失政，则下无非议，非箝其口使不敢言。"

第三，孔子对"天下有道"和"天下无道"予以区分，其根本目的在于指证和批判鲁国为臣之僭越与忤逆，进而责君父失礼而致使当世"天下无道"，希望回到"天下有道"的时代。如此，霸道必退场，仁道必畅行，达天下平。

总之，"此章通论天下之势。"（朱熹）孔子面对"王道"式微，霸道盛行的乱世，从治政之现象入手，揭示了"天下有道"和"天下无道"之特征，确立判断天下"有道"与"无道"之标准。在此基础上，对"无道"之诸侯国的命运做出了必然灭亡的预判。如此，表征孔子对家臣僭越之为必然引发的衰败，以及导致百姓生活之不安予以深切关注和深刻的洞见，进而对"天下无道"之诸侯国专权违"礼"之行为予以了批判，直呈孔子对"天下有道"之太平盛世的殷切期待。

3. 鲁政无道，鲁室必衰

季氏 16.3

【原文】孔子曰："禄之去公室五世矣，政逮于大夫四世矣，故夫三桓之子孙微矣。"

【译文】孔子说："鲁国失去国家政权已有五代了，政权落在大夫之手已四代了，所以三桓的子孙也衰微了。"

或，先生说："爵禄之权自公家失去，已五世了。政事下及大夫手里，也四世了。因此，三桓的子孙到目前也衰微了。"（钱穆）

孔子曾言："天下无道，则礼乐征伐自诸侯出。自诸侯出，盖十世希不失矣；自大夫出，五世希不失矣；陪臣执国命，三世希不失矣。"以此而审视鲁国，"禄之去公室五世矣，政逮于大夫四世矣，故夫三桓之子孙微矣"，表孔子对国家政治和历史做出的一般性判断或预言，在鲁国得以应验而成了"事实"，以此表明"无道"必衰败之历史法则。

鲁君丧权久矣，如孔子所言，已经宣公、成公、襄公、昭公和定公，历时"五世"，作为大夫之季孙氏把持朝政、专权弄国也历经文子、武子、平子和桓子四代了。权力不断下移，权柄逐渐被家臣操纵、把玩，所以说三桓之子孙现在也衰微了。如此，孔子以"鲁国"为具体对象，再次表征"无道"之政，不可长久，衰亡是其必然的结局，由此彰显孔子对"天下有道"之信念、信心。

具体而言：

第一，本节是上一节对"天下无道"分析之继续。在本节中，孔子具体剖析鲁国国君权力渐失，权力不断下移所导致的衰变过程，印证"天下无道"，政在大夫必然衰败之法则。如此，孔子通过透析鲁国之具体状况，再次批判"天下无道"，肯定、赞许"天下有道"，且期盼"天下"去"无道"而回归"有道"。

第二，孔子具体而详细地陈述了鲁国国君之权嬗变、下移的历史过程。

首先，孔子陈述了鲁国政权丧失所经历的五世：即经历了宣公、成公、襄公、昭公、定公五世。这是鲁国国家政权衰变的第一层面。如此，鲁国之权力已经从国君之手，渐渐旁落于权臣，国君渐被架空，权臣专断朝政。

其次，鲁国的政权又再经历了季孙氏文子、武子、平子、桓子四世。这是鲁国国家政权衰变的第二层面。在此层面，鲁国之国家政权已经从诸侯之君的手中，再次下位移至大夫。

再次，鲁国政权进入第三个层次，即大权落在三桓之家臣手中。

第三，从"去公室"经历"五世"，再而"四世"，最后，鲁国之权已被更低层次的"三桓之家臣"所操纵，鲁国权力如此的下移，其结果必然是"衰微"，鲁国成一片衰败之景象。恰如南怀瑾先生所述：春秋战国时代，齐桓公、晋文公这些霸主，都是地方藩镇势力，最多维持十世。等而下之像季家这样大夫专权的，顶多五世，一百多年而已，没有不变的。再下来由陪臣执国命，大臣们可以左右国家的命运，主事的人才越来越差了，时代越来越衰微，数十年而已，顶多三世，没有不变的。这是孔子对鲁国国家权力衰变之必然结果的判断，表达了孔子对"天下无道"命运的历史总结。

对此，陈祥道释曰："政者，威福之所在，禄则福而已。禄去公室，则政未必逮大夫，政逮大夫，禄去公室可知矣，故四世而三桓之子孙微矣。此所谓五世希不失者也。"

钱穆释曰："禄之去公室，五世矣：谓爵禄赏罚之权不从君出。五世：指鲁宣、成、襄、昭、定五公。政逮於大夫，四世矣：禄去公室，斯政逮大夫。逮，及义。四世，指季孙氏文子、武子、平子、桓子四代。三桓之子孙微矣：三桓谓仲孙、叔孙、季孙，三家皆出于桓公。后仲孙氏改称孟氏。此三家至定公时皆衰。"

第四，孔子以"权力"为主线，通过对鲁国权力主体嬗变的分析，洞见与预示了其政治品质和历史命运，呈显孔子认知与判断一个国家前途和命运之独特视角。

第五，事实上，三桓掌控、操纵国之政权，这是春秋末期鲁国之重大政治事件，对此，孔子深表不满。从对鲁国政事的分析，表征孔子对当时社会政治形势的认知和态度。总体说来，孔子认为当世所谓的社会政治大变革，本质上是转向"天下无道"。如此，孔子基于"礼治"，直面鲁国无道之现实，希望变"天下无道"，成"天下有道"。

总之，孔子对鲁国王权衰变过程进行了追溯和勾勒，具体阐释了鲁国无道，权力下移，最后必然衰微之结局。通过此具体案例的解析，孔子得出"天下无道"，国之必衰的结论，从而对天下无道，据真实的事实予以了批判，希望通过恢复礼制，让鲁国、亦让天下重归"仁道"。

4. 结交益友，远离损友

季氏 16.4

【原文】孔子曰："益者三友，损者三友。友直，友谅，友多闻，益矣。友便辟，友善柔，友便佞，损矣。"

【译文】孔子说："有益的友有三种，有害的友有三种。同正直的人交友，同诚信的人交友，同见闻广博的人交友，是有益的。同惯于走邪道的人交朋友，同善于阿谀奉承的人交朋友，同惯于花言巧语的人交朋友，是有害的。"

"人不是抽象地蛰居于世界之外的存在物。"如是，人生在世，为学、为人皆须有交往之"友"。"夫交接者，人道之本始，纪纲之大要。"（刘歆）然"夫交之道，犹素之白也，染之以朱则赤，染之以蓝则青。"（《谯子》）故交友须仔细识别，谨慎为上，方可有利于己之进步与成长而不被损。如此，"同心为善，善必成；同心为恶，恶必成，故君子慎取友。"（戴望）

孔子首先明晰地将"友"区分为"益友"和"损友"，以警示弟子与世人，当交益友，远损友；进而具体提出可交三种"益友"：即"直"者、"谅"者和"多闻"者，拒交三种"损友"：即"辟"者、"善柔"者和"便佞"者。

孔子从"益友"和"损友"正反两个方面，提出交友之原则和交友之具体对象，构成了孔子的"交友之道"。

具体而言：

第一，为学、为人皆须有"友"。就为学而言，《礼记·学记》曰："独学而无友，则孤陋而寡闻。"就为人处世交友，孔子从多层面提出一系列论说，构成孔子的交友观。如：

（1）有朋自远方来，不亦乐乎？（《论语·学而》）

（2）无友不如己者。（《论语·学而》）

（3）事君数，斯辱矣。朋友数，斯疏矣。（《论语·里仁》）

（4）忠告而善道之，不可则止，毋自辱焉。（《论语·颜渊》）

（5）"主忠信，毋友不如己者，过则勿惮改。"（《论语·子罕》）

（6）《孔子家语·六本》中记述了孔子和曾参的一段对话：孔子曰："吾死

之后，则商也日益，赐也日损。"曾子曰："何谓也?"子曰："商也好与贤己者处，赐也好说不若己者。不知其子，视其父；不知其人，视其友；不知其君，视其所使；不知其地，视其草木。故曰：与善人居，如入芝兰之室，久而不闻其香，即与之化矣；与不善人居，如入鲍鱼之肆，久而不闻其臭，亦与之化矣。丹之所藏者赤，漆之所藏者黑。是以君子必慎其所与处者焉。"

于本节，孔子提出交友、择友之道，强调应交"益友"，而力戒、避免交"损友"，进而明确地提出益友和损友的三种类型及其各自的特点，这就为交友提供了更为具体的方法论原则，不仅于为政者具有特殊的意义，而且对世人的成长与完善都具有普遍的意义。

第二，孔子首先明确地指出，朋友可分为"益者"和"损者"两大类型，这就从价值观的高度对友进行了划分，从而警示为政者和世人在交友时，必须首先加以甄别，切勿因交友不慎而导致对自己的成长有害无益。这是交友应持守的根本原则。

在此基础上，孔子具体指出了"益友"和"损友"的特点，以增强人们在交友中的辨识能力。这就从交友之道，具体化为交友之"术"，让人能更清晰而准确地掌握择友、交友之方法，增强甄别"友"之能力，以免因交损友而陷入人生之困境。

（1）"益友"，即"直"者、"谅"者和"多闻"者。陈祥道释曰："直者，所以正己之恶；谅者，所以辅己之信；多闻者，所以博己之知。"进而指出"盖直者，能忠；谅者，能信。为学之道，先忠信，以尊德性，然后博学，以道问学。"朱熹释曰："友直，则闻其过。友谅，则进于诚。友多闻，则进于明。"如此，益友之"直"是一面可以折射自己过失的镜子，让自己能尽快而准确地发现自己的不足和过失，以便加以矫正；益友之"谅"，能检查己之"诚"；而益友之"多闻"，能拓展自己的视野，让自己能更通达与智明，使自己在忠信、尊德性与道问学上有所进步。如斯，孔子认为与此三种人为友，是为"益矣"。

（2）相反，"损友"则是"便辟"者、"善柔"者和"便佞"者三种人。"便辟"者性情暴躁，惯走邪道；"善柔"者则过分优柔寡断或和颜悦色骗人；"便佞"者则心怀鬼胎，长于谄媚。此三种人，陈祥道释曰："便者，便人之所欲。辟者，避人之所恶，此反于直者也。善柔，则能从人而已。便佞，则能悦人而已。"朱熹亦说："便辟，谓习于威仪而不直。善柔，谓工于媚悦而不谅。便佞，谓习于口语，而无闻见之实。"亦如戴望所释曰："辟，当言嬖。便嬖，左右给使令之小臣。""善柔，谓口柔、面柔、体柔之属。谝佞，辩以为巧也。"钱穆先生所注为，"便辟"就是"习于威仪，致饰于外，内无真诚"的人，"与友谅之谅正相反";"善柔"就是"工媚悦者必不能守直道"之人,"与友直之直正相反";"便佞"就是"巧言口辩,非有学问"之人,"与多闻正相反"。如此,这三种人缺乏"直""诚"和真实之"德",故对自己是有害无益之"友"。如斯,孔子认为与此三种人交友,是为"损矣"。

从以上的分析可见,"益友"和"损友"具有完全不同的品质,对己之德或德修之效果也截然相反。如此,孔子直呈两类朋友对自己的正、负影响,告诫为政者和世人,交友须先识人,切不可不加甄别而滥交友,导致受损无益。

对于孔子之所论"益友"和"损友",江谦补注:"多闻难,谅更难,直尤难中之难,如此益友,幸勿交臂失之。便辟,非直也;善柔,非谅也;便佞,非多闻也。便辟,似直而非中道;善柔,似谅而非至诚;便佞,似多闻而非正知正见。如此损友,切勿误认。"

第三,孔子依己之人生经验和人生成长的人际环境,提出"交友之道",昭告世人交友之关键在于甄别"友"之德,择其善者而从之,其不善者而改之。如此,当多交"益友",不断从朋友那里吸取优长,补己之不足,正己之过,从而促成己之修养的提升和人格的完善。亦警示世人切勿滥交损友,遇人不淑,被损友所害。恰如戴望所言:"君子慎取友。"

总之,孔子以其人生丰富的经验为基础,从有利于己之德性、才干成长和完善的高度,提出了择友、交友之道。首先孔子将朋友分为"益友"和"损友"两大类型,进而对"益友"所具有的"直""谅"和"多闻"三个特质进行了勾勒,具体指出这三种品质对自己成长的积极价值。相应地亦从"便辟""善柔"和"便佞"三个方面揭示了"损友"的特点,并具体指出对自己的害处。如此,孔子将人生智慧和"忠""信""诚"等德性的培育贯彻于择友、交友之中,希望世人在交友中能增强对友之识别、鉴判能力,减少"损友"对己之害,从而择其善者而从之,促己之进德增智。

5. 益者三乐，损者三乐

季氏 16.5

【原文】孔子曰："益者三乐，损者三乐。乐节礼乐，乐道人之善，乐多贤友，益矣。乐骄乐，乐佚游，乐晏乐，损矣。"

【译文】孔子说："有益的喜好有三种，有害的喜好有三种。以礼乐调节自己为乐，以称道别人的好处为乐，以有许多贤德之友为乐，这是有益的。喜欢骄傲，喜欢闲游，喜好大吃大喝，这就是有害的。"

"乐"，人生价值取向与追求外在化、对象化、直观化之显现，表征为生活之兴趣、偏好，亦或嗜好。孔子从诊断"乐"的价值属性与功能入手，将"乐"分为"益乐"与"损乐"，进而细述"益乐"与"损乐"各自三种具体形式。于此，从"益""损"两个维度，呈现出"乐"之总体面貌，标示"乐"有高低、雅俗之分，进而有善恶之别。以此劝诫世人增"益"止"损"，从"善"弃"恶"，确立健康的"快乐观"。

孔子谈"乐"，将"礼乐"融注于日常生活，以教世人摒弃低俗之偏好、兴趣，止恶习，引导世人自觉"乐"之"益""损"，促己之修德进道。

具体而言：

第一，孔子讨论对人生有益的"三乐"和有害的"三乐"，即"益乐"和"损乐"，提出应追求符合礼乐的"乐之道"，以此倡导有益的"三乐"，戒免有害之"三乐"，从而从"乐"上培育自己高尚的情操，摒弃低俗的、有害的偏好，在人生之喜乐上规范、约束自己，树立正确而有益的快乐观或享乐观。

第二，孔子首先确立"乐"即个人偏好，并非都是对自身的德性和修养有益的总体判断，进而具体将"乐"分为有益的和有害的两大类，以此从总体上厘清了"乐"之取向差异，明确表达一个人应该追求"益乐"，规避或止于"损乐"。

第三，孔子具体论述了"益者三乐"和"损者三乐"的内容，以有利于自我甄别己所追求的"乐"于人生之正面、亦或负面的价值。

（1）"益者三乐"，其内容是："乐节礼乐，乐道人之善，乐多贤友"。在此，孔子从道德、言行和人际关系三个层面加以讨论，具体揭示三乐之"益"。

首先，"乐节礼乐"。即以"礼乐"为尺度和准绳来规范、节制己之"乐"，此为修德之必须。如此，孔子将"节礼乐"作为"益乐"之首要原则。对此，戴望释曰："节，止也。礼以修外，乐以制内，知其所止，则不僭不滥矣。"钱穆亦曰："节者有节制。礼贵中，乐贵和，皆有节。以得礼乐之节不失于中和为乐，则有益。"

简言之，"乐节礼乐"，就是喜好和享受皆须以礼制规范、约束、节制己之言行，真正做到非礼勿言、非礼勿行，进而以高雅优美的乐等艺术来滋润心性、陶冶情操、调养精神，充盈生活。如此，"乐节礼乐"，本质上即是以"礼乐"为价值坐标，过一种受礼乐规范、节制、温润的生活。在孔子看来，此为人之乐"礼乐"。

其次，"乐道人之善"。"君子乐人有善。"（戴望）以称赞他人之美好良善为"乐"，此一方面表君子"成人之美"之德，另一方面则表向善、趋善之心。如是钱穆释曰："称道人善，则心生慕悦，不惟成人之美，己亦趋于善矣。以此为乐，亦有益。"

孔子言"乐道人之善"，鄙弃暴人之短，贬人之长，甚至以论人之长短为乐的低俗偏好。如此，"乐道人之善"，乃鼓励与促进他人之进步。君子当以此为"乐"。此乐，则是高尚的"乐善"。

最后，"乐多贤友"。"友"有"益""损"。"友而贤，多多益善。以此为乐，亦有益。"（钱穆）孔子提倡以交"直""谅"和"多闻"之"益友"，今又提出"乐多贤友"，表交有道德、有才能之"贤友"，可行正道进德，博闻而增识，享交之情谊，如此之"乐"，乃乐与友关系之融，乐与友之共进。如此，孔子告诫须戒酒肉之交、利益之交，免人生之误导，当重道义之友、患难之交。如此，人生才会更敞亮、更宽广，于己之成长才无"损"而有"益"，故以此为"乐"。

（2）相反，"损者三乐"，即"乐骄乐，乐佚游，乐晏乐"。

首先，"乐骄乐"。"骄乐，恃高位以自恣，若诸侯僭天子，天子过天道。"（戴望）"骄乐：恣放自骄，不知节制，认此为乐，忧苦随至。"（钱穆）如此观之，喜欢和享受自高自大，高高在上，居高临下、骄矜傲慢的快乐，即以"骄乐"为"乐"。"乐骄乐"，本质上不守礼、不安本分，以违礼僭越为"乐"。此乃乐"恶"。

其次，"乐佚游"。"佚游，出入不知节，若庄公如齐观社是。"（戴望）"惰佚游荡，出入不节，日有所损而不自知。"（钱穆）通俗地说，就是喜欢和享受无拘无束、游手好闲、自由懒惰、放纵游荡的快乐。此为乐不勤、不敬，不务正业。亦是乐"恶"。

最后，"乐晏乐"。"燕乐，宴私之乐，若闵公与宋万博，妇人皆在侧。"（戴望）"宴乐：晏安沈溺之乐，必有损。"喜欢和享受不劳而获、奢靡挥霍、宴饮寻欢的快乐。此等沉迷于寻欢作乐，不觉节制，伤风败俗。为"损乐"之极。

此三"乐"，在孔子看来，对己之人生都是有害的，故曰"损乐"。如此，孔子对以身份地位的骄矜傲慢、以学问的骄矜傲慢、以财富的骄矜傲慢，提出警训。乐佚游、乐晏乐，亦为孔门之所轻、所抑、所戒。孔子详尽地表陈"益者三乐"和"损者三乐"，以告诫世人"君子之于好乐，可不谨哉?"（朱熹引尹氏）

第四，孔子分析"益者三乐"和"损者三乐"中，对其中"三乐"之内在关系及其重要性的次第予以陈列，恰如陈祥道所言："礼得其节则中，乐得其节则和。礼节则行正，乐节则心和，在己者备矣。在己者备，然后继之以乐人之善，乐多贤友。益者三乐则先节礼乐，损者三乐则先乐骄乐。骄非所以节礼乐，非所以节乐也。"这样就可以很清楚地看出，孔子讨论"益乐"和"损乐"之初衷：以克己复礼为荣，是增广进益之道；以骄奢淫逸为荣，则是自损之道；人生不同之"乐"，显现着人生不同的价值取向，成就不同的境界与不同的人生之路。

第五，无论是人生"交友"，还是人生之"乐"，既是个人之自由，又较为真实而客观地体现和表征出人生的价值定位与价值取向，折射出一个人内在的需要与修养状态。孔子在交友之"益"或"损""乐"之"益""损"之分析中，不仅从事实层面上予以了陈述，而且从价值层面上予以了划分，其目的就在于要求在人生之"友"、之"乐"的抉择上，遵循礼乐之根本原则，这就要求世人须从道义的高度，以及在具体的行为上严格地规范与约束自己，做一个自觉遵守"礼乐"、其行为符合"礼乐"要求的人。这是整个社会回归有道于个体的必然要求与规范。因为"人能弘道"，恢复仁道，人人有责。

总之，"求乐，人之常情，然当辨损益。世人各争占尽乐处，而不知其所乐之有损，亦可悯。"（钱穆）孔子于此之论，表"益者损者，都就求益招损的自身上说。"（蕅益）

孔子依"礼乐"，要求个人在"乐"之选择时须以"礼乐"而自持与节制，选择有益的"三乐"，自觉放弃或规戒有害的"三乐"。最为重要的是"节礼乐"，戒除"乐骄乐"，唯有这样，其人生才能获得符合"礼乐"之"乐"，才有益于人生进德，才会成为一个积极、主动遵礼、践道、弘道之人。

　　　　　　　　　　　　　生活哲学视野中的"论语"研判

6. 侍君三愆，遵礼以免

季氏 16.6

【原文】孔子曰："侍于君子有三愆：言未及之而言谓之躁，言及之而不言谓之隐，未见颜色而言谓之瞽。"

【译文】孔子说："侍奉在君子旁边陪他说话，要注意避免犯三种过失：还没有问到你的时候就说话，这是急躁；已经问到你的时候你却不说，这叫隐瞒；不看君子的脸色而贸然说话，这是瞎子。"

《礼仪·士相见礼》中规定："'始视面'。谓始时观颜色可否进言；'中视抱'，抱指衣领下至带之间，谓既进言，视抱，容听者思之，且视下于面，以示尊敬；'卒视面'，最后视其是否听纳己言；'勿改'，谓端正容体以等待，不变动改容。"以此观之，如钱穆所释，"三愆，皆因侍于君子而始见。"

孔子言侍于君易有"三愆"即过失："躁""隐"和"瞽"。之所以犯"三愆"，"皆由无敬意生。"（钱穆）如此，为避免出现"躁""隐"和"瞽"之过失，就要求"侍于君"须遵礼而敬、知进退急缓，切不可失敬、失诚，亦不可冒失而不得体。

简言之，侍于君，须适时、适情而"言"，不可急言、隐言和冒言。如此，孔子所论，即为"侍于君"言之三戒："躁""隐"和"瞽"。

具体而言：

第一，孔子明确指出侍奉于人君旁，说话或发言时应加以避免不当或时机的错误，这是孔子教育入仕之弟子，作为侍君者应该如何掌握说话的时机、技巧和原则，从而使自己在说话时能遵礼而行，使其言语更为得体，具体表征孔子要求其言说，既要避免急躁，又要防止隐瞒，更要注意时机和分寸。在适当的时候，说该说的话，切忌冒失而违礼失敬，以此表明说话须以符合礼之规范，真正做到言说有礼、有节、有度，沉稳、优雅而得体。

第二，首先孔子总括地指出了侍君者容易犯的"三愆"，孔子用了三个关键词："躁""隐"和"瞽"而明示之。

首先是"躁"，指"言未及之而言"。"躁从鲁读为傲。傲，妄也。孙卿曰：'未可与言而言谓之傲。'"（戴望）"躁，轻躁，不安静。此字或本作傲，谓以己知傲人所不知。"（钱穆）其意指君尚未问及时，就抢先说话，不顾时机率先论己之观点、表己之立场和态度。这种不顾说话之时机而抢先言，表明此人不遵礼序，不稳重、不沉着，且自以为是，好自我表现而自大、自傲。简言之，"躁"，就是爱抢先说话，不知进退，不懂审时度势，爱出风头，实质上是无礼、失敬而"失己"。

其次是"隐"，指"言及之而不言"。"隐谓不疏其指。孙卿曰：'可与言而不言谓之隐'。"（戴望）"有所隐匿，不尽情实。"（钱穆）其意是指问及而该说时，反却缄默不言，或不坦然地表陈，这表明不能真诚地陈述自己的观点、主张和看法。简言之，"隐"表其不够实诚、不够担当而顾忌、猥琐。

再次是"瞽"，指"未见颜色而言"。"瞽，无目，不能察言观色。"（朱熹）"比之于无目者。"（戴望）"谓不避厌恶，为唐突之言。"（钱穆）其意是未能注意到君之表情和反应，不考虑、不顾及君之感受，只顾自己言说，夸夸其谈、滔滔不绝、喋喋不休。此乃贸然和唐突之言，亦犯喧宾夺主之嫌。此乃"不能察言观色，犹如无目也。"（钱穆）实为私而妄自尊大。

通过分析侍君时容易犯的三种过失，从直接性而言，是"言者"未能把握好说话之时机、内容和交谈双方彼此的相切性，从而出现过急之唐突、语焉不详之隐匿和不顾听者，只顾自己言说之自大、自私与自矜。

第三，侍于君时，其"言"非独白，"言"关涉主体间性、关涉己之角色，故须审时度势，掌握好时机，拿捏好分寸。如此，"侍于君"时，其言说之所以出现上述三种过失，源于不懂得交往、交谈或言说之"礼节"所致，究其根本则在于言者不遵礼、不知敬，不为诚，是其自身修养不够使然，导致"失言""失人"、失礼、失德。"躁瞽则失言，隐则失人。"（陈祥道）鉴于此，孔子劝诚侍君者应"不傲、不隐、不瞽"，"谨慎其身。"（陈祥道）

第四，孔子一贯重视"言"，不仅强调君子应该"讷于言"，而且指出"可与言而不与言，失人；不可与言而与之言，失言。知者不失人，亦不失言。"（《论语·卫灵公》）更警示和强调"言"必谨慎，并且要做到"非礼勿言"。故而，以上三种"言"之不当或过失，须在侍君中、在交往中从加强自我修养而力戒之。"言"有其礼仪、礼节，有"言之道"，应严格遵循之，以免"失言"，"失人"亦"失己"。

总之，孔子指出在侍君时容易出现的三种过失，并具体点明其过失之具体表征，强调在侍君时，不仅要力戒急躁、隐瞒和唐突，而且更为重要的是以礼之要求，规范和调节自己之言行。如此，既能适时表达自己的观点，又能做到谦逊而不自傲；既能言之恰逢其时，又能言语真诚适度。如此，"人能常侍君子，则己之德慧日长矣。"（钱穆）如此，孔子之论，乃是侍君者之言道。

孔子论"三愆"，目的在于告诫侍君者，当遵言之礼、言之道，戒免无礼而言，不诚而言，不察色而言，以此增强己之礼仪、之德行修养，规范己之言行，成"礼"之践行者。

当然，孔子之论，于世人之交往中，自觉言之道、言之礼，戒免"愆"，则有利于提升己之交往魅力。

7. 人生进阶，君子三戒

季氏 16. 7

【原文】孔子曰："君子有三戒：少之时，血气未定，戒之在色；及其壮也，血气方刚，戒之在斗；及其老也，血气既衰，戒之在得。"

【译文】孔子说："君子人生有三戒：年少之时，血气尚不成熟，要戒对女色的迷恋；壮年时，身体成熟了，血气方刚，要戒与人争斗；待到年迈，血气已渐衰弱，要戒贪得无厌。"

孔子整观人之一生，根据人在少年、壮年和老年三时段生理、心理之不同特点，以"戒"为重点，提出君子人生三阶段修身养性之至要。如此，孔子以"戒"，警示君子人生不同阶段之当"止"，以免人生之"失"。"此三戒者，皆以防邪禁佚，调和心志。"（戴望）

细言之，少时，身体内血气尚未充实，易贪恋美色。而色欲最损血气，故"戒之在色"，以免或夭殇或丧志；至壮年，血气方刚，易逞强好胜，争凶斗狠，易因"斗"而生祸端，故"戒之在斗"。至年迈时，身体血气已衰，体力不济，易贪恋名位、利禄、财货，亦常患得患失。世间之祸多因贪起，故"戒之在得"。如此，"有戒则能御血气，无戒则被血气使。"（蕅益）

君子之"三戒"，实为绝自然之常痼，除人生弊病之箴言，以劝导君子当遵礼，克己节制而生之有"志"，长之有"节"，成之有"义"，不可陷于"色""斗"与"得"之泥沼，以身心畅然、品德高尚、事业勃兴、顺达而成君子人生。

孔子言人生三戒，以遵礼、讲义、行仁而成自主之人生。

具体而言：

第一，孔子明示君子人生在青年、壮年和老年之不同阶段，其生理、心理、心性等不同特点，依此提出相应的阶段应着力戒慎、警惕之"事"，切忌沉溺于"色""斗"和"得"之沼泽，以此提出君子当以"戒"而修其生、养其性，一生不止，从而不被"色""斗"和"得"所役而成就自主之人生。

孔子根据人的生理、心理成长三阶段，提出君子人生"三戒"，此为君子顺乎"天道"之戒。孔子对君子提出的人生忠告，于今人依然具有十分重要的警示意义。

第二，在孔子看来，青春年少时，重在"戒色"，即不要沉溺于男女之情欲。在此处，"色"主要是指男女色欲、情欲。其原因或根据是年少时的生理特点："血气未定"。所谓"血气"，"血为荣，而行于脉中；气为卫，而行于脉外；行于脉中阴也，行于脉外阳也。"（陈祥道）即"形之所待以生者，血阴而气阳也。"（朱熹）这样，人在年少时，血气还不固定，不成熟。色欲最损血气，若不戒色，则身体发育不全，往往导致夭折。同时，青春年少时，当励志人生，若沉溺于声色，则易丧志，故须"戒色"。

壮年之时，重在"戒斗"。在此处，"斗"主要是指义气之争、逞强好胜；因为人至壮年时，正值"血气方刚"，体魄强壮，精力充沛，血气正盛，易被激生怒，难忍一朝之愤，与人争斗，难免召凶惹祸，故须戒"斗"。

人至年老之时，因"血气既衰"，"色"与"斗"已不再是其戒之重点。如此，到了老年，气血已经衰弱，常心有余而力不足，易生贪念，故须警戒贪得无厌，即戒"得"。

为何老者须戒"得"？陈祥道引《黄帝内经》注："黄帝书曰：'血气衰则内虚，内虚则贪心生。'"他进一步说："得之所戒，常在于老。"如此，人之至老，尤须注意"见得思义"，切不可"见利忘义""见得忘义"，否则晚节不保、晚景凄凉，故"戒之在得"。

第三，孔子根据人生不同阶段的生理、心理特点，警示年少须"戒色"，突出"静"而"固本"；壮年"戒斗"，突出"忍""让"之德；年老之时"戒得"，突出"清""俭"、淡泊名利。恰如"汤之不迩声色，则无事于戒色；颜渊不迁怒、犯而不矫，则无事于戒斗；孔子七十而从心所欲不逾矩，则无事于戒得。"（陈祥道）从而在人生各个阶段以相应之"主德"来引领和调节其精神，主导其生活。

第四，孔子虽然以人的自然生理、心理变化为线索，提出不同阶段主"戒"之事，但是孔子更强调"三戒"贯穿于君子人生之始终。恰如陈祥道所注："得之所戒，常在于老。而色之所戒，非特少之时而已，盖少时尤宜戒也。"这就要求君子一生修德践礼，当行"三戒"，切莫陷入"色""斗"和"得"之困境，以使人生顺通畅达。

孔子并非禁欲主义者，他以"戒"，强调君子在人生的三个阶段，不能过分沉溺于所戒之事中，而是要以"礼"对自己加以规范，能做到节制、自持，以免过早夭折、亦或因争斗起祸端、亦或晚节不保。这不仅仅是孔子予君子人生的忠告，而且倡导君子人生，本质上就是一个以"戒"而不断德修之过程。恰如江谦补注："色""斗"和"得"，"是即贪嗔痴三毒也。自少、而壮、而老，一切时，皆当戒之。分举三时者，以其易犯耳，语偏而意圆也。知三毒皆有血气所为，则知非本性所有，能悟性者，戒之非难。性体虚空，何有于色？性量一如，何有于斗？性具万有，何事于得？是之谓顺性修戒。"

　　总之，孔子强调君子人生从少至老都必须牢记"三戒"，即"戒色""戒斗"与"戒得"。在此，孔子虽直言修生养性，本质上是强调依"礼"而修德，要求君子在人生的每一阶段都要节制、自持而不贪恋女"色"，不争强斗狠，不贪图名利，如此就能不愚痴、不嗔恨，不求虚华之名利。一句话，孔子劝诫君子一生勿贪，警惕色欲、争斗、贪得。如此的人生就是受"礼"之规范而自律的君子人生。

8. 人生行途，君子三畏

季氏 16.8

【原文】孔子曰："君子有三畏：畏天命，畏大人，畏圣人之言。小人不知天命而不畏也，狎大人，侮圣人之言。"

【译文】孔子说："君子有三件敬畏的事情：敬畏天命，敬畏地位高贵的人，敬畏圣人的话。小人不懂得天命，因而也不敬畏，不尊重地位高贵的人，轻侮圣人之言。"

孔子以"畏"为标准，区分"君子"与"小人"，突出以"畏"为旨趣，成就高尚之君子。此为君子持诚敬之心而立身处世之道。

按戴望之释："人之于天，以道受命，不若于道，则天绝之。"故君子"畏天命"；"大人谓天子诸侯，为政教者。《春秋》终始，治桓之无望，而绝卫侯朔，臭梁之会恶大夫盟，皆以著其无畏。"故君子"畏大人"；"圣人之言，谓三王之政教不在方策者，当法而行之，不敢变占常也。"故君子"畏圣人之言"。而"小人浅见，不知天戒之所在，故不畏。"进而"蝶狎其君。求为容说而已。""好变古易常，以圣人为不足法，若鲁宣公。"如此，小人"狎大人，侮圣人之言。"

君子有"三畏"，小人则"不知天命而不畏也，狎大人，侮圣人之言"，形成"君子"与"小人"截然不同、完全相反的心性人格与言行特征。孔子以此昭然于世人，须甄别之，以期世人从君子之"畏"而尊。

礼弘仁，弃"小人"之浅陋、之斯滥。

具体而言：

第一，本节承接上一段君子人生之"三戒"，进而言君子心存"三畏"。诚如钱穆所言："本章承上章而深言之。三戒在事，三畏在心。于事有所戒，斯于心有所畏。畏者，戒之至而亦慧之深。"如此，本节孔子着重讨论君子应对"天命""大人"和"圣人之言"持虔诚敬畏之心，尊礼克己，唯有如此，方有所成；相反"小人"则无所畏、无所顾忌，故而为所欲为、肆意妄为。在此，孔子以"畏"与"不畏"将"君子"与"小人"加以了区分。

第二，"畏"，构成孔子此论最为关键的范畴。"畏"就其本质而言，乃是对自身所不能把握、控制和达及的外在力量、人与事、言论等持谨慎、庄重和虔敬之心、存崇敬之情。在心向和行为上呈现为应有的遵从、依顺、依从与听服，决不可冒犯或对其神圣性予以亵渎。恰如钱穆所言："畏与敬相近，与惧则远。畏在外，惧则惧其祸患之来及我"。

第三，君子为何必有"三畏"呢？君子之三"畏"（天命、大人和圣人之言），则是君子"畏""道"之具体表现，因为君子之"畏"，从其本质或根本的意义上来看，则表"天人之道存焉。"（陈祥道）具体而言：

"畏天命"，即是敬畏天道，表顺天道则吉、则生，逆天道则凶、则亡。"天命在人事之外，非人事所能支配，而又不可知，故当心存敬畏。"（钱穆）

"畏大人"，因"大人，居高位者。临众人之上，为众人祸福所系，亦非我力所能左右。"（钱穆）"大人"，位高权重者，负责治理国家，维护着社会的秩序稳定，稍有差池，便会祸及百姓。如此，对有德有位之大人，不可不心存敬畏。

"畏圣人之言"，则因"古先圣人，积为人尊，其言义旨深远，非我之力所及，故亦当心存敬畏。"（钱穆）

如此，君子之三敬畏，乃因"天命，命我者也。大人，临我者也。圣言，教我者也。"（陈祥道）亦如蕅益所释："天命之性，真妄难分，所以要畏；大人，修道复性，是我名师良友，所以要畏；圣言，指示修道复性之要，所以要畏。畏天命，是归依一体三宝；畏大人，是归依住持佛宝僧宝；畏圣人之言，是归依住持法宝也。"

第四，孔子所言君子"三畏"，并非指君子人生仅有此"三畏"，而是以此来告诫君子，应对一切皆心存虔敬、敬畏之情，切不可无所顾忌、无所戒持。孔子提出的"三畏"则是君子人生众多"畏"中之最为主要、最为关键的"畏"。"孔子之言举其大者言也。"（陈祥道）

第五，孔子所言之"畏"，从"天命"，经"大人"，至"圣言"，有其自身自上而下之次第和逻辑，可谓是从"道"而来，渐近"自身"，如此彰显出"畏"之层次和结构，即"是以太上畏道，其次畏天，其次畏物，其次畏人，其次畏身，忧于身不拘于人，畏于己不制于彼。"（陈祥道）

第六，孔子面对乱世，世人无所"畏"之状，提出君子必有"三畏"，其深层动意则是要君子有所示范，以达心存"畏"，而进"道"，使"礼"入心而化为行。若对"道""礼"皆心存敬畏，那么世人自然会对社会规范与秩序自觉遵从。反之，若心无所"畏"，则人无"慎独"，此正孔子所面向的乱世之实况。恰如陈祥道所言："古人有言曰：慎以畏为本，故士无畏则简仁义；农无畏则惰稼穑；工无畏则坏规矩；商无畏则货不殖；子无畏则忘孝；父无畏则废慈；

臣无畏则勋不立；君无畏则乱不治。"

第七，与君子相反，"小人"不仅无"三畏"，而且对一切都无所"畏"，即小人"不知天命而不畏也，狎大人，侮圣人之言。"对此，澫益释曰："不知天命，以不知大人，亦不知圣人之言。小人既皆不知而不畏，则君子皆知，故皆畏耳。不知心佛众生，三无差别，不知人心惟危，道心惟微，不能戒慎恐惧，是不畏天命。妄以理佛，拟究竟佛，是狎大人。妄谓经论是止啼法，不知慧命所寄，是侮圣人之言。"由此可见，君子之"畏"，乃是"仁道""礼"之弘扬或捍卫力量；而小人之"不畏"则相反，是"仁道""礼"等社会秩序的破坏与否定的力量。这正是孔子肯定君子，否定小人的价值所在。

第八，孔子通过言君子之"畏"，其意向或实质则在于讨论"礼治"。可以说，在孔子的语境中，"仁道"与"礼"就是人所一切所"畏"的现实对象，依此树立、确立"仁道""礼"之权威，予世人以信念、信仰支撑，以图达到"仁治"或"礼治"现世。如此可见，孔子治世，所行的是心性规训、行为规制之路线。

总之，孔子以批判礼崩乐坏的乱世，重塑仁道、礼治之太平为动意与目的，从天人之道的视角，以"畏"为焦点，将"君子"与"小人"加以区分，强调治乱世真谛则在于心存对"道"和"礼"的虔敬与遵从。唯有如此，才不会僭越和破坏"礼"之规范，从而以章序使乱世可治。

孔子言君子心存敬畏，实为止乱于无畏之心性。如此，孔子论君子有三畏，乃诛"小人"、乱臣贼子之心法，以此促世人对礼法、仁道存敬畏之心。

9. 人之次第，知学知困

季氏 16.9

【原文】孔子曰："生而知之者上也，学而知之者次也；困而学之又其次也；困而不学，民斯为下矣。"

【译文】孔子说："天生就知道的人，是上等人；经过学以后才知道的，是次一等的人；遇到困难再去学的，是又次一等的人；遇到困惑还不学的人，这种人就是下等的人了。"

孔子从"人"与"道"之关系，将人分为"四等"："生而知之者，上也"，"上知之人，性与天道，若庖义"；"学而知之者，次也"，"次者，次于生知"；"困而学之，又其次也"，"困谓明有所拣。困而学之，谓长而见礼义之事，己临之而有不足，乃始学而知之，此中人也"；"困而不学，民斯为下矣"，"下谓下愚。斯，离也。次可渐上，下则离于上矣。"如此，孔子强调"礼不下庶人，欲勉民使至于士也。"（戴望）

孔子将"人"置于弘道之途，根据其于"道"之自觉程度而进行次第划分。以此可见，孔子推崇"生而知之"之"上"者，但更强调和突出"学而知之者"，鼓励"困而学之"者，批评"困而不学"者。

具体而言：

第一，对于孔子此论，首先要破除从知识论视角来加以解读的思维定势，避免关于事实认知或知识的"先验"与"后验"此等无谓之争；事实上，应该将孔子之论置于道德与为人处世之道的高度，即从人对"仁"的体认和践行的层面来加以透析，方可明确孔子在此依据人对仁道获得与践行的方式将人的品次分为四等、或四类的真正用意。如此，可以说孔子此节所论，即是从"人"与"仁道"的关系角度，从对"仁道"的获取方式及其主观积极性态度与自觉程度，或从人之心性来对人加以分类、分等次的。恰如陈祥道所释："生而知之，仁者安仁也；学而知之，知者利仁也；困而学之，畏罪者强仁也；困而不学，则困蒙吝矣。"一句话，这是孔子将"人"置于弘道之途上来加以审视，从而进行类别和次第划分。这样，孔子推崇"上"者"生而知之"，但更强调和突出"学而知之者"，鼓励"困而学之"者，批评、甚至鄙视"困而不学"者。

第二，为了深度把握孔子此论的真意，必须首先明确"知之""学之"的"之"意。可以肯定的是"知之""学之"的"之"，绝非指某种关于外物的具体知识与技能，笼统地说，此"之"所指即为做人的道理，进而言之，是指人的道德习养，所指为"仁""恕""忠""孝"以及礼仪廉耻等为人处世之道。

联系到前几节孔子所论，此段中的"之"所表、所指称的则是"三友""三乐""三愆""三戒"和"三畏"等，是人明了的天理大道，是仁道，是为人处世之基本规范与道理。

第三，在本节中，最容易产生分歧或歧义的是"生而知之者，上也"。在此，所谓"生而知之者"，并非是知识论视域中"不学而知"的"先验论"，而是强调发自于人之天性，植于人之天性的"仁爱"，其言行本身就承载与蕴含着"善道"，此等人乃是自发（而自主）的道德觉醒，非通过"学""习"而得、而明。如是钱穆所释曰：此为"不学而能。"亦如孟子发扬此论所言："人之所不学而能者，其良能也；所不虑而知者，其良知也。"（《孟子·尽心上》）如此，"生而知之者上也"，则是孔子基于"人性善"的基本前提而追寻的"理想人格"，是为圣人之德。此等人，孔子认为是"上等"之人，"以尧、舜、孔子为生知"（钱穆）。这表征了孔子对"先王"之"圣德"的推崇与膜拜。

第四，比"生而知之者"次之的则是"学而知之者"。此等人是能自觉且积极、主动地通过向人请学问道，即尊德性、道问学，或通过现实生活之实践体悟而深谙"仁道"之真谛，且"乐道"、践"道"，恰如"禹、稷、颜渊为学知"（钱穆）。

"困而学之"者，即是指对"仁道"尚无自觉之意识，非"好之""乐之"者，当且仅当"困"而"有所不通"（朱熹）时，才被动地、强迫自己趋近或接受于"仁道"，去了解和知晓"仁道"之学。此等人，其心性之善依稀尚存，在生活的教训中还能接受"仁道"之训化而归于礼法、仁道者。

在孔子看来，最为顽劣之辈则是"困而不学"者。此等人绝无受困之意识。在生活中，即使遭受过惨重失败，依然冥顽不化，仍然拒绝"学习"，过而不改，无可救药。此等人是最为可悲的，孔子将之定性或定位为"下矣"，不值一提的"等外品"。

第五，当然，在此处，可以肯定的是孔子并非是按照人的血缘或血统、种族、身份、财富、名分等标准来对"人"加以区分。然亦有的学者认为孔子是依据人的气质之不同而进行人之等次划分的，如朱熹所释："言人之气质不同，大约有此四等"；又如杨伯峻所释："生知学知以至困学，虽其质不同，然及其知之一也。故君子惟学之为贵。困而不学，然后为下。"

细查可见，孔子对人加以等次划分，是从人与"仁道"的关系视角，以其对"道"之觉知程度为据。如此，生而知"仁"者归为"上也"，乃是世人仰望的楷模，"困而不学"者，乃顽劣之流，非"同道"中人，惟有"学而知之"者和"困而学之"者，才是"弘道"之主导和可争取、可教化之潜在力量。

第六，孔子在反思自我遵"道"从"仁"德修时曾说："我非生而知之者，好古，敏以求之者也。"（《论语·述而》）于此，虽然表达了孔子自忖不与先王圣人之仁德作比的谦逊态度，但是更为重要的是突出了他对"先王之道"，是通过"好古"与"敏以求"才知"道"、得"道"的，这样，孔子就以亲身体验为证，强调与突出学于明"道"之重要性，进而批判"困而不学"者，鞭策"困而学之"者，激励"学而知之者"。

第七，虽然孔子此论，不可置于现代知识论的架构内来加以解读，但是孔子此言却又溢出道德体认和习得之边界，具有普遍的意义。对于现代人学习、掌握文化知识与技能，强调学习者的自觉性、积极性和主动性，依然具有启示作用，表"只要肯学，便非下民。"（蕅益）

总之，孔子立足于"弘道"，从"人"与"仁道"之关系视角，在"学"与"行"的主体层面，首先肯定了"天纵之圣"于"仁道""生而知之"，其言行本身就成为"仁道"之先导，进而充分推崇主动"学而知之"者，其心向"道""乐道"，其行践道；对被动"困而学之"者，其心不背"道"，并予以肯定；最后对"困而不学"顽劣者，予以批评。在此，孔子对人之划分所勾勒出的等次，实质上呈现了"人"于"仁道"，由近至远的走向，其本身即蕴含着孔子之仰观、激励、鞭策和批评等多层价值评断。

孔子行"有教无类"，于"道"，"生而知之者"，无须施教而自明；"困而不学，民斯为下矣"，无以教而固顽；惟"学而知之者""困而学之者"可教而明道，可造而就"仁"。如此，孔子所论"人"之四等，确认了教化之对象，确立弘仁道之主体。

10. 人生真谛，君子九思

季氏 16.10

【原文】孔子曰："君子有九思：视思明，听思聪，色思温，貌思恭，言思忠，事思敬，疑思问，忿思难，见得思义。"

【译文】孔子说："君子有九种要思考的事：看的时候，要思考看清与否；听的时候，要思考是否听清楚；自己的脸色，要思考是否温和，容貌要思考是否谦恭；言谈的时候，要思考是否忠诚；办事要思考是否谨慎诚敬；遇到疑问，要思考是否应该向别人询问；忿怒时，要思考是否有后患；获取财利时，要思考是否合乎义的准则。"

孔子言君子"畏天命"，故为人处世须行"九思"。恰如戴望所释：孔子言君子"九思"，"皆所以畏天命也。"他进而释曰："'阴推五福以类升，阴幽六极以类降。'凡貌、言、视、听、思心，五者或失，则逆及人心，人心逆则五气为沴，谪见于天。故《洪范》别灾异之应，皆宣明天道以征来事。"

孔子言君子"九思"，从言行举止等方方面面系统而具体地阐述了君子之道德规范，要求自己和群弟子之一言一行皆须严格遵循之。如此，孔子言君子之"九思"，乃君子反省己之言行、为人之尺度，亦是其修德修行以成人之准则。

孔子对君子"九思"之要求，可谓"字字箴铭。"（蕅益）有利于君子比照而修身进德。

具体而言：

第一，孔子在本节中，将"思"，即自我反思、自我反省和自我判断、自我矫正提到了前所未有的高度，成为君子生活之高度自觉化所不可或缺的重要内容，突出"非思不成君子"（陈祥道）之重要特征。如此，孔子将"思"提及到君子之存在本体的高度来加以凸显。在确立了"思"于君子之重要性的基础上，孔子进而从"视""听""色""貌""言""事""疑""忿"和"利""义"等九个层面，要求君子对己之言行以及德行等予以全面、通透的审查和检讨，看看自己的一言一行、待人接物是否符合温良恭俭让忠孝仁义礼智等规范和要求，以戒落入"不明""不聪""不温""不恭""不忠""不问""不难"

和"不义"之不善境地。如此，孔子要求君子从外至内，从表至里，从感官至心性，从个人的修养到待人处事，从言行至义理，全面展开自省和自判，并遵循"修德之序"（陈祥道），不断地完善自己。

第二，在自我德行和修养提升与完善的过程中，提倡自我反思、反省和自我批判是孔门、孔学之重要的特质。曾子曾每日在自觉反思、反省自我之言行是否符合"仁"和"礼"时强调："吾日三省吾身。为人谋而不忠乎？与朋友交而不信乎？传不习？"（《论语·学而》）曾子所言的反省、反思，从其范围和内容来看，突出于"忠""信""习"等方面。孔子则要求君子从九个方面来加以自我反省、反思和检讨，虽然其范围和内容得以扩展和丰富，但其内在的精神和旨趣是一致的，即通过反省、反思和检讨，"思"己之不足，以促己之德行更符合"礼"之规范性要求，从而不断完善自己，促己"成人"。

第三，孔子提出君子九"思"，其内容之丰富，涉及到君子生活的方方面面。具体而言：

（1）"视思明"。此处提出"视"须达"明"。意指一切所见的人和事，是否察证确实可靠，是否"看"清楚、准确、真切，是否真看"明白"，进言之，是否辨明了真假，分清了是非曲直，是否把人和事看得通透，从而不被假象所蒙蔽，不被乱象所迷惑。

（2）"听思聪"。此处指出"听"须"聪"。其意指用心在听，自觉是否全面而兼听，是否听得透彻、听出真伪、听出"话外之音"，是否是一个具有听德之人。以"听"表"智"。

（3）"色思温"。是指反思其情态神色是否平和温婉，是否怀有一颗平和之心，待人是否言语温和，心气平和。待事，是否有宽广心怀，遇事是否处变不惊，潇洒自如。一句话，是否如谦谦君子、温文尔雅，保持着平静、平和、稳定的情绪与情态，不因难事、棘手之事或应急之事而面有紧张的、激动的或明显的情绪而表情化。

（4）"貌思恭"。是指君子反思己待人，无论贵贱、长幼，是否始终报以真诚、尊重之心，持谦恭之态度，是否存在有目空无人、高高在上之傲慢，待人是否有分殊，此乃检验君子是否心怀仁爱之心的重要尺度。

（5）"言思忠"。则检讨在与人交谈、交往时，是否报以忠信、诚恳之态度，是否戒了"三愆"，即是否存在"躁""隐"和"瞽"的毛病；是否存在有心口不一、言过其行、言行不一致等问题，是否言而有信，真正做到"一诺千金"。

（6）"事思敬"。是指君子反思自己做事是否持笃敬、严肃和审慎之态度，即是否敬业，是否做到全心全意、全情投入而"尽忠"。如此，反省是否报以虔敬态度对要做到事情进行过仔细思考，周密准备等等。

（7）"疑思问"。在为人处世、待人接物中，有了不解、有困惑，是否善于发现问题，勇于提出问题，敢于面对问题，进而诊断问题，着手解决问题？一句话，能否做到有"疑"即"问"，且"不耻下问"。如此，要求君子不能敷衍、无视，甚至回避"问题"，最终不被问题所"惑"，这既是君子之"知"，亦体现君子之"勇"。

（8）"忿思难"。这是要求君子要克制自己的情绪，要学会思而后行，学会忍让，不轻易发怒。切勿"小不忍，则乱大谋"。

（9）"见得思义"。这是要求君子在"义""利"之大是大非问题上，保持清醒的头脑，在利益面前，要自觉坚守道义，真正做到"义然后取"。切不可惟利是图，见利忘义。

应该说，孔子所论君子之"思"，从直观到义理，从言行到心性，即从"易"到"难"，要求君子自思、自省、自判而自明，从而以此为准则，加强己之修养，成就君子人格。

第四，纵观孔子提出的"君子有九思"，具体就此九个方面在君子之德修中的地位和作用是有所区别的，于"视""听"，实现"其内达者也"；"色""貌"侧重于"见外者也"；"然后，忠以接物而不欺，敬以临事而不慢；有疑则又问以辨之，则可为成德矣。"（陈祥道）孔子所言"忿"和"得"主要是从反面强调君子必"戒"之内容。这样，循此而"思"，君子修德乃可成人。

孔子提出君子"九思"，既表征君子自查、自思和自纠的九个方面，同时也相应地提供了九个方面的尺度或标准，这就为君子之自我修正、自我提升提供了有效的路径。

第五，孔子提出"君子有九思"，应该是孔子对君子之"三乐""三愆""三戒"和"三畏"的概括、总结和进一步的提升，确立了君子自我反思、自我反省和自我审查，以及自我德修必须遵循道义、礼法等基本内涵及其重要原则，从而使君子以"思"为契机，促成其自觉地修造自我。

总之，孔子于此节，在总结君子之"戒"之"愆"之"畏"的基础上，进而从九个方面具体、全面而系统地阐释了对君子之言行的道德规范，并以此确立标尺，要求君子必须依次比照和审查自己的一言一行，力求从"视""听"着手，直至"义利"，都能做到符合义礼之要求，以此不断完善自我，达成君子人格。

11. 修身进德，行义达道

季氏 16.11

【原文】子曰："见善如不及，见不善如探汤。吾见其人矣，吾闻其语矣。隐居以求其志，行义以达其道；吾闻其语矣，未见其人也。"

【译文】孔子说："看到善良的行为，就担心达不到，看到不善良的行动，就好像把手伸到开水中一样赶快避开。我见到过这样的人，也听到过这样的话。以隐居避世来保全自己的志向，依照义而贯彻自己的主张。我听到过这种话，却没有见到过这样的人。"

孔子以己之所见、所闻为据告之世人，"见善如不及，见不善如探汤"，"见其人""闻其语"，此类人是"真知善恶而诚好恶之，颜、曾、闵、冉之徒，盖能之矣。""隐居以求其志，行义以达其道"者，孔子言只"闻其语"，"未见其人"，此类人乃"求其志，守其所达之道也。达其道，行其所求之志也。盖惟伊尹、太公之流，可以当之。当时若颜子，亦庶乎此。然隐而未见，又不幸而蚤死，故夫子云然。"（朱熹）

孔子从人生哲学，政治哲学的高度，言两类人，表呈为人、为政的两种境界。其第一层次易达，第二层次则难以企及，于此促为人、为政者，当增强德修之自觉性与紧迫感。如此，孔子陈述两种人、两重德行境界，真切地向弟子阐释改过迁善，完善自我的修身之道。

具体而言：

第一，孔子以己之亲身经历谈及两种人的特点，且以此作为人生修行的两个层次之标准。指出第一层次，能全心做善事，遇到不善之事，主动而自觉地规避。对于此等人，孔子说既"见其人"，亦"闻其语"，由此表明以"行善"为人生修行的标准，并非难事。真正难以达到的是第二层次的境界："隐居以求其志，行义以达其道。"此等人一辈子对功名富贵等都不动心，淡泊名利，甘愿"安贫乐道"。对于此等人孔子也只是"闻其语"，但"未见其人"。如此可见，世人要达到这一层次的修养，着实需要超越仅仅为"行善"。如陈祥道所释曰："见善如不及，见不善如探汤。好学者能之，故曰：'吾见其人'。'隐居求志，行义达道'，非圣人不能，故曰：'未见其人'。"亦如钱穆所释："本章见有两种人。善善恶恶，出于其诚，是亦仁人矣，然不如求志达道者。盖圣人之学，以经世为本，而不以独善为极。不惟成己，亦当成物。孔子门下，颜闵之徒，亦其庶几。然仅见其隐，未见其用，故曰：'未见其人矣'。斯孔子甚深慨叹之辞。"

第二，孔子首先指出了第一种人，或修养的第一个层次的特点："见善如不及，见不善如探汤"。此等人见到善人、善行就如同赶不上似地急切去追求、去学习，惟恐迟了达不到善；看到了恶人、坏事，就像要碰触到滚烫的水一样，要立即缩手离开、避得远远的。此等人，能主动求善避恶，弃恶从善，表征其有急切的向"善"之心，并从行为上体现出义举来。

第二种人，或修养达第二层次的特点："隐居以求其志，行义以达其道。""隐居独善以终其志。仕则行义以通其道。"（戴望）在此，"隐"是"求其志"不被玷污或被磨灭之方式。此乃邦无道时，隐之、不仕，免于刑戮、或卷而怀之；邦有道时，"行义"以求"达其道"，这是一种要"兼善天下"之宏大志向。此等人、此等境界，实难达及，故而，孔子感叹亦只是"闻其语"，但"未见其人"。

第三，君子行义，从浅层说，是从善弃恶的正道选择，力求做到"勿因善小而不为，勿因恶小而为之"，从而做到独善其身；从深层说，乃以顺天应道、返本归真为根本取向，既能隐而善其身，存其志，又能行义而兼济天下。

在孔子看来，能做到"见善如不及，见不善如探汤"，即从善弃恶、独善其身，较"易"，而能做到"隐居以求其志，行义以达其道"，即"用之则行，舍之则藏"（《论语·述而》）"穷则独善其身，达则兼济天下"则相当地"难"。如是南怀瑾所释："专门做好事，坏事碰都不碰，这样的人蛮多。第二条的人难了，一辈子功名富贵不足以动心的，这在理论上讲容易，到功名富贵摆在面前时，而能够不要的，却很难很难！"

为何如此？因为"见善如不及，见不善如探汤"彰显的是道德主体之能动性、自觉性和主动性所发挥的主导作用，突出道德主体的选择性和自律性；而"隐居以求其志，行义以达其道"、尤其是"行义以达其道"，不是仅依靠道德主体之主观努力就可以做到的，还必须具有相应的客观条件，亦即需要时势和机遇，按照孔子的说法，只有在"邦有道"之时，方可实现此等宏愿。

总之，孔子以亲身经历为基础，具体展示的是两种人生态度、两种处世哲学、两个层次的人生修养境界："见善如不及，见不善如探汤"，即心向善、践行善，达到"独善其身"之状态，和"隐居以求其志，行义以达其道"，即邦无道时，可静守其志；邦有道时，则可达道于天下。

孔子通过此两种人、两重境界的区分，表达到第一重境界相对较易，而要达到第二重境界，则是相当地困难。如此，孔子暗含着一个人应对自身的道德修养须保持高度的自觉性和紧迫感，不能止于第一层次，而应努力追求达到第二层次或境界。此乃人生哲学，亦为政哲学之重要问题。

12. 权贵豪富，惟颂仁义

季氏 16.12

【原文】齐景公有马千驷，死之日，民无德而称焉。伯夷、叔齐饿死于首阳之下，民到于今称之。其斯之谓与？

【译文】景公有马四千匹，死的时候，百姓们觉得他没有什么德行可以称颂。伯夷、叔齐饿死在首阳山下，百姓们到现在还在称颂他们。说的就是这个意思吧？

———————————

此节记述，以齐景公和伯夷、叔齐三个历史人物为具体言说对象，以"民"对之称颂与否为尺度，表民颂仁义之"德"，而不颂"权贵"、"豪富"，由此表明对统治者的历史评价，其根本在于民之称颂，民之认同、民之"口碑"。诚如陈祥道所释："夷齐饿于首阳之下，隐居以求终身之仁，行义以激百世之清。故曰：'民到于今称之'。"

齐景公，生前富且贵。富"有马千驷"，贵为君主，可谓权势豪富煊赫一时。然其死后却随世消逝，悄然无息，民无以称戴。相反，伯夷、叔齐生前野栖山林，采薇而食，穷困至极而死，然死后，其德行、精神、风骨却流荡人间，被民称颂不已。如此，齐景公和伯夷、叔齐三人，生前、死后形成鲜明对比，表明民所称道的并非一个人所拥有的外在财富与权势，而是其内在的仁义之德。由此充分体现儒家"德本"的价值立场与评价原则。

孔子以此，警示和批判当世唯利是图之为政者，当塑己之德，不要贪婪地摄取权势和财富，为留清明于后世，为百姓所称道。

———————————

具体而言：

第一，本节应是对上一节所作的一个"事实"诠释或注脚，主要表明为政者能为民所称道的，并非是其生前所拥有的巨大财富和煊赫的地位，而是其宏德、其伟功。如此，本节再次回溯到为政者之声名问题上，昭示着为政者惟立德、立功，方可为民称颂、名垂千秋。

第二，本节所提及的三人，齐景公和伯夷、叔齐，其在世之生活形成鲜明的对比和强烈的反差。齐景公贵为齐国之君，仅四马之车就拥有千辆，既富且贵，然而一生空耗巨富大贵至死；而伯夷、叔齐两人抛弃了家国财富的继承权，栖息于首阳山下，终受苦挨饿而死。

然而，即便如此，齐景公"死之日，民无德而称焉"，表明齐景公因无惠泽之义举、无美德之善行于民而为世人所称道赞颂，于是，老百姓很快就把他淡忘了。如此，"民"终因其"无德而称焉"，本质上乃是因为齐景公不能"行义以达其道"使然。

相反，伯夷、叔齐二人虽然采薇而食，忍饥挨饿，极度贫苦而死，然却一直被世人传扬称颂。就其因则是他们"不降其志，不辱其身"，求仁而得仁，真正做到了"隐居以求其志"，并终生努力"行义以达其道"。恰如钱穆所注："夷、齐居首阳，采薇而食，故曰饿。夷、齐让国而饿，齐景公踞位而富。然民之所称，在彼不在此。"

在此，孔子通过历史事实的陈述，表"富而无德"的齐景公很快被世人淡忘，而"贫"能守节有德的伯夷、叔齐却被世人称道与铭记。恰如陈祥道所言："夷齐饿于首阳之下，隐居以求终身之仁，行义以激百世之清，故曰'民到于今称之'。"这样，孔子以真实的历史案例对比而表明，死后流芳人间，被世人称道的是人之德行，绝非其拥有的财富和地位。

第三，此节彰显以"民"之"称"，作为对历史人物或统治者的评价尺度，体现以民为本的思想，不能不说是具有历史进步性；而民之评价尺度，并不是因其拥有财富的多寡和地位的高下，而是在于其是否恩泽于民，是否有其高尚的品德。如此，民对一个历史人物或为政者的称颂，并非是依其拥有的财富和权力，而是一个人的内在之品性。于此，充分体现了德性至上的评价观。

总之，本节以齐景公和伯夷、叔齐极度差异的物质财富状况和生存景况之对比为始，以"民"对他们的"称道"为尺度，反衬出齐景公虽然拥有巨大的财富和极高的地位，却得不到世人的称道，反而被世人所遗忘；相反，窘困而死的伯夷、叔齐却被世人不断地称颂，由此表明"民"对历史人物或为政者的称颂，并不是因为其地位的显赫和拥有巨额的财富，而是在于其持守的品德与追求。如此，"民"对伯夷、叔齐的称颂，表征和彰显孔子所倡导的以德性为本的评价观。

孔子借民称颂之取向，批判摄权逐利之当世为政者，警示他们当如伯夷、叔齐般重德轻利，方可留芳后世，为世人所称道。

13. 孔子教子，一视同仁

季氏 16.13

【原文】陈亢问于伯鱼曰："子亦有异闻乎？"

对曰："未也。尝独立，鲤趋而过庭。曰：'学诗乎？'对曰：'未也'。'不学诗，无以言。'鲤退而学诗。他日又独立，鲤趋而过庭。曰：'学礼乎？'对曰：'未也'。'不学礼，无以立。'鲤退而学礼。闻斯二者。"

陈亢退而喜曰："问一得三。闻诗，闻礼，又闻君子之远其子也。"

【译文】陈亢问伯鱼："你在老师那里听到过什么特别的教诲吗？"

伯鱼回答说："没有呀。有一次他独自站在堂上，我快步从庭里走过，他说：'学《诗》了吗？'我回答说：'没有。'他说：'不学诗，就不懂得怎么说话。'我就回去学《诗》。又有一天，他又独自站在堂上，我快步从庭里走过，他说：'学礼了吗？'我回答说：'没有。'他说：'不学礼就不懂得怎样立身。'我就回去学礼。我就听到过这两件事。"

陈亢回去高兴地说："我提一个问题，得到三方面的收获，听了关于《诗》的道理，听了关于礼的道理，又听了君子不偏爱自己儿子的道理。"

陈亢疑孔子教子厚私而有异，问伯鱼。伯鱼如是告之其父教之学"诗"、学"礼"，别无他。陈亢得知孔子以"诗""礼"教子传家，自解其问，认为"君子之远其子也"。如是朱熹所释："当独立之时，所闻不过如此，其无异闻可知。"

孔子以"诗""礼"教子传家，表孔子教子之内容。从所教之内容而言，孔子言"不学诗，无以言"，"不学礼，无以立"，让伯鱼知晓"学什么"，以及"为什么学"，从而达到为学之自觉。

孔子"诗礼传家"，与教其弟子相比，内容相同，表孔子教子如同教众弟子，无偏无私，遵循一视同仁之原则，表"圣人视一切众生如子，有何远近之分乎？"（江谦）

陈亢疑师教子厚阴，经过考察，自否、自释己之疑。对此，蕅益释曰："未得谓得，枉了一个空欢喜，可笑！可笑！"

具体而言：

第一，本节通过孔子的弟子陈亢与孔子的儿子伯鱼的对话，集中呈现出孔子教子无异于教门生，一视同仁，无偏无私；在教学之内容上突出学习和传授"诗"与"礼"之必要性和重要性。如此，表征孔子以"诗""礼"教人如何"言"与如何"立"，彰其教育宗旨。

第二，本节以陈亢"子亦有异闻乎？"之问为始，表明陈亢以私意窥圣人，疑孔子教子，必阴厚其子，定有传授学习之秘诀。如钱穆所注："陈亢疑孔子教其子或有私厚，异乎门徒之所闻"，故而欲探求学之捷径和秘诀。

然而，经过伯鱼陈述其父教之内容和过程之后，陈亢自己得出的结论是"闻君子之远其子也"。如此，通过伯鱼自述其父教他之"二事"，表明夫子"家传秘笈"，家学内容与传授众弟子者无二，并无不传之秘，对其子亦无特别偏爱。

陈亢以疑孔子教子"有"秘诀，然实则"无"，即通过陈亢之自我存疑到自我释疑、自我否定，确定"孔子之教其子，无异于门人，故陈亢以为远其子。"（朱熹引尹氏）这就充分说明了孔子教学上始终坚持有教无类、一视同仁的根本原则，即使对自己的儿子也不存偏私和厚待；如此，表征孔子"礼"教天下之志，更体现孔子以身示范，从"礼"而行教。

第三，本节通过伯鱼之语，不仅再次凸显孔子教学之必修内容：即学"诗"与学"礼"，而且表明学"诗"与学"礼"，于人之"能言"和"能立"所具有的不可或缺之重要价值，这就让其子、其众弟子非常清楚地知道"学什么"，以及"为什么学"，从而达到为学之自觉。

（1）为何必学"诗"？孔子给出的理由是："不学诗，无以言。"这样，"学诗"，乃是可以"言"之必要条件，因为只有"学诗"，方可懂比兴，博学多识，"事理通达"，方可"心气和平"，故"能言"。如此，孔子所说"不学诗，无以言"，从否定性入手，在"学诗"与"能言"之间建立了肯定性的必然关系，从而凸显"学诗"对于一个人懂得如何按"礼"得体而"言"之重要性。

（2）为何必学"礼"？孔子在肯定"学诗"之前提下，更强调学"礼"之重要。在孔子看来，"不学礼，无以立"，因为"礼者所以立于仁义之中。"（戴望）"礼教恭俭庄敬，此乃立身之本。有礼则安，无礼则危。故不学礼，无以立身。"（钱穆）如此，孔子将"礼"提升到一个人安身立命之本体高度，突出通过学"礼"，使人可"品节详明"，进而达"德性坚定"，方能"立己"而立于世。

第四，孔子教子伯鱼，为何特别强调重"诗"和"礼"之"学"，而未更多提及孔子一直都比较重视的"乐"呢？对此，陈祥道有释曰："志之所至，诗亦至焉，故不学诗，无以言。诗之所至，礼亦至焉，故不学礼，无以立。鲤之才不足以语乐，故特教之以诗礼而已。"在陈祥道之解中，提及到伯鱼之才智不足以授之"乐"的问题，此需得进一步研究，才可确认。

第五，本节陈亢之所以"退而喜曰：问一得三"，不仅在于伯鱼之语解除了自己心之所疑，知孔子于子之教同于门生，并无家传秘诀，这就说明孔子对门生们所教从来都是知无不言、言无不尽，未曾有所隐藏、隐瞒，这也正好印证了孔子之自言"自行束脩以上，吾未尝无诲焉"，"二三子以我为隐乎？吾无隐乎尔。吾无行而不与二三子者，是丘也。"（《论语·述而》）更为重要的是，陈亢再次明确了孔子所教重在"诗"与"礼"。于此亦表征陈亢好学之心和求"道"之急切。

第六，本节对话之主旨在于突出孔子教子无"异闻"。事实上，孔学并无秘传，所有的道德学问于教授弟子中皆和盘托出，并不存在隐匿，亦不存在独厚其子，凡有志者皆可问学求道。若无志、怠惰，或者机缘、资质不及，即便亲子也不得孔学之真谛。

陈亢和伯鱼之对话，印证了孔子于教中遵循与体现着大道之行，天下为公的精神和原则。因为在孔子看来，在教子中行有别于教门生时的所谓私藏家传秘笈，相悖于"行义以达其道"。

如此，本节置于"齐景公有马千驷"之后，更为鲜明地衬托出孔子于教中坦荡光明地传授、传播、传承诗、礼之文明所行大道之情怀，其德被后世所称颂。

第七，陈亢最后说"又闻君子之远其子也"。陈亢以"君子远子"，赞孔子行君子之教道。对此，陈祥道释曰："教之者，仁也；远之者，义也。古者父子之间不责善。命士以上则异宫，以为责善则夷，同宫则亵，此君子所以远子也。荀卿曰：'君子于子，爱之而勿面，使之而勿貌，道之以道而勿强'，其是之谓乎？孔子于鲤，教之以无以言，又教之以正墙面而立。教之以无以言者，告之以详；教之以正墙面而立者，告之以约。详说而继以约者，善教之道也。"戴望释曰："《礼》：'由命士以上，父子皆异宫。'昏见晨省，进见皆有常数。及其长也，易子而教。皆所以远之。"钱穆释曰："孔子教伯鱼，无异于教他人，故陈亢以为远其子。远谓无私厚，非疏义。古者易子而教，亦非疏其子。"李泽厚先生亦言：孔学并无秘传，而孔子也不偏私。"远"，指疏远，当然不是指疏远儿子，而是指不特别亲热、亲密，其实父子之间经常如此。

总之，本节通过陈亢与伯鱼的对话，不仅具体表征以"诗"和"礼"为主导的孔门所教内容，而且更重要的是凸显了孔子之教学中，遵行大道，无私偏之心，对其子和弟子们"一视同仁"，表"圣人视一切众生如子，有何远近之分乎?"（江谦），真正体现孔子有教无类之原则，彰显孔子之"仁德"与行大义之举。

———————

附:

南怀瑾:"这是孔子本身的故事，用它放在本篇后面来作结论的，这中间很有道理了。陈亢是孔子的学生，名子禽。上论中提到子禽问于子贡，他提出怀疑，问孔子到每个国家，到底是想干政治? 还是希望对人家有所贡献? 这位同学蛮有意思的，常常研究孔子，对孔子常存怀疑。伯鱼名鲤，是孔子的儿子，年轻就死了，鲤的儿子就是写《中庸》的子思。有一天，子禽拉着孔子的儿子伯鱼，问他道，我们的老师就是你的父亲，他另外有什么秘诀传给你吧? 对你有什么与我们不同的教育没有? 伯鱼说，没有。但是一件事可告诉你，有一天我父亲一个人站在那里，（这时当然没有同学在旁边，应该是父子间，讲秘密话的时候。）我回来，匆匆走过大厅，他看见了叫我过去问，近来读什么书? 有没有研究诗的学问? 我对父亲说还没有，我父亲就告诫我，如果不学诗就无法讲话。（中国古代的诗，包罗万象，研究了诗，知识自然就会渊博，能多了解各种知识，例如对生物界的禽鱼鸟兽之名，多所认识，乃至对科学性的植物、动物，各种知识都能了解而博物。所以告诉伯鱼，不学诗，知识不够渊博，知识不渊博，则不论作文章、说话都不行。）因此我开始学诗了。又有一天我碰到我父亲，他问我学礼没有? 我说没有。我父亲就说，一个人不学礼，不懂文化的基本精神，怎么站得起来做人? 我听了他老人家教训，就进一步研究"礼"这方面的学问。只听了两点。伯鱼这样答复子禽。换句话说，孔子对儿子的教育和对学生的一样，一点没有秘诀和私心。子禽听了伯鱼的话，非常高兴，他说我只问了一个问题，研究老师，现在了解了三方面：第一我知道了学诗的重要，知识渊博的重要；第二知道礼的重要，就是文化中心的重要；第三知道孔子真是圣人，没有私心，对自己儿子的教育，和对学生的教育一样。"（南怀瑾:《论语别裁》）

14. 邦君之妻，依礼称人

季氏 16.14

【原文】邦君之妻，君称之曰夫人，夫人自称曰小童；邦人称之曰君夫人，称诸异邦曰寡小君；异邦人称之亦曰君夫人。

【译文】国君的妻子，国君称她为"夫人"，夫人自称为"小童"，国人称她为"君夫人"；在异国人前称她为"寡小君"，异国人对国人亦称她为"君夫人"。

对某人之称谓、称呼为"名"，表与被称呼者的关系之"实"。春秋礼乱，"名""实"严重失范而不符，对人之称谓、称呼也就变得混乱不堪，"名"，对人之称谓亦已失去了它本来的含义与作用。于此，此节特提出对人之称呼、称谓问题，力图拨乱反正，达"名实相宜"，以期一切都回归规范之礼制。

对人以相宜之"称呼"，表其对己与人之关系的正确判断，不仅表对对方之尊重，亦反映或体现自身之修养。故对人之正确而恰当的称呼，本质上体现为对"礼"的尊尚。如是戴望所释："此乃正言其礼。"

此节以"邦君之妻"为例，具体呈现了不同的人，根据己之身份，以及己与被称谓人之关系，对之予以不同的称谓、称呼。如此，从"小"处着手，从实用性出发，揭示了"称谓"乃是非常严肃的"礼"文化之具体表现，须予以高度重视，从而以正称谓，达"名正言顺"而复"礼"。

具体而言：

第一，本节以"邦君之妻"于不同的人应该如何称呼为讨论的重点，突出对人之"称呼"或"称谓"上的礼节，要求自称时应注意谦逊、低调，称呼他人则应溢美、尊敬，由此体现"礼"之基本精神，以达到维护"礼制"之目的。本节应该是承接上一节所言"不学礼，则无以立"的实例佐证或说明。

第二，从本节的文辞来看，对于"邦君之妻"的称呼竟是如此讲究。不同的人对同一个人："邦君之妻"，国君称之为"夫人"，夫人自称"小童"，邦人称之为"君夫人"，在异邦人前称之"寡小君"，异邦人在其国人前称之为"君夫人"。由此可见，周之礼制对"称呼"或"名"之严格规定。其中，称"夫人""君夫人"为尊称敬辞，而称"小童""寡小君"，皆为谦逊之辞，体现出自谦和尊人之基本原则，彰显出交往礼仪中内外有别，文明谦恭、秩序井然的特点。对此，江谦补注："一邦君子妻耳，而各称之不同如此，可悟性一而名与相万殊之旨。为人君止于仁，为人臣止于敬，为人子止于孝，为人父止于慈，与国人交止于信，其为致良知一也。"

第三，本节以"小"、以"微"来折射出交往中须遵从"礼"之规范。通过称谓之别，既表征人际关系，又突出周礼对等级名分制的维护，以达"名正言顺"之目的，以表己于"礼"之践行。对此，陈祥道释曰："国君理阳道而出命正人于其外，故曰：'君夫人'。理阴德而出论正人于其内，故亦曰'君'。《易》：'其君之袂'；《诗》：'我以为君'；《诗序》曰：'人君之德，礼称女君'；《春秋》曰：'小君、夫人、寡小君，皆以其出命正人故也'；《易》：'之家人于父母，皆谓之严君，则夫人谓之君，宜矣。'盖君于异邦曰：'寡君'。故夫人曰：'寡小君'。衰周之时，自阳侯之后，大飨废。夫人之礼于此犹云者，盖夫人之礼于大飨则废，于聘问不废也。夫名不正言不顺，言不顺则事不成。时之嫡庶不明而名之不正者，多矣！故夫子因而正之。"

第四，更为重要的是，本节针对礼乱之世，"礼"之具体表现在对人之称谓上，也遭至严重破坏。如此，从"邦君之妻"的称谓规范入手，突出孔子复礼，加强以礼治国、以礼治世之思。

总之，本节以"邦君之妻"这一具体人物之称谓为"实例"，表征不同的人对之予以不同的称呼，既对现世"名"之乱，实则对礼之秩序混乱镜像的批判，又突出对"礼制"规定的遵循和维护，以彰显孔子坚持"礼治"的一贯主张。

本章以批判季氏违"礼"伐颛臾为始，以肯定和倡导"邦君之妻"从"礼"而明晰其称谓之为终；季氏违"礼"伐颛臾是"大"，"邦君之妻"从"礼"而称谓是"小"。如此，贯穿于本章之始终，从"大"至"小"，本质上就是彰显孔子所强调和施行的治世之"礼"。

第十七　阳货篇

1. 为虎作伥，孔子拒仕

阳货 17.1

【原文】阳货欲见孔子，孔子不见，归孔子豚。

孔子时其亡也，而往拜之。

遇诸涂。

谓孔子曰："来！予与尔言。"曰："怀其宝而迷其邦，可谓仁乎？"曰："不可。好从事而亟失时，可谓知乎？"曰："不可。日月逝矣，岁不我与。"孔子曰："诺，吾将仕矣。"

【译文】阳货想见孔子，孔子不见，他便赠送给孔子一只熟小猪，想要孔子去拜见他。孔子打听到阳货不在家时，往阳货家拜谢，却在半路上遇见了。

阳货对孔子说："来，我有话要跟你说。"

阳货说："把自己的本领藏起来而听任国家迷乱，这可以叫做仁吗？"

（阳货）说："这怕不好算仁呀！"

（阳货）说："喜欢参与政事而又屡次错过机会，这可以说是智吗？"

（阳货）说："怕不好算知吧。"

（阳货）说："时间一天天过去了，年岁是不等人的。"

孔子说："好吧，我将要出仕了。"

———————————————

阳货，本为季氏家臣，此时已把持着季氏家族之实权，正是孔子所谓"陪臣执国命"之状况。阳货拜见孔子，欲邀孔子出仕，助己为乱，孔子拒而不见。然在孔子以礼回访之归途中，与阳货相遇。阳货强邀孔子出仕，孔子假以"诺"而搪塞、应付、而周旋、而拒之。

据戴望所释："货盖以大夫之礼自处，欲使孔子拜赐其门而见之。孔子心不欲见，而伺其亡，拜之。既还，在途中乃不期而遇耳。""后定公九年，货出奔齐，孔子始仕为中都宰，为司空，为司寇。当货执国命时不仕者，所谓邦无道则隐。"此节记述应是孔子周游列国回到鲁国后发生的与鲁国权奸阳货的一次交往。

不可否认，孔子为施仁政，行礼法，弘仁道，一直在寻入仕之机。然，于乱臣贼子阳货之强邀时，孔子无以为之，表孔子拒与阳货同流合污、沆瀣一气、为虎作伥、助纣为虐。如此，孔子以己之行，践履"道不同，不相为谋"之原则。

_____

具体而言：

第一，阳货，乃季氏犯上叛乱之家臣，大权在握，为扩大势力，拜见孔子，欲邀孔子出仕助之。如钱穆所释：阳货"尝囚季桓子而专鲁国之政，欲令孔子来见己，意欲孔子出仕助己也"。

然而，阳货虽然登门拜见孔子，孔子一直拒而不见。后孔子趁阳货不在家时，以礼回访，归途中二人相遇。对于阳货的再三邀请，孔子以自嘲口吻而婉言谢绝之。

与阳货之相遇，可以说是孔子一生中最为尴尬的一次遭遇，亦是遭遇奇耻大辱之一次过往。不可否认，一方面孔子为行仁政、礼治之理想，诸国流转，不断在寻找出仕之机会；另一方面，他又不屑与阳货此等"乱臣贼子"为伍，表孔子复杂的心情。

第二，从本节文辞可见，阳货前来拜见孔子时，孔子避而不见，孔子已以行动表达了他对阳货回绝之态度。但是，按《礼》之规定："大夫亲赐士，士拜受，又拜于其室。"诚如陈祥道释曰："其馈也以礼，孔子受之礼也；其来也阚亡，孔子称其施而往，报之亦礼也。"亦如戴望所释曰："货盖以大夫之礼自处，欲使孔子拜赐其门而见之。孔子心不欲见，而伺其亡，拜之。既还，在途中乃不期而遇耳。"

来而不往非礼也。孔子遵礼而选择阳货不在家的时候，循"礼"而回访。孔子回访之举，不失礼而显示其遵礼、行礼之修养和德性。

第三，本节最为重要的是阳货的三次具有挑衅性、诘难性和羞辱性的"问话"，试图将孔子推到"不仁""不智"之地，以逼迫孔子出仕于他。

（1）"怀其宝而迷其邦，可谓仁乎？"曰："不可。"阳货此问带有贬损、羞辱之意，表孔子"怀藏道德，不救国之迷乱。"（朱熹）表孔子若不出仕于他，则为"不仁之人"。

（2）"从事而亟失时，可谓知乎？"曰："不可。"此为阳货以讥讽口吻，若孔子"不及事几之会。"（朱熹）表孔子若不出仕于他，则为"不智之人"。

于此，"两举不可，皆货之为问答语耳。"（戴望）孔子皆沉默以对。

（3）"日月逝矣，岁不我与。"孔子曰："诺，吾将仕矣。"此为阳货直指孔子年事已高，入仕机会已不多，应该珍惜他为之提供的难得机遇，欲劝孔子急于入仕于他。对此，钱穆释曰：阳货言此，表"岁月已去，不再与我，谓年老当急仕。"

阳货之"三问"，每一问皆可谓是扎心之问，从"不仁""不知"到"岁不我与"，对孔子在讥讽中步步紧逼，催促孔子入仕。恰如朱熹所释："货语皆讥孔子而讽使速仕。"孔子在阳货连连追问下，最后惟以"诺，吾将仕矣"而应之。对此，钱穆释曰："阳货欲亲孔子，絮絮语不休，孔子默不出声，最后始作五字答之，谓'我将出仕也'。初若不知阳货所言之用意，亦不加辩说，只言将仕。孔子非不欲仕，特不欲仕于货。其语直而婉，雍容不迫，而拒之已深，此见孔子一言一行无往不具甚深之妙义。"如此，孔子以行动体现了"道不同，不相为谋"的原则。

第四，从阳货与孔子相遇时言"来！予与尔言"，足见阳货趾高气扬、盛气凌人、咄咄逼人，不可一世，进而连续"三问"，以孔子之一贯倡导之道反诘、反逼孔子，试图强邀孔子入仕与之为伍，为之所用；孔子受此奇耻大辱，然面对阳货，则是依然不卑不亢，以缄默而不屑与之语，最后以自嘲之语"诺，吾将仕矣"而应付之，实为委婉而深拒之。

总之，"阳货之欲见孔子，虽其善意，不过欲使助己之乱耳，故孔子不见者，义也。其往拜者，礼也。必时其亡而亡者，欲其称也。遇诸涂而不避者，不终绝也。随问而对者，理之直也。对而不辩者，言之逊而已。"（陈祥道）

孔子一生流离为仕以图仁政、礼治抱负之实现。然而，当专权的家臣阳货欲求孔子入仕而助之时，孔子是一不见，二不允诺，以应付之口吻，灵活地摆脱了阳货的"纠缠"。如此，孔子以"沉默"的方式，以婉拒之口吻，表达了他拒与阳货僭"礼"乱上之辈"同流合污"，更不愿意"为虎作伥""助纣为虐"。如此，凸显孔子持守"礼"而不屈权臣之淫威的高贵品格与坚定志向。

同时，孔子始终遵"礼"而"言"、从"礼"而"行"，以此来对待"道不同，不相为谋"者的处理方式与态度，既不失自己的修养，又不激怒对方，其间所体现的原则性和灵活性，值得今人从中领悟与人交往，尤其是与"道不同"者的交往之道。

2. 性近习远，施教归道

阳货 17.2

【原文】 子曰："性相近也，习相远也。"

【译文】 孔子说："人的本性近道，习性已远道。"

按蕅益之释："性近习远，方是不变随缘之义。孟子道性善，只说仁道之性，以救时尔。"孔子持人本性善之论，指明人之"性"近道，人之"习"因背"性"而远道。如此，乱世所乱，皆在人之"习"而非"性"。如此，孔子言"性相近也，习相远也"，乃是对乱世究因诊断之论。依此，孔子提出治世之策：施礼教以正人之"习"，激活、恢复人之本性而近道、入道。

因"性相近"，使"教"具有可能；"习相远"，则表"教"之必要和迫切。如此，孔子据"人能弘道"，"性"近道，行"有教无类"以施礼教，着力于"习"之修正，坚信仁道必弘。如此观之，孔子言"性相近也，习相远也"，"责习不责性，以勉人为学"（钱穆），终弃"习"就"性"而进"道"。

"习相远"，是当世之实然，"性相近"乃希望之所在，故施教改"习"，回归人之本"性"，道自近矣。

具体而言：

第一，孔子此八字经典之论，常被误读为比较人与人相互之间的"性"与"习"之"近"与"远"。然孔子此论，并不是讨论"我"与"你"，作为"人"彼此间的"性"相近与"习"相远。究其本质而言，孔子此论，非言主体间的同质性与异质性，而是从人之"性"、人之"习"与"（仁）道"之关系，提出人之"性"，"近"道，人之"习"，"远"道。

孔子此论，首先是对乱世之"乱"予以病理诊断，鲜明地指出乱世之"乱"，乃是由于人后天受"环境"之影响而形成了一些有悖于"性"之"习"，导致"性"渐次丧失、泯灭，故远离"道"，行不遵礼法。

其次，孔子提出，以正"习"为着力点，施与礼教，祛除与"道"相悖、相偏离的诸多（恶）"习"，使人本然之"性"不再被遮蔽而迷失于"习"，真正释放"性""近"道之本体力量，使"仁道"以"性"为"源"，从内（圣）

至外（王），重放异彩，而达治世。

由此，"性相近也，习相远也"，从最根本的意义上说，乃是孔子救世弘道之方略的观念之基。

第二，何谓"性"？何谓"习"？

（1）所谓"性"。"天命之谓性。"（陈祥道）"分于道谓之命，形于一谓之性。性者，生之质也。"（戴望）其意是指称人之"天性"，即生之原初本然，是人之为人之"质"的规定。

（2）所谓"习"。"人为之谓习"（陈祥道），即是真正将天性付诸实践，做出事来，于是，君子小人便有不同，或利人，或害人，就有善恶之分殊了。如此，"习"，即是后天人为而习得的，或是一个人生活在具体的环境中，被动或主动受环境因素的影响和教化所形成的各种习惯、嗜好，由此，呈现出不同个性特征，在善恶、利害之分野上，表现出不同的取向。

如此，可以将"性"视为人生而具有的禀性，此为天然之品性，或人的第一属性；可以将"习"视为人后天习得之品性，或第二属性。于此，孔子以"性"与"习"表征了心性二元结构：即人之始源本性与后天习得之品性，二者之关系为"源"与"流"。

但宋儒之释，将"性"直接等同于"理"，认为孔子所言"性"非本性，而是"气质之性"。程子如是曰："此言气质之性，非言性之本也。言其本，则性即理，理无不善。"

第三，何谓"性相近"？何谓"习相远"？

所谓"性相近"。孔子认为，人之天然禀赋或禀性向善，趋"近"于"道"。如是戴望所释曰："民含五德而生，其形才万有不齐而皆可为善，是相近也。"

所谓"习相远"。孔子认为，人之所以远道，皆因后天之"习"所致。如是戴望所释曰："至于善不善相去倍蓰而无算者，则习为之，而非性也。"

宋儒陈祥道和朱熹，认为"性"本无善恶之分。朱熹更引出"气质之性"与"本性"区别，突出"习"乃分清善恶，从而"相远也"。

陈祥道："性则善恶混，故相近。习则善恶判，故相远。今夫水之为性，不杂则清，莫动则平，通之为川渎则有以利物，升之为霜雪则有以害物。木之为性，其直则乔以折；其曲则樛以屈，构之以为栋宇则为庇人之器，刻之以为矛戟则为杀人之器。人之性习，岂异是哉？《书》曰：'习与性成。'又曰：'若生子，罔不在厥初生，自贻哲命'。荀卿曰：'于越夷貉之子，生而同生，长而异俗，教使之然也。'"

朱熹："此所谓性，兼气质而言者也。气质之性，固有美恶之不同矣。然以其初而言，则皆不甚相远也。但习于善则善，习于恶则恶，于是始相远耳。"

但无论如何阐释，孔子所言"性相近也，习相远也"，其意则指示着"性"近"道"，远道者，"习"也。

如此，孔子要解决的问题是如何修正"远道"之"习"而就"近道"之"性"，简言之，让"习"复"性"而近道。

第四，孔子将形上抽象之论，下降为一个形下具体矫正的问题，指向对人"相远"于"道"之"习"进行诊断和救治。

既然诊断出致使"远"于"道"的，并不是人之"性"，而是人之"习"。而人之"习"则因其生存与交往环境之影响而生成、而养成。如此，孔子从"习"之追究，直抵其生存环境。于是，孔子面临的重要使命和任务就是改变"环境"，变无道之乱世为"仁道""礼治"之太平盛世。唯有如此，才能真正矫正"习"之"相远"的衰变，让"习"趋向于"性"而"近道"。

如此，孔子聚焦于使"性相近"之人，变成"习相远"之人的"环境"，表环境于人之"习"具有先在性，因为"人是环境的产物"，由此凸显正是人之生存环境：政治环境、交往环境、道德环境等对人之"习"产生"相远"于"道"之恶果。如是，孔子将批判和改造的重心，移位于礼崩乐坏之无道乱世。

第五，既然"性"近道，"环境"使人之"习"渐远道，那么，为了使"习"不背"道"而回归"性"，就必须纠"习"养"性"。如此，就须居善地，选良师，择良友，行"益乐"。如此，人之"性"才不会被"环境"所涂染而趋"恶"习而远道。

既然"性相近也"，"习相远也"，那么，孔子提出并实施"有教无类"的"诗教""礼教""乐教"，也就成为解决"习"，由"相远"再回归至"相近"于"道"之有效的手段和举措。在此，因"性相近"，使"教"具有可能；因"习相远"，"教"尤为必要和迫切。

孔子言"性相近也，习相远也"，就是要以修"习"、正"习"为着力点，以此绝除远道之"习"，养近道之"性"。如此，将被"习"掩藏、遮蔽之"性"重释其光芒，让"道"根植于人之心性，让善道发端于心，终成从"独善其善"至"达济天下"之生命气象。

第六，联系上一节阳货之"习"，再观照孔子所言人之"性"，不难发现，孔子之语，并非抽象地讨论"性""习"之变，而是具有直接的针对性。孔子深度批判阳货之流诸多违"礼""恶习"，离开人"性"而背"道"何其之"远"。

　　　　　　　　　　　　　生活哲学视野中的"论语"研判

总之，孔子从"性""习"与"道"之关系维度，指出人之原初本性内蕴着或趋向于"仁道"，因而"性相近也"。然而因其生存于无道之乱世，致使"人"之"习"于"仁道"渐行渐远，甚至出现了如阳货之流泯灭了人"性"，充斥恶"习"之人。如此，孔子深感改变无道之乱世，昌行礼教、施"礼治"，从而让人从"习"之"相远"回归于"性"之"相近"于"道"，最终实现"仁"行天下之正当性、紧迫性和使命感。

既然"性相近也，习相远也"，君子当自觉己之"性"与"习"，"以学为急"，因为"学则能成性矣。"（戴望）如此，正"习"复"性"近道，不外于君子之为学与修身。

3. 上知不移，下愚不移

阳货 17.3

【原文】 子曰："唯上知与下愚不移。"
【译文】 孔子说："只有上智与下愚，不可改变。"

"上知"，即"生而知之"者，"可与为善，不可与为恶"；"下愚"，即"困而不学"者，"可与为恶，不可与为善。"（陈祥道）如此，"上知"与"下愚"，居善恶之两极，"中人之性，习于善则善，习于恶则恶，皆可迁移。惟上知不可使为恶，下愚不可与为善，故为不可移。"（钱穆）

孔子之论，从具体指向而言，乃言如是阳货之流，本是下流之坯，宵小之徒，性泯灭、被恶习主宰，作恶多端，顽劣一生，此等下作之人，秉性难易，恶习难改，若希望其改过止恶，修德为善，是不可能的。如是"上知"之人，不可能为恶一样。如此，孔子以"上知"为引，落脚于"下愚"之人，表"下愚"者，是乱世"恶"之集大成者，无可救药，不可对之报以任何弃恶为善之希冀。

孔子有感于阳货一生为恶，未曾有丝毫改过向善之举而做出如此强硬的判断，以表孔子对阳货之流行"恶"不止深恶痛绝而绝望，亦表明改其"习"，使之归"性"近道之极度艰难而艰巨。

"唯上知与下愚不移"，表明中人之性，即"学而知之"和"困而学之"皆可迁移，因为"中人之性"，"习于善则善，习于恶则恶"（钱穆）。如此，"上知"者，无须施礼教，本近道而自觉为善；"下愚"者，"斯滥"，无以施教，为恶至极；惟"中人之"者，方可教、可造而为善成人。

孔子言"唯上知与下愚不移"，重在对不移之"下愚"予以批判，以此警示其弟子与世人，须加强对己"习"之审查，进而尽力弃恶习，纠偏好，修心性而近道，切莫成阳货般顽劣的"下愚"之流。

具体而言：

第一，对孔子此经典之论的解读，可谓充满歧义，更甚者是望文生义，误读颇深，不胜枚举。现数列几种具有代表性的观点：

（1）清人孙星衍《问字堂集说》中，认为孔子这话是指人的知识而言："上知谓生而知之，下愚谓困而不学。""上知"是生下来就有超人的智慧，"下愚"无知又不肯学习的人。当然超人为上，无知而不学的人为下。

（2）朱熹认为这一章是承接上一章。"子曰：性相近也，习相远也"，二章可以合为一章。人的本性是相近的，都差不多，由于环境的熏染和所受教育不同，便有知识、才智、品质的差异。"下愚"之所以"不移"，主要是不肯学习，不求上进，自暴自弃，怙恶不悛。

（3）杨伯峻：孔子说："只有上等的智者和下等的愚人是改变不了的。"

（4）李泽厚：孔子说："只有最聪明的和最愚蠢的，才不改变。"

（5）"上智"是指高贵而有智慧的人；"下愚"指卑贱而又愚蠢的人，这两类人是先天所决定的，是不能改变的。这种观念如果用阶级分析的方法去看待，则有其歧视甚至侮辱劳动民众的一面，这是应该予以指出的。

（6）现代反孔派的新解，他们从"阶级和阶级斗争"的观点出发，大骂孔子说"唯上知与下愚不移"，吹捧贵族阶级是"上知"；诬蔑劳动人民是"下愚"，鼓吹天生是"上知"的贵族阶级，天生是"下愚"的劳动人民，而且永远不会改变。

（7）"只有上等的聪明人与下等的愚笨的人是不可改变性情的"。从这句话的本意来看，孔子认为人的性情大都是可以改变的，只有上等的聪明人与下等的愚笨的人才是不可改变的。但后人附会，却把它理解为"上等的聪明人与下等的愚笨的人是不可改变的"，意思完全弄反了。而且把性情附会为等级、地位的世俗的东西，以此证明孔子是封建甚至是奴隶等级制度的鼓吹者，这实在是很荒唐的。

（8）唯有崇尚智慧和蔑视愚昧是不会改变的。

……

从以上不同时期的诸种误读来看，首先是脱离孔子此言的语境和具体所针对的人和事，进行抽象的分析，且将"上知"与"下愚"理解为人的智商、知识，甚至是地位和富贵等的区别；有人亦在"上知"和"下愚"之中加上一个"等级"，如此就将"上知"等同于"上等人"、贵族、统治阶级；而"下愚"也就成了"下等人"、劳动人民了。形成如此之解读，究其因，均是未能确认孔子此论中所言的"上知"和"下愚"之本义使然。

第二，"上知"与"下愚"何所指？

何谓"上知"？《汉书·古今人表》解为："可与为善，不可与为恶，是谓上知"。陈祥道释曰："上智，生而知之者也，不移而为愚"，即"可与为善，不可与为恶，是谓上智。"如此，"上知"即为善而不为恶之人。简言之，即是指只做善事而不会做坏事的人。

何谓"下愚"?《汉书·古今人表》解为:"可与为恶,不可与为善,是谓下愚"。陈祥道释曰:"下愚,困而不学者也,不移而为智","可与为恶,不可与为善,是谓下愚。"如此,"下愚"即是指只做坏事而不会做善事之人。

如此,所谓"上知"和"下愚",皆是指人的德性、品质与行为,即人之品行,而绝非所指人之知识、才能,更不是指人之地位和贵贱。

第三,孔子以"唯……不移"之判断句式,对"上知"与"下愚"各自之坚固不可改变性做出如此肯定而强硬的判断,对"上知"与"下愚"予以明确地定格。恰如贾谊所言"上主不可引而下,下主可引之而下,不可引之而上"。如此,孔子之论的语义得以明确。恰如钱穆所言:"本章承上章言。中人之性,习于善则善,习于恶则恶,皆可迁移。惟上知不可使为恶,下愚不可与为善,故为不可移。"

第四,为何"上知"与"下愚""不移"呢?即"上知"为何不会"下移"而为"恶","下愚"不会"上移"而为"善"呢?这是因为"上知"者,因其"性"近道,是真君子,通达明悟,自觉于道,其心谋道、忧道和乐道,不因"环境"之影响而改其指,而是矢志不渝,故不可"移"而成"下愚";相反,"下愚"者,因其"习相远","小人"也,其心谋食、忧贫和逐利,其谋食和逐利,如是孔子所说"小人穷斯滥也。"其心无仁,其行无礼,作恶多端,从不思过,有过亦文饰而不思改。如此,"下愚"者不可能自修上"移"而"为善",促己成为"上知者";相反,"上知"者不会堕落而成为"下愚者",故"不移"。明蕅益注曰:"除却上知下愚,便皆可移。既未到上知,岂可不为之堤防?既不甘下愚,岂可不早思移易?"江谦补注:"阳明先生谓上智与下愚不移,非不可移,乃不肯移耳。上智不肯为恶,下愚不肯为善,非不能也。"

第五,从孔子此言的具体语境来看,孔子在回访阳货之归路上与之相遇,并且有了那番"对话",孔子首先以"性相近,习相远"来批判阳货之"习"相远于人之"性"而背道。在此基础上,孔子于此再次批判阳货之流,认为他本是"下愚"者,一个作恶多端、专权而张扬跋扈的下流坏子,本身即是顽冥不化,无道无德违礼制乱之人,于是,就断定他不可能来一次脱胎换骨,从"下愚""移"为"上知"者,即成善者,从而为善而不为恶。这是孔子对阳货此等"下愚"之人所下的道德定论。

第六,结合孔子所言"中人以上,可以语上也;中人以下,不可以语上也"(《论语·雍也》)之论,对于如阳货之类"下愚"人,其心性早已充斥着"恶",其"习"早已远"道",自然同他"不可以语上也"。阳货与孔子路遇,阳货颐指气使、趾高气扬、滔滔不绝地反诘、挖苦、讥讽孔子之"言说"，暴露其极度无礼，其本质之恶可见一斑。若再联系孔子与阳货年轻时的交往，孔子此言，指证阳货从年轻至老，一直都是为恶者，是恶人，亦未见其反思己之过而改之，实为真正的"下愚"之人。孔子与阳货路遇，仅以只言片语应付之，不曾对之"语上"，正是因为阳货属于"中人"之下的"斯民"而已。

第七，"唯上知与下愚不移"，预示着"上知"者，无须施礼教，其性近道而自明而自觉为善；"下愚"者"滥"，无以施教，为恶至极，不可救药；表明中人之性，即"学而知之"和"困而学之"者皆可迁移，因为"中人之性"，"习于善则善，习于恶则恶"。如此，惟"中人之"者，方可教、可造而为善。对此，程子曰："人性本善，有不可移者，何也？语其性则皆善也，语其才则下愚之移。所谓下愚有二焉：自暴自弃也。人苟以善自治，则不可移。"

总之，孔子此论，是借言"上知"具为善之本心不可能"下移"而"为恶"，重点在于断然否定如阳货等"下愚"之人，可以改变其为恶之习性而"移"之向"上知"靠近，最终能弃恶从善成"上知"。如此，孔子对"下愚"者为善之可能性予以断然否决。同时，对"上知"者的肯定和褒扬，不仅使之与"下愚"者区别开来，而且更为重要的是表征了"上知"者，其"性"近道，乃是世人修身习德之标尺。

"上知生而知之，下愚困而不学。降才各殊，不相移易。"（戴望）"上知"者，为善无恶"不移"，是为世人之楷模，令世人景仰；"下愚"者，邪恶无善，亦"不移"，令世人鄙夷、唾弃。

4. 子游施教，善治武城

阳货 17.4

【原文】子之武城，闻弦歌之声。

夫子莞尔而笑，曰："割鸡焉用牛刀？"

子游对曰："昔者偃也闻诸夫子曰：'君子学道则爱人，小人学道则易使也。'"

子曰："二三子！偃之言是也。前言戏之耳。"

【译文】孔子到武城，听见弹琴唱歌的声音。

孔子莞尔一笑，说："杀鸡何必用宰牛的刀呢？"

子游回答说："以前我听先生说过，'君子学习了礼乐就能爱人，小人学习了礼乐就容易差使。'"

孔子说："同学们，言偃的话是对的。我刚才说的话，只是开个玩笑而已。"

按钱穆解，"子游宰武城时尚年轻，已能行礼乐之教"。孔子闻之甚悦，以"割鸡焉用牛刀？"之戏言赞誉子游，师徒相谈甚欢，和乐融融。如是戴望所言："誉之而不为正言，故云戏耳。"

"富民"而"教民"，为孔子治世之策。子游为武城邑宰，能谨遵孔子之教，实施庠序教化，武城一时，弦歌不绝，一派礼乐兴盛之景象。子游兴礼乐治武城，井然有序，祥和安稳，深得孔子之赞许。（戴望）

具体而言：

第一，本节以孔子的弟子子游于武城为宰，坚决贯彻孔子"礼乐"教民的原则所呈现出来的景象为议题而展开的师生对话。文辞具体记述了孔子前往武城，听闻悠悠弦歌之声，对子游以"礼乐"教民，治理武城之善为，报以认同和赞赏。孔子见子游善治武城，内心深感欣慰和满意，戏言道"割鸡焉用牛刀"，子游对孔子之戏言"信以为真"，于是引用孔子之语，"反驳"孔子以证明自己的行为的正当性和合理性。孔子面对子弟认真于他的戏言，立即矫正自己的话，肯定子游所说的和所做的。孔子之戏言，和子游严正地予以陈词，以及孔子对己之戏言的改口，不仅突出了本节记述之主旨："礼乐"于为政治世的重要作用，亦表呈孔子弟子们之间亲密的关系，其对话颇具场景性和生动性，直呈孔子见武城善治而轻松怡然的幽默感。

第二，孔子一贯重视和强调于为政、治国中，施以"礼乐之教"。孔子曾在治国方略［"行夏之时，乘殷之辂，服周之冕，乐则韶舞。放郑声，远佞人"（《论语·卫灵公》）］的论述中，既谈及到"乐"是其中不可或缺的重要因素，又要注意"放"过分"淫"之"郑声"；孔子在谈及对人之教育时，亦指出"兴于诗，立于礼，成于乐。"（《论语·泰伯篇》）如此，孔子尚礼乐，突出"礼乐"于为政、治国中之教化功能，追求以礼乐文教熏陶人心，使之习染归善，改良世风，创造天下归仁之人心基础。一句话，孔子正是强调以"礼乐"之教化来推动天下大势，循天道运行。

第三，应该说子游治理武城之举，是深刻领会和具体贯彻了孔子以"礼乐"教民之精神。子游不仅牢记孔子"君子学道则爱人，小人学道则易使也"之治理教导，而且在治理偌小的武城之实际行为中，认真地贯彻和执行着孔子之"礼乐"教民的原则，使君子与小人各安其分，把武城治理得井井有条、秩序井然。

子游以"礼乐"教民，将武城治理得如此安顺，实际上正是对孔子"礼乐之教"的实践诠释。子游引孔子之语，恰好也证明了"礼乐之教"的作用。如此，表明"君子学道则能仁，能仁故爱人；小人学道则知礼，知礼故易使。"（陈祥道）

第四，孔子到武城，见"礼乐之教"的实践形态如此有声有色，"闻弦歌之声""莞尔而笑"。这是对子游之"礼乐"为政、治理的认同和赞赏。然孔子心悦口戏，以"鸡"和"牛刀"喻武城和礼乐之教，道出"割鸡焉用牛刀？"其意表明用弦歌礼乐治理这么个小地方，摆这么大阵势，是不是太过兴师动众，有点小题大做了？但是在子游看来则不然，子游认为武城虽小，作为县宰也要用礼乐之道来教化百姓，不可懈怠。如此，有了子游对孔子的"反驳"。

第五，戴望认为孔子之戏言，更有深意，表孔子"惜其不得道千乘之国，如牛刀割鸡，不尽其才。"钱穆亦认为，孔子所言"割鸡焉用牛刀？"，"有两解。一言其治小邑，何必用礼乐大道。其实则深喜之。一言子游之才而用于武城之小邑，则是深惜之也。然承上'莞尔而笑'，则终是喜深于惜。"钱穆先生倾向于后一种含义，认为孔子看到子游行礼乐之教，将武城治理得如此有章法，心中喜悦，然却深感治理一个小小的武城县，作一个县宰，太屈子游之才而表可惜，如此才有"割鸡焉用牛刀？"之言。

但是，从子游的反驳，以及孔子自己最后说"偃之言是也。前言戏之耳"，即从孔子与子游的对话语境和指向来看，钱穆先生所倾向的第二种解，似乎又不成立。当取第一层含义为上。

第六，子游引用孔子之语巧妙地"反驳"孔子，证成自己治理武城县虽小，但依然遵循"礼乐"之教的正确性和必要性。孔子面对自己的"失言"和弟子的反诘，虚心接受，知错能改，不仅表征了孔子平等对待弟子，能谦和地与学生展开探讨，而且以此矫正"戏言"而结束，更加充分表达了孔子对子游治武城以礼乐的高度肯定和赞扬。

总之，本节通过孔子实见子游以"礼乐"教民而治武城之效，与天下他处有别，先喜之，而后以戏言"割鸡焉用牛刀？"为其言之始，以"偃之言是也。前言戏之耳"为终。师徒对话，既突出了孔子所倡导的在为政、治国中贯彻"礼乐之教"之精神、原则，又再现了子游对孔子之教的践行，更表孔子对子游行礼乐之教治武城的赞誉。

弟子子游深谙孔子"礼乐"治世之道，且付诸于为政实践。子游之为，恰如陈祥道所评"子游为武城宰，而以道教民，可谓知本矣"，因此，深得孔子之肯定和赞赏。

5. 欲往费城，以兴东周

阳货 17.5

【原文】公山弗扰以费畔，召，子欲往。

子路不悦，曰："末之也已，何必公山氏之之也？"

子曰："夫召我者而岂徒哉？如有用我者，吾其为东周乎！"

【译文】公山弗扰据费邑反叛，来召孔子，孔子准备前去。

子路不高兴地说："没有地方去就算了，为什么一定要去公山弗扰那里呢？"

孔子说："他来召我，难道只是一句空话吗？如果有人用我，我就要在东方复兴周礼，或我能兴起一个东周来呢？"

阳货、公山弗扰都是季氏家臣，二陪臣皆如其主僭礼妄为，犯上作乱。孔子于阳货出仕之"邀"，行礼义，虽"诺"，然深拒。公山弗扰"召"，"子欲往"，且言"如有用我者，吾其为东周乎？"表孔子想借机出仕止乱而实际地复兴王道之强烈愿望。

孔子于阳货以"深拒"，于公山弗扰则"欲往"。如此，其"拒"阳货，是因阳货乃"下愚"不可"移"之人；其"欲往"于公山弗扰，则因公山弗扰有别于阳货，尚存"悔过迁善之心"（陈祥道），且"言既来召我，绝非空召，应有意于用我。"（钱穆）如此，"子欲往"，非助公山弗扰之"畔"，是为止乱而行礼复周。如程子所言："圣人以天下无不可有为之人，亦无不可改过之人，故欲往。然而终不往者，知其必不能改故也。"

子路对"子欲往"而不悦，因顾师之名也，劝师守身，不屑于与乱臣为伍，然终不解"子欲往"之深意。

无论是阳货，还是公山弗扰，召孔子入仕，皆因孔子之盛名，试图以此为其乱而正名张目。然，孔子遵礼而施"仁政"、行"仁道"之主张，与乱之"道"不同，故，孔子虽于阳货曰："诺"，于公山弗扰之"召"而"欲往"，但终未屈就应召入仕。

在理想与现实、主观愿望与不堪之乱世的矛盾与强烈冲突中，孔子做不仕与出仕之抉择，本质上皆是为了守道与践道。"子欲往"表孔子依然"知其不可为而为"，其目的在于"如有用我者，吾其为东周乎！"

具体而言：

第一，本节陈述了一个"事实"，表达一种"意向"，表明一种"态度"，此为子路与孔子师徒二人围绕此件事、此意向而展开的"对话"，再次彰孔子以

"礼"治世，实现"仁道"欲入仕之迫切愿望。

第二，所谓一个"事实"，即是"公山弗扰以费畔"之后，"召"孔子出仕之事。公山弗扰即公山不狃，乃季氏之家臣，"与阳货共执桓子，据邑以叛。"（朱熹）"臣背其君曰畔。"（戴望）据《史记·孔子世家》记载，公山弗扰以家臣的身份反叛季氏。戴望释曰："事在定公九年，阳货出齐时。"据钱穆先生解："或曰：其事在鲁定公十二年，孔子方为鲁司寇听政，主堕三都，弗扰不肯堕，遂畔，宁有召孔子而孔子欲往之礼？……或曰：弗扰之召当在定公八年，阳货入讙阳关以叛，其时不狃已为费宰，阴观成败，虽叛形未露，然据费而遥为阳货之声援，即叛也。"当时因"孔子尚未仕"，故而欲召孔子出仕而谋事。

在此，须注意："召"。即谁在"召"孔子？戴望认为"召者，季氏使人召孔子。"然戴望之解说，与子路不悦所言"末之也已，何必公山氏之之也"，明示是"公山氏"之"召"相悖，故，应是反叛季氏之公山弗扰之"召"。如此，"公山弗扰以费畔"，"召"，"子欲往"，其逻辑才是一致的。

第三，一种意向，"子欲往"。孔子为何"欲往"。孔子自己给出的理由是："夫召我者，而岂徒哉？如有用我者，吾其为东周乎！"

对此，陈祥道解曰："道者，君子所以处己。义者，君子所以趋时。方其守道也，虽诸侯之善辞命者，有所不从；其行义也，虽公山弗扰之召，则欲往。盖彼叛而召我者，岂欲得我而与为不义哉？殆亦有悔过迁善之心焉耳。夫苟有悔过迁善之心，而可与之为东周者，其可以弃而不欲往乎？故欲往者，以义行道；而终不往者，以道处义。以义行道则不失人，以道处义而不失己，此所以为孔子也。"

钱穆则释曰："不狃为人与阳货有不同"，"孔子之不助畔，天下人所知，而不狃召孔子，其志不在于恶矣。天下未至于不可为，而先以不可为引身自退，而绝志于斯世，此非孔子'知其不可为而为'之精神。"

从两位解家之言中可见，孔子之所以"欲往"，理由有：

（1）公山不狃有别于阳货，尚存"悔过迁善之心"，这是孔子不愿失去实现自己的理想和夙愿的一次绝佳之机会。因为"盖彼叛而召我者，岂欲得我而与为不义哉？""天下人所知，而不狃召孔子，其志不在于恶矣"。

（2）孔子遵循的"以义行道则不失人，以道处义而不失己"的人生原则使然。如果公山不狃来召之，孔子拒之，那是孔子既"失人"，又"失己"。

（3）孔子心怀"明知不可为而为之"的坚定信念为"仁道"，而公山不狃来"召"之，"天下未至于不可为，而先以不可为引身自退，而绝志于斯世，此非孔子'知其不可为而为'之精神。"

（4）孔子自言之："夫召我者，而岂徒哉？如有用我者，吾其为东周乎？" "夫召我者，而岂徒哉？"入仕乃孔子最为强烈的夙愿。这是由他入仕之目的决定的："如有用我者，吾其为东周乎？"如是陈祥道所言：孔子"欲往"，乃是"其守道也。"

第四，一种"态度"，"子路不悦"。子路面公山不狃对孔子之"召"，"子欲往"而"不悦"。子路为何"不悦"，其理由是"末之也已，何必公山氏之之也。"戴望对之释曰："子路不说季氏之专，故曰无所往则止耳，何必公山氏之畔而往也。疾季氏畏畔者众，始谋用孔子，故沮不往。"

在子路看来，公山不狃这样一个叛乱的人，令人不屑、不耻与之为伍，孔子还要到他那里去应仕吗？又不是别无去处。在子路看来，孔子"欲往"，无疑是给公山不狃之"畔"正名，客观上助长了公山不狃之流的无礼叛乱所为。从子路的态度来看，子路并未理解孔子"欲往"之真心用意，如此产生了师徒二人对公山不狃对孔子之"召"，"往"与"不往"之意见分歧。

针对子路之语，孔子的回答，更为具体地表征了孔子"欲往"的理由和真实动意。在孔子看来，公山不狃来"召"自己，"岂徒哉？如有用我者，吾其为东周乎？"于此可见，孔子是相信公山不狃来"召"自己的真心，并一定会启用自己。孔子想借此被召之机，复兴"王道"。复兴周礼，在人间再现东周仁道之文化景象，是孔子人生不死之梦。

总之，"公山弗扰以费畔"之后，以"召"孔子出仕之事为引子，表征孔子为行仁道于世，即"吾其为东周乎"，即使是畔臣之"召"，亦"欲往"，此种寻找一切机会"入仕"，实现以"礼"治世的理想，集中体现了孔子为行"仁道"不倦之志。

6. 子张问仁，行仁五德

阳货 17.6

【原文】子张问仁于孔子。

孔子曰："能行五者于天下为仁矣。"

"请问之。"

曰："恭、宽、信、敏、惠。

恭则不侮，宽则得众，信则人任焉，敏则有功，惠则足以使人。"

【译文】子张向孔子请问如何行仁政。

孔子说："能够处处践行五德，就是行仁政了。"

子张说："请问哪五种。"

孔子说："恭、宽、信、敏、惠。能恭敬，便不为人所侮慢。能宽大，便易得众心。能守信，便得人信任。能勤敏应事，便亦有成功；能对人恩惠，便易使命人。"

按朱熹所释："行是五者，则心存而理得矣。于天下，言无适而不然，犹所谓虽之夷狄不可弃者。五者之目，盖因子张所不足而言耳。"孔子借子张"问仁"之机，针对子张之弊，提出"能行五者于天下为仁矣"之论断，表"仁之为道，'先亲以及疏，推恩以成义'，故必以于天下言之，乃极仁之量也（戴望）"。如此，不仅表明"仁"通行于天下而无碍，具有普遍有效性，而且表明"仁"在"行"中，以此充分彰显孔子对"行仁"的高度重视。

"仁"在"行"中。若能行"恭、宽、信、敏、惠"，那么，"仁"于天下就得以落实与展现。于此，孔子将"仁"从价值本体"道"的高度下降到为政实践维度，化"理念"为"施政"行为、化个人之德性为为政者之"官德"。如此，孔子之论，明确地展现"仁德""仁政"至"仁道"之生成逻辑。

孔子言"能行五者于天下为仁矣"，具体表明"天下为仁"，就内含于为政者"能行五者"之中。如此，孔子之论，揭示"天下之仁"，与为政者"能行五者"之内在逻辑，这就为"天下为仁"指明了现实可行之路。

具体而言：

第一，孔子借子张之"问仁"，着重阐述了惟君子，尤其是为政者遵循或落实五德：即"恭、宽、信、敏、惠"于为政中，"仁"方可以畅行天下，以此展示"能行"五德之良效善果："天下归仁"。

第二，"能行五德"，其中之"能行"，表明有施行、推行"五德"之主观愿望和客观能力，由此也就决定"能行五德"之主体，是当权的为政者。而"能行五德"之"五德"，即是孔子提出的为政者施政持守和贯彻的五项基本原则。如此，"能行五德"之"能行"，表官德；"五德"表通过官德而生成"仁政"的内容。如此，孔子将"天下为仁"，寄托于为政之"能行五德"，即施"仁政"。在此，孔子确定了"天下为仁"的源头和生成机制，遵循着他一贯的"德治"、贤人政治之思维和逻辑。

第三，孔子提出为政者"能行五德天下为仁"之必然判断后，具体对"行五德"予以具体而清晰的阐释，为为政者指明了施政的伦理原则，促"仁天下"之生成。恰如蕅益所释："要以此五者行天下，方是仁。不得舍却天下，而空言存心。以天下不在心外，而心非肉团故也。"

（1）"恭则不侮"。这是为政者所行之首德。它要求为政者为人做事恭敬谦卑，待人要平等、敬重，切不可盛气凌人、轻慢于人；同时更不可傲慢而自讨没趣、自取其辱。一句话，"恭"，要求为政者，施政须遵从"礼"而虔敬。如此，"恭"，表为政者之为政态度、为政行为之特质，而是以此表其"善政"。惟"恭"，方可"不侮"，即"不致使人侮慢"。（戴望）

（2）"宽则得众"。这不仅要求为政者必须具有宽恕之德，待人以宽厚，严责己，薄责于人，对于非原则性的问题，不必过分计较，能做到"成事不说；遂事不谏；既往不咎。"（《论语·八佾》）而且更为重要的是施"宽"之政，切忌行苛政和暴政。如此，为政之"宽"，必会聚人气，得人心，彼此不生怨而和谐。"宽"之最终结果必是"近者悦，远者来"，众人拥之、随之而不去，故"得众"。

（3）"信则人任焉"。孔子曾言："人而无信，不知其可也。大车无輗，小车无軏，其何以行之哉？"（《论语·为政》）孔子强调和突出了做人守"信"之重要性。如戴望所释："信者，以恩相亲信。信，保也。民保于信，不以城，故《春秋》凡书城，皆讥也。"在此处，孔子不仅仅表达为政者具有"信"之德，是受人信任的德性前提，突出唯有"信"，才可以"立"，也才能赢得他人的信任与尊重，更为重要的是强调施政本身是否具有令世人可信之诚信。

（4）"敏则有功"。这是对君子"君子欲讷于言而敏于行"（《论语·里仁》）之深化，具体要求为政者对待政事必须敏锐、敏感而不迟钝，积极而勤于做事，不拖沓，不推诿，不怠惰，如此，方能很好地立为政之事功。"敏则有功"，以"敏"与"有功"作为为政者施政的两个递进性尺度与原则。"敏"则为政之"勤"，进而表为政之"敬"，如此，"敬""勤"构成"敏"的前提与基础，终成"有功"之政。

（5）"惠则足以使人"。这首先要求为政者确立正确的为政价值理念。恰如孔子所言，君子"修身以敬"，其目的在于"安人"，而最终要达"安百姓"。戴望释曰："人君之道，以益下为德。曹羁曰：'守天之聚，必施其德义，德义弗施，聚必有缺。'"如此，孔子强调为政者必须要考虑到其治下之人或民的切己之需、之合理的利益诉求，时时满足其下之物质的和精神上的需要，使之生存无忧，生活无碍，心情愉悦。这样，方可"足以使人"，善治天下，"天下为仁"之效果，亦是水到渠成。

对于孔子强调为政者所"行"之"五德"的内在关系，陈祥道之释予以了揭示："孔子言为仁，则曰：恭、宽、信、敏、惠，而不及公；言为政，则曰：宽、信、敏，公而不及恭、惠。盖公者，王道之端，而非子张之所及。恭惠者，仁体之末，而非为政之所先也。于为政曰：信则民任焉。于为仁曰：信则人任焉。夫恭者，为仁之始。使人者，为仁之效。故始之以恭，终之以使人。孔子论子产之道，始之以其行己也，恭终之以其使民也，义与此同意。"朱熹引张敬夫释曰："能行此五者于天下，则其心公平而周遍可知矣，然恭其本与？"

第四，孔子提出为政者施政"五德说"，并指出此乃是行于天下为"仁"之具体行政原则，充分体现孔子"仁治"天下的理想。为政者是孔子实现"仁政"理想的践行者和主体，如此，孔子对为政者"仁德"之规定，本质上即是对"仁政"内涵的规定。

第五，此节承接上一节，表公山弗扰"召"孔子出仕而谋，孔子"欲往"之目的。亦如南怀瑾所释，孔子对阳货、公山弗扰之流，通过"畔"，即"不以正道取得政权的人，他更不会理这一套。"如此看来，孔子对为政者"行五德"之规定，实质上是为"仁政"能在鲁国再现和复兴所做出的具体要求和条件规定，以此直接审断、比照鲁国为政者。

总之，孔子将"仁"聚焦于为政者之施行"恭、宽、信、敏、惠""五德"，具体化为为政治国之"仁政"原则，落实于为政者施政之"仁德"。如此，"仁"方可行于天下。

孔子所言"五德"之行，不仅是考量为政者施政之德行状况的尺度，亦是衡量"仁"实现状况之标准，更是孔子出仕所要践行和所要达成的目标。如此，行"五德"，不仅是为政者个体德行之彰显，亦是为政之"仁"之标示，更是"仁政"价值追求之表征。

附：

南怀瑾：这一段就是说明孔子不会去的理由，尤其对这些不以正道取得政权的人，他更不会理这一套。子张问仁，孔子这里是说仁的作用。他说五个条件都做到的，可以称作仁。子张问哪五个条件？孔子说：恭、宽、信、敏、惠。在古文这五个字很简单，拿现在来说，就是五条原则、五个目标或守则。第一个恭。对自己的内心思想、外表行为等，要严肃的管制，尤其一个领导人，对自己的管理，特别重要。第二个宽。对人宽大，所谓宽宏大量，能够包容部下、朋友所有的短处及小过错。第三个信，能信任人，有自信。第四个敏。就是聪明敏捷，反应快。第五个惠，更重要，恩惠，以现在说，实行社会福利制度就是恩惠的一种，但不要把福利看成是全部的惠。待人要有真感情，对年轻的视同自己的兄弟儿女，对年纪大的视同自己长辈，不是手段，要出自真心的诚恳。这是作人做事五个基本条件，假使做到了，随便在哪一界做事，都有用处。（南怀瑾：《论语别裁》）

7. 不为匏瓜，焉系不食

阳货 17.7

【原文】佛肸召，子欲往。

子路曰："昔者由也闻诸夫子曰：'亲于其身为不善者，君子不入也。'佛肸以中牟畔，子之往也，如之何？"

子曰："然，有是言也。不曰坚乎，磨而不磷；不曰白乎，涅而不缁。吾岂匏瓜也哉？焉能系而不食？"

【译文】佛肸召孔子去，孔子打算前往。

子路说："我曾听先生说过：'那人亲身做了不善之事，君子是不入其国的。'现在佛肸据中牟作叛，你却要去他处，这如何解释呢？"

孔子说："是的，我有过这样的话。不是说坚硬的东西磨也磨不坏吗？不是说洁白的东西染也染不黑吗？我难道是个苦味的葫芦吗？怎么能只挂在那里而不给人吃呢？"

按戴望之释："佛肸召，子欲往"应发生于"哀公二年，孔子在卫，佛肸为中牟宰，晋赵鞅帅师攻中行氏，伐中牟。佛肸为范中行守，使人召孔子。"

佛肸召孔子，"子欲往"，子路以孔子之论而反诘之、反对之，孔子以"坚"之"磨而不磷""白"之"涅而不缁"，表明"所以欲往之故"（戴望），进而以"匏瓜"反喻，表己须"要当有用于世"（戴望），厉行"仁"于乱世之情怀。

对于"佛肸召，子欲往"，以及子路与孔子之"对话"，充分表明孔子之所以想去应召，主要是其急于救世，急于行仁道于天下使然。

具体而言：

第一，前有公山不狃"召"孔子，孔子"欲往"，子路"不悦"而反对。这次是晋大夫赵简子之邑宰佛肸"召"孔子，孔子又"欲往"，子路以孔子之言欲止孔子前往。孔子在此节中，以石之"坚硬"和玉之"洁白"来比赋自己的德行，不会被污浊的乱世所玷污、不会为乱臣贼子浸染，进而以匏瓜来比喻自己的学问、才干和理想，不能束之高阁，只作摆设，必须落地为人所用。如此，表孔子想抓住一切机会入仕而救世，将"仁政"之理想付诸实际。这充分彰显孔子实现"仁道"之急切心情和迫切愿望。

第二，事实上，当公山不狃"召"时，"子欲往"。晋之邑宰佛肸"召"之，子又"欲往"。

为何孔子如此急切想出仕呢？除了前面所阐释的三个原因之外，应该还有一个非常重要的原因，那就是孔子与阳货路遇之后，阳货向孔子所问的三个问题，[即①"怀其宝而迷其邦，可谓仁乎?"；②"好从事而亟失时，可谓知乎?"；③"日月逝矣，岁不我与。"]着实戳到孔子之隐痛上了。换句话说，阳货其人可恶，孔子认为此人与之"道不同"，但是阳货所说的或所问的三个问题，孔子却记在了心上。应该说，阳货之问，虽让孔子很难堪，但却让孔子很清醒地意识到自己的困境和最急切的问题之所在。如此，只要一有机会，有人一"召"，孔子就"欲往"。对此，陈祥道释曰："虽公山佛肸之召，则欲往，盖彼叛而召我者，岂欲得我而与为不义哉？殆亦有悔过迁善之心焉耳。夫苟有悔过迁善之心，而可与之为东周者，其可以弃而不欲往乎？故欲往者，以义行道，而终不往者，以道处义。以义行道则不失人，以道处义而不失己，此所以为孔子也。"

第三，当公山不狃"召"时，"子欲往"，子路"不悦"，反对之；佛肸亦"召"，"子欲往"，子路引孔子之论"亲于其身为不善者，君子不入也"反对其前往。从形式上而言，子路之反对理由是充分的，否则孔子就是"自食其言"。然子路依然未能充分理解孔子"欲往"之深意。对此，朱熹引张敬夫之释曰："子路昔者之所闻，君子守身之常法。夫子今日之所言，圣人体道之大权也。然夫子于公山、弗肸之召皆欲往者，以天下无不可变之人，无不可为之事也。其卒不往者，知其人之终不可变而事之终不可为耳。一则生物之仁，一则知人之智也。"

第四，面对子路之诘问，孔子进一步阐释，以明"欲往"之由。孔子回答对子路之质疑，突出了两点：

（1）孔子认为自己的德行修养如石之"坚""磨而不磷"，似"白""涅而不缁"。佛肸虽是乱臣，但是其并不能让孔子受之污染而乱了德性。因此，应"召"入仕，并非与之同流合污，孔子依然会保持自己的秉性，并且在那样恶劣的环境中，会愈加显得坚硬和净洁，不会受损与污染。如是钱穆所释："此两语，言人之不善，将无浼于己也。"（钱穆）此"喻佛肸虽负畔名，而不背所事，较之比靬挟韩、魏以胁君者，不曰坚乎白乎？此明所以欲往之故。"（戴望）同时，孔子亦自信"上知"之人不会"移"成"下愚"而为"恶"。对此，陈祥道释曰："夫坚譬则德，白譬则行。德固于内，而不可亏，故曰：'磨而不磷'。行纯于外，而不可变，故曰：'涅而不缁'。"

（2）孔子以"匏瓜"为喻，反问自己和子路"焉能系而不食？""匏瓜系于一处而不能饮食，人则不如是也。"（朱熹）"匏瓜：匏瓜味苦，人所不食。或曰：匏瓜指天上星名。系而不食：匏瓜系于一处，人不食之；我不能如此，故周流求行道于天下。或说：如星之系于天而不可食。"（钱穆）孔子以"匏瓜"之喻，其意在于表他不能做一个高悬的"匏瓜"，只供人观赏而不能"食用"，以示他的"仁政"诉求亦不能仅仅停留于愿景，而必须直面乱世，通过入仕为政，让"王道"之理想渐次成为现实，有用于世。此为孔子"欲往"的真正谜底，也是孔子"行仁"追求之具体体现。

对于孔子所言："坚乎，磨而不磷；不曰白乎，涅而不缁。吾岂匏瓜也哉？焉能系而不食？"蕅益释曰："磨得磷，便非真坚；涅得缁的，便非真白。匏瓜用为浮囊，而不用做食器，只是一偏之用。圣人无用，无所不用，故云'吾岂匏瓜'，乃显无可无不可。犹如太虚空然，不可唤作一物耳，非要与人做食器也。若做食器，纵使瑚琏，以可磷可缁矣。"

第五，孔子在上一节回答子张问"仁"时，指出"为政"之目的，是通过践行"五德"而使"仁"行于天下；如此，面对佛肸之"召"，孔子自然会毫无犹豫地"欲往"。恰如钱穆所解：实现"仁道"乃孔子之"素志"，故而孔子以"匏瓜"言"我不能如此，故周流求行道于天下。"

总之，"本章与弗扰章，皆记孔子之初意欲往，而不记其卒不往，盖以见孔子仁天下之素志。"（钱穆）本节以佛肸"召"孔子一事为引子，通过子路与孔子师徒二人之辩，再次彰显了孔子行"仁"于天下之笃定志向。在本节中，孔子针对子路之反对，以石之"坚"、玉之"白"来譬自己的志与德，进而以"匏瓜"来喻自己的才智与仁道追求，突出自己必须直面真实的乱世，这才是怀仁德，弘仁道之人所应有的实践品格。在此基础上，在本章中，孔子面对两次"召"，都"欲往"，表孔子行仁道之心急切，期待太平治世早日来临。

附：

南怀瑾：佛肸，也是一个叛变的人，同样也请孔子去，孔子准备去了，又是子路反对。他提出来说，老师，你从前教育我们的，受国家和长官的培养，结果做出许多不对的事情的人，不能来往，这种人所管辖的地方都不去的。而佛肸在中牟叛变，独立了，你现在却想去这样的地方，这又是什么道理呢？孔子说，是的，是有这个道理。但是你知不知道？一个很坚固的石头，像金刚钻一样，随便你怎么磨它，也不会碎。一块真正无瑕的玉，无论如何也染不黑的。孔子这两句话，就是告诉子路，一个人如果有真正的内涵，则任何一种环境，任何一个时代，都始终站得住。孔子又说我总不能像那个匏瓜一样，永远挂在树上，不给人吃的。这是他跟子路开玩笑了，也就是告诉子路，他只是说去，实际上是不会去的。换句话说，假定真的去，那么在任何环境中都可以站得住而有所建立，并且是有心想挽救这个时代的，不能够永远挂在树上，像匏瓜一样只给人当样品一般欣赏而已。（南怀瑾：《论语别裁》）

8. 教导子路，六言六蔽

阳货 17.8

【原文】子曰："由也，女闻六言六蔽矣乎？"

对曰："未也。"

"居！吾语女。好仁不好学，其蔽也愚；好知不好学，其蔽也荡；好信不好学，其蔽也贼；好直不好学，其蔽也绞；好勇不好学，其蔽也乱；好刚不好学，其蔽也狂。"

【译文】孔子说："由呀，你听说过六种品德和六种弊病吗？"

子路回答说："没有。"

孔子说："坐下，我告诉你。爱好仁德而不爱好学习，它的弊病是愚昧无知；爱好聪明而不爱好学习，它的弊病是行为是放荡不羁；爱好诚信而不爱好学习，它的弊病是容易被人利用，反成伤害；爱好直率却不爱好学习，它的弊病是说话尖刻刺人；爱好勇敢却不爱好学习，它的弊病是会导致犯上作乱；爱好刚强却不爱好学习，它的弊病是狂妄自大。"

此为孔子主动针对子路之失而教之。"子路勇于为善，其失之者，未能好学以明之也，故告之以此。曰勇，曰刚，曰信，曰直，又皆所以救其偏也。"（朱熹引范氏）

"六言"皆美德，然若"徒好之而不学以明其理，则各有所蔽"。（朱熹）如此，孔子要求子路"好学"而补其失，纠其弊，达"好仁"而不"愚""好知"而不"荡""好信"而不"贼""好直"而不"绞""好勇"而不"乱""好刚"而不"狂"之境。

"好者，闻其风而悦之，不学则不能深原其所以之道，故必有所蔽。仁、知、信、直、勇、刚六言皆美名，不学则不明其义，不究其实，以意会之，有转成不美者。"（钱穆）如此，孔子教子路须"好学"，以明理而自觉行美德，进而提升个人修养。于此，贯穿始终之根本精神则是孔子所倡导的"中道"，即追求不偏不倚、恰到好处的行为准则和完美之目标。而要达到此目标，须不断学习，日积月累。

简言之，孔子教子路当重学明理，超越自发至自觉，成行"六言"而免"六蔽"之君子。如此，突出"好学"之积极功效。

具体而言：

第一，孔子曾论"恭而无礼则劳，慎而无礼则葸，勇而无礼则乱，直而无礼则绞。"（《论语·泰伯第八》）指明"恭""慎""勇"和"直"之"四德"，皆为"美德"，若无"礼"之节制，就会蜕变为"劳""葸""乱"和"绞"，以此凸显"礼"的规范作用。于此处，孔子主动向子路讲述"六言"和"六蔽"，并明确指出"六言"，因不"好学"而转变为"六蔽"，从而突出通过"学"而超越对"美德"经验式、直觉式，抑或自发本能式等朴素而外在性地追从，强调通过"学"，即通过道德主体对"六德"加以深究，明晰其内理和矛盾变化，实现对美德的自觉与自明，以避免从"六言"滑向、坠入"六蔽"。

第二，孔子具体列出了"好仁""好知""好信""好直""好勇"和"好刚"六种好的品德，相应地提出来，即使是"好"之，然"不好学"，那么则必导致"愚""荡""贼""绞""乱"和"狂"等消极、负面的偏执，走向美德的对立面。如此，孔子超越常识，提出"六言"向"六蔽"，即由"善"而"恶"之转化性关系。而导致"六言"向"六蔽"转化的一个根本原因则是："不好学"。因为"若不好学，则仁知等皆虚名耳。言者，但有虚名，非实义也。蔽，却是实病矣（蕅益）"。

这样，孔子依次强调对"六言"之"好"，必须从自发、感性、直观深达其内在本质、变化机理的通透把握，突出通过"好学"之，深刻把握每一种美德的本质内涵，明辨是非善恶，以使超越道德本能之"好"，避免因浅薄而导致的负面结果。

第三，孔子具体分解了"六言"之"好"，指出并强调道德主体对"六言"不能停留于主观自发偏向之"好"的层面，还必须将"好"转化为"学"，实现对"六言"之本质和变化规律的把握，而且通过认知的提升，从而实现"六言"之内化而自觉、而深刻。

直言之，孔子突出即使对"六言"之美德有"好"之心，若无通过"学"而深刻地把握其本质，将会最后导致走向"六言"之反面，即"六蔽"。

（1）"好仁不好学，其蔽也愚"。"仁知信，德性也；直勇刚，德行也。好仁不好学，则施而不能返，故愚。"（陈祥道）"愚，若可陷可罔之类。"（朱熹）"仁以亲贤为务，好仁而爱无差别则愚，若墨者。"（戴望）其意表崇尚仁爱，却不爱学习，生出的弊病则是愚蠢，致使言行失当，易受人摆布愚弄。

（2）"好知不好学，其蔽也荡"。"好知不好学，则动而不能静，故荡，若仪秦是也。"（陈祥道）"荡，谓穷高极广而无所止。"（朱熹）"荡，犹盪盪无津厓。孙卿曰：'道过三代谓之荡'，若邹衍，许行矣。"（戴望）"荡，谓放而无归，穷高极远而不知所止。"（钱穆）其意表崇尚智巧，却不爱学习，生出的弊病是肤浅无根，轻浮放纵，精神无所归依，好耍小聪明，无原则、无操守。

（3）"好信不好学，其蔽也贼"。"好信不好学，则复言以害仁，故贼，若尾生是也。"（陈祥道）"贼，谓伤害于物。"（朱熹）"信不度义，必思复言，则害道，若尾生。"（戴望）"贼，伤害义。如尾生与女子期而死于梁下是也。"（钱穆）其意表崇尚诚信，却不爱学习，生出的弊病则是为小信而伤害大仁大义，此所谓毁仁害义者也。

（4）"好直不好学，其蔽也绞"。"好直不好学，则讦而不能容，故绞，若证父者是也。"（陈祥道）"绞，急也，绳也。急切绳人之过，令难容受，若齐国佐。"（戴望）"绞，急切义，如父攘羊而子证之。"（钱穆）其意表崇尚率直，却不爱学习，生出的弊病是急躁乖戾，做事极端，嘴尖牙利，口无遮拦而尖酸刻薄，不通情理，不能宽以待人，最终伤人害己。

（5）"好勇不好学，其蔽也乱"。"好勇而不好学，则暴而不怯，若贲育是也。"（陈祥道）"勇者，刚之发。"（朱熹）"乱，犯上违法。"（钱穆）其意表崇尚勇敢，却不爱学习，生出的弊病则是有勇而无义，没有规矩，乱法坏纪，暴虎冯河，制造动乱或犯上作乱。

（6）"好刚不好学，其蔽也狂"。"好刚而不好学，则强而不知节，故狂，若阳处父是也。"（陈祥道）"刚者，勇之体。"（朱熹）"狂者暗行妄发，若阳处父。"（戴望）"狂，妄牴触人。"（钱穆）其意表崇尚刚强，却不爱学习，生出的弊病则是目中无物，狂妄膨胀，刚愎自用，恃强凌弱，任性无节制、无底线，无所不为。

第四，对孔子教导子路之论，有三点须注意：

（1）按陈祥道之释："子路尝曰：南山有竹，不扶自直，何学之有？其使子羔为费宰，则曰：何必读书，然后为学？由是观之，则子路之不学可知矣，故孔子告之如此。仁智信五德之序也，直刚勇三德之序也。刚德之偏，故在勇下，然言五德不及礼义，言三德不及柔者，礼义之于仁智信勇，则履之、宜之而已。柔非所以告子路也。"亦如朱熹引范氏之释曰："子路勇于为善，其失之者，未能好学以明之也，故告之以此。"如此，孔子所论，从其直接性而言，乃是针对子路"不好学"之"弊"，训导子路秉持"六言"，更应"好学"。

（2）"'由也，女闻六言六蔽矣乎？'对曰：'未也。''居！吾语女。'"《礼》规定"君子问更端，则起而对。故孔子谕子路，使还坐而告之。""古人对长者问，必起立，孔子命其还坐而告之。"（钱穆）表孔子严格按照"礼"之规定而规范教徒；子路亦能遵礼、行礼而受教。

（3）孔子教导子路当"好学"，其"学"之所指，如戴望所释："所学者先王之道，《诗》、《书》、《礼》、《乐》是也。"

总之，在本节中，孔子以"好"为始，从反面突出了仅仅"好"，若"不好学"，那么，"六言"必走向其反面，成为"六蔽"，这就表明若仅仅对"六言"停留于主观自发的"好"，而缺乏对之本质和内在理路的深究，把握其中的奥妙，那么，"六言"之"好"就不能稳固，最后必将蜕变为"六蔽"。如此，孔子凸显"礼乐""先王之道"之规范，表对美德追寻必须超越直觉和自发而达到自觉状态之必要，从而突出了"好学"于深化和持守美德的重要性。简言之，"好学"具有固本纠偏之效。

　　有"好仁""好知""好信""好直""好勇"与"好刚"，皆趋"善"就"美"德，假以"好学"，方可避"愚""荡""贼""绞""乱"和"狂"之蔽，方可自觉而成就内具"仁""知""信""直""勇"和"刚"之美德君子，如是钱穆所释："见此六言虽美，必好学深求之，乃能成德于己。"

9. 孔子论诗，兴观群怨

阳货 17.9

【原文】子曰："小子何莫学夫诗？诗，可以兴，可以观，可以群，可以怨。
迩之事父，远之事君。多识于鸟兽草木之名。"

【译文】孔子说："小子们为什么没人学《诗》呀？学《诗》可以激发心
志，可以观风俗之盛衰，可以使人懂得如何群处，可以使人懂得群处不得已时
如何怨。从近处讲，懂得如何事奉父母，往远处讲，懂得如何事奉君上；还可
使你多认识一些鸟兽草木。"

前一节，孔子教子路"好学"。"好学"，从其所学之内容来看，就包括《诗》。孔子
以"小子何莫学夫《诗》？"表其弟子们普遍不"好学"，或所学遗漏了《诗》，故令孔子
很惊叹，以此表孔子提醒学《诗》于小子立身处世、提升涵养具有不可或缺性。如此，孔
子表达学《诗》于小子之重要性。

学《诗》为何重要？《诗》本身含括大量的"兴""观""群""怨"之法、之理。如
此，通过学《诗》，就会懂得如何"兴""观""群""怨"，于是就"可以"兴、观、群
和怨，且懂得如何"事父、事君"，同时还增加有关鸟兽草木之知识。诚如陈祥道所释：
"诗可以兴，可以观，穷理也。可以群，可以怨，尽性也。学至于尽性，则迩可以事父，
远可以事君。若多识鸟兽草木之名，则学诗之所成终始也。"（陈祥道）如此，表学
《诗》，乃立身处世，修己而成"文质彬彬"之君子的必修课。

简言之，孔子此论，详尽地阐释了《诗》的教化作用。

具体而言：

第一，孔子不仅重"礼教""乐教"，而且亦重《诗》教。孔子此论，从
《诗》之具体功能视角，阐释学《诗》于立身处世、修身进德增知之价值，突
出学习《诗》的重要性，以引起"小子"对学《诗》的高度重视。

第二，孔子针对"今人都不曾学《诗》"（溥益）之状，以"小子何莫学
夫《诗》"之惋叹开始，引出学"诗"之必要性和重要性。如此，孔子教诲弟
子们一定要重视学《诗》。为此，孔子具体解析了学《诗》的功能或作用。

（1）学《诗》，"可以兴""可以观"。"诗可以兴，可以观，穷理也。盖学

诗则知言，故可以兴。知言则有节于内，故可以观。"（陈祥道）"可以兴"是"感发志意"，"可以观"是"考见得失。"（朱熹）"兴者，兴起于物。周公曰：'微言入心，凤喻动众'。"可以"观风俗之盛衰。"（戴望）"《诗》尚比兴，即就眼前事物指点陈述，而引譬连类，可以激发人之志趣，感动人之情意，故曰可以观，可以兴。兴者兴起，即激发感动义。盖学于诗，则知观于天地万物，闾巷琐细，莫非可以兴起人之高尚情志。"（钱穆）如此，突出一个人，读了励志的、豪情的诗，自然精神为之一振，激情难抑；同时，学习诗文中的思维方式、看待事物的角度、深度，有助于锻炼自己的思维，提高自己的认知能力。

（2）学《诗》，"可以群，可以怨"。"可以群，可以怨，尽性也。有节于内，则知所避就，故可以群。知所避就则出怨不怨，可以怨。"（陈祥道）"可以群"是"和而不流"，"可以怨"是"怨而不怒。"（朱熹）"可以群，群居相切磋；可以怨，怨刺上政。"（戴望）"诗之教，温柔敦厚，乐而不淫，哀而不伤。故学于诗，通可以群，穷可以怨。"（钱穆）如此，突出一个人学诗，心胸就应开阔豁达，容易接纳别人，与人交流；同时，与其他学诗者亦可切磋交流，自然就不孤僻；一个人学了诗，心中有不平或怨，懂得该如何恰当抒发，以及抒发到什么程度。否则憋在心里，或乱发一通，无益于己之身心，亦无益于处人。

学《诗》，"可以兴，可以观，可以群，可以怨"，因为《诗》本身包括、蕴含着大量的"兴""观""群""怨"之法、之理。其中，"兴"指联想感发；"观"指《诗》可观察天地万物和人间万象、风俗之盛衰；"群"指《诗》反映了人如何合群及与人进行思想、情感之交流；"怨"指《诗》中有教人如何表达对社会不合理现象的不满和批判。如此，通过学《诗》，就会懂得如何"兴""观""群""怨"，于是就"可以"兴、观、群和怨。孔子以"可以"突出学《诗》于己立身处世的必要性和重要性。

（3）学《诗》，则可以"迩之事父，远之事君"。因为通过学《诗》，"可以"兴、观、群和怨，表"学至于尽性，则迩可以事父，远可以事君。人道尽矣，故以之事父则孝，以之事君则敬，此所以成孝敬，厚人伦者也。"（陈祥道）"迩之事父，远之事君"是"人伦之道，诗无不备，二者举重而言。"（朱熹）"如《凯风》《白华》，相戒以养，及《雅》《颂》君臣之法。"（戴望）"事父事君，最群道之大者。忠臣孝子有时不能无怨，惟学于诗者可以怨，虽怨而不失其性情之正。"（钱穆）如此，通过学《诗》，知"人伦之道"，则"可以""事父事君"自觉行孝敬，厚人伦、践忠诚。这样，孔子将学《诗》纳入个人德修之中，突出了《诗》之道德教化功能。

(4) 学《诗》，可以"多识于鸟兽草木之名。""若多识鸟兽草木之名，则学诗之所成终始也。"（陈祥道）"其绪余又足以资多识。"（朱熹）"名，散名也。以其大别，推而小别，则物各有名，名各有义，不知其义，则比兴之意乖。"（戴望）"诗尚比兴，多就眼前事物，比类而相通，感发而兴起。故学于诗，对天地间鸟兽草木之名能多熟识。此小言之。若大言之，则俯仰之间，万物一体，鸢飞鱼跃，道无不在，可以渐跻化境，岂止多识其名而已。孔子教人多识于鸟兽草木之名者，乃所以广大其心，导达其仁。诗教本于性情，不徒务于多识。"（钱穆）

孔子曾教伯鱼曰："不读诗，无以言"。孔子于此突出学《诗》，不仅可以增长对自然之知识，而且以此还可以陶冶性情、扩展胸怀、提升心境。如此，在孔子看来，学诗、读诗，对于一个人智识之成长，心性之陶铸，德行提升，必不可少。

第三，进而言之，孔子强调"诗教"之价值，是因为孔子认识到《诗》所具有的"兴、观、群、怨"四大基本功能，并将之运用于德化教育之中，由此，兴、观、群、怨，成为孔子对诗所德化之具体功能的阐释。孔子以《诗》化人教民，让人可以兴观群怨，天下就可以归"仁"。

通过学《诗》，知"兴"，"可以兴"，让小子每日读那些歌功颂德的诗，就会引发他们对当朝统治者丰功伟业的联想，此举于小子、世人具有强大的驯化功能，消弭其叛逆心。

通过学《诗》，成"观者"，知"察"，如此，也就可以观察人间万象，生好善恶恶之心，进而从善去恶，这样也就没有犯上作乱之人了。

同理，通过学《诗》，懂得"群"，知正声雅言之诗，自会养成中和之意、包容之心，安于统治。

通过学《诗》，懂得怨者，哀声也，如是，读《诗》中那些哀怨悱恻之诗，自会滋养怨而不怒的情感，即使对为政者有偌大之不满，也只是唉声叹气而已。

孔子以诗教人、化人之真正的目的，则是使人与民具有"事父""事君"之德，进而能颂诗朗朗，其乐融融，促天下太平。

第四，从孔子强调弟子们学《诗》之目的看来，突出孔子要求弟子不仅要有"质"，而且还要有"文"，从而达到"文质彬彬"。而"文"则是需要通过学《诗》而得以实现。如此，孔子开发出"文以载道"之传统。这是值得充分肯定的。

第五，从孔子强调弟子们学《诗》可见，孔子将《诗》、《乐》等一切都纳入德化、礼教以及为政治理之中，由此凸显孔子以礼教、德化为中心而形成的泛道德主义和泛政治化的思维逻辑与价值取向。

总之，孔子要求弟子们学《诗》，通过凸显《诗》之"兴""观""群"和"怨"四大基本功能，达到"迩之事父，远之事君"和"多识于鸟兽草木之名"之效，最终通过"《诗》教本于性情，广大其心，导达其仁。"（钱穆）促成弟子们完成心性的蜕变，成为符合自觉践行"仁道"要求之君子。

10. 孔子教子，周南召南

阳货 17.10

【原文】子谓伯鱼曰："女为《周南》、《召南》矣乎？人而不为《周南》、《召南》，其犹正墙面而立也与！"

【译文】孔子对伯鱼说："你学习《周南》《召南》了吗？一个人如果不学习《周南》《召南》，那就像面对墙壁而站着吧？"

孔子行《诗》教于众弟子，于其子伯鱼依然，恰如陈亢所言："君子之远其子也。"孔子曾教伯鱼"不学诗，无以言"。今又教伯鱼"人而不为《周南》《召南》，其犹正墙面而立也与？"，再次强化学《诗》之重要性，要求伯鱼学《诗》。

孔子为何如此重视学习《周南》《召南》？

从《周南》《召南》于《诗》中之地位而言，陈祥道释曰："乾坤，《易》之门。《周南》《召南》，《诗》之始。学《易》，始于乾坤。学《诗》，始于周召。故曰：'人而不为周南召南，其犹正墙面而立也。'"

从其内容和价值而言，戴望释曰："《周南》、《召南》，乐名也，骨鼓'以雅以南'是也。《周南·关雎》、《葛覃》、《卷耳》，《召南·鹊巢》、《采蘩》、《采苹》，此六篇歌以合乐，用之房中，以及朝廷飨燕飨射饮酒。本其德之初以宣王化，使学者歌之，习其声可以知其德。故人而不学《周南》、《召南》，其犹当墙乡而立也。"

孔子要伯鱼学《周南》、《召南》，以明其中所讲的"夫妇之道"，"知其德"，培养其修身齐家治国之理念。为此，江谦补注："孟子曰：'身不行道，不行于妻子；使人不以其道，不能行于妻子。'譬如面墙而立，第一步已不可行，安能行之家国天下乎？故文王之化，自刑于寡妻始，然后至于兄弟，以御于家邦。"

具体而言：

第一，本节继续呈现孔子如何教子学《诗》，明白其中所蕴含的人世之理，并依此开出生活之路。

在《季氏》篇中孔子让伯鱼"学《诗》"和"学礼"，阐明"不学诗，无以言""不学礼，无以立"之理。在此节中，孔子更为具体问询伯鱼是否学习《周南》和《召南》，其意在于要求伯鱼通过学习《周南》和《召南》，懂得夫妇之道，进而明白"修身齐家之事。"（朱熹）

第二，孔子为何如此重视《周南》与《召南》，并要求伯鱼必须要学习之呢？学习《周南》《召南》到底对人生能起什么作用呢？对人的生活有何指导意义呢？为何孔子将它们于人生的价值提高至如此高的地位？

《周南》与《召南》，是《诗经》开头两篇，《周南》共有十一首诗歌，《召南》共有十四首诗歌。

（1）在《周南》十一首诗歌中，有三首是歌颂爱情的诗篇。

第一首是《关雎》。这首诗表达了爱情离不开相互爱慕，离不开执着、专一。如此，此诗意蕴着笃定与忠诚之情。

第二首是《桃夭》。这首诗所言女大当嫁之理。女人到了结婚的年龄就应该结婚，只有如此，人类才能繁衍生息。

第三首是《汉广》。这首诗表明，婚姻要考虑双方的条件，如果彼此条件悬殊，就很难如愿。

这三首诗，道出了"爱情""婚姻"之真谛。

当然，人生除了爱情，还有勤俭持家，孝敬父母。在《诗经》中的《葛覃》，可以找到勤俭持家，孝敬老人的答案。除此，做人还必须具有勤劳的美德，这在《诗经》的《芣苢》篇中，可以看得清清楚楚；至于战争给人们带来的灾难，只需翻阅《卷耳》《汝坟》就可看到。

（2）在《召南》篇里，《鹊巢》一诗则呈现了社会的两极分化，贫富不均，找不到公平的砝码；而《羔羊》一诗，则能看到一个等级森严的西周社会，看到一个梯形式的爵位制，正因为有了梯形式的爵位制，才使官员们产生了步步高升的欲望。

可以说，《召南》共十五首诗组成，篇篇都对人修身齐家，安身立命具有启迪与教育意义。

《周南》《召南》篇中的这些诗歌，有的歌颂爱情，有的歌颂勤劳，有的揭露战争带来的灾难，有的描写人生规律，还有的述说等级制度，一首诗一幅人生画面，一首诗给人一个启迪，一首诗给人提供了一个人生真理……这说明这些诗，给人警示与启迪，让人在前行的路上永远不会迷失方向。

对《周南》与《召南》于人生的价值，钱穆释曰："二南之诗，用于乡乐，众人合唱。人若不能歌二南，将一人独默，虽在人群中，正犹面对墙壁而孤立。或说：《周南》十一篇，言夫妇男女者九。《召南》十五篇，言夫妇男女者十一。二南皆言夫妇之道。"

第三，孔子最后很形象地指出，"人而不为《周南》《召南》"，亦即说人若不懂得男女夫妇之道，成年了而没有过上正常的婚姻家庭生活，不明群处之理，如是离群索居，那种孤独、空荡，恰如"面对墙壁而立"，令人寸步难行。如朱熹所释曰："正墙面而立，言即其至近之地，而一物无所见，一步不可行。"蕅益注曰："'为'字妙。直须为文王，为周公，始非南墙。"

　　总之，孔子教育伯鱼，要求伯鱼学《周南》《召南》，明白"夫妇之道"，因为"人若并此而不知，将在最近之地而一物不可见，一步不可行"（钱穆）。如此，孔子高度重视伯鱼对《周南》《召南》之学习，以明其修身齐家之"夫妇之道"，以免人生"正墙面而立"之困。

　　　　　　　　　　　　　　生活哲学视野中的"论语"研判

11. 礼云乐云，礼乐之衰

阳货 17.11

【原文】子曰："礼云礼云，玉帛云乎哉？乐云乐云，钟鼓云乎哉？"

【译文】孔子说："礼呀礼呀，只是说的玉帛之类的礼器吗？乐呀乐呀，只是说的钟鼓之类的乐器吗？"

"礼"只遗下"玉帛"，"乐"也只残存"钟鼓"，"礼""乐"只流于形式而丧失了本应有的实质内容，此乃春秋"礼崩乐坏"之写照。孔子面此发出"礼云礼云，玉帛云乎哉？乐云乐云，钟鼓云乎哉？"之深深慨叹。

"礼贵言而履之，乐贵行而乐之。乐章德，礼达情。董子曰：'礼之所重者在其志。志敬而节具，则君子予之知礼；志和而音雅，则君子予之知乐。志为质，物为文。《春秋》之序道也，先质而后文，右志而左物。'"（戴望）如此，尽管"玉帛""钟鼓"尚存，然"礼""乐"已丧其"质"，徒有其"文"。

孔子言此，对当世权贵弃礼乐之"质"，徒有其"文"予以批判，以表复兴"礼""乐"精神之志。

具体而言：

第一，孔子以礼乐之"文""质"统一为原则，从"礼"与"玉帛""乐"与"钟鼓"之实然关系视角，以反问之语态感叹当世"礼""乐"精神之衰败，突出"礼""乐"形存而实亡之景象，从而反对或批判只停留或只注重"玉帛""钟鼓"之外在器物，而丧失对"礼""乐"精神的重视与遵从。

第二，《礼记·乐记》有言道："礼者，天地之别也。乐者，天地之和也。""礼节民心，乐和民声。"表礼乐之主要功能在于维系社会秩序，促社会之和谐。

"玉帛""钟鼓"，无疑是"礼"和"乐"的外显器物，它承载、表征着"礼""乐"而直观于世人。如此，"礼""乐"赋予了"玉帛""钟鼓"以独特的精神意蕴，使之承载着伦理与文化价值。如是钱穆承朱熹所释："玉帛，礼之所用。钟鼓，乐之所用。人必先有敬心而将之以玉帛，始为礼。必先有和气而发之以钟鼓，始为乐。遗其本，专事其末，无其内，徒求其外，则玉帛钟鼓不得为礼。或说：礼乐之可贵，在其安上治民，移风而易俗。若不能于此，而惟玉帛钟鼓之是尚，则不得谓之礼乐。二说皆是，当合以求之。"亦如陈祥道所释曰："礼主于中，而不在物。乐主于和，而不在声。"

如此，若没有了"礼""乐"之内蕴支撑的"玉帛""钟鼓"，仅仅为一"器物"而已。孔子以"体""用""本""末""质""文"之关系，指明若只存"玉帛""钟鼓"，而无"礼""乐"，如是离"本"之"末"，只是丧失了"实"之"形"、无"质"之"文"。孔子以此批判当世权贵倒置本末，致使"礼""乐"皆丧。

第三，进而言之，孔子深叹，当世之"礼""乐"已被形式化、外在化，进而空乏虚无化，"礼""乐"已经被蜕变为"玉帛""钟鼓"之器物、之末，其精神和实质已荡然不存。如此，"礼"只剩下了"玉帛"，"乐"只剩下了钟鼓，可见"礼乐"之衰到了何等严重之程度。同时亦表明当世之权贵，行"玉帛""钟鼓"之奢侈威风。如此，无"礼乐"之精神，"玉帛""钟鼓"只是奢华生活之点缀、之粉饰，故僭礼之事，繁生不绝。

第四，"礼"可表现为"玉帛"，但非"玉帛"而已。"乐"为"钟鼓"之本，但非只是"钟鼓"而已。"玉帛"与"钟鼓"仅是表达"礼""乐"之器物而已。作为器物，固然很重要，但它们本身并不就是"礼""乐"。"礼""乐"的内涵和文化意蕴，要远比"玉帛""钟鼓"深厚和丰富得多。

总之，孔子批判当世权贵将"礼"与"玉帛""乐"与"钟鼓"之不可剥离的本末、表里、质文关系割裂开来，弃具有丰富与深广精神内涵的"礼"和"乐"于不顾，徒求外在形式化的"玉帛""钟鼓"之取向。孔子之语，一方面表征"礼""乐"于当世之衰落，另一方面则突出表达再奢华的"玉帛""钟鼓"不足以承载和彰显"礼""乐"之精神。孔子借此批评当世权贵于"礼乐"的"形式主义"之时弊，表孔子复兴"礼""乐"精神之志趣。

12. 色厉内荏，穿窬之盗

【原文】子曰："色厉而内荏，譬诸小人，其犹穿窬（yú）之盗也与？"

【译文】孔子说："外表严厉而内心怯懦者，若以小人作比喻，不就像是挖洞爬墙的小偷吗？"

世间有一种人，"外貌似严正，而内心实曲桡"，如是"盗"，"穿窬不由路"，此类人"是谓奸人"（戴望）。孔子以为此类"奸人"，一方面好虚张声势，故作矜持之态以掩饰其内心卑污之欲望，浅薄之心性，卑劣之人格；另一方面如是穿壁洞入行窃之"小偷"，其身由洞前往，然其内心却时刻担心被人发现、识破而胆怯，其心虚之态昭然若揭。

"色厉而内荏"者，其表"厉"，其内"荏"，实属分裂式、伪装式人格之人。"色厉而内荏"者，即是正襟危坐、道貌岸然、装腔作势、外强中干者，此乃奸佞小人。孔子以此讥讽、批判当世的为政权贵。

具体而言：

第一，孔子一针见血地剥开了伪君子之本来面目："色厉而内荏"，且非常形象而犀利地喻之如穿墙爬壁的"盗"一般，心虚而胆怯。如此，孔子通过对外表和内心极度反差、心性猥琐、表里不一、"道貌岸然"之"伪"君子的揭露与批判，突出真君子，当是内外统一、表里如一、光明磊落之人。

第二，但凡一切动物，尤其是高等动物为了生存，都具备相应本能性的"伪装"能力。而"人"，不仅有意识、有目的地"伪装"，而且有能力"伪装"。如此，作为社会的人，从未赤诚相向，修饰性"伪装"乃是人之为人的一种"文化本能"。该种文化本能性的遮蔽、修饰或"伪装"，只是人之存在特质，本无道德属性可言。

然而，当"人"之修饰或"装饰"、或"伪装"为了达到某种特定的目的之时，"伪装"也就具有了某种伦理属性和道德意味。进而言之，当其目的具有邪恶性时，此"伪装"则为"诈"，于此与"善"相悖。

第三，孔子所言外自矜厉，而内柔佞之人，譬之犹"小人"之"盗"，其外虽持正，然其内常有穿壁窬墙窃贼之心。此乃典型的分裂型人格。此等人，表面上强硬、一副"正人"君子态，实际上，却是内心充满着怯懦、虚弱、邪恶和伪善的小人。

"色厉而内荏"者，以"色厉"掩饰其"内荏"，其目的正是为了遮蔽而不被人知其真相，造成他人对之误判。然支撑其"色厉"的是内心之虚柔，故终是担心让人看到他的真实之心态。这种心态是虚假的、伪善的，如是穿窬之盗，惟恐被人发现，这与孔子一贯所强调的为人之朴质真实、温润文雅，内外谐和相左。

第四，究其根本，孔子之语，并非空发其论，而是对春秋末期掌权者之真切描述。在孔子看来，当世的那些掌权者们，外表道貌岸然，威严异常，人模狗样，而其内心则怯懦无比，脆弱至极。如此，孔子对"色厉而内荏"者剥皮抽筋，揭露其本质；以"小人"之"盗"，表征其怯懦、柔弱之内心，以此对之进行辛辣讽刺，指出他们是装腔作势，表里不一，口是心非，以权谋私，作奸犯科，违礼乱法，实为乱世之奸人。

孔子极度蔑视"色厉内荏"、欺世盗名之流，更鄙视外强中干、作威作福，沽名钓誉之辈。此等人，于人前伪作仁义之士，窃取他人的尊敬，而内心唯恐为人识破，终日提心吊胆，担惊受怕。"其无实盗名，而常畏人知也。"（朱熹）此等人，毫无担待之义与真切之善心，在其罪恶与卑劣、卑污尚未被揭发前，装模作样、装腔作势，张扬跋扈、呼风唤雨，威风凛凛，一旦东窗事发，竟只是逃之夭夭。故孔子喻之为钻墙逾穴，偷鸡摸狗之宵小盗徒。孔子以此对当世掌权者予以极度讥讽与深刻批判。

总之，孔子以"色厉内荏"，揭露了当世掌权者之"伪"，以"小偷"真实地刻画当权者外强中干、道貌岸然、大奸似忠之状，并对之予以批判。在此基础上，孔子从一般的意义上对分裂型人格之人的本质特征亦予以了揭露，增强世人对"奸人"之识别，从而规劝为政当戒"色厉内荏"之虚假忸怩作态，成内外谐和统一之人。

13. 乡原之人，德之贼也

阳货 17.13

【原文】子曰："乡原，德之贼也。"

【译文】孔子说："一乡中不分是非、不得罪人的好好先生，就是败坏道德的小人。"

孔子检视和谴责第一类无德之人，即是"色厉而内荏"之"奸人"。在此揭露第二类似德非德、实为乱德之人："乡原"。"乡原"，按戴望之释："以其善原人意，乡里之人皆好之，故谓之乡原。乡原不直于己，求媚于世，甚于穿窬，故曰：'德之贼'，谓足以乱德，若少正卯者也。"

"乡者，鄙俗之意。乡原，乡人之愿者也。""乡原"，"盖其同流合污以媚于世，故在乡人之中，独以愿称。夫子以其似德非德，而反乱乎德，故以为德之贼而深恶之。"（朱熹）如此，"乡原"，毫无是非善恶之原则，惟是媚俗，只是一味讨好"乡人"。此类欺世盗名之徒，似有德，实则害德，极具迷惑性、欺骗性与误导性，从而乱德。

孔子狠批"乡原"为"德之贼"，反对在大是大非，仁善霸恶之本质性、原则性问题上，模模糊糊，左右逢源，丧失道义原则，只是"骑墙"与"和稀泥"，不得罪任何人，如此以超越善恶之假善而出场的"老好先生"，混淆是非善恶，本质上则是纵恶抑善。如此，"乡原"，从根本上而言则以无德之伪善示人，终是害德。正是在此意义上，钱穆释曰："盖惟特立独行之士始可入德，故孔子有取于狂狷。若同流合污，媚世为善，则断非入德之门。"

具体而言：

第一，本节是孔子对"乡原"予以道德定性与定位。在此，孔子揭露"乡原"对于世德的破坏性作用，实为"德之贼也"，从而批判与深恶"乡原"，进而主张以仁、礼为原则判断是非善恶，扬善抑恶，才是真正的君子，从而促世德之建设。

第二，何为"乡原"？钱穆认为"乡，其群鄙俗。原同愿，谨愿也。一乡皆称其谨愿，故称乡原。"如此，乡原者，亦即指看似忠厚，待人友善，其实是只知媚俗趋时，不得罪任何人的人。其根本错误就在于泯灭"仁""礼"之根本原则，放弃大是大非之标准。钱穆引言道："《孟子·万章》篇有云：孔子曰：

'过我门而不入我室，我不憾焉者，其惟乡原乎！乡原！德之贼也。'"朱熹继承孔孟之思想，在《朱子语类》六十一卷中直斥"乡愿是个无骨肋的人，东倒西摇，东边去取奉人，西边去周全人，看人眉头眼尾，周遮掩蔽，唯恐伤触了人。"钱穆解之，乡原，乃"同流合污，媚世伪善"。

第三，正因为"乡愿"，是随波逐流，趋炎媚俗，表里不一、言行不一的伪君子，因此亦必是欺世盗名，堂而皇之地自我炫耀之人，孔子认为此乃"德之贼也"。对此，孟子进而言之，"言不顾行，行不顾言……阉然媚于世也者，是乡原也。"

第四，子贡问曰："乡人皆好之，何如？"子曰："未可也。""乡人皆恶之，何如？"子曰："未可也。不如乡人之善者好之，其不善者恶之。"（《论语·子路》）孔子亦曾指出"众恶之，必察焉；众好之，必察焉。"（《论语·卫灵公》）以此可见，孔子对"乡原"早已有所注意，并提醒世人须对之加以辨识与警惕。在此，则明确提出"乡愿，德之贼也。"因为"乡愿"，恰如"《孟子》曰：'阉然媚于世也者，是乡原也。一乡皆称原人焉，无所往而不为原人，孔子以为德之贼，何哉？曰：非之无举也，刺之无刺，同乎流俗，合乎污世，居之似忠信，行之似廉洁，重皆说之，自以为是，而不可与入尧舜之道，故曰德之贼也。'"亦正因为如此，钱穆释曰："盖惟特立独行之士始可入德，故孔子有取于狂狷。"

第五，上一节，孔子揭露了一脸"正气"、一幅正人君子之相的"色厉内荏"者，将此等"小人"喻之为"穿窬之盗"；在本节中，将"乡原"视为"贼"，即"大盗"。此等"德之大盗"，大伪似真，大奸似忠，大恶似善，从无愠怨与肃严，总持一脸和善之态，总是令所有人都喜欢和满意，如此最是善于迷惑世人。然而，此种伪善对"德"从根本上加以侵蚀与消解，从而害德。

总之，孔子立足于世德之建设，揭露"乡原"之"伪善"本质，批判其卑污、败坏的道德人格；乡原，虽然可以博得乡人之好，然而其对"礼""仁"无所持守，对德之建设所带来的破坏性影响，则是其恶之所在。如此，孔子明示人们必须警惕"乡原"之欺蒙，要求世人在心里真正树立起基于"仁""礼"之善恶原则和尺度。

                                                   生活哲学视野中的"论语"研判

14. 道听涂说，德之弃也

阳货 17.14

【原文】子曰："道听而涂说，德之弃也。"

───────────

第一种解读，将"道听而涂说"，简化为"道听途说"。

【译文】孔子说："把在道路上听来的东西四处传播，这是背弃道德的。"

───────────

道上"听"、途上"说"，未对"听"加以认真地甄别与仔细地审断，便随口对他人传"说"，这是有背于德的，修德者应予以摒弃。对此，戴望释曰："入乎耳，出乎口，无著乎心，是弃德言也。"

"道听途说"，是一种"病"，其病之症结在于"德之弃。"如此，孔子之论，表对"道听"之内容，须以"事实"为依据，经己缜密之审查与明断而辨清是非、真假、善恶。孔子以此劝诫弟子及世人：未经审查的，不能"听"则信，更不能"听"则"说"。如此，"听"与"说"，皆务必养成独立思考、判断是非之自觉，秉持"非礼勿听、非礼勿言"之"谨言"原则，切忌妄听、妄言，是为养德也。

───────────

具体而言：

第一，孔子在本节指出君子在修身进德，提高自己道德品质和人生境界中，必须努力摒弃与力戒"道听涂说"之病，严格按照"礼"来规范自己的言行，常检查自己是否做到"听思聪""言思忠"，真正践行"非礼勿听、非礼勿言"的原则，切忌妄听、妄言，从而增强自己甄别、判断是非之能力，这是君子德性修养中必要的"知"。

第二，何谓"道听"？何谓"涂说"？按照钱穆先生之解，"道听，听之易。涂说，说之易。入于耳，即出于口，不内入于心，纵闻善言，亦不为己有。"简要地说，就是对于听到的，未经深入地分析和甄别其真伪，也不知所听的是否可靠确实，就毫不负责、糊里糊涂地，随所听而加以言说、传播，最后导致以讹传讹，谬误流传，谣言四起，蛊惑人心，造成真假、善恶难辨。如此所为，是弃德之为，如此为的人，则是弃德之人。如是，"道听而途说"，实乃是未按"礼"之规范而检讨与审查，未经过心智认真核实和求证就到处"言说"。

第三，孔子认为，"知者不惑"。"道听而涂说"所存在的一个根本问题，就是乏"知"未能对所"听"的内容进行求证，就加以传说。一句话，就是未能对所听的内容加以明证，对要言说出去的未加甄别与筛选，纯粹被"听"的东西蛊惑，进而不负责任随意出口。对此等简单化的"听"与"说"的关系，孔子提升到一个人的德性修养高度加以批评。

第四，谣言止于智者。孔子提出"道听而涂说"为"德之弃"，是以"道听"非"正言"为前提的。如此警示世人凡"道听"之，未经"深入求证，不能胡乱相信传闻"（南怀瑾），从而养成"求真务实"之好品质、好作风。

第五，孔子强调"道听而涂说"，乃是"德之弃"，其旨意在于表达"德必由内心修而后成"，必须做到"反体之于我心，潜修密诣，深造而默成之，始得为己之德"，这才是修德之正道。如此表明，任何"道听而涂说者"，"其德终无可成。""德不弃人，而曰'德之弃'，深言其无分于成德。"（钱穆）

第六，"道听而涂说"，既然与人之修德相悖，是德修之人必须革除的德行与习惯，那么，孔子无疑对"道听而涂说"者，乃至以探听他者隐私，传播与涂说道听为生活之乐趣的卑鄙顽劣之小人行径予以批判。

总之，孔子强调德修必须戒绝"道听而涂说"之弊，真正做到以"礼"为根本标准，严格审视和检查自我，以真正做到"听思聪""言思忠"，进而反身入心，虔敬修行。唯有如此，才是修德之正途。

第二种解读：

【译文】孔子说："学'圣贤之道'一知半解，还断章取义，曲解篡改而说的人，是缺德之人。"

"听"，其实就是"学"，"道听"即是"学道"或"道学"，"道学"之本，即是"圣贤之道"。如此，所听、所学的是"道"之正"言"，属"先王之道"；然而，"听后"，从其口中"说"出来的，传播开来的，却已是经过其篡改、曲解、涂染了私见之"言"，于是，在所"听"、所"学"与其所"说"之间，加了一个"涂"，语义发生了"质变"，说者已是故意扭曲了所"听"、所"学"之内容，致使是非颠倒、黑白混淆、善恶难辨，以此误导世人。此等人，即是听好说坏、听正说邪、听善说恶之人。如此，"道听而涂说"者，即是故意使坏而搬弄是非、混淆黑白、颠倒善恶之人。孔子认为此类人是"德之弃"，即缺德的人。

孔子所言"道听而涂说"者，究其实质而言，即是传播有悖于"仁德""仁道"之"歪理邪说"的人。此种人，于世之仁德建设，百害无一利。孔子批判并深恶之，斥之为"德之弃也。"

具体而言：

第一，孔子之论："道听而涂说，德之弃也"，是对"道听而涂说"之人的德性予以批判性地确定："德之弃"。此种人，本质上乃是故意弃德而使坏之人。由此，其人所"涂说"的，则是对"道"加以篡改、扭曲了的"歪理邪说"。以此，孔子警示世人当提升独立思辨和审断之能力，以拒斥此等误导世人、腐败心智之诸种谬论，树立仁德、仁道之权威，促世人归仁德、仁道之正途。

第二，若将"道听而涂说"，简化为"道听途说"，相应会生出诸问题需要澄明：

（1）何谓"道听"？就是在道路上听到的？此"道"所指就是"道路"？若不能将"道听"之"道"解为"道路"，那当是何意？"道听"之"听"，就是入耳之"听"？就是听别人说？

（2）何谓"涂说"？就是在路途上去"说"？"涂"通假"途"？"说"就是"听"者向世人传"话"？对所听的予以散播？

（3）"道听而涂说"之"而"，是何意？若仅仅是连接词，"道听"与"涂说"之间似乎不需要"而"，直言"道听涂说"更为简洁明晰。如此，"而"应该亦不是递进词"而且"，当是"却"，表"转折"之意，指示着"听"与"说"之反向差异，或根本不同。若是表根本不同，那么"道听"与"涂说"到底有什么不同呢？

（4）为什么"道听而涂说"，孔子就定性为"德之弃也"？"听"与"说"只是言语"事实"，何以与"德"相关联呢？如此，"道听而涂说"，如若按"道听途说"之解，"听"与"说"之间，仅仅是"言语"传递、传播，孔子为何对此判定得如此之重：认为此乃"德之弃也"？

以上诸多滋生出来的问题，本不是"问题"，只因对"道听而涂说"之简单化误读而生出来的"假问题"。

第三，从孔子所论之语义空间来看，所谓"道听"之"听"，表"入耳"，表接受、吸收，表"学"。"道"，非常识意义上人行走之"道"或"路"，而是指所"听"之内容："道"。此道即为孔子素来崇尚之"圣贤之道"，简言之，即是"仁道"。如此，"道听"表所"听"、所"学"的是"圣贤之道"，是"正言"。而"涂说"，表其听者所"说"，经由了"涂"，即涂染、篡改、歪曲之后的"言"与"论"。如此，"道听"之"正言"，经由"涂"而"说"，于是，"正言"被断章取义加以篡改、曲解，发生"质变"，成了强词夺理之"言"，亦或"歪理学说"，这样，从价值属性上来看，"道听"经由"涂说"，所"听"与所"说",已经发生了彻底的价值偏移,亦或颠倒。从这一意义上而言,"涂说"者,对"道听"之正言的篡改、扭曲,乃是有意为之,使之已偏离正道。此等经过故意"涂"而误传,以误导世人之为,本质上就是弃德之卑劣行径;所为之人,则是弃德之人。

第四,进而言之,"道听",表所听为"正言""仁道";"涂说",表"正言"经由"涂"而成了"邪言"。"邪言"而言"邪",篡"仁道"为"恶道"。专司"道听"向"涂说",实施转换、转变的人,即是别有用心施力、着功于"而"的人。在孔子看来,此乃"德之弃也"。在此意义上,朱熹释曰:"虽闻善言,不为己有,是自弃其德也。""君子多识前言行以畜其德,道听涂说,则弃之矣。"蕅益注曰:"乡原,只好偷石人石马。道听途说,连石人石马也偷不得。"

第五,孔子之论,指向一切"说"或"说者",表明一切有悖于"道"之"涂说"或"涂说"者,从道德本质上而论,皆有悖于"道",对仁德之世的建设有害,皆为"德之弃"。如此,孔子对一切"德之弃"之"说""说者"皆予以斥责与批判,以期世人警戒之,免入"涂说"之歧途邪道。

总之,面对价值多元、论说跌出之世,"道听而涂说"者众。孔子直道:"道听而涂说,德之弃也",指证"涂说"者之无德,以示世人,须警惕各种"涂说"之"陷阱",更为重要的则是止"涂说"、正道学、树正途,以期仁道畅达。

15. 鄙夫事君，患得患失

【原文】子曰："鄙夫可与事君也与哉？其未得之也，患得之。既得之，患失之。苟患失之，无所不至矣。"

【译文】孔子说："可以和一个鄙夫一起事奉君主吗？他在没有得到官位时，总担心得不到。已经得到了，又怕失去它。如果他担心失掉官职，那他就什么事都干得出来了。"

"鄙夫"，"庸恶陋劣之称。"（朱熹）"鄙夫者，犹言小丈夫矣。"（戴望）其志于富贵而已，其特点是"患得患失"，"苟患失之，无所不至矣"。于如此之人，孔子自答其问"可与事君也与哉？"

为政以德、为政以礼、为政弘道，在其位谋其政，乃孔子"为政"之思。以此观之，"鄙夫"为政无德、无礼、无仁，故孔子斥之为"恶"。在孔子看来，乱世之在朝为官者，多无道义之心，一心只想贪禄保官，患得亦患失。如此的为政者多为"鄙夫"。

孔子之论，揭露了当世为政者只为"谷"，惟忧己之得失、进退，直抵当世贪图私利之为政者无德之痛处。

孔子之论，恰如"照妖镜，斩妖剑。"（蕅益）直照为政者自私狭隘之心、怛悃之态，直刺为政者之病。

具体而言：

第一，本节孔子主要揭示了"鄙夫"的独特心理：既"患得"，又"患失"，并且进一步指出此等"鄙夫"，为了确保自己的所得，会不择手段，无所不用其极。如此，孔子之结论是不能与此等无德之人共事君主。

然而，当世"事君"者、为政者，可谓"鄙夫"比比皆是。如此之故，才有孔子之判断"今之为政者，皆为斗筲之徒，无足论也"，从而表达孔子对当世为政者的批判。

第二，本节是承接前面孔子对"色厉内荏"者、"乡愿"和"道听而涂说"者的分析与批判之后，对第四类人，即"鄙夫"进行的分析和揭示。

所谓"鄙夫"，是指为政者中，只为自身的得失而算计之"小人"。此等人最为重要的特点就是私心太重，一生只患个人之得失，这样，为了保住其权位，"无所不至"，即"无所不为"。如此，"小则吮痈舐痔，大则弑父与君，皆生于其患失而已。"（朱熹）"小则吮痈舐痔，大则弑父与君，皆生于其患失之一心。"（钱穆）"鄙夫"亦如孔子所言的"小人"之"滥"。

朱熹引胡氏曰："士之品大概有三：志于道德者，功名不足以累其心；志于功名者，富贵不足以累其心；志于富贵而已者，则亦无所不至矣。"钱穆承接此论而言道："人品大略可分为三类：即有志于道德者，此为己之学。有志于功名者，此为人之学。有志于富贵者，即本章之所谓鄙夫，乃不可与共学之人"。

第三，"事君"，即是入仕从政，在孔子看来这是实现仁政、弘扬王道最佳之方式。如此，孔子要求入仕者必须有坚定之志向，以"谋道""忧道""弘道"为本，切勿以"谋食""忧贫"，即以个人之得失为目的。

然"鄙夫"，所思、所想、所追求的，只是其权位给他所带来的利益，即谋权位以满足私利，而非通过为政而救世弘道。如此，"鄙夫"权衡利弊、得失取舍之尺度和原则，从根本上来看，就是一己之私利。此等唯利是图之辈，正是当今"事君"之人的真实写照，孔子警示世人不可与此等"鄙夫"谋道。

第四，直言之，孔子提倡弟子们学有所成即可"为政"而救乱世，完成其修齐治平之人生理想。如此，孔子视野中的"为政"，只是实现"仁政""王道"之手段和方式；那些一心想借当官谋私利之人，被孔子斥为"鄙夫"。此等"鄙夫"毫无道义之心，只有名利之欲，其心、其志，只系在权位之"利"上。如此，对其权位，不仅患得患失，而且为了确保其权位，他就会不择手段去做任何事情，以至于不惜伤天害理，危害群体，残害他人。

第五，孔子以"鄙夫"勾勒和刻画了当世"为政"者的道德境况和人格特征，对之予以鄙夷与批判，同时也昭示当世孔子谋道、弘道之艰难。

君子与"鄙夫"，乃是"道"不同者，则"不相为谋"。如此，不仅决不可与"鄙夫"一起"事君"，而且还需要时时提防"鄙夫"为了权位和私利而加害于人。如此，孔子之论，便是孔子为君子于为政之途如何辨识"鄙夫"、防范"鄙夫"所提供的警言。

总之，孔子立足于救世弘道，审视与批判当世为政者"患得患失"、不择手段、寡廉鲜耻为权谋等特点，并斥之为"鄙夫"，提出不可与此等"鄙夫"为伍，以此突出对为政者之"德"的要求，从而突出以谋道、弘道为君子为政之目的。

16. 古今三疾，民德之衰

阳货 17.16

【原文】子曰："古者民有三疾，今也或是之亡也。古之狂也肆，今之狂也荡；古之矜也廉，今之矜也忿戾；古之愚也直，今之愚也诈而已矣。"

【译文】孔子说："古代人有三种毛病，现在恐怕连这三种毛病也不是原来的样子了。古代的狂者不过是愿望太高，而现在的狂妄者却是放荡不羁；古代骄傲的人不过是难以接近，现在那些骄傲的人却是凶恶蛮横；古代愚笨者不过是直率一些，现在的愚笨的人却是欺诈啊！"

孔子通过对古今之民"三疾"进行比较，指出古民之"疾"，尚有可贵之处；而今民之"疾"，实乃"顽疾"，不可救药，表民德、世风之衰败。于此，孔子"伤俗之益衰也"（朱熹）而发出今不如昔，人心不古之叹。

"古民"，非完美无缺，亦有"三疾"："狂""矜"和"愚"。既如此，孔子亦认为"今也或是之亡也"，对今民之"疾"做出总体判断。进而对古今民之"三疾"逐一进行对照，具体表呈古今民"疾"之别："古之狂也肆，今之狂也荡；古之矜也廉，今之矜也忿戾；古之愚也直，今之愚也诈而已矣。"如此，更为详尽而充分地确证古今民德之异，从而表今不如古，今民德尤衰之事实

孔子通过古今民"三疾"之比照，不仅表"末世滋伪，岂惟贤者不如古哉？民性之蔽，亦与古人异矣。"（朱熹引范氏）而且依此对致民德衰败之乱世予以批判。

具体而言：

第一，孔子对"色厉内荏""乡原""道听而涂说"及"鄙夫"之剖析，侧重于甄别混迹官场的为政者之德，对官德予以批判。于本节，则着力通过古今之比较，剖析当世之"民德"，揭露民德衰败之景况。

孔子在本节中，选择以"疾"为比较视点，通过古民之"疾"和今人之"疾"的比照，肯定古民之"疾"中尚存在着某种合理性成分，凸显今民之"疾"的彻底病态化，从而一方面陈述今世民德退化和病态之严重状况，另一方面则展开对当今时代德行之衰败景象的批判。如此，孔子借古言今，表明孔子始终持守厚古薄今，尚古、扬古而斥今之价值立场。

第二，何谓"疾"？陈祥道释曰："人之身，阴阳节通则平，偏倚则疾。性之疾，犹身之疾，故凡性之失其平者，皆谓之疾。"朱熹释曰："气失其平则为疾，故气禀之偏者亦谓之疾。"陈祥道和朱熹之释，泛而不明。戴望之释直抵要害。他以为："以其远于中道，故谓之疾。"如此，所谓"疾"，乃指偏离"中道"之心性、之德行。

第三，孔子在本节中直言"古者民有三疾，今也或是之亡也。"表"故以为疾，今则并古所疾者而丧之。"（戴望）如此，孔子首先从总体性上指出了古民有三"疾"，进而表明今民之"疾"与古民之别，这不仅暗含对古民之"疾"中包含的积极成分予以肯定和对今民之"疾"的彻底否定，这就从整体上判断当今之民德不如古之民德，为进一步具体比较古民之"疾"与今民之"疾"定了基调，确定了基本的走向。

第四，孔子首先概括性地指出了古民、今民之"疾"的三个共同点：即"狂""矜"和"愚"；在此基础上，进一步具体地比较与划清古民、今民之"狂""矜"和"愚"所存在的差异，即"古之狂也肆，今之狂也荡；古之矜也廉，今之矜也忿戾；古之愚也直，今之愚也诈而已矣"，以此凸显今民之"疾"较之古民有过之而无不及。

（1）"古之狂也肆，今之狂也荡"。"狂者，志愿太高。肆，谓不拘小节。荡则逾大闲矣。"（朱熹）"肆，遂也。轻世遂志，如季武子死，曾点倚其门而歌。""荡犹放，谓放于礼法。"（戴望）"古之狂也，肆意以进取而已；今之狂则荡而无所守。"（陈祥道）如此，"古之狂也肆，今之狂也荡"，表明古之狂者，乃志愿高，肆意自恣，只是不拘小节；而今之狂者，只是荡则无所据，并不见其志之狂。在此，所谓"狂"乃是有才智、有大志之人的精神特质。如是，古民之狂却也只是持志而狂放不拘而已，而今民之"狂"，非其志之宏大高远，仅是无根据地狂妄，浅薄之骄狂，故放荡无恃，进而张狂而已，本质上是虚狂。

（2）"古之矜也廉，今之矜也忿戾"。"矜者，持守太严。廉，谓棱角陡厉。忿戾则至于争矣。"（朱熹）"矜读曰坚。坚谓自坚持也。廉，严利也。""忿，怒也，反调为戾，戾，很也。"（戴望）"古之矜也，廉隅以自持而已；今之矜，则忿戾而有所争。"（陈祥道）如此，"古之矜也廉，今之矜也忿戾"，表明古之矜者持守严，其行矜持，陡厉难近。然今之矜也忿戾，即是指忿戾则多怒好争，并不见其矜持矣。在此，"矜"其意是方正不阿，外方亦内方、令人难以接近的人之特点。这样的人有棱角，处事不知变通，不论什么时候都一定要按照规矩办事。在孔子眼里这样的人算不上是具有完美的人格，实际上这样的人也是肯定不会讨人喜欢的。时时刻刻板着脸，时时刻刻都是一副拒人千里之外的神情，这样的人也就是那种固执己见、不可冒犯的偏执之人；但是，古民"矜也廉"。而今民则只见其忿戾，而未见其真正的"矜"所存。

（3）"古之愚也直，今之愚也诈而已矣"。"愚者，暗昧不明。直，谓径行自遂。诈则挟私妄作矣。"（朱熹）"直情径行。""诈者好以谋。盖人丧古所谓直也。"如此，"古之愚也直，今之愚也诈而已矣"，表明古之愚者虽暗昧不明，然径行自遂，无所防戒，尚有"直"德可圈可点。而今之愚，则诈而挟私欺诳，其愚亦不见矣。如此，"古之愚也，质直无为而已。今之愚，则诈而有所欺。"（陈祥道）在此，表明古民之"愚"，愚得真实、坦诚、率直；今民之"愚"却不是真"愚"，而是以"愚"为表，掩盖其狡诈、虚伪与奸佞之实。

陈祥道以孔子众弟子为例，具体表达"古者"之"疾"尤有可取之处。他说道："孔子之门若曾皙琴张，其志嘐嘐然，可谓狂矣；子贡正衣冠、齐颜色、嗛然而终日不言，可谓矜矣；子羔则可谓愚矣。然狂不至于荡，矜不至于忿戾，愚不至于诈，故皆可以游圣人之门。而圣人所以未尝不与之也。"

据南怀瑾之解，"古代的人狂，这个狂在古代并不一定是坏事，不是现代观念的狂，现代对神经病、精神病叫做狂，那就糟了。古代的狂就是不在乎的味道，但是有一个限度的。孔子说，古代的狂不过放肆一点，不大受规范，现在的人糟糕了，狂的人则荡，像乱滚的水一样，兴波作浪。古代的矜，比较自满自傲，但有一个好处，因为自己要骄傲，自己把自己看得很重，于是比较廉洁自守，人格站得很稳；现在骄傲自矜的人，对任何人任何事都看不惯，而有一种忿怒暴戾之气。古代比较笨的老实人，还是很直爽的；现在更糟了，已经没有直爽的老实人，而社会上那些笨人都是假装的笨人，只是一种狡诈的伎俩而已。"

第五，孔子通过对古、今之民"疾"之剖析、比较，指出古、今民之"疾"，虽其表象相似，但其内涵却已截然不同。如此，表古民之"疾"，虽显其修养之不足，但是依然保持着它内在的尺度和具有值得肯定的因素；而今民之"疾"完全丧失了古民之"疾"所具有的可取之处，彻底变成了无根据、无德行、无品质之"病态"。由此，孔子从"疾"的维度，以古民为参照来审视今民之德，从而映显出当世民德衰败之境况。

第六，孔子通过古、今民之"疾"之比较，不仅指明在人修行之路上需要着力克服和修正共存的"顽疾"或"通病"，而且更为重要的是力戒"狂""矜"和"愚"等诸多问题，从古至今，非但没有改变，反而有增无减，愈益加重，到了令人无法理喻的地步。如此，孔子的比较触及到社会变化与民德变化之间的关系问题，并予以否定性的判断。

第七，在孔子眼里，相比古民之"疾"，今民之过，则不仅丧失了古民之"疾"的真实性和真诚性，并增加了其变异性、隐秘性和欺骗性特征，因此，今民之"疾"更需批判。

孔子以古民之"疾"而究今民之"疾"，为当世之君子人生纠"疾"进德提供了一幅生动的镜像和具体的尺度，指出并要求世人不仅力戒古之"疾"，而且更为重要的是除去今之"疾"。如此，孔子通过古今民之"疾"的比较，亦给世人指出了矫正自我之"疾"，提升自身的德修指引出可行之路。

第八，孔子正是通过古今民"疾"之比较，呈每况愈下的当世道德境遇，其根本的目的则在于让世人直面惨淡现实，对自身之"疾"有清醒的认识和深度的自觉，进而矫正之，重塑世民之德行。

总之，孔子以"三疾"为焦点，对古今民"疾"之特点进行比较，凸显今世民德之衰败，昭示今世民德每况愈下，正是礼崩乐坏之具体表征，以此彰显孔子对当世之德所持的否定与批判立场，同时也表征孔子深刻地把握、直面当世民德之真正顽疾所在，以及重塑民德之志。

17. 巧言令色，鲜矣仁哉

阳货 17. 17

【原文】

子曰："巧言令色，鲜矣仁。"

本章已见于《学而篇》第一之第三章，此处系重出。

18. 夫子三恶，乱礼覆邦

阳货 17.18

【原文】子曰："恶紫之夺朱也，恶郑声之乱雅乐也，恶利口之覆邦家者。"

【译文】孔子说："我厌恶紫色夺去了红色，厌恶用郑声扰乱雅乐，厌恶用伶牙利齿而颠覆邦家者。"

春秋之"礼崩乐坏"，天下无道，从大的方面来看则表现为"礼乐征伐自诸侯出"，从小的方面来看，则表现为服色、乐声之变异与利口之猖行。孔子自述"三恶"，即是从小的方面折射出世乱之弊。

孔子之"三恶"，即是"恶"三种突出的社会政治现象。孔子之所以"恶"之，乃是"紫乱正色，郑乱正声，利口乱正言。"（陈祥道）

按礼制规定，诸侯本以红色为衣服的正色，然自春秋自鲁桓公、齐桓公始，紫色衣服盛行于各诸侯，由此社会风气逐步被改变，致使世道纷乱。孔子对服色、音乐等以偏夺正现象的厌恶，实际上表达了他对混淆礼制、音乐和法纪之人的深切痛恨与批判。

具体而言：

第一，本节延续上节孔子甄别今民之三"疾"所产生的三种具体乱象；在本节中，孔子从治世的高度，以维护中正之立场，鲜明地表达其"三恶"。此节所论"色""声"和"言"涉及为政的诸方面，孔子"恶"之，试图对偏离"正"之"邪"加以矫正和修改，使之回归"正"，进而使乱政得以救治。

第二，孔子以周之礼乐为正统标准来审视当世的一切，凡是不符合之者，都被视为是偏离"正"而有害于世之德，都被孔子"恶"之。孔子以"朱""雅乐"和"忠言"为"正"，判定"紫""郑声"和"利口"为"邪"。如此，孔子以"恶"之来警示为政者，须明辨是非，扶正祛邪，以期达恢复礼乐，天下顺治太平之效。

具体而言，孔子之三"恶"，非常鲜明地表征了孔子的好恶原则与偏向，直指当世为政之弊，透显出孔子强烈的治世取向与情怀。

（1）"恶紫之夺朱也"。"朱"，"赤色"，是所谓"五方正色：青赤白黑黄"之"中"，属于"南方火"的"正色"，即被视为是正色；而"紫"，则是"以黑加赤，故为紫，紫为北方闲也。"（皇侃的注疏《论语》）如此，"紫"则为"间色"、杂色。戴望释曰："朱，南方正色。紫，北方间色。北主幽，南主明，圣人背幽而乡明。"

在此，色彩被赋予或承载着不同的政治意义与道德意蕴。以"朱"为"正"，而"紫"则是过之于"朱"色，如此，"紫之夺朱"，直观则是"红得发紫"，其意则在于"紫"过"朱"之度，偏离了"正"。

按周礼之规定，朝政、祭祀、丧礼，按照规定，所穿的礼服应是红色的。但是，有人不喜欢红，就用紫色（红黑相染）代替，且"以紫衣为君服，可见时尚。"（钱穆）在孔子看来，这样以"紫"夺"朱"，有失、有悖于正统，是极不庄重之为，本质上是坏"礼"。对此，孔子不仅看不惯，而且更是不能容忍而"恶"之。如此，表明孔子对当世为政者偏离、丧失或弃绝"正统"的"时尚"持否定立场和厌恶态度而加以抨击。

（2）"恶郑声之乱雅乐也"。在孔子看来，"雅乐"乃是"正音"，也就是周朝开国、西周时期，在"王庭""庙堂"所演奏的音乐，这是与"礼制"相匹配的"乐"。而"郑声"，乃至"卫音"等，均是在各诸侯国，配合本国民歌"风"演唱，形成的有别于周王朝之王庭、庙堂之"雅乐"的"地方音乐"。以"郑声"为代表的地方音乐，其总体特点被孔子判定为"淫声也"。

对"雅乐""郑声""卫音"，从其乐之特质来看，"雅乐"，其音乐表现"中正和平"。而"郑声""卫音"则更为柔靡婉曲。如此，所谓"郑声淫"之"淫"，绝非"淫邪""淫乱"之意，而是指其"过分""过度"而失"中正和平"。

孔子从为政、治国、救世的高度，在其治国之方略中，对"郑声""淫"的品质，和应该对之采取"放"的原则予以了阐明。他说治国必"行夏之时，乘殷之辂，服周之冕，乐则《韶》《舞》。放郑声，远佞人。郑声淫，佞人殆。"（《论语·卫灵公》）如此，孔子以"雅乐"为"正统"，以"郑声"为偏离正统之过度柔靡的代表，表达对为政者以违礼之"民间"和"地方文化""乱""正统"文化的现象予以批判。

如此，在孔子看来，各诸侯国既"朝王""尊王"，那么，在自家的活动中，就应该"放郑声"，演奏"王家之乐"，那自然也就以"雅乐"而放"郑声"之"乱"而达到"正"之效果了。

（3）"恶利口之覆邦家"。此处的"利口"即是"佞也"，表"谗夫阴谋，百姓暴骸。"（戴望）朱熹引范氏释曰："利口之人，以是为非，以非为是，以贤为不肖，以不肖为贤。人君苟悦而信之，则国家之覆也不难矣。"钱穆承继了范氏之释曰："利口，佞也。以是为非，以非为是，以贤为不肖，以不肖为贤，人君悦而信之，可以倾覆败亡其国家。"

不可否认，在"利口"中，那些没有原则、没有仁爱，只图餍足自己私欲之人，一张覆雨翻云之嘴，败家祸国殃民，怎不令人厌恶！孔子亦如斯恶之。孔子对"利口"之"恶"，是基于"巧言令色，鲜矣仁""巧言乱德"之判断，对奸佞之言辞于邦国所产生的破坏作用予以揭示，进一步深化了对奸佞言论之危害性的认知。

第三，孔子在本节中，以"夺""乱"和"覆"三个"动词"，以及以"朱"与"紫""雅乐"与"郑声"，以及"利口"等不同的文化承载、不同文化偏好和文化取向，来表征当世正统与非正统、传统与新生、周王朝与诸侯、"官方"与"民间""中央"与"地方"、高雅与通俗、统一与多样思想、观念和文化之间的殊死博弈；孔子将此文化丛生与交织的生态，视为"乱象"，并彰显其维护传统的、正统的文化为其价值本位立场，从而对"新生"偏正之文化样态持否定和斥责的态度。如此，孔子为了维护周朝礼乐文化的正统性和权威性，在一定程度上亦显示其文化的保守性与专断性。在此，文化"一统"之思，在孔子的价值框架下，显得尤为强硬。

同时，以"夺""乱"和"覆"，又以"二'也'，一'者'字"，使三恶之"宾主历然。"（溓益）

第四，按钱穆之解，本节可合参孔子前面对世人"三疾"之审判加以解读。孔子曾告诫颜渊当"放郑声，远佞人"；在此节中，孔子恶紫乃为喻辞。孔子恶"乡愿"，为其乱德。这样，孔子在本节中，集中论述了他的三"恶"，亦是表达了对当世文化之极度不满。

总之，孔子以当世盛行之"色""乐"等文化具象为直接批判对象，揭示当世文化背离"礼乐"之"正"所导致的错乱境况，突出后周之礼崩乐坏的惨淡现实；这不仅直接表呈孔子对乱象之否定和斥责，而且更为重要的是通过此态度，彰显孔子在"礼乐"之传统、正统式微之境况下，维系、复兴传统、正统之宏愿。

19. 天何言哉，道在不言

阳货 17.19

【原文】子曰："予欲无言。"

子贡曰："子如不言，则小子何述焉？"

子曰："天何言哉？四时行焉，百物生焉，天何言哉？"

【译文】孔子说："我想我没有什么可说的了。"

子贡说："先生如果不说话，那么我们这些学生还传述什么呢？"

孔子说："天何尝说话呢？四季照常运行，百物照样生长。天说了什么话呢？"

按朱熹之释："学者多以言语观圣人，而不察其天理流行之实，有不待言而著者。是以徒得其言，而不得其所以言，故夫子发此以警之。""子贡正以言语观圣人者，故疑而问之。"

孔子反对其弟子仅依其言语、囿于言辞，而忽略或无视其所行之身教，故滞于表而不得"夫子之道"。孔子以"天何言哉？四时行焉，百物生焉，天何言哉？"表"四时行，百物生，莫非天理发现流行之实，不待言而可见。"以此喻大道非在言，而在动静之间。而"圣人一动一静，莫非妙道精义之发，亦无而已，岂待言而显哉？"（朱熹）如此，孔子以此开示子贡，须超越言语，细察其所行，方可从其所行之身教中领悟其所蕴之道。

陈祥道释曰："天地有大美而不言，四时有明法而不议，万物有成理而不说。圣人原天地之美，达万物之理，故至人无为，大圣不作，观于天地之谓也。其斯以为孔子。"孔子以"天何言哉"之反问，表"天不言，以行与事示人。"（戴望）如此，孔子曰"予欲无言"，教子贡等弟子当解除"言"之囚笼，切勿囿于"言"而当图道明，即当摆脱"子如不言，则小子何述焉"，此种对"言"之极度依赖性、依附性，"务欲令人寻省自悟也。"（戴望）

简言之，孔子之论昭示"道"不在言语中，求道须走出言语而进入"行"的领域，切入实际的生活世界。如此，孔子为弟子们指示出当以观"行"为要，以自个儿独立去感知、去参悟为主导的真切求道之路向。

"无言，岂是不言；何言，却是有言。说时默，默时说。"（蕅益）如此，孔子之论，表"道"不在"言"，而在"行"中。

具体而言：

第一，孔子好似无端突发"欲无言"之叹，究竟为何呢？观照此话的前后话语，可以说此节话乃是承接"巧言，乱德"，以及"恶利口之覆邦家者"之必然，这是孔子针对被语言所蒙蔽，以及乡愿之贼，巧言令色之辈混迹天下而发的一句气话。如此，孔子之"予欲无言"，以及两次以"天何言哉"之反问，强化和突出了孔子的主张：须力戒空言，以行之事功而彰其志。同时，突出孔子以身载道、显道，以行传道之重要思想。

第二，从弟子子贡所言"子如不言，则小子何述焉"反观孔子所说"予欲无言"，则可以很清晰地看到孔子之话的真义：即"孔子惧学者徒以言语求道，故发此以警之。"（钱穆）这应是孔子所言"予欲无言"的直接原因。子贡曾曰："夫子之文章，可得而闻也；夫子之言性与天道，不可得而闻也。"在此，从子贡所言可以看出孔子的众弟子，尤其是子贡对孔子之言的倚重，渐次养成其弟子们习惯从孔子之所言、所论中去获知、求道。孔子针对此况，试图从根本上切断弟子们对其话语的依赖性、依附性，昭示"道"不在言语中，求道须走出其言语，对其"行"予以深度参悟，从而进入实际的生活世界。如此，孔子为弟子们指示出应重点从其"行"中领会"道"，指明从"行"中自个儿独立去感知、去参悟的真切求道路向。

第三，孔子进一步以"天何言哉？四时行焉，百物生焉，天何言哉？"，一方面证成自己"欲无言"的必要性和正当性，另一方面凸显以"天"之行而无言，以其所产生的事功："四时行焉，百物生焉"来突出超越话语，走向实在的生活，以实际之行、之事功彰道之存在样态与存在方式，如是"孔子有见于道之非可以言说为功，不如默而存之，转足以厚德而敦化"（钱穆），以此切断仅欲从孔子之"言"而求道之路向，进而对"巧言"和"利口"予以批判，开示弟子子贡，当轻其"言"而重其"行"，且当从其所"行"中悟道、求道。

第四，从孔子两句话语的内在关系来看，"予欲无言"主要拒斥与批评如子贡等弟子对己之话语的依赖和沉于言语解说与回答而求道之取向；而孔子反问"天何言哉？"，则是开启超越对话语之依从，改变学而不发，观而不悟之弊，切实走向以行而求事功，进而求得真学问之路。此乃道问学之正途。如此，孔子在本节两句话形成了一个否定与肯定相统一的逻辑。孔子于此，针对子贡类弟子之弊，为子贡求道，关上了一叶窗，开启了一扇门。恰如朱熹所释："圣人一动一静，莫非妙道精义之发，亦无而已，岂待言而显哉？此亦开示子贡之切，惜乎终不喻也。"

总之，孔子因弟子们过分依赖自己对"道"之言说，进而因"巧言"和

　　　　　　　　　生活哲学视野中的"论语"研判

"利口""乱德""覆邦家"之害，孔子发出"予欲不言"的感叹，并以此决绝地断了弟子倚重、依赖与依附于"言"，进而沉醉于其"言"而求道之法，以及对以"言""乱德"和"覆邦家"的批判；在此基础上，孔子以"天"无言而行为譬，突出和开启弟子当超越言辞，取行而求道的深刻之路。

　　"言"为显、"无言"为隐；"言"为表、"无言"为"里"；"言"为辞、学说，"无言"为行为、事功……如此，孔子之论，具有深刻的方法论意义，表明世间之真理、之道，不在"言辞"之中。更为重要的是，孔子此论，表明"道"，不属于理论理性之抽象范畴，而是落实于实践理性之具体所为。如此，求道，求真理，须走出言语之囚笼，面向真实、真切之世间事，从"行"中，自个儿去探寻、去追问、去领悟。如此，一切停驻、停留于"言辞"之思，都是与求道、求真理相悖的，均不可入道、进道而得道。如此，孔子之论，开示其弟子须从表层直接之"言"深透于其后之"本体"，方可深彻其"道"。

20. 夫子拒见，不教之教

阳货 17.20

【原文】孺悲欲见孔子，孔子辞以疾。将命者出户，取瑟而歌，使之闻之。

【译文】孺悲想见孔子，孔子以有病为由推辞不见。传话的人刚出门，（孔子）便取来瑟边弹边唱，（有意）让孺悲听到。

孺悲欲见孔子，孔子辞以疾。孔子为何"辞以疾"？朱熹释曰："当是时必有以得罪者。"戴望则以为"孺悲欲见孔子，不由其道。故辞以疾。"孔子辞后，又取瑟而歌，使其闻之，以促孺悲"自悟（当）以礼来见也。"（戴望）如此，孔子以"礼"而"拒见"，亦教之自省失礼，应学会以礼请见。此为孔子行"无言"之教也。

孔子待孺悲以"礼"而拒孺悲之失礼，亦以己之行，教孺悲自省、自觉而遵礼、行礼。孔子之为，乃行"不教之教"。如是陈祥道所释："君子之所以教者五，而不屑之教不与焉。盖五者之教，教之教也。不屑之教，不教之教也。孔子之于孺悲，如是非教之教也，不教之教而已。然则君子之教者，不为多术乎。"亦如江谦补注："孔子既辞以疾，又取瑟而歌，使之闻之。可知圣人之不肯妄语，虽不见孺悲，实已进而教之。"如此，再现孔子"诲人不倦"之仁德。

具体而言：

第一，本节记述孔子非常有趣的教人之事，可谓充分体现孔子行"无言之教"，此乃孔子行"非教之教"（陈祥道）的典型，贯彻与落实了孔子"诲人不倦"之精神。

第二，从本节的文辞来看，非常详细而形象地记述和呈现了孔子于孺悲，"拒见"而不"拒教"。

据说孺悲曾向孔子学过礼。后来他做了坏事，孔子便借他来访的机会，劝教于他。然孺悲不经人介绍而擅自来见孔子，不合于"士相见礼"，故孔子托病拒见，然而又鼓瑟唱歌让他知道自己并没有病。

在此记述中，有三个环节需注意：孺悲欲见孔子，孔子"辞以疾"，即称病拒见；继之，孔子"取瑟而歌"，而且是在传话人刚走出门的刹那间；最后，孔子"取瑟而歌"，是要"使之闻之"，即让孺悲听到自己弹瑟唱歌，以此让孺悲明白，孔子并非真的有病，而是有意拒见。在这里，孔子拒见孺悲，表孔子遵礼；以有"疾"之委婉而拒，而不是生硬直接拒之，表孔子之仁；然又以"取瑟而歌"，并"使之闻之"为明示不想见之，表孔子之教。如此，孔子以委婉、明示之方法，惟促孺悲自省、自悟己之失礼请见。

孔子虽拒之，但并非决绝弃之。孔子前后矛盾、令人费解的行为，足以促成孺悲反思、自省己失礼之过，进而能悔过自新，自觉遵礼、行礼，从而达到教之目的。

第三，对于本节的真义，据朱熹之解，"孺悲，鲁人，尝学士丧礼于孔子。当是时必有以得罪者。故辞以疾，而又使知其非疾，以警教之也。"程子对此亦说："此孟子所谓不屑之教诲，所以深教之也。"据钱穆先生之说，"孔子既拒之，又欲使知之，孺悲殆必有所自绝于孔子。而孔子不欲显其短，使无自新之路，故虽抑之，不彰著。虽拒之，不决绝。亦孟子所谓不屑之教诲。"

纵观先解者之意，表明对于一个像孺悲这样的人，"不教诲就是最大的教诲"；孔子以"拒见"而又"取瑟而歌"，并"使之闻之"，其意是在告诫孺悲，如若不能改过自新，就别想和君子为伍，也就别指望以礼相待。如此，孔子在拒绝的同时还给孺悲留了一丝薄面，至少没有直接地赶出门，于是也就给了孺悲改过之机会。

第四，孔子以此等冷遇、软性拒见来对待和教育孺悲之类人，一方面表明孔子针对不同的人，讲究灵活的教育方式、方法，体现孔子行"因材施教"之原则；另一方面将自我醒悟、自我教育还给受教育者。这正是孔子"欲无言"，以行教人之具体的表征与体现。

第五，在本节的记述中，孔子托病拒见孺悲，是孔子依礼、守礼之表征；而后又"取瑟而歌"，并"使之闻之"，如此以前后两个行为所形成的矛盾对比，对孺悲施以教诲，表孔子不放弃教人之责，体现了孔子诲人不倦之仁德。

总之，孔子在此所表现出来的前后矛盾行为，表孔子以退为进、以行代言，既鲜明地表达了自己对孺悲违礼的态度与立场，又践履了自己诲人不倦之原则。如此，孔子之举力图促孺悲自我反省、自我教育，实现改过自新而遵礼、行礼，从而树立"礼"的权威。

21. 守丧之期，孝与不孝

阳货 17.21

【原文】宰我问："三年之丧，期已久矣。君子三年不为礼，礼必坏；三年不为乐，乐必崩。旧谷既没，新谷既升，钻燧改火，期可已矣。"

子曰："食夫稻，衣夫锦，于女安乎？"

曰："安。"

"女安，则为之！夫君子之居丧，食旨不甘，闻乐不乐，居处不安，故不为也。今女安，则为之！"

宰我出，子曰："予之不仁也！子生三年，然后免于父母之怀。夫三年之丧，天下之通丧也。予也有三年之爱于其父母乎！"

【译文】宰我问："服丧三年，时间太长了。君子三年不讲究礼仪，礼仪必然败坏；三年不演奏音乐，音乐就会荒废。旧谷吃完，新谷登场，钻燧取火的木头轮过了一遍，有一年的时间就可以了。"

孔子说："（才一年的时间，）你就吃开了大米饭，穿起了锦缎衣，你心安吗？"

宰我说："我心安。"

孔子说："你既然心安，你就那样去做吧！君子守丧，吃美味不觉得香甜，听音乐不觉得快乐，住在家里不觉得舒服，所以不那样做。如今你既觉得心安，你就那样去做吧！"

宰我出去后，孔子说："宰予真是不仁啊！小孩生下来，到三岁时才能离开父母的怀抱。服丧三年，这是天下通行的丧礼。难道宰予对他的父母没有三年的爱吗？"

宰我，异于孔门其他弟子，专问一些刁钻、古怪或根本性的问题，颇令孔子难堪。然，宰我所问，则是现实性与理论性皆强的问题，令孔子高度重视。

本节宰我与孔子围绕着丧礼之时限当为"三年"或"一年"而展开论争。宰我以为守丧"三年"，必产生一系列不可回避的问题，有损于"礼仪"，故提出守丧应由三年缩短为"一年"足矣。如朱熹所释，宰我"恐居丧不习而崩坏也。""言期年则天运一周，时物皆变，丧至此可止也。"孔子从传统与道义视角，反驳宰我之论。孔子从强调人之内在真诚情感为要，认为没有自觉之孝心，即使守三年之丧也不过只是徒具形式。三年之丧的规定，正体现对父母之孝。遵行礼制三年守丧之规定，在守孝中，能受到潜移默化的熏陶与教育，这正是孔子高度重视丧祭的道理之所在。

然，从宰我与孔子之论辩，尤其是孔子之反问和阐释，从形式上来看，孔子回避了宰我之忧虑。然，从更为深层来看，消解了宰我之忧。如此，守丧之期是"三年"或"一年"之论争，本质上则关乎"孝"与"不孝""仁"与"不仁"，而非仅仅是时限之长短。

具体而言：

第一，本节宰我与其师孔子主要围绕着丧礼制度的时限问题，即应服三年或一年而展开论争。宰我认为服丧三年时间的规定，太长久了，应改为一年即足矣；而孔子则认为服丧时间应该遵循三年的传统。如此，宰我与孔子争论的焦点则是服丧制度到底是应该"改"亦或"不改"，二者各执其理，显示出对传统丧制的不同态度和立场。

孔子立足于对传统丧制的遵从，对宰我改制之思进行了反驳，并因此对宰我个人的道德品质做出了极度否定性的评价：即"予之不仁也！"由此彰显孔子对"孝"而"仁"的高度重视和对传统丧制的维护。如此，丧礼制度三年或一年之论辩，非时间之久短，本质上关乎"孝"与"不孝""仁"与"不仁"。

第二，应该说宰我是非常理性的面对传统丧制，并直面礼崩乐坏的现实，从维护礼制、增强礼制之现实活力与存在价值的角度，从实际出发首先指出守丧三年的弊端：即"君子三年不为礼，礼必坏；三年不为乐，乐必崩。"如此，宰我得出"三年之丧，期已久矣"的结论；在此，宰我应是依"事实"之弊而欲"破"传统丧制服丧三年的规定。在"破"之基础上，宰我提出丧制服丧一年的新规定，即"期可已矣"，其理由是："旧谷既没，新谷既升，钻燧改火"。从宰我之语，可以很清楚地看到，他"破"丧制服丧三年的规定，"立"丧制服丧一年新规定之根据、理路。

第三，孔子依然遵从丧制服丧三年的时限规定，否定宰我改传统丧制服丧三年为一年。其理由如下：

（1）"君子之居丧，食旨不甘，闻乐不乐，居处不安，故不为也。""食夫稻，衣夫锦，于女安乎？"

（2）"子生三年，然后免于父母之怀。"

（3）"夫三年之丧，天下之通丧也。"

从孔子所列出的反驳理由来看，服丧三年而非一年，表面上看是一个"时限"问题，而深层次则表达了服丧尽孝所体现的内在精神和真实情感上的差异。

对此，蕅益注曰："难道三年之丧，便报得三年之爱，且就人情真切处，点醒之耳。"

第四，从宰我与孔子所论争的服丧三年或一年所关涉的问题"孝"，置于"仁"和"礼乐"制度的构架内来加以审视，"孝"所具有的基础地位和重要性也就彰显出来了。如此，孔子批评宰我"破"服丧三年，而"立"为一年，其深层所要表达的是"孝"，实质上乃是一种生命的回报，是对自我生命之源持敬畏或虔敬之情，是行"仁"之基础。正是在这一意义上，孔子批评宰我"不仁"。

第五，孔子所主张的"礼制"，并非仅仅是外在表象形式化的"制度"，作为礼制之重要组成的"丧制"，并非"三年"、或"一年"这么简单，而是通过此制度昭示出由内而外的一种情感、一种精神。如此，就可以看到，宰我将礼制之"丧制"简单时限化，将"孝"如此内在的道德情感表层化。正是基于此，孔子才会问宰我，服丧一年就"食夫稻，衣夫锦"，"于女安乎？"，而宰我回答"安"，这便是宰我与孔子之争论的根本分野之处。蕅益引陈旻昭曰："宰我答安，真有调达入地狱的手段。得他此答，方引出孔子一番痛骂，方使天下后世之为子者不得安，方杜绝千古世后欲短丧之邪说。"

第六，宰我以服丧三年，礼乐"必坏""必崩"为据，改服丧时限为一年，从其主观动意与目的来看，是为了维系和加强"礼乐"，然而宰我并未深刻领会到服丧本身就是践行"礼"、强"礼"、兴"礼"之具体所为。如此，宰我之改，不仅有"本末倒置"之嫌，而且具有削弱"礼"根基之负面作用。

第七，孔子从宰我对"孝"之服丧制度的时限修改，批评宰我"予之不仁也"，到最后反问"予也有三年之爱于其父母乎？"，都表明孔子所倡导和强调的"孝"，不仅是人最为切己的内在情感，而且作为"仁"之基础，从而构成其道德体系之"基点"。如此，有子所言"君子务本，本立而道生。孝弟也者，其为仁之本与？"之深刻内蕴，在此得以充分的释放。

总之，宰我与孔子围绕着服丧时限之论，本质上是对"孝"于礼制的地位、功能和价值之争。宰我破"三年"、立"一年"，虽然其主观目的并非要消解丧礼，然而却未能真正把握"孝"与"丧"之内在关系，从而将"孝"外在化、表层化；相反，孔子则强调"孝"乃是人内在对生命的神圣情感，是人之最为基本的道德，它构成"仁"的基础。如此，孔子主张维护服丧三年的古制，突出了"孝"的内在性和基础性，从而成为彰"仁"固"礼"之重要方式。

22. 博弈止害，救世之策

【原文】子曰："饱食终日，无所用心，难矣哉！不有博弈者乎？为之，犹贤乎已。"

【译文】孔子说："整天吃饱了饭，什么心思也不用，真太难了！不是还有玩博和下棋的游戏吗？干这个，也比闲着好。"

面对礼崩乐坏之世，能"饱食终日"者，绝非"小人"，必是"君子"，实为当政之权贵。他们衣食无忧、饱食终日，却于复礼、弘道治世"无所用心"，在孔子看来，此实为君子无道义担当，此为"在其位不谋其政"，本质上是一种卸责。能如此无视天下之乱，依然百无聊赖、行尸走肉般活着，于他们也是够不容易的了，对之施教同样亦艰难。如此，孔子以"饱食终日，无所用心，难矣哉！"对当世尸位素餐，酒囊饭袋，无心治理世之礼法混乱、道之不行的当权者，予以讥刺与批判。

"人之性，劳则易以善，佚则易以淫。"（陈祥道）如此，孔子针对"饱食终日，无所用心"之权贵，提出"不有博弈者乎？为之，犹贤乎已"。孔子此计，事实上开出一条止其用心违礼为乱之策。直言之，若"饱食终日，无所用心"的为政者、权贵们，能游弋、沉溺于"博弈"游戏中，于世之无害，即是于世之益。从这一意义上来看，"不有博弈者乎？为之，犹贤乎已"，乃是孔子为百无聊赖之权贵们提供的解难而自救之方，亦是止权贵作恶之法。

当然，孔子之论，亦可以针对"无聊"之世人而言。在此，"饱食终日，无所用心"表虚度时光、枉然人生，是一种消极的人生状态。如此，为摆脱这种百无聊赖的生活，在孔子看来，哪怕是去"博弈"，也胜于"饱食终日，无所用心"，虽然"博弈"尚未达德性生活，然属有事可为，不至于做出违礼败德之事。

进而言之，孔子针对"饱食终日，无所用心"者，与其如此游手好闲、百无聊赖，还不如"博弈"，以免闲来生事，乱"礼"害"仁"。如此，孔子之论，乃教之切勿放逐人生，当以"用心"从博弈开始，超越百无聊赖的生活状态。简言之，孔子此论，实则劝人止惰知进。

从一般的意义上而言，孔子为世人开出对付、治愈"无聊"之方："博弈"。

具体而言：

第一，孔子揭示了游手好闲、百无聊赖、灵魂空虚之人的生活状况，此等人即是"饱食终日,无所用心"者。此等人,于当世即是指为政之权贵者。针对此等人,不仅批判他们尸位素餐,"饱食终日",且"无所用心"于行仁道而救世,而且开出止他们违礼、祸害社会之妙方:"不有博弈者乎?"然"圣人非教人博弈也,所以甚言无所用心之不可尔。"(朱熹引李氏)

第二,何谓"饱食终日,无所用心"?并非泛泛指衣食无忧,成天不用心思考问题、不动脑筋做事,无所事事之状的人。在此,须注意,于当世,能衣食无忧,"饱食终日"者,非"小人"、非"民",只能是当政者,是"官",是权贵。"饱食终日"即是孔子对权贵物质生活的描述。而"无所用心",是指权贵们无所用心于复礼、弘仁而治世,此为对权贵们之心智、精神生活取向的陈述。简言之,此等人既无"学而时习之",齐家治国平天下之宏志,亦无修身陶冶情操之兴趣,一句话,无忧、无思、无趣、无聊成为其生活之主要特征。此等人之生活,正是孔子所揭示的用心于行私废义,好行小惠:即"群居终日,言不及义。"(《论语·卫灵公》)

第三,孔子对此种生活之人做出了判断:"难以哉"。何谓"难以哉"?其难则在于:

(1)直接难在自觉去弄清楚自己"有三年之爱于其父母乎",思其人生之成就、尽人生之"孝"。

(2)难在有意识地去思考或弄明白为什么"夫君子之居丧,食旨不甘,闻乐不乐,居处不安",思人生衣食之来路,尽人生之职责,践行人生的使命。

(3)从更大的范围来讲,难在"饱食终日"之后,不再是"无所用心",而是将其心不用于私欲,而是用于复礼、弘道而治世等对一切美好事物的追求之上。

如此,"好行小惠,无所用心,俱难矣哉。须是居易以俟命。"(藕益)

第四,面对此等百无聊赖之人,实难启发和开悟他们向上提升,引向"仁道"或主动遵礼法、行仁道。然而,为了解除其生活、生命的无聊之"困境",孔子开出:"不有博弈者乎"之方。孔子之所以开出此方,其理由是"为之,犹贤乎已"。

简言之,为了不让"饱食终日,无所用心"之当政权贵,在百无聊赖之时,专施心思琢磨使坏,用心于私欲而弄权乱礼,孔子出具"博弈"之方,令其沉溺于"博弈"而无余心、余力违礼祸仁害世。如此,孔子之言,乃是止其违礼害世,将权贵们害世降至最低的权宜之策、无奈之举。

第五,孔子针对"饱食终日,无所用心"之人,开出博弈之类的游戏,从其直接性而言就是为了止无心礼法、仁道,却一心为膨胀之"私欲"的权贵们,绞尽脑汁生恶念、行恶政。如此，孔子之策在于止损而有益于世；其根本用心则试图引此等人之心智向善，而并非简单批判而弃之。于此，再次彰显孔子仁爱之精神，大爱情怀，以及教化天下人之自觉使命和责任。

第六，"人之性劳"（陈祥道）。在孔子看来，人心用则劳、则向善，不用则淫逸为恶；用则进，不用则废。人心废，则野性滋生，则人性退化、甚至走向邪恶。鉴于此，孔子为防范其无事生非，到处干坏事而开出"博弈"之法，虽谈不上高雅，但却是切近了"饱食终日，无所用心"之实际，具有防范其滑向邪路或在邪路上用心，进而引其向善之功效，故而值得充分肯定。

总之，"饱食终日，无所用心"之当世权贵，真可谓度日如年，备受煎熬，故孔子言"难矣哉"。既如此，孔子并未放弃对之施教，开出了"博弈"之法，止其行恶，引之向善，从而充分体现了孔子宽厚的仁爱之心，以及教化世人的责任感。

从根本上而言，孔子为"饱食终日，无所用心"的富贵闲人，开示"博弈"之法，则为止"害"而救世之策。

23. 君子尚义，证成大勇

阳货 17.23

【原文】子路曰："君子尚勇乎?"

子曰："君子义以为上，君子有勇而无义为乱，小人有勇而无义为盗。"

【译文】子路说："君子崇尚、看重勇吗?"

孔子答道："君子重义。君子有勇无义，将作乱，小人有勇无义，将为盗。"

按朱熹引胡氏、钱穆之释：此为"疑子路初见孔子时问答也"。子路本好勇，提出"君子"当以"勇"为上。孔子矫之，提出"君子尚义"，并指出"君子有勇而无义为乱，小人有勇而无义为盗"，由此强调"勇，非义不立；义，非勇不行。则勇以义为主，义以勇为辅。此义所以为上也。君子有勇而无义为乱。若好勇不好学，其蔽也乱是也。小人有勇而无义为盗"。（陈祥道）

按孔子之言，君子当"义以为尚，则其勇也大矣。子路'好勇'，故夫子以此救其失也"。（朱熹引尹氏）

具体而言：

第一，子路依己之"勇"，向其师提出一个切己之问："君子尚勇乎?"。事实上，此问涉及"君子"与"勇"之关系。孔子针对子路之问，首先肯定君子"尚义"，将"义"作为君子之最高道德追求，进而将子路所尚的"勇"应置于"义"架构中，揭示"勇"与"义"剥离之后必然产生的两种结果：即"君子有勇而无义"，必为"乱"；"小人有勇而无义"，必为"盗"，以此强调和突出"勇"须受"义"之规范和引导，回应并指出子路单纯强调"君子尚勇"之偏狭。

第二，子路所问之"勇"，乃是指面对困难和危险、甚至面对比自己强大的对手而不惧的情感和精神。从这一意义上来看，"勇"属中性，在正邪之间，无所谓好坏，君子、小人均可具备。如此，子路之问，只是对君子之心理或情感事实的确认，尚未提升到君子之"尚"的高度，显然是未能真正把握"勇"的深刻本质，只是表明"勇者夺魄。"（蕅益）

第三，针对子路之问，孔子未直接予以肯定或否定性的回答，而是强调君子崇尚的应是高于"勇"之"义",由此超越子路之问中孤立谈"勇"所具的狭隘性。

孔子将"勇"与"义"相关联,并置于君子之"义"的观照下。如此,孔子建立并确认了审视和判断"勇"之价值平台。这样,孔子强调只有"义",方能引领"勇"走上正途。以"义"引导的"勇",才是"大勇",才有虽为匹夫,其志不可夺,才可谓仁人志士、杀身以成仁之大勇,也才有"虽千万人吾往矣"的豪迈之勇;相反,若"勇"无"义"之统领,至多也仅仅是匹夫草莽之勇、血气之勇,其好勇斗狠如暴虎冯河。此等勇,其实是很危险的人格品质,这正是孔子所不屑的。

从子路与孔子相处之诸多事实,以及孔子对子路之教可见,子路能勇不能怯,孔子于其喜浮海,则曰:"无所取材。"于其闻斯行诸,则曰:"有父兄在。"于其行三军,则曰:"暴虎凭河,吾不与也。"于其问强,则曰:"宽柔以教。"不报无道,则其问勇而对之:"以义宜矣。"

再进一步而言,"义"不仅规范和引导"勇","义"同时也激发人之"勇",如是达"见义勇为";而且"勇"亦支撑和巩固着"义",而使"义"更为饱满而走向实践。

正是在这一意义上,孔子强调君子之"勇",当以"义"为上。在本节中,孔子做出"君子有勇而无义为乱,小人有勇而无义为盗"之判断,从反面进一步证明"义"规范、引导"勇"的重要性。如此表明,孔子所强调和欣赏的正是内蕴着"义"之"勇",不是徒然有"勇"而无"义",更不是容易犯上作乱,或做尽坏事,成匪盗之"勇"。

进而言之,孔子教导子路君子当"尚义",其深刻性在于孔子明确地指出"君子以心导耳目,立义以为勇;小人以耳目导心,不逊以为勇,盖以此也!言义以为质,又言义以为上者,义为质则礼,文义为上,则勇下。"(陈祥道)

总之,通过子路与孔子之问答,明确了"勇"与"义"的内在关系,突出君子应尚"义",而非单纯言"勇",超越子路"尚勇"之思的偏狭性;在此基础上,孔子进一步凸显了"勇"必须以"义"为统领和引导,方可成就君子忠勇并在、大智大勇之人格,防范匹夫草莽之勇,也才能避免因"勇"与"义"之分裂,因"有勇而无义"所导致的"乱"与"盗"之滋生。

24. 师徒共论，君子之恶

阳货 17.24

【原文】子贡曰："君子亦有恶乎？"

子曰："有恶。恶称人之恶者，恶居下流而讪上者，恶勇而无礼者，恶果敢而窒者。"

曰："赐也亦有恶乎？"

"恶徼以为知者，恶不孙以为勇者，恶讦以为直者。"

【译文】子贡说："君子也有厌恶的事吗？"

孔子说："有恶的。厌恶喜好称好别人恶的人。厌恶身居下位而诽谤在上者的人，厌恶勇敢而无礼之人。厌恶果敢而又不通事理的人。"

孔子又说："赐，你也有厌恶的吗？"

子贡说："厌恶抄袭他人说话而自以为知的人。厌恶不懂逊让服从而自以为勇的人。厌恶攻发别人的隐私而自以为直的人。"

子贡之"问"与孔子之"答"，首先确认"君子亦有恶"，进而师傅二人各陈己之所恶。于此，对有悖于德的四种人和作风不正的三种人予以揭露与批判。

孔子之所以恶此四种人，则因"称人恶，则无仁厚之意""下讪上，则无忠敬之诚""勇无礼，则为乱""果而窒，则妄作。"（朱熹）子贡之所以恶三种人，则是乏"诚"、无"礼"与无"直"。

孔子与子贡之"恶"，是世人之弊，君子修德当以此之戒。如是蕅益所言："大须各自简点，莫使此二人恶。"

具体而言：

第一，孔子曾说"唯仁者能好人，能恶人。"（《论语·里仁》）表明君子当以"礼"而衡量、判断人与事，据"礼"而规范自我的心性与行为。如此表君子绝非"乡愿"，乃是有是非原则之人。这样，君子内有是非之尺度，显于外，就必有自己的好恶。

在本节中，当子贡向孔子发问，像孔子这样的君子、仁者，是否亦有令他厌恶之人。因为"仁者无不爱，则君子疑若无恶矣。子贡之有是心也，故问焉

以质其是非。"（朱熹引杨氏）

针对子贡之问，孔子毫不回避，态度鲜明地予以肯定地回答："有恶"，进而如数地列出了自己所"恶"的"四类人"；同时，孔子反过来问子贡，是否亦有令自己生厌恶之人呢？子贡亦坦然回答其师，列出了自己厌恶"三类人"；由此，通过师徒二人彼此的问答，毫无隐蔽己之所恶。如此，构成了君子"恶"之所指，彰显君子鲜明之好恶，以此表达孔子、子贡对世德之批判，亦昭示令人堪忧之世德。

第二，具体而言，孔子所"恶"有"四类"，这是孔子在客观分析和批判"色厉内荏""乡原""道听而涂说"以及"鄙夫"这四种"恶人"之后，直陈己之所"恶"，对无德之人予以再次揭露与批判。

（1）"恶称人之恶者"。"称人之恶"，即"不当暴扬人恶。"（戴望）"喜称扬人恶，可知无仁厚之意。"（钱穆）此等人就是偏好到处说别人坏处，喜欢说他人的坏话，热衷传扬他人之"恶"。

孔子为何"恶称人之恶者"？因为此等人不仅"无仁厚"、宽恕之心，更是居心叵测、刻薄寡义、不善之流。《书》曰："聪明深察而近于死者，好议人者也，博辨广大而危其身者，发人之恶者也。"陈祥道引孟子之语"言人之不善，当后患何此"评述道"此所以恶称人之恶者也"。此类人，乃孔子所"恶"之首。

（2）"恶居下流而讪上者"。《礼》曰："为人臣下者，有谏而无讪。""居下流而讪上者"，指位居于人"下"，议论、指责、讥讽、挖苦或贬损、诽谤的是则居于其上位的人。

孔子为何"恶居下流而讪上者"？因为此等人，对上位者不会、亦不敢直谏，只是暗地或背地里行议论、指责、讥讽、挖苦或贬损、诽谤之。此类人"阳奉阴违"，不仅背"上""下"之"礼"，而且失"下"之德。此类人本质上则"无忠敬之心。"（朱熹）"无忠敬之诚。"（钱穆）是为"贼义"者。

（3）"恶勇而无礼者"。在前一节，孔子在回答子路之问："君子尚勇乎？"时，明确指出"君子义以为上"，强调了"勇，非义不立，义非勇不行，则勇以义为主，义以勇为辅，此义所以为上也。"（陈祥道）突出"义"对"勇"的价值引导，并分析了"有勇而无义"必然产生"乱"和"盗"之恶果。在此，孔子强调的是"礼"对"勇"的规范，从而避免"勇"如脱缰野马无规可循，似溃堤之洪泛滥。一句话，"礼"让"勇"适度而有节制，从而有别于粗俗鲁莽。孔子之所以"恶"此等人，正是因为其有勇力却不懂礼、不以礼节制其勇力，易因"勇"而生"乱"。

（4）"恶果敢而窒者"。孔子曾指出君子要做到"四毋"，其中强调"毋固、毋我"，以矫正自己的偏狭和固执己见。在此处，孔子所恶者的特点就在于做事果断、敢作敢为却不通情达理、闭目塞听、顽固不化、不知权变。孔子之所以"恶"之，乃在于其果敢"不通恕道，窒塞于事。"（戴望）抑或武断而不明义理、亦"不通事理，将妄作而兴祸。"（钱穆）

第三，孔子所"恶"的这四类人，既有"利口"之辈，亦有"无礼"之徒，还有"勇""果敢"而无"礼""义"之人，他们都不利于人与人关系之和谐，不利于天下之太平，均是生"乱"之人。对此，陈祥道做出了中肯而深刻的评价："……盖称人之恶，则不仁；居下而讪上，勇而无礼，则不义；果敢而窒，则不知。四者，以称人之恶为先。"

第四，子贡所"恶"者有三，即"恶徼以为知者，恶不孙以为勇者，恶讦以为直者。"

（1）"恶徼以为知者"。"徼，伺察也。"（朱熹）"绞，刺人过以为明知。孔子曰：'小人毁誉为辩，绞急为知'。"（戴望）钱穆则认为，"徼以为知者"，即是"钞袭人说以为己知"者（钱穆）。此等人，把鹦鹉学舌、拾人牙慧当做己之聪明智慧的人，以窃他人之"智"、之创造，来掩盖自己的"无知"与愚钝，真可谓拉大旗作虎皮，以不知为知。此等人本质上是假人之长遮己之短，缺乏"诚"。

（2）"恶不孙以为勇者"。"不孙，不循礼。若下陵上，贱犯贵。"（戴望）"人有胜己，不从不让以为勇。"（钱穆）子贡厌恶不懂谦逊和宽让之"礼"的人，其"勇"乃在于不容人有胜己之处，处处表现出逞强好胜。此等人缺乏自省与谦卑、谦恭、谦逊之心，误将桀骜不驯、破坏秩序、独往独来、拒绝合作当做"勇"。

（3）"恶讦以为直者"。"讦，谓攻发人之阴私。"（朱熹）"讦谓横议是非。君子贵'主文而诡谏'。"（戴望）子贡厌恶把待人刻薄、攻击他人短处当做朴实率直的人。此等人的特点，在于"讦"，即偏好攻发人之隐私，且"非直而以为直。"（钱穆）

第五，对于子贡之所"恶"，以及所恶的这三种人的特点，陈祥道作出了独到的评断，他说"子贡不能匿人之过故也。子贡曰：'赐恶徼以为智者，恶不孙以为勇者，恶讦以为直者。'盖察伺者似智，不逊者似勇，讦者似直，三者似是而非，故子贡恶之。孔子曰：'唯仁者，能好人，能恶人。'子贡不足于仁而有所恶者，苟有所恶而已，语之以能恶，则未也。"

第六，孔子之"恶"和子贡之"恶"各有其侧重。孔子揭示四种人之所以

　　　　　　　　生活哲学视野中的"论语"研判

"恶"，乃是因为"无礼""不仁""不义"和"不知"，对礼义制度具有破损性，故而孔子恶之。而子贡则主要对三种人之行为表象层面加以描述，未能透过其表而揭示其令己"恶"之本所在。

总之，子贡和孔子的对话，表达了各自有所"恶"，并分别列出了"四类"和"三类"可恶之人，揭示他们违背"仁""义"，进而悖礼而致"乱"之恶果；通过其所"恶"，既表达了他们对这几种人恶行的批判，亦揭露了当世人之德行，令人堪忧之境况。

25. 女子小人，近骄远怨

阳货 17.25

【原文】子曰："唯女子与小人为难养也，近之则不孙，远之则怨。"

第一种解读：将"女子与小人"解读为"妾侍和仆人"

【译文】孔子说："只有家里的妾侍和仆人最难养。你若和他们近了，他不知有逊让。你若和他们远了，他们便会怨恨你。"

具体而言：

第一，本节是最易引起误读和误解，其中最为主要的是因孔子于此判断中所称谓的"女子"具体所指而导致。有人认为，孔子此论中的"女子"，就是指一切"女人"。由此，认为孔子轻慢妇女，并由此认为孔子是一个大男子主义、封建主义、性别歧视者。此种观点可谓影响至深，几乎成为一种"通识"与定论。然而，不得不指出，该种解读，无疑是离开孔子之具体语境，未切实把握"女子"具体所指，望文生义所致。就孔子此语之语境所能确定的语义而言，与"小人"并列而被"养"的"女子"，并非是通称"女人"、或"妇女"，而是一种特称，所指示的是"妾"。如此，孔子本节中的"女子与小人"，即是指那些家中所养的"妾"和"仆"。如是钱穆所认为的那样："此章女子小人指家中仆妾言。妾视仆尤近，故女子在小人前。因其指仆妾，故称养。待之近，则狎而不逊。远，则怨恨必作。善御仆妾，亦齐家之一事。"

第二，深究孔子此判断之背景可见，孔子把"女子与小人"联系在一起，并发出如此的感叹，直接所指的就是南子和雍渠，而同时也包括她俩所代表的两类人：即君主的嫔妃姬妾等女子和在君主身边侍奉饮食起居献媚邀宠的男宠竖宦之小人，也就是说姬妾和竖宦都是国君身边争宠之人，这两类人都挖空心思、不择手段、极尽谄媚之能事，以讨取君主的欢喜，也确实是"近之则不孙，远之则怨。"从"养"字来看，也正好适用于这两种人，因为竖宦和姬妾都是寄生于国君，为国君所豢养之人。

第三，孔子在上节中直言自己所"恶"的"四类人"；在本节中，所谈到的"女人和小人"，虽未达到令孔子"恶"的程度，但倒也的确是令人够烦的了。如此，孔子下了一个非常肯定的判断："唯……难养"。

可以想象孔子做出如此判断的感性基础和体验。这应该是孔子面对"女人和小人"，深感万般无赖、无计可施，进退维谷之纠结心境的写照。因为"家里的妾侍和仆人"，是自己必须朝夕相处而无法回避的人。

第四，孔子之所以做出"唯……难养"的感叹与判断，孔子给出了理由，即"近之则不孙，远之则怨。"这表明与女子和小人难以相处，太亲近不行，太疏远也不行，其尺度实难拿捏。与他们亲近了，就会恃宠而骄，"蹬鼻子上脸"，搞得你啼笑皆非，动辄得咎；相反，对他们疏远点，待之稍有不好，又怨恨你，至死方休；而女人和小人，"近之则不孙，远之则怨"只是其表象，其根本在于他们不懂"礼"、不知"义"。恰如陈祥道所言："女子小人，不知礼者也。不知礼，故近之则不逊；不知义，故远之则怨。"蕅益注曰："孔子所言'曲尽女子小人情状'。"江谦补注："女子小人，皆须教之以道，学道则易使也，若养而不能教，则有怨与不孙之弊。"

第五，"女子与小人"之根本在于"不知礼""不知义"，孔子在此进而以"女子与小人"指称心无礼、义之尺度，没有道德独立性和规范性，充斥着"奴性"之人，以此表明按"礼""义"之规范要求与"女子和小人"相处是行不通的，如此只能按照非理性的原则来加以对待。

总之，"女子以形事人，小人以力事人。"（戴望）孔子总结和判断"养""女子和小人"，乃是最为棘手、最为费神之事，因为在孔子看来，"女子与小人"不懂礼、义，不持规矩，不讲操行，只惟利是图，私利至上，也再次印证以礼、义形塑人心之艰难。

第二种解读：将"女子"与"小人"解读为"汝子与小人"

【译文】孔子说："唯有与汝子与小人最难相处。若与之近了，他们则不知逊让。若与之远了，他们便会怨恨你。"

具体而言：

第一，据不完全统计，《论语》中所用"女"字总计有 18 处。其中 16 处"女"字，已有共识作"汝"解。譬如：

（1）子曰："食夫稻，衣夫锦，于女安乎？"曰："安。""女安，则为之！夫君子之居丧，食旨不甘，闻乐不乐，居处不安，故不为也。今女安，则为之。"

（2）子谓伯鱼曰："女为《周南》、《召南》矣乎？人而不为《周南》、《召南》，其犹正墙面而立也与!"

(3) 子曰："赐也，女以予为多学而识之者与?"对曰："然，非与?"曰："非也，予一以贯之。"

……

只有两处的"女"，自宋以来被释为"女人"或"妇女"。第一处《论语·微子篇》，"齐人归女乐"之"女"。第二处则是《论语·阳货篇》，"唯女子与小人为难养也"之"女"。

"齐人归女乐"中的"女"，亦不应作"妇女"之"女"来解释。此处之"女"字通"娱"，也不是指女乐师。春秋时期，乐师都是男性。既是乐，其中就必然是男性乐师。所以"归女乐"，其意表送一个娱乐班，当然其中包括歌女、艺女之类人。如此，此"女"，既表"娱"，亦表歌舞之"女"，而不是泛指"女人"。

"唯女子与小人为难养也"之"女子"，亦因是"女"与"子"之总称。"女"者，"汝也"。"女子"所指应是子路、子贡等孔子诸"弟子"，而非现代意义上的"女子"

如此，"唯女子与小人为难养也。近之则不孙，远之则怨。"通俗地说就是"只有你们这些学生和不守礼节、狎大人的小人一样，实在不好相待、不好招呼、不好侍候、不好照顾。和你们亲近了，你们就不遵守师生尊卑分寸，和你们疏远了，你们又抱怨。"

第二，孔子所言"唯女子与小人为难养也"，更应是孔子以一种诙谐和幽默的感慨，批评子路、子贡等诸子之"不孙"与"怨"。

孔子为什么会有如此之感慨呢? 在《论语》中就有些许事实证明。譬如:

(1)"子见南子，子路不说。"《论语·雍也》

(2)"在陈绝粮……子路愠见曰:'君子亦有穷乎?'"《论语·卫灵公》

(3)"公山弗扰以费畔，召。子欲往。子路不说。"《论语·阳货》

(4)"佛肸召，子欲往。子路曰:'昔者由也闻诸夫子曰:"亲于其身为不善者，君子不入也。"佛肸以中牟畔，子之往也，如之何?'《论语·阳货》

上述几条记录，可谓比较典型地表现出"女子"之子路，"近之则不孙"。动不动对孔子之行，表现出"不说""愠"。

而陈亢问于伯鱼曰:"子亦有异闻乎?"(《论语·季氏》) 包含着对孔子的猜疑，这也表明弟子陈亢于孔子之"不逊"，以致于孔子不得不说:"二三子以我为隐乎? 吾无隐乎尔。吾无行而不与二三子者，是丘也。" (《论语·述而篇》)

至于"远之则怨",孔子弟子三千、贤人七十二,能对孔子都无"怨"?《论语》不可能明确地记下弟子对孔子之"怨"。孔子肯定是能听到的。

在《论语》中,"怨"只能是以非常隐秘地表现了出来。仔细捕捉,在诸多处可窥见弟子对孔子之"怨"。譬如:

(1)冉有子华使于齐,冉子为其母请粟。子曰:"与之釜。"请益。曰:"与之庾。"冉子与之粟五秉。其间,冉子"怨"孔子太吝啬、太抠门。

(2)颜回死后,其父颜路请孔子买车为颜回买"椁",以及众弟子欲厚葬颜回,孔子不许等等,弟子或"怨"孔子之太不通人情。

(3)亦有陈亢问于伯鱼曰:"子亦有异闻乎?"疑孔子教子有"私"。

(4)还有弟子以为孔子传授他们有所保留,有所隐,直抵孔子只好说:"二三子以我为隐乎?吾无隐乎尔。吾无行而不与二三子者,是丘也。"

(5)再有孔子弟子中有几个比较特殊的:

如有另类弟子"昼寝"的宰我,与孔子论辩"守丧一年",被孔子斥责为"不仁";而且还向孔子提出:"仁者,虽告之曰,'井有仁焉。'其从之也?"之二难问题。

有向孔子请学稼之樊迟,被孔子斥为:"小人哉,樊须也!"

有为孔子被召回鲁国,结束十几载周流诸国,功不可没的冉有。当"季氏旅于泰山。子谓冉有曰:'女弗能救与?'"后又因为仕季氏而助其敛财,孔子则言:"非吾徒也,小子鸣鼓而攻之可也。"

有爱"方人"之子贡,以勇著称的子路,常被孔子"敲打",心中之"怨",亦非浅也。

如此,与孔子朝夕相处的众弟子,对孔子有时"不孙",有时生"怨",皆属师徒交往之正常现象。在孔子看来,这群在修学问道之途上个性鲜明的众弟子,如同"小人"一般,难以相处。

第三,何谓"小人"?"小人"就是尚未成为"君子"之人,属"小"的"人"。此处"小人",非道德卑劣低下之人,亦不等于坏人。简言之,此处与"女子"并列的"小人",都是指尚未达君子之德,有待教化、培育、培养之人。

第四,孔子为何言"唯女子""难养"?孔子直言其原由,乃是因为"近之则不孙,远之则怨。"表待之亲密,则骄慢,不知循"礼"而放肆;疏远之,不知"仁""义"则心生怨。如此,"唯女子与小人为难养也",乃为孔子与弟子相处中最为真切而自己的感受。孔子之言,亦表孔子与学生之间的情趣、诙谐。

【另外,有学者提出:整部《论语》,除此章孔子被误解看不起女人外,再没有任何章句是批评女人的！就目前所知，孔子的一切言论中（《春秋》、《礼记》、《易经》系辞、《孔子家语》等等），均未发现有贬损女性的任何言辞及观点。孔子非但没有贬低和侮辱女性之言，相反，在《礼记》中还大赞女性之德：三太之德、女德等。除此之外，孔子还谈到"妇容""妇言""妇功"和"妇德"。】

总之，孔子从长期与弟子朝夕相处，真切地感知到"人与人"相处须遵循"礼"，在"近"与"远"之间保持适度之"距离"，忌太近而"不孙"，太远而生"怨"。如此，孔子为解"难养"，即难处之困，提出合礼的"相处之道"。

26. 迁善改过，宜从早焉

阳货 17.26

【原文】子曰："年四十而见恶焉，其终也已。"

【译文】孔子说："到了四十岁的时候还被人所厌恶，他这一生也就终结了。"

孔子此论乃是为世人提出之忠告：修身进德，改过向善须趁早，不可错过最佳时机和年龄，不可一再拖延，待年四十，人生各方面皆以定型，则晚矣。恰如朱熹所释："四十，成德之时。见恶于人，则止于此而已。"亦如蒲益释曰："见恶，谓尚不能改恶从善也。虽云改过可贵，但四十不改，恐终不能改矣，故警励之，意欲其奋发速改也。"如此，孔子之论，乃"勉人及时迁善改过也。"（朱熹）

具体而言：

第一，孔子在反观和总结自己人生时曾说"四十而不惑"；在此却又说"年四十而见恶焉，其终也已。"如此可以很清晰地看到，孔子是在告诫勉励年轻人，应及时"迁善改过"（钱穆），且应趁年轻之时，应全力和尽心塑造自己的心性，切不可待没有时机改变自己的习性和德行而寥寂、遗憾余生。

第二，四十岁，人生的一个分界。四十岁应该是一个人成德或是接近成德之年，这就意味着在四十岁之前，应该尽心修己之德性，不断规范己之言行。如此，如陈祥道所释曰："四十者，强仕之年也，当强仕之际，宜其为人所敬畏，不见恶焉。"这才是正常的人生。由此可见，四十岁乃是人生之关键年龄节点。至此年龄，当成就和定型修身之德而为人敬重，此乃"年弥高，德弥邵，君子之所善也。"（陈祥道）

第三，然而，孔子亟言而深斥之，年四十"还有许多毛病，很多的坏事改不过来，这就不要说了，这已经定型，改不了啦。"（南怀瑾）其"为人见恶而不见畏"（陈祥道），这也就表达了孔子劝导人不要等到四十岁的时候，已经没有机会改正自己做错的事。这样，留下不端之德行，人生的一切都悔之晚矣。正如戴望所释："年在始仕而见恶行，是终自绝于善。"

第四，孔子之论，警劝世人改过迁善要及时，要趁早，不要错过最佳的时机和年龄。要有"欲其不终于恶也。不终于恶，则朝闻道夕死可矣。"（江谦）但并不意味着年过四十，有过就不必改，就自暴自弃了！人生有过不惮而改之，皆不晚。人的一生就是一个不断改过向善的自我提升过程。孔子此言强调要及时发现己之过，不存懈怠之心，不断促己进德。

总之，本章以小人之首的阳货为开篇，见圣道之不行，到此节作一结论，以表孔子所强调的修己由人之精神，突出修己进德必持不待我之心。唯有如此，才能使人到四十为他人所敬，而不见恶，从而避免于四十岁人生品性、德行定型之时，却遭他人"恶"之，人生无改之遗憾。

生活哲学视野中的"论语"研判

第十八　微子篇

1. 孔子赞叹，殷有三仁

微子 18.1

【原文】微子去之，箕子为之奴，比干谏而死。

孔子曰："殷有三仁焉。"

【译文】（纣王荒淫残暴）微子离开了殷商，箕子做了奴隶，比干进谏而被杀。

孔子说："这是殷朝的三位仁者啊！"

───────────────

纣王无道，其兄微子劝谏，纣王不听，微子不忍目睹国之衰败，只身离开殷商，此为"微子去之"；箕子、比干皆为纣王之叔父，尽忠直谏，纣王不仅不听，且将箕子囚禁，降为奴隶，此为"箕子为之奴"，将比干剖心，此为"比干谏而死"。"三人之行不同，而同出于至诚恻怛之意，故不咈乎爱之理，而有以全其心之德也。"（朱熹）

微子、箕子和比干，身处无道之乱世，然三人以"去""奴"和"死"三种方式尽忠彰仁，故孔子盛赞之，称"殷有三仁焉。"对此，陈祥道予以深刻地诠释，他说道："微子去，所以存商之祀。箕子奴，所以贻天下之法。比干死，所以示人臣之节。去则明夷于飞，垂其翼者也，利而不正；死则过涉灭顶者也，正而不利；奴则内难而能正其志者也，利而且正。三者之所趋虽殊，然去者，仁之清；奴者，仁之和；死者，仁之任；皆其自靖以趋于仁而已，此所以均谓之仁。"朱熹引杨氏曰："此三人者，各得其本心，故同谓之仁。"戴望则简明释曰："仁者爱人，三人行各异而同称仁，以其俱在忧乱宁民也。"江谦补注："为仁而去，为仁而奴，为仁而死，故曰'殷有三仁焉。'"

老子曰："大道废焉，有仁义。智慧出焉，有大伪。六亲不和焉，有孝慈。国家昏乱焉，有忠臣。"（《道德经·第十八章》）孔子对殷商三仁者的称道，即是对无道乱世的批判。孔子借古喻今，对仁者之称颂，启示今世之"仁者"，进而对霸道之当世予以鞭挞。

具体而言：

第一，本节陈述殷商末期，常派兵征伐周边其他部族，特别是大规模、长时间地与东夷兵戎相见，致使国力削弱，误国害民。雪上加霜的是，纣王骄奢淫逸，残暴昏乱，刚愎自用，大臣们多次劝谏，纣王都不理会，整个朝廷乌烟瘴气。正值殷商政权交替之际，纣王荒淫无道，残暴异常，微子、箕子和比干三人为履人臣之责，屡劝谏而无效，三人作出不同的抉择，致使不同的结局，表呈了三人不同的命运：微子"去"，箕子"奴"，比干"死"。然三人皆尽"忠"彰"仁"。孔子予此三个人皆许以"仁"者的高度评价。

第二，"微子去之"。微子，乃是殷纣王"庶兄"，即纣王同父异母之兄长。据《史记·宋微子世家》记载，"纣既立，不明，淫乱于政，微子数谏，纣不听。于是微子度纣终不可谏，欲死之。"微子见纣王无道，忧心忡忡，多次劝导纣王而不听，所提出的意见，纣王亦不予接纳，以致于想要以死明志。微子深知纣王荒淫无道，实在是不可救药，微子绝望之际，想一死了之，而与两位叔叔（箕子、比干）谋划。箕子说：你死了，国家能够得到整治，那还算是值得；死了而终不得治，那还不如离开。于是，微子逃离殷商，隐居起来，这便是"微子见纣无道而去。"（钱穆）微子之举，则是面纣无道，选择去之、隐之，持守己之独立与清流之气，而不愿与之同流合污。

第三，"箕子为之奴"。箕子，殷纣王的叔父，任王朝太师。箕子见微子劝导纣王，纣王不听，最后去之。于是，箕子继续劝纣王，见王不听，便披发装疯保命，最后被囚，降为奴隶。钱穆解之"箕子谏不听，因以为奴，乃佯狂受辱"。据《史记》记载"箕子惧，乃佯狂为奴，纣又囚之。"待武王伐纣以后，箕子被放了出来。有陈祥道之解为佐证："武王克商，然后释箕子之囚，则箕子未尝去商。"

第四，"比干谏而死"。比干，亦是殷纣王的叔父，任少师，协助箕子；面对纣王之过错，比干曾说"主上有过错，老百姓遭受磨难，当臣子的不去劝谏，就是不忠；怕死不谏，就是不勇。为了国家社稷就是丢掉生命，也是值得的，也算是大忠大勇！"于是他就亲自去进谏商纣王，毅然登上摘星楼，劝谏纣王洗心革面、重整朝纲。先是说，后是喊，最后是骂，一连三天强谏不走，以死抗争。据《史记》记载"比干曰：'为人臣者，不得不以死争。'乃强谏纣。纣怒曰：'吾闻圣人心有七窍。'剖比干，观其心。"比干见纣王无道，屡次强谏，比干进谏之举，激怒了纣王，最终遭至被杀剖心。

第五，孔子对殷纣王暴政无道之时的微子、箕子和比干给予高度的评价，认为他们三人是殷纣王时的"三仁"。为什么孔子对他们三人给予"仁者"之高度评价呢？微子、箕子和比干三者之"仁"到底在何处？以人性、道德、仁政三方面内容来衡量，微子、箕子、比干三人虽为贵族，为上层统治者，但人格犹在，良善未泯，不肯与纣王同流合污。他们忠诚、正直，鲜明地反对暴政，苦口婆心劝谏纣王，一心匡扶社稷，维护宗族，拯救百姓，甚至不惜以死而殉道。

微子之"去"、箕子之"奴"和比干之"死"，从行"仁"而展现"仁"的三种形态或求仁的三种方式。"去"是仁，"留"亦仁；"生"是"仁"，"死"亦是"仁"，不论采取何种方式，只要心存仁，不管怎么做，都是"求仁"，都能彰"仁"。恰如陈祥道所释曰："三者之所趋虽殊，然去者，仁之清；奴者，仁之和；死者，仁之任；皆其自靖以趋于仁而已，此所以均谓之仁。"

对于孔子评价这三者之"仁"，朱熹引杨氏释曰："此三人者，各得其本心，故同谓之仁。"钱穆认为："三人皆意在安乱宁民，行虽不同，而其至诚恻怛心存爱人则一，故同得为仁人。孔子又曰：'有杀身以成仁。'然仁不在死，三人之仁，非指其去与奴与死。以其能忧乱，求欲安民，而谓之仁。"张居正在讲评《论语》此章时说："盖论人者不当泥其迹而当原其心。三人者就其迹而观之，虽有不同，原其心而论之，则其忧君爱国之忠、至诚恻怛之意，一而已也。其去者欲存宗祀，非忘君也。奴者欲忍死以有待，非惧祸也。死者欲正言而悟主，非沽名也。所以说，殷有三仁焉。"

总之，孔子在谈到相关史实时，就微子、箕子和比干三人，面对纣之残暴、殷邦无道之时，无论是"去之"，还是装疯被囚沦为"奴"而受辱，以致于进谏而被诛杀，虽然三者之方式和结局各不相同，但是，这充分彰显了三人心系社稷，意在治乱宁民，以矫正暴政之忠诚、正直不屈等品质。如此，孔子说："殷有三仁焉"。

国破思良将，乱世出忠臣。孔子借古谈今、借史言现世，倡导面对无道之乱世，君子当心系天下、情系苍生，秉承先仁之精神，践履己之职责。

2. 士师三黜，直道事人

微子 18.2

【原文】柳下惠为士师，三黜。

人曰："子未可以去乎？"

曰："直道而事人，焉往而不三黜？枉道而事人，何必去父母之邦？"

【译的】柳下惠当典狱官，三次被罢免。

有人说："你不可以离开鲁国吗？"

柳下惠说："按正道事君奉主，到哪里不会被多次罢官呢？如果不按正道事奉君主，为什么一定要离开本国呢？"

柳下惠是个正直的贤能之才，曾三次被黜而未去鲁。"三黜而不去者，盖柳下惠以止为事者也。"（陈祥道）亦可见柳下惠"有见有守。"（卓吾）"惟见得真，故守得定。"（方外史）所以，世人对之评价甚高。

柳下惠提出"直道事人"与"枉道事人"，于世之不同的遭遇，为己三黜而不去予以自证与自辩，如此，柳下惠以智慧之思，洞见、揭露了当世官场之腐败。

以柳下惠为例，表世之无道，与其周流诸国寻求"直道事人"，还不如就留在生养自己的父母之邦为上。

具体而言：

第一，本节主要讲述柳下惠始终秉持"直道而事人"的根本原则，尽管多次遭遇罢免，依然不弃。孔子称其贤，并指责臧文仲不能用其贤，乃正是因为柳下惠面对乱世，不计个人沉浮、功名富贵之得失，心中一直持守正道，以公平、正义为重，以整体与久远利益为重，以心安、人安、天下安为重，如同微子、箕子和比干三仁者。如此，本节主要彰显柳下惠始终不计个人之毁誉，坚持原则，不屈操守，直道事人，终不改悔之人格与品质。

第二，在本节中，通过记述柳下惠所言，呈现出"直道"与"枉道"两条截然不同的"事人"类型，及其不同的结果与命运。

（1）所谓"直道事人"。在此的"直道"，所指自觉地遵守礼仪规矩，个人行为端正。在"事人"中，"直道"表现为坚持原则，维护正义，秉公办案，不循私情，尽心尽力地为君主办事、为国家效力。如此，难保他不会得罪权贵甚至国君。事实上，柳下惠正因为"直道事人"多次被罢官。然而，他依然不改其"直道事人"之风格。

（2）所谓"枉道事人"。在此的"枉道"，即是指不自觉地遵守礼仪规矩，个人之行不端。于"事人"中，"枉道"表现为善走歪门邪道，苦心钻营。如此，于乱世，此等人自然会官运亨通。

第三，根据柳下惠之遭遇可见，"直道事人"，其人生坎坷，命运多舛。如他所言："直道而事人，焉往而不三黜？"；相反，"枉道事人"却顺风顺水，青云直上。这两者之差异，反衬出"邦无道"、举世浊乱，独不容"直道事人"者，由此折射出个人有德与"邦无道"之尖锐矛盾。

第四，柳下惠还说"枉道而事人，何必去父母之邦？"。柳下惠深知"欲求不黜，惟有枉道。"（钱穆）对此，戴望释曰："礼，同姓之臣无去国之义。惠为展氏，出自惠公，故不欲违宗国也。"南怀瑾解道："微子、箕子、比干，有的愿杀身以成仁，如比干；被赶出去就走了，如微子；为奴就为奴，如箕子。为什么他们不弯一弯呢？态度稍微改变一下，去拍个马屁，也会好好用他们，更何况他们本来就是皇族。可是他们为什么不这样做？这就说明个人作人也好，或在国家社会中立足作一普通人，在大原则上人格的重要性。反过来，就是如果以枉道事人的话，随便哪里都可以干，如果坚持以正道、直道事人，又何必离开？"

第五，通观本节所述，柳下惠"辞气雍容，可谓和矣。然其不欲枉道之意，则确然有不可拔者。故孟子称其'不以三公易其介'。惟玩其辞气，终若视一世皆枉道，无可与为直，其惓惓救世之心则淡矣。故孟子又谓'柳下惠不恭'，此所以异于孔子。"（钱穆）按朱熹之解，"柳下惠三黜不去，而其辞气雍容如此，可谓和矣。然其不能枉道之意，则有确乎其不可拔者。是则所谓必以其道，而不自失焉者也。"

总之，本节引述柳下惠的这几句话，等于是为上节微子、箕子和比干三人之事，作了一个注解。在本节中，彰显在"邦无道"的生活境遇下，"直道"与"枉道""事人"之差异，从而凸现柳下惠为孔子所赞赏的"直道事人"之品质。

3. 弃绝霸道，向仁而行

微子 18.3

【原文】齐景公待孔子曰：“若季氏，则吾不能；以季、孟之间待之。”

曰：“吾老矣，不能用也。”

孔子行。

【译文】齐景公讲到对待孔子时说：“像鲁君对待季氏那样，我做不到；我用介于季氏孟氏之间的待遇对待他。”

齐景公私下又说：“我老了，不能用他了。”

于是，孔子离开了齐国。

齐景公欲重用孔子，遭晏婴等臣反对，后又以“吾老矣，不能用也”而婉拒之。于齐国，道之不行，故孔子惟去之。对此，陈祥道释曰：“孔子于齐景公有际可之仕。至于景公曰：若季氏则吾不能，以季孟之间待之，然后行去他国之道也。”戴望亦言：孔子“感景公君不君，臣不臣，国尤危，故遂行。”

通过孔子于齐国之尴尬遭遇，表天下行道之艰难。孔子欲行道于天下，于齐国碰壁，表乱世“霸道”之强势，无仁道立锥之地。

孔子个人之遭遇，即是仁道于世之境遇。孔子去齐国，乃是弃霸道，向“仁道”而“行”。

具体而言：

第一，本节记述齐景公先是欲重用孔子，让其治理国家，后又以“吾老矣”为由，弃孔子而不用。孔子闻后，就离开齐国而回鲁国去了。程子曰：“盖不系待之轻重，特以不用而去尔。”《史记·孔子世家》的记载，应该是对本节所述事实之印证：“景公问政孔子……景公止孔子曰：‘奉子以季氏，吾不能。’以季孟之间待之。齐大夫欲害孔子，孔子闻之。景公曰：‘吾老矣，弗能用也。’孔子遂行，反乎鲁。”如此，孔子在齐国因不用而去，表孔子非为仕途而求用，而是以仕途而行道于天下。

第二，据考齐景公说此番话，应该是在齐景公第二次与孔子会见，问政于孔子，孔子回答“君君、臣臣、父父、子子”之后。齐景公具体说了欲重用孔子的程度："若季氏，则吾不能；以季、孟之间待之。"按照齐景公之意，若比照鲁国对待季氏那样的规格来安排孔子的工作与生活，若让他总揽齐国政事，那做不到，但完全可以依照仅次于季氏而高于孟氏的标准来厚待重用他，虽不是最大的权力，但既有财富地位，也可以为齐国做一些实事。从齐景公之话可以看出，齐景公应该是非常重用和厚待孔子了。对此，钱穆解道："鲁三卿，季氏最贵，齐景公谓我不能如鲁君之待季氏者待孔子，遂以季氏、孟氏之间待之，其礼亦甚隆矣。"

然而，吊诡的是，齐景公最后又不重用孔子了。"此非面语孔子，盖以私告其臣，而孔子闻之尔。"（朱熹）齐景公对待孔子之态度，前后如此大的一个转变，可真谓"出尔反尔"。为何呢？齐景公给出的理由是"吾老矣"。这显然是一个不成立的理由，仅仅是一个掩盖不重用之真实，面上又说得过去的理由，似乎还给孔子一丝颜面的托词而已。

据《史记》记载"齐大夫欲害孔子"。这就齐景公之所以最后说"不能用也"之真实的原因。事实上可能是以晏婴代表的齐国大夫们容不了孔子。这就表明，齐景公受齐国大夫之左右，自己不能落子敲定重用孔子，缺乏重用孔子之魄力和睿智，其根本在于齐景公之心不在孔子所倡导的"仁道"之上。然而，前面又有对孔子重用之承诺，于是，只好找出这样一个不是理由之理由来搪塞孔子。

第三，面对齐景公先允诺重用，后又以一个很可笑的理由辞而不用之窘境，孔子判断齐景公治下的齐国，亦不是真正可以弘道、践道之地。恰如戴望所言：孔子"感景公君不君，臣不臣，国尤危，故遂行。"如此，毅然离开了齐国。孔子离开齐国之举，深刻地表明孔子与柳下惠之根本不同，彰显了孔子自觉肩负着弘道之责任，以及行道于天下的使命感。

在前一节很形象地陈述了柳下惠多次被罢黜仍然不离父母之邦；然而，柳下惠所持之"道"，所行"直道而事人"，也仅仅局限于一人、一国而已，他的"贤"也只能局限于"父母之邦"而已。"三黜"而仍能坚持己道，其坦然之心、执着之意，的确令人钦佩，但是柳下惠还不具有孔子般达"仁道"及天下之志，亦没有孔子济世救民之心，更缺乏以天下为己任的那种执着和勇气。正是在这一意义上，钱穆释曰："本章所记古之仁贤隐逸之士，皆当与孔子对看，乃见孔子可去而去，不苟合，然亦不遁世，所以与本篇诸贤异。"

总之，本节记述齐景公前用后弃之变，孔子被"戏耍"之后，深深意识到，齐景公治政之心绝非于"仁道"。如此，"孔子以齐君不能用而去，则齐君之礼待，不足以安圣人。"（钱穆）孔子深感留在齐国践道行仁无望，也绝不贪恋齐国给予的丰厚之物质待遇，毅然离开齐国。

本节之重点在于孔子表面上面临如此尴尬之境毅然离开，实则体现孔子于一国之去留，皆决定于是否有利于行仁道。如此，孔子以己之去留，体现和标示了肩负弘道责任和使命之人的人生抉择。

4. 孔子离鲁，行道于路

微子 18.4

【原文】齐人归女乐，季桓子受之，三日不朝。孔子行。

【译文】齐国人赠送一娱乐队给鲁国，季桓子接受了，竟三日不朝。孔子于是离开了鲁国。

据《史记》记载，"定公十四年，孔子为鲁司寇，摄行相事。齐人惧，归女乐以沮之。"对于此事，戴望予以了较为充分的诠释。他说道："定公十四年，孔子由大司寇摄相事，政化大行，粥羔豚者不饰，男女异路，道不拾遗，齐惧，北面事鲁，馈女乐以间之。桓子语定公为周道游，三日不听政。子路曰：'夫子可以行矣。'孔子不欲为苟去，待郊，膰肉不至，乃行。《春秋》不书馈女乐者，内大恶讳。定、哀公多微辞，故唯去冬以见圣功之不成焉。"

尽管孔子以礼治国、弘仁道而救世之愿望十分迫切，但他依然坚持原则，在违礼等大是大非的问题上，不妥协和让步。季桓子接受齐人娱乐队而慢怠政事、简慢贤人、抛弃礼制的行为，令孔子痛心不已，终于明白己与季桓子之流，是为"道不同"者，故只好离开鲁国，而去他乡，寻"仁道"可行之地。

孔子因失望而去鲁，为仁道、仁政理想而行长路。

具体而言：

第一，承接上一节，孔子失望地离开齐国，带着行道之志，心怀急迫之心，回到其"父母之邦"鲁国。鲁国重用孔子治国，其兴荣强盛之势，让毗邻之齐国深感受到威胁；齐国为解其忧，最后采取"美人计"，挑了一批歌女组成的娱乐团送去鲁国，供鲁君与权臣享乐。如钱穆所解注"齐人谋沮之，馈鲁以女乐"。"季桓子受之"，亦使定公"废朝礼三日"，沉醉于莺歌燕舞、声色犬马而荒怠政事。孔子见此景，孔子意识到鲁国亦不是其践仁行道的理想之地，自觉地选择了退场，踏上了寻实现"仁政"、推行"仁道"理想之地的漫漫长路。

第二，本节以一个暗含的前提为始，引出了直接相关连的三件事：

（1）一个暗含的前提。孔子离开齐国而回到鲁国，受到重用。"鲁定公十年，孔子为鲁司寇，方当政。"（钱穆）从而使得鲁国得以迅速地发展壮大起来。据《史记》记载，鲁国因为重用夫子为政，"鲁国大治"。《孔子家语》中对此亦有详细的记述。

（2）"齐人归女乐"。齐国鉴于鲁国因孔子摄相事善治而迅速强大，深感威胁。然而齐国并未通过经济、军事等手段遏制其发展，而是通过攻击人性之致命弱点，使出阴谋之计，施与损招，赠送一批由歌女组成的娱乐队供鲁国权贵享乐。在此，可以很清楚地看到齐国之目的，是想通过让鲁国治政者沉溺于享乐而懒政，从而扰乱、干扰或阻滞鲁国的发展势头，最终削弱鲁国之国力。

（3）"季桓子受之"。齐人所赠由歌女组成的娱乐队给鲁国权贵这一损招。鲁国当政者拒绝，亦或接收，完全是有主动权的。当时在朝受重用的孔子，应该说洞见齐国之用心，肯定会给鲁国当权者鲁定公以及季桓子予以智慧的分析和善意的劝告而拒绝接收。然而，事实上，据《史记》记载，季桓子带着鲁定公到女乐那里看了好几遍。钱穆解曰："定公与季孙君臣相与观之"，然后季桓子代表鲁国而接收了齐国的特殊"礼物"："女乐"。

（4）"三日不朝"。齐国所馈的娱乐之歌女，让鲁国之当权者中招而着迷，从此"三日不朝"，即"废朝礼三日。"（钱穆）可见鲁国当政者已沉溺、沉沦于歌舞享乐之中，以致于不思国事，政事荒怠，最终导致鲁邦陷于无道之状。

从以上分解来看，其逻辑线索是鲁国发展壮大，"齐人归女乐""季桓子受之""三日不朝"，最终鲁国当政者沉醉于声色而无心理政。

第三，最后"孔子行"。孔子从齐国回到鲁国，在鲁国已经有一番作为，然而在鲁国发生了这一桩事。

在此，须注意，促成孔子离开鲁国之根本原因并不是"季桓子受之"，而是在于"季桓子受之"之后的"三日不朝"。"三日不朝"之根本问题，是当权者重享乐而轻"朝礼"，这最终使孔子真正明白鲁国亦不是行道之地。对此，朱熹引尹氏释曰："受女乐而怠于政事如此，其简贤弃礼，不足以与有为可知矣。夫子所以行也，所谓见几而作，不俟终日者与？"

第四，这两节记述孔子先后离开齐国、鲁国，尤其是离开鲁国。孔子从齐返鲁而治鲁，已经有一番成就，然最后选择离开，其根本在于鲁国当权者"废朝礼"，确证鲁国也不是他践行"仁道"的希望之所。钱穆如此解释道"孔子之去齐去鲁以见折中。可以行则行，可以止则止，所以为时中之圣也。"朱熹引范氏曰："此篇记仁贤之出处，而折中以圣人之行，所以明中庸之道也。"如此，孔子诸国流转而追求行道，以表孔子追寻人生理想，一直"在路上"。

总之，孔子面临鲁国当权者接受齐国馈赠的歌女而"三日不朝"致使朝礼废，令孔子失望而深觉鲁国亦不是可行"仁道"之地。如此，孔子坚定地离开自己眷恋的故土，继续踏上行仁弘道之前路，以此鲜明地表达孔子与仁道同存共亡之人生志趣。

5. 楚狂劝告，止行而隐

微子 18.5

【原文】 楚狂接舆歌而过孔子曰："凤兮凤兮！何德之衰？往者不可谏，来者犹可追。已而已而！今之从政者殆而！"孔子下，欲与之言。趋而辟之，不得与之言。

【译文】 楚国的狂人唱着歌从孔子的车旁走过，他唱道："凤凰啊，凤凰啊，你的德运怎么这般衰呢？已往的莫说了，方来的还可追呀！算了吧，算了吧。今天的从政者，哪一个又不是危殆之人！"孔子听他歌，下车来，想同他谈谈，他却赶快避开，不得和他交谈。

楚狂将孔子喻为"凤"，"伤孔子生不遇明王，见逐于鲁，长为旅人。"（戴望）于是，以歌讥孔子依然执着于行仁道而不倦奔波，见世、入仕屡屡碰壁而不能展志弘道且不隐，实为德之衰矣。如此，楚狂以凤凰有道则见，无道则隐，规劝孔子身处乱世，道之不行，为政危险，不必为此劳神、奔走，还是退隐的好。

按楚狂之意，天下无道，能保全性命，已是幸事。行道于天下之事，不应去想，更不应如孔子一样执着去为。因为，在楚狂看来，想也是白想，为也是枉然徒劳。如此，楚狂接舆以歌告之孔子，应是非常善意的忠告与劝止。然孔子独钟情于"来者犹可追"，仍积极为之，为行道不倦奔走于诸国。

楚狂所言，表生于无道之世，当隐仁道之志，止仁政之追求。而孔子之行，则笃定为仁政而不休，为仁道而不止。由此，孔子特立独行，执着践履仁道之宏志，与世"格格不入"。

于楚狂及其言、行，蕅益释道："又是圣人一个知己。趋而辟之，尤有禅机。"

具体而言：

第一，按朱熹之释曰：此事应发生在"夫子时将适楚。故接舆歌而过其车前也。"戴望则以为"孔子在楚，歌过孔子之门。"钱穆认为"此当世孔子乘车在途中，接舆歌而过孔子之车。或说歌而过孔子之门。或本有'之门'二字。"

《庄子·人间世》对孔子这段经历有更为详尽的记述：孔子适楚，楚狂接舆游其门曰："凤兮凤兮，何如德之衰也！来世不可待，往世不可追也。天下有道，圣人成焉；天下无道，圣人生焉。方今之时，仅免刑焉。福轻乎羽，莫之知载；祸重乎地，莫之知避。已乎已乎。临人以德！殆乎殆乎，画地而趋！迷阳迷阳，无伤吾行！吾行郤曲，无伤吾足。"

如此看来，本节所记述的应是孔子离开鲁国，继续追寻实现"仁道"之邦，已达楚国，楚狂接舆歌而过孔子驿馆之门。楚狂以世事旁观者身份，以唱词的形式，表达邦无道之乱世的真实现实，对孔子在乱世中，依然周游列国，图救世之为，报以深切的同情，同时劝告孔子应该放弃对仁道之践行，不必如此这般执着，因为面临世事混乱，德之衰，而"今之从政者危殆不可复救治，不足与有为。或谓孔子若从政，则有仕路风波之忧。"（钱穆）故应如是道者隐于世。

在此节记述中，事实上呈现了孔子之积极有为，力图施仁政、行仁道而改变乱世，与道家审时度势，避世而放弃"有为"之路线作对照，更为鲜明地彰显孔子心怀坚定的治世理想，百折不饶、锲而不舍、知其不可为而为之的不懈追求。

第二，"楚狂接舆"，按朱熹释曰："楚人，佯狂辟世。"戴望释曰："接氏，舆名，楚之狂士。"钱穆则认为，楚狂接舆，乃是"楚之贤人，佯狂避世，失其姓名，以其接孔子之车而歌，故称之曰接舆，犹晨门荷蓧丈人长沮桀溺之例。"南怀瑾认为，楚狂接舆是道家人物，是楚国一个著名装疯的狂人。狂人并不是疯子。过去说的狂，就是满不在乎，戏于事，有点像现在的嬉皮士。

第三，楚狂接舆所唱的内容，是值得深究的。接舆所唱，让孔子侧听，其目的是为了向孔子表达他对世事和孔子所为的看法。其内容是："凤兮凤兮！何德之衰？往者不可谏，来者犹可追。已而已而！今之从政者殆而！"

（1）"凤兮凤兮！何德之衰?"。按照古俗相传，"世有道则凤鸟见，无道则隐。接舆以凤比孔子，世无道而不能隐，为德衰。"（钱穆）陈祥道释曰："接舆知孔子有凤之德，不知孔子所谓隐者不易乎……凤有道则见，无道则隐，见非其时，为德之衰。"戴望释曰：接舆"比孔子于凤鸟也。凤鸟非时不见，伤孔子生不遇明王，见逐于鲁，长为旅人，故曰德衰矣。"由此可见，接舆之言，其意在暗指孔子生不逢时，时不济之，在邦无道之时，本该隐而逍遥无为，却现于世力图有为。这真是孔子之不幸。

进而言之，接舆此语亦表明，孔子逆世道而见。既然"凤鸟不至"，那么，孔子理当"隐世"，而不应该现于乱世，且到处奔波忙碌，劳心劳神而行道。这表征接舆不赞同孔子不顺应世事，反倒现于乱世，为治平天下。如此，接舆之言，欲劝止孔子如此之举。

（2）"往者不可谏，来者犹可追"。"来者可追，言及今尚可隐去。"（朱熹）"往，往世也。谏犹正也。言祸乱相寻已久，不可以礼义正之。""来，来世也。

言待来世之治，犹可追乎。明不可追。"（戴望）在此，接舆非常真切地暗示孔子，曾经你为救世所做过的一切，既然已经做了，也就不必多说了，现在你不应该再执迷于所谓匡正天下之事了，应该改弦更张。一言以蔽之，接舆劝告孔子，应该由"见"退至"隐"，即"既往之事不可再谏，继今而来者犹不可追，谓及今尚可隐去也"（钱穆）。待将来，清明治世，天下太平了，再施展才德，大展身手。

（3）"已而已而！""已，止也。见不可则当止。"（戴望）接舆可谓不断强化对孔子的暗示，以"已而已而"反复劝告孔子当中止、当放弃那执着的救世之为，更不必执拗，应顺应世道，别再过分地为难自己。

（4）"今之从政者殆而！"。这可以说是接舆诊断现实，为孔子提供的一个重要的理性参考。最后，接舆直言，"今之从政者皆危殆不可复救治，不足与有为。或谓孔子若从政，则有仕路风波之忧。"（钱穆）如此，"接舆欲孔子止，而以谓当今之世，欲从其政，则其身必危。"（陈祥道）承接前言，接舆直白地告诉孔子，算了吧，赶紧停止你现在四处奔波之努力吧！你看当今在位执政之衮衮诸公，已经置身于殒身败亡的危险之中了！你难道打算赶过去与他们一同倾覆么？

从接舆所唱之词，呈现出从总体到具体的劝告秩序与逻辑，其主旨则在于同情孔子，告诫孔子生不逢时，不应该如此逆世道之乱而固执地匡救之，应该中止、放弃其所为，隐去为上，因为乱世从政而图治世，危险重重。接舆所唱表"又是圣人一个知己。"（蕅益）

第四，孔子听到接舆所唱，"欲与之言"。孔子之所以"欲与之言"，是想进一步深究其理，"期以广大其心志；此亦孔子深厚仁心之一种流露。"（钱穆）

虽然孔子听后，"欲与之言"，可接舆却"趋而辟之，不得与之言。"楚狂接舆"趋而辟之，尤有禅机。"（蕅益）对于接舆在以下数节中，均出现只说与孔子听，而不与孔子言或辩，表现出隐者的一个共同特点。为何如此呢？钱穆有解曰："皆见孔子之不忍于避世。接舆诸人，高蹈之风不可及；其所讥于孔子者，亦非谓孔子趋慕荣禄，同于俗情，但以世不可为，而劳劳车马，为孔子惜耳。顾孔子之意，则天下无不可为之时，在我亦有不忍绝之情，有不可逃之义。孔子与诸人旨趣不相投，然孔子终惓惓於此诸人，欲与之语。"在此，可真体现出孔子曾所言之"道不同，不相与谋"。此处接舆唱完就"趋而避之"。接舆认为自己该说的已经说了，就闪人了，"不欲闻孔子之辨白"，留下的就让孔子自己去领悟吧。恰如朱熹所释曰："孔子下车，盖欲告之以出处之意。接舆自以为是，故不欲闻而避之也。"

事实上，面乱世，孔子曾赞宁武子、蘧伯玉和颜回等人。

（1）"宁武子，邦有道则知，邦无道则愚。其知可及也，其愚不可及也。"

（2）"君子哉蘧伯玉！邦有道，则仕；邦无道，则可卷而怀之。"

（3）"用之则行，舍之则藏，惟我与尔有是夫。"

（4）"天下有道则见，无道则隐。"

可见，孔子对"见""隐"早已自觉于心。然孔子仍然笃定"见"而不"隐"。

总之，"接舆知孔子有凤之德，不知孔子所谓隐者不易乎世也"，"接舆欲孔子止，而以谓当今之世，欲从其政，则其身必危。"（陈祥道）作为道者的楚狂接舆对孔子生于乱世，自觉有不可推卸的救世之责，笃行治世之为，报以否定与同情，并劝告孔子，既生不逢时，那么就不必再执迷于治世，应顺应世道隐而避世，放弃无效之为。如此，接舆歌之所蕴，具体体现和表呈了孔子和接舆，面对无道之乱世截然不同的态度和取向。

6. 孔子问津，行道劳途

微子 18.6

【原文】长沮、桀溺耦而耕。孔子过之，使子路问津焉。

长沮曰："夫执舆者为谁?"

子路曰："为孔丘。"

曰："是鲁孔丘与?"

曰："是也。"

曰："是知津矣。"

问于桀溺。

桀溺曰："子为谁?"

曰："为仲由。"

曰："是孔丘之徒与?"

对曰："然。"

曰："滔滔者，天下皆是也，而谁以易之? 且而与其从辟人之士也，岂若从辟世之士哉?"耰而不辍。

子路行以告。

夫子怃然曰："鸟兽不可与同群，吾非斯人之徒与而谁与? 天下有道，丘不与易也。"

【译文】长沮、桀溺在一起耕种，孔子路过，让子路去寻问渡口在哪里。

长沮问子路："那个拿着缰绳的是谁?"

子路说："是孔丘。"

长沮说;"是鲁国的孔丘吗?"

子路说："是的。"

长沮说："那他是早已知道渡口的位置了。"

子路再去问桀溺。

桀溺说："你是谁?"

子路说："为仲由。"

桀溺说："你是鲁国孔丘的门徒吗?"

子路说："是的。"

桀溺说："像洪水一般的坏东西到处都是，你们同谁去改变它呢？而且你与其跟着躲避人的人，为什么不跟着我们这些躲避社会的人呢？"说完，仍旧不停地做田里的农活。

子路回来后把情况报告给孔子。

孔子很失望地说："飞禽与走兽是不能合群共处的，如果不同世上的人群打交道还与谁打交道呢？如果天下太平，我也不会来与他们一起来改变它了。"

按朱熹之释："时孔子自楚反乎蔡。""盖本子路御而执辔，今下问津，故夫子代之也。"戴望则认为，孔子"使子路问津，欲观隐者之操。"

隐者不仅未告之"津"，反而言"滔滔者天下皆是也，而谁以易之？且而与其从辟人之士也，岂若从辟世之士哉？"以示"天下皆乱，将谁与变易之？"对孔子予以劝喻。孔子听闻诸隐者之语后，怃然曰："鸟兽不可与同群，吾非斯人之徒与而谁与？天下有道，丘不与易也。""惜其不喻己意也。言所当与同群者，斯人而已，岂可绝人逃世以为洁哉？天下若已平治，则我无用变之。正为天下无道，故欲以道易之耳。"（朱熹）

面隐者之讥、之劝，孔子依然如故而积极行道，惟期天下清平，表孔子直面无道乱世，积极有为，"不敢有忘天下之心。"（程子）如此，孔子"不以无道必天下而弃之"，是为"圣人之仁。"（朱熹引张子）此为"菩萨心肠，木铎职分"（蕅益）之所在。

避世，则无问"津"；问"津"则劳己在途为世道、为苍生，此乃孔子之宿命。

具体而言：

第一，本节主要记述了长沮、桀溺两位隐而耕者与子路、孔子因问"津"而展开的一段对话。在此段对话中，最为关键的是桀溺所言"滔滔者天下皆是也，而谁以易之？且而与其从辟人之士也，岂若从辟世之士哉？"表征桀溺面对天下大乱之势，提出"避人"与"避世"之差异，以此批评孔子"避人"而不"避世"。孔子针对长沮、桀溺之语，失望之余，深感彼此道之不同。故夫子怃然曰："鸟兽不可与同群，吾非斯人之徒与而谁与？天下有道，丘不与易也。"

孔子直面社会动乱、天下无道，并未选择"避世"，而是与自己的弟子们一如既往不知辛苦地四处奔波，为改变乱世而不懈努力，由此彰显了孔子深切的忧患意识和强烈的责任感。

第二，此段对话的场景，非闹市，而是子路、孔子前行在追寻救世行道之路上，子路和孔子，遇江河欲渡过而不知道"津"于何处，于是向在田垄里的两位耕者询问。两位耕者长沮、桀溺，真实姓名和身世不详，只知是两位隐士。"长沮、桀溺，亦楚之隐士。"（戴望）如此，围绕着"津"而展开了对话。

此节中的"问津",既指具体的"渡口",亦喻"渡"乱世之"要津"。如此,此对话一方面暗示着子路、孔子,面临困境,不知前路在何处,另一方面希望"耕者"能"指点迷津"。问津于长沮,长沮的回答意味深长:"是知津矣。"其意是指孔子长年周流在外,应自知"津渡"之处,即明白前路之何方,何须明知故问?长沮不答。戴望认为,此处应该是"讥孔子劳于道路"而不知"津"。

第三,长沮不告诉"津"于何处,子路转问桀溺,而当长沮得知子路是孔子之弟子之后,回避问"津"的问题,而转向说了另外一番话。桀溺所言"滔滔者天下皆是也,而谁以易之?且而与其从辟人之士也,岂若从辟世之士哉?"其意更是隐蕴深远,表明对乱世之所思而做出的选择。深究桀溺所言,可见具有两层含义:

(1)"滔滔者天下皆是也,而谁以易之?"以滔滔之水为喻,表天下无道,一世皆浊,将谁与而变易之。如此表明,到哪儿都一样,天下乌鸦一般黑,你们何必问津流到别处去呢?桀溺实质上取消了子路问津之必要。戴望释:此处之"滔滔者",应是"悠悠者"。"悠悠,行貌。言今诸侯无足与有为者,周行天下,谁与易其俗邪。"

(2)"且而与其从辟人之士也,岂若从辟世之士哉?"在此,"从辟人之士"即是指子路,"辟人之士"即是指孔子,"避世之士"则是指长沮、桀溺二人。桀溺之话是告诉子路,当弃孔子这样的"辟人之士",而改弦更张随"避世之士"。如此,桀溺之意是与其积极介入乱世常迷路而"问津",还不如"避世"而取消"津"这样的问题。

在此需注意,为何桀溺称孔子为"辟人之士"?戴望释曰:"孔子以子西之沮去楚,故且为辟人之士。惜其道大莫容,故讽以从己辟世也。"于此,蕅益认为言"辟人之士,错看孔子"。

通过子路问"津"于长沮、桀溺而表征二者虽有所不同,即长沮直接而干脆地以孔子明知故问而不答,桀溺则取消了问津之必要性,但二者都指出了与其"问津",不如"避世"。这也就告诉了子路与孔子,只要避世无为,就没有迷途,亦无"津"须寻,唯有执念有为,面天下滔滔无道之状,才会常受"问津"之苦。

第四,当子路于问津中遭遇软钉子,不仅不告诉"津"之何处,还把子路给教育了一番。子路将所遇到的沮、桀溺之言告诉孔子,孔子听后心里很不惬意,呈现出一副很落寞也很难过的样子,然后说了这样一段话:"鸟兽不可与同群,吾非斯人之徒与而谁与?天下有道,丘不与易也。"

孔子之言所表达的意思无非是：

（1）"鸟兽不可与同群，吾非斯人之徒与而谁与?"一方面，孔子以鸟兽来表明他与长沮、桀溺之人非同类，道之不同，无法与之共谋，这可真是人各有志，各走各的路，能远走的就去远走，能高飞的就去高飞；另一方面，"孔子接着说，其实我很想跟他们一样，走他们的路线，抛开天下国家不管，我还不是跟他们两个人的思想一样。换句话说，都是在忧世的，担忧这个国家，担忧这个时代，担忧这个社会，这种忧都是一样的，问题只是做法两样。他们可以丢下这个社会、这个时代不管，只管自己种田去，可是我丢不下来"（南怀瑾）。孔子进一步明确自己入世，与乱世之中的人相处而救世之取向。面乱世，转而避之，无益于乱世之治。

（2）"天下有道，丘不与易也。""假令天下有道，则某何为求易之，明沮、溺于隐无道耳。有道则见，与己同也。"（戴望）恰表达了"孔子言正为天下无道，故周流在外，求以易之。若天下有道，则我不复与之有变易。隐者之意，天下无道则须隐。孔子意，正因天下无道故不能隐。盖其心之仁，既不忍于忘天下，亦不忍于必谓天下之于无道。"（钱穆）如此，孔子选择了有别于"隐"、笃行更为艰难的积极入世、治国平天下之路，表孔子对其"木铎职分"之自觉。

总之，在本节中，通过子路"问津"于两位避世归隐田园的道士长沮、桀溺而遭遇不答和取消"问津"，更凸显孔子面对乱世，并非选择避世而放逐自己于田园，而是采取积极入世，肩负起拯救乱世之责任和使命。于此，再次呈现儒、道于乱世所持守的不同立场、不同的行动原则。

7. 荷蓧丈人，仕否之辩

微子 18.7

【原文】 子路从而后，遇丈人，以杖荷蓧。

子路问曰："子见夫子乎？"

丈人曰："四体不勤，五谷不分，孰为夫子？"植其杖而芸。

子路拱而立。止子路宿，杀鸡为黍而食之。见其二子焉。明日，子路行以告。

子曰："隐者也。"

使子路反见之。至，则行矣。

子路曰："不仕无义。长幼之节，不可废也；君臣之义，如之何其废之？欲洁其身，而乱大伦。君子之仕也，行其义也。道之不行，已知之矣。"

【译文】 子路跟随孔子出行，落在了后面，遇到一个老丈，用拐杖挑着除草的工具。

子路问道："你看到我的老师吗？"

老丈说："四肢不劳作，五谷分不清，哪位夫子是你的老师？"说完，便扶着拐杖去除草。

子路拱着手恭敬地站在一旁。老丈留子路到他家住宿，杀了鸡，做了小米饭给他吃，又叫两个儿子出来与子路见面。第二天，子路赶上孔子，把这件事向他作了报告。

孔子说："这是个隐士啊。"叫子路回去再看看他。

子路到了那里，老丈已经出行不在家。

子路对丈人之二子说："一个人不仕，是不义的。长幼之节，不可废弃的；君臣间的关系又怎么能废弃呢？想要自身清白，却破坏了根本的君臣伦理关系。君子入仕做官，只是为了尽君臣之义。至于道之行不通，他也早就知之了。"

本节以子路遇丈人，问"夫子"之踪而始。丈人隐于野，自给自足，享天伦之乐，行交往之义，厚待子路。子路以为丈人讲究长幼之序，人伦之道，是知书达理之高人。子路告此事于夫子，夫子告之子路，丈人乃"隐者也"。使子路反见，然丈人已去。子路承夫子之志而言道："不仕无义。长幼之节，不可废也；君臣之义，如之何其废之？欲洁其身，

而乱大伦。君子之仕也，行其义也。道之不行，已知之矣。"

本节最为核心的要义，则是子路返丈人处不得见后所言。子路所言之主旨在于君子不能仅行长幼之人伦，不能"欲洁其身，而乱大伦"，即君子不可隐世，须出仕行其义，以使"君臣之义"不废，亦即君子不能就"小"而弃"大"，只求满足过自个儿的小日子，而不顾大道之行废。

简言之，本节以子路为主角，通过隐者丈人与子路之论，彰孔门为道行天下而不隐之志。

――――――――――

具体而言：

第一，本节主要记述了子路随孔子出行而掉队、失散之后，在追赶孔子途中，偶遇一位丈人，问询孔子之去路而展开的子路与丈人之间的对话和交往，以及子路为此所做出的一段总结。

丈人，隐于乡野，孔子言之"隐者也"。丈人过着日出而作、日落而息的生活，其生活自给自足、人丁兴旺、怡然自得，其乐也融融。丈人虽远尘世，然其心明当世之无道，只是其志不在"仕"。正因为如此，当子路问"子见夫子乎"时，丈人以"四体不勤，五谷不分，孰为夫子？"而应之。

对丈人所言"四体不勤，五谷不分，孰为夫子？"后世理解有歧义。朱熹认为这是丈人在责备子路作为年轻人，成天不务农，游手好闲，随师悠游诸国："五谷不分，犹言不辨菽麦尔，责其不事农业而从师远游也。"戴望则认为是丈人以此言讥讽当世"大夫"："言四体不勤动，五谷不分别，不知谁为夫子。其意以讥切当世大夫也。"钱穆则认为是子路问："子见夫子乎？"丈人言说自己干活忙的不可开交，那会识得你所问之"夫子"，以表丈人潜心己之农事，无心、无暇顾及山外之事。即"丈人言，我四体不及勤劳，五谷不及粪种，何从知汝夫子？或云：五谷不分，指播种迟早燥湿当意以分辨。或说：此丈人讥子路，值乱世，不勤劳四体以播五谷，而周流远行，孰为汝之夫子而向我索之乎？据下文，丈人甚有礼貌，似不邂逅子路即予面斥。当从前两说。"

对此，江谦补注："长沮、桀溺、丈人之勤四体，分五谷，自是古时学者本色，两汉学风尚如此也。孔子欲进以大乘救世之学，故不许其辟世，然高于后世科举学校所养成之游民万万矣。今之学者，当法长沮、桀溺、丈人之生计自立，而更进求大乘救世之学，则真孔子徒也。"

丈人，专心于己之农活，独享己之小日子，不问纷扰世间事之人。孔子判断此丈人即是一个"隐者也"。乱世之"隐者"，已看惯世间事，看明世间人，看淡世间功名利禄，不执着于有为而治世救道，惟有避世而洁身自好。隐者，在孔子看来，则是明白的糊涂人，或明白的不义之人。

第二，丈人"止子路宿，杀鸡为黍而食之。见其二子焉。"表丈人以"礼"厚待子路于家中。其中"止子路宿"，表丈人善人之行；"杀鸡为黍而食之"一方面表丈人之衣食富足殷实，一方面表丈人行遵客之道、待客之礼；而"见其二子焉"，一方面表丈人之家，人丁兴旺，一方面表丈人明长幼之序，遵人伦之道。子路从己之直接感受丈人之生活，以"长幼之节"和"洁其身"而概括。直言之，丈人携家虽避世而深居乡野山林，但是老丈与其儿子依然保持着长幼关系，待子路依然遵循着一定的礼、义。如是，在子路看来，丈人虽然还秉持着长幼之节，但其"隐"却抛弃了君臣之义。

第三，待子路次日追上孔子并做汇报之后，孔子告之子路，其所遇之丈人乃一贤人"隐者"。子路受使回转再次拜望，丈人已出行不在家。

为何孔子要"使子路反见之"？朱熹释曰："孔子使子路反见之，盖欲告之以君臣之义。而丈人意子路必将复来，故先去之以灭其跡，亦接舆之意也。"对此，朱熹再引范氏释曰："隐者为高，故往而不反。仕者为通，故溺而不止……所以或出或处而终不离于道也。"

子路反见之，欲告之，"隐"虽遵人伦之道，但却弃了"君臣之义"。然丈人只留下乡野清风而待之。丈人以缺位、空场对孔子、子路之"说教"。

第四，子路反不见丈人，但见丈人之"儿子"，于此，"留言以语丈人之二子。"（戴望）此乃子路对其二子言。所言大意，当即孔子所授，欲以告丈人者："不仕无义。长幼之节，不可废也；君臣之义，如之何其废之？欲洁其身，而乱大伦。君子之仕也，行其义也。道之不行，已知之矣。"子路之言，不仅是对丈人隐居所做出的评论，亦是对自身责任和使命的自觉。对于子路所说的这段话，蕅益认为："此数句绝不似子路之言，想是夫子教他的。幸得丈人不在，不然却被丈人勘破。"

第五，对于子路之论，戴望释曰："言其迷谬于大伦。大伦，谓君臣。孔子曰：'天下有大戒二，其一命也，其一义也。子之事亲，命也，不可解于心；臣之事君，义也，无适而非君也，无所逃于天地之间。是之谓大戒。君子之仕，道合则从，不合则去，皆行其义也。独决于不仕，则废义。君子虽知己道不行，终不废义。故孔子三月无君，则皇皇如矣。'"

子路之言，深明"道之不行，已知之矣"的现实，做出了"君子之仕也，行其义也""不仕无义"的判断，知晓"长幼之节不及君臣之义，一身之洁不若大伦之不乱"，提出"长幼之节"与"君臣之义"皆不可废的主张，指出隐者人的问题之所在："知长幼之节而不知君臣之义，知洁其身而不知大伦，岂所谓知务者哉",以表子路与孔子遵循"道虽不行，不可无仕"的原则（陈祥道）。

总之，"道虽不行，不可无仕。不仕者无义而已。夫长幼之节，不及君臣之义；一身之洁，不若大伦之不乱。盖仕而行其义，则在己。而不仕于无义，则在时。在时、在己则亦隐而已，非逸民也。"（陈祥道）

此节陈述了子路与隐者丈人照面及其对话，更为重要的是子路总结性的澄明君子之责任和使命，突出子路对隐者不履行君臣之义的批判，彰显受教于孔子而自觉出仕而践行"君臣之义"，体现子路知"道虽不行，不可无仕"之笃定心志和慷慨豪情。

8. 有别逸民，子不改志

微子 18.8

【原文】逸民：伯夷、叔齐、虞仲、夷逸、朱张、柳下惠、少连。

子曰："不降其志，不辱其身，伯夷、叔齐与？"

谓柳下惠、少连，"降志辱身矣，言中伦，行中虑，其斯而已矣。"

谓虞仲、夷逸，"隐居放言，身中清，废中权。"

"我则异于是，无可无不可。"

【译文】被遗落的人有：伯夷、叔齐、虞仲、夷逸、朱张、柳下惠、少连。

孔子说："守其志而不屈，保其身而不辱，这是伯夷叔齐吧。"

孔子说："柳下惠、少连，志不免有降抑，身不免有污辱，但所言能合乎伦理，所行为合乎思虑，能如此也算了。"

孔子又说："虞仲、夷逸，隐居放言，但他们能洁身自爱了。他们的废弃，也合乎权衡了。"

孔子又说："我就和这些人不同，我只是无可无不可。"

此为孔子对历史上和当代七位著名逸民的评价。孔子按其"志"与言行，将他们分为三个层次，特别赞许"不降其志，不辱其身"之伯夷、叔齐，表孔子对独立人格的崇尚。

孔子将己比作如是诸逸民，言己"无可无不可"。恰如孟子所言："孔子可以仕则仕，可以止则止，可以久则久，可以速则速。""不为夷、齐之清，不为惠、连之屈，故曰'异于是'。"以此可见孔子不拘泥于某种具体的形态，善于通权达变，因时制宜，有着更大的灵活性。

孔子虽言"无可无不可"，然始终不改其"志"，故"常适其可，而异于逸民之徒也"。（朱熹引尹氏）

具体而言：

第一，孔子将"逸民"分为三个层次，指出各个层次之特点，最后明确表示自己不同于他们，即"我则异于是"，突出孔子之根本主张，绝不轻易言放弃出"仕"而去做"隐者"，如此亦突出表征了孔子自觉肩负着时代责任，做到问心无愧；孔子亦言"无可无不可"，这就表明孔子完全根据世道变化之需要而安排自己的人生。对此，蕅益释曰："异于是，谓异于不降不辱，异于降志辱身，异于隐居放言也，非谓异于逸民也。以无可无不可，而附于逸民之科，又是木铎一个注脚。"

第二，何谓"逸民"？"逸，遗逸。民者，无位之称。"（朱熹）"逸、佚也。以其世所遗佚，故品其目为佚民。虞仲，仲雍曾孙，周章之弟，后武王举之，封之于虞，故曰虞仲。其佚未闻，岂亦让国而逃者与。《春秋》贤喜时，欲同郏以为国，犹武王志也？尸子曰：'夷逸者，夷诡诸之裔，或劝其仕，曰：吾譬则牛宁服轭（è，同"轭"）以耕于野，不忍被绣入庙而为牺。'或说虞仲、夷逸为仲雍窜于蛮夷而遁逃，非也。"（戴望）"逸民：逸者，遗佚于世。民者，无位之称。"（钱穆）简言地说，"逸民"亦即不仕之人，进一步而言，也就是被世道遗弃而散失于民间的有识之士。

在本节中，孔子所列举的这七位"逸民"，从广义上来看，都是"隐士"。从其各自之具体情况来看，只不过有的是主动放弃"仕"而"隐"，有的是被动受排挤而"隐"。从总的原则和立场来看，孔子是不主张弃世而"隐"，而是强调出"仕"积极拯救世道。如此，孔子与"隐者"在根本价值理念上是相异的。

"七人隐遯（dùn，通"遁"）不汙则同，其立心造行则异。"（朱熹引谢氏）"七人各守其一节。"（朱熹引尹氏）如此，七"隐者"虽有同，然各有其殊别处。于此，构成"逸民"各自之特点，以及由此呈现出他们的层次。

第三，"不降其志，不辱其身，伯夷、叔齐与?"在孔子看来，在众多"逸民"中，真够得上不降其志，不辱其身的，只有伯夷、叔齐，这两个人连皇帝位置都不要，可以做到栖心道德，视天下如敝屣。（南怀瑾）对此，朱熹引谢氏释曰："伯夷、叔齐，天子不得臣，诸侯不得友，盖已遯世离群矣。下圣人一等，此其最高与！"在此，所谓"不降其志"，是指夷、齐隐居饿死而不入世；所谓"不辱其身"，即是指不仕乱朝，不与无道者同流合污而辱身。伯夷、叔齐二人，既"不降其志"，亦"不辱其身"，故其"心迹俱逸"。（钱穆）陈祥道评点道："伯夷、叔齐则清而不和，故内不降其志，外不辱其身。"戴望释曰：伯夷、叔齐"非其君不事，非其民不使，是不降志辱身"。如此，"隐者"，能够做到既不被生活消磨降低自己心意志气，也不委曲求全玷污辱没自己身心与人格，令人无以置喙的，也就以伯夷、叔齐为代表了。他们轻抛富贵，求仁得仁。这是隐士之上乘。

第四，"降志辱身矣，言中伦，行中虑，其斯而已矣。"这里是讲柳下惠、少连二人，虽然降志辱身，但是其言行依然还是"中伦""中虑"。对此，钱穆注曰："但能言应伦类，行应思虑，不失言行，则所谓降辱，亦惟有委屈之迹耳。故为次也。"对于柳下惠、少连二人的特点，陈祥道解曰："柳下惠、少连，则和而不清，故内则降其志，外则辱其身。然志虽降，而言不失其伦；身虽辱，而行不役其虑。盖不降其志，不辱其身，不嫌于言不中伦，行不中虑；降其志，辱其身，则嫌其不能。如此，故特曰：言中伦，行中虑而已。"朱熹引谢氏释曰："柳下惠、少连，虽降志而不枉己，虽辱身而不求合，其心有不屑也，故言能中伦，行能中虑。"戴望释曰：柳下惠、少连"不羞汙君，不卑小官，故曰：'降志辱身'。中伦，中乎伦类，无斁（yì，厌弃；厌倦）言。中虑，中乎法度，无斁行。虑，度也"。这说明柳下惠、少连二人虽被迫降低自己意志、屈辱了自己身心人格，但其言语合乎天道人伦法度，行为合乎人心、合乎理性慎重的思虑，也不过如此罢了。他们很想，也能为社会做些实事，却又与世俗格格不入，坚守岗位，尽忠守则，直至被人罢黜而不得已去做隐士，心在林泉身在俗世，在避人与避世之间进退失当。这是次一等的隐士。

第五，"隐居放言，身中清，废中权。"这里是讲虞仲、夷逸二人。此二人"隐居则身中清，放言则废中权，中清则污俗不能染，中权则反经以合道。盖伦有经，权有常变，以中权为放言，伦非放言矣"。（陈祥道）所谓"身中清，废中权：隐居独善，合乎道之清。放言自废，合乎道之权。身清犹孟子谓洁身，无行可举，故以身言。放言者，介之推曰：'言，身之文也。身将隐，焉用文之？'谓放废其言也。是二人者，更无言行可举，故又其次也"。（钱穆）"虞仲、夷逸隐居放言，则言不合先王之法者多矣。然清而不汙也，权而适宜也，与方外之士害义伤教而乱大伦者殊科。"（朱熹引谢氏）"放言，放肆其言，不拘节制，若庄周比矣。隐居以求其志，身中清也。放言以免害，动中权也。"（戴望）以虞仲、夷逸为代表的隐者，他们避世隐居不出仕，于是，放纵言语高谈阔论不知节制，无所顾忌地议论世事、褒贬时政，他们因为不做事而守身如玉，自身洁净无瑕，放弃了对现实政治的任何努力与担当，绝不考虑权衡利弊审时度势适时出手济世救民。超然物外，清谈无益，近乎洁癖的理想主义，不能忍受现实社会的不如意与不完美，于是，放弃任何出仕之可能。这是再次一等的隐士。

由此可见，孔子将这诸多的"逸民"，根据其特点，分为"上""中"和"下"三个次第或层次。对此，钱穆解曰："本章列举隐遁者七人，伯夷、叔齐，天子不得臣，诸侯不得友，盖已遁世离群矣。此为逸民之最高者。柳下惠、少连，虽降志而不枉己，虽辱身而非求合，言能合于伦理，行能中于思考，是逸民之次也。虞仲、夷逸，清而不滓，废而有宜，其身既隐，其言亦无闻，此与柳下惠、少连又不同，亦其次也。此等皆清风远韵，如鸾鹄之高翔，玉雪之不污，视世俗犹腐鼠粪壤耳。"

第六，"我则异于是，无可无不可。"孔子在此自觉自己与以上七人之别。孔子列举出七人，并对之进行分析，只是"惟孔子之道，高而出之"。"正见其有相同处，故自举以与此辈作比，则孔子之重视逸民可知。小人无忌惮，自居为中庸，逸民清士皆受讥评，岂亦如孔子之有异于此辈乎？"（钱穆）孔子自忖有别于此七者，正是在于"伯夷、叔齐、虞仲、夷逸，不可者也，柳下惠、少连，可者也。孔子集七人之大成，可以仕，则仕；可以止，则止；可以久，则久；可以速，则速。于其义之所去，则无可；于其义之所在，则无不可。故曰：'我则异于是'"。（陈祥道）"七人各守其一节，而孔子则无可无不可，此所以常适其可，而异于逸民之徒也。"（朱熹引尹氏）如此看来，孔子与人为群，避人而不避世，有机会就要出仕，就要为现实政治贡献才智，秉义直道而行，用舍行藏通达权变，灵活运用不违天道。只要持中守志，只要比义而行，只要行人间正道，进退之间，既没有什么一定要做的，也没有什么一定不可以做的，绝不固执己见，唯听从使命之召唤而已。

总之，孔子将七位"逸民"分为三类或三等，并解析了他们作为"不可者""可者"，"仕"与"不仕""久仕"或"速仕"之特点，并以"无可无不可"之特点标示自己，由此厘清和申明己有别于七位"逸民"。在此基础上，突出在礼坏乐崩之世中种种避人与避世、出世与入世的道路选择与思想碰撞之中，孔子虽不反对他人避世，但是避世隐者亦有高下之分，进而彰显了孔子"避人"而不"避世"，积极主动、灵活自砺，力求尽善尽美，结合世道之变化特点，适时践行己之责任。

9. 鲁衰乐败，僭礼必然

微子 18.9

【原文】大师挚适齐，亚饭干适楚，三饭缭适蔡，四饭缺适秦，鼓方叔入于河，播鼗（táo）武入于汉，少师阳、击磬襄入于海。

【译文】大师挚到齐国去了，亚饭干到楚国去了，三饭缭到蔡国去了，四饭缺到秦国去了，打鼓的方叔到了黄河边，敲小鼓的武到了汉水边，少师阳和击磬的襄到了海滨。

鲁之衰，表征为"乐"之败；"乐"之败，则乐人皆散。如此，此节记载了"鲁哀公时，礼崩乐坏，乐人皆去""此章记鲁衰，乐官四散，逾河蹈海以去，云天苍凉，斯人寥落。"（钱穆）表征无道鲁国将灭亡之末世景象。

按朱熹引张子之释："周衰乐废，夫子自卫反鲁，一尝治之。其后伶人贱工识乐之正。及鲁益衰，三桓僭妄，自大师以下，皆知散之四方，逾河蹈海以去乱。圣人俄顷之助，功化如此。如有用我，期月而可。岂虚语哉？"乐师之散，可谓是对鲁僭越之消极反抗。

乐师四散，鲁乐之败，表鲁之僭礼不可维系，其"凄怆之景，万古堕泪"（蕅益），昭示着鲁之衰败。

具体而言：

第一，本节非常详尽而细致地记述了鲁国宫廷乐队彻底"散伙"或解体之情景，清楚地交代了"乐队"的主要成员，在乐队分崩离析之后各自的去处；如此，本节以"乐官四散，逾河蹈海以去，云天苍凉，斯人寥落。记者附诸此篇，盖不胜其今昔之悲感"，真切地刻画了鲁国礼坏乐崩之情状，以表"鲁衰"（钱穆）之情形，从而折射一个时代文化的衰败与沉沦。

第二，"大师""亚饭""三饭""四饭"以及"鼓""播鼗""少师"和"击磬"此八人，是官乐队中各司其职的人，其中"大师，鲁乐官之长"，而"亚饭、三饭、四饭，皆以乐侑食之官"。（钱穆）如此的交代，一方面表乐队建制之完备，蔚为壮观的阵容，鲁乐文化曾经"繁荣"之景况；另一方面以乐队高规格，表三桓之僭礼。

第三，"乐"，是一个国家的文化之具体表现和集中体现，亦是一个国家兴衰之象的表征。本节以"散"来反衬曾经"乐"之规模，可见曾经秩序井然、乐声泱泱，这不仅印证着礼乐风光和繁华景象，而且发挥着教化之功能，更为重要的是指证着鲁邦之兴盛；如今，乐队解散，礼乐崩溃，世道中落，曾经的兴盛，于此人去楼空、烟消云散矣，以表鲁邦无道衰败之实情。恰如孔安国所注："鲁哀公时，礼坏乐崩，乐人皆去。"

第四，从乐队的规模来看，可见鲁乃是周公之后而有天子礼乐，或许也有四饭乐官，这表明鲁君僭礼，以此折射出当世僭越周礼之普遍世景。记述者以素描的手法，将鲁君之僭礼、奢侈之追求，予以披露，并予以了无声的批判。正因为如此，孔子"自卫反鲁然后乐正"，乐师们从孔子这儿懂得了"礼乐"的"精神"及其"运用"，不再愿意被"僭越"地使用，于是离开去做"逸民"。如此，记述者记录了八位乐师分别离开，"亦所以追思孔子也。"（钱穆）

于乐队中"大师""亚饭""三饭"等各自的职能及散后各自的去处。戴望予以了详细的述释："大师，兼堂上堂下三乐者。殷纣作淫声，乐官师瞽抱其器而奔散，或适诸侯，或入河海。亚饭、三饭、四饭，侑食乐章名，皆堂上乐，各异师。《礼》：天子四饭，诸侯三饭，卿大夫再饭。天子旦食无乐，尽食，哺食、莫食有乐。鼓、鞉以倡笙管奏于堂下。'王大食三侑，皆令奏钟鼓。'少师，小师也。击磬，与堂上堂下歌声相应，其职盖眠瞭。"

众乐师之"去"，诚如陈祥道所释："古者有官守者，不得其职则去。然记此者，以明乐工之贱亦知去就之义。若夫君子知进退之义，则不尽于此矣。虽然犹异于长沮桀溺之徒，专以隐为事也。"

第五，"乐"，从某种意义上来看，象征着一个国家的精神状态，构成一个国家的文化兴衰、存亡的具体表征。

深究鲁之乐队"散伙"，集中暴露了为政者僭礼之重。此等规模的乐队，当是天子宫廷乐队。而宫廷乐队所演奏和遵循的"乐"，显然是与作为诸侯之鲁国国君所应享受等次相悖，无法再续音。乐队被"肢解"，正是"乐"与"无道"之尖锐矛盾使然。

总之，本节记述者真实地记载了鲁国之宫廷乐队诸乐师离鲁居他乡，乐队不复存在的事实，一方面具体表征鲁君僭礼，鲁邦无道之衰落；另一方面表明了乐师受教于孔子而持守礼乐之规范，以"出走"来反抗鲁君及权臣之悖礼；如此，通过鲁之乐师离散的记述，呈现了鲁国礼崩乐坏之惨淡与悲凉。

10. 周公授鲁，为君之道

微子 18.10

【原文】周公谓鲁公曰："君子不施其亲，不使大臣怨乎不以。故旧无大故，则不弃也。无求备于一人。"

【译文】周公对鲁公说："君子不疏离他的亲属，不使大臣们抱怨不用他们。旧友老臣没有大的过失，就不要抛弃他们。不要对人求全责备"。

按朱熹引胡氏之释："此伯禽受封之国，周公训戒之辞。鲁人传诵，久而不忘也。其或夫子尝与门弟子言之欤。"周公告诫伯禽治国理政须高度重视人才，掌握用人之道。

君子的用人之道，其要有四："不施其亲""不使大臣怨乎不以""故旧无大故，则不弃也"和"无求备于一人。"此"四者皆君子之事，忠厚之至也"。（朱熹引李氏）

周公训伯禽用人之四要，立鲁治国理政之用人准则，开鲁国用人之先导，表"人才之兴起，亦贵乎在上者有以作育之，必能通其情而合乎义，庶乎人思自竭，而无离散违叛之心"。（钱穆）

今再追忆周公于伯禽训，表鲁之后君有悖于周公之训，"亦所以深致慨于鲁之衰微。"（钱穆）

具体而言：

第一，此节记述周公将治国为君之根本，传授给其子鲁公伯禽，提出用人时，所应遵循处理与"亲""大臣"和"故旧"之关系的原则，最终强调遵循宽恕原则，用人切忌"求全责备"。此既是周公治国用人之法宝，构成孔子所一直赞赏的治理传统，亦是对鲁公治国提出的具体劝诫，以此期望鲁公治鲁能达良效与善果，以不断巩固其统治，强大鲁国。

第二，此节之"周公"，所指即是鲁国的先祖、孔子心中的完美圣人周公旦了。"鲁公"应该指的就是鲁国的第一位君主、周公的儿子伯禽。所以这一节所述，应是伯禽就封之时周公对伯禽传授的"为君之道"。

第三，为君治国，最为根本也就是如何处理君与臣、己与人之关系。在本节中，周公授意鲁君当不疏远亲族，不让下属不见用，不要弃元老故旧，待人不能太苛求，要持宽容仁爱之心。此为为君治国理政、用人之至要。

（1）"不施其亲。"陈祥道释曰："君子不以人之亲，易己之亲。易己之亲，则于亲无去就之义。于亲无去就之义，则事君有之矣。"戴望释曰："施犹劾也。古者公族有罪，则适甸师氏，所谓'门内之治恩掩（yǎn，通"掩"）义'"钱穆释曰："不以他人之亲易己之亲。"如此，"不施其亲"，从正面来讲，其意指不疏离亲族，不能忘却最为亲密的恩情，待亲人不能忘恩负义，并且要特别关照；从反面来讲，"不施其亲，所以隐其罪，亦亲亲之义。"（钱穆）此等教诲或告诫，在血缘政治的大前提下，对于必须依赖于血亲关系，才能真正构建自己权力的坚实基础，具有十分重要的意义。如此，唯亲为上、唯亲是用、唯亲必护，乃是血亲政治的首要原则。此原则，后世蜕变为"上阵父子兵，打虎亲兄弟"之信条。

（2）"不使大臣怨乎不以。"朱熹释曰："大臣非其人则去之，在其位则不可不用。"戴望释曰："以，用也。怨不见听用，明有功者不问贤愚，皆当世禄。"如此，"不使大臣怨乎不以"，意指君用大臣而要做到不让大臣产生怨言、怨恨。这就要求为君者"必好礼"，必爱臣；同时对臣能做到唯才是举，量才为用，人尽其才，施其用。如此，邦则有道，礼乐兴焉，臣何来之怨？于此，表面上强调如何正确处理"君臣"关系，实质上是指向君如何用大臣而治国，成人和政通之善治。

（3）"故旧无大故，则不弃也。""故旧，谓君为世子时，入学旧所知者。大故，恶逆之事。"（戴望）为君者，于"故旧"，须遵循"不弃"之原则，独有"大故"可弃之。于此表明，为君者，须思旧情，念旧恩，要对"故旧"予以一定的关照，落实于治国过程中要求"君"须重情重义，具有感恩之德。这再次体现传统血亲政治的重要特点，也彰显出传统血亲政治之伦理取向。

（4）"无求备于一人。"陈祥道释曰："凡此欲自尽其恕，以循理进退故也。"江谦补注曰："此言居上要宽，宽则得众。无求备于一人，是教凡有国者，造就人才之准则。求备于一人，可使天下无一人；不求备于一人，而人才不可胜用矣。"戴望释曰："君子不以一过责人。"钱穆曰："人之材性各有近，任才使能，贵不求备。""无求备于一人"，乃告诫为君者对其臣下不可、不必求全责备，应看其主导、主流，用其长，避其短，无须要求臣为完人。如此，则要求为君者须有仁爱之心，遵恕道待人，予人以体谅与宽容。这样，集众人之长，方可形成优势，成就治国之伟业。如钱穆所释："必能通其情而合乎义，庶乎人思自竭，而无离散违叛之心。"唯如此，才能揽人才、顺人气、聚人心，促一国之兴盛。

孔子在仲弓问政时，曾说："先有司，赦小过，举贤才。"如此，周公要求鲁君用人之长、避其之短，"无求备于一人"，与孔子所倡宽容原则内在相通、精神一致。

第四，本节记述者一方面是在"深致慨于鲁之衰微"（钱穆），另一方面则期待着鲁国秉承王道之传统，重塑王道之风，挽鲁于衰微。

总之，本节记述周公传授治国为君的用人之道，本质上即是教导为君者处理君与亲、臣和故旧等多重关系之原则，彰"王道"之本。究其理，亦即处理好"亲亲"和"择才"、用才等诸事，从为君者的角度映现出血缘政治背景下，治国为政之伦理特征。

11. 善用贤才，勃兴必然

微子 18.11

【原文】周有八士：伯达、伯适、仲突、仲忽、叔夜、叔夏、季随、季騧。

【译文】周代有八个士：伯达、伯适、仲突、仲忽、叔夜、叔夏、季随、季騧。

"殷有三仁"，弃之不用，商亡；"周有八士"，文王重用之，周勃兴，莫定周之基业，促周绵延八百载。商亡周兴之历史，深刻表明善用大贤之才于国之兴衰存亡，具有决定性的作用，以此警示当时为政者，当以贤才为宝，重视贤才，重用贤才，此乃为政治国之要务。

本节所列"八士而出于一家兄弟，又两两双生，可想周士之多"，表"文武周公德化之盛也"（江谦）。

具体而言：

第一，本节列数了周之八大贤才，以彰周治天下人才济济，能善用贤人，尽人所能，促邦国昌达，形成贤才与邦国相辅相成之良性关系，给施"王道"而善治的为政者提供了一面具有历史价值的可参之镜；本节之记述，以示孔子追怀周朝贤臣，赞周之盛德，并以此对当世邦无道，人才离散，或隐，或狂，或被杀之状进行批判。

第二，本节所列八位才德之士，正值周初盛之时，其才德虽各有殊。但是，群贤毕集于一朝，各显其长，共同努力，塑成了周之鼎兴。

（1）关于周之"八士"的身世。朱熹释曰：此八士"或曰'成王时人'，或曰'宣王时人'。盖一母四乳而生八子也，然不可考矣。"戴望释曰：此"八士，尹氏八士，为文、武贤臣。董子曰：'四产而得八男，皆君子雄俊，此天之所以兴周。'质家亲亲，积字于仲；文家尊尊，积字于叔。八士孪生，故伯、仲、叔、季两两相丽，法四时，不积字于仲、叔。"

（2）按戴望之释，"八士"为周之文武贤臣，究其才德之殊而言，伯达通晓义理，伯适大度能容，仲突有御难之才，仲忽有综理之才，叔夜柔顺不迫，叔夏刚明不屈，季随有应顺之才，季騧德同良马。八人都很有教养，皆贤能，为孔子所推崇和敬仰。

第三，殷有三仁而不能用，殷亡，周有八士列于朝，周兴。如此，一亡、一兴，鲜明表呈是否善用大德贤才，决定国之兴旺。从微子篇的整个文脉与意义走向来看，以"殷有三仁"为始，以"周有八士"收官，可谓首尾照应，意蕴深远。朱熹对之释曰："此篇孔子于三仁、逸民、师挚、八士，既皆称赞而品列之；于接舆、沮、溺、丈人，又每有惓惓接引之意。皆衰世之志也，其所感者深矣。在陈之叹，盖亦如此。三仁则无间然矣，其余数君子者，亦皆一世之高士。若使得闻圣人之道，以裁其所过而勉其所不及，则其所立，岂止于此而已哉？"钱穆承袭朱熹之释，亦曰："本篇孔子于三仁、逸民、师挚、八乐官，皆赞扬而品列之。于接舆、沮溺、荷蓧丈人，皆惓惓有接引之意。盖维持世道者在人，世衰而思人益切也。"如是，表明天下兴亡之道，不过是亲贤臣，远小人，重贤德，弃庸恶而已。

总之，本节陈述周拥有八位才德之士而得以兴旺昌盛，彰显人才得失、用废决定着王朝之荣枯、兴衰，表征人才与邦的兴衰存亡之内在关系，并以此"思其盛，亦所以感其衰"。（钱穆）同时，八贤才齐聚于周，亦表"文武周公德化之盛也"。

第十九　子张篇

1. 子张论士，立身大节

子张 19. 1

【原文】子张曰："士见危致命，见得思义，祭思敬，丧思哀，其可已矣。"

【译文】子张说："士遇见危险时能献出自己的生命，不爱其身。见有得能思及其义而不妄取。临祭能思敬，临丧能思哀，那也算可以了。"

子张承孔子"见利思义，见危授命"之思，提出以"见危致命，见得思义"为内涵的"士"之特质，表子张对孔子君子成人思想予以发扬光大。

子张提出"见危致命，见得思义，祭思敬，丧思哀"，作为"士"之行为四条准则，以此"立身达道"。诚如朱熹所释曰：此"四者立身之大节，一有不至，则余无足以观。故言士能如此，则庶乎其可矣"。

具体而言：

第一，从本章开始，孔门那些个性鲜明的弟子，如颜回、子路等都已作古，甚至就连孔子也已远去。如此，本章出场的主要是子张、子夏、子游、子贡以及曾子，呈现出孔门弟子间相互切磋、论辩的景象。从他们各自的理论倚重与取向或偏向，依稀可见后孔子时代儒学八分之端倪。恰如钱穆所释："本篇皆记门弟子之言。盖自孔子殁后，述遗教以诱后学，以及同门相切磋，以其能发明圣义，故编者集为一篇，以置《论语》之后。无颜渊、子路诸人语，以其殁在前。"

第二，具体于本节则是子张秉承孔子"成人"之思想，为"士"确立标准。从子张之论可以很清晰地看出他为"士"所确立的标准主要包括四方面：即"见危致命，见得思义，祭思敬，丧思哀"。

（1）"见危致命，见得思义"。戴望认为，"致犹授。君制命，臣受而行之，不以危易所授。"钱穆也说："一个士，见危难能授命，不爱其身。见有得能思及义，不妄取。"这是子张对孔子"见得思义"（《论语·季氏》）和"见危授命。"（《论语·宪问》）思想的承接。孔子所言"见危授命"，是被动性的接受；子张将它转化为主动性的奉献，即"见危致命"；孔子所言"见利思义"，针对利人利己之而论；子张则将它缩小为自我的审视，即"见得思义"。借此，子张直陈"士"做人的根本原则，凸显"士"之生命责任感和使命感，昭示着"士"之担待与献身精神，同时也标示"士"之内"勇"而无惧。这是子张对孔子所赞赏和倡导的"杀身成仁"之道义情怀的承接与弘扬，具体化为"士"之人格与精神气质。

孔子谈论君子"成人"时所言"见利思义，见危授命"，与子张在此处所言作为"士"首先应该"见危致命，见得思义"，二者之间又具有差异性。其差异性，陈祥道之诠释予以了非常明晰的厘定。他说："孔子论成人则曰：'见利思义，见危授命'。子张论士则曰：'见危致命，见得思义者'。授命，授君之命而不废。致命，则致君之命以死制而已。此成人，所以与士异也。得则在己，利则不必己。见得思义，则非见得而忘其形者也。见利思义，则非见利而忘其真者也。成人，于不以在己者则能思之。士，则能思其在己者而已。或先见利思义，而后见危授命，或先见危致命，而后见得思义。盖成人以成己者为先，士以事君者为先。"

（2）"祭思敬，丧思哀"。这是子张对孔子"祭如在，祭神如神在"和"丧，与其易也宁戚"（《论语·八佾》）之思想的继承和发扬，亦表子张对孔学之"礼"的把握。因为祭祀和丧礼既是儒家所重视的"礼"之重要组成部分，亦是"礼"之具体表征方式。如此，子张对"礼"之强调主要突出在祭神祭祖时，反思"祭"是否庄重、虔敬或诚敬，反省"丧"是否哀伤、哀戚。如此，子张将孔子重"礼"之精神主旨，更为具象于祭祀和丧礼之中，以"敬"和"哀"为原则和尺度，促成"士"自思而量定，从而促成"士"对"礼"之内生意识和自觉意识，达到依"礼"而自我矫正、自我教育之功效。

更为重要的是，子张于"士"的标准中，继承了孔子所倡导的君子"九思"之思想精髓，并且将"思"作为道德情感（"敬""哀"）之重要环节和启动机制，将道德之"思"与道德之"情"，融于道德实践与道德体验之中。

如此，子张之两见（"见危，见得"）与三思（"思义，思敬，思哀"），明确提出了士之生死观。子张认为，人生之得，必求义。面"死"，子张分而述之：面先人之死（祭），思敬；对他人之丧，思哀；于己，则"见危致命"，即为求义而殒身不惜。

第三，就子张提出"士"之标准四要素而言，有主次之分，亦有主动和被动之别，"见危致命，见得思义"则突出"士"之内生品质，而"祭思敬，丧思哀"则突出被动而反思促成"士"之生成。如此，从规范性的意义上来讲，"士"之标准四要素，由内至外，不仅成为检讨、审视一个人是否为"士"之尺度，亦是引导"士"之成长的路标。

第四，"其可已矣"，表明在子张看来，能在生死面前做到前述四个原则，对成为"士"，则是最为基本的要求，即是最低标准。这是成为"士"之思想、观念和行为真正体现"礼""义"的起点。

总之，本节记述子张对"士"之操守的具体规定与要求，提出审视"士"面生死的四条基本标准，承"道义"以达自我检视、自我规范，以及对"祭""丧"以达"思""敬"和"哀"。如此，子张从实践理性的高度传承孔子"成人"之思，强调"成人"重在"成己"，突出"士"遵循"义""礼"所应具有的品质和行为特质，凸显"士""勇"无惧之担待与献身精神。

2. 执德必弘，信道须笃

子张 19.2

【原文】 子张曰："执德不弘，信道不笃，焉能为有？焉能为亡？"

【译文】 子张说："执德而不能发扬光大，信道而不忠实坚定，这样的人，有他不多，没他不少。"

既执德，又不能弘德；既信道，又不"笃信"，即生不能弘德、死不能持道，"其生不足尚，死不足称也。"（戴望）子张以此鲜明地确立"士"为德生、为道死的生命价值观。

子张以"焉能为有？焉能为亡？"，对"执德不弘，信道不笃"抱以鄙夷、轻蔑与批判。于子张之论，卓吾云：子张"骂得很"。方外史曰："'弘'字、'笃'字，用得妙。"

具体而言：

第一，在上一节中，子张通过确立"士"之品质与标准，指引出"士"由"孝"至"忠""勇"之成长之路，即"士"以"丧思哀"而行孝道，以养敬事之心；以"祭思敬""慎终追远"，成知恩图报之情；而后有"见得思义"之节，有耻于苟且行径，成"见危致命"之勇、之能、之用，最终为治国平天下踊身致力，勾勒出"士""于世中"鲜明的品格与情怀。

于本节，子张秉承孔子"笃信好学，守死善道"（《论语·泰伯》）和"知及之，仁不能守之，虽得之，必失之"（《论语·卫灵公》）的思想，以高标准，严要求于"执德""信道"之人。如此，通过对"执德不弘，信道不笃"的否定，从而表征子张对"士""执德"必"弘德"，"信道"须"笃"的本质性要求，以此标示"士"之内在精神品格和担负治世之使命与责任。

第二，"德"为何可"执"？"道"为何必"信"。对此，陈祥道释曰："德有体，故可执。道无体，故信之而已。"钱穆则认为："德在己，故曰执。"而"道在外，故须信"。如此，"德"与"道"，乃是从实践理性与理论理性、践行与信仰两方面，对"士"提出的要求。这就表明"士"，不仅要有"德"、守"德"，而且还要弘德；不仅对"道"有"信"，且要"笃信"，即确立对"道"坚定不移之信念、不动之信仰。如此，"士"须在"德"与"道"的张力中安顿生命，巩固其持守，完善其品质。

第三，在此节，子张将审查指向"执德"和"信道"之人，这样，就首先与不"执德"和不"信道"之人，从"质"上划分开来了，因为不"执德"和不"信道"之人，根本不在子张的关注和视域之内。如此，子张聚焦和侧力点则是要求为"士"之人，不能仅仅自己"执德"、守"德"，满足"独善其身"，而且必须"弘""德"，因为"所守太狭，固不是，然贵扩而充之，不贵以弘为执。"（钱穆）如此，必须让"德""张而大之。"（陈祥道）"横而充之。"（戴望）

同时，"信道"之人，亦绝不能只是形式性的、口头上的，必须在思想、在灵魂深处、在根本的价值观念上落根，更进一步还必须做到以"行而至之"（陈祥道）。如此，子张以一个"笃"字，表明对"信道"之品质和行为的要求，因为"信不笃，则道听而涂说之矣。信道笃，斯吾德亦日弘"。（钱穆）

第四，"执德"为何必"弘"？"信道"为何必"笃"？因为"执德不弘，信道不笃，有之不为益，亡之不为损。执德弘，信道笃，有之，则为盈，亡之，则为虚"。（陈祥道）"有所得而守之太狭，则德孤；有所闻而信之不笃，则道废。焉能为有无，犹言不足为轻重。"（朱熹）"若有执而不弘，有信而不笃，则不大，不足当天间地大补益之事，不足为天地间大关系之人。"（钱穆）

概言之，"执德"必"弘"，"信道"必"笃"，这是子张对孔子"人能弘道，非道弘人"思想的发扬与扩张。子张在此提出"执德"，必"弘"德，即是要求士须自觉己弘德之责任和使命；如此，子张再次展开对"执德"而不能"弘德"之人，对"信道"而不坚信、笃定之人予以批判。

第五，虽然"执德""信道"之人，与不"执德"、不"信道"之人，从形式上来看，二者有"原则性"的分野，但是如果"执德不弘，信道不笃"，那么，从实质上来看，二者亦无别，其结果均是"焉能为有？焉能为亡"。如此表明"若有执而不弘，有信而不笃，则不大，不足当天地间大补益之事，不足为天地间大关系之人。有此一人不为重，无之亦不为轻。较之一无信守者，相去亦无几。或曰，不能谓其无执无信，亦不能谓其有执有信"（钱穆）。戴望亦有言："不能为有，不能为亡，言其生不足尚，死不足称也。"如此，既执德，又不能弘德；既信道，又不能"笃信"。于"德"不能弘、于"道"不能笃诚，亦即生不能为弘德、死不能为持道，其生不足尚，其死不足称。于此，子张鲜明地确立其为德生、为道死的生命价值观。

第六，子张在此，以"执德"为始，进到言"信道"，遵循着由"己""德"而至"道"之笃信，呈现出一个人"入道"之逻辑。恰如陈祥道所言，"凡言道德，先道而后德，出道之序也；先德而后道，入道之序也。"

总之，在本节中，子张要求"士"，不仅仅"执"德、"守"德，而且必须"弘"德，即不仅仅要守好自己、觉己，进而影响他人、觉他，还要积极地将自己所守之"德"扩充、扩展至他人。"德"于"己"，可以"执"，亦可以"弘"；如此，子张展开对"德不弘"，即对那些只是关注于自身的小"德"、有着道德"洁癖"的高洁人士予以否定与批判，彰显子张要求"士"必须具有心容天下的大情怀，以及弘道、扬德之责任和使命；同时，强调信"道"须"笃"，使"道"在精神信仰的高度上落根，从而保证"道"与"德"之张力，构造出由"德"入"道"之道德生命的生成逻辑。

　　从前两节子张之主张可见，子张与子夏、曾子的学脉之相异（钱穆）。由此呈现出后孔子时代思想景观之子张一脉的思想取向与精神气象。

3. 交也以道，接也以礼

子张 19.3

【原文】子夏之门人问交于子张。

子张曰："子夏云何？"

对曰："子夏曰：'可者与之，其不可者拒之。'"

子张曰："异乎吾所闻：君子尊贤而容众，嘉善而矜不能。我之大贤与，于人何所不容？我之不贤与，人将拒我，如之何其拒人也？"

【译文】子夏的学生向子张询问怎样结交朋友。

子张说："子夏是怎么说的？"

答道："子夏说：'可以相交的就和他交朋友，不可以相交的就拒绝他。'"

子张说："我所听到的和这些不一样：君子既尊重贤人，又能容纳众人；能够赞美善人，又能同情能力不够的人。如果我是十分贤良的人，那我对别人有什么不能容纳的呢？我如果不贤良，那人家就会拒绝我，又怎么谈能拒绝人家呢？"

孔门重"交友"，孔子于择友、交友有充分的论述，形成了孔子交友观丰富的内容。子夏与子张，因子夏弟子之问，围绕着"交友"而各抒其主张，子夏呈"可者与之，其不可者拒之"的交友原则，子张则讥"子夏之言迫狭"，提出"尊贤而容众"的交友原则。对子夏与子张之论，朱熹评述道："子夏之言迫狭，子张讥之是也。但其所言亦有过高之病。盖大贤虽无所不容，然大故亦所当绝；不贤固不可以拒人，然损友亦所当远。"

从子夏与子张之论可见，子夏注重个人之修养，见恶如探汤，故其教门人交友须谨慎选择，以此可见子夏之清高与孤傲；子张则善交各种人，其交友之道更为宽泛、宽容与包涵。简言之，子夏主张交友遵仁义，子张将"交"置换为"接"，主张交友遵"礼"。如此，子夏持"交也以道"，子张持"接也以礼"。

具体而言：

第一，本节借子夏弟子问"交友之道"于子张，将子夏和子张在此问题上的差异性予以敞开，表明"子夏之教门人，盖初学所宜守。子张之言，则君子大贤之所有事。二子各有闻于孔子，而各得其性之所近。子夏狷介，子张高广，均可取法。然亦不免各有所偏蔽"（钱穆）。

第二，子夏主张并授弟子的交友之道，概而言之，即是"可者与之，其不可者拒之"。子夏所持守的交友之道，有别于孔子所主张的"无友不如己者"。（《论语·学而》）亦将孔子"道不同，不相为谋"（《论语·卫灵公》）之思想发挥到了极致。对于子夏所主张的交友之道，陈祥道说道："可者与之，则不失人；不可者拒之，不失己。不失人，仁也。不失己，义也。"从陈祥道之注可见，子夏主张交友须遵循"仁""义"之原则。

第三，"子张以子夏之言为过，故以所闻于孔子之言正之。泛爱众而亲仁，故曰'尊贤而容众'。与其进不与其退，人洁己以进，与其洁不保其往，故'嘉善而矜不能'。"（戴望）如此，子张主张与子夏不同的交友原则。

子张之主张，通俗地言之，即是"一个人处社会交朋友要尊贤，有学问有道德的人值得尊敬，而对于一般没有道德、没有学问的人要包容他，对于好的、有善行的人要鼓励他，对不好的、差的人要同情他。假定我是一个有道德修养、有学问的人，自己是个君子，那么对哪一个不可以包容呢？假如我自己是一个浑蛋，那么自己不必拒绝人，人家先讨厌我了，何必还要去拒绝别人？"如此，显示出"子张的见解，比子夏的见解是高明一点，做人的道理是应该如此，对于不及我们的人，不必讨厌他，要同情他，能够帮助的就尽量帮助他，即使不能帮助也要包容人，原谅人家一点，如果自己是对的，当然要助人，自己不对就免谈，所以子张的见解是比子夏高明"。（南怀瑾）

从子张所坚持的交友之原则来看，应该说秉承了孔子"泛爱众而亲仁"的思想，突出尊贤、重贤、择善而从之的原则。

第四，孔门一直都重视交友，将择友、交友作为人之修德、养德之重要环节，强调"以友辅仁"。同时亦强调择友、交友亦必须遵"道"循"礼"，如陈祥道所释："其交也以道，其接也以礼。"

从子夏和子张就"交友"之主张来看，可谓子张、子夏各得夫子一隅，取向各异，各有侧重，显示出各自清晰的倾向，并不能简单说谁对谁错。如此，有人评断道"友交当如子夏，泛交当如子张"。（包咸）如斯，在实际的择友、交友中，应将子张和子夏之主张结合起来，既心持子张之仁厚、包容之精神，于行动中亦遵循子夏之务实原则。

总之，本节就"交友之道"，陈述了子夏与子张不同的主张，再次将后孔子思想时代诸弟子思想和主张之分化和差异呈现出来。子夏据"仁"持"义"，主张"可者与之，其不可者拒之"的交友原则；子张则怀"仁厚""宽容"之心，更具"兼爱"之情，解除了子夏交友之"由己"之界，走向更为泛爱的视域，凸显子张更为宽广的视域与更为宏阔的精神气象。

4. 君子所为，就大弃小

子张 19.4

【原文】子夏曰："虽小道，必有可观者焉，致远恐泥，是以君子不为也。"

【译文】子夏说："虽然小道，也一定有可观之处。但要行致远，恐怕行不通。所以君子不走那小道。"

孔子主张"君子不器"，于樊迟"请学稼""请学为圃"，被孔子定位为："小人哉，樊须也！"教育子夏时则说："女为君子儒，毋为小人儒。"如此，虽然孔子亦实事求是地承认："吾少也贱，故多能鄙事。君子多乎哉，不多也。"但从根本上而言，孔子强调君子应执着于"大道"，而不可坠入"小道"。如此，从严格意义上说，孔子专注于"大道"，对君子取向于"小道"，持否定和拒斥的立场与态度。

子夏面大道隐，小道盛之现实，指证"小道""必有可观者"，予"小道"存在之必要性和合理性予以一定程度的肯定，但却指出"小道"不可"致远"，表圈于"小道"之局限，最后强调肩负弘道之君子，切不可执迷于"小道"而失"大道"。

子夏承孔子"君子不器"和"君子儒"之思想，同时指出"小道"存在之必要性和合理性，承认"小道"之价值，但亦指出其局限性。如此，子夏强调对于心怀天下，志在大济苍生之君子来说，切不可拘泥、圈于、停滞于"小道"。

如斯，子夏之论，乃是劝勉君子当心向"大道"，拒"小道"，切勿执迷、沉溺于"小道"。

具体而言：

第一，本节子夏之言首先肯定"小道"之"必要性"，同时亦指出其"局限性"，从而强调君子不应该拘泥、停滞和满足于"小道"，不能只停驻于具有某种"术"而成"器"，更要着眼于"大道"。恰如陈祥道所言："君子，为其大者而小者从之；小人，为其小者则大者斯害也。"亦诚似钱穆所释："孔子之道大，博学多闻而一以贯之。小道窥于一隙，执于一偏，非谓其无所得，就其所见所执，亦皆有可观。"如此，子夏主张若固执于"小道"，"但若推而远之，欲其达于广大悠久之域，则多窒泥而难通"，则不可通达"大道"，此乃非君子之所为。这样，子夏坚持孔子所训当为"君子儒"之理想，进一步深化孔子所强调的"君子不器"之主张。

第二，何谓"小道"？"小道，如农圃医卜之属。"（朱熹）"小道，谓不在六艺之科、孔子之述者。"（戴望）"小道，如农、圃、医、卜、百家众技，擅一曲之长，应一节之用者皆是。"（钱穆）"小道"，即是具体的技能，与"大道"相对之"术"。陈祥道在解注中借庄子之言，对"小道"予以了比较清晰的阐释："百家众技，皆有所长，时有所用，虽然不该不徧，一曲之士也。盖有所长，有所用，则可观。不该不徧，则致远恐泥，此所以谓之小道也。"

第三，就"小道"本身而言，子夏首先予以了肯定，认为"小道"有其存在的价值和可取之处，即"必有可观者焉"。"小道"为何"必有可观者"？戴望释曰："其原皆出于先王，故必有可观。"

但是，将"小道"置于与"致远"的关系来看，子夏则强调若执拗于"小道"，要达至远大目标，恐怕就免不了泥足深陷反为其苦了，表执拗于"小道"，"致远"则行不通。因为"执定于一而不相通，故'致远恐泥'。泥谓泥溺于水，不能自拔"。（戴望）如此，从"致远"之目标来反观"小道"，则对"小道"之局限予以了澄清，进而对专执于"小道"持否定的态度，故"君子不为也"。于此，朱熹引杨氏释曰："百家众技，犹耳目鼻口，皆有所明而不能相通。非无可观也，致远则泥矣，故君子不为也。"

第四，子夏之所以主张"小道，必有可观者焉，致远恐泥，是以君子不为也"。并非无的放矢，正是针对春秋那个特定的历史时代，许多所谓的"士"只知道沉溺于那些小伎俩、只满足于靠己之小技术混口饭吃的人而提出来的。

如此，可以说子夏之言，既表对只满足、只囿于"小道"，沉溺于日常生活的人予以否定与批判，警示他们不能丧失君子之高远理想；同时也告诫其弟子们，不能"舍本求末"，顾"小"而忘"大"，切勿做"小人儒"，必须把"君子儒"作为人生之志趣和宏大的追求。

第五，"小道"与"大道"相比，不仅仅指具体的技能，亦表示"旁门左道"之"异端"，从而与"正道"相偏。在此，再次展示子夏与子张的差异，表明在歧路面前，子张、子夏各执一端。

于子张而言，堂堂君子，是不会走"小道"的，一定是要走康庄大道的，故而固守大道，非此不可，人生大方向必须一丝不苟，心中远大之理想，绝不可屈。

于子夏而言，面向当世大道既隐，比比皆是的是既没有理想又没有担当之"士"。鉴于此，子夏给"小道"，即别的学说与主张的合理性予以一定程度的承认。

第六，从子夏之言的整体意义上来看，虽说"小道"，"必有可观者"，但作为君子，总不能仅此"小道"而罢，因为禁锢于"小道"，陷于"小道"，必造"大道"不成、"致远"不行。如此，子夏之言，是对执于"小道"者提出的一种矫正、一种劝诫，以此倡导君子必须着力于"大道"，从而超越"小道"之偏执或局限。

然而，正是因为此一句"君子不为"，又导致另一种偏向，即弃"小道"于不顾，结果造成了一群好高骛远之徒，成就了一群空谈心性、夸夸其谈、没有一点实学的所谓"君子"。或许这也是子夏始料未及之事。如此，偏离或割裂"小道"与"大道"之关系，进而导致大道上未见其成，"小道"又不屑一顾，最终蜕变为自命不凡、好高骛远、志大才疏之"君子"。

总之，子夏立足于当世"大道"既隐，众人热衷于"小道"之现实境遇，对"小道"之存在的合理性予以一定的认可。但从"小道"与"致远"之关系、之功效而言，对"小道"又予以否定，表子夏倡导君子应立足高远之"大道"，切勿囿于"小道"，更不可以"小道"之法而行"大道"，从而使"致远"陷于泥沼之中。如此，彰显子夏虽然直面"大道"隐、"小道"盛之现实，依然号召君子切莫淡忘秉持、践行大道之高远志趣。

5. 日积月累，笃学之道

子张 19.5

【原文】子夏曰："日知其所亡，月无忘其所能，可谓好学也已矣。"

【译文】子夏说："每天学到一些过去所不知道的，每月能不忘记已经学会的，这就可以叫作好学了。"

"学"，非一蹴而就，须日积月累，方可有所成。子夏所言"好学"，应是"日知其所亡，月无忘其所能"。如此，"日"获新，"月"累积，乃踏实渐进之法、之道。如朱熹引尹氏释曰："好学者日新而不失。"

子夏所论，以"日"继"月"进，昭示为学、修德之一般法则，实为笃学之道。然蕅益释曰："此便是子夏之学，不是孔子之学，所谓小人儒也。"

具体而言：

第一，子夏以言"为学之法"，彰君子"修德之道"，以君子"好学"为表，显君子敬德修身之实。恰如钱穆所言"日知所无则学进，月无忘所能则德立。如是相引而长，斯能择善而固执之，深造而自得之矣。子夏此章之言好学，亦知、德兼言"。如此，子夏将学问增长、修德精进统一起来，提出以"日"之获新，"月"之温习、累积的方法，作为审视与检验君子"好学"抑或修德进步之具体尺度和标准，昭示"好学"抑非仅有某种主观之虚妄，而是必须具体落实于日知新、月温故之上，从而既促使其所学不断增长与丰富，又表征好学者必以开放的心怀，面无涯之学，修德前途之无止境，这样，无论是"好学"，还是"修德"，都必须既遵循务实，得实效，勿贪图多而无功，又突出不满足、不止步于已得之知、已固之得，唯如斯，学之进，德之成，就在"日""月"之渐进练达之中，体现出"好学"与"修德"之内在之则、之法、之道。

第二，就本节话语的具体文辞而言，子夏以"日""月"为线、为计量单位，以"知其所亡"为始，以"无忘其所能"为尺度，凸显日积月累，步步深化与巩固的治学、修德之道。如此，"日知其所亡，新也，犹之智及之者也；月无忘其所能，温故也，犹之仁能守之者也。"（陈祥道）"日知其所失。心操则存，舍则失。孙卿曰：'积微，月不胜日，日不胜时'。"（戴望）这样，为学者

须知"君子于学，当日进而无疆"。（钱穆）

第三，子夏之语，应该说很好地秉承了孔子"治学"之思。钱穆释曰："日知所无，此孔子博文之教。月无忘其所能，此孔子约礼之教。"然而，子夏又并非简单地承接，而是有所发扬。此处所言，又与孔子所言有所别。陈祥道已注意到了二者的差异。他说："孔子以温故而知新，可以为师；子夏以日知其所亡，月无忘其所能，为好学者。温故，然后知新，则其所以已知者多，而其所未知者少，故可以为师。知新，然而温故，则其所已知者少，而其所未知者多，故可谓好学而已。"

第四，人非生而知之。为学、修德亦无任何捷径可行，唯一之途，即只有通过"日""月"之不懈努力，以知新之法，积少成多、积沙成塔，不断增进；以温故之策，渐以巩固原有的知识，使自己的学识不损，学问唯增不减。如此，持之以恒，必将终成大器。此乃为学修德之通则。

第五，子夏之言，可视为对其弟子们为学修德之训导，同时亦昭示为学修德之一般法则；如此，子夏之语，不仅敞开了学之无涯、修身无止的"事实"，而且充分地彰显了子夏所倡导的不苟虚妄而脚踏实地的治学、修德、求道之精神。正因为如此，朱熹才判断"自曾子以下，笃实无若子夏"。

总之，本节非常朴实地陈述了子夏关于君子"好学"的两个基本特点：即"日知其所亡，月无忘其所能"，以表子夏自持和教导其弟子"治学""修德"所遵奉的日月渐进之踏实风格，对一切悬空虚妄之举予以否定与批判。

6. 子夏论仁，学以进道

子张 19.6

【原文】子夏曰："博学而笃志，切问而近思，仁在其中矣。"

【译文】子夏说："博学而能笃守其志，又能从切己就身处而勤问、勤思，仁亦就在其中间了。"

子夏从"博学""笃志""切问""近思"与"仁"之关系维度，将修德进仁植于己之力"行"中，具体落实于"学""志""问"和"思"四方面，解除虚玄论"仁"之弊。朱熹对此释曰："博学""笃志""切问"和"近思"之"四者皆学问思辨之事耳，未及乎力行而为仁也。然从事于此，则心不外驰，而所存自熟，故曰仁在其中矣。"

"博学而笃志"，表广学而固识之。"切问而近思"，表不知则勤问有道，不能则近思诸身。如此，仁道虽远，求之则近，故虽未及行，而仁已在其中矣。

程子以为，子夏所论，"了此，便是彻上彻下之道。"进而言"学不博则不能守约，志不笃则不能力行。切问近思在己者，则仁在其中矣"。蕅益则以为"此却说得有味"。

具体而言：

第一，子夏主张"仁"之生成与存在方式，不外于君子之"博学""笃志""切问"和"近思"，只能生成与存在于"博学而笃志，切问而近思"之中。如此，子夏将"仁"下降为实践理性，以己之"行"而促"仁"之生成。

第二，何谓"博学而笃志"？

在上一节，子夏以"日知其所亡，月无忘其所能"作为君子"好学"之标准，于此节子夏所言"博学"，乃是"好学"所达到的结果状态。如此，"好学"是通达"博学"之唯一的手段与途径。

"博学而笃志"，就是"广学而固识之"（戴望）。"博学必继之以笃志，乃可以适道与立。"（钱穆）子夏言"博学而笃志"，不仅将"博学"与"笃志"统一起来，而且更为重要的是强调以"博学"为基础、为前提、为先行，其价值归宿在"笃志"，从而表征"博学"是"笃志"之途、之手段，"笃志"乃是"博学"的目标、目的。如此亦表明，没有以"博学"为基础的"志"，其"志"只是一种没有牢固内涵和坚实支撑的空疏之志，其结果必然是志大才疏，其"志"亦不可"笃"。在此，子夏凸显了"博学"与"笃志"之间"手段"与"目的"之关系。

"博学而笃志"表明，君子之"志"，非自发朴实之信念，而是经"博学"而笃定之"志"。其"志"之"笃"，正是因其"博学"，超越自发而达自觉使然。这就打通了"学"与"志"之壁垒，促二者融为一体，在其学之"博"与其"志"之"笃"二者间构建了递进性关系，从而表明人不学，不知义，博学，乃是致道、为仁之必须。学而不博不思，则不能以文化心，则不能诚心正意择善固其志，则必不能以仁为己任，亦必不能负重远行以就道成仁，所以子夏如此重"学"。

子夏"博学而笃志"之论，将孔子"好仁不好学，其蔽也愚；好知不好学，其蔽也荡；好信不好学，其蔽也贼；好直不好学，其蔽也绞；好勇不好学，其蔽也乱；好刚不好学，其蔽也狂"（《论语·阳货篇》）之思想，置于近仁之途，对之予以深度贯彻与具体化。

"博学而笃志"，不仅表"博学"可"笃志"，而且表为仁不仅需要"博学"，而且须"笃志"。"博学而志不笃，则大而无成。"（朱熹引苏氏）如此，"博学必继之以笃志，乃可以适道与立。"（钱穆）

第三，何谓"切问而近思"？

"切，勤也。不知则勤问有道，不能者近思诸身。《传》曰：'君子知不务多，务审其所知；行不务多，务审其所行'。"（戴望）"切问而近思"，其意在于强调"博文必归于约礼。学虽博，贵能反就己身，笃实践履。切问近思，心知其意，然后适道与立之后，可以达于不惑而能权"（钱穆）。

"学"于外，必反求己，才能修己成德。如果只是"博学"，"学"不能用于己身，那么，如此之"学"，绝非"为己"之学。如此，子夏要求"学"必切己，促己修德，如此之"学"，方可学贯其身，才能算作是学以致用。

这样，"切问而近思"，就要求"学"，用于己身，追问与己之真切相关的问题，如此，也才能归"仁"。若"泛问远思，则劳而无功。"（朱熹引苏氏）其结果必然是止于外、成"为人"之学，而不可能达切己，成"为己"之学而达"仁"。

第四，为何"仁"存于"博学而笃志，切问而近思"之中？陈祥道给予了详尽的诠释。他说："博学以知之而不能笃志以有之，所知者必失；切问以辩之而不能近思以精之，则所辩者必惑。博学切问，则质诸外，所以穷理；笃志近思，则资诸内，所以尽性。此仁行所以在其中也。《易》曰：'学以聚之，问以辩之，而终之以仁以行之'。《中庸》曰：'博学之，而终之以笃行之'。盖学而至于行，则可以得仁。学而至于思，则有得仁之道而已。故曰，仁在其中。"戴望认为："仁道在远，求之则近，故虽未及行仁，而仁在其中矣。"钱穆亦认为，"学者所以学为人，所以尽人道，故曰仁在其中。"

第五，子夏于上一节强调"好学"，此节则以好学之结果，即"博学"为起点，推进到"笃志"，再从"切问"，推进至"近思"。如此，子夏以"学"为切己修身之进路，凸显了"仁"即在"博学"与"笃志""切问"并"近思"之中。

总之，子夏表以"学"来坚固、笃定志向，以及将所学付诸实践、付诸己行。如此，"学"与"志"、学与切己之问、之思、之修炼也就紧密联系起来，且以"学"推动着"志"和切己修行，不仅体现了"学"的价值，而且通过此"推进"，使"仁"不外于"笃志"和"切问近思"，真正开掘出由"学"而"仁"的可行之路。

7. 百工成事，君子致道

子张 19.7

【原文】子夏曰："百工居肆以成其事，君子学以致其道。"

【译文】子夏说："百工长日居在肆中以成其器物，君子终身在学之中以求致其道。"

按戴望之释："古者百工各有肆。肆，陈也。陈其器物，以便民用也。百工居肆，相观而善，故能造作成其事也。"而君子"学以尽其道，亦相观为善，如百工然"。

按陈祥道之释："时之人知事事而不知事道，知事事者必居肆，而不知事道者必务学。子夏所以告之。""子夏以工之居肆譬务学"，明示"百工居肆"以"成其事"为目标，"君子"为学，自当"致其道"。"百工"与"君子"虽各事有别，但其理同。如是朱熹所言："二说相须，其义始备。"

子夏言"百工"皆以"成其事"而"居肆"，若"工不居肆，则迁于异物而业不精"，同理，君子于学宫，若"不学，则夺于外诱而志不笃"。如此，子夏之言，强调君子于"学宫"不可"不学"，学亦不可不"致其道"，否则，丧失为学之所务。

简言之，君子为学，当如"百工居肆以成其事"，"君子终身于学，犹百工之长日居肆中。"（钱穆）如此，须诚其意，尽其心，倾其力，笃其行，亦如博学而笃志，切问而近思，方可终"致其道"。唯如此，方是君子之为学。如此，子夏之言，乃劝勉后学，当立为道、弘道之"志"，并潜心不懈地"为学"。

具体而言：

第一，在前一节，子夏提出"仁"就在"博学而笃志，切问而近思"之中。于本节，子夏则以"百工居肆以成其事"为例，譬喻君子"为学"之目的、目标，乃在于"致其道"，提出君子人生为学之根本使命，进而表明"道"即在君子之"学"中。

第二，何谓"百工"？具体而言，"审曲面势，以饬五材，以辨民器，谓之百工"。"百工事事者也"，而"君子"乃是"事道者也"。如此，"百工"与"君子"虽各事有别，但是，二者却又有着相似的共同之处，即百工不居肆，不足以成其事。同理，君子"事道"，"然不务学，不足以致其道。"（陈祥道）以此表明君子为了"致其道"，必在务"学"上下功夫。这样，"君子终身于学，犹百工之长日居肆中。"（钱穆）这也就表明，君子，既心向天理大道，有治国平天下的宏愿，那么，他必须经由刻苦之学，尽学之道，才具有践行乃至成就他的理想之才能；否则，其理想只是空想，其仁心，亦不过是虚情而已。若如此，"道"始终外于君子。

第三，"百工"与"君子"，虽各有其志，各事其事，各成其成。百工，通过居肆"事事"而"成其事"。君子，入"学宫"，通过"为学"而"致其道"。如此，"学所以致其道也。百工居肆，必务成其事。君子之于学，可不知所务哉?"（朱熹引尹氏）

第四，子夏之语，具有针对性和批判性。恰如陈祥道所释曰："时之人，知事事，而不知事道。知事事者，必居肆，而不知事道者，必务学，子夏所以告之。"如此，子夏指出修身治世之真"学问"必与"致其道"内在相关联，切不可将皓首穷经的"小学"当成"致道"之途。

第五，子夏所言"君子学以致其道"，与其所说"博学而笃志、切问而近思"，二者内在是相同的，提出沉浸于"学"之中，通过"切问而近思"达至"博学"，乃是致道、为仁必由之路。于此，子夏指明君子要"致其道"，其关键之功夫在于"学"。如此，子夏为"学"明确了价值旨归，由此，构成"学"与"致道"之内在关系。

总之，子夏以"百工"为譬，指明"学者"若"侈言道而疏于学，则道不自至，又何从明而尽之?"从而表征了"致者，使之来而尽之之义。君子终身于学，犹百工之长日居肆中"。（钱穆）如此，子夏劝导其弟子及世人，应确立为道、弘道之"志"，且潜心为"学"，此乃君子"致其道"之有效途径，从而为"君子"指出"致道"的可行之路。

8. 小人惮改，有过必文

子张 19.8

【原文】子夏曰："小人之过也必文。"

【译文】子夏说："小人有了过，一定要掩饰。"

如何待己之过，无疑是君子与小人之重要区别。君子待己之过，如孔子所言："过则勿惮改"（《论语·子罕》）因为"过而不改，是谓过矣！"（《论语·卫灵公》）小人待己之过，如是子夏所言："小人之过也必文。"

对子夏之论，陈祥道从文字本源意义上给出一种有趣的阐释。他认为："古之制字者，以口文过为吝。盖吝则不改，改则不吝。吝则小人，不吝则君子。"进而他指出："君子作德，其过也以人知之为幸，故不文。小人作伪，其过也以人不知为幸，故必文。"

孔子曰："小人反求诸人。"子夏曰："小人之过也必文。"子夏之论，揭示了"小人"以"文"其过而成"伪"善以示人，实为卑污之心性、卑劣之品行、卑微之人格。如此，"小人之过也必文"，乃"小人"自欺而欺人，本质上则是不想改过。

于子夏之论，卓吾云："今人倘有文过之念，此念便是小人了。"

具体而言：

第一，本节子夏以一个"文"字，概括性地剖析了"小人"待己之"过"的态度和方法，表子夏对好高骛远、志大才疏、夸夸其谈而又怠惰、懒于思考、急功近利的小人行径，予以斥责和批判。如此，劝诫其弟子们，应该直面己之"过"，并勇于改之，从而做一个坦坦荡荡之君子。

第二，如何对待己之"过"，亦是区分"君子"与"小人"之重要尺度。子贡曰："君子之过也，如日月之食焉。过也，人皆见之；更也，人皆仰之。"（《论语·子张》）与此相比较，子夏所言"小人之过也必文。"于此，将"君子"与"小人"之差异清晰地彰显出来了。

第三，"小人"为何一定要对己之过加以"文"，而"君子"则无须"文"呢？陈祥道之释予以了清楚的说明。他说："君子作德，其过也以人知之为幸，故不文。小人作伪，其过也以人不知为幸，故必文。"朱熹则认为："小人惮于改过，而不惮于自欺，故必文以重其过。"如此，小人"文"己之"过"，则是以自欺为手段，以达"欺人"之目的。

钱穆对小人于己之"过""必文"，更多地给予了同情性理解。钱穆说："人之有过，初非立意为恶，亦一时偶然之失尔。然小人惮于改过而忍于自欺，则必文饰之以重其过矣。"

第四，孔子教导君子应秉持"反求诸己"之原则，君子有过，当"不惮改之"。而"小人"，有了过一定会寻找种种理由加以搪塞、粉饰、掩饰，他们不会像君子那样善思己之过，勇于面己之过，克己改过而就道。恰如司马迁所言："君子之过，谢以质。小人之过，谢以文。"

总之，子夏以小人待己之过"必文"这一"事实"为据，揭露小人吝以改过之顽劣心性，猥琐、卑微之人格，并对之予以道德批判，以此警示、劝诫君子应耻于"文"己之过，更不吝改过，当勇于改过，坦荡向仁善大道。

9. 俨然温厉，君子三变

子张 19.9

【原文】 子夏曰："君子有三变：望之俨然，即之也温，听其言也厉。"

【译文】 子夏说："君子有三变：远看他的样子庄严可怕，接近他又温和可亲，听他说话语言果敢、不苟。"

———————————

在《论语·述而》，对孔子的描述是："子温而厉，威而不猛，恭而安。"子夏以孔子为标范，提出"君子有三变"，更为具体而形象地描述了"君子"之仪容、风度、性情和言语，至修养、品质等诸特点。子夏从"望""即"和"听"三个维度，由远至近，步步深入地给人呈现出君子之"俨然""温"和"厉"的面貌和精神特质，构成君子内在修养之"礼""仁"和"义"的具体表征，从而从言谈举止、音容笑貌等方面勾勒出"君子"之生动而鲜活的形象，确立君子所应有的仪态、音容与言语之规范性标准和要求，为修身向"君子"之人提供可操作之标范。同时亦直观而真切地将"君子"与"小人"区别开来。

子夏言"君子有三变"，非谓君子善变，而是言"君子敬以直内，义以方外，仁德浑然""人之接之，若见其有变，君子实无变。"（钱穆）

———————————

具体而言：

第一，子夏以孔子为"原型"，总括性地提出"君子有三变"。因为"他人俨然则不温，温则不厉，惟孔子全之"。（程子）

子夏言"君子有三变"，"此非有意于变，盖并行而不相悖也，如良玉温润而栗然。"（朱熹引谢氏）故，君子之"变"，"谓若四时变化然。"（戴望）

子夏言"君子有三变"，从直观渐次深入至体认，由远而近，由外而内对"君子"之修养与品质予以多层面、多角度和多维度揭示，彰显君子"望之俨然，则疑不厉。及听其言，则厉。俨然而温，温变而厉"之"三变"。（陈祥道）

第二，"望之俨然"，是指君子给人的观感与整体印象。其"望"表对君子有一定空间距离而直观，其结果是形成君子之总观形态或外在形象。"俨然"，表君子"貌之庄"。（朱熹）"矜庄貌。"（戴望）此为君子被"望"之形象与气质，表君子庄重严肃，可敬可畏，凛然不可触犯之精神面貌。

君子何以给人"望之俨然"之感呢？因为君子"动容貌，斯远暴慢，故望之俨然"。（陈祥道）如此，子夏以"俨然"二字，对君子之外在形象予以概括。子夏这一观念，是对孔子所强调的"君子正其衣冠，尊其瞻视，俨然人望而畏之，斯不亦威而不猛乎？"（《论语·尧曰》）之继承，并将之纳入君子形象系列，作为其第一要素。

第三，"即之也温"。君子之"温"，对"君子"从"望"进一步"即"而得出的感受。"即，接近义。"（钱穆）"温者，色之和。"（朱熹、钱穆）"即之也温"，是与君子近距离接触、具体交往之后，真切感受到君子之温润、敦厚、和颜悦色、平和与平易近人。此表君子在"俨然"外表下怀一颗待人以礼、温善可亲之心。

第四，"听其言也厉"。这是对君子经过了"望""即"之后，更为近听其"言"所表现出来的特征："厉"。"厉者，辞之确。"（朱熹，钱穆）近君子，可感其温润如玉，柔软如棉一样的品质。但当听君子说话时，"又像斩钉截铁般厉害。"（钱穆）如此表明君子之言，既中规中矩、进道入理，又干净利落、清晰明确，刚勇果敢，如锋似刃，直抵要害。听之，着实令人心振奋，促人雷厉风行，极具勉励、引导、激励和坚定人向上、向善之力量。

第五，子夏以"望""即"和"听"，以整观和特写，具体表达从远观之形、切身之音容与言语感受，呈现出对君子之形象从"俨然""温""厉"之变化轨迹，具体再现了如孔子般"威而不猛，望之俨然者也。温而厉，即之也温。听其言也，厉者也"之君子风采，从而使"君子"与"貌轻而不严，色厉而不温，言佞而不厉"（陈祥道）之"小人"区别开来。

第六，子夏以"俨然""温"和"厉"所勾勒的"君子"形象，是对"君子"之内在修养予以直观，突出"君子"之形象、言语折射或呈显其内在的品质。子夏所言君子"有三变"，非谓君子善变，而是突出"君子敬以直内，义以方外，仁德浑然。望之俨然，礼之存。即之也温，仁之著。听其言厉，义之发。人之接之，若见其有变，君子实无变"。（钱穆）

总之，子夏以"望之俨然，即之也温，听其言也厉"，直呈君子于世人面前之感性形象和给人的感受体验，从而表君子将其所循之"礼"、所存之"仁"和所行之"义"，落实于具体的生活交往之中，构成了君子存在样态之标范。这不仅与"小人"区分开来，而且为孔门之后学确立了修身、塑型之榜样。

10. 信而后劳，信而后谏

子张 19.10

【原文】子夏曰："君子信而后劳其民。未信，则以为厉己也。信而后谏，未信，则以为谤己也。"

【译文】子夏说："君子应等待民众信他了，再来劳使他们，否则将会以为是作害于他们。君子只有等待其主信任他后，再对他进谏，否则将误会是在故意谤毁于他。"

孔子高度重视为政者之"信"，曾强调君子"主忠信""道千乘之国，敬事而信"（《论语·学而》）且把"信"作为比"食""兵"更为重要的治国之要素。如此，孔子将"信"作为从政、施政之本质要求。

子夏承孔子之思，从"事上使下"之良效反观"信"的重要性，强调入仕为政者，当以"信"为先。"信，谓诚意恻怛而人信之也。"（朱熹）唯有如此，使民，民才不以为是劳之而抵触；事上进谏，才不会被误认为是诽谤他。简言之，入仕为政者，当以取信于民、取信于上为前提，于此，为政者之"信"构成其是否顺利施政之关键。对于子夏此论，陈祥道评述曰："信著于民，然后劳之而不辞。信著于君，然后谏之而不疑。说以先民，民忘其劳，信而后劳其民者也；量而后入。不入而后量，信而后谏者也。"

子夏言为政者重"信"，不仅突出以"信"为核心的为政品质，而且凸显"信"作为为政伦理之价值。如此，取"信"，乃是君子"事上使下"之要。正因为如此，对子夏之论，蕅益释曰："小心天下去得。"

具体而言：

第一，本节子夏具体阐释了君子"事上使下"之道，提出君子无论是"事上"抑或"使下"，"皆必诚意交孚，而后可以有为。"（朱熹）"皆必诚意交孚而后可以有成。然亦有虽不信，不容不谏，如箕子、比干是也。亦有虽不信，不容不劳之，如子产为政，民欲杀之是也。"（钱穆）如此，突出君子为"仕"，无论是"劳民"，还是"谏君"，都必须以取"信"于民、取"信"于君为其首要前提。这样，子夏从正反两方面，论断与强调了君子为政，必须以取"信"为先。"信"乃君子顺利行政之必要的先决条件。

第二，子夏之论，最为关键的是强调和突出君子为政必须"信而后劳其民"

"信而后谏"。如此，子夏强调，为避免使民误以为是"厉己"，谏被误以为是"谤己"，其根本在于取"信"民，取信于上。

子夏所言之"信"，应包括两层含义。首先，从其直接性上来看，是指君子使民、劳民，以及君子谏言于君主，必须取得民、君之"信"任、"信"赖。此"信"乃是"谓人信之"（钱穆）也就是"他信"。对此，朱熹释曰："信，谓诚意恻怛而人信之也。"这是从效果的视角来审视和定位"信"之必要、之必须。进而言之，要取得"他信"，即民信、君信的一个内在前提，就是君子必须"自信"，即"诚"。此为君子之德厚。如此，"信"，则是入仕为政者以己之"诚意"而赢得"民"与"君"之"信"。

第三，本质上讲，"信"，乃是以认知、了解为前提，以理解为中介，以认同为实质，以劳而无怨、谏而不谤为旨归，从而形成"信"之丰富的内涵。然而，"信"，于此处，绝不仅仅指君子个体的心性品质，更为重要地指向君子之所为自觉遵"道"循"礼"的特质。如此，君子"事上使下"，何以取得民与君之"信"呢？其关键就在于君子必须遵"道"循"礼"而使民、事君。故，子夏所言之"信"，乃君子为政之品质，是为政之伦理特质。

第四，"君子信而后劳其民，未信，则以为厉己也"，表明君子须"明于教令，使民信之，然后劳之"。"信而后谏，未信，则以为谤己也"，表"为君所信近，乃可以谏。孔子曰：'事君，远而谏，则谄也；近而不谏，则尸利也。'谄谏非圣人所贵，故曰吾从于讽。"（戴望）《庄子·人间世》记载孔子谓颜回曰："且德厚信矼，未达人气；名闻不争，未达人心。而强以仁义绳墨之言炫暴人之前者，是以恶有其美也……"扬子曰："未信而分，疑几矣哉！则未信者，其可以谏乎？"

如此，子夏为了突出君子取"信"于民、君主，对于"事上使下"的重要性，从反面"未信"之结果来加以强化之。子夏指出"未信，则以为厉己也"，"未信，则以为谤己也"。如此表明"未信"实际所带来的负面效应或危害性，从而警示君子不可在"未信"之境况下"劳民"和"谏君"。

总之，子夏具体阐释了"信"于君子"事上使下"之重要性，实质上提出了君子"为官""为臣"之德，以及为政所应秉持的根本原则，此乃为仕君子之行动箴言。

11. 大德不逾，小德出入

子张 19.11

【原文】子夏曰："大德不逾闲，小德出入可也。"
【译文】子夏说："大节上不能超越界限，小节上有些出入是可以的。"

子夏将"大德""小德"置于人之整体价值系统中，就二者之地位和作用，提出"大德不逾闲，小德出入可"之原则，以此表明，君子为人处世当立大德，守大节，在大是大非、真伪善恶等原则性的问题上，不可逾越；而在一些非原则性的问题上则可以权变灵通。

子夏以"大德"为"本"，"小德"为"末"，强调君子当固本守大节，始终坚持仁德原则而不动摇，又不拘泥于"末"而可变通。如此，子夏以"大德""小德"，将君子为人处世之原则性与灵活性统一起来，反对就"小德"失"大德"之迷乱，亦反对固"大德"，弃"小德"之僵化、呆板。

对于子夏之论，卓吾曰："最方而最圆。出入，形容其活动耳，云何便说未尽合理？"

具体而言：

第一，子夏通过对"大德"与"小德"于君子人生价值系统的地位和作用之比较，提出"大德"绝不可"逾闲"，"小德出入可"之主张，既表子夏教导弟子们做人、做事的总体原则，亦表子夏所主张的对人进行评价之尺度和取向。如此，既表征子夏所持守的原则，又表现出其待人之宽容与灵活的特点，从而指示着"人非完人"和个体之间有差异的基本事实，以此鼓励与号召弟子应努力把握好做人、做事之主流、主导和根本，不必拘泥于细枝末节。子夏此论，是对孔子之"君子贞而不谅"（《论语·卫灵公》）之思想和精神的继承与发扬。

第二，何谓"大德"与"小德"？朱熹、钱穆皆认为"大德"与"小德"，是指做人、做事之"大节""小节"。陈祥道认为"大德，中德也。小德，庸德也"。

为何"大德不逾闲，小德出入可也"呢？这是由于"大德"和"小德"于人生整体价值格局中所居之地位和所具作用之不同而决定的。对此，陈祥道释曰："中则以大常为体，故不踰闲；庸则以小变为用，故出入可也。"如此，彰显"大德"与"小德"，乃是"本"与"末""主"与"次""体"与"用"之关系，表子夏主张重"本""主"，轻"末""次"，弃求全责备。

第三，子夏指示做人、做事须坚持"大德不逾闲"，而"小德"则可以"出入"之原则。"出谓用权，入为奉经。小德虽有出入，要归于正，故曰可也。"（戴望）这就清楚表明一个人在根本之大节，即在人生之方向上，绝不可犯规越界，必须守得住大道，而在枝节、具体问题上允许有些许偏离，这样，子夏也就从做人、做事的基本要求上给予其弟子们原则性引导。如此，显示子夏对人的要求之宽松，从而与子张之苛严高要求（既要执德又要弘德，既要信道又要笃道，还要博学切问，面面俱到）形成差异。

第四，子夏之论，表明为人处世须把握好大方向，遵大道，明大义，守大节是关键、是要害、是根本；至于"小节"，无须太计较，亦不可拘泥于"小节"而失"大节"，导致本末倒置。相应地评价一个人亦应该看其主流、看大德，而对于一些无关宏旨的小节，则不必过于苛求，即使有瑕疵和小过失，也应当可以被原谅，切不可揪住他人之"小节"而无视其"大德"，这样，就要求评价人须要分清主次，对人之失小节，应持宽容之态度。

总之，子夏以人生之"大德""小德"为比较点，以"不"和"可"标识出人生之主导性原则，突出人生所应着力的重点和关键，强调找准正确的人生大方向，要求君子在整体和总的导向上，不可迷失、偏离仁道之根本，从而倡导君子，应当顾大局，揽全局，明"大德"、守"大节"，切莫滞于细微末节而斤斤计较。

12. 子夏之辩，授学本末

子张 19.12

【原文】子游曰："子夏之门人小子，当洒扫应对进退，则可矣，抑末也。本之则无，如之何？"

子夏闻之，曰："噫，言游过矣！君子之道，孰先传焉？孰后倦焉？譬诸草木，区以别矣。君子之道，焉可诬也？有始有卒者，其惟圣人乎？"

【译文】子游说："子夏的学生，做些打扫和迎送客人的事情是可以的，但这些不过是末节小事，根本的东西却没有学到，这怎么行呢？"

子夏听后说："唉，子游错了。君子之道先传授哪一条，后传授哪一条，这就像草和木一样，都是分类区别的。君子之道怎么可以随意歪曲、欺骗学生呢？能按次序有始有终地教授学生们，恐怕只有圣人吧！"

子游小觑子夏之弟子所学，认为子夏弟子洒扫应对进退尚可，于"道"根本无知，以此讥子夏之教"舍本求末"，进而否定子夏之教的恰当性和正确性。面对子游具有挑剔性、挑衅性之讥讽、质疑与否定，子夏对自己所授之合理性予以强辩护。子夏认为，教学应当遵循循序渐进的原则，先小学，后大学；先小节，后大事，犹如培植草木一样，应该区别其种类，采用不同的培植方法。子夏以此强调教学须遵循其师所倡导与施行的"因材施教"原则。

子游对子夏之教予以挑剔性指责、挑衅性贬斥，从主观动议来看，则是强调授教须超越"洒扫应对进退"而就其"本"。对此，子夏首先指出子游"过矣"，进而对己教授弟子之法予以阐释，以证己之所教岂敢偏离"君子之道"，未脱离君子之"本"，只是有先后顺序之别，遵循着由浅入深之原则，并非本末倒置，更不是舍本求末。对此，蕅益释曰："子游之讥，是要门人之本；子夏之辩，是要门人即末悟本。知此洒扫应对进退，若以为末，到底是末；若知其本，头头是本。"

子游于子夏之教，非尊重式的理解，而是指责式、否定式的批评。子游以"正统"自居而盛气凌人，子夏明晰其所教，据理力辩之审慎和严谨。子游与子夏之论辩，为后孔子时代，孔门弟子间彼此切磋、砥砺的一个缩影。当然此为"二贤各出手眼接引门人，莫作是非会也"。（蕅益）

具体而言：

第一，后孔子时代的子夏独立开坛授学，弟子众多，影响甚广，成为孔子之后儒学最大的一个流派。本节记述了孔子两个弟子子游与子夏之间的"对话"，其对话的中心问题则是在教学内容与教育方法，呈现子游与子夏各自所持不同的教育方法与原则，关乎教学之"本""末"关系。

第二，子游对子夏的弟子所能为的评价，本质上是对子夏之教育内容、方法和效果的评价，表达了子游对子夏对弟子教育之担忧、之否定。从子游之言可见，子游认为子夏教授弟子们的都是一些"洒扫应对进退"基本的技能，也就是基本礼仪，这些皆是实践性、行为性和外在性的内容，一句话，学生们所学也只是一些皮表性的东西，是"小节"。而作为"本"之"大德"，在子夏之授教中是缺失的。如此，子游认为子夏教育弟子们重枝节、表层，而没有授之礼乐文章等，如此则忽略或丢失"大道"，缺失了"正心诚意"等"大学"所应教的根本性内容。于此，子游以"如之何"反问，表对子夏之所授抱以质疑与否定。

总之，子游以教育应有之"本""末"关系为尺度，评价子夏之教停留于"末"，满足于外在礼节，而忘"本"、失"本"，即"抑末也。本之则无"。这是子游认为子夏授教之最大的问题。子游的评价是质疑的、是否定的，更是讥讽的。甚而这种质疑、否定与讥讽的评价，是带有挑剔性、责备性和挑衅性的轻贱，指责子夏之教，乃本末倒置、舍本求末。对此：

陈祥道释曰："子夏之门人，其事则止于洒扫，其言则止于应对，其容则止于进退。教之以渐也。"故而，"子游讥之、责之以顿也。"

朱熹释曰："子游讥子夏弟子，于威仪容节之间则可矣。然此小学之末耳，推其本，如大学正心诚意之事，则无有。"

戴望释曰："子游言子夏弟子当礼之末节则可胜任，若其大本则无足当之者。本谓大礼，如承大祭、见大宾之类，对洒扫应对进退为末言也。"

钱穆亦有言："子游讥子夏失教法，谓此等皆末事，不教以本，谓礼乐文章之大者。"

第三，面对子游对子夏授教的担忧、质疑、否定、责备与挑剔，抑或挑衅，子夏对自己的教育之正确性和恰当性进行了辩护。其辩护分为以下几个层面：

（1）子夏说"言游过矣！"这是子夏对子游之议论和评价有针对性的反判，认为子游针对自己的教育所做出的评价，从根本上来说，是有偏颇的，表明子夏对自己教育正确性的坚信。

（2）子夏两次将教育之法提升到"君子之道"的高度，对自己的教育方法之恰当和正确来加以论证。他首先提出教育内容之顺序或程序问题，即"君子之教人，渐而不顿，孰当先传？孰可后倦"。（陈祥道）"君子之授教先后有次序，信若符契然。譬如草弱木强，品类各别，喻教者授业，随人少长。"（戴望）其次，强调"君子之道，焉可诬也？"以表教育之严肃性，从而证明自己的教育并非如子游所说的重"末"而失"本"，以指示子游之评价并未理解自身的教育之要义，本质上是一种对自己的"歪曲"和简单的否定。如钱穆所释："言若不量其浅深，不问其生熟，一概以教，专以高且远者语之，则是诬之而已。君子之道，不如此。"

（3）子夏最后以"有始有卒者，其惟圣人乎？"来证成自己所施行的教育之现实性、可实施性，从而确证自己之教育并非是只重"末"，而不知"本"。此处的"有始有卒者，其惟圣人乎？"意指"君子教人有序，先传以近小，后教以远大。所谓循循善诱。若夫下学而上达，本末始终一以贯之，则惟圣人为能。然则小学始教，人人可传"。（程子）由此，子夏强调作为老师，能够将君子之道本末融会贯通一体传授，立即让弟子们满怀大道理想，却不必由浅入深循序渐进的，自己则做不到，也只有圣人可以做到了。子夏此言，是对子游之评价不顾"现实"，而只重理想化的抑或有几分僵化教育思维的一种"反讥"。

对于子夏之自辩，朱熹释曰："君子之道，非以其末为先而传之，非以其本为后而倦教。但学者所至，自有浅深，如草木之有大小，其类固有别矣。若不量其浅深，不问其生熟，而概以高且远者强而语之，则是诬之而已。君子之道，岂可如此？若夫始终本末一以贯之，则惟圣人为然，岂可责之门人小子乎？"朱熹进而引程子之释曰："君子教人有序，先传以小者近者，而后教以大者远者。非先传以小，而后不教以远大也。"又曰："洒扫应对，便是形而上者，理无大小故也。故君子只在慎独。"又曰："圣人之道，更无精粗。从洒扫应对，与精义入神贯通只一理。虽洒扫应对，只看所以然如何。"又曰："凡物有本末，不可分本末为两段事。洒扫应对是其然，必有所以然。"又曰："自洒扫应对上，便可到圣人事。"最后朱熹释道："学者当循序而渐进，不可厌末而求本。"亦如戴望所释："圣人于始卒皆得其序，非今教者不然。"

第四，承接上一段子夏所言的"大德"与"小德"，本节以教育之"本"与"末"而继续展开。子游点评子夏之教育，滞留于"末"，而淡漠了"本"，从而突出子游强调教育必须超越"末"而重"本"、求"本"，着力塑造人"志"于"大道"；相应地，子夏论证了自己具有现实性和可行性的教育，不仅遵循了"因材施教""因时而教"的基本原则，而且从"末"入手而至"本"，贯彻循序渐进原则的正当性。

总之，在后孔子时代的历史境遇下，如何继续持守和弘扬孔学之道，孔子弟子所选择、所执行的方法各异，形成了一幅孔门弟子间相互论辩，即"切切偲偲"之思想景象。子游与子夏之论辩,围绕着孔子"君子"的理想:"志于道,据于德,依于仁,游于艺。"(《论语·述而》)而展开。

本节子游、子夏二人之激烈论辩,从形式上看,始终锁定于教育之法,直指教育之"本""末";从本质上来看,则是体现了二人不同的教育观。如此本节之主旨,如钱穆所释曰:"游、夏同列文学之科,子游非不知洒扫应对进退为初学所有事,特恐子夏之于器艺而忽于大道,故以为说。子夏亦非不知洒扫应对进退之上尚有礼乐大道,不可忽而不传。是两人言教学之法实无大异。"如此,子游、子夏"两人学脉,亦于此可见其有别"。

13. 为政为学，仁智统一

子张 19. 13

【原文】子夏曰："仕而优则学，学而优则仕。"

【译文】子夏说："仕者有余力宜从学，学者有余力宜从仕。"

子夏针对当世为"仕"者，"优"而"不学"和"学而优"者"不仕"之现实，从"仕"与"学"的关系维度，强调"仕而优"当"学"，"学而优"当"仕"。于此，"仕与学理同而事异，故当其事者，必先有以尽其事，而后可及其余。然仕而学，则所以资其仕者益深；学而仕，则所以验其学者益广。"（朱熹）

子夏言"仕而优则学，学而优则仕"，是为规避"学而不思则罔，思而不学则殆"之误区而发，使"仕者"以"学"而笃志、明道、践道，使"学者"以"仕"而弘道、安人，从而实现"为学"与"为政"之内在统一。

具体而言：

第一，对子夏此论，误读颇多，可真谓"熟知并非真知"。引起误读的关键即在于对其中之"优"之真切含义的理解和把握。有人认为其中之"优"，即是"优秀""出色"；然而，从子夏此段话的语义来看，其"优"，非指"优秀""优异"，而是表"有余力"之意。"优，有余力也。"（朱熹）如此，子夏以"仕"为君子治学之目的而起论，突出"仕"与"学"之关系，强调君子不弃世而必为"仕"，从而继承了孔学"修己"而"安人""安天下"之精神主旨。

第二，按常理或秩序，似乎应该是先有"学而优则仕"，然后才有"仕而优则学"，然子夏却似乎是不合乎逻辑顺序先提出和倡导"仕而优则学"，然后再要求"学而优则仕"。为何如此呢？此乃"学而仕，士之常。仕而学，则不多见。子夏之意所主在此，故以仕句置前"。（钱穆）也就是说，子夏是针对当世为"仕"者，即使"仕而优"，好"学"者鲜有之现实问题而言。对此，卓吾曰："今人学未优，则已仕矣。仕而优，如何肯学？"方外史曰："惟其学未优便仕，所以仕后永无优时。"如此，子夏之语，不仅内蕴着对当世之"仕"者，即使"优"亦不"学"之现象予以批判，以此倡导"仕而优"者，还须坚持"学"。

第三，"仕而优则学，学而优则仕"这两句话所强调的侧重点各有不同。对此，陈祥道释曰："仕而优，则日有余，故而学；学而优，则道有余，故仕。君子学以为己，仕以为人，为己不忘乎为人，故不以学废仕；为人不忘乎为己，故不以仕废学。"朱熹、钱穆则认为："仕而学，则所以资其仕者益深；学而仕，则所以验其学者益广。"如此，凸显"仕而学"与"学而仕"之不同。

"仕而优则学"侧重于劝导为"仕"之人，切勿忘其心向学，日渐精益求精，免"思而不学"之困境；"学而优则仕"则劝导为学者，当其学问有成，切勿忘入仕、笃行其所学，贡献才智，以达"安人""安天下"，免"学而不思"之误区。

第四，就"仕"与"学"的关系而言，子夏认为"学"和"仕"是不分先后，不分主次的。"学"是为了出仕，出仕也是为了实现其所学，"仕"是学之用、之流，"学"为出仕之本、之源。

对子夏所言的"仕"与"学"的关系，陈祥道之解给出了深刻的诠释。他说："不学而仕，则是未能操刀而制锦者也。仕而不学，则是得人爵而弃天爵者也。学而不仕，则是洁其身而乱大伦者也。学而仕，则学仁。仕而学，则智。惟君子为能尽之。"如此，子夏在此强调出"仕"之"君子"必须将"仁"与"智"两种基本品质予以统一。

第五，"仕"与"学"虽"所事异"，但"所志同"。（钱穆）其"志"则在于弘扬与践履"仁道"。如此，"仕优"而"学"，"学优"而"仕"，都是"士"完成自己之使命与责任的具体路径和方式。

第六，子夏所言"仕而优则学，学而优则仕"，强调"仕而优""学而优"之后，则必"学"当"仕"。如此，"仕优"，使"学"成为必要；"学优"，使"仕"成为必须。同时，子夏突出"仕优"，则更为重要的是告诫君子必须持守"在其位谋其政"之基本原则，要求"仕"在其位都必须以尽心为上，在自身所事完成后，尚有其余力之时，才能进一步"为学"，切不可倒置。

总之，子夏以弘道、践礼为君子之担负和使命的价值旨归，以"仕"与"学"的关系为阐释之主轴，突出了"仕"与"学"，皆以"优"为前提，进而达到"资其仕者益深"和"验其学者益广"之效果，劝导君子须将"为政"与"为学"相结合，从而实现君子之"仁"与"智"的内在统一。

14. 丧致哀止，仁礼统一

子张 19.14

【原文】 子游曰："丧，致乎哀而止。"

【译文】 子游说："丧事做到尽哀也就可以了。"

子游所论，居丧，一方面要尽哀，另一方面又不宜过于哀痛而伤生，强调在丧礼中须重内心真诚之悲戚，却又不可过度。

子游之论，简言之，于丧礼中，应遵循哀而不伤之中道原则。诚如陈祥道所释曰："丧致乎哀，则不忘亲。致哀而止，则不灭性。不忘亲，仁也。不灭性，礼也。孝子之事如此而已。"

丧而"哀"，悲情至极。子游曰："丧，致乎哀而止。"表哀丧依然要遵循发乎情、止乎礼之原则，彰"仁"与"礼"之统一。

具体而言：

第一，子游之语，是对孔子之论："礼，与其奢也，宁俭；丧，与其易也，宁戚"（《论语·八佾》）的发挥，强调居丧事必须秉持的一个尺度：既要"致哀"，又不能任哀泛滥，当知"止"，须节哀。由此表明丧礼，达到追念逝者、感念亲恩、寄托哀思之真情即可。恰如钱穆所释"丧礼只以致极乎居丧者之哀情而止，不尚文饰。然若过而至于毁身灭性，亦君子所戒"。

第二，丧礼，是周礼之重要组成部分。儒家尚礼，自然非常重视丧事，主张慎终追远。如此，"丧事"也就不仅仅是丧事，而是践"礼"之方式，这样，也就要求"丧事"不必过于讲求形式，舍其本逐其末，而是强调对"丧"之哀伤悲戚，这才是"丧"之根本。

"丧"，因生命之殇而生悲情，为生命陨落、终结而伤怀，这样，"丧"本质上是通过对"死"，从而对生命产生敬畏与悲戚。子游之言，正是通过对死者之哀悲，体现生者存仁慈悲悯之心。

子游此处所说的"致乎哀而止"，一方面表示在丧事上既要"致哀"，但另一方面又要求"节哀"，避免因过于哀痛而"失性"或伤身，所以需要"止"哀。如此，在"丧"中，"哀"之情感依然要持"中庸"原则。这正是"礼"

之规定，过之，则伤身，伤身则违背"礼"。《礼》曰："毁不危身。"又曰："而难为继。"又曰："毁而死，君子谓之无子。"朱熹引杨氏释曰："'丧，与其易也宁戚'，不若礼不足而哀有余之意。"戴望亦释曰："尽哀而止，不以死伤生。"然子游所言"而止"，此"二字，亦微有过于高远而简略细微之弊"。（朱熹）

第三，子游提出"丧，致乎哀而止"，正是针对春秋时期僭礼之为而发。春秋时代，时乱世衰，礼崩乐坏，僭礼之事层出不穷，各诸侯、大夫生活标准和礼仪规模都极为奢侈豪华，很多情况下甚至与周天子比肩。诸侯、大夫违背了各自应遵守的礼仪标准，达到了天子的礼仪，这在孔子及其弟子们看来都是违礼、僭礼的行为。于丧葬礼仪过分周备，过于文饰，有僭上之失，服丧哀戚滑向了另一个极端。如此，子游言"丧，致乎哀而止"，乃有针砭时弊之意。

总之，子游此语针对"丧事"提出其"情"应受制于"礼"之规定，所应保持的尺度和状态；在这里，居"丧"，首先应"致哀"；其次，必须让此种哀情"止"，即有所节制。此乃"发乎于情，止于礼"于"丧"的具体表征和规定。

15. 子游励友，子张践仁

子张 19.15

【原文】子游曰："吾友张也为难能也，然而未仁。"

【译文】子游说："我的朋友子张可以说是很难能可贵的了，然而还是没有做到仁。"

子游言子张之为人虽难能可贵，然终"未仁"，即"言吾友子张用力于仁，为人所难能，然而未成于仁人之名"。（戴望）

按钱穆之释："子张务为高广，人所难能，但未得为仁道。仁道，乃人与人相处之道，其道平实，人人可能。若心存高广，务求人所难能，即未得谓仁。"子张仪表与德业均出众，但子游认为子张未达"仁"之境界。如此，子游之言，一方面表达"仁"之不易，为其友子张而感到遗憾；另一方面其目的在于鼓励朋友子张精进向"仁"不止。

具体而言：

第一，本节是子游对子张人生修为的评价。子游先扬后抑，首先肯定了子张所为实属难能可贵，非一般人所能及之。但是，从更高的标准来看，子张尚未达到"仁"。如此，子游期望子张能更为精进而达"仁"。

第二，子张，出身微贱，且犯过罪，后经孔子教育成为"显士"。虽学干禄，未尝从政，以教授终。孔子死后，子张独立招收弟子，传扬儒家学说，是"子张之儒"的创始人。子张之儒，列儒家八派之首。

子游称子张为"吾友"，可见子游与子张乃挚友。既是挚友，子游则不必讳言子张之不足，此乃诤友之谊。

在子游看来，其友子张"问干禄""问行"，其好学不亚于颜回，且对孔子之思想领悟极深，虽未能列入孔门四科十贤，也是孔门七十二贤人之一。同时，子张执德之宏，信道之笃，见危能致命，见得能思义，其道德人品、学问才干，是很难有人企及。能做到如此，在子游看来，"吾友张也为难能也"。但是，如此优秀之子张，却尚未能达"仁"。这是子游认为子张未修得圆满，为"友"甚为遗憾，故而直道之，以尽朋友之责。

第三，为何子游认为子张"未仁"呢？子张心怀高远之志，曲高和寡很少能与他人共享，不能践行，流于空谈，也就是说他不能躬行仁道，未施仁于人。恰如钱穆所言，"子张务为高广，人所难能，但未得为仁道。仁道，乃人与人相处之道，其道平实，人人可能。若心存高广，务求人所难能，即未得谓仁。"一句话，子张才高意广，人所难能，而心驰于外，不能全其心德，未得为仁。亦恰如朱熹之释："子张行过高，而少诚实恻怛之意。"

子游是一个实践派，他在武城宰时大力推行礼乐教化，弦歌满城可见，深得孔子赞赏。于此，在子游眼里，子张心胸高远之志，但是并未能践行其志，必是为他倍感遗憾，于是，鼓励其友子张当不止践"仁"而达"仁"。

第四，从子游对子张的评价中可见，儒家所倡导的"仁"，并非仅此停留或存在于一个人之心性上，而是必须践行而彰之。如此，子游言子张"未仁"之要害，不是子张无仁之心性修为，而在于未能让"仁"贯彻于生活中，以实践态的方式存在和显现"仁"。

总之，作为"仁"之实践派的子游对好友子张的评价，既充分肯定了子张心性高远、心怀大志，能独善其身之可贵，又对子张未能躬行、践履"仁"，从而"未仁"抱以遗憾，以此激励好友子张践仁。如此，亦表明"仁"绝非仅存于观念、精神形态，而必是以实践形态而落实于行为，贯彻于生活之中，方可称为"仁"。

16. 曾子评张，难与并仁

子张 19.16

【原文】 曾子曰："堂堂乎张也，难与并为仁矣。"

【译文】 曾子说："堂堂子张，难于和他一起做到仁的。"

子张仪表堂堂、为人孤冷高峻，人难与并，且务外自高，外有余而内不足。如此，曾子认为子张"难与并为仁矣"。

曾子对子张的评价，不仅说明"仁"之境界，难以达及，亦示于后学，"为仁"切不可偏于务外而疏内，偏于孤行而失与人并行，于此，子张之偏，预示着为仁之途，即在己之为人处世中。

曾子直言子张"难与并为仁矣"，直道子张所缺。对此，蕅益感叹道："好朋友真难得。今人那肯如此说病痛？"于此可见，真挚友，当不避其短。

具体而言：

第一，接上一节，子游对子张"未仁"的评价之后，子张的另一个同学曾子又对子张予以评价。曾子对子张的评价，以对比、反差和冲突的方式而展开，首先以"堂堂乎"描述了子张的外在形象与仪表特点，其后转入其本质性的评价："难与并为仁矣。"

如果说子游对子张的评价内含遗憾，更以鼓励而寄予希望，显得客气一些，那么，曾子对子张的评价则是对子张"为仁"予以本质性否定，直戳子张之弊。从子张两位同学对他的评价可见，子张确于"仁"，尚需精修。

第二，曾子首先说"堂堂乎张也"。其"堂堂乎"，"堂堂，容貌之盛。"（朱熹）以表子张仪表堂堂，外貌出众，亦表子张为人重"言语形貌"，轻"正心诚意"。如斯，在曾子看来，子张虽然仪表壮伟，气派十足，但子张外有余而内不足，其心不足以施"仁"。

子张"堂堂乎"，亦表其心性高远，给人高大开广之貌，然予人孤冷、清高，高峻不可攀之压迫感，会让人觉得难以接近，其为人、其行不符合"中庸之道"。按戴望之释："子张行高为仁，人难与并，叹其不可及。子贡称子张之行曰：'美功不伐，贵位不善，不侮可侮，不快可快，不敖无告'。"

按照朱熹之解，子张"务外自高，不可辅而为仁，亦不能有以辅人之仁也"。朱熹引范氏曰："子张外有余而内不足，故门人皆不与其为仁。"

曾子正是居于对子张为人之特点的把握，才得以结论："难与并为仁矣。"表子张不能为仁助他人，他人也不能为仁助子张，表"仁"外于子张。

总之，曾子从子张堂堂之外与内在心性取向之差异，比子游更为深刻地剖析子张与"仁"的外在性关系，直道子张止于外，未达做人"诚心正意""平易近人，决不务于使人不可及。"（钱穆）如此，表明"仁"，绝非存于人之外在形貌，而在其笃行中，在与人同谋共为"仁"之中。而此恰是子张所缺失的。

17. 曾子忆师，人情表呈

子张 19.17

【原文】曾子曰："吾闻诸夫子，人未有自致者也，必也亲丧乎。"

【译文】曾子说："我听老师说过，人没有能自己竭尽其情的，只有遇到父母之丧吧！"

曾子借闻老师之言，区分常态与特殊状态下人情之差异，以此强调人对己之情的规范与制约，防止情之泛滥失度而失礼。

《中庸》有言："喜怒哀乐之未发，谓之中；发而皆中节，谓之和。"人之情于常态下，受"礼"制约而未能自由而任性地抒发、流露，是平静、平衡的，此乃所谓"发乎情，止乎礼"。然，亲丧，悲情致极，"人之真情所不能自已者。"（朱熹）在此种状态下，"情"常不"止乎礼"，不受"礼"之管控。

如此，人之情具有可控性和非可控性双重特质。在常态下，理智、"礼"可规范、调节人之情。然在特殊状况下，非理性之情，以其尽性为上，理智与礼皆无力制约。换言之，一般性的情可受理智、礼之调控、节制，然极度的悲情和激情，即至情，常突破理智、礼之边界，于此，呈现出情与理智、礼之间，既具有统一性，又具有背离性。

曾子深谙情之特质，然曾子依然希冀能将情纳入理智、礼之可控中，使情从自发，经自省而达自觉，进而自觉疏导己之情，最终自主己之情，使己之感性化之感情，升华为理性、理智化之情感，从而使己之情达中和之状。

简言之，曾子之论，强调以理智、礼制约己之感情，从而使己之感情符合"礼"而成为涵养"德行"之情感。曾子之论，并非抽象讨论人之情感，而是通过揭示人的感情表呈之异样，揭露无道乱世对人之正常情感的压抑、压制，对人本应有的"仁心"与"诚"之扭曲，并对之予以深度的批判。

具体而言：

第一，曾子借孔子之言，揭示了一个基本的"事实"，即人只有在其"亲丧"时所表露出来的情感才是彻底而未加修饰和掩饰的，才是自然而自发的、尽性之情。而在常态生活中，人之情都很难随性任性而酣畅淋漓地表呈，达到"情真意切"。这说明，在常态下，人之情在一定程度上都受社会规范、己之修养管束、控制、把握和调节，都在一定程度被"遮蔽"、被压抑了。如此，曾子通过比较常态和特殊态下人之情，力求表达情与"礼"、情与规范、情与修养之间的关系。

第二，曾子指出人应该遵礼而对己之情施予管理，倡导自控与自主己之情，强调在常态下，不应任由感情主宰，必须对之有所收敛和把控，唯有在父母等亲丧，伤戚至极时，方可随情而泣。以此表曾子主张己之情应"内敛""内隐"。如此，对己之情的调节、控制与把握，乃是检视一个人德行修养、一个人成熟度之重要尺度。这样，曾子之言，表征君子应该注重处理和把握自己的感情，提升自己的修养，不令情泛滥而违礼。

第三，"发乎情、止乎于礼"是儒家一贯所提倡处于"人事"、亦即处理自身情感的总体原则。曾子秉承儒家所持内敛的、含蓄的、不张扬之情感的主张和原则，强调喜怒哀乐不形于色。如此，曾子承儒家重内在性之情感，轻外在性感情之传统，主张君子须持平和之心态、心境，不惑于外，不为情所左右。

为此，曾子区分了生活常态和特殊情态下，人之情展现出不同的样态，明示在常态境遇下，人之情总是处于"压抑"而不轻易外显、表露，唯有在亲丧时，其哀痛悲戚之情，不待人勉而自尽其极，方才充分表露和倾泻蕴孕于内心之真实感情。

在此，须注意人之"感情"和"情感"之差异。概而言之，人之"感情"，自外至内而生，亦因外在因素之变化而变化，具有外在性、场景性、偶然性、易变性、短时性等特征；相应地，"情感"则是自内至外而流露、而呈现，表征人之心性、修养和德行，与人之理智、理念呈内生性关系，具有内在性、长时性、稳定性等诸特质。简言之，感情，重感性；情感，重理性。在此基础上，曾子将人之情，置于日常生活和丧亲不同境遇下，表明在日常生活中，人之情皆"未有自致也者"，唯在"亲丧"时，人之情才达"自致"。

《礼记·杂记下》中有言："亲丧外除，指父母之丧，丧服犹外随日月渐除，而内心之哀未忘。兄弟之丧内除，谓服兄弟之丧，丧服未除，而内心悲哀已渐减。"对此，朱熹引尹氏释曰："亲丧固所自尽也，于此不用其诚，恶乎用其诚。"戴望释曰："致读如致丧三年之致。致，极也。《礼》：'亲丧外除，兄弟之丧内除。'日月已竟，而哀未忘，故曰外除矣。"

第四，曾子假夫子之名，本质上是为了增强自己话语的合法性和可信度。如此，曾子力图揭示人的非理性情感与规范之礼制、与情感主体自身的修养之间的关系，解蔽常态下人之情感被压抑而隐秘不泄之事实：一方面人之情感在常态下，所表现出来的"情"，都是不充分、非自然饱满的，因而亦并非原生态的真实情感；另一方面，人之情在一定程度上都是受理智管控，不可能得到充分释放，常以修饰而变形之方式显现。

第五，曾子此论，警示世人，己之情除了在其"亲丧"时，可以无遮无掩，真情流露之外，在常态下，其情不能自由自在地表露。如此，曾子对常态下，人的情之真，倒有几分质疑，如此表明，常态下被修造、被管控和被约束的情，恰好是人为之结果，本质上则是"伪"。如此，人的情之"真"，何处求？曾子告诉世人一个谜底：常态下的人之情，发端于真心性的太稀少，基本上都是不尽其性、不充分之情。如此惨淡而扭曲的情感景象，却是曾子之睿智洞见。对此，钱穆深刻地诠释曰："人情每不能自尽于极，亦有不当自尽乎极者。惟遇父母之丧，此乃人之至情，不能自已，得自尽其极。若遇父母丧而仍不能自尽其极，则人生乃无尽情之所，而人心之仁亦将澌灭无存矣。"

如此，人在正常状态下，其情不能舒畅自由地表达，真情不能流露，而唯有亲丧时，才不顾"礼"，方"有自致"。如此，曾子之论，揭露人所生存的世道之无仁无情，对人之情感的压制已到了无以复加之程度，已不容人之情感的正常表达。曾子以此对压抑、扭曲人之情感，导致人心无仁之无道乱世予以无声的批判。

总之，曾子从人之生活的两种差异化状态，指出人之情感特点，表达常态下人之情感被修造、被遮蔽或被管束，这种非自然情感，虽然非人之本然，但却是情感之道德规范的重要特点。如此，曾子之言，表其对人之情感认知，指示出人之情感特征。

曾子通过对人的情感特征分析，突出在常态上，需要对己之情感予以合礼的控制与抒发，不可逾度。简言之，曾子主张人之情感表达和抒发应遵循"发而皆中节"的原则。

人的情感及情感之表达（方式与程度），除受人之德行修养和个性差异影响外，根本上取决于其生存环境、生活境遇。如此，透过曾子情感之论，曾子无疑揭示了无道乱世，人的情感被压制、被扭曲之景况。曾子以此隐秘地揭露与批判无道之世，惨无仁道。

18. 曾子赞许，孟庄子孝

子张 19.18

【原文】 曾子曰："吾闻诸夫子，孟庄子之孝也，其他可能也；其不改父之臣与父之政，是难能也。"

【译文】 曾子说："我听老师说过，孟庄子的孝，其他人也可以做到，但他不更换父亲的旧臣，不易父之政，这是别人难以做到的。"

按朱熹之释："孟庄子，鲁大夫，名速。其父献子，名蔑。献子有贤德，而庄子能用其臣，守其政。故其他孝行虽有可称，而皆不若此事之为难。"

"孟庄子之孝"，乃为政者之"孝"，在当世已成了一个孤立的"典型"，以此折射出当世为政者普遍丧"孝"违礼，不忠不孝，弑君、弑父已非个案。如此，曾子对"孟庄子之孝"的赞扬，本质上即是对当世无"孝"、无"忠"、无"仁"之为政者予以批判。

"孟庄子之孝"，表人子之德行的"孝"，曾子将其从血亲人伦范畴，转换为为政者之德，上升为政治伦理范畴。于此，"孝"从个体道德，提升为为政者之德，成为政之伦理。如此，"孝"进位为"孝道"。

具体而言：

第一，在孔子的众多弟子中，曾子以秉承孔学之"孝"、进而发扬"孝"的思想而著称。在本节，曾子借先生之言，继续谈"孝"。本节之重点并不在于重复孔子"父在，观其志；父没，观其行；三年无改于父之道，可谓孝矣"之思想，而是通过孟庄子之为，突出（孟庄子）孝之根本和难点在于"不改父之臣与父之政"，即"孝"体现为一种"忠"，这就超越了"孝"作为一种个人情感，而是集中体现为对父之道的持守上，即"三年无改于父之道"，通过继承其父业而展现出来。在此，"孝"进位为"孝道"。在曾子看来，孟庄子"孝"之典型，非当世一般为政者所能做到的，是为政者中之稀有者，曾子认为尤为值得称道。

第二，曾子倡"以孝治天下"。曾子曾说道："事父可以事君，事兄可以事师长，使子犹使臣也，使弟犹使承嗣也；能取朋友者，亦能取所予从政者矣。赐与其宫室，亦犹庆赏于国也；忿怒其臣妾，亦犹用刑罚于万民也。是故为善必由内始也。"（《大戴礼记·曾子立事》）进而说道："夫孝，德之本也，教之所由生也。"（《孝经》卷一）孔子亦曾指出："夫孝者，善继人之志，善述人之事者也。……践其位，行其礼，奏其乐，敬其所尊，爱其所亲，事死如事生，事亡如事存，孝之至也。"（《中庸》第十九章）"夫孝者，天下之大经也。"（《大戴礼记·曾予大孝》）如此，"孝道"在政治关系中具体化为"忠"。

第三，曾子称道孟庄子之"孝"，其根本在于他"忠"于其父之政，维系其政治传统，保证其政令之连续，从而达到政局之稳定。曾子对孟庄子承接父业之"政"而不改的肯定，正是因为孟庄子之"孝"具体体现了"君子立孝，其忠之用，礼之贵"（《大戴礼记·曾予大孝》）之思想。在曾子的时代，这种子承父业，"忠"于父道、父政而"不改父之臣与父之政"，实为当世为政者行"孝"之主旨所在。对此，戴望释曰："孝子三年不改父道，思慕不皇，亦重见先人之非。鲁宣公薨，而遣归父之家，君子非之，以为'与人之子守其父之殡，捐殡而奔其父之使者，是亦奔父也'。"

第四，"孟庄子之孝"，是当世无道乱政的一面镜子。"孟庄子之孝"与当世为政者形成鲜明的对比，折射出当世之为政者应遵行的"孝"，已普遍沦丧，指示在无"孝"、无道之境遇下"孟庄子"之"孝"、之"忠"是何等珍贵。如此，曾子称赞"孟庄子之孝"，即是对无道乱世无"忠"、无"仁"之为政者予以批判。

第五，不可否认，曾子以孟庄子之"孝"为典型案例，将"孝"绝对化、至上化，其目的在于对当时无"孝"之变政予以批判。然对于子对父之政业，是否绝对不可改其父为政之策及人事，儒家倒也并未概而论之。对于这一点，钱穆有言道："孔子所言，本不以概凡事，如禹改鲧道，未闻儒者谓之不孝，若必执一废百，则孔子不复有可与立未可与权之教矣。"

第六，"孝"在孔学体系中，是一个重要的伦理范畴，它所指示的绝不仅仅是一种道德情感，更为重要的是它承载着生命本体、政治伦理等多维度的丰富内涵。孔子及弟子，直接或间接地从多角度对"孝"加以了论述，形成儒家"孝"之体系化思想，构成儒家伦理思想之重要维度。对之加以梳理，可以更全面地把握"孝"的丰富内涵，深化对儒家伦理思想的认知。

孔子及其弟子针对不同的具体"问题"，基于不同之视角，对有关"孝"的论述，"孝"之内涵及其意义得以充分表达，对之加以细察和深究，即可获儒家"孝"的思想概貌。于此，只将《论语》中，孔门对"孝"的论述予以汇集，便于深究。

（1）子曰："孝弟也者，其为仁之本与。"又云："孝弟而好犯上者鲜矣，

不好犯上而好作乱者，未之有也。"（《论语·学而》）

（2）子曰："父在，观其志；父没，观其行；三年无改于父之道，可谓孝矣。"（《论语·学而》）

（3）子游问孝。子曰："今之孝者，是谓能养。至于犬马，皆能有养，……"（《论语·为政》）

（4）子曰："今之孝者，是谓能养。至于犬马，皆能有养。不敬，何以别乎？"（《论语·为政》）

（5）子夏问孝。子曰："色难。有事，弟子服其劳。有酒食，先生馔。曾是以为孝乎？"（《论语·为政》）

（6）孟懿子问孝。子曰："无违。"樊迟御。子告之曰："孟孙问孝于我，我对曰，'无违'。"樊迟曰："何谓也？"子曰："生，事之以礼；死，葬之以礼，祭之以礼。"（《论语·为政》）

（7）樊迟御，子告之曰："孟孙问孝于我，我对曰'无违'"。樊迟曰："何谓也？"子曰："生，事之以礼。死，葬之以礼，祭之以礼。"（《论语·为政》）

（8）孟武伯问孝。子曰："父母唯其疾之忧。"（《论语·为政》）

（9）子曰："父母之年，不可不知也。一则以喜，一则以惧。"（《论语·仁》）

（10）宰我曰："三年之丧，期已久矣。君子三年不为礼，礼必坏。三年不为乐，乐必崩。旧谷既设，新谷既升（登也），钻燧改火（古按季改火），期可已矣。"子曰："食夫稻，衣夫锦，于女安乎？"曰："安。""女安，则为之！夫君子之居丧，食旨不甘，闻乐不乐，居处不安，故不为也，今女安，则为之。"宰我出。子曰："子之不仁也！子生三年，然后免于父母之怀。夫三年之丧，天下之通丧也。予也有三年之爱于其父母乎？"（《论语·阳货》）

（11）子曰："父母在，不远游，游必有方。"（《论语·里仁》）

（12）曾子曰："吾闻诸夫子，孟庄子之孝也，其他可能也；其不改父之臣与父之政，是难能也。"《论语·子张》

（13）曾子曰："孝有三：大孝尊亲，其次不辱，其下能养。"（《礼记》）

（14）仲尼居，曾子侍。子曰："先王有至德要道，以顺天下，民用和睦，上下无怨。汝知之乎？"曾子避席曰："参不敏，何足以知之？"子曰："夫孝，德之本也，教之所由生也。复坐，吾语汝。身体发肤，受之父母，不敢毁伤，孝之始也。立身行道，扬名于后世，以显父母，孝之终也。夫孝，始于事亲，中于事君，终于立身。"（《孝经·开宗明义章》）

总之，曾子针对当时"孝"之衰败景象，借其师之口，以孟庄子"不改父之臣与父之政"为典型，直陈"孝"之重要，进而从为政者之"孝"，将"孝"提升至为政之"孝道"，具体化为为政之"忠"。如此，曾子于此彰显秉承与持守"孝"，于力挽礼乐崩坏之危，重塑道德谱系所具有的积极功能。

　　作为鲁大夫的"孟庄子之孝"，实为当世为政者之"典范"。"孟庄子之孝"，恰表征当世为政者普遍丧"孝"、失"忠"之景况。如此，曾子对"孟庄子之孝"之张扬，本质上即是对当世无孝之为政者予以无声批判。

19. 曾子诫徒，为政行仁

子张 19.19

【原文】孟氏使阳肤为士师，问于曾子。曾子曰："上失其道，民散久矣。如得其情，则哀矜而勿喜。"

【译文】孟氏任命阳肤做典狱官，阳肤向曾子求教。曾子说："在上位的人离开了正道，百姓已离心离德已久矣。如果审案时审出真情，就应当怜悯他们，而不要自喜明察。"

曾子教导即将做典狱官的弟子阳肤在"上失其道，民散久矣"的情况下，须遵仁道、守仁德、行仁义而审案，对民犯刑，应抱以悲悯哀矜，切不可因此而沾沾自喜，因为上失其道，民之"情义乖离，不相维系"（朱熹），而"民之散也，以使之无道，教之无素。故其犯法也，非迫于不得已，则陷于不知也。故得其情，则哀矜而勿喜"。（朱熹引谢氏）

曾子承孔子仁德、仁政思想，批判上位者之无道，深切同情下层民众。他告诫阳肤，对诉讼之处理合情合理固然重要，但如果审查出民众犯罪的情实，当给予哀恻同情。以此可见，曾子持一片仁心立乱世，体察同情民众备受煎熬之疾苦，尤为可赞。

从曾子对弟子训导之言可见，浊世为政，当心持仁道、怀仁德而悲天悯人，更多地怜慈民众。如此，对曾子之论，蕅益评价道："惟至孝者，方能至慈，堪为万世士师座右铭。"

具体而言：

第一，孔子在鲁国为司寇时所说："听讼，吾犹人也。必也使无讼乎。"（《论语·颜渊》）表孔子之理想。其理想之根本就在于通过施与善教于民，使民心归仁，诉讼不兴而达世之和谐，从而实现仁德治国。孔子所愿"必也使无讼乎"之前提，则是"上有道"。曾子所言，则是"上失其道，民散久矣"。如此，曾子面无道之世，教导弟子于为政中当如何存仁心、施仁政、行仁德于民。

第二，阳肤，曾子的弟子。在孟氏的举荐下，将出任"士师"，即"典狱官"之职。上任行职前，求教其师，该如何做好士师。曾子遵循孔门"仁道"之传统，教诲、训导弟子阳肤。

曾子对弟子之训导，按照讲事实、明道理、表原则、提要求之逻辑而展开，尤其重要的是，曾子并非从弟子审断案件之技术层面，而是从其审断案件之价值原则上施以教导。

（1）"上失其道，民散久矣。"此为曾子向弟子讲事实，明道理。曾子直道"上失其道"，是"民散久矣"的原因。民情乖离叛上，是因"上失其道"而失教所致。简言之，民之所以走上"犯罪"之路，病灶在居上之为政者"失道"。如此，曾子为弟子鲜明表达了于无道之世，该如何做"士师"，须首先认清"世情"。

（2）如此，曾子向弟子表原则、提要求："如得其情，则哀矜而勿喜。"阳肤，作为"士师"，其日常工作就是审案、断案。审案、断案，必"得其情"，即得其案之真相，了解法案之实情，即"狱情"，方可明辨是非善恶，做出公正的判决。这是从事实原则上教导弟子。

在此基础上，曾子提出"哀矜而勿喜"，从价值原则上对弟子予以要求。公正判决案件，使施害者受到惩处，让受害者的权宜得以维护，最终使正义得以伸张，作为"士师"之阳肤，本应该感到高兴或欣慰。然曾子提出"士师"不仅不应该感到高兴，反倒应该对"有罪之人"抱以同情与怜悯。

曾子为何表达这样的原则，提出这样的要求？

因为在曾子看来，在"上失其道"的境遇下，一切违"法"的行为，都是对"无道"之对抗，因为无道之法，实为"恶法"。如此，"士师"对案件做出的所谓公正判决，只是以形式之正义，掩盖着实质上的不正义。因为"上失其道"，无论是受害者抑或施害者，本质上都是无道失教之"受害者"。如此，民之所以犯罪，受责罚的首先应该是失道之为政者，其次才是犯罪者。鉴于此，曾子要求阳肤"如得其情，则哀矜而勿喜"，则是对"上失其道，民散久矣"之道德补救与缓解，表为政者须施仁政、行仁德，以此彰显仁道之精神。

对此，戴望释曰："失其道，失富之、教之之道。《礼》，司寇行戮，君为之不举乐。自责失道而致于刑。《春秋》于杀世子、母弟直称君，甚恶之者，坐失教也。"钱穆亦释曰：上失道，"民心散离则轻于犯法，如得其作奸犯科之情，当加之以哀愍（mǐn，同'悯'），勿以明察自喜。"

第三，在"自上而下"的传统社会，居上位者"失其道"，即为乱邦恶政。孔子有训：邦无道，则隐。曾子弟子阳肤，直面"上失其道"之境遇而为政，实为逆流而上。阳肤求教于师，当如何做"士师"，曾子依仁道而细教之。

总之，"衰周之时，上失其道，民散久矣。故曾子谓阳肤曰：'如得其情，则哀矜而勿喜'。以罪在上，不尽在民也。"（陈祥道）如此，曾子以批判当世居上为政者之失道为始，进而从为政所应遵循仁道的价值立场和原则对弟子施教。于曾子训导弟子阳肤之言，蕅益评道："惟至孝者，方能至善，堪为万世士师座右铭。"

曾子之训教，一言以蔽之：浊世为政，须悲天悯人。此为无道之世，为政者自持"仁德"之应为。

乱世可无仁，为政者不可无情。曾子教弟子，当为乱世之清流，是为仁道之星光。

20. 子贡劝政，当戒为恶

子张 19. 20

【原文】子贡曰："纣之不善，不如是之甚也。是以君子恶居下流，天下之恶皆归焉。"

【译文】"纣的不善，并不像后世所说的那样过分。因此君子不肯居下流之地，一旦居下流，天下的恶名都会归集于他身上。"

子贡睿智洞见世人评价历史人物之特点，即君子一旦为恶，那么，天下之恶皆归之于他。基于此，子贡警示与规劝当政之君子，当以纣为鉴，切勿为恶，以免恶集一身，成为"恶"之化身，留下滚滚之骂名。如此，"子贡之言，戒人之勿置身不善之地也。"（钱穆）"殷鉴不远。"（蕅益）为政者当以此为戒而弃恶从善行仁。

具体而言：

第一，春秋之为政者，为恶者众，行善者寡。子贡以"纣"为例，说明为政当权者，一经为恶，其后果即是"天下之恶皆归"，以此警示、规劝为政者，当弃霸道而行王道，止恶向善，切莫成在世之"纣"。如此，子贡之论，从为政者之道德形象、历史声名之高度，对为政者予以道德劝诫。

第二，"纣之不善，不如是之甚"。"纣"是殷商最后一个王"辛"之"谥号"。辛王之谥号"纣"，即是对他生前为恶予以批判而贬评，指示着他当政时残害良善、损害道义，暴虐无道，竟使微子去，箕子奴，比干死。恰如邢昺注疏所言："谥法，残义损善曰纣。"亦如孔安国所释："纣为不善，以丧天下，后世憎甚之，皆以天下之恶归之于纣。"

子贡比较历史上为恶之真实的殷商王"辛"，与背负一身恶名、代表恶政之"纣"之间的差异，表明"纣之不善，不如是之甚"。以此警示为政者须戒为恶，否则必留恶名于世，被世人所唾弃。

第三，子贡以"纣"为例，得出"是以君子恶居下流，天下之恶皆归焉"之结论。"居下流"，是指当政者一旦为恶不善，如是"地形卑下之处，众流之所归"。如此，子贡以此"喻人身有污贱之实，亦恶名之所聚也。"（朱熹）"喻上有污贱之行，乃众恶人之所归。武王数纣之罪曰：'纣为天下逋逃主，萃渊

　　　　　　　　生活哲学视野中的"论语"研判

薮。'是与。"（戴望）

第四，"从善如登，从恶如崩"（《国语·周语下》）纣逐私欲而无顾黎庶苍生，为政无道而生灵涂炭，为"恶"致天下丧，是恶政之极。如此，"子贡之言，欲人常自警省，不可一置其身于不善之地。非谓纣本无罪，而虚被恶名也。"（朱熹）"子贡之言，戒人之勿置身不善之地也。"（钱穆）

第五，子贡以言"纣"而警示当世为政之权贵，尤其是各诸侯之君，当以圣贤之道革心除恶，怀善戒恶，切实止霸道，施仁道，行仁政，切勿为"恶"而"居下流"，唯如此，以为政之善而赢得的美名，方可为世人颂、后人传，否则，如是纣"天下之恶皆归焉"。

总之，子贡以"纣"为镜，比照与检视当世为政权贵之政德，批判为政之恶，倡为政之善，劝诫为政者切实止恶从善，以流芳后世。切莫如纣为恶，成"恶"之化身，致使骂名滚滚来。

21. 君子更过，世人敬仰

子张 19. 21

【原文】子贡曰："君子之过也，如日月之食焉。过也，人皆见之；更也，人皆仰之。"

【译文】子贡说："君子之过，就如同日月之蚀。有过之时，人人可见；他改过，人人都敬仰之。"

"人恒过"，君子依然。君子之过，恰如日月之蚀，昭然于天下，不可文饰，人人皆可明见，表为君者之过，直接而广泛地害于民，众民皆可感知。君子若直面其过，能改之，世人皆因此生敬，如是仰首望日月一般。如此，子贡鼓励与赞颂君子，不文己过，不惮改过，从善如流。

子夏说"小人之过也必文"，孔子则言君子"不惮改过"，子贡发扬孔子之思想，强调君子当内勇而直面己之过，应知过即更，知错即改，此为"君子"与"小人"之别。对此，陈祥道释曰："君子之过，过于厚，如日月之食而皆见，故以人知之为幸。小人之过，过于薄，虽必文而难解，故必以人不知之为幸。"

君子之"过"，亦有大过与小过。"大过"乃背道违礼，行霸道、施恶政，祸害黎庶百姓；"小过"则是决策之偏，施政之失。如此，为君者，当改大过，去恶从善，守大节，成大德；改小过，纠其偏，补其失，至臻完善。

子贡希望君子能改过，能做到"光明正大"，成天下人敬仰之典范。如此，子贡论君子不掩"过"、进而能改"过"，实为孔子贤人政治理想的具体化。

具体而言：

第一，此节承接上一节子贡之论，表倘若君子有过而不改，如是日月之食令天下无光，最终必如是"纣"一般，"天下之恶皆归焉"。如此，子贡之论，乃是劝君子重己之德行修养，体现为政之德，切实改邪归正，去恶归善，止霸道而行仁道，成"光明正大"之圣君明主，为天下人敬仰。

第二，子贡以"日月之食"为喻，表君子高位，其过亦如高天上日月之食昭著，于旷世众目睽睽之下，无法遮掩，亦不可欺瞒天下人，因此，子贡说"人皆见之"。如此，君子当直面己之过，而不能"文"之。恰如钱穆所释："君子有过，本出无心，亦不加文饰，故人皆见之。或说：以君子之德位。为瞻望所集，故苟有过，不得掩。"这是告诫有过之君子，即使想遮掩己之过，亦无济于事，君子对己之过，唯一正确的就是"更"之。

第三，子贡强调，君子有过，不可怕，恰如日月之食，只是瞬时。只要"更"之，有如日月之食去也，日月之光重现，"人皆仰之"，以此表明"过而能改"，不仅于君子无损，反而会更加赢得世人之尊崇与敬仰。钱穆对此释曰：君子之"过"，"如日月之蚀，人皆仰望，盼其即复光明，亦无害其本有之尊崇。"

总之，子贡所言君子之过，一曰不可"文"，二曰贵于"更"，表君子须勇于承认己过，并坚决"更之"，此为君子待己之过的正确立场和态度。

子贡所言君子待己之过，其主要目的是为了劝导为政者，不可在无道迷途上不觉醒，更无须忌惮改过，以表明为政者从根本上不可为政以恶，而应该为政以德，去恶从善。同时子贡论君子之过，对世人改过进德亦具有方法论之意义。

22. 文武之道，学无常师

子张 19.22

【原文】卫公孙朝问于子贡，曰："仲尼焉学？"

子贡曰："文武之道，未堕于地，在人。贤者识其大者，不贤者识其小者，莫不有文武之道焉。夫子焉不学？而亦何常师之有？"

【译文】卫国的公孙朝问于子贡，说："仲尼那样的学问，从哪里学来的呀？"

子贡说："文王武王之大道，并没有坠落到地上，仍在现今活着的人身上。贤人认识了那道之大的，不贤的人认识了那道之小的，他们都传有文武之道。我们的夫子，哪里不在学，谁是他固定的老师呀？"

按戴望之释："公孙朝，卫大夫。以夫子生知大圣，疑无所学而然，故问之。"钱穆亦释曰："公孙朝以孔子之学博而大，故问于何而学得之。"子贡以夫子所学乃"文武之道"，而"文武之道"散存于诸贤之处，于是夫子"不耻下问"，遍学于诸人，博采众长，成就其博学而多能。

子贡从夫子学问之成而反观，得出结论："夫子焉不学？而亦何常师之有？"以答公孙朝之问，再现夫子一生之好学、善学。

孔子曾自言"好学"。子贡于此言凡"道之所在"，皆为夫子所学，表夫子为学之鲜明立场：唯道至上，不囿于门户之见，始终以开放之心，向一切能者求学问道，即夫子"师文武"。于此，呈现"学无常师"之圣人风范。如此，钱穆释曰："盖孔子之学，乃能学于众人而益见其仁，益明其道。"

对于子贡回答公孙朝之问，卓吾曰："分明说他师文武，而语自圆妙。"

具体而言：

第一，毋庸置疑，夫子博学大才。据司马迁记载，孔子的博学多闻、博识广才到了匪夷所思之境界。夫子何以如此博识多才？夫子曾自言曰：

（1）"我非生而知之者，好古，敏以求之者也。"（《论语·述而篇》）

（2）"十里之邑，必有忠信如丘焉，不如丘之好学也。"（《论语·公冶长》）

（3）"发愤忘食，乐以忘忧，不知老之将至云尔。"（《论语·述而》）

（4）"三人行，则必有我师焉。择其善者而从之，其不善者而改之。"（《论语·述而》）

（5）"述而不作，信而好古，窃比于我老彭。"（《论语·学而》）

（6）"默而识之，学而不厌，诲人不倦，何有于我哉？"（《论语·述而》）

（7）"吾友无不如也。"（《论语·述而》）

（8）太宰问于子贡曰："夫子圣者与？何其多能也？"子贡曰："固天纵之将圣，又多能也。"子闻之，曰："太宰知我乎？吾少也贱，故多能鄙事。君子多乎哉？不多也。"（《论语·子罕》）

从夫子之自言可知，正因其"好学"而成博学多才的一代大贤。

第二，子贡借回答卫公孙朝之问："仲尼焉学？"不仅指明夫子之所学，而且突出夫子"如何学"而达博学。

（1）"文武之道，未堕于地，在人。"所谓"文、武之道，谓文王、武王之谟训功烈，与凡周之礼乐文章皆是也。在人，言人有能记之者"。（朱熹）"文、武之道，布在方策，人诵法之，故未隧于地，隧，陨也。"（戴望）"历史已往之迹，虽若过而不留，但文化之大传，则仍在社会，仍在人身。若国亡众灭，仅于古器物或文字记载考求而想见之，则可谓坠地也。"如此，子贡此言，表先王之道，乃孔子所学、所求之内容，此谓孔子"师文武"；而先王之道存于众"人"。于此，子贡表明夫子为何问学求道于众人之由。

（2）"贤者识其大者，不贤者识其小者，莫不有文武之道焉。"对子贡之言，陈祥道释曰："圣人之道，无所不在。仁者见之之谓仁，智者见之之谓智。贤者识其大者；不贤者识其小者，咸其自取者然也。""贤者识其大者，不贤者识其小者，资诸己者也。"戴望释曰："大者，《诗》《书》《礼》《乐》，小者，曲艺畸材，皆文、武之道之所散聚。贤不贤，各以其所见而志之。夫子无所不从其学，举文、武则禹、汤从可知。《春秋》宪章文王，讬始犹以天正，终麟方明夏时，故次王于春。王者，正三统之称也。"钱穆释曰："历史往事，多有前代之所传而记忆认知之。贤与不贤，各有所识，惟大小不同。贤者识其大纲领，从讲究来。不显者，行不著，习不察，记其小节目，从闻见来。而其为前代之传统则一。孔子学于此文化传统之大道，故可无所遇而非学。舜闻一言，见一善行，能沛然若决江河。颜之亦能闻一知十。孔子即其未坠于地而在人者学之，文武大道之传如在目前。"子贡之言，表夫子所学、所求之文武之道，散存于"贤者""不贤者"之诸人，故夫子"不耻下问"，遍学于他们。

（3）"夫子焉不学？而亦何常师之有？"子贡通过此前的分析，表明夫子之博学，并非"生而知之"，皆因其"好学"之结果。因文武之"道"存诸人，故夫子拜所有知"道"之人为师。正如此，恰如子贡所言夫子"亦何常师之有?"

事实上，恰如陈祥道所释曰："孔子于老聃、苌弘、师襄、郯子之徒，有一善之可宗，一言之可法者，皆从而师之，则亦何常师之有?""孔子之无常师，资诸人者也。资诸己材也，资诸人取材者也。"戴望亦释曰："无所不从学，故无常师，此制作之本也。"钱穆解曰："旧传言孔子问礼于老聃，访乐于苌弘，问官于郯子，学琴于师襄，即其无常师之证，然犹恐非此章孔子焉不学之义。"于此，子贡之言充分肯定了夫子"不耻下问"，凡知"道"者，皆为其师，如此，集众学于一身，成就其旷世博学而"益见其仁，益见其道"。

第三，在此，还需注意，公孙朝于夫子尊称为"仲尼"，亦可窥世人对孔子之尊崇。对此，钱穆释曰："尼，乃孔子卒后之谥。孔子卒，鲁哀公诔之，称之曰尼父。盖尼本孔子之字，古人有即字为谥之礼也。《论语》惟此下四章称仲尼，篇末且有其死而哀之语，似皆在孔子卒后，故称其谥。"

总之，夫子之学问博大，对"文武之道"了悟精深，令世人震撼。世人亦想知夫子何以可能如此？于是就有了卫公孙朝之问"仲尼焉学?"和子贡之答解。通过公孙朝与子贡之问答可知，孔子为求先王之道，遍问学于诸贤，彰"德无常师，主善为师"之原则，于此，终于解开了夫子博学之秘诀。

夫子"学无常师"，博采众长而成博学之人、饱学得道之士，于后世之为学者，成"不器"君子，乃具有重要的启发、借鉴意义。

23. 子贡颂师，譬之宫墙

子张 19.23

【原文】叔孙武叔语大夫于朝曰："子贡贤于仲尼。"子服景伯以告子贡。

子贡曰："譬之宫墙，赐之墙也及肩，窥见室家之好。夫子之墙数仞，不得其门而入，不见宗庙之美，百官之富。得其门者或寡矣。夫子之云，不亦宜乎！"

【译文】叔孙武叔在朝廷上对大夫们说："子贡比仲尼更贤。"子服景伯把这一番话告诉了子贡。

子贡说："拿围墙来作比喻，我家的围墙只有齐肩高，别人可以看到房屋摆设的美好状况。老师家的围墙却有几仞高，如果找不到门进去，你就看不见里面宗庙的富丽堂皇，房屋的绚丽多彩。能够找到门进去的人并不多。叔孙武叔那么讲，不也是很自然吗？"

孔子在世已遭遇不少诋毁，卒后，诋毁之声亦不绝。鲁国大夫武叔于朝言"子贡贤于仲尼"，试图矮化、贬损和诋毁孔子。子贡闻之，则"譬之宫墙"，明示"赐之墙也及肩，窥见室家之好"，而"夫子之墙数仞，不得其门而入，不见宗庙之美，百官之富"，以表夫子思想之恢宏博大、高深精美。只因太高深精妙，如数仞之墙，为常人所难见。武叔之所以认为"子贡贤于仲尼"，是因为武叔自己太矮之故。如此，子贡以"得其门者或寡矣"反讥武叔，表其根本未入夫子之道门，是不知夫子之道深的那类肤浅与低矮之人。于此，子贡巧妙地规避了武叔所言"子贡贤于仲尼"之二难，维护了师道尊严。

子贡睿智地洞见武叔所言"子贡贤于仲尼"之目的，并非在褒扬自己，而是以此伎俩诋毁夫子、矮化夫子，以此否定夫子之道，瓦解孔门思想之基，动摇与摧毁孔门信仰之柱。如此，维护夫子之形象，本质上即是维护夫子之道的正当性和合法性。子贡之怼非常机巧高明，既托起了夫子的高度，又未自贬，还隐秘地讽刺、敲打了武叔，可谓一举多得。

具体而言：

第一，世间多少人与事，褒贬、毁誉皆由人。夫子生前、生后遭遇贬损、诋毁，已成另类文化景观，不足为奇。

鲁国大夫武叔之所以毁谤夫子，究其因主要是：夫子之弟子虽来自四面八方，但大多数都仕于鲁卫，他们纷纷遵孔子之教，行夫子之道，是一股不小的势力；再者孔子晚年入门下的子夏、子张、子游等诸弟子，在孔子去世后，又纷纷收徒讲学，继续发扬孔子之思想，他们的弟子亦学有所成，也大多仕于鲁卫二国。这一切无疑对鲁国三桓之家族是一个巨大的威胁与挑战。鉴于此，作为叔孙氏之后、公子牙之六世孙的州仇，即武叔，敏锐意识到这一问题。于是便有了"子贡贤于仲尼"之说。

第二，子贡闻武叔所言"子贡贤于仲尼"，察其动心，明其用意，于是以"墙"为喻，言己之"墙"犹有比肩之高，可一览院内之好，而夫子则是"万仞宫墙"。在此，子贡"以宗庙百官喻孔子之道也。孔子道美，故喻以宗庙。众多非一，故喻百官"。（戴望）如此，夫子之"万仞宫墙"，非可见子贡之墙的低矮之人，即可览其中之瑰宝。而"不入其门，则不见其中之所有，言墙高而宫广也"。（朱熹）这样，子贡反讥武叔之所以言"子贡贤于仲尼"之说，乃是未见夫子"数仞宫墙"之故，因此，武叔之言，恰表己之矮矬浅陋。

简言之，子贡以"数仞宫墙"之喻，表夫子之道，深广精妙，其弟子们入其门，无不叹服。唯有那些不得其门而入者，才会如武叔般口出不察之言而诋毁之。

第三，武叔言"子贡贤于仲尼"，以扬子贡为表，抑仲尼为实，其根本目的即在于矮化、贬损子贡等孔门弟子思想之源，动摇子贡等弟子信仰之根基，最终以图否定、瓦解夫子之道。子贡尽识武叔损夫子之阴谋，破其扬抑之伎俩，自谦言"赐之墙也及肩"而暗喻武叔之矮，表夫子"数仞之墙"，非武叔所能及，以此反击武叔所言"子贡贤于仲尼"。武叔之言，既表明武叔未入孔门，得观深妙广大如宗庙的夫子之道，又暴露其别有用心，肆意诋毁夫子之浅薄与阴毒。

总之，武叔对夫子之贬损与诋毁，是为当世之代表。其言"子贡贤于仲尼"，具有深度的迷惑性、欺骗性和误导性。子贡以"墙"为喻，明示矮人看得浅，夫子如"数仞宫墙"，非武叔所能企及与识得。如此，表明夫子、夫子之道，亦非武叔之流所能毁之。

面对加诸夫子、夫子之道之贬损和诋毁，子贡机智地予以反驳，以维护师道尊严。正因为如此，可谓"圣道之光昌，子贡之功亦不小矣"。（钱穆）

24. 子贡卫师，譬之日月

子张 19.24

【原文】叔孙武叔毁仲尼。

子贡曰："无以为也。仲尼，不可毁也。他人之贤者，丘陵也，犹可逾也。仲尼，日月也，无得而逾焉。人虽欲自绝，其何伤于日月乎？多见其不知量也。"

【译文】叔孙武叔谤毁仲尼。

子贡说："这样做是没用的。仲尼是不可谤毁的。他人之贤，好像丘陵般，别人还可跨越到他上面去。仲尼犹如日月，无法再能跨越到他上面的了。一个人纵使要向日月自告决绝，对日月有何伤害呀？只显露他自己的不知高低，不知轻重而已。"

武叔谤毁孔子，从隐晦至赤裸裸公然诋毁。面对武叔之直接挑衅，子贡亦不再隐晦反讥，而是直接予以驳斥与批判。

子贡将孔子比作日月，而将其他所谓的"贤人"比作山丘，表明山丘再高，亦可逾越，而日月则无法企及、更不可超越。既日月无以超越，当怀仰止之心而敬之。面武叔之毁谤，子贡讥其"自绝于日月"，且其毁谤无碍、无伤于日月。日月依然高悬于天，光芒万丈，映照出武叔等诋毁孔子之辈，不自量力，自绝于光明。

子贡以日月喻夫子而反讥、驳斥武叔，不仅维护了师道尊严，而且更为重要的是面对挑衅性的诋毁，捍卫了大道和正义。

子贡之反驳，戳穿了武叔之流的阴谋，使武叔诋毁孔子之行为更显卑劣、卑鄙，令世人唾弃。

具体而言：

第一，如果说武叔言"子贡贤于仲尼"，比较隐蔽地贬损、诋毁孔子，子贡亦以"数仞宫墙"之喻，隐晦地反讥和驳斥武叔；那么，当武叔变本加厉公然"毁仲尼"之时，子贡则义正词严地加以反驳与批判。对此，陈祥道评述道："下士不笑，不足以为道。武叔不毁，不足以为仲尼。宫墙言其深，日月言其明，天言其高，方武叔之不贤仲尼，则譬之以宫墙，以言其深而不可知也。及武叔之毁仲尼，则譬之以日月，以言其明而不可知也。"

第二，面对武叔公然诋毁夫子，子贡直言"无以为也。仲尼，不可毁也"。如此，子贡首先从根本上消解武叔诋毁孔子之价值，鲜明表达武叔之流毁孔子之无用，因为孔子是"不可毁也"。

为何武叔毁孔子"无以为也"，以及"仲尼，不可毁"。子贡简言之，因为孔子不是如山丘一般的贤人，可以被人踩踏于脚下，而是如"日月"之至高，"无得而逾焉"，表孔子并非是武叔之凡夫俗子可践踏、诋毁的对象。子贡以此表明，孔子如高天日月，武叔之流唯可仰望，根本不可触及、不可逾越，自然不可践踏、不可毁。

第三，子贡进而言"人虽欲自绝，其何伤于日月乎？多见其不知量也"。如此，子贡一方面批判武叔谤毁孔子，只是自绝于夫子之道，对夫子、夫子之道丝毫"无伤"也；另一方面，表明武叔毁孔子，是一种自不量力、不知己之分量的妄为。"谓只自显露其不知量，犹谓不知高低轻重。"（钱穆）因为"日月所照，光及四表，圣人之道亦然"。武叔等"大见其不知己与圣人之等量，故自弃于日月也"。（戴望）武叔之流毁辱孔子，"只是自逃光明，自甘黑暗，于日月何所伤损乎。"（钱穆）

第四，武叔与子贡围绕着诋毁与捍卫孔子而展开的针锋相对，本质上是霸道与仁道交锋之微观景象，是世道善恶较量之一聚焦点。诋毁孔子，以捣毁夫子之道为目的，而维护夫子之盛名，乃是捍卫夫子之道的正义之举，以此对当世霸道予以批判。如此，武叔毁孔子，非个人是非恩怨，其价值谜底则是霸道借势而污毁仁道。由此，子贡维护孔子，本质上即是捍卫仁道。

总之，武叔公然毁孔子，子贡以"仲尼，不可毁"表其鲜明之立场，进而以"日月"喻孔子，表武叔之毁，暴其不自量力之浅陋，自绝于夫子仁道而趋恶。子贡以维护孔子之名，实为捍卫仁道之正义、正当。

25. 子贡护师，生荣死哀

子张 19.25

【原文】 陈子禽谓子贡曰："子为恭也，仲尼岂贤于子乎？"

子贡曰："君子一言以为知，一言以为不知，言不可不慎也。夫子之不可及也，犹天之不可阶而升也。夫子之得邦家者，所谓立之斯立，道之斯行，绥之斯来，动之斯和。其生也荣，其死也哀，如之何其可及也？"

【译文】 陈子禽对子贡说："你太谦恭了，仲尼岂能比你更有才能？"

子贡说："君子一句话可以表现出明智，一句话也可以表现出愚蠢，所以说话不可以不慎重。我的老师没人赶得上，就好像青天无法通过阶梯登上去一样。假如老师得到国家去治理的话，说要立之礼，百姓就立于礼；引导百姓，百姓就跟着实行；安抚百姓，百姓就会来归服；动员百姓，百姓就会协力同心。他活着时荣耀，死了令人哀痛，别人怎么可能赶得上他呢？"

陈子禽续武叔毁孔子，更进一步言只因子贡太谦恭而不承认自己胜于孔子，事实上仲尼没有子贡贤能，以此假赞子贡之贤而损抑孔子。面对陈子禽对孔子更为直接和露骨的诋毁，子贡将孔子比作"天"，喻孔子之高广，非陈子禽等凡夫俗子可攀达、可企及；进而言孔子无所不能，"夫子之得邦家者，所谓立之斯立，道之斯行，绥之斯来，动之斯和"，只是没有得到机会罢了。最后言孔子"其生也荣，其死也哀，如之何其可及也？"以回击、狠批陈子禽之诋毁，且以"一言以为知，一言以为不知，言不可不慎也"，警示陈子禽须谨慎说话，不要因己之无知而诋毁孔子。

子贡如似一个卫士，面对各色贬损和诋毁孔子之人、之言，均机智而坚定地予以回击和批驳，不遗余力地维护和捍卫师道尊严。对此，朱熹引谢氏释曰："观子贡称圣人语，乃知晚年进德，盖极于高远也。"钱穆亦赞道："时人如叔孙武叔、陈子禽皆以为子贡贤于仲尼，可见子贡晚年，其进德修业之功，亦几几乎超贤入圣矣。而子贡智足以知圣人，又能善言之。"

面武叔、陈子禽等人对孔子之"毁"，子贡并未以理性思辨而深论，而是以"宫墙""丘陵"与"日月"，乃至"天"等具象之物、浅白之理而反讥、批判之。子贡之所为，如是卓吾所言："对痴人，不得不如此浅说。"亦如方外史所说："世间痴人都如此，向他说极浅事，他便见得深；向他说极深理，他既不知，反认作浅。"

具体而言：

第一，继叔孙武叔言"子贡贤于仲尼""毁仲尼"之后，又有陈子禽以"子为恭也，仲尼岂贤于子乎？"行诋毁孔子之事。于此，陈祥道曰："下士不笑，不足以为道。武叔不毁，不足以为仲尼。"子贡将孔子比作"数仞宫墙"，言其深不可知也；譬之以"日月"，言其明不可知也。今又将孔子比作"天"，以喻孔子非陈子禽等可企及、可诋毁也，子贡进一步将孔子神化与圣化，视孔子为"上下与天地同流者也。"（程子）最后以"其生也荣，其死也哀，如之何其可及也？"总括孔子之光辉，回击一切诋毁孔子之人。

第二，陈子禽所言："子为恭也，仲尼岂贤于子乎？"表子贡因谦恭，不承认己贤于师，故而掩盖了己贤于仲尼之实。恰如戴望所释曰：陈子禽"设问以究其实。《春秋》曰：'易之，则其言假之何？为恭也。'"陈子禽所言假赞子贡之谦德，行贬损和诋毁孔子之事。陈子禽此类话语方式，极具诱惑性、迷惑性，直接考量着子贡之智慧与德行。

子贡洞悉陈子禽之假奉承己，真贬损师之言，识破其机巧与伎俩，故直言："君子一言以为知，一言以为不知，言不可不慎也。"以此对陈子禽之小聪明、小伎俩予以回击与批评，告诫陈子禽说话要长脑子，须"明当虑其所终"，（戴望）切不可以己之无知而失言之慎。这是子贡对陈子禽所言予以首轮回击，由此告诫陈子禽言不可不谨慎而信口开河。

为止陈子禽诋毁孔子，子贡将孔子比作"天"，言"夫子之不可及也，犹天之不可阶而升也"。于此，子贡将孔子喻为"天"，其重点在于告之陈子禽之流：夫子非其可及，因为无"阶而升"，以示夫子非凡域之人，如是神一样的存在，陈子禽等凡夫俗子岂可企及而可知夫子之道。既不可企及，自然其所行诋毁之事，则是枉然也。子贡之言，如是回击叔孙武叔所说："仲尼，不可毁也。"

夫子死后，绝尘高在天宇，如日月皓洁，光辉照千秋，恰如后人颂赞"天不生仲尼，万古如长夜"。（《朱子语类》卷九十三）岂能是陈子禽之辈可诋毁者？！子贡以此再次树立孔子无与伦比之圣人形象。

第三，子贡将孔子比拟为"宫墙""日月""天"，可令人仰之、敬之，然"宫墙则不离乎器，天与日月则不离乎象。孔子之道，不特乎此。子贡之言，亦其粗者而已矣！"（陈祥道）且其赞语太玄虚，太神化。如是程子所释："此圣人之神化，上下与天地同流者也。"但子贡之语，亦粗也精，虚实相生。其言"夫子之得邦家者，所谓立之斯立，道之斯行，绥之斯来，动之斯和"，即是从孔子所行为政之"实"，对陈子禽予以反驳。

对此，陈祥道亦曰："夫子之得邦家者。所谓立之斯立，道之斯行，绥之斯来，动之斯和，其生也荣，其死也哀，如之何其可及也。立之者，政也；道之者，教也。有政以立之，有道以教之，然后绥之以德，莫不来；动之以乐，莫不和。""立然后道，道然后绥，绥然后动，其有为之效也。立然后行，行然后来，来然后和，治至于和则乐矣，所谓成于乐者此也。孔子尝曰：'如有用我者，三年有成'。又曰：'如有用我者，吾其为东周乎。盖用此道而已'。"

朱熹引谢氏曰："夫子之得邦家者，其鼓舞群动，捷于桴鼓影响。人虽见其变化，而莫窥其所以变化也。盖不离于圣，而有不可知者存焉，此殆难以思勉及也。"

戴望释曰："《春秋》有临天下之言，有临一国之言，有临一家之言。自公侯至于庶人，自山川至于草木昆虫，无所不统。"戴望认为子贡"嫌言王天下，故以得邦家言之"。

钱穆则曰："孔子未得大用，故世人莫知其圣而或毁之。子贡晚年见用于鲁，鲁人遂谓其贤于仲尼。孟子谓子贡智足以知圣人。圣人之德世所难晓，故此下子贡乃持言孔子苟即用于世，其效有如此，所以期人之共喻。天之德不可形容，即其生物而见其造化之妙。圣人之德不可形象，即其所感于人者而见其神化之速。子贡此下之言，即因其感于外者以反观圣人之德，所以为善言圣人也。"

第四，子贡进而言孔子"其生也荣，其死也哀，如之何其可及也？"对此，陈祥道释曰："生则天下歌之，故荣；死则天下哭之，故哀。尧之治天下，其劾至于黎民于变时雍，其死至于百姓如丧考妣，不过如此，盖其有为也。"戴望释曰：孔子"生则歌乐，死则哀痛。孟子曰：'以德服人者，中心说而诚服也。如七十子之服孔子也。'昔者孔子没，三年之外，门人治任将归，入揖于子贡，相乡而哭，皆失声，然后归。子贡反筑室于场，独居三年，然后归。圣人德可配天，为民父母，民失圣人，若无天然，故曰：'如之何其可及也'。"钱穆释曰："其生也荣，其死也哀。一说：古谓乐为荣。言其生，民皆乐之。一说：时人皆觉其光荣，所谓与有荣焉。死则民皆哀之，所谓生则天下歌，死则四海哭。或说：荣谓莫不尊亲，哀则如丧考妣。或说：生则时物皆荣，死则时物咸哀。"

总之，孔子卒后，其门后多贤才，如钱穆所按："孔门诸贤，于孔子卒后，盛德光辉，各自超绝。"益见孔子教育精神之伟大。孔子作为孔门精神之源、之魂，高出其诸贤，亦可由此想象。然陈子禽亦"未脱一时之见""疑子贡贤于仲尼"，故子贡予以反斥。

子贡认为孔子如"数仞宫墙"、似"日月"、若"上天"，绝"不可毁也"。于孔子，应持有之立场和态度，恰如司马迁所言："高山仰止，景行行止，虽不能至，心向往之"，绝不可浅薄轻慢而"毁"之。

第二十　尧曰篇

1. 承帝王训，开夫子道

尧曰 20.1

【原文】尧曰："咨！尔舜！天之历数在尔躬，允执其中，四海困穷，天禄永终。"

舜亦以命禹。

曰："予小子履，敢用玄牡，敢昭告于皇皇后帝。有罪不敢赦。帝臣不蔽，简在帝心。朕躬有罪，无以万方。万方有罪，罪在朕躬。"

周有大赉，善人是富。"虽有周亲，不如仁人。百姓有过，在予一人。"

谨权量，审法度，修废官，四方之政行焉。兴灭国，继绝世，举逸民，天下之民归心焉。

所重：民、食、丧、祭。

宽则得众，信则民任焉，敏则有功，公则说。

【译文】尧说："啧啧！你这位舜！上天的大命已经落在你的身上了。诚实地保持那中道吧！假如天下百姓都隐于困苦和贫穷，上天赐给你的禄位也就会永远终止。"舜也这样告诫过禹。

（商汤）说："我小子履谨用黑色的公牛来祭祀，向伟大的天帝祷告：有罪的人我不敢擅自赦免，天帝的臣仆我也不敢掩蔽，都由天帝的心来分辨、选择。我本人若有罪，不要牵连天下万方，天下万方若有罪，都归我一个人承担。"

周朝大封诸侯，使善人都富贵起来。（周武王）说："我虽然有至亲，不如有仁德之人。百姓有过错，都在我一人身上。"

认真检查度量衡器，周密地制定法度，全国的政令就会通行了。恢复被灭

　　　　　　　　　　　　　生活哲学视野中的"论语"研判

亡了的国家，接续已经断绝了的家族，提拔被遗落的人才，天下百姓就会真心归服了。

所重视的四件事：人民、粮食、丧礼、祭祀。

宽厚就能得到众人的拥护，诚信就能得到别人的任用，勤敏就能取得成绩，公平就会使百姓公平。

按朱熹引杨氏释曰："《论语》之书，皆圣人微言，而其徒传守之，以明斯道也。故于终篇，具载尧、舜咨命之言，汤、武誓师之意，与夫施诸政事者。以明圣学之所传者，一于是而已。所以著明二十篇之大旨也。"如此，此节文字大量引用《尚书》所载，记述了从尧帝以来历代先王之遗训，孔子对三代以来的善政美德予以了高度概括，可以说是《论语》中有关治国安邦平天下之思想的总结，以此呈现出中国古代政治之"传统"。

概而言之，此节记述可以分为四个部分：

（1）尧禅让位于舜时，对舜的告诫之辞，亦是舜传位于禹时所训之辞。其重点是强调为政者须"允执其中"。

（2）"大旱祷雨之辞"。其重点是"朕躬有罪，无以万方。万方有罪，罪在朕躬"，以表为政者敢于担当之勇气。

（3）武王伐纣之后，分封诸侯之辞，其重点是"虽有周亲，不如仁人"，表为政者善人仁人。

（4）孔子的"治国之道"，其重点在于"谨权量，审法度，修废官"，建立一套行之有效的制度，进而提出仁道治国治世之四原则："宽""信""敏""公"。

总观之，"'修己以敬'四字，便是帝王道脉，历历可考。"（蕅益）孔子承"先王之道"，开治世之"仁道"。

具体而言：

第一，此节以摘述历代先王之"辞"为始，以孔子对之总结概括而提出其治国之道为终，呈现出承历史之"传统"，开治国安邦平天下之新篇的思想取向，一方面表孔子承"帝王道脉"而治世，另一方面表孔子集先王圣贤之智慧于一身，成中国道统之大成。

第二，[尧曰："咨！尔舜！天之历数在尔躬，允执其中，四海困穷，天禄永终。"舜亦以命禹。]此为"尧命舜，而禅以帝位之辞"。（朱熹）

对此辞，须注意：

（1）"天之历数在尔躬"，表上天遴选舜来管理天下万民，舜承上天之命登帝位，具有天赋的不可推卸之责任和使命。如此，尧之辞，首先明确了帝王乃承"天命"，行"天职"。

（2）"允执其中"。"允，信也。中者，无过不及之名。"（朱熹）"允，用也。"（戴望）如此"允执其中"，"允，信义。中，谓中正之道。谓汝宜保持中正之道以膺此天之历数。"（钱穆）

（3）"四海困穷，天禄永终。"此为从治理结果对舜予以警示。"言为政能用中和，则德教极尽四海，天禄所以长终。"（戴望）反之，为政若违背了"允执其中"原则，将导致失公正而使天下人民皆陷于穷困之境，其治国命数、君禄亦已到尽头。在此以"天禄"之"永终"，引为政者之"戒"，从而保证其为政能贯彻"允执其中"之根本原则，免"四海困穷"之恶果。其中"允执其中"和"四海困穷，天禄永终"，从执政之方法论和价值原则，指证舜为政之合法性基础，突出"公正"与"民本"原则。

（4）"舜亦以命禹。"此表舜遵尧之传，"舜亦以尧命己之辞命禹。"（戴望）如此，尧传于舜，舜传于禹，构成了中国最早的政治传承之图景。于是便有了尧舜禹三代圣主相传的十六字治国心经："人心惟危，道心惟微；惟精惟一，允执厥中。"（《尚书·虞书·大禹谟》）

对于尧禅舜位之辞，陈祥道予以了深刻的诠释。他说道："数在天，历在人。非数无以作历，非历无以纪数。天之历数，则天地之数。五十有五者也，是数也。变化待之以成，鬼神待之以行，万物所听之命，则命于此而已，万物所由之道，则道于此而已。然则帝王之兴，岂特人事哉。故曰：'天之历数在尔躬'。然以命废义，则蔽于天；以义废命，则蔽于人。天事，数在尔躬，以其有命，宜民、宜人，受禄于天。然则不能'允执厥中'，至于'四海困穷'，则于内不足以备百福，而于外不足以宜民人，天禄其有不终乎？盖允执厥中，所以教之也。四海困穷，所以戒之也。"进而引"《书》言天之历数，继之以人心、道心，然后至于允执厥中，又继之以言谋君民之事，然后至于四海困穷，天禄永终，此则略之者，反说约故也"。

第三，[曰："予小子履，敢用玄牡，敢昭告于皇皇后帝。有罪不敢赦。帝臣不蔽，简在帝心。朕躬有罪，无以万方。万方有罪，罪在朕躬。"]朱熹以为"此述其初请命而伐桀之辞也"。戴望则以为"此汤伐纣后大旱请祷桑林之辞"。钱穆则认为："《吕氏》曰：'万方有罪，在余一人。'可证此为大旱祷雨之辞，非伐桀辞。"

《春秋传》曰：禹汤罪己，其兴也勃然。桀纣罪人，其亡也忽焉。圣人所以执左契而不责于人，盖以此欤。陈祥道释曰："人君之于天，犹子之于父，臣之于君，故以恩言之，谓之天子；以义言之，谓之帝臣。有罪不敢赦，所谓不敢不政也。帝臣不蔽，所谓罪大而不可掩也。朕躬有罪，无以万方。万方有罪，罪在朕躬。所谓以得为在人，以失为在己也。"朱熹释曰："汤既放桀而告诸侯也。""言桀有罪，己不敢赦。而天下贤人，皆上帝之臣，己不敢蔽。简在帝心，惟帝所命。""又言君有罪非民所致，民有罪实君所为，见其厚于责己薄于责人之意。此所以告诸侯之辞也。"

以此告诫后世帝王，作为天下苍生之主，应该有此胸怀、魄力和担当。尤其是言"君有罪非民所致，民有罪实君所为"，实为充分体现了帝王自省、自担之角色伦理。

第四，[周有大赉，善人是富。"虽有周亲，不如仁人。""百姓有过，在予一人。"] 此为"武王克殷时语也"。（戴望）朱熹释曰："武王克商，大赉于四海……此言其所富者，皆善人也。"陈祥道释曰："《书》曰：大赉于四海，而万姓说服。注曰：赉，予也。言所以钦予，善人也。盖方用兵之时，使智勇、使贪、使愚，而小人皆在所用，及其开国承家，则不善之小人，不以禄富之矣。故曰：周有大赉，善人是富。"

武王"诛纣之后，大封功臣"。（戴望）而"虽有周亲，不如仁人"，表"周亲不如仁人，文武用心如此，故能特富于善人。或说纣王亲虽多，不如周家之仁人"。然朱熹亦认为："此于武王之事无所见，恐或泛言帝王之道也。"（钱穆）

第五，勾勒尧至武王所行帝王之道，探历史为政之幽秘，成孔子治国之道："谨权量，审法度，修废官，四方之政行焉。兴灭国，继绝世，举逸民，天下之民归心焉。所重民、食、丧、祭，宽则得众，信则民任焉，敏则有功，公则说。"

于此可见，从制度建设、从承接前朝之有余，倡以民为本，持"宽""信""敏""公"之四原则，张治国之方略，成孔子所倡治国之道，以达善治天下。

总之，从直接性而言，此节简述了历代君王治国之纲要，为孔子提出治国之主张提供了可靠的历史之源和合法性支持。此节记述具体再现了孔子承传统、开新篇，以表"传统"并非沉积于遥远的历史深处，而在于后世之人，依据当世现实之问题而不断开掘、激活"传统"，从而使"传统"在创新中获得再生，焕发出智慧之光。如此，孔子从价值观和方法论高度，为后世为政者提供价值范导和方法指引。

2. 政尊五美，政屏四恶

尧曰 20.2

【原文】 子张问于孔子曰："何如斯可以从政矣？"

子曰："尊五美，屏四恶，斯可以从政矣。"

子张曰："何谓五美？"

子曰："君子惠而不费，劳而不怨，欲而不贪，泰而不骄，威而不猛。"

子张曰："何谓惠而不费？"

子曰："因民之所利而利之，斯不亦惠而不费乎？择可劳而劳之，又谁怨？欲仁而得仁，又焉贪？君子无众寡，无小大，无敢慢，斯不亦泰而不骄乎？君子正其衣冠，尊其瞻视，俨然人望而畏之，斯不亦威而不猛乎？"

子张曰："何谓四恶？"

子曰："不教而杀谓之虐；不戒视成谓之暴；慢令致期谓之贼；犹之与人也，出纳之吝谓之有司。"

【译文】 子张向孔子问道："怎样才可以治理政事呢？"

孔子说："推崇五种美德，摒弃四种恶政，这样就可以治理政事了。"

子张问："五种美德是什么？"

孔子说："君子使百姓得到实惠而自己却不破费；使百姓劳作却无怨言；要正当之欲望而不贪；庄重而不傲慢；威严而不凶猛。"

子张说："怎样让百姓得实惠而自己却无所破费呢？"

孔子说："让百姓们去做对他们有利的事，这不就是对百姓有利而不破费了吗？选择可以让百姓劳作的时间而让百姓去做，谁又会怨恨呢？自己要追求仁德便得到了仁，又还有什么可贪的呢？君子待人，无论多少，势力大小，都不怠慢他们，这不就是庄重而不傲慢吗？君子衣冠整齐，目不邪视，行端貌正，庄严的威仪使人见了就让人生敬畏之心，这不就是威严而不凶猛吗？"

子张问："什么叫四种恶政呢？"

孔子说："不经教化，犯错就杀戮，叫作虐；不事先告诫，而到时忽然要查验他成功了没有，那叫暴；虽下了命令，像不当回事一样，并不曾郑重叮咛，到期限时又硬而不通融，这就像有意陷害人，叫作贼。同样是给人财物，却出手吝啬，叫作小气。"

承历代圣王之道，孔子全面而系统地阐述了为官从政之要领，充分展示其为政之道所应遵循的总体原则，可谓提纲挈领，深透精要。对此，朱熹引尹氏评述道："告问政者多矣，未有如此之备者也。故记之以继帝王之治，则夫子之为政可知也。"

　　孔子从为政之善、恶两个维度，或从善政与恶政两种类型比较的视角，提出著名的"尊五美，屏四恶"之主张。如此，孔子倡美德政治，除恶政；既突出美德政治之价值高度，又提出将美德政治得以具体落实的为政实践所应遵循的原则。如此，向为政者指明为政之德，将为政之伦理提升到至臻完美的高度，彰显了仁政之至善，构成中国传统美德政治独特的价值范式与实践图式。

具体而言：

　　第一，子张曾问"仁"于孔子，孔子曰："能行五者于天下，为仁矣。"曰："恭、宽、信、敏、惠。恭则不侮，宽则得众，信则人任焉，敏则有功，惠则足以使人。"又问"干禄"于孔子，孔子曰："多闻阙疑，慎言其余，则寡尤。多见阙殆，慎行其余，则寡悔。言寡尤，行寡悔，禄在其中矣。"今天又有子张问孔子曰："何如斯可以从政矣？"孔子曰："尊五美，屏四恶，斯可以从政矣。"

　　孔子明确提出从政者须"尊五美，屏四恶"，此为孔子仁政理想落实于具体的为政实践中，既作为为政者善政之价值规范与指导原则，亦是审视、检验为政者之善恶的尺度。如此，"尊五美，屏四恶"集中表征了为政者之德、为政之伦理，表明唯遵此原则而行，方可止霸道乱世，行仁道而天下治。

　　第二，"尊五美"，是对为政者善政提出的高标准和严要求，以此彰为政之善，仁政之美。

　　何以具体做到"尊五美"？孔子具体提出了"惠而不费，劳而不怨，欲而不贪，泰而不骄，威而不猛"五项基本原则，进而对之一一做了详尽阐释，从可操作性层面展示了对为政者"尊五美"之具体要求。如此，"尊五美"不仅是为政者之规范原则，亦是其施政之价值指针。尤其值得肯定的是孔子将"民本"之思，灌注于为政实践中。简言之，为政"尊五美"，即是通过为政而成"仁义"。

　　第三，在孔子看来，作为仁道之践履者，仁政之施行者，仅"尊五美"是不够的，还须"屏四恶"，即戒除与根绝不教而杀之"虐"、不戒视成之"暴"、慢令致期之"贼"以及与人出纳之"吝"。

　　第四，孔子提出"尊五美，屏四恶"，从为政者德行之善恶，至其为政之善恶，确立了为政之原则与标尺，既体现了孔子以德治国之主张，又体现了孔子以仁道救世之方针。如此，孔子所言之"尊""屏"，对为政者提出具体的要求，将贤人政治和仁道理想系于为政者之德行，着力从价值路线和行政原则上对之加以规范与塑造，构成中国传统美德政治独特的价值范式与实践图式。

总之，孔子借弟子子张问政，承传统，载理想，将仁道具体化为从政之"尊五美，屏四恶"，成逐霸道恶政，彰为政之道，弘仁道善政之实践纲领。

3. 知命礼言，君子三知

尧曰 20.3

【原文】 孔子曰："不知命，无以为君子也。不知礼，无以立也。不知言，无以知人也。"

【译文】 孔子说："不知命，便无以为君子。不知礼，便无以立在人群中。不知言，亦就知不得人了。"

孔子认为，有德之君子，当是乐天知命，知书达礼，且知言知人。孔子提出君子当"知命""知礼"与"知言"，此乃君子立身处世之内在要求。如是朱熹引尹氏曰："知斯三者，则君子之事备矣。"

孔子提出君子之"三知"，表孔子对塑造具有理想人格的君子予以高度期待，并寄希望于君子能齐家治国平天下，完成弘道之伟业。对此，蕅益认为："知命，只是深信因果耳；知礼，则善于观心，所谓约之以礼；知言，则善于闻法，所谓了达四悉因缘。"

具体而言：

第一，孔子曾言君子有"三畏"，即"畏天命、畏大人、畏圣人之言"。（《论语·季氏》）以表君子当心持虔敬，敬畏"天命""大人"和"圣人之言"，不可造次而违礼、行无道。今又言君子之"三知"：即"知命""知礼"与"知言"，以表君子当以"知"而自觉"成人"。如此，孔子言君子之"三知"，本质上即是训导君子"成人"之箴言。

第二，"不知命，无以为君子也。"在此，孔子将"知命"与成"君子"等值，突出君子当必"知命"。"知命"是成为君子之第一要义。

（1）何谓"命"？"命"，即指"天命"或"天令"。"天命之谓性。"（《中庸》）如此，"命"指上天赋予人生命之同时，亦赋予人之使命。孔子将此"命"内化为个体生命之根本。

（2）"知命"，即指"知"己之"命"，达对己命之自觉。如此，孔子言"知命"，则是强调君子当超越生命之自发，达对己之"天命"的自觉，进而澄明人生之使命、责任。于此，孔子以"知命"，解除了"命"于己之神秘性和不可知性，开启"命"内蕴与承载的使命、责任之神圣性和崇高性，从内在觉醒与自主的意义上，构成君子生命之根本要素，以促其"成人"。

（3）从孔子对君子人生价值之规定来看，所谓"知命"，即是指君子以克己复礼、弘仁道为人生笃定之志、之不倦追求。如此，"知命"成为君子之人生信念，构成君子主动为仁之内在律令与动力。从此意义上，如程子所言："知命者，知有命而信之也。"

（4）孔子言"不"知命，而"无以为君子"，以否定的方式强调、强化"知命"，是君子之为君子的根本前提。因为"知命，将以至命"。"君子畏天命，居易以俟之。小人不知天命，行险以徼幸。故曰：'不知命，无以为君子。'"（陈祥道）"人不知命，则见害必避，见利必趋，何以为君子？"（程子）

（5）对孔子所言"不知命，无以为君子也。"戴望和钱穆予以较为深透地诠释。

戴望引董子之释："天令之谓命，人受命于天，固超然异于群生，贵于物也。故曰：天地之性，人为贵。明于天性，知自贵于物，自贵于物，然后知仁义，知仁义然后重礼节，重礼节然后安处善，安处善然后乐循理，乐循理然后为君子。"

钱穆释曰："知命，即知天。有浅言之者，如云'富贵在天，死生有命'是也。有深言之，又积极言之者，如云'天生德于予''文王既没，文不在兹乎'之类是也。亦有消极言之者，如云'道之不行，吾知之矣''道之将废也''与命也'之类是也。此皆深言之。《韩诗外传》云：'天之所生，皆有仁、义、礼、智、顺、善之心。'不知天之所以命生，则为小人。惟知命，乃知己之所当然。孔子之知其不可而为之，亦是其知命之学。"

（6）如此，孔子言"不知命，无以为君子也"，表君子于己之人生使命和责任的自觉、自明与自主，凸显"知命"于君子人生价值确立与践行之积极意义，指示着复礼、弘道不外于君子人生。

第三，"不知礼，无以立也。""知礼，将以尽性。""恭而无礼，则劳；勇而无礼，则乱；慎而无礼，则葸，故曰：不知礼，无以立。"（陈祥道）"不知礼，则耳目无所加，手足无所措。"（朱熹）"礼所以定人道。'亲亲之杀，尊贤之等，礼所生也。'"（戴望）"礼，指一切礼文言。人不知礼，则耳目无所加，手足无所措，故曰：'无以立'。孔子重言仁，又重言礼。仁者，人群相处之道，礼即其道之迹，道之所于以显也。若不知礼，更何以自立为人？"（钱穆）

第四，"不知言，无以知人也。""知言，将以穷理。"而"不知诐淫邪遁之辞，则无以知其人之蔽，陷离穷；不知惭枝寡多游屈之辞，则无以知其人之叛，疑吉躁，诬善失守。故曰：不知言，无以知人"。（陈祥道）"言之得失，可以知人之邪正。"（朱熹）"人之贤否，以言类见。不得其言，则无以知君子。"（戴望）"知言：论辨思议之是非得失，生于心而发于言。若不能知言，何能知其是非得失乎？"（钱穆）

孔子所述"知言"，即是善于从他人之言说中，明辨是非得失，以及言者之为人，唯如此，才不能被言所迷惑而失察，免误入歧途而失道。

第五，孔子所言君子"三知"之关系，陈祥道予以深度地总结。他说："学而，先时习之说，继以朋来之乐，而终于知言之君子。此先知命，继以知礼，而终于知言。则习而知言者，学之所成，终始者也。明大学之所以终始，则孔子可以无言，故论语终也。"

[第六，阅读此节，需注意一个很容易忽略的细节。此节为"孔子曰"，而非"子曰"。以"孔子曰"，于《论语》中仅此一处。对此，钱穆以"按"而谨释："此章古本节作'孔子曰'，惟朱子集注本作'子曰'。或疑朱注误脱一孔字，否则朱熹疑孔子曰三字为例不纯删去孔字也。"戴望则注意到此处以"孔子曰"，并释曰："加姓者，重终。"]

总之，君子，克己复礼、弘仁道之主体。如此，孔子以否定的方式，提出君子当"知命""知礼"和"知言"，有别于"小人"，以促君子自觉己之使命和责任，进而能自主践行仁道、礼仪于为政、于生活之中，此为君子遵"礼"守"仁"行"义"以"弘道"也。如是钱穆所释曰："能知命，知礼，又知言，则所行自无不义，而浩然之气自可养而致。然则孟子之自道所长，正可证其学孔子而得之矣。"

此节作为《论语》之终篇，其意义重大。对此朱熹引尹氏之释曰："知斯三者，则君子之事备矣。弟子记此以终篇，得无意乎？学者少而读之，老而不知一言为可用，不几于侮圣言者乎？夫子之罪人也，可不念哉？"

后　记

一

研读传统经典，应是超越浅泛了解，朴实而真切地走进"传统文化"内里的重要方式。基于这样的思想，经过数载的慢慢温煮，从解己之惑为始，渐渐从他人解读之囚笼中挣扎而出，开出相对独立的审断视域，再诉诸文字，最终形成该"研判"。

从"生活哲学"之视野来研判《论语》，不滞于对错，亦不求获得广泛的认同，只关心是否真切体会到孔子之"曰"及其众弟子之"曰"的义理，是否自觉把握住他们所"论"之真谛，只在乎《论语》于我们所潜含的价值。因为"生活哲学"之"视野"，只关注对生活之问题诊断的准确性与深刻性、对生活之价值支持的坚定性、对生活未来建构之可能性，凸显"思想""学说"和"主张"如何落实与践行，从而切实推进生活本身向着美好而生成、而转变。

思想、观念、理论、学说、主张，从来都不外于生活世界，成为与生产、生活、交往和实践相脱离、相对立的抽象概念、判断之域，而是与生产、生活、交往和实践内在相渗相融，成为真实生活不可或缺之维。如此，思想、观念、理论、学说、主张，也就必然通过塑造生活主体，进而改变现实生活样态而凸显其价值，标示其存在样态。简言之，思想、观念、理论、学说、主张，以塑造"生活"而显现其存在。如此，孔子及其孔门之学说、之思想、之主张、之观念、之理论，正是以为人、为学、为政之"道"而着力改变霸道恶政之现实，再现"先王之道"于日常生活与政治生活，从而彰显其对现实生活的改造力与重塑性。从这一意义而言，孔学是中国儒家生活哲学的原初形态。

孟子曾言："天下有道，以道殉身；天下无道，以身殉道。"孔子置身于"无道"之世，其"以身殉道"之生命信念，就在闻道朝夕之急切、之真诚期待中。如此，其循道主义的生命观化为超验的道德主义理想，其进退行止，皆执念于乌托邦式的"先王之道"之再现而在场。为此，其"志"之笃定、其

"忧"之深切、其"情"之不衰、其"为"之不倦，不仅构成其个体生命之鲜明品质，而且成为理想主义者之生命标范。

孔子留给后世的精神遗产，绝非仅是其"言教"，更在其"身教"；不仅在于面对弟子颜回无不夸张地赞扬"仰之弥高，钻之弥坚；瞻之在前，忽焉在后。夫子循循然善诱人，博我以文，约我以礼，欲罢不能，既竭吾才。如有所立，卓尔，虽欲从之，末由也已"，还能自我还原，清醒地予以自判："我非生而知之者，好古，敏以求之者也。""其为人也，发愤忘食，乐以忘忧，不知老之将至云尔。"亦在面太宰之质疑性夸赞，能坦诚而直道"太宰知我乎？吾少也贱，故多能鄙事。君子多乎哉？不多也"。更在于面无道乱世"明知不可为而为之"，即使如"丧家之犬"，亦流转诸国寻治世之机，竟向天下人允诺"苟有用我者，期月而已可也。三年有成"。如此而观，孔子刚毅不屈之一生，恰是对"天行健，君子以自强不息"的最好诠释。尽管黑格尔或因无知，或因偏见之傲慢而未能给孔子应有的尊重，亦未对其思想、学说予以更高的肯定。

二

研判《论语》，从自发到自觉，从间歇到连续，已有十余年。近些年来，随着人生转向、角色转变，以及对俗世生活渐深之感知与体悟，促我切换心向、调整人生之价值坐标，从重务外之事功而回归自我，虔敬内察生活之真相，静观生命之真谛。如此，更为深切地意识到，简化自我、凝铸自我，从而更为深度地笃定自我，是对自我最深层的持守，亦是对自我生命最为赤忱的热爱与尊重。

如此，在深化马克思"生活哲学"研究之同时，研判《论语》，成为我"朝思暮想"之"事"。由此，朝夕间、清风里、朗月下，湖岸畔、书案前，切入、逗留、穿越于《论语》的字里行间，查词源、究典故、甄注疏、求义理，达明慧。如此，《论语》从外于我，渐渐内于我，于是，在"儒学"与"学儒"、孔子之"思""行"与我之"思""行"之间，悄然发生了迁移，孔子、颜回、子路、曾子、子贡、子张、子夏、子游、闵子骞、宰予等，从一个个字词符号、一个个人"名"，渐渐成了有血有肉、个性鲜明之活人，直立于我前，于我不再陌生，我亦如是融入孔门，恍若成为孔门之弟子。就这样，《论语》之人、之事、之言、之论、之理、之道，渐渐嵌入我的生命。

如此，渐渐尝试与友闲聊《论语》伴香茗，进而将自己所思、所研、所判，着墨成文，发布于私人公众号历时一年有余，得同道者之鼓励与批判，后来于庙堂之上，给学生、给企业家讲授《论语》，与之一起共享谈经论道之欢娱与酣畅。于是，研判《论语》成为我人生之一项庄重而神圣的"事业"。

三

马克思曾指出:"不是古代宗教的毁灭引起古代国家的毁灭,相反地,正是古代国家的毁灭才引起了古代宗教的毁灭。"① 如此,研究传统文化,必须超越"文化决定论"之窠臼,切忌阻断"现实"、切割与舍去"现实"而抽象孤立地讨论"文化",妄断"文化"之自足。这就要求对传统文化的研究,必须首先实现方法论的自觉。

基于此,对《论语》的研究,切不可就《论语》而言《论语》,而必须将《论语》置于时代与现实的基础上,对之加以研判才是可靠与可行的。任何囿于所谓纯粹的"思想语境"所做的观念、思想链接与推演,进而建构的思想、观念逻辑与体系,都是单薄的,最终都是将"文化"的研究引向歧途。

从根本上而言,与儒家共存于先秦时代的诸子百家,都是置于诸侯雄踞而争霸,历史大转型之历史时期,为救世、治世而图谋,由此形成多元文化、多元治世方略相互竞争的所谓"百家争鸣"之景象。这一景象,就其本质上而言,都是"百家争宠",都是为了推广己之治世学说,以获得为政者之认可,从而决定了包括儒家学说在内的处境与命运。

简言之,《论语》,乃至儒家学说的价值与命运,从根本上来说,取决于时代与现实的需要。由此,今世"研判"《论语》,恰因世势之不同而有别于百年前。这样,可以说,《论语》及《论语》研究之价值与命运,正是由现实决定的。

通过创造性转化和创新性发展,使"传统文化"内蕴的价值向我们敞开,从而建构当代文化,确证文化自信的根基,构成该研判的价值归宿。从这一意义上而言,《生活哲学视野中的"论语"研判》则是以《论语》为直接言说对象,以开掘传统智慧为手段,以延引传统智慧审视、甄别、解决当代问题为旨趣。如此,《生活哲学视野中的"论语"研判》着力于"生活哲学"视野对《论语》的开发,以回归现实,再塑现实生活为目的。于此,《生活哲学视野中的"论语"研判》构成在马克思主义历史文化观观照下的个案研究。

四

《生活哲学视野中的"论语"研判》,无疑是一次自我鼓励式的尝试。其得

---

① 《马克思恩格斯全集》,第 1 卷,人民出版社,1956,第 114 页。

其失、其成其败，乃自足。如此，当"研判"最后成稿时，惴惴不安之忐忑，占据吾心怀，如是当年进京赶考面试时的心境一般。然不管如何，这些文字的敲定，终是充盈我生命日月轮转之方式。

《生活哲学视野中的"论语"研判》之规模，让我觉得有些浪费文墨。但我遵循文字本身自有其尊严的原则，将我之所思、所想，所判，依托文字而呈现，铺陈通往《论语》深处之路。如此，亦希望通过文字，与您一道，穿越《论语》之长篇短章，踏遍《论语》之万千沟壑，领略《论语》思想风光之跌宕绮丽，与孔子相伴攀爬，真正体味"登东山而小鲁，登泰山而小天下"之奇妙。

《礼记·学记》有言道："独学而无友，则孤陋而寡闻。"在"研判"成文、成书稿的过程中，恩师戴伟教授，给我补上了文字学等诸多方面的知识，让我可以大胆地破解遭遇的疑难，同时恩师以他一如既往的厚爱与鼓舞，促我满怀信心地探寻；学友徐泰法教授的鼓励、批判与建设性意见，无疑是我完成"研判"最为直接、亦是最为重要的动力。徐教授敏锐的学术眼光与宽厚的思维格局，构成了"研判"能示人之不可或缺的内在要素。同样，学友唐晓勇教授，以他独特的价值高度、思维视域和学术敏感性，强调为"研判"灌注具有时代性和现实性的特质，从而使我更自觉地将《论语》置于鲜活的现实生活之中，让《论语》的时代性和问题针对性得以凸显，从而在把握时代问题的变化逻辑中，真正地使《论语》的智慧为我们而存在。学友张鲲鹏先生，以他中国哲学专业的眼光和见解，助我"研判"更为深入。学弟霍平先生对我的莫大鼓励与催促，令我最终下决心完成"研判"之书稿。重庆第二外国语学校的刘芳老师，为使文稿中的错误降到最低限度，付出了大量心血，施与《生活哲学视野中的"论语"研判》文稿的修改，同时，其学养与睿智，常令我茅塞顿开。我的研究生对书稿的校对，付出了大量的劳动。当然，光明日报出版社樊仙桃老师及责任编辑对《生活哲学视野中的"论语"研判》出版所付出的辛勤劳动，成为《生活哲学视野中的"论语"研判》能出生的重要环节。在此，一并致谢！

异之

2022 年 2 月于邕江岸

2022 年 5 月于蓉城学府尚郡